HANDBOOK
DA TEORIA DAS RESTRIÇÕES

Tradução:
Beth Honorato
Bacharel em Comunicação Social pela USP
Pós-graduada em Divulgação Científica pela Unicamp

Revisão técnica:
Daniel Pacheco Lacerda
Doutor em Engenharia de Produção pela UFRJ
Coordenador Acadêmico do Grupo de Pesquisa em
Modelagem para Aprendizagem da Unisinos
Pesquisador do Programa de Pós-Graduação em Engenharia de
Produção e Sistemas da Unisinos

Aline Dresch
Mestranda em Engenharia de Produção e Sistemas pela Unisinos
Bolsista do Grupo de Pesquisa em Modelagem para Aprendizagem da Unisinos

Dieter Brackmann Goldmeyer
Mestre em Engenharia de Produção e Sistemas pela Unisinos
Colaborador do Grupo de Pesquisa em Modelagem para Aprendizagem da Unisinos

Gustavo da Silva Rocha
Mestrando em Engenharia de Produção e Sistemas pela Unisinos
Bolsista do Grupo de Pesquisa em Modelagem para Aprendizagem da Unisinos

Ricardo Brandão Mansilha
Mestre em Administração pela Unisinos
Professor da Graduação em Engenharia de Produção da Unisinos
Colaborador do Grupo de Pesquisa em Modelagem para Aprendizagem pela Unisinos

Secundino Luis Henrique Corcini Neto
Mestre em Engenharia de Produção e Sistemas pela Unisinos
Professor da Graduação em Engenharia de Produção da Unisinos
Colaborador do Grupo de Pesquisa em Modelagem para Aprendizagem da Unisinos

---

H236 Handbook da teoria das restrições / Organizadores, James F.
Cox III, John G. Schleier, Jr. ; [tradução: Beth Honorato ;
revisão técnica: Daniel Pacheco Lacerda ... et al.]. – Porto
Alegre : Bookman, 2013.
xxxiv, 1206 p. : il. ; 25 cm.

ISBN 978-85-65837-98-9

1. Engenharia de produção. I. Schleier, John G. II. Título.

CDU 658.5

Catalogação na publicação: Ana Paula M. Magnus – CRB 10/2052

James F. Cox III
& John G. Schleier, Jr.

HANDBOOK
DA TEORIA DAS RESTRIÇÕES

bookman

2013

Obra originalmente publicada sob o título
Theory of Constraints Handbook, 1st Edition.
ISBN 0071665544 / 9780071665544

Original edition copyright © 2010, The McGraw-Hill Companies, Inc., New York, NY 10020, U.S.A. All rights reserved.
Portuguese-language translation copyright © 2013 Bookman Companhia Editora Ltda., a Division of Artmed Editora S.A. All rights reserved.

Gerente editorial: *Arysinha Jacques Affonso*

Colaboraram nesta edição:

Editora: *Juliana Lopes Bernardino*

Capa: *MSDE/Manu Santos Design*

Editoração eletrônica: *Techbooks*

Reservados todos os direitos de publicação, em língua portuguesa, à
BOOKMAN EDITORA LTDA., uma empresa do Grupo A Educação S.A.
Av. Jerônimo de Ornelas, 670 – Santana
90040-340 – Porto Alegre – RS
Fone: (51) 3027-7000 Fax: (51) 3027-7070

É proibida a duplicação ou reprodução deste volume, no todo ou em parte, sob quaisquer formas ou por quaisquer meios (eletrônico, mecânico, gravação, fotocópia, distribuição na Web e outros), sem permissão expressa da Editora.

Unidade São Paulo
Av. Embaixador Macedo Soares, 10.735 – Pavilhão 5
Cond. Espace Center – Vila Anastácio
05095-035 – São Paulo – SP
Fone: (11) 3665-1100 Fax: (11) 3667-1333

SAC 0800 703-3444 – www.grupoa.com.br

IMPRESSO NO BRASIL
PRINTED IN BRASIL

Sobre os organizadores

JAMES F. COX III, Ph.D., CFPIM, CIRM, é certificado pela TOCICO em produção e cadeia de suprimentos, gerenciamento de desempenho, corrente crítica, estratégias e táticas e processos de pensamento. Ele é Jonah de Jonah (facilitador) e professor emérito, e foi professor da cátedra de negócios Robert O. Arnold na Faculdade de Administração de Empresas Terry, da Universidade da Geórgia. Cox dirigiu inúmeros *workshops* acadêmicos e profissionais sobre a TOC e programas sobre mensuração de desempenho, produção cadeia de suprimentos, habilidades de gestão, gerenciamento de projetos e processos de pensamento.

Durante mais de 25 anos, suas pesquisas concentraram-se na TOC. Ele é autor ou coautor de três livros sobre a TOC de quase cem artigos revisados por pares. Além disso, Cox é coorganizador da 7ª, 8ª, 9ª, 10ª e 11ª edição do *APICS Dictionary* e colaborador convidado no livro *Constraints Management to the Production and Inventory Management Handbook*.

Cox é membro da APICS há mais de 30 anos e já ocupou cargos em nível divisional, regional e nacional. Ele integrou o conselho de administração da APICS durante quatro anos, dois deles como vice-presidente de educação e pesquisa, e integrou o conselho de administração da Fundação Educacional e de Pesquisa da APICS durante nove anos, quatro deles como presidente. Cox foi membro fundador e eleito para o conselho de administração da Organização Internacional de Certificação em Teoria das Restrições (Theory of Constraints International Certification Organization – TOCICO), fundada por Eli Goldratt. Posteriormente, foi diretor de certificação responsável pela implementação do programa de certificação da TOCICO.

Atualmente aposentado, **JOHN G. SCHLEIER, Jr.** foi presidente e diretor de operações da Divisão de Serviços Hipotecários da Alltel, Inc., vice-presidente executivo da Computer Power, Inc. e diretor de sistemas e fornecimento de dados para escritórios da IBM. Nesses cargos, ele dirigiu grandes projetos de desenvolvimento de *software*, administração de vendas e funções financeiras. Schleier foi também diretor de sistemas de informação da Divisão de Sistema Gerais da IBM, onde oferecia supervisão aos sistemas de engenharia de desenvolvimento, produção e escritório central. Ele desenvolveu sistemas de informação para produção, vendas e atividades de planejamento estratégico da IBM e foi um dos ganhadores do Prêmio de Contribuição Destacada da IBM. Schleier foi também um assíduo palestrante sobre planejamento estratégico nos Centros de Briefing Executivo da IBM ao longo de um período de 15 anos, dirigindo a palavra para diretores executivos e altos executivos de corporações importantes, e com frequência assumia trabalhos de consultoria para lidar com problemas complexos de gerenciamento de projetos ao redor do mundo.

Schleier integrou também o corpo docente da Faculdade de Administração de Empresas Terry da Universidade da Geórgia como executivo em residência da IBM e, posteriormente, como professor executivo de administração, nas disciplinas de sistemas de informação de gestão e gestão de operações de produção. Ele é certificado pela TOCICO em todas as disciplinas e é coautor de *Managing Operations: A Focus on Excellence*, um texto acadêmico que enfatiza os conceitos da TOC (North River Press, 2003). Publicou também o livro infantil *Turkey Tales* (Tate Publishing, 2010).

Agradecimentos

Inúmeras pessoas e organizações merecem nosso reconhecimento por nos ajudarem a levar este livro ao conhecimento público. Primeiramente, nossas respectivas esposas, Mary Ann e Maribeth; elas merecem todos os créditos. Para que pudéssemos dedicar mais que nosso tempo integral a este projeto, elas nos apoiaram no dia a dia, superando os altos e baixos junto conosco a cada etapa desta jornada. Em segundo lugar, agradecemos nossos filhos e netos por compreenderem que tínhamos um projeto importante em mãos e que, com esperança, o prazer viria posteriormente.

Dr. Goldratt merece grande louvor e reconhecimento por ter introduzido os tópicos deste livro em sua ânsia por ensinar o mundo a pensar logicamente. Ao longo de 30 anos, ele abateu inúmeras vacas sagradas em diversas áreas de negócios. A nosso ver, sua maior contribuição são as ferramentas do processo de pensamento, que oferecem a possibilidade de ensinar crianças e adultos a diferenciar o certo do errado, a examinar seus problemas pessoais e profissionais e a concretizar seus sonhos utilizando uma lógica simples. Goldratt deu ênfase à utilização do método socrático como uma metodologia de grande eficácia para passar ensinamentos sobre o processo de adesão e obter adesão.

Os especialistas da TOC (e respectivos familiares e amigos que os apoiaram) que escreveram os capítulos deste livro merecem nosso agradecimento e aplauso. Eles trabalharam com afinco na redação para que nós, organizadores, pudéssemos compreender os conhecimentos que eles compartilharam conosco. A profundidade desses conhecimentos é inigualável. Todos trabalharam longas horas nas várias revisões do capítulo que escreveram para dar uma contribuição duradoura à obra. Contudo, devemos compreender que amanhã haverá um conteúdo mais amplo e melhor em cada uma das áreas, na medida em que iniciamos uma viagem e ainda não chegamos a um destino com este livro. Trata-se de uma iniciativa, de uma primeira estaca: o que sabemos no presente. Deixemo-nos avançar.

Gostaríamos de destacar algumas organizações profissionais e alguns indivíduos. Primeiro, a Organização Internacional de Certificação em Teoria das Restrições (Theory of Constraints International Certification Organization – TOCICO) é um órgão de certificação da TOC que, embora jovem, está crescendo rapidamente e promovendo congressos regionais e internacionais voltados para o desenvolvimento dos conhecimentos da TOC e a certificação de profissionais nesses conhecimentos. O *TOCICO Dictionary* tem sido uma fonte valiosa para a definição de termos-chave. Segundo, a Sociedade Americana de Controle de Produção e Estoque (American Production and Inventory Control Society – APICS) é uma das principais organizações educacionais e de certificação e a primeira a explorar e a oferecer especialização na TOC. Ao nos dar acesso a seu excelente dicionário, por um preço módico, a APICS nos permitiu melhorar a qualidade deste livro. O Fundo Fiduciário de Ansoff nos deu autorização para utilizar a matriz de crescimento de Ansoff. A TOC for Education (TOCfE) merece especial reconhecimento por suas iniciativas no mundo inteiro de ensinar crianças a aplicar o pensamento lógico e de senso comum à própria vida. Kathy Suerken, diretora da TOCfE, tem carregado a bandeira de sua causa e inspirado esses profissionais. Agradecemos também ao Sistema Penitenciário de Cingapura pela permissão de publicar sua experiência única e positiva com a TOC. Somos gratos igualmente a Eli Goldratt, North River Press e John Thompson pela permissão de utilizar os respectivos conteúdos. Wendy Donnelly e Jennifer Tucker nos ofereceram uma ajuda valiosa na documentação das referências e na elaboração da bibliografia.

Nossa especialização na TOC começou praticamente quando Goldratt e Bob Fox, da Creative Output, começaram a dar palestras nos congressos da APICS e a convidar os acadêmicos para frequentar seus *workshops*. A lista de profissionais da TOC estende-se ao Instituto Avraham Y. Goldratt, com Bob Fox, Dale Houle, Eli Schragenheim, Shri Srikanth, Oded Cohen, Alex Klarman, Alex Mashar, Tracey Burton Houle, Dee Jacobs, Debra Smith, John Covington e muito outros. Muitos dos autores deste livro já foram alunos de Eli Goldratt e do Instituto Avraham Goldratt e tornaram-se proeminentes em nossa área. Ao longo dos anos, esses indivíduos compartilharam seus conhecimentos generosamente conosco. Agora, pedimos para que eles compartilhassem esses conhecimentos com você. Nós os respeitamos e reverenciamos por realizarem um trabalho tão extraordinário.

Apresentação à edição brasileira

Em 11 de junho de 2011, faleceu o físico israelense Eliyahu M. Goldratt, o idealizador de uma das mais poderosas e contestadoras teorias no campo da Engenharia de Produção e da Administração. Eliyahu M. Goldratt propôs uma nova forma de compreender e gerir as organizações: a Teoria das Restrições (*Theory of Constraints* – TOC). Seu livro mais conhecido e difundido – *A Meta* – foi um trabalho inovador tanto em termos conceituais quanto na apresentação das ideias, feita em uma novela utilizando o método socrático. Historicamente, seus trabalhos iniciaram com foco nas questões associadas à sincronização da produção. No entanto, suas ideias eram tão fundamentais que seus enunciados logo se desdobraram em outros campos da gestão, como gestão de projetos, custos e indicadores, gestão da cadeia de suprimentos e estratégia.

As aplicações dos conceitos da Teoria das Restrições têm obtido sucesso em grandes corporações ao redor do mundo, por exemplo, 3M, Amazon, Boeing, Delta Airlines, Ford Motor Company, General Electric, GKN, General Motors, Lucent Technologies, e organizações governamentais como Pretoria Academic Hospital, British National Health Service, United Nations, NASA, United States Department of Defense (Air Force, Marine Corps, and Navy) e na Israeli Air Force[1]. Infelizmente, no Brasil, as aplicações têm ocorrido de maneira assistemática, com pouca penetração nas organizações e basicamente por meio de iniciativas pontuais e individuais. Há um grande espaço e potencial de aplicação da Teoria das Restrições nas organizações brasileiras. Sem dúvida, a aplicação deste princípio de gestão pode contribuir sobremaneira para a elevação da competitividade brasileira na produção de bens e serviços.

O *Handbook da Teoria das Restrições* consolida um conjunto extensivo de atualizações teóricas e relatos de aplicações práticas da TOC. O livro inicia pela conceituação básica dos fundamentos da Teoria das Restrições e, em seguida, aprofunda-se em sete diferentes áreas, a saber:

i) Gestão de Projetos;
ii) Tambor-Pulmão-Corda, Gerenciamento de Pulmões e Distribuição;
iii) Medidas de Desempenho;
iv) Estratégia, Marketing e Vendas;
v) Processo de Pensamento;
vi) Teoria das Restrições em Serviços;
vii) Teoria das Restrições em Ambientes Complexos.

Na sequência, explora a lógica de sincronização dos sistemas produtivos, dando especial enfoque ao papel estratégico do Gerenciamento de Pulmões para tratar, de forma sistêmica e sistemática, o tema central da variabilidade nos sistemas de produção. Nesse sentido, extrapola e adapta seus conceitos fundamentais para a Gestão da Cadeia de Suprimentos. Após isso, trata de um tema fundamental nas organizações, que é o sistema de medição de desempenho e a lógica de adoção e gestão do sistema de indicadores (globais, operacionais e locais). Esse tema consiste, portanto, em desenvolver um conjunto de métricas que alinhe as ações individuais em direção à meta da empresa e elimine o comportamento insular das diferentes funções da empresa.

---

[1] WATSON, K. J., BLACKSTONE, J. H., GARDINER, S. C. The Evolution of a Management Philosophy: The Theory of Constraints. *Journal of Operations Management* 2007; 25:387-402.

Os quatro primeiros capítulos abordam os aspectos mais elementares da Teoria das Restrições, ainda que se tenha a expansão e a adaptação dos conceitos em outros ambientes específicos. Os capítulos seguintes trabalham em outras áreas, dentre as quais merecem especial destaque os capítulos V e VII. O capítulo V trata da Estratégia, Marketing e Vendas e procura evidenciar formas de atuar nas situações em que o mercado se configura como a restrição para que a empresa atinja sua meta. Por sua vez, o capítulo VII aborda a Teoria das Restrições no ambiente de serviços. De fato, o setor de serviço tem se configurado como um dos principais setores das economias desenvolvidas ou em desenvolvimento. Dessa forma, também são explicitadas as contribuições e adaptações da Teoria das Restrições para esse tipo de ambiente.

Por fim, nos capítulos VI e VIII, são trabalhados o Processo de Pensamento da Teoria das Restrições e a Teoria das Restrições em Ambientes Complexos. O Processo de Pensamento da Teoria das Restrições consiste, sem dúvida, em um dos principais legados de Eli Goldratt. Sua importância deriva da amplitude de aplicações de suas ferramentas de raciocínio aos mais diferentes problemas. Outro aspecto importante é a possibilidade proposta pela abordagem do Processo de Pensamento da TOC de encontrar, para cada situação-problema em cena, o reduzido conjunto de causas que ajudam a tratar com simplicidade as questões inerentes a qualquer sistema completo. Além disso, a Evaporação das Nuvens contribui para explicitar os pressupostos não verbalizados que impedem a construção de soluções "ganha-ganha". Ainda no Processo de Pensamento da TOC, as ramificações de ressalva negativa proporcionam a robustez das soluções propostas, a qual deriva da possibilidade de visualizar antecipadamente os efeitos colaterais das soluções. Isso permite uma visão ampla da solução, suas consequências positivas e negativas.

Além de contribuírem na eliminação de problemas mais imediatos, as ferramentas do Processo de Pensamento da TOC também contribuem para o entendimento e o gerenciamento de situações complexas. De fato, são ferramentas que podem ajudar a reduzir a resistência à mudança nas organizações, uma vez que direcionam as diferentes perspectivas a um foco comum: a restrição. Portanto, seja pelos conceitos fundamentais da Teoria das Restrições ou por suas aplicações específicas, não se pode desconsiderá-la da gestão, em geral, e das operações, em particular.

As possibilidades de utilização complementar da Teoria das Restrições são as mais diversas. É possível, por exemplo, integrar a Teoria das Restrições com métodos, técnicas e ferramentas adotadas no âmbito do Sistema Toyota de Produção, Seis Sigma, Manutenção Produtiva Total (TPM), entre outros. Essa sinergia de teorias, princípios, técnicas e ferramentas com as proposições originais da Teoria das Restrições não só implica uma possibilidade de agir de forma mais eficaz nas organizações, como abre um leque relevante e significativo de temas de pesquisa acadêmica e/ou empresarial.

Temos a convicção de que essa obra é indispensável para aqueles que realmente pretendem se aprofundar nesse assunto. Acreditamos que a presente obra contribuirá para a ampliação e a profundidade da análise e, sobretudo, da melhoria das organizações. Temos a certeza de que se qualificam, a partir dessa obra, os administradores e engenheiros de produção brasileiros, as empresas brasileiras e, por consequência, o Brasil. Fazemos votos de que um amplo número de docentes e discentes façam um excelente uso desse material e que a Teoria das Restrições se dissemine consistente e sistematicamente no país.

Prof. Dr. Daniel Pacheco Lacerda
Doutor em Engenharia de Produção pela Universidade Federal do Rio de Janeiro
(UFRJ)

Prof. Dr. José Antonio Valle Antunes Jr. (Junico Antunes)
Pesquisador do Programa de Pós-graduação em Engenharia de Produção e Sistemas da Universidade do Vale do Rio dos Sinos (PPGEPS/Unisinos)
Pesquisador do Programa de Pós-graduação em Administração da Unisinos
(PPGA/Unisinos)
Coordenador Geral do Grupo de Pesquisa em Redes da Unisinos GEREDES/Unisinos

Prefácio

No início da década de 1980, por meio do OPT, pacote de *software* para programação de operações de produção, Dr. Eliyahu M. Goldratt começou a aplicar os conceitos das ciências experimentais ou duras (*hard sciences*)[1] na resolução de problemas organizacionais. Posteriormente, com a publicação do livro *The Goal* (*A Meta*), em 1984, Goldratt lançou uma série de conceitos revolucionários voltados para a melhoria do desempenho global das organizações com *foco em alguns pontos de alavancagem* do sistema. Essas ideias revolucionárias da *teoria das restrições* (*theory of constraints* – TOC) vão ao âmago do verdadeiro funcionamento das coisas no mundo real. Elas focalizam as *restrições* como ponto central na definição e no gerenciamento do fluxo de trabalho do ambiente fabril, dos processos administrativos, do gerenciamento de projetos e fatores semelhantes. O *pensamento holístico* é enfatizado do começo ao fim, transferindo a atenção sobre o direcionamento do trabalho e a mensuração de eficiências locais para o *ganho* do sistema como um todo, utilizando pulmões no sistema para protegê-lo contra flutuações estatísticas provocadas por problemas inesperados (lei de Murphy), pela lei de Parkinson etc. Isso é fortalecido por uma clara orientação sobre a disposição de pulmões no fluxo do sistema e ferramentas simples como o *"gerenciamento de pulmões"* como forma de obter o melhor foco sobre medidas ou ações prioritárias. Adotando uma visão sistêmica e direcionada à relação de causa e efeito dos pontos de alavancagem com respeito ao desempenho global, Goldratt criou novos conceitos e aplicações de gerenciamento nas áreas de produção, gerenciamento de projetos, finanças, contabilidade e mensuração de desempenho, distribuição e cadeia de suprimentos, marketing, vendas, gestão de pessoas e estratégias e táticas. Esses conceitos são sólidos e suas aplicações afiguram-se em produção, serviços, engenharia, governo, educação, medicina, prisões, operações bancárias, serviços profissionais, científicos e técnicos e outros setores de serviços.

Talvez a contribuição mais importante de Goldratt tenham sido as ferramentas de *processo de pensamento*, que empregam uma estrutura e linguagem para esquematizar a verdadeira relação de causa e efeito na definição de problemas e na exposição de dilemas conflitantes e respectivas soluções. Essas ferramentas foram ensinadas e utilizadas eficazmente em todos os níveis da educação, da pré-escola a pesquisas de doutorado. Em termos mais amplos, o processo de pensamento oferece um conjunto de ferramentas complementares de resolução de problemas e tomada de decisões que se baseiam na utilização do fundamento científico da lógica de causa e efeito, com etapas de verificação e validação. Embora as ferramentas do processo de pensamento sejam aplicadas em estratégia, desenvolvimento, marketing, vendas, produção, distribuição, finanças e contabilidade, elas são úteis para abordar problemas pessoais e, como já se observou, foram utilizadas para ensinar presidiários a lidar com os problemas que eles costumam enfrentar.

Os conceitos e as ferramentas da TOC estão voltados para um objetivo predominante: viabilizar um processo de melhoria contínua (PMC) nos empreendimentos. Desse modo, o propósito deste livro é ser palco para que os principais especialistas do mundo ofereçam orientações práticas sobre a implementação desses recursos da TOC. Essas orientações

---

[1] O algoritmo de programação *Optimized Production Technology* (OPT® – marca registrada do Scheduling Technologies Group Limited, de Hounslow, Reino Unido), ou Tecnologia de Produção Otimizada, baseou-se no problema de muitos corpos, na física.

são fortalecidas por uma definição clara sobre como eles funcionam, por que eles funcionam e quais problemas são resolvidos e quais benefícios são obtidos. Os principais adeptos e praticantes oferecem orientações fundamentadas em sua experiência prática com a implementação desses recursos. Os autores acadêmicos oferecem uma rica revisão de literatura sobre por que mudar do método tradicional para cada um dos métodos da TOC e uma revisão de literatura sobre a TOC nessa matéria. Aliás, o escopo dessas ideias é tão amplo, que foram necessários 44 autores para explicá-las.

James F. Cox III e John G. Schleier, Jr.

Sumário

PARTE I O Que É TOC?

1 Introdução à TOC: minha visão *Eliyahu M. Goldratt* 3
   Foco 3
   Restrições e não restrições 4
   Medições 4
   A meta e a corrida 5
   Outros ambientes 5
   O processo de pensamento 5
   A restrição do mercado 6
   Aproveitar e manter 6
   Melhoria contínua 7
   Árvores de estratégias e táticas 8
   Novas fronteiras 9
   Referências 9
   Sobre o autor 9

PARTE II Gerenciamento de Projetos pela Corrente Crítica

2 Os problemas do gerenciamento de projetos *Ed Walker* 13
   Introdução 13
   Objetivo e estrutura deste capítulo 13
   Mecanismos tradicionais de planejamento e controle em
      gerenciamento de projetos 14
      Gráficos de Gantt 14
      CPM/PERT no ambiente de um único projeto 15
   Breve revisão de literatura sobre gerenciamento de projetos ... 16
      Origens do CPM/PERT 16
      Sobre as falhas dos projetos 17
      Literatura sobre gerenciamento de um único projeto 19
      Literatura sobre gerenciamento de múltiplos projetos 20
   Desenvolvimento de diretrizes 20
      Problemas macro 21
      Problemas micro 25
   Uma breve visão sobre o gerenciamento de projetos pela corrente crítica 38
      Corrente crítica no ambiente de um único projeto 38
   Breve revisão de literatura sobre corrente crítica 39
   Resumo e conclusões 40
   Referências 42
   Sobre o autor 45

3 Cartilha de gerenciamento de projetos pela corrente crítica

Charlene Spoede Budd e Janice Cerveny 46
Introdução 46
    Por que persistem esses problemas predominantes relacionados aos projetos 46
    A incerteza de duração 47
    Comportamentos de sobrevivência tradicionais 48
Principais elementos da corrente crítica 50
    Problemas na criação de um plano de projeto 50
    Problemas no gerenciamento da execução do projeto 51
Programando um único projeto 52
    Alterando as estimativas de duração de uma atividade 52
    Um pouco de estatística 54
Programação da corrente crítica 55
    Programação da corrente crítica: etapas 1 a 4 55
    Fundindo caminhos: etapa 5 57
    Comunicações: etapa 6 59
    Três fontes de proteção de projeto pela corrente crítica 60
Programação em ambientes de múltiplos projetos 61
    Estabelecendo prioridades para um projeto 61
    Escolhendo um recurso de programação e estabelecendo pulmões de programação 61
Controle de projetos: a eficácia do gerenciamento de pulmões 63
    Controle do consumo de pulmão 65
    Sabendo quando agir 65
    Ajustando os pulmões 67
    Utilizando informações sobre o consumo do pulmão para melhorar continuamente 69
Orçamento do projeto 69
    Componentes de um orçamento de projeto 69
    Atribuindo os custos totais do projeto às respectivas atividades 71
    Implementando um novo processo de orçamento de projetos 72
Divulgação de informações sobre o projeto 74
    Divulgação interna de informações 74
    Divulgação externa de informações 75
Provocando a mudança: problemas comportamentais, táticas de administração e implementação 77
    Medidas administrativas para apoiar o gerenciamento de projetos pela corrente crítica 77
    Importância da confiança 78
    Implementando um sistema de gerenciamento de projetos pela corrente crítica 79
Resumo 79
Referências 80
Sobre as autoras 81

4 Obtendo resultados duráveis com a corrente crítica: um relatório de campo

Realization Technologies, Inc. 83
Informações preliminares 83
Objetivo e organização 83
Recapitulação sobre a corrente crítica 85
    Regra 1 – Sequenciamento: restringir o número de projetos em execução simultânea 86

Regra 2 – Utilização de pulmões: elimine cronogramas e
  mensurações locais e utilize pulmões agregados.................. 87
Regra 3 – Gerenciamento de pulmões: utilize pulmões para mensurar a
  execução e oriente as prioridades de execução e intervenções gerenciais. 87
Dificuldades práticas na implementação da corrente crítica................ 88
  Dificuldade 1: obter o comprometimento da administração para
    implementar as três regras.................................... 88
  Dificuldade 2: traduzir os conceitos em instruções e
    procedimentos práticos....................................... 89
  Dificuldade 3: manter as regras e os resultados da corrente crítica........ 89
Processo passo a passo para a implementação da corrente crítica.......... 90
  Etapa 1: obter a adesão da administração........................... 91
  Etapa 2: diminuir o WIP e realizar todos os *presets*.................... 92
  Etapa 3: desenvolver planos de projeto com pulmões................... 93
  Etapa 4: instituir o gerenciamento de atividades...................... 95
  Etapa 5: implementar processos adjacentes.......................... 96
  Etapa 6: identificar oportunidades de melhoria contínua (PMC).......... 97
  Etapa 7: (quando aplicável) utilizar uma entrega de melhor qualidade
    como vantagem competitiva para obter mais negócios................ 98
Ensinamentos aprendidos.. 98
  Os ganhos de desempenho provêm de um gerenciamento diferente,
    não de um planejamento e de uma melhor visibilidade.............. 98
  As três regras devem ser implementadas............................ 99
  Os altos executivos devem desempenhar um papel ativo................ 99
  Gerenciamento sistemático dos pulmões............................ 100
Perguntas frequentes.. 101
  A CC pode ser implementada se não houver primeiro um
    gerenciamento básico de projetos em vigor?..................... 101
  É necessário executar um piloto antes da introdução integral da CC?...... 101
  E quanto às mudanças culturais e comportamentais?................. 101
  Qual é a função do *software* na CC?................................ 101
  O departamento de gerenciamento de projetos (DGP)
    é necessário com a CC?....................................... 102
  De que forma os trabalhos não relacionados ao projeto são
    conduzidos com a CC?.. 102
  O escopo da implementação da CC deve incluir fornecedores e
    subempreiteiros?... 103
  De que maneira a CC melhora a qualidade?......................... 103
  A CC parece estar relacionada a cronogramas; e o controle de custos?..... 103
  Precisamos de um orçamento para cada projeto em um ambiente de
    múltiplos projetos?... 104
  A CC funciona com a divulgação de valor agregado?................... 104
  Como a CC funciona com a produção enxuta?........................ 104
  Quais são as causas prováveis de insucesso na implementação da CC?.... 105
Resumo... 105
Referências.. 106
Sobre o autor.. 106

5 Obtendo adesão à mudança *Rob Newbold*........................... 107
Introdução.. 107
O problema de credibilidade... 108
  Nenhuma urgência para mudar.................................... 110
  Encontrando ou criando urgência para mudar....................... 111
  Ramificações negativas.. 111

Causas básicas... 114
O ciclo de resultados (CORE)....................................... 115
    Princípios básicos... 115
    Exemplo básico: limpando o quarto.............................. 118
    Exemplo básico: grupo de adeptos da TOC........................ 119
    Outros processos... 119
Planejamento da implementação..................................... 122
    Planejando com o ciclo de resultados........................... 122
Resumo.. 126
Referências... 127
Sobre o autor... 128

6 Gerenciamento de projetos em um mundo enxuto: aplicando o Lean/Seis Sigma no ambiente de projetos   *Instituto Avraham Goldratt (AGI)*.......... 129

Introdução: um mundo enxuto....................................... 129
O que é ser enxuto do ponto de vista do gerenciamento de projetos?.......... 130
    Sistema de sistemas do ambiente de projetos.................... 131
O que melhoramos?... 132
    Aplicação da produção enxuta no sistema de sistemas dos projetos em benefício da melhoria.............. 133
    Preenchendo as lacunas nas técnicas de produção enxuta para o ambiente de projetos............... 134
Os cinco princípios da produção enxuta aplicados ao ambiente de projetos.... 136
    Especificar o valor.. 136
    Identificar as etapas na cadeia de valor....................... 137
    Fazer as etapas de geração de valor fluírem para o cliente..... 137
    Permitir que os clientes extraiam valor da atividade de produção anterior... 138
    A busca da perfeição... 142
Enxugando o gerenciamento de projetos tradicional................. 145
Referências... 146
Sobre o autor... 146

PARTE III   Tambor-Pulmão-Corda, Gerenciamento de Pulmões e Distribuição

7 Revisão de literatura sobre tambor-pulmão-corda, gerenciamento de pulmões e distribuição   *John H. Blackstone Jr.*......... 151

Introdução.. 151
Literatura sobre os precursores da TOC e do TPC................... 152
    Acontecimentos históricos anteriores à TOC..................... 152
    Dedução do TPC utilizando os cinco passos de focalização....... 155
Literatura sobre a programação TPC................................ 158
    Visões gerais.. 158
    Aplicando o TPC a diferentes tipos de instalação: análise VATI... 160
Casos especiais... 166
    Bens livres.. 166
    E se o mercado for a restrição?................................ 167
    Fluxos reentrantes... 167
    Fabricação recuperável e refabricação.......................... 168
Literatura sobre gerenciamento de pulmões......................... 168
    Dimensionamento dos pulmões.................................... 169
    Dimensionamento do pulmão e o tempo de atravessamento.......... 170
A TOC e a distribuição.. 170

Gerenciamento da cadeia de suprimentos 170
Ambiente de serviços. 171
A TOC e outras filosofias modernas 171
Problemas do TPC 172
Gargalos flutuantes ou múltiplos. 173
Resumo e conclusões 173
Referências. 174
Sobre o autor. 178

8 TPC, gerenciamento de pulmões e classificação de fluxo VATI

Mokshagundam (Shri) Srikanth 179
Introdução. 179
Gerenciamento de fluxo: planejamento e TPC 180
A necessidade de focalizar o fluxo 180
Sistemas de produção Ford e Toyota: uma nova perspectiva 182
Operações de produção e os cinco passos de focalização da TOC 184
Características das operações de produção. 185
Aplicando os cinco passos de focalização às operações de produção 187
O sistema TPC. 190
O tambor 190
O pulmão 191
A corda. 194
Gerenciando o fluxo com o TPC: um exemplo 195
Gerenciamento de fluxo: controle da execução e gerenciamento de pulmões . . . 201
A necessidade de controle e a necessidade de medidas corretivas 201
Conhecendo os pulmões: o pulmão como fonte de informações
para controlar a execução 201
Gerenciamento de pulmões: o processo 203
Ambientes de produção complexos e esquema de classificação 204
Os elementos fundamentais do esquema de classificação 205
Fluxos V, A, T e I: descrições e exemplos 207
Instalações V 207
TPC em instalações V 209
Instalações A 210
TPC em instalações A 211
Instalações T 212
TPC em instalações T 214
Instalações I 214
TPC em instalações I 215
Resumo 215
Referências. 215
Sobre o autor. 216

9 Do TPC ao TPC simplificado na produção sob encomenda

Eli Schragenhelm. 217
Introdução. 217
Informações e perspectivas históricas. 218
Três pontos de vista sobre planejamento e execução operacional 219
Os cinco passos de focalização 219
A distinção decisiva entre planejamento e execução. 220
Focalizando o fluxo 222
Contestando a metodologia TPC tradicional 223

Qual deve ser a restrição estratégica?. 224
Como o ponto de vista de planejamento e execução lida com o problema
    de programação e dimensionamento do pulmão de restrição? 225
Até que ponto desconsiderar a utilização de uma programação
    detalhada do CCR afeta a execução?. 225
O que a ênfase sobre o fluxo acrescenta à contestação ao TPC tradicional? . . 225
Delineamento sobre a tendência da solução 226
    Os principais ingredientes da solução. 226
    O pulmão de tempo. 227
    Controle de carga 229
    Determinação de datas seguras. 231
    Reserva de capacidade 235
    Gerenciamento de pulmões 237
    Carga planejada de curto prazo. 238
    O conceito de "folga". 239
Quando o TPC-S cai como uma luva. 240
    Os casos em que o TPC-S não é adequado 242
Problemas e processos de implementação 243
Antecipando a produção para estoque (MTS). 245
Sugestão de leitura 245
Referências. 245
Sobre o autor. 245

10 Gerenciamento da produção para estoque e o conceito de produção sob encomenda   *Eli Schragenheim* 246

Introdução. 246
Por que a MTS precisa de uma metodologia especial? 247
    A confusão atual no gerenciamento de estoque. 248
    O mal-entendido comum sobre as previsões 248
    Os atuais efeitos indesejáveis da produção para estoque. 251
O que fazer? O rumo da solução. 251
    O princípio básico do fluxo 251
    Da produção para estoque à produção para disponibilização. 252
    Determinando o estoque apropriado. 252
    Gerenciamento de pulmões na MTA 254
    A geração de pedidos de produção e a situação da capacidade. 256
    Comportamento da demanda: máxima e baixa. 258
Monitorando o tamanho do nível pretendido: gerenciamento de
    pulmão dinâmico. 259
    Verde em demasia: o nível está muito alto. 259
    Vermelho em demasia: o nível está muito baixo. 259
    Discussão: problemas com o GPD e o quanto é necessário
        aumentar/diminuir as metas 260
A função da capacidade protetiva e o benefício de manter um
    pulmão de capacidade. 262
    O processo de melhoria contínua (PMC) 264
Problemas genéricos na MTA 264
    MTA de componentes. 264
    Quais itens são adequados à MTA e quais à MTO?. 265
    Estoque gerenciado pelo fornecedor (VMI). 266
    Ambientes híbridos (MTA e MTO). 267
    Lidando com a sazonalidade 268
    Ambientes problemáticos para a MTA 269

A MTS que não é MTA 270
Problemas de implementação 271
    Transição da MTS ou MTO para a MTA 271
    Considerações sobre o *software* 272
Referências 273
Sugestão de leitura 273
Sobre o autor 273

11 Gerenciamento da cadeia de suprimentos   *Amir Schragenheim* 274

Introdução: o método atual de gerenciamento da cadeia de suprimentos 274
Problemas com o sistema atual 275
    A tendência natural para o comportamento empurrado 275
    Por que é impossível encontrar um bom modelo de previsão? 276
A solução da TOC: solução de distribuição/reabastecimento 278
    Agregação do estoque no nível mais alto da cadeia de suprimentos:
      o armazém da fábrica/armazém central (AF/AC) 279
    Determinação do tamanho dos pulmões de estoque para todos os
      pontos da cadeia com base na demanda, na oferta e no tempo
      de reabastecimento 281
    Aumento da frequência de reabastecimento 284
    Gerenciamento do fluxo dos estoques utilizando pulmões e a
      penetração do pulmão 285
    Utilização do gerenciamento de pulmão dinâmico 288
    Definição das prioridades de fabricação de acordo com a urgência
      dos pulmões de estoque do AF 290
    Por que a cadeia de suprimentos empurrada funciona melhor? 291
Alguns dos pontos mais delicados do gerenciamento da solução de
    distribuição/reabastecimento da TOC 293
    Gerenciando portfólios de produtos 293
    Regras para definir o tamanho inicial dos pulmões 296
Gerenciando a sazonalidade no modelo de distribuição/reabastecimento
    da TOC 297
    Padrões conhecidos de mudanças repentinas no consumo 298
    Duas mudanças diferentes 298
    Resolvendo o dilema da previsão *versus* GPD para oferecer um
      consumo excelente antes, durante e depois de uma MAD 299
    Identificando quando uma MAD é significativa 300
    Lidando com uma MAD 300
Implementando o modelo de distribuição/reabastecimento da TOC:
    como o *software* pode ajudar e será que ele é mesmo necessário? 303
Testando a solução em uma escala menor 305
    Simulação 305
    Projeto piloto 306
Gerenciando o processo de adesão da TOC 308
Resultados reais da solução de distribuição/reabastecimento da TOC 309
Resumo 310
Referências 311
Sugestão de leitura 311
Sobre o autor 311

12 Cadeia de suprimentos integrada   *Chad Smith e Carol Ptak* 312

Introdução 312
Identificação do problema real: repensando o escopo do gerenciamento
    da cadeia de suprimentos 314

Um breve histórico do MRP.................................... 315
O MRP consegue corresponder aos desafios do presente?............... 318
O conflito do MRP no presente................................. 320
As soluções conciliatórias do MRP.............................. 320
Reabastecimento sincronizado ativamente: a saída para as soluções
    conciliatórias do MRP................................... 322
    1. Posicionamento estratégico de estoque..................... 323
    2. Definição de perfil e manutenção do pulmão dinâmico.......... 326
    3. Pulmões dinâmicos................................... 327
    4. Geração de demanda baseada no sistema puxado............. 328
    5. Execução altamente visível e colaborativa.................. 333
Estudos de caso... 340
    Primeiro estudo de caso: Oregon Freeze Dry................. 340
    Segundo estudo de caso: LeTourneau Technologies, Inc.......... 340
Resumo... 341
Referências.. 342
Sobre os autores.. 342

PARTE IV Medidas de Desempenho

13 Medidas tradicionais em finanças e contabilidade, problemas, revisão de literatura e medidas da TOC *Charlene Spoede Budd*.......... 345
Introdução... 345
Contabilidade tradicional de custos e o ambiente empresarial............ 346
    Desenvolvimento da contabilidade de custos................... 346
    Ambiente empresarial: primeira metade do século XX............. 347
    Ambiente empresarial: segunda metade do século XX............ 347
Reação da contabilidade ao ambiente em mudança do século XX......... 348
    Demonstração de resultados do custeio direto e variável.......... 348
    Custeio baseado em atividades............................ 350
    Balanced Scorecard.................................... 351
    Contabilidade enxuta................................... 352
    Orçamento tradicional, orçamentos de capital e mecanismos de controle... 354
Método da TOC de planejamento, controle e análise de sensibilidade....... 356
    Planejamento... 356
    Controle do ganho..................................... 360
    Análise de sensibilidade................................. 375
    Método de contabilidade de ganhos para a avaliação de desempenho... 375
Possíveis explicações para a falta de publicações da TOC sobre
    contabilidade e finanças................................. 376
Necessidade de pesquisas futuras sobre contabilidade/finanças da TOC..... 376
    Estudos de caso e simulações............................. 377
    Informações e tomada de decisões.......................... 377
Resumo e introdução dos capítulos restantes desta parte............... 378
    Resumo dos capítulos................................... 378
    Outros capítulos que abordam as medidas de desempenho......... 378
Referências.. 379
Sobre a autora.. 381

14 Resolução de dilemas relacionados a mensuração/desempenho
Debra Smith e Jeff Herman................................... 383
Introdução... 383

Será que medimos em demasia?	384
Por que temos sistemas de mensuração?	385
Medidas globais	386
O fator mais relevante é a restrição	388
Maximização de lucros na TOC	390
Medidas locais	393
Primeira medida: confiabilidade	394
Segunda medida: estabilidade	398
Terceira medida: rapidez/velocidade	399
Quarta medida: contribuição estratégica	400
Quinta medida: despesa operacional local	400
Sexta medida: melhoria/desperdício local	401
Sistemas de *feedback* e responsabilização	402
Então, que desempenho o sistema operacional está apresentando?	403
Ênfase sobre a melhoria	404
Um estudo de caso	408
Resumo	409
Referências	411
Sobre os autores	412

15 Melhoria contínua e auditoria *Dr. Alan Barnard* 413

Introdução	413
A meta: obtenção de melhoria contínua ou permanente	413
Objetivo e estruturação deste capítulo	414
Principais conceitos e definições	414
Uma perspectiva histórica: sobre os ombros de gigantes	415
Por que mudar?	416
Introdução	416
Lacunas de melhoria e desafios	416
Tipos de erro administrativos diante da pressão pela mudança	418
A amplitude e as consequências do índice de insucesso das mudanças	418
O ciclo vicioso relacionado com o alto índice de insucesso das mudanças	421
Resumo sobre por que mudar	422
O que mudar?	423
Introdução	423
Identificando os conflitos básicos na melhoria contínua e auditoria	423
Identificando uma forma simples e sistemática de extinguir os conflitos	425
Identificando paradigmas limitantes *versus* possibilitadores na melhoria contínua	426
Resumo sobre *o que mudar*	427
Para o que mudar?	429
Introdução	429
Critérios para avaliar uma nova solução	429
Rumo da solução para evaporar os conflitos da melhoria contínua	430
Ensinamentos provenientes dos métodos de MC desenvolvidos por Ford e Ohno e outros gigantes	440
Importância (e riscos) das mensurações e dos incentivos	440
Garantindo que a nova direção aborde todos os principais EIs	443
Possíveis ramificações negativas e como preveni-las	451
Resumo sobre "para o que mudar?"	452
Como causar a mudança?	454
Obstáculos usuais à implementação e como superá-los	454
Utilizando a TOC para focalizar e acelerar as iniciativas de produção enxuta e Seis Sigma	455

Utilizando a E&T da TOC como ferramenta de MC e auditoria 457
Resumo sobre "como causar a mudança" 462
Resumo sobre o sistema de melhoria contínua e auditoria segundo a TOC 462
Referências 464
Sobre o autor 465
Apêndice A: modelos de oportunidade de melhoria contínua 466

16 Estudos de caso sobre implementações holísticas da TOC

Dr. Alan Barnard e Raimond E. Immelman 469
Introdução 469
    Perspectiva histórica das implementações holísticas da TOC 469
    O programa satélite de Goldratt 470
    A síndrome X-Y das implementações locais da TOC 471
    O método "4 × 4": primeira tentativa no processo para iniciar a
       implementação holística da TOC 472
    A iniciativa da visão viável 474
    Utilizando a árvore de estratégias e táticas da TOC para conduzir as
       implementações holísticas 475
    Atendendo às diferenças nos setores público e privado 475
Implementação holística da TOC no setor público 476
    Histórico 477
    Estruturação do *workshop* de cinco dias e do processo de
       implementação da TOC 478
    Propostas de mudança no tradicional roteiro de análise do
       processo de pensamento da TOC 479
    Status atual dos projetos piloto (final de 2009) 493
    Aplicação futura da TOC no setor público 495
    Constatações específicas extraídas de todos os pilotos do setor público 496
    Pesquisas futuras 498
Implementação holística da TOC no setor privado 498
    Origem da First Solar Inc. 500
    Contribuição da teoria das restrições para o sucesso da First Solar 503
    Construindo as estruturas 504
    Destravando os sistemas e as medidas existentes 506
    Ampliando o sucesso inicial 506
    Implementando as ferramentas comprovadas da TOC 507
    A função do "processo de pensamento" da TOC na First Solar 508
    O que fez a TOC funcionar na First Solar? 508
Recomendações e resumo 509
    Boas práticas recomendadas para implementar holisticamente a TOC 509
    Resumo 512
Referências 513
Sobre os autores 513

PARTE V Estratégia, Marketing e Vendas

17 Modelos de estratégia tradicionais e a teoria das restrições

Marjorie J. Cooper 517
Introdução 517
    O que é estratégia empresarial? 517
    Fatores que comprometem a estratégia 518
    Critérios para uma boa estratégia 519

Teorias sobre estratégia empresarial................................. 520
    Matriz de quatro estratégias de Ansoff.......................... 520
    Lista de Porter.. 521
    A visão centrada em recursos................................... 522
    Estratégias de aprendizagem/emergentes......................... 522
    Um resumo sobre as escolas de estratégia....................... 523
Marketing e estratégia.. 525
    O que é estratégia de marketing?............................... 526
Vendas e estratégia... 526
Desafios à estratégia e execução.................................... 526
    Planejamento inadequado.. 527
    Inabilidade para analisar o sistema............................ 527
    Inexistência de uma teoria de implementação.................... 528
    Conflitos dentro do sistema.................................... 529
    Padrões de desempenho conflitantes............................. 530
    Remuneração e planos de recompensa deficientes................. 530
Contribuições da TOC.. 531
Oportunidades para pesquisas futuras................................ 531
Referências... 532
Sobre a autora.. 534

18 Estratégia da teoria das restrições *Gerald Kendall* 535
Introdução: o que distingue a estratégia da TOC?.................... 535
Visão geral do capítulo... 535
Definições e fundamentos da estratégia da TOC....................... 536
    Três metas ou condições básicas de qualquer estratégia......... 536
    Os cinco passos de focalização................................. 538
    Exemplo: os cinco passos de focalização........................ 539
    O papel da contabilidade de ganhos e de outras medidas na estratégia..... 540
Visão geral das aplicações de estratégia da TOC em produção,
    projetos e organizações de distribuição/varejo de bens de consumo....... 541
    Introdução às aplicações de estratégia......................... 541
    Conteúdo genérico das estruturas de E&T........................ 542
    Produção... 546
    Projetos... 548
    Distribuição/varejo.. 552
    Seis formas de aumentar o ganho com o sistema de distribuição holístico.. 558
Quatro pré-requisitos genéricos/injeções para uma vantagem
    competitiva duradoura.. 558
    INJ. 1: aumentar a percepção de valor do cliente de uma forma
        que os concorrentes tenham dificuldade de copiar............ 559
    INJ. 2: implementar uma segmentação prática.................... 560
    INJ. 3: identificar e criar o fator que oferece uma vantagem
        competitiva decisiva.. 561
    INJ. 4: segmentar de maneira estratégica....................... 561
Efeitos desejáveis de uma boa estratégia............................ 562
Dois formatos de estratégias e táticas: processo de pensamento e
    árvores de E&T... 563
Integrando outras metodologias como a produção enxuta e o Seis Sigma..... 564
Lidando com o comportamento humano na estratégia.................... 565
Resumo.. 566
Referências... 566
Sobre o autor... 567

19 Estratégia H. William Dettmer 568
A concepção popular de estratégia 568
O conceito de sistema 569
Uma hierarquia vertical. 570
Um denominador comum 570
Uma visão sobre o sistema como um todo. 571
O ciclo OODA. 571
Estratégia enquanto percurso 572
Orientação e observação 573
Decisão e ação 574
"Proativo" em vez de reativo. 575
Ciclos OODA rápidos 575
Resumo sobre Boyd. 575
O processo de pensamento lógico. 576
O mapa de objetivos intermediários. 577
Modelo de gerenciamento de restrições: uma síntese da TOC e do ciclo OODA. 580
O papel do PPL no MGR 583
E quanto às etapas 6 e 7? 585
Resumo e conclusão 586
Referências. 587
Sobre o autor. 587

20 As camadas de resistência: o processo de adesão segundo a TOC
Efrat Goldratt-Ashlag 588
Introdução. 588
As camadas de resistência à mudança 589
Desacordo quanto ao problema. 591
    Camada 0: não existe nenhum problema. 591
    Camada 1: desacordo quanto ao problema 594
    Camada 2: o problema está além do meu controle. 595
Desacordo quanto à solução. 595
    Camada 3: desacordo quanto à direção da solução 595
    Camada 4: desacordo quanto aos detalhes da solução 597
    Camada 5: "sim, mas..." a solução tem ramificações negativas 597
Desacordo quanto à implementação 598
    Camada 6: "sim, mas... não podemos implementar a solução". 598
    Camada 7: desacordo quanto aos detalhes da implementação. 599
    Camada 8: sabemos que a solução apresenta riscos. 599
    Camada 9: "não penso assim" – barreiras sociais e psicológicas 600
Sentimento de apropriação: a solução para uma verdadeira adesão 601
Fator preponderante. 602
Referências. 603
Sobre a autora. 603

21 Menos é mais: aplicação dos conceitos de fluxo às vendas
Mauricio Herman e Rami Goldratt. 604
Introdução. 604
Melhorando o fluxo. 605
Evitando a produção em excesso 606
As eficiências locais devem ser abolidas 612
É necessário ter em vigor um processo focalizado 613
Resumo 616

Adendo 616
Referências 618
Sobre os autores 618

22 Mafia offers: lidando com uma restrição de mercado *Dra. Lisa Lang* ... 619
Introdução: o que é *mafia offer*? 619
Você tem uma restrição de mercado? 620
Desenvolvendo uma *mafia offer* 622
Gráfica de rótulos personalizados: um exemplo 624
O teste: é ou não é uma *mafia offer*? 626
O que é necessário para fazer a oferta? 628
Uma *mafia offer* não é............................... 628
Por onde começar? 629
Mantendo a vantagem e a oferta........................ 630
Mafia offer é um negócio 631
A psicologia da apresentação de uma *mafia offer*..... 632
    Consenso sobre o problema...................... 633
    Consenso sobre a direção da solução............ 633
    Consenso sobre se a solução resolve o problema. 633
    Consenso sobre o problema...................... 634
    Consenso sobre a direção da solução............ 635
    Consenso sobre se a solução resolve o problema. 636
    Fechamento 636
    Para quem você pode desenvolver ofertas?....... 637
Você pode criar uma *mafia offer*? 638
Os modelos 638
    Estoque gerenciado pelo fornecedor (*Vendor Managed Inventory – VMI*) 639
    Resposta rápida confiável 640
    Bens de consumo 641
    Projetos 642
    Pague por clique (*pay per click*).............. 643
    Compartilhamento de ganho (minha *mafia offer*). 644
Resumo 645
Referências 645
Sobre a autora.. 645

PARTE VI Processo de Pensamento

23 O processo de pensamento da TOC *Victoria J. Mabin e John Davies* 649
Introdução.. 649
    Prefácio ao capítulo............................ 649
    Objetivo deste capítulo......................... 649
    Tópicos deste capítulo.......................... 650
A natureza, o desenvolvimento e a utilização do
processo de pensamento da TOC 650
    Visão geral do processo de pensamento e sua história e desenvolvimento .. 651
    As ferramentas do processo de pensamento....... 652
    Literatura sobre o processo de pensamento da TOC. 654
A natureza de outros métodos de resolução de problemas e tomada de decisões 660
    A relação entre os métodos e a atividade de resolução de problemas 660
    Abordagens não estruturadas: a gestão improvisada 661
    Abordagens formais ou estruturadas............. 662

Constatações para a TOC provenientes da literatura..................... 669
    Questões que emergem da literatura da TOC....................... 669
    A natureza da literatura da TOC *vis-à-vis* outras literaturas.............. 669
    Temas sugeridos para um autoexame da TOC 671
A natureza e a utilização do processo de pensamento da TOC revisitados 672
    Compreendendo a relação do processo de pensamento TOC com a
    atividade de resolução de problemas 673
    O princípio filosófico do processo de pensamento da TOC 675
    Síntese das constatações do mapeamento classificatório do
    processo de pensamento da TOC................................ 678
Resumo 679
    O que foi abordado neste capítulo................................. 679
    Constatações e recomendações.................................. 680
    Vínculos com os demais capítulos sobre o processo de pensamento 684
Referências.. 684
Sobre os autores 687
Agradecimentos... 688

24 Gerenciamento diário com a TOC   *Oded Cohen*......................... 689
Introdução: objetivo deste capítulo 689
Solucionando problemas diários 690
    Investigação e desenvolvimento de soluções: a nuvem................. 690
    Dilemas internos.. 694
    Conflitos diários 703
    Diminuindo os apagamentos de incêndio........................... 709
    Lidando com os efeitos indesejáveis (EIs): a nuvem de EI............... 715
    Exemplo de uma nuvem de EI do sistema de produção................. 717
    Exemplo de nuvem de EI de um sistema varejista 720
    Lidando com múltiplos problemas: a nuvem consolidada 723
Do problema à implementação da solução............................... 730
    A metodologia da TOC para resolução de problemas: a forma em U........ 731
    Fortalecimento das soluções: lidando com as RRNs.................... 734
    O mapa de objetivos intermediários (OIs) e os planos de implementação.... 738
Conclusão: resolvendo problemas ao estilo da TOC 744
Referências.. 745
Sobre o autor... 746

25 Processo de pensamento com as árvores de E&T   *Lisa J. Scheinkopf* 747
Introdução: qualquer pessoa pode ser um Jonah!......................... 747
O elemento fundamental: a lógica da causa e efeito....................... 748
Termos básicos e protocolo de mapeamento 751
Ferramentas para a tomada de decisões e resolução de problemas
no dia a dia.. 755
Ressalva da ramificação negativa (RRN) 755
Evaporação das nuvens (EN)... 758
O processo de pensamento integrado da TOC 765
    Reforçando a mentalidade de cientista: a postura de Jonah 767
O que mudar?... 770
    Árvore da realidade atual (ARA)................................... 770
    Evaporação das nuvens (EN).................................... 770
    O "método do floco de neve" 771
Estudo de caso de um banco: o que mudar, método do floco de neve 772
    O "método das três nuvens" 774

Para o que mudar.. 776
    Evaporação das nuvens.. 779
    Árvore da realidade futura e ressalva da ramificação negativa............ 779
Como causar a mudança... 782
    Árvore de pré-requisitos....................................... 782
    Árvore de transição... 784
A árvore de estratégias e táticas..................................... 788
    A primeira etapa: a meta...................................... 789
    Comunicação, alinhamento e sincronização....................... 793
    Implementando uma E&T....................................... 794
    Utilizando o processo de pensamento para implementar uma E&T........ 795
    Organizador de conhecimento.................................. 800
Resumo do capítulo... 800
Referências.. 801
Sobre a autora... 801
Apêndice B: categorias de ressalva legítima............................ 802
    As categorias de ressalva legítima: as regras da lógica.................. 802

26 Teoria das restrições para a educação   *Kathy Suerken*.................. 806
Por que mudar?.. 806
O que mudar?.. 808
Para o que mudar?.. 809
Como causar a mudança?.. 810
    A nuvem... 811
    A ramificação lógica... 816
    A árvore de metas ambiciosas................................... 820
Um processo de melhoria contínua.................................... 823
Referências.. 831
Sobre a autora... 832

27 Teoria das restrições em prisões   *Christina Cheng*..................... 833
Introdução... 833
O que mudar?.. 834
    Estudo preliminar... 834
    Estigmatização.. 835
    Pressão negativa dos colegas................................... 838
    A importância do respeito...................................... 839
Para o que mudar?.. 840
    Autocontrole.. 840
    Por que a TOC?... 841
Como causar a mudança?.. 843
    Marketing.. 844
    Material didático.. 846
    Transmissão do conteúdo...................................... 856
Resultados.. 857
    Quantitativos... 858
    Qualitativos... 858
Acompanhamento das implementações................................. 861
Recomendações para o futuro... 861
Resumo e conclusão... 862
Sobre a autora... 863

PARTE VII TOC para Serviços

28 Gerenciamento de serviços   *Boaz Ronen e Shimeon Pass* 867
Introdução. 867
    Desafios no gerenciamento de serviços 868
    Por que a mudança é necessária? 868
Levantamento da literatura da TOC nas organizações de serviços 869
    Mapeamento da literatura e observações 869
    Limitações das pesquisas atuais 870
Breve avaliação do gerenciamento de serviços......................... 871
    O que mudar?.. 871
    Por que a TOC ainda não é popular entre os gerentes das organizações de serviços?.. 871
    O que a TOC e o gerenciamento focalizado têm a oferecer? 872
Conceitos e ferramentas da TOC para organizações de serviços 872
    As sete etapas de focalização da TOC........................... 873
    Gerenciamento de gargalos 873
    Explorando os gargalos permanentes 874
    Subordinando todos os demais aos gargalos permanentes............ 875
    Elevando os gargalos permanentes............................. 875
    Diminuição do tempo de resposta.............................. 876
    Medidas de desempenho...................................... 876
    Determinação de custo, determinação de preço e tomada de decisões 877
    Aprimoramento da qualidade 877
Como implementar a mudança? 878
Os capítulos restantes desta parte 878
Referências.. 879
Sobre os autores 879

29 Teoria das restrições em serviços profissionais, científicos e técnicos
John Arthur Ricketts.. 881
Introdução.. 881
Histórico 882
    Barreiras à adoção 882
    Desafios no setor de SPCTs................................... 884
    O que a TOC tem a oferecer 885
O que mudar.. 885
    Know-how e ativos.. 887
    Entrega de serviços 887
    Mensuração 888
    Marketing e vendas 889
    Estratégia... 890
Para o que mudar... 890
    Reabastecimento no setor de serviços 892
    Corrente crítica para serviços................................. 893
    Tambor-pulmão-corda para serviços............................ 894
    Contabilidade de ganhos para serviços 896
    Aplicações não convencionais da TOC........................... 897
Como causar a mudança 897
    Adesão... 898
    Como os profissionais podem começar a utilizar a TOC 898
    Como os pesquisadores podem contribuir....................... 899

O que os estudantes devem saber	899
Resumo	900
Referências	902
Sobre o autor	902

30 Serviços de suporte ao cliente segundo a TOC
Alex Klarman e Richard Klapholz 903

Introdução: a necessidade de mudança	903
O que é suporte ao cliente (também conhecido como suporte técnico)?	903
Erosão constante da receita na área de SSC	905
A armadilha da garantia	908
O que mudar	910
Para o que mudar	912
A–B	913
A–C	913
B–D	913
C–D'	914
D–D'	914
Determinação de preço diferencial	914
O conjunto de ofertas de serviços	915
Serviços básicos	915
Serviços básicos ampliados	916
Quantidade limitada de visitas do ESC	916
Quantidade ampliada de visitas do ESC	916
Complementando as visitas do ESC	916
Complementando as visitas de ESC ampliadas	916
Serviços de peças	916
Observações importantes	917
Outras ofertas de serviços	917
Serviços de valor agregado	917
Lançamento de sistemas especialistas	917
Manutenção terceirizada (ou MT)	918
Instalações, implementações e projetos	918
Como implementar a mudança	919
Decisões fundamentais	920
Políticas e medições	920
Resumo	921
Referências	922
Sobre os autores	922

31 Visão viável para sistemas de saúde   *Gary Wadhwa* 923

Introdução	923
As ferramentas de melhoria	924
Teoria das restrições	924
Produção enxuta	925
Seis Sigma	926
Efeitos indesejáveis do sistema de saúde atual	926
Ponto de vista dos pacientes	926
Ponto de vista dos médicos	927
Ponto de vista das seguradoras	927
Ponto de vista do hospital	928
Ponto de vista dos empresários	928
Ponto de vista do governo	928

Definindo a meta do sistema de saúde 928
Melhorando a qualidade e a quantidade do fluxo dos pacientes por
   meio de sistemas de saúde 930
   Explicações mais detalhadas sobre os cinco passos de focalização 931
Processo de pensamento para identificar a causa básica das restrições
   físicas ao fluxo dos pacientes. 941
Contabilidade de ganhos para a mensuração de desempenho e a
   tomada de decisões no sistema de saúde. 941
Árvore de estratégias e táticas para implementar e atingir a visão viável 944
   Pressupostos paralelos 945
   Pressupostos de necessidade 946
   Pressupostos de suficiência. 946
   Um exemplo 947
Um estudo de caso de sucesso da VV 952
Discussão geral 952
Referências 953
Sobre o autor. 953
Apêndice A: árvore de estratégias e táticas para a visão viável 954
Adendo: excerto do livro *Vision for Successful Dental Practice*,
   de Gerry Kendall e Gary Wadhwa. 978
   Etapas de sucesso para uma clínica odontológica particular,
      acadêmica ou do governo 978

32 TOC para os sistemas de saúde de amplo escopo   *Julie Wright* 981
Introdução 981
Por que mudar 982
   Por que os sistemas de saúde precisam melhorar 982
   A meta do sistema de saúde 983
O que mudar 984
   Por onde começar: governo ou instalações? 984
   A natureza orgânica das instalações de saúde 986
   A "máquina humana do sistema de saúde" 986
   A evolução constante da força de trabalho. 987
   A realidade do sistema de saúde 988
   Técnicas atuais de resolução de problemas 989
   Adaptando as soluções do setor para o sistema de saúde 990
Para o que mudar. 992
   Onde a restrição deve residir no sistema de saúde? 992
   Criando uma organização em um processo de melhoria contínua 992
   Oferecendo uma estrutura segura e um mecanismo eficaz 994
   Construindo a árvore da realidade atual (ARA) de uma instalação 995
Como causar a mudança 996
   Treinando as unidades de processo 996
O processo de melhoria contínua 997
   Oferecendo uma base de conhecimentos para atingir a meta no presente ... 997
   Oferecendo uma base de conhecimentos para atingir a meta no futuro 1001
   Lidando com o novo problema básico 1002
   Deixando um legado da TOC. 1004
Resumo 1004
Prova de conceito. 1005
Referências 1006
Sobre a autora. 1006

PARTE VIII A TOC em Ambientes Complexos

33 A teoria das restrições em organizações complexas
James R. Holt e Lynn H. Boyd. 1009
Visão geral 1009
Definição de complexidade. 1009
Principais problemas nas organizações complexas 1011
    Efeitos indesejáveis nas organizações complexas 1011
    Conflito básico nas organizações complexas 1012
A direção da solução 1013
    Expectativa do mercado (A ← B) 1013
    Aumentando a capacidade (B ← D). 1013
    Resposta previsível aos clientes (A ← C). 1013
    Evitando contratempos (C ← D'). 1014
    Optando por ambos (D ← → D') 1014
Compreendendo melhor as organizações complexas. 1014
Encontrando uma injeção 1017
Injeção inovadora. 1018
    Conceitos associados com organizações complexas 1018
    Categorias de atividade 1019
    Fluxo nas organizações complexas 1020
    Controle de fluxo com a corrente crítica. 1022
Uma injeção inovadora 1024
    Definição de uma medida básica comum. 1024
    Utilizando o GDD: um exemplo 1027
    Uma análise minuciosa do departamento de distribuição 1029
    Unidades às quais o GDD se aplica: grau de impacto sobre o ganho 1030
    Alternativas para o GDD que não parece adequado 1031
    Inventário-dinheiro-dia 1032
    Resumo das medidas 1034
    Buscando o equilíbrio (e mudando a cultura da empresa) 1034
    A utilidade das medidas de dinheiro-dia em geral. 1035
A injeção inovadora é fundamental, mas raramente suficiente 1036
    Ferramentas de resolução 1036
    Alocação controlada de recursos 1037
Desafio do futuro. 1037
    A importância de avaliar todos com as mesmas medidas 1038
    Certificação da liderança 1038
Resumo 1039
Referências. 1039
Sobre os autores. 1040

34 Aplicação das árvores de estratégias e táticas nas organizações
Lisa A. Ferguson, Ph.D.. 1041
Introdução. 1041
Como se tornar uma organização sempre florescente 1042
A estrutura básica de uma árvore de E&T 1044
    A parte superior das árvores de E&T VV 1046
A árvore de E&T do varejista. 1048
    Nível 2 da árvore de E&T do varejista 1049
    Visão geral do nível 2 das árvores de E&T VV 1052
    Nível 3 da árvore de E&T do varejista 1053

Visão geral da estrutura da árvore de E&T VV 1054
Níveis 4 e 5 da árvore de E&T do varejista 1054
Necessidade de níveis inferiores em uma árvore de E&T 1056
Detalhes sobre a estrutura de uma árvore de E&T 1057
Principais conceitos sobre a criação de árvores de E&T 1060
Em que sentido a árvore de E&T está relacionada a outras
ferramentas do processo de pensamento da TOC 1063
As outras quatro árvores de E&T genéricas da VV 1064
Árvore de E&T de bens de consumo (BC) 1064
Árvore de E&T de resposta rápida confiável (*Reliable Rapid Response – RRR*). 1065
Árvore de E&T de projetos 1066
Comparação entre as árvores de E&T de RRR e de projetos 1067
Árvore de E&T pague por clique (*pay per click*) 1067
Comparação da árvore de E&T com as principais
publicações sobre estratégia 1068
Execução da árvore de E&T 1070
Resumo e discussão 1071
Referências 1072
Sobre a autora 1073

35 Ambientes complexos *Daniel P. Walsh* 1074
Introdução 1074
Breve histórico 1075
Estratégias norteadoras 1076
Contabilidade de ganhos 1078
Uma visão holística 1079
Categorias de variabilidade 1080
Escolha de ferramentas 1080
Uma análise mais detalhada da variabilidade 1081
Ferramentas diferentes para tipos diferentes de variabilidade ... 1083
Definindo o sistema 1085
O método da TOC 1085
Aplicações 1090
Resumo e discussão 1093
Referências 1094
Sobre o autor 1094

36 Associando produção enxuta, Seis Sigma e teoria das restrições para obter um grande salto de desempenho *Instituto Avraham Goldratt (AGI)* ... 1095
Introdução 1095
Produção enxuta 1095
Seis Sigma 1097
Teoria das restrições (TOC) 1099
Dissonâncias que podem bloquear a integração eficaz entre a TOC e o
Lean/Seis Sigma (LSS) 1101
Comportamentos de trabalho 1102
Liberação de material 1103
Sistema de reabastecimento 1104
TOCLSS: TOC, produção enxuta (Lean) e Seis Sigma totalmente integrados 1107
Referências 1109
Sobre o autor 1109

37 Utilizando a TOC em sistemas complexos *John Covington* 1110
Introdução 1110

Precisamos de mais hastes de sucção!........................... 1111
    Introdução 1111
    Um pouco de história e o que aprendemos 1112
    Que mudança foi necessária 1113
    Como causar a mudança 1114
    O que fizemos para implementar a mudança 1115
    "Ah! Canadá" 1116
    Resultados após seis meses 1116
Você de fato definiu o sistema? 1117
    Introdução 1117
    O que precisamos mudar? 1117
    Para o que nós mudamos? 1118
    Como provocamos a mudança? 1118
    Resultados 1118
Onde se encontra a restrição no ato de fazer discípulos? 1119
    Introdução 1119
    A análise.. 1120
    Resultados após dois anos 1123
Resumo 1123
Referência 1124
Sobre o autor 1124

38   A teoria das restrições para produtividade/dilemas pessoais

James F. Cox III e John G. Schleier, Jr......................... 1125
Introdução: relatório sobre a situação 1125
Resolvendo conflitos crônicos e desenvolvendo soluções ganha-ganha 1125
    Informações preliminares: dilemas entre pai e filho 1126
Dilema quanto à produtividade pessoal: onde despender seu tempo? 1133
    Uma revisão da construção de diagramas de evaporação das nuvens 1133
    Dilema do estudante universitário (aluno de graduação) 1133
    EN do dilema típico do esgotamento profissional 1135
Produtividade pessoal: estabelecendo metas, estratégias, objetivos,
    planos de ação e medidas de desempenho 1136
O que mudar: como você usa seu tempo atualmente? 1140
Desenvolvendo um plano de implementação detalhado para atingir suas
    metas e objetivos 1141
    Utilizando o gerenciamento de pulmões para aumentar sua eficiência 1145
Utilizando o processo de pensamento para atingir suas metas de vida 1148
    A história de Sheila 1148
    Produtividade pessoal 1150
    Epílogo de Sheila 1156
    Nosso epílogo sobre Sheila 1161
Resumo 1162
Referências 1165
Sobre os autores 1165

Bibliografia selecionada de Eliyahu M. Goldratt

James F. Cox III e John G. Schleier, Jr. 1167
Livros 1167
Artigos científicos sobre a Teoria das Restrições 1168
Artigos em jornais/revistas 1168
Série de bate-papos de fim de noite
    (*Industry week late night discussion series*) 1169

Série de *workshops* sobre habilidades gerenciais
(*Management skills workshop series*): livros de exercícios 1169
Filmes/palestras em vídeo 1169
Série de programas de Goldratt (vídeo/DVD) 1170
Programas educativos computadorizados de autoaprendizagem 1170
Série Necessária e Suficiente (*Necessary and Sufficient Series*) 1171
Série TOC Insights: quatro programas computadorizados de
autoaprendizagem 1171
Capítulo de livro 1171
Anais de congresso/trabalhos em vídeo/palestras 1171
Palestras de abertura/videoconferência 1172
Série de *webcasts* de Goldratt 1172
Árvores de estratégias e táticas 1172
Série de cartas de fórum de PMC 1173
Peça teatral 1173
Software comercial 1173

Índice 1175

PARTE I
O Que É TOC?

CAPÍTULO 1
Introdução à TOC: minha visão

Aqui, Dr. Goldratt, idealizador da teoria das restrições (*theory of constraints* – TOC), apresenta seu ponto de vista sobre o que é TOC, os objetivos e metas dessa teoria e seu grau de desenvolvimento na promoção da melhoria. Ele analisa a evolução da TOC: de que forma a identificação dos principais problemas do sistema viabilizou o desenvolvimento de soluções e a melhoria significativa dos sistemas, especificamente para trazer à tona os problemas subsequentes... Portanto, a evolução da TOC seguiu uma abordagem científica natural sobre melhoria nos sistemas. Como idealizador, Dr. Goldratt abordou os problemas e as necessidades das empresas, das organizações do setor privado e dos indivíduos imprimindo sua mentalidade de cientista. Sua abordagem científica quebrou vários paradigmas empresariais e promoveu a criação de novas abordagens simplificadas para a administração dos sistemas. Nesta primeira parte, este capítulo de sua autoria abre caminho para o restante do livro, dando vazão para que a profundidade e o escopo dos conceitos da TOC sejam vistos na prática.

1
Introdução à TOC: minha visão

Eliyahu M. Goldratt

Existe uma história célebre sobre um gentio que abordou dois grandes rabinos da época e perguntou a cada um: "O senhor conseguiria me ensinar tudo sobre o judaísmo no espaço de tempo em que eu consiga ficar apoiado em uma perna só?".

O primeiro rabino o expulsou de sua casa, mas o segundo respondeu: "Não faça aos outros o que não deseja que façam a você. Isso é tudo sobre o judaísmo. O resto é secundário. Agora, vá e aprenda".

Podemos fazer o mesmo? Podemos condensar toda a TOC em uma única frase? Acho que é possível condensá-la em uma única palavra: FOCO.

Foco

Existem várias definições para a palavra *foco*, mas um bom ponto de partida é uma definição simples, tal como: "Foco: fazer o que deve ser feito".

> **F**ocalizar tudo é sinônimo de não focalizar nada.

Em quase qualquer sistema, há uma variedade de medidas que podem contribuir para seu desempenho. Então, qual é dificuldade na focalização? Na verdade, não podemos utilizar todas as medidas favoráveis porque não temos tempo suficiente, dinheiro suficiente ou recursos suficientes. Porém, quanto mais fizermos, melhor. Essa visão ingênua foi destruída por Pareto[1] em sua regra comumente denominada 80/20. O que Pareto demonstrou é que 20% dos elementos contribuem para 80% do impacto. Por isso, quando não podemos fazer tudo, é extremamente importante escolhermos de modo apropriado o que fazer; é extremamente importante decidirmos em que devemos focalizar.

Entretanto, como o próprio Pareto ressaltou, a regra 80/20 aplica-se apenas quando não há nenhuma interdependência entre os elementos do sistema. Quanto mais interdependências (e quanto maior a variabilidade), mais extrema se torna a situação. Nas organizações, existem inúmeras interdependências e uma variabilidade relativamente alta; por isso, o número de elementos que determinam o desempenho do sistema – o número de restrições – é extremamente pequeno. Empregando o vocabulário de Pareto, poder-se-ia afirmar que, nas organizações, 0,1% dos elementos determina 99,9% do resultado. Essa constatação dá um novo significado à palavra *foco*.

---

[1] O *APICS Dictionary* (Blackstone, 2008, p. 96) define a *lei de Pareto* como "Um conceito desenvolvido por Vilfredo Pareto, economista italiano que afirma que uma pequena porcentagem de um grupo responde por uma fração maior do impacto, valor etc. Em uma classificação ABC, por exemplo, 20% dos produtos em estoque podem constituir 80% do valor do estoque". (© APICS 2008. Utilizada com permissão. Todos os direitos reservados.)

Copyright © 2010 Eliyahu M. Goldratt

Restrições e não restrições

Não existe um equívoco mais grave do que equiparar uma não restrição a algo não importante. Ao contrário, em virtude das dependências, ignorar uma não restrição pode afetar a restrição a ponto de o desempenho global do sistema ser seriamente prejudicado. É fundamental notar que a ideia prevalecente de que "mais é melhor" está correta apenas para as restrições, mas não para a vasta maioria dos elementos do sistema – as não restrições. Para as não restrições, o conceito de "mais é melhor" está correto apenas dentro de um limiar. Contudo, acima desse limiar, mais é pior. Esse limiar é determinado pelas interdependências para com as restrições e, portanto, não pode ser determinado analisando a não restrição separadamente. No caso das não restrições, o ótimo local não é igual aos ótimos globais; nas não restrições, "mais" não se traduz necessariamente em melhor desempenho do sistema como um todo.

> Uma hora perdida no gargalo é uma hora perdida em todo o sistema; uma hora ganha em um não gargalo é uma ilusão.

Reconhecemos que os elementos de um sistema, em sua vasta maioria, não são restrições. Reconhecemos também que, para as não restrições, mais não pode ser melhor, mas pior. Portanto, qual deve ser a consequência inevitável em adotar o conceito prevalecente de que mais é melhor? O principal motivo de não fazer o que deve ser feito é fazer o que não deve ser feito.

Não temos outra opção senão definir *foco* de uma maneira estreita: fazer o que deve ser feito E não fazer o que *não* deve ser feito.

Medições

De acordo com a contabilidade de custos, quando as operações estão produzindo, o custo é incorporado no estoque e essa absorção do custo é interpretada como lucro decorrente desses produtos produzidos.

> Diga-me como me medes e eu te direi como me comportarei.

Em outras palavras, o conceito de contabilidade de custos incentiva qualquer produção, mesmo em uma operação não gargalo que estiver gerando produtos acima do limite necessário para manter o gargalo em operação. Portanto, não é de surpreender que as implementações da TOC tenham colidido com a contabilidade de custos. Era imprescindível desenvolver uma alternativa. Quase imediatamente, a contabilidade de ganhos (CG) – um sistema fundamentado em definições simples de ganho (G), estoque (E) e despesa operacional (DO) – foi proposta lado a lado com a explicação da diferença[2] entre mundo dos custos e mundo dos ganhos.

---

[2] O *TOCICO Dictionary* (Sullivan et al., 2007, p. 15) define o paradigma de *mundo dos custos* como: "A visão de que um sistema é composto de uma série de componentes independentes e o custo do sistema é igual à soma do custo de todos os seus subsistemas. Esse ponto de vista enfatiza a redução de custos e avalia as medidas/decisões de acordo com seu impacto local. A distribuição de custos normalmente é utilizada para quantificar o impacto local". Em contraposição, o *TOCICO Dictionary* (p. 48) define o paradigma de mundo dos ganhos como: "A visão de que um sistema é composto de uma série de variáveis dependentes que devem funcionar em conjunto para alcançar a meta estabelecida e que a capacidade de fazê-lo é delimitada por algumas restrições do sistema. A conclusão inevitável é de que a melhoria do sistema como um todo é a consequência direta da melhoria na restrição, e de que a distribuição de custos é desnecessária e enganosa. Dessa forma, esse paradigma é incompatível com o paradigma do mundo dos custos". (© TOCICO 2007. Utilizada com permissão. Todos os direitos reservados.) Para uma discussão sobre esse assunto, consulte Goldratt (1990).

A meta e a corrida

Em pouco tempo, a constatação do impacto fundamental dos gargalos deu origem a uma série de medidas que anteriormente eram consideradas ineficazes e agora foram reconhecidas como as medidas mais importantes a serem tomadas. "O que deve ser feito" ganhou nesse momento um novo significado.

> **U**ma novidade sobre produção? Nem mesmo sabemos em que categoria colocá-la. Ela nunca funcionará.

Não menos importante foi o reconhecimento de que é impraticável monitorar cada não gargalo separadamente e, por conseguinte, a criação e implementação de um sistema para evitar a produção em excesso desses não gargalos tornou-se fundamental [tambor-pulmão-corda (TPC) e o gerenciamento de pulmões (GP)]. A percepção sobre "O que não deveria ser feito" era ainda mais tentadora.

Esse corpo de conhecimentos foi descrito em detalhes em *The Goal* (*A Meta*) (Goldratt e Cox, 1984) e totalmente explicado em *The Race* (*A Corrida*) (Goldratt e Fox, 1986).

Outros ambientes

A lógica clara, a simplicidade e os rápidos resultados oferecidos pela TOC na produção levaram outros ambientes a tentar implementar o mesmo procedimento. Infelizmente, alguns deles eram tão distintos que até mesmo a restrição tinha uma natureza diferente. No

> **Q**uando você sabe utilizar bem um martelo, tudo parece prego.

ambiente de projetos, a restrição não são os gargalos, mas o caminho crítico (ou, mais precisamente, a corrente crítica). Na distribuição, a restrição não tem nada a ver com gargalos. É o caixa (atacadistas) ou número de clientes que entram na loja (varejo). O termo *gargalo* ou *ponto de estrangulamento* começou a passar uma ideia enganosa. Assim, foi necessário substituí-lo pela palavra *restrição*, que tem um caráter mais amplo. Foi nessa época (1987) que a expressão *teoria das restrições*[3] foi cunhada e uma verbalização precisa do *processo de focalização* foi formalizada – os *cinco passos de focalização* (5PFs).

Isso não foi suficiente. Aplicações para uma orientação apropriada sobre as não restrições na distribuição[4] (bloquear a tendência a impelir a mercadoria para o ponto de venda – reposição para o consumo diário) e nos ambientes de projeto (bloquear a tendência a proteger as atividades individuais – gerenciamento de projeto pela corrente crítica[5]) tiveram de ser desenvolvidas integralmente.

O processo de pensamento[6]

Somente quando outros ambientes, além da produção, estavam tentando utilizar a TOC é que a mudança de paradigma determinada pela definição mais estreita de foco irrompeu plenamente. Para focalizar apropriadamente, foi necessário responder as seguin-

> **A** realidade é extraordinariamente simples e harmoniosa consigo mesma.

---

[3] O volume 1 de *The Theory of Constraints Journal*, de Eliyahu M. Goldratt e Robert E. Fox (1987), foi publicado.

[4] As soluções de distribuição são inicialmente mencionadas em *It's Not Luck* (*Não É Sorte*) (Goldratt, 1994) e posteriormente em *Necessary but Not Sufficient* (Necessário, mas Não Suficiente) (Goldratt, 2000).

[5] A corrente crítica de um único projeto foi detalhada em *Critical Chain* (*Corrente Crítica*) (Goldratt, 1997).

[6] O processo de pensamento foi utilizado em inúmeras outras áreas e não apenas em empresas – por exemplo, em situações pessoais (consulte o Capítulo 38), na educação (consulte o Capítulo 26) e em prisões (consulte o Capítulo 27).

tes perguntas: Como identificamos uma restrição? Quais decisões permitirão melhorar o aproveitamento dessa restrição? Como determinamos a forma adequada de subordinar as não restrições às decisões referentes à restrição? Como desvendamos as formas mais eficazes de elevar a restrição? Tornou-se óbvio que mesmo as melhores práticas disponíveis não estavam oferecendo as respostas necessárias, e confiar na intuição não era suficiente.

As formas convencionais de identificar as medidas necessárias, de focalizar as melhorias, eram obviamente inadequadas. Normalmente, elas partiam de uma lista de problemas, de lacunas entre a situação existente e a situação desejada. Essas lacunas eram quantificadas e, seguindo o princípio de Pareto, os itens no topo da lista eram escolhidos como alvo de melhoria.

Essa abordagem, na melhor das hipóteses, possibilita somente melhorias muito pequenas, visto que em sua base encontra-se o pressuposto errôneo de que as lacunas não são interdependentes. Quando as interdependências são levadas em conta, torna-se óbvio que as lacunas não são nada além de efeitos, os *efeitos indesejáveis* (EIs) de uma causa mais profunda. Tentar lidar diretamente com os EIs não leva à identificação das medidas que devem ser tomadas para eliminar as causas profundas; ao contrário, conduz a uma série de medidas que *não* devem ser tomadas. Havia uma necessidade gritante de oferecer uma estrutura lógica e detalhada para a identificação do problema central e para a ampliação da visão das soluções a fim de eliminá-lo. Fazer isso, sem criar novos EIs. De 1989 a 1992, o processo de pensamento da TOC foi desenvolvido e aprimorado com sucesso.

A restrição do mercado

Quando a TOC é implementada em processos operacionais, as melhorias são significativas desde que a restrição adentre o mercado. Logo no início foi possível notar que a melhoria de desempenho dos processos operacionais abria novas oportunidades a um volume maior de vendas. Essa situação foi descrita em *A Meta* (Goldratt e Cox, 1984). Contudo, levou vários anos, e várias implementações bem-sucedidas, para que eu percebesse que as melhorias nos processos

> **A** empresa ganha uma vantagem competitiva decisiva somente quando atende a uma necessidade significativa do mercado de uma maneira que nenhum de seus concorrentes consegue.

operacionais não apenas abrem novas oportunidades, mas na verdade oferecem à empresa uma decisiva vantagem competitiva. Quando a restrição de uma empresa encontra-se no mercado e a empresa, ao mesmo tempo, tem uma nítida vantagem competitiva, sua interpretação óbvia de *foco* é concentrar-se no aproveitamento dessa vantagem competitiva existente, em vez de se distrair com a melhoria contínua dos processos operacionais. Para construir uma ponte entre o foco sobre os processos operacionais e o foco necessário sobre a estratégia, *A Meta* (1992) foi ampliada.

Para obter o foco necessário, era necessário verbalizar claramente a vantagem competitiva resultante. Não se tratava de algo trivial. O que obscureceu a visão foi o fato de que as mesmas melhorias nos processos operacionais originavam não apenas uma, mas várias vantagens competitivas (distintas em função dos produtos da empresa e da característica de seus clientes). Em *It's Not Luck* (Goldratt, 1994), foram apresentados alguns exemplos de vantagem competitiva, além da introdução ao processo de pensamento.

Aproveitar e manter

Surpreendentemente, a maioria das empresas que implementam a TOC nos processos operacionais não foi adiante no sentido de aproveitar a vantagem competitiva resultante. Em outras palavras, elas ficaram totalmente desfocalizadas, satisfazendo-se com os re-

> **T**enha cuidado com o que você deseja. (Você pode obter. Muito e em pouco tempo.)

sultados da melhoria operacional e mantendo-se cegas para os ganhos maiores que agora podiam ser obtidos prontamente – o maior lucro quando se ganha um maior volume de vendas que pode ser mantido por uma capacidade ociosa evidenciada. Dessa forma, o que estava faltando era um corpo de conhecimentos mais amplo.

Raramente uma empresa tem uma vantagem competitiva decisiva. Não é de surpreender que a maioria dos vendedores não seja treinada a conduzir reuniões de vendas voltadas à vantagem competitiva decisiva que a empresa possui. Essas reuniões diferem das reuniões convencionais que são orientadas somente para os produtos ofertados. As reuniões de vendas voltadas à vantagem competitiva devem girar em torno do ambiente do cliente, evidenciando uma necessidade significativa que no momento não está sendo satisfeita pelos fornecedores. Como existem vários ambientes de cliente, o desafio de decifrar as causas e os efeitos que governam cada um, bem como de criar um ciclo de vendas de acordo e encontrar a solução para conduzir os vendedores à mudança de paradigma necessária, exigiu diversos anos.

Porém, com o sucesso dos primeiros casos, ficou claro que tínhamos de lidar com outro desafio. Aproveitar de maneira efetiva uma vantagem competitiva decisiva para o aumento acentuado das vendas. Com o incremento decorrente das vendas, a restrição pode voltar para os processos operacionais – os gargalos reaparecem rapidamente. Se a recuperação não for controlada adequadamente, isso pode acarretar a perda da vantagem competitiva adquirida. Para continuar focalizando, é essencial saber manter o crescimento das vendas e sincronizar as vendas e os processos operacionais, para que a porcentagem de pedidos recebidos não caia, mas continue crescendo. Não foi difícil perceber os mecanismos básicos que possibilitam essa sincronização, mas foi difícil enfrentar o fato de que, para colocar em prática esses mecanismos, a implementação da TOC precisava ser feita holisticamente. Nesse estágio, eu subestimei a dificuldade de passar de uma implementação funcional para uma implementação holística e ingenuamente supus que demonstrar que a TOC cobre todos os aspectos da organização seria suficiente. O Programa Satélite (Goldratt, 1999), uma síntese do conjunto de conhecimentos da TOC em oito sessões[7] de três horas cada, foi gravado com essa finalidade.

Melhoria contínua

Process of Ongoing Improvement (*Processo de Melhoria Contínua – PMC*) foi o subtítulo da edição revista de *A Meta* (Goldratt e Cox, 1986) e o lema da TOC. Logo no início, observou-se que a definição convencional desse processo (o desempenho aumenta à medida que o tempo passa) contém duas curvas conceitualmente diferentes[8] – a curva vermelha, em que o índice de melhoria aumenta, possibilitando um crescimento exponencial, e a curva verde, em que o índice de melhoria diminui, provocando resultados decrescentes. A motivação para incentivar as empresas a aproveitar a vantagem competitiva que provém da melhoria dos processos operacionais nos levou a orientá-las a lutar pela curva vermelha e a condenar a curva verde.

> **O** maior obstáculo às realizações é estabelecer um objetivo demasiadamente pequeno.

Apenas quando a realidade demonstrou que era absolutamente necessário manter um rápido crescimento é que percebi que a curva verde é tão essencial quanto a curva vermelha. Na verdade, estamos lidando com dois tipos de desempenho: crescimento financeiro e estabilidade. As empresas devem fazer o possível para aumentar anualmente

---

[7] As sessões são Processos Operacionais, Finanças e Mensurações, Gerenciamento e Engenharia de Projetos, Cadeia de Distribuição e Suprimentos, Obtenção de Adesão, Gestão de Recursos Humanos e Estratégias e Táticas.

[8] O conceito de curva vermelha e curva verde é discutido em detalhe na oitava sessão, "Estratégias e Táticas", do Programa Satélite de Goldratt.

pelo menos uma pequena porcentagem de seu desempenho financeiro, o que equivale a requerer o crescimento da curva vermelha. Entretanto, para garantir que esse crescimento seja sustentável, as empresas precisam assegurar que esse crescimento não degrade sua estabilidade. Tornou-se cada vez mais evidente que a obtenção da curva vermelha exige a obtenção da curva verde, e vice-versa.

Para "fazer dinheiro hoje e no futuro" (objetivo estabelecido em *A Meta*), é indispensável escolher cuidadosamente as providências que não apenas viabilizarão o crescimento no futuro próximo, mas também aumentarão (em lugar de ameaçar) a estabilidade da empresa em um horizonte mais longínquo. Para apreender totalmente essa compreensão essencial, o objetivo foi reformulado: "tornar-se uma empresa de desenvolvimento contínuo". Do mesmo modo, os caminhos para alcançar um estágio de desenvolvimento contínuo precisavam ser esquematizados detalhadamente. O foco, fazer o que deve ser feito e não fazer o que não deve ser feito, novamente nos forçou a reexaminar e a mudar de maneira sensível nossa sabedoria convencional.

Nesse estágio (2002), já havia conhecimentos suficientemente detalhados para formular os caminhos para cinco tipos diferentes de setor: produção sob encomenda, produção para estoque, produção com base em projetos, fabricantes de equipamentos e varejistas/atacadistas. Esse conhecimento era tão amplo que levou vários anos para formar novos especialistas. Ainda mais problemático foi o fato de a transferência, até mesmo da parte relevante do conhecimento necessário para melhorar uma empresa específica, ter suscitado inúmeros equívocos. Ter um instrumento abrangente para transferir claramente um amplo corpo de conhecimentos era indispensável.

Árvores de estratégias e táticas

As *árvores de estratégias e táticas* (E&T) talvez sejam o instrumento mais eficaz do processo de pensamento. Oficialmente, ela substitui a árvore de pré-requisitos. Na prática, ela é a organizadora de todos os conhecimentos obtidos pelos instrumentos precedentes. É a estrutura lógica que possibilita a focalização. Com base no objetivo estratégico da empresa, ela deduz logicamente quais medidas (em qual sequência) devem ser tomadas e quais medidas não devem ser tomadas.

> Estratégia – a resposta à pergunta "Para quê?". Tática – a resposta à pergunta "Como?"

As árvores de E&T deram clareza às implementações. Elas melhoraram a comunicação nos níveis administrativos e a sincronização entre os vários departamentos. O tempo para a obtenção de resultados era consideravelmente pequeno e a transição, de um estágio de implementação para o seguinte, tornou-se relativamente tranquila. Não menos importante, elas permitiram que esse conhecimento (o plano de implementação detalhado para os cinco ambientes)[9] fosse levado para o âmbito público. Isso foi possível por meio de uma série de seminários via Web (gravados) em 2008-2009 (Goldratt, 2008, p. 2009).[10]

---

[9] As árvores de E&T para cada um dos cinco ambientes [Maket-to-Order (Reliable Rapid Response) – produção sob encomenda (resposta rápida confiável) –, Make-to-Availability (Consumer Goods) – produção para disponibilização (bens de consumo) –, Projects (projetos), Retailer (varejista), Pay per Click (pague por clique)] podem ser acessadas e baixadas e visualizadas com o visualizador Harmony, em http://www.goldrattresearchlabs.com/bin/Harmony_Viewer_0.9.13.5.exe.

[10] Até o momento, foram concluídas duas séries (Goldratt, 2008, p. 2009).

Novas fronteiras

Atualmente, várias fronteiras novas e importantes estão clamando por respostas. E suponho que isso sempre ocorrerá desde que continuemos sendo bons cientistas. Minha opinião sobre isso não mudou nos últimos 25 anos. Portanto, talvez a melhor maneira de sintetizar esta introdução seja citar, palavra por palavra, parte da minha introdução em *A Meta*:

> **U**ma resposta convincente suscita perguntas novas e proveitosas.

> Acredito que o segredo de ser um bom cientista não está em nossa capacidade mental. Temos o suficiente. Só precisamos examinar a realidade e pensar lógica e precisamente sobre o que vemos. O principal ingrediente é ter coragem de encarar as inconsistências entre o que vemos e deduzimos e a forma como as coisas são feitas. Contestar as hipóteses básicas é essencial para criar ideias revolucionárias. Quase todo mundo que já trabalhou em uma fábrica sente-se no mínimo incomodado em usar as eficiências da contabilidade de custos para controlar nossas ações. Contudo, poucos contestaram diretamente essa vaca sagrada. O avanço do conhecimento exige que contestemos as hipóteses básicas sobre como o mundo é e por que ele é assim. Se conseguirmos compreender melhor nosso mundo e os princípios que o governam, suponho que nossa vida será melhor.

Referências

Blackstone, J. H. *APICS Dictionary*. 12ª ed. Alexandria, VA: APICS, 2008.

Goldratt, E. M. "Chapter 6: The Paradigm Shift." *The Theory of Constraints Journal*, 1(6), 1990, pp. 1-23.

Goldratt, E. M. *It's Not Luck*. Great Barrington, MA: North River Press, 1994.

Goldratt, E. M. *Critical Chain*. Great Barrington, MA: North River Press, 1997.

Goldratt, E. M. *Goldratt Satellite Program*. Sessões de Vídeo 1-8. Brummen, Holanda: Programa Satélite de Goldratt, 1999.

Goldratt, E. M., Schragenheim, E. e Ptak, C. A. *Necessary but Not Sufficient*. Great Barrington, MA: North River Press, 2000.

Goldratt, E. M. *The Goldratt Webcast Series: Critical Chain Project Management*. Roelofarendsveen, Holanda: Goldratt Marketing Group, 2008.

Goldratt, E. M. *The Goldratt Webcast Series: From Make-to-Stock (MTS) to Make-to-Availability (MTA)*. Roelofarendsveen, Holanda: Goldratt Marketing Group, 2009.

Goldratt, E. M. e Cox, J. *The Goal: Excellence in Manufacturing*. Croton-on-Hudson, NY: North River Press, 1984.

Goldratt, E. M. e Cox, J. *The Goal: A Process of Ongoing Improvement*. Ed. rev. Croton-on-Hudson, NY: North River Press, 1986.

Goldratt, E. M. e Cox, J. *The Goal: A Process of Ongoing Improvement*. 2ª ed. rev. Great Barrington, MA: North River Press, 1992.

Goldratt, E. M. e Fox, R. E. *The Race*. Croton-on-Hudson, NY: North River Press, 1986.

Goldratt, E. M. e Fox, R. E. *The Theory of Constraints Journal*, vol. 1, 1987.

Sullivan, T. T., Reid, R. A. e Cartier, B. 2007. *TOCICO Dictionary*. http://www.tocico.org/?page=dictionary.

Sobre o autor

Eli Goldratt é conhecido por milhões de leitores no mundo inteiro como cientista, educador e guru dos negócios. A *teoria das restrições* (TOC) é ensinada nas escolas de negócios e nos programas de MBA ao redor do mundo. Órgãos governamentais e empresas, pequenas e grandes, adotaram suas metodologias. A TOC foi aplicada com êxito em praticamente todas as áreas do empreendimento humano, do setor industrial ao de saúde e ao educacional. Embora Eli Goldratt tenha sido efetivamente cientista, educador e empresário, ele foi, sobretudo, um filósofo; um gênio, para alguns. Ele foi um pensador que instigou outros a fazerem o mesmo. Com frequência considerado não convencional e sempre incentivador – um aniquilador de "vacas sagradas" –, Dr. Goldratt exorta seus leitores a examinar e reavaliar sua vida e suas práticas empresariais cultivando um ponto de vista diferente e uma visão nova e transparente.

PARTE II
Gerenciamento de Projetos pela Corrente Crítica

CAPÍTULO 2
Os problemas do gerenciamento de projetos

CAPÍTULO 3
Cartilha de gerenciamento de projetos pela corrente crítica

CAPÍTULO 4
Obtendo resultados duráveis com a corrente crítica: um relatório de campo

CAPÍTULO 5
Obtendo adesão à mudança

CAPÍTULO 6
Gerenciamento de projetos em um mundo enxuto: aplicando o Lean/Seis Sigma no ambiente de projetos

Os projetos são o cerne da mudança nas organizações. Eles são o veículo para o desenvolvimento de novos produtos, a melhoria de processos importantes, as mudanças organizacionais e coisas semelhantes. Desse modo, a implementação de estratégias depende dos projetos. É vital conduzi-los da forma mais eficaz possível.

Como os capítulos desta parte demonstram, a corrente crítica da teoria das restrições (*theory of constraints* – TOC) revela uma série de novos paradigmas que possibilitam avanços fundamentais em relação aos métodos tradicionais. As novas abordagens consideram a disponibilidade de recursos essenciais no momento do lançamento de novos projetos e no planejamento do cronograma de projetos específicos. Os novos conceitos sobre estimativa e acompanhamento de atividades possibilitam a utilização inteligente de pulmões de tempo (de proteção). Dessa maneira, os gerentes podem concentrar-se corretamente em áreas específicas que necessitam de atenção e determinam o sucesso do projeto. A eliminação de múltiplas tarefas desnecessárias é associada com uma abordagem de "corrida de revezamento" a respeito do fluxo de trabalho que tem por objetivo diminuir consideravelmente o tempo de execução e melhorar a qualidade dos projetos. Esses conceitos simples, porém eficazes, direcionam as iniciativas de administração e recursos para algumas atividades fundamentais ao sucesso organizacional.

Etapas indispensáveis à implementação e sustentabilidade são também abordadas. Essas técnicas e as drásticas melhorias obtidas nesse campo são explicadas, como as imensas melhorias alcançadas com relação à conclusão pontual dos projetos, de acordo com as especificações e o orçamento. Esta parte apresenta uma visão clara sobre o conceito de corrente crítica e sobre como ele é implementado e colocado em prática. A integração da corrente crítica, da produção enxuta (Lean) e do Seis Sigma também é abordada. Embora se analise o gerenciamento de projetos específicos, ênfase especial é dada aos ambientes de múltiplos projetos, por serem mais predominantes.

2
Os problemas do gerenciamento de projetos

Ed Walker

Introdução

A maioria dos projetos fracassa! Geralmente, esse insucesso significa que os resultados reais de pelo menos um dos três objetivos do projeto não atendem às expectativas originais. O escopo do projeto diminuiu (as especificações originais foram alteradas), o projeto foi concluído com atraso (em comparação à data de conclusão original) ou o orçamento foi ultrapassado (os custos reais excederam os custos previstos do projeto). Em alguns projetos, dois ou mesmo todos esses três objetivos não foram concretizados.

Nas últimas quatro décadas, surgiram duas correntes de pesquisa na área de gerenciamento de projetos. Na corrente da ciência da administração, inúmeros pesquisadores acadêmicos estudaram as redes de projeto (a teoria) para identificar problemas específicos no método do caminho crítico/técnica de avaliação e revisão de programas (*critical path method/program evaluation and review technique* – CPM/PERT) – utilização da distribuição, de recursos limitados, de caminhos paralelos etc. – ou determinar o algoritmo mais eficaz para identificar o menor tempo de conclusão de um projeto. No âmbito do gerenciamento, inúmeros pesquisadores acadêmicos e profissionais estudaram o ambiente de gerenciamento de projetos para identificar os problemas humanos (falta de habilidades técnicas e de execução de projeto, falta de trabalho em equipe, falta de comunicação etc.) que estão por trás do fracasso dos projetos. Raras vezes esses pesquisadores reconheceram o trabalho da outra corrente de pesquisa como as possíveis causas do insucesso dos projetos. Em muitos casos, houve apenas uma discussão entre os cientistas da administração sobre a possibilidade de o problema em estudo ser a causa desse insucesso. Portanto, é necessário examinar o ambiente de projetos como um sistema e determinar as causas desse fracasso.

Objetivo e estrutura deste capítulo

O objetivo predominante deste capítulo é expor os problemas associados com o gerenciamento de projetos "tradicional". Não serão encontradas aqui soluções específicas, mas uma estrutura para o desenvolvimento de um novo método de gerenciamento de projetos que utiliza um ponto de vista sistêmico para abordar os problemas centrais das ferramentas tradicionais de planejamento, programação e controle de projetos. É necessário adotar uma perspectiva sistêmica para avaliar integralmente o impacto de uma hipótese relacionada a uma determinada atividade, à contenção de recursos ou à convergência dos caminhos para os resultados de um projeto.

Copyright © 2010 Ed Walker

Para concretizar esse objetivo, primeiramente ofereceremos ao leitor uma visão geral sobre programação por meio do gráfico de Gantt e sobre CPM/PERT. Os gráficos de Gantt foram desenvolvidos há cem anos, ao passo que o CPM (*método do caminho crítico*) e a PERT (técnica que a princípio foi chamada de *tarefa de pesquisa de avaliação de programas* e depois alterada para *técnica de avaliação e revisão de programas*) começaram a ser desenvolvidos há aproximadamente 50 anos. Esses métodos têm vantagens e desvantagens, e ambas foram sintetizadas aqui. Apresentamos em seguida uma breve revisão da literatura relacionada às origens do gerenciamento de projetos, dos grandes fracassos dos projetos desde sua origem, da literatura relacionada a projetos únicos e a redes de múltiplos projetos e à alocação de recursos. O corpo principal deste capítulo dedica-se ao desenvolvimento das diretrizes que qualquer novo método de gerenciamento de projetos deve abordar. Em seguida, apresentamos uma breve introdução ao *gerenciamento de projetos pela corrente crítica (GPCC)** e, por fim, uma revisão da literatura recente sobre GPCC.

Mecanismos tradicionais de planejamento e controle em gerenciamento de projetos

Gráficos de Gantt

O gráfico de Gantt é um gráfico de barras horizontais desenvolvido em 1917 pelo engenheiro e cientista social americano Henry L. Gantt para servir de ferramenta de controle de produção. Frequentemente empregado no gerenciamento de projetos, o gráfico de Gantt é a ilustração gráfica de uma programação que ajuda a planejar, coordenar e acompanhar atividades específicas de um projeto. Ele pode ser tão simples quanto o gráfico feito à mão em papel milimetrado ou tão complexo quanto aquele desenvolvido em um programa de computador concebido para essa finalidade. Um exemplo de gráfico de Gantt simples é mostrado na Figura 2.1.

O eixo horizontal do gráfico representa o período de tempo total do projeto (decomposto em incrementos de tempo uniformes – dias, semanas, meses etc.), enquanto o eixo vertical apresenta as atividades do projeto. As barras horizontais são empregadas para mostrar as datas de início e término de cada uma das atividades (por exemplo, a ativida-

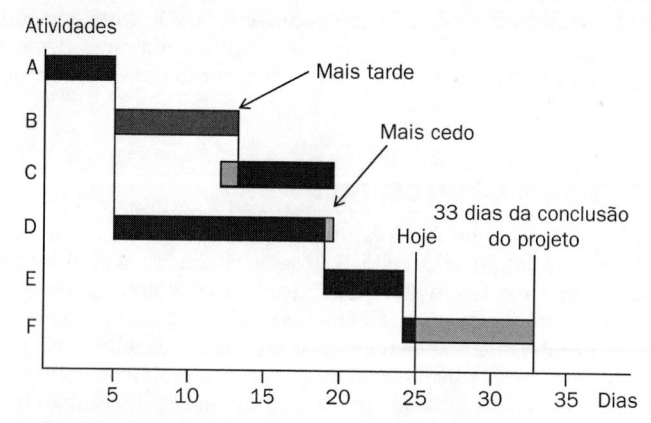

FIGURA 2.1 Gráfico de Gantt simplificado de uma rede de projeto.

---

* N. de T.: Originalmente conhecido como *critical chain project management for single projects* – CCPM-SP.

de A tem uma duração de *y* dias, que começa no dia primeiro e termina no quinto dia). Em sua forma mais simples, o gráfico de Gantt mostra todas as atividades necessárias para concluir o projeto. Algumas delas devem ser concluídas de acordo com uma sequência específica, enquanto outras podem ser realizadas simultaneamente. As atividades B e C são processadas sequencialmente e as atividades B e D podem ser processadas ao mesmo tempo. Não é possível erguer uma casa se a fundação não estiver pronta; contudo, assim que se ergue a estrutura, os sistemas elétrico e hidráulico podem ser instalados simultaneamente.

A programação realizada por meio de um gráfico de Gantt mais complexo com frequência se baseia em uma *estrutura analítica de projeto* (EAP). Dando continuidade ao exemplo anterior, a instalação de um sistema elétrico (o objetivo) pode ser decomposta em elementos manejáveis, como instalação do painel de disjuntores, passagem de fios elétricos pela casa, passagem de cabos de dados, conexão dos fios elétricos ao painel de disjuntores, inspeção do sistema por um inspetor predial etc. Em seguida, é necessário determinar as datas de início e conclusão, bem como a responsabilidade por cada atividade. Nesse tipo de gráfico, acompanha-se a porcentagem de conclusão de cada elemento e respectivos objetivos. A linha vertical apresentada no gráfico mostra a data atual (25 de março), ao passo que as porções concluídas e não concluídas de cada barra horizontal são sombreadas de maneira distinta para que se possa inspecionar visualmente o andamento do projeto. Por exemplo, a atividade B está dois dias atrasada e a atividade D está um dia adiantada.

A principal vantagem da programação pelo gráfico de Gantt é que ele pode ser facilmente compreendido por um público amplo e é uma forma de acompanhar visualmente o andamento do projeto. As desvantagens são inúmeras. É difícil manejar esse gráfico em projetos maiores (mais de 30 atividades), quando ele ocupa mais de uma página (ou tela, se computadorizado). Ele não indica as dependências entre as atividades e, por isso, não mostra até que ponto o atraso em uma determinada atividade pode afetar as demais. Quando se utiliza a EAP, com frequência há uma confusão entre a definição da EAP e a definição das atividades do projeto. Além disso, como alguns dos elementos da EAP podem ser sobrecarregados no princípio ou no final (maior quantidade de trabalho no início ou no final do elemento), a porcentagem de andamento divulgada pode estar superestimada ou subestimada.

CPM/PERT no ambiente de um único projeto

O CPM e a PERT foram criados em 1957 e 1958, respectivamente. O CPM examina as compensações entre a diminuição da duração do projeto e o aumento dos custos das atividades e do projeto; e a PERT examina a incerteza das datas de conclusão na execução dos projetos. O CPM foi originalmente desenvolvido para ser empregado na reconstrução de instalações fabris pela DuPont e a PERT para ser utilizada com o programa nuclear submarino Polaris pelo Escritório de Projetos Especiais do Departamento da Marinha e pela empresa de consultoria Booz Allen Hamilton. De seus primórdios ao presente, essas duas técnicas (e sua subsequente fusão) foram anunciadas como avanços revolucionários no gerenciamento de sistemas complexos.

Assim que todas as atividades são identificadas (um processo que em si está sujeito a controvérsias), é possível criar um diagrama de rede de projeto. O diagrama organiza as atividades de uma forma que mostre claramente as relações de precedência lógica – o fato básico de que a maioria das atividades deve ser precedida ou seguida por uma ou mais atividades. A Figura 2.2 apresenta um diagrama de rede típico de seta que tem seis atividades, todas com uma estimativa de duração. O CPM/PERT requer um caminho de ida através da rede para determinar a data de *início mais cedo* (IMC) e a data de *término mais cedo* (TMC) de cada atividade. Em seguida, traça-se um caminho de volta através da rede utilizando o TMC da última atividade como a data de *término mais tarde* (TMT) da última atividade. Esse caminho de volta determina a data de término mais tarde e a data

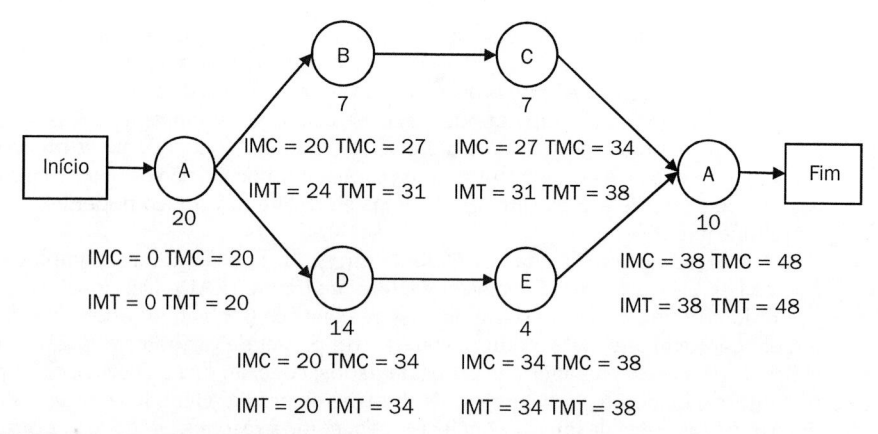

FIGURA 2.2 Diagrama de rede de projeto.

de *início mais tarde* (IMT) de cada atividade. A diferença entre TMT e TMC (ou IMT e IMC) é a folga relacionada a cada atividade.

As atividades que não têm nenhuma folga são chamadas de atividades críticas porque qualquer atraso nelas atrasará o projeto. Na Figura 2.1, as atividades críticas são A, D, E e F. Elas formam o caminho crítico. A principal vantagem do CPM/PERT em relação ao gráfico de Gantt é que a precedência entre as atividades é percebida de imediato e é relativamente fácil determinar até que ponto um atraso em uma atividade específica pode afetar as demais. O valor da folga prevista para as atividades B e C (Figura 2.2) é quatro. Portanto, se essas duas atividades sofrerem um atraso de mais de quatro dias, o caminho crítico será prejudicado porque as atividades C e E devem ser concluídas antes do início da F. A principal desvantagem desse método é o pressuposto de que existe uma capacidade prontamente disponível de recursos necessários. Grande parte das pesquisas que se seguem explica mais detalhadamente essa premissa básica.

Breve revisão de literatura sobre gerenciamento de projetos

A literatura de gerenciamento de projetos é enorme – vários milhares de artigos e dezenas de livros. Embora a área de gerenciamento de projetos tenha se desenvolvido de maneira significativa, alguns dos problemas identificados inicialmente, há quase cinco décadas, tanto na literatura de visão macro (aplicada) quando na de visão micro (ou teórica), ainda hoje perduram. Esta revisão de literatura oferece apenas um vislumbre dos temas de pesquisa de gerenciamento de projetos que tiveram continuidade do fim da década de 1950 aos nossos dias. O objetivo é mostrar que os problemas do gerenciamento de projetos não foram solucionados e que sua promessa não foi alcançada nesse intervalo de tempo.

Origens do CPM/PERT

A literatura de gerenciamento de projetos mistura descrições sobre os benefícios e os problemas do CPM/PERT. Apresentamos uma breve explicação com o intuito de mostrar que essa discussão é contínua. O êxito do CPM/PERT despertou imediatamente o interesse da alta administração. Vários pesquisadores publicaram artigos sobre a utilização dessas novas ferramentas de gerenciamento. Malcolm, Roseboom e Clark (1959) oferecem um relato situacional e um histórico sobre sua evolução; exemplos de planejamento de fluxo; estimativas de tempo decorrido; organização de datas; cálculo do tempo previsto, do tempo máximo, das folgas e do caminho crítico; probabilidade de conclusão do projeto em uma determinada data; e uma descrição sobre a aplicação piloto e sua implementação integral e os resultados obtidos até aquele momento. Logo após esse relato detalhado sobre a PERT, Healy (1961) chamou atenção para um problema com essa técnica, de que a subdivisão das atividades e do respectivo espaço de tempo pode mudar as probabilidades da data de entrega do projeto. Clark (1961) e Millstein (1967) criticam a pesquisa de Healy com base em fatos observados no gerenciamento com a PERT, ao passo que Roseboom (1961) questiona se os pressupostos de Healy seriam mesmo realistas.

Na *Harvard Business Review*, Miller (1962) apresenta uma descrição sobre planejamento e controle por meio da PERT; e Levy, Thompson e Wiest (1962) oferecem uma descrição similar dos ABCs do CPM. Ao mesmo tempo, Pocock (1962) fala sobre a PERT, suas compensações e respectivos problemas (a PERT é responsabilidade da administração, não é um sistema automático e com frequência colide com os padrões organizacionais tradicionais; a necessidade de aprender a utilizar um sistema de controle dinâmico; aplicações inadequadas; a PERT é uma técnica que não pode ser padronizada rigidamente). Kelley (1962) oferece uma pesquisa que respalda os princípios matemáticos do CPM e Bildson e Gillespie (1962) ampliam o tema com um modelo de PERT (utilizando a incerteza de duração das atividades) e CPM (com o custo da colisão de atividades). Paige (1963) apresenta uma descrição detalhada de PERT/custo. Vários artigos de pesquisa foram publicados subsequentemente, examinando e defendendo que os pressupostos do método PERT são infundados ou falsos. O objetivo de oferecer uma breve descrição dos primeiros artigos e dos artigos presentes nos apêndices, associados a vários problemas micro (teoria) ainda hoje em debate, é mostrar as causas atribuídas pelos pesquisadores acadêmicos aos insucessos dos projetos.

Sobre as falhas dos projetos

Além de pesquisas teóricas, foram analisados artigos empíricos e *surveys* de diferentes tipos de organização de gerenciamento de projetos para determinar a dimensão dos insucessos e as respectivas causas. Em 1957, C. Northcote Parkinson observou que o "trabalho se amplia para preencher o tempo disponível para a sua conclusão"– , afirmação hoje conhecida como lei de Parkinson. Outros (Marks e Taylor, 1966; Krakowski, 1974; Gutierrez e Kouvelis, 1991) identificaram essa lei em atividades e nos resultados relacionados à duração do projeto.

Middleton (1967) fez um levantamento junto a organizações de gerenciamento de projetos nos setores aeroespaciais. Os respondentes citaram as seguintes desvantagens na utilização de uma organização de gerenciamento: operações internas mais complexas (51%), inconsistência na aplicação da política da empresa (32%), menor quantidade de recursos humanos (13%), custos de programação mais altos (13%), maior dificuldade de gerenciamento (13%) e margens de lucro mais baixas (2%). Outras desvantagens citadas foram tendência dos grupos funcionais negligenciarem suas responsabilidades, muitas mudanças no quadro de funcionários de um projeto para outro em virtude das prioridades e duplicação de habilidades funcionais na organização de projeto.

Avot afirma: "Os vários casos em que o gerenciamento de projetos fracassa ofuscam as histórias dos projetos bem-sucedidos" (1970, p. 36). Segundo ele, as principais causas de fracasso são as seguintes: o alicerce do projeto não é sólido; escolha errada do gerente de projetos; a administração da empresa não oferece apoio; as atividades são definidas inadequadamente; o sistema de gerenciamento de projetos não é controlado apropriadamente; as técnicas de gerenciamento são mal utilizadas (p. ex., excesso de relatórios); e a conclusão do projeto não é programada.

Brooks (1995), gerente de projeto do SO/360 da IBM, atribui cinco causas principais ao atraso nos projetos de tecnologia da informação (TI): (1) as técnicas de estimativa são mal desenvolvidas (as estimativas normalmente são otimistas); (2) as técnicas de estimativa confundem empenho com andamento (supõe-se que pessoas e meses são intercambiáveis); (3) sujeição à data de entrega desejada pelo cliente (que é impraticável); (4) o andamento da programação não é monitorado inadequadamente; e, (5) quando ocorrem desvios da programação, a reação é acrescentar mais recursos humanos.

Com base em sua experiência com gerenciamento de projetos, Hughes (1986) atribui a maioria das falhas dos projetos à falta de adesão aos princípios básicos de gerenciamento, como focalização inapropriada no sistema de gerenciamento de projetos, em vez de focar nas metas do projeto; obsessão por manter as estimativas iniciais; estrutura de atividades muito detalhada ou muito ampla; falta de treinamento nas técnicas de gerenciamento de projetos; atribuição de um número exagerado de pessoas ao projeto (lei de Parkinson); falta de divulgação das metas; e recompensa às condutas erradas. Black (1996) fez um levantamento junto a engenheiros profissionais para determinar as causas das falhas dos projetos, elencando as 12 causas principais:

1. Falta de planejamento
2. O gerente de projeto
3. Mudanças no projeto (ampliação progressiva do escopo, planejamento ineficiente etc.)
4. Programação inadequada
5. Habilidades dos membros da equipe
6. Apoio da administração
7. Financiamento
8. Contenção de custos
9. Recursos
10. Gerenciamento de informações
11. Incentivos (falta de recompensa e punição)
12. Falta de análise contínua sobre os riscos

No final da década de 1980 e início da década de 1990, Pinto e Slevin (1987), Pinto e Prescott (1988), Pinto e Slevin (1989) e Pinto e Mantel (1990) examinaram, em uma série de artigos, a presença de fatores críticos de sucesso na implementação de projetos; as diferenças nas etapas do ciclo de vida do projeto; as diferenças entre projetos de construção e de P&D; e falhas dos projetos, respectivamente. Os fatores críticos de sucesso são: definição da missão do projeto, apoio da alta administração, troca de informações com o cliente, recursos humanos, atividades técnicas, aprovação e acolhimento do cliente, controle e *feedback*, comunicação e resolução de problemas. Dentre os projetos (Pinto e Mantel, 1990) em que se encontraram falhas nas etapas estratégicas, o critério pertinente de falha estava relacionado à eficácia externa: valor percebido sobre o projeto e satisfação do cliente. Nas etapas táticas, os critérios pertinentes estavam associados à investigação e resolução de problemas, falta de recursos humanos adequados, programação ineficaz, falta de aprovação e acolhimento do cliente e apoio técnico inadequado. Uma das hipóteses (H3), "as causas percebidas de falha nos projetos poderão variar dependendo do tipo de projeto avaliado: de construção ou de P&D" (1990, p. 271), demonstrou-se verdadeira. Nos projetos de construção, as causas foram: falta de conhecimento técnico, apoio e mecanismos adequados de investigação e resolução de problemas. Nos projetos de P&D, foi identificada uma ampla variedade de causas, em que a causa dependia da definição de falha; impacto sobre todas as definições em virtude da solução inadequada de problemas; processo de implementação: programação ineficaz; satisfação do cliente: recursos humanos e controle e *feedback*; e qualidade: ausência de uma definição clara das metas do projeto.

Brown (2001) relata que três quartos de todos os projetos são concluídos com atraso e acima do orçamento, de acordo com um levantamento junto a 1.800 executivos, profissionais da área e consultores. Pitagorsky (2001) cita um índice de insucesso de 40% a 60%.

Segundo James, 40% de todos os projetos de TI acabam em "completo fracasso", ao passo que 33% são "deficientes, o que significa que estavam totalmente atrasados, acima do orçamento ou tinham menos recursos e funções do que os especificados originalmente" (2000, p. 40). Com base em seus 20 anos de experiência em gerenciamento de projetos, Matta e Ashkenas (2003) atribuem duas causas principais ao insucesso de projetos complexos – atividades críticas (denominadas riscos de espaço em branco) presentes no plano do projeto são descontinuadas e no fim as diferentes atividades não se compatibilizam para a concretização do projeto final.

Neimat (2005) oferece uma análise detalhada de pesquisas sobre o insucesso de projetos de TI realizadas pelo Grupo Standish, com base em levantamentos anuais sobre TI junto a 18 mil executivos que demonstram as tendências nos índices de insucesso de 1994 (mais de 80% dos projetos eram ineficientes ou fracassaram) a 2000 (em torno de 70% dos projetos estavam sob tensão ou fracassaram); um resumo de várias outras iniciativas de pesquisa mais recentes que examinam as falhas dos projetos de TI; e um relato sobre o insucesso do projeto Virtual Case File do Departamento Federal de Investigação (Federal Bureau of Investigation – FBI). Sua lista de causas de falha nos projetos é semelhante às listas compiladas no período de 40 anos: planejamento ineficiente, metas e objetivos obscuros, mudança de objetivo durante o projeto (ampliação gradual do escopo), estimativas infundadas sobre duração ou recursos, falta de apoio executivo e de envolvimento do usuário, falha em não se comunicar e agir como uma equipe e habilidades inadequadas. Curiosamente, as descrições sobre as variáveis de insucesso e sucesso listadas nos vários artigos nesse período de 40 anos são bastante semelhantes.

Literatura sobre gerenciamento de um único projeto

O CPM/PERT é criticado por não oferecer datas de conclusão praticáveis, pelo fato de subestimar sistematicamente os orçamentos e por utilizar os recursos ineficazmente (p. ex., Klingel, 1966; Badiru, 1993; Meredith e Mantel, 2003, p. 134-135, 649-652). Essas falhas podem ser originadas por um plano inicial errôneo ou um processo de controle inadequado. Uma variedade de métodos de planejamento e controle de projetos foi abraçada pelos pesquisadores (Wiest e Levy, 1977; Badiru, 1993; Kerzner, 1994; Meredith e Mantel, 2003), embora não se tenha chegado a nenhum consenso sobre alterações ou substituição da técnica de planejamento e controle CPM/PERT tradicional.

Como a maioria das pesquisas está direcionada ao ambiente de um único projeto, a maior parte das críticas sobre o CPM/PERT também recaiu sobre esse ambiente. Kerzner (1994) afirma que a PERT: (1) direciona-se ao produto final – separa os planejadores dos executores; (2) pressupõe uma capacidade infinita; e (3) não reconhece a falta de histórico que fundamente as estimativas. Outros pesquisadores identificaram problemas similares e criticaram determinadas características do CPM/PERT. Wiest e Levy (1977) questionam (1) a possibilidade de conhecer com antecedência as próprias atividades e respectiva duração (e distribuição correspondente) e relação de precedência; (2) a falta de atividades cíclicas e condicionais; e (3) a pressuposição de uma relação linear inversa entre custo e duração (colisão de atividades). Van Slyke (1963) e posteriormente Schonberger (1981) constataram que a variabilidade das atividades faz com que a duração do projeto supere as estimativas da PERT, isto é, a variabilidade da duração das atividades aumenta, assim como a diferença entre a duração programada e real do projeto. Ambos detectaram que o método PERT pressupõe que existe uma independência de caminho e questionaram se um determinado caminho poderia provocar um "atraso" em outro. Van Slyke também identificou a causa como uma interdependência entre atividades nos caminhos "independentes". Quer afirmando explicitamente ou apenas dando a entender pelo enfoque de suas pesquisas, vários pesquisadores em última análise questionam o pressuposto do CPM/PERT de capacidade infinita e sua indiferença para com a variabilidade da duração das atividades.

Literatura sobre gerenciamento de múltiplos projetos

Tal como outros ambientes empresariais, o gerenciamento de múltiplos projetos apresenta determinados problemas que devem ser reconhecidos antes do desenvolvimento de novas ferramentas de planejamento e controle. Pesquisas recentes na área de planejamento e controle de múltiplos projetos reconheceram várias deficiências no método CPM/ PERT. Os pesquisadores investigaram as regras de atribuição de recursos empregadas para planejar melhor múltiplos projetos (*e.g.*, Lee *et al.*, 1978; Trypia, 1980; Kurtulus e Davis, 1982; Kurtulus, 1985; Kurtulus e Narula, 1985; Allam, 1988; Mohanty e Siddiq, 1989; Bock e Patterson, 1990; Deckro *et al.*, 1991; Dean *et al.*, 1992; Abdel-Hamid, 1993; Kim e Leachman, 1993; Lawrence e Morton, 1993; Speranza e Vercellis, 1993; Yang e Sum, 1993; Vercellis, 1994; Tsai e Chiu, 1996) e também o problema de controle de vários projetos tanto em termos organizacionais (*e.g.*, Coulter, 1990; Platje e Seidel, 1993; Payne, 1995) quanto táticos (*e.g.*, Tsubakitani e Deckro, 1990; Dumond e Dumond, 1993). Com exceção de Dumond e Dumond (1993) e Tsubakitani e Deckro (1990), essas pesquisas examinaram um ambiente de múltiplos projetos estático.

As pesquisas sobre as funções de planejamento, programação e controle constataram várias características fundamentais inerentes aos múltiplos projetos:

1. Eles são interdependentes porque utilizam recursos em comum.
2. É necessário empregar algum método para priorizar a utilização de recursos entre vários projetos.
3. Existem algumas compensações entre a utilização de recursos e a conclusão pontual de projetos específicos.
4. Seja organizacional ou tático, deve haver um mecanismo de controle para diminuir a discrepância entre as datas de conclusão programada e real.

Desenvolvimento de diretrizes

A utilização disseminada de técnicas de gerenciamento de projetos e a incapacidade geral dos projetos em cumprir as especificações, os prazos e os orçamentos estabelecidos requerem um exame dos princípios de planejamento, programação e controle de projetos de um ponto de vista sistêmico. Na seção seguinte, desenvolvemos 12 diretrizes de planejamento, programação e controle de projetos baseadas nessa perspectiva sistêmica. Essas diretrizes são apresentadas como um ponto de partida para o desenvolvimento de uma solução abrangente de planejamento, programação e controle de projetos. Sem essa perspectiva sistêmica para focalizar os problemas básicos das falhas dos projetos, a proposição de uma saída (por exemplo, melhorar a comunicação) talvez crie mais problemas (como realizar mais reuniões de projeto e produzir mais relatórios) do que soluções. As 12 diretrizes são listadas no quadro cinza e são explicadas mais a fundo no texto subsequente.

Diretriz I: Reconheça as diferenças entre projetos com data de conclusão e projetos para gerar lucro. A estrutura de rede pode ser a mesma, mas o projeto que visa ao lucro é iniciado o mais cedo possível (para gerar lucro) e o projeto com uma data de conclusão específica é postergado o máximo possível (para poupar dinheiro), embora receba proteção para que seja concluído. É necessário considerar o projeto como um componente de um sistema mais amplo – qual é a meta e quais são os objetivos do projeto com respeito à meta e aos objetivos da organização?

Diretriz II: Identifique todas as atividades necessárias para concretizar a meta do projeto e da organização. Na prática, a meta do projeto geralmente é um marco em um sistema mais amplo. Analise se o escopo do projeto define totalmente as atividades necessárias para atingir a meta do projeto e está de acordo com a meta do sistema (organização).

Diretriz III: Reconheça que a utilização plena (100%) dos recursos pode ir de encontro com os objetivos do projeto e a meta da organização. Programe a utilização de recursos dentro e entre os projetos para que eles sejam concluídos no prazo e de acordo com o orçamento e todas as especificações.

Diretriz IV: As regras de programação da duração das atividades devem ser conhecidas e aplicadas por todos os recursos, gerentes de recursos e gerentes de projetos. É necessário ter uma probabilidade de conclusão de 0,5 para as atividades e o projeto, a fim de definir uma rede correta. Deve-se utilizar estrategicamente no projeto uma proteção (um pulmão).

Diretriz V: Minimize a quantidade de tarefas executadas simultaneamente por cada recurso crítico e também nas atividades que se encontram no caminho crítico do projeto para diminuir o atraso das atividades. Empregue com cuidado a multitarefa – tendo consciência da influência que isso pode ter sobre a conclusão do projeto. Utilize pulmões estrategicamente em caminhos não críticos, na contenção de recursos e na conclusão dos projetos para diminuir o impacto da lei de Murphy.

Diretriz VI: Desenvolva e implemente uma metodologia para priorizar a alocação de recursos dentro de um projeto e entre projetos para que os recursos saibam o que é mais importante do ponto de vista organizacional (sistema).

Diretriz VII: Ao elaborar a rede, o gerente de projeto deve levar em conta todas as atividades e dependências que precisam ser concluídas para alcançar as metas do projeto, bem como todas as condições que devem ser atendidas para que uma atividade se inicie.

Diretriz VIII: Reconheça que a capacidade pode ser finita, bem como a variabilidade da duração das atividades, mudando o planejamento, a programação e a controle de projetos únicos ou múltiplos, para acrescentar um pulmão de tempo ao final de cada projeto, assim como em pontos de convergência (convergência tecnológica e convergência provocada pela contenção de recursos), tanto dentro de um projeto quanto entre projetos.

Diretriz IX: Reconheça que a prática atual de minimizar os custos postergando as despesas das atividades pode ir de encontro com o objetivo de concluir pontualmente os projetos.

Diretriz X: Reconheça que avaliar os gerentes de recursos com base na utilização de recursos cria estimativas infladas de duração das atividades, problemas de utilização de recursos no momento apropriado, multitarefa em um ou mais projetos e, por fim, atraso no projeto.

Diretriz XI: A teoria deve ser revista para refletir e apoiar a prática (pesquisa). As atividades na corrente crítica ou próximas dela devem ser programadas para que a atividade precedente seja concluída, e não com base no tempo de duração. Por exemplo, um *software* de gerenciamento de projetos tradicional normalmente oferece cronogramas de recursos e os recursos estão disponíveis de acordo com a programação. As simulações de busca do projeto iniciam atividades subsequentes com base na conclusão das atividades precedentes. No mínimo, os parâmetros dessa busca devem ser definidos do ponto de vista sistêmico para que ela corresponda à realidade.

Diretriz XII: Crie um método claro e eficaz de planejamento e controle de múltiplos projetos examinando a contenção de recursos entre os projetos. Reconheça que nem todos os projetos podem ser iniciados o mais breve possível. Os projetos devem ser encadeados com base na capacidade dos recursos críticos e escalados com base na capacidade desses recursos.

Problemas macro

Metas, objetivos e mensurações de um projeto

Granger descreve a hierarquia de objetivos da seguinte forma: "Existem objetivos com objetivos, dentro de objetivos. Todos eles exigem uma definição meticulosa e uma análise rigorosa para que sejam úteis separadamente e vantajosos no conjunto" (1964, p. 63). Lembre-se, a meta em um projeto é que ele seja concluído com êxito, o que normalmente significa ter objetivos menores para minimizar os custos associados com o projeto e concluí-lo no prazo e de acordo com as especificações.

Porém, qual é a *verdadeira* meta do projeto? As metas podem ser classificadas em dois tipos: (1) projetos que precisam ser concluídos em uma determinada data e (2) projetos que, quando concluídos, devem gerar receitas e, por esse motivo, devem ser concluídos o mais breve possível. O primeiro tipo deve ser iniciado o mais tarde possível e, ao mesmo tempo, ter sua conclusão garantida na data desejada (essa estratégia poupa dinheiro). O segundo tipo deve ser iniciado o mais breve possível e ter sua conclusão garantida na data desejada (essa estratégia gera lucro). Esse tipo é mais comum, embora com frequência seja tratado como se fosse do primeiro tipo.

- Causa: O CPM/PERT não reconhece nitidamente a diferença entre um projeto que precisa ser concluído em uma data prometida (com data especificada) e aquele que deve ser concluído o mais rápido possível para gerar lucro (projeto para gerar lucro).

Essa causa é abordada pela Diretriz I.

Definindo o escopo de um projeto

Em sua pesquisa, Feldman (2001) identificou os sete sinais fatais da estimativa de projetos, como o de que nem todas as atividades ou custos são definidos e de que as estimativas não representam a completude do escopo. Qual é a meta do projeto com respeito à meta da organização (sistema)? Então qual deve ser o escopo do projeto para apoiar essas metas da organização e do projeto? Se estivéssemos definindo um projeto que exija a abertura de uma nova concessionária de automóveis (consulte Rydell Group, 1995, para obter os detalhes desse exemplo), quais atividades deveriam ser incluídas no projeto? Qual seria a meta do projeto? Nesse exemplo, seria gerar lucro com a venda de automóveis. No passado, uma revendedora decidiria abrir uma nova franquia em uma cidade grande. Isso poderia ser realizado como se fosse composto de vários projetos: comprar o terreno; solicitar propostas; dar o primeiro passo, construir o prédio, equipá-lo e mobiliá-lo e contratar serviços de utilidade pública; solicitar estoques; contratar, montar a equipe e treinar os funcionários etc. Normalmente, são necessários nove meses do início do projeto ao momento de abrir as portas – nove meses de escoamento de dinheiro da empresa. Utilizando o ponto de vista sistêmico e reconhecendo que a meta é gerar lucro com o projeto (isto é, a conclusão do projeto é ter uma máquina de fazer dinheiro em vigor), é possível reestruturar a rede como um único projeto executando várias atividades em paralelo – construir, solicitar mobílias e equipamentos, instalar utilidades públicas etc. – e concluir o projeto em três meses. O término do projeto é estabelecido como a abertura das portas para o mercado, e não como a conclusão da construção. A identificação do tipo de projeto e de seu verdadeiro escopo possibilita que a empresa gere lucros após três meses, e não nove.

- Causa: Do modo como tem sido tradicionalmente aplicado, o CPM/PERT não reconhece todas as atividades necessárias para atingir a meta do projeto e da organização.

Essa causa é abordada pela Diretriz II.

O dilema do gerenciamento de projetos

Williams (2001) afirma que no gerenciamento de projetos a programação apresenta dois desafios. Por um lado, existe a necessidade de equiparar a capacidade com a respectiva demanda – os recursos devem estar disponíveis para uso. Por outro, a capacidade ociosa custará dinheiro à empresa – os recursos devem ser utilizados plenamente. A meta geral da maioria das organizações é ter êxito (gerar mais lucros na maioria dos casos), e todos os gerentes da organização compartilham essa mesma meta. Normalmente, designa-se um gerente de projeto para que planeje e execute o projeto com êxito (no prazo e de acordo com o orçamento e as especificações). Para garantir que os recursos estejam disponíveis nos momentos certos, os gerentes de projeto desenvolvem cronogramas detalhados para cada gerente de recursos.

Entretanto, esses recursos não são supervisionados pelo gerente de projeto. Eles são administrados pelos gerentes de recursos. Para que a empresa tenha êxito, os gerentes de recursos têm a responsabilidade de minimizar as despesas operacionais associadas com a utilização dos recursos. Essa diretriz estabelecida para os gerentes de recursos normalmente significa manter os recursos ocupados o tempo todo. Eles recebem um orçamento e são avaliados com base nesse orçamento e no uso eficaz de seus recursos. O dilema encontra-se, portanto, entre "Os gerentes de recursos devem ter os recursos disponíveis para os projetos" e "Os gerentes de recursos devem manter os recursos ocupados". Existe uma luta constante e decisiva entre os gerentes de projeto que estão tentando concluir os projetos no prazo e de acordo com o orçamento e as especificações e os gerentes de recursos que estão tentando utilizar eficazmente os recursos.

Em um ambiente de múltiplos projetos, os gerentes de recursos que estão sendo puxados de uma atividade para outra em diferentes projetos exacerbam esse dilema; cada gerente de projeto acredita que seu projeto é o mais importante, mais atrasado, mais crítico etc. Na prática, o ambiente piora. Um gerente de linha de produtos talvez tenha inúmeros projetos em andamento, assim como outro gerente de linha de produtos. Em um determinado período, podemos ter alguns projetos em cada linha de produtos que concorrem com outros projetos na linha de produtos ou projetos de diferentes linhas que disputam recursos em comum. O gerente de recursos é levado de uma atividade para outra, possivelmente sem concluir a primeira atividade. Normalmente atende a uma roda rangente, priorizando o gerente de projetos que grita mais alto, em vez de ter um mecanismo formal para priorizar as atividades em um determinado projeto e entre os projetos. Na maioria das situações, os recursos também executam simultaneamente várias tarefas (iniciam uma atividade, interrompem-na, começam outra, param, iniciam outra, param, voltam para a primeira, param, vão para a terceira etc.), o que em geral estende significativamente a atividade e o tempo de duração de cada uma e possivelmente atrasa a conclusão de um ou mais projetos. Sem dúvida, a multitarefa afeta também a qualidade do projeto.

- Causa: Os gerentes de recursos e de projeto não conseguem planejar eficazmente o uso dos recursos entre as atividades de um mesmo projeto ou entre as atividades de diferentes projetos.
- Causa: Os gerentes de projeto são avaliados por sua capacidade de cumprir seus três objetivos – concluir os projetos no prazo, de acordo com o orçamento e todas as especificações – , ao passo que os gerentes de recursos têm o objetivo de utilizar seus recursos eficazmente e são avaliados por sua capacidade de manter os recursos totalmente ocupados. Esses objetivos são conflitantes e são avaliados por medidas conflitantes.

Essas causas são abordadas pela Diretriz III.

Estimando a duração de uma atividade
Em teoria, pressupomos que a duração da atividade é o tempo médio da distribuição beta (Miller, 1962). Na prática, qual o tempo que o gerente de recursos normalmente emprega? É o tempo médio? Raramente. Em geral, se um recurso ou gerente de recursos é solicitado a oferecer uma estimativa de duração para uma atividade, ele amplia um pouco (ou muito) esse tempo. Se ele não conseguir cumprir essa estimativa e for repreendido pelo gerente de projeto, esse tempo será ampliado ainda mais para garantir a conclusão da atividade. Pense sobre isso. Se você tivesse apresentado ao seu chefe uma estimativa de tempo de conclusão de 50% para uma atividade e estivesse acima do tempo médio em 50% do tempo, seu chefe provavelmente o consideraria um péssimo funcionário. Qual probabilidade de tempo de conclusão você apresenta ao seu chefe? Um tempo de conclusão correspondente a 50% ou um tempo correspondente a 95%? E se você terminasse o trabalho mais cedo? Você diria ao gerente de projetos? Provavelmente não, porque isso criaria nele a expectativa de que você é capaz de terminar atividades futuras nesse espaço de tempo. Contudo, você apresentou ao gerente de projeto uma probabilidade de tempo de conclusão de 95% para se garantir. Poderíamos supor que, se o gerente de projeto soubesse que você terminou mais cedo, ele assumiria que você apresentou um tempo de

duração superestimado e, por isso, começaria a questionar o tempo e o custo que você propôs para outras atividades. Lembre-se, normalmente pensamos que o custo de um recurso baseia-se na quantidade de tempo utilizada para concluir um trabalho. Se você sempre terminasse um trabalho mais cedo em relação à estimativa apresentada, o gerente de projeto pensaria que você supervalorizou seu recurso. Existe uma forte tendência a ampliar as estimativas de tempo das atividades e, se a atividade for concluída mais cedo, a não divulgar isso.

Adicionalmente, o gerente de projeto tem a tendência de ampliar a duração do projeto para garantir sua conclusão. Você acha que o gerente de projeto apresentará ao chefe uma estimativa de conclusão do projeto em relação ao qual ele tenha apenas 50% de certeza de que concluirá? Provavelmente, ele também apresentará uma probabilidade de conclusão de 95%. Você só precisa se atrasar uma vez em um projeto importante para aprender a ampliar a duração de seu projeto. Portanto, o que o gerente-geral de projetos fará com a estimativa de tempo de seu projeto? Cortará o tempo e o custo do projeto e esperará que as especificações sejam mantidas. Por quê? O gerente de projeto começou a trabalhar como recurso, depois passou a gerente de recursos, em seguida a gerente de projeto e agora é gerente geral e tem experiência e conhece as regras do jogo.

Frequentemente, é necessário utilizar os recursos em mais de uma atividade em um determinado momento. Por quê? Duas situações vêm à mente. A primeira é o hábito discutido antes de executar simultaneamente várias tarefas. A segunda ocorre quando o recurso depara-se com um atraso imprevisto (curiosamente, esse atraso poderia ser provocado pela falta de uma atividade ou de uma seta lógica na rede; daí a necessidade de utilizar uma distribuição beta em caso de estimativas pessimistas) ou precisa deixar a atividade para um momento posterior. Essa situação é discutida na seção seguinte sobre a identificação de obstáculos para concluir uma atividade.

- Causa: As regras e as mensurações para determinar a duração de uma atividade são ambíguas. Por exemplo, de acordo com as hipóteses da teoria do método PERT, o recurso (ou gerente de recursos) deve apresentar uma probabilidade de 0,5 para a duração das atividades a fim de criar uma rede de projeto fiel, embora o gerente de projeto espere uma probabilidade de 1,00 com relação à conclusão da atividade e do projeto. Se o recurso terminar mais cedo ou o projeto for concluído mais cedo, a expectativa será de que todas as atividades desse recurso ou todos os projetos desse gerente terminem mais cedo.

Essa causa é abordada pela Diretriz IV.

- Causa: O gerente de recurso ou de projeto não consegue programar a utilização de recursos entre as atividades de um mesmo projeto ou entre as atividades de projetos distintos.

- Causa: A lei de Murphy entrou em jogo e algumas atividades foram postergadas para o tempo alocado para outras atividades ligadas à atividade por precedência lógica ou pelo uso de um mesmo recurso (precedência de recurso).

Essas causas são abordadas pelas Diretrizes V e VI.

Elaboração de um diagrama de rede de projeto

Em teoria, a elaboração de um diagrama de rede de projeto é simples. Primeiro, perguntamos: "Quais são as atividades do projeto?". Depois, perguntamos: "Qual vem primeiro? Qual vem em seguida? Quais podem ser executadas simultaneamente?". Essas etapas são no mínimo supersimplificações.

Na realidade, as atividades não podem ser iniciadas por uma variedade de razões não relacionadas àquelas atividades que precedem a atividade atrasada (p. ex., as ferramentas não estavam disponíveis, o material não foi entregue pelo fornecedor, a mão de obra não foi programada, uma autorização obrigatória não foi solicitada etc.). Na prática, cada atividade (nó) presente na rede deve ser examinada para identificar o que é necessário apresentar para executá-la. A conclusão pura e simples das atividades precedentes nem sempre é a condição para que uma atividade se inicie. Por exemplo, em uma recente modernização da rede de computadores de um prédio, a equipe de trabalho foi escalada, os usuários foram informados de que o prédio seria fechado no fim de semana, o desligamento dos computadores foi programado, a polícia recebeu uma notificação de que os trabalhadores trabalhariam no telhado etc., mas o cabo necessário não foi entregue. Portanto, constatamos que, embora várias atividades tenham sido programadas, a ausência de uma atividade poderia atrasar a conclusão do projeto e essa atividade não foi prevista. Existem tantos pontos intervenientes em um projeto, que, se faltar algo, a atividade (ou as atividades) e possivelmente o projeto ficarão atrasados. Não temos nenhum meio ou advertência sobre essas situações na literatura tradicional sobre gerenciamento de projetos – utilizamos uma distribuição beta e atribuímos uma probabilidade de 1/6 de que essa duração pessimista das atividades ocorrerá. Precisamos reexaminar as etapas utilizadas para elaborar um diagrama de rede para diminuir a probabilidade de ocorrência de tempos de duração pessimistas. Precisamos oferecer às atividades uma segurança contra falhas.

Por exemplo, na elaboração de um diagrama de rede de corrente crítica (utilizando a TOC), os desenvolvedores utilizam uma árvore de pré-requisitos para identificar obstáculos à consecução de cada objetivo intermediário (atividade). Eles perguntam: "O que está nos impedindo de iniciar essa atividade?". Inúmeros obstáculos são identificados; na maioria dos casos, são itens não incluídos na rede original. Portanto, identifica-se uma atividade para superar esse obstáculo, que é então incluída na rede. Dessa maneira, os desenvolvedores de diagrama de rede identificam e incluem as "supostas atividades" no projeto e várias setas de conexão (dependências) que foram omitidas na rede original. A maioria dos diagramas de rede criados dessa forma tem pelo menos uma quantidade de atividades (nós) 25% maior e são 50% mais densos (mais setas). Uma breve análise das causas das falhas dos projetos na revisão de literatura de 40 anos sobre essas falhas mostra: as técnicas de estimativa são desenvolvidas deficientemente (as estimativas de conclusão do projeto em geral são otimistas); a estrutura de atividades é muito detalhada ou muito ampla; falta de planejamento; programação ineficaz; as atividades críticas presentes no plano do projeto são descontinuadas; e, novamente, o planejamento é ruim. Todas essas "causas de falha no projeto" podem ser provocadas por atividades (nós) e pela ausência de dependência (setas).

O diagrama de rede deve incluir todas as atividades e dependências necessárias à consecução da meta do projeto – exigências legais, compra, desenvolvimento de projetos, produção, contabilidade, finanças, marketing, vendas, recursos humanos etc. Os diagramas de rede são em sua maioria utilizados nas etapas de estruturação e desenvolvimento e não adotam uma perspectiva sistêmica para o projeto. Consequentemente, o projeto talvez seja concluído no prazo (na data mostrada no diagrama), mas seus resultados (gerar lucro ou utilizar o produto final) não serão alcançados.

- Causa: O diagrama de rede não é elaborado com vista a incluir todos os obstáculos que devem ser superados antes do início de uma atividade.

Essa causa é abordada na Diretriz VII.

Problemas micro

Os problemas micro estão relacionados a erros ou deficiências na utilização das ferramentas do projeto. Utilizaremos apenas exemplos numéricos de cada problema. Examinando com cuidado esses erros e suas causas, é possível desenvolver e testar uma abordagem sistêmica para o planejamento, programação e controle do projeto, com o objetivo de assegurar que ele aborde esses problemas.

Os experimentos *gedanken*, ou experimentos mentais, têm sido utilizados tradicionalmente nas ciências, mas não nas empresas. Esse método emprega lógica e matemática básica para criar um exemplo ilustrativo e corroborar uma hipótese. Embora esse método normalmente tenha sido utilizado em áreas de pesquisa científica, como mecânica quântica ou astrofísica, em que os objetos de escrutínio são separados dos pesquisadores pelo tempo, pelo espaço ou por ambos, os experimentos *gedanken* também apresentam a vantagem de manter todas as outras variáveis constantes para que os efeitos da variável que está sendo examinada sejam isolados. Essa simplificação permite que o pesquisador obtenha conhecimentos e interpretações examinando um fragmento do sistema por vez, em lugar de perder os efeitos de uma variável específica em meio ao ruído de diversas variáveis interagentes. Compreendendo totalmente o comportamento de cada variável de forma isolada, o pesquisador talvez consiga elaborar uma teoria com consistência lógica sobre o sistema.

A utilização de experimentos *gedanken* na pesquisa baseia-se na constatação de que existem vários fatores que contribuem para os atrasos de conclusão dos projetos identificados no planejamento, na programação e no controle. Aqui, a utilização desses experimentos possibilita uma análise isolada de cada fator de modo que o fator possa ser estudado para determinar seus efeitos sobre a conclusão do projeto.

Experimentos gedanken *em um único projeto*

Problema 1: Variabilidade e pontos de convergência A primeira das oito falhas atribuíveis aos pressupostos do CPM/PERT é a variabilidade da duração da atividade e os pontos de convergência. Muitos, se não todos, diagramas de rede CPM/PERT têm pontos em que duas (ou mais) atividades devem ser concluídas para que uma terceira possa ser iniciada. Suponha que os tempos de duração das atividades sigam uma distribuição beta. No Problema 1 da Figura 2.3, as atividades A e B devem ser concluídas para que a C possa ser iniciada. Como a duração estimada de A e B corresponde a quatro períodos [E(A ou B) = $(2 + 4 \times 4 + 6)/6 = 4$], um planejamento de CPM/PERT típico calcularia que C iniciará no quarto período. Entretanto, se todas as combinações possíveis dos tempos de duração de A e B forem enumeradas, a data de conclusão esperada de A e B corresponderá a 4,56 períodos. A principal causa do atraso da atividade C é a interseção das atividades A e B (ponto de convergência) quando existe variabilidade na duração da atividade. Em virtude de flutuações estatísticas, os cálculos do ponto de convergência do momento de início e fim são incorretos.

- Causa: As convenções do diagrama de rede exigem que todos os caminhos convirjam para um nó final.
- Causa: Os projetos compreendem variáveis sequenciais dependentes, caminhos paralelos e pontos de convergência.
- Causa: A lei de Murphy se aplica.
- Causa: O CPM/PERT não oferece proteção contra a lei de Murphy.

Essas causas são abordadas pela Diretriz VIII.

Problema 2: Alta variabilidade em um caminho não crítico O Problema 2 da Figura 2.3 mostra um projeto CPM/PERT simples, com dois caminhos. Em um projeto com CPM/PERT típico, a duração esperada de cada atividade (pressupondo uma distribuição beta) é uma estimativa por ponto simples com base nas estimativas otimistas, mais prováveis e pessimistas de duração das atividades. A duração esperada de uma atividade é dada pela E(A) correspondente.

$$E(A) = (5 + 4 \times 6 + 7)/6 = 6$$
$$E(B) = (3 + 4 \times 4 + 5)/6 = 4$$
$$E(C) = (4 + 4 \times 5 + 6)/6 = 5$$
$$E(D) = (1 + 4 \times 4 + 7)/6 = 4$$

Capítulo 2 ▪ Os problemas do gerenciamento de projetos 27

Problema 1

A (2-4-6) → C
B (2-4-6) → C

Variabilidade e pontos de convergência

Problema 2

S → A (4-5-6) → C (1-4-7) → E
S → B (5-6-7) → D (3-4-5) → E

Alta variabilidade em um caminho não crítico

Problema 3

$E(A) = 4$ $E(B) = 4$ $E(C) = 4$
2-4-6   2-4-6   2-4-6
A → B → C
es = 0 ef = 4 es = 4 ef = 8 es = 8 es = 12

Programação de acordo com o tempo, e não com a conclusão da atividade anterior

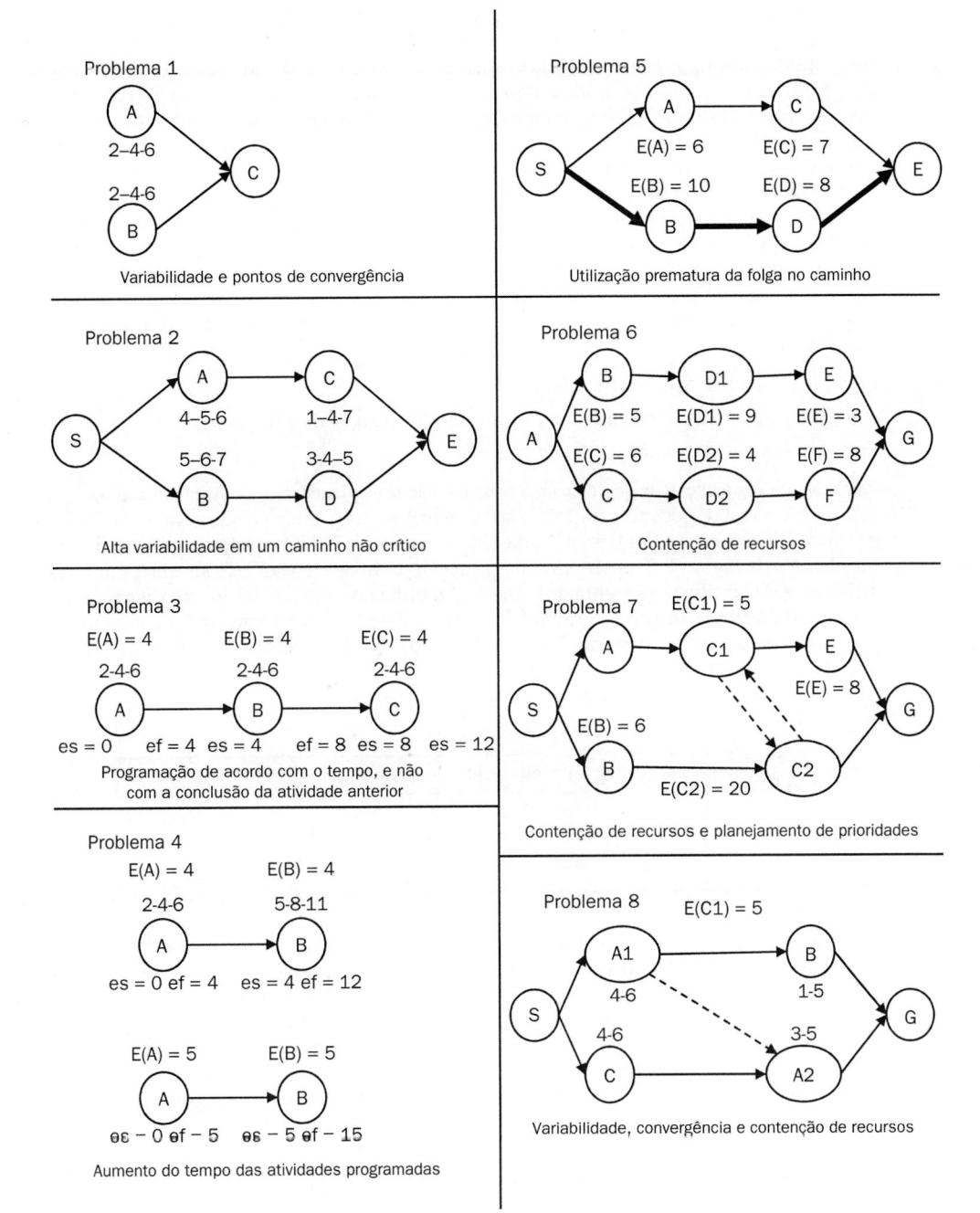

Problema 4

$E(A) = 4$ $E(B) = 4$
2-4-6   5-8-11
A → B
es = 0 ef = 4   es = 4 ef = 12

$E(A) = 5$ $E(B) = 5$
A → B
es = 0 ef = 5   es = 5 ef = 15

Aumento do tempo das atividades programadas

Problema 5

S → A → C → E $E(A) = 6$ $E(C) = 7$
S → B → D → E $E(B) = 10$ $E(D) = 8$

Utilização prematura da folga no caminho

Problema 6

A → B → D1 → E → G
A → C → D2 → F → G

$E(B) = 5$ $E(D1) = 9$ $E(E) = 3$
$E(C) = 6$ $E(D2) = 4$ $E(F) = 8$

Contenção de recursos

Problema 7

$E(C1) = 5$
S → A → C1 → E → G $E(E) = 8$
S → B → C2 → G
$E(B) = 6$ $E(C2) = 20$

Contenção de recursos e planejamento de prioridades

Problema 8

$E(C1) = 5$
S → A1 → B → G
     4-6   1-5
S → C → A2 → G
     4-6   3-5

Variabilidade, convergência e contenção de recursos

FIGURA 2.3 Os oito problemas do gerenciamento de um único projeto com o CPM/PERT, identificados por Pittman (1994).

A expectativa é de que o caminho superior (C-D) leve nove períodos e o caminho inferior (A-B) dez períodos. Portanto, o caminho crítico no CPM/PERT seria A-B levar dez períodos. Contudo, quando todas as durações possíveis de cada atividade são enumeradas, a duração esperada do projeto não corresponde a dez períodos, mas a 10,725 períodos. Van Slyke (1963) e, posteriormente, Schonberger (1981) propuseram que os caminhos quase críticos fossem controlados para que a variabilidade nesses caminhos não afetasse o caminho crítico. É interessante notar que, se os dois caminhos não tivessem convergido, a variabilidade do caminho não crítico não teria afetado o caminho crítico; desse modo, esse é um tipo especial de problema de convergência. (De acordo com os pressupostos do método PERT, um projeto tem apenas um único nó de saída; por isso, qualquer projeto com mais de um caminho deve ter um ponto de convergência.) A principal causa do atraso na conclusão do projeto é a interseção de um caminho não crítico (C-D) com o caminho crítico (A-B) quando existe uma alta variabilidade na duração das atividades no caminho não crítico.

- Causa: A lei de Murphy se aplica.
- Causa: O CPM/PERT não oferece proteção contra a lei de Murphy.

Essas causas são abordadas pela Diretriz VIII.

Problema 3: Programação de acordo com o tempo, e não com a conclusão da atividade anterior A prática gerencial de fazer a programação de acordo com o tempo e não com a conclusão da atividade anterior é também afetada pela variabilidade da duração das atividades. O Problema 3 da Figura 2.3 mostra um diagrama em rede de CPM/PERT simples, com três atividades. Na prática, o gerente de projeto que utiliza o CPM/PERT gera e distribui aos gerentes de recursos um cronograma feito à mão ou gerado por computador com o início programado das atividades com base na duração esperada das atividades precedentes. Supondo que a duração esperada das atividades A, B e C fosse 4, 4 e 4, respectivamente, um cronograma CPM/PERT típico seria tal como o seguinte:

Atividade programada	Data de início	Duração esperada	Data de término
A	0	4	4
B	4	4	8
C	8	4	12

Entretanto, se todas as possíveis combinações de duração das atividades forem enumeradas e as atividades forem iniciadas na data de início programada (ou posteriormente, se a atividade precedente não tiver sido concluída), o projeto terá uma duração esperada real de 13,11 períodos. Os gerentes de projeto não tiram proveito dos tempos de conclusão favoráveis quando o projeto é gerenciado de acordo com o cronograma anterior. É necessário ressaltar aqui que os tempos de conclusão otimistas são aproveitados apenas pela última atividade na rede, porque não há nenhuma outra atividade subsequente programada. Isso significa que a prática gerencial de programar de acordo com o tempo e não com a conclusão da atividade anterior é magnificada nos projetos maiores. O principal determinante, a variabilidade da duração das atividades, é um fato. A prática do gerenciamento de projetos tradicional de programar de acordo com o tempo e não com a conclusão da atividade precedente desconsidera a oportunidade de aproveitar da conclusão otimista das atividades e, portanto, produz resultados de projeto insatisfatórios.

- Causa: O CPM/PERT não reconhece que talvez seja necessário utilizar alguns recursos em mais de uma atividade.

- Causa: O CPM/PERT apresenta cronogramas de recursos com base nas relações de dependência lógica e nas estimativas de tempo.

Essas causas são abordadas na Diretriz XI.

Problema 4: Aumento do tempo das atividades programadas Os gerentes de recursos (ao contrário dos gerentes de projeto) há muito se sentem pressionados a concluir suas atividades de acordo com a estimativa de duração esperada. Portanto, com frequência eles aumentam a estimativa de duração da atividade que submetem ao gerente de projeto para que a atividade seja concluída no prazo e para mostrar que a utilização de seus recursos é alta. Uma baixa utilização de recursos traduz-se em um excesso de recursos que será cortado. O Problema 4 da Figura 2.3 mostra um projeto CPM/PERT simples com duas atividades. O projeto superior é o diagrama de rede que seria elaborado se os gerentes de recursos tivessem de submeter estimativas da duração das atividades com base em estimativas reais de duração. No diagrama de rede superior, a duração esperada do projeto pelo CPM/PERT corresponderia a 12 períodos. O diagrama de rede CPM/PERT inferior é aquele que o gerente de projeto elaboraria se cada gerente de recursos aumentasse em 25% a duração esperada de sua atividade.

Como o gerente de projeto elabora o cronograma do projeto com base nas estimativas de duração das atividades apresentadas pelos gerentes de recursos, o cronograma resultante seria tal como o mostrado. A duração esperada do projeto corresponderia a 15 períodos.

Atividade programada	Data de início	Duração esperada	Data de término
A	0	5	5
B	5	10	15

Se o gerente de projeto programar de acordo com o tempo (um cronograma de recursos) e com a conclusão da atividade precedente, a duração esperada real do projeto corresponderia a 13,33 períodos. Nesse caso, o gerente de projeto recebe elogios por concluir o projeto antes do programado e os gerentes de atividade recebem elogios por concluir suas atividades antes do programado (embora somente em 67% do tempo). Se as estimativas de duração das atividades não tivessem sido aumentadas e o gerente de projeto tivesse programado de acordo com o tempo, a duração esperada real do projeto teria correspondido a 12,67 períodos. Obviamente, esse resultado é melhor do que os 13,33 períodos tanto em termos de duração quanto de custo, mas o gerente de projeto seria punido por não ter cumprido a data de conclusão programada. Em conclusão, se as estimativas de duração das atividades não tivessem sido aumentadas e o gerente de projeto tivesse programado de acordo com a conclusão da atividade anterior, a duração da espera real do projeto teria correspondido a 12 períodos. Uma vez mais, os atrasos são provocados por duas causas principais: a utilização de proteção local por parte dos gerentes de recursos na duração das atividades e a prática de gerenciamento de projetos de programar o início das atividades com base nas estimativas de tempo esperadas, e não na conclusão real da atividade precedente quando existe variabilidade.

- Causa: A lei de Murphy se aplica.
- Causa: Os gerentes de recursos devem finalizar as atividades quando programadas.
- Causa: Os gerentes de recursos fazem o que eles sentem que é necessário para que os recursos sejam utilizados e estejam disponíveis no momento para o qual foram prometidos.

Essas causas são abordadas nas Diretrizes IV e X.

Problema 5: Utilização prematura da folga no caminho O Problema 5 da Figura 2.3 mostra um diagrama de rede CPM/PERT simples. Há dois caminhos na rede: A-C-E, que leva 28 períodos, e B-D-E, que leva 33 períodos. Portanto, a folga associada com o caminho não crítico corresponde a cinco períodos. Como a atividade E é crítica (não tem nenhuma folga), toda a folga associada com o caminho não crítico pode ser "concedida" às atividades A e C. Visto que o caminho não crítico tem folga, um gerente de projeto CPM/PERT típico atribuiria 5 como data de início à atividade A. A data de término esperada da atividade C seria, portanto, o período 18. Se examinarmos a porção do caminho crítico antes da atividade E (a saber, B-D), observamos nitidamente que a data de término esperada do caminho B-D também é o período 18. Com base no exemplo de variabilidade e de pontos de convergência, deve ficar claro que, se houver variabilidade da duração da atividade na rede, a atividade E não poderá ser iniciada no período 18. Consequentemente, a duração esperada real do projeto não pode ser 33 períodos. Ela deve ser mais longa. Existem dois problemas na prática de gerenciamento de projetos. Primeiro, toda a folga associada com o caminho não crítico foi absorvida na etapa de planejamento do projeto. O CPM/PERT trata a folga do caminho como se estivesse associada com uma atividade específica e não possibilita o reconhecimento perfeito de que, uma vez utilizada por atividades anteriores, ela não está mais disponível para proteger atividades posteriores (ela é chamada de folga de atividade, e não folga de caminho). Segundo, o projeto é atrasado por causa da programação do início das atividades com base na data de início mais tarde calculada pelo CPM/PERT, e não pela programação de início das atividades com base na conclusão real da atividade precedente quando existe variabilidade.

- Causa: A lei de Murphy se aplica.
- Causa: O projeto é um empreendimento importante, e isso determina o sucesso ou a lucratividade (meta) da organização.
- Causa: O gerente de projeto posterga as despesas iniciando as atividades o mais tarde possível.

Essas causas são abordadas nas Diretrizes I, II, III e IX.

Problema 6: Contenção de recursos Muitos pesquisadores já constataram que a pressuposição do CPM/PERT de que existe capacidade infinita não reflete precisamente a realidade da capacidade finita (p. ex., Davis, 1966; 1973; Westney, 1991; Badiru, 1992; Davis *et al.*, 1992; Dean, Denzler e Watkins, 1992; Pittman, 1994; Zhan, 1994). Quando a capacidade de recursos é finita, existe a possibilidade de que um único recurso seja requerido para duas ou mais atividades simultâneas. Pittman define contenção de recursos como "a necessidade simultânea de um recurso em comum em um curto espaço de tempo" (1994, p. 54).

O Problema 6 da Figura 2.3 mostra um projeto CPM/PERT simples, com oito atividades e dois caminhos. Nesse exemplo, a variabilidade da duração das atividades é ignorada e apenas a estimativa de duração esperada das atividades é utilizada. A letra presente no nó designa a utilização de recursos. São utilizados apenas sete recursos para concluir oito atividades. O recurso D é usado duas vezes – uma vez no nó D1 e novamente no nó D2. Um planejamento CPM/PERT típico conclui que o caminho inferior A-C-D2-F-G é crítico, com duração de 30 períodos, e o caminho superior A-B-D1-E-G não é crítico e apresenta um período de folga.

Examinando a rede, é possível ver claramente que o recurso D é exigido pela atividade D1 e pela atividade D2 ao mesmo tempo. Como o recurso D só pode ser utilizado em uma atividade por vez, as atividades precisam concorrer entre si para usar um recurso restrito. Ou a atividade D1 usa o recurso D ou a atividade D2 usa o recurso D, mas ambas não podem usar o recurso D simultaneamente. Se programarmos D1 e depois D2 para o recurso D ou vice-versa, a duração do projeto ultrapassará 30 períodos. A principal causa do atraso do projeto é a incapacidade do CPM/PERT reconhecer a contenção de recursos quando existe escassez.

- Causa: O CPM/PERT não reconhece a possibilidade de que alguns recursos sejam requeridos para mais de uma atividade.
- Causa: A utilização de recursos é uma medida de desempenho importante para o sucesso da organização.

Essas causas são abordadas pelas Diretrizes III e VIII.

Problema 7: Contenção de recursos e planejamento de prioridade Agora é necessário ressaltar que o pressuposto de capacidade infinita do PERT/CPM estende a duração do projeto quando existe contenção e escassez de recursos. O Problema 7 da Figura 2.3 demonstra o efeito do planejamento de prioridades sobre a duração do projeto para superar a contenção de recursos. A rede mostrada tem cinco atividades e quatro recursos. Novamente, a variabilidade da duração da atividade é ignorada e apenas as estimativas de duração das atividades esperadas são utilizadas. Um planejamento CPM/PERT típico conclui que o caminho inferior B-C2 é o crítico, com duração de 26 períodos para conclusão, e o caminho superior A-C1-D não é crítico, com três períodos de folga correspondente.

Se todas as atividades forem iniciadas na data de início mais cedo, o problema de contenção de recursos ocorrerá no período 10 Se a atividade C2 for programada para usar o recurso C primeiro, a atividade C1 deverá aguardar a conclusão da atividade C2 no período 26 para que C1 possa ser iniciada. Nesse caso, o caminho superior e, portanto, a atividade G só poderá ser iniciada no período 39. Em contraposição, se a atividade C1 for programada para usar o recurso C primeiro, a atividade C2 deverá aguardar a conclusão da atividade C1 no período 15. Nesse caso, o caminho inferior e, portanto, a atividade G só poderá ser iniciada no período 35. Em ambos os casos, a duração do projeto é ampliada significativamente, mas a diferença entre as duas opções de programação não é desprezível. A principal causa do atraso no projeto é a incapacidade do CPM/PERT oferecer uma heurística para priorizar o uso de recursos entre as atividades quando existem contenção e escassez de recursos.

- Causa: A prioridade de uso dos recursos pode afetar a conclusão do projeto no prazo.
- Causa: O CPM/PERT não reconhece a possibilidade de que alguns recursos sejam requeridos por mais de uma atividade.
- Causa: O CPM/PERT não oferece regras de priorização para apoiar a conclusão do projeto.

Essas causas são abordadas pelas Diretrizes VI e VIII.

Problema 8: Variabilidade, convergência e contenção de recursos A variabilidade da duração das atividades pode complicar o problema de contenção de recursos. No Problema 8 da Figura 2.3 é mostrado um diagrama de rede CPM/PERT simples com quatro atividades e dois caminhos. Somente três recursos são necessários. Supondo uma distribuição uniforme das estimativas de duração das atividades, a duração esperada de cada atividade será a seguinte: $E(A1) = 5$, $E(B) = 3$, $E(C) = 5$ e $E(A2) = 4$. Os cálculos de um CPM/PERT típico concluem que não existe contenção de recursos porque a data de conclusão esperada da atividade A1 é o período 5 e a data de início mais cedo da atividade A2 também é o período 5. O caminho inferior C-A2 é o caminho crítico no CPM/PERT, com duração de nove períodos. No entanto, se a atividade A1 levar seis períodos para ser concluída (uma probabilidade de 50%), ocorrerá um problema de contenção de recursos, fazendo com que a atividade A2 seja iniciada mais tarde em relação à sua data de início mais cedo e ampliando a duração do projeto. Se todas as combinações possíveis da duração das atividades forem enumeradas, a duração geral real do projeto corresponderá a 9,75 períodos. A variabilidade da duração das atividades provoca contenção de recursos quando a atividade A1 requer seis períodos e provoca um problema de convergência quando a atividade A1 e a atividade B requerem a estimativa de duração mais longa dentre as respectivas estimativas. A causa do atraso no projeto é a incapacidade do CPM/PERT de reconhecer os pontos de convergência e a contenção e escassez de recursos quando existe variabilidade na duração das atividades.

- Causa: As convenções do diagrama de rede requerem que todos os caminhos convirjam para um nó final.
- Causa: Os projetos compreendem atividades sequenciais dependentes, caminhos paralelos e pontos de convergência.
- Causa: A lei de Murphy se aplica.
- Causa: O CPM/PERT não oferece proteção contra a lei de Murphy.
- Causa: O CPM/PERT não reconhece a possibilidade de que alguns recursos sejam requeridos por mais de uma atividade.
- Causa: O CPM/PERT não considera a folga de atividade estrategicamente.

Essas causas são abordadas pelas Diretrizes III e VIII.

Experimentos gedanken em múltiplos projetos

Problema 1: Contenção de recursos entre projetos Muitos pesquisadores reconheceram que a pressuposição do CPM/PERT de capacidade não reflete precisamente a realidade de capacidade finita (p. ex., Davis, 1966, 1973; Westney, 1991; Davis et al., 1992; Dean et al., 1992; Dumond, 1992; Badiru, 1993; Kerzner, 1994; Pittman, 1994; Zhan, 1994). Quando a capacidade de recursos é finita, existe a possibilidade de que um único recurso seja requerido para duas ou mais atividades simultâneas. Pittman define contenção de recursos como "a necessidade simultânea de um recurso em comum em um curto espaço de tempo" (1994, p. 54).

O Problema 1 da Figura 2.4 mostra dois projetos independentes diagramados como um único "megaprojeto". Esse método foi proposto por inúmeros pesquisadores (Lee et al., 1978; Kurtulus e Davis, 1982; Kurtulus, 1985; Kurtulus e Narula, 1985; Mohanty e Siddiq, 1989; Bock e Patterson, 1990; Tsubakitani e Deckro, 1990; Deckro et al., 1991; Kim e Leachman, 1993; Lawrence e Morton, 1993; Yang e Sum, 1993; Vercellis, 1994), embora tenha havido grande discussão sobre o processo de programação de recursos.

A duração de cada uma das seis atividades no Problema 1 da Figura 2.3 é determinística (isto é, não existe variabilidade). As atividades B1 e B2 exigem a utilização do mesmo recurso. Como há apenas um recurso de cada tipo e as atividades B1 e B2 requerem o uso do recurso B nos períodos 7 a 15, existe um problema de contenção de recursos entre os dois projetos. Se a contenção de recursos for ignorada, como em um planejamento CPM/PERT típico, a data de conclusão programada do projeto 1 será o período 17; a data de conclusão programada do projeto 2 será o período 18. Existem duas sequências possíveis na utilização do recurso B – B1 e, em seguida B2, e B2 e, em seguida, B1. Se o gerente de projeto executasse a sequência B2–B1, o projeto 2 teria a mesma data de conclusão prevista por um planejamento CPM/PERT típico, mas a data de conclusão do projeto 1 ficaria atrasada enquanto a atividade B1 aguarda a atividade B2 terminar de usar o recurso B. Se o gerente de projeto executasse a sequência B1–B2, a atividade B2 precisaria aguardar a atividade B1 terminar de usar o recurso B, estendendo, portanto, a data de conclusão do projeto 2. O CPM/PERT não oferece mecanismos para determinar um método ideal de sequenciamento das atividades que utilizam recursos comuns e, desse modo, apresentar datas de conclusão realistas para os projetos.

- Causa: O CPM/PERT não reconhece a possibilidade de que alguns recursos sejam requeridos para mais de uma atividade entre os projetos.

Essa causa é abordada pelas Diretrizes VIII e XII.

Problema 2: Prioridade de uso de recursos entre projetos O Problema 2 da Figura 2.4 mostra dois projetos simples, diagramados como um único megaprojeto. O recurso C é utilizado

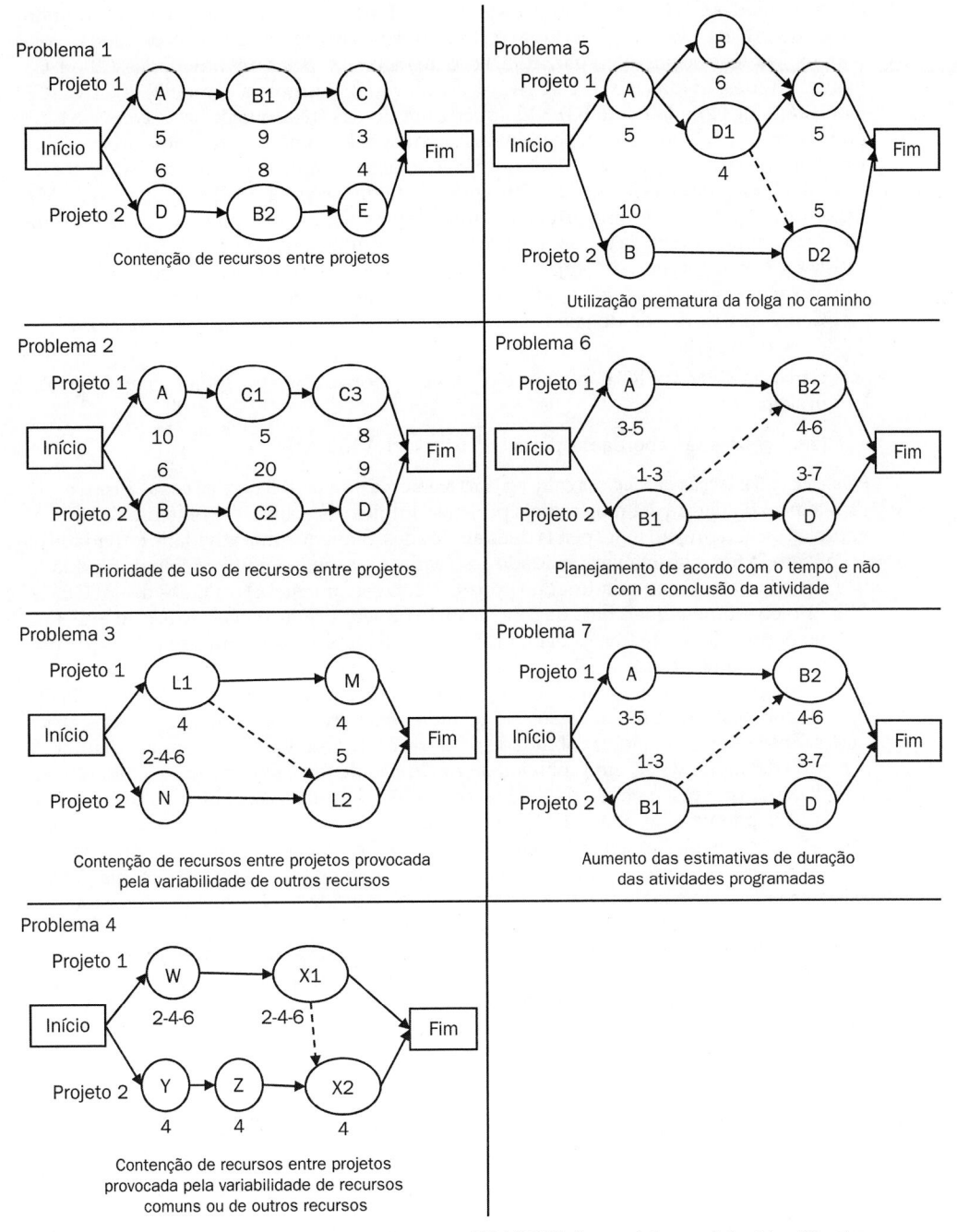

FIGURA 2.4 Sete problemas do gerenciamento CPM/PERT de um único projeto, identificados por Walker (1998).

pelas atividades C1, C2 e C3. Um planejamento CPM/PERT típico calcula que o caminho crítico do projeto 1 terá 23 períodos e o caminho crítico do projeto 2 terá 35 períodos. Existem três sequências possíveis para utilização do recurso C pelas três atividades: C2-C1-C3 (solução 1, designada como S1); C1-C3-C2 (solução 2, designada como S2); e C1-C2-C3 (solução 3, designada como S3). Qualquer uma dessas três soluções possíveis – S1, S2 ou S3 – atrasará a conclusão do caminho crítico de pelo menos um dos dois projetos. Na verdade, a solução 3 (C1-C2-C3) atrasará a conclusão de ambos os projetos. Além disso, é possível imaginar os efeitos da multitarefa ou da divisão de trabalho. Embora o CPM/PERT pressuponha que uma atividade, assim que iniciada, não pode ser interrompida e reiniciada, na prática é comum os gerentes de recursos fazerem exatamente isso para satisfazer vários gerentes de projeto. O CPM/PERT não oferece diretrizes sobre quando e como executar simultaneamente várias atividades, um costume comum no setor.

- Causa: A prioridade de uso de recursos entre projetos pode afetar a conclusão do projeto no prazo.
- Causa: O CPM/PERT não oferece regras de priorização para apoiar a conclusão do projeto.

Essas causas são abordadas pelas Diretrizes VI, VIII e XII.

Problema 3: Contenção de recursos entre projetos provocada pela variabilidade de outros recursos O Problema 3 da Figura 2.4 mostra dois projetos simples diagramados como um único megaprojeto. Cada projeto tem apenas duas atividades. Somente uma atividade (atividade N no projeto 2) tem alguma variabilidade associada. O recurso L é utilizado pela atividade L1 no projeto 1 e pela atividade L2 no projeto 2, sucessivamente. Os cálculos de um CPM/PERT típico estimam que a data de conclusão do projeto 1 será no período 8, e do projeto 2 será no período 9. A seta tracejada no Problema 3 da Figura 2.4 mostra a sequência de uso do recurso L como atividade L1 e, em seguida, atividade L2.

Se todas as combinações possíveis de duração das atividades forem enumeradas, a data de conclusão do projeto 1 não será afetada pela variabilidade de duração das atividades. Entretanto, quando variabilidade de duração das atividades diminuem a duração esperada da atividade N, um problema de contenção de recursos entre a atividade L1 e a atividade L2 provoca o atraso na data de conclusão do projeto 2. O recurso L ainda está sendo utilizado pela atividade L1 quando a atividade N é concluída no período 2 (sua estimativa otimista). Como a atividade L2 não pode ser iniciada enquanto a atividade L1 não for concluída, o projeto 2 não pode tirar vantagem de uma conclusão otimista. Não existe problema de contenção de recursos quando a atividade N é concluída em sua estimativa pessimista. Portanto, apenas o tempo de duração mais tardio (pessimista) é acrescentado ao total enumerado e a data de conclusão do projeto 2 é posterior à programada. O CPM/PERT não reconhece o impacto da flutuação estatística e dos acontecimentos que dependem da conclusão do projeto. Esse método deveria oferecer diretrizes sobre a utilização de pulmões nos recursos e caminhos contra flutuações estatísticas.

- Causa: A lei de Murphy se aplica.
- Causa: O CPM/PERT não oferece proteção contra a lei de Murphy.
- Causa: O CPM/PERT não reconhece que os múltiplos projetos estão inter-relacionados em virtude do uso compartilhado de recursos comuns.

Essas causas são abordadas pelas Diretrizes VI, VIII e XII.

Problema 4: Contenção de recursos entre projetos provocada pela variabilidade de recursos comuns ou de outros recursos No Problema 4 da Figura 2.4 dois projetos simples estão diagramados como um único megaprojeto. A duração das atividades do projeto 1 é variável, enquanto a das atividades do projeto 2 é determinística. O recurso X é utilizado pela atividade X1 no projeto 1 e pela atividade X2 no projeto 2, sucessivamente. Os cálculos de um CPM/

PERT típico estimam que a data de conclusão do projeto 1 será o período 8 e a do projeto 2 será o período 12. A seta tracejada no Problema 4 da Figura 2.4 mostra a sequência de uso do recurso X na atividade X1 e, em seguida, na atividade X2.

Se todas as combinações possíveis de duração das atividades dos dois projetos forem enumeradas, a conclusão do projeto 1 não será afetada pela variabilidade de duração das atividades W e X1. Entretanto, quando a variabilidade estende a duração esperada do projeto 1, um problema de contenção de recursos entre a atividade X1 e a atividade X2 faz com que a data de conclusão do projeto 2 seja posterior à programada. O CPM/PERT não reconhece a existência dessas três causas básicas e não oferece um mecanismo para diminuir seu impacto coletivo sobre a conclusão do projeto.

- Causa: A lei de Murphy se aplica.
- Causa: O CPM/PERT não oferece proteção contra a lei de Murphy.
- Causa: O CPM/PERT não reconhece que os múltiplos projetos estão inter-relacionados em virtude do uso compartilhado de recursos comuns.

Essas causas são abordadas pelas Diretrizes VI, VIII e XII.

Problema 5: Consumo prematuro da folga no projeto   O Problema 5 da Figura 2.4 mostra dois projetos simples diagramados como um único megaprojeto. Os caminhos críticos de cada um são os seguintes: projeto 1, A-B-C = 16; projeto 2, E-D2 = 15. O caminho não crítico do projeto 1 (A-D1-C) tem dois períodos de folga associados. Um gerenciamento CPM/PERT típico postergaria o início da atividade D1 no projeto 1 utilizando a quantidade de folga disponível. Se a atividade D1 for iniciada em sua data de início mais tardia, a atividade D2 no projeto 2 e, portanto, a conclusão do projeto 2 sofrerá um atraso de um período. O CPM/PERT não analisa o impacto da contenção de recursos entre os projetos sobre o atraso no projeto.

- Causa: O CPM/PERT não considera a folga de atividade estrategicamente.
- Causa: O projeto é um empreendimento importante, e isso determina o sucesso ou a lucratividade (meta) da organização.
- Causa: O gerente de projeto posterga as despesas iniciando as atividades o mais tarde possível.

Essas causas são abordadas pelas Diretrizes I, II, III, IX e XII.

Problema 6: Programação de acordo com o tempo e não com a conclusão da atividade   O Problema 6 da Figura 2.4 mostra dois projetos simples diagramados como um único megaprojeto. Ambos os projetos têm apenas duas atividades e cada uma tem alguma variabilidade de duração. A duração esperada de cada atividade é: $E(A) = 4$, $E(B1) = 2$, $E(B2) = 5$ e $E(D) = 5$. Um planejamento CPM/PERT típico forneceria as seguintes estimativas de data de conclusão: projeto 1, conclusão no período 9, e projeto 2, conclusão no período 7.

Um gerente CPM/PERT típico tentaria programar o início de cada atividade com base no tempo estimado de conclusão da atividade precedente. Como $E(A) = 4$ e $E(B1) = 2$, o gerente programaria o início das atividades B2 e D nos períodos 4 e 2, respectivamente. Se todas as possíveis durações das atividades forem enumeradas e as atividades B2 e D forem iniciadas com base no tempo de conclusão esperado de A e B1, respectivamente, as datas de conclusão esperadas do projeto 1 e do projeto 2 ultrapassarão as datas de conclusão programadas pelo CPM/PERT. A data de conclusão esperada do projeto 1 corresponde a 9,5 períodos *versus* 9; a do projeto 2 corresponde a 7,625 períodos *versus* 7. O CPM/PERT analisa o impacto da programação de acordo com o tempo e não de acordo com a atividade precedente entre os projetos sobre a conclusão do projeto.

- Causa: O CPM/PERT não reconhece a possibilidade de que alguns recursos sejam requeridos por mais de uma atividade.

- Causa: O CPM/PERT fornece cronogramas de recursos com base apenas nas relações de dependência lógica e nas estimativas de tempo.

Essas causas são abordadas pelas Diretrizes XI e XII.

Problema 7: Aumento das estimativas de duração das atividades programadas Neste caso (Problema 7 da Figura 2.4), houve um aumento de um período nas estimativas de duração das atividades como precaução caso os gerentes reconheçam a existência de variabilidade de duração nas atividades (consulte a Figura 2.3). As estimativas alteradas da duração das atividades são as seguintes: $E(A) = 5$, $E(B1) = 3$, $E(B2) = 6$ e $E(D) = 6$. Se o leitor examinar o Problema 4 da Figura 2.3, constatará que o aumento nas estimativas de duração das atividades provoca um atraso nos projetos programados pelo CPM/PERT; o aumento nos tempos programados das atividades no ambiente de múltiplos projetos também provoca um atraso nos projetos.

Se todas as combinações possíveis de duração das atividades forem enumeradas e as atividades B2 e D forem iniciadas com base no tempo de conclusão esperado (alterado) de A e B1, respectivamente, a data de conclusão esperada do projeto 1 será igual à sua data programada, em vista da alteração nas estimativas de duração das atividades. A data de conclusão esperada do projeto 2 fica abaixo da programada em vista da alteração das estimativas de duração das atividades. A probabilidade de conclusão no prazo é de 100% para o projeto 1, mas de 50% apenas para o projeto 2. O aumento (ou "correção") das estimativas de duração das atividades melhorou a probabilidade de conclusão do projeto 1 no prazo (em relação ao Problema 6 da Figura 2.3) e não piorou a probabilidade de o projeto 2 ser concluído no prazo.

Contudo, com o aumento nas estimativas de duração das atividades, houve uma extensão maior na data de conclusão programada de cada projeto do que se não houvesse esse aumento. A conclusão de cada um dos projetos foi estendida para obter um ganho mínimo ou nenhum ganho na probabilidade de conclusão no prazo.

Nesse caso, o gerente de projeto recebe elogios por concluir os projetos antes do programado e os gerentes de atividade recebem elogios por concluir suas atividades antes do programado (em somente 67% do tempo). Se as estimativas de duração das atividades não tivessem sido aumentadas e o gerente de projeto tivesse programado de acordo com o tempo (como no Problema 6 da Figura 2.4), a data de conclusão esperada do projeto 1 corresponderia a 9,5 períodos e a do projeto 2 corresponderia a 7,625 períodos. Obviamente, esse resultado é melhor do que onze períodos e nove períodos (projetos 1 e 2, respectivamente), tanto em termos de tempo quanto de custo, mas o gerente de projeto seria punido por não cumprir a data de conclusão programada. Além disso, se as estimativas de duração das atividades não tivessem sido aumentadas e as atividades tivessem sido programadas de acordo com a conclusão, as datas de término esperadas dos projetos 1 e 2 teriam sido iguais às respectivas datas de conclusão programadas. O CPM/PERT não leva em conta o impacto da superestimativa da duração das atividades entre os projetos sobre a conclusão do projeto.

- Causa: A lei de Murphy se aplica.
- Causa: Os gerentes de recursos devem concluir as atividades como programado.
- Causa: Os gerentes de recursos fazem o que eles sentem que é necessário para que os recursos sejam utilizados e estejam disponíveis no momento para o qual foram prometidos.

Essas causas são abordadas pelas Diretrizes IV, X e XII.

Utilização de caminhos críticos do CPM/PERT no ambiente de um único projeto
Na condução de pesquisas sobre gerenciamento de projetos utilizando simulações em comparação com o gerenciamento na prática, foram observadas algumas diferenças. Na maioria dos modelos de simulação, a atividade subsequente é associada à conclusão da

atividade precedente (programação de acordo com a conclusão da atividade). Por exemplo, se a atividade A fosse programada para finalizar no tempo 10, mas finalizasse no tempo 7, a atividade B começaria no tempo 7 em vez de aguardar o início programado em 10. Isso parece ser a prática comum na condução de pesquisas sobre gerenciamento de projetos.

Entretanto, na prática, em vista do uso crescente de *softwares* de gerenciamento de projetos (Krakow, 1985; Lowery e Stover, 2001), a norma é programar de acordo com o tempo (programação com base no tempo). Cada recurso recebe um cronograma do projeto indicando quando ele deve iniciar uma determinada atividade e quanto tempo ela deve durar. Quando não se utiliza *software*, ambas as convenções são aplicadas. Contudo, raramente um recurso pode reprogramar de imediato o que ele está fazendo para iniciar uma atividade, a menos que receba algum aviso.

O importante aqui é que a pesquisa não simula a realidade em sua forma mais simples. Na prática, quando os projetos são grandes, há várias funções envolvidas e emprega-se um *software* de gerenciamento de projetos, raras vezes os projetos beneficiam-se de conclusões otimistas (antecipadas). Isso significa que se toma por certo que o projeto atrasará, salvo se forem tomadas medidas extraordinárias para mantê-lo de acordo com o cronograma. Se as atividades forem concluídas de acordo apenas com seu tempo médio e pessimista, o tempo de duração das atividades e o tempo do projeto serão consistentemente atenuados. O projeto sempre estará atrasado.[1]

- Causa: A teoria não respalda a prática.

Essa causa é abordada pela Diretriz XI.

Utilização de caminhos críticos do CPM/PERT no ambiente de múltiplos projetos

Dois métodos são recomendados nas pesquisas – o uso de um caminho crítico em um único projeto e o uso de um diagrama de rede em um megaprojeto conectando todos os projetos para planejar e supervisionar todos eles simultaneamente. Poucas pesquisas foram conduzidas para determinar qual desses métodos é mais adequado. Em vista dos erros na lógica de simulação dos projetos, tal como descrito antes, qualquer pesquisa que compare esses métodos precisa ser reconsiderada. Obviamente, se houver contenção de recursos entre os projetos, ela deve ser reconciliada para determinar os caminhos críticos apropriados para cada projeto. E, naturalmente, se um ou alguns recursos estiverem muito sobrecarregados na maioria dos projetos, então é desejável utilizar uma abordagem de megaprojeto para utilizar eficazmente os recursos limitados entre os projetos.

Na prática, 90% dos projetos são conduzidos em um ambiente de múltiplos projetos e poucas pesquisas foram conduzidas nesse ambiente. Na realidade, poucas organizações utilizam os diagramas de rede para supervisionar os projetos e poucas pesquisas foram conduzidas sobre o método de controle de múltiplos projetos. Depois que os planos originais do projeto são estabelecidos, poucos se dão ao trabalho de atualizar e reprogramar os planos constantemente no computador. Em vista de todas essas causas de falha, pode-se perceber por que um gerente talvez não se incomode em sempre atualizar qualquer atraso em qualquer atividade presente em um diagrama de rede.

- Causa: Não existe nenhum método bem definido de planejamento e controle no ambiente de múltiplos projetos.

Essa causa é abordada na Diretriz XII.

---

[1] É necessário ressaltar que, quando um projeto é reprogramado porque uma atividade é finalizada mais tarde, o início e o término das atividades remanescentes são estendidos para datas futuras, assim como a conclusão do projeto.

Resumo dos problemas micro

O que é mais importante aqui não é que os pesquisadores não reconheceram que o CPM/PERT é limitado por seus pressupostos, mas que os efeitos desses pressupostos foram subestimados e não foram explicitados. Muitos pesquisadores de fato reconheceram esses pressupostos, mas não houve nenhum esforço sistemático para eliminar esses efeitos. Ao examinar os experimentos *gedanken*, o leitor reconhecerá que, se um profissional for forçado a cometer ao menos um dos erros identificados previamente, é provável que o projeto atrase. Além disso, a magnitude do efeito no sistema (projetos atrasados, acima do orçamento ou incompletos) é ampliada por cada problema toda vez que cada um desses problemas ocorre.

Uma breve visão sobre o gerenciamento de projetos pela corrente crítica

Corrente crítica no ambiente de um único projeto

Goldratt (1997) introduziu o conceito de *gerenciamento de projetos pela corrente crítica para projetos únicos* (GPCC-PU ou corrente crítica) para começar a abordar os problemas associados com os métodos mais tradicionais – o CPM/PERT e os gráficos de Gantt. Como mencionado antes, o CCPM-SP considera várias das diretrizes listadas anteriormente, mas não todas. A Diretriz I está relacionada à identificação do tipo de projeto. As Diretrizes II e VII abordam a elaboração do diagrama de rede de projeto, ao passo que a Diretriz XII diz respeito a múltiplos projetos. A rede de projeto resultante é viável, mas não necessariamente um plano de projeto ideal.

A Figura 2.2 mostra uma rede de projeto CPM/PERT típica de atividade no nó. Na realidade, a conclusão das atividades do projeto exige a utilização de recursos. Além disso, normalmente os recursos são limitados – existe apenas um número X de programadores ou de escavadeiras ou de seja lá o que for. Suponha que o projeto mostrado na Figura 2.2 deva ser concluído utilizando três diferentes recursos. A Figura 2.5 mostra a mesma rede de atividade no nó da Figura 2.2, mas apresenta mais recursos. Os círculos cinza do diagrama representam os recursos utilizados: A e B, C e D e E e F compartilham um recurso.

O leitor perceberá rapidamente que a duração das atividades sofreu uma redução de 50%. Essa diminuição atende, pelo menos parcialmente, às Diretrizes IV, VIII e X. Além

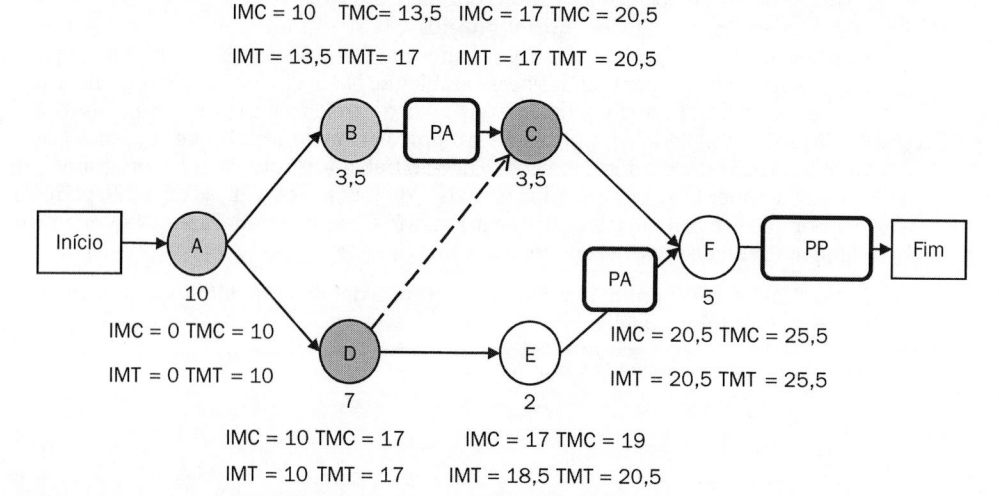

FIGURA 2.5 Diagrama típico de rede de projeto de atividade no nó com contenção de recursos identificado (o sombreado representa o uso de um mesmo recurso).

disso, foi acrescentada outra seta ao diagrama. Essa seta tracejada representa a prioridade de utilização de recursos dentro do projeto – atendendo às Diretrizes III e VI. Utilizando a técnica CPM/PERT de caminho de ida e caminho de volta através da rede e considerando essa nova seta tracejada, é possível determinar o IMC/TMC e o IMT/TMT. Essas atividades sem folga são críticas. Entretanto, a sequência de atividades (A-D-C-F) não corresponde a um caminho CPM/PERT; portanto, o termo *corrente* é empregado para denotar a diferença entre um caminho CPM/PERT (que considera apenas a precedência lógica) e uma corrente GPCC-PU (que considera tanto a precedência lógica quanto a de recurso). Como todas as atividades na corrente A-D-C-F não têm nenhuma folga, essa corrente é chamada de *corrente crítica* (CC).

Foram também acrescentados ao diagrama os quadros denominados PA e PP. Esses quadros representam, respectivamente, os pulmão de alimentação e os pulmões de conclusão de projeto. Esses pulmões existem para atender às Diretrizes V, VIII e IX. Todas as atividades do projeto sofreram um decréscimo de tempo, gerando uma probabilidade de 0,5 de que cada atividade será concluída no prazo. Os pulmões foram acrescentados para aumentar a probabilidade de o projeto ser concluído no prazo. O PP aumenta o tempo no fim do projeto. Nesse caso, como a CC corresponde a 20,5 dias, o PP seria de 10,25 dias – desse modo, é possível prometer que o projeto será finalizado em 30,75 dias. Os pulmões de alimentação são empregados para proteger a CC contra variações nas atividades não críticas. Se as atividades B e E tivessem de ser iniciadas na data de IMT e sofressem qualquer atraso, a CC seria colocada em risco. Os pulmões de alimentação exigem que essas atividades sejam iniciadas em algum momento antes da data de IMT. (A determinação real do tamanho do pulmão é deixada para capítulos posteriores.)

Na prática, o GPCC-PU requer que todas as atividades na CC sejam monitoradas e iniciadas tão logo a atividade precedente termine, a fim de tirar vantagem dos términos antecipados. Esse processo atende à Diretriz XI. Além disso, todos os recursos na CC são monitorados para garantir que a multitarefa seja eliminada ou minimizada, para atender à Diretriz V.

Breve revisão de literatura sobre corrente crítica

No livro *Critical Chain*, Goldratt (1997) publicou pela primeira vez o conceito de GPCC. Tal como vários de seus escritos anteriores, este livro delineou o conceito de GPCC de uma forma narrativa e não parece ter tido a intenção de ser um manual sobre GPCC do tipo "como fazer". Na realidade, seu objetivo parece ter sido oferecer um fundamento para uma corrente de pesquisas que pudesse ser seguida por ele e outros pesquisadores. Pittman (1994) e Walker (1998) examinaram os ambientes de um único projeto e de múltiplos projetos (respectivamente) e procuraram expor as hipóteses e a prática da programação e de controle de projetos pelos métodos tradicionais. O trabalho de ambos oferece uma base para os experimentos *gedanken* apresentados antes neste capítulo.

Hoel e Taylor (1999) procuraram oferecer um método (por meio de simulação) para determinar o tamanho apropriado dos pulmões exigidos pelo GPCC. Rand (2000) introduziu o GPCC na literatura de gerenciamento de projetos estruturando-o como uma extensão da TOC. Ele concluiu que o GPCC, além de lidar com os aspectos técnicos do gerenciamento de projetos (como o CPM/PERT), lida com a forma como a alta administração gerencia o comportamento humano na elaboração do diagrama de rede de projeto, bem como a execução dessa rede. Steyn (2000) deu sequência a essa pesquisa com uma investigação sobre os princípios básicos do GPCC, concluindo que um obstáculo importante à implementação do GPCC é sua exigência de uma mudança fundamental no modo como o gerenciamento de projetos é abordado e que essa mudança tende a encontrar resistência.

Contudo, Herroelen e Leus (2001) defenderam que, embora o GPCC fosse tão importante para o gerenciamento de projetos quanto a TOC era para a programação da produção, o GPCC supersimplificava o problema da programação e reprogramação. Herroelen, Leus e Demeulemeester (2002) prosseguiram com praticamente o mesmo argumento em um artigo posterior. Do mesmo modo, Raz, Divr e Barnes reexaminaram o GPCC e concluíram que o desempenho do projeto em muitos casos depende das habilidades e capacidades dos líderes de projeto e que "alguns princípios do GPCC fazem sentido em determinadas situações" (2003, p. 31). McKay e Morton (1998) e também Pinto (1999) estavam preocupados com a possibilidade de o GPCC ser mal aplicado pelos gerentes que não conseguiam compreender os fundamentos do GPCC e que tentavam adotá-lo sem mudar totalmente sua abordagem básica de gerenciamento de projetos.

Em resposta a essa crítica, Steyn (2002) procurou aplicar a TOC a uma série de outras áreas do gerenciamento de projetos, afora a criação e execução dos cronogramas de projeto. Ele reconheceu a natureza multidisciplinar do gerenciamento de projetos e como isso pode afetar o fluxo de caixa, as necessidades dos grupos de interesse e o gerenciamento de riscos. Yeo e Ning (2002) iniciaram um trabalho sobre a integração do gerenciamento da cadeia de suprimentos com o gerenciamento de projetos. Sonawane (2004) incorporou dinâmicas sistêmicas ao GPCC para criar um sistema de gerenciamento de projetos "moderno". Da mesma forma, Lee e Miller (2004) aplicaram o pensamento sistêmico a múltiplos projetos com o GPCC e Trietsch (2005) defendeu que na verdade o GPCC é uma abordagem mais holística sobre gerenciamento de projetos do que os métodos tradicionais.

Herroelen e Leus reconhecem que o GPCC "parece prático e bem pensado [...] embora, para projetos únicos, o foco incondicional sobre uma 'corrente crítica' pareça inaproveitável [...]" (2004, p. 1616). Srinivasan, Best e Chandrasekaren (2007) apresentaram um estudo de caso que sem dúvida parece contradizer essa conclusão. O *Centro de Logística Aérea Warner Robins* (Warner Robins Air Logistics Center – WRALC) é responsável pelos serviços de revisão e reparo da aeronave de transporte C-5. Depois de um período de oito meses de implementação, iniciado em 2005, e sem acrescentar nenhum outro recurso, o WRALC devolveu cinco aeronaves à frota operacional por meio da redução do número de aviões em manutenção de 12 para 7. O valor de reposição dessas aeronaves é de US$ 2,4 bilhões, sem considerar os benefícios não monetários, como maior reatividade e maior prevenção de acidentes em tempos de guerra.

Resumo e conclusões

A literatura sobre gerenciamento de projetos está relacionada à prática e à teoria de gerenciamento de projetos. A prática enfatiza o grande número de falhas nos projetos e a teoria concentra-se no ajuste fino dos algoritmos para tentar minimizar o tempo de computador ou a duração do projeto. Certamente, ambos os temas devem convergir para oferecer um método simples, porém eficaz, de gerenciamento de projetos. Uma das formas de dar um novo foco à literatura teórica é assumir uma perspectiva diferente sobre gerenciamento de projetos. Nossa abordagem sistêmica tenta identificar especificamente várias das causas de insucesso nos projetos.

Este capítulo teve duplo propósito. Primeiro, examinamos os problemas macro associados ao gerenciamento de projetos. Segundo, foram examinados os problemas micro das redes de projeto. O objetivo geral desta pesquisa não é propor soluções a cada um dos problemas aparentes revelados neste capítulo, mas identificar e associar logicamente esses problemas aparentes às suas causas subjacentes, bem como ao insucesso dos projetos. Deve-se compreender totalmente os problemas centrais do gerenciamento de projetos e seu ambiente antes de propor uma solução abrangente a esses problemas. Sem essa perspectiva sistêmica, a proposição de uma solução pode criar mais problemas do que respostas.

Este capítulo oferece evidências de que, não diferentemente de outros ambientes empresariais, o gerenciamento de um único ou de múltiplos projetos tem determinados problemas centrais que devem ser reconhecidos antes do desenvolvimento de novas ferramentas de planejamento e controle. Pesquisas recentes na área de planejamento e controle tanto de projetos únicos quanto de múltiplos projetos reconheceram as deficiências do método CPM/ PERT. Doze diretrizes foram propostas para que o planejamento e a controle em vigor de um único ou de múltiplos projetos possam ser aprimorados.

Essas diretrizes refletem mudanças fundamentais no método atual de planejamento e controle de um único ou de vários projetos. O objetivo de qualquer técnica aprimorada de planejamento e controle não deve ser encontrar a solução ideal para cada um dos problemas identificados no gerenciamento de projetos, mas encontrar uma solução praticável ou realista para todos os problemas do gerenciamento de projetos (como aquela apresentada por Goldratt, 1997 e Newbold, 1999). Além disso, as soluções para qualquer um dos problemas não deve ser desenvolvida à parte dos outros problemas. Ademais, não é recomendável desenvolver soluções complexas porque os profissionais têm dificuldade de entender e aplicar essas soluções. Uma data de conclusão de projeto programada de forma realista e que é cumprida é melhor do que uma solução ideal inatingível.

Foram os profissionais que expressaram as críticas mais duras aos métodos de gerenciamento de projetos prevalecentes. Isso porque os sistemas de recompensa em vigor não se baseiam no método empregado, mas nos resultados obtidos – no prazo e de acordo com o orçamento e todas as especificações. Reconhecendo as inadequações dos métodos baseados na PERT para alcançar os resultados desejados, os profissionais tentam modificar esses métodos de gerenciamento de projetos.

Os profissionais reconhecem os efeitos da variabilidade e da capacidade finita quando seus projetos são concluídos com atraso e acima do orçamento, mas eles não se dão conta das causas subjacentes dos efeitos observados. Eles "sabem" intuitivamente que os pressupostos do CPM/PERT estão provocando o insucesso de seus projetos, mas ainda não reconheceram que seu próprio comportamento é também uma das causas. Esses comportamentos, como os gerentes de projeto que procuram postergar as despesas ou evitar punições posteriores ou os gerentes de recursos que aumentam a duração programada das atividades para proteger seus recursos, são motivados por políticas e medidas. (Uma discussão completa sobre políticas e mensurações, como elas influenciam o comportamento e de que forma se deve aliar comportamentos individuais com as metas da empresa estão além do escopo deste capítulo.)

Recomendações importantes aos profissionais podem ser feitas em vista das pesquisas apresentadas neste capítulo. Os gerentes de projeto devem perceber que as estimativas de duração das atividades são propensas a ser superestimadas e, contrariamente às expectativas, com frequência são a causa do desempenho deficiente dos projetos. Eles devem perceber também que os múltiplos projetos são interdependentes porque utilizam recursos em comum. Desse modo, as decisões tomadas com respeito a um determinado projeto podem provocar efeitos prejudiciais em outros, mesmo naqueles que ainda não foram iniciados. Além disso, é necessário desenvolver um sistema de recompensa que reconheça a conclusão e não a duração das atividades e dos projetos. Os gerentes de recursos precisam compreender o conceito de corrente crítica e, igualmente, tirar vantagem do término antecipado das atividades. Em conclusão, os gerentes de projeto não devem estabelecer as datas de conclusão programadas do projeto com base nos planos baseados no método PERT. Em vez disso, devem utilizar algum método que reconheça o uso compartilhado de recursos e a existência de flutuação estatística dentro de um projeto ou entre os projetos.

Determinados pesquisadores identificam vários desses problemas aparentes em seus estudos; entretanto, nenhuma análise abrangente sobre as causas desses problemas aparentes foi empreendida. A nosso ver, essa abordagem não é suficiente. Para oferecer uma estrutura prática que diminua as falhas dos projetos, é necessário adotar uma abordagem sistêmica para identificar problemas aparentes tanto em nível macro quanto micro, os determinantes básicos (fatores ambientais) e os problemas básicos da metodologia do CPM/

PERT. Não propomos uma solução abrangente ao gerenciamento de projetos; contudo, oferecemos algumas diretrizes para iniciar um diálogo com outros pesquisadores no sentido de desenvolver um método de gerenciamento de projetos mais eficaz e favorável ao profissional. Os pesquisadores devem utilizar essas diretrizes como ponto de partida para desenvolver algoritmos mais concretos. O método da corrente crítica de Goldratt pode ser promissor para lidar com vários desses problemas. Embora ele tenha sido empregado eficazmente em um pequeno número de ambientes diferentes, esse número está crescendo. Esse e também outros métodos devem ser desenvolvidos e refinados para oferecer uma perspectiva sistêmica que englobe as necessidades dos gerentes de projeto, dos gerentes de recursos e dos gerentes organizacionais.

É necessário reexaminar os métodos de formulação de políticas, procedimentais, de mensuração, de planejamento e de controle, tal como indicado pelas árvores da realidade atual das organizações de projetos únicos e múltiplos. Os conflitos subjacentes entre as metas e mensurações dos gerentes criam vários dos problemas aparentes observados em um ambiente de gerenciamento de projetos. Esses conflitos devem ser resolvidos por meio de políticas, procedimentos e mensurações corroborativos. Supondo que isso possa ser divisado e implementado com êxito, é essencial utilizar uma perspectiva sistêmica para identificar todos os determinantes básicos em um determinado ambiente e um sistema de planejamento e controle estruturado para acomodar esses determinantes básicos. O ambiente de projetos tem vários determinantes básicos em comum que devem ser incorporados em toda e qualquer metodologia de planejamento e controle. Tentamos identificar inúmeros deles e oferecer diretrizes para que os gerentes as considerem no planejamento e controle de seus projetos. Essas diretrizes devem também oferecer um alicerce para outras pesquisas sobre desenvolvimento e teste de metodologias eficazes de planejamento e controle de projetos.

O meio acadêmico precisa deixar de enfatizar a definição de um bom algoritmo que minimize o tempo de programação dos projetos ou encontre seu menor tempo de conclusão, e passar a enfatizar um algoritmo que identifique soluções para a criação de redes que assegurem que o projeto seja concluído de acordo com o plano e os métodos de imunização contra flutuações estatísticas. O reconhecimento de que, quando existem flutuações estatísticas e acontecimentos dependentes, os atrasos se acumulam é fundamental. Métodos para eliminar e minimizar o efeito dos atrasos acumulados sobre a conclusão do projeto são necessários. A utilização estratégica de pulmões de recurso, de caminhos e de redes em projetos únicos ou múltiplos também deve ser estudada.

Referências

Abdel-Hamid, T. K. "A Multiproject Perspective of Single-Project Dynamics". *Journal of Systems and Software*, 22(3), 1993, pp. 151-165.

Allam, S. I. G. "Multi-project Scheduling: A New Categorization for Heuristic Scheduling Rules in Construction Scheduling Problems". *Construction Management and Economics*, 6(2), 1988, pp. 93-115.

Avots, I. "Why Does Project Management Fail?" *Management Review*, 59(10), pp. 36-41, 1970.

Badiru, A. B. "Critical Resource Diagram: A New Tool for Resource Management". *Industrial Engineering*, 24(10), pp. 58-59, 65, 1992.

Badiru, A. B. "Activity-Resource Assignments Using Critical Resource Diagramming". *Project Management Journal*, 24(3), 1993, pp. 15-21.

Bildson, R. A. e Gillespie, J. R. "Critical Path Planning: PERT Integration". *Operations Research*, 10(6), 1962, pp. 909-912.

Black, K. "Causes of Project Failure: A Survey of Professional Engineers". *PM Network*, 1996, pp. 21-24.

Bock, D. B. e Patterson, J. H. "A Comparison of Due Date Setting, Resource Assignment, and Job Preemption Heuristics for the Multiproject Scheduling Problem". *Decision Sciences* 21(2), 1990, pp. 387-402.

Brooks, F. P. *The Mythical Man-Month*. Edição de Aniversário. Boston: Addison-Wesley, 1995.

Brown, D. "Lack of Skills to Blame for Project Failures". *Canadian HR Reporter*, 14(17), 2001, pp. 1-12.

Clark, C. E. "Comments on the Proceeding Paper" (*The PERT Model for the Distribution of an Activity Time*). *Operations Research*, 10(3), 1961, pp. 348.

Coulter III, C. "Multiproject Management and Control". *Cost Engineering*, 32(10), 1990, pp. 19-24.

Davis, E. W. "Resource Allocation in Project Network Models: A Survey". *Journal of Industrial Engineering*, 17(4), 1966, pp. 177-188.

Davis, E. W. "Project Scheduling under Resource Constraints: Historical Review and Categorization of Procedures". *AIIE Transactions*, 5(4), 1973, pp. 297-313.

Davis, K. R., Stam, A. e Grzybowski, R. A. "Resource Constrained Project Scheduling with Multiple Objectives: A Decision Support Approach". *Computers & Operational Research* 19(7), 1992, pp. 657-669.

Dean, B. V., Denzler, D. R. e Watkins, J. J. "Multiproject Staff Scheduling with Variable Resource Constraints". *IEEE Transactions on Engineering Management*, 39(1), 1992, pp. 59-72.

Deckro, R. F., Winkofsky, E. P., Hebert, J. E. e Gagon, R. "A Decomposition Approach to Multi-Project Scheduling". *European Journal of Operational Research*, 51(1), 1991, pp. 110-118.

Dumond, J. "In a Multiresource Environment: How Much Is Enough?" *International Journal of Production Research*, 30(2), 1992, pp. 395-410.

Dumond, E. J. e Dumond, J. "An Examination of Resourcing Policies for the Multi-resource Problem". *International Journal of Operations Management*, 13(5), 1993, pp. 54-76.

Feldman, J. I. "The Seven Deadly Sins of Project Estimating". *Information Strategy*, 18(1), 2001, pp. 30-36.

Goldratt, E. M. *Critical Chain*. Great Barrington, MA: North River Press, 1997.

Granger, C. H. "The Hierarchy of Objectives". *Harvard Business Review*, 42(3), 1964, pp. 63-74.

Gutierrez, G. J. e Kouvelis, P. "Parkinson's Law and Its Implications for Project Management". *Management Science*, 17(8), 1991, 990-1.001.

Healy, T. L. "Activity Subdivision and PERT Probability Statements". *Operations Research*, 1961, pp. 341-348.

Herroelen, W. e Leus, R. 2001. "On the Merits and Pitfalls of Critical Chain Scheduling". *Journal of Operations Management*, 19(5), 1961, pp. 559-577.

Herroelen, W. e Leus, R. "Robust and Reactive Project Scheduling: A Review and Classification of Procedures". *International Journal of Production Research*, 42(8), 2004, pp. 1.599-1.620.

Herroelen, W., Leus, R. e Demeulemeester, E. "Critical Chain Project Scheduling: Do Not Oversimplify". *Project Management Journal*, 33(4), 2002, pp. 49-60.

Hoel, K. e Taylor, S. G. "Quantifying Buffers for Project Schedules". *Production and Inventory Management Journal*, 40(2), 1999, pp. 43-47.

Hughes, M. W. "Why Projects Fail: The Efforts of Ignoring the Obvious". *Industrial Engineering*, 1986, pp. 14-18.

James, G. "Beware of Consultants Peddling Snake Oil". *Computerworld*, 34(39), 2000, p. 40.

Kelley, J. E. "Critical-Path Planning and Scheduling Mathematical Basis". *Operations Research*, 1962, pp. 296-320.

Kerzner, H. *Project Management: A Systems Approach to Planning, Scheduling, and Controlling*. 5ª ed. Nova York: Van Nostrand Reinhold, 1994.

Kim, S. e Leachman, R. C. "Multi-project Scheduling with Explicit Lateness Costs". *IIE Transactions*, 25(2), 1993, pp. 34-44.

Klingel Jr., A. R. "Bias in PERT Project Completion Time Calculations for a Real Network". *Management Science*, 13(4), 1966, pp. 194-201.

Krakow, I. H. *Project Management with the IBM PC Using Microsoft Project, Harvard Progect Manager, Visischedule, Project Scheduler*. Bowie, MD: Prady Communications Co., 1985.

Krakowski, M. "PERT and Parkinson's Law". *Interfaces*, 5(1), 1974, pp. 35-40.

Kurtulus, I. "Multiproject Scheduling: Analysis of Scheduling Strategies under Unequal Delay Penalties". *Journal of Operations Management*, 5(3), 1985, pp. 291-307.

Kurtulus, I. e Davis, E. W. "Multi-project Scheduling: Categorization of Heuristic Rules Performance". *Management Science*, 28(2), 1982, pp. 161-172.

Kurtulus, I. e Narula, S. C. "Multi-project Scheduling: Analysis of Project Performance". *IIE Transactions*, 17(1), 1985, pp. 58-66.

Lawrence, S. R. e Morton, T. E. "Resource-Constrained Multi-project Scheduling with Tardy Cost: Comparing Myopic, Bottleneck, and Resource Pricing Heuristics". *European Journal of Operational Research*, 64(2), 1993, pp. 168-187.

Lee, B. e Miller, J. "Multi-project Software Engineering Analysis Using Systems Thinking". *Software Process Improvement and Practice*, 9(3), 2004, pp. 173-214.

Lee, S. M., Park, O. E. e Economides, S. C. "Resource Planning for Multiple Projects". *Decision Sciences*, 9(1), 1978, pp. 49-67.

Levy, F. K., Thompson, G. L. e Wiest, J. D. "The ABCs of Critical Path Method". *Harvard Business Review*, 1962, pp. 98-108.

Lowery, G. e Stover, T. *Managing Projects with Microsoft Project 2000 for Windows*. Nova York: John Wiley & Sons, 2001.

Malcolm, D. G., Roseboom, J. H. e Clark, C. E. "Application of a Technique for Research and Development Program Evaluation". *Operations Research*, 1959, pp. 646-669.

Marks, N. E. e Taylor, H. L. "CPM/PERT: A Diagrammatic Scheduling Procedure". *Studies in Personnel and Management*, 18, 1966. Austin: Departamento de Pesquisa de Mercado, Instituto de Pós-Graduação em Administração, Universidade do Texas.

Matta, N. F. e Ashkenas, R. N. "Why Good Projects Fail Anyway". *Harvard Business Review*, 2003, pp. 109-114.

McKay, K. N. e Morton, T. E. "Critical Chain". *IIE Transactions*, 30(8), 1998, pp. 759-762.

Meredith, J. R. e Mantel, S. J. *Project Management: A Managerial Approach*. 5ª ed. Nova York: John Wiley & Sons, 2003.

Middleton, C. J. "How to Set Up a Project Organization". *Harvard Business Review*, 1967, pp. 73-82.

Miller, R. W. "How to Plan and Control with PERT". *Harvard Business Review*, 1962, pp. 93-104.

Millstein, H. S. "Comments on the Proceeding Paper (Healy)". *Operations Research*, 1961, pp. 349-350.

Mohanty, R. P. e Siddiq, M. K. "Multiple Projects – Multiple Resources Constrained Scheduling: A Multiobjective Approach". *Engineering Costs & Production Economics*, 18(1), 1989, pp. 83-92.

Neimat, T. "Why IT Projects Fail". The Project Perfect White Paper Collection. http://www.projectperfect.com.au, 2005.

Newbold, R. *Project Management in the Fast Lane: Applying the Theory of Constraints*. Boca Raton, FL: St. Lucie Press, 1999.

Paige, H. W. "How PERT-Cost Helps the General Manager". *Harvard Business Review*, 1963, pp. 87-95.

Parkinson C. N. *Parkinson's Law and Other Studies in Administration*. Nova York: Random House, 1957.

Payne, J. H. "Management of Multiple Simultaneous Projects: A State-of-the-Art Review". *International Journal of Project Management*, 13(3), 1995, pp. 163-168.

Pinto, J. K. "Some Constraints on the Theory of Constraints: Taking a Critical Look at the Critical Chain". *PM Network*, 13(8), 1999, pp. 49-51.

Pinto, J. K. e Mantel, S. J. "The Causes of Project Failure". *IEEE Transactions on Engineering Management*, 37(4), 1990, pp. 269-275.

Pinto, J. K. e Presscott, D. P. "Project Success: Definitions and Measurement Techniques". *Project Management Journal*, 19(1), 1988, pp. 67-71.

Pinto, J. K. e Slevin, D. P. "Critical Factors in Successful Project Implementation". *IEEE Transactions in Engineering Management*, EM-34(1), 1987, pp. 22-27.

Pinto, J. K. e Slevin, D. P. "The Project Champion: Key to Implementation Success". *Project Management Journal*, XX, 1989, pp. 15-20.

Pitagorsky, G. "A Scientific Approach to Project Management". *Machine Design*, 73(14), 2001, pp. 78-82.

Pittman, P. H. *Project Management: A More Effective Methodology for the Planning and Control of Projects*. Universidade da Geórgia, 1994. Tese de doutorado não publicada.

Platje, A. e Seidel, H. "Breakthrough in Multiproject Management: How to Escape the Vicious Circle of Planning and Control". *International Journal of Project Management*, 11(4), 1993, pp. 209-213.

Pocock, J. W. "PERT as an Analytical Aid for Program Planning: Its Payoff and Problems". *Operations Research*, 10(6), 1962, pp. 893-903.

Rand, G. K. "Critical Chain: The Theory of Constraints Applied to Project Management". *International Journal of Project Management*, 18(3), 2000, pp. 173-177.

Raz, T., Divr, D. e Barnes, R. "A Critical Look at Critical Chain Project Management". *Project Management Journal*, 34(4), 2003, pp. 24-32.

Roseboom, J. H. "Comments on a Paper by Thomas Healy". *Operations Research*, 1961, pp. 909-910.

Rydell Group. "TOC at Saturn and GM Dealers". Dissertação apresentada no Congresso Norte-Americano de Atualização para Jonah, Filadélfia, 21 a 24 de setembro de 1995.

Schonberger, R. J. "Why Projects Are 'Always' Late: A Rationale Based on Manual Simulation of a CPM/PERT Network". *Interfaces*, 11(5), 1981, pp. 66-70.

Sonawane, R. *Applying Systems Dynamics and Critical Chain Methods to Develop Modern Construction Project Management System*. Universidade A&M do Texas, Kingsville, 2004. Tese de mestrado não publicada.

Speranza, M. G. e Vercellis, C. "Hierarchial Models for Multi-project Planning and Scheduling". *European Journal of Operations Research*, 64(2), 1993, pp. 312-325.

Srinivasan, M. M., Best, W. D. e Chandrasekaren, S. "Warner Robins Air Logistics Center Streamlines Aircraft Repair and Overhaul". *Interfaces*, 37(1), 2007, pp. 7-21.

Steyn, H. "An Investigation into the Fundamentals of Critical Chain Project Scheduling". *International Journal of Project Management*, 19(6), 2000, pp. 363-369.

Steyn, H. "Project Management Applications of the Theory of Constraints Beyond Critical Chain Scheduling". *International Journal of Project Management*, 20(1), 2002, pp. 75-80.

Trietsch, D. "Why a Critical Path by Any Other Name Would Smell Less Sweet? Towards a Holistic Approach to CPM/PERT". *Project Management Journal*, 36(1), 2005, pp. 27-36.

Trypia, M. N. "Cost Minimization of Simultaneous Projects That Require the Same Scarce Resource". *European Journal of Operations Research*, 5(4), 1980, pp. 235-238.

Tsai, D. M. e Chiu, H. N. "Two Heuristics for Scheduling Multiple Projects with Resource Constraints". *Construction Management and Economics*, 14(4), 1996, pp. 325-340.

Tsubakitani, S. e Deckro, R. F. "A Heuristic for Multi-project Scheduling with Limited Resources in the Housing Industry". *European Journal of Operational Research*, 49(1), 1990, pp. 80-91.

Van Slyke, R. M. "Monte Carlo Methods and the PERT Problem". *Operations Research*, 11(5), 1963, pp. 839-860.

Vercellis, C. "Constrained Multi-project Planning Problems: A Lagrangean Decomposition Approach". *European Journal of Operational Research*, 78(2), 1994, pp. 267-275.

Yang, K. e Sum, C. "A Comparison of Resource Allocation and Activity Scheduling Rules in a Dynamic Multi-project Environment". *Journal of Operations Management*, 11(2), 1993, pp. 207-218.

Yeo, K. T. e Ning, J. H. "Integrating Supply Chain and Critical Chain Concepts in Engineer-Procure-Construct (EPC) Projects". *International Journal of Project Management*, 20(4), 2002, pp. 253-262.

Walker II, E. D. *Planning and Controlling Multiple, Simultaneous, Independent Projects in a Resource Constrained Environment*. Universidade da Geórgia, 1998. Tese de doutorado não publicada.

Westney, R. E. "Resource Scheduling: Is AI the Answer?" *American Association of Cost Engineers Transactions*, 1991, K.6.1-K.6.9.

Wiest, J. D. e Levy, F. K. *A Management Guide to CPM/PERT with GERT/PDM/DCPM and Other Networks*. 2ª ed. Englewood Cliffs, NJ: Prentice Hall, 1977.

Williams, D. "Right on Time". *CA Magazine*, 134(7), 2001, pp. 30-31.

Zhan, J. "Heuristics for Scheduling Resource-Constrained Projects in MPM Networks". *European Journal of Operational Research*, 76(1), 1994, pp. 192-205.

Sobre o autor

Ed D. Walker II, professor adjunto de administração na Universidade Estadual de Valdosta, proveniente de Milledgeville, Geórgia, é reconhecido como gestor de produção e estoques pela Associação para Administração Operacional (Association for Operations Management – APICS) e como Jonah pelo Instituto Avraham Y. Goldratt e é certificado pela Organização Internacional de Certificação em Teoria das Restrições em gerenciamento de projetos pela TOC, processos de raciocínio da TOC e em gerenciamento operacional pela TOC. Walker tirou o bacharelado em administração de empresas e matemática/física pela Faculdade Presbiteriana e o MBA em finanças pela Universidade Auburn. Antes de se doutorar em administração operacional pela Universidade da Geórgia, Walker trabalhou com planejamento e controle de produção, distribuição e gerência de fabricação nos setores de processamento de alimentos e têxtil. Já publicou mais de 20 artigos científicos e de conferência nas áreas de teoria das restrições, gerenciamento de projetos, sistemas de planejamento e controle de produção, avaliação de desempenho e pedagogia em sala de aula. Os dois filhos pequenos mantêm Walker e sua mulher muito ocupados. Ele gosta de trabalhar como voluntário na igreja em que frequenta, de trabalhar ao ar livre, de arbitrar jogos colegiais de futebol americano e também de caçar e pescar.

3
Cartilha de gerenciamento de projetos pela corrente crítica

Charlene Spoede Budd e Janice Cerveny

Introdução

Tal como o apoio das organizações à certificação profissional pelo Instituto de Gerenciamento de Projetos[1] evidencia, existe um desejo entre as empresas de aprimorar suas competências nessa área. Ainda que essa categoria profissional tenha reconhecido a necessidade de se aprimorar e as empresas tenham tentado seriamente ganhar maior maturidade em gerenciamento de projetos, a maioria ainda se encontra nos níveis mais baixos de um modelo de maturidade típico de gerenciamento de projetos de cinco níveis e poucas atingiram os níveis mais altos da melhoria contínua.

O capítulo anterior, de Ed Walker, é uma excelente revisão de toda a história do gerenciamento de projetos. Os três capítulos seguintes – da empresa Realization, de Rob Newbold e do Instituto Avraham Goldratt (Avraham Goldratt Institute – AGI) – cobrem os últimos avanços da *corrente crítica* (CC). Comparados aos outros capítulos desta parte, o Capítulo 3 contém um tutorial sobre o funcionamento da CC, bem como algumas propostas de implementação. Nossa premissa básica é de que o leitor conhece pouco ou nada a respeito do *gerenciamento de projetos pela corrente crítica* (GPCC).

Por que persistem esses problemas predominantes relacionados aos projetos

O Capítulo 2 sem dúvida delineia uma série de problemas bastante comuns com os quais os *gerentes de projeto* (GPs) continuam se defrontando. A história leva a crer que a existência de uma solução definitiva é uma ilusão.

Ao longo de sua vida profissional, Eli Goldratt ressaltou de que modo as situações complexas e caóticas podem ser enfrentadas com um método simples de cinco passos (detalhado pela primeira vez em Goldratt e Cox, 1984; Goldratt, 1990, pp. 59-62). Esse mesmo método aplica-se ao gerenciamento de projetos (Leach, 2005, pp. 52-54). O primeiro dos cinco passos refere-se à identificação da restrição. No caso dos projetos, a restrição que impede que uma empresa ganhe mais, tanto no presente quanto no futuro, é o tempo necessário para concluir um projeto com os recursos disponíveis. No desenvolvimento de produtos, por exemplo, os projetos concluídos com atraso podem perder uma participação significativa de seu mercado em potencial para os concorrentes.

---

[1] O Instituto de Gerenciamento de Projetos, fundado em 1969, nos últimos 40 anos transformou-se na principal organização de gerenciamento de projetos do mundo, com aproximadamente 500 mil membros e profissionais credenciados, em mais de 180 países. http://www.pmi.org/AboutUs/Pages/default.aspx. Acesso em 5 de setembro de 2009.

Copyright © 2010 Charlene Spoede Budd e Janice Cerveny

Em relação aos projetos gerenciados de maneira tradicional, dois pressupostos são responsáveis pelo atraso na conclusão dos mesmos: (1) o tempo de duração das atividades pode ser previsto com precisão e (2) o sistema de planejamento e controle do gerenciamento de projetos tradicional é eficaz (Leach, 2005, pp. 10-11). Os recursos são solicitados a fornecer uma estimativa do tempo necessário para concluir uma determinada atividade. Assim que todos os recursos informam esse tempo estimado (e precavido), o gerenciamento com frequência exige estimativas menores. Se essas estimativas forem aceitas por todos os recursos (e normalmente eles não têm muita escolha), elas se tornam um compromisso e um parâmetro com base no qual o recurso será avaliado.

A incerteza de duração

Sabemos que o tempo de duração das atividades segue um padrão de distribuição que se inclina para a direita. Nenhuma atividade pode ser concluída no tempo zero, mas o tempo máximo possível pode ser extremamente longo. Examine um exemplo simples, como o tempo necessário para ir ao escritório de um cliente importante. Digamos que, se você ultrapassasse o limite de velocidade (em cerca de 8 a 10 quilômetros – 14 a 16 é mais comum em Atlanta) e não encontrasse nenhum problema, você poderia fazer esse percurso em 20 minutos (o tempo de atividade mínimo). Entretanto, normalmente esse percurso leva em torno de 30 minutos. Se houvesse um acidente na via expressa, talvez levasse várias horas. Se você tivesse sido obrigado a prometer ao seu cliente que chegaria ao escritório em um determinado horário, pois do contrário perderia aquela conta, quanto tempo você teria estimado? Certamente teria sido 20 ou 30 minutos. O mesmo é válido para o recurso do projeto que é obrigado a prometer que cumprirá uma atividade em um determinado espaço de tempo. Em geral, a estimativa estará em um intervalo tal que o recurso tenha de 90% a 95% de probabilidade de concluí-la no prazo.

Como o tempo de duração das atividades segue uma distribuição assimétrica, de acordo com a Figura 3.1, e tem características exclusivas, o tempo de conclusão não pode ser estimado com precisão. No entanto, é necessário apresentar uma estimativa de tempo. Portanto, para proteger sua carreira, os recursos que atuam em ambientes de gerenciamento de projetos tradicionais são forçados a fornecer uma estimativa de tempo que tenha uma margem de segurança apropriada e lhes permita corresponder às "adaptações" do gerenciamento e cumprir suas promessas.

A área abaixo da curva mostra a probabilidade de a atividade ser concluída em um determinado tempo estimado. O tempo de conclusão previsto, se os recursos conseguirem dedicar seu tempo à atividade, sem interrupção, muito provavelmente ocorreria em algum momento à esquerda da linha vertical pontilhada maior na Figura 3.1 (entre as duas setas que apontam para direções opostas). Poderia ocorrer um tempo mínimo, o ponto à extrema esquerda na curva de distribuição, mas a probabilidade é bastante pequena. Para se prevenir contra interrupções e atribuições urgentes e imprevistas, nor-

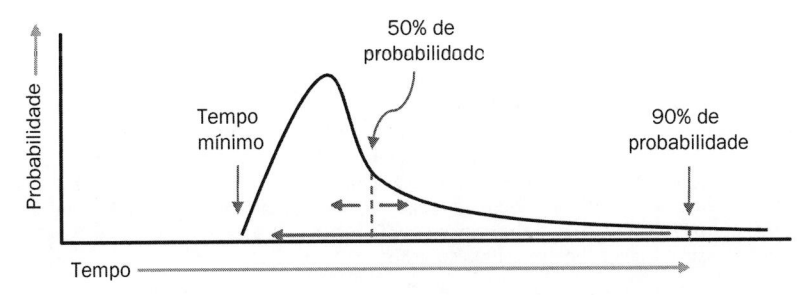

FIGURA 3.1 Probabilidades de uma atividade com distribuição assimétrica.

malmente os recursos optam por oferecer um tempo em relação ao qual eles tenham de 90% a 95% de certeza de que conseguirão cumprir. Em geral, quando os recursos conseguem cumprir a data de conclusão, eles recebem uma boa avaliação. Se uma atividade é concluída com atraso, essa avaliação diminui, dependendo do atraso na conclusão dessa atividade. Normalmente, os recursos são avaliados de acordo com o nível de qualidade de seu desempenho, independentemente dos outros recursos que estão trabalhando em um mesmo projeto.

No ambiente de projetos, no qual se executam vários projetos utilizando os mesmos recursos, as estimativas "precisas" de duração das atividades são ainda mais críticas no planejamento de cronogramas factíveis. Como a garantia de que um determinado recurso não seja designado a duas atividades simultâneas é, do ponto de vista logístico, quase impossível em um ambiente de múltiplos projetos (em virtude da incerteza quanto à conclusão das atividades, em que não é possível haver nenhuma estimativa correta), somente as organizações mais sofisticadas (com experiência em projetos) tentam solucionar esse *problema de tempo polinomial não determinístico do tipo* hard (*non-deterministic polynomial time hard – NP-hard*).[2]

Os mecanismos empregados para planejar e elaborar o cronograma dos projetos deve minimizar o risco de iniciativas não produtivas, infrutíferas ou mal direcionadas. Além disso, a metodologia deve oferecer informações relevantes e oportunas para o controle do gerenciamento, de modo que ao longo da execução do projeto haja intervenções apropriadas quando necessário. Ademais, o sistema deve capturar as informações corretas em prol da melhoria.

Um dos problemas básicos dos ambientes de múltiplos projetos tradicionais é a incapacidade de garantir um andamento adequado dos projetos já em execução e, simultaneamente, ter flexibilidade para aproveitar novas oportunidades de negócios no momento em que elas surgem. Normalmente, novos projetos são inseridos em um sistema assim que eles obtêm financiamento e poucas empresas parecem capazes de estabelecer apropriadamente prioridades globais estáveis para os projetos.

Comportamentos de sobrevivência tradicionais

Talvez seja necessário designar recursos humanos para três, quatro ou cinco projetos importantes, às vezes complementarmente às suas responsabilidades funcionais. Para lidar com tempos de duração tendenciosos, as estimativas *oficiais* dos recursos, aquelas que são apresentadas à administração, geralmente são duas vezes ou mais superiores à estimativa de duração *dedicada*. *As estimativas de duração dedicada são aquelas que poderiam ser cumpridas se os recursos pudessem trabalhar sem interrupção.* Entretanto, os funcionários designados aos projetos em sua maioria não trabalham sem ser interrompidos.

A multitarefa estressa ainda mais os recursos que já estão extremamente sobrecarregados. Apesar dos elogios frequentes à capacidade de executar simultaneamente várias tarefas, a maioria das pessoas acaba constatando que são mais produtivas quando concentram esforços em uma única atividade (Rubenstein *et al.*, 2001; Shellenbarger, 2003, p. 169).

---

[2] "A *classe de complexidade dos problemas de decisão* que por natureza são mais difíceis do que aqueles que podem ser solucionados por uma *máquina de Turing não determinística* em *tempo polinomial*. Quando a versão de uma decisão de um *problema de otimização* combinatória demonstra pertencer a uma classe de problemas *NP-completa*, que abrange problemas bastante familiares, como *satisfabilidade, caixeiro-viajante, empacotamento* etc., a versão de otimização é *NP-hard*" (*Algorithms and Theory of Computation Handbook*, 1999, pp. 19-26). Ou seja, não existe nenhuma maneira de identificar uma solução ideal que inclua tanto o caminho crítico quanto recursos nivelados. Entretanto, esse fato não significa que não seja possível encontrar uma solução satisfatória.

Normalmente, os recursos apresentam três comportamentos para lidar com situações de projeto caóticas: (1) síndrome do estudante, (2) operação tartaruga e (3) lei de Parkinson. Esses três comportamentos são discutidos nas seções subsequentes.

Síndrome do estudante
A denominação *síndrome do estudante* (Goldratt, 1997) *baseia-se em um comportamento comum dos estudantes de tentar estender a data de uma prova que ocorrerá dentro de duas semanas (normalmente, eles tentam prorrogá-la para depois de um evento escolar iminente), para que possam estudar*. Entretanto, a maioria dos estudantes só começa a estudar para a prova algumas horas ou, na melhor das hipóteses, alguns dias antes da data programada – independentemente de a prorrogação solicitada ser atendida. Embora esse comportamento seja comum entre os estudantes, é também comum entre todos nós.

A negociação de um tempo maior parece nos dar a sensação de que podemos garantir a conclusão pontual de nossas atribuições atuais. Obviamente, quando adiamos até o último minuto possível o início de uma nova atribuição, devemos supor que enfrentaremos problemas que não havíamos previsto. Portanto, cumprir a data de conclusão prometida pode ser extremamente difícil e estressante.

Operação tartaruga
Operação tartaruga significa *adiar a confirmação oficial de conclusão de um trabalho até um momento mais propício*. Um recurso talvez tenha se empenhado longa e duramente para cumprir o tempo alocado à sua atividade. Portanto, se uma atividade for concluída antes do prazo, pode haver uma resistência bastante real por parte do recurso em notificar sua conclusão para que a atividade seguinte se inicie, visto que a estimativa de duração da atividade subsequente pode ser descontada de acordo. Além disso, quando um recurso confirma que concluiu antecipadamente uma atividade, com frequência outras atividades lhe são designadas, aumentando ainda mais sua carga de trabalho. Para proteger a própria reputação, e acreditando que o recurso seguinte não estará preparado para aproveitar e iniciar sua atividade antes da data prevista, caso alguém divulgue que uma atividade foi concluída antes do prazo, a maioria dos recursos experientes só repassará seu trabalho imediatamente antes ou na data de conclusão.

Os vendedores (incluindo aqueles que vendem projetos) que já cumpriram sua quota normalmente escondem o jogo. Um atraso semelhante na transferência de trabalhos, mas provocado por um motivo distinto, é o atraso ocasionado pela lei de Parkinson, analisado em seguida.

Lei de Parkinson
Em vez de apenas segurar um trabalho concluído, se a execução de uma determinada atividade ocorrer de uma maneira extremamente fluida (o que em geral possibilita sua conclusão antes da data prevista), alguns recursos tendem a continuar aprimorando esse trabalho. Essa atitude de ficar "lustrando" um trabalho passou a ser conhecida como *lei de Parkinson*, que afirma que o *trabalho se amplia para preencher o tempo disponível* (Parkinson, 1957).

Não raro, esses recursos pensam que estão aprimorando a qualidade de seu produto com "acréscimos" não incluídos nas especificações originais da atividade. (De acordo com nossa experiência, isso é particularmente verdadeiro nos projetos de *software*.) Entretanto, os acréscimos não especificados e não documentados podem gerar problemas, às vezes grandes, mais à frente no projeto.

O gerenciamento raras vezes diferencia a incerteza da atividade e o tempo perdido quando as atividades são iniciadas com atraso e são constantemente interrompidas ou quando os funcionários não passam adiante o trabalho concluído. A CC reconhece esses comportamentos disfuncionais e estabelece diretrizes que impedem sua ocorrência. A seção subsequente sintetiza os elementos básicos da CC.

Principais elementos da corrente crítica

Embora vários dos conceitos básicos do gerenciamento de projetos sejam mantidos no GPCC, o objetivo do GPCC é superar os problemas mais notórios que provocaram o mau desempenho dos projetos de acordo com o que foi descrito no capítulo precedente e em periódicos já bastante conhecidos. A magnitude da mudança necessária exige um método diferente. Quando as pessoas estão dando o melhor de si e os resultados são inaceitáveis, tal como Deming (1993, pp. 172-175) recomendou com tanta veemência, devemos mudar o sistema.

São necessárias mudanças no planejamento, na programação, tanto em ambientes de um único projeto quanto de múltiplos, e no gerenciamento do projeto.

Problemas na criação de um plano de projeto

Em um projeto, a maioria dos interessados tem grande familiaridade com as exigências gerais do projeto, como identificação do objetivo, elaboração do termo de abertura, interpretação da estrutura analítica de projeto (EAP), obtenção de recursos e elaboração de um plano para o orçamento e as atividades programadas.[3] A maioria dos livros sobre gerenciamento de projetos propõe que, depois do planejamento, o *caminho crítico*, a *maior cadeia de atividades dependentes*, é o fator mais importante para a conclusão dos projetos. Portanto, esse caminho recebe um tratamento especial na designação de recursos escassos.

Ao planejar um projeto pela CC, o orçamento total pode ser o mesmo, mas há algumas exigências de programação específicas que diferem do método de caminho crítico tradicional. Todavia, analisamos as diferenças de programação e, depois, ao final deste capítulo, retornaremos ao orçamento do projeto.

Estimativa de duração de uma atividade

Por natureza, os recursos humanos utilizam uma margem de tempo de segurança em suas estimativas de duração. Na definição de um cronograma pelo método da CC, essa margem de segurança é removida das atividades individuais (locais) e agregada ao projeto como um todo. Pode ser favorável se o GP tiver algum conhecimento histórico sobre as preferências de margem de segurança de um determinado recurso. Em geral, cerca de metade do tempo de "segurança" de uma atividade, o tempo necessário para se ter 90% a 95% de certeza sobre a conclusão da atividade, é alocado para cobrir interrupções, retrabalhos imprevistos, atribuições urgentes imprevistas e erros na estimativa de duração das atividades.

Em vez de apresentar datas de "início" e "término" para todas as atividades, tal como o gerenciamento de projetos tradicional recomenda, a CC utiliza um tempo de duração para cada atividade e solicita aos recursos para que utilizem o método *primeiro a entrar, primeiro a sair* (*PEPS*) em todas as atividades enfileiradas. O tempo de início é oferecido apenas para as atividades iniciais no caminho – aquelas que têm atividades sucessoras, mas nenhuma predecessora.

Incerteza quanto à atividade

Do mesmo modo que se estabelece uma reserva gerencial para cobrir a incerteza dos custos previstos, na CC a incerteza quanto às atividades é controlada por pulmões de tempo. Além de chamar esses blocos de tempo sem nenhuma atividade programada de pulmão,

---

[3] Se você ainda for iniciante na área de gerenciamento de projetos, talvez seja recomendável rever a seção "Elaboração de um diagrama de rede de projeto", no Capítulo 2. Essa seção analisa a aplicação dos conceitos da teoria das restrições para trazer à tona possíveis obstáculos à conclusão do projeto. O Capítulo 3 pressupõe que todas as etapas delineadas naquela seção tenham sido executadas e todas as atividades, inclusive as "atividades hipotéticas", tenham sido identificadas.

alguns manuais do governo americano os chamam de *reservas de cronograma* ou *margens de cronograma*.[4] [Por exemplo, consulte Nasa, 2009, pp. 223-224, e Departamento de Contabilidade do Governo dos Estados Unidos (GAO), 2009, p. 56, respectivamente, para obter comentários sobre as melhores práticas da Nasa e do GAO.)

Os pulmões serão explicados mais detalhadamente ainda neste capítulo e serão ilustrados com um exemplo de projeto programado de acordo com os conceitos da CC.

Contenção de recursos

Na maioria dos planos de projeto tradicionais, a indisponibilidade de recursos ou atrasos na conclusão das atividades podem provocar mudanças no caminho crítico. Em alguns projetos, haverá várias mudanças no caminho crítico ao longo de sua execução. Essas mudanças provocam mudanças constantes nas prioridades e alterações contínuas no tempo de início e término das atividades. Isso é particularmente verdadeiro quando os projetos não são nivelados antes do início das respectivas atividades.

Nos planos de projeto pela CC, é essencial solucionar todas as contenções de recursos com caminhos de reserva no cronograma do projeto; isto é, iniciar pelo fim do cronograma e eliminar a contenção de recursos em todo o caminho de volta até o início do projeto. Por seguir essa operação de nivelamento de recursos, a CC é identificada como a corrente mais longa de atividades e de recursos dependentes. Em teoria, a CC mantém-se a mesma ao longo da execução do projeto.

Fundindo caminhos

Existe um risco especial em um cronograma de projeto em que os caminhos ou as correntes[5] de atividades dependentes fundem-se com outras correntes. Se um dos caminhos for a CC, a data de conclusão do projeto pode ser colocada em risco se um caminho não crítico for concluído com atraso. Como veremos em um exemplo de cronograma de projeto pela CC, atenção especial é dedicada a corrente de atividades dependentes que se fundem com as atividades da CC.

Comunicações

Existem várias diferenças de diretriz entre o gerenciamento de projetos tradicional e GPCC. Essas diferenças exigem mudanças de comportamento tanto da organização quanto dos indivíduos. Um processo particularmente importante dos projetos CC é um sistema de comunicação eficaz que utiliza um método de *notificações para o recurso, uma mensagem para que o recurso: (1) inicie uma corrente (caminho) de atividades, (2) prepare-se para o trabalho subsequente na CC ou (3) execute uma atividade crítica no projeto de prioridade mais alta em um ambiente de múltiplos projetos*. Essas notificações ajudam a garantir que as atividades na CC, que determinam a conclusão do projeto, receberão uma prioridade apropriada.

Posteriormente, descreveremos de que forma a CC supera todas as forças que dificultam a conclusão bem-sucedida dos projetos.

Problemas no gerenciamento da execução do projeto

Em teoria, nenhum projeto deve ser iniciado enquanto não forem recebidas todas as especificações necessárias, o termo de abertura não tiver sido aprovado, um cronograma aceitável não tiver sido autorizado e todas as outras etapas preparatórias não tiverem sido executadas. Além disso, nenhuma atividade deve ser iniciada enquanto os materiais necessários não estiverem disponíveis e a atividade estiver no início da fila de trabalho PEPS. Ter tudo preparado e à mão antes de iniciar um projeto ou uma atividade significa

---

[4] Nos círculos tradicionais de gerenciamento de projetos, esses termos foram desenvolvidos após a introdução de pulmões da CC.

[5] Esses dois termos, "caminho" e "corrente", são empregados alternadamente.

ter um "*kit* integral" ou um "*kit* completo". Embora um projeto de pesquisa possa violar essa "regra", outros projetos não devem violá-la.

No gerenciamento de projetos tradicional, assim que o projeto é iniciado, cada atividade é gerenciada como se fosse um evento independente. Isto é, um funcionário é recompensado se uma atividade que lhe foi atribuída for finalizada na data ou antes da data de conclusão programada; é estimulado se ela não for concluída na data de término; e é punido, de várias formas, se a data de término for estendida de forma significativa. O raciocínio por trás da divisão de trabalho é que, se toda atividade for concluída no prazo, o projeto será concluído no prazo. Com certeza, esse raciocínio desconsidera totalmente a realidade de que poucas atividades, quando muito, são passadas adiante antes do prazo. Portanto, se somente algumas atividades forem concluídas com atraso, como quase sempre ocorre, o projeto como um todo ficará atrasado.

A CC emprega pulmões para controlar a incerteza quanto à duração das atividades e para monitorar o andamento do projeto. Uma seção posterior, intitulada "Controle de Projetos: A Eficácia do Gerenciamento de pulmões", descreve de que forma isso é conseguido.

Programando um único projeto

Uma das maneiras mais fáceis de ilustrar o modo como a CC lida com os problemas apontados previamente é comparar o que é feito nos ambientes de projetos tradicionais com um único exemplo de projeto. Para mostrar as etapas de programação, utilizamos um projeto simples com cinco recursos e dez atividades (tarefas). Existe apenas um recurso exclusivamente qualificado para cada uma das cinco atividades; cada recurso tem competência para executar seu trabalho, mas não para executar o trabalho de qualquer outro recurso.

Para oferecer uma interpretação mais adequada sobre a programação de um único projeto, descrevemos um processo de CC manual na seção subsequente. Entretanto, hoje existem programas de *software* que podem executar essas etapas de programação tanto em ambientes de um único projeto quanto de múltiplos. As vantagens da solução da CC em um ambiente de múltiplos projetos são ainda mais excepcionais e serão discutidas mais adiante.

Alterando as estimativas de duração de uma atividade

Seguindo as atividades iniciais de planejamento de projeto (isto é, identificação do objetivo, aprovação do termo de abertura, identificação das atividades necessárias e desdobramento da estrutura de trabalho etc.), uma das etapas mais crítica na preparação de um plano de projeto é a obtenção de estimativas sobre a duração das atividades. Na maioria das organizações com *estrutura matricial*,[6] os recursos do projeto se reportam primeiramente a um gerente de linha e apenas secundariamente a um GP. Os recursos sabem que as atividades do projeto serão complementares às suas responsabilidades profissionais usuais. Muitas vezes, eles não sabem quanto uma determinada atividade tomará de seu tempo. Eles sabem que deverão concluir as atividades do projeto no tempo previsto (prometido).

Se os recursos pudessem trabalhar ininterruptamente em uma atividade até o momento de sua conclusão, provavelmente ofereceriam os tempos de duração apresentados na Figura 3.2. Contudo, estariam pondo seu emprego em risco se divulgassem esse tempo de duração ao GP.

Os recursos veteranos (todos aqueles que enfrentaram atribuições e interrupções imprevistas que afetam sua capacidade de concluir no prazo as atividades que lhes foram designadas) recorrem ao seu conhecimento intuitivo de que o tempo real das atividades

---

[6] *A estrutural matricial é aquela em que as pessoas se reportam a mais de um superior.*

Capítulo 3 ▪ Cartilha de gerenciamento de projetos pela corrente crítica

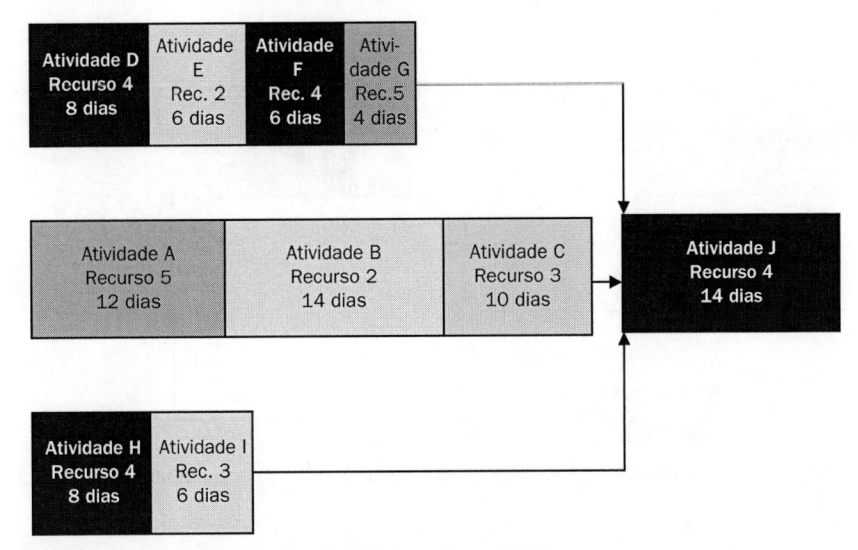

Atividade D	Atividade	Atividade	Ativi-
Recurso 4	E	F	dade G
8 dias	Rec. 2	Rec. 4	Rec. 5
	6 dias	6 dias	4 dias

Atividade A	Atividade B	Atividade C	Atividade J
Recurso 5	Recurso 2	Recurso 3	Recurso 4
12 dias	14 dias	10 dias	14 dias

Atividade H	Atividade I
Recurso 4	Rec. 3
8 dias	6 dias

FIGURA 3.2 Estimativas de tempo *dedicado* às atividades.

será uma parte integrante de uma distribuição assimétrica que tem algum tempo mínimo, mas possivelmente um tempo máximo bastante grande. Por esse motivo, os recursos bem informados normalmente apresentam uma estimativa de duração que eles esperam cumprir em pelo menos 90% do tempo. (Lembre-se de que no gerenciamento de projetos tradicional os recursos são responsáveis por concluir a atividade de acordo com o tempo que eles previram.)

Suponha, em nosso exemplo básico, que os recursos apresentem os tempos de duração mostrados na Figura 3.3 para um tradicional projeto de recursos nivelados.[7] A atividade D, no caminho superior da Figura 3.3, e a atividade J, exatamente no final do projeto, mostram as distribuições assimétricas relacionadas com as estimativas de 16 dias e 28 dias contínuas para as atividades D e J, respectivamente. Todas as atividades têm distribuições de um determinado tipo que justificam as durações fornecidas, embora elas não sejam mostradas na figura. As atividades que se encontram no caminho crítico estão realçadas com uma linha cinza espessa que parte da atividade D e de dois terços da atividade E para a atividade B, volta para a estimativa da atividade E (para concluir os quatro dias finais da atividade) e, depois, prossegue para as atividades F, G e J.

Observe que o caminho de atividades inferior na Figura 3.3 está programado para começar o mais breve possível (imediatamente depois que o recurso 4 concluir a atividade D), de acordo com a prática geral de programação de projeto tradicional. O pressuposto geralmente equivocado de que um início antecipado ajuda a garantir uma conclusão antecipada assegura que o caminho se inicie o mais breve possível. O projeto está programado para terminar em 104 dias úteis. O *software* Microsoft Project 2007™ divide o trabalho na atividade E em duas partes e inclui a atividade B no caminho crítico, como mostra a Figura 3.3.

Um dos principais preceitos da *teoria das restrições* (*theory of constraints* – TOC) afirma que *a soma dos ótimos locais não é igual ao ótimo global*. No gerenciamento de um projeto, esse conceito implica que privilegiar a conclusão de uma atividade específica não garante que o projeto será concluído no prazo. O projeto como um todo pode correr o risco de não

---

[7] Em um projeto, hoje o nivelamento de recursos é uma prática razoavelmente comum e esse tipo de cronograma às vezes é chamado de cronograma do caminho crítico com restrição de recursos nos círculos tradicionais de gerenciamento de projetos.

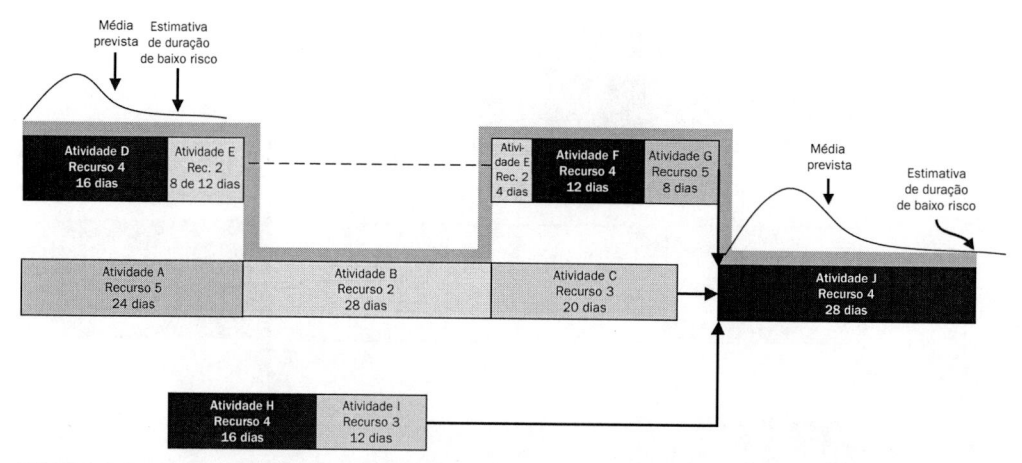

FIGURA 3.3 Cronograma tradicional de projeto de recurso nivelado (demonstração de 2 das 10 distribuições).

ser concluído no prazo mesmo quando poucas atividades estão atrasadas (particularmente se elas estiverem na CC). Isso significa que devemos mudar nosso foco sobre a conclusão de uma atividade específica para a conclusão do projeto. Podemos obter esse foco em um cronograma CC removendo a margem (tempo) de segurança aplicada a atividades individuais e direcionando-a ao ponto que protegerá a conclusão do projeto, em vez de a conclusão de atividades específicas.

Podemos de fato fazer isso sem comprometer a conclusão de todas as atividades? Sim, mas isso exigirá algumas mudanças nos padrões de comportamento da organização, que serão discutidas mais adiante. Em primeiro lugar, vejamos as estatísticas que realmente indicam que o risco geral de eliminar algum tempo das estimativas de duração é pequeno.

Um pouco de estatística

Conhecimentos estatísticos básicos nos informam que quase metade das atividades de um projeto será concluída antes da duração *dedicada* e quase metade será concluída depois. A incerteza na soma das atividades é igual à raiz quadrada da soma dos quadrados das variações nas atividades individuais. Aqui, variação é a diferença entre o tempo estimado e o tempo real.

$$\sqrt{(Diferença\ na\ atividade\ A)^2 + (Diferença\ na\ atividade\ B)^2 + \cdots + (Diferença\ na\ atividade\ J)^2}$$

Como seria de esperar, tecnicamente a fórmula acima só é aplicável em situações repetitivas nas quais a duração das atividades é independente, mas ela nos ajuda a entender um problema complexo.

Intuitivamente, quando acumulamos toda a proteção em um único lugar (um pulmão), deve haver uma compensação recíproca entre os términos antecipado e atrasado. Desse modo, a TOC defende que só precisamos de mais ou menos metade da margem de segurança utilizada para proteger cada uma das atividades. Nos projetos menores, em que talvez as compensações não ocorram tal como previsto, talvez precisemos de mais de 50% da margem de segurança removidas das atividades individuais; nos projetos maiores, talvez não precisemos de tanto. Todavia, 50% é uma boa regra prática para estabelecer um pulmão para o projeto, a reserva de cronograma que criamos ao final da CC.

Programação da corrente crítica

Munidos do conhecimento sobre os problemas da CC e do ambiente de um único projeto, estamos preparados para programar o projeto de exemplo apresentado anteriormente. Há seis etapas genéricas na programação da CC:

1. Elabore um cronograma inicial que remova as margens de segurança (presumidas aqui como aproximadamente 50% da estimativa de tempo original das atividades) da duração das atividades.[8]
2. Trabalhando do fim do projeto para trás, elimine todas as contenções de recursos (primeiro caminho de volta).
3. Identifique o caminho mais longo de dependência de recursos e atividades: a CC (o segundo caminho de volta).
4. Calcule e insira o pulmão do projeto (normalmente, cerca de metade da margem de segurança removida das atividades na CC).
5. Calcule e insira pulmões de alimentação para todos os caminhos (correntes) fundidos na CC, resolvendo qualquer contenção de recursos recém-descoberta dentro do projeto. (Calcule o tamanho dos pulmões utilizando o mesmo procedimento empregado no pulmão do projeto.)
6. Acrescente *pulmões de recurso*[9] para comunicação, a fim de transmitir notificações oportunas aos recursos que não têm nenhuma atividade predecessora com início pendente e a todos os recursos que têm algum trabalho pendente na CC.

Uma sétima etapa opcional talvez seja necessária se a data de conclusão programada for muito longínqua.

7. Analise o cronograma e avalie as opções para concluir o projeto mais cedo; faça algumas mudanças específicas, reveja e aprove mudanças e atualize o cronograma.

Como vemos, na maioria dos projetos CC é fácil saber quais recursos adicionais devem ser obtidos e por quais períodos.[10] Por esse motivo, focalizaremos as seis primeiras etapas em nosso exemplo.

Programação da corrente crítica: etapas 1 a 4

Para programar o projeto mostrado na Figura 3.3 como um projeto CC, a margem de segurança incorporada em cada atividade é removida, deixando de proteger a atividade (ótimo local), e metade dessa margem relacionada às atividades na CC é transferida para um ponto em que ela possa proteger o projeto como um todo contra incertezas. Isso significa que o ponto de partida para desenvolver o cronograma CC é exibido na Figura 3.2, isto é, o projeto com as estimativas de tempo dedicado às atividades.

Na Etapa 2, nivelamento de recursos, deve-se partir do fim do projeto e fazer o caminho de volta, reprogramando ou mudando cada atividade para que não haja nenhuma sobreposição de atividades atribuídas a um mesmo recurso e mantendo a duração total

---

[8] De vez em quando, a atividade consome quase que o tempo total do tempo alocado. Por isso, ele não deve ser diminuído (p. ex., tempo de cura, tempo de cozimento, tempo de teste).

[9] O *TOCICO Dictionary* (Sullivan *et. al.*, 2007, p. 41) define *pulmão de recurso* da seguinte forma: "Mecanismo de alerta utilizado em ambientes de um único projeto para garantir que os recursos que estão trabalhando em uma atividade da CC estejam disponíveis quando necessários". (© *TOCICO* 2007. Utilizada com permissão. Todos os direitos reservados.)

[10] Com relação ao processo de cinco passos da TOC, a obtenção de recursos adicionais (Etapa 7) corresponde ao Passo 4, "elevar".

do projeto menor possível. Diferentemente do método tradicional, em que o nivelamento de recursos ocorre após a identificação do caminho crítico, na CC o nivelamento é executado antes da identificação da corrente crítica.

A Etapa 3 requer um novo caminho de volta ao longo do projeto com o objetivo de identificar a candidata mais óbvia ao caminho mais longo. Uma vez mais, partindo do fim do projeto e retornando no caminho escolhido, a CC (*) é identificada como as atividades J, C e B, mas depois, visto que a atividade E emprega o mesmo recurso que a atividade B, a CC muda para a atividade E e finalmente para a atividade D.[11]

A Etapa 4 dá lugar à interseção do pulmão do projeto. O tamanho do pulmão, tecnicamente, é metade do número de unidades de tempo (dias, nesse exemplo) de margem de segurança que foram removidas das atividades que compreendem a CC. A maioria dos profissionais da área entende que ele corresponde à metade da duração total da CC. O pulmão do projeto é colocado no final da CC, empurrando assim a data final para a direita do ponto final aparente da última atividade.

A Figura 3.4 demonstra as primeiras quatro etapas na programação da CC: (1) utilização de tempos de atividade mais curtos ou dedicados, (2) nivelamento de recursos, (3) identificação da CC e (4) inserção do pulmão do projeto. A CC é representada por estrelas brancas ao lado da identificação das atividades na Figura 3.4.

Observe que no pulmão de projeto da Figura 3.4 (Etapa 4) não há nenhuma atividade ou recurso atribuído. O pulmão de projeto pode ser utilizado para gerenciar o tempo perdido naquelas atividades que não são concluídas no tempo mais curto (dedicado) time. Em vez de ter uma margem de segurança em atividades específicas nas quais talvez ela não seja necessária (e normalmente é um desperdício em virtude da síndrome do estudante, da operação tartaruga e da lei de Parkinson), o pulmão de projeto protege a conclusão do projeto. Observe também que reprogramamos a corrente de atividades inferior na Figura 3.4 para que começasse o mais tarde possível sem encontrar contenção de recursos nas atividades F e H.

Agora o projeto está programado para ser concluído em 78 dias, mas existem muitas outras etapas. Lembre-se de que essas etapas podem ser executadas por um *software*.

Com relação aos *cinco passos de focalização* (5PFs) da TOC, as Etapas 1, 2, 3 e 4 da programação do GPCC corresponderiam ao Passo 1 (identificar a restrição) e ao Passo 2 (explorar a restrição) de focalização da TOC.

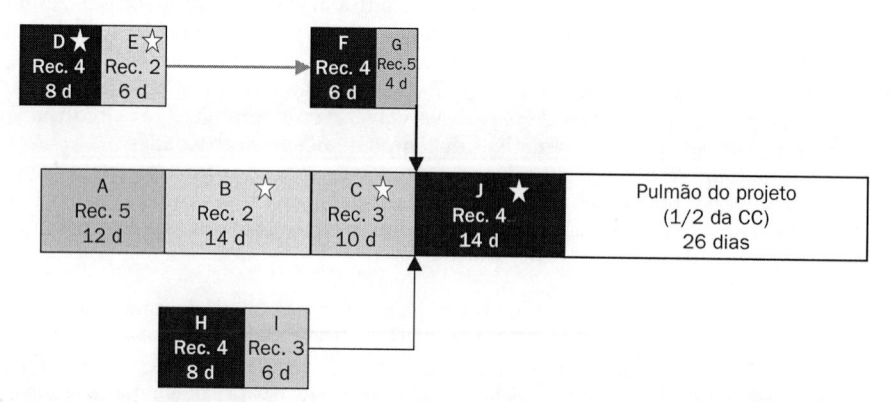

FIGURA 3.4 Cronograma de projeto CC incompleto apenas com o pulmão de projeto.

---

[11] Esse método é uma boa regra prática ou técnica heurística quando se faz a programação manualmente, mas ele não identifica a melhor CC.

Fundindo caminhos: etapa 5

Quando correntes não críticas de atividades dependentes que se fundem na CC encontram problemas, o projeto como um todo pode ficar atrasado. Para oferecer proteção contra essas possibilidades, é necessário acrescentar pulmões de alimentação no final de cada caminho não crítico, no ponto em que ele se une à CC. Tal como o pulmão de projeto, os pulmões de alimentação são blocos de tempo que não têm atividades nem recursos atribuídos.

O tamanho desses pulmões é determinado por meio da mesma lógica utilizada no pulmão de projeto. A regra geral é empregar metade do tempo de atividade reduzido de cada caminho de alimentação. Se o caminho de alimentação contiver uma atividade CC, ela será excluída do cálculo porque o pulmão do projeto já a protege. A Figura 3.5 mostra a colocação e o tamanho dos pulmões de alimentação para o nosso exemplo de cronograma de projeto. O pulmão de alimentação (PA) da corrente superior (5 dias) corresponde à metade do tempo programado para as atividades F e G (10 dias). O pulmão de alimentação da corrente inferior (7 dias) corresponde à metade do tempo programado para as atividades H e I (14 dias).

A Figura 3.5 exibe dois fenômenos importantes e exclusivos da CC. Observe primeiramente que a atividade A não se encontra na CC, mas é uma atividade predecessora da atividade B. Como a duração da atividade A é de 12 dias, ela deve ter um pulmão de alimentação de 6 dias. Entretanto, esse tamanho de pulmão empurraria o início da atividade A para quatro dias antes do início da CC, o que é ilógico ainda que seja possível. Por isso, a linha preta espessa no pulmão de alimentação de seis dias denota o fato de que os quatro dias do pulmão de seis dias são *consumidos antes do início do projeto*. Algumas *ferramentas de programação da CC acrescentam os "dias antecipados" ao pulmão do projeto* para oferecer maior proteção, outras apenas registram o fato de que um dos pulmões já foi consumido parcialmente e algumas outras eliminam tudo para abrir espaço para o pulmão. Nesse exemplo, foram acrescentados quatro dias ao pulmão do projeto, estendendo-o de 26 para 30 dias.

Um segundo fator a ser observado é a aparente violação da prática de iniciar todas as atividades o mais tarde possível. Nesse caso, o GP decidiu que, em virtude da possibilidade de o recurso 3 na atividade I atrasar o início da atividade C na CC, se a atividade H e I sofrerem um atraso de um total de mais de seis dias (uma possibilidade

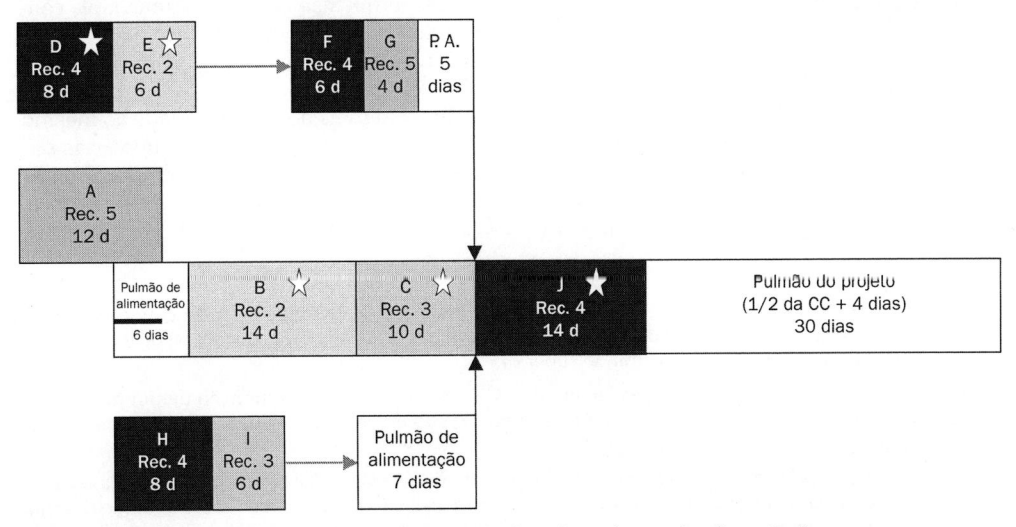

FIGURA 3.5 Cronograma de projeto CC com pulmões de projeto e de alimentação.

diferente, visto que o pulmão de alimentação é de sete dias), o caminho inferior na Figura 3.5 deve iniciar o mais breve possível.[12] Essa atitude resulta em uma grande lacuna entre a atividade I e o pulmão de alimentação, no final da qual o caminho inferior une-se com a CC. Não é incomum ocorrer esse tipo de lacuna, em vista da análise de riscos ponderada e do nivelamento de recursos complementares ocasionados pela inserção dos pulmões de alimentação. As lacunas nos caminhos não críticos, como aquelas entre as atividades E e F no caminho superior da Figura 3.5, também não são motivo para preocupação.[13]

Com relação aos 5PFs, o gerenciamento dos caminhos que se fundem corresponderia ao Passo 3, de subordinação.

Um novo olhar sobre a contenção de recursos

Para desenvolvermos um plano de projeto que apresente alguma probabilidade de ser concluído no prazo, devemos programar as atividades de tal modo que o recurso designado não seja escalado para trabalhar em mais de uma atividade ao mesmo tempo. Na programação da CC, normalmente iniciamos as atividades o mais tarde possível e, quando fazemos a programação manualmente, programamos atividades mais curtas próximo do final do projeto, quando possível. Isso em geral diminui a contenção de recursos porque a reprogramação prossegue e oferece melhores oportunidades para recuperar o tempo mais cedo ao longo da execução do projeto.

Como já foi mencionado, nos projetos tradicionais o caminho crítico pode mudar várias vezes. Na programação da CC, resolver a contenção de recursos é duplamente importante e a possibilidade de contenção deve ser verificada em todas as etapas do processo.

Examinando os cronogramas intermediários do projeto nas Figuras 3.4 e 3.5, vemos que a atividade F e a atividade G são impostas mais cedo pela inserção de um pulmão de alimentação de cinco dias. Porém, não surge nenhuma contenção de recursos em decorrência da inserção desse pulmão. A atividade I, recurso 3, que foi imposta mais cedo pela atitude anterior do GP, não é afetada pela inserção de um pulmão de alimentação de sete dias. Quando o trabalho na atividade I não é concluído no momento em que a atividade B (que precede a atividade C) é concluída, normalmente o GP notifica o recurso 3 para que interrompa seu trabalho na atividade I e passe para a atividade C na CC.[14] Como a atividade D está na CC, o recurso 4 primeiro concluirá essa atividade e só depois começará a atividade H. Caso a atividade D exigisse mais de oito dias para ser concluída, o início da atividade H poderia ser postergado, mas o pulmão de alimentação e o pulmão do projeto podem absorver qualquer atraso. Esse exemplo básico de projeto é incomum porque não ocorre nenhuma nova contenção de recursos em virtude da inserção dos pulmões de alimentação. Você sempre deve esperar uma nova contenção de recursos quando acrescentar pulmões de alimentação ao cronograma do projeto.

Quando um recurso é escalado para trabalhar em mais de uma atividade ao mesmo tempo, existe grande possibilidade de o recurso executar simultaneamente várias atividades para mostrar que todas as atividades designadas estão "progredindo". Tomar cuidado para que isso não ocorra em um único projeto, nivelando todos os recursos, evita esse tipo de trabalho improdutivo. Obviamente, em um ambiente de múltiplos

---

[12] Como o recurso 4 prosseguirá para a atividade F assim que a atividade H for concluída (seguindo o procedimento convencional da CC), não há necessidade de ficar extremamente preocupado com a conclusão em tempo hábil do caminho superior.

[13] A possibilidade de ocorrer uma lacuna na CC é rara, em virtude da inserção de um pulmão de alimentação que requer um nivelamento de recursos suplementar. Essas lacunas geralmente são ignoradas.

[14] Nesse exemplo básico, como tanto a atividade C quanto a atividade I são predecessoras da atividade J, a escolha sobre qual delas deve ser focalizada primeiro é discutível. Por isso, a situação descrita aqui não é comum e o recurso 3 talvez opte por continuar trabalhando na atividade I até o fim.

projetos, é impossível nivelar todos os recursos em todos os projetos com a segurança de que se pode evitar uma contenção de recursos. Devemos utilizar outra técnica CC, analisada mais adiante, para evitar a contenção de recursos em um ambiente de múltiplos projetos.

Comunicações: etapa 6

É indispensável que um recurso designado para uma atividade na CC a inicie assim que a atividade precedente for concluída. A CC utiliza um sistema de notificação que informa o recurso seguinte de que ele está escalado para trabalhar em uma atividade CC. Essa notificação é enviada um pouco antes de a atividade CC precedente ser concluída. No projeto de exemplo, esse intervalo de tempo seria de no máximo dois ou três dias.

A Etapa 6 da programação de projeto pela CC[15] garante que essa notificação ocorra por meio da inserção de pulmões de recurso no cronograma do projeto em pontos apropriados. Os *pulmões de recurso* não têm nenhum tempo de atividade: eles *são ferramentas de comunicação*. Além disso, eles devem inseridos no plano do projeto para informar os recursos designados às atividades sem predecessora de que eles devem iniciar seu trabalho. As atividades A e D não têm nenhuma predecessora e, portanto, exigem notificações antecipadas.[16]

O problema da ineficácia da multitarefa foi discutido anteriormente. É possível estabelecer uma diretriz geral especificando que, assim que uma atividade for iniciada, ela deve ser concluída antes que outra atividade na fila seja iniciada. Determinadas exceções podem ser concedidas, como quando um recurso precisa aguardar alguma solicitação para que possa concluir a atividade em andamento. Entretanto, a exceção mais importante é quando o recurso é solicitado para uma atividade CC. O intervalo de notificação, tal como mencionado antes, deve ser estabelecido com um tempo suficiente para que o recurso "assente" seu trabalho atual, de uma maneira ordenada, e prepare-se para a atividade CC.

Agora temos um cronograma de projeto CC totalmente protegido, mostrado na Figura 3.6, sem nenhuma contenção de recursos e com três pulmões de alimentação e um pulmão de projeto. O projeto está programado para terminar em 82 dias.

Existem alternativas de cronograma de projeto CC possíveis para o exemplo de projeto utilizado neste capítulo. Isso porque o programador ou a ferramenta de programação pode optar por avançar ou retroceder diferentes atividades e, por isso, obter um cronograma um tanto distinto.[17] O fator mais importante não é que o cronograma seja o mais curto possível (como a maioria das publicações acadêmicas propõe), mas que a data de conclusão do projeto que foi prometida esteja adequadamente protegida.

Na Figura 3.6, os *pulmões de recurso* (um ou dois dias) foram inseridos no cronograma para notificar os recursos 4 e 5 sobre quando eles devem iniciar seu trabalho nesse projeto. O recurso 4 é informado de que deve iniciar a atividade D e depois passar imediatamente para a atividade H. Uma notificação apropriada (pulmão de recurso) será enviada ao recurso 2 quando o trabalho da atividade E, na CC, já estiver programado para iniciar. O recurso 2 é instruído a passar para a atividade B assim que concluir a atividade E. Do mesmo modo que na atividade H, cujo início foi notificado no pulmão de recurso da atividade D, não é necessário um pulmão de recurso distinto para a atividade B.

Embora o recurso 3 ainda esteja trabalhando na atividade I (conclusão atrasada) quando a atividade B estiver quase no fim, o pulmão de recurso ou outra notificação sobre uma

---

[15] A Etapa 6 da CC corresponde ao Passo 3, "subordinar", do processo de cinco passos da TOC.

[16] Em vez de utilizar pulmões de recurso, algumas empresas apenas divulgam as atividades CC iminentes e os inícios de caminho.

[17] Um *software* de gerenciamento CC encontrará o melhor cronograma (o mais curto). Porém, se a programação for feita manualmente, um cronograma "factível" é suficientemente bom.

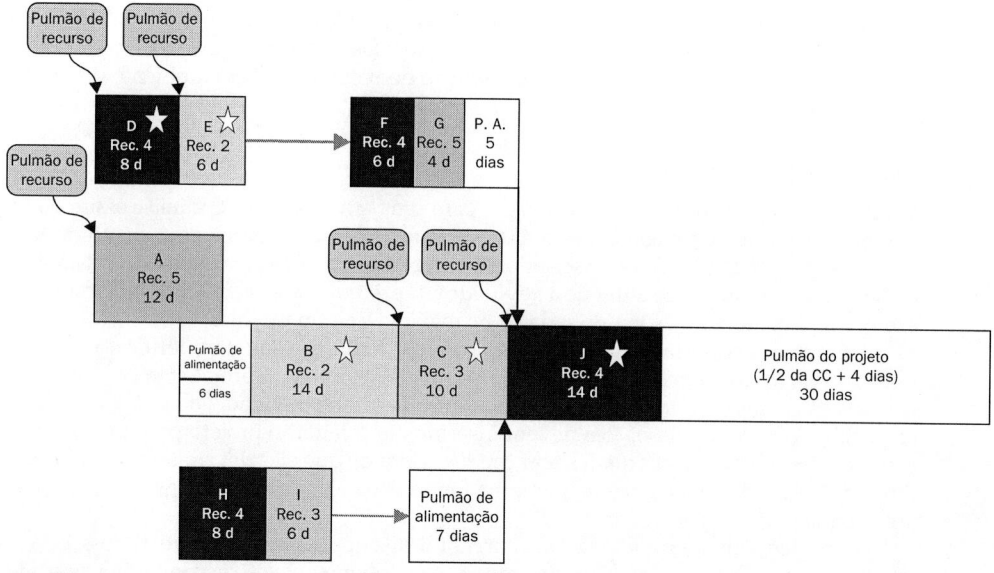

FIGURA 3.6 Cronograma de projeto CC completo e totalmente protegido.

atividade CC iminente pode instruir o recurso 3 para que comece a assentar a atividade I de uma maneira ordenada e prepare-se para começar a trabalhar na atividade C assim que a atividade B for concluída. Quando a atividade C estiver concluída, o recurso 3 pode retornar imediatamente para a atividade I e concluir seu trabalho.[18]

Três fontes de proteção de projeto pela corrente crítica

A discussão precedente e a Figura 3.6 mostram que existem três tipos de proteção para melhorar a probabilidade de concluir projetos CC no prazo:

1. Pode ser utilizado um pulmão de tempo para o projeto nas atividades CC que não forem concluídas no menor tempo possível.

2. Se houver algum problema com as atividades ou os caminhos que se fundem, podem ser utilizados vários pulmões de alimentação para proteger o início das atividades na CC.

3. Podem ser utilizados vários pulmões de recurso que não acrescentem tempo ao cronograma do projeto, mas ofereçam notificações antecipadas a determinados recursos, para que iniciem um caminho ou mudem para uma atividade CC quando necessário ou algumas ignorem a diretriz convencional (de não interromper uma atividade até que ela esteja concluída) e iniciem uma atividade CC no prazo.

Para apresentar os princípios da programação de projeto pela CC, esta seção utiliza um cronograma simples em um ambiente de um único projeto. Apresentamos também algumas pistas sobre mudanças comportamentais básicas e essenciais para que a programação de projeto pela CC seja mais eficaz. As responsabilidades pela mudança comportamental serão discutidas mais adiante. Primeiramente, examinaremos o universo complexo da programação em muitos ou talvez na maioria dos ambientes em que existem vários projetos simultâneos.

---

[18] Tal como mencionado na nota de rodapé 14, tanto a atividade I quanto a atividade C devem ser concluídas antes do início da atividade J. Portanto, um atraso na conclusão da atividade I talvez não acione uma mudança para a atividade C enquanto a atividade I não for concluída.

Programação em ambientes de múltiplos projetos

Um dos principais problemas do ambiente de múltiplos projetos é o estabelecimento de prioridades. Nem todo projeto pode ser considerado o "mais importante". É difícil estabelecer prioridades em um ambiente de múltiplos projetos, embora essencial. De acordo com nossa experiência, várias empresas negligenciam essa atividade delicada do ponto de vista político e simplesmente abarrotam o sistema com o máximo de projetos possível para aproveitar novas oportunidades de negócios. Entretanto, essa postura muitas vezes prejudica o progresso dos projetos que já estão em andamento. O pressuposto de que um início antecipado possibilita uma conclusão antecipada é incorreto. Tal como mencionado antes e no Capítulo 2,[19] abarrotar a empresa com projetos cria um caos no processo de gerenciamento de projetos, estressa os funcionários conscienciosos e tende a esgotar os melhores recursos humanos da empresa.

Como nos ambientes de múltiplos projetos a multitarefa é desenfreada e geralmente muito valorizada pela administração, gostaríamos de ressaltar uma vez mais seus efeitos negativos sobre a produtividade. Para que você experimente os efeitos mais prejudiciais da multitarefa, incluímos um experimento em www.mhprofessional.com/TOCHandbook, denominado "Wafer Experiment", para que você o conduza. Esse experimento compara a tradicional execução simultânea de vários trabalhos (multitarefa) em três projetos com o método da CC. Esse é um ótimo experimento para ser conduzido com seus filhos pequenos, que provavelmente são bem mais habilidosos do que você para manipular objetos em um computador. Eles obterão benefícios com isso.

Estabelecendo prioridades para um projeto

Está além do escopo deste capítulo solucionar todos os problemas da atribuição de prioridades. Porém, em um ambiente de múltiplos projetos, é indispensável que todas as empresas utilizem algum esquema de prioridades. Não faz sentido permitir, por padrão, que um gerente de recursos ou outra pessoa que não tenha uma perspectiva global sobre os vários projetos em andamento da empresa estabeleça prioridades.

Muitas empresas já criaram um *departamento de gerenciamento de projetos* (DGP) *para gerenciar seu portfólio de projetos*. Algumas das funções possíveis de um DGP são descritas na Figura 3.7. Observe que o estabelecimento de prioridades para um projeto baseia-se em prioridades comerciais, recursos e habilidades organizacionais.

Escolhendo um recurso de programação e estabelecendo pulmões de programação

Assim que as prioridades do projeto forem estabelecidas, o conceito fundamental da TOC sobre pulmões pode ser empregado para controlar o início de novos projetos. No ambiente de múltiplos projetos, os projetos são programados do mesmo modo que no ambiente de um único projeto, mas sem considerar a utilização de recursos em outros projetos. Em virtude da grande incerteza quanto à duração das atividades, não é possível nivelar todos os recursos em todos os projetos e supor que esse nivelamento inicial manter-se-á eficaz por um período de tempo qualquer assim que o projeto começar a ser executado.

Para minimizar a necessidade de recursos para atividades simultâneas e garantir que os atrasos em um projeto não afetem os demais, é necessário controlar a entrada de novos projetos no sistema. Optamos por empregar os termos descritivos da "programação de recursos" e da "programação de pulmões" neste capítulo para restringir a entrada de novos projetos. Entretanto, não foi estabelecida uma terminologia padrão. Uma pesquisa

---

[19] Consulte Diretriz XII, no Capítulo 2.

Competência do gerenciamento de projetos	Coordenação do processo empresarial	Prioridades do projeto	Medidas empresariais
• Práticas do gerenciamento de projetos • Maturidade do gerenciamento de projetos • Utilização predominante do gerenciamento de projetos	• Visão estratégica • Alinhamento de metas • Colaboração empresarial	• Prioridades empresariais • Aplicação de recursos • Habilidades alavancadas	• Relatório sobre andamento (progresso) • *Feedback* sobre desempenho • Satisfação do cliente

FIGURA 3.7 Funções de um departamento de gerenciamento de projetos.
Fonte: Charles I. Budd e Charlene S. Budd, *A Practical Guide to Earned Value Project Management*, 2ª ed. (© 2010 Management Concepts, Inc. Reimpressa com permissão dos autores. Todos os direitos reservados.)

sobre o material de treinamento dos fornecedores de *software* de gerenciamento CC e uma investigação a respeito dos materiais e recursos utilizados por consultores, acadêmicos e outros especialistas em CC forneceram referências acerca de "pulmões de sequenciamento", "pulmões de escalonamento", "pulmões de alimentação do tambor", "pulmões de recurso de programação", "pulmões de sincronização", "pulmões de tambor", "pulmões de sequenciamento", "pulmões de capacidade",[20] "pulmões de cronograma do tambor", "pulmões de ritmo" e "pulmões de restrição de capacidade".

O *recurso de programação* (RP), até certo ponto semelhante ao recurso de restrição nas implementações de *tambor-pulmão-corda* (TPC)* na área de produção, *é utilizado para minimizar conflitos de recurso e evitar que uma quantidade exagerada de projetos sufoque a empresa*. Do mesmo modo que um material é programado para entrar em uma linha de produção com base na restrição do sistema (o tambor que controla o ritmo de produção), podemos programar a introdução de projetos em nossas operações com base na disponibilidade do recurso de programação.

Obviamente, identificar uma restrição de recurso na maioria dos ambientes de múltiplos projetos é impossível e desnecessário. Por isso, escolher o RP "correto" não é essencial. Porém, deve ser um RP que é utilizado na maioria dos projetos. Nos projetos de *software*, normalmente o recurso de *integração*[21] é escolhido como recurso de programação.

O início de cada projeto (segundo a ordem de prioridade predeterminada) é programado de tal modo que o RP seja nivelado entre os projetos. Ou seja, as atividades do RP[22] nunca são sobrepostas. Um novo projeto pode ser iniciado somente no momento em que a primeira atividade do RP do novo projeto começar, que ocorrerá só depois que a última atividade do RP do projeto em andamento que estiver programada terminar.

Além disso, não queremos programar as atividades do RP uma após a outra nos diferentes projetos caso seja necessário estender a duração prevista de uma das atividades.

---

[20] Essa terminologia é empregada pelo *TOCICO Dictionary* e inclui uma referência ao "recurso tambor" (Sullivan *et al.*, 2007, p. 7).

[21] No setor de *software*, ocorre integração quando vários novos sistemas são agregados e fundidos em um único sistema ou em programas mais antigos.

[22] Observe que pode haver vários RPs, o que diminui os tamanhos de pulmão necessários para dissociar os projetos.

* N. de T.: Originalmente conhecido como *drum-buffer-rope* (DBR).

Para oferecer alguma proteção ao cronograma geral de vários projetos, utiliza-se um *pulmão de capacidade entre projetos*.

O pulmão de capacidade entre projetos é inserido em cada projeto em frente à primeira atividade a ser executada pelo RP. Quando surge algum problema em qualquer projeto, um pulmão de tempo em frente à atividade do RP no projeto seguinte miniminizará um resvalamento no cronograma do portfólio como um todo. O tamanho do pulmão é opcional, mas ele deve ser relativamente grande. Como o cronograma completo de nosso portfólio de projetos depende do pulmão de capacidade entre projetos, uma regra geral é utilizar um pulmão no mínimo tão extenso quanto a duração do tempo das atividades recentes programada no projeto de maior prioridade. Isso é particularmente verdadeiro quando se estabelece pela primeira vez um ambiente de múltiplos projetos CC. No entanto, o tamanho do pulmão pode depender da experiência, de configurações específicas do projeto e de outros fatores.

Por exemplo, suponhamos que selecionássemos o recurso 4 como RP. As duas últimas atividades do recurso 4 no projeto de exemplo (consulte a Figura 3.5 ou a Figura 3.6) estão programadas com durações sequenciais que totalizam 20 dias. Esse projeto é incomum porque o recurso 4 foi solicitado a executar quatro atividades distintas nesse projeto. O projeto prioritário subsequente requer que o recurso 4 execute apenas duas atividades, o que é aproximadamente a média para essa empresa. Portanto, a empresa concluiu que 20 dias é um pulmão de capacidade entre projetos suficiente para postergar o início do Projeto 2.

A Figura 3.8 mostra a última parte do projeto atual, o "Projeto 1", e dois outros projetos que estão sendo iniciados porque o recurso 4 (cor preta) está disponível para trabalhar neles. (Somente a última parte do Projeto 1 e apenas a parte inicial do Projeto 3 são exibidas na Figura 3.8 porque essa figura foi idealizada para mostrar como os pulmões de capacidade nos Projetos 1 e 2 ordenam o lançamento dos Projetos 2 e 3 com base na disponibilidade do recurso 4, na cor preta.) A metodologia do *pulmão de recurso estratégico* descrita anteriormente escalona suficientemente a entrada de trabalho no sistema da organização, de acordo com a prioridade do projeto, para evitar, em grande medida, qualquer tentação por parte dos recursos de executar simultaneamente várias tarefas. Se ocasionalmente um recurso for solicitado a trabalhar em diferentes projetos ao mesmo tempo, o gerente geral de projetos ou o gerente de recursos pode determinar qual atividade deve ter prioridade.

Na Figura 3.8, a CC de cada projeto é identificada com estrelas brancas (★). No Projeto 2, o recurso 4 (preto) está programado para duas atividades, que totalizam 25 dias. Portanto, o tamanho de pulmão de capacidade entre projetos que posterga suficientemente o início do Projeto 3 é de 25 dias.

Estabelecer prioridades claras para os projetos, com objetivo de respaldar a estratégia da empresa, é responsabilidade da alta administração. As prioridades devem ser claras e firmes. Se surgir uma oportunidade de projeto mais desejável, a programação do projeto pode ser ajustada. Contudo, deve-se avaliar e considerar com cuidado o impacto de postergar projetos já programados antes da inserção de um novo projeto. O controle de mudanças no portfólio é tão importante quanto o controle de mudanças em um projeto específico.

Controle de projetos: a eficácia do gerenciamento de pulmões

Avaliamos anteriormente a finalidade dos pulmões enquanto *dispositivo de planejamento de projetos* para intensificar a proteção de projetos específicos e supervisionar a introdução de projetos em um ambiente de múltiplos projetos. Outra aplicação extremamente importante dos pulmões da CC é funcionar como uma *ferramenta de gerenciamento de projetos*, de tal modo que o GP saiba quando deve tomar alguma medida e quando deve abster-se de tomar uma medida desnecessária.

Projeto 1
- G .5 d | P.A. 5 dias
- C Rec.3 10 d | J ★ Rec. 4 14 d | Pulmão do projeto (1/2 da CC + 4 dias) 30 dias
- Pulmão de alimentação 9 dias

Pulmão de capacidade entre projetos 20 dias

Projeto 2
- A ☆ Rec. 1 15 d | B Rec. 4 15 d | Pulmão de alimentação 8 dias
- C Rec. 2 8 d | D Rec. 3 7 d | E Rec. 2 12 d | Pulmão de alimentação 14 dias
- F Rec. 4 10 d | P. A. 5 d
- G ☆ Rec. 1 8 d | H ☆ Rec. 5 6 d | I ☆ Rec. 3 12 d | J ☆ Rec. 5 10 d | Pulmão do projeto (1/2 da CC) 26 dias

Pulmão de capacidade entre projetos 25 dias

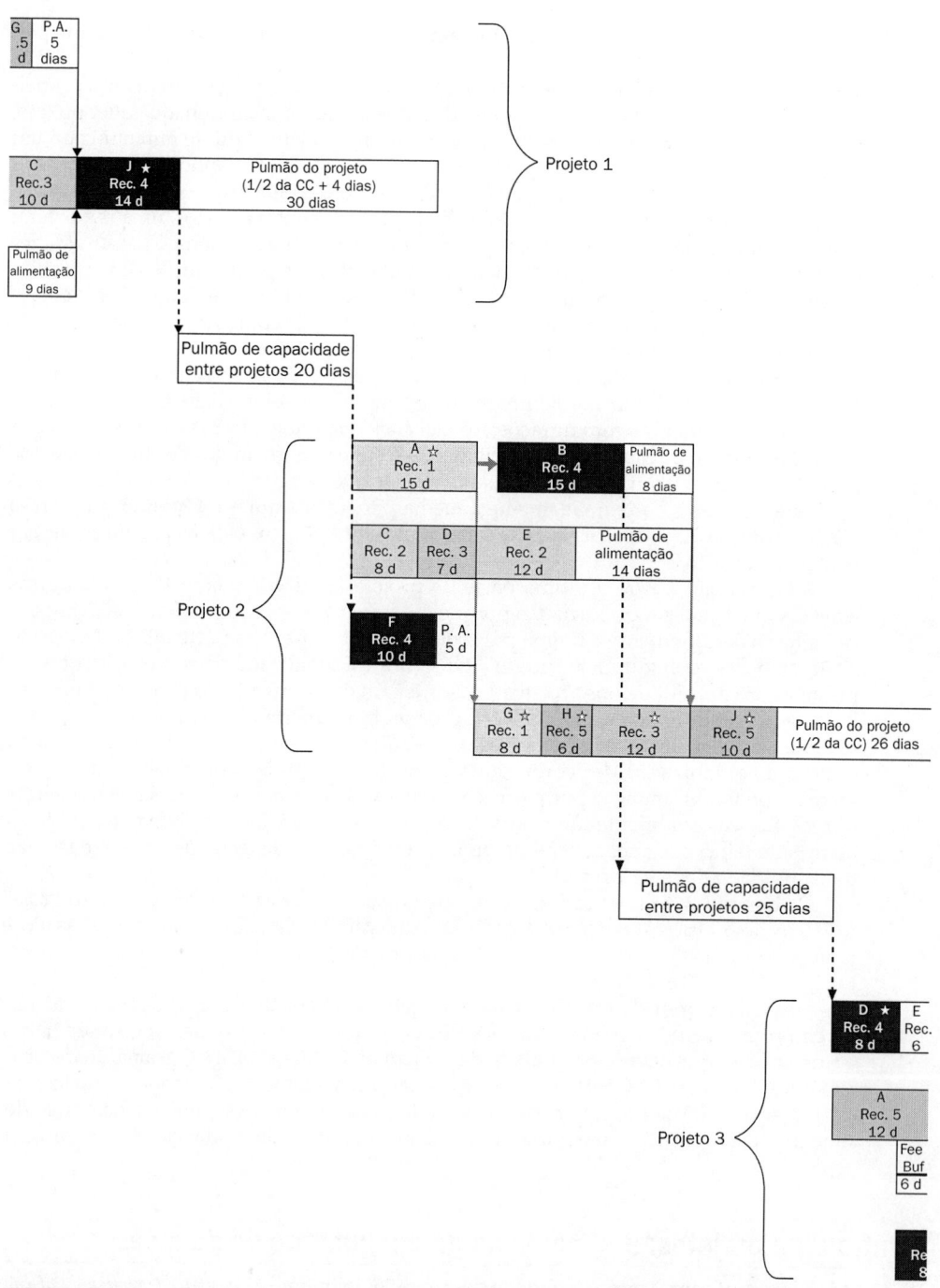

Projeto 3
- D ★ Rec. 4 8 d | E Rec. 6
- A Rec. 5 12 d
- Fee Buf 6 d
- Re 8

FIGURA 3.8 O recurso de programação (preto) e os pulmões de capacidade espaçam a entrada de novos projetos.

Controle do consumo de pulmão

Para calcular o consumo de pulmão, o GP dever ter informações atuais sobre cada atividade que foi iniciada e ainda não foi concluída. Em cada ponto de verificação e controle (diário ou uma ou duas vezes por semana), o membro da equipe de projeto que está trabalhando no momento em uma determinada atividade deve ser solicitado a concluir a atividade no intervalo de tempo *remanescente*. É improdutivo, para as finalidades de gerenciamento de projetos, pedir uma data de conclusão ou a porcentagem do trabalho já concluído. (Tradicionalmente, a "porcentagem de conclusão" muitas vezes é superestimada.) A estimativa de tempo "remanescente" é essencial para que o GP saiba se uma determinada medida é justificada. O tempo remanescente, adicionado ao tempo decorrido desde que a atividade foi iniciada, pode ser comparado com a estimativa de tempo original grosseira para determinar o nível de penetração ou recuperação do pulmão. O tempo remanescente informado *muda* (isto é, não é sempre decrescente) toda vez que se faz uma indagação.

O *excedente* de duração de uma atividade, o que significa que *a atividade será concluída em algum momento posterior à duração estimada reduzida (grosseira)*, pode ser calculado da seguinte maneira: para uma atividade que foi iniciada e não foi concluída, adicione a quantidade de tempo remanescente para concluí-la (fornecida pelo recurso designado) no tempo decorrido desde o momento em que a atividade foi iniciada e compare a duração total atual esperada com a estimativa de duração grosseira. Se a duração atual for superior à estimativa grosseira, a diferença entre as duas será o excedente que deve aparecer no pulmão apropriado como "tempo utilizado".[23]

O cálculo do excedente *não* se baseia no ponto de início originalmente programado para a atividade. Não existe nenhuma preocupação com as "datas de início" ou "datas de término" porque o tempo de cada atividade é calculado com base apenas em sua duração programada. Esse assunto será discutido mais detalhadamente em um momento posterior. Porém, como já sugerimos em uma seção precedente a respeito do "plano de comunicação", as datas de início não são enfatizadas. Em vez disso, a CC concentra-se na duração das atividades e fornece notificações sobre trabalhos iminentes na CC e para cada atividade que não tenha nenhuma predecessora. Do contrário, o trabalho é executado na ordem em que ele chega a uma fila de recurso.

Se a atividade excedente estiver em uma corrente de alimentação, a quantidade de tempo excedente estimado é subtraída do pulmão de alimentação. Se, em algum momento, um pulmão de alimentação for totalmente consumido, qualquer excedente remanescente será mostrado como tempo utilizado no pulmão do projeto. Em relação a qualquer atividade na CC, o excedente deve ser subtraído do pulmão do projeto. Em um ambiente de múltiplos projetos, o departamento de gerenciamento de projetos (ou uma área equivalente) deve acompanhar o desempenho do RP (consulte a Figura 3.8) para que os pulmões de capacidade entre projetos possam ser ajustados se o RP indicar uma duração menor ou maior que a duração programada para uma das atividades que lhe foram atribuídas.

Sabendo quando agir

Os GPs precisam ter dados significativos sobre o *status* de seu projeto e saber quando devem tomar medidas corretivas. A quantidade usada do pulmão fornece as informações necessárias. Geralmente, os pulmões são divididos em três seções de tempo iguais que podem ser consideradas como "variação prevista", "variação normal" e "variação anormal". Até certo ponto, elas são análogas ao verde, amarelo e vermelho dos semáforos de controle de tráfego. Um exemplo dessa divisão é mostrado na Figura 3.9. Na Figura 3.6, o

---

[23] As *recuperações de pulmão* ocorrem de uma maneira semelhante *quando a duração real da atividade exige um tempo inferior ao de sua duração estimada (grosseira)*.

Início do pulmão → | Variação prevista | Variação normal | **Variação anormal** | ← Fim do pulmão

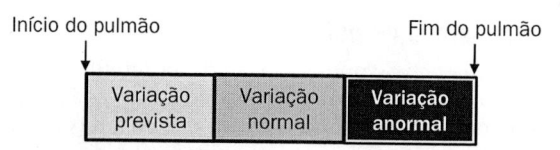

FIGURA 3.9 Áreas de variação do pulmão.
Fonte: Charles I. Budd e Charlene S. Budd, *A Practical Guide to Earned Value Management Project*, 2ª ed. (© 2010 Management Concepts, Inc. Reimpressa com permissão dos autores. Todos os direitos reservados.)

pulmão do projeto tem 30 dias, o que significa que haveria em torno de dez dias em cada seção de variação do pulmão.[24]

Variação prevista (zona verde)

Foi agregado um tempo nos pulmões CC para proteger a data de conclusão do projeto. Se tudo funcionar de acordo com o cronograma CC, alguns ou todos os pulmões serão usados e o projeto será concluído na data programada ou antes dessa data. À medida que o trabalho do projeto prosseguir, supostamente um terço dos pulmões será usado em decorrência da incerteza inerente quanto às atividades. Isso significa que, em nosso projeto de exemplo, na Figura 3.6, devemos supor que serão usados 10 ou 11 dias do pulmão de projeto. Nenhuma medida é necessária para corrigir o sistema a essa altura. Deming (1993, pp. 194-209) chamou a intervenção exagerada nas operações de "intromissão". Tomar medidas corretivas quando não há necessidade pode desperdiçar tempo produtivo e provocar perda de foco.

Variação normal (zona amarela)

O fundamento da discussão de Deming sobre intromissão foi sua hipótese (hoje universalmente aceita) de que existem dois tipos de variação em qualquer processo. Ele as chamou de variação de "causa comum" e variação de "causa especial" (Deming, 1986). A variação de causa comum é inerente à estrutura do próprio processo porque nenhum processo é perfeito. Por sua própria natureza, as durações das atividades do projeto são incertas. O consumo do segundo terço dos pulmões CC normalmente é provocado pela incerteza inerente à previsão da duração das atividades. Pequenas variações na operação de um projeto não são motivo para alarme. Entretanto, se o segundo terço do pulmão começar a ser usado para cobrir excedentes nas atividades, é necessário formular planos para recuperar o tempo perdido. Contudo, para evitar a intromissão, nenhuma medida deve ser tomada enquanto não houver uma variação anormal, que é o último terço do pulmão.

O uso da última seção (variação anormal ou vermelha) de um pulmão normalmente decorre de uma variação de causa especial. Nesse caso, é sensato observar o lema de escoteiro: "sempre alerta". O momento para o GP desenvolver um plano de ação para ser empregado se a seção vermelha (anormal) do pulmão for penetrada é antes desse evento – enquanto somente a segunda seção do pulmão (variação normal) tiver sido penetrada. Dentre outras possibilidades, um plano de ação pode incluir elementos como tomar providências para possivelmente usar horas extras ou mais recursos, terceirizar partes do projeto ou obter um acordo para diminuir o escopo do projeto.

Variação anormal (zona vermelha)

A variação de causa especial (anormal) normalmente é provocada por um acontecimento extraordinário e externo ao curso normal da execução do projeto. Esse acontecimento poderia ser tão simples quanto uma indisposição física por parte de um dos recursos ou

---

[24] Por meio de um *software*, "os gráficos de febre" (Newbold, 2008, p. 112) controlam o consumo de pulmões e redimensionam automaticamente os pulmões ao longo da vida de um projeto. Um exemplo de gráfico desse tipo é mostrado na Figura 3.11.

tão grave quanto um desastre natural. Quando a zona vermelha do pulmão é penetrada, sem dúvida esse é o momento de agir e implementar os planos idealizados enquanto o consumo do pulmão encontrava-se na seção intermediária.

Se o *pulmão de alimentação* estiver comprometido, a providência apropriada é monitorar cuidadosamente o pulmão do projeto. Se esse pulmão ainda apresentar uma proteção adequada, talvez não seja necessário tomar nenhuma medida imediata. Se o *pulmão de projeto* estiver comprometido, o plano de ação deve ser implementado imediatamente. Se o *pulmão de capacidade entre projetos* estiver comprometido, o início do projeto subsequente deve ser adiado, se possível. Algumas atividades precedentes do projeto seguinte talvez já tivessem sido iniciadas antes de o problema do RP vir à tona. Se o projeto seguinte já tiver sido iniciado, seria prudente postergar o início de outros projetos programados para datas posteriores no respectivo cronograma.

Ajustando os pulmões

Quando um projeto está perto de ser concluído, a expectativa é de que alguns ou todos os pulmões serão usados. É cada vez menos importante manter o tamanho total dos pulmões de proteção, a menos que eles sejam necessários. Como tivemos de acrescentar quatro dias de um pulmão de alimentação, o projeto de exemplo na Figura 3.6 (ou Figura 3.5) inicia com 30 dias no pulmão de projeto. Em comparação com o tempo CC original, temos uma proporção de $30/52 \approx 0{,}58$. Essa proporção de duração da atividade em relação ao tempo do pulmão deve ser mantida ao longo da execução do projeto.

Recorrendo à Figura 3.6, por exemplo, quando as atividades A, D e E fossem concluídas, as atividades B, C e J na CC teriam 38 dias de trabalho a ser concluído. Manter a mesma proporção de 0,58 significa que agora é possível diminuir 8 dias do pulmão de projeto, ficando com mais ou menos 22 (na verdade, 22,04). As seções do novo pulmão representadas pelas luzes de um semáforo seriam divididas em terços de 7-1/3 dias cada e seria feito um ajuste para calcular os novos pontos de gatilho para a tomada de providências. A quantidade deduzida do pulmão (8 dias) é subtraída de qualquer uso anterior do pulmão e a diferença é aplicada às seções do novo pulmão. Supondo que tivesse sido aplicada uma margem de segurança de 10 dias do pulmão, se subtraíssemos os 8 dias de redução dos 10 dias de consumo de segurança, o projeto teria usado 2 dias do pulmão recalculado. O projeto ainda se encontra "na zona verde" (está passando por uma variação esperada) e nenhuma providência é necessária. Consulte a Figura 3.10 para obter um exemplo de (a) penetração de 10 dias do pulmão utilizando o tamanho original do pulmão e (b) o pulmão recalculado com uma penetração de 2 dias. (A linha preta espessa representa a porção do pulmão que foi usada.)

Às vezes, o consumo do pulmão é chamado de *taxa de queima*. O *TOCICO Dictionary* define esse termo como: "A taxa segundo a qual o pulmão do projeto está sendo consumido no gerenciamento de projetos pela corrente crítica. Essa taxa é calculada como a proporção entre a porcentagem de penetração do pulmão do projeto e a porcentagem de conclusão da corrente crítica" (Sullivan *et al.*, 2007, pp. 7-8). O resultado 1,0 indicaria que a relação original entre a CC e o pulmão está sendo mantida. Utilizando essa fórmula em nosso projeto de exemplo, a taxa de queima seria 0,33 [porcentagem de consumo do pulmão: (10 dias)/(30 dias)], dividida por 0,27 [porcentagem da CC concluída: (14 dias)/(52 dias)], ou 1,22, um bocado superior à proporção 1,0 desejada. Entretanto, a Figura 3.10 indica que o projeto ainda se encontra no intervalo de variabilidade esperado (verde).

De forma semelhante, os pulmões de alimentação são ajustados quando os caminhos de alimentação são concluídos. Como a atividade A foi finalizada, o respectivo pulmão de alimentação não é mais necessário. Contudo, a atividade A de 12 dias exigiu 16 dias para conclusão. Portanto, os 2 dias dos 10 dias do pulmão do projeto original foram usados pela atividade A, que pôde usar apenas 2 dias de seus 6 dias originais de pulmão de alimentação.

a. Tamanho original e consumo do pulmão (linha preta espessa)

10 dias	10 dias	**10 dias**

b. Tamanho e consumo do pulmão recalculado (linha preta espessa)

7-1/3 dias	7-1/3 dias	**7-1/3 dias**

FIGURA 3.10 Tamanhos do pulmão original e recalculado (após a conclusão das atividades A, D e E).

O GP deve saber como e por que deve realizar esses cálculos de pulmão toda vez que ele receber relatórios sobre as atividades em andamento. Porém, em ambientes de projeto complexos, essa tarefa seria extremamente difícil se não houvesse um *software* de gerenciamento de projetos CC para divulgar os pulmões redimensionados, o nível de penetração do pulmão e outras informações úteis relacionadas ao gerenciamento de projetos. Muitos programas de *software* de GPCC podem calcular o consumo do pulmão de uma maneira ligeiramente distinta, mas com o exemplo da Figura 3.10 você conseguirá entender como os pulmões podem ser ajustados manualmente à medida que o projeto é concluído.

Um gráfico de febre típico, mostrando a tendência de consumo do pulmão, em contraposição à conclusão da CC ao longo de vários períodos de divulgação de relatórios de andamento, é mostrado na Figura 3.11. A área em preto sólido (parte superior da Figura 3.11) representa a zona vermelha, que exige medidas imediatas, a área em cinza-escuro no meio (diagonal) representa a zona amarela, na qual os planos são criados, mas a providência é postergada, e a área em cinza-claro representa a zona verde, na qual tudo está correndo bem e o GP não deve intervir. Observe que em torno da quarta data de relatório de andamento, o consumo do pulmão saltou para cerca de 80%, enquanto apenas 40% da CC havia sido concluída. O projeto estava na zona vermelha e exigiu uma intervenção imediata. Embora o projeto tenha se recuperado (voltou para a zona amarela) em torno do sexto período, outros planos de recuperação deveriam ter sido formulados para garantir que fosse concluído no prazo.

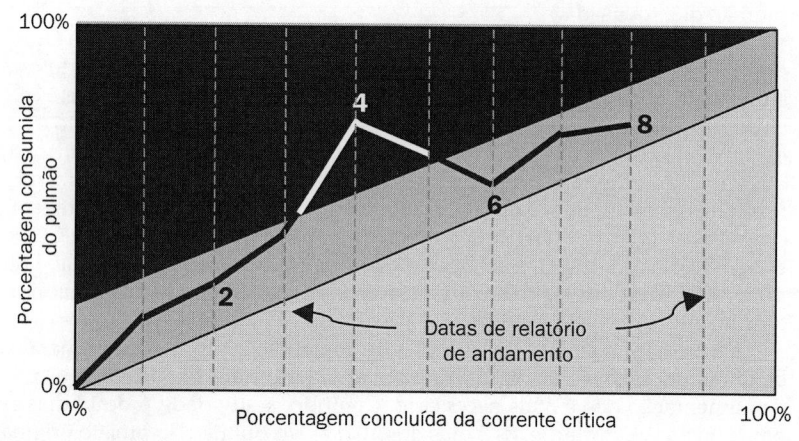

FIGURA 3.11 Controle do pulmão em um gráfico de febre.
Fonte: Adaptada de Newbold, 2008, p. 112.

Utilizando informações sobre o consumo do pulmão para melhorar continuamente

Quando o consumo do pulmão entra na zona de variabilidade *esperada* (*amarela*) (consulte as Figuras 3.9 e 3.11), toda atividade que ultrapassar a duração esperada (grosseira) deverá ser analisada para identificar a causa. Essa análise deve ser iniciada para qualquer consumo do pulmão, desde o início do projeto. Algumas das causas dessa transposição (excedente) são:

- Material avariado ou de péssima qualidade
- Recurso enfermo ou ausente em virtude de emergências familiares
- Definição insuficiente da atividade (ou atividade interpretada incorretamente)
- Problema de qualidade em trabalhos anteriores
- Recurso designado a mais um projeto crítico pelo gerente-geral de projetos (ou por uma função semelhante)
- Problemas com subempreiteiros, como qualidade ruim ou entrega atrasada
- Acontecimento imprevisto, como condições climáticas anormais[25]

Seja qual for a causa, ela deve ser registrada e todos os acontecimentos semelhantes devem ser agregados por meio de uma planilha para coleta de dados. Uma análise de Pareto revelará as causas mais comuns e mais caras dos atrasos. Essas informações devem ser utilizadas para analisar como os processos e procedimentos podem ser alterados para evitar futuras ocorrências de transposição de prazos. Não há dúvida de que esses dados não devem ser utilizados para fazer acusações ou repreender os funcionários.

Com relação às transposições mais comuns e mais críticas, todos os envolvidos devem fazer parte da equipe que tentará encontrar uma solução. Esse grupo pode incluir os indivíduos que estiverem envolvidos com as atividades predecessoras e sucessoras. Dessa forma, a empresa poderá aprimorar continuamente o desempenho de seus projetos.

Orçamento do projeto

Como já lhe apresentamos a programação e o gerenciamento pela CC, precisamos retornar à questão do orçamento do projeto. Sabemos que podemos controlar a incerteza quanto às atividades com pulmões de tempo. Deveríamos controlar os custos do projeto com um pulmão de caixa do orçamento? Analisemos primeiro, muito brevemente, alguns fatores relacionados ao orçamento de projeto.

Lembre-se de que a primeira prioridade da empresa é concluir todos os projetos no prazo ou antes da respectiva data de conclusão CC (reduzida). O tempo é o elemento que restringe a lucratividade organizacional. Os custos são secundários ou talvez estejam em uma posição bem inferior na lista de metas da organização. Entretanto, se não for criado um processo para possibilitar economias de custo nos projetos, é bem provável que elas não ocorreram.[26]

Componentes de um orçamento de projeto

Todos nós estamos familiarizados com a ansiedade que antecede a preparação de um orçamento anual regular e o subsequente ciclo orçamentário. Felizmente, a preparação do orçamento de um projeto é bem mais fácil e exige menos cronogramas. Por exemplo, a receita

---

[25] Por exemplo, empresas ou domicílios localizados fora das zonas sujeitas a inundações em Atlanta, Geórgia, sofreram graves inundações em setembro de 2009.

[26] Poucos são os casos em que os valores orçamentários designados são devolvidos à empresa.

do projeto, tanto real quanto imputada (para projetos internos), geralmente é conhecida antes de uma estimativa de custo detalhada.[27] Além disso, tanto o departamento financeiro quanto o contábil cuidarão do gerenciamento dos fluxos de caixa. Portanto, o projeto pode ser tratado como um centro de custo (em projetos internos, em que somente os custos são associados ao projeto) ou um centro de lucro (em projetos iniciados para clientes externos e exijam a geração de receitas e igualmente acúmulo de custos). Os custos de um projeto envolvem matéria-prima, mão de obra e *overhead*.

Matéria-prima

As matérias-primas necessárias, os suprimentos importantes (onerosos ou exclusivos) e os trabalhos terceirizados que geralmente são faturados de uma só vez estão incluídos nessa categoria e devem ser previstos para cada atividade que precisa ser executada para concluir o projeto. Normalmente, as matérias-primas são acrescentadas quando a primeira atividade no caminho é iniciada, embora possam ser necessárias para qualquer atividade.

A compra de equipamentos para uso exclusivo do projeto pode ser incluída na categoria de matéria-prima ou *overhead* (consulte a subseção "*Overhead*"). O custo original dos equipamentos, menos qualquer valor de revenda ou residual, ou, alternativamente, o custo de arrendamento periódico, deve ser atribuído à atividade do projeto que os utilizará.

Se mais de uma atividade precisar utilizar esses equipamentos especiais, o *custo de compra líquido* (preço de compra original menos o valor residual) ou o custo de arrendamento dos equipamentos pode ser distribuído entre as atividades que os estiverem utilizando por meio de um método racional e cabível de alocação. Nesse caso, emprega-se a conta de *overhead* do projeto, e não a conta de matérias-primas.

Mão de obra

A mão de obra pode ser o fator mais amplo do custo de um projeto e inclui o custo *total* (salários mais benefícios) de todos os recursos designados para o projeto. Por conveniência, algumas empresas utilizam um custo médio de recurso por dia para todos os projetos. Porém, com os *softwares* atuais, é fácil empregar o custo de recurso individual. Apenas o tempo de trabalho dedicado ao projeto deve ser atribuído ao projeto.

Overhead

Além dos valores de *overhead* que podem ser incorridos em benefício direto de um determinado projeto (como custo de arrendamento de equipamentos ou despesas depreciadas de equipamentos especializados), normalmente as empresas atribuem uma parte do total do *overhead* a um determinado projeto ao longo de sua existência. As despesas de *overhead* abrangem os custos de sistemas de informação, de manutenção e de recursos humanos, bem como os custos de matérias-primas gerais e equipamentos utilizados em comum por vários projetos e departamentos. Elas incluem também as despesas de juros sobre os empréstimos.

Um bom controle interno exige um acompanhamento direto de todos os custos de *overhead* do projeto que está se beneficiando do uso das despesas de *overhead*, se possível. Entretanto, muitas empresas utilizam apenas alguns *grupos de overhead* (às vezes chamados de "*baldes*"), que são basicamente as contas de razão geral nas quais os custos de uma determinada categoria são agregados. Portanto, a empresa emprega métodos de alocação simples baseados em direcionadores ou fatores de custo comuns (bases de alocação), como custo total de matéria-prima ou total de horas de mão de obra ou custo total de

---

[27] Essa generalização não se aplica aos contratos por *administração* (*cost plus*). Nesses contratos, o valor do projeto corresponde aos custos reais incorridos mais uma margem, como 20% dos custos totais. Eles estão se tornando muito raros e normalmente estão relacionados a projetos de pesquisa e desenvolvimento, nos quais os resultados tangíveis são tão exclusivos que é impossível estimar o custo total para concluir o projeto e atingir os respectivos objetivos.

mão de obra, para distribuir os valores das despesas de *overhead*. Normalmente, existem relações de causa e efeito pouco significativas entre a acumulação de custos no grupo, a variável dependente presumida (o item decorrente do direcionador de custo) e mudanças no fator de custo (a variável independente presumida) cujo incremento provoca o incremento no grupo de *overhead*.

Em geral, os custos de *overhead* e a quantidade de direcionadores de custo são previstos antes do início do ano fiscal da empresa para cada grupo de *overhead*. Em seguida, calcula-se a taxa de *overhead* [(custo estimado)/(quantidade de direcionadores de custo)], que é então utilizada para alocar os custos do grupo aos respectivos "usuários". Por exemplo, se o valor dos custos anuais estimados de um determinado grupo de *overhead* (conta de *overhead*) fosse US$ 832 mil e o direcionador fosse horas de mão de obra direta no valor de US$ 208 mil, a cada hora de mão de obra indireta incorrida em um projeto seria alocado US$ 4 mil de *overhead* desse grupo.[28]

O GP deve procurar descobrir tudo o que puder sobre o processo de alocação de *overhead* da empresa para que possa estar em posição de negociar uma taxa inferior se o projeto não utilizar os serviços oferecidos por todos os grupos de custos de *overhead*. Embora seja difícil conseguir isso, alguns GPs conseguem negociar uma taxa de *overhead* mais baixa.

Independentemente da forma como os custos são alocados ao projeto, agora voltaremos à questão sobre como o orçamento total do projeto deve ser alocado às respectivas atividades. A parte restante desta seção está bem além do nível básico que adotamos até aqui, mas a discussão a seguir talvez seja benéfica para a sua empresa.

Atribuindo os custos totais do projeto às respectivas atividades

Obviamente, as matérias-primas estão associadas às atividades que necessitam delas e aos custos de matéria-prima, incluindo os trabalhos terceirizados, que podem ser facilmente vinculados a determinadas atividades. Portanto, os custos de matéria-prima normalmente são tratados da mesma maneira nos projetos tradicionais e nos projetos CC.[29]

Contudo, o tempo de recursos humanos (mão de obra) é outra coisa. Logicamente, se as estimativas de duração das atividades forem grosseiras e a margem de segurança de *tempo* do recurso é movida para um pulmão, os custos deverão seguir o mesmo padrão. Por exemplo, na Figura 3.3, a atividade A exigiu 24 dias de trabalho do recurso 5. Em um cronograma CC, o recurso 5 seria solicitado a concluir a atividade – de acordo com diretrizes operacionais diferentes, obviamente – em 12 dias. Ignorando os custos de matéria-prima, se supusermos que o recurso 5 tem um custo total de $ 50 por hora ou $ 400 por dia, o valor de $ 4.800 [(12 dias) × ($ 400 de custo de mão de obra do recurso por dia)] seria atribuído à atividade A e o valor de $ 2.400 (6 dias × $ 400 por dia) seria atribuído ao *pulmão do orçamento do projeto*,[30] de maneira análoga ao pulmão de tempo do projeto. Em-

---

[28] Como a estimativa dos custos de *overhead* e da quantidade de direcionadores é imperfeita, a taxa de alocação empregada durante um determinado ano (ou durante qualquer período até que essa taxa seja recalculada) provavelmente será ajustada assim que os custos reais e a quantidade real de direcionadores forem identificados. Isso significa que os custos de *overhead* alocados aos projetos podem ser ajustados posteriormente, às vezes após a conclusão do projeto.

[29] Se houver incerteza quanto ao custo real das matérias-primas, alguns valores representativos da variabilidade do custo de matéria-prima podem ser acrescentados ao *pulmão do orçamento* do projeto, que é uma conta criada para a variabilidade de duração das atividades.

[30] *O pulmão de orçamento representa o orçamento associado à margem de tempo de segurança eliminada das atividades individuais. O orçamento associado com o tempo acrescentado ao pulmão do projeto é controlado pelo GP, enquanto o valor do orçamento relacionado com o tempo removido das atividades individuais e não associado com o tempo inserido no pulmão do projeto é controlado pelo gerente-geral de projetos ou por uma função semelhante. Entretanto, o orçamento que não é controlado pelo GP pode ser acessado se solicitado pelo GP ao gerente geral.*

bora os pulmões de orçamento possam ser estabelecidos para caminhos de alimentação e também para o projeto, há pouca necessidade de criar essa dicotomia entre as correntes de alimentação (caminhos) e a CC ao estabelecer um pulmão de orçamento. Por isso, é necessário apenas um pulmão de orçamento para cada projeto, no qual se deposita metade do custo do tempo de segurança removido de todas as atividades.

Empregando o orçamento de produto tradicional, seria atribuído à atividade A um valor de $ 9.600 referente ao trabalho do recurso 5, ao passo que a CC atribuiria um total de $ 7.200 ($ 4.800 + $ 2.400) à atividade A e ao pulmão do orçamento do projeto. A diferença entre esses dois valores ($ 9.600 e $ 7.200), ou $ 2.400, seria mantido pela empresa como fundo de contingência para o projeto. O GP pode acessar livremente os fundos no pulmão do orçamento do projeto, mas deve solicitar à empresa permissão para acessar os fundos de contingência do projeto. O orçamento de outras atividades seria processado de modo semelhante.

Por exemplo, o GP poderia transferir valores do pulmão do orçamento do projeto para a atividade A, a fim de cobrir excedentes. Se o recurso 5 exigir 16 dias e não os 12 dias previstos para concluir a atividade A, tal como supusemos anteriormente, o GP da CC poderia transferir $ 1.600 (4 dias × $ 400 por dia) para cobrir o excedente da atividade A. Caso a atividade A fosse concluída em 12 dias ou menos, o pulmão do orçamento permaneceria intacto e disponível para cobrir a variabilidade de outras atividades (ou matérias-primas).

O pulmão do orçamento do projeto é calculado com base no tempo de segurança e nos custos dos cursos individuais para todas as atividades na CC e nos caminhos de alimentação (correntes). Se o projeto fosse concluído no prazo ou antes da data prevista, qualquer fundo remanescente no pulmão do orçamento seria devolvido ao departamento de contabilidade/financeiro. Se o projeto exigir o acesso a fundos de contingência, e se essa solicitação for razoável e lógica, o gerente-geral de projetos ou uma função similar deve autorizá-lo, a menos que o projeto deva ser cancelado ou postergado.

Implementando um novo processo de orçamento de projetos

Obviamente, em reação a todos os projetos concluídos para entidades externas, a empresa não desejaria devolver as receitas obtidas com a conclusão do projeto no prazo de conclusão CC, que pode ser significativamente menor do que o de um projeto semelhante concluído por meio de técnicas de gerenciamento de projetos tradicionais. Portanto, é necessário prestar cuidadosa atenção aos contratos firmados. Os contratos devem estabelecer não apenas que todas as receitas prometidas serão obtidas com a conclusão bem-sucedida do projeto, mas também que poderá haver oportunidade de obter bonificações se o projeto for concluído antecipadamente. Do mesmo modo, não é tão arriscado aceitar penalidades contratuais se o projeto for concluído após a data prometida. Melhor ainda, essas condições (bonificação pela conclusão antecipada e multas pela conclusão atrasada) devem ser sugeridas para as empresas que estão preparando *solicitações de proposta* (SDPs) para que todas aquelas que responderem enfrentem as mesmas condições.

Entretanto, antes de implementar um novo sistema para alocar os custos do projeto às atividades e estabelecer os pulmões do orçamento (custo) do projeto, o GPCC deve ser implementado e funcionar de acordo com o previsto. Desse modo, o processo de mudança de dez etapas descrito mais adiante e exemplificado na Figura 3.12, também exibida mais adiante, deve ser seguido para impedir que as possíveis consequências negativas e inesperadas de uma mudança desse tipo ocorram. Por exemplo, os fundos de trabalho do projeto orçado à maneira tradicional podem ser utilizados por um gerente de recursos para contrabalançar os itens não orçados, como recrutamento de funcionários ou necessidade de treinamento especializado, e essa situação pode ser solucionada antes da implementação de um novo processo orçamentário.

Capítulo 3 ▪ Cartilha de gerenciamento de projetos pela corrente crítica   73

1. Reconhecimento da necessidade de um novo sistema de gerenciamento de projetos

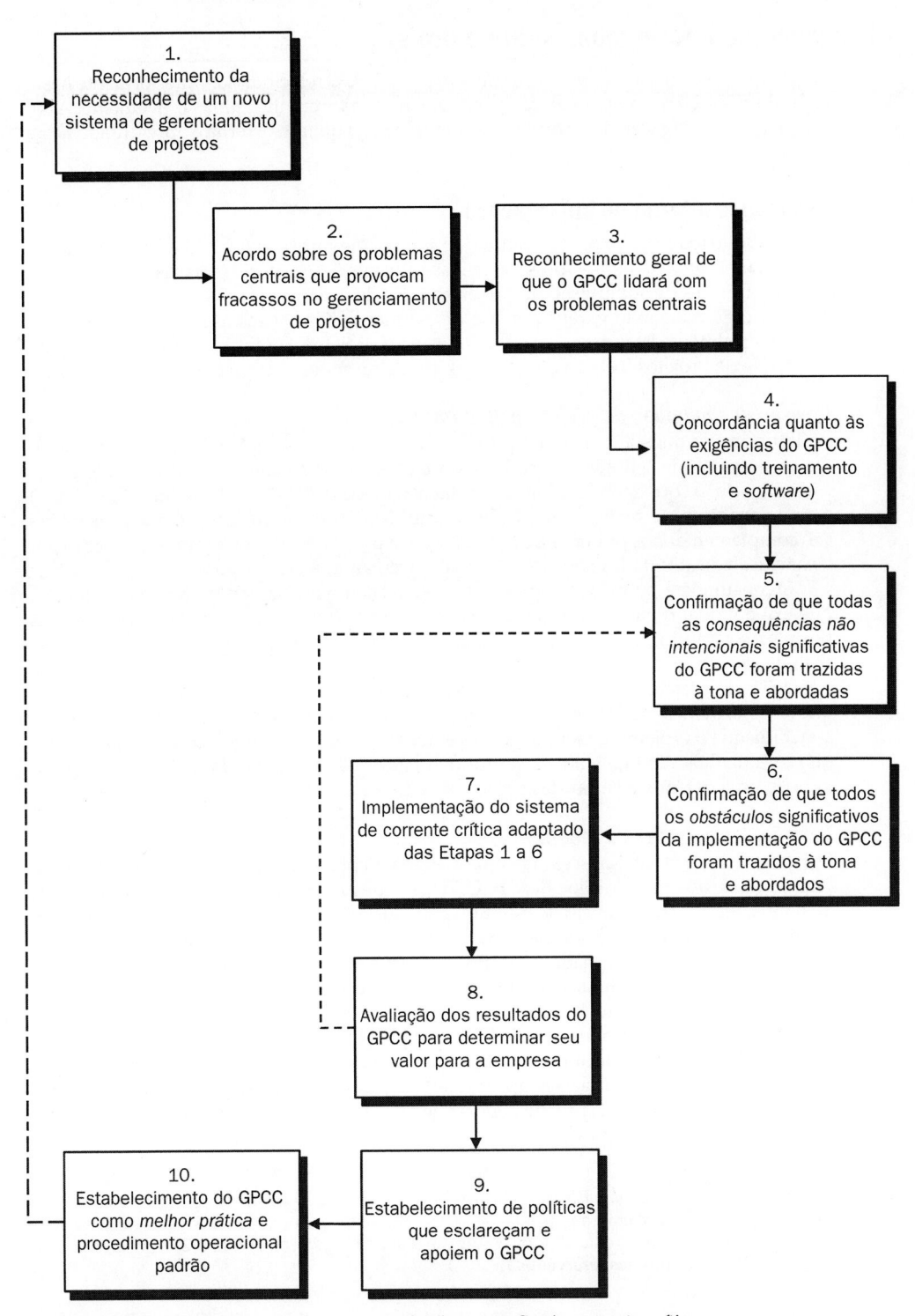

2. Acordo sobre os problemas centrais que provocam fracassos no gerenciamento de projetos

3. Reconhecimento geral de que o GPCC lidará com os problemas centrais

4. Concordância quanto às exigências do GPCC (incluindo treinamento e *software*)

5. Confirmação de que todas as *consequências não intencionais* significativas do GPCC foram trazidas à tona e abordadas

6. Confirmação de que todos os *obstáculos* significativos da implementação do GPCC foram trazidos à tona e abordados

7. Implementação do sistema de corrente crítica adaptado das Etapas 1 a 6

8. Avaliação dos resultados do GPCC para determinar seu valor para a empresa

9. Estabelecimento de políticas que esclareçam e apoiem o GPCC

10. Estabelecimento do GPCC como *melhor prática* e procedimento operacional padrão

FIGURA 3.12 Modelo de *empowerment* na implementação da corrente crítica.
Fonte: Adaptado de Budd e Budd, 2010, p. 260.

Divulgação de informações sobre o projeto

A comunicação foi um dos *principais elementos* do GPCC relacionados anteriormente neste capítulo. As seções do plano de comunicação interna foram discutidas brevemente. A comunicação (divulgação de informações) tanto interna quanto externa é apresentada nesta seção.

Divulgação interna de informações

Os dois principais aspectos da divulgação interna de informações são as comunicações entre os membros da equipe do projeto e as informações fornecidas para as pessoas que ocupam funções de supervisão do projeto dentro da organização. As informações necessárias são geradas pelo gerenciamento de pulmões CC. Alguns aspectos desse tópico, como os pulmões de recurso e capacidade entre projetos, foram introduzidos na seção "Controle de Projetos". O consumo exagerado de pulmões sempre deve ser divulgado.

Revisão dos pulmões de projeto e alimentação

As informações mais importantes que devem ser fornecidas dentro da empresa referem-se ao consumo de pulmões em todos os projetos ativos. O consumo de um pulmão de projeto que não corresponde à conclusão das atividades CC (a taxa de queima do pulmão) é a informação mais reveladora.[31] Como o pulmão de projeto funciona como uma proteção complementar aos pulmões de alimentação, a proporção de consumo comparada com a conclusão de atividades não críticas não é extremamente importante.

O consumo de pulmão ao longo do tempo, tal como revelado nos gráficos de "febre", que exibem qual região (zona) de um pulmão [verde (representada pelo cinza-claro nas figuras do capítulo), amarela (cinza-escuro) ou vermelha (preto)] foi penetrada em uma data de *status* específica, mostra as tendências e demonstra graficamente o histórico das operações do projeto. Como foi demonstrado na Figura 3.11, a zona de perigo (área preta) que exige providências imediatas normalmente é ampla no início de um projeto e estreita à medida que o projeto é concluído para demonstrar que o tamanho decresce à proporção que os trabalhos são finalizados. Contudo, o padrão do tamanho das zonas ao longo da vida do projeto tende a variar de acordo com o setor.

Revisão dos pulmões de recurso

O *pulmão de recurso* não acrescenta nenhum tempo ao plano do projeto, mas é um elemento vital do plano de comunicação interna CC. Trata-se de um evento no calendário fixado antes de uma atividade CC ou início de caminho para que o GP possa informar os recursos sobre quando eles devem se preparar para executar a atividade. Para manter um cronograma de projeto rigorosamente planejado, uma atividade CC deve ser iniciada assim que sua predecessora for concluída. A duração de cada pulmão de recurso deve ser estabelecida com base no que o GP sabe a respeito dos recursos do projeto e suas necessidades. Alguns membros da equipe de projeto terão funções de linha comparativamente inflexíveis e exigirão maior tempo de acomodação e de ajuste e preparação. Portanto, todos os pulmões de recurso não terão necessariamente o mesmo tempo de alerta. Os pulmões de recurso são estabelecidos e inseridos no cronograma do projeto depois que a CC é determinada e os pulmões de projeto e de alimentação entram em vigor.

---

[31] Lembre-se de que a *taxa de queima* é "a taxa calculada como a proporção da porcentagem de penetração no pulmão do projeto e a porcentagem de conclusão da corrente crítica. Uma taxa de queima de pulmão de 1,0 ou menos é satisfatória" (Sullivan *et al.*, 2007, p. 6). (© TOCICO 2007. Utilizada com permissão. Todos os direitos reservados.)

Revisão dos pulmões de capacidade entre projetos

Como os pulmões de projeto e de alimentação, o pulmão de capacidade entre projetos não tem nenhum tempo de atividade, mas é inserido logicamente entre os projetos para controlar o início dos projetos de uma maneira regularizada. Esse pulmão é utilizado como ferramenta de comunicação interna para evitar a sobrecarga de projetos e restringir a multitarefa ineficaz (danosa). Um RP é designado e os pulmões de capacidade entre projetos são inseridos entre as atividades do RP que alternam entre diferentes projetos. O tamanho do pulmão é determinado pelo gerente-geral de projetos (ou uma função equivalente) e baseia-se nas informações do cronograma completo do portfólio de projetos. Se o RP não tiver uma atividade em um determinado projeto, os outros recursos desse projeto devem ser examinados para confirmar se existe alguma possibilidade de multitarefa e um pulmão de capacidade entre projetos deve ser inserido antes de o projeto ser iniciado.

Mudando as prioridades

Periodicamente, as prioridades da organização mudarão para admitir novos projetos e minimizar a importância, postergar ou cancelar outros projetos. Os gerentes de recursos e o GPs precisam dessas informações para criar os cronogramas de trabalho.

Como os gerentes de recursos e os GPs normalmente têm acesso a informações detalhadas sobre o projeto, eles podem receber a incumbência de preparar relatórios que descrevam as consequências (tanto os custos adicionais quanto os custos de oportunidades esperados) de uma mudança de prioridade. Por isso, as vantagens e desvantagens de uma mudança nas prioridades podem ser analisadas antes de uma decisão final.

Divulgação externa de informações

No contexto desta seção, as entidades externas são aquelas que não supervisionam imediata e diretamente os projetos e abrangem:

1. O conselho de administração, o comitê executivo ou uma função de administração equivalente
2. Outras organizações para as quais o trabalho do projeto foi contratado
3. Órgãos regulamentadores

Há três exigências gerais para os relatórios de andamento dos projetos direcionados às entidades externas:

1. Exigências contratuais, como o *sistema de gestão de valor agregado* (*earned value management system* – EVMS)
2. Relatórios de desempenho não contratuais direcionados aos donos do projeto
3. Cronograma de controle interno e relatórios de escopo para o departamento de gerenciamento de projetos ou uma entidade de supervisão semelhante

Planejamento do projeto, resultados tangíveis e divulgação periódica de informações

Em geral, as melhores informações fornecidas em um relatório de andamento é a taxa de queima de pulmão: a porcentagem das atividades CC que foram concluídas e a porcentagem correspondente de consumo do pulmão de projeto. Se 25% da CC tiver sido concluída, mas 40% dela tiver sido consumida, o GP provavelmente terá de explicar como essa tendência pode ser revertida e o controle do projeto ser retomado.

O sistema de valor agregado

O Sistema de Valor Agregado (Earned Value System – EVS) é um conjunto de 32 critérios estabelecidos para supervisionar e fornecer informações na área de gerenciamento de projetos. Esses critérios estão organizados em cinco seções: cinco em "organização", dez em "planejamento e orçamento", seis em "fatores contábeis", seis em "relatórios de análise e gerenciamento" e cinco em "revisões e manutenção de dados". A maioria dos departamentos do governo dos Estados Unidos (e de outros governos) exige adesão a esses critérios para contratos de projetos importantes.[32] As entidades requerentes também publicaram livros sobre a interpretação desses critérios e "manuais" para a sua implementação. Se os GPs desejarem utilizar os pontos fortes do GPCC, mas forem solicitados a respeitar os critérios e diretrizes do EVS, talvez precisem conciliar as diferenças nesses dois conceitos apresentando uma visão de *status* da CC e uma visão do EVS (com base na programação tradicional). Em virtude de sua complexidade, uma abordagem detalhada do EVS está do escopo deste capítulo. Contudo, é importante observar que é possível utilizar a CC com o EVS.

Relatórios de desempenho não contratuais aos donos dos projetos

Se a organização estiver utilizando apenas determinados aspectos do valor agregado, o emprego dos conceitos da CC provavelmente não apresentará nenhum problema. O gerenciamento de pulmões pode ser utilizado internamente e os cálculos do *valor* agregado (EV) podem ser empregados para a divulgação externa de informações. Em alguns casos, os planos de projeto tradicionais que atendem aos critérios do EVS foram gerenciados com êxito empregando somente os conceitos comportamentais exigidos pela CC (discutidos mais adiante na seção "Provocando a Mudança").

Cronograma de controle interno e relatórios de escopo para um departamento de projetos ou organização semelhante

As exigências legais, como a Lei Sarbanes-Oxley de 2002 (SOX; Sarbanes e Oxley, 2002), reforçaram a necessidade de um sistema de divulgação interna de informações mais preciso sobre os projetos que afetam o sistema de informações financeiras de uma organização – tal como ocorre com muitos projetos, se não a maioria. Os auditores externos das empresas que são obrigados a submeter informações financeiras à Comissão de Valores Mobiliários (Securities and Exchange Commission – SEC) agora desejam obter informações detalhadas sobre os projetos que afetam o processo de divulgação de informações financeiras. De acordo com nossa experiência, o EV, fundamentado em grande medida no conhecido sistema de custo padrão, está sendo utilizado com maior frequência para satisfazer essas exigências. Os auditores externos conhecem bem o EV; talvez eles precisem de algum treinamento para se sentirem à vontade com as medidas da CC.

A conclusão de alguns projetos pode determinar a vida ou a morte de uma empresa. Outros projetos exercem uma profunda influência no sucesso futuro da empresa. Se esse for o caso, os controles internos rigorosos prescritos pela SOX (Sarbanes e Oxley, 2002) podem ser aplicados. Mesmo que no presente um projeto não seja obrigado a atender os critérios de controle interno das operações financeiras dessa lei, provavelmente o será no futuro. O EVS oferece um meio de controle interno que atenderá às exigências de controle interno da SOX. Obviamente, desde que os auditores tenham recebido alguma formação a respeito dos conceitos da CC, o GPCC também atenderão às exigências de controle interno da SOX.

---

[32] A Agência de Gerenciamento de Contratos de Defesa (2009) do Departamento de Defesa dos Estados Unidos tem sido a mais ativa no estabelecimento de orientações sobre a implementação do EVS e de medidas de progresso dos projetos.

Provocando a mudança: problemas comportamentais, táticas de administração e implementação

Para obter o máximo benefício do GPCC, ele deve ser aplicado a todos os projetos da organização. Entretanto, em um plano de implementação, talvez seja aconselhável conduzir um projeto piloto de um ou dois projetos. Embora os conceitos da CC possam ser intuitivamente óbvios para vários indivíduos, você não deve subestimar a dificuldade para introduzir fluidamente um novo sistema de planejamento, programação e controle.

Em primeiro lugar, a alta administração deve apoiar ativa e continuamente a implementação da CC, assegurando-se de que seus próprios membros e todos os outros gerentes tenham sido capacitados com relação à necessidade de novos comportamentos.

Em segundo lugar, a maioria dos funcionários já experimentou mais de uma reorganização e normalmente vários programas de "melhoria" que não produziram os resultados prometidos. Contudo, essas são as pessoas que devem implementar um novo sistema; a administração não é capaz de implementá-lo sozinha. O último tópico desta seção aborda a questão da mudança.

Medidas administrativas para apoiar o gerenciamento de projetos pela corrente crítica

Quanto mais os funcionários conhecerem os conceitos da CC, mais fácil será sua implementação. Porém, todos os gerentes devem receber treinamento na CC e concordar e defender esses conceitos. Além disso, determinadas providências são exigidas dos altos executivos, diretores e GPs.

Principais responsabilidades administrativas
Para estabelecer um ambiente apropriado para a mudança, os altos executivos (diretores executivos e vice-presidentes executivos) devem:

- Apoiar visível e continuamente a implementação dos conceitos da CC.
- Ajudar a impor a proibição contra a multitarefa improdutiva (danosa).
- Reforçar as regras de trabalho PEPS.
- Dirigir todas as avaliações de desempenho, positivas e negativas, às equipes de projeto, e *não* aos membros das equipes.
- Resistir à tentação de introduzir novos projetos no sistema sem procedimentos apropriados de planejamento, análise de impacto e controle de mudança.
- Demonstrar apreço por um ambiente de trabalho livre de crises. (Isto é, a alta administração não elegerá "heróis" específicos, que talvez tenham solucionado alguma crise, para obter reconhecimentos especiais.)
- Dar atenção a uma melhoria contínua sustentável do gerenciamento de projetos em prol da empresa.
- Utilizar cronogramas CC e sistemas de divulgação de informações para avaliar a implementação de estratégias da organização e determinar as mudanças necessárias.

Responsabilidade do gerente de recursos
Geralmente, em um sistema de gerenciamento de projetos tradicional, os gerentes de recursos têm considerável poder em virtude de sua capacidade de influenciar, e talvez de controlar, as prioridades do projeto. No sistema do GPCC, os gerentes de recursos devem:

- Ter pleno conhecimento sobre os conceitos da CC para que possam tomar decisões adequadas a respeito das prioridades, de acordo com os relatórios de consumo de pulmão dos GPs.

- Apoiar visível e continuamente a implementação dos conceitos da CC.
- Trabalhar de perto com o gerente geral de projetos ou função semelhante para estabelecer as prioridades do projeto e escolher um RP.
- Ajudar a reforçar a proibição contra a multitarefa danosa de várias atividades.
- Reforçar as regras de trabalho PEPS.
- Enfatizar a rápida rotatividade dos trabalhos (de maneira análoga aos passes de uma corrida de revezamento) quando uma atividade é concluída.
- Impor a política de que um trabalho, assim que iniciado, não deve ser interrompido enquanto não for finalizado, a menos que os funcionários recebam ordens da administração (mudança de prioridades) ou os relatórios de andamento do projeto indiquem que eles devem trabalhar em outra atividade qualquer.
- Incluir o desempenho da equipe nos projetos atribuídos a recursos específicos na avaliação geral desses recursos.

Responsabilidade do gerente de projeto

Enquanto gerentes de primeira linha, os GPs devem ser competentes, criativos e:

- Estar disponíveis para ajudar qualquer recurso que precise de ajuda.
- Acompanhar cuidadosamente todas as atividades em andamento e registrar imediatamente todas as mudanças na quantidade de pulmões.
- Fornecer informações adequadas aos recursos que serão necessários em um trabalho iminente em uma CC ou que precisarão iniciar a primeira atividade em um caminho não crítico.
- Resistir ao impulso de interferir no trabalho de uma atividade enquanto o consumo de pulmão encontra-se na seção "esperada" (primeiro terço ou verde) ou "normal" (segundo terço ou amarela).
- Elaborar um plano de ação para reverter uma tendência desfavorável no consumo de pulmão antes da penetração no último terço do pulmão de um projeto.
- Implementar planos de ação imediatamente, quando o pulmão remanescente tem um terço de seu tamanho esperado, de acordo com as atividades CC remanescentes.
- Respeitar a sequência de prioridades do projeto que foi estabelecida pela organização e auxiliar outros GPs quando possível.
- Impor a disciplina necessária para proteger a equipe de projeto contra as interrupções provocadas pela multitarefa desnecessária.

Importância da confiança

Confiança é algo que se ganha vagarosamente e se perde rapidamente. Você não pode esperar que os funcionários que desconfiam da administração acolham bem qualquer mudança. Uma mudança para os conceitos da CC pode ser particularmente difícil se vários membros de um projeto tiverem grande experiência com o gerenciamento de projetos tradicional. Nos sistemas de gerenciamento de projetos tradicionais, as atividades parecem exigir todo o tempo que lhes foi destinado. A duração estimada das atividades é uma profecia que se autoconfirma. Quando as pessoas estão lutando para cumprir vários prazos e trabalhando como "loucas" em atividades simultâneas e você lhes diz que agora elas estão trabalhando em um novo sistema que exige uma duração ainda menor, é bem plausível que elas fiquem preocupadas, se não alarmadas. É necessário oferecer uma explicação detalhada sobre o plano de implementação previsto, incluindo as mudanças no ambiente e em outras políticas.

O tópico seguinte apresenta um sistema organizacional para implementação de mudanças que leve em conta as preocupações dos funcionários.

Implementando um sistema de gerenciamento de projetos pela corrente crítica

Sempre existe resistência às mudanças – algumas vezes por bons motivos. Os proponentes da TOC idealizaram seis "níveis de resistência" à mudança (por exemplo, consulte Kendall, 2005, Capítulo 11; Goldratt, Capítulo 20, neste livro), um tema familiar na psicologia comportamental e em vários outros círculos. Com base nos seis níveis de resistência da TOC, em pesquisas comportamentais anteriores e no Modelo de Budd de *Empowerment* na Inovação (Innovation Empowerment Model, Budd e Budd, 2010), a Figura 3.12 mostra um processo de dez etapas para incorporação das preocupações e sugestões de qualquer indivíduo na organização.[33]

A Etapa 1 na Figura 3.12 estabelece a motivação para a mudança (por que mudar?). Uma quantidade mínima de indivíduos deve reconhecer o tormento resultante da utilização contínua do sistema atual – nesse caso, o gerenciamento de projetos tradicional. A Etapa 2 é o primeiro nível de resistência da TOC.[34] As etapas remanescentes prosseguem de acordo com a sequência numérica. Todas as etapas devem ser abordadas e nenhuma dever ser ignorada. Algumas devem ser visitadas mais de uma vez, se alguns membros tiverem sido deixados para trás em outra etapa ou estiverem fazendo indagações sobre uma etapa anterior.

A linha pontilhada da Etapa 8, "Avaliação dos resultados do GPCC para determinar seu valor para a empresa", à Etapa 5, "Confirmação de que todas as *consequência não intencionais* significativas do GPCC foram trazidas à tona e abordadas", indica que as Etapas 5, 6, 7 e 8 talvez tenham de ser repetidas várias vezes ao longo da implementação e à medida que determinadas consequências negativas não intencionais forem vivenciadas e superadas.

Assim que todas as dez etapas forem executadas, o sistema de GPCC estará adequado. E se nenhuma etapa for abordada rapidamente, o sistema funcionará e beneficiará a organização como previsto. Todavia, à medida que houver mudanças no ambiente, talvez surjam novos métodos que exigem mudanças no sistema implementado. Por isso, a linha pontilhada estende-se também da Etapa 10, "Estabelecimento do GPCC como *melhor* prática e procedimento operacional padrão", à Etapa 1, e isso indica a necessidade de uma revisão significativa no sistema de gerenciamento de projetos. Obviamente, todos os dias são desenvolvidas novas melhorias no GPCC (consulte os três capítulos seguintes deste livro), e seu sistema deve ser revisto de tempos em tempos, o que talvez exija apenas parte das dez etapas.

Resumo

Este capítulo apresenta uma abordagem básica sobre os conceitos do GPCC. Como as durações das atividades têm distribuições assimétricas e não podem ser prevista com precisão, a CC foi concebida para evitar os comportamentos disfuncionais da multitarefa danosa, a síndrome do estudante, a operação tartaruga e o impacto da lei de Parkinson sobre o gerenciamento de projetos tradicional.

Para mudar o foco sobre os ótimos locais para os ótimos globais, a margem de tempo de segurança é removida das atividades individuais e utilizada no projeto como um todo. A contenção de recursos é abordada logo no início do processo de planejamento pela CC e são utilizados pulmões de tempo para lidar com a incerteza quanto às atividades. As fer-

---

[33] Para obter uma abordagem mais extensa sobre solidificação de mudanças, consulte o Capítulo 5, "Obtendo adesão à mudança", de Rob Newbold, neste livro.

[34] Da mesma forma, a Etapa 3 é o segundo nível e assim por diante, até a Etapa 6, que é o quinto nível de resistência.

ramentas de comunicação, denominadas pulmões de recurso, contribuem para o processo de comunicação do projeto e os pulmões de capacidade entre projetos controlam o início de novos projetos em um emaranhado de múltiplos projetos. Todos os pré-requisitos são concluídos antes do lançamento de um projeto. Este capítulo descreve as seis etapas regulares e uma etapa ideal para programar um único projeto CC. As três principais fontes de segurança para a conclusão pontual de um projeto são o pulmão de projeto, vários pulmões de alimentação e vários pulmões de recurso.

Nos ambientes de múltiplos projetos, é essencial ter um processo de atribuição de prioridades para os projetos. Nenhum dos projetos será concluído no prazo se a quantidade de projetos for tal que dificulte a programação de recursos e gere um número exagerado de atividades que devem ser executadas simultaneamente por um mesmo recurso. O "Wafer Experiment", localizado em www.mhprofessional.com/TOCHandbook, é uma excelente forma de experimentar os efeitos da multitarefa danosa. Um RP é semelhante ao recurso de restrição nas implementações de *tambor-pulmão-corda* (TPC) na área de produção. O *pulmão de capacidade entre projetos*, baseado na disponibilidade do RP, minimizará os conflitos de recurso e evitar abarrotar a organização com uma quantidade excessiva de projetos.

O gerenciamento de pulmões fornece ao GP informações fundamentais sobre o andamento do projeto. Quando a duração real das atividades é superior à planejada no cronograma do projeto, os excedentes são subtraídos do pulmão. As variações normais na duração das atividades provavelmente consumirão parte ou todo o tempo do pulmão no decorrer do projeto. Uma taxa exagerada de consumo de pulmão é uma informação para o GP de que é necessário tomar uma medida extraordinária. Quando o projeto estiver sendo finalizado, o tamanho dos pulmões pode ser diminuído porque o tempo de proteção para as atividades será cada vez menos necessário.

A utilização de pulmões de tempo no cronograma do projeto foi coberta amplamente e a utilização de pulmões de orçamento no planejamento do projeto pode ser útil. Normalmente, os orçamentos de projeto são inferidos dos custos de matéria-prima, mão de obra e *overhead*. À medida que os componentes do cronograma do projeto forem movidos para os pulmões de tempo, os custos associados podem ser movidos para os pulmões de orçamento. É necessário prestar muita atenção à redação dos contratos, para que não ocorram consequências não intencionais em virtude da conclusão antecipada (ou atrasada) do projeto.

A divulgação interna de informações no GPCC é realizada principalmente com relatórios de pulmão. Quanto à divulgação externa de informações, tanto as medidas da CC quando o EVS formal ou informal podem ser empregados.

A implementação do GPCC exigirá mudanças no comportamento típico dos membros da equipe de projeto e nas políticas e procedimentos organizacionais. Certamente, o apoio da administração é crucial e talvez seja aconselhável utilizar um programa piloto. Este capítulo descreve as responsabilidades da alta administração, dos gerentes de recursos e dos GPs e reforça a necessidade de confiança dentro da organização. Como sempre haverá alguma resistência a qualquer mudança, o modelo de *empowerment* de implementação da CC ilustra graficamente as etapas para superar essa resistência e lidar com consequências não intencionais.

Referências

Atallah, M. J. *Algorithms and Theory of Computation Handbook*. Boca Raton, FL: CRC Press, 1999.

Budd, C. I. e Budd, C. S. *A Practical Guide to Earned Value Project Management*. 2ª ed. Vienna, VA: Management Concepts, 2010.

Agência de Gerenciamento de Contratos de Defesa. *Earned Value Management Systems Criteria*. Em Agência de Gerenciamento de Contratos de Defesa (banco de dados *on-line*). Disponível *on-line* em http://guidebook.dcma.mil/79/criteria.htm, 2009.

Deming, W. E. *Out of the Crisis*. Cambridge, MA: Centro de Estudos Avançados em Engenharia do MIT, 1986.

Deming, W. E. *The New Economics for Industry, Government, Education*. Cambridge, MA: MIT Press, 1993.

Goldratt, E. M. *The Haystack Syndrome: Sifting Information Out of the Data Ocean*. Croton-on-Hudson, NY: North River Press,1990.

Goldratt, E. M. *Critical Chain*. Great Barrington, MA: North River Press,1997.

Goldratt, E. M. e Cox, J. *The Goal: A Process of Ongoing Improvement*. Great Barrington, MA: North River Press,1984.

Kendall, G. I. *Viable Vision: Transforming Total Sales into Net Profits*. Ft. Lauderdale, FL: J. Ross Publishing, 2005.

Leach, L. P. *Critical Chain Project Management*. 2ª ed. Norwood, MA: Artech House, 2005.

NASA. *NASA Schedule Management Handbook Draft*. (16ª revisão, 3 de abril de 2009). On-line: Administração Nacional de Aeronáutica e Espaço.

Newbold, R. C. *The Billion Dollar Solution: Secrets of Prochain Project Management*. Lake Ridge, VA: ProChain Press, 2008.

Parkinson, C. N. *Parkinson's Law*. Boston: Houghton Mifflin, 1957.

Rubinstein, J. S., Meyer, D. E. e Evans, J. E. "Executive Control of Cognitive Processes in Task Switching". *Journal of Experimental Psychology: Human Perception and Performance*, 7(4), agosto de 2001, pp. 763–797.

Sarbanes, P. S. e Oxley, M. G. *Sarbanes-Oxley Act of 2002, H.R. 3763*. Washington, DC, 2002.

Shellenbarger, S. "Multitasking Makes You Stupid: Studies Show Pitfalls of Doing Too Much at Once". *Wall Street Journal*, 27 de fevereiro de 2003, seção D.

Sullivan, T. T., Reid, R. A. e Cartier, B. *TOCICO Dictionary*. http://www.tocico.org/?page=dictionary, 2007.

Departamento de Contabilidade do Governo dos Estados Unidos. *GAO Cost Estimating and Assessment Guide: Best Practices for Developing and Managing Capital Program Costs*. Washington, DC: GAO-09-3SP, 2009.

Sobre as autoras

Charlene Spoede Budd, professora emérita da Universidade Baylor, durante vários anos ministrou aulas nas disciplinas de contabilidade gerencial e gerenciamento de projetos. Charlene tirou o bacharelado (especialização em contabilidade, com distinção máxima) e o MBA pela Universidade Baylor (1972 e 1973, respectivamente) e o doutorado pela Universidade do Texas, em Austin (1982), onde se especializou nas áreas de contabilidade, economia e finanças. Ela detém as seguintes designações profissionais: CPA (certificação em contabilidade), CMA (certificação em contabilidade gerencial), CFM (certificação em administração financeira) e PMP (profissional em gerenciamento de projeto). Além disso, Charlene é certificada em todas as áreas da teoria das restrições pela Organização Internacional de Certificação em Teoria das Restrições (Theory of Constraints International Certification Organization – TOCICO).

Suas pesquisas foram publicadas principalmente em periódicos profissionais. Charlene recebeu três certificados de mérito pelos artigos que publicou na revista *Strategic Finance*. Ela também escreveu artigos, sozinha ou em coautoria, para o *Industrial Marketing Management* (edição especial sobre projetos), *Human Systems Management Journal*, *Today's CPA*, *The Counselor* e outros periódicos, e igualmente vários anais de congresso. Charlene é coautora de dois livros acadêmicos sobre contabilidade e, em coautoria com Charles Budd, também coautor neste livro, ela publicou *A Practical Guide to Earned Value Project Management* (2ª ed., Management Concepts, 2010) e *Internal Control and Improvement Initiatives* (BNA, 2007).

Charlene ainda atua em várias organizações profissionais, como a Associação Americana de Contabilidade, o Instituto de Executivos Financeiros e o Instituto de Gerenciamento de Projetos. Além disso, ela integra o Comitê de Conteúdo do Instituto Americano de Contadores Públicos Certificados (American Institute of Certified Public Accountants – AICPA) e durante vários anos ocupou a presidência do Subcomitê de Ambiente e Conteúdo Empresarial do AICPA. Atualmente, Charlene preside o Comitê de Finanças e Medidas da TOCICO.

Charlene dedica a maior parte de seu tempo à pesquisa, mas integra também o conselho de administração de uma empresa pública.

Dra. Janice Cerveny, que hoje integra o corpo docente da College of Business, Departamento de Programas de Gerenciamento, trabalhou principalmente nos setores de banco de sangue e saúde pública, mas hoje oferece consultoria e treinamento em teoria das restrições em várias organizações diferentes. É reconhecida pelo Instituto Avraham Y. Goldratt como "Jonah" e "Jonah de Jonah" (facilitadora) e certificada em aplicações funcionais específicas da TOC para Produção (tambor-pulmão-corda, TPC), Gerenciamento da Cadeia de Distribuição/ Suprimentos (Reposição Contínua, RC), Gerenciamento de Projetos (Corrente Crítica, GPCC) e aplicações de habilidades administrativas interpessoais (Workshop de Habilidades Administrativas, WSW).

Ela teve inúmeros clientes, com fins lucrativos e não lucrativos, na região do sul da Flórida, como o Conselho Nacional de Seguradoras de Indenização (National Council on Compensation Insurers – NCCI), Siemens Telecom Networks, Sensormatic Electronics Corporation, Office Depot, North Broward Hospital District e Philips Electronics. Há pouco tempo, ela concluiu um contrato com a Administração de Veteranos em Washington, DC, para gerentes clínicos, que resultou na organização de um livro para gerentes clínicos de tratamento ambulatorial. Seu artigo mais recente (em coautoria com o Dr. Stuart Galup), "Critical Chain Project Management: Holistic Solution Aligning Quantitative and Qualitative Project Management Methods", foi publicado no periódico *Production and Inventory Management* [43(3-4), 2002, pp. 55-64)].

Dra. Janice é membro da Sociedade Americana de Controle de Produção e Estoque (American Production and Inventory Control Society – APICS), do Instituto de Ciências da Decisão (Decision Sciences Institute – DSI), da Sociedade Americana de Qualidade (American Society for Quality – ASQ) e da Organização Internacional de Certificação em Teoria das Restrições (TOCICO). É certificada internacionalmente pela TOCICO para atuar como facilitadora na implementação de aplicações da TOC e preside o Comitê de Certificação em Gerenciamento de Projetos do TOCICO.

É bacharelada pela Universidade do Texas, em Austin, e tirou o doutorado pela Universidade Estadual de Nova York, na Escola de Administração de Buffalo.

4

Obtendo resultados duráveis com a corrente crítica: um relatório de campo

Realization Technologies, Inc.

Informações preliminares

"Atrasado e com o orçamento estourado" é o que muitas vezes vem à mente sempre que alguém se refere a um "projeto". Uma imagem igualmente desanimadora é a do trabalho de horas a fio, de apagamento de incêndios e do caos. Foi contra esse cenário que a corrente crítica (CC) foi introduzida pelo Dr. Eliyahu Goldratt em 1997.

Desde 1997, a CC foi implementada em uma grande variedade de organizações. Muitas delas obtiveram resultados nada menos que surpreendentes – quer no setor privado ou no público; quer com P&D básica ou projetos industriais; quer de grande ou pequeno porte; quer em países ocidentais ou orientais. Algumas ganharam distinção máxima, como o Prêmio Franz Edelman de 2006[1] e o Prêmio Norte-Americano de Realização da TOC de 2009.[2]

Objetivo e organização

Como todas as melhorias, os conceitos da CC são objetivos. Entretanto, exatamente como outros avanços revolucionários, a ciência por trás de um conceito não gera automaticamente seus benefícios. Os resultados mostrados na Tabela 4.1 foram extraídos da "engenharia" dos pormenores básicos da aplicação dos conceitos da CC na prática. Parafraseando, esse sucesso decorreu de 1% de ciência e 99% de engenharia.

---

[1] http://www.informs.org. [O Centro de Logística Aérea Warner Robins (Warner Robins Air Logistics Center – WRALC) da Força Aérea dos Estados Unidos ganhou o prestigioso Prêmio Franz Edelman de 2006 por "Modernizar a Área de Revisão e Reparos de Aeronaves no Centro de Logística Aérea Warner Robins". Também conhecido como o Super Bowl das Pesquisas Operacionais, esse prêmio foi concedido ao WRALC pelo fato de ter utilizado a CC para diminuir o número de aeronaves C-5 em revisão e manutenção no galpão de 12 para 7 em apenas 8 meses. Estima-se que o valor de reposição dessas aeronaves seja de $ 2,37 bilhões.]

[2] www.tocico.org. [A Organização Internacional de Certificação em Teoria das Restrições (Theory of Constraints International Certification Organization – TOCICO) reconheceu o Sistema de Defesa Integrada da Boeing em 7 de junho de 2009. A Boeing recebeu o Prêmio Norte-Americano de Reconhecimento por ter demonstrado longevidade na utilização bem-sucedida das ferramentas da teoria das restrições (*theory of constraints* – TOC) e uma contribuição significativa à comunidade da TOC. Esse prêmio extremamente cobiçado foi entregue ao Sr. Charles Toups, vice-presidente da Boeing.]

Copyright © 2010 Realization Technologies, Inc.

Tabela 4.1 Exemplos de resultados da corrente crítica

Descrição do projeto	Antes	Depois
Projeto, desenvolvimento e atualização dos comutadores de telecomunicações (300 a 400 projetos ativos, mais de 30 entregas por mês)	O tempo de atravessamento era longo A entrega no prazo era deficiente 2 mil pessoas	10% a 25% de redução do tempo de atravessamento Mais de 90% de entrega no prazo 45% de aumento na produtividade
Projeto e fabricação de plataformas de petróleo e gás	Engenharia de projetos: 15 meses Engenharia de produção: 9 meses Fabricação e montagem: 8 meses	Engenharia de projetos: 9 meses Engenharia de produção: 5 meses Fabricação e montagem: 5 meses 22% de aumento da produtividade da mão de obra
Pesquisa e desenvolvimento de medicamentos	Conclusão de 5 projetos por trimestre em 2005 55% dos projetos finalizados no prazo	12 projetos por trimestre em 2008 90% dos projetos finalizados no prazo Nenhum aumento na quantidade de recursos
Faturamento ao cliente personalizado e gerenciamento de sistemas para o setor de telecomunicações	Pressão do mercado para diminuir o custo e o tempo de ciclo do projeto	Aumento de 14% na receita por pessoa (4 mil pessoas) e diminuição de 20% no tempo de ciclo
Manutenção de usina siderúrgica	Conversão de caldeiras: 300 a 500 dias Manutenção de rotina e atualização muito demoradas	Conversão de caldeiras: 120 a 160 dias Menor duração da manutenção e atualização, de 10% a 33% no primeiro ano e de 5% a 33% no segundo ano
Desenvolvimento de novos produtos (eletrodomésticos)	34 novos produtos por ano 74% dos projetos no prazo	Aumento do ganho para 52 novos produtos no primeiro ano e mais de 70 no segundo ano, 88% dos projetos no prazo e nenhum aumento no número de funcionários
Revisão e reparos de helicópteros	Tempo de retorno da aeronave H-46: 225 dias Tempo de retorno da aeronave H-53: 310 dias Produtividade: 23 por ano	Diminuição do tempo de retorno da H-46 para 167 dias, com maior escopo Diminuição do tempo de retorno da H-53 para 180 dias Entrega de 23 aeronaves em 6 meses
Revisão e reparos da aeronave C-5 (aviões de carga utilizados pela Força Aérea dos Estados Unidos)	Tempo de retorno: 240 dias 13 aeronaves no ciclo de manutenção	Tempo de retorno: 160 dias 7 aeronaves no ciclo de manutenção 75% de redução nos defeitos
Equipamento de fabricação de painéis solares (projeto sob encomenda)	Receita de € 130 milhões Lucro de € 13 milhões Tempo de ciclo: 17 semanas 80% das entregas no prazo	Aumento de € 170 milhões na receita Aumento de € 22 milhões no lucro Menor tempo de ciclo: 14 semanas 90% das entregas no prazo

Fonte: Apresentações das respectivas empresas no Congresso sobre Fluxo de Projeto da Realization, 2004-2009, disponíveis em www.realization.com/results, onde é possível encontrar mais exemplos.

Este capítulo, cujo objetivo é revelar de que modo os adeptos bem-sucedidos dos conceitos da CC os colocaram em prática e obtiveram resultados duradouros, baseia-se na experiência de mais de 200 implementações da CC em nível corporativo.[3] Essas implementações abrangeram o desenvolvimento de produtos de alta tecnologia; P&D e comercialização de medicamentos; aplicações de tecnologia da informação (TI); projeto e fabricação de equipamentos complexos; construção de navios; construção, edificação e preparação de infraestrutura física; e manutenção, reparos e revisão de aeronaves, submarinos e navios, bem de usinas siderúrgicas e refinarias de petróleo.

Partindo de uma breve recapitulação da CC, este capítulo discute os desafios práticos à sua implementação bem-sucedida. Em seguida, apresentamos um processo de implementação passo a passo, seguido de uma visão geral sobre as lições aprendidas nos últimos 12 anos. Por fim, antes da seção de resumo, apresentamos respostas às perguntas frequentes que não foram cobertas no restante do capítulo.

Recapitulação sobre a corrente crítica

Executar um projeto é como reger uma orquestra. É necessário reunir vários recursos, informações, equipamentos, decisões e medidas corretivas no lugar certo e no momento certo ao longo do ciclo de vida de um projeto.

Infelizmente, as incertezas são um obstáculo. As atividades tomam mais tempo, os fornecedores não entregam no prazo, falhas técnicas acontecem, as necessidades mudam e assim por diante. E essas incertezas desdobram-se e mesmo os planos preparados com o máximo cuidado dão errado. As prioridades de execução tornam-se obscuras (quais atividades devem ser executadas primeiro) e dessincronizadas (todos os departamentos, todas as pessoas começam a priorizar suas atividades de uma maneira diferente). Por isso, um projeto na maior parte das vezes está *aguardando* uma coisa ou outra (consulte a Figura 4.1). Por exemplo:

- *Aguardando* recursos, porque eles foram designados para outras atividades.
- *Aguardando* especificações, aprovações, matérias-primas etc., porque os recursos de apoio que os deveriam ter fornecido ou obtido estavam ocupados em outro lugar qualquer.

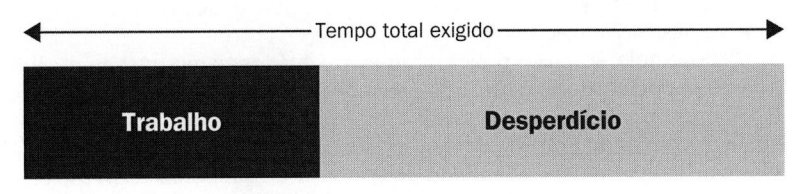

◄─────── Tempo total exigido ───────►

| Trabalho | Desperdício |

- Aguardando recursos
- Aguardando especificações, aprovações, matérias-primas etc.
- Aguardando equipamentos
- Aguardando a resolução de problemas
- Aguardando decisões
- Aguardando em pontos de integração
- ...

FIGURA 4.1 Armadilhas do tempo nos projetos.

---

[3] Em nível corporativo significa que a implementação não se restringiu a um único gerente de projeto ou a uma pequena equipe, mas envolveu vários departamentos.

- *Aguardando* a resolução de problemas, porque os especialistas estão combatendo outros problemas.
- *Aguardando* decisões, porque os gerentes estão abarrotados de problemas.
- *Aguardando* até que todas as etapas de alimentação do projeto reúnam-se nos pontos de integração.

Quando esses tempos de espera acumulam, os projetos ficam atrasados, as pessoas começam a apagar incêndios e os recursos são empurrados para várias direções ao mesmo tempo. As prioridades não param de mudar e as pessoas são forçadas a executar simultaneamente várias atividades.[4] A capacidade dos gerentes para controlar os resultados fica comprometida e eles, muitas vezes, acabam perdendo quase completamente o controle. Eles não conseguem prever quando um projeto será finalizado porque os atrasos são incessantes. Além disso, eles não sabem que capacidade de fato é necessária porque, independentemente do número de recursos disponíveis, os recursos ficam sobrecarregados enquanto os projetos continuam em atraso.

O impacto final é que os projetos tomam mais tempo do que deveriam, têm um escopo menor do que o originalmente programado e ficam mais caros do que deveriam. Além disso, os recursos ficam menos produtivos do que poderiam.

A CC soluciona *todos* esses problemas sincronizando as prioridades em um ou mais projetos e em um ou mais departamentos. Nessa sincronização, a CC utiliza três preceitos ou regras:

1. **Sequenciamento**: Restrição do número de projetos em execução simultânea.
2. **Utilização de pulmões**: Eliminação de cronogramas e medições locais e utilização de pulmões[5] agregados para combater incertezas.
3. **Gerenciamento de pulmões**: Utilização do consumo de pulmão para medir a execução e orientar a atribuição de prioridades e as intervenções gerenciais.

Regra 1 – Sequenciamento: restringir o número de projetos em execução simultânea

Quando há um número demasiado de projetos em execução em comparação com a capacidade disponível – situação de agora em diante chamada de *alto nível de trabalho em andamento* ou alto WIP (*work in progress*) –, a atribuição de prioridades torna-se automaticamente dessincronizada.

Por exemplo, se vários projetos forem executados ao mesmo tempo, diferentes departamentos podem priorizar seus trabalhos de uma maneira distinta. Todos os projetos podem demonstrar algum progresso, mas ficam empacados em alguns pontos de integração em que os fluxos de trabalho devem se encontrar. As prioridades atribuídas às atividades dentro dos departamentos também podem ficar dessincronizadas, caso em que os fluxos de trabalho departamentais tomam mais tempo. Além disso, as prioridades dessincronizadas criam conflitos de cronograma, o que pode levar determinados recursos a executar simultaneamente várias tarefas e, por conseguinte, prejudicar a qualidade.

---

[4] *Executar tarefas simultâneas significa mover-se para lá e para cá entre as atividades, sem finalizar nenhuma delas. A execução de tarefas simultâneas prejudica a qualidade do trabalho porque as pessoas perdem a concentração.*

[5] *Pulmões são blocos de tempo não programados.*

Se houver um número menor de projetos em execução, a probabilidade de as prioridades dentro e entre os departamentos estarem sincronizadas é bem maior. Quanto mais alto o WIP, menor a probabilidade de as prioridades das atividades estarem sincronizadas!

Portanto, a primeira regra para uma execução bem-sucedida é: *restringir o número de projetos em execução simultânea*. Os projetos devem ser escalonados com base nos recursos mais exíguos porque, a qualquer momento, o número de projetos que poderão ser executados dependerá proporcionalmente da superação dessas restrições. Qualquer projeto adicional dispersará os recursos de uma forma mais tênue e acabará com a sincronização. Imponha essa regra mesmo que isso exija que alguns recursos sejam mantidos ociosos!

Regra 2 – Utilização de pulmões: elimine cronogramas e mensurações locais e utilize pulmões agregados

No gerenciamento de projetos tradicional, utiliza-se o método de transformar os cronogramas de atividades e as estimativas em compromisso. Pressupõe-se que, se as pessoas forem responsabilizadas, elas finalizarão determinadas atividades no prazo e de acordo com o orçamento e, consequentemente, o projeto como um todo será concluído no prazo e dentro do orçamento.

Infelizmente, essa abordagem tradicional, além de prolongar os projetos, dessincroniza ainda mais a execução:

- No planejamento, a imputação de responsabilidade pela duração das atividades leva as pessoas a incluir contingências nos compromissos assumidos – elas são obrigadas a se precaver contra incertezas e a realidade de que a maior parte desse tempo será gasta aguardando uma coisa ou outra. É assim que os planos dos projetos são prolongados.

- Na execução, além de os recursos serem distribuídos entre um número excessivo de projetos, eles são incentivados a trabalhar em atividades mais fáceis – aquelas que os ajudarão a superar ou cumprir suas estimativas –, em vez de trabalhar nas atividades mais críticas para o projeto.

Desse modo, a segunda regra para a execução bem-sucedida resume-se a: *permita que as atividades individuais superem as respectivas estimativas previstas*. Para proteger os projetos contra atrasos nas atividades, os pulmões são inseridos antes dos pontos de integração e ao final do projeto. Com um WIP mais baixo, sem a pressão pelo cumprimento de estimativas e utilizando pulmões para cuidar das incertezas, as contingências incorporadas nas estimativas das atividades não são mais necessárias e podem ser eliminadas.

Essa segunda regra permite não apenas que os planos dos projetos sejam encurtados (porque os pulmões são menores que a soma das contingências de cada atividade), mas também que a execução torne-se mais fácil. Com um plano mais curto, a pressão por iniciar os projetos o mais breve possível será significativamente menor e os recursos poderão usar o tempo extra para se prepararem melhor para a execução das atividades.

Regra 3 – Gerenciamento de pulmões: utilize pulmões para mensurar a execução e oriente as prioridades de execução e intervenções gerenciais

Com um baixo WIP e planos de projeto com pulmões adequados, é possível estabelecer firmemente um único sistema de prioridades de execução. A essência da terceira regra é simples, mas profunda: *priorize as atividades de acordo com o consumo de pulmões*. A prioridade mais alta é dada às etapas do projeto que estão consumindo pulmões mais rapidamente.⁶ Quando todos os indivíduos e departamentos seguem essas prioridades, todos são sincronizados automaticamente!

Além de as prioridades baseadas no pulmão serem sincronizadas, elas garantem que o *status* do projeto seja confiável. Se os recursos executarem as atividades corretas no momento correto, existirá uma garantia de que o *status* atual do projeto é um instrumento de previsão preciso do futuro – embora existam incertezas, a maioria delas pode ser absorvida nos pulmões de tamanho apropriado. Se as medidas de recuperação forem iniciadas sempre que os pulmões estiverem indicando um "consumo excessivo", muitas incertezas anormais também poderão ser combatidas.

Dificuldades práticas na implementação da corrente crítica

A experiência demonstra que, independentemente do ambiente, existem três conjuntos de dificuldades para a concretização dos benefícios da CC. Todas essas dificuldades são provocadas pelo fato de a CC ser uma *solução empresarial* para sincronizar a execução de projetos, e não uma técnica de planejamento e controle destinada aos gerentes de projeto propriamente ditos.

Dificuldade 1: obter o comprometimento da administração para implementar as três regras

Obviamente, sem o comprometimento dos diretores não é possível acionar nenhuma nova regra administrativa.⁷ É necessário evidenciar que o comprometimento não está relacionado à concordância dos diretores com o conceito da CC. Ele tem a ver com uma reflexão criteriosa por parte dos diretores a respeito dos pormenores das mudanças, da superação dos obstáculos que surgirão e da obtenção de resultados.

A adesão é essencial para a obtenção de comprometimento: como muitos podem atestar, mesmo depois que os diretores são treinados por especialistas e mesmo depois que o método é testado com sucesso em um ou dois projetos piloto, as empresas talvez não consigam implementá-lo totalmente. Não surpreendentemente, as visões sublimes e as declarações de missão abstratas defendidas pelos gurus da gestão de mudanças também não quebram a inércia.

A verdadeira adesão é conquistada apenas quando os diretores percebem por que melhorar o desempenho dos projetos é vital para a empresa (por que mudar?). Do mesmo modo, eles precisam reconhecer que as dificuldades administrativas que eles enfrentam diariamente e o desperdício exagerado de tempo e capacidade são provocados pela mesma causa básica, isto é, pela sincronização insatisfatória das atividades e dos recursos.

---

⁶ O *TOCICO Dictionary* (Sullivan *et al.*, 2007, pp. 6-7) define *taxa de queima de pulmão* como "Taxa segundo a qual o pulmão de projeto está sendo consumido no gerenciamento de projetos pela corrente crítica. Essa taxa é calculada como a proporção entre a porcentagem de penetração no pulmão de projeto e a porcentagem de conclusão da corrente crítica. Uma taxa de queima de pulmão de 1,0 ou menos é satisfatória. Utilização: No cálculo da taxa de queima de pulmões, alguma pessoas não empregam o pulmão de projeto. Se você proceder dessa forma, utilize a corrente de atividades remanescentes mais longa que contribua para o pulmão que está sendo analisado. Exemplo: Se houver uma penetração de 40% no pulmão de projeto e a CC estiver apenas 20% concluída, a taxa de queima do pulmão será 40/20 = 2,0. O gerente de projeto recebe uma notificação de que existe um problema e, se esse problema continuar, provavelmente prejudicará a data de conclusão do projeto". (© *TOCICO* 2007. Utilizada com permissão. Todos os direitos reservados.)

⁷ Embora os diretores sejam, evidentemente, um grupo de interessados, dependendo da situação talvez também seja necessário obter a adesão dos clientes e dos principais fornecedores da empresa.

Dificuldade 2: traduzir os conceitos em instruções e procedimentos práticos

Assim que os diretores tiverem reconhecido a necessidade de mudança e a validade das regras da CC, inúmeras perguntas técnicas surgirão. Qual é o nível correto de WIP? Como você faz a transição entre um alto WIP e um baixo WIP? Quando você deve começar a executar novos projetos? Com você determina o tamanho dos pulmões? Que nível de detalhamento os planos de projeto devem ter? Como é possível evitar que a eliminação de datas de conclusão locais e medidas de eficiência locais não provoque a perda de responsabilidade? O que significa gerenciar ativamente os pulmões?

Muitas dessas perguntas são respondidas sinteticamente neste capítulo. "TOC Insights into Project Management"[8] ("Ideias da TOC sobre Gerenciamento de Projetos") e "The Goldratt Webcast Program on Project Management"[9] ("Programa Webcast de Goldratt sobre Gerenciamento de Projetos") oferecem explicações mais aprofundadas.

Dificuldade 3: manter as regras e os resultados da corrente crítica

Como as empresas evitam um retrocesso à sua antiga forma de executar os projetos? Como você ajusta a execução à medida que as necessidades da empresa mudam? A implementação pode ser protegida contra mudanças de pessoal, especialmente no alto escalão?

Essas questões não são exclusivas da CC. Elas são comuns a todos os sistemas de gerenciamento. Além disso, o desempenho superior constante não é uma situação de ocorrência natural para as empresas; ele exige uma sólida liderança para gerar ótimos resultados de uma maneira contínua. Todavia, em vários ambientes a experiência prática demonstrou repetidas vezes que as providências a seguir aumentaram significativamente a probabilidade de sucesso sustentável por meio da CC.

Mecanizando as mudanças

Com a incorporação das regras da CC nas *políticas* administrativas, nos *processos* administrativos e nas *informações* administrativas, a implementação torna-se menos dependente das pessoas. Ela garante que as regras não estejam sujeitas a uma escolha individual. Além disso, isso possibilita que as regras sejam compreendidas e traduzidas facilmente em decisões e providências. A seguir encontram-se alguns exemplos dessa mecanização para transformar essas práticas frutíferas em uma rotina:

- **Política de WIP**: Estabeleça um limite para o número de projetos que podem ser executados simultaneamente.
- **Revisões de Sequenciamento**: Os limites de WIP estão sendo seguidos? Em caso negativo, por que não?
- **Alertas de WIP:** Se o WIP real exceder o WIP permitido, faça com que isso seja realçado.
- **Política de Gerenciamento de Atividades**: Responsabilize os gerentes de atividade pelo cumprimento das prioridades baseadas nos pulmões.
- **Revisões do Gerenciamento de Atividades**: Os gerentes de atividade estão atribuindo recursos de acordo com as prioridades? Em caso negativo, por que não?
- **Relatórios de Conformidade com as Prioridades:** Se as atividades não estiverem sendo executadas segundo as prioridades, informe.

---

[8] Programa de aprendizagem por computador, disponível em www.toc-goldratt.com.

[9] Vídeo institucional do Dr. Eli Goldratt, disponível em www.toc-goldratt.com.

Estabelecendo um processo de melhoria contínua

Com a CC, a melhoria de desempenho não deve e não precisa ocorrer de uma só vez. A análise do consumo de pulmões ressalta os problemas que devem ser solucionados para obter melhorias incrementais constantes no desempenho global. Por exemplo, um importante fornecedor de embalagens para alimentos aumentou seu rendimento de 72 projetos de venda por ano para 116 e, depois, de 116 para 171. Concluída originalmente em 2003, essa implementação continua tendo êxito.

Identificar as oportunidades de melhoria por meio da análise do histórico de pulmões, além de produzir um impacto global, não violará as regras. Na verdade, realizar essas melhorias só aumentará a importância dessas regras.

Transformando a "execução" em um ativo empresarial

Melhorar o desempenho não consiste apenas em estar em dia com a demanda e os prazos. Consiste também em conquistar uma vantagem empresarial. Assim que o ritmo, a eficiência e a previsibilidade do projeto tornam-se um ativo empresarial (alta margem de lucro, baixo investimento em infraestrutura/equipamento ou vantagem competitiva), a pressão para manter os resultados, bem como as regras que os possibilitam, não diminui.

Por exemplo, quando a Força Aérea dos Estados Unidos habituou-se a ter menos aeronaves em manutenção e mais aeronaves disponíveis para suas missões aéreas, seus centros de logística foram *obrigados* a manter seus rápidos tempos de ciclo – apesar das frequentes mudanças na liderança militar.

De modo semelhante, depois que um importante fornecedor de aplicativos de TI para o setor de telecomunicações acostumou-se com uma receita por pessoa 14% mais alta e com projetos 20% mais rápidos, passou não apenas a esperar que a área da empresa que estava gerando esses resultados melhorados continuasse a demonstrar esse nível de desempenho, mas também a *exigi-lo*. Mais impressionante do que isso, com a maior pressão sobre os preços decorrente da globalização crescente e da retração econômica de 2009, esse grupo enfrentou novamente o desafio e foi providencial para manter a lucratividade corporativa.

Processo passo a passo para a implementação da corrente crítica

Esta seção descreve sete etapas práticas desenvolvidas nessa área nos últimos 12 anos para a rápida obtenção de resultados (em semanas, e não em meses ou anos).

A palavra-chave aqui é "rapidamente", não apenas porque os resultados podem ser obtidos rapidamente, mas porque os resultados reais (ou a falta deles) também oferecem um proveitoso *feedback* para as equipes de implementação. Nas implementações em que os resultados estavam sendo obtidos rapidamente, isso aumentou a confiança e fortaleceu a adesão; e nos casos em que os resultados previstos não estavam sendo obtidos, foi possível fazer mudanças de rumo mais cedo.

Não importa se a empresa é grande ou pequena; os resultados podem ser obtidos no prazo de semanas – na realidade, tão logo a primeira regra de baixo WIP seja posta em prática.

As sete etapas do processo são as seguintes:

Etapa 1: Obter a adesão da administração

Etapa 2: Diminuir o WIP e realizar todos os *presets* (preparação antecipada)

Etapa 3: Desenvolver planos de projeto com pulmões

Etapa 4: Instituir o gerenciamento de atividades

Etapa 5: Implementar processos adjacentes

Etapa 6: Identificar oportunidades de melhoria contínua (PMC[10])

Etapa 7: (Quando aplicável) Utilizar uma entrega de melhor qualidade como vantagem competitiva para obter mais negócios

Todas essas etapas são analisadas mais detalhadamente nas seções subsequentes.

Etapa 1: obter a adesão da administração

A experiência confirma que o processo de adesão[11] da TOC funciona muito bem, particularmente quando facilitado por implementadores qualificados e instruídos – pessoas que conhecem os detalhes empresariais e operacionais de quem a está adotando e igualmente a CC. Para os nossos objetivos, esse processo significa obter a concordância da administração nos cinco fatores a seguir:

1. Precisamos melhorar a execução do projeto.
2. A solução reside na sincronização dos recursos por meio da implementação das três regras.
3. As três regras podem ser traduzidas em procedimentos práticos.
4. Podemos cuidar de todos os possíveis efeitos secundários negativos (*e.g.*, perda de responsabilidade quando se eliminam as mensurações de atividade; os gerentes de projeto jogam com as prioridades manipulando os pulmões de seus projetos; os projetos não são iniciados o mais rápido possível para protelar a identificação de riscos etc.).
5. Todos os obstáculos de implementação (*e.g.*, possíveis conflitos com a "divulgação do valor agregado") podem e serão abordados.

Como o processo de adesão da TOC para obter um consentimento inequívoco é amplamente conhecido e documentado, este capítulo não se estenderá nesse assunto.

A principal lição a ser enfatizada é que, em vez de empregar a CC como "melhor prática", os adeptos bem-sucedidos utilizaram suas necessidades empresariais para orientar a implementação. A CC é vista como um meio para esse fim. Eles analisaram de que forma o desempenho dos projetos estava associado à lucratividade ou a uma maior concretização da meta de seus empreendimentos, quantificaram a disparidade entre o desempenho desejado e o desempenho real dos projetos e fixaram metas de melhoria com base nessas análises. Consulte a Tabela 4.2.

Para demonstrar que os diretores estão comprometidos, as metas de melhoria que eles estabelecem devem ser ambiciosas. Tem sido observado sistematicamente que as organizações sentem-se mais estimuladas em relação a metas ambiciosas do que a melhorias incrementais. Além disso, melhorias importantes são concretizadas somente quando se estabelecem metas ambiciosas. As metas modestas são recompensadas com resultados moderados e a ausência de resultados decorre da falta de meta.

Normalmente se estabelecem metas de melhoria para a obtenção de um ganho superior (isto é, quantos projetos, componentes, experimentos, estudos etc. a mais em um ano em comparação ao desempenho atual) e para acelerar o tempo de ciclo.

Em apenas um exemplo da vida real, dentre vários outros, a liderança de uma grande organização militar estabeleceu a meta de aumentar o número de projetos de teste em 40% – embora a equipe já estivesse sobrecarregada e os projetos estivessem atrasados. No prazo de três meses, essa organização conseguiu aumentar em 25% o número de projetos entregues, com 30% de redução nos tempos de ciclo. Além disso, a meta de 40% de aumento no ganho foi concretizada em oito meses.

---

[10] Processo de melhoria contínua.

[11] Também conhecido como o processo para superar os cinco níveis de resistência.

Tabela 4.2 Elos entre o desempenho do projeto e do negócio para os tipos básicos de projeto

Tipos de projeto	Exemplos	Elo entre o desempenho do projeto e do negócio
Empresas baseadas em projetos	Fabricantes de equipamentos Empresas de manutenção, reparos e revisão (MRR) Fornecedores de serviços de TI Empresas de serviços de engenharia	Gerar receitas e lucros mais altos utilizando os mesmos recursos. Utilizar o desempenho da entrega (entrega mais rápida e no prazo) para obter vendas e até mesmo cobrar preços especiais.
Projetos internos: desenvolvimento de novos produtos	Medicamentos de alta tecnologia	Entrar no mercado mais rápido para obter uma participação de mercado e cobrar preços mais altos. Segmentar os mercados e atuar em um número maior de segmentos oferecendo vários produtos.
Projetos internos: instalação de infraestrutura	Novas fábricas, lojas, pontes, linhas ferroviárias etc.	Entrar no mercado mais rápido para acelerar o retorno sobre o investimento. Ocasionalmente, obter participação de mercado e cobrar preços mais altos.
Projetos internos: manutenção, reparos e modernização dos recursos patrimoniais	Companhias aéreas e instituições de defesa com instalações próprias de MRR Instalações fabris de processamento, como refinarias de petróleo e usinas siderúrgicas	Aumentar o tempo de atividade (ativo) realizando mais rapidamente as manutenções e melhorias. Aumentar o rendimento produtivo elevando a qualidade da manutenção.

Etapa 2: diminuir o WIP e realizar todos os *presets*

Como o método operacional tradicional aumenta demasiadamente o número de projetos em execução, dois fatores devem ser sequenciados: o primeiro é a transição de um alto WIP para um baixo WIP e o segundo é a manutenção de um WIP por meio da introdução de projetos de uma maneira cronometrada. Essa etapa consiste na transição entre um alto WIP e um baixo WIP.[12]

O processo normal de transição de um alto WIP para um baixo WIP é o seguinte:

1. Crie uma lista de projetos nas várias fases de execução. Essas fases, em diferentes tipos de projeto, podem ser, por exemplo:
   - Projetos de TI – escopo, *design*, codificação e teste unitário; teste de sistema; e teste de usuário
   - Desenvolvimento de novos produtos – *design* de alto nível, teste virtual, prototipação, teste físico e aumento da produção
   - Projeto sob encomenda – *design* do sistema, *design* detalhado, aquisição (*procurement*), fabricação e montagem e teste
   - MRR – inspeção e desmontagem; reparos, montagem e inspeção; e testes
2. Especifique uma das fases como o *tambor*.[13] O tambor é a fase que pode acomodar o menor número de projetos de uma só vez. Coloque de 25% a 50% da carga de trabalho em espera temporariamente no sequenciamento global e também no tambor. Não

---
[12] Para manter um WIP baixo, é necessário utilizar o planejamento e controle de sequenciamento, que é discutido mais adiante, na Etapa 5.

[13] Diferentemente da produção de alto volume, em que se aplica a solução *tambor-pulmão-corda* (TPC) da TOC e em que o tambor é um recurso específico, nos projetos o tambor normalmente é uma fase.

precisa se preocupar com a possibilidade de escolher o tambor errado nesse momento (ele pode ser alterado posteriormente) ou com o cálculo exato da carga de trabalho de cada projeto. O objetivo é apenas liberar recursos suficientes para que os projetos remanescentes sejam executados de uma maneira consideravelmente mais rápida.

3. Por ora, organize os projetos remanescentes utilizando um processo de prioridade simples, como as datas de entrega dos projetos. O projeto que deve ser concluído primeiro obtém a primeira injeção de recursos; os recursos remanescentes são designados ao projeto a ser concluído em seguida; e assim por diante. Isso acelerará a taxa de projetos concluídos. Um processo de sincronização de recursos sofisticado (isto é, baseado na taxa de consumo de pulmões) é implementado posteriormente (consulte a Etapa 4).

4. Acione quaisquer recursos ainda não designados para que realizem todos os *presets* dos projetos em espera. Esses *presets* consistem no processo de identificação de necessidades, obtenção de aprovações, preparação de matérias-primas etc. É importante diferenciar o processo de preparação da execução real das tarefas: as atividades que permitem que as tarefas do projeto sejam realizadas sem interrupção são incluídas na lista de *presets*, ao passo que as atividades diretamente responsáveis pelo andamento das tarefas são excluídas.

5. Assim que os projetos em andamento forem concluídos, libere um por um os projetos em espera, de acordo com a prioridade estabelecida para cada um deles.

Evite a paralisia analítica. O objetivo é obter resultados rapidamente. Por exemplo, uma importante empresa farmacêutica praticamente dobrou sua taxa de conclusão de projetos nas primeiras oito semanas – após a implementação dessa etapa, a empresa passou a concluir onze projetos, em comparação aos seis que concluía antes dessas oito semanas. Em outros casos de potencial comparável, a hesitação acabou gerando a necessidade de realizar "mais estudos", o entusiasmo e o ímpeto inicial desapareceram e subsequentemente as implementações foram abandonadas.

Etapa 3: desenvolver planos de projeto com pulmões

Os planos de projeto são necessários para atribuir prioridades de execução e sinais de alerta antecipados e exigem os seguintes dados:

- Atividades e dependências (tarefas precedentes e transferências) entre as atividades
- Duração das atividades
- Tipo e quantidade de recursos necessários para cada atividade
- Gerentes de atividade
- Pulmões (de alimentação, de marco contratual e de projeto)
- Tipos de recurso e quantidade máxima de um determinado tipo de recurso disponível para o projeto
- Data de conclusão do projeto e datas de marco contratual

Embora o conceito de plano de projeto seja simples, muitas organizações pelejam com a definição do nível de detalhamento correto.

Grau de detalhamento necessário nos planos

Uma quantidade exagerada de atividades no plano de projeto pode dar lugar à multitarefa, dificultando a análise dos planos e do consumo de pulmão e geralmente provocando a perda de controle. Entretanto, quando não existem detalhes suficientes, as prioridades ficam obscuras e, por isso, as consequências são idênticas.

Com base nas evidências apresentadas por uma série de setores, uma atividade deve ter de 3% a 7% do tempo de atravessamento de um projeto com pulmão. São recomendadas mais de 250 a 300 atividades em um projeto complexo e menos de 10 a 15 atividades em um projeto simples. Se esse procedimento resultar em atividades muito longas e, portanto, não convenientes para os gerentes de atividade, pode-se utilizar subprojetos para ampliar as atividades detalhadas em vez de acrescentar tarefas ao projeto principal. Os subprojetos com duas a quatro semanas de duração podem ser uma rede de atividades sem pulmão, enquanto os subprojetos mais longos devem ter um plano de projeto com pulmões apropriados. A título de referência:

- Um projeto de desenvolvimento de aplicativo de TI em que 200 pessoas trabalharão durante quatro meses será executado com êxito com 150 atividades.
- Os projetos de manutenção e reparo de aeronaves com 50 mil horas de trabalho por projeto e duração de sete meses são gerenciados com menos de 200 atividades.
- Um projeto de pesquisa e desenvolvimento farmacêutico de três anos, com cerca de 50 cientistas e profissionais designados, poderia ser bem gerenciado com aproximadamente 175 atividades no projeto principal.
- O desenvolvimento de câmaras digitais com 100 engenheiros e 10 projetos por vez poderia ser gerenciado com 150 atividades por projeto.
- Os projetos de manutenção e reparo de helicópteros de dez dias de duração que exigem cerca de 4.500 horas de trabalho estão sendo gerenciados com 15 atividades.
- Os projetos de construção de navios comerciais com 750 pessoas designadas para um projeto de um ano estão sendo gerenciados com 275 atividades.
- A construção de edifícios de 50 andares com 1.600 pessoas designadas para um período de três anos foi gerenciado com cinco projetos e 290 atividades em cada um.

O processo de criação de planos de projeto com pulmão

1. Defina as metas de tempo de ciclo.
2. Divulgue a todos os gerentes que as pessoas não serão avaliadas comparando-se a execução com as estimativas de duração das atividades utilizadas no planejamento.
3. Monte uma equipe de gerentes de projeto e gerentes de atividade representativos e realize um *workshop* para obter a adesão desses gerentes quanto aos ganhos que podem ser obtidos com as três regras.
4. Crie planos de projeto sem pulmão.[14]
   - Defina o objetivo do projeto e a atividade que representará a concretização desse objetivo. Essa é a atividade final.
   - Identifique as atividades cuja conclusão é necessária imediatamente antes da atividade final.
   - Identifique as atividades que precedem imediatamente cada uma dessas atividades.
   - Continue trabalhando retroativamente até o momento em que chegar às atividades de início.
   - Partindo das atividades de início, trabalhe progressivamente, uma atividade por vez, para validar as atividades subsequentes. Isso identificará qualquer atividade que tenha sido omitida no caminho de volta.
5. Transforme os planos de projeto em *planos com pulmões* (escalone as atividades para evitar conflitos de recurso dentro dos projetos e insira pulmões de integração e de projeto nos lugares necessários).

---

[14] O plano de projeto é diferente da *estrutura analítica de projeto* (EAP). O plano de projeto consiste na identificação das atividades e das relações de precedência entre elas, ao passo que a EAP consiste na subdivisão do projeto em pacotes de trabalho. Uma atividade em um plano de projeto pode exigir vários pacotes de trabalho e vice-versa. O plano de projeto é útil para estabelecer uma cronologia, enquanto a EAP pode ser útil para estimar o trabalho total.

6. Conteste e refine os pressupostos (dados) sempre que o tempo de ciclo calculado do projeto não corresponder ao resultado previsto/desejado (consulte o primeiro item).
7. Compartilhe os planos de projeto[15] com todos os gerentes de atividade para que eles saibam quais são suas atividades (resultados, tarefas precedentes e transferência de tarefas etc.) e igualmente conheçam o plano global.

Outras dicas
- O plano de projeto não é um mecanismo de informação sobre o tempo. Seu objetivo é apresentar as prioridades de execução e oferecer sinais de alerta.
- Os fatores de ruído, como as dependências de "espera e de atraso" ou "recursos fracionados", não devem ser modelados.
- O plano de projeto não é uma lista de afazeres. As atividades representam os resultados tangíveis intermediários. Se os gerentes de atividade ou de recursos precisarem de uma lista de afazeres, essas tarefas poderão ser extraídas da atividade como um *checklist*.
- Cada atividade é um bloco de trabalho; as transferências definitivas de trabalho caracterizam o escopo da atividade. Uma atividade não deve ser desdobrada em várias partes apenas porque exige recursos diferentes em momentos distintos. Entretanto, as atividades devem ser desdobradas para mostrar as transferências entre os principais tipos de recurso; isto é, aqueles recursos necessários na maior parte do tempo de uma atividade.
- A política de uso de pulmões requer que os projetos tenham uma quantidade mínima prescrita de pulmões para que sua execução seja aceita. Isso protegerá a regra de uso de pulmões contra os gerentes de projeto que podem manipular o sistema utilizando pulmões menores e contra os gerentes que talvez considerem os pulmões desnecessários. A experiência em projetos pequenos e grandes, e em projetos únicos e repetitivos, mostra que cerca de um terço[16] do tempo de atravessamento total de um projeto deve ser protegido com pulmões; os pulmões mais curtos tornam as prioridades sensíveis até mesmo a perturbações insignificantes e os pulmões mais longos tendem a atrasar as intervenções gerenciais.

Etapa 4: instituir o gerenciamento de atividades
O gerenciamento de atividades consiste em garantir que as atividades sejam executadas na ordem de prioridade adequada e com o mínimo de interrupções e na monitoração da duração remanescente. Implementar e reforçar esse processo é o segredo para obter melhorias sustentáveis no desempenho do projeto.

Divulgando a duração remanescente
Durante a execução, os gerentes de atividade estimam diariamente quanto tempo mais demorará para concluir cada uma de suas atividades em andamento. Com essa informação básica, a quantidade consumida de pulmão nas etapas correspondentes pode ser calculada e comparada com o trabalho concluído naquela etapa. Essa informação é então utilizada para calcular a prioridade das atividades e fornecer aos gerentes de atividade um relatório sobre todas as atividades atuais e subsequentes em ordem de prioridade, bem como a taxa de consumo de pulmão na etapa correspondente.

---

[15] Esses planos de projeto podem ser armazenados nos respectivos ambientes como modelo para futuras consultas.

[16] Também conhecido como *diretriz de 50% de pulmão* porque os pulmões representam 50% da soma das durações das atividades.

A tendência à procrastinação[17] ou a não divulgar um trabalho concluído com antecedência é automaticamente refreada nesse processo. De acordo com o chefe de engenharia de uma empresa norte-americana, quando as atividades "vermelhas" ficavam visíveis para todos os gerentes em questão, os gerentes de atividades não precisavam de muitas aguilhoadas para mostrar progresso ou divulgar o andamento; todas as manhãs eles entravam, acompanhavam as respectivas atividades, para ter certeza de que tinha havido algum progresso, e divulgavam a duração remanescente.

Designando recursos
Os gerentes de atividade designam os recursos às atividades atuais em ordem de prioridade. Se não houver recursos suficientes para conduzir até mesmo as atividades vermelhas (aquelas que já ultrapassam o limite de consumo aceitável de pulmão), são utilizadas horas extras e outras decisões do tipo são implementadas.

Preparando as atividades
Depois de cuidar das atividades atuais sob sua responsabilidade, os gerentes de atividade voltam sua atenção para as tarefas subsequentes. Eles asseguram que todos os *presets* necessários, como obtenção de aprovações, desenhos, matérias-primas etc., sejam realizados de tal modo que as atividades sejam executadas sem interrupção assim que o trabalho da tarefa precedente estiver concluído e disponível.

As empresas acham conveniente formalizar as responsabilidades dos gerentes de linha de frente em torno dos fatores previamente mencionados do gerenciamento de atividades.

Lembrete: Não pressione os recursos a cumprir as estimativas de planejamento! Do contrário, em breve você estará de volta à estaca zero.

Etapa 5: implementar processos adjacentes
Depois de diminuir o WIP e instituir o gerenciamento de atividades, as vantagens da sincronização já serão evidentes. Os projetos serão concluídos mais rapidamente, os apagamentos de incêndio e a multitarefa diminuirão de modo considerável e os gerentes vão se sentir mais no comando. Entretanto, os processos adjacentes citados a seguir também são necessários para completar o quadro.

Controle do projeto
Normalmente, trata-se de um processo semanal formal para reagir a incertezas, como mudanças de escopo, problemas técnicos etc., que não podem ser combatidos por meio do gerenciamento de atividades de rotina. Se a taxa de consumo de pulmão (porcentagem de consumo de pulmão *versus* porcentagem de conclusão do trabalho na etapa mais longa) for muito alta, os gerentes de projeto saberão quais etapas do projeto estão no "vermelho". Eles podem desenvolver e executar planos de recuperação para essas etapas. Os planos de recuperação podem conter elementos comuns, como ajustes de escopo e horas extras, bem como soluções especiais e até mesmo geniais para situações específicas.

Controle do sequenciamento
Embora os gerentes de projeto consigam controlar os pulmões de seus projetos, isso funciona apenas quando alguns projetos estão no "vermelho". Se a maioria dos projetos estiver em atraso, provavelmente deve haver um problema mais sistêmico ou global em jogo que está afetando todos os projetos no sequenciamento. É esse o momento em que os gerentes seniores intervêm e tomam decisões globais, como colocar alguns projetos

---

[17] Também conhecida como *síndrome do estudante*; isto é, adiar os estudos até a noite que antecede as provas.

temporariamente em espera, priorizar novamente os projetos ou autorizar horas extras para todo o grupo.

Por exemplo, mais ou menos um ano após a implementação inicial da instalação de manutenção e reparo de aeronaves, o número de projetos no vermelho saltou de 30% para 70%. O motivo subjacente foi um aumento repentino nos trabalhos em chapa de metal requeridos nas aeronaves que chegavam. Durante os três meses necessários para aumentar a capacidade de chapas de metal, a quantidade de aeronaves ativas no departamento de chapas de metal diminuiu de quatro para três e o número máximo de horas extras foi autorizado. Consequentemente, a duração da fase da chapa metálica diminuiu de 65 dias para 47 dias; os projetos inclinaram-se novamente para o "verde" e a taxa de ganho necessária foi conseguida.

Planejamento de sequenciamento

Durante a redução do WIP (Etapa 2), a execução é monitorada para confirmar se o tambor escolhido inicialmente ainda é válido. Se o tambor original ficar ávido por projetos, o tambor real poderia ser uma fase anterior ou recurso anterior na cadeia produtiva; de modo semelhante, se as filas aumentarem posteriormente ao tambor original, o tambor real poderia ser uma fase posterior ou um recurso posterior na cadeia produtiva. O tambor pode ser mudado se essas circunstâncias persistirem.

Quando o tambor muda, os gerentes reúnem-se formalmente para redefinir as prioridades e possivelmente alterar os compromissos com data marcada. Desse modo, quando novos projetos forem empreendidos ou quando houver mudanças nas condições empresariais, as decisões sobre as prioridades do projeto podem ser tomadas normalmente.

Embora as decisões reais sejam tomadas pelos gerentes responsáveis pelas atividades do projeto (após prévia consulta aos departamentos de produção, vendas e marketing), geralmente é necessário utilizar um "programador mestre" ou "analista de sequenciamento" para oferecer apoio analítico.

Gerenciamento de capacidade

O ciclo se fecha com o processo de gerenciamento de capacidade que identifica e diminui a escassez de recurso. As informações necessárias provêm de um banco de dados global de planos de projeto, que mostra a relação "carga/capacidade" de todos os recursos, bem como uma análise de pulmão, que identifica os recursos que provocam um alto consumo de pulmão.

Uma questão importante é que a capacidade dos recursos que estão recuperando os pulmões deve ser mantida ou mesmo aumentada (pelo menos temporariamente), ainda que isso se evidencie como capacidade excedente na visualização da relação "carga/capacidade".

Em projetos de TI e engenharia, por exemplo, especialistas dessa área não têm muitas atividades explícitas nos planos de projeto. A visualização de "carga/capacidade" os mostrará como 20% a 30% utilizados. Contudo, esses especialistas são vitais para a recuperação de pulmões. Manter a carga de trabalho programada desses especialistas em 20% a 30% é uma boa medida que garante tanto a entrega quanto o ganho de sequenciamento do projeto.

Etapa 6: identificar oportunidades de melhoria contínua (PMC)

Assim que colocar em prática as três regras de gerenciamento da execução, o "santo graal" dos projetos – como priorizar as iniciativas de melhoria – agora pode entrar em cena. Como nos projetos praticamente todos os processos podem ser melhorados, é essencial identificar e focalizar aquelas melhorias que produzirão o maior impacto sobre o desempenho global.

Como se sabe, o maior dano aos tempos de espera e ao ganho é provocado por práticas e recursos que exercem o maior impacto sobre os pulmões do projeto. Portanto, a solução lógica para priorizar as iniciativas de melhoria é:

- Registrar o motivo dos atrasos na conclusão das atividades.
- Durante os cálculos de consumo de pulmão, identificar as atividades que mais estão afetando os pulmões de projeto e classificar os motivos correspondentes dos atrasos.
- Realizar uma análise de Pareto sobre os motivos dos atrasos em todos os projetos e abordar os motivos mais importantes.

As empresas que focalizaram e priorizaram dessa maneira suas iniciativas de melhoria conseguiram tempos de ciclo menores e um ganho maior do que haviam conseguido durante a implementação inicial.

Etapa 7: (quando aplicável) utilizar uma entrega de melhor qualidade como vantagem competitiva para obter mais negócios

Quando a maioria dos concorrentes não conclui seus projetos no prazo e o atraso na conclusão produz um impacto significativo sobre seus clientes, a execução confiável e pontual pode oferecer uma vantagem competitiva às empresas. Algumas empresas da área de produção de projetos sob encomenda, depois de estabilizarem a execução, conseguiram ganhar mais clientes associando aos seus produtos multas pesadas por possíveis atrasos.

Embora a conclusão antecipada dos projetos nem sempre seja importante para o cliente, em alguns casos ela é fundamental. Por exemplo, as instalações cativas de MRR da Força Aérea dos Estados Unidos melhoraram seus serviços e seu valor oferecendo um tempo de retorno mais rápido das aeronaves cuja demanda estava em alta.

De modo semelhante, um fornecedor de equipamentos para usinas hidrelétricas que se encontrava no caminho crítico dos projetos de preparação dessas usinas, conseguiu aumentar suas taxas de ganho sem oferecer concessões de preço, mas apenas prometendo tempos de espera menores e cumprindo o prometido.

Ensinamentos aprendidos

A seguir se encontram algumas das principais lições[18] extraídas e compartilhadas por centenas de gerentes que implementaram a CC.

Os ganhos de desempenho provêm de um gerenciamento diferente, não de um planejamento e de uma melhor visibilidade

Embora os bons planos sejam essenciais e o *status* da taxa de consumo de pulmão seja uma maneira eficaz de monitorar os projetos, para aumentar a taxa de execução é necessário mudar a forma como a execução é gerenciada.

Os projetos podem ser mais bem planejados mesmo sem a CC e a taxa de consumo de pulmão fornece informações semelhantes sobre o andamento dos projetos ao comparar os cronogramas reais com os dados e parâmetros de referência. Se o essencial for apenas um melhor planejamento e maior visibilidade, isso pode muito bem ser conseguido com os métodos tradicionais.

Entretanto, a menos que o WIP diminua, as mensurações nas atividades sejam abandonadas, os projetos sejam planejados com tempos de ciclo menores e as prioridades baseadas nos pulmões sejam respeitadas, as prioridades de execução não serão sincronizadas e os projetos não serão executados mais rapidamente. Nem o ganho aumentará.

---

[18] www.realization.com/projectflow/lessons_learned.

As três regras devem ser implementadas

A experiência ao longo dos anos demonstrou que as três regras da CC devem sempre andar juntas (consulte a Figura 4.2). Não implementar nenhuma delas significa não obter resultados ou enfrentar resistência à mudança. Por exemplo, as empresas que conduzem vários projetos com recursos compartilhados podem se sentir tentadas a implementar a CC em um projeto por vez. Elas ignoram a regra de sequenciamento Em um ambiente de recursos compartilhados em que o WIP não é baixo, as disputas por recursos perduram. Não é possível respeitar as prioridades, os pulmões são consumidos e os compromissos não são cumpridos. Em pouco tempo, a confiança na CC desaparece.

Muitas vezes, as empresas querem apenas ganhar controle sem aumentar o ritmo e o ganho. Elas comprometem a regra de utilização de pulmões (por exemplo, não diminuem os tempos de ciclo, mas acrescentam pulmões). A não diminuição nos tempos de ciclo compromete o sequenciamento, porque um tempo de ciclo longo significa um WIP alto. Quando não se reduz o WIP, não é possível realizar o gerenciamento de pulmões. O sistema como um todo entra em colapso.

Alguns gerentes comprometem o gerenciamento de pulmões porque acreditam que isso seja um apego a detalhes. Contudo, se as pessoas não trabalharem de acordo com um único sistema de prioridade e não houver intervenções oportunas, haverá um desperdício de pulmão. Isso cria uma sensação de que os tempos de ciclo mais curtos não são realistas. Com o tempo, a empresa volta aos seus antigos costume (WIP alto, margens de segurança em atividades individuais e prioridades *ad hoc* na execução).

Os altos executivos devem desempenhar um papel ativo

O patrocínio puro e simples dos altos executivos não é suficiente. Ainda que seu papel normalmente seja estabelecer políticas e tomar decisões sobre o horizonte do planejamento (a execução do projeto é delegada a gerentes intermediários e de linha de frente), nas implementações bem-sucedidas os altos executivos assumem um papel mais ativo nos primeiros 6 a 12 meses.

O principal motivo é que os gerentes intermediários e os gerentes de linha de frente defrontam-se com obstáculos que eles nem mesmo sabem que podem ser removidos. Apenas os diretores seniores conseguem identificar e eliminar os obstáculos decorrentes

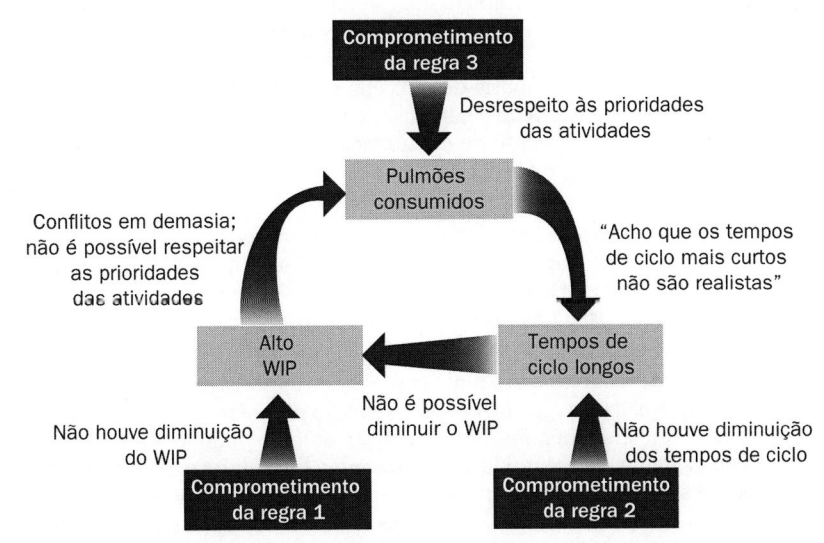

FIGURA 4.2 Por que implementar todas as três regras.

dessas políticas. Por exemplo, os gerentes intermediários com frequência pressupõem que o início dos projetos não pode ser escalonado porque não haverá adesão dos clientes; porém, quando a questão é levada para a alta administração, não raro os diretores se dispõem a expor pessoalmente a seus clientes os benefícios de sequenciar os projetos. O diretor executivo de uma empresa de médio porte de fabricação de equipamentos industriais chegou a visitar seus clientes ao redor do mundo para falar a respeito do sequenciamento e obter a adesão desses clientes.

Em segundo lugar, o gerenciamento de pulmões demora a se transformar em um hábito. É da natureza humana retornar a velhos hábitos assim que ocorre um pequeno contratempo. A supervisão atenta da alta administração é essencial até o momento em que o gerenciamento de pulmões torna-se instintivo ("suspeitar sempre", disse um gerente de engenharia de uma empresa). A direção de um Centro de Logística da Força Aérea dos Estados Unidos fazia rondas diárias e durante três meses envolveu-se pessoalmente com a resolução dos problemas.

Em conclusão, pessoas externas à empresa são capazes de ensinar conceitos. Entretanto, não há ninguém melhor para "ensinar" alguém a gerenciar de maneira diferente do que os altos executivos. Por exemplo, nas organizações militares, os oficiais de alto escalão e os altos executivos de empresas multibilionárias ensinaram e treinaram pessoalmente seus gerentes intermediários e de linha de frente nos princípios do gerenciamento de pulmões.

Gerenciamento sistemático dos pulmões

Os relatórios de pulmão exibem o *status* exato da execução. Todavia, a divulgação pura e simples do *status* não constitui o benefício em si dos relatórios. A eficácia do gerenciamento de pulmões entra em jogo somente quando utilizado pelos gerentes para reagir dinamicamente às incertezas. Veja como os pulmões são gerenciados nos vários níveis de uma empresa:

- **Gerentes de atividades** – Diferentemente do gerenciamento de projetos tradicional, a vantagem da CC para a execução encontra-se na atividade porque é nesse nível que o trabalho está sendo realizado. Todas as empresas que estão implementando a CC, que utilizam de dezenas a milhares de pessoas em seus projetos (sejam eles de pesquisa, engenharia ou de produção), perceberam a importância do gerenciamento de atividades. Ao falar sobre a implementação da CC em um fornecedor de roupas da moda na Austrália, a pessoa responsável fez a seguinte observação: "É muito simples. Você atualiza suas atividades, respeita as prioridades e conclui os trabalhos". De acordo com o diretor de engenharia de uma empresa de eletrodomésticos, "O segredo é criar processos e diretrizes para o gerenciamento de atividades". Outro adepto bem-sucedido de um estabelecimento de manutenção de submarinos afirmou: "Os supervisores examinam sua lista de atividades e alocam os recursos com base nas prioridades. É assim mesmo, direto e reto".

- **Gerentes de projeto** – De acordo com um fornecedor de comutadores de telecomunicações, em sua implementação havia uma tendência em realizar reuniões de revisão de projeto apenas para explicar os pulmões no "vermelho". Somente quando os gerentes de divisão passaram a aguardar providências com relação à *recuperação* dos pulmões, os projetos começaram a ser colocados de volta nos trilhos.

- **Gerentes de recursos** – Em um fornecedor de aplicativos de TI, os gerentes de recursos a princípio não enxergavam nenhuma função para si mesmos no gerenciamento da execução. Entretanto, depois que o gerenciamento de pulmões entrou em vigor, para eles ficou evidente de que modo poderiam prever e evitar gargalos e não ficar disputando recursos *post facto* (um dos produtos dos cálculos de gerenciamento de pulmões é uma lista precisa das atividades iminentes em cada departamento e da carga de trabalho correspondente). Além disso, a resistência inicial evaporou.

Perguntas frequentes

A seguir são apresentadas algumas perguntas e respostas adicionais relacionadas à implementação, extraídas da experiência prática.

A CC pode ser implementada se não houver primeiro um gerenciamento básico de projetos em vigor?

Vale a pena destruir o mito de que a CC talvez seja extremamente avançada; de que os princípios do gerenciamento de projetos devem estar bem firmados para que a CC seja implementada. Tem sido observado que muitos dos assim chamados "princípios" na verdade propagaram e reforçaram os antigos métodos de execução de projetos. As empresas maduras nesses "princípios" na realidade tiveram de abandonar alguns dos métodos que haviam adquirido; por exemplo, elaborar planos de projeto detalhados e divulgar cronogramas precisos. As empresas que não tinham as bases necessárias, como bons planos de projeto ou uma estrutura de gerenciamento, conseguiram rapidamente estabelecê-los como parte de sua implementação. O objetivo não é estabelecer os "princípios", mas implementar a CC em si.

É necessário executar um piloto antes da introdução integral da CC?

Não necessariamente. A aplicação da CC atualmente é bem conhecida para inúmeros tipos de projeto. Não é necessário utilizar um piloto, se houver implementadores experientes que já conseguiram realizar implementações semelhantes em outros lugares.

Se a implementação ocorrer de maneira independente e estiver sendo realizada pela primeira vez, sem o auxílio[19] de implementadores experientes, o piloto pode ajudar a perceber as implicações das três regras.

Se houver auxílio externo, mas sem experiência em um ambiente empresarial ou operacional pertinente, é aconselhável utilizar pilotos pelo mesmo motivo. Contudo, é importante estabelecer objetivos claros com relação ao piloto (*e.g.*, quais mudanças específica devem ser testadas e quais efeitos devem ser avaliados) e estruturá-lo de acordo.

E quanto às mudanças culturais e comportamentais?

A cultura organizacional e o comportamento das pessoas não mudam *antes* dos resultados se evidenciarem. Na CC, a cultura e os comportamentos são indiscutivelmente bem diferentes da cultura e do comportamento tradicionais. Ao mesmo tempo, cultura e comportamento são termos amplos e imprecisos; se não houver cuidado, eles podem ser utilizados como subterfúgio para ocultar os problemas reais da implementação.

Mais importante ainda, a cultura e os comportamentos dependem de seu estilo de gerenciamento. Basta mudar as regras e as políticas e avaliações relacionadas para que a cultura e os comportamentos também comecem a mudar. Os resultados provenientes das novas não farão outra coisa senão acelerar essas mudanças.

Qual é a função do *software* na CC?

A principal função do *software* CC é possibilitar e otimizar o gerenciamento de pulmões.

Várias ferramentas de planejamento de projetos conseguem criar satisfatoriamente planos de projeto com pulmão (ainda que exijam muito esforço manual) e até mesmo as planilhas eletrônicas conseguem planejar adequadamente os sequenciamentos. Todavia, para o gerenciamento de pulmões, é necessário utilizar componentes de *software* especializados:

---

[19] Às vezes, particularmente em pequenas empresas, não é possível desenvolver pilotos.

- Um mecanismo computadorizado para monitorar os pulmões e calcular as prioridades
- Um banco de dados central para coletar informações de entrada e saída do gerenciamento de pulmões
- Uma plataforma Web para capturar e disseminar informações em tempo real na empresa como um todo

Além disso, um *software* especializado pode desempenhar uma função significativa enquanto apoio ao monitoramento e à divulgação dos resultados e da adesão às três regras.

O departamento de gerenciamento de projetos (DGP) é necessário com a CC?

Embora seja necessário um grupo especializado para apoiar o sistema de gerenciamento fundamentado na CC, ele tem um caráter bem diferente do DPG tradicional. Enquanto o DGP tradicional está mais relacionado ao planejamento e à divulgação de informações, não raro com uma ênfase explícita sobre a melhoria e imposição das estimativas de duração das atividades, na CC o grupo de apoio atua como facilitador da execução sincronizada. Sua função é aplicar e zelar pelo cumprimento das três regras ajudando:

- a equipe sênior a manter um baixo WIP, criar um sequenciamento e capacidade com base nas metas da empresa, inserir novos projetos no sequenciamento e monitorar os resultados e a adesão às regras da CC;
- os gerentes de projeto a criar planos de projetos adequadamente protegidos (com pulmões);
- os gerentes de atividades a respeitar as prioridades;
- a identificar e aproveitar as oportunidades de melhoria contínua; e
- a treinar e orientar novos gerentes.

Para divulgar e reforçar uma nítida mudança de foco, provavelmente é apropriado chamar o grupo de apoio da CC de *departamento de gerenciamento de execução* (DGE). Esse grupo deve ser profissionalmente bem informado sobre as regras e práticas da CC e conhecer o *software* de gerenciamento de execução.

De que forma os trabalhos não relacionados ao projeto são conduzidos com a CC?

De 10% a 50% do trabalho de uma atividade típica de projeto não provém dos projetos. Exemplos desse tipo de trabalho incluem apoio às vendas, apoio de campo e atividades especiais que não podem ser classificadas como projeto. Todos esses tipos de trabalho provavelmente interferem no cumprimento das prioridades dos trabalhos do projeto que estão fundamentadas nos pulmões. Para piorar ainda mais as coisas, o trabalho não relacionado ao projeto com frequência não passa por um ponto ou canal de coordenação e supervisão central; ele simplesmente aterrissa na mesa das pessoas.

Quando a quantidade de trabalho não relacionado ao projeto é pequena (~10% a 15% da carga de trabalho total para um conjunto de recursos), uma solução prática é estabelecer um canal central e um mecanismo de despacho. Os trabalhos de emergência são designados imediatamente, de preferência àquelas pessoas que não estão trabalhando nas atividades vermelhas, enquanto outros trabalhos são designados às pessoas à medida que elas concluem suas atividades nos projetos.

Se a quantidade de trabalho não relacionado ao projeto for grande (mais de 20% da carga de trabalho total para um conjunto de recursos), é melhor dedicar recursos a esse trabalho. Do contrário, além da dificuldade de cumprimento das prioridades de trabalho do projeto baseadas nos pulmões, o trabalho não relacionado ao projeto também será prejudicado. Se for importante conceder a todos a oportunidade de executar atividades do projeto e também não relacionadas ao projeto, é possível criar um grupo rotativo em que as pessoas sejam designadas a trabalhos não relacionados ao projeto apenas por algumas semanas seguidas.

O escopo da implementação da CC deve incluir fornecedores e subempreiteiros?

Se os fornecedores fornecerem produtos cujo tempo de atravessamento é longo e a aquisição desses produtos estiver no caminho crítico do projeto, a melhoria dos tempos de ciclo do projeto talvez seja pequena se os fornecedores não forem incluídos na implementação. Ainda assim, as empresas podem obter o máximo aumento possível no ganho dos recursos internos (normalmente de 20% a 25%), mas uma redução de somente 10% a 15% nos tempos de ciclo globais. Para obter uma redução maior nos tempos de ciclo, os fornecedores precisam receber um incentivo para agilizar o fornecimento e talvez implementar a CC (ou o tambor- pulmão-corda) em suas atividades operacionais.

Se os subempreiteiros executarem uma quantidade significativa de trabalho para o projeto, as melhorias de ganho obtidas e igualmente no tempo de ciclo talvez sejam pequenos se esses subempreiteiros não estiverem envolvidos. Se forem fornecidos os incentivos corretos, os subempreiteiros poderão ser persuadidos a executar seu trabalho de acordo com as três regras da CC – em benefícios de ambas as partes.

De que maneira a CC melhora a qualidade?

A CC ajuda a melhorar a qualidade diminuindo os apagamentos de incêndio e a multitarefa e criando um tempo no início dos projetos para a realização de todos os *presets*. Além disso, o início cronometrado dos projetos refreia a tentação de iniciá-los antes da definição de todos os requisitos, e isso minimiza mudanças posteriores e o retrabalho, os erros e os trabalhos simultâneos que emanam dessas mudanças.

A CC parece estar relacionada a cronogramas; e o controle de custos?

Obviamente, não é possível gerenciar os custos de um projeto sem levar em conta os respectivos benefícios. Às vezes é impossível os benefícios sobrepujarem os custos de um projeto, quando ele é executado mais rapidamente. Na maioria dos outros casos, os custos podem ser uma preocupação relevante.

Existem dois pontos de vista sobre os cronogramas e os custos. Um deles defende que ambos estão em conflito – encurtar os cronogramas aumenta os custos. O outro defende que, quanto mais longos os projetos, maior o custo. Portanto, não há necessidade de se preocupar com os custos, desde que os projetos sejam concluídos mais rapidamente. Não obstante, essas duas afirmações estão apenas parcialmente corretas.

Vários adeptos da CC constataram que os custos dos projetos podem ser divididos em três categorias:

1. **Custos de capacidade**: os custos de recursos humanos, equipamentos e instalações entram nessa categoria. Quanto mais rápida a execução do projeto, mais cedo se libera capacidade, e os custos de capacidade incorridos por cada projeto são mais baixos. Isso se aplica se os projetos forem executados mais rapidamente sem aumentar o índice de despesas com recursos (*e.g.*, agilização e gastos com horas extras etc.). Se os recursos forem fixos, e eles conseguirem concluir mais projetos durante um período fixo, o custo médio dos projetos concluídos diminuirá. De modo semelhante, se os projetos ficarem atrasados, o custo (atribuído) a cada um dos projetos pode aumentar.

2. **Custos dos itens comprados**: custos de matéria-prima e componentes e trabalho realizado por subempreiteiros com preço fixado pela empresa entram nessa categoria. Esses custos provavelmente não mudarão de acordo com a duração do projeto, exceto se a entrega dos suprimentos for expressa. Eles são mais bem controlados pelos métodos tradicionais, seguindo o arcabouço de políticas e práticas da CC.
3. **Custos de expedição**: as exceções às caracterizações anteriores são os custos que podem ser incorridos na recuperação de pulmões; isso inclui os custos com capacidade complementar e também o pagamento de preços especiais para acelerar a entrega de matérias-primas, a compra de matérias-primas mais caras ou o transporte de matérias-primas em meios de transporte mais rápidos etc. Obviamente, esses custos devem ser incorridos somente se os benefícios da agilização da conclusão do projeto ou da diminuição dos riscos forem superiores aos custos.

Os possíveis conflitos entre os cronogramas e os custos de aceleração podem ser abrandados se reconhecermos que durante a execução talvez seja necessário empregar medidas de recuperação de pulmão que apresentam um custo adicional. Um método útil e prudente é reservar um montante para ajudar a recuperar os pulmões, se necessário. Essa "reserva orçamentária" faz parte do orçamento total. Não é um acréscimo. A experiência demonstra que de 10% a 20% do orçamento total é apropriado para essa "reserva orçamentária". Além disso, reservá-la de antemão ajuda a evitar excedentes de custo e, ao mesmo tempo, a concluir os projetos no prazo.

Precisamos de um orçamento para cada projeto em um ambiente de múltiplos projetos?

Como os custos de capacidade nos múltiplos projetos não são incorridos por projeto, mas em conjunto, não é necessário orçar esses custos para cada um deles. Um orçamento global geralmente é suficiente para controlar os custos de capacidade. Contudo, um orçamento específico para cada projeto talvez seja adequado para gerenciar os custos dos itens comprados. Além disso, as empresas talvez ainda necessitem de orçamentos específicos tanto para divulgá-los aos clientes quanto para propósitos de contabilidade financeira.

A CC funciona com a divulgação de valor agregado?

Isso é bastante simples. As empresas obrigadas por contrato a divulgar as medidas de valor agregado continuam a fazê-lo mesmo após a implementação da CC. Todavia, elas não utilizam o IDC[20] ou o IDP[21] para avaliar a execução e nortear as prioridades de execução. Elas empregam para isso o gerenciamento de pulmões.

Como a CC funciona com a produção enxuta?

A produção enxuta (Lean) tem três elementos bastante conhecidos: *kanban*, que consiste na sincronização das prioridades de execução e na vinculação dessas prioridades com a demanda real; *linhas de fluxo*, que são uma alternativa ao *kanban*; e *kaizen*, que consiste em um processo de melhoria contínua.

Normalmente, o *kanban* não se aplica aos projetos. As *linhas de fluxo* foram experimentadas na produção baseada em projetos. Isso porque as linhas de fluxo exigem estimativas confiáveis de tempo e do esforço necessário para executar uma atividade, o que não é

---

[20] IDC, índice de desempenho de custo = custo orçado do trabalho executado ÷ custo real do trabalho executado.

[21] IDP, índice de desempenho de progresso = custo orçado do trabalho executado ÷ custo orçado do trabalho programado.

possível nos projetos. Em resumo, não existe nenhuma opção além da CC para a sincronização da execução de um projeto.

A dificuldade de utilizar o *kaizen* nos projetos é que, por um lado, quase tudo pode ser melhorado e, por outro, a maioria das melhorias locais não se traduz na melhoria de desempenho de um projeto. Os diagnósticos de pulmão podem possibilitar o *kaizen* ajudando a isolar e priorizar oportunidades de melhoria significativas.

Em outras palavras, a CC *é* a produção enxuta aplicada aos projetos.

Quais são as causas prováveis de insucesso na implementação da CC?

O processo de implementação apresentado neste capítulo é fruto de mais de 200 implementações em nível corporativo, desde 1999. Antes do desenvolvimento desse processo, em torno de um terço apenas dos adeptos obtiveram melhorias significativas no ritmo e no ganho dos projetos; o outro terço obteve pequenas melhorias (projetos sob controle e no prazo); ao passo que um terço das implementações não decolou. Desde a introdução desse processo, os índices de sucesso têm sido quase perfeitos. Melhorias significativas são obtidas sempre que esse processo é adotado. Contudo, os pontos de falha a seguir podem ocorrer e impedir que os adeptos sigam as etapas prescritas e obtenham os consequentes benefícios:

- Conduzir uma implementação sem se tratar de um objetivo principal da empresa.
- A alta administração não aceita nem estabelece metas suficientemente ambiciosas ou então delega a implementação uma função de apoio, como gerente-geral de projetos. A CC requer inerentemente uma mudança nas regras de gerenciamento da execução e um nível de desempenho superior, e não um processo diferente de planejamento e acompanhamento.
- Não mudar as políticas e mensurações que são incompatíveis com as três regras; os cronogramas e as medições locais (de cada atividade) são o principais culpados.
- Inabilidade da equipe de implementação para aplicar as três regras ao ambiente em questão. As partes mais difíceis são: aplicar a regra de sequenciamento, elaborar bons planos de projeto (consulte a Etapa 4), estruturar e instituir o gerenciamento de atividades.
- Ativar os relatórios de gerenciamento de pulmões, mas não persistir na orientação e no aconselhamento dos gerentes de linha de frente para que gerenciem os pulmões sistematicamente.

Se o argumento empresarial ou comercial para a implementação da CC for sólido e se qualquer um dos outros insucessos mencionados ocorrerem, o motivo pode ser falta de habilidade para implementação ou liderança inadequada.

Resumo

A CC funciona porque soluciona o problema real provocado pelas incertezas inerentes aos projetos. Ela reconhece que, embora até certo ponto seja possível diminuir as incertezas por meio de um planejamento mais adequado, não é possível diminuí-las significativamente ou eliminá-las. Por isso, a CC refreia o efeito imediato e mais devastador das incertezas dos projetos – as prioridades dessincronizadas. As três regras oferecem uma base segura para coordenar as atividades e os recursos dos projetos e obter um desempenho máximo.

Em segundo lugar, na CC a obtenção de resultados procura traduzir pragmaticamente essas regras explícitas em procedimentos práticos *antes* de tentar mudar os comportamentos e a cultura. A experiência demonstrou de maneira sistemática que os procedimentos práticos e a sólida adesão dos diretores ás regras são suficientes para obter resultados rapidamente. A adesão da administração é solidificada pela rápida concretização de metas de melhoria específicas baseadas em necessidades empresariais reais. Além disso, quando as regras da CC são inseridas nas políticas da administração, nos processos de gerenciamento e nos sistemas de informação administrativos, as empresas aproximam-se ao máximo dos resultados, da cultura e dos comportamentos duradouros e autoperpetuadores possíveis nos "sistemas humanos".

Em conclusão, não existe nenhuma alternativa para uma liderança sólida – tanto para obter resultados iniciais quanto para obter melhorias contínuas. Somente os altos executivos podem mudar as regras antigas e manter as novas regras de gerenciamento da execução. Somente os altos executivos podem estabelecer metas adequadamente ambiciosas para a empresa. Qualquer outro pressuposto é tolice e um caminho certo para o fracasso.

Referências

Goldratt, E. M. *Critical Chain*. Great Barrington, MA: North River Press, 1997.

Goldratt, E. M. *The Goldratt Webcast Program on Project Management: Sessions* 1-5. (Série de vídeo: cinco sessões). Reino Unido: Goldratt Marketing Group, 2008.

Goldratt, E. M. e Goldratt, A. (R). *TOC Insights: Insights into Project Management and Engineering*. Bedford, Reino Unido: Goldratt Marketing Group, 2003.

Realization. Estudos de Caso. http://www.realization.com/case_studies.html. Acesso em 30 de março de 2010.

Realization. Resultados de Corrente Crítica. http://www.realization.com/customers.html. Acesso em 30 de março de 2010.

Realization. Ensinamentos Aprendidos. http://www.realization.com/projectflow/lessons_learned.html. Acesso em 30 de março de 2010.

Sullivan, T. T., Reid, R. A. e Cartier, B. *TOCICO Dictionary*. http://www.tocico.org/?page=dictionary, 2007.

Sobre o autor

A **Realization Technologies, Inc.**, é uma importante empresa de soluções de gerenciamento de execução de projetos pela corrente crítica. Ela atende a clientes de uma variedade de setores no mundo inteiro, dentre os quais se incluem organizações como ABB, Alcatel-Lucent, Amdocs, Boeing, Centrales Nucleares Almaraz-Trillo (CNAT), Delta Air Lines, Dr. Reddy's Laboratories, Hamilton Beach Brands, Iberdola, Larsen & Toubro, Medtronic, Procter & Gamble, TATA Steel, Vale, Votorantim, Força Aérea dos Estados Unidos, Exército dos Estados Unidos e Marinha dos Estados Unidos.

# 5

Obtendo adesão à mudança[1]

Rob Newbold

Certa vez, um mestre pegou seu aprendiz favorito roubando. Indignado, o mestre lhe disse: "Não vou treinar um ladrão. Vá e só volte quando tiver mudado".

O aprendiz, sentindo-se bastante envergonhado, passou o dia a vaguear pelo vilarejo, pensando na vida e em seu comportamento. À noite, ele voltou e disse: "Mestre, passei o dia refletindo sobre quem sou e o que gostaria de ser. Acho que vou agir de maneira diferente no futuro. Com toda a sinceridade, gostaria de voltar e continuar a ser seu aprendiz".

O mestre lhe respondeu: "Perceber que você precisa mudar não é mudar. Vá e só volte quando tiver mudado".

O aprendiz, um tanto desanimado, pôs-se novamente a caminho. Dessa vez viajou para uma cidade vizinha, trabalhando de vez em quando para se garantir. Após duas semanas, ele voltou e disse: "Mestre, passei duas semanas trabalhando e aprendendo e nunca mais me senti induzido a roubar. Tenho certeza de que agirei de modo diferente no futuro. Com toda a sinceridade, gostaria de voltar e continuar a ser seu aprendiz".

O mestre lhe respondeu: "Experimentar novas coisas não é mudar. Vá e só volte quando tiver mudado". Então, o aprendiz pôs-se a caminho pela terceira vez, agora em viagem por todo o país, adquirindo habilidades e vendo maravilhas com as quais nunca havia sonhado. Um ano depois, encontrando-se nas cercanias de seu vilarejo natal, resolveu parar para uma visita ao seu antigo mestre. "Mestre, viajei pelo mundo e vi várias coisas maravilhosas. Estou feliz em vê-lo, mas ser seu aprendiz não é mais meu desejo de coração", disse ele.

O mestre então sorriu, dizendo: "Você é bem-vindo para ficar pelo tempo que desejar".

Introdução

A verdadeira mudança, do tipo que é necessário para melhorar significativamente o desempenho organizacional, não consiste em perceber que precisamos mudar. Não é experimentar algumas coisas. É mudar nossos hábitos, os hábitos que utilizamos sem pensar quando reagimos a situações do dia a dia. Quando implementamos a programação da corrente crítica (CC), queremos que as pessoas façam determinadas coisas sem precisar pensar a respeito delas. Por exemplo:

- Executar um trabalho como uma *corrida de revezamento*[2] *("pegar, trabalhar e passar adiante")*, e não de acordo com uma programação de horário de trem.
- Avaliar as atividades com base em seu impacto sobre o projeto global ou a conjuntura do portfólio, e não com base em seu impacto sobre as datas de conclusão das tarefas ou a produtividade individual.
- Tratar os compromissos como intervalos de tempo, e não como um momento.

---

[1] Cycle of Results (Ciclo de Resultados) e CORE são marcas registradas da ProChain Solutions, Inc. Essas marcas são utilizadas com permissão.

[2] Também chamada de virtude moral do trabalho do "corredor de revezamento" ou do "corredor de pista" (Sullivan *et al.*, 2007, p. 41).

Copyright © 2010 Rob Newbold

A utilização desses conceitos representa uma verdadeira mudança de paradigma para a maioria das empresas. Enquanto os novos hábitos não fazem parte do DNA da empresa e os antigos não são eliminados, as pessoas são obrigadas a ponderar sobre as alternativas e a considerar várias posturas. Elas precisam pensar. Nesse ínterim, a postura antiga continua sendo uma opção fácil. Por isso, o retrocesso é comum. Enquanto o DNA não mudar e não se formarem novos hábitos, o processo de mudança não estará completo.

Neste capítulo, falo sobre o método de mudança organizacional desenvolvido e aprimorado pela ProChain Solutions nos últimos 12 anos, oportunidade em que ajudamos empresas de todos os portes a implementar o gerenciamento de projetos pela corrente crítica (GPCC). Primeiro, analisarei a natureza do problema e as causas básicas que impedem a adesão à mudança. Em seguida, examinarei uma solução, o Ciclo de Resultados (Cycle of Results – CORE), e de que forma ela pode ser empregada para lidar com essas causas básicas. Por fim, descreverei como o CORE pode ser aplicado à implementação da programação da CC.

O problema de credibilidade

Um dos principais motivos pelos quais as empresas relutam em empreender iniciativas importantes de mudança é o que eu chamo de "problema de credibilidade". As implementações enfrentam problemas para decolar; quando decolam, elas não exibem o nível que as pessoas acreditam possível; e mesmo quando se produzem benefícios significativos, o retrocesso pode, com o passar do tempo, colocar uma implementação em risco. Muitas vezes, a falta de credibilidade é justificada com a afirmação de que "Mudar é difícil" ou "Não temos muita habilidade para mudar".[3]

O problema de credibilidade é reconhecido sem demora em vários tipos de implementação, mas é extremamente difícil quantificá-lo. Os especialistas e as empresas raras vezes são incentivados a revelar os dados negativos. Por isso, enxergamos apenas um lado da situação. Quando descobrimos e aceitamos os dados negativos, é difícil ou impossível analisar a extensão do problema de credibilidade – dificuldades para começar, até que ponto as melhorias continuam etc. Até mesmo a definição de sucesso tenderá a variar de acordo com o tempo e a empresa. Existem algumas migalhas de informação a respeito desse problema, mas nunca uma refeição completa.

- Levantamentos anuais do Instituto do Empreendimento Enxuto (Lean Enterprise Institute) indicam que o retrocesso é um problema perene (Instituto do Empreendimento Enxuto, 2008, p. 1).
- "Embora os conceitos e ferramentas específicos da produção enxuta sejam fáceis de compreender, para serem verdadeiramente bem-sucedidas na aplicação desses conceitos e ferramentas, a maiora das empresas precisa mudar sua maneira de enxergar o trabalho [...]. E até o momento a grande maioria das empresas que iniciam a jornada de transformação da produção enxuta não tem êxito na realização dessa transição" (Koenigsaecker, 2009, p. 79).
- "[De acordo com] as estatísticas de mais de 150 implementações [...] 15% das implementações não conseguiram se consolidar[,] embora a princípio tenham tido êxito[;] 15% das implementações não conseguiram decolar" (Gupta, 2005, p. 3).
- "Na prática (segundo nossa experiência) a maioria [das implementações da CC] fracassou depois que a pessoa que estava dirigindo o processo mudou de posição" (Retief, 2009, p. 1).

---

[3] Jeannie Duck refere-se a isso como "o monstro da mudança", afirmando que é preciso ter muita determinação para ver uma iniciativa de mudança atingir um ponto em que as mudanças essenciais tornam-se a norma (Duck, 2001, Parte 5).

- Hobbs e Aubry constataram que a importância ou mesmo a existência de 42% dos departamentos de gerenciamento de projetos (DGPs) foi seriamente contestada nos últimos anos, o que os levou a acreditar que "[...] cerca de 50% das empresas têm tantas críticas a respeito dos DGPs que acabam optando por não implementar um ou consideram seriamente a possibilidade de fechá-lo caso já tenham um" (2006, p. 13).
- Evidências casuais frequentes levam a crer que o problema de credibilidade é significativo em qualquer iniciativa importante de mudança, incluindo a *teoria das restrições* (*theory of constraints* – TOC), planejamento de recursos corporativos (*enterprise resource planning* – ERP), gerenciamento de projetos corporativos (*enterprise project management* – EPM), produção enxuta e Seis Sigma.

A experiência da ProChain, obtida ao longo de 12 anos observando nossos clientes e os clientes de outras empresa a implementar a CC, confirma que o problema de credibilidade é real e difuso. Constatamos que:

- O problema de credibilidade é mais grave nos projetos maiores, nas organizações maiores e nas empresas que executam projetos que envolvam muitas incertezas (*e.g.*, pesquisa e desenvolvimento).
- O valor imediato da CC para os gerentes de projeto é tal, que gerentes de projeto específicos, assim que treinados, não raro tentarão continuar a utilizá-la independentemente de a empresa adotá-la.
- É improvável que as pessoas (e empresas) que adotam a perspectiva de que a CC é um conjunto de ferramentas, e não um processo de mudança significativo, mantenham seu sucesso a longo prazo.
- Existe uma correlação direta entre o sucesso da implementação e a disposição para adotar os conceitos do CORE descritos neste capítulo. Por exemplo, todas as empresas que começaram a utilizar a solução lançada pela ProChain nos últimos cinco anos continuaram a empregar a CC e a usufruir de seus benefícios ao longo do tempo.[4]

Para solucionarmos o problema de credibilidade, primeiro precisamos compreendê-lo. A análise subsequente segue a *árvore da realidade atual* (ARA), exibida da Figura 5.1 à Figura 5.3. A ARA é uma *ferramenta para localizar causas comuns responsáveis por várias consequências*.[5] Leia os quadros da árvore de acordo com a sequência numérica. Os quadros em que não há nenhuma seta em sua direção são "causas básicas"; eles devem ser examinados para confirmar sua veracidade. Os outros quadros devem ser lidos de acordo com a sequência das setas, empregando a lógica se-então. Quando várias setas apontam para uma elipse, leia "e". Por exemplo, começando pela parte inferior da Figura 5.1: "*se* (1) às vezes as pessoas não demonstram urgência para mudar para uma nova tecnologia promissora *e* (2) existe algum interesse por essa nova tecnologia, *então* (3) as iniciativas para empregar essa nova tecnologia são apáticas". Os quadros que já apareceram em uma figura anterior são mostrados em cinza-claro.

A fim de tornar essa discussão o mais concreta possível, imagine que você seja contratado por uma grande empresa, a Widgets, Inc. (WI), para gerenciar o projeto de desenvolvimento de um novo produto. A WI desenvolve e fabrica (obviamente) dispositivos – grandes, pequenos e de todos os tipos. Utilizei algumas histórias para descrever a lógica da ARA do modo como ela se aplica à WI. No texto, acrescentei o número do quadro correspondente da ARA entre parênteses.

---

[4] Isso inclui várias empresas da *Fortune* 200 em dezenas de unidades de negócios. Alguns resultados da *Fortune* 200 são descritos em Newbold (2008, p. 5). A lógica é descrita nas páginas subsequentes.

[5] Há várias referências sobre as árvores de realidade atual; consulte, por exemplo, Scheinkopf (2000, Capítulo 8).

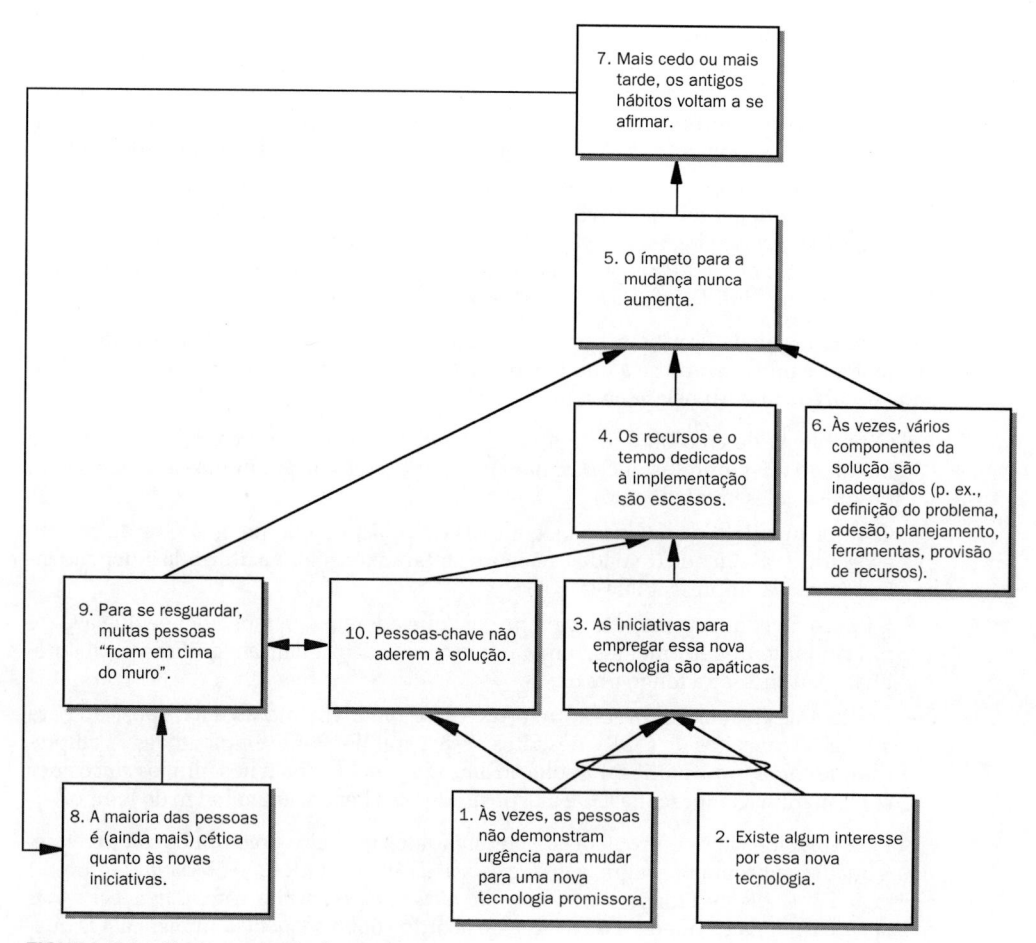

FIGURA 5.1 Nenhuma urgência para mudar.

Nenhuma urgência para mudar

Para começar, suponha que a WI, de modo geral, não esteja enfrentando muitos problemas em seus projetos, o que significa que há pouca urgência em mudar até mesmo para uma tecnologia promissora (1). Novos produtos estão saindo do forno, o sistema não parece ter falhas, então não há urgência em consertá-lo. Não obstante, você, enquanto gerente de projeto, está interessado em implementar a programação da CC porque reconhece que ela será importante para você (2). Como provavelmente você se sairá?

Você pode procurar algum apoio de indivíduos com ideias afins, mas os cronogramas CC estão fadados a se defrontar com certa indiferença (3); as pessoas têm várias coisas mais importantes a fazer. O tempo e os recursos necessários serão escassos (4). Consequentemente, embora você possa usar a CC em seus projetos e as pessoas demonstrem ou não interesse, esse ímpeto nunca ganha força (5). Obviamente, se os componentes básicos de sua solução forem deficientes (6), a probabilidade de você estabelecer um ímpeto duradouro será ainda menor.

Como a CC (assim como outras aplicações da TOC) exige a sincronização de várias pessoas para ser totalmente eficaz a longo prazo, e como o ímpeto não aumenta, sua implementação não decola. Não há uma quantidade suficiente de pessoas sincronizadas; o antigo DNA não está sendo substituído. Com o tempo, à medida que o entusiasmo enfraquece ou as pessoas mudam para outros cargos ou empresas, os antigos hábitos voltam a prevalecer (7).[6]

Esse é um caminho frustrante de percorrer porque nitidamente há um número muito menor de benefícios do que seria possível. Existe também uma espiral que piora ainda mais as coisas. As pessoas já viram muitas vezes as iniciativas fracassarem; esses insucessos tendem a fazer as pessoas duvidarem das novas iniciativas (8). Por que se preocupar em colocar as espreguiçadeiras novamente no lugar nesse Titanic? Essas experiências ruins, e as histórias sobre experiências ruins, com frequência levam as pessoas a assumir uma postura de "esperar para ver" diante de uma mudança (9). Essa atitude, por si só, diminui o ímpeto para a mudança (5).

Existe outro problema frequente que também é agravado pela falta de urgência (1): pessoas-chave – normalmente, gerentes de nível intermediário e altos executivos – não aderem à solução (10). Sem o envolvimento desses indivíduos, o tempo e os recursos mantêm-se escassos (4). Observe a relação bidirecional entre os quadros 9 e 10. Quando não há adesão das pessoas-chave, outras pressupõem que não há nada errado em ficar em cima do muro. Quanto mais pessoas ficarem em cima do muro, mais as pessoas-chave tenderão a evitar esse envolvimento.

Durante todo esse tempo, as pessoas que estiverem trabalhando dentro da WI enfrentarão problemas reais para compreender o que ocorreu. Elas talvez digam coisas como:

- Nossa cultura não estava preparada.
- Nosso foco mudou.
- Nunca obtivemos o apoio que precisávamos da administração.
- Simplesmente não conseguimos pôr em prática.

O raciocínio dessas pessoas é influenciado pelo ceticismo geral quanto às novas iniciativas (8).

Encontrando ou criando urgência para mudar

Passando agora para a Figura 5.2, suponha que, em virtude de um novo concorrente agressivo, a alta administração da WI comece a acreditar que existe uma necessidade urgente de diminuir os tempos de ciclo sem aumentar os custos (11). Portanto, os altos executivos começam a apoiar uma iniciativa em relação à CC para diminuir os tempos de ciclo (12). Além disso, eles tomam o cuidado para dispor todos os componentes de uma boa solução no lugar certo (13).

A Tabela 5.1 mostra componentes genéricos e de alto nível do plano de implementação que a WI poderia empregar.

Todos esses componentes são importantes e merecem ser discutidos à parte. Tivemos oportunidade de testemunhar implementações em que a falta de qualquer um desses componentes demonstrou-se fatal. Entretanto, supondo que a WI tome todas essas providências, provavelmente a empresa obterá resultados rápidos e significativos com seu processo de implementação (14). A aflição e urgência diminuíram (15). Em resumo, a solução CC da WI comprovou-se uma solução verdadeiramente simples, porém muito eficaz.

Ramificações negativas

Ramificação negativa (Scheinkopf, 2000, p. 117) é *a ocorrência de algo ruim em decorrência da tentativa de se fazer algo bom*. É o caminho para o inferno, que está cheio de boas intenções. Por

---

[6] Tivemos oportunidade de observar casos em que houve persistência de pequenos grupos com relação à CC em empresas de grande porte. Normalmente, alguns entusiastas são capazes de extrair benefícios suficientes e angariar adeptos suficientes para contrabalançar a falta de ímpeto de forma geral.

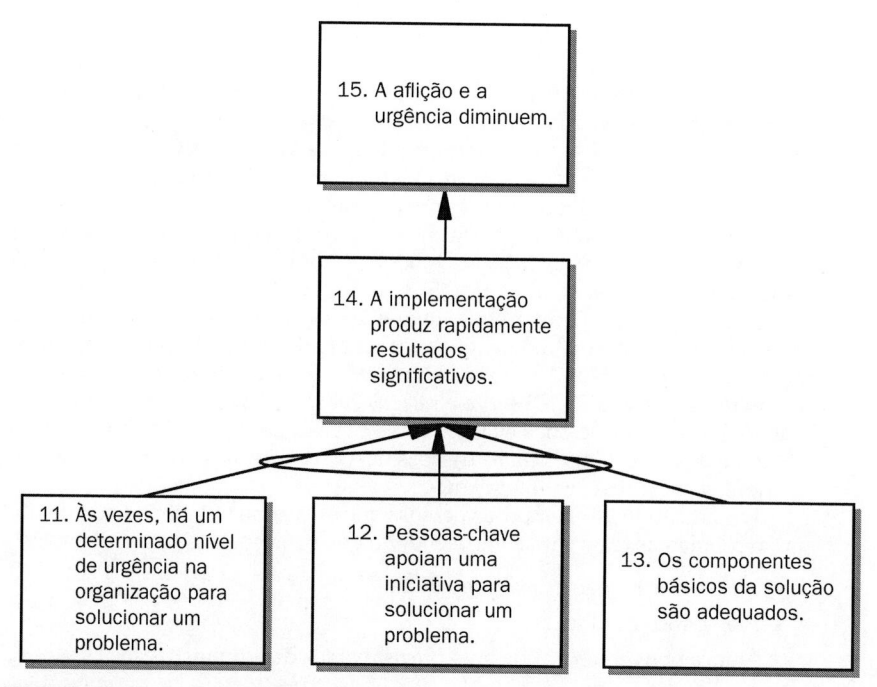

```
                    ┌──────────────────┐
                    │ 15. A aflição e a │
                    │ urgência diminuem.│
                    └────────▲─────────┘
                             │
                    ┌────────┴──────────┐
                    │ 14. A implementação│
                    │ produz rapidamente │
                    │ resultados         │
                    │ significativos.    │
                    └────────▲──────────┘
```

┌─────────────────┐   ┌─────────────────┐   ┌─────────────────┐
│ 11. Às vezes, há um │ 12. Pessoas-chave │ 13. Os componentes │
│ determinado nível │ apoiam uma   │ básicos da solução │
│ de urgência na   │ iniciativa para │ são adequados.   │
│ organização para │ solucionar um   │   │
│ solucionar um   │ problema.   │   │
│ problema.   │   │   │
└─────────────────┘   └─────────────────┘   └─────────────────┘

FIGURA 5.2 Solução do comprometimento.

exemplo, é provável que haja ramificações negativas quando se dá dinheiro a um viciado em drogas. Vimos algumas ramificações negativas surgirem repetidamente nas implementações, mesmo quando elas geraram benefícios reais; elas são mostradas na Figura 5.3.

Suponhamos que a Figura 5.2 seja totalmente válida e que, em virtude dos bons resultados obtidos pela WI com a CC, sua preocupação com o tempo de ciclo tenha diminuído significativamente. Os consultores vão embora e reconhecem o sucesso e todo mundo fica contente.

Infelizmente, não é usual estabelecer expectativas claras e realistas quanto ao provável valor de uma iniciativa (16). É igualmente incomum divulgar esse valor quando ele é obtido (17). Consequentemente, muitas pessoas-chave não reconhecem totalmente o valor oferecido pela iniciativa (18).

Tabela 5.1 Etapas de implementação genéricas da corrente crítica

Etapa	Atividade
Preparação	Estudar e analisar a empresa. Trabalhar com as pessoas-chave para planejar a implementação. Instalar e configurar o *software* e outras ferramentas.
Instrução	Oferecer treinamento prático, possivelmente para vários tipos distintos de indivíduo, para o planejamento e execução das atividades, do projeto e do portfólio. Oferecer aconselhamento, particularmente para os gerentes de projeto e funcionais.
Manutenção	Iniciar processos formais para atestar a qualidade dos especialistas internos. Criar um DGP para gerenciar a metodologia e a qualidade. Adaptar os processos de recursos humanos para que reflitam a importância do gerenciamento de projetos.

Capítulo 5 ▪ Obtendo adesão à mudança

7. Mais cedo ou mais tarde, os antigos hábitos voltam a se afirmar.

5. O ímpeto para a mudança nunca aumenta.

4. Os recursos e o tempo dedicados à implementação são (cada vez mais) escassos.

19. As pessoas-chave não estão vendo um retorno adequado sobre seus investimentos.

20. As pessoas pressupõem que destinar recursos a um problema já "solucionado" é desperdício.

22. As percepções sobre os problemas e a urgência mudam.

18. Várias pessoas-chave não reconhecem totalmente o valor permanente da iniciativa.

21. Com o passar do tempo, o ambiente empresarial muda internamente (p. ex., recursos humanos) e externamente (p. ex., mercado).

16. Não é usual estabelecer expectativas claras e realistas.

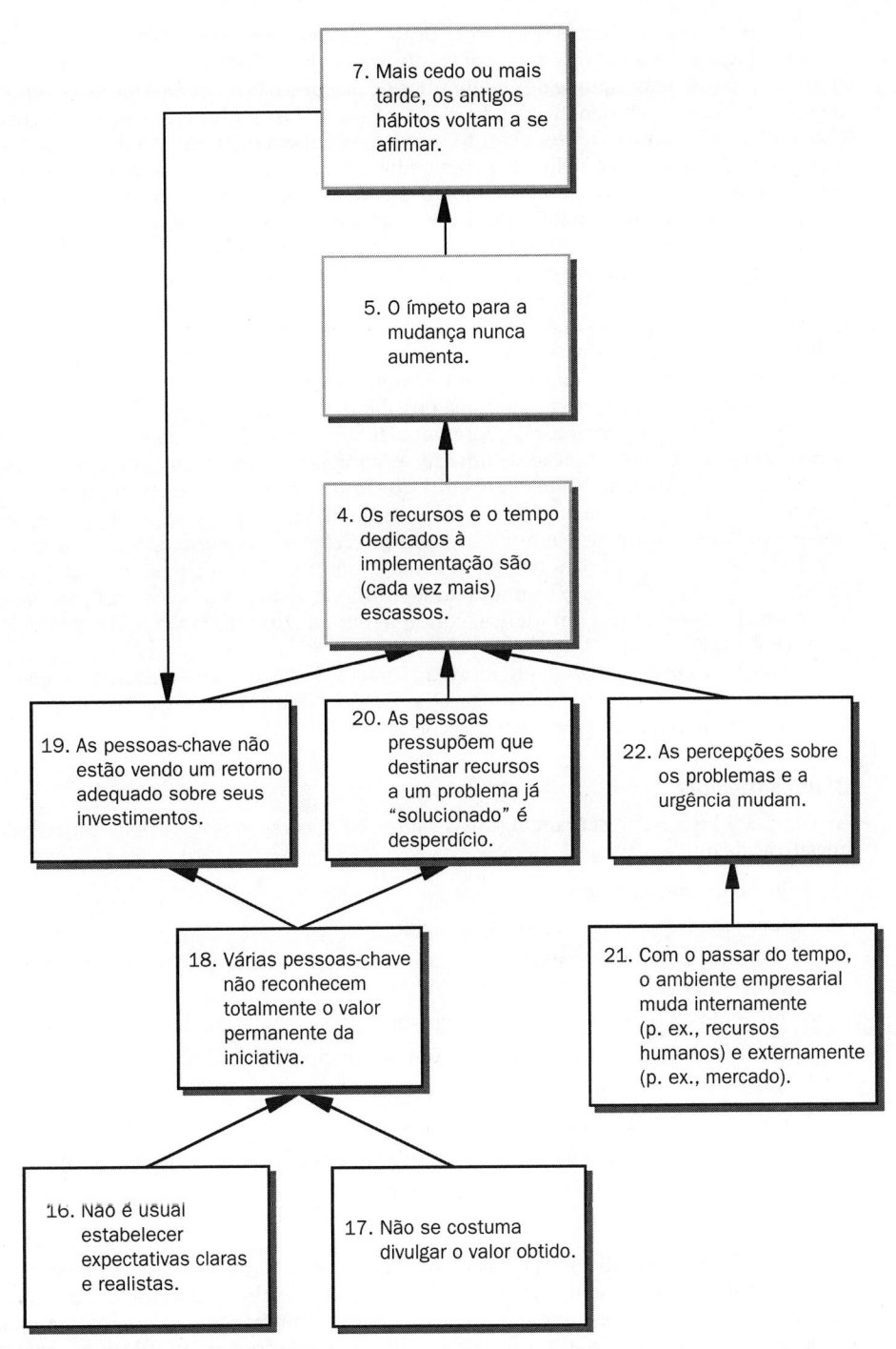

17. Não se costuma divulgar o valor obtido.

FIGURA 5.3 Ramificações negativas.

Ocorrem dois problemas quando as pessoas-chave não reconhecem esse valor. Em primeiro lugar, se elas estiverem comparando custos e benefícios, elas obterão um quadro distorcido, particularmente se nos lembramos de que pessoas diferentes terão percepções de valor diferentes. Os benefícios talvez não pareçam adequados em relação aos custos (19). Portanto, embora o diretor executivo da WI reconheça os extraordinários benefícios da redução dos tempos de ciclo, um gerente funcional talvez veja apenas que seu trabalho perdeu importância porque suas habilidades para apagar incêndios tornaram-se irrelevantes. Esse gerente funcional ficará menos disposto a apoiar a iniciativa (4).

O segundo problema é que, com o sucesso da iniciativa, as pessoas passam a ver o problema como "solucionado". Infelizmente, ainda existe um custo associado a isso: os especialistas internos, o apoio da consultoria, as taxas de licença e assim por diante. Quem deseja continuar destinando tempo e dinheiro a um problema que já está resolvido (20)? Muitas vezes, não existe esse desejo (4). Além disso, não se esqueça da espiral de ficar em cima do muro mostrada na Figura 5.1 (quadro 8): os insucessos frequentes tornam as pessoas cada vez mais céticas quanto à possibilidade de sucesso.

Há também outra bomba-relógio: o ambiente empresarial muda com o passar do tempo (21). Vimos a substituição de um executivo sênior produzir uma mudança radical no foco de uma empresa. Vimos também algo simples como uma retração do mercado provocar um drástico corte nos custos. Em outras palavras, a percepção sobre os problemas existentes e sua urgência muda com o tempo (22). Novamente, o apoio desaparece.

Todas essas ramificações negativas em algum momento tornarão a iniciativa de implementação da CC da WI uma meta legítima de redução de custo. O pessoal de apoio precisa fazer mais com menos; com o tempo, a administração pode até decidir eliminar o DGP.[7]

A conclusão inescapável é que mesmo as iniciativas mais bem-sucedidas e aparentemente bem administradas estão ameaçadas. Não é de surpreender que as pessoas não acreditem que a mudança possa de fato ocorrer.

Causas básicas

As Figuras 5.1 a 5.3 apresentam algumas causas básicas responsáveis pelo fracasso das iniciativas de mudança:

1. Falta de urgência (quadro 1)
2. Solução inadequada (quadro 6), que inclui:
   - A definição do problema, da solução apropriada ou dos resultados necessários é deficiente.
   - A adesão de pessoas-chave é inadequada.
   - O plano de implementação não aborda os principais obstáculos.
   - Recursos insuficientes são destinados à solução.
3. Falta de envolvimento com a solução (quadro 10)
4. Indisposição para estabelecer expectativas claras quanto ao valor (quadro 16)
5. Incapacidade de divulgar o valor (quadro 17)
6. Mudanças no ambiente empresarial (quadro 21)

O CORE, apresentado nesta seção, aborda as cinco primeiras causas básicas. A sexta, mudanças no ambiente empresarial, parece um resultado inevitável no mundo dos negócios. Contudo, ela tem algumas implicações importantes. Primeiro, em meio à iniciativa de mudança, a administração deve ter cuidado com as outras mudanças que ela pode controlar. Vimos com frequência novas iniciativas de mudança serem

---

[7] Consulte novamente as constatações de Hobbs e Aubry (2006), discutidas antes.

empreendidas quando as antigas ainda não haviam sido assimiladas. Vemos também com frequência pessoas-chave serem deslocadas sem nenhuma preocupação com o impacto sobre as iniciativas. A administração deve minimizar essas mudanças.

Segundo, a inevitabilidade das mudanças no mundo dos negócios implica que existe um horizonte finito para que qualquer implementação se consolide. Se você não conseguir estabelecer os processos apropriados antes do abalo sísmico seguinte, sua iniciativa em algum momento enfrentará apuros.

O ciclo de resultados (CORE)

O sistema de *feedback* da implementação utilizado pela ProChain para abordar o problema de credibilidade é chamado de Cycle of Results™ (Newbold 2008, Capítulo 15; também chamado de CORE). Ele aborda as cinco primeiras causas básicas de insucesso da seção anterior para criar um processo que desenvolva a confiança. Defino confiança como a *disposição para confiar em alguém ou em alguma coisa, em um contexto específico*. As pessoas que estiverem implementando a solução devem estar dispostas a confiar nessa solução, continuamente, no futuro. Elas precisam acreditar que as recompensas percebidas continuarão a superar os custos percebidos.

Princípios básicos

A Figura 5.4 mostra graficamente o CORE. Nessa figura, as condições ou circunstâncias alcançadas nos quadros e as providências que conduzem a essas circunstâncias encontram-se nas setas. Os quadros estão sobrepostos (empilhados) porque o significado dessas circunstâncias pode ser diferente para pessoas distintas. Pessoas diferentes talvez percebam tipos ou níveis diferentes de urgência, de valor etc..

O ciclo inicia-se com as providências que conduzem à urgência: *obter informações e analisar*. É especialmente importante obter informações sobre (tomar conhecimento) e analisar a urgência sentida pelas pessoas em relação à mudança. Suponha que você seja um consultor e alguém lhe peça para ajudá-lo a implementar a CC em um projeto. Você convoca imediatamente a equipe de projeto ou você primeiro tenta compreender por que a empresa deseja implementar a CC? Como analisado antes no planejamento da implementação, devemos tomar várias medidas para saber que urgência as pessoas sentem no momento e que urgência precisamos que elas sintam.

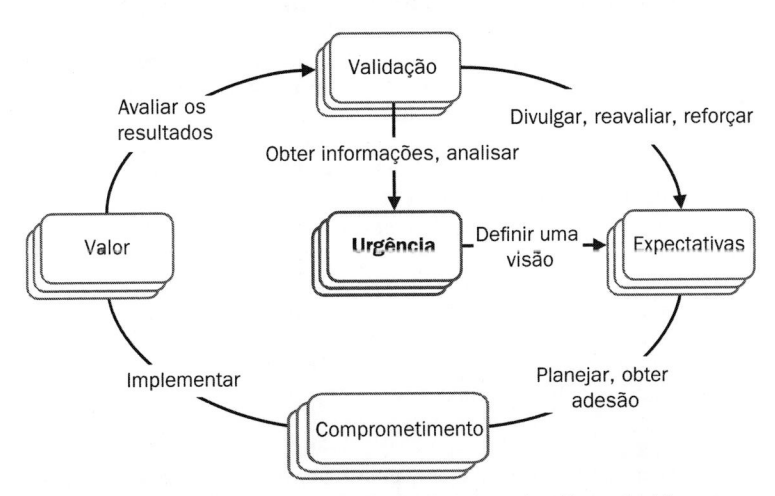

FIGURA 5.4 O CORE. (*Copyright © 2008 by ProChain Solutions, Inc.* Reproduzida com permissão.)

Por sua importância, a *urgência* encontra-se no centro. Ela é uma condição essencial para uma mudança significativa. A urgência pode ser diferente para cada pessoa. Por isso, por exemplo, um executivo sênior talvez sinta urgência em melhorar as receitas, um gerente de projeto sinta urgência em concluir um projeto mais rapidamente e outro funcionário sinta urgência em finalizar uma atividade específica. Você precisará perceber a urgência de indivíduos diferentes, porque eles não vão reagir a uma urgência que não sintam. Não raro, ouvi pessoas afirmarem que acreditavam que a implementação da CC era urgente "porque o chefe pensa assim". Se a urgência é do chefe, não é delas. Se não é delas, elas na verdade não a sentem. Se vir pela televisão que um prédio está em chamas, me sentirei mal pelas pessoas que estão lá dentro, mas provavelmente não sairei correndo pela porta de casa para escapar das chamas.

Como associamos esses diferentes tipos de sentimento de urgência em um todo sincronizado em torno da necessidade de uma iniciativa de melhoria? Precisamos *definir uma visão* de implementação, uma visão que associe o que a empresa faz (e por que as pessoas desejam trabalhar nela) com os benefícios que devem ser esperados da implementação. Por exemplo, uma visão simples para a WI poderia ser: "Melhoraremos a vida de nossos clientes e nossa capacidade de disputá-los oferecendo-lhes a nova tecnologia de dispositivo da qual precisam no momento em que precisam".

Essa visão pode ser definida para pessoas diferentes da empresa de acordo com seus termos, a fim de estabelecer *expectativas* quanto à implementação e vincular essas expectativas à percepção de urgência específica das pessoas. Quanto à implementação da CC, a alta administração precisará perceber as implicações nas estratégias e nos resultados financeiros. Os gerentes de projeto deverão perceber que serão capazes de se concentrar em medidas de alto impacto. O pessoal do financeiro deverá perceber as ramificações financeiras da previsibilidade e da alocação de recursos. Colaboradores específicos deverão perceber que terão permissão para focalizar. E assim por diante.

Às vezes, parece que os altos executivos estabelecem iniciativas e fazem promessas sem oferecer os recursos para de fato fazerem as coisas acontecerem. Para evitar isso, é recomendável criar uma *iniciativa de planejamento* de peso, além de qualquer plano genérico que já exista. Isso traz dois benefícios. Primeiro, garante que as particularidades do ambiente sejam levadas em conta para que não provoquem problemas futuros. Por exemplo, a estrutura da organização provavelmente terá um impacto significativo sobre o sequenciamento das atividades de implementação. Segundo, é bem mais provável que as pessoas se apropriem das coisas sobre as quais exerceram influência. Isso se aplica mesmo que você esteja criando um jardim, uma empresa ou um plano de implementação. Quando se trata de mudança organizacional, as pessoas pertencentes à empresa ou são parte do problema ou são parte da solução.

O processo de planejamento, bem como as atividades correspondentes, como reunião com as partes interessadas, ajuda a criar um *compromisso* inicial para que se possa seguir adiante. Nem todos sairão de cima do muro, mas isso ajudará indivíduos-chave a se mover.[8] Com isso em mente, com frequência iniciamos uma implementação importante com um grupo da alta administração ou uma equipe de coordenação e uma equipe de implementação com um nível ligeiramente inferior. A equipe de coordenação oferece conselhos sobre planejamento e aprovação, a equipe de implementação faz o planejamento mais detalhado. Todos têm influência sobre o que ocorre.

Após a obtenção de algum grau de comprometimento vem o *trabalho de implementação*, a fim de criar *valor*. A criação de valor para todos os principais interessados parece ser objetiva nas implementações da CC porque é possível criar muitos tipos de valor. A Tabela 5.2 apresenta alguns exemplos de benefício da implementação da CC em toda a empresa para participantes distintos.

---

[8] Cialdini (1993, Capítulo 3) observa que as manifestações de apoio deixam as pessoas mais dispostas a de fato contribuir em um momento posterior.

Tabela 5.2 Benefício da corrente crítica

Interessado	Valor	Exemplo de mensuração
Diretor executivo	Melhor previsibilidade Tempos de ciclo menores Maior eficiência	Entrega pontual Tempo de ciclo padrão *versus* referências (*benchmarks*) Número de projetos concluídos *versus* número de funcionários
Gerente de projeto	Cronogramas mais confiáveis Melhor percepção dos problemas e de sua magnitude Maior probabilidade de cumprir as datas dos pedidos	Levantamentos[a] Levantamentos Entrega pontual
Gerente funcional	Melhor capacidade de prever e informar sobre as necessidades de recurso Maior facilidade na atribuição e no gerenciamento das atividades Capacidade de dizer "não" ou "agora não" quando apropriado	Estouro/déficit de orçamento, levantamentos Levantamentos Entrevistas
Colaboradores específicos	Prioridades claras e estáveis Diminuição do caos e da multitarefa	Estatística de andamento das atividades[b] Levantamentos
Diretor financeiro	Orçamentos mais confiáveis	Desvios do plano
Todos	Comunicação consistente e disciplinada	*Checklists* para determinar a adesão ao processo

[a] É relativamente simples elaborar levantamentos curtos, utilizando (por exemplo) uma escala simples de 1 a 5, que avaliem o que as pessoas sentem a respeito dos aspectos do valor criados por meio do processo de programação. Alguns tipos de informação (por exemplo, a confiabilidade do cronograma) são difíceis de obter de outras maneiras. Consulte também Newbold (2008, p. 136).

[b] As atividades devem ser realizadas de acordo com a prioridade indicada no cronograma e o número de atividades em andamento em um dado momento qualquer normalmente não deve exceder o número de recursos que as estão executando. Confirmar esses dados com uma ferramenta de programação computadorizada pode oferecer uma indicação do nível de multitarefa e, portanto, evidenciar as prioridades.

Já tivemos oportunidade de ver esses tipos de valor repetidamente. Não obstante, isso nos leva ao topo do ciclo: como sabemos que o valor foi obtido? Ele deve ser avaliado. A Tabela 5.2 inclui alguns exemplos de *mensuração* da implementação.[9] Uma mensuração que consideramos de grande valor, mas que não é comumente utilizada é a última da tabela: os *checklists* para determinar a adesão ao processo. Durante uma reunião semanal de atualização dos pulmões, espera-se que determinados tópicos sejam discutidos: consumo de pulmão, planos de recuperação, atividades essenciais e assim por diante. Nas reuniões com a equipe funcional, deve-se discutir de que forma se trabalhará em uma atividade por vez. Por que não utilizar um *checklist* para confirmar se essas coisas estão ocorrendo? Constatamos que essa é uma ótima maneira de ficar sabendo o que precisa de ajuda.

Avaliar nunca é suficiente. As mensurações podem ser validadas comparativamente às expectativas de pessoas diferentes. Além disso, assim que ocorre a *validação*, os resultados devem ser *divulgados* aos principais interessados. Se os resultados forem os previstos, reforçaremos que o que foi prometido está ocorrendo. As pessoas são mais propensas a reconhecer o valor e a prosseguir com as mudanças se o valor lhes for mostrado explicitamente. Por exemplo, se for mostrado sistematicamente aos altos executivos o valor obtido pelas equipes de projeto ao aplicar a programação da CC, eles ficarão

---

[9] Para uma discussão mais abrangente sobre mensurações, consulte Newbold (2008, Capítulo 12).

bem menos propensos a cortar o financiamento destinado ao DPG. Eles perceberão melhor as correlações entre o financiamento contínuo e o sucesso.

Se as expectativas não forem atendidas, talvez seja necessário restabelecê-las. Nesse caso, a implementação deve ser reavaliada. É fundamental solucionar os problemas logo no início. É também fundamental *não* fingir que as coisas estão bem quando não estão. Você não conseguirá enganar todas as pessoas o tempo todo.

Na Figura 5.4, a linha entre validação e urgência indica a necessidade contínua de compreender e analisar o nível de urgência. Se as pessoas dizem que uma coisa é importante (por exemplo, os tempos de ciclo), mas se comportam como se outra fosse importante (por exemplo, os custos), talvez seja necessário repensar a implementação. Se a implementação gerar valor e aparentemente diminuir o nível de urgência, talvez seja necessário reforçar a urgência com algumas outras providências, pelo menos até que os novos processos estejam bem estabelecidos.

Muitas outras interconexões que não estão representadas aqui podem ocorrer durante o CORE. Por exemplo, talvez seja necessário ajustar as expectativas de acordo com os resultados do planejamento e da implementação.

À medida que o ciclo prossegue, as expectativas continuam sendo estabelecidas e restabelecidas e o comprometimento, o valor e a validação se fortalecem. Todos os elementos podem ocorrer em paralelo. A implementação e a avaliação, por exemplo, normalmente não são interrompidas quando divulgamos e replanejamos. Algumas etapas, como o replanejamento, serão puladas se não forem essenciais.

A Tabela 5.3 mostra a relação direta entre as causas básicas das Figuras 5.1 a 5.3 e os êxitos do CORE na Figura 5.4. Se o CORE for implementado corretamente e utilizado como um processo contínuo, ajudará a reduzir e a eliminar de modo significativo essas causas básicas.

Exemplo básico: limpando o quarto

O CORE estabelece a confiança em que um conjunto de mudanças lidará com uma necessidade urgente. Ele contém um pressuposto implícito: desejamos que as mudanças continuem no futuro. Portanto, instauramos ciclos de *feedback* para confirmar se a preservação da confiança é recompensada. Consideremos um exemplo simples.

Suponha que você tivesse um filho e que quisesse que ele limpasse o quarto dele. Você deseja que ele faça isso direitinho, regularmente e sem reclamações. Alguns pais reclamam para os filhos até o momento em que eles, talvez, os acatem. Alguns ameaçam. Porém, quando desafiados, não levam adiante suas ameaças. Essas posturas exigem pouco esforço e talvez funcionem algumas vezes. Contudo, no final elas acabam fracassando porque a criança perceberá que ela não tem nenhum motivo para mudar. Considere, ao contrário, a seguinte postura, baseada no CORE.

1. **Urgência, visão, expectativas:** Crie uma percepção de urgência explicando ao seu filho que ele não está autorizado a brincar depois que voltar da escola enquanto não limpar o quarto dele. Defina sua visão de "quarto limpo".
2. **Planejamento, comprometimento, implementação:** Trabalhe com seu filho para planejar de que forma a regra "limpar o quarto" afetará o dia a dia ele. Você poderia fazer concessões para determinados tipos de evento após a escola.
3. **Avaliação, validação:** Realize inspeções, explicando o que ele fez e o que não fez bem.
4. **Continuidade do ciclo:** Permita que seu filho brinque ou exija que ele fique em casa, dependendo dos resultados. Adapte as regras de acordo com a necessidade, conforme as circunstâncias mudem.

É bem mais provável que essa postura leve seu filho a acreditar que você cumpre o que fala, comparavelmente às ameaças e reclamações. Obviamente, isso também pode levar você, no papel de pai ou mãe, a reconsiderar seu nível de urgência. Pense que, se você omitir

Tabela 5.3 Mapeamento entre as causas básicas e o CORE

Causa básica	Êxitos do CORE
Falta de urgência	Urgência
Indisposição para estabelecer expectativas claras de valor	Expectativas
Falta de adesão à solução	Comprometimento
Solução inadequada	Valor
Incapacidade de divulgar o valor	Validação

algumas dessas etapas, a probabilidade de concretizar sua visão de "quarto limpo" diminuirá. Essa visão é suficientemente importante para você a ponto de cumprir todas as etapas?

Exemplo básico: grupo de adeptos da TOC

Suponha que você esteja interessado em criar um grupo de adeptos da TOC para compartilhar as melhores práticas. Você poderia ter inúmeros motivos para isso; por exemplo, melhorar o nível de qualidade da implementação e, portanto, a credibilidade da TOC em sua área. Como você deveria começar?

Você definitivamente precisará de uma lista específica de pessoas que poderiam participar. Você vai querer identificar o nível de urgência dessas pessoas. Com o que elas de fato se preocupam? O que as aflige? Se seu grupo incluir consultores, talvez você decida aumentar a urgência ressaltando as vantagens que serão obtidas com esses consultores.

A partir daí, você precisará de uma visão que associe o futuro a essa urgência. Supondo que a visão e as expectativas que você estabeleceu sejam suficientemente convincentes, as pessoas participarão do planejamento, reforçando ainda mais o nível de comprometimento. Daí em diante, você precisaria continuar a implementar, avaliar e divulgar os resultados. Se o grupo de adeptos não continuar a oferecer valor, a participação minguará.

Outros processos

O *feedback* do CORE é essencial para solidificar a confiança na urgência e nas consequências da mudança. Nesta seção, faço algumas comparações entre o CORE e alguns outros processos de melhoria conhecidos. É aconselhável refletir sobre o *feedback* (ou a falta dele) em diversos processos com os quais você esteja familiarizado. Por exemplo, você poderia analisar quais dos processos a seguir contêm ciclos de *feedback* e quais tipos de mudança esses ciclos reforçam:

- Definir, medir, analisar, melhorar, controlar[10]
- Aprender, comprometer, fazer[11]
- Níveis de resistência[12]
- Observar, orientar, decidir, agir[13]
- Esquemas de Ponzi

---

[10] Esse é um processo de melhoria padrão Seis Sigma sobre o qual existem várias fontes de referência.

[11] Consulte Covey (1989, p. 306).

[12] Esse conceito da TOC é mencionado em Sullivan *et al.* (2007, p. 30). Examine o tópico *adesão*. Uma comparação entre o CORE e os níveis de resistência pode ser especialmente relevante para os adeptos da TOC porque a verdadeira "adesão" exige confiança, o que, por sua vez, exige *feedback*. Entretanto, advertimos que existem várias corporificações dos níveis de resistência.

[13] Esse é o processo de operações de combate desenvolvido por John Boyd da Força Aérea dos Estados Unidos. Uma excelente descrição é oferecida por Richards (2004).

- O método científico
- Ferramentas de processo de raciocínio da TOC[14]
- Árvores de estratégias e táticas da TOC[15]

CORE e persuasão

A mudança exige persuasão, seja no sentido de se convencer das mudanças que você precisa realizar seja no sentido de convencer outras pessoas das mudanças que elas precisam realizar.[16] Quando falo sobre persuasão (vender uma ideia), não me refiro aos artifícios irritantes empregados por vendedores para nos convencer a abrir mão de nosso dinheiro ganho a duras penas. As empresas que continuam empregando a venda agressiva – forçar o máximo possível para obter uma venda – não devem esperar muitos clientes frequentes. Comprar é desagradável e as expectativas muitas vezes estão longe da realidade. Na verdade, estou falando sobre a persuasão (venda) que cria uma relação de ganho mútuo entre o comprador e o vendedor, uma relação que tem continuidade no futuro. Se a pessoa que comprar uma mudança envolver-se nessa relação, ela dará continuidade à mudança. Do contrário, não.

O CORE contém vários elementos desse processo de venda ou persuasão de ganho mútuo. Ele está intimamente relacionado com um processo denominado venda de soluções (Eades, 2004). Algumas etapas importantes do processo de venda de soluções são comparadas com o CORE na Tabela 5.4.[17]

Na Tabela 5.4 é possível ver alguns paralelos e diferenças interessantes. O conceito de "aflição" da venda de soluções corresponde ao conceito do CORE de urgência. Em uma situação de venda, é mais comum a urgência ser provocada pela aflição. Consequentemente, os vendedores de soluções esforçam-se em grande medida para compreender e expor a aflição de seus clientes (compradores).

Para descrever a solução do modo como ela se relaciona com a aflição e urgência, ambos os processos exigem a divulgação de uma visão. Essa visão associa a urgência às expectativas quanto a um futuro em que a aflição é aliviada.

O principal objetivo da venda de soluções é obter um compromisso inicial, ao passo que o objetivo principal do CORE é criar e potencializar o sucesso contínuo. Algumas das diferenças resultantes são evidentes na Tabela 5.4. A venda de soluções fragmenta mais as etapas iniciais, criando urgência e estabelecendo expectativas. Esses fragmentos são bastante importantes se você estiver procurando obter um compromisso inicial, como vender a ideia de implementação da CC logo de início a um alto executivo. No princípio das iniciativas de venda, é muito comum as pessoas não perceberem muito bem sua própria urgência; essa percepção exige trabalho e ferramentas eficazes. A urgência não requer tanta ênfase se já estiver nítida para os principais interessados.

O CORE, que enfatiza mais o sucesso contínuo, ressalta mais as etapas posteriores, como a implementação e validação.

PDCA

Deming (1982) refere-se ao ciclo PDCA (*plan, do, check, act* ou planejar, fazer, verificar, agir) como um procedimento útil para a melhoria de qualquer etapa de produção.[18] Esse ciclo

---

[14] Consulte Scheinkopf (2000) e Dettmer (2007).

[15] Consulte Goldratt *et al.*, (2002).

[16] Para uma discussão mais completa, consulte Newbold (2008, p. 172).

[17] A Tabela 5.4 apresenta as etapas de venda de soluções para lidar com "oportunidades latentes", nas quais o cliente não está procurando efetivamente uma solução. Para examinar todo o processo, consulte Eades (2004, pp. 38-41).

[18] O PDCA também é conhecido como ciclo de Deming ou ciclo de Shewhart. Consulte Deming (1982, pp. 88-89).

Tabela 5.4 Etapas de venda de soluções e elementos do CORE

Etapas de venda de soluções	Elementos do CORE
Executar pré-planejamento e pesquisa	Obter informações e analisar
Estimular o interesse	Urgência
Definir a dimensão da aflição ou questões empresariais críticas	Urgência
Diagnosticar e criar uma visão com base em sua solução	Definir uma visão Expectativas
Desenvolver e gerenciar o plano de avaliação	Planejar e obter adesão
Obter um acordo final	Comprometimento
(Não incluída)	Implementar Valor
Avaliar os critérios de sucesso	Avaliar os resultados Validação
Otimizar o sucesso	Divulgar, reavaliar, reforçar

inclui quatro etapas: planejar (estabelecer objetivos para as mudanças); fazer (implementar as mudanças); verificar (avaliar os resultados); e agir (analisar os resultados).

A Figura 5.5 mostra como o ciclo de PDCA sobrepõe-se ao CORE. As etapas do PDCA são análogas aos passos do CORE. *Planejar (plan)* corresponde a *planejar e obter adesão; fazer (do)* corresponde a *implementar; verificar (check)* corresponde a *avaliar os resultados;* e *agir (act)* corresponde a *divulgar, reavaliar e reforçar.*

O PDCA inclui nove êxitos do CORE (os quadros com cantos arredondados). Com relação às finalidades originais do PDCA, como promover melhorias contínuas de qualidade, esses elementos talvez não sejam importantes. Contudo, constatamos que todos eles são muito importantes quando as pessoas precisam realizar mudanças de longo prazo em todo o sistema.

O CORE apresenta um vínculo implícito com o PDCA que é essencial perceber. De acordo com a proposta de Deming, deve-se iniciar lentamente a etapa "fazer". À medida que as informações são obtidas, é possível difundir mais as mudanças. Recomendamos um processo semelhante para a implementação da CC em empresas maiores: utilize primeiro um piloto para obter uma visão real antes de realizar mudanças importantes na empresa.[19]

Cinco passos de focalização

Os adeptos da TOC muitas vezes desejam saber em que sentido os *cinco passos de focalização* da TOC – *identificar, explorar, subordinar, elevar, voltar à primeira etapa* – estão relacionados com o CORE.[20] O *loop* ou ciclo de reforço no processo dos cinco passos de focalização demonstra a possibilidade de as restrições mudarem com o tempo e a importância de lidar com essas mudanças. Esse *loop* é crucial; testemunhei inúmeros exemplos de implementações da TOC na produção que estagnaram em virtude da relutância das pessoas com respeito a identificar novamente as restrições e mudar os comportamentos à medida que as restrições trocarem de lugar.

Isso nos revela uma associação importante com o CORE. O conceito de *subordinação* permeia todo o processo dos cinco passos de focalização. Isso exige que todos façam sua parte, trabalhando em conjunto sincronizadamente para que se mantenha o foco sobre as restrições. De certo modo, os cinco passos de focalização são na verdade um guia que

---

[19] Para uma discussão aprofundada sobre pilotos da CC, consulte Newbold (2008, Capítulo 17).

[20] Para ver uma das discussões mais recentes sobre os cinco passos de focalização, consulte Goldratt (1990, Capítulo 1). Os *loops* correspondentes são mostrados claramente em Newbold (1998, p. 150).

```
        ┌──────────┐                              ┌──────┐
        │ Verificar│         Validação            │ Agir │
        └──────────┘    ↗               ↘         └──────┘
              Avaliar os                 Divulgar, reavaliar,
              resultados                       reforçar
                      Obter informações, analisar
                                ↓
         ┌──────┐                         ┌──────────────┐
         │ Valor│      Urgência ─Definir uma→ Expectativas│
         └──────┘                 visão   └──────────────┘
              Implementar                Planejar, obter
                                             adesão
         ┌──────┐      Comprometimento     ┌──────────┐
         │ Fazer│                          │ Planejar │
         └──────┘                          └──────────┘
```

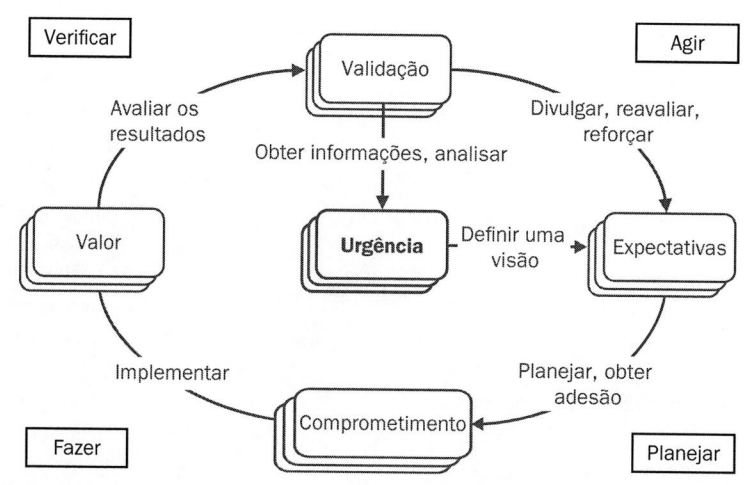

FIGURA 5.5 CORE e PDCA.

mostra a que as pessoas da empresa devem se subordinar, isto é, a meta e as restrições da empresa. Elas podem gerar rapidamente benefícios de curto prazo. O CORE mostra de que forma se obtém essa subordinação, abordando, desse modo, o problema de credibilidade – isso ajuda a consolidar os benefícios de longo prazo decorrentes da melhoria contínua.

Se essa subordinação não for aprendida apropriadamente pelas pessoas, a implementação dos cinco passos de focalização talvez produza benefícios iniciais, mas essa iniciativa provavelmente não durará. A isso denomino efeito da "urgência para mudança":[21] ficamos tão persuadidos a comprar a "urgência para mudança" dos benefícios imediatos, que não prestamos atenção às ramificações negativas mostradas na Figura 5.3. Precisamos do CORE para obter adesão às mudanças.

Planejamento da implementação

Até aqui, descrevi o CORE e ofereci exemplos simples de sua aplicação. Entretanto, a implementação da CC é complexa. Ela abrange instalação, treinamento, mudanças nos processos empresariais e novos fluxos de informações e deve gerar mudanças significativas na maneira como as pessoas trabalham, mudanças que devem ser sincronizadas entre provavelmente dezenas de funções e milhares de pessoas. Muita coisa pode e de fato dá errado. Em última análise, queremos que as pessoas adaptem nossa metodologia de CC ao seu ambiente de uma maneira que ela se torne parte do DNA da empresa.

Planejando com o ciclo de resultados

Para utilizar o CORE para analisar um plano de implementação, basta seguir o ciclo. Inúmeras perguntas virão imediatamente à tona. Por exemplo:

- O que está impulsionando a urgência para a mudança? Quem a sente? Quem precisa senti-la?
- Existe uma visão que unifica a urgência sentida pelos diferentes interessados?

---

[21] Consulte, por exemplo, http://billiondollarsolution.com/blog/?p=70. Acesso em 12 de julho de 2009.

- As expectativas foram estabelecidas? Para quem? Quem estabelecerá suas próprias expectativas e qual será seu impacto?
- Foi possível obter adesão com o planejamento?
- Quem está verdadeiramente empenhado? Em outras palavras, a quem você pode confiar o comando?
- Onde você espera que se crie valor?
- Quais medidas de avaliação serão utilizadas para validar o valor criado?
- Como esse valor será utilizado, tanto para reformular as expectativas quanto para adaptar o plano de implementação?

Se empregarmos essa abordagem às etapas apresentadas na Tabela 5.1, talvez constatemos que estão faltando inúmeros elementos, sem os quais não obteremos os êxitos do CORE (os quadros com cantos arredondados). Se acrescentarmos esses elementos, podemos ter a esperança de superar as causas básicas mostradas na Tabela 5.3, de modo que o plano de implementação mantenha-se por si só a longo prazo. Veja alguns fatores que devem ser considerados ao aplicar o CORE à Tabela 5.1.

Urgência

Um processo básico para um grupo elevar o desempenho para um novo nível foi esquematizado há vários anos por Kurt Lewin, psicólogo social pioneiro: descongelar o nível atual, mudar para um novo nível e congelar esse novo nível.[22] O descongelamento pode ocorrer mais facilmente por meio de uma percepção de urgência, motivo pelo qual a urgência é tão crucial.[23]

Será que percebemos verdadeiramente o nível de urgência sentido por pessoas diferentes? É adequado "descongelar" o comportamento das pessoas? Podemos ter um grande defensor da CC dentro de uma empresa. Porém, se ele for o único que tem percepção de urgência, ele terá uma luta difícil pela frente. Vi muitos desses defensores acabarem perdendo o ânimo pelo fato de não sustentarem sua paixão com a capacidade de gerar e transmitir uma percepção de urgência que encontrasse eco em seu público.

Dica: Conduza uma pesquisa e identifique a urgência. Essa pesquisa normalmente exige entrevistas, com perguntas que visam compreender a percepção de urgência específica de cada indivíduo.

Expectativas

As pessoas normalmente expressam suas expectativas por meio de uma visão. A visão é fundamental, mas raras vezes é suficiente. Como diferentes pessoas terão funções e expectativas diferentes, constatamos que em geral é necessário utilizar um *plano de comunicação*. Usualmente, o plano de comunicação é uma planilha que ajuda a observar quem está comunicando o que para quem, como:

- As expectativas dos diferentes interessados e como elas foram estabelecidas.
- A promoção direcionada a grupos não envolvidos diretamente com a implementação.
- O *feedback* entre o DGP, a equipe de coordenação, a equipe de implementação e outros.

Dica: Mantenha um plano de comunicação.

---

[22] Consulte o artigo de Lewin "Frontiers in Group Dynamics" ("Fronteiras na Dinâmica de Grupo"), de 1947, reimpresso em Lewin (1997, p. 330).

[23] Para obter mais informações sobre esse assunto, consulte Kotter (1996; 2008).

Comprometimento

Quem deve participar do planejamento? Já falei sobre os conceitos de equipe de coordenação e equipe de implementação. Esses grupos precisam deixar sua marca no plano. Em uma implementação complexa que envolva muitas pessoas, sera necessário coordenar vários níveis de planejamento. Lembre-se sempre de que um dos objetivos fundamentais do planejamento é obter a adesão das pessoas.

> **Dica:** Utilize o planejamento para obter adesão.

Valor

Parece óbvio que toda iniciativa de mudança deva criar valor. Contudo, curiosamente, com frequência percebemos que as pessoas não ponderaram com cuidado a respeito de perguntas do tipo: "Qual valor?" e "Para quem?". As empresas investem milhões em sistemas de gerenciamento de ciclo de vida dos produtos (*product lifecycle management* – PLM) e EPM sem ter uma ideia clara sobre como esses sistemas beneficiarão a empresa ou os indivíduos que pertencem ao quadro da empresa. Expectativas incompatíveis entre compradores e vendedores podem fazer com que as implementações do sistema EPM arrastem-se durante anos.

> **Dica:** Identifique o valor esperado e como ele será obtido e avaliado. Para começar, colete dados logo no início; não há motivo para ficar esperando.

Validação

Muitas vezes percebemos que as pessoas pressupõem que a implementação continuará a prosperar e gerar benefícios quando é ela bem começada. É verdade que os benefícios obtidos logo no início podem ajudar a justificar e dar ímpeto à implementação. Infelizmente, como os benefícios da CC começam a aparecer apenas bem depois da mudança no DNA organizacional, um efeito de "urgência para mudança" correspondente pode provocar as ramificações negativas mostradas na Figura 5.3.

> **Dica:** Continue coletando e analisando as medidas de avaliação da implementação, como aquelas presentes na Tabela 5.2., para dar prosseguimento ao processo de adaptação e aprimoramento da implementação.

Armadilhas

Inúmeras armadilhas conceituais ficam à espreita nas implementações, armadilhas nas quais as pessoas caem sem pensar. Você deve rever essas armadilhas periodicamente, apenas para ter certeza de que não caiu em uma delas.

Não tem a ver com você

Temos a tendência de acreditar que nossas opiniões e atitudes pessoais são mais importantes do que as dos outros. Consideramos o que precisamos fazer e o que precisamos que outras pessoas façam sem levar em conta o que as pessoas precisam convencer-se a fazer. Às vezes nos esquecemos de que as outras pessoas também têm ideias válidas.

Em vez disso, pense em uma implementação que mude do "eu" para "eles". Isso poderia ser uma transição, por exemplo, de um mundo em que você, enquanto facilitador, assume a responsabilidade máxima pela implementação, para um mundo em que ela prosseguiria mesmo que você tivesse sido atropelado por um ônibus:

Eu: Por onde devemos começar
Nós: Mais adequado
Eles: Melhor

Tornamo-nos obsoletos, preenchendo a lacuna entre "eu" e "eles", por meio dos conceitos do CORE: estabelecer expectativas, obter adesão e comprometimento e criar e divulgar o valor. Dessa forma obtemos a adesão das pessoas que em algum momento terão de assumir responsabilidades

> **Dica:** Pergunte a você mesmo: Estou falando muito? Estou delegando o suficiente? As pessoas certas estão demonstrando adesão?

Quebra de confiança

Você já ouviu uma equipe de gerenciamento dizer, "Se implementarmos tal tecnologia, obteremos tais e tais benefícios inacreditáveis", e só então constatar que depois de meses ou anos de trabalho árduo a implementação não conseguiu produzir nada parecido com aqueles benefícios? De acordo com minha experiência, isso é comum nas iniciativas de melhoria; como mostra o quadro 16 da Figura 5.3, não é usual estabelecer expectativas claras e realistas para uma iniciativa. Esse também é um exemplo perfeito de quebra de confiança. Faz-se uma promessa de cumprir expectativas irrealistas que acaba sendo quebrada. Pior ainda, as notícias ruins vêm a cavalo. Se você quebra a confiança com um grupo, você deve acreditar que muitas outras pessoas ficarão sabendo disso. Não é de surpreender que encontremos com tanta frequência pessoas que têm pouca fé na capacidade de sua empresa de mudar.

O CORE deve ser empregado para construir e manter a confiança. Estabelecemos expectativas realistas, tomamos providências para cumpri-las e confirmamos visivelmente que atendemos ou ficamos abaixo delas. Em ambos os casos, continuamos aprendendo. Isso funciona de acordo com um princípio importante: *a maneira mais fácil de recuperar a confiança perdida é, antes de qualquer coisa, jamais a perder*. Se você criar o hábito de estabelecer expectativas irrealistas, com frequência ficará desapontado. Porém, mais importante do que isso, você construirá uma cultura de desconfiança.

Antes de dar início a qualquer iniciativa, pondere sobre as expectativas realistas que você estabelecerá com diferentes interessados. É necessário estabelecer expectativas adequadas para lidar com a visão e a urgência correspondente. Divulgue-as amplamente, com um plano de comunicação e uma campanha de marketing, para que assim elas não fiquem à mercê da comunicação boca a boca. Depois, quando a iniciativa estiver em andamento, informe em que pé ela está e por quê.

> **Dica:** Estabeleça expectativas realistas e ofereça informações frequentes sobre o andamento.

O que significa "concluído"?

Durante o processo de programação da CC, é muito comum percebermos que as pessoas não sabem o que significa "concluído" com relação a determinados projetos e atividades. Muitas vezes, a pessoa consegue compreender a atividade em termos gerais, mas não é capaz de dizer em que ponto ela deve ser passada adiante. Isso pode provocar problemas de qualidade quando o trabalho é passado adiante antes de estar pronto ou aumentar o tempo e esforço quando o trabalho continua além do necessário. Os membros da equipe devem sempre tentar esclarecer o significado de "concluído".

Durante o planejamento da implementação, ocorre um problema inverso. Criamos vários planos e ferramentas cujos trabalhos de implementação são definidos como atividades distintas. Isso pode ser extremamente valioso. Contudo, se não tivermos cuidado – se ficarmos demasiadamente concentrados em coisas que possam ser declaradas como "concluídas"–, podemos perder de vista o "nível de esforço" necessário para um trabalho que precisa ser executado regularmente no futuro. Por exemplo:

- Planejamento da comunicação
- Avaliações de qualidade e desempenho
- Aconselhamento sobre mudanças comportamentais, como atribuição de prioridades e diminuição da multitarefa

- Transferência de elementos metodológicos para as pessoas que estão executando o trabalho
- Processo de adesão e aprimoramento

Esses fatores representam o trabalho que é difícil e muitas vezes perigoso declarar como "concluído". Entretanto, com frequência testemunhamos exatamente isso: as pessoas presumem que essas atividades são distintas. Por exemplo, elas concluem que o planejamento da implementação ou as medidas de avaliação não são mais essenciais quando a implementação parece estar indo bem. Elas declaram que o trabalho está "concluído" e com o tempo enfrentam os problemas descritos na Figura 5-3.

Nem todo trabalho de implementação encaixa-se perfeitamente em um plano de projeto. Em outras palavras: *Se o trabalho de implementação como um todo encaixar-se perfeitamente em um plano de projeto, isso significa que você está deixando alguma coisa escapar.* Isso não deveria nos surpreender, porque o Instituto de Gerenciamento de Projetos define um projeto como um "empreendimento temporário" (2008, p. 434), e nós queremos que a implementação seja um processo contínuo.

Podemos aplicar esse princípio imediatamente às causas básicas quando nos sentirmos persuadidos a convertê-las em atividades. Criamos uma percepção de urgência e então declaramos que o trabalho está "concluído" ou continuamos a divulgar e reforçar a visão e a urgência? Planejamos como podemos superar os obstáculos iniciais ou continuamos a avaliar os novos? Dizemos que uma implementação está "concluída" ou presumimos que ela faz parte de um processo que nunca estará "concluído"? Não podemos responder a essas perguntas acrescentando atividades a um plano de implementação. Precisamos de mensurações para avaliar o valor e o andamento da implementação, como mostra a Tabela 5.2. Precisamos divulgar as expectativas e os resultados. Precisamos perceber a urgência e inseri-la nas comunicações diárias e semanais. E precisamos ter pessoas responsáveis por atender a essas necessidades.

Mantenha um plano de comunicação. Crie processos de supervisão para garantir que possíveis problemas de qualidade sejam abordados. Realize reuniões regulares com a equipe de coordenação e a equipe de implementação para discutir questões críticas. Crie fóruns para que especialistas internos compartilhem conhecimentos. E, em termos mais amplos, crie uma cultura CORE que recompense as pessoas por expressar expectativas e resultados honestos, independentemente de esses resultados serem considerados bons ou ruins.

Dica: Programe-se para um trabalho que nunca será "concluído".

Resumo

Realizar uma verdadeira mudança organizacional não significa apenas admitir que as coisas precisam mudar ou experimentar coisas diferentes. Significa na verdade mudar os hábitos que influenciam a maneira como as pessoas trabalham – significa mudar o DNA organizacional. As iniciativas de melhoria que exigem uma mudança real apresentam, na melhor das hipóteses, um histórico modesto de produção e manutenção de benefícios de longo prazo, e esse problema de credibilidade é difuso. Algumas das causas básicas são:

- Falta de urgência
- Solução inadequada
- Falta de adesão à solução
- Indisposição ou incapacidade para estabelecer expectativas claras de valor
- Incapacidade de divulgar o valor

Essas causas básicas podem ser abordadas com o CORE, um processo desenvolvido pela ProChain Solutions ao longo de vários anos para facilitar as implementações da CC.

O CORE envolve as seguintes etapas:

1. Obter informações e analisá-las para identificar ou desenvolver uma percepção de urgência comum.
2. Definir e divulgar as *expectativas* utilizando uma visão comum.
3. Obter *comprometimento* por meio do planejamento.
4. Criar *valor* por meio da implementação.
5. *Validar* os resultados por meio de mensurações.
6. Dar continuidade ao ciclo no futuro adentro.

O CORE é um processo para vender a ideia de mudança que lida com essas causas básicas desenvolvendo a confiança na iniciativa de mudança ao longo do tempo. A experiência da ProChain indica que a associação do CORE com componentes da melhor solução da categoria gera implementações bem-sucedidas e duradouras.

O ciclo de *feedback* do CORE pode ser aplicado a situações simples e complexas. Algumas armadilhas correspondentes podem ser evitadas transferindo o controle pela implementação, criando expectativas realistas e reconhecendo o fato de que algumas atividades da implementação nunca serão completamente "concluídas".

A capacidade de mudar rapidamente – "agilidade"– pode ser uma tremenda vantagem competitiva. Para que uma organização seja verdadeiramente ágil, ela deve ser capaz de reagir rapidamente a mudanças mercadológicas e tecnológicas. E para realizar mudanças apropriadas que promovam a adesão, as pessoas devem ter paciência, disciplina e flexibilidade para criar confiança nessas mudanças. O CORE é um instrumento ideal para criar essa confiança.

Referências

Cialdini, R. B. *Influence: The Psychology of Persuasion*. Nova York: William Morrow and Company, 1993.

Covey, S. R. *The Seven Habits of Highly Effective People*. Nova York: Simon and Schuster, 1989.

Deming, W. E. *Out of the Crisis*. Cambridge: MIT CAES,1982.

Eades, K. M. *The New Solution Selling*. Nova York: McGraw Hill, 2004.

Dettmer, H. W. *The Logical Thinking Process: A Systems Approach to Complex Problem Solving*. Milwaukee, WI: ASQ Quality Press, 2007.

Duck, J. D. *The Change Monster*. Nova York: Three Rivers Press, 2001.

Goldratt, E. M. *What Is This Thing Called Theory of Constraints, and How Should It Be Implemented?* Great Barrington, MA: North River Press, 1990.

Goldratt, E. M., Goldratt, R. e Abramov, E. Strategy and Tactics. http://www.vancouver.wsu.edu/fac/holt/em534/Goldratt/Strategic-Tactic.html, 2002.

Gupta, S. "Critical Chain: Successes, Failures, and Lessons Learned". Apresentação na 3ª Conferência Anual TOCICO, Barcelona, Espanha, novembro de 2005.

Hobbs, B. e Aubry, M. "Identifying the Structure That Underlies the Extreme Variability Found among PMOs". Newtown Square, PA: Conferência de Pesquisa do Instituto de Gerenciamento de Projetos, 2006.

Koenigsaecker, G. *Leading the Lean Enterprise Transformation*. Nova York: Productivity Press, 2009.

Kotter, J. P. *Leading Change*. Boston: Harvard Business School Press, 1996.

Kotter, J. P. *A Sense of Urgency*. Boston: Harvard Business School Press, 2008.

Instituto da Empresa Enxuta. "Backsliding Is Back as the Biggest Obstacle to Lean Transformations". http://www.lean.org/WhoWeAre/NewsArticleDocuments/Obstacles_adden-dum_release08.pdf, 2008.

Lewin, K. *Resolving Social Conflicts and Field Theory in Social Science*. Washington, DC: Associação Americana de Psicologia, 1997.

Newbold, R. C. *Project Management in the Fast Lane: Applying the Theory of Constraints*. Boca Raton, FL: St. Lucie Press, 1998.

Newbold, R. C. *The Billion Dollar Solution: Secrets of ProChain Project Management*. Lake Ridge, VA: ProChain Press, 2008.

Instituto de Gerenciamento de Projetos. *A Guide to the Project Management Body of Knowledge*. 4ª ed. Newtown Square, PA: Instituto de Gerenciamento de Projetos, 2008.

Retief, F. "Critical Chain vs. Pooled Risk Scheduling" Visite http://www.mpsys.com.au/downloads for download information, 2009.

Richards, C. *Certain to Win: The Strategy of John Boyd, Applied to Business*. Filadélfia: XLibris Corporation, 2004.

Scheinkopf, L. *Thinking for a Change*. Boca Raton, FL: St. Lucie Press, 2000.

Sullivan, T. T., Reid, R. A. e Cartier, B. *TOCICO Dictionary*. http://www.tocico.org/?page=dictionary, 2007.

Sobre o autor

Robert C. Newbold, diretor executivo e fundador da ProChain Solutions e um dos principais especialistas em programação e gerenciamento de projetos pelo método da corrente crítica, escreve e faz palestras frequentes sobre esse tema. Nos últimos 25 anos, ele desenvolveu melhorias de processo nas áreas de saúde, fabricação e gerenciamento de projetos. Ele é autor do livro *The Billion Dollar Solution* (2008), publicado pela ProChain Press, e *Project Management in the Fast Lane* (1998), pela St. Lucie Press. Possui diplomas pela Universidade Stanford, Universidade Estadual de Nova York (SUNY), Universidade Stony Brook e Universidade Yale.

6

Gerenciamento de projetos em um mundo enxuto: aplicando o Lean/Seis Sigma no ambiente de projetos

Instituto Avraham Goldratt (AGI)

Introdução: um mundo enxuto

Para a maior parte das empresas do hemisfério ocidental, o apelo para a busca de uma disciplina de melhoria começou na década de 1980 com o programa da NBC "Se o Japão consegue... Por que nós não conseguimos?". Muitas iniciaram o movimento de qualidade da destinação de recursos humanos e financeiros para essa finalidade. Investindo no treinamento oferecido pelo Dr. Edward W. Deming, Dr. Taiichi Ohno e Shingeo Shingo e tentando contornar o ataque violento de novas empresas de treinamento e consultoria que surgiam, a década de 1980, de meados até o fim, assistiu à introdução de uma miríade de técnicas – e a maioria parecia ter um acrônimo de três letras. Quer fosse o controle estatístico de processo (CEP), o sistema Toyota de produção (STP), a troca rápida de ferramentas (*single method exchange of die* – SMED), o *just-in-time* (JIT) ou a manutenção produtiva total (*total productive maintenance* – TPM), especialistas externos e internos com diferentes técnicas baixavam em peso nas unidades de negócios para formar inúmeras equipes de melhoria de processo, todos disputando os mesmos recursos que naquele momento já eram totalmente necessários apenas para tocar o negócio.

A Motorola é responsável pela invenção da metodologia Seis Sigma. Os funcionários da Motorola perceberam o poder de várias técnicas de gestão da qualidade total (*total quality management* – TQM), Deming, Juran e outros as transformaram em um sistema de gerenciamento que focalizava a melhoria e os resultados financeiros. A princípio destinada a processos de produção, a Motorola desenvolveu elementos para incorporá-la em sua cultura operacional.

Graças a James Womack e Daniel Jones, por meio do livro *Lean Thinking* (*A Mentalidade Enxuta nas Empresas*), publicado em 1996, as ferramentas do movimento de qualidade passou a contar com uma estrutura para trabalhar mais coletivamente – *os princípios da produção enxuta (Lean). Os princípios de especificar o valor e a cadeia de valor, criando um fluxo regular, e de possibilitar a obtenção de valor por parte do cliente, bem como a busca da perfeição, garantiam que o processo de melhoria seria contínuo.* (Para obter um bom resumo sobre as metodologias de produção enxuta e Seis Sigma, consulte o Capítulo 36, "Associando produção enxuta, Seis Sigma e teoria das restrições para obter um grande salto de desempenho", do AGI-Instituto Goldratt).

Copyright © 2010 Instituto Avraham Y. Goldratt, LP.

Tanto a produção enxuta quanto o Seis Sigma ainda são amplamente adotados pelos setores público e privado e estão cada vez mais integrados no assim chamado Lean/Seis Sigma. Ambos estão bem desenvolvidos. Ambos desfrutam do apoio de vários altos executivos, de gerentes de linha e de um vasto número de funcionários que até certo ponto foram treinados nessas disciplinas. Sejamos realistas, para a maioria de nós, esse é um mundo enxuto!

Que consequências isso tem no ambiente de projetos? A atenção sobre o Lean/Seis Sigma continua aumentando. Existem escritórios e departamentos criados especificamente para o Lean/Seis Sigma. A disponibilidade de recursos financeiros parece abundante em relação a outras necessidades. O número de especialistas cinturão branco, cinturão verde e cinturão preto em Lean/Seis Sigma é crescente. Esses vários especialistas ampliam a aplicação da Lean/Seis Sigma do chão de fábrica para toda a empresa – inclusive o ambiente de projetos!

O que é ser enxuto do ponto de vista do gerenciamento de projetos?

Com a ampliação das iniciativas do Lean/Seis Sigma para o ambiente de projetos, a acolhida não foi nem um pouco entusiástica. A maioria dos gerentes de projeto e gerentes de recurso acreditava que já estavam trabalhando em um mundo enxuto – enxuto em termos de recursos, enxuto em termos de tempo e enxuto em termos de recursos financeiros. Muitos gerentes de projeto acreditavam que já haviam sido solicitados a realizar quase o impossível – montar em um elefante que tenta se equilibrar em uma bola sobre uma corda a 6 metros de altura do chão, sem nenhuma rede embaixo (Figura 6.1).

Quando da tentativa de "enxugar" o ambiente de projetos, houve alguns obstáculos aparentemente intransponíveis. Para começo de conversa, do mesmo modo que os ambientes da cadeia de suprimentos, os ambientes de projetos consistem em um sistema de sistemas. Isso dificulta ainda mais a decisão não apenas sobre o ponto que se deve focalizar, mas também sobre a forma de determinar as áreas mais oportunas de desperdício e

Tudo parece bastante enxuto quando alguém sente que está trabalhando sem uma rede!

FIGURA 6.1 Ponto de vista do gerenciamento de projetos.
Fonte: © 1991–2010 Instituto Avraham Y. Goldratt, LP. Todos os direitos reservados.

valor. Além disso, na aplicação de definições e técnicas para melhorar as áreas de produtividade, focalização, valor, desperdício e variabilidade em um sistema de projetos, parece haver lacunas, visto que as técnicas e definições do Lean/Seis Sigma foram desenvolvidas para o ambiente de produção e aparentemente não se aplicavam de forma direta a um ambiente de projetos sem uma transposição significativa. Junte-se a isso o fato de que as técnicas do gerenciamento de projetos tradicional contidas no *corpo de conhecimentos sobre gerenciamento de projetos* (*project management body of knowledge* – PMBOK) não necessariamente integrava a produção enxuta. Não é de surpreender que tenha havido indiferença, para não dizer um frio acolhimento. Vejamos cada uma dessas questões mais detalhadamente.

Sistema de sistemas do ambiente de projetos

Existem quatro sistemas em um ambiente de múltiplos projetos: sistema de gerenciamento de atividades, sistema de um projeto específico, sistema de portfólio de projetos e sistema de gerenciamento de recursos.

O *sistema de gerenciamento de atividades* (Figura 6.2) consiste na lista de atividades ou no grupo de atividades inter-relacionadas em que uma pessoa é responsável por garantir que todos os elementos dessa atividade sejam concluídos na data programada (e com frequência de acordo com o custo previsto).

Os detalhes de cada "atividade" geralmente não aparecem no cronograma do projeto, apenas a atividade geral. Se alguém estivesse construindo uma casa, uma atividade poderia ser chamada de "concluir a instalação elétrica". O chefe da equipe tem uma equipe elétrica para supervisionar a fiação de 110 volts para as lâmpadas e tomadas; outra talvez para a fiação de 220 volts de alguns aparelhos; e outra para instalar o painel de disjuntores.

O *sistema de um projeto específico* consiste na *sequência de atividades, transferências de responsabilidade e resultados tangíveis que, quando concluídos, produzem os resultados desejados*. Esse sistema deve gerenciar a entrega de conteúdo de acordo com o tempo e o orçamento consignado. Frequentemente, para iniciar a programação, as várias funções de recurso listam as atividades e o tempo correspondente (ou nível de esforço) como elementos independentes (Figura 6.3).

Sistema de sistemas do ambiente de projetos

Em vários ambientes de projetos, aplica-se o gerenciamento de cronogramas e/ou custo em cada atividade ou em um grupo de atividades.

Atividade listada no projeto:

Configurar aeronave para o teste xyz

FIGURA 6.2 Sistema de gerenciamento de atividades.
Fonte: © 1991-2010 Instituto Avraham Y. Goldratt, LP. Todos os direitos reservados.

Sistema de sistemas

Em um projeto, temos o sistema do projeto – sequência de atividades, transferências de responsabilidade e resultados tangíveis que, quando concluídos, produzem os resultados desejados.

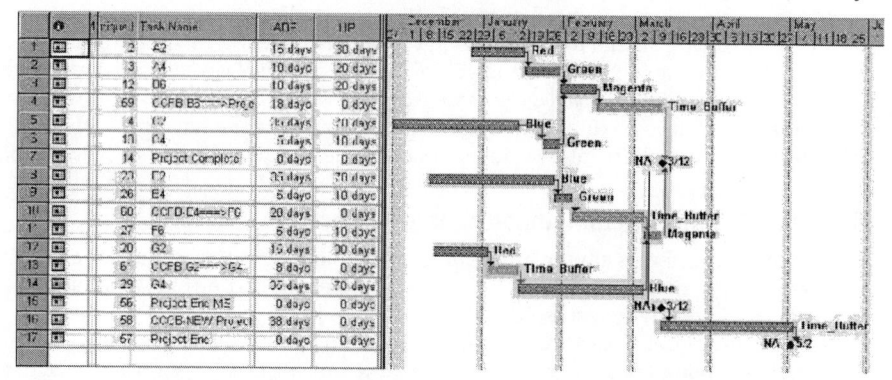

FIGURA 6.3 Ambiente de um único projeto.
Fonte: © 1991-2010 Instituto Avraham Y. Goldratt, LP. Todos os direitos reservados.

Os compromissos com o conteúdo de um projeto específico são estabelecidos de maneira independente do trabalho das atividades de outros projetos para recursos compartilhados. Mesmo quando se considera o compartilhamento de recursos, pouca atenção é dada ao impacto da variabilidade sobre a liberação de um recurso de uma atividade para outra. Além disso, quando existem dependências de um projeto para outro, muitas vezes os compromissos de um projeto são estabelecidos sem avaliar o impacto da variabilidade de um projeto sobre outro. Um exemplo poderia ser o de uma empresa que estivesse desenvolvendo um projeto em que o resultado seria empregado por outro ou por vários outros projetos, como o desenvolvimento de um novo microprocessador que será utilizado em cada plataforma de produtos subsequente.

No *sistema de portfólio de projetos*, todos os projetos são agrupados por tipo de produto, tipo de negócio ou tipo de empresa e devem ser gerenciados para assegurar a satisfação de cada cliente. Infelizmente, as datas de necessidade dos clientes são independentes e não necessariamente podem ser coordenadas em um portfólio (Figura 6.4).

Nesse nível, os conflitos entre os projetos em virtude dos poucos recursos compartilhados tornam-se visíveis. Lamentavelmente, com frequência existem compromissos já assumidos – quais projetos receberão maior prioridade de recursos em comparação a outros. Por isso, vários projetos se movem com grande esforço porque devem gerar resultados sem o benefício de ser o projeto "do momento".

Por fim, no nível do *sistema de gerenciamento de recursos*, a empresa precisa não apenas planejar quais capacidades ela deve ter para apoiar o trabalho atual e futuro do projeto, mas também controlar de que forma deve aplicar os recursos atuais à fila de atividades de cada projeto – cada um com uma prioridade em nível de projeto e/ou de portfólio. Os gerentes desse sistema vivem fazendo malabarismos com a capacidade disponível e as prioridades de execução das atividades (Figura 6.5).

O gerente de recursos muitas vezes é obrigado a mover os recursos de um lado a outro para atender à nova roda mais rangente (atividade), na tentativa de distribuir a capacidade onde ela possa fazer a melhor diferença possível contra uma fila que parece nunca terminar.

O que melhoramos?

Com todos esses sistemas e idealizadores diferentes, parece que abordar a melhoria sistêmica no ambiente de projetos encontra eco na metáfora da fábula indiana "Os Cegos e o

Sistema de sistemas

No nível de múltiplos projetos, temos todos os projetos que devemos executar e concluir em uma janela específica.

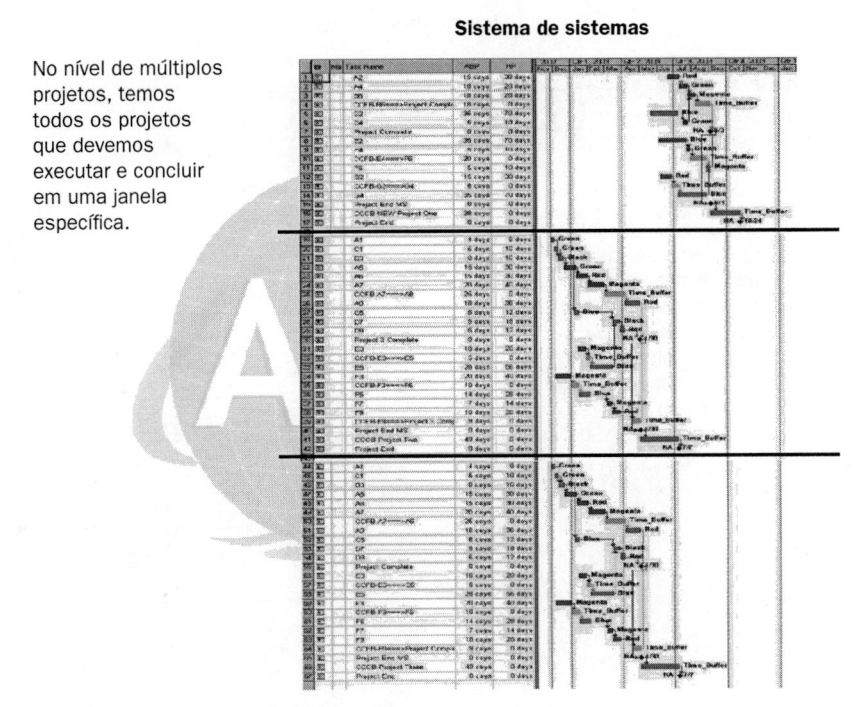

FIGURA 6.4 Ambiente de múltiplos projetos.
Fonte: © 1991-2010 Instituto Avraham Y. Goldratt, LP. Todos os direitos reservados.

Elefante", imortalizada no poema de John Godfrey Saxe (1873, pp. 77-78). O sistema de gerenciamento de projetos tem alguns desafios interessantes. Esses diferentes "sistemas" têm vários donos, cada um com sua visão sobre o que é necessário melhorar. Enquanto esses sistemas não estiverem alinhados para funcionar em harmonia, haverá pouca oportunidade para uma verdadeira melhoria. Isso significa que é essencial compreender as relações entre esses sistemas. Em última análise, a capacidade da empresa (baseada tanto em sua capacidade limitada de recursos quanto na quantidade de um determinado tipo de trabalho que pode ser absorvida em um intervalo de tempo) deve ditar a quantidade de trabalho aceita no portfólio ou no sequenciamento. Somente então é possível estabelecer compromissos para um projeto específico. As prioridades de execução das atividades devem basear-se, portanto, na liberação de trabalhos e na disponibilidade real de atividades "prontas para serem iniciadas". As prioridades na lista de atividades só devem ser ajustadas quando houver dados objetivos de que o projeto exige que a execução de uma atividade seja acelerada. O segredo da melhoria é alinhar esses sistemas de sistemas e, com essa percepção, traduzir o Lean/Seis Sigma para aumentar o valor e minimizar o desperdício.

Aplicação da produção enxuta no sistema de sistemas dos projetos em benefício da melhoria

A produção enxuta poderia ser resumida pelo que foi atribuído por Eiji Toyoda ao descrever o sistema Toyota de produção: "oferecer *exatamente* o que o cliente deseja; *quando* o cliente precisa; na quantidade *correta* e na *sequência* esperada, *sem defeitos*; ao *menor custo possível*". Precisamos considerar a importância desse conceito, mas aplicá-lo a cada um dos sistemas de sistemas em um ambiente de projetos de uma maneira que alinhe o sistema.

Em um ambiente de múltiplos projetos, para começar alinhamos o sistema de sistemas com a *capacidade* da empresa e o *portfólio* de trabalhos. Enxugar significa empregar a quantidade correta de projetos, com base na capacidade da empresa de realizar os traba-

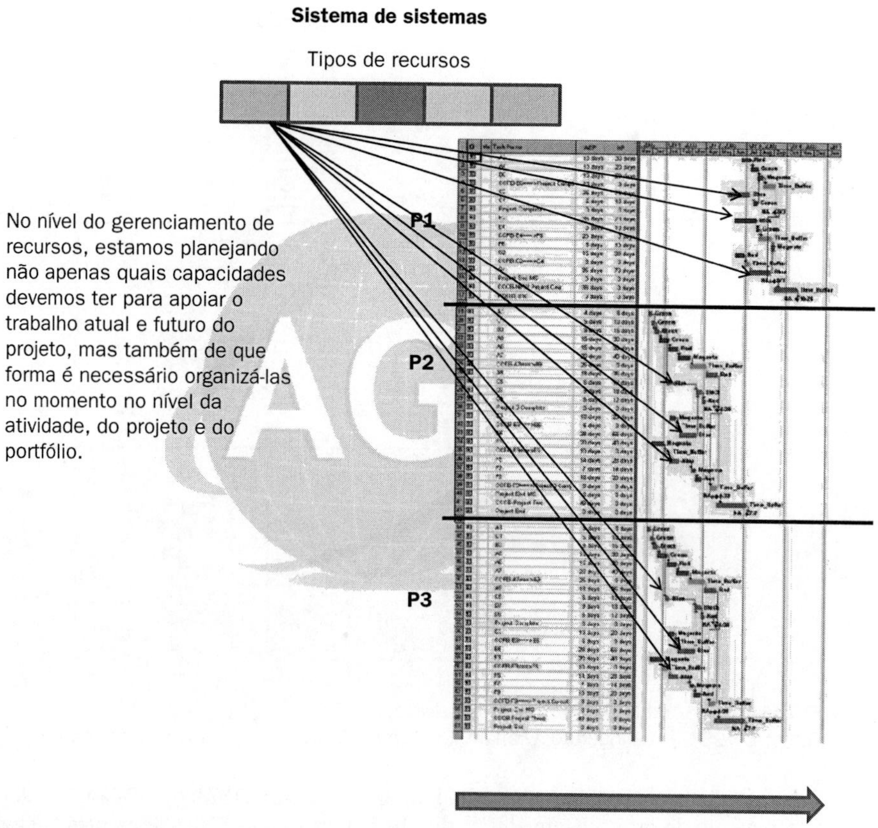

Sistema de sistemas

Tipos de recursos

No nível do gerenciamento de recursos, estamos planejando não apenas quais capacidades devemos ter para apoiar o trabalho atual e futuro do projeto, mas também de que forma é necessário organizá-las no momento no nível da atividade, do projeto e do portfólio.

FIGURA 6.5 Gerenciamento de recursos de múltiplos projetos.
Fonte: © 1991-2010 Instituto Avraham Y. Goldratt, LP. Todos os direitos reservados.

lhos (dentro de um horizonte de tempo), com o conteúdo correto e o mais rápido possível para cumprir a data necessária de cada projeto que foi prometida. Com relação aos projetos que foram ajustados para serem conduzidos de acordo com o portfólio, enxugar significa concluir as atividades corretas, na sequência correta, com a qualidade correta e o mais rápido possível para fornecer exatamente o que o cliente deseja e quando ele precisa. Com base nisso, a produção enxuta aplicada às prioridades das atividades poderia ser traduzida como a atribuição correta de atividades, na sequência correta, utilizando os recursos corretos. Por conseguinte, o gerenciamento enxuto de atividades significaria garantir que as atividades certas sejam executadas no momento certo para oferecer o conteúdo correto com a qualidade correta, o mais rápido possível (Figura 6.6).

Preenchendo as lacunas nas técnicas de produção enxuta para o ambiente de projetos

Tal como foi dito antes, existem obstáculos na aplicação do Lean/Seis Sigma ao ambiente de projetos. Já falamos sobre a natureza do sistema de sistemas do ambiente de projetos. É chegado o momento de desviarmos nosso foco para as lacunas existentes na aplicação de definições e técnicas extraídas do ambiente de produção e aplicá-las ao ambiente de projetos. Examinaremos particularmente o que é necessário para melhorar a produtividade, o foco e o valor e para eliminar o desperdício e a oscilação.

Capítulo 6 ▪ Gerenciamento de projetos em um mundo enxuto

Capacidade

PRODUÇÃO ENXUTA: Portfólio

Quantidade correta dos projetos, com base na capacidade da empresa, dentro de um horizonte de tempo, **liberando o conteúdo correto** o mais rápido possível para cumprir os **compromissos** de cada projeto.

Portfólio

Projeto um
Projeto dois
Projeto três

Projeto

PRODUÇÃO ENXUTA: Projeto específico

Concluir as **atividades corretas**, na **sequência correta**, com a **qualidade correta** e o mais **rápido** possível para oferecer **exatamente** o que o cliente deseja, **quando** ele precisa.

PRODUÇÃO ENXUTA: Prioridades das atividades
Designar as **atividades corretas** e na **sequência correta**, utilizando os recursos corretos.

Prioridades das atividades

Gerenciamento das atividades

Configurar aeronave para o teste xyz

PRODUÇÃO ENXUTA: Gerenciamento das atividades

Assegurar que as **atividades corretas** sejam executadas no **momento certo**. Oferecer o **conteúdo correto** com a **qualidade correta**, o mais **rápido** possível.

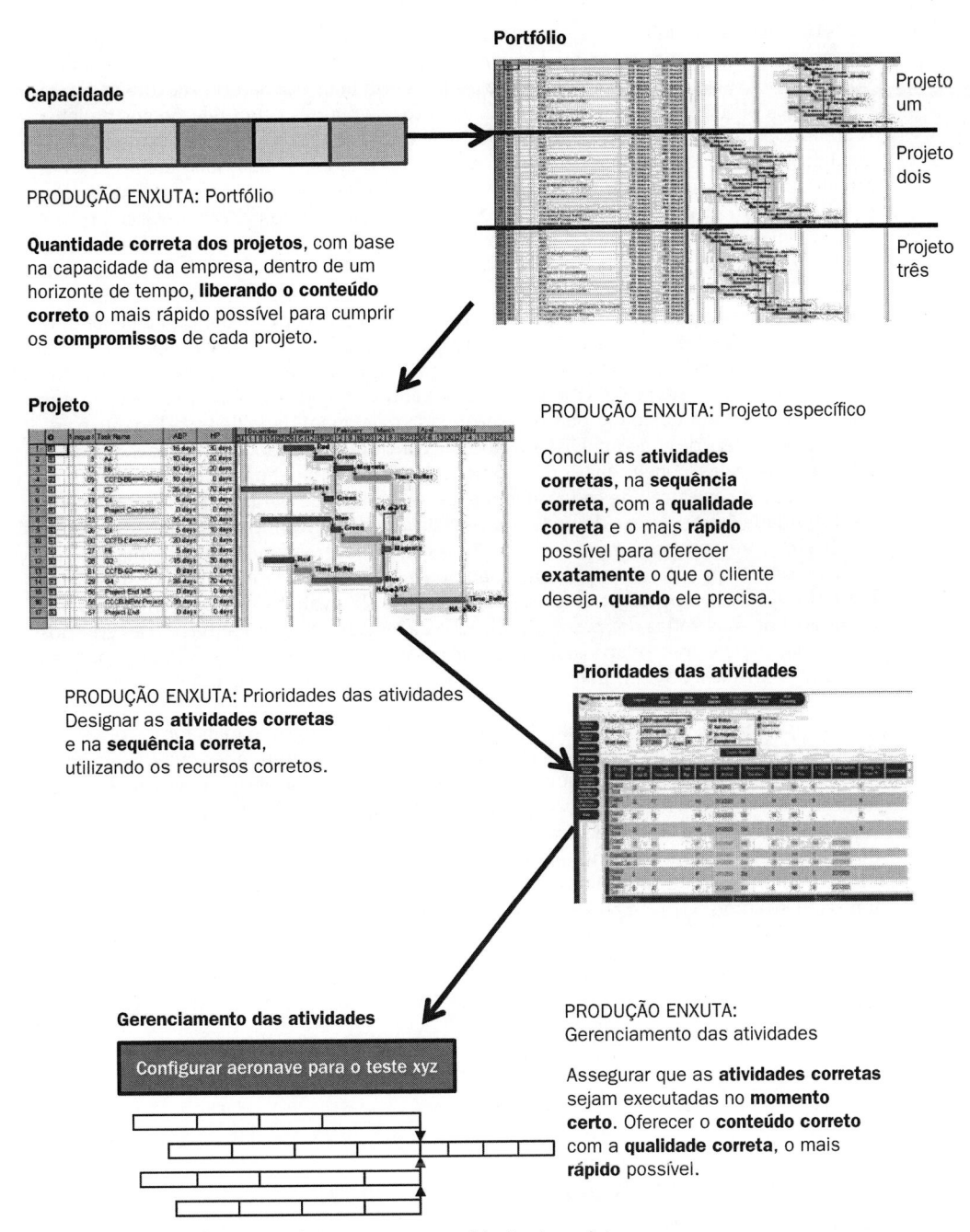

FIGURA 6.6 Alinhando os sistemas em um ambiente de projetos.
Fonte: © 1991-2010 Instituto Avraham Y. Goldratt, LP. Todos os direitos reservados.

O que é produtividade no ambiente de projetos? Poderíamos ser levados a examinar a porcentagem de carga de trabalho dos vários recursos, comparativamente à sua disponibilidade, para avaliarmos se o ambiente de projetos está mais ou menos produtivo – afinal, é aí que se encontram os custos e os investimentos da empresa com relação aos projetos. Entretanto, dessa forma o conceito de eficiência tradicional do chão de fábrica seria aplicado diretamente aos recursos do projeto e a empresa estaria avaliando apenas o nível de atividade de seus recursos, e não o de produtividade. Pense no seguinte: fazer exercícios em uma esteira produz muito suor e de fato melhora a capacidade cardiovascular; contudo, se sua meta fosse passar do Ponto A ao Ponto B, nada teria conseguido – haveria atividade, mas você não seria produtivo no sentido de chegar ao Ponto B. Se nossa meta fosse ir do Ponto A ao Ponto B o mais rápido possível, correr mais rápido do Ponto A ao Ponto B seria mais produtivo do que correr mais devagar ou parar periodicamente para fazer compras, comer ou enviar um *e-mail*. O ganho de um projeto só será obtido quando ele estiver concluído. A velocidade com que uma empresa consegue executar sequencialmente as atividades do projeto para alcançar o ganho depende de sua capacidade em um determinado horizonte de tempo e é determinada pela quantidade de trabalho que os recursos são capazes de concluir. Disso se poderia concluir que a velocidade de execução das atividades corretas, concluídas com o conteúdo correto e a qualidade correta, determina a velocidade de execução de cada projeto e nossa capacidade para o fluxo de trabalho. A produtividade deve ser vista do ponto de vista da atividade – a velocidade para concluí-la.

Estamos aumentando a produtividade das atividades? As medidas do ambiente de projetos estão aumentando a produtividade ou na verdade estão gerando desperdício? Em determinadas empresas, os principais critérios de avaliação empregados são, por exemplo, horas cobradas por pessoa, utilização de recursos e horas ganhas. Esses critérios têm pouca ou nenhuma relação com o fato de essas horas terem sido ou não dedicadas às atividades corretas. Se examinarmos um exemplo de valor agregado (*earned value* – EV), teremos dois ambientes (Figura 6.7).

O superior mostra o caso em que ganhamos horas no caminho mais longo. O segundo mostra que se ganhou o mesmo número de horas, mas as atividades que determinam o cronograma do projeto não foram tocadas. O critério de avaliação de horas ganhas e os indicadores subsequentes de desempenho de custo e progresso (IDC e IDP) talvez não chamem a atenção da empresa para o fato de que não está sendo produtiva nas atividades que determinam a conclusão do projeto e a obtenção de produtividade.

Como o ambiente de projetos utiliza os cinco fatores identificados por Womack e Jones (1996) como os princípios básicos da produção enxuta para garantir uma melhoria contínua? Esses cinco princípios são:

1. Especificar o valor do ponto de vista do cliente final.
2. Identificar todas as etapas na cadeia de valor.
3. Fazer as etapas de geração de valor fluir para o cliente.
4. Permitir que os clientes extraiam valor da atividade de produção anterior.
5. Buscar a perfeição.

Os cinco princípios da produção enxuta aplicados ao ambiente de projetos

Especificar o valor

Como especificamos o valor no ambiente de projetos? Os princípios da produção enxuta tentam primeiramente *definir o valor* com relação a *produtos específicos com capacidades específicas, oferecidos por preços específicos, por meio de um diálogo com os clientes*. Definir com

Sistemas do EVMS♦

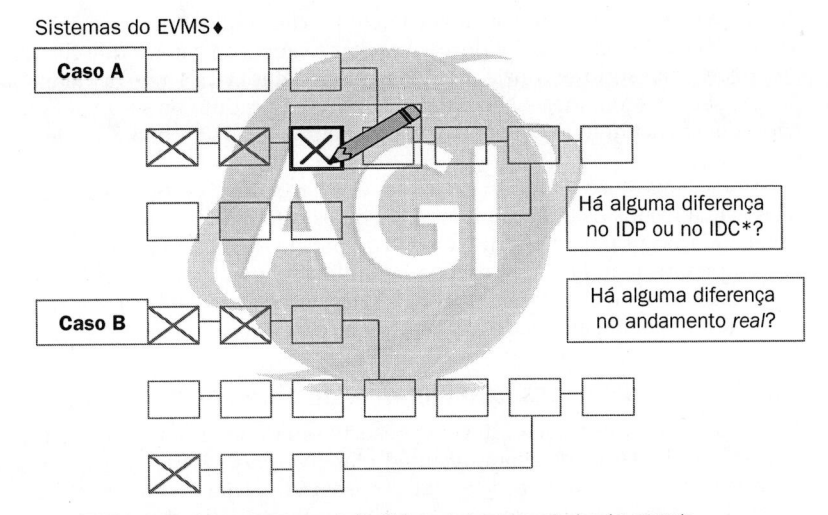

[diagrama: Caso A e Caso B com sequências de atividades]

Há alguma diferença no IDP ou no IDC*?

Há alguma diferença no andamento *real*?

♦ EVMS (*earned value management system*) = Sistema de gerenciamento de valor agregado.
*IDP = índice de desempenho de progresso; IDC = índice de desempenho de custo.

FIGURA 6.7 Atividade *versus* produtividade.
Fonte: © 1991-2010 Instituto Avraham Y. Goldratt, LP. Todos os direitos reservados.

cuidado o valor do projeto aliviará alguns problemas comuns encontrados no ambiente de projetos, como definição muito vaga sobre o projeto, falta de apoio/participação dos interessados, programação sem uma visão real do verdadeiro escopo do projeto e ampliação gradual do escopo. Uma técnica simples para especificar o valor é responder algumas perguntas fundamentais. Quem é o cliente desse projeto? Existe mais de um cliente? Nossa empresa também exige que se extraia algum valor desse projeto? O objetivo e o escopo são suficientes para solucionar cada um dos problemas dos clientes do projeto, de modo que não tenhamos de ampliar ou refazer o projeto? Isso significa que devemos primeiramente enunciar o problema de cada cliente e só então especificar o que é necessário apresentar para solucionar esse problema e gerar valor.

Identificar as etapas na cadeia de valor

Assim que definimos o valor do ponto de vista do cliente final, *devemos identificar todas as etapas na cadeia de valor*: a estrutura de setas, atividades e recursos do projeto que geram esse valor. Para evitar que as atividades, interligações e recursos não sejam desperdiçados, podemos utilizar algumas perguntas norteadoras. Todas as atividades e caminhos de dependência são necessários para atingir o objetivo do cliente? A atividade está gerando valor? Se uma atividade não estiver gerando valor, ela é necessária para satisfazer uma condição limite do projeto (*e.g.*, não poder utilizar fornecedores externos para criar um equipamento operacional suscetível à concorrência)? Essa atividade atende aos critérios de saída corretos para fornecer os insumos corretos para a atividade subsequente?

Fazer as etapas de geração de valor fluírem para o cliente

À medida que planejamos o projeto, precisamos garantir que as *etapas de geração de valor fluam para o cliente* e que os resultados tangíveis do projeto solucionem cada um dos problemas do cliente. Devemos perguntar se a dependência da atividade é necessária para que possamos executá-la corretamente na primeira vez (ou minimizar a repetição da variabilidade) e se o tempo investido para aguardar a conclusão da atividade predecessora vale a pena. O investimento desse tipo de recurso (com alto nível de habilidade) nessa atividade é apropriado ao investimento correspondente à perda do recurso que está sendo vinculado a essa atividade? Ao mapear a cadeia de valor, a que chamamos de rede de projeto, com sorte se constatará que a maioria das etapas agrega valor. Outras etapas podem ser acrescentadas e não adicionar valor ao produto ou serviço. Essas etapas que não agregam nenhum valor e que devem ser eliminadas são chamadas de *muda* ou perda (desperdício).

Como confirmamos que as atividades e as dependências entre as atividades estão corretas? Uma resposta sintética poderia ser que as atividades e dependências corretas são aquelas essenciais para cumprir o escopo do projeto e apoiar as atividades subsequentes e obter rapidez e qualidade. Temos todas as atividades para gerar valor? Nos projetos, é fundamental não apenas ter as atividades e setas necessárias para gerar valor, mas também não omitir nenhuma atividade essencial para gerar um valor pleno.

Permitir que os clientes extraiam valor da atividade de produção anterior

Na execução de um projeto, devemos executá-lo de uma maneira que todo cliente da atividade (atividade sucessora, resultado tangível) *extraia valor da atividade de produção anterior*. O cronograma do projeto deve ser seguido de tal modo que a execução das atividades, as dependências entre as setas e as atribuições dos recursos ocorram de acordo com o previsto para minimizar o desperdício e gerar valor para o cliente.

As iniciativas para melhorar o sistema de sistemas do projeto devem abordar a perda que atrasa a conclusão das atividades, aproveita mal o tempo de recursos já restritos e aumenta os custos dos projetos. A perda pode ocorrer em duas áreas principais. Em primeiro lugar, durante o planejamento, seja identificando as atividades incorretas ou as dependências erradas entre as setas, designando incorretamente os recursos para uma atividade, omitindo atividades ou atendendo errônea ou imperfeitamente às necessidades do cliente. Em segundo lugar, durante a execução do projeto, em decorrência da disposição incorreta das prioridades, da utilização inadequada de recursos já limitados ou da coordenação inadequada de comportamentos. Os problemas de desperdício no plano do projeto e na execução do projeto são abordados na fase de planejamento e programação e com alinhamento do sistema de sistemas, respectivamente.

Em que consiste a perda no ambiente de projetos? É possível percebê-lo? Dr. Taiichi Ohno (1988) identificou sete categorias de perda (e recentemente foi acrescentada uma oitava categoria). Muitas das definições dessas categorias baseiam-se no ambiente de produção, e não no de projetos – embora elas sejam bastante eficazes para eliminar o desperdício, ganhar rapidez e aumentar a capacidade no ambiente de projetos. A transposição dessas categorias ocorre da seguinte maneira.

Categorias de perda no ambiente de projetos

A primeira categoria é a perda por *excesso de produção*. No ambiente de projetos, isso significaria iniciar uma atividade ou um caminho antes de ele estar disponível para ser iniciado ou designar recursos a qualquer atividade porque você dispõe desses recursos, e não porque uma atividade está precisando desses recursos ou dessa quantidade de recursos. Além disso, o excesso de produção pode ser visto como a execução de uma atividade apenas como parte do projeto, quando na realidade ela não é essencial para produzir valor para esse projeto.

A Figura 6.8 apresenta um exemplo do que é planejado em comparação ao que é executado. A empresa acaba gastando tempo em uma atividade, mais do que era necessário, e prendendo recursos por um tempo maior sem obter nenhum valor ou velocidade complementar.

A segunda categoria é a perda por *espera*. Como a produtividade deve ser definida como a velocidade com que concluímos uma atividade e a passamos adiante, quando uma atividade é interrompida e fica aguardando um recurso que é afastado para trabalhar em outras atividades simultâneas, o desperdício está relacionado ao tempo de espera

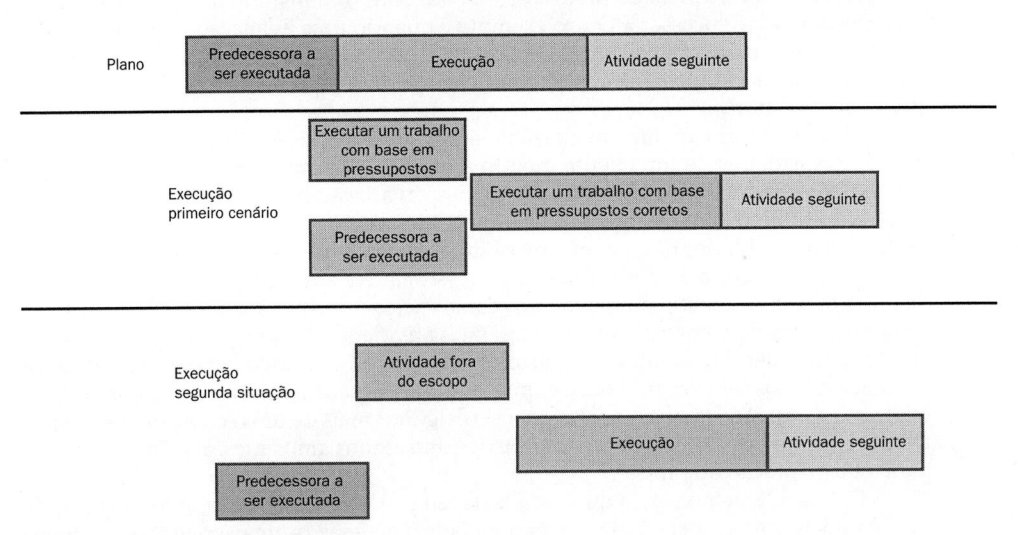

FIGURA 6.8 Excesso de produção.
Fonte: © 1991-2010 Instituto Avraham Y. Goldratt, LP. Todos os direitos reservados.

ou de ociosidade dessa atividade enquanto o recurso executa outro trabalho. Isso ocorre com frequência quando um recurso é designado para múltiplas tarefas que devem ser executadas simultaneamente (Figura 6.9).

Há também espera quando o trabalho de uma atividade predecessora é concluído, mas não passado adiante para a atividade sucessora. Ocorre desperdício porque a atividade sucessora fica aguardando essa transferência.

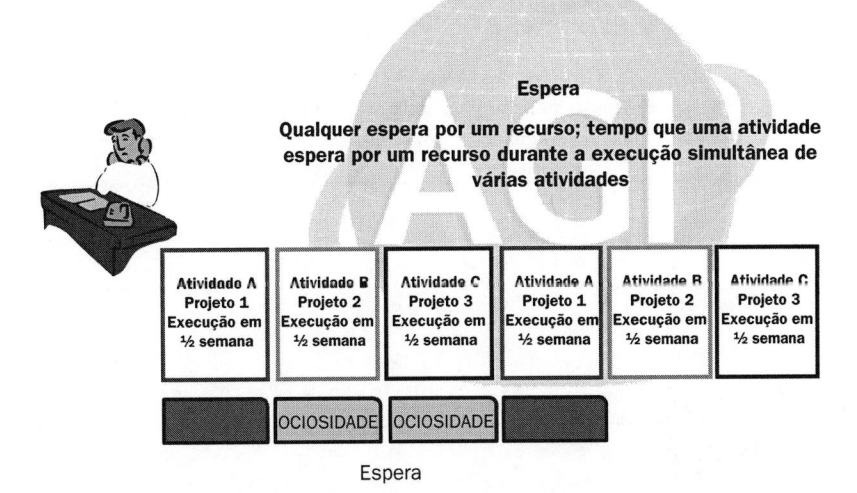

FIGURA 6.9 Tempo de espera durante a execução simultânea de várias atividades.
Fonte: © 1991-2010 Instituto Avraham Y. Goldratt, LP. Todos os direitos reservados.

A terceira categoria é a perda por *transporte*. No ambiente de projetos, a perda por transporte ocorre quando se identifica uma dependência incorreta entre uma atividade predecessora e uma sucessora, que provoca um atraso desnecessário enquanto se aguarda a conclusão de uma atividade predecessora para obter um insumo não essencial para o início da atividade sucessora. Outro exemplo é quando uma avaliação que gera um "ciclo" de retorno ou um ciclo de retrabalho é posterior ao que deveria ao longo do processo, estendendo o tempo global do projeto em virtude do tempo necessário para refazer as atividades anteriores.

A Figura 6.10 mostra uma avaliação médica sobre as exigências internas para atender às necessidades de um cliente quanto a um teste de medicamento específico que ocorre após o moroso processo de custeio. Essa avaliação poderia ser feita mais cedo, antes das atividades que exigem mais tempo, encurtando a quantidade e o tempo investidos nas atividades que talvez precisem ser reprocessadas.

A quarta categoria é a perda por *excesso de estoque*. No ambiente de projetos, o excesso de estoque é representado por elementos como excesso de atividades em andamento ou recurso/grupos de recursos que executam mais atividades do que a organização é capaz de processar. Além disso, alguns projetos exigem uma quantidade exagerada de suprimentos, arquivos desnecessários ou cópias desnecessárias de documentos ou protótipos. O excesso de estoque também ocorre quando exigimos mais de um recurso qualificado ou restrito em comparação ao que atividade exige. Em alguns ambientes, alocam-se recursos para toda a duração do projeto.

A Figura 6.11 demonstra a quantidade de tempo de um determinado recurso orçado para o projeto em comparação com a necessidade real desse recurso, criando um estoque de horas disponíveis que serão usadas pelo projeto, mas não necessariamente agregarão valor.

A quinta categoria é a perda por *excesso de movimentação*. Nos projetos, há excesso de movimentação quando se dedica tempo a uma atividade que não é por natureza necessária para concluir a atividade que agrega valor. Ater-se a uma atividade já concluída e continuar retocando o trabalho resultante ou ir em busca da transferência de uma atividade predecessora são exemplos de excesso de movimentação. Além disso, quando uma atividade é executada paralelamente a outras, precisa-se de tempo para acomodá-la e/ou retomá-la. Esse tempo não é nem um pouco produtivo do ponto de vista da atividade e, portanto, constitui desperdício (Figura 6.12).

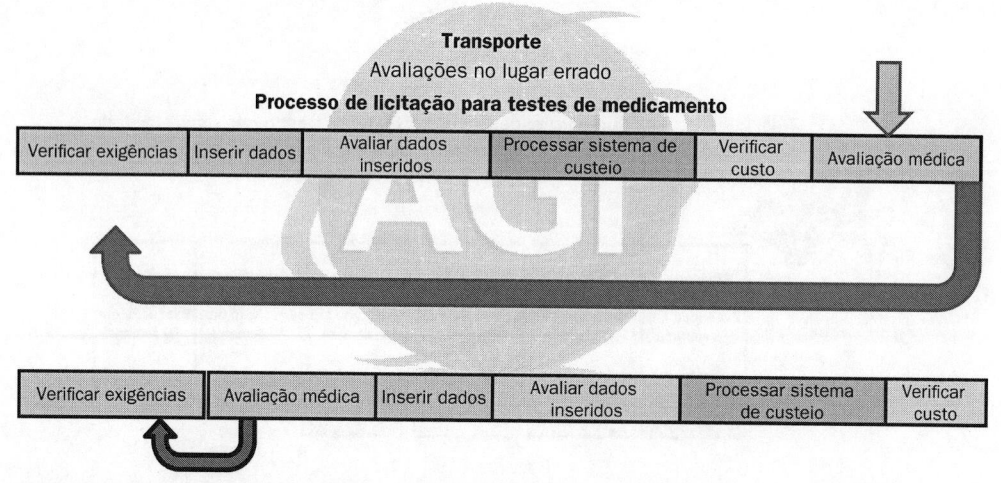

FIGURA 6.10 Transporte: avaliações no lugar errado.
Fonte: © 1991-2010 Instituto Avraham Y. Goldratt, LP. Todos os direitos reservados.

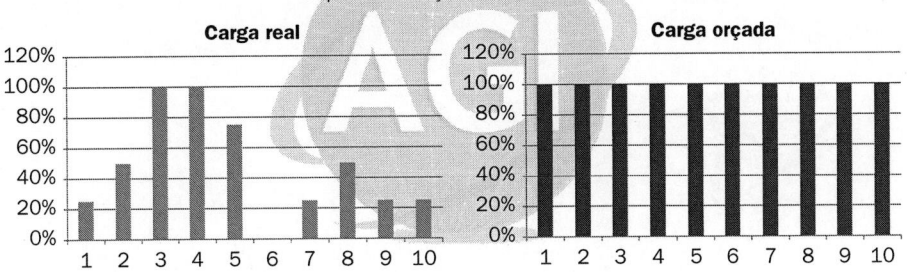

Excesso de estoque
Alocar recursos aos projetos quando a carga de trabalho real é menor que o tempo disponível e orçado dos recursos.

FIGURA 6.11 Excesso de estoque.
Fonte: © 1991-2010 Instituto Avraham Y. Goldratt, LP. Todos os direitos reservados.

A sexta categoria é a perda por *processamento que não agrega valor*. Essa categoria pode incluir avaliações ou aprovações em excesso ou redundantes. Inclui também a situação em que os recursos são solicitados a executar outras atividades no projeto que não fazem parte do projeto, mas estão incluídas porque o recurso talvez esteja em uma área de trabalho semelhante (Figura 6.13).

Isso ocorre frequentemente nos projetos de desenvolvimento de *software* em que, ao fazer uma mudança em uma parte do programa operacional do projeto, os recursos são

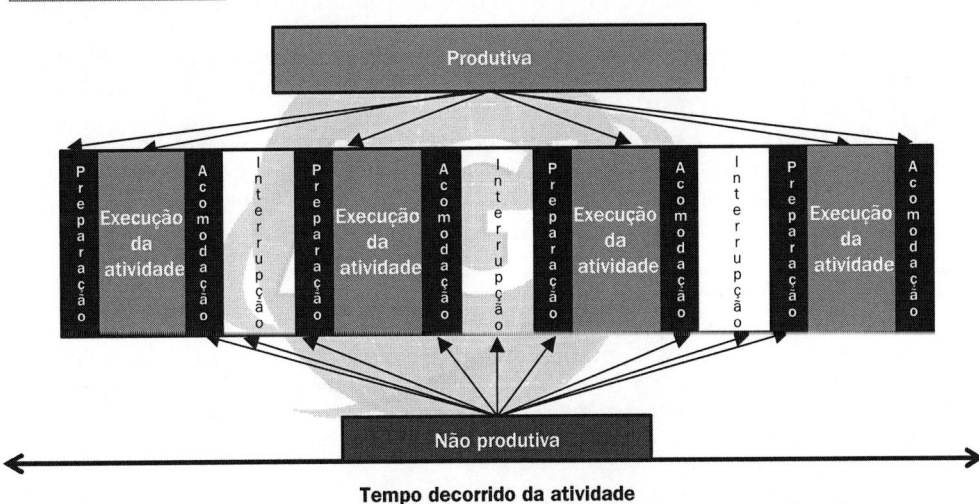

Excesso de movimentação:
Preparação e acomodação desnecessárias de uma atividade

FIGURA 6.12 Excesso de movimentação: preparação e acomodação desnecessárias de uma atividade.
Fonte: © 1991-2010 Instituto Avraham Y. Goldratt, LP. Todos os direitos reservados.

Processamento que não agrega valor
Encargo em uma área que não faz parte do projeto

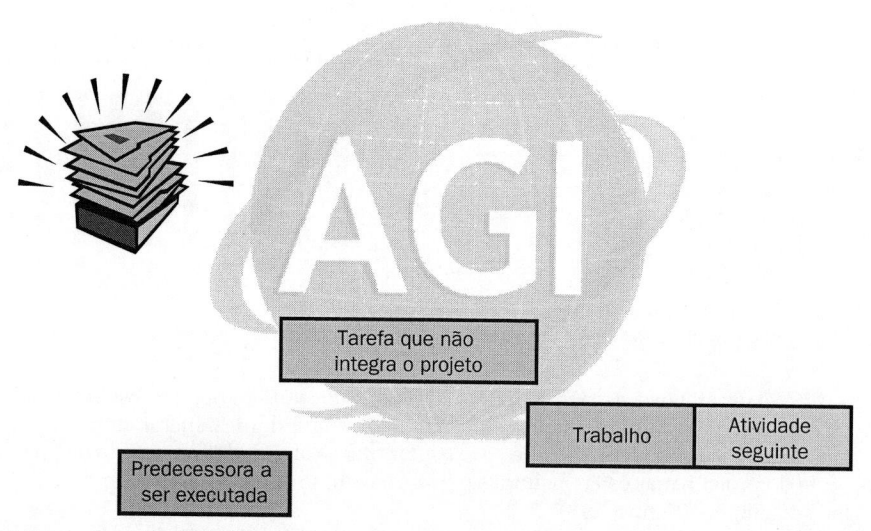

FIGURA 6.13 Processamento que não agrega valor.
Fonte: ©1991–2010 Instituto Avraham Y. Goldratt, LP. Todos os direitos reservados.

solicitados a atualizar a programação na mesma parte do código por uma necessidade outra que não está associada à geração de valor para o projeto em questão.

A sétima categoria das perdas são os *defeitos*. Os defeitos podem assumir várias formas, desde informações incorretas, inexistentes ou incompletas à transferência de uma atividade que não atende aos critérios de saída. A categoria de defeitos também representa a situação em que não se tenta corrigir a variabilidade na primeira vez em que ela ocorre. Quanto mais tarde a variabilidade for identificada, maior será o tempo de retrabalho e mais áreas de atividade precisarão ser reprocessadas, criando desperdício de tempo (Figura 6.14).

A oitava categoria das perdas são os *recursos subutilizados*. Em vários ambientes de projetos, com um mesmo conjunto de habilidades, existem pessoas que "apagam incêndios". Todos querem essas pessoas em suas atividades e inspeções.

Na Figura 6.15, a carga de trabalho de dois colaboradores com habilidade para trabalhar em um determinado recurso (*blue*) é 100%, mas, quando examinamos a carga de cada pessoa, uma apresenta 170%, enquanto outra apresenta apenas 30% e está sendo subutilizada.

A busca da perfeição

O quinto princípio da produção enxuta que Womack e Jones (1996) citam é a *busca da perfeição*. Os adeptos da produção enxuta são solicitados a visualizar o processo "perfeito". Não importa o quanto você aprimore um processo para torná-lo mais enxuto, sempre haverá outras maneiras de continuar a acabar com as perdas eliminando esforços, tempo, espaço e erros. Existem seis métodos básicos para buscar a perfeição nos projetos. São eles:

1. Corrigir a variabilidade no ponto mais inicial do projeto.
2. Planejar de que forma você deseja executar o projeto (não a forma que você pensa que será adequada ou que sempre utilizou).

Capítulo 6 ▪ Gerenciamento de projetos em um mundo enxuto

Defeitos
Não solucionar a variabilidade o máximo possível no início dos projetos

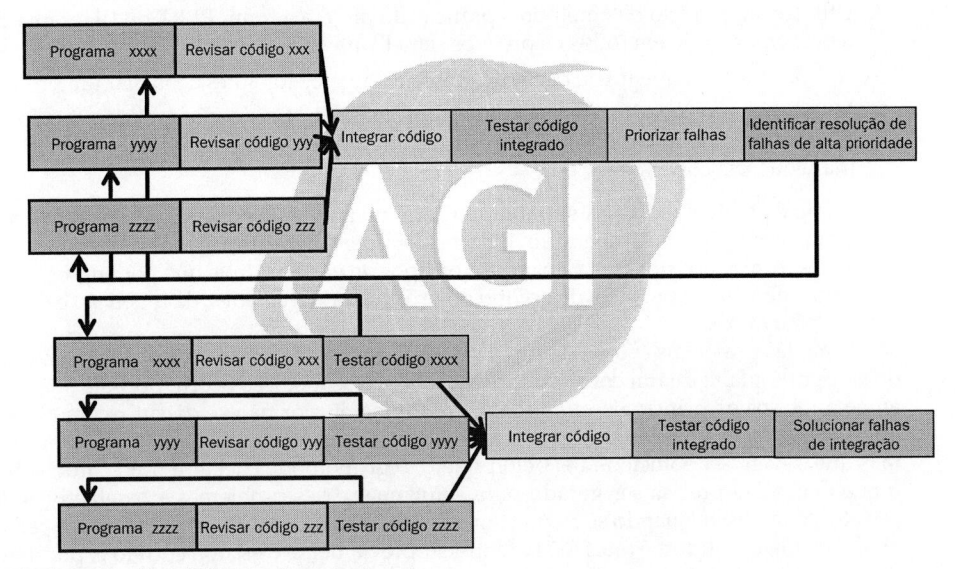

FIGURA 6.14 Variabilidade não solucionada.
Fonte: © 1991-2010 Instituto Avraham Y. Goldratt, LP. Todos os direitos reservados.

Pessoas subutilizadas
Os apagadores de incêndio são preferidos às pessoas com as mesmas habilidades.

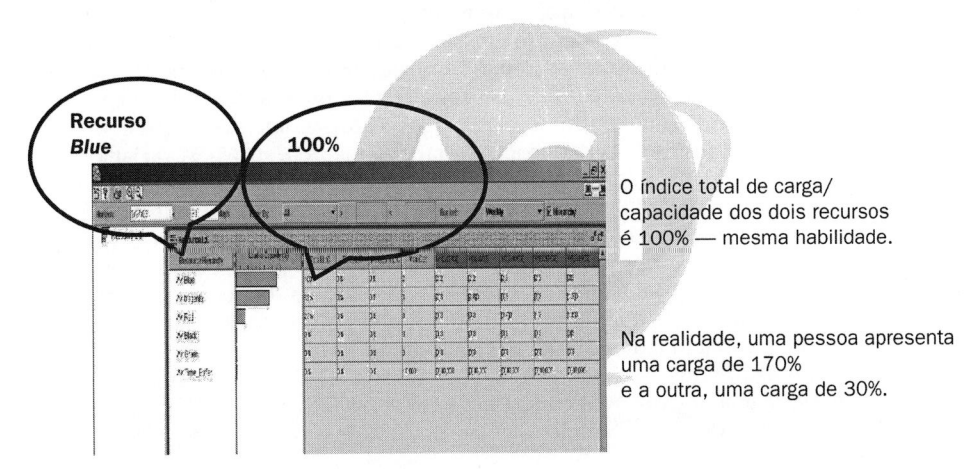

O índice total de carga/capacidade dos dois recursos é 100% — mesma habilidade.

Na realidade, uma pessoa apresenta uma carga de 170% e a outra, uma carga de 30%.

FIGURA 6.15 Pessoas subutilizadas.
Fonte: © 1991-2010 Instituto Avraham Y. Goldratt, LP. Todos os direitos reservados.

3. Não se comprometer com um método temporário e alternativo enquanto não tiver certeza de que ele seja necessário (ou puder confirmar se ele produzirá alguma consequência negativa).
4. Utilizar um modelo das melhores práticas de projeto em um PERT ou diagrama de rede e empregá-lo em todos os projetos semelhantes.
5. Aplicar o gerenciamento de riscos do ambiente de projetos antes de iniciar um projeto.
6. Monitorar os resultados "reais e planejados" para verificar o que está ampliando ou diminuindo o tempo de ciclo do projeto e diminuir todas as causas de variabilidade (na sequência correta).

Como é possível reduzir a variabilidade em um ambiente em que cada projeto e atividade parecem únicos? Repetindo, é necessário perceber que a variabilidade assume diferentes formas nos projetos. São quatro os tipos de variabilidade que podem ser corrigidos no ambiente de projetos: do escopo do projeto, das atividades, da repetição e de um recurso para outro.

Uma das principais causas da *variabilidade do escopo* dos projetos (ampliação gradual do escopo) é a falta de um consenso prévio sobre o escopo. Isso ocorre por não se ter de antemão todos os principais interessados reunidos ou por não se discutir com eles as questões corretas. Quando os devidos participantes especificam de antemão os problemas que devem ser solucionados pelo projeto, o grupo pode chegar a um acordo sobre o que realmente precisa ser gerado para solucionar esses problemas – os objetivos do projeto. Além disso, quando se conta com os participantes corretos e o problema é percebido com maior nitidez, é mais fácil identificar previamente o escopo correto e, portanto, diminuir a possibilidade de ele sofrer uma ampliação gradual.

Como nos projetos as atividades são na maioria das vezes específicas ao tipo de trabalho de um determinado projeto e, portanto, não necessariamente se repetirá de um projeto para outro, muitas vezes precisamos procurar perceber quais atividades apresentam a maior probabilidade de variabilidade – a maior dispersão (a parte final mais longa).

A *variabilidade das atividades* (Figura 6.16) refere-se à diferença de tempo entre a atividade que está indo extremamente bem (de acordo com uma estimativa grosseira, mas possível) e a possibilidade de alguma coisa dar errado (altamente provável). Para corrigir de antemão as variações mais prováveis e minimizá-las, é necessário inserir atividades predecessoras, utilizando métodos diferentes, ou evitar que a variabilidade flua de uma atividade de produção predecessora para outra atividade.

A *variabilidade da repetição* (iteração) pode não apenas impedir que um projeto ande mais rápido, mas também que seja concluído de maneira confiável. No desenvolvimento de produtos, isso pode ser considerado um *loop*. "Um projeto pode sofrer várias iterações – teste, repetição de testes... análise, repetição da análise... questionamentos, requestionamentos... e assim por diante. Ele vai e volta até o momento em que alcançamos os resultados que o cliente nos contratou para obter ou até o momento em que conhecemos tudo o que precisamos conhecer" (Jacob, Bergland e Cox, 2009, p. 61). A variabilidade da repetição deve ser identificada durante o planejamento e verificada para observar se ela é provocada por uma perda decorrente de defeito ou de transporte. Em caso positivo, experimente diminuir a iteração. Avalie o impacto das variações que podem se repetir em um projeto e entre vários para uma possível aplicação do Lean/Seis Sigma.

No ambiente de projetos, muitos acreditam que existem diferenças de tempo significativas entre os recursos qualificados de um mesmo grupo – *variabilidade de um recurso para outro*. Essa variabilidade com frequência diminui quando o recurso pode se concentrar em uma determinada atividade e não precisa executar simultaneamente várias tarefas. Se a variabilidade de um recurso para outro se mantiver, identifique e solucione a variação correspondente oferecendo orientações durante a execução do projeto.

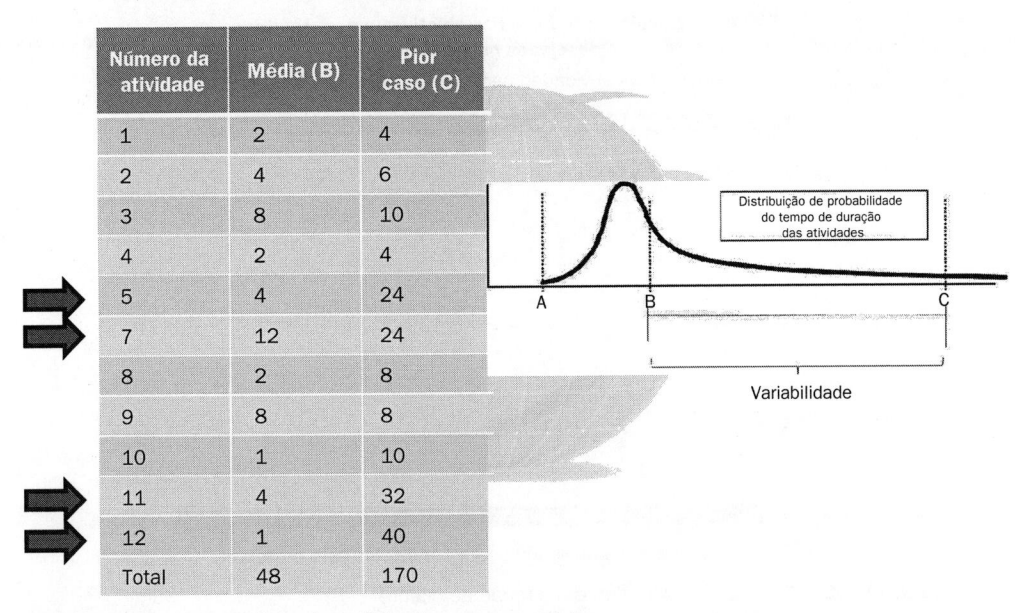

Identifique a estimativa de dispersão

Número da atividade	Média (B)	Pior caso (C)
1	2	4
2	4	6
3	8	10
4	2	4
5	4	24
7	12	24
8	2	8
9	8	8
10	1	10
11	4	32
12	1	40
Total	48	170

FIGURA 6.16 Variabilidade das atividades em um projeto.
Fonte: © 1991-2010 Instituto Avraham Y. Goldratt, LP. Todos os direitos reservados.

Ao final de cada projeto, a equipe deve realizar uma análise sobre a variabilidade identificada antes da execução, em comparação com a variabilidade real. A categorização das atividades com base naquelas que cumpriram ou superaram o tempo de duração mais otimista (grosseiro, mas possível) permite que a empresa estabeleça melhor o tempo para planejar e combater a variabilidade no projeto seguinte. Ao categorizar as atividades que cumpriram ou superaram uma estimativa de variabilidade altamente provável, deve-se analisar o impacto dessas atividades mais variáveis que exigem providências para restabelecer o projeto. Que tipo de variação está sendo mais prejudicial ao projeto? Em quais atividades ou em que tipo de recurso? Analise esses fatores que possibilitam a redução do tempo de atravessamento no sistema como um todo corrigindo a variação por meio do Lean/Seis Sigma.

Enxugando o gerenciamento de projetos tradicional

O gerenciamento de projetos tradicional precisará de alguns refinamentos para se tornar enxuto – permitir que mais projetos diminuam seu tempo de ciclo. Algumas melhorias já foram possibilitadas pelas metodologias de gerenciamento de projetos da TOC (GPTOC). Com o GPTOC, o alinhamento do sistema de sistemas já está estabelecido. O trabalho de um portfólio é sequenciado (sincronizado) de acordo com a capacidade da empresa. Para criar cronogramas mais realistas, porém mais curtos, primeiramente se planeja o trabalho utilizando um processo mais perfeito, denominado *criação de diagramas de rede*. Nesse processo, a identificação de variabilidade é inerente. A atribuição e execução de atividades baseadas nos cronogramas sincronizados do projeto pela corrente crítica (CC) possibilitam que o trabalho do projeto gere valor para os clientes (Figura 6.17). A identificação da

Fluxo das atividades em direção ao cliente

Planeje o trabalho com base nos objetivos e nos resultados desejados pelo cliente
Identificar as atividades necessárias para gerar valor

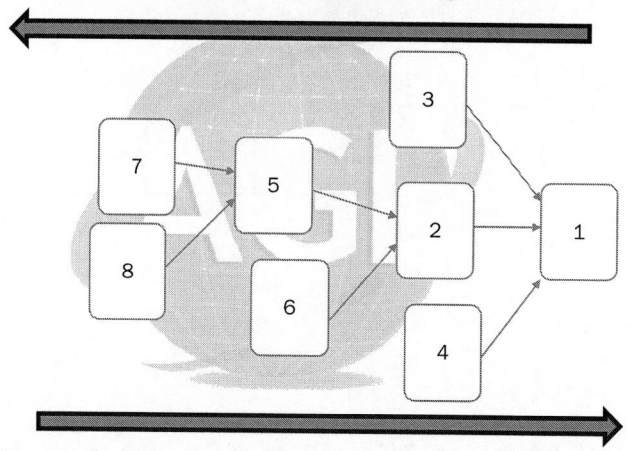

Executar as atividades para gerar valor para o cliente

FIGURA 6.17 Fluxo das atividades em direção ao cliente.
Fonte: © 1991-2010 Instituto Avraham Y. Goldratt, LP. Todos os direitos reservados.

relação entre o real e o planejado e a busca de melhorias permitem uma utilização mais eficaz dos recursos nas atividades que determinam o tempo de ciclo do projeto. Ao longo de mais de 20 anos de experiência na aplicação das técnicas do GPTO em diferentes ambientes de projetos, tivemos oportunidade de constatar a importância de eliminar os desperdícios – e o resultado são projetos cada vez mais rápidos, menos compromissos e maior liberação de capacidade.

Referências

Jacob, D., Bergland, S. e Cox, J. *VELOCITY: Combining Lean, Six Sigma and the Theory of Constraints to Achieve Breakthrough Performance*. Nova York: Free Press, 2009.

Ohno, T. *Toyota Production System: Beyond Large-Scale Production*. Nova York: Productivity Press, 1988.

Saxe, J. G. "The Blind Men and the Elephant" in *The Poems of John Godfrey Sax*. Edição completa. Boston, MA: James R. Osgood and Company, 1873, pp. 77-78.

Womack, J. P. e Jones, D. T. *Lean Thinking*. Nova York: Free Press, 1996.

Sobre o autor

Desde 1986, o **Instituto Avraham Goldratt (AGI)** vem possibilitando que as empresas associem mais adequadamente a maneira como elas são conduzidas com o que elas estão tentando alcançar – resultados financeiros estratégicos.

O AGI é o berço das técnicas e soluções de restrição, concebidas para o sucesso empresarial. Muitas empresas e consultores procuram o AGI não apenas em virtude da TOC, mas também para saber em que sentido essa teoria se integra a outros métodos de melhoria.

O AGI oferece a seus clientes rápidos resultados financeiros, denominados *VELOCITY* – um método empresarial eficaz que associa velocidade e direcionamento. O *VELOCITY* tem três pilares: TOC, a arquitetura do sistema; TOCLSS (integração entre a TOC e o Seis Sigma Enxuto ou Lean/Six Sigma – LLS), processo focalizado em melhoria; e SDAIS (*strategy, design, activate, improve, sustain* – conceber estratégia, projetar, ativar, melhorar, manter), a estrutura de implementação.

A SDAIS primeiramente cria e depois executa o roteiro estratégico para garantir que os processos empresariais sejam concebidos e alinhados para alcançar a **estratégia**. Assim que **projetados**, os processos empresariais são **ativados** para possibilitar que a empresa funcione de uma maneira estável e previsível, com menos investimento e mudanças organizacionais.

Quando se obtém estabilidade, aplicam-se **melhorias** direcionadas ao sistema para gerar mais resultados financeiros sustentáveis. As ferramentas de gerenciamento da execução e a transferência de conhecimentos possibilitam todos os aspectos da SDAIS e funcionam como base para a autossuficiência e **sustentação**.

O AGI detém conhecimentos especializados sobre a TOC, o TOCLSS e a SDAIS e há vários anos vem adaptando esses elementos para atender às necessidades exclusivas de seus clientes, independentemente do porte e do setor.

O AGI obtém destaque junto a empresas proeminentes oferecendo avaliação empresarial, apoio às implementações e ferramentas de gerenciamento de execução, bem como treinamento e aconselhamento.

Somos motivados pelo desejo de transformar a complexidade em algo manejável e possibilitar que o sucesso de nossos clientes seja autossustentável.

PARTE III
Tambor-Pulmão-Corda, Gerenciamento de Pulmões e Distribuição

CAPÍTULO 7
Revisão de literatura sobre tambor-pulmão-corda, gerenciamento de pulmões e distribuição

CAPÍTULO 8
TPC, gerenciamento de pulmões e classificação de fluxo VATI

CAPÍTULO 9
Do TPC ao TPC simplificado na produção sob encomenda

CAPÍTULO 10
Gerenciamento da produção para estoque e o conceito de produção sob encomenda

CAPÍTULO 11
Gerenciamento da cadeia de suprimentos

CAPÍTULO 12
Cadeia de suprimentos integrada

Nesta parte, evidenciamos que as restrições determinam o desempenho de um sistema. Identificando e percebendo de que modo é possível gerenciar a restrição e as atividades das quais ela depende para maximizar seu desempenho, elucidamos em seguida o desempenho organizacional. Por meio da programação tambor-pulmão-corda (TPC) do original *drum-buffer-rope* (DBR), percebemos de que forma devemos regular os fluxos de trabalho, sincronizar a liberação de novos trabalhos e utilizar pulmões como pontos de alavancagem do sistema para flutuações estatísticas, tudo isso com objetivo de maximizar o ganho e minimizar o tempo de fluxo. O conceito mais recente de tambor-pulmão-corda simplificado é explicado detalhadamente, assim como a estrutura de um sistema puxado de planejamento das necessidades de material (*material requirements planning* – MRP) com base na *teoria das restrições* (*theory of constraints* – TOC) e nos conceitos de produção enxuta (Lean). Analisamos como o gerenciamento de pulmões (GP) evidencia as prioridades que devem ser aceleradas para evitar atrasos na produção e as aplicações mais adequadas para medidas de melhoria, ressaltando áreas específicas em que ela produzirá os melhores benefícios e será essencial para os resultados financeiros. Desse modo, o gerenciamento torna-se o ponto central para a implementação de um processo de melhoria contínua. O GP pode ser aplicado em unidades de produção por encomenda, montadoras, cadeias de suprimentos, projetos, fluxo de documentações e em muitos outros ambientes.

7

Revisão de literatura sobre tambor-pulmão-corda, gerenciamento de pulmões e distribuição

John H. Blackstone Jr.

Introdução

Este capítulo traz o método da TOC aplicado ao planejamento e ao controle de produção e estoque. Seu principal objetivo é apresentar a literatura sobre a programação tambor-pulmão-corda (TPC) e a execução e supervisão desse cronograma por meio do gerenciamento de pulmões (GP). Atualmente, os especialistas da TOC acreditam que o GP é essencial para a eficácia do sistema TPC. Esse mecanismo de programação e supervisão foi ampliado para as cadeias de suprimentos a fim de puxar o estoque até os clientes. Essa extensão da TOC para as cadeias de suprimentos é conhecida como *reabastecimento rápido*.

Neste capítulo também serão examinados artigos que abordam as características e aplicações do TPC, do GP e do método de reabastecimento da TOC.

O *TOCICO Dictionary* (Sullivan *et al.*, 2007, p. 18) define TPC como "o método da TOC de programação e gerenciamento de operações. O TPC é estruturado com os seguintes elementos: (1) O tambor geralmente identifica a restrição ou recurso com restrição de capacidade (*capacity constraint resource* – CCR), que processa o trabalho em uma sequência específica, baseada no prazo de entrega solicitado pelo cliente, bem como na capacidade finita de recursos; (2) os pulmões de tempo protegem a programação contra as variabilidades; e (3) a corda é o mecanismo para inibir a liberação de matérias-primas e compatibilizar o consumo na restrição". (© TOCICO 2007. Utilizada com permissão. Todos os direitos reservados.)[1]

Os conceitos subjacentes ao TPC foram expostos pela primeira vez por Goldratt[2] (1984) em *A Meta*, embora a terminologia real tenha aparecido originalmente em Goldratt e Fox (1986), na obra *A Corrida*.

---

[1] O *TOCICO Dictionary* (Sullivan *et al.*, 2007, p. 7) define *recurso com restrição de capacidade* (CCR) como "Qualquer recurso propenso a comprometer a produtividade da empresa, se sua capacidade não for gerenciada com cuidado [...]". (© TOCICO 2007. Utilizada com permissão. Todos os direitos reservados.)

[2] A criação de mudanças significativas em um corpo de conhecimentos tradicional é conhecida como uma mudança de paradigma e geralmente enfrenta grande resistência. A TOC representa uma mudança desse tipo e contesta os fundamentos do conhecimento e da experiência empresarial tradicional. Goldratt (2003b) fala sobre sua luta para melhorar a produção.

Copyright © 2010 John H. Blackstone Jr.

O TPC é um mecanismo de programação e controle empregado para implementar a TOC em um estabelecimento de serviços ou de produção. Esse termo provém do conceito de que o posto de trabalho mais lento de um estabelecimento (ou do mercado, se todas as estações de trabalho tiverem capacidade excedente) deve estabelecer o ritmo de todos os outros postos, pois, do contrário, o estoque aumentará de forma descontrolada nas estações mais lentas. Esse *posto mais lento (ou o mercado) que estabelece o ritmo da fábrica* é chamado de *tambor (drum)*. O *pulmão (buffer)* é o *material (representado pelo tempo) anterior ao tambor que garante que ele nunca fique sem trabalho*. A *corda (rope)* é *um mecanismo de sinalização do pulmão para o posto de entrada que abastece a fábrica de material à medida que o tambor finaliza o material*.

Este capítulo tem seis objetivos. Primeiro, falamos sobre os precursores da programação da TOC. Segundo, apresentamos revisões e críticas sobre a literatura da programação TPC. Terceiro, analisamos casos especiais, como os bens livres (quando o mercado é a restrição), os fluxos reentrantes e a refabricação. Quarto, apresentamos revisões e críticas sobre a literatura de gerenciamento de pulmões (GP). Quinto, revemos e criticamos a literatura sobre o método de reabastecimento da TOC. Sexto, discutimos alguns problemas atribuídos ao TPC de acordo com o que a literatura acadêmica apresenta. Após a seção introdutória, este capítulo foi estruturado para seguir os objetivos delineados e apresentar um resumo e recomendações ao final. Este capítulo tem dois objetivos abrangentes: oferecer aos acadêmicos uma proposição de estrutura e fornecer informações com as quais eles e outras pessoas possam construir uma base sólida de princípios para outras simulações e pesquisas de estudo de caso.

Literatura sobre os precursores da TOC e do TPC

A TOC é uma dentre as várias melhorias aplicadas às operações de fabricação, que abrangem o conceito de peças intercambiáveis, linha de montagem móvel e balanceamento da linha de montagem.

Acontecimentos históricos anteriores à TOC

Antes da TOC, houve inúmeros acontecimentos importantes. Sem nenhuma pretensão de rever fatos como a Revolução Industrial e a era da informação, apresento aqui alguns destaques, como o desenvolvimento de peças intercambiáveis, a criação da linha de montagem móvel, o balanceamento da linha de montagem, os sistemas de planejamento e controle *just-in-time* (JIT) e da Tecnologia de Produção Otimizada (*Optimized Production Technology* – OPT®).[3]

Peças intercambiáveis
Normalmente se atribui a Eli Whitney, inventor do descaroçador de algodão, o desenvolvimento do conceito de peças intercambiáveis, que ele teria criado para atender a um contrato de fabricação de mosquetes para o governo dos Estados Unidos no final do século XVIII. Entretanto, várias empresas contribuíram para o desenvolvimento dessas peças. Aqueles que atribuem essa inovação a Whitney ressaltam que, como toda empresa que mantinha relações comerciais com o governo dos Estados Unidos, a empresa de Whitney foi obrigada a disponibilizar sua inovação para os arsenais de Springfield e Harper's Ferry, na Virgínia. Esses dois arsenais fizeram grande uso dessas peças intercambiáveis.

Conti e Warner (1997) afirmam que Boorstein (1965) referiu-se às peças intercambiáveis como "a inovação que mais poupou habilidades na história da humanidade", possibilitando que os trabalhadores sem habilidades especializadas fabricassem produtos complexos. Conti e Warner remontam a história das peças intercambiáveis a meados do século XVI, quando o Arsenal de Veneza utilizava peças padronizadas na construção de navios.

---

[3] Marca registrada do Scheduling Technologies Group Limited, Hounslow, Reino Unido.

Vantagens das peças intercambiáveis Com as peças intercambiáveis, os custos unitários diminuíram e um grande estoque de peças de reposição foi disponibilizado, de modo que uma unidade com defeito podia ser facilmente consertada.

Desvantagens das peças intercambiáveis A princípio, como não havia variedade entre os produtos fabricados com peças intercambiáveis, eles não conseguiam atender a toda a demanda do mercado. Os produtos acabados também não tinham o bom gosto e exclusividade de uma peça feita por um artesão. Lançar novos produtos requeria novos equipamentos de fabricação, e isso era um fator problemático em virtude da dificuldade de fabricar esses novos equipamentos

A linha de montagem móvel

Para obter um alto volume de produção em uma linha de montagem mecânica, é necessário ter equipamentos de alta precisão e métodos de fabricação padronizados (Heizer, 1998). Em agosto de 1908, enquanto ainda criava o Modelo N, Henry Ford contratou Walter Flanders, que levou para a Ford um conhecimento extremamente fundamental sobre maquinaria, leiaute e métodos de produção (Sorensen, 1956). A princípio, a linha de montagem final móvel demonstrou-se tão promissora que três delas foram construídas no outono de 1913 (Heizer, 1998).

Vantagens da linha de montagem móvel Ao levar o trabalho às mãos do operário, este não precisava transportar todas as suas ferramentas e materiais para realizá-lo. Isso economizava muito tempo e tornava o processo de montagem mais barato.

Desvantagens da linha de montagem móvel Como a movimentação da linha de montagem tinha um ritmo específico, o chassi do automóvel ficava em um determinado posto de trabalho por apenas alguns segundos. Se surgisse algum problema, não era possível concluir o trabalho nesse chassi específico em tempo hábil antes que ele saísse daquele posto. Esse problema necessitava de um posto de "correção" ao final da linha de montagem, no qual os automóveis com problemas ao longo da linha eram então finalizados.

Balanceamento da linha de montagem

Ao projetar uma linha de montagem, o número de operários e, consequentemente, o custo da mão de obra direta serão minimizados se todos os trabalhadores ou postos tiverem uma quantidade igual de trabalho. Se todo posto tiver uma quantidade igual de trabalho, o número de postos será minimizado. Portanto, um tema comum de estudo em relação às linhas de montagem tem sido a forma de fazer seu balanceamento. Amen (2000) desenvolveu uma lista de heurísticas para o balanceamento das linhas de montagem. Posteriormente, ele (2001) conduziu um estudo sobre o desempenho comparativo desses métodos. Becker e Scholl (2006) ampliaram essa discussão a fim de incluir as linhas em forma de U, como é comum nas instalações JIT, e associou linhas de montagem modelo. As linhas em forma de U são utilizadas principalmente para fabricar componentes em operações JIT, nas quais o material entra em uma ponta do U e sai finalizado na outra. Em geral, os operários executam múltiplas tarefas e com frequência em cada extremidade do U. O número de operários na linha de montagem varia de acordo com o período, objetivando manter uma produção consistente com a demanda.

Just-in-time

Um dos pilares de sustentação do sistema Toyota de produção (STP) é o *just-in-time* (JIT), em que uma das principais ferramentas de operacionalização é o *kanban*. O objetivo do STP é eliminar o desperdício nos processos de produção (Hall, 1997). O JIT, ao buscar organizar a produção para que os materiais cheguem ao posto de trabalho no momento exato para serem utilizados, traz como consequência a simplificação dos processos em si.

O JIT implementa um sistema de controle puxado que emprega com frequência o uso de *kanbans* para implementar esse sistema, no qual os materiais são reabastecidos praticamente no mesmo ritmo em que são utilizados.

O objetivo do JIT é otimizar o processo – mudar e melhorar o processo em si, e não instalar um sistema de controle puxado em um processo rudimentar. A melhoria é multidimensional: entrega (tempo de atravessamento e execução no prazo), custo, qualidade, satisfação do cliente e assim por diante.

OPT®: O precursor do TPC

O TPC evolui gradualmente da experiência de Goldratt com um *software* de programação de produção denominado OPT®. Em seu artigo "Computerized Shop Floor Scheduling" ("Programação de Produção Computadorizada"), Goldratt (1988) explica em detalhes como o OPT® se desenvolveu. A primeira versão desse *software* era basicamente um *kanban* automatizado. Segundo Goldratt, a utilização direta das primeiras versões do OPT® restringia-se a ambientes de produção repetitiva.

Goldratt acabou percebendo que nem todas as máquinas precisam ser utilizadas em 100% do tempo, mas apenas as que são as restrições do sistema. O OPT® foi reformulado para que as operações não restritivas produzissem somente o necessário para alimentar as restrições apropriadamente. Com isso, ficou difícil convencer os supervisores de recursos não restritivos a seguir os programas, quando esses previam uma utilização dos recursos não restritivos inferiores a 100%. Goldratt constatou que apenas os gargalos (restrições) deveriam ser programados – as outras estações têm capacidade ociosa e podem manter o ritmo – e, portanto, a precisão dos dados era de fato essencial apenas na restrição.

As nove regras do OPT® Relacionaremos as Nove Regras do OPT® (Goldratt e Fox, 1986, p. 179)[4] e as discutiremos como casos especiais de programação matemática e outros métodos:

1. *Balancear o fluxo, não a capacidade.*
2. *O nível de utilização de um recurso não gargalo não é determinado por seu potencial, mas pela restrição do sistema.*
3. *Utilização e ativação de um recurso não são sinônimos [sic].*
4. *Uma hora perdida em um gargalo é uma hora perdida no sistema como um todo.*
5. *Uma hora economizada em um recurso não gargalo é apenas uma miragem.*
6. *Os gargalos determinam tanto o ganho quanto os estoques.*
7. *O lote de transferência pode não ser, e muitas vezes não deveria ser, igual ao lote de processamento.*
8. *Os lotes de processamento devem ser variáveis, e não fixos.*
9. *As programações devem ser estabelecidas examinando-se simultaneamente todas as restrições. Os tempos de atravessamento resultam da programação e não é possível predeterminá-los.*

Muitas vezes é contraprodutivo tentar equilibrar a capacidade para ter uma fábrica ou instalação com fluxo equilibrado. Como as restrições determinam o desempenho do sistema, é necessário inserir um pulmão de matéria-prima (representado pelo *pulmão de tempo*) antes delas para protegê-las contra interrupções em atividades anteriores (a montante). Esse pulmão desaparecerá quando for usado para evitar interrupções. Se as estações de trabalho anteriores tiverem a mesma capacidade da restrição, o pulmão nunca poderá ser reconstruído e a utilização da restrição dependerá da estabilidade ou ocorrência de interrupções das estações anteriores. Para balancear o fluxo, a capacidade anterior à restrição deverá ser maior do que a capacidade da restrição, para que o pulmão de matéria-prima

---

[4] © E. M. Goldratt. Utilizada com permissão. Todos os direitos reservados.

possa ser reconstituído. Do mesmo modo, quando as estações posteriores à restrição forem interrompidas, a restrição, em algum momento, armazenará sua produção em algum lugar (o *pulmão de espaço*). As estações posteriores à restrição precisam de mais capacidade do que a restrição para esvaziar o pulmão de espaço de acordo com a necessidade.

Em uma linha de montagem simples, é fácil ver que as restrições determinam o desempenho do recurso não gargalo. Se houver dois ou mais gargalos em uma mesma linha, a *restrição* será *o posto com a menor capacidade*. As estações posteriores à restrição não conseguem ter um processamento mais rápido do que a restrição porque o material deve passar pela restrição para chegar a elas. As estações anteriores à restrição poderiam funcionar produzindo um volume maior do que a restrição tem capacidade, mas isso acarretaria no aumento do estoque na restrição. Esse estoque só faz sentido se for dimensionado como um pulmão de proteção da restrição; caso contrário, em algum momento a inutilidade de ter recursos não restritivos anteriores produzindo mais do que a restrição será reconhecida e esse método não será mais utilizado.

Ativar um recurso (*uma não restrição que está produzindo mais trabalhos do que a restrição é capaz de processar*) quando o produto resultante não consegue chegar à restrição é o significado da regra 3. Ativar um recurso não gargalo para que produza mais do que é possível ser processado pela restrição não agrega nenhum valor para a empresa.

Um recurso restritivo é de fato um gargalo somente se *não for possível acompanhar a demanda de mercado ainda que se trabalhe 24 horas por dia e 7 dias por semana*. Portanto, não existe nenhum reservatório de tempo por meio do qual se possa repor uma hora perdida na restrição. Trata-se, simplesmente, de uma perda para todo o sistema.

Há muito se sabe que o posto com menor capacidade em uma linha de montagem determina sua produção (rendimento). O OPT® amplia esse princípio para os fluxos das unidades de produção por encomenda. Em uma unidade de produção por encomenda, a restrição pode sofrer alguma mudança porque o *mix* de pedidos varia de um período para outro. Contudo, geralmente existe um recurso que é o coração da fábrica e o motivo pelo qual a maioria dos pedidos é obtida. Esse recurso ou centro de trabalho tende a ser necessário em quase todas as unidades de produção por encomenda e torna-se uma restrição de longo prazo no sistema. Por isso, mesmo depois das linhas de montagem simples, a restrição determina a produção do sistema.

Com um *lote de transferência* (o número de itens transferidos entre duas estações) menor do que o *lote de processamento* (o número de itens processados entre as preparações), várias estações podem processar simultaneamente um pedido. Nesse caso, o pedido é processado muito rapidamente na fábrica. Isso poderia ser feito para acelerá-lo. Alternativamente, isso poderia ser feito para reduzir o tempo de atravessamento, utilizando-o como arma competitiva no mercado.

Os lotes de processamento devem ser variáveis, e não fixos. Se um produto for sazonal e a fábrica sempre utilizar a demanda de uma semana como lote de processamento, o processo variará naturalmente no decorrer de um ano. Com esse método, haverá apenas um pequeno acúmulo de estoque. Se fosse utilizado um lote de processamento fixo grande o suficiente para cobrir a demanda de uma semana durante um período de pico, o estoque para cobrir a demanda de várias semanas seria criado durante períodos de baixa demanda. Faz mais sentido ter um lote de processamento variável. As fábricas tradicionais podem utilizar a fórmula do *tamanho de lote econômico* (TLE) (*o número de unidades processadas por vez para minimizar os custos de preparação e de estocagem*) para determinar um tamanho de lote de processamento fixo, mas a fórmula do TLE pressupõe uma demanda fixa. Portanto, sua utilização na verdade não é apropriada.

Dedução do TPC utilizando os cinco passos de focalização

De acordo com a TOC, as restrições (qualquer coisa que impeça um sistema de obter um desempenho atingir sua meta) determinam o desempenho de um sistema. A TOC oferece métodos para utilizar de forma eficiente e eficaz essas restrições. Como este não é o principal tema deste capítulo, apresentarei aqui uma definição-chave dos *cinco passos do processo de focalização*, sem me preocupar em elaborar ou me aprofundar em detalhes. Os cinco passos de focalização são abordados mais amplamente no Capítulo 8 e em outras partes deste livro.

Os cinco passos de focalização são:

1. *Identificar* as restrições do sistema.
2. Decidir como *explorar ao máximo* as restrições do sistema.
3. *Subordinar* todo o resto do sistema à restrição explorada.
4. *Elevar* a capacidade das restrições do sistema.
5. Se, nos passos anteriores, as restrições tiverem sido eliminadas, *voltar ao primeiro passo*, mas não permitir que a inércia torne-se a restrição do sistema (Goldratt, 1988).

No Passo 1, a empresa define seu tambor. No Passo 2, ela cria os pulmões na remessa e na restrição de recurso interno, se houver. No Passo 3, a corda é amarrada entre o pulmão e a liberação de matéria-prima para manter o pulmão constante.

Inúmeros artigos abordaram os cinco passos de focalização, dentre os quais os de Mabin e Davies (1999), Ronen e Spector (1992), Jackson e Low (1993), Politou e Georgiadis (sem data), Mabin e Davies (2003) e Trietsch (2005). Além desses, Gupta *et al.* (2002) apresentou uma série de modelos de simulação que foram utilizados com outros modelos subsequentes, trazendo a aplicação de um novo passo.

Jackson e Low (1993) ressaltam que uma contribuição fundamental do gerenciamento de restrições é o foco que se obtém sobre a empresa como um todo. Quando todos percebem o papel vital que a restrição desempenha na empresa, todos avaliam suas atitudes e ações com base no efeito que elas produzem sobre a restrição e, portanto, sobre a produtividade total do sistema.

Programando a restrição de recursos

Na TOC, todas as estações de trabalho funcionam para manter a programação ajustada no recurso com restrição. Goldratt (1990) descreve como seu programa é deduzido no livro *The Haystack Syndrome* (*A Síndrome do Palheiro*). Para cada pedido, temos a data de entrega correspondente. Temos também uma estimativa do tempo que levará para que o pedido passe da restrição de recurso para a remessa – o pulmão de remessa. A programação de gargalos requer o carregamento de cada trabalho nesse gargalo, um tempo de pulmão de remessa antes da data de entrega, e a resolução de qualquer conflito de programação. O Instituto Avraham Y. Goldratt criou um conjunto de simuladores de produção (uma versão para o sistema operacional Windows é oferecida em Goldratt, 2003b) para ensinar conceitos de programação de gargalos a possíveis usuários.

O artigo de Schragenheim e Ronen (1990) é o mais citado com respeito ao funcionamento da programação TPC. Eles relacionam três etapas: (1) programar a restrição, (2) determinar o tamanho dos pulmões e (3) derivar a programação de liberação de matérias-primas de acordo com as estapas (1) e (2). Schragenheim e Dettmer (2001) e Schragenheim, Dettmer e Patterson (2009) são os que provavelmente apresentam a discussão mais aprofundada sobre o TPC, inclusive sobre um caso especial denominado TPC simplificado, e questões como múltiplas restrições, gargalos móveis, ocorrência de múltiplas operações no gargalo e outras complicações. O *TCP simplificado* (TPC-S) pressupõe que o mercado seja a restrição e, portanto, utiliza um único pulmão – o de remessa (com frequência denominado *pulmão de tempo de produção*). É óbvio que, se houver uma restrição interna, a matéria-prima ficará acumulada antes desta restrição, estabelecendo um pulmão de fato.

Programando não-restrições

A metodologia TPC pura não desenvolve uma programação formal para as não restrições. Em vez disso, a corda determina quando a matéria-prima deve ser liberada para o primeiro posto de uma sequência operacional, permitindo que ela flua naturalmente entre os postos de trabalho. Se as decisões tomadas pelos supervisores das estações de trabalho provocarem uma falha grave no pulmão, talvez seja necessário agilizar o processo utilizando pequenos lotes de transferência para concluir operações sobrepostas em algumas estações e, desse modo, levar no devido tempo a matéria-prima até o pulmão para evitar que essa falha atinja a origem do pulmão, provocando a falta de abastecimento do gargalo.

O supervisor da área onde haja recursos não restritivos é advertido de que, no momento em que aparecer uma falha grave no pulmão, ele deve programar primeiro o trabalho que está faltando. Se não houver falhas significativas no pulmão, ele é liberado para executar qualquer trabalho subsequente. O supervisor poderia escolher um trabalho caso o tempo de *setup* (preparação) seja pequeno e dependa de uma sequência, por exemplo. Muitos acadêmicos não se satisfazem com essa lógica informal *ad hoc* de despacho nas não restrições. Alguns pesquisadores desenvolveram outros mecanismos para programar as não restrições.

Capacidade protetiva
A TOC divide a capacidade nas não restrições em três categorias:[5] (1) capacidade produtiva, (2) capacidade protetiva e (3) capacidade excedente. A capacidade produtiva é aquela que é igual à capacidade da restrição – a capacidade de produzir o número de unidades que a restrição consegue produzir. A protetiva é a capacidade necessária para restaurar os pulmões ao seu estado ideal antes de um contratempo – repor o pulmão de tempo que ficou vazio ou esvaziar o pulmão de espaço em que houver no momento matéria-prima aguardando processamento posteriormente à restrição. Essa restauração do pulmão à condição ideal precisa ser realizada rapidamente, antes da ocorrência de outros contratempos. A excedente é a capacidade além da capacidade produtiva e protetiva.

A capacidade protetiva é um dos aspectos mais vitais do TPC porque, se ela for insuficiente, não será possível reabastecer o pulmão rápido o suficiente quando ele estiver baixo e o tambor então fica vulnerável a uma possível *inanição*,[6] provocada pelas estações anteriores, ou a uma *obstrução*, provocada pelas estações posteriores. Como uma hora perdida no tambor é uma hora de produção perdida, se o tambor for uma restrição de recurso, o tempo de inatividade pode ter um custo extremamente alto. A capacidade protetiva fica ociosa quando o pulmão encontra-se em uma situação ideal e não precisa de restauração. A operação não restritiva usa apenas uma capacidade de produção suficiente para acompanhar o ritmo do tambor. Entretanto, assim que um pulmão sai de seu estado ideal, todas as não restrições afetadas devem usar sua capacidade protetiva para restaurar o pulmão a um estado ideal antes que algum outro problema ameace deixar o tambor ocioso.

É óbvio que em um ambiente determinístico a capacidade protetiva não seria necessária porque haveria uma quantidade constante de estoque no pulmão de tempo. Uma dúvida relacionada ao estabelecimento de um sistema TPC é saber que capacidade protetiva é necessária e como ela deve ser disposta. Existem apenas alguns estudos sobre essa questão, que é particularmente importante se houver recursos com restrição de capacidade (CCRs) no sistema. Lembre, o *TOCICO Dictionary* (Sullivan *et al.*, 2007, p. 7) define um CCR como "Qualquer recurso propenso a comprometer a produtividade da empresa, se sua capacidade não for gerenciada com cuidado". (© TOCICO 2007, utilizado com permissão. Todos os direitos reservados.)

---

[5] Alguns pesquisadores associam a capacidade protetiva e a capacidade excedente para formar o que eles chamam de *capacidade ociosa*. Quando as operações estão fluindo tranquilamente, o recurso fica ocioso. Para o gerente, o problema da capacidade ociosa é saber até que ponto a capacidade é de proteção e o quanto deve ser aparada.

[6] Na TOC, a *inanição* é mensurada apenas na restrição e *existe quando a restrição está ociosa em decorrência da falta de matéria-prima*. Em contraposição, a *obstrução* ocorre quando *a restrição não tem espaço para se desfazer de unidades concluídas e, portanto, deve manter-se ociosa até o momento em que se liberar um espaço*.

Literatura sobre a programação TPC

Na discussão a respeito da literatura sobre o TPC, apresento primeiramente alguns artigos de visão que abordam principalmente os cinco passos de focalização ou as novas regras do OPT®. Em seguida, passo a analisar os modelos de simulação e os estudos de caso divididos pela classificação VAT. V, A e T representam as *instalações V*, em que predominam divergências de fluxo, as *instalações A*, em que predominam operações de montagem, e as *instalações T*, em que a variedade nas operações finais aumenta consideravelmente. Após as seções sobre as instalações V, A e T, apresento simulações e casos que poderiam ser atribuídos a uma classe específica de VAT.

Visões gerais

Quando a TOC surgiu, a gestão da qualidade total (*total quality management* – TQM) e o JIT também estavam ganhando popularidade. Como Goldratt estava transferindo suas informações principalmente por meio de *workshops* e de seus livros *A Meta* e *A Corrida*, muitas pessoas não tinham uma verdadeira percepção sobre as implicações da TOC. Inúmeras pessoas procuraram preencher essa relativa lacuna publicando artigos sobre os cinco passos de focalização ou as Nove Regras do OPT® e particularmente o TPC e o GP. Visto que esses artigos são mais amplos do que estudos de caso sobre uma única implementação, a presente seção foi desenvolvida para compilar essas visões mais gerais.

Cox e Spencer (1998) devotam um capítulo do livro *The Constraints Management Handbook* (*Manual da Teoria das Restrições*) sobre o método de programação TPC. Ao longo desse capítulo, eles dão um exemplo detalhado sobre três produtos e cinco centros de trabalho, mostrando de que forma se desenvolve uma programação para o tambor e para a remessa. Eles apresentam também uma seção sobre gerenciamento de pulmões e uma seção sobre como o TPC funciona dentro do sistema de *planejamento das necessidades de material* (MRP). No todo, é um excelente e breve resumo sobre o TPC.

Mabin e Balderstone (2000) apresentam um livro que contém mais de 300 resumos de livros e artigos sobre a TOC publicados antes do ano 2000 e um diagrama em forma de árvore que mostra todos os aspectos da TOC, no qual o TPC pertence a um ramo sobre gerenciamento de produção. Apenas alguns resumos estão relacionados ao TPC, como o referente a Atwater e Chakravorty (1994), que apresentam um estudo por simulação sobre a importância da capacidade protetiva. Betz (1996) apresenta um estudo a respeito de uma implementação na Lucent Technology. Coman *et al.* (1996) analisam uma implementação bem-sucedida do TPC em uma empresa de produtos eletrônicos israelense. Conway (1997) aborda a preocupação quanto ao TPC, relacionada à programação cuidadosa da restrição e imprecisa das não restrições, tal como foi descrito por Simons e Simpson (1997).

Danos (1996) analisa como a implementação do *software* do TPC aumentou em 300% a lucratividade de uma empresa. Demmy e Demmy (1994) abordam uma nova aplicação do TPC por um fotógrafo, que, considerando a restrição, programou as sessões de foto dos alunos para um anuário. Demmy e Petrini (1992) descrevem uma implementação bem-sucedida do TPC para controlar a manutenção de aeronaves no Comando de Material da Força Aérea Americana. Duclos e Spencer (1995) utilizam um modelo de simulação de três ambientes diferentes para mostrar como o TPC gera resultados consideravelmente melhores do que o MRP em uma empresa hipotética. Fawcett e Peterson (1991) incluem o TPC em uma discussão sobre os aspectos da TOC relacionados à fabricação. Fry (1990) analisa um aspecto importante dos pulmões – o impacto do estoque em processo (*work in progress* – WIP) sobre os tempos de atravessamento. Visto que em uma fábrica uma peça passa a maior parte do tempo à espera da liberação do processo, e não sendo processada, a correlação entre o WIP e o tempo de atravessamento é grande. Em um artigo complementar, Fry *et al.* (1991) discutem a implementação do TPC para controlar o tempo de atravessamento. Gardiner *et al.* (1992) oferecem uma visão abrangente sobre o TPC e o gerenciamento de pulmões. Gardiner *et al.* (1994) apresentam uma breve discussão sobre o TPC e o gerenciamento de pulmões ao analisar a evolução da TOC.

Grosfeld-Nir e Ronen (1992) discutem a aplicação do OPT® em um problema de gargalo único. Lambrecht e Alain (1990) apresentam os resultados de uma comparação por simulação entre o JIT e o TPC. Em um artigo anterior, Lambrecht e Decaluwe (1988) mostram que o TPC é mais robusto do que o JIT para gerenciar gargalos. Pinedo (1997) oferece uma segunda explicação sobre Simons e Simpson (1997), elogiando o artigo como um todo, mas levantando uma questão sobre falta de comparação com outro *software*. Radovilsky (1994) emprega a teoria das filas para avaliar o tamanho dos pulmões de tempo no TPC (Goldratt e outros propõem que se utilize um valor equivalente a uma parcela do tempo de atravessamento existente). Radovilsky (1998) apresenta um artigo complementar ao primeiro e também avalia o tamanho inicial do pulmão de tempo empregando a teoria das filas. É necessário ressaltar que o gerenciamento de pulmões é utilizado para ajustar essa estimativa inicial, levando em conta se existe uma quantidade muito grande ou muito pequena de material no pulmão de tempo.

Reimer (1991) delineia o TPC e o analisa utilizando uma estrutura de MRP modificada. Schragenheim e Ronen (1990; 1991) são analisados; esses artigos foram examinados detalhadamente no início deste capítulo. Russell e Fry (1997) abordam os mecanismos de revisão/liberação que poderiam ser empregados para cumprir a função da corda e falam sobre a divisão de lotes de produção em vários lotes de transferência enquanto metodologia de aceleração. Schragenheim *et al.* (1994) falam sobre alterações no TPC para utilizá-lo em indústrias de processo. Simons e Simpson (1997) apresentam uma história concisa a respeito da evolução do TPC e detalhes sobre o algoritmo, relacionando-o a métodos alternativos.

Spearman (1997) faz comentários positivos e negativos sobre a TOC e o *software* Goal System. Spencer (1991) analisa a teoria básica subjacente ao TPC e de que forma associar o TPC e MRP II. Spencer e Cox (1994) examinam as diferenças entre OPT® e a TOC. Spencer e Wathen (1994) apresentam um estudo de caso sobre funções de serviço na Stanley Furniture, incluindo uma implementação de TPC. Stein (1996) discute as vantagens do TPC e da utilização dinâmica de pulmões em uma situação genérica de fabricação. Umble e Srikanth (1995) apresentam uma análise minuciosa sobre o TPC em um livro pioneiro, *Synchronous Manufacturing* (Produção Sincrônica).

Wolffarth (1998) apresenta os ensinamentos práticos aprendidos em uma implementação do TPC em um sistema de planejamento de recursos corporativos (*enterprise resources planning* – ERP). Yenradee (1994) relata um estudo de caso sobre uma fábrica de bateria utilizando um sistema TPC manual associado às Noves Regras do OPT®. Mabin e Balderstone (2000) também apresentam uma lista de 34 livros que foram publicados sobre a TOC até o ano 2000.

Várias visões gerais sobre a TOC que incluem alguma discussão sobre o TPC foram publicadas desde o lançamento do livro de Mabin e Balderstone (2000). Rahman (1998, p.337) afirma que a TOC contém dois componentes principais – o paradigma de logística, que inclui o TPC, e o processo de pensamento, que ele chama de "método genérico para investigar, analisar e resolver problemas complexos". Ele inclui os cinco passos de focalização, as Nove Regras do OPT® e a definição das três medidas operacionais (ganho, inventário e despesas operacionais), bem como uma tabela de 139 artigos e anais de congresso divididos por ano e periódico. Gupta (2003) apresenta uma visão geral fundamentada em grande medida em Rahman e Mabin e Balderstone como introdução a uma edição especial do *International Journal of Production Research*. Watson *et al.* (2007) atualizam a discussão abrangente sobre a evolução da TOC analisada previamente em Gardiner *et al.* (1994).

Boyd e Gupta (2004) oferecem uma excelente visão geral sobre a TOC, comparando sua filosofia com várias filosofias até certo ponto semelhantes, mas apresentam uma visão geral rudimentar a respeito do TPC.

Aplicando o TPC a diferentes tipos de instalação: análise VATI[7]

O *TOCICO Dictionary* (Sullivan *et al.*, 2007, p. 51) define a análise VATI como

> *A estratificação de ambientes operacionais em quatro tipos genéricos chamados de: V, A, T e I. Todos eles têm um conjunto inerente de efeitos indesejáveis que, apropriadamente identificados, tornam o gerenciamento operacional mais fácil. Os quatro tipos são chamados pela letra que se assemelha a um diagrama do fluxo lógico (não do fluxo físico) das matérias-primas. Uso: Uma instalação específica pode ser classificada em um ou mais tipos.* (© TOCICO 2007. Utilizada com permissão. Todos os direitos reservados.)

Umble e Umble (1999) discutem a análise VAT, isto é, classificam as instalações em um desses três tipos e reconhecem que determinadas características são comuns a cada um deles. Eles afirmam que a classificação VAT foi desenvolvida por Goldratt por volta de 1980.

Os diagramas de fluxo de produto das *instalações V* são caracterizados pelos pontos de divergência (daí a forma V). Três características são comuns nas instalações V:

1. A quantidade de produtos finais é grande em comparação com a quantidade de matérias-primas.
2. Todos os produtos finais vendidos por uma fábrica são processados basicamente da mesma maneira.
3. Geralmente, os equipamentos requerem grande investimento de capital, são altamente especializados e normalmente exigem um longo tempo de *setup*.

As *instalações A* são caracterizadas por pontos de montagem convergentes em todo o processo. Nessas instalações, várias peças componentes compradas ou manufaturadas e grande quantidade de matérias-primas, geralmente produzidas em uma unidade de produção por encomenda, são associadas a fim de formar subconjuntos utilizados para fabricar produtos finais especiais.

Nas *instalações T* predomina um ponto de montagem divergente importante na montagem final, onde vários e diferentes produtos finais são montados com uma quantidade de componentes relativamente pequena.

Umble e Umble (1999) passam então a examinar a disposição específica de pulmões em cada tipo de instalação.

Pesquisas sobre instalações I

Vários modelos de simulação utilizados para avaliar os fatores do TPC são basicamente instalações I. Isso ocorre porque questões como o que constitui uma capacidade protetiva adequada ou a influência do pulmão sobre o tempo de atravessamento podem ser estudadas em um ambiente I, sem os fatores intrincados que ocorrem nas instalações V, A ou T. Fry *et al.* (1991) simulam uma instalação I para mostrar que no TPC, quando o WIP nas não restrições é baixo, é possível ter grande controle sobre o tempo de atravessamento.

Finch e Luebbe (1995) simulam um sistema com cinco estações no qual a restrição muda ao longo do tempo em virtude de diferentes índices de curva de aprendizagem nessas estações. Por causa da mudança de tempo no centro de trabalho durante grande parte da simulação, existe pouca ou nenhuma capacidade protetiva nas não restrições. Os autores concluem que há interações significativas entre os efeitos da curva de aprendizagem e a produção na restrição e que é necessário estudar mais a fundo essa questão.

---

[7] Ao longo dos anos, Goldratt e outros utilizaram simuladores animados por computador para ensinar os conceitos de programação TPC e gerenciamento de pulmões em ambientes V, A e T. As primeiras versões desses simuladores de ensino utilizaram o sistema operacional DOS; uma versão para o Windows é oferecida em Goldratt (2003).

Atwater e Chakravorty (1996) fizeram a simulação de linhas em série simples de cinco a seis estações (linhas I) com interrupções provocadas por quebras de máquina, utilizando as configurações de balanceamento, JIT e TOC. Os autores constataram que as linhas baseadas na TOC são menos afetadas pela variabilidade do que as linhas balanceadas ou JIT. Chakravorty e Atwater (1996) avaliaram o modelo de linha das estruturas I.

Kadipasaoglu *et al.* (2000), ao simular uma instalação I, constataram que, (1) quando a capacidade protetiva aumentava de 0% para 12,5%, o tempo de fluxo era reduzido em cerca de 40%; (2) existe um benefício para o nível de WIP quando a restrição encontra-se no primeiro posto;[8] e (3) e o tempo ocioso na não restrição e a capacidade protetiva tendem a ter efeitos opostos sobre o fluxo – o aumento do tempo ocioso na não restrição diminui o fluxo, que até certo ponto pode ser compensado aumentando a capacidade protetiva. Betterton e Cox (2009) posteriormente avaliaram essa simulação e constataram que a metodologia empregada não constituiu uma implementação correta do TPC. Primeiro, Kadispasaoglu *et al.* (2000) utilizaram recebimentos aleatórios na fábrica, em vez de uma corda para liberar matéria-prima de acordo com o ritmo do tambor. Segundo, utilizando o primeiro posto como restrição, Kadispasaoglu *et al.* empregaram infinitos pulmões em todas as estações posteriores. A obstrução nunca ocorre com pulmões infinitos. Por isso, a restrição jamais teria uma obstrução. Simulando o ambiente como um verdadeiro ambiente TPC, Betterton e Cox (2009) constataram que algumas das afirmações de Kadipasaoglu *et al.* não estavam corretas.

Blackstone e Cox (2002, 419), empregando uma instalação I simulada, definem "*capacidade protetiva*" como "a capacidade necessária em estações de trabalho não restrição para restaurar o estoque de WIP ao local adjacente e anterior ao posto de trabalho com restrição para (criar um pulmão de tempo) favorecer sua plena utilização". Deve-se ressaltar que a capacidade das estações de trabalho posteriores de esvaziar o pulmão de espaço quando ele contém trabalho constitui também capacidade protetiva – proteção contra obstrução. Além disso, Blackstone e Cox mostram que o tamanho do pulmão de tempo necessário para proteger o tambor de maneira adequada está inversamente associado com a capacidade protetiva, questão essa defendida previamente por Atwater (1991).

Kim *et al.* (2003a) simularam uma variedade de mecanismos de controle de fluxo em uma linha I e constataram que, comparado ao controle de fluxo de produção e ao controle de fluxo dinâmico, o controle de fluxo de gargalo obteve uma produção maior com um WIP mais baixo, mantendo, ao mesmo tempo, menor atraso e lentidão dos pedidos.

Linhas I reais Não encontrei nenhum estudo simulado ou estudo de caso de linhas I reais. Acredito que isso se deva ao fato de que, quando o fluxo é uma linha reta, as instalações reais tendem a ter diversos produtos que se bifurcam em várias configurações à medida que percorrem a linha. Ou seja, elas são instalações V, e não I.

Pesquisas sobre instalações V

Simulações de instalações V reais Vaidyanathan *et al.* (1998) descrevem a simulação de uma fábrica de café com CCRs variáveis. O modelo de simulação foi utilizado para criar uma programação para essa instalação do tipo V. A simulação mostrou que seria possível aumentar a produção em aproximadamente 40% utilizando o modelo de simulação para criar a programação.

Hasgul e Kartal (2007) empregaram o algoritmo Wagner-Whitin, uma técnica extremamente sofisticada utilizada para obter uma sequência ideal de trabalhos em um amplo horizonte de planejamento, para programar uma fábrica simulada de refrigeradores. A parte da empresa que eles simularam correspondia a uma instalação V. Segundo os autores, eles obtiveram uma diminuição média do tempo de ciclo de 12 para 7 dias ao aplicar o TPC.

---

[8] Tecnicamente, o material de proteção da restrição nessa situação é matéria-prima e não é considerado WIP enquanto não é liberado para a linha.

Estudos de caso sobre instalações V Chakravorty (1996) relata um estudo de caso na Robert Bowden, Inc., empresa de fornecimento de materiais de construção para residências e de uso comercial leve com um volume de vendas de $ 40 milhões cuja instalação é V. Após a implementação do TPC (que é descrita no artigo), o número médio de pedidos aumentou aproximadamente 20% sem aumentar a quantidade de funcionários e a aceleração dos pedidos diminuiu significativamente.

Rerick (1997) apresenta um estudo sobre a empresa de fabricação de placas de semicondutor Harris Corporation, que diminuiu o tempo de ciclo em aproximadamente 50% e, ao mesmo tempo, dobrou a produção. As placas eram fabricadas para os mercados automotivo, de telecomunicações e de computadores. Foi escolhido um ponto de controle para implementar um sistema TPC.

Huang e Sha (1998) utilizaram um sistema híbrido TPC/*kanban* para modelar uma instalação de fabricação de placas por meio de um modelo de simulação. Os *kanbans*, que puxam a matéria-prima um de posto para outro, de certa forma anulam o método TPC puramente informal de despacho da não restrição. Huang e Sha também tentam determinar o tamanho ideal dos *kanbans* nesse sistema.

Hurley e Whybark (1999), em estudo sobre uma instalação V simulada, mostram corretamente que a diminuição da divergência pode aliviar a necessidade de capacidade protetiva e estoque protetivo.

Chakravorty (2000) apresenta um segundo estudo de caso sobre o TPC na Robert Bowden, Inc., enfatizando o fato de que ela se trata de uma instalação V. As instalações V que utilizam o TPC não receberam grande atenção nas publicações. Essa instalação utilizava dois pulmões – de restrição e remessa. Entre 1996 e 1999, as vendas anuais em unidades aumentaram de aproximadamente 58 mil para mais de 80 mil, enquanto o número de funcionários diminuiu de 12 para 16. Durante o mesmo período, o estoque de produtos acabados foi diminuído de 3.800 para 1.325, ao passo que os pedidos atrasados caíram de 19% para 7%.

Frazier e Reyes (2000) apresentam uma descrição detalhada sobre a aplicação do TPC à instalação V de uma empresa de fabricação de cabos e equipamentos de telecomunicações em Dallas, Texas. Depois de três meses, o WIP diminuiu para um terço de seu nível anterior, o valor do estoque de matérias-primas diminuiu aproximadamente 30% e houve um aumento de mais de 30% nos trabalhos concluídos no prazo.

Schaefers *et al.* (2004) relatam a implementação do TPC em uma fábrica que compra grandes rolos de placas metálicas e as corta em bobinas menores tanto em largura quanto comprimento. Ela parece ser uma instalação V. Como se trata de uma empresa de produção sob encomenda (*make-to-order* – MTO) sem nenhuma restrição interna, ela utilizava como tambor a programação de remessa (TPC-S). Antes da implementação, o tempo de atravessamento variava entre 21 a 182 dias. Após a implementação, estabilizou-se em 10 dias. O nível do atendimento ao cliente aumentou de 34% para 87%. A mudança exata na lucratividade não foi divulgada, mas os autores afirmaram que a fábrica, que antes estava perdendo dinheiro, passou a ganhar.

Belvedere e Grando (2005) falam sobre a implementação do TPC em uma empresa química italiana que fabrica corantes e pigmentos. Como as matérias-primas principais são produtos naturais, foi difícil obter precisamente a cor desejada. A solução costumava ser diluída e a cor era testada repetidamente, fazendo com que o departamento de teste de amostras fosse a restrição. Em dois anos, o TPC diminuiu as matérias-primas e o estoque de produtos acabados e aumentou o número de giros de estoque, que praticamente dobrou entre 1999 e 2001.

Umble, Umble e Murakami (2006), percebendo a falta de estudos de caso sobre implementações asiáticas, divulgaram um caso envolvendo a Hitachi Tool Engineering, empresa japonesa de engenharia de ferramentas que emprega aproximadamente 1.100 pessoas. Os autores descreveram a fábrica estudada como V. Além da implementação do TPC, a empresa implementou algumas ferramentas do processo de pensamento da TOC.

Um sistema TPC simples foi configurado utilizando três plataformas no gargalo, cada uma contendo o trabalho de um dia para o gargalo. Segundo os autores, isso era adequado para proteger o gargalo e subordinar outros recursos à programação do gargalo.

Pesquisas sobre instalações A

Simulação de instalações A hipotéticas Nesta seção, analiso simulações de linhas hipotéticas que me parecem ser instalações A. A menos que mencionado especificamente, os autores não indicaram o tipo de instalação que utilizava a análise VATI.

Taylor (1999) simulou um sistema empurrado tradicional (MRP) em comparação com um sistema puxado (JIT) e "híbrido" (TPC) com relação ao seu impacto sobre os indicadores financeiros. Seu modelo de simulação parece ser uma instalação A. Ele continha 29 estações. As variáveis independentes incluíam o tamanho e local dos pulmões. Ele constatou que o sistema TPC gerava maior lucratividade, retorno sobre o investimento (*return on investment* – ROI) e fluxo de caixa com uma quantidade de estoque consideravelmente menor. O sistema puxado ficou em segundo lugar com relação aos resultados financeiros e o sistema empurrado ficou em último. Taylor (2000) estudou essa mesma fábrica para avaliar o impacto sobre os indicadores operacionais da TOC, como ganho, inventário e despesas operacionais.

Atwater e Chakravorty (2002) constataram que o tempo de fluxo médio por meio de um sistema simulado que tem um fluxo misto e parece ser uma instalação A diminuiu à medida que a capacidade protetiva aumentou, mas apresentou um ritmo decrescente quando a capacidade protetiva atingiu 7%. A lentidão média diminuiu da mesma maneira. Nesse estudo, os autores variaram a utilização média de restrição de 94% para 98,55%. Eles compararam a liberação imediata de trabalhos assim que recebidos pelo sistema com a liberação de trabalhos de acordo com o programa TPC e constataram que, embora o TPC tivesse um fluxo médio menor ao longo do sistema, a liberação imediata diminuiu o número de dias de lentidão.

Simulações de instalações A reais Wu, Morris e Gordon (1994) mostram como o TPC melhora o tempo total de produção por meio da simulação de um sistema de controle de produção tradicional. O *tempo total de produção* é o tempo desde o início do processamento até o momento em que a unidade final sai do sistema. A simulação de Wu *et al.* baseia-se em uma instalação A de um fabricante de móveis. Os autores demonstraram que um fabricante de móveis tailandês obteria benefícios significativos do tempo total de produção se implementasse o TPC. Nessa simulação, o tempo total de produção diminui aproximadamente 50% quando o TPC foi implementado no sistema.

Guide (1995) apresenta um modelo de simulação utilizado para estimar os tamanhos de pulmão ideais na implementação do TPC em uma instalação de manutenção naval. As instalações de manutenção da Força Aérea desmontam completamente os aviões (embora possa parecer uma instalação V, as peças fluem em caminhos distintos, em vez de um único). Há então o reparo ou substituição dos componentes necessários (provavelmente uma instalação A) e remontam o avião (instalação A). Esse processo é conhecido como refabricação (*remanufacturing*).

Steele *et al.* (2005) simulam uma fábrica que utiliza o TPC e o MRP. Os autores constataram que o TPC apresenta um desempenho bem melhor e recomendaram a utilização do TPC em sistemas MRP. Essa simulação, que se baseou em um fabricante de rolamentos, envolveu uma montagem estabelecida sobre duas linhas V.

Estudos de caso sobre instalações A Andrews e Becker (1992) apresentam um estudo de caso sobre a Alkco Lighting, mencionando o "gerenciamento de pulmões" como uma palavra-chave. Essa instalação A tem várias operações de montagem. A Alkco mudou sua mensuração principal de eficiência para ganho. Consequentemente, o estoque de WIP melhorou de modo significativo e houve uma melhoria concomitante no fluxo de caixa. Antes da implementação, e empresa estava prometendo uma entrega de 60 a 90 dias com um índice de pontualidade de apenas 65% – 16% das entregas apresentavam mais de uma semana de atraso – e 32% do estoque era de produtos acabados. O sistema TPC, do modo como foi gerenciado pela Alkco, liberou 40% de sua área total. Após cinco anos de implementação, o tempo de atravessamento diminuiu para uma semana, enquanto a entrega no prazo aumentou para 98%, o volume de vendas cresceu 20% e o lucro antes dos impostos subiu 42%.

Spencer (1994) fala sobre a melhoria obtida pela Trane Co., de Macon, Geórgia, na qual a produção mudou de uma média de três unidades por dia para seis unidades por dia, com a mesma força de trabalho, quando o TPC foi implementado. Nessa instalação, a Trane monta aparelhos de ar condicionado de grande porte desenvolvidos para a refrigeração de instalações comerciais.

Guide (1996; 1997) e Guide e Ghiselli (1995) apresentam três discussões sobre a utilização do TPC em aplicações de refabricação – por exemplo, uma instalação de manutenção militar. Tal como na simulação de Guide (1995) discutida anteriormente, essa instalação parece ser uma instalação A (remontagem) estabelecida sobre uma operação de desmontagem. Até certo ponto, a desmontagem é parecida com uma instalação V, visto que cada avião é diferente com relação aos vários componentes que devem ser avaliados e consertados, substituídos ou reutilizados. Entretanto, o consenso é que a operação de desmontagem é diferente de uma instalação V em que a peça flui para um produto ou outro.

Luck (2004) apresenta um estudo da Escola de Negócios Ashridge (Reino Unido) sobre uma cadeia de suprimentos centrada em uma empresa denominada Remploy, que fabrica roupas militares. A Remploy tinha duas instalações, uma instalação V que cortava o material e uma instalação A em que as roupas eram confeccionadas. Cinco meses após o início da implementação de um TPC padrão, o ganho aumentou 19%, a produção por funcionário chegou a 13,4%, o WIP diminuiu mais de 50% e o absenteísmo ficou abaixo de uma média de 7%. Houve algum aumento no custo de transporte, mas pequeno em comparação ao aumento da lucratividade.

Pesquisa sobre instalações T
Não consegui encontrar nenhuma simulação ou estudos sobre instalações T.

Pesquisas que não puderam ser classificadas como V, A, T ou I
Às vezes não é possível classificar uma pesquisa como V, A, T ou I. Em primeiro lugar, a pesquisa pode abranger mais de uma instalação de tipos diferentes. Mesmo quando se descreve uma única instalação, em muitos casos talvez a quantidade de informações fornecidas não seja suficiente para se concluir sensatamente que a instalação é do tipo V, A, T ou I.

Simulações de sistemas TPC
Inúmeros indivíduos já simularam os sistemas TPC, às vezes para estimar os parâmetros do TPC, como o pulmão de tempo, e outras vezes para comparar a eficácia do TPC com sistemas como a produção enxuta (Lean) ou *WIP constante (CONWIP)*. Guide (1995) experimentou diferentes tamanhos de pulmão e diferentes técnicas de gerenciamento de pulmões em uma estação aérea naval. Kosturiak e Gregor (1998) simularam um sistema de produção flexível utilizando MRP, *controle orientado pela carga* (COC), TPC e *kanban* e constataram que o COC e o TPC tinham o melhor o desempenho, embora o TPC fosse mais fácil de implementar. Hasgal e Kartal (2007) associaram o TPC com o algoritmo Wagner-Whitin de determinação de tamanho de lote e diminuíram os tempos de ciclo e o WIP em um modelo de simulação comparado com o próprio TPC.

Kayton *et al.* (1997) simularam uma fábrica de placas de semicondutor utilizando o TPC para compreender melhor o impacto da manutenção preventiva sobre essa instalação. Eles constataram que o tempo de inatividade nas não restrições pode tornar-se um problema em instalações que utilizam o TPC mesmo quando existe uma significativa capacidade protetiva.

Lea e Min (2003) simularam uma linha de sete estações e três produtos utilizando o JIT e o TPC e constataram que o JIT apresentou um nível de lucratividade e de serviço ligeiramente mais alto. Eles constataram também que os sistemas de custeio baseados em atividade superam ligeiramente o desempenho do custeio tradicional e os sistemas de contabilidade de ganhos.

Estudos de caso

Vários artigos apresentam estudos de caso sobre implementações bem-sucedidas do TPC e do gerenciamento de restrições. Não foi possível classificar esses estudos de caso como V, A ou T. Muitas vezes, os relatos abrangem várias instalações.

Gupta (1997) analisa os benefícios do TPC para uma cadeia de suprimentos. Em 1998, Gupta discutiu sobre a necessidade de um *software* para implementação do TPC, descrevendo algumas situações extremamente complexas para uma implementação manual. Koziol (1988), gerente na fábrica da Valmont em Brenham, Texas, fala sobre a implementação bem-sucedida do TPC nessa instalação.

Spencer e Cox (1995) relatam um estudo sobre nove empresas de produção repetitiva. Três utilizaram apenas o JIT, três associaram o MRP e o JIT e três associaram a TOC (OPT® ou TPC) ao JIT. Não foi divulgado nenhum número específico de melhoria; entretanto, eles constataram que a existência de produção repetitiva não impossibilita a aplicação de nenhum dos três sistemas de planejamento e controle de produção.

Tal como mencionado antes, Wolffarth (1998) apresenta ensinamentos práticos extraídos de uma implementação do TPC em um sistema ERP. Umble e Umble (2006) descrevem como o gerenciamento de pulmões foi utilizado em duas instalações de atendimento a acidentes e emergências em Oxfordshire, Reino Unido.

Guide e Ghiselli (1995) relataram a implementação do TPC na Estação Aeronaval Alameda. Essa instalação de desmontagem/manutenção implementou um sistema de manutenção preventiva, acrescentou pequenos lotes de transferência, eliminou as medidas de eficiência locais e tomou outras providências relacionadas ao TPC. Alguns dos resultados obtidos foram: aumento do ganho e diminuição do WIP, redução do tempo de devolução das aeronaves e aumento da taxa de trocas. Havia planos para outros refinamentos do TPC nessa instalação, tal como foi relatado.

Umble *et al.* (2001) relatam um estudo de caso sobre a utilização do TPC em um sistema ERP, da *Oregon Freeze Dry* (OFD), que processa produtos por meio da remoção de água a baixas temperaturas e pressões. Uma filial da OFD implementou o TPC em 1997, identificando o recurso restritivo que foi definido como tambor. O ERP foi implementado mais ou menos ao mesmo tempo. Os autores relatam que o sistema ERP torna o TPC mais eficaz. Assim que se determinou a programação do tambor, o sistema ERP foi utilizado para amarrar a corda. Eles afirmam que a integração entre TOC/TPC pode ser essencial para o sucesso do ERP.

Corbett e Csillag (2001) relatam sete implementações do TPC no Brasil. Cinco foram em empresas multinacionais e duas em empresas brasileiras. Seis utilizavam o MRP e uma o *kanban* antes de usar a programação TPC. O tempo médio para implementar o TPC foi 3,6 meses. O mais longo foi de sete meses. Todas as sete empresas começaram a mostrar resultados benéficos durante o período de implementação. Das sete, seis afirmaram que estavam satisfeitas com o TPC. Mesmo a que expressou insatisfação experimentou uma queda de 50% no WIP e no tempo de atravessamento e um aumento de receita por funcionário de US$ 56 mil para $ 64 mil.

Lindsay (2005) relatou a implementação do TPC nos centros de distribuição (CDs) da Intel cujo objetivo era tentar reduzir o tempo de ciclo dos pedidos e o estoque. Cinco CDs localizados em cinco países implementaram o TPC com uma redução média no tempo de ciclo de mais de 60% e uma redução de desvio padrão de mais de 70%.

Vermaak e Ventner (sem data) relatam uma aplicação da TOC associada a uma simulação por computador do sistema de transportadores de uma mina de carvão que resultou em um aumento de produção de 8%.

Mabin e Balderstone (2003) apresentam uma análise sobre mais de 80 implementações bem-sucedidas da TOC com base em uma pesquisa nas publicações disponíveis. Uma parte da tabela desses autores sobre a porcentagem de melhoria relacionada a várias medidas é mostrada a seguir.

Medida	Número relatado	% média de melhoria
Tempo de atravessamento	34	70
Tempo de ciclo	14	65
Desempenho em relação à data de entrega	13	44
Estoque	32	49
Receita	20	83
Lucratividade	7	116

Huff (2001) relata que a Bal Seal Engineering utilizou o TPC para aumentar o ganho, diminuir os estoques, melhorar o desempenho em relação à data de entrega, diminuir as despesas operacionais e dobrar o lucro líquido. A Boeing e a Rockland Manufacturing também obtiveram melhorias expressivas de ganho, estoque e lucro.

Casos especiais

A literatura sobre a TOC contém inúmeros artigos sobre pesquisas que não se encaixam perfeitamente nas categorias anteriores, mas são contribuições significativas para o corpo de conhecimentos dessa área. Classifiquei essas pesquisas nos tópicos apresentados nas seções subsequentes.

Bens livres

Bens livres são os bens que não exigem nenhuma restrição de recurso em sua produção – eles exigem apenas não restrições e são uma oportunidade para aumentar imediatamente o ganho com pouco ou nenhum aumento nas despesas operacionais (lembre-se de que o ganho considera as despesas de matéria-prima, que são verdadeiramente custos variáveis). Contudo, Chakravorty e Atwater (2005) constataram que o TPC é extremamente sensível aos níveis de bens livres. Por isso, as programações que utilizam o TPC precisam saber de que forma os pedidos de bens livres são aceitos. Esses autores constataram, especificamente, que o número de pedidos atrasados aumentava à medida que o nível de bens livres liberados para a fábrica aumentava. Eles atribuíram esse fenômeno à perda de capacidade protetiva em determinados recursos não restritivos. Atwater, Stephens e Chakravorty (2004) discutem o impacto dos bens livres sobre o ganho do sistema. Eles chegaram a três constatações básicas com relação ao sistema que eles modelaram. Primeiro, a utilização da restrição de recursos em um nível abaixo de 98% produziu um ganho de desempenho instável. Segundo, o aumento da capacidade protetiva para um nível acima de 7% não melhorou significativamente o desempenho em relação à pontualidade. Ou seja, assim que a capacidade de uma não restrição atingiu 107% da capacidade da restrição, outros aumentos na capacidade não melhoraram a pontualidade. Obviamente, esse valor seria muito sensível ao número e à duração das flutuações estatísticas incluídas no modelo. Terceiro, quando a demanda por bens na restrição é alta, os gerentes podem melhorar a pontualidade restringindo os pedidos aceitos de bens livres (a recusa desses pedidos diminuiria o uso futuro de recursos não restritivos).

E se o mercado for a restrição?

E se todos os bens forem *bens livres*? Isto é, e se *o mercado for a restrição*? Pass e Ronen (2003) definem *restrição de mercado* como uma situação em que *a capacidade de produção de cada recurso excede a demanda por esse recurso*; eles abordam essa questão para uma empresa de alta tecnologia, ressaltando que normalmente é mais fácil controlar uma restrição interna que está sob o mesmo teto da administração do que ser sacudido pelos altos e baixos do mercado. O departamento de P&D costuma ser uma restrição porque os novos produtos não surgem suficientemente rápido. Além disso, o departamento de marketing ou de vendas pode ser uma restrição. Como o tempo de atravessamento é um fator de concorrência, os lotes pequenos podem ser processados para diminuir esse tempo. Isso requer mais preparações, mas a maioria das não restrições pode arcar com isso [como Goldratt ressaltou em *The Goal* (Goldratt e Cox, 1984; 1993)].

Restrição simbólica é uma restrição de recurso que é eliminada de maneira barata. Pass e Ronen (2003) mencionam duas restrições simbólicas comuns em marketing e vendas: (1) falta de assistência administrativa barata e (2) falta de computadores portáteis e de equipamentos de comunicação, como aparelhos de fax portáteis. Eles mencionam mais três restrições simbólicas comuns em P&D: (1) falta de componentes e acessórios de baixo custo, (2) falta de assistência administrativa de baixo custo e (3) falta de computadores e ferramentas de tecnologia da informação (TI). A quebra dessas restrições simbólicas pode aumentar de maneira significativa a restrição de mercado.

Smith *et al.* (1999) também falam sobre a utilização do TPC como auxílio ao desenvolvimento de produtos na Allied Signal e Alcoa.

Fluxos reentrantes

Wu e Yeh (2006) descrevem a utilização do TPC em uma situação em que uma peça passa pela restrição duas vezes ao circular pela fábrica, o que é conhecido como "fluxo reentrante". Essa situação normalmente ocorre na fabricação de semicondutores. De acordo com Wu e Yeh, o método de programação que utiliza o TPC tal como descrito em *The Haystack Syndrome* (*A Síndrome do Palheiro*) (Goldratt, 1990) não consegue programar eficazmente ambientes com fluxos reentrantes no gargalo. Eles citam inúmeros artigos que abordam a utilização do TPC em fluxos reentrantes, como o de Huang *et al.* (2002), Kayton *et al.* (1996; 1997), Kim *et al.* (2003b), Klusewitz e Rerick (1996), Levison (1998), Mosely *et al.* (1998), Murphy (1994), Murphy e Dedera (1996), Rose *et al.* (1995a,b), Tyan *et al.* (2002) e Villforth (1994). Em seguida, Wu e Yeh (2006) propõem um método de programação para o TPC que, na opinião deles, é apropriado para instalações fabris com fluxos reentrantes no gargalo. Rippenhagen e Krishnaswamy (1998) simularam uma instalação de fabricação de placas de semicondutor com fluxos reentrantes utilizando uma variedade de regras de despacho e a TOC. Kim *et al.* (2009) relatam um estudo por simulação sobre uma instalação de placas de semicondutor hipotética com fluxos reentrantes e capacidade protetiva. Eles estão interessados, dentre outras coisas, na compensação entre a capacidade protetiva e o estoque protetivo. Esse estudo baseia-se em uma linha com seis estações, fluxos reentrantes, tempos por peça que variam de 8 a 12 minutos e capacidade protetiva de 1 a 4 minutos por peça. Os autores constataram que não era suficiente conhecer apenas a porcentagem de inatividade nas não restrições para perceber a necessidade de capacidade e estoque protetivos. Eles identificaram, especificamente, que interrupções de energia longas e infrequentes exigiam maior capacidade/estoque protetivos do que as interrupções curtas e frequentes, ainda que a proporção de tempo durante o qual o posto ficasse inativa fosse o mesmo. Além disso, eles constataram que o tempo de inatividade dos recursos afetava mais a restrição do que a variação no tempo de processamento e que a alocação de capacidade protetiva ao longo da linha era mais importante do que o estoque protetivo. O estoque de WIP requer uma compensação entre o nível de ganho e o tempo de ciclo. Além de um determinado ponto, aumentar o estoque não melhora o ganho. Portanto, é necessário escolher um nível apropriado.

Fabricação recuperável e refabricação

Guide (1997) analisa a aplicação bem-sucedida do TPC à *fabricação recuperável*, na qual *produtos usados são devolvidos pelo cliente ao fabricante, que então refabrica o produto*. Guide emprega o termo "ambiente de produto recuperável" para descrever os processos de recuperação de matéria-prima por meio da reciclagem no final da vida útil do produto. Guide (1996) demonstrou que o TPC poderia ser um sistema de planejamento e controle de produção promissor para a refabricação.

Literatura sobre gerenciamento de pulmões

Embora apenas alguns dos estudos de caso e simulações citados acima reconheçam o gerenciamento de pulmões como uma condição essencial para um sistema de planejamento e controle TPC eficaz, hoje a maioria dos especialistas da TOC concorda que ele é vital tanto para acelerar os pedidos antes que eles fiquem atrasados quanto para servir de base para um processo de melhoria contínua. O *TOCICO Dictionary* (Sullivan *et al.*, 2007, p. 7) define *gerenciamento de pulmões como* "Mecanismo de *feedback* utilizado durante a fase de execução operacional, de distribuição e de gerenciamento de projetos que oferece um meio para priorizar os trabalhos, saber quando é necessário acelerar, identificar onde a capacidade protetiva é insuficiente e redimensionar os pulmões quando necessário". (© *TOCICO* 2007. Utilizada com permissão. Todos os direitos reservados.)

Quando um item é liberado para a seção de produção, ele é liberado em um pulmão – pulmão de restrição, remessa ou montagem, dependente da configuração da fábrica. Os pulmões são dimensionados de tal modo que cada lote ou pedido chegue ao pulmão a tempo para mantê-lo aproximadamente metade cheio. Na verdade, o pulmão é dividido em três regiões.[9] Cada uma representa um terço de sua extensão. A *região I (vermelha)* abrange *os lotes mais antigos*, que devem ser processados brevemente; a *região II (amarela) representa os lotes intermediários*, cerca de metade dos quais já deve estar no pulmão; e a *região III (verde) representa o material liberado mais recentemente*, que em geral se supõe que ainda esteja a caminho do pulmão. O *material liberado para a seção de produção e controlado pelo* pulmão *que não chega a ele* é chamado de *falha no pulmão*. Simatupang (2000) oferece uma boa descrição sobre as atividades de gerenciamento de pulmões.

Existe uma pessoa chamada de gerente de pulmão cuja responsabilidade é direcionar pontualmente o material para o pulmão. As falhas na região verde do pulmão não exigem nenhuma providência. Se uma falha mover-se para a região amarela, o gerente de pulmão localizará o item e lembrará o posto de trabalho que está com o lote de que esse item em breve deverá chegar ao pulmão. Se a falha atingir a região vermelha, o gerente acelerará o processamento do lote no posto de trabalho que está retendo o material e em qualquer posto entre o local do lote e o pulmão físico. Além disso, o gerente registrará o local do lote acelerado e o motivo do atraso para priorizar iniciativas futuras de melhoria. Gardiner *et al.* (1992) afirmam que 90% dos pedidos provavelmente não exigirão nenhuma medida de aceleração se o pulmão for dimensionado corretamente. O tamanho do pulmão é dinâmico – se houver muita aceleração, ele pode ficar maior; se praticamente não houver aceleração, ele pode ficar menor. Por causa do gerenciamento de pulmões e de seu dimensionamento dinâmico, seu tamanho inicial não é crítico – se a princípio o tamanho for incorreto, as atividades de gerenciamento revelarão rapidamente esse fato e ele poderá ser redimensionado.

Quando um trabalho é liberado para a seção de produção, a documentação correspondente deve mostrar a data de conclusão desse trabalho no pulmão para o qual ele está se dirigindo. O supervisor de cada posto de trabalho pode utilizar essa informação

---

[9] Hoje, a maioria das implementações reconhece duas outras regiões: uma *região preta*, que identifica *pedidos que deveriam ter sido concluídos e agora estão atrasados*, e uma *região branca*, que identifica *pedidos que não deveriam ter sido liberados, mas foram liberados mais cedo*.

para auxiliar os trabalhos subsequentes. O gerente do pulmão em questão tem uma lista sequenciada de trabalhos esperados pelo pulmão, que ele pode utilizar para determinar o local das falhas no pulmão e para decidir quando deve começar a investigar ou acelerar o processo.

Tseng e Wu (2006) descrevem o gerenciamento de pulmões em um sistema modificado empregando cinco regiões de pulmões, em vez de três: zona de chegada antecipada, zona ignorada, zona mencionada, zona de aceleração e zona atrasada. As três zonas intermediárias correspondem às três regiões normais do pulmão, ao passo que a primeira representa o material liberado para a seção de produção muito cedo e a quinta representa o material não processado no devido tempo. Simatupang (2000) descreve de que forma o gerenciamento de pulmões pode ser empregado para direcionar a aplicação de atividades de manutenção preventiva.

Schragenheim e Dettmer (2001) relatam sobre uma variação no gerenciamento de pulmões denominada *"mecanismo de controle de linha vermelha"*, que *coleta dados sobre os trabalhos que estão prestes a atrasar e ajuda os gerentes a determinar a estabilidade da seção de produção*.

Dimensionamento dos pulmões

Uma das perguntas que devem ser respondidas na implementação de um sistema TPC é: "Que tamanho os pulmões devem ter?". Goldratt propôs aos cursos Jonah que o tamanho inicial do pulmão pode ser determinado tomando metade do tempo de atravessamento atual e dividindo esse tempo entre o pulmão de tempo da restrição e o pulmão de remessa. Esse tamanho inicial pode ser ajustado para cima ou para baixo se houver pouca ou demasiada quantidade de trabalhos que precisam ser acelerados por meio do gerenciamento de pulmões. Essa recomendação, por si só, encontrou seu lugar nas respectivas publicações.

Louw e Page (2004) afirmam que o cálculo da duração do pulmão de tempo é um método de tentativa e erro que consiste, primeiramente, na determinação do tamanho inicial dos pulmões de tempo por meio de regras empíricas básicas (Srikanth e Umble, 1997; Tu e Li, 1998). A duração dos pulmões é então monitorada e ajustada por meio do gerenciamento de pulmões (Goldratt, 1990; Schragenheim e Ronen, 1991). Goldratt (1990) propõe que se determine a duração inicial do pulmão estimando o tempo de atravessamento médio atual das atividades para a origem desse pulmão específico e dividindo-o por cinco. Srikanth e Umble (1997) propõem que o pulmão de tempo total de qualquer produto deve corresponder aproximadamente à metade do tempo de atravessamento de produção atual da empresa, enquanto Schragenheim e Ronen (1990) propõem um tamanho de pulmão de restrição três vezes maior que o tempo de processamento cumulativo mínimo para a restrição.

Louw e Page (2004) empregam um procedimento para estimar a duração dos pulmões de tempo que se baseia em um modelo de filas em uma rede de vários produtos. Os detalhes dessa rede estão além do escopo deste capítulo. Ye e Han (2008) utilizam um método matemático para estimar o tamanho tanto do pulmão de tempo quanto do pulmão de montagem.

Weiss (1999) apresenta uma rede de filas utilizando diferentes programas lineares contínuos, a qual, segundo ele, é semelhante ao TPC, visto que ela tende a formar pulmões nas estações mais atarefadas.

Taylor (2002) ressalta que a tentativa de remover toda a variabilidade do sistema não é eficaz em termos de custo. É melhor inserir um pulmão na restrição e, até certo ponto, ampliar o pulmão dos CCRs para protegê-los contra inanição. Taylor simulou os sistemas MRP, JIT e TPC e comparou sua influência sobre as medidas de desempenho das operações.

Algumas empresas têm hesitado em iniciar o TPC porque não sabem como definir o tamanho dos pulmões. Como os ajustes de tamanho propostos pelo gerenciamento de pulmões corrigirão rapidamente qualquer estimativa inicial de tamanho, as empresas devem apenas escolher um tamanho moderado e começar.

Dimensionamento do pulmão e o tempo de atravessamento

Em uma linha em série com um único recurso restritivo deve haver dois pulmões – o de tempo na restrição e o de remessa. O tempo de atravessamento ao longo do sistema deve se aproximar da soma do tamanho desses dois pulmões. Mesmo nas disposições mais complexas, essa afirmação seria verdadeira, a menos que haja uma montagem não restritiva entre as peças vindas da restrição e as peças vindas de uma não restrição, em que o tempo de atravessamento das peças vindas da não restrição seja mais longo para o ponto de montagem do que o da peça vinda da restrição. Nesse caso, o tempo de atravessamento deve ser semelhante à soma do pulmão de montagem e do tempo concedido ao fluxo entre o ponto de montagem à remessa. Essa relação e sua importância são explicadas em detalhe nos Capítulos 9 e 10 do livro de Fry *et al.* (1991).

A TOC e a distribuição

Pouca coisa foi escrita sobre a solução da TOC para um ambiente de distribuição, como a cadeia de suprimentos. Entretanto, no início da década de 1990, Goldratt utilizou um simulador de distribuição para ensinar o método de distribuição da TOC em vários cursos. Recentemente, Schragenheim *et al.* (2009) publicaram um capítulo extremamente abrangente sobre o ambiente de distribuição. Imagine um ambiente em que um fabricante produza uma variedade de produtos que são distribuídos por um conjunto de depósitos (armazéns) para um conjunto mais amplo de varejistas. No gerenciamento tradicional, é comum o varejista fazer um pedido de um item para suprir um período inteiro antes do início desse período, com base em uma previsão de vendas. Contudo, as previsões sempre estão erradas. Por esse motivo, normalmente o varejista fica sem estoque antes do final do período ou com um estoque excedente ao final do período. Esse excedente deve ser vendido por preços significativamente mais baixos. Além disso, existe o problema de armazenamento desse estoque ao longo do período. A solução da TOC, tal como descrita por Schragenheim *et al.* (2009), inicia-se com um plano para fazer entregas mais frequentes durante o período. Essas entregas são apresentam uma quantidade igual às vendas reais do período de entrega anterior. Isso exige que o varejista inicie um período (e cada ciclo de reabastecimento) com um estoque apenas igual à quantidade máxima provável de vendas durante o período de reabastecimento. Os depósitos regionais manterão algum estoque, mas a maioria será mantida em um depósito central do fabricante. Esse método beneficia-se do fato de a variação relativa ser bem menor no fabricante do que em um varejista comum. Existe menos estoque no sistema, mas a disponibilidade do item no varejista aumenta em virtude das entregas frequentes. Isso é basicamente um processo TPC aplicado à cadeia de suprimentos. A experiência demonstra que o aumento do ganho supera em muito qualquer aumento nos custos de transporte decorrente de entregas mais frequentes.

Gerenciamento da cadeia de suprimentos

Simatupang *et al.* (2004) discutem a aplicação da TOC ao gerenciamento da cadeia de suprimentos. A cadeia de suprimentos é formada por diferentes empresas de entrega de produtos e serviços desde as matérias-primas até o consumidor. Todos os diferentes participantes, como fabricantes, distribuidores e varejistas, desempenham um papel importante na geração de valor para o consumidor. Esses autores também ressaltam que medidas de desempenho globais confiáveis ajudam os participantes da cadeia a avaliar a melhoria. Eles introduzem as medidas de desempenho *ganho-dinheiro-dia* (GDD), *uma medida do que foi executado muito tarde e, portanto, ameaça o ganho, e inventário-dinheiro-dia* (IDD), *uma medida do que foi executado muito cedo (ou do que não deveria ter sido executado) e, portanto, gera custos complementares de manutenção de estoque.*

Um fator importante do gerenciamento da cadeia de suprimentos é a decisão sobre fabricar ou comprar determinados componentes. Obviamente, a qualidade do componente é um dos aspectos mais fundamentais dessa decisão, se não o mais importante. Tradicionalmente, o custo tem sido o segundo fator mais importante – o custo para fabricar *versus* o custo para comprar. Todavia, na TOC, o impacto dessa decisão sobre o ganho é importante, e o ganho é afetado de diferentes maneiras, dependendo da fabricação do componente exigir ou não tempo em um recurso restritivo (e talvez também dependendo da fabricação exigir tempo em um CCR). Se a fabricação da peça exigir tempo apenas na não restrição e nenhum trabalhador for demitido em virtude da terceirização, a contabilidade tradicional de custos superestimará o custo marginal de fabricação da peça. Se a peça exigir tempo na restrição, a compra da peça permitirá que outras unidades da peça menos lucrativa sejam acrescentadas à programação do tambor, aumentando, portanto, o ganho. A contabilidade tradicional de custos subestima o custo de oportunidade de fabricação da peça. Em ambos os casos, a TOC chega a diferentes números com respeito a essa decisão, comparada à contabilidade tradicional. Essa decisão é amplamente analisada em Gardiner e Blackstone (1991) e atualizada em Balakrishnan e Cheng (2005), que ressaltam que, se a peça for estratégica, o custo de compra talvez não seja o fator mais importante. A decisão entre fabricar e comprar é também mencionada por Hilmola (2001).

Walker (2002) apresenta uma excelente análise sobre a aplicação do TPC a uma cadeia de suprimentos. Ele discute como se escolhe o parceiro que deve ser o tambor, como se amarra a corda, as medidas de estoque do sistema total e as manobras quando a demanda aumenta e diminui. Walker (2005) afirma que a aplicabilidade do TPC tem sido utilizada para abranger toda a rede da cadeia de suprimentos.

Cox e Walker (2006) lançaram um jogo de tabuleiro que utiliza fichas de pôquer em uma cadeia de suprimentos aleatória (estocástica). Os jogadores podem alterar as regras de pedido e as regras de loteamento em diversos pontos da cadeia de suprimentos e observar diretamente o impacto sobre o estoque os níveis de atendimento.

Ambiente de serviços

Um dos motivos para manter o volume dos pulmões pequenos o máximo de tempo possível, sem privar a restrição de abastecimento, é que, se houver uma quantidade muito grande de trabalho em um posto, os trabalhadores tenderão a se movimentar de um lado para outro entre os trabalhos, desperdiçando parte de seu tempo com preparações complementares. No Capítulo 21 deste livro, Herman e Goldratt ressaltam que esse problema também ocorre nas vendas. Eles apresentam uma árvore da realidade atual (ARA) para descrever esse problema. Umble e Umble (2006) analisam como o gerenciamento de pulmões foi empregado em duas instalações de atendimento a acidentes e emergências em Oxfordshire, no Reino Unido, para acompanhar os cuidados oferecidos aos pacientes. Motwani, Klein e Harowitz (1996a; 1996b), em um artigo de duas partes, falam sobre a aplicação da TOC e do TPC no ambiente de serviços em geral, com um exemplo específico do serviço de saúde.

A TOC e outras filosofias modernas[10]

A TOC e a produção enxuta

Dettmer (sem data) afirma que o sistema Toyota de produção (produção enxuta) é mais conhecido do que a TOC principalmente porque é bem mais antigo (ele começou a ser desenvolvido na década de 1950 e a TOC, na década de 1980). Ele prossegue dizendo que ambos os sistemas utilizam a melhoria contínua e têm como meta aumentar a lucratividade. Ambos reconhecem que o cliente é o árbitro final e quem decide o que é *valor*.

---

[10] Goldratt (2009) oferece uma comparação reveladora entre a linha de montagem de Henry Ford, o sistema Toyota de produção, do Dr. Ohno, e seu sistema TPC.

Berry e Smith (2005) apresentam uma comparação entre a TOC e a produção enxuta e vários outros métodos – MRP, MRP II, ERP e gerenciamento da cadeia de suprimentos.

Sale e Inman (2003) fizeram um levantamento junto a mais de 900 empresas e receberam 93 respostas. Eles constataram que as empresas que utilizam a TOC tinham uma melhoria de desempenho significativamente mais alta do que as empresas que estavam utilizando o sistema de produção enxuta e o sistema de produção tradicional.

Moore e Scheinkopf (1998) comparam a TOC e a produção enxuta. Para os autores, ambos se concentram na melhoria contínua e no controle do fluxo de matéria-prima para a produção. Eles também geraram melhorias expressivas na lucratividade e nos tempos de atravessamento e simplificaram consideravelmente as operações.

A TOC e a TQM

Lepore e Cohen (1999) propõem que existem sinergias entre a TOC e gestão da qualidade total (TQM). Cohen é um dos primeiros parceiros de Goldratt. Lepore é um acadêmico especializado em TQM. Eles recomendam uma estratégia de dez etapas para a implementação conjunta dessas duas filosofias. A Etapa 4 destina-se à implementação dos cinco passos de focalização. A Etapa 5 destina-se à implementação do gerenciamento de pulmões. Contudo, o livro contém poucas especificações sobre o TPC propriamente dito.

A TOC, a produção enxuta e o Seis Sigma

Pirasteh e Farah (2006, pp.32-33) afirmam que os principais elementos da TOC, da produção enxuta e do Seis Sigma funcionam bem juntos. Eles relatam que uma empresa associou os "melhores componentes" desses métodos, formando o que eles chamaram de TLS (TOC, Lean e Seis Sigma). Eles aplicaram apenas o Seis Sigma a 11 instalações, o sistema de produção enxuta a 4 instalações e o TLS a 6 instalações e avaliaram o desempenho dessas instalações com respeito à "pontualidade da entrega, custos de garantia, devoluções dos clientes, diminuição de estoque, redução do tempo de ciclo e despesas de descarte". A empresa conclui que "a metodologia de melhoria do processo TLS aumentou consideravelmente as economias de custo para a empresa".

Problemas do TPC

Um dos problemas conceituais mais mencionados com relação ao TPC é a questão dos gargalos móveis, isto é, mudanças frequentes no recurso que é considerado a restrição. O motivo usual desse problema é que, no caso de produção por encomenda, a mudança do *mix* de pedidos provoca mudanças no recurso mais sobrecarregado. Goldratt contesta que isso seja um problema. Ele afirma isso com base tanto em sua experiência quanto na lógica de que mesmo em uma produção por encomenda normalmente existe uma máquina ou habilidade principal que conduz a maior parte dos pedidos. Uma mudança ocasional nos gargalos não é um problema, visto que a fábrica pode mudar seu foco ocasionalmente. Hurley e Kadipasaoglu (1998) especulam sobre as causas desses gargalos móveis. Eles demonstram que a mudança no *mix* de produtos contribui pouco para esse problema e que a principal causa são as providências tomadas pela administração em resposta a medidas de desempenho inapropriadas. Uma dessas políticas é a utilização contínua de recursos não gargalos como medida de desempenho – em que se considera a capacidade protetiva um desperdício. A liberação mais rápida de material em relação ao que a corda exige aumenta o estoque em várias estações e prejudica a programação do tambor com trabalhos desnecessários, atrasando aqueles que são essenciais. Aumentar o tamanho dos lotes para minimizar as preparações pode aumentar a quantidade de trabalhos nos recursos não gargalos, obstruindo a fábrica e criando mudanças desnecessárias no gargalo. Eles concluem que somente um pequeno número de casos de gargalo móvel provocado pelo *mix* de produtos constitui de fato um problema.

Riezebos, Korte e Land (2003) relatam um problema de manutenção dos tempos de atravessamento em uma implementação do TPC, que eles corrigiram controlando a carga de trabalho para gerenciar melhor a liberação de material para a produção, mantendo, portanto, um pulmão de tamanho apropriado.

Simons *et al.* (1996) analisam a dificuldade de programar um sistema TPC gerenciado com múltiplos CCRs e estipulam, corretamente, que um CCR não precisa ser um gargalo. Eles acompanham o processo para aplicar o TPC tal como delineado por Goldratt em *The Haystack Syndrome* (1990, pp. 241-243). Os autores criaram um "conjunto diverso de problemas de *benchmark*" para testar a eficácia do algoritmo geral do TPC e utilizaram o método de ramificação e limitação (*branch-and-bound* – BB) para obter programações ideais, constatando que, na presença de múltiplos CCRs, a solução TPC alcançou uma média de 3% de programações ideias.

Gargalos flutuantes ou múltiplos

A existência de gargalos múltiplos ou flutuantes – gargalos que mudam com o tempo em virtude de mudanças sazonais ou de longo prazo no *mix* de produtos – é uma situação frequentemente proposta para apresentar os problemas do TPC. Lawrence e Buss (1994) afirmam que os índices de utilização equilibrados aumentam o problema de mudança de gargalo. Além disso, eles afirmam que aumentar a capacidade nos recursos não gargalo é a "melhor promessa" para melhorar o desempenho da produção.

Simons e Simpson (1997) defendem a capacidade do TPC de combater múltiplas restrições. O Goal System utiliza um procedimento iterativo para programar múltiplas restrições e "acomodar a interação".

Guan *et al.* (2007) afirmam ter simulado um sistema de produção de produtos eletrônicos com múltiplos gargalos. Lenort e Samolejova (2007) relatam ter identificado gargalos flutuantes na produção metalúrgica e ter utilizado essa identificação para maximizar a produção.

Resumo e conclusões

Este capítulo apresentou literaturas que evidenciam que o TPC é um sistema eficaz e eficiente de planejamento e controle de empresas tanto industriais quanto de serviços. Ele tem sido aplicado promissoramente em uma grande variedade de empresas. Os problemas relatados são poucos e parecem ocorrer principalmente onde os implementadores desenvolvem uma capacidade protetiva inadequada. Duas questões remanescentes a pesquisar são os níveis ideais de capacidade protetiva e o tamanho inicial dos pulmões. O dimensionamento desses pulmões é um problema de curta duração, porque o tamanho dos pulmões pode ser ajustado rapidamente utilizando informações geradas por meio de seu gerenciamento. Normalmente, não é possível estabelecer a capacidade protetiva com precisão, como talvez um gerente possa esperar, visto que os equipamentos são fornecidos apenas em determinados tamanhos. Portanto, talvez não exista um componente de equipamento que ofereça a quantidade desejada de capacidade protetiva. A aplicação mais recente do TPC é na cadeia de suprimentos. Os primeiros artigos sobre essa questão defenderam que a aplicação dos cinco passos de focalização e do TPC nas cadeias de suprimentos é ao mesmo tempo possível e benéfica.

Com relação a pesquisas futuras sobre estudos de caso, seria favorável se os pesquisadores especificassem a configuração da instalação, isto é, V, A, T ou I; se a restrição era o mercado ou o recurso interno; de que forma os pulmões foram dimensionados inicialmente; e como o gerenciamento dos pulmões foi obtido. Com essas informações, o leitor poderia compreender mais amplamente a implementação.

Futuras pesquisas por simulação sobre instalações mais complexas, com relação à capacidade protetiva e ao estoque protetivo, são essenciais. Até momento, a maioria dessas pesquisas por simulação envolveu apenas algumas instalações de configuração I.

Referências

Amen, M. "Heuristic Methods for Cost-oriented Assembly Line Balancing: A Survey". *International Journal of Production Economics*, 68, 2000, pp. 1-14.

Amen, M. "Heuristic Methods for Cost-oriented Assembly Line Balancing: A Comparison on Solution Quality and Computing Time". *International Journal of Production Economics*, 69, 2001, pp. 255-264.

Andrews, C. e Becker, S. W. "Alkco Lighting and its journey to Goldratt's goal," *Total Quality Management*, 3, 1992, pp. 71-95.

Atwater, J. B. *The Impact of Protective Capacity on the Output of a Typical Unblocked Flow Shop*. Universidade da Geórgia, 1991. Tese de doutorado.

Atwater, J. B. e Chakravorty, S. "Does Protective Capacity Assist Managers in Competing along Time-Based Dimensions?" *Production and Inventory Management Journal*, 35, 1994, pp. 53-59.

Atwater, J. B. e Chakravorty, S. S. "The Impact of Restricting the Flow of Inventory in Serial Production Systems". *International Journal of Production Research*, 34, 1996, pp. 2.657-2.669.

Atwater, J. B. e Chakravorty, S. "A Study of the Utilization of Capacity Constrained Resources in Drum-Buffer-Rope Systems". *Production and Operations Management*, 12, 2002, pp. 259-273.

Atwater, J. B., Stephens, A. A. e Chakravorty, S. S. "Impact of Scheduling Free Goods on the Throughput Performance of a Manufacturing Operation". *International Journal of Production Research*, 42, 2004, pp. 4.849-4.869.

Balakrishnan, J. e Cheng, C. H. "The Theory of Constraints and the Make-or-Buy Decision: An Update and Review". *Journal of Supply Chain Management*, 2005, 41, pp. 40-47.

Becker, C. e Scholl, A. "A Survey on Problems and Methods in Generalized Assembly Line Balancing". *European Journal of Operational Research*, 168, 2006, pp. 694-715.

Belvedere, V. e Grando, A. "Implementing a Pull System in Batch/Mix Process Industry through Theory of Constraints: A Case Study". *Human Systems Management*, 24, 2005, pp. 3-12.

Berry, R. e Smith, L. B. "Conceptual Foundations for the Theory of Constraints". *Human Systems Management*, 24, 2005, pp. 83-94.

Betterton, C. E. e Cox III, J. F. "Espoused Drum-Buffer-Rope Flow Control in Serial Lines: A Comparative Study of Simulation Models". *International Journal of Production Economics*, 117(1), 2009, pp. 66-79.

Betz, H. J. "Common Sense Manufacturing: A Method of Production Control". *Production and Inventory Management Journal*, 37, 1996, pp. 77-81.

Blackstone, J. H., Jr. e Cox III, J. F. "Designing Unbalanced Lines: Understanding Protective Capacity and Protective Inventory". *Production Planning & Control*, 13, 2002, pp. 416-423.

Boorstein, D. *The Americans: The National Experience*. Nova York: Random House, 1965.

Boyd, L. e Gupta, M. "Constraints Management: What Is the Theory?" *International Journal of Operations and Production Management*, 24, 2004, pp. 350-371.

Chakravorty, S. S. "Robert Bowden, Inc.: A Case Study of Cellular Manufacturing and Drum-Buffer-Rope Implementation". *Production and Inventory Management Journal*, 37(3), 1996, pp. 15-19.

Chakravorty, S. S. "Improving a V-Plant Operation: A Window Manufacturing Case Study". *Production and Inventory Management Journal*, 41(3), 2000, pp. 37-42.

Chakravorty, S. S. e Atwater, J. B. "A Comparative Study of Line Design Approaches for Serial Production Systems". *International Journal of Operations and Production Management*, 16(6), 1996, pp. 91-108.

Chakravorty, S. S. e Atwater, J. B. "The Impact of Free Goods on the Performance of Drum-Buffer-Rope Scheduling Systems". *International Journal of Production Economics*, 95, 2005, pp. 347-357.

Coman, A., Koller, G. e Ronen, B. "The Application of Focused Management in the Electronics Industry". *Production and Inventory Management Journal*, 37(2), 1996, pp. 63-70.

Conti, R. F. e Warner, M. "Technology, Culture and Craft: Job Tasks and Quality Realities". *New Technology Work and Employment*, 12, 1997, pp. 123-135.

Conway, R. "Comments on an Exposition of Multiple Constraint Scheduling". *Production and Operations Management*, 6, 1997, pp. 23-24.

Corbett, T. e Csillag, J. "Analysis of the Effects of Seven Drum-Buffer-Rope Implementations". *Production and Inventory Management Journal*, 42(3), 2001, pp. 17-23.

Cox III, J. F., III e Spencer, M. *The Constraints Management Handbook*. Boca Raton, FL: St. Lucie Press, 1998.

Cox III, J. F., III e Walker, E. D., II. "The Poker Chip Game: A Multi-Product, Multi-Echelon, Stochastic Supply Chain Network Useful for Teaching the Impacts of Pull versus Push Inventory Policies on Link and Chain Performance". *Informs Transactions on Education*, 6(3), 2006, pp. 3-19.

Danos, G. "Dixie Reengineers Scheduling: And Increases Profit 300%". *APICS The Performance Advantage*, 3, 1996, pp. 28-31.

Demmy, W. S. e Demmy, B. S. "Drum-Buffer-Rope Scheduling and Pictures for the Yearbook". *Production and Inventory Management Journal*, 35(3), 1994, pp. 45-47.

Demmy, W. S. e Petrini, A. B. "The Theory of Constraints: A New Weapon for Depot Maintenance". *Air Force Journal of Logistics*, 16(3), 1992, pp. 6-10.

Dettmer, H. W. *Beyond Lean Manufacturing: Combining Lean and the Theory of Constraints for Higher Performance*. Port Angeles, WA: Goal Systems International, s/d.

Duclos, L. K. e Spencer, M. S. "The Impact of a Constraint Buffer in a Flow Shop". *International Journal of Production Economics*, 42, 1995, pp. 175-185.

Fawcett, S. e Peterson, J. "Understanding and Applying Constraint Management in Today's Manufacturing Environments". *Production and Inventory Management Journal*, 32(3), 1991, pp. 46-55.

Finch, B. J. e Luebbe, R. "The Impact of Learning Rate and Constraints on Production Line Performance". *International Journal of Production Research*, 33, 1995, pp. 631-642.

Frazier, G. e Reyes, P. "Applying Synchronous Manufacturing Concepts to Improve Production Performance in High-Tech Manufacturing". *Production and Inventory Management Journal*, 41(3), 2000, pp. 60-65.

Fry, T. D. "Controlling Input: The Real Key to Shorter Lead Times". *The International Journal of Logistics Management*, 1, 1990, pp. 1-12.

Fry, T. D., Karan, K. R. e Steele, D. C. "Implementing Drum-Buffer-Rope to Control Manufacturing Lead Time". *The International Journal of Logistics Management*, 2, 1991, pp. 12-18.

Gardiner, S. C. e Blackstone Jr., J. H. "The Theory of Constraints and the Make-or-Buy Decision". *International Journal of Purchasing and Materials Management*, 27(3), 1991, pp. 38-43.

Gardiner, S. C., Blackstone, J. e Gardiner, L. "Drum-Buffer-Rope and Buffer Management: Impact on Production Management Study and Practices". *International Journal of Operations and Production Management*, 13(6), 1992, pp. 68-78.

Gardiner, S. C., Blackstone, J. e Gardiner, L. "The Evolution of the Theory of Constraints". *Industrial Management*, maio-junho de 1994, pp. 13-16.

Goldratt, E. M. "Computerized Shop Floor Scheduling". *International Journal of Production Research*, 26, 1988, pp. 443-455.

Goldratt, E. M. *The Haystack Syndrome: Sifting Information Out of the Data Ocean*. Croton-on-Hudson, NY: North River Press, 1990.

Goldratt, E. M. *My Saga to Improve Production in Production The TOC Way*. Ed. rev. Great Barrington, MA: North River Press, 2003a.

Goldratt, E. M. *Production: The TOC Way*. Ed. rev. Great Barrington, MA: North River Press, 2003b.

Goldratt, E. M. "Standing on the Shoulders of Giants". *The Manufacturer*. Junho de 2009. http://www.themanufacturer.com/uk/content/9280/Standing_on_the_shoulders_of_giants. Acesso em 4 de fevereiro de 2010).

Goldratt, E. M. e Cox, J. *The Goal*. Croton-on-Hudson, NY: North River Press, 1984, 1993.

Goldratt, E. M. e Fox, R. E. *The Race*. Croton-on-Hudson, NY: North River Press,1986.

Grosfeld-Nir, A. e Ronen, B. "A Single-Bottleneck System with Binomial Yields and Rigid Demand". *Management Science*, 39, 1992, pp. 650-654.

Guan, Z. L., Peng, Y. F., Zeng, X. L. e Shao, X. Y. "TOC/TPC Based Production Planning and Control in a Manufacturing System with Multiple Constraints". *Industrial Engineering and Engineering Management*, 2007, pp. 1.078-1.082.

Guide, V. D. "A Simulation Model of Drum-Buffer-Rope for Production Planning and Control at a Naval Aviation Depot". *Simulation*, 65, 1995, pp. 157-168.

Guide, V. D. "Scheduling Using Drum-Buffer-Rope in a Remanufacturing Environment". *International Journal of Production Research*, 34. 1996, pp. 1.081-1.091.

Guide, V. D. "Scheduling with Priority Dispatching Rules and Drum-Buffer-Rope in a Recoverable Manufacturing System". *International Journal of Production Economics*, 53, 1997, pp. 101-116.

Guide, V. D. e Ghiselli, G. "Implementation of Drum-Buffer-Rope at a Military Rework Depot Engine Works". *Production and Inventory Management Journal*, 36(3), 1995, pp. 79-83.

Gupta, M. "Constraints Management: Recent Advances and Practices". *International Journal of Production Research*, 41, 200, pp. 647-659.

Gupta, M., Ko, H. J. e Min, H. "TOC-Based Performance Measures and Five Focusing Steps in a Job-Shop Manufacturing Environment". *International Journal of Production Research*, 40, 2002, pp. 907-930.

Gupta, S. "Supply Chain Management in Complex Manufacturing". *IIE Solutions*, 18 de março de 1997, pp. 18-23.

Hall, R. W. "Just-in-Time Concepts: Scope and Applications". Em Greene, J. (ed.) *Production & Inventory Control Handbook*. New York: McGraw Hill, 1997.

Hasgul, S. e Kartal, K. "Analyzing a Drum-Buffer-Rope Scheduling System Executability through Simulation". *Working paper*. Universidade Eskisehir Osmangazi, SCSC, 2007, pp. 1.243-1.249.

Heizer, J. H. "Determining Responsibility for Development of the Moving Assembly Line." *Journal of Management History*, 4, 1998, pp. 94-103.

Hilmola, O. P. "Theory of Constraints and Outsourcing Decisions". *International Journal of Manufacturing Technology and Management*, 3, 2001, pp. 517-527.

Huang, J. Y. e Sha, D. Y. "Constructing Procedures of an Effective Production Activity Control Technique for a Wafer Fabrication Environment". *International Journal of Industrial Engineers*, 5, 1998, pp. 235-243.

Huang, S. H., Dismukes, J. P., Shi, J., Wang, Q. S. G., Razzak, M. A. e Robinson, D. E. "Manufacturing System Modeling for Productivity Improvement". *Journal of Manufacturing Systems*, 21, 2002, pp. 249-259.

Huff, P. "Using Drum-Buffer-Rope Scheduling rather than Just-in-Time Production". *Management Accounting Quarterly*, inverno de 2001, pp. 36-40.

Hurley, S. F. e Kadipasaoglu, S. "Wandering Bottlenecks: Speculating on True Causes". *Production and Inventory Management Journal*, 39(4), 1998, pp. 1-4.

Hurley, S. F. e Whybark, D. C. "Inventory and Capacity Trade-Offs in a Manufacturing Cell". *International Journal of Production Economics*, 59, 1999, pp. 203-212.

Jackson, G. C. e Low, J. T. "Constraint Management: A Description and Assessment." *The International Journal of Logistics Management*, 4(2), 1993, pp. 41-48.

Kadipasaoglu, S. N., Xiang, W., Hurley, S. F. e Khumwala, B. M. "A Study on the Extent and Location of Protective Capacity in Flow Systems". *International Journal of Production Economics*, 63, 2000, pp. 217-228.

Kayton, D., Tayner, T., Schwartz, C. e Uzsoy, R. "Effects of Dispatching and Down Time on the Performance of Wafer Fabs Operating under Theory of Constraints". *1996 International Electronics Manufacturing Technology Symposium*. Austin, TX, 1996, pp. 49-56.

Kayton, D., Tayner, T., Schwartz, C. e Uzsoy, R. "Focusing Maintenance Improvement Efforts in a Wafer Fabrication Facility Operating under the Theory of Constraints". *Production and Inventory Management Journal*, 38(4), 1997, pp. 51-57.

Kim, S., Cox III, J. F. e Mabin, V. J. "An Exploratory Study of Protective Inventory in a Re-Entrant Line with Protective Capacity". *International Journal of Production Re-*

search, 2009. Atualmente diponível *on-line* em http://dx.doi.org/10.1080/00207540902991666.

Kim, S., Davis, K. R. e Cox III, J. F. "An Investigation of Output Flow Control, Bottleneck Flow Control and Dynamic Flow Control Mechanisms in Various Simple Lines Scenarios". *Production Planning and Control*, 14, 2003ª, pp. 15-32.

Kim, S. S., Davis, K. R. e Cox III, J. F. "Investigation of Flow Mechanisms in Semiconductor Wafer Fabrication". *International Journal of Production Research*, 41, 2003b, pp. 681-698.

Klusewitz, G. e Rerick, R. "Constraint Management through the Drum-Buffer-Rope System". *1996 IEEE/SEMI Advanced Semiconductor Manufacturing Conference*. Cambridge, MA, 1996, pp. 7-12.

Kosturiak, J. e Gregor, M. "FMS Simulation: Some Experience and Recommendations". *Simulation Practice and Theory*, 6, 1998, pp. 423-442.

Koziol, D. "How the Constraint Theory Improved a Job-Shop Operation". *Management Accounting*, 69(11), 1988, pp. 44-49.

Lambrecht, M. e Alain, S. "Buffer Stock Allocation in Serial and Assembly Type of Production Lines". *International Journal of Operations and Production Management*, 10(2), 1990, pp. 47-61.

Lambrecht, M. e Decaluwe, L. "JIT and Constraint Theory: The Issue of Bottleneck Management". *Production and Inventory Management Journal*, 29(3), 1988, pp. 61-65.

Lawrence, S. R. e Buss, A. H. "Shifting Production Bottlenecks: Causes, Cures, and Conundrums". *Production and Operations Management*, 3, 1994, pp. 21-37.

Lea, B. R. e Min, H. "Selection of Management Accounting Systems in Just-in-Time and Theory of Constraints-Based Manufacturing". *International Journal of Production Research*, 41, 2003, pp. 2.879-2.910.

Lenort, R. e Samolejova, A. "Analysis and Identification of Floating Capacity Bottlenecks in Metallurgical Production". *Metalurgica*, 46, 2007, pp. 61-66.

Lepore, D. e Cohen, O. *Deming and Goldratt*. Great Barrington, MA: North River Press, 1999.

Levison, W. A. *Leading the Way to Competitive Excellence: The Harris Mountaintop Case Study*. Milwaukee, WI: Sociedade Americana de Qualidade, 1998.

Lindsay, C. G. "TOC in the DC". *Industrial Engineer*, 37(6), 2005, pp. 29-33.

Louw, L. e Page, D. C. "Queuing Network Analysis Approach for Estimating the Sizes of the Time Buffers in Theory of Constraints-Controlled Production Systems". *International Journal of Production Research*, 42, 2004, pp. 1.207-1.226.

Luck, G. "New Market Innovation through Supply Chain Management". *Critical Eye Magazine*, março-maio de 2004, pp. 42-45. Disponível em http://ashridgemanagementcollege.net/Website/IC.nsf/wFARPUB/New%20Market%20Innovation%20Through%20Supply%20Chain%20Management?OpenDocument.

Mabin, Vee. J. e Balderstone, S. J. *The World of the Theory of Constraints*. Boca Raton, FL: St. Lucie Press, 2000.

Mabin, V. J. e Balderstone, S. J. "The Performance of the Theory of Constraints Methodology: Analysis and Ddiscussion of Successful TOC Applications". *International Journal of Operations & Production Management*, 23, pp. 568-595.

Mabin, V. e Davies J. "Reframing the Product Mix Problem Using the Theory of Constraints, in Oregon in the New Millennium". Anais do 34° Congresso Anual de ORSNZ, Hamilton, OR, 1999, pp. 227-236.

Mabin, V. I. e Davies, J. "Framework for Understanding the Complementary Nature of TOC Frames: Insights from the Product Mix Dilemma". *International Journal of Production Research*, 41, 2003, pp. 661-680.

Moore, R. e Scheinkopf, L. "Theory of Constraints and Lean Manufacturing: Friends or Foes". *Working paper*. Chesapeake Consulting, Inc., 1998.

Mosely, S. A., Teyner, T. e Uzsoy, R. "Maintenance Scheduling and Staffing Policies in a Wafer Fabrication Facility". *IEEE Transactions in Semiconductor Manufacturing*, 11, 1998, pp. 316-323.

Motwani, J., Klein, D. e Harowitz, R. "The Theory of Constraints in Services: Part 1 – The Basics". *Managing Service Quality*, 6, 1996a, pp. 53-56.

Motwani, J., Klein, D. e Harowitz, R. "The Theory of Constraints in Services: Part 2 – Examples from Health Care". *Managing Service Quality*, 6(2), 1996b, pp. 30-34.

Murphy, R. E. "Synchronous Flow Management (SFM) Principles in a Wafer Fabrication Facility". *1994 IEEE/SEMI Advanced Semiconductor Manufacturing Conference*. Cambridge, MA, 1994, pp. 179-184.

Murphy Jr., R. E. e Dedera, C. R. "Holistic TOC for Maximum Profitability". *Proceedings of the Advanced Semiconductor Manufacturing Conference and Workshop*. IEEE, 1996, pp. 242-249.

Pass, S. e Ronen, B. "Management by the Market Constraint in the Hi-Tech Industry". *International Journal of Production Research*, 41, 2004, pp. 713-724.

Pinedo, M. "Commentary on 'An Exposition of Multiple Constraint Scheduling as Implemented in the Goal System'". *Production and Operations Management Society*, 6, 1997, pp. 25-27.

Pirasteh, R. M. e Farah, K. S. "Continuous Improvement Trio". *APICS Magazine*, maio de 2006, pp. 31-33.

Politou, A. e Georgiadis, P. *Production Planning and Control in Flow Shop Operations Using Drum-Buffer-Rope Methodology: A System Dynamics Approach*. Salônica, Grécia: Universidade Aristotélica de Salônica, s/d.

Radovilsky, Z. "Estimating the Size of the Time Buffer in the Theory of Constraints: Implications for Management". *International Journal of Management*, 11, 1994, pp. 839-847.

Radovilsky, Z. D. "A Quantitative Approach to Estimate the Size of the Time Buffer in the Theory of Constraints". *International Journal of Production Economics*, 55, 1998, pp. 113-119.

Rahman, Shams-ur. "Theory of Constraints: A Review of the Philosophy and Its Applications". *International Journal of Operations and Production Management*, 18, 1998, pp. 336-355.

Reimer, G. "Material Requirements Planning and Theory of Constraints: Can They Coexist? A Case Study". *Production and Inventory Management Journal*, quarto trimestre de 1991, pp. 48-52.

Rerick, R. A. "Fab 6 Pipeline Constraint Management Implementation at Harris Semiconductor Corp." *Microelectronics Journal*, 28(2), 1997, pp. viii-ix.

Riezebos, J., Korte, G. J. e Land, M. J. Improving a Practical TPC Buffering Approach Using Workload Control". *International Journal of Production Research*, 41, 2003, pp. 699-712.

Rippenhagen, C. e Krishmaswamy, S. "Implementing the Theory of Constraints Philosophy in Highly Reentrant Systems". *Proceedings of the 1998 Winter Simulation Conference*, 1998, pp. 993-996.

Ronen, B. e Spector, Y. "Managing System Constraints: A Cost/Utilization Approach". *International Journal of Production Research*, 30, 1992, pp. 2.045-2.061.

Rose, E., Odom, R., Dunbar, R. e Hinchman, J. "How TOC and TPM Together to Build the Quality Toolbox of SDWTs". *1995 IEEE CMPT International Manufacturing Technology Symposium*, 1995a, pp. 56-59.

Rose, E., Odom, R., Murphy, R. e Behnke, L. "SDWT Requires Tools to Be Successful". *1995 IEEE/SEMI Advanced Manufacturing Conference*, 1995b, pp. 327-332.

Russell, G. R. e Fry, T. D. "Order Review/Release and Lot Splitting in Drum-Buffer-Rope". *International Journal of Production Research*, 35, 1997, pp. 827-845.

Sale, M. L. e Inman, R. A. "Survey-Based Comparison of Performance and Change in Performance of Firms Using Traditional Manufacturing, JIT and TOC". *International Journal of Production Research*, 41, 2003, pp. 829-844.

Schaefers, J., Aggounne, R., Becker, F. e Fabri, R. "TOC-Based Planning and Scheduling Model". *International Journal of Production Research*, 42, 2004, pp. 2.639-2.649.

Schragenheim, E., Cox, J. F. e Ronen, B. "Process Flow Industry: Scheduling Control Using the Theory of Constraints". *International Journal of Production Research*, 32, 1994, pp. 1.867-1.877.

Schragenheim, E. e Dettmer, H. W. *Manufacturing at Warp Speed*. Boca Raton, FL: St. Lucie Press, 2001.

Schragenheim, E., Dettmer, H. W. e Patterson, J. W. *Supply Chain Management at Warp Speed*. Boca Raton, FL: CRC Press, 2009.

Schragenheim, E. e Ronen, B. "Drum-Buffer-Rope Shop Floor Control". *Production and Inventory Management Journal*, 31(3), 1990, pp. 18-23.

Schragenheim, E. e Ronen, B. 1991. "Buffer Management: A Diagnostic Tool for Production Control". *Production and Inventory Management Journal*, 32(2), 1990, pp. 74-79.

Simatupang, T. M. Utilization of Buffer Management to Build Focused Productive Maintenance. *Working paper*. Nova Zelândia: Universidade Massey, 2000.

Simatupang, T. M., Wright, A. C. e Sridharan, R. "Applying the Theory of Constraints to Supply Chain Collaboration". *Supply Chain Management: An International Journal*, 9, 2004, pp. 57-70.

Simons, Jr., J. V. e Simpson III, W. P. "An Exposition of Multiple Constraint Scheduling as Implemented in the Goal System (Formerly DisasterTM)". *Production and Operations Management*, 6, 1997, pp. 3-22.

Simons, Jr., J. V., Simpson, W. P., Carlson, B. J., James, S. W., Lettiere, C. A. e Mediate, Jr.,

B. A. "Formulation and Solution of the Drum-Buffer-Rope Constraint Scheduling Problem (DBRCSP)". *International Journal of Production Research*, 34, 1996, pp. 2.405-2.420.

Smith, G. R., Herbein, W. C. e Morris, R. C. "Front-End Innovation at AlliedSignal and Alcoa". *Research-Technology Management*, 42(6), 1999, pp. 15-24.

Sorensen, C. *My Forty Years with Ford*. Nova York: W. W. Norton & Company, 1956.

Spearman, M. L. "On the Theory of Constraints and the Goal System". *Production and Operations Management*, 6, 1997, pp. 28-33.

Spencer, M. S. "Using *The Goal* in an MRP System". *Production and Inventory Management Journal*, quarto trimestre, 1991, pp. 22-27.

Spencer, M. S. "Economic Theory, Cost Accounting and Theory of Constraints: An Examination of Relationships and Problems". *International Journal of Production Research*, 32, 1994, pp. 299-308.

Spencer, M. S. e Cox III, J. F. "Optimum Production Technology (OPT) and the Theory of Constraints (TOC): Analysis and Genealogy". *International Journal of Production Research*, 33, 1994, pp. 1.495-1.504.

Spencer, M. S. e Cox III, J. F. "Master Production Scheduling in a Theory of Constraints Environment". *Production and Inventory Management Journal*, primeiro trimestre, 1995, pp. 8-14.

Spencer, M. S. e Wathen, S. "Applying the Theory of Constraints' Process Management Technique to an Administrative Function at Stanley Furniture". *National Productivity Review*, julho de 1994, pp. 379-385.

Srikanth, M. L. e Umble, M. M. *Synchronous Management: Profit Based Manufacturing for the 21st Century*. Guilford: Spectrum, 1997, vol. 1, pp. 235-298.

Steele, D. C., Philipoom, P. R., Malhotra, M. K. e Fry, T. D. "Comparisons between Drum-Buffer-Rope and Material Requirements Planning: A Case Study". *International Journal of Production Research*, 48, 2005, pp. 3.181-3.208.

Stein, R. E. *Reengineering the Manufacturing System: Applying the Theory of Constraints (TOC)*. Nova York: Marcel Dekker, 1996.

Sugimori, Y., Kusunoki, K., Cho, F. e Uchikawa, S. "Toyota Production System and Kanban Sytem: Materialization of Just-in-Time and Respect-for-Human System". *International Journal of Production Research*, 15(6), 1977, pp. 553-564.

Sullivan, T. T., Reid, R. A. e Cartier, B. (eds.) *The TOCICO Dictionary*. Organização Internacional de Certificação em Teoria das Restrições, 2007. Disponível *on-line* emhttp://www.tocico.org/?page=dictionary.

Taylor III, L. J. "A Simulation Study of Work-in-Process Inventory Drive Systems and Their Effect on Financial Measures". *Integrated Manufacturing Systems*, 10, 1999, pp. 306-315.

Taylor III, L. J. "A Simulation Study of Work-in-Process Inventory Drive Systems and Their Effect on Operational Measures". *British Journal of Management*, 11, 2000, pp. 47-59.

Trietsch, D. "From Management by Constraints (MBC) to Management by Criticalities (MBC II)". *Human Systems Management*, 24, 2005, pp. 105-115.

Tseng, M. E. e Wu, H. H. 2006. "The Study of an Easy-to-Use TPC and BM System". *International Journal of Production Research*, 44, 2005, pp. 1.449-1.478.

Tu, Y. M. e Li, R. K. "Constraint Time Buffer Determination Model". *International Journal of Production Research*, 36, 1998, pp. 1.091-1.103.

Tyan, J. C., Chen, J. C. e Wang, F. K. "Development of a State-Dependent Dispatch Rule Using Theory of Constraints in Near-Real-World Wafer Fabrication". *Production Planning & Control*, 13, 2002, pp. 253-261.

Umble, M. e Srikanth, M. L. *Synchronous Manufactuirng: Principles for World Class Excellence*. Wallingford, CT: Spectrum, 1995.

Umble, M. M. e Umble, E. J. "Drum-Buffer-Rope for Lower Inventory". *Industrial Management*, setembro-outubro de 1999, pp. 24-33.

Umble, M., Umble, E. e Von Deylan, L. "Integrating Enterprise Resources Planning and Theory of Constraints: A Case Study". *Production and Inventory Management Journal*, 42(2), 2001, pp. 43-48.

Umble, M. M. e Umble, E. J. "Utilizing Buffer Management to Improve Performance in a Healthcare Environment". *European Journal of Operational Research*, 174, 2006, pp. 1.060-1.075.

Umble, M., Umble, E. e Murakami, S. "Implementing Theory of Constraints in a Traditional Japanese Manufacturing Environment: The Case of Hitachi Tool Engineering". *International Journal of Production Research*, 44, 2006, pp. 1.863-1.880.

Vaidyanathan, B. S., Miller, D. M. e Park, Y. H. "Application of Discrete Event Simulation in Production Scheduling". *Proceedings of the 1998 Winter Simulation Conference*, 2, 1998, pp. 965-971.

Vermaak, W. e Ventner, D. "Using Simulation and the Theory of Constraints to Optimize Materials Handling Systems". s/d. http://login.totalweblite.com/Clients/doublear-row/beltcon 2001/5.pdf.

Villforth, R. "Applying Constraint Management Theory in a Wafer Fab". *1994 IEEE/SEMI Advanced Semiconductor Manufacturing Conference*, 1994, pp. 175-178.

Walker, W. T. "Practical Application of Drum-Buffer-Rope to Synchronize a Two-Stage Supply Chain". *Production and Inventory Management Journal*, 43(3), 2002, pp. 13-23.

Walker, W. T. "Emerging Trends in Supply Chain Architecture". *International Journal of Production Research*, 43, 2005, pp. 3.517-3.528.

Watson, K. J., Blackstone Jr., J. H. e Gardiner, S. C. "The Evolution of a Management Philosophy: The Theory of Constraints". *Journal of Operations Management*, 25, 2007, pp. 387-402.

Weiss, G. "Scheduling and Control of Manufacturing Systems: A Fluid Approach". *Proceedings of the 37 Allerton Conference*, 1999, pp. 577-586.

Wolffarth, G. "Organizational Issues and Strategies to Consider When Implementing Computerized TPC". *APICS-Constraint Management Symposium Proceedings: Making Common Sense a Common Practice*. Seattle, WA, 16-17 de abril de 1998, pp. 25-28.

Wu, H. H. e Yeh, M. L. "A TPC Scheduling Method for Manufacturing Environments with Bottleneck Re-Entrant Flows". *International Journal of Production Research*, 44, 2006, pp. 883-902.

Wu, S. -Y., Morris, J. S. e Gordon, T. M. "A Simulation Analysis of the Effectiveness of Drum-Buffer-Rope Scheduling in Furniture Manufacturing". *Computers & Industrial Engineering*, 26, 1994, pp. 757-765.

Ye, T. e Han, W. "Determination of Buffer Sizes for Drum-Buffer-Rope (TPC)-Controlled Production Systems". *International Journal of Production Research*, 46, 2008, pp. 2.827-2.844.

Yenradee, P. "Application of Optimised Production Technologies in a Capacity Constrained Flow Shop: A Case Study in a Battery Factory". *Computers and Industrial Engineering*, 27, 1994, p. 217.

Sobre o autor

John H. Blackstone, Jr., é professor do Departamento de Administração da Universidade da Geórgia. Ele ministrou cursos em administração de operações, gerenciamento de produtividade e simulação de gerenciamento da qualidade e simulação de produção para alunos de pós-graduação e estudantes universitários. John cresceu em Auburn, Alabama, onde frequentou as escolas primária e secundária. Depois de trabalhar por um período como escriturador contábil na Força Aérea dos Estados Unidos, John estudou na Universidade Auburn, onde recebeu o grau de bacharel em ciências e o mestrado em economia. Em seguida, ele estudou na Universidade A&M do Texas, onde se doutorou em engenharia industrial. John começou a lecionar na Universidade de Auburn em 1979 e transferiu-se para a Universidade da Geórgia em 1983. Conheceu os conceitos de Eli Goldratt quando leu um artigo na *Fortune* no outono de 1983 e participou de uma palestra de Bob Fox na Cruzada de Estoque Zero da APICS nesse mesmo ano. Quando o livro *A Meta* foi originalmente publicado em 1984, John começou a utilizá-lo como parte de seu curso de administração de operações e ainda hoje o utiliza. Em janeiro de 1989, ele fez o Curso Jonah e durante mais ou menos três anos ajudou a ministrar esse curso tanto para profissionais quanto para acadêmicos. John escreveu 40 artigos acadêmicos, sozinho e em coautoria, vários dos quais sobre a TOC. Ele tem especial interesse por estudar a configuração e quantidade ideais de capacidade protetiva em diversas situações. John também escreveu quatro livros acadêmicos, sozinho e em coautoria. John é casado com Melissa Swift e tem quatro filhos e quatro netos.

8
TPC, gerenciamento de pulmões e classificação de fluxo VATI

Mokshagundam (Shri) Srikanth

Introdução

A *teoria das restrições* (*theory of constraints* – TOC) oferece um método simples e prático para lidar com o problema de gerenciamento de sistemas complexos. Neste capítulo, analisamos a aplicação da TOC nos ambientes de produção. Esses ambientes estão entre os sistemas mais complexos, caracterizados por um alto nível de dependência e variabilidade. O planejamento do trabalho de vários recursos (frequentemente, cem ou mais), a aquisição de matérias-primas dos fornecedores e a coordenação de todas as atividades com o objetivo de cumprir as datas de entrega prometidas são tarefas sem dúvida muito difíceis. O desenvolvimento de sistemas de planejamento por computador ou que utilizam o computador como base foi um dos principais fatores a tornar a realização dessas atividades complexas mais fácil. Infelizmente, os computadores não foram capazes de sanar todos os males e, em muitos casos, sua utilização agravou o problema. De acordo com minha experiência, a instabilidade[1] nas cadeias de suprimentos da produção é maior quando a cadeia de suprimentos é gerenciada por um sofisticado sistema de planejamento de recursos corporativos (*enterprise recursos planning* – ERP) ou de planejamento das necessidades de material (*material requirements planning* – MRP).

Neste capítulo, primeiramente mostramos a aplicação do método da TOC no gerenciamento de ambientes de produção – conhecido como *tambor-pulmão-corda* (TPC) e o *gerenciamento de pulmões* (GP). O TPC e o GP são os sistemas que surgiram da aplicação dos cinco passos de focalização. O TPC é a metodologia de planejamento da TOC e o GP é a metodologia de controle de execução. O termo *planejamento* é empregado com relação àquelas atividades iniciadas quando já se conhece a demanda de mercado e que geram os planos para gerenciar o fluxo de material ao longo da fábrica, inclusive para identificar que material será necessário comprar e quando. O controle da execução refere-se às medidas tomadas durante a fase de execução do plano elaborado previamente. Essas providências são necessárias para garantir que os planos sejam seguidos e abrangem as medidas corretivas que devem ser tomadas quando os desvios em relação ao plano ameaçam comprometer as datas de entrega e o ganho do sistema.

Depois que explicarmos esses sistemas e a lógica correspondente, utilizando exemplos simples, passaremos a analisar fluxos complexos da vida real. Na vida real, os ambientes de produção são caracterizados por um alto nível de complexidade de detalhes e por um

---

[1] O *APICS Dictionary* (Blackstone, 2007, p. 86) define *instabilidade* ou *nervosismo* (*nervousness*) como "Característica de um sistema MRP quando pequenas mudanças nos registros de nível superior (*e.g.*, nível 0 ou 1) ou no cronograma de produção principal provocam mudanças significativas de tempo ou quantidade nos cronogramas e pedidos de nível inferior (*e.g.*, nível 5 ou 6)". (© APICS 2008. Utilizada com permissão. Todos os direitos reservados.)

Copyright © 2010 Mokshagundam (Shri) Srikanth.

alto nível de complexidade dinâmica.[2] Muitos desses elementos, particularmente aqueles da complexidade de detalhes, são específicos do ambiente em questão e fazem com que cada um pareça diferente e exclusivo. Entretanto, o comportamento desses sistemas como um todo são mais caracterizados pela maneira como sua complexidade dinâmica está relacionada uma com a outra. Essas relações e suas várias operações aparentemente distintas exibem comportamentos semelhantes com respeito ao desempenho operacional avaliado com base na pontualidade das entregas, nos estoques do sistema, nos tempos de atravessamento da produção e assim por diante. Em terceiro lugar, apresentamos uma classificação das operações de produção baseada na estrutura do produto segundo a lista de materiais e sequência operacional ou as informações de processo. Classificamos os fluxos de produto em quatro tipos principais – V, A, T e I – ou em uma associação desses quatro tipos. A eficácia real dessa classificação é que as operações que pertencem a um tipo V, A, T ou I específico compartilharão características de desempenho e problemas organizacionais semelhantes com outras do mesmo grupo. A aplicação do TPC a cada tipo é também discutida.

Gerenciamento de fluxo: planejamento e TPC

A necessidade de focalizar o fluxo

Uma operação de produção é caracterizada por inúmeros recursos que normalmente ocupam lugares específicos na seção de produção. Os materiais movimentam-se de um recurso para o outro de acordo com as regras estipuladas no roteiro de fabricação do material/produto específico. Normalmente, pensamos na operação de fabricação sob essa perspectiva espacial ou estática. Chamaremos essa perspectiva de operação de *visão centrada em recursos*. Para o exemplo básico de uma fábrica que tem quatro recursos (R1, R2, R3 e R4) e produz três produtos – identificados como produto A, produto B e produto C –, a visão de operação centrada em recursos é retratada na Figura 8.1. A linha preta sólida (–) representa o caminho no qual o produto A move-se da MP 1 (matéria-prima 1) para os vários recursos, à medida que ele é transformado de matéria-prima em produto acabado. A linha pontilhada (...) representa o caminho no qual o produto B move-se da MP 2 para os diversos recursos e a linha tracejada e de pontos (-.-.-.) mostra o caminho seguido pelo produto C da MP 3 ao longo dos vários recursos. A *visão centrada em recursos* é também o ponto de vista empregado pelos métodos de gerenciamento tradicionais. O controle de custo é o principal objetivo do gerenciamento operacional, e o ponto de vista tradicional é de que os recursos drenam ou consomem custos. *Para gerenciar o custo gerencia-se a eficiência de cada recurso e procura-se*

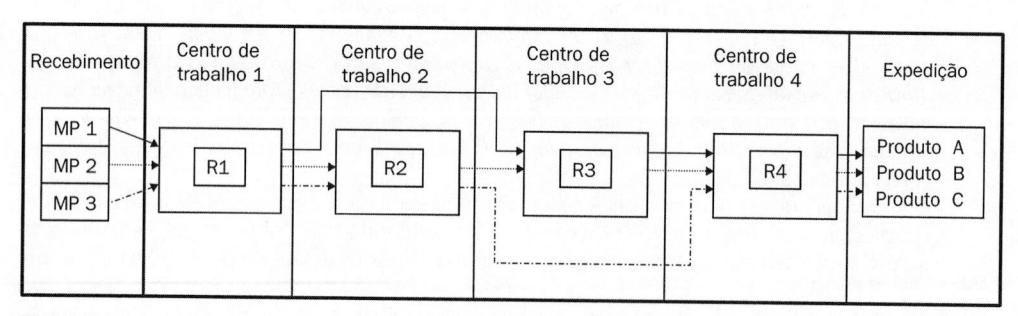

FIGURA 8.1 Representação centrada em recursos de uma fábrica que produz três produtos (A, B, C) com quatro recursos (R1, R2, R3, R4).

---

[2] Senge (1990, p. 71) define *complexidade de detalhes* como "tipo de complexidade em que existem diversas variáveis" e *complexidade dinâmica* como "situações em que a causa e o efeito são sutis e os efeitos das intervenções ao longo do tempo são óbvios".

assegurar que nenhum tempo seja desperdiçado em cada um deles. Goldratt (2003) apreendeu apropriadamente esse ponto de vista do gerenciamento operacional tradicional nesta frase: "O recurso que permanece ocioso é um desperdício". Em consonância com essa visão, a maioria das mensurações operacionais centra-se em recursos (medidas departamentais locais como eficiência, utilização, inatividade etc.) e tem por objetivo obter informações sobre o que os recursos fizeram em cada segundo do dia.

Outro ponto de vista sobre esse mesmo tipo de seção de produção está relacionado à *análise de fluxo dos materiais*. Os materiais movem-se pela fábrica, da matéria-prima ao produto acabado. Ao longo do caminho, eles são transformados ou processados pelos recursos. Desse modo, o material flui em forma de matéria-prima de um recurso para outro até o momento em que é totalmente transformado e deixa a fábrica ou o processo. Chamamos esse ponto de vista de *visão centrada no fluxo*. Com base nesse ponto de vista, a mesma fábrica da Figura 8.1 seria representada tal como na Figura 8.2. Como existem três materiais distintos, existem três fluxos diferentes. A transformação de qualquer produto, como o produto A (representado pela linha sólida), de matéria-prima (MP 1) em produto acabado pode ser representada por uma sequência única de operações – o recurso R1, que está executando a operação 010, em seguida o recurso R3, que está executando a operação 030, e assim por diante. Escolhemos a direção vertical para retratar a sequência de tempo dessas etapas. Nesse caso específico, esses três produtos distintos são fabricados de uma maneira bastante semelhante; eles seguem caminhos idênticos. A Figura 8.3 mostra a visão centrada em recursos e a visão centrada no fluxo quando os três produtos têm sequências operacionais em grande medida diferentes. Esses diagramas são chamados de *diagramas de fluxo de produtos* ou DFPs.

A essência da operação de fabricação – a transformação de matéria-prima em produto acabado – é representada pela visão centrada no fluxo. Não é de surpreender que o gerenciamento das operações de produção/fabricação devam se basear em uma visão centrada no fluxo, e não em uma visão centrada em recursos. No artigo "Standing on the Shoulders of Giants" ("Sobre os Ombros de Gigantes"), Goldratt (2009) apresenta o argumento básico de que o processo da linha de montagem de Henry Ford e o sistema Toyota de produção (STP), do Dr. Taichi Ohno, originaram de um foco sobre o fluxo.

Com visão centrada no fluxo queremos dizer muito mais do que examinar as operações de produção no formato apresentado na Figura 8.2. O gerenciamento de fluxo é considerado a principal função do gerenciamento de produção. Um gerenciamento de fluxo eficaz implica que a movimentação de todos os materiais ao longo da fábrica será tranquilo e rápido e não apresentará nenhuma interrupção. Em qualquer fluxo, os obs-

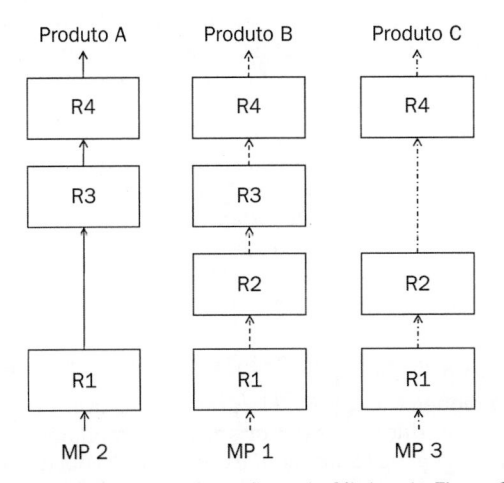

FIGURA 8.2 Uma representação centrada no fluxo da fábrica da Figura 8.1.

FIGURA 8.3 Comparação entre a representação centrada em recursos e a representação centrada no fluxo de uma fábrica em que as sequências operacionais dos produtos são diferentes.
Fonte: Modificada de E. M. Goldratt, 2003, p. 29. © E. M. Goldratt. Utilizada com permissão. Todos os direitos reservados.

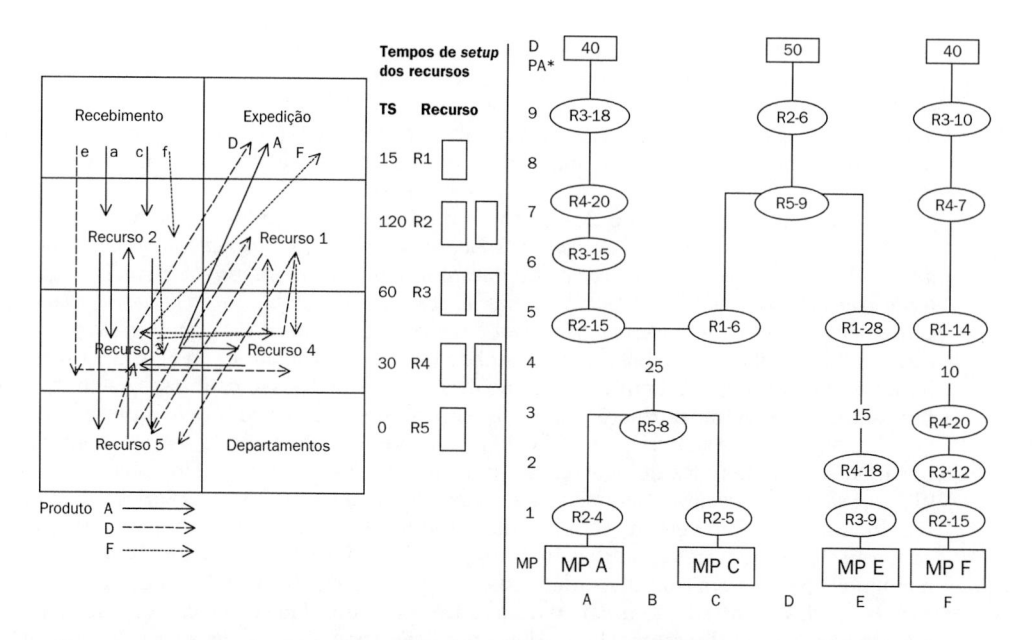

* PA = produto acabado (ou final); TS = tempo de *setup*

táculos ao fluxo provocam um acúmulo gradual de material – um congestionamento de tráfego – e são considerados bastante indesejáveis. Os métodos centrados em recursos estão interessados em manter os recursos ocupados e consideram o acúmulo gradual de material inevitável.

Para perceber a principal diferença entre essas duas visões, pense da seguinte forma. Ao caminhar pela fábrica, você é compelido a ver recursos ociosos e lotes ociosos de material. O que mais o faz sentir um incômodo na boca do estômago? Se um recurso ocioso o incomoda mais, você está exibindo uma visão centrada em recursos. Se o lote ocioso de material o incomoda mais, você está exibindo uma visão centrada no fluxo. O que aprendemos com Henry Ford e Taichi Ohno é que a visão centrada no fluxo é o ponto de vista apropriado para que o gerenciamento do sistema seja eficaz.

Os métodos de gerenciamento tradicionais baseados na contabilidade de custos, infelizmente, são, por natureza, centrados em recursos. Normalmente, os operadores se autodenominam com relação ao recurso ou aos recursos que eles operam – operador de prensa, operador de forno etc. Os gerentes também se autodenominam com relação aos recursos que eles controlam – gerente de departamento de prensa, de departamento de tratamento de calor etc. O sistema de controle de gerenciamento como um todo é ajustado para controlar as atividades dos recursos e, em particular, para controlar, compreender e, consequentemente, eliminar os tempos de não produção ou ociosos no recurso.

Sistemas de produção Ford e Toyota: uma nova perspectiva

Em um artigo pioneiro, em 2009, Goldratt apresentou uma nova perspectiva sobre os dois métodos de produção que definiram esse campo nos últimos cem anos – o sistema de linha de montagem de Henry Ford e o sistema Toyota de produção (STP) do Dr. Taichi Ohno. Todos sabem que Henry Ford é o pai do modo de produção moderno de linha de montagem. Muitos procuram avaliar, primordialmente, de que forma esse sistema possibilita uma melhor utilização dos recursos (o material é conduzido até o operário) e realiza o sonho do balanceamento de capacidade. Goldratt assumiu um ponto de vista diferente. Em sua visão, o verdadeiro objetivo de Henry Ford era melhorar o fluxo de produtos em sua fábrica. Ele teve tanto êxito nesse sentido, que, em 1926, o tempo transcorrido entre o descarregamento de minério de ferro de um navio e o carregamento desse mesmo minério em um trem de carga já como um automóvel acabado era surpreendentemente rápido – 81 horas (Ford, 1928). A dimensão desse feito é ressaltada pelo fato de que, depois de oito décadas, nenhum fabricante de automóveis conseguiu chegar perto dessa conquista de Ford. Contrariamente à crença tradicional, de que não é possível obter uma produção máxima ou total sem assegurar que todos os recursos sejam produtivos produzindo o tempo todo, o método de Ford gerou uma produção bem maior na fábrica como um todo. Na verdade, quando se focaliza o fluxo, ocasionalmente alguns recursos podem ficar sem trabalho. Contudo, o ganho do sistema não é comprometido. Na realidade, ele aumenta. O sucesso de Henry demonstrou, evidentemente, que a visão centrada em recursos deu origem a pressupostos falsos, mas a maior parte dessa lição se perdeu na história, entre 1926 e a década de 1970, e com o surgimento do STP.

Goldratt conclui que tanto a linha de montagem de Henry Ford quando o STP de Taichi Ohno eram sistemas nos quais a obtenção de um fluxo de produção uniforme e tranquilo era o principal objetivo e que o método genérico que eles seguiam pode ser resumido pelos quatro princípios a seguir:

1. A melhoria do fluxo (ou, de modo equivalente, do tempo de atravessamento) é o objetivo primordial das operações.
2. Esse objetivo básico deve ser traduzido em um mecanismo prático que oriente a operação a não produzir (para evitar a produção em excesso).
3. As eficiências locais devem ser abolidas.
4. Deve-se ter em vigor um processo focalizado para equilibrar o fluxo (Goldratt, 2009).

O segundo princípio é particularmente significativo. Goldratt ressalta que a linha de montagem e o sistema *kanban* da Toyota são basicamente sistemas que informam os postos de trabalho sobre quando eles não devem produzir. Por exemplo, em uma linha de montagem, quando um determinado posto de trabalho para, todos os outros devem parar porque, se qualquer outro posto continuar produzindo, a linha parará e não haverá nenhum lugar para colocar o material. De modo semelhante, em um sistema *kanban*, quando não há nenhum cartão *kanban*, os centros de trabalho param de trabalhar. Em contraposição, em operações de produção mais tradicionais, um dos principais argumentos a favor da manutenção de uma quantidade expressiva de filas de trabalho em andamento (*work in progress* – WIP) é a dissociação de cada centro de outros centros de trabalho e suas possíveis interrupções.

Henry Ford valia-se do espaço para restringir a produção, ao passo que Taichi Ohno desenvolveu o sistema *kanban*[3] para fazer o mesmo. É óbvio que, se estivermos implementando um sistema que impede intencionalmente que os recursos produzam, o terceiro princípio (abolir as eficiências locais) será inevitável. O interessante é que tanto Henry Ford quanto Taichi Ohno não apenas interrompiam o processo para restringir a produção, mas aproveitavam essas oportunidades para melhorar os processos que otimizavam e aumen-

---

[3] O STP utiliza um sistema *kanban de dois cartões*. O *APICS Dictionary* (Blackstone, 2008, p. 142) o define como "um sistema *kanban* em que são empregados um cartão de movimentação e um cartão de produção. O cartão de movimentação autoriza a movimentação de um número específico de peças de um ponto de origem para um ponto de uso. Ele é vinculado ao contentor de peças padrão durante a movimentação das peças ao ponto de uso. O cartão de produção autoriza a produção de um determinado número de peças para uso ou reabastecimento". (© *APICS* 2008. Utilizada com permissão. Todos os direitos reservados.)

tavam o volume do fluxo. Quando os mecanismos integrados – espaço ou estoque – criam uma interrupção na linha, é possível ver com clareza o que provocou essa interrupção e, portanto, indicar os problemas que precisam ser solucionados para melhorar o equilíbrio do fluxo. A magnitude das melhorias que tanto a Ford quanto a Toyota conseguiram obter sobre seus concorrentes – aumentar a velocidade de produção e diminuir os custos totais – é uma prova da eficácia do método de cada uma.

Não obstante o extraordinário sucesso desses métodos e a quantidade de artigos e livros escritos sobre eles, a ênfase sobre o fluxo não se disseminou para todas as partes do setor de produção. Em um país pequeno como o Japão, tendo em vista o nítido sucesso da Toyota enquanto empresa e o fato de ela ter atribuído seu sucesso ao STP, a expectativa seria de que o STP fosse amplamente adotado. Na verdade, menos de 20% dos fabricantes implementaram o STP e poucos deles obtiveram o nível de sucesso da Toyota. Qual é o motivo desse baixo nível de adoção e sucesso? Certamente, não é a falta de desejo ou conhecimento. Praticamente todas as empresas tentaram adotar o STP ou a produção enxuta (Lean), como também é conhecido. Existe uma profusão de informações sobre o STP e a produção enxuta e a Toyota tem se mostrado bastante aberta com relação às suas técnicas. Goldratt (2009) conclui que existem duas questões centrais:

1. A mentalidade centrada em recursos ainda é o ponto de vista prevalecente. Isso explica por que, mesmo quando o STP é aplicável e adotado, os resultados são menores em relação ao que é possível.
2. Os mecanismos específicos de prevenção contra a produção em excesso – espaço, no caso da linha de montagem da Ford, e estoque no STP, de Ohno – não são aplicáveis aos ambientes de fabricação.

Em seu artigo, Goldratt propõe um mecanismo diferente e mais universal para evitar a produção em excesso. Ele propõe o uso do tempo. Para evitar a produção em excesso ou a produção antecipada, não deve haver disponibilização do material antecipadamente. A forma exata de determinar o momento em que o material deve ser liberado e as regras adicionais de gerenciamento de fluxo são descritas a seguir.

Operações de produção e os cinco passos de focalização da TOC

Nesta seção, analisamos a aplicação dos princípios básicos da TOC sobre operações de produção. Tal como discutido em outros capítulos, os cinco passos de focalização oferecem as regras para determinar de que forma qualquer operação deve ser gerenciada. Esses passos (Goldratt, 1990b, Capítulo 1) são relacionados a seguir:

Passo 1: Identificar (ou escolher) a restrição do sistema.
Passo 2: Decidir como explorar a restrição do sistema ao máximo.
Passo 3: Subordinar todo o resto à decisão anterior.

Se desejarmos melhorar o desempenho do sistema para um nível superior ao que é possível com a restrição atual, então devemos:

Passo 4: Elevar a restrição do sistema.

Esse passo pode mudar a restrição ou as decisões sobre como explorar a restrição. Daí a necessidade do Passo 5.

Passo 5: Se, no Passo 4, a restrição tiver sido eliminada, voltar ao primeiro passo, mas não permitir que a inércia torne-se a restrição do sistema.

A produção é apenas parte da maioria das empresas industriais, isto é, ela um subsistema. A verdadeira restrição da empresa pode ou não estar em seu subsistema de produção. Se a restrição escolhida for outro subsistema ou o mercado, a função da produção no processo de cinco passos estará no Passo 3 – subordinação. Nesse caso, a produção deve ser gerenciada de acordo com as regras do *tambor-pulmão-corda simplificado* (TPC-S) discutidas no Capítulo 9.

Outra possibilidade é escolher a operação de produção como restrição. Mais especificamente, escolhe-se como restrição a capacidade de um centro de trabalho específico. Com essa opção, a empresa está declarando que sua estratégia empresarial é obter lucro encontrando as melhores formas de aproveitar a capacidade disponível nesse centro de trabalho. Os principais elementos do sistema TPC de gerenciamento das operações de produção são: identificar claramente o recurso específico que será a restrição (Passo 1) e em seguida identificar as regras para explorar a capacidade desse recurso restritivo (Passo 2).

Nesta seção, apresentamos o sistema TPC de gerenciamento do fluxo de produtos nas operações de produção. O escopo das decisões correspondentes ao aproveitamento da restrição abrange muito mais que o gerenciamento do fluxo de produtos. Por exemplo, a escolha dos produtos que serão comercializados afeta de maneira significativa o potencial de ganho total da fábrica. Uma excelente discussão sobre esse caso (chamado de exemplo PQ na literatura sobre a TOC) pode ser encontrada em *The Haystack Syndrome* (*A Síndrome do Palheiro*) (Goldratt, 1990a, Capítulos 11-13), O Capítulo 13 deste livro também apresenta uma discussão sobre esse caso. Para o que pretendemos, supomos que sabemos quais produtos estão sendo vendidos e quem são os clientes. A dificuldade com a qual estamos lidando é saber como gerenciar melhor o fluxo dos produtos para que possamos atender à demanda do cliente e, ao mesmo tempo, manter um nível mínimo de estoque e despesa.

Características das operações de produção

Toda operação de produção é caracterizada pelos seguintes fatores.

Existe um alto grau de dependência

Nesse contexto, dependência significa que determinadas operações ou atividades da fábrica não podem ocorrer enquanto outras operações ou atividades específicas não estiverem concluídas. Alguns exemplos de dependência em uma operação de fabricação são os seguintes:

- A sequência das operações necessárias para fabricar um produto é um exemplo simples de dependência de fabricação. Nesse caso típico, o processo de produção não pode ser iniciado enquanto os materiais não tiverem sido adquiridos; as operações individuais não podem ser executadas enquanto a operação anterior especificada na sequência operacional não tiver sido executada; e a operação de montagem não pode ser iniciada enquanto todos os componentes necessários não tiverem sido fabricados ou comprados.

- Outro exemplo óbvio de dependência refere-se à situação em que um mesmo recurso é solicitado a processar mais de uma operação. Essas operações podem ser etapas diferentes na sequência operacional do mesmo produto (fresamento bruto ou de desbaste e fresamento de acabamento, por exemplo) ou etapas em produtos diferentes (fresamento bruto ou de desbaste do produto A e fresamento de acabamento do produto B). A possibilidade de criar uma obstrução para um determinado produto quando o recurso está ocupado com outro produto é óbvia.

Outros exemplos de dependência:

- Os recursos não podem fazer o *setup* (preparação) enquanto o responsável pelo *setup* não concluir outro trabalho.
- Não é possível iniciar o trabalho enquanto o *setup* ou a troca de ferramenta não estiver concluída.
- A primeira peça de um lote não pode ser inspecionada e aprovada enquanto os calibradores de inspeção não estiverem calibrados.

Mesmo em uma pequena operação de produção, o número de dependências é descomunal.

As operações de produção estão sujeitas a um alto grau de variabilidade

Nas operações de fabricação, a variabilidade ocorre em forma de eventos aleatórios e flutuações estatísticas. *Eventos aleatórios* são *aquelas atividades que ocorrem em intervalos irregulares, não têm um padrão discernível e, por natureza, são imprevisíveis*. Alguns exemplos de eventos aleatórios são:

- Um pedido importante de um cliente é cancelado de repente.
- A fábrica de um fornecedor importante é paralisada por uma greve e não é possível obter prontamente os materiais básicos.
- Ferramentas, aparelhos, calibradores etc. ficam indisponíveis em virtude de uma obstrução imprevista.

As flutuações estatísticas ou variações de causa comum nos ambientes de fabricação referem-se ao fato de que *todos os processos têm algum grau de variabilidade inerente*. Alguns exemplos de flutuação estatística são:

- O recebimento de materiais dos fornecedores pode variar em quantidade, qualidade ou com relação ao tempo entre as ordens de compra.
- O tempo de *setup* de um recurso varia toda vez que um recurso é preparado.
- Os pedidos reais dos clientes são diferentes da previsão.
- O rendimento do processo pode mudar de um lote para outro.

Utilizaremos o termo *variabilidade* para descrever *tanto os eventos aleatórios quanto as flutuações estatísticas*.

A existência simultânea desses dois fenômenos – dependência e variabilidade – torna o controle do desempenho das operações de fabricação bastante difícil. Na verdade, a função diária de um gerente de fábrica nada mais é que tentar lidar com o fluxo quase interminável de interrupções e com seu impacto sobre uma ampla variedade de atividades.

Em uma única etapa de qualquer processo, não é seguro supor que o efeito das flutuações estatísticas resultará uma média e o desempenho do processo será o desempenho médio calculado para essa etapa. Um dos efeitos drásticos da existência simultânea de dependências e flutuações é que essa média não ocorre. Tal como discutido a fundo em vários outros livros (Goldratt e Cox, 1984; Srikanth e Umble, 1997; Schragenheim e Dettmer, 2001), "As interrupções/flutuações não resultarão em uma média para todo o sistema e a maioria dos recursos será forçada a ter um desempenho inferior à sua capacidade" (Srikanth e Umble, 1997, vol. 1, Capítulo 4).

As capacidades de recurso são desequilibradas entre si e para a demanda do mercado

A meta que toda operação esforça-se para atingir é a de uma fábrica com capacidade balanceada – todo recurso tem capacidade suficiente para atender à demanda de mercado. Uma iniciativa importante da maioria das operações de fabricação é gerenciar a capacidade disponível para que não haja nenhum desperdício ou capacidade em excesso. A despeito desse esforço colossal, uma fábrica perfeitamente balanceada não existe na realidade. Isso se deve a dois fatores. O primeiro é que a capacidade é provida em incrementos finitos – é necessário adquirir os recursos em unidades inteiras, é necessário contratar mão de obra para um turno completo etc. Portanto, se precisássemos de 2,67 unidades de um determinado recurso, teríamos de adquirir 3 unidades.

O segundo fator que impede que se tenha uma fábrica perfeitamente balanceada é o efeito da existência simultânea de dependência e flutuação. Tal como discutido na seção anterior, os recursos posteriores da cadeia produtiva sentirão o impacto das interrupções nos processos anteriores de uma maneira tendenciosa – eles sentem o impacto das variações negativas, mas não das variações positivas (consulte Srikanth e Umble, 1997, vol. 1,

Capítulo 4). Consequentemente, os recursos posteriores ficarão cada vez mais atrasados, a menos que tenham capacidade disponível para recuperar o terreno perdido. Se a fábrica fosse balanceada com perfeição, não haveria capacidade disponível para recuperar o terreno perdido e a fábrica ficaria cada vez mais atrasada. Sem uma quantidade apropriada de capacidade de reserva, a fábrica não conseguirá funcionar eficazmente. À medida que a fábrica ficar atrasada em relação ao cronograma, os gerentes serão forçados a aumentar a capacidade (por meio de horas extras, da contratação de mais funcionários etc.) nos recursos que apresentam a maioria dos atrasos. Portanto, no final, os gerentes são forçados a operar fábricas desbalanceadas.

A capacidade total disponível de um recurso pode ser decomposta, com base na discussão anterior, em três categorias: capacidade produtiva, capacidade protetiva e capacidade em excesso.

A *capacidade produtiva* é definida como a *capacidade de recurso necessária para produzir uma quantidade de produtos suficiente para atender à produção do sistema que foi estipulada* (Sullivan et al., 2007).[4] A *capacidade protetiva* é a *capacidade de recurso necessária para proteger o ganho do sistema garantindo que haja alguma capacidade* (acima da capacidade necessária para atender ao ganho do sistema) *"para recuperar o terreno quando ocorrerem interrupções inevitáveis. Os recursos não restritivos precisam de capacidade protetiva para restabelecer a reserva de capacidade na frente da restrição ou no recurso com restrição de capacidade (capacity constraint resource – CCR) e/ou na plataforma de expedição antes que se perca o ganho"* (40). A *capacidade em excesso* (22) é definida como a *capacidade de recurso que está acima da capacidade necessária para proteger o ganho do sistema*. A capacidade protetiva e a capacidade em excesso são também chamadas de capacidade ociosa porque na maior parte do tempo elas não são usadas; a capacidade protetiva é usada quando a lei de Murphy entra em ação para reconstruir os pulmões.

É uma estratégia bem mais adequada reconhecer que as fábricas perfeitamente balanceadas não são factíveis e tampouco desejáveis. Isso significa que a maioria das operações de produção da vida real é desbalanceada e que vários recursos terão capacidade ociosa (uma combinação de capacidade protetiva e em excesso). A disponibilidade de capacidade ociosa nos permite estruturar um sistema em que a operação como um todo será executada com um nível de confiabilidade superior (menos flutuações) ao das operações individuais.

Aplicando os cinco passos de focalização às operações de produção

Agora estamos em posição para estruturar um sistema que possa funcionar com alta confiabilidade e, ao mesmo tempo, oferecer o nível de produção mais alto possível. Como não temos uma fábrica balanceada, é evidente que pelo menos alguns recursos terão uma capacidade maior do que a necessária para atender à demanda de mercado. Na realidade, em qualquer cadeia dependente de recursos haverá um recurso com capacidade mínima em relação à demanda. Se a capacidade desse recurso foi igual ou inferior à capacidade necessária para atender à demanda de mercado, esse recurso é chamado de gargalo. O gargalo mais fraco (maior falta de capacidade) é a restrição do sistema.

As regras que se deve utilizar para obter um desempenho ideal em qualquer sistema são obtidas pela TOC por meio da aplicação dos cinco passos de focalização. O método resultante é chamado de método TPC de gerenciamento de operações de produção. A aplicação desses cinco passos prossegue da maneira a seguir.

Passo 1: identificar a restrição do sistema

Neste caso, consideraremos como restrição a capacidade disponível em um recurso. A forma mais simples de identificar uma restrição desse tipo é comparar a carga sobre cada

---
[4] © TOCICO 2007. Utilizada com permissão. Todos os direitos reservados.

recurso com a quantidade total de produção e *setup* necessária nesse recurso para satisfazer à demanda de mercado. Entretanto, isso nem sempre gera resultados significativos em virtude da imprecisão dos dados. Nas centenas de fábricas para as quais ofereci consultoria, esse método não foi capaz de identificar o gargalo real em uma imensa quantidade de casos. Procedimentos detalhados para identificar o gargalo foram desenvolvidos para cada um dos diferentes fluxos de produção – V, A, T e I. Eles são analisados brevemente ao final deste capítulo. (Consulte Srikanth e Umble, 1997, vol. 2, Capítulo 4, sobre instalações V, Capítulo 5, sobre instalações A, e Capítulo 6, sobre instalações T.) A escolha do gargalo é o ponto central da elaboração da estratégia para toda a empresa e, portanto, é uma decisão que deve ser tomada pela empresa como um todo. Além disso, não se trata de uma decisão apenas sobre produção/fabricação.

Passo 2: decidir como explorar a restrição do sistema

A restrição presente no ambiente que estamos analisando é a capacidade disponível em um recurso específico. Aproveitar esse recurso significa maximizar o desempenho com respeito às medidas operacionais globais – ganho, estoque e despesas operacionais. Mais especificamente, a meta é maximizar o ganho e, ao mesmo tempo, gerenciar eficazmente o estoque e as despesas operacionais. Como podemos maximizar o ganho da operação de produção com uma restrição de capacidade específica ou gargalo? Para responder essa pergunta, podemos examinar as formas pelas quais a capacidade está sendo desperdiçada no momento.

Por definição, a carga aplicada pela atual demanda de mercado em um gargalo é superior ou igual à capacidade disponível nesse recurso. Se o recurso despender qualquer tempo que seja executando outra coisa senão o que é necessário para atender à atual demanda de mercado, o ganho será afetado negativamente e não teremos aproveitado de maneira apropriada a capacidade disponível. Portanto, é indispensável que todo item produzido na restrição seja um produto necessário para atender à demanda de mercado de curto prazo. A capacidade na restrição também pode ser desperdiçada quando o recurso sofre uma paralisação e o tempo decorrido entre a paralisação e o retorno a uma situação plenamente operacional é significativo. Tempos de *setup* exagerados, tempo desperdiçado durante as mudanças de turno ou no horário de almoço etc., todos esses casos são formas de desperdício de capacidade no gargalo e opõem-se ao aproveitamento. Medidas como sobreposição de turnos e intervalos escalonados devem ser empregadas para eliminar essas formas de desperdício de capacidade. A capacidade é igualmente desperdiçada quando o gargalo atua sobre produtos que não são necessários para satisfazer a atual demanda de mercado. Embora isso possa parecer extremamente óbvio e, portanto, uma trivialidade, a realidade na maioria das operações é bem diferente. Motivado por fatores locais ótimos, com frequência os recursos – gargalo acabam trabalhando precisamente de uma maneira esbanjadora – porque não existe outro trabalho disponível ou o tamanho dos lotes que está sendo empregado é exagerado. Um dos principais fatores na elaboração das regras que possibilitará o aproveitamento adequado do gargalo é a precaução para que o gargalo não fique sem trabalho e o trabalho programado (bem como o material de fato disponível na seção de produção) abranja apenas os produtos necessários para atender a uma demanda de curtíssimo prazo. Os procedimentos para isso são discutidos na seção sobre o tambor.

Como existem dependências nas operações de fabricação, o desempenho de qualquer recurso é influenciado pelo desempenho dos outros recursos. No fluxo básico mostrado na Figura 8.2, o recurso R4 não poderá dar continuidade ao trabalho se o recurso R2 ficar fora de operação por um período prolongado. Se o recurso R4 for um não gargalo, o tempo de paralisação forçado no R4 não será um problema grave. Contudo, se R4 for o gargalo nesse fluxo de produção, o tempo de paralisação no R4 será inaceitável porque diminuirá o ganho do sistema. Para que o R4 possa dar continuidade ao trabalho mesmo quando houver interrupções nos fluxos anteriores, devemos manter um pulmão no R4 (trabalho suficiente para cobrir o tempo durante o qual o recurso fica paralisado). Como o objetivo desse pulmão é proteger R4 contra interrupções anteriores, seu tamanho dependerá da magnitude e da frequência dessas interrupções. Embora a determinação de um tamanho "ótimo" de pulmão seja uma tarefa bastante complexa, os dois limites são óbvios – o pulmão não deve ser muito pequeno a ponto de o gargalo correr um risco frequente de ficar sem trabalho e não deve ser muito grande a ponto de o tempo de atravessamento total do fluxo ser exagerado. Na seção sobre pulmões, analisamos o procedimento para configurar o tamanho dos pulmões.

Passo 3: subordinar todo o resto à decisão anterior

Assim que se identificar o gargalo ou a restrição de capacidade, as medidas para garantir um uso totalmente produtivo forem postas em prática, o recurso for protegido de maneira apropriada e o fluxo programado para esse recurso for identificado, o Passo 2 estará concluído. O passo seguinte, *subordinar*, é uma medida para assegurar que todos os recursos concentrem-se na execução das atividades de uma forma tal que o fluxo programado para a restrição seja atendido.

Todas as atividades, desde a liberação de material ao modo como ele é processado antes e depois do gargalo, devem ser executadas de uma maneira que melhor atenda às decisões tomadas no Passo 2. É importante perceber que, embora a discussão sobre a restrição seja de grande eficácia e interessante, a tarefa de execução recai principalmente sobre o Passo 3 e o gerenciamento de não restrições. Essa é uma consequência básica do fato de os recursos serem, em sua maioria (95% a 100%), não gargalos e de o controle da execução significar controlar o que está ocorrendo nesses recursos.

A subordinação exigida pelo Passo 3 torna-se difícil porque a mentalidade promovida pelo gerenciamento tradicional do mundo dos custos não é compatível com a subordinação. Esse é o ponto em que o terceiro princípio do gerenciamento de fluxo (as eficiências locais devem ser abolidas) precisa ser implementado. O caso apresentado na Figura 8.4 mostra esse ponto. O recurso R2 é a restrição e consegue processar 100 unidades por dia. O recurso R1 é uma não restrição e consegue processar 120 unidades por dia. A subordinação requer que o R1 processe apenas 100 unidades por dia. Porém, a mentalidade tradicional estimularia o R1 a usar todo o seu potencial e a produzir mais de 100 unidades por dia. Em quase todas as implementações do TPC que tive oportunidade de realizar, a tarefa de subordinar recursos não restrição foi a mais desafiadora e difícil.

Outra forma de examinar o Passo 3 é a seguinte. Os Passos 1 e 2 especificaram o fluxo total que deve ser obtido – *mix* de produtos, volumes etc. De acordo com a seção sobre gerenciamento de fluxo, agora devemos implementar os quatro princípios sobre fluxo. Reconhecendo que melhorar o fluxo é o objetivo primordial, devemos decidir de que forma o segundo princípio será implementado – o mecanismo para evitar a produção em excesso. Essa produção em excesso (Sugimori *et al.*, 1977) é a primeira e mais importante perda explicitamente identificada no STP ou na produção enxuta.

O processo pelo qual a subordinação é imposta pelo sistema TPC é a corda, que será discutida em uma seção posterior.

Passos 4 e 5

Assim que o Passo 3 (subordinação) for concluído, o sistema alcançará seu pleno potencial – isso significa que estamos obtendo o máximo ganho em virtude do que foi feito na restrição e o desperdício é minimizado pela subordinação em todos os outros recursos. Para melhorar ainda mais o desempenho do sistema, devemos elevar o desempenho da própria

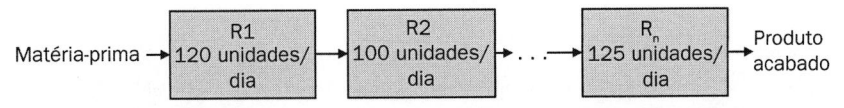

Matéria-prima → [R1 / 120 unidades/dia] → [R2 / 100 unidades/dia] → . . . → [R_n / 125 unidades/dia] → Produto acabado

FIGURA 8.4 DFP de uma linha com fluxo de um único produto que indica a capacidade de produção dos diferentes recursos.

restrição. Contudo, uma vez elevado o desempenho, esse recurso pode deixar de ser a restrição, pois sua nova capacidade pode ser superior à demanda direcionada a ele. Os Passos 4 e 5 são concebidos para lidar com essa possibilidade. Como nosso foco é gerenciar uma fábrica com essa restrição atual, não falaremos sobre as ramificações dos Passos 4 e 5. Em vez disso, passaremos à implementação dos Passos 2 e 3 utilizando os mecanismos do TPC.

O sistema TPC

Nesta seção, analisamos os procedimentos e métodos específicos que compõem o sistema TPC para planejar o fluxo do produto através das operações de fabricação. O gerenciamento de pulmões (GP) cumpre o papel de controlar a execução do sistema TPC. O objetivo desse sistema, com relação a qualquer sistema de planejamento e controle, é cumprir as expectativas de ganho e, ao mesmo tempo, gerenciar eficazmente o estoque e as despesas operacionais.[5] A essência do sistema TPC é representada na Figura 8.5.

O tambor

Os tambores são as restrições no sistema e firmam os compromissos para com o cliente, estabelecendo o ritmo de todo o sistema. O processo de configuração do tambor inicia-se com a identificação do trabalho que precisa ser executado na restrição para atender à produção total estipulada. No caso de empresas de produção sob encomenda (*make-to-order* – MTO), trata-se do trabalho que deve ser executado pelo recurso restritivo para atender a todas as necessidades dos clientes relativas a um determinado período (por exemplo, todos os pedidos com data de entrega programada para os próximos 30 dias). No caso das empresas que produzem para disponibilização (*make-to-availability* – MTA),[6] a produção

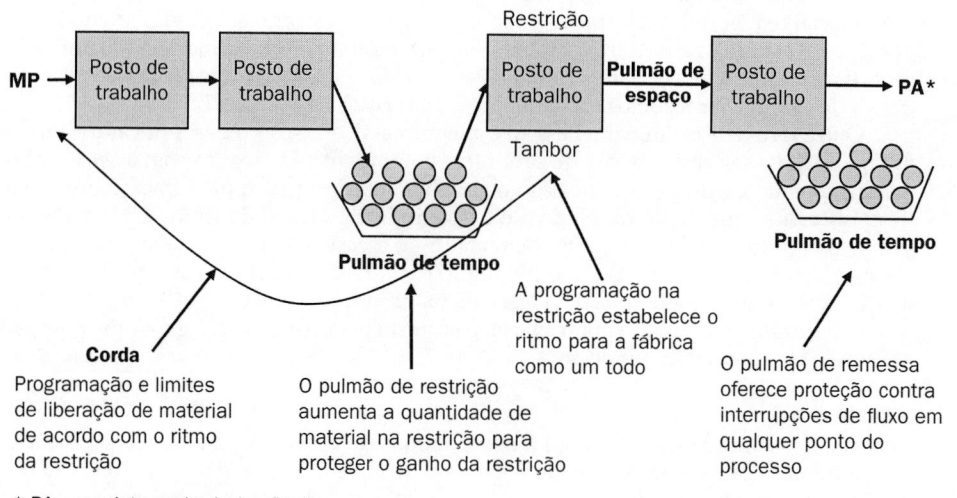

* PA = produto acabado (ou final)

FIGURA 8.5 Ilustração do sistema TPC básico.

---

[5] Para uma discussão sobre essas medidas, consulte o Capítulo 13 deste livro.

[6] Na TOC, os produtos de consumo são gerenciados com o *make-to-availability* (MTA) – produzir para disponibilização –, um sistema puxado para a cadeia de suprimentos, pois as cadeias tradicionais utilizam o sistema *make-to-stock* (MTS) ou produzir para estocar (ponto mínimo-máximo ou de reabastecimento/tamanho de lote econômico). Consulte os Capítulo 10, 11 e 12 deste livro.

exigida é o total necessário de produtos acabados para abastecer os pulmões de estoque. Assim que tivermos uma lista sobre o que deve ser produzido na restrição, basta determinarmos a sequência de produção (qual produto em primeiro lugar, qual produto em segundo lugar e assim por diante) e o tamanho do lote de produção (quanto será produzido assim que iniciarmos um produto específico). Os fatores que devem ser considerados na decisão sobre a sequência de produção e o tamanho do lote de processamento, bem como exemplos detalhados, podem ser encontrados em Srikanth e Umble (1997, vol. 1, Capítulos 7 e 8) e Schragenheim e Dettmer (2001).

O pulmão

Em um mundo em que não existem contratempos, como paralisação de recursos e interferências no rendimento dos processos etc., *o tempo de atravessamento de produção é o tempo que atribuímos para que a matéria-prima seja transformada em um componente ou produto final – pode ser basicamente a soma dos tempos de processo e dos tempos de setup da sequência operacional desse produto.* No mundo real, onde existem várias formas de interrupção ou contratempo, a utilização de um tempo de atravessamento previsto igual à soma dos tempos de processo e de *setup* seria considerada absurda, e com razão. Qualquer interrupção, como a paralisação de um recurso, impossibilitaria a produção de um produto no prazo. O tempo de atravessamento real da produção sempre será maior do que a soma dos tempos de processo e dos tempos de *setup*. Como os contratempos são inevitáveis, os tempos de atravessamento programados terão de ser maiores do que a soma dos tempos de processo e dos tempos de *setup*. Isso se aplica se quisermos ter alguma chance de tornar o tempo de atravessamento *real* igual ao tempo *programado*.

Sempre que houver uma atividade sujeita à variabilidade, é claro que o tempo real de execução – início ou fim – será diferente de qualquer plano que não conceda algum grau de proteção como margem de segurança. Basicamente, é esse o conceito de pulmão de tempo.[7] O que torna a aplicação do conceito de pulmão de tempo único e eficaz é o reconhecimento explícito de que o objetivo de um sistema de planejamento TPC não é fazer com que cada atividade seja executada no prazo, de acordo com o cronograma programado, mas possibilitar que o fluxo real através do sistema seja suficientemente confiável para atender à demanda de mercado. Em outras palavras, o objetivo não é proteger a possibilidade de cada atividade ser executada no prazo (em relação a um plano), mas somente garantir que todo o sistema seja pontual. Essa percepção nos permite oferecer um grau de confiabilidade significativamente maior em um plano TPC em comparação a um plano que tenta garantir proteção a cada etapa do processo (como em um sistema empurrado ou em um sistema *kanban* puxado). Além disso, é possível obter esse maior grau de confiabilidade com um tempo de atravessamento significativamente menor na produção.

O pulmão de tempo é definido especificamente da seguinte forma. *O pulmão de tempo representa o tempo de atravessamento adicional concedido, além dos tempos de setup e de processo necessários, para que os materiais fluam entre dois pontos especificados no fluxo do produto.* Dois pontos[8] normalmente usado nesse contexto são a liberação de material (operações de bloqueio) e o recebimento de um produto acabado em um armazém (MTA) ou em uma pla-

---

[7] O *TOCICO Dictionary* (Sullivan *et al.*, 2007, p. 48) define *pulmão de tempo* como "Proteção contra incertezas em forma de tempo". (© TOCICO 2007. Utilizada com permissão. Todos os direitos reservados.)

[8] De acordo com a terminologia da TOC, no *TOCICO Dictionary* (Sullivan *et al.* 2007, p. 13), ambos são chamados de *ponto de controle*, que é definido como "um ponto fundamental no fluxo de trabalho de um ambiente operacional que, se não for gerenciado apropriadamente, terá grande probabilidade de diminuir o desempenho das datas de entrega. Os pontos de controle abrangem as operações de bloqueio, os pontos de convergência, os pontos de divergência, as restrições e os pontos de remessa. Uso: No gerenciamento operacional da TOC, o sequenciamento das programações nos pontos de controle para que correspondam à programação do tambor e/ou à programação de remessa aumenta a probabilidade de pontualidade". (© *TOCICO* 2007. Utilizada com permissão. Todos os direitos reservados.)

taforma de remessa (MTO). O objetivo desses pulmões de tempo é proteger o ganho do sistema contra interrupções inerentes a qualquer processo. A relação entre o tempo de atravessamento de produção e os tempos de processo pode ser expressa pela relação a seguir.

Tempo de atravessamento de produção = Soma dos tempos de processo e dos tempos de *setup* + pulmões de tempo

O conceito de pulmão de tempo é quase óbvio. A determinação do tamanho apropriado desse pulmão, por sua vez, parece ser uma tarefa complexa. Como o objetivo do pulmão de tempo é proteger o fluxo ao longo do sistema contra interrupções, talvez possa parecer que um conhecimento detalhado sobre essas interrupções – as curvas de distribuição estatística em cada etapa do fluxo – ajudaria (ou que seria até mesmo um elemento essencial) no cálculo do tamanho do pulmão de tempo. Embora tenhamos a impressão de que esse conhecimento possa oferecer uma metodologia rigorosa, ele é praticamente inútil porque não temos ao alcance as informações necessárias. Na aplicação prática do TPC, empregamos um método mais pragmático para definir o tamanho do pulmão de tempo. No momento, toda operação de produção utiliza um pulmão de tempo, seja ele percebido explicitamente ou não. Com isso queremos dizer que os tempos de atravessamento utilizados na produção – informalmente ou em um sistema ERP computadorizado – é várias vezes maior do que os tempos de processo e de *setup*. Todo esse tempo adicional constitui um pulmão de tempo. Também sabemos que na maioria das vezes esse pulmão empregado atualmente é bem maior. Isso ocorre porque os pulmões são utilizados para proteger cada etapa do fluxo, e não apenas o fluxo do sistema como um todo. Mais importante ainda, com pulmões de tempo maiores é possível maximizar as situações em que os recursos acabam ficando sem trabalho. Visto que na visão tradicional um recurso ocioso constitui um desperdício, os tempos de atravessamento devem ser grandes o suficiente para minimizar o tempo ocioso em cada recurso. Em vigor, pode-se considerar que o tempo de atravessamento atual oferece um limite máximo – o ponto em que ele gera um pulmão de tempo extremamente grande.

Se os tempos de atravessamento atuais estabelecerem um extremo para os pulmões de tempo, outro extremo – um pulmão de tempo muito pequeno – será oferecido quando o tempo de atravessamento de produção for quase igual à soma dos tempos de processo e de *setup*. Na verdade, em praticamente todas as operações de produção, mesmo um tempo de atravessamento apenas três vezes maior que o tempo de processo seria considerado irrealisticamente grosseiro. Em ambos os extremos, os pulmões de tempo são, na verdade, ineficazes para oferecer proteção e possibilitar um fluxo de produto tranquilo e confiável. Quando o pulmão de tempo é muito pequeno, as interrupções cumulativas às quais todo lote de produtos está sujeito rapidamente dominam e consomem o pulmão disponível. Quando o pulmão de tempo é muito grande, a seção de produção fica atravancada com o excesso de material e isso dificulta o gerenciamento de fluxo. Toda operação terá uma profusão de trabalhos a escolher e a probabilidade de que todas elas estejam coordenadas de modo que escolham o trabalho correto para promover um fluxo tranquilo e organizado é pequena. Consequentemente, haverá pilhas de estoque por todos os lados, longos tempos de atravessamento, um péssimo desempenho com relação aos prazos e um caos na seção de produção. Entre os dois extremos existe uma série de opções. Valendo-nos de nossa vasta experiência, acreditamos que a Figura 8.6 retrate a essência da eficácia dos pulmões de tempo quando aumentamos o pulmão de um tamanho extremamente pequeno para um extremamente grande. A principal observação é que a curva na região em que o pulmão de tempo apresenta um alto grau de eficácia é relativamente plana. Isso significa que não existe nenhum benefício real nos cálculos complexos que produzem valores de pulmões precisos. Ter um valor aproximado é suficientemente bom. Repetindo, valendo-nos de nossa vasta experiência, um bom valor para o pulmão de tempo da maioria dos ambientes de produção corresponde à metade do tempo de atravessamento de produção atual.

O pulmão de tempo estabelecido aqui passa a ser o componente de tempo que será utilizado para implementar o segundo princípio do gerenciamento de fluxo (evitar a pro-

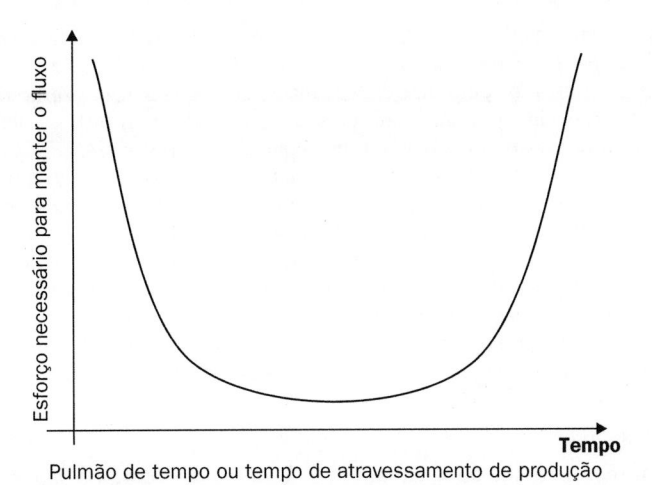

FIGURA 8.6 Representação gráfica do esforço necessário para manter um fluxo contínuo à medida que o pulmão é ampliado.

Eixo Y: Esforço necessário para manter o fluxo
Eixo X: Tempo — Pulmão de tempo ou tempo de atravessamento de produção

dução em excesso). Se o nosso desejo é evitar a produção antecipada, então *não* devemos disponibilizar material antecipadamente. O pulmão de tempo oferece a quantidade de tempo a ser usada no segundo princípio – um mecanismo que evita a produção em excesso – e o mecanismo da corda discutido mais adiante nos permitirá impor esse princípio.

Quer a operação de produção tenha ou não um verdadeiro gargalo, desde que haja interrupções é necessário ter um pulmão de tempo. A única maneira de garantir que o fluxo no final do sistema atenda às datas de entrega prometidas é oferecer proteção contra interrupções utilizando esses pulmões. Quando existe um gargalo no sistema, e isso ocorre quando estamos lidando com o sistema TPC completo, é preciso ter um nível de proteção maior. Qualquer tempo perdido no gargalo, pela própria definição de gargalo, representará uma perda de ganho em todo o sistema, porque essa perda de tempo não pode ser recuperada. Consequentemente, se for perdida uma hora no gargalo, efetivamente o sistema global ficará paralisado por uma hora e perderemos o ganho que teria sido gerado durante esse tempo. O tempo de paralisação no gargalo pode ser provocado por problemas no próprio gargalo (inatividade, *setups* etc.) ou pelos mesmos problemas anteriores ao gargalo. O gargalo poderá ser dissociado das interrupções anteriores se for possível garantir que sempre haja material antes do gargalo. A quantidade de material suficiente para oferecer uma proteção adequada depende da natureza e da distribuição das interrupções anteriores. Observe que, para criarmos o pulmão de restrição no gargalo, não aumentamos o tempo no pulmão de tempo previamente estabelecido. Como o gargalo é a restrição real ao fluxo, o material acumula-se naturalmente nessa operação/recurso. Todos os outros recursos têm capacidade protetiva e provavelmente são capazes de manter o fluxo dos produtos. Não obstante, quando a natureza das interrupções anteriores é tal que a acumulação de material no gargalo é impedida, elas podem provocar uma paralisação no gargalo. Isso deve ser evitado e pode ser feito durante o controle de execução monitorando a quantidade de trabalho no gargalo e tomando medidas corretivas sempre que a fila de trabalhos no gargalo for arriscadamente pequena.

É instrutivo ressaltar aqui que outros tipos de pulmões são utilizados no gerenciamento de fluxo global de uma cadeia de suprimentos. Além dos pulmões de tempo, existem mais três outros tipos – pulmões de capacidade, pulmões de estoque e pulmões de espaço –, com respeito aos sistemas de planejamento e controle de produção. O *pulmão de capacidade* é definido como *a capacidade protetiva tanto nos recursos restritivos quanto nos não restritivos, que permite que esses recursos recuperem o terreno perdido quando a lei de Murphy entra em ação*. Os *pulmões de estoque* são definidos como *"a quantidade de estoque físico mantida no sistema para pro-*

teger o respectivo ganho. Ponto de vista: os pulmões de estoque não devem ser confundidos com pulmões de tempo do tipo restrição ou remessa" (Sullivan et al., 2007, p. 43).[9] Os pulmões de estoque podem ser utilizados para matérias-primas, itens de WIP (por exemplo, nos principais pontos de divergência em uma instalação V ou T) e itens de produtos acabados para diminuir o tempo de atravessamento ou evitar discrepâncias nos produtos. O *TOCICO Dictionary* define *pulmão de espaço* como *"O espaço físico imediatamente após a restrição que pode acomodar a produção da restrição quando houver uma interrupção posterior que, de outra forma, forçaria a restrição a parar de trabalhar"* (Sullivan et al., 2007, p. 41).[9] A ideia é manter o pulmão de espaço vazio da mesma maneira que se tenta manter os pulmões de restrição e de remessa cheios. O GP deve ser empregado em cada um desses tipos de pulmão para garantir uma operação eficaz na restrição e um desempenho quanto às datas de entrega. Esses pulmões devem também ser monitorados para que não fiquem muito grandes. Os pulmões de tempo afetam o tempo de atravessamento, ao passo que os pulmões de estoque afetam o investimento em estoque.

A corda

O último componente do sistema TPC é a *corda – um mecanismo empregado para supervisionar o fluxo ao longo do sistema controlando-o em um pequeno número de pontos de controle*. O tambor criou uma programação principal que é coerente com as restrições do sistema e é capaz de atender à necessidade do cliente. Os pulmões de tempo oferecem segurança ou uma garantia de que o fluxo até o mercado será confiável a despeito do impacto das interrupções. O último elo de conexão é divulgar competentemente ao restante das operações as medidas necessárias para auxiliar o tambor e assegurar um controle eficaz dessas medidas.

A dificuldade básica é garantir que todos os centros de trabalho executem as atividades corretas, na sequência correta e no momento correto. Como os computadores estão se tornando onipresentes na área de produção, é bastante tentador concretizar esse objetivo oferecendo a cada centro de trabalho programações detalhadas e constantemente atualizadas (espero que em tempo real). O TPC emprega um método contrário ao senso comum, mas bem mais simples, para atingir esse objetivo. A maneira mais fácil e eficaz de fazer com que uma operação execute o trabalho correto é oferecer apenas o material para ela. Se você eliminar WIPs desnecessários, eliminará a possibilidade de que uma operação se dedique a um trabalho errado. Com esse método, a ênfase do controle é transferida de uma rigorosa restrição do material disponível em uma operação para o que é imediatamente necessário. Nas operações de produção, a disponibilidade de material na seção de produção é controlada por medidas implementadas nos pontos de liberação de material – os pontos em que a matéria-prima é liberada para fabricação, os componentes acabados são liberado para montagem e os componentes comprados são liberados para montagem etc.

Para implementar a corda, os pontos de liberação de material recebem uma programação detalhada que relaciona os materiais que precisam ser liberados, o período e a sequência. Se essa atividade for gerenciada apropriadamente, o acesso a um trabalho desnecessário é negado à maior parte das operações, forçando-as, desse modo, a trabalhar nos produtos corretos. A maioria das operações não restritivas simplesmente processará o material quando ele for disponibilizado. Quando uma dessas operações depara-se com mais de um lote de material, quais são as regras que determinam a sequência de prioridades? A verdadeira pergunta a ser feita aqui é se a sequência de fato importa. Na maioria das operações de produção, o tempo de processamento de um lote de produtos em qualquer centro de trabalho isolado é uma fração extremamente pequena do tempo de atravessamento de produção total ou do pulmão de tempo total. Se esse for o caso, a diferença entre trabalhar em um lote anteriormente a outro é insignificante. É necessário lembrar que estamos falando dos pouquíssimos casos em que haverá vários lotes disponíveis a escolher e, mesmo nesses casos, o número de lotes é pequeno. Portanto, uma regra simples

---

[9] *TOCICO* 2007. Utilizada com permissão. Todos os direitos reservados.

será suficiente para garantir que as principais distorções sejam evitadas. A regra de prioridade pode ser tão simples quanto a regra "primeiro a entrar, primeiro a sair" (PEPS).

Em fluxos lineares simples, o mero controle da *liberação de material* será o bastante para controlar a execução ao longo de todo o sistema. O princípio básico que seguimos é que podemos garantir que uma operação não consiga trabalhar no produto errado se não houver material disponível. Em outras palavras, o mero fato de o material estar disponível é uma informação suficiente para dar o sinal verde para que essa operação processe o trabalho. Em fluxos complexos, esse fato básico nem sempre se aplica. Por exemplo, em *pontos de divergência* (consulte ainda neste capítulo a discussão sobre as instalações V), *o mesmo material que entra pode ser transformado em diferentes materiais de saída*. É óbvio que, quando uma operação desse tipo pode ser ativada pela disponibilidade de material, precisamos especificar quais serão os produtos resultantes e quanto desejamos de cada um. Embora a programação dos trabalhos seja controlada pela disponibilidade de material, é necessário oferecer aos trabalhadores em cada ponto de divergência (um ponto de controle) uma lista detalhada sobre o produto a ser fabricado e a quantidade de cada um deles, bem como sobre a sequência de prioridades dos produtos.

De modo semelhante aos pontos de divergência, os *pontos de montagem* ou *de convergência* também precisam ser controlados. Os componentes comprados podem ser obtidos em quantidades superiores ao que é necessário para pedidos específicos; além disso, a produção pode ter associado diferentes pedidos para diminuir os *setups* nos recursos restritivos; e nas instalações T (consulte ainda neste capítulo uma discussão sobre isso), *o mesmo componente básico pode ser montado em diferentes combinações para criar produtos finais diferentes*. Os departamentos de montagem devem operar de acordo com uma lista de prioridades que especifica quais unidades precisam ser montadas em quais quantidades e em que sequência.

A pergunta que sempre se faz é: "E quanto ao CCR *ou gargalo*?". Existe uma programação detalhada especificando a sequência e a quantidade de produção necessária e isso deve ser monitorado e controlado cuidadosamente? Se o CCR ou gargalo tiver *setups* que dependem de sequência, o tempo de *setup* dependerá do que está em andamento no momento no recurso e do produto que vem em seguida. Um exemplo básico é o de uma operação que aplica cores. Passar de uma cor clara para uma cor escura exige uma limpeza mínima, mas passar do preto para o branco exigirá uma limpeza prolongada e completa. Portanto, é fundamental criar uma sequência definida e essa lista deverá ser oferecida as operações restritivas (gargalo ou CCR). Se não for esse o caso, e os tempos de processo forem uma pequena fração do tempo de atravessamento de produção total, até mesmo a sequência no CCR não será tão crítica e nenhuma etapa complementar além do controle da liberação de material será necessária. A Figura 8.7 apresenta os pontos de controle da programação em que a sequência e o intervalo de tempo das ações são importantes para controlar o fluxo ao longo da fábrica.

Por fim, existe o *ponto de remessa* ou *conclusão* do lote. Ele é o ponto de controle mais importante da programação porque todo lote deve cumprir a data de conclusão programada. O não cumprimento dessa data por um lote ou mesmo a previsão de que um lote talvez não consiga cumprir essa data acionará uma medida corretiva tal como descrito na seção sobre GP.

Gerenciando o fluxo com o TPC: um exemplo

Ilustramos o sistema TPC com um exemplo simples[10] nesta seção. A fábrica representada pelo diagrama de fluxo de produtos (DFP) na Figura 8.8 é um exemplo de fábrica relativa-

---

[10] © E. M. Goldratt. Utilizada com permissão. Todos os direitos reservados. O exemplo é extraído de Goldratt (2003). Esse livro é acompanhado de um CD, que apresenta esse e outros exemplos para que os leitores desenvolvam suas próprias programações de produção e analisem os resultados por meio de uma simulação.

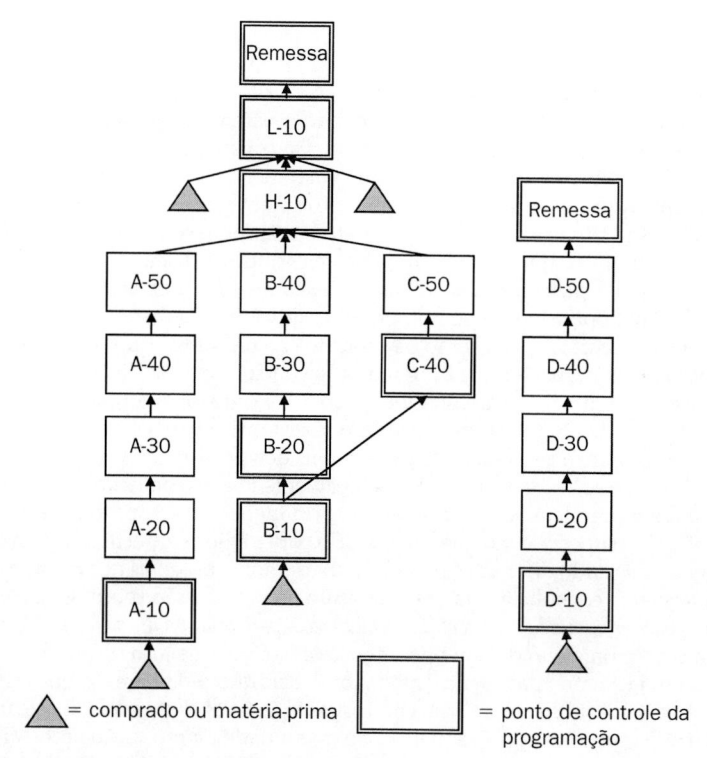

FIGURA 8.7 Pontos de controle da programação em uma fábrica com montagem e divergência.

mente simples com cinco tipos de recurso diferentes – cada padrão no diagrama representa um tipo de recurso (denominados R1, R2, R3, R4, R5). O número de cada quadro no diagrama de fluxo corresponde ao tempo de processamento de uma única unidade nessa etapa. Por exemplo, a primeira etapa (A-1 na parte inferior esquerda da Figura 8.8) é executada pelo recurso R2 e dura 4 minutos para cada unidade. De modo semelhante, a etapa correspondente ao ponto B-3 da grade é uma operação de montagem executada pelo recurso R5 e dura 8 minutos por unidade. Para montar uma unidade em B3, ela deve ser concluída tanto em A1 quanto em C1. Essa montagem então pode ser utilizada na operação de A-5 para fabricar o produto A ou em C-5 para fabricar o produto D. O número de unidades de um tipo específico de recurso é indicado no lado esquerdo da Figura 8.8 e mostra que existe apenas um recurso do tipo R1. Observamos também que existem dois recursos do tipo R2. De modo semelhante, temos dois recursos do tipo R3 e do tipo R4 e um recurso do tipo R5. O tempo de *setup* de cada recurso é indicado ao lado do recurso – o recurso do tipo R1 tem um tempo de *setup* de 15 minutos, os recursos do tipo R2 têm um tempo de *setup* de 120 minutos e assim por diante. O número logo abaixo de um nó no centro do fluxo representa o número de unidades disponíveis para o recurso (o WIP) nesse momento – há 15 unidades disponíveis para a operação E-5 ser executada pelo recurso R1 etc. A demanda dos três produtos acabados é indicada na parte superior do diagrama e representa a demanda semanal do produto. Para a semana atual, a demanda do produto é a seguinte: 40 unidades do produto A, 50 unidades do produto D e 40 unidades do produto F.

Com base nessa estrutura de produto, na demanda, no material em processo e nas informações de processo de cada produto, podemos calcular a carga correspondente a cada tipo de recurso. Nesse caso, calculamos o número de unidades que precisam ser processadas em uma determinada etapa e, em seguida, multiplicamos esse número pelo tempo exigido para processar uma unidade. Por exemplo, na Etapa A-1, que supre o produto A e o produto D,

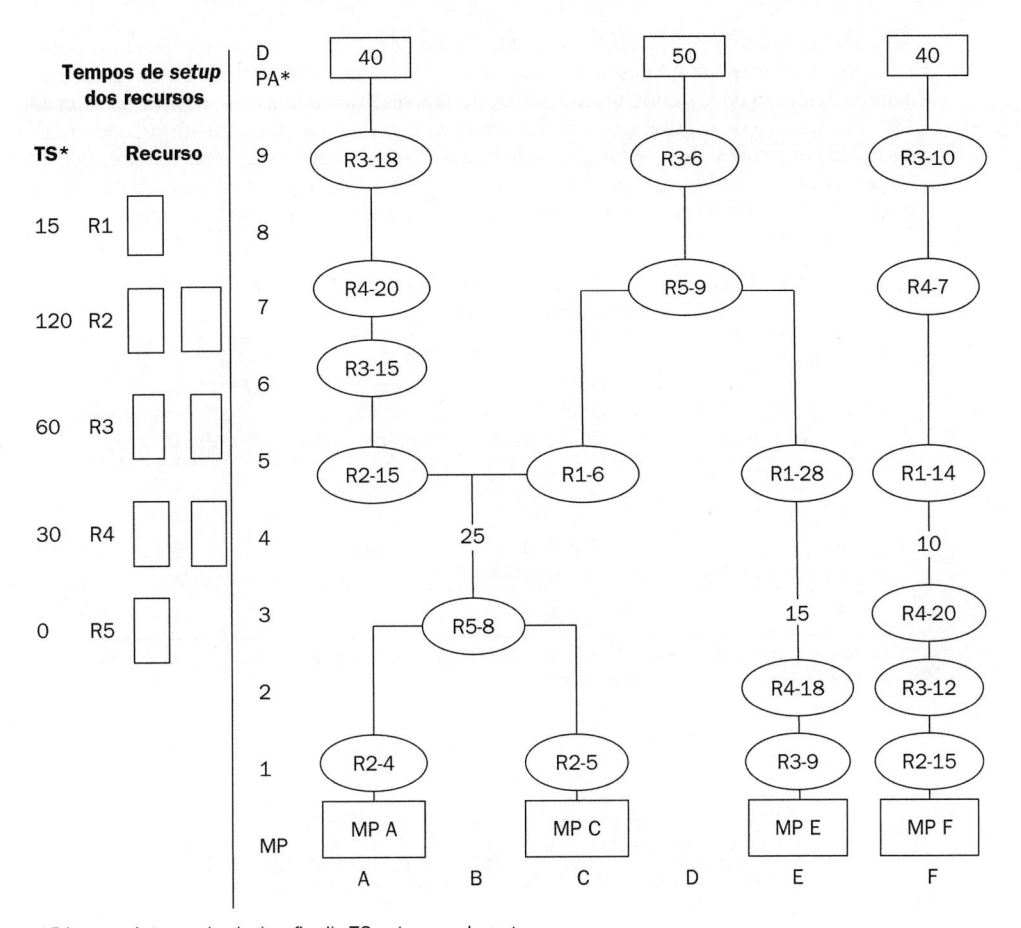

Tempos de setup dos recursos		
TS*	Recurso	
15	R1	
120	R2	
60	R3	
30	R4	
0	R5	

*PA = produto acabado (ou final); TS = tempo de setup.

FIGURA 8.8 Estrutura do produto e informações sobre os recursos para uma fábrica de exemplo.
Fonte: Modificada de E. M. Goldratt, 2003, p. 29. © E. M. Goldratt. Utilizada com permissão. Todos os direitos reservados.

o número total de unidades a serem processadas é 65 (40 unidades de A + 50 unidades de D – 25 unidades de WIP em B-3). O tempo total necessário do recurso R2 para essa produção (Número de unidades a serem processadas) × (Tempo para produzir uma unidade) ou 65 × 4 minutos = 260 minutos. De uma maneira semelhante, calculamos a capacidade exigida em cada etapa que requer um recurso R2; isto é, Etapas C-1, F-1 e A-5. A carga total para todas as etapas (A-1, C-1, F-1 e A-5) é igual a 1.635 minutos. Como há 40 horas ou 2.400 minutos disponíveis em uma semana e há dois recursos R2, o tempo necessário de 1.635 minutos corresponde a uma carga de 34% [Tempo total necessário/Tempo disponível = 1.635/(2 × 2.400) = 34%]. A carga para todos os recursos pode ser calculada utilizando esse procedimento. Os resultados são mostrados na Tabela 8.1. A carga calculada aqui não admite nenhum tempo de setup. Ela corresponde estritamente ao tempo de processo.

Com base nesses cálculos, é evidente que essa operação tem um CCR no recurso R1. Com relação ao tempo disponível, 94% são destinados ao processamento das unidades necessárias para a semana. Os 6% restantes estão disponíveis para setups, manutenção etc. Qualquer consumo de tempo (de não produção do produto) acima de 6% provocará uma falta na remessa. Na verdade, com base na informação de que a capacidade requerida para processar os componentes necessários é 2.260 no recurso R1, podemos observar que há somente 140 minutos (2.400 – 2.260) para realizar os *setups*. Cada *setup* requer 15 minutos. Portanto, podemos realizar apenas nove *setups*. Como precisamos do recurso R1 em três etapas distintas (C-5, E-5 e F-5), concluímos que podemos realizar no máximo três *setups* em cada etapa. Por motivo de segurança e considerando que pode haver algumas flutuações, podemos optar por realizar dois *setups* em cada etapa. Efetivamente, executaremos dois lotes de 25 unidades em C-5, dois lotes de 25 unidades em E-5 e dois lotes de 20 unidades em F-5. A Tabela 8.2 mostra uma programação para o recurso R1, elaborada com base nessa premissa.

Tabela 8.1 Capacidade disponível e necessária e porcentagem de carga para atender à demanda semanal

Tipo de recurso	Número de unidades disponíveis	Capacidade disponível por semana (min.)	Capacidade de processamento necessária por semana (min.)	Porcentagem de carga necessária/ disponível (%)
R1	1	2.400	2.260	94
R2	2	4.800	1.635	34
R3	2	4.800	2.695	56
R4	2	4.800	2.310	48
R5	1	2.400	970	40

Fonte: Exemplo baseado em E. M. Goldratt, 2003, pp. 27-36. © E. M. Goldratt. Utilizada com permissão. Todos os direitos reservados.

Tabela 8.2 Programações de restrição (recurso R1) e mercado do produto A

Programação de conclusão do produto A	
Quantidade	Hora de conclusão (horas desde zero)
10	16
10	24
10	32
10	40

Fonte: Modificada de E. M. Goldratt, 2003, p. 114. © E. M. Goldratt. Utilizada com permissão. Todos os direitos reservados.

Recurso

Programação do recurso R1		
Atividade	Quantidade	Início previsto (horas desde zero)
E-5	25	0
C-5	25	12
F-5	20	15
E-5	25	20
C-5	25	32
F-5	20	34

Nesse exemplo, o produto A não exige nenhum tempo no recurso R1. *O mercado é a restrição* do produto A.[11] Como controlamos o fluxo desse produto? O mais simples é fabricar o produto A utilizando os pedidos do cliente. Entretanto, um único pedido de 40 unidades ao longo da operação não é um exemplo de fluxo contínuo. Para superar os efeitos de um fluxo grande e irregular nesse caso, dividiremos o pedido em quatro lotes de 10 unidades cada e os processaremos para que sejam concluídos por volta do final da semana. A programação do recurso R1 e a programação de conclusão do produto A representam, juntas, os tambores dessa fábrica.

O passo seguinte corresponde à definição do tamanho dos pulmões de tempo. Nesse modelo básico, escolhemos um pulmão de restrição de 24 horas (3 dias, nesse caso). Em instalações fabris reais, o tempo de atravessamento de produção utilizado atualmente oferece o ponto de partida. Como indicado antes, a primeira opção com relação ao pulmão de tempo é diminuí-lo em 50%. Em nosso exemplo, não temos esse ponto de referência. A opção de 24 horas indica a necessidade de um pulmão de tempo aproximadamente 20 vezes superior ao tempo de processamento para uma unidade (isto é, o tempo de processo é mais ou menos 5% do tempo de atravessamento de produção total). Além disso, como todos os produtos têm sequências operacionais comparáveis, o pulmão de tempo escolhido é igual para todos. Isso significa que a matéria-prima deve ser liberada 24 horas (3 dias) antes da conclusão prevista pela restrição. A Tabela 8.3 apresenta a corda ou as datas de liberação das várias matérias-primas para o processo.

CORDA – Programação de liberação de material		
Material	Quantidade	Liberação programada (horas desde zero até a metade do dia mais próximo – 4 horas)
E	10	0
A	20	0
C	20	0
F	10	0
E	25	8
A	10	8
C	10	8
A	10	16
C	10	16
A	25	20
C	25	20
F	20	20

---

[11] Ele é chamado de *"bem livre"* porque nenhuma outra despesa direta de mão de obra é necessária para produzi-lo.

Tabela 8.3 A corda (programação de liberação de material) da fábrica de exemplo

Programação da etapa A5 (utiliza o mesmo material de C5)	
Quantidade	Hora de início (horas desde zero)
20	0
10	8
10	16

Fonte: Modificada de E. M. Goldratt, 2003, p. 114. © E. M. Goldratt. Utilizada com permissão. Todos os direitos reservados.

Nesse exemplo, a liberação de material e o ponto de divergência representado pelas operações A5 e C5 são os únicos pontos de controle da programação e nenhuma outra informação é necessária para finalidades de planejamento. A Tabela 8.2 (o tambor), a escolha de um pulmão de tempo de 24 horas e a Tabela 8.3 (a corda) apresentam o sistema TPC correspondente a esse caso.

Uma pergunta importante a ser respondida antes de validarmos a execução do plano TPC acima é: "Esse plano nos ajuda a concluir os produtos de uma maneira que atenda às expectativas do cliente? De que forma podemos identificar as datas de conclusão programadas dos pedidos?". Nesse exemplo, extrapolamos a data de conclusão prevista dos produtos na restrição (recurso R1, tal como detalhado na Tabela 8.3) acrescentando uma estimativa de tempo razoável para a conclusão das etapas remanescentes (de R1 à montagem). Nesse exemplo básico, escolhemos 8 horas (em torno de um terço do tempo de atravessamento total programado) para essa estimativa. Isso funciona nesse exemplo básico porque esse fluxo é relativamente simples (a contenção de recurso ou material é mínima). A Tabela 8.4 mostra o momento em que diferentes lotes dos produtos A, D e F devem ser concluídos e disponibilizados para remessa. Se quisermos alocar tempos de remessa para os quais tenhamos grande segurança de que poderão ser cumpridos, devemos escolher 42 e 47 horas (que, em uma semana de trabalho de cinco dias e 8 horas, correspondem à segunda-feira da semana 2). Em situações da vida real, é comum escolher uma estimativa um pouco mais moderada e utilizar metade do tempo de atravessamento programado. Isso significa que a estimativa do momento em que um lote ou um pedido pode ser concluído (e, portanto, ser disponibilizado para remessa) é igual à conclusão do último lote necessário na restrição, mais metade do tempo de atravessamento de produção. É necessário acrescentar a essa data de remessa o tempo de atravessamento em trânsito para determinar quando o pedido chegará ao estabelecimento do cliente.

Tabela 8.4 Tempos de conclusão previstos com base na programação TPC

Produto	Quantidade	Conclusão programada (8 horas após tambor/etapa de controle)
A	20	14
A	10	18
A	10	28
D	25	23
D	25	42
F	20	28
F	20	47

Fonte: Modificada de E. M. Goldratt, 2003, pp. 114-117. © E. M. Goldratt. Utilizada com permissão. Todos os direitos reservados.

Gerenciamento de fluxo: controle da execução e gerenciamento de pulmões

A necessidade de controle e a necessidade de medidas corretivas

Com o sistema TPC descrito anteriormente é possível criar um plano que maximiza o ganho do sistema. Para isso, é necessário assegurar que a restrição seja totalmente utilizada e, ao mesmo tempo, focalizar a demanda real do cliente. Além de sólido, o plano tem pulmões de tempo para se proteger contra interrupções e minimiza o investimento em estoque restringindo a entrada de material por meio do mecanismo da corda. Isso não significa que a execução do plano no chão de fábrica é automática e não precisa ser monitorada cuidadosamente. É verdade que, quando criamos pulmões de tempo, consideramos um determinado nível de interrupção no fluxo de um lote de material ao longo do sistema. Desde que os desvios que o lote de fato experimentar forem menores que os considerados, não teremos nenhum problema. Todavia, quando o desvio começa a ultrapassar a interrupção tolerável, a possibilidade de o lote ser entregue no prazo ao cliente será colocada em risco.

Nesses casos, nem tudo está perdido. Na maioria das operações de fabricação, é possível tomar medidas corretivas. O objetivo dessas medidas é "maquilar" parte do tempo perdido pelo lote em decorrência de interrupções maiores que as previstas. Essas medidas podem ser:

- Acelerar o lote movendo-o para a frente da fila de trabalhos em cada recurso.
- Utilizar horas extras em um recurso para processar esse lote.
- Processar o lote em mais de um recurso idêntico (divisão de lote).
- Sobrepor o processamento (transportar os materiais concluídos de um centro de trabalho para o seguinte para que ambos trabalhem simultaneamente).
- Alternar as sequências operacionais.

A utilização de pulmões de tempo diminui a necessidade de medidas corretivas, mas não as elimina. Para que o sistema TPC produza resultados excepcionais na prática, é necessário um mecanismo que identifique os casos em que é essencial tomar uma medida corretiva e ajude a monitorar a eficácia dessas medidas de modo que o lote seja concluído no prazo.

Conhecendo os pulmões: o pulmão como fonte de informações para controlar a execução

Para identificarmos quando um lote de produção está passando por uma interrupção acima do "normal", só precisamos conhecer o pulmão de tempo um pouco mais a fundo. Quando um lote de material é liberado em um tempo de atravessamento de produção anterior à data solicitada, o que devemos supor que ocorrerá na realidade? Tentemos compreender essa questão analisando uma amostra de 100 lotes idênticos, com um tempo de atravessamento de produção de 40 dias. A maioria dos lotes passa por interrupções dentro de uma faixa que, embora normal, é ampla. A maior parte dos lotes (em torno de 90%) chegará ao seu destino de acordo com o plano ou antecipadamente – em menos de ou em 40 dias. Por exemplo, alguns lotes terão interrupções bem abaixo do normal e poderiam ser concluídos em, digamos, 10 dias, um tempo bem menor que o tempo de atravessamento de produção programado. De modo semelhante, um pequeno número de lotes terá bem mais interrupções que sua cota justa. Se não houver nenhuma medida corretiva, esses lotes serão concluídos bem além da data solicitada, com base em um tempo de atravessamento de produção programado de 40 dias – os lotes ficarão atrasados. A curva de distribuição da amostra de 100 lotes é representada na Figura 8.9.

Distribuição estatística dos tempos de espera reais de 100 lotes

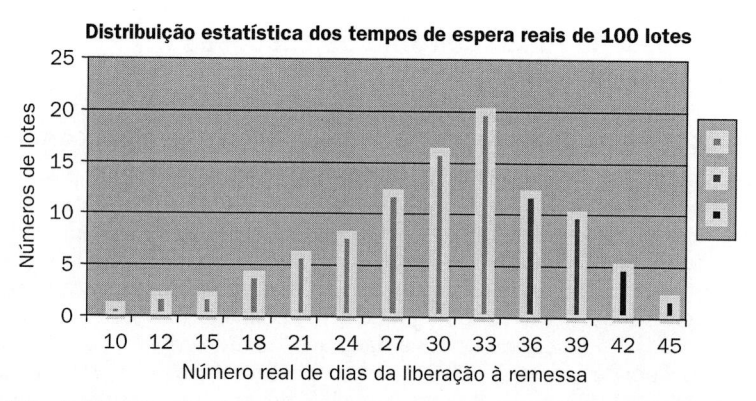

[Gráfico de barras mostrando Números de lotes (eixo y, 0 a 25) versus Número real de dias da liberação à remessa (eixo x: 10, 12, 15, 18, 21, 24, 27, 30, 33, 36, 39, 42, 45)]

FIGURA 8.9 Gráfico do número de lotes com tempos de espera reais, variando de 10 a 45 dias, em que o tempo de atravessamento programado era de 40 dias, com supervisão em 35 dias.

Se o único ponto em que podemos identificar que um lote está tendo grandes interrupções for no final do fluxo do produto, não teremos oportunidade de tomar nenhuma medida corretiva. Precisamos saber que um lote em produção está enfrentando problemas enquanto ainda houver tempo suficiente para tomar alguma providência. Qual é o tempo mínimo que nos dará tempo suficiente para tomar medidas corretivas que, na maioria dos casos, podem ajudar a colocar o lote de volta nos trilhos? Para compreender melhor essa questão, consideremos um lote com um tempo de atravessamento de produção programado de 40 dias que seja liberado na data de hoje. (Hoje é o 1º dia e a data de conclusão é o 40º dia.) Se simplesmente deixarmos os mecanismos normais da seção de produção se desenrolarem, sem nenhuma intervenção ou ao menos nenhuma monitoração, prevemos que esse pedido será concluído em algum momento entre o 10º dia (não houve nenhum problema importante) e o 45º (houve muitos problemas importantes). Suponhamos que decidíssemos monitorar esse pedido após 35 dias. Com base na curva de distribuição estatística da Figura 8.9, em aproximadamente 70% do tempo o pedido já terá sido concluído e a monitoração não é um problema. Contudo, nos 30% restantes a monitoração revelará a amplitude das interrupções sofridas e, consequentemente, a urgência de se tomar uma medida corretiva. Em vários desses casos (aproximadamente 20%), o lote estará quase próximo de sua conclusão e nenhuma medida será necessária. Em um pequeno número de casos (10%), o lote estará bem atrasado em seu curso ao longo da fábrica e será necessário tomar uma medida corretiva. Podemos, portanto, acionar essas medidas e colocar o lote de volta nos trilhos.

A regra geral que resulta desse exemplo é a seguinte. Ao tentar determinar se existe necessidade de intervenção, comparamos dois períodos de tempo. O primeiro, *tempo disponível, é a quantidade de tempo de fato disponível para concluir o lote no prazo*. Esse é o tempo entre hoje/agora e a data/momento em que o lote deve ser concluído. O segundo período, *tempo de atravessamento de produção programado ou padrão, é a quantidade de tempo necessária para concluir o lote*. À proporção que a relação entre tempo disponível e tempo de atravessamento de produção programado tornar-se menor (isso ocorrerá naturalmente com o passar do tempo), o grau de certeza de que o lote será concluído no prazo diminuirá. Chamamos *a relação entre tempo disponível e tempo de atravessamento de produção padrão, expressa em porcentagem*, de *status do pulmão do lote*.

$$\text{Status do pulmão (\%)} = \frac{\text{(Tempo disponível)}}{\text{(Tempo de atravessamento de produção padrão)}} \times 100$$

A Figura 8.10 mostra o *status* do pulmão da maneira mais usual, isto é, atribuindo a cada ordem de serviço uma cor, com base no *status* do pulmão. Se o tempo remanescente para uma ordem de serviço aberta for inferior a um terço de seu tempo de atravessamento de produção padrão, o *status* do pulmão será interior a 33%. (Se o lote for liberado no devido tempo, teremos menos de um terço disponível do tempo de atravessamento padrão para concluir o lote no prazo.) Um lote desse tipo deve ser sinalizado. A equipe de produção precisará investigar onde o lote está no momento e determinar se é necessário tomar alguma medida corretiva. A regra que prescreve que todo lote com *status* de pulmão inferior a 33% deve ser sinalizado para investigação é uma regra empírica, baseada na experiência. Se o ponto em que um sinal de alerta for emitido for muito tolerante (pulmão com *status* de, digamos, 50%), provavelmente receberemos uma quantidade demasiada de sinais de alerta, gerando trabalhos desnecessários. Em contrapartida, se o ponto em que o sinal de alerta emitido for muito rígido, poucos sinais serão emitidos e, o que é mais sério, talvez não haja tempo suficiente para reagir. Em virtude do fato de os tempos líquidos de processamento reais (processo + *setup*) normalmente corresponderem a 10% ou menos do tempo de atravessamento de produção real, se soubermos de algum problema sério dez dias antes da data solicitada do lote (para um lote com um tempo de atravessamento padrão ou programado de 30 dias), teremos de acelerar o produto para concluí-lo no prazo. Na seção subsequente, analisamos como isso funciona na prática, em uma operação de produção com centenas de lotes em processo em qualquer momento dado.

Gerenciamento de pulmões: o processo

De acordo com a discussão anterior, para toda ordem de serviço ou todo lote de produção é possível calcular o *status* do pulmão. Observe que esse *status* não depende do ponto do processo em que a ordem de serviço/lote se encontra. Com base no *status* do pulmão, as ordens de serviço são codificadas com uma cor, em três categorias diferentes.

Ordens de Serviço Verdes: *Uma ordem de serviço recebe a cor verde quando o status do pulmão está acima de 67%.* Para uma ordem de serviço verde, ainda há muito tempo disponível para concluí-la. Não importa em que ponto do processo essa ordem esteja, não há motivo para preocupação e é sensato supor que ela de fato será concluída no prazo.

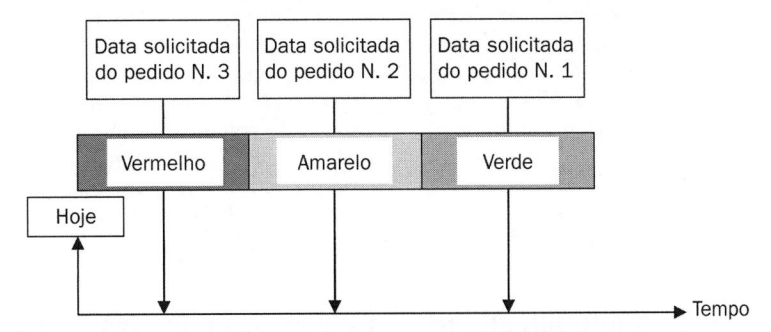

FIGURA 8.10 Designação do *status* do pulmão por cor. Comparação do tempo remanescente (Data solicitada do Pedido/Hoje) com o tempo do pulmão programado para atribuir uma cor a uma ordem de serviço. *Status* e providência: vermelho – tempo remanescente menor que um terço do pulmão; acelerar. Amarelo – tempo remanescente entre um terço e dois terços do pulmão; monitorar e planejar. Verde – tempo remanescente superior a dois terços do pulmão; não fazer nada.

Ordens de Serviço Amarelas: *Uma ordem de serviço recebe a cor amarela quando o status do pulmão está entre 33% e 67%.* Para uma ordem de serviço amarela, as interrupções consumiram o fluxo normal e existe o risco de outras interrupções atrasarem essas ordens. Entretanto, por enquanto não há necessidade de intervenção.

Ordens de Serviços Vermelhas: *Uma ordem de serviço recebe a cor vermelha quando o status do pulmão está abaixo de 33%.* O tempo restante para finalizar a ordem no prazo é pequeno (em relação ao que gostaríamos de ter, com base no que é expresso pelo tempo de atravessamento padrão). Faz sentido examinar em que ponto do processo essa ordem se encontra. Se ela estiver perto de ser concluída, talvez nenhuma intervenção seja necessária. Se ela ainda estiver nos estágios iniciais de processamento (ou mesmo aguardando a liberação de material), uma intervenção é essencial para diminuir o risco de atraso.

Portanto, a toda ordem de serviço é atribuída uma cor como código, com base no *status* do pulmão naquele momento. À medida que o tempo passa, o *status* do pulmão pode mudar. No início do turno, os gerentes de produção devem elaborar a lista de ordens de serviço que são vermelhas nesse ponto de controle. Cada uma dessas ordens deve ser investigada para determinar se é necessário tomar alguma medida corretiva. Em seguida, deve-se atribuir responsabilidade pela medida corretiva. No dia seguinte, essas medidas devem ser revistas para confirmar se elas foram tomadas e uma nova lista de ordens vermelhas deve ser investigada. Na verdade, a principal atividade da reunião de produção diária é o processo de GP.

Com a atribuição de cores temos oportunidade de refinar o sistema de prioridade inerente ao processo TPC. A regra PEPS básica pode ser modificada da seguinte maneira: ordens vermelhas primeiro, em seguida ordens amarelas e depois ordens verdes. Se uma operação estiver trabalhando em uma ordem amarela e uma ordem vermelha chegar a essa operação, basta mudar a ordem e colocar a vermelha no início da fila e processá-la imediatamente depois da ordem que está sendo processada no momento.

Outra característica da atribuição de códigos de cor a ordens de serviço é que esse sistema fornece informações sobre a adequação dos tempos de atravessamento de produção estabelecidos. Se o número de ordens vermelhas for muito pequeno, essa é uma clara indicação de que o tempo de atravessamento de produção é maior do que precisaria. O tempo alocado é tão grande que poucas ordens, se é que alguma, estão passando por interrupções que produzem alguma consequência. Isso indica que é possível reduzir o tempo de atravessamento de produção programado utilizado no sistema TPC e em algum momento diminuir o tempo de atravessamento repassado para os clientes. Em contraposição, se o número de ordens vermelhas for grande, isso indica que a quantidade de ordens que estão passando por interrupções é grande em relação ao tempo alocado para seu processamento. Nesse caso, os tempos de atravessamento de produção são muito grosseiros e precisam ser aumentados. De acordo com nossa experiência, o número total de ordens vermelhas deve girar em torno de 10%. Se a porcentagem de ordens vermelhas ficar acima de 15%, devemos considerar a possibilidade de aumentar o tamanho do pulmão. Se a porcentagem de ordens vermelhas ficar abaixo de 5%, devemos considerar a possibilidade de diminuir o tamanho dos pulmões de tempo.

Ambientes de produção complexos e esquema de classificação

Os ambientes de produção da vida real são bem mais complexos em comparação aos fluxos básicos utilizados para explicar o sistema TPC. Até mesmo uma fábrica de porte médio tem centenas, e muitas vezes milhares, de componentes e produtos e dezenas, e muitas vezes centenas, de recursos diferentes. Em outras palavras, a complexidade de detalhes das operações de produção é imensa. Quando o foco recai sobre a complexidade de detalhes, somos dominados e tendemos a acreditar que cada operação é única e pouco se pode transferir de instrutivo de uma operação para outra. Normalmente, a produção é considerada com a empresa como um todo e descrita com relação ao segmento industrial ao qual ela pertence – por exemplo, uma fábrica de automóveis ou uma fábrica de alimentos e bebidas. Nesta seção, apresentamos um esquema para organizar as operações de produção com base nas características do respectivo fluxo de produção. Esse esquema de classificação reunirá elementos da complexidade de detalhes e da complexidade dinâmica que afetam o gerenciamento eficaz das operações de produção. Com gerenciamento eficaz nos referimos à entrega dos produtos tal como prometido aos clientes, mantendo o mínimo de investimentos em recursos e estoque. A criação dessa classificação inicia-se com uma mudança de perspectiva, de uma visão centrada em recursos para uma visão centrada no fluxo dos produtos.

Os elementos fundamentais do esquema de classificação

Como estamos acostumados com a visão de produção centrada em recursos, precisamos aprender a enxergar a mesma operação de uma maneira que focalize o fluxo. Essa visão é apresentada pela visão de produção representada nas Figuras 8.2 e 8.3 – na qual as operações são vistas pela perspectiva das matérias-primas. É uma descrição centrada no tempo do processo de fabricação. Como indicado antes, o diagrama resultante da operação de produção é chamado de DFP.[12] Neste momento examinaremos mais a fundo os DFPs.

Considere o exemplo básico em que três matérias-primas distintas (MP-A, MP-B, MP-C) são transformadas em três componentes (A, B, C), que, por sua vez, são montados e transformados em um produto acabado – produto D. Essa operação de produção básica tem um único produto final.

Para elaborar o DFP, começamos pela matéria-prima A (RM-A) no lado inferior esquerda do diagrama (Figura 8.11). Cada etapa de fabricação do componente A é representada por um quadro no sentido vertical, abaixo do quadro da MP-A. Se o processo de fabricação tiver quatro etapas (essa informação normalmente se encontra no arquivo de sequência ou na planilha de processo correspondente ao componente A, no sistema ERP da empresa), teremos uma série de quatro quadros em uma linha vertical, tal como mostra a Figura 8.11. Por motivo de clareza, dentro do quadro designamos a etapa do processo e o recurso utilizado nessa etapa – do mesmo modo, uma informação que se encontra no arquivo de sequência. A primeira etapa, chamada de A-010, é executada pelo recurso R1. A segunda, chamada de A-020, é executa pelo recurso R2 e assim por diante. Da mesma forma, o processo de fabricação do componente B, feito com a MP-B, tem três etapas e é representado por uma série de três quadros – B-010, B-020 e B-030. Finalmente, o componente C, feito com a MP-C, requer quatro etapas processuais e é designado pelos quadros C-010, C-020, C-030 e C-040.

Em apenas parte do DFP que elaboramos até aqui, duas características das operações de produção (características que dificultam o gerenciamento dessas operações) se destacam. Um fator inerente no DFP é a dependência da operação B-020, por exemplo, para com a operação B-010. Essa dependência é chamada de dependência de material. Em poucas palavras, a operação B-020 só pode ser executada quando a operação B-010 estiver concluída. No DFP, toda etapa depende da etapa precedente. Quando um quadro do DFP apresenta uma seta de entrada, isso indica *dependência de material. O material do quadro na base da seta é uma exigência incondicional para o quadro na ponta da seta.* Os quadros MP-A, MP-B e MP-C não têm setas de entrada porque são o início dessa operação de produção.

---

[12] O *APICS Dictionary* (Blackstone, 2007, p. 108) emprega um termo semelhante: *estrutura do produto* – "Sequência de operações que os componentes seguem para serem transformados em um produto. Uma estrutura de produto típica mostraria a matéria-prima transformada em componentes fabricados, os componentes reunidos para formar um subconjunto, os subconjuntos transformados em montagens e assim por diante". (© *APICS* 2008. Utilizada com permissão. Todos os direitos reservados.)

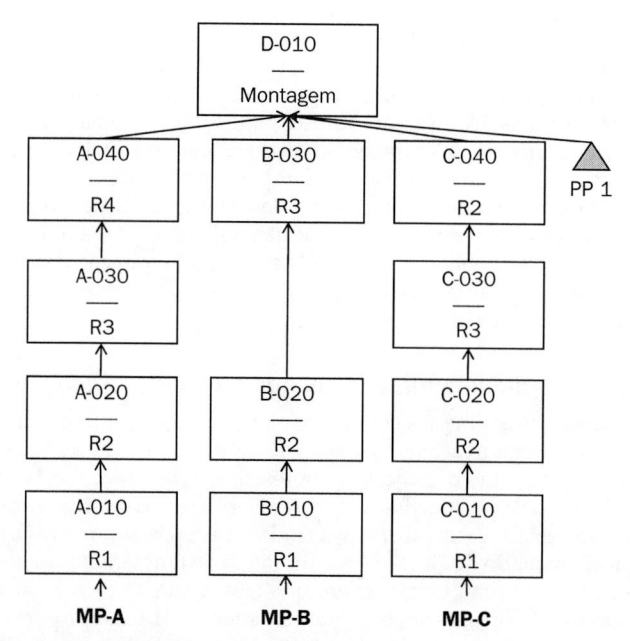

```
                    ┌─────────┐
                    │  D-010  │
                    │ Montagem│
                    └─────────┘
         ┌────────┬─────┴──┬──────────┐
    ┌────┴──┐  ┌──┴───┐ ┌──┴───┐    ▲
    │ A-040 │  │ B-030│ │ C-040│   PP 1
    │  R4   │  │  R3  │ │  R2  │
    └───▲───┘  └──▲───┘ └──▲───┘
    ┌───┴───┐          ┌───┴───┐
    │ A-030 │          │ C-030 │
    │  R3   │          │  R3   │
    └───▲───┘          └───▲───┘
    ┌───┴───┐  ┌──────┐ ┌──┴───┐
    │ A-020 │  │ B-020│ │ C-020│
    │  R2   │  │  R2  │ │  R2  │
    └───▲───┘  └──▲───┘ └──▲───┘
    ┌───┴───┐  ┌──┴───┐ ┌──┴───┐
    │ A-010 │  │ B-010│ │ C-010│
    │  R1   │  │  R1  │ │  R1  │
    └───▲───┘  └──▲───┘ └──▲───┘
      MP-A       MP-B      MP-C
```

FIGURA 8.11   DFP detalhado de um produto montado.

Se estivéssemos examinando toda a cadeia de suprimentos, evidentemente esses quadros seriam interligados aos fornecedores desses materiais.

Uma segunda forma de dependência realçada no DFP encontra-se entre as Etapas A-010, B-010 e C-010. *Todos esses processos exigem o mesmo recurso*, R1. Esse é um exemplo do tipo de dependência chamado de *dependência de recurso*. Se R1 estiver envolvido na Etapa A-010 e houver apenas um recurso R1, B-010 e C-010 não poderão ser executadas. Outra dependência de recurso pode ser vista entre as Etapas C-020 e C-040. Ambas requerem o mesmo recurso – R2. Além disso, R2 terá de concluir C-020 e o R3 terá de concluir C-030 para que C-040 possa ser iniciada.

Na Figura 8.11, finalizamos o DFP para essa operação básica acrescentando a operação de montagem. Uma operação de montagem, por sua própria natureza, exige mais de um material de entrada. Do mesmo modo que a seta de MP-A a A-010 indica que a MP-A é um insumo para o processamento da Etapa A-010, as setas de A-040, B-030 e C-040 que convergem para o quadro D-010 indicam que todos os componentes A, B e C são necessários para a execução da etapa de montagem. Na falta até mesmo de um único componente, a operação de montagem não poderá prosseguir. Na Figura 8.11, a seta de PP1 a D-010 indica que o produto PP1 comprado é necessário (além dos componentes A, B e C) para a execução da operação D-010. Chamamos as etapas de montagem de *ponto de convergência* no DFP – *vários produtos/materiais são montados para fabricar um único produto*. O ponto de convergência (um ponto de controle) indica um alto grau de dependência, visto que todos os materiais representados na base de várias setas são essenciais para a execução dessa operação.

Além dos fluxos lineares e convergentes, há casos em que o fluxo apresenta uma divergência. Do mesmo modo que a convergência caracteriza-se pela reunião de vários materiais em um único produto ou componente, a *divergência* (um ponto de controle) caracteriza-se *transformação de um único material em vários materiais de saída diferentes*. Considere, por exemplo, um exemplo do setor têxtil. A Figura 8.12 mostra o caso de um de fio específico que é processado na etapa seguinte – a tinturaria –, onde se aplica cor a esse fio. Sabemos que em um mesmo fio pode-se aplicar diferentes cores (vermelho, azul, verde etc.) e sabemos também que o fio vermelho é um produto diferente do fio azul. Na lingua-

```
                    ↑          ↑          ↑
         ┌──────┐ ┌────────┐ ┌──────────┐ ┌────────┐
Tinturaria│ Fio verde │ Fio vermelho │ Fio azul │  ° ° ° °
         └──────┘ └────────┘ └──────────┘ └────────┘
                         ┌────────┐
                         │ Fio cru │
                         └────────┘
```

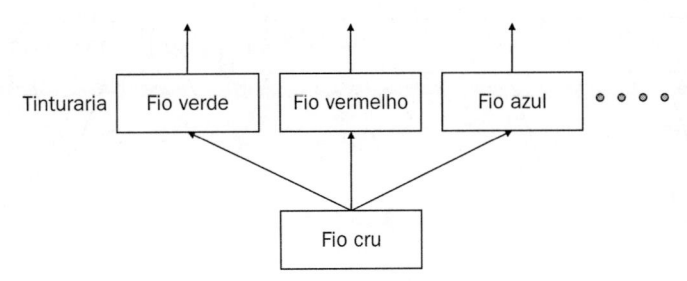

FIGURA 8.12   DFP mostrando um ponto de divergência.

gem do DFP, a tinturaria é um ponto de divergência – o mesmo material de entrada (o fio não tratado) pode sair da tinturaria como um dentre os inúmeros fios coloridos possíveis. O ponto de divergência na tinturaria aparece no DFP como o único fio que diverge na tinturaria para inúmeros quadros diferentes.

A dependência de material, a dependência de recurso, os pontos de convergência e os pontos de divergência são elementos fundamentais do DFP. Como será analisado na seção subsequente, as operações de produção podem ser classificadas em famílias, com base no elemento predominante no DFP dessa operação específica. Se a divergência for o elemento predominante, teremos uma fábrica ou instalação V. Se a convergência for o elemento predominante, teremos uma fábrica ou instalação A. Se houver divergência e convergência (na mesma etapa), teremos uma fábrica ou instalação T. Se não houver nem divergência nem convergência, teremos um caso básico de contenção de recurso e a fábrica/instalação será classificada como I.

Fluxos V, A, T e I: descrições e exemplos

Instalações V

Nas instalações V predominam pontos de divergência ao longo de todo o fluxo de produto. O DFP de uma instalação exibe divergência em toda etapa, como mostra a Figura 8.13. Observe que esse diagrama assemelha-se à letra V; daí o nome instalação V. Além disso, na maioria das instalações V da vida real, os diferentes produtos compartilham recursos comuns na maioria das etapas do processo. Uma laminadora de aço é um bom exemplo de instalação V. A primeira etapa do processo é o recozimento, na qual as chapas de aço são amolecidas para que possam ser laminadas. Na operação de laminação, uma determinada peça de aço pode ser laminada e ter uma dentre várias espessuras diferentes. A laminação representa um ponto de divergência. Em cada ponto de divergência, o número de produtos distintos aumenta. Por exemplo, após a laminação de cada uma das diferentes espessuras, as chapas podem ser submetidas a tratamento térmico e serem transformadas em diferentes produtos com características de resistência e dureza distintas (com base no tipo de tratamento térmico). Todas essas chapas, agora com espessura e propriedades mecânicas exclusivas, podem ser cortadas na largura desejada na operação de fendimento. De uma pequena variedade de bobinas de aço no início da operação, pode-se terminar com milhares de produtos acabados – diferenciados pela espessura, pelas propriedades mecânicas, pela largura e pelo comprimento.

A existência de pontos de divergência dá origem a três características principais em uma instalação V, independentemente do setor em questão ou do material.

1. O número de produtos finais é grande comparado à quantidade de matérias-primas. Como existem pontos de divergência em todas as etapas de produção, no momento em que essas várias etapas forem concluídas o número de produtos diferentes pode ser bastante grande, como pode ser visto no exemplo da laminadora de aço.

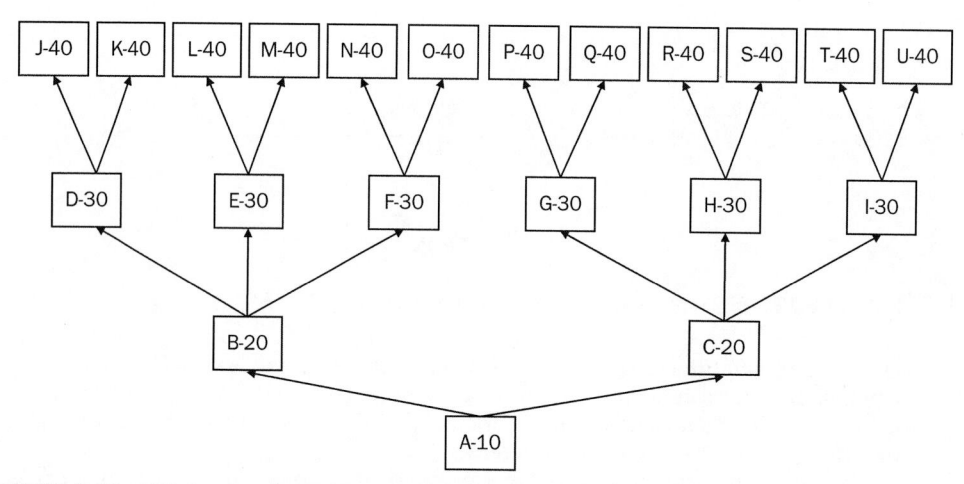

```
     J-40   K-40   L-40   M-40   N-40   O-40   P-40   Q-40   R-40   S-40   T-40   U-40


          D-30          E-30          F-30          G-30          H-30          I-30


                      B-20                                  C-20


                                       A-10
```

FIGURA 8.13 DFP mostrando uma instalação V típica.

2. Todos os produtos finais são fabricados basicamente da mesma forma. Todos os produtos são processados por meio das mesmas operações básicas – laminação, tratamento térmico, fendimento etc.

3. Em geral, o equipamento requer grande investimento de capital e é altamente especializado. O desdobramento de um equipamento em equipamento de capital intensivo não é difícil de compreender. Como todo produto segue a mesma sequência operacional, existe um número relativamente pequeno de operações básicas executadas repetidamente. Como o foco da melhoria no sistema tradicional baseado em custo é diminuir o volume de mão de obra direta do produto, o equipamento torna-se naturalmente um bem de capital especializado e de alto volume.

A única característica compartilhada por todas as instalações V é a luta constante para atender às necessidades dos clientes, não obstante o grande volume de estoque de produtos acabados. Essa alta dependência de capital do equipamento, que normalmente exige longo tempo de *setup* e é caracterizado por pontos de divergência, é o âmago do problema. Os *setups* demorados incentivam os supervisores a aumentar o tamanho dos lotes, a minimizar os *setups* associando lotes sempre que possível e a produzir famílias de produtos em conjunto. Todas essas medidas, que são compatíveis com o raciocínio do mundo dos custos,[13] geram uma incompatibilidade entre as prioridades exigidas pelo cliente e as prioridades de produção. Além disso, os grandes lotes de produção aumentam o tempo de atravessamento de produção. A consequência de todas essas medidas é que os tempos de atravessamento tornam-se longos e imprevisíveis e isso acaba ocasionando o não cumprimento das datas de entrega.

As instalações V normalmente precisam lidar com as seguintes preocupações:

1. O estoque de produtos acabados é grande.
2. O serviço ao cliente é de baixa qualidade.
3. Os gerentes de fábrica reclamam da mudança constante de exigências.

---

[13] O *TOCICO Dictionary* (Sullivan *et al.*, 2007, p. 15) define *mundo dos custos* como "Visão de que um sistema é composto de uma série de componentes independentes e o custo do sistema é igual à soma do custo de todos os subsistemas. Esse ponto de vista enfatiza a redução de custos e avalia as medidas/decisões de acordo com seu impacto local. A distribuição de custos normalmente é utilizada para quantificar o impacto local". (© *TOCICO* 2007. Utilizada com permissão. Todos os direitos reservados.)

4. Os gerentes de venda e marketing reclamam da falta de agilidade/receptividade da seção de produção.
5. Os conflitos interdepartamentais são comuns na área de produção.

TPC em instalações V

Primeiramente é importante reconhecer que, em quase todos os casos, existe um esforço considerável em vigor para lidar com os problemas enfrentados por uma instalação V típica. A cada um desses problemas é atribuída uma causa, e a solução correspondente ou está sendo concebida ou está sendo implementada. Porém, os problemas persistem na maioria dos casos. Uma solução TPC implementada de maneira apropriada lidará com várias das causas básicas subjacentes aos problemas da instalação V e, com isso, ajudará a diminuir, ao mesmo tempo, a maioria desses problemas. Se existe uma restrição de capacidade, e essa é a única condição em que um sistema TPC completo seria considerado, a primeira medida é identificar qual recurso constitui a restrição de capacidade. Nas instalações do tipo V, essa tarefa é simples. Como os recursos participam do fluxo da maioria dos produtos, o material acumula-se naturalmente no recurso com a carga maior. O CCR é, portanto, o recurso com a maior fila em processo (medida em horas de trabalho para esse tipo de recurso). No exemplo mostrado na Figura 8.14, a restrição é o recurso R3. É também verdade que o pessoal da fábrica tem um entendimento comum e normalmente correto a respeito da restrição. Como comentário à parte, é necessário ressaltar que a existência de um grande volume de produtos acabados (em geral o maior banco de estoque no fluxo) leva a crer que os *setups* são considerados extensos em vários recursos fundamentais à operação.

A etapa essencial subsequente é a determinação do tambor. Na maioria das instalações V, a dificuldade está relacionada ao fato de a carga alocada a um recurso específico ser em grande medida influenciada pelo número de *setups* resultantes desse *mix*. Em outras palavras, a mudança do *mix* de produtos pode mudar o recurso com a carga maior. Por exemplo, uma fábrica de tecidos que processa lotes muito grandes de uma determinada cor pode diminuir significativamente a carga total nos recursos de tingimento, mas pode provocar problemas importantes nas operações de corte e costura. Isso ocorre porque um material de uma única cor precisará ser processado e transformado em roupas de vários tamanhos e estilos diferentes e isso sobrecarrega essas operações. O segredo para determinar o tambor

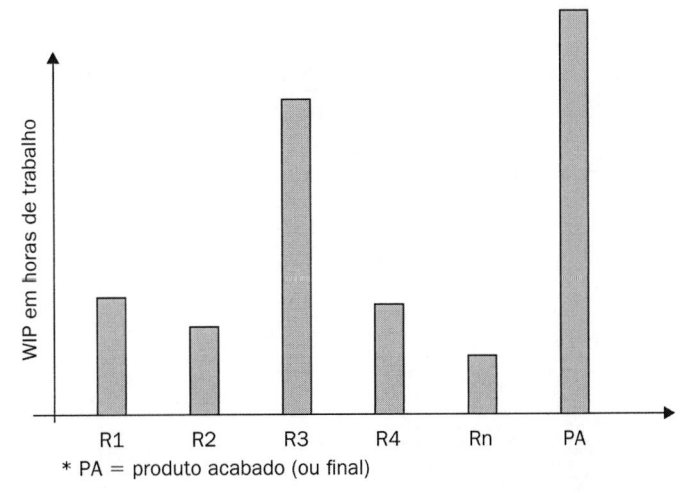

FIGURA 8.14 Perfil de WIP de cada recurso (em horas de trabalho desse recurso) de uma instalação V.

é identificar o equilíbrio apropriado entre a demanda de mercado e a programação na restrição que atenda aos requisitos de um tambor:

1. Atender à demanda de mercado.
2. Maximizar o ganho do sistema.
3. Não criar novas restrições.

Outro fator da estruturação e implementação do sistema TPC em uma instalação do tipo V que merece atenção especial é a existência de um grande número de pontos de divergência. Cada ponto de divergência é um ponto de controle da programação e precisa ser gerenciado como tal. É necessário ter em cada recurso de ponto de divergência uma lista detalhada sobre os diferentes produtos que devem ser produzidos e a quantidade exata que precisa ser produzida de cada produto.

Os pontos de controle da programação são: liberação de material, uma ou mais restrições, pontos de divergência e remessa.

Instalações A

As instalações A caracterizam-se pela existência de pontos de convergência em que inúmeros materiais componentes são montados e transformados em apenas alguns produtos finais. Os componentes normalmente são compostos de peças que são fabricadas na instalação (ou em outras fábricas/departamentos da divisão) e de peças que são compradas de fornecedores externos. O DFP típico de uma instalação A é mostrado na Figura 8.15. Uma característica das instalações A, que é diferente das características das instalações T, é o fato de os *componentes serem exclusivos de um único produto final*. Vários níveis de submontagem podem ocorrer antes da montagem final. Como o fluxo global é convergente, e não divergente, o DFP é semelhante a um V invertido. Daí a designação de instalação A.

Um exemplo de instalação A é oferecido pela fabricação de aeronaves. O DFP contém vários milhares de componentes que convergem para um único produto. Os componentes que chegam à instalação de montagem final são em si as montagens principais (motores a jato, por exemplo). Além disso, a quantidade de tipos distintos de aeronave é bem pequena – por exemplo, a Boeing tem menos de dez modelos em vigor.

As características gerais compartilhadas pelas instalações A são:

1. Montagem de grande número de componentes fabricados ou comprados para que se transformem em um número relativamente pequeno de produtos finais. Cada ponto

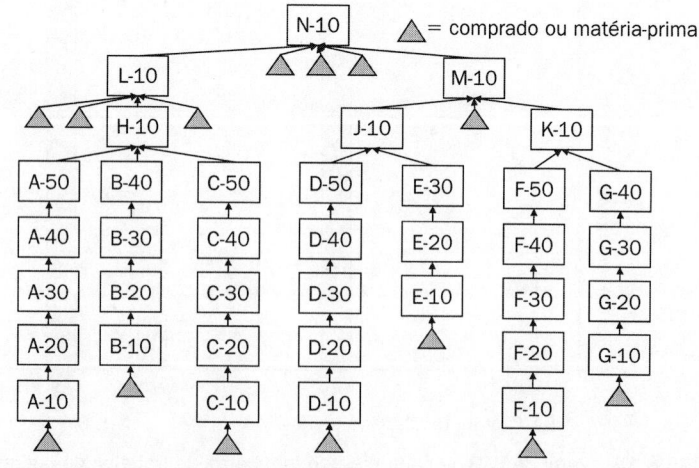

FIGURA 8.15 DFP de uma instalação A típica.

de montagem representa uma diminuição no número de componentes distintos e, após algumas etapas de montagem, o número de itens distintos diminui sensivelmente.
2. Os componentes são exclusivos de produtos finais específicos. Essa é uma das principais características que distinguem as instalações A das instalações T. Considere, por exemplo, uma aeronave. Embora as aeronaves tenham motores, o motor de cada tipo de aeronave é específico. O motor de um Boeing 747 é completamente diferente do motor de um Boeing 777.
3. As sequências de produção dos componentes são muito diferentes. No exemplo da aeronave, a sequência de fabricação da pá de hélice de um motor a jato não é nem um pouco semelhante à fabricação de uma câmara de compressão.
4. Os recursos e ferramentas utilizados no processo de fabricação tendem a ser de finalidade geral. Em uma instalação A, são empregados os mesmos recursos para fabricar vários componentes diferentes. Os recursos são bastante flexíveis, em contraposição ao equipamento altamente especializado das instalações V.

Como nos ambientes de fabricação tradicionais o principal foco é a utilização de recursos e não o fluxo de produto, não é de surpreender que o fluxo ao longo da fabricação e em direção aos componentes acabados seja irregular. Na verdade, o fluxo ao longo de todas as áreas de uma instalação A é semelhante a uma onda, que resulta em momentos de "abundância ou escassez". Esse fluxo semelhante a uma onda significa que é altamente improvável que todos os componentes estejam disponíveis na montagem quando necessários. Os componentes ausentes devem ser identificados para acelerar a montagem. A síndrome de abundância ou escassez também cria a percepção de que os gargalos são "flutuantes".

As principais preocupações de uma instalação A são, dentre outras:

1. A montagem reclama constantemente de falta de estoque e a pressa é uma constante na área de fabricação e de compras.
2. A quantidade de horas extras não programadas é enorme. Os recursos que estavam ociosos durante a semana de repente veem uma torrente de materiais aguardados com urgência pela montagem entrar em sua fila de trabalhos, e isso resulta em horas extras.
3. A utilização dos recursos é insatisfatória.
4. Os gargalos da produção parecem vaguear pela fábrica.
5. A operação como um todo parece descontrolada.

TPC em instalações A

Diferentemente das instalações V, em que a identificação da restrição é óbvia, a identificação da restrição de capacidade real não é óbvia. Isso é uma consequência direta da possibilidade de os fluxos de produtos de diferentes componentes serem distintos e pode passar a impressão de que existem várias restrições. Além disso, quando são utilizados grandes lotes de produção (escolhidos para diminuir os custos unitários e melhorar a eficiência dos recursos), o fluxo assemelha-se a uma onda e a restrição parece vaguear de um recurso para o outro. À primeira vista, poderíamos até pensar que as informações sobre carga fornecidas pelos sistemas de planejamento computadorizados são um meio simples de identificar a restrição, particularmente porque a maioria dessas instalações tem um sistema de planejamento e controle computadorizado. Entretanto, esses dados não são confiáveis. Com base em minha experiência, os dados sobre a carga dos recursos gerados por esses sistemas computadorizados são em grande medida suspeitos. De acordo com as explicações de Srikanth e Umble (1997), a melhor maneira de identificar a restrição é analisar os recursos que utilizam mais horas extras regularmente com base nas informações sobre falta de componentes (de acordo com a lista diária de falta de componentes da montagem). O recurso que utiliza horas extras e processa os componentes regularmente, com base nessa lista de falta, deve ser a restrição.

Dois fatores fundamentais devem ser considerados na configuração do tambor de uma instalação A. O primeiro é que a operação de montagem (ponto de convergência) é um ponto excelente para estabelecer o tambor. Subordinar todo o resto a uma programação de montagem bem elaborada é a maneira mais fácil de obter um fluxo tranquilo e homogêneo na operação como um todo. A programação da montagem deve ser estabelecida dessa forma para:

1. Cumprir os compromissos para com o mercado.
2. Estar de acordo com as possibilidades da restrição.
3. Obter um fluxo tranquilo ao longo de toda a operação.

O segundo fator é que os tamanhos dos lotes que estão sendo utilizados com frequência são muito grandes e devem ser diminuídos significativamente. Os lotes pequenos são essenciais para obter um fluxo tranquilo. Por isso, os lotes devem ser diminuídos drasticamente. Lembre-se de que um lote é extremamente pequeno apenas quando ele cria uma restrição de capacidade devida ao maior número de *setups* que podem ser provocados.

Os pontos de controle da programação são: liberação de material, montagem, remessa e restrição de recurso físico (se houver).

Instalações T

A característica fundamental de uma instalação T é que os produtos finais são montados com inúmeros componentes e esses componentes são comuns a diferentes produtos finais (diferentemente de uma instalação A). Em virtude desse compartilhamento de recursos, a parte de montagem do fluxo de produto tem a estrutura mostrada na Figura 8.16. Observe que o número de produtos finais é maior (bem maior) do que o número de componentes. Isso provoca a expansão repentina do DFP para criar a forma T. Para mostrar a magnitude dessa expansão, considere um exemplo em que haja seis componentes e em que cada componente tenha quatro variações, o que resulta em um total de 24 componentes diferentes. O número de produtos finais possíveis é $4 \times 4 \times 4 \times 4 \times 4 \times 4 = 4.096$!

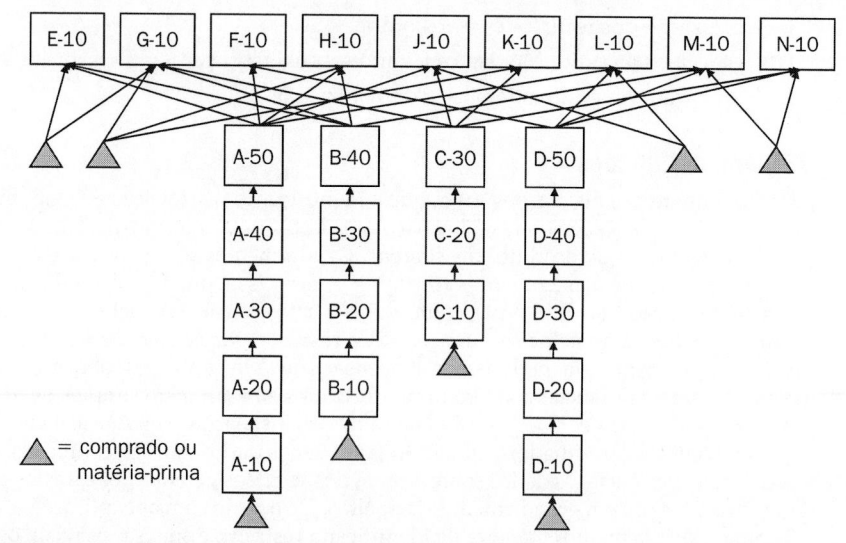

FIGURA 8.16 DFP de uma instalação T típica.

As fábricas de produtos de consumo são em sua maioria instalações do tipo T. Pense na produção de computadores pessoais. Os elementos básicos oferecidos – disco rígido, processador, memória, monitor etc. – apresentam poucas variações. Por exemplo, os discos rígidos são oferecidos com 40, 60 e 80 GB. Os processadores podem ser disponibilizados com velocidade de 1,8, 2,0 ou 2,4 GHz. Tal como mostramos antes, com algumas poucas variações, o número de computadores distintos produzidos pelos fabricantes pode ser na verdade extremamente grande.

As características da instalação T são:

1. Inúmeros componentes fabricados ou comprados são montados para produzir o produto final.
2. Os componentes são comuns a vários produtos finais.
3. As sequências de produção dos componentes fabricados normalmente são muito diferentes.

A característica predominante da instalação T é que o ponto de montagem na verdade é um ponto de divergência. O mesmo componente (um disco rígido de 80 GB) pode ser montado de uma maneira tal que resulte em um número bastante grande de unidades finais distintas. Diferentemente da instalação V, em que os pontos de divergência são distribuídos ao longo da operação, na instalação T a divergência está concentrada na área de montagem. O impacto disso é devastador. Já tivemos oportunidade de observar o impacto de um ponto de divergência simples no caso das instalações V. Na instalação T, a divergência é a montagem, e isso significa que não apenas um, mas todos os componentes serão desviados para o produto errado se a montagem produzir o item errado. Isso amplia o impacto de maneira significativa e se espalha como fogo por todo o sistema. O exemplo básico apresentado na Figura 8.17 demonstra isso. Existem quatro componentes – A, B, C e D – e quatro produtos montados – E, F, G e H. As setas mostram como os produtos são fabricados e os números indicam o estoque disponível de cada componente. Agora, suponha que seja necessário montar e entregar um pedido de 100 componentes do produto E. A montagem do produto E requer 100 unidades do componente A e 100 unidades do componente B e está próxima da montagem programada. Não obstante, tal como mostra a Figura 8.17, o estoque do componente A é zero. Será necessário emitir um despacho para acelerar a produção das 100 unidades do componente A. Nesse ínterim, a operação de montagem ficará ociosa. Entretanto, é possível fabricar 100 unidades do produto H, que requer os componentes B e C. Na maioria dos casos, a montagem não ficará ociosa. O produto H será fabricado, visto que é um componente assíduo e pode muito bem ter um pedido para a semana seguinte. Observe que essa medida consome o estoque disponível do componente B, criando, ao mesmo tempo, um estoque de produtos H acabados. Alternadamente, o produto E fica atrasado, enquanto o produto H fica adiantado. Contudo, o verdadeiro dano se revela quando o componente A finalmente chega à área de

E-10	G-10	H-10	J-10
A-40	B-50	C-30	D-50

Estoque disponível: 0   100   200   40

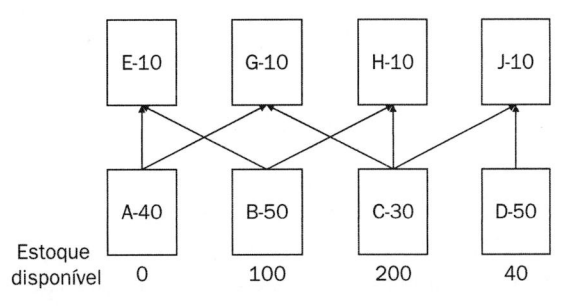

FIGURA 8.17 Exemplo do fenômeno de "roubo".

montagem. Ainda não é possível montar o produto E porque agora não temos o componente B que foi consumido na produção do produto H.

As preocupações ou problemas comuns às instalações T em geral são:

1. Grandes estoques de produtos acabados ou de componentes.
2. Péssimo desempenho com relação às datas de entrega (30% a 40% de pedidos adiantados e 30% a 40% de pedidos atrasados).
3. Tempos de atravessamento de produção muito grandes.
4. Utilização insatisfatória dos recursos na fabricação.
5. A fabricação e a montagem funcionam como instalações separadas e dessincronizadas.

TPC em instalações T

Na instalação T, temos duas situações. A situação mais comum é que a maioria das instalações T tende a pertencer ao sistema produzir para estocar (MTS). Normalmente são mantidos estoques de componentes (imediatamente antes da montagem) e nos produtos acabados. Nesse caso, não existe nenhuma restrição real (consulte a discussão sobre o sistema de produção para estoque no Capítulo 10) e o sistema adequado a ser implementado é o TPC-S discutido no Capítulo 9.

Se não for esse o caso e houver restrições de capacidade, o principal fator será o gerenciamento adequado da operação de montagem. Desde que haja "roubo" na operação de montagem, as instalações T ficarão caóticas e será difícil controlar o fluxo. Contudo, assim que esse roubo for eliminado por meio de um controle rígido das operações de montagem, a instalação T será transformada em uma instalação A e a discussão sobre o sistema TPC nas instalações A deverá ser analisada.

Os pontos de controle da programação são: liberação de material, divergência, convergência e restrição de recurso físico (se houver).

Instalações I

As instalações I são as que apresentam o fluxo de produção mais simples. O principal problema dessas instalações é o compartilhamento de recursos entre os diferentes produtos. Todo produto segue a mesma sequência operacional. Existe pouca ou nenhuma montagem e não há nenhum ponto de divergência.

As características da instalação I são:

1. Todos os componentes têm uma sequência operacional semelhante.
2. Os recursos são compartilhados entre diferentes componentes, mas as matérias-primas não.
3. Há poucas operações de montagem.

O fluxo de produto típico da instalação I é mostrado na Figura 8.18 e o formato justifica obviamente o nome que lhe é atribuído.

As instalações I são as mais simples de gerenciar. No entanto, o foco tradicional sobre a utilização de recursos resulta no uso de lotes de produção bem maiores do que é necessário para manter um fluxo tranquilo. Essa ação aumenta o estoque de WIP e provoca um fluxo irregular de produção. Consequentemente, as instalações I apresentam os seguintes problemas/preocupações:

1. Baixo desempenho em relação às datas de entrega.
2. Alto estoque de WIP.
3. Nível de produção abaixo das taxas teóricas das linhas de montagem.

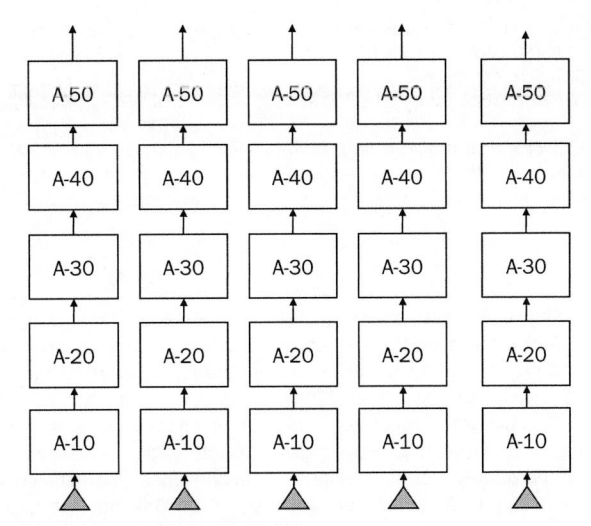

FIGURA 8.18 DFP de uma instalação I típica.

TPC em instalações I

O gerenciamento das instalações I é fácil do ponto de vista do fluxo de produto. O sistema TPC, tal como descrito nas seções precedentes, pode ser estruturado e implementado com poucas complicações. A identificação da restrição é simples – toda a equipe estará ciente desse recurso e o acúmulo de estoque deve confirmar isso. Etapas simples para melhorar a utilização produtiva desse recurso (consulte a seção sobre o Passo 2 – explorar a restrição) devem ser seguidas pela implementação do sistema TPC.

Tal como mencionado no Capítulo 7, as pesquisas acadêmicas conduzidas são em sua maioria sobre as instalações I (principalmente sobre linhas de montagem com dez operações ou menos). Elas são de longe as mais simples de simular e investigar. Em contraposição, as instalações são em sua maior parte V, A, T ou uma combinação dessas estruturas.

Resumo

Este capítulo cobriu a terminologia e os conceitos básicos relacionados à solução de produção da TOC. Assim sendo, este capítulo oferece uma estrutura para uma compreensão mais aprofundada sobre o TPC em um ambiente de produção sob encomenda, MTO, sobre o TPC-S em um ambiente de produção para disponibilização, MTA, e sobre as cadeias de suprimentos que vinculam a fabricação aos elos posteriores da cadeia de produção. Os vários tipos de pulmão são definidos e exemplificados, bem como os vários tipos de instalação e seus pontos de controle. A implementação do TPC em cada um desses ambientes é também analisada.

Referências

Blackstone, J. H. *APICS Dictionary*. 12ª ed.. Alexandria, VA: APICS, 2008.

Ford, H. *Today and Tomorrow*. Garden City, NY: Garden City Publishing, 1928.

Goldratt, E. M. *The Haystack Syndrome: Sifting Information Out of the Data Ocean*. Croton-on-Hudson, NY: North River Press, 1990a.

Goldratt, E. M. *What's This Thing Called Theory of Constraints and How Should It Be Implemented?* Croton-on-Hudson, NY: North River Press, 1990b.

Goldratt, E. M. *Production: The TOC Way*. Ed. rev. Great Barrington, MA: North River Press, 2003.

Goldratt, E. M. "Standing on the Shoulders of Giants". *The Manufacturer*, junho de 2009. http://www.themanufacturer.com/uk/content/9280/Standing_on_the_shoulders_of_giants. Acesso em 4 de fevereiro de 2010.

Goldratt, E. M. e Cox, J. *The Goal: Excellence in Manufacturing*. Croton-on-Hudson, NY: North River Press, 1984.

Schragenheim, E. e Dettmer, H. W. *Manufacturing at Warp Speed*. Boca Raton, FL: St. Lucie Press, 2001.

Senge, P. M. *The Fifth Discipline: The Art and Practice of the Learning Organization*. Nova York: Doubleday Currency, 1990.

Srikanth, M. e Umble, M. *Synchronous Management: Profit-Based Manufacturing for the 21st Century*. Guilford, CT: Spectrum Publishing Company, 1997, vols. 1 e 2.

Sugimori, Y., Kusunoki, K., Cho, F. e Uchikawa, S. "Toyota Production System and Kanban System Materialization of Just-in-Time and Respect-for-Human System". *International Journal of Production Research*, 15(6), 1977, pp. 553-564.

Sullivan, T. T., Reid, R. A. e Cartier, B. *TOCICO Dictionary*. 2007. http://www.tocico.org/default.asp?page=dictionary.

Sobre o autor

Dr. Mokshagundam (Shri) L. Srikanth obteve o doutorado em física na Universidade de Boston. Após um breve período como professor adjunto nessa universidade, ele se juntou ao Dr. Eli Goldratt em 1979, tornando-se sócio do Goldratt Group, organização internacional então dirigida por Eli Goldratt e dedicada a ajudar empresas e indivíduos a obter melhorias revolucionárias por meio da criação e disseminação de novos conhecimentos. Atualmente, ele é diretor das Escolas Goldratt da América do Norte.

Dr. Srikanth tem aproximadamente três décadas de experiência com empresas industriais e métodos de melhoria de desempenho. Ele foi diretor sênior do Centro de Excelência em Comércio Eletrônico na i2 Technologies. Antes de ocupar esse cargo, ele foi diretor do grupo de gerenciamento de produtos da i2. Antes da i2 Technologies, foi cofundador e diretor gerente do Spectrum Management Group.

Dr. Srikanth ajudou as empresas a melhorar o desempenho das entregas, a diminuir os tempos de atravessamento e a reduzir o investimento em estoques e recursos. Sua experiência cobre uma ampla amostra de setores, como o aeroespacial e de defesa, automotivo, móveis, têxtil, de produtos de consumo e de produtos industriais. As empresas variam desde empresas da *Fortune* 100, como General Electric, Ford, General Motors e United Technologies, a pequenas empresas controladas por uma família.

Dr. Srikanth escreveu vários livros, como *Regaining Competitiveness: Putting 'The Goal' to Work*, com Harold E. A. Cavallaro (2ª ed. rev. North River Press, 1993); *Synchronous Manufacturing: Principles for World Class Excellence*, com o professor Michael Umble (Southwestern Publishing, 1991); *Measurements for Effective Decision Making*, com Scott A. Robertson (Spectrum Publishing Company, 1995); e *Synchronous Management: Principles for Profit-Based Manufacturing for the 21st Century*, vols. 1 e 2, com o professor Michael Umble (Spectrum, 1997). Ele colaborou com Mandyam Srinivasan em *Streamlined: Principles for Building and Managing a Lean Supply Chain* (Cengage Learning, 2004).

9
Do TPC ao TPC simplificado na produção sob encomenda

Eli Schragenheim

Introdução

Tambor-pulmão-corda – TPC (*drum-buffer-rope* – DBR) é o nome dado por Eli Goldratt a um método de planejamento de produção simples e eficaz. Esse nome está enraizado na analogia com a caminhada de escoteiros descrita em *A Meta* (Goldratt e Cox, *The Goal*, 1984, Capítulos 13-15). Na época, o TPC foi o alicerce da *teoria das restrições* (*theory of constraints* – TOC) e continuou sendo a aplicação mais conhecida dessa teoria até o surgimento da *corrente crítica* (Goldratt, *Critical Chain*, 1997), que delineia os conceitos correspondentes ao planejamento de projetos.

O tambor-pulmão-corda simplificado (TPC-S) é uma variação da metodologia TPC original. De acordo com a proposição de Schragenheim e Dettmer (2000), em *Manufacturing at Warp Speed* (Produção em alta velocidade), o TPC-S é uma substituição mais simples, válida e particularmente adequada quando a implementação precisa utilizar um *software* de planejamento das necessidades de material (*material requirements planning* – MRP) ou de planejamento de recursos corporativos (*enterprise resource planning* – ERP) comum. Desde então, os princípios básicos do TPC-S foram adotados por Goldratt. Melhorias importantes foram acrescentadas e um *software* específico para o TPC-S foi desenvolvido pela Inherent Simplicity Ltd., sob a estreita supervisão de Goldratt. Atualmente, o TPC-S substituiu o antigo TPC, tornando-se o método de planejamento preferido, embora haja uma exceção, que será explicada ainda neste capítulo.

É necessário mencionar outra constatação importante com respeito ao planejamento de produção. Tanto o TPC-S quanto o TPC pressupunham um ambiente de produção sob encomenda (*make-to-order* – MTO). Quando a metodologia de planejamento centrada na TOC foi repensada, reconheceu-se que o ambiente de produção para estoque (*make-to-stock* – MTS) deveria basear-se em princípios distintos. O autor dedica o Capítulo 10 à MTO ou então a ambientes de produção que visam à disponibilização (*make-to-availability* – MTA),[1] para enfatizar a distinção clara entre ambas.

Outra observação é essencial. Embora o TPC e o TPC-S sejam métodos de planejamento, eles não são métodos autônomos. O gerenciamento de pulmões (GP) é o mecanismo de controle da TOC e deve ser considerado indissociável do método de planejamento. Portanto, os Capítulos 9 e 10 abordam tanto planejamento TPC quanto TPC-S e também o GP como um componente absolutamente necessário dessas duas metodologias de planejamento.

O objetivo deste capítulo é explicar os conceitos, a lógica e os procedimentos do TPC-S/GP, com base nas ideias desenvolvidas com o passar do tempo. Portanto, enfatizamos a evolução histórica, que é essencial para compreendermos plenamente a contínua mudança de paradigma pela qual passamos nos últimos 25 anos, desde a introdução do TPC.

---

[1] Consulte o Capítulo 10 deste livro.

Copyright © 2010 Eli Schragenheim.

Informações e perspectivas históricas

Em meados da década de 1980, o TPC foi considerado um enorme avanço, por oferecer um plano consistente para a seção de produção. Ele foi concebido para divergir de maneira fundamental do conceito – criado pela mesma pessoa que o desenvolveu – de um planejamento extremamente sofisticado e detalhado do chão de fábrica. Do final da década de 1970 até meados da década de 1980, Eliyahu M. Goldratt dirigiu uma empresa de *software*, a Creative Output Ltd., com o objetivo de desenvolver um programa sofisticado, denominado OPT® (*Optimized Technology*), OPT®: marca registrada do Scheduling Technologies Group Limited, Hounslow, Reino Unido. para o planejamento detalhado de ordens de produção de qualquer tipo de instalação de produção. O OPT® era na verdade um programa de planejamento e programação avançada (*advanced planning and scheduling* – APS), embora esse termo tenha sido cunhado anos depois. Na época, esses programas eram chamados de "sistemas de programação de capacidade finita", em contraste com os programas MRP II do momento, que eram conhecidos como "sistemas de programação de capacidade infinita".

O TPC surgiu como uma antítese do conceito de OPT® e foi concebido pelo desenvolvedor do OPT® – o próprio Goldratt. Em vez de um sistema ultrassofisticado para tentar solucionar uma complexa rede de elos entre as etapas de processamento e os recursos, vários dos quais possivelmente com capacidade restrita (gargalos), surgiu um conceito imensamente simplificado: em qualquer corrente, existe *um elo* mais fraco. Esse elo determina a solidez de toda a corrente; por isso, o planejamento detalhado desse elo específico deve ser o elemento central do plano de produção global. O nome atribuído ao planejamento básico – a programação de um gargalo para garantir uma utilização uniforme e eficaz – foi *tambor* (*drum*). A constatação a que se chegou foi de que *o gargalo é o único recurso que realmente importa*. Entretanto, planejar o gargalo não garante que o plano seja executado como tal. *Murphy, símbolo para tudo o que pode dar errado*, poderia atrapalhar tudo e o gargalo enfrentar uma situação em que o processamento precisa ser interrompido em virtude da falta de componentes. Em vez de uma sincronização sofisticada de todos os recursos, surgiu a ideia de oferecer *um pulmão para proteger o gargalo contra inanição*. Esse pulmão não é composto de estoque – é um pulmão de tempo. A ideia era *liberar os materiais para o gargalo com uma duração de pulmão exatamente antes do momento em que o gargalo está programado para iniciar o trabalho, dando a todos os recursos requeridos tempo suficiente para que os componentes cheguem ao gargalo antes do momento programado*. Esse conceito de pulmão de tempo – para favorecer o recebimento pontual de componentes, em vez de deixá-los parados na frente do gargalo – foi essencial para compreender a mudança de paradigma que reside na transformação de algo altamente sofisticado em algo simples. Compreender que os pulmões são necessários para lidar com a incerteza e que, para protegermos uma programação, formada por instruções baseadas no tempo, precisamos utilizar o tempo como proteção. A ideia por trás do pulmão de tempo é garantir que, mesmo quando a lei de Murphy atrapalha o processo, espera-se que os componentes cheguem ao gargalo pontualmente na vasta maioria dos casos. Obviamente, especificar um tempo longo o suficiente para se proteger contra a lei de Murphy significava que na maioria dos casos os componentes chegariam muito cedo ao gargalo e simplesmente ficariam ali parados. Portanto, ele se parece com um pulmão de estoque, mas na verdade a proteção real contra a inanição da restrição é o tempo oferecido para que os componentes percorram o caminho até o gargalo.

O termo "gargalo" foi essencial na época do OPT® e, mesmo quando a metodologia TPC foi elaborada junto com o famoso livro *The Goal* (*A Meta*) (Goldratt e Cox, 1984), a terminologia continuou se baseando nos gargalos. É sempre indispensável e esclarecedor ter uma perspectiva histórica sobre o desenvolvimento de métodos gerenciais tão importantes quanto a TOC. Na época, em 1984, o termo *restrição*, mais genérico, ainda não havia sido cunhado.

OPT®: Marca registrada do Scheduling Technologies Group Limited, Hounslow, Reino Unido.

A constatação relevante, em parte reconhecida na época do OPT®,[2] mas que se tornou mais clara posteriormente, é:

> Do mesmo modo que a seção de produção pode ser complexa, o desempenho da fábrica como um todo é afetado por um único centro de trabalho, que determina tanto o tempo de resposta quanto o potencial máximo de produção da fábrica.

Existe *uma* única restrição de capacidade (denominada recurso com restrição de capacidade ou *capacity constraint resource* – CCR) ou poderia haver duas? Bem, tecnicamente, é possível haver duas. Porém, supondo que estejamos falando de recursos interativos (um alimenta o outro) que estão sendo utilizados no limite, o desempenho da produção está fadado a ser instável e até mesmo errático em virtude da flutuação estatística que inevitavelmente ocorre entre recursos dependentes.

Este capítulo não enfoca o TPC, mas o TPC-S e a transição do conhecimento que pavimentou o caminho entre o TPC e o TPC-S. Falamos apenas sobre a transição do OPT® para o TPC e o principal motivo pelo qual ele se mantém pioneiro. Antes de prosseguirmos, precisamos compreender integralmente três aspectos distintos do método da TOC. Todos eles são indispensáveis para compreendermos a evolução do TPC para o TPC-S e a lógica interna do TPC-S.

Três pontos de vista sobre planejamento e execução operacional

A filosofia básica da TOC foi expressa pela primeira vez pelos *cinco passos de focalização*, que já explicam a lógica do planejamento de produção da TOC e o controle GP correspondente. O segundo ponto de vista reconhece a diferença entre a definição de regras antes do planejamento, em um mundo com uma quantidade significativa de incertezas (planejamento com incerteza), e o planejamento para otimização, em um mundo determinístico. No momento da execução, tudo o que está prescrito no planejamento dispõe os objetivos e as medidas resultantes. Contudo, nesse caso, é necessário definir regras para o processo de tomada de decisões essencial para lidar com o impacto da "lei de Murphy" na execução do plano. É admirável constatar que a definição das regras de planejamento e execução conduz às regras de planejamento do TPC-S e ao papel do GP na orientação sobre a tomada de decisões.

O terceiro ponto de vista examina os avanços obtidos por Henry Ford e Taiichi Ohno e o respectivo foco de ambos sobre o objetivo central das operações de produção. Parece que até mesmo esse ponto de vista respalda integralmente a metodologia da TOC de planejamento e execução da produção. Esses três aspectos permitem uma compreensão mais adequada sobre os métodos e a forma de compatibilizá-los com diferentes ambientes.

Os cinco passos de focalização

O conceito dos cinco passos de focalização[3] foi elaborado em 1985 assim que a transferência interna de conhecimentos na empresa de Goldratt, Creative Output, anunciou o surgimento do abrangente método de gerenciamento da TOC. Essa foi a primeira vez que o termo *restrição* substituiu o conceito mais antigo de *gargalo*.

Os cinco passos de focalização (Goldratt, 1990b, p. 7) são importantes porque definem as regras para uma "empresa bem-comportada". Os três primeiros passos definem a situação de curto prazo:

---

[2] Para o leitor interessado, recomendamos uma consulta às nove regras do OPT® em Goldratt e Fox (1986, p. 179).

[3] © E. M. Goldratt. Utilizado com permissão. Todos os direitos reservados.

1. *Identificar* as restrições do sistema.
2. Decidir como *explorar* a restrição do sistema.
3. *Subordinar* todo o resto à decisão anterior.

Os passos de prazo mais longo oferecem uma estrutura para desenvolver o crescimento associado à estabilidade:

1. *Elevar* a restrição do sistema.
2. Retornar ao primeiro passo. Advertência: Tomar cuidado com a inércia.

Para mais bem compreender a metodologia TPC e a transição para o TPC-S, basta examinar os três primeiros passos, cujo impacto é direto. A partir de 1985, esses três passos foram amplamente utilizados para explicar o raciocínio do TPC – embora as regras do TPC tenham precedido a definição dos cinco passos. Os três primeiros são fundamentais para explicar a mudança para o TPC-S.

A distinção decisiva entre planejamento e execução

As regras de planejamento apropriadas

A função do planejamento é sincronizar o sistema de uma maneira que possibilite a concretização de seus objetivos. Muitas vezes, o planejamento afeta os objetivos ao identificar o que é factível e o que não é. O planejamento é considerado o processo de tomada de decisões de nível mais alto, ao passo que a execução é encarada simplesmente como uma necessidade de colocar o planejamento em prática.

Existem duas dificuldades principais em qualquer tipo de planejamento. A primeira é a dificuldade interna de sincronizar diversas variáveis diferentes. A outra é a dificuldade de lidar com a incerteza. O principal problema em lidar com a incerteza é que as decisões do planejamento são tomadas antecipadamente e a maioria dessas decisões é convertida em providências específicas. Essa diferença temporal entre planejamento e execução permite que a lei de Murphy atrapalhe o processo a ponto de não ser possível executar o planejamento tal como ele se apresenta. A situação da fase de execução em que parece impossível, ou não vantajoso, seguir o plano não apenas gera problemas para concretizar os objetivos do sistema, mas também gera uma tensão entre os planejadores e as pessoas responsáveis pela execução.

A comparação entre a metodologia TPC e o OPT® poderia elucidar de que modo a TOC trata as regras de planejamento. Posteriormente, examinaremos as constatações resultantes com respeito ao impacto da TOC sobre as regras decisão na execução.

O OPT®[4] estava totalmente relacionado ao planejamento. Ele programava em detalhe todos os gargalos percebidos de acordo com a capacidade finita e, em seguida, planejava o restante da seção de produção, em que todos os não gargalos eram programados de acordo com a pressuposição de capacidade infinita, de maneira semelhante ao MRP. O pressuposto implícito era de que não havia necessidade de tomar nenhuma decisão significativa na fase de execução – mas apenas seguir a programação. Se a lei de Murphy atrapalhasse o processo, a opção cabível era executar o OPT® novamente.

O TPC é um algoritmo de planejamento bem menos detalhado que o OPT®. Apenas uma restrição é programada de forma detalhada.[5] Todos os recursos restantes não rece-

---

[4] Para uma discussão mais abrangente sobre o software OPT®, ver Fry, Cox e Blackstone (1992).

[5] Do mesmo modo que as metodologias descritas na última parte de *A Síndrome do Palheiro* (Goldratt, *The Haystack Syndrome*, 1990a) e no *software* Disaster, desenvolvido no final da década de 1980, a metodologia TPC, que é mais elaborada, incluía um algoritmo para identificar e planejar detalhadamente várias restrições de capacidade. Entretanto, a necessidade de tolerar as restrições de capacidade interativas era considerada a causa de instabilidade do sistema e a recomendação imediata era elevar as restrições interativas para manter apenas a restrição de capacidade.

bem nenhuma programação.⁶ Contudo, a liberação de material era programada detalhadamente com base na ideia de que a programação dessa liberação era importante: *não liberar antes!*

De acordo com nosso entendimento atual, ter um bom planejamento significa ter, na maioria dos casos, um plano que em algum momento é executado sem mudanças e obtém um bom desempenho da seção de produção como um todo. Qualquer instrução incluída no plano cujo cumprimento não seja absolutamente essencial no momento do planejamento põe em risco a sustentabilidade do plano como um todo. As regras sobre o que deve ou não ser incluído em um bom planejamento são:

1. Não incluir nenhuma instrução em que um desvio qualquer possa impedir a concretização dos objetivos.
2. Essas instruções devem ser protegidas contra a lei de Murphy. É necessário incluir pulmões no plano para proteger a capacidade de pôr as instruções em prática.
3. Nada mais deve ser incluído no planejamento.

A metodologia TPC definiu claramente os pontos críticos na estrutura do produto que devem ser planejados com cuidado. Os três principais pontos de controle são:

1. As *datas devidas de todos os pedidos* após cuidadosa confirmação de que essas datas são extremamente seguras.
2. A programação detalhada do CCR.
3. A programação da *liberação de material*.

O fator crítico do primeiro ponto de controle explica-se por si só – não devemos nos comprometer com datas que não podemos cumprir. O segundo é basicamente é a essência do segundo passo do processo de focalização – explorar a restrição do sistema. O fator crítico do terceiro ponto não é óbvio. Normalmente vemos em vários ambientes, em particular no de produção, que vários trabalhos em andamento (*work in progress* – WIP) ficam parados, à espera de recursos. A causa imediata é a liberação muito antecipada de material para a seção de produção porque os primeiros recursos estão disponíveis. Supõe-se que, quanto mais cedo o trabalho for liberado e iniciado, maior a probabilidade de ser concluído a tempo. Porém, assim que os primeiros recursos acabam de processar esses pedidos, ele simplesmente entram na fila dos recursos subsequentes. O prejuízo de ter muitos trabalhos sem um mecanismo claro e rigoroso de atribuição de prioridades é enorme. Embora os recursos anteriores possam estar procurando trabalho, alguns dos outros recursos talvez estejam repletos de trabalho. Quando isso ocorre, o recurso sob pressão esforça-se para aperfeiçoar sua própria eficiência, com frequência à custa dos pedidos verdadeiramente urgentes. Na verdade, na maioria dos casos, os operadores não têm nenhuma ideia do que é urgente e do que não é. Muitos pedidos de produção consistem em lotes grandes. Nesse caso, em geral uma única ordem contém pedidos urgentes de um ou mais clientes e pedidos de estoque bem menos urgentes. Portanto, muitos pedidos abrangem uma determinada quantidade extremamente urgente para os clientes e alguma outra quantidade que não é. O recurso sobrecarregado não pode processar todos os pedidos de produção ao mesmo tempo. Desse modo, embora uma operação esteja processando um pedido grande que contenha vários pedidos urgentes de um ou mais clientes, outros pedidos de produção que talvez também tenham pedidos urgentes de algum cliente ficam aguardando sua vez.

Na metodologia de planejamento TCP, a *corda é o mecanismo que garante a liberação somente dos pedidos que serão requisitados em breve pelas programações detalhadas dos pulmões*

---

⁶ Tecnicamente, as operações, nos pontos de divergência, nos quais os componentes não podiam ir para diferentes produtos finais, recebiam uma programação para evitar roubo. Entretanto, a capacidade desses recursos não era verificada e as outras operações desses recursos não eram programadas.

de restrição e remessa. Esse mecanismo também força a minimização do tamanho dos lotes. A corda é uma proteção contra trabalhos cuja liberação para a seção de produção não é de fato necessária.

As implicações da fase de execução

Mostramos a ideia geral por trás do "planejamento mínimo". Agora, vamos descrever as regras de tomada de decisões da execução. Quando o planejamento não é detalhado, muito mais coisas são deixadas para a fase de execução.

A inserção de pulmões no planejamento tem um significado especial para as pessoas que se encontram na fase de execução. O objetivo local da execução é ser capaz de cumprir as instruções essenciais do planejamento. A situação do pulmão é uma excelente indicação sobre se tudo está saindo de acordo com o plano.

O gerenciamento de pulmões (GP) é o mecanismo de controle sobre o andamento da execução de um plano. Primeiramente, deixe-me apresentar minha definição do termo *controle*:

> Controle é um mecanismo proativo para lidar com a incerteza por meio do monitoramento de informações que indiquem uma situação ameaçadora para a tomada das medidas corretivas necessárias.

Essa definição evidencia que o objetivo de qualquer sistema de controle é identificar a urgência real de uma ameaça conhecida e que sem dúvida ele pertence à fase de execução. Ele deve ter as informações mais atuais e precisas que a equipe de execução necessita para realizar seus trabalhos.

Na fase de execução, é necessário confirmar se tudo está preparado de acordo com o planejamento, a tempo para a diretriz essencial seguinte. Uma ameaça evidente e provável é um atraso no recurso restritivo e, desse modo, a privação da restrição ou um atraso em relação à data solicitada de todas as ordens de produção e, portanto, dos pedidos dos clientes. Essas duas áreas são protegidas pelos pulmões de tempo de acordo com a metodologia TPC.

Consideremos o *status do* pulmão como *a porcentagem de tempo que o pulmão já utilizou* (o *tempo transcorrido desde o início do pulmão de tempo*). Quando *esse status é inferior a 33%,* o chamamos de região ou zona *verde*. Entre 33% e 67%, de *amarela* e, *acima de 67%*, de *vermelha*.

O vermelho significa que resta menos de um terço do pulmão original e que, por isso, a prioridade máxima é fazer o pedido fluir ao seu destino (para o recurso restritivo ou para a expedição).

Portanto, as regras de decisão para a fase de execução baseiam-se no *status* dos pulmões. O GP impõe um conjunto bem definido de prioridades e não tolera nenhuma outra. Desse modo, o *status* do pulmão de qualquer pedido pode ser verificado e, conforme as prioridades resultantes, todo recurso é capaz de decidir o que deve fazer em seguida. Quando as prioridades do GP são seguidas, a probabilidade de que tudo será remetido a tempo e de que o recurso com restrição será utilizado de acordo com o nível de aproveitamento programado é máxima.

O ponto de vista de planejamento mínimo exige uma ênfase maior sobre o esquema de prioridades da fase de execução. Isso respalda totalmente a mudança do planejamento desmesurado do OPT® para o planejamento mais enxuto do TPC, porém com a utilização do GP para auxiliar a execução e concretizar o objetivo de obter um desempenho confiável com relação à data solicitada e um bom aproveitamento da restrição. Ainda neste capítulo mostraremos como esse ponto de vista também respalda o TPC-S.

Focalizando o fluxo

O terceiro ponto de vista sobre operações provém do artigo "Standing on the Shoulders of Giants" ("Sobre os Ombros de Gigantes"), de Goldratt (2009). Os conceitos de fluxo são atribuídos tanto a Henry Ford quanto a Taiichi Ohno e ressaltam o método de planejamento e execução da TOC para o ambiente de produção.

> Goldratt[7] (2009, p. 3) enunciou os *quatro conceitos* subjacentes ao trabalho e aos avanços obtidos por Ford e Ohno:
>
> 1. Melhorar o fluxo (ou, de modo equivalente, o tempo de atravessamento) é um dos principais objetivos das operações.
> 2. Esse objetivo primordial deve ser traduzido em um mecanismo prático que oriente a operação a não produzir (para evitar a produção em excesso).
> 3. As eficiências locais devem ser abolidas.
> 4. Deve-se ter em vigor um processo focalizado para equilibrar o fluxo.

Certamente, esses quatro conceitos de fluxo associam o conceito de produção enxuta (Lean) à TOC e, particularmente, ao TPC (na verdade, eles estão mais afinados com o TPC-S, como será explicado mais adiante neste capítulo). Não há dúvida de que de fato queremos obter um fluxo mais rápido em toda a seção de produção. Além disso, a corda é apenas outro instrumento para evitar qualquer produção em excesso. Obviamente, a principal questão é saber distinguir entre a produção em excesso e o que deve ser produzido.

O quarto conceito é interessante porque ele pode ser considerado adequado tanto a uma situação imediata quanto a períodos mais longos. No primeiro caso, ele respalda totalmente a ideia de priorizar mais os pedidos que pareçam "quase atrasados", possibilitando um fluxo mais rápido dos pedidos urgentes. Ainda precisamos desenvolver uma visão mais global sobre como focalizar as iniciativas de melhoria do fluxo em períodos mais longos.

Contestando a metodologia TPC tradicional

Quando o TPC foi apresentado pela primeira vez em 1984 (*A Meta*), ele indicava um afastamento em relação a um processo de planejamento de produção extremamente detalhado tal como o OPT® e, do mesmo modo, uma diferenciação com respeito ao MRP. Só bem depois constatamos que, quando o planejamento é mínimo, a execução assume uma responsabilidade maior e precisa de diretrizes mais adequadas para a tomada de decisões. O GP foi mencionado pela primeira vez em Goldratt e Fox (1986), *The Race* (*A Corrida*). Levou ainda algum tempo para que o próprio Goldratt e outros pesquisadores definissem claramente os elos entre o GP e o TPC e outro tempo para que os profissionais compreendessem totalmente esse processo. O GP é uma condição para que o TPC funcione eficazmente.

Esses três pontos de vista trazem à tona vários questionamentos com respeito ao papel central da restrição de capacidade interna. Em primeiro lugar, vejamos resumidamente quais são essas argumentações para em seguida investigarmos cada uma deles mais a fundo.

1. Do *ponto de vista dos cinco passos de focalização*, algumas indagações ocupam lugar central nessa contestação:
   a. A própria *restrição estratégica* é um recurso interno? A capacidade de um recurso interno deve ser a restrição de toda a organização?
   b. Supondo que de fato tenhamos uma restrição de capacidade real na seção de produção, a demanda de mercado não seria também uma restrição? Nesse caso, teremos restrições interativas? Como lidamos com elas? Em outras palavras, como aproveitamos tanto a restrição de mercado quanto a restrição de capacidade?

---

[7] © E. M. Goldratt. Utilizados com permissão. Todos os direitos reservados.

2. Do *ponto de vista do planejamento mínimo*, a dúvida fundamental é saber se a programação detalhada da restrição de capacidade é realmente necessária. Qual seria o dano se a sequência da restrição não fosse seguida tal como se apresenta? Sempre perdemos capacidade nessa situação?

3. Do *ponto de vista do fluxo*, a contestação diz respeito à ênfase sobre o pulmão de restrição porque, com relação ao fluxo global, ele parece interromper o fluxo. O desencadeador do fluxo certamente é o pedido do cliente. Precisamos criar um atraso de tempo fictício na restrição? Isso melhora o fluxo ou constitui uma obstrução do fluxo?

Qual deve ser a restrição estratégica?

Uma restrição de capacidade que merece ser estratégica é o recurso cuja capacidade é difícil elevar. Essa dificuldade poderia estar relacionada ao alto custo que isso representa, mas também à possibilidade de a ampliação de capacidade ser um intento de grande proporção, porque a quantidade de ramificações seria considerável para todas as áreas funcionais da empresa. Imagine uma empresa de siderurgia básica em que uma imensa fornalha fosse a restrição de capacidade mais óbvia. A construção de outra fornalha representa um investimento multimilionário e exige vários anos. Portanto, como a construção de outra fornalha oferece uma ampliação de capacidade bem maior que apenas 2% a 3% (em muitos casos é possível dobrar a capacidade), serão necessários vários outros trabalhadores, não somente para a fornalha, mas também porque a nova fornalha provocará a elevação da maioria dos outros equipamentos.

Provavelmente, esse é um exemplo extremo em que a dificuldade da elevação é bastante evidente. Mesmo nesse caso, um diretor executivo talentoso poderia encontrar alternativas para contornar a limitação da fornalha existente comprando aço básico de outros fabricantes que não têm um bom mercado para a capacidade que possuem. Entretanto, mesmo no caso em que o potencial do mercado é bem maior que a capacidade limitada da fornalha, a demanda de mercado ainda assim poderia ser uma restrição eficaz. A obtenção de uma demanda de mercado maior melhoraria o desempenho da empresa por possibilitar uma produção maior e aumentar as vendas dos produtos altamente lucrativos, em lugar dos menos lucrativos.

Duas características da demanda de mercado a tornam a restrição mais prática na vasta maioria dos casos:

1. Os clientes não gostam de estar subordinados à restrição interna de um fornecedor de produtos ou serviços. Na maioria dos casos, os clientes têm um fornecedor alternativo. E se esse fornecedor oferecer um atendimento melhor, os clientes provavelmente mudarão para esse fornecedor. Quando isso ocorrer, a empresa não terá mais restrição de capacidade.

2. Quando o potencial é bem mais amplo que a capacidade interna, a empresa pode encontrar soluções para aumentar seu ganho mesmo sem elevar a restrição interna. Uma saída óbvia é aumentar o preço. Outra é concentrar-se nos nichos mais lucrativos da demanda de mercado.

Porém, se a demanda de mercado for a restrição do sistema, como um recurso interno poderá ser a restrição de capacidade?

Segundo o que se alega, é perfeitamente possível que a demanda de mercado e a capacidade limitada de um recurso específico sejam restrições interativas.

Ter o mercado e ao mesmo tempo um recurso com restrição é uma combinação bastante adequada. O pressuposto essencial é que o próprio aproveitamento dessas duas restrições poderia oferecer uma capacidade protetiva na restrição capaz de garantir que qualquer compromisso estabelecido com o mercado seja cumprido. Dessa maneira, a restrição de mercado recebe maior atenção, mas não se negligencia a limitação de capacidade do recurso interno.

Na verdade, essa é a forma de lidar com qualquer situação em que haja restrições interativas: determinar qual delas é a mais importante ou primordial e assegurar que a outra restrição ou restrição secundária tenha uma carga menor (assuma menos compromissos).

Observe que é possível definir uma restrição como qualquer coisa que não possa ser subordinada a outra restrição e, por isso, não possa ser ignorada. Essa definição condiz com a realidade da maioria dos CCRs. O mercado continua sendo a restrição mais importante ou primordial, mas a limitação de capacidade no CCR ou secundária não pode ser ignorada; desse modo, é necessário assumir menos compromissos para com o mercado na restrição secundária.

Se a demanda de mercado for a restrição mais importante e observarmos a necessidade de oferecer alguma capacidade protetiva ao CCR, não haverá necessidade de ter um pulmão de CCR especial para proteger a sequência dos pedidos de produção no CCR. Ainda assim precisaremos monitorar com cuidado a carga no CCR, mas não obrigatoriamente programar o CCR em detalhe. Obviamente, falaremos mais sobre essa questão mais adiante, quando descrevermos o processo do TPC-S.

Como o ponto de vista de planejamento e execução lida com o problema de programação e dimensionamento do pulmão de restrição?

Esse ponto de vista requer a confirmação de que tudo o que está incluído no planejamento é necessário. Daí as perguntas: "Precisamos programar a restrição?" e "A programação detalhada é a única forma de garantir um aproveitamento suficientemente bom das restrições do sistema?".

Se reconhecermos que até mesmo o CCR precisa se subordinar aos compromissos firmados com o mercado, devemos concluir que a programação detalhada do CCR não é essencial na maioria dos casos (posteriormente falamos sobre a exceção). Isso significa também que o pulmão de restrição, utilizado para proteger sua programação, não é essencial e que o único de fato necessário é o que visa proteger o compromisso para com o mercado. O CCR deve priorizar suas decisões sequenciadas de acordo com o GP no pulmão de remessa. Entretanto, a carga no CCR ainda assim precisará ser monitorada. Nesse caso, constata-se que existe uma diferença entre monitorar a carga em um CCR e ditar a sequência nesse recurso.

Até que ponto desconsiderar a utilização de uma programação detalhada do CCR afeta a execução?

O TPC tradicional requer três pulmões diferentes: de restrição, de remessa e de montagem (detalhados em Goldratt, 1990). Porém, se um deles se concentrar apenas nas datas devidas dos pedidos disponíveis da empresa, um único pulmão, o de remessa (agora chamado de pulmão *de produção*, no TPC-S), que cobre todo o tempo de produção, da liberação de material à conclusão do pedido, será necessário. Seguir as prioridades de pulmão verde-amarela-vermelha[8] à medida que elas surgem, ao utilizar um pulmão único por pedido, é bem mais simples do que decidir entre um pulmão de montagem vermelho e um pulmão de restrição vermelho ou um pulmão de remessa vermelho.

O que a ênfase sobre o fluxo acrescenta à contestação ao TPC tradicional?

Esse ponto de vista está totalmente centrado no desencadeador do fluxo – o pedido do cliente. O objetivo do fluxo é ser capaz de cumprir o compromisso com o cliente o mais rápido possível. Sendo esse o principal objetivo, a contestação ao TPC é óbvia: de fato

---

[8] As regiões verde, amarela e vermelha do pulmão são a espinha dorsal do GP. Esse tópico é mencionado no Capítulo 8. Aqui, supomos que o leitor esteja familiarizado com o conceito básico.

precisamos de um pulmão de restrição ou ele seria uma interrupção do fluxo? Afinal de contas, o pulmão de restrição inicia a liberação antecipada dos componentes. Portanto, em média, ele atinge a restrição e então aguarda até que sua programação seja processada. Esse tempo de atravessamento programado na restrição interrompe o fluxo.

É óbvio que é necessário restringir a liberação ao que é verdadeiramente essencial no momento. Isso evitaria a tendência, no TPC tradicional, em liberar determinados pedidos muito antecipadamente para explorar a capacidade da restrição.[9] Considerar a restrição "uma interrupção de fluxo" também evidencia a necessidade de poder elevar rapidamente sua capacidade sempre que preciso, porque mesmo o tempo de espera não programado na restrição poderia ser significativo em virtude de sua relativa falta de capacidade e qualquer tempo de espera representa uma determinada interrupção do fluxo. Evidentemente, isso não é prático, mas o raciocínio básico está correto. Hoje reconhecemos que *na TOC o objetivo supremo é crescer com constância e sempre manter a estabilidade*. Desse modo, a restrição não deve ser a capacidade de um recurso que possa ser elevado com facilidade, porque sempre que esse recurso não puder ser totalmente subordinado à demanda (forçar um tempo de espera muito longo, bloqueando o fluxo), ele deverá ser elevado. O pressuposto implícito é de que o valor financeiro de uma demanda maior que não poderia ser mantida com essa obstrução do fluxo é mais importante do que a capacidade de um recurso comum que pode ser facilmente elevado.

Delineamento sobre a tendência da solução

A contestação ao procedimento TPC de programação de capacidade finita da restrição não significa que estejamos procurando algo radicalmente novo. Na verdade, a maior parte dos conhecimentos da solução original ainda se mantém intacta. A constatação mais fundamental no TPC, à qual já nos referimos, merece ser mencionada novamente:

> Do mesmo modo que a seção de produção pode ser complexa, o desempenho da fábrica como um todo é afetado principalmente por um único centro de trabalho, que determina tanto o tempo de resposta quanto o potencial máximo de produção da fábrica.

Essa constatação é importante também para o TPC-S, embora a restrição não seja programada em detalhe e não tenha um pulmão de tempo específico. O termo "elo mais fraco" talvez seja mais apropriado do que restrição, porque o elo mais fraco nem sempre é uma restrição. Não obstante, ele sempre deve ser monitorado porque tanto o potencial máximo de produção quanto o tempo de resposta possível são afetados por ele. Desse modo, o elo mais fraco poderia ser utilizado para indicar ao departamento de vendas em que momento iniciativas complementares seriam mais favoráveis e em que momento seria necessário tomar maior cuidado com o tempo de entrega prometido aos clientes em potencial.

Os principais ingredientes da solução

A solução descrita aqui se refere claramente à produção sob encomenda (MTO). Outro capítulo é dedicado à produção para estoque (MTS) ou então à produção para disponibilização (MTA).

O TPC-S é direcionado a um período de tempo extremamente curto. O planejamento de capacidade de médio e longo prazos não é coberto pela metodologia TPC-S, embora seja possível extrair determinadas informações do TPC-S e do GP que poderiam respaldar os planos de prazo mais longo.

---

[9] Na programação da restrição e particularmente ao tentar economizar as preparações, um pedido com data de conclusão posterior poderia ser programado para uma data anterior a fim de poupar o tempo de preparação nessa restrição.

O planejamento de curto prazo habitual concentra-se:

1. Na previsão da devida data de conclusão da produção. O pressuposto implícito é de que essa data de conclusão deve ser confiável (segura).
2. Na previsão de liberação dos materiais.

Dois instrumentos são essenciais ao planejamento:

1. O pulmão de tempo (pulmão de produção) a ser atribuído ao pedido de produção de um determinado produto.
2. O controle de carga de um único recurso. Contudo, é possível ampliar o controle de carga para vários recursos, mas apenas um é de fato essencial para determinar a data de conclusão e as datas de liberação de material.[10]

Outra informação é igualmente importante – o tempo de produção padrão do produto no mercado pertinente. Essa informação é importante porque o plano nem sempre determinará a data mais antecipada que o algoritmo baseado no controle de carga e no pulmão de tempo poderia sugerir. Por exemplo, suponha que o tempo de produção padrão do setor seja quatro semanas. Porém, como o nível de vendas no momento está muito baixo, é possível entregar um pedido em apenas uma semana. Você prometeria uma entrega com prazo de uma semana? Bem, se o cliente estiver disposto a pagar um preço mais alto você poderia concordar. Do contrário, isso pareceria um erro de marketing. Primeiro, você poderia passar a impressão de que sua necessidade de dinheiro é tão premente que está disposto a fazer qualquer coisa, mesmo em detrimento da qualidade, apenas para pegar o pedido. Além disso, ao aceitar o pedido, você poderia alimentar uma expectativa futura de que sempre será capaz de concluir um pedido em uma semana. Nesse caso, se recusar um pedido, passaria a impressão de que não respeita seu cliente.

Portanto, o tempo de produção padrão é uma referência e, sempre que viável, deverá ser a data a ser proposta ao preço regular e com a promessa absolutamente garantida de conclusão no prazo. Evidentemente, em períodos de baixa demanda, a empresa poderia utilizar a vantagem de oferecer um tempo de produção mais curto. De modo geral, o departamento de marketing e o departamento de vendas devem estabelecer um método lógico e claro para propor os tempos de entrega.

O pulmão de tempo

Quando o livro *Manufacturing at Warp Speed* (Schragenheim e Dettmer, 2000) foi escrito, o pulmão de remessa era considerado o tempo mais curto que poderíamos alocar para a entrega. Por exemplo, se um determinado pedido pudesse ser entregue com segurança em 12 dias, ele teria um pulmão de tempo de 12 dias.

Outras constatações de Goldratt nos levaram a fazer a distinção entre dois períodos distintos que compreendem o tempo de segurança mais curto a partir do recebimento do pedido[11] e a respectiva conclusão.

1. *O tempo que o pedido precisa aguardar na fila até que o sinal da corda seja liberado para a seção de produção.* Esse *tempo de pré-liberação na fila* depende do trabalho anterior que a restrição tem de realizar. Supondo que a restrição tenha muitos trabalhos a fazer, a

---

[10] Algumas vezes diferentes famílias de produtos passam por diferentes centros de trabalho. Portanto, pode ser que uma família tenha um recurso específico cujo controle de carga determina o planejamento, ao passo que outra família pode ter um recurso diferente em que o controle de carga seja essencial.

[11] Em todas as situações, o programador deve garantir que todos os materiais, especificações, ferramentas etc. estejam disponíveis antes da liberação do pedido de produção para a seção de produção (realização de todos os preparativos).

liberação imediata do pedido não oferece nenhum benefício e poderia ser prejudicial por provocar uma confusão com relação às prioridades.

2. *Uma previsão livre do tempo necessário entre a liberação de um pedido e sua conclusão (o pulmão de produção[12]).* Como consideraremos a fila atual para a restrição e provavelmente atrasaremos a liberação real dos materiais correspondentes a esse pedido, não esperamos uma carga máxima na seção de produção em si. Quando ocorre carga máxima, os novos pedidos precisam aguardar um tempo maior para serem liberados para a seção de produção, dissociando o fluxo para a seção de produção do ritmo natural da restrição.

O pulmão de tempo mencionado no segundo item agora é chamado de *pulmão de produção*, visto que ele indica o tempo de fluxo ao longo da fábrica quando a carga é regular. O pulmão de produção não inclui o tempo de transporte ou o tempo em trânsito até o cliente.

O problema da data de entrega ao cliente exige uma breve discussão. O tempo de transporte é um problema somente quando constitui uma parte significativa do tempo de atravessamento. A questão é saber se o compromisso do fabricante inclui transporte. Em outras palavras, o tempo de transporte faz parte do planejamento de produção ou do planejamento do cliente?

Suponha que o fabricante assuma responsabilidade até o momento em que os produtos forem entregue ao cliente. Nesse caso, o planejamento de produção deve ter uma data de conclusão do pedido e uma data de entrega final em que o tempo de transporte (e possivelmente algumas flutuações nesse tempo) seja considerado.

A Figura 9.1 apresenta os elementos do tempo de atravessamento, mas observe que a partir deste momento trataremos a finalização da produção como a data de conclusão à qual nos referimos.

Como o pulmão de produção deve ser determinado? Na implementação do TPC-S em ambientes de planejamento e controle tradicionais, a recomendação usual é diminuir o tempo de produção atual pela metade. O raciocínio por trás disso é que, ao eliminar os lotes e os níveis de WIP muito grandes, a principal interrupção (espera na fila em cada centro de trabalho) no fluxo diminui consideravelmente.[13] Leve em conta que o tempo líquido de processamento é apenas uma fração do tempo de atravessamento de produção, o que o levaria a concluir que, ao diminuir o tempo de espera pela metade, o tempo de produção total é diminuído pela metade. O sistema de priorização do GP contribui para um nível de confiabilidade extremamente alto dentro desse intervalo de tempo. Desse modo, a diminuição do tempo de atravessamento padrão pela metade origina um bom pulmão de produção inicial.[14]

Observar que o tempo de atravessamento padrão do setor é um bom parâmetro para uma mensuração de teste e que o pulmão de tempo a ser usado não deve ser maior que a metade desse número. Na maioria dos casos, é possível não apenas fazer essa redução, mas com frequência diminuir ainda mais o pulmão de tempo de produção.

Essas outras reduções devem ser feitas somente após a implementação do TPC-S com pulmões iguais à metade dos tempos de atravessamento atuais. Assim que a seção de produção se estabilizar, uma redução maior dos pulmões de produção é obtida por meio do GP, com a finalidade de melhorar o fluxo. Lembre-se de que melhorar o fluxo é a prin-

---

[12] *No TPC, o pulmão de produção seria igual ao pulmão de restrição, mais o pulmão de remessa. No TPC simplificado, o pulmão de produção seria igual ao pulmão de remessa.*

[13] Outras medidas, como os processos de sobreposição, podem também ser implementadas para diminuir o tempo de atravessamento de maneira significativa.

[14] Existem várias exceções a essa regra. Mais notáveis são as fábricas em que uma linha de montagem dedicada é predominante na produção. Esses tipos de instalação "I" têm, naturalmente, um nível de WIP bastante baixo dentro da própria linha.

```
Pedido recebido      Pedido liberado    Normalmente, os pedidos    As datas de entrega
e data de conclusão   para a seção      são concluídos aqui        em geral se referem à
   recebida           de produção                                  conclusão da produção
```

| Tempo de produção do pedido a ser liberado | O pulmão de produção — Uma estimativa livre de tempo de produção | Transporte para o cliente |

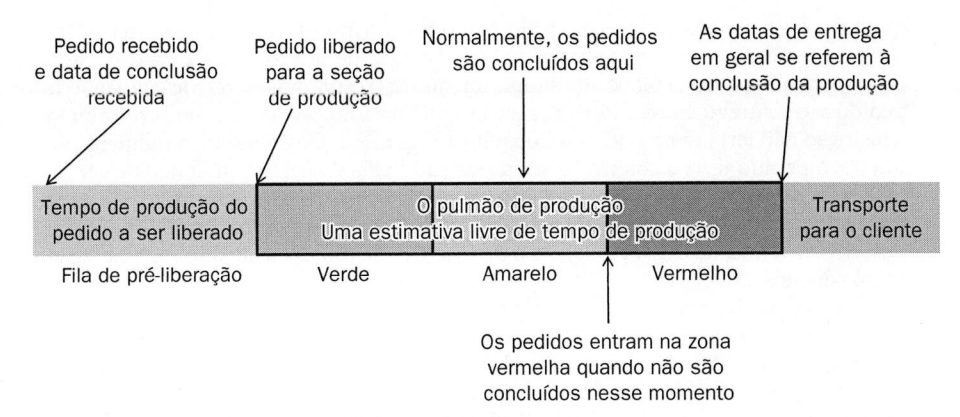

Fila de pré-liberação   Verde   Amarelo   Vermelho

Os pedidos entram na zona vermelha quando não são concluídos nesse momento

FIGURA 9.1   Os elementos do tempo de atravessamento.

cipal missão das operações. Portanto, o departamento de marketing e o departamento de vendas devem aproveitar esse tempo de atravessamento reduzido para obter preços mais altos e ampliar o mercado praticamente à vontade. Isso significa que esses dois departamentos devem ser totalmente atualizados sobre essas novas capacidades e o *status* atual da produção.

Controle de carga

No TPC tradicional, a função do tambor, a programação detalhada da restrição, era medir a carga nessa restrição e determinar se a data de conclusão prometida era segura. Quando nenhuma programação detalhada for utilizada, é necessário empregar outro mecanismo para medir a carga.

A *carga planejada é o acúmulo de carga originada na restrição, ou qualquer outro recurso relativamente carregado, de todos os pedidos da empresa (liberados e à espera de liberação) que foram entregues em um determinado horizonte de tempo.* É claro que seria possível definir mais de um horizonte de tempo. Cada um oferece uma carga planejada para uma aplicação específica. Entretanto, ter um horizonte para garantir que não prometamos datas de entrega que não possam ser cumpridas é especialmente importante. O horizonte de tempo para uma decisão como essa deve abranger todos os pedidos já recebidos (tanto liberados quanto não liberados para produção) que possam disputar a capacidade necessária ao novo pedido recebido. Um parâmetro fundamental é a expectativa realista do mercado em relação à data de conclusão. Se assumirmos que um cliente que submeteu um pedido espera obtê-lo não além do tempo de atravessamento padrão do setor, o horizonte de tempo deve incluir todos os pedidos a serem entregues dentro desse tempo de atravessamento padrão. Talvez precisemos ampliar um pouco mais esse horizonte para cobrir a carga máxima que forçaria a proposição de uma data de conclusão posterior.

Definitivamente, não existe nenhum anseio em ampliar esse horizonte de maneira significativamente maior que as expectativas do cliente em relação ao tempo de resposta de um pedido. Talvez alguns pedidos presentes na programação tenham datas bem mais avançadas porque alguns clientes querem garantir que haja capacidade disponível para seus pedidos futuros. Não obstante, precisamos considerar esses pedidos quando verificamos a possibilidade de entregar um pedido recém-recebido? A capacidade necessária deve ser considerada somente quando um pedido desse tipo entra no horizonte programado.

Que benefício a carga planejada oferece? A informação mais importante a ser extraída da carga planejada é a previsão aproximada do tempo de processamento de um novo pedido pela restrição (o elo mais fraco). Essa informação é fundamental para avaliar uma "data segura" para conclusão do pedido. Trata-se apenas de uma aproximação grosseira do tempo que a restrição de fato levaria para processar o pedido, porque nossos dados não são necessariamente precisos e nós não garantimos a sequência de processamento na restrição. Além disso, para obter a carga planejada simplesmente acrescentamos na restrição a carga de todo pedido a ser entregue nesse horizonte de tempo. Portanto, na verdade nós presumimos que a restrição não teria tempo ocioso. Consulte a Figura 9.2. Desse modo, o momento em que um novo pedido teria a chance de ser processado pela restrição está longe de ser preciso, mas ele pode ser útil como uma avaliação grosseira. Só precisamos saber que data de conclusão é suficientemente segura para nos comprometermos com a conclusão do pedido. Para isso, necessitamos da carga planejada e da inserção de um determinado pulmão de tempo, como veremos em breve.

Tecnicamente, a carga planejada é semelhante a um cronograma. Para obtê-la, todos os pedidos com entrega programada são considerados, acrescentando-se no cronograma o tempo que a restrição deve investir. O fim da carga planejada é uma data – a data aproximada em que a restrição terminaria de processar todos os pedidos conhecidos no momento. Na Figura 9.2, essa data é 13/06/2010. Um aspecto fundamental dessa data é que essa sequência quase arbitrária não é imposta na restrição. A restrição deve seguir as prioridades gerais do GP e quando um ou mais pedidos de algum cliente ficam emperrados em etapas anteriores, outros pedidos devem ser processados antecipadamente e os pedidos atrasados devem receber maior prioridade no momento em que chegarem a restrição.

Para demonstrar ainda mais que carga planejada não é uma programação, analisemos o exemplo a seguir. Suponha que estejamos em um ambiente reentrante, no qual o pedido passa pelos mesmos recursos várias vezes. Na carga planejada, todo o tempo acumulado que a restrição tem para investir nesse pedido aparece uma única vez. Definitivamente, essa visão não oferece uma programação realista, visto que o pedido é processado várias vezes pela restrição e no intervalo entre esses dois tempos de processamento distintos outros recursos seriam utilizados para processar esse pedido. Suponha que haja

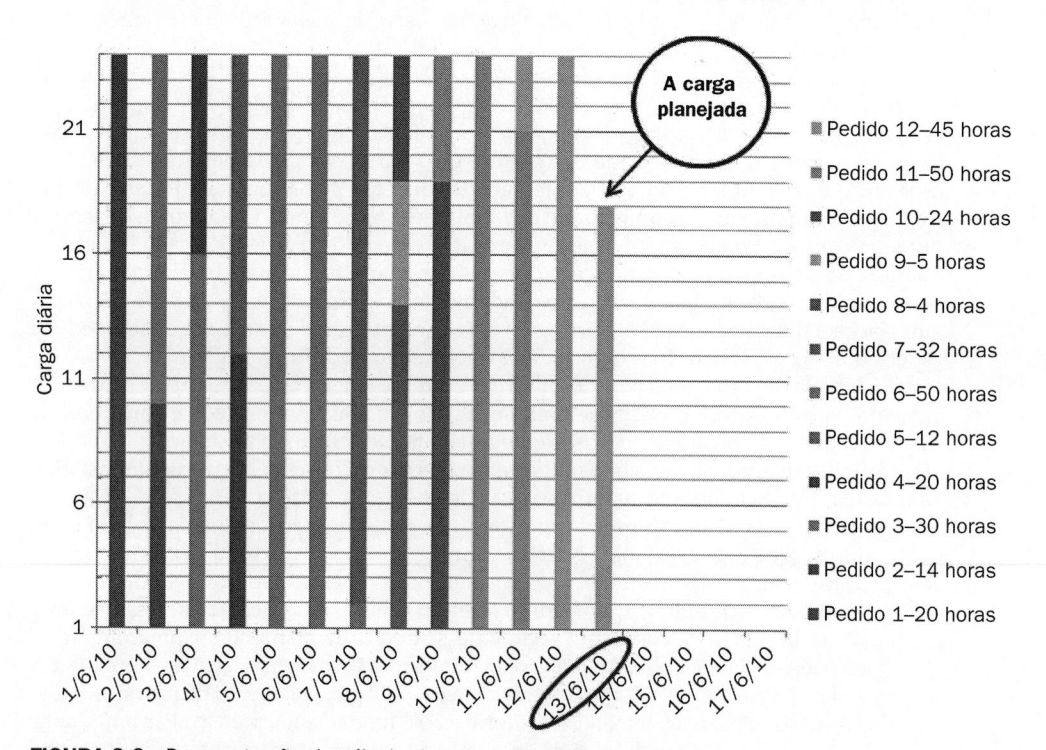

FIGURA 9.2 Demonstração do cálculo da carga planejada.

quatro máquinas, M1®M2®M3®M4, e que um pedido típico passe seis vezes pela sequência desses recursos. Não importa qual das quatro máquinas constitui o elo mais fraco, a restrição processaria o pedido em seis momentos. Portanto, quando um pedido desse tipo é inserido no cronograma da restrição, ele é posto em uma posição contínua em que se inclui toda a capacidade necessária para as seis operações. Por um lado, essa descrição não é realista. Entretanto, como média bruta, essa aproximação é suficientemente adequada para o período de tempo em que a restrição processaria o pedido e a quantidade total de capacidade necessária. A primeira operação provavelmente seria concluída logo depois da liberação do pedido para a seção de produção, ao passo que a última seria concluída bem mais tarde. Contudo, em média, todas as operações exigiriam aproximadamente o tempo distribuído na carga planejada. Queremos avaliar a data de conclusão possível prometida para o próximo pedido recebido. Portanto, o período médio em que a restrição processaria o pedido é suficientemente bom, pressupondo, é claro, que o pulmão de produção seja amplo o bastante para as seis operações na restrição.

Em que sentido a carga planejada funciona como controle de carga? A carga planejada representa o período de tempo que a restrição tem para processar todo pedido a ser entregue dentro do horizonte de tempo. Desse modo, a carga planejada, a data em que ela acabará na restrição, deve ser, definitivamente, anterior ao horizonte disponível. Ela precisa ser mais curta que o horizonte, e ter pelo menos o tempo mínimo necessário para que um pedido passe pela restrição para ser concluído. Por exemplo, se a data de finalização da carga planejada na restrição for daqui a três semanas e o horizonte for de quatro semanas, de acordo com a exigência mínima para controle de carga, uma semana é mais que suficiente para que um pedido flua da restrição até o fim da produção.

Certamente, a carga planejada não assegura que cada um dos pedidos, incluídos em algum lugar da programação, tenha tempo suficiente para ser concluído no prazo.

Determinação de datas seguras

O TPC tradicional, do mesmo modo que a maioria dos métodos de planejamento de produção, pressupõe que, assim que o planejamento de produção recebe um pedido, ele já dispõe de uma data de conclusão obrigatória. Obviamente, existem momentos em que é necessário propor uma data, mas na maioria dos casos o planejamento de produção obtém os pedidos já com as datas e deve fazer o melhor que puder para atender a todas as solicitações no prazo.

Na metodologia TPC, ocorre uma verificação imediatamente após a conclusão de programação de capacidade finita da restrição, para confirmar se todas as entregas prometidas são seguras. Essa verificação compara o tempo programado para que a restrição finalize o processamento do pedido e a data de conclusão de produção do pedido. A diferença de tempo deve ser igual ou maior que a metade do pulmão de remessa. Só para lembrar, no TPC o pulmão de remessa é a estimativa livre do tempo necessário entre a restrição e a conclusão do pedido. Em algum momento, no processo de programação da restrição, essa diferença de tempo nem sempre pode ser mantida. Às vezes, a programação oferece mais tempo que o necessário para o pedido transcorrer da restrição à conclusão, mas muitas vezes é oferecido um tempo menor que o pulmão de remessa. Isso significa que, quando a diferença entre a programação da restrição e a data de conclusão é um pouco menor que o pulmão de remessa ideal, o pedido está fadado a ficar atrasado? Nessa verificação pressupõe-se que, desde que se ofereça metade do tempo do pulmão de remessa, a data de conclusão é suficientemente segura porque o GP daria ao pedido uma prioridade adequada para fazê-lo fluir nos centros de trabalho restantes até sua conclusão.[15]

---

[15] O GP também é uma fonte em que é necessário concentrar iniciativas para equilibrar o fluxo. Isso é mencionado posteriormente neste capítulo como *processo de melhoria contínua* (PMC).

No TPC-S, precisamos desenvolver um procedimento para garantir que a data de conclusão seja segura. Contudo, é necessário contestar a suposta circunstância em que o planejamento de produção recebe uma data de conclusão e, em alguns casos, o departamento de vendas precisa entrar em contato com o cliente e renegociar a data. Em outras palavras, devemos *sempre informar o departamento de vendas sobre as datas que podem ser prometidas a qualquer novo pedido que está sendo recebido*. O planejamento de produção do TPC não poderia propor uma data de conclusão para um pedido que ainda não está incluído na programação. Evidentemente, sempre é possível examinar a programação do TPC e, com base nessa análise, supor que data poderia ser segura. Só depois a programação do TPC confirmaria a data ou recomendaria atrasar a data de entrega prometida. No TPC-S, podemos ser mais flexíveis.

Um procedimento que evidencie quais datas podem ser prometidas com segurança a qualquer pedido recebido, oferece benefícios importantes. Primeiro, uma vez que o departamento de vendas tiver certeza de que essas datas não foram manipuladas pela produção, um dos principais motivos da tensão inerente entre esse departamento e o departamento de produção estará resolvido. Segundo, esse procedimento oferece a possibilidade de exigir mais da restrição em momentos de demanda máxima porque ele uniformiza constantemente a carga na restrição oferecendo datas baseadas na carga atual.

A regra para determinar uma data de conclusão segura é somar *a data da carga planejada atual* (*a primeira data na carga planejada*) com metade do tempo do pulmão de produção.

Na Figura 9.3 vemos uma representação gráfica dos segmentos de tempo do cálculo de uma data segura a ser prometida para os pedidos dos clientes e para determinar a data de liberação dos pedidos para produção. Na parte superior direita dessa figura, verificamos que um pulmão de produção completo é inserido na data segura prometida ao

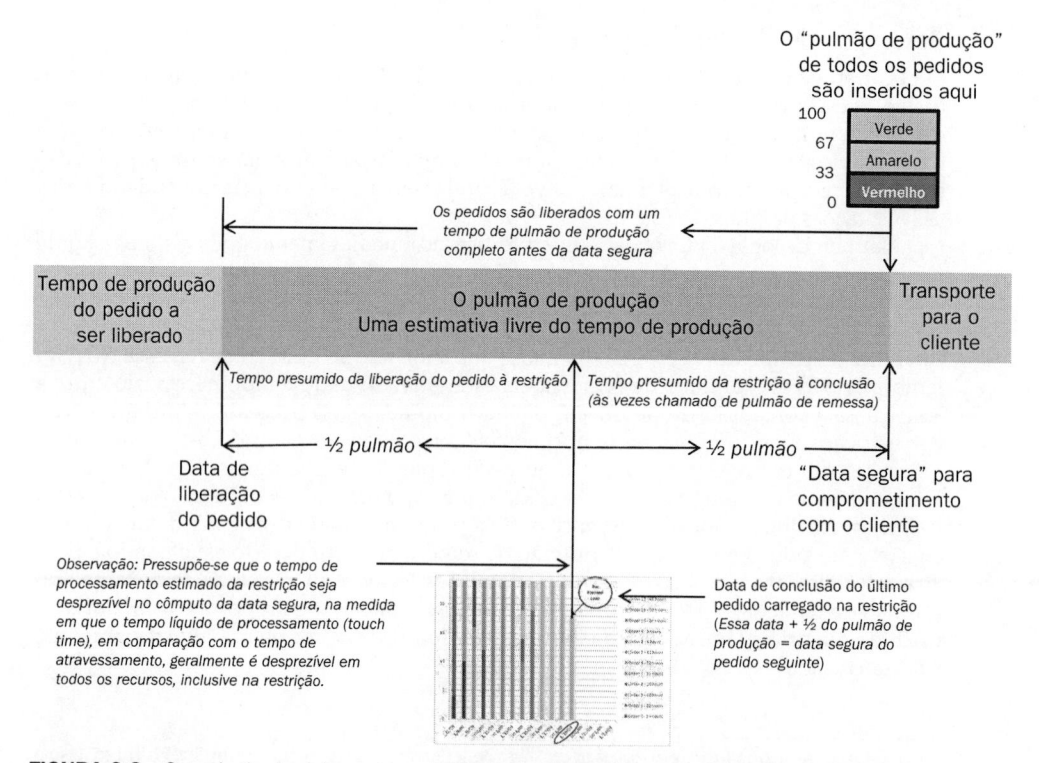

FIGURA 9.3 Cronologia da data segura, da liberação de pedidos e da inserção de pulmões no TPC-S.

cliente. Ainda nessa parte, observamos que movemos para trás uma duração do pulmão de produção completo para determinar a data de liberação do pedido. Nos segmentos inferiores da figura, abordamos os elementos que são utilizados no cálculo da data segura. (Determine a data em que a carga planejada acaba na restrição e acrescente metade do pulmão de produção.) Observamos que o pulmão de produção (uma estimativa livre do tempo de produção) é dividido logicamente ao meio. Quanto à divisão do pulmão de produção ao meio, é possível ver que o ponto divisório (em tempo) é o ponto em que o processamento está para ocorrer na restrição (representado por uma imagem minimizada do perfil da carga planejada da restrição). Metade do tempo do pulmão de produção é acrescentada à data de conclusão programada do último pedido planejado na carga prevista para a restrição. Isso efetivamente acrescenta o tempo necessário à conclusão do processamento na restrição e principalmente o fim do processo de produção do novo pedido. Acrescentando essa metade do pulmão de produção à data programada da restrição, obtemos a data segura para que o novo pedido chegue à plataforma de remessa. A partir desse mesmo ponto no diagrama de carga, a outra metade do pulmão de produção (em vigor, a metade anterior) é subtraída do tempo no qual o processamento está para ocorrer na restrição. Vale notar que, nesses cálculos, o tempo de processamento real na restrição (tempo líquido de processamento) é ignorado no cálculo da liberação de matérias-primas e das datas de remessa previstas porque o tempo líquido de processamento na restrição em comparação com o tempo de atravessamento no processo de produção normalmente é desprezível.

Em outra sequência, vemos que, a partir da liberação do pedido para processamento na restrição, oferecemos metade do pulmão de produção para que o pedido chegue a restrição e a outra metade do pulmão de produção para que o pedido flua da restrição à conclusão. (Esses dois componentes de tempo são subentendidos na liberação do pedido como um tempo de pulmão de produção completo antes da data segura.) Somando o tempo de processamento na restrição com metade do pulmão de produção, obtemos a data segura a ser prometida para o cliente.

A regra não especifica a posição das operações restritivas na sequência. Portanto, definir o tempo necessário entre a carga planejada e a data de conclusão segura como metade do pulmão de produção do produto solicitado pelo pedido parece arbitrário. Isso funciona bem, exceto quando a restrição está bem próxima (em termos de tempo) da liberação de material ou remessa. Nesse caso extremo, deve ser empregada alguma outra divisão (que não seja a metade do pulmão de produção antes ou depois da restrição), como poderemos ver posteriormente.

Outra questão é saber se a quantidade do pedido de produção afeta de maneira sensível o tamanho do pulmão de produção e a carga planejada. Suponha que o pulmão de produção de um pedido de tamanho "normal" de 50 unidades seja 10 dias. Se o pedido fosse de 200 unidades, ao que parece o tempo de processamento na restrição seria significativamente maior que o usual e afetaria o tempo que o pedido exige das operações posteriores. Não seria?

O raciocínio por trás da regra de utilizar o pulmão padrão para pedidos com diferentes quantidades é ter um método simples e objetivo para monitorar a carga na restrição e determinar datas seguras adequadas. Em um mundo em que os dados frequentemente não são precisos (os tempos de processo são, muitas vezes, apenas estimativas grosseiras) e estão expostos a incertezas significativas tanto de fontes externas quanto internas, a única maneira de lidar bem com isso é procurar regras de planejamento e execução "suficientemente adequadas". Os pulmões de tempo introduzidos normalmente não são ótimos. Porém, se forem bons o suficiente, darão conta do recado. Um pedido grande exige um tempo de processamento maior, mas esse tempo em geral é pequeno em relação ao tempo de produção. Portanto, desde que não estejamos falando de um pedido exageradamente grande, é provável que o mesmo pulmão de produção possa ser usado. No caso de um pedido cujo tamanho for quatro vezes maior que o tamanho regular, parece cabível que esse pedido terá maior probabilidade de penetrar na zona vermelha. Se isso ocorrer com frequência, podemos aumentar o pulmão de produção quando o tamanho de um pedido específico for bem superior ao tamanho médio dos pedidos. O mesmo se aplica à avaliação da carga planejada. Como não se trata de uma programação real e não existe nenhuma garantia de que a restrição processará o pedido de acordo com o tempo "programado", é suficiente afirmar que a data segura fornecida é adequada o bastante para deixar o GP assumir o comando e estabelecer as prioridades necessárias. O que mais devemos assegurar? Precisamos liberar o pedido em um momento em que ele tenha um tempo de pulmão de produção completo para fluir por toda a seção de produção, inclusive pela restrição.

Portanto, o tempo de liberação do pedido deve corresponder à carga planejada menos metade do pulmão de produção desse tipo de pedido.[16] Quando as datas seguras são fornecidas aos clientes, o pedido obtém um tempo de pulmão de produção completo para cobrir as operações desde a liberação de material até a conclusão do pedido.

Essa regra se aplica à vasta maioria dos casos. Obviamente, quando a restrição encontra-se exatamente no fim da sequência (uma situação bastante rara,[17] na realidade), mudamos o pulmão de produção anterior para ajustarmos a liberação de material e os pontos do pulmão de remessa acrescentando ao ponto final da carga planejada apenas 20% do pulmão de produção, a fim de determinarmos o ponto de remessa. Esse mesmo ajuste é empregado quando uma restrição encontra-se no início da sequência. Liberamos o material com pelo menos 20% do pulmão de produção antes da carga planejada e acrescentamos 80% do pulmão de produção à carga planejada para determinarmos a data segura de remessa. Somente esses casos extremos justificam uma exceção à regra.

O que ocorre quando o departamento de vendas prevê uma data de conclusão diferente da data segura fornecida pela carga planejada?

Recomenda-se que o departamento de vendas proponha o tempo de entrega padrão sempre que a data segura for anterior à data convencional. O problema é quando o departamento de vendas não segue a diretriz de data segura e propõe uma data anterior à data segura. Se isso ocorrer raramente e a data proposta para a maioria dos pedidos for segura ou posterior a essa data, é aconselhável liberar o pedido para a produção com um tempo de pulmão completo (pulmão de produção) antes da data de conclusão. Se o método de proposição de datas de conclusão anteriores à data segura for utilizado com frequência, não será possível utilizar o mecanismo de data segura de modo algum e a empresa precisará retroceder ao comportamento "fazemos o possível para cumprir as datas, mas às vezes simplesmente não conseguimos".

Suponha que a data segura seja bem anterior à data de remessa real fornecida ao cliente. A data de liberação deve continuar sendo a carga planejada menos metade do pulmão de produção? Nesse caso, o pulmão de tempo real é bem maior que o pulmão de produção.

O primeiro impulso é liberar o pedido com um tempo de pulmão de produção completo antes da data de conclusão prometida. Entretanto, existe uma justificativa importante para mantermos a liberação de material na data em que a restrição o processará, subtraindo metade do pulmão de produção. Se não liberarmos o pedido nesse tempo, porque ele é superior ao tempo do pulmão de produção até a data de conclusão, é bem provável

---

[16] Diferentes famílias de produtos poderiam ter pulmões de produção consideravelmente distintos. Presumimos que são utilizados tamanhos de pulmão diferentes *somente* quando ele é no mínimo 25% superior ou 25% inferior aos tamanhos de pulmões já definidos.

[17] O motivo é que os pedidos encontram-se em sua maioria próximos do fim do processo de produção, quando o cliente reclama. A alta administração então aumenta a capacidade dessas operações, pensando que elas são a causa do problema do atraso. Por isso, normalmente a capacidade protetiva das últimas operações é ampla.

que a restrição fique ociosa nesse tempo ou um pouco depois. Pode-se argumentar que ter uma restrição ociosa, quando ela não é uma restrição assídua, não é tão ruim quanto parece. O fato de a data da carga planejada atual mais a metade do pulmão de produção ser anterior à data prevista pelo do tempo de atravessamento padrão significa que as vendas estão um pouco abaixo daquelas que temos capacidade para realizar. Não obstante, deixar a restrição ociosa quando temos um pedido concreto em mãos implica que podemos perder essa capacidade. Vejamos um exemplo.

O tempo de atravessamento padrão é de oito semanas. O pulmão de produção é de quatro semanas. A carga planejada atual é de duas semanas apenas. A regra estabelece que a data segura seja duas semanas (a carga planejada atual) mais metade de quatro semanas (metade do pulmão de produção). Isso significa que a data segura está a quatro semanas do presente momento e a liberação ocorre no presente. Entretanto, se o departamento de vendas propuser oito semanas, a pergunta prática é: "Devemos liberar o pedido agora ou aguardar quatro semanas e então liberá-lo (deixando quatro semanas de pulmão de produção para o pedido)?".

Se postergarmos a liberação do pedido atual e agirmos assim em todo pedido que obtiver a data de conclusão de oito semanas a partir do momento presente, em duas semanas a restrição ficaria ociosa por algum tempo. Se, dentro de duas a quatro semanas, entrar uma quantidade bem maior de pedidos que impeliriam a carga planejada a ultrapassar seis semanas, em virtude da falta de capacidade nesse momento, o tempo proposto para alguns pedidos talvez seja superior a oito semanas. Aí está o dano – não utilizamos plenamente a restrição em tempos de baixa demanda e posteriormente descobrimos que precisamos dessa capacidade que foi perdida.

Desse modo, é aconselhável liberar o material com base na carga planejada menos metade do pulmão de tempo de produção para os pedidos com data de conclusão posterior à data de segurança. Isso garante que, se tivermos pedidos a serem entregues de acordo com o tempo de produção padrão, nós os liberaremos no tempo apropriado para carregar a restrição continuamente. Sem dúvida, existem nítidos pontos negativos em iniciar a produção antes do tempo de fato necessário para garantir que um pedido específico seja concluído no prazo. Não obstante, caso a seção de produção não esteja totalmente carregada e o desperdício da capacidade da restrição possa provocar danos significativos no futuro, é também aconselhável liberar o pedido antes nessas circunstâncias.

Reserva de capacidade

E se alguns dos produtos finais tiverem tempos de atravessamento significativamente diferentes?

Desde que a carga planejada mais a metade do pulmão de produção ainda esteja de acordo ou seja anterior ao tempo de produção padrão mais curto, não há nenhum problema – assim é possível propor o tempo de produção padrão. Contudo, se a carga planejada ultrapassar o tempo de produção padrão mais curto, o que devemos fazer? Talvez seja possível se comprometer com a entrega, pois uma parcela considerável dos pedidos tem tempos de produção mais longos. Nesse caso, uma ligeira mudança nas prioridades, o que é feito naturalmente pelo GP (os pedidos com um pulmão curto mudam de cor mais rapidamente), continuaria garantindo um excelente desempenho quanto à data de conclusão. Porém, até que ponto podemos afirmar?

O problema na determinação de uma data segura com base na carga planejada é que supomos que no momento em que calculamos a data segura todos os pedidos previstos para serem entregues antes dessa data sejam conhecidos. Se, ao determinarmos uma data segura, não tivermos certeza de que temos todos os pedidos a serem entregues até essa data, não poderemos nos basear na carga planejada.

Existem quatro situações em que a possibilidade de ter pedidos com tempo de entrega mais curto é relevante.

1. No mercado, tem-se a percepção[18] de que para os produtos convencionais o tempo de entrega deve ser menor que o dos produtos mais complexos.
2. Um cliente estratégico exige uma entrega mais rápida que a entrega padrão.
3. No tipo de serviço que oferece "rápida resposta", caso em que os clientes recebem um atendimento opcional de entrega extremamente rápida por um preço consideravelmente mais alto.
4. Os produtos do tipo produção para estoque (MTS). Nesse caso, o problema é que, quando os pedidos para estoque são liberados, o tempo em que esses itens serão necessários não é conhecido *a priori*. Abordaremos essa questão em outro capítulo dedicado à produção para disponibilização (MTA).

Todas essas quatro situações devem ser gerenciadas com o mecanismo de reserva de capacidade para os produtos "especiais" que precisam ser concluídos mais rapidamente. Suponha que em média a parte dos "itens de rápida entrega" exija em torno de 25% da capacidade da restrição. Se decidirmos atribuir apenas 70% da capacidade disponível da restrição aos pedidos regulares, para que dessa maneira os cálculos de carga planejada considerem somente 70% da capacidade disponível da restrição, na verdade atrasaremos a data segura calculada para os pedidos regulares.

Vejamos um exemplo. A restrição tem uma capacidade disponível de 16 horas por dia. Os pedidos de rápida entrega utilizam, em média, 25% da capacidade. Entretanto, como se trata apenas de uma média, dediquemos 30% da capacidade da restrição a esses pedidos, deixando apenas 11,2 horas por dia (70% de 16 horas) para o processamento dos pedidos "regulares". O cálculo da carga planejada principal – utilizado para determinar as datas seguras – para pedidos regulares deve basear-se apenas nos pedidos regulares e na capacidade disponível de 11,2 horas por dia. Se os pedidos regulares atuais compreenderem 100 horas de trabalho da restrição, mais 27 horas para pedidos "especiais", o pedido regular subsequente que for recebido deve ter uma data segura de 9 dias úteis (100 horas de carga/11,2 horas por dia = 8,92 dias, resultado que é então arredondado para 9 dias) a partir do momento, mais metade do pulmão de produção expresso em dias úteis. Evidentemente, em vez de usar o número de dias úteis a partir do momento, devemos convertê-lo em uma data específica, de acordo com o calendário. Essa é a data mais antecipada que pode ser proposta ao cliente como data segura de conclusão do pedido.

E se um "pedido especial" for recebido, que data segura ele deve obter?
Presumimos que a data de conclusão de um pedido especial não seja negociável. Ela é determinada exclusivamente pelo compromisso que se firma com o cliente. Isso significa que, se a demanda por pedidos especiais ultrapassar o nível de reserva, os pulmões dos pedidos regulares e dos especiais serão consumidos, e isso ameaçará o desempenho da data de conclusão de ambas. Nesse caso, é definitivamente indispensável aumentar a capacidade.

Os pedidos especiais devem obter uma prioridade maior que os regulares?
A resposta básica é não. Todos os pedidos disputam a capacidade dos recursos de acordo com seu *status* de cor (verde, amarelo e vermelho). Se quisermos ter certeza de que os pedidos especiais estão dentro do prazo, a medida correta seria aumentar o pulmão de produção dos pedidos especiais.

Uma questão importante precisa ser esclarecida: a restrição *não* divide seu tempo entre os pedidos regulares e especiais de acordo com a porcentagem de reserva. A restrição trabalha o tempo todo com base nas prioridades do GP. Quando não há nenhum pedido especial, as 16 horas são dedicadas exclusivamente ao processamento dos pedidos regulares.

---
[18] Na verdade, essa percepção está errada porque o tempo de processamento é uma parte desprezível do tempo de atravessamento e a principal parte que dita o tempo de entrega é a espera imposta pelo recurso com a menor capacidade.

Gerenciamento de pulmões

> Os princípios básicos do GP para um ambiente de produção para estoque (MTS) não mudaram na transição do TPC para o TPC-S. Entretanto, a importância fundamental do GP para o sucesso da implementação aumentou. Uma vez que o pedido é liberado, o único controle que se tem sobre esse pedido é feito por meio do GP. Em vista da maior flexibilidade oferecida à fase de execução, a apresentação de prioridades adequadas torna-se absolutamente necessária ao bom cumprimento das diretrizes do planejamento.
>
> De acordo com o procedimento de planejamento do TPC-S, todo pedido recebe um pulmão de tempo de produção e uma data de conclusão. Com base nessas datas de conclusão, determina-se a programação de liberação de material (data de conclusão menos o pulmão de tempo de produção). Em qualquer momento dado, o tempo restante para o pedido até a respectiva data de conclusão constitui o pulmão de tempo remanescente. O tempo do pulmão menos o pulmão remanescente é a porção consumida do pulmão até então. A porcentagem consumida do pulmão em relação ao pulmão total é o "*status* do pulmão". Lembre-se: um *status* de pulmão inferior a 33% é considerado verde. Entre 33% e 67% é considerado amarelo. Acima de 67%, é considerado vermelho.

Um exemplo

O operador de um recurso (não necessariamente a restrição) tem quatro diferentes pedidos neste exato momento na fábrica. Há mais pedidos na seção de produção, mas no momento apenas esses quatro encontram-se na operação. O pedido A1 deve ser entregue em cinco dias; o pulmão de tempo de produção é de oito dias. O pedido B1 está programado para ser entregue em três dias e o pulmão de tempo de produção é de seis dias. A data de conclusão do pedido C1 é daqui a dez dias e o pulmão de tempo de produção é de oito dias. O pedido D1 deve ser concluído daqui a oito dias e o pulmão de tempo de produção (que é longo, porque exige muito processamento manual, mas felizmente a maior parte do trabalho manual já foi executada) é de 35 dias úteis.

O código de cor do pedido A1 é:

$$(8 - 5)/8 \times 100\% = 37{,}5\% \rightarrow \text{Amarelo}$$

O código de cor do pedido B1 é:

$$(6 - 3)/6 \times 100\% = 50\% \rightarrow \text{Amarelo}$$

O código de cor do pedido C1 é:

$$(8 - 10)/8 \times 100\% = -25\% \rightarrow \text{Verde (na verdade, acima do verde)}$$

Observe que esse pedido pode ter sido liberado antes para impedir que a restrição fique ociosa.

O código de cor do pedido D1 é:

$$(35 - 8)/35 \times 100\% = 77{,}14\% \rightarrow \text{VERMELHO!}$$

Certamente, o recurso deve processar imediatamente o pedido D1. Qual será o seguinte? Nesse momento, ainda não sabemos. Mais pedidos podem aparecer e um ou dois deles poderiam ser vermelhos. As porcentagens de pulmão e de penetração do pulmão de cada um desses pedidos são mostradas na Figura 9.4.

Vários pontos desse exemplo merecem ser discutidos. O pedido D1 tem a data de conclusão mais longa dentre os quatro candidatos atuais ao processamento imediato. Contudo, como o pulmão do pedido D1 é longo, presumimos que ele necessite dessa duração enquanto pulmão e, portanto, os oito dias remanescentes do pedido estão sob pressão.

Todavia, está claramente especificado que o trabalho manual correspondente ao processamento do pedido D1, o que justificou esse pulmão especialmente longo, já foi executado. Nessa situação, devemos considerar o pedido D1 como um "pedido vermelho"?

Pulmões atribuídos a cada pedido

Pedido A1 — % de penetração do pulmão — 37,5%

Pedido B1 — 50%

Pedido C1 — −25%

PROCESSO SEGUINTE →
(Maior penetração do pulmão, portanto menor tempo restante para conclusão)

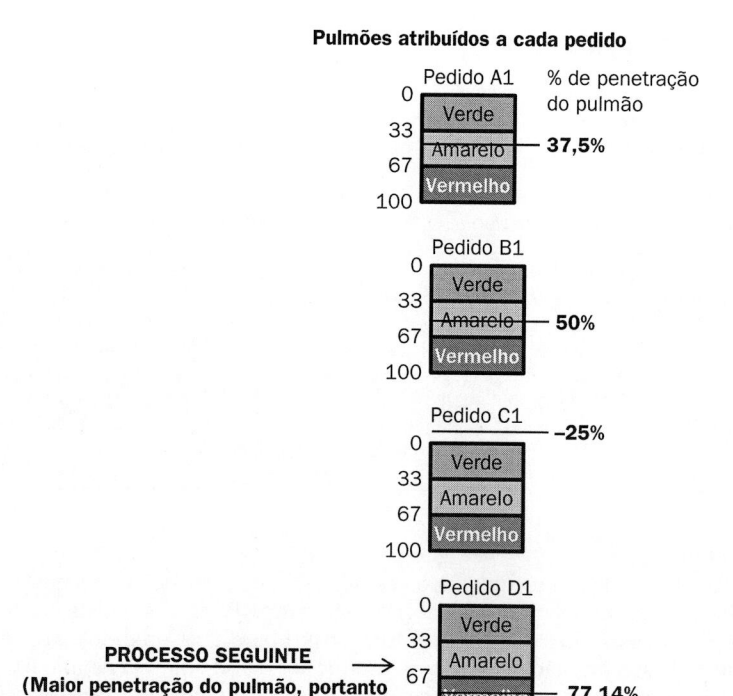

Pedido D1 — 77,14%

FIGURA 9.4 A penetração do pulmão mostra as prioridades de processamento.

Talvez nesse ponto da sequência operacional o pedido D1 não seja de fato urgente. Porém, implementamos um processo que deve produzir bons resultados na vasta maioria dos casos. Podemos realmente aperfeiçoar o procedimento de priorização a ponto de, a despeito das flutuações na seção de fabricação e dos erros cometidos pelas pessoas, obtermos resultados mais adequados? Tentar aperfeiçoar, com demasiado afinco, em meio ao "ruído" (nível de incerteza) do ambiente, na verdade aumenta o impacto do ruído. Essa é uma das constatações que obtivemos do experimento do funil, de Deming.[19]

Suponha que D1 esteja empacado em algum lugar anterior ao recurso pertinente. Portanto, há apenas três pedidos na fábrica nesse momento. Qual pedido o operador deve escolher? O *status* do pulmão de B1 é superior ao de A1, mas a regra é decidir com base na cor. Ambos têm a mesma cor, amarelo, e a escolha de um ou de outro é aceitável. Presumimos que o operador esteja ciente do *status* do pulmão, mas talvez pense na possibilidade de economizar uma preparação, o que é importante apenas para os pedidos com o mesmo código de cor.

Carga planejada de curto prazo

O controle de carga é necessário principalmente para estabelecer a sincronização entre o departamento de produção e o departamento de vendas, sobretudo oferecendo estima-

---

[19] O *APICS Dictionary* (Blackstone, 2008, p. 56) define *experimento do funil* como "Experimento que demonstra os efeitos da intervenção. São colocadas bolinhas de gude em um funil para tentar acertar um alvo em uma superfície plana que está logo abaixo do funil. Esse experimento demonstra que ajustar um processo estável para compensar um resultado indesejável ou um resultado extraordinariamente bom produzirá um resultado pior em comparação ao que seria obtido se o processo tivesse sido deixado em paz". (© *APICS* 2008. Utilizada com permissão. Todos os direitos reservados.)

tivas de data segura que constituam as datas mais antecipadas a serem utilizadas pelo departamento de vendas para proposição ao cliente. Portanto, o horizonte de tempo dessa carga planejada é a expectativa dos clientes quanto ao tempo de resposta. A carga planejada desse horizonte principal também oferece sinais para aumentar as vendas ou as restringir a um determinado nível.

E quanto ao horizonte imediato, como o tempo do pulmão de produção? Todo pedido presente na seção de produção neste exato momento deve ser entregue de acordo com o tempo do pulmão de produção (a menos que esse pedido tenha sido liberado antes para manter a restrição ocupada). O ponto de controle de carga nesse momento é averiguar se a capacidade da restrição é mais que suficiente para entregar tudo no prazo.

Como seria se o TPC-S se deparasse com uma situação em que ficasse sem capacidade e a probabilidade de entregar todos os pedidos no prazo fosse ínfima? Afinal de contas, todos os pedidos receberam uma data de conclusão que estava de acordo com a capacidade disponível, avaliada com base na carga planejada.

Há várias causas possíveis para essa falta de capacidade em um prazo extremamente curto. Uma delas é que existe capacidade suficiente, mas em forma de horas extras ou de trabalhos terceirizados, o que significa que a capacidade requer maior dispêndio de dinheiro. Essa capacidade extra provavelmente foi considerada pela carga planejada (dependendo de como a carga planejada foi modelada). Porém, agora é necessário tomar uma decisão clara sobre se de fato se deve utilizar horas extras e quanto. Portanto, um mecanismo de controle de carga de curto prazo deve estar em vigor para apoiar a decisão sobre a necessidade de utilizar horas extras e a quantidade a ser utilizada.

Pode haver também outras causas, mais graves, para a falta de capacidade a curto prazo. Talvez, em virtude da lei de Murphy, a restrição tenha ficado inativa e essa perda de capacidade agora esteja cobrando seu preço. Outra causa é que um número demasiado de pedidos especiais, a serem entregues em um prazo extremamente curto, foi recebido e agora parece que um ou mais pedidos podem ficar atrasados, a menos que se encontre uma rápida solução para aumentar a capacidade.

A carga planejada para um curto horizonte de tempo, cujo objetivo é verificar as necessidades de capacidade de curto prazo, deve incluir todos os pedidos liberados para a seção de produção; ou seja, tanto os pedidos regulares quanto os especiais.

Outra aplicação especial da carga planejada é controlar os pedidos especiais, considerando apenas a parte reservada da capacidade. O objetivo do tipo de carga planejada parcial é confirmar a validade do nível de reserva e observar os casos em que os pedidos especiais definitivamente "roubariam" capacidade dos pedidos regulares. Mesmo que essa situação não seja problemática, como quando o número de pedidos especiais é muito alto, o fato de os pedidos especiais terem de "roubar" capacidade dos pedidos regulares é suficientemente significativo para nos levar a reconsiderar o nível apropriado de reserva de capacidade.

O conceito de "folga"

Como mencionado anteriormente, quando a data de conclusão definida pela carga planejada mais metade do pulmão de produção ultrapassa a data segura, o pedido ainda assim deve ser liberado na carga planejada menos metade do pulmão de produção. Isso cria um pedido com pulmão de produção maior que o regular.

Quando o departamento de vendas emprega habitualmente a diretriz de propor o tempo de entrega padrão, com exceção dos casos em que a data segura é posterior a essa data, a maioria dos pedidos tende a ter pulmões de tempo mais amplos. O *software* Symphony, desenvolvido pela Inherent Simplicity Inc., chama essa diferença de tempo, entre o pulmão de tempo real e o pulmão de produção regular, de "folga". Essa "folga" significa que a produção é capaz de processar mais pedidos e continuar cumprindo as datas de conclusão atuais. Por isso, a folga é um sinal para que o departamento de vendas procure obter mais pedidos.

Existe outra aplicação para a *folga*. E se fosse recebido um pedido com solicitação de entrega anterior à data segura? Normalmente, supomos que uma situação desse tipo seja gerenciada pela reserva de capacidade. Porém, às vezes, nenhuma reserva foi contabilizada ou foi totalmente consumida. Contudo, se houver vários pedidos com folga, talvez seja possível inseri-los em uma data ligeiramente posterior no cronograma e, desse modo, oferecer a oportunidade de entregar esse novo pedido no tempo solicitado. O que esse *software* faz é simular a carga atualizada inserindo a capacidade necessária ao novo pedido em um lugar que contribua para a data solicitada. Desse modo, ele empurra alguns dos pedidos para datas posteriores, verificando se todos os pedidos continuam com o meio pulmão apropriado entre sua suposta programação na carga planejada e a respectiva data de conclusão.

Quando o TPC-S cai como uma luva

A ideia original de empregar o TPC-S e não o TPC deveu-se ao fato de ele ser adequado a ambientes mais simples. Certamente, ele se enquadra no caso em que não há nenhuma restrição de capacidade ativa. Com o passar do tempo, esse conhecimento foi ampliado para incluir no TPC-S os casos que tinham uma restrição ativa, mas não exigiam nenhuma programação sofisticada da restrição. Na época, supunha-se que, quando a programação detalhada da restrição fosse objetiva, bastava sequenciar a restrição de acordo com as prioridades do GP na seção de produção, mas os casos mais complicados devessem ser gerenciados pelo TPC e seus três pulmões. Um bom exemplo de caso intrincado é o de uma operação restritiva que alimenta outra operação restritiva. O procedimento relativamente complexo para esse caso é descrito em *A Síndrome do Palheiro* (Goldratt, *The Haystack Syndrome*, 1990a).

O paradigma que o autor deste capítulo precisou combater refere-se à ideia de que, quando o ambiente é verdadeiramente complexo, o planejamento detalhado é indispensável. Afinal de contas, é necessário considerar inúmeras variáveis. Portanto, para obter a sincronização desejada, deve-se ter um plano sofisticado.

Frequentemente, a inércia impede a quebra de um paradigma. Foi uma experiência surpreendente constatar que esse paradigma de senso comum, segundo o qual uma situação complexa requer um planejamento sofisticado, precisava ser invertido!

Duas citações significativas de Goldratt, mencionadas em épocas diferentes, contribuíram para essa mudança de paradigma:

1. Na realidade, temos tanto a complexidade quanto a incerteza e somos afortunados por ter ambas simultaneamente.
2. Quanto mais complexo o problema, mais simples deve ser a solução.

A primeira afirmação significa que, quando a incerteza soma-se à complexidade, não é possível alcançar uma solução ótima e ao mesmo tempo prática. Quando muitas variáveis afetam o resultado, a "solução ótima" normalmente é uma "solução delicada", isto é, mesmo um pequeno desvio da solução ótima detalhada provocaria uma queda significativa no resultado. Em um ambiente de incertezas, não há como implementar uma solução multivariável sem provocar algum desvio.

O exemplo a seguir deve demonstrar o erro em procurar uma "solução ótima" para uma situação complexa e incerta.

Suponhamos que você vivesse em Telavive, Israel, e precisasse ir a Phoenix, Arizona, para uma reunião com o conselho de administração de um importante cliente em potencial. Você ia querer sair de casa o mais tarde possível e passar o mínimo tempo possível aguardando os voos de conexão.

Ao que consta, seu agente encontrou exatamente o que você pediu. Você tem reservas para três trechos de voo com 30 minutos entre a aterrissagem e decolagem. Esse tempo será suficiente para chegar ao portão de embarque do voo seguinte. O agente incluiu cálculos detalhados da distância entre os portões e a segurança e controle de passaporte nos pontos intermediários para mostrar que essas distâncias são exatamente compatíveis com sua capacidade de caminhar com sua bagagem de mão. Por fim, você desembarcará no Aeroporto de Phoenix, 72 minutos antes da reunião. Esse plano leva em conta o tráfego no período após o desembarque, mostrando que você chegará à reunião na hora exata.

O que você acha desse ótimo plano? Não é um plano ideal? É maravilhoso chegar na hora sem desperdiçar nosso precioso tempo.

Mesmo se ignorarmos a maioria das incertezas e supusermos que todas as programações de voo são de fato exatas, precisaremos de muita sorte para chegar a esse plano ótimo e impecável. Normalmente, não existem tantas companhias aéreas e tanta disponibilidade de assentos. Portanto, você precisaria despender algum tempo aguardando os voos ou chegar bem antes do horário proposto por essa solução ideal imaginária. Contudo, existem várias alternativas de conexão entre Tel Aviv e Phoenix. Desse modo, seu agente deve procurar todas elas até o momento em que encontrar a melhor.

Agora, reconheçamos a incerteza. Os voos nem sempre são pontuais, as filas no controle de segurança e imigração oscilam amplamente e você nunca pode confiar no fluxo do trânsito. No frigir dos ovos, você acaba percebendo não apenas que precisa de um pulmão (proteção) para o seu plano, mas também que não faz sentido conferir um número tão grande de opções porque assim que os pulmões forem incluídos no planejamento a diferença entre as rotas alternativas será desprezível.

Esta é a constatação que se exterioriza da primeira citação de Goldratt: a inclusão da incerteza na complexidade do ambiente torna um plano sensato razoavelmente simples. Concentre-se apenas nos requisitos mínimos e evidentemente essenciais e verifique se eles estão apropriadamente protegidos.

Essa constatação nos leva para a segunda citação: as soluções para as situações complexas devem ser simples; do contrário, elas não têm chance de dar certo na realidade. Qualquer pequeno desvio em um dos vários *inputs* (a quantidade de *inputs* é o que torna o ambiente complexo) provocaria um desvio extremamente grande no resultado (*output*).

O que isso tem a ver com o TPC-S em um ambiente complexo? O que se constata atualmente é que, na vasta maioria dos casos complexos, a utilização do TPC-S é ainda mais delicada que a do TPC. Nos casos em que existe algum problema com relação à utilização do TPC-S, o emprego direto do TPC é também problemático.

Pense na operação restritiva alimentando outra operação restritiva como uma linha reentrante, tal como mencionado anteriormente. É necessário pressupor uma diferença de tempo mínima entre as duas operações restritivas do mesmo pedido. Essa diferença de tempo é essencial para garantir que os componentes cujo processamento foi finalizado pela operação restritiva anterior chegarão à operação restritiva seguinte. Dessa maneira, vários pulmões de tempo sucessivos devem ser incluídos no planejamento, forçando um longo tempo de atravessamento total. Quando o TPC-S é implementado em um ambiente desse tipo, não existe nenhuma programação predeterminada para a restrição. A consequência prática é que toda vez que os componentes da operação seguinte chegarem a restrição eles serão disponibilizados para processamento imediato com base nas prioridades desse momento. Isso possibilita que a duração total do pulmão de produção seja menor que o tempo total de pulmões sucessivos usados no TPC.

A maioria dos casos que parecem exigir uma programação sofisticada da restrição deve utilizar o TPC-S como um método prático que deixa grande parte da complexidade para ser decidida em última hora pelas pessoas que conhecem as regras suficientemente bem e estão diante das prioridades em tempo real estabelecidas pelo GP. Não obstante, o TPC-S também tem algumas limitações.

Os casos em que o TPC-S não é adequado

> O TPC-S apresenta duas condições essenciais:
>
> 1. A sequência arbitrária do processamento dos pedidos não afeta significativamente a capacidade dos recursos. Em outras palavras, a sequência como tal não faz com um recurso se torne um gargalo.
> 2. A proporção entre o tempo líquido de processamento e tempo de atravessamento de produção é bastante pequena (menos de 10% antes de o TPC-S ser implementado, menos de 20% com o TPC-S implementado). Esse tempo líquido de processamento refere-se à corrente (cadeia) de operações mais longas. O objetivo dessa definição é excluir os casos em que a montagem de milhares de componentes, realizada por diferentes conjuntos de recursos, tenha um longo tempo de processamento. Porém, como a maioria dos componentes é montada em paralelo, o tempo de atravessamento de produção real não é tão longo.

O ambiente em que a primeira condição não se aplica é aquele em que a duração da preparação depende não apenas do que será produzido, mas também do que acabou de ser produzido. Essa situação normalmente é chamada de *preparação dependente da sequência*.[20]

Quando a diferença entre os tempos de preparação é muito grande, a implementação do TPC-S pode ser problemática porque uma sequência arbitrária de processamento dos pedidos, ditada pelo GP, poderia facilmente transformar uma não restrição em um gargalo. Essa situação força o fabricante a seguir uma determinada sequência em produtos diversos. Supondo que a passagem pelo ciclo completo de produtos corresponda a uma porção bastante significativa do tempo de atravessamento padrão, inevitavelmente esse tempo será um tanto quanto longo. O que é ainda pior é que não existe muita possibilidade prática de acelerar qualquer pedido porque a sequência não deve ser mudada. Em outras palavras, o GP é capaz de mostrar as prioridades, mas é muito difícil segui-las.

Com base nisso, pode-se concluir que, mesmo no ambiente em que a preparação depende da sequência, o TPC-S pode ser aplicado se o tempo de ciclo total, o tempo entre a produção de um produto até o momento em que é possível produzi-lo novamente, for curto em relação ao tempo de atravessamento padrão. Outro caso em que o TPC-S é totalmente aplicável, mesmo em um ambiente no qual a preparação depende da sequência, é quando existem várias linhas de produção. Essa situação oferece flexibilidade suficiente para acelerar um pedido sem desperdiçar muita capacidade.

A segunda condição mencionada anteriormente nos conscientiza de que os ambientes de produção com tempos relativamente longos (mais de 10% do tempo de atravessamento antes da implementação do TPC-S) podem apresentar determinadas dificuldades para a aplicação tanto do TPC quanto do TPC-S. Em alguns casos, o que é descrito como ambiente de produção é, na verdade, um ambiente de múltiplos projetos, em que cada pedido constitui, na realidade, um projeto. Em um ambiente desse tipo, o planejamento precisa incluir a sequência de todos os recursos em cada projeto, a fim de definir claramente a corrente mais longa; do contrário, o tempo de atravessamento pode ser significativamente ampliado. Schragenheim e Walsh (2002) discutem as diferenças entre o ambiente de produção (TPC) e de múltiplos projetos (corrente crítica de múltiplos projetos) e os sistemas de planejamento e controle apropriados para cada um. O gerenciamento de projetos pela corrente crítica é o método indicado quando o tempo líquido de processamento é superior a 10% do tempo de produção.

Quando a sequência operacional básica de cada pedido é relativamente simples, como uma sequência de operações sem ramificações paralelas, o TPC-S ainda é uma

---

[20] Uma discussão detalhada sobre como se deve lidar com as preparações dependentes da sequência pode ser encontrada em Schragenheim, Dettmer e Patterson (2009, pp. 79-86).

opção válida. Contudo, se houver uma ou várias operações muito longas, o GP pode enfrentar alguns problemas para representar a situação real de urgência do pedido. Utilizemos um exemplo para demonstrar o problema.

Suponha que o pulmão de produção apropriado de um pedido seja de três semanas. A última operação é um teste longo que leva uma semana inteira para ser realizado. Essa semana é um espaço de tempo fixo. A soma dos tempos de processamento líquidos anteriores é pequena – no máximo oito horas. Quando o teste indica um problema, normalmente é necessário substituir um componente comprado, o que é feito em minutos. Portanto, no todo, o tempo líquido de processamento é aproximadamente 35% do pulmão de produção. Porém, a maior parte é acumulada exatamente no final. Qual é a prioridade apropriada de um pedido após duas semanas? A prioridade regular mostraria um pedido que tivesse acabado de entrar na zona vermelha. Contudo, se o teste do pedido ainda não tivesse sido iniciado, na verdade o pedido já estaria atrasado.[21] Entretanto, se o pedido já estivesse em teste há três dias, certamente estaria dentro do prazo.

No exemplo anterior, apenas uma operação é de fato longa, ao passo que o restante tem uma produção normal, em que o tempo de processamento líquido por peça (também por pedido) é bastante curto. Nesse caso, é possível introduzir algumas mudanças na forma como as regras do TPC-S e GP são implementadas e obter bons resultados com isso. No caso específico de nosso exemplo, só precisamos modelar a condição de chegar ao teste no máximo uma semana antes da data de conclusão solicitada pelo cliente. Gerando uma data segura fictícia não apenas para a conclusão total do pedido, mas também para iniciar a última operação uma semana antes da data solicitada, impomos as prioridades corretas no sistema anterior ao teste final.

Nos casos em que a operação longa encontra-se no meio da sequência, talvez seja necessário implementar pulmões de tempo sucessivos, criando uma solução até certo ponto menos simples, mas que não exige uma programação detalhada da restrição.[22]

No caso extremo (por exemplo, de empresas na indústria de processos) em que um pedido tenha várias operações longas distribuídas pela sequência, embora a própria sequência seja uma simples *estrutura em forma de "I"*,[23] algumas mudanças no algoritmo de gerenciamento de pulmão ofereceriam as prioridades corretas. Esse recurso, desenvolvido pela Inherent Simplicity Ltd., está além do escopo deste capítulo.

Problemas e processos de implementação

Uma das principais vantagens do TPC-S em relação ao TPC tradicional é a rapidez na implementação e na obtenção de resultados. A implementação do TPC-S deve sempre começar com o refreamento da liberação de material para que somente os pedidos a serem entregues de acordo com o horizonte do pulmão de tempo de produção estejam presentes na seção de produção. Já mencionamos que uma boa estimativa inicial do pulmão de tempo é metade do tempo de atravessamento de produção. Se o tempo de produção atual não for evidente, utilize o tempo de atravessamento padrão do setor e corte-o pela metade.

---

[21] *Quando os pedidos estão atrasados algumas vezes os chamamos de "pedidos pretos".* Acredito que o pedido preto não faça parte do sistema de prioridade e não tenha necessariamente uma prioridade maior que a dos pedidos vermelhos.

[22] Para uma discussão mais detalhada, consulte Schragenheim *et al.* (2009, pp. 74-79).

[23] O *TOCICO Dictionary* (Sullivan *et al.*, 2007, p. 27) define *"instalação I"* como "Um ambiente de produção em que os materiais geralmente fluem de acordo com uma sequência operacional direta. O fluxo lógico dos materiais é semelhante à letra I, no sentido de que existem poucos pontos de divergência, como em uma instalação V, e poucos pontos de convergência, como em uma instalação A. Exemplo: Transferência ou linhas de montagem como as utilizadas para montar cortadores de grama". (© TOCICO 2007. Utilizada com permissão. Todos os direitos reservados.)

Existem algumas exceções à regra de utilizar metade do tempo de atravessamento de produção. A primeira refere-se ao ambiente em que existe uma linha de montagem dedicada, na qual todos os WIPs da linha ficam restritos a várias horas. A outra exceção refere-se aos casos em que métodos de produção realmente eficazes diminuíram amplamente os WIPs e o tempo de atravessamento. Nesses casos, o pulmão de produção pode se basear no tempo de atravessamento de produção atual para implementação.

Para refrear a liberação de material, é necessário abolir as diretrizes de dimensionamento dos lotes atuais, estabelecendo que o tamanho do lote será a quantidade do pedido do cliente, ou pelo menos diminuir o tamanho dos lotes.

Outra mudança obrigatória é instituir o GP. Essa mudança pode ser feita manualmente ou com o apoio de um *software*. A colocação de etiquetas vermelhas nos pedidos com *status* vermelho é um recurso visual simples para a implementação inicial do GP. Para os operadores da seção de produção, as regras de comportamento com relação aos pedidos vermelhos devem ser absolutamente claras: os trabalhadores devem assumir a responsabilidade pelo fluxo dos pedidos vermelhos até sua conclusão. Se um operador precisar de material, ferramentas, desenhos ou de qualquer outra coisa essencial para mudar um pedido vermelho, ele deve obter o que for preciso ou notificar imediatamente o gerenciamento de produção a respeito do apoio necessário. A utilização de horas extras é outra opção de gerenciamento de produção para lidar com os pedidos vermelhos.

A implementação da atividade de controle de carga geralmente exige um pouco mais de tempo. Empregar a carga planejada não é indispensável para a obtenção dos resultados iniciais. Na verdade, não é nem mesmo muito urgente identificar o "elo mais fraco" (a restrição). Nesse caso, supõe-se que a demanda não aumenta muito rapidamente e, portanto, refrear a liberação com base nos pulmões de produção e nas regras básicas de prioridade é suficiente para melhorar o desempenho da data de conclusão e estabilizar a seção de produção.

Logo que a implementação estabilizar a seção de produção, a identificação da restrição será fácil o bastante. Esse é o recurso que na maior parte das vezes mantém a fila de WIPs mais longa, de acordo com a mensuração do tempo de processamento nesse recurso. Em seguida, os passos iniciais para implementar a carga planejada podem ser dados. Se surgir mais de um candidato natural a restrição, será suficiente monitorar a carga em três a cinco centros de trabalho. Assim que for possível obter dados adequados sobre a carga planejada, a identidade da verdadeira restrição ficará evidente. Se houver mais de uma restrição no mesmo fluxo, determine logicamente qual delas deve ser considerada e aumente a capacidade da outra.

O passo seguinte é estabelecer as regras para o departamento de vendas propor as datas de conclusão. Esse departamento considera as datas seguras fornecidas pela carga planejada (mais metade do pulmão de produção). Agora, a implementação está preparada para enfrentar um verdadeiro aumento nas vendas.

O *processo de melhoria contínua* deve ser estabelecido nesse momento. A ideia é que a pessoa responsável pela equipe de gerenciamento de produção apresente uma causa toda vez que um pedido ficar vermelho. Essa causa é obtida em uma tabela já elaborada de causas possíveis. Essa causa deve responder à pergunta: "O que está atrasando o pedido no momento?". A lista de causas (por exemplo, "Foram identificados problemas de qualidade que já estão sendo tratados", "Há uma fila imensa de trabalhos no centro X decorrente de um longo tempo de paralisação de equipamento", "O centro de trabalho X está processando o pedido no momento" etc.) é apresentada semanalmente como uma lista de Pareto e uma equipe liderada pelo gerenciamento de produção deve procurar eliminar as principais causas de lentidão presentes nessa lista. Esse procedimento provavelmente melhorará o fluxo ainda mais e iniciativas para potencializá-lo, por meio da criação de produtos mais lucrativos para o mercado, devem ser tomadas.

Antecipando a produção para estoque (MTS)

Este capítulo focalizou os ambientes de produção para estoque (MTS). O TPC, do mesmo modo que os métodos de planejamento de produção anteriores, pressupôs que todo pedido de produção deve ter uma data de conclusão e que essas datas determinam a prioridade correspondente de qualquer pedido de produção. O capítulo seguinte mostrará que essa pressuposição não é necessariamente correta e que, na verdade, deve haver uma clara distinção entre produção para estoque (MTS) e produção sob encomenda (MTO), segundo a qual não existe nenhum cliente definitivo no momento da liberação de material para a produção. O capítulo posterior também aborda os ambientes híbridos, nos quais determinados produtos são MTS, enquanto outros são MTO.

Sugestão de leitura

Schragenheim, E., Dettmer, H. W. e Patterson, W. *Supply Chain at Warp Speed*. Boca Raton, FL: CRC Press, 2009. Os Capítulos 3 a 5 são especialmente relevantes. No *site* www.inherentsimplicity.com/warp-speed é possível baixar o simulador MICSS e também arquivos de análise e outros conteúdos relacionados.

Referências

Blackstone, J. H. *The APICS Dictionary*. 12ª ed. Alexandria, VA: APICS, 2008.

Fry, T. D., Cox, J. F. e Blackstone, J. H. "An Analysis and Discussion of the OPT® Software and Its Use". *Production and Operations Management Journal*, 1(2), primavera de 1992, pp. 229-242.

Goldratt, E. M. *The Haystack Syndrome: Sifting Information Out of the Data Ocean*. Croton-on-Hudson, NY: North River Press,1990a.

Goldratt, E. M. *What Is This Thing Called Theory of Constraints and How Should It Be Implemented?* Croton-on-Hudson, NY: North River Press, 1990b.

Goldratt, E. M. *Critical Chain*. Great Barrington, MA: North River Press, 1997.

Goldratt, E. M. "Standing on the Shoulders of Giants". *The Manufacturer*. Junho de 2009. http://www.themanufacturer.com/uk/content/9280/Standing_on_the_shoulders_of_giants. Acesso em 4 de fevereiro de 2010.

Goldratt, E. M. e Cox, J. *The Goal*. Croton-on-Hudson, NY: North River Press, 1984.

Goldratt, E. M. and Fox, R. E. *The Race*. Croton-on-Hudson, NY: North River Press, 1986.

Schragenheim, E. e Dettmer, H. W. *Manufacturing at Warp Speed: Optimizing Supply Chain Financial Performance*. Boca Raton, FL: CRC Press, 2000.

Schragenheim, E., Dettmer, H. W. e Patterson, W. *Supply Chain Management at Warp Speed*. Boca Raton, FL: CRC Press, 2009.

Schragenheim, E. e Walsh, D. P. "The Critical Distinction between Manufacturing and Multi-Projects". *The Performance Advantage*, fevereiro de 2002, pp. 42-46.

Sullivan, T. T., Reid, R. A. e Cartier, B. *TOCICO Dictionary*. 2007. http://www.tocico.org/?page=dictionary.

Sobre o autor

Nos últimos 25 anos, **Eli Schragenheim** lecionou, ministrou palestras em congressos e prestou consultoria em mais de 15 países, incluindo Estados Unidos, Canadá, Índia, China e Japão. Além disso, ele criou ferramentas de simulação de *software* especialmente projetadas para experimentar o raciocínio da TOC e ofereceu consultoria a várias empresas de programas aplicativos para o desenvolvimento da funcionalidade TOC correta em seus pacotes.

Schragenheim, ex-sócio do Instituto A. Y. Goldratt, atualmente é diretor da Goldratt Schools na Europa. É autor do livro *Management Dilemmas* e colaborou com H. William Dettmer na redação de *Manufacturing at Warp Speed*. Colaborou também com Carol A. Ptak no livro *ERP, Tools, Techniques, and Applications for Integrating the Supply Chain*, e com Goldratt e Carol A. Ptak em *Necessary But Not Sufficient*. Em março de 2009, um novo livro, intitulado *Supply Chain Fulfillment at Warp Speed*, em coautoria com H. William Dettmer e Wayne Patterson, foi publicado. Esse novo livro contém vários dos novos avanços da TOC sobre operações.

Schragenheim, cidadão israelense, concluiu o MBA pela Universidade de Telavive, Israel, e bacharelado em matemática e física pela Universidade Hebraica de Jerusalém. No período intermediário de seus estudos formais, foi diretor de televisão durante quase dez anos.

10
Gerenciamento da produção para estoque e o conceito de produção sob encomenda

Eli Schragenheim

Introdução

Existe alguma diferença básica entre atender a um pedido de produção de um cliente específico e fabricar com base em uma expectativa de demanda futura? Do ponto de vista empresarial, existe uma diferença óbvia: produzir com base em uma expectativa de demanda significa risco, ao passo que atender a um pedido de produção específico parece algo suficientemente seguro. Entretanto, uma vez que se decida produzir para estoque, de acordo tanto com uma previsão formal ou informal, existe alguma diferença entre as regras subjacentes ao planejamento e execução da produção?

O método tradicional não vê muita diferença entre a produção para estoque (*make-to-stock* – MTS) e a produção sob encomenda (*make-to-order* – MTO), com relação ao gerenciamento da produção. Portanto, é bastante comum haver em uma mesma ordem de serviço uma quantidade coberta por pedidos de cliente e uma quantidade baseada na expectativa de demanda.

Quando a metodologia *tambor-pulmão-corda* (TPC) (Goldratt e Cox, 1984; Goldratt e Fox, 1986) foi desenvolvida na década de 1980, ela não contestou os pressupostos de que não existe nenhuma diferença no planejamento da produção para o atendimento de pedidos de empresas e seu planejamento para uma expectativa de demanda futura. Além disso, o *gerenciamento de pulmões* (GP) não destaca nenhuma diferença entre MTS e MTO.

Este capítulo defende que deve haver uma diferença. Seu objetivo é explicar logicamente por que são necessárias regras diferentes tanto no planejamento quanto na execução, bem como detalhar o método em si e suas ramificações.

Na época em que Goldratt estava lidando com o tema da MTS e investigando em que sentido ela era diferente da MTO, outra constatação veio à tona, dando origem ao termo *produção para disponibilização (make-to-availability* – MTA), em que acrescentamos ao significado operacional de MTS uma informação mercadológica: *assumimos um compromisso com o mercado por nós escolhido de manter uma disponibilidade correta de um grupo de produtos finais específicos em um armazém específico.* O objetivo da MTA é oferecer uma nova oportunidade comercial baseada no oferecimento de um valor superior aos clientes por meio de tempos de espera garantidos, os quais os concorrentes acharão difícil imitar.

Neste capítulo, explicamos as ramificações operacionais necessárias para firmar esse compromisso com o mercado. Não abordamos o ponto de vista de marketing[1] sobre como essa proposição poderia ser empregada para aumentar a percepção de valor do cliente e

---

[1] Para quem estiver interessado, o marketing é abordado no Capítulo 22 e o gerenciamento de vendas é abordado no Capítulo 23 deste livro.

Copyright © 2010 Eli Schragenheim.

sobre como esse valor agregado poderia ser aproveitado para melhorar a lucratividade da empresa.

Este capítulo analisa por que é necessário mudar o método *tambor-pulmão-corda simplificado* (TPC-S) e o mecanismo de GP correspondente, apresentados no Capítulo 9, para lidar com a MTA. Em seguida, apresentamos a metodologia em si, tanto com relação ao planejamento quanto às regras do GP. Posteriormente, abordamos algumas questões mais amplas da MTA, como o gerenciamento da sazonalidade e de ambientes híbridos – MTA e MTO – ou de casos que são MTS, e não MTA. Ao final do capítulo, ressaltamos alguns problemas práticos de implementação.

Por que a MTS precisa de uma metodologia especial?

Dois parâmetros diferentes normalmente são considerados na avaliação do planejamento da MTS. Um é a determinação da quantidade a ser produzida e o outro é a definição da data de entrega da produção no chão de fábrica.

Não há algo um tanto quanto estranho no segundo parâmetro?

Quando um cliente envia um pedido, a data de entrega é importante. O cliente de fato precisa do pedido na data em questão? Além disso, mesmo que o cliente precise que parte da quantidade solicitada seja entregue na data combinada, na maioria dos casos a quantidade total não é necessária nessa data. Contudo, ele tem o direito de aguardar a entrega na data combinada e o não cumprimento dessa data pode afetar negativamente a reputação do fornecedor. Portanto, é natural que se deva fazer o possível para entregar todos os pedidos no prazo.

Isso de fato se aplica igualmente à produção para estoque?

Na produção para estoque, a quantidade requerida é uma estimativa. Não é provável, na maioria dos casos, que a quantidade de produção escolhida seja consumida na data apresentada no pedido de produção. Desse modo, essa data apenas estabelece a prioridade do pedido e uma mensuração de desempenho para a seção de produção.

Vejamos se essa data é suficientemente adequada para estabelecer a prioridade interna na seção de produção. O que realmente define a prioridade de um pedido de produção para estoque? Na maioria das situações, o objetivo da produção para estoque é ter um produto disponível para qualquer pedido urgente. Nesse caso, a verdadeira prioridade do pedido de produção deve depender da disponibilidade de estoque acabado desse produto específico. Haverá estoque para pedidos urgentes? Além disso, se na maior parte dos casos o desempenho com relação à data solicitada dos pedidos de produção para estoque não for muito importante, devemos torná-lo a principal medida de desempenho?

Concluímos que, para a produção para estoque, é necessário redefinir as prioridades da produção e utilizá-las como base para definir as medidas de desempenho apropriadas. Isso significa que talvez tenhamos de desenvolver um esquema de GP diferente para a produção para estoque.

Existe uma situação em que um pedido para estoque precisa ser concluído em uma determinada data especial. Isso ocorre quando é essencial ter estoque disponível em uma data para a qual prevemos uma demanda significativa, como um feriado ou o primeiro dia de uma promoção anunciada. Nesse tipo de produção para estoque, a data é extremamente importante. Entretanto, em todas as outras situações, certamente quando o objetivo é favorecer a disponibilidade contínua dos produtos, a data solicitada não tem nenhum significado especial.

Na produção para estoque, a decisão sobre a quantidade a ser produzida é também bem diferente à da produção sob encomenda. O foco da *teoria das restrições* (*theory of constraints* – TOC) é gerar ganho, o que não é a mesma coisa que gerar produção. Por esse motivo, embora na produção sob encomenda os desejos do cliente, expressos em seu pedido, ditem tanto a quantidade quanto a data de entrega e determinem diretamente o ganho, na produção para estoque precisamos de outro método.

A confusão atual no gerenciamento de estoque

O método atualmente empregado no gerenciamento de produção é misturar a produção para estoque e a sob encomenda. A *quantidade econômica do pedido* (QEP) leva o planejamento de produção a atender à demanda dos pedidos atuais dos clientes e depois a adicionar o estoque pretendido para cobrir pedidos futuros. Essa associação de pedidos de cliente e pedidos para estoque, realizada em um ambiente de *planejamento* das necessidades de material (*material requirements planning* – MRP),[2] utiliza o conceito problemático do algoritmo "disponibilidade para promessa" (*available to promise* – ATP). Esse algoritmo ajuda a determinar se as solicitações atuais podem ser atendidas razoavelmente no prazo. Existem dois problemas nesse algoritmo:[3] o primeiro é a forma não confiável pela qual se lida com a incerteza no ambiente de produção e o segundo é a inconsistência devida aos níveis variados de estoque que ainda não foram atribuídos aos pedidos dos clientes. Do ponto de vista de um cliente em potencial, às vezes um pedido é entregue bem antes e às vezes é entregue com relativa lentidão. Isso é problemático porque não existe um padrão com o qual o cliente possa contar.

O que torna a associação entre pedidos e estoque ainda mais confusa é que no MRP toda passagem de um nível para o seguinte, na *lista de materiais* (LM ou *bill of materials* – BOM), tem uma ordem de serviço específica, que em muitos casos mescla as solicitações de vários clientes e, portanto, amplia a ordem de serviço ainda mais ao acrescentar os produtos fabricados para estoque. Quando a demanda prevista dos clientes passa para o nível superior, essas flutuações se espalham para os níveis inferiores na estrutura da LM a cada nova iteração do MRP (com frequência realizada semanalmente, por exemplo), afetando a relação entre os componentes necessários para atender aos pedidos dos clientes e os componentes produzidos para estoque. Sendo assim, evidencia até que ponto o estoque acrescentado de componentes futuros é arbitrário e o quanto não foi entregue com base na decisão deliberada de manter um determinado nível de estoque de um componente específico. Desse modo, o cálculo do estoque "disponível para promessa", isto é, a previsão do estoque disponível de um grande número de componentes, na verdade é extremamente ardiloso. Poderia facilmente haver grande estoque de componentes essenciais para um determinado produto final e falta de estoque de outros componentes. Os desenvolvedores do MRP tentaram lidar com o efeito dessa instabilidade ou "nervosismo" oferecendo uma *referência de utilização* (Blackstone, 2008, p. 97) "para determinar a rastreabilidade de requisitos por meio de seu pareamento". (© *APICS* 2008. Utilizada com permissão. Todos os direitos reservados.)

Outro motivo de confusão é a pouca confiança na previsão ou, mais exatamente, o mal-entendido comum sobre como as previsões devem ser utilizadas para fundamentar decisões adequadas.

O mal-entendido comum sobre as previsões

O algoritmo de previsão não é uma profecia e nunca teve o objetivo de responder a pergunta "Quantas unidades serão vendidas no mês seguinte?". A previsão é um modelo estatístico que indica, de acordo com certos pressupostos, um determinado comportamento futuro incerto de uma variável específica. O fato de a previsão ser nada mais que um mo-

---

[2] Quem não estiver familiarizado com o MRP, consulte, por exemplo, Arnold, Chapman e Clive (2008).

[3] Na literatura sobre MRP, essa condição é chamada de *instabilidade* ou *nervosismo* (*nervousness*), que o *APICS Dictionary* (Blackstone, 2008, p. 86) define como "A característica de um sistema MRP quando pequenas mudanças nos registros de nível superior (*e.g.*, nível 0 ou 1) ou no cronograma de produção principal provocam mudanças significativas de tempo ou quantidade nos cronogramas e pedidos de nível inferior (*e.g.*, nível 5 ou 6)". (© *APICS* 2008. Utilizada com permissão. Todos os direitos reservados.)

delo estatístico significa que ela não faz outra coisa senão indicar uma possível dispersão dos resultados tratados de uma maneira genuinamente estatística – encontrar uma média provável e um desvio padrão provável em torno da média. Ao fornecer essas informações parciais sobre um possível intervalo de resultados, a previsão permite que o tomador de decisões avalie em que lugar desse intervalo é melhor posicionar a quantidade em questão para assumir um risco mínimo.

O mal-entendido comum sobre as previsões envolve duas questões. A primeira é compreender quais informações parciais a previsão deve fornecer. A segunda é como tomar uma decisão adequada com base nas informações previstas.

A falta de conhecimento comum quanto à primeira questão diz respeito à *utilização da previsão como um número isolado*. O tratamento matemático/estatístico de todas as funções incertas inclui, ao menos, dois parâmetros. A representação mínima comum do comportamento incerto é a *média* ou o *desvio padrão*. Outra opção é representar a dispersão dos resultados possíveis com o *intervalo de confiança*: um intervalo de resultados que engloba, de acordo com a avaliação da previsão, 95% ou mais dos resultados possíveis.

A utilização habitual da previsão como um número isolado está provocando uma imensa confusão porque nesse caso falta o intervalo de resultados, tão essencial. Portanto, ela perde praticamente toda a sua utilidade e se torna sem dúvida enganosa. A vasta maioria dos relatórios gerenciais contém apenas a coluna da previsão, isto é, a previsão média. O erro de previsão, equivalente ao desvio padrão, não é mencionado nesses relatórios. Esse mal-entendido básico torna-se ainda mais destrutivo quando as pessoas, principalmente do departamento de vendas, são solicitadas a fornecer uma "previsão" para o período seguinte. Que tipo de número isolado a administração espera obter? A média? Será que a administração realmente obtém da equipe de vendas uma avaliação imparcial da média? Não existiria a possibilidade de um vendedor típico apresentar uma estimativa intuitiva, e não uma estimativa da média? O vendedor quer ter certeza de que terá toda a quantidade disponível que ele talvez venha a vender. Entretanto, talvez ele queira apresentar uma estimativa sobre o que ele tem certeza de que conseguirá vender e não correr o risco de não cumprir sua estimativa. A questão é que, quando a pergunta não é clara, as pessoas obtêm respostas de acordo com a interpretação que a pessoa que está respondendo tem em mente.

A previsão "média" é a informação necessária para uma decisão sobre quanto se deve produzir para estoque? Vejamos o exemplo a seguir.

A previsão de vendas do mês seguinte é de mil unidades. Precisamos ter em estoque, no início do mês seguinte, 300 unidades (também "em média", dependendo das vendas até esse momento). Supondo que a diretriz seja produzir o pedido referente ao mês inteiro em um único lote (normalmente uma diretriz imprudente, mas que não está em questão neste exato instante), devemos produzir 700 unidades?

Bem, se essa for a única informação que tivermos, então seremos levados a tomar uma decisão errônea. Uma previsão apropriada deve igualmente conter, no mínimo, uma indicação do erro de previsão. Suponhamos que o erro de previsão correspondesse a 500 unidades. O significado implícito é que é perfeitamente possível que a demanda real do mês seguinte seja de 1.500 unidades. Até mesmo 2 mil é uma possibilidade válida. Evidentemente, isso também significa que podemos vender apenas 500 unidades. Os gerentes são obrigados a tomar decisões acertadas mesmo em um mundo tão imperfeito quanto esse. Uma decisão bem mais adequada do que produzir 700 unidades seria produzir 1.700 para cobrir a possibilidade válida de ter uma demanda para 2 mil unidades. Outra decisão acertada poderia ser produzir apenas 200 unidades quando a preocupação de não vender todos os produtos for mais séria que a preocupação de ficar sem produtos. Em outras palavras, *qualquer decisão acertada deve levar em conta o prejuízo de produzir em demasia em comparação com o prejuízo de produzir muito pouco*, e a demanda maior deve determinar se é necessário produzir mais que a média ou menos que a média. Na maioria dos casos, a decisão de produzir de acordo com a "média" prevista (com base em um número de previsão médio isolado) é uma decisão verdadeiramente ruim porque nesse caso não se considera o risco. Suponhamos que o plano fosse produzir mais que a média. Contudo, sem nenhuma indicação da dispersão possível, como poderíamos tomar uma decisão a respeito da quantidade a mais que deveríamos produzir?

O mal-entendido sobre as previsões tem ainda outras facetas. A previsão de vendas de um único produto para o mês seguinte poderia ser extremamente "inconsistente"; portanto, a ideia é prever as vendas de toda uma família de produtos. Isso ofereceria uma previsão bem mais adequada, não ofereceria?

Bem, normalmente a expressão "previsão mais adequada" denota um erro de previsão relativamente menor, ao passo que a expressão "previsão inconsistente" denota um erro de previsão muito grande. O problema é que não podemos utilizar essa "previsão mais adequada" para um tomar uma decisão mais acertada com base em um único produto. Suponhamos que "soubéssemos" que a venda de um determinado produto corresponde a aproximadamente 10% das vendas de toda uma família de produtos. Podemos obter uma "previsão mais adequada" desse produto quando consideramos a previsão de vendas da família como um todo e depois 10% dela como previsão para esse produto específico? Não, dessa maneira não obtemos uma previsão mais adequada desse produto. Precisamos de uma estimativa bruta da média, mas a possibilidade de dispersão dos resultados para diferentes unidades na família de produtos é bastante grande e não podemos diminuir a dispersão da venda de um único produto prevendo o volume de vendas da família como um todo. Com relação à decisão sobre o nível de demanda de um produto, a respectiva previsão deve incluir a avaliação sobre a dispersão dos resultados.

Outro aspecto da falta de conhecimento sobre as previsões está relacionado ao horizonte temporal da previsão e seus respectivos períodos. A administração tende a considerar "o quadro global" e, por esse motivo, quer obter a previsão não apenas para o mês seguinte, mas também para os meses subsequentes – pelo menos para o espaço de um ano. Suponhamos que a previsão para o mês seguinte seja de mil unidades, mais ou menos 500 unidades. Entretanto, se a previsão para o mês subsequente for também de mil unidades "em média", o "mais ou menos" provavelmente será maior. Quanto mais longínquo o tempo que está sendo examinado, maior a dispersão da previsão. Há dois motivos para isso:

1. Nas estimativas, os erros de previsão para períodos subsequentes são naturalmente maiores porque qualquer desvio na tendência das vendas tende a ficar maior quanto mais distante o tempo que estivermos considerando (maior incerteza).

2. A questão mais preocupante na previsão refere-se ao pressuposto de que as características do passado não mudarão e que, portanto, podemos tirar conclusões sobre o futuro com base no passado. Quanto mais longínquo o tempo que está sendo examinado, maior a probabilidade de um acontecimento mudar os parâmetros básicos. Basta considerar a seguinte situação: seu principal concorrente acabou de abrir uma instalação fabril não muito longe da sua e tentará "roubar" seus clientes. De repente, as regras do jogo mudam e você não pode mais se basear no passado para saber quais serão suas vendas futuras.

O rumo da solução para prever a demanda está implícito exatamente na noção de que, para um prazo extremamente curto, temos uma boa ideia a respeito do que vai ocorrer. Mesmo quando avaliamos um curto período, devemos levar em conta não apenas a média, mas também o quanto *podemos vender*. Em outras palavras, para obtermos um intervalo razoável e determinarmos de que forma podemos nos preparar para um nível de vendas embasado, precisamos de um intervalo de confiança. Quando o tempo de resposta é rápido, não há de fato necessidade de prever além do curto prazo, a não ser para examinar estimativas de capacidade, material e necessidades de caixa.

Os atuais efeitos indesejáveis da produção para estoque

Toda vez que um pedido de produção é liberado sem que haja um pedido de um cliente específico, isso pode criar estoque excedente e, ao mesmo tempo, atrasar a produção de outro produto cuja demanda venha a aumentar de repente. Não há como evitar esses erros, simplesmente porque não somos profetas e não podemos de fato conhecer o futuro.

A consequência inevitável é que, em qualquer momento dado, o estoque de alguns produtos acabados é extremamente alto em comparação com a demanda real, enquanto o de outros é deficiente. Nossa única esperança é eliminar a falta de estoque a ponto de praticamente não haver "nenhuma falta" e os excedentes de estoque serem particularmente pequenos.

A situação atual provoca vários outros efeitos indesejáveis na fábrica. Manter um estoque extremamente alto tem um custo financeiro, restringe o espaço para outros produtos e gera uma pressão para que a empresa "livre-se" do estoque. A produção que se baseia em estimativas de longo prazo equivocadas resulta na fabricação de lotes muito grandes ("devemos fabricar esse produto somente duas vezes ao ano para ganhar eficiência"), o que provoca longos tempos de atravessamento de produção e atrasa os produtos verdadeiramente reivindicados pelo mercado no período.

Já mencionada é a confusão entre a produção sob encomenda e a produção para estoque que acaba impedindo que se defina claramente quando é possível atender com segurança a um pedido atual. Outro efeito indesejável habitual ocorre com componentes comuns utilizados em vários produtos finais. Com frequência, os componentes são "roubados" pela produção em excesso de produtos finais com baixa demanda e, ao mesmo tempo, há falta de outros produtos. O que torna o "roubo" uma consequência especial é que ele cria irritação e tensão porque a causa e o efeito são visíveis para os funcionários. Pode-se ver claramente como a decisão de produzir um lote muito grande exauriu todos os componentes necessários para um pedido verdadeiramente urgente.

O que fazer? O rumo da solução

O princípio básico do fluxo

A conclusão imediata sobre as características da previsão deve ser: *quanto mais rápido conseguimos responder, mais confiável a previsão*. Está implícito nessa afirmação o reconhecimento de que não devemos olhar muito adiante para projetar os pedidos de produção. Não obstante, existe um tempo mínimo futuro no qual devemos fazer a pergunta: *quanto poderíamos vender?* O pressuposto convencional é de que não queremos ter falta e, por isso, estamos preparados para pagar o preço de ter mais estoque que o necessário em um mundo de conhecimento perfeito. Portanto, na maioria das vezes nosso objetivo é ter total disponibilidade dos produtos para os quais escolhemos manter um excelente nível de serviço e, ao mesmo tempo, controlar habilmente o estoque em um nível apropriado para evitar a falta.

Essa pergunta indica a necessidade de um tipo diferente de previsão, não a previsão regular. Ela nao é direcionada às vendas médias que estão dentro do tempo de resposta, mas ao que *de fato poderíamos vender*. Em outras palavras, prever o máximo volume de vendas que poderíamos supor, com sensatez, para esse período. Para favorecer a disponibilidade e ao mesmo tempo refrear a produção em excesso, duas constatações práticas se evidenciam:

1. A produção ainda precisa se concentrar no fluxo para o estoque de produtos acabados, fazendo a quantidade necessária escoar o mais rápido possível pela fábrica.
2. A menos que tenhamos um bom motivo para acreditar que a demanda de mercado mudará, ou que o estoque atual no sistema está muito alto ou muito baixo, a reação

básica e objetiva a qualquer venda é repor a quantidade. Isso significa que repor a quantidade exata do que foi vendido é um padrão natural. Do ponto de vista do planejamento de produção, isso significa que todos os dias a produção deve iniciar a produção da quantidade exata do que foi vendido no dia anterior.

Com base nessas duas constatações, fica evidente que precisamos determinar o estoque apropriado na fábrica para que ele possa oferecer uma disponibilidade perfeita, mantendo o fluxo mais rápido de produtos para os clientes. Outra questão crucial é melhorar, e continuar melhorando o fluxo interno.

Surge então outra constatação. Se o objetivo é oferecer uma disponibilidade perfeita aos clientes, então devemos fazer essa declaração em público e, provavelmente, dar outro passo e assumir em público o compromisso de manter essa disponibilidade, informando nossos clientes sobre esse compromisso.

Da produção para estoque à produção para disponibilização

A verbalização do objetivo máximo é: *assumimos um compromisso com o mercado de manter uma disponibilidade correta de um grupo de produtos finais específicos em um armazém específico.*

Esse objetivo envolve dois elementos essenciais. O primeiro trata da informação mercadológica, que define o mercado-alvo, seus componentes e, além disso, provavelmente alguma restrição à demanda simultânea que uma disponibilidade desse tipo ofereceria. O outro é operacional. Assim que se firma um compromisso, a produção deve aplicar-se para cumpri-lo.

Elucidemos agora a relação entre a produção para estoque e a produção para disponibilização. Obviamente, qualquer situação de produção para disponibilização exige uma produção para estoque, a menos que seja possível finalizar a produção em alguns segundos. Entretanto, vários casos de produção para estoque definitivamente não são produção para disponibilização. Esses casos ocorrem toda vez que não existe um compromisso concreto de disponibilidade.

Apresentemos dois exemplos que evidenciam essa afirmação.

Exemplo 1 Os pintores, inclusive os famosos, pintam regularmente para estoque, isto é, sem que nenhum cliente específico encomende uma pintura. Contudo, muitas telas são pintadas uma única vez. Não existe nenhuma cópia. Em alguns casos, algumas poucas cópias (impressões autorizadas) são produzidas. Isso com certeza não é um compromisso de disponibilidade. De modo semelhante, no setor de moda, existe a promessa de que alguns artigos serão exclusivos; não há nenhuma promessa de disponibilidade.

Exemplo 2 Os artigos que serão vendidos no período específico de alguns dias – por exemplo, suvenires para um determinado evento esportivo, como bonés ou camisetas, com o logotipo e a cor correspondente das equipes de uma grande partida final – precisarão de muito estoque antes do evento. Após o evento, o volume de vendas será bastante baixo. O tempo durante o qual esses artigos são vendidos é tão curto que não existe nenhuma possibilidade prática de reabastecê-los. Nesse caso, não há nenhum compromisso claro de disponibilidade. Na verdade, o fabricante espera vender todas as unidades (sem perder muitas vendas) e normalmente isso significa não satisfazer a alguma demanda.

Determinando o estoque apropriado

A ideia de repor exatamente o que é vendido ou, mais precisamente, o que é consumido,[4] tem uma ramificação interessante: o estoque na fábrica mantém-se fixo. Não obstante, ele é fixo na seção de produção como um todo, tanto em termos de produtos acabados

---

[4] A diferença entre vendas e consumo à qual nos referimos aqui diz respeito à situação em que determinados itens "desaparecem", tanto porque foram descartados, "roubados" ou perdidos. Nesse caso, considera-se que eles foram consumidos e o usual é reabastecê-los.

quanto de trabalhos em andamento na própria seção de produção. Portanto, o conjunto de componentes e montagens necessário para concluir um produto final prometido para disponibilidade pode se encontrar em vários estágios de conclusão na seção de produção. Quando totalmente fabricado, esse estoque poderá ser igual à quantidade necessária para atender à disponibilidade prometida.

Evidentemente, em um ou outro lugar o estoque total pode ser menor que a quantidade regular fixa porque a produção está liberando as ordens de serviço seguintes com lentidão, mas a ideia é tentar manter o estoque total fixo.

Faz muito sentido determinar uma quantidade fixa por item para proteger a disponibilidade. Em condições ideais, seria melhor manter um estoque fixo de produtos acabados. Contudo, isso é quase impossível porque, assim que houver demanda, esse estoque diminuirá. Diante disso, o que você deve fazer? A única maneira de reagir à demanda real é iniciar a reposição ou reabastecimento. Portanto, definir o "pulmão de remessa",[5] o mecanismo que protege a disponibilidade, como a quantidade total de produtos acabados mais o *trabalho em andamento* (*work in progress* – WIP) é um método simples e objetivo de instituir o mecanismo de proteção apropriado.

Chamemos o pulmão, *o estoque fixo no sistema*, de *nível pretendido*, para esse item. Como o nível pretendido deve ser determinado? É necessário manter a disponibilidade do momento em que uma unidade é vendida ao momento em que a unidade de reposição chega ao armazém de produtos acabados. Chamemos o *tempo médio necessário para repor uma unidade* de *tempo de reabastecimento*.[6] Certamente, o nível pretendido deveria incluir a demanda média durante o tempo de reabastecimento, mas isso sem dúvida não é suficiente, porque é necessário considerar o que *poderia ser vendido* e também qualquer situação em que o tempo de reabastecimento real seja superior ao tempo de reabastecimento médio.

Existem duas maneiras práticas de lidar com a determinação dos níveis pretendidos. Uma delas é considerar essa demanda média durante o tempo de reabastecimento, uma informação normalmente fácil de obter, e multiplicá-la por um "fator de segurança" para incluir picos de venda e algumas obstruções na produção. Na seção de produção, por exemplo, esse fator poderia corresponder a 50% a mais (um fator de 1,5 da média). É recomendável utilizar esse número em situações em que não exista nenhuma preparação dependente de sequência, gerenciando as prioridades na seção de produção (questão que ainda será discutida neste capítulo) para obter um rápido fluxo de trabalho. Nos demais casos em que as flutuações na demanda forem particularmente altas e as obstruções no fluxo forem frequentes, será necessário utilizar o fator com peso 2.

Outro método é examinar os últimos 6 a 12 meses do histórico de vendas máximas reais registradas nessa janela de tempo, que é definida como *tempo de reabastecimento confiável*. Esse tempo de reabastecimento confiável significa que, *quando você de fato precisa, é possível obtê-lo com segurança nesse espaço de tempo*.[7]

---

[5] O *pulmão de remessa* e um pulmão *de tempo utilizado no TPC para proteger a data de entrega (conclusão) de um pedido*. Na produção para disponibilização, precisamos proteger a disponibilidade. Portanto, é necessário ter um tipo de pulmão diferente, mas com o mesmo propósito de proteger a satisfação dos clientes. Desse modo, as aspas significam que o objetivo não é idêntico, mas semelhante.

[6] Na TOC, o tempo de reabastecimento (reposição) difere consideravelmente do gerenciamento de estoque tradicional. Tanto no sistema de estoque de ponto mínimo-máximo ou de reabastecimento/ tamanho de lote econômico, os itens são vendidos no decorrer de um determinado período e só então o ponto mínimo ou o ponto de reabastecimento é atingido e se faz um pedido. O tempo de reabastecimento inicia-se quando se faz um pedido de um item e termina quando esse item é reabastecido e disponibilizado para venda. Observe que, na TOC, *o reabastecimento é ativado pelo tempo* (talvez diária ou semanalmente) e nos métodos tradicionais ele é ativado por um nível de estoque decrescente ou abaixo de algum nível de reposição.

[7] Observe que o termo "tempo de reabastecimento confiável" é diferente do termo "tempo de reabastecimento", que é a média.

Duas questões a serem sempre observadas são:

1. Se no momento não houver ou houver pouquíssimo estoque de produtos acabados (não considere o estoque que já tenha sido designado aos clientes), *primeiro providencie o estoque de produtos acabados* e só depois passe a utilizar a solução de produção para disponibilização da TOC. Falaremos mais sobre essa questão posteriormente, mas lembre-se disso!
2. A determinação do nível pretendido (máximo) de acordo com critérios apropriados, tal como discutido antes, serve apenas para fixar os níveis *iniciais* de estoque. Como veremos, mudanças futuras nos níveis pretendidos (aumento ou diminuição) são realizadas com base em um algoritmo especial que monitora o comportamento real do estoque de produtos acabados.

Gerenciamento de pulmões na MTA

Uma vez que o nível pretendido for operacional, os pedidos de reabastecimento diários serão iniciados com base no consumo do dia anterior. *Todo pedido de produção para reabastecimento é liberado sem nenhuma especificação de data de entrega.* A pergunta que se segue imediatamente é: de que forma as prioridades na seção de produção devem ser determinadas? Não há dúvida de que existe uma necessidade real de estabelecer as prioridades.

A ideia é que a prioridade dos pedidos depende do que existe depois do pedido de produção; em outras palavras, entre o pedido e os produtos acabados. A quantidade de estoque não atribuída a nenhum cliente e, portanto, disponível para atender a novos pedidos de cliente correspondentes ao tamanho do pulmão (o nível pretendido), é uma indicação real do grau de urgência do pedido de produção. Não esperamos ter 100% do nível pretendido concluído no armazém de produtos acabados. Isso seria um exagero porque esperamos que a reposição chegue ao armazém antes que o nível pretendido total seja consumido.

Vejamos a situação apresentada na Tabela 10.1. Ela traz o quadro global do pulmão de estoque pretendido do produto P1. Suponhamos que o pedido de produção de 200 unidades do produto esteja em algum lugar da produção. Posteriormente a esse pedido encontra-se o estoque de pedidos acabados, que contém 100 unidades. Suponhamos que o nível pretendido, a quantidade de estoque que acreditamos que poderia oferecer uma excelente disponibilidade, seja de 500 unidades. Sabemos que o nível pretendido total deve estar em algum ponto do sistema de produção, no estoque de produtos acabados ou em algum nível de conclusão na produção. Isso significa que neste exato momento apenas 20% do nível pretendido encontra-se de fato no estoque de produtos acabados. Ao que parece, a reposição de produtos acabados é urgente. Observe também que o fato de a quantidade do pedido 1 ser de 200 unidades não é essencial para a avaliação da urgência do pedido. A questão da urgência está relacionada à quantidade disponível no estoque de produtos acabados após o pedido

Tabela 10.1 Níveis pretendidos de disponibilidade e *status* de prioridade dos pedidos para uma meta de pulmão de 500 unidades

Estoque e pedidos de produção	Quantidade	Porcentagem do nível pretendido na frente do pedido (após)	*Status* do pulmão (prioridade)
Produtos acabados	100		
Pedido 1	200	20	Vermelho
Pedido 2	100	60	Amarelo
Pedido 3	100	80	Verde
Nível pretendido	500		

1. Tal como o GP, na produção sob encomenda podemos fazer a indicação da prioridade de qualquer pedido com um código de cor: verde, amarelo ou vermelho. As definições do código de cor são explicadas mais detalhadamente ainda nesta seção. Eles são apresentados na Tabela 10.1 para completar o quadro de nosso exemplo que traz a prioridade correspondente dos pedidos. O pedido 1 é urgente e o respectivo *status* do pulmão é vermelho. O pedido 2 encontra-se após o pedido 1. Há 300 unidades depois dele ou 60% do estoque pretendido. O *status* do pulmão correspondente é amarelo. Após o pedido 3 de 100 unidades adicionais há 80%, ou seja 80% do nível pretendido, e o *status* do pulmão é verde.

Definindo o status do pulmão

Definimos o *status* do pulmão de produtos acabados que contém dois terços ou mais do nível pretendido como verde. Em outras palavras, um terço ou menos do pulmão não se encontra no estoque de produtos acabados, mas a caminho.

De maneira semelhante, quando o estoque de produtos acabados contém de um a dois terços do nível pretendido, como mostra a Figura 10.1, seu *status* é definido como amarelo.

Quando o estoque em mãos, aquele que se encontra no armazém de produtos acabados, é inferior a um terço, o que significa que mais de dois terços não se encontram no armazém, seu *status* é vermelho.

Em qualquer momento dado, o pulmão de estoque é dividido entre a parte existente de produtos acabados disponíveis e prontos para serem vendidos imediatamente e o estoque que complementa a parte anterior do nível pretendido total. Supondo que o nível pretendido seja mantido intacto, na parte posterior todos os componentes do produto necessários aos produtos acabados terão uma quantidade igual ao nível pretendido. A parte do pulmão que não se encontra no estoque de produtos acabados é chamada de "penetração do pulmão" porque sua produção ainda não foi concluída e, portanto, no momento ele não está disponível para remessa imediata. O *status* do pulmão é definido como a porcentagem de penetração do pulmão. A Tabela 10.1 mostra o pedido 1 com apenas 20% do estoque pretendido à sua frente, o que significa que 80% do nível pretendido ainda se encontra na seção de produção. Portanto, a penetração de pulmão correspondente é 80%, que é superior ao limite de 67% e o coloca na zona vermelha. Quando a penetração

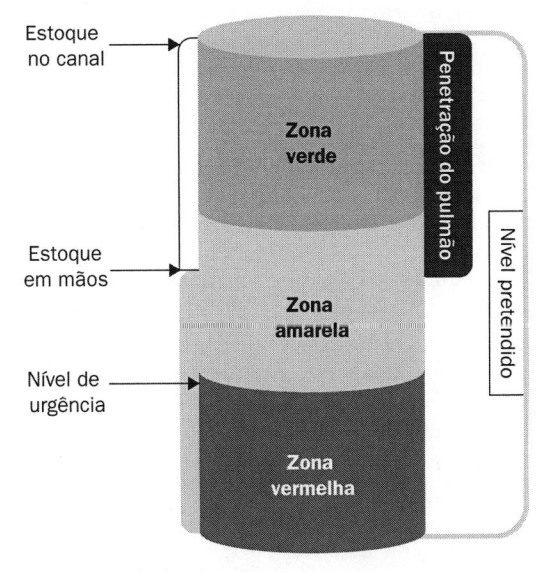

FIGURA 10.1 A estrutura do pulmão de estoque.

do pulmão é inferior a 33%, estamos na zona verde – na verdade, há muito estoque de produtos acabados no momento. Quando o pulmão encontra-se na zona amarela – *status* entre 33% e 66% –, ele é considerado verdadeiramente satisfatório. (Portanto, temos, pelo menos, um terço do nível de estoque pretendido de produtos acabados e o restante está aguardando na produção para fabricação quando necessário.) Do mesmo modo, quando a penetração do pulmão é igual ou superior a 67%, seu *status* é vermelho. A conclusão imediata é que é necessário acelerar o pedido porque o estoque está quase esgotado.

As regras de prioridade agora estão claras: os pedidos vermelhos devem ser acelerados e chamam a atenção do gerenciamento. Os pedidos vermelhos sem dúvida devem ter prioridade sobre todos os outros, ao passo que os amarelos têm prioridade sobre os verdes.

De acordo com o mesmo código de cor, a decisão sobre o pedido que deve ser fabricado em seguida está nas mãos dos operadores da produção. Acredito que o *status* do pulmão, além do próprio código de cor, seja uma informação valiosa para o operador. Se surgirem dois pedidos vermelhos, um com *status* de 70% e outro com 96%, parece óbvio que é necessário ter um argumento bastante convincente para processar primeiramente o pedido com *status* de 96%. Entretanto, se houver um pedido com 70% e outro com 74%, provavelmente a escolha real dependerá de outros fatores.

A geração de pedidos de produção e a situação da capacidade

A situação ideal é gerar todos os dias uma nova produção para todos os itens que tiverem sido consumidos no dia anterior. Qual será a ramificação negativa óbvia se agirmos exatamente dessa maneira?

O que poderia ocorrer facilmente seria a alocação de um tempo muito grande às preparações. Devemos nos preocupar em realizar tantas preparações? Quando pelo menos um recurso estiver perdendo muito de sua capacidade protetiva, sem dúvida devemos nos preocupar. O problema de perder capacidade protetiva é que o tempo de reabastecimento fica cada vez mais longo. Desse modo, com um tempo de reabastecimento mais longo, mais e mais produtos finais ficariam vermelhos. Quando o número de pedidos vermelhos for superior a 20%, o esquema global de preservação das prioridades perderá sua eficácia e a falta de estoque será significativa.

A lição da qual devemos nos lembrar é que a *produção para disponibilização exige um determinado nível de capacidade protetiva*. Abordamos mais detalhadamente essa questão porque a perda de capacidade protetiva pode ser provocada por uma demanda total muito grande (não apenas a demanda por um item, mas também a demanda pelo *mix* de produtos como um todo). Neste exato momento, não queremos que uma quantidade exagerada de preparações provoque a perda de capacidade protetiva.[8] Há duas maneiras de lidar com isso:

1. Impondo um lote de produção mínimo. *O lote mínimo não faz parte do nível pretendido!* É algo além. Isso significa que um pedido será gerado quando a quantidade do estoque no canal mais o estoque em mãos foi inferior ao nível pretendido. Entretanto, a quantidade desse pedido será igual a uma quantidade pelo menos igual à quantidade do lote mínimo. Podemos constatar que o estoque total está acima do nível pretendido, mas deve ser inferior ao nível pretendido mais o lote mínimo.

2. Gerenciando a capacidade do recurso com restrição de capacidade (*capacity constraint resource* – CCR) e liberando novos pedidos de produção somente quando isso parecer razoável, para que o CCR os processe mais cedo. O conceito de "carga planejada" foi definido no Capítulo 9; aqui, precisamos definir a *carga planejada* para o ambiente específico de produção para disponibilização (MTA).

---

[8] Defino o termo abstrato de *"capacidade protetiva"* como *o nível em que a falta de capacidade disponível imediata começa a provocar danos reais na restrição.*

Definição:[9] *A carga planejada regular para a MTA é a soma da carga deduzida no CCR de todos os pedidos de produção já liberados e que ainda não foram processados pelo CCR.*

Com a liberação de pedidos somente em um determinado limite da carga planejada regular, tem-se um controle sobre a liberação de novos pedidos porque esse procedimento libera novos pedidos de produção apenas no nível em que a carga planejada regular aproximar-se do limite estipulado. Os pedidos de produção que não tiverem sido liberados hoje serão novamente considerados no dia seguinte. A carga planejada regular do dia seguinte deve ser menor, com base na quantidade de trabalhos que o CCR processou durante o dia anterior. Isso permitirá a liberação de mais pedidos.

Quais devem ser os critérios para escolher os pedidos de produção que devem ser liberados? A prioridade correspondente de cada novo pedido de produção que esteja na fila de liberação do dia presente se baseia na quantidade de reposição necessária para alcançar o nível total pretendido de estoque na produção (inclusive no armazém) em relação ao nível pretendido. Em outras palavras, os pedidos de produção que estão aguardando liberação na fila obterão um *status* de pulmão, de modo semelhante aos pedidos que foram liberados. Esse *status* indica a prioridade correspondente do pedido. Os pedidos com *status* mais alto seriam liberados primeiro. Todo pedido liberado atualiza a carga planejada regular. Assim que o limite da carga planeja regular é ultrapassado, a liberação diária de pedidos é interrompida. O restante dos pedidos na fila de espera de liberação precisa aguardar até o dia seguinte. A prioridade correspondente desses pedidos aumentará de acordo com o consumo.

Demonstremos o funcionamento desse procedimento com o seguinte exemplo: suponhamos que o tempo de reabastecimento seja de 5 dias, com 16 horas de CCR todos os dias (5 dias × 16 horas/dia = 80 horas). Um limite natural para a carga planejada regular é 80% do tempo de reabastecimento – 64 horas. Utilizamos apenas 80% do tempo de reabastecimento, supondo que, dessa maneira, o tempo de reabastecimento global, incluindo as operações posteriores a CCR, seria facilmente mantido (a parte posterior ao CCR normalmente exige um tempo bem menor que o tempo necessário para chegar ao CCR que está aguardando sua vez e então ser processada pelo CCR). Com esse procedimento de liberação, evita-se ter uma quantidade muito grande de WIPs na produção. Suponhamos que em um determinado dia a carga planejada atinja 50 horas e que 11 itens estejam no canal de produção. As informações pertinentes são mostradas na Tabela 10.2.

Como a carga planejada já atingiu 50 horas e o limite corresponde a 64 horas, podemos liberar no máximo 14 horas de trabalho. Neste exato momento precisamos liberar 19,3 horas – o que é muito. O método mais objetivo é aumentar a carga da prioridade mais alta em diante, P10, depois de P3, P1, P7, P5, P8. Isso nos daria um total de 13,2 horas. O produto seguinte, P9, penetraria o limite de 14 horas. P9 deveria ser liberado? Essa decisão deve ser subordinada à avaliação da pessoa encarregada (normalmente o programador principal) e não é a mais crucial. A principal questão é que P6, P2 e P4 esperariam pelo menos um dia a mais.

Na maioria dos casos, é necessário ter um lote mínimo específico. Esse lote deve ser considerado complementarmente à carga do CCR. *Quando se utiliza um lote mínimo, a prioridade é determinada apenas pela quantidade necessária para repor o nível pretendido.* No entanto, a carga no CCR precisa considerar o tamanho do lote. Por exemplo, se o nível pretendido for 100 e no momento houver 49 unidades em mãos e 50 no canal (pode ser que essas 50 unidades estejam incluídas em dois pedidos de produção ainda não concluídos que estão em algum ponto da produção etc.). O reabastecimento de acordo com o nível pretendido exige apenas uma unidade, mas o lote mínimo é 25. A prioridade para liberar o pedido de reabastecimento seguinte baseia-se em 1 × 100/100 = 1%, mas o tempo no CCR precisa

---

[9] A carga regular programada refere-se à carga de uso diário. A carga completa programada será definida posteriormente como a carga composta pelas reposições, incluindo aquelas que não foram liberadas.

Tabela 10.2 Lista de pedidos na fila à espera de liberação

Produto	Quantidade a repor	Nível pretendido	Prioridade (%)	Tempo total no CCR[a] (horas)
P1	13	120	10,83	1,5
P2	3	95	3,16	0,8
P3	120	1.000	12	2
P4	45	3.000	1,5	0,8
P5	24	400	6	3,2
P6	114	3.500	3,26	2,5
P7	100	1.000	10	1,5
P8	100	2.000	5	2
P9	33	750	4,4	2
P10	50	400	12,5	3
			Total:	19,3 horas

[a] Inclui o tempo de *setup* (preparação).

considerar um lote de 25. Quando a carga no CCR e as prioridades correspondentes dos outros pedidos permitirem a liberação desse pedido de 25 unidades para a produção, o tempo que ele ficará no CCR será planejado de acordo com a carga de processamento de 25 unidades. Isso, portanto, pode evitar que outros pedidos sejam liberados nesse dia.

Comportamento da demanda: máxima e baixa

Em períodos de baixa demanda, não deve haver nenhuma obstrução à liberação de pedidos de reabastecimento pequeno para a seção de produção. Quando a demanda começa a aumentar, a monitoração da liberação dos pedidos de reabastecimento torna-se essencial, porque, se pequenos lotes diários continuarem a ser liberados, o número de preparações aumentará, criando mais obstruções no fluxo na seção de produção. A função desse algoritmo é estabelecer um limite de tempo de espera real para o CCR e, portanto, restringir o WIP a um nível que permita que os pedidos na seção de produção fluam a uma velocidade sincronizada com o tempo de reabastecimento presumido. Ao mesmo tempo, no entanto, existem pedidos que ainda se encontram na fila de liberação para a produção. Isso significa que o tempo de reabastecimento real é mais longo que o tempo de reabastecimento previsto. Se essa situação persistir por um longo tempo, haverá um risco real de perdermos o controle sobre o compromisso de disponibilidade. O comportamento sugerido de priorizar a liberação dá lugar a um mecanismo de dimensionamento dinâmico dos lotes, segundo o qual, em uma situação de baixa demanda, os lotes ficam naturalmente pequenos (equivalentes às vendas diárias) e, em períodos de demanda máxima se utilizam lotes maiores por causa do atraso na liberação de determinadas solicitações de reabastecimento. Isso alivia um pouco a capacidade. A curto prazo, esse mecanismo institui as prioridades corretas para o sistema, de uma maneira que economiza as preparações no CCR.[10] Ainda precisamos examinar o impacto a longo prazo da monitoração do nível de capacidade e utilizar as medidas corretas no devido tempo porque ampliar os lotes produz apenas um pequeno impacto na capacidade e pode ser que surja uma necessidade real de aumentá-la.

---

[10] É provável que o objetivo do lote mínimo seja evitar que outro recurso, com longos tempos de *setup*, mas um ritmo rápido de processamento, torne-se um gargalo. Portanto, o lote mínimo é uma necessidade. Porém, assim que for possível controlá-lo, o foco do controle de capacidade recairá sobre o CCR.

Monitorando o tamanho do nível pretendido: gerenciamento de pulmão dinâmico

Embora o processo de rápido reabastecimento das vendas e o acompanhamento das prioridades corretas na seção de produção tenham sido abordados, o passo seguinte será obter o *feedback* correto para a etapa de planejamento. A decisão de planejamento mais óbvia é a determinação dos níveis pretendidos. A primeira estimativa inicial talvez não seja adequada ou mudanças na demanda ou na oferta talvez tenham tornado um determinado nível pretendido inadequado. Quais poderiam ser os sinais de que um nível pretendido específico está muito alto ou muito baixo? Isso certamente será indicado pelo comportamento do estoque em mãos. Os algoritmos para recomendar mudanças nos níveis pretendidos baseiam-se em determinados padrões de comportamento do estoque de produtos acabados e são chamados de *gerenciamento de pulmão dinâmico* (GPD).

Verde em demasia: o nível está muito alto

Quando mantemos um nível pretendido muito alto para vários itens, isso produz efeitos negativos óbvios. As implicações financeiras imediatas e o risco de perda de investimentos provavelmente não serão tão proeminentes, supondo que a determinação inicial do nível pretendido não esteja muito errada. *Contudo, quando mantemos um estoque muito grande, isso significa que fazemos reposições quando não existe uma necessidade real.* Portanto, isso provoca um impacto direto sobre a capacidade, o qual, em períodos de baixa demanda, talvez não seja problemático, mas, em períodos de pico, pode ser crítico.

Quando um pulmão permanece com muita frequência e por um tempo muito longo "na zona verde", esse é o sinal mais óbvio de que ele está muito grande. Os pulmões de estoque não devem ficar por muito tempo na zona verde. Isso significa que a relação entre a oferta e a demanda não exige um pulmão tão grande. Chamamos essa situação de *"verde em demasia" – um sinal de que a meta de pulmão está muito alta*.

Falemos agora de um parâmetro denominado "período de permanência na zona verde", no qual, toda vez que um item permanece continuamente nessa zona, recomenda-se que o nível pretendido seja diminuído. O tempo padrão recomendado para o período de permanência na zona verde é duas vezes maior que o tempo de reabastecimento. O objetivo é ser razoavelmente cauteloso. Não é desejável diminuir o pulmão (o nível pretendido) e depois de um curto período aumentá-lo novamente. Frequentemente, é preferível manter um estoque muito alto a manter um estoque muito baixo.

Assim que o nível pretendido for diminuído, é natural que o estoque atual em mãos fique *acima do novo nível pretendido*. Nenhuma verificação e, definitivamente, nenhuma decisão sobre uma redução mais acentuada do nível pretendido devem ser consideradas quando o estoque atual em mãos estiver acima do nível máximo de verde, que é igual ao nível pretendido.

Assim que se decide diminuir o pulmão, a pergunta óbvia subsequente é: quanto? De acordo com Goldratt (Árvore de Estratégias e Táticas da Produção para Estoque à Produção para Disponibilização – Strategy and Tactic Tree MTS to MTA, 2008, item 5.112.1), é recomendável diminuir em 33% o nível pretendido. O tópico sobre quanto aumentar ou diminuir os pulmões e quando evitar essas medidas vale a pena ser discutido. Abordaremos essa questão ainda neste capítulo.

Vermelho em demasia: o nível está muito baixo

O "verde em demasia" é um sinal de que a meta do pulmão está muito alta e o *vermelho em demasia indica que a meta do pulmão está muito baixa*. Sendo assim, seria melhor sermos um pouco mais precisos para aumentar o pulmão. Um tempo muito longo próximo ao topo do vermelho parece ruim, mas talvez não seja tão ruim propor um aumento do pulmão. Além disso, pode ser que toda vez que o pulmão passe para o vermelho ele seja reabastecido rapidamente, mas logo depois volte ao vermelho. Isso pode ser um sinal de que o pulmão não está alto o suficiente para evitar o risco de falta de estoque.

A ideia por trás disso é que a quantidade de tempo e o nível segundo o qual um item fica no vermelho são sinais importantes para aumentarmos o pulmão. O algoritmo decorrente é que toda vez que a região vermelha é penetrada, o nível de penetração, expresso pelo número de unidades do item abaixo do nível vermelho, é registrado. Se no intervalo do tempo de reabastecimento a soma de todos os níveis de penetração registrados for igual ou superior ao tamanho do nível vermelho, recebemos uma recomendação para aumentar o pulmão. Em outras palavras, se durante o intervalo do período de reabastecimento a penetração do vermelho for igual ao tamanho total do pulmão vermelho, esse é o momento de aumentar o tamanho do pulmão.

Assim que o nível pretendido for aumentado, o item específico sem dúvida ficará no vermelho. O aumento do nível pretendido faz com que um novo pedido de produção de reabastecimento seja liberado. Isso certamente levará algum tempo até que o novo tamanho do pulmão se estabilize. Antes disso, não faz sentido decidir aumentar o pulmão novamente. A questão aqui é evitar tomar decisões apressadas antes de observar o efeito do aumento anterior.[11] Portanto, o algoritmo requer um período de observação" (espera), no qual não se faz nenhuma reavaliação do nível de penetração na região vermelha. O tempo natural desse período de observação corresponde ao a um ciclo de reabastecimento. Desse modo, é necessário um ciclo de reabastecimento para possivelmente identificar se o pulmão deve ser aumentado e outro período de reabastecimento para que essa verificação seja reiniciada.

Discussão: problemas com o GPD e o quanto é necessário aumentar/diminuir as metas

O primeiro tópico desta discussão foi o quanto se deve aumentar/diminuir o pulmão. A partir daí, outras questões podem ser levantadas, como quais são as ramificações imediatas dessa mudança e, em decorrência dessas ramificações, quando é necessário evitar mudanças desse tipo. Deve-se fazer uma previsão do aumento do pulmão para avaliar o quanto a demanda aumentará?

Na prática, as vendas de um item em um local específico são muito confusas para respaldar verdadeiramente uma previsão adequada da quantidade. Entretanto, a tendência das vendas pode ser prevista. Dessa maneira, devemos saber se precisamos aumentar ou diminuir o pulmão e decidir um tanto quanto arbitrariamente a dimensão dessa mudança.

Aqui, examinamos o comportamento das vendas do ponto de vista do fabricante. Em outras palavras, as flutuações imoderadas são menos comuns na fábrica do que em uma loja específica. A questão é saber se teríamos uma resposta melhor para o fabricante do que a diretriz arbitrária segundo a qual, sempre que notarmos um sinal claro de que o pulmão não é adequado, devemos mudá-lo em 33% ou utilizar qualquer outra porcentagem fixa que pareça apropriada.

Observe que o sinal do GP é afetado pela relação entre oferta e demanda. Quando a demanda aumenta, a capacidade ociosa diminui e o tempo de reabastecimento fica mais longo. Sabemos como isso afetará o tamanho correto do pulmão?

---

[11] Deming idealizou um experimento para mostrar os resultados desse tipo de intervenção antes de um processo se estabilizar. O *experimento do funil* é definido no *APICS Dictionary* (Blackstone, 2008, p. 56) como "Um experimento que demonstra os efeitos da intervenção. São colocadas bolinhas de gude em um funil para tentar alcançar uma superfície plana inferior. Esse experimento demonstra que ajustar um processo estável para compensar um resultado indesejável ou um resultado extraordinariamente bom produzirá um resultado pior em comparação ao que seria obtido se o processo tivesse sido deixado em paz". Nesse caso, você está ajustando novamente antes de o processo se estabilizar. (© *APICS* 2008. Utilizada com permissão. Todos os direitos reservados.)

Estou inclinado a aceitar a premissa de ter um número arbitrário para aumentar ou diminuir o pulmão. Não obstante, para a produção, a decisão de aumentá-lo em 33% parece criar muitas ondulações no fluxo geral. Um aumento de 20% e uma diminuição de 15% parecem mais apropriados para a seção de produção. Na fábrica, a demanda normalmente apresenta menor flutuação do que as vendas de uma loja. Portanto, a mudança nos pulmões poderia ser menor e ainda assim ser capaz de corresponder às tendências.

Outra questão é saber quais são as condições adequadas para aumentar o pulmão. Quando ele é aumentado, a quantidade total desse aumento é liberada para a produção como um pedido de fabricação. Esse pedido relativamente grande é complementar aos reabastecimentos regulares que atendem à demanda atual. Se a carga atual no CCR for alta, a última medida que devemos tomar é liberar outro grande pedido para a produção.

Na verdade, quando a carga no CCR é alta, isso pode facilmente gerar uma recomendação para que os pulmões de vários itens sejam aumentados. Se o gerenciamento de produção aceitar essa recomendação, será acrescentada uma quantidade de carga substancial a uma pressão de carga já alta. Essa carga complementar pode fazer com que mais itens penetrem a zona vermelha e permaneçam ali por muito tempo, o que, por sua vez, faz com que um número ainda maior penetre o vermelho e fique ali por um longo tempo. Isso pode facilmente se tornar um círculo vicioso! Portanto, a questão é permitir que os pulmões sejam aumentados somente quando houver uma pressão de carga imediata ou quando for possível utilizar uma capacidade adicional para isso.

Obviamente, é mais fácil diminuir os pulmões, e eles diminuem a pressão de carga. Entretanto, se a recomendação para diminuir o pulmão não for justificada, algum tempo depois veremos uma recomendação para aumentá-lo; nesse caso, dependendo da situação da capacidade total, isso pode ser difícil de fazer.

Como vimos, determinados problemas de oferta podem gerar "falsas" recomendações para aumentar os pulmões. Com "falso" queremos dizer que o problema observado pelo GP é apenas uma flutuação estatística rara ou que, embora exista um problema real com os níveis pretendidos atuais, eles *não* devem ser aumentados nesse momento. Esse é o caso quando uma falta temporária de matéria-prima faz com que o produto final entre no vermelho sem que haja capacidade para reabastecê-lo a curtíssimo prazo. Nessa situação, aumentar o pulmão em nada ajudaria. Assim que o material em falta for fornecido, será possível lidar com o dilema de aumentar ou não o pulmão. A principal questão por trás desse dilema é saber se o fabricante deseja proteger-se contra a falta de matéria-prima no futuro (pelo fato de isso ter ocorrido dessa vez) criando um estoque relativamente alto. A alternativa mais sensata é aumentar o pulmão dessa matéria-prima específica e resolver o problema dessa forma.

O GPD é vital para obter os sinais corretos sobre a validade dos pulmões. No setor de fabricação, é altamente recomendável que *qualquer decisão real sobre a mudança de um pulmão seja avaliada pela mente humana e de forma alguma por um pacote de software*. Deve-se perguntar e entender por que um pulmão permanece continuamente na região vermelha ou verde antes de aumentar ou diminuir sua meta. Em uma empresa de distribuição, o número de pulmão torna a avaliação humana sobre quaisquer mudanças nos pulmões extremamente difícil.

A eficácia do GPD reside no julgamento sobre a associação entre oferta e demanda. Não obstante, penso que, para tomar uma decisão sensata com relação a aumentar ou diminuir o pulmão de estoque de produtos acabados nos ambientes de fabricação, uma análise focalizada sobre a demanda e o fluxo na produção, que evidencie possíveis mudanças essenciais em seu comportamento, e a verificação da possibilidade de falta de matéria-prima sejam fundamentais. Essa análise deve ser realizada rapidamente, com base em dados específicos que devem fazer parte do sistema de informações, para acelerar as decisões. Neste exato momento, essa análise não faz parte da solução da TOC que hoje se conhece para a MTA.

A função da capacidade protetiva e o benefício de manter um pulmão de capacidade

A necessidade de capacidade protetiva para manter a disponibilidade já foi mencionada neste capítulo. Um problema especial da MTA é que o compromisso com o mercado não pode se subordinar a uma quantidade total. Com certeza você pode dizer a seus clientes que o compromisso é manter a disponibilidade até um determinado nível de demanda simultânea. Dessa forma, você se protege contra uma quantidade excessiva de demandas. Para um item cujo nível pretendido corresponda a 100 unidades, um pedido de 30 unidades proveniente de um cliente já constitui um problema, e um pedido simultâneo de 60 unidades nem sempre pode ser atendido mesmo quando os procedimentos de MTA são seguidos adequadamente. Portanto, seria sensato dizer aos clientes que o compromisso de disponibilidade com relação a esse item limita-se a 15 unidades por cliente. A ideia é que o pedido simultâneo que penetra metade de uma zona, um sexto do nível pretendido total, ainda assim é aceitável. Os clientes que desejam obter uma quantidade maior ocasionalmente devem emitir um pedido para que sejam abastecidos de acordo com um determinado tempo de espera proposto, como qualquer tipo de pedido regular de MTS.

No entanto, esse limite quanto ao compromisso de disponibilidade não é capaz de atender a um aumento de 20% na demanda total por todos os produtos ao mesmo tempo. Afinal de contas, não é responsabilidade de nenhum cliente examinar a demanda total de todos os outros clientes.

Quando abordamos a MTO, criamos uma forma de lidar com uma demanda muito alta propondo tempos de espera mais longos que o tempo de espera padrão. Esse método de proposição regulariza a carga e permite que o CCR seja bem utilizado.

Na MTA, não temos como restringir a demanda de acordo com a capacidade. Isso significa que devemos manter uma capacidade suficiente em todos os momentos? Bem, certamente é possível manter um pico de carga por um tempo limitado porque ter uma quantidade de estoque suficiente à disposição ameniza o impacto de uma falta de capacidade temporária. A eficácia das prioridades do GP é que ele dedica a capacidade limitada aos produtos que mais precisam dela. Contudo, esse período de pico não pode continuar por muito tempo sem que afete a disponibilidade. Portanto, o maior risco ao bom desempenho da metodologia MTA da TOC é o aumento da demanda de mercado, que exige uma capacidade maior que aquela que o CCR é capaz de processar.

A carga planejada é um mecanismo valioso para avaliar a capacidade necessária com base na demanda atual. Entretanto, para avaliar a capacidade presente devemos incluir na carga planejada todos os pedidos de reabastecimento. Como você deve se lembrar, a definição regular de carga planejada para a MTA leva em conta apenas os pedidos de reabastecimento liberados para a seção de produção. Em condições ideais, todas as solicitações de reabastecimento são liberadas para a seção de produção. Porém, quando existe uma limitação temporária de capacidade, alguns pedidos de reabastecimento são postergados porque sua prioridade é menor e o CCR de qualquer forma estaria processando pedidos mais urgentes.

Desse modo, para monitorar a situação da capacidade geral, é necessário administrar uma carga planejada um tanto quanto diferente; vamos chamá-la de *carga planejada total*, que *inclui todos os pedidos de produção e também os pedidos de reabastecimento que ainda não foram liberados*.

O que obtemos, portanto, é o tempo necessário para que um novo pedido de produção, recém-liberado, seja processado pelo CCR. Em condições ideais, esse tempo precisa ser 80% maior que o tempo de reabastecimento formal. Os 20% restantes representam o tempo necessário após o CCR para concluir o pedido. Quando a carga planejada é mais longa que 80% do tempo de reabastecimento, isso significa que o tempo de reabastecimento real é mais longo e, por isso, pode haver uma ameaça à disponibilidade, se essa situação se mantiver. Portanto, se isso for apenas um pico de curto prazo, é bem provável que o sistema permaneça estável. Contudo, se a demanda de mercado continuar aumentando, essa ameaça pode se tornar uma realidade.

Se houver uma avaliação sensata de que a demanda de fato aumentará, a decisão deve ser aumentar a capacidade o mais breve possível.[12] Evidentemente, estamos nos referindo a aumentar a capacidade no CCR, mas qualquer elevação provavelmente iniciará uma análise sobre se outro recurso pode se tornar um CCR real. Desse modo, devemos pensar na possibilidade de aumentar também a capacidade desse recurso.

O aumento de capacidade é um investimento. Por isso, é melhor ter certeza de que as vendas estão de fato crescendo. Além disso, precisamos saber quais recursos devem ser elevados. Sabemos que o CCR exige maior capacidade, mas muitas vezes não temos informações tão adequadas sobre os demais recursos. Como ainda veremos, algum *feedback* da produção pode nos ajudar a identificar com precisão os recursos que exigirão uma capacidade complementar quando a demanda aumentar. No entanto, talvez seja necessário realizar uma avaliação suplementar sobre os outros recursos que podem exigir maior capacidade.

Talvez haja outra forma de fazer isso. Suponhamos que seja possível adquirir uma determinada quantidade de capacidade sempre que se desejar; por exemplo, solicitar horas extras ou mesmo utilizar um turno extra. Existem casos em que a produção já trabalha 24 horas por dia e 7 dias por semana. Mesmo nesse ritmo, às vezes os turnos noturnos não são operados plenamente. Outra maneira de adquirir capacidade à vontade é terceirizar. O que é comum em todos esses casos é que a capacidade complementar tem um custo adicional toda vez que ela é utilizada. Além disso, para manter essa quantidade de capacidade é necessário utilizá-la de tempos em tempos. Do contrário, ela não estará disponível quando houver necessidade. Suponhamos que ao longo não foi preciso utilizar nenhum turno extra; até que ponto seria fácil constituí-lo? Não se tem certeza de que haverá mão de obra suficiente para formar uma equipe. E se no papel for possível reunir as pessoas necessárias, será que elas de fato desejam trabalhar em um turno extra?

Defino *pulmão de capacidade* como um meio rápido de adquirir, em um prazo razoável, uma capacidade complementar que de fato esteja disponível. Trata-se de *um pulmão para proteger a capacidade de uma empresa de assumir um compromisso de disponibilidade e realmente cumpri-lo*. Como é um pulmão verdadeiro, seu nível de utilização indica o grau de pressão sobre o sistema. O uso do pulmão de capacidade deve ser ativado por dois parâmetros distintos: a carga total planejada (quando é maior do que deveria) e o número de pedidos vermelhos em relação ao número médio de pedidos de produção. A carga total planejada aproxima-se da carga real e depende da precisão dos dados. Entretanto, quando a carga total planejada está ultrapassando os limites anteriores, deve-se concluir que haverá mais pedidos vermelhos do que o usual. Dessa maneira, a capacidade adicional pode ser planejada com base no alerta inicial da carga planejada ou aguardar o surgimento de pedidos vermelhos e então adicionar a capacidade requerida. A vantagem de monitorar o aumento dos pedidos vermelhos é saber quais recursos são necessários para acelerar o fluxo. Essa informação é extremamente valiosa para uma decisão sobre investimento em capacidade.

O pulmão de capacidade comporta-se como qualquer pulmão. Sua utilização poderia adequar-se facilmente à indicação de verde-amarelo-vermelho. Não obstante, ele deve estar no vermelho na maior parte do tempo – o que significa que uma quantidade menor que seu potencial é de fato utilizada. Quando o uso regular entrar na zona amarela, isso significa que até certo ponto sua função enquanto pulmão já está comprometida.

---

[12] Obviamente, supomos que todas as iniciativas para aproveitar a capacidade atual do CCR foram tomadas. Medidas como o escalonamento de intervalos e horários de almoço mais a sobreposição de turnos diminuem ou eliminam o tempo ocioso na restrição e aumentam a capacidade em mais de 10%.

O processo de melhoria contínua (PMC)

O quarto conceito de fluxo[13] (Goldratt, 2008) está relacionado à criação de um processo focalizado de balanceamento do fluxo. Com certeza ele se adapta bem ao funcionamento do GP – atribuindo as prioridades corretas ao que deve ser realizado no momento. Contudo, o balanceamento do fluxo deve também ser acompanhado sistematicamente em um período mais longo. Em outras palavras, devemos ter um mecanismo focalizado para identificar as áreas em que uma melhoria de fato aperfeiçoaria o fluxo global.

De mais a mais, o GP fornece algumas informações básicas. Na MTO, toda vez que um pedido penetra a zona vermelha o usuário deve inserir uma "causa" predefinida em uma tabela, para que desse modo se realize uma análise mensal a fim de identificar com precisão a causa mais frequente e observar o que pode ser feito para eliminá-la. Na parte superior da lista de causas, é possível identificar o paradeiro do pedido de produção quando ele se torna vermelho. Nesse caso, supõe-se que, na maioria das situações em que um recurso provocar longos atrasos, os pedidos de produção várias vezes ficarão vermelhos enquanto aguardam esse recurso.

Na MTA, existem três causas possíveis para um pedido entrar na zona vermelha. Um deles é um atraso muito longo na liberação do pedido (falta de material ou uma pressão de carta muito alta). O segundo é quando um fluxo muito lento na seção de produção faz com que o estoque em mãos penetre o nível vermelho. O terceiro é um volume de vendas alto no dia anterior ou nos dois últimos dias. Quando pretendemos balancear o fluxo, a terceira causa não é importante. Somente o que provoca atrasos relativamente longos é relevante para esse processo.

Uma nova proposição de Goldratt (Árvore de Estratégias e Táticas, 2008, item 5.113.2) é registrar qualquer atraso "muito longo" em um centro de trabalho. A definição proposta para "atraso muito longo" é um décimo do tempo de reabastecimento previsto. O registro desse atraso não garante a entrada na lista final de Pareto para escolher a área mais longa e tentar melhorá-la. A outra condição é que o pedido atrasado entre em algum momento na zona vermelha. Só então a ocorrência entrará na lista de Pareto.

O processo de *feedback* exige a notificação do momento em que um pedido chega a qualquer centro de trabalho na lista "do que deve ser observado", bem como do momento em que ele é concluído nesse centro de trabalho. Para implementar esse processo, a empresa precisa de um *software* apropriado para fazer essas notificações e que os operadores as façam pontualmente.

Problemas genéricos na MTA

MTA de componentes

A essência da MTA é a associação entre marketing e operações. Consideremos agora a possível importância de produzir determinados componentes comuns para disponibilidade. Nesse caso, estamos falando dos componentes comuns usados nos produtos acabados da MTA para os clientes. De acordo com o significado original da MTA, é melhor termos um sólido compromisso de manter uma excelente disponibilidade desses componentes comuns. A questão é que, no planejamento de fabricação dos produtos finais, tanto para pedidos quanto para disponibilidade, seria possível contar com a disponibilidade de componentes comuns. A importância disso, quando de fato aplicável, é uma redução considerável no tempo de atravessamento de produção.

---

[13] Goldratt (2009) compara e contrasta a linha de montagem tradicional, o sistema Toyota de produção (STP) e o método de tambor-pulmão-corda (TPC). Com base em sua análise, Goldratt apresenta quatro conceitos de cadeia de suprimentos. Esses quatro conceitos foram discutidos no Capítulo 9. O quarto conceito, o fluxo, está em grande medida relacionado com a MTA.

O principal motivo para manter um estoque de componentes comuns é diminuir significativamente o tempo de resposta ao mercado. Outro motivo é a minimização do tempo de *setup*, que pode ser considerável, na produção de peças/materiais básicos utilizados em vários produtos finais. Por exemplo, em várias instalações fabris do tipo V – de plástico ou papel, por exemplo –, utilizam-se alguns materiais de base em vários produtos finais. A operação básica de preparação dos materiais de base (como a de uma extrusora) com frequência exige tempos de *setup* bastante longos. O problema operacional provocado pelos tempos de *setup* longos é que o tempo todo surgem vários pedidos urgentes de um determinado componente, visto que qualquer demanda por um dos inúmeros produtos finais cria uma demanda por um dos componentes fabricados. Quanto mais longo o tempo de atravessamento das operações básicas, maior o número de produtos finais e de pedidos de produção que entram na zona vermelha, e isso acaba pressionando essas operações. As solicitações urgentes (normalmente para uma pequena quantidade de um dos componentes) dificultam a preservação do tamanho de lote mínimo necessário para impedir que esse recurso básico torne-se um gargalo. A solução prática é produzir esses componentes para disponibilidade. Desse modo, o único reabastecimento urgente será quando o estoque de um dos componentes penetrar o vermelho.

A fabricação de componentes básicos para disponibilidade divide toda a produção em dois ambientes diferentes, separados por pulmões de estoque. Ambos são planejados em etapas diferentes, embora um ambiente alimente o outro.

O planejamento e o GP da MTA de componentes são os mesmos da MTA de produtos finais. Observe duas questões fundamentais:

1. Para que a transição de um item entre pedido e disponibilidade seja tranquila, deve-se ter um estoque inicial.

2. Todo item deve ser definido ou como pedido ou como disponibilidade. Se houver necessidade de produzir um mesmo item tanto para pedido quanto para disponibilidade, defina duas unidades de manutenção de estoque (*stock keeping units* – SKUs) diferentes, uma para pedidos e outra para disponibilidade. Essa questão é discutida posteriormente, na seção sobre ambientes híbridos.

Quais itens são adequados à MTA e quais à MTO?

É um tanto quanto evidente que nem todo item deve ser gerenciado para disponibilidade. Um fator a ser considerado é o nível de flutuação da demanda. Apresentamos aqui uma representação gráfica simples da demanda de um item típico de MTA em comparação com a demanda de um item típico de MTO. Comecemos pelo formato típico da MTA apresentado na Figura 10.2.

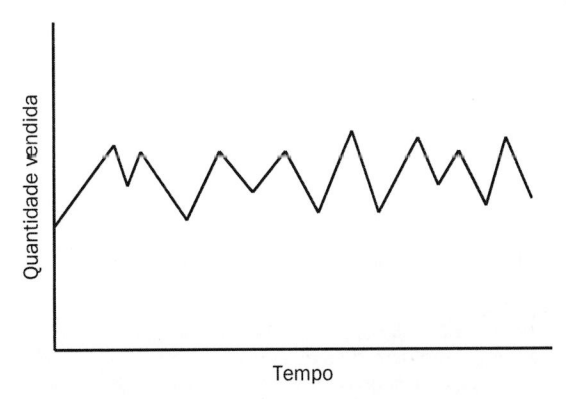

FIGURA 10.2 Comportamento semicontínuo das vendas de um item típico de MTA.

As vendas de um item que se enquadra perfeitamente no gerenciamento para disponibilidade estão apresentando uma dispersão de consumo diário inferior à média das vendas diárias (coeficiente de variação menor que 1). Isso também significa que na maioria dos dias há um determinado volume de vendas. Essa dispersão permite um reabastecimento frequente e rápido e portanto o estoque em mãos seria mantido principalmente na zona amarela.

Outros itens talvez tenham uma demanda bastante esporádica que se enquadra em um padrão de MTO. Na maioria dos dias não ocorre nenhuma venda, mas há dias em que os clientes compram uma quantidade relativamente grande. Isso seria semelhante à Figura 10.3.

Para gerenciar esse item na MTA, é necessário manter um nível pretendido extremamente grande e durante um tempo consideravelmente longo o estoque em mãos ficaria na região verde, o que também significa que o GPD talvez não gerencie tão tem esse item. Embora os clientes possam querer incluir esses itens para disponibilidade imediata sempre que precisarem, as características do item são tais que todos os demais teriam dificuldade para ter essa disponibilidade em todos os momentos. Portanto, se for oferecida uma resposta relativamente rápida aos clientes, eles a aceitariam na maioria das vezes.

Isso também se aplica ao gerenciamento para disponibilidade de componentes comuns; o critério depende do formato da curva de consumo e da magnitude da dispersão.

O Capítulo 11 aborda de que forma a TOC lida com a distribuição. Amir Schragenheim apresenta uma abordagem para considerar o *retorno sobre o investimento* (*return on investment* – ROI) na manutenção de um item em estoque. Quando aplicados à fabricação, os mesmos parâmetros são válidos, e a dispersão do consumo reflete-se no nível previsto necessário para manter a disponibilidade. Essa é uma abordagem um pouco mais detalhada a ser considerada.

Estoque gerenciado pelo fornecedor (VMI)

O objetivo básico da MTA é oferecer oportunidades comerciais em virtude do valor complementar gerado para os clientes, o qual os concorrentes achariam difícil imitar. Uma oportunidade mais específica é pedir a um fornecedor relativamente grande para assumir a responsabilidade pelo nível de estoque dos produtos do fabricante na empresa do cliente. Esse tipo de relação comercial é conhecido como estoque gerenciado pelo fornecedor (*vendor-managed inventory* – VMI).[14]

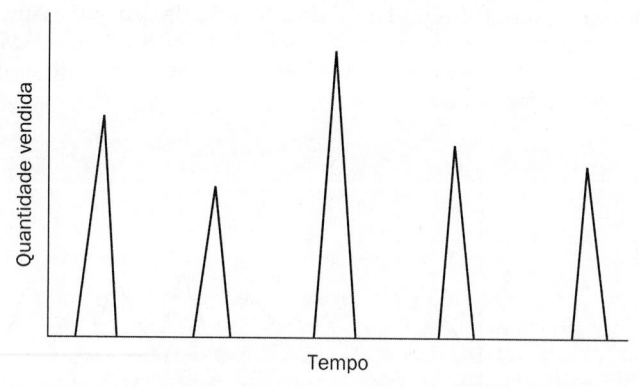

FIGURA 10.3 Demanda esporádica que provavelmente será mais bem gerenciada como MTO.

---

[14] O *APICS Dictionary* (Blackstone, 2008, p. 144) define *estoque gerenciado pelo fornecedor* como "Meio de otimizar o desempenho da cadeia de suprimentos em que o fornecedor tem acesso aos dados sobre estoque do cliente e é responsável por manter o nível de estoque necessário para o cliente [...]". (© *APICS* 2008. Utilizada com permissão. Todos os direitos reservados.)

O VMI não é uma invenção da TOC. Ele é bastante conhecido porque algumas empresas extremamente grandes o impõem aos fornecedores de médio e grande portes. Portanto, é justificadamente um tipo de relação em que um lado sempre sai perdendo. O fornecedor deve aceitar tudo o que o cliente lhe diz para fazer, pois o cliente tem maior poder de barganha.

Compreender de que forma a MTA pode ser gerenciada eficazmente oferece uma oportunidade comercial em que o fornecedor poderia propor uma alternativa desejável ao cliente que normalmente lhe é imposta. Aqui, não falaremos detalhadamente sobre essa relação comercial e sobre como ela poderia ser de ganho mútuo tanto para o fornecedor quanto para o cliente. Do ponto de vista logístico, é necessário fazer a distinção entre os itens convencionais vendidos a vários clientes e os itens fabricados exclusivamente para um determinado cliente para o qual se faz a oferta.

Os itens que são vendidos para vários clientes devem ser gerenciados de acordo com a MTA até o momento em que se encontram no armazém da fábrica e, a partir daí, pela solução de distribuição.

Quando os itens são fabricados exclusivamente para um cliente que já utiliza o VMI, não faz sentido manter um estoque desses itens no armazém da fábrica. Pode ser que entre a produção e a remessa real exista uma necessidade prática de armazenar os itens por um dia ou dois. Entretanto, o armazenamento real deve ocorrer na empresa do cliente e o foco do GP deve estar voltado para o cliente.

O tempo de reabastecimento para o VMI deve incluir o tempo de transporte. As características do transporte podem ser fundamentais porque é difícil acelerar uma remessa depois que ela é enviada. O VMI é bem mais eficaz quando o tempo de transporte é bem mais curto que o tempo de fabricação. Isso parece ser verdadeiro para a maioria dos casos.

Ambientes híbridos (MTA e MTO)

Como já foi dito, nem todos os itens podem ser gerenciados para disponibilidade, e a alternativa é oferecer curta entrega para determinados itens (como a MTO). É claro que em vários casos é aconselhável ter um ambiente híbrido.

A expressão *ambiente híbrido de produção para disponibilização (MTA) e produção sob encomenda (MTO)* pode ter dois significados diferentes. O primeiro é que determinados itens são produzidos exclusivamente para disponibilidade e outros que são produzidos exclusivamente para atender aos pedidos. O segundo significado possível é que vários itens são pedidos tanto para entrega imediata e (normalmente em grande quantidade) quanto para entrega futura em datas específicas.

O problema geral é saber como gerenciar um ambiente com dois tipos diferentes de pulmão: de tempo e de estoque. Existem várias formas complexas para fazer isso, mas queremos um meio simples e eficaz. Ter os mesmos itens em dois sistemas de gerenciamento diferentes é uma solução muito complicada para ser verdadeiramente ideal na prática. Nossa sugestão é sem dúvida separar o identificador de SKU do item da MTO do item gerenciado para MTA, ainda que para todas as finalidades práticas eles sejam os mesmos itens. Quando os pedidos de MTO de um item, normalmente gerenciados como MTA, são tratados como pedidos de um item diferente, pode ser que o pedido de MTO seja acelerado embora não exista estoque em mãos suficiente para fornecê-lo. Um caso semelhante pode ocorrer quando aparentemente precisamos acelerar os pedidos de produção de um item de MTA, mas um pedido de MTO foi concluído bem antes de sua data de entrega e, portanto, existe estoque suficiente para atender a uma demanda imediata. Nosso conselho é ignorar esses casos e simplesmente acelerar os pedidos, mesmo que haja outra solução para isso. De outro modo, o gerente de produção pode tomar conta disso e assumir a responsabilidade de parar de acelerá-los e fazer as mudanças necessárias entre as duas identidades do item (ter dois SKUs diferentes para o mesmo item físico).

Dessa maneira, gerenciamos itens de MTA paralelamente aos itens de MTO. Antes de formularmos essa solução, é recomendável falarmos a respeito da percepção de falha sobre prioridade na prática. Ponha-se no lugar de um operador que tem de escolher entre dois pedidos: um de MTO, com um cliente específico disposto a pagar, e o outro para estoque, o que significa que não sabemos quando um cliente compraria diretamente do estoque. Aparentemente, a prioridade do pedido de MTO é óbvia, porque significa "ganho imediato" em comparação com "um possível ganho em algum momento futuro".

Suponhamos que o pedido de MTO tenha de ser entregue em três semanas, ao passo que o de MTA refere-se a um produto que atualmente está em falta no armazém de produtos acabados. Ainda assim você priorizaria o pedido de MTO? Se não, qual seria então a regra?

Propomos outra perspectiva. Na MTA, a empresa está oferecendo um compromisso de disponibilidade. Esse mesmo compromisso é firmado com um cliente com relação ao pedido de MTO especificando uma data em que ele deve ser concluído. Portanto, o problema de prioridade significa: *que prioridades devemos seguir para que tenhamos a melhor probabilidade de cumprir TODOS os nossos compromissos?* O GP oferece as prioridades do mecanismo verde-amarelo-vermelho e podemos afirmar que, embora ambos tenham tipos diferentes de pulmões, o significado de verde-amarelo-vermelho, e mesmo o significado do *status* do pulmão, é exatamente o mesmo. Quando um operador defronta-se com pedidos com vários níveis de pulmões, ele não precisa saber qual deles é de MTO e qual é de MTA. O código de cor é o principal mecanismo de prioridade e o *status* do pulmão é uma informação adicional e mais detalhada.

Existe um problema com à associação entre a MTA e MTO: o gerenciamento de capacidade. A MTA é mais rigorosa com respeito às exigências de manter a capacidade protetiva do CCR porque, na MTO, temos a flexibilidade de propor tempos de atravessamento mais longos quando há necessidade. Quando a quantidade de MTA em relação à MTO é relativamente pequena – digamos, aproximadamente 15% de MTA e 85% de MTO –, reservar 15% da capacidade para a MTA e basear a proposição de tempo da MTO em 85% da capacidade disponível é uma solução aceitável. Para todos os demais casos, é aconselhável utilizar a capacidade de MTA como regra geral. Isso significa que a MTO seria gerenciada com base na proposição do tempo de atravessamento padrão, supondo que isso seja sempre possível porque existe capacidade suficiente à disposição. Ter um pulmão de capacidade (a possibilidade de aumentar a capacidade fácil e rapidamente) é uma excelente solução para extrair a capacidade máxima dos recursos internos, utilizando-o sempre que necessário. Mais informações sobre esse método podem ser encontradas em Schragenheim, Dettmer e Patterson (2009, Capítulo 7).

Lidando com a sazonalidade

A sazonalidade apresenta problemas óbvios para o gerenciamento de estoque em geral. O Capítulo 11 deste livro discute a fundo essa questão, inclusive o dilema de escolher entre prever a demanda ou simplesmente seguir o GPD.[15]

Neste capítulo, ressaltamos o problema crítico enfrentado pelo fabricante. O gerenciamento de capacidade é uma área particularmente problemática da fabricação, muitas vezes por motivos errados, como obter alta eficiência em todos os recursos. Do ponto de vista prático da TOC, o gerenciamento de capacidade continua sendo um problema – assegurar capacidade suficiente para atender à demanda.

Na maioria dos casos, quando se emprega o termo "sazonalidade", o significado é demanda máxima em um determinado período. Esse pico na demanda poderia durar vários meses ou um ou dois dias. Existe uma clara diferença entre esses extremos; um pico muito rápido significa que não houve possibilidade de reabastecimento durante o pico.

---

[15] Prever a demanda significa mudar manualmente os níveis pretendidos de acordo com a previsão "máxima" no intervalo de tempo de reabastecimento confiável e fazê-lo antes do momento em que supostamente o pico iniciará.

Essa situação será abordada como produção para estoque (*make-to-stock* – MTS) ainda neste capítulo.

O problema de capacidade com relação à sazonalidade[16] é que *no período de pico a demanda total pode exigir uma capacidade superior à capacidade do CCR*. Essa situação sem dúvida diminuiria os estoques em mãos e a única solução seria tentar priorizar. Em um período curto, isso poderia ser suficientemente adequado. Porém, em um período mais longo, seria desastroso.

Aumentar os níveis pretendidos antes do início do período de pico é uma solução parcial para o problema de capacidade. Se de fato houver falta de capacidade durante o pico, e se ele não for muito curto, com certeza haverá falta de estoque.

Para solucionar o problema de capacidade, é necessário investir em capacidade e materiais antes do início do período de pico. A tendência da solução é criar estoque suficiente de vários produtos de alta saída para atender à respectiva demanda em todo o período de pico. Uma solução válida para isso é *prever a quantidade mínima a ser vendida em todo o período de pico de vários produtos de alta saída* e fabricar essa quantidade antes do pico. Não ter de reabastecer esses produtos de alta saída toda vez que ocorre uma venda economizaria uma capacidade valiosa que poderia ser utilizada para reabastecer outros itens. Sugerimos esse procedimento apenas para os principais produtos de alta saída por causa das características desses produtos, cuja dispersão das vendas futuras é menor. Mesmo se sobrar algum estoque após o pico, ele será vendido.

Ambientes problemáticos para a MTA

A solução de reabastecimento para o setor de fabricação depende do mecanismo de prioridade na fase de execução. Não apenas da prioridade em si, mas ainda mais da capacidade de agilizar. Os ambientes cujo tempo de reabastecimento é mais longo e nos quais é impossível ou muito difícil apressar os pedidos são obrigados a compensar a falta de flexibilidade mantendo um estoque maior e realizando reposições frequentes. Mesmo quando é possível agilizar, existe um problema real para obter uma disponibilidade adequada.

Considere a situação das preparações que dependem de sequência ou mesmo apenas as preparações muito longas associadas a uma extensa lista de itens a serem produzidos. Por exemplo, uma linha de produção de tinta fabrica 12 cores diferentes. Cada uma delas tem três a cinco variações distintas de tinta. No processo de fabricação da tinta, a duração da preparação (principalmente a limpeza de qualquer resíduo da tinta anterior na linha de produção) depende não apenas da cor subsequente, mas também da anterior. Quando mantemos a sequência que se estende das cores claras para as cores escuras, o tempo de *setup* total é bem menor do que quando tentamos produzir de acordo com a sequência das necessidades reais do mercado. Por isso, a linha de produção precisa obedecer a sequência preferida e, desse modo, produzir todo o ciclo (alguns itens lentos podem ser pulados de tempos em tempos). Suponhamos que o ciclo completo corresponda a 21 dias (3 semanas). Isso significa que o tempo de reabastecimento é 21 dias.[17] Qual deveria ser o nível pretendido? O consumo "máximo" ocorre no prazo de 21 dias. Portanto, uma venda média no prazo de 32 dias parece suficientemente apropriada.

Entretanto, observe que isso significa que todos os itens são reabastecidos uma única vez no prazo de 21 dias. Portanto, se o volume de vendas for superior ao esperado, em tor-

---

[16] Esse problema não é exclusivo da TOC. Os fabricantes há muito tempo têm tentado identificar sistemas de produção híbridos que possam funcionar com o sistema empurrado. O *APICS Dictionary* (Blackstone, 2008, p. 61) define *método de produção híbrido* como "Método de planejamento de produção que associa os aspectos dos métodos de planejamento de produção de atendimento e de nivelamento". (© *APICS* 2008. Utilizada com permissão. Todos os direitos reservados.)

[17] Quando nos referimos a uma linha de produção dedicada, o tempo de atravessamento de produção poderia ser muito rápido e o tempo de reabastecimento real ser o tempo de espera da própria linha.

no do 20º dia o estoque em mãos poderá adentrar profundamente a zona vermelha e nada poderemos fazer a respeito. Desviar da sequência pode afetar significativamente a capacidade e, até mesmo, transformar a linha de produção em um gargalo.

A única solução para essa situação é manter um estoque bem maior. Se o nível pretendido for duas vezes a média de vendas no tempo de ciclo, na maior parte do tempo o estoque em mãos ficará na zona verde e, ao final do ciclo, na zona amarela. Isso significa que o parâmetro "verde em demasia" precisa ser longo o suficiente para evitar a falsa recomendação de diminuir o nível pretendido.

Lidar com os ambientes mais problemáticos provavelmente evidenciará até que ponto a solução da TOC é adequada para a maioria dos outros ambientes.

A MTS que não é MTA

Em determinados casos faz muito sentido utilizar a produção para estoque (MTS), mas não associada ao compromisso de manter uma disponibilidade perfeita. Podemos identificar duas categorias de casos desse tipo:

1. A MTS se justifica para gerenciar a capacidade, e não para garantir disponibilidade.
2. A empresa está tentando oferecer um determinado nível de disponibilidade, mas não pode ou não deseja garanti-la.

Analisemos as características dessas duas categorias. A primeira já foi demonstrada pela abordagem de sazonalidade, em que às vezes é utilizado um alto nível de estoque, bem acima dos níveis pretendidos, para alguns produtos de alta saída, a fim de liberar capacidade durante o próprio período de pico. A preparação para qualquer pico na demanda que requeira uma capacidade superior à dos recursos força os planejadores de capacidade a recorrer à MTS mesmo nas situações de MTO. Obviamente, se os pedidos de MTO forem totalmente customizados de acordo com as necessidades dos clientes, isso não será possível, mas pode ser que a estocagem de alguns componentes possa ainda assim aliviar a urgência de capacidade no CCR.

A outra categoria é comum nas situações em que as possíveis flutuações na demanda são muito altas para oferecer uma excelente disponibilidade ou a manutenção de um estoque excedente é muito cara. Nessas situações, a abordagem de marketing poderia ser: não prometemos disponibilidade; portanto, se você de fato quer comprar, seja rápido! Alguns exemplos em que não é possível garantir disponibilidade:

- Lançamento de novos produtos, especialmente de produtos inovadores.
- Promoções em que se prevê um pico na demanda, mas não se deve necessariamente prometer disponibilidade aos clientes.
- Um breve pico na demanda no qual é impossível reabastecer durante o pico.
- Produtos com um curto tempo de vida útil, nos quais os custos de produção verdadeiramente variáveis são alto em relação ao ganho.

Não faz sentido prometer disponibilidade nesses casos. Contudo, a proposição de disponibilidade pode ser o principal fator por trás da decisão sobre o quanto se deve produzir, mas um compromisso integral parece arriscado.

Como o processo de gerenciamento de MTS deve ser? Existem dois problemas distintos na MTS que não existem na MTA. Primeiramente, como você determina o quanto deve produzir para estoque? Essa decisão deve se basear em uma previsão que reconheça um volume de vendas mínimo e máximo aceitável no período de tempo de oferta confiável e leve em conta os prejuízos da falta de estoque e os prejuízos dos excedentes.

Em segundo lugar, como você prioriza um pedido de produção para estoque e não para disponibilidade? Não faz sentido conferir a situação do estoque no ponto de venda em relação ao nível pretendido. Ao que nos parece, quando o objetivo do estoque é atender a um pico de vendas previsto, faz mais sentido definir uma data de entrega e tratar o pedido como uma MTO. A data nesse caso não é de fato fictícia porque o estoque destina-se à ocorrência de um determinado pico na demanda.

Nos casos da segunda categoria em que nenhum evento especial constitui um gatilho, a abordagem de marketing de criar uma atmosfera segundo a qual um produto é "difícil de obter" mesmo assim mantém a eficácia da técnica de reabastecimento. Entretanto, os níveis pretendidos são intencionalmente baixos e as expectativas deverão estar no vermelho (ou mesmo no preto) na maior parte do tempo. As iniciativas de agilização talvez se tornem bem mais contidas e a maioria das recomendações do GPD não será admitida.

Problemas de implementação

Alguns dos problemas de implementação já foram abordados neste capítulo, particularmente a determinação dos valores iniciais dos níveis pretendidos. Certamente, o processo de determinação dos valores iniciais dos níveis pretendidos deve durar o mínimo possível. Não há nenhuma necessidade de precisão – uma estimativa extremamente grosseira é mais que suficiente.

Uma questão importante é o cálculo inicial dos níveis pretendidos. Deve-se supor que os tempos de reabastecimento são bem mais curtos que o atual. Em muitos casos, cortar o tempo de reabastecimento pela metade é uma boa estimativa para definir os níveis pretendidos.

Os problemas de adesão não serão discutidos neste capítulo.[18] As duas áreas problemáticas discutidas a seguir são abordadas em virtude dos problemas que podem ocorrer e talvez não sejam compreendidos plenamente.

Transição da MTS ou MTO para a MTA

A mudança para a MTA pode ser realizada tanto da MTO quanto da MTS ou de uma combinação de ambas. A transição da MTS para a MTA poderia ser considerada relativamente fácil, porque provavelmente existe algum estoque no sistema, tanto de produtos acabados quanto em produção, que ainda não foi destinado aos pedidos dos clientes. Na maior parte das vezes, a quantidade de estoque disponível no sistema é maior que o nível pretendido. O problema é quando não existe estoque que ainda não tenha sido destinado a determinados pedidos dos clientes.

Se no momento a produção operar estritamente de acordo com a MTO, sem dúvida não haverá nenhum WIP ou produto acabado que não tenha sido destinado aos pedidos dos clientes. Uma medida prática é preparar uma quantidade suficiente de estoque. A forma preferida de iniciar o reabastecimento é com os pulmões completos – o nível do pulmão de estoque de produtos acabados é o nível pretendido. Somente quando o nível de estoque real permitir o reabastecimento é que se deve mudar da MTO para a MTA. Se essa mudança fosse realizada muito cedo, haveria um caos na produção.

O problema é que o estoque deve ser aumentado sem que se interrompa o suprimento dos pedidos de acordo com as regras e volumes de venda atuais. Isso significa produzir para estoque (posteriormente, será produzir para disponibilidade) e ao mesmo tempo fabricar os produtos requeridos pelos pedidos dos clientes. Uma medida prática é utilizar capacidade em excesso apenas para obter o estoque necessário. O tempo que isso levaria depende da capacidade disponível. A melhor maneira de criar fisicamente um pulmão de estoque de produtos acabados, além da demanda regular, é gerar pedidos de MTO fictícios para aumentar o estoque utilizando um pulmão de tempo grande no estoque de produtos acabados a fim de que ele não entre na zona vermelha muito cedo. A data escolhida ofereceria expectativas realistas sobre quando a proposição de marketing com respeito à disponibilidade estaria pronta para ler lançada.

---

[18] Consulte os Capítulos 16 e 20 deste livro.

Considerações sobre o *software*

A MTA enfatiza muito o gerenciamento apropriado da seção de produção. Além da produção, pelo menos dois departamentos adicionais devem ser associados e bem conduzidos – o de marketing e vendas (mencionados aqui como se fossem o mesmo departamento) e o de compra de matérias-primas.

O departamento de marketing precisa desenvolver a proposição aos clientes, que inclui a definição das expectativas corretas, para que eles sejam informados sobre quaisquer limites de quantidade que podem comprar. O departamento de vendas precisa saber quando deve se esforçar mais e quando deve encontrar soluções para restringir a demanda com base na carga planejada.

Os pulmões da TOC, tanto na MTO quanto na MTO, pressupõem que exista uma disponibilidade perfeita de matérias-primas. As regras gerais sobre manutenção de estoque, explicadas neste capítulo e no seguinte, sobre distribuição, são aplicáveis ao gerenciamento dos pulmões de estoque de matérias-primas.

É uma função natural de um *software* associar todas as peças para mostrar uma imagem holística. Não obstante, essa função natural raramente é o que de fato obtemos. A maioria dos pacotes de *software* de ERP na verdade não exibem uma imagem interfuncional. A situação atual da TOC é que, embora a tendência geral de observar o desempenho da empresa como um todo e apontar os elos fracos que de fato exista, ela ainda não foi convertida totalmente em especificações de software.

Outra função do *software* é dirigir a atenção dos tomadores de decisões para o que realmente importa. Atualmente, isso não ocorre na vasta maioria dos pacotes de *software*.

O *software* tem uma função fundamental na comunicação e instituição de processos e terminologias. Isso não significa que os pacotes de ERP atuais instituam as terminologias e os processos corretos. A TOC contesta vários deles. Contudo, a eficácia do *software* não pode ser ignorada. Isso evidencia a necessidade de o *software* da TOC instituir os processos corretos e oferecer as informações apropriadas para os vários níveis de tomadores de decisões.

Como nenhum pacote de ERP atual se baseia nos princípios da TOC, e em vista da dificuldade básica de implementar/rever esse *software*, as opções práticas são impor os procedimentos da TOC no ERP existente ou em qualquer outro sistema de informação ou associar um *software* complementar ao ERP.

Com relação apenas às exigências da MTA, cinco áreas diferentes precisam que o sistema de informação (de tecnologia da informação – TI) da empresa tenha a funcionalidade da TOC.

1. Geração de pedidos de produção com base apenas no reabastecimento de um nível pretendido específico.

2. Geração de prioridades genéricas verde-amarelo-vermelhas para todo e qualquer pedido de produção. O *status* do pulmão deve ser considerado como um "bônus". É interessante tê-lo, mas não essencial.

3. Utilização do GPD para recomendar mudanças nos níveis pretendidos.

4. Monitoração da capacidade por meio da carga planejada, com a possibilidade de recomendar quais pedidos de reabastecimento devem ser liberados.

5. Fornecimento de relatórios gerenciais, incluindo o PMC, e monitoração do número de pedidos vermelhos e do histórico do comportamento da carga planejada.

A primeira área pode ser facilmente imposta no MRP/ERP. Contudo, a terminologia dos níveis pretendidos ou dos pulmões não será incluída, a menos que se faça um aprimoramento mais volumoso. Isso significa que as pessoas que lidam com o MRP precisam compreender bem a lógica e a terminologia da TOC para manter o ERP atualizado. A dificuldade real é forçar o MRP/ERP a determinar as prioridades verde-amarelo-vermelhas. Todos os pacotes de ERP pressupõem que toda ordem de serviço deva ter uma data, mas a lógica da TOC é bem diferente.

Outro módulo que não é possível compatibilizar facilmente com o próprio ERP é o GPD.

É possível criar uma variedade de relatórios de carga planejada no ERP, mas isso está longe de ser simples.

Todas essas questões são importantes para o desenvolvimento da abordagem da empresa sobre o *software*. Toda implementação deve considerar as opções de *software* como uma parte essencial da própria implementação.

Referências

Arnold, J. R., Chapman, S. N. e Clive, L. M. *Introduction to Materials Management*. 6ª ed. Prentice Hall, 2008.

Blackstone, J. H. *APICS Dictionary*. 12ª ed. Alexandria, VA: APICS, 2008.

Goldratt, E. M. "Strategy and Tactic Tree. Consumer Goods Make-to-Stock (MTS) to Make-to-Availability (MTA) S&T". Nível 5, setembro de 2008.

Goldratt, E. M. "Standing on the Shoulders of Giants". *The Manufacturer*, junho de 2009. http://www.themanufacturer.com/uk/content/9280/Standing_on_the_shoulders_of_giants. Acesso em 4 de fevereiro de 2010.

Goldratt, E. M. e Cox, J. *The Goal*. Croton-on-Hudson, NY: North River Press, 1984, 1993.

Goldratt, E. M. e Fox, R. E. *The Race*. Croton-on-Hudson, NY: North River Press, 1986.

Schragenheim, E., Dettmer, W. H. e Patterson, W. *Supply Chain Management at Warp Speed*. Boca Raton, FL: CRC Press, 2009..

Sullivan, T. T., Reid, R. A. e Cartier, B. *TOCICO Dictionary*. 2007. http://www.tocico.org/?page=dictionary.

Sugestão de leitura

No *site* www.inherentsimplicity.com/warp-speed é possível baixar o simulador MICSS, bem como arquivos de análise e outros conteúdos relacionados.

Consulte também Schragenheim, Dettmer e Patterson. *Supply Chain Management at Warp Speed*. 2009. Os Capítulos 6 e 7 são particularmente importantes.

Sobre o autor

Nos últimos 25 anos, **Eli Schragenheim** lecionou, ministrou palestras em congressos e prestou consultoria em mais de 15 países, incluindo Estados Unidos, Canadá, Índia, China e Japão. Além disso, ele criou ferramentas de simulação de *software* especialmente projetadas para experimentar o pensamento da TOC e ofereceu consultoria a várias empresas de programas aplicativos para o desenvolvimento da funcionalidade TOC correta em seus pacotes.

Schragenheim, ex-sócio do Instituto A. Y. Goldratt, atualmente é diretor da Goldratt Schools na Europa.

É autor do livro *Management Dilemmas* e colaborou com H. William Dettmer na redação de *Manufacturing at Warp Speed*. Colaborou também com Carol A. Ptak no livro *ERP, Tools, Techniques, and Applications for Integrating the Supply Chain*, e com Goldratt e Carol A. Ptak em *Necessary But Not Sufficient*. Em março de 2009, um novo livro, intitulado *Supply Chain Fulfillment at Warp Speed*, em coautoria com H. William Dettmer e Wayne Patterson, foi publicado. Esse novo livro contém vários dos novos avanços da TOC sobre operações.

Schragenheim, cidadão israelense, concluiu o MBA pela Universidade de Telavive, Israel, e o bacharelado em matemática e física pela Universidade Hebraica de Jerusalém. No período intermediário de seus estudos formais, foi diretor de televisão durante quase dez anos. Seu *e-mail* pessoal é elyakim@netvision.net.il. Os leitores devem se sentir à vontade para escrever para Eli Schragenheim para discutir questões relacionadas aos capítulos sobre MTO e MTA.

11
Gerenciamento da cadeia de suprimentos[1]

Amir Schragenheim

Introdução: o método atual de gerenciamento da cadeia de suprimentos

É quarta-feira à tarde. Estou entrando no supermercado para comprar alguns pimentões verdes. Porém, não há nenhum pimentão no estoque. Também não consigo encontrar tomates de boa qualidade. Prossigo então para a loja Office Depot. Ouvi excelentes críticas sobre um novo *mouse* que a Microsoft lançou e gostaria de adquirir um. Contudo, me deparei com a prateleira vazia, na qual se lia "esgotado".

Quantas vezes você foi a uma loja para comprar um lindo par de sapatos que queria e não encontrou nenhum do seu número?

Por que as lojas não mantêm uma quantidade adequada de estoque para atender à demanda? Elas parecem ter muito estoque. Por que elas não conseguem fazer direito uma coisa tão simples?

Na era moderna, a cadeia de suprimentos funciona de uma maneira que parece fazer muito sentido. Os fabricantes têm máquinas robóticas para automatizar os processos; vários já instalaram sistemas novos e avançados de planejamento de recursos corporativos (*enterprise resources planning* – ERP) para ajudá-los a gerenciar a seção de produção.

Distribuidores e fabricantes possuem *softwares* extremamente sofisticados para prever exatamente quantos itens serão vendidos de cada produto e até mesmo cada unidade de manutenção de estoque (*stock keeping unit* – SKU).[2] Portanto, eles deveriam saber quantas unidades gostariam de enviar às lojas de varejo (pontos de venda) e quando.[3]

---

[1] Nota dos organizadores: Este capítulo descreve um pacote de *software* avançado e de que forma ele lida com ambientes complexos de fabricação e de cadeia de suprimentos. O autor foi convidado a contribuir para este livro porque utilizou o processo de pensamento da TOC para investigar esses ambientes, tem um profundo conhecimento sobre as correlações causais dos sintomas de um ou mais problemas básicos e esforçou-se para desenvolver soluções abrangentes para esses problemas. Ele é especialista nesse trabalho de desenvolvimento.

[2] Com relação à distribuição, o *APICS Dictionary* (Blackstone 2008, p. 131) faz uma distinção significativa entre esses dois termos. O *produto é uma mercadoria dentro da cadeia de suprimentos*, ao passo que a SKU é definida como: "*um item em uma localização geográfica específica*". © APICS 2008. Utilizada com permissão. Todos os direitos reservados.

[3] A longo prazo, as vendas no final da cadeia são as únicas medidas que importam. Se for realizada uma venda dentro dos elos da cadeia de suprimentos, será necessário abastecer posições de estoque para vendas futuras no final da cadeia. Portanto, assim que a cadeia de suprimentos for abastecida, ficará sem movimentação até o momento em que o consumidor fizer uma compra no ponto de consumo. A maioria dos gerentes da cadeia de suprimentos tradicional preocupa-se apenas com o elo seguinte, e não com as vendas no final da cadeia.

Copyright © 2010 Amir Schragenheim.

Por que essas empresas ainda assim enfrentam problemas para gerenciar a cadeia de suprimentos? A tecnologia não é suficiente?

Problemas com o sistema atual

Os problemas[4] comuns da cadeia de suprimentos são: poucos giros de estoque, alto investimento em estoque, perda de venda em determinados locais por falta de estoque e, ao mesmo tempo, estoque excedente dos mesmos produtos em outros locais, alto nível de obsolescência de estoque, falta de agilidade em relação às necessidades do cliente etc. Examinemos algumas das possíveis causas desses problemas.

A tendência natural para o comportamento empurrado

Hoje, as cadeias de suprimentos são, em sua vasta maioria, sistemas empurrados. No *APICS Dictionary* (Blackstone, 2008, p. 112), *sistema empurrado* é definido da seguinte forma: "[...] 3) Na distribuição, um sistema para reabastecer o estoque de um armazém provisório no qual a tomada de decisões sobre reabastecimento é centralizada e as decisões normalmente são tomadas na fábrica ou em uma instalação central de abastecimento". (© *APICS* 2008. Utilizada com permissão. Todos os direitos reservados.) Com base nessa definição, a posição centralizada na cadeia de suprimentos é o fabricante que abastece seu armazém regional ou os consumidores diretamente ou um distribuidor que compra produtos de vários fabricantes e os distribui para seus armazéns regionais ou diretamente para o cliente.

Qual é o ponto de vista do *fabricante/distribuidor*[5] (F/D) quando ele está determinando a quantidade de estoque que deve manter em cada local? Ele tem dois parâmetros em mente:

1. Quanto deve manter nos elos anteriores (mais próximos do fabricante) da cadeia de suprimentos.

2. Quanto deve manter nos elos posteriores (mais próximos do consumidor) na cadeia de suprimentos.

A tendência natural é manter o estoque o mais próximo possível dos consumidores. Se um produto não estiver no ponto de consumo, a probabilidade de ele ser vendido será (bem) menor. O consumo imediato é o xis da questão. Portanto, só faz sentido que o F/D mantenha a maior parte do estoque o mais próximo possível do consumidor – no elo posterior mais longínquo da cadeia produtiva que ele conseguir –, normalmente o varejo. A Figura 11.1 mostra de que forma os estoques são distribuídos ao longo de uma cadeia de suprimentos tradicional. A maior parte do estoque encontra-se no final da cadeia (as lojas) e pouco no centro de distribuição (o *armazém da fábrica/armazém central* – AF/AC).

A cadeia de suprimentos tradicional exibe um comportamento empurrado: ela empurra os produtos em direção ao varejista (loja) a fim de aumentar o respectivo consumo. Entretanto, o comportamento empurrado exige um bom modelo de previsão para prever o quê, onde e quando será necessário ter estoques específicos em um local de estoque específico (loja). Devemos ter o produto certo (o quê) em um local específico (onde), no momento certo (quando).

---

[4] De acordo com a terminologia da TOC, isso se chama *efeitos indesejáveis* (EIs). Investigamos os problemas básicos que provocam esses EIs.

[5] Ao longo deste capítulo, empregaremos o termo fabricante/distribuidor para representar a cadeia de suprimentos com base em uma empresa que fabrica a maioria dos componentes que circulam por essa cadeia ou com base em uma empresa que compra componentes de um ou mais fabricantes e os distribui nessa cadeia.

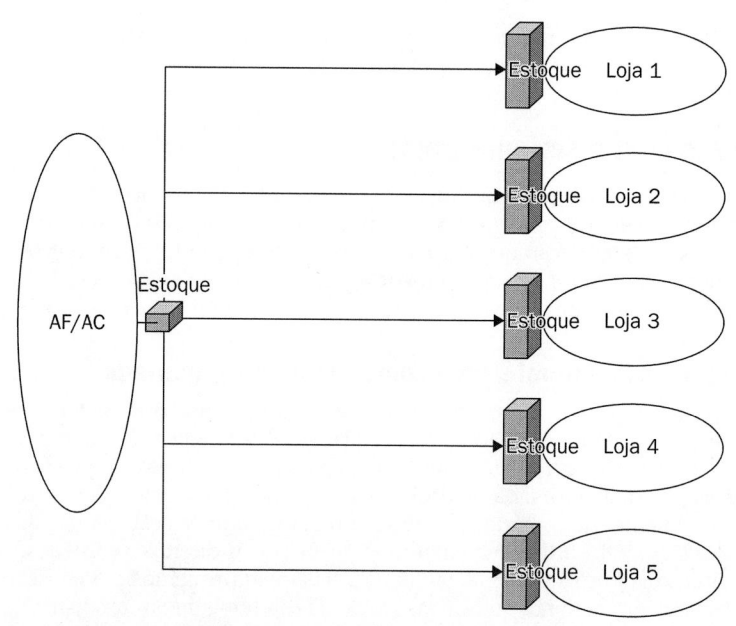

FIGURA 11.1 Uma típica cadeia de suprimentos empurrada.

Por que é impossível encontrar um bom modelo de previsão?

Os módulos de previsão avançados hoje existentes tentam modelar a demanda e criar uma boa resposta ao quebra-cabeça da disponibilidade: *qual* produto deve ser mantido em qual lugar (*onde*) e *quando*. Observe que esse quebra-cabeça tem três perguntas: o quê, onde e quando. Para que uma previsão de demanda seja considerada boa, ela deve responder cada uma dessas perguntas. Independentemente do quanto um mecanismo de previsão seja bom, na verdade ele não consegue prever como seria a demanda.

Com respeito à previsão, é necessário considerar algumas falácias referentes à estatística. Essas falácias e uma discussão sobre cada uma delas são apresentadas nas seções subsequentes.

1. A falácia da desagregação.
2. A falácia da média.
3. A falácia da variação.
4. A falácia das mudanças repentinas.

A falácia da desagregação

A primeira falácia é que a agregação ou desagregação não exerce nenhuma influência sobre a variação. O fato é que, quanto mais desagregados os dados, maior a variação dos elementos desses dados. Em nosso ambiente de distribuição, a resposta à pergunta "Qual é a demanda desse produto?", para o local do F/D, é bastante precisa e tem pouca variabilidade. Porém, a resposta a essa mesma pergunta para um local de varejo específico é bastante imprecisa e tem grande variabilidade. Esse fenômeno está enraizado no fato de que as flutuações são comuns nos eventos agregados (pressupondo que eles sejam independentes). Se fizermos uma previsão de venda para 100 pontos diferentes, deveremos obter uma resposta de que as vendas em um ponto médio variará de 10 a 25 unidades por dia. Se fizermos a mesma pergunta sobre a quantidade global que precisamos fabricar, obteremos um intervalo bem mais estreito como resposta – provavelmente algo em torno de

1.650 a 1.850. Se considerássemos apenas os níveis baixos (10) e altos (25) de cada um dos 100 pontos de consumo e os agregássemos, obteríamos uma reposta bem pior – de 1.000 a 2.500. Essa questão é demonstrada na Figura 11.2. Observe a alta variação no varejista em comparação com a variação menor no armazém do F/D. Desse modo, a regra passa a ser: quanto maior a agregação, melhor a previsão.

A falácia da média

O segundo fenômeno está relacionado com a interpretação equivocada dos dados – as pessoas que utilizam dados estatísticos conhecem suficientemente bem a lógica matemática por trás da previsão. Erros consideráveis são cometidos diariamente em quase toda organização em virtude da falta de conhecimento sobre estatística. Por exemplo, a demanda média no exemplo anterior é 17,5 (pressupondo uma distribuição normal e um alto e baixo de 25 e 10). Suponhamos que estocássemos 17,5 unidades em cada local de varejo. Você acha que venderíamos 1.750 unidades? Nunca! Algumas lojas teriam uma demanda inferior a 17,5 unidades por dia e teríamos estoque excedente (não vendido) nessas lojas. Outras teriam um estoque de 17,5 unidades e a demanda seria superior a essa quantidade. Só podemos vender as 17,5 unidades que temos nesse dia. Portanto, no todo, venderíamos bem menos que a demanda agregada de 1.750. Uma pessoa inteligente mas não versada em estatística poderia deduzir disso que o consumo girará em torno de 1.650 a 1.850 em todos os pontos de consumo – que cada ponto terá um consumo de 16,5 e 18,5 – e manter 19 unidades para cada ponto, ficando sem estoque em um número razoavelmente grande deles e, ao mesmo tempo, mantendo em outros um estoque alto que eles não conseguem vender. O fato de obtermos um intervalo agregado não significa que ele possa ser aplicado aos pontos que compõem essa soma. Os algoritmos de previsão estão ficando cada vez mais complexos (as empresas de *software* precisam justificar ao cliente que uma nova versão dessa vez oferecerá resultados "melhores"). Existe um dado básico importante relacionado com essa complexidade: *quanto mais avançado o algoritmo, mais esclarecido o usuário final deverá ser para utilizar corretamente a previsão.*

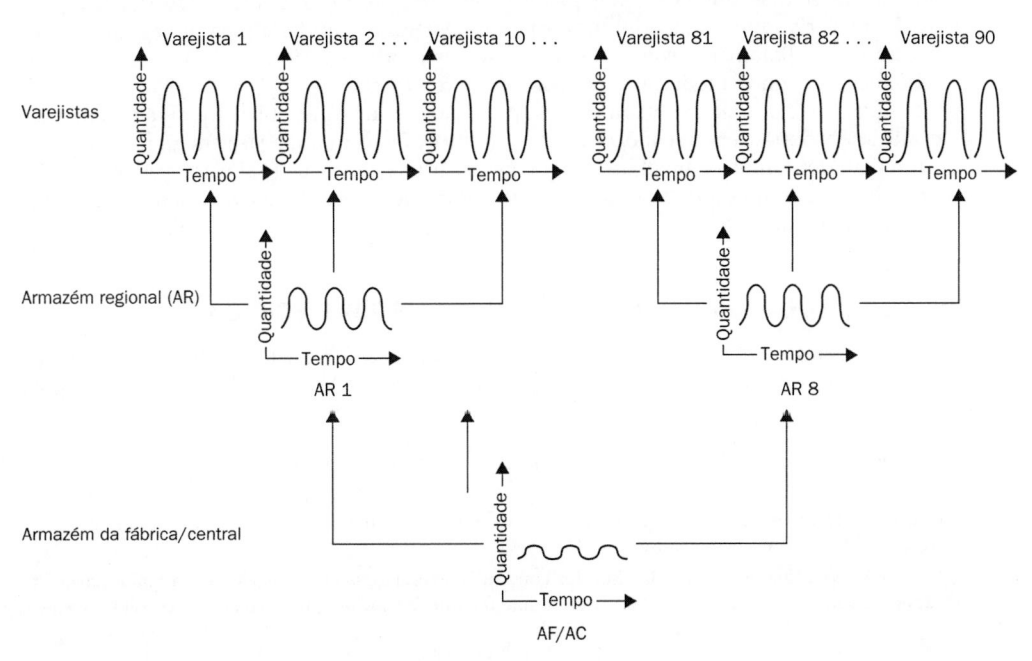

FIGURA 11.2 O efeito matemático da agregação.

A falácia da variação

Uma falácia análoga está relacionada à interpretação de variação. A maioria dos algoritmos de previsão apresenta os dados como uma demanda média. Se alguém realmente insistir, só então é oferecido um desvio padrão. O número de pessoas que compreendem verdadeiramente o significado de desvio padrão é muito pequeno porque se trata de uma questão matemática que não tem nenhuma tradução intuitiva para situações da vida real. Tente perguntar a um vendedor não apenas quanto ele venderá, mas também qual é o desvio padrão. Isso exige igualmente que pessoas esclarecidas interpretem os resultados da previsão para que assim seja possível extrair algum proveito dela.

Suponhamos que um vendedor estime que o consumo médio de um produto em um ponto de varejo específico será de 17,5 unidades com um desvio padrão de 2. Quanto estoque deve ser mantido nesse ponto de venda? Se você estocasse exatamente 17,5 unidades (supondo que isso fosse possível), esperaria ter um nível de atendimento ao cliente de 50%. Lembre-se do problema da média exposto anteriormente. Porém, suponhamos que você quisesse satisfazer 95%[6] dos clientes que solicitassem esse produto. Quanto você estocaria? A resposta encontra-se nos seguintes cálculos: $17,5 + 1,645(2) = 20,8$ unidades. A estocagem de apenas duas unidades acima da média (19,5) ofereceria um nível de atendimento ao cliente de aproximadamente 86%. O ponto crítico é que *poucas pessoas conseguem estimar mentalmente um desvio padrão e determinar o respectivo impacto sobre as vendas sem um computador.*

A falácia das mudanças repentinas

Muitos métodos[7] de previsão podem acompanhar as mudanças na demanda. Contudo, quanto mais repentina for a mudança, pior será a previsão. Segue um exemplo. Um artigo de jornal um tanto quanto entusiástico acabou de ser publicado e de repente muda o padrão de consumo de toda uma região. Suponhamos que esse artigo fale resumidamente a respeito de um estudo revolucionário sobre a prevenção do câncer e afirme que, se a pessoa beber um copo de suco de oxicoco por dia, esse produto, nessa quantidade, evitará o câncer.[8] O que aconteceria com a demanda de suco de oxicoco? Entretanto, suponhamos que uma reportagem na televisão tenha afirmado que a epidemia de botulismo que atualmente se dissemina em sua região é provocada por produtos feitos de amendoim e qualquer derivado do amendoim produzidos por uma grande fábrica na região. O que ocorreria imediatamente com a demanda desses produtos? No mercado extremamente dinâmico do mundo moderno, isso ocorre com frequência.

Essas falácias afetam severamente a previsão de uma única SKU (qual item, em que ponto se encontra e em que momento) e, portanto, oferecem uma base em grande medida ruim para determinar o nível de estoque necessário dessa SKU. Está claro que outro método (em vez de uma previsão mais adequada) é essencial para tomar essa decisão sobre o nível de estoque.

A solução da TOC: solução de distribuição/reabastecimento

A *teoria das restrições* (*theory of constraints* – TOC) analisa o impacto da oferta junto com a demanda para calcular o nível correto de estoque ao longo da cadeia de suprimentos, com

---

[6] O valor Z de uma tabela de distribuição normal para 0,05 na extremidade direita é 1,645.

[7] Existe um amplo conjunto de métodos de previsão para modelar fatores de tendência, sazonais, cíclicos e aleatórios e sua associação em termos de agregação, mas todos eles apresentam um desempenho ruim no ponto de consumo.

[8] A morte repentina de Michael Jackson fez com que a venda de seus CDs esgotasse a maior parte da cadeia de suprimentos de seus discos. Esse mesmo fenômeno ocorreu quando da morte de Elvis Presley.

ênfase sobre a oferta. Em um caso extremo, em que se possa responder instantaneamente à demanda, não haverá absolutamente nenhuma necessidade de usar a previsão como base. Embora essa situação seja, obviamente, inalcançável em quase todos os ambientes, um passo nessa direção deve ser considerado. No caso de manter a quantidade correta de estoque na cadeia de suprimentos, o objetivo da TOC em responder às três perguntas (o quê, onde e quando) é ter uma ótima disponibilidade dos itens em todos os pontos de consumo (os usuários finais). Esse objetivo é limitado pela disponibilidade de caixa e espaço, o que significa que é impossível manter um alto estoque de todos esses itens em todos os locais, mesmo quando a obsolescência não é um problema. Não apenas isso. Como explicaremos ainda neste capítulo, manter um alto nível de estoque de SKUs de baixa demanda diminuirá o total de vendas de modo geral.

A *solução de distribuição/reabastecimento da TOC* é definida no *TOCICO Dictionary* (Sullivan et al., 2007, p. 17) da seguinte maneira:

> *Método de distribuição puxada que consiste na definição de um tamanho de pulmão de estoque e em seguida no monitoramento e no reabastecimento de estoque em uma cadeia de suprimentos com base no consumo real do usuário final, e não em uma previsão. Todo elo da cadeia de suprimentos mantém uma demanda máxima prevista no tempo de reabastecimento médio, fatorada pelo nível de falibilidade no tempo de reabastecimento. Todo elo geralmente recebe o que foi remetido ou vendido, embora essa quantidade seja ajustada para cima ou para baixo quando o gerenciamento de pulmões detecta mudanças no padrão da demanda. Uso: Os estoques maiores são mantidos no armazém central, em que a variação na demanda é mínima. Os estoques menores são mantidos e reabastecidos com frequência no local do consumidor final para avaliar a confiabilidade e eficácia, respectivamente, de cada elo da cadeia. A determinação de preço de transferência não é utilizada.* (© TOCICO 2007. Utilizada com permissão. Todos os direitos reservados.)

Explicarei mais detalhadamente essa definição.

Para responder às três perguntas (o quê, onde e quando), a solução de distribuição/reabastecimento da TOC baseia-se na renovação constante dos estoques consumidos por meio de pulmões de estoque posicionados estrategicamente. Essa solução compreende seis etapas:

1. Agregação do estoque no nível mais alto da cadeia de suprimentos: o AF/AC.
2. Determinação do tamanho dos pulmões de estoque para todos os elos da cadeia com base na demanda, na oferta e no tempo de reabastecimento.
3. Aumento da frequência de reabastecimento.
4. Gerenciamento do fluxo dos estoques utilizando pulmões e os níveis de pulmão.
5. Utilização do gerenciamento de pulmão dinâmico (GPD).
6. Definição das prioridades de fabricação de acordo com a urgência dos pulmões de estoque do AF.

Todas essas etapas são discutidas nas seções subsequentes.

Agregação do estoque no nível mais alto da cadeia de suprimentos: o armazém da fábrica/armazém central (AF/AC)

A primeira etapa da solução proposta pela TOC é manter estoques com pulmões maiores no ponto de divergência – onde os estoques podem ser usados para atender a várias finalidades diferentes – e usar um mecanismo de reabastecimento puxado acionado pelas vendas no final da cadeia – o ponto de consumo. Esse método garante que se mantenha o nível de estoque mais baixo possível para atender à demanda (o quê, onde e quando) dos diversos pontos de consumo (as lojas).

Para que disponibilizar o produto em diferentes locais, é recomendável agregar o estoque na fonte de suprimento e, quando necessário, construir um AF/AC para essa finalidade. Quando a empresa é uma fábrica, a entidade é chamada de *armazém da fábrica* (AF), porque se trata do armazém de produtos acabados[9] da fábrica. Quando é um distribuidor, é chamada de *armazém central* (AC) e constitui o centro de distribuição.

Mantemos a maior parte do estoque (consulte a Figura 11.3) no AF/AC definindo um tamanho grande de pulmão. De acordo com os princípios estatísticos, essa agregação de estoque garante um sistema mais estável e ágil para a manutenção de estoques grandes em diferentes pontos de consumo (lojas). Na solução da TOC, a quantidade de estoque (tamanho do estoque do pulmão) no ponto de consumo é bem pequena para cada SKU. Quando um determinado ponto de consumo venda uma unidade, a unidade consumida é reabastecida o mais rápido possível pelo AF/AC.

Quando o tempo de transporte do AF/AC aos pontos de consumo é relativamente longo, talvez seja necessário ter um *armazém regional* (AR) entre o AF/AC e os pontos de consumo para diminuir os tempos de espera. Esse é o caso na maioria das cadeias de suprimentos globais e nas grandes empresas em que a agilidade da resposta ao cliente é crucial para as vendas. O AR puxa o estoque do AF/AC e o envia aos pontos de consumo aos quais ele atende. Essa é apenas uma ampliação da solução da TOC e todos os outros pressupostos e considerações mantêm-se iguais; a ideia continua sendo puxar o estoque do AF/AC com base somente no consumo do usuário final/consumidor.

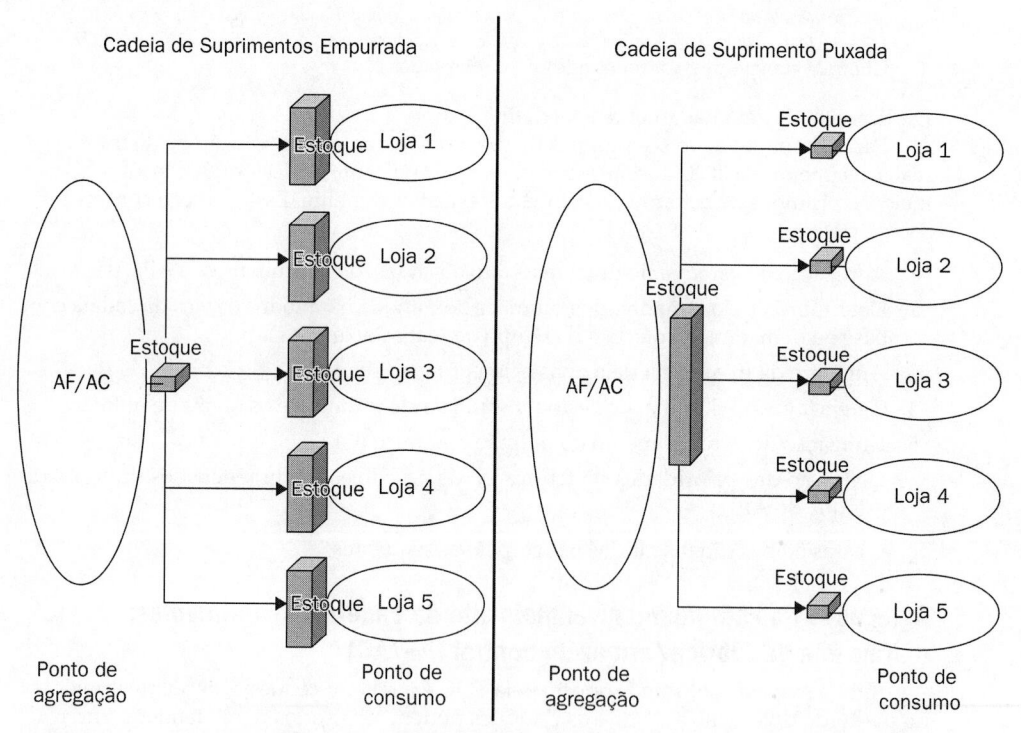

FIGURA 11.3 O modelo de cadeia de suprimentos com distribuição empurrada *versus* puxada.

---

[9] Na maioria dos sistemas empurrados, como o estoque de produtos acabados encontra-se predominantemente na extremidade varejista da cadeia, os armazéns das fábricas geralmente são pequenos e mantêm estoques apenas para alguns dias. Em um sistema puxado, em geral é necessário ter um armazém maior porque o estoque mantido na fonte da cadeia é maior.

Determinação do tamanho dos pulmões de estoque para todos os pontos da cadeia com base na demanda, na oferta e no tempo de reabastecimento

O tamanho do pulmão de estoque é a quantia ou quantidade máxima de estoque de um item mantida na cadeia de suprimentos para proteger o ganho (G). O tamanho do pulmão de estoque (limite) depende de dois fatores distintos:

1. Índice de demanda – *demanda* é a necessidade de um item, ao passo que o *índice de demanda* representa a quantidade pedida por período (dia, semana, mês etc.).
2. Agilidade de resposta da oferta[10] – com que rapidez as unidades consumidas são reabastecidas. O principal fator aqui é o *tempo (de espera) de reabastecimento da TOC*, que é definido no *TOCICO Dictionary* (Sullivan *et al.*, 2007, p. 41) como "o tempo necessário entre o momento em que um produto é vendido até o momento em que uma reposição é disponibilizada no ponto de venda/uso". (© *TOCICO* 2007. Utilizada com permissão. Todos os direitos reservados.)

Existe uma diferença significativa nas definições do tempo de reabastecimento na TOC e nos sistemas empurrados tradicionais, e essa diferença e seu impacto devem ser evidenciados antes de prosseguirmos. No *APICS Dictionary* (Blackstone, 2008, p. 117), a definição tradicional de *tempo de resposta de reabastecimento* (*TRR*) é: "o período total decorrido entre o momento em que se determina que um produto deve ser pedido novamente ao momento em que ele se encontra disponível para uso na prateleira". (© *APICS* 2008. Utilizada com permissão. Todos os direitos reservados.) A TOC define esse período com início a partir do momento em que a unidade é consumida, e não do momento em que se determina a necessidade de um pedido de reposição. Se você examinar atentamente essas duas definições, perceberá que a TOC faz a reposição quando um item é vendido ou consumido, ao passo que o sistema empurrado tradicional o faz quando a quantidade remanescente no estoque atinge o ponto de pedido de reabastecimento (tanto o ponto de reabastecimento no modelo de quantidade econômica de pedido quanto o nível mínimo no sistema de estoque mínimo-máximo). Essa diferença é significativa![11]

Tal como o tempo de reabastecimento tradicional, o tempo de reabastecimento da TOC compreende três componentes:

1. *Tempo do pedido* – *tempo decorrido entre o momento em que uma unidade é consumida ao momento em que é emitido um pedido de reposição.*
2. *Tempo de produção* – *tempo decorrido entre o momento em que o fabricante/fornecedor emite o pedido ao momento em que conclui sua produção e o coloca no estoque ou o envia.*
3. *Tempo de transporte* – *tempo necessário para de fato enviar o produto acabado do ponto de suprimento ao local de estoque.*

Por exemplo, imaginemos uma pessoa comum controlando o estoque da geladeira de sua casa. Uma vez por semana (no domingo de manhã), ela telefona para o supermercado e solicita duas garrafas de leite e alguns legumes. O supermercado leva duas horas para preparar o pedido e mais uma hora para enviá-lo. O tempo do pedido nesse exemplo é de uma semana (pode passar uma semana inteira antes do consumo e reabastecimento). O tempo de produção é de duas horas e o tempo de transporte é de uma hora.

A Figura 11.4 mostra um *gráfico dente de serra tradicional*. O *APICS Dictionary* (Blackstone, 2008, p. 122) o define como "uma representação gráfica da quantidade *versus* tempo

---

[10] O fator de oferta normalmente é ignorado na tomada de decisões táticas e estratégicas. As iniciativas de melhoria estão direcionadas em sua maioria para a demanda, particularmente no sentido de propor algoritmos de previsão mais avançados. A maior parte dos desenvolvedores de sistemas de ERP sempre propõe novos algoritmos de previsão, negligenciando completamente a oferta.

[11] O componente de reabastecimento da solução de distribuição puxada da TOC pode ser comparado com o modelo mínimo-máximo de reabastecimento em que o mínimo é igual ao máximo.

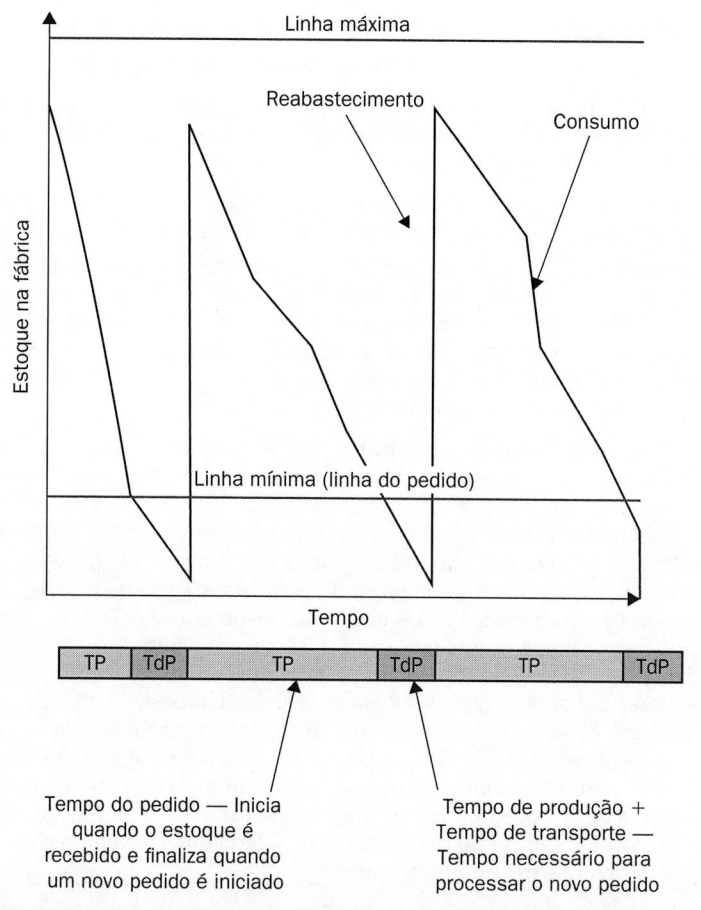

FIGURA 11.4 Um gráfico dente de serra PR/QEP ou mínimo-máximo típico no varejista ou no armazém central.

do sistema de estoque do ponto de pedido/quantidade do pedido que mostra o estoque sendo recebido, consumido e reabastecido". (© *APICS* 2008. Utilizada com permissão. Todos os direitos reservados.) Esse gráfico representa o modelo de ponto de reabastecimento/quantidade econômica de pedido (PR/QEP) e o modelo de estoque mínimo-máximo semelhante;[12] esses são os modelos convencionais ensinados em várias escolas para o gerenciamento dos níveis de estoque. A Figura 11.4 também mostra os componentes do tempo de reabastecimento (observe que, no caso de um distribuidor, o tempo de produção é zero e, portanto, o tempo de produção (TdP) na figura contém apenas o tempo de transporte).

Se for possível diminuir o tempo de reabastecimento, inúmeros efeitos desejáveis se materializarão:

---

[12] Eu associo os dois métodos, embora existam algumas pequenas diferenças. Se definirmos a diferença entre os valores mínimos e máximos do modelo mínimo-máximo como o valor de QEP, os resultados serão bastante semelhantes. No gerenciamento tradicional, a diferença entre o mínimo e máximo com frequência é definida como QEP. Nessas condições, obtemos gráficos bem similares. Os dois sistemas apresentarão resultados diferentes somente quando o QEP for muito pequeno ou, de outro modo, quando o consumo for desordenado e não contínuo.

Capítulo 11 ▪ Gerenciamento da cadeia de suprimentos

- A quantidade de estoque para cobrir a demanda durante o tempo de atravessamento também pode ser diminuído.
- A quantidade estoque seguro (para cobrir a incerteza) associado a esse tempo de atravessamento menor é diminuído.
- A previsão para novos produtos cobrirá um intervalo de tempo menor; por isso, será mais precisa.[13]
- A agilidade da resposta à demanda real aumenta.

Em vista desses benefícios (ou efeitos desejáveis), vale a pena estudar o tempo de produção. Tente aplicar essas diretrizes gerais em cada componente do tempo de atravessamento de sua cadeia de suprimentos.

- Tempo do pedido – se possível, diminua esse tempo para zero. Por exemplo, se você reabastecer cada ponto de consumo diariamente, com base no consumo do dia anterior, o tamanho de pulmão máximo no AC para cada SKU deverá ser uma demanda de alguns dias para os pontos de consumo posteriores na cadeia. Observe que, se você tiver um pulmão adequado no AC, isso se tornará uma realidade. Se a despesa operacional (DO) aumentar, esse será o único motivo para não diminuir o tempo do pedido para zero; esse assunto será discutido posteriormente. A importância de diminuir o tempo do pedido é demonstrada na Figura 11.4, na qual está claro que o fato de diminuí-lo para zero (ou quase zero) é suficiente para reduzir mais da metade do tempo de reabastecimento.
- Tempo de produção – o tambor-pulmão-corda simplificado[14] (TPC-S) deve ser implementado e a prioridade dos componentes fabricados deve ser associada ao nível de estoque do pulmão real no AF (esse assunto será discutido posteriormente). O pulmão de estoque do AF dissocia a produção e distribuição. O TPC-S reduz significativamente o tempo de produção por causa do GP e o uso de pulmões de estoque na seção de produção possibilita uma rápida resposta às demandas subsequentes não cobertas pelo estoque de produtos acabados no pulmão do AF.
- Tempo de transporte – tente procurar alternativas de transporte mais rápidas; por exemplo, diminua o intervalo de remessa utilizando trens ou navios diariamente, em vez de semanalmente, ou remessas aéreas de alguns componentes. Encontrar fornecedores de matéria-prima (MP) mais próximos ou comprar componentes é também uma possibilidade em várias circunstâncias. Normalmente, isso é o mínimo que se pode fazer com relação a essa parte do tempo de reabastecimento. Por isso, toda possibilidade precisa ser examinada. Uma análise simples deve ser conduzida, comparando, por um lado, o custo extra de utilizar meios de transporte mais rápidos e, por outro, o custo que se pode economizar mantendo um estoque menor e o ganho extra obtido por não haver falta de estoque. Em alguns setores (como o da moda), esse cálculo básico mostra que é bastante benéfico obter um ganho (G) utilizando um meio de transporte mais ágil. Por exemplo, o item A é um produto de moda vendido com um G de 80% do preço de venda. Os custos totalmente variáveis[15] (CTVs) correspondem a 15% da MP e a 5% do transporte por via marítima. A remessa por essa via tem um tempo de transporte de três meses. A remessa por via aérea tem um tempo

---

[13] A despeito do fato de a solução da TOC desaconselhar o uso de previsões, às vezes (como no exemplo de sazonalidade discutido posteriormente neste capítulo) as previsões continuam sendo necessárias.

[14] A utilização do TPC-S, metodologia da TOC para gerenciar a produção nas cadeias de suprimentos, é abordada em detalhes no Capítulo 9 deste livro.

[15] The *TOCICO Dictionary* (Sullivan *et al.*, 2008, p. 49) define *custos totalmente variáveis* (CTV) como "Custos que variam de 1 para 1 a cada aumento na quantidade de unidades produzidas". (© TOCICO 2007. Utilizada com permissão. Todos os direitos reservados.)

de transporte de duas semanas; o custo aéreo é o dobro do custo da remessa por via marítima. Portanto, o G da remessa aérea corresponde a 75%. Nesse exemplo, está bastante claro que a remessa por via aérea é preferível – perder a venda de uma unidade por falta de estoque é mais compensador que vender 15 itens por uma margem menor, sem contar o maior investimento em estoque e os custos de estocagem, que são bem mais altos quando se utiliza a remessa por via marítima.

Aumento da frequência de reabastecimento

Ao aplicar a solução de distribuição/reabastecimento da TOC, alguns fatores são fundamentais para determinar a frequência de entrega. O método de compra tradicional para lidar com a cadeia de suprimentos incentiva a compra de grandes quantidades. Os principais motivos são os seguintes:

1. É necessário investir tempo e esforço para listar todos os estoques disponíveis e emitir pedidos frequentes mesmo para pequenas quantidades. Existem economias de escala para o comprador no processamento de um pedido grande em contraposição a vários pedidos pequenos. Contudo, o custo extra para gerenciar pequenas quantidades normalmente é muito pequeno e exige, no máximo, a contratação de uma equipe de baixo salário para ajudar. Às vezes, é necessário ter uma área para separar, embalar e enviar, a fim de atender aos pedidos de pequena quantidade.

2. Alguns itens só podem ser enviados em grande quantidade em virtude de problemas de transporte: os itens frágeis às vezes podem ter uma proteção mais adequada se forem enviados em um contêiner; os itens pequenos são empilhados em caixas; e nas remessas por via marítima e em grandes caminhões de carga, o volume mínimo de transporte é por contêiner, o que torna o preenchimento de todo o contêiner economicamente benéfico. Existem economias de escala na remessa de um pedido grande em contraposição a vários pedidos pequenos. Talvez seja necessário utilizar uma nova embalagem para os itens enviados; em vez de enviar uma caixa com 48 itens idênticos, uma caixa com seis unidades de oito itens diferentes pode ser mais útil. Algumas vezes, é impossível usar contêineres de tamanho médio, em vez de contêineres grandes. Portanto, esses problemas também podem ser contornados.

3. Frequentemente é oferecido um desconto por volume na compra de uma grande quantidade de um mesmo item. Para os pedidos de compra acima de uma determinada quantia também é oferecido um desconto. Além disso, pode-se oferecer manuseio e transporte gratuitos como incentivo para compras de grande volume. Existem economias de escala para o vendedor no processamento de um pedido grande em contraposição a vários pedidos pequenos. Esses descontos podem ser negociados para quantidades de grande valor monetário solicitadas no período de um ano. Dessa forma, é possível fazer pedidos frequentes e ainda assim obter desconto. Com base no pensamento do mundo dos custos (cuja ênfase recai sobre a economia de dinheiro em todos os pontos), o custo de remessa adicional que se pode ter aumentando a frequência das remessas é considerado um grande impedimento pela maioria dos elos da cadeia de suprimentos. Todavia, esse custo é minimizado por um G maior.

A TOC adota uma perspectiva bastante distinta, a do pensamento do mundo dos ganhos (cuja ênfase recai sobre a obtenção de lucro no presente e no futuro), na determinação da orientação e da frequência do reabastecimento. Ela se concentra no G adicional e no retorno sobre o investimento em estoque. Existe um dilema entre o custo adicional provavelmente necessário para aumentar a frequência das remessas e o custo de ter uma disponibilidade menor – aumentar a frequência de entrega cria maior disponibilidade, mas o custo das remessas aumenta. Diminuindo a frequência, teremos de pagar com uma disponibilidade menor ou com níveis de estoque bem mais altos mantidos nos pontos de consumo para cobrir as variações na demanda. Observe que, em muitos casos, o transporte frequente não custará mais que o transporte atual de um lote grande. Embora os custos de transporte possam aumentar, o investimento em estoque diminuirá significativamente. Isso libera caixa para a compra de uma variedade de produtos de um mesmo fornecedor. Por exemplo, em vez comprar grandes quantidades de quatro produtos de um fornecedor, pode-se investir em quantidades menores de dez produtos desse mesmo fornecedor. Esses produtos diferentes apresentam oportunidades de venda. No método tradicional, a loja terá quatro chances de vender para um cliente; no método da TOC, a loja terá dez chances de vender para esse mesmo cliente. Na maioria dos casos, a receita adicional gerada minimizará o custo extra. Utilizar a *contabilidade de ganhos* (CG) (classificar os números contábeis em G, inventários [I] e DOs) para obter estimativas sobre o impacto da maior frequência de reabastecimento por meio de pedidos mistos (reabastecer todos os pulmões de estoque com cada pedido) é um cálculo fácil e um exercício proveitoso.

Por exemplo, um fabricante possui uma frota de carros para distribuir seus produtos. No momento, ele faz remessas semanais para os pontos finais. Nesse exemplo, a mudança de uma frequência de uma vez por semana para uma vez por dia produzirá o seguinte:

- Aumento dos custos de remessa – como ele possui uma frota de carros, somente os CTVs são adicionados; isto é, o custo de combustível e talvez de contratação de mais motoristas para preencher os turnos.
- Diminuição nos custos de estoque – em vez de um valor de estoque de uma semana para cobrir situações extremas, ele passará a manter uma quantidade diária de estoque. Há uma diminuição efetiva de 80% nos custos de estoque e, ao mesmo tempo, menor probabilidade de ficar sem estoque.

Gerenciamento do fluxo dos estoques utilizando pulmões e a penetração do pulmão

A lógica da TOC é definir a proteção necessária e monitorar constantemente de que forma essa proteção está sendo usada. Essa proteção é chamada de pulmão. Em um ambiente de distribuição, a quantidade de uma SKU que queremos manter nos locais de estoque (incluindo o AF/AC e os ARs) é definida como *tamanho do pulmão de estoque*. O tamanho do pulmão ou o limite para essa SKU depende das três perguntas (o quê, onde e quando), para garantir alta disponibilidade e, desse modo, contribuir para o G e um baixo investimento em estoque, com pequenas DOs correspondentes. Por exemplo, se o tamanho do pulmão de estoque for 100 unidades para uma determinada SKU e no momento houver 40 unidades disponíveis, supomos que 60 unidades tenham sido solicitadas ou precisem ser pedidas para o ponto de suprimento. Se essas 60 unidades não tiverem sido pedidas ou a caminho, será necessário emitir imediatamente um pedido de reabastecimento de 60 unidades. Observe que cada SKU representa um item em um local; portanto, o tamanho do pulmão de estoque de cada SKU pode ser e provavelmente é diferente.

A *penetração do pulmão* é definida como *o número de unidades ausentes no pulmão dividido pelo tamanho do pulmão de estoque expresso em porcentagem. O número de unidades ausentes é o tamanho do pulmão de estoque menos a quantidade em estoque e já solicitada.* No exemplo anterior, a penetração do pulmão correspondente ao estoque nesse local é 60% [(100 – 40)/100]. O tamanho do pulmão é dividido em três zonas iguais.[16] A penetração define a cor do pulmão de acordo com as diferentes zonas:

- Menos de 33% de penetração: Verde
- Entre 33% e 67% de penetração: Amarelo

---

[16] Em alguns casos extremos, é melhor utilizar tamanhos de zona diferentes, particularmente quando o tempo de reabastecimento for superior a três meses ou, de outro modo, os produtos tenham um curto tempo de vida útil.

- Entre 67% e 100% de penetração: Vermelho
- 100% de penetração (estoque esgotado): Preto

A cor da penetração do pulmão indica o nível de urgência de reabastecimento do estoque.[17]

- Verde – o estoque no ponto de consumo é alto e oferece uma proteção mais que suficiente para o momento. Medida necessária: SOLICITAR uma quantidade de reabastecimento (no caso de reabastecimento proveniente de uma fábrica, a priorização depende da existência ou não de capacidade suficiente para fabricar esse pedido em comparação com pedidos mais urgentes).
- Amarelo – o estoque no ponto de consumo é adequado. É necessário solicitar mais unidades aos elos anteriores da cadeia de suprimentos. Medida necessária: SOLICITAR a quantidade de reabastecimento (no caso de reabastecimento proveniente de uma fábrica, é necessário fazer o pedido mesmo se houver falta de capacidade, porque do contrário o pedido pode ficar muito atrasado. Se houver problema de capacidade, ele será gerenciado na seção de produção).
- Vermelho – o estoque no ponto de consumo está prestes a se esgotar. É necessário considerar a possibilidade de empreender esforços para agilizar as unidades em transporte/fabricação (dependendo da entidade responsável pelo reabastecimento desse estoque) e emitir um pedido de reabastecimento urgente à fonte de suprimento, se não houver nada disponível a caminho do ponto de consumo. Medida necessária: INVESTIGAR, SOLICITAR E POSSIVELMENTE AGILIZAR.
- Preto – O estoque está esgotado no ponto de consumo; nesse estágio, cada hora que passa significa, possivelmente, perda de oportunidades de venda. Essa situação deve ser resolvida o mais breve possível porque representa um dano real, particularmente nos elos que se encontram mais abaixo na cadeia de suprimentos (nos elos anteriores, isso significa que a possibilidade de corresponder ao reabastecimento e a mudanças no pulmão é menor). Medida necessária: AGILIZAR E FAZER O PEDIDO IMEDIATAMENTE.

A Figura 11.5 elucida como os pulmões são inseridos e como as cores da região são utilizadas para estabelecer prioridades. Ela mostra a rede modelada de um sistema de distribuição puxado exibida na Figura 11.3. O mesmo item tem diferentes pulmões, um em cada local. Esses pulmões são gerenciados separadamente. O tamanho do pulmão no AF/AC é de 600 unidades e sua penetração no momento é de 20% (de um total de 600, ele tem 480 unidades). Portanto, a cor de prioridade desse pulmão é verde. De modo semelhante, na loja 1, por exemplo, esse item tem um pulmão de 60 unidades, das quais no momento existem apenas 24, o que faz com que a penetração desse pulmão fique em 60% e a cor de prioridade seja o amarelo. É dessa forma que os pulmões são inseridos e o respectivo reabastecimento é priorizado no elo anterior. Todavia, essa prioridade não é suficiente, porque o mesmo pulmão pode ter algum estoque no local e algum a caminho.

Várias visualizações do mesmo pulmão são possíveis e importantes. A Inherent Simplicity[18] desenvolveu o conceito de penetração de pulmão virtual (PPV), que define a *prioridade em qualquer local de estoque como o* status *do estoque nos elos posteriores da cadeia de suprimentos*. Esse conceito é válido somente até o local de estoque seguinte, o que significa que a PPV para uma SKU no AF/AC levará em conta apenas o estoque físico no AF/AC, ao passo que, para uma remessa, o PPV considerará o estoque em remessas anteriores e o

---

[17] Observe que isso está relacionado a todos os tipos de ponto de consumo – lojas, armazéns regionais (ARs), armazém da fábrica (AF), armazém central (AC), armazém de matérias-primas (AMP) etc.

[18] Consulte o *site* da Inherent Simplicity para ver um exemplo e uma discussão abrangente sobre esse conceito, em http://www.inherentsimplicity.com/.

Cadeia de Suprimentos Puxada

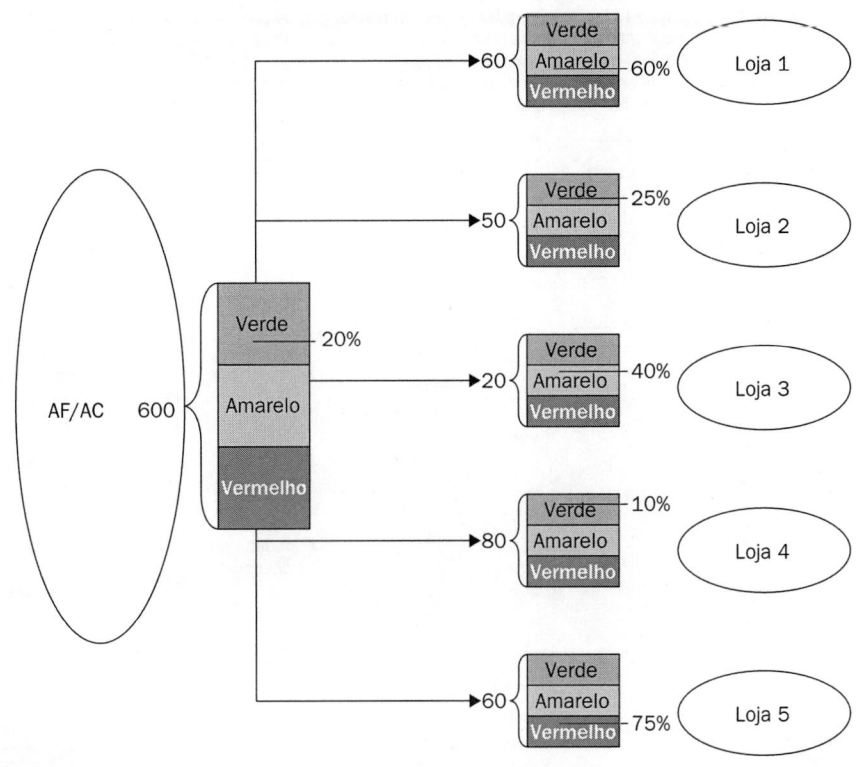

FIGURA 11.5 Tamanhos (limites) de pulmão de estoque por item e penetração dos pulmões ao longo da cadeia de suprimentos puxada.

estoque físico no ponto de destino. A Figura 11.6 demonstra esse conceito para o gerenciamento de estoque ao longo da cadeia de suprimentos.

Na Figura 11.6, o tamanho do pulmão de estoque do varejista, para a SKU, é 100. No momento, há 25 unidades disponíveis e uma remessa de 25 unidades do AF/AC para a loja está a caminho. Os números do pulmão virtual aparecem acima de cada estoque a caminho da loja. A PPV leva em conta o estoque agregado de locais de estoque em trânsito e em elos posteriores da cadeia. A prioridade da SKU é determinada pela PPV do local de estoque imediatamente posterior (mostrado na parte superior na Figura 11.6). A PPV oferece uma ferramenta extremamente eficaz – visibilidade total da cadeia de suprimentos, bem como um mecanismo de priorização simples dos vários tomadores de decisões nos locais de estoque envolvidos na cadeia de suprimentos. A tradução das informações atuais dos vários elos da cadeia de suprimentos para esse exemplo é:

- O *gerente do depósito* no local de estoque (gerente de loja na Figura 11.6) pode ver claramente que a cor da prioridade da SKU é o vermelho, com 75% de penetração do pulmão. O tamanho do pulmão é de 100 unidades e 25 unidades encontram-se na loja, o que significa que estão faltando 75. A loja precisa descobrir de que forma pode obter mais estoque para a SKU o mais breve possível.

- O *gerente de transporte* pode obter a prioridade das remessas. Por exemplo, quais remessas precisam ser expedidas. Nesse caso, a remessa de 25 unidades dessa SKU precisa ser expedida com base em uma penetração de pulmão de 75% (essa é a mesma

Prioridade de uma SKU em um ponto de estocagem
- O estoque agregado atual (estoque virtual) da mesma SKU é calculado para todos os elos posteriores e a penetração de pulmão virtual é calculada com base no que está faltando para o pulmão completo em relação ao tamanho do pulmão.
- A prioridade é determinada pela penetração de pulmão virtual do elo seguinte (mostrada acima dele).

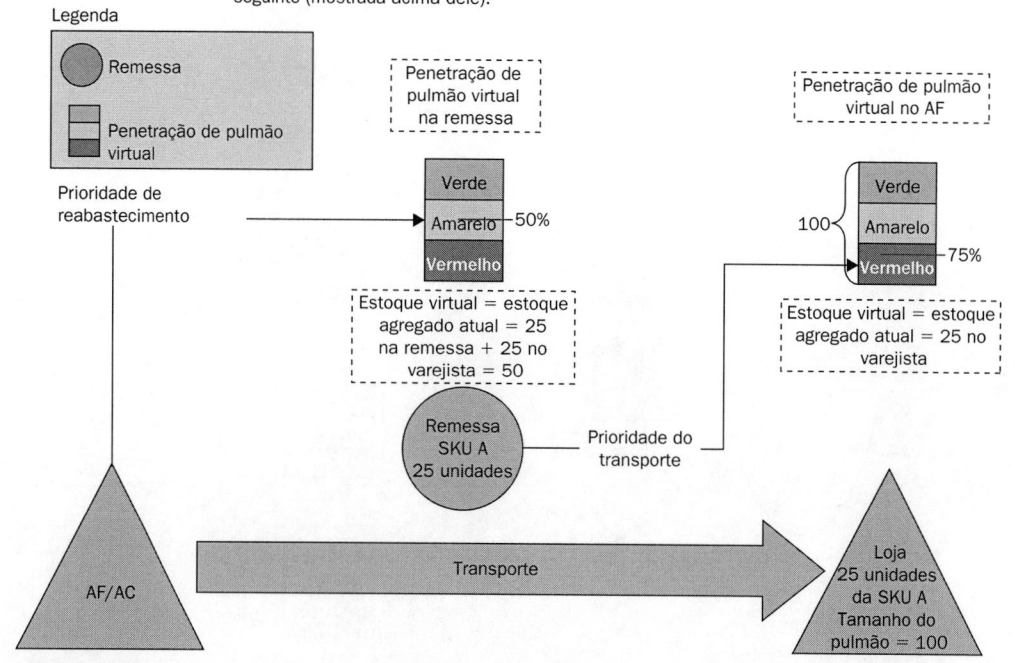

FIGURA 11.6 Conceito de pulmão virtual aplicado a um item de uma loja e a remessas em trânsito para essa loja.

PPV que o gerente do armazém vê). O pulmão virtual do gerente do AF/AC é calculado como o pulmão da loja mais as remessas de transporte. Se o *status* do pulmão virtual fosse vermelho, o gerente de transporte precisaria investigar, para determinar quando o pedido chegará à loja. Na possibilidade de algum atraso, ele deve agilizar o pedido.

- O *gerente do AF/AC* pode obter a prioridade de reabastecimento dessa SKU. O pulmão virtual leva em conta todos os estoques dessa SKU que estão a caminho e na loja. Nesse caso, ele precisa reabastecer 50% do tamanho do pulmão correspondente a esse item no AF/AC (50 unidades) e a cor da prioridade dessa remessa de reabastecimento é o amarelo, com base em uma penetração de 50% (o tamanho do pulmão é de 100 unidades e 25 encontram-se na loja e 25 estão a caminho, o que significa que estão faltando 50).

Utilização do gerenciamento de pulmão dinâmico

O objetivo da TOC é oferecer métodos bastante simples e objetivos para facilitar sua compreensão e utilização. Os conceitos de tamanho de pulmão de estoque, dimensionamento de pulmões e penetração de pulmão eliminam a necessidade de compreender e utilizar técnicas de previsão sofisticadas. Existem variações na realidade. Por isso, Goldratt desenvolveu um mecanismo para gerenciar os pulmões em um ambiente dinâmico, eliminando, desse modo, a necessidade desses complexos modelos de previsão. *A lógica da*

TOC avalia dinamicamente o uso dos estoques e reajusta o tamanho dos pulmões de estoque (meta máxima de reabastecimento) de acordo. Nas publicações sobre a TOC, esse método é chamado de *gerenciamento de pulmão dinâmico* (GPD).

Monitorando a penetração de pulmão da SKU (isto é, o item em cada local de estoque para cada produto), podemos identificar se o tamanho do pulmão que definimos para essa SKU está correto. A essência desse conceito é monitorar o impacto conjunto do estoque que entra (oferta) e que sai (demanda) no ponto de estoque. Com relação a isso, a previsão examina apenas a demanda. O método do TPC defende que, se o tamanho dos pulmões for monitorado e ajustado, é possível alcançar facilmente o nível de pulmão de estoque "real" que se deve manter no local para atender à demanda, levando em consideração o lado da oferta (qual a rapidez da entrega ao local de estoque).

O mecanismo TPC foi concebido para alertar o gerente utilizando dois avisos diferentes – um para quando o tamanho do pulmão estiver muito grande e outro para quando o tamanho do pulmão estiver muito pequeno.

A indicação de que o tamanho do pulmão está muito grande ocorre quando o estoque real da SKU pertinente, comparado com a meta, mantém-se muito alto por um tempo demasiadamente longo (p. ex., permanência na região verde por três períodos de reabastecimento consecutivos). Em outras palavras, o limite do pulmão de estoque dessa SKU deve ser diminuído quando a penetração do pulmão da SKU mantiver-se por muito tempo na região verde. Essa situação é chamada de *verde em demasia*. Isso significa que *o nível do pulmão de estoque estabelecido está muito alto para a demanda atual*. A permanência durante um tempo prolongado[19] na zona verde pode ser provocado pelos seguintes fatores:

- O índice de demanda diminuiu (a demanda caiu).
- A agilidade da oferta aumentou (a oferta melhorou).
- O tamanho inicial do pulmão inicial estava muito grande.
- A demanda flutua acentuadamente e no momento é baixa. Isso normalmente é uma flutuação estatística muito rara. Nesses casos, aceitar a recomendação de diminuir o limite do pulmão de estoque não refletirá a realidade e, portanto, em pouco tempo o algoritmo do GPD sugerirá um novo aumento do pulmão. Essa situação pode ser provocada por um elo posterior que esteja oferecendo desconto para a aquisição de grandes volumes de um item específico ou por elos posteriores que estejam utilizando modelos de pedido tradicionais (PR/QEP e mínimo-máximo).

A recomendação padrão com relação a uma permanência prolongada na zona verde é diminuir o tamanho do pulmão. A orientação básica é diminuir em 33% o tamanho do pulmão, mas isso depende de vários fatores:

- A velocidade desejada para diminuir os estoques.
- O risco/importância atribuído a essa SKU.
- O risco/importância desse local de estoque.

Um mecanismo bastante semelhante é empregado para determinar se o tamanho do pulmão está muito baixo. Determine se o estoque dessa SKU, após o reabastecimento, permanece na zona vermelha. Essa situação é chamada de *vermelho em demasia*. Em outras palavras, com base no tamanho do pulmão de estoque *a quantidade de estoque real permanece na zona vermelha após reabastecimentos consecutivos*. Os parâmetros desse algoritmo são diferentes dos parâmetros do verde em demasia, visto que nesse caso o risco que estamos tentando evitar é a falta de estoque, e na situação de verde em demasia estamos tentando evitar o excesso de estoque. O algoritmo básico do vermelho em demasia visa determinar se uma SKU está na zona vermelha por vários dias (normalmente utilizando o tempo

---

[19] O significado de "muito longo" depende do ambiente em questão – normalmente, é de um a duas semanas.

de reabastecimento como parâmetro do número de dias). Os algoritmos mais avançados também examinam o quanto o estoque do local entrou na zona vermelha.

Os motivos do vermelho em demasia são:

- O índice de demanda aumentou (houve uma explosão na demanda).
- O índice de oferta diminuiu (houve um declínio na oferta).
- O tamanho inicial do pulmão estava muito baixo.
- A demanda flutua acentuadamente.

A orientação para amenizar o vermelho em demasia é aumentar em 33% o nível do pulmão. Tanto a definição de "muito longo" em uma determinada zona quanto as definições sobre o quanto se deve diminuir ou aumentar o nível do pulmão de estoque para cada SKU dependem do local, do item etc. e podem diferir de uma SKU para outra. Esses parâmetros são apenas regras práticas adequadas para alicerçar o sistema.

Após o ajuste do pulmão, a SKU precisa passar por um "período de resfriamento" (espera), no qual nenhuma mudança de pulmão é sugerida até que o sistema ajuste-se ao tamanho de pulmão corrigido. Esse período deve ser longo o suficiente para que o ajuste ocorra (as novas quantidades solicitadas devem chegar ao local de estoque), mas curto o bastante para que se perceba uma mudança real repentina na demanda de mercado. Quanto ao vermelho em demasia, o período de resfriamento normalmente corresponde ao tempo de reabastecimento integral e, quanto ao verde em demasia, esse período normalmente corresponde ao tempo necessário para deixar o estoque no local atravessar o verde de cima para baixo (visto que a diminuição do tamanho do pulmão provavelmente fez com que o estoque atual no local ultrapassasse o nível do tamanho do pulmão).

Definição das prioridades de fabricação de acordo com a urgência dos pulmões de estoque do AF

Muitas empresas fabricam produtos sob encomenda. Isso significa que toda ordem de serviço na seção de produção destina-se a um determinado cliente e tem uma data de entrega específica. Nesse ambiente, a TOC prioriza os pedidos de produção com base nas respectivas datas de conclusão (para obter mais detalhes, consulte o Capítulo 9, que aborda o ambiente de produção sob encomenda – *make-to-order* – MTO).

Quando os fabricantes adotam a solução de distribuição/reabastecimento da TOC, precisam lidar com outra fonte de demanda – o consumo no AF em relação ao processo de fabricação. Para os pedidos do AF, deve-se definir a prioridade correta de fabricação com base na prioridade da SKU (e não de acordo com o tempo). (Lembre-se de que SKU significa local e que as perguntas o quê, onde e quando são respondidas pelo *status* do pulmão.) O melhor mecanismo para estabelecer prioridades é considerar a penetração do pulmão do item no AF (a PPV representa o estoque físico no AF em comparação com o limite de estoque do pulmão) como a prioridade do pedido de produção para reabastecimento, visto que o *status* do estoque no AF reflete o consumo de todos os locais posteriores e, portanto, o *status* total desse item na cadeia de suprimentos, eliminando a necessidade de previsão. Se houver mais de um pedido de produção para a mesma SKU, o melhor mecanismo de priorização a ser utilizado é a PPV mostrado na Figura 11.7.

Tal como na Figura 11.7, todo pedido de produção examina a PPV do pedido anterior já em produção (aquele que é liberado antes dele) para obter a prioridade de fabricação atual.

Nesse exemplo, vemos que o estoque do item A no AF é de 25 unidades em contraposição a um tamanho de pulmão de 100 unidades. A PPV é de 75% na zona vermelha. Na fábrica, a OS1 é de 25 unidades, conduzindo o pulmão para 50 unidades e para o meio da zona amarela com uma PPV de 50%. A OS2 é de 40 unidades, conduzindo o pulmão para 90 unidades e quase ao topo da zona verde com uma PPV de 10%.

Prioridade de uma SKU mantida no AF
- O estoque agregado atual (estoque virtual) da mesma SKU é calculado para todos os elos posteriores e a penetração de pulmão virtual é calculada com base no que está faltando para o pulmão completo em relação ao tamanho do pulmão.
- A prioridade é determinada pela penetração de pulmão virtual do elo seguinte (mostrada acima dele).

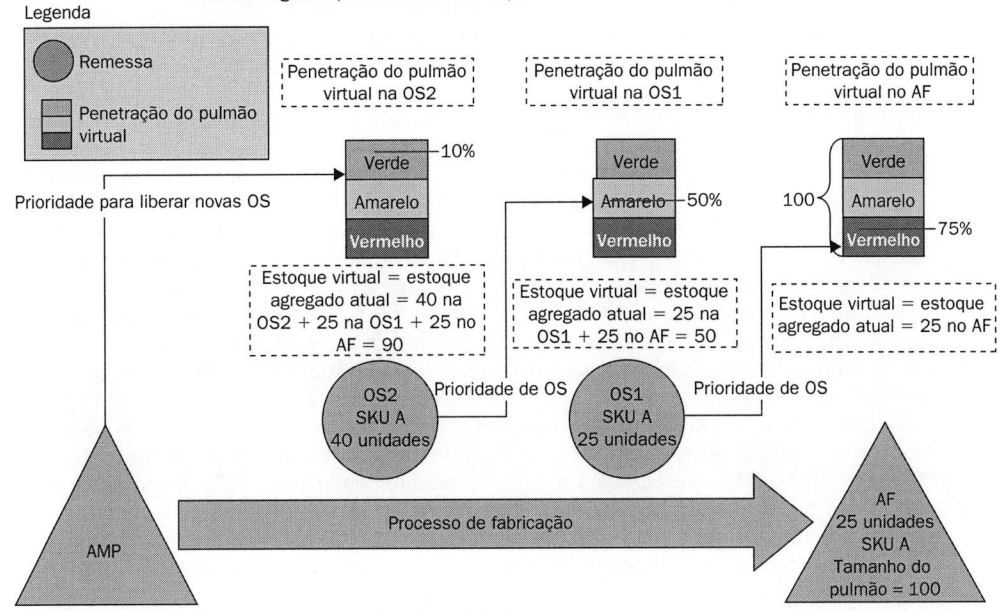

FIGURA 11.7 Conceito de pulmão virtual aplicado para priorizar ordens de serviço (OS).

Essa medida de penetração mostra que a produção está sincronizada com o uso atual do estoque. Se o estoque esgotar-se rapidamente, o pedido de produção será agilizado na fábrica. Do contrário, seguirá sua sequência de processamento normal. A utilização desse conceito de PPV oferece uma avaliação holística do sistema que alinha e sincroniza totalmente os elos da cadeia com a meta do sistema – para responder agilmente ao consumo atual dos estoques pelos consumidores ao longo da cadeia.

Por que a cadeia de suprimentos empurrada funciona melhor?

Examinemos uma loja e as diferentes entidades que operam nesse ambiente.

Podemos categorizar a venda de produtos na loja em três tipos diferentes:[20]

1. *Itens guepardo* – esses itens são vendidos muito rapidamente em relação ao respectivo nível de estoque, o que possibilita que o varejista consiga um grande número de giros de estoque[21] (*se gerenciado corretamente*).

---

[20] É importante observar que essa categorização é feita depois que a solução da TOC é implementada. Por isso, os níveis de estoque já estão ajustados com base na realidade, e não de acordo com uma decisão gerencial.

[21] Utilizamos o número de giros de uma maneira relativa. Se tivesse sido realizada uma análise de Pareto sobre os itens do varejista, com base nos giros de estoque, e os itens tivessem sido classificados pelo número de giros, os itens A (guepardos) teriam grande número de giros, relativamente falando, os itens B (movimento regular) teriam um número de giros moderado (em torno da média) e os itens C (elefantes) teriam um pequeno número de giros.

2. *Itens de movimento regular* – os itens que não se encaixam nas categorias anteriores. Geralmente, eles apresentam giros moderados.
3. *Itens elefante* – esses itens são lentos; o varejista simplesmente não consegue se livrar deles. Normalmente, eles apresentam um pequeno número de giros de estoque.

O que está fadado a acontecer com os itens de movimento regular?

Quando os itens são guepardos, a respectiva demanda de mercado é alta por definição em relação à quantidade de estoque que mantemos. Os itens de movimento regular (e os novos produtos) que se tornam guepardos são os que mais provavelmente se esgotarão. Se fôssemos a um varejista e lhe perguntássemos quantas faltas ele experimenta, a resposta mais provável seria muito poucas, talvez de 2% a 3%. Nesse caso, existem muitos conceitos errados. Se, de outro modo, mudássemos a situação e a pergunta, mantendo-nos fora da loja e perguntando às pessoas se elas encontraram o que estavam procurando, em quantos casos obteríamos "não" como resposta, ainda que devêssemos manter em estoque o que elas estão procurando? A resposta mais provável com relação à falta de estoque seria de 10% a 15%. Essa constatação (subjetiva) leva a crer que o número de faltas experimentadas pelas lojas é bem superior ao que os varejistas acreditam.[22] Se o padrão de compra característico dos consumidores for comprar mais de um item por vez, o impacto real sobre a falta de estoque será dez vezes maior. Quantas vezes você resolveu não comprar um item porque o varejista não tinha um ou dois outros produtos importantes dos quais você precisava? Você então coloca os produtos de volta na prateleira (certamente) e vai a outra loja com a expectativa de que ela tenha todos os itens. Em relação a uma falta de apenas 15%, qual é a probabilidade de um cliente encontrar na loja todos os 20 produtos que ele está procurando para reformar sua casa? A resposta é menos de 4%, o que é igual a $(0,85)$,[23] visto que existe uma probabilidade de 85% de que a loja tenha cada um dos itens, mas todos os 20 itens devem estar na loja ao mesmo tempo para que a compra seja considerada bem-sucedida. Essas faltas afetam os padrões de compra de quase todos os clientes.

Um fator bastante interessante entra em jogo na análise dos itens que faltam: nas faltas de 10% a 15% dos itens são guepardos! Como é fácil perceber o que deveríamos ter feito depois que as coisas acontecem, se o varejista soubesse que esses itens eram guepardos, teria estocado bem mais. Portanto, a quantidade de vendas que ele perde é bem superior aos 10% a 15% que ele poderia de fato admitir! Isso ocorre particularmente no setor de moda. Os varejistas compram artigos no início de uma estação para cobrir todo o período. Por isso, os itens que vendem mais rápido (os guepardos), cuja previsão *a priori* é difícil, assim que esgotados permanecerão em falta pelo restante da estação. Por exemplo, um item cuja saída é tão alta que o estoque é consumido em duas semanas, em uma estação de oito semanas, perde três vezes mais vendas em relação ao que foi comprado inicialmente.

Os itens elefante representam o outro lado da moeda. Eles não são vendidos tal como previsto no momento em que o varejista os adquire. Do contrário, ele os evitaria. O fenômeno que ocorre nesse caso é absurdo – o varejista investe um tremendo esforço para vender esses itens elefante e enche seu melhor espaço de exposição com esses itens, em detrimento de outros produtos existentes na loja. Esse comportamento, embora previsto do ponto de vista psicológico, é ilógico do ponto de vista comercial. Os imensos esforços que serão investidos pelo lojista para vender os itens elefantes poderiam gerar muito mais receitas com os itens guepardo.

Esse fenômeno às vezes minimiza o efeito sobre o gerenciamento da falta de estoque dos itens guepardo!

---

[22] Essa conclusão também provém da análise dos resultados de venda obtidos com as implementações da TOC.

[23] *Idem* nota 20.

Alguns setores foram longe demais, a ponto de utilizarem fraseados para ocultar o fato de que estão atuando de uma maneira ilógica para solucionar esses problemas. Eles glorificam a falta dos itens guepardo (de acordo com o pensamento da TOC, isso se chama vendas perdidas) empregando o termo "esgotado"! Desse modo, eles simplesmente ignoram o fato de que os itens elefante são ruins para os negócios ao colocá-los "em liquidação" e ao investir enormes esforços para vendê-los.

Em uma cadeia de suprimentos baseada na distribuição puxada, esses fenômenos negativos diminuem significativamente. Lembre-se de que o princípio do GP da TOC é responder à demanda de mercado real e ajustar o tamanho dos pulmões de acordo. Se a demanda de mercado chegar ao pico (itens guepardo), o tamanho do pulmão de estoque será aumentado, criando um mecanismo que permite a falta de estoque apenas por curtos períodos. Isso significa que as vendas perdidas em decorrência da falta de estoque de itens guepardo são mínimas. E as dos itens elefantes? Na solução de distribuição/reabastecimento da TOC, é mantida uma quantidade menor de estoque de todos os itens, e as quantidades diminuem ainda mais quando o consumo é baixo, com base na penetração de pulmão e no GPD. Os itens elefante não representam tanto um problema, visto que inicialmente a respectiva quantidade é pequena e diminui ainda mais com o passar do tempo. Portanto, a utilização da distribuição puxada e do GPD é extremamente eficaz para evitar a perda de vendas e o estoque em excesso.

Alguns dos pontos mais delicados do gerenciamento da solução de distribuição/reabastecimento da TOC

Esta seção detalha alguns dos pontos mais delicados da implementação. Normalmente, esses pontos ocorrem em uma fase posterior da implementação, após reabastecimentos frequentes e da ativação do mecanismo de GPD. Contudo, para compreender melhor e elaborar a implementação corretamente, eles devem ser mapeados no início da implementação.

Gerenciando portfólios de produtos

Para diferenciar os itens guepardo, de movimento regular e elefante, existe um critério simples – os giros de estoque.[24] Estamos interessados na quantidade de venda de um item específico, em um local específico (uma SKU), em relação ao nível de estoque dessa SKU.

Entretanto, não basta conhecer a quantidade de venda dos produtos. É também fundamental conhecer seu valor financeiro. Saber simplesmente quais são os itens guepardo e quais são os itens elefante não ajudará muito a direcionar nenhuma decisão operacional para melhorar a lucratividade. É importante conhecer a grandeza em termos financeiros.

A definição desses critérios é obviamente relevante quando o proprietário da loja precisa escolher os itens a serem estocados. Todavia, quando existe uma grande quantidade de itens e a capacidade de cada local de estoque de manter uma grande quantidade de SKUs é restringida tanto pela disponibilidade de caixa quanto pela área útil/espaço de prateleira, essa decisão é crucial. Levar em conta apenas os giros de estoque não é suficiente porque alguns itens são vendidos por uma margem tão pequena, que mesmo

---

[24] O *APICS Dictionary* (Blackstone, 2008, p. 67) define *giro de estoque* como "Número de ciclos ou número de vezes que um estoque 'gira' durante o ano. Um método empregado com frequência para calcular a rotatividade de estoque é dividir o custo anual das vendas pelo nível médio de estoque. Por exemplo, na divisão de um custo anual de vendas de $ 21 milhões por um nível médio de estoque de $ 3 milhões, o estoque terá girado sete vezes". A definição tradicional de *tempo de reabastecimento*, no *APICS Dictionary* (Blackstone, 2008, p. 117), é "Período total decorrido do momento em que se determina que um produto deve ser novamente solicitado ao momento em que o produto é reposto na prateleira e disponibilizado para uso". (© APICS 2008. Utilizada com permissão. Todos os direitos reservados.)

que sejam itens guepardo pouco contribuirão para o resultado final. Além disso, embora um determinado item possa ser vendido somente uma vez ao ano (um item elefante, obviamente), sua margem é tão alta em relação ao investimento em estoque, que se torna um excelente item a ser mantido. Para o gerente, uma mensuração como essa pode ser empregada para apoiar sua decisão sobre quais produtos devem ser eliminados da oferta da cadeia de suprimentos. Existe uma medida adequada para tomar essa decisão?

A melhor forma de comparar quais itens devem ser estocados e quais não é determinar a quantidade de uma determina SKU que vale a pena manter no local de estoque. O retorno sobre o investimento (*return on investment* – ROI) de cada item do estoque[25] constitui um excelente método de comparação entre SKUs para o varejista. Normalmente, os varejistas enfrentam a restrição de disponibilidade de caixa e espaço. Por isso, eles devem privilegiar os itens que contribuem mais para o resultado final (o lucro).

Na utilização da TOC, a pergunta passa a ser: "Qual o ganho (isto é, lucro) que se obtém dessa SKU ao longo de um ano?".[26] Essa pergunta pode ser expressa como G = preço de venda – CTV. Para calcular o investimento, considere o seguinte:

- O estoque mantido no local para cobrir a demanda imediata (o estoque real).
- O estoque em trânsito para repor o pulmão. O estoque em trânsito também é um investimento contra as flutuações da demanda e para atender ao consumo regular.

Levando esses fatores em conta, o melhor número para representar o investimento necessário para gerar o G que essa SKU obtém é o *tamanho do pulmão*. Multiplicando o tamanho do pulmão pelo CTV (CTV/unidade de SKU) dessa SKU, obtém-se o investimento em estoque real necessário para gerar o T anual dessa SKU. Observe que o tempo de quem possui o estoque em trânsito não é considerado. Você o solicita e por esse motivo tem a obrigação de comprá-lo. Por isso, ele deve fazer parte do cálculo.

Desse modo, a fórmula é bastante simples. Para calcular o ROI, divide-se o G anual dessa SKU pelo CTV por unidade dessa SKU multiplicado pelo tamanho (médio) de pulmão ao longo do ano.

$$\text{ROI} = \frac{\text{Ganho anual da SKU}}{(\text{CTV/unidade tamanho de pulmão da SKU})} \times 100\%$$

Com o cálculo do ROI é possível distinguir três grupos diferentes de SKUs, com base na contribuição financeira:

1. *Os itens estrela. Esses itens representam um ROI extremamente alto para o varejista e certamente devem ser estocados de maneira apropriada em toda a cadeia para favorecer o varejista. Eles são excelentes candidatos para serem colocados em outros varejistas para ver se os consumidores nesses locais também os procuram.*
2. *Itens com ROI regular. Esses itens não se encaixam nas duas outras categorias.*
3. *Itens buraco negro. Esses itens apresentam um ROI pequeno ou possivelmente negativo. Eles são prováveis candidatos a serem eliminados do estoque. Contudo, isso não é categórico, visto que alguns itens (normalmente chamados de estratégicos) são indispensáveis, embora sua margem e/ou quantidade vendida sejam muito baixas. E é isso o que os coloca nesse grupo.*

---

[25] Evidentemente, para qualquer regra sempre existem exceções. Portanto, decida judiciosamente os candidatos que você deseja eliminar. Talvez você obtenha uma pequena margem sobre a venda de pães (um produto de primeira necessidade), mas o supermercado que não mantém estoque de pães pode deixar de vender muitos outros produtos. Os produtos complementares são outra classe de produtos que exigem um exame minucioso, porque um pode ter uma margem alta e outro uma margem baixa (creme dental e escova de dente, por exemplo).

[26] Geralmente se emprega um ano. Contudo, para produtos sazonais e de moda, o espaço de tempo deve ser alterado para que se ajuste à situação.

É óbvio que existe uma correlação entre os itens guepardo e os itens estrela, mas essa correlação não é de forma alguma 1:1, como demonstram claramente os exemplos extremos discutidos antes e que serão demonstrados mais detalhadamente pela Figura 11.8.

A decisão sobre a forma de estabelecer um limite entre os diferentes grupos depende do ambiente em questão. Porém, o procedimento usual é considerar os 10% superiores com base no ROI como itens estrela e os 20% inferiores como itens buraco negro. Evidentemente, é necessário verificar se esses itens foram reabastecidos regularmente e se estão em uma determinada categoria porque foram mal gerenciados. Essa verificação mostra que o estoque de itens buraco negro foi mal gerenciado. Uma forma de melhorar o ROI é diminuir de maneira significativa o investimento nessa SKU, mantendo, simultaneamente, o respectivo G. Um obstáculo que deve ser abordado nessas situações é a unidade de medida de compra; é preciso diminuir a quantidade a ser comprada de uma só vez. Alguns itens são acondicionados em caixas de 12, 24 ou 48. De qualquer modo, a loja precisará vender primeiro 11 itens para só então vender o 12°. É bem mais produtivo dividir uma caixa e possivelmente obter três unidades de quatro itens diferentes. Nesse caso, você terá quatro oportunidades de vender um produto para um cliente, e não uma. Com o caixa gerado com a diminuição do investimento no estoque de uma SKU buraco negro, invista-o em outra SKU. Outra possibilidade de abordar os itens buraco negro é mudar o preço de alguns desses produtos, tornando-os mais lucrativos se vendido a preços mais altos. A Figura 11.8 mostra um exemplo de como essas classificações podem obter resultados diferentes.

Nome	Preço	CTV	Ganho (=Preço − CTV)	Unidades vendidas	Custo do estoque vendido (= Unidades vendidas CTV)	Tamanho do pulmão
Item 1	100	50	50	100	5.000	50
Item 2	10	5	5	20	100	2
Item 3	50	10	40	5	50	5
Item 4	60	40	20	1.000	40.000	200
Item 5	340	300	40	20	6.000	5
Item 6	20	15	5	50	750	10
Item 7	20	5	15	20	100	10
Item 8	1.540	1.500	40	50	75.000	10
Item 9	50	5	45	200	1.000	100
Item 10	30	5	25	500	2.500	200
Item 11	40	5	35	30	150	10
Item 12	30	10	20	10	100	10
Item 13	50	30	20	5	150	5
Item 14	20	18	2	700	12.600	300
Item 15	70	20	50	20	400	20
Item 16	200	190	10	500	95.000	400
Item 17	400	350	50	20	7.000	20
Item 18	100	80	20	60	4.800	50
Item 19	1.000	950	50	150	142.500	100
Item 20	100	99	1	2.000	198.000	200

FIGURA 11.8 (a) Dados para o cálculo dos giros de estoque do item, do ROI e das respectivas classificações do item.

Valor do estoque (=Tamanho do pulmão * CTV)	G gerado (=Unidades vendidas * G)	Giros de estoque (=Custo do estoque vendido/valor do estoque)	ROI (=G gerado/ valor do estoque)	Classif. Item	Classif. ROI
2.500	5.000	2	2	Normal	Regular
10	100	10	10	Guepardo	Estrela
50	200	1	4	Elefante	Regular
8.000	20.000	5	2,5	Normal	Regular
1.500	800	4	0,533333333	Normal	Regular
150	250	5	1,666666667	Normal	Regular
50	300	2	6	Normal	Regular
15.000	2.000	5	0,133333333	Normal	Buraco Negro
500	9.000	2	18	Normal	Estrela
1.000	12.500	2,5	12,5	Normal	Estrela
50	1.050	3	21	Normal	Estrela
100	200	1	2	Elefante	Regular
150	100	1	0,666666667	Elefante	Regular
5.400	1.400	2,333333333	0,259259259	Normal	Regular
400	1.000	1	2,5	Elefante	Regular
76.000	5.000	1,25	0,065789474	Normal	Buraco Negro
7.000	1.000	1	0,142857143	Elefante	Regular
4.000	1.200	1,2	0,3	Normal	Regular
95.000	7.500	1,5	0,078947368	Normal	Buraco Negro
19.800	2.000	10	0,101010101	Guepardo	Buraco Negro

FIGURA 11.8 (b) Cálculo dos giros de estoque do item e do ROI e respectivas classificações de estoque e ROI do item.

A Figura 11.8a relaciona 20 itens diferentes, cada um com um preço de venda, CTV, volume e o tamanho de pulmão que precisava ser mantido para atender ao consumo. O cálculo dos giros de estoque e do ROI de cada item na Figura 11.8b pressupõe que o tamanho do pulmão foi gerenciado apropriadamente e o reabastecimento foi adequado. Os elefantes e guepardos na classificação dos giros de estoque e os itens estrela e buraco negro nas classificações do ROI estão marcados. Observe que o item 2 está marcado como positivo nas duas classificações e nenhum dos outros itens correspondem ao mesmo nível de classificação em ambos os casos. Observe particularmente o item 20, que obtém a classificação de guepardo e buraco negro, uma contradição que mostra que as duas classificações são diferentes – o ROI é a opção mais lógica a ser utilizada.

Regras para definir o tamanho inicial dos pulmões

O primeiro passo para mudar da distribuição empurrada para a distribuição puxada é montar o AF e começar a formar o estoque para atender aos pulmões iniciais.

A decisão sobre o tamanho que o pulmão de estoque inicial deve ter parece ser bastante complexa, visto que a magnitude da incerteza é imensa. O medo de tomar uma decisão falha ou errada e pôr toda a iniciativa em risco é natural.

A resposta sobre o tamanho do pulmão é bem simples. Não existem palavras suficientes no dicionário para enfatizar a diferença entre *definitivamente errado* e *aproximadamente correto*. Não é incomum encontrar casos em que a determinação das metas iniciais de pulmões leva mais de três meses! Partindo de uma estimativa inicial e ajustando o tamanho do pulmão de acordo com o GPD, poder-se-ia alcançar tamanhos de pulmões suficientes de uma maneira bem rápida. Com base nesses parâmetros (índice de demanda e agilidade de resposta da oferta), pode-se determinar um tamanho de pulmão de estoque generoso (que geralmente é bem menor que a quantidade estocada no momento na cadeia). Como o mecanismo de GPD ajustará os tamanhos de pulmões de acordo com o consumo real, as estimativas iniciais não são tão cruciais.

É aconselhável começar com uma estimativa inicial grosseira: considerar o tempo de reabastecimento da origem ao destino e multiplicá-lo pelo consumo médio diário e por um fator (para cobrir flutuações estatísticas). Para o AF/AC, um fator de flutuação[27] de 1,5 é apropriado. Para os pontos de venda, um fator de 2 adequado, visto que as flutuações são maiores nesse caso. Quanto ao tempo de reabastecimento a ser utilizado, é necessário:

- Para um ambiente de produção (AF), considerar o tempo de produção atual proposto para esse item (após a implementação da TOC em um ambiente de fabricação, o tempo de produção normalmente diminuirá pela metade). Utilize esse tempo de produção e lembre-se de que o GPD propõe automaticamente que se diminua ou aumente o nível do pulmão de estoque ao longo do tempo.

- Para um ambiente de distribuição (AC, AR e pontos de consumo), utilizar o tempo de transporte mais algo para cobrir uma baixa frequência de entrega semanal, se preciso.

É essencial também fazer ajustes com referência à frequência de entrega. À medida que a frequência aumenta, o tamanho do pulmão diminui; à medida que a frequência diminui, o tamanho do pulmão aumenta. Por exemplo, é óbvio que o pulmão seria bem menor se a entrega da SKU fosse diária, em comparação à entrega semanal.

Gerenciando a sazonalidade no modelo de distribuição/reabastecimento da TOC

Evidências respaldam a afirmação de que o GPD é um excelente mecanismo para monitorar e controlar os níveis de estoque quando as mudanças na oferta ou na demanda são gradativas[28] ou quando as mudanças são imprevisíveis.

Porém, o mecanismo de GPD ou qualquer outro mecanismo conhecido não lida bem com mudanças grandes e repentinas tanto na oferta quanto na demanda. Um aumento imprevisto, repentino e acentuado na demanda ou um agravamento na oferta pode provocar faltas e, por conseguinte, a perda de vendas e prejudicar a reputação da empresa. Entretanto, um aumento imprevisto, repentino e acentuado na demanda ou uma melhoria na oferta resultará em estoques em excesso e um enfoque indesejado nas iniciativas de vendas para movimentar os itens que demoram a sair.

Embora algumas dessas mudanças nos padrões sejam imprevisíveis (e, portanto, inesperadas), a experiência mostra que existem padrões previsíveis, repentinos, acentuados e recorrentes conhecidos. Essas situações podem ser amenizadas reconhecendo-se onde e quando é necessário utilizar a metodologia de GPD. As diretrizes gerais são as seguintes:

- Quando as mudanças forem gradativas, tanto as previsíveis quando as imprevisíveis, utilize o GPD – esse deverá ser o método mais empregado. Preferivelmente, utilize o GPD para evitar erros e focalizar mais as exceções.

- Quando mudanças forem imprevisíveis e grandes, utilize o GPD para indicar o problema e um processo manual de tomada de decisões para definir o quanto os pulmões devem ser alterados quando houver mudanças.

- Quando as mudanças forem previsíveis e grandes, utilize o módulo de sazonalidade. Esse módulo lida com mudanças repentinas conhecidas no consumo.

---

[27] Se houver flutuações intensas, deve-se utilizar um fator de flutuação maior. Porém, cuidado com os padrões de demanda do ambiente que oferece descontos para as compras de grande volume. Esses descontos distorcem significativamente o padrão de demanda.

[28] Consulte o *site* da Inherent Simplicity, em http://www.inherentsimplicity.com/.

Padrões conhecidos de mudanças repentinas no consumo

Na maioria das vezes, é possível prever mudanças significativas na oferta ou na demanda. O pessoal de marketing e vendas sabe por experiência quando aguardar mudanças na demanda e as respectivas consequências sobre a oferta. Geralmente, é possível reconhecer com nitidez a tendência da mudança e ter uma estimativa grosseira de sua magnitude e, com isso, tomar medidas antecipadamente para lidar com a mudança. As causas comuns de mudança nos padrões[29] são divididas em dois grupos: sazonalidade puxada e sazonalidade empurrada.

A Inherent Simplicity define os padrões a seguir como *sazonalidade puxada*, o que significa que o ambiente define o padrão de demanda para a empresa sem que esta nada possa fazer a respeito:

- As estações do ano que afetam o consumo de terminadas SKUs.
- Feriados ou eventos que influem geograficamente no local em que determinadas SKUs serão consumidas – mais ou menos.

A Inherent Simplicity define os seguintes padrões como *sazonalidade empurrada*, o que significa que a empresa, por vários motivos que devem ser verificados, toma providências para criar um pico na demanda de mercado. Esses padrões incluem os seguintes:

- Promoções – têm uma natureza bastante semelhante à dos feriados porque elas são breves e provocam uma acentuada elevação na demanda. Geralmente há um período subsequente de baixa demanda.
- Um aumento consciente nos preços – muitas vezes uma empresa anuncia um aumento no preço dos produtos entrará em vigor em um determinado momento. Os clientes normalmente se abastecem do produto em questão antes do aumento de preço. Geralmente há um período subsequente de baixa demanda.
- Sazonalidade no final do período financeiro – as avaliações da equipe de vendas que se concentram em quotas trimestrais ou anuais normalmente criam um tipo de sazonalidade em que as vendas aumentam acentuadamente antes do final do período e diminuem acentuadamente no início do período seguinte porque se atraem pedidos antes do tempo ao final do período. Observação: isso também pode ser provocado pelo gerenciamento orçamentário dos clientes – ao final de um período, eles tentam tirar proveito de todos os orçamentos de compra não utilizados. Geralmente há um período subsequente de baixa demanda.

Duas mudanças diferentes

Todas essas situações têm início e fim, o que a Inherent Simplicity[30] define como *mudanças acentuadas na demanda* (MADs). Nas descrições anteriores, a MAD inicial (normalmente) é o acontecimento que provoca um aumento na demanda e a MAD final indica um fim repentino nessa demanda maior e o retorno a uma demanda "normal" ou abaixo do normal.

---

[29] Por exemplo, pense na mudança de demanda com relação ao consumo de cerveja no verão em contraposição ao inverno; em um feriadão nacional em todo o país em contraposição a um fim de semana; em um fim de semana em que o time de futebol de uma cidade universitária importante jogará em casa em contraposição a um fim de semana comum nessa mesma cidade.

[30] A Inherent Simplicity, uma das principais fornecedoras do *software* de distribuição/reabastecimento da TOC, já enfrentou e solucionou essas situações com base nas necessidades dos clientes. Analisarei vários cenários que concretos e os métodos da solução que foram deduzidos por essa empresa de um sistema puxado. O objetivo não oferece um endosso a esse *software*, mas lhe mostra uma maneira prática de lidar com essa questão, se ela for uma realidade em seu ambiente.

Resolvendo o dilema da previsão *versus* GPD para oferecer um consumo excelente antes, durante e depois de uma MAD

As MADs constituem um problema na mudança do tamanho dos pulmões. O que aconteceria se o GPD continuasse a ser empregado em uma MAD? Um problema possível é demonstrado na Figura 11.9.

A linha tracejada na Figura 11.9 (estoque) representa o estoque real no local. O estoque permanece mais ou menos estável até o início do período. Depois disso, como ocorre um grande surto de demanda (nessa figura, representado pelo aumento acentuado da demanda), o estoque em mãos esgota-se completamente. O mecanismo de GPD sugere quase imediatamente um ajuste de 33% (de 9 para 13) no pulmão. O estoque do pulmão de estoque permanece em zero por algum tempo (nenhum pedido de reabastecimento que já se encontra em processamento é consumido porque a demanda é muito alta), e isso faz com que o nível do pulmão de estoque seja aumentado em 33% (o primeiro aumento de pulmão pelo GPD na figura). Durante esse período, é provável que se percam vendas porque a demanda é superior à oferta. Quando um novo pedido de reabastecimento chega ao local, continua insuficiente para atender à demanda que se elevou em mais de 33%. Isso faz com que o mesmo fenômeno ocorra – o estoque vai a zero até que a nova quantidade de reabastecimento chegue ao local, o que representa mais 33% de aumento (o segundo aumento de pulmão pelo GPD, de 13 a 17 na figura). No momento em que a quantidade de reabastecimento chega, a demanda já diminuiu e o local fica com estoque em excesso para apoiar a demanda. O mecanismo de GPD identifica essa situação. Porém, nesse meio-tempo, só consegue diminuir o pulmão em 33%, deixando-o bem maior do que deveria, a fim de apoiar a demanda. Em algum momento, o pulmão voltará novamente a um nível estável. Contudo, durante algum tempo você primeiro enfrentará faltas por manter estoques em excesso. Obviamente, esse é um caso extremo, mas sem dúvida sem ser tratado.

Como o GPD lidará com Isso?

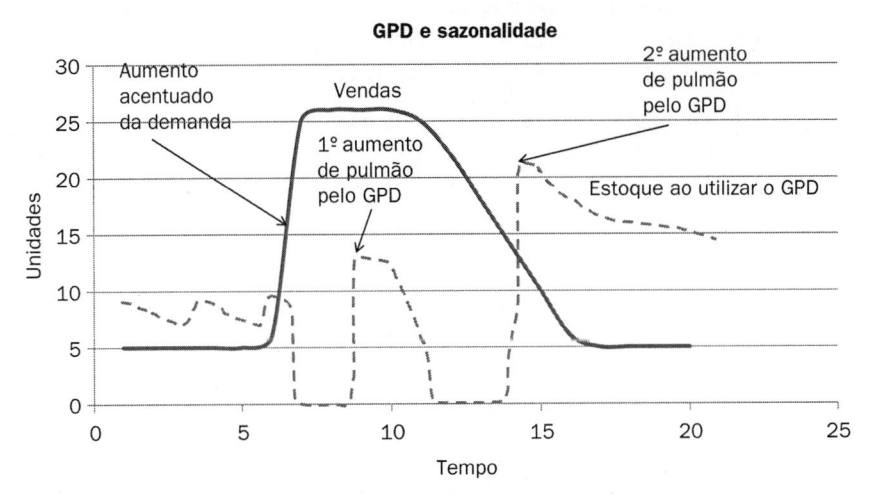

FIGURA 11.9 O problema decorrente da utilização do GPD com uma MAD.
Fonte: © 2007 Inherent Simplicity. Todos os direitos reservados.

É evidente que às vezes é necessário utilizar uma previsão grosseira para evitar esses efeitos negativos.[31]

Identificando quando uma MAD é significativa

Uma regra simples pode ser empregada para determinar se uma SKU está vulnerável a determinados efeitos de sazonalidade. Examine o consumo do último ano (e do ano anterior, se possível). Se o volume de vendas de um mês for mais de duas vezes maior que a média mensal das vendas totais (maior que aproximadamente 15% das vendas do ano inteiro – o período de Natal, por exemplo), essa SKU deve ser examinada cuidadosamente para verificar se é um item de MAD. Embora o GPD reaja rapidamente à realidade, isso não ocorre com as previsões de sazonalidade (a loja precisa ajustar os pedidos manualmente).

Portanto, é importante considerar uma SKU como sazonal somente se ela criar uma diferença considerável com a qual o GPD não consegue lidar. A maioria das mudanças, em especial quando o tempo de reabastecimento é relativamente curto, pode ser tratada com facilidade pelo GPD. Se a frequência do pedido for superior a um dia ou dois e o aumento da demanda for grande e breve, você deverá ajustar os pedidos manualmente. Se o pedido for diário e tiver um curto tempo de reabastecimento, um aumento de 50% no consumo, no decorrer de um único tempo de reabastecimento, normalmente é uma mudança com a qual o GPD consegue lidar.

Lidando com uma MAD

Quando as MADs são identificáveis, é necessário prevenir os elos anteriores com um tempo de atravessamento suficiente para que possam reagir. Se o aumento no período de demanda for conhecido (p. ex., uma partida de futebol do time da casa) e extenso (bem superior à demanda média), é preciso notificar os elos anteriores para que respondam e encontrem uma forma de lidar com a MAD. Quando você identificar uma MAD, ela deverá ser tratada da seguinte maneira,[32] dependendo da direção que ela tomar.

Com relação a uma MAD extensa e conhecida que assinala um aumento na demanda (também chamado de aumento repentino na demanda):

1. Aumente gradualmente o estoque.
2. Desative o GPD (período de resfriamento ou espera).
3. Volte ao normal (ou às vezes a um nível abaixo do normal).

Quando a uma MAD extensa e conhecida que assinala uma queda na demanda (também chamada de diminuição repentina na demanda):

1. Diminua o estoque.
2. Desative o GPD (período de resfriamento ou espera).
3. Volte ao normal (ou às vezes a um nível abaixo do normal).

Observe que as Etapas 2 e 3 em ambos os casos são as mesmas – as mesmas providências devem ser tomadas para tratar corretamente essas MADs. Somente a primeira etapa é diferente em ambos os casos.

---

[31] Uma previsão pode ser tão simples quanto a percepção de que o volume de vendas no varejo no fim de semana em que um time de futebol universitário joga é seis vezes maior que o de um fim de semana letivo normal. Se determinarmos a data dos jogos de futebol da estação seguinte, poderemos programar um estoque para atender a esses picos na estação.

[32] A metodologia da Inherent Simplicity abrange uma série de etapas que são executadas para cada MAD e para grupo de SKUs separadamente.

A Figura 11.10 mostra uma MAD típica em que essas etapas estão distribuídas ao longo do tempo. Duas MADs consecutivas são gerenciadas – um aumento repentino e, em seguida, uma diminuição repentina na demanda.

Aumento gradual do estoque

Nessa fase, a ordem de compra é emitida ao fornecedor para que reabasteça o estoque de acordo com o nível de pulmão previsto *após* a MAD [observe que o padrão de demanda alterado (vendas) encontra-se após a MAD e não durante]. Existem dois ambientes diferentes (distribuidor e fabricante). Ambos apresentam pequenas diferenças.

• Situação do distribuidor: Se a SKU for um item comprado e o fornecedor não tiver nenhum problema para fornecer quantidades maiores (a quantidade necessária é a diferença entre a quantidade anterior e posterior à MAD), a melhor forma de aumentar gradualmente o estoque é fazer um pedido único ao fornecedor. É necessário atribuir a esse pedido um tempo de atravessamento completo do fornecedor anterior ao início previsto da MAD, com um pulmão de tempo extra para cobrir a falibilidade do fornecedor (a lei de Murphy sempre ataca). Por exemplo, um distribuidor mantém um pulmão de 200 unidades de um item específico no AC para lidar com um nível de consumo normal. O tempo de atravessamento normal desse fornecedor é de duas semanas. Durante o Natal, ele sabe que o consumo dobra. Ele precisa dobrar o pulmão dessa SKU (para 400), aproximadamente 2,5 a 3 semanas antes do aumento das vendas de Natal.

• Situação do fabricante: Se a SKU for fabricada por nós ou por outro fornecedor industrial que não consegue fornecer grandes quantidades de seu estoque, a melhor forma de aumentar gradualmente o estoque é fabricar/solicitar a quantidade que falta em lotes, ao longo de um período mais extenso, dependendo de nossa capacidade de produção ou da capacidade de suprimento de nosso fornecedor. Aqui, também é necessário providenciar um pulmão de tempo solicitando com antecedência um ciclo de recebimento. Por exemplo, tomemos o mesmo caso descrito acima, com exceção de que desta vez o

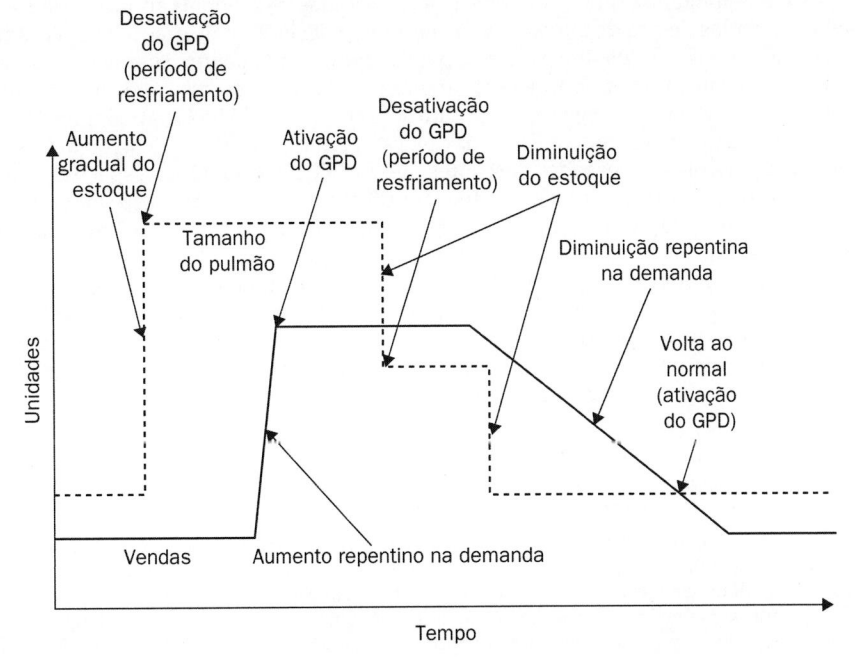

FIGURA 11.10 Etapas da Inherent Simplicity para gerenciar uma MAD típica.
Fonte: © 2010 Inherent Simplicity. Todos os direitos reservados.

fabricante consegue lidar com um nível máximo de produção de um lote de 80 unidades a cada 2 semanas. Nessa situação, o pulmão deve ser ajustado três vezes – primeiro um aumento de 40 unidades aproximadamente 7 semanas antes do início das vendas de Natal, depois um aumento de 80 unidades 5 semanas antes e, por fim, um aumento de 80 unidades 3 semanas antes. As vendas devem ser monitoradas para verificar se os pedidos estão apropriados.

Desativação do GPD (período de resfriamento)
Depois que você mudar o tamanho do pulmão para refletir a demanda futura, desative o algoritmo de GPD da mesma maneira que ele é desativado durante o período de resfriamento, após uma mudança de pulmão pelo GPD.[33] É importante que no decorrer das mudanças o GPD não comece a operar, visto que o único objetivo de lidar com a MADs dessa forma é ignorar a realidade, porque conhecemos melhor a realidade futura. A atividade normal do GPD interromperá o tratamento apropriado de uma MAD e poderá ter várias ramificações negativas; daí a necessidade de desativá-lo durante esse período.

Volta ao normal
Depois que o tamanho do pulmão é alterado no AC/AF/AR, em preparação para uma demanda futura diferente, a MAD ocorre em um curto intervalo de tempo. É importante que a cadeia seja extremamente ágil para reabastecer os pontos de consumo e tomar decisões com relação ao aumento ou à diminuição do reabastecimento nos pontos de consumo e quanto ao aumento ou à dos pulmões nos vários pontos de consumo de acordo com o mecanismo de GPD após a MAD.

Diminuição do estoque
Normalmente, um aumento repentino na demanda[34] é acompanhado por uma diminuição repentina, o que faz a demanda por essa SKU voltar ao "normal." Às vezes, essa situação é menos problemática porque a demanda diminui de uma maneira bastante gradativa, possibilitando que o GPD se ajuste. As vendas tradicionais após o período de Natal e as vendas de fim de ano são um exemplo de declínio mais gradual provocado pelo escoamento dos estoques em excesso a preços significativamente mais baixos. A questão é que é extremamente importante tentar evitar o estoque em excesso após uma diminuição repentina na demanda. Ficar com grandes quantidades de SKUs após uma MAD fará com que a equipe de vendas dirija sua atenção para produtos errados, forçará os pontos de consumo a oferecer grandes descontos nessas SKUs e ocupará um espaço de prateleira que, de outra forma, poderia ser mais bem utilizado para os itens estrela. Isso também estabelece um padrão de demanda para o consumidor, que espera o Natal passar para fazer suas compras.

A diminuição do estoque é bastante semelhante ao aumento gradual – é fundamental determinar se a redução do estoque no sistema será feita de uma só vez ou em algumas etapas – dependendo da inclinação, a demanda cai. Normalmente, a demanda cai de modo gradativo. Portanto, é melhor absorver essa redução em algumas etapas. Ob-

---

[33] A prioridade do GP durante esse período também pode ser distorcida. Suponhamos que o pulmão fosse de 100 e agora ele aumente para 400. Mesmo que tivéssemos um pulmão completo no local, a PPV no local no momento mostraria uma penetração de 75% – bastante imersa na zona vermelha.

[34] É indispensável utilizar uma avaliação administrativa para determinar se existe um aumento na demanda imediatamente após a MAD e, com base nisso, fazer ajustes para enfrentar as consequências dessa MDA. Uma campanha publicitária sobre a redução de preço de um cereal é um exemplo de diminuição nas vendas. Existem também situações em que a demanda normal é retomada quase imediatamente. Por exemplo, embora as vendas no varejo sejam altas (MAD) no fim de semana em que há jogo de futebol (aumentadas pelos consumidores de outras cidades), a demanda volta ao normal quase que imediatamente.

servação importante: da mesma maneira que o aumento do estoque é programado para um período, a redução deve ser programada e levará tempo. Dependendo da demanda agregada prevista até que o pico na demanda caia, é fundamental configurar o tamanho do pulmão para que ele diminua, interrompendo o reabastecimento bem antes dessa diminuição e, dessa forma, garantindo que não haja estoque em excesso ao final do pico. Na maioria dos casos, basta aplicar uma diminuição de um tempo de reabastecimento no tamanho do pulmão de estoque (nível pretendido) antes do início previsto da queda da demanda, interrompendo com isso o reabastecimento da SKU até que a quantidade de estoque disponível fique abaixo do tamanho do (novo) pulmão. O reabastecimento no período de pico é realizado sob pressão. Os fornecedores e os canais de distribuição sentem que a demanda é alta e que estão sendo pressionados. Por isso, é indispensável aliviar essa pressão sobre alguns dos itens – aqueles dos quais não precisamos até o final do pico – mantendo o foco de todos os envolvidos.

Implementando o modelo de distribuição/reabastecimento da TOC: como o *software* pode ajudar e será que ele é mesmo necessário?

Para implementar com sucesso a metodologia da TOC para gerenciar o ambiente de distribuição, três condições importantes devem ser atendidas:

1. Reabastecimento – reabasteça o tamanho do pulmão de estoque de acordo com o consumo em todos os locais.

2. GPD – gerencie o tamanho do pulmão de estoque constantemente em todos os locais de estoque e ajuste-o para sustentar a demanda nos pontos de consumo. É muito importante, em especial nos ambientes que administram uma grande quantidade de pulmões, que o *software* gerencie automaticamente as mudanças do GPD.

3. Gerenciamento de MADs previsíveis – desative o mecanismo de GPD durante as mudanças de pulmões nas situações de MAD.

Essas condições não são as únicas que precisam ser implementadas, mas são as condições indispensáveis para o sucesso de qualquer fabricante/distribuidor na implementação dos princípios da TOC.

Mesmo considerando somente essas três condições, a conclusão inerente é que nenhuma empresa de distribuição conseguirá gerenciar com base na TOC sem um *software*, a menos que seja uma cadeia de distribuição realmente pequena (o gerenciamento de qualquer quantidade acima de cem pulmões exigirá algum tipo *software* ou pessoal complementar). A questão é saber qual tipo de *software* deve ser utilizado.

Primeiro, defina quantos pulmões provavelmente serão mantidos no modelo de distribuição/reabastecimento da TOC:[35]

- A quantidade de itens que serão gerenciados – corresponde ao número de itens que a empresa oferece atualmente ao mercado.

- O número de locais de estoque nos quais os itens serão gerenciados – todos os armazéns (AF, AR) e lojas-clientes para o ambiente de fabricação e todos os armazéns (AC, AR) e lojas-clientes nas quais as futuras SKUs serão estocadas para o ambiente de distribuição.

A estimativa do número de SKUs e, portanto, dos pulmões que deverão ser gerenciados é obtida com a multiplicação dos dois itens anteriores.

Em geral, existem três opções para escolher um *software*:

---

[35] Se você souber quantas SKUs existem em seu sistema, poderá pular essa etapa; ela mostra apenas os cálculos para converter os itens por local em SKU.

1. Desenvolver os componentes de *software* necessários dentro do sistema ERP utilizado pela empresa.
2. Desenvolver os componentes de *software* necessários como planilhas Excel externas ao sistema ERP.
3. Comprar um *software* externo para a solução de distribuição/reabastecimento da TOC.

A resposta à pergunta da opção a ser escolhida depende principalmente da dimensão da operação.

- Em qualquer ambiente que exija menos de 500 pulmões, é possível utilizar um *software* externo (seja uma planilha Excel ou uma solução desenvolvida para o sistema de TI atual).
- Em qualquer ambiente que exija mais de 500 pulmões, é recomendável adquirir um *software* externo que se concentre totalmente nos processos e na tomada de decisões da TOC.
- Em um ambiente em que um sistema ERP esteja funcionando eficazmente e que exija mais de 500 pulmões, a equipe de TI deve ler e estudar a fundo este capítulo antes de começar a desenvolver e integrar a solução de distribuição/reabastecimento TOC no sistema ERP existente. Isso está longe de ser uma tarefa fácil e normalmente não é recomendada pelos motivos que se seguem. É necessário também reconhecer que a solução de distribuição/reabastecimento TOC funcionará melhor nos locais em que o TPC-S estiver funcionando plenamente. Se essa for a opção escolhida, será preciso utilizar serviços de consultoria para esse processo.

Os benefícios de utilizar um *software* externo da TOC, em vez de desenvolver uma solução interna, são os seguintes:

1. Garantia de qualidade. Assegurar que o módulo de *software* desenvolvido internamente está realizando o que deveria é bastante problemático. Os bons fornecedores de *software* complementar para a TOC estão investindo mais em iniciativas para verificar a validade dos módulos.
2. Confiabilidade. Garantir que no presente e no futuro nada (que provoque ramificações negativas) será mudado ou acrescentado aos módulos por pessoas que "pensam que conhecem a filosofia e o ambiente".
3. Desenvolvimento. A base de conhecimentos da TOC em distribuição/reabastecimento está aumentando rapidamente no momento. Os consultores e as empresas de *software* da TOC desenvolvem novas ideias continuamente, e essas últimas investem tempo e esforços para incorporar os conhecimentos mais recentes nos *softwares*. A menos que você tenha um especialista altamente qualificado na TOC conduzindo ou aconselhando a empresa continuamente e *designers* de *software* exclusivos para desenvolver a funcionalidade de distribuição/reabastecimento, o sistema que for desenvolvido internamente nunca conseguirá acompanhar os avanços nessa área.
4. *Know-how* adequado. Muitos detalhes não pertencem à esfera de conhecimento de domínio público. Se considerarmos as empresas que possuem necessidades especiais, como produtos sazonais, produtos com pouco tempo de vida útil, produtos da moda e grupos de produtos semelhantes ou grande quantidade de pulmões, somente uma empresa de *software* da TOC conseguirá incorporar módulos de *software* que atendam a essas necessidades sem um investimento significativo de tempo e dinheiro para determinar de que forma as características do ambiente e dos produtos deverão ser abordadas.
5. Longo tempo de desenvolvimento. Com base em nossa experiência, ao tentar ajudar outras empresas a desenvolver e testar a lógica dos módulos do *software* de distri-

buição/reabastecimento, incorporando características do ambiente e dos produtos, é possível afirmar que o tempo necessário para tanto é significativo. Normalmente, para concluir o desenvolvimento, é necessário investir pelo menos duas vezes a quantidade de tempo originalmente programado – em geral de seis meses a dois anos para que a solução esteja totalmente funcional.

6. O problema do Excel. Embora o Excel seja uma excelente ferramenta para várias aplicações, a planilha Excel, a despeito da relativa facilidade para criá-la e utilizá-la, é particularmente não recomendável. É muito fácil mudar uma planilha Excel. Qualquer pessoa, inclusive aquelas que não conhecem apropriadamente a solução de distribuição/reabastecimento, consegue alterá-la de propósito ou acidentalmente. Por isso, ela não pode ser utilizada de fato para impor o uso correto da solução de distribuição/reabastecimento. Além disso, é muito difícil depurar uma planilha Excel. Existem problemas tanto de qualidade quanto de confiabilidade na utilização de planilhas Excel para essa finalidade.

Testando a solução em uma escala menor

A solução de distribuição/reabastecimento da TOC pode ser testada de duas formas antes da implementação. Ambas apresentam vantagens e desvantagens.

Simulação

É possível executar uma espécie de "simulação" para mostrar quais resultados é possível obter antes da implementação da solução de distribuição/reabastecimento da TOC para um ambiente específico. Na simulação, os dados sobre o consumo real e os números correspondentes ao nível de estocagem podem ser simulados e comparados com os dados históricos. Esses mesmos dados podem então ser utilizados com a solução de distribuição/reabastecimento da TOC a fim de fornecer um resultado parcial para comparar o ambiente atual e seus métodos de distribuição/reabastecimento tradicionais. Essa comparação deve mostrar o impacto das mudanças políticas, procedimentais etc. nos níveis de estoque, no investimento, na DO, na falta de estoque e nos níveis de serviço desse ambiente específico. A TOC aumentará a disponibilidade, diminuindo, ao mesmo tempo, o total de estoque mantido. Um resultado usual das simulações que conduzimos na Inherent Simplicity é mostrado na Figura 11.11.

Entretanto, essa simulação tem algumas desvantagens que merecem ser enfatizadas. As primeiras duas desvantagens são genéricas e aplicam-se a maioria dos ambientes:

1. Essa simulação baseia-se em determinados pressupostos (como o tempo de reabastecimento real, a frequência de reabastecimento etc.); um pressuposto inválido pode provocar um resultado bastante distinto na simulação, em comparação à vida real.

2. Não é possível simular o comportamento humano pelo computador, a menos que alguns pressupostos extremamente específicos sejam modelados, aquelas que não serão simples de quantificar.

A segunda desvantagem é bastante significativa e poderia provocar os seis seguintes desalinhamentos entre a situação simulada e o que ocorreria na realidade se a solução da TOC tivesse sido implementada. As três primeiras enfatizam o G, que o antigo ambiente deixou de potencializar; as três outras examinam o impacto sobre a DO.

1. Um maior volume de vendas é gerado pela solução da TOC porque a falta de produtos na situação real é eliminada. Como não havia nenhum estoque, não poderia ocorrer nenhuma venda, ainda que na situação simulada talvez existisse algum estoque. Além disso, reconheça que essas vendas perdidas poderiam corresponder a 15%! (A realidade apresentará resultados *melhores* do que os da simulação.)

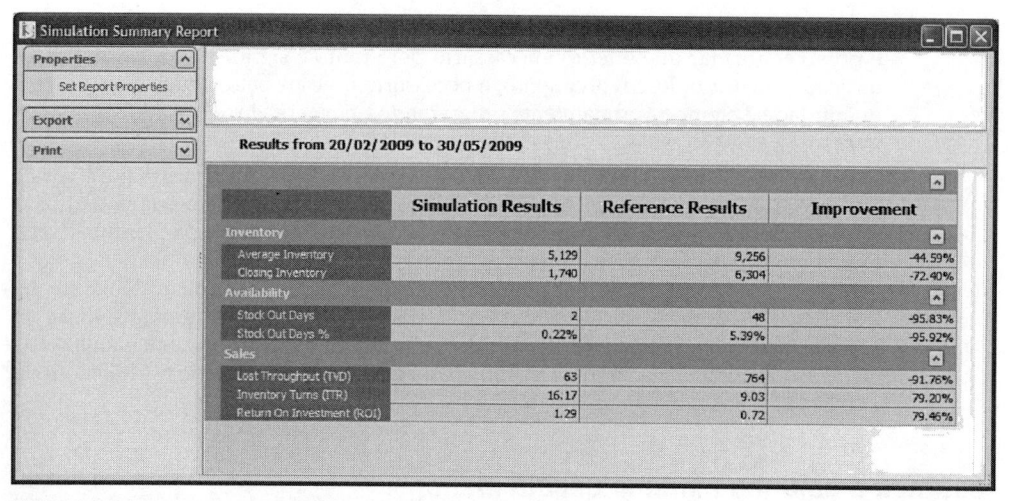

FIGURA 11.11 Um exemplo de simulação da Inherent Simplicity. TVD = *total variation diminishing* (redução da variação total).
Fonte: © 2010 Inherent Simplicity. Todos os direitos reservados.

2. Um maior volume de vendas é gerado pela solução da TOC por causa da mudança de foco dos varejistas dos itens de movimento lento para os itens de movimento rápido. (A realidade apresentará resultados *melhores* do que os da simulação.)

3. A longo prazo, será gerado um volume de vendas maior por meio da solução da TOC porque a empresa melhora sua reputação por oferecer tempos de espera menores e maior desempenho com relação às datas de conclusão. (A realidade apresentará resultados *melhores* do que os da simulação.)

4. A solução da TOC obtém um nível de obsolescência menor (isso depende do ambiente) porque há mais giros de estoque. Isso pode ser calculado aproximadamente com base na diferença nos giros de estoque entre a situação simulada e a situação real. (A realidade apresentará resultados *melhores* do que os da simulação.)

5. Frequentemente, a solução da TOC gera custos de transporte mais altos. Isso pode ser calculado com base nos pressupostos sobre a frequência de reabastecimento, embora normalmente outros fatores possam afetar esse cálculo, como a quantidade de fornecedores que concordam em mudar para um reabastecimento rápido. (A realidade apresentará resultados *piores* do que os da simulação.)

6. Na solução da TOC, a intermodalidade é praticamente eliminada. As remessas rápidas são também diminuídas de forma significativa. (A realidade apresentará resultados *melhores* do que os da simulação.)

Por causa dessas desvantagens, a simulação só será útil para indicar a direção geral da solução e para obter adesão, porque normalmente ela subestima a magnitude dos benefícios da solução da TOC.

Projeto piloto

Executar um projeto piloto em uma pequena parte da empresa antes da implementação da solução em toda a empresa é uma maneira válida de testar a solução e suas ramificações. No caso de uma empresa de grande porte, implementar a solução em parte do sistema faz muito sentido. Vale a pena observar as questões a seguir ao conduzir um projeto piloto.

- Estruture o projeto piloto com base em parâmetros de teste válidos. É necessário escolher os locais de teste do projeto piloto e do grupo de controle para que os resultados de ambos sejam significativos para as situações atuais (econômica, organizacional, do produto etc.). Os dados históricos devem ser semelhantes para esses dois locais. O piloto de distribuição/reabastecimento é então implementado durante um período de teste adequado (geralmente de três a seis meses). O período de teste deve ser suficientemente longo para eliminar o impacto das condições iniciais, descer a curva de aprendizagem sobre como lidar com o GPD e experimentar algumas das dificuldades desse ambiente. Os resultados do piloto são comparados tanto com os dados históricos quanto com os resultados do grupo de controle.
- Defina com antecedência o que deve ser avaliado no piloto. Geralmente, medidas como crescimento das vendas, número de faltas, duração das faltas (avaliação da vulnerabilidade à perda de vendas), níveis de atendimento (impacto sobre o G), níveis de estoque (impacto sobre o E), custos de agilização e horas extras (impacto sobre a DO), tempo de atravessamento e desempenho com relação à data de entrega (impacto sobre o G futuro) são excelentes. Os resultados dos giros de estoque ou do ROI (ambos são medidas macro) também devem ser verificados e comparados.
- É igualmente fundamental determinar com antecedência os critérios de decisão para o projeto piloto. Que resultados devem ser obtidos para que a solução de distribuição/reabastecimento da TOC seja considerada um sucesso e garanta uma implementação integral? Por exemplo, se os estoques do piloto, comparados com os do grupo de controle e seus dados históricos, sofrerem uma diminuição de 30% e, ao mesmo tempo, a disponibilidade melhorar (maio G) e as outras medições não piorarem, a solução da TOC será implementada em todos os ARs.

Existem outros fatores, como os seguintes:

- O ponto anterior mais longínquo na cadeia de suprimentos controlado pela organização piloto (normalmente o AF/AC) deve fazer parte do piloto – pelo menos para o portfólio de SKUs escolhido para apoiar o fluxo da cadeia piloto.
- É aconselhável incluir alguns nós posteriores para as mesmas SKUs, visto que o efeito da solução de distribuição puxada será maior quanto mais próxima a implementação estiver dos consumidores reais.
- Se o piloto for conduzido em um AF, deve ser possível atribuir prioridades mais altas às SKUs do piloto, em relação às SKUs do grupo de controle, a fim de mostrar os benefícios. Do contrário, é indispensável manter alguns estoques de segurança que serão ativados se o tempo de reabastecimento passar sem que de fato haja reabastecimento. Isso responde a pergunta: "Se eu tiver implementado a solução de distribuição/reabastecimento integral da TOC, conseguirei responder rapidamente às necessidades desse canal?".
- O piloto deve gerenciar no mínimo cem pulmões.
- Os mesmos itens devem ser gerenciados em ambos os ambientes.
- A maioria dos pulmões (pelo menos 50%) do piloto deve pertencer à categoria de produtos de rápida saída. Isso serve para demonstrar a diferença de focalização sobre o G decorrente da ênfase sobre em os itens de rápida movimentação em contraposição aos itens cuja movimentação é lenta nesses dois ambientes distintos. Tanto o piloto quanto o grupo de controle têm os mesmos itens. Porém, certamente, com relação ao foco do varejista, os estoques apresentarão uma diferença significativa.
- Uma amostra de pulmões pode pertencer às SKUs de movimentação rápida para testar qual seria o ponto de decisão mais adequado entre gerenciar produtos para disponibilidade e gerenciar produtos sob encomenda.

Gerenciando o processo de adesão da TOC

Gerenciar uma mudança em uma empresa nunca é uma tarefa fácil. A implementação da TOC aumenta essa complexidade, visto que a mensagem subjacente em uma empresa que começa a utilizar a TOC pode ser interpretada da seguinte forma: "É tão simples, que você deveria ter pensado nisso sozinho". O sistema puxado da TOC é bem mais simples que os sistemas puxados tradicionais e produz melhores resultados. Contudo, nenhuma mudança é um processo trivial. Ela exige que se quebrem hábitos antigos, e isso é difícil. A implementação da TOC exige que se quebrem vários hábitos antigos. Por isso, é uma tarefa desafiadora, embora os novos processos sejam simples. Algumas das mudanças produzidas pela TOC são as seguintes:

- Ocorre uma mudança de paradigma. A TOC contesta os pressupostos mais básicos do gerenciamento tradicional: a meta de economizar custos em todos os pontos (por exemplo, solicitar lotes grandes, movimentar lotes grandes, estocar lotes grandes e vender lotes grandes na cadeia). Desse modo, um treinamento contínuo é essencial para que se perceba o impacto dessas medidas de economia de custo e como a TOC aborda essas mesmas decisões.

- Novos processos são introduzidos. A introdução do AF/AC envolve por si só vários processos novos (por exemplo, mudança de controle do estoque da produção para estoque para a produção para disponibilização), bem como a determinação de novos métodos para lidar com a sazonalidade, a mudança para o reabastecimento diário etc.

- É necessário coletar, processar e gerenciar uma quantidade considerável de dados. A solução de distribuição/reabastecimento puxada da TOC exige que os dados sejam atualizados frequentemente, bem como dados com um nível de precisão relativamente alto para que se possa obter o maior grau de eficácia possível. Um axioma no gerenciamento de estoque é adequado: quanto menor o nível de estoque, mais adequados deverão ser a precisão e o gerenciamento de estoque.

- O *software* ajuda a padronizar os processos. Ele formaliza os processos necessários para a coleta e o processamento de dados. Entretanto, existem algumas complexidades no *software*; o departamento de TI deve colaborar plenamente. Por exemplo, se o departamento de TI insistir em utilizar uma solução interna, em vez de uma solução pronta, a implementação talvez atrase vários meses e às vezes vários anos. Uma justificativa financeira apropriada que enfatiza o aumento do G e a redução do investimento em I, fundamentada na rápida implementação de um sistema pronto para entrar em funcionamento, é difícil de negar.

Vou tentar explicar mais detalhadamente essa última questão. Para que o projeto tenha sucesso, três grupos na empresa devem cooperar um com o outro. São eles:

- O proprietário
- Os usuários finais
- A equipe de TI

Cada um tem metas, necessidades e desejos específicos. Todos devem demonstrar adesão à solução para que ela seja implementada e gerenciada eficazmente.

- O proprietário é considerado o principal tomador de decisões da empresa. Como a solução de distribuição/reabastecimento puxada da TOC exige mudanças que normalmente requerem uma autorização de alto nível, é melhor convencer o principal tomador de decisões a instaurar a solução da TOC. Habitualmente, o objetivo do proprietário é obter os melhores resultados financeiros possíveis para a empresa, visto que sua remuneração pessoal (se ele não for o único proprietário) em geral será medida também dessa maneira. Portanto, para convencer o proprietário a instaurar um projeto da TOC é relativamente fácil porque a TOC concentra-se diretamente nos resultados financeiros por meio dos canais de G. Entretanto, o proprietário desempenha outro papel mais importante no projeto da TOC; ao demonstrar que está pessoal e ativamente envolvido com o projeto e ao irradiar a principal prioridade do projeto para todas as pessoas da empresa, ele pode determinar em grande medida o sucesso do projeto. Sem essa adesão do proprietário, o projeto talvez não receba a devida atenção das outras pessoas, e isso acaba arrastando a implementação por longos meses e, por fim, gerando resultados ruins.

- Os usuários finais implementam e tentam utilizar os novos processos exigidos pela solução de distribuição/reabastecimento puxada da TOC. Usuário final é "qualquer pessoa que executa uma ação com ou de acordo com o *software*". Embora os usuários finais sejam menos eficazes enquanto indivíduos, são um grupo extremamente influente. Por isso, o processo de adesão, nesse caso, não é de forma alguma menos importante. Deve-se conduzir um treinamento apropriado, explicando os motivos da mudança dos processos.[36] Os usuários podem adotar os conceitos, mas não executarem os processos necessários para concretizá-los. O objetivo do usuário final é a comodidade. Portanto, é importante instruí-lo e explicar detalhadamente por que após a mudança para essa nova metodologia sua vida ficará bem mais simples, e não mais complexa, especialmente quando ele conseguir ter maior controle sobre a concretização de suas responsabilidades profissionais e uma visibilidade bem maior na empresa. É também muito importante criar um ganho para os usuários finais com relação à consecução da meta da implementação – a melhor maneira de vincular o sucesso do projeto à renda dos usuários por meio de bonificações, opção de compra de ações ou outra coisa. Isso garante que eles se comprometam totalmente com as mudanças que precisam suportar e que se disponham a abraçá-las.

- O papel da equipe de TI é central em qualquer grande iniciativa, particularmente na solução de distribuição da TOC. A equipe de TI exerce uma influência preponderante sobre o início do projeto. Ela precisa instalar o *software* e garantir seu funcionamento correto. Ela precisa importar ou associar o *software* a informações que entram e que saem e, posteriormente, fazer a manutenção e atualização do *software*. A equipe de TI pode de fato ter influência sobre os parâmetros. Normalmente, os membros da equipe de TI constituem os especialistas internos da empresa com relação ao estabelecimento dos parâmetros corretos no *software*. O departamento de TI geralmente é composto por pessoas bastante competentes e instruídas e extremamente analíticas e inteligentes. Por isso, quando corretamente persuadidos, esses indivíduos se tornam grandes aliados da implementação e ajudarão a obter todos os benefícios do projeto. O principal objetivo do departamento de TI normalmente é o valor pessoal. Para obter adesão, é indispensável informar essa equipe de que sua influência aumentará após a implementação da TOC (visto que a empresa dependerá em grande medida desse departamento para tomar decisões fundamentadas em parâmetros). Por isso, a equipe de TI é essencial para o sucesso da implementação.

Resultados reais da solução de distribuição/reabastecimento da TOC

Com base na experiência conjunta dos consultores da TOC e das empresas de *software* na implementação da solução de distribuição/reabastecimento da TOC,[37] é seguro afirmar

---

[36] Um jogo de tabuleiro para a cadeia de suprimentos que compreende três produtos, seis varejistas, dois ARs e um AF foi utilizado para demonstrar as diferenças entre o gerenciamento segundo os sistemas empurrados tradicionais (PR/QEP e mínimo-máximo) e o sistema de distribuição/reabastecimento da TOC. Ele é descrito em Cox e Walker (2006).

[37] Consulte "The Science of Successful TOC Holistic Implementation", apresentado por Mickey Granot na TOCICO 2008. Para obter outras referências da Inherent Simplicity, consulte o *site* da Inherent Simplicity em http://www.inherentsimplicity.com/.

que os resultados são notáveis. Por meio do método aqui descrito (particularmente para estabelecer o tamanho inicial dos pulmões), foram obtidos resultados significativos em três meses. Os resultados médios da implementação da solução da TOC são 40% de aumento nas vendas e 50% de redução no investimento em estoque. O fator de melhoria nos giros de estoque foi de 2,8. Imagine a influência dessa solução sobre o ROI em estoque.

Esses resultados impressionantes demonstram que a solução de distribuição/reabastecimento da TOC funciona. Planejar a implementação cuidadosamente, escolher os consultores corretos, escolher o *software* correto e obter adesão é essencial; o gerenciamento bem-sucedido gera uma imensa vantagem competitiva, maior controle sobre o estoque e as vendas e, portanto, maior lucratividade.

Resumo

É evidente que a cadeia de suprimentos tradicional não funciona de maneira eficaz. A maioria das empresas renunciou à possibilidade de ter 95% ou mais de disponibilidade de estoque. Quando elas de fato obtêm uma disponibilidade de 95% ou mais, elas o fazem com imensos estoques e os custos necessários para manter estoques em excesso (e na falta de estoque, com altos custos de aceleração). Entretanto, as faltas também prejudicam suas vendas. O dilema diz respeito à escolha entre manter pequenos estoques (e ficar sem estoque e perder vendas) ou manter grandes estoques (e ter de arcar com um alto investimento em estoque e os custos correspondentes). Lembre-se de que, para termos sucesso, devemos manter o item correto (o que) em um local específico (onde) no momento certo (quando). Obviamente, se existe uma solução eficaz e simples para responder essas perguntas sem precisar manter grandes estoques, é provável que as empresas estejam dispostas a adotá-la de bom grado.

A solução de distribuição/reabastecimento da TOC é bastante nova em relação ao sistema de ponto de reabastecimento/quantidade econômica do pedido (PR/QEP) desenvolvido por Harris (1915) e o sistema de estoque mínimo-máximo (os modelos básicos utilizados em vários sistemas de planejamento de necessidades de distribuição) desenvolvidos logo em seguida. Comparada com esses sistemas de estoque, o sistema da TOC é "novo no pedaço". Um dos princípios básicos do sistema da TOC é a utilização do AF como um centro na rede de distribuição. Os AFs[38] foram utilizados no passado, mas não eram considerados o principal ponto de distribuição ou o pulmão de proteção da rede de modo geral. Os AFs mantinham um pequeno estoque. A centralização de estoque com base no conceito de AF agora está ressurgindo (desta vez com o nome de "centros logísticos"). Contudo, a interpretação de que o sistema funcionaria bem melhor, financeiramente e operativamente, com o sistema puxado, em comparação com o sistema empurrado, é relativamente nova. A solução da TOC utiliza o AF/AC como centro de distribuição e puxa os estoques pela cadeia até o ponto de consumo. Esse sistema puxado é novo. Os conceitos da TOC com relação ao tamanho do pulmão de estoque, ao GP, ao foco sobre o G e ao mecanismo de GPD são novos, exclusivos e bastante eficazes. A TOC oferece resultados notáveis, que podem ser obtidos em um curto período, com frequência de uma maneira "muito boa para ser verdade". A implementação da solução de distribuição/reabastecimento da TOC é difícil (trata-se de uma mudança de paradigma). Porém, se forem seguidas algumas diretrizes simples, será possível minimizar os obstáculos.

---

[38] Como em todos os departamentos empresariais, a distribuição passa pelos ciclos de centralização – para controlar os custos – aos ciclos centralização – para ter flexibilidade/agilidade na resposta. O AC foi utilizado com o planejamento das necessidades de distribuição e o planejamento de recursos de distribuição (sistemas empurrados tradicionais) e fracassou. O passo seguinte foi em direção à descentralização. Agora, as empresas estão retornando à centralização com o ERP e um *software* de cadeia de suprimentos.

Referências

Blackstone Jr., J. H. *APICS Dictionary*. 12ª ed.. Alexandria, VA: APICS, 2008.

Cox III, J. F. e Walker II, E. D. "The Poker Chip Game: A Multi-Product, Multi-Location, Multi-Eechelon, Stochastic Supply Chain Network Useful for Teaching the Impacts of Pull versus Push Inventory Policies on Link and Chain Performance". *Supply Chain Management Education* (edição especial). *INFORMS Transactions on Education*, 6(3), 2008, pp. 3-19.

Harris, F. E. "What Quantity to Make at Once". *The Library of Factory Management*. Chicago: A. W. Shaw Company, 1916, vol. 1 ("Operations and Costs"), pp. 47–52.

Sullivan, T. T., Reid, R. A. e Cartier, B. *TOCICO Dictionary*. 2007. http://www.tocico.org/?page=dictionary.

Sugestão de leitura

Goldratt, E. M. *The Choice*. Great Barrington, MA: North River Press, 2009. Base de conhecimentos em www.inherentsimplicity.com.

Schragenheim, E., Dettmer, H. W. e Patterson, J. W. *Supply Chain Management at Warp Speed*. Boca Raton, FL: CRC Press, 2009.

Sobre o autor

Amir Schragenheim é presidente da Inherent Simplicity Ltd., empresa de *software* especializada no *software* da TOC para os ambientes de produção e distribuição, desde 2004. Atualmente, a Inherent Simplicity é a única fornecedora de *software* nas áreas de produção e distribuição para a Goldratt Consulting, empresa de consultoria de Eli Goldratt, em seus projetos estratégicos de "visão viável" (VV).

Schragenheim realizou o MBA pela Universidade de Telavive, com distinção acadêmica, especializando-se em marketing e estratégia. Ele é especialista certificado pela TOCICO em gestão logística da cadeia de suprimentos, gerenciamento de projetos, finanças e medidas e estratégia empresarial holística. Além disso, Schragenheim dá palestras regularmente nos congressos internacionais e regionais da TOCICO.

Schragenheim iniciou sua carreira profissional na TOC em 1998, momento em que desenvolveu, com Eli Schragenheim, simulações computadorizadas do gerenciamento de produção e projetos para demonstrar a grande eficácia da TOC.

12

Cadeia de suprimentos integrada

Além do MRP: como o reabastecimento sincronizado ativamente atenderá ao atual desafio da sincronização de materiais

Chad Smith e Carol Ptak

Introdução

A eficácia de qualquer sistema deve ser avaliada com base nos resultados que ele obtém. No ambiente atual, as empresas e as cadeias de suprimentos que buscam sistematicamente um sistema de planejamento de materiais eficaz percebem pelo menos um ou uma combinação de três principais resultados empresariais:

- **Desempenho inaceitável do estoque.** Isso é identificado quando se tem muito estoque do material errado, pouquíssimo estoque do material correto, alta obsolescência ou poucos giros de estoque. Frequentemente as empresas podem identificar vários desses problemas ao mesmo tempo.

- **Desempenho inaceitável do nível de atendimento.** Os clientes continuam pressionando a empresa, que rapidamente apresenta uma pontualidade de entrega insatisfatória, baixos índices de atendimento e uma sofrível satisfação das necessidades dos clientes. Além disso, os clientes sempre tentam forçar uma queda nos preços.

- **Grandes despesas e desperdícios decorrentes da aceleração.** Para tentar corrigir os dois resultados empresariais anteriores, os gerentes se comprometerão a pagar preços especiais e despesas de frete adicionais ou aumentar o número de horas extras para cumprir suas promessas. Quando essas promessas ainda não são cumpridas, a empresa enfrenta ônus financeiros.

O objetivo deste capítulo é apresentar um método alternativo direcionado à demanda para planejar e controlar o fluxo de materiais e contrastá-lo com os resultados empresariais insatisfatórios embutidos na maioria dos sistemas de *planejamento das necessidades de material* (*material requirements planning* – MRP). Isso abrange uma discussão sobre os problemas básicos que provocam esses resultados. Os conceitos e procedimentos subjacentes a esse novo sistema de planejamento e controle baseiam-se em vários conceitos da *teoria das restrições* (*theory of constraints* – TOC), como os pulmões estratégicos, o reabastecimento e o gerenciamento de pulmões (GP).

O *reabastecimento sincronizado ativamente* (*actively synchronized replenishment* – ASR) não depende de um ambiente *tambor-pulmão-corda* (TPC), mas várias implementações do TPC dependerão do ASR. O mesmo é válido para os ambientes de produção enxuta (Lean). O ASR não depende do sistema de produção enxuta, mas muitas implementações desse sistema se beneficiarão do ASR. Tanto o TPC quanto a produção enxuta são sistemas

---

Copyright © 2010 Chad Smith e Carol Ptak.

puxados em conflito com os sistemas de planejamento de material padrão, que utilizam o sistema empurrado. Esse método de materiais e estoque direcionado à demanda é, em vários sentidos, duvidoso para o método de programação de capacidade desejado de uma empresa. Em outras palavras, independentemente do tipo de método de programação de capacidade escolhido pela empresa, não é necessário assumir um compromisso metodológico para garantir a disponibilidade de material. Este capítulo apresenta um método comprovado que consegue criar um fluxo e uma sincronização de materiais baseados no sistema puxado em ambientes complexos em que tradicionalmente o planejamento das necessidades de material (*material requirements planning* – MRP) era uma necessidade, mas demonstrou um desempenho inferior de suas funções.

A nuvem de conflitos mostrada na Figura 12.1 descreve claramente a situação atual de vários ambientes de fabricação complexos. Por um lado, existe a necessidade de planejar antecipadamente e eficazmente os pedidos reais dos clientes para solicitar materiais cujo tempo de atravessamento é longo, incorporar os dados e os planos dos departamentos de vendas e marketing, planejar a quantidade de capital e de funcionários e desenvolver planos de contingência com relação aos problemas que podem acontecer. Isso levou a equipe de gerenciamento a se concentrar em sistemas e métodos que enfatizam a previsibilidade. Algumas empresas desenvolveram um sofisticado processo de planejamento de vendas e operacional a fim de minimizar a possibilidade de ocorrer problemas dentro do horizonte de tempo do planejamento. Por outro lado, existem três regras de previsão bastante conhecidas.

1. As previsões estão sempre equivocadas.
2. Quanto mais detalhada a previsão, mais erros serão cometidos.
3. Quanto mais amplo o período de previsão, mais erros serão cometidos.

Essas três regras de previsão mostram como o foco sobre a previsibilidade expõe as empresas ao risco associado à variabilidade e instabilidade. Os custos de estoque e recurso necessários para compensar o erro de previsão são muito altos nesta época de hipercompetitividade. Isso levou os gerentes a se concentrar na diminuição dos tempos de atravessamento do planejamento e na implementação de estratégicas baseadas no sistema puxado, como a produção enxuta e o TPC, para melhorar a agilidade global da empresa. Como já se sabe, quando uma empresa consegue reagir rapidamente, a exposição à instabilidade e variabilidade do mercado é menor. A fim de solucionar esse conflito eficazmente, é necessário implementar uma solução que possibilite que a empresa planeje e defina estratégias competentemente, sem os riscos inerentes que acompanham os métodos convencionais.

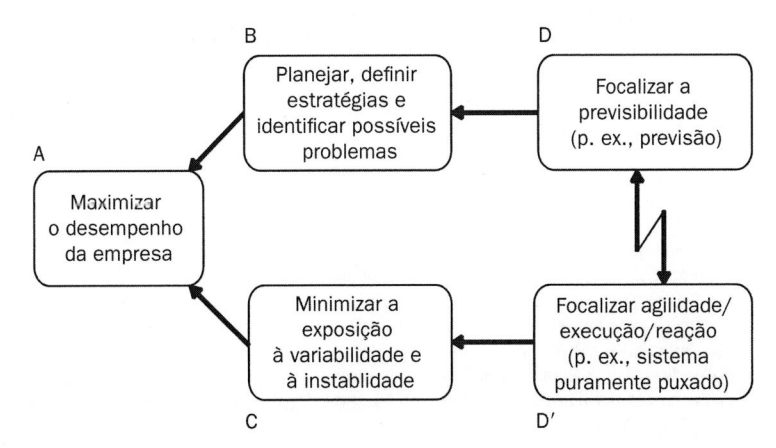

FIGURA 12.1 A situação atual de vários ambientes de fabricação complexos.

Quanto à estrutura, este capítulo apresenta esta introdução, que descreve brevemente as realidades da fabricação de produtos complexos e com um longo tempo de atravessamento, em ambientes que mudam de maneira constante. Em seguida, evidenciamos os problemas (efeitos indesejáveis) e identificamos a causa subjacente (problema básico) da utilização de sistemas empurrados no gerenciamento de produção e estoques nesse ambiente. Por fim, descrevemos a direção e a solução exata para esse problema básico. Para demonstrar o quanto esse método tem sido importante, apresentamos alguns estudos de caso sobre implementações bem-sucedidas.

Identificação do problema real: repensando o escopo do gerenciamento da cadeia de suprimentos

Nos últimos 20 anos, muita atenção e grande ênfase têm sido direcionadas ao desenvolvimento de soluções para a cadeia de suprimentos, do ponto de vista tanto metodológico quanto tecnológico. Na verdade, a maior parte do que se desenvolveu foi um passo revolucionário para a distribuição e logística entre consumidores e fornecedores. Distribuição e logística não são mais uma restrição no mundo de forma geral. Atualmente, se conhece muito bem o que é vendido e quando os produtos se movimentam na cadeia de suprimentos. Uma empresa de logística pode oferecer atualizações em tempo real à medida que os componentes se movimentam ao redor do mundo. Entretanto, em última análise, no âmago de qualquer cadeia de suprimentos encontra-se a fabricação e, na maioria das cadeias, são os vários e diferentes locais e processos de fabricação que devem ser coordenados e sincronizados eficazmente para introduzir um produto acabado no canal de distribuição. Contudo, a questão é saber como aumentar essa coordenação e sincronização. Um relatório da AMR concluiu que (Masson *et al.*, 2007, p. 1):

> As empresas modernas enfrentam um dilema. Elas precisam diminuir os custos em face da complexidade dos produtos, do menor ciclo de vida dos produtos e da maior exigência de conformidade regulatória. Embora as empresas utilizem grande variedade de estratégias de cadeia de suprimentos para enfrentar essas dificuldades, a responsabilidade recai basicamente sobre a fabricação. Isso está forçando uma redefinição fundamental do papel que a fabricação deve desempenhar nas redes de suprimentos atuais, salientando a necessidade de um processo de produção e aceleração direcionado à demanda.

Na realidade, as soluções de *gerenciamento da cadeia de suprimentos* (GCS) não lidam com as implicações da fabricação e a coordenação (de materiais e capacidade) dos itens que elas estão solicitando e fornecendo. Embora haja uma ampla variedade de metodologias e tecnologias diferentes (e eficazes) para programar a capacidade de fabricação, um sistema/método universal de gerenciamento de materiais, conhecido como MRP, é empregado no mundo inteiro. Para estar em consonância com o atual conhecimento global, utilizaremos a seguinte definição do *APICS Dictionary* (Blackstone, 2008, p. 81):

> *Planejamento das necessidades de material (MRP) – Conjunto de técnicas que utiliza dados sobre lista de materiais, dados sobre estoque e a programação mestre de produção (PMP) para calcular as necessidades de material. Ele faz recomendações para a liberação de pedidos de reabastecimento de material. Além disso, ele é cíclico e faz recomendações para a reprogramação de pedidos pendentes quando as datas de conclusão e as datas necessárias não estão sincronizadas. O MRP cíclico inicia-se com os itens listados na PMP e determina (1) a quantidade de todos os componentes e materiais essenciais para fabricar esses itens e (2) a data em que os componentes e materiais são necessários. Para executar o MRP cíclico, deve-se ampliar a lista de materiais, ajustando-a em relação às quantidades de estoque disponíveis ou solicitadas e contrabalançando as necessidades líquidas com tempos de atravessamento apropriados.* (© APICS 2008. Utilizada com permissão. Todos os direitos reservados.)

Sejamos bastante claros – o MRP não desaparecerá (e não deveria). Como a descrição detalhada de suas especificações, realizada por Orlicky (1975) em seu livro clássico *Material Requirements Planning* (Planejamento das Necessidades de Material), o MRP ofereceu o alicerce para a estruturação e o planejamento de materiais da maioria dos ambientes de fabricação. Um estudo do Aberdeen Group Study (2006, p. 17, Tabela 3) demonstrou que 79% das empresas que adquiriram sistemas de *planejamento de recursos corporativos (enterprise resources planning* – ERP) também adquiriram o módulo de MRP implementado.

Mesmo depois de mais de 50 anos de utilização do MRP e de outras tecnologias de planejamento e coordenação de materiais, como é que as empresas e cadeias de suprimentos ainda continuam lutando com unhas e dentes com a sincronização de materiais e com os efeitos empresariais identificados no início deste capítulo? Após um cuidadoso exame de várias empresas e das cadeias de suprimentos das quais elas participam, parece haver duas causas principais para esses efeitos nas empresas fabris atuais:

1. **O MRP não foi concebido para lidar com as dificuldades do mundo moderno.** O tamanho encorpado dos sistemas ERP modernos oculta a realidade de que, para a maioria dos fabricantes de médio e grande portes, o MRP ainda é um módulo essencial do sistema ERP, e o ambiente de fabricação global variável apresentou deficiências decisivas na maioria das implementações e ferramentas do MRP. A variabilidade e a instabilidade estão aumentando sensivelmente e a implementação de filosofias baseadas no sistema puxado, como a produção enxuta e a TOC, está proliferando. Essas situações e abordagens estão pressionando ao máximo os sistemas MRP e até mesmo criando métodos operacionais conflitantes (empurrados *versus* puxados). Precisamos nos lembrar de que o MRP foi concebido na década de 1950 e codificado comercialmente na década de 1970 e na verdade não mudou desde então. A realidade é que ele não foi concebido tendo-se em mente os atuais fatores e conceitos fundamentados no sistema puxado.

2. **Os usuários são forçados a assumir compromissos parciais e insatisfatórios.** A maioria das empresas tem consciência dessas desvantagens. O pessoal de controle de materiais e de produção com frequência se defronta com um dilema com relação ao sistema. Existem características fundamentais no MRP que ainda são relevantes e necessárias. Provavelmente, a relevância do MRP é ainda maior, visto que temos cenários de planejamento mais complexos do que nunca. Ao mesmo tempo, as consequências são desastrosas quando as desvantagens do MRP são ignoradas no ambiente atual. Em vista desse conflito, o pessoal de controle de materiais e de produção é forçado a encontrar várias saídas, com frequência insatisfatórias e parciais, para esse conflito.

Um breve histórico do MRP

A invenção do MRP na década de 1950 foi nada menos que uma revolução para o setor industrial. Pela primeira vez as empresas podiam planejar as necessidades de material com base em uma programação mestre global por meio de uma *lista de materiais* (LM). Os sistemas manuais de ponto de pedido único e duplo não conseguiam corresponder à proliferação de produtos que estavam entrando no mercado após a Segunda Guerra Mundial. O mundo encontrava-se na era do marketing! Constamos que não podíamos mais viver sem as coisas que não existiam dez anos antes. Com as implementações de classe "A" do MRP, foi possível ter um estoque significativamente menor e melhor a pontualidade nas entregas. A Sociedade Americana de Controle de Produção e Estoque (American Production and Inventory Control Society – APICS) foi fundada em 1957, em Ohio, para disseminar o conhecimento necessário para utilizar de maneira eficaz as ferramentas que estavam sendo rapidamente desenvolvidas. Em 1976, a Certificação em Gerenciamento de Produção e Estoque (Certified in Production and Inventory Management – CPIM) da APICS foi introduzida e mais que depressa se tornou um padrão no mundo inteiro de domínio das técnicas de controle de produção e estoque da época, dentre as quais o gerenciamento de estoque, o MRP, o controle de atividade de produção e o planejamento mestre. Impulsionado pela especialização oferecida pela APICS ao longo da década de 1970 e pela Cruzada do MRP da APICS, o sistema MRP da noite para o dia se tornou a principal ferramenta à qual o pessoal de gerenciamento de estoque recorria para garantir que houvesse material disponível e para atender às necessidades de fabricação e de mercado.

Mesmo nessas épocas mais simples e mais previsíveis, o MRP teve sucesso, de acordo com os significativos resultados financeiros obtidos, como a sensível redução do estoque em uma pequena porcentagem de empresas que o implementaram. Os primeiros adeptos apresentaram resultados importantes. Porém, quando o MRP passou a ser utilizado mais amplamente, esses mesmos resultados não foram obtidos. Esse índice significativo de insucesso do MRP foi um tema de discussão preponderante nos encontros da APICS da época. Um dos principais motivos era que o MRP havia sido concebido para realizar apenas isto – planejar as necessidades de material. Na época, os profissionais da APICS sabiam que a capacidade era um fator essencial. Entretanto, naquele tempo o poder de processamento dos computadores era restrito e, ainda que os algoritmos de capacidade já existissem, simplesmente não era possível calcular ambos ao mesmo tempo. Lembre-se de que os primeiros sistemas MRP foram gravados em apenas 8 K de memória! Contudo, os computadores rapidamente se tornaram mais potentes e o MRP de ciclo fechado foi desenvolvido para responder aos problemas da época. O *APICS Dictionary* (Blackstone, 2008, p. 21) define *MRP de ciclo fechado* como:

> *Um sistema desenvolvido em torno do planejamento das necessidades de material que inclui os processos de planejamento adicionais do planejamento de produção (planejamento de vendas e operacional), a programação mestre de produção e o planejamento de necessidades de capacidade. Assim que essa face de planejamento chega ao fim e os planos são considerados realistas e factíveis, os processos de execução entram em jogo. Esses processos incluem os processos de controle de fabricação de medição de insumo-produto (capacidade), de programação detalhada e despacho, bem como relatórios antecipados de atraso tanto da fábrica quanto dos fornecedores, programação dos fornecedores e assim por diante. O termo ciclo fechado implica não apenas que cada um desses processos está incluído no sistema global, mas também que o feedback provém dos processos de execução para que o planejamento sempre se mantenha válido.* (© APICS 2008. Utilizada com permissão. Todos os direitos reservados.)

O MRP de ciclo fechado foi a evolução seguinte e possibilitava o planejamento tanto de material quanto de capacidade. Entretanto, o desenvolvimento e a implementação de um sistema MRP estavam longe de ser uma garantia de sucesso. A ferramenta era bem mais avançada e o treinamento oferecido pela APICS atendia a pessoas que já sabiam como as ferramentas funcionavam, mas ainda assim a implementação não era uma garantia de sucesso. A tecnologia ganhou maior poder e a era de cliente-servidor estava prestes a se instaurar. Na década de 1980, o MRP II (planejamento de recursos de fabricação) foi desenvolvido para melhorar a integração com o sistema empresarial básico incorporando a análise financeira e as funções contábeis. O *APICS Dictionary* (Blackstone, 2008, p. 78) define *MRP II* como:

> *Um método para o planejamento eficaz de todos os recursos de uma empresa fabril. Teoricamente, ele aborda o planejamento operacional em unidades e o planejamento financeiro em valor monetário, e apresenta capacidade de simulação para responder perguntas e-se. Ele é composto de uma variedade de processos, todos eles vinculados: planejamento de negócios, planejamento de produção (planejamento de vendas e operacional), programação mestre de produção, planejamento das necessidades de material, planejamento das necessidades de capacidade e os sistemas de apoio à execução para capacidade e material. As informações geradas por esses sistemas são integradas com relatórios financeiros,*

como o plano de negócios, o relatório de compromisso de compra, o orçamento de remessa e as projeções de estoque em valor monetário. O planejamento de recursos de fabricação é uma consequência e extensão diretas do MPR de ciclo fechado. (© APICS 2008. Utilizada com permissão. Todos os direitos reservados.)

Os sistemas MRP II passaram a ser comercializados mais amplamente. As empresas não precisavam mais desenvolver esses sistemas. As empresas de *software* que atendiam às necessidades de diferentes setores e plataformas ofereciam uma ampla variedade de *softwares* de prateleira. Ao mesmo tempo, o programa de instrução e certificação da APICS oferecia ao setor profissionais capazes de utilizar esses sistemas. Todavia, os sistemas muito avançados naquela época não eram uma garantia de sucesso financeiro. Na década de 1990, quando a tecnologia começou a mudar para a arquitetura da Internet, o ERP foi a evolução subsequente e colocou todos os recursos de uma empresa sob o controle de um sistema integrado centralizado. O *APICS Dictionary* (Blackstone, 2008, p. 45) define *ERP* como:

Uma estrutura de organização, definição e padronização dos processos empresariais necessários para planejar e controlar eficazmente uma empresa para que ela consiga utilizar os conhecimentos internos e procurar vantagem externa. (© APICS 2008. Utilizada com permissão. Todos os direitos reservados.)

As empresas continuam investindo em tecnologia para procurar o santo graal do planejamento integrado, mas ainda assim não foram obtidos resultados financeiros significativos. Em meados da década de 1990, sistemas de planejamento e programação (*advanced planning and scheduling* – APS)[1] avançados otimizaram a visibilidade dos recursos da empresa no ERP e prometeram manter todos os recursos escassos o tempo todo ocupados. O *APICS Dictionary* (Blackstone, 2008, p. 4) define APS como:

Técnicas que lidam com a análise e o planejamento de logística e fabricação ao longo de períodos curtos, intermediários e longos. O APS refere-se a qualquer programa de computação que utiliza algoritmos matemáticos ou lógicos para otimizar ou simular a programação de capacidade finita, sourcing, planejamento de capital, planejamento de recursos, previsão, gerenciamento de demanda e outros. Essas técnicas consideram simultaneamente uma série de restrições e regras empresariais para oferecer em tempo real recursos de planejamento e programação, apoio decisório, disponibilidade para promessa e apto para promessa. Com frequência o APS gera e avalia vários cenários. O gerenciamento seleciona então o cenário que utilizará o "plano oficial". Os cinco componentes principais do APS são (1) planejamento de demanda, (2) planejamento de produção, (3) programação de produção, (4) planejamento de distribuição e (5) planejamento de transporte. (© APICS 2008. Utilizada com permissão. Todos os direitos reservados.)

Uma vez mais, a implementação desses sistemas complexos raramente gerava um sucesso financeiro significativo. Isso não quer dizer que o *software* não era implementado ou não era executado. A realidade era que a melhoria dos resultados financeiros prometida no argumento empresarial (*business case*) era a exceção, e não a regra.

Ao longo dessa evolução, o núcleo de cálculo do MRP permaneceu o mesmo. Basicamente, o MRP é uma imensa calculadora que utiliza os dados sobre o que você precisa e o que você tem de calcular com relação ao que você precisa buscar e onde. Essencialmente, mesmo o sistema ERP mais avançado da época é por natureza um sistema empurrado baseado em uma previsão ou em um plano e no pressuposto de que todos os dados de entrada são precisos. Nos ambientes mais estáveis, esse pressuposto até certo ponto é possível, mas como o ambiente econômico global do século XXI encaixa-se nesse método?

---

[1] Com relação ao SPP, é necessário compreender os conteúdos deste capítulo e de outros capítulos desta parte.

O MRP consegue corresponder aos desafios do presente?

As circunstâncias existentes na época em que o MRP foi desenvolvido não existem mais. Agora, vivemos em um mundo em que a capacidade global ultrapassa em muito a demanda global. Os clientes podem comprar o que eles desejam, quando desejam e ao preço que desejam pagar em virtude da facilidade transacional proporcionada pela Internet. Como hoje os clientes têm autonomia para ir a qualquer lugar para comprar qualquer coisa com apenas alguns cliques no *mouse*, eles estão cada vez mais instáveis. A estratégia empurrada de produção e promoção da era pós-Segunda Guerra Mundial não funciona mais.

Embora alguns fabricantes recorram a várias tecnologias e métodos de melhoria de processos para diminuir a variabilidade nos processos específicos da seção de produção, quando examinamos a realidade mais ampla observamos que, na verdade, a variabilidade e a instabilidade estão aumentando de maneira sensível. As empresas não conseguem mais concorrer apenas com uma análise interna. Hoje, a empresa precisa considerar a organização como um todo e igualmente a cadeia de suprimentos da qual ela participa. As operações fabris atuais estão bem mais suscetíveis a enfrentar contratempos em suas operações internas e na cadeia de suprimentos externa pelos seguintes motivos:

- Suprimento e demanda globais
- Produtos com menor vida útil
- Menor tempo de tolerância do cliente
- Novos materiais
- Maior complexidade e customização dos produtos
- Procura por estoques mais enxutos
- Previsões imprecisas
- Falta de material
- Problemas complexos de sincronização
- Maior variedade de produtos
- Peças/componentes com longo tempo de atravessamento
- Maior quantidade de fornecedores estrangeiros

A principal questão é que esses fatores se associam e criam um ambiente em que os cenários de planejamento são mais complexos e com frequência apresentam riscos maiores.

Na Tabela 12.1, delineamos os efeitos organizacionais dos atributos típicos de uma implementação do MRP.

De acordo com a definição do *APICS Dictionary* e com o que é ensinado no treinamento oferecido pela APICS, esses atributos e funções fundamentais do MRP são bastante familiares. As limitações e os problemas de implementação do MRP foram tema de vários jantares de negócios e palestras de congresso da APICS desde o momento em que essa tecnologia foi desenvolvida. Basta examinar os anais de congresso internacionais da APICS das últimas três décadas para encontrar uma variedade de soluções e paliativos propostos. Pioneiros como Ollie Wight, George Plossl, Dave Garwood e Walt Goddard ofereceram várias ideias que foram aprimoradas à medida que os adeptos enfrentavam esses problemas. Entretanto, as medidas, os procedimentos e os paliativos propostos podem conter uma funcionalidade que nada tem a ver com o MRP. Às vezes, essa funcionalidade adicional apenas muda os pontos nevrálgicos para outra parte da empresa. Muitas vezes, essa funcionalidade adicional não supera as limitações mais fundamentais e os problemas de concepção que tendem a não ser abordados.

As implementações convencionais do MRP simplesmente não são adequadas às novas soluções de fabricação e materiais baseadas no sistema puxado necessárias para que a empresa tenha rapidez, uma produção enxuta e flexibilidade no ambiente hiper-

Tabela 12.1 Efeitos organizacionais dos atributos típicos do MRP

Atributos típicos do MRP	Efeitos do MRP para a organização
Atributos do planejamento	
O MRP utiliza uma previsão ou uma programação mestre de produção como insumo para calcular as necessidades líquidas de itens-pai ou de peças componentes.	O planejamento de componentes passa a se basear em um sistema "empurrado", criado por essas necessidades de demanda previstas. A previsão em termos de unidade de manutenção de estoque (*stock keeping unit* – SKU) e de peças é imprecisa. Os planos e as ordens de compra calculados com base nessa previsão com frequência não correspondem à demanda de mercado real. Isso acarreta gastos em excesso, horas extras, fretes mais caros, maior estoque de produtos errados e falhas na remessa.
O MRP fixa toda a LM de acordo com o nível mais baixo de componentes sempre que o estoque disponível fica abaixo da demanda expandida.	Isso cria um perfil complexo de materiais e de programação que pode mudar completamente quando houver uma pequena mudança no item-pai. Quando a programação de capacidade é infinita, existem grandes conflitos de prioridade e desvios de materiais. Quando a programação de capacidade é finita em todos os recursos, existe grande instabilidade na programação porque ocorrem deslizes progressivos decorrentes da falta de material.
O MRP permite que as ordens de serviço sejam liberadas para a seção de produção sem considerar a disponibilidade de componentes.	Os pedidos de materiais (PMs) são liberados para a seção de produção, mas não podem ser iniciados por falta de estoque. Isso aumenta os trabalhos em andamento (*work in progress* – WIP), mudando constantemente as prioridades e programações, os atrasos, a priorização e a quantidade de horas extras.
O tempo de atravessamento do item-pai corresponde ao tempo de atravessamento de fabricação apenas do item-pai, independentemente do tempo de atravessamento cumulativo dos itens-pai e das peças componentes de nível inferior.	Os PMs com frequência são liberados com datas impossíveis de cumprir ou sem disponibilizar todos os componentes necessários.
A quantidade dos pedidos de reposição, os pontos de pedido e o estoque de segurança são fixos e não se ajustam à demanda de mercado real ou à sazonalidade.	Maior vulnerabilidade a previsões imprecisas, o que gera a necessidade de maior aceleração.
Atributos do gerenciamento de estoque	
Somente as peças que atingem um ponto mínimo ou de pedido recebem uma indicação de que precisam ser novamente solicitadas.	A visibilidade do estoque agregado é pequena e com frequência faz com que a empresa tenha de conviver com um estado de constante aceleração. Além disso, não há como avaliar a prioridade relativa entre os pedidos de estoque.
PRIMEIRA OPÇÃO: As necessidades com prazo vencido e os pedidos de reabastecimento do estoque de segurança frequentemente são tratados como se "fossem devidos no presente".	Todos os pedidos de estoque de segurança parecem iguais, o que significa que não existe nenhuma prioridade real. A determinação das prioridades reais exige grande atenção, análise e mudanças de prioridade.
SEGUNDA OPÇÃO: A prioridade dos pedidos é gerenciada de acordo com a data de entrega.	As datas de conclusão não refletem as prioridades reais. A determinação das prioridades reais exige grande atenção, análise e mudanças de prioridade.
A qualificação da demanda futura é limitada. Os indicadores de alerta de possíveis faltas ou de possíveis aumentos na demanda são limitados.	Os planejadores são obrigados a considerar toda a demanda futura, o que aumenta demasiadamente os estoques e desperdiça capacidade e materiais, ou a não considerar nenhuma demanda, o que faz com que o ambiente fique extremamente vulnerável a aumentos na demanda ou tenha de filtrar grande quantidade de dados a fim de qualificar os aumentos para cada componente.

competitivo do mundo moderno. Os usuários ficam frustrados porque não conseguem concluir seu trabalho dentro do sistema. Para concluí-lo, eles extraem dados do Excel® ou do Access®. Pior ainda, eles utilizam notas adesivas manuais e programação manual em quadros brancos. O desejo de integração para impulsionar o investimento no sistema formal já existe mais. Para dar conta do serviço em qualquer nível, o cenário de TI é mais complexo e os custos para apoiá-lo aumentam constantemente.

O conflito do MRP no presente

Sua empresa trabalha de acordo com o sistema de planejamento formal que ela possui ou tenta contorná-lo? Ela faz essas duas coisas ao mesmo tempo? As planilhas, as notas adesivas e os sistemas de acompanhamento manuais ainda são muito empregados em suas operações embora você tenha implementado um sistema MRP ou ERP nos últimos dez anos?

Com relação a um gerenciamento de materiais verdadeiramente eficaz, a maioria do pessoal de compras, produção e controle de produção com frequência sente como se estivesse de mãos amarradas. A eficácia do MRP sempre foi sua capacidade de gerenciar os vínculos entre as LMs para gerar as necessidades de material líquidas totais (pedidos de demanda que se transformam em pedidos de fabricação ou ordens de compra). Quanto mais complexas e integradas as estruturas dos produtos, as instalações fabris e as cadeias de suprimentos, mais necessário o MRP será para compensar e fornecer com antecedência componentes essenciais e com longo tempo de atravessamento. A maioria do pessoal de compras, produção e controle de produção sabe disso e é forçada a adotar uma série de soluções conciliatórias insatisfatórias que simplesmente não funcionam. A seção subsequente aborda as soluções conciliatórias decorrentes desse conflito do MRP.

As soluções conciliatórias do MRP

Na maioria dos casos, cinco tipos de solução conciliatória ocorrem com frequência (separadamente ou em conjunto).

1. **Proliferação de soluções paliativas manuais** – Como já discutido, as empresas com frequência tentam utilizar soluções paliativas em seu sistema MRP recorrendo a ferramentas de manipulação de dados independentes, desconectadas e altamente customizadas como os programas Excel e Access. Essas ferramentas apresentam limitações sérias e sua proliferação torna o cenário de TI mais complexo e exige maior manutenção. Na verdade, a utilização dessas ferramentas põe por terra o objetivo por trás do investimento em um pacote ERP integrado.

2. **Achatamento da LM** – Às vezes as empresas tentam simplificar o problema de sincronização achatando a LM. Essa medida elimina os níveis identificados originalmente para definir o produto e o processo. A solução para melhorar a sincronização não é ignorar as dependências existentes na estrutura dos produtos e entre as estruturas dos produtos. Uma sincronização mais adequada é possível quando você sabe em quais dependências deve se concentrar. Quanto ao achatamento da LM, é fundamental achatar somente as LMs que não podem oferecer um ponto de alavancagem. O achatamento global das LMs pode eliminar pontos de alavancagem importantes que podem oferecer grande valor. Essas dependências são uma excelente maneira de impedir que a variabilidade ganhe ímpeto e abale toda a cadeia de suprimentos como um *tsunami*. A solução para obter uma sincronização mais adequada é perceber essas dependências e controlá-las. Quando as empresas achatam as LMs, na verdade elas perdem visibilidade tanto no planejamento quanto na execução. Em alguns casos, as empresas podem obter benefícios acrescentando mais um nível à LM!

3. **Adoção da produção sob encomenda para todos os produtos** – Outras empresas preferem investir todo o caixa disponível em matéria-prima e componentes comprados e adotar a estratégia de *produção sob encomenda* (*make-to-order* – MTO). Na maioria dos ambientes, isso tem um preço significativo. A empresa é obrigada a ter capacidade adicional para atender às exigências quanto ao nível de atendimento ou a colocar em risco a satisfação quanto ao nível de atendimento com tempos de atravessamento mais longos. Em ambientes altamente sazonais ou que os clientes apresentam um curto tempo de tolerância, isso é simplesmente impossível. A empresa não consegue fornecer o produto com tempo suficiente e volume suficiente.

4. **Previsão mais eficaz** – Outras empresas implementam algoritmos de previsão avançados ou contratam mais planejadores na expectativa de fazer estimativas mais adequadas. Lembre-se, no MRP, o pressuposto é de que o respectivo cálculo será determinado por um plano ou uma previsão que constitui a demanda no sistema. Mesmo com melhorias sensíveis na precisão da previsão, os resultados não representarão o resultado final. A experiência demonstra que, na melhor das hipóteses, essas soluções geram uma melhoria de 20% a 40% na precisão do indicador de demanda, deixando ainda assim uma margem significativa para erro. Mesmo se uma empresa conseguir aumentar a precisão desse indicador, ele não necessariamente representará de modo adequado a eficácia global com relação à disponibilidade e ao índice de satisfação. Lembre-se, o aumento da variabilidade e da instabilidade (especialmente da oferta) pode anular facilmente qualquer ganho apreciável na precisão desse indicador. Além disso, lembre-se de que vários fabricantes podem ter diversas operações de montagem e submontagem que são parte essencial de seu fluxo geral. Em qualquer tipo de operação de montagem, a falta de um único componente é suficiente para bloquear uma remessa completa. Quanto mais operações de montagem houver, mais complexas serão a sincronização e execução. Em conclusão, mesmo os maiores defensores da previsão não conseguem negar o fato que qualquer forma de previsão continua sendo uma tática baseada no sistema empurrado. Sim, talvez ela seja uma tática empurrada mais fundamentada, mas ainda é uma tática empurrada. Para as empresas que estão implementando sistemas de fabricação baseados no sistema puxado (*e.g.*, produção enxuta ou TPC), isso estabelece formas operacionais conflitantes que simplesmente não funcionarão de maneira adequada em ambientes instáveis e complexos.

5. **Sistemas manuais de ponto de pedido** – Com a implementação de *kanbans*, os supermercados e as instalações fabris que utilizam o sistema de três depósitos voltaram ao ponto de partida. Incapazes de superar as desvantagens relacionadas ao MRP, algumas empresas o abandonaram completamente. Basicamente, tal como o provérbio, isso é o mesmo que jogar fora o bebê junto com a água do banho. Em vários ambientes, isso é devastador. Esses sistemas tendem a ser intensamente manuais e a apresentar grande dificuldade para responderem às mudanças no ambiente. Não existe quase nenhuma possibilidade de ver o estoque verdadeiramente disponível ou a situação das exigências líquidas totais (todas as alocações de demanda em relação a todos os pedidos de suprimento pendentes). Os dados reais são mascarados nos sistemas tradicionais por solicitações provenientes das previsões ou de outros falsos indicadores de demanda. Na realidade, por definição, a relação pai/filho na LM é gerenciada independentemente de qualquer outra relação. O MRP consolida as necessidades totais de cada componente-filho e apenas raramente um planejador, ainda que experiente, consegue entender por que essa quantidade está sendo solicitada. Nos ambientes com grande variedade e opções, com frequência é preciso manter grandes estoques na seção de produção para que seja possível fornecer componentes e peças quando necessário. Um relatório da AMR de 2007 (Masson *et al.*, 2007, p. 6) chegou a duas conclusões importantes. Primeiramente, de que os "Cartões *kanban* e os quadros *heijunka* [de nivelamento] tornam-se incontroláveis quando existem centenas ou milhares de produtos e componentes". Segundo, e mais curioso, é que nos grandes

fabricantes globais que possuem várias instalações fabris e linhas, "O pragmatista precisa de um *software* para apoiar a produção enxuta". Lembre-se de que conhecer apenas o estoque existente não é uma informação suficiente para saber o que é necessário pedir, a menos que se considere a equação "estoque em mãos + pedidos de suprimento em aberto – alocações de demanda" (que é chamada de equação do estoque disponível). Isso simplesmente não é possível com sistemas manuais de ponto de pedido como os *kanbans*.

Reabastecimento sincronizado ativamente: a saída para as soluções conciliatórias do MRP

Para aqueles que já estão familiarizados com o gerenciamento de restrições e os respectivos processos de pensamento, o dilema que as empresas fabris enfrentam pode ser visto na nuvem de conflitos da Figura 12.2.

Existem basicamente duas necessidades básicas (B: produzir de acordo com a demanda e C: ter visibilidade das necessidades totais) conflitantes por trás das soluções conciliatórias (em D e D', as opções puxada e empurrada). Do ponto de vista de fabricação, precisamos ter um meio realista para responder e produzir de acordo com a demanda. Esse meio deve incluir capacidade *e* materiais. As ferramentas do MRP simplesmente não criam os "indicadores de demanda" corretos, nem facilitam a disponibilidade de materiais em horizontes de tempo cada vez mais curtos, que, por natureza, são mais variáveis e instáveis. Além disso, muitas implementações baseadas no sistema puxado (*e.g.*, produção enxuta e TPC) são efetivamente obstruídas por essa falta de sincronização de materiais. Na maioria dos casos, em virtude das desvantagens relacionadas anteriormente, isso leva muitos funcionários de produção a pensar que eles devem ignorar o MRP. Na verdade, um marco frequente para a implementação de uma produção enxuta é a eliminação do sistema de planejamento computadorizado!

Entretanto, do ponto de vista do planejamento e compra, precisamos ter um meio para ver, planejar, sincronizar e gerenciar eficazmente a visibilidade de *todos* os materiais, componentes e produtos finais, particularmente das peças manufaturadas e compradas essenciais e com longo tempo de atravessamento. Como os cenários de planejamento estão cada vez mais complexos, isso faz com que o pessoal de planejamento insista em utilizar o MRP.

Quanto mais complexo o ambiente fabril, mais grave esse conflito tende a ser. A impossibilidade de conciliar eficazmente esse dilema nesses ambientes dá lugar às soluções conciliatórias ineficazes do MRP relacionadas anteriormente e em essência pode também

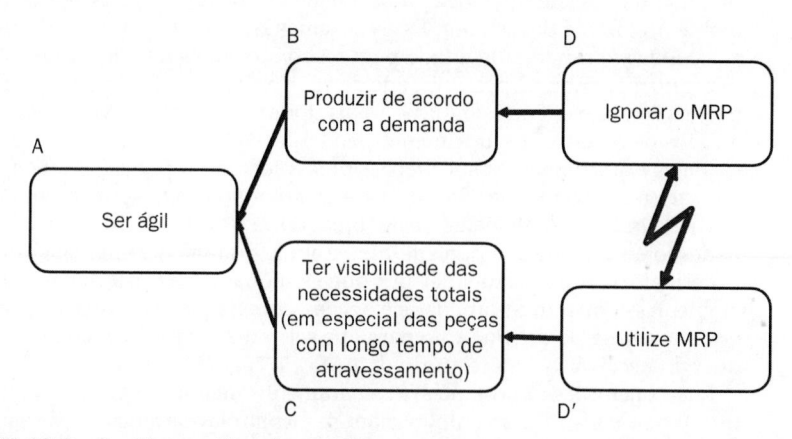

FIGURA 12.2 Conflito na utilização do MRP.

fazer com que as implementações da TOC, da produção enxuta e do Seis Sigma sejam consideradas promessas da boca para fora. As necessidades precisam ser atendidas sem a imprecisão, a inconsistência e os grandes esforços adicionais e desperdícios comumente associados com o conjunto atual de soluções conciliatórias. O MRP, como observado antes, tem alguns atributos básicos extremamente valiosos para os cenários modernos de planejamento e suprimentos mais complexos (visibilidade da LM, capacidade de compensação e manutenção da relação ordem de venda/ordem de serviço entre as alocações de demanda e suprimento em aberto). O segredo é manter esses atributos, mas eliminar as desvantagens graves do MRP (relacionadas anteriormente) e utilizar as táticas de reabastecimento baseadas no sistema puxado e a visibilidade subjacente aos conceitos da TOC e produção enxuta em um único sistema e em um formato dinâmico e altamente visível.

O ASR emprega o método de reabastecimento tradicional de reposição do que foi deduzido ou utilizado para criar uma solução dinâmica e eficaz baseada no sistema puxado e responder aos desafios do cenário fabril atual. Por meio de novos métodos de análise de estoque e estrutura de produto, novas regras de planejamento de demanda baseadas no sistema puxado e táticas de execução integradas, o ASR foi concebido para associar diretamente a disponibilidade e o suprimento de materiais com o consumo *real* em todas as LMs, removendo os obstáculos das "ilhas do MRP" que a maioria das cadeias de suprimentos enfrenta. Além disso, essa abordagem é um pré-requisito para utilizar eficazmente métodos de programação e execução baseados no sistema puxado, como a produção enxuta e o TPC, em ambientes fabris mais complexos. De mais a mais, o ASR utiliza um meio exclusivo para incorporar os elementos essenciais do planejamento estratégico, com pouca ou nenhuma exposição à variabilidade e instabilidade que fazem as empresas enfrentarem problemas com as técnicas de previsão tradicionais.

O ASR tem cinco componentes principais:

1. Posicionamento estratégico de estoque
2. Definição de perfil e manutenção de pulmão dinâmico
3. Pulmões dinâmicos
4. Geração de demanda baseada no sistema puxado
5. Execução Altamente Visível e Colaborativa

Esses componentes são discutidos nas seções subsequentes.

1. Posicionamento estratégico de estoque

A primeira pergunta de um gerenciamento de estoque eficaz não é "Que quantidade de estoque devemos ter?". A pergunta mais fundamental a ser feita no atual ambiente fabril é "Em vista do nosso sistema e de nosso ambiente, onde devemos colocar o estoque para termos a melhor proteção?". Imagine o estoque como um quebra-mar que protege os barcos em uma marina contra a violência das ondas. Em mar aberto, os quebra-mares têm de ter de 15 a 30 metros de altura, mas em um lago pequeno os quebra-mares têm apenas alguns metros de altura. Em uma lagoa tranquila e sem movimentos nenhum quebra-mar é necessário.

Do mesmo modo, o estoque é um quebra-mar contra a variabilidade experimentada em virtude da falibilidade tanto da oferta (externa e internamente) quanto da demanda. Lembre-se de que a empresa precisa pensar holisticamente não apenas no âmbito da empresa, mas também no âmbito da cadeia de suprimentos. Dispor o estoque em qualquer lugar é um enorme desperdício de recursos da empresa. Eliminar o estoque em todos os pontos coloca a empresa e a cadeia de suprimentos em grande risco. Posicionar estrategicamente o estoque assegura a possibilidade de a empresa absorver a variabilidade prevista sem abalar todas as partes da fábrica e a cadeia de suprimentos. Os fatores importantes a serem considerados com cuidado na determinação do local em que é necessário inserir pulmões de estoque são:

- **Tempo de tolerância do cliente** – O tempo que um cliente típico está disposto a esperar ou a possibilidade de aumentar as vendas com a diminuição dos tempos de atravessamento.
- **Taxa de variabilidade da demanda** – Possíveis oscilações e aumentos na demanda que poderiam sobrepujar os recursos (capacidade, material, caixa, crédito etc.).
- **Taxa de variabilidade da oferta** – Possibilidade de contratempos graves em determinadas fontes de oferta ou em fornecedores específicos.
- **Flexibilidade do estoque e estrutura de produto** – Os lugares na estrutura da "LM agregada" que oferece à empresa as opções mais praticáveis (materiais comprados essenciais e subconjuntos/componentes). A *estrutura da LM agregada pode ser definida como a LM holística de toda a empresa com todas as inter-relações entre os produtos identificadas*. Quanto mais componentes e materiais forem compartilhados e quanto mais detalhada e mais complexa a LM agregada, mais importante esse fator será. Por meio de um processo conhecido como *dissociação da LM*, a variabilidade é absorvida, os tempos de atravessamento cumulativos são comprimidos e diminuídos e o planejamento é simplificado pela inserção de pulmões de ASR nesses pontos estratégicos da LM. O que é importante observar é que essa dissociação não deve ocorrer em todos os pontos de conexão na LM, mas apenas nas conexões que realmente provocam o maior impacto (falaremos mais sobre isso posteriormente). Associando o conceito de LM agregada com o conceito de dissociação da LM, os principais componentes-filho que comprimem os tempos os tempos de atravessamento da maioria dos componentes-pai podem ser identificados. Além disso, as posições atualmente com estoque que na verdade não comprimem os tempos de atravessamento dos componentes-pai podem ser identificadas e eliminadas. Analisaremos mais a fundo essa questão na seção sobre planejamento do ASR.
- **Proteção das principais áreas operacionais** – É particularmente importante proteger as áreas operacionais essenciais contra o *efeito chicote* (*bullwhip effect*), que são distúrbios progressivos em uma sequência dependente de eventos. Esse efeito indesejável do MRP e dos sistemas de distribuição empurrados é bastante conhecido. O *APICS Dictionary* (Blackstone, 2008, p. 15) define *efeito chicote* como uma mudança extrema na posição da oferta em um elo anterior da cadeia de suprimentos provocada por uma pequena mudança na demanda em um elo posterior da cadeia de suprimentos. O nível de estoque pode mudar rapidamente de um estado de espera para um estado de excesso. Isso é provocado pela natureza sequencial da transmissão de pedidos no início da cadeia com os atrasos de transporte inerentes da movimentação de produtos nos elos posteriores da cadeia. O efeito chicote pode ser eliminado por meio da sincronização da cadeia de suprimentos. (© *APICS* 2008. Utilizada com permissão. Todos os direitos reservados.)

No setor fabril, esse efeito pode ser eliminado com a sincronização do sistema puxado em todos os processos de produção. O MRP não faz isso.

Quanto mais longa e mais complexa a estrutura sequencial e a cadeia dependente de eventos (incluindo as transferências dentro da fábrica), maior a importância da proteção das operações essenciais. Esses tipos de operação abrangem áreas com capacidade limitada ou em que a qualidade pode ser comprometida por contratempos. Em alguns casos, a criação de novos números de peça e a inserção de um nível complementar na LM (em vez de a eliminação de camadas) são essenciais para a dissociação de encaminhamentos ou sequências.

Esses fatores são aplicados na LM e na cadeia de suprimentos como um todo para determinar as posições dos itens comprados, dos itens manufaturados, dos subcomponentes e dos produtos acabados (inclusive das peças de reposição – PR). As peças compradas escolhidas para o processo de reabastecimento estratégico tendem a ser peças básicas e estratégicas e itens com longo tempo de atravessamento. Normalmente, as peças compradas corresponderão a menos de 20%. As peças manufaturadas escolhidas para o processo de reabastecimento estratégico com frequência são peças manufaturadas e de reposição básicas ou estratégicas, pelo menos alguns produtos acabados e subconjuntos básicos. Normalmente, as peças manufaturadas corresponderão a menos de 10% (em alguns ambientes em que existem muitas peças de reposição, essa porcentagem pode ser mais alta). Com relação ao atendimento, a maioria das peças será reposta estrategicamente – esse é o verdadeiro propósito dos locais de armazenagem. É importante observar que, no atendimento, não existe diferença entre o ASR e a solução da TOC conhecida como reabastecimento (com frequência chamada de "solução de distribuição"). A Figura 12.3 apresenta um exemplo de uma cadeia de suprimentos do produto acabado A (PAA) após a determinação do posicionamento. Observe que o ícone do "balde" representa as posições estratégicas reabastecidas. Quatro dos dez componentes comprados estão "protegidos". Três das dez posições dos subconjuntos/componentes intermediários estão protegidas, bem como o próprio produto acabado. Por fim, as posições de estoque do PAA em todos os três armazéns regionais estão protegidas.

A posição desses pulmões é obtida por meio da associação de um *"thoughtware"* e *software*. O *"thoughtware"* é a aplicação da maioria dos fatores anteriores relacionados aos objetivos empresariais e às regras operacionais pelas pessoas que têm experiência e percepção sobre o ambiente. Nos ambientes complexos, com frequência é necessário utilizar um *software* para executar o levantamento computacional pesado e analisar a estrutura dos produtos, os tempos de atravessamento cumulativos e os componentes compartilhados na LM agregada. Em conclusão, a importância dessa etapa não deve ser subestimada. Sem um correto posicionamento estratégico, nenhum sistema de estoque conseguirá corresponder ao seu potencial.

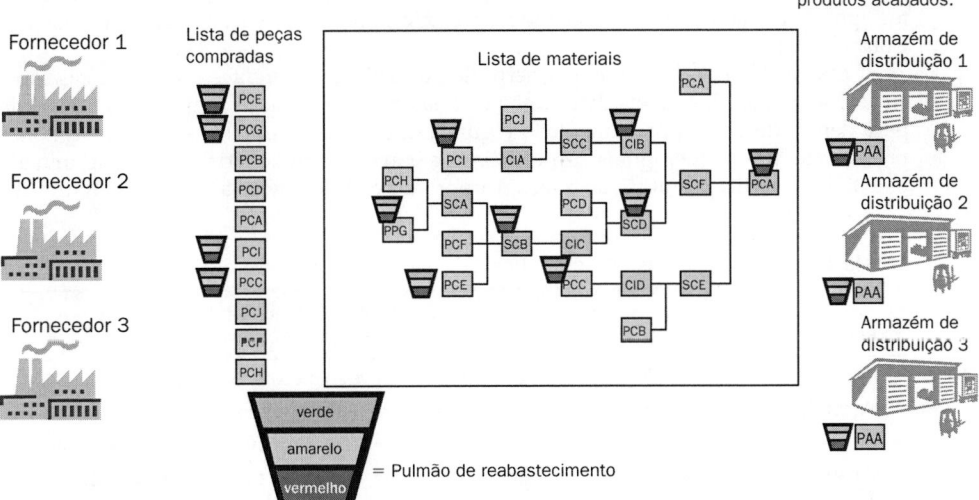

FIGURA 12.3 Cadeia de suprimentos do produto acabado A. PC (A, B, C, D, E, F, G, H, I) = peça comprada; SC (A, B, C, D, E, F) = subconjunto; CI (A, B, C, D) = componente intermediário; PAA = produto acabado A.

2. Definição de perfil e manutenção do pulmão dinâmico

Assim que as posições estratégicas de estoque forem determinadas, primeiramente é necessário definir os níveis reais desses pulmões. Em vista de diversos fatores, diferentes materiais e peças comportam-se de maneira distinta (mas muitos também se comportam praticamente da mesma forma). O ASR agrupa as peças e os materiais escolhidos para o processo de reabastecimento estratégico e que se comportam de modo semelhante dentro dos "perfis de pulmão". Os perfis de pulmão levam em conta fatores importantes, como tempo de atravessamento (em relação ao ambiente), variabilidade (da demanda ou da oferta) e se a peça é manufaturada ou comprada. Por exemplo, você poderia ter um grupo de peças compradas com um longo tempo de ressuprimento e alta variabilidade (sujeitas a frequentes contratempos na oferta) e poderia ter um grupo de peças manufaturadas com um curto tempo de ressuprimento e alta variabilidade (sujeitas a frequentes aumentos repentinos). Esses perfis de pulmões geram um quadro único de pulmão para cada peça, visto que as características das peças individuais são aplicadas às características do grupo. Uma lista de características de um grupo e de peças específicas que podem ser aplicadas para criar um quadro exclusivo de cada peça é apresentada na Tabela 12.2.

Esse quadro de pulmão exclusivo não indica apenas qual deve ser a quantidade mais alta. Na Figura 12.4, observamos que o ASR estratifica o nível total de pulmão em diferentes "zonas". O ASR utiliza um método de estratificação de cinco zonas coloridas. O azul-claro (AC; alguns autores chamam essa zona de zona branca) indica uma posição de estoque em excesso. O verde (V) representa uma posição de estoque que não requer nenhuma providência. O amarelo (A) representa uma peça que entrou na respectiva zona de reabastecimento. O vermelho (VM) representa uma peça que corre risco. O vermelho-escuro (VE; alguns autores chamam essa área de zona preta) representa falta de estoque. Esse sistema de codificação cromática (as palavras empregadas no texto e as abreviaturas utilizadas em alguns diagramas estão em preto e branco) será utilizado tanto no planejamento quanto na prioridade e visibilidade de execução e integra os recursos da solução ASR. Do ponto de vista do planejamento, o código de cores determinará se um suprimento adicional é necessário com base na posição de *estoque disponível* [*estoque em mãos + suprimento em aberto – alocações de demanda (inclusive os aumentos repentinos qualificados)*]. Do ponto de vista da execução, o código de cores determinará as providências (principalmente a aceleração ou a manipulação da programação de recursos) com base em diferentes tipos de alerta. Isso será explicado na seção intitulada "Execução Altamente Visível e Colaborativa".

Como cada peça dentro de um perfil de pulmão tem diferentes características específicas, serão gerados níveis de pulmão e zonas de estratificação individuais para cada peça dentro de um grupo (consulte a Figura 12.4). É importante observar que as zonas precisam ter proporções iguais. Em vez disso, a porcentagem de cada zona é determinada pelo tipo de perfil de pulmão ao qual a peça pertence. A ilustração à direita na Figura 12.4

Tabela 12.2 Exemplos de característica das peças

Exemplos de característica das peças	Exemplos de característica de uma peça específica
• Tempo de atravessamento (longo, médio, curto)	• Uso médio diário (UMD)
• Manufaturada ou comprada	• Tempo de atravessamento fixo
• Variabilidade da oferta (alta, média, baixa)	• Tempo de atravessamento do ASR
• Variabilidade da demanda (alta, média, baixa)	• Quantidade mínima de pedido
	• Quantidade máxima de pedido
	• Pedidos múltiplos
	• Sazonalidade

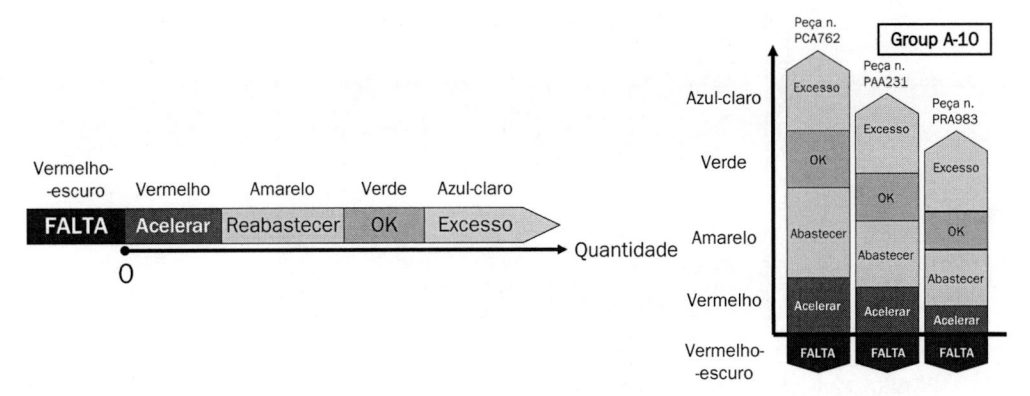

FIGURA 12.4 O ASR estratifica o nível de pulmão total em zonas.

mostra três peças no grupo "A-10" de perfil de pulmão. Cada uma das peças apresenta um nível superior distinto e diferentes níveis de estratificação porque elas têm características individuais distintas.

Observação: as empresas saberão se seus perfis de pulmão estão corretos quando a posição do estoque em mãos (e não a do estoque disponível) permanecer por um tempo médio na metade inferior da zona amarela.

Além disso, o código de cores permite que os planejadores e executivos vejam em um momento dado quantas peças apresentam estoque em excesso ou falta de estoque. Se você associar o valor de matérias-primas com os itens com estoque em excesso, conseguirá determinar rapidamente o montante a mais alocado no estoque em excesso. Lembre-se, embora seja importante ver as faltas, o que é de fato prejudicial são os produtos em falta para os quais existam alocações de demanda, o que reforça a necessidade de visibilidade na equação do estoque disponível.

3. Pulmões dinâmicos

Com o passar do tempo, as características de grupo e individuais podem mudar à medida que novos fornecedores e materiais forem utilizados, novos mercados forem abertos e mercados antigos degenerarem e a capacidade e os métodos fabricação mudarem. Os níveis dos pulmões dinâmicos permitem que a empresa adapte os pulmões às mudanças nas características de grupo e individuais ao longo de um horizonte de tempo regular. Portanto, à medida que esses pulmões encontram maior ou menor variabilidade, eles se adaptam e mudam para se adequarem ao ambiente. Observe que a extensão do horizonte de tempo regular é bastante específica ao ambiente. Algumas empresas podem escolher um espaço de três meses, enquanto outras talvez utilizem 12 meses. A Figura 12.5 mostra como um pulmão pode se ajustar com base no consumo real. O tamanho inicial do pulmão (baseado no respectivo perfil e nas características individuais das peças) pode ser visto na extrema esquerda da figura. A linha preta representa a posição do estoque disponível, ao passo que a linha verde representa a demanda semanal. Digamos que, para essa peça, estivéssemos utilizando um horizonte de tempo regular de três meses. No decorrer de um período de 24 meses, você observaria que a demanda aumentou sensivelmente, começou a diminuir de maneira gradual e com o tempo se estabilizou. O pulmão seguiu essa tendência.

Além disso, os perfis de pulmão individuais podem ser manipulados por meio do que se costuma chamar de "ajustes programados", com base em determinados fatores de capacidade, históricos e de inteligência empresarial. No ASR, esses ajustes programados representam os elementos essenciais ao planejamento e à diminuição de riscos necessários para ajudar a resolver o conflito entre a previsibilidade e agilidade. Esses ajustes programados são manipulações na equação do pulmão que afetam as posições

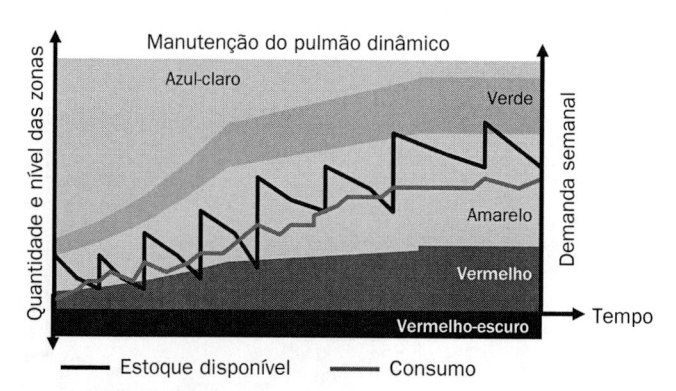

FIGURA 12.5 Manutenção do pulmão dinâmico.

de estoque elevando ou diminuindo os níveis de pulmão e as zonas correspondentes em determinados momentos. Eles são utilizados para situações comuns, como sazonalidade, aumentos e diminuições e aumento e diminuição de capacidade. No exemplo de sazonalidade da Figura 12.6, é possível ver que um produto apresenta uma elevação considerável na demanda uma vez por ano. No exemplo de aumento, vemos que a quantidade uma peça aumenta com base em um plano de vendas e marketing. No exemplo de diminuição, vemos que uma peça está sendo descontinuada. Em todos os casos, se os ajustes programados não acompanharem o consumo real (quem já ouviu falar em um plano de vendas e marketing preciso?), o sistema de código de cores/estratificação de pulmão identificará rapidamente o que não estiver de acordo com o plano.

A associação desses dois primeiros elementos da solução (posicionamento estratégico do estoque e definição do perfil e manutenção do nível do pulmão dinâmico) do ASR cria pontos de estoque que são inseridos estrategicamente e gerenciados de maneira ativa, dimensionados com cuidado e ajustados dinamicamente. Esses pulmões amortecem ou eliminam as consequências da variação decorrentes do efeito chicote e da instabilidade (nervosismo) do sistema que oscilam para cima e para baixo na cadeia de recursos e dependências (Figura 12.7a).

4. Geração de demanda baseada no sistema puxado

A maioria dos departamentos de compra, materiais e de suprimento de pedidos (*fulfillment*) tem pouca capacidade e confiança com relação à seleção dos indicadores de demanda e dos pedidos programados que são gerados pelo MRP. É impossível manipular o volume de mensagens de reprogramação antes que outras mudanças ocorram e o processo se inicie novamente. Muitas vezes faltam providências essenciais ou é exibido um quadro incompleto. É necessário compreender de modo abrangente a lógica do MRP para até mes-

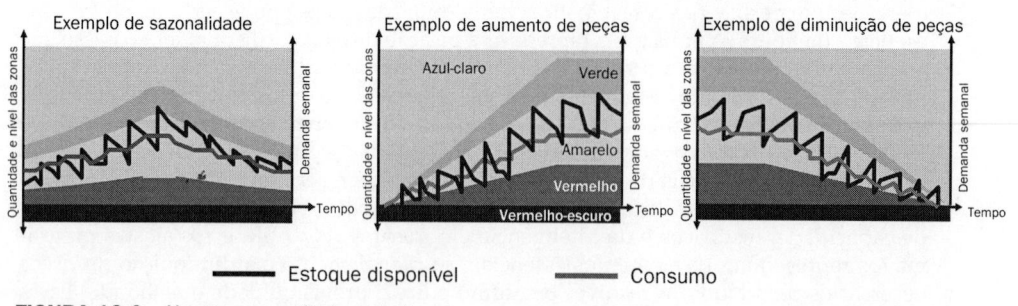

FIGURA 12.6 Ajustes no perfil do pulmão.

A variabilidade e a instabilidade
da oferta são isoladas das
operações após o pulmão.

A variabilidade e a instabilidade
da demanda são isoladas
no lado da oferta.

FIGURA 12.7A Ilustração conceitual do efeito de amortecimento dos pulmões de estoque.

mo começar a entender as implicações de uma mensagem de reprogramação. Muitas vezes é mais fácil simplesmente deixar isso de lado do que correr o risco de abalar a operação. Entretanto, esse paliativo de curto prazo pode gerar a necessidade de várias medidas corretivas caras em um momento posterior (agilização, fretes especiais, hora extra etc.).

Gerar, coordenar e priorizar todas as indicações de material fica mais simples quando o ambiente é modelado apropriadamente. O *status* do estoque atual é avaliado com relação a possíveis impactos negativos e assinalado para emitir alertas contra pedidos de suprimento pendentes e alocações de demanda, o que inclui futuras ordens de venda que atendem a determinados critérios com respeito a aumentos repentinos. Desse modo, os planejadores conseguem identificar a procedência real dos sinais e reagir antes de se meterem em apuros. Isso fecha melhor com a percepção atual dos planejadores, mas agora eles têm uma visibilidade genuína para estabelecer prioridades corretas e abrangentes.

Os principais componentes do processo de geração de suprimentos do ASR são apresentados a seguir.

Demanda dirigida

Os níveis de pulmão são reabastecidos à medida que a demanda real força os pulmões a entrar nas respectivas zonas de reabastecimento. É importante observar que o nível de pulmões que determina a geração de demanda baseia-se na equação do *"estoque disponível"* (em contraposição ao estoque em mãos). *Para calcular o estoque disponível, é necessário somar o estoque em mãos com o suprimento em aberto e subtrair as alocações de demanda.* A posição do estoque em mãos real em relação às zonas de pulmão mostrará a prioridade de execução (discutida ainda neste capítulo). A Figura 12.7b mostra a diferença na posição correspondente do pulmão entre o estoque disponível e o estoque em mãos. As setas pretas indicam a posição do estoque em mãos e as setas brancas representam a posição do estoque disponível. Esse tipo de visibilidade oferece sinais relativamente claros tanto do ponto de vista de planejamento quanto de execução.

Por exemplo, a peça "f576," de acordo com sua posição de estoque disponível em relação às respectivas zonas de pulmão definidas, sem dúvida precisa de um suprimento adicional. Além disso, a peça "r672" não precisa de suprimento adicional, mas é necessário considerar a possibilidade de acelerar o suprimento em aberto existente.

Expansão dissociada

Para calcular as necessidades de peças componentes, é necessário defini-las claramente na LM. Entretanto, esse planejamento é dissociado em qualquer peça componente com pulmão que seja gerenciada independentemente por um pulmão do ASR. Isso impede que uma onda *tsunami* (instabilidade) reverbere por toda a empresa, como o faz no MRP quando ocorre algum contratempo. A expansão dissociada no exemplo anterior de PAA é mostrada na Figura 12.8. Observe que sempre que se encontra uma posição de pulmão

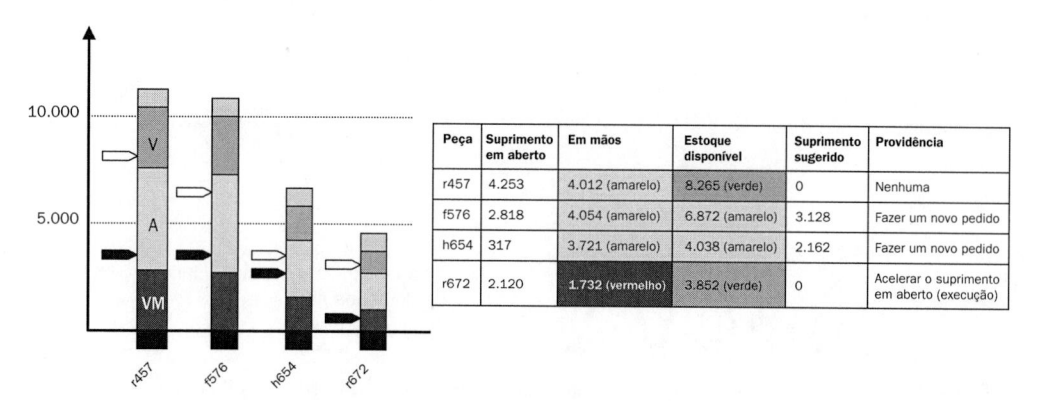

FIGURA 12.7B Estoque disponível *versus* em mãos.

Peça	Suprimento em aberto	Em mãos	Estoque disponível	Suprimento sugerido	Providência
r457	4.253	4.012 (amarelo)	8.265 (verde)	0	Nenhuma
f576	2.818	4.054 (amarelo)	6.872 (amarelo)	3.128	Fazer um novo pedido
h654	317	3.721 (amarelo)	4.038 (amarelo)	2.162	Fazer um novo pedido
r672	2.120	1.732 (vermelho)	3.852 (verde)	0	Acelerar o suprimento em aberto (execução)

a expansão da LM é interrompida. A figura à esquerda retrata a expansão do item-pai FPA depois que sua posição de estoque disponível é dirigida para a zona amarela. A figura do meio representa os itens-filho com pulmões que se expandem independentemente quando atingem a respectiva zona de reabastecimento. Por fim, vemos a expansão do subconjunto A (SCA) depois que a respectiva equação de estoque disponível é dirigida para a zona amarela.

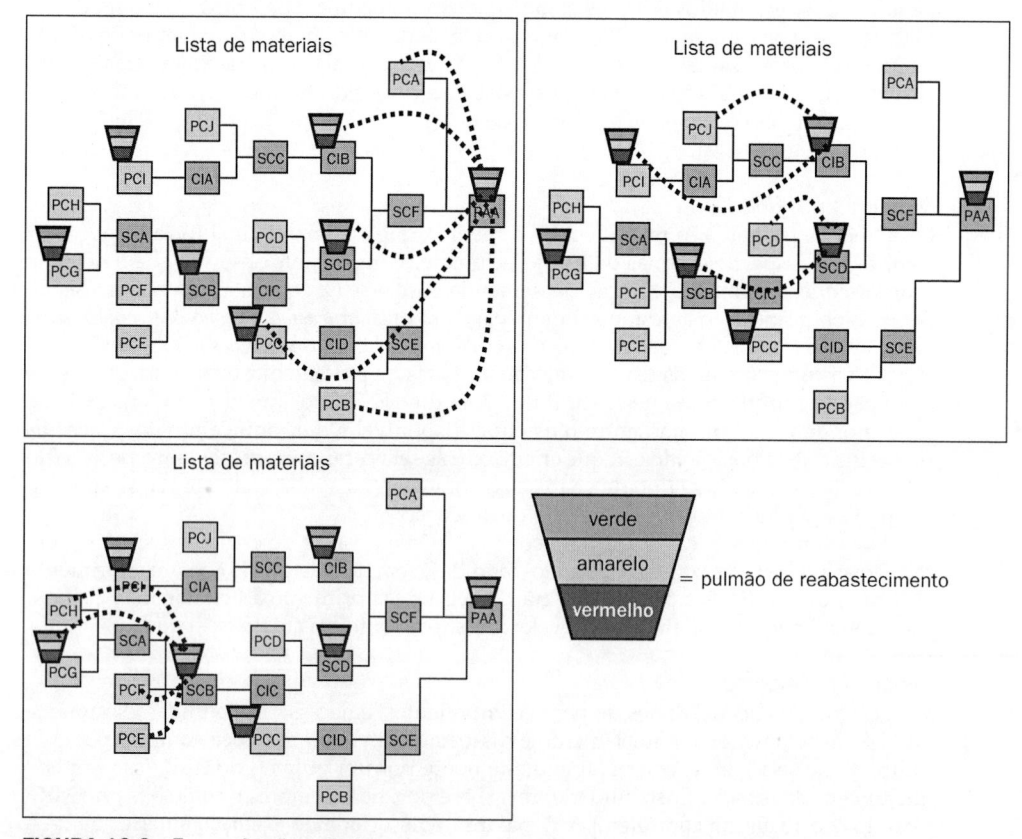

FIGURA 12.8 Expansão dissociada.

Sincronização de materiais

As peças componentes que tiverem recebido pedido de suprimento e não sincronizadas com as alocações de demanda das ordens de serviços do item-pai devem ser realçadas. Isso possibilita que os planejadores tomem medidas ou façam ajustes antes de o trabalho ser liberado para a seção de produção e diminui a confusão na fabricação e elimina em grande medida a necessidade de agilização.

Tempo de atravessamento do ASR

Com relação ao nível do item-pai, o MRP identifica dois tipos de tempo de atravessamento – nem um dos dois é realista para a maioria dos ambientes. O primeiro é um tempo de atravessamento fixo denominado *tempo de atravessamento de fabricação*, que, de acordo com o *APICS Dictionary* (Blackstone, 2008, p. 78), é "o tempo total necessário para fabricar um item, sem incluir o nível inferior do tempo de atravessamento de compra". (© *APICS* 2008. Utilizada com permissão. Todos os direitos reservados.) Essa é a definição de tempo de atravessamento mais comumente empregada na maioria da implementações do MRP. Entretanto, acreditar no pressuposto de que todas as peças estarão disponíveis no momento da liberação do pedido é como enfiar a cabeça na areia. Muitos sistemas MRP reconhecem outro tipo de tempo de atravessamento, denominado tempo de atravessamento cumulativo. O *APICS Dictionary* (Blackstone, 2008, p. 30) define *tempo de atravessamento cumulativo* como "o espaço de tempo programado mais longo para concluir a atividade em questão. Para identificá-lo, é necessário examinar o tempo de atravessamento do caminho de cada lista de materiais abaixo do item; qualquer caminho que apresentar a maior quantidade de tempo definirá o tempo de atravessamento cumulativo". (© *APICS* 2008. Utilizada com permissão. Todos os direitos reservados.)

Para a maioria dos planejadores, quanto mais longo o tempo de atravessamento cumulativo da peça, maior o risco de haver contratempos e instabilidade durante esse tempo ou de o tempo de tolerância do cliente não permitir esse tempo de atravessamento (analisar esses riscos e fragmentar o tempo de atravessamento cumulativo é um aspecto essencial do elemento de posicionamento estratégico do estoque da solução ASR). Com esse reconhecimento rápido e superficial, as empresas com frequência mantêm estoques intermediários ou de subconjuntos dos itens de compra com longo tempo de ressuprimento. Essas posições de estoque protegem e comprimem os tempos de atravessamento dos produtos finais. Em poucas palavras, isso significa que o tempo de atravessamento realista de uma peça manufaturada não é o tempo de atravessamento de fabricação nem o tempo de atravessamento cumulativo. Na verdade, o tempo de atravessamento realista é determinado por e definido como o maior trecho cumulativo não protegido na LM. Ele é chamado de *tempo de atravessamento do ASR*. Um exemplo do conceito de tempo de atravessamento do ASR é mostrado na Figura 12.9. A primeira parte da figura representa a LM da peça denominada "20Z1". Ao lado de cada peça encontra-se um número que representa o tempo de atravessamento de fabricação em dias dessa peça. Como você pode ver, o tempo de atravessamento de fabricação da peça 20Z1 é de quatro dias. O caminho de 31 dias do tempo de atravessamento cumulativo é retratado na segunda parte da seção como uma linha preta espessa. A terceira parte da figura mostra que, quando a peça 501P é protegida (retratada em cinza), a sequência não protegida mais longa na LM muda para o caminho marcado com a linha em negrito. O tempo de atravessamento do ASR correspondente à peça 20Z1 passa a ser 24 dias. Nesse caso, a maior contribuição do item-filho para o tempo de atravessamento provém da peça 408P. Entretanto, a quarta parte da figura mostra que, quando protegemos a peça 408P, o tempo de atravessamento do ASR muda para o outro lado da LM e passa a ser de 21 dias. A parte final da figura mostra que essa empresa optou por proteger o subcomponente 302. O tempo de atravessamento do ASR correspondente à peça 20Z1 e à peça 302 agora é de 11 dias e 17 dias, respectivamente.

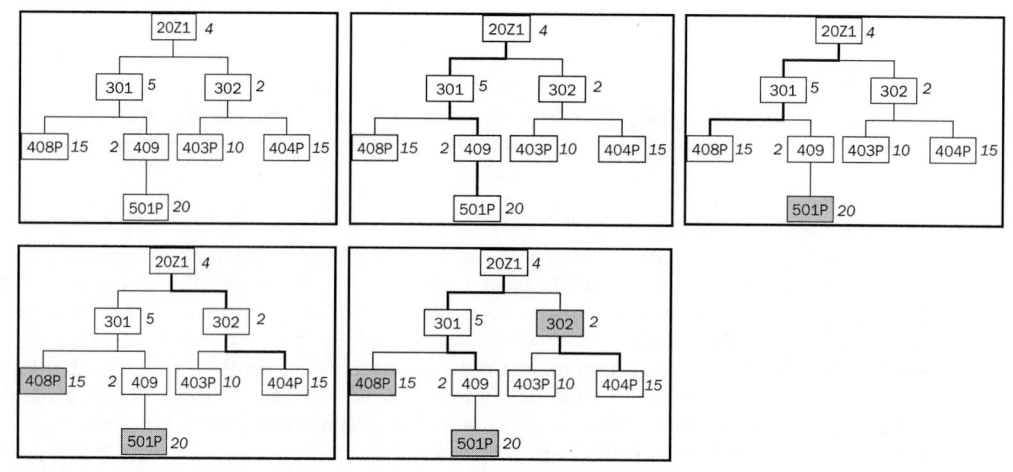

FIGURA 12.9 Conceito de tempo de atravessamento do ASR.

Prioridade altamente visível

Todas as peças protegidas do ASR são gerenciadas por meio de indicadores de zona altamente visíveis, como a porcentagem de esvaziamento ou esgotamento do pulmão (frequentemente denominada penetração de pulmão). Esse método é de longe mais simples e mais rápido do que ter de examinar a sequência de planejamento e verificar todas as equações de estoque disponível para determinar a prioridade real. A Tabela 12.3 mostra um exemplo de visibilidade do planejamento do ASR. Repetindo, no planejamento do ASR, o *status* do pulmão refere-se à posição do estoque disponível. A quantidade de pedido recomendada será a quantidade que levará a posição do estoque disponível para a parte superior da zona verde (que é o ponto mais alto do pulmão).

Proteção contra aumentos repentinos de pedidos qualificados

A maioria dos sistemas MRP força os planejadores a fazer uma escolha – absorver toda a demanda futura conhecida ou não a absorver de forma alguma. As regras de consumo da previsão de demanda são algumas das áreas mais difíceis de compreender mesmo no sistema MRP mais rudimentar. A grande questão é saber como lidar com o consumo superior ou inferior às quantidades previstas. Quando o MRP era programado de acordo com períodos de tempo semanais, as opções eram um pouco mais fáceis. Porém, agora, como o MRP é programado em quantidades diárias, é quase impossível identificar erros de previsão e reagir a tempo. O limite de tempo da demanda não permitirá que o planejador perceba que um pedido qualificado no horizonte do planejamento está aparecendo e provocará uma enorme desordem no plano assim que o pedido ven-

Tabela 12.3 Visibilidade do planejamento do ASR

N. da peça	Status do pulmão remanescente	Estoque disponível	Em mãos	Suprimento em aberto	Demanda	Quantidade de pedido recomendada	Tempo de atravessamento do ASR
FAE6721	ESGOTADO	−27	0	0	27	97	12
FAC6321	10%	100	142	32	74	900	17
BAC4321	42%	327	322	112	107	453	13
BAF6722	72%	89	47	63	21	0	4
BAE4322	112%	4.625	4.325	512	212	0	7

cer e ultrapassar o limite de tempo da demanda. No ASR, os perfis e estratificações de pulmões, associados com o conceito de tempo de atravessamento do ASR, permitem que o aumento repentino de pedidos qualificados seja protegido ao longo de um horizonte de tempo de compensação realista. Desse modo, é aplicado um limite para os aumentos repentinos de pedido sobre o tempo de atravessamento do ASR para qualificar as ordens de venda que, de acordo com o perfil do pulmão, são aumentos repentinos e colocarão em risco a integridade do pulmão. Isso permite que os planejadores compensem eficazmente os aumentos repentinos iminentes já previstos na demanda.

Visibilidade do tempo de atravessamento realista
A todos os pedidos é atribuída uma data de entrega por meio do tempo de atravessamento do ASR. Em um ambiente de MTO, é importante que os tempos de atravessamento do ASR sejam visíveis porque isso pode ajudar a focalizar qualquer iniciativa de aceleração necessária e ser utilizado para assumir compromissos mais realistas com os clientes. Nos ambientes de produção para estoque (*make-to-stock* – MTS), os tempos de atravessamento do ASR são cruciais porque são um parâmetro mais realista para ajudar a determinar os níveis de armazenamento e gerar sinais de alerta na execução.

A Tabela 12.4 apresenta uma comparação detalhada entre os atributos típicos da implementação do MRP que especificamos anteriormente e os atributos aplicáveis do ASR.

5. Execução altamente visível e colaborativa

A emissão de *ordens de compra* (OCs) e *pedidos de fabricação* (PFs) por meio de um mecanismo de planejamento mais eficaz do ASR, baseado no sistema puxado, não é suficiente para acabar com a dificuldade de gerenciamento de materiais. As OCs e os PFs precisam ser gerenciados eficazmente para que se mantenham sincronizados com as mudanças que ocorrem com frequência no "horizonte de execução". O horizonte de execução é o intervalo de tempo entre o momento em que uma OC ou um PF é aberto e o momento em que é fechado no sistema de registro.

Os sistemas ERP e MRP compartilham o mesmo "P" de planejamento. Eles são sistemas de planejamento, e não de execução. A maioria dos sistemas ERP e MRP não oferece uma visibilidade real das prioridades reais associadas com a sequência integral de OCs, *ordens de transferência* (OTs) e PFs ao longo da operação de fabricação e da cadeia de suprimentos. Sem essa visibilidade, a cadeia de suprimentos (fornecedores, fabricação, atendimento de pedidos e clientes) emprega o mecanismo padrão usual de *prioridade segundo a data de entrega*.

A prioridade segundo a data de entrega não revela as prioridades diárias reais de estoque e materiais. As prioridades não são estáticas; elas mudam de acordo com a variabilidade e instabilidade que ocorrem durante o tempo de vida ativo das OCs e dos PFs – o intervalo de tempo entre sua abertura e fechamento. Novamente, esse tempo de vida é chamado de *"horizonte de execução"*. Os clientes mudam seus pedidos, desafios quanto à qualidade aparecem, obstáculos relacionados ao clima e aos hábitos podem surgir, mudanças de engenharia se apresentam e a capacidade e confiabilidade dos fornecedores podem oscilar temporariamente. Quanto mais longo o horizonte de execução, mais instáveis serão as mudanças na priorização e maior a suscetibilidade das empresas a problemas adversos de sincronização de materiais.

Faça as seguintes perguntas a si mesmo:

Até que ponto a seção de produção de fato conhece as prioridades relativas dos pedidos de estoque?

- Suas operações alguma vez apresentam PFs para reabastecer o estoque com datas idênticas (uma data cautelosa ou uma data "urgentíssima")? Como a seção de produção determina o que é prioridade nesse caso?

Tabela 12.4 Comparação entre os atributos do MRP e os atributos do ASR

	Atributos típicos do MRP	Atributos típicos do ASR	Efeitos do ASR sobre a empresa
Atributos do planejamento	O MRP utiliza uma previsão ou uma programação mestre de produção como insumo para calcular as necessidades líquidas de itens-pai ou de peças componentes.	O ASR utiliza as características conhecidas e planejadas das peças apenas para definir os níveis iniciais dos pulmões. O tamanho dos pulmões é redimensionado dinamicamente com base na demanda e variabilidade reais. Os níveis de pulmão são reabastecidos à medida que a demanda real força os pulmões a entrar na respectiva zona de reabastecimento.	O ASR elimina a necessidade de uma previsão detalhada ou complexa. Os ajustes programados nos níveis de pulmões são utilizados para eventos/circunstâncias conhecidos ou projetados.
	O MRP fixa toda a LM de acordo com o nível mais baixo de componentes sempre que o estoque disponível fica abaixo da demanda expandida.	As necessidades de peças componentes são calculadas por meio de uma especificação clara na LM. Entretanto, esse planejamento é dissociado em qualquer peça componente que for gerenciada independentemente por um pulmão do ASR.	Isso impede que uma onda *tsunami* (instabilidade) reverbere por toda a empresa, como o faz no MRP quando ocorre algum contratempo, e elimina o "nervosismo" do sistema.
	O MRP permite que as ordens de serviço sejam liberadas para a seção de produção sem considerar a disponibilidade de componentes.	O estoque disponível projetado das necessidades de peças componentes é verificado antes da liberação das ordens de serviço para evitar que um trabalho seja liberado para a seção de produção quando não existem peças disponíveis.	Isso elimina o excesso de WIPs ou interrupções nos WIPs.
	O tempo de atravessamento dos itens-pai corresponde ao tempo de atravessamento de fabricação apenas do item-pai, independentemente do tempo de atravessamento cumulativo dos itens-pai e das peças componentes de nível inferior.	O tempo de atravessamento dos itens-pai reconhece o tempo de atravessamento de fabricação do item-pai e também o tempo de atravessamento do ASR de peças componentes não protegidas no caminho não protegido mais longo da LM. Lembre-se de que o tempo de atravessamento cumulativo total do produto final é dissociado em qualquer ponto de pulmão estratégico.	Isso gera um tempo de atravessamento realista para assumir compromissos com os clientes e dimensionar os pulmões e permite a execução de atividades eficazes para comprimir o tempo de atravessamento ressaltando o caminho não protegido mais longo.

Atributos do gerenciamento do estoque		
A quantidade dos pedidos de reposição, os pontos de pedido e o estoque de segurança são fixos e não se ajustam à demanda de mercado real ou à sazonalidade.	À medida que as características específicas de uma peça mudam, os níveis de pulmões são ajustados dinamicamente, de acordo com o desempenho real ao longo de um horizonte de tempo regular.	O ASR adapta-se às mudanças na demanda real.
Somente as peças que atingem um ponto mínimo ou de pedido recebem uma indicação de que precisam ser novamente solicitadas.	Todas as peças protegidas do ASR são gerenciadas por meio de indicadores de zona altamente visíveis, como a porcentagem de penetração no pulmão. Isso oferece uma referência geral (cor) e uma referência discriminada (%).	O pessoal de planejamento e materiais pode identificar rapidamente quais peças precisam de atenção e quais são as prioridades em tempo real.
PRIMEIRA OPÇÃO: As necessidades com prazo vencido e os pedidos de reabastecimento do estoque de segurança frequentemente são tratados como se "fossem devidos no presente".	Todos os pedidos recebem uma data de entrega realista com base nos tempos de atravessamento do ASR.	Isso gera um tempo de atravessamento realista para assumir compromissos com os clientes e dimensionar os pulmões e permite a execução de atividades eficazes para comprimir o tempo de atravessamento ressaltando o caminho não protegido mais longo.
SEGUNDA OPÇÃO: A prioridade dos pedidos é gerenciada de acordo com a data de entrega.	Todos os pedidos recebem uma data de entrega realista com base nos tempos de atravessamento do ASR. Todas as peças protegidas do ASR são gerenciadas por meio de indicadores de zona altamente visíveis, como a porcentagem de penetração no pulmão. Isso oferece uma referência geral (cor) e uma referência discriminada (%).	O pessoal de planejamento e materiais pode identificar rapidamente quais peças precisam de atenção e quais são as prioridades em tempo real.
A qualificação da demanda futura é limitada. Os indicadores de alerta de possíveis faltas ou de possíveis aumentos na demanda são limitados.	O horizonte de aumento repentino de pedidos observa os tempos de atravessamento do ASR para identificar ordens de venda de grande volume e qualificá-las como um aumento repentino em relação aos níveis de pulmões das peças. Isso permite que o plano compense eficazmente vários aumentos repentinos na demanda.	Isso diminui as implicações em termos de materiais e capacidade dos pedidos grandes. Além disso, permite que as posições de estoque sejam minimizadas, visto que a proteção contra aumentos repentinos não precisa ser "integrada".

- Você recebe PFs para reabastecer pedidos de estoque com datas diferentes? É possível que, a despeito de um PF ter uma data posterior, na verdade ele possa ser mais prioritário com base em determinados eventos que ocorreram durante o horizonte de execução? Você já teve de reabastecer às pressas o estoque e depois constatou que ele permaneceu ali por semanas enquanto outro PF poderia ter evitado uma falta se ao menos você tivesse sabido disso?

Até que ponto o fornecedor sabe alinhar a capacidade dele com as suas prioridades?

- Você em algum momento tem várias OCs pendentes para um mesmo fornecedor, todas elas com a mesma data? Se sim, de que forma eles identificam qual delas é mais importante priorizar? Se eles telefonarem, seu planejador conseguirá indicar a prioridade correta sem ter de pesquisar e determinar ou procurar o motivo dessas várias necessidades de peças em todos os níveis das LMs? Isso é semelhante a procurar uma agulha no palheiro.

- Você em algum momento tem várias OCs pendentes para um mesmo fornecedor com datas diferentes? É possível que, a despeito de uma OC ter uma data posterior, na verdade ela possa ser mais prioritária também em virtude de mudanças ocorridas no horizonte de execução? Você já teve de arcar com despesas noturnas e meses depois perceber que o estoque ficou ali acumulando poeira?

Qualquer tipo de visibilidade ou uma resposta específica à prioridade em tempo real dos pedidos de estoque com frequência necessita de um paliativo manual ou de um subsistema, o que exige atividades diárias de análise e ajustes.

Alertas do ASR

O ASR oferece uma visibilidade real das prioridades por meio de um sistema que inclui vários tipos de alerta, como os seguintes:

- Os *alertas sobre estoque atual* destinam-se a peças em falta no momento ou que estejam enfrentando alguma dificuldade. Existe demanda para essas peças ou elas apenas se esgotaram? Existe uma diferença de prioridade entre as peças esgotadas para as quais haja demanda e as peças esgotadas para as quais não haja demanda.

- Os *alertas sobre faltas previstas* destinam-se a peças em que o consumo projetado pode apresentar falta de estoque antes que os pedidos de suprimento emitidos sejam recebidos. Trata-se de uma tela de radar que alerta o pessoal de materiais e planejamento para penetrações previstas do estoque em mãos projetado na zona vermelha ao longo do tempo de atravessamento do ASR da peça, com base no uso médio diário e nos suprimentos pendentes. Se a empresa gerenciar bem os alertas sobre faltas previstas, diminuirá o número de alertas sobre estoque atual.

- Os *alertas sobre sincronização de materiais* destinam-se a situações em que as datas de demanda e oferta de qualquer peça estão dessincronizadas. Uma peça pode apresentar uma demanda que foi gerada por uma ordem de venda ou uma ordem de serviço de um item-pai. Se a data prometida do suprimento pendente dessa peça for posterior à data de entrega da demanda, a posição do estoque disponível provavelmente ficará negativa. Isso significa que a demanda e a oferta não estão sincronizadas. Essa situação pode ocorrer quando a demanda se apresenta antes da data prometida do suprimento pendente ou quando a data prometida do suprimento pendente é adiada. Normalmente, isso exigirá que o componente-filho seja agilizado ou que o item-pai seja reprogramado.

- Os *alertas sobre o tempo de atravessamento* são utilizados para impelir o pessoal a verificar o *status* das peças essenciais não estocadas antes que elas se tornem um problema (consulte a seção intitulada "Componentes gerenciados de acordo com o tempo de atravessamento").

Status do pulmão visível

O ASR permite que as prioridades reais dos pedidos (OCs, OTs ou PFs) sejam informadas eficazmente sem que para isso seja necessário utilizar atividades adicionais, subsistemas separados ou outros paliativos. Com o código de cores é fácil compreender a referência geral. A porcentagem de pulmão remanescente oferece uma referência específica distinta. Essas referências indicam a prioridade real, independentemente da data de entrega. A Figura 12.10 apresenta exemplos de exibição de pulmões para itens distribuídos geograficamente (por local), manufaturados e comprados. Observe como a data de entrega pode não corresponder à prioridade real (OS 819-87). Além disso, observe no quadro de itens comprados como é fácil identificar a prioridade quando as coisas são executadas na mesma data.

Componentes gerenciados de acordo com o tempo de atravessamento

Com relação a vários componentes essenciais, simplesmente não faz sentido estocá-los porque seu volume é relativamente baixo. Basta perguntar aos gerentes de materiais sazonais de fabricantes importantes que eles imediatamente recitarão uma lista desse tipo de componente. Esses componentes com longo tempo de atravessamento podem ser bastante difíceis de gerenciar, particularmente se forem fornecidos por um fornecedor distante. Sem uma maneira eficaz de gerenciar essas peças, corremos o risco de enfrentar problemas de sincronização importantes, altos custos de aceleração e um baixo nível de atendimento. Nos sistemas ERP/MRP, pouca coisa foi feita com relação ao gerenciamento dessas peças. Elas são gerenciadas de acordo com a data de entrega, sem nenhum sistema formal de visibilidade e gerenciamento proativo para refletir as prioridades reais. Tal como ocorreu quando o MRP foi desenvolvido, continua válido o pressuposto de que todas as peças estarão disponíveis no momento em que o pedido que precisa delas for liberado. Somente quando essas peças estiverem em falta é que o pessoal terá ciência disso e começará a agilizá-las. O problema só é identificado quando a peça está atrasada. Os pedidos que utilizam essa peça são liberados sem ela, provocando possíveis retrabalhos na seção de produção e aumentando os trabalhos em andamento. Entretanto, algumas empresas começam a adiantar as peças para identificar esse tipo de falta. Esse processo resulta em um depósito de equipamentos parciais e em um sistema manual de rastreamento das peças que estão faltando.

Com o ASR, o *status* e a visibilidade dessas peças são especiais. Esses componentes gerenciados de acordo com o tempo de atravessamento são rastreados e, em um ponto determinado no tempo de atravessamento da peça, os compradores são solicitados a fazer um acompanhamento. Se não for encontrada uma resolução satisfatória, a prioridade do aviso ou alerta visível continuará a aumentar. Essa resolução poderia ser a indicação de uma data de acompanhamento (resolução temporária) ou a indicação de uma data e decisão final confirmada (poderia ser antecipada, no momento certo ou posterior). Independentemente da resolução, pelo menos ela é conhecida e compreendida com antecedência. Desse modo, as outras peças afetadas podem ser novamente priorizadas. Além disso, esses tipos de iniciativa proativa com frequência cortam os problemas possíveis pela raiz, melhorando o desempenho das datas devidas desses tipos de componente.

O objetivo dos conceitos de execução do ASR é aumentar a quantidade de informações precisas e oportunas em toda a cadeia. Esse recurso de execução altamente visível e colaborativo cria uma cadeia de suprimentos notadamente eficaz que consegue

Itens comprados			Itens manufaturados				Itens distribuídos		
N. pedido	Data de entrega	Status do pulmão	N. pedido	Data de entrega	N. do item	Status do pulmão	N. pedido	Local	Status do pulmão
OC 820-89	12/05/09	Crítico 13%	OS 819-87	24/05/09	GADC843	Crítico 13%	GADC843	Região 1	Crítico 11%
OC 891-84	12/05/09	Médio 39%	OS 832-41	22/05/09	GCDC632	Crítico 17%	GADC843	Região 2	Médio 41%
OC 276-54	12/05/09	Médio 41%	OS 211-72	22/05/09	FCDG672	Médio 34%	GADC843	Região 3	Médio 36%

FIGURA 12.10 Exibição do pulmão do ASR para os itens distribuídos geograficamente.

responder à demanda de mercado real sem paliativos manuais e outros subsistemas desconexos. Portanto, o pessoal de compras, fabricação e atendimento de pedidos pode examinar e passar adiante um quadro mais abrangente, que, além de claro, conciso e priorizado para a tomada de providências, mostra as ramificações das decisões e providências com base nas dependências existentes no sistema agregado de suprimento e atendimento.

Os cinco componentes do ASR (posicionamento estratégico de estoque, definição do perfil e manutenção do nível do pulmão dinâmico, pulmões dinâmicos, geração de demanda baseada no sistema puxado e execução altamente visível e colaborativa) funcionam em conjunto para refrear a instabilidade dos sistemas MRP e o efeito chicote sobre sistemas MRP em ambientes complexos e desafiadores. Por meio da abordagem ASR, os planejadores não precisam mais se preocupar em responder a toda e qualquer mensagem correspondente a qualquer peça que esteja em falta mesmo por um dia que seja. O método ASR fornece informações reais sobre as peças que de fato apresentam o risco de afetar negativamente a disponibilidade de estoque programada. O ASR classifica alguns itens significativos que exigem atenção dentre um número substancial de peças que estão sendo gerenciadas. Com o método ASR, é necessário um número menor de planejadores para tomar decisões mais adequadas e mais rápidas.

Considerações sobre a implementação do ASR

1. O que ocorre com os níveis de estoque quando o ASR é implementado? De modo semelhante ao enfoque dado à produção enxuta, embora a diminuição significativa do estoque seja uma consequência da implementação do método ASR, o objetivo desse conceito não é focalizar a redução do estoque. O estoque é uma consequência, e não um objetivo. O ASR nunca deve ser implementado com o propósito único de diminuir o estoque. Entretanto, diminuições sensíveis no estoque decorrem do método como um todo, e não o objetivo principal. O sistema escoa o estoque desnecessário para proteger de fato o desempenho com relação às datas devidas. Agora, o estoque que se encontra no sistema realmente é eficaz e gera um *retorno sobre o investimento* (ROI) positivo.

Nos primeiros casos de adoção do método ASR, o impacto sobre o estoque corresponde sistematicamente a uma redução de 20% a 50% no primeiro ano. Entretanto, nos primeiros estágios da implementação normalmente ocorre uma elevação temporária nos níveis de estoque em geral porque as peças que podem precisar de proteção não foram previamente inventariadas. Esse estoque adicional está associado a um investimento monetário considerável em estoque que está acima dos pulmões necessários do ASR. Como esse estoque em excesso (os itens que agora residem na zona azul) escoa de acordo com os parâmetros de pulmão, as empresas começam a testemunhar uma redução significativa no estoque e uma quantidade de giros sensivelmente melhor.

2. O sistema ERP oferece o recurso ASR? Neste exato momento, o sistema ERP tem todos os recursos descritos neste capítulo. A maioria dos sistemas comporta o modelo mínimo--máximo e também o MRP com os dados de uma previsão ou programação mestre de produção (PMP) para o planejamento de estoque. Nenhuma parte dessa abordagem baseada no sistema empurrado na verdade habilita os cinco componentes do ASR. Os níveis mínimo-máximo são estáticos e normalmente não são revistos após a configuração inicial do sistema. Não existe nenhum mecanismo adaptável para atualizar os níveis no sistema com base na instabilidade experimentada e na demanda real. Lembre-se de que, por natureza, a previsão e a PMP servem para conduzir um sistema empurrado. O ASR é inerentemente um sistema puxado pela demanda e de reabastecimento – ele percebe e se adapta à demanda de mercado real e à instabilidade. A análise de dissociação da LM atualmente não é compatível com nenhum sistema ERP. Essa dissociação é um componente fundamental do ASR para posicionar os quebra-mares e absorver a variabilidade cumulativa proveniente tanto da oferta quanto da demanda. O conceito de tempo de atravessamento do ASR é totalmente estranho para qualquer sistema de ERP. O tempo de atravessamento do ASR é crucial para perceber onde é necessário comprimir e gerenciar os tempos de atravessamento em uma LM por meio da dissociação e determinar os níveis de estocagem/pulmão de uma peça.

3. Quais são os benefícios empresariais específicos esperados da implementação do ASR? Além de resolver as soluções conciliatórias do MRP e os efeitos decorrentes dessas soluções, outros benefícios empresariais podem ser obtidos com a implementação do método ASR.

   a. **Proteção e aumento do fluxo** por meio de uma diminuição significativa do impacto negativo da variabilidade em sistemas dependentes e interdependentes. Isso pode incluir tanto a variabilidade da demanda do mercado quanto a variabilidade da oferta que se iniciam em fontes externas e depois prosseguem internamente ao longo das operações.

   b. **Criação de uma vantagem competitiva decisiva** por meio do desenvolvimento e do aproveitamento de soluções para comprimir de maneira significativa os tempos de atravessamento dos produtos e materiais em relação ao mercado. Isso assegura que os tempos de atravessamento oferecidos sejam consideravelmente melhores do que os esperados pelo mercado. Na maioria dos casos, é possível obter um tempo de atravessamento altamente competitivo sem nenhum investimento em equipamento ou qualquer iniciativa tradicional de redução do tempo de atravessamento.

   c. **Melhoria considerável na pontualidade da entrega** para o mercado. Se for possível diminuir sensivelmente os tempos de atravessamento e melhorar o fluxo, serão obtidas melhorias significativas no desempenho do atendimento. Isso oferece outra oportunidade para obter uma vantagem competitiva no mercado.

   d. **"Volume correto" de estoque**, por meio do processo de posicionamento estratégico do estoque. Isso garante a manutenção de uma quantidade correta de proteção nos locais corretos, com base no índice de demanda do mercado e em possíveis contratempos na oferta e na demanda. A diferença fundamental do ASR é que esses pulmões são dinâmicos e refletem constantemente as condições variáveis do mercado e da oferta.

   e. **Melhoria da execução.** O processo de gerenciamento contínuo do ASR torna-se relativamente simples assim que a análise é concluída e os pulmões são instituídos nos lugares corretos. A execução garante a identificação antecipada de possíveis problemas, como o atraso de um fornecedor ou de uma ordem de serviço que poderia afetar os pulmões. Com isso, é possível tomar uma providência antes que esses pequenos contratempos se agravem.

4. Que tipo de ambiente de fabricação deve pensar na possibilidade de implementar o ASR? As características dos ambientes nos quais o ASR oferece benefícios empresarias significativos são as seguintes. Quanto mais dessas características o ambiente tiver, mais significativos serão os benefícios.

- Ambientes que possuem um conjunto de estruturas extremamente repetitivas (de produto ou processo).
- Ambientes que o recompensarão por tempos de atravessamento menores com bonificações ou um maior volume de vendas.
- Ambientes que utilizam com frequência o mesmo componente comprado ou matéria-prima.
- Ambientes que utilizam os mesmos componentes em várias peças-pai.
- Ambientes que possuem LMs extensas e complexas.

- Ambientes que possuem uma rotina de procedimentos muito longa ou mais complicada que cria dificuldades significativas de programação ou relacionadas ao tempo de atravessamento.
- Ambientes que estão pensando na possibilidade ou que atualmente estão utilizando um processo de programação e execução baseado no sistema puxado.

Estudos de caso

Nas primeiras implementações dessa abordagem, obteve-se uma constatação extremamente convincente – *os benefícios empresariais são complementares e ocorrem coletivamente*. Ao contrário da expectativa usual quanto aos dilemas estoque *versus* atendimento ao cliente, nas primeiras implementações do ASR não houve nenhum dilema. Além de o estoque ter diminuído significativamente, o atendimento ao cliente melhorou de maneira sensível.

Primeiro estudo de caso: Oregon Freeze Dry

A Oregon Freeze Dry é a maior fabricante do mundo de liofilizador personalizado. Antes de implementar o ASR, a empresa utilizava o MRP tradicional com o método de lote mínimo convencional. Ao implementar apenas o ASR (sem o TPC nem o TPC-S), além de não precisar de nenhuma aquisição adicional de imobilizado, despesa geral indireta ou outra iniciativa de melhoria, a Oregon Freeze Dry relatou os seguintes ganhos:

Divisão Mountain House:

- Aumento de 20% nas vendas.
- Melhoria de 79% para 99,6% no índice de satisfação do cliente.
- Isso foi conseguido com uma redução de 60% do estoque.

Divisão de Componentes Industriais:

- Redução de 60% no tempo de atravessamento da MTO.
- Índice de 100% de entregas pontuais.
- Isso foi conseguido com uma redução de 20% do estoque.

Segundo estudo de caso: LeTourneau Technologies, Inc.

As empresas da LeTourneau Technologies, Inc.™ (LTI) estão entre as maiores inovadoras do mundo em fabricação, desenvolvimento e implementação de sistemas e equipamentos para mineração, perfuração de petróleo e gás, plataformas, controle e distribuição de energia e silvicultura. A LTI tem duas instalações fabris (em Longview, Texas, e Houston, também no Texas) que são semelhantes em termos de capacidade, complexidade dos produtos e porte. É possível ver as drásticas diferenças entre as instalações de Longview e Houston nas seguintes informações. Para dizer a verdade, o tipo de fabricação é bastante similar tanto em complexidade quanto em escala.

No início de 2005, o mercado começou a decolar para todos os segmentos de negócios da LTI. O que é fundamental compreender é que a LTI já havia passado por esses ciclos de expansão anteriormente. Entretanto, em todas as ocasiões anteriores, o estoque e as despesas da LTI aumentaram consideravelmente, no mesmo ritmo que as receitas, prejudicando os níveis de atendimento. O que é extraordinário nesse caso específico é que a instalação fabril de Longview, ao utilizar o ASR (bem como uma implementação parcial do TPC), foi capaz de controlar consideravelmente o estoque e as despesas e, ao mesmo tempo, manter um excelente nível de atendimento no ciclo de expansão.

Além disso, é necessário observar que todos os mercados em expansão em algum momento estancam. É possível ver nos gráficos da Figura 12.11 que em 2008 os mercados

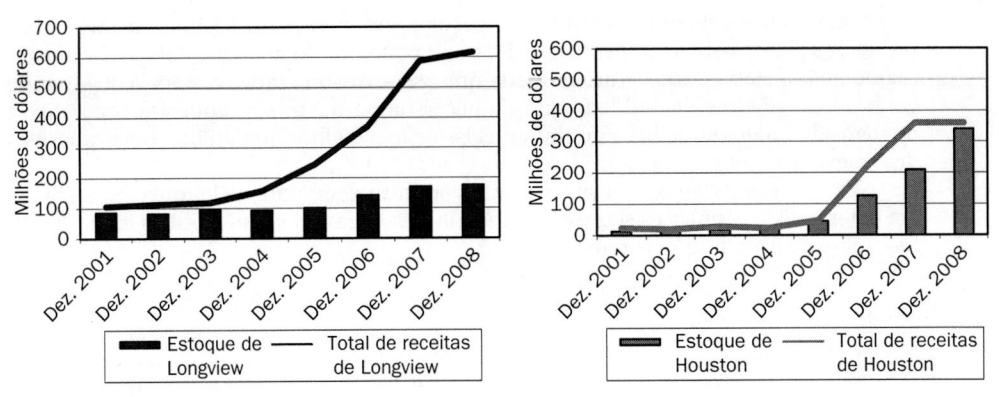

FIGURA 12.11 Total de receitas *versus* estoque.

começaram a arrefecer. Quando esses períodos de expansão chegam ao fim, o ASR minimiza a exposição aos riscos de estoque. O fator preponderante é que, independentemente da conjuntura econômica que as empresas venham a enfrentar, utilizar métodos de estoque adequados, que minimizem o comprometimento de estoque e mantenham os níveis de atendimento, sempre é a estratégia correta.

O primeiro gráfico da Figura 12.11 mostra o total de receitas *versus* estoque de 2001 a 2008 apenas da fábrica de Longview. Observe que, a partir de 2005, houve um crescimento desenfreado. O fator de crescimento das receitas foi superior a 300% (mais de $ 400 milhões). Ao longo do mesmo período, o estoque aumentou somente 80% (aproximadamente $ 80 milhões).

O segundo gráfico da Figura 12.11 mostra o total de receitas *versus* estoque de 2001 a 2008 apenas da fábrica de Houston. Observe que, a partir de 2005, o gráfico apresenta a mesma curva de crescimento desenfreado observada em Longview. Entretanto, nesse caso, o estoque acabou aumentando praticamente no mesmo ritmo que as receitas. Há uma defasagem de mais ou menos seis a nove meses, mas o ritmo é o mesmo. Qual o motivo dessa defasagem? Como é comum na implementação da maioria dos sistemas MRP, a fábrica de Houston está produzindo de acordo com a previsão (produção para estoque).

Agora, como é possível ver em ambos os gráficos, quando o mercado começa a mudar no início de 2008, a LTI expõe-se a um risco de estoque considerável. Na verdade, em virtude da natureza da previsão e dos longos tempos de atravessamento, existe o risco de a curto prazo o estoque de fato aumentar além da receita, sem que haja uma correção de curso substancial em forma de cancelamento ou adiamento de OCs e PFs. Esse é um efeito típico dos ambientes dirigidos pelo MRP tradicional.

É extremamente importante notar que os funcionários da fábrica de Houston são uma equipe de fabricação inteligente e profissional. Eles apenas não dispõem das ferramentas e dos novos métodos para reproduzir o que ocorreu em Longview. O gráfico da Figura 12.11 não é uma acusação contra essas pessoas; é uma prova de que o MRP tradicional representa um imenso risco nos ambientes fabris instáveis e variáveis que hoje tendem a ser a regra e não a exceção.

Para obter mais informações sobre o estudo de caso da LTI, consulte o Capítulo 14.

Resumo

Por meio da articulação de regras, visões e tecnologias, o ASR oferece uma solução prática e realista para o conflito do MRP identificado em tantas empresas no presente. Além disso, o ASR permite que a empresa utilize seu sistema de planejamento formal e por fim obtenha o ROI esperado quando o sistema foi implementado. O sistema ERP atual não é removido e substituído. Em vez disso, os componentes do ASR otimizam os bons resultados obtidos até o momento. Os cinco componentes do método ASR gerenciam eficazmente a instabilidade e variabilidade que assolam sua empresa, com o objetivo de gerar a velocidade e visibilidade que ela necessita para ganhar vantagem competitiva no mercado hipercompetitivo do presente. Isso não é melhor que utilizar notas adesivas desconexas e planilhas do Excel?

Nós, autores, criamos um *site*, www.beyondmrp.com, para os leitores interessados em obter mais informações sobre o ASR. Acolheremos favoravelmente suas ideias e *feedback* sobre esse método inovador.

Referências

Aberdeen Group. *The ERP in Manufacturing Benchmark Report*. Boston: Aberdeen Group, 2006.

Blackstone Jr., J. H. *APICS Dictionary*. 12tª ed. Alexandria, VA: APICS, 2008.

Masson, C., Smith, A. e Jacobson, S. "Demand Driven Manufacturing". Relatório de Pesquisa da AMR, janeiro de 2007 (AMR-R-20105).

Orlicky, J. *Material Requirements Planning*. Nova York: McGraw-Hill, 1975.

Sobre os autores

Chad Smith é cofundador e sócio-diretor do Constraints Management Group (CMG), uma empresa de serviços e tecnologia especializada em sistemas de gerenciamento de fabricação, material e projetos baseados no sistema puxado para fabricantes de grande e médio porte. Smith tem grande experiência na adoção bem-sucedida de sistemas puxados em uma série de empresas e setores. Dentre seus clientes, anteriores e atuais, destacam-se: LeTourneau Technologies, Boeing, Intel, Erickson Air-Crane, Siemens, IBM, The Charles Machine Works (Ditch Witch) e Oregon Freeze Dry.

Desde o final da década de 1990, Smith e seus sócios na CMG lideram o desenvolvimento e a articulação dos conceitos subjacentes ao ASR e a criação de tecnologias compatíveis com o ASR. O *site* da CMG é www.thoughtwarepeople.com.

Além disso, Smith é um especialista em implementação e desenvolvimento da TOC reconhecido internacionalmente. Ele obteve formação formal no Instituto Avraham Y. Goldratt e durante vários anos trabalhou sob a tutela de Eli Goldratt, autor de *A Meta*.

Entre em contato com ele pelo *e-mail* csmith@thoughtwarepeople.com.

Carol Ptak é professora convidada e executiva residente na Universidade Luterana do Pacífico após longos anos de experiência em administração executiva na PeopleSoft e na IBM Corporation e vários anos de especialidade em consultoria. Anteriormente, Ptak trabalhou como vice-presidente e diretora industrial global dos setores de fabricação e distribuição da PeopleSoft. Nessa empresa, ela desenvolveu o conceito de produção por demanda (PPD) como estratégia geral de produto e marketing para alinhar o desenvolvimento de produtos, a consciência de mercado e a geração de demanda. Seu método inovador melhorou significativamente a posição da empresa no mercado de *software* para o setor fabril e lhe concedeu reconhecimento nacional em publicações como a *CFO Magazine* e o *New York Times*. Antes de suas conquistas na PeopleSoft, Ptak passou quatro anos na IBM Corporation, a princípio como membro da equipe de vendas mundial de soluções ERP/GCS e rapidamente foi promovida ao cargo de executiva do segmento global de pequenas e médias empresas.

De 1993 a 1998, Ptak foi proprietária da Eagle Enterprises, empresa de consultoria que promove a excelência global das empresas por meio de treinamento e implementações bem-sucedidas. Ela trabalhou em várias empresas, dentre as quais se incluem empresas reconhecidas internacionalmente, como a Boeing e Starbucks.

Ptak realizou o MBA pelo Instituto de Tecnologia de Rochester, é certificada pela APICS em gerenciamento de produção e estoque (como pesquisadora) e gerenciamento de recursos integrados, concluiu uma pós-graduação complementar na Universidade Stanford e é bacharel em biologia pela Universidade Estadual de Nova York, em Buffalo. Entre em contato com ela pelo *e-mail* ptakca@plu.edu.

PARTE IV
Medidas de Desempenho

CAPÍTULO 13
Medidas tradicionais em finanças e contabilidade, problemas, revisão de literatura e medidas da TOC

CAPÍTULO 14
Resolução de dilemas relacionados a mensuração/desempenho

CAPÍTULO 15
Melhoria contínua e auditoria

CAPÍTULO 16
Estudos de caso sobre implementações holísticas da TOC

Neste capítulo, examinamos os problemas dos métodos contábeis tradicionais e outras medidas de desempenho tradicionais. Novos métodos para "contabilidade de ganhos" são discutidos com relação à melhoria de desempenho organizacional. Esse método enfatiza medidas financeiras que se concentram no desempenho global da empresa, em contraposição a medidas cujo enfoque recai sobre mensurações locais/silos, compreendendo a organização como um conjunto de partes isoladas. O pressuposto errôneo tradicional de que os ótimos locais acumulam-se em relação às melhorias gerais no desempenho do sistema é efetivamente deficiente. Nesse contexto, as desvantagens da contabilidade tradicional de custos são discutidas a fundo.

As medidas e os processos básicos de melhoria contínua que buscam identificar providências locais para a melhoria organizacional são apresentados. Os elementos essenciais de outras medidas encontradas nas operações de produção, nos projetos e em serviços como gerenciamento dos pulmões, medidas de qualidade, tempos de resposta de atendimento e similares são apresentados com soluções práticas para estruturá-las e implementá-las. As medidas tradicionais criam procedimentos em uma área ou departamento que provocam conflitos com outras áreas ou departamentos. Os conflitos interorganizacionais que podem ser criados pelas medidas e a resolução desses conflitos são também discutidos.

Os dois últimos capítulos descrevem o processo de melhoria contínua (PMC) e a atividade de auditoria requerida e apresentam dois estudos de caso holísticos detalhados. A consecução do PMC em qualquer organização requer não apenas um mecanismo de focalização (para identificar onde e o que deve ser mudado e quando e o que não deve ser mudado), mas também um mecanismo holístico de apoio decisório (para avaliar o impacto sobre o sistema como o todo ou o impacto global das mudanças). Desse modo, um mecanismo de *feedback* rápido e confiável é necessário para auditorar o andamento/conformidade ou para identificar outras lacunas ou variações de desempenho importantes do sistema.

13
Medidas tradicionais em finanças e contabilidade, problemas, revisão de literatura e medidas da TOC

Charlene Spoede Budd

Introdução

Este capítulo é uma introdução básica à *contabilidade de ganhos* (CG). Para apresentar uma perspectiva histórica, oferecemos uma breve revisão tanto do ambiente de negócios quanto do desenvolvimento das metodologias da contabilidade de custos.

O pessoal de contabilidade normalmente é o último a receber treinamento sobre a *teoria das restrições* (*theory of constraints* – TOC). Constantemente nos surpreendemos com as implementações da TOC divulgadas que, embora bem-sucedidas, não têm nenhum funcionário treinado em contabilidade e finanças. No entanto, os funcionários operacionais esperam que eles possam superar a resistência aos seus planos de melhoria. Um defensor bem-sucedido da implementação da TOC, vigorosamente apoiado pelo diretor executivo, lamentou que não compreendia por que o departamento de contabilidade havia contratado mais funcionários para acompanhar o custo de cada operação quando na verdade ele já havia estabelecido uma perfeita linha de fluxo. Os contadores estavam fazendo o que lhes havia sido ensinado. Como eles não compreendiam os conceitos da TOC, quando tinham informações suficientes, costumavam questionar o custo de determinadas operações, divulgar eficiências locais e oferecer outras informações enganosas, como os custos unitários.

Espero que este capítulo ofereça uma avaliação dos profissionais de contabilidade e finanças – o que eles podem fazer a seu favor e o que eles podem fazer contra você – e um argumento sólido para que eles sejam treinados com o pessoal da área operacional e de produção. As iniciativas da TOC precisam de parceiros colaborativos, e não de colegas que constroem constantemente um labirinto de obstáculos. Com relação aos contadores que suspeitam de que as metodologias contábeis tradicionais geram dados que contêm falhas para os tomadores de decisões, este capítulo ressaltará em que lugar essas falhas se encontram. Para concretizar essa meta ambiciosa, este capítulo:

- Apresentará brevemente a história da contabilidade tradicional de custos e explicará por que ela não oferece mais as informações necessárias às iniciativas de melhoria possibilitadas pela TOC.

Copyright 2010 Charlene Spoede Budd.

- Examinará, classificará e descreverá as limitações das várias soluções *aceitas* (publicadas) dessa categoria profissional para substituir os sistemas de mensuração internos tradicionais.
- Discutirá a amplitude da CG e seu impacto sobre todas as iniciativas da TOC por meio de um estudo de caso progressivo.
- Identificará a necessidade de pesquisas futuras na área de contabilidade e finanças para respaldar os conceitos da TOC, como o desenvolvimento de sistemas de avaliação de desempenho pertinentes.

A seção final deste capítulo fará uma introdução dos capítulos remanescentes desta parte do livro.

Contabilidade tradicional de custos e o ambiente empresarial

A contabilidade de custos foi concebida e desenvolvida para ajudar diretores e gerentes a tomar decisões. Quando os pressupostos da contabilidade de custos são semelhantes aos da empresa, as informações fornecidas possibilitam a tomada de decisões adequadas. Inversamente, quando os pressupostos contábeis não são válidos, os gerentes tomam decisões adequadas somente quando utilizam a intuição ou então por mero acaso, mas não quando utilizam as informações contábeis fornecidas.

À medida que o ambiente muda, a contabilidade e a divulgação de informações internas à empresa também devem mudar para refletir esse novo ambiente e fornecer informações mais relevantes para os gerentes. Na maioria das empresas, como veremos, essa adaptação não ocorreu ou ficou em grande medida defasada das mudanças.

Desenvolvimento da contabilidade de custos

A contabilidade existe desde o momento que começaram a ocorrer as primeiras permutas. Contudo, até o século XIX, poucas pessoas empregavam cálculos financeiros e a contabilidade interna era realizada principalmente por proprietários e gerentes. Com o início da Revolução Industrial e o maior número de empresas de grande porte, a contabilidade obteve maior importância e a contabilidade de custos começou a ser desenvolvida para controlar o caos nas grandes empresas (Kaplan, 1984; Cooper, 2000; Antonelli *et al.*, 2006; McLean, 2006).

Como a Revolução Industrial iniciou-se na Grã-Bretanha, seus engenheiros e contadores foram os primeiros a reconhecer a necessidade da contabilidade de custos/gerencial (Fleischman e Parker, 1997; McLean, 2006; Edwards e Boyns, 2009), mas os avanços na contabilidade britânica não foram divulgados (Fleischman e Parker, 1997). Nos Estados Unidos, contabilidade de custos/gerencial moderna começou a ser aplicada no final do século XIX e início do século XX (Tyson, 1993), particularmente com a introdução da produção em massa.[1] O movimento da administração científica, respaldado pelas ideias de Frederick Taylor[2] (1911, 1967) e Walter Shewhart (1931, 1980) e pelo método de administração de Mary Parker Follet (Follett e Sheldon, 2003), impulsionou o desenvolvimento de apoio à contabilidade de custos/gerencial por engenheiros e contadores como Alexander Hamilton Church (Litterer, 1961; Jelinek, 1980), que reclamavam veementemente do "nivelamento pela média" dos custos gerais indiretos de produção de todas as tarefas e produtos fabricados e insistiam que todos os custos de produção deveriam ser atribuídos

---

[1] Um excelente resumo pode ser encontrado em Johnson e Kaplan (1987, Capítulo 2).

[2] Para uma revisão crítica da abordagem em livro-texto dos princípios de Frederick Taylor e dos experimentos de Hawthorne por Elton Mayo e outros, consulte Whitehead (1938) e Olson *et al.* (2004).

aos pedidos ou produtos (Church, 1908). Em um processo de duas fases, os custos gerais indiretos normalmente são atribuídos primeiramente aos departamentos e, em seguida, às tarefas ou aos produtos que passam pelo departamento.

Ambiente empresarial: primeira metade do século XX

As ideias de Frederick Taylor, embora não sejam aceitas universalmente, foram amplamente admitidas e praticadas por empresas ao longo das primeiras décadas do século XX (Kanigel, 1997). As escolas de negócios – a Escola de Negócios de Harvard (Cruikshank, 1987) é um exemplo – começaram a ensinar a administração científica de Taylor.

Por volta da década de 1930, a maioria dos grandes fabricantes já havia adotado alguma forma de alocação dos custos gerais indiretos, mas os custos padrão e a análise de variância detalhada correspondente só começaram a ser utilizados amplamente a partir da Segunda Guerra Mundial (Johnson e Kaplan, 1987). O objetivo original da análise de variância era avaliar o estoque e obter os custos da demonstração de resultados (Johnson e Kaplan, 1987), e não controlar os custos de fabricação. Isso porque os *princípios contábeis geralmente aceitos* (PCGAs) exigem que os custos reais (e não o padrão) apareçam no balanço patrimonial e que a demonstração de resultados e os custos padrão, acrescidos de variâncias mais favoráveis ou menos desfavoráveis, sejam iguais aos custos reais.

Durante a Segunda Guerra Mundial, a demanda por suprimentos de guerra incentivou a disseminação da implementação da produção em massa (Grudens, 1997). Após a guerra, as empresas apressaram-se para atender à demanda de consumo então contida e algumas utilizaram os custos padrão e a análise de variância para controlar os custos de produção (McFarland, 1950; Vangermeersch e Schwarzback, 2005).

Ambiente empresarial: segunda metade do século XX

Durante os 30 anos que se seguiram à Segunda Guerra Mundial, as empresas americanas basicamente seguiram a mesma estratégia de produção em massa com ênfase sobre a redução de custo. Além disso, o *principal* departamento das escolas de negócios, aquelas que estavam atraindo os alunos mais inteligentes e exercendo maior influência política, mudou lentamente da contabilidade para finanças.

Ao longo da década de 1960 e provavelmente bem antes dessa década, a Escola de Negócios de Harvard começou a ensinar aos alunos de MBA a *gerenciar por meio de números*, isto é, utilizar as demonstrações financeiras da empresa e outras fórmulas e modelos desenvolvidos na área financeira (Peters e Waterman, 1982, p. 30) para gerenciar a empresa. Embora tenham sido publicadas advertências acerca do tratamento complexo e frágil das fórmulas contra a incerteza no desenvolvimento de modelos financeiros e uma superdependência em relação às habilidades dos MBAs (Hayes e Abernathy, 1980, p. 67; Peters e Waterman, 1982, pp. 31-33; Johnson e Kaplan, 1987, pp. 15, 125-126), a predominância dos departamentos financeiros sobre os departamentos de contabilidade, tanto no meio acadêmico quanto no meio empresarial, gradativamente se disseminou pelos Estados Unidos e no mundo inteiro durante praticamente as duas décadas seguintes.[3] O foco da década de 1980 sobre as consequências comportamentais da abordagem formulista nas decisões empresariais manteve-se por aproximadamente uma década; entretanto, em torno da década de 1990, o meio empresarial recorreu novamente a fórmulas e modelos, bem como a metodologias de melhoria contínua (Dearlove e Crainer), a fim de recupe-

---

[3] Um velho conhecido, sócio majoritário de uma empresa de auditoria que havia se especializado em contabilidade na época da faculdade, me confessou que aconselharia seus filhos a optar pela especialização em finanças, e não pela contabilidade.

rar o terreno perdido para os concorrentes internacionais.[4] Sem dúvida, esse movimento foi inspirado e certamente facilitado pelas empresas de consultoria que encontraram soluções engenhosas para convencer a administração de que sua assessoria era essencial (Stewart, 2009).

Reação da contabilidade ao ambiente em mudança do século XX

A contabilidade gerencial, com respeito à maioria das empresas, mal percebeu as mudanças que estavam ocorrendo no meio empresarial em virtude de seu interesse geral por outras áreas contábeis (p. ex., financeira, tributária, de auditoria) e, mais particularmente, pelos PCGAs para a divulgação externa de informações (Johnson e Kaplan, 1987, pp. 2-14, 125). No entanto, durante a década de 1980 ficou patente que a contabilidade tradicional e os relatórios contábeis haviam perdido sua relevância para as decisões internas (Johnson e Kaplan, 1987).[5] Os custos de fabricação *totalmente absorvidos*, incluindo os custos de produção fixos e variáveis (sejam eles custos reais ou padrão), acumulados para a divulgação externa de informações, normalmente não forneciam as informações que os gerentes precisavam para tomar decisões operacionais.

Durante inúmeros anos, embora se soubesse da existência de algumas soluções para a irrelevância das informações da contabilidade gerencial, elas não foram amplamente aceitas e empregadas. Além disso, soluções mais modernas foram propostas recentemente (Kaplan e Norton, 1992; Johnson e Broms, 2000; Smith, 2000; Cunningham e Fiume, 2003; Oliver, 2004; Van Veen-Dirks e Molenaar, 2009). As soluções contábeis propostas mais conhecidas são discutidas nas seções subsequentes.

Demonstração de resultados do custeio direto e variável

O custeio direto ou variável[6] (em que todos os custos são divididos em componentes fixos e variáveis que depois são registrados em contas separadas) passou a fazer parte dos livros acadêmicos desde a década de 1960 pelo menos (Dopuch e Birnberg, 1969, Capítulo 15) e foi abordado em quase todos os livros acadêmicos de contabilidade de custos e gerencial desde essa época (Hilton, 2009, Capítulo 8; Garrison, Noreen e Brewer, 2010, Capítulo 7). O formato básico inicia-se com as receitas ganhas e depois subtrai todos os custos variáveis para obter a margem de contribuição (algumas vezes chamada de margem bruta). Da margem de contribuição são deduzidos todos os custos fixos (tanto de fabricação quanto gerais, de venda e administrativos) a fim de chegar ao lucro operacional. Entretanto, esse método não é aceitável para demonstrações financeiras externas e não foi amplamente aceito.

O custeio direto ou variável é apresentado nos livros acadêmicos contábeis como método de divulgação periódica e para fornecer informações para os tomadores de decisões. A ideia básica é a de que a receita, subtraídos todos os custos variáveis (basicamente equivalentes aos custos desembolsados), é subtotalizada como margem de contribuição. Os custos fixos, incorridos em cada período, são então subtraídos da margem de contribuição para chegar ao lucro operacional. Embora a margem de contribuição possa ser empregada para encontrar uma margem de contribuição por uma unidade de recurso restritivo (discutida posteriormente), esse tópico é tratado de maneira independente da demons-

---

[4] Consulte Peters e Waterman (1982, pp. 34-39) para uma discussão sobre essa situação e para obter referências pertinentes.

[5] Consulte particularmente os Capítulos 6 e 8 de Johnson e Kaplan.

[6] Às vezes também chamada de custeio por "margem" ou custeio por "margem de contribuição", visto que o primeiro subtotal nesse tipo de demonstração é chamado de "margem de contribuição" ou "margem bruta".

tração de resultados de custeio direto. Além disso, muitos contadores aprenderam que a *mão de obra direta*, o custo dos trabalhadores que transformam o produto de uma empresa (trabalho "prático"), é um custo variável, tal como se verificava quando a contabilidade de custos foi desenvolvida no início do século XX.

Todavia, como a CG segue o mesmo formato básico da contabilidade de custeio direto ou variável, essa discussão é fundamental.

Vantagens do custeio direto

Os defensores do custeio direto estão interessados nos fluxos internos (Dopuch e Birnberg, 1969, Capítulo 15)[7] e em fornecer informações para a tomada de decisões internas. Eles sustentam que o custeio direto:

- Dirige a atenção para os custos que mais se aproximam dos custos marginais (incrementais) de produção.
- Associa o lucro às vendas, e não a vendas e produção, como o faz a contabilidade tradicional.
- Trata os custos fixos como despesas periódicas porque esses valores devem ser gastos para que se possa produzir e devem ser incorridos em todos os períodos independentemente da quantidade de produção (isto é, determinados custos precisam ser incorridos mesmo quando não há produção ou quando próxima a zero).

As vantagens e desvantagens do custeio direto são discutidas em todos os livros acadêmicos de contabilidade gerencial quando essa metodologia é introduzida. Embora os defensores e opositores outrora tenham se demonstrado passionais em sua defesa ou antagonismo, muitos autores simplesmente relacionam as vantagens e desvantagens.

Desvantagens do custeio direto

Os opositores do custeio direto não aceitam os benefícios alegados a respeito do custeio direto e evidenciam suas falhas teóricas. Para respaldar seu ponto de vista, eles afirmam que o custeio direto:

- transgride o princípio contábil da competência (que estabelece que das receitas deverão ser deduzidos todos os custos e despesas necessários para a sua obtenção) segundo o qual o total de custos de produção unitários (variáveis e fixos) deve ser reconhecido no período quando as unidades são produzidas e não correspondem ao período em que foram incorridas, mas aos produtos;
- não explica periodicamente o total de custos de produção de um produto e que o custeio integral (totalmente absorvido), como na contabilidade tradicional, é uma medida mais adequada do custo de produção incremental;
- é aplicável somente em um intervalo de produção específico e os custos variáveis podem se desviar do intervalo admitido originalmente. (É óbvio que os custos fixos estão sujeitos a essa mesma alegação.)

Embora seja difícil conhecer a porcentagem de empresas que registram regularmente os custos variáveis e fixos em diários contábeis distintos (as empresas não são obrigadas a revelar essas informações), de acordo com minha experiência a maioria das empresas não registra. Como a separação dos custos em componentes fixos e variáveis é essencial para quase todas as decisões internas, essas informações devem ser reunidas em estudos especiais. Infelizmente, a maioria dos departamentos de contabilidade/finanças tem pouco tempo para dedicar a projetos especiais quando não é possível obter prontamente as informações pertinentes.

---

[7] Dopuch e Birnberg (1969, p. 472) relacionam a questão do fluxo interno original a um artigo de 1936 (Harris, 1936).

Custeio baseado em atividades

O *custeio baseado em atividades* (*activity-based cost* – ABC) pode ser considerado uma tentativa da contabilidade de "voltar aos princípios básicos" com algumas novas viradas. Primeiro, o *overhead* é atribuído a vários centros de custos, e não a departamentos. Segundo, visto que todos os custos gerais indiretos podem mudar com o passar do tempo, eles são considerados variáveis. Terceiro, a seleção de bases de alocação (*direcionadores de custos*) empregada para alocar os centros de custos depende de o custo incorrido ser de unidade, lote, linha de produtos ou fabril. (Os custos de utilidades incluem os custos de fabricação comuns à produção como um todo.)

Na prática, as empresas que implementam o ABC alocam os custos de fabricação tal como foi proposto originalmente por Church (1908, 1917). Porém, em vez de atribuir os custos gerais indiretos a departamentos, eles são alocados a *centros* de atividades. Os centros de atividades são contas de depósito em que os custos de uma determinada atividade, como a movimentação de material, podem ser acumulados antes de serem debitados na conta dos usuários da atividade. Portanto, se um produto ou uma linha de produtos exigir maior movimentação do que outros, receberá uma porcentagem maior dos custos de movimentação de material (Cooper *et al.*, 1992).

Vantagens da contabilidade/gerenciamento de custeio baseado em atividades

Além de parecer mais preciso do que a contabilidade tradicional, o ABC oferecia várias vantagens. Por exemplo:

- Dava às empresas (e aos departamentos de contabilidade) a esperança de que podiam fazer alguma coisa para reverter um desempenho empresarial ruim.
- Validava a alegação dos funcionários operacionais de que os pequenos lotes de produtos "especiais" são mais caros de produzir do que os grandes lotes de produtos comuns ou de produtos primários.
- Argumentos implícitos, na maior parte das vezes, e "imparciais" relacionados à alocação de custos gerais indiretos.
- Informações mais detalhadas que podiam ser analisadas em prol de iniciativas de melhoria, o que levou ao desenvolvimento da *gestão baseada em atividades* (*activity--based management* – ABM (Cokins, 2001).

Além dessas vantagens, as empresas que, antes de implementar o ABC, tomaram a iniciativa de mapear todos os fluxos – da compra de matérias-primas e dos processos de produção aos produtos acabados e à remessa – relataram, sem exceção, que obtiveram benefícios por conhecerem melhor seus sistemas. Entretanto, utilizar todos os dados coletados e atualizá-los, a fim de controlar mudanças frequentes no ambiente empresarial, revelou-se uma tarefa bastante difícil e dispendiosa.

Desvantagens do custeio baseado em atividades

Quando o ABC e a ABM foram originalmente desenvolvidos, eles exigiam um volume enorme de dados quantitativos sobre o consumo dos direcionadores de custos (bases de alocação) previstos e reais.[8] A complexidade das iniciativas originais de implementação e os problemas contínuos da coleta de dados deram margem a reclamações de que o ABC:

- Exige muito esforço na coleta de dados detalhados, por parte dos funcionários operacionais que não desejam ou não utilizam as informações fornecidas.
- Possibilita a escolha subjetiva de centros e determinadores.

---

[8] As alocações baseadas no tempo posteriormente foram promovidas a fim de superar algumas dessas deficiências (Kaplan e Anderson, 2003; Everaert e Bruggeman, 2007), mas em geral foram malsucedidas (Cardinaels e Labro, 2009).

- Não oferece um método fácil para identificar dados divulgados incorretamente.
- Mistura custos fixos e variáveis no mesmo centro (pressupondo que todos os custos são variáveis).
- Concentra-se na redução de custos, e não na geração de receitas.
- Gera custos que excedem em muito os benefícios obtidos (Palmer e Vied, 1998; Geri e Ronen, 2005; Bragg, 2007a, pp. 207-209; Ricketts, 2008, p. 54).

Embora a adoção do ABC ou da ABM tenha sido pequena e dispersa (Kiani e Sangeladji, 2003; Cohen *et al.*, 2005; Bhimani *et al.*, 2007), acadêmicos e consultores continuam apoiando essa metodologia (Stratton *et al.*, 2009).

Balanced Scorecard

Por reconhecer a importância de ter medidas de desempenho apropriadas para motivar os funcionários a coordenar suas atividades (e posteriormente implementar a estratégia da empresa), líderes do setor desenvolveram o Balanced Scorecard (*scorecard*), que incluía medidas não financeiras.[9] "O painel de indicadores mede o desempenho organizacional com relação a quatro perspectivas balanceadas: financeira, de clientes, de processos empresariais internos e de aprendizagem e crescimento" (Kaplan e Norton, 1992; Kaplan e Norton, 1996, p. 2). Embora o defensor mais conhecido do Balanced Scorecard não tenha abandonado o ABC (Kaplan e Norton, 1996, pp. 55-57), o objetivo de um conjunto mais *balanceado* de indicadores é incluir orientações sobre indicadores não financeiros e oferecer uma perspectiva mais global.

Estudos indicam que os conceitos do Balanced Scorecard são empregados na maioria das empresas de grande porte nos Estados Unidos e no mundo. Entretanto, embora se tenha notícia de implementações bem-sucedidas, existem poucas evidências empíricas de que a implementação do Balanced Scorecard aumente a lucratividade (Speckbacher *et al.*, 2003).

Vantagens do sistema de informações de desempenho baseadas no Balanced Scorecard

Um dos principais benefícios do sistema de indicadores de desempenho baseados no Balanced Scorecard – a facilidade de compreensão – também pode ser uma de suas maiores falhas. É totalmente possível que os gerentes, ao aceitar facilmente o conceito básico das medições balanceadas em todos os aspectos de uma empresa e, portanto, propensos a implementar o Balanced Scorecard sem a assessoria de consultores externos, não tenham personalizado suficientemente o respectivo sistema de indicadores. Mesmo assim, as empresas esperam que o sistema de informações de desempenho baseado no Balanced Scorecard:

- direcione todos os funcionários para metas de mais longo prazo;
- esclareça as relações e a importância de várias metas estratégicas;
- alinhe o comportamento dos funcionários com as metas estratégicas;
- forneça um *feedback* relevante e oportuno aos gerentes;
- favoreça a tomada de decisões mais adequadas;
- melhore o desempenho operacional (Lawson *et al.*, 2003; Buhovac e Slapnicar, 2007; Anônimo, 2008, p. 80).

Lamentavelmente, a maioria dessas expectativas não é atingida para a maior parte dos adotantes.

---

[9] Embora Kaplan e Norton geralmente recebam o crédito pelo desenvolvimento do indicador de desempenho, esses autores, em um livro renomado, afirmam no prefácio que várias empresas reuniram-se bimestralmente em 1990 para desenvolver um novo modelo (Kaplan e Norton, 1996, p. vii).

Desvantagens do Balanced Scorecard

Estima-se que 70% das empresas tenham adotado o Balanced Scorecard (Angel e Rampersad, 2005). Contudo, até mesmo os proponentes dos indicadores balanceados admitem que 90% dos adotantes falham ao executar estratégias bem planejadas (Weil, 2007). Seja qual for o motivo,[10] as promessas do Balanced Scorecard não foram cumpridas. Um autor desenvolveu uma lista dos "dez problemas principais" da maioria dos indicadores (Brown, 2007, p. 9). A maior parte dos pesquisadores conclui que o Balanced Scorecard:

- incentiva a utilização de uma quantidade exagerada de medidas que desviam a atenção do que é importante;
- oferece uma prioridade evidente para as medidas financeiras; as bonificações raramente se baseiam em medidas não financeiras;
- exclui, com demasiada frequência, medidas apropriadas sobre aprendizagem e crescimento organizacional;
- fornece uma relação de custo–benefício desfavorável;
- gera medidas de divisões diversificadas que não podem ser agregadas em nível corporativo;
- não associa claramente as estratégias e ações em nível dos funcionários individuais;
- fornece medidas morosas que não geram informações oportunas (Bourne *et al.*, 2002; Speckbacher *et al.*, 2003; Brown, 2007, p. 9; Weil, 2007).

Contabilidade enxuta

Recorrendo irrestritamente às traduções inglesas das operações enxutas da Toyota, desde *The Machine That Changed the World* (*A Máquina que Mudou o Mundo*) (Womack, Jones e Roos, 1990) a *The Toyota Way* (*O Modelo Toyota*) (Liker, 2004) e *The Toyota Way Field Book* (Livro de Campo sobre o Método Toyota) (Liker e Meier, 2006), a contabilidade enxuta pretende adaptar à contabilidade princípios básicos como eliminação de perdas, diminuição de tempo e custo e desenvolvimento de fluxos de valor.

Os conceitos da produção enxuta (Lean) foram desenvolvidos no setor fabril, mas até o setor de serviços agora está adotando essas técnicas. Por exemplo, a fim de revigorar suas operações, há pouco tempo a Starbucks introduziu as técnicas da produção enxuta às suas cafeterias (Jargon, 2009). Uma empresa de recrutamento de executivos (de executivos de produção enxuta) começou a utilizar os conceitos de produção enxuta (Brandt, 2009), escritórios administrativos estão implementando esses conceitos *Lean* (Brewton, 2009) e até mesmo os hospitais os estão testando (Does *et al.*, 2009).

Relação com a análise de fluxo de valor (analogia com a produção em células)

O método contábil tradicional consiste na reunião – por departamento, divisão ou segmento – dos *custos diretos,* que incluem todos os custos de produção variáveis mais os custos fixos que beneficiam uma única unidade, e na alocação de *custos comuns* (custos fixos compartilhados) a todas as unidades que se beneficiam desses custos comuns. Em contraposição, a contabilidade enxuta, tal como as operações enxutas, procura estabelecer, para um *fluxo de valor* (um fluxo de produção para um determinado produto ou família de produtos), um fluxo de dados que produz rapidamente informações de alta qualidade (Maskell e Baggaley, 2004, pp. 9-10). Por exemplo, se o processamento individual das transações contábeis, uma de cada vez, acelerar o fluxo de informações para os gerentes operacionais, essa metodologia será preferencial, ainda que o processamento de

---

[10] Várias dissertações se basearam nos conceitos do Balanced Scorecard. Por exemplo, Deem (2009) conduziu um estudo que identificou uma relação positiva entre a eficácia do Balanced Scorecard e a cultura organizacional.

dados em lotes seja um processo mais econômico em termos de custo. Contudo, a maioria das recomendações da contabilidade enxuta aplica-se às operações, e não às atividades do departamento de contabilidade em si.[11]

A aplicação dos conceitos da contabilidade enxuta a uma operação em que os custos são agregados por fluxos de valor, estabelecidos para cada linha de produtos ou família de produtos, exige recursos "exclusivos" de fluxo de valor. Cada fluxo é concebido para agilizar o fluxo de produção e minimizar a alocação arbitrária de custos. A alocação de recursos a cada fluxo pode gerar algumas duplicações de recursos, que, obviamente, aumentam os custos. Entretanto, a produção é acelerada e a receita é obtida mais rapidamente.

A contabilidade enxuta reconhece a natureza arbitrária da alocação de custos fixos comuns (compartilhados) e tenta evitar esse problema dedicando recursos a fluxos de valor específicos em que as alocações restringem-se a componentes de uma família de produtos ou simplesmente não alocando custos gerais indiretos de fabricação comuns, como os prediais, de segurança, dos departamentos de recursos humanos etc. Todavia, demonstrando uma forte tendência em retroceder à ampla formação educacional em contabilidade tradicional, dois livros sobre contabilidade enxuta (Maskell e Baggaley, 2004; Huntzinger, 2007, Capítulo 17, consulte particularmente a p. 259) recomendam a alocação de recursos fixos comuns com o objetivo de produzir um custo total por unidade. Contudo, o valor do custo unitário totalmente alocado é duvidoso para os gerentes.

Vantagens da contabilidade enxuta

Os proponentes da contabilidade enxuta alegam que, por meio da participação de eventos *kaizen*, a experiência de obter melhoria contínua, chamada de *kaizen blitz*(SM),[12] quando executada por uma equipe focada, ao longo de um curto período de apenas alguns dias, as oportunidades de melhoria que se apresentam podem ser apoiadas por medidas e relatórios contábeis. Ao compreender e revelar as iniciativas enxutas, a contabilidade enxuta contribui para as seguintes melhorias:

- diminuição, normalmente drástica, do estoque de trabalhos em processamento (*work–in-progress* – WIP);[13]
- eliminação de processos que não agregam valor, diminuindo o tempo total de processo;
- maior produtividade da empresa;
- menor tempo de *setup* (preparação) e de troca de ferramentas;
- maior quantidade de entregas no prazo (Womack *et al.*, 1990, p. 81; Liker, 2004, pp. 3-6; Polischuk, 2009; Shipulski *et al.*, 2009).

Essas vantagens resultam da aplicação dos conceitos de produção enxuta em toda a empresa ou em toda a cadeia de suprimentos. Mesmo com o apoio da contabilidade, a obtenção dos benefícios prometidos pelas iniciativas enxutas é extremamente difícil.

Desvantagens da contabilidade enxuta

Várias empresas têm enfrentado ou relatado uma falta de sucesso geral ao copiar a estratégia de outra empresa. A tentativa de reproduzir os resultados de melhoria não somente em períodos de curto prazo, sem apoiar mudanças comportamentais e culturais, geralmente tem fracassado. Essas tentativas malsucedidas de implementação da produção enxuta e da contabilidade enxuta revelaram as seguintes deficiências:

---

[11] Isso não se deve à falta de oportunidades de melhoria na contabilidade. Apenas reduzir o tempo geralmente necessário para fechar os livros contábeis já seria um grande benefício.

[12] *kaizen blitz*(SM) é uma marca de serviços da Associação de Excelência em Fabricação.

[13] Um exemplo apresentando posteriormente neste capítulo mostra o efeito indesejado da redução de estoque sobre a demonstração de resultados.

- A alta administração não apoia ativa e continuamente as iniciativas enxutas.
- O pessoal de contabilidade/finanças não participa das sessões de treinamento na metodologia enxuta (uma situação não incomum em todas as iniciativas de melhoria).
- Os fluxos de informações não são adaptados para que correspondam aos novos fluxos da metodologia enxuta (fluxos de valor).
- Os "sucessos" locais divulgados criam concorrência entre as várias unidades de uma empresa.
- Não são desenvolvidas medidas de desempenho apropriadas (Achanga *et al.*, 2006; Stuart e Boyle, 2007; Pullin, 2009; Shook, 2009).

Além dos novos avanços contábeis discutidos previamente, algumas técnicas contábeis tradicionais, como os custos padrão e os orçamentos mestre, ainda são aplicadas vigorosamente.

Orçamento tradicional, orçamentos de capital e mecanismos de controle

Embora algumas empresas menosprezem o processo orçamentário (Anônimo, 2003; Hope e Fraser, 2003; Nolan, 2005; Weber e Linder, 2005), a maioria enfrenta a ansiedade anual da preparação orçamentária com a pompa, pose e manobra política de um evento público esportivo. Mesmo quando comportamentos ruins entram em erupção, existem bons motivos como planejamento detalhado, coordenação de toda a empresa e sincronização de iniciativas, para empreender esse processo.

Independentemente da metodologia contábil específica empregada para documentar e divulgar as transações internamente, a maioria das organizações, inclusive os governos, prepara orçamentos para diferentes períodos, em geral trimestrais ou anuais, mas às vezes para três ou cinco períodos anuais. Os orçamentos, além de serem elaborados para períodos diferentes, podem ser bastante específicos. Por exemplo, orçamento para o lançamento de um novo produto ou outro projeto específico, orçamento operacional direcionado ao lucro operacional previsto (ou esperado), orçamento de capital para a aquisição de ativos ou orçamento que cobre toda a organização, chamado de "orçamento empresarial" ou "central".[14]

Orçamento empresarial

Os orçamentos empresariais seguem planos estratégicos cuidadosamente traçados (embora algumas vezes eles procedam ou deem origem à estratégia). Esse processo força a introspecção e a consideração sobre pressupostos subjacentes e as consequências intencionais e, possivelmente, não intencionais. Além disso, os orçamentos podem projetar a falta de fluxo de caixa a tempo de obter compromissos de empréstimo bancário em momentos favoráveis – antes da necessidade de caixa. Por conveniência, o orçamento empresarial anual normalmente é decomposto, até certo ponto de maneira arbitrária, em subperíodos mensais ou trimestrais e pode exigir vários meses de comunicação bidirecional entre o departamento financeiro ou comitê orçamentário e os departamentos, as unidades de negócios ou os segmentos afetados (Bragg, 2007a, p. 30).

O planejamento financeiro inclui a preparação de uma projeção sobre o que a empresa espera conseguir no período seguinte. O processo orçamentário usual começa com a projeção de vendas mensal em unidades e em moeda, para um período de 12 meses.[15]

---

[14] A vasta maioria das pesquisas recentes sobre o orçamento está relacionada ao orçamento governamental, que apresenta problemas exclusivos (Kelly e Rivenbark, 2008) e não será abordado aqui.

[15] Por falta de espaço, a maioria dos livros acadêmicos apresenta orçamentos trimestrais (Hilton, 2009, Capítulo 9; Garrison *et al.*, 2010, Capítulo 9), mas as empresas precisam que os orçamentos sejam preparados pelo menos mensalmente para prever com exatidão as necessidades de caixa e quando será possível investir capital complementar.

Com base nas vendas previstas e em determinadas informações correspondentes aos níveis de estoque desejados, a produção em unidades, a aquisição de material (em unidades e moeda), os custos de mão de obra, os custos indiretos variáveis e outros custos de produção indiretos e fixos a serem incorridos são calculados, tanto em termos de desembolso (fluxo de caixa financeiro) quanto em termos de apuração do custo geral indireto, para cada mês do período. Nesse momento, o custo de venda, incluindo de materiais, mão de obra e custo geral indireto, é calculado para cada mês. Em seguida, prepara-se uma programação das despesas gerais, de venda e administrativas, normalmente divididas em componentes variáveis e fixos.

Utilizando as informações anteriores, bem como os pressupostos relativos à cobrança de clientes, ao pagamento de fornecedores, à aquisição de ativos e ao momento oportuno de entrada e saída de caixa, prepara-se uma demonstração de fluxo de caixa. Só então haverá informações suficientes para as demonstrações de resultados e os balanços patrimoniais projetados. (Consulte, nos diagramas, as relações do orçamento empresarial, em Hilton, 2009, p. 350, e Garrison *et al.*, 2010, p. 375.)

Orçamentos de capital

Uma das maiores exigências de caixa está relacionada à aquisição de ativos complementares. Nas organizações de grande porte descentralizadas, os pedidos de orçamento de capital são preparadas por *centros de investimento*, que são responsáveis pelo retorno sobre os ativos e também por lucros e perdas. Esses centros exigem recursos complementares para cumprir suas metas de crescimento e não preveem (e provavelmente não podem prever) o impacto desses pedidos sobre a organização como um todo. Por esse motivo, os comitês executivos normalmente programam uma maratona de sessões em que os gerentes apresentam seus argumentos, utilizando fluxos de caixa e valores presentes líquidos projetados, para obter investimento adicional. O comitê deve então determinar quais propostas serão financiadas,[16] com base na análise lógica de apresentações breves, convincentes e, com frequência, rivalizantes.

Em virtude do tempo necessário para chegar a um consenso sobre os diversos tipos de orçamento, a administração com frequência hesita em analisar os números orçamentários quando os pressupostos originais são invalidados. Portanto, os dados formulados durante a primavera para uma empresa do ano civil serão empregados nos 12 a 15 meses subsequentes.

Assim que o período orçamentário se inicia, as grandes organizações geralmente preparam *orçamentos flexíveis* periódicos, os quais se baseiam nos resultados reais de uma área crucial da organização na qual o orçamento empresarial é originado. Por exemplo, se uma empresa apresentar excesso de capacidade, a primeira programação no orçamento empresarial são as unidades de venda, depois as vendas projetadas na moeda da empresa e, em seguida, as programações de produção, as programações de material etc. Portanto, assim que se identifica a quantidade de venda, os custos previstos associados com essas vendas podem ser reparados. Todavia, se uma empresa tiver mais demanda do que recursos para atendê-la, o orçamento empresarial deverá ser iniciado com uma programação de produção que caracterize o *mix* de produtos. Em seguida, é possível deduzir as vendas, em moeda e de acordo com outras programações de apoio. Posteriormente, a produção e as vendas reais de diversos produtos e igualmente os custos previstos podem ser associados em um orçamento flexível. Os orçamentos flexíveis apresentam mais dados significativos inter-relacionados quando se conhece a verdadeira área de desempenho considerada crucial.

Utilização de dados do orçamento

Além de sua função de planejamento, com frequência os orçamentos são utilizados na avaliação de desempenho. Como o orçamento empresarial abrange os orçamentos de

---

[16] De acordo com minha experiência, o pessoal de marketing faz as palestras mais sofisticadas.

cada uma das áreas da organização, é fácil avaliar o *desempenho com base no orçamento*, situação em que os resultados de cada área são comparados com as previsões orçamentárias e variâncias favoráveis e desfavoráveis calculadas e divulgadas. Os orçamentos flexíveis, de acordo com todos os livros acadêmicos sobre contabilidade de custos e gerencial produzidos nas últimas décadas, controlam alguns dos danos desse tipo de relatório de desempenho, mas não todos.

Vantagens e desvantagens dos orçamentos tradicionais
Algumas das vantagens da preparação de orçamentos são as seguintes:

- O planejamento correspondente a períodos futuros é essencial.
- Os orçamentos facilitam a comunicação em todas as áreas da organização.
- São estabelecidas metas (expectativas).
- Todas as áreas da organização contribuem para o processo.
- É possível cumprir ou renegociar acordos iminentes com os credores.
- É possível determinar as necessidades de recurso (Hilton, 2009, pp. 348-349; Garrison *et al.*, 2010, p. 369).

As desvantagens do processo orçamentário e de sua utilização são as seguintes:

- Ele estabelece um limite superior de desempenho (existe um pequeno incentivo para "superar" o orçamento em desempenho).
- Ele estimula o preenchimento desnecessário das solicitações (jogo para evitar cortes em itens considerados críticos) na expectativa de reduzir os cortes realmente necessários.
- Ele gera uma falta de comprometimento para com o orçamento (os números orçados com frequência são ditados pela alta administração).
- Ele estimula a concorrência entre áreas de recursos.
- Ele pode estimular um comportamento disfuncional a fim de cumprir os valores orçados.
- Ele é excessivamente trabalhoso e muito dispendioso (Cunningham e Fiume, 2003, pp. 133-139; Hope e Fraser, 2003, Capítulo 1; Hilton, 2009, pp. 375-376).

Método da TOC de planejamento, controle e análise de sensibilidade

Por mais espantoso que pareça, a TOC defende vigorosamente que todas as flutuações na alocação produzidas pelas metodologias contábeis tradicionais e as mais recentes não são necessárias e geralmente servem para confundir e obscurecer, e não para esclarecer. Na verdade, implementar a TOC (ou qualquer outra iniciativa de melhoria gerencial) sem mudar o sistema interno de contabilidade e divulgação de informações gerará mensagens ambíguas para as pessoas e, em algum momento, ao estimulá-las a recorrer a políticas e pressupostos antigos e ultrapassados, nos quais a divulgação de informações se baseia, enfraquecerá o novo sistema.

Planejamento

Em seu nível mais básico, o planejamento exige o estabelecimento de uma estratégia e, em seguida, a implementação da estratégia escolhida. Como esse assunto é tratado detalhadamente em capítulos posteriores deste livro (Capítulos 15, 18, 19 e 34), só depois falaremos sobre as estratégias e táticas.

O ponto de partida usual do planejamento em um ambiente centrado no ganho é o reconhecimento da restrição (o primeiro dos cinco passos de focalização da TOC). Se a oferta de matérias-primas for escassa, os fornecedores podem ocupar essa posição. Na maioria das vezes, é a demanda dos clientes de uma organização que se apresenta como a restrição, particularmente em tempos de recessão econômica, tal como a de meados de 2008 e de 2009. Entretanto, em virtude das políticas da empresa, também não é incomum encontrar uma ou várias restrições internas.

Identificando o melhor mix de produtos

O pessoal do departamento de contabilidade pensa a respeito de capacidade com relação à capacidade produtiva instalada, e não com relação à capacidade de cada recurso empregado para fabricar os produtos de uma empresa. No entanto, se a demanda for superior à capacidade de qualquer recurso de uma organização, os produtos deverão ser priorizados.

O método tradicional é priorizar os produtos com base em um dos seguintes fatores: (1) preço de venda, (2) lucro bruto ou (3) margem de contribuição (margem bruta). O sistema contábil baseado em atividades prioriza os produtos de acordo com o lucro bruto por atividade de cada produto.

A CG utiliza o reconhecimento explícito de uma restrição na priorização de produtos. Uma das fórmulas mais conhecidas da TOC, empregada para determinar o melhor *mix* de produtos quando a demanda é superior à capacidade de produção (existe uma restrição interna), é o ganho por unidade do tempo da restrição. Os contadores aprenderão esse conceito pelo nome de *margem de contribuição por unidade de restrição*, que é recomendado para determinar as prioridades de produto quando uma empresa enfrenta uma única restrição.[17] Esse processo é facilmente esclarecido com um exemplo.

A Figura 13.1 é adaptada do exemplo original "P-Q" desenvolvido e apresentado por Eli em inúmeros *workshops* ao redor do mundo e em seus livros (Goldratt, 1990, Capítulo 12). Em vez de dois produtos, a Figura 13.1 tem três produtos. Porém, a ideia básica de um ambiente estável, em que não haja nenhuma incerteza significativa, é a mesma. Com base na Figura 13.1 e em algumas informações básicas como as mostradas nas Tabelas 13.1 e 13.2, uma pessoa treinada na TOC consegue calcular em questão de minutos o *mix* ótimo de produtos (produto Z, em seguida o produto X e depois o produto Y) e o lucro operacional previsto.

Na Figura 13.1, há três elementos com linhas mais espessas porque seu resultado é exigido em mais de um produto. O recurso 1/atividade 2 e o recurso 2/atividade 3 produzem um componente comum por meio da matéria-prima 3, que é usada tanto pelo produto X quanto pelo produto Y.

A Figura 13.1 mostra uma visão de produção – que associa as listas de materiais (LMs) e as sequências dos itens que fluem pela fábrica – das operações de uma empresa em que cada um dos quatro recursos pode executar diferentes atividades. Uma visão contábil usual mostraria o fluxo de materiais ao longo dos quatro recursos estáticos.

Em cinco minutos, a maioria das pessoas familiarizadas com os conceitos da TOC reconhece que o recurso 2 não tem capacidade suficiente para produzir todas as unidades solicitadas e, portanto, calcularia o ganho por minuto requerido pelo recurso 2 da seguinte maneira:

Produto X: $ 300 − $ 60 materiais − $ 8 CDVF − $ 32 DVV = $ 200/(20 minutos do recurso 2)
= $ 10,00/minuto

Produto Y: $ 260 − $ 50 materiais − $ 5 CDVF − $ 22 DVV = $ 183/(20 minutos do recurso 2)
= $ 9,15/minuto

Produto Z: $ 195 − $ 45 materiais − $ 2 CDVF − $ 15 DVV = $ 133/(5 minutos do recurso 2)
= $ 26,60/minuto

---

[17] Se uma empresa tiver mais de uma restrição, a recomendação usual da contabilidade é utilizar uma programação linear para encontrar o melhor *mix* de produtos. Esse conteúdo frequentemente é omitido pelos professores de contabilidade.

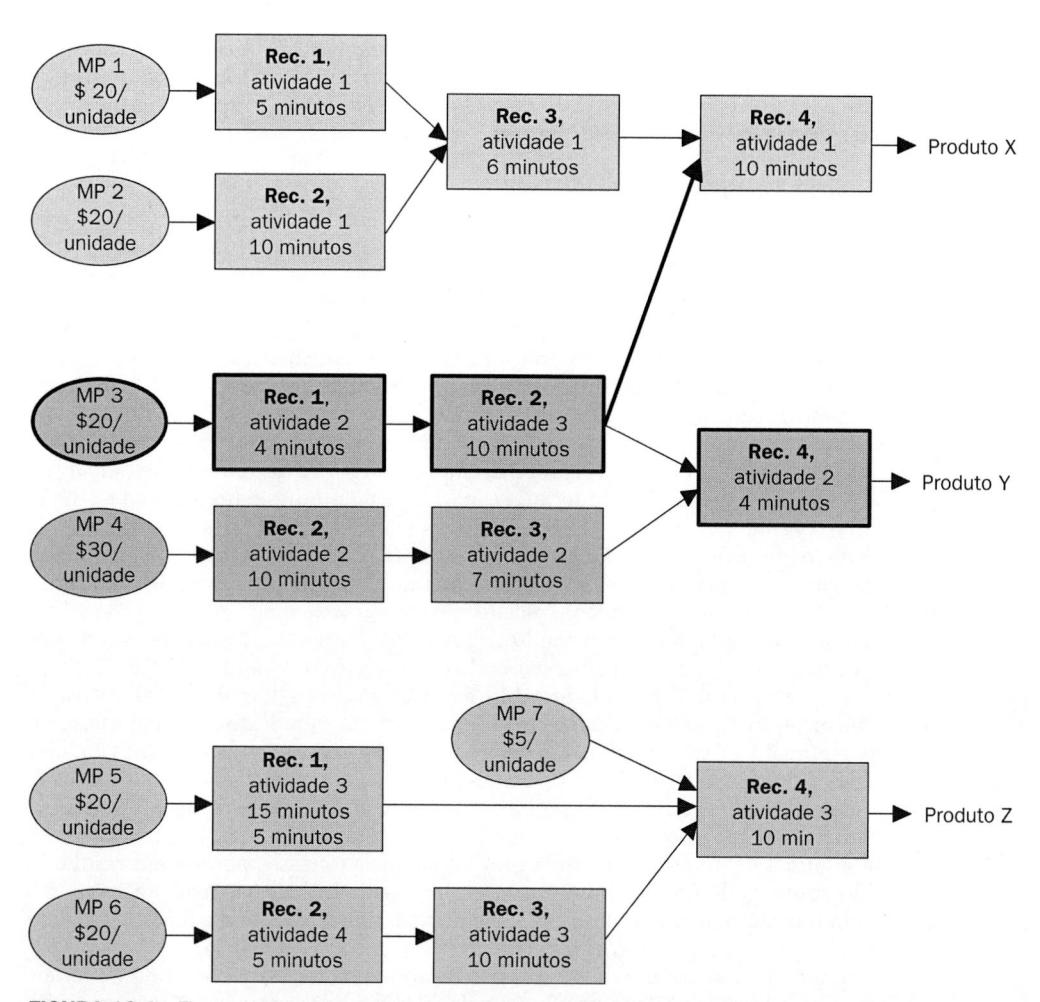

FIGURA 13.1 Fluxos do produto pelos recursos de uma empresa simples.

Portanto, a prioridade seria o produto Z, depois o produto X e em seguida o produto Y. O lucro semanal seria calculado como $ 12.858 (ganho total de $ 30.470 menos o total de custos fixos de $ 17.612), usando todos os 2.400 minutos do recurso 2.[18]

Adotando pressupostos sensatos,[19] o método de lucro bruto ou margem bruta tradicional indicaria que a primeira prioridade seria o produto Y, depois o X e em seguida o Z. (Consulte uma lista completa de 13 pressupostos – alguns deles não serão necessários para os exemplos deste capítulo – na planilha "Throughput_Examples".)[20] De modo se-

---

[18] As 80 unidades do produto Z exigiram 400 minutos do recurso 2, as 90 unidades do produto X utilizariam 1.800 minutos e as 10 unidades do produto Y utilizariam os 200 minutos finais. Na realidade, o uso de capacidade não seria programado em 100%, mas uma menor disponibilidade de capacidade para todos os recursos não mudaria os resultados básicos apresentados aqui.

[19] Por exemplo, mão de obra alocada de acordo com os minutos gastos em cada produto; custos indiretos fixos de fabricação alocados com base nos custos variáveis de fabricação, venda somente de unidades inteiras etc.

[20] Localizado no *site*: www.mhprofessional.com/TOCHandbook.

Tabela 13.1 Demanda, preços de venda e custos variáveis

Produto	Unidades solicitadas por semana	Preço de venda	Custos diretos variáveis de fabricação (CDVF)	Despesas variáveis de vendas (DVV)
X	90	$ 300,00	$ 8,00	$ 32,00
Y	50	$ 260,00	$ 5,00	$ 22,00
Z	80	$ 195,00	$ 2,00	$ 15,00

Tabela 13.2 Informações complementares

Item	Disponibilidade ou custo por semana
Recursos 1, 2, 3 e 4	Cada recurso tem uma disponibilidade de 2.400 minutos por semana (total de 9.600 minutos por semana)
Salários (compartilhados entre todos os produtos)	Custo de $ 4.800 por semana
Custos indiretos fixos de fabricação (compartilhados)	Custo de $ 7.200 por semana
Despesas indiretas gerais, administrativas e de venda fixas	Custo de $ 5.612 por semana

Tabela 13.3 Lucro operacional resultante de vários métodos de custeio

Método	Lucro operacional
Ganho (Z, X, Y): restrição reconhecida e aproveitada	$ 12.858
Lucro bruto tradicional (Y, X, Z): restrição não reconhecida	$ 5.538
Margem de contribuição (X, Y, Z): restrição não reconhecida	$ 5.878
Custeio baseado em atividades (X, Y, Z): restrição não reconhecida	$ 5.878

melhante, o ABC[21] indicaria que a prioridade com relação ao lucro bruto seria o produto X, depois o Y e em seguida o Z. A Tabela 13.3 compara o lucro operacional (para simplificar, os impostos são ignorados) de quatro métodos de custeio (ganho, tradicional, margem de contribuição e ABC).

Assim que se determinar o melhor *mix* de produtos, será possível preparar um orçamento empresarial formal.

Preparando um orçamento de ganho

A preparação do orçamento de ganho segue o mesmo fluxo geral descrito na seção sobre a preparação orçamentária tradicional, mas consideraria conscientemente uma possível restrição interna. O processo de preparação do orçamento é mais fluente quando a produção fornece os seguintes dados: (1) LM de cada produto; (2) sequência de cada produto; (3) vendas previstas priorizadas de cada produto; (4) tamanho do estoque necessário; (5) capacidade disponível dos recursos; e (6) aquisição proposta de propriedades, prédios ou equipamentos durante o período.

---

[21] Três centros – planejamento, processamento e suporte – e determinadores individuais são utilizados para alocar todos os custos aos produtos e obter o lucro total por unidade de produto mostrado nas células G128-J135 da planilha "Throughput_Examples" ("Exemplos_Ganho"), localizada em www.mhprofessional.com/TOCHandbook.

Com uma restrição interna, o processo orçamentário começaria com uma produção prevista do *mix* de produtos mais lucrativo (em unidades) e uma avaliação da disponibilidade da restrição. As vendas previstas (em unidades e em total de receitas), os custos de produção e todos os outros elementos de um orçamento tradicional seriam preparados. Após a preparação do orçamento de caixa, a demonstração de resultados seria preparada em dois formatos: o do custeio direto, utilizado pela contabilidade de ganhos[22,23] e o formato tradicional dos PCGAs (receitas menos custo de venda, subtotalizado em lucro bruto menos despesas gerais, de venda e administrativas para identificar o lucro operacional). (Consulte uma abordagem completa sobre a preparação do orçamento de ganho em Bragg, 2007b, Capítulo 5.)

O orçamento de ganho seria utilizado apenas para finalidades de planejamento, e não de controle, como tradicionalmente tem sido o caso.

Controle do ganho

A TOC sustenta que três medidas objetivas – *ganho, receitas de venda menos todos os custos variáveis (de fabricação e gerais, de venda e administrativos), estoque (ou investimento), os valores que uma organização gastou para conseguir produzir*, e *despesas operacionais, as despesas representativas nas quais uma empresa deve incorrer todo período para continuar funcionando* – são as únicas medidas necessárias para a tomada de decisões operacionais diárias (Goldratt e Cox, 1984). Essas três medidas ganharam espaço em todos os livros acadêmicos sobre contabilidade de custos e gerencial, com nomes ligeiramente distintos, desde a década de 1960 pelo menos (Dopuch e Birnberg, 1969).

As diferentes definições desses termos sem dúvida provocaram grande confusão. Embora possa ser impossível, neste estágio já avançado, mudar a terminologia da TOC, as pessoas formadas em contabilidade chamam o *ganho* de *margem de contribuição*,[24]* com a mesma definição – *receitas menos os custos totalmente variáveis*. O estoque é um subconjunto extremamente controlável de *investimentos* em ativos totais. Na terminologia contábil, as *despesas operacionais* seriam os *custos fixos*, incluindo os custos fixos de fabricação e os custos fixos gerais, de venda e administrativos.

Onde concentrar as melhorias de qualidade

O mesmo exemplo mostrado na Figura 13.1, com a identificação da restrição interna (recurso 2), pode ser utilizado para direcionar as melhorias de qualidade. Suponhamos que a empresa enfrente um problema de perda de material no recurso 4 – 4% das unidades (3,6 unidades) do produto X, 7% (0,7 unidade[25]) do produto Y e 8% (6,4 unidades) do produto Z (consulte a Figura 13.2) são inutilizadas. A equipe de qualidade pode corrigir esse problema em apenas um produto por vez e o custo seria aproximadamente o mesmo para cada produto. De qual produto a equipe deveria cuidar primeiro?

Em vista das informações sobre problema de qualidade mostradas na Figura 13.2, a maioria das pessoas escolheria imediatamente o produto Z para dedicar atenção em

---

[22] Receitas menos custos de venda variáveis, menos outras despesas variáveis (gerais, de venda e administrativas), para mostrar o ganho (margem de contribuição ou margem bruta), menos despesas operacionais (custos fixos) para obter o lucro operacional antes da despesa de imposto.

[23] Consulte um exemplo completo de formato de ganho na segunda planilha do arquivo intitulado "InventoryReductionExample" ("ExemploReduçãoEstoque"), em www.mhprofessional.com/TOCHandbook.

[24] Consulte a seção sobre demonstração de resultados de custeio direto ou variável, que contém todos os elementos de uma demonstração de resultados de ganho.

* N. de RT: na verdade, no custeio variável está incluída a mão de obra direta. Na contabilidade de ganhos, a mão de obra direta é considerada como despesa operacional.

[25] Somente dez unidades do produto Y estão programadas para produção. Portanto, $10 \times 0{,}07 = 0{,}7$.

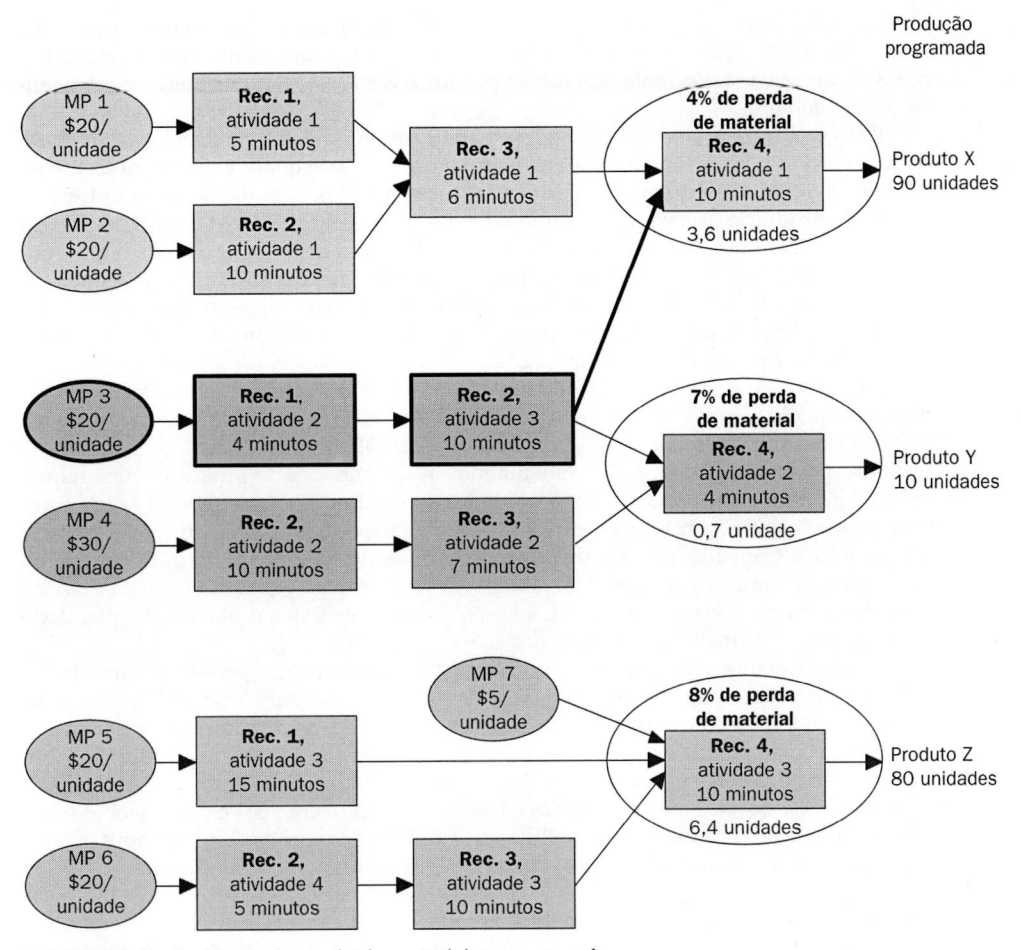

FIGURA 13.2 Problema de perda de material no recurso 4.

primeiro lugar porque (1) ele apresenta a maior porcentagem de perda de material, (2) tem a maior quantidade de unidades inutilizadas ou (3) é o produto mais lucrativo da empresa. Na contabilidade tradicional, mesmo se o custo do tempo perdido (45, 35 e 40 minutos, respectivamente, dos produtos X, Y e Z), a $ 0,50 por minuto[26] for incluído na análise, com o custo de materiais ($ 60, $ 50 e $ 45 para os produtos X, Y e Z, respectivamente) e os custos indiretos variáveis de fabricação ($ 8, $ 5 e $ 2 para os produtos X, Y e Z, respectivamente), as prioridades ainda assim serão o produto Z (com um custo total de $ 428,80), depois o produto X (custo total de $ 325,80) e em seguida o produto Y (custo total de $ 50,75).

Entretanto, como há tempo suficiente para repor o trabalho perdido nos recursos 1, 3 e 4, a abordagem de ganho inclui os custos variáveis perdidos (materiais e custos indiretos variáveis de fabricação) mais o custo do tempo perdido apenas no recurso 2. As unidades perdidas dos produtos Z e X serão repostas, diminuindo a quantidade de unidades

---

[26] Total de salários semanais de $ 4.800, dividido pelo total de minutos de mão de obra de 9.600 (40 horas × 60 minutos × 4 recursos). Esse é o custo real de mão de obra por minuto; o índice tradicional aplicado de $ 0,53333 baseia-se na demanda correspondente à produção prevista, que requer 9 mil minutos de mão de obra.

produzidas e vendidas do produto Y. Primeiramente, podemos ignorar com segurança a opção de corrigir o problema de qualidade no produto Y porque somente uma unidade é perdida por semana. Portanto, apenas os produtos X e Z receberiam atenção para finalidades de melhoria.

Visto que somente unidades inteiras podem ser vendidas, se o problema de qualidade no produto Z for solucionado primeiro, o problema de qualidade remanescente do produto X diminuirá a quantidade de unidades produzidas e vendidas do produto Y. As perdas de produção do produto X serão repostas, mas terão sido perdidos 80 minutos (4 unidades × 20 minutos) na restrição (recurso 2). Por isso, depois que o recurso 2 for utilizado para produzir 80 unidades do produto Z (ainda o melhor produto, que requer 400 minutos) e 90 unidades do produto X (o melhor produto subsequente, que requer 1.800 minutos), restarão apenas 120 minutos para produzir e vender 6 unidades do produto Y, o que gera um lucro operacional de $ 12.126.

Contudo, se o problema de qualidade do produto X for solucionado primeiro, o problema de qualidade remanescente do produto Z exigirá a reposição de 7 unidades, com 5 minutos por unidade, o que representa uma perda de 35 minutos do tempo do recurso 2, restando, portanto, 2.365 minutos. Novamente, as 80 unidades do produto X, que requerem 400 minutos do recurso 2, e as 90 unidades do produto Z, que requerem 1.800 minutos do recurso 2, deixam 165 minutos do recurso 2 disponíveis para a produção e venda do produto Y. Com 165 minutos disponíveis, 8 unidades completas do produto Y [(165 minutos)/(20 minutos por unidade)] podem ser produzidas e vendidas. Com esse *mix* de produtos, o lucro operacional será de $ 12.492, $ 366 a mais se o problema de qualidade for solucionado primeiro no produto Z.

Embora examinemos somente os minutos perdidos do recurso pertinente, multiplicados pelo ganho (margem de contribuição) por minuto do produto Y do tempo de produção do recurso 2, mais os custos variáveis envolvidos, teremos a mesma resposta (resolver o problema de qualidade do produto X primeiro e depois o problema do produto Z). Com esse método de atalho (consulte a planilha "Throughput_Examples", células AR29:AZ48), corre-se o risco de não considerar todas as variáveis. Tendo em vista o efeito global sobre o lucro operacional (mostrado nas células AQ50:BB69 da planilha "Throughput_Example"), esse é de longe o método mais seguro e o recomendado por especialistas.

Acrescentando um novo segmento de mercado

A solução do ganho com frequência tem sido comparada com a solução de programação linear de um problema com uma única restrição (Dopuch e Birnberg, 1969) e descrita como uma análise de programação linear escalonada (gradual), que lida com uma restrição (a pior) por vez. Infelizmente, a solução do ganho, tal como uma solução de programação linear, é extremamente sensível aos desvios de uma solução de *equilíbrio*, em que a melhor solução é encontrada por meio de pressupostos a respeito da disponibilidade de recursos, da demanda de produtos e assim por diante.

Por exemplo, suponhamos que um vendedor retorne da China com um pedido de 30 unidades por semana para cada um dos três produtos – X, Y ou Z – ou com qualquer outra combinação disso, tendo acertado um preço de venda equivalente a 80% do preço cobrado nos Estados Unidos. A empresa dever vender qualquer um de seus produtos na China? Diante dessa decisão, a empresa deve ter muito cuidado para não cometer o erro mais fácil de todos: pressupor que a restrição não mudará para outro recurso.[27]

Depois de calcular o ganho por minuto do recurso 2 para cada um dos três produtos que talvez possam ser vendidos na China, suponhamos que a empresa decida vender 30 unidades do produto Z na China (chamado de China Z na planilha), com um ganho por minuto no recurso 2 de $ 18,80 ($ 156 – $ 62 = $ 94 ÷ 5 minutos no recurso 2), antes de atender aos pedidos dos produtos X e Y, e não se interesse por vender o produto X (China

---

[27] Esse problema foi indicado originalmente em Goldratt (1990, pp. 97-99).

X, com ganho de $ 7/minuto) e o produto Y (China Y, com ganho de $ 6,55/minuto) na China. Entretanto, se a empresa adotar essa estratégia, não conseguirá obter um lucro total superior ($ 14.214), como esperado. Ela conseguirá obter $ 12.448 – $ 1.766 menos que o esperado – e $ 410 a menos em comparação com o seu melhor desempenho *anterior*, quando não vendia nenhum produto para a China. A deterioração do lucro operacional ocorrerá pelo fato de o recurso 1 utilizar muito o produto Z (e, portanto, o China Z) e, com isso, estreitar a oferta e dar origem a uma restrição interativa com o recurso 2. (Consulte a planilha "Throughput_Example, células BD2:BS82.)

É necessário ter controles em vigor para evitar medidas que venham a diminuir o lucro operacional. Os exemplos a seguir mostram de que forma a contabilidade tradicional pode dar lugar a decisões não ideais.

Decisões de compra

Embora os materiais muitas vezes não sejam uma restrição para a empresa, com a rápida expansão ocorrida em 2007 e 2008, o preço das matérias-primas disparou. Obviamente, a recessão entre o final de 2008 e o ano de 2009 colocou novamente os custos de matéria-prima em sintonia. Quando o preço de matéria-prima muda, o ganho e o ganho por unidade também mudam. Portanto, as prioridades com relação aos produtos podem mudar do mesmo modo. No mundo da TOC, toda vez que qualquer *input* de medida de ganho muda, seu impacto sobre as prioridades deve ser revisto.

As decisões de compra menos óbvias estão relacionadas à oportunidade de adquirir materiais de um fornecedor com custo mais baixo ou de terceirizar determinadas partes da atividade produtiva. Possíveis erros de aquisição podem ocorrer de acordo com as propostas de terceirização aceitas ou recusadas e com base também nas compras iniciais de material. Todas as decisões a seguir devem ser consideradas independentemente. Ou seja, o ponto de partida é a combinação mais lucrativa atual de 80 unidades do produto Z, 90 unidades do produto X e 10 unidades do produto Y.

Decisão de aquisição O departamento de compras encontrou um novo fornecedor que está disposto a fornecer a matéria-prima 7 por $ 2,50, uma economia de $ 200 por semana para a empresa. A Figura 13.3 mostra essa oportunidade. Se o departamento de compras fosse avaliado com base principalmente nas economias de custo, provavelmente fecharia o negócio. Todavia, depois de experimentar uma amostra do novo material, o gerente de produção afirma que haverá aproximadamente 10% de perda de material no recurso 4/atividade 3. Como o tempo ocioso do recurso 4 é grande, o departamento de compras garante ao gerente de produção que consegue compensar facilmente os 80 minutos perdidos em virtude da perda de material. Em outra tentativa de selar o negócio, o departamento de compras diz ao gerente de produção que, em vista da maior utilização do recurso, será possível aumentar a eficiência e, portanto, compensar qualquer perda de material.

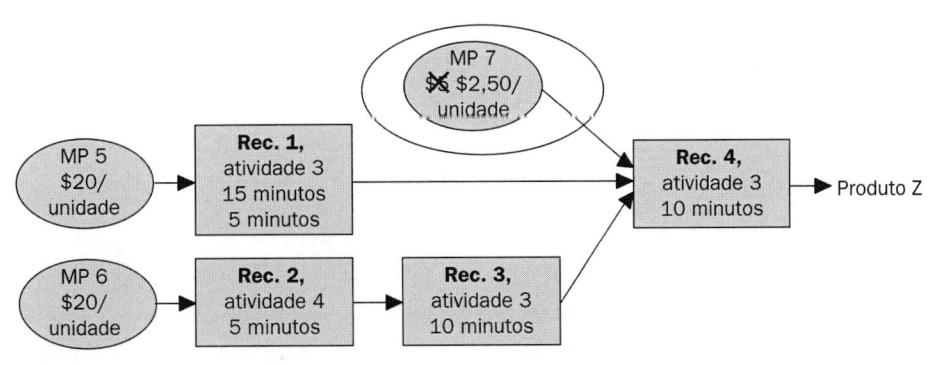

FIGURA 13.3 Aquisição proposta de um material mais barato.

O gerente de produção, que já havia recebido treinamento nos conceitos da TOC, afirma (não tão pacientemente) que, como a perda de material ocorre após o processamento na restrição (recurso 2), cada minuto perdido na atividade 4 diminuirá a quantidade de unidades de outros produtos que poderá ser produzida e vendida. Outros materiais serão processados para que toda a demanda pelo produto Z seja atendida. Por esse motivo, o produto menos prioritário, o Y, sofrerá mais. Como o recurso 2/atividade 4 requer 5 minutos de tempo de processamento por unidade, serão perdidos 40 minutos do tempo do recurso 2 (8 unidades × 5 minutos). Como o produto Y requer 20 minutos por unidade no recurso 2, serão eliminadas duas unidades do produto (a $ 183 de ganho por unidade). Portanto, as "economias" de custo de $ 200 desse material custarão para a empresa $ 366[28] em ganho perdido toda semana! (Consulte na planilha "Throughput_Examples", células BU1:CF40, a comparação entre o "melhor" lucro operacional original e o lucro operacional que seria obtido se a mudança proposta fosse aceita.)

Se essa "oportunidade" fosse aceita, haveria uma diminuição de $ 166 ($ 366 − $ 200) por semana no lucro operacional. Felizmente, o gerente de produção recusou essa proposta de "economia de custo".

Proposta de terceirização 1 Suponhamos que outra pessoa do departamento de compras tenha recebido uma proposta de um novo fornecedor para um componente que utilizará a matéria-prima 1 e o recurso 1 por um custo de $ 21,75. Não há nenhum custo indireto variável nessa operação. A proposta mostrada na Figura 13.4 – parte *a* (fabricar) e parte *b* (comprar), deve ser aceita? A contabilidade tradicional responderia "Sem dúvida". A essa altura da produção, o custo unitário é $ 22,67 ($ 20,00 de material e $ 2,67 por 5 minutos de processamento, a um custo de $ 0,5333 por minuto), o que gera uma economia de $ 82,80 por semana ($ 0,92 por unidade vezes 90 unidades) ou mais de $ 4.100 por ano.[29]

a. Fabricar

MP 1 $20/unidade → Rec. 1, atividade 1, 5 minutos a $ 0,5333 = $ 2,6667 → Rec. 3, atividade 1, 6 minutos → Rec. 4, atividade 1, 10 minutos → Produto X

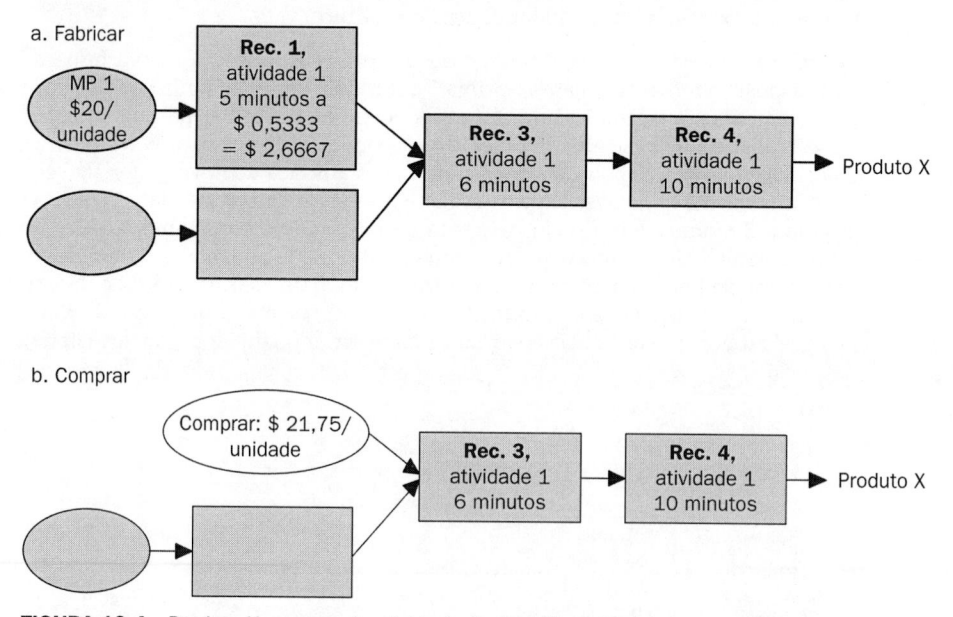

b. Comprar

Comprar: $ 21,75/unidade → Rec. 3, atividade 1, 6 minutos → Rec. 4, atividade 1, 10 minutos → Produto X

FIGURA 13.4 Produto X, recurso 1, atividade 1: decisão entre fabricar e comprar.

---

[28] [$ 183 ganho (margem de contribuição) do produto Y] × 2 unidades = $ 366.

[29] Observe que várias empresas que utilizam o custeio tradicional também incluiriam (incorretamente) as economias nos custos indiretos fixos que seriam meramente transferidos para outros produtos.

Contudo, a CG responderia "De forma alguma!". O recurso 1 não é uma restrição e ainda tem 50 minutos de tempo ocioso por semana.[30] Aceitar essa proposta de terceirização geraria um custo adicional de $ 1,75 por unidade ($ 21,75 – $ 20) para as 90 unidades necessárias – $ 157,50 por semana;[31] aproximadamente $ 8.000 por ano. Entretanto, o recurso 1 ficaria com um tempo ocioso maior de 450 minutos por semana. Além disso, a empresa não poderia mais controlar diretamente a qualidade e enfrentaria o risco de indisponibilidade quando precisasse desse componente.

Obviamente, a contabilidade tradicional responderia que o recurso 1 deveria ser usado quatro dias por semana porque no momento apresenta mais de oito horas de tempo ocioso. Às vezes, isso faz sentido, mas não regularmente. Na verdade, cortar o salário de um único funcionário não eleva o moral dos funcionários e não promove o comprometimento com o trabalho. Além disso, o recurso 1 é o candidato à restrição mais provável se a capacidade do recurso 2 for aumentada.

Terceirizar os materiais e o trabalho do recurso 1, na situação descrita, *não* seria uma boa decisão.

Proposta de terceirização 2 O departamento de compras também tem uma proposta de um fornecedor para fornecimento de um componente que incluiria a matéria-prima 3 e utilização do recurso 1 e do recurso 2 por um custo de $ 40. O custo variável de fabricação das operações necessárias é $ 2,50 por unidade. A Figura 13.5a mostra o sistema atual e a Figura 13.5b mostra a proposta de "compra". A empresa deveria aceitar essa proposta?

A contabilidade tradicional responderia "Não". O custo de fabricação corresponde a apenas $ 29,97 ($ 20 do material, $ 7,47 da mão de obra – 14 minutos a $ 0,5333,[32] mais

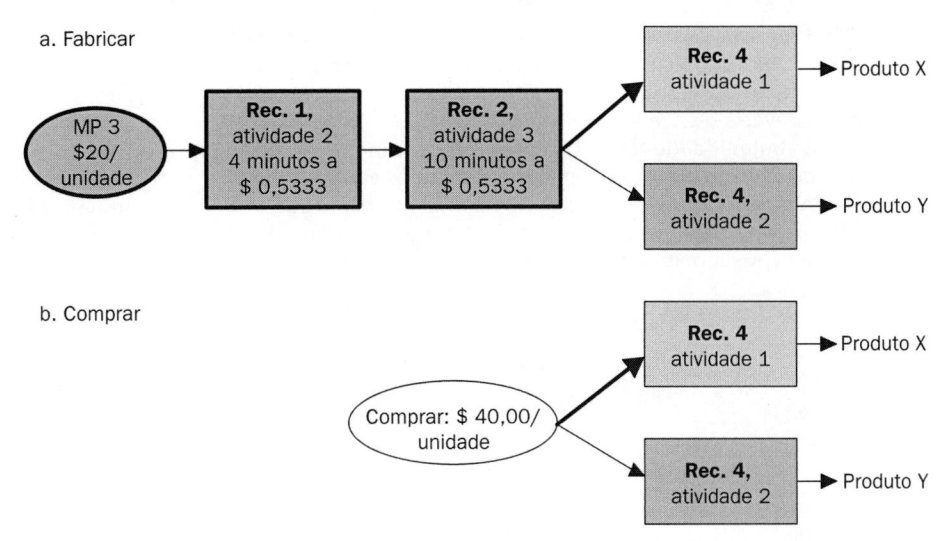

FIGURA 13.5 Produtos X e Y, recurso 1, atividade 2 e recurso 2, atividade 3: fabricar ou comprar.

---

[30] Consulte a programação "Total Time Used/Week" ("Total de Tempo Usado/Semana") – P27:U33 – no arquivo "Throughput_Example", em www.mhprofessional.com/TOCHandbook.

[31] Consulte a planilha "Throughput_Examples" em www.mhprofessional.com/TOCHandbook, células CH1:CO40.

[32] Habitualmente, os contadores utilizam custos com quatro algarismos significativos à direita da casa decimal para aumentar a precisão dos totais agregados no cálculo dos custos de várias unidades. Para uma análise mais aprofundada sobre essa questão, consulte Eden e Ronen (2007).

$ 2,50 de custo variável). A compra do componente proposto aumentaria os custos da empresa em mais de $ 10 por unidade e $ 1.000[33] por semana.

Entretanto, em vez de comparar os custos, uma pessoa informada sobre a CG analisaria o impacto do ganho sobre a empresa. O recurso 2/atividade 3 requer 10 minutos. Lembre-se de que a restrição no sistema é o recurso 2. A economia de 10 minutos do tempo do recurso 2 no produto X (90 unidades) e no produto Y (10 unidades) equivale a 1.000 minutos complementares. Com esse tempo complementar, poderão ser produzidas mais unidades para a demanda não atendida do produto Y. Todas as 40 unidades correspondentes à demanda não atendida do produto Y podem ser produzidas e vendidas, adicionando $ 183 por unidade para um total de $ 7.320 de ganho complementar e $ 4.520 ao resultado final ($ 7.320 – $ 2.800 – o custo adicional correspondente à terceirização de 140 unidades[34] a $ 20 de custo incremental). Em comparação com o melhor desempenho anterior de $ 12.858 da empresa exemplificada, essa mudança representa um aumento de aproximadamente 35%.[35] Mesmo se a empresa incorrer em custos indiretos adicionais para controlar a qualidade e a confiabilidade do fornecedor, a proposta de terceirização (compra) deve ser aceita com entusiasmo. Além disso, todos os funcionários da empresa devem ser informados sobre o fato de que no momento a restrição da empresa é o marketing e que a administração deve criar planos para aumentar a capacidade tanto do recurso 2 quanto do recurso 1 quando a demanda pelo produto aumentar.

Propostas de mudança de engenharia (PMEs)
Os engenheiros estavam analisando as operações de produção e dois novos engenheiros enviaram *propostas de mudança de engenharia* (PMEs).

PME do primeiro engenheiro Um jovem engenheiro leu a respeito de um novo processo que pode diminuir o tempo no recurso 1/atividade 3 de 15 para 5 minutos (consulte a Figura 13.6). Todavia, seria necessário adquirir um novo ferramental ao custo de $ 5.000. A proposta deveria ser aceita?

A contabilidade tradicional de custos normalmente consideraria essa oportunidade favorável, visto que a economia de 10 minutos em 80 unidades geraria uma economia de 800 minutos. Com base na taxa de mão de obra aplicada de $ 0,5333 (ou na taxa real de $ 0,50), as economias de custo totalizariam $ 426,64 ou um mínimo de $ 400 por semana. Portanto, seria possível obter retorno financeiro em no máximo 12,5 semanas ($ 5.000/$

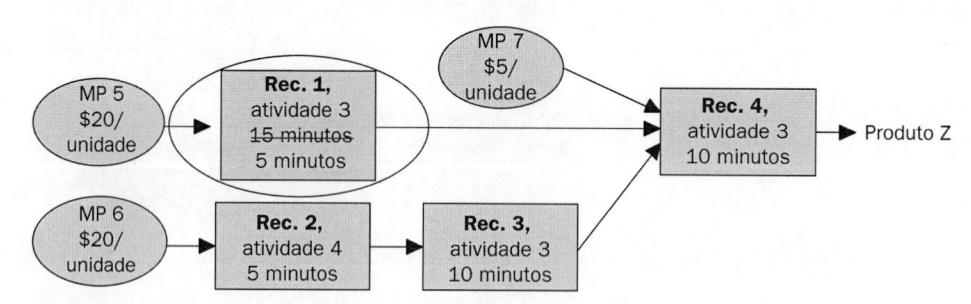

FIGURA 13.6 Proposta de mudança de engenharia do primeiro engenheiro.

---

[33] $ 40 – $ 29,97 ≈ $ 10; $ 10 × 100 unidades (90 do produto X e + 10 do produto Y) = $ 1.000.

[34] São 90 unidades do produto X e 50 unidades do produto Y.

[35] Consulte a planilha "Throughput_Examples", em www.mhprofessional.com/TOCHandbook, células CQ1:CZ40.

400 = 12,5), pode ser considerado um retorno sobre o investimento (*return on investment* – ROI) bastante rápido.

Obviamente, a contabilidade tradicional de custos oferece respaldo para uma decisão incorreta. O recurso 1 não é a restrição e a "economia de custo" de $ 400 ou mais por semana nunca ocorreria. O recurso 1 simplesmente teria maior tempo ocioso e a empresa gastaria $ 5.000 em ferramentas. A CG rejeitaria correta e imediatamente essa proposta.[36] Como o recurso 1 algum dia pode se tornar uma restrição (ele apresenta a maior carga depois do recurso 2, que é a restrição atual), essa proposta deve ser arquivada para um momento posterior, mas não deve ser aceita no presente.

PME do segundo engenheiro Outro engenheiro enviou uma PME que afetará o produto X e o produto Y. A Figura 13.7 mostra três mudanças: (1) um aumento de custo de matéria-prima de $ 20 por unidade para $ 30 por unidade, (2) uma diminuição de 2 minutos no recurso 2/atividade 3 e (3) um aumento de 4 para 9 minutos no processamento final do produto Y pelo recurso 4/atividade 2. Ah, e essa mudança exigirá um investimento complementar de $ 8.000.

Obviamente, o departamento de contabilidade está chocado com o aumento de $ 10 no custo de matéria-prima e com o aumento de 3 minutos no tempo de processamento líquido do produto Y (de 35 para 38 minutos), que é em parte compensado pela diminuição de 2 minutos no tempo de processamento do produto X. Considerando todo o investimento adicional necessário, a contabilidade pode até sugerir que esse engenheiro vá trabalhar para um concorrente.

No momento, você sabe que, pelo fato de o recurso 2 ser a restrição atual da empresa, essa mudança deveria ser avaliada mais a fundo com base nos conceitos da CG. Economizar apenas 2 minutos no recurso 2/atividade 3, para 100 unidades (90 do produto X e 10 do produto Y), gera 200 minutos complementares de disponibilidade, mas representa um custo adicional de $ 1.000 em matéria-prima ($ 10 por unidade × 100 unidades para as quantidade originais), além do investimento de $ 8.000. Porém, com esse tempo complementar, é possível produzir e vender mais unidades do produto Y. Que quantidade de unidades complementares é possível produzir e vender? Não 10 (200/20), mas 11 (200/18). Com o ganho original por unidade de $ 183, 11 vendas adicionais do produto Y produzirão $ 2.013 por semana. Esse valor, menos o custo adicional de $ 1.000 da matéria-prima 3, significa um lucro operacional complementar de $ 1.013. O recurso 4 tem tempo

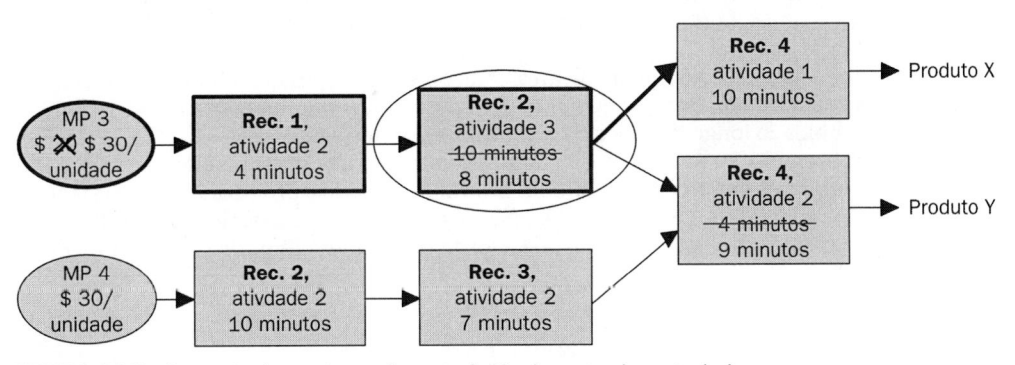

FIGURA 13.7 Proposta de mudança de engenharia do segundo engenheiro.

---

[36] Lucro operacional de $ 12.858 para $ 7.858, um decréscimo de $ 5.000, que é o custo da mudança. Consulte a planilha "Throughput_"Examples, células BV47:CF82, em www.mhprofessional.com/TOCHandbook.

disponível suficiente não apenas para usar os 9 minutos de tempo de processamento nas 11 unidades complementares, mas para atender completamente à demanda de mercado de 50 unidades. O período de retorno para esse investimento seria $ 8.000/$ 1.013 ou menos de 7,9 semanas. Supondo que o custo do investimento possa ser amortizado no período de 52 semanas, o lucro operacional aumentará em torno de $ 3.986 por semana.[37] Esse é um excelente investimento, mas ele teria sido recusado se fossem empregadas as medidas da contabilidade tradicional de custos!

O problema da identificação de custos relevantes para a tomada de decisões e como evitar desastres

As mudanças no ganho, nos inventários (investimento) e nas despesas operacionais (custos fixos) são sempre relevantes. Contudo, é extremamente difícil escolher de maneira precisa os custos e as receitas relevantes (que incluem aqueles associados com a perda de oportunidades) para várias decisões administrativas, se não a maior parte delas. Por exemplo, quando há várias mudanças em mais de um elemento do processo (a segunda PME é um exemplo), pode ser difícil manter tudo alinhado para uma análise correta. A recomendação apresentada ao longo do livro *Supply Chain Management at Warp Speed* (Gerenciamento da Cadeia de Suprimentos à Velocidade de Dobra) (Schragenheim *et al.*, 2009) é considerar *qualquer* mudança (*mix* de produtos, investimento, fabricar *versus* comprar, pedidos especiais, racionalização das linhas de produtos etc.) com base em seu impacto na quantidade *total* de ganho, inventários (investimentos) e despesas operacionais (margem de contribuição, investimento e custo fixos, de acordo com a terminologia contábil). Essa mesma recomendação, expressa com relação ao perigo da alocação de custos fixos, está presente em praticamente todos os livros acadêmicos de contabilidade de custos e gerencial (consulte, por exemplo, Hilton, 2009, pp. 600-601, 612; Garrison *et al.*, 2010, pp. 588-589) e deve ser seguida sem exceção para evitar erros caros.[38]

Mudanças de inventário e as práticas contábeis geralmente aceitas (PCGA)

As metas básicas da TOC são: aumentar o ganho, reduzir o inventário (investimentos) e reduzir as despesas operacionais. O aumento de ganho e a diminuição das despesas operacionais repercutirão favoravelmente nos relatórios externos que seguem os PCGAs. Entretanto, a diminuição de inventários (nesse caso, estoques) repercutirá desfavoravelmente nas demonstrações baseadas nos PCGAs porque reduz tanto os ativos quanto o lucro operacional. Portanto, a diminuição de inventário (estoque) deve ser abordada com uma atenção especial.

Como alguns profissionais da área contábil e outras pessoas têm dificuldade para compreender exatamente por que a redução do estoque diminui o lucro, desenvolvi vários exemplos ao longo dos anos para confirmar esse resultado.

Por exemplo, suponhamos que uma empresa que não possui nenhum estoque inicial de produtos em processamento ou produtos acabados, produza 20 mil unidades e venda 15 mil unidades por $ 20 cada. Não existe nenhum estoque final de produtos em processamento. Os custos orçados (de acordo com o método tradicional) abrangem o seguinte:

---

[37] Consulte a planilha "Throughput_Examples", em www.mhprofessional.com/TOCHandbook, células CH47:CP82.

[38] Embora os textos recentes sobre a contabilidade de custos e gerencial reconheçam a TOC, tentem defini-la e percebam sua relação com a decisão sobre a margem de contribuição por unidade de restrição, eles não abordam o impacto de uma restrição sobre as inúmeras outras decisões operacionais, como fabricar *versus* comprar, aumentar ou diminuir as linhas de produtos ou utilizar pedidos especiais.

Item de custo	Detalhes	Total	Por unidade
Materiais diretos	40.000 unidades a $ 1	$ 40.000	$ 2,00*
Mão de obra direta	2.500 horas a $ 10	25.000	1,25*
Custos indiretos variáveis de fabricação	4.000 horas-máquina a $ 5	20.000	1,00*
Custos indiretos fixos de fabricação	4.000 horas-máquina a $ 20	80.000	4,00*
Custo total do produto por unidade			$ 8,25
Despesas de venda e administrativas variáveis		30.000	2,00**
Despesas de venda e administrativas fixas		75.000	5,00**
Total de gastos incorridos		$ 270.000	

*Com base em 20.000 unidades produzidas.
** Com base em 15.000 unidades vendidas.

A Figura 13.8 apresenta uma demonstração de resultados tradicional (custeio de absorção) e uma demonstração de resultados de ganho (custeio variável ou direto) – ambas pressupõem que os custos são iguais aos projetados.

Como mostra a Figura 13.8, a demonstração de resultados tradicional apresenta um lucro operacional líquido de $ 71.250, ao passo que a demonstração de resultados de ganho gera um lucro operacional líquido de apenas $ 51.250. A diferença de $ 20.000 ($ 72.250 – $ 51.250) pode ser conciliada somente pela mudança nos custos fixos de esto-

Demonstração de resultados tradicional

Receitas (15.000 unidades a $ 20)		$300.000
Custo das mercadorias vendidas		
Produtos acabados iniciais	- 0 -	
Material direto usado	$ 40.000	
Mão de obra direta (totalmente variável)	25.000	
Custos diretos variáveis de fabricação	20.000	
Custos diretos fixos de fabricação	80.000	
Custo total das mercadorias fabricadas	$165.000	
Produtos acabados finais*	41.250	123.750
Margem bruta		$ 176.250
Despesas de venda e administrativas		
Variáveis	$30.000	
Fixas	75.000	105.000
Lucro operacional líquido		$ 71.250

* 5.000 unidades a $ 8,25 (custos variáveis e fixos de fabricação)
** 5.000 unidades a $ 4,25 (somente os custos variáveis de fabricação)

Demonstração de resultados de ganho

Receitas (15.000 unidades a $ 20)		$300.000
Custos variáveis		
Produtos acabados iniciais	- 0 -	
Materiais diretos	$ 40.000	
Mão de obra direta (totalmente variável)	25.000	
Custos diretos variáveis de fabricação	20.000	
Custo variável das mercadorias fabricadas	$ 85.000	
Produtos acabados finais**	21.250	$ 63.750
Despesas de venda e administrativas variáveis		30.000
Total de custos variáveis		93.750
Ganho		$ 206.250
Custos fixos		
Fabricação		$ 80.000
Mão de obra? (se for fixa; aqui entraria o valor de $ 25.000)		
Despesas de venda e administrativas		75.000
Total de custos fixos		155.000
Lucro operacional líquido		$ 51.250

FIGURA 13.8 Demonstração de resultados tradicional e de ganho.

que. Ou seja, o aumento de 5.000 unidades nos produtos acabados vezes o custo fixo de fabricação de $ 4,00 por unidade equivale ao aumento de $ 20.000 no lucro tradicional (PCGAs) em relação ao lucro de ganho de $ 51.250.

Um exemplo mais detalhado de mudanças de matéria-prima e produtos em processamento, bem como de mudanças no produto acabado, pode ser encontrado em uma planilha intitulada "InventoryReductionExample"("ExemploDiminuiçãoEstoque") em www.mhprofessional.com/TOCHandbook. Nesse exemplo, com exceção do estoque em processamento e do estoque de *produtos acabados* (PAs), todo o resto é mantido constante ao longo de um período de quatro anos. O ano 1 estabelece um desempenho de referência, o lucro resultante e o balanço patrimonial. Se não houver nenhuma mudança no estoque (ano 1), ambos os métodos (tradicional e de ganho) produzirão o mesmo lucro líquido antes dos impostos. Os estoques de produtos em processamento e PAs sofrerão uma redução de 50% no ano 2. Há três planilhas nesse arquivo: "GAAP Accounting" ("Contabilidade PCGA") "Throughput (Variable) Accounting" ["Contabilidade de Ganhos (Variável)] e "Reconciliation of PCGA & T. Inc." ("Conciliação entre o Lucro PCGA e de Ganho").

Nesse exemplo, o lucro de um ano normal (ano 1) é de $ 200.000 e o retorno sobre as vendas é de 10%. As redução de 50% no estoque de produtos em processamento e PAs ocorre no segundo ano (ano 2) e o lucro PCGA cai para $ 66.667 e o retorno sobre as vendas cai para 3,33%. (Consulte a planilha "PCGA Accounting", células A48:Y80.) No terceiro ano do exemplo, o retorno sobre as vendas segundo os PCGAs se restabelece, atingindo 6,67% (células A83:Y113) e um lucro de $ 133.333, mas só retorna ao total de 10% (lucro de $ 200.000) no ano 4 (A116:Y147). Essa diminuição no lucro ocorre porque, na contabilidade tradicional (dos PCGAs), o estoque em processamento abrange uma parcela dos custos fixos de fabricação, dependendo da porcentagem de finalização, e o PA abrange sua parcela justa (100%) do total de custos fixos de fabricação. No ambiente estabelecido nesse exemplo, a única maneira de diminuir o inventário (estoque) é interromper a entrada de matérias-primas no sistema.[39] A diminuição da atividade de produção necessária para diminuir os estoques significa que todos os custos fixos do período atual, mais os custos fixos em unidades de PA e produtos em processamento iniciais, são atribuídos ao custo de venda no ano de redução do estoque.

O método de CG, mostrado na segunda planilha do "InventoryReductionExample", demonstra que o retorno sobre as vendas ao longo do período de quatro anos mantém-se constante em $ 200.000 e 10%, respectivamente. A terceira planilha do arquivo de exemplo concilia o lucro segundo os PCGAs e o lucro da contabilidade de ganhos do ano correspondente à redução do estoque e propõe lançamentos gerais para ajustar o relatório de ganho interno com demonstrações externas PCGA. A Tabela 13.4 mostra a conciliação subsequente aos lançamentos gerais.

Como a diminuição de inventários (estoque) é permanente, se todas as outras coisas mantiverem-se iguais, o lucro PCGA divulgado continuará sendo $ 200.000 inferior ao relatado na CG.[40] Na medida em que essa redução de estoque oferece a possibilidade de aumentar futuros ganhos (um nível menor de produtos em processamento significa processamento mais rápido e, por conseguinte, uma produção complementar sem nenhum aumento nos custos fixos), um possível "sacrifício" nos lucros divulgados é essencial e deve ser assumido. Um planejamento cuidado e a comunicação com os respectivos interessados, particularmente os funcionários, credores e proprietários, podem minimizar possíveis efeitos negativos.

---

[39] A Boeing empregou esse método algumas vezes para organizar seu estoque de produtos em processamento (Henkoff, 1998; Skapinker, 1998).

[40] Como se trata meramente de um problema de momento, se o estoque em algum voltar a aumentar, retornando às quantidades originais, a discrepância no lucro desaparecerá.

A Tabela 13.4 mostra como a diferença entre o lucro PCGA de $ 66.667 e o lucro de ganho de $ 200.000 no ano 2 (uma diferença de $ 133.333 negativos) pode ser totalmente explicada pela mudança (redução) nos custos fixos nos produtos em processamento inicial e final de $ 53.333 mais a mudança (redução) nos custos fixos no PA inicial e final de $ 80.000.

Após a Tabela 13.4 encontram-se todos os lançamentos gerais de ajuste de fim de ano para converter todas as contas de rendimento e balanço patrimonial da contabilidade de ganhos em PCGA. Esse exemplo indica claramente que a manutenção de registros contábeis durante um período, por meio dos conceitos da contabilidade de ganhos, possibilita que as contas PCGA sejam convertidas de uma maneira extremamente fácil ao final do período.

Lucro do Custeio Tradicional (PCGA), Ano de Redução do Estoque	$ 66.667
Lucro do Custeio de Ganho (Direto ou Variável), Ano de Redução do Estoque	200.000
Diferença total a ser esclarecida	$ (133.333)

Diferença esclarecida pela mudança nos custos fixos dos estoques:

Tabela 13.4 Conciliação do lucro operacional pelo custeio tradicional (PCGA) e do lucro operacional pelo custeio de ganho (variável) correspondentes ao ano de redução do estoque

Estoque inicial de produtos em processamento	Custos variáveis	Custos fixos	Total
Materiais	$ 240.000		$ 240.000
Mão de obra	4.000	$ 16.000	20.000
Custos indiretos de fabricação	$ 16.000	$ 144.000	$ 160.000
	$ 260.000	$ 160.000	$ 420.000

Estoque final de produtos em processamento	Custos variáveis	Custos fixos	Total
Materiais	$ 120.000		$ 120.000
Mão de obra	$ 2.000	$ 10.667	$ 12.667
Custos indiretos de fabricação	$ 8.000	$ 96.000	$ 104.000
	$ 130.000	$ 106.667	$ 236.667

Mudança nos custos fixos no estoque de produtos em processamento ($ 160.000 – $ 106.667)
$ 53.333

Estoque inicial de produtos acabados	Custos variáveis	Custos fixos	Total
Materiais	$ 180.000		$ 180.000
Mão de obra	6.000	$ 24.000	30.000
Custos indiretos de fabricação	$ 24.000	$ 216.000	$ 240.000
	$ 210.000	$ 240.000	$ 450.000

Estoque final de produtos acabados	Custos variáveis	Custos fixos	Total
Materiais	$ 90.000		$ 90.000
Mão de obra	$ 3.000	$ 16.000	$ 19.000
Custos indiretos de fabricação	$ 12.000	$ 144.000	$ 156.000
	$ 105.000	$ 160.000	$ 265.000
Mudança nos custos fixos no estoque de produtos acabados ($ 240.000 – $ 160.000)			80.000
Mudança total nos custos fixos do estoque inicial e final (diferenças de lucro totalmente esclarecidas)			$ 133.333

Entradas ajustadas do final do período para a conversão da contabilidade de ganhos em contabilidade PCGA:

Estoque de produtos em processamento	106.667	
Estoque de produtos acabados	160.000	
Despesas fixas de venda, gerais e administrativas e custos fixos de produção		266.667
para ajustar os saldos de WIP e produtos acabados aos respectivos valores PCGA totalmente absorvidos		
Despesas de venda, gerais e administrativas	264.000	
Despesas fixas de venda, gerais e administrativas e custos fixos de produção		264.000
para mudar as despesas de V, G e A para o respectivo período contábil PCGA		
Custo de venda	533.333	
Despesas fixas de venda, gerais e administrativas e custos fixos de produção		533.333
para transferir os custos fixos remanescentes da conta de despesas "periódicas" para o custo de venda		
Custo de venda	400.000	
Custos fixos de fabricação deferidos		400.000
para ajustar o custo de venda e fechar a conta de custos fixos de fabricação deferidos		

Medida de valor utilizada para controlar o desempenho

Para oferecer um *feedback* oportuno aos gerentes e ao pessoal operacional, a TOC possui medidas exclusivas que revelam tanto o que deve ser feito quanto o que não deve ser feito. Essas medidas respaldam as diretrizes convencionais da TOC e foram concebidas para estimular o comportamento apropriado. Muitos utilizam um conceito da TOC denominado *value days*,* que agrega o valor das quantias investidas ou postergadas utilizando a seguinte fórmula:

---

* N. de RT: Esse conceito procura inserir o tempo (no caso dias) como um efeito multiplicador no valor (de estoques ou de ganho). Não devemos confundir com a análise de dias em estoque utilizada na administração financeira.

$$V_n = V_{n-1} + \Sigma \text{ Valor}$$

onde V_n = o valor do período atual (p. ex., dia ou semana)
  V_{n-1} = o valor do período anterior
  Σ Valor = o valor líquido total (em dólares, nos Estados Unidos) investido ou realizado no período atual (p. ex., dias, semanas, meses)

Essa fórmula estabelece basicamente que todo valor monetário investido em um determinado dia é uma oportunidade que se perde para utilizar esse valor para outra finalidade e que todos os dias em que esse valor não é recuperado é outra oportunidade perdida. Portanto, o valor só é totalmente recuperado quando forem recebidas quantias suficientes para cobrir o déficit total. A ideia básica é programar os investimentos por vencimento de forma análoga à programação de contas a receber por prazo de vencimento.

Valor de estoque em dias Por exemplo, se forem investidos $ 100 em estoque no primeiro dia e o estoque não for vendido até o décimo dia, o valor de estoque em dias corresponderia a $ 100 × 10 dias ou $ 1.000. Desse modo, o estoque de movimentação lenta é realçado e as informações fornecidas incitam a venda rápida do estoque mais antigo. Além disso, com essas informações, é possível projetar a saturação da demanda com o objetivo de não produzir ou adquirir unidades adicionais. Com relação a milhares de produtos, esse processo pode ser complexo, mas é possível realizá-lo tanto por meio de um *software* empresarial ou de planilhas. Um exemplo com um único produto que inclui aquisições e vendas ao longo de um período de 33 dias ("VALUE-FORMULAandEXAMPLES.xlsx", segunda planilha, "Inventory Example") pode ser encontrado no seguinte *site*: www.mhprofessional.com/TOCHandbook. A Figura 13.9, que se baseia no exemplo dessa planilha, mostra a diferença entre os valores absolutos investidos, do modo como são registrados tradicionalmente (cor escura) e em valor de estoque em dias (cor mais clara). O rápido crescimento do valor do estoque em dias, que se inicia no 23º dia, sinaliza para a administração que o estoque está aumentando rapidamente e oferece avisos antecipados para que ela corte a aquisição desse

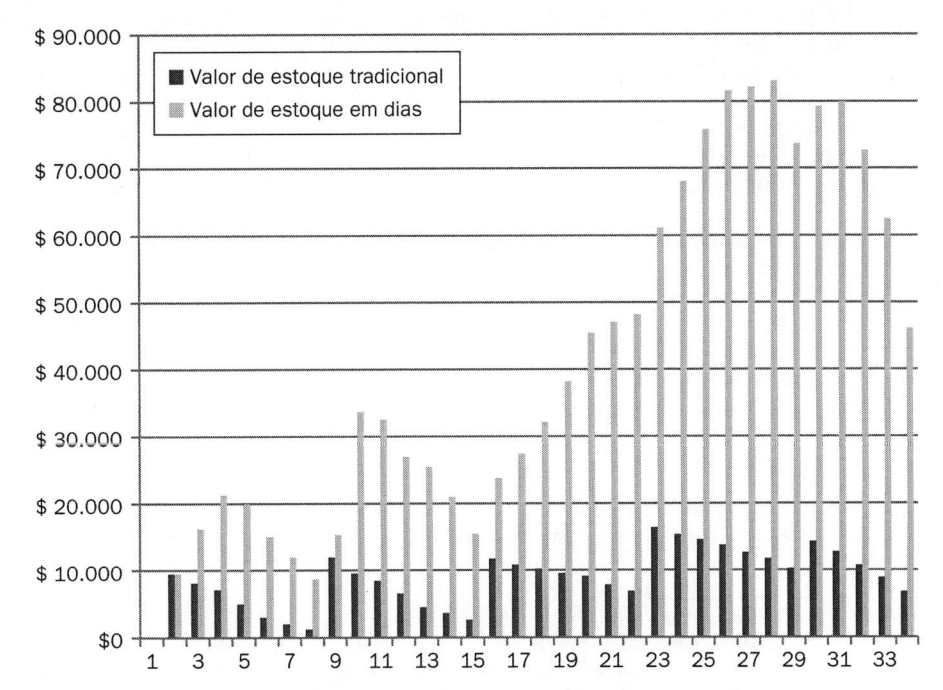

FIGURA 13.9 Valor de estoque tradicional *versus* valor de estoque em dias.

item, que ocorreu no 29º dia. Embora esse aumento também seja sinalizado pelos valores de estoque tradicionais, por meio de uma inspeção criteriosa, ele não é tão notável e sensível.

Valor do ganho em dias   O mesmo arquivo ("VALUE-FORMULAandEXAMPLES.xlsx") apresenta uma terceira planilha, "Throughput Example", que mostra que a mesma fórmula pode ser utilizada para controlar pedidos atrasados (que não se encontram na área crítica de um pulmão por motivos de qualidade ou outros ou foram devolvidos pelo cliente em virtude de problemas de qualidade).

Determinação de preço de transferência

As empresas normalmente empreendem programas de reestruturação para passar de uma estrutura organizacional centralizada, na qual as divisões são os centros de custo e as principais decisões, como escolha do produto, determinação de preço e investimentos, são tomadas na matriz, para uma estrutura descentralizada, na qual as divisões são os centros de lucro ou centros de investimento. Tal como esses próprios termos insinuam, o *centro de custo* é responsável unicamente por controlar os custos; o *centro de lucro* é responsável por gerar receitas e controlar os custos; e os *centros de investimento*, estimulados a se comportar como um centro de empreendimentos, é responsável por investir, gerar receitas e controlar os custos. Além disso, as empresas normalmente empreendem esse processo de reestruturação na direção oposta: de centros de lucro e investimento descentralizados para centros de custo com controle central.

O desejo da alta administração é controlar todas as decisões (uma estrutura centralizada), mas os dirigentes acabam constatando que estão muito longe da postura de agir de forma competente para concorrer prontamente de uma maneira que faça sentido. Entretanto, quando as empresas são descentralizadas, se qualquer produto for transferido de uma divisão para outra, tal como ocorre regularmente, problemas incorrigíveis relacionados à determinação de preço de transferência vêm à tona.

Outras complicações surgem pelo fato de os gerentes de divisão normalmente competirem entre si. A divisão de vendas deseja um preço mais alto; a divisão de compras deseja um preço mais baixo. As transferências entre as divisões presentes em diferentes países acrescentam a esse *mix* problemas tributários complexos.

Uma análise detalhada sobre a determinação de preço de transferência está além do escopo deste capítulo. Contudo, se você tiver interessado em uma excelente abordagem sobre esse tema no contexto da TOC, sem transferências internacionais, recomendo "The 'Transfer Prices' Problem" ("O Problema da Transferência de Preços"), em *Approximately Right, Not Precisely Wrong* (Quase Certo, Não Exatamente Errado) (Eden e Ronen, 2007, pp. 241-258).

Outras medidas da TOC

Em uma operação ideal segundo a TOC há poucos combates de incêndio e priorizações, não há caos nem horas extras imoderadas e existe uma quantidade suficiente de pedidos com data prevista confiável no sistema. Para alcançar esse ambiente desejável, é fundamental ter em mãos uma quantidade suficiente de matérias-primas,[41] manter um estoque mínimo (mas adequado) de produtos em processamento (PP) e PAs, entregar pontualmente os pedidos, instituir pulmões apropriados, controlar o pulmão de mercado (consumo) e melhorar continuamente. Além das medidas anteriores, algumas medidas gerais consideradas úteis pelas empresas são:

- Entregas pontuais – 1 menos o índice de pedidos atrasados, ponderado pelos dias de atraso e dividido pelo total de pedidos.

---

[41] A quantidade de materiais mantida deve depender da (1) frequência de entrega do fornecedor, (2) da capacidade da empresa de prever confiavelmente os níveis de consumo durante o tempo de ressuprimento pelo fornecedor e (3) da confiabilidade do fornecedor quanto ao cumprimento das datas de remessa prometidas e da qualidade especificada (Goldratt, 1990, p. 108).

- Ganho por funcionário – ganho (receitas menos custos variáveis) dividido pelo número de funcionários.
- Giros de estoque – custo variável das vendas dividido pelo estoque médio mantido durante o período.[42]
- Ganho por unidade de despesa operacional – ganho dividido pelas despesas operacionais (fixas).

Obviamente, os setores especializados desenvolveram várias outras medidas baseadas na TOC para oferecer *feedback* e informações de controle em tempo real ou quase em tempo real.

Análise de sensibilidade

As mesmas medidas empregadas no controle do ganho podem ser utilizadas para realizar avaliações do tipo "E se?". Às vezes as decisões devem ser tomadas rapidamente e não há tempo de submetê-las à análise de outra pessoa ou departamento. Para que a equipe operacional consiga analisar uma situação rapidamente, ela precisa de um método fácil de entender. Por exemplo, a mesma fórmula de "valor em dias" mostrada anteriormente para o controle de estoque e ganho pode ser empregada para comparar vários investimentos possíveis. Quatro exemplos de oportunidade de investimento de $ 60.000, cada um com um fluxo de caixa diferente, são mostrados na planilha "Investment Examples", do arquivo "VALUE-FORMULAandEXAMPLES" (localizado *on-line* em: www.mhprofessional. com/TOCHandbook).

Um ponto de *"crescimento súbito"*, em que todos os investimentos de caixa do valor em dias são recuperados, adota o conceito desenvolvido por Goldratt (1997, p. 246) e é comparado com o período de reembolso ou de retorno do investimento.

A título de comparação, os cálculos do *valor presente líquido* (VPL) são mostrados ao lado dos cálculos do valor em dias. Com relação às decisões de curto prazo (de um período inferior a um ano), o VPL não muda significativamente quando são utilizadas taxas de desconto de 10% a 20%. Embora as decisões indicadas pelo VPL correspondam às dos cálculos do valor em dias para três oportunidades de investimento, ainda que com uma diferenciação bem menos clara, em um exemplo o VPL indica um investimento aceitável e a análise do valor em dias mostra que ele é inaceitável. O raciocínio por trás da utilização do valor em dias e não do VPL é que os montantes de investimento são restringidos pela disponibilidade, e não pelas taxas de juros.[43]

Método de contabilidade de ganhos para a avaliação de desempenho

A TOC é bastante semelhante a uma equipe esportiva. Portanto, deve-se realizar uma avaliação com base na equipe. A avaliação individual deve ocorrer como um *feedback* de mentor ou conselheiro a fim de estimular a melhoria, de acordo com a solicitação do indivíduo envolvido ou de um supervisor. Se não houver nenhuma necessidade evidente, não se deve utilizar o *feedback* oferecido aos indivíduos para avaliar o desempenho. Se uma equipe for depreciada pelo desempenho de um ou mais indivíduos, ela deverá corrigir esse problema. Uma empresa de Austin, Texas, contrata todos os funcionários temporariamente, para um período de três meses. Ao final do período de experiência, a equipe reúne-se e decide se deve oferecer um cargo permanente.

---

[42] Muitos adeptos da TOC utilizam apenas ganho/inventário, mas a fórmula acima se correlaciona mais adequadamente com a definição tradicional de giro de estoque.

[43] Muitas empresas enfrentaram a indisponibilidade de crédito durante a recessão ocorrida no período entre o final de 2008 e o primeiro semestre de 2010.

Possíveis explicações para a falta de publicações da TOC sobre contabilidade e finanças

Três fatores justificam a escassez de publicações da TOC sobre contabilidade e finanças. Primeiro, os estudantes de contabilidade geralmente não têm uma boa formação em divulgação interna de informações e administração de operações. Acredito que isso se deva ao fato de o exame de certificação profissional de contadores públicos (*Certified Public Accounting* – CPA) ter utilizado durante inúmeros anos apenas 10% do conteúdo sobre divulgação interna de informações. Um novo esboço de especificações de conteúdo (*Content Specification Outline* – CSO)[44] para o exame CPA, que passou a vigorar em 1º de janeiro de 2011, apresenta as novas exigências, dentre as quais se inclui uma maior ênfase sobre a contabilidade gerencial e a administração de operações, inclusive sobre a TOC.[45] Os estudantes de doutorado normalmente não são apresentados à TOC, mas os de MBA no mínimo são solicitados a ler o livro *The Goal* (*A Meta*) (Goldratt e Cox, 1984).

Segundo, não há nenhum incentivo para que os professores de contabilidade e finanças tornem-se proficientes nos conceitos da TOC porque eles são avaliados e promovidos principalmente com base em suas publicações de pesquisa nos periódicos considerados de melhor qualidade (em sua maioria teóricos), nos quais, pelo menos os Estados Unidos, os artigos "aplicados" geralmente não são bem-vindos.[46] Bill Ferrar, que recebeu o Prêmio de Contribuição Vitalícia à Contabilidade Gerencial, reivindicou o ensino da TOC, mas insinuou que isso só poderia ocorrer por meio do ensino em equipe, com um professor de engenharia industrial (Ferrara, 2007, p. 172).

Terceiro, existe pouca ou nenhuma demanda entre a clientela das escolas de negócios pelo ensino dos conceitos da TOC aos alunos. As empresas de auditoria com frequência informam os departamentos de contabilidade sobre seu desejo de contratar estudantes especializados em determinados assuntos, como a linguagem extensiva de divulgação de informações empresariais (eXtensible Business Reporting Language – XBRL) e os Padrões Internacionais de Divulgação de Informações Financeiras (International Financial Reporting Standards – IFRS), mas até agora existe pouco ou nenhum incentivo do setor para os contadores que receberam instrução sobre a CG ou TOC. Isso não é de surpreender, visto que até mesmo as empresas que adotaram a TOC normalmente só incluem o pessoal de contabilidade e finanças em suas aulas de treinamento quando as iniciativas de melhoria tornam-se alvo das áreas de contabilidade e finanças para a redução de custo.

Necessidade de pesquisas futuras sobre contabilidade/finanças da TOC

Existem relativamente poucas publicações de autores da área de contabilidade ou finanças relacionadas ao tema da TOC. Esse campo está completamente aberto.

---

[44] Visite http://www.nasba.org/nasbaweb/NASBAWeb.nsf/FNAL/CandidateBulletin?opendocument. As exigências quanto ao ambiente e conteúdo empresarial iniciam-se na p. 29. Acesso em 29 de agosto de 2009. (A Seção VI, C, 5, p. 33, afirma que as responsabilidades do candidato abrangem "Filosofias e técnicas de gerenciamento para a melhoria de desempenho, como *just-in-time* (JIT), qualidade, produção enxuta, fluxo de demanda, teoria das restrições e Seis Sigma".)

[45] O exame de admissão para contador gerencial certificado, patrocinado pelo Instituto de Contadores Gerenciais, também atualizou seu esboço de especificações de conteúdo para incluir a TOC e a CG, que entrou em vigor em 1º de maio de 2010.

[46] Inúmeras correlações com esse efeito podem ser encontradas nos arquivos do *site* da Associação Europeia de Caucionamento Mútuo – AECM (Jenson *et al.*, 2009).

Estudos de caso e simulações

Há uma necessidade premente de que os profissionais da TOC juntem-se com os acadêmicos de contabilidade e finanças e publiquem estudos de caso baseados em suas experiências, tanto boas quanto ruins, de um ponto de vista financeiro ou contábil, bem como uma análise sobre os principais fatores que contribuem para o sucesso ou fracasso dessa iniciativa. Além disso, o mais interessante seria ler um estudo de caso sobre a aplicação dos conceitos da TOC pela área de contabilidade ou finanças às suas operações. A qualidade e eficiência dos sistemas de divulgação de informações contábeis também poderiam ser examinadas.

Informações e tomada de decisões

Os contadores têm uma ampla visão da empresa. Para aumentar o valor da empresa, eles precisam estabelecer sistemas de informação internos que ajudem os tomadores de decisões. Há uma carência de pesquisas sobre o processo de tomada de decisões, os aspectos comportamentais das decisões, os indivíduos que tomam decisões individualmente ou em grupo e a qualidade das decisões, bem como sobre contabilidade e informações da cadeia de suprimentos.

Processos de tomada de decisões

Embora os funcionários de contabilidade e finanças normalmente não tomem decisões operacionais, são eles que defendem o cofre e devem aprovar as aquisições. Portanto, eles precisam reconhecer as necessidades legítimas de investimento.

Seria instrutivo ver um estudo rigoroso sobre as decisões de curto prazo, geralmente definidas como decisões cujo impacto é sentido em um ano ou menos e que devem ser tomadas rapidamente, e sobre as decisões de longo prazo, em que o intervalo de tempo é mais longo e o impacto é sentido talvez anos depois. E quanto ao pressuposto de que as decisões de curto prazo podem afetar as decisões de longo prazo (ou se tornar uma decisão de longo prazo)? Quem normalmente recebe crédito pelas decisões de longo prazo nas quais o custo é contraído logo no início?

O que de fato é essencial é desenvolver uma estrutura conceitual da TOC para a contabilidade gerencial semelhante aos enunciados conceituais[47] propostos pelo Conselho de Normas de Contabilidade Financeira (Financial Accounting Standards Board – Fasb) para a contabilidade financeira. Ou seja, essa estrutura conceitual da TOC de consolidação dos conceitos informacionais desejados incentivaria um sistema de divulgação genuíno e internamente consistente que abrangeria os objetivos das informações, os critérios de apoio às decisões e a divulgação periódica de demonstrações de resultados em um formato que facilita e agiliza a tomada de decisões por parte dos gerentes de linha e igualmente dos gerentes executivos. Essa estrutura conceitual da TOC ofereceria possíveis procedimentos para circunstâncias diversas e levaria em conta o impacto das decisões sobre as demonstrações financeiras externas e também sobre os fluxos de caixa. Essa estrutura conceitual nortearia a criação de diretrizes, procedimentos e medidas para apoiar o ambiente da TOC.

Aspectos comportamentais das decisões

Vários aspectos do comportamento dos tomadores de decisões podem ser influenciados pela estrutura de motivação e recompensa estabelecida pelo sistema de avaliação de desempenho da empresa. Um estudo sobre os efeitos não intencionais da avaliação de desempenho e sobre como estruturar um sistema que não incentive comportamentos disfuncionais[48] tais como os relatados por Austin (1996) em *Measuring and Managing Per-*

---

[47] Os sete enunciados conceituais do Fasb podem ser encontrados no seguinte *site*: http://www.fasb.org/jsp/FASB/Page/SectionPage&cid=1176156317989. Acesso em 20 de março de 2010.

[48] Consulte o Capítulo 14, em referência ao comportamento disfuncional provocado por medidas locais.

formance in Organization (Medindo e Gerenciando o Desempenho na Empresa) seria uma contribuição significativa.

Como a TOC requer trabalho de equipe, deve-se avaliar apenas o desempenho da equipe? Como a equipe lida com os conflitos nas medidas locais logo no início de um processo de mudança? A equipe deve avaliar individualmente seus membros? As decisões tomadas pela equipe são superiores às decisões tomadas pelos indivíduos? Sempre? Determinadas decisões são mais adequadas quando tomadas por um indivíduo? Como as decisões devem ser avaliadas?

Contabilidade da cadeia de suprimentos

Tendo em vista todas as mudanças que estão ocorrendo na estrutura e no comportamento das cadeias de suprimentos, seria muito interessante ter uma solução contábil/financeira para o problema do compartilhamento de riscos e lucros entre todos os participantes da cadeia de suprimentos. Outros problemas, como qualidade exigida, velocidade e quem se beneficia da diminuição de custos ou de outras melhorias, também precisam ser enfocados.

Parte da responsabilidade da contabilidade gerencial é oferecer um sistema de informação interno abrangente. Ao longo da recente recessão global, os participantes da cadeia de suprimentos muito distantes do cliente final sofreram um impacto quando os mercados encolheram de repente, sem nenhum sinal de alerta. Às vezes, determinados membros da cadeia de suprimentos nem mesmo conhecem a utilidade final do produto que fornecem (Dvorak, 2009). A transmissão e apresentação de informações, com referência tanto à frequência quanto ao método, merecem estudos mais aprofundados.

Resumo e introdução dos capítulos restantes desta parte

Resumo dos capítulos

Para falar sobre o ambiente contábil e financeiro atual, a primeira parte do Capítulo 13 apresenta uma breve história sobre a contabilidade de custos e as grandes mudanças ocorridas no ambiente empresarial durante o século XX. A resposta da contabilidade gerencial, embora atrasada em relação às mudanças no âmbito empresarial, abrange o desenvolvimento de demonstrações de resultado diretas (margem variável ou de contribuição), para vincular mais estreitamente o lucro às vendas, do custeio baseado em atividades, para associar de maneira mais "precisa" todos os custos aos objetos de custo (produtos), do Balanced Scorecard, para ressaltar a importância das medidas não financeiras, da contabilidade enxuta, para compatibilizar os fluxos de valor na atividade de produção, e de conceitos de orçamento modernos que permeiam todas essas metodologias. Tanto as vantagens quanto as desvantagens desses métodos são analisadas.

O restante deste capítulo aborda os conceitos da TOC sobre planejamento, controle e análise de sensibilidade. A Figura 13.1 apresenta um exemplo simples para demonstrar os conceitos de planejamento e controle. O impacto negativo da redução de estoque sobre o lucro contábil segundo os PCGAs é demonstrado e comparado com os resultados da CG. O *value days* discutido e aplicado ao controle de estoque, ao ganho postergado e a possíveis investimentos. São também mencionadas outras medidas da TOC. Três arquivos, que podem ser acessados *on-line* e contêm várias planilhas, oferecem informações de apoio para os exemplos empregados neste capítulo.

Ao final, esse capítulo aborda as possíveis causas da falta de publicações da TOC na área contábil e financeira e chama a atenção para a necessidade de pesquisas adicionais.

Outros capítulos que abordam as medidas de desempenho

No Capítulo 14, Debra Smith e Jeffrey Herman falam mais detalhadamente sobre as medidas logísticas desejáveis e apresentam uma estrutura para extrair informações de uma determinada operação. Eles utilizam as ferramentas do processo de pensamento da TOC para neutralizar e lidar com possíveis resultados negativos antes de sua ocorrência. Um estudo de caso interessante mostra a aplicação desses elementos.

No Capítulo 15, Alan Barnard apresenta uma estrutura para a criação e implementação de um processo de melhoria contínua paralelamente a um processo de auditoria que direciona as melhorias para as áreas mais necessitadas. Alan fala sobre a utilização de árvores de estratégias e táticas tanto para implementar uma melhoria quanto para auditorar o andamento da implementação.

O Capítulo 16 apresenta uma perspectiva histórica sobre a necessidade de adotar uma visão holística na implementação dos conceitos da TOC. Dois especialistas de renome da TOC, Alan Barnard e Ray Immelman, apresentam estudos de caso sobre implementação, um deles envolvendo uma empresa do setor público e outro uma empresa do setor privado.

Referências

Achanga, P., Shehab, E., Roy, R. e Nelder, G. "Critical success Factors for Lean Implementation within SMEs". *Journal of Manufacturing Technology Management*, 17(4), 2006, p. 460.

Angel, R. e Rampersad, H. "Do Scorecards ADD UP?" *CA Magazine*, 138(4), maio de 2005, p. 30.

Anônimo. "How Alhsell Discarded Its Budgeting Process". *IOMA's Report on Financial Analysis, Planning & Reporting*, 3(8), agosto de 2003, p. 11.

Anônimo. "Linking Strategy to Operations". *Journal of Accountancy*, 206(4), outubro de 2008, p. 80.

Antonelli, V., Boyns, T. e Cerbioni, F. "Multiple Origins of Accounting: An Early Italian Example of the Development of Accounting for Managerial Purposes". *European Accounting Review*, 15(3), 2006, p. 367.

Austin, R. D. *Measuring and Managing Performance in Organizations*. Nova York: Dorset House Publishing, 1996.

Bhimani, A., Gosselin, M., Ncube, M. e Okano, H. "Activity-Based Costing: How Far Have We Come Internationally?" *Cost Management*, 21(3), maio-junho de 2007, p. 12.

Bourne, M., Neely, A., Platts, K. e Mills, J. "The Success and Failure of Performance Measurement Initiatives: Perceptions of Participating Managers". *International Journal of Operations & Production Management*, 22(11), 2002, p. 1.288.

Bragg, S. M. *Management Accounting Best Practices: A Guide for the Professional Accountant*. Hoboken, NJ: John Wiley & Sons, 2007a.

Bragg, S. M. *Throughput Accounting: A Guide to Constraint Management*. Hoboken, NJ: John Wiley & Sons, 2007b.

Brandt, D. "Searching for Lean with Lean". *Industrial Engineer*, 41(5), maio de 2009, p. 50.

Brewton, J. "The Lean Office: Develop Lean Administrative Procedures". *Cost Management*, 23(2), março-abril de 2009, p. 40.

Brown, M. G. *Beyond the Balanced Scorecard: Improving Business Intelligence with Analytics*. Nova York: Productivity Press, 2007.

Buhovac, A. R. e Slapnicar, S. "The Role of Balanced, Strategic, Cascaded and Aligned Performance Measurement in Enhancing Firm Performance". *Economic and Business Review for Central and South-Eastern Europe*, 9(1), fevereiro de 2007, p. 47.

Cardinaels, E. e Labro, E. "Costing Systems". *Financial Management*, dezembro-janeiro de 2009, p. 42.

Church, A. H. *The Proper Distribution of Expense Burden*. Baltimore, MD: Waverly Press, 1908.

Church, A. H. *Manufacturing Costs and Accounts*. Nova York: McGraw-Hill Book, 1917.

Cohen, S., Venieris, G. e Kaimenaki, E. "ABC: Adopters, Supporters, Deniers and Unawares". *Managerial Auditing Journal*, 20(8/9), 2005, p. 981.

Cokins, G. *Activity-Based Cost Management: An Executive's Guide*. Nova York: John Wiley & Sons, 2001.

Cooper, R. "Viewpoint: 21st Century Cost Management: Cost Management from Frederick Taylor to the Present". *Cost Management*, 14(5), setembro-outubro de 2000, p. 4.

Cooper, R., Kaplan, R. S., Maisel, L. S., Morrissey, E. e Oehm, R. M. *Implementing Activity-Based Cost Management: Moving from Analysis to Action*. Montvale, NJ: Instituto de Contadores Gerenciais, 1992.

Cruikshank, J. L. *A Delicate Experiment: The Harvard Business School 1909–1945*. Boston, MA: Harvard Business School Press, 1987.

Cunningham, J. E. e Fiume, O. J. *Real Numbers: Management Accounting in a Lean Organization*. Durham, NC: Managing Times Press, 2003.

Dearlove, D. e Crainer, S. "Whatever Happened to Yesterday's Bright Ideas?" Em The Conference Board Review [banco de dados *on-line*]. Nova York. Disponível em http://www. conference-board.org/articles/articlehtml.cfm?ID=346. Acesso em 25 de julho de 2009.

Deem, J. "The Relationship of Organizational Culture to Balanced Scorecard Effectiveness". D. B. A., Davie, FL: Universidade Nova do Sudeste, 2009.

Does, R., Vermaat, T., Verver, J., Bisgaard, S. e Van Den Heuvel, J. "Reducing Start Time Delays in Operating Rooms". *Journal of Quality Technology*, 41(1), janeiro de 2009, p. 95.

Dopuch, N. e Birnberg, J. G. *Cost Accounting: Accounting Data for Management Decisions*. Nova York: Harcourt, Brace & World, 1969.

Dvorak, P. "Clarity is Missing Link in Supply Chain". *The Wall Street Journal*, 18 de maio de 2009, seção A.

Eden, Y. e Ronen, B. *Approximately Right, Not Precisely Wrong: Cost Accounting, Pricing and Decision Making*. Great Barrington, MA: North River Press, 2007.

Edwards, R. e Boyns, T. *The History of Cost and Management Accounting: The Experience of the United Kingdom*. Oxford, Reino Unido: Routledge, 2009.

Everaert, P. e Bruggeman, W. "Time-Driven Activity-Based Costing: Exploring the Underlying Model". *Cost Management*, 21(2), março-abril de 2007, p. 16.

Ferrara, W. L. "Topics Worthy of Continued Discussion and Effort: Even After Forty Years of Trying". *Journal of Management Accounting Research*, 19, 2007, pp. 171–179.

Fleischman, R. K. e Parker, L. D. "Managerial Accounting Early in the British Industrial Revolution: The Carron Company, a Case study". *Accounting and Business Research* 20(79), verão de 1990, p. 211.

Fleischman, R. K. e Parker, L. D. *What Is Past Is Prologue*. Londres: Garland Publishing, Inc., 1997.

Follett, M. P. e Sheldon, O. *Dynamic Administration, the Collected Papers of Mary Parker Follett: Early Sociology of Management and Organizations*. Londres: Routledge, 2003.

Garrison, R. H., Noreen, E. W. e Brewer, P. C. *Managerial Accounting*. 13ª ed. Nova York: McGraw-Hill, 2010.

Geri, N. e Ronen, B. "Relevance Lost: The Rise and Fall of Activity-Based Costing". *Human Systems Management*, 24(2), 2005, p. 133.

Goldratt, E. M. *The Haystack Syndrome: Sifting Information Out of the Data Ocean*. Croton-on-Hudson, NY: North River Press, 1990.

Goldratt, E. M. *Critical Chain*. Great Barrington, MA: North River Press, 1997.

Goldratt, E. M. ed Cox, J. *The Goal: A Process of Ongoing Improvement*. Croton-on-Hudson, NY: North River Press, 1984.

Grudens, R. Henry Ford: Helped Lead American World War II Production Efforts. Em HistoryNet.com [banco de dados *on-line*]. Disponível em http://www.historynet.com/henry-ford-helped-lead-american-world-war-ii--production-efforts.htm. Acesso em 20 de julho de 2009.

Harris, N. J. "What Did We Earn Last Month?" *National Association of Comptrollers and Accounting Officers Bulletin*, XVII(5), 15 de janeiro de 1936, pp. 501-502.

Hayes, R. H. e Abernathy, W. J. "Managing Our Way to Economic Decline". *Harvard Business Review*, 58 (4), julho--agosto de 1980, p. 67.

Henkoff, R. "Boeing's Big Problem". *Fortune*, 12 de janeiro de 1998, p. 96.

Hilton, R. W. *Managerial Accounting: Creating Value in a Dynamic Business Environment*. 8ª ed. Nova York: McGraw-Hill, 2009.

Hope, J. e Fraser, R. *Beyond Budgeting: How Managers Can Break Free From the Annual Performance Trap*. Boston, MA: Harvard Business School Press, 2003.

Huntzinger, J. R. *Lean Cost Management: Accounting for Lean by Establishing Flow*. Ft. Lauderdale, FL: J. Ross Publishing, 2007.

Jargon, J. "Latest Starbucks Buzzword: 'Lean' Japanese Techniques". *The Wall Street Journal*, 4 de agosto de 2009, seção A.

Jelinek, M. "Toward Systematic Management: Alexander Hamilton Church". *Business History Review*, 54(1), primavera de 1980, pp. 63-79.

Jenson, B., Albrecht, D. e Walters, P. "Accounting Education Using Computers and Multimedia". 1980. Disponível em http://pacioli.loyola.edu/aecm/. Acesso em 29 de agosto de 2009.

Johnson, H. T. e Broms, A. *Profit Beyond Measure*. Nova York: The Free Press, 2000.

Johnson, H. T. e Kaplan, R. S. *Relevance Lost: The Rise and Fall of Management Accounting*. Boston, MA: Harvard Business School Press, 1987.

Kanigel, R. *The One Best Way: Frederick Winslow Taylor and the Enigma of Efficiency*. Nova York: Viking Penguin, 1997.

Kaplan, R. S. "The Evolution of Management Accounting". *The Accounting Review*, 59(3), julho de 1984, p. 390.

Kaplan, R. S. e Anderson, S. R. Time-Driven Activity-Based Costing. Working Paper 04-045. Boston, MA: Harvard Business School, 2003. http://www.hbs.edu/research/facpubs/workingpapers/papers2/0304/04-045.pdf. Acesso em 1º de agosto de 2009.

Kaplan, R. S. e Norton, D. P. "The Balanced Scorecard: Measures That Drive Performance". *Harvard Business Review*, 70(1), janeiro-fevereiro de 1992, pp. 71-79.

Kaplan, R. S. e Norton, D. P. *The Balanced Scorecard*. Boston, MA: Harvard Business School Press, 1996.

Kelly, J. e Rivenbark, W. "Budget Theory in Local Government: The Process-Outcome Conundrum," *Journal of Public Budgeting, Accounting & Financial Management*, 20(4), inverno de 2008, p. 457.

Kiani, R. e Sangeladji, M. "An Empirical Study about the Use of the ABC/ABM Models by Some of the Fortune 500 Largest Industrial Corporations in the USA". *Journal of American Academy of Business, Cambridge*, 3(1/2), setembro de 2003, p. 174.

Lawson, R., Stratton, W. e Hatch, T. "The Benefits of a Scorecard System: A New North American Study Explains How Balanced Scorecard Users Get Their Money's Worth". *CMA Management*, 77(4), junho-julho de 2003, p. 24.

Liker, J. K. *The Toyota Way: 14 Management Principles from the World's Greatest Manufacturer*. Nova York: McGraw--Hill, 2004.

Liker, J. K. e Meier, D. *The Toyota Way Field Book: A Practical Guide for Implementing Toyota's 4Ps*. Nova York: McGraw-Hill, 2006.

Litterer, J. A. "Alexander Hamilton Church and the Development of Modern Management". *Business History Review*, 35, verão de 1961, pp. 211-225.

Maskell, B. e Baggaley, B. *Practical Lean Accounting: A Proven System for Measuring and Managing the Lean Enterprise*. Nova York: Productivity Press, 2004.

McFarland, W. B. "How Standard Costs Are Being Used Today for Control, Budgeting, Pricing: A Survey". *Journal of Accountancy (Pre-1986)*, 89(2), fevereiro de 1950, p. 125.

McLean, T. "Continuity and Change in British Cost Accounting Development: The Case of Hawthorn Leslie, Shipbuilders and Engineers, 1886–1914". *The British Accounting Review*, 38(1), março de 2006, p. 95.

Nolan, G. J. "The End of Traditional Budgeting". *Journal of Performance Management*, 18 (1), 2005, pp. 27-39.

Oliver, L. *Designing Strategic Cost Systems*. Hoboken, NJ: John Wiley & Sons, 2004.

Olson, R., Verley, J., Santos, L. e Salas, C. "What We Teach Students about the Hawthorne Studies: A Review of Content within a Sample of Introductory I-O and OB Textbooks". *The Industrial-Organizational Psychologist*, 41(3), janeiro de 2004, pp. 23-39.

Palmer, R. J. e Vied, M. "ABC: Could ABC Threaten the Survival of Your Company?" *Management Accounting*, 80(5), novembro de 1998, p. 33.

Peters, T. J. e Waterman Jr., R. H. *In Search of Excellence: Lessons From America's Best-Run Companies*. Nova York: Harper & Row, 1982.

Polischuk, T. "What's Lean Mean?..." *PackagePrinting*, 56(2), fevereiro de 2009, p. 30.

Pullin, J. "The Learning Factory". *Professional Engineering*, 22(11), 24 de junho de 2009, p. 31.

Ricketts, J. A. *Reaching the Goal: How Managers Improve a Services Business Using Goldratt's Theory of Constraints*. Boston MA: IBM Press e Pearson Education, Inc., 2008.

Schragenheim, E., Dettmer, H. W. e Patterson, J. W. *Supply Chain Management at Warp Speed*. Boca Raton, FL: Auerbach Publications, Taylor & Francis Group, 2009.

Shewhart, W. E. *Economic Control of Quality of Manufactured Product*. Nova York: D. Van Nostrand Company, Inc.; Milwaukee, WI: Sociedade Americana de Controle de Qualidade, 1931, 1980.

Shipulski, M., Hockley, R. e Beck, R. "Resurrecting Manufacturing". *Industrial Engineer*, 41(7), julho de 2009, p. 24.

Shook, J. "Toyota's Secret". *MIT Sloan Management Review*, 50(4), verão de 2009, p. 30.

Skapinker, M. "Boeing, Boeing, Bong: Michael Skapinker on the Production Woes That Have Spoiled What Should Have Been a Bumper Period for the U.S. Aircraft Maker". *Financial Times*, 6 de fevereiro de 1998.

Smith, D. *The Measurement Nightmare*. Boca Raton, FL: St. Lucie Press, 2000.

Speckbacher, G., Bischof, J. e Pfeiffer, T. "A Descriptive Analysis on the Implementation of Balanced Scorecards in German-Speaking Countries". *Management Accounting Research*, 14(4), dezembro de 2003, p. 361.

Stewart, M. *The Management Myth: Why the Experts Keep Getting It Wrong*. Nova York: W. W. Norton & Company, Inc., 2009.

Stratton, W., Desroches, D., Lawson, R. e Hatch, T. "Activity-Based Costing: Is It Still Relevant?" *Management Accounting Quarterly*, 10(3), primavera de 2009, p. 31.

Stuart, I. e Boyle, T. "Advancing the Adoption of 'Lean' in Canadian SMES". *Ivey Business Journal Online*, janeiro-fevereiro de 2007. http://www.iveybusinessjournal.com/article.asp?intArticle_ID=650. Acesso em 8 de abril de 2010.

Taylor, F. W. *The Principles of Scientific Management*. Nova York: Harper & Row; W.W. Norton & Company, Inc., 1911, 1967.

Tyson, T. "Keeping the Record Straight: Foucauldian Revisionism and Nineteenth Century U.S. Cost Accounting History". *Accounting, Auditing & Accountability Journal*, 6(2), 1993, p. 4.

Van Veen-Dirks, P. e Molenaar, R. "Customer Profitability Pricing". *Cost Management*, 23(3), maio-junho de 2009, p. 32.

Vangermeersch, R. e Schwarzback, H. R. "The Historical Development of Management Accounting". Em Weil, R. L. e Maher, M. W. (eds.). *Handbook of Cost Management*. 2ª ed. Hoboken, NJ: John Wiley & Sons, 2005.

Weber, J. e Linder, S. "Budgeting, Better Budgeting, or Beyond Budgeting". *Cost Management*, 19(2), março-abril de 2005, p. 20.

Weil, N. "A Legacy of Failure; Researchers Cite a 90 Percent Failure Rate among Companies Trying To Execute Their Strategies. What's Up with That?" *CIO*, 20(19), 15 de julho de 2007, p. 1.

Whitehead, T. N. *The Industrial Worker: A Statistical Study of Human Relations in a Group of Manual Workers*, Cambridge, MA: Harvard University Press, 1938, vols. I e II.

Womack, J. P., Jones, D.T. e Roos, D. *The Machine That Changed the World*. Nova York: Rawson Associates, 1990.

Sobre a autora

Charlene Spoede Budd, professora emérita da Universidade Baylor, durante vários anos ministrou aulas nas disciplinas de contabilidade gerencial e gerenciamento de projetos. Charlene cursou o bacharelado (especialização em contabilidade, com distinção máxima) e o MBA pela Universidade Baylor (1972 e 1973, respectivamente) e o doutorado pela Universidade do Texas, em Austin (1982), onde se especializou nas áreas de contabilidade, economia e finanças. Ela detém as seguintes designações profissionais: CPA (certificação em contabilidade), CMA (certificação em contabilidade gerencial), CFM (certificação em administração financeira) e PMP (profissional em gerenciamento de projeto). Além disso, Charlene é certificada em todas as áreas da teoria das restrições pela Organização Internacional de Certificação em Teoria das Restrições (Theory of Constraints International Certification Organization – TOCICO). Suas pesquisas foram publicadas principalmente em periódicos profissionais. Charlene recebeu três certificados de mérito pelos artigos que publicou na revista *Strategic Finance*. Ela também escreveu artigos, sozinha ou em coautoria, para o *Industrial Marketing Management* (edição especial sobre projetos), *Human Systems Management Journal*, *Today's CPA*, *The Counselor* e outros periódicos, e igualmente vários anais de congresso. Charlene é coautora de dois livros acadêmicos sobre contabilidade e, em coautoria com Charles Budd, também coautor neste livro, ela publicou *A Practical Guide to Earned Value Project Management* (2ª ed., Management Concepts, 2010) e *Internal Control and Improvement Initiatives* (BNA, 2007). Charlene ainda atua em várias organizações profissionais, como a Associação Americana de Contabilidade, o Instituto de Executivos Financeiros e o Instituto de Gerenciamento de Projetos. Além disso, ela integra o Comitê de Conteúdo do Instituto Americano de Contadores Públicos Certificados (American Institute of Certified Public Accountants – AICPA) e ocupou a presidência do Subcomitê de Ambiente e Conteúdo Empresarial do AICPA de 2004 a 2008. Atualmente, Charlene preside o Comitê de Finanças e Medidas da TOCICO. Charlene dedica a maior parte de seu tempo à pesquisa, mas integra também o conselho de administração de uma empresa pública.

14

Resolução de dilemas relacionados a mensuração/desempenho

Debra Smith e Jeff Herman

Introdução

Quais são os *dilemas da mensuração/desempenho*? Para os objetivos deste capítulo, digamos que os *dilemas sejam as situações que colocam pessoas, departamentos, divisões e empresas em direções opostas ou como concorrentes*. Por exemplo, o responsável pelo departamento de compras fica dividido entre escolher o fornecedor mais barato e o fornecedor mais confiável; o supervisor de turno fica em dúvida sobre se deve ou não autorizar horas extras; o vendedor suplica por uma data de entrega mais adiantada em contraposição ao programador que não deseja atrapalhar a programação; o controlador deseja terceirizar em contraposição ao gerente de fábrica que deseja manter as atividades internas; o diretor financeiro quer reduzir drasticamente o estoque enquanto o vice-presidente de vendas quer mantê-lo ou mesmo aumentá-lo; e o gerente de engenharia deseja padronizar os produtos em contraposição ao gerente de vendas que deseja vender soluções personalizadas. Esses dilemas com frequência estão relacionados a uma série sempre inconstante e frustrante de compromissos diários, semanais, trimestrais e anuais insatisfatórios. Esses compromissos podem custar muito dinheiro para as empresas, visto que as pessoas e os recursos ficam divididos entre duas posturas normalmente extremas.

O que está por trás desses dilemas? Normalmente, essas "posturas extremas" são a maneira mais evidente e óbvia de satisfazer uma determinada medida. Em nossos exemplos, é o preço de compra em contraposição à disponibilidade de material; o orçamento de horas extras em contraposição ao desempenho pontual; os negócios agendados em contraposição à estabilidade do cronograma; o custo do produto em contraposição ao volume (que, por sua vez, pode estar associado ao custo do produto); o caixa em contraposição aos índices de disponibilidade/satisfação; o aproveitamento em contraposição ao desenvolvimento de novos negócios.

Essas medidas estão sempre em conflito? Obviamente, não sempre, mas em muitos casos sim. Na maioria das organizações com fins lucrativos, a meta assume alguma forma de *retorno sobre o investimento* (*return on investment* – ROI) ou *retorno sobre o capital médio empregado* (*return on average capital employed* – Race ou Roace). A estratégia para concretizar essa meta quase sempre inclui objetivos táticos (Figura 14.1) para:

1. Diminuir o estoque.
2. Melhorar a qualidade.
3. Aumentar as vendas.

Copyright © 2010 Debra Smith e Jeff Herman.

Melhorar o ROI/RACE

| Diminuir o estoque | Melhorar a qualidade | Aumentar as vendas | Diminuir os custos | Melhorar o atendimento |

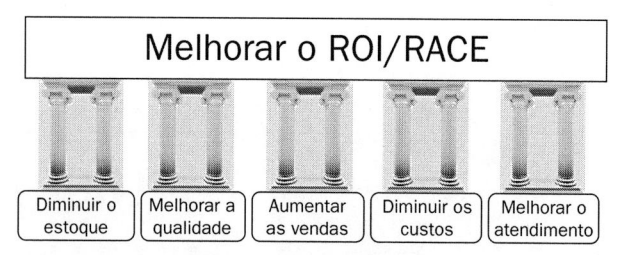

FIGURA 14.1 Objetivos táticos para aumentar o ROI.

4. Diminuir os custos.
5. Melhorar o desempenho da data de entrega (DDE).

A gestão supõe que a melhoria desses cinco objetivos táticos colocará o ROI na direção correta. Esse pressuposto é absolutamente válido. O problema é que muitas vezes as medidas e as providências correspondentes para atingir esses objetivos táticos aparentemente fáceis sempre entrarão – e de fato entram – em conflito um com o outro.

Não raro, quando uma empresa atinge um porte relativamente médio, ela precisa se segmentar em áreas de responsabilidade funcional (isto é, vendas, produção, finanças etc.). Portanto, é lógico que os objetivos táticos sejam atribuídos aos gerentes funcionais para que eles os focalizem e aprimorem. Não obstante, será que o impulso de aumentar a qualidade pode elevar os custos e aumentar o tempo de ciclo? Será que o impulso de diminuir os custos pode afetar negativamente a qualidade e o nosso mercado? Será que o impulso de aumentar as vendas pode corroer as margens de lucro? Será que o impulso de aumentar as entregas pontuais ou diminuir o tempo de atravessamento pode aumentar os custos e o estoque e minar a qualidade? Será que os programas para diminuir o estoque enfraquecem as fábricas e diminuem as entregas pontuais e aumentam os custos de hora extra, bem como o tempo de ciclo e o produto em processamento (WIP)? Na realidade, a resposta a essas perguntas é "SIM!". Todo gerente local, avaliado com respeito à melhoria de sua responsabilidade funcional, colocará diretamente a organização em conflito consigo mesma. Isso, por definição, é um enorme desperdício e impede que a organização tenha qualquer tipo de melhoria excepcional.

Existe alguma solução? Durante anos, as empresas que adotaram a *teoria das restrições* (*theory of constraints* – TOC) demonstraram que de fato existe uma solução. Quando o sistema TOC está apropriadamente alinhado, é possível mudar os objetivos para a direção correta de maneira simultânea e sem conflitos. A Figura 14.2 mostra os resultados da revisão de literatura de Mabin e Balderstone (2000) de 82 estudos de caso da TOC provenientes do mundo inteiro. Essa revisão mostrou que as empresas que implementaram a TOC conseguiram mudar simultaneamente esses objetivos táticos para a direção correta.

Será que medimos em demasia?

Repetindo, as medidas estão sempre em conflito? Não, mas muitas vezes estão e, quando não estão em conflito, os pressupostos sobre como alcançar determinadas medidas podem gerar conflitos entre as pessoas. Uma das conclusões que podemos extrair disso é que, quanto mais medidas (métricas) uma organização tem, maior a probabilidade de essas medidas ou de os pressupostos sobre como obter essas medidas estarem em conflito.

As empresas modernas têm medidas para tudo e alocam uma quantidade tremenda de recursos e energia para mantê-las. O interessante é que o número de medidas, do mesmo modo que o universo, sempre parece estar se expandindo (até mesmo acelerando). Uma analogia (que, a propósito, está diretamente associada a esse tema) possível é com os sistemas de *planejamento de recursos corporativos* (*enterprise resources planning* – ERP).

Entrega pontual, Melhoria média: 44%

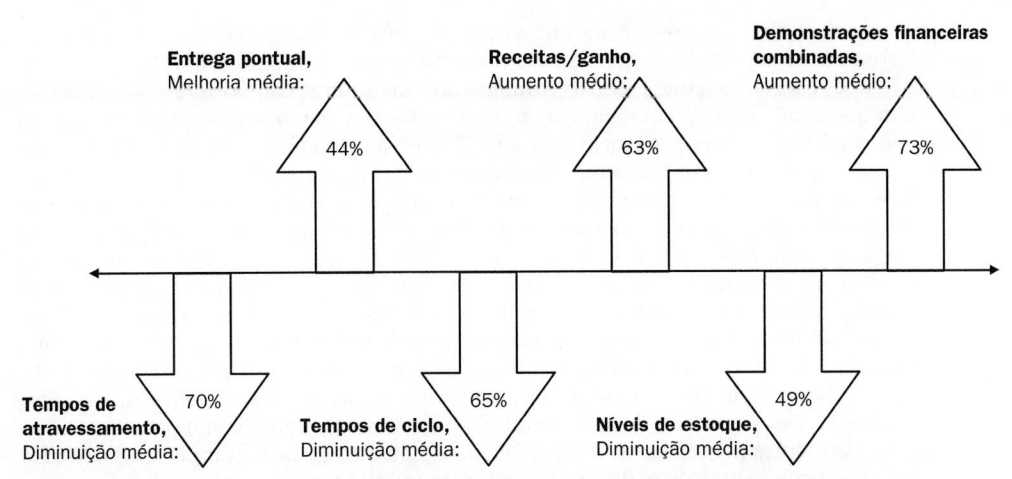

Receitas/ganho, Aumento médio: 63%

Demonstrações financeiras combinadas, Aumento médio: 73%

Tempos de atravessamento, Diminuição média: 70%

Tempos de ciclo, Diminuição média: 65%

Níveis de estoque, Diminuição média: 49%

FIGURA 14.2 Melhoria média nas avaliações das empresas após a implementação da TOC.
Fonte: V. Mabin e S. Balderstone, *The World of Theory of Constraints*, Boca Raton, FL: St. Lucie Press, 2000.

Pergunte a qualquer provedor de ERP quantas linhas de código eles tinham há dez anos e quantas eles têm atualmente (talvez eles nem consigam citar um número). O paradoxal ou talvez a lição é que a maioria de seus clientes admitirá francamente (a portas fechadas) que esses sistemas na verdade não produziram nenhum resultado empresarial mais adequado ao longo desse período de dez anos; eles são apenas mais caros de operar. Será que estamos tornando as coisas mais difíceis do que elas deveriam?

Talvez ao tentar controlar tudo acabamos por não controlar nada. Albert Einstein disse certa vez: "Qualquer idiota inteligente consegue fazer uma coisa ficar maior e mais complexa, mas é necessário um toque de gênio e muita coragem para fazer o oposto". Ele também disse: "Tudo deveria ser tornado o mais simples possível, mas não mais simplista". Nessas duas frases, ele expõe engenhosamente os critérios para a resolução e controle eficaz de problemas. As soluções devem ser engenhosas, isto é, concisas e simples, mas ao mesmo tempo todos os fatores verdadeiramente relevantes devem ser considerados. Essa é a direção da solução para resolver os dilemas de mensuração/desempenho.

Em última análise, o que é necessário são mensurações que contenham um conjunto de prioridades de execução relativamente simples e extremamente visíveis para direcionar e alinhar toda a equipe de gerentes funcionais em torno das providências que ofereçam o maior ROI organizacional, independentemente do impacto dos objetivos táticos. Em outras palavras, todos os objetivos devem ser compreendidos com relação ao seu impacto sobre o ROI.

A concretização dessa solução diminuirá as medidas primárias e os possíveis conflitos correspondentes entre as medidas e também deixará mais evidentes as providências necessárias para satisfazer essas medidas.

Por que temos sistemas de mensuração?

O objetivo de qualquer sistema de mensuração deve ser:

- Avaliar o progresso em direção a uma meta ou a um objetivo.
- Guiar o comportamento em direção a uma meta ou objetivo específico.
- Ressaltar os fatores relevantes em relação à consecução dessa meta ou objetivo.

Em um artigo recente de Bruce Horovitz (2009) no *USA Today*, Douglas Conant, presidente e diretor executivo da Campbell's Soup, disse: "Não podemos nos esquivar com desculpas de algo que nós mesmos provocamos". Supondo que uma empresa tenha um objetivo definido, um dos segredos para concretizar esse objetivo (em qualquer intervalo de tempo) é fazer com que todos os componentes do sistema comportem-se de uma maneira que conduza o sistema em direção a esse objetivo. Por que existe um elo entre as mensurações e o comportamento? O ditado "Diga-me como me medes e eu te direi como me comportarei" sempre foi um clichê que associa comportamento e mensurações. É um clichê porque, embora verdadeiro, é uma supersimplificação da relação entre medidas e comportamento. Não é apenas a mera existência de uma medida que impulsiona um comportamento específico. A falta de outra medida diretamente conflitante que motiva um comportamento diretamente conflitante sob as mesmas circunstâncias e o mesmo sistema de *feedback* e responsabilização também põe por terra o clichê dessa frase.

Isso significa que as medidas devem ser coordenadas e construídas de modo que induzam as áreas locais a trabalhar em conjunto para realizar o que é de interesse geral e essas medidas devem ser apoiadas por um sólido sistema de responsabilização e visibilidade (que, por si mesmo, deve ser avaliado). Esse fator é fundamental para a sincronização e eficiência organizacional. Se os recursos não estiverem se comportando de uma maneira sincronizada, é possível extrair algumas conclusões:

1. As medidas formais não estão sincronizadas. Existem possíveis conflitos ou lacunas no sistema de medidas formal. Como mencionado, quanto mais medidas houver em um sistema, maior a probabilidade de conflito.

2. Não existem medidas formais ou existem lacunas significativas no sistema de medidas formal. Isso significa que os recursos tendem a direcionar seu comportamento com base na forma que eles percebem que são avaliados ou acreditam que devam ser avaliados. Na falta de uma medida formal, essa percepção muitas vezes é direcionada pela própria visão de um recurso sobre o que é certo. Isso abre oportunidade para conflitos motivados por interpretações ou pressuposições.

3. Existem medidas formais, não existem conflitos nessas medidas e não existe nenhuma lacuna significativa entre essas medidas, mas não há nenhum sistema eficaz de *feedback* e responsabilização. Muitos talvez se lembrem de colegas que faziam o que bem entendiam sem levar em conta o que eles provavelmente deveriam fazer, havendo para tanto pouca ou nenhuma consequência individual. Além disso, muitos podem se lembrar de situações em que os comportamentos persistiam em conformidade com uma medida que era obsoleta. Por que essa medida ainda continuava vigorando? Não havia nenhuma sistema de *feedback* eficaz para indicar que ela precisava ser mudada ou eliminada.

Então surge a pergunta: como estabelecemos um sistema formal e coordenado de medidas sem lacunas e conflitos significativos e com um mecanismo de *feedback* e responsabilização eficaz?

Este capítulo está estruturado em três seções. A primeira investiga o painel de medidas globais que as empresas devem utilizar para facilitar e avaliar seu avanço em relação à meta. A segunda delineia o painel básico de medidas locais coordenadas que apoia as medidas globais. A última seção mostra de que forma se constrói um sistema de *feedback* eficaz para promover a visibilidade e a responsabilização e, com isso, resolver melhor qualquer dilema remanescente e promover a melhoria contínua.

Medidas globais

Este capítulo pressupõe que a empresa já tenha definido uma meta e estratégia. Se não existe nenhuma meta e estratégia, por que avaliar qualquer coisa que seja? Com relação ao tema de metas e estratégias empresariais, consulte os Capítulos 17, 18 e 19 deste livro.

As medidas de desempenho essenciais, em âmbito global, em última análise se reduzem a uma medida básica de desempenho; alguma forma de medida de retorno sobre o patrimônio. A equação de retorno específica utilizada pela empresa é basicamente irrelevante. As medidas comuns são o ROI, o Race (*retorno sobre o capital empregado*) e o retorno sobre os ativos (*return on assets* – ROA). Essencialmente, dois componentes são empregados para criar essa equação, independentemente da forma que a empresa optar por utilizar:

- Uma medida do lucro. *O lucro pode ser deduzido simplesmente pela equação de ganho (G) menos despesa operacional (DO). O ganho é calculado de forma agregada e por produto considerando-se o montante de vendas menos todos os custos diretos variáveis. O custo direto variável* (também chamado de *custo totalmente variável*) *é qualquer despesa que tenha uma relação direta um por um com o produto ou serviço, as matérias-primas, o frete, as comissões de venda etc. As DOs são todas as despesas de uma empresa que não sejam os custos totalmente variáveis do produto.* Esse método contábil elimina a distorção nos lucros entre os períodos, quando a quantidade fabricada é superior ou inferior à quantidade vendida, ao suprimir a alocação de custos fixos ao estoque, e não recompensa a estocagem que não protege o ganho atual ou sazonal futuro. Além disso, esse método alinha mais adequadamente o fluxo de caixa com a demonstração de resultados do período.[1]

- Uma medida do investimento ou capital empregado. Existem várias definições de *capital empregado. Em geral, é o investimento de capital necessário para o funcionamento de uma empresa ou negócio. Normalmente ele é representado pelo total de ativos menos os passivos circulantes ou ativos fixos mais o capital de giro.* Na maioria das empresas, existem dois fatores predominantes na equação de *investimento*. O primeiro é o montante total de *estoque*. O segundo normalmente é chamado de *propriedade, fábrica e equipamento* (PF&E).

A Figura 14.3 mostra a hierarquia das medidas globais.

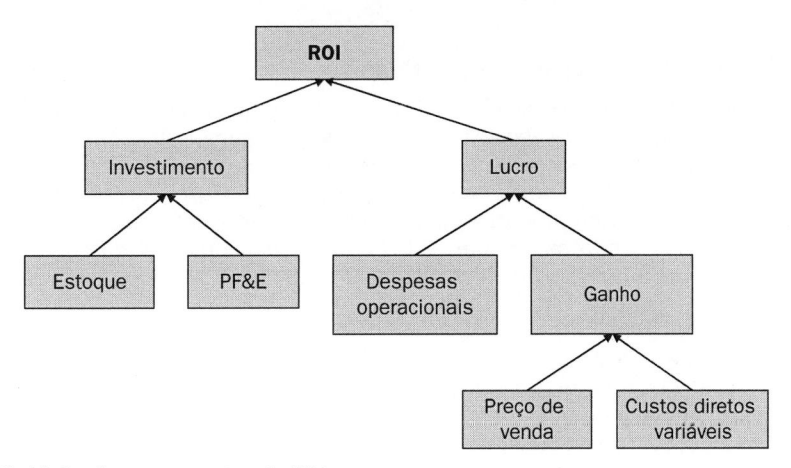

FIGURA 14.3 Os componentes do ROI.

---

[1] Observação: acontecimentos recentes na economia mundial fizeram com que as empresas ficassem hipersensíveis à crise. O caixa e o fluxo de caixa são pré-requisitos para os negócios e não devem ser tratados por si sós como objetivos. Entretanto, em um sistema TOC bem estruturado, as decisões tendem a ser filtradas pelas implicações do caixa total, visto que o sistema de mensuração atribui o custo dos produtos com base no método de custo direto, e não de acordo com uma base de custo padrão que incluiria as despesas indiretas fixas e variáveis.

Entretanto, a implementação eficaz dessas medidas exige que determinados fatores relevantes sejam compreendidos e definidos para que o sistema de medidas da empresa gere as informações significativas e apropriadas para um bom processo de tomada de decisões e diminua a quantidade de dilemas relacionados às mensurações.

A mensuração é empregada predominantemente para avaliar o desempenho. Infelizmente, até mesmo uma avaliação tão objetiva quanto a lucratividade, ao menos na aparência, pode ser desastrosamente falha. Um exemplo é a avaliação de estoque usual em relação à lucratividade dos períodos de mensuração. Há décadas conhecemos as consequências negativas relacionadas com o estoque em excesso – custos mais altos, fluxos menores, produtos danificados etc. Contudo, como podemos avaliá-lo no balanço patrimonial? Nós não o avaliamos apenas como um ativo. Nós o tornamos "mais valioso" quando incorporamos nele a mão de obra e as despesas indiretas. Isso significa que as empresas podem estocar e declarar lucro sem nenhuma venda para comprová--lo[2] e que uma tentativa drástica de diminuir o estoque para melhorar o fluxo e o ganho pode na verdade punir esses "empreendedores" com um desempenho de lucratividade insatisfatório a curto prazo ou índices de baixa absorção. Ao mesmo tempo, entretanto, o estoque tende a ser uma medida fundamental também entre períodos de mensuração. Tentar equilibrar esses fatores concorrentes pode dar lugar a um comportamento insensato. Há alguns anos trabalhamos com uma empresa que costumava recusar o recebimento de estoque ao final do mês (um período de mensuração) e uma semana depois o reabastecia apressadamente e trabalhava horas extras para cumprir pontualmente as datas de entrega. Que impacto isso tem sobre o custo? Que impacto isso tem sobre a pontualidade das entregas? Eles sabiam que esse comportamento prejudicava a empresa e também se sentiam de mãos atadas em virtude do sistema de mensuração corporativo. Contraditoriamente, quando você senta com o diretor financeiro ou controlador e explica a lógica de causa e efeito sobre o que está ocorrendo, eles muitas vezes bradam: "O quê!? Não é isso o que queremos que eles façam!". Seria essa uma situação de medidas conflitantes? Sim. É uma interpretação equivocada? Provavelmente. Isso demonstra que não existe um sistema de *feedback* e responsabilização eficaz? Indiscutivelmente, sim.

O fator mais relevante é a restrição

Um único fator determina o fluxo de produção e o fluxo para o mercado. Esse mesmo fator oferece-nos os pressupostos subjacentes à oportunidade de custo e receita de qualquer providência ou investimento possível. Esse fator é a restrição. A restrição poderia ser um recurso, uma matéria-prima ou um componente comprado, um conjunto de habilidades, uma diretiva ou um procedimento, uma medida etc. A informação sobre a restrição é o que importa. A informação a respeito do impacto de qualquer opção sobre a restrição é essencial para um sistema de mensuração e deve indicar as providências que, quando tomadas, oferecerão retorno financeiro.

As restrições mudam nossa forma de avaliar a lucratividade de um produto, a maximização de lucro a curto prazo, o ROI, o capital, o estoque e o potencial humano. As restrições afetam o ritmo com que uma empresa consegue fazer dinheiro – elas são o ponto de alavancagem de um sistema. É por isso que um sistema logístico baseado na TOC e suas medidas correspondentes são tão vitais para as decisões operacionais e a melhoria em um ambiente logístico.

A TOC é uma metodologia e um conjunto de processos que, para maximizar a equação de ROI/Race de um sistema, utiliza soluções que identificam, exploram e gerenciam um sistema por meio de seus pontos de alavancagem e respectivas interações.

Ao considerar qualquer outro plano, providência ou projeto de melhoria:

---

[2] O Capítulo 15 oferece um exemplo numérico simples para mostrar essas questões.

1. Pense no impacto sobre o desempenho da restrição. Isso requer que você saiba se a restrição mudará em virtude de sua decisão e, em caso positivo, onde e quais serão as consequências.
2. Seja qual for o investimento, devemos saber de que forma obteremos retorno econômico. O mercado comprará mais produtos ou haverá alguma redução no investimento (p. ex., pulmões de estoque estratégicos) ou nas DOs?

A entrada de caixa em contraposição à saída de caixa deve ser um dos principais parâmetros para tomada de decisões. As implicações reais de qualquer pressuposto do sistema devem ser avaliadas com base na "entrada de caixa" e "saída de caixa".

A utilização de medidas de desempenho simples como as que foram definidas anteriormente e a eliminação de todas as outras medidas de desempenho podem evitar que uma empresa tome decisões equivocadas,[3] motivadas por medidas de desempenho extremamente distorcidas por incorporar a mão de obra e os custos indiretos no "custo" de um produto. Por exemplo, a maioria das medidas de custo unitário levaria a crer que qualquer redução no tempo de execução ou no tempo de *setup* (preparação) de qualquer recurso diminuiria o custo do produto ou geraria uma melhoria. A TOC declara que essa lógica é categoricamente falsa. Como esse tipo de pensamento de "custo" localizado está embutido na vasta maioria dos instrumentos de tomada de decisões, as economias ou os lucros gerados na maior parte dos projetos de melhoria são uma miragem e nunca se materializam.

Muitas vezes são empregadas solicitações de apropriação para justificar um investimento cuja avaliação é baseada em grande medida na redução de custo do produto. Por exemplo, se conseguirmos reduzir em 25% o tempo exigido por uma etapa do processo, o custo do produto diminuirá (porque a quantidade total de mão de obra é menor) e isso será interpretado como uma suposta melhoria nos resultados financeiros. Na realidade, como esses investimentos e iniciativas de melhoria de processo (norteados pela equação de custo do produto) não consideram as restrições ou os pulmões, não existe nenhuma maneira eficaz de avaliar se qualquer redução de tempo em qualquer recurso gerará uma melhoria nos resultados financeiros. É bastante provável que, sem considerar as restrições e os pulmões, a maioria das mudanças não gere um ROI líquido positivo – e, muitas vezes, afete negativamente o desempenho da restrição e, portanto, do sistema como um todo porque várias dessas mudanças exigem algum tipo de investimento ou gasto.

Quando forçamos uma melhoria no tempo de ciclo de uma não restrição, geralmente qual é o resultado previsível? Lembre-se, uma não restrição significa que essa parte do sistema no momento não está determinando o ritmo com que uma empresa gera lucro. Isso significa que, se um recurso local não restrição tivesse possibilidade de produzir mais rapidamente, ocorreria o seguinte no sistema:

1. Não haveria nenhum aumento nas vendas ou nas entregas ao cliente – nenhum aumento no ganho.
2. Provavelmente haveria uma maior produção de componentes que não poderiam ser consumidos imediatamente – estoque maior. Um nível mais alto de produtos em processamento também poderia aumentar os tempos de espera, diminuir o DDE e, por fim, reduzir o ganho.
3. Provavelmente foi feito algum investimento para essa realizar essa melhoria. É possível que haja maior necessidade de espaço ou custos de empréstimo adicionais associados a essa maior quantidade de estoque. Além disso, na maioria das vezes um índice de produção melhorado não possibilita nenhuma redução de mão de obra – nenhuma redução nas DOs.

---

[3] Johnson e Kaplan (1987) apresentam um histórico da contabilidade gerencial e falam sobre os vários problemas decorrentes de sua utilização.

Em outras palavras, a avaliação local dessa "melhoria" moverá o ganho, o inventário e as DOs para a direção errada. Uma avaliação sobre uma possível providência contra o impacto sobre a restrição teria poupado o dinheiro investido para alguma coisa que oferecesse oportunidade para um retorno financeiro real.

Se existe alguma coisa que pode ser aprendida neste livro é a percepção do impacto da restrição sobre o sistema. Se a melhoria de 25% na velocidade por acaso ocorrer em um recurso-gargalo, o impacto sobre o resultado financeiro provavelmente seria *bem* maior do que as pequenas economias de custo que a mensuração do custo do produto leva a crer. Além das economias, haveria um ganho maior, o que, portanto, melhoraria o resultado financeiro da empresa. Desse modo, o argumento do custo do produto minimizaria drasticamente a necessidade dessa melhoria.

A discussão acima ajuda a explicar por que os projetos de redução de custo aprovados pelos altos gerentes quase sempre acabam não produzindo absolutamente nenhum impacto sobre o resultado financeiro e por que a administração tem dificuldade de compreender o que deu errado.

Maximização de lucros na TOC

Como a maioria das empresas com fins lucrativos tem uma meta com relação ao ROI ou Race e o lucro é um dos principais componentes dessas medidas, precisamos conhecer a estratégica básica para maximizar os lucros de cada empresa. Lembre-se de que um dos fatores mais relevantes é a localização da restrição, o principal ponto de alavancagem da empresa. A TOC utiliza princípios econômicos fundamentais como base de informações sobre contabilidade gerencial (Horngren *et al.*, 1993, p. 156) para maximizar o lucro, tal como demonstra uma citação extraída de um conhecido texto sobre contabilidade gerencial:

> O critério para maximizar os lucros quando um único fator restringe as vendas é obter a melhor contribuição possível para o lucro de cada unidade do fator restritivo ou escasso. O produto mais lucrativo quando um determinado fator limita as vendas pode ser o menos lucrativo se um fator diferente restringir as vendas. Quando existem limitações, a contribuição ou margem bruta convencional ou a porcentagem da margem bruta sobre o preço de venda (coeficiente de venda/lucro) oferece uma pista insuficiente a respeito da lucratividade do produto.

A Figura 14.4a demonstra o potencial de custo e receita de um sistema por meio de um gráfico básico de ponto de equilíbrio.[4] Observe que os "custos fixos" no diagrama incluem todas as DOs definidas previamente. A linha de "custo total" representa todos os custos diretos variáveis acrescentados na parte superior da linha de base de custo fixo associada à venda do produto. O potencial de receita dessa empresa é determinado pela interseção do intervalo relevante e a receita total do *mix*. O potencial de lucro da empresa é o potencial de receita menos o custo total em qualquer ponto acima do ponto de equilíbrio.

Se a atenção da alta administração estiver concentrada no impacto direto dos investimentos sobre o resultado financeiro, em vez de se distrair com pedidos intermináveis em prol de melhorias localizadas, uma melhoria organizacional relativamente rápida e significativa será iminente.

A limitação da restrição é o principal fator que determina a capacidade global e, portanto, o potencial do intervalo relevante inicial na Figura 14.4a. A identificação e o apro-

---

[4] O *APICS Dictionary* (Blackstone, 2008, p. 14) define *gráfico de ponto de equilíbrio* como "Ferramenta gráfica que mostra o custo total variável e a curva de custo fixo com a curva de receita total. O ponto de interseção é definido como o ponto de equilíbrio (isto é, o ponto em que o total de receitas é exatamente igual ao custo total)". (© *APICS* 2008. Utilizada com permissão. Todos os direitos reservados.) Essa definição emprega a visão tradicional de custos fixos e variáveis. A diferença entre a contabilidade da TOC e a tradicional gera diferenças imensas na tomada de decisões. A TOC obedece a princípios econômicos fundamentais, oferecendo, portanto, a resposta correta.

Valores monetários

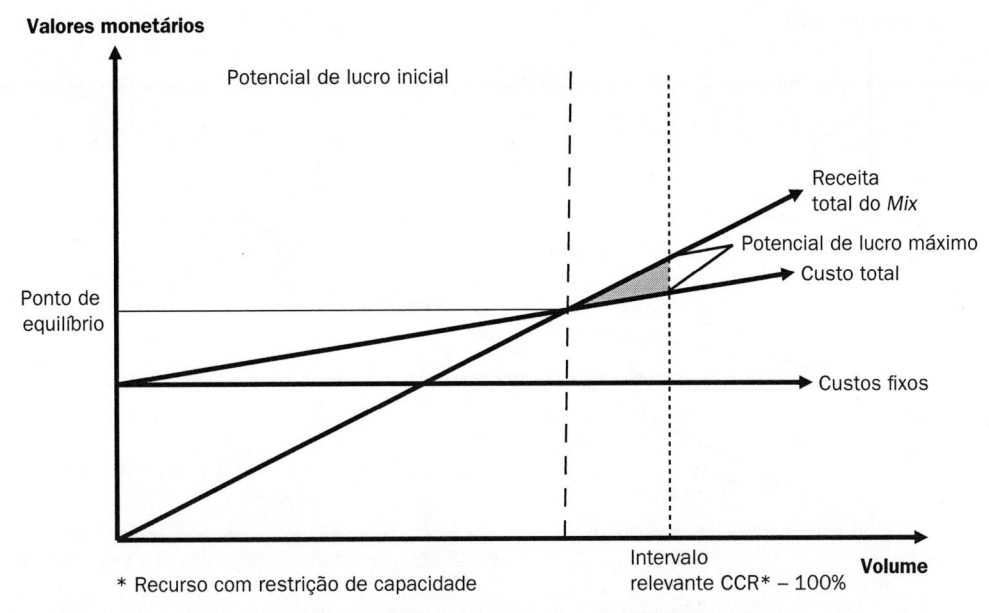

FIGURA 14.4A Gráfico de ponto de equilíbrio da TOC do potencial de lucro inicial.

veitamento da restrição – o ponto de alavancagem da organização – e a utilização de toda a capacidade mental e concentração para extrair mais é uma excelente oportunidade para exercer um impacto imediato e de longo prazo sobre o resultado financeiro com um investimento mínimo ou nenhum investimento.

O aproveitamento da restrição tem dois níveis. *O primeiro nível está relacionado sobretudo ao aumento do volume.* Esse aumento no volume pode ocorrer por duas vias principais. Ambas *exigem* que se conheçam a posição e o *status* da restrição ou do tambor. A primeira via é aumentar o volume extraindo mais da própria restrição. Isso pode ser conseguido por meio de inúmeros métodos, como melhorar a taxa de saída, eliminar a o desabastecimento ou minimizar ou reduzir o tempo de *setup*. A segunda via é aumentar o volume impulsionando a venda de *bens livres* – os produtos que não precisam passar pela restrição. O volume de bens livres deve ser gerenciado cuidadosamente para que não crie outra restrição. Gerenciamento cuidadoso com frequência significa algum tipo de mecanismo administrativo para ajustar o volume em relação à eficácia do sistema como um todo e, desse modo, apoiar a restrição. Se houver um volume excessivo de bens livres, normalmente isso significa que os recursos envolvidos em sua produção terão menor *velocidade de sprint (aceleração) ou capacidade protetiva* geral.[5] Isso significa que eles são menos receptivos à restrição ou (assim que ultrapassarem a restrição) ao cliente. O perigo disso é óbvio. Isso pode provocar interrupções na restrição, atrasos nas remessas, acelerações ou pulmões maiores (de tempo ou estoque) e afetar os tempos de espera, o DDE ou o dinheiro investido em estoque. A Figura 14.4b mostra o impacto das técnicas de aproveitamento baseadas no volume. O aumento do volume ampliou o intervalo relevante do sistema, o que se traduz em maior potencial de receita e lucro total.

---

[5] O *TOCICO Dictionary* (Sullivan *et al.*, 2007, p. 40) define *capacidade protetiva* como "A capacidade de recurso necessária para proteger o ganho do sistema garantindo que haja alguma capacidade acima da capacidade necessária para aproveitar a restrição a fim de recuperar o terreno perdido quando ocorrerem interrupções inevitáveis. Os recursos não restrição precisam de capacidade protetiva para restabelecer o banco na frente da restrição ou do recurso com restrição de capacidade (CCR) e/ou na plataforma de remessa antes que se perca o ganho". (© TOCICO 2007. Utilizada com permissão. Todos os direitos reservados.)

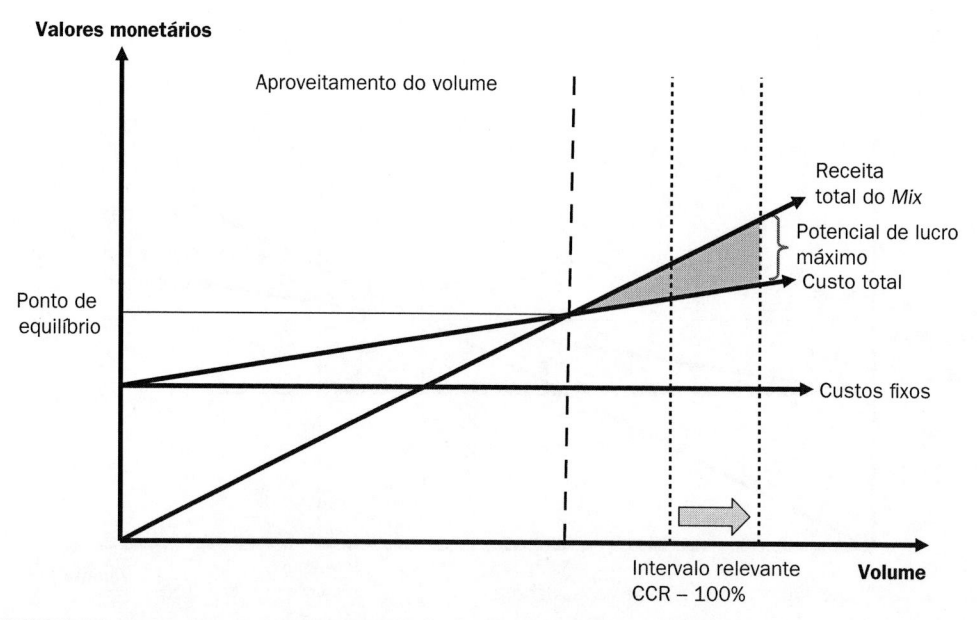

FIGURA 14.4B Gráfico de ponto de equilíbrio de aproveitamento do volume.

O segundo nível de aproveitamento está relacionado à taxa (margem). Após a maximização da capacidade/volume, é necessário determinar quais produtos criam maior lucro relativamente à capacidade/volume disponível. Aqui, a principal medida é o índice de ganho gerado pelos produtos ao longo da restrição. Utilizando nossos clientes como referência nos últimos 15 anos, percebemos que os índices de geração de ganho por unidade de tempo de restrição por produto podem apresentar uma diferença mínima de $ 3 para $ 1 e uma diferença substancial de $ 20 para $ 1. Obviamente, os bens livres não passam pela restrição definida e, portanto, seu índice relativo de ganho, em comparação um com o outro, é simplesmente a *margem de ganho* calculada (preço de venda – custos diretos variáveis) por unidade de produto. Observe que, na Figura 14.5, essa "nova" empresa apresenta um ponto de equilíbrio bem mais abaixo e corre um risco menor em tempos de retração econômica e encontra-se na melhor posição para tirar proveito de uma possível retomada do mercado. Isso ocorre porque a produtividade da restrição é melhorada pela escolha de um produto com o ganho mais alto por unidade de restrição na definição do *mix* de produtos, o que gera um ímpeto ascendente na receita total do *mix*, tal como pode ser visto na inclinação escarpada da linha de receita total do *mix*, na Figura 14.5.

É óbvio que esses índices de ganho podem ser um alvo móvel, visto que os preços prevalecentes e os custos dos materiais e componentes podem mudar, o que, por sua vez, pode mudar o ganho por unidade de produto. Por isso, é essencial utilizar um *modelo de indiferença de preço, um instrumento para mostrar em que ponto as empresas tornam-se indiferentes ao produto que a capacidade restrita produzirá – por exemplo, produto A em contraposição ao produto B como fatores relevantes para cada mudança. Os fatores relevantes abrangem qualquer mudança significativa nos índices de ganho ou nas capacidades*. Muitas empresas utilizam um índice de ganho agregado como alvo no processo orçamentário anual e avaliam o andamento e as providências com relação a manter ou ultrapassar esse índice.[6]

---

[6] Para uma explicação aprofundada e um estudo de caso sobre modelagem de indiferença de preço, consulte o Capítulo 9 do livro *The Measurement Nightmare, How the Theory of Constraints Can Resolve Conflicting Strategies, Policies, and Measures*, de Debra Smith, St. Lucie Press, 2000.

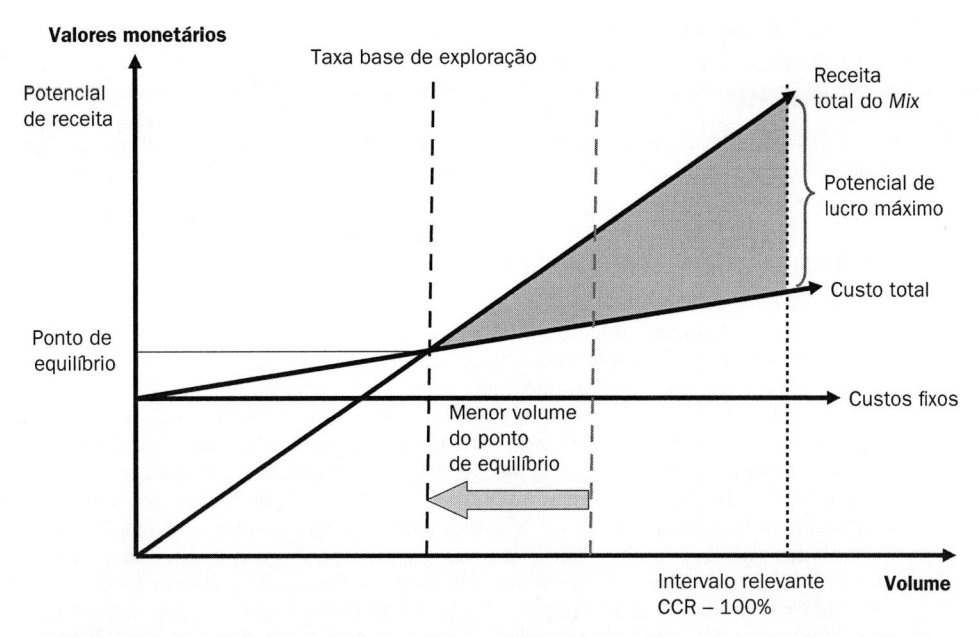

FIGURA 14.5 Gráfico de ponto de equilíbrio da TOC do aproveitamento baseado no índice de restrição de recurso.

Essas técnicas de aproveitamento oferecem um campo de jogo simples e nivelado (em lugar do custo e lucro tradicionais do produto) para avaliar os produtos entre si com respeito aos índices de geração de caixa de cada um, o preço de venda que diferentes produtos precisam captar e o *mix* apropriado a ser buscado no mercado para a capacidade recém-exposta, obtida do aproveitamento da restrição e da ênfase sobre os bens livres. Essa medida de desempenho global, o ROI, ajuda a administração a se concentrar nos fatores fundamentais que influenciam a meta e estratégia da empresa e diminui significativamente a quantidade de dilemas administrativos.

Medidas locais

Repetindo, as medidas precisam estimular o comportamento correto. Ao lidar com empresas de grande porte e complexidade, sempre parece um desafio construir um sistema de medidas locais que

- estimule os grupos locais a fazer o que beneficia o objetivo global;
- ofereça uma forma relativamente clara de resolução de conflitos entre e dentro dos grupos locais;
- ofereça sinais claros e visíveis à administração quanto ao progresso e *status* local em relação aos objetivos organizacionais.

Apresentamos um conjunto relativamente simples de medições gerais para áreas locais. É importante observar que essas medidas locais pressupõem que já se tenha implementado um modelo válido da TOC.

1. Confiabilidade
2. Estabilidade
3. Rapidez/Velocidade

4. Contribuição Estratégica
5. Despesa Operacional Local
6. Melhoria/Desperdício Local

Dependendo da empresa e das responsabilidades funcionais de cada organização, essas medidas assumirão formas bastante específicas. Em virtude da falta de espaço, nossos exemplos de medidas específicas serão direcionados apenas às operações.

Primeira medida: confiabilidade

O objetivo dessa medida é avaliar a conformidade da execução com um plano ou uma programação. Quando os locais (recursos, centros de trabalho, processos, departamentos etc.) e os sistemas são menos confiáveis, os sistemas precisam manter uma quantidade excessiva de posições de pulmão (tempo, estoque ou capacidade). Tempo,[7] estoque[8] e capacidade[9] são investimentos intercambiáveis na capacidade de produção. Todos os três são meramente tempo armazenado. Inversamente, quando os locais conseguem ter um desempenho confiável em horizontes de tempo programados, isso diminui a quantidade necessária de pulmão. Essa confiabilidade é fundamental para deslocar as medidas globais para a direção correta. Na TOC, as medidas de confiabilidade são facilmente implementadas por meio do controle dos níveis de serviço. Alguns tipos óbvios de avaliação dos níveis de serviço são importantes. Medidas convencionais, como o índice de entregas pontuais e o índice de satisfação, ainda são muito importantes e apropriadas. Entretanto, na TOC, outras medidas fundamentais do nível de serviço devem ser implementadas e controladas. Essas medidas são o *desempenho em relação ao tempo* e os pulmões de estoque. Lembre-se de que os recursos alimentam os pulmões. Se esses recursos forem mais confiáveis, isso normalmente significará que é possível diminuir os pulmões. A diminuição dos pulmões é um objetivo de melhoria essencial em qualquer sistema TOC.

Com respeito aos pulmões de tempo, isso geralmente significa que a penetração das zonas adiantada, de aceleração e atrasada no pulmão de tempo é percebida e gerenciada em dois níveis: primeiro, para indicar providências de execução e manter a restrição e a programação da entrega estáveis; segundo, para obter informações que identificam a fonte de variação de atividades de melhoria futuras para aumentar a estabilidade do sistema. A Figura 14.6a mostra a estratificação do pulmão de tempo em diferentes zonas: da adiantada, na extrema esquerda, às vezes chamada de zona de pulmão azul-clara (AC) ou branca, à de aceleração (vermelha), à de entrega atrasada, na extrema direita, às vezes chamada de vermelho-escura (VE) ou preta. As designações gerais de cor da zona são apresentadas nessa figura. Observe que uma ordem de serviço liberada (48709-01) não entrou no horizonte de tempo representado pelo pulmão em frente ao tambor. Uma dessas ordens de serviço entrará com nove horas de antecedência. Se essa fábrica funcionar 24 horas por dia, essa entrada ocorrerá às 10h, na quarta-feira.

Precisaremos conciliar a presença real da ordem de serviço no pulmão registrando o momento em que ela penetrou o pulmão e compará-lo com sua entrada programada para criar uma visão sobre qual medida corretiva, se alguma, deve ser tomada. Quando uma ordem de serviço não está preparada e no pulmão, no início da zona verde (momento pro-

---

[7] O *TOCICO Dictionary* (Sullivan et al., 2007, p. 40) define *pulmão de tempo* como "Proteção contra a incerteza em termos de tempo". (© *TOCICO* 2007. Utilizada com permissão. Todos os direitos reservados.)

[8] O *TOCICO Dictionary* (Sullivan et al., 2007, p. 43) define *pulmão de estoque* como "Quantidade de estoque físico mantida no sistema para proteger o ganho do sistema". (© *TOCICO* 2007. Utilizada com permissão. Todos os direitos reservados.)

[9] O *pulmão de capacidade é a velocidade de* sprint *(aceleração) ou capacidade protetiva inserida em recursos não restrição para oferecer proteção contra a lei de Murphy.*

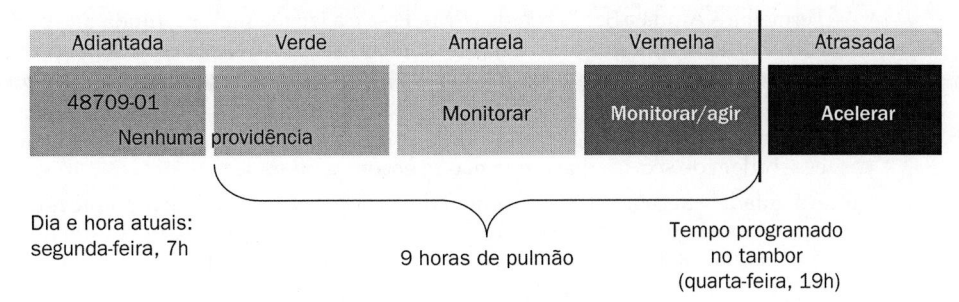

Adiantada	Verde	Amarela	Vermelha	Atrasada
48709-01 Nenhuma providência		Monitorar	Monitorar/agir	Acelerar

Dia e hora atuais: segunda-feira, 7h

9 horas de pulmão

Tempo programado no tambor (quarta-feira, 19h)

FIGURA 14.6A Estratificação de um pulmão de tempo.

gramado para entrar no pulmão), cria-se uma penetração no pulmão. Essa lacuna pode ser provocada, por exemplo, por falta de materiais, ferramental, especificações etc. A gravidade dessa penetração no final determinará quando teremos de agir e a prioridade das ordens de serviço sobre as quais devemos agir.

Isso significa que precisamos pensar sobre as cinco zonas sob duas perspectivas: "Ainda a Ser Recebida" (no tambor) e "Recebida" (no tambor). Essas são as duas situações que podem ocorrer. Quando algo "ainda está para ser recebido", o relógio continua correndo em relação ao tempo necessário para que atravesse a restrição. Quando algo tiver sido "recebido", a lacuna terá sido preenchida. A Figura 14.6b mostra um quadro de pulmão em tempo real que concilia uma ordem de serviço liberada em relação ao *status* do pulmão correspondente.

Observe que, quando consideramos o mesmo horizonte de tempo sob essas duas perspectivas diferentes, isso na verdade cria dez zonas de *status*. Essas zonas são:

1. Adiantada – Ainda a Ser Recebida (AC). Essa zona na verdade representa todas as ordens de serviço liberadas que estão a caminho do pulmão.
2. Verde – Ainda a Ser Recebida (V). Trata-se de uma lacuna no pulmão. Não é uma lacuna séria; não obstante, é uma lacuna.
3. Amarela – Ainda a Ser Recebida (A). Trata-se de uma profunda lacuna no pulmão que agora deve receber atenção do pessoal responsável pelo gerenciamento do pulmão.

Ainda a ser recebida

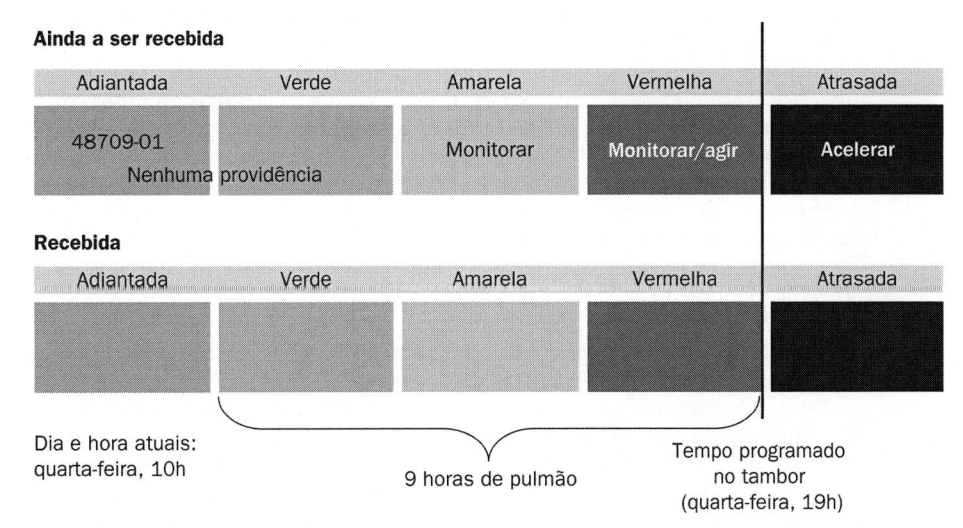

Adiantada	Verde	Amarela	Vermelha	Atrasada
48709-01 Nenhuma providência		Monitorar	Monitorar/agir	Acelerar

Recebida

Adiantada	Verde	Amarela	Vermelha	Atrasada

Dia e hora atuais: quarta-feira, 10h

9 horas de pulmão

Tempo programado no tambor (quarta-feira, 19h)

FIGURA 14.6B Conciliação das ordens de serviço liberadas em relação ao *status* do pulmão.

4. Vermelha – Ainda a Ser Recebida (VM). Essa é a lacuna mais profunda que podemos cavar sem afetar a programação do tambor. Essa zona alerta o pessoal apropriado de que, se não for tomada alguma medida corretiva, a programação do tambor será afetada.
5. Atrasada – Ainda a Ser Recebida (VE). A programação do tambor já foi afetada por essa ordem de serviço que ainda não se encontra presente.
6. Adiantada – Recebida (AC). A ordem de serviço está fisicamente presente no recurso do pulmão e pronta para ser processada pelo tambor antes do horizonte de tempo para o qual estamos programados. Isso normalmente significa que os padrões que estamos utilizando para gerar a programação podem estar superestimados (o que é muito comum, visto que os padrões da maioria das empresas são em grande medida elevados para tentar combater a lei de Murphy e interrupções em toda e qualquer parte) ou então que a ordem de serviço foi liberada antes da programação.
7. Verde – Recebida (V). A ordem de serviço foi recebida de acordo com o horizonte de tempo programado com uma quantidade relativamente grande de tempo de reserva.
8. Amarela – Recebida (A). A ordem de serviço foi recebida de acordo com o horizonte de tempo programado com um tempo de reserva moderado.
9. Vermelha – Recebida (VM). A ordem de serviço foi recebida no recurso com restrição de acordo com o horizonte de tempo programado, com pouco tempo remanescente em relação ao tempo programado na restrição.
10. Atrasada – Recebida (VE). A ordem de serviço foi recebida após o tempo em estava programada no tambor. Por definição, isso provocou um contratempo na programação do tambor.

Na metodologia *tambor-pulmão-corda* (TPC), a chegada às zonas "Adiantada", "Atrasada" e "Vermelha" deve exigir um código de justificação anexado à atividade explicando *por que* esse trabalho chegou no momento em que chegou. No exemplo anterior do quadro do pulmão, o código de justificação é forçado para que a ordem de serviço mude de "Ainda a Ser Recebida" para "Recebida". A chegada à zona vermelha não é necessariamente um fator negativo – na verdade, em um sistema considerado bom, aproximadamente 20% do trabalho deve chegar a essa zona –, visto que isso está nos indicando o centro de trabalho que apresenta a maior oportunidade de requerer um foco em melhorias (isto é, ferramentas de produção enxuta) para que seja possível diminuir o pulmão e o tempo de ciclo (essa questão é abordada mais a fundo na seção seguinte – "Segunda Medida: Melhoria/Desperdício Local").

Os códigos de justificação das zonas adiantada e atrasada são essenciais para eliminar a variação de sequências e padrões imprecisos, gerando um modelo mais exato de programação. A vantagem da TOC é que ela permite que qualquer empresa inicie uma trajetória de melhoria de processo independentemente do nível de precisão de seus padrões e sequências. Os pulmões a princípio são dimensionados para absorver a variação atual do sistema. A entrada no *status* recebido das áreas do pulmão que apresentam sequências ou padrões imprecisos ficará fora das zonas verde e amarela. As ordens de serviço dessas áreas serão capturadas nas zonas vermelha, atrasada e adiantada com um código de justificação que indica que o padrão está incorreto ou a sequência está incorreta. Isso permite que um método sistemático corrija essas áreas e elimine a variação. Em última análise, com isso é possível ter cordas mais precisas, pulmões menores e tempos de ciclo mais curtos.

De acordo com o *TOCICO Dictionary* (Sullivan *et al.*, 2007, p. 43), os *pulmões de estoque* são "uma quantidade de estoque físico mantida no sistema para proteger o ganho do sistema". (© *TOCICO* 2007. Utilizada com permissão. Todos os direitos reservados.) Na TOC, esses pulmões de estoque também têm cinco zonas para a finalidade de gerenciamento e mensuração. A Figura 14.7a retrata visivelmente as zonas usuais dos pulmões de estoque.

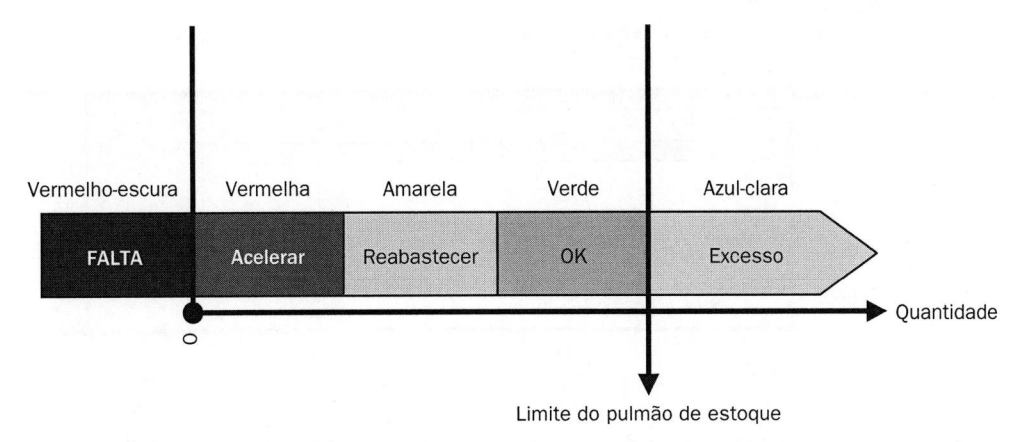

Capítulo 14 ▪ Resolução de dilemas relacionados a mensuração/desempenho

FIGURA 14.7A Zonas do pulmão de estoque.

Como você pode ver, a zona azul-clara (alguns autores a chamam de zona branca) retrata uma posição de estoque em excesso. A verde indica uma posição com amplo estoque, que não exige nenhuma providência. A amarela indica uma posição de estoque que se encontra na zona de reabastecimento. A vermelha normalmente indica perigo ou a necessidade de acelerar, ao passo que a vermelho-escura oferece um sinal visível de falta de estoque (alguns autores a chamam de zona preta). O número total de componentes e também o número total de dias durante os quais esses componentes ficaram na zona vermelha ("esgotados" e "esgotados com demanda") podem ser facilmente acompanhados ao longo do tempo. Um exemplo é apresentado nas Figuras 14.7b e 14.7c. Nessas duas figuras, o eixo vertical retrata meramente vários números de peça. Na Figura 14.7b, você pode ver que a peça 78df ficou esgotada durante 58 dias, ao longo de um período de 180 dias. Nesse período de 58 dias, essa peça ficou esgotada com demanda durante 34 dias (situação representada pela porção vermelho-escura no lado esquerdo da barra). Obviamente, é mais prejudicial ter um componente esgotado com demanda. Na Figura 14.7c, você pode ver que a peça r643 ficou acima do limite da zona verde por dias, ao longo de um horizonte de 180 dias. Essa visibilidade transparente aumenta drasticamente a confiabilidade de um sistema de materiais/estoque, em comparação a instrumentos convencionais, como o *planejamento de necessidades de material* (*material requirements planning* – MRP).

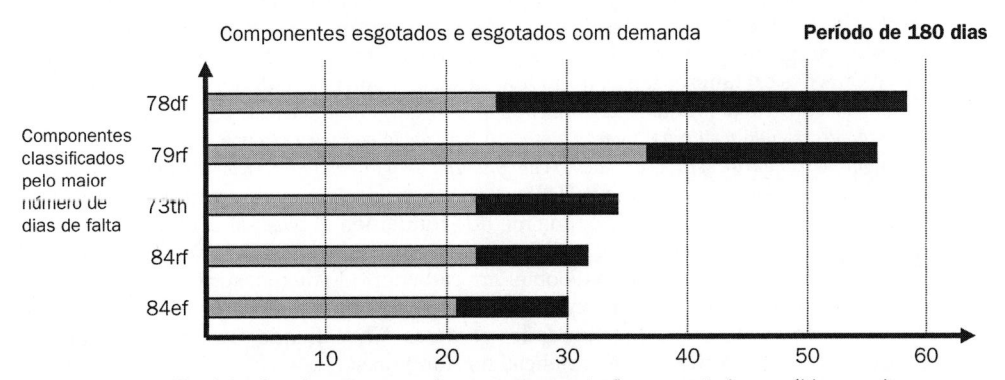

FIGURA 14.7B Quantidade de ocorrências de "falta de estoque" e de "falta de estoque com demanda" de determinados componentes nos últimos 180 dias.

Componentes acima do limite da zona verde (número de dias) **Período de 180 dias**

Componentes classificados pelo maior número de dias na zona verde:
- r643
- r743
- f753
- g512
- e422

Total de dias durante os quais um componente permaneceu acima do limite da zona verde nos últimos seis meses

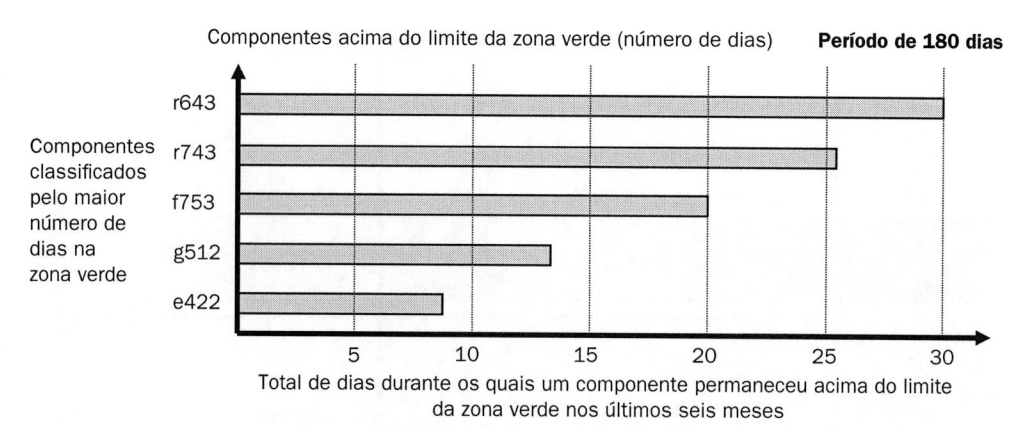

FIGURA 14.7C Quantidade de ocorrências de "componentes acima do limite da zona verde" nos últimos 180 dias.

Os comportamentos previstos das medidas baseadas na confiabilidade são bastante simples. Primeiro, as áreas locais executarão o trabalho de acordo com uma sequência priorizada com precisão, visto que o *status* do pulmão é um reflexo direto dessa prioridade. Segundo, os locais (operações) são estimulados a fabricar ou comprar somente o que é necessário em relação aos pulmões. Como esses pulmões são muito visíveis, a tendência é haver pouco ou nenhum conflito quanto à prioridade real. E o gerenciamento de pulmões (GP) é exatamente isso. Obviamente, existe a pressuposição de que os pulmões foram configurados apropriadamente. Para obter mais informações sobre a configuração apropriada de pulmões (inclusive sobre inserção e dimensionamento), consulte a Parte III, "Tambor-Pulmão-Corda, Gerenciamento de Pulmões e Distribuição", neste livro.

Segunda medida: estabilidade

O objetivo dessa medida é avaliar a quantidade de variação que ocorre ao longo do sistema. Um dos principais fatores do desempenho global do sistema é a quantidade de variabilidade e instabilidade experimentada pelo sistema e até que ponto o sistema absorve ou impede que isso atinja áreas críticas. Nos sistemas TOC, essas áreas críticas são particularmente os tambores. É imprescindível estimular a estabilidade nos tambores. Os tambores são o ponto de ancoragem de um sistema de programação global, o que significa que todas as outras programações são planejadas com base nas programações do tambor. Obviamente, se for esse o caso, afetar a programação do tambor dessincroniza todas as programações em relação ao que é considerado crítico. Os contratempos nas programações do tambor também podem desgastar sua capacidade. Define-se *utilização do tambor* como *uma medida (expressa em porcentagem) da intensidade com que o recurso com restrição está sendo usado para gerar ganho. A utilização compara o tempo real empregado para gerar ganho (tempo de setup e execução) com o tempo disponível da restrição (tempo do relógio). A utilização é igual a 100% menos a porcentagem de tempo perdida em decorrência do desabastecimento, bloqueio e paralisações.* Ela é uma medida fundamental para saber qual é o potencial global do sistema (consulte a seção "Maximização de lucros na TOC", neste capítulo) e o que uma empresa está deixando de obter em cada período de mensuração. Esse enfoque é drasticamente diferente do enfoque da contabilidade tradicional, que não tem nenhum mecanismo para avaliar as oportunidades perdidas. Na realidade, existem apenas alguns motivos que nos levam a perder potencial nos tambores:

1. Desabastecimento. O desabastecimento ocorre quando o tambor fica sem material para trabalhar.
2. Produção desnecessária ou superprodução. Isso representa um desperdício de capacidade do tambor em coisas que, a bem da verdade, ainda não são necessárias.
3. Tempo de paralisação. Trata-se da paralisação do tambor provocada por eventos imprevistos (lei de Murphy) ou previstos.
4. Bloqueios. Ocorrem bloqueios quando o tambor é impedido de funcionar porque uma operação que ele alimenta está inativa. Isso normalmente ocorre quando não existe espaço suficiente para colocar material na fila entre os recursos ou o recurso na verdade está fisicamente ligado ao tambor.
5. *Mixes* de produto com índice de ganho insatisfatório. Como explicado antes, um dos segredos da maximização de lucros é fabricar e vender produtos que geram o maior ganho por unidade de tempo no tambor. Quando fabricamos produtos com um índice de ganho menor, desperdiçamos a capacidade de gerar caixa adicional. Nesse caso, existem limitações óbvias, visto que o mercado pode exigir que a empresa fabrique uma linha completa de produtos (cada um com um índice de ganho possivelmente diferente) para conquistar todo e qualquer negócio. (Consulte o Capítulo 13.)

Outros fatores críticos que afetam a estabilidade e, portanto, devem ser avaliados são a quantidade de sobrecarga de uma não restrição e o número de liberações atrasadas. Embora a TOC conte com sobrecargas ocasionais nas não restrições de tempos em tempos, é importante poder avaliar a quantidade de sobrecarga que ocorreu e está ocorrendo. Se ela ultrapassar um determinado limite (específico ao ambiente) no total e em uma área de recurso específica, a estabilidade (e, no final das contas, a confiabilidade) do sistema será colocada em risco à medida que surgirem prioridades conflitantes e medidas para acelerar o processo. Liberação atrasada é o trabalho que é liberado para a seção de produção após o tempo de liberação programado com base na extensão da corda amarrada a um tambor ou a uma programação de remessa. As liberações atrasadas exacerbam as sobrecargas da não restrição à qual nos referimos previamente.

Essas medidas são necessárias para estimular as áreas locais a usar um bom gerenciamento de pulmão e as técnicas do papa-léguas (subordinação eficaz) para disponibilizar o trabalho para o tambor no tempo programado e para proteger sua utilização. Além disso, elas estimulam a resolução de problemas e iniciativas de melhoria para proteger e reforçar o tempo de funcionamento nos tambores e os possíveis índices de ganho, bem como a comunicação com o departamento de vendas e a administração a respeito dos índices de ganho.

Terceira medida: rapidez/velocidade

O objetivo dessa medida é estimular as áreas a repassar os trabalhos o mais rápido possível. O intervalo de tempo durante o qual um sistema consegue responder muitas vezes é um fator fundamental para fechar negócios e gerenciar eficazmente as necessidades de capital. O icônico técnico de basquetebol John Wooden frequentemente dizia aos seus jogadores: "Seja rápido, mas não se apresse". As áreas locais devem ser estimuladas a executar os trabalhos o mais rápido possível com o mínimo ou nenhum prejuízo à confiabilidade, estabilidade e qualidade. Se assim for, isso significa que é possível diminuir as posições dos pulmões que essas áreas locais (operações) alimentam ou que o sistema pode ser mais receptivo ao potencial de demanda. Essa medida muitas vezes assume a forma de algo chamado tempo de ciclo. *O tempo de ciclo mede o tempo durante o qual o material liberado permanece em uma área, e não o tempo padrão de máquina ou de processo da mão de obra.* Com a avaliação do tempo de ciclo, uma área local (operação) pode ser incentivada a impor as regras do papa-léguas de conduta no trabalho,[10] estimular o movimento no tempo apropriado e não em lote, restringir o estoque de produtos em processo, limitar as liberações antecipadas e empregar um bom GP. Medidas convencionais como tempo de atravessamento, tempo de ciclo e giros de estoque/inventário também podem ser utilizadas para reforçar esse objetivo.

Quarta medida: contribuição estratégica

O objetivo dessa medida é estimular as áreas a maximizar o índice de ganho e o volume de ganho de acordo com fatores relevantes do ambiente e do sistema. Como mencionado antes, os fatores relevantes têm tudo a ver com as restrições ou os pontos de alavancagem definidos. *As principais medidas de contribuição estratégica abrangerão uma avaliação em relação ao índice de ganho pretendido e igualmente ao ganho total.* O objetivo dessa medida é incentivar todas as áreas a serem proativas no sentido de participar do processo de criação de oportunidades da empresa (*e.g.*, formas inovadoras de aproveitar os recursos humanos internos ou de terceirizar de acordo com as condições do mercado, bem como de acrescentar bens livres) ou de encontrar soluções para aumentar o índice de ganho (*e.g.*, inovação de produto ou de instrumentos) criando um ciclo de *feedback* para avaliar nosso nível de desempenho em relação ao plano de aproveitar a restrição. Isso se trata basicamente de uma análise de variância ao estilo da TOC e tem quatro componentes: variância do índice de restrição (tempo), mix de produtos, variância do volume e variância do ganho monetário.

A *variância do ganho monetário* corresponde ao *preço de venda orçado menos os custos variáveis orçados de uma família de produtos em comparação com o preço de venda real e os custos variáveis reais dessa família de produtos, segundo o volume de restrição orçado.*

A *variância do volume do mix de produtos* corresponde ao *volume orçado da família de produtos em comparação com o volume real vendido dessa família de produtos, segundo o índice de ganho monetário padrão dessa família de produtos.*

A *variância do índice de restrição* corresponde ao *índice de restrição padrão (tempo programado na restrição) da família de produtos em comparação com o tempo real da restrição gasto no produto, segundo o ganho monetário orçado (preço de venda menos custos variáveis por produto).*

A análise de variância não é proativa; é uma observação retórica do passado para que possamos perceber de que forma utilizamos nossa restrição e avaliar nosso desempenho com relação a esse aproveitamento.

Lembre-se, a restrição é a principal área em que estamos avaliando a utilização. Ela é discutida na seção "Segunda medida: Estabilidade". Embora o aproveitamento/utilização da restrição comece na programação, sua execução é assegurada pelo GP por meio da identificação de providências eficazes na seção de produção. Uma ferramenta proativa são os gráficos de visualização de carregamento que mostram claramente a capacidade ociosa/sobrecarregada na restrição. O objetivo é tomar providências para vender ou tomar a decisão de armazenar a capacidade em pulmões de estoque estratégicos, aliviar a carga, se necessário, ou deixar que o departamento de vendas tome a decisão de priorizar as restrições e a carga de trabalho e informe o cliente sobre as mudanças.

Quinta medida: despesa operacional local

O objetivo dessa medida é estimular as áreas a maximizar as medidas locais, tendo para tanto um gasto mínimo ou refreado. Com essa medida, procura-se basicamente avaliar o

---

[10] O *TOCICO Dictionary* (Sullivan *et al.*, 2007, pp. 41-42) define *virtude moral do trabalho do papa-léguas* como "Regras de trabalho no sistema tambor-pulmão-corda ou no sistema de gerenciamento de projetos pela corrente crítica (GPCC). Essas regras são: se houver trabalho disponível, inicie-o imediatamente; se houver mais de uma ordem de serviço/atividade na fila, escolha aquela de maior prioridade para o sistema; trabalhe em plena velocidade e não pare até que o trabalho esteja concluído; não produza nenhuma falha e passe o trabalho adiante imediatamente; se não houver nenhum trabalho disponível, fique à toa". (© *TOCICO* 2007. Utilizada com permissão. Todos os direitos reservados.)

montante que uma determinada área gasta para transformar a matéria-prima em ganho. Uma área local deve ser avaliada considerando-se a DO pretendida em contraposição ao índice de geração de ganho, que é definido pelo intervalo relevante do modelo econômico da TOC demonstrado na Figura 14.4b. O modelo de ponto de equilíbrio da TOC sempre é determinado pelo impacto ou pela falta de impacto sobre a restrição. Essas DOs locais abrangem fatores como mão de obra, frete, processamento externo, mão de obra contratada ou temporária e despesas relacionadas à agilização, como horas extras e frete especial. Com relação a essa medida, as áreas terão de equilibrar o nível de DOs locais com as outras medidas críticas identificadas anteriormente. Não há dúvida de que uma área deve ser estimulada a melhorar o fluxo e a velocidade sem gerar nenhuma despesa adicional. Do mesmo modo, uma área não deve ser penalizada por possíveis aumentos nas DOs se ela melhorar o índice (isso na verdade funciona em consonância com a contribuição estratégica). Isso nos faz lembrar de um conceito chamado de orçamento variável, que permite que as áreas aumentem as despesas ultrapassando o respectivo intervalo relevante de volume.

Sexta medida: melhoria/desperdício local

O objetivo dessa medida é indicar e priorizar as oportunidades perdidas. Mais especificamente, é uma medida da capacidade da área para identificar uma oportunidade para mudar as outras medidas locais e globais para a direção correta provocando o mínimo ou nenhum conflito. Em essência, estamos fazendo as perguntas certas e obtendo as respostas corretas? Um aspecto extremamente importante dessa determinação está relacionado aos códigos de justificação. Como descrito antes na seção sobre confiabilidade, o sistema de pulmão deve compilar o motivo quando as ordens de serviço entram nas zonas vermelha, atrasada e adiantada.

Os dados transacionais necessários, provenientes da execução do GP, podem ser utilizados para direcionar as iniciativas de melhoria, como a produção enxuta (*Lean*) e Seis Sigma e de aplicação de capital. Impondo códigos de justificação quando se realizam transações (recebimentos) em determinadas zonas importantes (atrasada, de aceleração e adiantada) do pulmão e comparando-os ao longo do tempo, podemos obter um quadro surpreendentemente claro sobre como devemos direcionar as iniciativas de melhoria. A Figura 14.8a mostra um exemplo da aparência desse quadro.

A Figura 14.8b mostra alguns tipos usuais de código de justificação para ordens de serviço recebidas na zona de entrada do pulmão "atrasada, vermelha e adiantada" e algumas providências que podem ser recomendadas.

Análise do código de justificação para a zona atrasada vermelho-escura		
Justificação	Número de ocorrências	% do total
Atraso no *setup* do torno CNC 7	23	59%
Falha de equipamento	8	21%
Liberação atrasada de ordem de serviço	5	13%
Falta de ferramentas	3	8%
Número total de ocorrências	39	100%

Zona de entrada no pulmão número de ocorrências e %

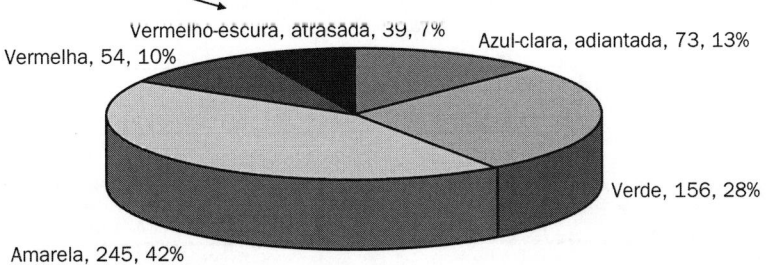

- Vermelho-escura, atrasada, 39, 7%
- Vermelha, 54, 10%
- Azul-clara, adiantada, 73, 13%
- Verde, 156, 28%
- Amarela, 245, 42%

FIGURA 14.8A Análise sobre alguns códigos de justificação.

Zona de entrada	Número de ocorrências	Justificação	Providência recomendada
ATRASADA	23	Atraso no *setup* do torno CNC 7	Diminuição no tempo de *setup* do torno CNC 7
VERMELHA	27	Paralisação da fresadora CNC	Manutenção preventiva da fresadora 18
ADIANTADA	52	Liberação no prazo – superação do padrão	Eliminação dos padrões nas sequências nomeadas – avaliar mudanças nos pulmões

FIGURA 14.8B Zona de entrada com códigos de justificação.

É importante observar que estamos direcionando a melhoria para o final das zonas de pulmão a fim de identificar as discrepâncias maiores que estão provocando distúrbios e variações. Muito cedo, nosso tempo de ciclo ficaria muito extenso e haveria um estoque excessivo de produtos em processamento. Muito tarde, utilizaríamos horas extras e fretes especiais e também colocaríamos em risco a confiabilidade de nossos compromissos com o mercado. Direcionando os investimentos/melhorias para o final, podemos eliminar as fontes de variação e diminuir com segurança nossos pulmões (tempo, estoque e capacidade).

A Figura 14.9 mostra um resumo das seis medidas locais gerais da TOC e seus objetivos, bem como alguns exemplos em operações.

Sistemas de *feedback* e responsabilização

Como já estabelecemos a base para um sistema de medidas globais e locais que provavelmente posicionará a empresa e suas áreas na direção certa com a menor quantidade possível de conflitos, resta ainda uma peça do quebra-cabeça a ser discutida. Segundo o *APICS Dictionary* (Blackstone, 2008, p. 97), *sistema de mensuração de desempenho* é "Um sistema de coleta, avaliação e comparação de uma medida com um padrão para um critério específico, em relação a uma operação, item, produto, serviço, negócio etc. O sistema de

Mensuração geral	Objetivo	Exemplos específicos em operações
Confiabilidade	Avaliar a conformidade da execução com o plano/programação	Níveis de serviço (pontualidade, índices de satisfação, desempenho do pulmão) precisão do modelo da TOC (precisão do estoque, do encaminhamento e dos padrões)
Estabilidade	Passar adiante o mínimo de variação possível	Estabilidade da programação do tambor Utilização do tambor Sobrecarga de uma não restrição (trabalho liberado e não liberado) Liberações atrasadas
Rapidez/velocidade	Passar o trabalho o mais rápido possível	Tempo do trabalho em andamento Tempo de atravessamento Tempo de ciclo Giros de estoque
Contribuição estratégica	Maximizar o índice de ganho e o volume de ganho de acordo com os fatores relevantes	Índice de ganho pretendido Ganho total
Despesa operacional local	Maximizar as medidas acima com um mínimo de gasto	Despesa operacional em relação ao índice de geração de ganho (manipulação do intervalo relevante de curto prazo e de longo prazo)
Melhoria/desperdício local (oportunidade de ganho monetário)	Indicar e priorizar as oportunidades perdidas	Coleta e análise de códigos de justificação Estoque acima do limite da zona verde (superação do limite do pulmão de estoque) Despesas relacionadas com providências de agilização Falta de estoque com demanda

FIGURA 14.9 Resumo das seis medidas locais gerais.

mensuração de desempenho abrange um critério, um padrão e uma medida". (© *APICS* 2008. Utilizada com permissão. Todos os direitos reservados.)

O padrão de desempenho pode ser um valor aceito, visado ou previsto.

O que não está evidente nessa definição é a necessidade de *feedback* constante do desempenho do sistema e um ajuste regular às providências necessárias para atingir o padrão. A única certeza que a maioria das empresas tem pela frente é de que as situações não permanecem as mesmas. Por exemplo, uma mudança na restrição em virtude de condições variáveis no mercado ou de iniciativas de aproveitamento geraria a necessidade de alterar sensivelmente a atividade. Se não houver um mecanismo de *feedback* eficaz embutido nas mensurações, as pessoas tenderão a se direcionar para um alvo sem reconhecer que as condições da mensuração mudaram. Em outras palavras, isso gerará providências que, embora consideradas a coisa certa para melhorar o ROI, na verdade podem prejudicar a empresa. O problema é que ontem essas mesmas providências talvez tenham sido absolutamente a coisa certa a fazer. Todas as pessoas da empresa devem perceber que o mecanismo de *feedback* impede que a mensuração seja "fixa". O problema que as pessoas podem ter para compreender isso é que os fins podem permanecer constantes, mas os meios para consegui-los e, portanto, a mensuração podem mudar. Evidentemente, o GP faz essa correlação para as pessoas. Embora a meta seja a entrega pontual ao pulmão, providências bastante distintas são necessárias todos os dias, dependendo da situação em tempo real de todos os pulmões (tempo, estoque e capacidade). As decisões sobre onde flexionar a mão de obra ou para onde direcionar iniciativas de manutenção, qualidade ou engenharia podem mudar de acordo com o *status* do pulmão.

Embora uma solução eficaz de planejamento e controle operacional seja um pré-requisito para um sistema de mensuração apropriado, o sistema operacional não funcionará ou não se manterá adequadamente sem uma forma eficaz de fornecer *feedback* sobre o *status* atual do sistema e também não ajudará a sincronizar as decisões e providências.

Então, que desempenho o sistema operacional está apresentando?

Existem duas abordagens bastante diferentes e possivelmente conflitantes de mensuração de desempenho para responder essa pergunta, conquanto as duas sejam importantes. A primeira é utilizar o *padrão de desempenho. Apresenta-se uma meta ou um referencial predeterminado, o qual os funcionários esforçam-se por cumprir coletivamente durante um período de tempo finito.* Por exemplo, "diminuir o estoque em 30% em toda a empresa nos próximos seis meses". A segunda abordagem é medir a pulsação diária com um *mecanismo de feedback sobre exceções, analisando as informações e determinando se e qual providência precisa ser tomada para corrigir a situação ou a causa da exceção.* O problema é que, embora essas duas abordagens tenham lugar nas empresas, elas são facilmente confundidas. Quaisquer oportunidades de crescimento serão minimizadas quando elas estiverem frente a frente com a meta de desempenho estabelecida para os funcionários buscarem, a menos que a correlação entre ambas esteja clara – o que muitas vezes não é o caso, especialmente nas empresas maiores.

Um padrão de desempenho geralmente criará um estado de coisas em que um indivíduo, ao ser avaliado, ficará satisfeito em atingir seu objetivo, ignorando com frequência os outros fatores necessários para a otimização do ROI da empresa como um todo. Esse não é o comportamento que a empresa verdadeiramente deseja e precisa porque em geral o padrão é um subconjunto de um dos cinco objetivos táticos do ROI. Em outras palavras, a medida estimulará o conflito organizacional (como discutido no início deste capítulo). Portanto, uma vez que o sistema de *feedback* dirige a atenção para a fonte do problema, o segredo é identificar, definir e resolver o conflito do sistema. (Quanto à resolução de conflitos, consulte o Capítulo 24.)

A medida local deve ser clara e estar alinhada com a meta global – é necessário diminuir tanto quanto possível os conflitos com outras medidas – e manter-se dessa forma. Lembre-se, ainda que as medidas produtivas tenham sido selecionadas adequadamente, para começo de conversa, se não houver um sistema de *feedback* e responsabilização eficaz para apresentar a realidade atual e a relevância de todas as medidas locais com relação à meta, normalmente o sistema ficará dessincronizado e desconexo.

Ênfase sobre a melhoria

Em contraposição à meta predeterminada, o sistema de *feedback* não tem um ponto final, mas oferece um monitoramento contínuo do fluxo para a identificação de exceções. As regiões no GP utilizadas para monitorar o fluxo são definidas de modo que se possa responder a uma exceção e reagir rápido o suficiente para manter o fluxo desejado. Além disso, se for realizada uma análise dessas exceções e as causas forem identificadas e eliminadas, será possível alcançar um processo de melhoria contínua. Identificar, analisar, conhecer e melhorar o sistema é a única forma de atingir a meta de gerar o máximo possível de lucro no presente e no futuro. Por definição, um sistema de *feedback* eficaz considera simultaneamente todos os objetivos táticos que determinam o ROI, e não um único padrão de desempenho, porque perceber sua natureza interdependente é indispensável no sistema de *feedback*. As empresas que têm essa percepção prosperam com a TOC e continuam crescendo independentemente das circunstâncias econômicas nas quais estão atuando. As organizações que implementam a TOC e não compreendem a importância do GP no sentido de oferecer um processo de melhoria contínua normalmente verão qualquer melhoria estagnar e decair depois de experimentar resultados iniciais "brilhantes" e no final das contas acabarão descartando a TOC.

Se um gerente consegue enxergar um possível problema – por meio do GP ou de outro mecanismo – antes que ele afete o desempenho, isso é um excelente sinal de que o sistema está funcionando. Não confunda esse sinal com a falta de problemas. As empresas e os seres humanos que nelas trabalham não enfrentam falta de problemas. Queremos que esses problemas venham à tona quando eles afetam o desempenho da empresa, para que sejam esclarecidos, compreendidos e resolvidos. Todo problema percebido e compreendido é uma oportunidade de melhoria. Muitos indivíduos com mentalidade "fixa" veem a apresentação de um problema como um sinal de que o sistema *não* está funcionando. Aceitar que a identificação de possíveis problemas é vital para que o sistema de mensuração e execução funcione eficazmente é assumir total responsabilidade e o compromisso de prestar contas. Nem todos se sentem confortáveis com essa maneira de pensar. Se a alta administração não compreender e apropriar-se desse ponto de vista sobre o sistema, pouca esperança haverá de que o restante da administração da empresa seja capaz de adotar a mentalidade "correta".

O que um bom sistema de mensuração deve alcançar?

Uma medida é simplesmente uma leitura feita em qualquer momento dado sobre a situação do sistema em relação ao padrão segundo o qual ele deverá funcionar. Ela não é utilizada para recompensar ou punir os indivíduos. As áreas interfuncionais e interdependentes de uma cadeia de suprimentos podem afetar os mesmos dados, mas por motivos bastante distintos. Uma medida imparcial e produtiva concentrará e coordenará as iniciativas de uma equipe, departamento, processo etc., mas um *feedback* em tempo real sobre exceções é essencial para identificar as exceções e suas causas. As medidas e regras de pulmões são empregadas para criar um sistema de alerta antecipado e fornecer um ciclo de *feedback* para alertar as pessoas sobre quando e como deve agir em conjunto para reajustar o sistema de produção ao plano original (atender à demanda de mercado). Os pulmões estratégicos são utilizados para identificar e enfatizar as melhorias locais mais essenciais ao aprimoramento da empresa e que ofereçam o ROI mais alto.

Na TOC, é impossível fazer a separação entre as medidas e o sistema porque o sistema *é* o instrumento de tomada de decisões e o relatório sobre o *status* do pulmão é simplesmente o ciclo de *feedback* sobre a saúde do sistema. O segredo para uma mensuração eficaz em um sistema de GP é gerar a "ânsia" por identificar e aprender com os problemas. O padrão de desempenho (quando bem alinhado) se ajustará de maneira natural e provavelmente não exigirá a atenção constante dos indivíduos que estão executando o plano.

Segundo o físico Niels Bohr, o especialista é "uma pessoa que cometeu todos os erros que podem ser cometidos em um campo extremamente limitado". Nos sistemas logísticos, os erros, problemas e contratempos nunca devem ser considerados negativos, exceto se nós não os resolvermos, aprendermos com eles e, por fim, nos aprimorarmos. Eles são oportunidades. Os diretores e gerentes devem lutar para se tornarem peritos naquilo que eles gerenciam. Se as coisas estiverem correndo tranquilamente, um gerente competente expandirá o sistema para que o pulmão seja "pressionado". A curtíssimo prazo, essa mentalidade sem dúvida produzirá abalos negativos no desempenho do pulmão, mas nos final tenderá a ascender e criar a organização que aprende e pensa, essencial para a melhoria contínua.

As principais informações de feedback

O sistema de informação da TOC tem cinco componentes fundamentais:

1. A divulgação de informações sobre o pulmão de restrição e remessa que abrange a análise dos códigos de justificação e a análise do índice de restrição ao longo do tempo.
2. A divulgação de informações sobre o pulmão de reabastecimento/*reabastecimento sincronizado ativamente* (*actively synchronized replenishment* – ASR), que analisa a frequência de penetração das zonas e registra as faltas de estoque, as faltas de estoque com demanda, as providências de aceleração e o impacto resultante sobre a área de produção.
3. Modelagem de indiferença de preço (índice comparativo segundo o qual os diferentes produtos geram caixa ao longo da restrição) baseada nos índices de restrição do ganho.
4. Análise estratégica de mercado, que enfatiza a exploração tática do mercado a curto prazo (utilizando a capacidade de "bens livres") e as ofertas estratégicas de médio e longo prazo ao mercado.
5. Demonstrações financeiras da *contabilidade de ganhos* (CG).[11]

No atual ambiente competitivo global, novos instrumentos de tomada de decisões são necessários para monitorar, avaliar e melhorar a empresa. O sistema de informação da TOC foi concebido para planejar, executar e enfatizar/priorizar melhorias. Os pulmões oferecem um reforço/amortecimento em pontos estratégicos do sistema de produção e o GP oferece informações em tempo real sobre o *status* do sistema. Esses pulmões são visíveis de um ponto ao outro da organização e vincula providências locais para atender à demanda de mercado.

De que forma o *status* dos pulmões são utilizados para garantir uma melhoria sustentável? Cinco perguntas (5 Ps)[12] devem ser feitas com relação a todos os pulmões (tempo,[13] estoque e capacidade) no sistema:

1. Qual a situação das ordens de serviço? Elas estão em dia ou atrasadas? Os pulmões de reabastecimento/ASR estão saudáveis?
2. Se elas estiverem atrasadas, a tendência é piorar ou melhorar?

---

[11] Consulte o Capítulo 13.

[12] Independentemente de o ambiente utilizar GPCC, TPC, reabastecimento ou ASR, as especificações e as ferramentas de suporte do sistema de divulgação de informações e mensuração determinam a mudança necessária, mas essas cinco perguntas permanecem as mesmas.

[13] O *TOCICO Dictionary* (Sullivan *et al.*, 2007, p. 40) define *pulmão de tempo* da seguinte forma: "Proteção contra a incerteza em termos de tempo. Consulte: pulmão de montagem, pulmão, tambor-pulmão-corda, pulmão de tambor, pulmão de capacidade, pulmão de alimentação, pulmão de projeto, pulmão de remessa". (© *TOCICO* 2007. Utilizada com permissão. Todos os direitos reservados.)

3. Se a situação tende a piorar, qual é o plano de recuperação?
4. O plano de recuperação é eficaz?
5. Quais medidas preventivas estão em vigor para impedir que o problema básico volte a ocorrer?

A utilização de um sistema de *feedback* e responsabilização eficaz exige que essas perguntas sejam respondidas diária, semanal, mensal e trimestralmente em diferentes níveis da organização. Na TOC, o objetivo é implementar rapidamente um sistema operacional que possa lidar com a variação e um sistema de *feedback* que consiga iniciar o processo de execução, *feedback* e melhoria contínua.

Geralmente, existem alguns pontos estratégicos de mensuração e *feedback* que são fundamentais para manter um sistema de *feedback* em *tempo real*. No gerenciamento de restrições haverá relativamente poucos pontos de controle – restrições e pulmões – ao longo da cadeia de suprimentos que podem oferecer todas as informações necessárias para avaliar a saúde da cadeia como um todo e dirigir a atenção para os lugares que precisam de melhorias e apresentam oportunidades de melhoria.

Lembre-se, todas as melhorias são uma mudança, mas nem todas as mudanças são melhoria. Se a eliminação da variação, do desperdício, das preparações etc. não afetar o índice de geração de ganho ou rapidez em relação ao mercado, não se iluda com a ideia de que a empresa realizou uma melhoria.

Foi identificado um problema. E agora?

Tradicionalmente, os problemas são definidos como aqueles fatores em uma organização que são tão bons quanto a expectativa de meta estabelecida (isto é, "nossa porcentagem de entregas pontuais é muito baixa", "há sempre muitas providências para acelerar os processos" etc.). Na TOC, esses problemas são chamados de sintomas ou efeitos indesejáveis (EIs), visto que existe algo mais fundamental, o problema básico, que está provocando esses sintomas.

O problema real é algo que impede que os sintomas sejam enfrentados permanentemente – o conflito. Se isso fosse tão simples quanto uma medida para combater o sintoma, provavelmente a administração já o teria resolvido há muito tempo. O fato de o sintoma ainda assolar a organização é uma evidência de que existe igualmente uma pressão – talvez outra meta ou medida do sistema que esteja correndo perigo – que impede que uma solução suficiente e duradoura prevaleça. Como dito antes, uma boa mensuração deve estimular a busca de um ROI maior. Visto que os objetivos táticos para aumentar o ROI criam conflitos, sua resolução deve estar no centro das discussões sobre melhoria.

Sempre que os indivíduos de uma organização não estão sincronizados em torno da providência correta a ser tomada, por definição estão desperdiçando a capacidade de seus recursos. Os conflitos quanto ao rumo e a providência correta impossibilitam o aproveitamento e a subordinação da restrição e provavelmente lança dúvida sobre a organização como um todo a respeito da competência da liderança. Assim que se tiver a visibilidade necessária por meio do sistema de execução apropriado, a nuvem de conflitos deve tornar-se parte do instrumental da equipe para resolver de maneira eficaz qualquer dilema organizacional cotidiano ou mais profundo, bem como para alinhar todos os membros fundamentais em uma direção comum.

Um dilema habitual que muitas organizações enfrentam diariamente é o conflito entre o departamento de vendas (parte superior) e o operacional (parte inferior) mostrado na Figura 14.10.

Nuvem de conflitos entre o departamento de vendas e o operacional

Um cliente importante chega a um vendedor para fazer um pedido extremamente grande, mas o tempo de entrega desejado é bem mais curto do que o oferecido no momento. A tarefa do vendedor (aumentar as vendas) é registrar os pedidos para a empresa

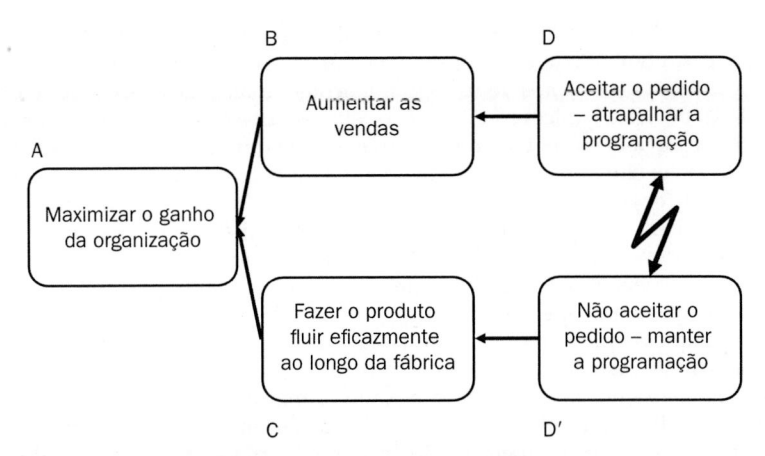

Capítulo 14 ▪ Resolução de dilemas relacionados a mensuração/desempenho

```
                        B                          D
                 ┌──────────────┐          ┌──────────────────┐
                 │  Aumentar as │◄─────────│ Aceitar o pedido │
                 │    vendas    │          │  – atrapalhar a  │
        A        └──────────────┘          │   programação    │
┌───────────────┐       ▲                  └──────────────────┘
│ Maximizar o   │       │                          ↕
│ ganho da      │───────┤                          ↕
│ organização   │       │                          ↕
└───────────────┘       ▼                  ┌──────────────────┐
                 ┌──────────────┐          │   Não aceitar o  │
                 │ Fazer o      │◄─────────│ pedido – manter  │
                 │ produto fluir│          │   a programação  │
                 │ eficazmente  │          └──────────────────┘
                 │ ao longo da  │
                 │   fábrica    │
                 └──────────────┘
                        C                          D'
```

FIGURA 14.10   Nuvem de conflitos entre vendas e operações.

para gerar receita. Para fazer isso, ele precisa comprometer-se com esse curto tempo de entrega (o que atrapalha a programação). Entretanto, o departamento de operações precisa corresponder e fabricar os pedidos de todos os clientes (fazer o produto fluir eficazmente). O departamento de operações é continuamente pressionado a acelerar os componentes ao longo do sistema e tem inúmeros pedidos já atrasados ou quase atrasados. O fluxo é sempre interrompido por mudanças na programação (portanto, o departamento operacional deseja manter a programação). Se seu sistema tem um departamento de vendas e operações, provavelmente você já enfrentou essa situação ou algum derivado desse conflito. Então, qual é a resposta correta? Geralmente, o pessoal operacional lutará pela estabilidade da programação e o pessoal de vendas lutará com a mesma intensidade por mais oportunidades de venda. Esse conflito tem alguma coisa a ver com uma medida de desempenho estabelecida dentro desses departamentos (isto é, comissões, eficiências etc.)?

A restrição de mercado impõe um conjunto de pressupostos e conduzirá a solução para uma direção e a restrição operacional impõe outro conjunto de pressupostos e conduzirá a solução para outra direção. Sem esse conhecimento, não há nenhuma maneira de resolver apropriadamente essa nuvem. Mesmo se você conseguir resolver o conflito, com medidas estabelecidas que norteiam o departamento de vendas (receitas de venda, quotas de venda, comissões) e medidas opostas que norteiam o departamento operacional (DDE ou horas extras, por exemplo) independentemente, não há como resolver essa nuvem de conflitos e satisfazer a todos. Entretanto, tendo visibilidade da carga atual da restrição, o departamento de venda pode participar ativamente do gerenciamento de vendas para aproveitar a capacidade da restrição e do mesmo modo da priorização da utilização da capacidade escassa quando a restrição estiver sobrecarregada (crescimento súbito do mercado) a curto prazo. Um bom sistema de GP diminui drasticamente o conflito na organização oferecendo a todos a mesma visão do sistema logístico e amarrando todas as suas medidas/providências às medidas globais (ROI ou Race).

Devemos, em algum momento, ficar satisfeitos?

Acreditamos que uma organização ou está evoluindo ou está morrendo e, portanto, nunca deve ficar satisfeita em manter o *status quo* (por mais que ela esteja saudável no momento). O problema é que muitas vezes se supõe que as metas, os padrões e as medidas têm um ponto final – uma situação em que "são concretizados" – e, por isso, esses fatores não promovem a melhoria contínua. Um ponto de referência que podemos utilizar para esclarecer o problema é o da professora que examinou as respostas de alunos jovens a diferentes formas de expectativa e mensuração de seu desempenho acadêmico.

Dra. Carol Dweck, professora de psicologia na Universidade de Stanford, há anos vem pesquisando o tema de aprendizagem e motivação. Em uma série de experimentos, Dweck testou os efeitos de se elogiar e acolher a realização/êxito (que promovem uma inteligência fixa) em contraposição aos efeitos de se elogiar o trabalho árduo e incentivar o interesse pelo enfrentamento da adversidade (que promovem o crescimento). Em sua tese, ela conclui que os alunos que mantêm uma teoria "fixa" estão preocupados principalmente com seu grau de inteligência – eles preferem atividades que eles já conseguem realizar bem e evitam aquelas nas quais cometem erros e não *parecem* inteligentes. Em contraposição, as pessoas que acreditam em uma teoria de possibilidade de "expansão" ou "crescimento" da inteligência desejam se autodesafiar para aumentar suas aptidões, mesmo que a princípio fracassem.

"Fiquei também muito interessada em lidar com os contratempos", disse ela, "[...] por ficar tão preocupada em não escorregar, em não fracassar" (Trei, 2007).

Encontramos uma situação bastante similar com relação a metas e padrões organizacionais fixos estabelecidos como metas departamentais. Cumprir a meta estabelecida torna-se a única preocupação dos gerentes departamentais, aniquilando qualquer motivação pela melhoria contínua além de seu ponto de sustentação.

Os indivíduos que se destacam na vida acadêmica, nos esportes e nos negócios identificam-se imediatamente com as constatações de Dweck. Tiger Woods, por exemplo, ao sair vitorioso provavelmente de uma das melhores temporadas de golfe da história, tomou a decisão de que era o momento certo para reconstruir completamente seu *swing* no golfe. Teria sido isso uma insensatez? Não se você perceber que a motivação de Woods não é instigada pelo reconhecimento de ser o melhor do mundo ou pelo medo de não ter esse prestígio. Ele simplesmente é obcecado pela busca da perfeição em um jogo em que essa meta é inalcançável.

Um estudo de caso

Vejamos outro exemplo. Uma empresa está integrada verticalmente e possui sua própria cadeia de suprimentos desde a matéria-prima à montagem dos produtos acabados a serem entregues ao revendedor ou diretamente ao usuário final. Os componentes comprados de fornecedores externos alimentam diferentes níveis de *lista de materiais* (LM ou *bill of materials* – BOM), mas o restante do processo é interno, embora seja gerenciado em diferentes fábricas, situadas em diferentes regiões geográficas. A LM de produtos acabados importantes é extensa (tem de 10 a mais de 20 níveis) e, para a maioria das pessoas, o gerenciamento desse ambiente seria considerado muito complexo.

Obviamente, empresas como essa, independentemente do porte, serão subdivididas em áreas manejáveis para serem dirigidas e tocadas por diferentes indivíduos. Como são oferecidas medidas significativas às partes do todo de modo que elas funcionem como uma única medida? Essa empresa, ao enfrentar um nível máximo de complexidade e desafios com relação às entregas, teve de dar um primeiro passo que a maioria dos membros da equipe teria considerado exatamente contrário à minimização dessa complexidade – derrubar as paredes que separavam a organização em diferentes unidades de negócios. Essa condição era essencial para que qualquer alinhamento de providências e melhorias eliminasse os sistemas e medidas que faziam com que toda a organização fosse vista como a soma de suas partes. Esse ponto de vista local estimulou um conflito organizacional com relação ao uso dos recursos compartilhados (isto é, capacidade, estoque etc.).

Assim que essa suposta segmentação da empresa foi eliminada, o banco de capacidade estava disponível para ser direcionado para a necessidade mais importante e a maior oportunidade de ganho para a empresa como um todo. Como o *tempo de tolerância do cliente* (TTC) era menor que o de alguns componentes com tempo de atravessamento muito longo, era necessário criar e implementar um sistema ASR global e imediatamente o TPC (consulte o Capítulo 12, sobre o ASR).

A alta visibilidade dos pulmões apenas nos pontos de controle da empresa possibilitou que toda a administração visse o *status* em tempo real do desempenho global da empresa. Não importam o porte e a complexidade, a simplicidade da TOC permite que relativamente poucos pontos de coleta de dados ofereçam as informações relevantes para enfatizar a tomada de decisões. O GP e as cinco perguntas tornam-se a principal medida diária da saúde do sistema. Mais importante do que isso, as medidas de toda a empresa são sincronizadas do local ao global avaliando-se os recursos de cada elo de alimentação com o respectivo pulmão. Toda redução de tempo de ciclo possibilita uma diminuição nos pulmões de estoque que apoiam esses elos de alimentação. Para uma compreensão aprofundada e um exemplo que demonstra o efeito expressivo que isso pode ter sobre a cadeia de suprimentos, consulte o Capítulo 12, sobre o ASR.

Tendo em vista o porte e a complexidade dessa organização, essa empresa criou um departamento de planejamento central para supervisionar as tendências dos pulmões estratégicos. Com isso, foi possível aproveitar a capacidade no sistema global, um sistema de *feedback* objetivo para a alta administração, recomendações de iniciativas de melhoria (com evidências corroborativas) e um ciclo de responsabilização para garantir o acompanhamento das cinco perguntas. Era também vital que essa equipe conhecesse a fundo as nuvens de conflito e os processos de pensamento tático [nuvens, ressalvas da ramificação negativa (RRN) e árvores de pré-requisitos (APRs)][14] para aconselhar e auxiliar outros gerentes a realizar um alinhamento apropriado em prol do fluxo contínuo.

A Figura 14.11 mostra o sistema de mensuração e *feedback*/responsabilização dessa empresa. Com algo mais que os instrumentos necessários para oferecer visibilidade e foco, a partir de 2004 essa empresa conseguiu aproveitar uma oportunidade de mercado e crescer de aproximadamente $ 260 milhões para $ 1,2 bilhão e aumentar o Race de menos de 5% para mais de 22% (Figura 14.11b). Igualmente importante foi o fato de esse crescimento apropriadamente focalizado também ter permitido que a empresa se posicionasse melhor para passar pela tempestade da recessão econômica global no final de 2008.

Esses resultados foram apresentados no Congresso dos Usuários do Gerenciamento de Restrições de 2008 e do Congresso da TOCICO de 2008, em Las Vegas, Nevada (Dan Eckerman, presidente da LTI, *A Vertically Integrated Supply Chain Case*). Para obter mais informações sobre estudos de caso dessa empresa, consulte o Capítulo 12.

Resumo

Quais são os principais passos que todas as empresas devem dar para ter um sistema de mensuração eficaz?

1. Projetar e implementar uma solução operacional apropriada com base em fatores relevantes da empresa. Em muitos casos, isso significa implementar o ASR e TPC. Se não houver uma clara percepção sobre os pontos de alavancagem organizacionais e de suas interações, não haverá nenhuma esperança de alinhar as providências com um sistema de mensuração. Mesmo que a restrição esteja no mercado, é importante pôr a casa em ordem primeiro para só então gerar e possibilitar ofertas ao mercado.
2. Implementar um conjunto de medidas globais e locais simples e coordenadas, de acordo com a configuração da solução anterior.
3. Estabelecer pulmões altamente visíveis, seja por meio de mecanismos manuais ou de um *software*. Essas ferramentas são essenciais para ter um *status* em tempo real dos pontos de alavancagem do sistema (da organização ou da cadeia de suprimentos). Tendo visibilidade desses pulmões, a empresa pode utilizar as cinco perguntas para assegurar tendências e melhorias apropriadas.

---

[14] Consulte o Capítulo 24 para obter uma explicação sobre esses processos.

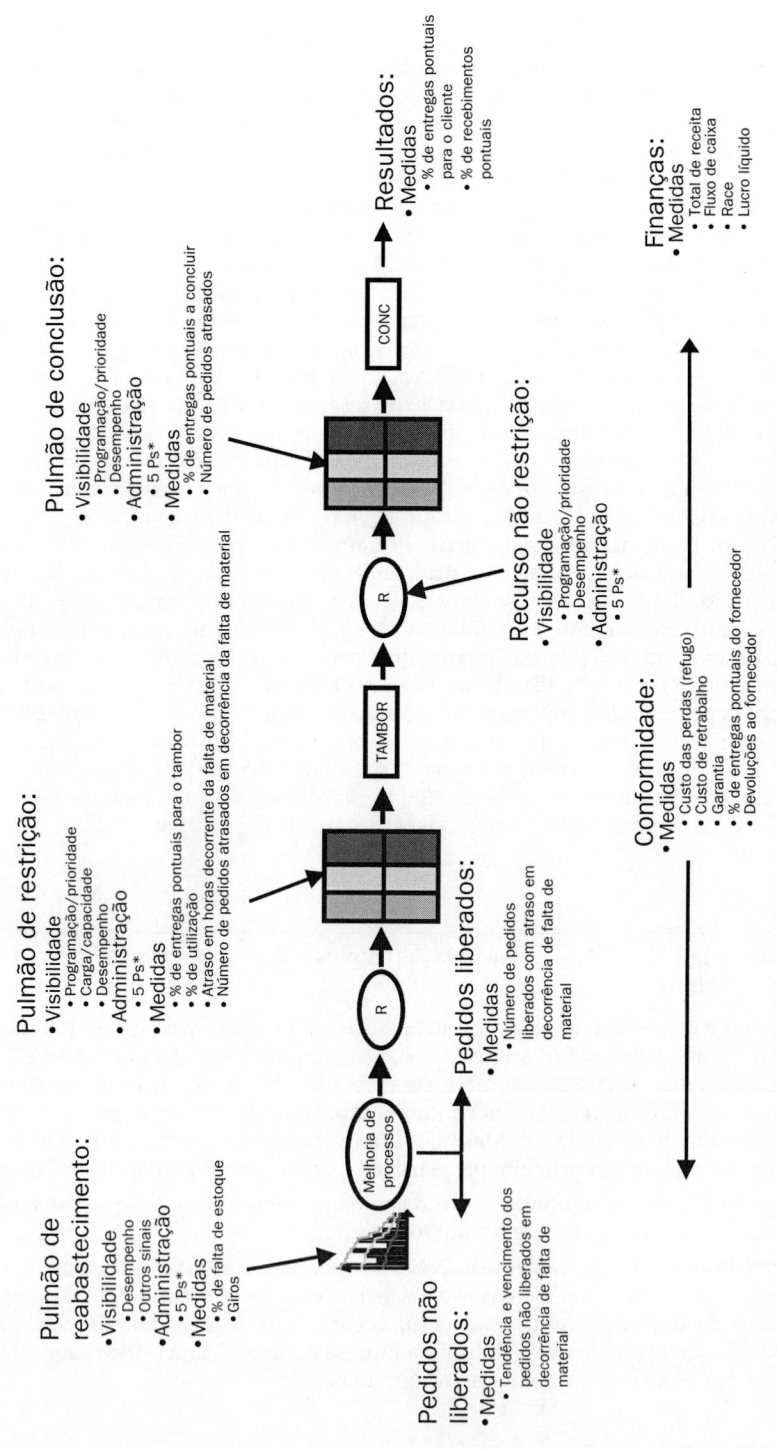

Pulmão de reabastecimento:
- Visibilidade
  - Desempenho
  - Outros sinais
  - Administração
  - 5 Ps*
- Medidas
  - % de falta de estoque
  - Giros

Pedidos não liberados:
- Medidas
  - Tendência e vencimento dos pedidos não liberados em decorrência de falta de material

Pulmão de restrição:
- Visibilidade
  - Programação/prioridade
  - Carga/capacidade
  - Desempenho
  - Administração
  - 5 Ps*
- Medidas
  - % de entregas pontuais para o tambor
  - % de utilização
  - Atraso em horas decorrente da falta de material
  - Número de pedidos atrasados em decorrência da falta de material

Pedidos liberados:
- Medidas
  - Número de pedidos liberados com atraso em decorrência de falta de material

Pulmão de conclusão:
- Visibilidade
  - Programação/prioridade
  - Desempenho
  - Administração
  - 5 Ps*
- Medidas
  - % de entregas pontuais a concluir
  - Número de pedidos atrasados

Recurso não restrição:
- Visibilidade
  - Programação/prioridade
  - Desempenho
  - Administração
  - 5 Ps*

Conformidade:
- Medidas
  - Custo das perdas (refugo)
  - Custo de retrabalho
  - Garantia
  - % de entregas pontuais do fornecedor
  - Devoluções ao fornecedor

Resultados:
- Medidas
  - % de entregas pontuais para o cliente
  - % de recebimentos pontuais

Finanças:
- Medidas
  - Total de receita
  - Fluxo de caixa
  - Race
  - Lucro líquido

*5 Ps refere-se às cinco perguntas discutidas antes neste capítulo, na seção "As principais informações de *feedback*" (p. 405).

FIGURA 14.11A Sistema de mensuração e *feedback*/responsabilização.

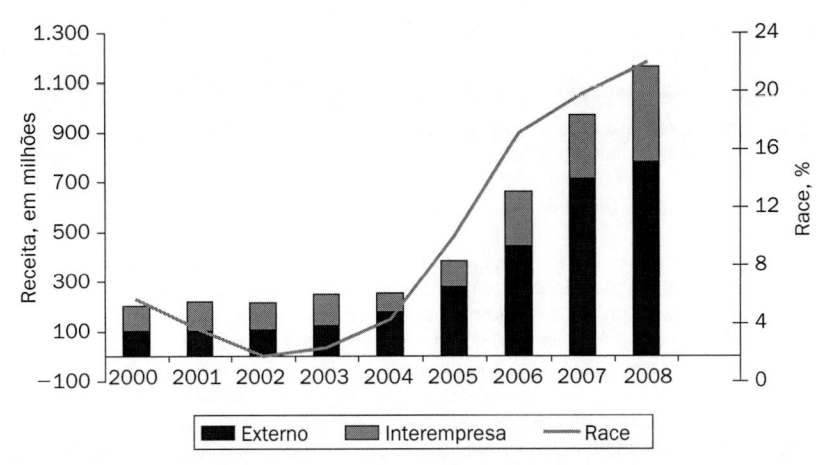

FIGURA 14.11B Crescimento da receita e porcentagem de Race.

4. Utilizar as ferramentas do processo de pensamento tático da TOC, particularmente a evaporação das nuvens. Criar e implementar um sistema de informações para fornecer os relatórios mencionados anteriormente. Essas informações são fundamentais para alinhar as providências; a evaporação das nuvens oferece uma estrutura para organizar e analisar essas informações, de modo que todos compreendam quais providências precisam ser tomadas.

A questão mais importante a ser lembrada por todos os indivíduos que desempenham uma função em um sistema TOC é que *esse sistema é reflexivo e evolutivo*, e não um sistema que se "lança e esquece". As medidas fixas muitas vezes indicarão uma única direção que, seja qual for a necessidade do sistema, continuará a motivar iniciativas independentemente rumo à sua concretização. Um sistema de mensuração da TOC verdadeiramente eficaz alinhará todas as pessoas na direção que terá o melhor retorno, o que, por definição, é um modelo de crescimento. O sistema de *feedback* do GP fornecerá as informações relevantes para a tomada de decisões diárias, em consonância com a medida do ROI organizacional. À medida que houver mudanças, as pessoas deverão pensar, ajustar-se e adaptar-se para concretizar o mais alto potencial da empresa.

Referências

Blackstone, J. H. *APICS Dictionary*. 12ª ed. Alexandria, VA: APICS, 2008.

Goldratt, E. M. *The Haystack Syndrome: Sifting Information Out of the Data Ocean*. Croton-on-Hudson, NY: North River Press, 1990.

Horngren, C. T., Sundem, G. L. e Selto, F. H. *Introduction to Management Accounting*. 9th ed. Nova York: Prentice Hall, 1993.

Horovitz, B. "CEO Profile: Campbell Exec Nears 'Extraordinary' Goal". *USA Today*, 26 de dezembro de 2009.

Johnson, H. T. e Kaplan, R. S. *Relevance Lost: The Rise and Fall of Managerial Accounting*. Boston: Harvard Business School Press, 1987.

Mabin, V. J. e Balderstone, S. J. *The World of the Theory of Constraints: A Review of the International Literature*. Boca Raton, FL: St. Lucie Press, 2000.

Smith, D. *The Measurement Nightmare, How the Theory of Constraints Can Resolve Conflicting Strategies, Policies and Measures*. Boca Raton, FL: St. Lucie Press, 2000.

Sullivan, T. T., Reid, R. A. e Cartier, B. *TOCICO Dictionary*. http://tocico.i1a.com/i1a/pages/index.cfm?pageID=3331. 2007.

Trei, L. "New Study Yields Instructive Results on How Mindset Affects Learning". Relatório de Stanford. Stanford, CA: Universidade de Stanford, 2007. Disponível em http://news-service.stanford.edu/news/2007/february7/dweck-020707.html.

Sobre os autores

Debra Smith é sócia do Constraints Management Group, LLC, uma sociedade internacional empenhada em ajudar as empresas a obter resultados revolucionários e melhorias contínuas sustentáveis por meio das ferramentas do processo de pensamento e as soluções de aplicação da teoria das restrições (TOC).

Debra Smith tem ampla experiência em contabilidade pública, administração financeira em empresas fabris, ensino universitário e consultoria sobre a TOC. Ela começou a trabalhar com Eli Goldratt em 1990 quando era professora adjunta de contabilidade na Universidade Puget Sound. Debra é responsável pelas primeiras pesquisas na área de aplicação da TOC nos ambientes fabris e desenvolveu inúmeros cursos e *workshops* para integrar a TOC e os processos tradicionais de mensuração e programação do ambiente fabril.

Suas pesquisas procuram compreender as mudanças necessárias nos sistemas de mensuração, contabilidade e informação para apoiar os processos de melhoria contínua na fabricação. Ela é coautora de *The Theory of Constraints and Its Implications for Management Accounting* (A Teoria das Restrições e Suas Implicações para a Contabilidade Gerencial), um estudo investigativo independente da TOC financiado pelo Instituto de Contabilidade Gerencial, e é autora do livro *The Measurement Nightmare, How the Theory of Constraints Can Resolve Conflicting Strategies, Policies and Measures* (O Pesadelo da Mensuração: Como a Teoria das Restrições Pode Resolver Estratégias, Diretrizes e Medidas Conflitantes) (St. Lucie Press, 2000).

Antes de lecionar, Debra Smith trabalhou com contabilidade pública para a Deloitte & Touche, como contadora certificada, e durante nove anos trabalhou em empresas industriais públicas como controladora de divisão e vice-presidente de finanças e operações. Debra é reconhecida internacionalmente como autoridade em contabilidade gerencial e é uma palestrante conhecida sobre a TOC.

Em 2001, Debra foi escolhida para ocupar a diretoria fundadora da TOC e durante cinco anos trabalhou na Organização Internacional de Certificação em Teoria das Restrições (TOCICO), fundada por Eli Goldratt. Desde 2003, Debra Smith é certificada pela TOCICO em todas as aplicações da TOC (gerenciamento operacional, gerenciamento de distribuição, gerenciamento de projetos, finanças e medidas, ferramentas do processo de pensamento da TOC e gerenciamento holístico).

Jeff Herman dedicou os últimos 15 anos de sua vida profissional ao desenvolvimento e à aplicação prática dos processos de pensamento tático, com ênfase sobre a resolução de conflitos organizacionais.

Herman começou a trabalhar com o processo de pensamento da TOC em 1994 e recebeu ampla formação formal sobre a TOC na Academia do Instituto Avraham Y. Goldratt. Após sua formação nesse instituto, Herman tornou-se Jonah's Jonah e durante dois anos trabalhou como diretor regional e especialista em produtos no Reino Unido para o Instituto Goldratt. Com Eli Goldratt, em 1997 Herman abriu um novo território para as implementações da TOC nos países bálticos.

Herman voltou para os Estados Unidos em 1998 e hoje reside em Eau Claire, Wisconsin. Atualmente, é sócio do Constraints Management Group, LLC (CMG) – proeminente empresa de consultoria internacional especializada na aplicação da TOC – e é líder de prática dos processos de pensamento estratégico. Desde o final da década de 1990, Herman e seus sócios no CMG estão à frente do desenvolvimento e da articulação dos conceitos subjacentes ao reabastecimento sincronizado ativamente (ASR), bem como do desenvolvimento de tecnologia compatíveis com o ASR e o mecanismo tambor-pulmão-corda (TPC). Ele orientou centenas de executivos e gerentes na aplicação dos processos de pensamento estratégico e tático, em diversas organizações e setores distribuídos por 16 países.

Herman é especialista certificado pela Organização Internacional de Certificação em Teoria das Restrições (TOCICO) nas seguintes áreas da TOC: gerenciamento operacional, gerenciamento de distribuição, gerenciamento de projetos, finanças e medidas, processo de pensamento da TOC e gerenciamento holístico.

Herman e Smith são coautores da edição revista do livro *The Measurement Nightmare* (O Pesadelo da Mensuração), lançado no outono de 2009.

15
Melhoria contínua e auditoria

Dr. Alan Barnard

Introdução

A meta: obtenção de melhoria contínua ou permanente

É fundamental para o sucesso e viabilidade de qualquer empresa a percepção (pela equipe de administração) de que a melhoria não é algo que ocorre uma única vez e de que o processo de melhoria contínua ou permanente exige mudanças contínuas. Infelizmente, nem todas as mudanças geram melhorias e mudanças contínuas podem prejudicar a estabilidade. Garantir que toda e qualquer mudança significativa produza alguma melhoria (tanto no desempenho quando na estabilidade) para a organização como um todo é um dos desafios mais importantes que a administração de qualquer empresa enfrenta. Isso exige um mecanismo de focalização confiável para que seja possível diferenciar todos os *vários* processos e áreas que *podem* ser melhorados daqueles *poucos* que *devem* ser melhorados (para que a empresa concretize mais unidades da meta no presente e no futuro).

Eli Goldratt (1986) tornou-se um dos pioneiros da melhoria contínua na era moderna com seu livro *The Goal* (*A Meta*). O subtítulo desse livro sugere que a verdadeira meta das organizações não é apenas fazer dinheiro no presente e no futuro, mas simplesmente assegurar que a organização passe por um *"processo de melhoria contínua"* ou PMC, para obter um crescimento e estabilidade sustentáveis. Para que o PMC seja uma realidade em qualquer empresa é necessário não apenas um mecanismo de focalização confiável (para identificar onde e o que mudar e quando e onde não mudar), mas também um mecanismo holístico de apoio à tomada de decisões (para avaliar todo o sistema ou o impacto global das mudanças). Portanto, é necessário ter um mecanismo de *feedback* rápido e confiável para auditorar o andamento/conformidade ou para identificar outras lacunas ou oscilações importantes no desempenho do sistema. Mais importante do que isso, todos os níveis da organização precisam ter uma mentalidade e raciocínio diferentes sobre melhoria para identificar e contestar de maneira sistemática as diretrizes, as mensurações, os comportamentos e os pressupostos subjacentes que limitam o desempenho organizacional no presente.

Na introdução do livro *The Goal* (1986), Goldratt descreve esse processo:

> Por fim, e mais importante, quero mostrar que todos nós podemos ser cientistas proeminentes. Acredito que o segredo de ser um bom cientista não está em nossa capacidade mental. Temos o suficiente. Só precisamos examinar a realidade e pensar lógica e precisamente sobre o que vemos. O principal ingrediente é ter coragem de encarar as inconsistências entre o que vemos e deduzimos e a forma como as coisas são feitas. Contestar as hipóteses básicas é essencial para criar ideias revolucionárias. Quase todo mundo que já trabalhou em uma fábrica sente-se no mínimo incomodado em usar as eficiências da contabilidade de custos para controlar nossas ações. Contudo, poucos contestaram diretamente essa vaca sagrada. O avanço do conhecimento exige que contestemos as hipóteses básicas sobre como

o mundo é e por que ele é assim. Se conseguirmos compreender melhor nosso mundo e os princípios que o governam, suponho que nossa vida será melhor.[1]

Uma das principais "inconsistências" relacionadas ao tema de melhoria contínua e auditoria é o motivo pelo qual muitas das mudanças realizadas nas organizações não são sustentáveis, principalmente se considerarmos os avanços e as descobertas dos últimos cem anos na melhoria contínua e auditoria das organizações e as intensas pressões competitivas. E o motivo pelo qual a maioria das mudanças "fracassa" – não produzindo nenhuma melhoria mensurável nas unidades da meta organizacionais ou mesmo provocando uma queda de desempenho, visto que as próprias organizações muitas vezes fracassam.

Objetivo e estruturação deste capítulo

O objetivo deste capítulo é apresentar um sistema de referência para a criação de um processo de melhoria contínua e auditoria dentro das organizações, sob a perspectiva da *teoria das restrições* (*theory of constraints* – TOC), e compartilhar alguns dos novos e importantes avanços da TOC nesse campo desde a publicação do livro *The Goal* em 1984. Este capítulo inicia-se com a definição dos principais conceitos e uma breve visão histórica desse tema. Em seguida, apresentamos uma visão geral sobre a lacuna, a amplitude e as consequências atuais (ciclo vicioso) relacionadas com os métodos e erros tradicionais de melhoria contínua e auditoria (por que mudar). Examinamos subsequentemente os conflitos e os pressupostos subjacentes que precisam ser contestados (o que mudar), os critérios, o rumo e os detalhes de uma solução que rompa com esses conflitos e evite novos efeitos indesejáveis (para o que mudar) e, finalmente, como é possível superar os obstáculos usuais à implementação (como causar a mudança) de uma solução de melhoria contínua e auditoria baseada na TOC.

Principais conceitos e definições

A *melhoria contínua* (MC) é definida simplesmente como a *melhoria contínua (nas unidades organizacionais ou no sistema de metas) ao longo do tempo*. A MC também pode estar relacionada à melhoria contínua de subsistemas, processos ou produtos ou serviços oferecidos por qualquer organização, porém com a advertência de que, se essas "melhorias locais" não conseguirem melhorar a organização como um todo no presente ou no futuro, elas não poderão ser chamadas de melhoria, mas mais propriamente de "ótimos locais". Na verdade, a palavra japonesa *kaizen*, notabilizada pelo livro de Masaaki Imai (1986), *Kaizen: The Key to Japan's Competitive Success* (*Kaizen: A Estratégia para o Sucesso Competitivo*), é frequentemente empregada no presente como sinônimo de MC porque a tradução de *"kai"* (mudança) e *"zen"* (boa) significa literalmente "boa mudança" (melhoria para o sistema como um todo). No contexto deste capítulo, a palavra "contínua" refere-se a todos os tipos de melhoria contínua, e não uma forma de diferenciar melhorias sem grande importância (baixa alavancagem) de melhorias produzidas por uma mudança drástica (às vezes definida como de alta alavancagem).

O *processo de melhoria contínua* (PMC) é, por definição, *um ciclo fechado por etapas sequenciais concebidas para promover a melhoria contínua por meio de um processo de descoberta, aplicação, revisão e ações corretivas*. O ciclo de Shewhart (*plan, do, check, act* – PDCA ou planejar, fazer, verificar, agir), o DMAIC (*define, measure, analyse, improve, control* – definir, medir, analisar, melhorar, controlar) do Seis Sigma e os *cinco passos de focalização* da TOC são alguns dos mais conhecidos.

O *impacto da mudança* é classificado em três tipos. O *primeiro tipo* refere-se a uma mudança que *produz uma melhoria ou um declínio mensurável*, o *segundo tipo* refere-se a uma mudança que *não produziu uma melhoria mensurável* e o *terceiro tipo* refere-se a uma mudan-

---

[1] © E. M. Goldratt, usado com permissão. Todos os direitos reservados.

ça que produziu um *declínio mensurável no desempenho* da organização como um todo ou no resultado de um processo específico.

A *auditoria* é definida como um *processo de avaliação contínua de uma organização, seus processos, projetos, produtos, serviços ou do desempenho e da conformidade do subsistema em relação a padrões ou expectativas*. Nas palavras de Winston Churchill, "Por mais que uma estratégia pareça atraente, ocasionalmente devemos examinar os resultados". A auditoria é uma parte fundamental da MC de qualquer organização porque ela oferece um mecanismo de *feedback* prático para as partes interessadas, com o objetivo de diminuir o tempo para detectar e do tempo para corrigir lacunas, oscilações ou inconformidades no desempenho. É nesse contexto mais geral que os termos "auditorar" e "auditoria" serão empregados neste capítulo, e não de acordo com seu emprego mais comum em que "auditar" refere-se apenas à auditoria financeira interna ou externa. Com relação ao PMC, normalmente são realizados três tipos de auditoria. *A auditoria de conformidade procura verificar se a organização está fazendo o que deveria (e não está fazendo o que não deveria). A auditoria de desempenho procura verificar se a organização está tendo um desempenho tão bom quanto o previsto. A auditoria de potencial refere-se à expectativa de que a organização tenha um desempenho (bem) melhor.*

Uma perspectiva histórica: sobre os ombros de gigantes

O desejo e a capacidade de melhorar continuamente nossa vida e nossos conhecimentos sobre os sistemas com os quais interagimos desempenharam um papel fundamental na evolução de nossa espécie. Entretanto, só com o surgimento do "método científico" – a princípio formulado por Aristóteles em torno de 350 a.C e aprimorado por meio de contribuições significativas por pessoas como Ibn al-Haytham (965-1040), Roger Bacon (1214-1294), Francis Bacon (1561-1626), Galileu Galilei (1564-1642), René Descartes (1596-1650), Isaac Newton (1643-1727), John Stuart Mill (1806-1873) e, mais recentemente, Karl Popper (1902-1994) – é que se obteve um meio sistemático de contestar e melhorar continuamente nossas hipóteses, conhecimentos e métodos para analisar, melhorar, gerenciar e prever causas e efeitos em um tipo de sistema específico. O *método científico* é definido simplesmente como *um método sistemático ou interativo no qual se identifica um problema ou objetivo, coletam-se dados relevantes, formula-se uma hipótese e testa-se empiricamente a hipótese* (e.g., *por meio da confirmação das previsões de efeito-causa-efeito) e, então, após uma revisão dos resultados do teste experimental, se aperfeiçoa*. O método científico possibilita que os cientistas testem teorias e métodos com experimentos e utilizem as constatações obtidas com esses experimentos para desenvolver novas teorias e novos métodos aprimorados.

Algumas das descobertas mais importantes para o avanço de nossos conhecimentos e métodos sobre a MC e a auditoria do desempenho organizacional foram feitas por indivíduos como Taylor, Gilbert, Ford, Shewhart, Deming, Juran, Ohno e Goldratt, que, de maneira consciente ou inconsciente, simplesmente aplicaram o método científico à ciência de analisar, melhorar, gerenciar e prever o desempenho organizacional.

Muitas dessas descobertas exploraram a importância de diminuir os *atrasos de tempo* no processo global e, posteriormente, a importância de diminuir *defeitos de qualidade, variações processuais, tempo perdido nas restrições de capacidade* e *superprodução* para melhorar o desempenho geral do sistema. A famosa citação de Benjamin Franklin, que ele compartilhou com um jovem comerciante em 1748 – "Lembre-se de que tempo é dinheiro" – referia-se especificamente ao custo de oportunidade do desperdício de tempo em algo que poderia ser feito mais rapidamente e com menos defeitos ou e em algo que não deveria ter sido feito de maneira alguma. Em poucas palavras, os *processos lentos* (ou aqueles que contêm defeitos ou variações) *são processos caros* (George, 2002).

Essas descobertas deram lugar a métodos de MC de grande eficácia, como o *sistema Toyota de produção* (STP), o *sistema de produção enxuta* (Lean), *a gestão da qualidade total* (*total quality management* – TQM), o *Seis Sigma*, a *reengenharia de processos de negócio* (RPN) e a TOC –, todos com um amplo banco de referência de exemplos de sucesso e "melhores práticas" que poderia oferecer parâmetros para a auditoria (p. ex., a família ISO 9000 de padrões de auditoria dos sistemas TQM).

Porém, com esse conjunto de instrumento da MC e métodos de auditoria, poderíamos supor que a adoção desses instrumentos seria bastante intensa e que a maioria daqueles que experimentaram verdadeiramente esses métodos e instrumentos conseguia saltos importantes de desempenho em comparação com os resultados anteriores.

Por que mudar?

Introdução

Não obstante o impressionante banco de referência de sucessos e as influentes constatações dos métodos de melhoria contínua predominantes do presente, todos eles parecem lutar para obter níveis mais altos de adoção, sustentando e ampliando as melhorias iniciais e, provavelmente, mais importante do que isso, encontrando formas de reduzir a porcentagem significativa de insucessos e de desperdício de recursos escassos em decorrências desses fracassos.

Esta seção oferece uma visão geral sobre a análise que busca responder à pergunta "Por que mudar?" (o estilo convencional) por meio de uma avaliação das lacunas usuais de melhoria em várias organizações (e indivíduos), que se inicia com uma dificuldade de melhoria comum e prossegue com uma revisão de literatura para quantificar a amplitude, as consequências e o ciclo vicioso relacionados ao alto índice de insucesso da maioria das iniciativas atuais dentro de organizações públicas e privadas.

Lacunas de melhoria e desafios

Existem várias diferenças entre os vários tipos de organização e nas organizações dos setores público e privado. Contudo, todas as organizações (e indivíduos) centradas em metas têm duas características em comum:

1. Elas são sistemas complexos (várias partes e várias interdependências entre as partes) e, por isso, é difícil analisá-las, melhorá-las, gerenciá-las e prever o impacto da mudança.
2. Existe uma contínua pressão para concretizar mais (unidades da meta) com menos (recursos) e em um tempo menor, o que gera conflitos do tipo "fazer o que é bom a curto prazo em contraposição a fazer o que é bom a longo prazo e "fazer o que é bom para uma parte em contraposição a fazer o que é bom para outras partes (o sistema)".

A Figura 15.1 mostra um exemplo dessa pressão e desse desafio em relação à melhoria, provocada por uma lacuna grande e crescente entre as expectativas das partes interessadas (a curva "vermelha") e o desempenho real (a curva "verde").

Com relação às organizações do setor privado, esse desafio manifesta-se na contínua pressão para preencher a lacuna entre os retornos de curto e longo prazos previstos para os acionistas. Quanto às empresas do setor público, esse desafio manifesta-se na pressão contínua para preencher a lacuna grande e com frequência crescente entre a deterioração dos níveis de prestação de serviços e da infraestrutura e uma demanda crescente por esses serviços nas áreas de saúde, segurança, energia e telecomunicações – particularmente nos países em desenvolvimento ao redor do mundo. Com respeito aos indivíduos, esse desafio manifesta-se na dificuldade de manter um equilíbrio em vários aspectos de nossa vida – alguns lutam contra as lacunas em sua autoconfiança, outros contra as lacunas em sua saúde, alguns com as lacunas em seus relacionamentos e outros contra as lacunas em sua segurança financeira.

Além, as organizações e os indivíduos também têm em comum três tipos de reação a essa pressão pela mudança, em virtude das lacunas de desempenho atuais e provavel-

O desafio da curva vermelha
Como identificar e liberar o potencial inerente para voltar à curva vermelha?

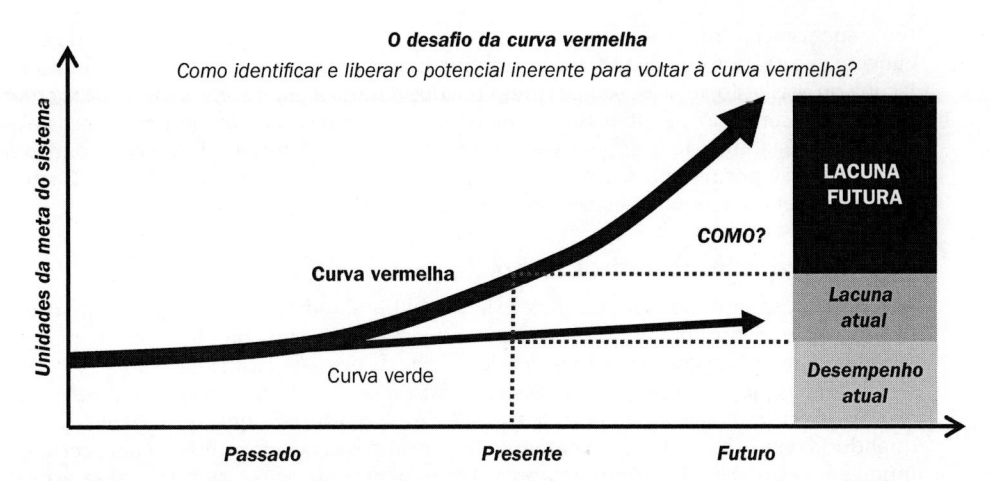

FIGURA 15.1 O desafio da curva vermelha.
Fonte: Modificada de Goldratt, 1999. © E. M. Goldratt. Utilizada com permissão. Todos os direitos reservados.

mente futuras e às oscilações inaceitavelmente altas que podem gerar instabilidade no sistema:

1. Não mudar (para evitar o declínio ou ao menos o desperdício de recursos).
2. Realizar várias mudanças pequenas ou com baixa alavancagem ou de pequeno risco (para manter a estabilidade).
3. Realizar poucas mudanças grandes ou de alta alavancagem e possivelmente de alto risco (para obter crescimento).

A Figura 15.2 mostra as incertezas e o conflito correspondente que determina qual será a reação mais provável dentre essas três reações. Quando as organizações (e os indivíduos) deparam-se com a realidade de que seu desempenho não está mais melhorando de acordo com o índice necessário ou desejado ou apresentam uma alta oscilação inaceitável, elas correm o risco de sofrer uma queda de desempenho se não mudarem (a incerteza de não mudar). Ao mesmo tempo, se elas decidirem mudar, mas "sem se arriscar", estabelecendo como alvo pequenas mudanças incrementais, provavelmente correrão o risco de não atingir seu objetivo de crescimento. Entretanto, se elas decidirem atingir algumas melhorias grandes e drásticas, elas correrão o risco de perder a estabilidade e até mesmo sofrer um declínio, o que poderia ameaçar sua sobrevivência (a incerteza de mudar).

Essas incertezas colocam os interessados que se sentem responsáveis ou são responsabilizados pelo desempenho do sistema em conflito, no lado direito da Figura 15.2. Para

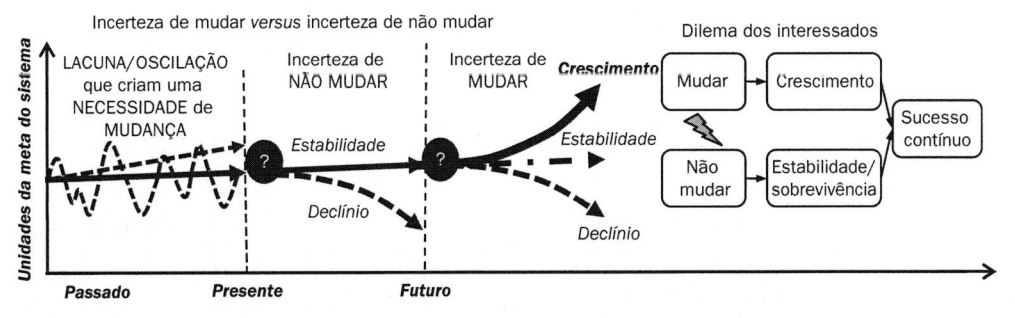

FIGURA 15.2 A incerteza e o dilema relacionados com o desafio de melhoria.

obter sucesso contínuo, os interessados sentem que devem cumprir os objetivos de crescimento necessários ou desejados. Para atingir esses objetivos de crescimento (diminuir a lacuna ou oscilação), eles se sentem pressionados a mudar. Ao mesmo tempo, para obter um sucesso contínuo, os interessados também sentem que precisam garantir que as exigências de estabilidade (e sobrevivência) nunca sejam comprometidas, o que contribui para a pressão por não mudar ou ao menos por não iniciar nenhuma mudança drástica que possa pôr a estabilidade e mesmo a sobrevivência em risco.

Tipos de erro administrativos diante da pressão pela mudança

A concepção de um sistema de melhoria contínua e auditoria (para criar uma organização aprendente) partir da classificação dos tipos de erro cometidos e que podem bloquear a melhoria contínua. Existem dois tipos de erro[2] (Ackoff, 2006): *erros de comissão – fazer algo que não deveria ser feito ou não fazer a coisa certa apropriadamente*; e *erros de omissão – não fazer algo que deveria ter sido feito*. Ackoff advertiu que aprendemos pouco quando fazemos as coisas corretamente ou mesmo quando fazemos a coisa certa no momento certo. A maior parte do aprendizado ocorre quando fazemos a coisa errada ou fazemos algo incorretamente. Todavia, para aprender com esses erros, é necessário primeiro detectá-los, sua causa ou fonte deve ser identificada e uma solução deve ser concebida para evitar esses erros no futuro. Infelizmente, na maioria das organizações, os erros (particularmente os erros de omissão) não são visíveis, às vezes até para aqueles que os cometem.

Mas que porcentagem das mudanças realizadas pela administração gera melhorias mensuráveis e sustentáveis que atendem às expectativas de todos os interessados (impacto do primeiro tipo) em contraposição à porcentagem de mudanças que não atingem objetivos mensuráveis (segundo tipo) ou provocam um declínio no desempenho (terceiro tipo)?

A amplitude e as consequências do índice de insucesso das mudanças

A amplitude dos índices de insucesso de diferentes tipos de iniciativa de melhoria ou mudança e igualmente a amplitude dos insucessos organizacionais podem oferecer uma boa indicação das consequências dos erros de omissão e comissão.

O índice de insucesso das iniciativas de melhoria/mudança

Uma amostra representativa de estudos e levantamentos de pesquisa (relacionados na Tabela 15.1) mostra que, independentemente do tipo de iniciativa de mudança, de 50% a 80% das iniciativas não atingem os objetivos originais, são interrompidas antes de sua conclusão ou às vezes até provocam um declínio no desempenho organizacional. O único estudo que revelou formalmente que não foi relatado nenhum insucesso ou frustração foi o de Mabin e Balderstone (1999) sobre a implementação da TOC em cem empresas.

Uma análise sobre os estudos que divulgaram um alto índice de insucesso mostra que a vasta maioria das mudanças é classificada na segunda categoria de impacto da mudança – no qual não existe nenhum benefício direto mensurável nem declínio. Obviamente, nesses casos os "custos" não são apenas os custos desperdiçados ou os investimentos realizados (sem benefício), mas também os custos de oportunidade desperdiçados de não utilizar recursos escassos (especialmente o tempo da "administração"

---

[2] Tomás de Aquino (1225-1274), o filósofo e teólogo católico medieval mais importante, muito provavelmente foi quem propôs a classificação dos "pecados da omissão" e os "pecados da comissão", mas existem referências na Bíblia "ao pecado de não realizar algo bom quando sabemos que devemos" e "o pecado de fazer a coisa errada" (a Parábola do Bom Samaritano e os Dez Mandamentos são exemplos clássicos dessas referências).

Tabela 15.1 Alto índice de insucesso de diversas iniciativas de mudança e projetos de tecnologia da informação (TI)

Iniciativa de mudança	Número (N)/ Índice de insucesso (%)	Objetivo do estudo	Três principais motivos do insucesso
TQM A. D. Little, 1992	64 (ADL)-80 (ATK)	Levantamento junto a 500 empresas pela Arthur D. Little e levantamento pela A. T. Kearney junto a 100 empresas do Reino Unido	Falta de apoio da alta administração, resistência à mudança
Seis Sigma Angel & Pritchard, 2008 R. Farrelly, 2008	60	"What went wrong with Six Sigma? A look into Six Sigma's 60 percent failure rate ("O que deu errado com o Seis Sigma? Uma análise sobre o índice de insucesso de 60% do Seis Sigma"), julho	Resistência à mudança e falta de apoio da alta administração
	> 50	Os principais motivos de insucesso do Seis Sigma com base em um levantamento junto a seis projetos Seis Sigma em 114 empresas, Ross Farrelly, Congresso da Organização Australiana de Qualidade (Australian Organisation for Quality – AOQ) sobre o Seis Sigma, Melbourne, agosto de 2008	Implementação parcial, projeto não vinculado ao ROI, apoio insatisfatório da administração
Produção Enxuta R. G. Kallage, 2006	Acima de 50	"Lean implementation failures: why they happen, and how to avoid them" ("Insucessos na implementação da produção enxuta: por que eles ocorrem e como evitá-los"), Richard G. Kallage, 11 de julho de 2006	Falta de apoio da administração/ argumento empresarial (business case) insatisfatório, resistência à mudança e implementação ineficiente
Balanced Scorecard G. DeBusk, 2006	70	"Does the Balanced Scorecard improve performance?" ("O Balanced Scorecard melhora o desempenho?"), estudo publicado pela Management Accounting Quality, outono de 2006, Gerald K. DeBusk	Não disponível
Reengenharia de Processos de Negócio Dr. Malhotra, 1998	55-70	"Business process redesign: an overview" ("Reestruturação dos processos de negócio: visão geral"), Instituto BRINT	Resistência à mudança (associada com redução de quadro)
Transformação Organizacional J. Kotter, 2009	70	"Leading change: why tranformation efforts fail, Survey of 100 company's transformation efforts" ("Liderando a mudança: por que as iniciativas de transformação fracassam – Levantamento sobre as iniciativas de transformação de 100 empresas"), John P. Kotter, HBR, março de 2009	Resistência à mudança, falta de urgência, falta de apoio da alta administração
Iniciativas de Terceirização Gartner	63	Levantamento do Grupo Gartner junto a 180 clientes em 1995 sobre o índice de fracasso dos sistemas de TI terceirizados	Não disponível
Novos Lançamentos de Produto Linton, Matysiak and Wilkes, 1995	70-80	Estudo investigativo da Linton, Matysiak and Wilkes, Inc. sobre o índice de insucesso no lançamento de novos produtos para o setor de varejo de alimentos (foram analisados 1.935 novos produtos lançados pelas 20 maiores empresas alimentícias americanas)	Falta de uma boa P&D (resistência do mercado), execução insatisfatória ou com poucos recursos

Tabela 15.1 Alto índice de insucesso de diversas iniciativas de mudança e projetos de tecnologia da informação (TI) (*continuação*)

Iniciativa de mudança	Número (N)/ Índice de insucesso (%)	Objetivo do estudo	Três principais motivos do insucesso
MRP/ERP Levantamento da Robbins-Gioia, 2001	51	Levantamento sobre o sucesso da implementação do sistema de planejamento de recursos corporativos (*enterprise resources planning* – ERP)	Inexatidão dos dados, falta de apoio da alta administração, resistência à mudança
Outros projetos de TI Chaos Report, 1994 *versus* 2004	Cancelados / Falhos: 18, Desafiados: 53	"*IT Project Failures – Chaos Report*" ("Projetos de falhas de TI – Relatórios de caos") pelo Standish Group. Mostra resultados de 1994 a 2004 sem melhora significativa.	Falha de apoio da alta administração, resistência à mudança, inexatidão das exigências
TOC	15 não mantidos e 15 não iniciados	Estudo investigativo conduzido pela Realization Inc., intitulado "Critical chain projects: successes, failures, and lessons learned" ("Projetos da corrente crítica: sucessos, insucessos e lições aprendidas"), apresentado no Congresso da TOCICO em 2005	Falta de adesão às mudanças das três regras fundamentais da TOC e não estabelecimento de um mecanismo de "como fazer"
	0	Uma revisão da teoria das restrições (TOC) de Goldratt – lições provenientes da literatura internacional, Mabin e Balderstone, 1999	"No levantamento de mais de 100 casos, não foi divulgado nenhum insucesso ou resultado desalentador"

– a restrição real na maioria das organizações) nas mudanças que teriam melhorado o desempenho do sistema. *Isso sem também falar do impacto de um índice tão alto sobre a menor motivação e expectativa das pessoas* quanto a mudanças futuras. Com base nessa alta porcentagem de insucesso das iniciativas de mudança, qual é o índice de insucesso das empresas e organizações?

Índices de insucesso das empresas

Com relação às empresas, as pesquisas mostram que os insucessos são também estatisticamente mais prováveis do que os sucessos. Desde o advento da corporação moderna, mais de 10% das empresas nos Estados Unidos (a maior e mais bem-sucedida economia na história mundial) fracassam anualmente; 22% das cem maiores empresas em qualquer momento dado perdem sua posição nas classificações de elite no prazo de uma década; e 50% das empresas globalmente bem-sucedidas extinguem-se no tempo de vida de um ser humano moderno (Ormerod, 2006, p. 13). Um estudo realizado pelo Escritório do Censo dos Estados Unidos (www.sba.gov/advo/research/data.html) mostrou que 25% dos novos negócios iniciados em 1992 fracassaram no primeiro ano e por volta do décimo ano o índice de insucesso atingiu 70%.

Sempre que observamos índices de insucesso tão grandes quanto esses, é bem provável que exista algum círculo vicioso em ação no qual as providências tomadas com o objetivo de corrigir a situação têm o efeito oposto. A seção subsequente apresenta algumas constatações sobre os ciclos viciosos observados em várias organizações que não estão melhorando de acordo com o índice desejado ou em organizações que não existem mais (isto é, aquelas que enfrentaram fracassos catastróficos).

O ciclo vicioso relacionado com o alto índice de insucesso das mudanças

Muitos dos estudos examinados não apenas quantificam a amplitude do alto índice de insucesso das mudanças, mas também analisam as causas mais prováveis e as consequências desses altos índices. As consequências dos altos índices de insucesso mencionadas na maioria dos estudos não são uma novidade – maior resistência à mudança em relação às iniciativas futuras e menor expectativa quanto ao provável impacto de iniciativas futuras. O que talvez seja surpreendente (a menos que os próprios leitores já tenham visto isso) é que existe uma consistência notável nas constatações desses diferentes estudos (independentemente do tipo de iniciativa de mudança) com relação às principais causas divulgadas. As duas principais causas desse alto índice de insucesso citadas pela maior parte dos estudos são "resistência à mudança" (em particular pelos gerentes médios) e "falta de apoio ativo ou de provisão de uma quantidade suficiente de recursos por parte dos altos executivos". Segundo, isso é provocado pelas expectativas relativamente baixas da equipe de projeto com relação ao provável benefício da mudança proposta (isto é, se você não consegue quantificar uma determinada coisa, não consegue justificar a alocação de recursos escassos). Entretanto, esses dois fatores são iguais aos identificados como as consequências do alto índice de insucesso.

Quando um comportamento específico é ao mesmo tempo causa e consequência, isso significa que o sistema provável ficará empacado em um *círculo vicioso* (Senge, 1990, pp. 80-83) como o mostrado na Figura 15.3. Quanto maior o índice de insucesso, maior a resistência e menor as expectativas dos interessados. Além disso, quanto maior a resistência e menor as expectativas, maior a probabilidade de essas mudanças fundamentais serem bloqueadas ou de não receberem todo o apoio e todos os recursos necessários para terem sucesso, o que, uma vez mais, aumenta a probabilidade de fracasso. Com o passar do tempo, um círculo vicioso como esse se estabiliza e em pouco tempo aqueles que estão aprisionados nesse círculo concluem que a resposta "isso nunca dará certo" é mais segura do que abraçar as novas mudanças ou simplesmente que, considerando a complexidade e as incertezas do respectivo sistema, isso (o alto índice de insucesso) provavelmente é o melhor que eles podem fazer.

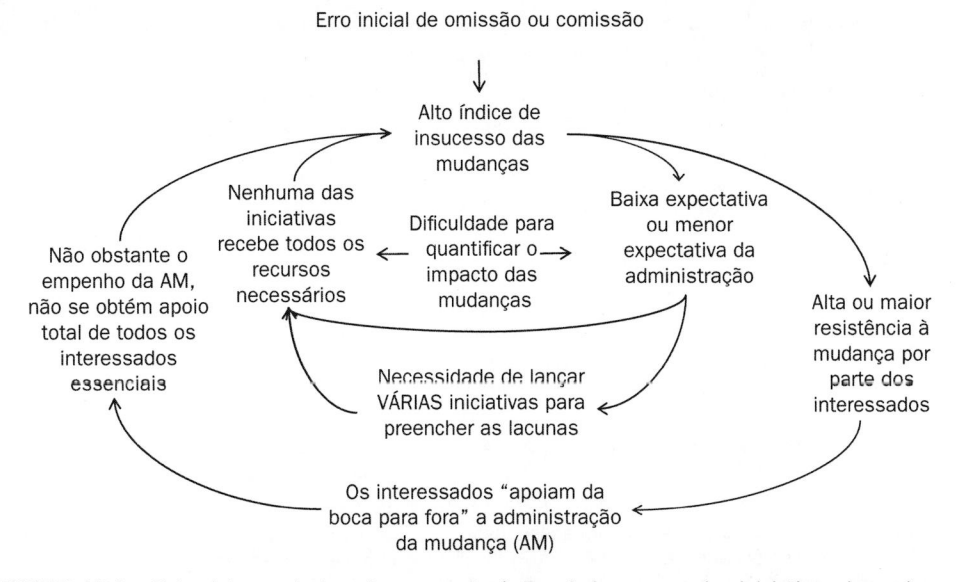

FIGURA 15.3 Ciclo vicioso relacionado com o alto índice de insucesso das iniciativas de mudança.

Esse medo associado ao alto índice de insucesso das mudanças também pode explicar por que as mudanças que se concentram no custo local, no desperdício ou na redução da oscilação dos processos (mudanças de baixa alavancagem) são mais propensas a receber apoio porque existe uma percepção de que elas apresentam um risco menor e são mais infalíveis. As mudanças de alta alavancagem que se concentram na "mudança das regras" são menos propensas a receber apoio porque são consideradas de alto risco e menos infalíveis.

Resumo sobre por que mudar

Em suma, a revisão de literatura sobre o índice de insucesso das iniciativas de mudança constatou que, seja qual for o tipo de mudança (com a exceção relatada no estudo sobre os projetos da TOC), quer ela tenha sido implementada no setor público ou no setor privado e/ou independentemente do número de sucessos inspiradores que tenham sido relatados com relação a esse tipo de mudança, as iniciativas de mudança/melhoria são bem mais propensas ao fracasso do que ao sucesso. Os estudos que foram realizados mais de uma vez, como o Chaos Report sobre os índices de insucesso dos projetos de TI, também mostram que, não obstante as significativas constatações obtidas e amplamente divulgadas quanto às causas e consequências desses insucessos durante os estudos anteriores, o índice de insucesso não mudou de forma mensurável, o que o tornou uma justificativa bem mais segura para os interessados resistirem à mudança ou "a defenderem da boca para fora" durante a implementação e depois desistirem, dizendo que "ela nunca dará certo".

A Tabela 15.2 apresenta um resumo sobre "Por que mudar?" no formato empregado nas análises da TOC, que inclui um enunciado claro sobre o problema e os *efeitos indesejáveis* (EIs) – os efeitos dos quais os interessados reclamariam e que dificultam o preenchimento da lacuna (resolução do problema).

Tabela 15.2 Resumo sobre "Por que mudar?"

Por que mudar? A lacuna		
Normalmente, 70% de todas as iniciativas de mudança fracassam e algumas mudanças importantes nunca são implementadas.		
Número	Efeito indesejável	Por que isso é ruim?
1	Muitas causas/restrições além do controle	Isso pode gerar inércia e complacência.
2	As organizações são muito complexas	Isso dificulta a identificação das causas básicas e do ponto em que se deve concentrar.
3	Incerteza ou impacto de mudar/não mudar	Fica difícil justificar se é necessário ou não mudar.
4	Existem muitas iniciativas de mudanças simultâneas	Isso provoca conflito entre as prioridades e disputa por recursos.
5	Grande resistência à mudança para as novas iniciativas	Isso gera conflitos e "apoio da boca para fora".
6	Falta de apoio da alta administração	Muitos projetos não recebem todos os recursos necessários ou não são iniciados.
7	As expectativas que interessam nem sempre são claras	Isso gera muito retrabalho/mudanças que não atendem às expectativas.
8	Ciclos de *feedback* lentos ou nenhum *feedback* sobre as mudanças realizadas	O tempo para detectar e corrigir os erros é longo.

Contudo, o que deveria ser mudado para eliminar ou diminuir esses EIs tal como os gerentes e diretores identificam, planejam, executam e auditoram a MC e outras iniciativas de mudança?

O que mudar?

Introdução

O fato de os executivos e gerentes sempre tentarem realizar novas melhorias estratégicas ou processuais e outras iniciativas de mudança apesar de seu péssimo índice de insucesso é, de acordo com a famosa frase de Samuel Jackson, "Como o segundo casamento: um triunfo da esperança sobre a experiência". Entretanto, isso talvez simplesmente mostre a tamanha pressão enfrentada pelos altos executivos para melhorar o desempenho da empresa. O alto índice de insucesso dos métodos de melhoria desencadeia o clássico dilema do inovador (Christensen, 1997) – a maioria das inovações fracassa, mas as empresas que não inovam podem falecer.

Não é de surpreender que tenha havido clamores do tipo "Inove ou Evapore" (Tucker, 2002). Porém, por que várias mudanças fundamentais não foram implementadas de forma alguma ou no devido tempo (erros de omissão) e por que o alto índice de insucesso na implementação de mudanças persiste (erros de comissão) ainda que nosso conhecimento sobre as causas e efeitos que governam o sucesso contínuo ou o fracasso das organizações esteja evoluindo? Essa é a pergunta que tentaremos responder nesta seção.

Identificando os conflitos básicos na melhoria contínua e auditoria

Na ciência, existe o consenso geral acerca de que, "ao definirmos um problema de maneira precisa, estamos a meio caminho de uma solução" (Goldratt, 1990, p. 37). Goldratt propôs um método denominado "evaporação das nuvens" (EN), às vezes chamado de diagrama de conflitos a fim de oferecer um mecanismo prático para "definir um problema mais precisamente" verbalizando o problema não resolvido como um conflito não resolvido ao tentar satisfazer dois conjuntos diferentes de condições básicas em um mesmo sistema. Conhecendo as condições que criam o conflito (pressupostos subjacentes errôneos sobre o sistema e o comportamento de suas partes), conseguiremos perceber algumas mudanças necessárias para resolver o problema básico – as poucas mudanças que fariam o conflito básico do sistema "dissipar" e, portanto, diminuiriam ou eliminariam a lacuna de desempenho e os EIs. A Figura 15.4 mostra um exemplo de conflito básico na decisão sobre qual estrutura organizacional empregar – o conflito de centralizar em contraposição a descentralizar. Para obter sucesso (A – o objetivo comum no conflito), os diretores e gerentes devem assegurar a *eficácia* da organização (B – uma condição básica para o sucesso). Para assegurar a *eficácia* da organização, a administração sente-se pressionada a centralizar (D – suposto pré-requisito para satisfazer à condição básica de *ser eficaz*). Ao mesmo tempo, para obter sucesso, a organização precisa ser eficaz (C – outra condição básica para o sucesso), o que gera uma pressão pela descentralização (D' – suposto pré-requisito para satisfazer à condição básica de *ser eficaz*). Entretanto, se a centralização for excessiva, alguns interessados reclamarão da maior burocracia e da maior lentidão nas decisões (as consequências negativas de pôr em risco a necessidade de *ser eficaz* ou "não C"), o que eles acreditam que possa ser corrigido pela descentralização. Todavia, se houver uma descentralização excessiva, outros interessados reclamarão da maior inconformidade e duplicação ou desperdício de recursos em comum (as consequência negativas de pôr em risco a necessidade de *ser eficaz* ou "não B"). O emprego do método de evaporação das nuvens para *definir melhor o problema* nesse caso ajudou a perceber que o problema real é o conflito não resolvido, que provoca a oscilação entre a centralização (evitar a inconformi-

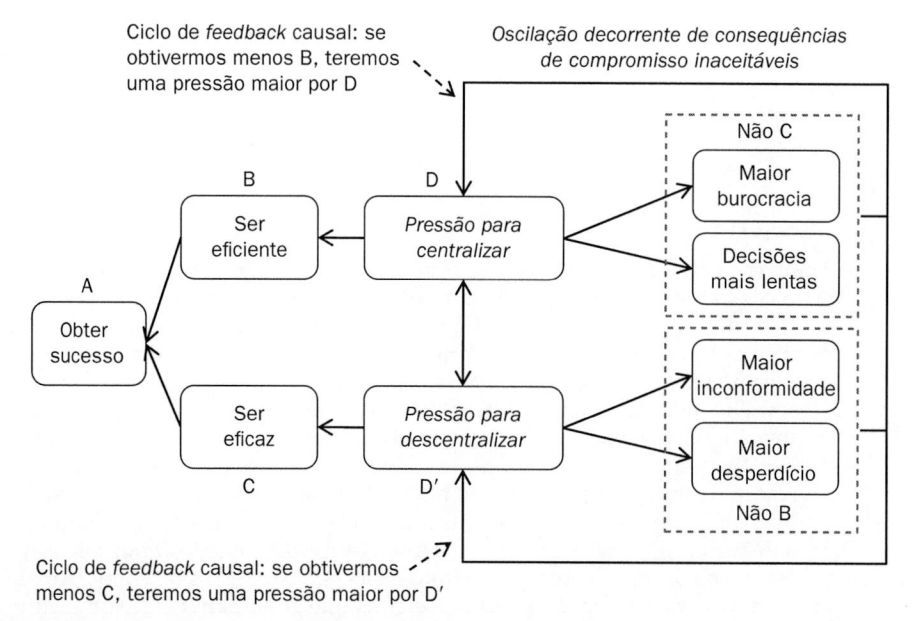

FIGURA 15.4 Exemplo de conflito básico na estrutura organizacional.

Ciclo de *feedback* causal: se obtivermos menos B, teremos uma pressão maior por D

Oscilação decorrente de consequências de compromisso inaceitáveis

- A: Obter sucesso
- B: Ser eficiente
- C: Ser eficaz
- D: Pressão para centralizar
- D': Pressão para descentralizar
- Não C: Maior burocracia; Decisões mais lentas
- Não B: Maior inconformidade; Maior desperdício

Ciclo de *feedback* causal: se obtivermos menos C, teremos uma pressão maior por D'

dade e o desperdício) e a descentralização (evitar a burocracia e a maior morosidade nas decisões). Esse conflito entre centralizar e descentralizar e suas consequências podem ser observados em várias organizações atualmente e continuarão existindo até o momento em que possa ser rompido.

No entanto, qual é ou quais são os conflitos básicos não resolvidos enfrentados por diretores e gerentes quanto à obtenção de um crescimento e estabilidade contínuos na respectiva empresa? A primeira etapa do processo para "definir o problema mais precisamente como um conflito não resolvido ou um conjunto de conflitos" é identificar os EIs ou as decisões genéricas ruins relacionadas com erros de omissão e comissão na MC e auditoria:

1. Não mudar quando se deveria ou mudar quando não se deveria – erros na decisão sobre *quando mudar*.
2. Implementar a mudança errada (*e.g.*, mudanças não importantes/não urgentes) ou não implementar a mudança correta – erros na decisão sobre *o que mudar*.
3. Implementar a mudança correta de forma errada (*e.g.*, sem um consenso integral ou sem todos os recursos necessários) – erros na decisão sobre *como mudar*.
4. Não corrigir ou interromper (uma mudança) o mais breve possível quando se reconhece que um dos três erros acima foi cometido – erros na *auditoria das mudanças*.

A segunda etapa requer simplesmente a verbalização das medidas/decisões relacionadas a cada um desses EIs como parte de um conflito não resolvido. No quadro D, indicamos a medida que sentimos a maior pressão por tomar quando estamos lidando com o problema. O quadro D' representa a medida (oposta) que provocou o problema. Os quadros B e C indicam as necessidades que cada medida está tentando satisfazer (ou as necessidades que correrão risco se as medidas em D e D' são forem tomadas) e, por último, o quadro A é o objetivo ou meta comum para esse sistema ou subsistema. A título de exemplo, se o EI/problema for uma lacuna de desempenho crescente, D – a medida para lidar com o problema – será "mudar agora" para satisfazer à necessidade (B) de "melhorar o desempenho/interromper o declínio". A medida oposta (D') é "não mudar agora" para satisfazer à necessidade (C) de "manter a estabilidade/segurança pessoal" e o objetivo comum de "sucesso contínuo".

A Figura 15.5 mostra os três conflitos genéricos (básicos) quanto a *quando mudar, o que mudar* e *como mudar* (que inclui *quando interromper uma mudança*).

Os erros de omissão (*quando* ou *o que não*) e comissão (*o que* e *como*) estão estreitamente vinculados. Embora os erros de omissão possam ser provocados simplesmente por ignorância (*e.g.*, quando a mudança necessária é desconhecida ou ilógica), o principal motivo que leva as pessoas a cometer erros de omissão é o medo de cometer erros de comissão (Ackoff, 2006). De um ponto de vista externo, muitas vezes é como se os pressupostos acerca do fundamento desses medos ou reclamações quanto a "não saber" fossem irracionais. Portanto, para evitar esses erros, precisamos identificar quais pressupostos estão definitivamente motivando as decisões erradas ao enfrentar esses conflitos e encontrar uma forma de mostrar que esses pressupostos podem e devem ser contestados.

Identificando uma forma simples e sistemática de extinguir os conflitos

Segundo Leonardo da Vinci (1452-1519), "Todos os nossos conhecimentos (e decisões) originam-se de nossas percepções (ou pressupostos sobre a realidade)". As decisões relacionadas a *quando* mudar (e *quando não* mudar), *o que* mudar (e *o que não* mudar), *como* mudar (e *como não* mudar) e se é necessário *interromper* ou *reelaborar* são influenciadas por pressupostos individuais e organizacionais ou "paradigmas".

No *processo de pensamento*, o segredo para encontrar qualquer solução de ruptura é identificar, invalidar e eliminar um ou mais pressupostos "errôneos" ou limitantes que nos impedem de extinguir o conflito (o que devemos *parar* de pensar ou fazer) e de substituí-las por um pressuposto "mais válido" que nos possibilite obter um melhor resultado (o que devemos *começar* a pensar ou fazer). A maneira mais simples e com frequência mais eficaz e eficiente de identificarmos esses pressupostos errôneos é nos concentrarmos nas setas de conflito em cada diagrama de evaporação das nuvens (Barnard, 2007) – isto é, por que D coloca C em risco, por que D' coloca B em risco, por que D e D' estão em conflito e por que não outra forma de (E) satisfazer B e C.

Contestando os pressupostos relacionados a QUANDO (e QUANDO NÃO) mudar

Haverá desacordo a respeito de *quando* mudar e *quando não* mudar, desde que alguns interessados acreditem que não seja possível mudar ou que eles estão fazendo o melhor que podem (em virtude do pressuposto de que "uma restrição está além de meu controle") ou que a mudança não é necessária (em decorrência do pressuposto de que "ainda temos tempo"). Para eliminar esse conflito, precisamos de um meio confiável para validar (ou

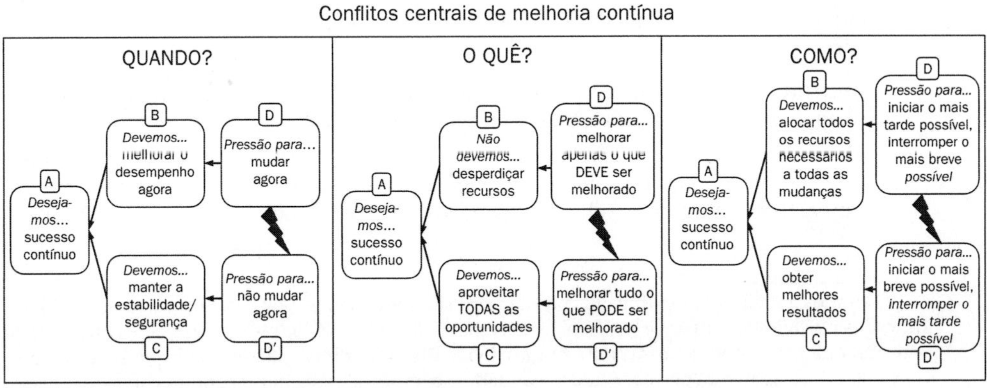

FIGURA 15.5 Conflitos básicos relacionados a saber quando, o que e como mudar.

invalidar) o pressuposto de que todas as restrições podem ser superadas e de que não há mais tempo (sem correr o risco de sofrer sérias consequências).

Contestando os pressupostos sobre O QUE (e O QUE NÃO) mudar

Haverá desacordo sobre *o que* mudar e *o que não* mudar desde que alguns interessados acreditem que mais sempre significa melhor, toda melhoria local gerará uma melhoria global ou o direcionamento de recursos escassos para algumas oportunidades da alta alavancagem é muito arriscado ou não é favorável (isto é, devemos aproveitar *todas* as oportunidades da melhoria). Para eliminar esse conflito, precisamos reconhecer que a administração precisa direcionar os recursos escassos para mudanças de alta alavancagem, o que exige uma forma de diferenciar todas as várias partes (de um sistema complexo) que podem ser melhoradas daquelas poucas que devem ser melhoradas agora para concretizar mais unidades da meta.

Contestando os pressupostos sobre COMO (e COMO NÃO) mudar

Haverá desacordo quanto a *como* e *como não* mudar desde que alguns interessados acreditem que, *quanto mais cedo começarem, mais cedo terminarão* – um pressuposto verdadeiro quando não estamos executando várias atividades ao mesmo tempo de uma maneira negativa. Outros pressupostos que gerarão esse tipo de conflito estão relacionadas à decisão sobre se é necessário esperar até o momento em que houver consenso total ou for possível oferecer todos os recursos à iniciativa ou quando algumas pessoas acreditam que o fracasso é ruim e, portanto, qualquer tentativa de auditorar ou interromper qualquer mudança que não esteja produzindo a melhoria desejada deve ser frustrada. Para eliminar esse conflito, precisamos de um meio para validar (ou invalidar) o pressuposto de que iniciar novas iniciativas (que compartilham recursos com as iniciativas existentes) mais cedo não fará simplesmente com que a iniciativa atual e a nova sejam finalizadas mais tarde (consulte os Capítulos 3, 4 e 5 sobre os efeitos da multitarefa danosa). Ou mais: de que não rever ou não interromper as iniciativas que não estão gerando resultados será uma perda para todos os interessados, particularmente quando elas consumirem recursos escassos.

Identificando paradigmas limitantes *versus* possibilitadores na melhoria contínua

Podemos classificar os pressupostos que precisam ser contestados pelas organizações que desejam melhorar continuamente com base em cinco desafios genéricos à melhoria (Barnard, 2007) enfrentados por diretores e gerentes em qualquer forma de sistema complexo.[3] Os pressupostos e crenças correspondentes utilizados por diretores e gerentes para decidir como é possível lidar melhor com esses cinco desafios podem transformar os desafios em obstáculos (que travam o desempenho atual) ou em oportunidades que possibilitam que eles vejam e liberem o potencial de melhoria inerente dentro da empresa. Esses cinco desafios são:

1. Saber lidar com as *restrições*, especialmente aquelas que você acredita que estejam "além de seu controle", ao estabelecer metas e expectativas de melhoria.
2. Saber lidar com a *complexidade* inerente de sua empresa, particularmente ao escolher onde concentrar suas iniciativas de melhoria e recursos escassos ou ao tentar prever o impacto das mudanças sobre a organização como um todo.

---

[3] Os desafios à melhoria identificados por Barnard são semelhantes por natureza aos desafios identificados por Eli Goldratt em *The Choice* (A Escolha) (2009, pp. 157-158) como obstáculos que devem ser superados para que se possa conseguir uma vida plena (por meio da escolha de pensar como um cientista). Eles incluem "perceber que a realidade é complexa", "aceitar o conflito como algo natural", "culpar os outros" e "pensar que se sabe".

3. Saber lidar com a política estratégica e diária ou com os conflitos de alocação de recursos dentro da empresa entre os interessados da mesma parte ou de partes diferentes do sistema, especialmente em ambientes em que existe uma desconfiança significativa.
4. Saber lidar com a *incerteza* e a possibilidade de *risco* quando precisar decidir que mudanças são necessárias, que impacto essas mudanças terão (sobre a consecução de mais unidades da meta), o momento de iniciar essas mudanças (para não provocar a multitarefa danosa ou resistência à mudança) e se é necessário interromper uma mudança se não houver recursos suficientes ou ela não estiver gerando os benefícios previstos (erros de detecção e correção).
5. Saber lidar com o *"comportamento ruim"* das pessoas que produziram ou poderiam produzir EIs significativos para o sistema, especialmente nos casos em que a maneira de lidar com essas pessoas poderia ter outras repercussões (*e.g.*, greves sindicais etc.).

Temos opção quanto ao conjunto de pressupostos (paradigmas) que utilizaremos para tomar decisões relacionadas com esses cinco desafios e sobre onde devemos nos concentrar em consequência disso. A Figura 15.6 apresenta um resumo dos pressupostos ou dos paradigmas limitantes (tradicionais/convencionais) *versus* possibilitadores (abordagem sistêmica/TOC) que determinam como um diretor ou gerente lidará com esses cinco desafios e se o desafio será visto como um grande obstáculo ou uma grande oportunidade de aproveitamento.

1. Podemos supor que as restrições são inerentes (pressuposto limitante) ou que sempre existe possibilidade de melhoria – que todas as restrições podem ser superadas (pressuposto possibilitador).
2. Podemos supor que a melhor maneira de aprimorar sistemas complexos é decompô-los em partes mais simples e melhorar cada uma delas (pressuposto limitante) ou, em vez disso, que a melhor maneira é encontrar a simplicidade inerente – a restrição no fluxo físico ou as poucas causas básicas que explicam a maioria dos EIs em qualquer sistema –, os pontos de alavancagem do sistema (pressuposto possibilitador).
3. Podemos supor que a melhor maneira de lidar com os conflitos é chegar a um acordo ou enfatizar a vitória pessoal mesmo que isso provoque uma situação de perda para um e ganho para outro (pressuposto limitante) ou podemos supor que uma situação ganha-ganha é sempre possível quando contribuímos para a mudança do "eu *versus* você" para o "nós *versus* o problema" (pressuposto possibilitador).
4. Podemos supor que existe uma certeza inerente examinando os pontos ótimos de acordo com alguma fórmula clássica (pressuposto limitante) ou podemos supor que, na medida em que a incerteza é inerente, devemos encontrar, em vez disso, uma solução lógica e um ponto de partida "suficientemente bom" e utilizar o *feedback* para detectar e corrigir os casos de "excesso" ou "insuficiência" (pressuposto possibilitador).
5. Podemos supor que as escolhas ruins são feitas ou os comportamentos ruins são praticados por pessoas ruins e que devemos nos livrar delas (pressuposto limitante) ou então supor que, na medida em que acreditamos que as pessoas são boas, as escolhas ruins são feitas ou os comportamentos ruins são praticados por pessoas boas com pressupostos ruins, para que assim identifiquemos e nos livremos dos pressupostos ruins (pressuposto possibilitador).

Resumo sobre *o que mudar*

Os diretores e gerentes enfrentam três conflitos genéricos quando têm de decidir *quando, o que* e *como* mudar, com o objetivo de promover o sucesso contínuo da empresa. Em cada um desses conflitos, existem pressupostos importantes que podem e precisam ser contestados para possibilitar que os diretores e gerentes saibam como dissipar esses

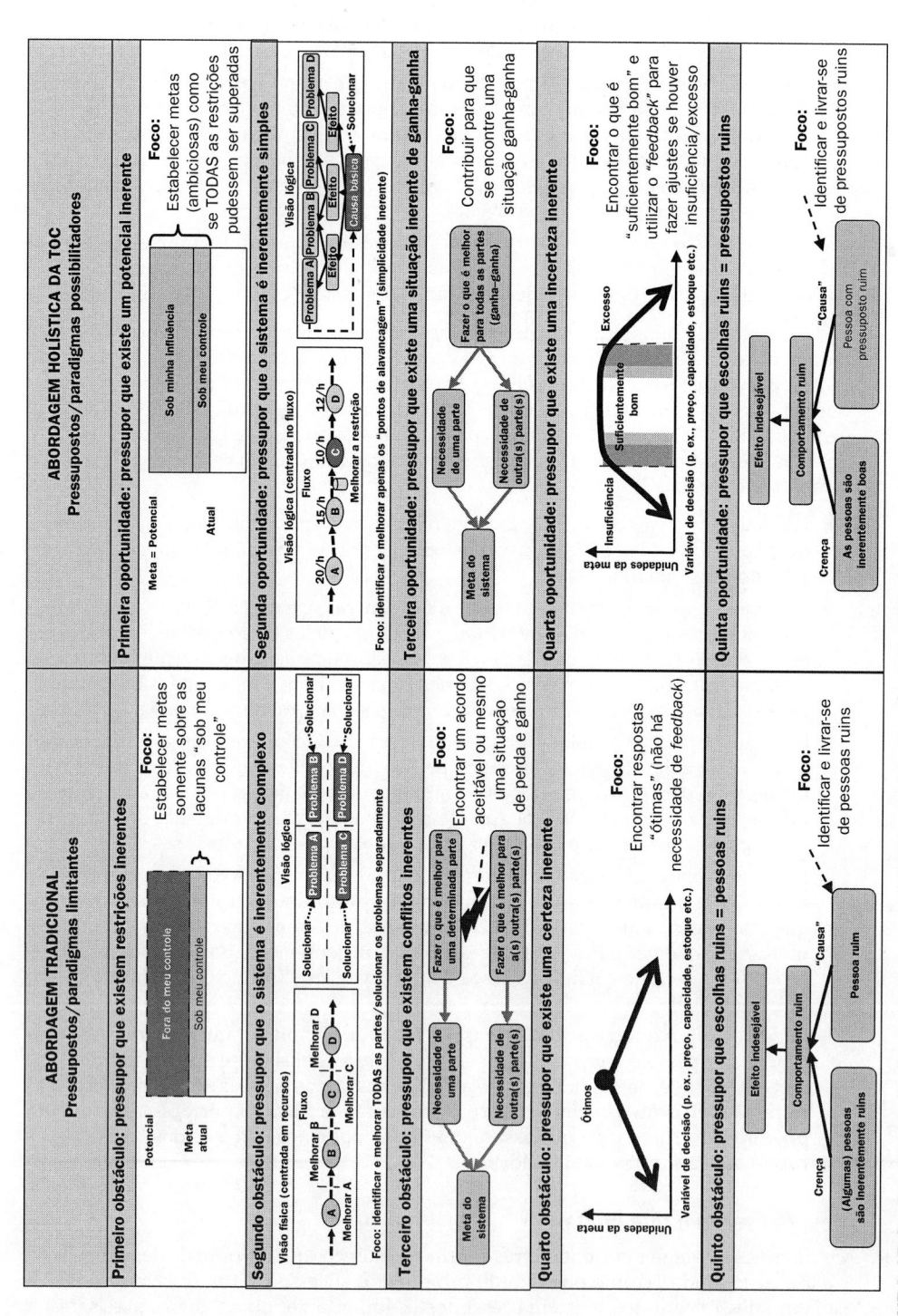

ABORDAGEM TRADICIONAL Pressupostos/paradigmas limitantes	ABORDAGEM HOLÍSTICA DA TOC Pressupostos/paradigmas possibilitadores
Primeiro obstáculo: pressupor que existem restrições inerentes Visão física (centrada em recursos) **Foco:** Estabelecer metas somente sobre as lacunas "sob meu controle"	**Primeira oportunidade:** pressupor que existe um potencial inerente Meta = Potencial **Foco:** Estabelecer metas (ambiciosas) como se TODAS as restrições pudessem ser superadas
Segundo obstáculo: pressupor que o sistema é inerentemente complexo Visão lógica Foco: Identificar e melhorar TODAS as partes/solucionar os problemas separadamente	**Segunda oportunidade:** pressupor que o sistema é inerentemente simples Visão lógica (centrada no fluxo) Foco: Identificar e melhorar apenas os "pontos de alavancagem" (simplicidade inerente)
Terceiro obstáculo: pressupor que existem conflitos inerentes **Foco:** Encontrar um acordo aceitável ou mesmo uma situação de perda e ganho	**Terceira oportunidade:** pressupor que existe uma situação inerente de ganha-ganha **Foco:** Contribuir para que se encontre uma situação ganha-ganha
Quarto obstáculo: pressupor que existe uma certeza inerente **Foco:** Encontrar respostas "ótimas" (não há necessidade de feedback)	**Quarta oportunidade:** pressupor que existe uma incerteza inerente **Foco:** Encontrar o que é "suficientemente bom" e utilizar o "feedback" para fazer ajustes se houver insuficiência/excesso
Quinto obstáculo: pressupor que escolhas ruins = pessoas ruins **Foco:** Identificar e livrar-se de pessoas ruins	**Quinta oportunidade:** pressupor que escolhas ruins = pressupostos ruins **Foco:** Identificar e livrar-se de pressupostos ruins

FIGURA 15.6 Paradigmas limitantes *versus* possibilitadores para lidar com os cinco desafios à melhoria.

conflitos de uma maneira que gere ganho para ambas as partes. Quando esses pressupostos "limitantes" são utilizados para tomar decisões sobre como lidar melhor com restrições, complexidade, conflitos, incerteza e escolhas ruins, elas podem gerar erros de omissão, comissão, detecção ou correção. Um novo conjunto de pressupostos "possibilitadores" proposto pela TOC (e por outras abordagens pode ajudar a evitar esses erros administrativos. A famosa frase de Qui-Gon Jinn, do célebre *Guerra nas Estrelas I: A Ameaça Fantasma*, consegue sintetizar o que é um pressuposto possibilitador: "Seu foco determina sua realidade".

Focalize tudo o que pode ser melhorado e o possível tornar-se-á impossível. *Focalize algumas coisas que devem ser melhoradas agora* (para obter mais unidades da meta) e o impossível tornar-se-á possível.

O que queremos dizer com *foco*? *Simplesmente fazer o que deve ser feito e não fazer o que não deve ser feito* – erros de omissão (não fazer o que deveria ser feito) e aos erros de comissão (fazer o que não deveria ser feito), o que oferece uma resposta simples à pergunta "O que mudar?".

A seção subsequente examina a resposta à pergunta "Para o que mudar?".

Para o que mudar?

Introdução

Para responder à pergunta "Para o que mudar", em uma análise da TOC, precisamos responder a quatro perguntas que serão utilizadas em nossa análise sobre a estruturação de um sistema holístico de MC e auditoria:

1. Que critérios devemos utilizar para avaliar uma solução realmente inovadora?
2. Qual é o rumo da solução que evaporará o conflito básico e evitará (ou ao menos diminuirá) os principais EIs na realidade atual que estamos tentando melhorar?
3. Como convertemos a solução genérica em uma solução específica para diversas aplicações?
4. Que mudanças serão necessárias para evitar que a nova solução provoque consequências negativas não intencionais (possíveis EIs) tanto por meio de seu insucesso quanto de seu sucesso?

Critérios para avaliar uma nova solução

Em uma seção anterior, relacionamos a lacuna e os principais EIs que dificultam o preenchimento dessa lacuna tanto na MC quanto na auditoria das empresas. Desse modo, os critérios de uma nova solução (os efeitos desejáveis ou EDs) podem simplesmente ser considerados opostos à lacuna e aos EIs definidos na seção "Por Que Mudar?". Os EDs para um sistema holístico de MC e auditoria incluem:

1. Saber onde é necessário concentrar recursos escassos para obter o melhor resultado (a despeito da complexidade).
2. Oferecer uma forma de quantificar o impacto provável das mudanças (a despeito da incerteza).
3. Alimentar expectativas especialmente junto à alta administração para obter apoio integral (a despeito dos obstáculos).
4. Obter a contribuição ativa de todo interessado para que a mudança gere uma melhoria no sistema.
5. Não haver complacência, inércia ou medo do fracasso.
6. Alinhar/sincronizar continuamente as contribuições em direção à meta da organização.

7. Assegurar um índice de sucesso mais alto das iniciativas de mudança (em lugar do índice de insucesso de 70%, devemos visar e atingir um índice de sucesso de 70%).
8. Diminuir o tempo de detecção e correção de pressupostos errôneos ou processos de execução insatisfatórios.

Rumo da solução para evaporar os conflitos da melhoria contínua

Para que não cometamos os erros de omissão e comissão comuns (na MC) e os erros de detecção e correção preliminares (na auditoria), precisamos de um mecanismo de focalização que nos ajude a identificar o que deve ser feito (para obtermos mais unidades da meta) e o que não deve ser feito (visto que isso desperdiçaria recursos ou até provocaria um declínio no desempenho).

A TOC oferece uma solução simples e eficaz para esse problema – não é de surpreender que mais e mais organizações estejam recorrendo à TOC para obter o mecanismo de focalização necessário para concentrar todas as melhorias naquilo que é bom para a empresa como um todo (Breyfogle, 2008).

Os cinco passos de focalização da TOC

Goldratt (1990a, Capítulo 1) definiu um processo simples a que chamou de *cinco passos de focalização* para obter uma melhoria contínua e drástica que, se acompanhada, provavelmente poderia também evitar erros de omissão e comissão e igualmente erros de detecção e correção. Esse processo baseia-se na premissa básica de que uma organização pode ser vista como uma cadeia e, portanto, o desempenho de qualquer organização é limitado por seu "elo mais fraco" ou pela restrição do sistema. Para melhorar o desempenho da organização, a administração deve, desse modo, concentrar seu tempo e seus recursos limitados para encontrar formas de "fortalecer esse elo mais fraco". O processo dos cinco passos de focalização da TOC possibilita que a organização aproveite e eleve continuamente seu potencial inerente, o qual pode ser "liberado" ou "criado" concentrando os recursos escassos na identificação, no aproveitamento e na elevação do desempenho da atual restrição do sistema. Os cinco passos de focalização da TOC são as seguintes:

Passo 1: **Identificar** a restrição do sistema (o elo mais fraco).

Passo 2: Decidir como **explorar** (não desperdiçar o potencial da) a restrição do sistema.

Passo 3: **Subordinar** todo o resto à decisão anterior.

Passo 4: **Elevar** a restrição.

Passo 5: Se, nos passos anteriores, uma restrição tiver sido eliminada, **voltar ao primeiro passo**. ADVERTÊNCIA: Não permitir que a inércia torne-se uma restrição do sistema.

Muitas vezes, o passo mais difícil é o terceiro – subordinar todo o resto (todos os processos, diretrizes e mensurações) à decisão sobre como aproveitar melhor a restrição do sistema – porque isso pode gerar ótimos locais *versus* globais ou conflitos de curto prazo *versus* de longo prazo.

Por exemplo, se a restrição for a capacidade fabril, faz sentido a fábrica produzir lotes maiores para diminuir o tempo de *setup* (preparação) e as perdas. Entretanto, se a restrição mudar para o mercado e a empresa começar a perder vendas pelo fato de seu tempo de atravessamento ser muito longo ou por não estar disposta a aceitar pedidos menores (duas consequências da diretriz de fabricar apenas lotes grandes), a fábrica enfrentará um novo conflito, isto é, mudar (ou não) as antigas regras para se subordinar às necessidades da nova restrição do sistema – o mercado – produzindo lotes menores. A menos que esse conflito seja dissipado, a empresa não conseguirá aproveitar totalmente o potencial do mercado.

Um conflito semelhante pode surgir quando a empresa entra no quarto passo – elevar a restrição do sistema. A empresa talvez tenha uma diretriz em vigor de não contratar pessoal adicional ou de não aprovar nenhuma aquisição de imobilizado, o que, a menos que esse conflito seja dissipado, impedirá que a empresa eleve a restrição do sistema e, portanto, restrinja seu potencial de melhoria. A Figura 15.7 exibe uma representação gráfica dos cinco passos de focalização e os os conflitos de aproveitamento e elevação associados que as organizações podem enfrentar quando perceberem que deveriam ter contestado ou possivelmente mudado algumas das regras para aproveitar ou elevar de maneira mais adequada a restrição real do sistema.

Porém, talvez você pergunte, e as "não restrições?". Elas devem ser melhoradas? A restrição do sistema é a única parte do sistema para a qual o conceito de "mais é melhor" é válido. Todas as outras partes (não restrições) têm de manter seu desempenho no nível "suficientemente bom". Se o desempenho dessas partes for inferior a esse nível (insuficiente), comprometerá o desempenho da restrição e, desse modo, precisará ser corrigido o mais breve possível. Chamamos a melhoria de uma não restrição de "ótimo local" se essa melhoria elevar o desempenho de uma não restrição significativamente acima do nível "suficientemente bom" (excesso) e/ou fizer com que o desempenho da restrição piore. Portanto, nunca devemos cometer o erro de pensar que o processo dos cinco passos de focalização da TOC afirma que as não restrições não são importantes. As não restrições são condições básicas, mas precisam ser gerenciadas de acordo com seu "limite" (suficientemente bom) – não muito acima, mas também não muito abaixo. Se seu desempenho estiver abaixo desse limite, elas *devem* ser melhoradas.

Para determinar esse limite para as não restrições, a TOC emprega os conceitos de pulmão de capacidade, estoque e tempo. Se o pulmão pelo qual uma não restrição é responsável (*e.g.*, departamento de recursos humanos, para oferecer um banco suficiente de trabalhadores qualificados; departamento de aquisição, para garantir um estoque suficiente e tempos de atravessamento aceitáveis com relação às matérias-primas e aos componentes comprados) estiver na zona "vermelha", isso indica que ocorreu uma dentre duas mudanças nas condições iniciais. Ou a demanda aumentou (o que significa que a capacidade da não restrição talvez tenha sido elevada) ou o desempenho da oferta é

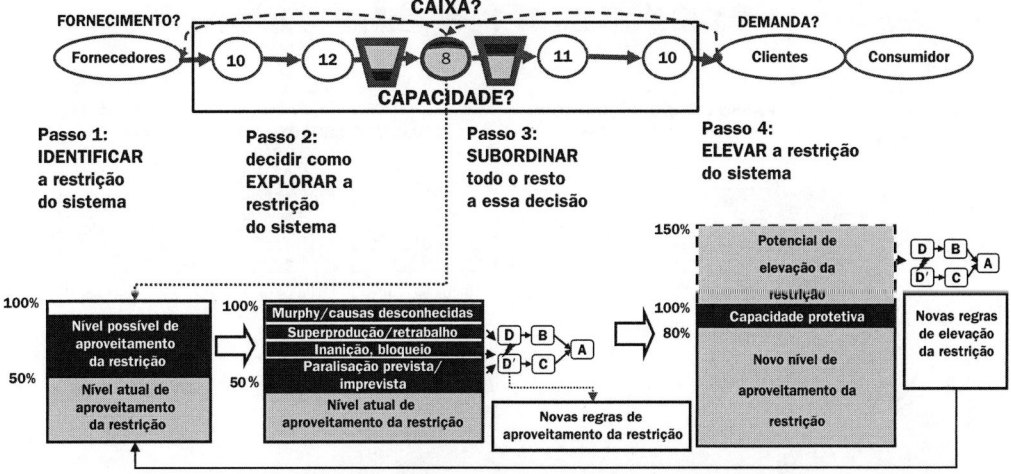

FIGURA 15.7 Representação gráfica dos cinco passos de focalização da TOC (Barnard, 2003).

menos confiável que o previsto ou não é suficiente para manter o pulmão (o que significa que o desempenho da não restrição deve ser melhorado). Ao mesmo tempo, se um pulmão for mantido sem penetrar excessivamente na zona vermelha, isso significa que o desempenho da não restrição é suficientemente bom e não deve ser melhorado acima disso enquanto a penetração nessa zona não se exceder (mais de 10%).

Em suma, os cinco passos de focalização oferecem um processo genérico para a obtenção de MC em qualquer organização e devem ser o mecanismo de focalização para todas as melhorias processuais.

Aplicando os cinco passos de focalização da TOC a uma cervejaria

A Figura 15.8 mostra como os cinco passos de focalização podem ser utilizados dentro de um processo de MC baseado na TOC, em uma cervejaria, para:

- identificar a restrição do fluxo (os recipientes de fermentação – RF)];
- decidir como explorar melhor a restrição do fluxo (diminuindo a perda de capacidade nas preparações, na manutenção programada e não programada, na inanição e no bloqueio e o excesso/superprodução); e
- determinar as medidas de subordinação/iniciativas de mudança (projetos) necessário para aproveitar melhor a restrição (projeto para agilizar a limpeza no local, projeto de melhoria da confiabilidade dos equipamentos, projeto de diminuição do tempo de ciclo da cervejaria, inserção de um banco de turnos no pulmão contra o absenteísmo, criação de um "centro de comando" para divulgar o *status* dos pulmões a cada turno e determinação das medidas corretivas e projeto para diminuir o tamanho dos lotes e a produção em excesso).

Cada uma dessas decisões sobre as medidas de subordinação resultou da dissipação de um conflito de subordinação anterior que impedia o melhor aproveitamento da restrição do sistema. Para cada projeto, o impacto sobre o ganho (G), as despesas operacionais (DOs) e o inventário (I) também é calculado como o tempo de duração da implementação e determinar o valor (Valor = Benefício – Custos). Esse resumo de uma página é chamado de

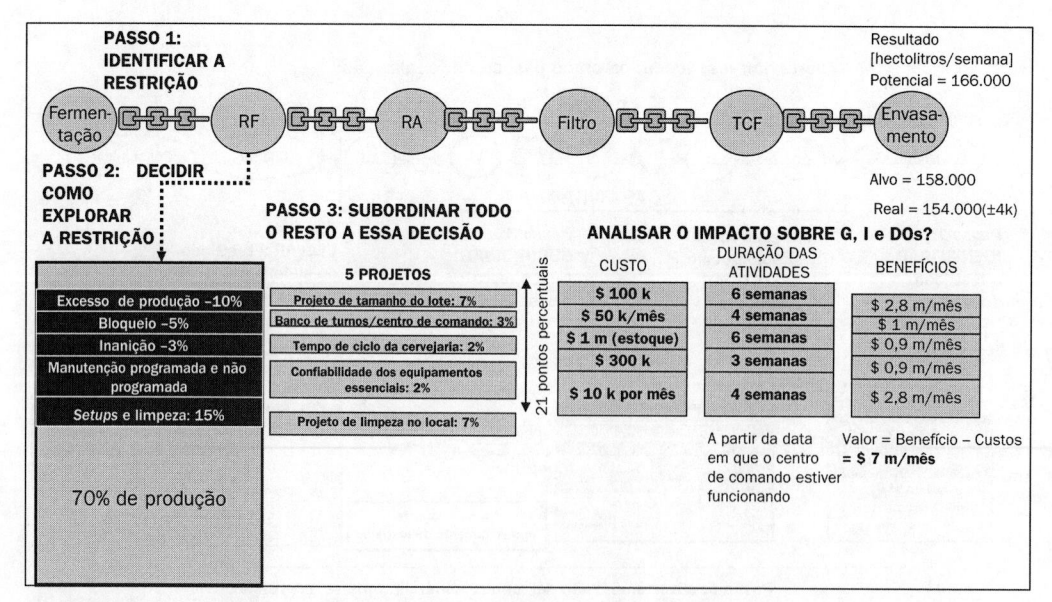

FIGURA 15.8 Aplicando os cinco passos de focalização TOC a uma cervejaria.

"planilha de aproveitamento da restrição", que também pode ser utilizada para identificar, divulgar e monitorar o impacto da iniciativa de mudança no aproveitamento da restrição.

Aplicando os cinco passos de focalização para desenvolver uma estratégia empresarial: o processo de visão viável

O meio mais eficaz de empregar os cinco passos de focalização é em nível organizacional. Em seus últimos seminários públicos "No Presente e no Futuro", Goldratt recomenda que, no caso das empresas com fins lucrativos, devemos partir do pressuposto de que (no nível mais alto) a restrição ao crescimento lucrativo é simplesmente o tempo da administração (largura de banda). Contudo, de que modo aplicamos os cinco passos de focalização ao tempo da administração? Para ajudar a identificar onde a administração deve concentrar (não desperdiçar) seu tempo escasso, devemos considerar o mercado como uma restrição estratégica e aplicar os cinco passos de focalização de acordo.

Isso significa que o segundo passo – decidir como explorar a restrição do sistema – corresponde, na verdade, à determinação das condições que, se satisfeitas, farão com que os clientes paguem mais ou comprem mais (isto é, as condições para criar, aproveitar e manter uma vantagem competitiva decisiva). Consequentemente, o terceiro passo – subordinar todo o resto à decisão anterior – exige que as iniciativas de melhoria processual concentrem-se apenas em processos, diretrizes, mensurações e comportamentos que impedem que a empresa atenda às condições de criar, aproveitar e manter uma vantagem competitiva decisiva.

Em 2005, Goldratt revelou o processo que ele mesmo utilizava para analisar as empresas a fim de determinar o pequeno número de mudanças necessárias para que elas se tornassem uma *"empresa sempre florescente"– uma empresa com um crescimento de desempenho exponencial e melhor estabilidade.* Ele chamou esse processo de *visão viável* (VV), e ele abrange as seis perguntas seguintes:

1. Qual a meta de crescimento/melhoria de visão viável para a empresa?
2. Quanto as vendas devem aumentar para que se atinja a meta de crescimento de visão viável (para isso, determina-se que aumento de preço e/ou volume nas vendas é possível, subtraindo esse aumento correspondente do custo totalmente variável)?
3. O mercado existente é grande o suficiente para possibilitar que o aumento necessário nas vendas (por meio do aumento de preço ou volume) seja alcançado com um melhor aproveitamento ou isso exigirá a elevação da restrição do mercado (com novos produtos nos mercados existentes ou produtos existentes em novos mercados)?
4. De que forma esse aumento nas vendas pode ser obtido (quais condições, se satisfeitas, permitirão esse aumento no preço e/ou no volume de vendas e quais mudanças são necessárias para satisfazer essas condições)?
5. Que capacidade, despesa operacional e investimentos adicionais serão necessários para comportar esse volume de vendas (aproveitando antes de elevar)?
6. A empresa (e seus fornecedores) consegue comportar a(s) mudança(s) necessária(s) para atingir as metas de crescimento (sua administração, sistemas, fornecedores, caixa etc.). Senão, quais mudanças adicionais são essenciais para garantir que as não restrições não se tornem restrições?

Esse processo está alinhado com a filosofia de focalização que tem sido aplicada por muitos diretores executivos de sucesso, como Jack Welch, ex-diretor executivo da General Electric. Segundo Welch (Pande *et al.*, 2000, p. 6):

Os melhores projetos Seis Sigma iniciam-se não dentro da empresa, mas fora dela, focados em responder à pergunta: como podemos tornar o cliente mais competitivo? O que é indispensável para o sucesso do cliente? Saber responder a essa pergunta e saber como oferecer a solução é o único foco do qual necessitamos.

O processo de VV também está em sincronia com a necessidade de conhecer as relações de causa efeito das quais as mudanças internas carecem para aumentar e manter um valor superior para os clientes e acionistas, tal como recomendado por Kaplan e Norton (2002, p. 69) na elaboração de um mapa de estratégias no qual um Balanced Scorecard pode se basear (um mapa de causa efeito que mostra a relação entre as perspectivas financeira, com relação ao cliente, interna e de aprendizagem e crescimento). Na parte superior do mapa estratégico devem estar as metas financeiras (como os acionistas se beneficiarão). Abaixo dessas metas, devem entrar as vantagens competitivas (como os clientes se beneficiarão e por que eles pagarão mais ou comprarão mais). Abaixo estarão as mudanças processuais e políticas necessárias para criar essas vantagens competitivas. E na parte inferior do mapa estratégico deverão entrar os capacitadores necessários para apoiar a melhoria contínua e a aprendizagem.

Processo de pensamento da TOC

O processo de pensamento da TOC foi desenvolvido para ajudar diretores e gerentes quando eles ficam imobilizados diante da busca de uma resposta para um ou mais dos cinco passos de focalização. Esses processos também podem ser empregados separadamente para lidar com as dificuldades administrativas diárias,[4] mas eles em geral são utilizados como parte de uma análise holística de uma organização ou de um tema específico. Goldratt (1990a) originalmente agrupou o processo de análise/mudança em três indagações, começando pela pergunta "O que mudar?". Entretanto, isso poderia criar a impressão de que todos os interessados já estariam de acordo quanto à necessidade de mudança. Visto que tanto a revisão de literatura (p. ex., Kotter, 1990) quanto a experiência prática demonstram que esse pressuposto nem sempre é sensato, devemos empregar a pergunta "Por que mudar?" como primeira etapa se quisermos empregar o processo de pensamento como uma análise genérica e um processo de MC e auditoria (Barnard, 2003). Além disso, a terceira (e última) pergunta proposta por Goldratt foi "Como causar a mudança?", que não se revincula à pergunta "Por que mudar?" a fim de criar uma estrutura de "ciclo fechado" para um PMC. Para fechar esse ciclo devemos acrescentar a pergunta "Como avaliar a mudança e criar um PMC?". A estrutura de mudança de cinco perguntas oferece um processo de MC genérico tal como sintetizado na Tabela 15.3.

Com essas cinco perguntas, é possível ter uma análise simples e um roteiro consensual para uma iniciativa de MC. Além disso, geralmente elas podem ser apresentadas em *workshops* de cinco dias[5] – um dia por etapa desde que todos os principais interessados estejam presentes.

O objetivo da primeira etapa (primeiro dia) é obter um acordo sobre a nova abordagem (a transição entre os paradigmas limitantes tradicionais para os paradigmas possibilitadores da TOC) e também obter consenso quanto à resposta de "Por que mudar?", com relação ao sistema e aos respectivos interessados que estão sendo analisados, por meio da identificação da lacuna de desempenho do sistema, das consequências de não preencher essa lacuna e da lista de EIs de cada interessado que impedem que eles contribuam para o preenchimento dessa lacuna.

O objetivo da segunda etapa (segundo dia) é responder e obter consenso em torno de "O que mudar?", possibilitando que todo interessado verbalize seu conflito para enfrentar seus EIs, mostrando como esses EIs são exemplos de um conflito básico mais profundo e então identificando possíveis pressupostos errôneos e diretrizes e mensurações relacionadas que impedem que a lacuna seja preenchida eficaz e eficientemente.

A terceira etapa (terceiro dia) é dedicada a responder a pergunta "Para o que mudar?"; a obter consenso sobre os novos pressupostos e diretrizes ou mensurações relacionadas que evaporarão o conflito; e a preencher a lacuna sem criar novos EIs.

---

[4] Consulte o Capítulo 25 deste livro.

[5] Consulte o Capítulo 16 deste livro para analisar um estudo de caso sobre esse *workshop* de cinco dias.

Tabela 15.3 Processo de melhoria contínua genérico e simplificado por meio do processo de pensamento da TOC

Perguntas sobre mudança	Implementação das perguntas processuais
P1: Por que mudar?	Existe alguma lacuna ou oscilação significativa nas principais mensurações do sistema? Essas lacunas e as dificuldades que enfrentamos para preenchê-las são chamadas de efeitos indesejáveis (EIs) na TOC.
P2: O que mudar?	Como diferenciamos os vários sintomas e o pequeno número de causas e o que de fato nos impede de abordar essas causas (os conflitos não solucionados e os pressupostos errôneos que nos impedem de evaporar os conflitos)?
P3: Para o que mudar?	Qual é o rumo da solução que solucionará o problema básico e resolverá o conflito básico? Além disso, quais são os possíveis efeitos negativos das novas mudanças (para resolver o problema básico) e o que pode ser feito para evitar que eles ocorram?
P4: Como causar a mudança?	Quais são os possíveis obstáculos à implementação e o que é necessário para superá-los? Além disso, em vista da limitação de recursos e das interdependências entre as mudanças necessárias, em que sequência as mudanças devem ser implementadas?
P5: Como avaliar a mudança e criar um PMC?	Quais mensurações devem ser empregadas para determinar se as mudanças locais estão de fato produzindo uma melhoria sistêmica/global e quais mensurações e processos devem ser implementados para estimular e possibilitar o PMC?

A quarta etapa (quarto dia) procura responder a pergunta "Como causar a mudança?", por meio da identificação dos possíveis riscos (ramificações negativas e obstáculos à implementação), e como evitar ou superar esses riscos, por meio da elaboração de um plano de implementação sequenciado.

A quinta etapa (quinto dia) procura obter um acordo sobre como as contribuições específicas serão avaliadas e reconhecidas e igualmente sobre como os interessados saberão que a lacuna está sendo de fato preenchida, e isso fornece a resposta para "Como avaliar e obter um PMC?". A Figura 15.9 mostra uma representação gráfica da utilização do processo de pensamento da TOC como um processo genérico de MC e auditoria.

Soluções administrativas funcionais da TOC e os respectivos mecanismos do PMC

O roteiro de análise simplificado do processo de pensamento da TOC também oferece uma estrutura simples para obter a análise e soluções completas da TOC para cada uma das principais áreas organizacionais: operações, finanças, projetos, distribuição, marketing, vendas, gerenciamento de recursos humanos e estratégia empresarial. Para cada aplicação, o *roteiro de processo de pensamento simplificado com as cinco perguntas sobre mudança* pode ser empregado para transmitir um resumo da análise da TOC. Essa análise responde as cinco perguntas sobre mudança, incluindo as lacunas nas principais mensurações (como sabemos que a melhoria nessa área é realmente necessária), os EIs usuais que dificultam o preenchimento da lacuna, os conflitos básicos, o pressuposto errôneo e a "antiga regra" ou problemas básicos correspondentes que devem ser contestados, a nova constatação da TOC para evaporar o conflito básico e sobre a mudança pertinente nas diretrizes, mensurações ou processos (novas regras), as etapas para implementar a mudança e, finalmente, o PMC.

As Figuras 15.10, 15.11 e 15.12 apresentam o resumo da análise da TOC e a oportunidade e solução de MC para gerenciar as áreas de operações, projetos e distribuição/cadeia de suprimentos. O Apêndice A contém a análise da TOC e a oportunidade e solução de MC para as áreas de finanças, marketing, vendas, recursos humanos e estratégia empresarial.

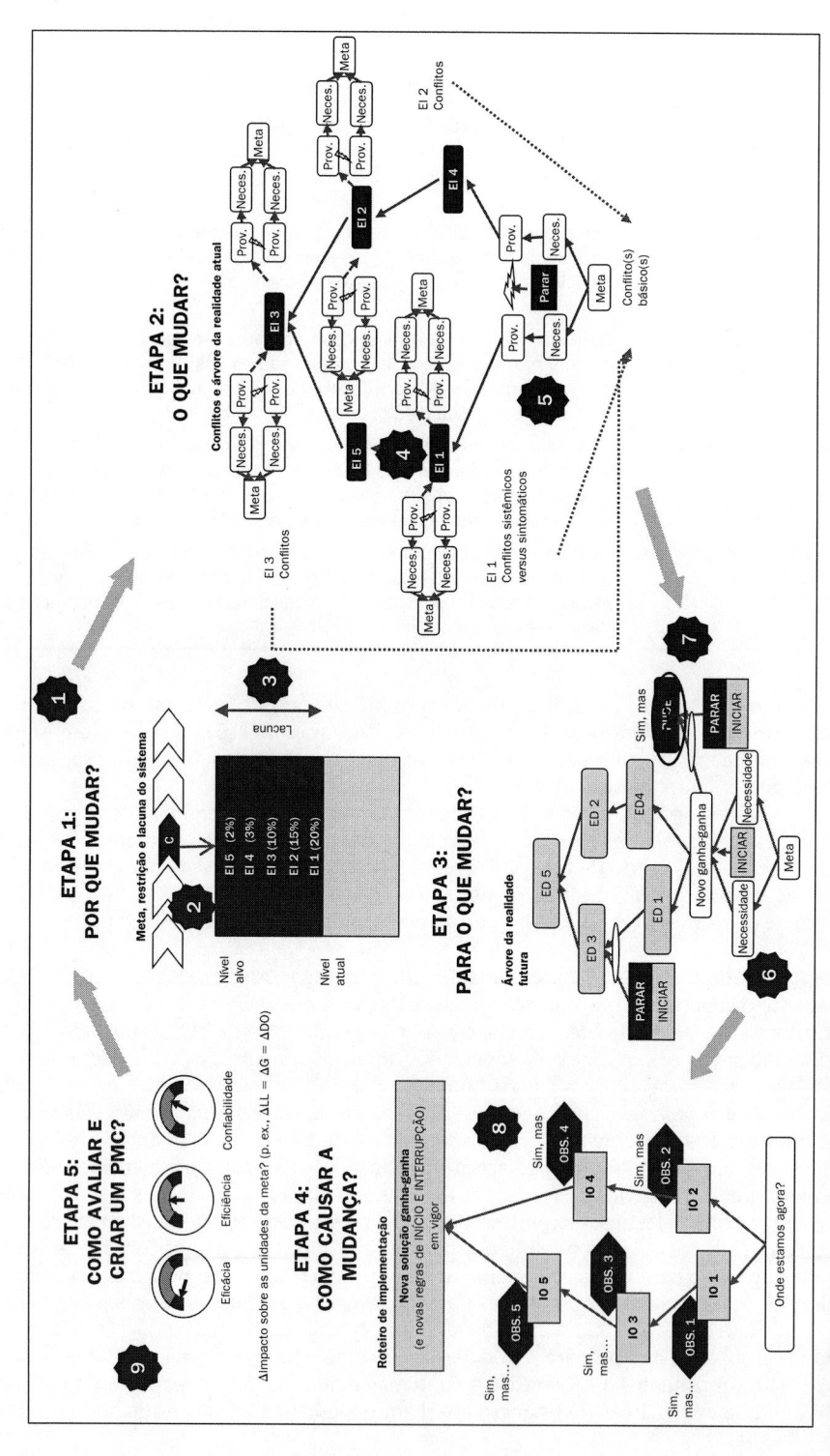

FIGURA 15.9 Novo roteiro de análise simplificado da TOC.

Capítulo 15 ■ Melhoria contínua e auditoria 437

1. Por que mudar?
LACUNAS: Ganho inferior à capacidade disponível, data de entrega insatisfatória, tempos de atravessamento longos, alta variação no ganho, no tempo de atravessamento e na qualidade etc.
EIS: Indisponibilidade ocasional de material e recursos, preparações longas, mudanças de prioridade, previsão imprecisa, despesas e custos indiretos altos etc.

5. Como criar um PMC?
Utilizar estatísticas do gerenciamento de pulmões sobre as causas da penetração da "zona vermelha" do pulmão de tempo para focalizar melhorias processuais

2. O que mudar?
Conflito: Utilizar eficiências versus não utilizar eficiências
Pressuposto: "O principal desperdício é um recurso ocioso"
Antiga diretriz: Planejar e executar de uma maneira que garanta que todos os recursos sejam utilizados para obter máxima eficiência

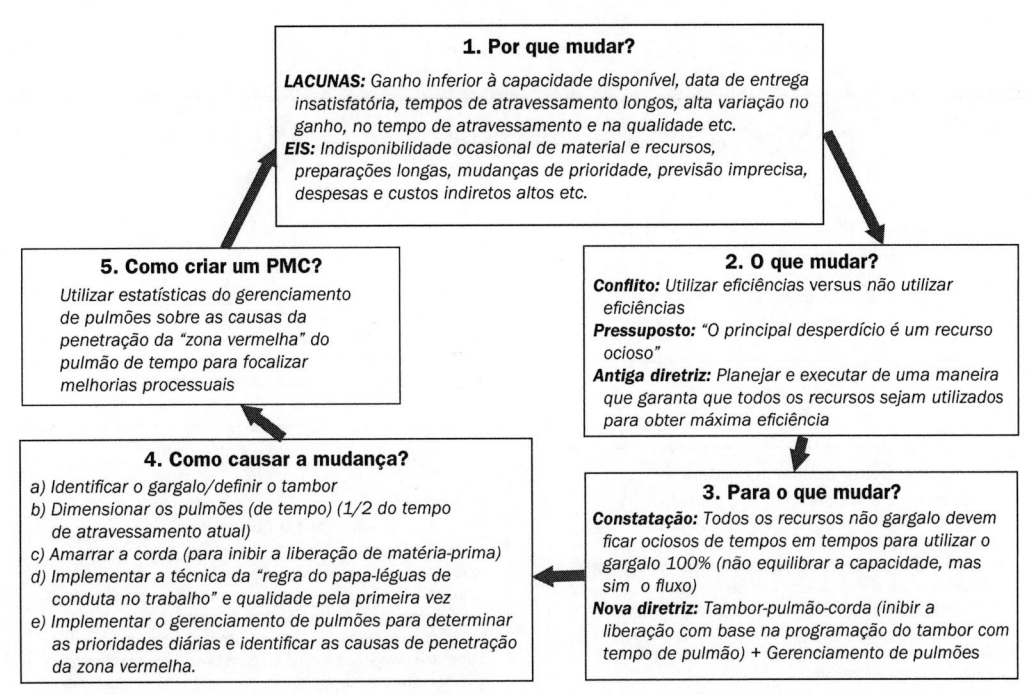

4. Como causar a mudança?
a) Identificar o gargalo/definir o tambor
b) Dimensionar os pulmões (de tempo) (1/2 do tempo de atravessamento atual)
c) Amarrar a corda (para inibir a liberação de matéria-prima)
d) Implementar a técnica da "regra do papa-léguas de conduta no trabalho" e qualidade pela primeira vez
e) Implementar o gerenciamento de pulmões para determinar as prioridades diárias e identificar as causas de penetração da zona vermelha.

3. Para o que mudar?
Constatação: Todos os recursos não gargalo devem ficar ociosos de tempos em tempos para utilizar o gargalo 100% (não equilibrar a capacidade, mas sim o fluxo)
Nova diretriz: Tambor-pulmão-corda (inibir a liberação com base na programação do tambor com tempo de pulmão) + Gerenciamento de pulmões

FIGURA 15.10 Aplicação das cinco perguntas: gerenciamento operacional segundo a TOC.

1. Por que mudar?
LACUNAS: Projetos com DDE insatisfatório, atravessamento longo, orçamento estourado, baixo ganho nos projetos
EIEs: Mudança contínua de prioridade, recursos nem sempre disponíveis, tempo de execução maior que o planejado em algumas atividades, altos índices de retrabalho

5. Como criar um PMC?
Utilizar estatística do gerenciamento de pulmões sobre as principais causas das "atividades no vermelho" para focalizar melhorias processuais

2. O que mudar?
Conflito: Compensar versus não compensar estimativas iniciais incorretas
Pressupostos:
(PV) — Segurança não é suficiente (com relação às atividades)
(PA) — Quanto mais cedo iniciarmos um projeto, mais cedo o finalizaremos
Antiga regra: Aumentar a segurança para melhorar o DDE, iniciar o mais breve possível, executar simultaneamente várias atividades etc.

4. Como causar a mudança?
a) Reelaborar todos os projetos PERT de acordo para proteger a corrente crítica
b) Escalonar os projetos de acordo com o tambor escolhido
c) Utilizar o mecanismo de execução para ativar o gerenciamento de pulmões e corrigir priorização

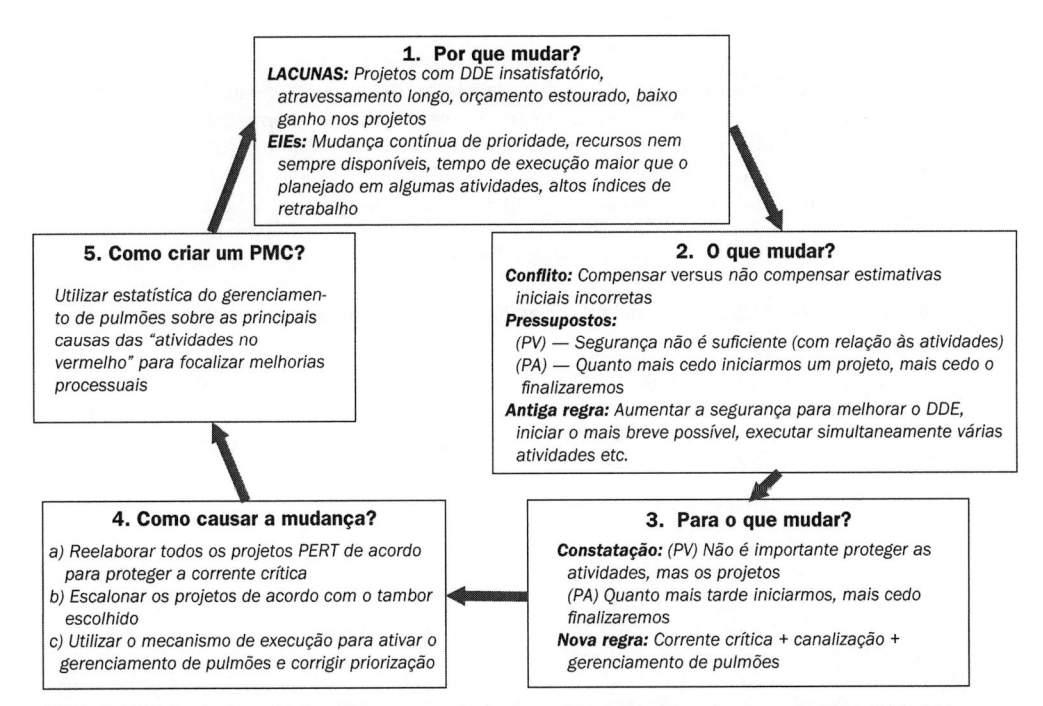

3. Para o que mudar?
Constatação: (PV) Não é importante proteger as atividades, mas os projetos
(PA) Quanto mais tarde iniciarmos, mais cedo finalizaremos
Nova regra: Corrente crítica + canalização + gerenciamento de pulmões

FIGURA 15.11 Aplicação das cinco perguntas: gerenciamento de projetos segundo a TOC. PV = pessoal de vendas; PA = pessoal administrativo.

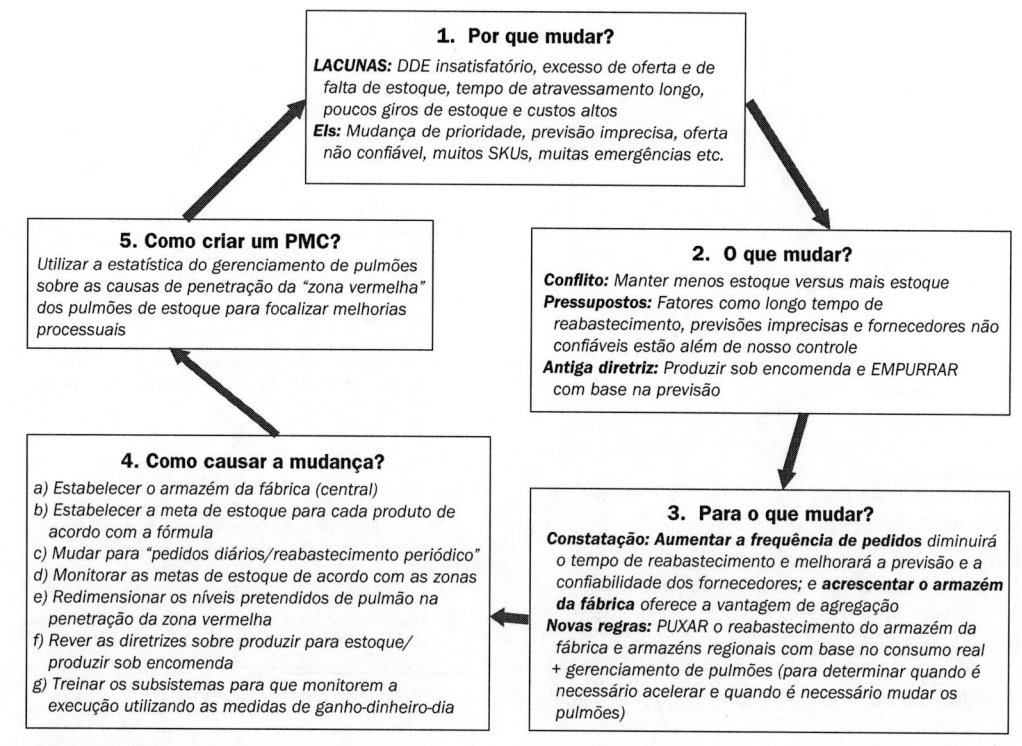

1. Por que mudar?
LACUNAS: DDE insatisfatório, excesso de oferta e de falta de estoque, tempo de atravessamento longo, poucos giros de estoque e custos altos
EIs: Mudança de prioridade, previsão imprecisa, oferta não confiável, muitos SKUs, muitas emergências etc.

5. Como criar um PMC?
Utilizar a estatística do gerenciamento de pulmões sobre as causas de penetração da "zona vermelha" dos pulmões de estoque para focalizar melhorias processuais

2. O que mudar?
Conflito: Manter menos estoque versus mais estoque
Pressupostos: Fatores como longo tempo de reabastecimento, previsões imprecisas e fornecedores não confiáveis estão além de nosso controle
Antiga diretriz: Produzir sob encomenda e EMPURRAR com base na previsão

4. Como causar a mudança?
a) Estabelecer o armazém da fábrica (central)
b) Estabelecer a meta de estoque para cada produto de acordo com a fórmula
c) Mudar para "pedidos diários/reabastecimento periódico"
d) Monitorar as metas de estoque de acordo com as zonas
e) Redimensionar os níveis pretendidos de pulmão na penetração da zona vermelha
f) Rever as diretrizes sobre produzir para estoque/ produzir sob encomenda
g) Treinar os subsistemas para que monitorem a execução utilizando as medidas de ganho-dinheiro-dia

3. Para o que mudar?
Constatação: Aumentar a frequência de pedidos diminuirá o tempo de reabastecimento e melhorará a previsão e a confiabilidade dos fornecedores; e **acrescentar o armazém da fábrica** oferece a vantagem de agregação
Novas regras: PUXAR o reabastecimento do armazém da fábrica e armazéns regionais com base no consumo real + gerenciamento de pulmões (para determinar quando é necessário acelerar e quando é necessário mudar os pulmões)

FIGURA 15.12 Aplicação das cinco perguntas: análise da TOC sobre gerenciamento de distribuição/cadeia de suprimentos segundo a TOC.

Esses modelos podem ser utilizados como um instrumento de auditoria para identificar oportunidades de MC dentro de sua empresa. Se sua empresa tiver a lacuna de desempenho e os EIs expressos em qualquer um dos quadros da pergunta "Por que mudar?", é provável que a solução correspondente da TOC (resposta a "O que mudar?", "Para o que mudar?" e "Como causar a mudança?") possa oferecer um meio simples e eficaz para liberar o potencial inerente. A forma de avaliar e alcançar a melhoria contínua e os mecanismos necessários para isso são definidos nos quadros "Como criar um PMC".

Detalhes do gerenciamento de pulmões da TOC para concentrar as iniciativas de melhoria contínua

Em "Standing on the Shoulders of Giants" ("Sobre os Ombros de Gigantes") Goldratt (2009)[6] propõe que o segredo do sucesso de Henry Ford e Taiichi Ohno foi o fato de eles terem desenvolvido sua filosofia administrativa e as regras de planejamento e execução em torno do que Goldratt chama de *"os quatro conceitos de cadeia de suprimentos"*:

1. Melhorar o fluxo (ou o tempo de atravessamento equivalente) é o principal objetivo das operações.
2. Esse objetivo principal deve ser convertido em um mecanismo prático que informa a operação sobre quando não produzir para evitar a superprodução. (Goldratt mostrou que Ford restringiu o espaço e Ohno restringiu o estoque.)

---
[6] © E. M. Goldratt. Utilizada com permissão. Todos os direitos reservados.

3. As eficiências locais devem ser abolidas.
4. Deve-se ter em vigor um processo focalizado para equilibrar o fluxo.

O quarto conceito, "um processo focalizado para equilibrar o fluxo (entre a demanda e a oferta)" é essencial para identificar onde concentrar a melhoria processual. Segundo Goldratt, Ford utilizou a observação direta (sobre onde os fluxos ficavam atrasados), ao passo que Ohno utilizou a diminuição gradativa dos *kanbans* (o número de contêineres) e depois a diminuição gradativa de componentes por contêiner de acordo com sua famosa analogia "o rio corre sobre as pedras" – diminua o nível da água (os *kanbans*) e as pedras que ficarem salientes serão os componentes que deverão ser melhorados em seguida para melhorar e equilibrar o fluxo dos produtos ao longo da cadeia de suprimentos. Quanto ao caso mais genérico em que não é possível utilizar o *espaço* e os pulmões de estoque (isto é, onde é necessário utilizar pulmões de tempo[7] para controlar a liberação do fluxo), os mecanismos empregados por Ford e Ohno precisam ser ampliados.

Goldratt propôs dois mecanismos básicos para identificar onde é necessário utilizar mais melhorias processuais para melhorar o fluxo (diminuir o tempo de fluxo e aumentar a taxa de fluxo) e equilibrar o fluxo de produtos ou serviços com a demanda (se a mudança tiver mudado). O primeiro "mecanismo rudimentar" (simples e rápido) é semelhante ao proposto por Ford – a simples observação do ponto em que o nível de estoques em processo (*work in process* – WIP) está aumentando no sistema. O "gargalo" que está impedindo melhorias adicionais no fluxo por trás do aumento do nível de WIP, e é nesse ponto que a melhoria processual (para aproveitar melhor a capacidade escassa) ou a elevação da capacidade precisa ser focalizada para melhorar o fluxo.

O segundo mecanismo (mais sofisticado) tira proveito do mecanismo de proteção (pulmão) empregado pela TOC. Se o pulmão de tempo de um pedido específico ou de uma atividade de projeto entrar na zona vermelha ou o pulmão de estoque de um material ou produto específico entrar na zona vermelha ou preta (falta de estoque), essa atividade ou esse pedido deve ser priorizado e acelerado para não prejudicar os compromissos com relação à data de entrega e à disponibilidade, mas também nos lembrar do "recurso que o pedido ou a atividade estava aguardando" (Knight, 2003). Periodicamente (p. ex., semanalmente), esses códigos de justificação são analisados por meio da análise de Pareto para determinar qual recurso provocou a penetração nas zonas "vermelha" e "preta". Esse recurso é o ponto em que a melhoria processual ou elevação deve concentrar-se no período seguinte. Esse segundo mecanismo de focalização agora é o método de focalização recomendado por Goldratt[8] com relação ao estilo da TOC de gerenciar operações, a distribuição, os projetos e o canal de vendas. Um exemplo dos detalhes dos mecanismos de focalização propostos por Goldratt para impulsionar a MC sistêmica pode ser encontrado em uma seção subsequente denominada "Utilizando a E&T para monitorar a execução".

---

[7] *O pulmão de tempo é um mecanismo de controle de liberação que protege a data de entrega de um pedido contra interrupções previstas (Murphy) liberando-o bem antes do tempo de processamento real, mas não muito antes a ponto de provocar longas filas, alto nível de WIP e tempos de atravessamento mais longos. Segundo a regra geral da TOC, os pulmões de tempo devem ser definidos como 50% do tempo de atravessamento antes da implementação da TOC e divididos em três zonas iguais (verde, amarela e vermelha) e os pedidos que entram no* status *vermelho devem acionar medidas de aceleração.*

[8] As últimas constatações de Goldratt sobre o mecanismo de focalização necessário para melhorar continuamente as operações, a distribuição, os projetos e as vendas podem ser encontradas na árvore genérica de E&T de Goldratt, que já entrou em domínio público. Elas se encontram na S&T Library, integrada ao HARMONY (S&T Expert System), e podem ser baixadas em www.goldrattresearchlabs.com.

Ensinamentos provenientes dos métodos de MC desenvolvidos por Ford e Ohno e outros gigantes

Ford e Ohno foram provavelmente os primeiros a descobrir uma forma sistemática para dissipar os conflitos da MC. Ambos garantiram que uma cultura de experimentação contínua fosse posta em prática em cada departamento e em todos os níveis da organização para identificar oportunidades de aprimoramento que ajudassem a melhorar o fluxo e diminuir o desperdício e, por conseguinte, estimulassem o desenvolvimento e o teste de soluções para uma execução mais adequada, mais rápida e mais simples dos processos e menor desperdício. Em ambas as empresas, a administração era responsável por garantir que os departamentos concentrassem seus recursos limitados nas oportunidades de melhoria que os ajudassem a concretizar sua visão para diminuir o tempo total desde a matéria-prima ao produto acabado produzindo o mínimo desperdício possível (Ford) ou para diminuir o tempo total desde o pedido ao recebimento do pagamento produzindo o mínimo desperdício possível (visão de Ohno para a Toyota).

Em seu livro *Today and Tomorrow* (Hoje e Amanhã) (1926), Henry Ford deixa entrever seu método de MC quando ele diz: "Não realizamos mudanças pelo simples fato de realizá-las, mas nunca deixamos de realizar uma mudança uma vez que ela demonstre que o método novo é melhor que o antigo" (1926, p. 53) e "nosso método é basicamente o método de Edison de tentativa e erro" (1926, p. 64).

No livro *Toyota Production System: Beyond Large-Scale Production* (*O Sistema Toyota de Produção: Além da Produção em Larga Escala*) (1988), Ohno disse: "O que estamos fazendo nada mais é que examinar a linha do tempo, do momento em que o cliente nos faz um pedido até o ponto em que recebemos o dinheiro. E estamos reduzindo essa linha do tempo por meio da redução de perdas que não agregam valor" (1988, p. ix).

Outra parte importante da solução na Ford e na Toyota foi obter e manter uma melhoria contínua padronizando o trabalho (mas assegurando que o novo padrão fosse sempre questionado). Ohno é notoriamente citado como tendo dito (Shimokawa *et al.*, 2009, p. 9): "Onde não existe nenhum padrão, não é possível haver *kaizen*". Sem um trabalho padronizado, não podemos ter certeza do impacto que nossas mudanças terão em nossos processos e no desempenho da empresa.

Está claro que Henry Ford e Taiichi Ohno abordaram da mesma maneira o problema de obter um processo de melhoria contínua e (quando necessário ou possível) melhorias drásticas. Eles partiram da convicção de que tudo pode ser melhorado, transmitiram uma visão clara sobre o ponto em que a MC será mais valiosa para a organização e criaram um ambiente para estimular experimentos contínuos a fim de encontrar meios mais adequados, mais simples e mais rápidos de realizar as coisas com menor desperdício. Em seguida, eles tomaram o cuidado de implementar auditorias contínuas para que houvesse uma sintonia (nenhum conflito inerente) entre as diretrizes organizacionais. Isso está totalmente alinhado com o direcionamento da solução proposta pela TOC atualmente.

Importância (e riscos) das mensurações e dos incentivos

As mensurações desempenham três funções principais na MC e auditoria:

1. Ajudar os diretores e gerentes a determinar a condição do sistema (boa/ruim).
2. Ajudar os diretores e gerentes a determinar a causa provável dessa condição do sistema.
3. Estimular o comportamento correto (fazer o que deve ser feito) e desestimular ou evitar o comportamento errado (fazer o que não deve ser feito) em todos os interessados.

O *gerenciamento de pulmões* (GP) da TOC satisfaz todas as três condições porque oferece um mecanismo confiável para indicar o *status* do sistema (a porcentagem de penetração da zona vermelha e preta de acordo com o *status* do pulmão de tempo ou estoque da TOC indica até que ponto o sistema está ou não sob controle). O nível e as causas dessas penetrações podem ser utilizados para acompanhar o nível e as causas de paralisação ou indisponibilidade nos *recursos com restrição de capacidade* (*capacity constraint resources – CCRs*) e o nível e as causas de atraso na corrente crítica (a corrente mais longa de eventos dependentes) para fornecer uma indicação das causas prováveis do *status* do sistema.

A respeito da terceira função das mensurações, Goldratt percebeu logo no início o importante papel que essas mensurações desempenhavam no comportamento das pessoas, o que estimulava sua contribuição para a melhoria, a inércia ou o declínio organizacional. Essa constatação de Goldratt (Goldratt, 1990b, p. 145) foi capturada em sua agora famosa frase "Diga-me como me medes e eu te direi como me comportarei!". No GP, um *status* "preto" ou "vermelho" é uma indicação visível de que todos precisam priorizar e, quando possível, acelerar os pedidos correspondentes (para motivar o comportamento desejado).

Uma questão que não é divulgada com frequência é a constatação de Goldratt de que parece ser mais importante eliminar as mensurações "ruins" que motivam comportamentos "ruins" (como as mensurações de eficiências locais que geram ótimos locais e uma sincronização insatisfatória) do que as substituir por mensurações "boas". Além disso, ele muitas vezes advertiu sobre os esquemas de incentivo concebidos para instigar e promover melhorias.

Por quê? Certamente faz sentido que, quando *paramos* de utilizar uma mensuração, devamos *começar* a empregar outra, pois do contrário correremos o risco de as pessoas voltarem a empregar mensurações antigas. Seguramente, parece lógico que, se quisermos que as pessoas se aprimorem continuamente, devamos vincular o desempenho a essas mensurações com incentivos apropriados (SE o "comportamento for bom", ENTÃO haverá "recompensa", e SE o "comportamento for ruim", ENTÃO haverá "punição").

Do mesmo modo que várias constatações da TOC "contrárias ao senso comum", a relação de causa-efeito entre incentivos, motivação, foco, colaboração e o impacto desses fatores sobre o desempenho das pessoas é bastante incompreendida na maioria das organizações. Na verdade, existe uma divergência importante entre as constatações das ciências sociais a respeito do efeito dos incentivos sobre o desempenho e a resolução de problemas e a forma como a maioria dos esquemas de incentivo empregados pelas organizações funciona atualmente (Pink, 2007).

As pesquisas científicas realizadas nos últimos 40 anos comprovaram que o "senso comum" segundo o qual os incentivos elevam o desempenho simplesmente não é verdadeiro para um grande grupo de condições limite. Em vários casos, os incentivos contribuirão para um círculo vicioso de desempenho decadente (ou ao menos para a estagnação), e não para um círculo vicioso de melhoria contínua do desempenho. A primeira pesquisa científica sobre a relação entre incentivos e desempenho foi realizada por Sam Gluxberg, que utilizou o "problema da vela", concebido por Karl Duncker (1903-1940) em 1926, para avaliar até que ponto a resolução cognitiva de problemas é influenciada pelos incentivos. As pessoas são desafiadas a descobrir como afixar uma vela à parede de uma maneira que impeça que a cera pingue sobre a mesa (Figura 15.13).

Duncker constatou (Pink, 2007) que a maioria das pessoas se esforçava em virtude do que ele chamou de "fixidez ou rigidez funcional" – bloqueio mental contra utilizar um objeto de uma nova maneira essencial para resolver um problema. A maior parte das pessoas acaba descobrindo (afixar a caixa usada para guardar tachinhas à parede para oferecer uma sustentação para a vela), mas isso leva algum tempo. Anos depois, Sam Gluxberg decidiu examinar em que sentido um incentivo monetário afetaria o desempenho das pessoas com relação ao problema da vela. Ele disse a alguns integrantes de um grupo que se eles ficassem entre os 25% mais rápidos ganhariam $ 5. Se eles conseguissem ser os mais rápidos do grupo todo, receberiam $ 20. Naturalmente, as pessoas às quais foram oferecidos incentivos acabaram mais rápido, certo? Errado! Na verdade, elas levaram em média três minutos *a mais* que aquelas que simplesmente foram solicitadas a fazê-lo o mais rápido possível e que foram informadas de que os resultados obtidos seriam comparados com os resultados padrão do experimento.

FIGURA 15.13 Problema da vela, de Karl Duncker, para avaliar as habilidades cognitivas de resolução de problemas.

Sam Gluxberg em seguida repetiu esse experimento, mas fez uma mudança para que a solução ficasse mais óbvia. Ele colocou as tachinhas ao lado da caixa, e não dentro dela. Nesse caso, os incentivos cumpriram seu propósito. Quais são os ensinamentos desses dois experimentos simples?

Os incentivos financeiros tendem a focalizar a mente e, desse modo, só tendem a ser produtivos em atividades que utilizam o lado esquerdo do cérebro, isto é, problemas relativamente simples com um conjunto claro de regras e uma única solução. Em contraposição, quando são oferecidos incentivos financeiros para que as pessoas resolvam atividades que exigem mais o lado direito do cérebro – os problemas naturalmente mais conceituais ou complexos e que exigem maior capacidade cognitiva –, os incentivos na verdade tornam o problema mais difícil de ser solucionado porque eles estreitam o foco quando a solução tende a ficar mais na periferia e o solucionador precisa pensar mais holisticamente e lateralmente (de uma maneira anticonvencional ou fora dos parâmetros convencionais).

Esses resultados foram confirmados por um estudo abrangente conduzido pelo Dr. Bernd Irlenusch na Escola de Negócios de Londres, cuja equipe analisou 51 planos de "pagamento por desempenho" dentro das empresas e constatou que os incentivos financeiros podem gerar um impacto negativo sobre o desempenho financeiro (*e.g.*, os incentivos financeiros para os vendedores envolvidos com vendas complexas, em vez de aumentar, diminuirão seu índice de sucesso).

Portanto, a ciência há décadas sabe da existência desses elos falhos entre a resolução de problemas e os incentivos financeiros, mas apesar disso eles perduram. Ao mesmo tempo, uma quantidade cada vez maior do trabalho que realizamos está se deslocando para o pensamento do lado direito do cérebro, visto que delegamos as coisas rotineiras e regidas por regras aos computadores e representantes terceirizados. Mas qual é a solução?

Pink (2007) propõe que mudemos para os incentivos fundamentados em motivadores intrínsecos, como *autonomia* (*e.g.*, oportunidade de ser independente, como a regra da empresa Google de 20% de tempo livre "para você fazer o que quiser"), *domínio* (*e.g.*, oportunidade de se aprimorar e destacar, comos os eventos *kaizen* da Toyota) e *propósito* (*e.g.*, oportunidade de ser motivado pelo que de fato importa para si mesmo e para outras pessoas da organização). Um exemplo frequentemente empregado para demonstrar a eficácia dos motivadores intrínsecos nas organizações é o da Encarta, cuja equipe integrada por milhares de colaboradores muito bem pagos e apoiada pela Microsoft foi superada pela Wikipédia, que dependia de voluntários motivados por um propósito comum, com autonomia para contribuir quando e da forma que desejassem, de acordo com algumas diretrizes, e a oportunidade de ganhar domínio.

Como seria de esperar, existem outros problemas com as mensurações e os incentivos. Por exemplo, quando existem (várias) mensurações conflitantes – algo que ocorre com frequência em ambientes que implementam o Balanced Scorecard sem alinhar cada uma das mensurações com uma estratégia empresarial (mapa estratégico) –, as pessoas tenderão a focalizar as medidas que elas consideram as mais importantes aos olhos da administração, negligenciando as outras (que talvez sejam mais importantes) e tornando o desempenho imprevisível. Por exemplo, se um gerente de produção for responsável tanto por atingir um alto desempenho com relação à data de entrega quanto por sua recuperação de custos mensal, o que eles acreditam que seja a principal forma como são avaliados, é provável que ele aja de acordo com o desempenho da data de entrega por volta do final do mês para cumprir a meta de toneladas por hora correspondente ao mês.

Garantindo que a nova direção aborde todos os principais Els

Superando o problema das baixas expectativas quanto às mudanças

Anteriormente, identificamos que uma das consequências do ciclo vicioso na MC são as baixas expectativas dos interessados (particularmente dos altos executivos) quanto ao impacto das iniciativas de mudança. Para abordar esse problema e garantir que todos os interessados tenham as mesmas (e altas) expectativas com respeito às consequências da escolha e implementação de *qualquer* mudança para melhorar o aproveitamento da restrição do sistema ou a elevar, Goldratt (2008b) recomenda a adoção dos seis critérios de sucesso relacionados na Tabela 15.4, com justificativas lógicas sobre *por que* cada um deles é necessário e recomendações baseadas em um amplo ensaio de campo sobre *como* eles podem ser utilizados. Esse amplo ensaio de campo (Barnard, 2009) também demonstrou que esses critérios evitam erros de omissão e comissão na escolha e implementação de mudanças e que eles devem ser compartilhados com gerentes e funcionários de todos os níveis, especialmente durante as fases de análise e "adesão" das iniciativas de mudanças e para que sejam utilizados durante as auditorias permanentes dessas iniciativas.

Superando a "não percepção" do potencial inerente de melhoria

A famosa frase "A necessidade é a mãe da invenção" pode ser remontada ao livro *A República* de Platão (livro II, 369C), escrito no ano 360 a.C. Todos nós sabemos que a crise nos possibilita contestar e superar os pressupostos prevalecentes e identificar e liberar um potencial que jamais soubemos que existia. Mas se você não estiver atravessando uma crise real no momento? Nessas situações, as publicações sobre gestão de mudanças são bastante coerentes – *os bons líderes devem gerar "crises" criando uma grande lacuna entre o nível atual de desempenho e a meta*. Um exemplo é o de um novo diretor executivo que entra em uma empresa que já está se saindo bem com 10% de lucro sobre as vendas e (para motivar os funcionários a ter um desempenho maior) apresenta à equipe a meta de dobrar o lucro sobre as vendas (para 20%) no prazo de três anos.

No caso em que ainda não existe nenhuma crise, mas no qual podemos observar uma disparidade contínua e crescente entre o desempenho atual de uma empresa e sua meta, devemos considerar esse sintoma como um sinal e oportunidade para uma mudança drástica essencial. Para começar, devemos procurar responder o que poderia provocar essa disparidade. Existem ao menos duas hipóteses a respeito da causa.

Primeira Hipótese: As condições iniciais do sistema (sua capacidade, capacitação etc.) são simplesmente insuficientes para atender à demanda e a única solução é "elevar" a(s) restrição(ões) do sistema (condição inicial limitadora) investindo em mais ou em melhores recursos. Essa hipótese sobre a causa subjacente de uma lacuna ou disparidade é bastante comum. "Se você deseja que meu departamento faça mais... preciso de mais recursos, de sistemas mais eficazes etc.".

Segunda Hipótese: As condições iniciais do sistema (sua capacidade, capacitação etc.) são suficientes para obter níveis significativamente mais altos de ganho, de acordo

Tabela 15.4 Critérios de sucesso recomendados por Eli Goldratt (2008c)

Critérios de sucesso	Por quê?	Procedimento
Toda mudança deve... Gerar **EXCELENTES RESULTADOS**	Existe uma oscilação significativa ("ruído") nas "unidades da meta" de qualquer sistema. Se essa variação for de 10% e nossa meta for 5% de melhoria, não conseguiremos medi-la. Além disso, existem várias maneiras de obter 5% de melhoria, mas pouquíssimas podem gerar 50% ou 100% (que são as porcentagens que almejamos).	Na fase inicial da iniciativa de mudança, é estabelecido um alvo de melhoria bastante ambicioso para as unidades da meta. Podemos confirmar se a meta será mensurável ("ruído externo") e quais serão as consequências sobre os interessados se a meta for ou não atingida quantificando o provável (alcance do) impacto sobre ΔG, ΔI e ΔDO.
Toda mudança deve... Basear-se em uma situação **GANHA-GANHA-GANHA** para todos os interessados	Em qualquer sistema em que existem vários interessados, a "perda" para um rapidamente se transforma em uma "perda" para todos. Quando se percebe que no sistema atual existe uma situação de ganho para um e perda para outro (ganho-perda), obter um acordo de que aceitaremos somente as soluções que estiverem fundamentadas no ganho para todos (ganha-ganha-ganha) é suficiente e adequado para reconstruir a confiança e o respeito.	Os critérios da situação ganha-ganha-ganha (ganho para todos) são compartilhados abertamente com todos os participantes e nós os estimulamos a compartilhar relatos sobre o que ocorre quando uma nova solução é considerada uma "perda" para um ou mais interessados. Por fim, obtemos o compromisso de todos os interessados de que "a partir de hoje somente as soluções ganha-ganha-ganha serão aceitas".
Toda mudança deve... Apresentar **BAIXO RISCO** em comparação com seus prováveis **BENEFÍCIOS**	Os diretores e gerentes, particularmente os do setor público, em geral são bons para determinar o risco de realizar algo, mas não são bons para determinar o risco de não realizar algo e igualmente para fazer a diferença entre o enfrentamento de riscos calculados com um rápido *feedback* e o enfrentamento de riscos não calculados com um *feedback* lento ou nenhum *feedback*.	No início da iniciativa de mudança, o facilitador aborda alguns exemplos para possibilitar que os participantes distingam entre uma providência que tem alta probabilidade mas um pequeno impacto negativo e um alto impacto positivo (jogar na loteria) das providências que têm pouca probabilidade mas alto impacto negativo e um impacto positivo relativamente pequeno (p. ex., jogar roleta russa) e, em seguida, possibilita que os interessados apliquem esses critérios à mudança que está sendo considerada.

Toda mudança deve... Ser **MAIS SIMPLES** do que antes	As mudanças mais complexas são propensas a enfrentar resistência (visto que elas provavelmente exigirão maior esforço), a serem incompreendidas e a serem difíceis de implementar e não tendem a gerar resultados rápidos. Além disso, é mais provável que elas gerem EIs imprevistos.	Utilize a citação de Albert Einstein para estabelecer as expectativas quanto à simplicidade: "Qualquer idiota consegue fazer uma coisa ficar maior e mais complexa, mas é necessário um toque de gênio e muita coragem para fazer o oposto". E possibilite que os participantes expliquem por que O MAIS SIMPLES é a solução (mais fácil de entender, implementar etc.). Em seguida, confirme se a mudança proposta é "mais simples" ou "mais complexa" do que antes.
Toda mudança deve... Ser definida como uma informação **ACIONÁVEL** com um **RÁPIDO FEEDBACK**	A menos que as mudanças tenham sido consideradas "acionáveis", não devemos supor que seja possível implementá-las. Além disso, quanto mais curto o ciclo de *feedback*, mais rápido saberemos se nossa solução é necessária e suficiente para obter os resultados previstos. Quanto mais longo o *feedback*, mais tempo levará para identificarmos os erros de omissão ou comissão.	Toda iniciativa de mudança para a qual os interessados e participantes são estimulados assegura que todas as mudanças propostas sejam acionáveis e mensuráveis e tenham rápidos ciclos de *feedback* para confirmar se as mudanças ajustadas serão implementadas e se os resultados previstos serão obtidos. Para confirmar se uma mudança foi transmitida como uma "informação acionável", recomendamos que os participantes expliquem "de que forma eles aplicarão/ implementarão as mudanças e de que modo saberão se elas estão funcionando".
Toda mudança deve... Ser verificada no sentido de que, se estiver de fato funcionando, não seja **AUTODESTRUTIVA**	Quase toda mudança pode gerar consequências negativas para um ou mais interessados se ela for verdadeiramente bem-sucedida. A falta de preparação para essas consequências negativas pode fazer com que uma mudança bem-sucedida se autodestrua. Um bom exemplo é a destruição de uma vantagem competitiva fundamentada na confiabilidade quando os pedidos aumentam muito rapidamente, fazendo com que os tempos de atravessamento aumentem de maneira exponencial e a confiabilidade entre em declínio.	Toda iniciativa de mudança para a qual os interessados e participantes são estimulados identifica possíveis consequências negativas se a mudança programada não funcionar "muito bem". Aqueles que apresentam essas ressalvas são solicitados a dar explicações sobre a cadeia de causa-efeito e propor formas de identificar quando essas consequências negativas podem ser desencadeadas e o que pode ser feito para evitá-las (para diminuir o tempo para detectá-las e corrigi-las).

com um tempo de atravessamento expressivamente menor do que o atual, mas a capacidade, o tempo e os custos são desperdiçados em virtude do método operacional vigente. Nesse caso, a solução será "aproveitar melhor" (não gerar nenhum desperdício) o potencial da restrição do sistema (isto é, sempre tentar aproveitá-la melhor antes de elevá-la).

Como podemos confirmar se a hipótese mais válida para uma organização específica é a primeira (nenhum potencial inerente significativo) ou a segunda (potencial inerente significativo)?

Comecemos pelos fatos gerais (princípios dominantes) a respeito de qualquer sistema e vejamos o que podemos deduzir deles.

Primeiro Fato: A restrição do sistema (gargalo) determina o ganho (taxa de fluxo) das unidades do sistema como um todo.

Implicação: O sistema (normalmente) nunca consegue produzir mais unidades do que a restrição é capaz. Entretanto, se a capacidade da restrição for desperdiçada por inanição, bloqueio, paralisações ou retrabalhos, o sistema obterá um ganho menor em comparação ao que é capaz de obter (com base em sua restrição). O nível de desperdício da capacidade da restrição por inanição, bloqueio, paralisação retrabalho etc. pode ser utilizado como uma base confiável para avaliar se existe um potencial inerente (isto é, oportunidade para fazer mais sem investir em mais recursos). A capacidade perdida normalmente girará entre 25% a 50% da capacidade disponível.

Segundo Fato: A corrente crítica (o caminho mais longo de eventos dependentes, considerando a dependência com respeito tanto do processo quanto ao recurso) determina o tempo de atravessamento (tempo de fluxo) de todas as unidades da meta ao longo do sistema.

Implicação: Os componentes que passam pelo sistema (normalmente) nunca conseguem ser mais rápidos em comparação ao tempo necessário para cobrir a corrente crítica. Todavia, esse *tempo de fluxo* será mais longo do que a soma do tempo de processamento e de movimentação na corrente crítica quando as unidades da meta de um ponto a outro do sistema têm de aguardar um recurso ou uma decisão. O nível de desperdício de tempo na corrente crítica decorrente da indisponibilidade de recurso ou informação (atrasos) pode ser utilizado como uma base confiável para avaliar se existe um potencial inerente (isto é, oportunidade para fazer o mesmo ou mais em menor tempo sem investir em mais recursos). O tempo perdido normalmente girará entre 25% a 50% do tempo da corrente crítica.

Terceiro Fato: O desempenho de todo sistema (ganho das unidades, tempo de atravessamento, custos e investimentos) varia ao longo do tempo. Às vezes, há uma oscilação significativa entre o melhor, a média e o pior.

Implicação: O desempenho "melhor de todos" demonstra o que é possível com relação às atuais condições iniciais. Normalmente, "o melhor de todos" é obtido em circunstâncias ideais ou de crise. As circunstâncias "ideais" devem ser transformadas em uma melhor prática padrão. É nas situações de crise que nos tornamos extremamente abertos para fazer "o que for necessário", como mudar as regras atuais (método de funcionamento normal) e ignorar as mensurações de eficiência. Por exemplo, se houver alguma escassez no mercado, nós mudamos naturalmente para uma postura de "aguardar uma *arrancada*", em vez de "*forçar* o máximo possível". Por que não utilizar a arrancada o tempo todo? "A necessidade é a mãe da invenção", mas com frequência essas "invenções" que nos tira da crise não "pegam" porque voltamos a "fazer as coisas do jeito que sempre as fizemos antes".

Portanto, se notarmos uma lacuna significativa e uma oscilação entre o desempenho atual de um sistema e sua meta, simplesmente precisaremos identificar:

1. Que quantidade da capacidade da restrição (que determina o ganho global do sistema) e quanto tempo da corrente crítica (o maior caminho de eventos dependentes que determinam o tempo de atravessamento) estão sendo desperdiçados (aproveitamento insatisfatório da restrição ou da corrente crítica).

2. Quanto custo desnecessário ou investimento incorrido para confirmar (ou desconfirmar o nível de potencial inerente (*e.g.*, lucratividade) pode ser liberado sem nenhum investimento significativo em mais ou melhores recursos.

Podemos representar essa oportunidade de acordo com o modelo por meio da Figura 15.14.

Podemos aplicar a mesma lógica para confirmar ou desconfirmar se é possível obter o mesmo ganho com menos recursos (custos totalmente variáveis, despesas operacionais ou investimentos).

Podemos determinar isso por meio de observações, estudando as "organizações de melhor categoria" ou simplesmente identificando todas as possibilidades em que existem custos totalmente variáveis, despesas operacionais e investimentos desnecessários (como custo com hora extra, remessas de emergência ou investimento dispensável em uma capacidade maior do que a necessária em virtude de um evento de inanição ou bloqueio ocorrido em algum ponto do sistema). Assim que forem identificadas essas categorias de custo totalmente variável, despesa operacional e investimento evitáveis e dispensáveis, poderemos confirmar se elas existem na organização que estamos analisando e, se existirem, até que ponto são uma maneira confiável de quantificar o potencial de melhoria "inerente". Assim, os testes podem validar o potencial que é possível liberar sem investimentos significativos.

A Figura 15.15 apresenta uma síntese das hipóteses, da magnitude do potencial inerente e da confirmação de que, na maioria das organizações, é possível fazer mais com menos e em menor tempo. "Mais" por meio da obtenção de um ganho maior por não haver nenhum desperdício da capacidade da restrição; "com menos" por meio da diminuição dos custos totalmente variáveis, das despesas operacionais e dos investimentos com

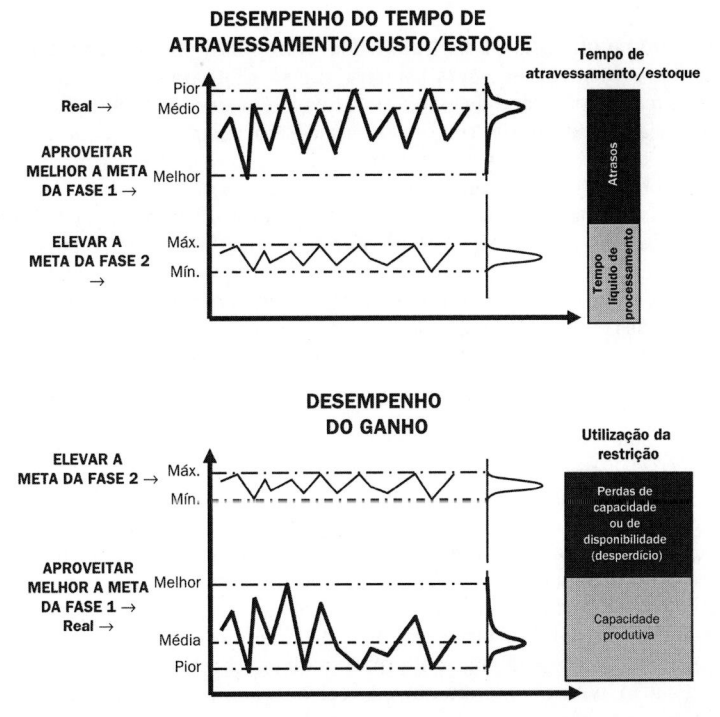

FIGURA 15.14 Quantificação do potencial inerente por meio da análise das lacunas/oscilações no desempenho.

```
┌─────────────────────────────────────────────────────────────────────────────┐
│  Custo ou investimento                                                       │
│     necessário      Custo ou investimento                                    │
│                     desnecessário/desperdiçado                               │
│                                                          100%  Disparidade  Ganho perdido │
│                                      CCR                  60%   no ΔG       (disparidade  │
│                     Tempo de atravessamento total                              no ΔG)     │
│                                    Disparidade                                            │
│                                     no ΔG                        Ganho atual             │
│  Tempo "Líquido de Processamento"  Tempo de Atravessamento/Improdutivo  do sistema        │
└─────────────────────────────────────────────────────────────────────────────┘
```

1. Potencial para ↑ o ganho (com os mesmos recursos): 25% a 50%
Realidade atual: Ganho do sistema versus capacidade da restrição disponível é < 60%
Liberação do potencial inerente: Obtenção de ganho = potencial da restrição de capacidade + pulmão de capacidade suficiente

Fazer MAIS

2. Potencial para ↓ o tempo de atravessamento e ↑ o DDE/disponibilidade: 25% a 50%
Realidade atual: "Tempo líquido de processamento versus tempo de atravessamento total" e DDE/disponibilidade usual < 80%
Liberação do potencial inerente: Obtenção do tempo de atravessamento total = tempo líquido de processamento + pulmão de capacidade suficiente

Em MENOS tempo

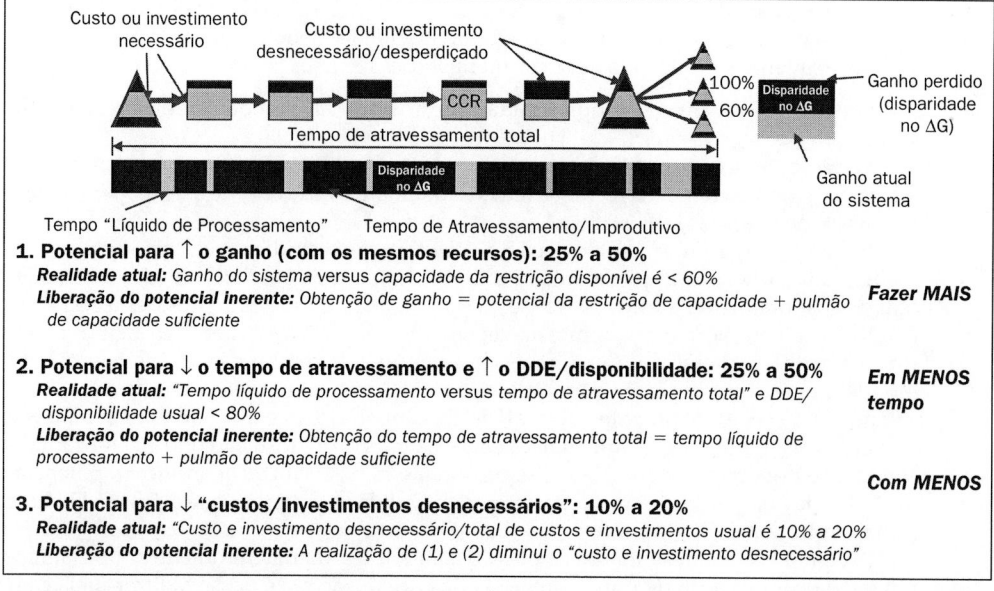

3. Potencial para ↓ "custos/investimentos desnecessários": 10% a 20%
Realidade atual: "Custo e investimento desnecessário/total de custos e investimentos usual é 10% a 20%
Liberação do potencial inerente: A realização de (1) e (2) diminui o "custo e investimento desnecessário"

Com MENOS

FIGURA 15.15 Identificando o potencial inerente para "fazer mais com menos e em menos tempo".

a eliminação das causas dos custos e investimentos evitáveis; e "em menos tempo" por meio de tempos de atravessamento mais curtos com a eliminação das causas dos atrasos na corrente crítica.

Superando a dificuldade de quantificar o impacto das iniciativas de mudança

Uma das principais necessidades para que se adote um método de melhoria contínua e auditoria é a capacidade de avaliar o impacto das decisões sobre o sistema como um todo – particularmente o impacto sobre as decisões financeiras. Para a maioria dos diretores e gerentes, a ideia de tentar avaliar o impacto de suas decisões locais ou dos investimentos propostos sobre o "sistema como um todo" é uma experiência intimidante, enfadonha e com frequência frustrante (especialmente se eles precisarem tomar uma decisão com rapidez). A *contabilidade de ganhos* (CG) foi criada por Goldratt (1990a) como alternativa à contabilidade de custos para cumprir esse desafio. A CG [de acordo com a Declaração 4HH da Associação de Gestão de Investimentos (Investment Management Association – IMA) sobre a TOC] é diferente da contabilidade tradicional de custos, em primeiro lugar por reconhecer o impacto das restrições sobre o desempenho financeiro de uma organização (isto é, se uma decisão afetar a restrição, o ganho do sistema será afetado e vice-versa) e, em segundo lugar, por separar o *custo totalmente variável* das despesas operacionais (DOs) (*todos os custos que não são totalmente variáveis quando a produção aumenta/diminui*) para ajudar a agilizar e melhorar as decisões. Essa definição elimina a necessidade de alocar todos os custos aos produtos e serviços, o que com frequência resulta em decisões subótimas quando os diretores pressupõem erroneamente que assim que as DOs são alocadas elas se tornam variáveis.

A contabilidade de ganhos melhora o desempenho do lucro (mesmo para as organizações sem fins lucrativos) com decisões administrativas mais adequadas e mais rápidas (Corbett, 1998), utilizando mensurações que refletem mais intimamente o efeito das decisões sobre três variáveis monetárias fundamentais – ganho, inventário e despesa operacional (definidos abaixo). A alternativa de Goldratt principia com a ideia de que cada organização tem uma meta e que as decisões melhores aumentam as unidades da meta que a organização pode gerar no presente e no futuro. A meta de uma empresa que busca maximizar o lucro é fácil de ser expressa – aumentar o lucro no presente e no futuro. A CG aplica-se também a organizações sem fins lucrativos, mas elas precisam desenvolver uma meta que faça sentido para seu caso específico. As organizações que desejam concretizar sua meta devem, portanto, exigir que os gerentes ponham à prova as decisões propostas por meio de três perguntas. A mudança proposta:

1. Aumentará ou diminuirá o ganho (Vendas – CTV)? Se sim, quanto?
2. Diminuirá ou aumentará o inventário? Se, quanto?
3. Diminuirá ou aumentará as DOs? Se sim, quanto?

As respostas a essas perguntas determinam o efeito das mudanças propostas nas mensurações do sistema como um todo:

1. Ganho (G) = Receita de Vendas – Custo Totalmente Variável = RV – CTV
2. Lucro líquido (LL) = Ganho – Despesa Operacional = G – DO
3. Retorno sobre o investimento (*return on investment* – ROI) = Lucro Líquido/Investimento = LL/I
4. Produtividade da CG = Ganho/Despesa Operacional = G/DO
5. Giros do Investimento (GI) = Ganho/Investimento = G/I

Em resumo, a CG é um avanço importante na contabilidade moderna que possibilita que diretores e gerentes, de empresa do setor privado e público, percebam a contribuição dos recursos com restrição e o impacto com frequência não linear das providências ou decisões locais sobre a lucratividade e viabilidade geral de uma empresa.

Conhecer o impacto das mudanças sobre essas variáveis é vital para saber *onde focalizar* os recursos escassos (especialmente o tempo da administração) e *como prever* o impacto das mudanças sobre a lucratividade/viabilidade da organização. A título de exemplo, a Tabela 15.5 apresenta um caso de referência, que mostra a alavancagem obtida no lucro líquido da organização (10%, 5% e 2%) com 1% de aumento no preço de venda médio, 1% de aumento no volume vendido e 1% de redução dos salários.

Evitando e corrigindo os erros de omissão e comissão

Foi afirmado anteriormente que dois dos tipos de erro administrativo mais comuns são os erros de omissão e os erros de comissão. Outra forma de examinar esses erros é associá-los ao fato de a medida tomada ter se baseado em uma hipótese testada ou não testada.

Tabela 15.5 Empregando a CG para mostrar a alavancagem com uma mudança de 1% no preço, no volume vendido e nos salários

Descrição	Parâmetro		Impacto do aumento de preço		Impacto do aumento de volume		Impacto da redução de salário	
	Valor	% da RV	Valor	% da RV	Valor	% da RV	Valor	% da RV
Receita de vendas (RV)	$ 100,00	100%	$ 101,00	100%	$101,00	100%	$100,00	100%
Custo variável	$ 50,00	50%	$ 50,00	50%	$50,50	50%	$50,00	50%
Ganho	$ 50,00	50%	$ 51,00	50%	$50,50	50%	$50,00	50%
Despesas operacionais	$ 40,00	40%	$ 40,00	40%	$40,00	40%	$39,80	40%
Lucro líquido	$ 10,00	10%	$ 11,00	11%	$10,50	10%	$10,20	10%
Impacto da mudança de 1%				10%		5%		2%

1. Erros de Comissão: Fazer o que não dever ser feito ou agir de acordo com uma hipótese não testada.
   a. Executar um trabalho que não é importante (o que Goldratt chama de *choopchiks*[9]) ou urgente.
   b. Fazer a coisa errada (isso não solucionará o problema e pode até piorar as coisas).
   c. Fazer muitas coisas ao mesmo tempo.
2. Erros de Omissão: Não fazer o que deve ser feito ou *não agir de acordo com uma hipótese testada*.
   a. Não agir porque "ainda temos tempo" ou "não temos tempo (para agir agora)".
   b. Não agir porque "somos diferentes (e isso não funcionará aqui)".
   c. Não agir porque "eles nunca concordarão (e sem o consentimento deles é uma perda de tempo até mesmo começar)".

Utilizar a classificação "agir de acordo com uma hipótese não testada" e "não agir de acordo com uma hipótese testada" é também favorável porque ajuda a identificar a solução básica para evitar esses dois erros. Para evitar erros de omissão e comissão devemos *sempre verificar (nossas hipóteses) antes de agirmos/não agirmos, a menos que agir seja a única forma de verificar*.

Mas como você verifica sua hipótese? Primeiramente, reconhecendo que toda decisão que tomamos e toda conclusão que alcançamos e divulgamos ou sobre a qual agimos que contêm a palavra "porque" ou "produzirá" encerram uma hipótese, como "Não devemos fazer essa oferta porque os clientes nunca concordarão", "Os clientes estão comprando menos porque nossos concorrentes diminuirão seus preços" etc.

Temos duas formas de verificar uma hipótese. Uma delas é por meio da lógica, utilizando o método de efeito-causa-efeito para identificar e então corroborar os efeitos previstos. Quanto mais efeitos previstos forem corroborados, mais válida será a hipótese, visto que a validação de um único efeito previsto (se isso não pudesse ocorrer por um "acaso feliz") seria suficiente para validá-la. Ao mesmo tempo, um único efeito previsto que não possa ser validado poderia invalidar nossa hipótese (*e.g.*, a observação de um único cisne negro pode invalidar uma hipótese fundamentada em milhares de observações segundo a qual todos os cisnes são brancos).

O segundo método, com frequência chamado de método científico de "tentativa e erro", é o teste da hipótese na prática. Como disse Leonardo da Vinci, "Fico sempre impressionado com a urgência do fazer. Saber não é suficiente; precisamos aplicar. Estar disposto não é suficiente; precisamos agir". Somente quando aplicamos é que podemos de fato testar a necessidade e particularmente a adequação de nossa hipótese (nova solução). É por isso que nossa "injeção" para diminuir os erros de omissão e comissão inclui "...a menos que agir seja a única forma de verificar". Essa percepção é fundamental para superar desacordos ou medos. Por exemplo, pode ser que a única forma de realmente verificar de que modo os clientes reagirão a uma nova oferta ou produto seja apresentar de fato essa oferta. Obviamente, esses "testes" devem ser elaborados como

---

[9] A TOC traça uma distinção entre as questões que são verdadeiramente importantes e as questões de natureza periférica (não tão importantes). Goldratt utilizou uma palavra formidável da gíria israelense para descrever questões triviais: *choopchick*. Ao que parece, a etimologia da palavra "*choopchick*" encontra-se no comportamento dos garotos adolescentes que passam um tempo enorme cuidando do "*choop*"– cabelo – com a verdadeira convicção de que isso os ajudará a atrair "*chicks*"– garotas adolescentes. Portanto, esse termo refere-se a um comportamento que exige um esforço significativo mas concretiza muito pouca coisa a mais. A influência das *choopchicks* (trivialidades) sobre o processo administrativo pode ser devastadora. Desperdiçar tempo e recursos em questões relativamente insignificantes desvia os esforços direcionados a fatores genuinamente significativos.

um experimento e revistos com o mesmo rigor, em vez de desperdiçar tempo discutindo na sala da diretoria se eles gostarão ou não disso ou se é necessário primeiramente realizar mais pesquisas de mercado (o que Goldratt chama de "apenas uma forma sofisticada de protelar").

Superando o medo da incerteza

Ao investigar exemplos de sucesso como o da Toyota, Wal-Mart e GE, é perceptível que por trás de todas elas havia um líder e uma equipe de liderança dispostos a assumir a responsabilidade de escolher a filosofia ou metodologia a ser empregada, em vez de deixar essa decisão para os níveis 3, 4 ou 5. Eles escolheram não apenas a filosofia, mas também a visão, e tomaram o cuidado para que a correlação entre elas ficasse clara para todos os níveis e todos os departamentos organizacionais e então deram autonomia para que todos contribuíssem (de acordo com as fronteiras dessa filosofia) para a concretização dessa visão ou meta. Esses líderes demonstraram de igual modo que eles contestam continuamente seus próprios padrões de pensamento e desejam que as pessoas ao seu redor façam o mesmo – não aleatoriamente, mas segundo um processo sistemático que utilize o método científico.

Por que isso é importante? Isso ajuda a superar os medos e a evitar os erros relacionados às decisões e aos conflitos de quando mudar, o que mudar e como causar, manter e melhorar continuamente a mudança.

O que as organizações que se veem quase imobilizadas pelo medo da mudança (em virtude de uma cultura que parece punir o insucesso e não reconhecer a coragem de inventar e testar novas formas de fazer as coisas) podem fazer que não seja aquilo que os concorrentes tornam necessário que elas façam?

Essa deficiência organizacional pode ser eliminada por meio das medidas a seguir (Barnard, 2001; Ackoff, 2006).

1. Registre toda decisão importante, inclusive as de *não fazer determinada coisa* por motivos como "ainda temos tempo" (quando na verdade o tempo já se esgotou), "o custo ou o risco para fazermos isso é muito alto" (ignorando o custo ou o risco de não fazer) etc.
2. A decisão documentada deve incluir (a) o acontecimento que desencadeou a necessidade de mudança, (b) os efeitos previstos da decisão e o momento em que se prevê que eles ocorrerão, (c) os pressupostos nos quais as expectativas se baseiam, (d) os insumos para a decisão (informações, conhecimentos e percepções) e (e) o motivo pelo qual uma decisão específica foi tomada (a lógica) e por quem.
3. Monitorar as decisões para detectar qualquer desvio dos fatos em relação a expectativas e pressupostos. Quando identificar um desvio, determine sua causa e tome uma medida corretiva (a fim de diminuir o tempo para detectar e corrigir os erros).
4. A escolha de uma medida corretiva é em si uma decisão e deve ser tratada da mesma maneira que a decisão original; é necessário documentar essa decisão. Desse modo, é possível aprender a corrigir os erros; isto é, aprender a aprender mais rapidamente e eficazmente. Aprender a aprender provavelmente é a coisa mais importante que uma organização ou um indivíduo pode fazer.

A decisão de uma organização de não adotar a abordagem holística da TOC deve ser tratada dessa maneira. Explicitar os pressupostos nos quais essa decisão é baseada e monitorá-los no devido tempo pode dar lugar a uma decisão inversa.

Possíveis ramificações negativas e como preveni-las

Medo de que a "focalização" comprometa a cultura de melhoria contínua

Existe o medo de que focalizar todos os recursos escassos em algumas oportunidades de melhoria de alta alavancagem prejudique a instituição de uma cultura de MC e possa até provocar inércia ou complacência naqueles não diretamente envolvidos com essas poucas mudanças de alta alavancagem.

Organizações como a Toyota e Walmart demonstraram que é possível estimular todos a contribuir continuamente para melhorar os processos pelos quais são responsáveis, a menos que a mudança proposta para melhorar um processo local afete de maneira adversa o desempenho organizacional (caso em que não será aprovado) ou a mudança proposta exija a alocação de recursos escassos (caso em que a iniciativa de mudança deve ser planejada e então "canalizada" até que os recursos necessários estejam disponíveis).

Devemos melhorar continuamente todas as áreas nas quais uma melhoria local permita o aprimoramento da organização como um todo. Por exemplo, a Toyota sempre estimula todos os funcionários, de todos os níveis, a encontrar formas de reduzir o desperdício, desde que essa redução ajude a diminuir o tempo total entre o recebimento de um pedido e o recebimento do pagamento ou diminua os custos totalmente variáveis, as despesas operacionais ou os investimentos desnecessários, sem pôr em risco o ganho, o tempo de atravessamento total ou a qualidade.

Medo de que tenhamos excesso/insuficiência decorrente de uma mudança

Uma parte fundamental da prevenção contra os "ótimos locais" e a transformação de não restrições em gargalos (particularmente durante períodos de crescimento) é a compreensão do conceito de "suficientemente bom". Alega-se normalmente que, se queremos um ganho maior, um desempenho melhor etc., precisamos de mais recursos. Todos os gerentes devem garantir que sua área tenha um desempenho suficientemente bom (que atenda aos compromissos dos interessados). Isso significa não alocar uma quantidade excessiva nem insuficiente de recursos, tempo ou estoque. A TOC recomenda que a melhor forma de estabelecer o limite de "suficientemente bom" é gerenciar com cuidado o estoque, a capacidade e os pulmões de tempo necessários para proteger o desempenho organizacional e monitorar o *status* desses pulmões. Se o pulmão entrar na zona preta (*e.g.*, falta de estoque, falta de capacidade ou pedido vencido) ou entrar na zona vermelha com muita frequência, isso é um sinal de que o "pulmão" está muito pequeno e precisa ser aumentado. Ao mesmo tempo, se o pulmão nunca sair da "zona verde" (normalmente um terço do tamanho total do pulmão), isso significa não apenas que é seguro diminuir o pulmão, mas também que é necessário evitar o desperdício.

Um exemplo desse mecanismo para manter os níveis corretos de estoque (não muito e não pouco) segundo a solução de distribuição da TOC é mostrado na Figura 15.16.

Esse mesmo princípio pode ser aplicado para estabelecer o nível "suficientemente bom" de qualquer pulmão local de capacidade, estoque, tempo ou mesmo do caixa necessário para proteger e melhorar o desempenho organizacional. Para começar, estabeleça um valor inicial utilizando a regra "Fique paranoico, mas não histérico" (*e.g.*, precisamos de três projetistas para atender à demanda atual). Em seguida, estabeleça as zonas de pulmões, normalmente utilizando um terço de cada uma (*e.g.*, 1 pessoa = uma zona) e depois simplesmente monitore a penetração do pulmão. Se os três recursos forem utilizados com frequência em trabalhos importantes e urgentes, será prudente adicionar mais recursos. Se com frequência dois ou mais recursos não forem necessários em trabalhos importantes e urgentes, provavelmente será seguro diminuir a equipe sem pôr o ganho em risco. Obviamente, de acordo com a mentalidade da TOC, sempre devemos verificar se o excesso de capacidade não poderia ser transformado em vantagem competitiva (para garantir preços mais altos ou mais vendas) antes de pensar na possibilidade de diminuir esse excesso.

Resumo sobre "para o que mudar?"

A Figura 15.17 apresenta uma síntese sobre a principal direção da solução para dissipar cada um dos três conflitos da melhoria contínua. As organizações podem utilizar o GP

Regra de planejamento: "Ficar paranoico, mas não histérico"
Regra de execução: Fazer ajustes com base no nível de penetração da zona vermelha/falta de penetração da zona amarela

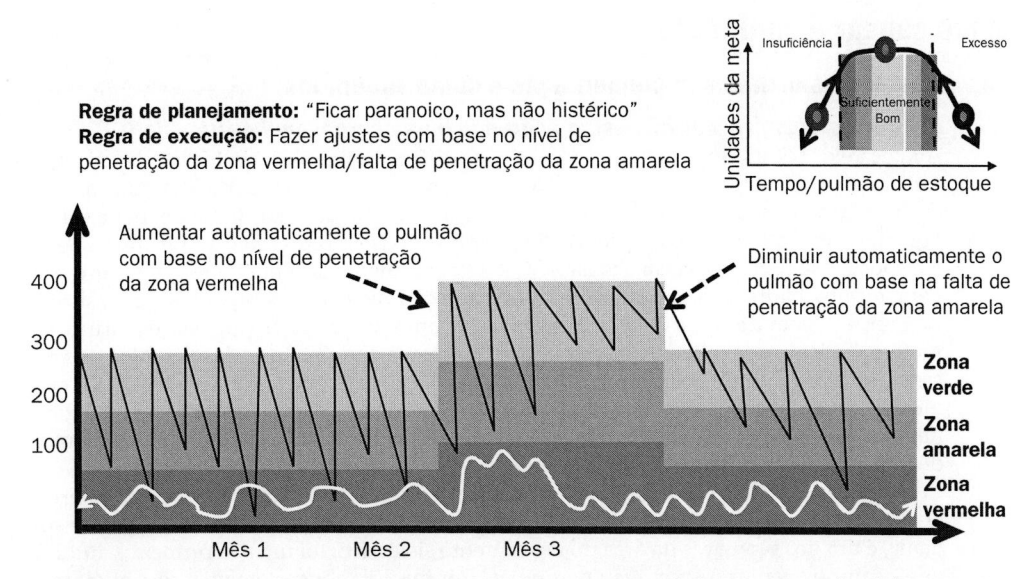

FIGURA 15.16 Utilizando a penetração do pulmão para manter níveis de estoque "suficientemente bons".

da TOC para identificar quando é necessário mudar (quando os pulmões exibem um nível significativo de penetração da zona vermelha ou preta) e quando não é necessário mudar (os pulmões permanecem na zona verde ou amarela). Elas podem empregar os cinco passos de focalização da TOC com o processo de pensamento da TOC pertinente para distinguir entre as várias partes que podem ser melhoradas e aquelas poucas que devem ser melhoradas (agora). Em conclusão, as organizações devem garantir que todas as iniciativas de mudança sejam canalizadas com base na capacidade disponível e que as mudanças que não obtiverem o índice de melhoria requerido sejam interrompidas ou modificadas para que se possa retomar o caminho.

Injeções para melhoria contínua dos conflitos centrais

QUANDO?
- A: Desejamos... sucesso contínuo
- B: Devemos... melhorar o desempenho agora → Utilizar o GP da TOC para saber quando o onde é necessário mudar e quando e onde não é necessário mudar
- C: Devemos... manter a estabilidade/segurança

O QUÊ?
- A: Desejamos... sucesso contínuo
- B: Não devemos... desperdiçar recursos escassos → Utilizar os cinco passos de focalização da TOC a fim de utilizar todos os recursos para melhorar apenas o que DEVE ser melhorado agora
- C: Devemos... aproveitar TODAS as oportunidades que valem a pena

COMO?
- A: Desejamos... sucesso contínuo
- B: Devemos... oferecer todos os recursos necessários para todas as mudanças → Canalizar a introdução de mudanças e interromper o mais breve possível aquelas que não estão gerando resultados
- C: Devemos... obter os melhores resultados

FIGURA 15.17 As injeções da TOC para os conflitos quando, o que e como da MC.

Como causar a mudança?

Obstáculos usuais à implementação e como superá-los

Por que as organizações não estão adotando uma abordagem holística da TOC

A lógica e os resultados que têm sido obtidos pelas organizações e pelos indivíduos que utilizaram a abordagem holística da TOC ou o pensamento sistêmico da TOC são convincentes. Entretanto, devemos perguntar: "Se essa maneira de raciocinar e de melhorar as organizações é tão boa quanto eles dizem, por que mais empresas não a utilizam?". Bem, a resposta usual dos especialistas da TOC e do pensamento sistêmico a essa pergunta em geral é semelhante a esta: "...porque por natureza a maioria das organizações resiste à mudança". Além disso, se lhes perguntarmos "Como vocês sabem que esse é o principal motivo?", eles provavelmente responderão: "Sabemos que a maioria das organizações resiste à mudança porque elas ainda não adotaram o pensamento sistêmico/TOC". Obviamente, essa resposta é uma tautologia, do mesmo modo que dizer que os clientes utilizam nossos produtos porque eles gostam deles e depois explicar que sabemos que os clientes de fato gostam de nossos produtos porque eles os utilizam!

Russell L. Ackoff (1919-2009), teórico organizacional americano e professor emérito de ciência da administração na Escola de Negócios Wharton, na Universidade de Pensilvânia, é um dos pioneiros da área do pensamento sistêmico, foi um dos primeiros autores nesse campo a tentar responder a pergunta: "Por que tão poucas organizações adotam o pensamento sistêmico?". No artigo correspondente, "Why So Few Organizations Adopt Systems Thinking?" (2006), Ackoff afirmou que acredita que haja dois motivos – um geral (porque as organizações em geral não adotam nenhuma ideia considerada uma mudança de paradigma) e um específico (porque, especificamente, as organizações acham difícil adotar o pensamento sistêmico). Ele sustenta que na maioria das organizações (e na mente da maioria das pessoas) ser malsucedido ou cometer erros é uma coisa ruim. As pessoas deveriam cometer erros de omissão em vez de erros de comissão. Portanto, essa tendência é percebida como "resistência à mudança", mas ela está de fato relacionada ao medo do possível fracasso (ou mesmo a falta de sucesso) de uma proposta de mudança. Além disso, tendo em vista o número de mudanças organizacionais anteriores que foram consideradas um fracasso ou foram interrompidas antes de sua conclusão, faz sentido que a maioria das pessoas sinta que é mais seguro não apoiar (totalmente) nenhuma nova mudança, em especial aquelas consideradas "radicais".

O motivo específico, afirmou Ackoff, que impede que as organizações adotem o pensamento sistêmico é simplesmente a existência de uma lacuna de conhecimento e experiência relacionada em particular ao "como" (a questões práticas). A maior parte dos programas educacionais sobre o pensamento sistêmico (e provavelmente sobre a TOC) cobre apenas as questões "o quê" e "por que", mas não a questão detalhada do "como". Transmitir aos estudantes e gerentes teorias e exemplos de sucesso sem mostrar qual pressuposto específico sobre a realidade eles terão de mudar e não oferecer meios práticos (métodos, instrumentos, sistemas etc.) para colocar em prática essas teorias as torna impraticáveis. Isso não significa que a maior parte da lógica, dos métodos e dos instrumentos já não exista. Significa simplesmente que essa instrução e conscientização geral, uma vez mais, estão defasadas em relação à inovação e à experiência prática que estão sendo obtidas por um número crescente de adeptos do pensamento sistêmico (McDermott e O'Connor, 1997) e por um número crescente de adeptos da TOC.

O motivo geral e o motivo específico postulados por Ackoff são um lembrete de que qualquer iniciativa de mudança deve não apenas garantir que os princípios subjacentes à mudança sejam bem transmitidos e compreendidos, mas também que esses princípios sejam respaldados por métodos práticos ("como") e exemplos concretos sobre como aplicá-los diariamente. Sem essas "informações acionáveis" e uma cultura que estimule a experimentação e a análise contínua dos sucessos e fracassos para melhorar continuamente nossa percepção a respeito das causas e efeitos [o que Senge (1990) chamou de "criar uma organização aprendente"), devemos supor que a adoção de mudanças, em especial as radicais ou contrárias ao senso comum como a TOC e o pensamento sistêmico, enfrentarão resistência.

O sistema de planejamento de recursos corporativos não é compatível com um PMC como o gerenciamento de pulmões

Os sistemas de *planejamento de recursos corporativos* (*enterprise resources planning* – ERP) normalmente não dispõem de uma funcionalidade compatível com o GP (documentação dos motivos pelos quais os pedidos entram na zona vermelha ou preta e apresentação de uma análise de Pareto sobre os fatores mais significativos que provocam atrasos ou perda de ganho). Contudo, já foi demonstrado (*e.g.*, Barnard, 2009, utilizando um SAP na ABB) que é possível desenvolver essa funcionalidade de uma maneira relativamente fácil empregando as ferramentas de divulgação de informações incluídas na maioria dos sistemas ERP se a empresa estiver utilizando a solução TOC de produção (TPC/TPC-S e GP). Contudo, se a empresa estiver utilizando o *gerenciamento de projetos pela corrente crítica* (GPCC) para gerenciar suas operações, precisará de um software GPCC terceirizado que disponha da funcionalidade GP.

Utilizando a TOC para focalizar e acelerar as iniciativas de produção enxuta e Seis Sigma

Os métodos, a mentalidade e os ensinamentos aprendidos com os insucessos e sucessos do STP/produção enxuta, TQM/Seis Sigma e outras filosofias de melhoria para obter e manter a MC há anos já são de domínio público. E embora muitos tenham aplicado bem-sucedidamente esses princípios e métodos em sua organização, o índice de insucesso das iniciativas de mudança ainda é grande, mesmo quando elas são realizadas com ajuda da implementação da produção enxuta, do Seis Sigma ou do Balanced Scorecard na empresa como um todo. Três tipos de erro com frequência são cometidos na utilização de métodos de melhoria como o de produção enxuta ou Seis Sigma:

1. Optar por melhorar a maior variação local, lacuna de desempenho (real *versus* possível), ou o maior atraso (desperdício), e não os fatores que apresentam o maior impacto sobre o desempenho organizacional global.
2. Escolher problemas fáceis e solucionáveis (para obter eficiência local, incentivos ou certificação).
3. Escolher problemas que compatíveis com nosso conjunto de instrumentos (a TOC também faz isso).

A principal divergência da TOC para lidar com esses três erros (em relação aos mecanismos de melhoria contínua do STP/produção enxuta e TQM/Seis Sigma etc.) é que a TOC não apoia a MC de todos os processos. A TOC reconhece duas características básicas dos sistemas complexos:

1. Como existem restrições e não restrições, mais nem sempre é melhor. Melhorar o desempenho de uma não restrição específica acima do nível "suficientemente bom" (isto é, o nível de capacidade protetiva necessário para impedir que ele afete negativamente a restrição) não apenas desperdiçará recursos escassos, mas também pode até gerar uma queda de desempenho.
2. Em virtude da não linearidade das interdependências, um pequeno atraso, variação ou lacuna local em uma determinada parte pode provocar um grande atraso ou variação ou lacuna de desempenho no sistema e vice-versa.

Portanto, a TOC focaliza a melhoria contínua do sistema concentrando-se na melhoria da restrição e das não restrições que estão apresentando um desempenho abaixo do nível "suficientemente bom", isto é, que estejam provocando um péssimo aproveitamento ou a falta de elevação da restrição do sistema. O mecanismo de focalização da TOC de monitorar as áreas cujo desempenho está provocando a maior parte dos *status* de pulmão "preto" ou "vermelho" garantirá que as excelentes ferramentas do STP e TQM não sejam desperdiçadas na melhoria de todas as áreas que podem ser melhoradas, mas utilizadas naquelas poucas que devem ser melhoradas para obter mais unidades da meta no presente e no futuro.

Não é de surpreender que uma quantidade cada vez maior de organizações que utilizaram anteriormente apenas a produção enxuta ou o Seis Sigma ou uma combinação de ambos esteja agora compartilhando suas intenções ou os resultados já obtidos com a utilização da TOC como principal mecanismo de focalização em suas iniciativas de melhoria[10] e como o mecanismo para evitar os três erros citados antes.

A título de exemplo, a Sanmina SCI, grande fabricante de semicondutores nos Estados Unidos, divulgou (Pirasteh, 2007) que a empresa realizou um estudo sobre 21 de suas fábricas ao longo de um período de 2,5 anos para avaliar os resultados obtidos com a produção enxuta (quatro fábricas), apenas com o Seis Sigma (11 fábricas) e com o TLS (teoria das restrições como instrumento de focalização para a produção enxuta e do Seis Sigma (S) (seis fábricas). Os resultados foram extraordinários. Embora cada fábrica tenha contribuído para o total de economias, as seis implementações do TLS contribuíram 89% para o total de economias. Isso significava que a implementação da produção enxuta ou do Seis Sigma poderia ter uma melhoria de 15% se focalizada na área correta (na restrição do sistema ou nas não restrições que impedem o melhor aproveitamento ou a elevação da restrição do sistema).

Outros exemplos da alavancagem que pode ser obtida com a implementação da TOC após a produção enxuta e o Seis Sigma incluem os seguintes:

- A **Delta Airlines** (Mays e Adams, 2007) relatou que, embora tenha implementado o Seis Sigma (1999) e a produção enxuta (2000), a empresa declarou falência sob proteção do Capítulo 11. Em 2006, a empresa iniciou a implementação da TOC em seu departamento de manutenção e reparos e em menos de 12 meses obteve um aumento de 25% no ganho, diminuiu os *tempos de ciclo* (TC) entre 10% e 40% e aumentou suas receitas em 20%, sem aumentar as DOs, o que foi uma contribuição significativa para a bem-sucedida recuperação da Delta.

- O **Centro de Logística Aérea Warner Robins (Warner Robins Air Logistics Center)** relatou que após a bem-sucedida implementação da produção enxuta, o centro diminuiu o TC na manutenção do C5-Galaxy de *390 dias* para em torno de *240 dias* entre 2000 e 2005. Após a implementação da TOC, o centro conseguiu reduzir esse tempo para *170 dias* em menos de seis meses (uma redução de mais 30%).

- Por volta de 2004, a **Seagate Technologies** (Zephro, 2004) havia concluído mais de 4.700 projetos Seis Sigma, divulgado uma economia de $ 1,2 bilhão e treinado mais de 8 mil funcionários como faixa verde, faixa marrom e faixa preta. Porém, uma revisão de seus projetos Seis Sigma e o *feedback* dos interessados a fizeram perceber que a fase de análise DMAIC[11] não tinha um instrumento consistente de efeito-causa-efeito, que a fase de melhoria DMAIC não tinha um instrumento eficaz para o desenvolvimento de soluções e um método para solução de conflitos, que os projetos geralmente levavam muito tempo para serem concluídos (em mais de seis meses, em média) e que os funcionários treinados não tinham um método para priorizar e minavam os projetos. Para solucionar esses problemas, a Seagate introduziu o processo de pensamento da

---

[10] Consulte, por exemplo, T. Pyzdek e P. A. Keller, *The Six Sigma Handbook*, 3ª ed. (Nova York: McGraw-Hill, 2010, pp. 127-133).

[11] DMAIC é o acrônimo do processo Seis Sigma que abrange cinco etapas – definir, medir, analisar, melhorar e controlar.

TOC para complementar as ferramentas DMAIC. Os resultados foram impressionantes: a empresa passou a ter mais projetos aprovados por estar mais focalizada e a enunciar mais claramente os problemas e o rumo das soluções, o que incluía o esclarecimento sobre como todos os interessados se beneficiariam. Além disso, a empresa relatou uma menor resistência à adesão quanto às soluções propostas e maior êxito e rapidez na conclusão dos projetos (o índice conclusão de projetos aumentou 80% e o número de projetos concluídos aumentou 70%). Os indivíduos que receberam o grau de faixa preta, marrom e verde transacional elegeram a *árvore da realidade atual* (ARA), a *árvore da realidade futura* (ARF) e a evaporação das nuvens (EN) como as ferramentas Seis Sigma mais úteis para as fases desde a introdução.

Não são apenas o STP/produção enxuta e TQM/Seis Sigma que estão se beneficiando do mecanismo de focalização da TOC. Determinados pesquisadores que estão utilizando métodos de melhoria, como a reengenharia de processos de negócio (Al-Mashari *et al.*, 2001), o gerenciamento ágil para o desenvolvimento de *software* (Anderson, 2003), o custeio baseado em atividades (Vergauwen e Kerckhoffs, 2009), a implementação de *software* ERP (Barnard, 2001; 2009) e o Balanced Scorecard (Breyfogle, 2008), estão começando a apresentar estudos de caso que demonstram que a utilização da TOC como uma "abordagem holística" possibilita a obtenção de melhorias mais rápidas e significativas e diminui ou evita os altos índices de insucesso anteriores, decorrentes do desperdício de métodos eficazes em ótimos locais. Esses resultados evidenciam até que ponto a TOC, enquanto mecanismo de focalização, pode liberar o potencial inerente.

Utilizando a E&T da TOC como ferramenta de MC e auditoria

Introdução ao processo de pensamento E&T da TOC

O "novo" processo de pensamento baseado na TOC, denominado *árvore de estratégias e táticas* (E&T), introduzido por Eli Goldratt e colaboradores (2002), está sendo visto por um número crescente de executivos e gerentes aos quais foi apresentado como uma das inovações mais importantes para assegurar a definição, validação apropriada, divulgação e implementação de estratégias empresariais ou organizacionais holísticas e desse modo promover a harmonia dentro das organizações. A árvore de E&T, acreditam eles, pela primeira vez pode lhes oferecer um processo prático e uma estrutura lógica para definir e divulgar todas as mudanças necessárias e adequadas, bem como a sequência de implementação dessas mudanças para obter mais unidades da meta para a organização – não apenas o que mudar; mais importante do que isso, o que não mudar e particularmente como implementar as mudanças e por quê.

Tal como em vários avanços revolucionários, essa inovação iniciou-se com uma pergunta básica feita por Goldratt (Goldratt et al., 2002): "Se as 'estratégias' estiverem de fato no ponto mais alto de uma iniciativa ou organização e definirem a direção que determina todas as atividades e as 'táticas' estiverem abaixo de uma iniciativa ou organização e definirem as atividades necessárias para implementar as estratégias, onde terminam as 'estratégias' e onde começam as 'táticas'?".

Goldratt percebeu que a resposta a essa pergunta exigia que as palavras "estratégia" e "tática" fossem definidas mais claramente do que antes. Suas novas definições eram inerentemente simples, mas eficazes. Ele decidiu definir "estratégia" como, basicamente, a resposta à pergunta "Para quê?". (A resposta é o objetivo de uma proposta de mudança.) E definiu "tática" como, basicamente, a resposta à pergunta "Como?". (A resposta são os detalhes da proposta de mudança.) Com base nessas definições, fica claro que toda estratégia (para quê?) deve ter uma tática correspondente (como?) e, portanto, que a estratégia e tática sempre devem formar "pares" e existir em todos os níveis organizacionais.

A Figura 15.18 mostra a implicação das mudanças nas definições de estratégia e tática propostas por Goldratt.

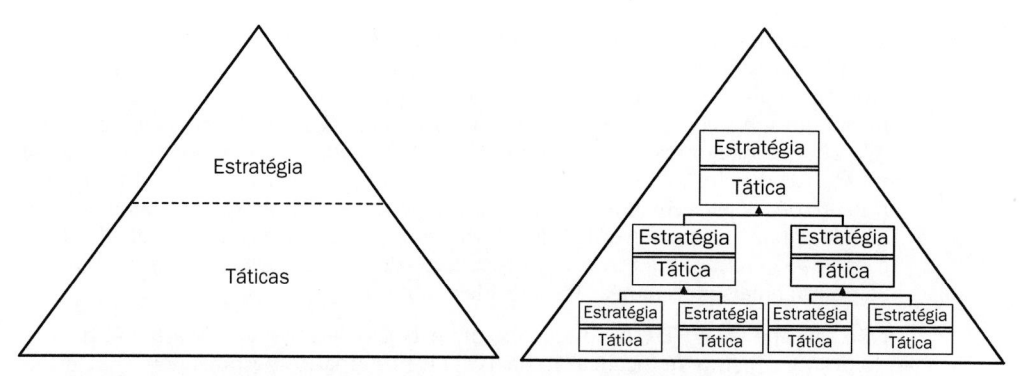

FIGURA 15.18 Definição da árvore de E&T tradicional em contraposição à de Goldratt.

Desse modo, a árvore de E&T proposta por Goldratt (Goldratt *et al.*, 2002) pode ser vista como uma árvore lógica simples das mudanças propostas que devem ser necessárias e adequadas para assegurar a obtenção sincronizada de mais unidades da meta para a organização. Todavia, qualquer árvore lógica só é válida se o forem os pressupostos nos quais ela se baseia. Portanto, é responsabilidade dos diretores e gerentes de todos os níveis organizacionais não apenas contribuir para a definição e divulgação da estratégia e tática de cada mudança proposta, mas também definir e divulgar a lógica da mudança proposta. Isso inclui o motivo por que a mudança proposta é de fato necessária para atingir o objetivo de nível mais alto e, por fim, a meta da empresa e o motivo por que se afirma que é possível atingir o objetivo (estratégia) da mudança (considerando, particularmente, que é provável que ele nunca tenha sido atingido antes). Em seguida, eles devem analisar por que afirmam que a mudança proposta (tática) é a melhor ou mesmo a única forma de atingir a estratégia da mudança e, por fim, o conselho ou a advertência que eles dariam aos seus subordinados para que a implementação da mudança proposta seja adequada.

Dessa maneira, cada nó de E&T na árvore é basicamente uma mudança proposta que deve responder:

1. Por que a mudança é necessária (pressuposto de necessidade)?
2. Qual é o objetivo mensurável específico da mudança (estratégia)?
3. Por que afirmamos que a estratégia é possível e que exigências específicas, possíveis ramificações negativas ou obstáculos devem ser considerados ao escolhermos entre as formas possíveis (tática) de atingir a estratégia (pressupostos paralelos que associam a estratégia com a tática)?
4. Qual é a melhor maneira de atingir o objetivo da mudança (tática); por exemplo, que mudanças devem ser feitas nos processos, nas diretrizes, nos sistemas de TI ou nas mensurações?
5. Que conselho ou aviso deve ser dado aos subordinados, o qual, se ignorado, provavelmente colocará em risco a adequação dos passos que eles dariam para implementar essa tática e os quais são propensos a ser ignorados (sem o aviso) (pressuposto de suficiência)?

A Figura 15.19 mostra como a E&T pode ser utilizada para definir e divulgar a mudança necessária e, desse modo, "obter um mecanismo de focalização para melhoria processual/elevação de capacidade", respondendo explicitamente as perguntas:

1. Por que a mudança é necessária (pressuposto de necessidade)?
2. Qual o objetivo mensurável específico da mudança (estratégia)?

	DETALHES DA E&T DA ANÁLISE DE PULMÃO DA TOC (PMC)	
1 VISÃO VIÁVEL Meta organizacional: crescimento lucrativo e sustentável	**4.11.5**	**Mecanismo de focalização para a melhoria/ elevação dos processos**
	PRESSUPOSTOS DE NECESSIDADE Por que a mudança é necessária?	• Muitas iniciativas de melhoria operacional local (mesmo nos casos em que existem boas ferramentas de melhoria, como as técnicas de análise da causa básica, produção enxuta e Seis Sigma) de fato melhoram o desempenho local, mas, muitas vezes, essas melhorias locais não se traduzem em melhorias globais • As consequências de não ter capacidade protetiva suficiente são um longo tempo de atravessamento e um DDE insuficiente
2.1 CRESCIMENTO BÁSICO Confiabilidade/ disponibilidade vantagem competitiva	**ESTRATÉGIA** Qual o objetivo da mudança?	Todas as iniciativas de melhoria local na produção de fato contribuem de maneira significativa para o desempenho global e existe capacidade protetiva suficiente para obter um alto nível de DDE
3.1.1 DESENVOLVER Nível extraordinário de desempenho da data de entrega e de disponibilidade	**PRESSUPOSTOS PARALELOS** Por que a mudança atinge o objetivo?	• Se existir um recurso com restrição de capacidade (CCR), os trabalhos em andamento amontoarão nesse recurso • Quando a liberação de materiais é controlada (sincronizada com a demanda), os únicos centros de trabalho em que os trabalhos em andamento se amontoam são CCRs/gargalos reais • Os CCRs também podem ser identificados com um registro sobre "O que os pedidos pretos e vermelhos estavam aguardando" • Na maioria dos casos, é possível exibir uma capacidade adicional por meio de um melhor APROVEITAMENTO, como assegurar que os CCRs não façam intervalos no almoço ou na mudança de turno, garantir que nunca ocorra inanição ou bloqueio nos CCRs (utilizando pulmões de tempo/estoque e espaço), diminuir a carga de trabalho dos CCRs em centros de trabalho menos "eficazes" que tenham grande excesso de capacidade, utilizar as técnicas de produção enxuta/Seis Sigma para diminuir o tempo de setup ou preparação/variação nos CCRs ou ELEVAR a capacidade com hora extra ou aprovação de aquisição de imobilizado para os CCRs etc
4.11.5 PMC ANÁLISE DE PULMÃO DA TOC para focalizar melhorias processuais e elevação de capacidade	**TÁTICA** Como a mudança será implementada?	1. Com relação a todos os pedidos vermelhos e pretos e aos pulmões de estoque vermelhos e pretos, os funcionários registram "O que o pedido ou pulmão preto/vermelho estava esperando". 2. Os CCRs são identificados e efetivamente removidos por meio de melhorias processuais focalizadas (melhor aproveitamento/elevação, a ponto de todos os recursos carregados terem pelo menos 20% de capacidade protetiva). 3. Os sistemas ERP [e os sistemas de execução da produção (*manufacturing execution systems* — *MES*) são modificados para que sejam compatíveis com essa funcionalidade.

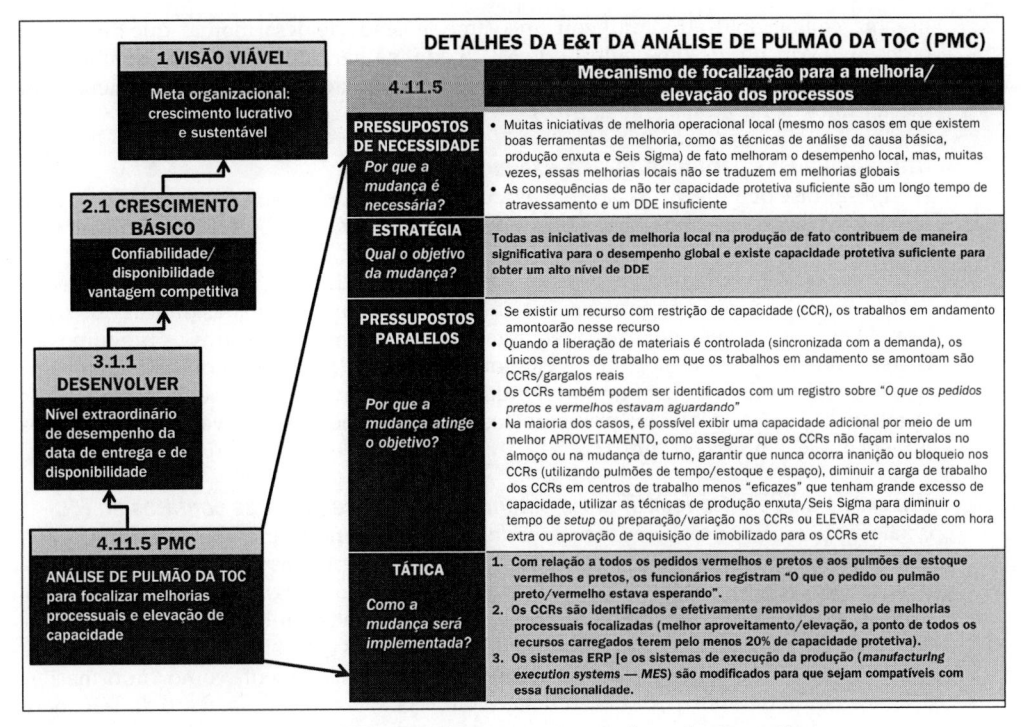

FIGURA 15.19 Nível 4.11.5 da E&T para obter um processo de melhoria contínua.

3. Por que o objetivo é possível e por que a tática é o "melhor" método (pressupostos paralelos)?, e
4. Como (o novo procedimento para implementar a mudança)?

A atualização mais recente das aplicações do GP da TOC como um PMC pode ser encontrada nas árvores de E&T genéricas[12] disponibilizadas por Goldratt. As partes relevantes do PMC das árvores de E&T para empresas fabris, empresas de distribuição e empresas de projeto estão incluídas nessas árvores de E&T genéricas. Todos esses PMCs normalmente têm três componentes: (1) os motivos documentados do *status* dos pulmões vermelho e preto, (2) realização de uma análise de Pareto para identificar as principais causas de atraso/indisponibilidade e (3) desenvolvimento e implementação de projetos de melhoria (*e.g.*, eventos *kaizen*) para abordar as principais causas de atraso/indisponibilidade.

Utilizando a árvore de E&T para obter harmonia dentro das empresas

Quanto desse conhecimento é definido, documentado e divulgado apropriadamente e validado/invalidado sistematicamente em uma organização comum? A experiência prática demonstra que pouquíssimas organizações, quando muito, tiveram o cuidado de desenvolver sua própria estratégia e tática empresarial com esse nível de detalhe. Infelizmente, diretores e funcionários de todos os níveis têm um preço a pagar por não serem capazes de responder essas perguntas básicas em sua área de responsabilidade. O preço que você paga é o risco a que Goldratt chamou, em eventos públicos recentes, de "desarmonia"

---

[12] Todas as árvores de E&T mais recentes estão disponíveis em www.goldrattresearchlabs.com, onde é possível baixar gratuitamente o visualizador do Harmony S&T.

organizacional. Goldratt identificou cinco "mecanismos de desarmonia" que dificultam o desenvolvimento de uma cultura de MC e de uma harmonia dentro de qualquer organização e para os quais uma árvore de E&T bem definida e expressa pode oferecer os mecanismos de harmonia (Tabela 15.6).

Utilizando a E&T para monitorar a execução

A famosa frase de Edison "Visão sem execução é uma alucinação" é um lembrete para o fato básico de que, se não houver continuação e execução, não obteremos os resultados desejados.

Como a E&T contém todos os objetivos que não precisam ser obtidos (estratégias ou "saber o que") e as mudanças essenciais que devem ser implementadas (táticas ou "saber como") em cada nível e em cada área organizacional, bem como todos os pressupostos correspondentes ("saber por quê"), ela pode ser utilizada como um dos principais instrumentos de auditoria. Estamos atingindo nossos objetivos? Implementamos as táticas aprovadas? Se não, quais dos pressupostos expressos não são mais válidos e como eles podem ou devem ser corrigidos?

Utilizando a E&T para identificar e eliminar sistematicamente os conflitos de MC

Qualquer pessoa que tenha experimentado conhece as dificuldades para criar uma E&T. Existe a dificuldade de saber quais perguntas devem ser feitas para identificar as mudanças necessárias e adequadas e a sequência segundo a qual essas mudanças devem ser implementadas, a dificuldade de responder essas perguntas (utilizando uma sólida relação de causa-efeito) e, por fim, o desafio de verbalizar as respostas de uma maneira que garanta que as mudanças propostas sejam transmitidas claramente como "informações acionáveis". Entretanto, podemos utilizar o outro processo de pensamento da TOC para nos ajudar a superar alguns ou mesmo todas essas dificuldades?

Nos últimos dois anos, um novo processo para utilizar o processo de pensamento tradicional da TOC (como os EIs e o diagrama de conflitos foi testado como parte de um processo de MC e auditoria para validar ou mesmo criar novos blocos de E&T (Barnard, 2009). A Figura 15.20 mostra esse novo processo aplicado ao gerenciamento de projetos. O processo pode ser iniciado em qualquer nível organizacional em que uma clara lacuna de desempenho restringe a consecução da meta de mais alto nível da organização.

A primeira etapa requer a identificação dessa lacuna ou defasagem de desempenho, validando a extensão e a consequência de não preencher essa lacuna em relação à

Tabela 15.6 Mecanismos de desarmonia *versus* mecanismos de harmonia

Número	Mecanismos de desarmonia	Mecanismos de harmonia
1	Não saber qual é a minha própria contribuição ou pensar que minha contribuição não é reconhecida.	Saber exatamente como devo contribuir e saber que minha contribuição será reconhecida.
2	Não saber como os outros devem contribuir ou pensar que sua contribuição é muito ou pouco reconhecida.	Saber exatamente como os outros contribuirão e saber que sua contribuição será reconhecida.
3	Conflitos inerentes sobre as regras a serem utilizadas para contribuir melhor para a meta da empresa.	Todas as "regras" estão alinhadas com a meta e a estratégia da empresa.
4	Lacunas não solucionadas entre responsabilidade e autoridade (o que provoca contínuos combates de incêndio).	As lacunas entre responsabilidade e autoridade são identificadas e removidas sistematicamente.
5	Inércia ou medo que não é verbalizado, o que bloqueia a MC.	O processo e a cultura de MC estão focalizados na restrição.

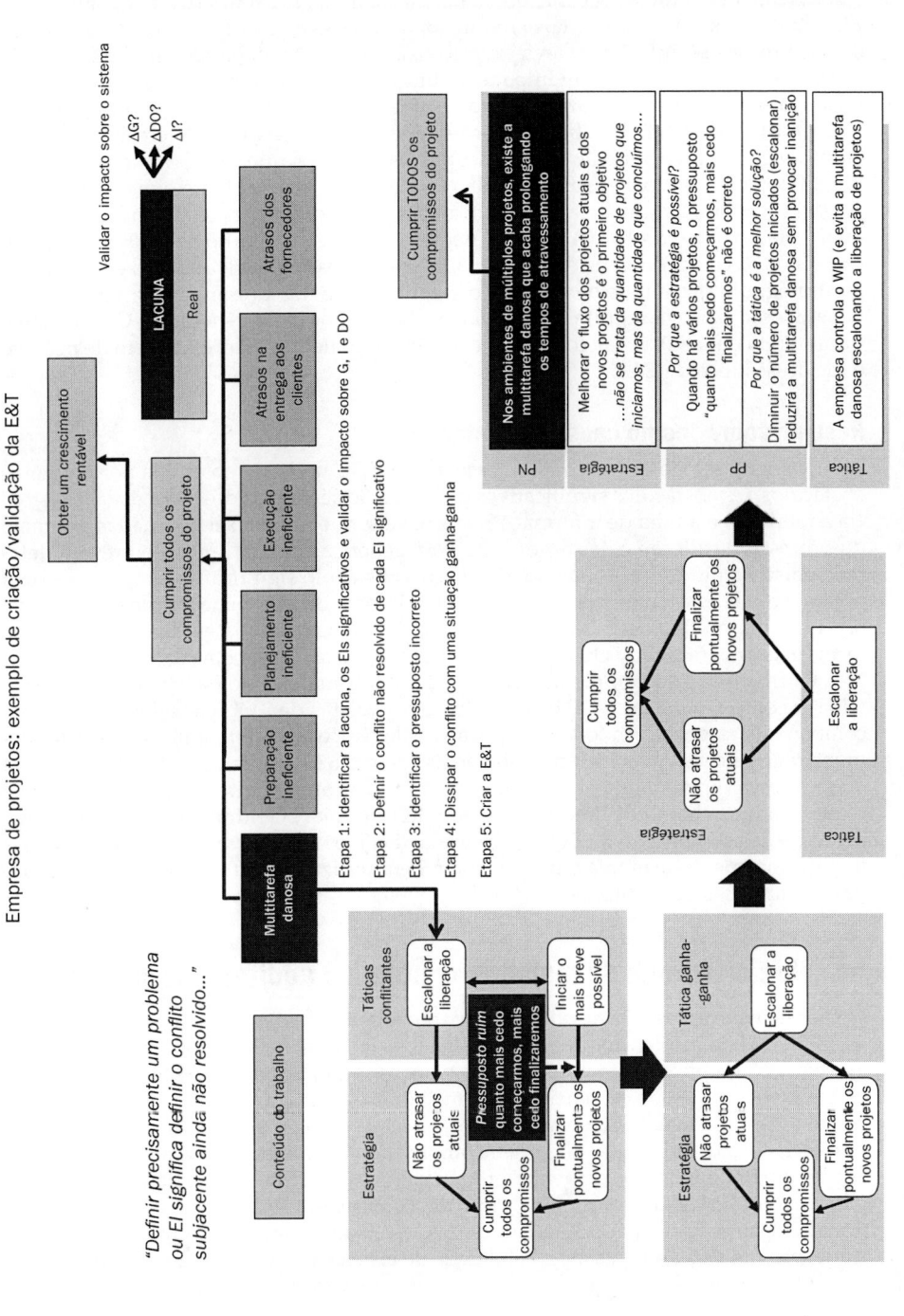

FIGURA 15.20 Processo proposto utilizando o diagrama de conflitos para a criação/validação de novas entidades da E&T.

meta da organização (*e.g.*, utilizando o impacto da lacuna sobre o ganho, o inventário e as despesas operacionais da organização) e, por fim, identificando os principais EIs (causas independentes que contribuem para a lacuna). No exemplo que se segue, esses EIs retratam as seis causas mais comuns de atraso, estouro de orçamento ou definição de um escopo inferior na área de projetos. A segunda etapa requer a definição do conflito de subordinação que impede a eliminação dos EIs mais significativos (com relação à sua contribuição para o lacuna de desempenho). O exemplo exibido na Figura 15.20 mostra o conflito de subordinação relacionado com esses EIs. A terceira e a quarta etapa exigem a identificação dos pressupostos errôneos que provocam o conflito e a identificação do novo pressuposto e da nova regra correspondente que evaporarão o conflito. Por fim, a quinta etapa transforma essas percepções na estrutura da E&T, na qual o objetivo do conflito (A) é equivalente ao objetivo mais alto da E&T (*e.g.*, "Cumprir todos os compromissos do projeto"), as condições básicas (B&C) são equivalentes à estratégia, o pressuposto contestado é equivalente aos pressupostos paralelos e a nova injeção (a nova regra) para satisfazer B e C é equivalente à tática. O EI original (multitarefa danosa) e suas consequências são equivalentes ao pressuposto de necessidade desse bloco de E&T.

Resumo sobre "como causar a mudança"

A implementação de um novo PMC baseado na TOC pode ser obstruída por inúmeros obstáculos. Os obstáculos significativos que deverão ser superados são a usual resistência à mudança e a falta de informações acionáveis, que podem ser abordadas por meio do processo de adesão e das árvores de E&T genéricas da TOC (que descrevem detalhadamente a mudança recomendada). Outro obstáculo significativo ocorre quando a organização já está investindo em outra metodologia de MC como a produção enxuta, o Seis Sigma ou Balanced Scorecard. Inúmeras organizações já evidenciaram de que forma elas integraram a TOC como mecanismo de focalização com sua metodologia de MC. Outro obstáculo à implementação é o fato de a maioria dos sistemas ERP (ainda) não ser compatível com o GP da TOC (os especialistas da TOC consideram o GP um componente essencial em todos os aplicativos logísticos). Porém, uma vez mais foi demonstrado que sistemas ERP convencionais como o SAP podem ser modificados para oferecer essa funcionalidade. O último obstáculo à implementação que analisamos é o que Goldratt chama de "mecanismos de desarmonia". Goldratt propôs que o novo processo de pensamento da TOC, a árvore de E&T, é o melhor meio de eliminar esses mecanismos de desarmonia e podemos também utilizar a E&T como uma das principais ferramentas de auditoria.

Resumo sobre o sistema de melhoria contínua e auditoria segundo a TOC

Em consequência dos empreendimentos para melhorar continuamente as organizações, as iniciativas de mudança tornaram-se uma constante na maioria das organizações do presente. Nos últimos cem anos, houve avanços importantes no desenvolvimento de mentalidades e métodos essenciais para melhorar e auditar continuamente o desempenho organizacional. Infelizmente, apesar desses avanços, a maior parte (de 60% a 80%) das iniciativas de mudança ainda não cumpre seu objetivo original e algumas até provocam uma queda no desempenho ou o insucesso. Esse alto índice de insucessos com frequência desencadeia um círculo vicioso de maior resistência à mudança e menores expectativas, impedindo que as novas iniciativas recebam o apoio e os recursos necessários, o que, por sua vez, aumenta a probabilidade de insucesso e, novamente, gera resistência à mudança e baixas expectativas. Mas por que as pessoas resistem à mudança? Existem ao menos cinco motivos diferentes e cada um requer uma solução diferente para superar essa resistência. Resistimos quando:

1. A mudança (necessária para solucionar um problema ou interromper o círculo vicioso) é contrária ao senso comum.
2. Não se percebe nenhum benefício na mudança ou o "custo" percebido supera o benefício (para nós).
3. A mudança não é suficientemente detalhada para fornecer informações acionáveis.
4. A mudança apresenta possíveis pontos negativos para nós e para outros interessados.
5. Existem obstáculos à implementação da mudança.

Os erros cometidos em virtude dessa resistência podem ser classificados como erros de omissão (não fazer o que deve ser feito), erros de comissão (fazer o que não deve ser feito ou fazer a coisa certa da maneira errada) e erros de detecção e correção (não detectar ou corrigir ou levar muito tempo para detectar ou corrigir, não obstante os dados disponíveis). Para combater esses "erros", as organizações precisam adotar um mecanismo de focalização holístico para identificar *quando* (e quando não) devem realizar mudanças e *quais* mudanças devem ser realizadas (e quais não devem), por meio dos cinco passos de focalização e do processo de pensamento da TOC, e *como* devem implementar essas mudanças de uma forma sustentável. Elas precisam também de um mecanismo de apoio à tomada de decisões no sistema como um todo (*e.g.*, a CG da TOC), bem como de um mecanismo de rápido *feedback* a fim de diminuir o *tempo de detecção* e o *tempo de correção* dos erros cometidos (*e.g.*, GP da TOC). Em conclusão, as organizações que desejam alcançar um processo de melhoria contínua têm de criar uma cultura que garanta que o medo do fracasso não se torne uma das principais causas de erros de omissão e de erros de detecção e correção.

Henry Ford e Taiichi Ohno ofereceram excelentes exemplos sobre como criar um mecanismo holístico de MC e a cultura necessária (com base no método científico) para inspirar a MC em todos os níveis e dentro de todos os departamentos, mas que buscassem apoiar a visão global. Ambos acreditavam que tudo pode ser melhorado e tomaram o cuidado de fazer com que essa crença, e sua visão sobre onde a MC seria mais valiosa para a organização (e outros interessados), fosse transmitida continuamente e praticada em toda a organização. Eles também tinham consciência da importância de criar um ambiente seguro (para diminuir os erros de omissão provocados pelo medo do fracasso) que estimulasse experimentos contínuos com o objetivo de encontrar os meios mais adequados, mais simples e mais rápidos de fazer as coisas com menos desperdício e, por fim, utilizaram "auditorias" contínuas para que houvesse conformidade com as práticas de referência mais recentes (até o momento em que pudessem ser aprimoradas) e o alinhamento entre as diretrizes organizacionais e a visão que ambos tinham (evitar diretrizes conflitantes). Isso está totalmente de acordo com a orientação da solução proposta atualmente pela TOC, embora a TOC tenha dado um passo adiante com o objetivo de oferecer um mecanismo de focalização simples mas eficaz que possibilite que a administração distinga entre as várias coisas que podem ser melhoradas e as poucas que devem ser melhoradas agora, bem como um processo simples de resolução de conflitos para dissipar qualquer conflito que impeça a MC na organização como um todo.

A mentalidade subjacente da TOC, os cinco passos de focalização e o processo de pensamento, bem como os mecanismos específicos do PMC, definiram soluções para cada aplicação da TOC utilizando dois mecanismos de monitoramento de pulmão para focalizar as iniciativas de MC. O mais simples controla o ponto em que o WIP está aumentando a fim de identificar onde o fluxo está sofrendo atraso (na restrição ou no CCR). O segundo emprega a análise de Pareto para identificar as principais causas do *status* vermelho e preto dos pulmões (diagnósticos de pulmão), o que constitui um excelente mecanismo de focalização para as técnicas de grande eficácia de redução de tempo, desperdício e oscilação da produção enxuta e do Seis Sigma. Esse mecanismo de focalização provavelmente ajudará a garantir que a administração tenha um foco de fato adequado, realizando o que deve ser realizado e, mais importante do que isso, não realizando o que não deve ser realizado (e isso com certeza poupará uma quantidade significativa de tempo, energia e dinheiro). Esse método provavelmente assegurará que a organização obtenha crescimento e estabilidade (concentrando os recursos escassos apenas na melhoria contínua das áreas ou dos processos que precisam ser melhorados para aumentar o fluxo das unidades da meta).

Para que a alta administração e os demais interessados contribuam ativamente e envolvam-se com as iniciativas de mudança, eles precisam compreender por que a mudança é necessária, e isso exige que eles percebam a lacuna entre a condição atual e a condição futura desejada na restrição do sistema e identifiquem as consequências (sobre o sistema como um todo) do preenchimento ou não dessa lacuna. Somente quando esses fatores forem totalmente compreendidos, os interessados conseguirão avaliar de maneira plena, por meio do processo de pensamento da TOC e, quando necessário, de outras ferramentas de análise das causas básicas, o que deve ser mudado (o que precisa ser interrompido para solucionar os atuais EIs), para o que se deve mudar (o que é necessário começar a fazer sem correr o risco de gerar novos EIs) e como se deve provocar a mudança. O processo só se concluirá quando todas as mudanças necessárias e adequadas tiverem sido ordenadas em um roteiro que supere prováveis obstáculos à implementação e seja definido com um nível de detalhe suficiente para oferecer "informações acionáveis".

A nova árvore de E&T da TOC oferece um método estruturado e sistemático para definir e transmitir uma análise desse tipo ou uma estratégia empresarial global de uma maneira que crie harmonia (eliminando os mecanismos de desarmonia usuais) e, visto que ela explicita os pressupostos subjacentes a cada mudança, é também uma ferramenta prática de auditoria para todos os níveis e departamentos organizacionais.

Em suma, lembre-se de que o nosso foco determina nossa realidade. Tente melhorar tudo ou solucionar todos os problemas, e o possível tornar-se-á impossível. Tente melhorar apenas alguns poucos pontos de alavancagem, e de repente o impossível tornar-se-á possível.

Referências

Ackoff, R. L. "Why Few Organizations Adopt Systems Thinking". *Systems Research and Behavioral Science*, 23, 2006, pp. 705-708.

Al-Mashari, M., Irani, L. e Zairi, M. 2001. "Holistic Business Process Reengineering: An International Empirical Survey". 34° Congresso Internacional Anual no Havaí sobre Ciência Sistêmica, vol. 8.8022 (HICSS-34).

Anderson, D. J. *Agile Management for Software Engineering: Applying the Theory of Constraints for Business Results*. Upper Saddle River, NJ: Prentice Hall PTR, 2003.

Barnard A. "Using TOC to Implement SAP: African Explosives Ltd." Estudo de Caso. Anais do Congresso de Saphila sobre os Usuários SAP. África do Sul, 2001.

Barnard, A. "New Developments and Innovations in the Theory of Constraints Thinking Processes". Trabalho apresentado no Congresso da TOCICO em Cambridge, Reino Unido, outubro de 2003.

Barnard, A. "Using a Simplified Theory of Constraints Approach to Achieve More with Less in Less Time within the Public Sector". Anais do Congresso da TOCICO, Las Vegas, Nevada, 3-6 de novembro de 2007.

Barnard, A. "ABB Case Study Helping Achieve One-Simple-ABB with TOC in SAP". Anais do Congresso SAPICS 2009. África do Sul, junho de 2009.

Breyfogle III, F. W. *The Integrated Enterprise Excellence System: An Enhanced, Unified Approach to Balanced Scorecards, Strategic Planning, and Business Improvement*. Austin, TX: Bridgeway Books, 2008.

Christensen, C. *The Innovator's Dilemma: When New Technologies Cause Great Firms to Fail*. Boston, MA: Harvard Business School Press, 1997.

Corbett, T. *Throughput Accounting*. Croton-on-Hudson, NY: North River Press, 1998.

Ford, H. *Today and Tomorrow*. Garden City, NY: Doubleday, 1926. Reimpresso em 1988 pela Productivity Inc.

George, M. L. *Lean Six Sigma: Combining Six Sigma Quality with Lean Speed*. Nova York: McGraw Hill, 2002.

Goldratt, E. M. *What Is This Thing Called Theory of Constraints and How Should It Be Implemented?* Croton-on-Hudson, NY: North River Press, 1990a.

Goldratt, E. M. *The Haystack Syndrome*. Croton-on-Hudson, NY: North River Press, 1990b.

Goldratt, E. M. *Goldratt Satellite Program, Session 8: Strategy & Tactics*. Transmitido de Brummen, Holanda: Programa Satélite de Goldratt, 1999. Série em vídeo: 8 DVDs.

Goldratt, E. M. *The Choice*. Great Barrington, MA: North River Press, 2008a.

Goldratt, E. M. *The Goldratt Webcast Program on Project Management: Sessions 1–5*. Roelofarendsveen, Holanda: Goldratt Marketing Group, 2008b. Série em vídeo: 5 sessões.

Goldratt, E. M. "Standing on the Shoulders of Giants". *The Manufacturer*, junho de 2009. http://www.themanufacturer.com/uk/content/9280/Standing_on_the_shoulders_of_giants. Acesso em 4 de fevereiro de 2010.

Goldratt, E. M. e Cox, J. *The Goal: Excellence in Manufacturing*. Croton-on-Hudson, NY: North River Press, 1984.

Goldratt, E. M. e Cox, J. *The Goal: A Process of Ongoing Improvement*. Ed. rev. Croton-on-Hudson, NY: North River Press, 1986.

Goldratt, E. M., Goldratt, R. e Abramov, E. "Strategy & Tactics". 2002. Não publicado.

Imai, M. *Kaizen: The Key to Japan's Competitive Success*. Nova York: McGraw-Hill/Irwin, 1986.

Kaplan, R. S. e Norton, D. P. *The Strategy-Focused Organization: How Balanced Scorecard Companies Thrive in the New Environment*. Boston, MA: Harvard Business School Press, 2002.

Knight, A. "Making TOC the Main Way of Managing the Health System". Congresso da TOCICO, Cambridge, Reino Unido, 2003.

Kotter, J. P. *Leading Change*, Cambridge, MA; Harvard Business School Press, 1996.

Mabin, V. J. e Balderstone, S. *The World of Theory of Constraints: A Review of the International Literature*. Boca Raton, FL: St. Lucie Press, 1999.

May, G. e Adams, G. "A Case Study: The Change and Challenge in Engine Maintenance at Delta Airlines". Congresso Internacional da TOCICO, Las Vegas, Nevada, 3-6 de novembro de 2007.

McDermott, I. e O'Connor, J. *The Art of Systems Thinking: Essential Skills for Creativity and Problem Solving*. Hammersmith, Londres: Thorsons Publishing, 1997.

Ohno, T. *Toyota Seisan Hoshiki*. Tóquio: Diamond Publishing, 1978.

Ohno, T. *Toyota Production System: Beyond Large-Scale Production*. Nova York: Productivity Press, 1988 (primeira tradução para o inglês).

Ormerod, P. *Why Most Things Fail: Evolution, Extinction and Economics*. Nova York: Pantheon Publishing, 2006.

Pande, P. S., Nueman R. P. e Cavanagh, R. R. *The Six Sigma Way: How GE, Motorola, and Other Top Companies are Honing Their Performance*. Nova York, NY: McGraw-Hill, 2000.

Pink, D. *Drive: The Surprising Truth about What Motivates Us*. Nova York: Penguin Group, 2007.

Pirasteh, R. "TLS (Theory of Constraints Lean Six Sigma) Continuous Improvement Trio: Is It Not Time to Think Differently?" Congresso Internacional da TOCICO, Las Vegas, Nevada, 3-6 de novembro de 2007.

Senge, P. M. *The Fifth Discipline: The Arts & Practice of the Learning Organization*. Nova York: Doubleday Publishing, 1990.

Shimokawa K. e Fujjimoto T. *The Birth of Lean: Conversations with Taiichi Ohno, Eiji Toyoda and Other Figures Who Shaped Toyota Management*. Cambridge, MA: Lean Enterprise Institute Inc., 2009.

Tucker, R. B. *Driving Growth Through Innovation: How Leading Firms Are Transforming Their Futures*. San Francisco, CA: Berrett-Koehler Publishers, 2002.

Zephro, C. "Integrating the TOC Thinking Process & Six Sigma at Seagate Technologies". Anais do Congresso Internacional da TOCICO, Miami, Flórida, outubro de 2004.

Sobre o autor

Dr. Alan Barnard é diretor executivo do Goldratt Research Labs, diretor do Goldratt Group (África) e presidente da Realization Africa e atua como auditor de projetos em inúmeros projetos de grande porte da TOC ao redor do mundo. Uma das paixões de Alan é aplicar em indivíduos e também em organizações sem fins lucrativos e governos as mesmas técnicas de identificação e liberação do potencial inerente aplicadas nas empresas (ele é o principal facilitador do programa anual Odisseia) para ajudá-los a conseguir mais com menos e em menor tempo. Alan é também ex-presidente da Organização Internacional de Certificação em Teoria das Restrições (TOCICO) (2003-2005), ex-presidente da Associação de Gestão de Operações da África do Sul (SAPICS) (1998-2002), presidente do Instituto Odisseia da TOC e nos últimos sete anos tem atuado como juiz do Prêmio de Empreendedor em Logística Nacional da África do Sul. Alan tirou o bacharelado em engenharia industrial (com distinção) em 1991 e concluiu o mestrado e o doutorado em gestão de tecnologia e informação no Instituto de Tecnologia Da Vinci em 2009. O título de sua tese de doutorado foi *How to Identify and Unlock Inherent Potential within Organizations and Individuals Using the System's Approach of Theory of Constraints* (Como Identificar e Liberar o Potencial Inerente nas Organizações e nos Indivíduos Utilizando o Método Sistêmico da Teoria das Restrições).

Apêndice A: modelos de oportunidade de melhoria contínua

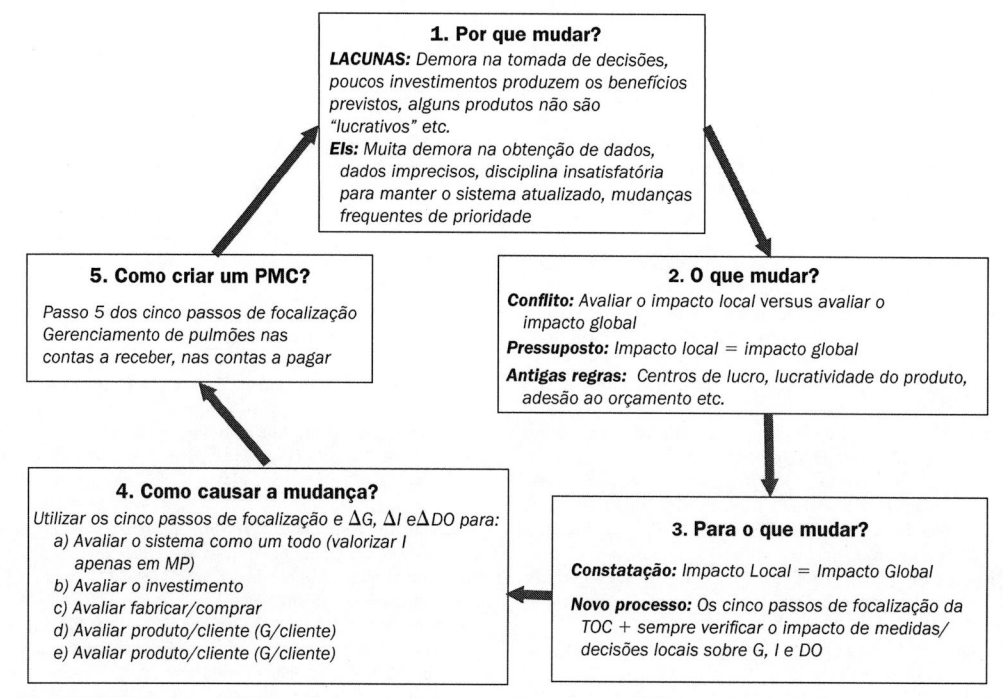

1. Por que mudar?
LACUNAS: Demora na tomada de decisões, poucos investimentos produzem os benefícios previstos, alguns produtos não são "lucrativos" etc.
EIs: Muita demora na obtenção de dados, dados imprecisos, disciplina insatisfatória para manter o sistema atualizado, mudanças frequentes de prioridade

5. Como criar um PMC?
Passo 5 dos cinco passos de focalização
Gerenciamento de pulmões nas contas a receber, nas contas a pagar

2. O que mudar?
Conflito: Avaliar o impacto local versus avaliar o impacto global
Pressuposto: Impacto local = impacto global
Antigas regras: Centros de lucro, lucratividade do produto, adesão ao orçamento etc.

4. Como causar a mudança?
Utilizar os cinco passos de focalização e ΔG, ΔI eΔDO para:
a) Avaliar o sistema como um todo (valorizar I apenas em MP)
b) Avaliar o investimento
c) Avaliar fabricar/comprar
d) Avaliar produto/cliente (G/cliente)
e) Avaliar produto/cliente (G/cliente)

3. Para o que mudar?
Constatação: Impacto Local = Impacto Global
Novo processo: Os cinco passos de focalização da TOC + sempre verificar o impacto de medidas/decisões locais sobre G, I e DO

FIGURA 15.21 Aplicação das cinco perguntas: gerenciamento das finanças segundo a TOC.

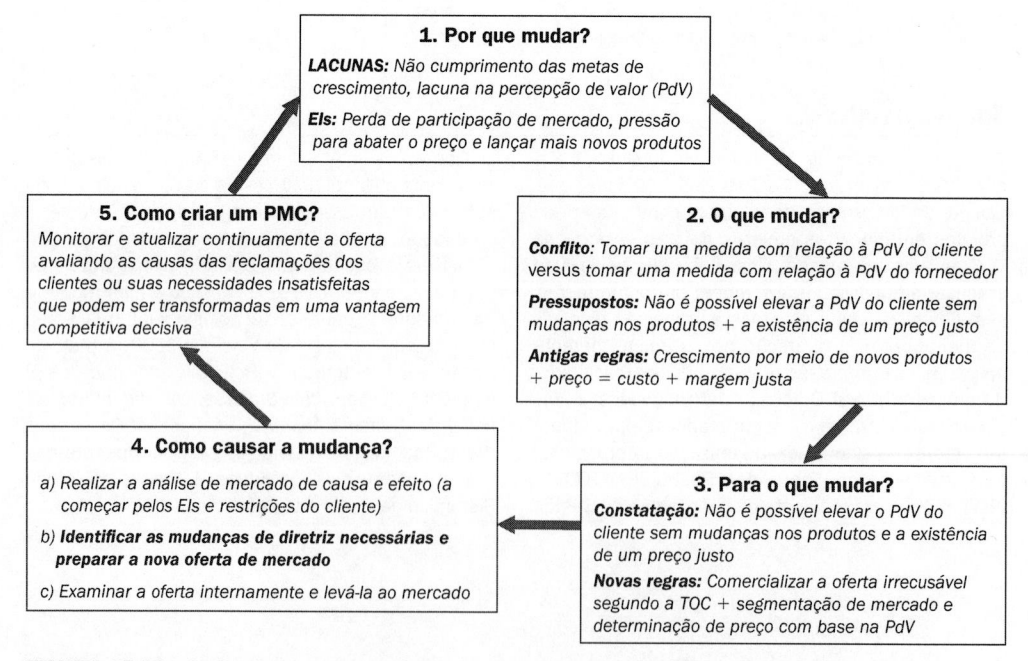

1. Por que mudar?
LACUNAS: Não cumprimento das metas de crescimento, lacuna na percepção de valor (PdV)
EIs: Perda de participação de mercado, pressão para abater o preço e lançar mais novos produtos

5. Como criar um PMC?
Monitorar e atualizar continuamente a oferta avaliando as causas das reclamações dos clientes ou suas necessidades insatisfeitas que podem ser transformadas em uma vantagem competitiva decisiva

2. O que mudar?
Conflito: Tomar uma medida com relação à PdV do cliente versus tomar uma medida com relação à PdV do fornecedor
Pressupostos: Não é possível elevar a PdV do cliente sem mudanças nos produtos + a existência de um preço justo
Antigas regras: Crescimento por meio de novos produtos + preço = custo + margem justa

4. Como causar a mudança?
a) Realizar a análise de mercado de causa e efeito (a começar pelos EIs e restrições do cliente)
b) **Identificar as mudanças de diretriz necessárias e preparar a nova oferta de mercado**
c) Examinar a oferta internamente e levá-la ao mercado

3. Para o que mudar?
Constatação: Não é possível elevar o PdV do cliente sem mudanças nos produtos e a existência de um preço justo
Novas regras: Comercializar a oferta irrecusável segundo a TOC + segmentação de mercado e determinação de preço com base na PdV

FIGURA 15.22 Aplicação das cinco perguntas: gerenciamento de marketing segundo a TOC.

Capítulo 15 ▪ Melhoria contínua e auditoria

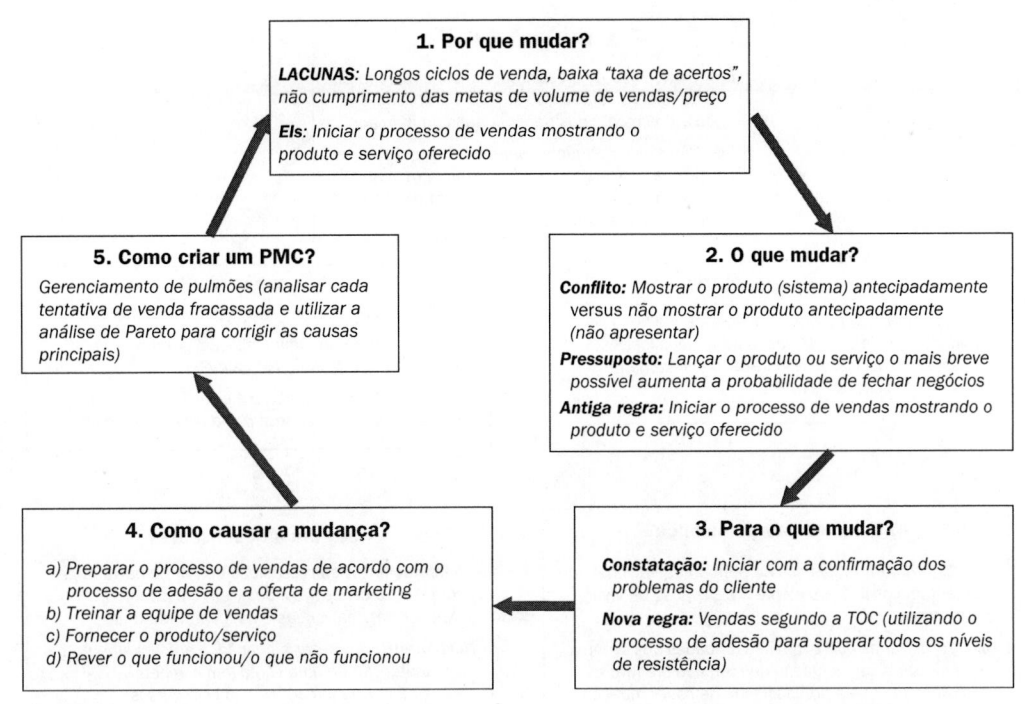

1. Por que mudar?
LACUNAS: Longos ciclos de venda, baixa "taxa de acertos", não cumprimento das metas de volume de vendas/preço
Eis: Iniciar o processo de vendas mostrando o produto e serviço oferecido

5. Como criar um PMC?
Gerenciamento de pulmões (analisar cada tentativa de venda fracassada e utilizar a análise de Pareto para corrigir as causas principais)

2. O que mudar?
Conflito: Mostrar o produto (sistema) antecipadamente versus não mostrar o produto antecipadamente (não apresentar)
Pressuposto: Lançar o produto ou serviço o mais breve possível aumenta a probabilidade de fechar negócios
Antiga regra: Iniciar o processo de vendas mostrando o produto e serviço oferecido

4. Como causar a mudança?
a) Preparar o processo de vendas de acordo com o processo de adesão e a oferta de marketing
b) Treinar a equipe de vendas
c) Fornecer o produto/serviço
d) Rever o que funcionou/o que não funcionou

3. Para o que mudar?
Constatação: Iniciar com a confirmação dos problemas do cliente
Nova regra: Vendas segundo a TOC (utilizando o processo de adesão para superar todos os níveis de resistência)

FIGURA 15.23 Aplicação das cinco perguntas: gerenciamento de vendas segundo a TOC.

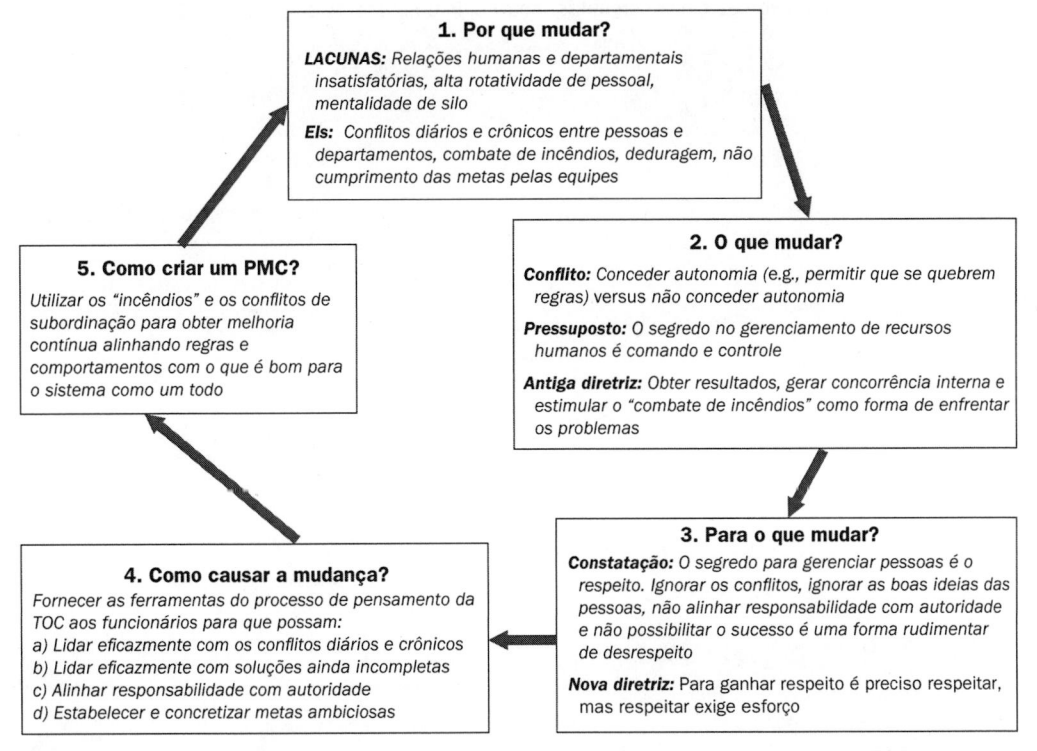

1. Por que mudar?
LACUNAS: Relações humanas e departamentais insatisfatórias, alta rotatividade de pessoal, mentalidade de silo
Eis: Conflitos diários e crônicos entre pessoas e departamentos, combate de incêndios, deduragem, não cumprimento das metas pelas equipes

5. Como criar um PMC?
Utilizar os "incêndios" e os conflitos de subordinação para obter melhoria contínua alinhando regras e comportamentos com o que é bom para o sistema como um todo

2. O que mudar?
Conflito: Conceder autonomia (e.g., permitir que se quebrem regras) versus não conceder autonomia
Pressuposto: O segredo no gerenciamento de recursos humanos é comando e controle
Antiga diretriz: Obter resultados, gerar concorrência interna e estimular o "combate de incêndios" como forma de enfrentar os problemas

4. Como causar a mudança?
Fornecer as ferramentas do processo de pensamento da TOC aos funcionários para que possam:
a) Lidar eficazmente com os conflitos diários e crônicos
b) Lidar eficazmente com soluções ainda incompletas
c) Alinhar responsabilidade com autoridade
d) Estabelecer e concretizar metas ambiciosas

3. Para o que mudar?
Constatação: O segredo para gerenciar pessoas é o respeito. Ignorar os conflitos, ignorar as boas ideias das pessoas, não alinhar responsabilidade com autoridade e não possibilitar o sucesso é uma forma rudimentar de desrespeito
Nova diretriz: Para ganhar respeito é preciso respeitar, mas respeitar exige esforço

FIGURA 15.24 Aplicação das cinco perguntas: gerenciamento de pessoas segundo a TOC.

1. Por que mudar?

LACUNAS: Falta de crescimento financeiro, falta de um ambiente de trabalho seguro e gratificante e não atendimento das necessidades do mercado

Eis: Não existe nenhuma vantagem competitiva real, a maioria das iniciativas de investimento acaba não saindo do papel, há pressão para enxugar a empresa, terceirizar etc.

2. O que mudar?

Conflito: Demitir versus não demitir funcionários

Pressuposto: Existe uma limitação externa para aumentar o ganho (que está além do nosso controle)

Antiga diretriz: A maneira mais confiável de obter melhorias contínuas é focalizar a redução de custos

3. Para o que mudar?

Constatação: As empresas que criaram uma vantagem competitiva conseguem obter um crescimento exponencial nas vendas e na lucratividade

Nova diretriz: Enfatizar a criação, o aproveitamento e a manutenção de uma vantagem competitiva + segmentar o mercado, e não os recursos

4. Como causar a mudança?

Fase 1: Introduzir mudanças no método operacional que aumentem consideravelmente a percepção de valor do mercado

Fase 2: Utilizar as diferentes necessidades dos clientes para induzir a segmentação de mercado e entrar em mercados em que a probabilidade de haver retrações econômicas simultâneas é baixa

5. Como criar um PMC?

Instaurar uma cultura e um processo de melhoria contínua em toda a organização para identificar, analisar e (se desejável) aproveitar continuamente novas oportunidades de melhoria

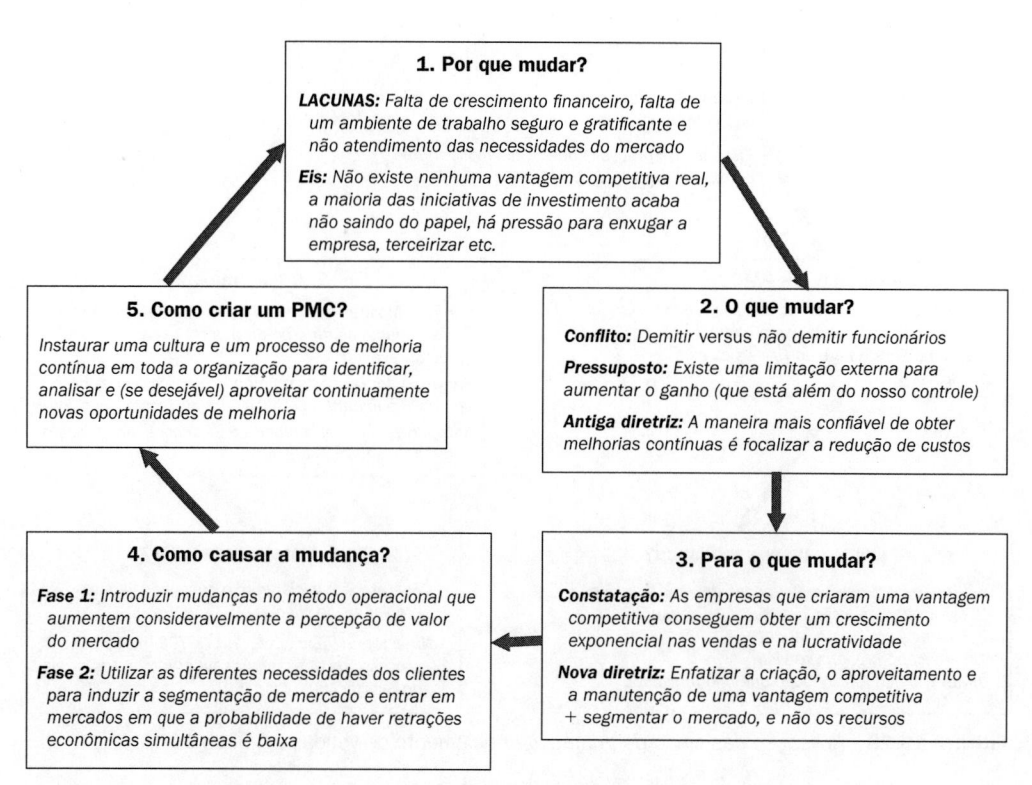

FIGURA 15.25 Aplicação das cinco perguntas: estratégia empresarial segundo a TOC.

16
Estudos de caso sobre implementações holísticas da TOC
Constatações nos setores público e privado

Dr. Alan Barnard e Raimond E. Immelman

Introdução

Este capítulo apresenta uma perspectiva histórica a respeito da necessidade de um método holístico para a implementação da *teoria das restrições* (*theory of constraints* – TOC) e também compartilha as experiências e ideias de dois especialistas da TOC (Alan Barnard e Ray Immelman), ambos responsáveis por várias implementações dessa teoria, por meio de dois estudos de caso de implementações holísticas da TOC – um do setor público (gestão de resíduos sólidos em cidades africanas) e um do setor privado (First Solar Inc.).

Perspectiva histórica das implementações holísticas da TOC

Normalmente as pessoas são apresentadas à TOC por meio do livro *The Goal* (*A Meta*) (Goldratt, 1984). Uma pergunta comum após a leitura desse livro é: "Como podemos reproduzir os êxitos de Alex Rogo descritos em *A Meta*?".

Desde a publicação de *A Meta*, em 1984, a utilização e implementação da TOC deram origem a milhares de exemplos de sucesso em praticamente todos os setores e tipos de organização imagináveis. Os fatos relacionados com a maioria das implementações da TOC são em grande medida impressionantes.

- Quase todos que tentam implementar a TOC obtêm resultados.
- Os resultados normalmente são admiráveis e com frequência superam o que se supõe possível.
- Os resultados normalmente são obtidos em um período bastante curto.
- Na maioria das vezes, praticamente não é necessário incorrer em nenhum custo ou investimento complementar.

Com base nessas afirmações, nas pressões que a maioria das organizações vem sofrendo para fazer mais em menos tempo com os mesmos recursos ou com menos recursos e que atualmente várias organizações de grande porte contam com um ou mais exemplos de sucesso da TOC internos ou pelo menos em seu setor, seria de esperar que a maior parte delas estivesse tentando implementar a TOC e particularmente de uma maneira holística.

Copyright © 2010 Dr. Alan Barnard e Raimond E. Immelman.

Infelizmente, a maioria dos sucessos anteriores provém da implementação da TOC em uma única ou em poucas áreas da organização. Essas implementações "locais" sempre são acompanhadas de uma quantidade significativa de riscos e oportunidades perdidas (como demonstram alguns casos de sucesso da TOC que não resistiram à prova do tempo[1]), que incluem:

1. Implementar a TOC em uma área (não restrição) que já tenha atingido um nível de desempenho "suficientemente bom" e na qual, portanto, uma melhoria não geraria mais unidades da meta para a organização.
2. Melhorar uma restrição a ponto de a restrição passar para outro elo da cadeia e então ser forçado a cortar o "excesso" de capacidade no elo da TOC, muito provavelmente aniquilando quaisquer outras iniciativas de melhoria contínua.
3. Não tirar proveito da melhoria de desempenho em uma área transformando-a em uma vantagem competitiva que possa levar os clientes a pagar mais ou comprar mais (apenas 1% de aumento no volume de vendas ou no preço de venda médio proporcionado por essa vantagem competitiva pode gerar 10% ou 20% de aumento no lucro líquido).
4. Não reutilizar os cinco passos de focalização da TOC quando a restrição muda ou não elevar as não restrições para manter a restrição no mesmo lugar.

Já na década de 1990, o próprio Goldratt começou a revelar suas preocupações com o fato de, em sua opinião, a maioria das implementações da TOC não ser holística e a lembrar adeptos e consultores da TOC de que a verdadeira meta não era simplesmente fazer mais dinheiro ou obter mais unidades da meta, mas, de acordo com o subtítulo de *A Meta*, colocar as organizações em "*um processo de melhoria contínua*" (PMC) e por fim transformá-las em "organizações sempre florescentes (a consequência desejada de uma implementação holística da TOC)".

Porém, como colocamos a organização como um todo (não apenas os departamentos de operações, distribuição, engenharia ou vendas) em um PMC e de uma maneira[1] que a implementação de todas as mudanças ganha-ganha esteja sincronizada para melhorar o desempenho e o valor de forma contínua e exponencial e melhorar a estabilidade/segurança de todos os interessados?[2]

Ao que se revela, responder a essa pergunta tão ampla foi mais difícil do que jamais se imaginou. Não é de surpreender que, para elaborar a primeira resposta a essa pergunta, Goldratt, com o auxílio de centenas de especialistas e adeptos exclusivos da TOC, tenha levado mais 15 anos desde a publicação inaugural de *A Meta*.

O programa satélite de Goldratt

Em dezembro de 1999, Goldratt convidou diretores do mundo inteiro para se juntar a ele em uma série de oito transmissões por satélite para compartilhar suas ideias sobre a superação dessa dificuldade. Nessas sessões, Goldratt (1999) prometeu revelar não apenas a essência das soluções da TOC, mas também o que ele considerava os principais obstáculos à implementação holística dessas soluções.

Goldratt afirmou que, quando muito, os obstáculos têm pouca relação com o tipo de setor ao qual uma organização pertence, com seu ambiente econômico ou mesmo com seu porte. A maioria deles, se não todos, tem uma coisa em comum: todos eles são obstáculos

---

[1] Exemplos de histórias de sucesso da TOC que não se mantiveram ou que fracassaram com o tempo em virtude de um ou mais dos erros relacionados são a Bethlehem Steal e a General Motors.

[2] Eli Goldratt (Goldratt, 1999b) chama de "curva vermelha" o crescimento exponencial do desempenho e de "curva verde" a melhoria de estabilidade com rendimentos decrescentes, rumo a um patamar máximo.

psicológicos relacionados ao ser humano. Goldratt acreditava que a identificação desses obstáculos e a criação de um processo para superar favoravelmente cada um deles eram o segredo para implementar a TOC de uma maneira holística.

Nas oito sessões, cada uma delas sobre uma área diferente da organização e, portanto, com uma solução distinta, Goldratt apresentou as respostas relativas a três perguntas: *o que mudar, para o que mudar e como causar a mudança*. Essas sessões abrangeram o método de gerenciamento da TOC para operações, finanças e mensurações, desenvolvimento de produtos e engenharia, distribuição, marketing, vendas, obtenção de adesão e gestão de recursos humanos e, por fim, o método da TOC de elaboração de uma estratégia empresarial para a restrição a fim de sincronizar a implementação de todas as aplicações da TOC.

Com relação às organizações que participaram dessa iniciativa global, Goldratt revelou suas próprias ideias e experiências com respeito a organizações que tentaram implementar a TOC de forma holística por meio de uma série de 14 cartas intituladas "POOGI Forum Letters" ["Cartas do Fórum sobre o PMC" (Goldratt, 1999b)]. Na Carta 12, Goldratt abordou diretamente a dificuldade "Como Implementar a TOC Holisticamente?" e referiu-se novamente à "síndrome X-Y" (coberta pela Carta 8), que descreve o dilema de "X" (o departamento que empregou a TOC em busca de melhoria) quando a restrição muda para outro departamento ("Y").

A síndrome X-Y das implementações locais da TOC

Na Carta 8, Goldratt sustentou que as organizações enfrentaram um dilema importante quando começaram a utilizar uma visão holística. Para melhorar continuamente o desempenho de uma organização, a respectiva administração deve conduzi-la de acordo com uma visão holística, o que exige que ela comece com uma aplicação restrita da TOC. Ao mesmo tempo, para melhorar continuamente o desempenho da organização, a administração não deve introduzir outro programa "de curta duração", o que requer que ela não comece com uma aplicação restrita da TOC.

Goldratt propôs que a solução para evaporar esse conflito é contestar o pressuposto de que "o único modo de introduzir uma visão holística é começar com um projeto local". Mas por onde devemos começar?

- Na área mais receptiva?
- Na área mais representativa?
- Na área que constitui a restrição?

Goldratt advertiu que nenhuma das respostas acima é válida para a *síndrome X-Y*. Ele desafiou os diretores a pensar sobre o que ocorre a uma parte ou elo gerenciado de acordo com uma visão holística (X) enquanto o restante da organização (Y) é gerenciado convencionalmente. (Consulte a Figura 16.1.)

Embora a princípio X fosse a restrição, é claro que em pouco tempo as respectivas melhorias seriam obstruídas por outro elo anterior ou posterior (Y), visto que uma melhoria

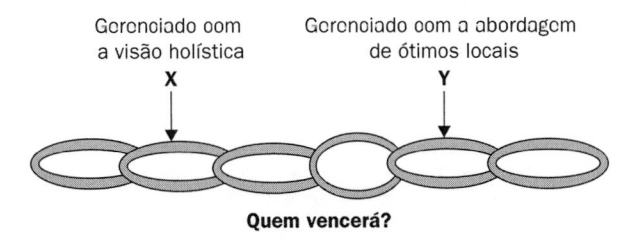

FIGURA 16.1 A síndrome X-Y – quem vencerá?

significativa de "X" (*e.g.*, operações) criará uma pressão importante sobre "Y" (*e.g.*, aquisição, engenharia, vendas ou mesmo o marketing). Quando Y não conseguir melhorar seu desempenho, "X" começará a se sentir frustrado e a lutar com o sistema ou a cadeia como um todo. Na maioria dos casos, essa será uma batalha perdida.

Como a realidade demonstrou que, embora possível, é improvável que o melhor desempenho de X decorrente da utilização da abordagem da TOC/holística inspire outros elos anteriores ou posteriores a seguir o exemplo, a questão então é saber por onde ou talvez de que forma iniciar a implementação de uma visão holística como a TOC.

De acordo com a proposição de Goldratt, em vez de iniciar com uma implementação local ou piloto (introduzir uma visão holística com uma implementação local é um paradoxo), por que não estimular primeiramente todos os principais interessados a divisar uma estratégia holística para organização?

O método "4 × 4": primeira tentativa no processo para iniciar a implementação holística da TOC

Para implementar a TOC holisticamente em toda a organização, duas mudanças de paradigma são fundamentais. O primeiro está relacionado com o potencial inerente que pode ser liberado na maioria das organizações e em cada departamento organizacional simplesmente mudando as regras do método tradicional ou do *mundo dos custos*[3] para o método da TOC ou do mundo dos ganhos.

O segundo paradigma está relacionado à importância das pessoas e ao fato de ser possível, com a abordagem correta, transformar a resistência à mudança em uma contribuição ativa para a mudança, desde que ela faça sentido e na medida em que ela se baseie em uma solução ganha-ganha. Segundo Goldratt, para introduzir a visão holística, é aconselhável (se possível) expor essas duas mudanças essenciais de paradigma aos principais interessados, informando-os sobre as soluções da TOC para cada elo, e em seguida orientá-los a utilizar as ideias obtidas de modo que se conceba uma estratégia atraente para a respectiva organização, respaldada por táticas prudentes, delineadas em um plano de ação detalhado que deve ser alcançado por meio do consenso entre todos os grupos de interesse.

Nesse sentido, conduzir a organização de acordo com uma visão holística, afirmou Goldratt, provavelmente poderia dissipar o conflito com relação ao local em que ela deve ser iniciada, visto que o primeiro "projeto local" simplesmente será a primeira etapa para implementar uma estratégia holística para a organização.

Contudo, Goldratt advertiu que para alcançar um "consenso verdadeiro" não é suficiente que cada um dos altos executivos concorde com o resultado ou sinta que suas preocupações (pelo menos as importantes e urgentes) foram abordadas adequadamente. Para que o plano de ação resultante seja implementado de maneira dinâmica, todos os altos executivos devem sentir legitimamente que sua contribuição é vital e que o resultado é uma responsabilidade sua; isto é, todos os altos executivos devem se envolver e assumir totalmente a responsabilidade de fazer com que isso funcione.

No entanto, Goldratt também advertiu que inúmeros obstáculos podem bloquear esse objetivo:

- A direção estratégica concentra-se apenas no lado em que existe o conflito (ótimos locais *versus* globais ou curto prazo *versus* longo prazo).

---

[3] (Mundo dos custos: gerenciamento por meio de regras que supõem que os ótimos globais são iguais à soma dos ótimos locais.) Mundo dos ganhos: gerenciamento por meio de regras que reconhecem que os ótimos globais são diferentes da soma dos ótimos locais. Os ótimos globais são obtidos por meio de uma melhor proteção, aproveitamento e elevação das restrições do sistema para aumentar as respectivas unidades da meta (ganho) com o mínimo de despesas operacionais e investimentos.

Capítulo 16 ▪ Estudos de caso sobre implementações holísticas da TOC

- A direção estratégica nada mais é que o refinamento de um compromisso existente, como buscar diminuir ainda mais os tempos de ciclo dos processos quando a principal causa dos atrasos é o loteamento de pedidos.
- As táticas sugeridas baseiam-se nos pressupostos errôneos prevalecentes, como o de que melhorar as eficiências é a forma mais adequada de diminuir o custo por unidade.

Para superar esses obstáculos e concretizar plenamente o objetivo de desenvolver uma estratégia holística para a organização, Goldratt propôs um novo processo – o 4 × 4.

O primeiro "4" refere-se aos 4 dias nos quais a administração, por meio do auxílio de um facilitador especializado na TOC, obteria uma profunda compreensão de todas as principais relações de causa e efeito que regem a organização. Os pressupostos errôneos prevalecentes em cada um dos principais departamentos da organização seriam expostos à administração e ela se familiarizaria com as soluções sensatas (da TOC) procedentes de uma visão holística.

Goldratt também chamou a atenção para os obstáculos que poderiam minar a obtenção dos resultados na primeira sessão de quatro dias. Ele fez advertências contra:

- A tendência à precipitação (buscar uma solução quando ainda não existe consenso sobre o problema).
- Pessoas dominantes (que dificultam a contribuição de outras pessoas).
- A falta de disciplina na lógica formal (aceitar qualquer ressalva ou ideia sem ter um questionamento).

Para superar esses obstáculos e assegurar um consenso verdadeiro acerca da estratégia holística que precisa ser implementada, Goldratt propôs o segundo "4" – os 4 dias dedicados à análise integral das ferramentas do processo de pensamento da TOC sobre a organização para obter consenso a respeito de *o que mudar* (primeiro dia), *para o que mudar* (segundo dia) e *como causar a mudança* (terceiro dia), ficando o quarto dia como tempo de reserva.

Goldratt propôs as etapas seguintes (que seguem o método das três nuvens apresentado nos Capítulos 24 e 25):

Para chegar a um consenso verdadeiro sobre *"O que mudar?"*

1. Todo indivíduo fala sobre os *efeitos indesejáveis* (EIs) mais importantes existentes em sua área de responsabilidade, com relação à concretização da meta da organização (ou ao preenchimento da lacuna).
2. Todo indivíduo apresenta o diagrama de evaporação das nuvens (EN) que o impede de eliminar os EIs pelos quais é responsável.
3. O grupo chega ao diagrama de evaporação das nuvens (o conflito mais profundo que bloqueia o crescimento e a estabilidade da organização como um todo, do qual todos os outros conflitos de EI são apenas exemplos).

Para chegar a um consenso verdadeiro sobre *"Para o que mudar?"*

4. O grupo apresenta os pressupostos errôneos subjacentes ao diagrama de evaporação das nuvens.
5. O grupo identifica o rumo da solução que poderia evaporar o diagrama de evaporação das nuvens.
6. Todo indivíduo aplica a direção da solução ao respectivo diagrama de evaporação das nuvens de EIs para gerar injeções específicas (e eliminar seus EIs específicos e evitar possíveis efeitos negativos sobre qualquer interessado relacionado com a nova solução).
7. O grupo acrescenta as injeções ausentes à direção principal.

Para chegar a um consenso verdadeiro sobre *"Como causar a mudança?"*

8. Todo indivíduo fala sobre os obstáculos que podem impedir a implementação das injeções.
9. Todo indivíduo transforma seus obstáculos em objetivos intermediários.
10. O grupo elabora um roteiro que mostra as dependências entre todas as injeções e objetivos intermediários.
11. O grupo transforma o roteiro em um plano de implementação no qual se atribui cada providência a um diretor ou gerente específico, com a determinação da duração prevista etc. Com base nesse plano é possível criar um plano da corrente crítica.

Um número significativo de organizações seguiu o conselho de Goldratt e iniciou sua jornada para implementar a visão holística da TOC por meio do processo 4 × 4. O processo 4 × 4 parecia funcionar nos locais em que outras abordagens fracassavam porque ajudava a superar alguns obstáculos que outros métodos não conseguiam (Kendall, 2001). Contudo, relatos realizados por adeptos e especialistas de suporte da TOC deixaram claro que ainda havia vários obstáculos que impediam as organizações de implementar as mudanças necessárias e cabíveis para se colocarem no que Goldratt chamou de "curva vermelha e verde" de crescimento exponencial (curva vermelha) maior estabilidade (curva verde).

Um dos maiores obstáculos remanescentes era saber como fazer com que os proprietários/executivos da empresa se tornassem defensores internos da implementação da TOC – uma condição básica para uma implementação holística e sustentável dessa teoria.

A iniciativa da visão viável

Em novembro de 2002, Goldratt escreveu em uma carta: "Quando analiso uma empresa, só fico razoavelmente satisfeito quando vejo com nitidez em que sentido é possível fazê-la um lucro líquido equiparável ao total de vendas atual em menos de quatro anos". Em 2003, Goldratt, em vez de manter essa visão em segredo, compartilhou-a com empresários, executivos e diretores seniores do mundo inteiro. Ele divulgou não apenas sua visão, mas os motivos que o levavam a acreditar que essa visão inacreditável era viável para a maioria das organizações. Muitos empresários e executivos reagiram positivamente ao convite de Goldratt para se associar ao Goldratt Group e a outros profissionais da TOC para confirmar se essa visão inacreditável era viável para as respectivas organizações.

Com isso se abriu uma excelente oportunidade de pesquisa para desenvolver mais a fundo o processo e ajudar as organizações a elaborar uma estratégia empresarial destinada a criar, aproveitar e manter uma vantagem competitiva decisiva atendendo às necessidades fundamentais dos clientes de uma maneira que nenhum concorrente consiga e também a identificar como é possível de fato transformar os proprietários e executivos das empresas em defensores internos para que conduzam pessoalmente a execução da estratégia empresarial.

Desde 2003 muita coisa se aprendeu, não apenas a aumentar a probabilidade de as organizações obterem e manterem o crescimento e a estabilidade desejados, mas também a identificar quais mudanças deveriam ser realizadas na estrutura do processo e da solução em diferentes tipos de organização. Entretanto, sabemos que sem dúvida ainda não chegamos lá. Toda vez que nos deparamos com uma inconsistência entre o que supomos e o que ocorre na realidade, isso nos oferece uma valiosa oportunidade para elaborar e testar uma nova hipótese sobre o que é necessário para que a organização realmente inicie uma empreitada para se transformar em uma organização sempre florescente.

Utilizando a árvore de estratégias e táticas da TOC para conduzir as implementações holísticas

Uma das principais constatações no estudo sobre o que funcionava e o que não funcionava especificamente nos projetos de visão viável e nas implementações holísticas da TOC foi a necessidade de um mecanismo para definir, confirmar e divulgar todas as mudanças essenciais e cabíveis para obter crescimento e estabilidade e a sequência em que essas mudanças devem ser implementadas. Goldratt percebeu que essa dificuldade poderia ser sanada com a *árvore de estratégias e táticas* (E&T), um processo de pensamento que ele criou na década de 1980, mas documentado formalmente em 2002 (Goldratt, Goldratt e Abramov, 2002).

Em 2006, Goldratt começou a se dedicar à elaboração de árvores de E&T genéricas para aquelas organizações que podem transformar a implementação logística da TOC em uma vantagem competitiva decisiva. O objetivo dessas árvores de E&T era não apenas oferecer um mecanismo para capturar todos os conhecimentos "práticos" mais recentes sobre cada uma das aplicações da TOC, mas também evitar os dois erros mais comuns nas implementações holísticas (Ackoff, 2006): os erros de comissão (fazer o que não deve ser feito) e os erros de omissão (não fazer o que deve ser feito).[4]

Contudo, existe alguma "fórmula única" ou um roteiro básico que as organizações possam seguir ao avaliar a possibilidade de implementar a TOC de maneira holística, em particular quando se consideram as diferenças entre os tipos de organização e entre as organizações dos setores público e privado?

Atendendo às diferenças nos setores público e privado

Existem várias diferenças entre as organizações dos setores público e privado, mas ambas enfrentam um fato em comum, de que sempre existe um fator que limita – uma restrição no sistema – a obtenção de mais unidades da meta e de que o sucesso é definido tanto pela sobrevivência (estabilidade) quanto pelo crescimento. As decisões ou ações necessárias para satisfazer esses dois requisitos – crescimento e estabilidade – muitas vezes geram conflitos dentro dessas organizações, como implementar mudanças ou tomar decisões que satisfazem às necessidades de curto prazo dos grupos de interesse mas põem em risco as necessidades de longo prazo desses mesmos grupos de interesse ou de outros interessados ou implementar mudanças ou tomar decisões para melhorar uma área da organização que poderiam comprometer o desempenho de outras áreas (ou mesmo da organização como um todo). Provavelmente, a característica em comum mais importante é que hoje esses dois tipos de organização, mais que em qualquer outro período da história, estão sendo excepcionalmente pressionados para encontrar formas inovadoras para "concretizar mais (unidades da meta) com menos ou os mesmos recursos em menos tempo".

Quanto às organizações do setor privado, essa dificuldade manifesta-se na pressão contínua para que preencham a lacuna entre os retornos reais e esperados de curto e longo prazos para os acionistas. Quanto às do setor público, a dificuldade manifesta-se na pressão contínua para que preencham a grande e muitas vezes crescente lacuna entre os níveis de prestação de serviços e infraestrutura cada vez piores e a crescente demanda por esses serviços nas áreas de saúde, segurança, educação, energia e telecomunicações – particularmente nos países em desenvolvimento ao redor do mundo.

---

[4] Goldratt (2009) havia divulgado recentemente sua percepção de que a TOC pode ser resumida em uma única palavra – FOCO –, tal como descrito no Capítulo 1. Além disso, Goldratt explicou que, para ele, a definição de FOCO é basicamente evitar os dois erros identificados por Ackoff (2006). O FOCO real significa *fazer o que deve ser feito* e *não fazer o que não deve ser feito*.

São essas lacunas entre as expectativas dos grupos de interesse e o desempenho atual de uma organização ou de um sistema que podem dar lugar a círculos viciosos de reações exacerbadas e comedidas ou podem estimular a contestação do *status quo* e promover uma melhoria sustentável. Essas lacunas são um lembrete constante de que deve haver uma forma mais simples, mais rápida, mais adequada e mais confiável para identificar onde e como melhorar nossas organizações.

Todavia, a constatação de que existe uma grande (e possivelmente crescente) lacuna e de que os recursos escassos devem se concentrar em preencher essa lacuna não é suficiente. A administração deve saber quais mudanças são necessárias para preencher essas lacunas e, tão importante quanto, como é possível eliminar os obstáculos e as desculpas para não tomar as providências essenciais e cabíveis para transformar ideias em resultados sustentáveis.

A seção posterior apresenta detalhes e constatações a respeito da implementação holística da TOC no setor público (um relato sobre um programa de cidades sustentáveis para a África) e a seção subsequente apresenta detalhes e constatações sobre a implementação holística da TOC no setor privado (um relato sobre a First Solar).

Implementação holística da TOC no setor público

Nos últimos 25 anos, a TOC ajudou milhares de organizações com fins lucrativos[5] a melhorar seu desempenho e processo de tomada de decisões. Entretanto, não obstante a universalidade da TOC no sentido de ajudar a identificar e revelar o potencial inerente em qualquer sistema orientado a metas, poucas organizações *sem fins lucrativos* (SFL) experimentaram aplicar a TOC e uma quantidade ainda menor tentou implementá-la de maneira holística.[6]

Uma das causas habituais é a percepção de que a TOC provavelmente é muito complexa ou sofisticada para a organização ou de que, como várias organizações SFL não têm declarações de meta do tipo "Obter maior lucratividade no presente e também no futuro", talvez a TOC não funcione no caso delas. Além disso, alega-se que, para qualquer organização SFL chegar ao consenso de que a TOC deve ser implementada de uma forma holística ou apenas avaliada para uma possível implementação, é dez vezes mais difícil do que nas organizações com fins lucrativos em virtude do grande número de interessados.

Nesse estudo de caso, queremos compartilhar as experiências e ideias obtidas sobre como uma nova análise holística simplificada da TOC, a obtenção de consenso e uma postura de contribuição assídua podem ajudar a concretizar o objetivo em grande medida ambicioso de "concretizar mais com os mesmos recursos ou em menos tempo" mesmo nas organizações SFL. Essa nova abordagem simplificada de ganha-ganha-ganha baseia-se na associação dos paradigmas possibilitadores da TOC (discutidos mais adiante) com os cinco passos de focalização e o processo de pensamento, e igualmente com as regras básicas de planejamento e execução recomendadas pelas soluções logísticas da TOC. Seu objetivo é ajudar todos os interessados a identificar e revelar o potencial inerente de um "sistema" pelo qual uma organização SFL é responsável.

---

[5] Um amplo banco de referências com exemplos de sucesso da TOC pode ser encontrado em www.toc-goldratt.com.

[6] A exceção à regra são as implementações holísticas da TOC nos centros de manutenção da Marinha e Força Aérea dos Estados Unidos (www.realization.com), alguns hospitais dos serviços nacionais de saúde do Reino Unido (www.healthcare-toc.com), o Ministério da Terra, Infraestrutura e Transporte do Japão (www.afinitus.com/japanpw.html) e a TOC para Escolas (www.tocforschools.com).

Histórico

Em janeiro de 2007, Michael Funcke-Bartz, da InWEnt – organização alemã dedicada à capacitação internacional – solicitou a assistência de dois especialistas da TOC (Alan Barnard, diretor executivo do Goldratt Research Labs, e Antoine van Gelder, professor e diretor do Departamento de Medicina Interna da Universidade de Pretória) para a estruturação da Cooperação Alemã para o Desenvolvimento, com o objetivo de confirmar se uma análise de restrição simplificada da TOC e um método de elaboração de estratégicas (Barnard, 2003) poderiam ser empregados para ajudar as cidades a eliminar a discrepância entre demanda e oferta, particularmente de serviços básicos. Por volta de 2007, a InWEnt já havia tido êxito em alguns projetos fundamentados na TOC para os setores público (melhorar as capacidades de gestão nos serviços públicos de abastecimento de água) e privado (fortalecer empresas de pequeno e médio portes) em países em desenvolvimento (Funcke-Bartz, 2006), mas revelou que gostaria de testar o impacto de uma abordagem mais holística na utilização da TOC para suplementar e possivelmente focalizar suas próprias iniciativas de desenvolvimento de capacidades.

A InWEnt propôs que isso poderia ser feito com cidades africanas pertencentes ao Programa de Cidades Sustentáveis do HABITAT/Nações Unidas, que havia sido aplicado para ajudar a desenvolver capacidade na área de gestão de resíduos sólidos urbanos, em virtude de sua possível contribuição para a sustentabilidade e diminuição da pobreza nessas cidades.

Para que esse empreendimento fosse iniciado da melhor forma possível, a InWEnt pediu para que essas cidades organizassem um *workshop* estratégico de uma semana com representantes de todos os grupos de interesse vitais, como governos locais e nacionais, prestadores de serviços públicos e privados, comunidade e instituições acadêmicas.

Os grupos de interesse convidados foram informados de que o objetivo do *workshop* era primeiramente trabalhar em conjunto para chegar a um consenso acerca das relações de causa e efeito entre os diversos desafios enfrentados por cada interessado ao lidar com as causas e consequências da grande LACUNA entre a quantidade de lixo criada *versus* a quantidade de lixo coletada diariamente. Em segundo lugar, o objetivo era chegar a um consenso sobre as mudanças e contribuições mínimas de cada interessado que poderiam ajudar a superar as restrições de capacidade e de política de gestão para preencher essa lacuna grande e crescente no presente e no futuro.

Essa oportunidade ofereceu um meio não apenas para testar se a análise de restrição holística da TOC e o *workshop* de formulação estratégica com todos os grupos de interesse eram o melhor ponto de partida no setor público para uma implementação holística da TOC, mas também para confirmar se (mesmo para as organizações SFL e os respectivos grupos de interesse) seria possível utilizar a TOC para ajudar a *concretizar mais com os mesmos recursos ou menos recursos em menos tempo*. Para isso, poder-se-ia ajudar os grupos de interesse a identificar e contestar os pressupostos que possivelmente restrinjam sua capacidade de ver e/ou revelar o potencial inerente deles próprios, das empresas ou mesmo das cidades. Esses pressupostos *limitantes*, particularmente se defendidos pelos principais interessados de um sistema, podem pôr em risco a capacidade desse sistema de atingir o crescimento e estabilidade desejados ou necessários.

Quatro cidades africanas foram escolhidas para o processo de desenvolvimento de capacidades com base na TOC, que seria iniciado com um *workshop* estratégico de análise de restrições focado na gestão de resíduos sólidos:

1. Cidade A – população acima de 3 milhões de pessoas
2. Cidade B – população de mais de 0,5 milhão de pessoas
3. Cidade C – população acima de 2,5 milhões de pessoas
4. Cidade D – população acima de 2,5 milhões de pessoas

Estruturação do *workshop* de cinco dias e do processo de implementação da TOC

Fatores complicadores no setor público

Antes de iniciar esse empreendimento, uma equipe de especialistas da TOC foi advertida de que o setor público é bem mais "complexo" que as organizações do setor privado. Pessoas bem informadas nessa área advertiram que normalmente não existe nenhuma meta clara e o sistema está cheio de burocratas, que Russell Ackoff (2006) define como aqueles indivíduos com o poder de dizer "Não", mas sem o poder de dizer "Sim". Advertiu-se também que muitas vezes há grande desconfiança entre os grupos, maior resistência à mudança em virtude da consciência de que políticas ou decisões erradas podem ter consequências catastróficas, vários objetivos, algumas vezes conflitantes (o que dificulta a "focalização"), e pouca tolerância aos "princípios e melhores práticas empresariais", particularmente para com um método empresarial denominado *teoria* das restrições.

A equipe também foi informada de que, embora várias organizações internacionais doadoras (de cooperação) e de desenvolvimento de capacidades estejam realizando um excelente trabalho nos países em desenvolvimento, muitas dessas iniciativas lutam para resolver os conflitos subjacentes e de fato obter o consenso geral, a contribuição e o comprometimento de todos os grupos de interesse para que se produzam os resultados desejados de uma maneira sustentável.

O passo seguinte no processo de estruturação foi utilizar as perguntas da TOC sobre gestão de mudanças. O objetivo era oferecer uma pauta para os cinco dias e planejar um processo em torno dessas cinco perguntas (apresentadas abaixo) que produzisse os resultados pretendidos pelo *workshop* de uma forma que ajudasse a superar obstáculos genéricos e específicos à obtenção de consenso sobre onde seria necessário concentrar os recursos escassos.

Análise simplificada da TOC e roteiro de implementação

De acordo com a proposta que a equipe de especialistas de estruturação de processo da TOC apresentou à InWEnt, o melhor ponto de partida (Barnard, 2008) seria um *workshop* estratégico de análise de restrições de cinco dias. O processo seguiria uma versão simplificada e aprimorada do tradicional roteiro de análise da TOC (que cobria apenas o que mudar, para o que mudar e como causar a mudança) e deveria abranger as seguintes etapas:

Etapa 0: Introdução sobre a Abordagem Holística, os Processos e os Paradigmas da TOC

Etapa 1: Consenso sobre *O Que Mudar?*

Etapa 2: Consenso sobre *Por Que Mudar?*

Etapa 3: Consenso sobre *Para o Que Mudar?*

Etapa 4: Consenso sobre *Como Causar a Mudança?*

Etapa 5: Consenso sobre *Como Avaliar a Mudança e Atingir um Processo de Melhoria Contínua?*

Esse roteiro serviria também de pauta para os cinco dias.

No primeiro dia, o objetivo seria cobrir as etapas 0 e 1 – obter consenso sobre a nova abordagem holística da TOC (transição entre os *paradigmas limitante e possibilitador*) e responder à pergunta "Por Que Mudar?" –, para analisar o sistema e os respectivos grupos de interesse identificando a lacuna nas unidades da meta, as consequências de não preencher essa lacuna e o que impede que cada um dos interessados ajude a fechar a lacuna (os EIs).

No segundo dia, o objetivo seria cobrir a etapa 2 ajudando os grupos de interesse a responder à pergunta "O que mudar?" – identificar os conflitos básicos para cada interessado, bem como os pressupostos subjacentes e respectivas regras e mensurações de "ótimos locais" que devem ser contestadas para eliminar os EIs (preencher a lacuna).

O terceiro dia seria dedicado à etapa 3, responder à pergunta "Para o que mudar?" – identificar o novo ganho: obter contribuições, regras ou mensurações (as injeções) que dissiparão os conflitos básicos, eliminarão os EIs e fecharão a lacuna sem criar novos EIs.

O quarto dia buscaria concluir a etapa 4 respondendo à pergunta "Como causar a mudança?" – identificar possíveis riscos (por exemplo, as injeções que não estão suficientemente detalhadas para oferecer informações acionáveis, as injeções que têm possíveis consequências negativas ou poderiam ser obstruídas por obstáculos à implementação) e um meio para superá-los, sequenciando as providências em um roteiro de implementação.

O quinto dia focalizaria a etapa 5 para responder à pergunta "Como avaliar a mudança e atingir um processo de melhoria contínua?" – identificar as principais mensurações para a contribuição essencial de cada grupo de interesse, atribuir responsabilidades e (se o tempo permitir) transformar o roteiro em um plano de corrente crítica protegido mas agressivo e compartilhar ideias básicas sobre o *gerenciamento de projetos pela corrente crítica* (GPCC) da TOC para gerenciar a implementação como um portfólio de projetos encadeados e protegidos.

Propostas de mudança no tradicional roteiro de análise do processo de pensamento da TOC

O roteiro original do processo de pensamento da TOC, tal como é ensinado nos programas de pensamento da TOC ("Jonah") e de "análise sobre restrições externas" ou no método holístico "4 × 4", demonstrou-se eficaz enquanto conjunto de instrumentos de análise e desenvolvimento de estratégias. Entretanto, os adeptos da TOC que utilizaram esse roteiro do processo de pensamento sabem que existem inúmeros problemas no processo tradicional que buscava responder apenas as três perguntas sobre mudança a princípio formuladas por Goldratt (1990) – "O que mudar?, Para o que mudar? e Como causar a mudança?". Alguns dos problemas frequentemente experimentados com o roteiro original do processo de pensamento são os seguintes (Barnard, 2003):

1. Iniciar uma análise da TOC sem divulgar os princípios fundamentais da TOC e os paradigmas da TOC necessários para mudar o comportamento de diversos grupos de interesse, como as crenças em potencial inerente, simplicidade inerente, ganha-ganha e "suficientemente bom" e de que as pessoas são boas (mas às vezes têm pressupostos ruins que desencadeiam comportamentos ruins), de acordo com a Tabela 16.1.

2. Algumas vezes pressupor erroneamente que já existe consenso entre todos os grupos de interesse sobre a necessidade de mudança (isto é, iniciar com "O que mudar", e não com a lacuna nas unidades da meta e o desempenho e as consequências da restrição para cada interessado se não for possível diminuir essa lacuna para obter consenso sobre "Por que mudar?").

3. Iniciar a análise apenas pedindo aos grupos de interesse para listar os EIs (o que os incomoda), em vez de pedir para que ofereçam uma breve relação de alguns poucos EIs que impedem que eles ajudem a preencher a lacuna nas unidades da meta e no desempenho da restrição (com respeito à meta), caso em que a lista de EIs será mais relevante para iniciar a análise do processo de pensamento vinculando eficazmente os cinco passos de focalização com o processo de pensamento da TOC.

4. Pedir aos grupos de interesse para verbalizar qualquer conflito associado com os EIs, em vez de passar instruções específicas para que eles expressem tanto os *conflitos sintomáticos que eles enfrentam quando têm de lidar com seus EIs* quanto os *conflitos sistêmicos da parte que eles consideram a causa de seus EIs*, de acordo com o *processo de nuvens duais* (Barnard, 2003). A não verbalização desses dois conflitos tem duas consequências negativas importantes. A desconfiança entre os que estão culpando e o que estão sendo culpados continuará e não será possível encontrar o "conflito básico" para cada interessado quando os conflitos *sistêmicos* e *sintomáticos* se misturam. A Figura

Tabela 16.1 Desafios da melhoria e paradigmas limitantes *versus* limitadores correspondentes

Desafios da melhoria	Paradigmas limitantes	Paradigmas possibilitadores da TOC
1. Restrições	Pressupor que as "restrições" são em sua maioria inerentes/"estão além do meu controle" – responsabilizá-las pelas lacunas e focalizar os problemas "sob meu controle".	Pressupor que as "restrições" estão em sua maioria "sob meu controle ou influência" (potencial inerente) – simplesmente encontrar meios para explorar melhor ou elevar as restrições.
2. Complexidade	Pressupor que a complexidade é inerente – simplificá-la decompondo o sistema/problema em partes mais simples e aperfeiçoar cada parte.	Pressupor que a simplicidade é inerente. Encontrar os pontos de alavancagem (os poucos que são importantes) e focalizar todas as iniciativas no aproveitamento desses pontos.
3. Conflitos	Pressupor que para eu/nós ganharmos, você/eles precisam perder. Identificar acordos ou mesmo soluções de ganho-perda.	Pressupor que o ganha-ganha é sempre possível e simplesmente procurá-lo.
4. Incerteza	Pressupor que a certeza é inerente – procurar "fórmulas" para avaliar os pontos ótimos de variáveis de decisão como preço, capacidade, estoque etc.	Pressupor que a incerteza é inerente – encontrar a solução do "suficientemente bom" e utilizar o *feedback* para melhorar e manter as variáveis de decisão.
5. Escolhas/ Comportamentos ruins	Pressupor que algumas/a maioria das pessoas são inerentemente ruins – identificar e livrar-se das pessoas ruins.	Pressupor que as pessoas são inerentemente boas – identificar e livrar-se dos pressupostos ruins.

16.2 mostra a distinção entre os conflitos sistêmicos e sintomáticos de acordo com a abordagem de nuvens duais.

5. Pressupor que sempre existe um único conflito básico em um sistema, quando na verdade cada interessado tem um conflito básico. Esse é o conflito que mais impede que o interessado contribua de uma forma que ajude a explorar ou elevar melhor a restrição do sistema.

6. Tentar evaporar os conflitos utilizando o processo de pensamento da TOC para identificação e contestação de todos os pressupostos associados com o conflito básico, em vez de procurar encontrar e contestar, por meio dos quatro métodos,[7] tal como proposto por Barnard (2003), o pressuposto ou alguns dos "pressupostos sobre conflito" que, se eliminados, "evaporarão" o conflito básico.

7. Não assegurar que as injeções necessárias para dissipar os conflitos sejam definidas como "informações acionáveis", o que significa que cada interessado pode expressar claramente de que forma ajudará a implementar as injeções escolhidas em conjunto para dissipar os conflitos básicos que impedem que a restrição do sistema seja mais bem aproveitada, subordinada ou elevada.

---

[7] Os quatro métodos de Barnard (2003) para dissipar qualquer conflito direcionam os interessados principalmente para a identificação e contestação dos pressupostos sobre os conflitos (ao contrário da abordagem tradicional da TOC que induz os interessados a contestar todos os pressupostos lógicos relacionados a um conflito). Os pressupostos sobre os conflitos (Por que D prejudica C?, Por que D' prejudica B?, Por que D conflita com D' e por que não existe outra opção para satisfazer B e C?) são a verdadeira razão de o conflito existir. Portanto, se eles forem contestados diretamente, será possível dissipar de maneira eficaz e efetiva qualquer conflito.

Conflito sistêmico (causal/planejamento)   **Conflito sintomático (consequências/execução)**

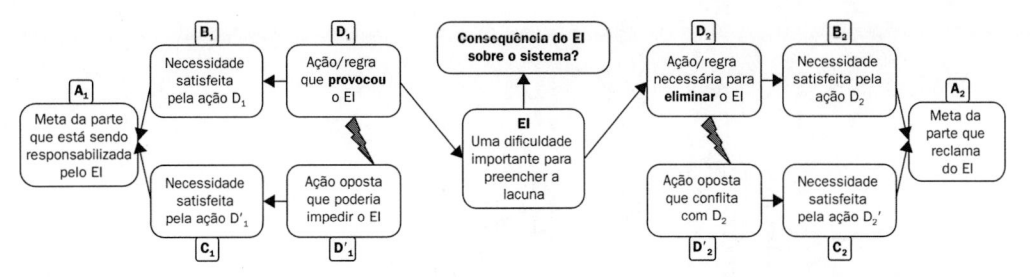

FIGURA 16.2 Conflitos sistêmicos *versus* sintomáticos associados com um efeito indesejável.

8. Não ter um mecanismo simples e rápido para permitir que os interessados apresentem ambos os tipos de enunciado "Sim, mas…" que impedem que cada interessado faça a contribuição necessária para melhorar o sistema. O primeiro "Sim, mas…" está relacionado a preocupações com os EIs significativos que foram previstos e podem afetar um ou mais interessados se as injeções escolhidas em conjunto forem implementadas. O segundo "Sim, mas…" está relacionado a preocupações com obstáculos importantes à implementação que devem ser superados para que se implementem as injeções escolhidas. Com frequência, esses dois tipos de preocupação ou ressalva não são abordados ou então são confundidos durante a análise. Posteriormente, isso gera uma quantidade significativa de retrabalho ou pode até levar o projeto a fracassar.

9. Não chegar a um acordo sobre as principais mensurações que deverão ser implementadas para confirmar se a lacuna nas unidades da meta (*e.g.*, entre a demanda e a oferta) de fato está sendo preenchida e sobre as mensurações secundárias para confirmar se todos os interessados são capazes de dar a contribuição combinada.

Para que as organizações que conseguiam reunir todos os interessados para analisar seu "sistema" com base na TOC iniciassem esse processo da melhor forma possível não cometendo nenhum dos erros citados (particularmente quando só tivermos uma oportunidade de fazê-lo, como ocorre na maioria dos casos), o processo de pensamento precisava de um novo roteiro.

Por esse motivo, um novo roteiro para o processo de pensamento da TOC (consulte a Figura 16.3) foi concebido para que se possa lidar com esses nove problemas de uma forma que reconstrua a confiança e garanta a contribuição assídua de todos os interessados e que possa ser levado a cabo (com a ajuda de um facilitador especializado na TOC) em apenas cinco dias (um dia para obter consenso a respeito de cada uma das cinco perguntas sobre mudança apresentadas anteriormente nas cinco etapas).

A seção subsequente apresenta um exemplo detalhado sobre como esse novo processo de análise simplificado do processo de pensamento da TOC foi utilizado no *workshop* de cinco dias para obter consenso geral sobre as mudanças essenciais e cabíveis que deveriam ser implementadas pelos vários interessados (para ajudar a preencher a lacuna) e a sequência de acordo com a qual elas deveriam ser realizadas.

Estudo de caso detalhado: análise sobre a gestão de resíduos sólidos na cidade A

Esta seção apresenta uma visão geral sobre como o processo simplificado de análise de restrições de cinco dias de duração foi testado nas primeiras cidades (A e B), bem como um resumo dos resultados e constatações obtidos na aplicação desse processo em outras cidades.

Realidade atual da gestão de resíduos sólidos da cidade A

Na maioria das cidades africanas, os municípios têm a responsabilidade de garantir que o lixo (resíduos sólidos) seja coletado, transportado e descartado de uma maneira segura e

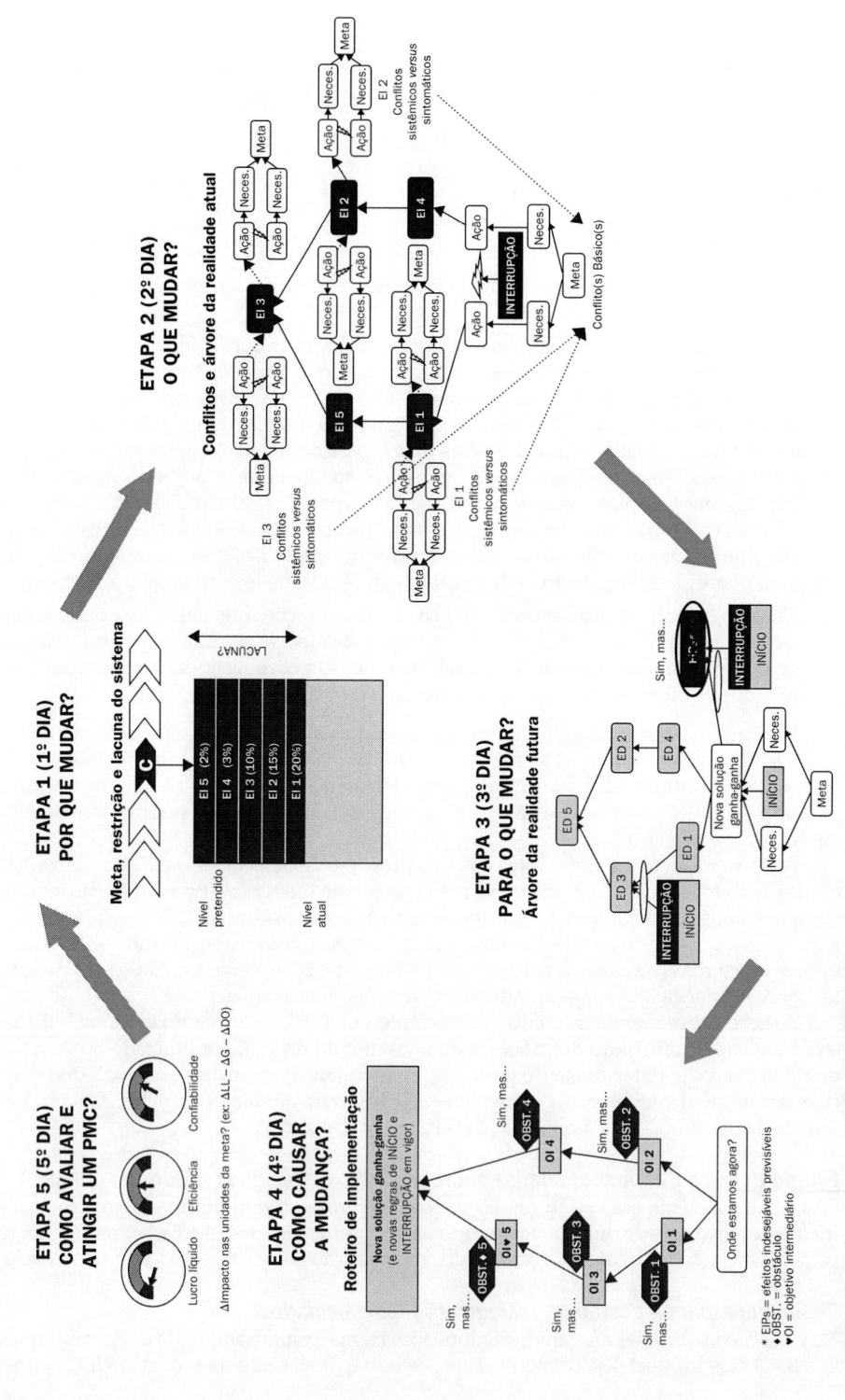

FIGURA 16.3 Novo roteiro simplificado de análise da TOC, de Barnard.

que respeite o meio ambiente. O mais habitual é utilizar prestadores de serviços privados para coletar o lixo de empresas privadas e domicílios em áreas formais e *empresas comunitárias* (ECs) para coletar o lixo de áreas informais. Entretanto, nos países em desenvolvimento com frequência esses serviços não atendem à demanda (mesmo nas partes formais das cidades) e geralmente não atingem os muito pobres porque eles vivem em áreas de difícil acesso ou não podem pagar pelo serviço.

Os resultados dessa lacuna na prestação de serviços podem ser vistos em todos os lugares, nessas áreas "não atendidas" ou informais (Figura 16.4). Imensas montanhas de lixo (resíduos sólidos) podem ser vistas em todos os cantos dos povoados pobres, e isso torna a pobreza, os problemas de saúde persistentes e a baixa qualidade ambiental parte da vida cotidiana.

Por esse motivo, a câmara municipal e a InWEnt organizaram em conjunto um *workshop* estratégico de análise e planejamento de restrições com os convidados interessados, relacionando os seguintes objetivos para o *workshop*:

1. Análise conjunta com os interessados em questão para compreender melhor as complexas relações entre os diferentes problemas associados com os serviços de gestão de resíduos e as respectivas causas.

2. Identificação e priorização das restrições de capacidade e/ou de políticas, mensurações ou comportamentos que impedem a melhoria da *gestão de resíduos sólidos* (GRS) na cidade.

3. Acordo sobre as contribuições essenciais e a estratégia de desenvolvimento de capacidade para lidar com os problemas identificados.

Todos os interessados que representavam os diferentes pontos de vista e interesses relacionados a essa questão foram convidados para o *workshop*, que contou com a intermediação de Alan Barnard e do professor Antoine van Gelder (ambos especialistas da TOC)[8] e o apoio da equipe da InWEnt – Michael Funcke-Bartz e Maria Sagué – e do coordenador de projetos queniano Stanley Mbagathi.

Etapa 0: provocando a mudança para um paradigma da TOC/abordagem holística

O *workshop* é aberto pela maioria dos representantes mais importantes da câmara municipal (normalmente o prefeito ou o secretário da câmara) para apresentar o objetivo do *workshop* e o motivo pelo qual todos os interessados foram convidados a participar colaborativamente da análise e do desenvolvimento de soluções (para que todos os envol-

FIGURA 16.4 Acúmulo usual de resíduos sólidos devido à existência de uma lacuna na prestação de serviços em áreas informais.

---

[8] Os *workshops* piloto 3 e 4 foram intermediados pelo professor Antoine van Gelder e Barry Urban, que também ofereceram apoio contínuo às quatro cidades após os *workshops* iniciais, com a ajuda dos especialistas em resíduos Andrea Schultheis e Dieter Steinbach.

vidos saiam ganhando). Um representante da InWEnt revelou por que eles haviam escolhido a TOC para realizar uma análise holística sobre o sistema e por que eles escolheram especialistas da TOC para facilitar o *workshop* (para criar credibilidade).

Durante a sessão matutina, o facilitador apresenta a TOC como um método simples e eficaz para superar os cinco desafios relacionados na Tabela 16.1, enfrentados por todos os interessados tanto em organizações privadas quanto públicas (restrições, complexidade, conflitos, incerteza e escolhas/comportamentos ruins). Para demonstrar a magnitude do potencial inerente que pode ser revelado se os "pressupostos limitadores" corretos forem contestados e substituídos pelas regras corretas (que possibilitem um melhor aproveitamento da restrição do sistema), o especialista da TOC pode utilizar um jogo de simulação interativa, como o jogo[9] de "multitarefas", que mostra como, com uma simples mudança de uma regra de "multitarefas" (baseada no pressuposto de que quanto mais cedo começamos mais cedo concluímos) para uma regra "contrária à multitarefa" (baseada na constatação de que quando mais tarde iniciamos mais cedo concluímos), podemos dobrar a quantidade de projetos em metade do tempo com os mesmos recursos.

O jogo de simulação também oferece uma oportunidade para apresentar os cinco passos de focalização e a análise do processo de pensamento da TOC para definir metas, lacunas, consequências, EIs, conflitos básicos, injeções e mudanças acionáveis associadas nas regras, possíveis consequências negativas e como evitá-las e obstáculos à implementação e como evitá-los. A parte introdutória é finalizada com importantes exemplos de sucesso de aplicação da TOC e apresentação do roteiro e dos resultados desejados para os demais dias, convidando todos a contribuir assiduamente. Um exemplo dos eslaides utilizados nessa introdução pode ser baixado em www.goldrat-tresearchlabs.com (na seção "Downloads").

Etapa 1: obtendo um acordo sobre a restrição do sistema e "por que mudar?"

No início da tarde do primeiro dia, os representantes de cada grupo de interesse apresentam-se para esboçar o "sistema" como uma cadeia e identificar onde eles acreditam que resida o elo mais fraco (restrição), com base no ponto de maior acúmulo de "lixo" (resíduos) – um pouco antes da coleta –, tal como mostra a Figura 16.5.

O acordo sobre "Por Que Mudar?" é obtido com a identificação das lacunas atuais e futuras (entre a demanda – as toneladas de resíduos sólidos criadas todos os dias por cidadãos e empresas – e a oferta – as toneladas de resíduos sólidos de fato coletadas e descartadas) e com a apresentação do ponto de vista de cada interessado sobre as consequências negativas sobre todos eles se essa lacuna não for preenchida em breve. A Figura 16.6 mostra um exemplo de como seriam as lacunas presentes e futuras (com base no crescimento previsto da população da cidade). As "consequências usuais do não fechamento

FIGURA 16.5 Exemplo de cadeia/sistema de gestão de resíduos sólidos.

---

[9] Exemplos dos jogos de simulação frequentemente utilizados podem ser baixados em www.goldrat-tresearchlabs.com.

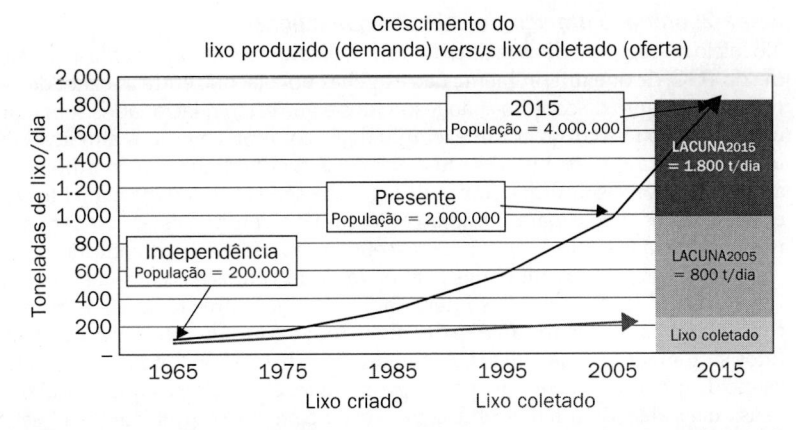

Capítulo 16 ■ Estudos de caso sobre implementações holísticas da TOC 485

Crescimento do lixo produzido (demanda) versus lixo coletado (oferta)

[Gráfico: Toneladas de lixo/dia, eixo de 0 a 2.000, anos 1965 a 2015. Marcações: Independência (População = 200.000); Presente (População = 2.000.000); 2015 (População = 4.000.000). LACUNA2015 = 1.800 t/dia; LACUNA2005 = 800 t/dia. Linhas: Lixo criado, Lixo coletado.]

FIGURA 16.6 Lacunas atuais e futuras no lixo produzido versus coletado na Cidade A.

dessa lacuna" são enfermidades, maior demanda por serviços de saúde que já ultrapassaram seu limite, bombas-relógio ambientais etc.

Antes de passar para a pergunta seguinte ("Para o que mudar"), os interessados são solicitados a identificar os EIs que impedem que eles ajudem a preencher a lacuna (e.g., diminuir as toneladas de lixo criadas ou aumentar as toneladas de lixo coletadas) e a citar as iniciativas que foram utilizadas no passado para lidar com esses problemas. Obviamente, o fato de os EIs ainda existirem significa que essas iniciativas passadas não tiveram sucesso ou, quando muito, foram parcialmente bem-sucedidas. A Tabela 16.2 mostra um exemplo dos EIs habituais revelados pelos interessados, a crença comum sobre as causas básicas desses EIs e as soluções tradicionais que conseguiram eliminar esses EIS.

Promover um consenso entre os interessados de que as "soluções" passadas, como aumentar o orçamento ou melhorar a educação, não foram suficientes para fechar a lacuna é um passo importante antes da pergunta "Para o que mudar"; do contrário, existe o risco de os pressupostos anteriores sobre as causas básicas e as soluções serem novamente apresentados.

No final do primeiro dia, os interessados apresentam sua lista de EIs e o motivo por que eles são "indesejáveis", com base no impacto desses efeitos sobre o restante do sistema.

Tabela 16.2 Método convencional de lidar com os EIs da gestão de resíduos sólidos em cidades africanas

Problemas (EIs)	Causa básica	Solução tradicional
Orçamento governamental insuficiente		
Os moradores não estão dispostos a pagar	Falta de consciência	Campanhas de conscientização
O serviço de coleta é muito caro		
As pessoas despejam/queimam o lixo ilegalmente	Fiscalização ineficiente/inexistente	Imposição de regulamentos mais rigorosos
Não existem latas de lixo		
Defeitos frequentes nos equipamentos	Não existem equipamentos ou eles são antigos	Obtenção de financiamento externo para a compra/desenvolvimento da infraestrutura necessária
Nem todas as áreas podem ser acessadas		
Não há serviço em algumas áreas	A taxa de contribuição é baixa ou inexistente	Mais campanhas de conscientização
Coleta de lixo real = 300 a 400 toneladas por dia (em comparação com o Lixo real produzido = 1.000 toneladas por dia)		

Etapa 2: obtendo um acordo sobre "o que mudar?"

No início do segundo dia o facilitador especializado na TOC apresenta a definição de problema da TOC, de que um problema não é apenas uma lacuna entre a realidade e a expectativa, mas um conjunto de conflitos não resolvidos e que estão relacionados com o preenchimento da lacuna. Pode-se utilizar um exemplo de EI comum, como um alto nível de estoque em uma loja, para que os interessados experimentem verbalizar o conflito sintomático para aqueles que precisam lidar com o EI (*e.g.*, pressão sobre o departamento de vendas para que reduza os preços para liquidar o estoque) e o conflito sistêmico para aqueles que são responsabilizados pelo EI (*e.g.*, pressão sobre o departamento de compras para que continue comprando grandes quantidades para oferecer descontos nas compras de grande volume).

Em seguida, cada um dos interessados escolhe os três EIs que, na opinião deles, mais contribuem para a lacuna atual e depois se reúne com seu grupo para verbalizar seus conflitos sintomáticos e sistêmicos. Assim que essa lista é concluída, o representante de cada grupo de interesse a apresenta para o grupo todo. Constatamos que essa abordagem de nuvens duais, além de um meio eficaz para fazer com que o "problema real" seja verbalizado, força cada interessado a examinar seu próprio problema (sua lista de EIs) sob o ponto de vista da parte que ele estiver culpando naquele momento (isto é, eles podem se demonstrar compreensivos com relação ao conflito ao qual a parte que está sendo responsabilizada está presa). Essa abordagem é fundamental para reconstruir a confiança entre os interessados.

No caso da Cidade A, havia quatro grupos de interesse (a câmara municipal, as ECs, os prestadores de serviços privados e os habitantes). As Figuras 16.7 e 16.8 relacionam os quatro conjuntos de conflitos sistêmicos e conflitos sintomáticos de cada um desses grupos de interesse. Observe que ações [D] nos conflitos sistêmicos são as ações que na verdade estão sendo responsabilizadas pelos EIs, ao passo que as ações [D] nos conflitos sintomáticos são as ações que o grupo de interesse em questão sente-se mais pressionado a ter para lidar com os EIs. No caso em que a parte que está sendo responsabilizada pelo EI é também a parte que precisa lidar com o EI, os conflitos sistêmicos e sintomáticos serão os mesmos, mas terão [D] e [D'] trocados.

O processo de cada grupo de interesse de verbalização, validação com o facilitador, apresentação ao grupo inteiro e aprimoramento da verbalização dos conflitos sistêmicos e sintomáticos com base no *feedback* dos demais normalmente leva entre meio dia a um dia inteiro (*e.g.*, no caso em que haja grande quantidade de interessados).

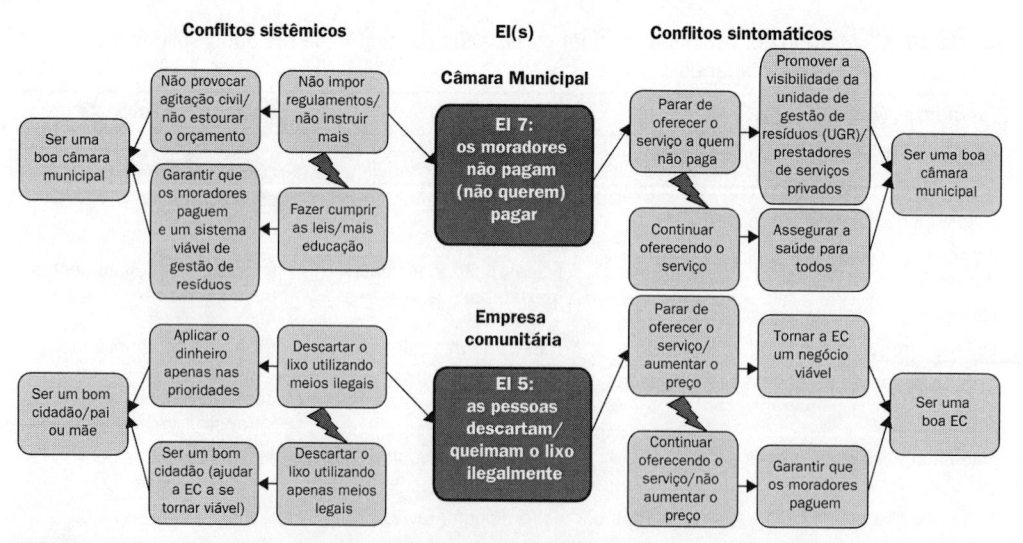

FIGURA 16.7 Conflitos sistêmicos e sintomáticos da câmara municipal e nas ECs.

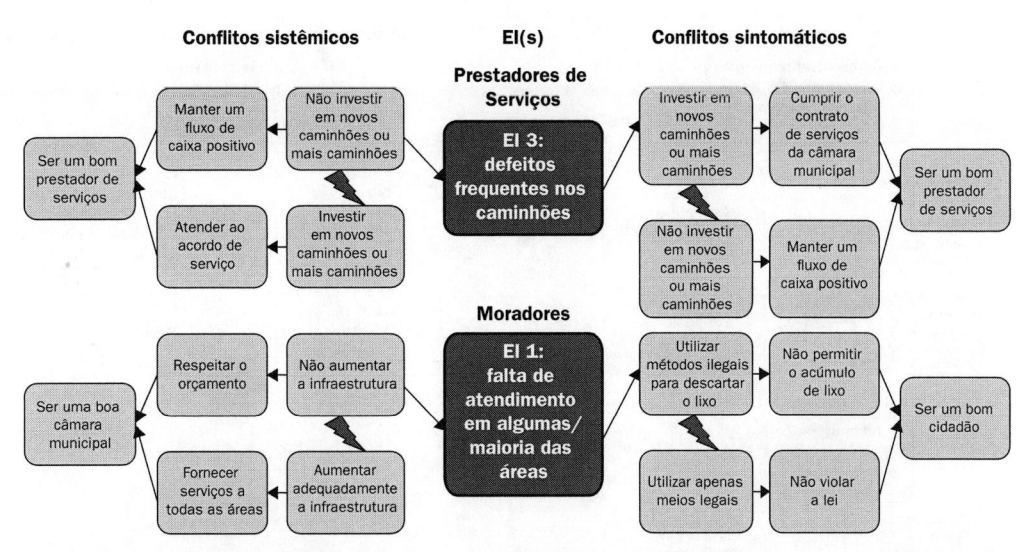

Capítulo 16 ▪ Estudos de caso sobre implementações holísticas da TOC

FIGURA 16.8 Conflitos sistêmicos e sintomáticos para os prestadores de serviços e moradores.

O passo seguinte é reservado para o facilitador especializado na TOC orientar o processo de identificação do conflito básico de cada grupo de interesse utilizando o processo normal de redação dos Ds, D's, Bs, Cs e As e pedindo aos participantes para procurar um padrão genérico (isto é, "Todos os Ds podem ser resumidos como *Não investir/gastar mais*").

Dica: Iniciar com os Ds e D's torna o processo de verbalização e validação do conflito básico de cada grupo de interesse relativamente fácil.

Normalmente, essa convergência é bastante simples (mas não fácil particularmente para os novatos) porque em geral o conflito sistemático de um grupo de interesse é igual ao conflito sintomático da parte que ele está responsabilizando.

A Figura 16.9 mostra um exemplo do que seriam os quatro conflitos básicos para cada um dos quatro grupos de interesse e como eles estão relacionados.

Ao final, o representante de cada grupo de interesse apresenta seu conflito básico ao grupo. Durante essas apresentações, normalmente obtemos um consenso notável sobre as primeiras verbalizações, o que definitivamente eleva a credibilidade do processo aos olhos dos grupos de interesse participantes, visto que eles tiveram oportunidade de se identificar claramente nos dias anteriores com os conflitos básicos de cada interessado. Experimentamos algumas situações em que os grupos de interesse propõem verbalizações mais adequadas, que são imediatamente aceitas por todos e incorporadas nas versões finais.

Etapa 3: obtendo um acordo sobre "para o que mudar?"

Na terceira etapa (normalmente o terceiro dia) da análise, os grupos de interesse trabalham com seus conflitos básicos, utilizando os quatro métodos (Barnard, 2003) para identificar e invalidar rapidamente apenas os pressupostos sobre conflito (em contraposição ao método tradicional, que tenta identificar e invalidar todas os pressupostos relacionados ao conflito). Em seguida, os grupos de interesse definem possíveis soluções inovadoras ganha-ganha (injeções que invalidarão os pressupostos sobre conflito e, portanto, eliminarão o conflito básico). A Figura 16.10 mostra um exemplo de um dos resultados da aplicação do processo de quatro métodos de Barnard para eliminar os conflitos com relação ao conflito básico de investimento do prestador de serviços.

As injeções genéricas para dissipar os quatro conflitos básicos, de acordo com a identificação do método em questão, oferecem uma resposta à pergunta *"Para o que mudar?"* para cada grupo de interesse. As quatro injeções genéricas para os quatro conflitos básicos são mostradas na Figura 16.11.

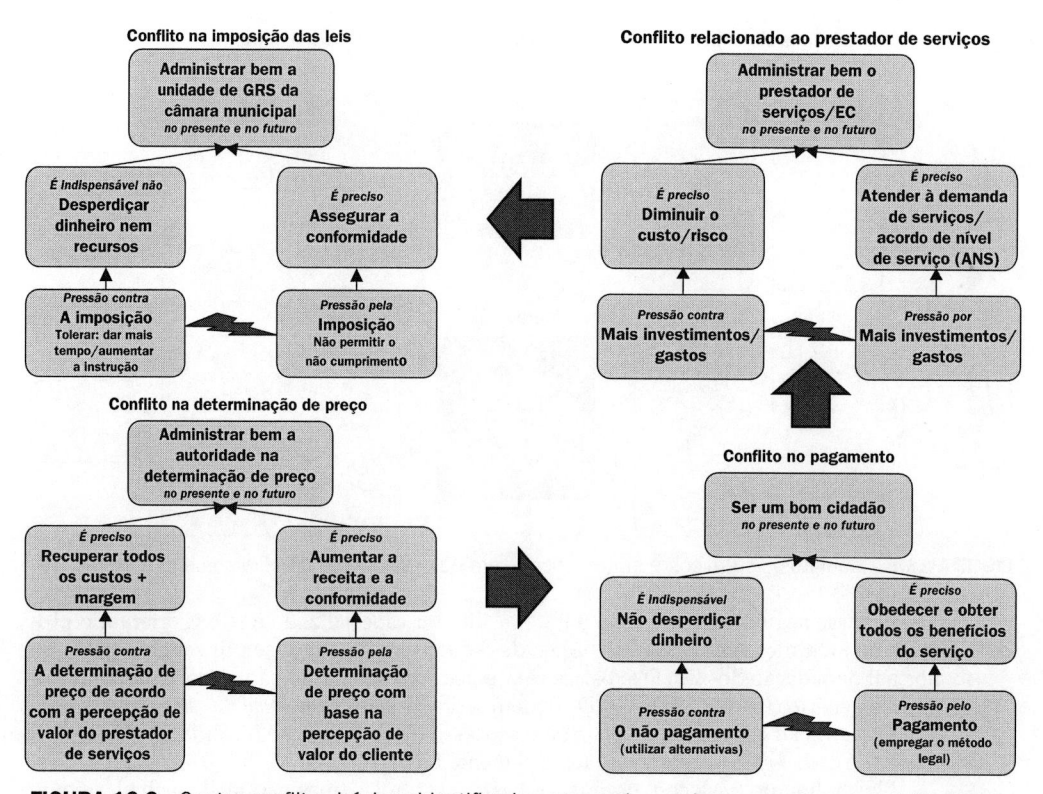

FIGURA 16.9 Quatro conflitos básicos identificados para cada um dos quatro grupos de interesse.

Assim que as injeções (que oferecem uma direção para uma solução ganha-ganha-ganha) e parte do possível *"procedimento"* (formas viáveis de tornar as injeções acionáveis) e dos benefícios (a validação da injeção eliminará os EIs originais) forem identificadas por cada grupo de interesse para seu conflito básico, os representantes de cada grupo de interesse apresentam novamente ao grupo seu resumo relativo à pergunta "Para Que Mudar". Isso pode ajudar a melhorar a verbalização e as sugestões de outras formas de obter as injeções. Normalmente essa etapa é concluída ao final do terceiro dia ou no mais tardar na manhã do quarto dia.

Para preparar os participantes para a etapa seguinte, o facilitador especializado na TOC pede ao grupo para contribuir com suas ressalvas "Sim, mas..."– os motivos normalmente apresentados pelos quais algo não funcionará ou pelos quais será impossível implementá-lo. Em vez de desestimular esses "pontos de vista negativos", nós os estimulamos a fim de dar outra oportunidade de contribuição e, desse modo, assegurar que as mudanças programadas funcionarão, não gerarão nenhuma consequência negativa importante ou não serão impedidas por obstáculos significativos à implementação.

Etapa 4: obtendo um acordo sobre "como causar a mudança?"

A etapa 4 (normalmente realizada no quarto dia) lida com a identificação dos dois tipos de ressalva "Sim, mas..." – ressalvas quanto aos motivos pelos quais as novas injeções ou soluções podem prejudicar um ou mais interessados (*efeitos indesejáveis previstos* ou EIPs) ou pelos quais elas poderiam ser extremamente difíceis de implementar (*obstáculos à implementação* ou OBSTs.).

No processo de pensamento tradicional da TOC, o primeiro tipo de ressalva "Sim, mas..." será identificado e mostrado no processo da *árvore da realidade futura* (ARF), que

Conflito relacionado ao prestador de serviços

- A: Administrar bem o prestador de serviços/EC — *agora e no futuro*
- C: *É preciso* Diminuir o custo/risco
- B: *É preciso* Atender à demanda de serviços/ANS
- D': *Pressão contra* Mais investimentos/gastos
- D: *Pressão por* Mais investimentos/gastos

Seta	Pressuposto	Injeção	Como...	Benefício
M1 – D'B	Capacidade atual insuficiente para atender à demanda atual	Capacidade atual suficiente para atender à demanda	Garantir que não nos comprometamos com uma oferta superior à nossa capacidade de entrega e conhecer a demanda e compará-la com a capacidade total na região (antes de investir)	Atender à demanda assumindo custo e risco mínimos
M2 – DC	Se você gastar mais, aumentará o custo e o risco do negócio	Temos uma solução para investir mais e não aumentar o custo e o risco	Abordamos o empresário para que nos ajude a preparar o plano de negócios para obter empréstimos bancários a juros baixos	Atender à demanda assumindo custo e risco mínimos
M3 – DD'	Não é possível conseguir ambos ao mesmo tempo	Concordamos sobre quando investir e quando não investir e também sobre onde investir	Utilizar os pedidos pendentes como um sinal inicial de precaução; se o número de pedidos pendentes aumentar, saberemos quando investir e investiremos somente nos recursos-gargalo	Atender à demanda assumindo custo e risco mínimos
M4 – E	A única maneira de aumentar a capacidade é investir	Encontrar uma solução para aumentar a capacidade sem aumentar o custo	Utilizar a TOC para nos ajudar a empregar melhor a capacidade que temos antes de obter uma capacidade maior (explorar antes de elevar)	Atender à demanda assumindo custo e risco mínimos

FIGURA 16.10 Conflito básico e conflitos, pressupostos e injeções do prestador de serviços.

emprega uma lógica de suficiência para mostrar a relação de causa e efeito em relação ao modo como cada uma das injeções deve gerar os resultados desejados (os *efeitos desejados* ou EDs) e também a quais EIPs essas injeções podem provocar se elas forem implementadas da forma como foram definidas originalmente na etapa 3. Dessa maneira, parte do processo para criar a ARF refere-se à identificação desses EIPs e igualmente dos demais requisitos (que seriam acrescentados à injeção principal) para evitar esses EIPs.

No processo de pensamento tradicional da TOC, o segundo tipo de ressalva "Sim, mas..." é identificado no processo da *árvore de pré-requisitos* (APR), que emprega a lógica de necessidade com o objetivo de mostrar as condições básicas para que as injeções sejam implementadas com êxito. Para identificar as condições básicas, o especialista da TOC e os grupos de interesse tentaram identificar os prováveis obstáculos (OBSTs) e um meio de superá-los com *objetivos intermediários* (OIs); esses fatores funcionarão como marcos para a implementação.

Para simplificar esses processos sem prejudicar a integridade da análise, foi desenvolvido um novo processo simplificado (realizado em vários grupos) para que cada grupo de interesse apresente suas ressalvas "Sim, mas..." e sugestões sobre como evitá-las ou superá-las. Todos os grupos de interesse são convidados a participar desse processo com base na justificativa de que quanto mais ressalvas "Sim, mas..." pudermos identificar e

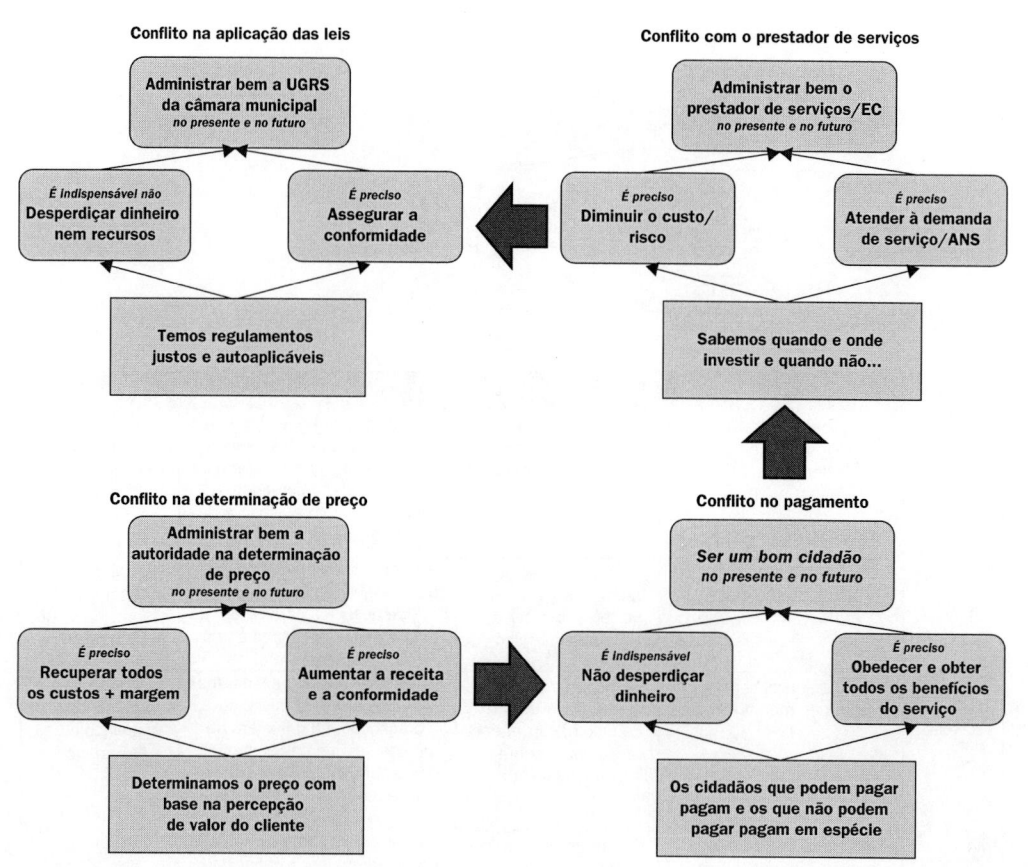

FIGURA 16.11 Quatro injeções para dissipar os quatro principais conflitos dos interessados da GRS da Cidade A.

evitar proativamente durante a fase de análise, menos surpresas teremos na implementação e, portanto, maior a probabilidade de sucesso.

Para obter a contribuição de todos os interessados, eles são divididos em grupos interfuncionais. Os membros de cada grupo são então incentivados a identificar todos os interessados que podem ser afetados negativamente ou cuja ajuda será necessária na implementação. Os participantes de cada um desses grupos são então incentivados a apresentar o máximo de EIPs com relação às mudanças programadas e em que sentido esses EIPs podem ser evitados (para que as novas soluções sejam de fato de ganha-ganha), e também a apresentar o máximo possível de OBSTs. e em que sentido eles podem ser superados (acrescentando outras injeções ou outras condições às injeções já escolhidas em comum acordo). A Figura 16.12 mostra a nova estrutura simplificada para possibilitar que os participantes identifiquem e superem os dois tipos de ressalva "Sim, mas…" em uma única etapa.

A resposta à pergunta "Como causar a mudança?" é oferecida pelo plano de implementação final, em que os grupos de interesse ajudam a ordenar primeiramente todas as contribuições das etapas 3 e 4 para criar um roteiro de implementação simples que mostre a sequência e as responsabilidades pela implementação das injeções principais. Em seguida, eles transformam esse roteiro de alto nível em uma árvore de E&T detalhada, que será utilizada para validar a análise e as soluções (para preencher a lacuna e mantê-la fechada) com outros interessados e outros níveis e também para planejar e monitorar a execução.

Capítulo 16 ▪ Estudos de caso sobre implementações holísticas da TOC

Sim, mas 2 — obstáculos?

OBST. 1.1 Ainda não foram redigidos novos regulamentos justos e aplicáveis

OI 1.1 A UGRS da câmara municipal preparará os regulamentos prévios em janeiro de 2008

Solução ganha-ganha Órgão de fiscalização

INJ. 1 Temos regulamentos justos e (auto)aplicáveis

Sim, mas 1 — pontos negativos?

INJ. 1.1 Líderes da comunidade indicados para a UGRS

EIP 1.1 Agitação na comunidade decorrente da imposição de regulamentos

OBST. 2.1 **OI 2.1**
OBST. 2.2 **OI 2.2**

Prestadores de Serviços

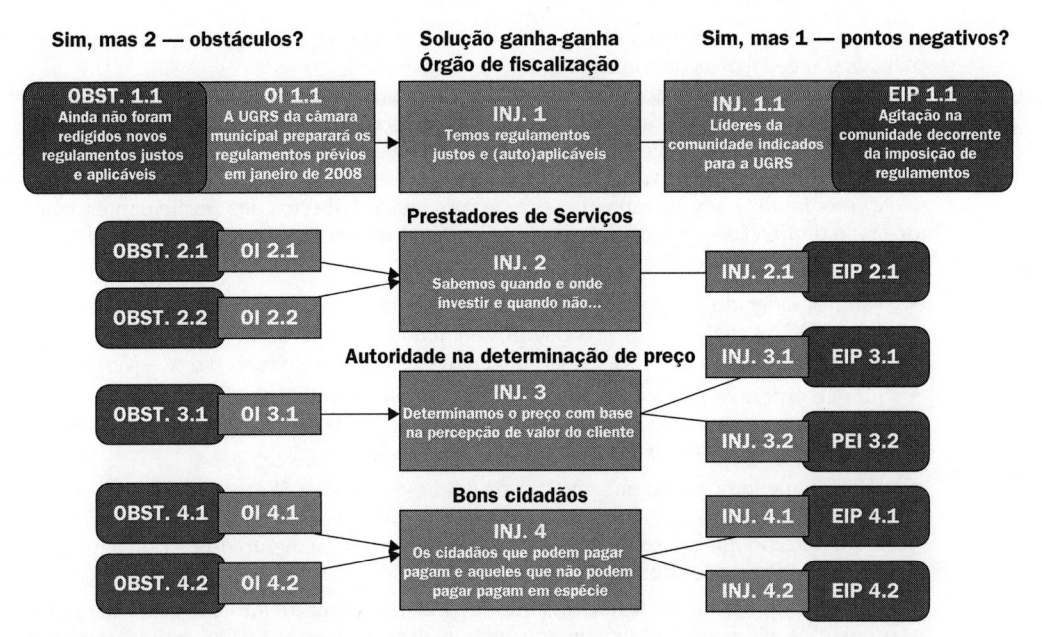

INJ. 2 Sabemos quando e onde investir e quando não...

INJ. 2.1 **EIP 2.1**

Autoridade na determinação de preço

OBST. 3.1 **OI 3.1**

INJ. 3 Determinamos o preço com base na percepção de valor do cliente

INJ. 3.1 **EIP 3.1**
INJ. 3.2 **PEI 3.2**

Bons cidadãos

OBST. 4.1 **OI 4.1**

INJ. 4 Os cidadãos que podem pagar pagam e aqueles que não podem pagar pagam em espécie

INJ. 4.1 **EIP 4.1**

OBST. 4.2 **OI 4.2**

INJ. 4.2 **EIP 4.2**

FIGURA 16.12 Nova estrutura simplificada para possibilitar que os participantes identifiquem e superem as ressalvas "Sim, mas...".

Etapa 5: obtendo um acordo sobre "como avaliar a mudança e atingir um PMC"?

O último dia foi programado para firmar um acordo sobre quais mudanças exatamente cada grupo de interesse faria ou ajudaria a realizar (em particular aquelas que deveriam ser implementadas em três a seis meses a partir daquela data), como o impacto dessas mudanças ou contribuições poderia ser medido e que apoio adicional ao sistema de desenvolvimento de capacidades e/ou TI cada grupo de interesse exigiria para atingir um PMC na parte do sistema ou da organização que lhes cabia. O especialista da TOC também revê com os grupos de que forma o equivalente de G, I e DO pode ser empregado para avaliar o impacto global/sistêmico de todas as decisões por meio de inúmeros exemplos, a fim de identificar mudanças passadas que deveriam ter sido aprovadas e não foram ou que foram aprovadas e não deveriam.

Dois tipos de mensuração são essenciais para monitorar a execução. Para avaliar se a lacuna na meta do sistema está diminuindo, permanece a mesma ou está aumentando (isto é, a lacuna entre o lixo criado e o lixo coletado), é utilizada uma mensuração primária ou do "*status* do sistema". A segunda mensuração (secundária) monitora se as injeções escolhidas e os requisitos especificados foram implementados e se elas são suficientes para obter a mensuração primária. Essas mensurações são então relatadas em reuniões operacionais semanais e em reuniões mensais da comissão de coordenação com os representantes de todos os grupos de interesse que precisam ajudar a identificar planos de recuperação nos casos em que as lacunas não foram preenchidas da forma desejada.

Obtendo o feedback dos interessados em uma sessão estratégica

Ao concluir as etapas de análise formal, a pessoa que se encontra no nível hierárquico mais alto da organização, com a ajuda do facilitador, pede para cada participante apresentar suas opiniões sobre "o que deu certo", "o que pode ser melhorado" e "como ele pode aplicar o que foi aprendido em seu trabalho diário e até mesmo em sua vida".

Normalmente, recomendamos dois mecanismos de *feedback* para compreendermos como os participantes de fato vivenciaram o *workshop* – um ao final do *workshop*, em uma discussão aberta, e outro uma semana após essa sessão, no qual os respondentes podem optar por dar seu *feedback* anonimamente.

As respostas recebidas dos participantes de todas as quatro cidades foram bastante positivas e demonstravam que vários paradigmas e processos da TOC haviam "pegado" – ainda que apenas cinco dias depois. Outro *feedback* positivo veio da InWEnt, que havia solicitado a assessoria dos especialistas da TOC e de outros representantes de organizações doadoras.

Apresentamos a seguir uma amostra de comentários abertos dos participantes, coletados pelo da InWEnt após os dois primeiros dias dos *workshops* de análise de restrições de cinco dias nas cidades A e B:

- "Estou agradecido por poder participar plenamente. Tivemos oportunidade de ver que, com a TOC, as metas são possíveis (mesmo quando elas parecem impossíveis) e que o segredo é encontrar soluções de ganha-ganha e focalizar o elo mais fraco" – **Vereador**
- "Eu não esperava tanto, mas agora vi que é possível trabalhar com todos os grupos de interesse porque nossa meta real (melhorar a vida de todas as pessoas da comunidade) é a mesma" – **Prestadores de Serviços Privados**
- "Percebi que temos uma enorme lacuna em nosso sistema. Antes, achava que só poderíamos preenchê-la se adquiríssemos mais equipamentos e novos equipamentos. Agora percebo que posso obter mais com o mesmo equipamento utilizando o método da TOC" – **Prestador de Serviços Privado**
- "Constatei que o 'custo de não fazer nada' poderia ser muito alto. No setor de saúde, o 'custo de não fazer nada' é uma questão de vida ou morte. A TOC demonstrou que podemos fazer mais com os mesmos recursos apenas aproveitando melhor o que já temos" – **Médico**
- "Percebi que é necessário planejar e que o impossível pode ser possível" – **Chefe de um Povoado**
- "A TOC pode até ajudar a resolver questões políticas" – **Vereador**
- "Não esperar por mais/novos recursos, mas começar com o que já temos" – **Funcionário da Habitat**
- "No início do *workshop*, não tinha muitas expectativas, mas percebi a necessidade e o benefício para todos os participantes da utilização do processo da TOC" – **Presidente da Câmara**
- "Percebi que a TOC é uma janela que nos dá oportunidade de examinar as dificuldades que enfrentamos de uma perspectiva diferente e percebi a importância de definir o problema precisamente antes de lidar com ele" – **Vice-prefeito**
- "Constatei que a melhor solução é fazer a pergunta certa" – **Vereador**
- "Gostamos da TOC porque ela nos oferece as qualificações necessárias para obtermos uma 'melhoria contínua'. Além disso, ela nos oferece uma linguagem e um processo comum que garante que podemos atingir e manter a paz entre os grupos de interesse. Se todas as pessoas conhecerem a TOC, elas saberão como lidar com conflitos, restrições, ressalvas etc." – **Prefeito**

Provavelmente o relato mais revelador foi o do prefeito que encerrou a sessão estratégica correspondente à sua cidade:

> Hoje tenho muito orgulho de ser africano. O que essa equipe conseguiu em apenas alguns dias e o espírito com que isso se deu foram verdadeiramente animadores e devem servir de referência para o restante do setor público com relação ao que é possível quando as pessoas certas são colocadas em uma mesma sala e lembradas de que elas têm uma meta em comum e de que sempre é possível encontrar soluções ganha-ganha para dissipar conflitos e superar restrições, particularmente quando nossa existência depende disso.

A Figura 16.13 apresenta fotos da participação ativa obtida nesses *workshops*.

Representantes de todos os grupos de interesse no início...

O facilitador (bastante entusiasmado)...

Participação ativa (e descontraída) no African Sun...

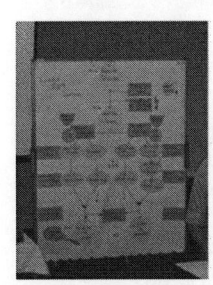

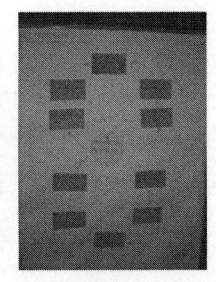

Mapeamento do processo e conflitos e soluções do sistema apresentados por participantes altivos...

FIGURA 16.13 Algumas fotos dos *workshops* piloto.

Após o sucesso da primeira experiência, o conceito do *workshop* de análise de cinco dias foi utilizado entre abril e agosto de 2007 em três outras cidades. A Tabela 16.3 mostra os resultados obtidos em cada uma das quatro cidades.

Status atual dos projetos piloto (final de 2009)

O principal objetivo dos *workshops* de análise de restrições de cinco dias foi examinar se cada uma das cidades conseguiria obter, em cinco dias ou menos, contribuições ativas e consenso sobre cada uma das cinco perguntas sobre mudança. A primeira experiência confirmou essa hipótese e, por isso, essa mesma abordagem metodológica foi utilizada nas três outras cidades.

Embora em uma das cidades as atividades não tenham sido levadas adiante, pelo fato de outro projeto ter absorvido os recursos humanos da unidade local de gestão de resíduos sólidos, os *workshops* de análise de restrições de cinco dias deram origem a uma nova qualidade de "consensualização" entre os principais grupos de interesse e de planejamento estratégico.

Depois de conduzir um processo de dois anos de desenvolvimento de capacidades locais para melhorar a gestão municipal de resíduos sólidos por meio da TOC e de conhecimentos técnicos específicos sobre gestão de resíduos, Michael Funcke-Bartz, da InWEnt, divulgou os seguintes resultados do processo de trabalho fundamentado na TOC (a escala difere de cidade para cidade):

- Foram criadas comissões de coordenação do sistema de gestão de resíduos sólidos, composta por representantes de todos os grupos de interesse, para gerenciar o processo de implementação e desenvolver outras soluções da TOC para os obstáculos identificados durante a implementação.
- Obteve-se o apoio oficial dos tomadores de decisões na área política, um pré-requisito para manter esse processo da TOC e sua implementação.
- Especialistas juniores locais da TOC foram treinados e agora estão preparados para facilitar as reuniões das comissões de coordenação do sistema de gestão de resíduos

Tabela 16.3 Resultados comparativos dos benefícios obtidos nos *workshops* da TOC nas primeiras quatro cidades

Número	Critério de sucesso	Cidade A (referência)	Cidade B	Cidade C	Cidade D
1	Acordo sobre a meta e a lacuna	Sim	Sim	Sim	Sim
2	Acordo sobre o problema, a restrição do sistema, os principais EIs e os conflitos básicos de cada grupo de interesse	Sim	Sim	Sim[a]	Sim
3	Acordo sobre o rumo da solução para explorar/elevar mais adequadamente a restrição – as injeções necessárias para dissipar os conflitos básicos de cada grupo de interesse	Sim	Sim	Sim	Sim
4	Acordo sobre os efeitos secundários mais significativos e sobre como evitá-los	Sim	Sim	Sim	Sim
5	Acordo sobre os obstáculos à implementação e sobre como superá-los	Sim	Sim	Sim	Sim
6	Compromisso da alta liderança de apoiar totalmente a iniciativa da TOC e de adesão para impulsionar a implementação	Não[b]	Sim	Apenas em locais piloto	Sim

[a] Os projetos piloto dessa cidade contaram com a representação de políticos nacionais. Por isso, os EIs e os conflitos básicos desses políticos somaram-se aos quatro conflitos básicos anteriores que haviam sido identificados em outras cidades.
[b] Embora houvesse grande entusiasmo entre todos os grupos de interesse (inclusive da liderança da câmara municipal) após o *workshop*, somente alguns interessados implementaram as respectivas injeções porque determinadas mudanças na alta liderança os fizeram desistir de apoiar (e financiar) essa iniciativa.
Fonte: *Debriefing* dos resultados após o *workshop* (por uma pesquisa respondida por todos os representantes dos grupos de interesse).

sólidos e as reuniões com os grupos de interesse e aplicar elementos essenciais, como planejamento baseado em obstáculos, resolução de conflitos e contabilidade de ganhos.

- O processo de trabalho conjunto melhorou o entendimento e a cooperação entre governo municipal, prestadores de serviços privados e coletores de lixo informais e promoveu uma mudança de paradigma que reconhece que é possível obter melhorias significativas com o melhor aproveitamento dos recursos físicos, financeiros e humanos já existentes.
- Em um dos casos, as condições financeiras da prefeitura eram tão difíceis que ela não conseguia nem mesmo cobrir as despesas com salário. Nesse caso, a análise da TOC ajudou a criar medidas para aumentar as receitas e superar essa restrição.
- Os projetos piloto foram desenvolvidos para atender a áreas de baixa renda por meio de catadores de lixo informais.
- Com base na análise do ambiente legislativo, além da constatação de que seria necessário mudar leis e estatutos, percebeu-se com maior clareza que a legislação existente poderia ser utilizada assiduamente de comum acordo com os tribunais para resolver os problemas, algo anteriormente considerado impossível.
- Há provas de que a coleta de lixo aumentou porque as "regras de aproveitamento da restrição" melhoraram. Por exemplo, o número de viagens feitas pelos caminhões de coleta de lixo aumentou entre 30% e 100%. Além disso, os prestadores de serviços privados divulgaram um aumento significativo em suas receitas (porque o número de viagens aumentou, bem como o pagamento por parte das comunidades atendidas) e

os representantes das comunidades divulgaram uma diminuição visível no lixo que antes era despejado ou queimado ou que simplesmente não era coletado.
- Foram encontrados exemplos em que o estímulo à privatização provocou uma disfunção no sistema. Os elementos das iniciativas de privatização que se demonstraram eficientes e eficazes foram examinados e um modelo de sistema funcional foi desenvolvido para orientar os governos municipais a separar as funções e, ao mesmo tempo, manter a responsabilidade geral pelos serviços de coleta de lixo.

Alguns dos desafios remanescentes são:

- Embora as receitas tenham aumentado de forma significativa, tanto para a câmara quanto para os prestadores de serviços privados (normalmente de 25% a 50%), em algumas áreas a receita ainda não é suficiente (não há um número suficiente de cidadãos e empresas que pagam) para que o sistema se torne financeiramente sustentável. A injeção para melhorar a viabilidade será designar os prestadores de serviços que já atuam nessas áreas a outras áreas (além de sua área de licenciamento normal). Essa mudança, em que a câmara assume a responsabilidade de garantir viabilidade para os prestadores de serviços privados, teve um impacto extremamente positivo sobre o restabelecimento da confiança e do espírito de ganho mútuo (e o reconhecimento de que quando um perde todos perdem).
- Em algumas áreas, os prestadores de serviços queixam-se de que, embora a taxa tenha diminuído, alguns cidadãos ainda assim não pagam porque a fiscalização não está funcionando de acordo com as expectativas. Uma possível injeção já em teste é colocar as taxas de água, eletricidade e coleta de lixo em uma única conta. Se os cidadãos não pagam, todos os serviços são cortados. Antes isso não era possível porque a privatização normalmente divide os serviços de abastecimento de água, eletricidade e coleta de lixo para separar as empresas que não têm interesse em associar as contas. Para a câmara municipal e os prestadores de serviços privados, essa é a injeção que provavelmente terá o maior impacto sobre a viabilidade do sistema a longo prazo.
- Tem havido certa relutância com respeito à implementação de sistemas de medição e de metas de curto prazo. Não raro a câmara municipal tem medo de se comprometer com a concretização de metas específicas (por motivos políticos). Nesse caso, a injeção foi demonstrar como as avaliações de *feedback* são essenciais para garantir que os recursos escassos não sejam desperdiçados em áreas que estão indo bem ou que deveriam ser transferidos para áreas em que as discrepâncias estão aumentando. A medição primária programada para ser introduzida em 2009 é "toneladas de lixo coletadas". Para tanto, a infraestrutura, como balanças para pesar veículos e cargas etc., teria de ser modernizada ou substituída. O financiamento para essa iniciativa, com base nos prováveis benefícios que ela poderia trazer, já está assegurado em algumas das cidades.

Aplicação futura da TOC no setor público

Os projetos conduzidos pela InWEnt não têm sido os únicos que estão tentando incorporar o método holístico da TOC nas iniciativas de desenvolvimento de capacidades para obter e manter melhorias no setor público. Em vista do desdobramento obtido pelos projetos iniciais, o Ministério da Agricultura solicitou a assistência de dois facilitadores especializados na TOC, o professor Antoine van Gelder e Barry Urban, com o objetivo de utilizar a TOC para priorizar e sincronizar as iniciativas necessárias para preencher a lacuna entre a demanda e oferta dos grupos de alimentos básicos.

Outro exemplo provém da Iniciativa de Desenvolvimento de Capacidades da África Austral do Programa de Desenvolvimento das Nações Unidas. Os governos têm se esforçado para cumprir metas preestabelecidas de prestação de serviços. Depois de receber treinamento nos conceitos, nos processos de análise e nas soluções logísticas da TOC, a equipe conduziu suas próprias pesquisas piloto, que por fim a levaram a incorporar os principais conceitos e processos da TOC em seu processo de engajamento. Um excelente trabalho também tem sido realizado para ampliar a utilização da TOC nos sistemas de saúde e educação ao redor do mundo (www.toc-healthcare.com e www.tocforeducation.com).

Constatações específicas extraídas de todos os pilotos do setor público

O processo de análise da TOC realmente funciona no setor público

Durante os *workshops* de análise de restrições de cinco dias, no projeto da InWEnt, a equipe de especialistas da TOC demonstrou que, com um modelo conceitual simplificado baseado na TOC – o processo de análise de restrições e desenvolvimento de soluções –, poderíamos concretizar, não obstante a maior complexidade e incerteza do setor público, o objetivo de obter consenso entre os grupos de interesse, em cinco dias ou menos, quanto às respostas às seguintes perguntas fundamentais: por que mudar, o que mudar, para o que mudar, como causar a mudança e como avaliar e melhorar continuamente.

De fato existem tipos semelhantes de conflito e restrição no mesmo tipo de sistema

A expectativa após o primeiro *workshop* com a Cidade A era de que encontraríamos conflitos básicos e restrições bastante semelhantes, se não idênticos, em outros lugares porque as mesmas regras (errôneas) estavam sendo empregadas para gerenciar esses sistemas. Essa expectativa foi confirmada no momento em que o processo foi implementado nas outras três cidades. A única divergência que se observa é quando outros grupos de interesse (*e.g.*, políticos) são acrescentados, pois um conflito básico a mais (para esse grupo de interesse) precisa ser dissipado. Em breve chegaríamos a um ponto em que o processo de "análise/descoberta" tornar-se-ia mais uma validação de causas e soluções conhecidas. Bem antes disso, após o segundo *workshop* (quando comprovamos que os conflitos básicos genéricos eram os mesmos), eu pude passar a intermediação para um cofacilitador, o que não seria possível em tão curto prazo se a cada *workshop* fosse necessário realizar uma "nova descoberta".

É possível treinar treinadores no novo processo simplificado da TOC

Uma das principais preocupações após o primeiro *workshop* de cinco dias na Cidade A era saber se alguém mais poderia assumir a tarefa de facilitador, particularmente se essa pessoa não tivesse longos anos de experiência com a TOC. Portanto, a constatação de que os conflitos básicos que identificamos na Cidade A eram de fato genéricos era uma boa notícia, visto que a facilidade de ampliação desse tipo de iniciativa é em grande medida determinada pela disponibilidade de especialistas experientes na TOC (capazes de identificar novos padrões) que sejam também bons facilitadores – um recurso geralmente muito escasso. A demonstração de que se enfatizaria mais a validação do que a análise e descoberta significava que seria possível treinar bons facilitadores relativamente rápido por meio de programas de "treinamento para treinadores", particularmente se pudéssemos apresentar a esses facilitadores as árvores de E&T detalhadas. No entanto, trabalhar em um ambiente de múltiplos grupos de interesse como o do setor público exige facilitadores sensíveis e que compreendam e aceitem as dinâmicas e estruturas de tomada de decisões específicas desse setor.

Uma implementação bem-sucedida exige acompanhamento e prosseguimento

Para ser sustentável, o desenvolvimento de capacidades em nível municipal exige (tal como qualquer iniciativa importante de mudança) acompanhamento assíduo (priorização e monitoração dos resultados) e prosseguimento (identificação e superação de obstáculos à implementação) por parte tanto dos representantes dos grupos de interesse quanto, por exemplo, dos especialistas da TOC. Esse processo deve caminhar lado a lado com o aprimoramento da capacidade das instituições financeiras nacionais de identificar e priorizar investimentos em infraestrutura básica, que também segue um raciocínio baseado em restrições. O mesmo se aplica aos planos de desenvolvimento nacionais. Constatamos também que o processo de gestão de mudanças necessário para transformar um sistema disfuncional em um sistema funcional pode levar mais tempo que o mandato normal dos prefeitos. Isso encerra riscos de descontinuidade que podem até interromper o processo. As comissões de coordenação criadas nas cidades que participaram do projeto, compostas por diversos grupos de interesse, receberam treinamento sobre o processo de pensamento da TOC e contam com o apoio de especialistas juniores da TOC capacitados ao longo do projeto. Eles são elementos fundamentais que contribuem para a sustentabilidade a longo prazo do processo. Essas comissões de coordenação são cruciais e devem ter representantes de todos os grupos de interesse participantes, que se "autosselecionam" ao final do *workshop* de análise de restrição de cinco dias. Essa comissão deve ser responsável pelo processo de priorização e monitoramento (isto é, atuar como uma comissão de auditoria do programa), institucionalizando as novas mudanças e ajudando os grupos de interesse colaboradores a identificar e superar obstáculos à implementação. Por meio desses projetos, constatou-se também que a árvore de E&T pode ser utilizada eficazmente como ferramenta de auditoria interna e externa e para testar pressupostos importantes sobre necessidade, suficiência e sequência.

A importância de identificar e compartilhar "bolsões de excelência"

Os bolsões de excelência inexistentes nas unidades de gestão de resíduos sólidos, nos prestadores de serviços privados e nas empresas comunitárias devem ser identificados e otimizados. Isso é fundamental tanto para oferecer *benchmarks* (referenciais) que possam ser transformados em melhores práticas para novas implementações quanto para avaliar o potencial inerente que pode ser revelado se conseguirmos deixar de competir pela sobrevivência e passarmos a colaborar em prol do sucesso.

O segredo é saber como mudar e manter o comportamento desejado

Em maio de 2005, em um artigo publicado na *Fast Company*, intitulado "Change or Die" ("Mude ou Morra"), Alan Deutschman afirmou que "Toda liderança se reduz a isto: mudar o comportamento das pessoas". Posteriormente, ele afirmou em um livro com o mesmo título (Deutschman, 2007) que nos Estados Unidos 80% do orçamento de saúde era consumido por cinco problemas comportamentais (fumar, beber, comer em excesso, ficar estressado e fazer pouco exercício físico) por parte de uma porcentagem relativamente pequena da população. Isso é sabido e confirmado pela ciência há muitos anos. Entretanto, a forma de mudar esses comportamentos fundamentalmente prejudiciais ainda escapa aos formuladores de políticas e médicos, tanto que a maioria das pessoas, quando diante da decisão de mudar (seu estilo de vida ou algum comportamento) ou morrer, acaba tomando a decisão errada de não mudar.

No âmbito da gestão organizacional, sabemos que pessoas de todos os níveis acham difícil mudar. Sua consciência sobre as *consequências negativas de não mudar* e/ou os *benefícios de mudar* raras vezes é suficiente para desencadear a mudança necessária. Isso ocorre principalmente porque existe uma percepção e com frequência uma sobrevalorização dos *possíveis pontos negativos de mudar* ou dos *benefícios de não mudar*. Para que as mudanças ocorram de uma maneira favorável, precisamos ter influência sobre as dimensões psicológicas, emocionais e espirituais, e não apenas sobre o pensamento. Ajudar as pessoas a reestruturar os conceitos que influenciam sua maneira de pensar é fundamental. Para isso, cria-se uma narrativa nova e simples, com significado emocional e com a qual as pessoas se identificam facilmente.

A TOC, se utilizada apropriadamente, pode desempenhar esse papel, na medida em que ela ajuda os grupos de interesse a considerar todos os quatro aspectos (os pontos positivos e negativos de *mudar* e também os pontos positivos e negativos de *não mudar*) relacionados com a mudança realizada de uma forma holística. A analogia em relação a levar todos os grupos de interesse a contribuir para o fortalecimento do elo mais fraco encerra um conceito simples e com o qual as pessoas se identificam facilmente e que, se associado com a percepção de todos os interessados de que o ganha-ganha-ganha é a única solução sustentável, pode oferecer o significado emocional necessário para motivar a colaboração.

Onde ainda existem lacunas ou complexidade no roteiro e processo da TOC?

O *feedback* dos projetos da InWEnt e do Programa de Desenvolvimento das Nações Unidas fez a equipe se lembrar de que existem duas etapas importantes na análise, as quais não devem ser ignoradas:

1. Reconhecer as realizações passadas (mas mostrar as grandes lacunas atuais e futuras ainda existentes e as consequências sobre todos os grupos de interesse se elas não forem preenchidas).
2. Validar o impacto das estratégias atuais/programadas (isto é, confirmar se elas podem ajudar a dissipar conflitos básicos/restrições e até que ponto afetarão o G, o I e as DOs ou se elas entrarão em conflito com a nova estratégia). Para liberar a capacidade necessária e/ou evitar prioridades conflitantes, os programas existentes devem ser listados e revistos no último dia, visto que frequentemente eles são enquadrados na categoria "isso deve ser INTERROMPIDO, portanto podemos COMEÇAR o que de fato é essencial agora".

Se as medidas (1) ou (2) não forem tomadas, o *workshop* não conseguirá atingir o objetivo de obter consenso geral e o comprometimento de todos os grupos de interesse com respeito a por que mudar, o que mudar, para o que mudar e como causar e avaliar a mudança para preencher a lacuna.

Pesquisas futuras

Tal como mencionado antes, os gestores das organizações do setor público, do mesmo modo que seus pares no setor privado, sabem que o fato de obtermos consenso geral sobre o que precisa mudar e como e por quem a mudança será implementada não significa que ela será realizada. Para que a execução seja apropriada, todos os níveis de gestores precisam de um mecanismo de acompanhamento e prosseguimento. A famosa frase de Edison "Visão sem execução é uma alucinação" é um lembrete sobre esse fato corriqueiro da vida.

Uma das maneiras de garantir que uma boa ideia tenha efeito é representar o resultado do *workshop* de análise da TOC na eficiente estrutura de E&T, descrita no Capítulo 15, e em seguida dar um passo adiante e utilizar a árvore de E&T para desenvolver o plano de implementação e gerenciar e monitorar a execução. A Figura 16.14 mostra uma das árvores de E&T criadas no Harmony (www.goldrattresearchlabs.com) pela equipe de especialistas da InWEnt/TOC e de gestão de resíduos para o projeto de gestão de resíduos sólidos.

Implementação holística da TOC no setor privado

Enquanto o setor público é caracterizado pela burocracia, o setor privado é caracterizado pela concorrência e urgência. As empresas prosperam em virtude de sua capacidade de inovar e renovar. Tão logo uma organização com fins lucrativos atinge níveis significativos de lucratividade, a concorrência entra no mesmo setor do mercado. Todas as estratégias que visam ao lucro contêm dois requisitos básicos:

Capítulo 16 ▪ Estudos de caso sobre implementações holísticas da TOC **499**

Árvore de E&T

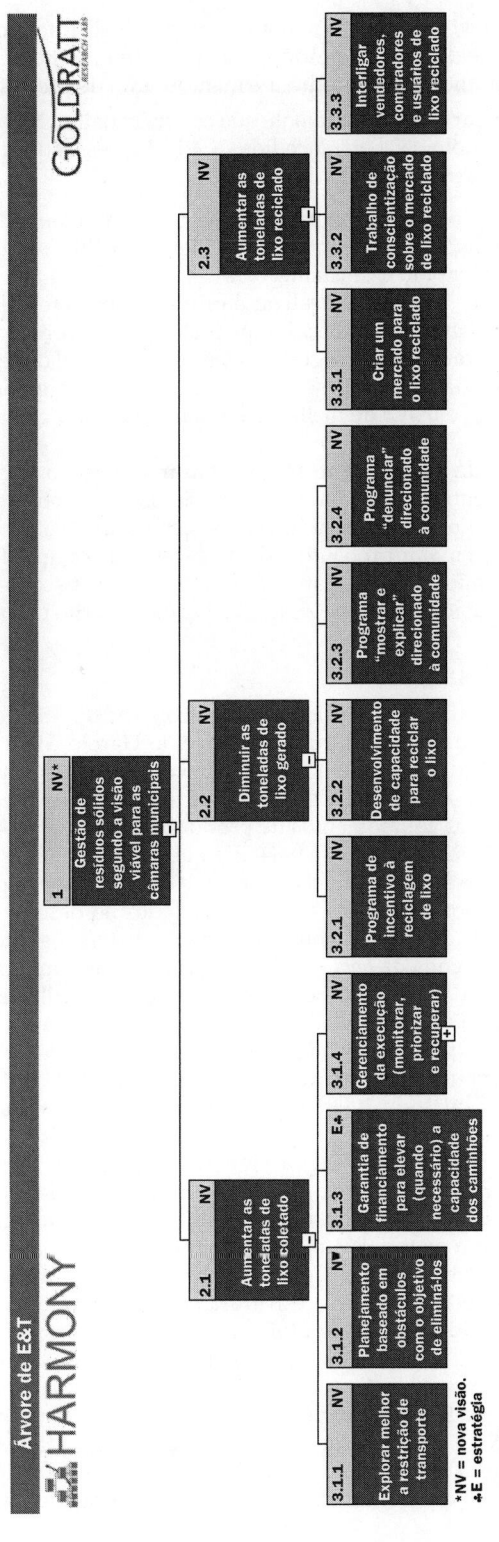

HARMONY

1 – NV*: Gestão de resíduos sólidos segundo a visão viável para as câmaras municipais

2.1 – NV: Aumentar as toneladas de lixo coletado
- 3.1.1 – NV: Explorar melhor a restrição de transporte
- 3.1.2 – NV▼: Planejamento baseado em obstáculos com o objetivo de eliminá-los
- 3.1.3 – E♦: Garantia de financiamento para elevar (quando necessário) a capacidade dos caminhões
- 3.1.4 – NV: Gerenciamento da execução (monitorar, priorizar e recuperar)

2.2 – NV: Diminuir as toneladas de lixo gerado
- 3.2.1 – NV: Programa de incentivo à reciclagem de lixo
- 3.2.2 – NV: Desenvolvimento de capacidade para reciclar o lixo
- 3.2.3 – NV: Programa "mostrar e explicar" direcionado à comunidade
- 3.2.4 – NV: Programa "denunciar" direcionado à comunidade

2.3 – NV: Aumentar as toneladas de lixo reciclado
- 3.3.1 – NV: Criar um mercado para o lixo reciclado
- 3.3.2 – NV: Trabalho de conscientização sobre o mercado de lixo reciclado
- 3.3.3 – NV: Interligar vendedores, compradores e usuários de lixo reciclado

*NV = nova visão.
♦E = estratégia

FIGURA 16.14 Exemplo de E&T de GRS do setor público criado no Harmony.

GOLDRATT

1. Defender o que você tem pelo maior tempo possível. Tradicionalmente se consegue isso por meio de direitos de propriedade intelectual, tecnologia incorporada, habilidades que são difíceis de reproduzir e manipulação de preços.
2. Mudar e melhorar mais rapidamente que os concorrentes. Novamente, isso é possível por meio de tecnologias bem-sucedidas, P&D, fusões e aquisições e aprimoramento de produtos ou serviços.

Antes do advento da TOC, a capacidade de gerenciar a mudança em si como uma estratégia explícita e distinta raramente foi considerada o fator fundamental para um crescimento empresarial rápido e constante.

Com frequência é mais fácil focalizar a primeira opção ressaltada acima, porque as variáveis são em sua maioria conhecidas, os custos podem ser calculados e os resultados são razoavelmente previsíveis. A segunda opção é mais difícil de ser executada e é inerentemente mais arriscada. Contudo, somente a segunda opção garante uma prosperidade duradoura. Portanto, o *índice* de melhoria é uma variável crucial para um sucesso duradouro.

Somos a favor de uma nova forma de pensar: em que o *processo de mudança* em si torna-se a função central e consagrada da gestão. Isso não ter a ver com mudanças incrementais, mas com uma mudança drástica e sistêmica. Os altos executivos que sabem disso são os que têm maior probabilidade de sucesso. Esse tipo de mudança não é fácil porque exige um empenho significativo e envolve muitos riscos, embora tenha probabilidade de gerar resultados impressionantes, tal como descrito no caso da First Solar Inc.

Origem da First Solar Inc.

A origem da First Solar remonta-se à crise do petróleo na década de 1970. Naquela época, um famoso empreendedor americano, o já falecido Harold McMaster, percebeu que se precisava de um tipo de energia renovável de baixo custo para mitigar o risco de falta de suprimento de combustível fóssil. Com sua experiência e sucesso financeiro na fabricação de vidros e respectivos equipamentos de produção, Harold arrebanhou 57 investidores para financiar a Glasstech Solar em 1984. Ele queria que os investidores o ajudassem a financiar sua visão de fabricar painéis solares tão eficientes, que aproximadamente 5 mil quilômetros quadrados de painéis solares localizados no deserto do Arizona poderiam atender à necessidade de aquecimento e iluminação de todo os Estados Unidos.

Em 1987, com a venda da *holding* Glasstech, Harold assumiu o controle da atividade de energia solar. Com 47 dos investidores originais e $ 11,5 milhões, ele continuou a perseguir sua visão. Com sede em Toledo, Ohio, a empresa voltou sua atenção para um processo exclusivo que utiliza semicondutores fotovoltaicos – um semicondutor de película fina é depositado em um substrato de vidro. A ideia inicial era utilizar um silício amorfo como semicondutor, mas em 1990, depois de queimar $ 12 milhões, a empresa estava ficando sem dinheiro.

Pressionado por Jim Nolan, vice-presidente de operações, Harold decidiu mudar de rumo. A Glasstech Solar tornou-se a Solar Cells Inc. (SCI), e Harold dispôs-se a devolver o dinheiro dos investidores que queriam desistir. Ele levantou mais $ 12 milhões e recomeçou, utilizando um material semicondutor fotovoltaico relativamente desconhecido e arriscado – telureto de cádmio (CdTe). O telureto de cádmio apresentava um *gap* de energia (*band gap*) ideal, tinha uma estrutura simples, não exigia dopagem, produzia películas com boa soldabilidade, era tolerante a impurezas e podia ser produzido com o material que estivesse mais à mão. O elemento crucial do qual não se dispunha era a capacidade de fabricar painéis solares de CdTe em grande quantidade por um baixo custo. Como na época a demanda global total por painéis solares correspondia a apenas 125 megawatt (MW), a estratégia de desenvolver uma capacidade de produção em larga escala era uma aposta imensamente arriscada a despeito da comprovada e já estabelecida tecnologia de silício cristalino. Para compreender melhor, a demanda de energia solar em 2008 correspondia a 5.950 MW. Correndo contra o tempo e diante de restrições de capital bastante significativas, Jim Nolan e sua equipe inventaram uma tecnologia inovadora e exclusiva, deposição por transporte de vapor, que oferecia o salto necessário para a produção em larga escala. Em 1993, a empresa construiu um equipamento de produção piloto, impulsionada por uma torrente de avanços tecnológicos. O capital estava tão apertado que os funcionários compraram móveis escolares descartados em um leilão para utilizar no escritório.

Diferentemente da instalação de 500 MW sonhada por Harold, Jim queria comercializar a tecnologia o mais rápido possível. Tentar encontrar compradores para uma tecnologia completamente nova em um mercado que ainda considerava a energia fotovoltaica uma curiosidade provou-se um desafio. Em 1993, a usina estava produzindo 0,2 MW por ano – algo bastante distante da visão de 500 MW de Harold. Em 1995, cinco dos sete integrantes da equipe gerencial e técnica pediram demissão, por considerar a SCI muito arriscada para manter uma carreira. Harold vendeu mais ações, sendo forçado a comprar a maioria delas, visto que grande risco percebido intimidava até mesmo os investidores mais ousados.

Em 1998, a SCI já havia torrado $ 35 milhões sem fazer nenhum lucro. O tempo estava se esgotando.

Embora por tantos anos à beira do fracasso, seu sonho foi revivido quando a empresa atingiu um novo marco – produção de um módulo de 60,3 W com 8,4% de eficiência. Eles sabiam que havia um pote de ouro no fim do arco-íris.

Em 1999, sua única linha de fabricação estava produzindo 20 painéis por dia, ainda repleta de problemas de qualidade. Ao risco sistêmico se somou a falência da BP Solar, a única concorrente importante que estava tentando comercializar CdTe. Isso acertou em cheio a confiança dos investidores, deixando a SCI sozinha nos Estados Unidos e com um futuro incerto.

Então entra em cena a True North Partners, uma empresa de *private equity* financiada pelo já falecido John Walton, filho de Sam Walton, fundador da Walmart. Mike Ahearn, sócio da True North, enxergou na tecnologia solar de película fina um potencial comercial a longo prazo e convenceu John Walton a investir na SCI, fornecendo em torno de $ 10 milhões em capital operacional.

A oportunidade de investimento tornou-se interessante pelo seguinte:

- Os semicondutores eram fabricados sem a utilização de salas limpas.
- O processo de fabricação era autossuficiente e de ponta a ponta.
- Outros materiais amplamente disponíveis eram utilizados além do material destinado ao semicondutor em si.
- O processo de fabricação era barato e podia ser facilmente expandido.

Com o novo investimento na empresa que passou a se chamar First Solar vieram as habilidades empresariais pragmáticas de Mike Ahearn e sua motivação implacável pelos resultados financeiros, que, infelizmente, não se enquadravam muito bem com a cultura pioneira do "aperte o botão e veja o que acontece".

A administração encontrou dificuldade para se adaptar às expectativas da True North e, em 2003, a True North Partners comprou todas as ações da empresa, obtendo controle total do destino da First Solar. Desse momento em diante, a empresa decolou em sua subida meteórica, que culminou com sua inclusão no índice S&P 500 em 2009.

Uma das primeiras providências de Mike Ahearn foi montar e integrar uma soberba equipe de alta administração. Isso implicava um penoso processo de contratação e demissão de executivos até que a melhor equipe fosse formada. Para sistematizar as experiências com os processos de fabricação, introduziu-se o método de engenharia de qualidade de Taguchi. Para diminuir a variação do processo, introduziu-se o Seis Sigma. E para maximizar o ganho, introduziu-se a TOC. Isso foi feito sob a liderança de George "Chip" Hambro, novo diretor executivo de operações.

Quando o processo de fabricação amadureceu, a restrição deslocou-se para o mercado. Em novembro de 2002, Kenneth "Ken" Schultz passou a trabalhar na empresa como vice-presidente de vendas e marketing. Tendo já trabalhado com John Walton em outra empresa, a responsabilidade de Ken era encontrar um mercado para a avalancha de painéis solares que então decantavam na linha de fabricação agora bem mais aprimorada.

A empresa estava procurando novas aplicações para os painéis solares, como refrigeração alimentada por energia solar e instalações de bombeamento de água alimentadas de maneira similar, mas nenhuma delas apresentava uma demanda que pudesse corresponder aos objetivos de crescimento da First Solar. Por acaso, dois acontecimentos no outro lado do mundo estavam para mudar para sempre o destino da First Solar.

O governo federal alemão introduziu uma legislação para oferecer incentivo financeiro para a utilização de energias renováveis. Isso desencadeou um interesse notável pelo uso de energias renováveis e um crescimento extraordinário nessa área, na qual se incluíam as células fotovoltaicas, exatamente quando o processo de fabricação de baixo custo e alto volume de produção da First Solar estava readquirindo a vontade de viver.

O segundo acontecimento foi o fim da Antec Solar após várias falências. Essa empresa era a única outra fabricante de painéis solares que usava o CdTe como material semicondutor. Isso fez com que a First Solar se tornasse a única empresa apta a fabricar módulos solares de baixo custo em grande quantidade. As manchetes principais das publicações de negócios descreviam a First Solar como "A Última a Permanecer em Pé", prevendo que a tecnologia de CdTe estava praticamente morta.

Isso ajudou a impedir que possíveis concorrentes desenvolvessem a mesma tecnologia, abrindo uma preciosa oportunidade na qual a First Solar pudesse aperfeiçoar sua tecnologia de fabricação altamente automatizada e de baixo custo.

Com o advento da tarifa-prêmio de incentivo às energias renováveis, surgiram também inúmeras empresas de desenvolvimento de projetos na Alemanha. Elas identificaram as oportunidades de desenvolvimento de projetos em larga escala e providenciaram os recursos financeiros, a autorização para instalação e a construção. A cultura empreendedora e de alto risco dessas empresas combina com a da First Solar, e a First Solar então procurou estreitar os laços com os principais atores para obter uma posição segura no mercado então nascente.

Ao longo do período de tórrido crescimento, Mike Ahearn guiou a estratégia corporativa com base em três regras básicas:

1. Estabelecer metas claras, mensuráveis e instigantes.
2. Identificar e eliminar sistematicamente as restrições que impedem que a empresa atinja essas metas.
3. Promover a excelência na execução.

Essa conduta simples, mas de forma alguma fácil, teve um impacto profundo. Ela gerou um salto exponencial de capacidade de produção anual de 25 MW em 2005 para mais de 1.000 MW em 2009, um aumento de 40 vezes em quatro anos.

O aumento de capacidade foi equiparado por um ganho de produção proporcional, como mostra a Figura 16.15. O eixo vertical na extremidade esquerda representa a produção anual de módulos, ao passo que o eixo vertical na extremidade direita representa a eficiência dos módulos. O eixo horizontal representa o período de 2001 a 2007.

Mike Ahearn também readmitiu Jim Nolan, o leal vice-presidente de operações quando a empresa ainda estava começando, e o nomeou para o primeiro conselho de administração da First Solar para obter acesso a seu profundo conhecimento e percepção sobre a empresa. Durante todo esse tempo, John Walton sempre foi um empenhado provedor de capital. Ele investiu em torno de $ 165 milhões até o momento da oferta pública inicial da empresa em novembro de 2005. Esse investimento transformou-se em uma empresa de capital aberto com uma capitalização de mercado de mais ou menos $ 12 bilhões.

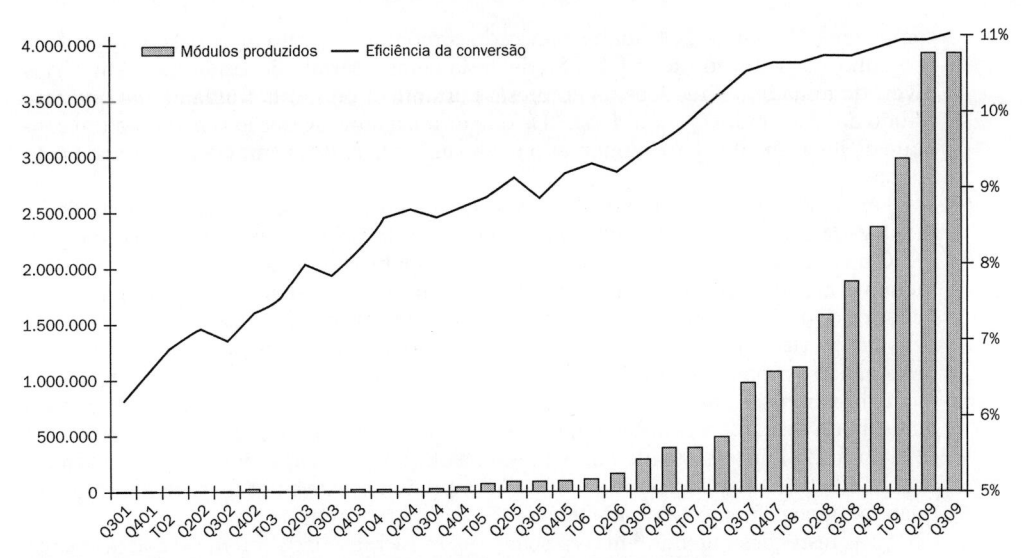

FIGURA 16.15 Crescimento exponencial do ganho anual da First Solar.

Em 2009, as vendas cresceram para $ 1,2 bilhão e o lucro líquido aumentou em torno de dez vezes. A equipe de administração da First Solar ganhou o respeito de Wall Street, com seu invejável recorde de cumprir o que promete. Segundo um analista: "Hoje minha estima pela competência da equipe de administração da First Solar é bem maior. Essa empresa teve um nível de desempenho extremamente alto e está bem preparada para enfrentar desafios futuros".

Um analista de investimentos da Merrill Lynch descobriu o que de fato contribuiu para esse invejável histórico. Em uma carta de investidor de junho de 2009, ele escreveu:

Filosofia corporativa revelada
    Em meio aos planos sobre custo/watt e eficiência de conversão na reunião de analistas havia indicações reveladoras da abordagem empresarial da First Solar. Embora o desempenho financeiro com o tempo determine o preço das ações, nossa opinião é de que as finanças são um reflexo retardado da filosofia, estratégia e execução. A meta da administração de criar uma empresa para durar de 50 a 100 anos pode parecer arrogante, mas é a postura correta para um líder precoce em um mercado potencialmente grande.

A teoria das restrições fundamenta as atitudes corporativas
    A administração algumas vezes insinuou que estava utilizando a "teoria das restrições" para tocar os negócios. A teoria das restrições é um método de administração introduzido pelo Dr. Eliyahu Goldratt em 1984 que afirma que as organizações podem ser avaliadas com base no ganho, nas despesas operacionais e no inventário. As aquisições da empresa e outras medidas tiveram como objetivo eliminar as restrições em toda a cadeia de valor da energia solar.

O que se segue é uma descrição dessa notável aplicação e implementação holística da TOC.

Contribuição da teoria das restrições para o sucesso da First Solar

No princípio, a TOC foi um dos conjuntos de instrumentos e métodos introduzidos para impulsionar a melhoria de desempenho na First Solar. O impacto da TOC (e de métodos semelhantes) é determinado inteiramente pela postura da alta administração diante da mudança e por seus pressupostos a respeito dos limites ao crescimento sustentável. Ela é apenas um elemento capacitador de uma habilidade e postura gerencial extremamente competente. Embora a TOC tenha começado como um conjunto de aplicações com foco no ganho, ela se tornou uma filosofia de gestão empresarial e incorporou-se em vários níveis de tomada de decisões da empresa. Portanto, a pergunta fundamental que esse estudo de caso ajuda a responder é: "De que forma a administração transforma um conjunto de instrumentos para aumentar o ganho em uma cultura enraizada motivada pelo ganho?".

Para avaliar o significado da TOC como uma filosofia de gestão empresarial, devemos levá-la para o contexto da economia global e do ambiente empresarial do século XXI.

O advento da Internet e o enorme salto na disponibilidade de informações transformaram o mundo em um espaço bem menor e interligado no qual é possível conduzir negócios. Qualquer vantagem comparativa que uma empresa possa ter tem uma vida bem mais curta e incerta. Para permanecer na dianteira, a administração está sendo mais pressionada a promover a melhoria contínua de uma maneira mais rápida e previsível.

Existe um risco bastante significativo quando se aplicam recursos em oportunidades de melhoria de baixa alavancagem, pois isso pode desacelerar o crescimento. Você deve se lembrar da impressionante falha da Microsoft por não perceber o impacto da Internet quando o Netscape tornou-se o navegador predominante e por ter repetido esse erro quando o Google passou a dominar o espaço dos mecanismos de pesquisa.

Se as restrições que limitam o crescimento e a lucratividade forem verdadeiramente identificadas, os recursos escassos poderão ser direcionados aos pontos de alavancagem mais valiosos. A alta administração da First Solar avalia deliberada e continuamente o ambiente empresarial interno e externo para identificar as restrições e acelerar o crescimento e concentrar-se em alavancar essas restrições.

As organizações que consideram a eficiência interna – voltada para dentro – dos recursos individuais o principal fator de sucesso com frequência são pegas de surpresa pelas mudanças comportamentais dos grandes sistemas nos quais elas se encontram.

Em contrapartida, aquelas que tiram proveito conscientemente, e com disciplina, dessas mudanças sistêmicas estão fadadas a ser mais bem-sucedidas a longo prazo. A TOC realiza exatamente isso. O sucesso fora de série da First Solar também pode ser atribuído à análise zelosa sobre as restrições sistêmicas internas e externas.

Construindo as estruturas

Três aspectos são cruciais para elevar a TOC de um conjunto específico de instrumentos para uma cultura profundamente enraizada: *mundo dos ganhos* versus *mundo dos custos, a importância dos sistemas e das restrições e a importância de um especialista no tema da TOC dedicado e motivado.*

Mundo dos ganhos versus mundo dos custos

Esse aspecto bastante sutil mas essencial afeta toda a organização. As empresas do mundo dos custos caracterizam-se por uma mentalidade inerentemente defensiva. Existe uma impressão generalizada de que a empresa está sempre de mãos atadas, como se estivesse pressionada contra a parede. As despesas passam por um exame minucioso e prolongado, os funcionários ficam em um constante estado de inquietação, existem muitos silos e com frequência existe um pequeno combate entre a administração e os funcionários. No sentido figurado, existe uma percepção generalizada de que é melhor ocultar os talentos do que os utilizar.

Em contraposição, as empresas do mundo dos ganhos caracterizam-se pela crença de que o sucesso é restringido apenas pela capacidade da administração de identificar e eliminar as restrições sistêmicas. As metas são meramente marcos miliários em um percurso contínuo em direção a patamares mais altos de sucesso, e não a justificativa de contribuição anual. O trabalho é considerado essencial, é adotado para ajudar a eliminar as restrições do sistema e é utilizado para promover grandes mudanças interfuncionais. Enquanto os métodos de melhoria tradicionais focalizam a otimização dos componentes do sistema existente, a TOC pressupõe que uma grande mudança sistêmica é essencial para um crescimento rápido e permanente e constante. Para que isso ocorra, deve haver na organização como um todo um sistema de valores e uma estrutura decisória consistentes.

Ao longo de seis anos, praticamente todos os funcionários responsáveis por tomar decisões de negócios na First Solar receberam treinamento sobre os princípios da TOC. Empregando o método de ensino socrático e modelos de simulação, foram passados aos participantes os princípios de uma organização motivada pelo ganho e um modelo simples de tomada de decisões em todas as funções e sistemas. Os conceitos básicos são:

- *Maximização do Ganho*. Com respeito a todo sistema empresarial dentro da organização, a necessidade é óbvia. Melhorar continuamente o índice de ganho e o valor que os sistemas oferecem à First Solar. Conceitualmente, o ganho não tem limite.
- *Minimização de Inventário*. Níveis de inventário menores possibilitam índices maiores de ganho. O inventário deve ser reduzido para um nível imediatamente anterior ao nível que compromete o ganho.
- *Minimização das Despesas Operacionais*. As reduções nas despesas operacionais são avaliadas com base no impacto sobre o ganho. Elas devem ser diminuídas para um nível que não compromete o ganho.

Sistemas e restrições

As empresas do mundo dos ganhos têm êxito a longo prazo realizando inexoravelmente melhorias em todos os sistemas empresariais. Isso é conseguido:

- Identificando, descrevendo e analisando todos os sistemas empresariais essenciais na organização.
- Identificando as restrições dentro desses sistemas.
- Eliminando as restrições e garantindo que nenhuma consequência inesperada prevaleça (por meio de um melhor aproveitamento ou elevação).
- Reconfigurando funções, cargos, responsabilidades, recursos e medidas para sustentar um nível de desempenho superior (subordinação).
- Repetindo o processo.

Os funcionários que já trabalharam em empresas do mundo dos custos consideram esse processo revigorante e estimulante, mas também mais estressante porque as mudanças significativas são uma necessidade constante.

A última questão serve para ressaltar a extrema importância de a alta administração compreender e comprometer-se verdadeiramente a transformar a empresa em uma organização motivada pelo ganho.

Nesse contexto, a utilização bem-sucedida e contínua da TOC na First Solar ao longo dos últimos seis anos deve-se inteiramente ao apoio e ao compromisso do diretor executivo, Mike Ahearn, e do presidente, Bruce Sohn. Ambos conhecem profundamente o assunto e sabem por experiência própria o quanto isso influencia o sucesso.

Preparação de um especialista exclusivo no tema da TOC

O terceiro aspecto fundamental para incorporar profundamente a TOC na cultura da organização é a alocação de uma equipe ou de um especialista motivado e dedicado ao tema da TOC. Ray Immelman, pioneiro da TOC e hoje vice-presidente de serviços estratégicos da First Solar, lidera uma equipe desse tipo. Essa equipe atua como apoio à alta administração e tem em comum um traço de personalidade extremamente essencial para o sucesso. Não obstante o estresse provocado por mudanças sistêmicas, políticas e de recursos humanos simultâneas, ela nunca desiste nem afrouxa. Seu lema é "Não pestaneje!".

Uma cultura solidamente enraizada na TOC oferece um valor maior do que simplesmente melhorar o funcionamento interno da organização. Quando a First Solar começou a conversar sobre o processo de oferta pública inicial com Goldman Sachs em 2005, a cultura motivada pelo ganho foi apresentada como um componente importante do sucesso da empresa. Além disso, quando os fornecedores de bens de capital tornaram-se uma restrição para o crescimento da First Solar, a empresa passou a pressioná-los para que também se sentissem mais motivados pelo ganho. Subsequentemente, esses fornecedores apresentaram trajetórias de crescimento analogamente impressionantes e, por sua vez, pressionam seus fornecedores a fazer o mesmo.

Destravando os sistemas e as medidas existentes

Como a mentalidade do mundo dos custos é movido por pressupostos tradicionais e paradigmas operacionais, as empresas que adotam a TOC não devem subestimar o esforço necessário para identificar as medidas, os sistemas de informação, as diretrizes e as regras empresariais que estão em conflito com a necessidade de estabelecer uma empresa motivada pelo ganho.

Felizmente, no caso da First Solar, havia muito pouco a ser desfeito, visto que a Solar Cells Inc. procurava com avidez uma forma de se desvencilhar de sua existência precária. Contudo, foram necessários vários anos para que sua cultura de fato mudasse. O brado de guerra que sustentou a iniciativa de implementação foi o "ganho". Essa palavra específica foi o sustentáculo em torno do qual ser ergueu a cultura da organização.

O ganho também ofereceu a medida com base na qual todos os sistemas existentes são avaliados e transformados. Se os sistemas, as diretrizes e as regras orientarem-se para o mundo dos custos, esses fatores serão abordados com o devido cuidado para que não se tornem as restrições inerentes. Por exemplo, o diretor financeiro certa vez quis introduzir um novo conjunto de regras contábeis. O diretor executivo recusou-se categoricamente a implementar o que foi recomendado, sustentando que isso geraria uma restrição procedimental, o que afetaria o ganho da organização. Isso se tornou uma norma para vários membros da equipe de administração.

Ampliando o sucesso inicial

O antigo ditado de que "Nada tem tanto sucesso quanto o próprio sucesso" é primorosamente mais verdadeiro em um ambiente em que se empreende uma grande mudança sistêmica. Embora o sucesso inicial da aplicação dos princípios de *tambor-pulmão-corda* (TPC) tenha melhorado imediatamente o ganho do processo de produção, o verdadeiro divisor de águas foi a primeira expansão das instalações da empresa. Logo no início, Mike Ahearn percebeu que a instalação existente não conseguiria ampliar-se para apoiar o crescimento necessário e concluiu que era preciso construir uma nova fábrica. Ela não seria apenas uma extensão da instalação existente, mas uma fábrica nova e avançada. A principal tecnologia de fabricação foi a única coisa mantida. Todo o resto era novo – novos equipamentos, novos fornecedores, novo leiaute de fábrica e novos sistemas de TI. Para complicar ainda mais as coisas, a expectativa era de que isso seria concluído em tempo recorde.

O primeiro plano de projeto desenvolvido pela equipe mostrava que grande parte estaria concluída em meados de 2005. Depois de introduzir o *gerenciamento de projetos pela corrente crítica* (GPCC), a conclusão prevista passou a ser outubro de 2004 – uma diminuição de 30% no cronograma.

Embora a equipe do projeto estivesse compreensivamente apreensiva com a possibilidade de isso não ser factível, ela de fato conseguiu concluir o projeto nesse espaço de tempo.

O impacto sobre o psicológico da equipe foi imenso.

Diferentemente da cultura anterior de existência precária, havia uma percepção palpável de uma conquista significativa, que, por sua vez, criou a crença de que uma mudança significativa era de fato possível. Essa conquista decisiva construiu o alicerce para a filosofia "Copy Smart" ("Reprodução Inteligente") da First Solar, que possibilitou que a empresa reproduzisse outras fábricas de maneira rápida e previsível em um ritmo mais veloz que a norma no setor.

Os fatores que possibilitaram esse acontecimento foram:

- Apoio intenso da alta administração.
- A liderança de Alan Henderson, diretor de engenharia corporativa.
- Implementação do GPCC com *software*, amplo treinamento e apoio assíduo.
- Utilização de um gerente de projetos especializado na corrente crítica.
- Divulgação sobre o andamento para o conselho de administração utilizando o *gerenciamento de pulmões* (GP) como sistema de informação.
- Utilização de uma linguagem coerente e de um processo consistente em toda a organização.
- Utilização das medidas de desempenho e melhoria do GPCC para aumentar ainda mais a eficácia.
- Resposta da equipe às penetrações de pulmão.
- Conhecimento sobre as diferentes culturas em cada área de aplicação do GPCC – a área de TI é bem diferente da área de P&D ou construção.
- Conhecimento sobre os fatores de motivação da empresa quanto ao comportamento de cada grupo – o que motiva o comportamento atual e até que ponto ele precisa mudar?
- Apoio às decisões que as pessoas precisam tomar – garantir que o comportamento e as informações geradas pelo GPCC contribuam para as decisões empresariais que eles têm de tomar.
- Grande apoio técnico e confiança – o *software* de corrente crítica é o único que lida diretamente com o trabalho das pessoas e a interação corporativa (até mesmo diariamente).

Hoje, o GPCC está sendo amplamente utilizado em toda a empresa e continua contribuindo para o seu extraordinário sucesso. Por exemplo:

- Em 2007, já como empresa de capital aberto, a First Solar tinha de atender às exigências de controle financeiro da Lei Sarbanes-Oxley. Utilizando o GPCC, a empresa adaptou bem-sucedidamente todos os controles financeiros em menos de um ano, ganhando reconhecimento dos auditores externos, da Price Waterhouse Coopers, pela primeira implementação sem erros que a equipe havia visto.
- Em 2009, o sistema de informação gerencial (SIG) dobrou o número de projetos concluídos em um ano, utilizando o GPCC para gerenciar seu grande portfólio de projetos.

Implementando as ferramentas comprovadas da TOC

Assim que a cultura motivada pelo ganho é estabelecida, e o sucesso inicial é comemorado, os demais instrumentos da TOC encontram terreno fértil para ser implementados. O que se segue é uma descrição de algumas das aplicações incorporadas.

Tambor-Pulmão-Corda

Quando a primeira nova fábrica foi projetada, o GP foi incorporado e automatizado da melhor forma possível. Os recursos lentos foram identificados, os pulmões de restrição e alimentação foram instituídos e mecanismos automáticos foram implementados para executar a maior parte das tarefas do GP. Com o emprego simultâneo de aplicações do Seis Sigma para eliminar a variação do processo, a linha de produção mantém-se sistematicamente na faixa de 90% de utilização. Um dos aspectos que realmente ajudaram a validar o desempenho da linha de produção foi a ampla utilização da modelagem de

simulação. Como a TOC ocupa-se totalmente com o comportamento dos grandes sistemas, um requisito fundamental para uma mudança bem-sucedida é a utilização de bons modelos na simulação. Isso oferece:
- Uma visão sobre como o sistema se comportará antes da implementação real.
- Confiança a todos os envolvidos de que as mudanças pretendidas funcionarão.
- Capacidade de testar todas as opções, garantindo, desse modo, uma sólida adesão.

Gerenciamento de pulmões

Para otimizar a aplicação do TPC, a equipe de fabricação, sob a liderança do gerente de fábrica, Todd Spangler, criou o *Sistema de Informações da TOC (TOC Information System – TOCIS)*. Esse sistema permite que a administração monitore o desempenho de qualquer linha de produção em qualquer lugar do mundo, em tempo real. Ele exige os índices de ganho, as restrições atuais, os estoques de pulmão e o desempenho dos rendimentos. Todos os dados são gerados diretamente nas linhas de produção e representam a crua realidade.

Além disso, as informações são projetadas nas paredes da fábrica em um formato gráfico simples para que todos vejam. Isso incitou a atenção dos operadores e também dos supervisores, visto que o desempenho da equipe é conhecido por todos, sem retoques.

A função do "processo de pensamento" da TOC na First Solar

As ferramentas do processo de pensamento da TOC são empregadas para perceber as mudanças na realidade atual da First Solar, para identificar os conflitos básicos e os pressupostos que precisam ser compreendidos e para desenvolver e validar a lógica da realidade futura desejada. A equipe de administração da First Solar utiliza esses instrumentos como ferramentas administrativas diárias em várias circunstâncias, bem como para desenvolver estratégias empresariais de grande escala. Em 2009, a empresa implementou o processo de desenvolvimento e revisão de estratégias corporativas, em que cada unidade operacional apresentou à alta administração a realidade atual, as injeções e a realidade futura. Isso possibilitou:

- Uma discussão focada em torno dos problemas de grande impacto.
- Uma profunda percepção em comum sobre a maneira como os respectivos sistemas empresariais comportam-se.
- Alinhamento e coordenação dos trabalhos em todas as unidades de negócios.

Um grande contingente de altos gerentes e gerentes intermediários recebeu treinamento sobre a utilização do processo de pensamento da TOC, bem como o diretor executivo e alguns membros do conselho de administração. Em 2009, as árvores de E&T passaram a ser utilizadas para cristalizar, condensar e divulgar iniciativas estratégicas fundamentais.

O que fez a TOC funcionar na First Solar?

Vários são os motivos pelos quais a implementação holística da TOC foi bem-sucedida e sustentável:

- A TOC é simplesmente um meio para um determinado fim e não um fim em si mesma. O maior benefício reside na formação de uma cultura motivada pelo ganho, apoiada por instrumentos que tornam esse processo uma capacidade vital.
- A TOC ofereceu um conceito fundamental em torno do qual foi possível criar uma sólida cultura corporativa motivada pelo ganho.
- A TOC recebeu grande adesão e apoio a longo prazo tanto do diretor executivo quando do presidente.

- Houve uma ampla exposição aos conceitos e à diferenciação entre o mundo dos custos e o mundo dos ganhos – um importante motivador "tribal".[10]
- A utilização dos instrumentos em todas as áreas possíveis ajudou a definir e criar processos e sistemas em torno dos conceitos.
- Com o passar do tempo, o sucesso ajudou a criar confiança na capacidade da administração, gerando uma crescente reação em cadeia.
- Pequenas aplicações iniciais bem-sucedidas construíram confiança e geraram segurança.
- A massa crítica e a capacidade do banco de reservas da equipe de implementação da TOC perpetuam a cultura do ganho.

Recomendações e resumo

O objetivo deste capítulo foi divulgar ideias e experiências importantes obtidas por um especialista da TOC, tanto de um ponto de vista interno quanto externo, bem como apresentar um processo genérico para implementar e manter a TOC de uma maneira holística nos setores público e privado.

Em toda implementação da TOC, tanto quando realizada em uma parte da organização (localmente) quanto realizada holisticamente (implementação sincronizada em todas as partes), temos oportunidade de perceber o que funcionou e o que não funcionou. É preciso estar atento para aprender com cada experiência, mas é preciso estar ainda mais atento para aprender as lições corretas.

Boas práticas recomendadas para implementar holisticamente a TOC

As recomendações que se seguem são constatações que consideramos essenciais para o sucesso ou simplesmente um conjunto de boas práticas para a alta administração, especialistas internos e externos da TOC e adeptos da TOC, extraído da experiência com o que funcionou ou não funcionou na prática.

Utilizar os cinco passos de focalização, o roteiro do processo de pensamento e a árvore de E&T da TOC

O melhor[11] ponto de partida para a implementação holística da TOC é obter a compreensão da alta administração e seu apoio a longo prazo. A melhor maneira de conseguir isso é oferecer instrução sobre os princípios e a aplicação dos conceitos genéricos da TOC ou "*gestalt*". Se não houver uma compreensão e aceitação profunda e visceral do valor de uma cultura motivada pelo ganha-ganha-ganha, todo o resto será efêmero. Assim que se consegue essa compreensão e aceitação, o passo seguinte seria obter consenso sobre como obter exatamente isso fazendo com que a alta administração de modo geral (e outros grupos de interesse importantes) contribua para a elaboração de uma estratégia empresarial/organizacional por meio dos cinco passos de focalização da TOC (aplicados à organização como um todo) e do roteiro do processo de pensamento para explorar melhor as restrições do sistema.

A estrutura da árvore de E&T pode então ser utilizada para desenvolver uma análise completa (sobre os fatores "o quê, como e por que" relacionados a cada mudança propos-

---

[10] O livro *Great Boss, Dead Boss,* de Ray Immelman, explica a importância do comportamento tribal nas organizações.

[11] Grandes organizações como a Boeing e ABB demonstraram que é possível implementar a TOC "de baixo para cima". Geralmente, essas implementações levam mais tempo e precisam de um grupo comprometido e crescente de especialistas e adeptos internos da TOC, apoiado por especialistas externos da TOC, e de um mecanismo de comunicação eficaz para compartilhar com o restante da organização os resultados e ensinamentos obtidos internamente.

ta, bem como o nível e a sequência da implementação). Tal como a experiência demonstra, a árvore de E&T é uma excelente ferramenta de comunicação para validar com e obter consenso entre os grupos de interesse sobre as mudanças necessárias e adequadas, bem como contribuições e a sequência da implementação.

Nos casos em que exista uma árvore de E&T genérica que se enquadre perfeitamente na organização, a atenção deve se voltar para a validação dos pressupostos básicos e a realização das mudanças necessárias para que correspondam à situação específica nessa organização. Tanto em um caso quanto no outro, a árvore de E&T também pode ser utilizada para planejar, executar e monitorar a execução.

Mudando comportamentos/paradigmas com histórias e jogos
A mudança de comportamentos exige uma mudança nos pressupostos básicos ou paradigmas por meio dos quais enxergamos o mundo. Recomendamos as seguintes abordagens para os grupos de interesse para que contestem e mudem seus pressupostos e estrutura de tomada de decisões.

- Comparar os cinco paradigmas limitantes (tradicionais) com os cinco paradigmas possibilitadores (da TOC) (Tabela 16.1) para mostrar que é a forma como lidamos com as restrições, complexidades, conflitos, incertezas e comportamentos/escolhas ruins (e não esses desafios em si) que determinará nosso sucesso (ou fracasso).
- Utilizar a analogia do mundo dos ganhos e do mundo dos custos para oferecer uma explicação básica mas convincente sobre a mudança em foco. Em vez de melhorar incrementalmente o sistema diminuindo os custos em todas as partes, é bem mais eficaz centrar esforços em um ganho (fluxo) crescente por meio da identificação e eliminação das restrições do sistema.
- Utilizar o jogo de multitarefa ou execução simultânea de várias tarefas (projetos), jogo de dados (operações), o jogo de problemas e teste (finanças) e outros jogos de simulação baseados na TOC e na abordagem sistêmica. Esse é um método eficaz e eficiente (e divertido) de mostrar um provável ganho de desempenho quando deixamos de utilizar as regras dos ótimos locais e passamos a empregar as regras da TOC focalizadas na restrição do sistema. Esse método mostra também que frequentemente são esses pressupostos que bloqueiam o potencial de ganho, e não a falta de recursos ou de condições iniciais, dois fatores aos quais normalmente se atribui a culpa pelo mau desempenho.

O papel fundamental de um defensor da TOC apoiado por especialistas da TOC
Para que uma empresa comece a implementar a TOC, particularmente uma implementação holística, deve haver um defensor interno da TOC bem respeitado dentro da empresa e apoiado pela alta administração e que conte com uma quantidade mínima de partidários internos da TOC e especialistas (internos/externos) na aplicação dessa teoria. Os defensores internos da TOC são aquelas pessoas que estão dispostas a assumir riscos pessoais para mover a empresa, têm o conhecimento adequado sobre a essência da TOC (o que Goldratt chama de "*gestalt*") e capacidade para convencer e motivar outras pessoas (e obviamente alguém que cumprirá o que promete).

Esses defensores promovem incansavelmente a mudança cultural e garantem apoio à implementação. Observamos que muitos defensores da TOC têm pouco sucesso quando eles não obtêm apoio interno suficiente e acesso a especialistas no assunto ou obtêm um apoio indiferente e morno da alta administração.

Identificando e aproveitando bolsões de excelência
Existem bolsões de excelência em praticamente em todos os ambientes difíceis e complexos – seja em organizações do setor privado que enfrentam o desafio de obter um crescimento exponencial ou simplesmente sobreviver, seja nas organizações do setor público que enfrentam grandes restrições orçamentárias e de recurso.

Toda instituição tem um conjunto exclusivo de restrições incomensuráveis e difíceis (Collins, 2006, p. 31). Contudo, algumas conseguem dar um salto, enquanto outras, diante dos mesmos desafios, não conseguem. A excelência ou grandeza é em grande medida uma questão de opção (onde focalizar) e disciplina (tomar iniciativas corretas e interromper as erradas).

Em muitos casos, os bolsões de excelência podem atuar como catalisadores para identificar quais mudanças nas regras/condições contribuíram para um desempenho excepcional e possivelmente transformar a exceção em regra.

A importância de um mecanismo simples para a tomada de decisões holísticas

Na medida em que as decisões continuam sendo tomadas com base em vários pressupostos errados e enraizados na contabilidade de custos, as decisões gerenciais continuarão em conflito com o que é necessário para apoiar uma implementação holística da TOC. A implementação da contabilidade de ganhos (CG) e especificamente de um mecanismo para avaliar todas as decisões com base em seu impacto sobre G, I e DO é uma maneira simples e eficaz de obter decisões globais mais adequadas e rápidas em todos os níveis. A CG pode ajudar a evitar erros devastadores nas decisões relacionadas à avaliação do desempenho da organização como um todo ou das unidades de negócios/departamentos, à avaliação sobre fabricar/comprar, à avaliação sobre a contribuição do produto/mercado/cliente/projeto e à avaliação de investimentos e nas decisões sobre preço ou orçamentárias.

Utilizando e promovendo a utilização do processo de pensamento da TOC

Todos os dias a administração e os funcionários enfrentam vários desafios que podem fazê-los perder o foco; desafios como encontrar soluções de ganha-ganha para conflitos diários ou mesmo crônicos, ter de lidar com soluções incompletas, enfrentar apagamentos de incêndio em virtude de lacunas entre responsabilidade e autoridade, lidar com a resistência à mudança e saber motivar e inspirar as equipes a atingir metas ambiciosas. O processo de pensamento da TOC, como as ramificações positivas e negativas, a nuvem de conflitos/nuvens de conflitos duais, APR e árvores de E&T, oferece aos gestores ferramentas práticas de pensamento para ajudá-los a lidar com esses desafios. A aceitação é assegurada quando se vê que os gestores estão utilizando esses recursos.

A importância dos roteiros, do acompanhamento e do prosseguimento

Levar as pessoas a ter iniciativa não é uma questão trivial. A valorização de um corpo de conhecimentos como a TOC não necessariamente conduzirá a uma decisão e ação. O fator predominante na maioria de nossas decisões não são os benefícios previstos, mas os riscos envolvidos.

Para amenizar os riscos é vital ter ou oferecer um roteiro primoroso, claro e confiável que tenha apoio interno e externo suficiente. Uma E&T bem estruturada e que tenha pressupostos válidos oferece uma visão clara e ajuda a obter um firme consenso sobre as iniciativas a serem tomadas.

Se não houver acompanhamento e prosseguimento por parte dos líderes, as medidas necessárias não serão tomadas ou, na melhor das hipóteses, não serão mantidas. A falta de acompanhamento e prosseguimento leva as pessoas rapidamente a interpretar que algo não é mais uma prioridade.

A importância do alinhamento dos sistemas de TI com as regras da TOC

Não confunda simples com fácil. Mesmo as regras simples podem ser difíceis de implementar, particularmente em ambientes grandes e complexos. Sistemas de TI como o *planejamento de recursos corporativos* (*enterprise resources planning* – ERP) são fundamentais para ajudar as organizações a implementar, aplicar e manter as novas regras motivadas pelo ganho. Eles podem ajudar a mudar o planejamento, a execução, o *feedback* e o controle identificando pontos de alavancagem em prol da melhoria contínua. Uma das maneiras de assegurar um alinhamento integral entre o crescimento organizacional/estratégia empresarial e as mudanças necessárias no ERP e em outros sistemas de TI é utilizar a árvore de E&T como ferramenta para definir e obter consenso sobre mudanças detalhadas no sistema de TI que são essenciais para apoiar uma nova estratégia de crescimento. Um exemplo dos benefícios dessa abordagem é mostrado no estudo de caso do programa "One Simple ABB", no qual a árvore de E&T foi utilizada para definir e obter consenso sobre mudanças detalhadas no sistema ERP (SAP) e apoiar e implementar um conjunto de regras simples de planejamento, execução e melhoria contínua em um grande número de fábricas (Barnard, Rajaniemi e Nordstrom, 2009).

Melhoria contínua e auditoria

Frequentemente, o ambiente empresarial muda ou a realidade demonstra (não obstante a melhor análise lógica possível) que um ou mais pressupostos de necessidade ou suficiência ou sobre o potencial inerente simplesmente não eram verdadeiros. Isso exige uma constante reavaliação dos pressupostos sobre o potencial inerente, da restrição do sistema que nos impede de revelar esse potencial e das condições de necessidade e suficiência essenciais para apoiar essa decisão. O Capítulo 15 deste livro apresenta uma descrição detalhada sobre a estruturação e implementação de um mecanismo de melhoria contínua e auditoria baseado na TOC e da cultura necessária para apoiar uma implementação holística da TOC e evitar ou ao menos minimizar os erros gerenciais habituais: erros de omissão, comissão, detecção e correção.

Transformando-se na mudança que você deseja ver

Nossa recomendação final àqueles que estão pensando na possibilidade de implementar a TOC em sua empresa, em particular aqueles que estão se esforçando para obter apoio ou consenso, é basicamente seguir o conselho de Mahatma Gandhi – "Torne-se a mudança que você deseja ver no mundo".

Comece a utilizar as ferramentas do processo de pensamento da TOC e as aplicações logísticas em sua área. Em pouco tempo isso propagará para outras áreas, algumas vezes para um âmbito além da área original de influência.

Resumo

Para implementar holisticamente a TOC, é necessário em primeiro lugar estabelecer uma meta extremamente ambiciosa para obter um crescimento sustentável e estabilidade, não com base nas inferências sobre o passado, mas com base no potencial inerente. Se essa meta ambiciosa já tiver sido estabelecida, é necessário validá-la para verificar se ela de fato é uma solução de ganha-ganha-ganha para todos os grupos de interesse.

Assim que se estabelecer uma meta ambiciosa, é necessário passar um tempo com todos os grupos de interesse para identificar realmente a lacuna (entre o desempenho real e a meta) e também assegurar que todos os grupos de interesse percebam quais serão as consequências sobre o sistema como um todo (utilizando o raciocínio do efeito previsto para determinar o provável impacto sobre grupos de interesse importantes e utilizando o G, I e DO para determinar o impacto financeiro) se essas lacunas forem preenchidas ou não forem preenchidas.

Em seguida, deve-se tomar uma decisão importante sobre se é necessário focalizar os recursos escassos para preencher a lacuna (melhorar sustentavelmente o fluxo das unidades da meta) e, se não mais importante, sobre se é necessário ou *não* focalizar. Uma maneira comprovada de obter essas respostas é utilizar os cinco passos de focalização da TOC e um processo de pensamento como a árvore de E&T. Todas essas iniciativas de mudança sobre o que iniciar e interromper devem ser planejadas e protegidas como um projeto (utilizando o GPCC) e devem ser encadeadas com base na prioridade estratégica escolhida em conjunto e liberadas somente quando houver capacidade de execução disponível.

Entretanto, saber o que é necessário focalizar não é suficiente. A alta administração deve fazer com que vigorem regras holísticas simples de planejamento e execução (de acordo com as soluções logísticas conhecidas da TOC) e que os obstáculos/desculpas para não dar partida nas iniciativas desejadas (*e.g.*, implementar regras de planejamento e execução da TOC) ou não interromper as iniciativas não desejadas (que provocam desperdício, desarmonia entre ótimos locais dentro das organizações) sejam sistematicamente eliminados. Além disso, a alta administração deve tomar providências para que todos tenham meios (sistemas) e capacidade (saber o quê, saber como e saber por quê) para dar a contribuição necessária, mas também reconhecer as contribuições e o sucesso (e, quando tiver certeza de que forneceu os meios e a capacidade, responsabilizar aqueles que ainda não estão contribuindo).

Um mecanismo rápido (e confiável) de *feedback* é essencial para diminuir continuamente o tempo necessário para detectar e corrigir os pressupostos errôneos e mudar as condições do ambiente, particularmente das mudanças na restrição do sistema.

Deve ser implementado um mecanismo de melhoria contínua como o GP da TOC em cada uma das principais funções para indicar onde é necessário melhorar mais o processo ou elevar a capacidade para manter o equilíbrio entre oferta e demanda.

Em conclusão, não pestaneje. Continue em busca de crescimento e estabilidade não obstante todas as idiossincrasias corporativas e individuais.

Referências

Ackoff, R. L. "Why Few Organizations Adopt Systems Thinking". *Systems Research and Behavioural Science*, 23, 2006, pp. 705-708.

Barnard, A. "New Developments and Innovations in the Theory of Constraints Thinking Processes". Estudo apresentado no Congresso da TOCICO em Cambridge, Reino Unido, outubro de 2003.

Barnard, A. "Using a Simplified Theory of Constraints Approach to Achieve More with Less in Less Time within the Public Sector: A Case Study from Africa, Sun City, South Africa". Anais do Congresso da SAPICS, 29 de junho-2 julho de 2008.

Barnard, A. *How to Identify and Unlock Inherent Potential within Organizations and Individuals Using a Systems Approach*. Dissertação de doutorado, Instituto Da Vinci, Johanesburgo, África do Sul, 2009.

Barnard A., Rajaniemi, K. e Nordstrom, F. "Achieving Fast and Reliable Deliveries with a Robust TOC Solution Simple Enough to Be Supported by Standard ERP Systems". Anais do Congresso da SAPICS, Sun City, África do Sul, 12-15 de julho de 2009.

Collins, J. *Why Business Thinking Is Not the Answer. Good to Great and the Social Sectors: A Monograph to Accompany Good to Great*. Nova York: HarperCollins, 2006.

Deutschman, A. *Change or Die: The Three Keys to Change at Work and in Life*. Nova York: Harper Business, 2007.

Funcke-Bartz, M. "Sensible Constraint Management". *Academic Press Plant Systematics*, 2006, pp. 78-79.

Goldratt, E. M. *The Goal*. Croton-on-Hudson, NY: North River Press, 1984.

Goldratt, E. M. *What Is This Thing Called Theory of Constraints and How Should It Be Implemented?* Croton-on-Hudson, NY: North River Press,1990.

Goldratt, E. M. *Goldratt Satellite Program Sessions 1-8*. Transmitido de Brummen, Holanda: Programa Satélite de Goldratt, 1999a. Série em vídeo: 8 DVDs.

Goldratt, E. M. Série de Cartas de Fórum sobre o PMC. 1999b. www.toc-goldratt.com/index.phpcont=137.

Goldratt, E. M. *The Choice*. Great Barrington, MA: North River Press, 2008.

Goldratt, E. M., Goldratt, R. A. e Abramov, E. "Strategy & Tactics". 2002. Artigo não publicado.

Immelman, R. *Great Boss, Dead Boss*. Gurnee, IL: Stewart Philip International, 2003.

Kendall G. "TOC Strategy: The 4 × 4 Way". *TOC Review*, 28-31 de abril de 2001.

Sobre os autores

Dr. Alan Barnard é diretor executivo do Goldratt Research Labs, diretor do Goldratt Group (África) e presidente da Realization Africa e atua como auditor de projetos em inúmeros projetos de grande porte da TOC ao redor do mundo. Uma das paixões de Alan é aplicar as mesmas técnicas para identificar e revelar o potencial inerente das empresas e dos indivíduos (ele é um dos principais facilitadores do Programa Anual Odisseia) e também das organizações sem fins lucrativos e dos governos, a fim de ajudá-los a obter mais em menos tempo. Alan foi também presidente da TOCICO (2003-2005), presidente da SAPICS (1998–2002) e presidente do Instituto Odisseia da TOC e ocupou o corpo de jurados do prêmio National Logistics Achiever para o Sul da África nos últimos sete anos. Alan obteve o bacharelado em engenharia industrial (com honra) em 1991 e concluiu o mestrado e doutorado em gestão de tecnologia e informação no Instituto de Tecnologia Da Vinci em 2009. O título de sua tese de doutorado foi *How to Identify and Unlock Inherent Potential within Organizations and Individuals Using the System's Approach of Theory of Constraints*.

Ray Immelman é vice-presidente de serviços estratégicos na First Solar, Inc. Anteriormente, Ray trabalhou com cerca de 140 empresas como diretor de gestão estratégica no Instituto Nacional de Produtividade. Ele é formado em negócios, comércio e engenharia.

PARTE V
Estratégia, Marketing e Vendas

CAPÍTULO 17
Modelos de estratégia tradicionais e a teoria das restrições

CAPÍTULO 18
Estratégia da teoria das restrições

CAPÍTULO 19
Estratégia

CAPÍTULO 20
As camadas de resistência: o processo de adesão segundo a TOC

CAPÍTULO 21
Menos é mais: aplicação dos conceitos de fluxo às vendas

CAPÍTULO 22
Mafia offers: lidando com uma restrição de mercado

Para onde estamos indo e de que forma chegaremos lá? Essa é a pergunta típica da estratégia. Nesta parte, veremos como a estratégia e as táticas são integradas com o intuito de obter a melhoria contínua. As restrições do sistema são o ponto de convergência no processo. Os métodos de implementação, os níveis de resistência à mudança que podem ser encontrados e as formas de superá-los também são abordados. Os conceitos básicos da metodologia tambor-pulmão-corda (TPC) e do gerenciamento de pulmões são aplicados ao gerenciamento do *funil de vendas* para aumentar o índice de vendas e o ganho das empresas. A abordagem da TOC denominada *mafia offer* (oferta irrecusável ou mafiosa) é apresentada: as diretrizes para criar uma oferta e divulgá-la e de que forma o leitor pode criar suas próprias ofertas.

Dois métodos bem-sucedidos de desenvolvimento de estratégias são cobertos. Ambos utilizam o processo de pensamento. No primeiro, aplica-se o ciclo de Boyd, OODA (observe, oriente, decida, aja), junto com processo de pensamento, a fim de oferecer uma abordagem proativa à estratégia. Além disso, examinamos um novo paradigma para a estratégia: a árvore de estratégias e táticas. Esse conceito, desenvolvido por Goldratt, associa as etapas distintas da estratégia à tática específica necessária ao sucesso, vinculando estratégia e tática a pressupostos que definem a interdependência necessária e adequada. As etapas de estratégia e tática são definidas nível por nível na profundidade essencial para uma execução plena e eficaz. As estratégias genéricas são apresentadas aqui e em uma parte posterior deste livro, com a descrição dos métodos recomendados para uma variedade de ambientes empresariais. As etapas sobre como criar a árvore de estratégias e táticas são descritas na parte subsequente (Capítulo 25).

17
Modelos de estratégia tradicionais e a teoria das restrições

Marjorie J. Cooper

Introdução

Estratégia é um conceito difícil e com frequência maldefinido, mas esse termo é empregado habitualmente e os indivíduos parecem saber ao menos o que *eles* consideram uma estratégia. Por exemplo, as pessoas têm estratégias para realizar coisas, de uma simples estratégia para evitar o trânsito intenso em seu percurso do trabalho para casa a uma complexa estratégia para adquirir e poupar o dinheiro da faculdade dos filhos. Algumas pessoas têm estratégias para evitar determinadas coisas, como dedicar muitas horas ao trabalho, ter de ouvir a ladainha de um vizinho ou ser pego pelo cônjuge devorando um chocolate Godiva. Em seu nível mais simples, a ideia de estratégia não é estranha à maioria das pessoas.

As organizações também têm estratégias. Os processos para desenvolver e implementar essas estratégias podem ser detalhados e rigorosos; entretanto, com frequência a elaboração de estratégias – sem falar de sua implementação subsequente – carece de eficácia e produz resultados abaixo do esperado. Embora a área de estratégia empresarial dentro das disciplinas acadêmicas seja relativamente nova, há várias décadas novas teorias sobre a concepção e implementação de estratégias têm surgido nas escolas de negócios e entre os profissionais. Este capítulo examinará as principais escolas de pensamento sobre estratégia, bem como os pontos fortes e fracos dessas teorias. Abordaremos individualmente as estratégias empresariais genéricas, as estratégias de marketing e as estratégias de vendas, mas defenderemos a tese de que a vinculação de estratégias isoladas a departamentos específicos é na melhor das hipóteses ineficaz e, mais provavelmente, prejudicial às metas de longo prazo predominantes da organização.

O que é estratégia empresarial?

De acordo com Drucker (1994), uma *teoria empresarial* compõe-se de três partes. São elas: (1) *pressupostos sobre o ambiente* no qual a empresa atua ou pretende atuar, como mercados, clientes, tecnologia e estruturas sociais em geral; (2) *pressupostos sobre a missão específica* com a qual a empresa se comprometeu; e (3) *pressupostos sobre as competências básicas* das quais a empresa necessita para concretizar sua missão favoravelmente. Por trás desses pressupostos encontra-se a ideia de capacidade integrativa, que possibilita que uma empresa articule várias informações e habilidades amplamente discrepantes com o intuito de criar um plano de implementação coeso. Portanto, para Drucker, estratégia é implicitamente – se não explicitamente – um processo contínuo, revisitado, aprimorado e atualizado ininterruptamente para lidar com cada uma dessas três partes.

Para definir mais detalhadamente o alicerce para a elaboração e execução de uma estratégia, Drucker (1994) faz quatro "especificações" com relação a esses pressupostos, que

Copyright © 2010 Marjorie J. Cooper.

também devem ser genuínos se a empresa quiser concretizar e sustentar seus objetivos. Em primeiro lugar, os pressupostos sobre o ambiente da empresa, sua missão e suas competências básicas devem *espelhar a realidade*. Os executivos ambiciosos normalmente têm uma aspiração que está além dos recursos da empresa ou visualizam uma oportunidade de mercado que existe apenas em sua imaginação. Por exemplo, um caso impressionante de autoengano e arrogância institucional, no auge do entusiasmo americano por automóveis de fabricação japonesa, é o da General Motors, que em 1987 lançou o Allante, de fabricação italiana, por um preço acima de $ 56.000 (Schlesinger, 1988). Obviamente, a empresa não avaliou totalmente a resistência do mercado a pagar um preço especial por um carro mal projetado em comparação com seus concorrentes e considerado exageradamente caro pelos consumidores. Verificar a realidade é essencial.

Em segundo lugar, em todas as áreas de implementação, os pressupostos devem se encaixar para que se tenha *uma visão coesa da realidade*, uma visão que apresente oportunidades que possam ser perseguidas pela empresa. Quando há várias décadas Howard Schultz, na época diretor de marketing e vendas no varejo de uma pequena torrefadora de café em Seattle, passeava pelas praças da Itália, ele foi acometido por uma epifania (Cuneo, 1994). Em sua visão, os clientes faziam fila nas cafeterias para apreciar novas bebidas de café, pagavam preços elevados e tratavam as cafeterias como um ponto de encontro. Essa epifania transformou-se na Starbucks, uma das marcas americanas mais importantes e uma estratégia empresarial que teve êxito porque os pressupostos de Schultz sobre a realidade do mercado estavam corretos.

Em terceiro lugar, *todas as áreas da organização* devem compreender a teoria empresarial. Isto é, os membros da organização devem ter habilidade para articular e agir de acordo com as metas, as estruturas e as atividades de sua linha de negócios específica: o que ela representa e de que forma ela funciona. Desse modo, os membros da organização conseguirão levar a cabo a quarta especificação, que é *testar a teoria da empresa em relação à realidade do ambiente*, incorporando a capacidade de mudar segundo a necessidade.

Fatores que comprometem a estratégia

De um ponto de vista formal, estratégia é um plano integrativo que engloba as *metas da organização* (ou objetivos), seus *planos de ação* e seus programas (Quinn, 1981). As *metas* centram as iniciativas da organização, delineando as principais realizações que a empresa pretende alcançar. Os *planos de ação* são as regras e diretrizes, tanto formais quanto informais, que uma organização utiliza para estabelecer limites para as ações de seus membros. Os *programas* estão intimamente relacionados com o processo de implementação de estratégias, apresentando sequências de ação específicas que direcionam os membros da organização para a concretização de seus objetivos.

O planejamento estratégico formalizado, em geral caracterizado pelos pressupostos de Drucker e pelos fatores de Quinn (ou equivalentes), espelha em grande medida o processo ensinado na maioria das escolas de negócios. Contudo, a pesquisa de Quinn leva a crer que o ideal acadêmico está longe da prática usual. Por exemplo, Quinn salienta que "As atividades de planejamento nos principais empreendimentos com frequência se tornam atividades burocratizadas, rígidas, que envolvem uma dispendiosa papelada e estão divorciadas dos processos decisórios reais". Além disso, "[...] o planejamento formal com frequência se torna simplesmente outro aspecto da controladoria – e outra arma nas políticas organizacionais" (Quinn, 1981, p. 42). As decisões estratégicas mais importantes nas empresas pesquisadas por Quinn eram tomadas fora do processo de planejamento estratégico formal, de modo que ao final de sua pesquisa Quinn observou que "[...] vários métodos de planejamento supostamente 'normativos' começaram a parecer em grande medida questionáveis, se não efetivamente destrutivos, em muitos casos" (Quinn, 1981, p. 42).

Experiências subsequentes à publicação da pesquisa de Quinn não conseguiram contestar suas constatações. Na verdade, indícios casuais em toda a comunidade de negócios levam a crer que, na maioria dos casos, o "plano estratégico" formal para o ano (ou a década) subsequente rapidamente se transforma em um exercício de futilidade e um grande dissipador de recursos humanos.

Critérios para uma boa estratégia

A despeito dos pontos fracos do processo de planejamento estratégico do modo como normalmente é executado, executivos e igualmente acadêmicos, bem como diretores organizacionais de entidades sem fins lucrativos e governamentais, são praticamente unânimes quanto à necessidade de ordenação e de algum tipo de desenvolvimento de estratégias. Talvez seja favorável começar pelas expectativas: que critérios as pessoas supõem com relação aos resultados de uma boa estratégia? Vários critérios essenciais aparecem em publicações específicas.

Os dois *critérios* mais citados são o *desempenho superior* e a *vantagem competitiva* (Hill e Jones, 2007, p. 3). Alguns exemplos englobados por essas duas categorias gerais são lucratividade, receptividade aos clientes, receptividade aos funcionários, consistência na concretização dos objetivos, um modelo de negócios adaptado aos pontos fortes da organização, sustentabilidade e capacidade de lidar com a incerteza. Por esse motivo, as teorias contemporâneas sobre estratégia empresarial foram desenvolvidas para se concentrar nesses resultados fundamentais, sem os quais a viabilidade de uma organização torna-se duvidosa.

Do ponto de vista da *teoria das restrições* (*theory of constraints* – TOC), lucratividade significa *ganho*, que é definido pelo *TOCICO Dictionary* (Sullivan *et al.*, 2007, p. 47) como "a taxa segundo a qual o sistema gera 'unidades da meta'". Uma empresa que não gera lucro não permanecerá no mercado por muito tempo (exceto, obviamente, com socorro financeiro do governo).

A *receptividade* aos clientes é uma das principais exigências para a viabilidade de uma estratégia empresarial. O poder de voto dos clientes são seus recursos financeiros. Se uma organização não reconhecer e não responder às necessidades de um cliente, ele procurará uma organização que o faça. Se a empresa perder uma quantidade suficiente de clientes, não conseguirá manter-se no mercado.

Como o mercado é extremamente competitivo, faz sentido as empresas investirem seus recursos para desenvolver e favorecer ainda mais as competências e habilidades para as quais elas já são altamente qualificadas. As empresas que tentam assumir desafios para os quais elas estejam despreparadas, em comparação com seus concorrentes, com frequência são malsucedidas.

A *sustentabilidade* com certeza tem conotações ambientais atualmente. As empresas devem ser receptivas às preocupações governamentais, regulamentares e comunitárias. No entanto, a sustentabilidade apresenta outra implicação importante também para as empresas. A estratégia sustentável é aquela que se mantém com o passar do tempo. Não é uma moda passageira que rapidamente se torna obsoleta e irrelevante para o mercado. Ao alavancar seus recursos, determinadas empresas japonesas, como a Toyota e a Canon, ao longo do tempo fizeram imensos avanços em escala global, aumentando sua sustentabilidade de forma geral (Hamel e Prahalad, 1989, p. 64).

Em conclusão, as empresas devem incorporar em suas estratégias os meios pelos quais elas possam ser *flexíveis* a demandas variáveis. Os ciclos de vida dos produtos estão cada vez mais curtos; as preferências dos consumidores adaptam-se rapidamente; e a inquietação econômica é difusa. Por isso, as empresas que são flexíveis, ágeis e criativas têm uma probabilidade bem maior de sucesso do que aquelas que se recusam ou não são capazes de mudar suas estratégias para corresponder a situações inconstantes. Faz parte de uma boa estratégia a capacidade inerente de reagir rapidamente em face de um desafio.

Teorias sobre estratégia empresarial

Nesta seção, serão examinadas várias teorias sobre gestão estratégica. As quatro teorias predominantes são: a matriz de quatro estratégias de Ansoff (1965), a lista de focos estratégicos de Porter, as estratégias de aprendizagem/emergentes e a visão centrada em recursos. A isso se segue uma breve revisão da síntese de Mintzberg e Lampel (1999) das diversas escolas de gestão estratégica.

Esta seção é finalizada com uma discussão sobre o escopo da gestão estratégica, o que demonstra o quanto a formulação e implementação de um plano estratégico podem ser amplas e difíceis. A complexidade da gestão estratégica talvez explique minimamente por que as estratégias empresariais não raro dão errado.

Matriz de quatro estratégias de Ansoff

Ansoff apresentou seu conceito de estratégia no livro *Corporate Strategy* (*Estratégia Corporativa*) (1965). Ele acreditava que as empresas deveriam desenvolver um "fio condutor em comum" que sugerisse ampliações plausíveis do posicionamento de mercado de seus produtos. Ansoff chamou essas ampliações de *vetores de crescimento*, tal como mostra a matriz 2 × 2 exibida na Figura 17.1. As quatro estratégias são penetração de mercado, desenvolvimento de produtos, desenvolvimento de mercado e diversificação.

Na *penetração de mercado*, a estratégia é aumentar a participação de mercado de produtos atuais nos mercados nos quais eles são oferecidos no momento. No mercado competitivo contemporâneo, penetração de mercado geralmente não significa tanto encontrar novos usuários, mas afastá-los dos concorrentes existentes – uma estratégia sempre desafiadora.

Desenvolvimento de produtos é o processo de concepção, engenharia e construção de novas soluções de produto para os problemas dos consumidores, como o desenvolvimento de um *pen drive* para possibilitar a conveniência do armazenamento portátil de dados.

O *desenvolvimento de mercado* corresponde às novas "missões" dos produtos de uma empresa. Ansoff na verdade quer dizer que novos usos e aplicações para os produtos são descobertos e promovidos aos clientes existentes. A utilização do Arm & Hammer Baking Soda® como desodorizante de geladeira é um exemplo típico.

Por fim, a *diversificação*, uma abordagem mais arriscada, tira a empresa de sua zona de conforto, conduzindo-a para novos tipos de produto e mercado com os quais ela tem pouca experiência. A diversificação insere novos negócios em uma empresa, os quais não se encontram em seu setor principal (Hill e Jones, 2007, p. 340). Esses tipos de "salto" estratégico podem ser imensamente lucrativos, mas também apresentam uma probabilidade de insucesso acima da média porque as competências da empresa podem ou não ser adequadas para esse salto. Por exemplo, normalmente as empresas enxergam uma oportunidade em outro setor que parece atraente apenas porque ela não conhece totalmente as dificuldades para entrar nesse setor.

Missão \ Produto	Atual	Nova(o)
Atual	Penetração de mercado	Desenvolvimento de produtos
Nova(o)	Desenvolvimento de mercado	Diversificação

FIGURA 17.1 Matriz de crescimento de Ansoff.
Fonte: De H. I. Ansoff, *Corporate Strategy*, Nova York: McGraw-Hill, 1965. Fonte original: Tabela 6.1, p. 109. Utilizada com permissão do Fundo Fiduciário de Ansoff.

Embora a matriz de Ansoff seja bastante simples e hoje seja considerada um tanto rudimentar, ela continua sendo representativa dos amplos lances estratégicos disponíveis para as empresas que desejam crescer. Todavia, uma fragilidade importante é que essa matriz é puramente descritiva, em vez de prescritiva. Ela não indica a uma empresa qual dos vários vetores de crescimento possíveis seria mais lucrativo, mais arriscado ou mais fácil de implementar. Além disso, ela não apresenta nenhum tipo de plano para a implementação de qualquer um dos vetores de crescimento que podem ser escolhidos.

Lista de Porter

A matriz de Ansoff foi de grande auxílio, mas estava longe de ser abrangente. Sua principal preocupação era ampliar a direção estratégica existente da empresa. Em 1980, Michael Porter apresentou uma lista diferente de estratégias genéricas, centrada na identificação inicial de uma estratégia empresarial (Porter, 1980). Porter levantou a teoria de que havia apenas duas estratégicas básicas para as empresas perseguirem – baixo custo ou diferenciação. Ele associou essas duas estratégias no formato de matriz universal 2 × 2 para criar as quatro seguintes opções determinadas pelo escopo das operações da empresa: liderança de custo no setor como um todo, diferenciação no setor como um todo, custo centrado em um segmento específico e diferenciação centrada em um segmento específico.

A *liderança de baixo custo* geralmente é considerada uma posição difícil de ser mantida no mercado. Uma empresa deve ter um meio de obter uma vantagem de custo sustentável. Michael Dell a encontrou no setor de computadores pessoais formando alianças logísticas com fornecedores e um canal de distribuição inédito na Internet. Outras empresas optaram por fabricar produtos não supérfluos, identificar uma fonte de matéria-prima mais barata, melhorar a eficiência geral de produção ou então diminuir os custos indiretos, como a terceirização de algumas funções. Porém, a estratégia de baixo custo é desafiadora. Mesmo o Walmart, que possui um sistema logístico extremamente sofisticado, deixou de alegar que tem o preço "mais baixo" da cidade.

A *diferenciação*, entretanto, oferece possibilidades praticamente infinitas. Kotler (2003, pp. 318-327) identifica cinco bases distintas nas quais pode haver uma diferenciação significativa: diferenciação de produto, diferenciação de serviços, diferenciação de pessoal, diferenciação de canal e diferenciação de imagem.

A *diferenciação de produto* pode ser obtida mudando a forma de um produto ou acrescentando recursos. A qualidade do desempenho do produto pode ser melhorada e sua durabilidade aumentada. O produto pode se tornar mais confiável ou mais fácil de ser consertado, economizando, portanto, custos de reposição. O *design* é cada vez mais um fator que agrega valor à linha de produtos de uma empresa. São exemplos as roupas de couro concebidas por italianos ou os aparelhos elétricos de uso pessoal projetados por alemães. Um conceito análogo é o estilo, que é um aspecto importante dos computadores Apple, das canetas Montblanc e das motocicletas Harley-Davidson (Schmitt e Simonson, 1997).

A *diferenciação de serviços* abrange facilidade e precisão, entrega pontual, instalação rápida e precisa, instruções de uso do produto ao cliente e manutenção e reparo posteriores.

As empresas que contam com uma equipe de vendas e atendimento bem treinada provavelmente estão aptas a estabelecer uma *diferenciação de pessoal*. Os atendentes da Lands' End são conhecidos por sua cortesia e disposição em fazer de tudo para ajudar os clientes com relação a recomendações sobre tamanho, cor e estilo.

A *diferenciação de imagem* procura entender como a identidade da marca é expressa e se os clientes desenvolvem uma sólida identificação com a empresa ou a marca. Exemplos de algumas marcas que estabeleceram uma imagem sólida e positiva são a Hershey's Chocolate, Coca-Cola e Betty Crocker. Dentre as marcas não alimentícias encontram-se a Mercedes-Benz, Hallmark e Crayola.

A visão centrada em recursos

A visão de estratégia centrada em recursos baseia-se principalmente na análise dos pontos fortes e fracos da empresa. Essa abordagem está fundamentada em três principais tradições de pesquisa (Barney, 2007, pp. 127-169). A primeira área de estudo são as *teorias sobre competências distintivas*. A competência distintiva visa à qualidade e à habilidade decisória dos gerentes-gerais que têm grande influência sobre o desempenho da empresa. Uma segunda área análoga, do ponto de vista sociológico, é a relação dos líderes institucionais associada à organização e à estrutura da empresa para gerar competências distintivas.

A segunda área de estudo procede do trabalho de David Ricardo (1817) sobre a economia centrada no uso da terra e sobre o conceito de *rentabilidade econômica*: "o pagamento a um proprietário de um fator de produção superior ao mínimo necessário para transformar esse fator em emprego" (Barney, 2007, p. 130). Por exemplo, uma empresa é mais lucrativa que seus concorrentes, os quais continuam vendendo no mesmo mercado, porque seus operários desenvolveram métodos de produção cujo índice de produtividade é superior ao do concorrente. Em conclusão, está incorporado à visão centrada em recursos o conceito de *crescimento da empresa* (Penrose, 1959), no qual uma tipologia ampliada de fontes de crescimento produtivo é enumerada e avaliada de acordo com uma estrutura administrativa que associa e coordena as atividades de grupo e individuais. Por exemplo, em um mesmo setor, uma empresa talvez tenha capacidade para conceber novas ideias de produto e traduzir esses conceitos em produtos comercializáveis de uma maneira bem mais eficaz do que seus concorrentes.

A *estrutura VRIO*, que associa essas três áreas de estudo, é uma série de perguntas que devem ser respondidas sobre uma empresa a fim de determinar quais pontos fortes encontram-se à sua disposição e igualmente quais pontos fracos devem ser levados em conta. VRIO significa *valor, raridade, imitabilidade* e *organização*. Cada elemento está relacionado a uma pergunta sobre os recursos individuais e os grupos de recursos disponíveis para uma empresa. Por exemplo, se esses recursos capacitam a empresa a reagir a ameaças e oportunidades, se a empresa enfrenta vantagens ou desvantagens com relação ao custo e se seus procedimentos e diretrizes estão alinhados com a utilização de seus recursos.

As perguntas de uma análise centrada em recursos possibilitam que os responsáveis pelo planejamento estratégico da empresa identifiquem áreas de oportunidade que talvez requeiram a atualização ou a alocação de recursos adicionais. Essas perguntas incitam os planejadores estratégicos a rever os procedimentos e diretrizes da empresa para avaliar se, da forma como estão expressas e implementadas, elas apoiam o direcionamento e o posicionamento de mercado da empresa. As perguntas sobre a raridade de recursos ajudam a identificar a exclusividade dos recursos da empresa, ao passo que as perguntas sobre imitabilidade ajudam a revelar vantagens de custo que a empresa pode aproveitar.

Estratégias de aprendizagem/emergentes

Mintzberg e Waters (1985) concebem as estratégias deliberadas em contraposição às estratégias emergentes como dois extremos em um *continuum* que representa as estratégias do mundo real. Uma equipe de gestores pode se juntar para uma reunião de planejamento estratégico e conceber uma estratégia utilizando habilidades analíticas e a deliberação. Porém, essa equipe pode, com a mesma facilidade, cometer alguns erros de julgamento que, subsequentemente, redefinirão seu plano estratégico como um todo. No primeiro caso, o planejamento é amplamente dedutivo, estruturado e intencional. No segundo caso, a estratégia resultante pode ser serendipitosa (inesperada), divisada irrefletidamente por pressão, e ser uma surpresa tanto para seus criadores quanto para qualquer outra pessoa. Portanto, a aprendizagem ocorre quando o que foi planejado não prossegue como algo pressentido, embora os resultados algumas vezes sejam melhores do que a estratégia planejada. São realizados ajustes e a organização segue em frente.

De acordo com Mintzberg e Waters, a maioria das pessoas tende a tratar a estratégia simplesmente como "um processo analítico para estabelecer metas e planos de ação de longo prazo para uma organização" (1985, p. 257). Entretanto, Mintzberg e colegas (a saber, Mintzberg, 1978; Mintzberg e Waters, 1982; Mintzberg e McHugh, 1985) concebem a estratégia como algo mais fluido do que isso. Eles acreditam que a estratégia representa um padrão consistente que se origina de um fluxo de decisões e ações organizacionais seguidas de correções. Em virtude de vários estudos, o que surgiu, na visão de Mintzberg, foi a categorização de dez escolas de pensamento identificáveis sobre estratégia. Qualquer uma dessas abordagens pode levar ao sucesso ou ao fracasso, dependendo da situação, embora, de um ponto de vista mais realista, todas elas representem uma parte da totalidade da gestão estratégica (Mintzberg *et al.*, 1998, pp. 1-21).

Um resumo sobre as escolas de estratégia

Mintzberg e Lampel (1999) condensaram as publicações sobre estratégia empresarial em várias escolas de pensamento representativas. Eles prefaciam suas constatações com a advertência de que cada escola contribui com um ponto de vista ou outro sobre o mundo da estratégia, embora nenhuma delas ofereça a uma visão abrangente da realidade. Os autores identificam dez escolas de pensamento diferentes sobre teoria de gestão estratégica, mas há algumas sobreposições entre as escolas, particularmente nos casos em que houve intercâmbio de ideias. As três primeiras são prescritivas, ao passo que as demais têm uma orientação bastante descritiva. Essas escolas incluem: (1) escola do *design*, (2) escola do planejamento, (3) escola do posicionamento, (4) escola empreendedora, (5) escola cognitiva, (6) escola da aprendizagem, (7) escola do poder, (8) escola cultural, (9) escola ambiental e (10) escola da configuração.

A *escola do design*, uma das primeiras a surgir, concentra-se na capacidade da alta administração de encontrar uma solução estratégica praticável, considerando os pontos fortes e fracos com base nas ameaças e oportunidades externas. Dessa associação entre recursos e restrições, e também entre as contingências externas, a estratégia é adaptada ou projetada para atender mais adequadamente à situação na qual a organização se encontra. Não existe nenhum processo formal rígido, especialmente analítico ou estruturado, a figura central no desenvolvimento de estratégias é o diretor executivo sênior. A intuição da alta administração é fundamental para o sucesso da estratégia, que é deliberadamente mantida o mais simples e focalizada possível. Até a década de 1970, essa foi a visão predominante de gestão estratégica, e sua influência perdura ainda hoje.

Ansoff exerceu uma influência inicial importante sobre a *escola do planejamento*, que se caracteriza por vários pressupostos da escola do *design* e utiliza um método formalizado e analítico para idealizar estratégias empresariais. Esse processo é intencionalmente gradativo e respaldado por técnicas que visam cumprir objetivos, orçamentos e detalhes programáticos específicos.

A *escola do posicionamento* talvez seja a escola da qual as pessoas mais se lembram quando pensam em estratégia de gestão. Incentivada pelo trabalho de Porter e igualmente pelo Boston Consulting Group e pelo projeto PIMS,[1] essa escola está historicamente enraizada na estratégia militar de Sun Tzu, de cerca de 400 a.C. Os defensores da escola do posicionamento acreditam que a estratégia pode ser reduzida a posições genéricas, cada uma delas representando uma compilação formalizada de características e situações setoriais nas quais é possível aplicar estratégias genéricas como modelo inicial. Essa

---

[1] PIMS é o acrônimo de Profit Impact of Market Strategies (Impacto das Estratégias de Mercado sobre o Lucro), banco de dados comercial originalmente desenvolvido pela General Electric. As variáveis compiladas incluem fatores como posição de mercado, qualidade do produto e investimento de capital. Em seguida, vários pesquisadores diferentes realizaram alguns estudos para determinar as relações dessas variáveis com resultados como lucratividade e participação de mercado. Com o tempo, o banco de dados PIMS conseguiu reunir dados sobre milhares de empresas.

abordagem é extremamente analítica; por isso, não é de surpreender que a TOC – com sua tendência analítica – tenha empregado esse método para identificar e descrever sua cantilena de "soluções de marketing" de acordo com as características situacionais do entorno da empresa.

A *escola empreendedora*, tal como a escola do *design*, concentra-se na alta administração, mas sua ênfase recai sobre o distintivo associado à intuição enigmática dos indivíduos talentosos. Em vez de utilizar métodos estruturados de desenvolvimento de estratégias ou meios analíticos para conceber a abordagem "correta", esses estrategistas concentram-se no carisma e no talento de um líder central contundente que consegue utilizar sua criatividade para que a empresa obtenha vantagem suprema no mercado. Além disso, o líder exerce um rígido controle sobre os detalhes de uma implementação.

A *escola cognitiva* compreende duas tendências importantes. Largamente acadêmica, os estudiosos dessa escola examinam os processos cognitivos empregados pelas pessoas para divisar estratégias, processos como mapeamento mental e modelagem conceitual. Essa escola analisa como as pessoas raciocinam e alcançam pontos de vista pessoais. Ela enfatiza a cognição enquanto processamento de informações, a maneira como as pessoas são influenciadas e os esquemas que elas empregam para interpretar o mundo. Mais recentemente, surgiu outro ponto de vista que focaliza as estratégias como interpretação criativa da realidade, e não como o objetivo que traduz a realidade.

A *escola da aprendizagem*, por meio do trabalho de Lindblom (1959), Quinn, (1980), Mintzberg (1978), Mintzberg e McHugh (1985) e outros, considera o desenvolvimento e a implementação de estratégias como um processo menos estruturado e intencional. Mais propriamente, as estratégias evoluem de maneira progressiva à medida que ocorre aprendizagem. A formulação e a implementação se fundem, e o resultado pode ser algo inesperado e criativamente descontínuo.

Independentemente de a estratégia se desenvolver dentro de uma empresa ou como uma reação a forças externas à empresa, a *escola do poder* considera a estratégia um processo essencialmente político. Barganha, persuasão e confrontos entre distribuidores de poder dentro da organização geram estratégias em prol do que é melhor para a rede de poder. Desse modo, a organização avança com base nos indivíduos de poder que prevaleçam e em suas prioridades prevalecentes.[2]

Mintzberg e Lampel (1999) consideram a *escola cultural*, uma esparsa corrente de pesquisa acadêmica, uma imagem invertida da escola do poder. Enquanto os membros da escola do poder fazem manobras para ter poder sobre os outros – um processo desagregador –, os membros da escola da cultura buscam a colaboração, continuidade e coesão dentro da organização. Desse modo, mudanças extremamente descontínuas são desestimuladas, porque são vistas como uma causa de disfunção dentro da empresa.

A *escola ambiental* talvez não seja, a rigor, uma escola de teoria da estratégia. A ênfase dessa corrente de estudo recai sobre como as empresas tentam firmar compromissos com seu ambiente, fazendo manobras para obter vantagem e sucesso nos confins das pressões externas. Mintzberg e Lampel referem-se a essa escola com um "híbrido da escola do poder e da cognitiva (1999, p. 25)".

Por fim, a *escola da configuração* engloba dois programas distintos. O foco acadêmico examina as configurações organizacionais, as circunstâncias em que essas configurações evoluem e prosperam e as diferenças de acordo com condições operacionais específicas, como uma empresa de serviços em contraposição a uma empresa industrial *start-up* (Mintzberg, 1979; 1983). O segundo foco está mais direcionado aos profissionais e procura identificar como as organizações se transformam, enfatizando especialmente a gestão da mudança e o processo de mudança de uma postura configurativa para outra.

---

[2] Para obter mais informações sobre o exercício do poder no processo de elaboração de estratégias, consulte, por exemplo, Bower e Doz (1979), Brandenburger e Nalebuff (1995), Guth e Macmillan (1986), Hamel, Doz e Prahalad (1989), MacMillan (1978), Pettigrew (1977) e Sarrazin (1977-1978).

Como Mintzberg e Lampel (1999) salientam, essas escolas com frequência definem estratégia de maneira estreita. Elas não levam em conta as facetas da estratégia e os fatores que afetam a estratégia não são representados em seus modelos. Por isso, as empresas podem adotar um método particular de desenvolvimento e execução de estratégia que omite considerações importantes para essa empresa. Por exemplo, as grandes empresas que atuam em mercados maduros talvez não se saiam bem se seguirem a escola de estratégia empreendedora. É provável que a situação de uma empresa de grande porte seja muito complexa para que uma só pessoa tenha uma compreensão abrangente de todos os fatores que contribuem para a concretização dos objetivos da empresa e, ao mesmo tempo, de todas as respostas estratégicas para seu sucesso contínuo.

Marketing e estratégia

Para compreender como o marketing e a estratégia se acoplam, é necessário ter algum conhecimento sobre marketing, bem como sobre seu escopo. Nos últimos anos, com frequência o marketing tem sido concebido de maneira errônea como sendo essencialmente promoção (Perrault *et al.*, 2008, 7). Embora a propaganda e promoção certamente sejam áreas importantes para os profissionais de marketing persuadirem os clientes do valor de um produto, uma visão de marketing que considera a função de promoção – propaganda, vendas, promoção de vendas – o principal impulso de marketing está muito longe de ser exata.

A definição oficial (e mais recente) de marketing, presente no *site* da Associação Americana de Marketing, é a seguinte: "Marketing é a atividade, o conjunto de instituições e o processo para criar, divulgar, fornecer e trocar produtos ou serviços que tenham valor para os consumidores, clientes, parceiros e a sociedade" (Associação Americana de Marketing, 2007). Essa definição, que abrange praticamente todas as atividades de negócio, reflete a evolução do pensamento sobre marketing, já abrangente em 1952, quando a General Electric lançou seu relatório anual (1952, p. 21) e afirmou o seguinte:

[O conceito de marketing] posiciona o profissional de marketing no início e não no fim do ciclo de produção e integra o marketing em todas as fases do negócio. Portanto, o marketing, por meio de seus estudos e pesquisas, estabelecerá para o engenheiro, o projetista e o pessoal de produção o que o cliente deseja em um determinado produto, que preço ele está disposto a pagar e onde e quando ele será procurado. O marketing terá autoridade no planejamento de produtos, na programação de produção e no controle de estoque, bem como na venda, na distribuição e no serviço de assistência do produto.

Um conceito ainda mais restritivo de marketing como os quatro Ps – produto, preço, promoção e ponto de venda (distribuição) –, que já existe desde o início da década de 1960, demonstra que a função de marketing há muito tempo foi concebida em termos de desenvolvimento e aprimoramento de novos produtos, determinação de preço, logística e distribuição, bem como de propaganda, vendas, promoção de vendas e projeto de embalagens. Isso não queria dizer que o marketing era responsável apenas pelo projeto e pela produção de produtos, pelo cumprimento das datas de remessa ou pela determinação de preços. Na verdade, a ideia era que o marketing representa o cliente para a empresa, bem como a empresa para o cliente, e por isso é responsável pelo alinhamento estratégico e pela coordenação de *todos* os fatores que atraem os clientes e preservam as relações com os clientes (Perrault *et al.*, 2008, pp. 35-40; Pride e Ferrell, 2008, p. 3-7).

Em 1969, o influente artigo "Broadening the Concept of Marketing" ("Ampliando o Conceito de Marketing"), de Kotler e Levy, foi publicado no *Journal of Marketing*. A esse respeito os autores afirmaram o seguinte: "Marketing é uma atividade social abrangente que vai consideravelmente além da venda de creme dental, sabonete e aço" (1969, p. 10). Imediatamente, os especialistas de marketing concordaram com a ideia de que os candidatos políticos se promovem para obter votos; Hollywood promove celebridades para vender ingressos de cinemas; as pessoas comuns se promovem para possíveis empregadores; as instituições de caridade utilizam atividades de marketing para levantar fundos e angariar voluntários; e as organizações promovem ideias, como "use o cinto de segurança" e "não beba e dirija". A partir da década de 1970, o marketing passou a ser utilizado em uma variedade de contextos não empresariais ou comerciais.

Além disso, no mercado atual, o conceito de gerenciamento de relacionamento com o cliente (*customer relationship management* – CRM) exige que o marketing seja envolvido também com a tecnologia (Greenberg, 2001, pp. 1-43). Todo ponto de contato entre a empresa e o cliente é uma oportunidade de marketing, e hoje a tecnologia desempenha um papel importante no sentido de facilitar a comunicação e as trocas entre empresa e cliente.

O que é estratégia de marketing?

Com base no escopo de marketing discutido previamente, seria bem possível afirmar que existe pouca diferença entre a estratégia empresarial e a estratégia de marketing. Essencialmente, grande parte do que uma organização realiza estrategicamente terá influência direta ou indireta sobre sua capacidade de cultivar e manter um relacionamento com os clientes. Até mesmo uma pequena corrente de pesquisa, denominada marketing interno, chegou a surgir para abordar questões relacionadas aos funcionários. Esse trabalho não toma o lugar do imenso corpo de publicações sobre recursos humanos; na realidade, ele enfatiza questões que afetam os funcionários de uma tal maneira que elas são transmitidas secundariamente para os clientes (Flipo 1986; Adomaitiene e Slatkeviciene, 2008). Por exemplo, os funcionários descontentes são mais propensos a prestar um péssimo atendimento aos clientes.

Entretanto, teoricamente, o objetivo é integrar os pontos de vista e as atividades de marketing em todos os aspectos da estratégia de negócios de uma empresa. Os benefícios são diversos. Primeiro, o cliente, sem o qual a empresa não pode existir, tem representação sempre que são tomadas decisões estratégicas. Segundo, as empresas ficam mais propensas a evitar erros de marketing importantes, onerosos e prejudiciais à situação financeira da empresa. Terceiro, o marketing passa a compreender melhor as capacidades e limitações das outras áreas funcionais da empresa. Quarto, outras áreas funcionais são informadas sobre demandas de mercado e medidas competitivas que afetam o desempenho global da empresa. Muitos outros benefícios também advêm da integração interfuncional.

Vendas e estratégia

A área de vendas é um subconjunto do marketing. É a função de promoção pessoal dentro da estratégia empresarial global da empresa e o braço operacional do marketing (Perrault *et al.*, 2008, p. 10). Em muitas (ou na maioria) das organizações, o departamento de vendas é tratado como uma função distinta do marketing e é gerenciado separadamente. Essa postura, obviamente, cria inúmeras dificuldades, particularmente as tensões que surgem entre os departamentos de marketing e vendas. O departamento de vendas deve ser um conjunto importante de atividades de implementação *dentro do escopo da estratégia empresarial global da empresa*. Infelizmente, o "efeito silo" anula os benefícios que um departamento de vendas bem administrado pode trazer para uma empresa.

Desafios à estratégia e execução

Uma estratégia bem executada é o ideal, mas o ideal com frequência está longe da realidade. Inúmeros problemas latentes podem sabotar um bom plano, quanto mais um plano que logo no princípio tenha imperfeições (*e.g.*, Colgate e Danaher, 2000). Além disso, os próprios especialistas em estratégia admitem que poucos executivos estão satisfeitos com a situação do conhecimento sobre estratégia e os recursos disponíveis atualmente (Campbell e Alexander, 1997). Setenta por cento das estratégias empresariais não são implementadas

(Corboy e O'Corrbui, 1999). Beer e Eisenstat (2000, p. 29) cunharam a frase "assassinos silenciosos da implementação de estratégias e da aprendizagem" e salientaram:

> [...] os altos executivos sentem-se seguros em acreditar que transmitir uma estratégia bem concebida à organização garante a implementação [...] eles abordam a mudança de uma maneira limitada, não sistêmica e programática que não enfoca as causas básicas.

Nesta seção, são citados alguns motivos já bem documentados do insucesso das estratégias, como dois problemas centrais mencionados por Beer e Eisenstat – falta de recursos de implementação e incapacidade de abordar as causas básicas. O corpo de conhecimentos da TOC enfoca diretamente esses e outros problemas associados com uma implementação de estratégias bem-sucedida. Algumas das contribuições da TOC que abordam esses problemas são assinaladas nas seções subsequentes.

Planejamento inadequado

O planejamento estratégico pode ser um processo tedioso e incomodar particularmente os gestores que preferem um estilo mais intuitivo de gestão, aqueles que podemos encontrar, por exemplo, na escola de estratégia do *design* e empreendedora. Além disso, o processo de planejamento formalizado com frequência causa pouco fascínio nos gerentes mais propensos à ação, como aqueles que podem ser encontrados no setor fabril, ou nos indivíduos que lidam com pessoas, como os vendedores. Certamente, um bom planejamento demanda tempo, atenção ao detalhe e boa comunicação, bem como disposição por parte de todos os funcionários para identificar e solucionar obstáculos à implementação, efeitos negativos de possíveis ações e práticas atuais que bloqueiam uma estratégia bem-sucedida.

Entretanto, pesquisas indicam que o planejamento tende a gerar um desempenho superior (Armstrong, 1982; 1991). Em vista de sua ampla pesquisa sobre planejamentos estratégicos bem-sucedidos, Armstrong (2005) identificou um programa de cinco etapas para o planejamento corporativo: (1) determinar os objetivos de longo alcance da empresa, (2) elaborar estratégias alternativas, (3) avaliar estratégias alternativas, (4) monitorar a implementação e os resultados e (5) obter o compromisso daqueles que serão afetados pelo plano. Contudo, uma dificuldade significativa para as empresas não é apenas saber concluir essas etapas um tanto quanto óbvias, mas saber fazê-lo utilizando instrumentos que gerem resultados acionáveis e realistas. Para obter mais informações, consulte os Capítulos 18 e 19 deste livro.

Embora o planejamento não exclua a necessidade de flexibilidade e criatividade, algumas pessoas talvez achem que o processo de planejamento sufoca a inovação. Todavia, o planejamento é um aspecto importante e favorável da gestão estratégica, e foi aprimorado em grande medida pelos adeptos da TOC. O processo de pensamento (Scheinkopf, 1999) incorpora um roteiro detalhado para o planejamento estratégico. O processo de pensamento abrange *um conjunto de instrumentos lógicos que abordam questões fundamentais* como "*O que mudar?*", "*Para o que mudar?*" e "*Como causar a mudança?*". [Originalmente apresentado em Goldratt 1990; consulte o *TOCICO Dictionary* (Sullivan *et al.*, 2007) a respeito da sequência da mudança e cada uma dessas perguntas. © TOCICO 2007. Utilizada com permissão. Todos os direitos reservados.]

Inabilidade para analisar o sistema

O sistema de interesse talvez seja a cadeia de suprimentos, os membros de um setor ou uma economia inteira. Na verdade, o sistema poderia até ser a economia global. No entanto, em prol da simplicidade, podemos supor que um sistema seja uma empresa composta de subsistemas – por exemplo, áreas funcionais. Em vista das múltiplas interdependências existentes entre os recursos dentro das áreas funcionais e entre as áreas funcionais, bem como da influência do mercado e do ambiente, as relações de causa e efeito são numerosas e complexas. Com frequência, as decisões tomadas em uma área da organização têm um sério impacto sobre o que ocorre em outras partes da organização e, consequentemente, sobre seus clientes. Quando objetivos localizados, estruturas de poder e diretrizes se rivalizam, visto que cada um tenta satisfazer suas responsabilidades na implementação da estratégia, o resultado são conflitos, caos e complicações. Para desenvolver e implementar uma estratégia que leva em conta essas relações entrelaçadas e intencionalmente restringe os conflitos, é necessário ter um método para analisar os "e se" e compreender os resultados inevitáveis de várias decisões e ações.

Hamel identifica um sério problema quando afirma: "O pequeno e sórdido segredo da área de estratégia é que ela não tem nenhuma teoria sobre elaboração de estratégias" (citado em Mintzberg et al., 2005, p. 5). Os livros acadêmicos convencionais são compostos predominantemente de longas listas de coisas que os estrategistas devem levar em conta (e.g., Barney, 2007; Hill e Jones, 2007), mas praticamente não oferecem nenhum mecanismo para a condução de uma análise proveitosa ou – como Hamel insinua – um mecanismo para que se utilize a análise para alcançar um plano. Talvez esse seja um dos motivos pelos quais determinados métodos bem-intencionados mas extremamente analíticos outrora não encontraram tanto sucesso. Ainda não existe um método *detalhado* para ajudar a identificar possíveis obstáculos, bem como as causas básicas de alguns problemas complicados. Por exemplo, a análise SWOT (*strengths, weaknesses, opportunities and threats* ou pontos fortes, pontos fracos, oportunidades e ameaças), amplamente empregada e ensinada nas escolas de negócios, não tem praticamente nenhum valor analítico.

O processo de pensamento da TOC, tal como explicado por Scheinkopf (1999), oferece um instrumento metódico para a condução de uma análise meticulosa da situação de uma empresa, com o objetivo de definir as causas básicas de seus problemas, verificar se as supostas causas básicas são, na verdade, as verdadeiras causas e concluir um plano para mudar o rumo da empresa. Esses instrumentos incorporaram métodos para identificar novas oportunidades de marketing e empregar uma análise rigorosa da solução proposta. Há também métodos para estimular a resolução de problemas e uma comunicação mais adequada, embora se deva admitir que a habilidade do gestor em utilizar esses instrumentos é um fator essencial para que eles produzam bons resultados.

Inexistência de uma teoria de implementação

Um dos aspectos da estratégia mais ignorados, ainda que fundamentais, é o processo de implementação. Na verdade, "A execução é *a* grande questão não abordada atualmente no mundo dos negócios. Essa falta é o maior obstáculo ao sucesso e a causa da maioria das decepções erroneamente atribuídas a outras causas" (Bossidy e Charan, 2002, p. 5). Em poucas palavras, a disciplina de administração não dispõe de uma sólida teoria de implementação.

Uma teoria de implementação exigiria necessariamente (1) ajustes entre diretrizes e procedimentos que estimulem cada subunidade a agir de uma maneira que apoie a estratégia empresarial geral; (2) avaliações de desempenho e de sistemas de recompensa que, do mesmo modo, estimulem comportamentos consistentes com a estratégia empresarial geral; (3) métodos de comunicação que promovam a coordenação interfuncional do trabalho em direção a um objetivo comum; (4) mecanismos imediatos confiáveis para ordenar as atividades e prioridades de cada indivíduo, de cada subunidade e de cada área funcional de acordo com os objetivos gerais da estratégia da empresa; e (5) pesquisas de mercado, *feedback* e ciclos de comunicação que ofereçam orientações ou mudanças de rumo para as iniciativas estratégicas.

A TOC demonstra maior avanço no cumprimento desses critérios em comparação a qualquer outra teoria de estratégia empresarial atualmente defendida e ensinada. Em primeiro lugar, a TOC reconhece formalmente a necessidade desses critérios. Em segundo lugar, as aplicações e os instrumentos da TOC são concebidos explicitamente para abordar essas questões. Por exemplo, o processo de pensamento (consulte os Capítulos

24 a 26 deste livro) identifica as fontes de efeitos indesejáveis no sistema e revela meios para solucionar esses problemas, o que com frequência ocorre interfuncionalmente. Além disso, o processo de pensamento sugere métodos de comunicação para que se tenha um controle mais adequado das implementações. O processo de pensamento também oferece uma base para a avaliação das pesquisas de mercado dos *feedbacks* contínuos que são tão fundamentais para manter um alto nível de receptividade ao cliente.

Originalmente desenvolvidas por Eli Goldratt, as árvores de estratégias e táticas (E&T)[3] da TOC (consulte os Capítulos 18 e 25 deste livro) oferecem as instruções detalhadas sobre implementação necessárias para manter uma estratégica focalizada e garantir que todos os envolvidos sigam um plano de implementação coordenado. As árvores de E&T são também úteis para sequenciar os eventos necessários em uma implementação estratégica. Quando o nível de detalhe é apropriado, as árvores de E&T estipulam qual aplicação é essencial implementar [*e.g.*, *tambor-pulmão-corda* (TPC), corrente crítica etc.], em que sequência é preciso implementá-la e os detalhes dos meios operacionais para executá-la.

Conflitos dentro do sistema

Embora as publicações sobre gestão reconheçam vários tipos de conflitos intraorganizacionais, um dos conflitos mais perturbadores é o conflito interfuncional, que é bastante comum nas organizações. Por exemplo, os gerentes de marketing percebem que existe uma grande dependência para com a produção, mas os gerentes de produção percebem uma dependência significativamente menor para com o marketing (Kahn e Mentzer, 1994). Kahn e Mentzer salientam que a falta de reciprocidade, desse modo, inibe uma inclinação coletiva em direção ao esforço de atender ao cliente (1994, p. 117). Além disso, os gerentes de produção se concebem mais como gerentes de marketing do que o contrário nas dimensões de trabalho, metas de interação com o cliente, funcionários e estruturas de recompensa, dando margem para o surgimento de outras oportunidades de divergência e conflito.

Resolver um conflito significa minimizar (consulte o Capítulo 33 deste livro) os problemas que surgem durante a integração interfuncional, o que envolve diferentes unidades de trabalho que interagem e ordenam atividades, recursos e assistência mútua (Ruekert e Walker, 1987). Não obstante, se as empresas quiserem concorrer com sucesso no mercado extremamente competitivo do mundo moderno, as relações interfuncionais precisam florescer. No contexto de gestão estratégica, as relações interfuncionais foram consideradas essenciais para a cadeia de valor de Porter (1985), o marketing interno (Ballantyne, 1977), a manutenção de uma verdadeira orientação para o mercado (Kohli e Jaworski, 1990), a obtenção de um processo perfeito de gerenciamento de relacionamento com os clientes (Ryals e Payne, 2001) e o alinhamento das estratégias de marketing e fabricação com as condições do mercado (Berry *et al.*, 1999).

Os desafios envolvidos na obtenção de alinhamento entre marketing e produção (a saber, Shapiro, 1977; Crittenden, 1992; Crittenden *et al.*, 1993; Hill *et al.*, 1998; Cooper, 2002), marketing e vendas (Massey e Dawes, 2007a; 2007b), marketing e engenharia (Shaw *et al.*, 2003), marketing e sistemas de informação (Cooper *et al.*, 2008) e marketing e gerenciamento de projetos (Cooper e Budd, 2007) foram examinados em todas as publicações de negócios (consulte também o Capítulo 33 deste livro). O processo de pensamento da TOC ajuda a identificar os conflitos centrais que se revelam como conflitos genéricos

---

[3] O *TOCICO Dictionary* (Sullivan *et al.*, 2007, pp. 43-44) define *árvore de estratégias e táticas* (E&T) da seguinte forma: "Diagrama lógico que abrange todas as entidades e as respectivas relações necessárias e adequadas para concretizar a meta de uma organização. A finalidade da árvore de E&T é trazer à tona e eliminar conflitos que se revelam em virtude do alinhamento incorreto das atividades com as metas e os objetivos organizacionais".

entre essas áreas funcionais e auxilia na seleção de soluções do conjunto de aplicações da TOC que abordam esses conflitos. Além disso, o processo de pensamento ajuda a identificar e a resolver conflitos peculiares para os quais as soluções genéricas são inapropriadas.

Padrões de desempenho conflitantes

Inúmeros artigos acadêmicos ressaltam as dificuldades decorrentes de padrões de desempenho conflitantes. Por exemplo, a área de produção prefere ciclos ou etapas de produção extensos para diminuir o respectivo custo de produção. O marketing, entretanto, requer quantidades menores de uma variedade de produtos para satisfazer à heterogeneidade existente nas diferentes preferências dos consumidores (Ghose e Mukhopadhyay, 1993). Padrões de desempenho conflitantes contribuem diretamente para o surgimento de conflitos interfuncionais, visto que, inevitavelmente, em uma ou em várias interfaces funcionais, esses padrões colidem com os objetivos predominantes do foco estratégico da empresa[4] (consulte também os Capítulos 13, 14 e 33 deste livro).

Remuneração e planos de recompensa deficientes

Na introdução do clássico artigo de Steven Kerr (1975, p. 769) sobre o comportamento de recompensa, ele afirma:

> Quer estejamos lidando com macacos, ratos ou seres humanos, provavelmente não será controverso afirmar que os organismos, em sua maioria, procuram informação com respeito a quais atividades são recompensadas e então procuram fazer (ou pelo menos fingir fazer) essas coisas, com frequência excluindo quase todas as atividades não recompensadas [...]. Entretanto, existem inúmeros exemplos de sistemas de recompensa que são confundidos porque os comportamentos recompensados são aqueles que o recompensador está tentando *desestimular*, ao passo que o comportamento que ele deseja não está sendo de forma alguma recompensado.

Por exemplo, a administração involuntariamente faz com que as estimativas das atividades dos projetos fiquem infladas por se valer da conclusão pontual como medida de desempenho. Essa expectativa, por sua vez, estimula os membros da equipe do projeto a escolher um tempo impraticavelmente alto para concluir as atividades e a ampliar as estimativas do tempo de conclusão. De modo semelhante, objetivos de marketing imediatistas às vezes levam a equipe de vendas a assumir compromissos prematuros com relação à entrega dos produtos e aos recursos com base em programações que possivelmente não poderiam ser cumpridas pelos desenvolvedores e engenheiros.

A observação de Kerr volta a atenção para um problema difuso na implementação de estratégias: mal alinhamento da avaliação de desempenho e dos sistemas de recompensa. Independentemente do quanto uma iniciativa estratégica esteja no caminho certo e tenha sido bem pensada, desde que o sistema continue a recompensar comportamentos contrários aos resultados desejados do plano estratégico, o plano será sabotado e se tornará ineficaz. McAdam e Bailie (2002), por exemplo, constataram não apenas que as medidas de desempenho vinculadas à estratégia são mais eficazes, mas também que o

---

[4] As principais medidas do departamento de vendas estão relacionadas com a quantidade de vendas fechadas; muitas vezes as vendas são realizadas com base em promessas de que o tempo de atravessamento será curto. A produção, entretanto, é avaliada com base na eficiência de recursos, o que se traduz em uma programação apropriada e em grandes lotes. Outra visão é a de finanças, que luta por baixos níveis de estoque, o que se traduz em poucos itens estocados e em um pequeno estoque de cada item. A solução logística da TOC apresenta uma saída de ganho mútuo para esses conflitos. O TPC, por exemplo, oferece alta utilização do recurso primordial, a restrição (satisfazendo a produção), rápida resposta às necessidades de venda (tempos de atravessamento curtos e atendimento confiável) e pequeno investimento em estoque (em virtude da agilidade do TPC e da opção de produção para disponibilização). Com essa estratégia, quem mais se favorece é o cliente.

alinhamento entre as medidas e a estratégia deve ser continuamente revisto e tratado como uma questão dinâmica e complexa. Além de algumas mensurações que estão mais diretamente vinculadas aos resultados desejados – em diversas aplicações, como o TPC e o *gerenciamento de projetos pela corrente crítica* (GPCC), também conhecido por *critical chain project management* (*CCPM*) –, a TOC propõe também o processo de pensamento, que, se utilizado criativamente, pode propor medidas personalizadas para situações específicas isoladas e corporativas. Consulte o Capítulo 14 deste livro.

Contribuições da TOC

Ao longo deste livro, serão oferecidos mais detalhes sobre aplicações específicas da TOC e sobre como elas contribuem para a eficácia da estratégia de uma empresa. O TPC põe ordem no caos da produção e serve para instaurar a confiabilidade, a precisão dos pedidos e a previsibilidade dos resultados de produção da empresa. Além de o GPCC demonstrar aos gerentes que é possível obter na entrega de projetos a mesma ordem e confiabilidade introduzidas pelo TPC na seção de produção, o e as árvores de E&T são instrumentos inestimáveis para a implementação da estratégia geral, que é em si um projeto ou uma série de projetos. A *oferta irrecusável*, às vezes chamada de *"mafia offer"*, ou oferta mafiosa, é concebida para revelar ofertas exclusivas e criativas ao mercado, ofertas essas que é improvável que as empresas considerem quando utilizam métodos de planejamento estratégico normais. O processo de adesão aborda a necessidade de apresentar a oferta irrecusável ao cliente ou ao possível cliente de uma maneira crível e convincente. A engenharia da força de vendas demonstra como a aplicação do TPC no desenvolvimento da força de vendas impulsiona o ganho para uma magnitude não comumente associada ao treinamento e gerenciamento da força de vendas. O processo de pensamento e as árvores de E&T já foram discutidos nesse contexto. A sinergia gerada na gestão estratégica pelo conhecimento e a *utilização apropriada* desses instrumentos é inédita nas publicações sobre gestão estratégica.[5] Os Capítulos 12 e 16 (deste livro) apresentam estudos de caso sobre implementações holísticas das estratégias da TOC.

Oportunidades para pesquisas futuras

O desenvolvimento da TOC desde a publicação inicial do livro *The Goal* (*A Meta*) (Goldratt e Cox, 1984) representa um avanço significativo em direção a uma teoria abrangente sobre a elaboração e implementação de estratégias empresariais. Muitos outros também contribuíram para o corpo de conhecimentos da TOC desde essa época, muitos dos quais são autores de capítulos deste livro. Mais especificamente, para obter outros pontos de vista sobre a TOC e estratégia, é recomendável examinar os Capítulos 18 e 19, de Kendall e Dettmer, respectivamente.

Entretanto, visto que a gestão estratégica ainda carece de uma teoria abrangente sobre a elaboração de estratégias e visto que a administração do mesmo modo carece de uma teoria sobre implementação estratégica, as oportunidades para pesquisas futuras são abundantes, particularmente se o corpo de conhecimentos da TOC for empregado como fundamento teórico para trabalhos futuros. Uma área que apresenta um desafio especialmente significativo está relacionada à integração interfuncional. Embora exista uma profusão de publicações com evidências de conflito, as soluções são superficiais e não se demonstraram eficazes. Outra área é a aplicação de princípios de engenharia da força de vendas para o desdobramento real da força de vendas (consulte o Capítulo 22; consulte também Klapholz e Klarman, 2004; Roff-Marsh, 2005). Embora existam publi-

---

[5] Consulte o *site* a seguir para obter exemplos de árvores de E&T genéricas: https://www.toc-goldratt.com/store/product.php?productid=111121.

cações sobre as equipes de vendas, o reconhecimento de que os princípios aplicados no âmbito de produção poderiam ter êxito no gerenciamento das equipes de vendas ainda está para ocorrer. A utilização do GPCC na elaboração e implementação de estratégias empresariais não é familiar e tampouco bem documentada nas publicações acadêmicas, salvo algumas exceções notáveis. A questão da avaliação de desempenho e sobre a forma de conceber medidas apropriadas que respaldem os objetivos estratégicos foi examinada de forma geral, mas a vinculação dessas mensurações a cada uma das áreas funcionais ainda não foi realizada adequadamente. Essas são apenas algumas áreas no campo de gestão estratégica que poderiam se beneficiar da experimentação e da divulgação das aplicações e dos métodos da TOC.

Referências

Adomaitiene, R. e Slatkeviciene, G. "Employee Satisfaction and Service Quality in Contact Centres". *Economics & Management*, 2008, pp. 157-158.

Associação Americana de Marketing. Definição oficial de marketing. 2007. http://www.mar- ketingpower.com/Community/ARC/Pages/Additional/Definition/default.aspx?sq=definition+of+marketing.

Ansoff, H. I. *Corporate Strategy*. Nova York: McGraw-Hill, 1965.

Armstrong, J. S. "The Value of Formal Planning for Strategic Decisions: Review of Empirical Research". *Strategic Management Journal*, 3, 1982, pp. 197-211.

Armstrong, J. S. "Strategic Planning Improves Manufacturing Performance". *Long Range Planning*, 24, 1991, pp. 127-129.

Armstrong, J. S. "Does Formal Strategic Planning Really Help?" 2005. http://marketing.wharton.upenn.edu/ideas/pdf/Armstrong/ELMAR/Formal%20Strategy%20Planning.pdf. Acesso em 17 de julho de 2009.

Ballantyne, D. "Internal Networks for Internal Marketing," *Journal of Marketing Management*, 13, 1997, pp. 343-366.

Barney, J. B. 2007. *Gaining and Sustaining Competitive Advantage*. Upper Saddle River, NJ: Pearson/Prentice Hall.

Beer, M. e Eisenstat, R. A. "The Silent Killers of Strategy Implementation and Learning". *Sloan Management Review*, 41(4), 2000, pp. 29-40.

Berry, W. L., Hill, T. e Klompmaker, J. E. "Aligning Marketing and Manufacturing Strategies with the Market". *International Journal of Production Research*, 37, 1999, pp. 3.599-3.618.

Bossidy, L. e Charan, R. *Execution: The Discipline of Getting Things Done*. Nova York: Crown Publishing Company, 2002.

Bower, J. L. e Doz, Y. "Strategy Formulation: Asocial and Political Process". Em Schendel, D. E. e Hofer, C. W. (eds.). *Strategic Management*. Boston: Little, Brown, 1979, pp. 152-166.

Brandenburger, A. M. e Nalebuff, B. J. "The Right Game: Use Game Theory to Shape Strategy". *Harvard Business Review*, 73(4), 1995, pp. 57-81.

Campbell, A. e Alexander, M. "What's Wrong with Strategy?" *Harvard Business Review*, 75(6), 1997, pp. 42-51.

Colgate, M. R. e Danaher, P. J. "Implementing a Customer Relationship Strategy: The Asymmetric Impact of Poor versus Excellent Execution". *Journal of the Academy of Marketing Science*, 28(3), 2000, pp. 375-387.

Cooper, M. J. "Addressing the Conflicts between Production & Marketing". *The Journal of Enterprise Resource Management*, 9, 2002, pp. 23-32.

Cooper, M. J. e Budd, C. S. "Tying the Pieces Together: A Normative Framework for Integrating Sales and Project Operations". *Industrial Marketing Management*, 36, 2007, pp. 173-182.

Cooper, M. J., Gwin, C. F. e Wakefield, K. L. "Cross-Functional Interface and Disruption in CRM Project: Is Marketing from Venus and Information Systems from Mars?" *Journal of Business Research*, 61, 2008, pp. 292-299.

Corboy, M. e O'Corrbui, D. "The Seven Deadly Sins of Strategy". *Managerial Accounting*, 77, 1999, pp. 29-30.

Crittenden, V. L. "Close the Marketing/Manufacturing Gap". *Sloan Management Review*, 33, 1992, pp. 41-52.

Crittenden, V. L., Gardiner, L. R. e Stam, A. "Reducing Conflict between Marketing and Manufacturing". *Industrial Marketing Management*, 22, 1993, pp. 299-309.

Cuneo, A. Z. "Starbucks' Word-of-Mouth Wonder". *Advertising Age*, 7 de março de 1994, p. 12.

Drucker, P. F. "The Theory of the Business". *Harvard Business Review*, setembro-outubro de 1994, pp. 95-104.

Flipo, J. P. "Service Firms: Interdependence of External and Internal Marketing Strategies". *European Journal of Marketing*, 20(8), 1986, pp. 5-14.

General Electric Corporation. *General Electric Sixty-First Annual Report*. Schenectady, NY: General Electric Company, 1952.

Ghose, S. e Mukhopadhyay, S. K. "Quality as the Interface between Manufacturing and Marketing: A Conceptual Model and an Empirical Study". *Management International Review*, 33(1), 1993, pp. 39-52.

Goldratt, E. e Cox, J. *The Goal*. Croton-on-Hudson, NY: North River Press, 1984.

Greenberg, P. *CRM at the Speed of Light*. Nova York: Osborne McGraw-Hill, 2001.

Guth, W. D. e Macmillan, I. C. "Strategy Implementation versus Middle Management Self-Interest". *Strategic Management Journal*, 7(4), 1986, pp. 313-327.

Hamel, G., Doz, Y. L. e Prahalad, C. K. "Collaborate with Your Competitors and Win". *Harvard Business Review*, 67(1), 1989, pp. 133-139.

Hamel, G. e Prahalad, C. K. "Strategic Intent". *Harvard Business Review*, 67(3), 1989, pp. 63-78.

Hill, C. W. L. e Jones, G. R. *Strategic Management: An Integrated Approach*. Boston: Houghton Mifflin Company, 2007.

Hill, T. J., Menda, R. e Dilts, D. M. "Using Product Profiling to Illustrate Manufacturing-Marketing Misalignment". *Interfaces*, 28, 1998, pp. 47-63.

Kahn, K. B. e Mentzer, J. T. "Norms That Distinguish between Marketing and Manufacturing". *Journal of Business Research*, 30, 1994, pp. 111-118.

Kerr, S. "On the Folly of Rewarding A, While Hoping for B". *Academy of Management Journal*, 18, 1975, pp. 769-783.

Klapholz, R. e Klarman, A. *The Cash Machine*. Croton-on-Hudson, NY: North River Press, 2004.

Kohli, A. K. e Jaworski, B. J. "Marketing Orientation: The Construct, Research Propositions, and Managerial Implications". *Journal of Marketing*, 54, 1990, pp. 1-18.

Kotler, P. *Marketing Management*. Upper Saddle River, NJ: Prentice-Hall, 2003.

Kotler, P. e Levy, S. J. "Broadening the Concept of Marketing". *Journal of Marketing*, 33, 1969, pp. 10-15.

Lindblom, C. E. "The Science of Muddling Through". *Public Administration Review*, 19, 1959, pp. 79-88.

Macmillan, I. C. *Strategy Formulation: Political Concepts*. St. Paul, MN: West, 1978.

Massey, G. R. e Dawes, P. L. "Personal Characteristics, Trust, Conflict, and Effectiveness in Marketing/Sales Working Relationships". *European Journal of Marketing*, 41, 2007^a, pp. 1.117-1.145.

Massey, G. R. e Dawes, P. L. "The Antecedents and Consequence of Functional and Dysfunctional Conflict between Marketing Managers and Sales Managers". *Industrial Marketing Management*, 36, 2007b, pp. 1.118-1.129.

McAdam, R. e Bailie, B. "Business Performance Measures and Alignment Impact on Strategy". *International Journal of Operation & Production Management*, 22, 2002, pp. 972-996.

Mintzberg, H. "Patterns in Strategy Formation". *Management Science*, 34, 1978, pp. 934-948.

Mintzberg, H. *The Structuring of Organizations: A Synthesis of the Research*. Englewood Cliffs, NJ: Prentice-Hall, 1979.

Mintzberg, H. *Power In and Around Organizations*. Englewood Cliffs, NJ: Prentice-Hall, 1983.

Mintzberg, H., Ahlstrand, B. e Lampel, J. *Strategy Safari*. Nova York: Free Press, 1998.

Mintzberg, H., Ahlstrand, B. e Lampel, J. *Strategy Bites Back*. Upper Saddle River, NJ: Pearson Prentice Hall, 2005.

Mintzberg, H. e Lampel, J. "Reflecting on the Strategy Process". *Sloan Management Review*, 40, 1999, pp. 21-30.

Mintzberg, H. e McHugh, A. "Strategy Formation in Adhocracy". *Administrative Science Quarterly*, 30, 1985, pp. 160-197.

Mintzberg, H. e Waters, J. A. "Tracking Strategy in an Entrepreneurial Firm". *Academy of Management Journal*, 25, 1982, pp. 465-499.

Mintzberg, H. e Waters, J. A. "Researching the Formation of Strategies: The History of Canadian Lady, 1939–1976". Em Lamb, R. (ed.) *Strategic Management Frontiers*. Greenwich, CT: JAI Press, 1985.

Penrose, E. T. *The Theory of the Growth of the Firm*. Nova York: John Wiley & Sons, 1959.

Perrault Jr., W. D. Cannon, J. P. e McCarthy, E. J. *Basic Marketing*. 16^a ed. Boston: McGraw-Hill Irwin, 2008.

Pettigrew, A. M. "Strategy Formulation as a Political Process". *International Studies of Management and Organization*, 7(2), 1977, pp. 78-87.

Porter, M. E. *Competitive Strategy*. Nova York: The Free Press, 1980.

Porter, M. E. *Competitive Advantage: Creating and Sustaining Superior Performance*. Nova York: The Free Press, 1985.

Pride, W. M. e Ferrell, O. C. *Marketing*. 14t^a ed. Boston: Houghton Mifflin Company, 2008.

Quinn, J. B. *Strategies for Change: Logical Incrementalism*. Homewood, IL: Irwin, 1980.

Quinn, J. B. "Formulating Strategy One Step at a Time". *Journal of Business Strategy*, inverno de 1981, pp. 42-63.

Ricardo, D. *Principles of Political Economy and Taxation*. Londres: J. Murray, 1817.

Roff-Marsh, J. *Reengineering the Sales Process*. Brisbane, Austrália: Ballistix Pty Ltd., 2005.

Ruekert, R. W. e Walker, O. C. "Marketing's Interaction with Other Functional Units: A Conceptual Framework and Empirical Evidence". *Journal of Marketing*, 51, 1987, pp. 1-19.

Ryals, L. e Payne, A. "Customer Relationship Management in Financial Services: Towards Information-Eenabled Relationship Marketing". *Journal of Strategic Marketing*, 9, 2001, pp. 3-27.

Sarrazin, J. "Decentralized Planning in a Large French Company: An Interpretive Study". *International Studies of Management and Organization*, 7(3-4), 1977-1978, pp. 37-59.

Scheinkopf, L. J. *Thinking for a Change*. Boca Raton, FL: St. Lucie Press, 1999.

Schlesinger, J. M. "GM Halts Output of Allante Model; Sales Link Denied". *The Wall Street Journal*, 10 de junho de 1988, p. 1.

Schmitt, B. e Simonson, A. *Marketing Aesthetics: The Strategic Management of Brand, Identity, and Image*. Nova York: The Free Press,1997.

Shaw, V., Shaw, C. T. e Enke, M. "Conflict between Engineers and Marketers: The Experience of German Engineers". *Industrial Marketing Management*, 32, 2003, pp. 489-499.

Shapiro, B. P. "Can Marketing and Manufacturing Coexist?" *Harvard Business Review*, setembro-outubro de 1977, pp. 104-114.

Sullivan, T. T., Reid, R. A. e Cartier, B. *TOCICO Dictionary*. 2007. http://www.tocico.org/?page=dictionary.

Sobre a autora

Marjorie J. Cooper concluiu o doutorado pela Universidade A&M do Texas e durante quatro anos fez parte do corpo docente da Universidade do Texas em Arlington. Ela integra o corpo docente da Universidade Baylor desde 1984, onde já ocupou os cargos de diretora de pesquisa e diretora executiva do Centro de Venda Profissional.

Cooper é autora e coautora de cinco livros – como *Introduction to Marketing*, publicado pela HarperCollins Publishers em vários países – e de sete capítulos de livro. Já publicou material didático *on-line* sobre venda a varejo e propaganda e também mais de cem artigos em publicações de negócios, como *Association Management, Counselor, Promotional Products Business, Inside Impact, Imprint, Spiritual Fitness in Business, Business Press, Sacramento Business Journal* e outros, inclusive inúmeros artigos de capa. Cooper publicou igualmente dez argumentos empresariais, os quais foram utilizados como base para competições estudantis nacionais. Suas publicações acadêmicas abrangem mais de 50 artigos científicos e estudos publicados em periódicos como o *Journal of Marketing, Journal of Advertising, Journal of Advertising Research, Journal of the Academy of Marketing Science, Journal of Personal Selling & Sales Management, Industrial Marketing Management, Journal of Business Research, Business Horizons, Journal of Promotion Management, Journal of Marketing Education, Journal of Hospital Marketing, Journal of Business & Industrial Marketing, Psychology & Marketing* e outros. A obra de Cooper já recebeu o prêmio "Best Paper" do *Journal of Marketing Education* da Associação de Marketing do Sudoeste.

Seus atuais interesses de pesquisa concentram-se na identificação entre clientes/empresa e no impacto das práticas empregadas no gerenciamento de operações sobre o ambiente ético e a produtividade de uma empresa. Ela publicou vários estudos sobre a teoria das restrições, três dos quais a respeito do gerenciamento de projetos pela corrente crítica (GPCC).

Sua experiência em consultoria e pesquisa abrange 26 anos de trabalho com o setor de produtos promocionais. Cooper é internacionalmente reconhecida como a principal autoridade acadêmica no âmbito de produtos promocionais, e é pesquisadora-chefe e uma das coautoras da edição anual State of the Industry da revista *Counselor*. Durante 17 anos foi pesquisadora-chefe da estimativa do volume de vendas de todo o setor de produtos promocionais.

Cooper presta consultoria assiduamente para uma variedade de clientes. Anteriormente, integrou o conselho consultivo de uma *start-up* da Internet no Vale do Silício, Califórnia, é Jonah e associada acadêmica do Instituto Goldratt em New Haven, Connecticut, integrou a equipe Alliance de MBA executivo desse instituto e é membro-fundadora da Organização Internacional de Certificação em Teoria das Restrições (TOCICO).

18
Estratégia da teoria das restrições

Gerald Kendall

Introdução: o que distingue a estratégia da TOC?

Nos últimos 20 anos, alguns líderes notáveis divulgaram uma profusão de conhecimentos sobre estratégia. Se você já tiver lido *best-sellers* como *Execution* (*Execução*) (2002), de Bossidy e Charan, *Good to Great* (2001) (*De Bom a Excelente*), de Collins, ou *Leading Change* (1996) (*Liderando a Mudança*), de Kotter, você deve estar se perguntando que diferença existe em uma estratégia da Teoria das Restrições (*Theory of Constraints* – TOC). Para compreendê-la melhor, considere este exemplo. Um fabricante canadense levou vários anos para obter um *desempenho de data de entrega* (DDE) de 80% nos pedidos dos clientes, acima da média em seu setor. Em três meses de implementação da árvore de estratégias e táticas da TOC, seu DDE saltou para 90%. Em uma única palavra, o que fez diferença foi *foco*.

A estratégia da TOC tem mais a ver tanto com a escolha de *não* realizar muitas coisas quanto com a *focalização* no maior ponto de alavancagem de uma organização. A TOC pressupõe que em todo sistema complexo existe uma "simplicidade inerente". Isso significa que pouquíssimas restrições (pontos de alavancagem) determinam o desempenho de um sistema.

O segredo para impulsionar o sucesso com uma estratégia da TOC é manter uma equipe executiva focalizada em seu maior ponto de alavancagem durante um tempo suficiente para sustentar os resultados. As estratégias mais recentes da TOC foram concebidas para impulsionar resultados estimulantes e mensuráveis em algumas semanas. Sem esse efeito, qualquer equipe pode perder facilmente a energia e escolher de imediato alguma distração.

Este capítulo explica os dois principais formatos de estratégia utilizados pela TOC para gerar resultados rápidos e mensuráveis e também descreve os pontos de focalização genéricos identificados por vários ambientes de produção, de distribuição e de projetos. A divulgação do conhecimento sobre a *árvore de estratégias e táticas* (E&T) nas figuras exibidas ao longo deste capítulo não teria sido possível sem o generoso consentimento de Eli Goldratt para disponibilizarmos esse conteúdo em todo este livro.

Visão geral do capítulo

O ponto forte da TOC em estratégia organizacional está ganhando destaque com a visão holística. Entretanto, a contribuição da TOC à ciência da estratégia vai muito além disso. Análises aprofundadas têm sido realizadas e uma série magistral de experimentos tem sido conduzida para obter novos níveis de melhoria e rapidez na implementação. Um diretor financeiro, que fazia parte de uma empresa de capital de risco responsável por bilhões de dólares em investimentos, disse-me que ele nunca havia visto um documento sobre E&T tão abrangente para qualquer setor que fosse.

Este capítulo apresenta um resumo sobre o conhecimento corrente, que é aplicável a qualquer organização (com ou sem fins lucrativos, governamental etc.) em qualquer setor (industrial, de distribuição, varejista, de serviços etc.). Para ajudá-lo a captar rapidamente o que aprendi em 15 anos de aplicação a TOC a estratégias e táticas, organizei este capítulo em dez seções distintas:

Introdução: O que Distingue a Estratégia da TOC?
Visão Geral do Capítulo
Definições e Fundamentos da Estratégia da TOC
Visão Geral das Aplicações de Estratégia da TOC em Produção, Projetos e Organizações de Distribuição de Bens de Consumo/Varejistas
Organizações de Distribuição/Varejo de Bens de Consumo
Quatro Pré-Requisitos/"Injeções" Genéricas de uma Vantagem Competitiva Duradoura
Efeitos Desejáveis de uma Boa Estratégia
Dois Formatos de Estratégias e Táticas: Processo de Pensamento e Árvores de E&T
Integrando Outras Metodologias como a Produção Enxuta e o Seis Sigma
Lidando com o Comportamento Humano na Estratégia
Resumo

Definições e fundamentos da estratégia da TOC

A *estratégia* define *o que desejamos alcançar*. As *táticas* descrevem *de que forma pretendemos atingir a estratégia*. Se ambas se separarem, será fácil perder o rumo e fracassar. A estratégia da TOC é acompanhada de instrumentos comprovados, os quais vinculam nitidamente a estratégia e as táticas para todos os níveis da organização. Esses instrumentos são fundamentais para o sucesso porque os recursos humanos são escassos e a atenção da administração é restrita. Em poucas palavras, esses instrumentos foram concebidos para evitar retrabalho.

Existe um grande perigo em simplesmente formular uma estratégia como um conjunto de objetivos de alto nível. Por exemplo, se a equipe de altos executivos estabelecesse uma estratégia para transformar a empresa na mais lucrativa do setor, a empresa teria várias direções à disposição para chegar lá. Ela poderia concentrar-se em produtos com uma margem mais alta, em um corte maciço de custo e programas de eficiência, na expansão dos mercados ou em uma maior participação de mercado. As possibilidades de um alinhamento inadequado entre as áreas funcionais e de erros na implementação de uma estratégia indicam que é necessário ter maior clareza e aprofundamento. A TOC oferece essa clareza por meio de uma hierarquia de estratégias e táticas vinculadas em vários níveis (consulte o exemplo de E&T na Figura 18.1) ou por meio de um roteiro detalhado de causa e efeito entre "injeções" (ideias a serem implementadas) e efeitos desejados (consulte o exemplo de árvore da realidade futura na Figura 18.2). Neste capítulo, explico esses dois métodos e suas diferenças.

Três metas ou condições básicas de qualquer estratégia

Seja qual for a organização, uma boa estratégia é aquela que obtém e mantém três resultados essenciais:

1. Aumento das unidades da meta (*e.g.*, lucro líquido, unidades educacionais, unidades de saúde) no presente e no futuro.
2. Mercados satisfeitos (clientes, fornecedores, comunidade) no presente e no futuro.
3. Segurança e satisfação dos funcionários no presente e no futuro.

Capítulo 18 ▪ Estratégia da teoria das restrições

Estratégias e táticas de nível mais alto

- Visão 2010
  - Alavancagem atual
    - 1.0 Ativos existentes Vantagem competitiva
    - 2.0 Alavancagem direta
  - Confiança e iniciativa
    - 3.0 Pessoas Vantagem competitiva

Estratégias e táticas de segundo nível

Vínculo

Estratégias e táticas de terceiro nível

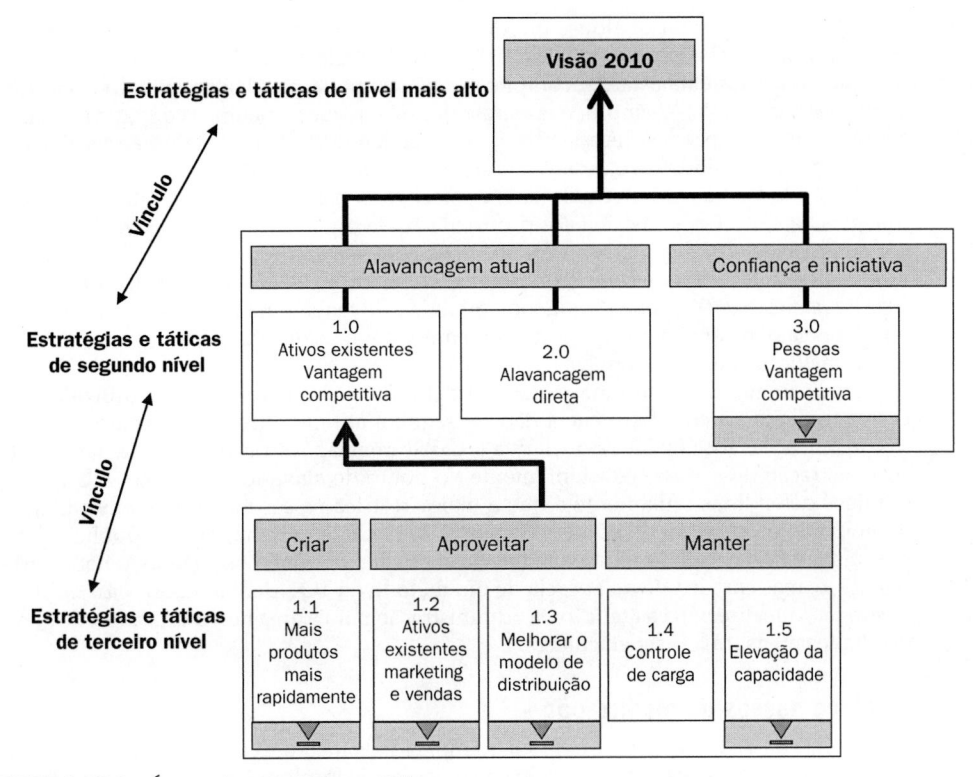

- Criar
  - 1.1 Mais produtos mais rapidamente
- Aproveitar
  - 1.2 Ativos existentes marketing e vendas
  - 1.3 Melhorar o modelo de distribuição
- Manter
  - 1.4 Controle de carga
  - 1.5 Elevação da capacidade

FIGURA 18.1 Árvore de estratégias e táticas.
Fonte: Utilizada com permissão de E. M. Goldratt. "S&T" © E. M. Goldratt.

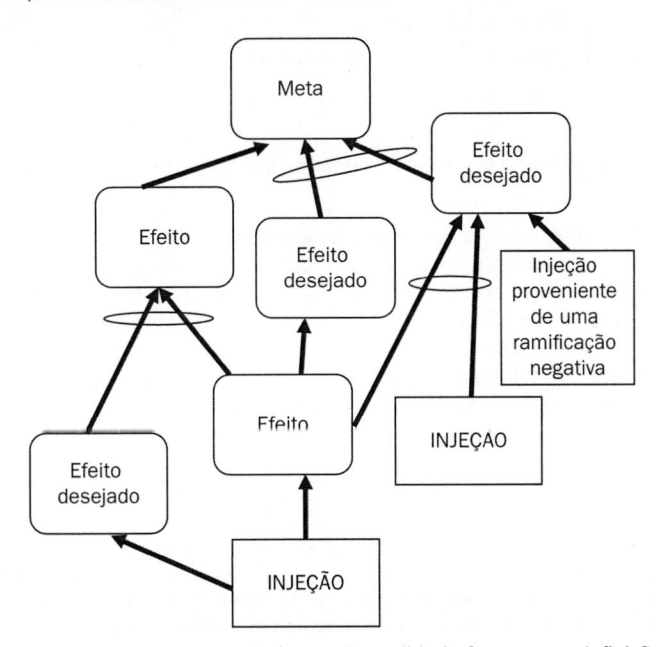

FIGURA 18.2 Processo de pensamento da árvore da realidade futura para definição da estratégia.

Você poderia tornar qualquer um desses resultados uma meta sua. Desde que considere os dois outros como condições básicas, a estratégia geral será a mesma. Isso significa que uma estratégia estará incompleta se não englobar, explicitamente, todas as três condições básicas. Por exemplo, nas estratégias de alto crescimento, as organizações não cobrem todos os processos necessários para se manterem estáveis com relação à satisfação dos clientes e a habilidades e desenvolvimento de seus funcionários.

As unidades da meta normalmente aparecem na parte superior da estrutura de estratégias da TOC. Embora caiba aos proprietários da organização ou aos principais interessados estabelecer sua meta, a TOC incorpora em sua metodologia uma meta maior – um *processo de melhoria contínua* (comumente chamado de PMC ou POOGI, de *process of ongoing improvement*). Supõe-se que toda organização tenha uma restrição, sempre, e que portanto ela pode aprimorar-se continuamente. Com a incorporação do PMC na estratégia, as melhorias serão sustentáveis ano após ano.

Contudo, mesmo com uma meta bem definida, as organizações que utilizam processos tradicionais com frequência não conseguem atingi-la.[1] A TOC afirmaria que essas organizações focalizaram a iniciativa errada (uma não restrição) ou que a atenção da administração desviou-se constantemente do ponto de alavancagem correto. Uma das opiniões defendidas atualmente é que a maior restrição a ser melhorada em qualquer organização é a atenção da administração. A TOC não é perfeita, mas as publicações e pesquisas demonstram um índice maior de sucesso. Em minha opinião, isso não ocorre por acaso, mas em virtude da eficácia de um método da TOC denominado *cinco passos de focalização*, que direciona a atenção da administração para a área necessária a fim de gerar resultados mensuráveis espetaculares.

Os cinco passos de focalização

A estratégia da TOC identifica e explora a simplicidade inerente em qualquer organização por meio de um processo denominado cinco passos de focalização (Goldratt, 1990, Capítulo 1), que engloba as seguintes etapas:

1. *Identificar* a restrição do sistema.
2. Decidir como *explorar* a restrição do sistema.
3. *Subordinar* todo o resto à decisão anterior.
4. *Elevar* a restrição.
5. *Retornar* ao primeiro passo. **Advertência**: Não permitir que a inércia torne-se a restrição do sistema.

Com relação às organizações que se encaixam em um modelo de E&T (consulte exemplos na seção subsequente de várias soluções genéricas predefinidas para problemas comuns), os cinco passos de focalização já foram aplicados e estão refletidos na E&T. Do contrário, a organização define suas estratégias e táticas respondendo questões implícitas nos cinco passos de focalização. Se as pessoas que estiverem definindo a estratégia se sentirem presas por não saber aplicar um dos cinco passos da focalização, elas poderão utilizar uma ou mais ferramentas do *processo de pensamento* da TOC para obter uma resposta.[2]

---

[1] Pesquisas científicas demonstram que aproximadamente 90% das iniciativas de reengenharia de processos de negócio não conseguem atingir resultados tangíveis (estudo sobre fusões e aquisições da A. T. Kearney citado em Bruner, 2004.). Cinquenta por cento de todas as fusões e aquisições fracassam logo no início e a maioria não consegue alcançar a sinergia esperada (McDonald, Coulthard e Lange, 2005). Menos de 50% das empresas que passam por um processo de reestruturação ou redução de quadro conseguem diminuir os custos ou aumentar a produtividade (Schneier, Shaw e Beatty, 1992).

[2] Consulte a Parte VI para uma discussão sobre o processo de pensamento da TOC.

Os exemplos a seguir mostram os Cinco Passos de Focalização. Você encontrará a descrição sobre as Árvores de E&T genéricas ainda neste capítulo e nos Capítulos 25 e 34.

Exemplo: os cinco passos de focalização

Um varejista deseja aumentar as vendas e os lucros. Ao aplicar o primeiro passo, *identificar*, ele procura uma representação física da restrição. Em um sistema de distribuição, existem vários atributos físicos – por exemplo, o espaço de exibição físico (espaço de prateleira) em uma loja do varejo, a capacidade dos caminhões para fazer entregas ou o número de vagas de estacionamento disponíveis aos clientes. Na maioria dos ambientes varejistas, o maior ponto de alavancagem identificado pela TOC (quando a restrição é física) é representado pelos clientes que os procuram para comprar algum produto.

Como a palavra *exploit*, em inglês, pode ter uma conotação bastante negativa (isto é, quando uma pessoa tira proveito de outra de uma maneira extremamente negativa), você pode substituí-la por "extrair mais". Com frequência, quando se identifica uma restrição, constata-se após uma análise mais minuciosa que a restrição está sendo significativamente desperdiçada. Na distribuição, um dos maiores desperdícios é atrair um cliente para uma loja e não ter em estoque o produto que ele deseja naquele exato momento. Isso é o contrário de *explorar*. Ao mesmo tempo, existe outro enorme desperdício – ter estoque em excesso em alguns locais. O desperdício não se refere apenas aos custos de estocagem. Mais frequentemente, o maior desperdício reside nas iniciativas empregadas para dar fim a esse estoque, o qual, no mundo moderno, pode se tornar rapidamente obsoleto, e na má utilização de excelentes espaços comerciais ocupados por produtos de pouca saída. Para *explorar* ou *aproveitar* a restrição no sistema varejista, a TOC defende que se mude de um *sistema empurrado* (em que grandes quantidades de produtos são empurradas do fabricante para um distribuidor e do distribuidor para um varejista por meio de planos que recompensam a compra de grandes quantidades em uma única remessa) para um *sistema puxado* (em que se reabastece com maior frequência exatamente o que foi consumido e os níveis de estoque pretendidos mudam dinâmica e automaticamente de acordo com mudanças significativas na demanda).

O passo *subordinar* define as medidas e diretrizes requeridas por todo e qualquer indivíduo no sistema a fim de apoiar as decisões tomadas no passo *explorar*. A implementação mais bem-sucedida que já testemunhei da subordinação da TOC na distribuição exigiu que os gerentes de loja parassem de tomar decisões sobre o que deveriam pedir e procurassem treinar sua equipe para atender aos clientes (consulte a Figura 18.3 para observar os resultados reais dessa árvore de E&T). Ao subordinar todos os indivíduos às decisões sobre pedidos do sistema puxado da TOC, as vendas dobraram em três meses mantendo-se o mesmo nível de estoque e, *ao mesmo tempo*, as faltas de estoque foram diminuídas pela metade. Outra maneira de aproveitar é reabastecer o estoque com maior frequência para diminuir as faltas, possibilitando que o varejista mantenha uma variedade maior de produtos – quanto mais frequente o reabastecimento, menor a quantidade necessária de itens individuais para satisfazer um determinado nível de serviço.

Elevar significa aumentar a capacidade de uma restrição. A maioria dos varejistas prefere manter uma porcentagem bastante pequena de todos os produtos disponíveis, por causa das limitações do espaço físico. Isso significa que os clientes irão a uma loja para comprar um produto e essa loja com frequência não terá o produto desejado. Por exemplo, o distribuidor com o qual trabalhei tinham 200 mil itens disponíveis para vender em toda a Europa, mas as lojas europeias normalmente mantêm, quando muito, 2 mil itens (com variações de cor e tamanho para o mesmo item). Para elevar a restrição, seria possível ampliar a propaganda, aumentar a capacidade física da loja ou aumentar o espaço de prateleira para elevar o número de itens mantidos e, desse modo, impulsionar as vendas.

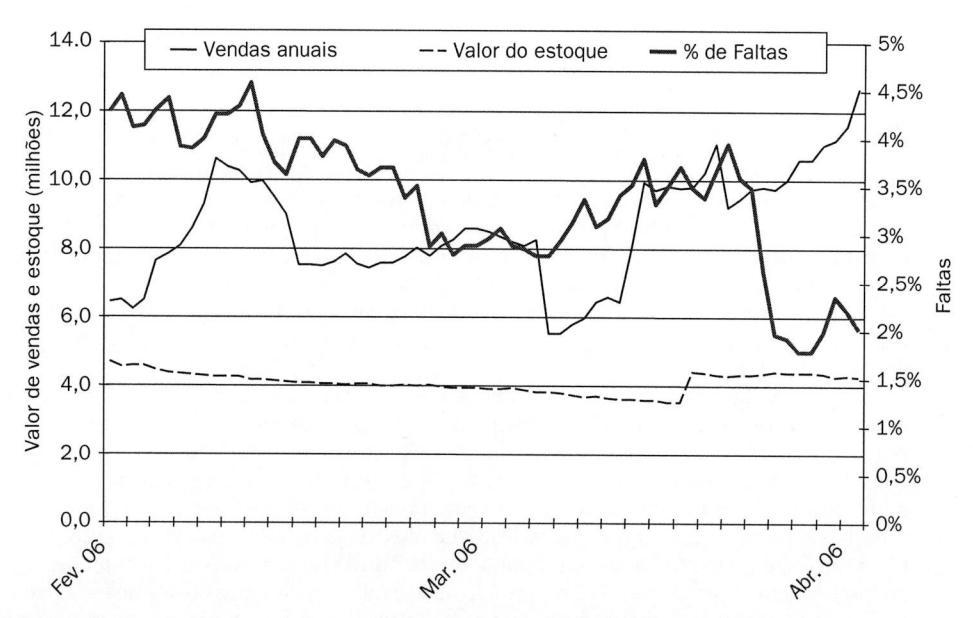

FIGURA 18.3 Os cinco passos de focalização da TOC no varejo: resultados em três meses.

É importante observar a sequência implícita na utilização da estratégia dos cinco passos de focalização. Antes de *elevar*, passo que muitas vezes requer investimento de capital, a sequência dos passos garante ao menos que se tente primeiro extrair mais do que já se tem.

Quando a restrição muda, a última etapa dos cinco passos de focalização recomenda que se *retorne* ao primeiro passo – *identificar* a nova restrição. Em teoria, em vista da magnitude do esforço para passar pelos cinco passos de focalização, raras vezes a restrição mudará. No mínimo, você deve ser capaz de prever uma mudança e preparar-se para ela a fim de que seus mercados não sejam afetados. Entretanto, de acordo com minha experiência, o paradigma do mundo ocidental dos últimos 20 anos de solicitar produtos em grande quantidade do exterior fez com que a restrição varejista mudasse com frequência e de uma maneira imprevista para outras partes da cadeia de suprimentos. Os clientes iam a uma loja, mas não conseguiam obter o produto que desejavam porque o lojista não conseguia ser reabastecido pelo fornecedor. Não se tratava de uma falta temporária que se seguia até o momento em que o caminhão seguinte chegasse para reabastecer a loja, mas de uma situação de falta de estoque mais permanente nos centros de distribuição do país. Ao fazer mais pedidos do que era necessário para satisfazer a uma demanda de curto prazo, o mundo ocidental fez com que os fabricantes estrangeiros ficassem semanas ou meses atrasados em relação ao reabastecimento da cadeia de suprimentos do mundo ocidental. A solução estratégica da TOC é solicitar quantidades iniciais bem menores e reabastecer com maior frequência. Os custos maiores de remessa e possíveis aumentos no custo dos produtos normalmente são compensados pelo valor várias vezes superior obtido com um maior volume de vendas e uma menor obsolescência.

O papel da contabilidade de ganhos e de outras medidas na estratégia

Uma das deficiências que observei em várias estratégias é a falta de um vínculo estreito com resultados mensuráveis. Desde o princípio da implementação de uma estratégia, a contagem de pontos, associada a providências bem pensadas para interferir nesses pontos a curto prazo, com frequência inexiste. O método da TOC de contagem holística, denominado *contabilidade de ganhos* (CG), descrita nos Capítulos 13 e 14 deste livro, pode ser empregado para lidar com essa deficiência.

É vital que a equipe executiva, gestores e demais funcionários de uma empresa sejam estimulados pelos resultados. Embora eu não despreze a importância dos resultados intangíveis, como os sentimentos de satisfação e confiança, muitas vezes as percepções sobre os resultados intangíveis são diferentes, dependendo da área organizacional. Todavia, creio que a maioria das pessoas considera a contagem de resultados tangíveis da TOC mais convincente porque ela elimina distorções e a subjetividade da alocação de custo contábil.

A contabilidade de ganhos da TOC reconhece a melhoria com respeito ao impacto do *ganho, do investimento* e *das despesas operacionais* (DOs) ou aos derivativos desses fatores (como o lucro líquido). Esses impactos com frequência têm uma defasagem de semanas ou às vezes de meses em relação à iniciativa. Por isso, utilizam-se também indicadores antecipados. Alguns exemplos de indicador antecipado em relação ao lucro líquido, empregados eficientemente na estratégia da TOC, são:

- Produção – porcentagem de DDE, porcentagem de penetração dos pulmões na zona vermelha.
- Projetos – número de projetos atrasados, prioridades determinadas pelas atividades na zona vermelha e tendência de recuperação do pulmão.
- Distribuição/varejo – porcentagem de faltas, média do giro de estoque, vendas por metro ou pé quadrado de espaço de prateleira.
- Vendas de qualquer empresa – duração média do ciclo de venda, taxa de acertos na previsão de vendas (prospecção).
- Sala de emergência dos hospitais do serviço de saúde – porcentagem de pacientes liberados em quatro horas ou menos.
- Qualidade – porcentagem das vendas para cobrir a DO em retrabalho diário ou semanal.

Visão geral das aplicações de estratégia da TOC em produção, projetos e organizações de distribuição/varejo de bens de consumo

Introdução às aplicações de estratégia

Se você quiser ver o resultado de 25 anos de desenvolvimento da TOC em estratégias e táticas em um único documento, essas informações são agora de domínio público e gratuitas. Examine o visualizador do *software* Harmony, que oferece *árvores de E&T genéricas* (*S&T Trees*)[3] para as áreas de produção, projetos e distribuição/varejo de bens de consumo: http://goldrattresearchlabs.com/?q=node/2.

Como os detalhes dessas árvores de E&T são oferecidos no fórum supracitado, esta parte do capítulo funcionará como um roteiro para essas estratégias.

---

[3] O *TOCICO Dictionary* (Sullivan et al., 2007, p. 43) define *árvore de estratégias e táticas* (E&T) como "Diagrama lógico que abrange todas as entidades e as respectivas relações necessárias e adequadas para concretizar a meta de uma organização. A finalidade da árvore de E&T é trazer à tona e eliminar conflitos que se revelam em virtude do alinhamento incorreto das atividades com as metas e os objetivos organizacionais". Uso: A estratégia organizacional especifica a direção das atividades que pretendem lidar com problemas e questões de mais longo alcance. As táticas são as atividades específicas necessárias para concretizar o objetivo estratégico envolvido na implementação de estratégias organizacionais. Como as estratégias e táticas existem e devem ser sincronizadas em vários níveis organizacionais, essa árvore lógica traduz a estratégia de alto nível para o nível das operações do dia a dia. (© *TOCICO* 2007. Utilizada com permissão. Todos os direitos reservados.)

Quais informações a descrição de uma estratégia deve abranger?

1. Deve haver detalhes suficientes para que qualquer pessoa, em qualquer nível e departamento na empresa, possa compreender o que ela deve fazer para concretizar os objetivos da empresa. Isso traz implicações importantes para qualquer pessoa responsável por criar estratégias para uma organização. A listagem dos objetivos e providências ou injeções é meramente um primeiro passo para que todos os níveis e departamentos tenham clareza da direção a ser seguida.
2. Deve haver uma resposta para a pergunta: "Por que esse resultado é necessário para atingir a meta ou a estratégia de nível mais alto subsequente?". Como estamos na era do trabalhador do conhecimento, a maioria das pessoas não deseja que lhes digam *o que* fazer. Para que se comprometam, elas precisam compreender *por que* elas necessitam fazer tal coisa.
3. A estratégia deve explicitar quais componentes serão suficientes para obter os resultados intermediários desejados e o objetivo geral. Quando nos forçamos a tentar compreender o contexto integral do que é preciso para atingir um objetivo importante, com frequência descobrimos *a priori* as peças que faltam. Apenas isso já é suficiente para agilizar significativamente um processo de melhoria e evitar erros penosos. Considere um exemplo em que o fabricante melhora as operações internas, a ponto de aumentar a capacidade em 30%, e que o tempo necessário para aumentar as vendas e tirar proveito dessa capacidade complementar corresponde a seis meses. Uma estratégia que planeja o tempo para as vendas obterá resultados meses antes em comparação com uma estratégia inadequada na parte de vendas.

Conteúdo genérico das estruturas de E&T

Antes de um breve *tour* por três estratégias genéricas – produção, distribuição de bens de consumo e projeto – é favorável entender a configuração de cada E&T. A E&T é composta por uma estrutura (consulte o exemplo de E&T de produção na Figura 18.4) e um texto correspondente que contém estratégias, táticas e pressupostos [consulte o texto correspondente no primeiro quadro (o canto superior esquerdo da tabela apresenta a posição da tabela na árvore) do exemplo de E&T de produção na Tabela 18.1). No visualizador de E&T do Harmony,[4] se você clicar duas vezes em um quadro, serão exibidos os detalhes correspondentes. Se você clicar duas vezes no primeiro quadro da E&T de produção, denominado *Viable Vision* (VV), verá o formato exibido na Tabela 18.1. Se clicar em um símbolo "+" no *software* Harmony, será aberta a estrutura dos níveis inferiores.

A estrutura é hierárquica. No diagrama, cada nível inferior contém as estratégias e táticas necessárias para atingir as estratégias representadas no nível mais alto. Teoricamente, a implementação das táticas no nível mais baixo é suficiente para atingir a estratégia no nível seguinte. Por exemplo, depois que as táticas em todos os quadros abaixo do nível 2.1 (isto é, 3.1.1, 3.1.2, 3.1.3, 3.1.4 e 3.1.5; utilize o visualizador de E&T do Harmony para examinar essas tabelas) forem implementadas favoravelmente, a estratégia no nível mais alto, o 2.1, provavelmente será atingida.

Em toda E&T, a estratégia é mostrada no quadro denominado *Estratégia*, tal como exibido na Tabela 18.1. O conceito de meta da visão viável (VV) foi elaborado por Eli Goldratt e verbalizado pela primeira vez como a transformação do faturamento ou *top line* (receitas) em resultados financeiros ou *bottom line* (lucro líquido) em quatro anos ou menos. Atual-

---

[4] Algumas tabelas que são mencionadas no texto não são exibidas nas tabelas deste capítulo. Utilize o Harmony para ver a estrutura e as tabelas completas da árvore de E&T. Por exemplo, essa árvore de E&T tem quatro níveis (numerados no canto superior esquerdo) e 29 tabelas. Por isso, somente algumas tabelas são exibidas aqui a título de exemplo. O visualizador do Harmony pode ser baixado em: http://www.goldrattresearchlabs.com/?q=node/2.

```
                    ┌─────────────────────────────────┐
                    │  E&T de Resposta Rápida e Confiável │
                    └─────────────────────────────────┘
                                    │
                           ┌────────────────┐
                           │       1        │
                           │  Visão viável  │
                           └────────────────┘
                                    ▲
              ┌─────────────────────┴─────────────────────┐
      ┌───────────────────┐                       ┌───────────────────┐
      │ Crescimento básico│                       │Crescimento aprimorado│
      │       2:1         │                       │       2:2         │
      │    Vantagem       │                       │    Vantagem       │
      │  competitiva da   │                       │  competitiva da   │
      │   confiabilidade  │                       │     rapidez       │
      └───────────────────┘                       └───────────────────┘
```

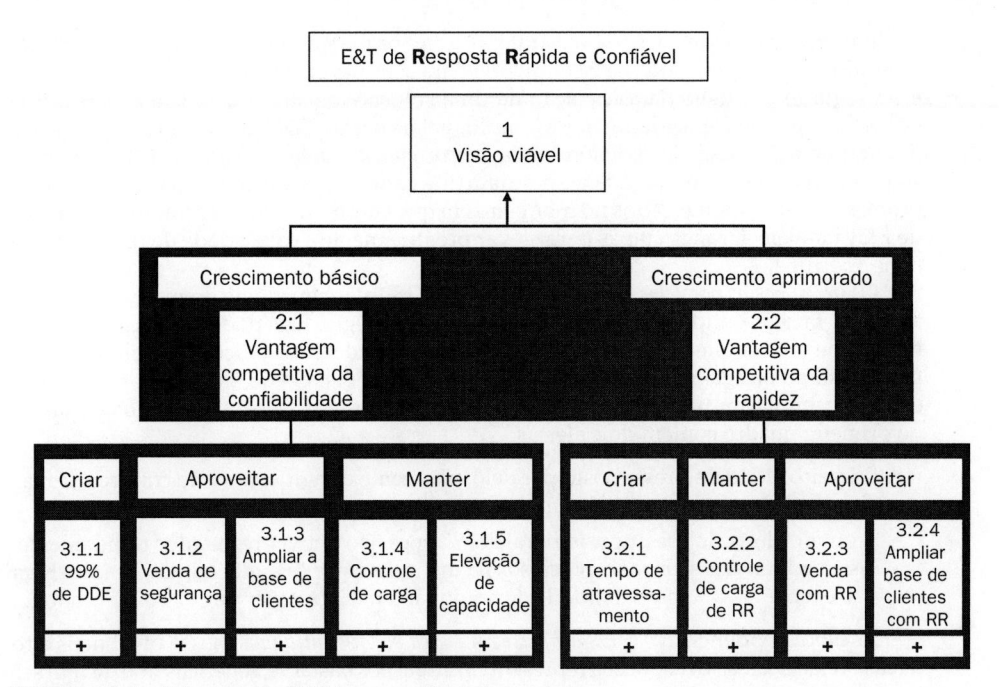

Criar	Aproveitar		Manter		Criar	Manter	Aproveitar	
3.1.1 99% de DDE	3.1.2 Venda de segurança	3.1.3 Ampliar a base de clientes	3.1.4 Controle de carga	3.1.5 Elevação de capacidade	3.2.1 Tempo de atravessamento	3.2.2 Controle de carga de RR	3.2.3 Venda com RR	3.2.4 Ampliar base de clientes com RR

FIGURA 18.4 Estrutura de E&T de produção de três níveis.
Fonte: Utilizada com permissão de E. M. Goldratt, 2008. "Manufacturing S&T". © E. M. Goldratt.

mente, a meta da VV é expressa com maior frequência como a consecução de um nível de desempenho mensurável acima do nível pretendido pela equipe executiva. Uma empresa com VV, por exemplo, seria uma empresa de $ 400 milhões que pretende alcançar mais de $ 500 milhões em dois anos. Para ela, isso representaria um grande salto porque há muito tempo ela vinha enfrentando um declínio em suas receitas. A retomada do crescimento exige uma mudança fundamental em sua maneira de raciocinar e em suas estratégias e táticas.

Tabela 18.1 E&T de produção para 1: vantagem competitiva da confiabilidade

1	Vantagem competitiva da confiabilidade na produção
Estratégia	(A empresa encontra-se em um sólido PMC.) A visão viável (VV) é concretizada em quatro anos ou menos.
Pressupostos paralelos	Para a empresa concretizar sua VV, seu G (ganho) deve aumentar (e continuar aumentando) mais rapidamente que as DOs (despesas operacionais). Exaurir os recursos da empresa e assumir riscos muito altos pode interferir seriamente na probabilidade de a empresa concretizar a VV.
Tática	Criar uma vantagem competitiva decisiva e os recursos para aproveitá-la em mercados suficientemente grandes, sem exaurir os recursos da empresa e sem assumir riscos reais.
Pressupostos de suficiência	Para ter uma vantagem competitiva decisiva, é necessário satisfazer uma necessidade significativa do cliente de uma forma que nenhum concorrente importante consiga. (Para situações diferentes, diferentes modelos satisfazem essa condição.) A árvore correspondente é válida para situações em que as condições do modelo de resposta rápida e confiável são aplicáveis a (praticamente) todo o mercado da empresa.

Fonte: Utilizada com permissão de E. M. Goldratt, 2008. "Manufacturing S&T". © E. M. Goldratt.

Em uma árvore de E&T VV, a estratégia luta por manter a restrição normalmente no mercado. A capacidade interna é conduzida para ser uma etapa à frente do mercado. Isso é conseguido por meio da associação de uma solução logística da TOC e processos de gerenciamento de capacidade. Por exemplo, na árvore de E&T de produção, a logística de programação e execução denominada *tambor-pulmão-corda simplificado*[5] (TPC-S)[6] (consulte o Capítulo 9) é empregada associadamente com etapas adicionais para controlar as promessas feitas aos mercados no momento em que surgirem restrições internas. A árvore de E&T também abrange etapas para elevar proativamente a capacidade de uma maneira mais oportuna.

Os *pressupostos paralelos* mostrados na Tabela 18.1 dão uma ideia do motivo pelo qual as táticas fazem sentido como meio de atingir a estratégia. Elas podem indicar acontecimentos ou alertas que você deve levar em conta para idealizar táticas ou realidades que possibilitarão ou facilitarão a concretização da estratégia. Como as metas da VV nessa estratégia implicam um rápido crescimento no lucro líquido, os pressupostos paralelos no primeiro quadro contêm dois alertas:

- Primeiro alerta do pressuposto paralelo: Não tente atingir essa visão com economias de custo. Ela deve ser obtida com o aumento contínuo do ganho.

- Segundo alerta do pressuposto paralelo: Se você não obtiver resultados rapidamente, dissipará um dos seus mais preciosos recursos – a equipe de alta administração. Faça isso e terá uma alta probabilidade de aniquilar a iniciativa estratégica como um todo.

As *táticas* evidenciam *de que forma a estratégica pode ser atingida*. Nesse nível mais alto da árvore de E&T, as declarações representam situações bastante genéricas que devem ser implementadas, semelhantes às que provavelmente estarão expressas nas *"injeções"* de uma *árvore da realidade futura* (ARF; parte do processo de pensamento da TOC). Nos níveis mais inferiores da árvore, as táticas representam as providências que os indivíduos ou as pequenas equipes tomarão, semelhantes às que você provavelmente encontrará em uma *árvore de transição* da TOC (ATT). Na exposição da tática mostrada na Tabela 18.1, que é genérica em muitas árvores de E&T, a organização recebe a ordem de implementar cinco componentes:

1. Criar uma vantagem competitiva decisiva – Como? A resposta é detalhada em níveis inferiores. O que é *vantagem competitiva decisiva*? *É uma capacidade que o mercado precisa ter para que se possa obter um resultado significativo.* É algo de tal modo influente que a empresa poderá escolher seus clientes em vez de ser escolhida por eles. A empresa conseguirá florescer seus negócios à vontade. Na E&T de produção, por exemplo, a vantagem competitiva decisiva é a confiabilidade, representada por um DDE contínuo e consistente e bem mais alto que a média do setor. Em 3.1.1 (que não é mostrado aqui; utilize o visualizador do Harmony), a E&T recomenda que se utilize o TPC-S para atingir a estratégia de confiabilidade.

A árvore prossegue para explicar no nível 2.1 (consulte a Tabela 18.2) que essa vantagem só se aplica a mercados em que os fornecedores sejam extremamente incertos e os clientes sofram um prejuízo significativo em virtude dessa falta de confiabilidade. Trata-se de um novo tipo de pressuposto, denominado *"pressuposto de necessidade"*, que se pode encontrar em todo quadro abaixo do primeiro nível e explica por que a estratégia é necessária ou por que a estratégia segue uma determinada direção.

---

[5] Tambor-pulmão-corda simplificado (TPC-S): Processo de gerenciamento operacional baseado em um pulmão de remessa, um tambor de mercado e uma avaliação secundária de qualquer recurso com restrição de capacidade (Sullivan *et al.* 2008, p. 43).

[6] Consulte o *site* da Goal Systems International, "Books & Papers", *Simplified Drum-Buffer-Rope*, 2000, em http://www.goalsys.com/books/documents/S-DBRPaper.pdf, para examinar uma excelente descrição desse conceito, realizada por Schragenheim e Dettmer.

Tabela 18.2 E&T de produção para 2.1: vantagem competitiva da confiabilidade

2:1	Vantagem competitiva da confiabilidade
Pressupostos de necessidade	Quando as datas de entrega dos fornecedores são notoriamente ruins e o atraso na entrega gera consequências graves para o cliente, a confiabilidade é uma necessidade significativa do cliente.
Estratégia	Ganha-se vantagem competitiva decisiva quando o mercado sabe que as promessas de entrega da empresa são notadamente confiáveis e todos os outros parâmetros mantêm-se os mesmos.
Pressupostos paralelos	As promessas não são convincentes. Investir dinheiro para respaldá-las (especialmente quando ninguém mais ousa fazer o mesmo) é plausível.
Tática	A empresa é extraordinariamente competente quanto ao cumprimento das datas de entrega prometidas e oferece multas pesadas sempre que ocorre algum atraso. Essas multas pesadas são suficientes para impedir um concorrente de oferecer (ou mesmo de ceder à pressão de fazer) o mesmo.
Pressupostos de suficiência	Não é fácil criar uma vantagem competitiva decisiva; o desenvolvimento dos recursos para aproveitá-la não é menos difícil. Entretanto, o verdadeiro desafio é a sustentação desses dois elementos.

Fonte: Utilizada com permissão de E. M. Goldratt, 2008. "Manufacturing S&T". © E. M. Goldratt.

2. *E criar os recursos para aproveitá-la* – Esses recursos são de vendas e marketing. Um dos maiores avanços no pensamento da TOC nos últimos cinco anos tem se dado na implementação de métodos de venda, geração de *leads* (público-alvo das vendas) e processos para aumentar o sucesso das vendas. Os processos definem a identificação de segmentos de mercado, a escolha de "negociadores", a percepção dos benefícios reais da confiabilidade para um cliente, a preparação da equipe de vendas, o lançamento piloto do produto ou serviço, a definição das etapas do processo de vendas, o lançamento completo do produto ou serviço utilizando todos os vendedores, o monitoramento do processo de vendas com o objetivo de melhorá-lo continuamente e evitar a perda de possíveis clientes e a criação de *leads* para que a equipe de vendas concentre-se na venda. Você pode utilizar o visualizador de E&T citado anteriormente para exibir os eslaides de marketing e vendas e os níveis inferiores e, desse modo, compreender melhor os componentes desses recursos.

3. *Em mercados suficientemente grandes* – Quando a participação de mercado de uma empresa é alta (*e.g.*, 50% ou superior) ou o mercado-alvo é muito pequeno (*e.g.*, existe apenas uma pequena quantidade de clientes em perspectiva que atendem aos critérios do mercado), a probabilidade de concretizar uma meta estratégica agressiva diminui imensamente. A E&T como um todo é concebida para ser utilizada com probabilidades bem mais altas do que as dos cassinos de Las Vegas.

4. *Sem exaurir os recursos da empresa* – Especialmente sem esgotar a equipe de alta administração. Se a atenção da administração for de fato a restrição à concretização de uma estratégia agressiva, a maneira de protegê-la é gerar resultados rápidos. Os quadros de nível mais baixo da E&T devem obter resultados significativos nos dois a três primeiros meses da iniciativa. Significativo quer dizer aumentos mensuráveis no ganho ou no lucro líquido ou em parâmetros como o DDE, os quais são essenciais para afetar os resultados financeiros.

5. *E sem assumir riscos reais* – Nessa árvore de E&T, os níveis inferiores reconhecem que um dos maiores riscos refere-se ao sucesso – a um imenso sucesso. Imagine o que poderia ocorrer se você conseguisse vários clientes em virtude de sua confiabilidade

e não pudesse lidar, operacionalmente, com esse sucesso. Em vez de manter o DDE para cumprir as promessas feitas aos clientes, de repente todo o sistema é estendido além de seus limites, a confiabilidade desmorona ou os tempos de espera são ampliados indefinidamente e os clientes que foram prejudicados são perdidos para sempre. Essas consequências são evitadas por meio dos processos delineados nos níveis inferiores, nos quais riscos como as restrições de capacidade interna são identificados e monitorados. Além disso, a árvore de E&T conta com um processo proativo de elevação de capacidade [consulte a seção 3.1.5 da E&T (utilizar o visualizador do Harmony) e os quadros abaixo desse nível para obter detalhes] para aumentá-la mais rapidamente quando necessário. A árvore também contém processos de vendas para controlar desenvolvimentos e lançamentos a fim de evitar o risco de perder possíveis clientes por falta de atenção.

Cada uma das aplicações específicas apresentadas a seguir é resumida com base na E&T desenvolvida para obter uma vantagem competitiva decisiva.

Produção

A Figura 18.4 mostra os três primeiros níveis da árvore de E&T de produção. A Tabela 18.1 mostra o texto relativo ao primeiro quadro. Nessa árvore destinada a fabricantes que seguem a *produção sob encomenda* (*make-to-order* – MTO), chamada de *resposta rápida e confiável* ou *triplo R* (*reliable rapid response*), a estratégia é primeiramente atingir um nível de confiabilidade incomparável no setor, expresso pelo DDE. Na década de 1990, em vista da ampla evidência sobre a capacidade de melhorar rapidamente o fluxo de produção, por meio da aplicação da solução logística da TOC denominada *tambor-pulmão-corda* (TPC; consulte os Capítulos 8 e 9), a restrição com frequência mudava para o mercado – as empresas industriais enfrentavam o desafio de encontrar clientes suficientes para aproveitar sua capacidade complementar de uma maneira suficientemente rápida a fim de evitar a pressão por despedir funcionários da produção. Goldratt introduziu o conceito de *"mafia offer"* – *uma oferta ao mercado muito boa para ser recusada* (oferta mafiosa).

Um dos grandes exemplos de *"mafia offer"* do setor industrial apresentados em dois congressos da TOC é o da empresa de móveis Orman Grubb da Califórnia. Jeff Grubb aumentou sensivelmente as vendas de móveis para escritórios domésticos e lazer ao fazer uma *mafia offer* para os clientes varejistas. Sua oferta era reabastecer duas vezes por semana qualquer móvel comprado em lojas particulares sem aplicar nenhuma tarifa de frete ou sobre pedidos de pequena quantidade. Na década de 1990, em que os fabricantes forçavam os varejistas a fazer pedidos de grande quantidade a cada remessa, essa oferta foi bem acolhida. Eles perceberam que seus produtos mais populares seriam reabastecidos rapidamente e que não ficariam imobilizados durante meses com produtos menos populares. Entretanto, por volta de abril de 2004, dada a imensa diferença de preço oferecida por fabricantes do exterior, a oferta da Grubb deixou de ser suficiente para a empresa competir, o que a levou a declarar falência sob proteção do Capítulo 11.[7]

Os cientistas consideram o fracasso uma oportunidade para aprender, e Orman Grubb nos oferece uma lição valiosa sobre estratégia. As versões atuais das árvores E&T reconhecem que uma oferta ao mercado só será válida se todos os fatores (preço, qualidade etc.) permanecerem iguais (consulte a Tabela 18.2, que apresenta a declaração da estratégia). Uma oferta deve criar um valor suficiente para bater as diferenças de preço ou então a empresa deve procurar diligentemente fazer com que sua estratégia contenha elementos que consigam manter iguais os demais fatores. Toda palavra da E&T conta – essas palavras estão fundamentadas na vasta experiência mundial em implementação de soluções.

---

[7] Para conhecer a história integral, consulte o *site* de arquivos de notícias do setor de móveis Furniture Today, edição 32, 12 de abril de 2004. http://www.furnituretoday.com/article/25111-California_s_Orman_Grubb_closing_doors.php.

Na E&T de produção há duas ramificações importantes – 2.1 (consulte a Tabela 18.2), que representa a vantagem competitiva da confiabilidade, e 2.2 (consulte a Figura 18.4), que representa a vantagem competitiva da resposta rápida. Geralmente, as árvores E&T são implementadas na sequência da esquerda para a direita. Na ramificação 3.1.1, todos os processos básicos são implementados para obter um nível inédito de DDE, que é a suposta confiabilidade necessária para superar os concorrentes. Obviamente, esse pressuposto de necessidade não é verdadeiro para todos os fabricantes do mundo. Ele será verdadeiro se o fabricante tiver mercados-alvo suficientemente grandes de clientes que estejam sofrendo com a falta de confiabilidade de concorrentes importantes desse fabricante. Quando isso ocorre, passamos para a venda com confiabilidade ou venda de segurança indicada em 3.1.2. (não exibida aqui; utilize o visualizador de E&T do Harmony).

Na elaboração de uma estratégia como essa, supõe-se que o fabricante possa atingir totalmente suas metas estratégicas utilizando apenas a ramificação esquerda da árvore – 2.1 e entidades abaixo. O lado direito, que se inicia com os elementos em 2.2 (não exibidos aqui; utilize o visualizador de E&T do Harmony), pode ser chamado de prêmio ou lucro fácil por conseguir atingir ou superar a estratégia. Nessa árvore, o lado esquerdo prova que a empresa tem disciplina e habilidades de execução para atingir uma meta que poucos em seu setor, quando muito, conseguiram. Os processos, como elevação da capacidade, marketing e vendas, são estáveis e oferecem uma base para execução no lado direito.

No lado direito, utilizando o PMC da TOC para o TPC-S (consulte o Capítulo 9) e o *gerenciamento de pulmões* (GP), o tempo de atravessamento de produção é diminuído ainda mais, de modo que, sem tomar nenhuma medida especial na produção, a empresa é capaz de atender aos pedidos em um prazo bem menor que o tempo cotado para o cliente. Contudo, tempos de atravessamento menores que podem propiciar um tempo de entrega menor são oferecidos a um preço bastante elevado aos clientes que não têm alternativas confiáveis imediatas e para os quais o provável prejuízo dos tempos de atravessamento regulares é tão alto, que o preço elevado pago pela resposta rápida perde a importância.

Um exemplo é o de uma oficina de usinagem de alta precisão solicitada a fornecer uma peça para uma aeronave de vários milhões de dólares em um quarto do tempo usual (entre pedido e entrega). O cliente estava contente por pagar $ 800 pela peça que habitualmente custava $ 200 porque isso significava que seria possível enviar a aeronave ao seu cliente em duas semanas, e não em oito. Observe que não há nenhuma mudança significativa na despesa operacional do fabricante, normalmente. Ele continua executando exatamente o mesmo trabalho, por muito mais dinheiro.

A influência da resposta rápida sobre os resultados financeiros do fabricante é momentânea. Na Tabela 18.3, o exemplo mostra a diferença entre ter vendas regulares por um preço regular e ter uma oferta de rápida resposta que está absorvendo 10% do valor das vendas, por um preço 50% superior ao regular (em média). Embora as vendas totais tenham crescido apenas 5% – um aumento de $ 50 mil sobre $ 1 milhão (vendas regulares no valor de $ 100 mil eram faturadas a um valor superior de $ 150 mil) –, o ganho e o lucro líquido tiveram um aumento de 10% e 50%, respectivamente.

Tal como a experiência comprova, o maior desafio das ofertas de resposta rápida ao mercado não se encontra na área operacional. De acordo com minha experiência, quando

Tabela 18.3 Efeito da resposta rápida sobre os resultados financeiros

	Regulares	10% das vendas com resposta rápida por um preço 50% superior
Vendas	$ 1.000.000	$ 1.050.000
Ganho	$ 500.000	$ 550.000
Despesa operacional	$ 400.000	$ 400.000
Lucro líquido	$ 100.000	$ 150.000

os processos já estão estabelecidos na implementação do lado esquerdo da E&T, a área operacional precisa de pouco tempo para realizar as melhorias complementares necessárias para diminuir o tempo de atravessamento de produção. O verdadeiro desafio encontra-se no departamento de vendas e às vezes na administração, em que normalmente se acredita que nenhum cliente pagaria mais pelo mesmo produto ou serviço. Algumas pessoas da empresa acreditam que esses são uma extorsão contra o cliente. Por isso, é fundamental compreender por que isso não é uma extorsão e como essa oferta deve ser apresentada ao cliente de uma maneira que ele a perceba positiva, e não negativamente.

A estratégia correta para lançar um programa de resposta rápida que gere uma percepção positiva no cliente é testá-la com antecedência, classificar as necessidades do cliente com relação aos possíveis benefícios quantificáveis da resposta rápida e informar os clientes antecipadamente sobre suas possíveis necessidades. O cliente deve sentir que tem uma opção e não está sendo pressionado a pagar mais que o necessário quando enfrenta uma situação difícil. Se um cliente antigo de um fabricante telefonar na última hora e disser "Nossa previsão estava errada e preciso rapidamente de mais cem peças", e o fabricante, sem notificação prévia, disser "Terei satisfação em fornecer essas peças em um quarto do tempo normal por um preço quatro vezes maior", o fabricante deve esperar uma resposta extremamente negativa do cliente.

Quando uma opção desse tipo é oferecida ao cliente no momento em que os preços originais são cotados, normalmente ele aceitará pagar um valor superior se tiver uma emergência e precisar do produto. Eu não acreditaria nisso se não tivesse testemunhado pessoalmente seu sucesso em uma série de empresas. Utilizamos várias páginas para analisar parcialmente alguns poucos eslaides da E&T. Isso provavelmente dá uma ideia da profundidade do raciocínio contido na árvore. Para obter informações mais detalhadas, baixe o visualizador de E&T e examine os eslaides ponto por ponto, nível por nível, pelo menos dez vezes. De acordo com minha experiência, toda vez que você os examinar, identificará novas declarações que você jurava que não estavam na árvore de E&T na última vez em que a examinou![8]

Projetos

O visualizador de E&T descrito antes oferece igualmente uma visão integral da árvore de E&T de projeto e do paradigma de projeto denominado *gerenciamento de projetos pela corrente crítica* (GPCC). Essa árvore de E&T destina-se a empresas de projeto (empresas que extraem a maioria de suas receitas da execução de projetos para terceiros). Além disso, toda organização pode utilizar a maior parte da E&T descrita em 3.1.1 (utilize o visualizador de E&T) e abaixo para melhorar mais rapidamente sua capacidade de realizar mudanças por meio de projetos.

Com relação aos projetos, o pensamento estratégico subjacente à TOC é o de que quase todos os projetos são concebidos para trazer alguns benefícios para uma empresa.[9] Toda organização precisa executar vários projetos anualmente para sobreviver e, com

---

[8] Em um capítulo como este, é impossível prever e muito menos responder a todas as perguntas possíveis relacionadas a uma E&T. Entretanto, se você tiver alguma dúvida, sinta-se à vontade para enviá-la por *e-mail* para gerryikendall@cs.com. Farei o possível para oferecer respostas significativas a perguntas claras e concisas.

[9] Normalmente, os únicos projetos que são executados sem a intenção de obter um valor independente são os projetos obrigatórios (*e.g.*, aqueles prescritos por regulamentações governamentais). Muitas vezes, as organizações dividem um empreendimento em vários projetos, situação em que alguns são pré-requisitos e não agregam valor enquanto os projetos subsequentes não são concluídos. Para mim, trata-se de um erro grave. Com base no que pude observar, com frequência os projetos que são pré-requisitos são concluídos com uma defasagem de tempo bastante extensa e às vezes indefinida depois que os projetos subsequentes que contribuem para os resultados financeiros são executados.

esperança, aprimorar-se. Na maioria dos casos, quanto mais rápida a conclusão de um projeto, mais cedo a organização obterá esses benefícios. Quanto mais rápida a execução (fluxo de um projeto), mais cedo os recursos poderão ser liberados e, portanto, maior o número de projetos que uma empresa poderá concluir utilizando os mesmos recursos.

Quando iniciamos uma empreitada para melhorar estrategicamente o método de execução dos projetos, partimos do passo 1 dos cinco passos de focalização – identificar a restrição do sistema. Tal como sugerido anteriormente, o maior ponto de alavancagem deve ser aumentar o fluxo dos projetos – a rapidez com que eles são concluídos. Um projeto é representado fisicamente pelas atividades necessárias para concluí-lo. Contudo, nem todas as atividades determinam de igual modo a duração de um projeto. Com relação à definição das atividades que mais provavelmente determinarão a duração de um projeto, a TOC define aquelas que dependem umas das outras para serem concluídas. Segundo a TOC, existem dois tipos de dependência – *dependências lógicas* (*e.g.*, o instalador não instalará os carpetes enquanto a parede de gesso não estiver pronta e as salas estiverem pintadas) e as *dependências de recurso* (o instalador não instalará o carpete dos andares inferiores enquanto não terminar de instalar o carpete dos andares superiores – o mesmo recurso realizará ambas as atividades).

Em resumo, *a cadeia mais longa de eventos dependentes em um projeto, considerando as dependências de atividade e recurso, é a corrente crítica*. Existe um problema de peso na definição sobre a restrição física de um projeto. Alguns dos recursos dos quais um projeto necessita para progredir não são delineados nos planos. Na verdade, os projetos sempre parecem progredir em um ritmo bem mais lento que o "tempo líquido de processamento" ou superior ao tempo estimado para as atividades na corrente crítica. Essa constatação nos leva a dois possíveis pressupostos estratégicos que podemos utilizar para *explorar* e *subordinar*:

1. A restrição é de fato a atenção da administração/grupo de apoio. Isto é, as maiores defasagens nos tempos de execução do projeto encontram-se nos recursos não delineados, cujo tempo e atenção não são visíveis em nenhum plano de projeto. Nesse caso, quanto menor o número de projetos ativos (até certo ponto), maior será a atenção que a administração e os grupos de apoio poderão dar a esses projetos. Haverá uma defasagem menor no andamento do projeto. As defasagens serão breves e, portanto, a conclusão do projeto será acelerada. O PMC utiliza principalmente a análise de Pareto para avaliar o que as atividades estão aguardando e procura melhorar constantemente o planejamento e os processos de execução para diminuir a duração dos projetos.

2. O segundo pressuposto estratégico é o de que a maior restrição continua sendo ocasionada pelos comportamentos e pela capacidade de um grupo de recursos do projeto ou de um conjunto de habilidades. Entretanto, se diminuirmos o número de projetos ativos para que esse grupo de recursos concentre-se em uma quantidade menor de projetos, seu trabalho fluirá mais rapidamente, ele receberá maior apoio de outros grupos e tudo será concluído mais depressa. O provável risco de uma solução nessa direção é que a organização pressupõe que, ao acrescentar mais recursos para elevar esse grupo, isso aumentará a capacidade da organização para realizar mais projetos. Se a restrição real for ocasionada pela falta de atenção da administração ou do grupo de apoio, aumentar o número de projetos ativos sem aumentar a capacidade da administração ou do grupo de apoio na verdade diminuirá o fluxo de todos os projetos.

Não importa a direção escolhida para a obtenção de uma solução, o primeiro passo certeiro ao decidir aproveitar a restrição é diminuir o *trabalho em andamento* (*work in progress* – WIP) dos projetos ativos. Portanto, como você pode observar na Figura 18.5, para "Cumprir o Prometido", no quadro 3.1.1, o primeiro passo mostrado no quadro 4.11.1, é "Reduzir a multitarefa danosa ou nociva". Esse eslaide é mostrado na Tabela 18.4.

No eslaide 4.11.1 o que se ressalta é o enunciado da estratégia – "O fluxo é a principal preocupação". O fluxo é medido pelo número de projetos concluídos em cada período.

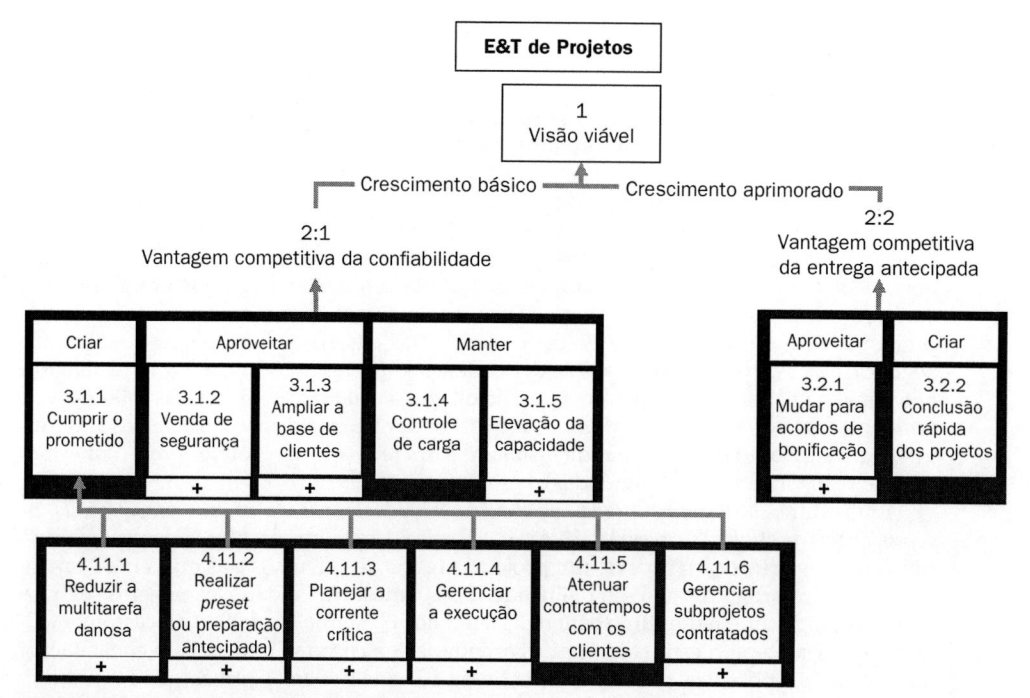

FIGURA 18.5 Estrutura parcial de quatro níveis da E&T de projetos.

Fonte: Utilizada com permissão de E. M. Goldratt, 2008. "Projects S&T". © E. M. Goldratt.

Para isso, a tática consiste em controlar a quantidade de projetos ativos. Por meio do visualizador de E&T, você pode ver os detalhes do nível 5, que exige a paralisação de parte substancial do trabalho dos projetos ativos. Isso é feito antes da formulação de qualquer plano de corrente crítica ou de utilizar qualquer novo *software*. É assim que a TOC busca resultados rápidos.

Para obter resultados com as medidas tomadas, a E&T de projetos interliga os elementos empregando uma lógica abrangente de causa e efeito. Por exemplo, apenas diminuir o trabalho dos projetos ativos provavelmente não produzirá nenhuma melhoria visível. Sei de uma empresa que depois de cortar pela metade o número de projetos ativos ouviu do diretor executivo que ninguém havia visto nenhum resultado. O motivo é simples. Todos os recursos já estavam tão ocupados com os 11 primeiros de seus 40 projetos mais importantes que nenhuma atividade nos demais projetos ativos estava sendo executada.

Por isso, se você exibir o nível 4 da E&T (consulte a Tabela 18.4) com visualizador citado antes, verá que, imediatamente depois da paralisação dos trabalhos dos projetos, os recursos liberados concentram-se no projetos remanescentes em aberto, a fim de acelerá-los. Se, em virtude da paralisação dos projetos, não for liberado nenhum recurso, o benefício da paralisação será irrelevante. Isso demonstra por que os níveis intermediários da E&T são inseparáveis. Quando uma equipe de implementação não compreende totalmente a relação de causa e efeito do processo global, a equipe e a estratégia com frequência fracassam.

Uma das constatações mais significativas nos últimos cinco anos de experiência com o GPCC é que o segredo para induzir benefícios não se encontra no planejamento dos projetos, mas em sua execução. A corrente crítica tem um método exclusivo para eliminar o tempo de segurança incorporado nas estimativas de tempo das atividades e acumular esse tempo em pulmões (de projeto e alimentação). Esse método diminui o cronograma

Tabela 18.4 E&T de projetos para 4.11.1 Diminuir o WIP

4:11.1	Reduzir a multitarefa danosa e o WIP
Pressupostos de necessidade	• Quando vários projetos são executados simultaneamente, diversos recursos sentem-se pressionados a trabalhar em mais de uma atividade – a multitarefa danosa é inevitável. • A intensificação do problema de multitarefa danosa prolonga significativamente o tempo total de cada projeto.
Estratégia	O fluxo é a principal preocupação (o alvo não é a quantidade de projetos que a empresa consegue iniciar, mas a quantidade de projetos concluídos).
Pressupostos paralelos	• A afirmação "quanto mais cedo iniciarmos um projeto, mais cedo ele será concluído" não é correta para ambientes de múltiplos projetos. (Tanto o primeiro elefante quanto o último passarão mais rapidamente por uma porta se eles passarem em fila.) • Inúmeras experiências demonstram que, nos ambientes de múltiplos projetos, reduzir pelo menos 25% dos projetos em aberto diminui o problema de multitarefa danosa sem provocar falta de trabalho (inanição) e, portanto, diminui significativamente o tempo total de todos os projetos – aumenta o fluxo. (Quando a maioria dos projetos tem um conteúdo semelhante, o índice de projetos concluídos aumenta no mínimo 20%.)
Tática	A empresa controla apropriadamente o número de projetos que são abertos em um determinado momento. (O número de projetos abertos utiliza menos de 75% da carga existente.)
Pressuposto de suficiência	Ajustar a quantidade de trabalhos não é suficiente. A empresa deve também assegurar que uma quantidade apropriada de trabalhos seja sempre mantida com o passar do tempo.

Fonte: Utilizada com permissão de E. M. Goldratt, 2008. "Projects S&T". © E. M. Goldratt.

dos projetos. Porém, no momento em que as atividades são estimadas várias informações vitais sobre as atividades e o projeto ainda são desconhecidas.

Com os processos de execução estratégicos, o tempo das atividades diminui durante a execução. Sem eles, mesmo com o total apoio da administração, é provável que uma estratégia de corrente crítica gere resultados desalentadores. Todos esses processos são ressaltados na E&T de projetos. Os processos essenciais para concretizar a estratégia são os seguintes:

1. *Presets* (Preparação Antecipada) – A quantidade de retrabalhos gerados é alta porque o detalhamento dos trabalhos é iniciado bem antes da concepção/definição geral ter sido concluída. Questões e modelos genéricos são definidos de acordo com os tipos de projeto, que são então definidos personalizadamente para cada projeto. Se, além disso, um dos altos executivos for nomeado para o cargo de "gerente de *preset*", nenhum trabalho subsequente terá autorização para ser iniciado enquanto todos os preparativos não estiverem concluídos. Os retrabalhos desnecessários diminuem significativamente. Em questão de poucas semanas, libera-se tempo dos recursos e os custos (horas extras, subcontratação, erros etc.) diminuem.

2. Gerenciamento diário das atividades – Hoje, na área de gerenciamento de projetos, o usual são as análises infrequentes (semanais ou de um período mais longo) do andamento das atividades. Esse tempo é muito longo para descobrir que a execução de uma atividade está apresentando um problema ou está aguardando o andamento de alguma coisa. Os gerentes de atividades, normalmente provenientes de uma área de habilidade, recebem a função em tempo integral de monitorar diariamente as atividades dos projetos ativos. Eles preparam as atividades, garantem que os

problemas sejam resolvidos e ofereçam assistência especializada para aqueles que estão executando as atividades. Sua intuição e experiência evitam o excesso de engenharia. O método de *não* atribuir um novo trabalho a um recurso até o momento em que a atividade está completamente concluída evita a multitarefa, um dos maiores desperdícios de recurso.

3. Resolução de problemas de tramitação rápida – Um alto executivo recebe a responsabilidade de obter uma solução em 24 horas para todos os problemas relacionados aos projetos que não puderam ser resolvidos em níveis inferiores ao seu, tanto por gerentes de projeto quanto de atividades. Esse envolvimento da alta administração agiliza os projetos e permite que a equipe executiva dê uma atenção apropriada aos problemas críticos que estão atrasando os projetos.

De modo semelhante à E&T de resposta rápida da área de produção, a E&T de projetos engloba componentes de vendas e marketing para tirar proveito da capacidade da empresa para executar projetos mais rápida e confiavelmente. A empresa de projetos que consegue executar projetos 25% mais rápido em comparação a alguns meses antes deve ter uma atividade de marketing e vendas para aproveitar essa capacidade maior.

A E&T também sugere que alguns clientes estão dispostos a pagar preços mais altos pela execução mais rápida dos projetos, ainda que a empresa de projetos não esteja disposta a garantir uma entrega mais rápida. Por exemplo, se o projeto envolver manutenção e reparo de um ativo extremamente caro (uma aeronave ou um navio), quanto mais depressa ele retornar, menor será perda de receita e menor será o número de aeronaves necessário em uma frota. Assim que a empresa implementar totalmente o GPCC, incluindo o PMC a ele incorporado, ficará mais fácil superar sistematicamente a concorrência com relação a promessas de data de entrega ambiciosas, sem assumir riscos.

Em resumo, na execução de projetos, os processos de GPCC oferecem um nível de alinhamento interfuncional, rapidez e previsibilidade muito difícil de ser copiado pelos concorrentes. O amplo apoio e a disciplina da alta administração são essenciais para que isso funcione. Uma vez implementados, a organização pode aproveitar essa melhor capacidade de execução de projetos por meio de iniciativas de marketing e vendas que enfatizam a agregação de valor. O impacto sobre os resultados financeiros torna-se cada vez mais significativo porque parte do trabalho de um mesmo projeto pode ser realizada por um valor superior quando ele é executado bem mais rapidamente. Ler várias vezes o conjunto completo de eslaides na E&T elucidará o quadro completo.

Distribuição/varejo

A vida média de um taco de golfe é nove meses. No boliche, as bolas têm menos de seis meses de vida. Vários produtos médicos, como as luvas cirúrgicas de borracha, têm menos de dois anos de vida. Não estamos falando do tempo de vida útil ou da decadência física do produto. Estamos falando da percepção criada pela entrada de produtos novos ou substitutos, que fazem os produtos existentes parecerem obsoletos ou não tão importantes. Não é de surpreender que os distribuidores e varejistas detestem manter grandes quantidades de estoque! Entretanto, eles têm uma paranoia oposta – não ter estoque suficiente e perder uma venda.

Se gerenciada corretamente, uma vida mais curta é uma excelente oportunidade para aumentar as vendas e os lucros de todos. Contudo, tentar otimizar os custos incentiva o acúmulo excessivo de estoques desnecessários na cadeia de suprimentos e, ao mesmo tempo, perpetua as faltas.

A estratégia da TOC para distribuição e varejo aumenta o ganho de toda a cadeia de suprimentos no mínimo de seis maneiras diferentes (descritas na seção subsequente). Com frequência, o impacto provável dos aumentos de ganho sobre o volume de negócios e os lucros é maior que o das reduções de estoque. Felizmente, a solução de distribuição não força uma escolha – aumento do giro, ganhos maiores e inventários menores ocorrem com o mesmo método holístico.

O visualizador de E&T gratuito descrito anteriormente agora deve ser utilizado para exibir a E&T de bens de consumo.

A estrutura de referência atual da cadeia de suprimentos

Para compreender o que determina uma boa estratégia de distribuição e varejo de bens de consumo, é fundamental primeiro compreender os métodos tradicionais. Impulsionados pelos ótimos locais, os fabricantes empurram o estoque para o canal de distribuição assim que eles são produzidos. A contabilidade de custos os recompensa a curto prazo registrando a movimentação de estoque como vendas e lucros em seus livros, ainda que nenhum cliente tenha comprado os produtos.

O estoque sai das plataformas do fabricante em direção ao armazém do distribuidor. Quanto mais tempo o estoque permanece no armazém do distribuidor, maior o risco de obsolescência, mais altos os custos de estocagem para o distribuidor e, portanto, menor o lucro desse distribuidor. Para esse último, o lucro está diretamente associado ao número de vezes que ele pode girar o estoque. Por isso, o fabricante, o distribuidor e cada elo subsequente vão empurrando o estoque até o momento em que ele chega às lojas de varejo (se houver esse elo) ou ao consumidor final.

De acordo com esse paradigma, grande parte ou a maioria do estoque permanece nas lojas, enquanto pouco ou nenhum é mantido no armazém da fábrica. Entretanto, os clientes com frequência não encontram nas lojas o produto específico que eles estão procurando.

Por que alguns varejistas mantêm tanto estoque se ele fica ali a maior parte do tempo? Por que eles toleram essa cara obsolescência e os altos custos de estocagem e ainda assim veem os clientes saírem da loja sem os produtos desejados? Para responder essa pergunta, consideremos os métodos comuns empregados pelos fabricantes e distribuidores.

Muitos fabricantes e distribuidores oferecem descontos para as compras de grande volume feitas em um único pedido. Além disso, muitos deles têm regras de frete e taxas que penalizam o varejista que faz pedidos menores. Como a maioria dos varejistas concorre de perto com outras lojas por vender produtos semelhantes, eles precisam de uma base de custo similar para se manter competitivo em preço e margem de lucro. Por isso, eles fazem pedidos maiores para os fabricantes (muito maiores que o necessário para atender a uma demanda de curto prazo) com o objetivo de ganhar descontos melhores a cada pedido. Em consequência disso, eles têm uma quantidade de produtos em mãos bem maior que a quantidade necessária para cobrir a demanda imediata do consumidor e o tempo de reabastecimento. Com esse estoque em mãos, mesmo quando os as preferências do consumidor mudam ou os fabricantes substituem os produtos existentes por novos, os varejistas continuam empurrando o estoque *existente* para o consumidor. Você pode ver esse fenômeno no mercado de automóveis, computadores, celulares etc.

Ao saber que um novo produto está chegando, os varejistas se apressam para se livrar dos produtos antigos com preços de liquidação ou ofertas especiais, ansiosos por evitar a obsolescência. Com essas promoções em massa, os varejistas aniquilam o mercado para o novo produto e suas margens de lucro. Muitos consumidores que talvez tivessem comprado o novo produto agora têm em mãos o mais antigo.

Existe outro efeito devastador na cadeia de suprimentos que funciona dessa forma. Por empurrarem a maior parte do estoque para os varejistas, os fabricantes e distribuidores distanciaram-se das tendências evolutivas em seus mercados. Em muitos casos, por terem um nível de estoque de vários meses amarrado no varejo e no atacado, os fabricantes e distribuidores precisam de vários meses para ver as mudanças na demanda do consumidor refletidas nos pedidos que eles recebem. Quanto menor o giro em cada nível da cadeia de suprimentos, maior o tempo necessário para os fabricantes perceberem e reagirem às tendências.

Existe outro efeito extremamente negativo. Embora o excesso de estoque seja comum na cadeia de suprimentos, os clientes que procuram um determinado produto com frequência não o encontram. Contudo, muitas vezes, esse mesmo produto que está em falta em uma loja existe em abundância nas prateleiras de algum lugar qualquer na cadeia de suprimentos! Isso ocorre em virtude da prática de empurrar grandes quantidades de um determinado produto para os varejistas, *de uma maneira que não corresponde à demanda do consumidor final.*

Neste mundo de ótimos locais, os fabricantes continuam produzindo e remetendo produtos para os distribuidores, às vezes "ameaçando" o distribuidor com preços mais altos ou perda de exclusividade se ele não aceitar os produtos. Os distribuidores fazem o mesmo com os varejistas, até o momento em que a cadeia de suprimentos fica completamente atolada de produtos que os consumidores não estão mais comprando. A essa altura, prejuízos significativos já terão sido provocados. Existe excesso de estoque no sistema e o elo da cadeia que possui a maior parte do estoque sofre as consequências mais graves. Os varejistas abrem falência. Os distribuidores perdem dinheiro. Quanto aos fabricantes – bem, eles simplesmente ficam relembrando o que ocorreu na grande recessão de 2008–2009. O setor de automóveis é apenas um exemplo de explosão de toda uma cadeia de suprimentos com excesso de estoque de produtos que os consumidores não desejam.

E&T de distribuição

Tal como discutido no exemplo anterior dos cinco passos de focalização, normalmente o maior ponto de alavancagem são "os clientes que chegam para comprar um produto ou serviço". Existe um número suficiente de clientes que compram.

Vemos os canais de distribuição à deriva no segundo passo – explorar. Antes de gastar dinheiro para atrair mais clientes, não desperdice aqueles que já o procuram para comprar. É um total desperdício quando os clientes não compram porque não encontram um produto em um determinado local e o mesmo produto encontra-se na prateleira de outra loja. Para não desperdiçar um cliente, devemos aumentar sensivelmente a probabilidade de ter o estoque correto no lugar certo e no momento certo para corresponder à demanda do consumidor final. Para conseguir isso, devemos responder as seguintes perguntas:

1. Que lugar é ideal para manter a maior parte do estoque?
2. Qual a logística correta para reabastecer o estoque entre fabricantes e distribuidores e entre distribuidores e varejistas?

Comecemos pela primeira pergunta – onde o estoque deve ser mantido. A demanda de consumo varia amplamente de uma localidade geográfica para outra. Em qualquer loja varejista, ela muda acentuadamente dia após dia. Existem defasagens entre as mudanças nos desejos do consumidor final e as reações da cadeia de suprimentos. Todos esses fatores transformam a previsão de demanda de qualquer produto no varejo em um desafio fenomenal.

Os fabricantes muitas vezes tentam reagir a esse desafio injetando milhões de dólares em sistemas de previsão mais sofisticados e acabam constatando que pouco, quando muito, melhorou. Afinal de contas, um sistema de previsão não faz o consumidor reagir mais racional ou previsivelmente. Para aproveitar a restrição – o cliente que deseja comprar –, devemos nos distanciar da sofisticação, em direção de uma solução mais simples.

Estes são os dois passos necessários para solucionar permanentemente os pesadelos do atendimento ao cliente, do estoque e da obsolescência no ambiente de distribuição:

1. Concentrar o estoque onde a previsibilidade é maior.
2. Implementar um sistema puxado para reabastecer com frequência produtos específicos com base no que foi vendido durante um curto intervalo.

Se você fosse o gerente de logística de um grande fabricante de calçados, qual seria o método ideal para distribuir o estoque de sapatos marrons de número 39 na cadeia de suprimentos? Em uma única semana, você não conseguiria afirmar que qualquer pessoa compraria um par desses sapatos específicos em uma determinada loja.

Entretanto, você teria uma confiança bem maior com relação aos números nacionais. *Quanto mais amplo o nível que previsto, maior a previsibilidade*. A previsibilidade diminui à medida que se passa do nível nacional para o regional e do regional para uma cidade e de uma cidade para um determinado local.

Com base na característica da previsibilidade citada anteriormente, o lógico seria ter uma quantidade maior de estoque no armazém da fábrica, quantidades menores nos distribuidores e quantidades ainda menores no varejo (consulte a Figura 18.6). Logicamente, o reabastecimento teria um tempo bem menor. Dessa forma, haverá menor probabilidade de faltas em qualquer que seja o local, as tendências se evidenciarão mais rapidamente e o desperdício será menor.

Por exemplo, suponhamos que hoje uma loja de calçados mantenha três meses de estoque para cada unidade de manutenção (*stock keeping unit* – SKU). A necessidade de estoque é calculada com base no tempo total de reabastecimento. O *tempo de reabastecimento* engloba:

- *Tempo de transporte*
- *Tempo de produção* – tempo necessário para o fabricante fabricar o produto
- *Tempo do pedido* – tempo entre o momento em que o varejista vende o primeiro item e o tempo que ele o refaz

Enquanto o fornecedor controla o tempo do transporte e de produção, o varejista controla o tempo do pedido. Ao que se revela, o tempo do pedido normalmente apresenta a maior oportunidade de melhoria. De acordo com o método tradicional, os varejistas refazem o pedido quando atingem uma quantidade mínima de estoque (comumente chamada de mínimo no sistema mínimo-máximo ou sistema de ponto de reabastecimento/ quantidade econômica do pedido, porque eles solicitarão uma quantidade suficiente para repor o estoque em seu nível máximo). No passo explorar, a TOC implementa um sistema

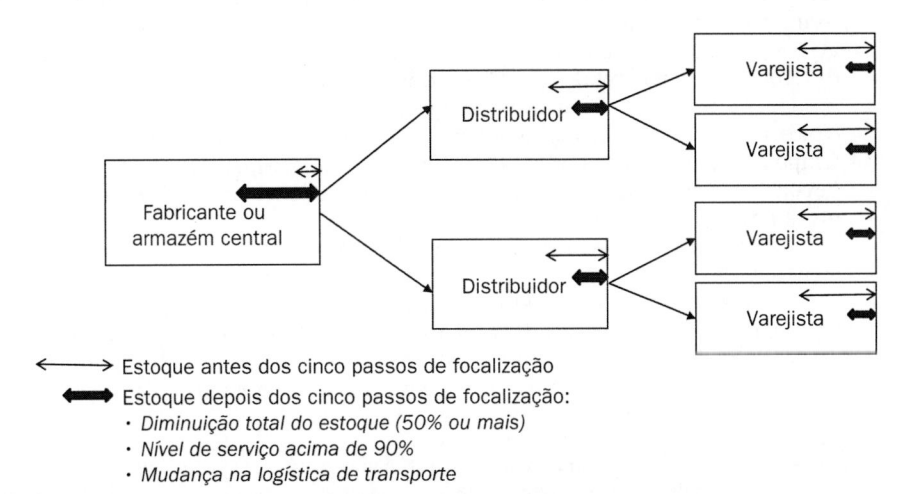

⟵⟶ Estoque antes dos cinco passos de focalização
◀▬▶ Estoque depois dos cinco passos de focalização:
   · *Diminuição total do estoque (50% ou mais)*
   · *Nível de serviço acima de 90%*
   · *Mudança na logística de transporte*

FIGURA 18.6 Impacto da solução de distribuição da TOC sobre o estoque.
Fonte: Utilizada com permissão de E. M. Goldratt, 2009. "Distribution S&T". © E. M. Goldratt.

puxado em que o pedido do varejista, a cada período (*e.g.*, uma semana), é exatamente o que ele vendeu no período anterior.[10]

Em nosso novo sistema, suponhamos que o tempo de transporte mantenha-se o mesmo. Como agora o estoque de produtos acabados é mantido pelo fabricante no armazém da fábrica, o tempo de atravessamento de produção é 0 – o produto deve estar estocado no armazém da fábrica. A maior diferença normalmente se encontra no tempo do pedido. Em vez de esperar de dois a dois meses e meio para que o nível de estoque de cada item atinja um mínimo e fazer um pedido de abastecimento de dois a três meses desse item, no novo sistema puxado o pedido do varejista corresponde apenas às SKUs que se movimentaram na semana anterior, isto é, a quantidade exata vendida na semana que passou. O tempo do pedido foi então reduzido de meses para uma questão de dias.

Isso significa que a quantidade de estoque de cada item que o varejista ou o distribuidor precisa manter para cobrir o tempo de reabastecimento é bem menor. Significa também que a probabilidade de ambos ficarem durante semanas seguidas sem estoque de um item que inesperadamente se tornou popular é quase nula. Os níveis de serviço, nesse novo sistema, tornam-se mais altos, enquanto o estoque total na cadeia de suprimentos normalmente apresenta uma queda de dois terços! O sistema reage muito mais rápido à variabilidade e à incerteza da demanda do consumidor. Além disso, ele simplifica significativamente a vida do distribuidor e do varejista. Em vez de se preocupar em fazer um pedido de três meses de abastecimento e conjecturas sobre quanto e quais produtos os consumidores provavelmente demandarão no decorrer de um longo período, os itens e as quantidades do pedido são determinados automaticamente com base nas vendas.

Utilizando nossa função de marketing, com o espaço adicional liberado na loja em vista da redução dos estoques excessivos, o varejista manteria uma maior variedade de nossos produtos. Maior variedade significa mais vendas (consulte a Figura 18.7). O lado esquerdo da E&T focaliza o reabastecimento da TOC em toda a cadeia de suprimentos, da produção à distribuição e ao varejo. O lado direito da árvore focaliza o ganho por pé ou metro quadrado de espaço de prateleira (*ganho por prateleira*).

Quanto aos custos de transporte, nos casos reais em que a solução logística foi implementada, a configuração de cada uma das remessas foi diferente, mas a frequência e o custo de remessa permaneceram praticamente iguais. Em vez de enviar 50 unidades (um abastecimento de três meses) de 10 itens, estamos enviando 10 unidades (um abastecimento de três semanas) de 50 itens. Obviamente, fazer remessas mais frequentes em alguns setores talvez mereça um custo adicional (quanto muito) em vista do aumento desproporcional nas vendas e a diminuição da obsolescência.

Quanto às cadeias de distribuição que mudaram a logística de acordo com esses princípios, as estatísticas são impressionantes. No todo, as DOs (levando em conta ao mesmo tempo os custos de transporte, as transferências entre armazéns, os custos de estocagem, devoluções e custos de obsolescência) diminuíram de forma sensível, ao passo que o ganho aumentou significativamente.

As empresas bem-sucedidas não param no passo de exploração. Se você voltar a atenção para o passo 3, *subordinar*, reduzirá substancialmente qualquer risco de insucesso.

Subordinar significa que todos, em todas as partes da cadeia de suprimentos e distribuição, inclusive os fabricantes, adotam o ponto de vista de que, "já que o consumidor final não comprou, nós não vendemos!". As mensurações existentes devem mudar para incentivar o sistema puxado, e não o empurrado. Isso é particularmente importante

---

[10] O sistema de reabastecimento puxado da TOC também oferece ajustes automáticos para cima ou para baixo dos pulmões de estoque em cada elo da cadeia. Quando o nível real de estoque em um determinado local entra com frequência na zona vermelha, o nível de estoque pretendido é automaticamente aumentado em um terço. De modo semelhante, quando as tendências declinam, o estoque fica na zona verde na maior parte ou durante todo o período de reabastecimento. Os níveis de estoque pretendidos são então diminuídos em um terço.

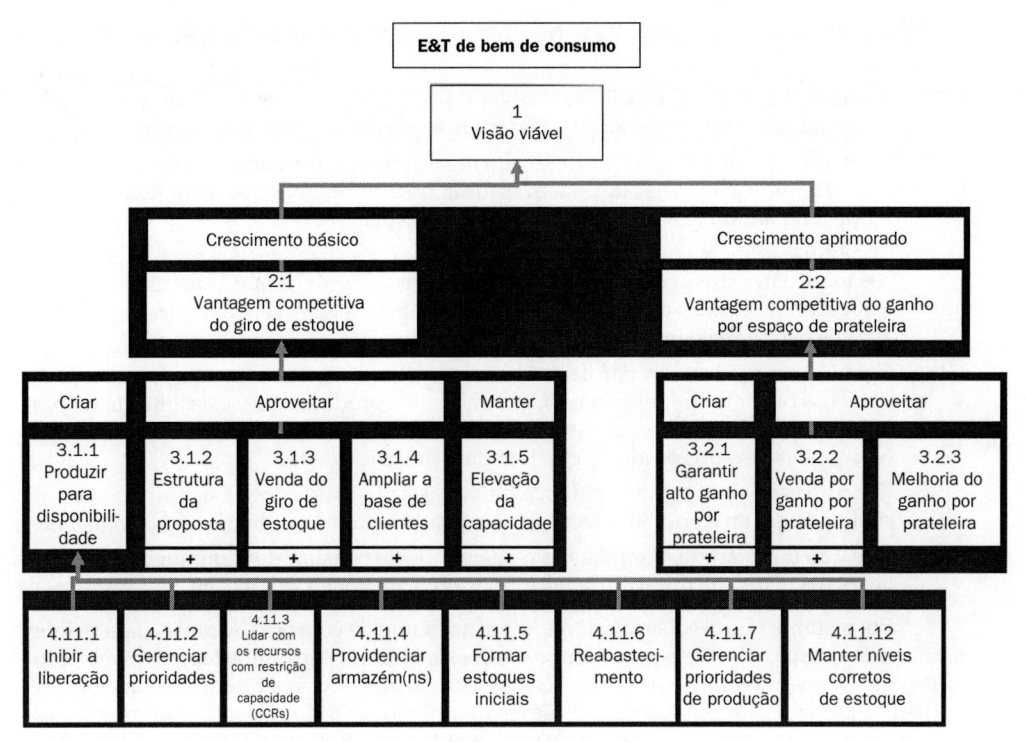

```
                          E&T de bem de consumo

                                    1
                               Visão viável

         Crescimento básico                        Crescimento aprimorado

              2:1                                         2:2
       Vantagem competitiva                        Vantagem competitiva do ganho
       do giro de estoque                          por espaço de prateleira
```

Criar	Aproveitar			Manter	Criar	Aproveitar	
3.1.1 Produzir para disponibilidade	3.1.2 Estrutura da proposta	3.1.3 Venda do giro de estoque	3.1.4 Ampliar a base de clientes	3.1.5 Elevação da capacidade	3.2.1 Garantir alto ganho por prateleira	3.2.2 Venda por ganho por prateleira	3.2.3 Melhoria do ganho por prateleira

| 4.11.1 Inibir a liberação | 4.11.2 Gerenciar prioridades | 4.11.3 Lidar com os recursos com restrição de capacidade (CCRs) | 4.11.4 Providenciar armazém(ns) | 4.11.5 Formar estoques iniciais | 4.11.6 Reabastecimento | 4.11.7 Gerenciar prioridades de produção | 4.11.12 Manter níveis corretos de estoque |

FIGURA 18.7 E&T para a solução de distribuição da TOC.
Fonte: Utilizada com permissão de E. M. Goldratt, 2009. "Distribution S&T". © E. M. Goldratt.

para o fabricante, que nesse caso manterá no armazém da fábrica uma parte significativa do total de produtos acabados para toda a cadeia de suprimentos. Consulte a E&T de bens de consumo para ter uma ideia global dessa abordagem e sobre os pressupostos feitos em todos os níveis da cadeia de suprimentos. A Figura 18.7 apresenta uma visão geral da estrutura.

No passo subordinar, a empresa implementa o *software* e os procedimentos do sistema puxado. O estoque mínimo necessário para cobrir possíveis flutuações na demanda do consumidor e no tempo de transporte durante um curto período é mantido no varejo (ou no local mais próximo do consumidor final). O distribuidor mantém o estoque mínimo necessário para cobrir possíveis flutuações na demanda de seus clientes, mais o tempo de transporte do fabricante para reabastecer o estoque. O fabricante mantém um estoque maior para cobrir possíveis flutuações na demanda do distribuidor, mais o tempo de ciclo para fabricar uma quantidade suficiente para reabastecer o estoque de produtos acabados no armazém na fábrica. Obviamente, você deve incluir esses números nos cálculos com base na confiabilidade do transporte e do fabricante.

Algumas das empresas mais bem-sucedidas do mundo estão utilizando esses sistemas atualmente – da fabricação de computadores a superlojas e empresas de bagagem. Basta examinar os giros de estoque de fabricantes e distribuidores altamente lucrativos. Os números falam por si mesmos. Eles implementaram um sistema puxado verdadeiro.

E quanto ao passo 4, *elevar*? Os distribuidores talvez precisem elevar se, por exemplo, eles quiserem abrir novas áreas geográficas. Todavia, com o caixa liberado pelos três primeiros passos de focalização, fica bem mais fácil acrescentar novos locais de distribuição. Além disso, o custo de estruturação de cada novo local de distribuição é bem menor porque o estoque é menor.

Seis formas de aumentar o ganho com o sistema de distribuição holístico

1. Ter estoque suficiente para cada produto no local certo e no devido tempo para corresponder à demanda melhora o nível de serviço (a porcentagem de vezes que o comprador encontra o produto em estoque e, portanto, pode concluir uma compra).
2. Com um estoque menor e, portanto, um menor espaço de prateleira exigido por item, o distribuidor e o varejista podem estocar uma variedade maior de itens e, desse modo, aumentar o ganho do mesmo espaço físico.
3. Com um estoque menor por item, a necessidade de realizar vendas para liquidar com o estoque em excesso é bem menos frequente. Isso significa que as margens de lucro e a receita de vendas aumentam. Significa também que as vendas de produtos mais antigos não rouba o mercado para novos produtos.
4. Com um estoque menor por item, a obsolescência é menor, aumentando a satisfação entre os consumidores e, portanto, as vendas. Os produtos que se encontram na prateleira são mais novos e, por isso, mais atraentes. Isso tem um impacto imenso sobre o ganho no caso dos produtos que têm data de vencimento.
5. Um reabastecimento mais rápido nas situações de falta de estoque significa que a possibilidade de um comprador recorrer ao produto de um concorrente será bem menor.
6. A reação mais rápida às mudanças na demanda do consumidor diminui o número de vezes e o tempo de duração da falta de estoque de qualquer produto.

Em resumo, muitos distribuidores lutam arduamente com os fabricantes para manter menores quantidades de estoque com condições melhores. Ao mesmo tempo, os fabricantes com frequência tentam o oposto – empurram quantidades maiores de estoque para os distribuidores e varejistas com condições mais agressivas. Todo elo tenta empurrar seu estoque para o elo seguinte da cadeia de suprimentos o mais rápido possível. Isso cria uma abundância de estoque no varejo. Como os varejistas tentam prever meses antes o que os consumidores demandarão e fazer os pedidos de acordo, há uma certeza de 100% de que os varejistas terão um estoque em excesso de alguns produtos e um estoque insuficiente de outros durante esse extenso período.

A TOC muda esse contrassenso, passando de um sistema empurrado para um sistema puxado. O estoque é mantido onde faz sentido mantê-lo (menor estoque no varejo[11] e maior estoque nos armazéns do fabricante e regionais). Isso é plenamente viável quando se diminui de maneira significativa o tempo para reabastecer as mercadorias no varejo. Com essas mudanças, o estoque total na cadeia de suprimentos diminui em dois terços, ao passo que o nível de serviço aumenta.

Quatro pré-requisitos genéricos/injeções para uma vantagem competitiva duradoura

Existem quatro pré-requisitos para atingir rapidamente qualquer boa estratégia:

1. Uma estrutura de referência precisa e comum para toda a administração, com um sistema de mensuração global que induza e incentive um comportamento holístico ao longo da cadeia de suprimentos. A estrutura de referência da TOC é orientada por mensurações (ganho, inventário e despesas operacionais) associadas com os cinco passos de focalização.

---

[11] A consequência de ter um estoque menor no varejo é contraintuitivo para os fabricantes e distribuidores. De acordo com o paradigma de distribuição da TOC, as vendas no varejo aumentam por todos os motivos explicados nesta seção. Portanto, os fabricantes e distribuidores também ganham enormemente com um maior volume de vendas e a maior satisfação e lealdade dos clientes.

2. Logística operacional estável e previsível que permita que a empresa mude de rumo rapidamente. A empresa deve ter capacidade para atender às expectativas de data e tempo de entrega dos clientes. Além disso, quando a demanda aumenta muito, ela precisa reagir rapidamente. Se ela reagir a um grande aumento na demanda ampliando temporária e ligeiramente os tempos de atravessamento dos produtos, a maioria dos clientes considerará essa medida aceitável. Em contraposição, se uma empresa ampliar os tempos de atravessamento em mais de 15% por mais que algumas semanas, é previsível que muitos clientes comecem a procurar outra fonte, a menos que esse fenômeno esteja ocorrendo em todo o setor. Para não estender os tempos de atravessamento com uma alta porcentagem e por um longo tempo, é necessário focalizar uma ou duas variáveis – os pontos de alavancagem no processo que devem ser ajustados rapidamente. Por exemplo, em um processo de forja composto de dezenas de seções de produção, os dois pontos de alavancagem podem estar nos fornos de tratamento térmico e na prensa de forja. Em processos intensivos em mão de obra, como a fabricação de armários de cozinha personalizados, os dois pontos de alavancagem podem estar nas cabines de pintura, onde é difícil treinar e manter mão de obra, e no processo de contratação. Uma solução logística que inclui uma rápida preparação da elevação de capacidade *precisa* estar em vigor e *alinhada* com a necessidade do mercado.
3. Um marketing preciso e adequado. É provável que se constate que os escassos recursos de marketing devem se concentrar conscientemente em poucos mercados-alvo nos quais a empresa possa se sobressair. A consequência da escassez de recursos de venda é que a geração de *leads* e o gerenciamento do ciclo de vendas são indispensáveis em uma venda de qualidade.
4. Capacidade de implementar rápida e previsivelmente a mudança. Isso exige uma metodologia de execução de projetos de maior qualidade. O gerenciamento de múltiplos projetos pela corrente crítica da TOC oferece recursos para diminuir de maneira sensível a duração dos projetos e para aumentar a previsibilidade de uma conclusão bem-sucedida. A corrente crítica não é opcional – é um pré-requisito para atingir a VV.

Assim que a organização implementar esses requisitos, terá estabilidade e poderá adaptar muito rapidamente às mudanças no mercado. Apresentamos aqui quatro estratégias (injeções em uma ARF) que, em conjunto, destinam-se à obtenção de domínio do mercado em 10 a 15 anos:

INJ. 1: aumentar a percepção de valor do cliente de uma forma que os concorrentes tenham dificuldade de copiar

A empresa implementa mudanças nos produtos/serviços que ela oferece no momento que aumentam de maneira considerável a percepção de valor do cliente de um mercado relativamente grande. Essa injeção emprega os conceitos de *mafia offer* (oferta mafiosa). Para criar essa oferta, é necessário conhecer os clientes e saber até que ponto eles obterão benefícios expressivos de mudanças nos seguintes fatores:

- Opções
- Embalagem
- Nível de serviço
- Garantias
- Tempo de resposta ou tempo de atravessamento
- Eliminação de contrariedades habituais no setor, como cobrança de frete, quantidade mínima de pedido etc.

Não faça uma oferta desse tipo com base em um preço mais baixo. O preço é o atributo mais fácil de ser copiado rapidamente por qualquer concorrente. Você deve examinar primeiro as políticas básicas do setor antes de fazer mudanças físicas no produto.

Com a implementação dessa injeção, obtém-se uma vantagem significativa em um mercado relativamente grande. Além disso, o departamento de marketing deve criar consciência/apresentações de marketing que reposicionem seus produtos com um valor superior no mercado. A equipe de vendas deve aprender a, efetivamente, vender valor. O pessoal operacional deve ter processos em vigor para gerenciar aumentos significativos na demanda. Esses êxitos ajudam todas essas áreas funcionais a confiar na estratégia, uma situação desejável antes da implementação da segunda injeção.

INJ. 2: implementar uma segmentação prática

Um mercado é considerado segmentado quando os preços e as quantidades vendidas nesse mercado não afetam de forma alguma os preços e as quantidades em nenhum outro segmento. Essa segmentação lhe oferece a oportunidade de atender de uma maneira exclusiva às necessidades de diferentes grupos de clientes com a mesma base de produtos ou serviços. Por exemplo, um fabricante de calçados caros entra no segmento de mercado de massa de calçados menos caros. Um fabricante de peças originais para caminhões segmenta entrando no mercado de peças de reposição. Um distribuidor de produtos avançados no setor de comunicações sem fio utiliza seu conhecimento para distribuir bens de consumo básicos.

O resultado da implementação dessa injeção é que a empresa passa a atuar nos vários segmentos de mercado em que ela tenha uma vantagem competitiva. A empresa opta por não ter uma participação de 100% em nenhum segmento de mercado que não seja muito lucrativo. A flexibilidade de melhoria de uma empresa que detém 100% de um segmento de mercado é bem menor. Estar em uma situação de monopólio implica determinadas responsabilidades. Se você decidir sair desse segmento sem deixar uma alternativa para seus clientes, esses clientes odiarão sua empresa por um longo tempo. Não invista tanta energia para obter 100% de um mercado, a menos que isso seja imensamente benéfico. Reserve seus recursos para os lugares em que sua contribuição será a maior possível.

A empresa tem o cuidado de fabricar apenas os novos produtos que exigem praticamente os mesmos recursos (pessoas) que ela já tem. A empresa que consegue deslocar seus recursos à vontade e com facilidade entre diferentes mercados e oportunidades é uma empresa que tem uma excelente flexibilidade. Com essa flexibilidade, a empresa é capaz de atender à condição básica de segurança e satisfação no trabalho de uma maneira mais lucrativa para si mesma. A principal questão a ser lembrada ao implementar essa injeção estratégica é que estamos falando de *pessoas*, e não de máquinas. Um excelente gerente de engenharia de componentes de avião, por exemplo, também pode gerenciar muitos outros ambientes de engenharia.

Com a implementação dessa injeção, a empresa consegue segmentar seus mercados, e não seus recursos, com flexibilidade para deslocar seus recursos à vontade.

Ao escolher seu conjunto geral de segmentos de mercado, a empresa procura segmentos em que a probabilidade de vários segmentos enfrentarem simultaneamente uma recessão econômica é bem pequena. Quando associada às injeções 1, 3 e 4, essa segunda injeção oferece à empresa o isolamento necessário para uma estabilidade duradoura. Quando um segmento lucrativo está em alta, ao optar deliberadamente por *não* deter 100% de nenhum outro segmento de mercado, a empresa tem flexibilidade para deslocar recursos de segmentos menos desejáveis. Quando um segmento está em baixa, a empresa pode deslocar recursos para outros segmentos. Nessa situação, a empresa raramente enfrentará uma situação em que seja forçada a demitir pessoas.

INJ. 3: identificar e criar o fator que oferece uma vantagem competitiva decisiva

A empresa utiliza a janela de oportunidade criada em decorrência da implementação das injeções anteriores para identificar um fator em que uma melhoria de grande magnitude ofereça uma vantagem competitiva significativa e utiliza essas iniciativas de melhoria para conseguir isso. Com a implementação bem-sucedida das injeções 1 e 2, é possível que os concorrentes recuperem o terreno em dois a três anos. Essa injeção exige que a empresa utilize essa oportunidade para criar uma vantagem competitiva decisiva. A empresa precisa então identificar *um* fator e desenvolvê-lo para que seja várias vezes melhor que o desempenho atual. Por exemplo, no setor de computadores, seria uma máquina com um desempenho ou simplicidade cinco vezes maior que o atual. No setor de viagens aéreas, imagine uma companhia aérea que pudesse levá-lo ao seu destino em um quarto do tempo que ela o leva atualmente. Isso não significa necessariamente que o avião seja quatro vezes mais rápido. Na fabricação de um carro sob encomenda, em vez de um tempo de atravessamento de 12 a 15 semanas, imagine um carro fabricado sob encomenda chegando à sua porta em duas semanas. Esses fatores existem em todo setor, mas exigem que a empresa faça uma mudança radical para transformar isso em uma realidade. Não se trata apenas de um desafio tecnológico. Isso normalmente exige também um alinhamento entre as iniciativas de engenharia, produção, distribuição e marketing.

Em decorrência desse passo, agora a capacidade da empresa para aumentar sua receita será bem maior que a atual.

INJ. 4: segmentar de maneira estratégica

Na maioria dos mercados-alvo, existe um subconjunto que valoriza bem mais o fator que você desenvolveu do que outros segmentos. Segmentação estratégica significa capacidade de aplicar um preço mais alto a um produto idêntico ao oferecer uma garantia ou um componente de serviço baseado no fator identificado anteriormente. Segmentar os mercados e determinar o preço dos serviços de acordo com essa percepção de valor do cliente é fundamental para concretizar metas "inconcebíveis" de alta lucratividade. Por exemplo, enviar um envelope de 28 gramas com garantia de entrega no primeiro horário do dia, por $ 44,10. Envie o mesmo envelope utilizando os mesmos aviões e caminhões, mas por meio do serviço padrão de entrega em 24 horas, e o preço cairá para $ 16,55. Coloque esse mesmo envelope no correio, e o preço descerá para 44 centavos. De modo semelhante, comprovamos que alguns clientes pagarão 50% mais por uma mesma cozinha personalizada quando o prazo de entrega é de duas semanas, e não de seis. Um fabricante de aeronaves comerciais pagará quatro vezes o preço usual pela entrega de itens essenciais (*e.g.*, maçanetas de porta de emergência com pintura personalizada) quando isso ajudá-lo a entregar um avião com algumas semanas de antecedência.

Pelo que pude observar, a maioria das empresas tem esses segmentos de mercado, mas não conseguem distingui-los em suas ofertas de serviços e preços. Consequentemente, elas têm alguns clientes que acham seu produto "caro" ou de preço elevado comparativamente às suas necessidades, ao passo que outros clientes consideram o produto uma excelente pechincha.

O que você faz para identificar esses segmentos? Você deve conhecer melhor os negócios do cliente do que ele próprio. Por exemplo, no caso do fabricante de cozinhas personalizadas, eu e o vice-presidente de vendas visitamos vários revendedores e perguntamos se algum dia eles haviam recebido pedidos para agilizar a entrega. "Claro que sim", responderam eles. Algumas vezes os clientes (com frequência contratados que já haviam enfrentado dificuldades no processo de montagem ou revendedores que demoravam a finalizar um pedido) simplesmente tentaram pressionar o fabricante para antecipar as entregas. A tentativa de provocar sentimento de culpa em frases como "Você sabe quantos negócios eu fecho para você todos os anos?" muitas vezes funcionava, mas em detrimento do próprio fabricante. A agilização do pedido de um cliente sem uma logística apropriada em vigor muitas vezes acabava prejudicando outro cliente ou gerava custos adicionais de hora extra e frete rápido.

Ao que se revelou, quando foi implementada uma logística apropriada e obteve-se uma melhoria adequada nos tempos de espera de produção, o fabricante passou a entregar 20% de seus pedidos em um quarto do tempo médio do setor, sem custos extras. Além disso, foi constatado que parte do mercado estava disposta a pagar um preço considerável em troca de um tempo de atravessamento mais curto. Não há dúvida de que esses segmentos existem. A única coisa que não se sabe é que tamanho ele tem em determinados mercados-alvo.

Quanto ao aproveitamento dessa segmentação estratégica, o ponto máximo encontra-se na estratégia de vendas, em que as equipes de vendas procuram encontrar essas ofertas especiais. Nesses casos, o fabricante pode reservar capacidade para segmentos especiais e dobrar ou triplicar sua lucratividade concentrando-se em encontrar possíveis clientes no mercado cuja percepção de valor sobre um serviço superior é alta.

Efeitos desejáveis de uma boa estratégia

Em toda estratégia da TOC existe um conjunto explícito de efeitos desejados (EDs) específicos. Devemos obter esses resultados. Idealmente, os EDs são situações mensuráveis e tangíveis. Com relação à estratégia, queremos que essas situações perpetuem indefinidamente.

Na estrutura da ARF da TOC, essas situações são relacionadas explicitamente como EDs. Na estrutura de uma E&T, elas são enunciadas como estratégia (o que estamos lutando para conseguir) em cada nível. Por exemplo, se você examinar o nível 4 da E&T de produção, abaixo de 99% de DDE, verá três estratégias principais que podem ser consideradas EDs:

1. Na seção de produção só existem pedidos que precisam ser atendidos em um horizonte de tempo predefinido.

2. A seção de produção é administrada por um sistema de prioridades simples, porém consistente. Por exemplo, em uma empresa que tinha centenas de peças grandes na fila em qualquer momento dado, eram aplicadas etiquetas vermelhas, amarelas e verdes em todas as peças. Os operadores da seção de produção podiam escolher qualquer uma das peças com a cor de prioridade mais alta. Como se seguia o princípio primordial de restringir o WIP, o operador normalmente tinha à sua escolha apenas uma ou duas peças. Segundo os operadores e supervisores, esse sistema visual simples era o melhor sistema com o qual já haviam trabalhado. A cada turno, aplicavam-se outras cores nas poucas peças que haviam mudado de um *status* para outro.

3. Os pedidos são enviados pontualmente (>99%, por exemplo).

Se obtivermos esses três EDs e essas situações ocorrerem continuamente, o ED será mostrado como estratégia no nível superior seguinte (3.1) – a empresa tem um DDE extremamente alto (>99%, por exemplo).

Para conseguir os três EDs essenciais de uma boa estratégia – aumento das unidades da meta no presente e no futuro, maior segurança e satisfação dos funcionários no presente e no futuro e atendimento das necessidades do mercado no presente e no futuro –, os pontos de partida são os seguintes EDs genéricos:

1. Qualquer grande iniciativa de mudança obtém resultados rápidos e mensuráveis (rápido significa de 8 a 12 semanas).

2. A empresa tem uma vantagem competitiva decisiva em vários segmentos de mercado (em >5; preferivelmente em >10).

3. Os funcionários da empresa são facilmente deslocados entre os segmentos de mercado.
4. O mercado é a restrição. Esse enunciado requer algum esclarecimento. O pressuposto enunciado com frequência nos congressos da TOC é a de que não existe nenhuma restrição real de mercado para o crescimento da empresa. A economia mundial (exceto em breves períodos nos últimos 200 anos) continua crescendo. Com os bilhões de novos consumidores que estão apenas começando a entrar no mercado com um poder aquisitivo real (*e.g.*, China e Índia), a demanda mundial de produtos e serviços crescerá exponencialmente. Portanto, o potencial do mercado não é a restrição. Quando declaramos que a restrição do mercado é um ED, isso significa que optamos por não ter restrições internas. Optamos por ampliar a empresa à vontade, com base no índice de crescimento que acreditamos que seja bom para ela.
5. A empresa não tem monopólio sobre nenhum produto ou serviço. Com isso, ela pode afastar-se ou diminuir o atendimento de um determinado segmento de mercado sem prejudicar sua reputação. A empresa não quer enfrentar uma situação em que, tendo clientes que dependem dela, precise eliminar um produto para o qual não exista nenhum substituto imediato.
6. As demissões são raras. Nenhuma é preferível. Porém, se ela for absolutamente necessária, pelo fato de o fluxo de caixa estar correndo algum risco, ela não se repetirá no prazo de cinco anos.

Dois formatos de estratégias e táticas: processo de pensamento e árvores de E&T

Vários livros falam sobre o processo de pensamento da TOC e a elaboração de diagramas de *evaporação das nuvens* (EN, às vezes chamados de diagramas de conflitos) e de ARFs por meio desse processo de pensamento (consulte Dettmer, 2007; Scheinkopf, 1999; e os Capítulos 23, 24 e 25 deste livro). A breve discussão a seguir pressupõe que você já conheça esse assunto.

Os dois diferentes formatos de estratégia da TOC (ARF e E&T) foram discutidos e exemplificados anteriormente. Para elaborar uma ARF, em geral também é necessário elaborar diagramas de evaporação das nuvens para compreender melhor e solucionar a causa básica dos principais problemas do sistema. Além disso, os diagramas de evaporação das nuvens apresentam pressupostos e injeções que podem ajudar a indicar o rumo para uma possível solução.

Correlação:

- Tática na E&T = Injeção na ARF
- Estratégia na E&T = EN na ARF
- Os pressupostos da E&T podem corresponder a determinadas entidades presentes na ARF que melhoram a adequação da lógica de causa e efeito do mapeamento de uma E&T na ARF para um diagrama de dispersão ou evaporação: o diagrama de evaporação das nuvens é uma ferramenta extremamente eficaz que vários adeptos da TOC empregam para compreender melhor os problemas e encontrar uma direção para uma boa solução. Diversos elementos de uma E&T podem ser revelados por meio dessa ferramenta. Por exemplo, eles podem ser utilizados para escolher uma estratégia em uma E&T (um diagrama de evaporação sobre diferentes direções para uma solução pode indicar uma estratégia e não outra). Além disso, eles podem ajudar a identificar uma tática em uma E&T (por exemplo, em um conflito relacionado à concretização da estratégia, em que a estratégia é o objetivo comum do diagrama de evaporação, um ou mais pressupostos no diagrama podem fazer com que uma tática supere o pressuposto). Os pressupostos da E&T também podem ser identificados diretamente com base nos pressupostos do diagrama de evaporação das nuvens.

Existem três pontos de vista diferentes sobre a utilização e utilidade desses dois formatos distintos. Por exemplo, algumas pessoas acreditam que a lógica de uma estratégia é mais bem desenvolvida por meio dos cinco passos da focalização e do processo de pensamento e mais bem transmitida às pessoas por meio de uma E&T. De acordo com minha experiência, você pode desenvolver uma estratégia com uma dessas duas ferramentas. Isso dependerá de como sua mente está condicionada.

O visualizador gratuito do Harmony apresenta o formato de E&T e instruções breves sobre como elaborar uma E&T desde o princípio.

Integrando outras metodologias como a produção enxuta e o Seis Sigma

Para manter qualquer organização, a TOC oferece uma parte significativa da solução. Produção enxuta (Lean), Seis Sigma e outras metodologias e conhecimentos complementam a solução. Determinados processos são essenciais para:

- Fazer o produto ou serviço fluir de uma maneira suficientemente rápida e eficaz para atender lucrativamente às demandas do cliente (a TOC oferece uma logística para obter esse fluxo).

- Qualidade suficiente para atender às necessidades do cliente (o Seis Sigma é uma metodologia comumente empregada para melhorar a qualidade).

- Eficiência suficiente para atender competitivamente às necessidades do cliente (a produção enxuta é a metodologia mais popular para eliminar o desperdício de um sistema).

Embora cada metodologia alegue oferecer benefícios em todas as três condições básicas, o ponto forte de cada uma, em minha opinião, é o que foi ressaltado anteriormente. Tal como comumente se defende na TOC, é a restrição que deve indicar onde as iniciativas de produção enxuta e Seis Sigma devem ser aplicadas. As publicações sobre produção enxuta e Seis Sigma estão repletas de pontos de vista semelhantes, isto é, de que essas metodologias são as principais e de que as demais devem ser subservientes. Os pressupostos subjacentes à orientação da TOC são:

1. Quando outras metodologias são aplicadas em todos os pontos, os recursos necessários para lidar com uma restrição acabam sendo obstruídos. Com essas medidas, a atenção sobre os passos de exploração e subordinação é desviada.

2. Quando outras metodologias são aplicadas em todos os pontos, grande parte desse esforço é um desperdício de tempo porque a empresa só obterá benefícios se essas medidas aumentarem suas unidades da meta.

Após 40 anos de experiência profissional e 15 anos de experiência na TOC, meus pressupostos atuais são:

1. Não podemos prever com antecedência exatamente quando e onde as competências da produção enxuta e do Seis Sigma serão necessárias para adiantar um projeto ou ajudar a organização a concretizar suas metas. Essas habilidades demoram para ser desenvolvidas e geralmente não são muito úteis se a pessoa ou o grupo não tiver alguma experiência prática.

2. Quando o fluxo da empresa aumenta de maneira significativa, com frequência surgem novos desafios com relação à qualidade e ao desperdício, o que ameaça o fluxo. Muitas vezes isso ocorre porque a empresa contrata uma quantidade de novos funcionários superior à que ela já teve no passado ou porque ela excede a capacidade para lidar com problemas de qualidade. Por exemplo, se um supervisor de produção for utilizado para lidar com dez problemas por turno e o fluxo dobrar sem que os processos de qualidade mudem, esse mesmo indivíduo tentará lidar com 20 proble-

mas ou mais por turno. Quando o fluxo aumenta, sem que se aumente a capacidade de máquina e da força de trabalho, a resolução de alguns problemas subjacentes pode criar um gargalo. A TOC propõe então que se apliquem as técnicas de produção enxuta ou de qualidade para desbloquear o fluxo. Entretanto, se a empresa não dispuser dessas habilidades, poderá ficar à mercê da programação e do conhecimento técnico de um consultor externo para lidar com os problemas ou à mercê de um programa de treinamento.

Em decorrência desses problemas, acredito que uma boa estratégia seja a empresa desenvolver essas habilidades proativamente como parte de um investimento de longo prazo em seus funcionários, tanto quanto a Toyota o fez. Se esse método estiver integrado com uma estratégia da TOC, os resultados serão mais previsíveis e sustentáveis. Não existe necessariamente nenhum conflito inerente entre a TOC, a produção enxuta e o Seis Sigma quando essas três metodologias são aplicadas com uma estratégia global que segue o ponto de vista do mundo dos ganhos, em contraposição à visão tradicional do mundo dos custos.[12] Pode-se prever inúmeros prejuízos latentes (conflitos internos, fanatismo metodológico e estagnação, por exemplo) quando os executivos da organização não estabelecem logo de início uma abordagem global integrada.

Lidando com o comportamento humano na estratégia

E com relação ao lado humano da estratégia? Afirmamos antes que a segurança e a satisfação dos funcionários são uma condição básica para uma empresa feita para durar. Embora aspectos importantes da segurança e satisfação possam ser obtidos por uma organização que continua crescendo e prosperando, existe uma satisfação maior na era atual do trabalhador do conhecimento. Conquanto a TOC tenha alguns métodos para lidar com o comportamento humano, por meio de um conjunto de processos denominado "habilidades gerenciais" (consulte os livros sobre o processo de pensamento da TOC mencionados antes), existem outras condições básicas ainda não abordadas para executar uma excelente estratégia.

No livro *The Speed of Trust* (*A Velocidade da Confiança*) (2006), Stephen M. R. Covey descreve alguns casos documentados sobre o custo tangível dos métodos ineficientes de gestão de pessoas. A velocidade da execução de mudanças e da tomada de decisões aumenta significativamente nas organizações em que a confiança é alta, um parâmetro mensurável. Uma série de livros foi escrita por outro grupo de autores (Patterson *et al.*, 2002; 2004; 2007) a respeito de pesquisas científicas e provas sobre como influenciar o comportamento humano e sobre o custo das comunicações ineficientes.

De acordo com minha experiência, as estratégias da TOC podem ser implementadas pelo menos duas vezes mais rápido e com o dobro de sucesso quando no mínimo o processo de comunicação da empresa é excelente. Muitas organizações enfrentam problemas de comunicação, particularmente durante um processo de transformação ou períodos de alto crescimento. Para mim, é indispensável que a organização considere o desenvolvimento dessas habilidades como parte de qualquer estratégia. Minhas sugestões para você concretizar essa parte da estratégia são:

1. Escolha um dos programas de comportamento cientificamente fundamentados (*e.g.*, Covey, Influencer) com base nas necessidades atuais mais importantes da empresa. Leia os respectivos livros para identificar o programa que se adapta melhor às necessidades atuais da organização.

2. Estabeleça uma meta tangível e mensurável com relação às mudanças comportamentais desejadas.

---

[12] Leia o Capítulo 36 deste livro.

3. Utilize esse programa como piloto em uma área funcional ou departamento que apresente a necessidade mais urgente. Avalie os parâmetros antes e depois.
4. Supondo que você tenha tido êxito no passo anterior, implemente o programa em toda a organização, no menor espaço de tempo possível, começando pela equipe executiva. (Uma excelente maneira de acabar com a eficácia de um programa desse tipo é começar a implementá-lo em níveis inferiores e ver as pessoas perderem o entusiasmo porque a alta administração não está seguindo seus princípios.)

Resumo

O verdadeiro ponto forte da TOC reside no pensamento que força uma organização a identificar explicitamente seu maior ponto de alavancagem e a se concentrar nele – a restrição que impede a organização de atingir sua meta. A TOC oferece uma ferramenta estratégica, os cinco passos de focalização, para identificar a restrição e árvores de E&T para detalhar e expor os passos e os resultados previstos. O processo de pensamento da TOC oferece uma solução para você superar os problemas, se ficar imobilizado em algum dos cinco passos de focalização. Qualquer estratégia pode ser enunciada por meio de uma das duas estruturas oferecidas pela TOC – árvore de E&T ou ARF. Embora alguns elementos de cada estrutura possam ser correlacionados uns com os outros, o detalhamento e a organização do conteúdo são bem diferentes.

A TOC oferece soluções de E&T genéricas para problemas setoriais comuns. Essas soluções em domínio público (consulte a "Introdução" deste capítulo para obter a referência do *site*) destinam-se ao fluxo de produção, à distribuição de produtos distintos e ao gerenciamento de projetos. Todas elas oferecem três elementos essenciais – a logística para desenvolver uma vantagem competitiva decisiva, uma solução para tirar proveito dessa vantagem por meio de vendas e marketing e uma solução para mantê-la com processos que lidam com problemas de capacidade.

Outras metodologias, como a produção enxuta e o Seis Sigma, podem e devem ser integradas com a TOC para oferecer uma solução abrangente para as necessidades estratégias de qualquer empresa (consulte os Capítulos 6 e 36). A equipe executiva precisa determinar de que forma deve integrar as metodologias para focalizar o ganho. De outra forma, correrá o risco de gerar confusões ou conflitos internos quanto à metodologia "mais adequada". Para realizar mudanças estratégicas rapidamente, sem o estímulo forçado da alta administração, é essencial ter conhecimento sobre o comportamento humano e habilidades comunicacionais. Hoje existem métodos científicos comprovados para melhorar positivamente os comportamentos humanos.

Por si só, a estratégia da TOC não responde completamente às necessidades de uma organização. Entretanto, sem ela, a organização definitivamente está deixando escapar um bocado de coisas.

Referências

Bossidy, L. e Charan, R. *Execution: The Discipline of Getting Things Done*. Nova York: Crown Publishing Group, Random House, 2002.

Bruner, R. F. *Applied Mergers and Acquisitions*. Hoboken, NJ: John Wiley & Sons, Inc., 2004.

Collins, J. *Good to Great: Why Some Companies Make the Leap... And Others Don't*. Nova York: HarperCollins Publishers, Inc., 2001.

Covey, S. M. R. *The Speed of Trust*. Nova York: Free Press, 2006.

Dettmer, H. W. *The Logical Thinking Processes*. Milwaukee, WI: Associação Americana de Qualidade, 2007.

Goldratt, E. M. *What Is This Thing Called Theory of Constraints and How Should It Be Implemented?* Croton-on-Hudson, NY: North River Press, Inc., 1990.

Goldratt, E. M. Projects Company S&T, Level 5. Julho de 2008. Em http://www.goldrattresearchlabs.com.

Goldratt, E. M. Retailer S&T, Level 5. Julho de 2008 em http://www.goldrattresearchlabs.com.

Goldratt, E. M. Manufacturing Make-to-Order (MTO) Reliable Rapid Response S&T, Level 5. Maio de 2009. Em http://www.goldrattresearchlabs.com.

Kotter, J. P. *Leading Change*. Boston, MA: Harvard Business School Press, 1996.

McDonald, J., Coulthard, M. e de Lange, P. "Planning for a Successful Merger or Acquisition". *Journal of Global Business and Technology*, 1(2), outono de 2005, pp. 1-11.

Patterson, K., Grenny, J., McMillan, R. e Switzler, A. *Crucial Conversations: Tool for Talking When Stakes are High.* Nova York: McGraw-Hill, 2002.

Patterson, K., Grenny, J., McMillan, R. e Switzler, A. *Crucial Confrontations: Tools for Talking about Broken Promises, Violated Expectations and Bad Behavior.* Nova York: McGraw-Hill, 2004.

Patterson, K., Grenny, J., Maxfield, D. e McMillan, R. *Influencer: The Power to Change Anything.* Nova York: McGraw-Hill, 2007.

Scheinkopf, L. J. *Thinking for a Change.* Boca Raton, FL: St. Lucie Press, 1999.

Schneier, C. E., Shaw, D. G. e Beatty, R.W. "Companies' Attempts to Improve Performance while Containing Costs: Quick Fix versus Lasting Change". *Human Resource Planning*, 15(3), 1992, pp. 1-26.

Sullivan, T. T., Reid, R. A. e Cartier, B. *The Theory of Constraints International Certification*. 2007. http://www.tocico.org/?page=dictionary.

Sobre o autor

Gerald I. Kendall, gerente de projetos e consultor sênior do Instituto Goldratt, é um renomado especialista mundial em planejamento estratégico, teoria das restrições (TOC) e gerenciamento de portfólios de projetos, com vasta experiência em implementação. Ele atende a clientes e compromissos no mundo inteiro, como Malásia, Bangladesh, Austrália, Europa, Estados Unidos e Canadá. Dentre seus clientes destacam-se a Telstra, SAP, British American Tobacco, Raytheon, Alcan Aluminum, Rio Tinto e Lockheed Martin, bem como uma variedade de pequenas empresas, como oficinas de usinagem e fabricantes de máquinas.

Gerald iniciou sua carreira na IBM como engenheiro de sistemas e tornou-se diretor de tecnologia da informação. Depois de se expandir para vendas e marketing internacional, com responsabilidade executiva global, ampliou sua experiência em planejamento estratégico, cadeia de suprimentos e operações. Gerald implementou soluções da TOC nas áreas de produção, distribuição, projetos, marketing, vendas, gestão de pessoas e estratégias e táticas. Atualmente, ele conduz vários projetos multimilionários de transformação/alto crescimento utilizando a TOC. Gerald é certificado em todas as disciplinas da TOC pela Organização Internacional de Certificação em Teoria das Restrições (TOCICO).

O último livro de Gerald, *Dentistry with a Vision* (novembro de 2009), ensina médicos, dentistas e outros profissionais a utilizar a TOC, a produção enxuta e o Seis Sigma para melhorar suas práticas profissionais. *Viable Vision* (outubro de 2004) ensina executivos e gestores a obter alta alavancagem nas iniciativas de mudança de uma organização. *Advanced Project Portfolio Management and the PMO* está entre os livros mais vendidos na área de gerenciamento de projetos e de portfólio de projetos. Seu primeiro livro, *Securing the Future*, continua em alta em seu 11º ano de publicação. Gerald também é autor de um capítulo sobre gerenciamento de portfólio de projetos no livro *Handbook of Project Management* (2ª ed.), da Associação Americana de Administração, e de um capítulo sobre corrente crítica no livro *Project Management: A System's Approach* (8ª ed.), de Harold Kerzner.

Gerald é formado pela Universidade McGill e ganhador de medalha de prata nessa universidade. Você pode entrar em contato com ele pelo *e-mail* Gerryikendall@cs.com. *Site*: www.goldratt.com

19

Estratégia

H. William Dettmer

A concepção popular de estratégia

Todo mundo fala sobre estratégia...

- "Qual é sua estratégia para encontrar um emprego?"
- "Qual é sua estratégia para concluir esse projeto no prazo?"
- "Que estratégia posso utilizar para liquidar essa dívida?"
- "Qual será nossa estratégia para ganhar a próxima eleição?"
- "Qual é sua estratégia para fazer seu marido (esposa) concordar com nossa viagem a Las Vegas?"
- "Qual é a estratégia para reverter a desaceleração econômica?"
- "Qual é sua estratégia para vencer o jogo no próximo domingo?"
- "Que estratégia devemos utilizar para lançar esse novo produto no mercado?"
- "Qual estratégia pode trazer paz para essa região?"
- "Qual é sua estratégia para fazer sua namorada (namorado) fazer um programa com você?"

Com base nessa lista, parece óbvio que a palavra *estratégia* é empregada de diferentes maneiras para conotar uma ampla variedade de significados.

A origem de estratégia é militar e remonta ao general chinês Sun Tzu no século V a.C. (Cleary, 1991). Nos tempos modernos, essa característica militar com frequência é mais associada a Clausewitz, Moltke, Liddell Hart e, mais recentemente, Boyd. Praticamente todas as definições militares de estratégia envolvem objetivos, vitória, aplicação de recursos e execução de um plano de ação.

A comunidade de negócios comerciais tende a ver a estratégia de uma maneira quase exclusiva como marketing ou finanças. O famoso conceito de Michael Porter (1985) de "liderança de baixo custo *versus* diferenciação" foi o principal ingrediente de seu memorável livro *Competitive Advantage (Vantagem Competitiva)*, praticamente uma bíblia nas escolas de negócios durante muitos anos. Entretanto, uma caracterização tão limitada quanto essa ignora a aplicabilidade da estratégia a outros tipos de atividades e organizações, como órgãos governamentais e grupos sem fins lucrativos – sistemas que utilizam pouco ou nenhuma forma de marketing e vendas ou não estão no mercado para obter lucro. Além disso, ela não considera algumas das aplicações pessoais, porém menos válidas, desse conceito.

A relação subjacente *não* se dá entre estratégia e um tipo particular de organização, mas entre estratégia e *sistemas*. Perceber essa diferença libera a imaginação de restrições impostas por meios artificiais sobre como e para quem a estratégia deve ser empregada construtivamente.

Copyright © 2010 H. William Dettmer.

O conceito de sistema

Muitas pessoas têm dificuldade de pensar a respeito do conceito de sistema. É mais fácil elas o classificarem como "organização" formal ou informal. Contudo, como demonstra a Tabela 19.1, o conceito de sistema é bem mais amplo do que isso.

Tomando por base sua corporificação mais simples, um *sistema é composto por* inputs, *algum tipo de processo,* outputs *e o ambiente no qual esses componentes se encontram* (consulte a Figura 19.1).

Qualquer sistema interage com outro sistema semelhante (ou dissimilar) que coexiste no mesmo ambiente e com elementos do próprio ambiente externo. Alguns desses outros sistemas podem abranger fornecedores, clientes, órgãos regulamentares, grupos com interesses especiais, concorrentes, grupos sociais, instituições educacionais etc. As interações entre os sistemas – ou a falta delas – estão relacionadas com a natureza das funções e atividades escolhidas do sistema.

Tabela 19.1 Tipos de sistema autoconsciente

Humano	Econômico	Político
Pessoal	Comercial	Governos
Família	Economia	Administrativo
Sociedade	Municipal (local)	Partidos políticos
Cultural	Estadual	Movimentos revolucionários
Educacional	Nacional	Informação
Filantrópico	Transnacional	Segurança (manutenção da ordem pública,
Social	Informação	forças armadas)
Conhecimento	Técnico	

Nota: Não foram considerados aqui os sistemas biológicos e outros sistemas "não pensantes". Nossa atenção restringe-se aos sistemas que envolvem cognição humana e capacidade de tomada de decisões.

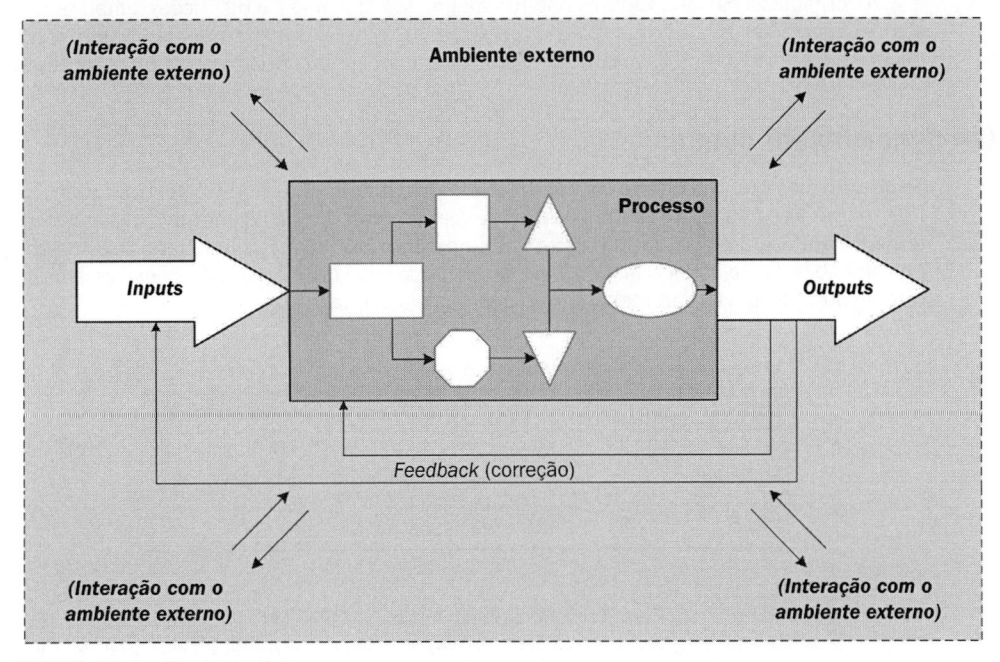

FIGURA 19.1 Sistema básico.

Dada a natureza abrangente dos sistemas e de suas interações com outros sistemas e o ambiente, seria uma miopia considerar o conceito de estratégia apenas sob o prisma de organizações ou departamentos de definição estreita, como marketing/vendas ou operações militares. Além do mais, embora sem dúvida seja possível desenvolver e implementar uma estratégia sem um conhecimento prévio sobre a *teoria das restrições* (*theory of ccnstraints* – TOC), ter plena familiaridade com os conceitos e princípios da TOC, e também com o pensamento sistêmico, melhorará a qualidade de qualquer estratégia que seja implementada subsequentemente. Mais necessidades e oportunidades tendem a se tornar visíveis.

Uma hierarquia vertical

Além da concepção "horizontal" de estratégia em diferentes tipos de organização – comercial, sem fins lucrativos, governamental –, existe também um ponto de vista vertical, que está relacionado com os *níveis* de sistema.

Os sistemas são hierárquicos. O que normalmente ocupa nossa atenção nada mais é que um único nível de um sistema mais amplo composto de vários níveis. Uma antiga cantiga caracteriza essa relação vertical:

Pulgas grandes levam no dorso pequenas pulgas para picá-las.

E as pulgas pequenas levam pulgas ainda menores,

E assim por diante, *ad infinitum*. (Ramel)

As organizações militares diferenciam os níveis do sistema vertical, dependendo do nível sob escrutínio. Do mais alto ao mais baixo e novamente ao mais alto, a taxonomia é mostrada na Tabela 19.2.

A "granularidade" do conteúdo de cada um desses termos diminui à medida que nos movemos ascendentemente na hierarquia. Em outras palavras, as táticas são bem mais detalhadas, delimitadas e estreitamente focalizadas que as operações. As estratégias são bem mais gerais e amplas que as operações, que, também, são mais gerais que as táticas.[1]

As organizações não militares habitualmente não fazem essas distinções, embora possam – e talvez devam. As organizações ou sistemas complexos experimentam interdependências significativas entre seus componentes internos, o ambiente externo e outros sistemas.

Um denominador comum

Se admitirmos que o conceito de *estratégia* incorpora tanto a dimensão vertical quanto a horizontal, teremos então uma necessidade real de uma definição comum. Independentemente do termo empregado – estratégia, operação ou tática –, ele responde a mesma pergunta básica: *Como chegamos do lugar em que estamos ao lugar em que desejamos estar?* Ou, dito de outra forma, como realizamos o que planejamos fazer?

Tabela 19.2 Níveis de sistema

Termo	Nível de sistema
Grandes estratégias	Nações
Estratégias	Comandos unificados (múltiplos serviços)
Operações	Unidades maiores
Táticas	Unidades pequenas

---

[1] O contexto militar é a base dessa taxonomia, como mostra a Tabela 19.2. Nas aplicações militares, as operações são eventos coordenados em larga escala (com frequência múltiplos serviços). Normalmente, as práticas são empregadas por unidades menores e distintas.

Transformando essa pergunta em uma definição conveniente que acomode tanto os vários tipos organizacionais quanto a multiplicidade de níveis de sistema, uma definição de *estratégia* que apresenta um "denominador comum" poderia ser:

> Forma pela qual os sistemas ou indivíduos procedem para preencher a lacuna entre a circunstância ou posição atual e a situação futura desejada.

Essa definição é suficientemente abrangente para considerar os sistemas com múltiplos níveis e também os diferentes tipos de sistema. Ela não se restringe aos sistemas militares, nem está centrada exclusivamente em marketing ou finanças. Em vez disso, ela abrange tantos os *meios* (como) quanto os *fins* (circunstância futura), independentemente do tipo ou da complexidade do sistema.

Uma visão sobre o sistema como um todo

Os meios e os fins não existem isoladamente. Todo sistema com meios e fins opera em algum tipo de ambiente. A natureza do ambiente – suas características econômicas, sociais, políticas e técnicas – define e delimita os recursos e a variedade de opções que um sistema pode fazer na execução de sua estratégia.

A relação entre um sistema e seu ambiente implica naturalmente *decisões* sobre como empregar os recursos disponíveis na busca das finalidades do sistema – em outras palavras, na execução da estratégia. No mundo moderno, nem o ambiente nem a disponibilidade de recursos mantêm-se estáveis por longo tempo. O ambiente externo também está sujeito a uma multiplicidade de variáveis. Considere, por exemplo, as flutuações extremas nos preços internacionais do petróleo, o colapso do setor de crédito hipotecário de alto risco dos Estados Unidos e o fracasso de bancos comerciais gigantescos. Para a maioria dos sistemas – comerciais, governamentais ou sem fins lucrativos –, esses fatores externos, tanto previsíveis quanto imprevisíveis, mudam o respectivo campo de jogo de uma maneira drástica e incontrolável. Essa turbulência gera continuamente situações que exigem escolhas (decisões), e nenhuma delas pode afetar os resultados ou os fins.

É praticamente impossível – certamente impraticável – prever mudanças no ambiente externo com confiança e segurança. O mesmo talvez seja verdadeiro quanto à disponibilidade de recursos. É do mesmo modo impraticável planejar antecipadamente as inúmeras contingências que podem ocorrer. Essa imprevisibilidade impõe que as decisões ou reações sejam rápidas e eficazes durante a execução da estratégia – talvez até a revisão ou substituição da estratégia como um todo. A questão é que, no mundo moderno, *a estratégia nunca pode ser estática. Ela está inextricavelmente vinculada à execução e deve ser continuamente reavaliada em relação às circunstâncias evolutivas de um ambiente em constante mudança.*

O ciclo OODA

Talvez o avanço mais influente dos últimos 30 anos na arte da tomada de decisões tenha sido o ciclo OODA (consulte a Figura 19.2). OODA é o acrônimo de *observe, oriente, decida* e *aja*. Entretanto, o ciclo é consideravelmente mais robusto que a mera execução sequencial dessas quatro etapas que seu nome implica.

Quase da mesma maneira que os *cinco passos de focalização* orientam o gerenciamento de restrições do sistema na teoria das restrições (Goldratt, 1990), o *ciclo OODA é um procedimento que simplifica as decisões, tornando-as rápidas e eficazes em todos os níveis – tático, operacional ou estratégico – de qualquer tipo de sistema, seja ele comercial, governamental ou sem fins lucrativos.*

O ciclo OODA é fruto da imaginação de John R. Boyd, coronel da Força Aérea dos Estados Unidos (1927–1997) que o sintetizou de suas experiências pessoais com combate

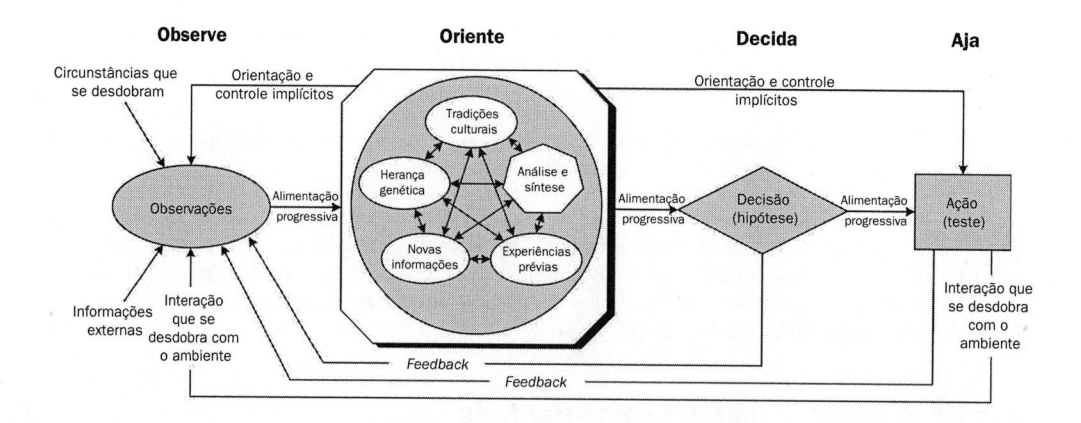

FIGURA 19.2 O ciclo OODA.
Fonte: J. R. Boyd, *The Essence of Winning and Losing*, 1996.

aéreo, a teoria de energia-manobrabilidade, as "batalhas" políticas no Pentágono e amplas pesquisas sobre história militar, estratégia e ciência. Entretanto, essa síntese de Boyd resultou em algo bem mais abrangente que o ciclo OODA em si, que é apenas a parte mais visível de uma perspectiva sistêmica mais ampla sobre adaptação e evolução em um mundo em constante mudança (Coram, 2002; Hammond, 2001; Richards, 2004; Osinga, 2007; Safranski, 2008).

Em que sentido o ciclo OODA facilita o desenvolvimento e a implementação de estratégias?

Estratégia enquanto percurso

Se concordarmos com o conceito de estratégia resumido na Figura 19.3, uma postura resoluta na tomada de decisões pode determinar a diferença entre sucesso e fracasso em um ambiente em rápida transformação. As três primeiras etapas do *ciclo OODA – observe, oriente* e *decida* – são antes de mais nada essenciais para a criação de uma estratégia. A última etapa – agir – obviamente se aplica à implementação da estratégia. No entanto, esse processo é chamado de "ciclo" por um motivo – as três primeiras etapas também oferecem os meios para detectar e reagir a mudanças no ambiente que poderiam invalidar rapidamente uma estratégia.

Muitas empresas utilizam um ciclo de planejamento estratégico anual, o que significa que elas têm uma programação anual predeterminada para rever e atualizar seus planos estratégicos. Em outras palavras, elas estabelecem uma estratégia para pelo menos um ano, mas só a revisitam formalmente um ano depois. Mas até que ponto essa postura oferece agilidade de resposta a acontecimentos inesperados e catastróficos? Até que ponto essa postura tem satisfeito as companhias aéreas comerciais após o 11 de Setembro de 2001 ou os setores comerciais que dependem de financiamento bancário após setembro de 2008? Se a estratégia direciona um percurso entre a circunstância atual para alguma circunstância futura desejada, é indispensável que ela seja suficientemente flexível para que se reaja de

- A estratégia prescreve de que forma se deve mudar da situação existente para a situação futura desejada
- A estratégia se aplica (horizontalmente) a sistemas de todos os tipos:
  - Comercial
  - Governamental
  - Sem fins lucrativos
- A estratégia tem implicações para o sistema como um todo (isto é, não está limitada a apenas algumas funções)
  - Marketing
  - Finanças
- A estratégia tem uma dimensão vertical e igualmente horizontal
- Estratégia é a aplicação de meios (recursos) para a obtenção de determinados fins (objetivos)
- As estratégias devem levar em conta a natureza evolutiva do ambiente no qual os sistemas funcionam
- Um ambiente de mudanças constantes exige decisões contínuas para ajustar ou mudar a estratégia

FIGURA 19.3 A estratégia enquanto percurso.

imediato a esses acontecimentos inesperados. Se você estivesse dirigindo uma embarcação em alto-mar e descobrisse que algo a fez sair seriamente da rota, você esperaria o ciclo de planejamento estratégico subsequente para tomar uma medida corretiva? E se, por algum motivo, o destino tivesse mudado, ainda que nenhuma tempestade o tivesse tirado da rota? Mesmo assim você esperaria para restabelecer sua rota? Se não, por que qualquer pessoa responsável por dirigir uma organização comportar-se-ia de maneira diferente?

Orientação e observação

De acordo com Boyd, a etapa de *orientação* é a mais essencial de todas, não obstante o fato de estar em segundo lugar na sequência (Safranski, 2008). Esse é um dos motivos que o levou a torná-la mais proeminente (consulte a Figura 19.2) do que qualquer outra das etapas. A etapa de orientação é a consolidação ou síntese do somatório de nossos conhecimentos sobre nós mesmos, nosso sistema, valores, costumes, cultura, experiências (legado) e o ambiente (Osinga, 2007). Alguém poderia supersimplificar dizendo que nossa orientação representa nossa visão de mundo, obtida com esforço e ferozmente defendida. Essas são as lentes através das quais nós filtramos os estímulos sensoriais produzidos pelos acontecimentos ao nosso redor; em outras palavras, as *observações* que fazemos em tempo real.[2]

A etapa de *orientação* é aquela em que detectamos um desvio em relação às nossas expectativas. Parte de nossa orientação é o paradigma (Kuhn, 1962) em que vivemos, a visão de mundo que criamos para nós mesmos com base nos fatores anteriormente mencionados. Todos esses fatores agem em conjunto para formar nossos pressupostos sobre como pensamos que as coisas acontecem (ou devem acontecer). Quando observamos fenômenos ou acontecimentos que não se enquadram em nossa orientação, temos o que Boyd chamou de *discrepância* ou *disparidade*. A existência dessa discrepância é determinada quando analisamos e sintetizamos nossas observações com base em nossa orientação

---

[2] Muitas pessoas e organizações não fazem nenhum esforço conjunto para observar o que está ocorrendo ao redor delas e para colocar essas observações em qualquer tipo de contexto relevante para elas mesmas. Como Winston uma vez observou, "Ocasionalmente os homens podem até tropeçar na verdade, mas na maioria das vezes conseguem se levantar e seguir em frente" (Winston Churchill, http://quotationsbook.com/quote/19633/).

ou paradigma. Em outras palavras, examinamos o que *está* ocorrendo fundamentados naquilo que esperamos que *deveria* estar ocorrendo. Esse processo contínuo de análise--síntese é essencial para manter uma orientação resoluta no presente.

De que forma a *observação* ocorre? Às vezes, no caso do 11 de Setembro ou da crise hipotecária de alto risco, os acontecimentos são impelidos contra nós de uma maneira que não podemos ignorar. Contudo, líderes de sistema bem perspicazes constantemente procuram mudanças no ambiente e avaliam que efeito suas observações poderiam ter sobre sua orientação – em outras palavras, quais discrepâncias poderiam estar surgindo. Quanto mais a pessoa pratica essa observação sistemática – e sintetiza as observações –, mais sensível em algum momento ela se tornará a pequenas mudanças, que podem ser uma indicação de que mudanças mais drásticas estão por vir. Isso é relevante para a vantagem competitiva, que em breve será discutida mais detalhadamente.

Como a Figura 19.2 indica, as observações abrangem novas informações externas, como pesquisas ou avanços tecnológicos. As circunstâncias que se desdobram abrangem a entrada de novos concorrentes no mercado, novas leis ou regulamentações ou acontecimentos mundiais, como o aumento vertiginoso dos preços do petróleo cru, maior atuação dos piratas somalianos no Oceano Índico, caos financeiro em um setor da economia ou outros acontecimentos geopolíticos internacionais. A interação que se desdobra com o ambiente refere-se especificamente aos efeitos sobre o ambiente das atitudes que o sistema pode tomar – o outro lado da equação do impacto das mudanças ambientais sobre o sistema. O item orientação e controle implícitos (na parte superior esquerda da Figura 19.2) representa as mudanças nas observações do líder de um sistema com base na síntese de novas informações, até mesmo antes da contemplação de possíveis decisões ou ações.

Decisão e ação

A conclusão da etapa de orientação implica que a discrepância ou lacuna entre a realidade e as expectativas foi identificada. A etapa seguinte, ao que parece, seria *decidir* o que fazer em relação a isso. A etapa de decisão no ciclo OODA pode ser deliberada ou intuitiva. Em situações complexas, quando o responsável pela decisão não está intimamente familiarizado com o ambiente ou as possíveis opções, essa etapa tende a exigir deliberação: "Sabemos que as coisas não estão ocorrendo como deveriam – então o que devemos *fazer* a esse respeito?". Um processo de decisão mais formal ou estruturado pode decorrer.

Todavia, se o conhecimento de uma pessoa sobre o sistema e seu ambiente for abrangente (normalmente advindo de uma profunda experiência), o que precisa ser feito talvez seja intuitivamente óbvio. Nesse caso, os tomadores de decisões com frequência passam diretamente para a ação. Isso está representado na parte superior direita da Figura 19.2 (orientação e controle implícitos).

Mesmo se a tomada de decisões for mais deliberada, as opções disponíveis muitas vezes são testadas logicamente – isto é, elas são comparadas com a realidade e suas possíveis consequências são avaliadas – antes de se passar para a etapa de ação. Esse "teste de hipótese" está representado na Figura 19.2 no ciclo de *feedback* entre "Decisões" e "Observações". O objetivo desse teste é ajudar a diminuir o impacto da incerteza sobre uma decisão quando há várias opções.

Contudo, inevitavelmente, mesmo com o ciclo de *feedback* do teste de hipótese, o objetivo último do processo OODA é algum tipo de ação. E como a ação inevitavelmente influencia o ambiente de alguma forma – afinal de contas, esse era originalmente o objetivo –, o processo reinicia-se com a observação para avaliar o impacto da ação. Isso, por sua vez, gera uma segunda interação da etapa de orientação para determinar a dimensão do impacto da ação, se ele mudou a realidade na direção desejada e em que magnitude. A dimensão da discrepância decorrente dessa segunda interação resulta em outra decisão e em uma ação subsequente. E o processo continua até que o objetivo último do sistema seja atingido.

"Proativo" em vez de reativo

À primeira vista, pode parecer que o ciclo OODA é reativo. Entretanto, Boyd defendia que controlar uma situação emergente era de longe preferível a reagir. Consequentemente, sua prescrição para a utilização do ciclo OODA era tudo, menos passiva. Ele se sentia em grande medida motivado a "jogar lenha na fogueira" – a utilizar o processo OODA para *criar* discrepâncias, particularmente quando percebia adversários. Nesse sentido, ele recomendava uma linha de ação proativa, em vez de reativa.

Contudo, a tomada de decisão e a ação racionais dependem de uma percepção consciente desses quatro passos: *observe, oriente, decida* e *aja*. Na realidade, a maioria das pessoas de fato faz algo parecido, mas de maneira inconsciente e intuitiva. Normalmente, elas não percebem que estão fazendo isso, o que significa que elas são menos propensas a "manter a pressão". Sem perceber o processo OODA, tal como a lendária lebre, elas provavelmente tiram um cochilo à beira da estrada e a tartaruga as ultrapassa.

Ciclos OODA rápidos

Boyd foi ainda mais longe com o conceito proativo OODA. Ele sustentou que, se alguém conseguisse executar os quatro passos desse ciclo mais rápido do que seu adversário, uma vantagem competitiva poderia se abrir. O não praticante do OODA estaria sempre um ciclo atrás, pelo menos, de quem o pratica. Além disso, se o usuário do OODA pudesse, de alguma forma, concluir dois ou mais ciclos no tempo que o adversário levou para concluir um, ele semearia confusão no campo do oponente. No combate (o contexto no qual Boyd criou o ciclo OODA), isso em última análise geraria reações de pânico automáticas (erradas) e por fim desmoronaria o oponente.

Esse efeito não é diferente materialmente no contexto dos negócios. Observe, por exemplo, o lançamento de inovações de alta tecnologia pelos japoneses durante quase duas décadas. Percebia-se normalmente que, enquanto os mercados mundiais estavam fascinados com o mais recente e grande lançamento (primeiro o Walkman, depois os CDs, as câmeras digitais, os videocassetes, os DVDs e os tocadores de MP3 etc.), os japoneses estavam trabalhando com afinco no "grande lançamento seguinte". O restante do mundo sempre estava pelo menos um passo atrás.

O próprio Boyd ofereceu um exemplo original e perfeito da rápida aplicação do ciclo OODA. Na função de instrutor de armas de combate da Força Aérea dos Estados Unidos na década de 1950, ele fez um acordo com todos os pilotos: superaria seu oponente em 40 segundos ou então lhes pagaria $ 40. Em oito anos, nenhum deles conseguiu ganhar $ 40 (Coram, 2002). O motivo era que ele sempre conseguia executar o que equivalia a um ciclo OODA quase instantâneo mais rapidamente do que qualquer um de seus oponentes conseguia.[3]

Resumo sobre Boyd

Recapitulemos rapidamente o que acabamos de abordar.

- O ciclo OODA descreve um processo de observação, sintetização dessas observações (orientação), decisão sobre o que fazer em função da síntese e ação de acordo com a decisão.
- Embora todos os sistemas passem por esse processo OODA, a maioria é completamente inconsciente do fato de que estão seguindo esse processo.

---

[3] Isso ocorreu quase duas décadas antes de o próprio Boyd de fato identificar, analisar e enunciar o processo OODA que ele já estava indiscutivelmente colocando em prática na década de 1950. Mas mesmo assim ele já estava fazendo isso.

- O ciclo OODA foi concebido originalmente como forma de conduzir ações de combate mentalmente para obter vitória, mas sua aplicabilidade no desenvolvimento e na implementação de estratégias ainda não está plenamente estabelecida.
- À primeira vista, o ciclo OODA parece reativo a mudanças no ambiente; entretanto, um usuário ágil consegue utilizá-lo proativamente para moldar o ambiente ou arena competitiva em seu próprio benefício.
- A capacidade de fazer o ciclo OODA várias vezes, enquanto outros só conseguem realizá-lo uma única vez, pode oferecer uma vantagem competitiva intransponível.

Munidos desse conhecimento sobre os sistemas e o ciclo OODA, os líderes podem desfrutar de uma vantagem latente real sobre os outros (e o ambiente) na consecução das metas de seu sistema. Porém, essa vantagem continuará exclusivamente em seu estado latente se eles não dispuserem de ferramentas distintas para executar o ciclo OODA.

O processo de pensamento lógico

Conceitos como ciclo OODA são notavelmente úteis, mas às vezes é difícil traduzi-los para uma aplicação prática sem algum tipo de ferramenta para preencher a lacuna entre a teoria e a prática. Felizmente, a ferramenta apropriada para aplicar o ciclo OODA de maneira estratégica pode ser obtida de imediato: o *processo de pensamento lógico* (PPL).[4]

O PPL é um desdobramento do processo evolutivo da TOC. Originalmente concebida como uma metodologia de programação e gerenciamento de produção denominada "tambor-pulmão-corda" (Goldratt, 1990), no final da década de 1980 e início da década de 1990, a TOC superou suas antigas fronteiras orientadas à produção e abarcou a categoria mais ampla dos sistemas. Uma dessas primeiras incursões foi o processo de pensamento. Quando se tornou óbvio que apenas a resolução dos gargalos de produção nem sempre era suficiente para tornar uma empresa mais bem-sucedida, Goldratt precisou de outra solução. Ele concebeu o processo de pensamento para lidar com a aplicação dos seus cinco passos de focalização (Goldratt, 1990) quando as restrições sistêmicas não constituíam gargalos de produção – quando o fator que restringe o sucesso do sistema global assenta-se em áreas de não produção.

Esse salto foi fundamental porque elevou a ideia global da teoria das restrições para um conceito de sistema, deixando de ser apenas uma metodologia de produção. O processo de pensamento ofereceu um meio para examinar sistemas de todo tipo, não somente de empresas de produção, e para identificar o fator que mais restringe o sistema em sua missão de concretizar sua meta.

Originalmente compostos por cinco árvores ou ferramentas lógicas,[5] o processo de pensamento representava uma aplicação simples do método científico ao desafio da resolução de problemas de um sistema complexo: qual é o problema (o que mudar), o que devemos fazer a respeito (para o que mudar) e como fazemos isso (causar a mudança)? O processo de pensamento oferecia pela primeira vez uma forma direta e concisa de ana-

---

[4] Diferentes pessoas referem-se à metodologia criada por Goldratt alternadamente como *processo de pensamento* ou *processos de pensamento*. Nos últimos oito anos, tenho acrescentado a palavra "lógico" quando me refiro a esse processo e utilizo o singular a fim de transmitir de maneira mais simples o que o método envolve para públicos que conhecem pouco ou nada a respeito da TOC. A versão simplificada e mais aperfeiçoada do processo de pensamento que ensino no momento – que já se encontra em sua terceira geração – é tão diferente da concepção inicial de Goldratt, que acredito que mereça um nome distinto. O conceito básico das árvores lógicas, contudo, continua sendo uma ideia original de Goldratt.

[5] Árvore da realidade atual, evaporação das nuvens, árvore da realidade futura, árvore de pré-requisitos e árvore de transição.

lisar lógica e rapidamente sistemas inteiros, compostos de uma miríade de interações. Adicionalmente, ele também possibilitava o "teste de hipóteses" sem a necessidade de experimentos extensos no mundo real para confirmar a validade das mudanças propostas. Além disso, o que o processo de pensamento fazia que nenhuma outra metodologia de resolução de problemas fazia era incluir um "módulo" de solução para implementação – as árvores de pré-requisitos e de transição. Em outras palavras, um pacote completo. A Figura 19.4 mostra o fluxo conceitual do processo de pensamento tal como ele foi originalmente concebido por Goldratt.

Ao longo dos anos que se seguiram à introdução do processo de pensamento por Goldratt, as árvores e suas aplicações evoluíram e foram aprimoradas. Embora o processo a princípio tenha sido concebido para solucionar problemas complexos por meio da identificação das restrições de um sistema e da viabilização de soluções para rompê-los, o surgimento de outras aplicações foi inevitável. Uma delas foi a utilização do processo de pensamento na elaboração e implementação de estratégias (Dettmer, 2003). Entretanto, a aplicação do processo de pensamento na elaboração de estratégias exige algumas alterações tanto nas árvores quanto em sua sequência. Para distinguir essas evoluções do processo de pensamento original, de agora em diante empregamos o termo "processo de pensamento lógico" (PPL).

O mapa de objetivos intermediários

A alteração mais significativa no PPL para o desenvolvimento de estratégias é a inserção de um novo tipo de árvore – o *mapa de objetivos intermediários (OIs)* – no início do processo (Dettmer, 2007). O mapa de OIs é fundamental para a aplicação estratégica. Na verdade, sem ele, o restante do PPL é praticamente inaproveitável para o desenvolvimento de estratégias.[6]

O mapa de OIs é uma estrutura relativamente simples. Porém, na realidade, sua montagem exige um raciocínio especial. A Figura 19.5 mostra uma versão conceitual do mapa de OIs. Um mapa de OIs real é apresentado na Figura 19.11, ao final deste capítulo.

A meta indicada na parte superior do mapa de OIs é o resultado final que o sistema esforça-se em obter. Em uma empresa comercial com fins lucrativos, esse resultado normalmente significa lucratividade máxima. Em organizações sem fins lucrativos, como instituições beneficentes e hospitais, usualmente a meta é obter uma contribuição favorável à sociedade. As metas dos órgãos governamentais, de modo semelhante, não buscam o lucro, mas o fornecimento bem-sucedido de algum serviço benéfico para a população em geral.

ÁRVORE DA REALIDADE ATUAL	EVAPORAÇÃO DAS NUVENS	ÁRVORE DA REALIDADE FUTURA	ÁRVORE DE PRÉ-REQUISITOS	ÁRVORE DE TRANSIÇÃO
O processo de pensamento lógico				
■ A árvore da realidade atual identifica o problema subjacente.	■ A evaporação das nuvens resolve o conflito associado com a mudança.	■ A árvore da realidade futura testa a solução proposta.	■ A árvore de pré-requisitos supera os obstáculos à implementação.	■ A árvore de transição prescreve a implementação passo a passo.

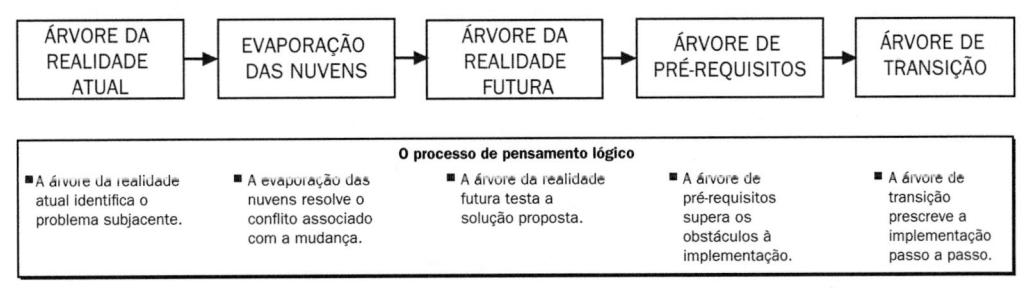

FIGURA 19.4 O processo de pensamento lógico.

---

[6] A utilização do mapa de OIs não se restringe apenas ao desenvolvimento de estratégias. Tal como ocorre, sua utilização como primeira etapa do PPL, para *qualquer* finalidade, é muito bem recomendada. Consulte Dettmer (2007) para obter uma explicação mais detalhada.

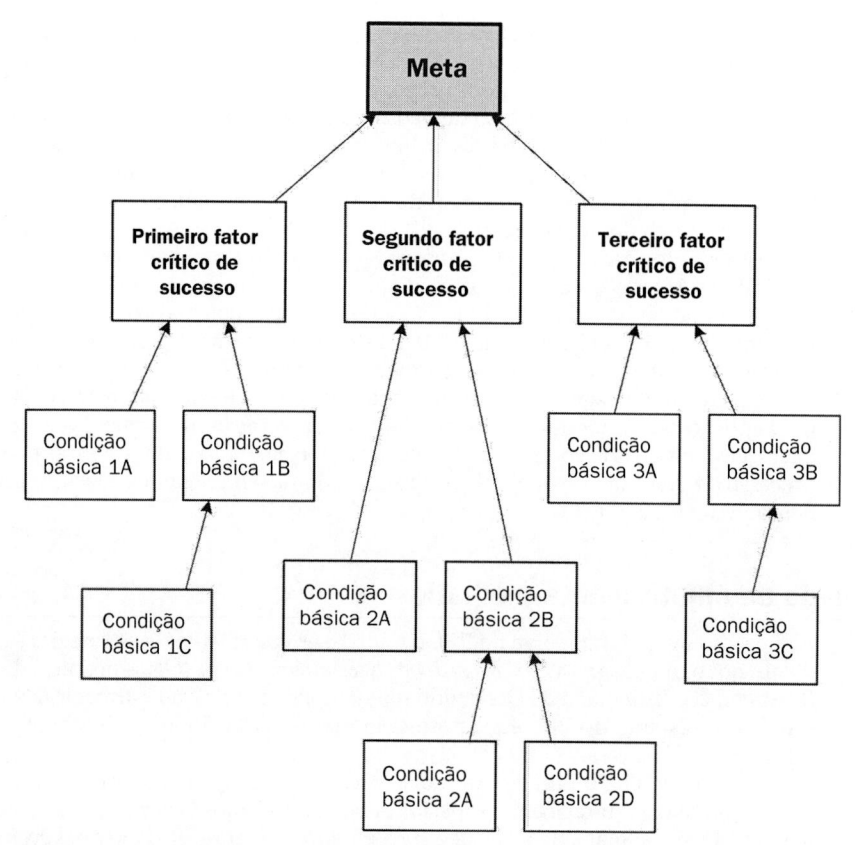

FIGURA 19.5 Mapa de objetivos intermediários.

Normalmente, toda meta é concretizada por meio da consecução de um conjunto de *fatores críticos de sucesso*. Esses fatores são resultados finais ou consequências. Eles são considerados críticos porque são indispensáveis para a consecução de uma meta. Em qualquer sistema, e em relação a qualquer meta, poucos FCSs normalmente são necessários para declarar a consecução de uma meta. Com respeito à maioria dos sistemas, seriam necessários não mais que cinco. Os FCSs representam resultados de alto nível. Em geral, eles são até certo ponto genéricos à categoria do sistema em discussão. Por exemplo, o FCS de qualquer empresa com fins lucrativos seria bastante semelhante, basicamente diferindo apenas no grau de ênfase. Se a meta de uma empresa comercial for maximizar o lucro, haverá na verdade somente três FCSs: maior ganho, minimização do inventário e controle das despesas operacionais (consulte a Figura 19.6).

Observe que nenhum deles difere, seja a empresa uma fabricante de automóveis ou uma companhia de seguros. Se esses FCSs forem concretizados, a consequência inevitável será a maximização da lucratividade.[7] Onde entram os detalhes específicos das atividades de uma empresa (processos, produtos, fatores competitivos etc.)? Eles se encontram no nível abaixo dos FCSs em si, o que a Figura 19.5 mostra como *necessidades básicas*. É no nível das condições básicas que a configuração exclusiva de uma organização específica evidencia-se. A Figura 19.7 mostra como seria essa configuração para uma empresa fabril típica.

---

[7] Observe que, dependendo das circunstâncias do ambiente, a "lucratividade máxima" pode na verdade ser numericamente negativa. No entanto, seria o menor número negativo possível a ser obtido.

Capítulo 19 ▪ Estratégia 579

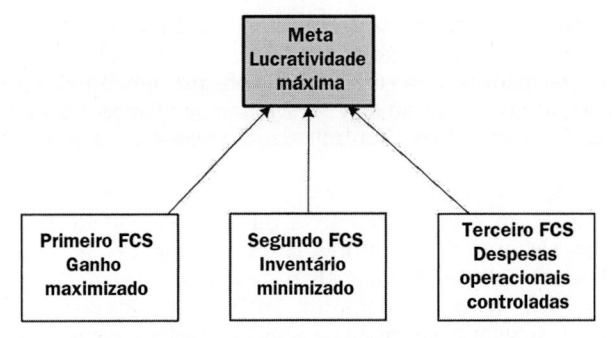

FIGURA 19.6 Meta e fatores críticos de sucesso (empresa comercial).

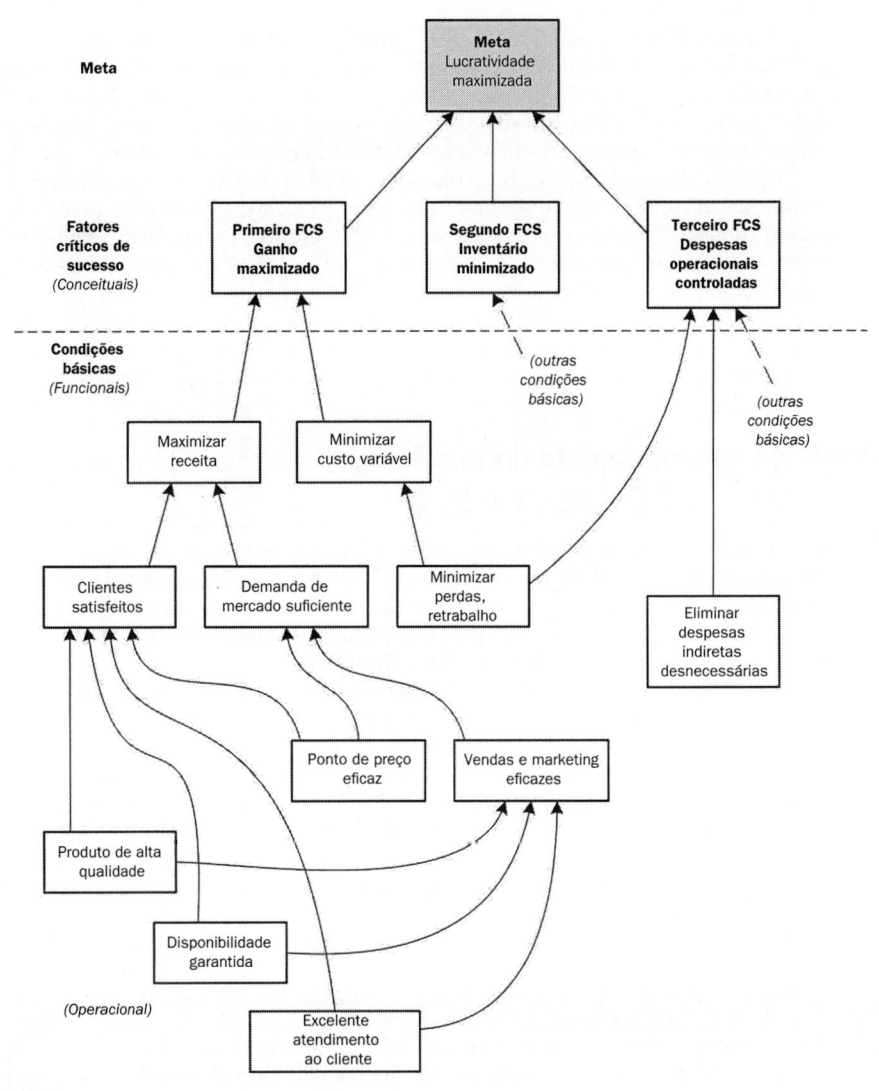

FIGURA 19.7 Mapa de OIs (parcial) – empresa comercial.

Os FCSs de uma organização sem fins lucrativos ou órgão governamental seriam um pouco diferentes dos FCSs de uma empresa comercial. Em primeiro lugar, nenhum deles em geral mede o ganho financeiramente, mas em termos de qualquer benefício não monetário que a organização tem capacidade de oferecer à sociedade. Entretanto, a minimização do inventário e o controle das despesas operacionais certamente podem ser relevantes.

A questão sobre onde inserir exigências não negociáveis, como obediência às leis, conformidade com as regulamentações ou responsabilidade ambiental, inevitavelmente vem à tona. Nenhum desses fatores, e outros comparáveis, afeta diretamente a lucratividade. Portanto, eles evidentemente não se enquadram como FCSs. Contudo, em geral eles servem para definir os comportamentos associados com seu cumprimento. Em outras palavras, o lugar apropriado para posicioná-los é como condição básica para gerar ganho, diminuir o inventário e controlar as despesas operacionais. Isso os posiciona pelo menos três níveis abaixo em qualquer mapa de OIs e provavelmente em níveis ainda mais inferiores.

Quantos níveis abaixo o mapa de OIs deve ser "perfurado?" Para criar a *árvore de realidade atual* (ARA) subsequente, não é necessário ir muito além do FCS e talvez um ou dois níveis abaixo da condição básica. Todavia, para resolver os conflitos que podem surgir com a utilização do PPL no desenvolvimento de estratégias ou na resolução de problemas complexos, talvez seja aconselhável adentrar cinco ou seis níveis abaixo.

Quando o mapa de OIs estiver concluído, ele oferecerá dois ingredientes cruciais para a aplicação bem-sucedida do restante do PPL. Primeiro, ele delineará claramente as atividades e os resultados distintos necessários para a consecução da meta do sistema (independentemente do que estiver ocorrendo de fato no momento). Segundo, ele oferecerá uma base para a obtenção de consenso entre todos os envolvidos no sistema – executivos, gerentes e do mesmo modo funcionários especializados – sobre o que eles deveriam estar fazendo para apoiar um ao outro de uma maneira coordenada. Isso poderia ser chamado de "visão unificada" sobre o rumo que a empresa está tomando e o que é necessário para chegar lá.

Modelo de gerenciamento de restrições: uma síntese da TOC e do ciclo OODA

Os cinco passos de focalização, o coração e a alma da teoria das restrições, são a estrutura norteadora para a melhoria do sistema real. O ciclo OODA representa um modelo articulado para um sistema verdadeiramente cibernético – um sistema capaz não apenas de melhorar a si mesmo, mas também de determinar por si mesmo uma direção.[8] Existe uma relação implícita entre ambos (consulte a Figura 19.8).

Os cinco passos de focalização são inerentemente um subconjunto do ciclo OODA. A identificação das restrições do sistema exige observação e orientação (os dois primeiros passos do ciclo OODA). A exploração, a subordinação e a elevação são elementos da etapa de decisão do ciclo OODA. As ações para seguir as prescrições dos cinco passos de focalização são as mesmas da etapa final do ciclo OODA. Ambos empregam um processo de *feedback* para iniciar novamente o ciclo. O que torna o ciclo OODA mais genérico do que os cinco passos de focalização é sua aplicabilidade a situações em operações sistêmicas que não requerem a identificação e dissolução de restrições ou uma iniciativa especial de melhoria do sistema.

---

[8] Sistema cibernético é aquele que é afetado por mudanças no ambiente, mas consegue, por meio do controle de *feedback*, continuar atendendo aos objetivos do sistema. Além disso, os objetivos de um sistema cibernético não são estabelecidos de maneira rígida. São adaptáveis a circunstâncias variáveis e respondem a novos conhecimentos. Os sistemas cibernéticos beneficiam-se da experiência e, portanto, exibem aprendizagem (Athey, 1982).

```
         O Ciclo OODA

         Observe  ·--.._
                        ·--..__        Os Cinco Passos
                                ·----    de Focalização
         Oriente
                                        1. Identificar
                                        2. Explorar
                                        3. Subordinar
         Decida                         4. Elevar
                          ___...----    5. Retornar ao primeiro
                  __...---                 passo
         Aja  ---
```

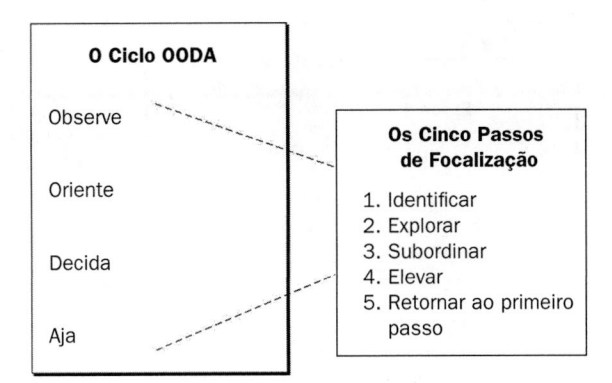

FIGURA 19.8 O ciclo OODA e os cinco passos de focalização.

Originalmente, Boyd concebeu o ciclo OODA para ajudar a gerenciar operações táticas. O ciclo O-O-D-A (e sua repetição) é inerente às atividades e exige um foco tão estreito quanto o necessário para dirigir um carro em uma estrada sinuosa ou um foco tão amplo quanto o necessário para conduzir uma corporação ao futuro. Entretanto, é com essa última perspectiva mais ampla que estamos preocupados quando falamos de estratégia.

Se admitirmos que a ideia de desenvolver e implementar estratégias é uma expressão do ciclo OODA, a pergunta que naturalmente se evidencia é: "O que devemos empreender para isso?". É aí que o PPL oferece uma solução ideal. A associação do ciclo OODA com o PPL gera o *modelo de gerenciamento de restrições* (MGR) para o desenvolvimento e a implementação de estratégias (Dettmer, 2003). Ele recebe essa denominação porque o PPL foi deduzido da iniciativa de aplicar a TOC a sistemas integrais e, ao utilizar o PPL para desenvolver e implementar estratégias, o gerenciamento de restrições é um subproduto natural. Em outras palavras, não podemos executar efetivamente nenhuma estratégia que venhamos a desenvolver sem identificar e dissolver as restrições existentes no sistema. A Figura 19.9 mostra o MGR. O MGR é, em si, um processo cíclico de sete etapas.

Etapa 1. Definir o paradigma. A primeira etapa em qualquer processo de desenvolvimento de estratégias deve compreender a definição sobre o sistema, sua meta e seus FCSs e as características do ambiente em que ele opera. É aí que os três primeiros níveis do mapa de OIs são desenvolvidos. Além de certa quantidade de raciocínio conceitual aprofundado, isso exige naturalmente a realização de observações internas e externas – a primeira etapa do ciclo OODA.

Etapa 2. Analisar as discrepâncias. Assim que se definem o sistema e seu ambiente operacional e realizam-se as observações sobre a situação atual, é necessário sintetizar o que *deveria* estar ocorrendo em relação ao que *de fato* está ocorrendo. Essa síntese é a essência da etapa de *orientação* no ciclo OODA de Boyd. O produto dessa síntese é uma ou mais lacunas ou, como Boyd as chamou, "discrepâncias". Nesse caso, a discrepância entre a realidade e nossas expectativas. O tamanho e o escopo dessas lacunas são articulados especificamente. Inevitavelmente, a restrição atual do sistema estará em algum lugar entre as discrepâncias identificadas.

Etapa 3. Criar uma transformação. Essencialmente, essa é uma etapa de *"brainstorming"*. É o ponto no processo em que é necessário ter criatividade – pensar de forma não convencional para criar ideias inovadoras. Essas ideias devem ser criadas antes de qualquer decisão sobre o que pode ser feito. "Criação" é uma atividade inspirativa ou inventiva. Vários métodos de geração de ideias são amplamente empregados, como a *teoria da resolução inventiva de problemas*, conhecida pelo acrônimo TRIZ (Rantanen e Domb, 2002), que pode contribuir para a criação de ideias inovadoras no raciocínio necessário para preencher as lacunas identificadas na etapa 2.

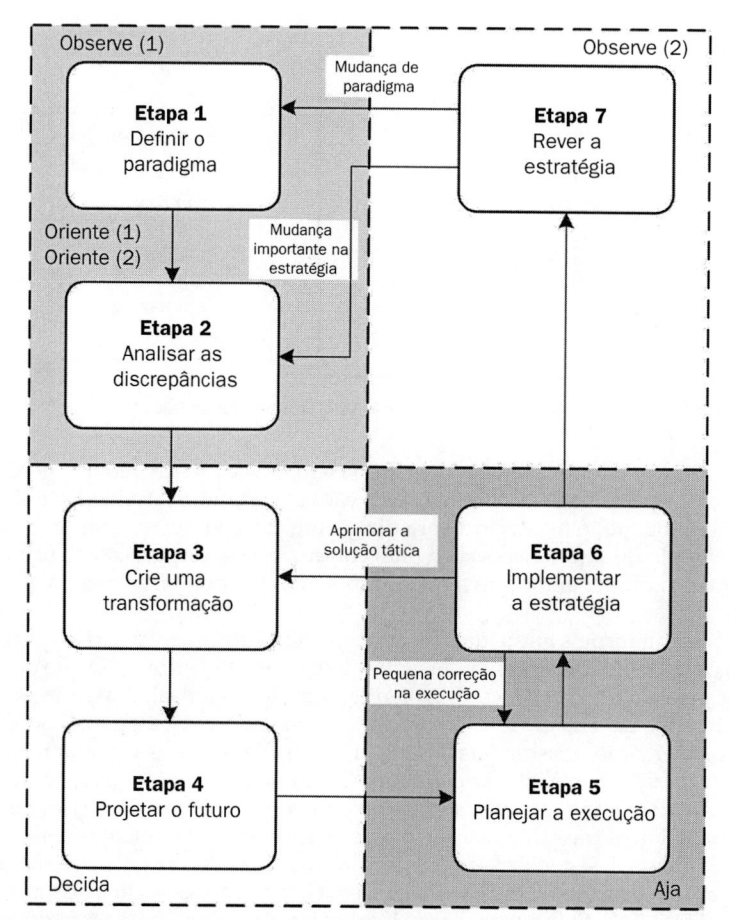

FIGURA 19.9 Modelo de gerenciamento de restrições.
Fonte: H. W. Dettmer, *Strategic Navigation: A Systems Approach to Business Strategy*, Milwaukee, WI: ASQ Quality Press, 2003.

Etapa 4. Projetar o futuro. Assim que se cria uma ideia inovadora (ou mais de uma) para preencher a lacuna definida na etapa 2, ela deve ser integrada em um plano do sistema global que inclua não apenas as mudanças para preencher a lacuna, mas as operações sucessivas que não tenham nenhuma discrepância associada com elas. O teste de hipóteses, seja em forma de simulação, protótipo ou apenas de confirmação lógica, examina a eficácia das diversas alternativas, dentre as quais uma ou mais são escolhidas. Essa é a essência da etapa de decisão do ciclo OODA.

Etapa 5. Planejar a execução. Assim que se toma a decisão, deve-se formular um plano de execução, visto que "a perfeição está nos detalhes". Recursos, responsabilizações, cronogramas e medidas do sucesso são estabelecidos no planejamento da execução. (Se isso estiver começando a se parecer com um projeto é porque *é* um projeto!) O plano de execução representa o "processo inicial" da etapa de *ação* do ciclo OODA.

Etapa 6. Implementar a estratégia. Essa é a conclusão da etapa de *ação*. A duração de fato da execução dependerá da natureza das atividades planejadas. Normalmente, as estratégias têm um horizonte de tempo mais longo do que os planos de negócios ou as ações táticas. Os horizontes de tempo com frequência são medidos em anos. Contudo, a conclusão da etapa 5 estrutura melhor o gerenciamento da implementação e facilita seu monitoramento. Além do mais, como ocorrem surpresas inevitáveis, desvios ou variações imprevistas na execução, o plano pode ser corrigido rapidamente para acomodá-las. Essa é a segunda metade da etapa de *ação* do ciclo OODA.

Etapa 7. Rever a estratégia. Supondo que não ocorra nenhum transtorno importante na implementação da estratégia, a única tarefa remanescente é avaliar a eficácia geral da estratégia. Obviamente, isso nos leva de volta à primeira etapa do ciclo OODA – *observe*. Desta vez, contudo, não estamos procurando desvios na implementação. Estamos determinando se a estratégia global que desenvolvemos na etapa 4 está de fato produzindo os resultados que desejamos e esperamos.

A etapa 7 inclui dois elos de *feedback* (realimentação). O mais comum está associado novamente à etapa 2 (de análise das discrepâncias). Trabalhando com o paradigma e as expectativas previamente definidos (estabelecidos pela primeira vez na etapa 1 do ciclo OODA), comparamos a segunda rodada de observações com as expectativas originais.[9] As lacunas identificadas no início diminuíram ou foram preenchidas? Se não, ou se elas não estiverem sendo preenchidas de uma maneira suficientemente rápida que nos convenha, deveremos reavaliar nossa estratégia e adaptá-la se necessário. Mesmo se as lacunas tiverem sido preenchidas, uma aplicação proativa do ciclo OODA exigirá a identificação e o desenvolvimento da "grande ideia seguinte" em nosso campo de operação escolhido. Por exemplo, a Sony não ficou de braços cruzados com seus aparelhos de áudio Discman® televisores Trinitron® depois que a empresa provocou um alvoroço no mercado com o lançamento desses produtos. Ela começou a trabalhar imediatamente em um reprodutor de MP3 e em um monitor de vídeo de tela plana. *Isso é ser proativo.* O segundo ciclo de *feedback*, menos óbvio, nos leva novamente para a etapa 1. Esse segundo tende a ocorrer com uma frequência bem menor do que outro ciclo. Esse ciclo específico indica a necessidade de um novo exame completo (e talvez uma nova determinação) das metas, dos FCSs e do ambiente externo. Em outras palavras, é provável que uma mudança drástica no ambiente externo tenha sido de tal magnitude que precipitou uma completa reestruturação da estratégia. Que tipo de evento poderia ser esse? Que tal uma depressão econômica ou algum acontecimento catastrófico como uma guerra mundial? Tomemos a Toyota, por exemplo (Holley, 1997). Originalmente (antes da Segunda Guerra Mundial), a empresa fabricava máquinas têxteis. Ao final da guerra, sua estrutura fabril subsistente foi transformada completamente em uma estrutura para veículos *automotivos*, por insistência do Exército Imperial japonês. Foi uma transformação imposta à Toyota pelas circunstâncias. Entretanto, em 1997 a Toyota previu que em cem anos o segmento de automóveis constituiria não mais que 10% do total de seus negócios. O restante estaria concentrado em casas pré-fabricadas e sistemas de informação de baixo custo. *Essas* mudanças são estratégicas e proativas.

O papel do PPL no MGR

Em que sentido o PPL ajusta-se ao MGR? A descrição precedente do MGR pede justamente uma ferramenta estruturada que faz as etapas de 1 a 5 ocorrerem. Essa ferramenta é o PPL. A Figura 19.10 mostra como o PPL estimula o MGR.

O mapa de OIs é utilizado para estabelecer o *benchmark* (referencial) do desempenho previsto ou desejado. Para uma organização que já sabe que não se encontra no lugar em que deseja estar, a articulação da meta e dos FCSs no mapa de OIs estabelece uma "nova aposta ou compromisso" – o marcador de destino que determina onde a organização deseja estar ao final do horizonte de tempo da estratégia. As condições básicas de suporte representam os marcos funcionais de alto nível que devem ser atingidos para concretizar

---

[9] É extremamente desejável colher números de referência, estatísticas e outros dados na primeira iteração da etapa *observe* para que a detecção da mudança seja eficaz na segunda iteração da observação. Com frequência, isso é negligenciado na prática real.

Mapa de objetivos intermediários (OIs)

Árvore da realidade atual (ARA)

Modelo de gerenciamento de restrições (MGR)

- Etapa 1: Definir o paradigma
- Etapa 2: Analisar as discrepâncias
- Etapa 3: Criar uma transformação
- Etapa 4: Projetar o futuro
- Etapa 5: Planejar a execução
- Etapa 6: Implementar a estratégia
- Etapa 7: Rever a estratégia

Evaporação das nuvens (EN)

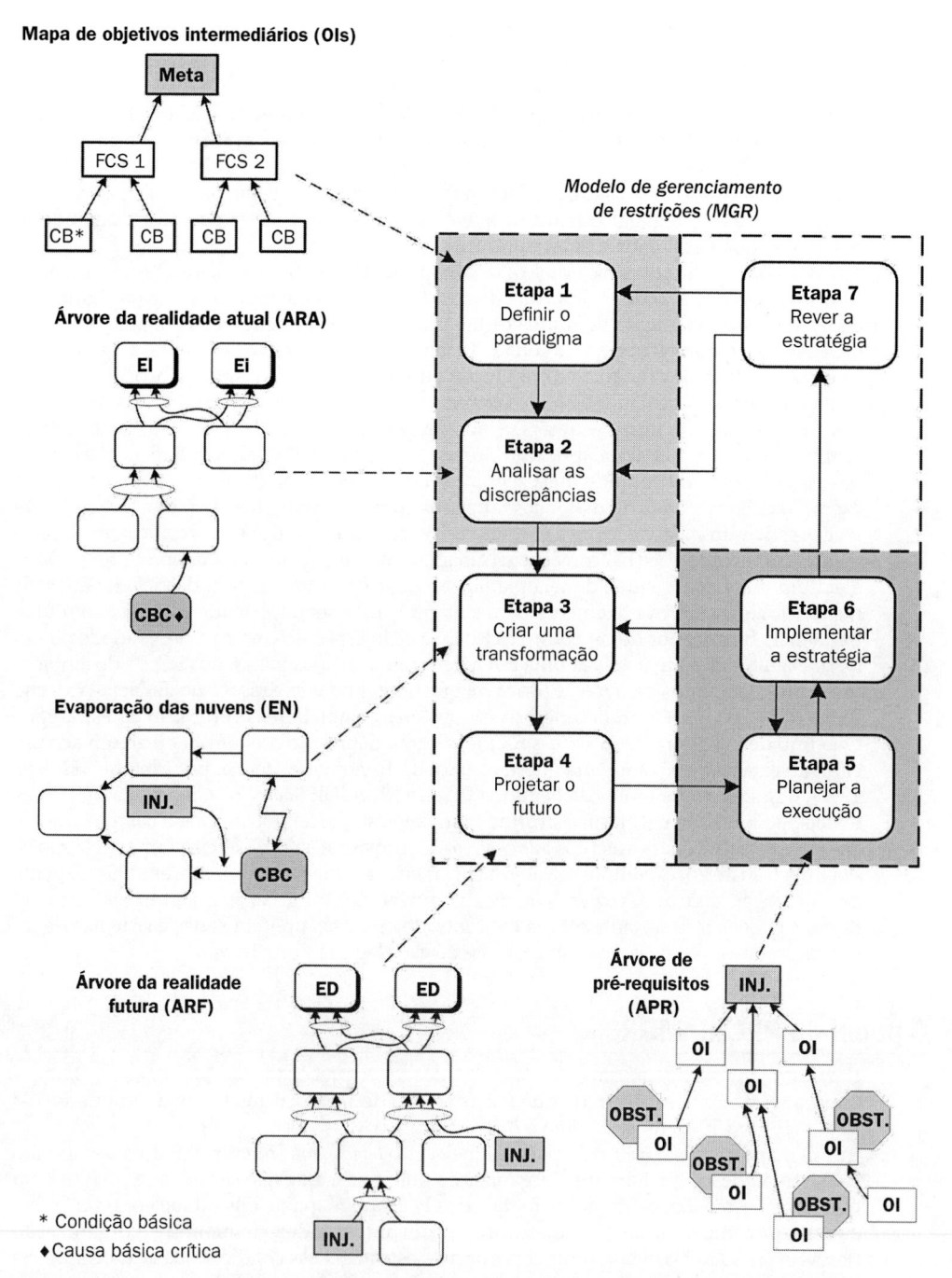

Árvore da realidade futura (ARF)

Árvore de pré-requisitos (APR)

* Condição básica
♦ Causa básica crítica

FIGURA 19.10 O processo de pensamento lógico e o modelo de gerenciamento de restrições.

a meta. No desenvolvimento do mapa de OIs, pesquisas, observações e informações sobre o ambiente externo são fatores inerentes.

Com o mapa de OIs como argumento de entrada (situação desejada), constrói-se uma ARA[10] para representar a relação entre a realidade e os resultados finais no mapa de OIs. As lacunas resultantes refletem-se como *efeitos indesejáveis* (EIs). A construção do corpo da árvore, que desce ao nível das causas básicas consideradas críticas, incorpora a síntese (ou orientação) dos conhecimentos recém-adquiridos sobre o ambiente externo com respeito a experiências, *know-how*, costumes, tradições etc. – o paradigma existente, se desejar. A ARA gera as causas básicas das lacunas (EIs), sem levar em conta se elas são politicamente aceitáveis para considerar uma mudança.

Em especial na última situação, a transformação criada na etapa 3 é facilitada pela utilização de *diagramas de evaporação das nuvens* (EN), que são concebidos especificamente para resolver dilemas refratários – por exemplo, viabilidade política. O produto da evaporação das nuvens e o início desse processo de transformação podem ser uma ou mais injeções que representam ideias inovadoras. Essas ideias tornam-se *iniciativas* ou novos projetos que oferecerão o ímpeto necessário para conduzir a organização do ponto em que ela se encontra para onde ela deseja estar. Algumas dessas iniciativas (mudanças) sem dúvida estarão focadas no ambiente externo. Outras estarão direcionadas para o âmbito interno.

A *árvore da realidade futura* (ARF) toma essas iniciativas ou ideias e as estrutura logicamente para confirmar se, na verdade, elas conduzirão a organização em direção à sua meta final. O reflexo desse movimento encontra-se na diminuição ou no total preenchimento das lacunas identificadas na etapa 2. A diminuição ou o fechamento é representado como *efeito desejado* (ED) na ARF. Além da confirmação lógica de que as iniciativas criadas de fato farão a organização avançar em direção à sua meta final, a ARF incluirá o "desvendamento" das ramificações negativas – aquelas condições sob as quais a implementação da estratégia como um todo (ou de aspectos importantes da estratégia) poderia descarrilar. A "poda" dessas ramificações negativas torna-se um plano de contingência. A ARF completa, sem as ramificações negativas, é a estratégia da organização. As injeções da ARF são iniciativas estratégicas, programas, projetos etc. necessários para impelir a organização em direção à sua meta.

Assim que a estratégia for desenvolvida na etapa 4 como a segunda parte da etapa *decidir* no ciclo OODA, a etapa de *ação* segue-se naturalmente. A etapa 5 corresponde ao planejamento detalhado da execução. Cada uma das injeções ou iniciativas definidas e confirmadas na ARF (etapa 5) é "detalhada" na *árvore de pré-requisito* (APR). Os obstáculos são superados e marcos e tarefas paralelas/sequenciais importantes são identificados. A APR resultante forma a base para um plano de projeto – uma rede de atividades de projeto –, que pode ser gerenciado por meio do *gerenciamento de projetos pela corrente crítica* (GPCC). A consolidação de todas as APRs no GPCC em um ambiente de múltiplos projetos torna-se a ferramenta executiva da organização para gerenciar a implementação geral de longo prazo da estratégia.

E quanto às etapas 6 e 7?

A pergunta natural a esta altura é: "E as etapas 6 e 7 do MGC?". A resposta é que, na conclusão da etapa 5, a função do PPL chega ao fim. A implementação da estratégia (etapa 6) é uma responsabilidade contínua da liderança. Os executivos competentes utilizam uma variedade de ferramentas e técnicas para tocar a implementação adiante. Se o planejamento de execução na etapa 5 tiver incluído a conversão das APRs em um cronograma

---

[10] Outros capítulos deste livro oferecem orientações sobre a construção de ARAs. O livro *The Logical Thinking Process* (Dettmer, 2007) apresenta uma explicação passo a passo e instruções não encontradas em outros lugares, especificamente para integrar o mapa de OIs com a ARA.

de GPCC, uma das ferramentas óbvias relacionadas à TOC que um gestor pode utilizar a essa altura é o *gerenciamento de pulmões* (GP).

A etapa 7 é uma função executiva também. Ela exige uma iniciativa consciente e deliberada para repetir a etapa de *observação* no ciclo OODA com o objetivo de identificar a falha da estratégia em cumprir os resultados pretendidos e sua causa. Em muitos casos, talvez na maioria, essa falha tem menos a ver com a inadequação da estratégia do que com uma mudança rápida e possivelmente catastrófica no ambiente. Quantas estratégias perfeitamente adequadas você acha que devem ter se tornado ineficazes em virtude dos ataques terroristas do 11 de Setembro em 2001 ou do colapso da economia dos Estados Unidos em 2008? Mesmo se os desencadeadores não forem tão drásticos, essas mudanças no ambiente podem gerar a necessidade de reavaliar e adaptar as estratégias – ou até mesmo substituí-las. E assim começa a segunda iteração do ciclo OODA, em que se retorna ao mapa de OIs e à ARA.

Resumo e conclusão

O planejamento estratégico formal nos negócios remonta apenas ao ano de 1965, embora o desenvolvimento e implementação de estratégias sejam utilizados desde os tempos de Sun Tzu há mais ou menos 2.500 anos. Ao contemplar a estratégia, existem alguns pontos que merecem ser lembrados.

- Distinção entre desenvolvimento de estratégias e plano estratégico. Este último nada mais é que a representação na forma escrita do primeiro. O desenvolvimento de estratégias, e não o plano escrito, deve ser o foco principal.
- Nos negócios, a estratégia constitui muito mais que marketing e vendas. Ela está relacionada com a consecução a longo prazo da meta da organização. Se a organização for uma empresa comercial, o marketing e vendas serão apenas uma parte dessa iniciativa.

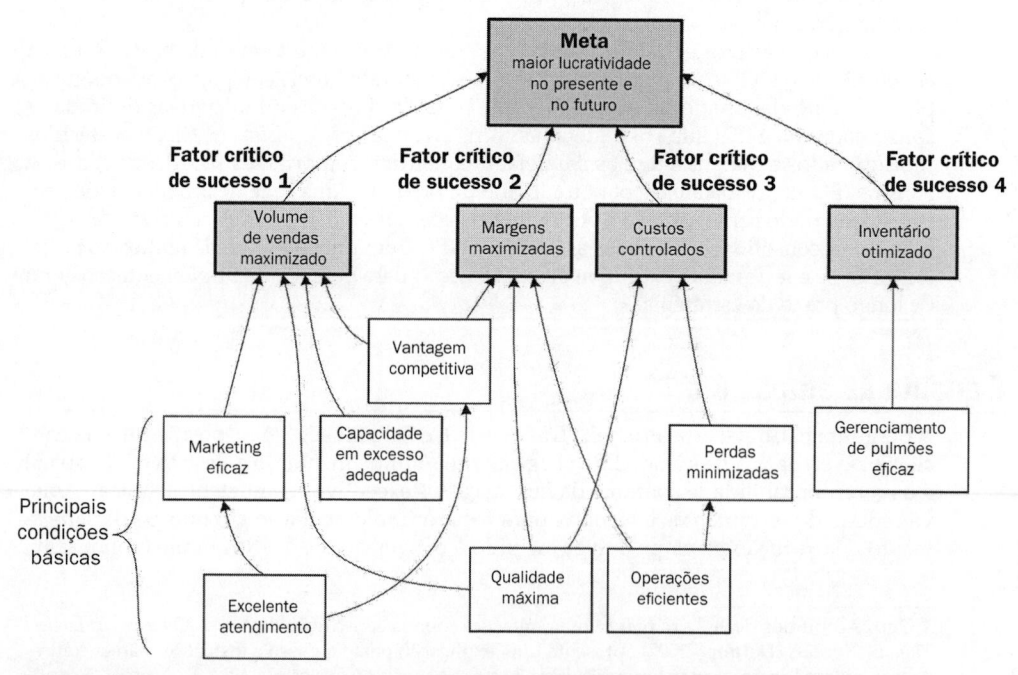

FIGURA 19.11 Mapa de objetivos intermediários estratégicos da AllForm Welding Company.

- As organizações vivem ou morrem enquanto sistemas totalmente integrados e subsistem em um ambiente externo que impõe condições – por exemplo, concorrência – sobre as atividades do sistema. Uma estratégia eficaz deve considerar tanto atividades internas quantos fatores ambientais externos.
- O ciclo OODA desenvolvido por Boyd oferece um ótimo fundamento para o gerenciamento do desenvolvimento e da evolução das estratégias de uma organização ao longo de um horizonte de tempo previsível. (Entretanto, é necessário enfatizar que o ciclo OODA é apenas uma pequena parte, embora fundamental, das contribuições de Boyd para o pensamento sistêmico. As fontes sobre Boyd relacionadas nas referências são leituras muito bem recomendadas.)
- O PPL talvez seja a ferramenta de análise de políticas sistêmicas mais eficiente já concebida. O desenvolvimento e aprimoramento de estratégias estão em grande parte voltados para a análise de políticas, visto que, até certo ponto, as prescrições estratégicas inevitavelmente se conformam em políticas. Consequentemente, a utilização do PPL como ferramenta de desenvolvimento e implementação de estratégias não pode ser reforçada tão acentuadamente.
- A fusão entre a estrutura oferecida pelo ciclo OODA e as árvores do PPL constitui um "incremento de poder" para organizações de qualquer estirpe – comercial, sem fins lucrativos ou governamental – no sentido de ajudá-las a concretizar suas metas. Se nessas organizações houver um ambiente de "soma zero" (quando um ganho para essas organizações representa uma perda para algum outro grupo), esse tipo de assistência pode determinar a diferença entre sucesso e fracasso.

Referências

Athey, T. H. *Systematic Systems Approach: An Integrated Method for Solving System Problems*. Upper Saddle River, NJ: Prentice-Hall, 1982.

Coram, R. *Boyd: The Fighter Pilot Who Changed the Art of War*. Nova York: Little, Brown & Co., 2002.

Dettmer, H. W. *Strategic Navigation: A Systems Approach to Business Strategy*. Milwaukee, WI: ASQ Quality Press, 2003.

Dettmer, H. W. *The Logical Thinking Process: A Systems Approach to Complex Problem Solving*. Milwaukee, WI: ASQ Quality Press, 2007.

Goldratt, E. M. *The Haystack Syndrome: Sifting Information Out of the Data Ocean*. Great Barrington, MA: The North River Press, 1990.

Hammond, G. T. *The Mind of War: John Boyd and American Security*. Washington, DC: The Smithsonian Institution Press, 2001.

Holley, D. "Toyota Heads Down a New Road". *Los Angeles Times*, 16 de março de 1997.

Kuhn, T. *The Structure of Scientific Revolutions*. Chicago: The University of Chicago Press, 1962.

Osinga, F. P. B. *Science, Strategy and War: The Strategic Theory of John Boyd*. Nova York: Routledge, 2007.

Porter, M. E. *Competitive Advantage*. Nova York: The Free Press, 1985.

Ramel, G. Página de Gordon sobre as pulgas. "Siphonaptera" (cantiga de ninar dos anos 1800). http://www.earthlife.net/insects/siphonap.html.

Rantanen, K. e Domb, E. *Simplified TRIZ: New Problem-Solving Applications for Engineers & Manufacturing Professionals*. Boca Raton, FL: St. Lucie Press, 2002.

Richards, C. *Certain to Win: The Strategy of John Boyd Applied to Business*. Filadélfia, PA: Xlibris Corporation, 2004.

Safranski, M. (ed.) *The John Boyd Roundtable: Debating Science, Strategy and War*. Ann Arbor, MI: Nimble Books LLC, 2008.

Sobre o autor

William Dettmer, sócio majoritário na Goal Systems International, oferece consultoria e treinamento em aplicações consagradas das ferramentas de gerenciamento de restrições em empresas listadas na *Fortune* 500 e também em outras empresas, tanto no setor industrial quanto no de serviços. Ele desenvolveu novas aplicações para a teoria das restrições e seus princípios e ferramentas. Dettmer tem larga experiência em logística, planejamento e execução de projetos e contratação/aquisição e teve responsabilidade direta nas seguintes áreas: gerenciamento de projetos, planejamento de logística, contratações governamentais, projeto de sistemas, gerenciamento financeiro, melhoria de produtividade, criação de ideias, desenvolvimento de equipes, planejamento estratégico e relações entre cliente e fornecedor. Ele é autor de sete livros sobre gerenciamento de restrições e melhoria de sistemas.

20
As camadas de resistência: o processo de adesão segundo a TOC

Efrat Goldratt-Ashlag

Introdução

Há não muito tempo, sentado em uma sala de espera apinhada de gente em um aeroporto, ouvi por acaso a conversa entre dois homens a respeito de uma proposta de mudança na empresa em que trabalhavam. O primeiro estava fazendo um tremendo esforço para tentar convencer seu colega a concordar com a mudança. Esse outro, que, evidentemente, não estava empolgado com a ideia, começou a levantar uma objeção após a outra. Assim que o primeiro tentava abordar as objeções levantadas, seu colega já estava pronto para uma nova objeção ou, pior, insistia em tocar novamente em um problema que ambos já haviam discutido. À medida que a irritação entre ambos se avolumava, o máximo que conseguia pensar era em como gostaria que eles tivessem alguma familiaridade com as camadas de resistência – *isso* poderia lhes dar uma oportunidade de chegar a algum lugar, em vez de ficar girando em círculos.

Quando reconhecemos que uma mudança é imprescindível, com frequência percebemos que não podemos levá-la adiante sem o consentimento e/ou colaboração de alguma outra pessoa. Pensar em obter a adesão da outra parte tende a nos deixar um tanto apreensivos. Não apenas por causa do tempo e esforço que isso exigirá, mas principalmente porque não podemos ter certeza se esse esforço valerá a pena; obter adesão não é uma tarefa insignificante. Desse modo, preparamos nossos argumentos (ou não), respiramos fundo e anunciamos ao interlocutor nossa fantástica ideia. Algumas vezes isso funciona, e conseguimos entusiasmar a outra parte; outras vezes, não funciona, e a outra parte não fica nem um pouco entusiasmada. A resistência ocorre de várias formas: podemos nos deparar com um NÃO direto e franco ou podemos ficar presos em um círculo de objeções e reafirmações tal como os dois sujeitos no aeroporto. Mesmo um "vou pensar a respeito", dito repetidas vezes, pode representar um tipo de resistência, e existem muitos outros. O efeito permanece o mesmo: continuamos sem a aprovação ou a colaboração de que precisávamos para seguir adiante.

Nossa reação natural nessas ocasiões é ficar exaltado e culpar a outra parte por ser indiferente ou teimosa ou mesmo estúpida (Goldratt, 2009). Afinal de contas (com tristeza, talvez digamos a nós mesmos), é ela quem não consegue ver a necessidade dessa mudança. As publicações sobre esse assunto também se preocupam com os motivos que levam as outras partes a resistir à mudança, apresentando como causa questões como traços de personalidade (*e.g.*, intolerância à ambiguidade, necessidade de controle), inércia, desejo de promover ou proteger interesses próprios etc. Se pararmos um minuto para pensar a respeito do significado dessas causas, poderemos ver que essas publicações têm várias coisas em comum com nossa reação natural – ambas levam a crer que a pessoa que resiste à mudança é a "vilã" na situação. A *teoria das restrições* (*theory of constraints* – TOC) tem um ponto de vista bem diferente quanto a isso. Ela propõe que, em vez de culpar a outra parte, a pessoa que está propondo a mudança deve ser responsável por planejar e apresentar detalhadamente a mudança.

Primeiramente, suponhamos que estivéssemos conversando sobre uma mudança em que o ganho seria mútuo, uma mudança que beneficiasse todas as partes envolvidas. Com muita frequência apresentamos as justificativas mais criativas com a pretensão de que os outros abram mão de suas necessidades para que a gente consiga atender às nossas. Nesse caso, estamos forçando uma mudança em que um ganha e outro perde. Se nossa expectativa é "ganhar" à custa da outra parte, estamos praticamente pedindo para encontrar resistência – e não devemos nos surpreender quando isso ocorrer. É difícil convencer as pessoas a adotar soluções em que um ganha e outro perde. E ainda que tenhamos poder para impô-las, não podemos supor que nossos parceiros colaborem de bom grado. Neste capítulo, focalizamos as mudanças de ganho mútuo, ou ainda, mudanças do tipo ganha-ganha.

À primeira vista, pode parecer fácil obter adesão às mudanças do tipo ganha-ganha. Afinal de contas, se todos ganham, por que alguém objetaria? As mudanças do tipo ganha-ganha deveriam de fato conseguir adesão por si só. Entretanto, na realidade, isso se revela falso. As pessoas se opõem às soluções ganha-ganha e com frequência por motivos bastante justos. Por exemplo, talvez elas não tenham entendido exatamente *em que sentido* elas ganharão (ou, digamos, nós não delineamos de uma maneira suficientemente clara seus benefícios), talvez tenham preocupações que deixamos de considerar, talvez acreditem que essa mudança não "vingará" e prefiram poupar energia para iniciativas que valham mais a pena (como estamos empolgados com a mudança, será que de fato pensamos em como integrá-la plenamente?) e assim por diante. O mundo de hoje oferece às pessoas muitas oportunidades de mudança em todas as áreas da vida. Para ter certeza de que elas defenderão o que é melhor para elas e utilizarão seus recursos em iniciativas que valerão a pena, é compreensível que elas abordem a mudança com grande cuidado. Se quisermos implementar uma mudança que exige a colaboração das pessoas, a responsabilidade de obter sua adesão é nossa.

Algumas pessoas são excelentes para convencer outras a aderir e algumas são menos "talentosas" nessa área. Todos nós já conseguimos introduzir e implementar mudanças no passado, mas é também provável que tenhamos fracassado – tentamos convencer outras pessoas a colaborar e ficamos imobilizados. A pergunta então é, quando ficamos imobilizados, há alguma coisa que possamos fazer a respeito? Existe uma forma de descobrir as preocupações da outra parte e abordá-las apropriadamente? Ou, se previrmos que teremos dificuldade em obter adesão em uma determinada mudança, podemos enfrentá-la com antecedência? Podemos dispor sistematicamente nossos argumentos de tal forma que tenham maior probabilidade de obter a colaboração das pessoas? As "camadas de resistência" abordadas pela TOC talvez ofereçam ideias significativas sobre essas questões.

As camadas de resistência à mudança

As camadas de resistência à mudança originam-se das perguntas básicas da TOC a respeito da mudança (Goldratt, 1984).

1. O que mudar? (Que problema estamos tentando resolver?)
2. Para o que mudar? (Qual é nossa solução para o problema?)
3. Como causar a mudança? (Como implementar a solução?)

Tomadas em conjunto, essas três perguntas representam, em poucas palavras, o esforço de obter adesão. Contudo, cada uma delas é uma questão separada que deve ser abordada antes de tentarmos obter a adesão da outra parte à nossa iniciativa de mudança. A segunda e a terceira pergunta (chegar a um acordo sobre a solução e as etapas de implementação) talvez pareçam óbvias, mas é também fundamental fazer com todos compreendam e cheguem a um acordo a respeito do problema. O que algumas vezes ocorre é que na pressa em falar sobre a mudança (isto é, a solução), cometamos o engano de não verificar se existe um acordo sobre o problema – e se ambas as partes tiverem problemas distintos em mente, haverá uma probabilidade muito pequena de nossa solução abordar o problema de ambas. Não é de surpreender, portanto, que as pessoas não vejam mérito em nossa solução e oponham-se a ela. Desse modo, as três perguntas sobre mudança ressaltam não apenas o que deve ser abordado na iniciativa de obtenção de adesão, mas também, tão importante quanto, a sequência inerente na qual essa iniciativa deve ser posta em prática. Não faz nenhum sentido falar sobre a solução antes de chegar a um consenso sobre o problema, tampouco falar sobre as etapas de implementação antes de chegar a um consenso sobre a solução. Desse modo, as três perguntas sobre mudança funcionam como camadas básicas de resistência à mudança que devem ser superadas ou "descascadas" uma após outra para obter adesão. Empregamos os termos "camada" e "descascar" porque é fácil imaginar os vários desafios que precisam ser superados como descascar as camadas de uma cebola até chegarmos ao âmago da questão: a adesão (consulte a Figura 20.1).

A consciência sobre as três camadas básicas de resistência é suficiente para melhorar várias discussões a respeito de mudança. Não havia dúvida de que aqueles sujeitos no aeroporto estavam totalmente desalinhados. O cara que objetava não parava de rechaçar os motivos pelos quais era possível implementar a mudança (desacordo quanto à implementação), de questionar se eles deveriam se concentrar nessa mudança específica (desacordo quanto à solução), de propor que eles deveriam solucionar outro problema primeiro (desacordo quanto ao problema). O iniciador da mudança estava dando o melhor de si para abordar cada objeção, mas sem perceber nenhum progresso; não era de surpreender que ambos estivessem ficando cada vez mais desapontados um com o outro e com toda aquela discussão. A primeira coisa que eles deveriam ter feito seria parar e tentar chegar a um acordo sobre qual era de fato o problema. Então, assim que eles estivessem sintonizados no mesmo canal, poderiam avançar para uma conversa sobre a solução. Se a essa altura eles não conseguissem chegar a um acordo, pelo menos saberiam em que ponto eles se encontravam e poderiam reiniciar a partir daí. Para não perder tempo e testar a paciência

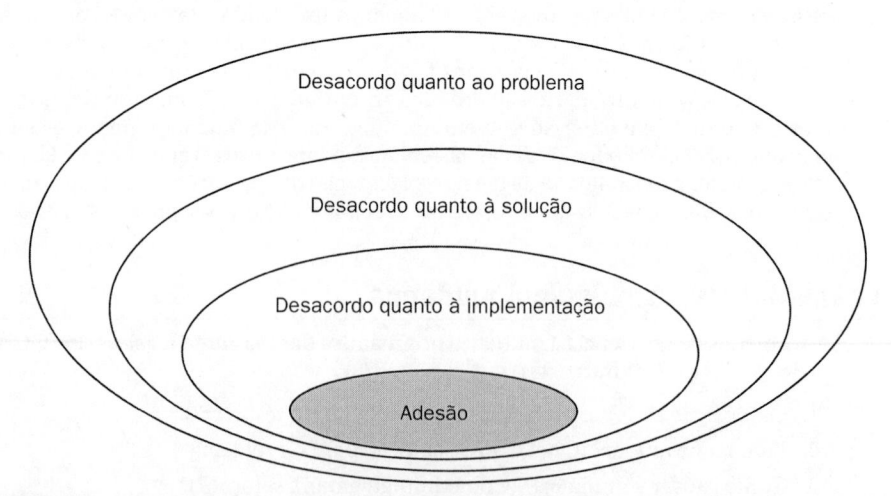

FIGURA 20.1 As camadas básicas de resistência com base nas perguntas sobre mudança da TOC.

do outro, precisamos resistir ao ímpeto de ficar saltando de um lado para o outro – devemos identificar o mais breve possível a primeira "camada" sobre a qual discordamos e propor à outra parte que focalizemos aquela questão antes de passarmos para a próxima.

Ter ciência do ponto em que estamos em uma conversa – identificar a camada com a qual devemos lidar – também pode nos dar uma ideia melhor sobre se estamos fazendo algum progresso ou se estamos imobilizados. Nas decisões difíceis em que talvez as mudanças pareçam "radicais" ou a outra parte exageradamente resistente, o processo de adesão pode ainda levar algum tempo. Em vez de vivenciar o sentimento desconfortável de que não estamos chegando a lugar algum, as camadas podem servir como um roteiro, indicando em que ponto estamos, quando é apropriado seguir adiante e quando é necessário tomar fôlego e não arredar pé.

As três camadas básicas de resistência podem ser a essência desse modelo, embora elas não contem toda a história. Quando examinamos essas camadas mais a fundo, detectamos camadas ainda mais finas dentro delas. Como o termo "camadas de resistência" foi cunhado pela primeira vez em "My Saga to Improve Production" ("Minha Saga para Melhorar a Produção") (Goldratt, 1996a; 1996b, e reimpresso posteriormente em 2003, pp. 1-14), deparei-me com descrições das camadas de resistência da TOC que continham algo em torno de três a nove camadas. O motivo desse fenômeno é que em tipos diferentes de mudança na verdade podem se revelar diferentes camadas mais finas das três básicas que devem ser abordadas separadamente. Além disso, a magnitude da mudança tem um efeito, visto que as mudanças em larga escala tendem a ter mais camadas finas do que pequenas mudanças locais. Ademais, com respeito a uma mudança específica, é difícil prever quantas camadas encontraremos. Isso ocorre principalmente porque, se conseguirmos superar uma camada, a outra parte talvez supere independentemente a seguinte. Para desenvolver uma maior intuição quanto à identificação de camadas e lidar bem com elas, talvez valha a pena rever as camadas mais finas uma por uma.

Desacordo quanto ao problema

Camada 0: não existe nenhum problema

Quando abordamos a outra parte ansiosos por falar sobre uma mudança de ganho mútuo que acreditamos que deva ser implementada, algumas vezes recebemos respostas do tipo: "O que há de errado com o que temos no momento?" ou "Não existe nenhum problema" ou "Tudo está muito bem como está". Esse tipo de resposta indica claramente que ainda não faz sentido discutir o problema (isto é, a camada 1), visto que a outra parte ainda não reconhece que existe um problema. Temos de retroceder e lidar com a camada 0: convencer a outra parte de que algo está errado com a situação atual. Em um exemplo que tem sido utilizado pela comunidade da TOC há vários anos, na discussão sobre as camadas de resistência (Figura 20.2), procuramos Wary Will e lhe dizemos: "Você terá de fazer o esforço de escalar esse penhasco (leia-se: implementar a mudança) porque um crocodilo está bem atrás de você!". Wary Will responde: "Do que você está falando? Não estou vendo nenhum crocodilo".[1] A única maneira de superar essa camada é ouvir com muita atenção o que a outra parte está dizendo – em outras palavras, compreender o que de fato está por trás de sua afirmação. Wary Will pode afirmar que não existe nenhum problema porque o

---

[1] Existem dois motivos distintos para iniciar uma mudança: (1) existe um problema na situação atual ou (2) existe uma oportunidade que gostaríamos de aproveitar ou uma visão que gostaríamos de perseguir. No último caso, pedimos a Wary Will para escalar o penhasco não porque há um crocodilo atrás dele, mas porque há um tesouro lá no cume. Essa situação exige um processo de adesão bastante distinto que está além do escopo deste capítulo. Se tentarmos utilizar as camadas de resistência aqui, podemos muito bem ficar presos à camada 0 – a outra parte insistirá em que não existe nada errado na situação atual, o que na verdade está correto.

FIGURA 20.2 Dilema de Wary Will: mudar ou não mudar.

crocodilo que está se aproximando ainda está muito longe para que ele o note ou ele pode afirmar que "não existe nenhum problema" porque acredita que o crocodilo que está se aproximando é bonzinho e não o morderá. Em vista dessas duas situações diferentes, teremos de utilizar argumentos diferentes para convencer Will de que existe um problema.

As pessoas podem ficar imobilizadas na camada 0 por diversos motivos. Algumas vezes porque elas não conseguem ver que existe alguma coisa errada na situação atual. Outras vezes ocorre o oposto: talvez elas já estivessem bem conscientes dos efeitos indesejáveis e tivessem tentado com todas as forças se livrar deles, mas foram tão malsucedidas que, para elas, esses fenômenos negativos devem ser aceitos como parte da realidade. Talvez elas tenham até ficado tão acostumadas a conviver com esses fenômenos, que elas não os consideram mais negativos (Goldratt, 2009, p. 19). Uma obstrução nessa camada pode até ser herdada de um predecessor que tentou mas foi malsucedido, por isso a pessoa com a qual estamos falando talvez não tenha consciência de que as coisas possam ser diferentes. É compreensível, portanto, que ela não pense que a mudança que estamos apresentando deva ser uma prioridade.

De que forma superamos essa camada? A melhor maneira é tentar compreender inteiramente de onde a oposição está vindo. Devemos deixar a outra parte falar e ajudá-la a revelar seus pressupostos, até identificarmos seu falso pressuposto com respeito à situação. O passo seguinte é provar-lhe que seus pressupostos na verdade não são válidos e que existe um problema. Na maior parte das vezes, basta alguns minutos para que a outra parte perceba que está tendo um erro de percepção e possamos seguir adiante. Em outras ocasiões, leva-se mais tempo para "descascar" a camada 0. Em casos extremos, podemos até precisar realizar uma série de discussões para, gradativamente, fazer a outra parte aceitar nossa opinião sobre a situação. Para quem tende a perder a paciência, talvez seja melhor refletir por um momento sobre uma alternativa: se ficarmos decepcionados, perdermos a paciência e decidirmos pular essa etapa, quais são as chances de a outra pessoa se dispor a colaborar conosco? Quais são nossas chances de sucesso sem o apoio dela?

Algumas vezes é sensato preparar alguma "munição" antes de uma conversa com a outra parte, especialmente se o esforço de adesão ocorrer como uma apresentação formal a um determinado grupo. Uma postura que pode ajudar é lembrar a outra parte da meta que ela está tentando concretizar e examinar se essa meta é atingida plenamente da forma como a outra parte está agindo no momento. Se conseguirmos fazer a outra parte perceber que suas metas não são concretizadas do modo que ela gostaria, isso significa que existe um problema – desse modo, superamos a camada 0. Em outros casos, podemos pensar na possibilidade de utilizar outra postura para extrair essa camada: precisamos lembrar a outra parte de alguns efeitos indesejáveis que são provocados tanto pelo problema que estamos tentando solucionar quanto pelo problema que a outra parte está enfrentando. Nesse caso precisamos convencer a outra parte de duas coisas: primeiro, de que esses efeitos de fato existem e são prejudiciais (e, portanto, indesejáveis). Essa conversa não é tão árdua de ser conduzida quanto possa parecer. Isto é, se nos preparamos para isso. É melhor propor de quatro a sete efeitos indesejáveis, que devem ser verbalizados sob o ponto de vista da outra parte. Lembre-se, é fundamental espelhar a terminologia da outra parte para obter adesão. Para demonstrar que esses efeitos fazem parte de nossa realidade, podemos utilizar perguntas sugestivas, números ou qualquer outro tipo de "prova". Na maior parte das vezes, essa demonstração é suficiente porque a indesejabilidade desses efeitos fala por si só. E se de vez em quando um ou mais efeitos indesejáveis não forem percebidos intuitivamente como negativos, podemos tentar conduzir a outra parte com uma proposição "se... então", até que ela perceba que esses efeitos são de fato negativos.

Entretanto, uma advertência: vamos refletir por um minuto sobre aquelas pessoas que queremos a bordo. Provavelmente precisamos da permissão ou da colaboração delas porque elas têm alguma autoridade ou responsabilidade em uma área intimamente relacionada com nossa mudança. Portanto, é razoável supor que, se elas têm responsabilidade em uma área relacionada à mudança, elas também são responsáveis, ao menos parcialmente, pelo problema que estamos tentando solucionar. Desse modo, talvez elas estejam bem conscientes de que existe um problema na situação atual, mas se recusem a reconhecê-lo em público porque não querem ser responsabilizadas por ele. Se esse for o caso, conversar sobre diferentes efeitos indesejáveis e demonstrar o quanto eles são prejudiciais pode lhes passar a impressão de que as estamos culpando ainda mais do que elas imaginaram possível. Será como jogar lenha na fogueira, o que as levará a resistir ainda mais! É por isso que precisamos ter um cuidado ainda maior quanto à nossa forma de abordar a outra parte e à escolha das palavras. De que modo sabemos se elas estão ignorando o problema porque não têm consciência dele ou porque não querem ser responsabilizadas por ele? Se ouvirmos com a devida atenção, provavelmente saberemos. A adesão tem muito mais a ver com ouvir do que com falar. Porém, e se não tivermos certeza? Nesse caso, é melhor ser prudente e deixar bastante claro para a outra parte que ninguém está querendo culpar ninguém e que só queremos melhorar as coisas para todas as partes.

Suponhamos que tenhamos eliminado a camada 0 e conseguido fazer com que a outra parte reconheça que existe um problema. O que devemos fazer a partir daí? Novamente, temos de ouvir com atenção. Se ouvirmos algo do tipo "Percebo que temos um problema, mas que problema é esse exatamente?" ou "Agora que parei para pensar a respeito, percebo que o problema é diferente do que você está me dizendo", isso significa que passamos para a camada 1 e devemos iniciar a conversa e obter um acordo sobre o problema. Às vezes podemos perceber que, particularmente nas mudanças pequenas, assim que a outra parte se dá conta de que existe um problema, ela ao mesmo tempo consegue reconhecer do que se trata exatamente o problema. Nesse caso, não precisamos desperdiçar energia e incomodar a outra parte com muitas explicações sobre o problema. É melhor verificar se estamos falando do mesmo problema, perceber se a camada 1 também foi removida e seguir adiante.

Camada 1: desacordo quanto ao problema

As pessoas provêm de diferentes origens, têm diferentes funções e têm planos diferentes. Portanto, é sensato esperar diferentes respostas à pergunta sobre o que deve ser melhorado em uma determinada situação. Como já mencionamos, é muito difícil obter consenso quanto a uma solução, a menos que as duas (ou mais) partes primeiro estejam de acordo sobre o problema. Se abordarmos Wary Will e dissermos: "Cuidado! Há um crocodilo atrás de você!" e ele responder "Não é um crocodilo, mas um abutre!", que probabilidade teremos de convencê-lo de que escalar o penhasco é uma boa ideia? Já ouvi pessoas dizerem que, para não perder tempo, é melhor conversar sobre a solução imediatamente e voltar para a camada 1 somente se durante a discussão a respeito da solução percebermos que existe uma discrepância em nossas percepções sobre o problema. Esse atalho é arriscado porque assim que colocarmos as cartas na mesa e a outra parte opuser-se à nossa solução, será mais difícil levá-las a reconhecer que na verdade elas estavam erradas a respeito do problema. Desse modo, é melhor escondermos as cartas do jogo para não darmos oportunidade para que a outra parte contraponha-se enquanto não estivermos sintonizados na mesma estação no que tange ao problema.

Portanto, como podemos chegar a um acordo sobre o problema? Um ponto de partida é conversar abertamente sobre o que a outra parte supõe que seja o problema. Durante essa conversa, podemos perceber que, embora estejamos lidando com problemas diferentes, na verdade eles estão relacionados. Talvez estejamos falando sobre o mesmo problema, mas com palavras distintas, ou ainda estejamos falando sobre uma série de problemas associados que devem ser abordados sequencialmente. Analisar as percepções de cada parte sobre o problema permite-nos chegar a um consenso sobre o que deve ser abordado, em que momento podemos sair dessa camada. Algumas vezes, se não conseguirmos conciliar os diferentes pontos de vista, podemos procurar negociar qual problema será abordado primeiro. Isso pode funcionar, mas também pode gerar um impasse. Nós podemos ser capazes de antecipar essa situação se estivermos preparados para isso.

Ter diferentes papéis pode significar que pessoas diferentes sofrem diferentes efeitos indesejáveis que elas visualizam erroneamente como o principal problema na situação atual. Se não lidarmos com o problema básico real – o problema que está provocando os vários efeitos indesejáveis –, não conseguiremos eliminá-los inteiramente. É por esse motivo que a análise da TOC inicia-se com uma pesquisa sobre o problema básico que está provocando os efeitos indesejáveis na situação em questão. As ferramentas de processo de pensamento da TOC concebidas para ajudar a revelar o problema básico são o método das três nuvens e a *árvore da realidade atual* (ARA). A iniciativa de busca de adesão pode também se beneficiar desse tipo de análise. Se conseguirmos demonstrar à outra parte que seus problemas, bem como os nossos, derivam do mesmo problema básico, talvez possamos conciliar nossos diferentes pontos de vista e chegar ao acordo de concentrar nossos esforços no problema básico. Seja em uma apresentação formal ou em uma conversa sistemática, fazer as pessoas perceberem qual é o problema básico e como ele está associado com os efeitos indesejáveis que elas vivenciam é bastante eficaz para remover essa camada de resistência e nos possibilitar seguir adiante.

Novamente, devemos ter cautela quanto à responsabilização. Já mencionamos que as pessoas das quais desejamos obter adesão podem ser sensíveis ao assunto que estamos levantando. Quando as abordamos para falar sobre o problema, podemos inadvertidamente dar a impressão de que as estamos culpando pelo problema. Isso pode ocorrer com facilidade se simplesmente conversarmos a esse respeito de uma maneira intuitiva e não tivermos cuidado com o que dissermos e a forma como dissermos. Agora, imagine o que poderia ocorrer se as abordássemos com uma análise lógica bem preparada que demonstra que elas são responsáveis não apenas pelos efeitos indesejáveis que experimentam, mas também pelo problema básico que está provocando aflição e agonia em todos os demais. Talvez as estejamos encurralando – involuntariamente, é claro – em um canto e fazendo-as se sentir culpadas ou mesmo agredidas. E se elas ficarem defensivas, qual a probabilidade de todos nós remarmos tranquilamente em direção à adesão à nossa proposta de mudança? Se elas devem ou não ser responsabilizadas é irrelevante nesse momento. Se quisermos de fato implementar a mudança, precisaremos nos esquecer da questão da culpa. Devemos nos preocupar em saber, em vez disso, como a outra parte perceberá nossas intenções de procurá-la. Ela não pode se sentir culpada. Idealmente, queremos deixá-la à vontade e, portanto, receptiva à nossa iniciativa. Ter cuidado com as palavras que empregamos é fundamental! Se pudéssemos também demonstrar que percebemos o que a impediu de resolver esse problema antes, tanto melhor. A TOC recomenda verbalizar o problema utilizando uma estrutura de conflito (isto é, uma nuvem). Queremos demonstrar para o outro lado não apenas que não estamos ali para culpar, mas também que de fato percebemos o conflito ao qual ela está aprisionada.

Quando percebemos que todos os lados estão em sintonia sobre o que constitui o problema, normalmente isso significa que é o momento de passar a conversar a respeito da solução. Exceto, entretanto, nos raros casos em que topamos com a camada 2.

Camada 2: o problema está além do meu controle

Ainda bem que essa camada é rara, porque, quando ela ocorre, é muito difícil superá-la. A camada 2 representa aqueles casos em que o outro lado sustenta que o problema está além de seu controle e espera que a gente desista da ideia. Wary Will nos diz com firmeza "Estou de mãos atadas. Não há nada que eu possa fazer para ajudá-lo" e recusa-se a ouvir qualquer outra palavra sobre a questão. Quando nos deparamos com respostas desse tipo, é melhor ouvirmos com atenção o que a outra parte tem a dizer. Às vezes ela está correta e o problema está, de fato, além de sua esfera de autoridade. Para resolver o problema, portanto, talvez precisemos conversar com quem quer que tenha poder para resolver esse problema. Entretanto, nem sempre temos a opção de procurar os superiores de uma pessoa, o que significa que podemos acabar presos por essa situação.

E se a outra parte simplesmente disser isso e na verdade o problema estiver sob seu controle? Nesse caso teremos um problema sério, porque normalmente ela se recusa a continuar discutindo. Mas se encontrarmos uma forma de iniciar um diálogo, podemos tentar revelar seus pressupostos errôneos e levá-la a considerar o problema como algo solucionável dentro dos limites do controle que ela possui. Ou podemos tentar convencê-la, não obstante sua indisposição, a ouvir nossa solução e então reconsiderar se tem poder para implementá-la.

Desacordo quanto à solução

Camada 3: desacordo quanto à direção da solução

Com frequência existe mais de um caminho, mais de uma "direção", para solucionar o mesmo problema. Wary Will provavelmente não nos ajudará a escalar o penhasco se ele preferir ficar e enfrentar o crocodilo. Quando chegamos a um consenso sobre o problema, muitas vezes nos deparamos com a camada 3 (consulte a Figura 20.3). O que ocorre na camada 3 é que cada parte tenta convencer todos os demais a seguir a direção que ela deseja. Cada parte sustenta que sua direção para a solução é melhor do que a de todos os demais e recusa-se terminantemente a ouvir qualquer outra pessoa até o fim. Se ninguém está de acordo sobre a direção, não faz sentido detalhar nenhuma delas.

Se previrmos esse problema, é melhor estarmos preparados. Precisamos começar a elaborar uma lista de critérios sobre o que consideramos uma boa solução. Essa lista pode incluir itens como reverter alguns dos principais efeitos indesejáveis, atender a necessidades fundamentais das partes envolvidas e evitar ramificações negativas significativas. Depois de apresentarmos os critérios e chegarmos a um acordo sobre eles, devemos rever as direções para as soluções que as pessoas expuseram. Como investimos

```
┌─────────────────────────────────────────────────────────────────┐
│  ┌───────────────────────────────────────────────────┐          │
│  │ Camada 0: "Não existe nenhum problema"            │          │
│  └───────────────────────────────────────────────────┘          │
│  ┌───────────────────────────────────────────────────┐          │
│  │ Camada 1: Desacordo quanto ao problema            │  Problema│
│  └───────────────────────────────────────────────────┘          │
│  ┌───────────────────────────────────────────────────┐          │
│  │ Camada 2: O problema está além de meu controle    │          │
│  └───────────────────────────────────────────────────┘          │
│                                                                 │
│  ┌───────────────────────────────────────────────────┐          │
│  │ Camada 3: Desacordo quanto à direção da solução   │          │
│  └───────────────────────────────────────────────────┘          │
│  ┌───────────────────────────────────────────────────┐          │
│  │ Camada 4: Desacordo quanto aos detalhes da solução│  Solução │
│  └───────────────────────────────────────────────────┘          │
│  ┌───────────────────────────────────────────────────┐          │
│  │ Camada 5: Sim, mas... a solução tem ramificações  │          │
│  │ negativas                                         │          │
│  └───────────────────────────────────────────────────┘          │
│                                                                 │
│  ┌───────────────────────────────────────────────────┐          │
│  │ Camada 6: Sim, mas... não podemos implementar a   │          │
│  │ solução                                           │          │
│  └───────────────────────────────────────────────────┘          │
│  ┌───────────────────────────────────────────────────┐          │
│  │ Camada 7: Desacordo quanto aos detalhes da        │Implemen- │
│  │ implementação                                     │tação     │
│  └───────────────────────────────────────────────────┘          │
│  ┌───────────────────────────────────────────────────┐          │
│  │ Camada 8: Sabemos que a solução apresenta riscos  │          │
│  └───────────────────────────────────────────────────┘          │
│                                                                 │
│     Camada 9: "Não penso assim" — Barreiras sociais e           │
│     psicológicas                                                │
└─────────────────────────────────────────────────────────────────┘
```

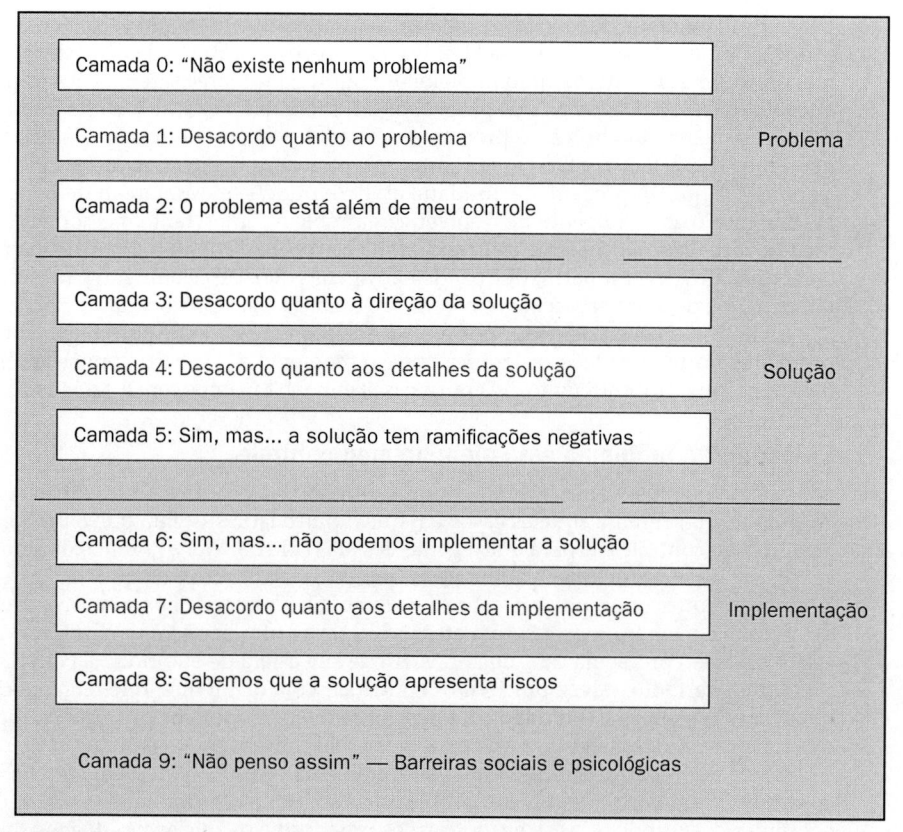

FIGURA 20.3 As camadas de resistência à mudança segundo a TOC.

tempo na identificação do problema básico e idealizamos uma boa solução para esse problema (e fomos nós que elaboramos a lista de critérios adequados), temos uma probabilidade bem maior de cumprir os critérios do que nossos pares. E se não tivermos? Bem, talvez devamos perceber que a direção proposta pela outra parte é melhor do que a nossa e proceder à altura.

Pode parecer que a elaboração de uma lista de critérios para uma boa solução seja um incômodo. Por que simplesmente não discutir cada solução para avaliar seu mérito? Muitas vezes elaborar uma lista desse tipo é de fato um "excesso de esforço" em uma situação em que uma discussão intuitiva já seria suficiente. Porém, algumas vezes tomar esse cuidado complementar é crucial para resolvermos o problema. É fácil imaginar situações que envolvem, digamos, a natureza humana: se começarmos a comparar as soluções, a discussão correrá o risco de descambar para o lado pessoal (e emocional) em um tempo razoavelmente pequeno ("a minha é melhor do que a sua!"– não lhe soa familiar?). Quanto mais comparamos e criticamos, mais cada participante se agarrará e lutará por sua solução, e com isso fica difícil manter uma conversa civilizada, muito menos chegar a um consenso. Uma lista de critérios adequados com a qual todos concordem previamente, antes da revisão de cada uma das soluções, funciona como uma baliza à qual podemos recorrer. Examinar cada uma das soluções com base nessa lista de critérios nos ajudará a conduzir uma discussão prática, em vez de pessoal. Dessa forma podemos supor que seja possível abrir mão das direções menos desejáveis e obter consenso sobre uma direção. Assim que chegarmos a um acordo sobre a direção que devemos tomar, a camada 3 será eliminada e poderemos seguir adiante.

Camada 4: desacordo quanto aos detalhes da solução

É importante remover a camada 3 (a direção da solução) e a camada 4 (os detalhes da solução) separadamente quando estivermos diante de uma mudança de larga escala que provavelmente tenha mais de uma direção para a solução e na qual cada solução envolva grande quantidade de detalhes. Em mudanças menores e mais simples, a direção e os detalhes tendem a integrar-se na discussão sobre a solução e tentar mantê-los separados torna-se menos importante.

Nessa camada, podemos ouvir algumas pessoas dizerem "Sua solução não é suficientemente boa", "Ela não aborda totalmente o problema", "É uma solução terrível! Ela não cobre x, y nem z". As pessoas concordam com nossa direção para uma solução, mas afirmam que ela ainda não está completa; ela não alcança todos os resultados desejados. Em vez de significar a ruína de nosso projeto, essas objeções na verdade nos permitem verificar se desenvolvemos uma solução abrangente para o problema ou se deixamos algo passar. Devemos engolir em seco nosso ressentimento com a outra parte por invalidar nossa preciosa solução e avaliar suas observações o mais abertamente (e neutramente) possível. Se a preocupação da outra parte não for válida, devemos explicar melhor nossa solução até que ela veja que a solução foi concebida para obter o benefício que ela está enfatizando. E que, se ela estivesse correta, nós a agradeceríamos por nos ter aberto os olhos nesse estágio inicial para alterar nossa solução de acordo com suas sugestões.

E se não conseguirmos resolver as questões apontadas pela outra parte? Se parecer que nosso plano não conseguirá produzir um benefício significativo, teremos de ser suficientemente abertos para reavaliar nossa solução e ver se ela é tão boa quanto pensamos que era. Talvez devêssemos voltar à camada 3 e escolher uma direção diferente. Se quisermos que a outra parte avalie objetivamente o mérito da mudança que propusemos, deveremos ser igualmente objetivos a esse respeito, e não cegos por nosso entusiasmo ou sentimento de apropriação.

A outra parte talvez traga à baila mais de um resultado desejado que ela suspeita que esteja faltando. Se estivermos determinados a obter a total colaboração da outra parte (e obter o máximo da mudança), devemos prestar atenção ao que ela tem a dizer, identificar que benefícios significativos estão faltando e discutir sobre como alterar a mudança para gerar também esses benefícios. Uma forma de superar sistematicamente essa camada é primeiro chegar a um consenso sobre todos os benefícios (ou "efeitos desejados") que a mudança promete gerar. Para isso, registre por escrito o efeito oposto de cada efeito indesejável que foi exposto ao longo da discussão sobre o problema. Em seguida, reveja cada efeito desejável para determinar se a mudança está adequadamente projetada para isso. Se um ou mais desses benefícios significativos de fato tiverem sido negligenciados, devemos alterar a mudança para abrangê-los. A ferramenta do processo de pensamento da TOC que pode nos ajudar nesse sentido é a *árvore da realidade futura* (ARF).

Camada 5: "sim, mas..." a solução tem ramificações negativas

Assim que chegamos a um acordo sobre a solução e acreditamos que todos os ângulos foram abordados, ficamos ansiosos por conversar a respeito das etapas de implementação. É por esse motivo que devemos respirar fundo quando ouvimos a objeção seguinte, que já é previsível – isto é, as objeções "sim, mas". "Sim, tudo isso parece bom, mas você percebe que, se levarmos isso adiante, acabaremos enfrentando...", diz a outra parte. Ainda estou para ver uma iniciativa de obtenção de adesão em que o iniciador não despenda considerável energia para lidar com essa camada. Se a outra parte sentir que a solução pode provocar algum dano, poucas são as chances de ela se dispor a colaborar. Precisamos parar para compreender qual é sua preocupação e por que ela afirma que essa é uma consequência inevitável da solução que propusemos. Se essas preocupações tiverem fundamento, é melhor a abordarmos. E se não tiverem, devemos esclarecer por que elas não têm fundamento. A ferramenta da TOC concebida para nos ajudar nessa etapa é a *ramificação negativa* (RN).

A outra parte pode apresentar mais de uma ramificação negativa a respeito da mudança. Quanto maior a mudança e maior a quantidade de pessoas envolvidas, mais "vulneráveis" ficamos a objeções nessa camada. Na pressa de concluir o processo de adesão, podemos examinar e abordar uma única preocupação, supor que um pequeno ajuste é suficiente para superar essa camada e seguir adiante. Esse é um erro grave. Se não tivermos abordado todas as objeções levantadas nessa etapa, a solução parecerá prejudicial e deploravelmente inadequada para resolução do problema. Desnecessário dizer que não haverá adesão da outra parte. Não há nenhuma forma de contornar isso: precisamos despender o tempo e o esforço que forem necessários nessa camada, até o momento em que todos concordarem que a solução não tem nenhuma ramificação negativa significativa.

Falando em ramificações negativas, a essa altura a outra parte pode trazer à tona outro tipo de "Sim, mas...". Nessa situação, ela pode afirmar que a implementação de nossa solução exigirá que ela abra mão de algo positivo que já possui. Wary Will talvez perceba que, se juntar a nós para escalar o penhasco, terá de deixar sua querida sereia para trás. Ninguém disse que uma solução ganha-ganha é perfeita. Às vezes, para obter novos benefícios, precisamos abrir mão daqueles que desfrutamos. A essa altura do processo, provavelmente já teremos resolvido essa questão com nós mesmos e decidido que vale a pena abrir mão de alguns pontos positivos em favor das vantagens oferecidas pela solução. Contudo, não podemos tomar essa decisão em nome da outra parte. Portanto, se precisamos verdadeiramente que a outra parte esteja do nosso lado, devemos convencê-la de que as vantagens de nossa solução valem o que pesam.

A essa altura, já teremos chegado a um acordo com a outra parte sobre o problema em si e concordado em que a solução que propusemos é uma boa solução. De acordo com a TOC, uma *boa solução* é aquela que soluciona adequadamente o problema sem criar novos problemas significativos. Nas camadas 3 e 4, verificamos que nossa solução resolverá apropriadamente o problema e que a camada 5 cuidou das ramificações negativas. Só agora faz sentido avançar para uma discussão sobre a implementação.

Desacordo quanto à implementação

Camada 6: "sim, mas... não podemos implementar a solução"

"Sim, mas você nunca conseguirá isso", "Está tudo excelente, mas isso é impossível de implementar", "É uma solução terrível e nunca sairemos de x, y ou z." A princípio é difícil diferenciar entre a camada 6 e a camada 5 porque elas parecem idênticas. Entretanto, as objeções nessas duas camadas são bem diferentes entre si. Na camada 5, ainda não chegamos a um acordo sobre se a solução da qual estamos falando é uma boa solução. Ainda estamos discutindo sobre se ela apresenta ramificações negativas. Na camada 6, já concordamos que se trata de uma boa solução e estamos pensando em uma forma de implementá-la. As pessoas tendem a confundir mais essas duas camadas do que qualquer uma das outras, e isso provoca uma troca ineficaz de objeções e uma demora frustrante no processo de obtenção da adesão. A sequência lógica para abordar essas duas camadas é clara: não faz sentido conversar sobre os obstáculos à implementação antes de chegarmos ao acordo de que essa é uma mudança que desejamos implementar. Desse modo, assim que entramos na fase do "Sim, mas...", precisamos afinar os ouvidos para identificar a que camada a objeção pertence, combinar com a outra parte em primeiro abordar todas as ramificações negativas e só então falar sobre os obstáculos à implementação. Para diferenciar esses dois tipos de "Sim, mas...", devemos nos perguntar: "Isso de fato pode ocorrer se implementarmos a mudança?" (ramificação negativa) ou "Isso está me impedindo de obter a mudança?" (obstáculo).

Desnecessário dizer que, se a outra parte não acreditar que nossa solução é prática, poucas serão as chances de que ela nos dê sua aprovação. Portanto, não temos outra opção senão abordar todos os obstáculos que ela apresentar. Como na camada 5, podemos optar por amaldiçoá-la em silêncio por ser um empecilho ou agradecer por nos ajudar a planejar melhor e a impedir que enfrentemos menos surpresas desagradáveis assim que entrarmos em ação. Normalmente, quanto maior a mudança, mais obstáculos enfrentamos. E assim que os obstáculos começam a se avolumar, precisamos ordená-los – quais podem ser abordados em paralelo e quais devem ser abordados sequencialmente. As ferramentas da TOC que podem ajudar nessa etapa são a *árvore de pré-requisitos* (APR) e, em grandes projetos, a *árvore de estratégias e táticas* (E&T).

Camada 7: desacordo quanto aos detalhes da implementação

Tal como a camada 3 (direção da solução) e a camada 4 (detalhes da solução), a camada 6 (obstáculos à implementação) e a 7 (detalhes da implementação) devem ser abordadas separadamente no planejamento de mudanças de larga escala. Em mudanças pequenas, elas tendem a se fundir em uma única camada que abrange nossa tentativa de chegar a um consenso sobre o plano de implementação. Na camada 7, discutimos e chegamos a um consenso sobre os detalhes: cronogramas, datas de entrega, atribuição de funções e responsabilidades, orçamento, recursos etc.

Decidir "quem faz o quê" é uma tarefa que fazemos razoavelmente bem. Entretanto, não devemos negligenciar o "porquê". Explicar a lógica por trás de nossas decisões não é apenas útil para convencer as pessoas de que nossos planos fazem sentido. Isso também contribui para um alto desempenho. Podemos nos ater às especificidades tanto quanto possível, pormenorizando exatamente o que fazer e quando, mas a realidade talvez não se revele da forma como esperamos e esses detalhes podem ser inúteis. A mudança envolve uma incerteza considerável e a maneira de lidar com isso com eficiência não é apresentar detalhes ínfimos, mas o "porquê". Se as pessoas compreenderem por que queremos que elas façam determinada coisa, o que cada etapa pretende alcançar e por que elas precisam fazer tal coisa para passar à etapa seguinte, elas terão melhores condições de improvisar e ter êxito quando a realidade não se revelar tal como esperávamos. A ferramenta da TOC que pode ser útil para apresentar o "porquê" das várias etapas da implementação é a *árvore de transição* (AT). Delegar tarefas dessa forma tende a motivar as pessoas, o que também gera um impacto positivo em sua disposição para colaborar.

Camada 8: sabemos que a solução apresenta riscos

Quando passarmos pela camada 6 (obstáculos à implementação) e pela 7 (detalhes da implementação), a outra parte pode dar-se conta dos possíveis riscos que assumiremos se decidirmos levar a mudança adiante. Wary Will percebe que queremos que ele suba uma escada cambaleante e imediatamente responde: "Não estou muito certo a esse respeito, eu posso quebrar a perna". Se a outra parte acreditar que o risco não vale a pena, teremos um problema. Depende de nós discutir cada risco que ela expuser e pensar em como podemos diminuí-lo por meio de algumas mudanças (*e.g.*, consertar a escada para Will) ou criar medidas de segurança (*e.g.*, colocar um colchão abaixo da escada). Se não conseguirmos encontrar uma saída para diminuir o risco, precisaremos reconsiderar o método que escolhemos para implementar a mudança (talvez haja um zepelim disponível na área?). Se não conseguirmos encontrar uma forma de contornar esse risco, talvez no final tenhamos de enfrentar a necessidade de ponderar sobre o risco e o provável prejuízo de cancelar os planos de implementação de nossa solução e ver qual será o melhor procedimento. Desnecessário dizer que, se quisermos obter a colaboração da outra parte, teremos de convencê-la melhor de que tomamos a decisão correta.

Passar por esse processo de adesão aumenta a probabilidade de conseguirmos convencer a outra parte de concordar conosco e nos acompanhar. A sequência lógica e a intuição para saber onde é necessário fazer uma pausa e como lidar com cada tipo de objeção nos oferecem uma forma mais eficaz para conduzir esse diálogo. A utilização das camadas de resistência também nos oferece maior controle do que teríamos se conduzíssemos essas discussões de uma maneira intuitiva. Nas discussões intuitivas, depois que apresentamos a mudança, normalmente passamos a abordar toda e qualquer objeção levantada pela outra parte. Portanto, nesse caso, estamos na verdade dando-lhe controle sobre a discussão. As camadas de resistência nos possibilitam saber em qual camada estamos e sobre o que devemos conversar. Desse modo, quando a outra parte levantar outra objeção, poderemos dizer se ela pertence a uma camada anterior ou a uma camada posterior. E assim saberemos se precisamos retroceder ou se precisamos demonstrar à outra parte que a ouvimos (de preferência registrando por escrito sua objeção) e explicar por que é sensato não lidar com ela no momento e deixá-la para uma etapa posterior. Dessa maneira podemos nos manter em um posição mais vantajosa para conduzir a conversa.

E se chegarmos até esse ponto, cobrirmos todas as oito camadas e a outra parte ainda estiver resistente? Novamente, teremos de ouvir com muito cuidado o que ela tem a dizer. A primeira coisa que devemos considerar é que podemos tê-la perdido em uma etapa anterior e ela ainda está parada lá. Se esse for o caso, evidentemente precisaremos retroceder e pegar a bola onde a deixamos cair. A essa altura, outro motivo de resistência é que a outra parte precisa apenas de tempo. Com frequência as pessoas não se sentem à vontade para demonstrar aprovação logo de cara. Elas precisam de tempo para pensar a respeito, e depois que elas se familiarizarem com a ideia provavelmente nos procurarão com uma resposta positiva. Se não se tratar de um problema de uma camada anterior e não tiver a ver com a necessidade da outra parte de digerir, a resistência, nesse momento, significa que nos deparamos com a camada 9.

Camada 9: "não penso assim" – barreiras sociais e psicológicas

As camadas de resistência apresentam uma sequência das objeções que estão diretamente relacionadas com a mudança em questão (isto é, as objeções inerentes). Entretanto, não podemos ignorar o fato de que as pessoas também resistem por motivos que não são inerentes à nossa mudança (isto é, razões externas). Como mencionamos no início deste capítulo, as pessoas podem ter traços de personalidade que as tornam mais propensas a resistir à mudança. Elas podem se sentir obrigadas a sair de sua zona de conforto e resistir a incertezas (que elas consideram) de forma excessiva. Elas podem resistir por causa de pressões sociais ou porque elas agem de acordo com normas sociais que nossa solução contesta ou então por vários outros motivos. Seja qual for a razão externa, isso pode semear tropeços ao longo do caminho, desde o início do processo de adesão. Porém, desde que não tenhamos abordado as objeções inerentes, não devemos nos ater a esse motivo externo (consulte novamente a Figura 20.3). Por mais que sejamos tentados a nos apegar a ele, isso não fará outra coisa senão nos levar a culpar a outra parte, em vez de assumirmos a responsabilidade por obter sua adesão.

Pense, por exemplo, em um caso em que precisássemos apresentar uma mudança inovadora que contesta a forma como as coisas sempre foram feitas. Suponhamos que detectemos razoavelmente rápido que a outra parte objeta porque prefere manter a tradição e agir de acordo com o comportamento de outras pessoas na área. Uma das reações é chamá-la de "conservadora" ou mesmo de "tosca" e... e daí? Outra forma de lidar com a situação é ter confiança de que a esse motivo externo não vai nos obstruir, mas apenas nos retardar. Devemos reconhecer que isso pode exigir um esforço maior, mas mesmo assim tentar obter sua adesão. Se o conservadorismo for o único motivo que a leva a resistir à mudança, muitas vezes constatamos que essas pessoas com o tempo mudam de direção; elas percebem que existe um problema na situação atual e, mesmo que nossa solução conteste a maneira tradicional de fazer as coisas, na verdade ela é a única coisa certa a fazer.

Quando mais cedo detectamos um motivo externo que pode levar alguém a resistir, melhor e mais adequadamente podemos adaptar nossa postura para superá-lo. Utilizamos as camadas de resistência e ao mesmo tempo mantemos esse motivo externo em mente. Por exemplo, se percebermos que estamos forçando as pessoas a sair de sua zona de conforto, devemos sempre lhes perguntar de que informações elas precisam e discutir sobre como é possível facilitar as coisas para elas na etapa de implementação utilizando demonstrações, pilotos etc. Ou, se percebermos que estamos falando com uma pessoa que tem necessidade de estar no controle (e que não poderemos evitá-la ou a derrotar), teremos de mudar nossa postura para lhe dar maior controle – tanto na discussão de adesão quando na implementação da mudança.

Quando nos deparamos com a camada 9, isso significa que fizemos o possível para conduzir a outra parte pelas camadas que lidam com as objeções inerentes à nossa mudança, e agora estamos convencidos de que o motivo que ainda a leva a resistir é externo à nossa mudança. Nessa situação, devemos identificar o motivo externo da resistência, se ainda não tivermos feito isso mais cedo, e tentar abordá-lo. Entretanto, o objetivo deste capítulo não é cobrir uma lista de motivos externos de resistência à mudança, visto que existe um grande corpo de publicações sobre esse assunto.

Sentimento de apropriação: a solução para uma verdadeira adesão

Existe um tipo de mudança pela qual as pessoas sentem verdadeiro entusiasmo – suas próprias iniciativas. Como todos sabemos, a apropriação psicológica ("isso é MEU!") desempenha um papel fundamental no entusiasmo e comprometimento das pessoas. Portanto, quanto mais a mudança for importante para nós e maior a colaboração que necessitarmos das outras pessoas, mais devemos nos esforçar para fazê-las sentir que essa mudança também é "delas". O problema é que, quando inicialmente solicitamos sua colaboração, elas ainda não têm nenhum sentimento de apropriação; elas sentem como se não tivessem nada a ver com essa mudança. Como cultivamos esse sentimento? O sentimento de apropriação provém de várias vias correlatas (consulte, por exemplo, Pierce *et al.*, 2001[2]).

A utilização das camadas de resistência é uma excelente solução para cultivar o sentimento de apropriação; isto é, se estivermos verdadeiramente dispostos a compartilhar com os outros a propriedade de nossa mudança. Uma forma de empreender isso é pôr nosso ego de lado e aprender a acolher positivamente perguntas e objeções. Depois que apresentarmos nossas ideias em cada camada, precisamos estimular a outra parte a fazer perguntas. Isso *não* significa estimulá-las a fazer perguntas apenas pelo fato de fazer. Significa estimular a outra parte a falar o que pensa para identificarmos o que de fato as perturba. Falar sobre o que a está perturbando e esclarecer os detalhes que faltaram é o que pode ajudá-la a se familiarizar com a mudança. Além disso – e isso é fundamental para o processo como um todo –, precisamos avaliar objetivamente suas objeções. Mantendo a mente aberta, descobriremos que pelo menos algumas de suas preocupações têm fundamento. Se reconhecermos suas ressalvas e pedirmos *sua* opinião sobre como superá-las, dar-lhe-emos controle sobre as decisões atuais e sobre as ações futuras. Quanto mais reconhecermos suas ressalvas (válidas!) e incorporarmos suas sugestões nos planos de mudança, mais a mudança se tornará delas também. Mesmo que tivermos identificado eficientemente o problema e concebermos uma solução razoável, a outra parte muito provavelmente trará à tona considerações válidas na camada 5 e obstáculos reais na camada 6. Em vez de tentar contestar essas considerações, devemos vê-las como uma excelente oportunidade para cultivar o sentimento de apropriação da outra parte. Quando uma discussão desse tipo é conduzida adequadamente, a outra parte sente-se mais envolvida

---

[2] De acordo com as proposições desses autores, quanto maior a familiaridade das pessoas com a mudança, maior controle elas têm sobre as decisões e ações, e quanto mais tempo, ideias e recursos elas investem, mais forte se torna o sentimento de apropriação.

e mais disposta a participar no momento em que atingimos a etapa 7. Se a essa altura ela assumir a responsabilidade e começar a assumir o controle pela revisão dos detalhes, saberemos que tivemos sucesso.

Outra questão que deve ser discutida aqui é a da equidade. A outra parte resistiu à nossa mudança desde o princípio porque estava tentando obter mais para si. Talvez ela acredite que mereça mais porque no passado ela investiu muito e sente que não foi compensada adequadamente, suspeita de que será solicitada a investir muito na implementação da mudança ou talvez acredite que os outros receberão mais. A questão de recompensa justa por seus esforços ou de distribuição justa dos resultados esperados em relação à mudança pode ser particularmente complexa se estivermos lidando com um grupo de pessoas – aquelas que esperam investir mais na implementação da mudança e afirmam merecer mais com base em sua contribuição, aquelas que estão no meio e defenderão o princípio de igualdade e as mais fracas, que esperam contribuir o mínimo e afirmam merecer mais em virtude de suas necessidades especiais. A discussão sobre o que é justo e não é justo é pantanosa. Se chegarmos a esse ponto, ficaremos mais propensos a afundar do que a boiar. O que pode ajudar é cultivar o sentimento de apropriação das pessoas pela mudança. Se *elas* se oferecerem para ajudar ou chegarem à conclusão de que gostariam de investir mais, a questão da equidade talvez não venha à tona.

Além de promover o sentimento de apropriação, existe outra grande vantagem em acolher favoravelmente as objeções e julgá-las objetivamente. Todos nós já implementamos mudanças pelas quais sentíamos entusiasmo para só então descobrir que elas estavam "imaturas" e não produziram todos os resultados desejados. Se observarmos com verdadeira atenção, existe uma boa probabilidade de as outras pessoas estarem a par de alguma coisa que deixamos passar – portanto, elas aumentam nossas chances de implementar uma mudança bem planejada e de desfrutar plenamente de seus resultados.

Fator preponderante

Ao ler a respeito do processo de adesão podemos ter a impressão de que persuadir as pessoas é uma tarefa complexa que exige muito esforço. Bem, algumas vezes isso ocorre, mas vejamos por outro ângulo. As mudanças cotidianas são em sua maioria mudanças locais e pequenas que exigem não mais que uma conversa adequada e franca. Nesse tipo de mudança, normalmente encontramos não mais que três ou quatro camadas. Se tivermos consciência delas, a discussão tenderá a ficar mais focada e o processo de adesão na verdade exigirá menor esforço.

Quando enfrentamos uma mudança de larga escala, as coisas são diferentes. Nesse caso, podemos precisar investir uma quantidade significativa de tempo para preparar nossa apresentação e planejar de que forma conduziremos a discussão para obter adesão. Quando nos defrontamos com esses preparativos, podemos achar que eles exigem muito esforço e decidir "improvisá-los". A percepção de que esse esforço será "demasiado" provém da comparação entre o tempo que precisamos para realizar essa preparação e o tempo que levará para "improvisá-la". Contudo, se olharmos para o quadro global, o que devemos comparar é o tempo que levaremos para preparar nossa análise e discutir nossos argumentos e o tempo, o esforço e a agonia para convencer a outra parte a dizer sim (e talvez nem venhamos a ouvir essa palavra de aprovação!) se não nos prepararmos. Tente se lembrar de um momento em que tenha enfrentado resistência e do quanto você batalhou para convencer a outra parte a colaborar. Se você tivesse ao menos se preparado um pouco mais, teria obtido um salto...

Referências

Goldratt, E. M. *The Goal*. Great Barrington, MA: North River Press, 1984.

Goldratt, E. M. "My Saga to Improve Production: Part 1". *APICS: The Performance Advantage*, 6(7), julho de 1996ª, pp. 32-35.

Goldratt, E. M. "My Saga to Improve Production: Part 2". *APICS: The Performance Advantage*, 6(8), agosto de 1996b, pp. 34-37.

Goldratt, E. M. "My Saga to Improve Production". Em *Production: The TOC Way*. Ed. revista. Great Barrington, MA: North River Press, 2003.

Goldratt, E. M. 2009. *The Choice*. Great Barrington, MA: North River Press.

Pierce, J. L., Kostova, T. e Dirks, K. T. "Toward a Theory of Psychological Ownership in Organizations". *The Academy of Management Review*, 26(2), abril de 2001, pp. 298-310.

Sobre a autora

Dra. Efrat Goldratt é psicóloga organizacional especializada no *processo de pensamento* da TOC. Ela desempenhou um papel ativo no desenvolvimento do processo de pensamento, particularmente em aplicações para indivíduos. Efrat ensina o processo de pensamento tanto em negócios quanto em educação no mundo inteiro.

Efrat é doutora em psicologia organizacional e sua pesquisa de dissertação versou sobre as reações dos funcionários a mudanças organizacionais positivas.

21
Menos é mais: aplicação dos conceitos de fluxo às vendas

Mauricio Herman e Rami Goldratt

Introdução

Desde que implementamos a visão viável (*viable vision*), o objetivo de nossa empresa passou a ser tornar-se uma empresa sempre florescente. Uma empresa capaz de obter um crescimento exponencial valendo-se de processos que garantam esse crescimento não o obtém à custa de sua estabilidade. Nossa principal motivação é estabelecer, explorar e manter uma vantagem competitiva decisiva. Essa vantagem competitiva decisiva só pode ser criada se uma necessidade significativa do mercado for satisfeita de uma maneira que nenhum outro concorrente de peso consiga. As necessidades que optamos por explorar são "confiabilidade" e "velocidade".

Nos últimos anos, transformamos totalmente nossa abordagem de vendas. Mudamos da venda de produtos para a venda de serviços, da venda com base no preço para a venda com base no valor. Nossos vendedores estão cada vez mais conscientes de que correr atrás de pedidos não é a solução para o crescimento, mas que eles devem ter habilidade para fechar negócios. Implementamos mudanças não apenas nos nossos métodos de venda, mas também nos nossos métodos de administrar e gerenciar oportunidades de venda.

Os resultados dessas iniciativas podem ser vistos em vários aspectos. Nossas vendas e nosso ganho aumentaram nos últimos anos. O mercado (com base na reação dos clientes) está cada vez mais percebendo que nossa empresa não é apenas outro fornecedor. Mudamos de maneira significativa nosso *mix* de produtos para produtos que oferecem um ganho maior. Aumentamos nossa participação em relação aos clientes que já tínhamos. Aumentamos nossa base de clientes e diminuímos nossa dependência para com alguns clientes de grande porte. Essas iniciativas também geraram resultados menos tangíveis; examinando o comportamento de nossos departamentos, vemos com nitidez que melhoramos de forma sensível nossa capacidade de introduzir e adotar mudanças.

Não obstante esses resultados, todos nós sentimos que ainda falta alguma coisa. As mensurações mais importantes – lucratividade e volume de vendas – indicavam claramente que ainda havia uma grande disparidade entre a realidade atual e a realidade que queríamos criar. Ao examinar a tendência do crescimento das vendas e dos lucros, era perceptível que não estávamos crescendo ao ritmo que desejávamos. A pergunta óbvia era: "O que ainda está faltando?". Com todas as melhorias que havíamos realizado, por que as vendas não estavam crescendo a um ritmo mais acelerado como todos os indicadores mostravam que deveríamos?

Nos últimos meses, melhoramos a mensuração e a divulgação de nossos esforços de venda. Uma mensuração que se demonstrou notável foi nossa taxa de acertos. Nosso funil parecia repleto de oportunidades, mas estávamos concretizando apenas algumas.

Todos os clientes aos quais apresentávamos nossa oferta gostavam dela e com o tempo conseguíamos pelo menos uma das solicitações de projeto[1] que o cliente nos fazia. Entretanto, a maioria das solicitações feitas por esses clientes que haviam entrado nesse funil não se concretizava. Além disso, os mesmos clientes que expressavam um interesse autêntico por nossa oferta estavam evidentemente lançando várias promoções no mercado sem nossa participação nesse processo. Tínhamos em nosso funil de vendas 250 projetos e uma taxa de acertos de 11%.

Em julho de 2008, li um novo artigo de Eli Goldratt, "Standing on the Shoulders of Giants" ("Sobre os Ombros de Gigantes").[2] Supostamente, esse artigo aborda problemas de produção; ele ressalta conceitos subjacentes a três dos principais avanços no sistema de produção de nossos tempos: as linhas de produção de Henry Ford, o *sistema Toyota de produção* (STP), de Taiichi Ohno – posteriormente conhecido como produção enxuta (Lean) – e a aplicação *tambor-pulmão-corda* (TPC) da *teoria das restrições* (*theory of constraints* – TOC), desenvolvida por Eli Goldratt. Talvez você se pergunte por que isso é relevante para o tema de vendas. Bem, os conceitos subjacentes a esses avanços me impressionaram por sua extrema relevância para o gerenciamento de oportunidades de venda.

O parágrafo a seguir é extraído do artigo:[3]

> Em suma, tanto Ford quanto Ohno seguiram quatro conceitos (de agora em diante passaremos a chamá-los de conceitos de cadeia de suprimentos):
>
> 1. A melhoria do fluxo (ou, equivalentemente, tempo de atravessamento) é um dos objetivos primordiais das operações.
> 2. Esse objetivo primordial deve ser convertido em um mecanismo prático que oriente as operações sobre quando não produzir (evitar a produção em excesso). Ford utilizou o espaço; Ohno utilizou o inventário [Goldratt utilizou o tempo].
> 3. As eficiências locais devem ser abolidas.
> 4. É necessário ter em vigor um processo de focalização que equilibre o fluxo. Ford utilizou a observação direta. Ohno utilizou a diminuição gradativa da quantidade de contêineres e, depois, a diminuição gradativa de peças por contêiner [Goldratt utilizou o consumo de tempo do pulmão].

Melhorando o fluxo

Nossa pergunta era: "Esses conceitos aplicam-se ao ambiente de gerenciamento do funil de vendas?". O "trabalho" que flui no funil de vendas são as oportunidades de venda. Até que ponto é importante assegurar um fluxo de oportunidades com o mínimo possível de transtornos em nosso processo? Tal como na produção, os atrasos no fluxo transformam-se em tempos de atravessamento mais longos. Em ambos os ambientes, tempos de atravessamento mais longos significam atendimento de baixa qualidade ao cliente; significa receita diferida; significa que algumas das entidades que fluem (sejam elas ordens de serviço ou oportunidades de venda) de repente se tornam urgentes e assim por diante. Em vendas, do mesmo modo que na produção, os atrasos no fluxo com frequência implicam custos mais altos [sejam em despesas com estoque de trabalhos em andamento (*work in progress* – WIP) ou despesas de venda].

---

[1] Em nossa empresa, chamamos as oportunidades de venda de "projetos".

[2] Recomendo com veemência que todos vocês leiam esse artigo. Esse documento foi publicado em E. M. Goldratt, "Standing on the Shoulders of Giants", *The Manufacturer*, junho de 2009. Acesso em 4 de fevereiro de 2010, disponível em http://www.themanufacturer.com/uk/content/9280/Standing_on_the_shoulders_of_giants.

[3] Utilizado com permissão de E. M. Goldratt (2009). © E. M. Goldratt. Todos os direitos reservados.

Além das implicações de custo, é amplamente sabido que, quando existe um acúmulo de WIP no sistema, isso aumenta os problemas de qualidade (mascarando-os e tornando-os mais difíceis de gerenciar). Em essência, o mesmo se aplica ao gerenciamento das oportunidades de venda. Atrasos no fluxo normalmente acarretam problemas de qualidade, visto que a equipe de vendas e as funções de apoio às vendas precisam lidar simultaneamente com casos que não estão fluindo tranquilamente. Portanto, é evidente que todos os motivos que tornam o fluxo fundamental para a produção sejam aplicáveis igualmente ao gerenciamento das oportunidades de venda.

Contudo, existe uma diferença notável. Na verdade, em vendas, o fluxo tem uma importância bem maior. Diferentemente da produção, quanto maior o atraso de uma oportunidade de venda em determinada etapa, menor a probabilidade de ganhar essa oportunidade. Além do mais, quando as oportunidades não estão fluindo, mais tempo e maior atenção são exigidos do vendedor ou da atividade de vendas para lidar com esses casos. Tentar imaginar que, na produção, quanto maior o tempo durante o qual uma ordem de serviço permanece na fila, maior se torna o tempo líquido de processamento. Em vendas, essa *é* a realidade. A atenção dada às oportunidades em atraso prejudica a absorção e o acompanhamento de outras oportunidades. Desse modo, o fluxo é, com certeza, um objetivo primordial no que se refere ao gerenciamento de oportunidades no funil.

E quanto ao segundo conceito de cadeia de suprimentos?

Evitando a produção em excesso

O segundo conceito (*prevenção da produção em excesso*) é conhecido por nosso pessoal de produção como *"paralisar a liberação"* (não liberando trabalho para a produção até um certo tempo – *o pulmão – antes da data devida*). O pressuposto básico é de que ter uma quantidade excessiva de pedidos na seção de produção cria gargalos, encobre as prioridades e atrapalha o fluxo. Isso é importante para o ambiente de vendas? Examinemos as ramificações quando temos um número excessivo de projetos abertos. Ter vários projetos abertos significa que todo recurso que está envolvido no processo de vendas é responsável simultaneamente pela execução de tarefas em múltiplos recursos. Quando um recurso está trabalhando em vários projetos, a multitarefa danosa é inevitável; o recurso fica saltando de um projeto para o outro sem de fato avançar nenhum deles. Quando diferentes recursos precisam do insumo (*input*) um do outro para concluir suas tarefas, a multitarefa danosa intensifica-se. Para concluir uma atividade, um precisa do insumo do outro (que pode ser, por exemplo, um projetista, um comprador, um gerente de conta ou o cliente). Entretanto, como o outro não está disponível (está ocupado em outra atividade), o primeiro recurso pula para outra atividade. Quando o segundo recurso torna-se disponível, o primeiro está ocupado com a outra atividade, de modo que o segundo novamente pula para outra atividade e assim por diante. Basicamente, os dois recursos ficam sempre esperando o outro. A multitarefa danosa aumenta o tempo de ciclo e desvia a atenção dada (e prejudica a qualidade do trabalho) às oportunidades no funil. Quando o tempo de resposta é mais longo e a qualidade do trabalho diminui, a probabilidade de transformar as oportunidades em pedidos reais diminui de modo significativo.[4]

Talvez você ache que isso não seja um problema importante no gerenciamento de oportunidades no canal porque as pessoas com frequência sabem em qual projeto deve se concentrar e, assim, pode evitar a multitarefa danosa. Na verdade, nossa estimada equipe de vendas é inteligente e não raro tem experiência suficiente para dizer logo no início qual oportunidade é mais interessante para a empresa (isto é, que oportunidade é real, pode ser concretizada a curto prazo, oferece um bom ganho e não é um projeto compli-

---

[4] Existem vários exercícios divertidos e reveladores que demonstram o dano causado pela multitarefa. Em nossa empresa, gostamos particularmente do exercício de "rasgar papel".

cado que poderia pôr nosso desempenho em risco). Portanto, não é de surpreender que é dada maior atenção às oportunidades que estão apresentando uma taxa de acertos maior e um ciclo de vendas menor. Em nossa empresa, tal qual somos levados a crer, muitos na verdade viam isso como uma prova de que havíamos controlado a multitarefa danosa porque parecia que estávamos de fato focados em boas oportunidades. Porém, estávamos extremamente errados a esse respeito. Estávamos completamente cegos para as ramificações negativas que a enorme quantidade de oportunidades abertas gerava para a atenção dada ao processamento de boas oportunidades e, mais importante, para a atenção dada à introdução de uma quantidade maior de boas oportunidades.

O diagrama de causa-efeito (*árvore da realidade atual* – ARA), na Figura 21.1a, descreve as ramificações quando quase todas as solicitações dos clientes são introduzidas no funil.[5]

A Figura 21.1b mostra as ramificações sobre as funções de apoio às vendas – por exemplo, engenharia.

Como podemos ver, um ponto de partida para essa ARA (diagrama de causa-efeito) é o fenômeno: "Os vendedores preenchem o funil com praticamente qualquer solicitação proveniente de um cliente". Por que nos sentimos pressionados a fazer isso? Como acreditamos que as pessoas em geral (e, definitivamente, em nossa empresa) trabalham com boas intenções, deve haver uma necessidade positiva que induz esse comportamento.

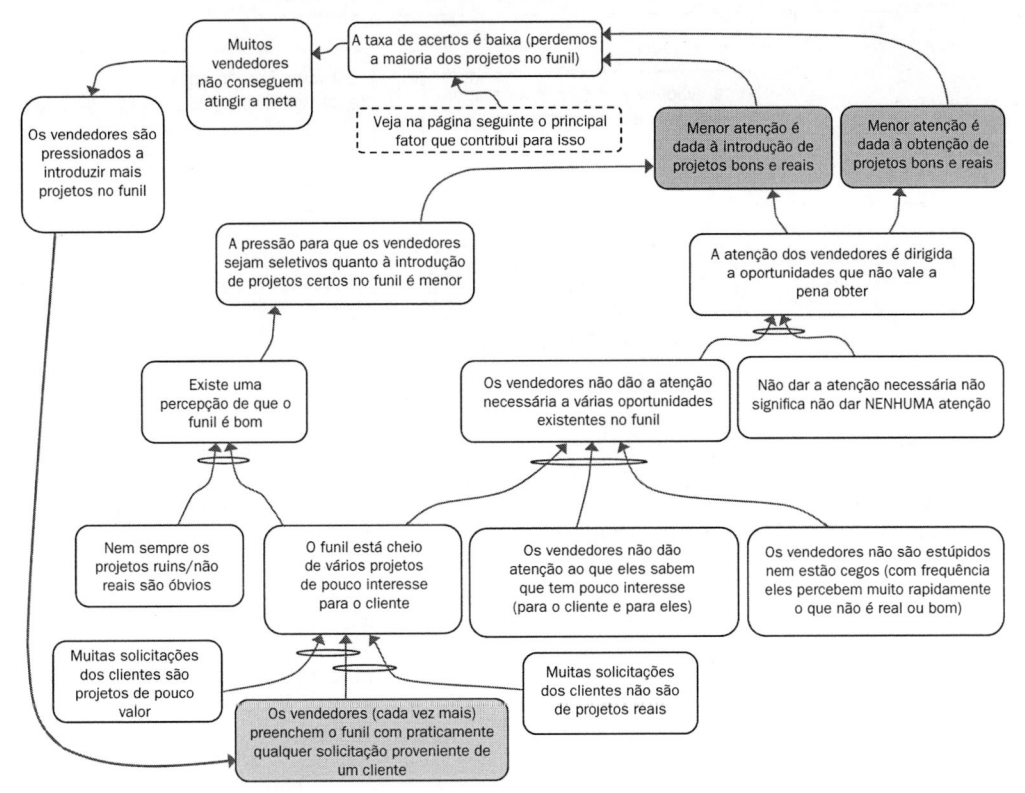

FIGURA 21.1A Introduzindo praticamente qualquer solicitação no funil de vendas.

---

[5] Para ler a árvore da realidade atual, começamos de baixo para cima. Você lê "se [afirmação abaixo da seta] então [afirmação acima da seta]". Se várias setas estiverem interligadas com uma elipse, todas as afirmações interligadas abaixo das setas deverão ser lidas utilizando "se [primeira afirmação] e se [segunda afirmação], então [afirmação acima da seta]".

608 Parte V ▪ Estratégia, Marketing e Vendas

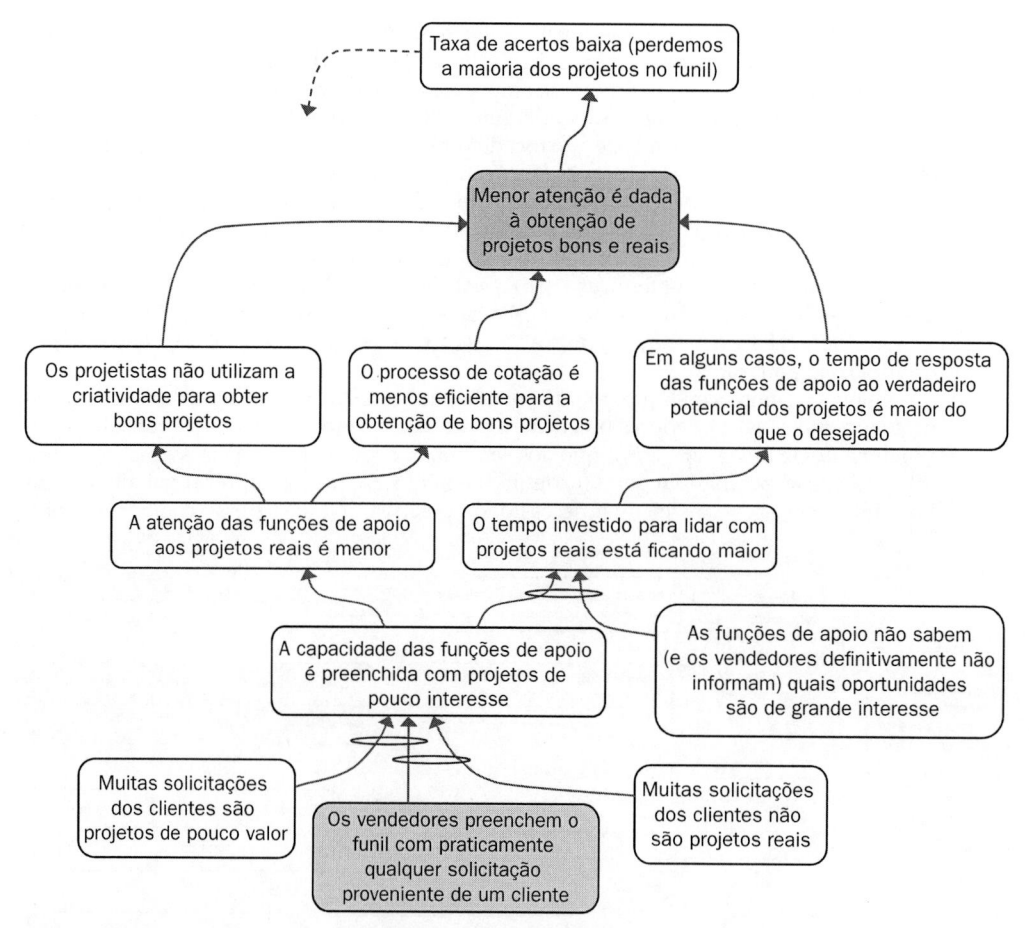

```
                    Taxa de acertos baixa (perdemos
                    a maioria dos projetos no funil)
                              ▲
                              │
                    Menor atenção é dada
                       à obtenção de
                    projetos bons e reais

Os projetistas não utilizam a    O processo de cotação é      Em alguns casos, o tempo de resposta
  criatividade para obter        menos eficiente para a       das funções de apoio ao verdadeiro
      bons projetos            obtenção de bons projetos      potencial dos projetos é maior do
                                                                       que o desejado

 A atenção das funções de apoio      O tempo investido para lidar com
   aos projetos reais é menor        projetos reais está ficando maior

                                                         As funções de apoio não sabem
         A capacidade das funções de apoio              (e os vendedores definitivamente não
         é preenchida com projetos de                    informam) quais oportunidades
                 pouco interesse                            são de grande interesse

  Muitas solicitações                                         Muitas solicitações
    dos clientes são          Os vendedores preenchem o         dos clientes não
 projetos de pouco valor       funil com praticamente          são projetos reais
                                 qualquer solicitação
                              proveniente de um cliente
```

FIGURA 21.1B Efeito sobre as funções de apoio às vendas.

Como é demonstrado logicamente na ARA, a necessidade que nos induz a preencher o funil com qualquer solicitação proveniente de um cliente é: "Assegurar oportunidades suficientes". Pressupomos que, para garantirmos um alto volume de vendas, devemos aproveitar qualquer oportunidade que tivermos e não restringir o funil. Como a taxa de acertos era baixa, acreditávamos que era necessário introduzir o máximo possível de oportunidades no funil para atingir a meta. Fazíamos isso mesmo quando estávamos em dúvida sobre a veracidade ou o valor da oportunidade que introduzíamos. Acreditávamos que algumas dessas oportunidades ruins se tornariam boas. Acreditávamos que em algum momento o cliente nos ofereceria boas oportunidades, desde que interagíssemos com ele, e por isso aceitávamos pretensos pedidos que ele nos solicitava. Presumíamos que recusar uma solicitação de um cliente poderia prejudicar nossa relação. Esses pressupostos não proveem do nada; eles se baseiam em situações incidentais que enfrentamos em nosso compromisso com os clientes. Obviamente, também presumíamos que não existe uma quantidade suficiente de boas oportunidades por aí para gerar o volume de vendas necessário. Em suma, "Para assegurar oportunidades suficientes no funil, acreditamos que devemos preenchê-lo com praticamente qualquer solicitação proveniente de um cliente" (Figura 21.2a). Essa prática era percebida como uma condição essencial em nossa realidade para gerar os volumes de vendas desejados.

Capítulo 21 ■ Menos é mais: aplicação dos conceitos de fluxo às vendas

[Assegurar oportunidades suficientes no funil] ← [Preencher o funil com praticamente qualquer solicitação de um cliente]

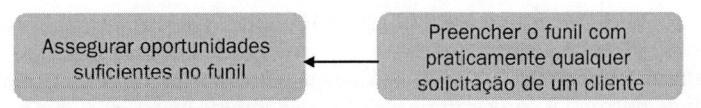

FIGURA 21.2A Preenchimento do funil.

Não prestamos atenção às ramificações negativas dessa postura. O preenchimento do funil de vendas com oportunidades provoca imediatamente a multitarefa danosa por parte dos vendedores e das funções de apoio, e assim se cria uma falsa impressão sobre o funil e as prioridades ficam mascaradas. Tal como explicado antes, a impressão de que somos capazes de focalizar apenas as boas oportunidades e, desse modo, evitar a multitarefa danosa é ilusória. Inevitavelmente, a inundação do funil faz com que se dê menor a atenção à absorção e ao acompanhamento de projetos bons e reais. Observe não apenas que nossa capacidade de obter oportunidades é prejudicada pela multitarefa danosa, mas também que existem várias boas oportunidades no mercado que exigem maior atenção dos vendedores para serem reveladas e conquistadas. Um exemplo poderia ser um ótimo projeto que um cliente, por algum bom motivo, está pensando em realizar com outro fornecedor e, portanto, não ficaríamos sabendo a respeito se não dedicássemos tempo e atenção para identificá-lo. Outro exemplo comum é um projeto gerenciado por outro pessoal da empresa/organização do cliente com o qual estamos conversando no momento. Portanto, é extremamente importante observar que a multitarefa danosa em relação às oportunidades atuais no funil também tem efeitos devastadores sobre a capacidade de introduzir mais projetos de boa qualidade. Em essência, se desejamos obter projetos de alto valor (ter projetos melhores e aumentar o fluxo), devemos restringir o número de oportunidades (Figura 21.2b), escolhendo com muito cuidado aquela a que devemos dedicar nossa atenção.

Agora, o conflito é evidente, como vemos na Figura 21.2c.

De acordo com o segundo conceito da cadeia de suprimentos, o objetivo primordial do fluxo deve ser convertido em um mecanismo prático que oriente as operações sobre quando não produzir (evitar a produção em excesso). Em nossa situação, isso significa restringir o número de oportunidades no funil. Agora percebemos que aquilo que nos impede de fazer isso é o conflito acima mencionado – o medo de que restringir o número de oportunidades signifique não ter oportunidades suficientes no funil para gerar o volume de vendas desejado.

Mas esse medo é de fato fundamentado? Presumimos que, para ter oportunidades suficientes, devemos inundar o funil com oportunidades. É uma situação do tipo "quem

[• Ter projetos melhores
• Incrementar o fluxo
(taxa de acertos)] ← [Restringir o número de oportunidades]

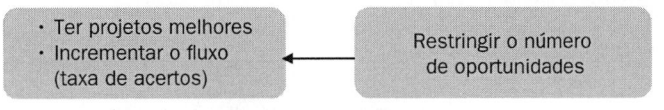

FIGURA 21.2B Restringindo o número de oportunidades.

[Assegurar um alto volume de vendas] ← [Assegurar oportunidades suficientes no funil] ← [Preencher o funil com praticamente qualquer solicitação proveniente de um cliente]

[• Ter projetos melhores
• Incrementar o fluxo
(taxa de acertos)] ← [Restringir o número de oportunidades]

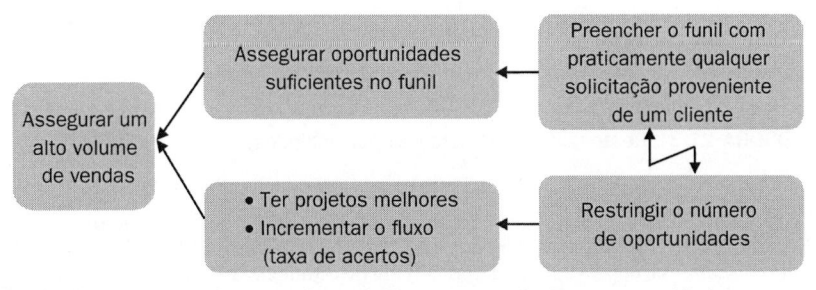

FIGURA 21.2C O dilema de preencher o funil *versus* restringir as oportunidades.

veio primeiro, o ovo ou a galinha?". A inundação do funil provoca uma baixa taxa de acertos, que, por sua vez, nos leva a introduzir cada vez mais oportunidades. Essa espiral nos leva continuamente a acreditar que, para ter oportunidades suficientes para gerar alto volume de vendas, precisamos ter muitas e muitas oportunidades no funil. Entretanto, tal como a realidade comprova, isso nunca nos conduziu à meta que estabelecemos. Na verdade, ao introduzir mais e mais oportunidades, não estávamos obtendo pedidos suficientes para atingir as altas metas de venda.

Pense no que poderia ocorrer se o funil fosse preenchido com boas oportunidades e fosse dada uma atenção mais adequada a cada uma. Ainda assim precisaríamos ter tantas oportunidades no funil para atingir um alto volume de vendas? Se restringíssemos o número de oportunidades no funil, poderíamos dar uma atenção bem mais adequada a cada uma e nos induzir a procurar e introduzir bons projetos. Se esse for o caso, para ter oportunidades suficientes para atingir o volume de vendas, não precisamos introduzir toda solicitação de projeto que recebermos. Na verdade, devemos restringir as oportunidades no funil, como na Figura 21.3.

Tal como acabamos de concluir, faz sentido restringir o número de oportunidades no funil. A questão então se torna como fazer isso. Nas etapas iniciais do processo (nas quais se encontram as piores oportunidades), não temos um prazo que possa determinar o ponto de liberação de oportunidades para o funil da mesma maneira que no sistema de produção.[6] Precisávamos de um mecanismo diferente para restringir o número de oportunidades no funil. Foi aí que recorremos à solução de gerenciamento de projetos da TOC.

Como você sabe, a multitarefa danosa é preponderante nos ambientes de múltiplos projetos, como no departamento de P&D ou de manutenção, onde os recursos compartilhados trabalham em vários projetos simultâneos. A solução para diminuir a multitarefa danosa nesses ambientes é basicamente estabelecer um número máximo de projetos abertos (ainda que isso exija o congelamento de projetos existentes). Somente quando um projeto for concluído um novo será aberto. Decidimos seguir essa mesma abordagem. Determinaríamos um número máximo de projetos abertos no funil. Obviamente, esse número deveria ser sensivelmente menor do que o número de projetos atualmente abertos em nosso funil; do contrário, não diminuiríamos a multitarefa danosa. Durante uma reunião com todos os diretores de vendas, decidimos estabelecer esse limite em 50% das oportunidades existentes no funil. Quando estabelecemos esse número máximo, utilizamos nossa intuição e seguimos uma regra prática. (Previmos também que não seria extremamente difícil "congelar" ou eliminar 50% das oportunidades, visto que a maioria não é real ou atraente. Essa previsão era evidentemente válida, na medida em que precisamos de apenas uma hora para tomar a decisão e determinar quais projetos deveriam ser removidos do *pipeline*.)

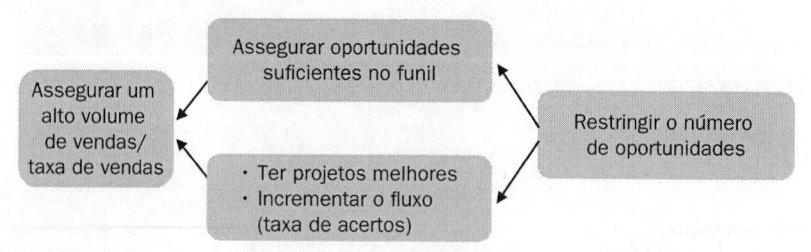

FIGURA 21.3 Restringindo o número de oportunidades.

---

[6] Para compreender melhor esse conceito relacionado à produção, leia "Standing on the Shoulders Of Giants" e converse com qualquer pessoa envolvida no planejamento, caso o TPC-S for implementado em sua empresa, ou leia a Etapa 4:11 da árvore de estratégias e táticas de empresas de produção sob encomenda.

Em retrospecto, nossa intuição foi guiada pela mesma lógica subjacente à lógica da "curva de equilíbrio entre os extremos" existente nos ambientes de múltiplos projetos.[7] Optar por ter mais oportunidades no funil prolonga o ciclo de vendas e aumenta o WIP. Contudo, como uma quantidade maior de oportunidades exige um pulmão mais seguro para recuperação em caso de oportunidades perdidas, a expectativa é de que é possível obter um grande número de oportunidades. Isso é verdadeiro quando muitas oportunidades entram no sistema. Entretanto, quando a quantidade de oportunidades é considerável, outro fenômeno começa a nos assombrar. O que precisamos ter em mente é que quanto maior o número de oportunidades, menor a atenção dada a cada uma. Quando existe uma quantidade excessiva de oportunidades no funil, a multitarefa danosa inicia-se. Quanto mais intensa a multitarefa danosa, menor a taxa de acertos.

A magnitude do volume de vendas gerado como função do número de oportunidades abertas é mostrada esquematicamente pela curva de equilíbrio entre os extremos, na Figura 21.4.

Quando se deseja determinar o número de projetos a serem cortados, é necessário ter muito cuidado para não exagerar. Em outras palavras, não conduzir o ambiente da extrema direita da curva – onde ele se encontra – para a extrema esquerda. A fórmula a seguir poderia dar conta do recado:

$$(\text{Número de Oportunidades} \times (1 - \text{Taxa de Acertos}))/2$$

Como estar na extrema direita da curva significa ter um alto índice de multitarefa danosa e, portanto, uma taxa de acertos muito baixa, seguir a fórmula anterior posicionaria o número de oportunidades abertas entre os extremos. Se a taxa de acertos não for tão baixa, o número de projetos que seriam cortados de acordo com a fórmula é diminuído para evitar a extrema esquerda. Em nosso caso, como a taxa de acertos era de 11% e o número de projetos abertos (oportunidades) era 250, se tivéssemos seguido essa fórmula teríamos cortado praticamente o mesmo número de projetos que nossa intuição nos orientou a cortar.[8]

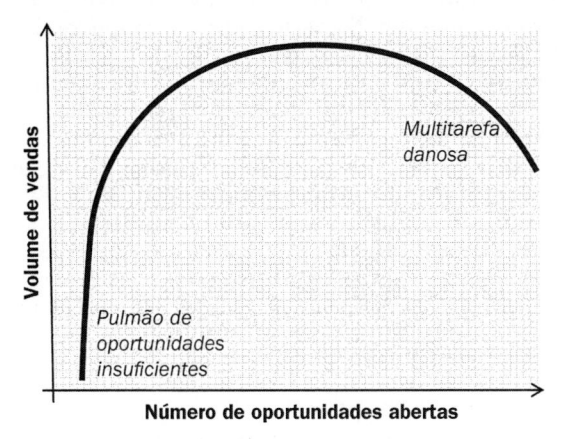

FIGURA 21.4 Equilíbrio entre os extremos.

---

[7] Até o momento, o único lugar em que Goldratt refere-se a essa curva é em sua última série de *webcasts* sobre gerenciamento de projetos. Como se pode ler em "Standing on the Shoulders of Giants", a curva representativa na maioria dos ambientes de produção é uma curva inversa, chamada de "curva U". A explicação a seguir é um parágrafo da explicação de Goldratt sobre a curva U em "Standing on the Shoulders of Giants".

[8] [250 × (1 − 0,11)]/2 equivale a aproximadamente 110 oportunidades. Seguindo a fórmula, isso nos orientaria a cortar 45% dos projetos. Na realidade, cortamos 50% dos projetos, o que é praticamente o mesmo.

Primeira diretriz. Paralisar (e até mesmo congelar/cortar) o número de oportunidades abertas que cada divisão de vendas tem no funil e estabelecer o número máximo de oportunidades que a divisão deve manter no funil.

Que tal restringir as oportunidades de cada vendedor? Como podemos ter certeza que a maioria das oportunidades para uma determinada divisão não sobrecarregue alguns poucos vendedores, provocando a multitarefa danosa? A resposta prática de nossa empresa foi: enquanto não observarmos um problema que exija uma diretriz, quem deve determinar se um vendedor está lidando com muitas oportunidades é o respectivo diretor, e as oportunidades nesse caso devem ser transferidas de um vendedor para o outro. Nossas medições de vendas e nossos incentivos precisavam ser ajustados para que isso ocorresse.

As eficiências locais devem ser abolidas

Examinemos agora o terceiro conceito de cadeia de suprimentos: "As eficiências locais devem ser abolidas". Primeiro, vamos compreender o que é isso. Um dos principais inimigos do fluxo são as "eficiências locais" – a percepção de que qualquer ponto da cadeia deve trabalhar o máximo possível. Em essência, isso está em consonância com a visão errônea que incentiva a medição da carga (número de oportunidades) do funil, e não de sua produção. Exemplos de eficiências locais poderiam medições do tipo:

1. Número de visitas de venda/oportunidades de cada vendedor – quanto mais, melhor.
2. Número de oportunidades nas várias etapas do funil – quanto mais, melhor.
3. Número de projetos no qual um projetista está trabalhando – quanto mais, melhor.

Precisamos ter certeza de que não estamos utilizando medições ou políticas que procuram aumentar a eficiência local e com isso prejudicam o fluxo de oportunidades no funil.

Segunda diretriz. Parar de incentivar o aumento do número de projetos no funil. Verificar se existem outras políticas, medidas ou comportamentos de eficiência local que prejudicam o fluxo.

Aplicamos os três primeiros conceitos de cadeia de suprimentos no gerenciamento de nosso funil de vendas há aproximadamente três meses (meados de julho). Esperávamos que nossa taxa de acertos e a duração do ciclo de vendas melhorariam, visto que seria dada uma melhor atenção a cada oportunidade. Conjecturamos que o ganho por pedido aumentaria porque seriam introduzidos projetos melhores. E, obviamente, previmos que as vendas aumentariam porque o fluxo de projetos mais adequados melhoria sensivelmente.

Gostaríamos de ser bastante cautelosos quanto à conclusão sobre os resultados obtidos, visto que eles têm estado bem acima do que esperávamos. Os resultados a seguir (apresentados também em forma de gráfico), obtidos nos últimos três meses desde a implementação da paralisação no número de oportunidades, são medidos em uma média de cinco semanas consecutivas:

- A taxa de acertos aumentou de 11% para 40% (Figura 21.5).
- A duração do ciclo de vendas diminuiu de uma média de 32 dias para 17 dias (Figura 21.6).
- O ganho médio por pedido aumentou de 52% para 68% (Figura 21.7).
- E quanto as vendas? Nesse caso, precisamos de mais tempo para avaliar o efeito. Não pelo fato de o volume de vendas não ter aumentado. Ao contrário, sabemos que o volume de vendas aumentou bem mais que 20%. Todavia, esse crescimento de certa forma afetou a fábrica. Aprendemos a amarga lição de não levar em conta os efeitos negativos do sucesso. Em outubro, tivemos de postergar vários pedidos até novembro, alguns pedidos foram cancelados e a atenção de nossos vendedores voltou-se para os clientes não tão satisfeitos – para dizer o mínimo (avaliamos que isso ocupou

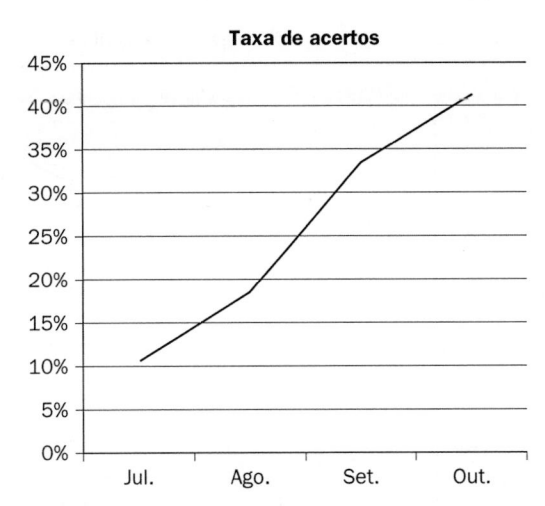

FIGURA 21.5 Taxa de acertos.

pelo menos 30% de seu tempo). Serão necessários mais dois meses para avaliar a magnitude do crescimento do volume de vendas.

Esses resultados foram obtidos com a aplicação dos três primeiros conceitos de cadeia de suprimentos. A seguir apresentamos uma descrição sobre como aplicaremos o quarto conceito. Portanto, isso deve ser entendido como uma possível solução a ser aplicada, mas não como um modelo que já foi testado e aprovado.

É necessário ter em vigor um processo focalizado

O quarto conceito de cadeia de suprimentos enuncia o seguinte: "É necessário ter em vigor um processo que equilibre o fluxo". Na prática, equilibrar o fluxo significa eliminar qualquer interrupção importante no fluxo. Na produção, as interrupções são evidenciadas pelo acúmulo do estoque de WIP. Existe acúmulo de WIP quando ocorre alguma

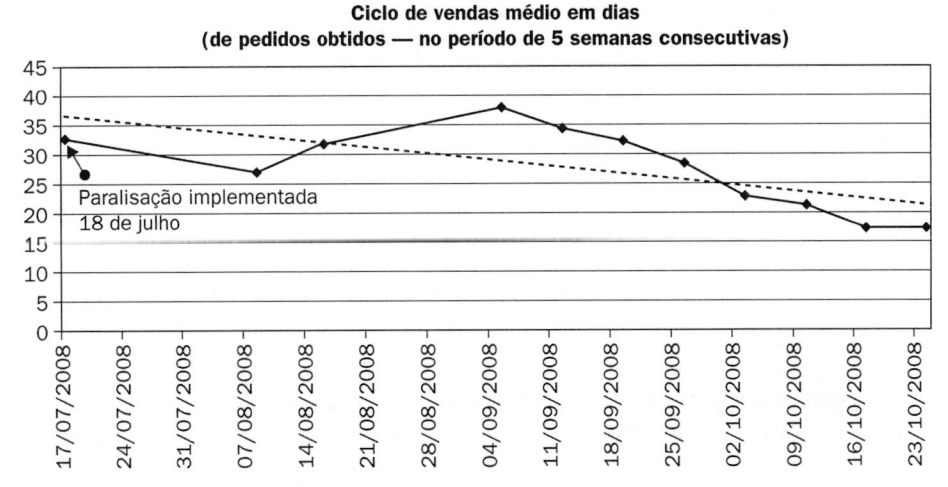

FIGURA 21.6 Ciclo de vendas médio em dias.

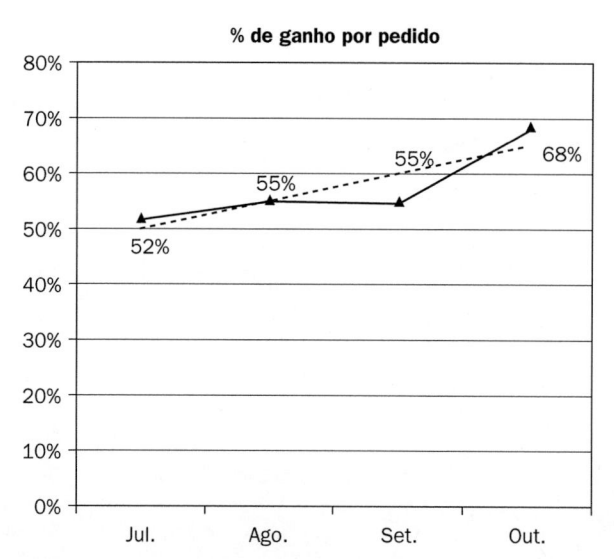

FIGURA 21.7 Porcentagem de ganho por pedido.

interrupção no fluxo. O primeiro mecanismo rudimentar de equilibrar o fluxo é simplesmente identificar os pontos em que há acúmulo de WIP e tomar medidas para abrir uma capacidade efetiva (normalmente é possível revelar uma grande quantidade de capacidade que está oculta). O mecanismo contínuo, aprimorado, chamado por Goldratt de *processo de melhoria contínua* (PMC), requer que se registrem os motivos quando o andamento das ordens de serviço não ocorre como previsto, com base no tempo do pulmão que foi consumido. Uma análise dos motivos comuns revela onde uma solução focalizada oferecerá a maior contribuição para o fluxo.

Em relação ao ambiente de gerenciamento de oportunidades de venda, é evidente que não podemos aplicar o mesmo mecanismo de melhoria contínua (PMC). Examinar em que ponto a maior parte das oportunidades (WIP) acumula-se não indica necessariamente uma interrupção no fluxo, visto que isso poderia ser uma medida que simplesmente demora um tempo bem maior para ser aplicada. Os atrasos certamente são uma indicação de interrupção no fluxo e, portanto, devem ser um fator a ser considerado como parte do PMC. Entretanto, em vendas, diferentemente da produção, existe um indicador bem mais crítico que deve ser abordado, além dos atrasos, com relação a uma interrupção no fluxo – as desistências.

Ao estruturar o PMC para o gerenciamento de oportunidades de venda, deve-se levar em conta três diferentes causas genéricas de desistência. A desistência pode advir (1) da incompatibilidade entre a oferta e o cliente – a oferta não está direcionada ao mercado-alvo correto; (2) da incompatibilidade entre o conteúdo da oferta e o cliente – as especificidades da oferta não estão ajustadas corretamente às necessidades do cliente; ou (3) de uma execução inadequada – problemas no processo de vendas, na interação entre vendas e cliente, nas atividades de apoio às vendas etc.

Nosso objetivo é implementar um PMC com relação a essas três causas genéricas. Podemos realizar uma análise focalizada do PMC com respeito à terceira causa – execução inadequada – examinando os motivos para a desistência de oportunidades que apresentaram um atraso significativo. Faz sentido que uma análise sobre as oportunidades perdidas que já se encontravam há muito tempo no funil e experimentaram um atraso significativo indique uma execução falha (se isso tivesse sido provocado pelos dois primeiros motivos, não esperaríamos atrasos significativos, mas uma rápida desistência). A seguir apresentamos o que faremos a esse respeito:

1. Registraremos o motivo de todo atraso enfrentado por uma oportunidade. Para determinar o que deve ser considerado um atraso, definimos a duração prevista padrão de cada etapa no processo de vendas. Qualquer etapa cuja duração for superior à prevista será considerada um atraso. Quando isso ocorrer, o motivo desse atraso será documentado. (Seguiremos as mesmas diretrizes recomendadas por Goldratt para a produção – um motivo poderia ser definido como o recurso ou a atividade pelos quais a oportunidade está aguardando).

2. Direcionaremos a análise para as oportunidades que foram perdidas após um atraso significativo. Para determinar o que devemos considerar um atraso significativo, definimos um pulmão do projeto tal como o da Figura 21.8. O pulmão do projeto é igual a um terço da duração do processo de vendas. Quando uma determinada etapa dura mais que o previsto, ela começa a consumir o pulmão do projeto de acordo com o número de dias de atraso. Quando uma determinada etapa dura menos que o previsto, o pulmão de projeto consumido pode ser recuperado de acordo com o número de dias ganhos. O pulmão do projeto é dividido em três partes. Se os atrasos acumulados consumirem menos de um terço do pulmão do projeto, o *status* será verde. Se for consumido mais de um terço (mas menos de dois terços) do pulmão do projeto (tal como mostra a Figura 21.9), o *status* será amarelo. Se forem consumidos mais de dois terços do pulmão do projeto, o *status* será vermelho. Se todo o pulmão for consumido, o *status* será preto. Os atrasos significativos enquadram-se no *status* preto. Em outras palavras, somente as oportunidades perdidas quando o respectivo *status* do pulmão fosse preto seriam submetidas à análise do PMC.[9]

3. Destacaremos os motivos registrados para as oportunidades perdidas que tiveram um atraso significativo e identificaremos o fator comum que mais contribuiu para isso. Basicamente, identificaremos o motivo que gerou o maior consumo acumulado em todos os pulmões de projeto. Se as iniciativas de melhoria provenientes dessa análise forem eficazes, esse não será mais o principal fator e outra análise revelará o que deverá ser abordado com o fator seguinte.

O PMC focalizado para as duas primeiras causas genéricas seguirá as mesmas diretrizes para as oportunidades perdidas que não têm um atraso significativo.

| 6 dias | 10 | 3 | 7 | 4 | 6 | 4 | 4 | 4 | Atraso significativo... |

Duração do processo de vendas (36 dias) — Pulmão do projeto (12 dias)

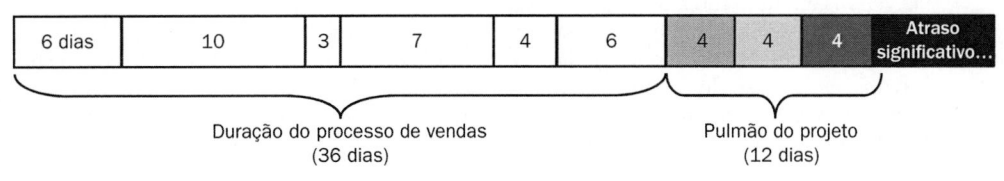

FIGURA 21.8 Duração das vendas e pulmão do projeto.

Durações reais comparadas com a duração padrão

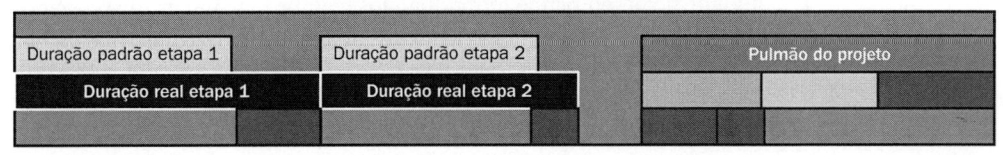

Duração padrão etapa 1	Duração padrão etapa 2	Pulmão do projeto		
Duração real etapa 1	Duração real etapa 2			

FIGURA 21.9 Interrupções no fluxo traduzidas no consumo do pulmão.

---

[9] Pretendemos utilizar os indicadores de *status* verde, amarelo e vermelho não como parte do PMC, mas como ferramenta de gerenciamento diário para identificar atrasos logo no início e focalizar o gerenciamento antes que esses atrasos se tornem significativos.

Esperamos que a implementação do quarto conceito de cadeia de suprimentos gere outro salto quântico no desempenho.

Terceira diretriz. Designar uma equipe especial ao PMC para identificar um motivo significativo comum para as desistências e determinar onde é necessário concentrar as iniciativas de melhoria.

Resumo

O objetivo deste capítulo é mostrar que a aplicação do que Goldratt chamou de "conceitos de cadeia de suprimentos" estende-se muito além do que se costuma chamar de cadeia de suprimentos e, portanto, deve ser chamado na verdade de "conceitos de fluxo". Nossa experiência na aplicação desses conceitos gerou um salto no desempenho das vendas, na taxa de acertos, na capacidade de gerenciamento e na capacidade de nossa equipe de vendas. Além dos resultados tangíveis, a interpretação e a aplicação desses conceitos estão gerando uma harmonia crescente na empresa, visto que se tornou evidente para todos os departamentos (vendas, apoio às vendas, produção etc.) que eles são parte de um único fluxo.

Taiichi Ohno (1988, p. ix) uma vez disse o seguinte: "O que estamos fazendo nada mais é que examinar a linha do tempo, do momento em que o cliente nos faz um pedido até o ponto em que recebemos o dinheiro, e estamos reduzindo essa linha do tempo". Propomos, humildemente, que os conceitos subjacentes aplicam-se bem antes de o consumidor nos apresentar um pedido. Eles se aplicam na mesma proporção às nossas iniciativas para gerar esses pedidos.

Adendo

O *know-how* desenvolvido no último ano é considerável e é provável que "menos é mais" mereça uma continuação. Contudo, acreditamos que será valioso lhe oferecer uma dica sobre como as coisas se revelam um ano após a implementação do processo. Na medida em que as constatações obtidas não implicam nenhuma mudança na solução descrita e apenas a ampliam, por enquanto gostaríamos que os leitores compreendessem o quanto é interessante ter um tipo de desafio diferente – um desafio que possa transformar sua força de vendas em uma força real da empresa.

Não surpreendentemente, constatamos que a aplicação do quarto conceito de fluxo – PMC – ao ambiente de vendas pode nos levar a dois caminhos. Um deles lida com as interrupções no fluxo de vendas relacionadas aos problemas genéricos que afetam o desempenho de todos os vendedores (ou da maioria). Problemas como estrutura da proposta de venda, processo de vendas e interação com a função de apoio às vendas são exemplos. O segundo caminho lida com "interrupções" no fluxo de vendas provenientes do desempenho individual de um vendedor.

Saber qual caminho devemos focalizar não é muito complicado. Contudo, quando não aplicamos um processo de raciocínio sistemático, podemos nos perder facilmente. Quando a variabilidade no desempenho individual dos membros de um grupo relevante de vendedores é relativamente pequena, a causa da interrupção do fluxo provavelmente se encontra no primeiro caminho. É provável que exista uma falha genérica em um dos processos desenvolvidos.[10] Quando esse for o caso, tentar motivar, medir, impor sanções

---

[10] Embora afirmemos que uma baixa variabilidade é uma indicação de falha no processo que afeta o desempenho de todos os vendedores, não estamos afirmando que uma alta variabilidade indica necessariamente que a fonte de interrupção está relacionada com o desempenho individual de um vendedor. A alta variabilidade no desempenho poderia ocorrer porque os vendedores aplicam processos diferentes ou porque alguns talvez não sigam um processo falho. Quando o desempenho apresenta alta variabilidade, esses dois tipos possíveis de interrupção devem ser investigados.

ou oferecer recompensas mais altas muito provavelmente aumentará a frustração, em vez de contribuir para a obtenção de resultados. Da mesma maneira, substituir, acrescentar ou reposicionar os vendedores na verdade só fará uma diferença duradoura se isso fizer com que alguém mude algo no processo que apresenta falhas e se isso funcionar.

Identificar a causa sistemática de interrupções no fluxo de vendas e eliminar o elemento que afeta negativamente toda a equipe de vendas pode criar um salto quântico no desempenho. Um caso desse tipo com o qual lidamos no último ano em nosso ambiente está relacionado com a dificuldade de fechar negócios, obter a lealdade do cliente e, com isso, a maior parte de suas atividades de negócios. De que forma é possível ganhar o negócio (praticamente todos os pedidos) de um cliente quando cada pedido refere-se a um novo produto que exige desenvolvimento, quando o cliente é compelido a obter cotações de diferentes fornecedores para cada um de seus pedidos? Superar esse desafio, essa causa sistemática de interrupção, exigiu uma mudança (ou adendo) à nossa oferta de marketing.

O segundo caminho, que está relacionado ao desempenho individual de um vendedor, por mais que pareça trivial, chamou nossa atenção para o fato de que "estamos lidando com seres humanos". Os vendedores têm diferentes habilidades, motivações, ambições e curvas de aprendizagem. Nem todos se preocupam com as mesmas coisas. Algumas partes do processo de execução podem ser mais naturais para uma determina pessoa; alguns clientes podem adequar-se mais a um tipo específico de personalidade. Se quisermos controlar a complexidade dos elementos do processo e as interações necessárias ao fechamento de um negócio, gerenciar e orientar os indivíduos da equipe de vendas é fator fundamental.

Uma mudança de paradigma se apresenta quando evidenciamos o conflito entre lidar com a equipe de vendas da forma tradicional, para "mostrar seu baixo desempenho e pressioná-la", e lidar com elas "em partes específicas do processo de vendas". A tendência é pensar que, por serem vendedores, eles precisam saber que aquilo que estão fazendo está completamente errado. Basta pensar no quanto os gerentes de vendas, pelo menos a maioria, estão condicionados a lidar com sua equipe de vendas. Não é verdade que os vendedores conhecem os resultados que eles produzem? Pessoalmente, acreditamos que os bons vendedores desejam vender, independentemente de ganharem comissão. Caso eles ganhem comissão, ninguém contestaria que o fato de não vender já é em si um motivo de grande pressão, mesmo quando não há pressão por parte dos gerentes.

Supondo que as principais interrupções genéricas no fluxo de vendas sejam eliminadas (o primeiro tipo), é possível obter um salto significativo no desempenho tratando a equipe de vendas como "atletas profissionais". Motive-a a melhorar seus arremessos ruins e a utilizar mais os bons.

Gerenciar a equipe de vendas por meio de um "sistema" nos permite identificar os passos que cada um dos vendedores não executa bem e nos reunir com eles para compreender por que isso ocorre. Nesse aspecto, as ferramentas de pensamento lógico da TOC desempenharam um papel fundamental. Por exemplo, muitos desafios enfrentados pelos vendedores e provavelmente todos os desvios que eles cometem em relação a um processo podem ser analisados, com eles, utilizando a ferramenta de análise de conflitos apresentada anteriormente neste capítulo (a "nuvem").

No ano passado, constatamos que a aplicação do PMC ao fluxo de vendas nos possibilita focalizar as interrupções genéricas, aquelas que afetam o desempenho de toda a equipe de vendas, e lidar com lacunas no desempenho individual. É a visão sobre o "sistema" – que focaliza o fluxo – que nos oferece essa alavanca tão eficaz.

Referências

Goldratt, E. M. *The Goldratt Webcast Program on Project Management*. Roelofarendsveen, Holanda: Goldratt Marketing Group, 2008.

Goldratt, E. M. "Standing on the Shoulders of Giants". Artigo apresentado na Conferência Internacional da TOCICO, Las Vegas, Nevada, 2008.

Goldratt, E. M. "Standing on the Shoulders of Giants". *The Manufacturer*, junho de 2009. http://www.themanufacturer.com/uk/content/9280/Standing_on_the_shoulders_of_giants. Acesso em 4 de fevereiro de 2010.

Goldratt, E. M. "Strategy & Tactics Tree for Make-to-Order Companies". 2008. Essa árvore pode ser encontrada na S&T Library do Harmony (S&T Expert System), que pode ser baixada em www.goldrattresearchlabs.com.

Ohno, T. *Toyota Production System*. Nova York: Productivity Press, 1988.

Sobre os autores

Mauricio Herman, atual diretor executivo de uma empresa que fornece soluções integradas com base em projetos desenvolvidos para atender às necessidades dos clientes, para embalagens e mostruários em lojas de varejo, trabalhou em vários departamentos dessa empresa e conhece suas operações de baixo para cima. Herman concluiu o curso "Jonah" em teoria das restrições e adotou os conceitos da TOC em algumas áreas de sua empresa, como o departamento de vendas e finanças. Ele é coautor de um importante artigo sobre a aplicação da TOC ao processo de vendas, artigo esse que serviu de base para este capítulo.

Rami Goldratt diretor executivo da Goldratt Consulting – principal empresa de consultoria sobre a TOC, fundada e presidida pelo Dr. Eli Goldratt.

Rami é reconhecido mundialmente como uma das principais personalidades do corpo de conhecimentos da TOC. Depois de ocupar o cargo de diretor de desenvolvimento da Goldratt Consulting, Rami foi indicado ao posto de diretor executivo. Ele foi também diretor executivo da SFSCo (Solutions for Sales Co.), empresa especializada no fornecimento de especialistas em vendas e marketing para projetos de visão viável – uma solução holística baseada na TOC e implementada em empresas do mundo inteiro. Rami concluiu o mestrado em filosofia pela Universidade de Telavive, Israel.

22

Mafia offers: lidando com uma restrição de mercado

Dra. Lisa Lang

> Dedique apenas duas horas à leitura deste capítulo. Se você não conseguir pelo menos uma boa ideia para seus negócios, entre em contato comigo que eu o reembolsarei![1]
>
> — Dra. Lisa

Trata-se de uma *mafia offer*,[2] e ela é real. O objetivo deste capítulo é lhe apresentar a solução de marketing *mafia offer* (oferta irrecusável ou mafiosa) da *teoria das restrições* (*theory of constraints* – TOC). Partimos da revelação do que consiste uma *mafia offer* para orientações sobre como ela é criada e apresentada, e terminamos com instruções para que o leitor crie sua própria *mafia offer*.

A melhor maneira de ler este capítulo é em sequência. Toda seção reflete-se nas seções subsequentes, de modo que, no momento em que você chegar ao resumo, terá uma excelente ideia do que nós, na TOC, chamamos de *"mafia offer"*.

Introdução: o que é *mafia offer*?

Mafia offer parece coisa de cinema, e não algo que poderia ajudá-lo seriamente a fazer mais dinheiro em sua empresa aumentando e controlando as vendas.

Goldratt introduziu o conceito de *mafia offer* em seu livro *It's Not Luck* (*Não É Sorte*) (Goldratt, 1994, p. 133). Posteriormente, ele definiu *mafia offer* como "uma oferta que é impossível recusar" (Goldratt, 2008, p. 67). Porém, em seus escritos, ele a chama com maior frequência de *oferta irrecusável* (*unrefusable offer* – URO) (Goldratt, 1999, p. 120), e mais recentemente ele (e a Goldratt Consulting) enfatiza a necessidade de estabelecer, tirar proveito e manter uma vantagem competitiva decisiva (Herman e Goldratt, 2008).[3]

Neste capítulo, utilizarei o termo *mafia offer* e o defino da seguinte forma: *uma oferta tão boa que seus clientes não conseguem recusá-la e seus concorrentes não são capazes de oferecer ou não oferecerão uma igual*. Além disso, chamarei as melhorias operacionais necessárias

---

[1] Envie um *e-mail* para refund@MafiaOffers.com para solicitar seu reembolso. Você receberá o valor correspondente ao preço eletrônico deste capítulo.

[2] Não é uma oferta de peso porque pode ser facilmente copiada. Entretanto, é incomum uma oferta desse tipo aparecer em um livro, e eu acredito sinceramente que, se você dedicar tempo à leitura deste conteúdo, terá um impacto positivo sobre seus negócios.

[3] Originalmente, um artigo intitulado "Menos É Mais", revisto e publicado no Capítulo 21 deste livro.

Copyright © 2010 Dra. Lisa Lang.

para uma *mafia offer* de *vantagem decisiva sobre a concorrência*, vantagem operacional ou vantagem competitiva.

Basicamente, *mafia offer* é a oferta que você faz para o seu mercado – seus *prospects* (clientes potenciais) e clientes existentes – a fim de fazê-lo desejar seus produtos ou serviços e alguma coisa na qual seus concorrentes não conseguem se igualar rapidamente a você. E, obviamente, a oferta que você faz é uma combinação entre seus produtos, seus serviços e a forma como os oferece. Além disso, para que sua oferta – a solução que você está vendendo – seja *irrecusável*, você muito provavelmente está oferecendo algo de valor igual ou superior ao preço que está cobrando.

Muitas pessoas confundem *mafia offer* com *unique selling proposition* (USP) – proposição de venda única ou exclusiva – ou com *customer value proposition* (CVP) – proposição de valor ao cliente – ou ainda com *sustainable competitive advantage* (SCA) – vantagem competitiva sustentável.

À primeira vista, a *mafia offer* pode parecer semelhante a essas outras expressões; entretanto, quando a maioria das pessoas está falando a respeito dessas alternativas na verdade seu significado é bem diferente daquilo que os especialistas da TOC pretendem dizer com *mafia offer*.

A USP, a CVP e a SCA consideram o que você já faz e apresentam isso sucintamente e com uma especificidade maior visando a um ou alguns dos problemas ou lacunas de seus clientes com relação ao que está sendo oferecido atualmente ao mercado. Essas alternativas podem ser uma *mafia offer*, mas na maioria das vezes não são. Além do mais, a SCA é, no meu ponto de vista, uma vantagem operacional ou tecnológica (embora normalmente essas vantagens *não* sejam sustentáveis), e não uma oferta em si.

A maioria das empresas oferece soluções que resolvem diversos problemas ou sintomas de seus clientes. No caso da *mafia offer*, estamos lidando com o problema essencial dos clientes no que se refere a fazer negócios com o nosso setor.

Normalmente, uma *mafia offer* requer que você faça algo diferente (faça melhorias operacionais para estabelecer uma vantagem decisiva sobre a concorrência) a fim de lidar com o problema essencial de seus clientes potenciais. Essas melhorias operacionais possibilitam que você de fato ofereça algo irrecusável aos seus clientes e algo que seus concorrentes não conseguem ou não conseguirão fazer porque não estão dispostos ou não sabem fazer essas mesmas melhorias. Em outras palavras, você precisa estabelecer uma vantagem operacional.

Nesse sentido, *mafia offer* é uma oferta sustentável ao mercado que se vale dessa vantagem. Não é um posicionamento nem um *slogan* e "só pode ser criada se uma necessidade significativa do mercado for atendida de uma forma que nenhum outro concorrente de peso consiga" (Herman e Goldratt, 2008).[4] Se você tem uma restrição de mercado, a *mafia offer* é seu ponto de partida.

Você tem uma restrição de mercado?

Façamos uma rápida verificação. Como você responderia essa pergunta? Se amanhã eu pudesse aumentar suas vendas em 20%, você conseguiria lidar com esse aumento:

- e manter-se 100% pontual com relação ao seu principal compromisso;
- sem precisar combater incêndios;[5] e
- manter um tempo de atravessamento competitivo?

---

[4] Consulte o Capítulo 21 para obter uma revisão atualizada desse artigo.

[5] Combate de incêndios é a situação em que você é consumido por emergências e prioridades de última hora; ou seja, quando o andamento e as melhorias não são planejados e racionais.

Se a única solução para você lidar com esse aumento for aumentar seu tempo de atravessamento, utilizar horas extras ou não cumprir os prazos devidos, então você tem uma restrição operacional interna, e não uma restrição de mercado. Entretanto, se você pudesse responder que consegue lidar com um aumento de 20% nas vendas sem ter nenhum efeito negativo, você teria uma restrição de mercado ou no processo de vendas.

Para determinar se o problema é uma restrição de mercado ou uma restrição no processo de vendas, precisamos ver como você responderia outra pergunta – por que eu devo comprar de você?

Imagine que você tenha acabado de entrar no escritório de um *prospect* extremamente importante e ele lhe diga: "Você é o terceiro fornecedor que estou entrevistando hoje. Portanto, vamos direto ao assunto e me diga por que devo comprar de você. Por que devo escolher você e não os outros?".

Antes de você prosseguir na leitura, registre por escrito os motivos pelos quais *seus* clientes e *prospects* devem comprar de você. Faça uma lista.

Fiz essa pergunta no mundo inteiro e recebi várias respostas ao longo do caminho (Smith, 2006, p. 100).[6] Contudo, alguns motivos tendem a ser recorrentes. A maioria das pessoas responde essa pergunta mais ou menos assim:

- Nossa qualidade é excelente e melhor do que a de nossos concorrentes.
- Temos uma ótima reputação.
- Obtemos bons resultados para os nossos clientes.
- Temos funcionários bastante instruídos e baixa rotatividade.
- Somos extremamente ágeis em nossas respostas.
- Somos muito inovadores e ajudamos nossos clientes a...
- Você pode confiar em nós.

O que a maioria das pessoas acrescenta a essa lista é algo parecido com isso. Essa lista pode variar ligeiramente, dependendo do seu setor. Porém, normalmente ela não varia muito entre você e seus concorrentes. E a questão é exatamente essa.

Se você está dizendo as mesmas coisas que seus concorrentes, então não está de fato oferecendo nenhum motivo atraente. Portanto, você parece igual a eles.

Além disso, o que você normalmente faz quando já ouviu alguma coisa antes? Você se senta e ouve, prestando atenção a cada palavra? Bom, se você for como eu, você ignora. Eles podem igualmente estar de conversa fiada... porque é exatamente isso o que você está ouvindo – blá-blá-blá.

Desse modo, se eu for um comprador e você e seus concorrentes estiverem dizendo uma mesma versão de uma mesma coisa, posso também escolher de quem devo comprar com base no preço. Além disso, mesmo se de certa forma você for realmente diferente ou melhor do que seus concorrentes, isso na verdade não importará se seu *prospect* não perceber isso. Uma frase de efeito curta e atraente[7] provavelmente não mudará minha mente nem me ajudará a perceber isso.

Desde que você se pareça com seus concorrentes, podemos pressupor que sua restrição é uma restrição de mercado. Em outras palavras, se você não tiver convencido seus *prospects* de que o valor do que você oferece é superior ao preço que está cobrando ou superior ao valor oferecido pelos concorrentes, por que eles deveriam comprar de você?

---

[6] Jayne Smith chegou a constatações semelhantes e as publicou em seu livro *Creating Competitive Advantage*.

[7] A USP, a CVP e a SCA muitas vezes não passam de frases de efeito.

Só podemos concluir que talvez você tenha uma restrição no processo de vendas,[8] se você tiver uma ótima oferta, uma *mafia offer*, a estiver oferecendo da forma correta e ainda assim suas vendas não estiverem aumentando. Portanto, para começar, precisamos criar uma *mafia offer*. Uma excelente *mafia offer* oferecida corretamente é a solução para uma restrição de mercado.

Desenvolvendo uma *mafia offer*

Para desenvolvermos uma *mafia offer*, devemos considerar três fatores.

1. **Suas competências. Tanto o que elas são quanto o que elas poderiam ser, em comparação com seus concorrentes.**

   Suas competências estão relacionadas a como você oferece seu produto ou serviço. Por exemplo, qual é o seu tempo de atravessamento? Como é seu desempenho da data entrega? Sua qualidade? Suas respostas a essas perguntas são suas competências. Normalmente, quando começamos a trabalhar com uma empresa, suas competências são semelhantes às de seus concorrentes. Se ela fosse bem melhor ou bem pior, ela saberia.

   Se você estiver propondo um tempo de atravessamento de seis semanas, o normal é que seus concorrentes também estejam propondo um tempo de atravessamento de seis semanas. Seus *prospects* garantem que você saiba quando alguém está oferecendo um negócio melhor. Portanto, normalmente, em um terminado nicho, todos oferecem competências semelhantes para não perder oportunidades. Além disso, não há dúvida de que seus concorrentes fariam uma proposta melhor se na verdade pudessem oferecer algo melhor.

   Para descobrir quais seriam suas competências, recorremos à nossa experiência com as soluções logísticas da TOC. Para ter uma ideia dos possíveis resultados, consulte a Figura 22.1.

   Com base na Figura 22.1, se você estivesse propondo um tempo de atravessamento de seis semanas, poderíamos prever uma redução de 70% ou um tempo de atravessamento de menos de duas semanas depois que as soluções da TOC fossem aplicadas às suas operações.[9] Isso nos dá uma ideia da vantagem competitiva decisiva que podemos consolidar e aproveitar em nossa oferta.[10]

2. **Seu setor: como você e seus concorrentes vendem o que quer que você venda.**

   A segunda questão que se deve examinar para desenvolver uma *mafia offer* é como seu setor vende o que quer que você venda. Inúmeras perguntas serão adequadas ao seu setor. Apresentamos alguns exemplos que podem ou não se aplicar a você:

---

[8] Talvez você note alguns benefícios na aplicação do gerenciamento do processo de vendas ou no gerenciamento do funil, mesmo quando houver uma restrição de mercado. Porém, você perceberá benefícios mais significativos se associar uma *mafia offer* ao gerenciamento do funil. O gerenciamento do funil (ou gerenciamento do processo de vendas) normalmente é conduzido pelos adeptos da TOC por meio da aplicação do tambor-pulmão-corda (TPC) ao processo de vendas. Consulte o Capítulo 21 ou http://www.SalesVelocitySystem.com, onde esses conceitos são abordados.

[9] Normalmente, podemos fazer algumas perguntas, dependendo do tipo de operação, e ter alguma ideia das melhorias possíveis. Entretanto, se você não tiver experiência nisso, a Figura 22.1 pode servir como um guia.

[10] Não estou dizendo que começaríamos a propor um tempo de atravessamento de duas semanas, mas que nosso tempo de ciclo interno passaria de mais ou menos seis semanas para cerca de duas semanas e que tiraríamos proveito desse tempo de atravessamento interno mais curto.

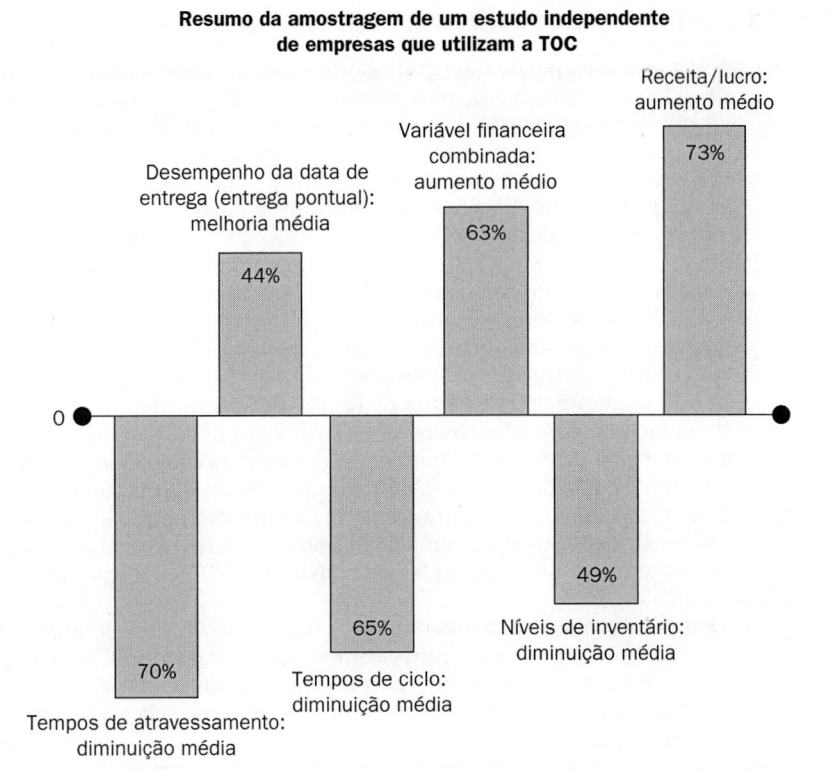

**Resumo da amostragem de um estudo independente
de empresas que utilizam a TOC**

- Desempenho da data de entrega (entrega pontual): melhoria média — 44%
- Variável financeira combinada: aumento médio — 63%
- Receita/lucro: aumento médio — 73%
- Tempos de atravessamento: diminuição média — 70%
- Tempos de ciclo: diminuição média — 65%
- Níveis de inventário: diminuição média — 49%

a. Variável financeira combinada corresponde ao aumento de receita ou ao aumento do ganho.

FIGURA 22.1 Resultados usuais com o uso da TOC. Fonte: Mabin e Balderstone, 2000.

Seu setor costuma utilizar uma curva de preço/quantidade? De que forma você e seus concorrentes costumam cobrar? Por hora? Por dia? Por projeto? Tempo e matéria-prima? Taxa fixa? Quem paga pela entrega? Ela é paga no início? É paga no final? O pagamento é parcelado?

O fundamental é compreender como seu setor interage, na venda e na entrega de seus produtos/serviços, com seus *prospects* e clientes usuais.

3. **Seus clientes específicos e como eles afetam suas competências usuais e de que forma seu setor vende.**

Como seus clientes são os únicos árbitros de sua *mafia offer*, precisamos também saber até que ponto suas competências atuais e as de seus concorrentes afetam as empresas em seu mercado-alvo e como elas são afetadas pela forma como você e seus concorrentes vendem para elas.

São nessas interações e interfaces que talvez estejamos provocando efeitos negativos para nossos clientes e *prospects*. Se compreendermos esses efeitos negativos, poderemos identificar o problema essencial de nosso cliente em suas negociações com nosso setor de atuação.

A maneira mais fácil de compreender o que é uma *mafia offer*, o que a faz ser boa e como a criamos é por meio de um exemplo. Muito provavelmente, esse exemplo não se aplicará a você porque uma oferta é peculiar à empresa e a seus clientes específicos. No entanto, você pode ter alguma vantagem se compreender como deve aplicar esses três fatores a uma situação específica.

Gráfica de rótulos personalizados: um exemplo

Consideremos o exemplo de uma gráfica de rótulos personalizados. Os rótulos que essa gráfica produz para um cliente não podem ser vendidos a ninguém mais. Entretanto, esse mesmo cliente pode fazer um novo pedido de rótulo durante inúmeros anos. Além disso, os clientes dessa empresa de rótulos compram mais de cem rótulos diferentes para seus vários produtos. Muitos de seus clientes são empresas de alimentos e bebidas regionais de porte médio. Elas fabricam produtos alimentícios de vários gostos e os colocam em uma variedade de embalagens. Por isso, elas precisam de mais de cem rótulos diferentes.

Na análise, utilizamos como ponto de partida uma avaliação das competências internas dessa gráfica e das competências de seus concorrentes. Constatamos que essa gráfica e seus concorrentes geralmente propunham um tempo de atravessamento de duas semanas. Descobrimos também que o desempenho da data de entrega (DDE) era de aproximadamente 90% para esse tipo de gráfica de rótulos personalizados.

A determinação do desempenho operacional dessa gráfica foi direta e objetiva. A única coisa com a qual devemos ter cuidado é com a forma como essas empresas calculam o desempenho da data de entrega (DDE). Algumas empresas mudarão a data de entrega prometida se elas telefonarem para o cliente e obtiverem permissão para se atrasar. Se elas obtiverem essa permissão e cumprirem a nova data, isso é considerado como entrega pontual. Portanto, pedimos para elas calculassem o DDE com base na "primeira data apresentada".

Para determinar se o desempenho da gráfica de rótulos era comum também entre seus concorrentes, simplesmente conversamos com os vendedores. Se o desempenho de uma empresa for bem melhor ou bem pior do que o dos concorrentes, os respectivos vendedores estarão a par disso. Se você não tiver vendedores, seja quem for o responsável pelas vendas (como o proprietário da empresa), é essa pessoa que deve ser indagada. Nesse caso, os vendedores indicaram que o tempo de atravessamento de duas semanas e o DDE de 90% não eram nem uma maravilha nem um problema.

Como já tínhamos trabalhado com gráficas anteriormente, esperávamos, com base em nossa experiência, diminuir o tempo de produção para apenas alguns dias e melhorar o DDE para mais de 99%. Depois de um rápido giro pela seção de produção, constatamos que isso era possível. Nessa oportunidade, percebemos uma grande quantidade de trabalhos em andamento (*work in progress* – WIP). Percebemos também que um dos operadores de prensa estava repassando uma pilha de trabalhos internos e lhe perguntamos o que ele estava procurando. Ele disse que estava tentando determinar a melhor maneira de "agrupar os trabalhos" para aproveitar ao máximo seu tempo de *setup* (preparação) naquele momento.

Com essa informação e sabendo que o tempo líquido de processamento real de um trabalho era medido em minutos, estávamos certos de que o tempo de ciclo na seção de produção passaria de duas semanas ou mais para apenas alguns dias. Previmos que seria necessário melhorar o DDE para mais de 99% e diminuir drasticamente o tempo de fluxo de um pedido na produção. Nossa estimativa era de dois a três dias.[11]

Em seguida, voltamos nossa atenção para o setor gráfico, para saber como os rótulos personalizados são vendidos. Se algum dia você já comprou alguma coisa impressa, agora você sabe que, quanto menor o preço desejado por unidade, mais é necessário comprar. Se você quiser apenas uma ou algumas unidades, o preço por unidade será bastante alto. O setor gráfico utiliza uma curva de preço/quantidade semelhante à curva mostrada na Figura 22.2.

---

[11] Consulte os capítulos sobre logística (7 a 12) deste livro para obter mais orientações sobre consolidação de melhorias operacionais.

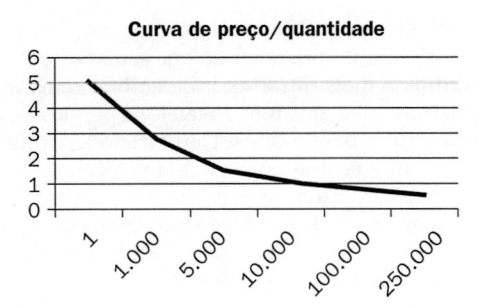

FIGURA 22.2 Curva de preço/quantidade.

Além da curva de preço/quantidade, era também comum nessa gráfica e entre seus concorrentes permitir que os clientes distribuíssem a quantidade entre seus diferentes rótulos. Desse modo, se um cliente precisasse de cem rótulos diferentes, ele poderia distribuir o volume entre todos os cem.

Subsequentemente, avaliamos o impacto que o tempo de atravessamento de duas semanas, o DDE de 90% e que as práticas do setor exerciam sobre os clientes da gráfica. Em outras palavras, que efeitos negativos estamos gerando para nossos clientes em virtude de nossas competências e da forma que vendemos?

No caso dessa gráfica de rótulos personalizados, escolhemos um cliente representativo para entender a relação de causa e efeito entre como vendemos e o impacto que isso tem sobre nossos clientes. Escolhemos uma torrefação que comprava em torno de cem rótulos diferentes e que, ao levar em conta a curva de preço/quantidade, costumava comprar de uma só vez uma quantidade de rótulos equivalente a seis meses. Os rótulos são relativamente pequenos e baratos. Portanto, manter um estoque para seis meses era comum.

Para fechar o pedido equivalente a seis meses, a torrefação precisa decidir de que forma ela deve distribuir a quantidade entre os cem rótulos diferentes. Quanto seria vendido do café torrado francês, colombiano e de baunilha francês nos diferentes tamanhos de embalagem? Para fazer esse cálculo, eles tinham de prever quantos rótulos eles precisariam nesses seis meses, e isso significava que eles tinham de imaginar:

- quanto café nós todos compraríamos;
- que aroma compraríamos; e
- em que tamanho de embalagem.

Entretanto, se só temos certeza de uma coisa a respeito de uma previsão, o que sabemos? Que ela está errada! A única questão é saber o quanto ela está errada e em que direção.

Nossos métodos obrigam os clientes a fazer previsões. Que efeitos negativos nossos clientes experimentariam se fizessem uma previsão errada? Isso é fácil de verificar. Fui ao departamento de atendimento ao cliente dessa gráfica e fiz duas perguntas ao pessoal do atendimento:

1. Você já recebeu algum telefonema de um cliente desesperado porque seu estoque de rótulos esgotou? Eles responderam: "Sim, recebemos esses telefonemas o tempo todo". O que significa "o tempo todo"? Eles disseram que estavam recebendo de dois a três telefonemas desse tipo por semana!

2. O oposto também ocorre? Vocês têm clientes que normalmente solicitam uma quantidade de rótulos equivalente a seis meses, mas que já faz mais de seis meses que não renovam o pedido de algum dos rótulos? O pessoal do atendimento respondeu:

"Sim, isso também ocorre. Na verdade, a torrefação sobre a qual você acabou de nos fazer algumas perguntas nos telefonou na semana passada. Eles estavam apavorados porque não tinham mais rótulos para a embalagem de café torrado colombiano de 900 g. E enquanto conversávamos ao telefone perguntamos se eles também gostariam de pedir mais rótulos para o café torrado francês porque já fazia nove meses desde o último pedido". Eles responderam: "Temos rótulos do café torrado francês suficientes para a geração dos nossos netos, então só mande os do colombiano!". O cliente explicou que suas linhas de produção haviam parado por falta de rótulo e que precisava desses rótulos o mais rápido possível para atender a um pedido. Eles pediram para a gráfica enviá-los no dia seguinte.

Nossos métodos obrigam os clientes a fazer previsões. A previsão acaba se revelando incorreta em uma ou outra direção. Se a previsão for baixa, as linhas de produção param, fazendo com que a empresa perca produtividade e tenha de trabalhar fora do horário quando de fato recebem os rótulos. Os custos também aumentam porque, além das horas extras, a empresa precisa pagar despesas de entrega expressa. Além disso, os compradores tentam loucamente receber os rótulos e fazer a linha de montagem voltar a funcionar.

Se a previsão for alta, a empresa ficará com um estoque excessivo de alguns rótulos. Quando o estoque é muito alto, a probabilidade de danos ou obsolescência é maior. Além disso, custos de estocagem aumentam e o dinheiro fica empatado em estoque desnecessário, fazendo com que a empresa hesite em fazer quaisquer mudanças nos rótulos.

Portanto, nossas análises[12] levaram-nos à seguinte *mafia offer*:

> Sr. Cliente, não faça pedidos. Seus pedidos são feitos com base em previsões sobre quantos rótulos acredita que precisará. É por isso que as gráficas de rótulos lhe impõem a curva de preço/quantidade e o obrigam a fazer uma estimativa para seis meses. Essa previsão acaba se revelando incorreta, e não poderia ser diferente, não é mesmo? Em vez disso, informe-nos diariamente quantos rótulos você utiliza que poderemos lhe garantir, por um lado, que não tenha de solicitar uma quantidade de rótulos para mais de duas semanas. Você tem ciência do quanto o departamento de marketing de sua empresa reclama de que não consegue fazer as alterações que deseja porque vocês têm um estoque de rótulos para seis meses? Bom, agora você pode ter um estoque para duas semanas apenas. Por outro lado, lhe garantimos que nunca deixaremos sua empresa sem estoque, que vá ao almoxarifado e não encontre o rótulo que precisa. Se algum dia o deixarmos sem estoque, lhe pagaremos $ 500 por dia por rótulo. Oferecemos tudo isso pelo mesmo preço competitivo que sua empresa nos paga hoje e, obviamente, você terá de ocupar uma quantia muito menor de seu caixa.

O teste: é ou não é uma *mafia offer*?

Comparemos essa oferta com nossa definição de *mafia offer*. Essa oferta é tão boa a ponto de nossos clientes não conseguirem recusá-la? Bom, isso depende do cliente. Se tivermos feito uma boa análise, provavelmente ela será irrecusável para mais de 80% do mercado-alvo. Observe que em nenhum mercado uma oferta terá 100% de aceitação. Determinadas pessoas, seja lá por que motivo for, não acharão sua oferta irresistível.

> "A razão não é automática. Aqueles que a negam não podem ser conquistados por ela. Não conte com eles. Deixe-os em paz."
>
> — Ayn Rand

---

[12] Em nossas análises, utilizamos a lógica rigorosa de causa e efeito do processo de pensamento da TOC.

Quando desenvolvemos uma *mafia offer*, a primeira coisa que fazemos é perguntar para quem a oferta será feita. Escolhemos um mercado-alvo – um tipo de cliente. O mercado a ser escolhido depende de inúmeras questões. Por exemplo:

- Qual mercado gostaríamos de desenvolver ou ampliar?
- Qual mercado oferece as melhores margens de lucro?
- Temos um grande volume de negócios com um determinado cliente ou em um determinado mercado?
- Quais clientes ou tipos de cliente dos quais temos certo receio? (Se nossos concorrentes também tiverem receio desses clientes, talvez eles possam ser conquistados mais facilmente.)
- Qual mercado oferece um espaço considerável para crescermos?

Contudo, o fundamental é que nossa análise seja feita com esse mercado em mente. Em nosso exemplo, os clientes da gráfica de rótulos são em sua maioria empresas regionais de alimentos e bebidas. A oferta foi desenvolvida para esses clientes e *prospects*.

Os fabricantes de equipamentos também compram rótulos. Todavia, nesse caso, essa oferta não funcionaria. Eles normalmente sabem que produzirão 100 máquinas em um determinado ano e que precisarão de 500 rótulos para essas 100 máquinas. Eles não têm um problema de previsão tal como os fabricantes de alimentos e bebidas e provavelmente não se sentiriam instigados por nossa oferta. Desse modo, nossa atenção prospectiva seria mais bem empregada sobre os fabricantes de alimentos e bebidas que se esforçam para manter uma combinação correta de estoque de rótulos e ainda assim continuam tendo uma montanha de estoque.

Portanto, por que a oferta da gráfica de rótulos é irrecusável para os fabricantes de alimentos e bebidas? Façamos uma lista:

- Ela diminui o estoque de seis meses para duas semanas.
- Ela diminui o capital empatado no estoque.
- Ela elimina o caos decorrente da falta de estoque.
- Ela diminui os custos associados com a falta de estoque – paralisações, remessas expressas e horas extras.
- Ela diminui os custos de estocagem.
- Ela diminui a obsolescência do estoque e a quantidade de rótulos que podem ser danificados se ocorrer algum incidente.
- Ela aumenta as oportunidades de marketing porque é possível fazer alterações rapidamente.
- Ela elimina a necessidade de fazer pedidos e previsões, liberando esse tempo para outras atividades.
- E tudo isso é obtido pelo mesmo preço.

Desse modo, podemos concluir que essa oferta é irrecusável para nosso mercado-alvo, mas nossos concorrentes conseguem se equiparar? Estamos pedindo aos clientes para manter um estoque para duas semanas, em vez de para seis meses. Qual é o tempo de atravessamento dos concorrentes? Se você se lembrar de nossa análise, o tempo de atravessamento padrão era de duas semanas e o DDE de 90%. Portanto, nossos concorrentes não têm como propor uma oferta equiparável sem que para isso tenham de arcar com algum ônus ou manter uma quantidade considerável de estoque por conta e risco.

Tal como constatamos mais tarde, melhoramos nosso fluxo de mais de duas semanas para apenas dois dias (mantendo as vendas e o contingente de pessoal constantes) e firmamos uma base para uma ótima vantagem decisiva sobre a concorrência. Desse modo, provavelmente nunca teremos de arcar com nenhum ônus, na medida em que estamos atentos e sabemos como reagir com base nos dados diários de consumo. Portanto, essa oferta cumpre dois requisitos de uma *mafia offer*. É uma oferta que o cliente não consegue recusar e a concorrência não consegue equiparar.

O que é necessário para fazer a oferta?

Além de melhorar as operações por meio da implementação do *tambor-pulmão-corda simplificado* (TPC-S),[13] a gráfica de rótulos precisava mudar sua mentalidade em inúmeras áreas. Primeiro, essa oferta exigiria uma quantidade maior de *setup*. Pergunte a qualquer gráfica quanto custa fazer o *setup* de um equipamento que ela lhe dirá precisamente. Contudo, quanto isso de fato custa?

Nada. Você não paga seus funcionários pela preparação e também não paga a máquina pela preparação. O único custo real refere-se a uma pequena quantidade de papel e tinta para que tudo fique alinhado. Isso é tão pequeno e é tão difícil atribuir um custo exato, que simplesmente considero uma bagatela. No entanto, os concorrentes da gráfica de rótulos pensam que existe um custo real e, mesmo que pudessem propor uma oferta equiparável, *eles não querem!* Eles acreditam que os custos da gráfica aumentarão e a empresa fechará as portas.

O único motivo pelo qual o setor gráfico utiliza a curva de preço e quantidade é para diminuir esses *setups*. Entretanto, a diminuição dessas preparações está relacionada à tiragem, aos custos com os quais arcamos, e não ao cliente. Na verdade, nossa análise demonstrou que a curva de preço/quantidade obriga nossos clientes a fazer previsões. E isso provoca inúmeras consequências negativas.

Desse modo, uma das mudanças mais significativas que a gráfica tinha de fazer era em relação à sua mentalidade de custo. Ela precisava compreender que o custo de fazer mais *setups* era praticamente inexistente e poupar tempo em uma não restrição equivaleria a não poupar nada. As preparações de fato tomam mais tempo. Porém, ocorre algo curioso quando começamos a fazer uma coisa com maior frequência – ganha-se destreza! A gráfica liberou capacidade quando deixou de desperdiçar tempo de produção na impressão de rótulos que não eram necessários. Portanto, não obstante uma quantidade maior de preparações, o tempo de fluxo da gráfica manteve-se em aproximadamente dois dias.

Então aí está, uma oferta que é tão boa que nossos clientes não conseguem recusá-la e nossos concorrentes não conseguem *e* não querem equiparar! A concorrência não proporá uma oferta equiparável durante algum tempo ou talvez jamais o faça. Desse modo, criamos e exploramos uma vantagem competitiva extremamente sustentável.

Uma *mafia offer* não é...

Uma *mafia offer* não requer inovações. Os partidários da inovação acreditam que a única maneira de obter um volume de vendas consideravelmente maior é inovar melhor e mais rápido as coisas que seus clientes desejam. Alguns foram ainda mais longe, referindo-se aos produtos existentes, nos mercados existentes, como um oceano vermelho, manchado do sangue decorrente de toda essa concorrência acirrada.

No livro *Blue Ocean Strategy* (*Estratégia do Oceano Azul*) (Kim e Mauborgne, 2005), os autores sustentam que *não* é possível, na maioria dos casos, aumentar as vendas dos produtos existentes nos mercados existentes. Eles apresentam esquematicamente um processo para desenvolver novos produtos para novos mercados – um empreendimento altamente arriscado.

---

[13] Nossa versão do TPC-S para unidades de produção por encomenda é chamada de Velocity Scheduling System. Você pode encontrar mais informações em www.VelocitySchedulingSystem.com.

A inovação é absolutamente necessária para a sustentabilidade de longo prazo, não há dúvida. Minha ressalva com relação a utilizar a inovação como o único meio para aumentar as vendas é que ela tem vida curta. Quanto tempo dura a maioria das inovações? Quanto tempo os concorrentes levam para copiá-las?

Se os novos produtos e os novos mercados são uma proposição arriscada, por que utilizar a inovação como o único método para aumentar as vendas? E por que você tomaria uma iniciativa tão arriscada quanto essa se pudesse desenvolver uma *mafia offer*? A resposta, obviamente, é que você não faria isso. Entretanto, a inovação é a única opção lógica se você não tiver informações sobre a TOC ou a respeito das ofertas irrecusáveis.

Eu diria a mesma coisa a respeito do preço. As reduções de preço também podem ser copiadas muito rapidamente e em geral não oferecem uma vantagem sustentável. Desse modo, as ofertas irrecusáveis não se fundamentam unicamente no preço.

Além disso, lembre-se desta lista:

- Nossa qualidade é excelente e melhor do que a de nossos concorrentes.
- Temos uma ótima reputação.
- Obtemos bons resultados para os nossos clientes.
- Temos funcionários bastante instruídos e baixa rotatividade.
- Somos extremamente ágeis em nossas respostas.
- Somos muito inovadores e ajudamos nossos clientes a...
- Você pode confiar em nós.

Essas *não* são qualidades de uma *mafia offer*. Seus concorrentes dizem exatamente a mesma coisa. Todas as boas empresas têm essas qualidades. Do contrário, não permaneceriam no mercado por muito tempo. *Mafia offer não* é uma lista de pontos fortes, não é um clichê, não é subjetiva, nem é oferecida pela concorrência.

No exemplo da gráfica de rótulos personalizados:

- A *mafia offer* foi desenvolvida para uma empresa regular, em relação aos *produtos que ela já possui* e nos *mercados que ela já atua*.
- Essa empresa não tinha nenhuma vantagem competitiva específica nem uma inovação – não tinha nenhuma patente e nenhuma tecnologia exclusiva, tinha os mesmos equipamentos que seus concorrentes e funcionários com qualificações semelhantes.

Contudo, a oferta não estava fundamentada na redução de preço, não era fácil de a concorrência copiar e era tão boa que a maioria dos clientes a aceitaria prontamente.

Por onde começar?

Devemos melhorar os processos operacionais ou criar primeiro uma *mafia offer*? Fizemos as duas coisas e ambas funcionaram. Mas prefiro primeiro desenvolver uma *mafia offer*. Assim que temos uma oferta, sabemos até que ponto precisamos melhorar os processos operacionais.

Mais importante, isso nos dá um motivo para mudar. Constatamos que, quando partimos da criação de uma oferta, o cliente fica mais motivado a realizar melhorias operacionais. Essas melhorias ocorrem mais rapidamente.

Quando trabalhamos com clientes que já haviam implementado a TOC em seus processos operacionais, constatamos com frequência que eles estavam abrindo mão de alguma ou de todas as melhorias que eles haviam feito. Isso é particularmente verdadeiro nos caso em que o DDE era muito ruim. Eles melhoram os processos operacionais e então abrem mão dos tempos de atravessamento mais curtos porque se sentem culpados por seu desempenho no passado. Portanto, é aconselhável criar primeiro uma *mafia offer* e depois realizar as melhorias operacionais necessárias para cumprir sua oferta.

Entretanto, antes de desenvolver uma oferta, é preciso tomar algumas providências. Colocar os processos operacionais em forma é de suma importância. A maneira mais rápida de acabar com uma *mafia offer* é não ser capaz de cumpri-la. Desse modo, confirme se você é capaz de cumprir sua oferta. Para isso, faça alguns testes simulados. Faça de conta que vários de seus pedidos ou trabalhos fazem parte de uma oferta e veja como você se sai. Ou, se você for oferecer uma data de entrega garantida, calcule quanto teria de pagar de multa se todo pedido recebesse essa garantia.

Verificar se seus processos operacionais estão prontos para sua oferta é um processo direto e objetivo. Contudo, você deve prever também o que poderia dar errado do seu ponto de vista e do ponto de vista dos clientes. Isso o ajudará a verificar se você deixou alguma coisa passar e a detalhar algumas questões de sua oferta.

Isso *não* o autoriza a criar uma oferta com palavras ambíguas e evasivas, escritas com letras miúdas. O objetivo é prever as ramificações negativas e eliminá-las. Quando em dúvida, não acrescente palavras ambíguas; em vez disso, defenda a posição de seus clientes.

Proteger-se e preocupar-se com seus próprios interesses foi o que originalmente provocou consequências negativas para o seu cliente. Portanto, não regrida. Porém, ao mesmo tempo, não coloque todo o seu negócio em risco.

Mantendo a vantagem e a oferta

Com base na experiência, uma boa *mafia offer* lhe dará anos de vantagem em relação à concorrência. Os concorrentes acham que sua oferta o levará a fechar as portas de sua empresa. Eles levam algum tempo para examinar uma segunda vez o que você está fazendo.

Neste capítulo, apresentei o exemplo de uma ótima *mafia offer* para uma gráfica de rótulos. Há anos utilizo esse exemplo. Em duas ocasiões fui palestrante na conferência anual do Instituto de Fabricantes de Etiquetas e Rótulos. Não obstante, nenhum concorrente direto copiou essa oferta. É verdade que essa oferta pode não funcionar perfeitamente em outra gráfica de rótulos porque seus clientes são diferentes. Entretanto, pelo menos alguma parte dela poderia ser transferível. Então por que os concorrentes não fazem isso? Por que outros setores que utilizam práticas semelhantes e geram consequências negativas similares para seus clientes não tentam fazer isso?

Primeiro, acredito que a ideia "somos diferentes" nos impede de levar isso longe demais. Segundo, mesmo se uma pessoa começar a examinar essa oferta mais a fundo, ela poderá se sentir bloqueada de inúmeras maneiras. Desenvolver e implementar as mudanças exigidas por uma *mafia offer* exige várias mudanças de paradigma. Isso exige, particularmente, uma mudança de mentalidade. E mudar nossa maneira de pensar sobre custos, *setups*, multitarefa, WIP, programação e o que se deve empreender para ganhar dinheiro é muito difícil. Realizar todas essas mudanças de uma vez é ainda mais difícil.

Por definição, as ofertas irrecusáveis são em sua maioria difíceis de serem copiadas pelos concorrentes, mas outra fonte de problemas de sustentabilidade é você mesmo. Assim que você começar a fazer sua oferta e suas vendas começarem a aumentar, haverá algumas consequências negativas prováveis nesse sucesso. A maneira mais fácil de evitá-las é utilizar as técnicas e medidas da TOC. Veja a seguir alguns alertas:

- Sua carga em relação à sua capacidade aumentou, em virtude do maior volume de vendas, o que o leva a:
  - começar a não cumprir suas promessas;
  - aumentar os tempos de atravessamento propostos;
  - apressar os processos operacionais ou poupar esforços, o que faz com que seu nível de qualidade diminua.

- O interesse por seus produtos/serviços é bem maior do que antes da oferta. Por isso:
  - algumas vantagens/oportunidades começam a desaparecer;
  - a qualidade do atendimento ao cliente começa a decair;
  - a primeira etapa do processo, essencial para conquistar novos clientes (como projeto ou engenharia), torna-se um gargalo.

Se você não parar de avaliar e prestar atenção, conseguirá evitar esses problemas. Eles são certamente previsíveis e, se você prestar atenção à sua carga de trabalho em contraposição à sua capacidade (em todas as partes de seus processos operacionais e de vendas), conseguirá fazer os preparativos necessários e reagir.

Benefícios para a gráfica de rótulos

Anteriormente examinamos por que a *mafia offer* era irrecusável para os clientes da gráfica de rótulos. Mas que benefício a gráfica obtém?

- Ela para de blá-blá-blá e de se parecer com seus concorrentes. Eles podem responder à pergunta "Por que devo comprar de você?".
- As vendas aumentam (e do mesmo modo os lucros, se as soluções logísticas da TOC forem utilizadas para melhorar os processos operacionais).
- O tempo gasto na produção de rótulos que não são necessários é eliminado.
- A empresa obtém um abastecimento de 100% com relação às unidades de manutenção de estoque (*stock keeping units* – SKUs) incluídas no programa.
- Ela reduz consideravelmente o risco de perder um cliente para um concorrente por uma pequena redução de preço. Os clientes que tiram proveito da *mafia offer* solicitam contratos de longo prazo.
- Ela aprimora os *setups* e pode processar comodamente pequenos lotes, aumentando sua flexibilidade e sua agilidade de resposta ao mercado.
- Ela ganha uma enorme competência para conquistar novos clientes.
- O fluxo de caixa melhora em virtude dos lotes menores e do faturamento mais frequente, porque o reabastecimento é mais frequente.

Mafia offer é um negócio

As *mafia offer*s são em sua maioria um negócio e, por isso, são vendidas diferentemente. A gráfica de rótulos não está mais vendendo rótulos; ela está vendendo a disponibilidade garantida de rótulos, com base no uso ou no consumo real dos clientes. Para essa oferta vingar, a gráfica precisará de um abastecimento de 100% com relação aos rótulos que fazem parte do programa. Além disso, o cliente precisará fornecer dados diários sobre o consumo desses rótulos. Essa transferência de dados soa mais amedrontadora do que parece. Normalmente, é possível configurar transferências eletrônicas de dados automáticas e diárias.

Seja como for, a questão é que o fornecedor (a gráfica) e o cliente estão mais intimamente integrados. Ambos tendem a se beneficiar dessa colaboração comercial. A oferta precisa ser apresentada de uma forma que faça o cliente envolver-se, interagir e prontificar-se a comprar. O método para isso é bem diferente do que os vendedores fazem hoje em uma visita de venda comum.

O maior problema que vemos *depois* que alguém já tem uma boa *mafia offer* é como ela é fornecida. Portanto, falemos a respeito disso. Como uma *mafia offer* deve ser apresentada? Precisamos fazer isso corretamente porque uma boa oferta, se mal suprida, não aumentará as vendas.

Já falamos a respeito do que ocorre quando se adere ao blá-blá-blá – seus *prospects* param de prestar atenção. Portanto, precisamos apresentar nossa oferta de uma forma convincente, ganhar a confiança dos clientes e fazê-los tomar uma iniciativa. Para melhorar minha habilidade para apresentar favoravelmente uma *mafia offer* e ajudar meus clientes a apresentar favoravelmente as suas ofertas, estudei e apliquei um pouco de psicologia básica, que associada ao processo de adesão da TOC, foi responsável pelo sucesso que tivemos com as *mafia offers* e o marketing em geral.

A psicologia da apresentação de uma *mafia offer*[14]

A neurociência, por meio de uma tecnologia denominada ressonância magnética funcional (*magnetic resonance imaging* – MRI), nos ajudou a compreender que parte do cérebro humano é utilizada na tomada de decisões. A parte mais anterior do cérebro (a parte mais nova ou jovem) é onde ocorre o pensamento racional. A parte intermediária é que nos oferece os pressentimentos e todos os componentes emocionais relacionados com a tomada de decisão. No entanto, a parte que toma a decisão é a parte central do cérebro. Essa parte central é a mais antiga e foi chamada de *cérebro antigo, cérebro reptiliano*, primeiro cérebro ou sistema límbico. O nome não importa. O que importa é que utilizamos (e nossos *prospects* utilizam) a parte mais antiga do cérebro para tomarmos todas as nossas decisões.

A neurocientista Leslie Hart concluiu que o cérebro antigo é a parte que decide quais sentidos são transferidos para o cérebro novo e, mais importante, quais decisões serão aceitas (Hart, 1975).

Isso significa que devemos compreender melhor como o antigo cérebro reptiliano toma decisões para que possamos vender bem-sucedidamente. Há pontos positivos e pontos negativos nisso. O lado negativo é que nós e nossos *prospects* tomamos decisões no nível primitivo, instintivo, como um crocodilo ou um sapo. O lado bom do antigo cérebro reptiliano é que ele é tão antigo e tão primitivo que se torna previsível; estima-se que o cérebro antigo tenha aproximadamente 450 milhões de anos (Ornstein, 1992). Portanto, se conseguirmos aprender a prever o que o cérebro reptiliano fará, poderemos persuadi-lo melhor.

De acordo com Renvoisé e Morin (2007, p. 11), o antigo cérebro reptiliano, além de receber estímulos de outras partes do cérebro, só responde a seis estímulos. Esses estímulos são:

1. Centrados no eu (egocentrismo) – Tudo está centrado em mim e em minha preservação.
2. Contrastantes – Diga alguma coisa que já ouvi e ficarei indiferente. Diga ou faça alguma coisa contrastante e terá minha atenção.
3. Tangíveis – O que é simples e objetivo é melhor.
4. Iniciais e finais – Para poupar energia, o cérebro antigo pode parar de prestar atenção no meio.
5. Visuais – Os estímulos visuais funcionam melhor com o cérebro antigo.
6. Emocionais – A emoção manda. Não somos máquinas pensantes que sentem; somos máquinas sensíveis que pensam (Damasio, 1995).

Portanto, se conseguirmos aprender a aplicar esses seis estímulos, teremos a solução para mobilizar nossos clientes/*prospects* e fazê-los se envolver com nossa *mafia offer*. Além disso, se associarmos esse conhecimento com a solução da TOC destinada a vendas (Gol-

---

[14] Esta seção baseia-se em grande parte nos conceitos presentes em *Neuromarketing: Understanding the "Buy Buttons" in Your Customer's Brain*, de Patrick Renvoisé e Christophe Morin, mas a novidade é a associação dos conceitos de neuromarketing com os conceitos da TOC.

dratt e Goldratt, 2003)[15] e aos processos de adesão, eles podem de fato decidir comprar de nós.

Desse modo, recapitulemos o processo de adesão considerando esses estímulos. O processo de adesão evoluiu ao longo do tempo e você pode encontrar diferentes versões. Vou recapitular as etapas que normalmente abordamos ao apresentar uma *mafia offer* e como podemos realizá-las tendo em mente esses seis estímulos.

Consenso sobre o problema

Como o antigo cérebro reptiliano é centrado no eu (egocêntrico) e preocupa-se acima de tudo com sua própria sobrevivência, ele tem grande interesse por soluções que aliviarão qualquer sofrimento ou problema com o qual ele estiver lidando. É por isso que os seres humanos devotam mais tempo e energia para evitar o sofrimento ou acabar com ele do que para alcançar níveis superiores de bem-estar.[16] Concentre-se nos problemas e nas aflições que seu *prospect* está enfrentando, e não nas características de seus produtos ou serviços.

Qual revista você acha que os homens são mais propensos a comprar?[17] Uma revista sobre saúde masculina com a capa "Perca a Barriga Rapidamente" ou uma revista semelhante com a capa "Como Ganhar Barriga de Tanquinho"?

Um estudo demonstrou que mais de 80% dos homens escolhem a primeira capa – "Perca a Barriga Rapidamente". Por quê? As pessoas estão mais interessadas em evitar (ou diminuir) o sofrimento do que em aumentar o prazer.

Consenso sobre a direção da solução

Você já percebeu que uma grande parcela dos *sites* e prospectos inicia o texto com a mesma frase "Somos um dos principais fornecedores de..." ou têm uma foto do prédio da empresa na página principal? Nas palestras, você já percebeu que a maioria dos palestrantes inicia sua fala com a narração da história da empresa?

Esse blá-blá-blá é a forma usual à qual a maioria das pessoas recorre para se apresentar ao seu mercado. Essas afirmações vazias e neutras ou esse preenchimento de silêncio de maneira geral atuam contra você. Para atingir o cérebro antigo, você deve fazer declarações contrastantes (e prová-las) porque o cérebro antigo reage favoravelmente a contrastes incontestáveis e claros. Soluções exclusivas e de grande eficácia atraem os clientes em potencial porque evidenciam a diferença, a disparidade ou a ruptura que o cérebro antigo está buscando proativamente para justificar uma decisão rápida.

Consenso sobre se a solução resolve o problema

Não há nenhum problema em se concentrar nos benefícios exclusivos de sua solução, mas tecnicamente isso não prova nada. Lembre-se, o cérebro antigo prefere informações tangíveis, simples e diretas a conceitos complexos ou abstratos. Ele precisa de uma prova concreta sobre como suas soluções lhe permitirão sobreviver ou se beneficiar. Como o cérebro antigo não consegue tomar uma decisão se não se sentir seguro, você precisa demonstrar

---

[15] A solução para o método de vendas de apresentação de ofertas foi desenvolvido por Rami Goldratt e divulgado pela primeira vez no Workshop de Atualização da TOC de 2003, em Cambridge, Inglaterra.

[16] Consulte o excerto do boletim informativo de Stephan Shapiro, 7 de agosto de 2007.

[17] Excerto do boletim informativo de Stephen Shapiro, 7 de agosto de 2007.

concretamente, não apenas descrever, a vantagem que seus *prospects* obterão com seu produto ou serviço – os resultados de uma solução específica para um problema –, de uma forma que satisfaça a necessidade do cérebro antigo de ter evidências concretas. Portanto, o que está em jogo não é somente o valor, mas um valor comprovado ou a diminuição comprovada de um risco.

Isso se reflete não apenas em nossas *mafia offer*s, mas também na nossa maneira de abordar clientes potenciais em nossos *e-mails*, *sites* e prospectos. Existem implicações em como descrevemos o problema, em como descrevemos nossa *mafia offer* e em como chegamos a um acordo ou provamos que nossa oferta cumpre o que promete.

Desse modo, repassemos os principais componentes da solução da *mafia offer* da gráfica de rótulos para seu argumento de vendas e vejamos como ela poderia ser apresentada com base no que agora sabemos a respeito do cérebro reptiliano.

Veja a seguir uma sequência usual.

Nunca iniciamos com uma descrição de quem somos e de quanto tempo estamos no mercado e esse blá-blá-blá habitual. O cérebro antigo não liga para isso. Devemos começar com algo do tipo:

> Fizemos uma análise sobre nosso setor. Examinamos nossas práticas e as práticas dos concorrentes e constatamos que nossas práticas estão afetando negativamente *seus* resultados financeiros. Gostaríamos de lhe apresentar essa análise e verificar com você se ela faz sentido.

Dessa forma, nossa frase de abertura (*o início*) está relacionada a eles (*centrada no eu*) e em *seus* benefícios (resultados financeiros).

Observe também que isso contrasta com o que a maioria dos fornecedores deles costuma fazer.

Consenso sobre o problema

Na apresentação do *PowerPoint*, começamos com a "Análise das Práticas dos Fornecedores". Nessa parte da palestra, mostramos como os fornecedores do setor (nós e nossos concorrentes) afetam negativamente os negócios de nossos clientes. Essas consequências negativas são provocadas por essas práticas. Normalmente, essas práticas são comuns em todo o setor e abrangem exigência de uma quantidade mínima para os pedidos, métodos de programação de prazos, tempos de atravessamento e assim por diante. Dessa maneira, estamos começando com uma frase que evidencia que nossas práticas são a causa pelo menos de alguns dos problemas dos clientes. Geralmente, apresentaremos três eslaides, tal como o exibido na Figura 22.3, mostrando as consequências negativas de nossas práticas sobre nossos clientes. Em seguida, apresentamos um resumo em um único eslaides. Para

Prática do fornecedor: Pedidos com quantidades mínimas e descontos para as compras de grandes volumes

Estilo comportamental do cliente: Pedidos em lote (postergação dos pedidos) para acumular necessidades e fazer pedidos de volumes maiores para obter desconto.

Consequências para o seu negócio: Alto nível de estoque e todos os custos e riscos associados. E muito capital empatado!

FIGURA 22.3 Análise sobre as práticas dos fornecedores.

atingir o cérebro antigo, ressaltamos que essas práticas do setor estão gerando um efeito negativo sobre os negócios *deles*. Novamente, um reforço de que isso tem a ver com eles.

Além disso, você pode mostrar o problema visualmente utilizando uma foto de uma pilha de estoque. Gosto também de gerar uma discussão em torno desses problemas porque muitas vezes alguns participantes não estão a par da situação ou não estão cientes da magnitude do problema. Meu objetivo é despertar deles alguma emoção com relação ao sofrimento. Eu poderia perguntar, por exemplo, se na verdade eles já passaram pela experiência de ter um estoque maior por causa de uma norma imposta pelo fornecedor.

Muitas vezes tenho a chance de fazer algum deles contar uma história e, quando isso ocorre, tento torná-la tangível fazendo perguntas do tipo quanto e de que magnitude ou outra pergunta qualquer que seja apropriada. Quando fazemos uma visita de venda usual – quando se utiliza a postura de "mostrar-se e atirar-se" –, falando pomposamente sobre os recursos e benefícios do produto ou serviço, os clientes automaticamente resistem e procuram algum motivo para não comprar. Quando iniciamos com uma explicação sobre como os afetamos negativamente, eles ficam mais abertos a ouvir o que temos a dizer em seguida.

Nunca é suficiente salientar o quanto é importante de fato ter êxito nessa primeira parte da apresentação. Em não mais que quatro eslaides e dez minutos, você deve descrever como o *seu* setor (você e seus concorrentes) estão afetando negativamente os resultados financeiros de seus clientes. Se você conseguir isso, em vez de utilizar as descrições do "histórico de sua empresa" e do "histórico de seus produtos", eles se sentirão ansiosos por ouvir o que você tem a dizer em seguida e não ficarão entre o sono e a vigília.

Entretanto, se sua análise não estiver correta e você não identificar corretamente o sofrimento ou aflição, *não* conseguirá vender. Nesse caso, diga-lhes obrigado por terem avaliado sua análise e retire-se.

Porém, se nossos *prospects* demonstrarem concordância e contarem algumas histórias, isso quer dizer que eles estão ansiosos por ouvir o que você tem a dizer em seguida. Você foi o primeiro fornecedor a descrever eloquentemente a dinâmica entre as práticas do setor. E você conseguiu verbalizá-las muito melhor do que eles mesmos já verbalizaram ou poderiam verbalizar.

Consenso sobre a direção da solução

Normalmente, eu passo para a etapa seguinte dizendo alguma coisa do tipo: "Bem, partindo do pressuposto de que já identificamos exatamente os problemas que nosso setor gera para vocês, agora precisamos determinar os critérios para uma boa solução".

Em seguida, apresentamos e examinamos o eslaide com esses critérios e obtemos o *feedback* do *prospect*.

Observamos também que esses critérios devem ser utilizados para avaliar qualquer solução possível, mesmo que seja de um concorrente. Dessa forma, podemos criar um *contraste*.

Subsequentemente, perguntamos como seria se tivéssemos uma solução que atende a esses critérios. Nesse caso, estamos criando uma *visão* e explorando as *emoções*.

Assim que chegamos a um consenso sobre o critério para uma boa solução, analisamos nossa solução – nossa *mafia offer*. Normalmente, apresentamos uma visão geral de nossa oferta e em seguida abordamos mais detalhadamente cada componente. Desse modo, eles podem ter uma visão antecipada do que há por vir – uma visão da realidade mais ampla – e concentrar-se no que está sendo exposto. Essa visão antecipada também cria outro *início*.

Ao avaliar nossa oferta, novamente a apresentamos de uma maneira que o cérebro antigo consiga estabelecer uma relação. E isso, obviamente, seria diferente para cada oferta. Entretanto, é muito importante que você seja *tangível*. Não se restrinja a dizer que você tem uma garantia. Diga que garantia é essa. Não diga apenas que você cumprirá o prazo de entrega. Diga qual será esse prazo.

Em relação a cada declaração ou componente da sua oferta, seja bastante explícito sobre os benefícios que eles obterão. As vantagens normalmente são financeiras, estratégicas ou pessoais. Seja o mais *tangível* possível, simples e direto.

Consenso sobre se a solução resolve o problema

Depois que avaliamos nossa oferta, voltamos aos critérios para uma boa solução e perguntamos se nossa oferta atendeu a esses critérios. Em seguida, comparamos nossa solução, nossa *mafia offer* ou nossas *declarações* com as soluções usuais para criar um *contraste*.

Explicamos que o *contraste*, as diferenças entre nós e nossos concorrentes, é o que nos conduz aos resultados prometidos em nossa oferta e, desse modo, oferecemos uma prova.

Existem vários tipos de prova. Em ordem de preferência, são elas: relato sobre o cliente ou um estudo de caso, uma demonstração, apresentação de dados ou a postura "confie em mim".

A prova das vantagens de sua oferta é a essência de sua mensagem. Deve ser uma evidência *tangível*, factual e provável. As vantagens que você está apregoando devem ser superiores ao custo de seu produto ou serviço para que possa demonstrar o valor do que está oferecendo.

Fechamento

Há várias técnicas de fechamento convencionais por aí. Porém, se você tiver adotado a solução para vendas e os processos de adesão da TOC e tiver se dirigido ao cérebro reptiliano, não precisará de nada sofisticado. Contudo, sabemos também que o cérebro antigo presta particular atenção ao *final* de uma apresentação. Portanto, a técnica de fechamento mais eficaz para o cérebro antigo é simples. Renvoisé e Morin (2007, pp. 127-131) recomendam três etapas de fechamento:

1. Repasse sua oferta no final porque o cérebro antigo lembra-se do *fim*. "Diminuiremos seu estoque pela metade e, com isso, o capital que você empatou com o estoque. Ao mesmo tempo, garantimos que você nunca ficará sem estoque, diminuindo o caos e os custos decorrentes e possibilitando que você atenda melhor às necessidades de seus clientes. E se algum dia você ficar sem estoque, lhe pagaremos $ 500 por dia por SKU."

2. Em seguida, procure um *feedback* positivo entre seu público fazendo a pergunta: "O que vocês acham?". Se o grupo for grande, direcione essa pergunta para uma pessoa específica. Aguarde uma resposta. Esperar é constrangedor, mas muito importante. A psicologia dessa postura é maravilhosa. A pessoa que responder desejará manter-se coerente com qualquer declaração que ela fizer em público. Posteriormente, portanto, ela defenderá o ponto de vista que ela expôs a princípio. Portanto, se a pessoa apresentar um ponto de vista positivo sobre você e sua oferta, você terá um defensor interno que se manterá fiel mesmo depois que você for embora. Isso se chama *lei da coerência* (Cialdini, 2007).

Foi também constatado que um pequeno engajamento inicial desencadeará um grande engajamento posterior (Cialdini, 2007). Você já percebeu que *depois* que você compra alguma coisa você tem *mais certeza* sobre as vantagens que receberá? Mesmo que um pouco antes de tomar a decisão de compra você a tenha comparado e contrastado com várias outras opções? Por isso, o compromisso inicial que o defensor interno assume abre caminho para declarações mais concretas em um momento posterior.

Se as observações que você ouvir não forem positivas, você terá oportunidade de abordar qualquer preocupação com todos os presentes. É melhor discutir qualquer ponto negativo em sua presença do que deixar que ele venha à tona quando não estiver por perto. Entretanto, se você tiver analisado apropriadamente a *mafia offer* e seguido as soluções para o processo de vendas, ouvirá poucas objeções, quando muito.

3. Assim que você responder todas as perguntas e abordar qualquer possível preocupação, pergunte: "Para onde devemos ir a partir daqui?". Novamente, seja paciente e aguarde uma resposta. A resposta é o comprometimento. Para invocar a lei da coerência, é fundamental aguardar a resposta e só então expor os passos subsequentes. Quando o *prospect* finalmente disser "Vamos escolher uma parcela representativa dos rótulos e experimentar a solução proposta", é bem mais provável que isso ocorra do que se você mesmo fizer essa proposta. Além disso, a pessoa que faz a sugestão será o defensor interno desse teste.

Utilize toda oportunidade de apresentação para melhorar continuamente a exposição de sua oferta e sua técnica. Acho útil ter alguém ao lado que possa nos ajudar a avaliar a reação do *prospect* e registrar quaisquer desvios no processo.

Para quem você pode desenvolver ofertas?

As *mafia offer*s podem ser desenvolvidas para todo produto ou serviço e para todos os seus segmentos de mercado. Algumas empresas terão uma oferta para cada produto, ao passo que outras terão ofertas que variam segundo o segmento de mercado. Por exemplo, a gráfica de rótulos utiliza a mesma oferta independentemente do rótulo que é vendido. Porém, se a empresa optar por entrar em mercados diferentes, talvez ela precise de uma nova oferta para o novo mercado. Isso certamente se aplicará se a empresa decidir produzir rótulos para o mercado de fabricantes de equipamentos. Na realidade, a empresa visa atingir novos clientes que sabidamente sofrem as consequências da curva de preço/quantidade e das previsões incorretas.

É comum nossos clientes terem uma ou duas ofertas para os produtos ou serviços que eles vendem nos mercados dos quais participam. No entanto, não existe um número correto. Se você precisar decidir com qual produto ou serviço e com qual mercado deve começar, poderá utilizar as mesmas perguntas que relacionamos antes:

- Qual mercado gostaríamos de desenvolver ou ampliar?
- Qual mercado oferece as melhores margens de lucro?
- Temos um grande volume de negócios com um determinado cliente ou em um determinado mercado?
- De quais clientes ou tipos de cliente temos certo receio? (Se nossos concorrentes também tiverem receio desses clientes, talvez eles possam ser conquistados mais facilmente.)
- Qual mercado oferece um espaço considerável para crescermos?

Além de seus clientes e *prospects*, as *mafia offer*s podem ser direcionadas a outros grupos. Você pode criar uma *mafia offer* para seus fornecedores, seus funcionários, seu banco, seus parceiros ou associados ou para quem quer que você deseje atingir.

Assim que você começar a pensar de acordo com a *mafia offer*, perceberá que é também útil perguntar: "Por que todas as pessoas com as quais interajo fazem negócios comigo?". Essa linha de raciocínio o ajudará a ter certeza de que todas as interações que você mantém são tão boas quanto deveriam ser. Por exemplo, se você quiser iniciar por meio do Twitter, a pergunta que eu faria para você é: "Por que eu deveria segui-lo?". Se você procurar o Twitter[18] com essa resposta em mente, maior será a probabilidade de conquistar seguidores. Observações semelhantes podem ser feitas também em relação às suas interações pessoais.

Não existe nenhum limite para o número de ofertas que você pode desenvolver ou para a quantidade para a qual você pode aumentar seu volume de vendas. Além disso, a maioria das empresas pode desenvolver uma *mafia offer*. O motivo pelo qual a maior parte das empresas não sabe que tem uma oferta irrecusável ou não sabe o que isso significa é que elas simplesmente não sabem como desenvolvê-las.

---

[18] Obtenha a dica do dia da TOC em www.twitter.com/TOCExpert.

Você pode criar uma *mafia offer*?

Se você leu o livro *It's Not Luck* (*Não É Sorte*) (1994), de Goldratt, ou um dos outros livros sobre a TOC, você sabe como aplicamos a lógica de causa e efeito (também chamada de processo de pensamento) aos clientes, ao setor e à empresa para criar a oferta.

Tradicionalmente, para desenvolver uma *mafia offer* era necessário contratar um especialista da TOC e passar em torno de duas semanas criando a árvore da realidade atual (ARA), a árvore da realidade futura (ARF) e as árvores de pré-requisitos (APR) e de transição (AT). Esse processo é demorado e caro, mas sem dúvida vale a pena.

Ao trabalhar com os clientes, percebi que a maioria enfrenta dificuldade para criar essas árvores lógicas. Eles até conseguem compreendê-las, mas desenvolvê-las pode ser um desafio. Portanto, experimentamos outra abordagem e encontramos êxito com um processo[19] que utiliza a lógica e não requer o desenvolvimento dessas árvores. Desse modo você consegue criar uma *mafia offer*? Sim, se você conseguir mergulhar na lógica da perspectiva de seus clientes.

Em *Não É Sorte*, Goldratt desenvolve três ofertas para três empresas diferentes (gráfica, de cosméticos e de vapor) em três ambientes distintos. Uma foi para uma gráfica, que se baseou na prática da curva de preço/quantidade do setor. A despeito disso, e não obstante o fato de toda a lógica ter sido exposta e esquematizada, as gráficas não copiaram essa oferta.

Mesmo que você tenha dificuldade com a lógica, provavelmente conhecerá o suficiente sobre seu setor e seus clientes para criar uma oferta. Não é apenas a lógica que pode ser difícil, mas também a identificação de quais são as práticas de seu setor. Talvez você precise de um recurso externo ou com novos olhos para ajudá-lo a identificar essas práticas.

Outro recurso que você pode achar útil são os modelos de *mafia offer*. Tal como ocorre em qualquer modelo, existem vantagens e desvantagens. Com respeito às vantagens, os modelos podem economizar tempo e lhe oferecer algumas ideias sobre qual poderia ser sua oferta. Quanto às desvantagens, pelo fato de haver um modelo, talvez você não faça a análise completa e não consiga ter êxito ou a oferta não funcione porque ela não era totalmente adequada e você não fez a análise necessária para compreender como poderia alterá-la.

Não utilizamos modelos em nosso Mafia Offer Boot Camp.[20] Em vez disso, fazemos a análise completa de cada empresa e mercado. Isso leva dois dias e meio, mas os erros são poucos. Portanto, utilize os modelos se precisar, mas faça a análise completa e tome o cuidado de adaptá-los.

Os modelos

A Goldratt Consulting reuniu os modelos comuns e criou *árvores de estratégias e táticas* (E&T)[21] para cada um deles. A E&T lhe oferece um roteiro para desenvolver, explorar e manter uma vantagem competitiva decisiva. Por isso, ele inclui as principais mudanças operacionais necessárias para tirar proveito de uma *mafia offer* e também o que é preciso fazer para manter a oferta e essas melhorias. Esses roteiros podem ser bastante úteis, mas somente se a *mafia offer* for adequada a seu caso. Portanto, não force. *Faça a análise!*

Apresentamos a seguir a lista de árvores de E&T que a Goldratt Consulting publicou com a *mafia offer* que acompanha cada uma. As *mafia offer*s não são formuladas explicita-

---

[19] Consulte www.MafiaOffers.com e www.MafiaOfferBootCamp.com.

[20] Consulte www.MafiaOffers.com e www.MafiaOfferBootCamp.com.

[21] Consulte os Capítulos 18, 25 e 34, sobre as árvores de estratégias e táticas.

mente nas árvores de E&T, mas cada uma expressa "a vantagem competitiva decisiva" que será desenvolvida e explorada. A vantagem competitiva decisiva muitas vezes é apresentada com uma segunda fase, que é uma ampliação da vantagem competitiva inicial e com frequência a torna ainda mais eficaz. Muitas empresas começam com a vantagem competitiva inicial e aos poucos alcançam a segunda fase.

Eu acrescentei a *mafia offer* que poderia ser feita. Para ter uma ideia global, você precisará analisar a E&T inteira, mas estas são as vantagens competitivas decisivas e as *mafia offer*s de cada uma:

Estoque gerenciado pelo fornecedor (*Vendor Managed Inventory* – VMI)

Situação: Um fabricante ou distribuidor cria uma vantagem competitiva decisiva para fazer uma *mafia offer* para outro fabricante ou distribuidor.

> "É possível obter uma vantagem competitiva decisiva propondo uma 'parceria' que garanta uma disponibilidade notável, assim como níveis de estoque mais baixos e bem menos aborrecimentos, quando todos os outros parâmetros mantiverem-se iguais." E, na segunda fase, "Nas parcerias maduras, a empresa tem capacidade para auferir preços mais altos (ou de se defender favoravelmente de pressões para diminuir os preços)".[22]

Esse modelo é adequado para a gráfica de rótulos do exemplo que temos acompanhado ao longo deste capítulo. Além disso, ela pode ser adequada em situações em que pelo menos uma destas afirmações for verdadeira:

- Os clientes/*prospects* não estão completamente satisfeitos com o atual equilíbrio entre disponibilidade e estoque.
- São feitos pedidos recorrentes para as mesmas SKUs.
- É relativamente infrequente os clientes/*prospects* pedirem exatamente a mesma SKU.
- O valor da SKU não é desprezível.
- Os clientes/*prospects* estão produzindo e fazendo pedidos basicamente de acordo com uma previsão.
- O tempo de vida do estoque é relativamente pequeno – isto é, os produtos não duram para sempre, mas permanecem bons ao longo de uma série de anos.
- Há pedidos de urgência (*e.g.*, 3%).

Em outras palavras, esse modelo pode ser adequado se seus clientes/*prospects* estiverem mantendo uma quantidade significativa de estoque e ainda assim tiverem grande quantidade de algumas SKUs e falta de outras.

> **Exemplo de *mafia offer*.** "Sr. Cliente, não faça pedidos. Seus pedidos são feitos com base em previsões sobre quantos rótulos acredita que precisará. É por isso que as gráficas de rótulos lhe impõem a curva de preço/quantidade e o obrigam a fazer uma estimativa para seis meses. Essa previsão acaba se revelando incorreta, e não poderia ser diferente, não é mesmo? Em vez disso, informe-nos diariamente quantos rótulos você utiliza que poderemos lhe garantir, por um lado, que não tenha de solicitar uma quantidade de rótulos para mais de duas semanas. Você tem ciência do quanto o departamento de marketing de sua empresa reclama de que não consegue fazer as alterações que deseja porque vocês têm um estoque de rótulos para seis meses? Bom, agora você pode ter um estoque para duas semanas apenas. Por outro lado, lhe garantimos que nunca deixaremos sua empresa sem estoque, que vá ao almoxarifado e não encontre o rótulo que precisa. Se algum dia o deixarmos

---

[22] Goldratt Consulting, "Vendor Management Inventory S&T", 26 de junho de 2006.

sem estoque, lhe pagaremos $ 500 por dia por rótulo. Oferecemos tudo isso pelo mesmo preço competitivo que sua empresa nos paga hoje e, obviamente, você terá de ocupar uma quantia muito menor de seu caixa."

Melhorias Operacionais Necessárias: Implementação do TPC-S[23] ou do Velocity Scheduling System[24] e da solução de reabastecimento[25] para reabastecer matérias-primas e os clientes à medida que eles consumirem o produto.

Eu não gosto do nome desse modelo porque aquilo que tradicionalmente se pretende dizer com *estoque gerenciado pelo fornecedor* (*vendor managed inventory* – VMI) não é o que está sendo oferecido aqui. O VMI tradicional exige que alguém faça previsões e que o fabricante mantenha um estoque com base nessa previsão, que acaba se revelando incorreta. E não obstante o fabricante mantenha um estoque, ainda assim há faltas. Além disso, como os fabricantes tentam minimizar as faltas, é inevitável que eles acabem tendo grande quantidade de algumas SKUs. Nessa situação, o cliente continuará fazendo pedidos. Com a *mafia offer*, não existem pedidos. Os dados sobre consumo diário são transferidos do cliente de rótulos para o fabricante. O fabricante não mantém nenhum estoque. O único estoque no sistema é o estoque equivalente a duas semanas que o cliente de rótulos está mantendo.

Resposta rápida confiável

Situação: Um fabricante ou uma empresa de serviços cria uma vantagem competitiva decisiva para fazer uma *mafia offer* para outro fabricante, distribuidor, empresa de projetos ou empresa de serviços.

> "O mercado pode obter uma vantagem competitiva decisiva se souber que as promessas de data de entrega da empresa são extraordinariamente confiáveis, quando todos os outros parâmetros mantiverem-se iguais." E, na segunda fase, "Em uma parcela considerável das vendas, o mercado obtém grandes vantagens por saber que a empresa pode fazer entregas em um prazo surpreendentemente curto."[26]

Esse modelo pode adequar-se a situações em que pelo menos uma destas afirmações forem verdadeiras:

- O tempo de atravessamento padrão no setor é relativamente longo (*e.g.*, ~6 semanas).
- O DDE padrão no setor é relativamente ruim (*e.g.*, DDE de ~80%).
- Os clientes/*prospects* estão fazendo pedidos basicamente de acordo com uma previsão.
- A indisponibilidade gera consequências significativas para os clientes/*prospects*.
- Os clientes/*prospects* não acham fácil adotar outra solução quando estão sem estoque. Em outras palavras, o produto não é uma *commodity* e não pode ser obtido prontamente no mercado. Além disso, não existe um produto opcional que possa ser facilmente adaptado ou modificado.
- O produto é altamente personalizado e normalmente não é vendido uma segunda vez ou o cliente/*prospect* compra uma grande quantidade de SKUs.
- O preço de compra é desprezível em relação ao preço de venda (*e.g.*, ~5%, para que a segunda fase seja pertinente).

---

[23] Consulte o Capítulo 9 para obter mais informações sobre o TPC-S.

[24] Consulte www.VelocitySchedulingSystem.com, baseado no TPC-S para unidades de produção por encomenda altamente personalizadas.

[25] A solução de reabastecimento da TOC também é chamada de demanda puxada. Mais informações podem ser encontradas no Capítulo 11.

[26] Goldratt Consulting, "Reliable Rapid Replenishment S&T", novembro de 2008.

Em outras palavras, esse modelo pode ser adequado se seus clientes/*prospects* costumam enfrentar indisponibilidade de um produto ou serviço que você oferece (e podem arcar com um preço especial para eliminar o prejuízo em relação à segunda fase).

Exemplo de *mafia offer*: "Sr. Cliente, sabemos que todos propõem um prazo para entrega do produto/serviço de quatro semanas, mas raramente qualquer um deles consegue cumprir o prazo de quatro semanas. Isso faz com que você tenha de fazer malabarismo com seu cronograma ou que suas linhas de montagem paralisem. Por isso, ofereceremos um prazo para entrega do produto/serviço de quatro semanas, pelo mesmo preço competitivo, mas ofereceremos como garantia uma multa. Para cada dia de atraso na entrega, deduziremos 10% do valor de seu pedido. E se estivermos dez dias atrasados (o que no momento tem ocorrido o tempo todo), seu pedido será gratuito. [Segunda Fase] Além disso, sabemos que às vezes suas necessidades mudam porque seu cliente fez alguma mudança. Por isso, podemos também oferecer um prazo de entrega de duas semanas, pelo dobro do preço. Porém, se fizermos a entrega com um dia de atraso, ofereceremos uma dedução de 50% por dia. E, nos casos raros em que você precisar do produto em uma semana, faremos o que for necessário. Cobraremos um valor quatro vezes mais alto, mas se entregarmos com atraso seu pedido será gratuito".

Melhorias Operacionais Necessárias: Implementação do TPC-S[27] ou do Velocity Scheduling System.[28]

Bens de consumo

Situação: Um fabricante ou distribuidor cria uma *vantagem competitiva decisiva* para fazer uma *mafia offer* para um varejista de bens de consumo ou uma loja de comércio eletrônico (que mantém estoque).

"É possível obter uma vantagem competitiva decisiva propondo uma 'parceria' que ofereça giros de estoque superiores (melhor disponibilidade e diminuição considerável do estoque), quando todos os parâmetros mantiverem-se iguais." E, na segunda fase, "Obtém-se uma vantagem competitiva decisiva propondo uma parceria que garanta aos clientes um aumento no ganho por espaço de prateleira[29] e ofereça uma mudança realista de participação (aumento nas receitas) quando houver um aumento bem maior."[30]

Esse modelo pode ser adequado a situações em que pelo menos algumas destas afirmações forem verdadeiras:

- Com frequência o varejista faz "vendas diretas ao consumidor" (*sells through*) ou fica sem estoque de produtos de grande saída.
- O espaço de prateleira (ou de armazenamento) do varejista é pequeno.
- O varejista faz pedidos ao distribuidor/fabricante com base em previsões.
- O espaço de prateleira do varejista é em grande parte ocupado por quantidades relativamente grandes de produtos de pouca saída.
- Os itens de pouca saída são oferecidos com desconto depois de algum tempo.
- A expectativa de encontrar uma SKU e a decepção por não a encontrar minam gravemente a impressão do cliente (os clientes/*prospects* do varejista) e aumentam sua frustração.
- Como o tempo de reabastecimento é (relativamente) longo, há falta de estoque e altos níveis de estoque que obstruem o espaço de prateleira e impedem que a oferta seja adaptada às preferências reais do mercado.

---

[27] Consulte o Capítulo 9 para obter mais informações sobre o TPC-S.

[28] Consulte www.VelocitySchedulingSystem.com, baseado no TPC-S para unidades de produção sob encomenda altamente personalizadas.

[29] Ganho por espaço de prateleira é uma medida de retorno sobre o espaço de prateleira.

[30] Goldratt Consulting, "Consumer Goods S&T", 12 de novembro de 2007.

Em outras palavras, esse modelo pode ser adequado se os giros de estoque do varejista forem lentos e sua margem de lucro estiver sendo corroída pelos descontos nos itens de pouca saída.

> **Exemplo de *mafia offer*:** "Sr. Cliente, sabemos que todos prometem venda direta ao consumidor (*sell through*) e uma alta margem bruta, mas deixam todo o risco da previsão e do gerenciamento de estoque por sua conta. Se sua previsão estiver errada, você perderá uma oportunidade com os itens de grande saída e por fim terá de oferecer desconto para os itens de pouca saída. Portanto, nossa oferta é gerenciar o estoque que temos em sua prateleira e garantir que satisfaremos seu retorno histórico sobre o espaço de prateleira ou, do contrário, pagaremos a diferença".
>
> Melhorias Operacionais Necessárias: Implementação do TPC-S[31] ou do Velocity Scheduling System[32] (se fabricante) e da solução de reabastecimento[33] para reabastecer os bens de consumo à medida que eles forem vendidos. A mudança para um método operacional baseado no consumo real garante uma disponibilidade bastante alta, bem como giros de estoque surpreendentemente altos, e minimizará os itens de pouca saída e a necessidade de oferecer desconto.

Projetos

Situação: Uma empresa que gerencia projetos criará essa vantagem competitiva decisiva e fará uma *mafia offer* parecida com a oferta a seguir.

> "O mercado pode obter uma vantagem competitiva decisiva se souber que as promessas de data de entrega da empresa são extraordinariamente confiáveis, quando todos os outros parâmetros mantiverem-se iguais. No âmbito de múltiplos projetos, define-se extraordinariamente confiável (um DDE extremamente alto sem comprometer o conteúdo) como ter um índice de entrega na data prometida (ou antes) bem superior a 95%, embora nos casos de entrega atrasada o atraso seja bem menor que os atrasos prevalecentes no setor." E, na segunda fase, "Em uma parcela considerável dos projetos, ganham-se bonificações (por entrega antecipada)."[34]

Esse modelo pode se adaptar a situações em que pelo menos algumas destas afirmações forem verdadeiras:

- É bastante provável que um atraso na entrega provocará um atraso na conclusão do projeto como um todo.
- O DDE padrão no setor é notoriamente ruim.
- A entrega atrasada do projeto global gera consequências graves para o cliente.
- Os benefícios da entrega antecipada são significativos e os clientes/*prospects* podem arcar com o pagamento de um preço especial para obter esses benefícios na segunda fase. Além disso, os clientes talvez tenham até pedido ou imposto multas sobre as entregas atrasadas.

Em outras palavras, esse modelo pode ser adequado se os clientes/*prospects* enfrentarem entregas atrasadas com frequência e puderem obter benefícios consideráveis das entregas antecipadas.

> **Exemplo de *mafia offer*:** "Sr. Cliente, sabemos que todos propõem um prazo de entrega ambicioso para os projetos, com o objetivo de ganhá-lo como cliente, mas raramente algum deles de fato conclui os projetos no prazo. Esses atrasos têm um custo significativo para

---

[31] Consulte o Capítulo 9 para obter mais informações sobre o TPC-S.

[32] Consulte www.VelocitySchedulingSystem.com, baseado no TPC-S para unidades de produção sob encomenda altamente personalizadas.

[33] A solução de reabastecimento da TOC também é chamada de demanda puxada. Mais informações podem ser encontradas no Capítulo 11.

[34] Goldratt Consulting, "Projects S&T", 21 de junho de 2007.

você e retardam suas receitas. Por isso, nossas propostas terão uma garantia. Pagaremos 5% do total dos honorários do projeto para cada dia de atraso na conclusão. Ao mesmo tempo, podemos lhe oferecer certa flexibilidade para fazer mudanças finais na especificação do projeto. Além disso, faremos de tudo para concluir o projeto antes do prazo, para que você antecipe suas receitas, se possível. E, se conseguirmos fazer isso, pedimos 5% de bonificação para cada semana de conclusão antecipada."

Melhorias Operacionais Necessárias: O *gerenciamento de projetos pela corrente crítica* (GPCC)[35] ou o Project Velocity System[36] possibilitam que os projetos tenham um DDE de quase 100%. Além disso, uma implementação amadurecida por diminuir os tempos de atravessamento regulares dos projetos em 50%.

Pague por clique (*pay per click*)

Situação: Esse modelo é adequado para fabricantes de equipamentos ou de produtos intensivos em capital.

"A empresa ganha uma vantagem competitiva decisiva em grandes mercados fornecendo equipamentos de uma forma que não envolve (quase) nenhum risco para o cliente."[37]

Esse modelo pode ser adequado a situações em que pelo menos algumas destas afirmações sejam verdadeiras:

- O investimento inicial necessário para comprar o equipamento é insignificante.
- O nível de uso do qual o cliente/*prospect* precisa é extremamente incerto.
- O uso do equipamento é útil para o cliente/*prospect*.
- O investimento inicial necessário é muito alto para o cliente/*prospect*.
- O fluxo de receitas está diretamente amarrado ao equipamento e é instável.

Em outras palavras, esse modelo pode ser adequado se os clientes/*prospects* desejarem o equipamento, mas considerarem esse investimento muito arriscado. Além disso, a falta de experiência faz com que o cliente em potencial duvide tanto dos benefícios quanto do nível de uso.

Exemplo de *mafia offer*: "Sr. Cliente, a maioria dos fornecedores de equipamentos deixa todo o risco da compra por sua conta. Na melhor das hipóteses, você receberá um acordo de *leasing* ou arrendamento. Podemos diminuir seu risco a 5% do preço de compra e você só pagará de acordo com o uso do equipamento. Como você pagará pelo uso, nosso incentivo é maximizar o tempo de operação e a qualidade. Assim, você poderá se concentrar em seus negócios, em vez de se importunar com questões como quando e se deve ou não comprar."

Melhorias Operacionais Necessárias: O TPC-S[38] ou o Velocity Scheduling System,[39] o Project Velocity System[40] ou o GPCC,[41] dependendo da situação. A utilização desses métodos logísticos da TOC garante que as entregas atuais não piorem e evidencia quando há excesso de capacidade. Com isso, o único investimento necessário para as ofertas pague por clique (*pay per click*) são os *custos totalmente variáveis*[42] do equipamento.

---

[35] Mais informações sobre a solução GPCC da TOC podem ser encontradas na Parte II.

[36] Consulte www.ProjectVelocitySytem.com, baseado no GPCC para empresas de serviços e projetos.

[37] Goldratt Consulting, "Pay Per Click S&T", 25 de maio de 2006.

[38] Consulte o Capítulo 9 para obter mais informações sobre o TPC-S.

[39] Consulte www.VelocitySchedulingSystem.com, baseado no TPC-S para unidades de produção por encomenda altamente personalizadas.

[40] Consulte www.ProjectVelocitySytem.com, baseado no GPCC para empresas de serviços e projetos.

[41] Mais informações sobre a solução GPCC da TOC podem ser encontradas na Parte II.

[42] Consulte o Capítulo 13 para obter mais informações sobre os custos totalmente variáveis. Normalmente, eles correspondem aos custos de matéria-prima do equipamento.

Compartilhamento de ganho (minha *mafia offer*)

Situação: Esse modelo é adequado a qualquer empresa que forneça um produto ou serviço para qualquer outra empresa ou indivíduo. Ele ainda não tem uma E&T correspondente.

Esse modelo pode ser adequado a situações em que pelo menos algumas destas afirmações sejam verdadeiras:

- A empresa vendedora está transferindo todo o risco para o cliente/*prospect*.
- O cliente/*prospect* tem certa dúvida sobre os resultados ou benefícios possíveis.
- A empresa vendedora tem convicção dos resultados que podem ser obtidos pelo cliente.
- Os resultados obtidos pelo cliente podem ser mensurados.
- O cliente/*prospect* não pode arcar imediatamente com a compra do produto/serviço, mas poderia vir a pagar se os resultados prometidos tiverem sido concretizados.

Em outras palavras, esse modelo pode ser adequado se os clientes/*prospects* desejarem o produto/serviço, mas considerarem o investimento muito arriscado. Além disso, a experiência anterior do cliente em potencial ou sua falta de experiência faz com que ele duvide de que os resultados prometidos de fato serão concretizados.

> **Exemplo de *mafia offer*:** "Sr. Cliente, a maioria dos consultores cobra por dia ou por projeto, deixando por sua conta o risco de obter de fato o resultado final. Na melhor das hipóteses, alguns consultores se proporão a receber à medida que os resultados forem obtidos, mas esses resultados normalmente se baseiam na conclusão de alguma atividade, e não no resultado final. Portanto, nossa oferta é que você nos pague apenas se e quando seus lucros aumentarem. Se não conseguirmos aumentar seu lucro, você não precisará pagar."
>
> Melhorias Operacionais Necessárias: TPC-S[43] ou o Velocity Scheduling System,[44] a solução de reabastecimento,[45] o Project Velocity System,[46] o GPCC[47] ou nenhum deles, dependendo da situação.

Diferentes tipos de empresa têm criado *mafia offer*s. A maioria das empresas – entre 75% a 80% delas, calculamos – pode desenvolver uma boa *mafia offer*. Além disso, em torno de 30% das empresas que passaram pelo treinamento no Mafia Offer Boot Camp[48] eram empresas de serviços. As situações mais difíceis são:

- *Sites* de comércio eletrônico que não mantêm estoque e vendem exatamente a mesma SKU que o concorrente. Entretanto, existem algumas boas oportunidades de oferta para essas empresas e o segredo é (1) dificultar ainda mais a comparação de preço ou (2) fazer os clientes escolherem você, se todos os outros fatores permanecerem constantes.
- Empresas que vendem seguros ou planejamento financeiro. Novamente, é possível ter uma oferta e um posicionamento bem mais adequados. Porém, como você não tem controle sobre os processos operacionais, a *mafia offer* é bem mais difícil.

---

[43] Consulte o Capítulo 9 para obter mais informações sobre o TPC-S.

[44] Consulte www.VelocitySchedulingSystem.com, baseado no TPC-S para unidades de produção sob encomenda altamente personalizadas.

[45] A solução de reabastecimento da TOC também é chamada de demanda puxada. Mais informações podem ser encontradas no Capítulo 11.

[46] Consulte www.ProjectVelocitySytem.com, baseado no GPCC para empresas de serviços e projetos.

[47] Mais informações sobre a solução de GPCC da TOC podem ser encontradas nos Capítulos 3, 4 e 5.

[48] Consulte www.MafiaOffers.com e www.MafiaOfferBootCamp.com.

- Geralmente, quando existem regras regulamentares que impedem a adoção de uma oferta apropriada, por exemplo, a utilização da oferta de compartilhamento de ganho por parte de contabilistas públicos certificados (*certified public accountants*) é considerada antiética.

Resumo

Portanto, uma *mafia offer* pode ajudá-lo a aumentar suas vendas respondendo à pergunta "Por que eu devo comprar de você?". E se ela for apresentada e cumprida corretamente, utilizando a psicologia das *mafia offers*, você poderá ter melhor controle de suas vendas. O que é melhor controle? Que tal concretizar 80%[49] de suas oportunidades?

Faça a análise; o pior caso é você desenvolver uma oferta melhor e uma posição melhor no mercado. O melhor caso é você desenvolver uma *mafia offer*, uma oferta que seus clientes não conseguem recusar e seus concorrentes não conseguem ou não conseguirão equiparar.

A *mafia offer* é apenas uma das ferramentas da TOC que podem ajudá-lo a melhorar seu marketing. Entretanto, ela é uma parte extremamente importante e um ótimo ponto de partida.

Referências

Cialdini, R. B. *Influence: The Psychology of Persuasion*. Nova York: HarperCollins, 2007. Capítulo 3.

Damasio, A. *Descartes' Error*. Nova York: Harper Perennial, 1995.

Goldratt, E. M. *It's Not Luck*. Great Barrington, MA: The North River Press, 1994.

Goldratt, E. M. Sessão 5 do Programa Satélite: Marketing. *Goldratt Satellite Program*. Amsterdã, Holanda: AYGI Limited, 1999.

Goldratt, E. M. *The Choice*. Great Barrington, MA: North River Press, 2008.

Goldratt, E. M. e Goldratt, R. "The Solution for Sales". Artigo apresentado no Workshop de Atualização da TOC, Cambridge, Inglaterra, 21-23 de fevereiro de 2003.

Hart, L. *How the Brain Works*. Nova York: Basic Books, 1975.

Kim, C. e Mauborgne, R. *Blue Ocean Strategy: How to Create Uncontested Market Space and Make Competition Irrelevant*. Cambridge, MA: Harvard Business School Press, 2005.

Mabin, V. e Balderstone, S. *The World of the Theory of Constraints: A Review of the International Literature*. Boca Raton, FL: St. Lucie Press, 2000.

Ornstein, R. *The Evolution of Consciousness*. Nova York: Simon and Schuster, 1992.

Renvoisé, P. e Morin, C. *Neuromarketing: Understanding the "Buy Buttons" in Your Customer's Brain*. Nashville, TN: Thomas Nelson, 2007.

Smith, J. *Creating Competitive Advantage*. Delhi, Índia: East West Books (Madras), 2006.

Sobre a autora

Dra. Lisa Lang, considerada a primeira especialista do mundo na aplicação da TOC ao marketing, atualmente é presidente da Science of Business e recentemente foi diretora de marketing global da Goldratt Consulting.

Lisa Lang é doutora em engenharia e especialista da TOC certificada pela TOCICO. No momento, ela integra o conselho de administração da TOCICO.

A Science of Business, especializada em aumentar a lucratividade de negócios altamente personalizados e na aplicação da TOC, da produção enxuta (Lean) e do Seis Sigma na área de vendas e marketing, é responsável pelo desenvolvimento do Mafia Offer Boot Camp, do Velocity Scheduling System, do Project Velocity System e do Sales Velocity System.

Antes de se tornar consultora, Lisa Lang ocupou cargos nas áreas de operações, planejamento estratégico, compra, P&D e qualidade, em empresas como Clorox, Anheuser-Busch e Coors Brewing.

Além de consultoria, Lisa Lang é muito procurada como palestrante da Vistage/TEC sobre "maximização da lucratividade" e também oferece palestras de abertura profissionais e *workshops* para organizações como TLMI, ASC, NTMA, GPI e NAPM e eventos particulares para corporações como TESSCO, Bostik, GE, Pfizer, Arcelor Mittal, Corus Group e Sandvik Coromant.

---

[49] Com base na experiência de mais de 70 empresas que concluíram o Mafia Offer Boot Camp. Consulte www.MafiaOffers.com e www.MafiaOfferBootCamp.com.

PARTE VI
Processo de Pensamento

CAPÍTULO 23
O processo de pensamento da TOC

CAPÍTULO 24
Gerenciamento diário com a TOC

CAPÍTULO 25
Processo de pensamento com as árvores de E&T

CAPÍTULO 26
Teoria das restrições para a educação

CAPÍTULO 27
Teoria das restrições em prisões

Saber pensar é fundamental para a maioria de nós. Mas até que ponto sabemos pensar? Dispomos realmente de métodos criteriosos e disciplinados para analisarmos os problemas tanto em nossa vida pessoal quanto nas organizações em que trabalhamos? Essa é uma pergunta que se aplica também à maioria de nós; gestores, supervisores e trabalhadores de primeira linha, estudantes e outros.

Nesta parte, apresentamos ferramentas eficazes para um raciocínio simples, lógico e focado. Elas oferecem constructos lógicos para nos ajudar a chegar à verdade da realidade existente; a seus efeitos indesejáveis, aos problemas básicos e aos conflitos. Essas ferramentas oferecem testes de raciocínio para assegurar a veracidade de uma análise. Esse conjunto de ferramentas inclui mecanismos para facilitar a identificação de problemas subjacentes, a criação de soluções ganha-ganha e o planejamento de passos e medidas para promover as mudanças necessárias. Essas ferramentas contam com recursos para identificar as possíveis consequências negativas das medidas previstas, consequências essas que, se não forem identificadas e abordadas, podem levar um plano de melhoria ao fracasso. As soluções exigem iniciativas de mudança. Quais medidas são necessárias e quando? A Parte VI deste livro aborda as ferramentas para mapear de que forma se deve realizar uma mudança, os obstáculos a serem superados e as medidas para implementá-la. Para ajudar a garantir a integridade da solução, são também abordados os elementos da lógica de causa e efeito, técnicas de diagramação lógica, testes de lógica e ferramentas de resolução de conflitos.

O processo de pensamento está obtendo bons resultados em uma variedade de organizações. Os capítulos desta parte cobrem aplicações em pesquisa, educação e até em prisões. Ele é simples o bastante para ser aplicado eficazmente a pré-escolares, mas sólido o suficiente para ser empregado nos mais complexos problemas enfrentados por uma organização.

23

O processo de pensamento da TOC
Sua natureza e utilização – reflexões e consolidação

Victoria J. Mabin e John Davies

Nada é mais prático do que uma boa teoria.[1]

Introdução

Prefácio ao capítulo

Os capítulos anteriores descreveram as aplicações da *teoria das restrições* (*theory of constraints* – TOC) em várias áreas e atividades funcionais – de projetos, produção, contabilidade, estratégia, vendas e marketing. Todas as inovações evidenciadas nesses capítulos são apoiadas pelo processo de pensamento de grande eficácia empregado por Goldratt para desenvolver soluções para situações problemáticas comuns, como aquelas encontradas em *The Goal* (*A Meta*) (Goldratt e Cox, 1984). Esse processo de pensamento foi então formalizado por Goldratt e colegas em um conjunto de *processo de pensamento* no início da década de 1990 (Goldratt, 1990a, 1990b; Scheinkopf, 1999) e depois divulgado ao público em *It's Not Luck* (*Não É Sorte*) (Goldratt, 1994). Tal como explicam Watson *et. al.* (2007), fiel à preferência de Goldratt por um método socrático e direcionado à autodescoberta, *It's Not Luck* não é um livro de receitas para a implementação de soluções genéricas da TOC; na verdade, ele apresenta um roteiro para a descoberta de novas soluções para problemas complexos não estruturados. O processo de pensamento oferece um método rigoroso e sistemático para abordar a identificação e a resolução de problemas empresariais não estruturados que estejam relacionados com políticas de gestão (Schragenheim e Dettmer, 2001). Subsequentemente, eles foram descritos, utilizados e aprimorados por vários praticantes, acadêmicos, consultores e autores da TOC.

Este capítulo apresenta o processo de pensamento, ao passo que os demais o descrevem mais detalhadamente, demonstrando de que forma ele é utilizado em processos operacionais diários, no planejamento estratégico e tático e em diversos âmbitos, como escolas e prisões. Embora essas aplicações ofereçam vários exemplos concretos e convincentes sobre como o processo de pensamento pode libertar nosso pensamento e mudar vidas, ele está longe de ser exaustivo: o processo de pensamento é igualmente aplicável em todas as áreas da vida e merece estudos criteriosos, no todo e em parte, com relação a essa aplicabilidade e utilidade.

Objetivo deste capítulo

Nosso primeiro objetivo é apresentar uma visão geral do processo de pensamento que, além de uma orientação conceitual e metodológica, tem uma dimensão prática, baseada em publicações específicas a esse respeito. Ao fazê-lo, procuramos oferecer uma argumentação corroborativa para a existência do processo de pensamento, explicando de que

---

[1] Atribuída alternadamente a Henri Poincaré, James Maxwell e Kurt Lewin.
Copyright © 2010 Victoria J. Mabin e John Davies.

forma ele atende a uma necessidade de natureza metodológica e prática não abordada por outros métodos de resolução de problemas.

Nosso segundo objetivo é responder a exigências de pesquisas acadêmicas mais rigorosas sobre a TOC, empregando metodologias e conceitos acadêmicos a essa teoria para confirmar e melhorar seus métodos, e utilizar o rigor acadêmico nessas pesquisas sobre a TOC (Ronen, 2005). Para isso, observamos a necessidade de rever as pesquisas existentes sobre o processo de pensamento da TOC com relação a seus fundamentos metodológicos e teóricos e examinar seus princípios de sustentação de um ponto de vista metodológico, acreditando que, dessa forma, podemos ajudar essa teoria a obter seu merecido reconhecimento como uma metodologia "apropriada". Os praticantes da TOC e mesmo modo os acadêmicos sem dúvida se beneficiarão dessa análise.

Tópicos deste capítulo

Neste capítulo, primeiro oferecemos uma breve descrição sobre a natureza, o desenvolvimento e a utilização do processo de pensamento para só então examinarmos de que forma suas ferramentas se relacionam entre si e com outros métodos usuais de estruturação e resolução de problemas. Para fazer essa comparação, utilizamos taxonomias conceituais existentes, não apenas para examinar como o processo de pensamento contribui para diferentes etapas da atividade e resolução de problemas, mas também para examinar as premissas implícitas e as estruturas filosóficas subjacentes que caracterizam a TOC e outros métodos. Isso nos permite compreender a TOC como um conjunto metodológico, seus pontos fortes e seu potencial de aprimoramento, utilizando as ferramentas e os métodos do processo de pensamento da TOC por si sós, em consonância um com o outro ou então com outros métodos de tomada de decisões. Desse modo, oferecemos uma rota ou um meio alternativo para validar e aprimorar o processo de pensamento.

A investigação e a identificação da TOC enquanto metodologia ou metametodologia também nos permitem ver a TOC como mais do que um conjunto de ferramentas lógicas de resolução de problemas: a TOC enquadra-se bem com uma filosofia de melhoria contínua, instigando igualmente mudanças drásticas, e adapta-se bem a outros métodos de mapeamento de sistemas e de resolução de problemas, como o da *pesquisa operacional/ciência de gerenciamento* (PO/CG), tanto *hard* quanto *soft*. A análise dos fundamentos filosóficos da TOC e a comparação com outras metodologias oferecem um ponto de partida para que a TOC seja vista como um campo legítimo de investigação acadêmica, e não apenas como uma metodologia de resolução de problemas. Quando utilizados como método e ferramenta de resolução de problemas, o processo de pensamento possibilita que os gestores recorram às relações de causa e efeito, entre as metas finais e suas condições básicas, para pintar um quadro de sua realidade, perceber sua complexidade e visualizar conflitos e, ao mesmo tempo, discernir um caminho a seguir. Essas ferramentas lidam com a complexidade e com interações sistêmicas sem perder de vista fatores fundamentais: problemas básicos e dilemas espinhosos que precisam de solução para que se obtenha um avanço verdadeiro.

A natureza, o desenvolvimento e a utilização do processo de pensamento da TOC

Nesta seção, apresentamos rapidamente uma visão geral sobre o processo de pensamento e a história de seu desenvolvimento, desde sua divulgação inicial aos dias de hoje. Falamos sobre a lógica de sustentação do processo de pensamento e descrevemos suas características com o objetivo de examinar a categorização das publicações correspondentes que evidenciam sua utilização, e na seção subsequente investigamos suas características filosóficas e metodológicas. Com essa categorização, é possível compreender mais a fundo por que o processo de pensamento é considerado inerentemente sistêmico e por que ele foi chamado de "pacote completo" por Dettmer (Capítulo 19 deste livro) ou de metodologia abrangente ou metametodologia por Davies *et. al.* (2005).

Visão geral do processo de pensamento e sua história e desenvolvimento

Watson *et. al.* (2007) oferece uma revisão de "bodas de prata" da evolução dos conceitos e métodos da TOC, examinando as realizações e as deficiências da TOC. O desenvolvimento da TOC foi principiado com um algoritmo de programação de produção em 1979, que em pouco tempo triplicou a produção fabril e foi divulgado em uma conferência da APICS em 1980. Seu aprimoramento enquanto uma metodologia eficaz para aplicações na área de produção prosseguiu (Cox e Spencer, 1998) e, em meados da década de 1990, já estava sendo empregada no mundo inteiro por empresas de todos os portes (Hrisak, 1995). Goldratt (1994) desenvolveu então um conjunto de ferramentas lógicas para ajudar os gestores a lidar com problemas empresariais de forma geral. Esse conjunto ficou conhecido como processo de pensamento da TOC, ferramentas lógicas do processo de pensamento ou ferramentas do processo de pensamento (consulte Kendall, 1998; Dettmer, 1998; Scheinkopf, 1999), embora Dettmer prefira utilizar o termo *processo de pensamento lógico* para descrever um conjunto modificado e ampliado do processo de pensamento que foi desenvolvido para lidar com problemas de natureza estratégica (Dettmer, 2007; Capítulo 19 deste livro).

As ferramentas do processo de pensamento funcionam como um guia para o processo de tomada de decisões e também para representações lógicas. Elas abrangem ferramentas de estruturação de problemas ou representacionais, como a *árvore da realidade atual* (ARA), a *evaporação das nuvens* (EN) e a *árvore da realidade futura* (ARF), e ferramentas como a *árvore de pré-requisitos* (APR) e a *árvore de transição* (AT) que facilitam uma implementação eficaz.

O processo de pensamento foi desenvolvido para facilitar mudanças benéficas, que na maioria das circunstâncias também exigem, ou estão relacionadas, à superação da resistência à mudança. Ele orienta o usuário para encontrar respostas a perguntas básicas com relação à sequência da mudança, isto é, *Por que mudar?*, *Para o que mudar?* e *Como causar a mudança?* Por exemplo, a ARA ajuda a identificar o que precisa ser mudado em um sistema. A EN é então empregada para identificar o conflito no ambiente do sistema ou a realidade que pode estar provocando esse conflito. A EN também oferece ideias sobre o que pode ser mudado para invalidar o conflito e resolver o problema básico. A ARF, utilizada em consonância com a *ressalva de ramificação negativa* (RRN), uma subárvore da ARF, toma essas ideias de mudança e demonstra que a nova realidade criada na verdade possibilitaria a resolução das condições sistêmicas insatisfatórias e não criaria novas. A APR distingue os obstáculos à implementação e a sequência desejada para superá-los e a AT é um recurso para criar um plano de implementação passo a passo. Quatro etapas preliminares normalmente precedem essa discussão, a saber: *em que consiste o sistema*, *qual é sua meta*, *de que forma o avanço em direção à meta será mensurado*[2] e *por que a mudança é necessária*. Além disso, subsequentemente existem as etapas para manter a mudança e desenvolver um *processo de melhoria contínua* (PMC).[3]

Dettmer (2007) apresenta o mapa de *objetivos intermediários* (OIs) para essa finalidade, enquanto outros seguem o modelo de sistema de negócios de Cox *et. al.* (2003) e o método

---

[2] Cox, Blackstone e Schleier (2003, pp. 47-61) desenvolveram seu modelo de sistema de negócios para descrever o sistema antes da implementação da TOC; Lockamy e Cox (1994, p. 11) abordam "Qual é a meta?" e "Como ela é mensurada?".

[3] As perguntas por que mudar e como criar um PMC são abordadas por Barnard no Capítulo 15; as sustentabilidade da mudança é abordada por Newbold no Capítulo 5.

das três nuvens (Button, 1999, 2000) e alguns outros descrevem essas etapas como preliminares aos cinco passos de focalização (Scheinkopf, 1999).

Subsequentemente, as várias ferramentas do processo de pensamento passaram por um aprimoramento ainda maior para melhorar ou simplificar a criação de diagramas lógicos. Embora o processo de pensamento tenha sido criado e introduzido como um conjunto integrado de ferramentas de resolução de problemas, sabemos também que, se uma organização utilizar essas ferramentas, individualmente ou em conjunto, poderá desenvolver e implementar bem-sucedidamente suas soluções de mudança (Scheinkopf, 1999).

O processo de pensamento abrange e é criado com base em três componentes lógicos básicos (Scheinkopf, 1999). Dois desses elementos expressam o raciocínio de causa e efeito empregando a lógica *se-então* baseada em suficiência ou a lógica *...devemos ter...* baseada em necessidade. A ARA, a ARF e a AT são diagramas lógicos baseados em suficiência, ao passo que a EN e a APR são estruturas lógicas baseadas em necessidade. O terceiro elemento expressa o conjunto de regras que governam a lógica em uso e oferece um protocolo para estabelecer e contestar o raciocínio e a lógica de causa e efeito existente. Isso é possível por meio das *sete categorias de ressalva legítima* (CRLs) (Goldratt, 1994, Capítulo 15; Noreen *et. al.*, 1995; Dettmer, 1998; Scheinkopf, 1999, Capítulo 4; o Apêndice B, no Capítulo 25 deste livro, especifica e descreve as CRLs.) que legitimam, despersonalizam e despolitizam quaisquer contestações ao raciocínio atual. Essas regras são utilizadas para aumentar tornar o processo de modelagem mais rigoroso e para confirmar a veracidade das relações lógicas construídas enquanto diagramas lógicos em formato de árvore. Daí resulta um processo lógico, estruturado e rigoroso para orientar a tomada de decisões gerenciais, utilizando a intuição e o conhecimento das pessoas envolvidas e contestações ao raciocínio existente por meios dos protocolos da ARA.

A seção posterior apresenta uma descrição de cada ferramenta do processo de pensamento, considerada suficiente para caracterizar e facilitar a comparação das ferramentas e dos métodos do processo de pensamento com outros métodos da PO/CG tradicionais. Uma descrição mais detalhada é oferecida nos capítulos subsequentes e definições formais são apresentadas em Sullivan *et. al.* (2007).

As ferramentas do processo de pensamento

A árvore da realidade atual (ARA)

A ARA é uma ferramenta lógica (se-então) baseada em suficiência utilizada para identificar e descrever relações de causa e efeito que possam ajudar a determinar efeitos indesejáveis (EIs) do sistema (Cox *et. al.*, 2003; Sullivan *et. al.*, 2007). A ARA destina-se a responder a pergunta *"O que mudar?"*, processo em que se toma cuidado para evitar medidas que lidam meramente com os sintomas. Essa ferramenta será particularmente eficaz se os sintomas forem provocados por uma política, e não por uma restrição física no sistema existente. Uma variante útil é a *árvore da realidade atual da comunicação* (ARAC; Scheinkopf, 1999; Capítulo 25, deste livro).

Evaporação das nuvens (EN)

As restrições de política identificadas na ARA muitas vezes podem ser vistas como um conflito ou dilema entre duas medidas (ações) opostas. A ferramenta do processo de pensamento para essas situações é a *evaporação das nuvens* (EN), chamada por alguns de *diagrama de resolução de conflitos* (DRC; Dettmer, 1999) ou *diagrama de evaporação das nuvens*. *A EN é empregada para resolver problemas – utilizando a lógica baseada em necessidade (a fim de, devemos....) – que podem surgir não apenas da aparente irreconciliabilidade de ações, atitudes e comportamentos opostos, mas também do que pode ser considerado um conflito crônico decorrente de ações concorrentes, de um conflito de interesse, ou como dilemas intratáveis de natureza política, normativa ou ética.*

Embora a ferramenta EN estruture o conflito – por exemplo, como se ele iniciasse com duas ações ou visões opostas, que se acoplam ao processo também de maneira implícita –, ela pressupõe que elas podem ser resolvidas por uma solução ganha-ganha para gerar a meta ou o objetivo A do sistema por meio da consecução de estados intermediários necessários, B e C. Para encontrar essa solução, trazemos à tona os pressupostos ou os motivos pelos quais se considera que essas relações existam. Alguns desses pressupostos podem ser apresentados como comentários nos "balões de pensamento" do diagrama de EN (Figura 23.1).

Muitas vezes, quando os pressupostos são trazidos à tona e enunciados, eles podem ser considerados falsos ou frágeis e o conflito representado pela nuvem evaporar. Quando os pressupostos são considerados válidos, eles podem ser abordados de uma maneira que os invalide, diminua sua importância ou impacto ou possibilite uma resolução do conflito. Desenvolvemos uma lista dessas pressupostos e das "injeções" que podem ser utilizadas para "combater" esses pressupostos a fim de resolver o conflito. Aliás, o diagrama de EN pode servir como base para gerar ideias sobre a natureza das causas básicas e do problema básico identificado em nossa ARA. Versões especializadas da EN incluem a *evaporação das nuvens genérica* (ENG), a nuvem de três efeitos indesejáveis e a nuvem de conflito básico. Consulte os Capítulos 24 e 25 para obter informações detalhadas sobre a EN.

A árvore da realidade futura (ARF)

O processo da ARF, diferentemente da ARA, inicia-se com a identificação das ações, condições ou soluções preferidas, que Goldratt chamou coletivamente de "injeções", e prossegue com o mapeamento das relações lógicas baseadas em suficiência, a confirmação sobre se os elos causais nos conduzirão ao que consideramos os resultados desejáveis, isto é, a eliminação do que Dettmer chamou de "discrepância". De acordo com Rizzo (2001, p. 14), a construção da ARF pode ser vista como um "ensaio e se" que ajuda a identificar as ações e as condições que serão necessárias e suficientes para viabilizar os efeitos desejáveis ou a mudança e se outros EIs também surgirão dessas ações (Kendall, 1998, p. 39).

Nesse processo, poderão ser construídas subárvores sempre que alguém levantar uma dúvida ou um tipo de ressalva "Sim, mas...". Essas situações indicam que o "opositor" pensou em um efeito secundário negativo decorrente da solução proposta. Em vez de repelir os comentários ou abandonar a proposta, somos incentivados pela filosofia da TOC a investigar saídas para adaptar a proposta e evitar os efeitos secundários negativos, mantendo, ao mesmo tempo, os efeitos positivos, por meio de um método conhecido como *ressalva da ramificação negativa* (RRN). Formalmente, a RRN (Goldratt, 1996) é uma subárvore da ARF, mas pode ser utilizada como uma ferramenta independente para melhorar o feedback *essencial e desenvolver ideias semiacabadas* – por exemplo, mudanças nas medidas de desempenho organizacionais. Exemplos da RRN podem ser encontrados em Boyd e Cox (1997), Mabin, Davies e Cox (2006) e Dettmer (2007, p. 226).

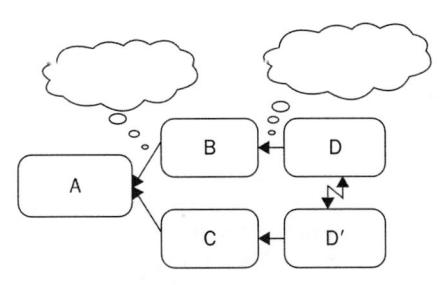

FIGURA 23.1 O diagrama de EN.

A árvore de pré-requisitos (APR)

Na APR, que complementa e se baseia na ARF, o objetivo é procurar identificar obstáculos locais, omissões e condições que podem obstruir o caminho que leva aos resultados desejados e, em seguida, estabelecer novos OIs e metas equiparáveis para superar esses obstáculos. A APR muitas vezes é desenvolvida por uma equipe, para lidar com os obstáculos que ela enfrenta. Por isso, as práticas sociais e as relações de poder embutidas no problema serão consideradas implicitamente e até mesmo explicitamente. Quando a equipe ou as relações de trabalho são consideradas um obstáculo, essas questões normalmente são levantadas.

A árvore de transição (AT)

O objetivo do desenvolvimento da estrutura lógica final, *a AT, é identificar tarefas e ações necessárias e suficientes para concretizar os OIs da APR, superar o que possa dar errado, oferecer um fundamento lógico e um plano de ação e, desse modo, apresentar o que pode ser considerado um plano de implementação passo a passo coerente e que também considere as crenças, os sentimentos e as normas prevalecentes.*

Resumo

À medida que passamos pelas ferramentas, da ARA para a AT, geralmente existe um envolvimento maior do grupo mais abrangente afetado pelo problema ou pelas ações concebidas para solucioná-lo. As ferramentas abordam propositadamente as camadas de "resistência" e "adesão" (Houle e Burton-Houle, 1998; Goldratt, Capítulo 20; Lang, Capítulo 22) e outras questões levantadas na literatura mais ampla sobre "gestão de mudanças" (Mabin *et. al.*, 2001). Inicialmente, a ARA pode ser gerada por um grupo menor, em que o processo de adesão desenvolve-se gradativamente por meio das etapas remanescentes do processo de pensamento. De modo semelhante, a delegação de poderes também ocorre por meio do processo de pensamento. A ARA representa a situação atual. Ela é esclarecedora, mas não necessariamente delega poderes. A APR e a AT, particularmente, são concebidas para desenvolver uma adesão coletiva e auxiliar na etapa de implementação. A meta final da ARF, da RRN, da APR e da AT é ajudar as pessoas a compreender melhor a situação-problema e as consequências de suas ações e a sentir que elas têm autonomia e poder de decisão por meio de um consenso sobre a linha de ação, e esse é o resultado que normalmente se obtém.

A seção subsequente passa de uma análise sobre o que são as ferramentas do processo de pensamento para uma avaliação sobre as ferramentas em uso, os padrões de uso e as oportunidades para usá-las mais amplamente e aprimorá-las.

Literatura sobre o processo de pensamento da TOC

Nesta seção, examinamos os avanços ocorridos no corpo de conhecimentos da TOC, particularmente no processo de pensamento, de acordo com os relatos presentes na literatura de domínio público revisada por pares. Ao longo dessa análise, também fazemos observações sobre a natureza do processo de pensamento, *vis-à-vis* sua evolução e áreas de aplicação.

Essas observações inspiram-se principalmente no trabalho de Kim *et. al.* (2008), que examinaram a literatura sobre o processo de pensamento revisada por pares, desde a publicação de *It's Not Luck*, de Goldratt, em 1994, até o início de 2006. Dois estudos anteriores, de Rahman (1998) e Mabin e Balderstone (2000; 2003), oferecem revisões da literatura mais ampla sobre a TOC, bem como artigos revisados e publicados antes de 2000. A obra de Kim *et al.* (2008) complementou e ampliou essas outras revisões concentrando-se no processo de pensamento até o início de 2006. Essas revisões ofereceram um resumo valioso, para acadêmicos e praticantes, do desenvolvimento do corpo de conhecimentos da TOC que encontram vazão na literatura revisada por pares. Além disso, a revisão de

Watson *et. al.* (2007) sobre a evolução da TOC, embora não tente oferecer uma revisão de literatura, examina o processo de pensamento e identifica algumas deficiências.

Ainda que a revisão de literatura de Rahman (1998) sobre a TOC a tenha classificado com base no que ele chamou de orientação e aplicação filosófica da TOC, a revisão realizada por Kim *et. al.* (2008) utilizou um conjunto mais amplo, que abrange cinco dimensões ou orientações: teórica ou metodológica, voltada à aplicação, temporal, epistemológica e voltada às ferramentas do processo de pensamento. A revisão de Kim *et. al.* refere-se a mais de 110 artigos científicos sobre o processo de pensamento revisados por pares, 70 dos quais publicados no período de 2000 a início de 2006. Uma pesquisa subsequente revela mais de uma dezena de artigos de pesquisa sobre sua aplicação entre início de 2006 e final de 2009.[4] Nas seções posteriores, sintetizamos e atualizamos as principais constatações da revisão de Kim *et al.*, examinando a dimensão voltada à aplicação, a preponderância de ferramentas individuais e, por último, os avanços metodológicos.

A dimensão voltada à aplicação na literatura sobre o processo de pensamento da TOC

Mais de cem artigos descreveram as aplicações do processo de pensamento. Kim *et al.* (2008) identificaram três categorias autodefinidas de artigos sobre o processo de pensamento "voltados à aplicação", isto é, aqueles que estão relacionados ao sistema empresarial como um todo, a áreas funcionais específicas e ao setor de serviços. Quanto ao sistema empresarial como um todo, esses artigos descreveram o processo de implementação das ferramentas do processo de pensamento em uma única organização e investigaram o impacto do processo de pensamento sobre a organização com relação à mensuração do desempenho organizacional de forma geral e à gestão de mudanças. Essas aplicações abrangeram uma multiplicidade de questões e contextos, como gestão de mudanças, medidas de desempenho, conflito na determinação de preços, decisões sobre terceirização, recuperação de custo dos projetos, fusões e assistência médica.

As aplicações do processo de pensamento em áreas funcionais abrangeram fabricação e produção, particularmente *gerenciamento da cadeia de suprimentos* (GCS), mas também marketing, vendas, contabilidade, qualidade, estratégia, gerenciamento de recursos humanos e desenvolvimento de novos empreendimentos, com o objetivo de abordar políticas superadas, índices de refugo inaceitáveis e entregas com desempenho insatisfatório. As aplicações ao GCS incluíram a identificação de fatores críticos de sucesso e de um sistema de mensuração de desempenho para ajudar os membros da cadeia de suprimentos a obter as possíveis vantagens da colaboração. Artigos recentes abordam o faturamento (Taylor e Thomas, 2008) e as funções de gerenciamento de recursos humanos (Taylor e Poyner, 2008).

Em aproximadamente um terço dos artigos voltados à aplicação do processo de pensamento, analisa-se como o processo de pensamento foi ou poderia ser aplicado aos setores de serviços, como o de assistência médica (por exemplo, serviço médico das forças armadas, utilização das salas de cirurgia, sistema de evacuação aeromédica, sistema de cuidados ambulatoriais, procedimentos de fiscalização, atendimento médico em vários locais e processos de indenização de seguro), educação (incluindo aplicações ao currículo e gerenciamento de capacidade em educação a distância) e serviços públicos [sistemas de abastecimento de água (Reid e Shoemaker, 2006; Shoemaker e Reid, 2006) e serviços de

---

[4] Observe que, na análise de Kim *et al.* (2008), os trabalhos publicados em livro foram excluídos em virtude da dificuldade inerente de identificar exemplos específicos nos livros. Entretanto, os livros são um componente importante da literatura sobre a TOC, que compreende um número quase igual ao dos artigos pesquisados por *Kim et al.* Até 1998, havia em torno de 28 livros sobre a TOC; nos últimos dez anos, mais 70 livros foram publicados, dentre os quais se incluem uma dezena sobre o processo de pensamento e um número semelhante de livros escolares a respeito do processo de pensamento.

polícia/corpo de bombeiros (Taylor *et al.*, 2006)]. As aplicações a serviços jurídicos e serviços administrativos foram detalhadas em Kim *et al.* (2008). Além disso, inúmeros livros, em especial recentemente, dedicaram-se ao setor público, como Ricketts (2008), Jamieson (2007), Ronen *et al.* (2006) e Wright e King (2006), embora eles não estejam incluídos nos dados, como mencionado anteriormente.

A dimensão voltada às ferramentas do processo de pensamento

Kim *et al.* (2008) também categorizaram os artigos de acordo com as ferramentas do processo de pensamento que foram empregadas para lidar com situações problemáticas. Os dados atualizados confirmam que, de longe, a ferramenta mais empregada foi a EN. Em torno de três quartos dos artigos (79%) a utilizaram – um quarto a utilizou isoladamente (25%) e mais da metade a utilizou com outras ferramentas (54%). Quase dois terços dos artigos (65%) empregaram a ARA ou uma de suas variantes. Consulte as Tabelas 23.1 e 23.2.

Um dentre oito artigos sobre aplicação (12%) utilizaram a análise do processo de pensamento completo, ao passo que mais de 40% (43/106) concentraram-se em uma única ferramenta do processo de pensamento. Ainda que o processo de pensamento tenha sido desenvolvido para fazer contribuições mútuas e complementares, como um conjunto de ferramentas lógicas integradas, a literatura leva a crer que o uso de ferramentas individuais ou em pares ou trios não é apenas possível, mas tem sido considerado extremamente valioso para lidar com situações problemáticas. Consulte a Tabela 23.2.

Avanços e melhorias metodológicas

A revisão de Kim *et al.* (2008) também identificou diversos avanços metodológicos e variações, inclusive métodos diferentes para construir uma árvore – utilizando ferramentas específicas do processo de pensamento para atender a finalidades diferentes daquelas para as quais elas foram originalmente criadas e utilizando as ferramentas do processo de pensamento como um todo para complementar o uso de outras ferramentas para lidar com situações problemáticas – e o desenvolvimento de novas ferramentas do processo de pensamento, como a ENG, a ARAC e os mapas de OIs.

Avanços relativos ao desenvolvimento e à apresentação da ARA A árvore da realidade atual da comunicação (ARAC) é uma ARA que facilita a comunicação com os gestores. Ela serve também para melhorar a adesão, partindo de uma proposição positiva (o objetivo desejado, quadro A na EN), em vez de apenas uma proposição negativa (o problema básico ou essencial), e mostra a relação entre o objetivo, o problema e os EIs observados (Scheinkopf, 1999, Capítulo 12; Houle e Burton-Houle, 1998; Button, 1999). Button também apresenta o método das três nuvens, de Goldratt, que foi desenvolvido para diminuir o tempo e a dificuldade para construir uma ARA. O método tradicional inclui um procedimento de dez etapas que tentam identificar as causas prováveis dos EIs. O método de evaporação

Tabela 23.1 Ferramentas do processo de pensamento: uso relatado – 1994 a 2009

Ferramentas do processo de pensamento em uso (Total)	N. de artigos que relatam o uso	% do número (= artigos que relatam o uso)
EN/ENG	83	78
ARAC/ARA	69	65
RRN/ARF	47	44
APR	21	20
AT	18	17
ARA	1	1
Total do número de artigos = N	106	100
Total de uso relatado = n	239	

Tabela 23.2 Classificação da literatura de ferramentas do processo de pensamento em uso – 1994 a 2009

Ferramentas do processo de pensamento em uso	N. de artigos que relatam o uso	% do número (= artigos que relatam o uso)
ARA (sozinha)	14	13
EN (sozinha)	26	25
RRN (sozinha)	1	1
APR (sozinha)	1	1
CRL (sozinha)	1	1
ARA, EN	16	15
ARA, EN, ARF	13	12
ARA, EN, RRN	1	1
ARA, ARF, RRN, AT	2	2
ARA, ARF, (RRN)	2	2
ARA, EN, ARF, APR	1	1
ARA, ARF, APR, AT	1	1
ARA, EN, ARF, APR, AT	1	1
ENG, ARA, ARF, (RRN)	5	5
EN, ARF	1	1
EN, APR	1	1
EN, ARF, APR	2	2
EN/RRN	3	3
ARF (RRN), APR, AT	1	1
Análise do processo de pensamento completo	13	12
Total do número de artigos = N	106	100%

das três nuvens de EIs utiliza quatro etapas para construir uma ARA: (1) identificação de uma lista de EIs; (2) criação das três ENs (com base em problemas aparentemente dissociados) utilizando a lista de EIs; (3) construção da ENG com base nas três ENs, identificando desse modo a provável conflito básico; e (4) construção de uma ARA que se inicia com o problema básico e utiliza a representação lógica e pictórica da ENG. Embora Dettmer (2007) não aprove esse método, ele é recomendado por outros textos (Cox *et al.*, 2003), e a revisão de Kim *et al.* (2008) revela que ambos os métodos têm sido muito empregados. Dettmer prefere o mapa de OIs como ponto de partida para a análise do processo de pensamento, defendendo que é mais provável que o conflito básico seja reconhecido pelo método mais estratégico do mapa de OIs, na identificação dos EIs. Além disso, pode haver ocasiões em que as três nuvens não sejam aplicáveis a uma ENG quando uma EN está aninhada ou incorporada em outra EN (Davies e Mabin, 2009). As árvores de *estratégias e táticas* (E&Ts) – cobertas no Capítulo 25 – não ficaram evidentes na revisão de literatura revisada por pares, mas estão sendo utilizadas crescentemente pelos desenvolvedores e praticantes da TOC.

Métodos utilizados separadamente ou em sequência Assim que os praticantes da TOC identificarem "*o que mudar*", utilizando a ARA, a segunda etapa é na abordagem tradicional do processo de pensamento lida com a busca de uma solução plausível para a causa básica; isto é, "*para o que mudar*". Isso pode ser conseguido com a ajuda da EN e da ARF (consulte, por exemplo, Taylor e Thomas, 2008; Taylor e Poyner, 2008). Como demonstra a

Tabela 23.2, muitos autores notaram a vantagem da EN como uma ferramenta ou método independente e até que ponto ela pode gerar uma solução ganha-ganha ao evidenciar e invalidar os pressupostos subjacentes ao conflito. Os artigos revistos por Kim *et al.* (2008) descreveram o uso do método de EN em situações de conflito variadas, como no conflito interpessoal entre gerentes de vendas e vendedores, na redação de minicasos de sistemas de gerenciamento de informações (SGI), no processo de *design* (projeto) criativo, no GCS, na alocação de recursos nas escolas, no ensino da TOC, na colheita florestal, na produção enxuta (Lean) e na implementação da TOC, nos dilemas gerenciais e na mensuração "tradicional". (Consulte Kim *et al.*, 2008, para obter mais detalhes.)

No entanto, também foi revelado que utilizar a EN após a criação da ARA tradicional pode aumentar muito mais o poder de gerar um diagnóstico e uma solução que o uso individual da EN ou da ARA. Um dos motivos é que, assim que se identifica um problema básico por meio da ARA, a probabilidade de desenvolver uma solução com a EN é bem maior. Vários artigos (consulte Moura, 1999; Smith e Pretorius, 2003; Choe e Herman, 2004; Umble *et al.*, 2006) descrevem e explicam o uso associado das ferramentas do processo de pensamento para identificar o problema básico do sistema e uma possível solução.

Método da ARA-EN-ARF e método da EN-ARA(B)-ARF(B)-RRN Outras variantes da abordagem "tradicional" (ARA-EN-ARF) incluem a abordagem multimétodo ENG-RRA-RRF-RRN, um aprimoramento que utiliza a *ramificação da realidade atual* (RRA) e a *ramificação da realidade futura* (RRF) (Cox *et al.*, 2003). Cox *et al.* (2005) propõem a utilização da EN no sentido horário para oferecer uma estrutura para a parte intermediária/superior da ARA. Esse e outros artigos relacionados (*e.g.*, Davies e Mabin, 2007; 2009) também associam uma representação EN do conflito com um *diagrama de* loop *causal* (DLC; Senge, 1990) com base na dinâmica de sistemas (DS), o que revela a natureza da relação sistêmica e igualmente identifica a estrutura sistêmica subjacente de uma situação-problema. Eles constataram que um aspecto importante da EN é o fato de ela garantir que a meta do sistema seja representada apropriadamente em um segundo DLC modificado, quando ela tiver ficado implícita ou tiver sido deixada de fora em uma representação inicial do DLC (ou da ARA).

Validação com o DLC O DLC da TOC oferece diretrizes para revelar qualquer dúvida ou preocupação com relação à veracidade das entidades e de suas correlações nas árvores do processo de pensamento (consulte Dettmer, 1997). Balderstone (1999) propôs que se utilizasse o DLC para validar os modelos de *dinâmica de sistemas* (DS), ao passo que Koljonen e Reid (1999) demonstram a utilização de modelos de DS para validar as árvores lógicas da TOC.

Análise do processo de pensamento completo (APPC) Embora as ferramentas ou árvores lógicas do processo de pensamento tenham sido desenvolvidas como um conjunto, a revisão de literatura realizada por Kim *et al.* (2008) evidenciou que o uso de um processo de pensamento individual e da aplicação do processo de pensamento é frequentemente relatado para uma finalidade diferente daquela para a qual eles foram originalmente concebidos. Entretanto, essas aplicações mais recentes de forma alguma negam a eficácia das ferramentas do processo de pensamento enquanto um conjunto que contribui para uma *análise do processo de pensamento completo* (APPC). Em uma seção posterior, indicamos por que a APRC pode ser considerada um "pacote" completo ou uma metodologia abrangente. Desse modo, tal como foi projetada, a APPC utilizaria todas as cinco ferramentas originais do processo de pensamento para examinar um sistema e identificar o problema básico, desenvolver soluções e determinar as etapas de implementação.

No entanto, a literatura demonstra que a APPC é utilizada com frequência e é importante para tentar superar a resistência à mudança porque cria um caminho lógico que pode ser seguido por todos os grupos de interesse e participantes. Houle e Burton-Houle (1998) expõem cinco camadas de resistência e, correspondentemente, cinco etapas de adesão. Foster (2001) examinou cinco camadas de resistência à mudança e propôs que as ferramentas do processo de pensamento podem ser utilizadas para superar cada camada. Mabin *et al.* (2001) relacionam as camadas de resistência às fontes de resistência identificadas na literatura sobre gestão de mudança e associam as ferramentas do processo de pensamento correspondentemente. A Tabela 23.2 mostra que apenas 13 artigos na literatura publicada que foi pesquisada continham descrições completas do uso da APPC – talvez porque a extensão dessas análises tenha impedido a aceitação dessa pesquisa na maioria dos periódicos. Esses artigos falam sobre como a APPC pode ser aplicada a situações empresariais específicas (Klein e DeBruine, 1995; Boyd *et al.*, 2001; Mabin *et al.*, 2001; Reid *et al.*, 2002; Gupta *et al.*, 2004; Ritson e Waterfield, 2005; Reid e Shoemaker, 2006; Shoemaker e Reid, 2006), ao passo que outros autores examinam em detalhe a possibilidade de utilizar uma multimetodologia (Thompson, 2003; Davies *et al.*, 2005; Schragenheim e Passal, 2005). Contudo, os relatos sobre a utilização da APPC demonstram sua versatilidade e aplicabilidade em relação a diferentes funcionalidades e ambientes – por exemplo, no estabelecimento de políticas de gestão, no planejamento estratégico, na realização de uma fusão bancária e em setores tão distintos quanto o setor fabril, cinematográfico e de saúde.

A literatura parece respaldar o ponto de vista dos desenvolvedores do processo de pensamento, como Goldratt (1994), Scheinkopf (1999) e Dettmer (1997), de que cada uma das ferramentas do conjunto do processo de pensamento é uma ferramenta possivelmente valiosa por mérito próprio, sem considerar sua contribuição no uso conjunto ou sequenciado das ferramentas.

Resumo da revisão de literatura

O desenvolvimento do corpo de conhecimentos da TOC foi propiciado em grande medida pela prática, o que se evidencia não apenas na natureza diversa das áreas de aplicação e no uso diverso das ferramentas da TOC, mas também na evolução mais ampla da metodologia, dos métodos e das ferramentas da TOC. Embora o processo de pensamento da TOC tenha sido originado dos conceitos desenvolvidos principalmente no gerenciamento de operações, observamos que sua contribuição para o desenvolvimento do corpo de conhecimentos da TOC desde então gerou um impacto que ultrapassa em muito o âmbito específico do gerenciamento de operações, não apenas no ambiente de negócios mais amplo, mas também nas organizações de forma geral.

As primeiras revisões de literatura (Rahman, 1998; Mabin e Balderstone, 2003) precederam vários dos avanços registrados aqui, que se iniciaram a partir de 2000. Essa visão geral baseou-se particularmente no trabalho de Kim *et al.* (2008) para apresentar a revisão de literatura sobre o processo de pensamento, publicada em periódicos revisados por pares e em anais de congresso ao longo de 16 anos, de 1994 ao final de 2009, e para retratar o desenvolvimento dos conceitos e das ferramentas do processo de pensamento desde sua primeira aplicação no gerenciamento de produção/operações (GPO) e nos âmbitos da PO/CG. A revisão de Kim *et al.* (2008) revelou lacunas específicas de publicação e pesquisa e também identificou alguns temas e abordagens de pesquisa comuns a serem realizados no futuro. Isso será abordado na última seção.

A revisão sobre as ferramentas do processo de pensamento em uso constatou que com frequência elas são associadas e aplicadas pragmaticamente, de acordo com a situação-problema. Aliás, essa visão geral colocou as várias ferramentas da TOC em uma posição de uso multimetodológico e em relação umas com as outras e também identificou avanços no uso multimetodológico em vários âmbitos. Consequentemente, uma seção posterior examinará o princípio filosófico e de concepção com propósito específico das ferramentas do processo de pensamento, com o objetivo de compreender se o uso de uma ferramenta do processo de pensamento para outro propósito é apropriado, e se e quando as ferramentas do processo de pensamento de forma combinada ou em grupo compreendem um conjunto multimetodológico abrangente. Por esse motivo, desenvolveremos outros pontos de vista sobre a natureza dos métodos da TOC e das ferramentas do processo de pensamento da TOC, seus princípios filosóficos e sua utilização nas atividades de resolução de problemas, que facilitarão sua comparação com outras metodologias de estruturação e resolução de problemas e oferecerão constatações sobre a semelhança e a complementaridade dessas abordagens e metodologias.

É evidente que o processo de pensamento tornou-se o método de resolução de problemas preferido de muitos, sozinhos e algumas vezes combinado com outros métodos. Antes de investigarmos as raízes filosóficas da TOC, examinaremos brevemente outros métodos de resolução de problemas gerenciais a título comparativo.

A natureza de outros métodos de resolução de problemas e tomada de decisões

O objetivo desta seção é determinar quais outros métodos estão sendo utilizados na resolução de problemas, de que forma eles estão sento empregados e até que ponto eles são limitados, oferecendo, desse modo, uma justificativa parcial para o processo de pensamento da TOC como método alternativo ou complementar.

A fim de oferecer uma estrutura que facilitasse essa discussão, recorremos ao trabalho de Mingers e Brocklesby (M-B) (1997) para esclarecer o papel, a função e o propósito de diferentes métodos ou ferramentas de resolução de problemas e relacionar esses métodos ou ferramentas com o conteúdo do problema e a respectiva atividade de resolução. Dessa forma, procuramos apresentar uma base para algumas comparações seletivas entre os métodos tradicionais e a metodologia da TOC.

A relação entre os métodos e a atividade de resolução de problemas

M-B desenvolveram uma grade de mapeamento bidimensional (consulte a Tabela 23.3) com o objetivo de alertar adeptos e praticantes a respeito da conveniência de utilizar diferentes metodologias em diferentes contextos e da possível utilização de uma multimetodologia. Uma das dimensões está associada ao âmbito do problema, especificamente à

Tabela 23.3 Estrutura para mapeamento de metodologias

Dimensões das fases	Sensibilidade: percepção, empatia e reconhecimento de...	Análise, compreensão e síntese de...	Apreciação, avaliação e valoração de...	Opções de ações propositadas para...
Pessoal	Ideias, crenças, sentidos, emoções, intenções, necessidades e vontades dos indivíduos	Diferentes perspectivas, percepções e visões de mundo – Weltanschauung	Conceituações e construções alternativas da realidade	Criar um denominador comum e consenso sobre ideias, situações etc.
Social	Contextos, normas, relações, práticas e relações de poder sociais	Erros de percepção, deturpações, distorções, conflitos de interesse	Formas alternativas de fazer críticas, contestar ou mudar as relações de poder	Gerar entendimento e autonomia (empowerment) para efetivar as relações desejadas, as situações desejadas etc.
Material	Contexto e relações físicas	Estrutura e relações causais subjacentes	Disposições físicas e estruturais alternativas	Identificar, selecionar e implementar as melhores alternativas

Fonte: Adaptada de Mingers e Brocklesby, 1997.

natureza do mundo – social, pessoal ou material – sob investigação, e uma segunda aos aspectos da metodologia, em particular às fases conceitualmente distintas mas relacionadas da "intervenção".

Essas fases são descritas na estrutura de M-B como o desenvolvimento de uma *apreciação* do mundo social, pessoal ou material que oferece uma base de *análise* indispensável desse mundo e das relações entre entidades fundamentais, antes do desenvolvimento e da *valoração* de outros futuros e opções para viabilizá-los, e, finalmente, a capacidade de escolher e *implementar* linhas de *ação* que viabilizam o futuro desejado.

Não obstante as ressalvas posteriores de Mingers (2003, p. 560) quanto às limitações da estrutura bidimensional de M-B no sentido de buscar uma correlação entre metodologia e método e a atividade de resolução de problemas, vemos a importância de utilizar a estrutura de M-B, tanto independentemente quanto associada com a estrutura classificatória subsequente de Mingers (2003).

Abordagens não estruturadas: a gestão improvisada

Os livros de gestão pintam um quadro sombrio sobre a capacidade de resolução de problemas e tomada de decisões dos gestores e dos tomadores de decisões organizacionais (Simon *et al.*, 1987), evidenciando as armadilhas decisórias que os gestores enfrentam (Russo e Schoemaker, 1989) e seus pontos fracos habituais (Nutt, 2002). Isso inclui, por exemplo, pontos fracos nas fases de *apreciação, análise, valoração* e *ação* da intervenção na resolução de problemas – incapacidade de estruturar apropriadamente problemas decisórios ou situações problemáticas; incapacidade de estabelecer um direcionamento – isto é, determinar metas e valores estratégicos inclusivos e aceitáveis; tendência a precipitar-se e a agir abruptamente; incapacidade de compreender ou de ajustar as influências e necessidades dos grupos de interesse; tendência a ter excesso de confiança e a superestimar a capacidade preditiva, a esfera de influência ou a influência de êxitos anteriores e resultados futuros; incapacidade de aprender com atitudes anteriores; incapacidade de reconhecer ou lidar com dilemas éticos ou a importância dos valores éticos etc. (Russo e Schoemaker, 1989; Senge, 1990; Bazerman, 1996; Nutt, 2002). Algumas consequências são o que muitos percebem como a predominância de uma mentalidade de combate a incêndios e o uso preponderante de modismos e modas, como os círculos de qualidade, o *just-in-time* (JIT), a reengenharia de processos de negócio (RPN), o Seis Sigma etc. – em que os gerentes esperam que a utilização dessas ferramentas ou processos, mesmo isoladamente, ajudará a solucionar problemas mais amplos e a gerar riquezas, no presente e no futuro.

Entretanto, se e quando a "gestão se torna um ato de malabarismo constante para decidir onde alocar pessoas sobrecarregadas de trabalho e qual crise incipiente deve-se ignorar no momento" (Bohn, 2000, p. 83), normalmente se considera mais apropriado prestar atenção à roda estridente, procurar soluções locais, à medida que a realidade mais ampla desvanece no horizonte. Os gestores, portanto, enfrentam a realidade de lidar com os problemas à proporção que eles voltam à tona ou provocam um impacto adverso em outro lugar. Eles talvez tenham estruturado os problemas inadequadamente, lidado com os problemas errados nos níveis errados ou apenas tentado solucioná-los de uma maneira insatisfatória.

Os problemas que são abordados de uma maneira insatisfatória criam mais problemas e levam mais tempo para serem solucionados a longo prazo. Senge (1990) fala sobre esse comportamento comum em seus arquétipos "soluções quebra-galho (ou soluções paliativas)" e "transferência de responsabilidade (ou transferindo o fardo)". No primeiro arquétipo, uma solução paliativa funciona a curto prazo, mas agrava o problema a longo prazo; por exemplo, o cigarro pode trazer alívio a curto prazo, mas causa dependência e problemas de saúde a longo prazo. No arquétipo de transferência de responsabilidade, a solução paliativa não apenas agrava o problema a longo prazo, mas também mina a eficácia de qualquer outra solução alternativa que possa ser utilizada. Por exemplo, utilizar consultores pode ajudar a curto prazo, mas pode consumir recursos necessários para desenvolver *know-how* interno.

Em todas essas situações, várias características normalmente se evidenciam, como a falta de visão global, de uma visão sistêmica ou holística; e uma incapacidade correspondente de pensar a respeito da comunidade mais ampla de interessados, em seus valores e pontos de vista, sobre as consequências sistêmicas mais amplas ao longo do tempo, isto é, com e sem o sistema. Mais especificamente, essas características incluem a incapacidade correspondente de pensar a respeito da natureza dinâmica das relações de causa e efeito e de *feedback* ao longo do tempo. Incluem o comportamento de uma irracionalidade aparente e um comportamento que sugere falta de consciência sobre os valores e pontos de vista alheios. Em essência, essas características indicam que alguns processos formais talvez sejam essenciais – em particular os processos que adotam uma perspectiva sistêmica. Apresentamos uma breve visão geral desses processos ou abordagens nas subseções seguintes.

Abordagens formais ou estruturadas

Existem várias abordagens estruturadas. Por isso, escolhemos rever algumas das abordagens que foram comparadas com a TOC. Na seção subsequente, delineamos brevemente algumas das principais abordagens tradicionais ou *"hard"* da PO/CG antes de apresentarmos uma visão geral das abordagens *"soft"*, a fim de oferecer uma avaliação crítica comparativa dos métodos da TOC e os métodos *hard* e *soft*.

Métodos estruturados da PO/CG

A PO/CG adotou a frase *"The Science of Better"* ("A Ciência do Melhor"), para se autodescrever como o método científico destinado à resolução de problemas de negócios. Termos semelhantes têm sido empregados para descrever o processo de pensamento. Por esse motivo, uma comparação entre a PO/CG e a TOC pareceria apropriada. Não obstante a PO/CG tenha se originado como uma atividade multidisciplinar direcionada à resolução de problemas, que emprega os melhores cientistas para combater problemas operacionais, ela passou a se concentrar consideravelmente nas técnicas. Nos Estados Unidos, essas técnicas são, por natureza, quase exclusivamente quantitativas, e os livros acadêmicos atuais de PO/CG, estão, em sua maioria, enraizados na linguagem matemática: modelagem matemática em suas diversas formas, como programação matemática (que inclui programação linear e de inteiros), simulação, heurística, programação de prazos, análise de decisões, análise envoltória de dados, controle de estoque e programação de projetos. Nessas áreas, a PO/CG obteve sucessos notáveis, predominantemente pelo uso de técnicas matemáticas e de modelagem computacional de grande eficácia para decifrar grandes problemas. Desse modo, as ferramentas e técnicas da PO/CG contribuíram principalmente para as fases de *análise* e *valoração* do processo de intervenção na resolução de problemas, que foi demonstrado na estrutura de M-B. Aliás, essa ênfase sobre a matemática e nessa forma de utilizá-la já é bem reconhecida e até mesmo reforçada pelos regimes de publicação dos principais periódicos americanos da área de PO/CG, que restringem seu escopo àqueles artigos que contêm um rigoroso tratamento matemático (Simchi-Levi, 2009).

Entretanto, alguns autores proeminentes da PO/CG consideram essa definição estreita da PO/CG – um conjunto de ferramentas matemáticas de grande eficácia – como inútil, até mesmo à obtenção de seu pleno potencial. Como Daellenbach (1994, p. 112) salienta:

> Ao ler sobre como formular um problema, o cientista de gestão principiante muitas vezes é um tanto impaciente: "Isso parece muito óbvio – vamos logo para a fase realmente interessante de modelagem matemática! PO/CG na verdade é isso!". Infelizmente, a menos que os trabalhos preparatórios para a fase de modelagem sejam realizados na formulação, existe um grande risco de, embora instigante, a modelagem abordar o problema errado. Isso não apenas traz consequências sérias para o analista, mas também coloca a PO/CG em descrédito.

Animadoramente, talvez propositadamente, Daellenbach dedica os capítulos iniciais de seu livro ao pensamento sistêmico, aos conceitos sistêmicos, à modelagem sistêmica e à formulação de problemas antes de apresentar a modelagem matemática.

Muitos autores da PO/CG defenderam pontos de vista semelhantes sobre a tendência a solucionar o problema errado – por exemplo, Gass (1989), Zeleny (1981), Rosenhead (1989) e Mabin e Gibson (1998) – e propuseram alternativas (*e.g.*, Pidd, 1996). O debate que causou furor nos círculos da PO/CG na década de 1970, encabeçado por Ackoff (1977; 1978; 1979), deveu-se em grande medida à preocupação com a possibilidade da obsessão da PO/CG pela modelagem matemática desencaminhar a categoria profissional da PO. Os autores da TOC deram seu parecer: Jackson *et al.* (1994) apresentaram um argumento convincente ao comparar a quantidade econômica do pedido (QEP) derivada da PO convencional com a abordagem de EN para controle de estoque, seguindo a abordagem do próprio Goldratt a respeito de decisões de dimensionamento de lote (Goldratt, 1990b, p. 43); Mabin *et al.* (2009) compararam o método de programação matemática da PO com o método de EN em relação a um problema de armazém/distribuição. A preocupação desses autores com a definição do problema – e não meramente com a solução do problema – é compartilhada pelos desenvolvedores de vários métodos *soft* da PO, também conhecidos como *métodos de identificação, análise e solução de problemas* (MIASP), que são discutidos na seção subsequente.

Os métodos e ferramentas atuais da PO/CG têm muito a oferecer na abordagem de complexidades relacionadas com escala, tempo e computação. Eles têm muito a oferecer quando o problema é bem definido e quando as metas, locais ou globais, são conhecidas, compreendidas e aceitas pelos interessados com pontos de vista comuns; quando os resultados desejados podem ser assegurados pela ação; quando a adequação de múltiplos objetivos não é ambígua; e quando os objetivos podem ser quantificados. Contudo, mesmo quando essas condições não são atendidas, a sofisticação da análise e a escala do poder de computação podem dar uma falsa sensação de segurança particularmente quando as relações entre as metas locais e as metas sistêmicas não são compreendidas ou consideradas ou quando as metas locais emergem como restrições "numéricas" ou vinculativas nas formulações matemáticas rígidas – e isso ocorre sem questionamento. Aliás, mesmo quando os problemas não estão bem definidos, com frequência se fazem premissas para tornar o problema manejável ou acessível à formulação matemática, não raro sem questionamentos suficientes sobre a adequabilidade dessas premissas.

A importância do processo de pensamento da TOC, enquanto metodologia abrangente, é que ele traz essas questões à tona, forçando um exame da situação-problema mais ampla, das metas globais e locais, contestando as premissas que as respaldam e, muitas vezes, estabelecendo um caminho para uma meta bem diferente.

Embora com frequência se afirme que os verdadeiros adeptos da PO/CG procuram concretizar as metas globais e sistêmicas, a realidade não raro é uma subotimização de um subsistema técnico (no mundo *material* da grade de M-B) que pode ser modelado e empreendido sem nenhum decreto ou habilidade para colocar o problema em um contexto mais amplo ou considerar questões e ramificações mais abrangentes.

Em resumo, a maioria dos métodos da PO/CG tem pontos positivos na avaliação da eficácia relativa de outras opções e decisões e na identificação da melhor dentre elas, de acordo com critérios e objetivos quantitativos prescritos ou, em alguns casos, segundo uma lista de opções prescrita ou atribuída de imediato (por exemplo, otimização por meio de programação linear – PL). Esses métodos não conseguem alcançar decisões norteadoras sobre sistemas de valor, direção estratégica ou outras questões no que tange à identificação de uma opção estratégica para uma variedade de interessados. Além disso, se os métodos de otimização forçada ou numérica forem exemplos desses métodos, então, em contraposição, são os métodos *soft* da PO, junto com a TOC, que foram concebidos para atracar-se com os *problemas iníquos* ou as *confusões* que estão além do escopo dos métodos tradicionais de modelagem matemática da PO/CG (Mingers, 2009a). Investigamos essas questões mais a fundo na seção subsequente.

PO soft

A preocupação de alguns autores da PO com a identificação e definição do problema – e não meramente com a solução do problema – é compartilhada pelos desenvolvedores de vários métodos *soft* da PO ou MIASPs. Isso foi evidenciado no livro *Rational Analysis for a Problematic World* (Análise Racional para um Mundo Problemático) (Rosenhead, 1989), que foi o livro mais citado no *Journal of the Operational Research Society* na década seguinte (Rosenhead, 2009). A PO *soft* é adequada para situações caóticas, em que a primeira questão é *não* saber do que se trata o problema. Os métodos *soft* da PO foram concebidos e desenvolvidos para atracar-se com *problemas iníquos* ou *confusões* procurando compreender quais metas do sistema e dos subsistemas organizacionais seriam desejáveis e apropriadas e procurando compreender de maneira mais ampla, muitas vezes predominantemente qualitativa, o âmbito do problema ou o sistema mais abrangente no qual ele se assenta.

O objetivo da PO *soft* ou dos MIASPs é:

- estruturar a complexidade do conteúdo e representá-lo de uma maneira transparente;
- que sua implementação ocorra em um ambiente de grupo facilitado;
- desenvolver uma estrutura-modelo interativamente;
- incorporar ferramentas que incentivem a participação e gerem compromisso com a ação.

Entretanto, eles fazem isso de uma forma que suporta o escrutínio rigoroso esperado de qualquer método com base científica. Praticamente nenhum dos atributos da PO *soft* aplica-se aos métodos da PO/CG tradicionais, que são cada vez mais conhecidos como *PO hard* (Rosenhead, 2009, p. S10). A área da PO *soft* agora abrange uma ampla variedade de métodos, desenvolvidos para uma série de finalidades e aplicações, e alguns deles podem ser considerados métodos sistêmicos. Alguns deles são:

- Strategic Choice Approach – SCA (abordagem de escolha estratégica)
- Strategic Assumption Surfacing and Testing – SAST (descoberta e questionamento das premissas estratégicas)
- Soft Systems Methodology – SSM (metodologia de sistemas flexíveis)
- Critical Systems Heuristics – CSH (heurística sistêmica crítica)
- Cognitive Mapping – CM (mapeamento cognitivo)
- Strategic Options Development and Analysis – SODA (desenvolvimento e análise de opções estratégicas)
- Análise de robustez
- Planejamento interativo
- Teoria dos jogos *soft*, que inclui hiperjogos e metajogos, teoria do drama

O desenvolvimento desses métodos *soft* para abordar as limitações estruturais dos métodos e abordagens *hard* da PO/CG ocorreu paralelamente à preocupação dos pioneiros iniciais da PO/CG como Churchman (1967) e Ackoff (1977; 1979) para com a improdutividade e inadequação de abordagens extremamente matemáticas para lidar com problemas complexos no âmbito social e de negócios. Friend e Jessop (1969) desenvolveram a SCA na década de 1960, do mesmo modo que Mason e Mitroff (1981) com a metodologia SAST. Os principais avanços de Checkland e Scholes (1990) com a SSM ocorreram na década de 1970, do mesmo modo que os principais avanços da teoria dos jogos *soft* de Howard (1971) e Bennett (1977) e a análise de robustez de Rosenhead *et. al.* (1972); o CM foi desenvolvido por Eden *et. al.* (1983) na década de 1980; e a grande motivação para investigar os métodos *hard* e *soft* na multimetodologia começou a se evidenciar no início da década de 1990. Entretanto, mais ou menos dez anos mais tarde, o trabalho de Munro e Mingers (2002) demonstrou que àquela altura quase todos os exemplos alegados de intervenção multimétodo englobavam todos os métodos *hard* ou todos os métodos *soft*, mas não ambos.

Essas abordagens *soft* podem oferecer uma oportunidade, segundo Ackoff (1978), para dissolver o problema totalmente, para resolvê-lo de maneira satisfatória, e não apenas otimizar ou solucionar um problema técnico que é uma representação incompleta ou inapropriada do âmbito sistêmico mais amplo pertinente.

Apesar do número crescente de evidências de que a PO *soft* é capaz de alcançar os problemas com os quais a PO tradicional ou *hard* não consegue lidar – por exemplo, comportamentos e incongruências organizacionais e individuais –, a PO *soft* ainda não é bem aceita universalmente. Embora seja reconhecida no Reino Unido e em outros lugares, ela recebe pouca cobertura nos Estados Unidos. A acolhida hostil de periódicos como o *Operations Research* e *Management Science*, que se recusam a aceitar qualquer artigo que "não se baseie em modelos matemáticos rigorosos" (Simchi-Levi, 2009, 21), é a pauta do debate atual (Mingers, 2009a; 2009b).

Grande parte da história da PO *soft* aplica-se igualmente bem à TOC. Aliás, a maioria dos usuários do processo de pensamento da TOC reconheceria que seu verdadeiro benefício é investigar a ideia específica sobre o que constitui o problema, por que ele existe e quais seriam as consequências se ele não existisse, antes de mergulhar em detalhes matemáticos. Todavia, ainda existe certo ceticismo nos círculos tradicionais sobre se a TOC é uma metodologia *bona fide* e digna de publicação (Ronen, 2005).

> Tendo em vista a semelhança da postura e apreciação quanto às abordagens não tradicionais, pode-se argumentar que esse é o momento certo para os acadêmicos e praticantes da TOC unirem-se com os acadêmicos de inúmeras disciplinas relacionadas, que inclui a PO *soft*, para persuadir um número maior de editores de que as aplicações e os avanços teóricos que não necessitam de uma abordagem matemática mesmo assim merecem ser publicados e disseminados. Com relação ao rigor, a TOC tem uma clara vantagem – as CRLs que governam a utilização do processo de pensamento oferecem protocolos lógicos rigorosos que conferem rigor às iniciativas dos analistas da TOC.

Métodos soft *da PO: fundamentos teóricos*

Nesta seção, unimos e reinterpretamos a discussão anterior sobre os métodos *soft* da PO no contexto da estrutura de M-B descrita antes. Observamos em particular que as abordagens *soft* foram concebidas e desenvolvidas para apoiar as fases de intervenção na resolução de problemas – *apreciação, análise*, valoração e *ação* –, mas especialmente porque estão relacionadas com questões do âmbito *social* e *pessoal* do sistema classificatório de M-B.

A Tabela 23.4 oferece exemplos que mostram como dois métodos da PO *soft* – isto é, SSM e CM, mapeiam a estrutura de M-B. O símbolo "+" indica a extensão relativa com que cada ferramenta é projetada propositadamente para atender a cada uma das fases de intervenção na resolução de problemas e em cada uma das dimensões do problema. Observamos, por exemplo, que a SSM e o CM não foram concebidos expressamente para contribuir para a análise de relações causais subjacentes no mundo material – embora sua utilização possa muito bem contribuir para isso.

Tal como se pode deduzir dos comentários sobre as características das abordagens *hard* da PO/CG, as abordagens *soft* foram desenvolvidas para apoiar situações em que os problemas são bem definidos e as metas, locais ou globais, não são necessariamente compreendidas, conhecidas ou aceitas; em que há vários interessados envolvidos; em que os resultados desejados não podem ser assegurados pela ação; em que o sucesso é ambíguo e a definição de sucesso talvez precise ser negociada. Consequentemente, as abordagens *soft* atendem à necessidade de facilitar a aprendizagem a respeito de um problema, seu grupo de interesse e os respectivos constituintes, seus costumes, práticas e formas de pensar; ou seja, elas também procuram conciliar uma série de pontos de vista, visões de mun-

Tabela 23.4 Mapeamento da SSM e do CM

Dimensões das fases	Sensibilidade: percepção, empatia e reconhecimento de...	Análise, compreensão e síntese de...	Apreciação, avaliação e valoração de...	Opções de ações propositadas para...
Pessoal	Ideias, crenças, sentidos, emoções, intenções, necessidades e vontades dos indivíduos SSM ++ CM +++++++	Diferentes perspectivas, percepções e visões de mundo – *Weltanschauung* SSM +++++++ CM +++++++	Conceituações e construções alternativas da realidade SSM +++++++ CM +++	Criar um denominador comum e consenso sobre ideias, situações etc. SSM +++++ CM +++
Social	Contextos, normas, relações, práticas e relações de poder sociais SSM ++ CM +++	Erros de percepção, deturpações, distorções, conflitos de interesse SSM CM +++	Formas alternativas de fazer críticas, contestar ou mudar as relações de poder SSM CM +++	Gerar entendimento e autonomia (*empowerment*) para efetivar as relações desejadas, as situações desejadas etc. SSM +++++ CM +++
Material	Contexto e relações físicas SSM ++ CM	Estrutura e relações causais subjacentes SSM CM	Disposições físicas e estruturais alternativas SSM CM	Identificar, selecionar e implementar as melhores alternativas SSM CM
	← Resolução de problemas →		← Tomada de decisão →	

Fonte: Adaptada de Mingers, 2000.
Simon *et al.* (1987) facilitaram a comparação das quatro fases de M-B com a conceituação de Simon *et al.* de resolução de problemas e tomada de decisões.

do, valores e objetivos sem os reduzir a uma medida única, e estimular o envolvimento, o entrosamento e o compromisso assíduos dos interessados (Mingers, 2009b).

Essas últimas características das abordagens *soft* são indicadas por vários símbolos "+", que enfatizam seu grau de contribuição para os âmbitos pessoal e social do contexto do problema, em todo o espectro das fases de intervenção da estrutura classificatória de M-B. Em contraposição, as abordagens *hard* tendem a ser situadas para que ofereçam uma *análise* e uma *valoração* dentro do mundo *material*. Além disso, a noção de que as abordagens *soft* atendem à necessidade de facilitar a aprendizagem a respeito de um problema está de acordo com a visão de Checkland e Scholes de que as abordagens sistêmicas *soft* podem ou também deveriam ser concebidas como "sistemas de aprendizagem" (1990, p. A8).

Por exemplo, e com relação à Tabela 23.4, observamos que na fase de *ação e implementação* tanto a SSM quando o CM são concebidos para procurar e tentar conciliar pontos de vista díspares/ou consenso, bem como esclarecimento e delegação de poderes (*empowerment*) para os constituintes do problema e também para o detentor do problema e os analistas. Em contraste marcante com os métodos *hard* da PO/CG, observamos de igual modo que o principal objetivo desses métodos *soft* é compreender melhor as melhores alternativas, e não necessariamente as identificar.

O CM, à semelhança da SSM, procura gerar uma representação de como os indivíduos veem um problema, o que ele significa para eles e como eles lhe dão sentido. A axiologia ou propósito do CM é trazer à tona e compreender essas crenças a fim de gerar consenso sobre uma possível ação estratégica. Em contraposição, reafirmamos que a PO/CG *hard* está predominantemente relacionada com o mundo material e concentra-se na *análise* e na *valoração*, gerando ações nesse âmbito. Porém, tanto os métodos e metodologias *hard* quanto os *soft* também podem ser descritos como abordagens sistêmicas. A natureza das abordagens e metodologias sistêmicas será investigada na seção subsequente.

Abordagens sistêmicas

Para as abordagens sistêmicas de resolução de problemas, normalmente os "problemas" existem dentro de um todo ou conjunto nocional ou sistema sintético, em que um sistema pode ser definido como qualquer agrupamento de pessoas, eventos, atividades, coisas ou ideias, unido por um motivo ou propósito comum (Senge, 1990). Desse modo, muitos sistemas podem ser mais bem descritos como de natureza nocional. Em geral, podemos considerar os sistemas como naturais – por exemplo, sistemas ecológicos; projetados – por exemplo, um carro ou uma organização; ou como uma atividade humana – por exemplo, uma equipe esportiva ou um grupo de trabalho *ad hoc*. O pensamento sistêmico tenta refletir e mostrar a importância do holismo, das fronteiras, do *feedback*, das relações recíprocas e da ideia de que, digamos, as atividades ou os acontecimentos, embora talvez separados pela distância e pelo tempo, não podem ser compreendidos isoladamente, mas, na verdade, precisam ser compreendidos com relação aos padrões das relações que os criam e aos padrões comportamentais que surgem dessas relações.

O pensamento sistêmico envolve, sobretudo, uma sensibilidade sistêmica quanto às questões (Espejo, 2006); isto é, uma reflexão sobre a realidade mais ampla, a necessidade de pensar holisticamente, de considerar o todo como uma rede de relações em que as partes ou os subsistemas estão interconectados e a necessidade de compreender o *feedback*. O pensamento sistêmico, de acordo com Senge (1990), implica aprender a reconhecer as estruturas que ocorrem repetidamente – uma noção que está de acordo com a prática da TOC.

Com frequência buscamos compreender um problema ou uma situação-problema adotando uma abordagem reducionista descartesiana para analisar e entender suas "partes componentes" identificáveis. No entanto, o pensamento sistêmico reflete um reconhecimento que, para compreender totalmente uma situação problemática, ou por que um problema existe e persiste, o problema tem de estar situado em um contexto mais amplo, em um todo ou sistema nocional, e é necessário compreender como as partes do sistema relacionam-se ou contribuem para o todo – o que, em si, é um ato de síntese ou um pensamento sistêmico sintético. Aliás, a própria definição de uma situação-problema como sistema é um ato de pensamento sistêmico.

> Em geral, podemos fazer uma distinção útil entre representar a realidade como sistema, utilizando linguagem e protocolos sistêmicos, e perguntar o que consideramos realidade, utilizando abordagens sistêmicas (Senge, 1990; Checkland e Scholes, 1990). Essa segunda noção quer dizer que, ao examinar as situações utilizando estruturas sistêmicas como estruturas de aprendizagem, e utilizando conceitos sistêmicos como holismo, fronteira, *feedback* etc., é possível compreender situações complexas nas quais eventos aparentemente insignificantes podem catalisar a representação de relações complexas que geram comportamentos e resultados emergentes imprevisíveis e inesperados, os quais não podem ser atribuídos a nenhum evento causal.
>
> Senge (1990) considera o pensamento sistêmico como uma disciplina para ver totalidades; como uma estrutura para enxergar inter-relações, em vez de eventos, e para enxergar padrões; como um conjunto de princípios; e como uma sensibilidade para com "a interconexão que concede aos sistemas vivos sua característica exclusiva" (p. 69). Adotando a abordagem sistêmica, é menos provável, portanto, que se tenha uma postura reativa ou demasiadamente reativa a acontecimentos ou efeitos atuais ou locais, em que essa reação desmedida pode exacerbar problemas indesejados em outros lugares. Consequentemente, podemos nos tornar tão mais sensíveis a padrões de mudança e ao impacto da mudança e das influências sistêmicas, que mesmo uma mudança positiva em um determinada área de um sistema pode gerar efeitos adversos em alguma outra parte do sistema. Desse modo, a sensibilidade sistêmica a essas possibilidades provavelmente pode diminuir a tendência a agir e pensar de uma maneira muito aquém do ideal e, tal como propõe Senge (1990), a ser gerativo com relação à criação de uma estrutura sistêmica que produza resultados sustentáveis e desejáveis.

Embora Jackson (2000) tenha afirmado que o pensamento sistêmico é, na verdade, um novo paradigma que poderia revolucionar a prática de gestão do século XXI, Senge (1990) o considera uma disciplina para mudar padrões de raciocínio. Ao reconhecer a ampla congregação evolutiva das abordagens sistêmicas, Jackson (2000) falou sobre a necessidade de reconhecer a semelhança e complementaridade na metodologia e no propósito dessas abordagens. Ele apresenta o "pensamento sistêmico crítico" como uma estrutura coerente para unir abordagens sistêmicas diversas, que incluem teoria do caos e da complexidade, organização de aprendizagem, dinâmica de sistemas (DS), teoria dos sistemas vivos, SSM, gestão interativa, planejamento interativo, intervenção sistêmica total, *autopoiesis* (autoprodução), cibernética de gestão, modelo de sistemas viáveis, pesquisa operacional (*hard* e *soft*), análise de sistemas, engenharia de sistemas, teoria geral de sistemas, raciocínio de sistemas sociotécnicos, a quinta disciplina, projeto de sistemas sociais, "sintegridade" de equipe (Syntegrity) e pensamento sistêmico pós-moderno. Contudo, Jackson, tal como a maioria dos pensadores sistêmicos, não inclui a TOC nessa ampla congregação, ainda que a maior parte dos autores da TOC (Goldratt, Dettmer, Scheinkopf, Cox *et al.*, 2003) a chamem de abordagem sistêmica e ressalte a importância de adotar uma visão sistêmica.

Dessa maneira, podemos considerar, por exemplo, a SSM de Checkland e Scholes (1990) ou o *modelo de sistemas viáveis* (MSV) de Beer (1985) de estrutura e modelo organizacional como sistema de investigação e sistema de aprendizagem, em que a metodologia ou o modelo oferece uma estrutura conceitual para guiar nossa investigação e aprendizagem sobre a situação ou organização em questão. Em ambos os casos, a noção de sistema proposto parece importante e inevitável no método de investigação. Na SSM, as premissas sobre a natureza e o propósito do sistema sob exame são apreendidas em uma "definição fundamental", enunciada em relação aos seus clientes (*customers*), atores (*actors*), transformação (*transformation*), visão de mundo (*Weltanschauung*), proprietários (*owners*) e ambiente (*environment*) – **CATWOE**. Portanto, qualquer tentativa de resolver um problema ocorre no contexto da definição e do propósito do sistema. De modo semelhante, qualquer utilização do MSV para investigar a eficácia organizacional ou a eficácia do modelo organizacional é feita no contexto do propósito organizacional definido.

No que tange à utilização eficaz da abordagem dos cinco passos de focalização, do processo de EN e mais amplamente da TOC, observamos uma importância similar das metas ou da finalidade do sistema para a identificação de *"Para o que mudar"*. No desenvolvimento da ENG, observamos também o pressuposto fundamental de que os pontos de vista iniciais aparentemente diferentes dos analistas podem ser conciliados em uma única nuvem genérica. Essas questões nos levam a perguntar, não obstante a importância da definição da meta do sistema, se essa meta pode ser definida objetivamente ou se ela continua sendo um fenômeno mal definido cuja definição e descrição variam de acordo com o observador.

Outras ferramentas de tomada de decisões

Existem muitos outros modelos de tomada de decisões e ferramentas baseadas em causa e efeito, e todos eles têm suas vantagens. Por exemplo, a *teoria da resolução inventiva de problemas* (Altshuller, 1973), conhecida pelo acrônimo russo TRIZ, oferece um método útil para gerar soluções para os dilemas (ou contradições) e pode ser empregada favoravelmente com a EN (Mann e Stratton, 2000; Dettmer, Capítulo 19 deste livro). A *why-because analysis* – WBA (análise por quê-porque) oferece outro método para fazer uma análise de falhas da causa básica e também tem sido utilizada com e em comparação com a TOC[5] (Doggett, 2004; 2005; Zotov *et al.*, 2004). Além disso, o mapeamento de processos também tem sido empregado para ajudar a construir a ARA, e outras técnicas, dentre as quais a produção enxuta, a gestão de qualidade e a engenharia de processos, têm sido considera-

---

[5] O método original do início da década de 1990, proposto para desenvolver a ARA, utilizava a lógica "Por quê?" e "Porque" com a validação, e ainda hoje é utilizado.

das mutuamente incentivadoras, e sem dúvida não mutuamente excludentes, do uso das ferramentas do processo de pensamento (Watson *et al.*, 2007).

Constatações para a TOC provenientes da literatura

Questões que emergem da literatura da TOC

Ronen (2005), no editorial convidado de apresentação da edição especial sobre a TOC, publicada no *Journal of Human Systems Management*, lamenta a baixa popularidade da TOC nos periódicos de pesquisa acadêmicos e sugere alguns dos motivos que podem ser responsáveis por isso:

- A TOC tem uma orientação heurística, em consonância com o *"satisficing"* (soluções mínimas satisfatórias) de Simon *et al.* (1987). Muitos periódicos de pesquisa preferem abordagens quantitativas de otimização de processos, ao passo que o objetivo da TOC é a simplicidade.
- Os processos da TOC são orientados pelas relações de causa e efeito. Os periódicos acadêmicos preferem dados de pesquisa de campo ou empíricos.
- A TOC originou-se da prática – sua contribuição integral não é ainda conhecida por um número suficiente de acadêmicos.
- Muitas vezes a TOC é percebida equivocadamente como um conjunto de ferramentas simples que não precisa de investigação aprofundada.
- A TOC é vista como um culto e, portanto, é inacessível à comunidade acadêmica.

Ronen fez um apelo aos acadêmicos para que apliquem as metodologias acadêmicas aos conceitos da TOC a fim de confirmar ou melhorar seus métodos e utilizem o rigor acadêmico para fazer pesquisas sobre a TOC. Mais especificamente, Watson *et al.* (2007), em sua revisão de "bodas de prata" sobre a TOC, identificaram dois problemas comuns com o processo de pensamento:

- A dependência para com interpretações subjetivas da realidade percebida e a natureza qualitativa da matéria de estudo tornam as ferramentas inerentemente duvidosas, o que provoca uma percepção de falta de confiabilidade e veracidade nas análises do processo de pensamento.
- As ferramentas do processo de pensamento são criticadas por não serem fáceis de utilizar. Essas questões são delineadas mais a fundo na seção subsequente.

A natureza da literatura da TOC *vis-à-vis* outras literaturas

Neste momento fazemos observações mais abrangentes sobre a natureza da literatura do processo de pensamento da TOC, sua singularidade e suas semelhanças e diferenças em relação à literatura da PO/CG e de outras metodologias. Para que a TOC ganhe maior visibilidade – e aceitação, principalmente na comunidade acadêmica –, existe uma proposição de que os praticantes e acadêmicos da TOC precisam se dirigir à publicação de artigos em periódicos revisados por pares e de capítulos em livros com organizador para contrabalançar os vários livros e artigos de congresso sobre a TOC não revisados por pares e, desse modo, melhorar sua visibilidade e credibilidade.

Entretanto, e em segundo lugar, não existe nenhum periódico idealmente adequado para a TOC ou ao processo de pensamento da TOC, embora existam vários periódicos evidentes para aplicações de produção, projetos etc. Por esse motivo, o trabalho publicado como artigo é difundido em uma série de periódicos e favorece uma ampla cobertura, embora talvez diminua o impacto que poderia ser obtido se houvesse uma concentração ou uma moradia em determinados periódicos. Além disso, como Kim *et al.* (2008) ressaltam, os periódicos que publicaram artigos sobre o processo de pensamento da TOC normalmente tinham fatores de impacto inferiores. Portanto, seria desejável visar à publicação em periódicos de maior impacto.

Terceiro, e lamentavelmente, embora a TOC pareça ter várias características em comum com a PO/CG, com outras metodologias sistêmicas e com a PO *soft*, os proponentes desses métodos geralmente não consideram que a TOC pertença à sua espécie, por falta de consciência e percepção ou por uma opção deliberada de excluí-la – aliás, um paradoxo, quando consideramos a história e a dificuldade da PO *soft* em sua busca por aceitação nas correntes predominantes mais tradicionais da PO/CG e dos periódicos. Se quisermos que o processo de pensamento ganhe maior reconhecimento na comunidade acadêmica, devemos entrar ou nos associar à corrente predominante dos periódicos. Além disso, não obstante as observações anteriores, o menor obstáculo a essa entrada talvez esteja na formação de vínculos com essas disciplinas científicas de comparação ou equivalentes. Aliás, Ronen (2005) propôs que várias práticas da TOC estão enraizadas em conceitos da PO/CG bem aceitos e bem consolidados, o que facilita sua utilização multimetodológica por meio da associação, por exemplo, entre os cinco passos de focalização e o método de programação matemática. Vários artigos têm comparado a TOC com a programação linear (PL), e quase todos demonstram congruência, mas também vantagens na utilização da TOC. Aliás, é possível obter sinergias significativas na associação da TOC com outros métodos da PO, tal como Mabin e Gibson (1998) defenderam, gerando críticas por parte de Zeleny (1981) e Gass (1989) sobre a utilização ingênua da PL em relação ao gerenciamento de restrições.

As revisões de literatura sobre a TOC e o processo de pensamento da TP relatadas aqui foram complementadas por uma série profícua de revisões retrospectivas/avançadas, realizadas para o congresso de aniversário de 50 anos da Sociedade de Pesquisa Operacional, em York, em 2008, muitas das quais publicadas em Brailsford *et al.* (2009). Dentre elas, encontram-se revisões sobre a PO *soft* e os MIASPs (Rosenhead, 2009), pensamento sistêmico (Jackson, 2009) e sistema de saúde (Royston, 2009).

O que é perceptível e digno de nota nessas revisões é que a TOC não é citada, não é reconhecida ou é excluída das descrições sobre a PO, a PO *soft*, o MIASP e os métodos sistêmicos, tal como fica demonstrado. Por exemplo:

> O trabalho notável e bem-sucedido nos hospitais John Radcliffe e Horton pelo Goldratt Group foi relatado em Umble e Umble (2006) e também em *The Oxford Story*, do Dr. Eli Goldratt, disponível em vários *sites*,[6] mas esse trabalho não está incluído na "Revisão de cem anos da PO na área de saúde", não obstante ele tenha sido publicado em um proeminente periódico de PO.

> A TOC não é mencionada nas discussões sobre a PO *soft* de Mingers (2009a; b), embora tenha sido associada e comparada na publicação *Omega* de Davies *et al.* (2005) e embora tenha várias semelhanças aparentes nos âmbitos de aplicação.

> A TOC geralmente não é citada nos textos sobre PO, exceto algumas vezes em uma pequena seção sobre Tecnologia de Produção Otimizada (*Optimized Production Technology* – OPT), gerenciamento de restrições ou aspectos da sincronização da produção. Mesmo nos livros acadêmicos sobre gerenciamento de operações, normalmente há apenas um capítulo sobre a TOC, com algumas exceções notáveis, como Cox *et al.* (2003), que abordam o tema utilizando a TOC como uma estrutura abrangente.

Embora o trabalho da TOC tenha sido publicado em periódicos de PO/CG e sistemas, parece que a TOC ainda precisa ser considerada uma corrente em voga ou oferecer uma contribuição importante a qualquer uma dessas disciplinas. No entanto, a comunidade da TOC pode fazer mais do que ficar aguardando reconhecimento. Contudo, antes de tomar providências apropriadas para ganhar reconhecimento, seria benéfico conduzir um autoexame. A seção subsequente oferece algumas sugestões de questões que merecem ser consideradas.

---

[6] http://tocinternational.com/pdf/Oxford%20Radcliffe%20Hospital%20story.pdf.

Temas sugeridos para um autoexame da TOC

Nas seções subsequentes, propomos que muito pode ser obtido com uma autoanálise da TOC como campo de saber e categoria profissional e quanto ao papel dos acadêmicos da TOC dentro dessa categoria profissional. Essa autoanálise deve englobar a função estratégica dos canais de publicação para atrair reconhecimento para a TOC, o que pode servir melhor os acadêmicos, os praticantes e a comunidade mais ampla atendidos pela TOC. Em uma seção subsequente, também propomos que muito pode ser obtido com uma compreensão sobre a natureza da TOC enquanto metodologia.

A TOC enquanto categoria profissional

A comunidade da TOC não está sozinha em suas experiências. Há uma percepção de que muito pode ser obtido de um exame interno *e* externo, e ela pode aprender com as preocupações e experiências de outros grupos profissionais. Por exemplo, nos Estados Unidos, a PO padeceu do que Abbott (1988) chamou de "regressão profissional" – um processo em que as categorias profissionais recolhem-se para dentro si mesmas (Rosenhead, 2009, p. S13, citando Corbett e Van Wassenhove, 1993). Além disso, as classificações de *status*, internas à categoria profissional, baseadas no sistema de conhecimentos que concede a uma categoria seu crédito especial, tendem a estar correlacionadas com o distanciamento em relação a considerações e implementações de ordem prática. Rosenhead afirma que o relatório CONDOR de 1988 mostrou essa tendência da PO.

No momento, a categoria profissional da TOC parece estar livre dessa última tendência, visto que seus avanços estão em grande medida fundamentados na prática e são direcionados à prática (Inman *et al.*, 2009). Propomos que a categoria profissional da TOC deve estar atenta ao risco da regressão profissional, mas reconhecemos que existe um dilema inerente. Por um lado, se a TOC deseja ganhar credibilidade e reconhecimento internamente e de outras disciplinas equivalentes, ela deve adaptar-se ao rigor acadêmico e às normas dessas disciplinas equivalentes. Entretanto, para fazer isso, a comunidade da TOC precisa submeter seu corpo de conhecimentos a escrutínio utilizando as mesmas normas e os mesmos protocolos acadêmicos aos quais outros grupos de pares acadêmicos estão sujeitos. Se a TOC não conseguir obter o respaldo de outras disciplinas equivalentes, pode correr o risco de "regressão profissional". Contudo, se a TOC procurar obter esse respaldo adotando acriticamente os métodos de outras disciplinas, pode pôr em risco sua ênfase sobre aspectos práticos que tradicionalmente vêm motivando seus proponentes e que fomentam a maioria dos avanços dentro de sua comunidade.

Identidade e função estratégica do canal de publicação

A seção anterior fez referências implícitas à importante questão de identidade – tanto a autoidentidade quanto a identidade projetada para os outros. Para analisar mais a fundo essas questões, precisamos considerar mais amplamente por que a TOC não foi aceita na corrente predominante e, mais especificamente, por que raras vezes ela é mencionada na corrente acadêmica e de periódicos predominante. Pode-se supor que a TOC não seja reconhecida como PO ou PO *soft* por ter uma ascendência bastante distinta e que muitos talvez ainda pensem na TOC como um método de programação ou de produção. Propomos que muito pode ser obtido se a mensagem apropriada for disseminada, demonstrando que a TOC é mais do que um conjunto de ferramentas para o gerenciamento de operações. Uma exemplificação construtiva do processo de pensamento em um trabalho complementar ou de multimetodologia, em outros âmbitos de aplicação, pode ajudar a criar uma consciência sobre o processo de pensamento, bem como aceitação.

Ainda que a TOC não seja considerada PO *hard* nem PO *soft* nem um método sistêmico pelos proponentes dessas disciplinas, as contribuições do processo de pensamento da TOC ainda estão encontrando favorecimento no Reino Unido e nos periódicos europeus de PO e de sistemas mais orientados à prática, como o *Journal of the Operational Research Society* (JORS) ou o *International Transactions in Operational Research* (ITOR), da

Federação Internacional das Sociedades de Pesquisa Operacional. Os periódicos *Human Systems Management* (HSM) e *International Journal of Production Research* (IJPR) publicaram edições especiais sobre a TOC. Talvez seja o momento certo para explorar canais semelhantes, como o *Journal of Operations Management* (JOM), na esteira do sucesso de Watson et al. (2007), *European Journal of Operational Research* (EJOR*)*, *Interfaces* e outros periódicos *INFORMS*, especialmente em vista da moeda do debate sobre a PO *soft*; e mais especialmente se sustentarmos que a TOC poderia ser considerada tão constituída quanto outras metodologias da PO *soft* ou considerada parte da comunidade ou do âmbito da PO *soft*. Aliás, na medida em que neste exato momento tem sido demonstrado abertamente um respaldo maior à PO *soft* na comunidade de PO dos Estados Unidos, talvez os periódicos estabelecidos nesse país também estejam mais dispostos a publicar artigos da TOC.

Papel dos acadêmicos/pesquisadores da TOC

Com base na discussão mais abrangente da literatura e das observações anteriores, podemos deduzir que os acadêmicos e pesquisadores da TOC precisam manter-se conectados com a prática e, ao mesmo tempo, construir sua credibilidade acadêmica por meio de pesquisas rigorosas. Com relação a esse papel, podemos propor que os acadêmicos da TOC devem procurar:

- associar, interpretar e fazer observações sobre o conhecimento e as experiências da TOC de uma perspectiva objetiva;
- desenvolver mais a fundo o conhecimento da TOC, de uma forma que incorpore a TOC no conhecimento disciplinar acadêmico existente e tirar proveito dessas outras disciplinas;
- aprimorar as qualidades acadêmicas do conhecimento da TOC e o *status* da TOC na comunidade acadêmica; e
- começar a dialogar com os adeptos da TOC sobre essas questões, na expectativa de que eles considerem esse diálogo importante e útil, visto que eles refletem continuamente sobre sua atividade como parte de seu processo de melhoria contínua.

A seção subsequente apresenta o primeiro passo para satisfazer esses objetivos, na medida em que procura resumir, reinterpretar e desenvolver nossa compreensão sobre a natureza do processo de pensamento da TOC e da TOC enquanto metodologia.

A natureza e a utilização do processo de pensamento da TOC revisitados

Aqui, examinamos o processo de pensamento da TOC e a TOC enquanto metodologia por meio das estruturas classificatórias de Mingers e Brocklesby (1997) e Mingers (2003). Desse modo, levamos em consideração o clamor de Ronen (2005) por maior rigor no âmbito da TOC e pelo estabelecimento da credibilidade da TOC, apresentando uma perspectiva externa em que as estruturas são utilizadas de uma maneira transparente e rigorosa. Consequentemente, também trabalhamos em direção à meta de Ronen de preencher a lacuna entre a TOC e o mundo acadêmico.

Na seção subsequente, recorremos primeiro à estrutura de M-B (1997) para oferecer um ponto de vista alternativo sobre diferentes métodos da TOC e as ferramentas do processo de pensamento, evidenciando seu papel, sua função e sua finalidade. Por esse motivo, podemos relacionar os métodos e as ferramentas e a metodologia mais abrangente da TOC com o conteúdo do problema e a atividade de resolução de problemas – a fim de oferecer uma base para uma comparação seletiva com os métodos tradicionais. Na seção subsequente, procuramos trazer à tona e esclarecer as premissas filosóficas fundamentais que respaldam o processo de pensamento da TOC, outros métodos da TOC e a TOC enquanto metodologia.

Compreendendo a relação do processo de pensamento TOC com a atividade de resolução de problemas

Na Tabela 23.5, que segue a abordagem classificatória de M-B, escolhemos algumas das ferramentas do processo de pensamento utilizadas na TOC e descrevemos cada uma delas, como base para essa caracterização e classificação (consulte o conjunto completo em Davies *et al.*, 2005).

Tabela 23.5 Mapeamento de metodologias: processo de pensamento da TOC

	Sensibilidade: percepção, empatia e reconhecimento de...	Análise, compreensão e síntese de...	Apreciação, avaliação e valoração de...	Opções de ações propositadas para...
Pessoal	Ideias, crenças, sentidos, emoções, intenções, necessidades e vontades dos indivíduos ARA EN ++++ ARF APR ++++ AT ++++ TOC como metametodologia ++++	Diferentes perspectivas, percepções e visões de mundo – *Weltanschauung* ARA EN +++++ ARF APR ++++ AT ++++ TOC como metametodologia ++++	Conceituações e construções alternativas da realidade ARA ++ EN +++++ ARF APR AT TOC como metametodologia ++++	Criar um denominador comum e consenso sobre ideias, situações etc. ARA EN +++++ ARF APR +++++ AT TOC como metametodologia ++++++
Social	Contextos, normas, relações, práticas e relações de poder sociais ARA ++ EN ARF APR +++++ AT ++++ TOC como metametodologia ++++	Erros de percepção, deturpações, distorções, conflitos de interesse ARA EN +++++ ARF APR AT TOC como metametodologia ++	Formas alternativas de fazer críticas, contestar ou mudar as relações de poder ARA EN ARF APR AT TOC como metametodologia	Gerar entendimento e autonomia (*empowerment*) para efetivar as relações desejadas, as situações desejadas etc. ARA EN +++++ ARF APR +++++ AT TOC como metametodologia ++++++
Material	Contexto e relações físicas ARA ++++ EN ++ ARF ++ APR AT TOC como metametodologia ++++	Estrutura e relações causais subjacentes ARA ++++ EN +++++ ARF +++++ APR AT ++++ TOC como metametodologia ++++++	Disposições físicas e estruturais alternativas ARA EN ARF +++++ APR +++++ AT ++++ TOC como metametodologia ++++	Identificar, selecionar e implementar as melhores alternativas ARA ++ EN ++++++ ARF +++++ APR AT ++++ TOC como metametodologia ++++++

O destaque do nome das ferramentas do processo de pensamento indica nossa visão de que a ferramenta foi desenvolvida e concebida para uma aplicação propositada em uma fase específica do processo de resolução de problemas, ao passo que o número de sinal "+" indica em que grau a ferramenta foi concebida para essas finalidades.

A título de apresentar uma interpretação explicativa sobre a caracterização, observamos, por exemplo, que o mapeamento da atividade de EN para a estrutura modificada de M-B (consulte a Tabela 23.5) demonstra como o método de EN pode oferecer uma ponte eficaz entre a situação problemática atual e o futuro desejado por meio de uma contribuição para todas as fases de intervenção, mas não necessariamente em todos os âmbitos do problema.

De modo semelhante, observamos que o conjunto de ferramentas e métodos da TOC é estruturado de uma maneira que possa oferecer contribuições em todas as fases da atividade de resolução de problemas, inclusive ao que chamamos de *ação* ou implementação.

Além disso, as ferramentas parecem objetivar ou lidar com quase todas as células na grade de M-B (consulte as Tabelas 23.5 e 23.6), exceto uma, a *apreciação e avaliação de* formas de fazer críticas, contestar ou mudar as relações de poder no âmbito social. Na Tabela 23.6, por meio da intensificação da graduação de cinza, indicamos particularmente o grau relativo com que o conjunto completo de ferramentas do processo de pensamento é estruturado propositalmente para atender a cada uma das fases de intervenção na resolução de problemas, em cada uma das dimensões do problema.

Na explicação sobre essa categorização, recorremos aos protocolos e critérios do sistema classificatório de M-B com relação à concepção propositada. Por exemplo, observamos que, embora alguns dos métodos da PO *soft* tenham sido expressamente concebidos e desenvolvidos com o objetivo de começar a contestar ou mudar as relações e estruturas de poder, não podemos afirmar que as ferramentas do processo de pensamento da TOC foram concebidas para essa finalidade específica. Não obstante esse fato, as ferramentas do processo de pensamento foram e podem ser utilizadas para atender favoravelmente a essas questões.

Tabela 23.6 Mapeamento alternativo da TOC como metametodologia

	Sensibilidade: percepção, empatia e reconhecimento de...	Análise, compreensão e síntese de...	Apreciação, avaliação e valoração de...	Opções de ações propositadas para...
Pessoal	Ideias, crenças, sentidos, emoções, intenções, necessidades e vontades dos indivíduos	Diferentes perspectivas, percepções e visões de mundo – Weltanschauung	Conceituações e construções alternativas da realidade	Criar um denominador comum e consenso sobre ideias, situações etc.
Social	Contextos, normas, relações, práticas e relações de poder sociais	Erros de percepção, deturpações, distorções, conflitos de interesse	Formas alternativas de fazer críticas, contestar ou mudar as relações e estruturas de poder	Gerar entendimento e autonomia (*empowerment*) para efetivar as relações desejadas, as situações desejadas etc.
Material	Contexto e relações físicas	Estrutura e relações causais subjacentes	Disposições físicas e estruturais alternativas	Identificar, selecionar e implementar as melhores alternativas

Fonte: Adaptada de Mingers e Brocklesby, 1997, e Davies, Mabin e Balderstone, 2005.

Aliás, o processo de pensamento da TOC talvez só lide com essas questões se um diagnóstico (utilizando, por exemplo, a ARA) indicar que a estrutura de poder é um problema básico ou se a estrutura de poder for considerada um obstáculo durante o desenvolvimento da APR. Ainda que essa contestação às estruturas de poder possa ser uma característica emergente da abordagem da TOC, uma vez que não é uma intenção estabelecida pela TOC desde o princípio, nem é um resultado natural comum, deixamos esse quadro sem sombreado para manter a coerência com a abordagem classificatória de Mingers – segundo a qual a classificação de uma atividade exige que ela seja deliberadamente concebida para essa fase de intervenção. No entanto, podemos concluir que essa caracterização demonstra que o processo de pensamento da TOC abrange o que Dettmer chama de "pacote completo" e o que chamamos de conjunto metodológico ou metametodologia.

A seção subsequente demonstra como a estrutura classificatória correspondente de Mingers (2003) pode dar vazão a constatações complementares.

O princípio filosófico do processo de pensamento da TOC

Na Tabela 23.7, apresentamos uma caracterização alternativa de cada uma das ferramentas do processo de pensamento da TOC e do método dos cinco passos de focalização. Desse modo, novamente recorreremos a uma descrição breve de cada uma das ferramentas e métodos como base para a caracterização das premissas filosóficas fundamentais, utilizando o sistema classificatório de Mingers (2003).

Observamos que, quando as pressupostos subjacentes e o propósito são apresentados dessa maneira, precisamos perceber com clareza para que propósito e de que forma as ferramentas podem ser mais bem empregadas. Assim, podemos criar expectativas realistas sobre a utilização das ferramentas. Além disso, também observamos e prefiguramos um escopo para a utilização complementar das ferramentas em situações problemáticas que tenham vários propósitos ou vários objetivos.

Na seção subsequente, examinaremos novamente as ferramentas e suas finalidades com relação às suas contribuições para as diferentes fases de intervenção no processo de resolução de problemas. Vale a pena reafirmar aqui que, embora as ferramentas e os métodos muitas vezes sejam empregados de forma independente para resolver problemas diários, eles não raro são também utilizados em conjunto em situações mais infrequentes e complexas (Kim *et al.*, 2008). A natureza desse tipo de aplicação e os motivos para seu sucesso ou fracasso podem ser investigados apropriadamente em consulta à caracterização das ferramentas da TOC apresentada na Tabela 23.7.

A Tabela 23.7 apreende e representa sucintamente a natureza determinante e as finalidades matizadas das ferramentas do processo de pensamento da TOC. Desse modo, ela explicita, um tanto paradoxalmente, as premissas filosóficas com frequência implícitas e algumas vezes não reconhecidas que fundamentam o processo de pensamento, suas ferramentas correspondentes e sua utilização. Algumas dessas premissas estão relacionadas a crenças sobre o que existe – relações de causa e efeito – e o que poderia ser – melhoria contínua ou radical – e são inerentemente *ontológicas*. Outras estão relacionadas à natureza das informações disponíveis, a como podemos ter acesso a essas informações e a como podemos representá-las e processá-las por meio de árvores lógicas causais. Essas premissas são inerentemente *epistemológicas*. De modo semelhante, outras premissas ou crenças estão associadas ao que podemos esperar que uma ferramenta da TOC "fará" e à sua natureza *axiológica*; isto é, para quem a análise está sendo realizada e para que propósito a ferramenta será utilizada. Desse modo, a Tabela 23.7 oferece uma perspectiva diferente sobre as ferramentas do processo de pensamento e seu desenvolvimento e utilização, em especial sobre a necessidade de estarmos conscientes e em sintonia com as premissas filosóficas quando queremos utilizá-las apropriadamente e eficazmente.

Tabela 23.7 Estrutura para caracterizar as premissas filosóficas subjacentes aos métodos da TOC

	Funcionalidade	Axiologia		Ontologia	Epistemologia	
Técnica ou ferramenta da TOC	...que tem a função de...	...com objetivo de...	...para usuários específicos, como...	...fazendo pressupostos sobre o que existe...	...utilizando as informações disponíveis, como...	...obtendo essas informações por meio de...
Cinco passos de focalização	...identificar e gerenciar restrições no processo de melhoria contínua	...melhorar o desempenho global a longo prazo	Participantes, tomadores de decisões e implementadores, interessados	Desempenho limitado, barreiras a um melhor desempenho	Um processo de identificação e avaliação de restrições ao desempenho	Fatos objetivos, opiniões, relações lógicas, juízos de valor, resultados desejados, ações necessárias	Observações e avaliações do mundo real, juízos de valor e opiniões
Árvores da realidade atual	...investigar as causas básicas e **explicar** como elas resultam nos sintomas dos problemas	...**descobrir** as causas básicas dos problemas	Tomadores de decisões, analistas, consultores, facilitadores, participantes	Problemas, sintomas, relações de causa e efeito	Mapeamento das relações de causa e efeito/lógicas	Fatos objetivos, opiniões subjetivas, relações lógicas, percepções, juízos de valor, padrões comportamentais	Observações e avaliações do mundo real, relações lógicas, juízos de valor e opiniões
Evaporação das nuvens	...**representar** explicitamente um ou mais **pontos de vista conflitantes** das pessoas	...**trazer à tona e compreender** crenças individuais, sintetizar pontos de vista conflitantes, explicar como isso resulta em ações que geram conflitos	Analistas, participantes	Crenças individuais quanto a pontos de vista conflitantes e os pressupostos subjacentes aos pontos de vista de diferentes interessados	Mapeamento de pontos de vista que parecem diametralmente opostos, objetivos, condições básicas, pressupostos subjacentes e interessados pertinentes	Opções, pontos de vista dos interessados e seus interesses	Entrevistas, discussões, argumentos, debates com os participantes, raciocínio do analista

Ramificações negativas (RRNs)	...identificar possíveis efeitos secundários e medidas para evitá-los	Participantes, tomadores de decisões e implementadores, interessados	...identificar ações causais necessárias para evitar efeitos secundários indesejáveis	Efeitos secundários indesejáveis da ação proposta (eliminação)	Mapeamento das relações de causa e efeito/lógicas e dos efeitos secundários das ações	Fatos objetivos, opiniões subjetivas, relações lógicas, juízos de valor, efeitos secundários e ações para superá-los	Observações e avaliações do mundo real, juízos de valor e opiniões
Árvores da realidade futura	...determinar os efeitos e os resultados subsequentes às ações e soluções propostas	Tomadores de decisões, analistas, consultores, facilitadores, participantes	...mostrar como as ações conduzem aos resultados desejados	Problemas, ações, resultados desejados, relações de causa e efeito	Mapeamento das relações de causa e efeito/lógicas	Fatos objetivos, opiniões subjetivas, relações lógicas, juízos de valor	Observações e avaliações do mundo real, juízos de valor
Árvores de pré-requisitos	...trazer à tona e arrolar os obstáculos e as ações corretivas necessárias para alcançar os resultados desejados	Participantes, tomadores de decisões e implementadores, interessados	...mapear a sequência necessária de ações para alcançar os resultados desejados ou a meta desejada	Obstáculos implícitos para alcançar os resultados desejados	Mapeamento das relações essenciais entre as ações necessárias para superar os obstáculos em forma de um mapa	Obstáculos e ações para superá-los, relações lógicas	Pontos de vista, intuição e juízos de valor
Árvores de transição	...identificar as ações necessárias para gerar os efeitos e resultados desejados	Participantes, tomadores de decisões, implementadores, interessados	...criar um plano de ação para alcançar os resultados desejados	Problemas, ações, resultados desejados, efeitos, relações de causa e efeito	Mapeamento das relações de causa e efeito/lógicas em forma de um mapa, ações, resultados desejados	Fatos objetivos, opiniões subjetivas, relações lógicas, juízos de valor, resultados desejados, ações para alcançá-los	Observações e avaliações do mundo real, juízos de valor e opiniões

Fonte: Adaptada de Davies, Mabin e Balderstone, 2005.

Síntese das constatações do mapeamento classificatório do processo de pensamento da TOC

Reconhecendo e compreendendo a TOC como uma metametodologia sistêmica

O mapeamento dos vários métodos e ferramentas do processo de pensamento da TOC para as estruturas de Mingers e M-B demonstra que eles não apenas se sobrepõem ou até certo ponto se substituem, com relação ao propósito e às premissas filosóficas subjacentes, mas que eles podem também ser naturalmente complementares. Aliás, embora seja possível esperar constatações semelhantes de mais de um método ou estrutura, em geral também podem surgir de cada um novas constatações sobre o problema e de que forma ele deve ser abordado.

Por isso, propomos que, na maioria dos casos, não haverá um modelo, método ou metodologia melhor e, como tal, qualquer busca implícita por um modelo ou método "mais adequado" deve ser evidenciada explicitamente e abandonada. Nesse caso, a adoção pragmática do que então pode ser uma abordagem multimétodo ou multimetodológica está em consonância com Burrell e Morgan (1979) e Brocklesby (1993) quanto à discussão e aceitação da eficácia do desenvolvimento de um multiparadigma e de uma multimetodologia.

Raramente qualquer um dos métodos e ferramentas da TOC é empregado de forma isolada. Sem dúvida, no caso de problemas complexos, várias ferramentas podem ser e com frequência são utilizadas como passos de intervenção na resolução de problemas ao longo dos estágios, desde o diagnóstico à implementação (Kim et al., 2008). Por meio das conceituações da estrutura de M-B, reconhecemos que os métodos da TOC muitas vezes são empregados como complemento para ampliar ou elevar, por exemplo, a fase de *apreciação* da intervenção ou para complementar a *análise* e a *valoração/avaliação* com uma fase de *ação/implementação*.

Quando todos os métodos e ferramentas da TOC considerados aqui são mapeados na estrutura de M-B framework (consulte as Tabelas 23.5 e 23.6), observamos como eles podem abranger uma abordagem multimétodo, atendendo a quase todas as fases de intervenção em todas as dimensões do âmbito do problema. Consequentemente, eles podem ser considerados um conjunto metodológico. Observamos também uma possibilidade para uma discussão mais aprofundada sobre se essa ampla cobertura da TOC pode ser considerada uma metametodologia, uma metaestrutura ou uma abordagem multimetodológica. Observamos ainda um paradoxo na justaposição dos benefícios dessa possível discussão e a falta prevalecente de uma compreensão profunda sobre a TOC.

Observações: a falta prevalecente de uma compreensão profunda sobre a TOC

Existe ainda uma lastimável lacuna na literatura da TOC com relação à natureza da metodologia e aos avanços metodológicos. Consequentemente, falta um alicerce essencial para uma reflexão crítica a respeito da metodologia em uso. Recorrendo à ideia de Argyris e Schön (1974) sobre a aprendizagem de ciclo duplo, que ressalta a importância da reflexão acerca das experiências essenciais para que ocorra aprendizagem (Schön, 1983; Kolb, 1984), defendemos que os adeptos da TOC não são diferentes dos outros no que tange à necessidade de refletir criticamente a respeito de suas experiências na utilização da TOC. Essa reflexão crítica é uma condição essencial para que os usuários da TOC a compreendam profundamente.

Um exemplo de falta de reflexão ou de deficiência na metodologia da TOC está relacionado à natureza sistêmica do processo de pensamento, especialmente a uma presença mínima ou a uma ausência relativa de um componente crítico do pensamento sistêmico; isto é, o *feedback* e os ciclos de *feedback*. Embora as representações sistêmicas corporificadas nos DLCs busquem ativamente ciclos de *feedback* na representação das relações de causa e efeito, o processo pelo qual se desenvolve uma ARA, por exemplo, correlacionando os sintomas do problema em uma cadeia de relações causais à causa básica, até certo ponto influencia a identificação dos ciclos de *feedback*.

Na construção de uma ARA, os ciclos de *feedback* tendem a ser adicionados nas etapas posteriores do processo, quase que na conclusão da formação da árvore. Além disso, esses ciclos normalmente são denominados "ciclos de *feedback* negativos" porque se referem à natureza contínua e "negativa" não desejada ou desejável da situação que está sendo descrita.

Contudo, embora a definição e a utilização dos ciclos de *feedback* dadas pela TOC sejam inequívocas, e sejam empregadas de forma coerente em sua comunidade, elas estão desnecessariamente em descompasso com o restante da comunidade sistêmica. A nosso ver, a comunidade da TOC precisa contemplar uma mudança no processo e na definição. Em outras metodologias sistêmicas, qualquer ciclo de *feedback* que reforce um efeito é chamado de "ciclo de *feedback* positivo". Aliás, na maioria das metodologias sistêmicas, tanto o "círculo vicioso" quanto o "círculo virtuoso" são definidos e chamados de ciclos de *feedback* positivos. O exemplo mais simples é o das duas variáveis que atuam uma sobre a outra de uma maneira mutuamente reforçadora – em que cada variável afeta e é afetada "causalmente" pela outra para criar efeitos de ordem positiva ou negativa. Em contraposição, o ciclo negativo é aquele que modera um efeito, que traz uma variável de volta ao seu curso, no sentido de incorporar uma ou mais relações de causa e efeito que trazem o sistema de volta ao seu estado desejado, como um sistema de ar condicionado controlado termostaticamente. Se os ciclos da TOC fossem renomeados e redefinidos de acordo, isso facilitaria um entendimento comum e a aceitação dos diagramas do processo de pensamento – e da abordagem da TOC em termos mais amplos –, por parte de outras comunidades sistêmicas.

A investigação do vínculo entre a TOC e outras metodologias sistêmicas também pode melhorar a compreensão das situações problemáticas. Aliás, argumentados em outra parte (*e.g.*, Davies e Mabin, 2009) que cada uma das representações da EN e do DLC pode ser melhorada pela utilização multimetodológica para exibir relações, não apenas empregando a lógica de *necessidade*, mas também – com variáveis intermediárias explanatórias apropriadas que procedem dos pressupostos subjacentes da EN – a lógica de suficiência *se-então*. Esses exemplos mostram os avanços benéficos nos métodos da TOC que podem ser procurados ao longo do tempo para melhorar a TOC enquanto metodologia e aprimorar a utilização de determinadas ferramentas do processo de pensamento.

As observações Ronen (2005) também levam a crer que, não obstante essas deficiências, é fundamental consolidar a credibilidade da TOC enquanto metodologia na comunidade acadêmica. Em seus primeiros escritos, Goldratt (1990b, p. 23) descreveu o desenvolvimento de teorias científicas como uma progressão por meio das etapas de classificação, correlação e causação. Aqui, apresentamos as estruturas classificatórias que formam o alicerce para compreendermos como os métodos do processo de pensamento e a metodologia da TOC estão estabelecidos dentro da TOC.

Resumo

O que foi abordado neste capítulo

Este capítulo apresentou uma visão geral do processo de pensamento que abordou seus fundamentos conceituais, filosóficos e metodológicos, paralelamente a uma discussão sobre a utilização e a prática do processo de pensamento. Desse modo, nos foi possível refletir sobre a necessidade do processo de pensamento; a concepção e o propósito do processo de pensamento; sua utilização eficaz na prática; e os motivos de sua existência e eficácia. Fizemos isso com o objetivo de consolidar nosso conhecimento sobre o processo de pensamento, o qual pode servir como plataforma para avanços e usos futuros.

Desse modo, oferecemos uma fundamentação lógica corroborativa para a existência das ferramentas do processo de pensamento explicando de que forma elas atendem a necessidades de ordem metodológica e prática não abordadas por outros métodos de estruturação e resolução de problemas – por exemplo, os métodos da PO/CG. Propusemos igualmente que é essencial investigar como o processo de pensamento pode ser empregado em uma intervenção multimétodo e multimetodológica com, digamos, métodos da PO/CG ou sistêmicos, com outras ferramentas do processo de pensamento e com outros métodos da TOC. Além disso, acreditamos que a criação desses vínculos e pontes com campos e disciplinas cognatos por meio da intervenção multimetodológica, aproveitando as sinergias identificadas, pode muito bem servir para obter uma maior aceitação para a TOC nesses campos, por meio da criação de comunidades de prática com, por exemplo, aqueles que adotam metodologias sistêmicas e da PO *soft*.

Adicionalmente, respondemos à necessidade de que o âmbito de conhecimento da TOC enquanto prática e a TOC enquanto campo de investigação acadêmico ganhem maior reconhecimento de grupos profissionais cognatos e da comunidade acadêmica, propondo um envolvimento maior na pesquisa sobre os métodos e a prática da TOC que satisfazem as exigências de rigor profissional e acadêmico e abrem portas para canais de publicação conceituados e a aceitação da TOC como um empreendimento acadêmico *bona fide*. A seção subsequente aborda essas questões.

Constatações e recomendações

Existe um número aparentemente amplo de evidências de que questões e problemas diversos podem ser abordados eficazmente por meio de uma variedade de ferramentas, princípios e métodos da TOC de Goldratt – desde o algoritmo de *mix* de produtos simplista, os cinco passos de focalização, a metodologia *tambor-pulmão-corda* (TPC), o *gerenciamento de pulmões* (GP), a *corrente crítica* (CC) e a EN, ao conjunto de ferramentas do processo de pensamento (Rahman, 1998; Kim *et al.*, 2008; Mabin e Balderstone, 2000; 2003; Mabin e Davies, 2003; Inman *et al.*, 2009; Watson *et al.*, 2007).

A revisão de Kim *et al.* (2008), relatada neste capítulo, revelou lacunas específicas na área de publicação e pesquisa, e alguns temas de pesquisa e abordagens futuros comuns se evidenciaram. Primeiro, ainda não foi publicado nenhum trabalho relacionado aos fatores críticos de sucesso ou às condições essenciais que fundamentam a implementação eficaz do processo de pensamento. Tendo em vista a importância empírica da mensuração e comparação do índice de sucesso ou fracasso com outras abordagens de melhoria no âmbito de negócios, como o planejamento de recursos corporativos (*enterprise resources planning* – ERP), a produção enxuta ou o Seis Sigma, pouco surpreende que a publicação de pesquisas sobre esse assunto tenha atraído pouquíssima atenção entre os acadêmicos do processo de pensamento. Uma investigação mais aprofundada dos fatores críticos de sucesso e de problemas comuns na aplicação do processo de pensamento é sem dúvida necessária.

Segundo, a fim de oferecer aos praticantes e acadêmicos uma avaliação crítica das ferramentas do processo de pensamento em uso, a falta de publicação de trabalhos empíricos sobre a eficácia das aplicações do processo de pensamento deve ser abordada. A análise transversal de Inman *et al.* (2009), utilizando a modelagem de equação estrutural, para examinar os vínculos entre os elementos em uso da TOC, os resultados da TOC e o desempenho organizacional, ofereceu um exemplo de análise que ainda não havia sido experimentado, como meio de preencher essas lacunas. Outros estudos empíricos de natureza transversal e longitudinal, em vários setores e aplicações, e ao longo do tempo, seriam apropriados, visto que eles promoveriam o teste de hipóteses de pesquisa e fortaleceriam a base de conhecimentos do processo de pensamento. Particularmente, essas pesquisas poderiam ser direcionadas à identificação e mensuração de desempenho antes e depois da implementação da TOC.

Terceiro, a literatura revela discussões e críticas permanentes sobre os fundamentos filosóficos da TOC enquanto metodologia. Uma limitação aparente na utilização das ferramentas do processo de pensamento é que elas parecem direcionadas ao problema; elas são aplicadas somente quando existe um "problema" (Tanner e Honeycutt, 1996; Antunes *et al.*, 2004). A revisão indica uma necessidade não atendida de estudos que investiguem como os métodos da TOC podem ser aplicados não apenas em situações problemáticas, mas também em situações que são problemáticas em um sentido positivo, e não negativo. Essa abordagem reflete uma mudança de paradigma que foi chamada de estratégia do "'oceano azul". Kim e Mauborgne (2005) defendem que a maioria das empresas precisa criar um oceano azul de oportunidades. Eles demonstram como uma empresa pode criar um oceano azul mudando seu raciocínio estratégico e utilizando uma abordagem sistêmica. Desse modo, Kim *et al.* (2008) recomendam que é essencial considerar com maior atenção de que forma o processo de pensamento poderia ser aplicado em situações em que os pontos positivos são renovados e aprimorados, em contraposição a apenas reagir aos pontos negativos ou à necessidade de eliminar ou atenuar os problemas. O avanço recente da E&T e sua aplicação em situações em que é possível estabelecer metas estratégicas "elásticas", tanto para amenizar quanto para eliminar os pontos negativos ou para buscar pontos positivos, parecem enfrentar essa lacuna. As árvores de E&T não foram encontradas na literatura revisada por pares, mas são discutidas nos Capítulos 15, 18, 22, 25, 31 e 34 deste livro.

Além disso, a visão geral apresentada neste capítulo propõe que existe escopo para o desenvolvimento de um trabalho importante que utiliza componentes da TOC que não estão relacionados ao processo de pensamento, para avaliar o impacto da utilização do processo de pensamento complementarmente ou como alternativa às ferramentas não pertencentes ao processo de pensamento. Muitos exemplos de ferramentas não pertencentes ao processo de pensamento foram documentados em Mabin e Balderstone (2000), ao passo que um exemplo recente, Pirasteh e Farah (2006), documenta um estudo que associa os cinco passos de focalização da TOC com a produção enxuta e o Seis Sigma e obtém resultados notáveis. Fica a pergunta sobre se os resultados seriam significativamente diferentes se o processo de pensamento tivesse sido empregado, e não apenas os cinco passos de focalização. Portanto, é desejável realizar uma investigação maior sobre a adequação metodológica de diferentes combinações ou da utilização sequenciada das ferramentas do processo de pensamento em situações específicas, tal como já foi proposto por Dettmer.

Talvez também valha a pena investigar se a utilização sequenciada convencional das ferramentas do processo de pensamento deve ser seguida "cegamente". Embora Dettmer (2007) favoreça a utilização sequenciada das ferramentas do processo de pensamento, Schragenheim (1999) defende uma forma de diagramação mais autônoma utilizando princípios da lógica do processo de pensamento sem o confinar a diagramas específicos. Além disso, as ferramentas do processo de pensamento podem ser empregadas individualmente em uma variedade de situações, embora muitas combinações diferentes, utilizadas em diferentes sequências, tenham sido consideradas eficazes, tal como revelado pela literatura (consulte as Tabelas 23.1 e 23.2). Talvez seja favorável identificar as circunstâncias em que combinações ou sequências específicas são mais eficazes.

Ronen (2005) lançou o desafio de que os pesquisadores da TOC confirmem e melhorem os métodos da TOC e utilizem o rigor acadêmico em pesquisas relacionadas à TOC e sobre a TOC. Neste capítulo, recorremos à análise classificatória dos fundamentos filosóficos do processo de pensamento da TOC e de sua relação com diferentes fases da atividade de resolução de problemas (Davies *et al.*, 2005) para mostrar como essas ferramentas e métodos atendem propositadamente a diferentes questões e trazem à tona diferentes constatações, utilizando informações variadas, coletadas de diferentes maneiras. Demonstramos que a escolha e a utilização de uma ferramenta do processo de pensamento da TOC refletem, em essência, uma tentativa deliberada de representar, estruturar ou modelar uma situação problemática em um determinado sentido e que cada representação é empregada com uma intenção específica, ressaltando, desse modo, determinados aspectos e, ao mesmo tempo, minimizando a importância ou ignorando outros. Essas questões são reflexões sobre não apenas a finalidade de uma ferramenta ou método, mas também sobre o que a ferramenta ou o método supõe existir – sua base *ontológica* – e a natureza do que é representado ou modelado com que tipo de informação; isto é, sua *epistemologia*. Consequentemente, também vemos valor nas pesquisas que abarcam esses fundamentos filosóficos e metodológicos para considerar futuros avanços da metodologia da TOC que podem ocorrer por meio (1) do desenvolvimento de novas ferramentas – por exemplo, um novo processo de pensamento da TOC; (2) das ferramentas que ainda precisam alcançar o domínio público revisado por pares, como as árvores de E&T;[7] ou (3) do desenvolvimento de novas áreas de aplicação. Essa pesquisa precisaria adotar o rigor acadêmico necessário para construir a envergadura acadêmica da TOC.

Observamos também valor nas pesquisas que abordam as deficiências do processo de pensamento – por exemplo, o afloramento, a representação e a definição *feedback*. Além disso, pesquisas direcionadas a novas classes de problema e aplicações seriam bem-vindas, do mesmo modo que aquelas que lidam com questões de praticabilidade e facilidade de uso. Pesquisas correlatas que procuram contribuir para a reflexão e aprendizagem sobre os métodos da TOC em uso, os motivos de sucesso e fracasso etc., revelar-se-iam úteis aos praticantes e fundamentariam o trabalho longitudinal sobre a eficácia das ferramentas e dos métodos da TOC. De modo semelhante, as pesquisas que investigam as barreiras filosóficas e técnicas à utilização das ferramentas do processo de pensamento da TOC não apenas beneficiariam os praticantes, mas também contribuiriam para o desenvolvimento de estratégias e recursos para o ensino do processo de pensamento no programa *TOC para a Educação*.[8] Em conclusão, em vista dessa ampla agenda, existe uma necessidade correspondente de coordenar essas iniciativas de pesquisa para que elas sejam acrescentadas ao corpo de conhecimentos da TOC.

O mapeamento classificatório das várias estruturas, modelos e métodos da TOC nas estruturas de Mingers e M-B demonstra que eles não somente se sobrepõem ou até certo ponto se substituem, com relação ao propósito e às premissas filosóficas subjacentes, mas que eles podem do mesmo modo ser complementares, não apenas por sua natureza, mas também com respeito às constatações que eles geram sobre o problema. Como referido em outro lugar (Davies *et al.*, 2005), a adoção pragmática recomendada de uma abordagem multimétodo ou multimetodológica está em consonância com as visões de Burrell e Morgan (1979) e Brocklesby (1993) quanto à discussão e aceitação da eficácia do desenvolvimento de um multiparadigma e de uma multimetodologia.

Nossas revisões sobre a literatura do processo de pensamento demonstram que raras vezes as ferramentas do processo de pensamento são empregadas isoladamente. Sem dúvida, para problemas complexos, existem evidências de que várias ferramentas podem ser utilizadas como etapas de intervenção na resolução de problemas desde o diagnóstico até a fase de implementação. A utilização desse multimétodo está em consonância com as constatações da análise que utiliza a estrutura classificatória de M-B, em que reconhecemos que os métodos da TOC podem ser empregados como complemento para ampliar ou elevar a fase de *apreciação* da intervenção ou para complementar a *análise* e a *avaliação* com uma fase de *ação* ou *implementação* mais competente.

---

[7] Para analisar as árvores de E&T que atualmente se encontram no domínio público não revisado por pares, consulte: http://www.goldrattresearchlabs.com.

[8] O conjunto básico de ferramentas da TOC tem sido ensinado em escolas primárias, secundárias e de todo mundo há mais de uma década. Ver Capítulo 26 e www.tocreducation.com.

Aliás, quando todos os métodos e ferramentas da TOC examinados são mapeados na estrutura de M-B (consulte as Tabelas 23.5 e 23.6), observamos que eles formam uma ampla abordagem multimétodo e podem ser considerados um conjunto metodológico, uma abordagem multimetodológica e uma metametodologia ou uma metaestrutura. Consideramos também que a TOC as ferramentas do processo de pensamento oferecem uma complementaridade que outros procuraram por meio do desenvolvimento de abordagens multimétodo e multimetodológicas que associam metodologias e métodos da PO *soft* (Davies *et al.*, 2005).

A TOC pode ser descrita como uma metodologia cujos métodos abrangem uma série de atividades ou fases, desde a identificação e representação do problema, o estabelecimento dos objetivos apropriados, a criação e avaliação de alternativas, até a implementação.

Para desenvolver essa visão, é instrutivo trazer à tona e esclarecer as variadas atividades abrangidas pela TOC (consulte a Tabela 23.6), bem como a natureza das premissas filosóficas, ontológicas e epistemológicas, que fundamentam os diversos métodos e ferramentas que a compõem (consulte a Tabela 23.7).Tal como mencionado anteriormente, vários autores identificaram elementos adicionais nas perguntas já familiares da TOC: *O que mudar? Para o que mudar?* e *Como causar a mudança?* É necessário conduzir pesquisas para investigar mais a fundo todas as fases de resolução de problemas que contribuem para a melhoria das organizações, para que se possa ampliar as perguntas e fases *O que mudar?, Para o que mudar?* e *Como causar a mudança?*, incluindo como ponto de partida a questão *Por que mudar?* e, ao final, *Como sustentar a mudança?* e *Como estabelecer um processo de melhoria contínua (PMC)?* Artigos que definam esses elementos e os associem logicamente como um sistema para promover a melhoria seriam valiosos. Essas perguntas, obviamente, precedem aquelas relacionadas a: *em que consiste o sistema, qual é sua meta, de que forma o avanço em direção à meta será mensurado*.

Desse modo, nossa análise ajudou a esclarecer o possível papel complementar das ferramentas do processo de pensamento em relação a metodologias e métodos tradicionais da PO/CG. Em termos gerais, fizemos observações sobre a aparente equivalência entre o processo de pensamento da TOC e metodologias da PO *soft* como a SSM. Observamos, particularmente, as funções equivalentes preenchidas pela *rich picture* (expressão da situação problemática) na SSM e pela ARA de acordo com a utilização mais abrangente de Dettmer (2003) do processo OODA para o desenvolvimento de estratégias. Portanto, muito se pode obter de uma reconceituação da TOC e do processo de pensamento da TOC no sentido de incluí-los no âmbito mais amplo das metodologias de resolução de problemas, em que a PO/CG é um exemplo, ou no âmbito específico da PO *soft*, não apenas como uma disciplina acadêmica digna de estudo, mas como uma metametodologia que oferece um conjunto de métodos que pode ser empregado lado a lado com os métodos tradicionais da PO/CG e outros MIASPs.

Os métodos da TOC ainda precisam ser totalmente compreendidos ou endossados pela comunidade da PO/CG. De modo semelhante, propomos que eles ainda precisam ser totalmente compreendidos pela comunidade da TOC, com relação ao seu fundamento filosófico, sua natureza sistêmica enquanto conjunto multimetodológico e sua aplicação multimetodológica com outras metodologias da PO/CG e sistêmicas. A comunidade da TOC ainda precisa identificar-se com a PO/CG e outras comunidades análogas. Contudo, a TOC abraça e pode ser abraçada pela PO/CG e pela PO *soft*. O passo seguinte é continuar desenvolvendo uma consciência sobre essa complementaridade e compreender melhor como e quando é possível utilizar melhor uma abordagem multimétodo.

Assim sendo, vemos benefícios em pesquisas futuras sobre questões multimetodológicas, não apenas para identificar a possibilidade de associar métodos para uma aplicação multimétodo ou multimetodológica e não apenas para associar metodologias para uma aplicação multimetodológica, mas também para avaliar e esclarecer as premissas filosóficas e metodológicas que fundamentariam a coerência metodológica e o rigor na utilização do processo de pensamento, em harmonia com outros métodos e ferramentas.

Por exemplo, a ideia de modelos de problema ou arquétipos é bem fundamentada e aceita no mundo sistêmico com relação à identificação de uma estrutura sistêmica comum em situações problemáticas por meio de DLCs (Senge, 1990; Wolstenholme, 2004). Portanto, talvez haja mérito na investigação e no desenvolvimento de nuvens de arquétipos para dilemas arquetípicos e no desenvolvimento de soluções arquetípicas ou de processos de solução.

Vínculos com os demais capítulos sobre o processo de pensamento

A discussão promovida por este capítulo pode ser útil para elucidar a natureza de outros métodos e ferramentas da TOC, sua utilização em vários âmbitos do problema e seu potencial uso em intervenções multimetodológicas (que utilizam vários métodos). Consequentemente, os vínculos com os demais capítulos desta parte podem ser úteis para focalizar o propósito conceitual, o propósito de aplicação das ferramentas do processo de pensamento e as outras premissas filosóficas que são feitas a respeito das relações de causa e efeito, de como as trazemos à tona e de como as representamos em formatos específicos de árvores lógicas, na crença da existências de causas-raiz etc.

Além disso, tendo demonstrado a natureza do conjunto de ferramentas lógicas do processo de pensamento como uma metodologia abrangente ou uma metametodologia, as estruturas classificatórias utilizadas para isso podem ser empregadas para elucidar a eficácia das diferentes ferramentas do processo de pensamento quando associadas uma com a outra ou associada a outros métodos e ferramentas da TOC ou quando agrupadas com o processo OODA desenvolvido por Dettmer (Capítulo 19 deste livro) para evidenciar questões e metas estratégicas. De modo semelhante, elas podem ser utilizadas para oferecer elucidações sobre as árvores de E&T (como nos Capítulos 15, 18, 22, 25 e 34 deste livro).

> Uma vez que solucionamos o problema de uma pessoa, a impedimos para sempre de descobrir a resposta por si mesma. – Goldratt (1990b, p. 18)

Referências

Abbott, A. *The System of Professions: An Essay on the Division of Expert Labor*. Chicago: University of Chicago Press, 1988.

Ackoff, R. L. "Optimization + Objectivity = Opt Out". *European Journal of Operational Research*, 1(1), 1977, pp. 1-7.

Ackoff, R. L. *The Art of Problem Solving*. Nova York: Wiley, 1978.

Ackoff, R. L. "The Future of Operational Research Is Past". *Journal of the Operational Research Society*, 30, 1979, pp. 93-104.

Altshuller, G. *The Innovation Algorithm*. Trad. L. Shulyak e S. Rodman, 1999. Worcester, MA: Technical Innovation Centre Inc., 1973.

Anônimo. "The Oxford Story". Goldratt Consulting Europe Ltd. http://tocinternational.com/pdf/Oxford%20Radcliffe%20Hospital%20story.pdf. Acesso em 12 de março de 2010.

Antunes, J., Klippel, M., Koetz, A. e Lacerda, D. "Critical Issues about the Theory of Constraints Thinking Process: A Theoretical and Practical Approach". *Proceedings of the 2nd World Conference on POM and the 15th Annual POM Conference*. Cancun, México, 30 de abril-3 de maio, 2004.

Argyris, M. e Schön, D. *Theory in Practice. Increasing Professional Effectiveness*. San Francisco, CA: Jossey-Bass, 1974.

Balderstone, S. J. "Increasing User Confidence in System Dynamics Models through Use of an Established Set of Logic Rules to Enhance Forrester and Senge's Validation Tests". *Systems Thinking for the Next Millennium*. Wellington, VUW & System Dynamics Society, 1999.

Bazerman, M. *Judgement in Managerial Decision-Making*. Nova York: Wiley, 1996.

Beer, S. *Diagnosing the System for Organisation*. Chichester: Wiley, 1985.

Bennett, P. "Towards a Theory of Hypergames". *Omega*, 5, 1977, pp. 749-751.

Bohn, R. "Stop Fighting Fires". *Harvard Business Review*, julho-agosto de 2000, pp. 83-91.

Boyd, L. H. e Cox, J. F. "A Cause-and-Effect Approach to Analysing Performance Measures". *Production and Inventory Management Journal*, 38(3), 1997, pp. 25-32.

Boyd, L., Gupta, M. e Sussman, L. "A New Approach to Strategy Formulation: Opening the Black Box". *Journal of Education for Business*, 76(6), 2001, pp. 338-344.

Brailsford, S., Harper, P. e Shaw, D. "Editorial: Milestones in Operational Research". *Journal of the Operational Research Society*, 60 (Suplemento 1), 2009.

Brocklesby, J. "Methodological Complementarism or Separate Development: Examining the Options for Enhanced Operational Research". *Australian Journal of Management* (18)2, 1993, pp. 133-158.

Burrell, G. e Morgan, G. 1979. *Sociological Paradigms and Organisation Analysis: Elements of the Sociology of Corporate Life*. Londres: Heinemann Educational Books Ltd., 1993.

Button, S. "Genesis of a Communication Current Reality Tree: The Three-Cloud Process". *Constraints Management Symposium Proceedings*. Phoenix, AZ, 22-23 de março de 1999, pp. 31-34.

Button, S. "The Three-Cloud Process and Communication Trees". *Constraints Management Symposium Proceedings*, Tampa, FL, 13-14 de março, 2000, pp. 119-122.

Checkland, P. e Scholes, J. *Soft Systems Methodology in Action*. Chichester: Wiley, 1990.

Choe, K. e Herman, S. "Using Theory of Constraints Tools to Manage Organizational Change: A Case Study of Euripa Labs". *International Journal of Management & Organisational Behaviour*, 8(6), 2004, pp. 540-558.

Churchman, C. W. "Wicked Problems". *Management Science*, 14(4), 1967, pp. B141-B142.

Corbett, C. J. e van Wassenhove, L. N. "The Natural Drift: What Happened to Operations Research?" *Operations Research*, 41(4), 1993, pp. 625-640.

Cox, J. F., Blackstone, J. H. e Schleier, J. G. *Managing Operations: A Focus on Excellence*. Great Barrington, MA: North River Press, 2003.

Cox, J. F., Mabin, V. J. e Davies, J. "A Case of Personal Productivity: Illustrating Methodological Developments in TOC. *Journal of Human Systems Management*, 24, 2005, pp. 39-65.

Cox, J. F. e Spencer, M. *The Constraints Management Handbook*. Boca Raton, FL: St. Lucie Press. 1998.

Daellenbach, H. *Systems and Decision Making: A Management Science Approach*. Chichester: Wiley, 1994.

Davies, J. e Mabin, V. J. "Investing in the Research and Science System: Government Choices, Systemic Consequences". *International Journal of Business Strategy*, VII(1), 2007, pp. 56-71.

Davies, J. e Mabin, V. J. "A Systems Perspective on the Embedded Nature of Conflict: Understanding and Extending the Use of the TOC Conflict Resolution Process Using a Multi-Methodological Approach". *The Systemist*, 31(2&3), 2009, pp. 63-81.

Davies, J., Mabin, V. J. e Balderstone, S. J. "The Theory of Constraints: A Methodology Apart? – A Comparison with Selected OR/MS Methodologies". *Omega: The International Journal of Management Science*, 33(6),2005, pp. 506-524.

Dettmer, H. W. "Quality and the Theory of Constraints". *Quality Progress*, 28(4), 1995, pp. 77-81.

Dettmer, H. W. *Goldratt's Theory of Constraints: A Systems Approach to Continuous Improvement*. Milwaukee, WI: ASQ Quality Press, 1997.

Dettmer, H. W. 1998. *Breaking the Constraints to World-Class Performance: A Senior Manager's/Executive's Guide to Business Improvement Through Constraint Management*. Milwaukee, WI:ASQ Quality Press, 1997.

Dettmer H. W. "The Conflict Resolution Diagram: Creating Win-Win Solutions". *Quality Progress*, 32(3), 1999, p. 41.

Dettmer, H. W. *Strategic Navigation: A Systems Approach to Business Strategy*. Milwaukee, WI: ASQ Quality Press, 2003.

Dettmer, H. W. *The Logical Thinking Process: A Systems Approach to Complex Problem-Solving*. Milwaukee, WI: ASQ Quality Press, 2007.

Doggett, M. "A Statistical Comparison of Three Root Cause Analysis Tools". *Journal of Industrial Technology*, 20(2), 2004, pp. 2-9.

Doggett, M. "Root Cause Analysis: A Framework for Tool Selection". *Quality Management Journal*, 12(4), 2005, pp. 34-45.

Eden, C., Jones, S. e Sims, D. *Messing About in Problems*. Oxford: Pergamon, 1983.

Espejo, R. "What Is Systemic Thinking?" *Systems Dynamics Review*, 10(2-3), 2006, pp. 199-212.

Foster, W. R. "And Then There Were Nine Layers of Resistance." *Constraints Management Technical Conference Proceedings*. 2001, pp. 47–48.

Friend, J. K. e Jessop, W. N. *Local Government and Strategic Choice: An Operational Research Approach to the Processes of Public Planning*. Londres: Tavistock Publications, 1969.

Gass, S. "Model World: A Model Is A Model Is A Model Is A Model". *Interfaces*, 19(3), 1989, pp. 58-60.

Goldratt, E. M. *The Haystack Syndrome: Sifting Information from the Data Ocean*? Croton-on-Hudson, NY: North River Press, 1990a.

Goldratt, E. M. *What Is This Thing Called the Theory of Constraints and How Should It Be Implemented?* Croton-on-Hudson, NY: North River Press, 1990b.

Goldratt, E. M. *It's Not Luck*. Great Barrington, MA: North River Press, 1994.

Goldratt, E. M. "Session 2: Giving Creative Criticism". *Managerial Skills Workshop*. New Haven, CT: Instituto Avraham Y. Goldratt, 1996.

Goldratt, E. M. e Cox, J. *The Goal*. Croton-on-Hudson, NY: North River Press, 1984.

Goldratt, R. e Weiss, N. "Significant Enhancement of Academic Achievement through Application of the Theory of Constraints". *Human Systems Management*, 24(1), 2005, pp. 13-19.

Gupta, M., Boyd, L. e Sussman, L. "To Better Maps: A TOC Primer for Strategic Planning". *Business Horizons*, 47(2), 2004, pp. 5-26.

Houle, D. T. e Burton-Houle, T. "Overcoming Resistance to Change: The TOC Way". *1998 Constraints Management Symposium Proceedings*. Seattle, WA, 16-17 de abril de 1988, pp. 15-18.

Howard, N. *Paradoxes of Rationality*. Cambridge, MA: MIT Press, 1971.

Hrisak, D. M. "Breaking Bottlenecks and TOC". *Chartered Accountants Journal of New Zealand*, 74(7), 1995, p. 75.

Inman, R. A., Sale, M. e Green, K. W. "Analysis of the Relationships among TOC Use, TOC Outcomes and Organizational Performance". *International Journal of Operations and Production Management*, 29(4), 2009, pp. 341-356.

Jackson, G. C., Stoltman, J. J. e Taylor, A. "Moving Beyond Trade-Offs". *International Journal of Physical Distribution & Logistics Management*, 24(1), 1994, pp. 4-10.

Jackson, M. C. *Systems Approaches to Management.* Nova York: Kluwer Academic, 2000.

Jackson, M. C. "Fifty Years of Systems Thinking for Management". *Journal of the Operational Research Society*, 60 (Suplemento 1), 2009, pp. S24-S32.

Jamieson, N. R. *Breaking the Bottleneck! 10 Profitable Ways to Make the Theory of Constraints Work in Services.* Londres: Change NRJ Ltd., 2007.

Kendall, G. I. *Securing the Future: Strategies for Exponential Growth Using the Theory of Constraints.* Boca Raton, FL: St. Lucie Press, 1998.

Kim, S., Mabin, V. J. e Davies, J. "The Theory of Constraints Thinking Processes: Retrospect and Prospect". *International Journal of Operations and Production Management*, 28(2), 2008, pp. 155-184.

Kim, W. C. e Mauborgne, R. *Blue Ocean Strategy.* Boston, MA: Harvard Business Press, 2005.

Klein, D. e DeBruine, M. "A Thinking Process for Establishing Management Policies". *Review of Business*, 16(3), 1995, pp. 31-37.

Kolb, D. A. *Experiential Learning. Experience as the Source of Learning and Development.* Englewood Cliffs, NJ: Prentice Hall, 1984.

Koljonen, E. L. e Reid, R. A. "Using System Dynamics Models to Validate Thinking Process Logic Diagrams". *1999 Constraint Management Symposium Proceedings*, Phoenix, AZ, 22-23 de março de 1999, pp. 67-76.

Lockamy, A. e Cox, J. F. *Reengineering Performance Measurements: How to Align Systems to Improve Processes, Processes and Profit.* Nova York: Irwin Professional Publishing, 1994.

Mabin, V. J. e Balderstone, S. J. *The World of the Theory of Constraints.* Boca Raton, FL: St. Lucie Press, 2000.

Mabin, V. J. e Balderstone, S. J. "The Performance of the Theory of Constraints Methodology: Analysis and Discussion of Successful TOC Applications". *International Journal of Operations and Production Management*, 23(6), 2003, pp. 568-594.

Mabin, V. J. e Davies, J. "A Framework for Understanding the Complementary Nature of TOC Frames: Insights from the Product Mix Dilemma". *International Journal of Production Research*, 41(4), 2003, pp. 661-680.

Mabin, V. J., Davies, J. e Cox, J. F. "Using the Theory of Constraints Thinking Processes to Complement System Dynamic's Causal Loop Diagrams in Developing Fundamental Solutions". *International Transactions in Operational Research*, 13(1), 2006, pp. 33-57.

Mabin, V. J., Davies, J. e Kim, S. J. "Rethinking Tradeoffs and OR/MS Methodology". *Journal of the Operational Research Society*, 60, 2009, pp. 1.384-1.395.

Mabin, V. J., Forgeson, S. e Green, L. "Harnessing Resistance: Using the Theory of Constraints to Assist Change Management". *Journal of European Industrial Training*, 25(2/3/4), 2001, pp. 168-191.

Mabin, V. J. e Gibson, J. "Synergies from Spreadsheet LP Used with the Theory of Constraints: A Case Study". *Journal of the Operational Research Society*, 49(9), 1998, pp. 918-927.

Mann, D. e Stratton, R. "Physical Contradictions and Evaporating Clouds". *TRIZ Journal*, abril de 2000, pp. 1-12.

Mason, R. O. e Mitroff, I. I. *Challenging Strategic Planning Assumptions: Theory, Cases and Techniques.* Nova York: Wiley, 1981.

Mingers, J. "An Idea Ahead of Its Time: The History and Development of Soft Systems Methodology". *Systemic Practice and Action Research*, 13(6), 2000, pp. 733-756.

Mingers, J. "A Classification of the Philosophical Assumptions of Management Science Methods". *Journal of the Operational Research Society*, 54, 2003, pp. 559-570.

Mingers, J. "Taming Hard Problems with Soft OR". *OR/MS Today*, 6(2), abril, 2009a, pp. 48-53.

Mingers, J. "The Case for Soft OR". *OR/SM Today*, 6(2), abril, 2009b, pp. 21-22.

Mingers, J. e Brocklesby, J. "Multimethodology: Towards a Framework for Mixing Methodologies": *Omega: International Journal of Management Science*, 25(5), 1997, pp. 489-509.

Moura, E. C. "TOC Trees Help TRIZ". *TRIZ Journal*, 1999, pp. 1-9.

Munro, I. e Mingers, J. "The Use of Multimethodology in Practice: Results of a Survey of Practitioners". *Journal of the Operational Research Society*, 59(4), 2002, pp. 369-378.

Noreen, E., Smith, D. A. e Mackey, J. T. *The Theory of Constraints and its Implications for Management Accounting.* Great Barrington, MA: North River Press, 1995.

Nutt, P. C. *Why Decisions Fail: Avoiding the Blunders and Traps that Lead to Debacles.* San Francisco: Berrett-Koehler Publishers, 2002.

Pidd, M. *Tools for Thinking: Modelling in Management Science.* Chichester: Wiley and Sons, 1996.

Pirasteh, R. M. e Farah, K. S. "Continuous Improvement Trio". *APICS Magazine*, maio de 2006, pp. 31-33.

Rahman, S-U. "TOC: A Review of the Philosophy and Its Applications". *The International Journal of Project Management*, 18(4), 1998, pp. 336-355.

Reid, R. A., Scoggin, J. M. e Segellhorst, R. "Applying the TOC Thinking Process: A Case Study". *2002 SIG Technical Conference Proceedings*, St. Louis, MO, 15-16 de abril de 2002, pp. 84-92.

Reid, R. A. e Shoemaker, T. E. "Using the Theory of Constraints to Focus Organizational Improvement Efforts: Part 1 – Defining the Problem". *American Water Works Association Journal*, 98(7), 2006, pp. 63-75.

Ricketts, J. A. *Reaching the Goal: How Managers Improve a Services Business Using Goldratt's Theory of Constraints.* Upper Saddle River, NJ: IBM Press, Prentice Hall-Pearson, 2008.

Ritson, N. e Waterfield, N. "Managing Change: The Theory of Constraints in the Mental Health Service". *Strategic Change*, 14 de dezembro de 2005, pp. 449-458.

Rizzo, T. "TOC Overview: The Theory of Constraints". *TOC Review*, 1(1), 2001, pp. 12-14.

Ronen, B. "Guest Editorial: Special Issue on the Theory of Constraints – Practice and Research". *Human Systems Management*, 24(1), 2005, pp. 1-2.

Ronen, B., Pliskin, J. S. e Pass S. *Focused Operations Management for Health Services Organizations.* San Francisco, CA: Wiley/Jossey-Bass, 2006.

Rosenhead, J. *Rational Analysis for a Problematic World.* Chichester: Wiley, 1989.

Rosenhead, J. 2009. "Reflections on Fifty Years of Operational Research". *Journal of the Operational Research Society*, 60 (Suplemento 1), 1989, pp. S5-S15.

Rosenhead, J., Elton, M. e Gupta, S. K. "Robustness and Optimality as Criteria for Strategic Decisions". *Journal of the Operational Research Society*, 23(4), 1972, pp. 413-425.

Royston, G. "One Hundred Years of Operational Research in Health: UK 1948-2048". *Journal of the Operational Research Society*, 60 (Suplemento 1), 2009, pp. S169-S179.

Russo, J. e Schoemaker, P. J. H. *Decision Traps*. Nova York: Simon and Schuster, 1989.

Scheinkopf, L. *Thinking for a Change: Putting the TOC Thinking Processes to Use*. Boca Raton, FL: St. Lucie Press, 1999.

Schön, D. A. *The Reflective Practitioner. How Professionals Think in Action*. Londres: Temple Smith, 1983.

Schragenheim, E. *Management Dilemmas*. Boca Raton, FL: St. Lucie Press, 1999.

Schragenheim, E. e Dettmer, H. W. *Manufacturing at Warp Speed: Optimizing Supply Chain Financial Performance*. Boca Raton, FL: St. Lucie Press, 2001.

Schragenheim, E. e Passal, A. "Learning from Experience: A Structured Methodology Based on TOC". *Human Systems Management*, 24, 2005, pp. 95-104

Senge, P. M. *The Fifth Discipline*. Sydney: Random House,1990.

Shoemaker, T. E. e Reid, R. A. "Using the Theory of Constraints to Focus Organizational Improvement Efforts: Part 2 – Determining and Implementing the Solution". *American Water Works Association Journal*, 98(8), 2006, pp. 83-96.

Simchi-Levi, A. "Editorial Comment". *OR/MS Today*, abril de 2009, p. 21.

Simon, H., Dantzig, G. *et al.* "Decision-Making and Problem-Solving". *Interfaces*, 17, 1987, pp. 11-31.

Smith, M. e Pretorius, P. "Application of the TOC Thinking Processes to Challenging Assumptions of Profit and Cost Centre Performance Measurement". *International Journal of Production Research*, 41(4), 2003, pp. 819-828.

Sullivan, T. T., Reid, R. A. e Cartier, B. *TOCICO Dictionary*. 2007. http://www.tocico.org/?page=dictionary.

Tanner, J. F. e Honeycutt, E. D. "Reengineering Using the Theory of Constraints: A Case Analysis of Moore Business Forms". *Industrial Marketing Management*, 25, 1996, pp. 311-319.

Taylor, L. J., Murphy, B. e Price, W. "Goldratt's Thinking Process Applied to Employee Retention". *Business Process Management Journal*, 12(5), 2006, pp. 646-670.

Taylor, L. J. e Poyner, I. "Goldratt's Thinking Process Applied to the Problems Associated with Trained Employee Retention in a Highly Competitive Labor Market". *Journal of European Industrial Training*, 47(9), 2008, pp. 594-608.

Taylor, L. J. e Thomas, E. E. "Applying Goldratt's Thinking Process and the Theory of Constraints to the Invoicing System of an Oil and Gas Engineering Consulting Firm". *Performance Improvement*, 47(9), 2008, pp. 26-35.

Thompson, N. "Best Practice and Context-Driven Building a Bridge". *International Conference on Software Testing, Analysis & Review*, Orlando, FL, 12-16 de maio de 2003.

Umble, M. e Umble, E. J. "Utilizing Buffer Management to Improve Performance in a Healthcare Environment". *European Journal of Operational Research*, 174(2), 2006, pp. 1.060-1.075.

Umble, M., Umble, E. e Murakami, S. "Implementing TOC in a Traditional Japanese Manufacturing Environment: The Case of Hitachi Tool Engineering". *International Journal of Production Research*, 44(10), 2006, pp. 1.863–1.880.

Watson, K. J., Blackstone, J. H. e Gardiner, S. C. "The Evolution of a Management Philosophy: The Theory of Constraints". *Journal of Operations Management*, 25, 2007, pp. 387-402.

Wolstenholme, E. "Using Generic Systems Archetypes to Support Thinking and Modeling". *System Dynamics Review*, 20(4), inverno de 2004, pp. 341-356.

Wright, J. e King, R. *We All Fall Down: Goldratt's Theory of Constraints for Healthcare Systems*. Great Barrington, MA: North River Press, 2006.

Zeleny, M. "On the Squandering of Resources and Profits Via Linear Programming". *Interfaces*, 11(5), 1981, pp. 101-107.

Zotov, D., Hunt, L. e Wright, A. C. "Analysing Systemic Failure with the Theory of Constraints". *Human Factors and Aerospace Safety*, 4(4), 2004, pp. 321-354.

Sobre os autores

Victoria Mabin é decana associada (ensino e aprendizagem) na Faculdade de Comércio e Administração da Universidade Victoria de Wellington, Nova Zelândia, e professora adjunta na Escola de Negócios Victoria, onde leciona e pesquisa uma série de métodos de resolução de problemas e tomada de decisões e especializa-se na TOC e em métodos da PO/CG *soft*. Antes de se associar à Universidade Victoria, ela trabalhou para a organização de pesquisa científica e industrial do governo da Nova Zelândia, como consultora de negócios, governamental e industrial em uma gama de problemas estratégicos e operacionais. Vicky bacharelou-se (com louvor, primeira classe) na Universidade Canterbury e doutorou-se em Pesquisa Operacional pela Universidade de Lancaster, no Reino Unido. Ela é Jonah e certificada pela TOCICO na área de processo de pensamento e logística de cadeia de suprimentos e integra o comitê de seleção. Vicky é também membro da Sociedade de Pesquisa Operacional (Reino Unido) e ocupou vários cargos na Sociedade de Pesquisa Operacional da Nova Zelândia (ORSNZ) e na Associação de Profissionais de Operações e Cadeia de Suprimentos (NZPICS), que incluem presidência e presidência de sucursal, e foi editora e membro do conselho editorial do *International Transactions in Operations Research*. Ela tem vários trabalhos publicados em livros e periódicos internacionais, é coautora de *The World of the Theory of Constraints* e já ministrou inúmeras palestras e *workshops* acadêmicos e profissionais.

John Davies é professor de estudos de gestão e ex-diretor da Escola de Negócios Victoria, na Universidade Victoria de Wellington, Nova Zelândia. Ele é formado pela Universidade de Gales e Universidade de Lancaster, com formação em pesquisa operacional, e desenvolveu seus interesses de pesquisa principalmente nas áreas de ciências da decisão, metodologias sistêmicas e gestão de esportes. Ele é Jonah e já publicou em periódicos acadêmicos proeminentes que abarcam ciências da decisão, gestão tecnológica, sistemas e gestão de esportes.

Davies foi membro do conselho da Academia de Gestão Australiana e Neozelandesa, vice-presidente da Sociedade de Pesquisa Operacional da Nova Zelândia, presidente da Liga de Rúgbi e Futebol de Wellington e, atualmente, é vice-presidente do Western Decision Science Institute (divisão regional do Instituto de Ciências da Decisão).

Agradecimentos

Gostaríamos de agradecer a valiosa contribuição de Hadley Smith pela compilação e análise de dados nas etapas posteriores de preparação deste capítulo. Gostaríamos também de reconhecer o excelente empenho dos editores: seus comentários perspicazes, estímulo e apoio foram fundamentais para dar existência a este capítulo.

24
Gerenciamento diário com a TOC

Oded Cohen

Introdução: objetivo deste capítulo

Este livro apresenta a metodologia da *teoria das restrições* (*theory of constraints* – TOC) associada às soluções padrão que foram desenvolvidas, implementadas e aperfeiçoadas ao longo de mais de três décadas. O objetivo deste capítulo é expor as ferramentas e os procedimentos do *processo de pensamento* aos gerentes para capacitá-los a tomar decisões mais adequadas, implementá-las e obter os resultados esperados. Para gerenciar de acordo com o estilo da TOC, precisamos ter em comum a seguinte opinião básica:

A função dos gerentes é sempre melhorar o desempenho da área sob sua responsabilidade.

A responsabilidade da gerência é aperfeiçoar sua área tanto no presente quanto no futuro. Por isso, ela precisa resolver os problemas do presente e implementar melhorias para ter um desempenho melhor no futuro. Para muitos gerentes existe um dilema entre despender tempo (ou dinheiro) para resolver questões urgentes do presente e despender tempo (ou dinheiro) em iniciativas de melhoria. Isso os leva a lidar apenas com questões urgentes e a não dedicar tempo suficiente às melhorias sistêmicas. Nossa intenção é propor que o processo de pensamento da TOC seja utilizado em operações diárias para ajudar a resolver problemas a curto prazo e igualmente estabelecer uma base para o futuro.

Este livro assume expressamente que você – gerente – esteja em uma das três fases (antes, durante e depois) com relação a uma solução da TOC:

1. Na preparação para a implementação da TOC. Sua área está funcionando como de costume – de acordo com os pontos de vista da empresa e/ou seus pontos de vista.

2. No processo (projeto) de implementação de uma solução da TOC. A introdução de um novo método em sua área pode trazer à tona várias questões, problemas e conflitos entre o método "antigo" e o novo. Você deseja oferecer orientação e, por isso, deve abordar essas questões de uma maneira que faça a implementação seguir adiante, assegurando, ao mesmo tempo, que as pessoas pertinentes ofereçam seu apoio e colaboração.

3. A solução da TOC é fundamental para o gerenciamento da área organizacional sob sua responsabilidade. Desse modo, existe uma necessidade de trabalhar sistematicamente sobre os problemas diários para que o espírito da solução e o estilo da TOC sejam preservados. Gerenciar de acordo com o estilo da TOC significa estar comprometido com a melhoria contínua. Muitas das aplicações da TOC contam com pulmões e o *gerenciamento de pulmões* (GP). O GP está voltado para vários incidentes relacionados à interrupção do fluxo. Esses incidentes oferecem oportunidades de melhoria. Para isso, precisamos de ferramentas eficazes para análise e desenvolvimento de soluções.

Copyright © 2010 Oded Cohen.

Três ferramentas importantes do processo de pensamento podem ser utilizadas diariamente: a *evaporação das nuvens* (nuvem), a *ressalva da ramificação negativa* (RRN) e o mapa de *objetivos intermediários* (OIs). A nuvem é a essência da metodologia da TOC. Ela nos ajuda a compreender o problema e a desenvolver uma solução inovadora. Em seguida, precisamos da RRN para fortalecer a solução e do mapa de OIs para preparar o plano de implementação. Este capítulo seguirá essa sequência. Seu objetivo é mostrar como essas ferramentas são aplicadas em operações cotidianas, tal como propõe o título do capítulo. Para obter mais detalhes sobre os métodos do processo de pensamento, consulte os outros capítulos da Parte VI.

Solucionando problemas diários

Ao longo do dia surgem problemas inesperados que perturbam nossa concentração. Muitas vezes, não é possível deixá-los de lado, porque precisamos abordá-los para seguirmos adiante. Compreender a estrutura do problema e poder enquadrá-lo, trazendo à tona os fatos relevantes, ajuda-nos a abordar eficazmente esses problemas. Uma maneira simples de aprender a utilizar as nuvens é aplicá-las a problemas diários. Examinemos mais detidamente o método da evaporação das nuvens.

Investigação e desenvolvimento de soluções: a nuvem

O objetivo desta seção do capítulo é melhorar sua capacidade enquanto gerente de tomar decisões mais adequadas e encontrar soluções mais apropriadas nos casos em que opções e pontos de vista conflitantes impedem essas soluções. As melhores soluções são obtidas trazendo à tona opções que resolvem os conflitos (dilemas) subjacentes ao problema – por meio do método da evaporação das nuvens. A nuvem é um diagrama lógico que representa o problema por meio de cinco quadros interligados por intermédio da lógica de causa e efeito. Ela abrange três tipos de enunciado:

- Os enunciados dos quadros A, B, C, D e D' – que apresentam as entidades mais importantes que ajudam a verbalizar o conflito.

- Os pressupostos subjacentes – que apresentam os argumentos lógicos que respaldam as relações de causa e efeito entre as entidades escritas nos quadros (os vínculos lógicos são representados pelas setas no diagrama).

- Possíveis injeções – novas entidades que, quando introduzidas na realidade do problema, podem eliminar o conflito (é por isso que a solução é chamada de "evaporação das nuvens"). Observe que, embora teoricamente existam injeções possíveis para eliminar qualquer vínculo lógico na nuvem, é improvável que os vínculos lógicos entre A e B ou entre A e C precisem ser eliminados porque, por definição, B e C são condições básicas para obter A. Se sentirmos que essas setas são necessárias, isso significa que a nuvem não é uma representação verdadeira do conflito ou do dilema.

Consulte a Figura 24.1 para ver o formato da nuvem, os pressupostos e as injeções.

Neste capítulo, abordaremos a utilização da nuvem[1] como uma aplicação independente do processo de pensamento para problemas diários, em especial aqueles que os gerentes enfrentam com relação a questões que, aos seus olhos, os impedem de executar melhor seus trabalhos. As pessoas são promovidas a cargos de gerência em virtude de suas aptidões e desempenho anterior. Os gerentes recebem a responsabilidade de gerenciar áreas (departamentos, projetos, processos etc.) e pessoas e, por isso, são sempre bom-

---

[1] A nuvem é utilizada no trabalho completo do processo de pensamento para descrever o conflito inerente refletido no problema básico identificado na *árvore da realidade atual* (ARA).

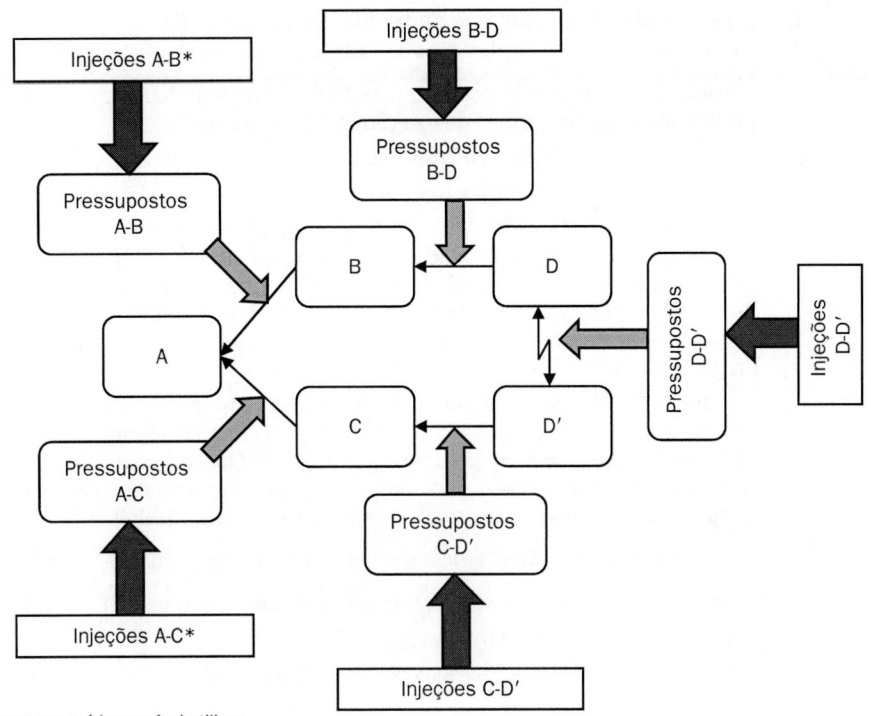

*Observe que é improvável utilizar injeções para romper as setas A-B e A-C

FIGURA 24.1 A estrutura geral de uma nuvem com os pressupostos subjacentes e as possíveis injeções.

bardeados pelos problemas do sistema e das pessoas. Nem todos os problemas são fáceis de resolver. Muitas vezes, os gerentes sentem que as soluções às quais eles chegaram não são as melhores que poderiam ter criado. Se você tem essa sensação, este capítulo é adequado para você.

Existe outro bom argumento para utilizar o conhecimento e as ferramentas deste capítulo – prepará-lo para empregar a metodologia da TOC para resolver problemas que necessitam do trabalho completo do processo de pensamento. Constatamos que as pessoas que conhecem e já experimentaram as ferramentas do processo de pensamento – a nuvem, a RRN e o mapa de OIs – conseguem obter mais rapidamente soluções estratégicas mais adequadas.

Vejamos primeiramente a solução de problemas diários.

Ao examinar os problemas diários defrontados pelos gerentes no desempenho de suas funções, podemos ver que eles enfrentam um amplo espectro de situações e desafios. De um lado do espectro, eles precisam lidar com o dilema interno de fazer uma escolha indubitável entre as opções existentes. No outro extremo, eles precisam lidar com conflitos transparentes entre eles e outras pessoas da organização ou com conflitos entre duas partes que é obrigação deles resolver. No meio, encontram-se os problemas do sistema ou, esporadicamente, de outras pessoas (colegas, supervisores e até mesmo familiares) que precisam ser resolvidos.

O objetivo deste capítulo é melhorar sua capacidade enquanto gerente de lidar com esses problemas de uma maneira que produza uma solução imediata, sem bloquear uma respectiva solução de longo prazo.

Aplicação da nuvem à resolução de problemas no dia a dia

Vejamos quais são as cinco aplicações da nuvem para a resolução de problemas diários:

- Resolução de **dilemas internos** – quando a pessoa tem diante de si duas opções importantes e não tem certeza da direção que deve tomar.
- Definição e resolução de **conflitos diários** entre duas pessoas.
- Análise de situações de **"apagamento de incêndios"** – quando o gerente é forçado a lidar com problemas urgentes (incêndios) para encontrar formas de evitá-los no futuro.
- Análise de uma **área problemática ou de uma questão específica na realidade atual** – detectando um *efeito indesejável* (EI) na área sob análise e formando a nuvem de EI. A nuvem de EI é também providencial para o gerente preparar-se para uma reunião de vendas ou desenvolver uma oferta de venda mais adequada por meio da compreensão da realidade do comprador (o cliente).
- Condução de **assuntos que envolvem vários problemas** por meio do método das três nuvens – para ajudar o gerente a ter uma visão mais abrangente por intermédio da **nuvem consolidada** ou **genérica** quando existe mais de um EI. Essa abordagem é empregada para obter consenso em grupo, agilizar as iniciativas existentes e utilizar a análise do pulmão em um *processo de melhoria contínua* (PMC).

Todos os problemas são gerenciados por um processo geral de sete etapas:

1. Formação da nuvem e de seus componentes lógicos (etapas 1-5).
2. Concepção da solução (etapa 6).
3. Divulgação da solução às pessoas pertinentes (etapa 7).

Para formar a nuvem, você deve levantar as perguntas e registrar a resposta por escrito em cada quadro. Em seguida, quando já tiver uma primeira versão da nuvem, deverá realizar uma verificação lógica e fazer as mudanças e aprimoramentos necessários.

As perguntas e a sequência em que elas são feitas diferem de uma aplicação da nuvem para outra. As diferentes aplicações da nuvem também diferem com relação à maneira como encontramos uma solução e a utilizamos e divulgamos às pessoas que estão envolvidas e são afetadas pelo problema e pela solução.

Analisemos primeiro a resolução de conflitos internos. Nossa experiência demonstra que a forma mais fácil de aprender a criar uma nuvem é por meio desse tipo de problema, na medida em que ele não apresenta nenhuma inquietação pessoal no desenvolvimento de uma solução e em sua divulgação (assim esperamos).

O que é uma nuvem?

A nuvem[2] é a mola-mestra do processo de pensamento da TOC. A meu ver, ela é, em poucas palavras, a TOC. A nuvem é o processo de enquadramento de um conflito e gerador de soluções inovadoras. Empregamos o termo *inovador* no sentido de que trazemos para a realidade do ambiente em estudo uma solução nova e original. Frequentemente, as soluções que foram utilizadas em situações de emergência resolver o problema, mas não foram introduzidas no sistema com a percepção de que elas não são adequadas para situações regulares do sistema, muitas vezes em virtude dos conflitos percebidos na solução de "emergência" com os procedimentos atuais do sistema existente.

---

[2] O *TOCICO Dictionary* (Sullivan, Reid e Cartier, 2007, pp. 21-22) define *evaporação das nuvens* (EN) como "Diagrama lógico de necessidade que descreve e ajuda a resolver conflitos de uma maneira que gere uma solução ganha-ganha. A EN tem duas aplicações principais. Primeiro, como método estruturado para facilitar a definição e a resolução de um conflito e, segundo, como parte do método das três nuvens para criar uma nuvem de conflito básico que, então, forma a base da árvore da realidade atual". (© TOCICO 2007. Utilizada com permissão. Todos os direitos reservados.)

Na TOC, consideramos um problema apenas aquilo que nos impede de conseguir o que é importante para nós (nosso objetivo). Portanto, é indispensável verbalizar qual objetivo estamos tentando atingir que é comprometido pelo problema.

Ao mesmo tempo, sabemos que, quando um gerente queixa-se de que não consegue resolver um problema, provavelmente existe um conflito subjacente que o impede de encontrar e implementar soluções ainda que o objetivo que está sendo obstruído seja extremamente importante e o gerente que está levantando o problema tenha interesse e queira solucioná-lo. É algo parecido com a terceira lei de Newton – é como se o gerente aplicasse uma força para resolver o problema e experimentasse uma "força contrária" que o impede de resolvê-lo. O conflito encontra-se no nível tático – ações ou decisões que devem ser realizadas ou tomadas para atingir o objetivo desejado.

Desse modo, quando se caracteriza um problema como "insolúvel", é necessário revelar o conflito subjacente transformando o problema em uma nuvem. Assim que criamos a nuvem, podemos aplicar os processos de resolução de problemas para obter uma solução ganha-ganha. Todas as nuvens têm uma estrutura básica igual à mostrada na Figura 24.1.

A nuvem é representada por um diagrama de conflito de cinco quadros indicados por A, B, C, D e D' (D linha). Cada quadro tem uma função específica na definição do problema.

Existem três funções distintas:

- Objetivo [quadro "A"] – o objetivo que está sendo obstruído ou comprometido pelo problema.
- Necessidades ou condições básicas [quadros "B" e "C"] – o termo "necessidade" é empregado para denotar que a condição é *obrigatória* para a consecução do objetivo [A]. As setas B → A e C → A apresentam um vínculo lógico de necessidade, onde se lê: "Para conseguir o objetivo desejado 'A', nós/eu *devemos/devo* ter as necessidades B e C". A lógica estabelece que, se estiver faltando uma das necessidades, o objetivo não será atingindo.
- Táticas [quadros "D" e "D'"] – ações, vontades ou decisões que são escolhidas para satisfazer as necessidades. As setas D → B e D' → C estabelecem que, para satisfazer a necessidade, uma ação (atitude) específica [D para satisfazer a necessidade B e D' para satisfazer a necessidade C] *deve* ser tomada. Essas atitudes, vontades ou decisões não podem existir ao mesmo tempo, pois isso as coloca em conflito, o que é indicado pela seta de conflito D-D'.

Assegurando a qualidade da nuvem: Verificações lógicas

Como a nuvem é a base para encontrar uma solução ganha-ganha, precisamos garantir que ela seja criada apropriadamente e que a lógica seja consistente. Depois que compomos a nuvem, é recomendável ler seu conteúdo novamente (até mesmo em voz alta), incluindo os vínculos lógicos representados pelas setas:

Para conseguir "A", nós/eu[3] devemos/devo ter "B".

Para conseguir "A", nós/eu devemos/devo ter "C".

Para satisfazer "B," a ação "D" deve ser realizada.

Para satisfazer "C," a ação "D'" deve ser realizada.

D e D' estão em conflito direto.

---

[3] Em alguns casos, particularmente as nuvens que envolvem mais de uma pessoa, os pronomes eu/nós devem ser substituídos pelo nome da parte, se essa pessoa ou função tiver de atender a essa necessidade ou realizar essa ação.

Em seguida, devemos verificar a lógica das diagonais entre as táticas ou ações e as necessidades. A mensagem concreta da nuvem é que toda ação ameaça ou compromete a consecução da necessidade oposta. As outras verificações são:

- "D" ameaça/compromete/prejudica a necessidade "C".
- "D'" ameaça/compromete/prejudica a necessidade "B"

Após a verificação da lógica, devem ser feitas as mudanças e melhorias necessárias para que a nuvem fique clara e logicamente consistente. É também recomendável apresentar a nuvem a uma pessoa esclarecida que possa oferecer um *feedback* sobre a clareza das frases e da lógica.

Resolvendo problemas por meio das nuvens: o processo geral
O processo geral compõe-se das seguintes etapas:

Etapa 1. Identifique o tipo de problema (dilema interno, conflito diário etc.) e utilize o tipo de nuvem correto para abordar problemas dessa categoria.

Etapa 2. Redija uma narrativa sobre o problema de uma maneira factual e objetiva, como se você estivesse redigindo um boletim de ocorrência. É necessário ter objetividade mesmo se o problema provocar alguma perturbação emocional. O objetivo é desatrelar a intuição da pessoa que está compondo a nuvem referente ao problema e obter dados para construí-la.

Etapa 3. Forme a nuvem.

Etapa 4. Verifique os enunciados lógicos da nuvem e faça as correções e **melhorias** necessárias.

Etapa 5. Traga à tona os pressupostos subjacentes e os vínculos lógicos para encontrar aquele que está respaldando o conflito.

Etapa 6. Crie sua solução e verifique se ela é uma solução ganha-ganha.

Etapa 7. Divulgue a solução para as pessoas que estão lidando com o problema.

Examinemos esse processo detalhadamente utilizando o exemplo de uma nuvem de dilema interno.

Dilemas internos
Etapa 1. Identifique o tipo de problema e utilize o tipo de nuvem correto para abordar problemas dessa categoria.

Define-se *dilema interno* como *uma situação em que o gerente sente-se pressionado a realizar uma ação ou a tomar uma decisão com a qual não se sente confortável*. Ele tem de escolher entre duas opções conflitantes. Ele ainda não sabe qual delas prefere e, portanto, não existe nenhum conflito transparente.

Para aprender e ganhar domínio no processo de criação e evaporação das nuvens (encontrar a solução), é recomendável utilizar um único problema. Evite qualquer problema que aborde questões complexas que contenham um problema crônico[4] ou uma história desagradável a respeito de um relacionamento com alguma outra pessoa que possa pre-

---
[4] As nuvens de conflitos crônicos são bem mais difíceis de resolver. O *TOCICO Dictionary* (Sullivan *et al.*, 2007, p. 11) define *conflito crônico* como "Situação controvertida que se mantém por um período prolongado. Os lados opostos ficam por tanto tempo justificando seu ponto de vista com exigências e pré-requisitos particulares, que ambos ficam entrincheirados em suas próprias crenças a ponto de nenhum deles conseguir ver uma saída para evaporar o conflito sem sofrer algum prejuízo significativo". (© TOCICO 2007. Utilizada com permissão. Todos os direitos reservados.)

cisar de uma solução mais abrangente. Um exemplo de problema único ou "isolado" é o seguinte:

> "Estou sendo pressionado pelo meu chefe a resolver uma reclamação técnica neste sábado, embora eu tenha prometido um fim de semana fora da cidade à minha família."

É mais fácil aprender o método da evaporação das nuvens com um problema desse tipo do que com um problema crônico, como:

> "Meu chefe exige que eu esteja prontamente disponível para resolver qualquer problema de trabalho e com frequência nos fins de semana. Por isso, não posso ter nenhum plano pessoal para os fins de semana."

Para demonstrar o processo da nuvem de dilema interno, utilizarei o seguinte exemplo de problema isolado:

> "Sou gerente de projeto em um empreendimento de melhoria de um grande hospital. Alguns recursos foram atribuídos ao projeto; todos eles continuam realizando seus afazeres diários. Um deles não é liberado por seu chefe para trabalhar no projeto. O que devo fazer?"

Etapa 2. Redija uma narrativa.
Redija livremente os fatos a esse respeito, como se você estivesse preenchendo uma queixa oficial ou redigindo um relatório. Explique nesse relatório por que se trata de um problema e em que sentido ele afetou você ou seu desempenho.

Responda perguntas do tipo: Quem/o quê/quando/onde? O que desejo fazer? Por quê? O que me senti forçado a fazer? Por quê?

Exemplo:

> Sou a gerente do projeto e Aline foi indicada como recurso para meu projeto. Ela é do departamento de Davi, mas Davi não tem nenhum outro envolvimento ou responsabilidade com meu projeto. Ele não é patrocinador nem cliente. Eu passei algumas atribuições para Aline, que ela ainda não concluiu. Quando lhe perguntei o motivo, ela disse que Davi a impediu de realizá-las, porque ele não concorda com a postura que estamos adotando. Aline propôs que eu procurasse Davi e resolvesse esse problema, visto que ele conhece muito bem o assunto do meu projeto. Eu não quero consultá-lo, mas Aline é minha amiga. Ela parece estar entre a cruz e a espada. Meu chefe, Fred, não está disposto a se envolver e encarar Davi.

Etapa 3. Forme a nuvem.
O ponto de partida para formar uma nuvem de dilema interno são as ações. Sabemos quais ações somos pressionados a tomar, aquelas com as quais não nos sentimos confortáveis. Também sabemos quais ações preferiríamos tomar, mas existe alguma coisa que nos impede de realizar explicitamente essas ações.

Consequentemente, temos um bom ponto de partida na nuvem – D e D . Desse ponto podemos continuar e compor C e B para chegar a A. Portanto, a sequência de formação da nuvem é:

$$D/D' \to C \to B \to A$$

ou então:

$$D/D' \to B \to C \to A$$
Identificando D/D'

A ideia aqui é encontrar as ações principais ou mais conflitantes que podem ser consideradas para lidar com o problema.

Os procedimentos são:

- Redija todas as opções que você considerou ao tentar resolver o problema.
- Divida-as em dois grupos: ações que você prefere realizar e as ações que se sente forçado a realizar.
- Escolha a opção que você considera a mais desagradável ou forçada e registre-a por escrito o quadro D.
- Escolha sua opção preferida e escreva-a no quadro D'.

Exemplo:
A lista de táticas ou de ações que foram consideradas e avaliadas pela gerente do projeto encontra-se na Tabela 24.1.

[D]: A ação mais forçada: Procurar Davi pessoalmente.

[D']: A ação mais preferida: Ignorar toda a questão.

Agora, precisamos concluir a nuvem.

Depois de registrar D e D', você pode ir para a necessidade B ou C.

A sequência da mudança para B ou C na verdade não importa. Algumas pessoas acham mais fácil primeiro redigir o que elas desejam, em vez de o que são forçadas a fazer.

Escreva no quadro C a necessidade que é satisfeita pela ação D' e verifique a lógica: para conseguir [C], *devo* [D'].

A gerente de projeto do nosso exemplo escreveu:

[C]: Dar prosseguimento ao meu trabalho.

Verificação: Para dar prosseguimento ao meu trabalho – enquanto gerente do projeto –, devo ignorar toda a questão. Tenho coisas mais importantes a fazer!

Escreva no quadro B a necessidade que seria satisfeita realizando a ação em D e verifique a lógica.

[B]: Lutar por meus recursos.

Verificação: Para lutar por meus recursos, devo procurar Davi pessoalmente.

Bem, isso parece lógico, mas B é verbalizado como uma necessidade? Por enquanto, vamos prosseguir com o processo da formação da nuvem e na etapa de aprimoramento da nuvem lidaremos com essa questão. Enquanto estiver aprendendo a criar uma nuvem é importante partir do critério "suficientemente bom" na primeira versão da nuvem e não ficar empacado em uma das entidades tentando descobrir se isso é realmente correto.

Escreva no quadro A o objetivo comum que será atingido se a necessidade B e C forem atendidas (por que B e C são tão importantes? Para quê?) e verifique a lógica.

Tabela 24.1 As táticas/ações consideradas pela gerente do projeto

Táticas/ações consideradas	Forçada	Preferida
Ignorar toda a questão.		X
Procurar meu chefe, Fred.		X
Escrever um *e-mail* para Davi e explicar minha postura.	X	
Procurar Davi pessoalmente.	X	
Procurar Davi na comissão da qual nós dois participamos.		X
Pedir à Aline para procurar Davi.		X

A gerente de projeto escreveu:

A: Conseguir concluir o projeto no prazo.

Verificação: Para conseguir concluir o projeto no prazo, DEVO lutar por recursos e DEVO dar prosseguimento ao meu trabalho.

A nuvem é uma nuvem suficientemente boa para a etapa seguinte de estreitamento da lógica.

Em resumo, a sequência e as perguntas para formar a nuvem de dilema interno são apresentadas na Tabela 24.2.

Etapa 4. Verifique os enunciados lógicos da nuvem novamente e faça as correções e melhorias necessárias.

Na etapa 3, escrevemos as entidades nos quadros como respostas às perguntas e verificamos a lógica de cada seta separadamente. Na etapa 4, verificamos a lógica novamente da nuvem como um todo: A → B → D, A → C → D', o conflito D-D' e as diagonais D e C, que comprometem respectivamente D' e B.

Normas sintáticas

Verifique se as entidades dos quadros atendem às seguintes normas:

- As entidades são sentenças inteiras.
- As entidades não contêm enunciados de causalidade. Os enunciados de causalidade incluem palavras como se, porque, certamente, a fim de etc.
- As entidades D e D' são verbalizadas como ações e estão evidente e diretamente em conflito.
- As entidades B e C são verbalizadas como necessidades evidentes e positivas.

Façamos a verificação da nuvem de exemplo:

[A]: É evidente que a gerente do projeto preocupa-se com o projeto. Ela deseja fazer um bom trabalho. Ela é um membro competente e condescendente da equipe do hospital.

Podemos propor que A é: [seu objetivo é:] Realizar um bom projeto.

[B]: Lutar por recursos – não é verbalizado como uma necessidade, mas uma ação (porque contém um verbo que indica ação – "lutar") que realizamos para satisfazer a necessidade de que "**ter recursos para o projeto** é essencial se quisermos implementá-lo".

Portanto, é aconselhável melhorar a frase em B para: Ter recursos garantidos.

[D]: "Procurar Davi pessoalmente" é uma das ações que garantirá que Aline seja um recurso para o projeto.

[C]: "Dar prosseguimento ao meu trabalho" pode explicar o raciocínio subjacente a ignorar toda a questão –, mas ele na verdade não funciona. "Dar prosseguimento

Tabela 24.2 Sequência e perguntas para formar a nuvem de dilema interno

Quadro	Pergunta para orientar a redação do conteúdo do quadro
D	Que ação ou decisão me sinto pressionado a realizar/tomar?
D'	Qual a ação ou decisão que mais prefiro?
C	Qual necessidade (minha) é satisfeita pela ação D', preferida?
B	Qual necessidade (minha) é satisfeita pela ação D, mais forçada?
A	Que objetivo em comum será obtido se as necessidades B e C forem atendidas?

ao meu trabalho" não é uma necessidade. Aqui, é preciso ser corajoso e falar franca e abertamente. O que pode nos ajudar a encontrar um C mais adequado é verificar a diagonal – o que D põe em risco? Com base na narrativa, podemos concluir que a atitude de Davi fere os sentimentos da gerente do projeto. Portanto, podemos propor a necessidade [C]: "Respeito por meu cargo por ser a gerente de projeto designada".

[D']: "Ignorar toda a questão" é uma decisão.

Verificação da diagonal: [D'] compromete [B] porque, se essa decisão for tomada, comprometerá a necessidade B, porque Davi não liberará Aline para executar as tarefas do projeto, a menos que ele se encontre com a gerente do projeto. Contudo, para expressar claramente que D-D' estão em conflito direto, propomos escrever a seguinte frase em D: "Não vou procurar Davi para falar desse assunto".

Leia novamente a nuvem para verificar se está logicamente consistente. Agora temos a nuvem aprimorada, tal como mostra a Figura 24.2.

Etapa 5. Traga à tona os pressupostos que provocam as táticas conflitantes (ações e decisões). Para compreender melhor o conflito/dilema como um pré-requisito para encontra uma solução, é necessário analisar o raciocínio subjacente aos enunciados lógicos (das setas) e especialmente aqueles que estão gerando as entidades conflitantes de D e D'. As explicações subjacentes às setas expressam claramente por que cada um dos quadros da nuvem é absolutamente necessário. Na terminologia da TOC, os chamamos pressupostos subjacentes. Para trazê-los à tona, é necessário verificar:

Para ter... (ponta da seta), devo... (base da seta), porque... Tudo o que afirmamos depois de "porque" é pressuposto.

Isso é empregado para trazer à tona as setas horizontais: A ← b, A ← C, B ← D e C ← D'.

Evite repetir o que já está enunciado com base na existência da seta. Afirmar que, para ter C, precisamos realizar a ação D' porque a ação D' é a única maneira de conseguir C não melhora em nada a compreensão. Os pressupostos que explicam apenas uma parte da seta também não ajudam na compreensão. O pressuposto deve estabelecer uma relação causal direta entre as duas partes da seta. Verifique se algumas das palavras do pressuposto referem-se a um determinado quadro e alguns se referem a outro quadro.

Exemplo:

B ← D:

Para eu (gerente do projeto) ter recursos garantidos (particularmente Aline), devo procurar Davi pessoalmente porque...

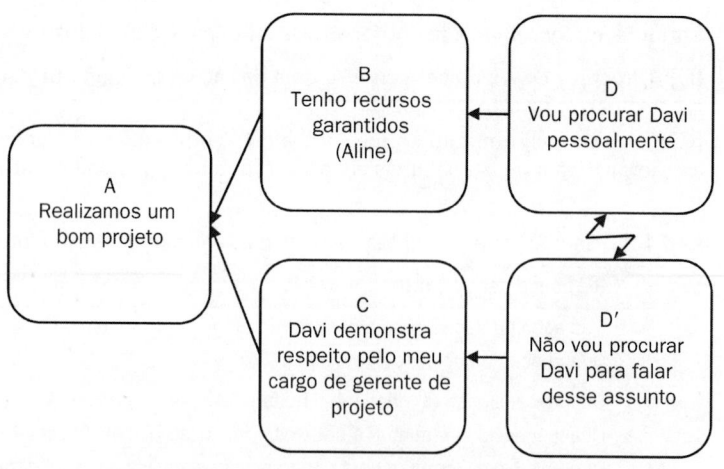

FIGURA 24.2 Exemplo: a nuvem de dilemas da gerente após o aprimoramento.

[B-D 1]: Davi controla os trabalhos que Aline faz. Esse enunciado estabelece uma relação causal entre Davi e Aline.

[B-D 2]: Davi está impedindo que Aline realize as tarefas do meu projeto. Pelo que sei, Davi não libera Aline de suas responsabilidades diárias para realizar tarefas que lhe são atribuídas de acordo com o plano do nosso projeto.

[B-D 3]: Davi precisa ser procurado pessoalmente para obter sua colaboração no compartilhamento de recursos. Esse enunciado enquadra-se à sintaxe de um pressuposto porque explica a relação causal entre B e D, relacionando Davi e suas "condições" para liberar seus recursos. Contudo, esse pressuposto é um tanto unilateral e contém um ponto de vista ligeiramente negativo sobre a pessoa envolvida. Esse enunciado pode ser verbalizado de outra forma: Davi deseja ser consultado antes de liberar seus recursos.

$$C \leftarrow D':$$

Para obter respeito pelo meu cargo de gerente de projeto designado, *não* devo procurar Davi porque...

[C-D' 1]: Submeter-me às políticas locais enfraquece a posição que ocupo.

[C-D' 2]: Davi não é meu chefe, não patrocina o projeto nem é um cliente do projeto. (Como Davi faz parte da comunidade de projetos, procurá-lo não fará outra coisa senão enfraquecer minha posição enquanto gerente do projeto e será desmoralizante.)

Trazendo à tona os pressupostos subjacentes a D-D':

Esses pressupostos devem enunciar claramente os motivos da existência do conflito. Eles devem explicar por que as duas táticas enunciadas em D e D' são mutuamente excludentes e não podem coexistir. Elas precisam explicar por que o conflito não pode ser resolvido e o que está fazendo o conflito existir.

Os enunciados que podem ajudar a trazer à tona os pressupostos D-D' são:

D e D' estão em conflito porque... ou

Não consigo resolver esse conflito porque...

Os argumentos lógicos que explicam a existência do conflito podem revelar diferentes mentalidades, comportamentos organizacionais, políticas ou procedimentos que motivam ações ou decisões opostas. Isso pode revelar a falta de alguma coisa em comum (por exemplo, recursos) e evidenciar a falta de reconhecimento mútuo ou de confiança mútua.

Exemplo: D-D' – Procurar Davi pessoalmente está em conflito com Não procurar Davi de forma alguma porque...

[D-D' 1]: Não existe nenhum procedimento na empresa para lidar com um desacordo entre uma atribuição de projeto e o trabalho departamental de rotina dos recursos.

[D-D' 2]: Não sei que importância teria ter uma reunião com Davi.

Graficamente, as setas de causalidade são descritas nos quadros de texto que contêm os pressupostos subjacentes que estão apontando para a seta pertinente, tal como mostra a Figura 24.1.

Etapa 6. Crie sua solução e verifique se ela gera ganho mútuo (ganha-ganha).

A solução para o problema é uma mudança na realidade que elimina um dos principais motivos da existência da nuvem. Para conseguir o objetivo A, é necessário eliminar ou invalidar os pressupostos subjacentes significativos. Quando um pressuposto importante é invalidado, não há motivo para haver um vínculo lógico e, portanto, um dos quadros pode deixar de existir, provocando o desaparecimento do conflito ou sua evaporação. Por esse motivo, esse processo é chamado de *evaporação das nuvens* (EN).

Teoricamente, podemos contestar toda seta na nuvem. Entretanto, de um ponto de vista prático, queremos fazer as mudanças no nível tático; desse modo, contestamos os pressupostos subjacentes B ← D, C ← D' ou D'D'.

Normalmente, podemos supor que, após a formação da nuvem e da verificação lógica completa na etapa 4, o objetivo A e as necessidades B e C estão bem definidos. B e C foram confirmados e considerados condições significativas, positivas e básicas para atingir o objetivo enunciado em A. Concordar com A, B e C direciona nossas iniciativas para resolver o conflito entre D e D'.

Para invalidar ou refutar um pressuposto, devemos introduzir algo novo para substituí-lo. Esse "algo novo" é chamado de injeção.[5]

A injeção é a mudança na realidade que ajuda a concretizar o enunciado no quadro na ponta da seta (B ou C), sem ter a situação descrita no quadro na base da seta (D ou D').

Na realidade atual, percebe-se que a única maneira de atingir B é por meio da ação D e a única maneira de atingir C é por meio da ação D'. A injeção for B-D é uma nova faceta da realidade de que permite atingir B. Essa injeção será uma solução válida somente se não estiver em conflito com D'. Alternativamente, a injeção para C-D' é uma nova faceta da realidade para atingir C e não comprometer B. Essa injeção será uma solução válida somente se não estiver em conflito com D.

Portanto, temos três opções possíveis para evaporar a nuvem:

- A injeção para o pressuposto B-D, que substitui a aplicação de D.
- A injeção para o pressuposto C-D', que substitui a aplicação de D'.
- A injeção para o pressuposto D-D', que elimina (ou muda) tanto D quanto D' e propõe uma nova tática em comum.

Conceitualmente, é possível encontrar uma injeção para todas as três opções.

Encontrar uma injeção é uma parte fundamental do processo. A recomendação geral é tentar pensar "anticonvencionalmente" e fazer a si mesmo a seguinte pergunta: "Em qual situação o vínculo enunciado entre os dois quadros da nuvem não é válido?". Você pode pensar em uma situação diferente, em um ambiente diferente ou em uma experiência anterior em que esse vínculo não existia. Muitas vezes, já temos essa injeção em nossa cabeça, como em "Gostaria que a situação fosse diferente...". Quando as pessoas têm um problema que as incomodam, elas tentam constantemente encontrar soluções. No entanto, elas tendem a apagar da mente essas possíveis soluções supondo que elas são irrealistas ou impossíveis de implementar. O método de EN é ideal para considerar opções e ideias que antes foram rejeitadas.

Para praticar o processo de encontrar injeções e assegurar que todas as opções possíveis sejam consideradas, é recomendável procurar injeções para romper as setas B-D, C-D' e D-D'. Assim que definimos uma série de injeções, podemos escolher qual (ou quais) preferimos utilizar. A escolha da seta que desejamos romper pode ter um impacto sobre a aceitação da solução proposta. A seta, os pressupostos correspondentes e as injeções são mostrados na Tabela 24.3.

Assim que você tiver todas as injeções possíveis, poderá optar por uma ou mais ou mesmo criar uma nova injeção que utilize alguns dos elementos das injeções enunciadas.

A solução deve funcionar para você. Isso significa que você se sente à vontade com ela, porque compreende melhor o problema, e que ficará mais satisfeito quando essa injeção tornar-se parte de sua realidade.

---

[5] O *TOCICO Dictionary* (Sullivan et. al., 2007, pp. 27-28) define *injeção*, com respeito à EN, como: "2. Uma situação ou condição que invalida um ou mais pressupostos subjacentes às relações entre o objetivo e os requisitos ou entre os requisitos e os pré-requisitos ou entre dois pré-requisitos de uma evaporação de nuvem". (© *TOCICO* 2007. Utilizada com permissão. Todos os direitos reservados.)

Tabela 24.3 A seta, os pressupostos correspondentes e as injeções para o dilema pessoal

Seta	Pressuposto	Injeção
B-D	Davi controla os trabalhos que Aline faz.	O diretor executivo orienta Davi a liberar Aline para o meu projeto.
	Davi está bloqueando Aline de completar as tarefas do projeto.	Aline é transferida para trabalhar para mim permanentemente.
C-D'	Davi não é meu chefe, nem patrocinador nem cliente do projeto.	Eu aceito que Davi faça parte do meu projeto (ainda que ele não tenha uma função oficial).
	Procurar Davi seria desmoralizante.	Eu coloco as necessidades do projeto na frente dos meus sentimentos pessoais.
D-D'	Existe um procedimento para lidar com conflitos de necessidade entre as atribuições de projeto e o trabalho de rotina dos recursos no departamento.	Eu levo a questão para o nível mais alto da administração para ser abordada oficialmente.
	Não sei que importância teria reunir-me com Davi.	Planejo cuidadosamente a reunião, para que ele veja minhas necessidades e eu ouça o que ele tem a oferecer para o meu projeto.

Depois de escolher a injeção, verifique a nova realidade em que ela substituirá uma ou ambas as ações (D e/ou D') e se a injeção desenvolvida contribui para a consecução de B e C.

Verificação: SE [injeção] ENTÃO posso conseguir [B] e [C] sem que esse conflito me obstrua, porque...

Se B e C não forem conseguidos com o apoio da injeção, então ela não é, por si só, uma injeção suficientemente boa. A injeção principal precisa de algumas injeções de apoio para conseguir B e C. Em alguns casos, é necessário reformular a frase da injeção ou escolher outra e fazer uma nova verificação. Procure compreender que, se a solução fosse tão simples, afinal de contas você provavelmente não estaria utilizando a nuvem para identificar a solução.

Se a injeção substituir apenas uma das entidades D ou D', é provável que a verificação releve que ela substitui totalmente a ação ou decisão que foi eliminada. Assim que as ações para conseguir B não estiverem em conflito com as ações para conseguir C, a nuvem desaparece – "ela evapora"!

Situação 1: Se rompermos a seta B-D, isso significa que a injeção substituiu D, de modo que a verificação deve ser explícita: Se [injeção] ENTÃO é possível conseguir B e, ao mesmo tempo, não comprometer C. A realidade depois que a injeção for implementada será:

$$D' + \text{Injeção (rompimento de B-D)}$$

Situação 2: Se rompermos a seta C-D', a verificação explícita será: SE [injeção] ENTÃO é possível conseguir C e, ao mesmo tempo, não comprometer B. A realidade será:

$$D + \text{Injeção (rompimento de C-D')}$$

Situação 3: Se rompermos a seta D-D', isso significa que tanto D quanto D' serão substituídos pela injeção e que, portanto, devemos verificar:

- SE [injeção] ENTÃO é possível conseguir B.
- SE [injeção] ENTÃO é possível conseguir C.

As três situações para evaporar a nuvem criam uma nova tática que podemos representar como D* (D asterisco). O futuro após a implementação da injeção cria o formato de diamante que substitui a nuvem, como mostra a Figura 24.3.

Exemplo – A injeção D* escolhida pela gerente de projeto é:

> Eu coloco as necessidades do projeto na frente dos meus sentimentos pessoais; ouço o que Davi tem a oferecer para mim enquanto gerente do projeto; e negocio recursos (Aline) com ele.

Verificação: Se fizer D*, terei recursos garantidos (Aline) porque... abordar Davi da forma como ele gosta de atuar é um bom motivo para que ele atenda minha necessidade de recursos para o projeto. (Davi é bem conceituado em sua área profissional e tem a fama de ser duro, mas justo.)

Se fizer D*, maior será a probabilidade de obter o respeito de Davi por meu cargo de gerente de projeto designada porque... demonstrar respeito por Davi aumenta as chances de ele me respeitar (com base na sugestão de Aline de me reunir com ele, visto que provavelmente ela o conhece melhor do que eu).

Resumo da etapa 6

Isso conclui a seção de desenvolvimento da solução ganha-ganha para um dilema interno por meio do método da evaporação das nuvens. De acordo com o estilo da TOC, solução ganha-ganha significa que as táticas não estão em conflito e que a solução atende às necessidades B e C. Isso significa que não precisamos chegar a um acordo sobre o atendimento das condições básicas (B e C) e, portanto, aumentamos a probabilidade de atingir o objetivo desejado (A).

Podemos concluir da experiência desse aprendizado que:

- Sempre existem mais opções do que imaginamos para resolver um problema.
- Uma decisão é a escolha entre opções conflitantes, com frequência enraizadas em mentalidades e visões pessoais diferentes.
- Um problema é um obstáculo ao andamento provocado pela não resolução de um conflito entre táticas conflitantes. A administração não pode arcar com o adiamento de decisões porque isso gera situações em que todos saem perdendo.
- Não devemos abrir mão de necessidades importantes – deve haver uma solução não comprometedora. (De acordo com o segundo conceito básico da TOC – a existência

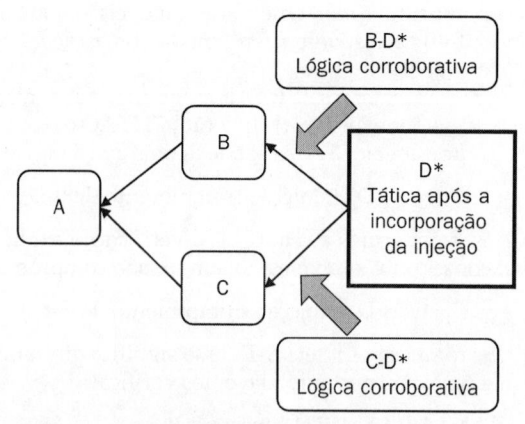

FIGURA 24.3 A figura em formato de diamante.

de uma solução ganha-ganha. Os três conceitos básicos da TOC são cobertos na seção sobre o modelo em U, neste capítulo.)
- Um problema não está relacionado unicamente à falha de uma pessoa. Na verdade, na maioria dos casos, podemos revelar a falha do sistema que provoca o problema.

Nos problemas de dilema interno, ambas as necessidades são da pessoa que está enfrentando o dilema. Quando passarmos para os outros tipos de nuvem, lidaremos com necessidades alheias – de uma pessoa, de um departamento organizacional ou mesmo de um negócio. A definição de solução ganha ganha permanece a mesma – o atendimento de ambas as necessidades.

Etapa 7. Divulgue a solução às pessoas envolvidas.
Podemos interpretar a TOC como a capacidade de criar e divulgar soluções de bom senso. Até aqui, desenvolvemos a solução. Agora, precisamos considerar e elaborar um plano para implementá-la.

Na maioria dos casos, precisamos obter consenso, bem como o envolvimento e apoio do "outro lado" (aquele que nos bloqueia ou se opõe às ações ou decisões que desejamos realizar ou tomar). Definimos a injeção como uma solução ganha-ganha, mas o outro lado verá a solução dessa forma? Por isso, preparamos cuidadosamente um plano para expor o problema e a solução para obtermos a concordância do outro lado.

Quanto ao dilema interno, essa notificação é simples. Só preciso chegar a um acordo comigo mesmo de que resolver o problema é importante e fazer o que é necessário. Assim que implementamos a injeção e obtemos o benefício da resolução do problema, ela reforça nosso desejo de utilizá-la mais vezes.

No exemplo, a notificação já é uma parte explícita da solução, visto que a gerente do projeto está pensando em se reunir com Davi. Dado que a questão é importante e que foi realizado um trabalho extremamente meticuloso para conceber a solução, é melhor a gerente do projeto planejar sua reunião com Davi.

Essa reunião deve ser breve e direcionada ao resultado desejado. Sua preparação deve incluir os principais pontos, a sequência e alguma consideração sobre as possíveis armadilhas e questões com as quais ela se defrontará.

Ao lidar com outros problemas, abordaremos outros aspectos e mais opções para a notificação da solução.

A nuvem não é apenas uma técnica; ela é também uma habilidade. É aconselhável praticá-la regular e frequentemente.

Conflitos diários

Vejamos agora outro tipo bastante comum de problema – os conflitos diários, aqueles entre você e alguma outra parte.

Lembre-se do delineamento do processo:

Etapa 1: identifique o tipo de problema.

Etapa 2: redija a narrativa.

Etapa 3: forme a nuvem.

Etapa 4: verifique e aprimore a nuvem.

Etapa 5: traga à tona os pressupostos.

Etapa 6: crie a solução.

Etapa 7: divulgue a solução.

Etapa 1: Identifique o tipo de problema.
Você pode ter pontos de vista diferentes aos de outras pessoas; entretanto, desde que não tenha discordado aberta e publicamente, você pode lidar com a questão utilizando a nu-

vem de dilema interno. No entanto, assim que os pontos de vista conflitantes tornam-se transparentes, o desafio é maior.

Para começar, propomos que você aborde conflitos simples e isolados, e não problemas recorrentes. Um funcionário que se atrasa para o trabalho é um problema isolado. Contudo, quando esse mesmo funcionário se atrasa mais de cinco vezes em duas semanas, esse atraso começa a revelar um padrão de problema recorrente que apresenta uma dificuldade ainda maior.

Em um conflito diário, existem dois lados definidos – o "seu" e o do "outro". A nuvem tem uma estrutura distinta, tal como a mostrada na Figura 24.4.

A realidade apresenta-nos vários conflitos cotidianos. Nem sempre é possível fazer uma pausa no meio de uma discórdia ou de um conflito transparente para analisar a situação e criar uma solução ganha-ganha. Porém, se o conflito terminar de uma forma que você considera insatisfatória, você pode optar por tirar um tempo à noite para lidar com o problema utilizando o método da evaporação das nuvens. O resultado dessa iniciativa pode ser: "Puxa, eu poderia ter lidado melhor com esse problema".

Etapa 2: redija a narrativa.
Um exemplo de conflito diário é descrito na primeira página de *The Goal* (*A Meta*) (Goldratt e Cox, 1984):[6]

> Quando finalmente consegui deixar todos suficientemente calmos para perguntar o que estava ocorrendo, fiquei sabendo que o sr. Peach (vice-presidente da divisão) havia chegado mais ou menos uma hora antes, entrado na fábrica e pedido para que lhe mostrassem em que pé estava o pedido 41427.
>
> Como quis o destino, por acaso ninguém sabia nada sobre o pedido 41427. Peach então pôs todos a correr para que descobrissem o paradeiro do tal pedido. Como se constatou, era um pedido razoavelmente grande. E também estava atrasado. Mas que novidade havia nisso? Tudo na fábrica estava atrasado [...].
>
> Assim que ele descobriu que o pedido 41427 não estava nem perto de ser enviado, Peach começou a se fazer de apressado [...]. Finalmente, eles ficaram sabendo que todas as peças necessárias estavam prontas e aguardando – uma pilha delas. Mas elas não podiam ser montadas. Estava faltando uma peça de alguma submontagem [...].
>
> Eles descobriram que as peças para a submontagem em falta estavam ao lado de uma das máquinas de controle numérico, aguardando a vez de serem processadas. Porém, quando chegaram a esse departamento, descobriram que as máquinas não estavam preparadas para processar a peça em questão, mas sim algum outro trabalho de extrema urgência [...].

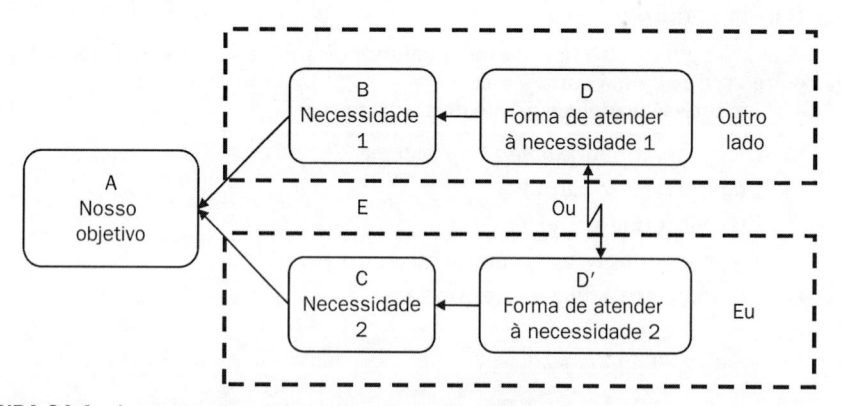

FIGURA 24.4 A estrutura geral da nuvem de conflito diário.

---

[6] Utilizada com permissão de Eliyahu M. Goldratt. © Eliyahu M. Goldratt.

Peach não deu a mínima para esse outro trabalho de extrema urgência. Sua única preocupação era ver o pedido 41427 saindo pela porta. Por isso, disse a Dempsey (o supervisor) que mandasse seu contramestre, Ray, instruir o operador para que esquecesse o outro dispositivo urgentíssimo e se preparasse para processar a peça do 41427. Logo em seguida, o operador olhou para Ray, Dempsey e Peach, jogou sua chave inglesa no chão e lhes disse que eles só podiam estar loucos. Ele e seu auxiliar haviam levado uma hora e meia para se preparar para processar a outra peça da qual todos precisavam tão desesperadamente [...].

Esse é um conflito diário. É um problema isolado. Peach raramente visita a fábrica e não costuma dar instruções sobre como a produção deve ser processada. Nesse caso, ele rompe a hierarquia administrativa para dar instruções diretas sobre qual peça deve ser processada e em qual máquina. Além disso, com essa postura, ele entra em conflito com o operador, que é um conflito aparente porque o operador joga a chave inglesa no chão e diz que eles só podem estar loucos.

Etapa 3: forme a nuvem.
O ponto de partida são as diferenças enunciadas nas táticas D e D' (consulte a Figura 24.4).

Em prol da coerência, é recomendável redigir o enunciado de D sob o ponto de vista da outra parte com respeito às táticas – as ações ou decisões – e de D' do meu ponto de vista.

D e D' são opções diferentes e, portanto, até aqui eu (ou nós) não procurei chegar a um acordo factível para fazer a ponte entre as duas opções.

No exemplo, o lado do operador é C-D' e o de Peach é B-D.

A sequência para formar a nuvem de conflito é a seguinte:

Começamos a formar a nuvem enunciando D e D'. Podemos começar com D ou com D'. No exemplo, esse incidente inicia-se porque Peach dá uma ordem direta – enunciando, desse modo, o [D] da nuvem:

[D]: A tática (ação/decisão) que a outra parte (Peach) deseja empregar.

[D:] Reajustar a máquina para processar agora a peça que falta do pedido 41427.

[D']: A tática (ação/decisão) que eu (o operador) desejo empregar.

[D']: Manter a configuração atual para produzir agora a outra peça urgente.

[C]: A necessidade que eu (o operador) estou tentando satisfazer adotando a tática D'.

Esse exemplo segue o mesmo percurso que fizemos na nuvem de dilema interno.

Assim que o conflito torna-se evidente, fica mais fácil passar para [C] – minha necessidade –, visto que a pessoa que forma a nuvem está emocionalmente envolvida e tem uma visão clara do motivo por que ela está certa nesse conflito.

Sou o operador. Minha função é preparar as máquinas e deixá-las prontas para os trabalhos que precisam ser processados. Gosto de fazer um bom trabalho e desejo que ele seja reconhecido. Portanto, minha necessidade pode ser verbalizada como: [C]: Ser reconhecido por minha contribuição para o plano de produção.

[B]: A necessidade que a outra parte (de acordo com minha percepção) deseja satisfazer.

Muitas vezes, é difícil redigir a necessidade B porque, no momento em que discutimos exaltadamente com a outra parte, não ouvimos com atenção seus argumentos e, portanto, não lembramos por que as táticas que ela sugeriu (ou exigiu) são importantes. Com o passar do tempo, com a prática e experiência, saberemos como identificar um conflito e ouvir com cuidado o que a outra parte diz, para que assim possamos redigir melhor os enunciados da nuvem. Se não tivermos certeza do que escrever no quadro B, podemos refletir sobre duas situações:

1. Redigimos a necessidade de uma maneira positiva.
2. Se, durante a divulgação da nuvem, a outra parte nos corrigir e verbalizar sua necessidade, fazemos as correções necessárias na nuvem.

Nesse incidente, a necessidade de Peach é bastante clara e ele está preocupado apenas com um pedido. O pedido 41427 é um pedido de Bucky Burnside – o maior cliente da fábrica que a administração não deseja transtornar porque pode perdê-lo. Em uma parte posterior do capítulo de *The Goal*, Peach conta a Alex sobre o telefonema desagradável que ele recebeu de Bucky na noite anterior. Obviamente, no calor do momento, o operador não sabia disso.

Quando em conflito, as pessoas não expressam seus argumentos ou, quando o fazem, a outra parte nem sempre está ouvindo ou registrando esses argumentos.

No entanto, para formar a nuvem, o operador deve escrever sua percepção da necessidade que Peach estava tentando satisfazer quando o instruiu a reajustar a máquina. Essa é a parte mais difícil da formação da nuvem de conflito. Poderíamos escrever *[B] não aborrecer cliente do pedido 41427, dada sua tamanha importância,* mas queremos que [B] seja uma frase com sentido positivo. Desse modo, precisamos nos fazer outra pergunta – por que é tão fundamental não aborrecer esse cliente? Isso pode ser respondido com *[B] manter os negócios com o cliente do pedido 41427, dada sua tamanha importância.*

[B]: Manter os negócios com um cliente importante.

[A]: O objetivo comum que nós – eu e o outro lado – tentamos coletivamente conseguir. Esse quadro é ardiloso. Normalmente, a tática do outro lado me impede ou prejudica minha necessidade e, por isso, não enxergo o denominador comum ou o objetivo coletivo. No ambiente de trabalho, eu pode ter conflitos com meu subordinado, meu chefe, um colega ou uma pessoa externa, como um fornecedor, uma pessoa do atendimento etc. Podemos encontrar A fazendo uma pergunta simples – porque estamos discutindo sobre essa questão? Por que estamos nesse mesmo barco?

O operador sabe que é importante cumprir todos os pedidos no prazo. Ele sabe que isso contribui para o desempenho financeiro da fábrica. Por isso, podemos supor que ambos desejam o sucesso da fábrica. Para que a fábrica tenha lucro, todos os pedidos devem ser cumpridos no prazo. Desse modo, podemos concluir que ambos têm um objetivo em comum: *[A]: Lucratividade da fábrica no presente e no futuro.*

Consulte a Figura 24.5 para ver essa nuvem.

Em suma, a sequência e as perguntas para formar a nuvem de conflito diário são apresentadas na Tabela 24.4.

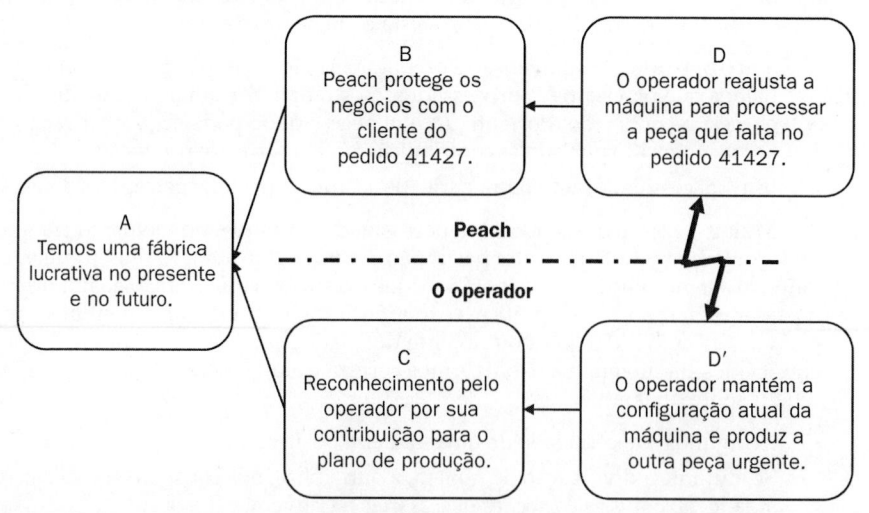

FIGURA 24.5 Um exemplo de nuvem de conflito diário entre o operador e Peach.

Capítulo 24 ■ Gerenciamento diário com a TOC

Tabela 24.4 Sequência e perguntas para formar a nuvem de conflito diário

Quadro	Pergunta para orientar a redação do conteúdo do quadro
D	Qual tática (ação/decisão) o outro lado deseja empregar?
D'	Qual tática (ação/decisão) desejo adotar?
C	Qual necessidade estou tentando satisfazer adotando a tática D'?
B	Qual necessidade a outra parte (de acordo com minha percepção) deseja satisfazer?
A	Que objetivo em comum nós – eu e a outra parte – tentamos atingir atendendo às necessidades B e C?

Etapa 4: verifique e aprimore a nuvem.
Siga o mesmo processo da nuvem de dilema interno.

Etapa 5: traga à tona os pressupostos.
Siga o mesmo processo da nuvem de dilema interno.

Etapa 6: crie a solução.
Na concepção da solução, procedemos dos pressupostos que foram evidenciados na etapa 5 para as injeções. Terminamos com uma lista de possíveis injeções. Entretanto, a situação pode influenciar a escolha de uma injeção para a solução.

De um lado, somos movidos pelo desejo de seguir adiante com a ação que desejamos realizar (D'), visto que ela nos ajudará a satisfazer nossa necessidade e, portanto, a tendência é forçar e persuadir o outro lado a ver nosso ponto de vista e aceitar que o nosso D' e o correto!

Do outro lado, essa postura dificilmente funcionará porque já tentamos utilizá-la e não conseguimos convencer a outra parte.

Consequentemente, talvez seja aconselhável adotarmos uma postura diferente. Evaporamos a nuvem entre C e D' a nosso favor! Devemos encontrar uma injeção que contribua para o atendimento de nossa necessidade C e possa coexistir com a tática D – a tática, vontade ou ação do outro lado.

Agora, a solução D* compreende o D do outro lado, mais uma injeção que quebra o vínculo de C-D'. Normalmente, temos capacidade para realizar a injeção. Portanto, o problema pode ser resolvido facilmente e talvez não seja muito difícil o outro lado aceitar.

Em *The Goal*, esse conflito não chegou a uma solução ganha-ganha. A necessidade de curto prazo era mais imperiosa e a máquina foi reajustada, mas a necessidade do operador não foi atendida. Do ponto de vista do operador, esse foi outro exemplo de que a administração estava tomando decisões desarrazoadas. Podemos encontrar uma solução ganha-ganha?

Supondo que a situação fosse crítica e que o operador quisesse encontrar uma solução ganha-ganha (após o acontecimento), o foco deveria estar em quebrar o vínculo entre C-D'.

Qualquer pressuposto subjacente C-D' precisa explicar o raciocínio lógico entre as duas entidades. Como C é uma necessidade positiva e aceitável, devemos compreender por que nessa situação o operador considera D' (não reconfigurar a máquina) a única forma de conseguir C (ser reconhecido por sua contribuição).

Uma explicação poderia ser que o operador havia acabado de concluir um longo processo de preparação (várias horas). Durante o tempo de *setup* (preparação), *nada* foi produzido. Trata-se puramente de um tempo ocioso para uma máquina tão fundamental. Ao me instruir [o operador] a reconfigurar a máquina, "eles" (meus gerentes) estão transmitindo claramente para mim que meu esforço foi inútil e não necessário. Eu não me sinto reconhecido.

O pressuposto é de que o reconhecimento é avaliado pelos esforços que investimos. Esse pressuposto pode ser contestado. Uma possível injeção poderia ser: Nessa situação crítica, a administração precisa do meu apoio e disposição para fazer um esforço complementar e reajustar a máquina novamente.

Trata-se de uma solução ganha-ganha ou apenas de um nome bacana para concessão? Os cáusticos talvez digam: "Você acabou fazendo o que lhe disseram para fazer logo no início!". Afiramos que é uma medida na direção correta. O conflito é motivado por nossas emoções e nossas emoções são influenciadas por percepções. É correto que, nesse caso, para o mundo externo, isso pareça transigência. Porém, para a pessoa que está lidando com o problema, pode ser um alívio.

A principal lição que pode ser aprendida dessa experiência é que o conflito transparente não é fácil de resolver. Por isso, talvez em outra oportunidade a pessoa que conhece o método da evaporação das nuvens consiga controlar sua reação antes de a situação piorar.

Observe que utilizar essa abordagem com muita frequência com a mesma pessoa – evaporar a nuvem a seu favor – pode criar uma situação em que o outro lado passe a esperar que você sempre evapore a nuvem a seu favor. No final das contas, você vai querer que essas pessoas participem da resolução de problemas evaporando as nuvens a favor delas – depois que você demonstrar sua franqueza ao lidar com problemas e disposição para "abrir mão" de sua vontade inicial.

Etapa 7: divulgue a solução.
Geralmente, recomendamos que, assim que se defrontar com uma situação do tipo "cabo de guerra", você deva propor um tempo para pensar a respeito do problema. Se isso for aceito, você terá oportunidade de formar a nuvem, desenvolver uma solução e então voltar e divulgá-la.

Se esse não for o caso e você ou a outra pessoa impuser uma solução, ainda assim é importante utilizar a análise como processo de aprendizagem para lidar melhor com as situações no futuro.

No exemplo do operador, a reconfiguração da máquina foi imposta e realizada. A importância refere-se a lidar com a emoção e refletir sobre o resultado se a injeção proposta na etapa 6 tivesse sido utilizada. Nesse caso, o operador deveria utilizar a injeção para si mesmo como uma maneira de agir. Dessa forma, ele não precisaria notificar a solução para ninguém. Contudo, os gerentes do operador podem se beneficiar de uma mentalidade dessa natureza. Eles não são o "outro lado"; eles enfrentam os mesmos problemas e ter outro conflito pessoal não os ajuda nem um pouco.

No planejamento da notificação, utilizamos o conhecimento da TOC sobre as camadas de resistência no processo de adesão (tomada de decisões). Elas provêm do trabalho realizado na investigação sobre a resistência à mudança.[7] Esse conhecimento reconhece que a aceitação de uma solução abrange várias camadas. (Refiro-me aqui aos pontos de vista que abrangem as cinco camadas. Outros praticantes da TOC podem empregar números diferentes.) Ao preparar a notificação, devemos cobrir todas as camadas pertinentes à resolução do problema. Com relação a um conflito diário, devemos nos preparar para as três primeiras camadas:

Camada 1 – chegar a um consenso sobre o problema.

Camada 2 – chegar a um consenso sobre a direção da solução.

Camada 3 – chegar a um consenso sobre a solução (isso concretizará o resultado desejado).

As outras duas camadas serão introduzidas após a seção sobre as RRNs e os obstáculos:

Camada 4 – chegar ao consenso de que não haverá nenhum efeito negativo.

---

[7] Consulte, por exemplo, o Capítulo 20 deste livro, de Efrat Goldratt sobre as camadas de resistência e o processo de adesão.

Camada 5 – chegar ao consenso de que podemos superar os obstáculos à implementação.

O problema é apresentado pela nuvem.
A direção é aceitar a tática do outro lado e evaporar a nuvem a meu favor.
O resultado desejado é verificado na etapa 6 – a injeção que rompe o lado C-D' substituindo D' contribui para a consecução de C e não prejudica a consecução de B.

Na notificação real, não precisamos seguir sistematicamente a sequência das camadas. Devemos ser flexíveis para nos ajustarmos à preferência do outro lado. Esse processo deve ocorrer em uma reunião presencial. Não é recomendável tentar resolver esses problemas utilizando *e-mail*.

Vá à reunião e diga:

> Temos opiniões diferentes sobre a questão...
>> Estive pensando sobre isso e gostaria de trabalhar com você para buscarmos uma solução factível.
>> Você deseja D e eu desejo D'. Eles são incompatíveis. Proponho que você continue com seu D, mas precisamos garantir que meu C também seja considerado. Você tem alguma sugestão sobre como podemos cuidar disso?

Se o outro lado apresentar alguma sugestão, você pode compará-la com as injeções possíveis que você tem em mente para evaporar a nuvem. Se a ideia proposta for suficientemente próxima, você pode concordar com a solução. Se não, continue procurando uma solução amigável. Supondo que você esteja disposto a contemplar as injeções propostas para o seu lado da nuvem, essa discussão deverá ser amigável e terminar de forma construtiva.[8]

Diminuindo os apagamentos de incêndio

Os gerentes têm uma enorme influência sobre o desempenho dos sistemas pelos quais eles são responsáveis. Eles precisam de tempo e perseverança para lidar com melhorias. O tempo precisa ser aproveitado. O oposto de aproveitamento é desperdício. Uma das causas comuns do desperdício de tempo e rompimento do processo gerencial é conhecida como apagamento de incêndio. Nesta seção, mostramos como o método da evaporação das nuvens é empregado para lidar com apagamentos de incêndio para melhorar o sistema e evitar que esses incêndios voltem a ocorrer.

Etapa 1: identifique o tipo de problema.
Os apagamentos de incêndio são uma dor de cabeça comum para os gerentes. Independentemente de seus planos particulares ou das questões das quais eles devem cuidar, eles enfrentam um problema inesperado e urgente – um incêndio – para o qual devem ter uma solução imediata.

Um gerente está sentado em seu escritório e de repente batem à porta. Um assistente (alguém que responde ao gerente) entra e diz: "Chefe, temos um problema". O que ele de fato quer dizer é: "Chefe, está ocorrendo um problema e preciso do senhor agora para resolvê-lo, pois do contrário algo desagradável ocorrerá em sua área de responsabilidade".

A característica de um problema desse tipo é que o chefe precisa parar tudo e resolver o problema. Os problemas inesperados e urgentes fazem com que os gerentes tenham de executar trabalhos e tarefas que deveriam estar sob os cuidados de seus subordinados ou não deveriam ocorrer. Isso leva a gerência a perder um tempo e energia valiosos.

A resolução sistemática de problemas inesperados – utilizando o método da evaporação das nuvens – ajuda o gerente a se tornar mais eficaz, a ser menos interrompido e a

---

[8] No Capítulo 2 do livro *It's Not Luck*, de Eli Goldratt (1994), há um exemplo de conflito diário quanto a um problema pessoal. Trata-se de um desacordo entre Alex Rogo e Sharon, sua filha adolescente.

aprimorar as habilidades de seus subordinados e gerenciar sua área de uma forma mais eficiente.

Observe que o nome para isso pode ser um pouco enganoso. O método que estamos prestes a propor não está relacionado a como solucionar o problema urgente propriamente dito. Os incêndios estão ocorrendo e o gerente precisa encontrar uma solução imediata para apagá-los. A ideia é utilizar o incidente do incêndio para encontrar soluções que impeçam sua reincidência. Portanto, uma análise do conflito posterior ao acontecimento é conceitual – quais medidas (ações) poderiam ter evitado a necessidade de o gerente resolver a situação? Por que as pessoas afetadas pelo incêndio não poderiam elas mesmas apagá-los? Quando elas não conseguem apagar um incêndio, eles acorrem ao chefe e pedem socorro. Isso gera um contratempo para o gerente – um incêndio gerencial.

Os incêndios gerenciais são provocados por três fatores principais:

1. Falta de conhecimento – os subordinados não sabem como agir em determinadas situações. O conhecimento está nas mãos do gerente ou se encontra ao seu alcance. Isso é provocado pela falta de tempo do gerente para transferir o conhecimento e o *know--how* para seus assistentes e, em alguns casos, pela falta de disposição dos assistentes de aprender com seu chefe.

2. Falta de autoridade – o assistente tem responsabilidade, mas não autoridade. Muitas vezes, o sistema restringe o nível de autoridade por meio de políticas e procedimentos rigorosos.

3. Falta de confiança – as pessoas que deveriam tomar as medidas necessárias sentem-se incapazes de executá-las e procuram o gerente para realizá-las em seu lugar. Muitas vezes as pessoas temem ser punidas caso algo dê errado, embora estejam tentando resolver um problema urgente para a empresa.

A realidade do problema urgente (incêndio) é que ele precisa ser atendido assim que aparece. O gerente é obrigado a conceber uma solução imediata e apagar o incêndio. Entretanto, temos de abordar o problema urgente com a visão de que ele é uma manifestação de uma falha sistêmica. É adequado investigar as causas do incêndio e tomar iniciativas que o eliminem. Desse modo, depois de apagar o incêndio, é recomendável que o gerente o analise por meio do método da evaporação das nuvens para desenvolver uma solução que impeça sua reincidência no futuro combatendo a respectiva causa.

Etapa 2: redija uma narrativa.
Exemplo:

> Sou gerente de atendimento ao cliente. Ontem, a pessoa responsável pela remessa de produtos, que é subordinada a mim, me procurou para pedir ajuda. Havia uma entrega programada para um determinado cliente, mas não se sabia ao certo o local da entrega. Fazia três dias que o gerente da conta desse cliente específico, que também se reporta a mim, estava inacessível.
>
> Fui obrigado a telefonar várias vezes para o cliente e, depois de algumas inconveniências, obtive a informação e a passei para o encarregado de envio. Em seguida, retornei para o meu outro trabalho.

Nesse incidente, o encarregado de envio deseja executar seu trabalho apropriadamente, como se supõe que deveria. Podemos pressupor que antes, quando os pedidos eram enviados com atraso, essa pessoa era defrontada e contestada – mesmo quando esse atraso não era uma falha dela. Ele poderia dar de ombros e não fazer nada até o momento em que o gerente de conta voltasse. Porém, ele se importa com isso! Por isso, ele procura o gerente de atendimento e o informa sobre o problema.

Para resolver o problema, o próprio gerente telefonou para o cliente. O cliente ficou descontente com o telefonema. Esse problema foi resolvido momentaneamente, mas não há nada para evitar a ocorrência desse mesmo problema no futuro. Esse pode ser um bom motivo para o gerente investigá-lo por meio do método da evaporação das nuvens.

Etapa 3: forme a nuvem.
A sequência para formar a nuvem de apagamento de incêndio é diferente da sequência dos dois tipos anteriores porque o desencadeador da nuvem é diferente. Na nuvem de dilema interno e na de conflito diário, o problema em si aparece na nuvem. O conflito encontra-se entre duas táticas distintas: D e D'. Assim que as redigimos, podemos prosseguir para B e C e finalmente a A.

Na situação de apagamento de incêndio, o problema desencadeia a nuvem, mas não é registrado na nuvem em si. Lidamos com o problema porque ele é extremamente importante. Isso significa que o problema está comprometendo o objetivo A e particularmente uma das necessidades. Portanto, o ponto de entrada na nuvem é a necessidade que corre risco. Desse ponto, continuamos a preencher os quadros de acordo com uma sequência lógica e as perguntas apresentadas na Tabela 24.4.

O exemplo de formação da nuvem relativa ao problema de envio, do ponto de vista do gerente de atendimento ao cliente:

[B]: Necessidade em risco: Garantir a remessa pontual ao cliente. Se não fizermos nada, as informações sobre a remessa não serão obtidas antes de o gerente de conta voltar e, até que ele volte, já será tarde demais.

[D]: Ação para conseguir B: O encarregado de envio tem autorização para telefonar para o cliente para obter informações sobre a remessa.

A tática proposta em D não é tão ruim, mas não é permitida de acordo com o procedimento enunciado no quadro D', e pode provocar as consequências negativas que o procedimento tenta evitar.

[D']: O procedimento impeditivo: Somente o gerente de conta faz todos os telefonemas ao cliente.

[C]: A necessidade que o procedimento em D' procura atender: Manter um bom relacionamento com o cliente.

Os clientes não gostam que vários funcionários dos fornecedores telefonem para eles para lidar com os diferentes aspectos dos produtos ou serviços que eles compram. Portanto, supomos que, se o encarregado de envio telefonar para o cliente, ele será importunado (tal como indica a narrativa).

[A]: O objetivo: Alto nível de atendimento ao cliente.

A nuvem é apresentada na Figura 24.6.

Em suma, a sequência e as perguntas para formar a nuvem de apagamento de incêndio são mostradas na Tabela 24.5.

Etapa 4: verifique os vínculos lógicos e aprimore.
Faz as verificações lógicas regulares das setas da nuvem.
Verifique se esse problema coloca você – o gerente – em conflito direto com seu sistema (algumas vezes até mesmo com o sistema que você mesmo implementou).
Verifique se a ação em D compromete C.
Verifique se o procedimento ou a tática de D' compromete B.
Aprimore a nuvem.

Etapa 5: traga à tona os pressupostos.
Traga à tona os pressupostos pertinentes para todas as setas da nuvem.

Parte VI ■ Processo de Pensamento

```
        ┌──────────────┐      ┌──────────────┐
        │      B       │      │      D       │
        │ A remessa ao │      │ O encarregado│
        │ cliente deve │◄─────│ de envio tem │
        │ ser pontual. │      │ permissão para│
        └──────┬───────┘      │ telefonar para│
               ▲              │  o cliente.   │
┌──────────┐   │              └──────────────┘
│    A     │◄──┤                     ⚡
│ Nosso    │   │              ┌──────────────┐
│atendimento│  ▼              │      D'      │
│ao cliente│   ┌──────────────┐│ Apenas o    │
│é de alto │   │      C       ││ gerente de  │
│ nível.   │◄──│ O atendimento││ conta       │
└──────────┘   │ ao cliente   ││ telefona    │
               │ mantém um    ││ para o      │
               │ bom relacio- ││ cliente.    │
               │ namento com  │└──────────────┘
               │ os clientes. │
               └──────────────┘
```

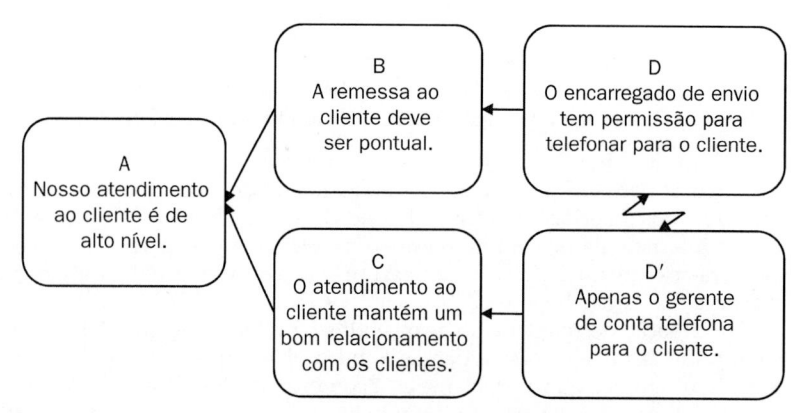

FIGURA 24.6 Um exemplo de nuvem de apagamento de incêndio.

Os pressupostos subjacentes A-B e A-C são necessários para restabelecer a importância de ambas as necessidades. São condições básicas para um alto nível de desempenho da área sob a responsabilidade do gerente. Os pressupostos devem respaldar a intuição do gerente do motivo pelo qual ele tem de lidar com os problemas de última hora.

Os pressupostos C-D' respaldam o raciocínio sobre o sistema que foi empregado para conseguir C. Os procedimentos atuais ajudam a empresa a ter um andamento tranquilo. Eles existem para garantir a qualidade, consistência e eficácia dos processos internos da empresa. Portanto, os pressupostos são em sua maioria consistentes e positivos. Contudo, por mais que os procedimentos sejam bons e abrangentes, eles não abrangem todo o espectro de situações possíveis.

Desse modo, os pressupostos B-D revelam situações em que os procedimentos existentes são frágeis.

Observe que utilizamos o termo "sistema" nesse caso para denotar algo que está além da necessidade da pessoa (o encarregado de envio, nesse exemplo) que está levantando o problema e que isso deve estar dentro da área de responsabilidade do gerente (atendimento ao cliente) que está lidando com o problema de última hora.

Os pressupostos D-D' revelam os motivos do conflito. Normalmente, eles apontam para a rigidez dos procedimentos, na medida em que eles prejudicam as necessidades da empresa, e para a falta de abrangência dos procedimentos no sentido de lidar com situações de emergência e especiais.

Exemplo:

Tabela 24.5 Sequência e perguntas para formar a nuvem de apagamento de incêndio

Quadro	Pergunta para orientar a redação do conteúdo do quadro
B	Que necessidade fundamental do sistema[a] o problema de última hora (incêndio) compromete ou põe em risco?
D	Que ação pode ser realizada para atender à necessidade que corre risco em B?
D'	Que ação ou procedimento é utilizado para evitar as ações propostas em D?
C	Que outra necessidade importante do sistema exige o procedimento enunciado em D'?
A	Que objetivo em comum será obtido com B e C?

a Observe que o emprego do termo "sistema" nesse caso denota algo que está além da necessidade da pessoa que está levantando o problema, e isso deve estar dentro da área de responsabilidade do gerente que está lidando com o problema de última hora.

Pressupostos C-D':

Para obter [C], manter um bom relacionamento com o cliente, todas as pessoas do departamento de atendimento ao cliente (incluindo o encarregado de envio), DEVEM seguir o procedimento de D', apenas o gerente de conta telefona para o cliente, PORQUE...

- Adotamos a política de ter "um único ponto de contato" [expressa simplesmente o motivo do procedimento empregado].
- O cliente fica irritado e confuso quando procurado por pessoas diferentes da empresa [explica a lógica que levou a empresa a adotar esse procedimento].
- Ninguém além do gerente de conta colocará o cliente em uma situação embaraçosa.

Pressuposto B-D:

- O gerente de conta talvez não esteja acessível e as instruções de remessa não sejam claras. (Esse é um caso especial em que ocorrem duas situações simultâneas. Se apenas uma delas ocorresse, não haveria nenhum problema.)

Pressupostos D-D':

- O procedimento estabelece claramente que, em qualquer situação, "Ninguém tem permissão para entrar em contato com o cliente, a não ser o gerente de conta".
- O procedimento não abrange situações raras como a que provocou o problema emergencial (incêndio).

Etapa 6: crie uma solução.

O propósito em utilizar o método da evaporação das nuvens para problemas emergenciais é aproveitar melhor o tempo da gerência eliminando as interrupções provocadas por esses problemas. Portanto, queremos encontrar uma solução adequada e permanente para o problema, e para isso precisamos decidir qual seta é mais apropriada romper.

Em teoria, não queremos escolher uma solução que viole o procedimento. Romper C-D' significa abandonar o procedimento existente.[9] Isso seria como "jogar fora o bebê junto com a água do banho". A solução tem de ser uma injeção conjunta que abranja as três setas ao mesmo tempo: B-D, C-D' e D-D'.

No exemplo, o gerente de atendimento ao cliente foi forçado a apagar o incêndio. Essa é a principal prioridade. Em situações como essa, é tarde demais para encontrar uma solução ganha-ganha. O gerente tem de tomar uma decisão imediata. No exemplo, o gerente decidiu telefonar para o cliente. Desse modo, B foi salvo, mas o cliente talvez tenha ficado insatisfeito. Não queremos julgar a decisão do gerente, mas aprender com ela o que pode ser feito sistematicamente para evitar sua reincidência. Se permitirmos que outra pessoa além do gerente de conta telefone, romperemos C-D'. Se não permitirmos que o encarregado de envio telefone sempre que necessário, romperemos B-D.

Se uma ação ou uma injeção romper B-D e CD', isso significa que essa injeção também romperá pelo menos um dos pressupostos subjacentes a D-D'; nesse caso, ele rompe o pressuposto de que o procedimento é rígido e deve ser obedecido independentemente das circunstâncias. Essa injeção também contesta a percepção de que o procedimento é abrangente e cobre todas as situações possíveis.

A direção para lidar com situações emergenciais (utilizando o método da evaporação das nuvens) é incorporar as soluções de emergência nos procedimentos existentes. Essa

---

[9] Lembre-se de que se trata de um problema diário e não de uma análise detalhada do problema mais profundo. Um trabalho mais abrangente pode considerar esse procedimento parte do problema básico e, nesse caso, a solução pode abranger uma mudança importante ou mesmo a eliminação do procedimento.

direção parte do reconhecimento de que em situações emergenciais criam-se e utilizam-se boas ideias que não são aceitas em circunstâncias regulares. Desse modo, essas ideias são mantidas como "patrimônio" dos indivíduos e não fazem parte do corpo de conhecimentos da organização.

Conclusão: Desenvolva a solução por meio de uma análise das ações empregadas em situações emergenciais, aprimore e formalize as ações para que elas atendam às duas necessidades da nuvem e as incorpore nos procedimentos existentes.

No exemplo, a injeção é a proposta de alteração do procedimento:

> Sempre que a pontualidade de uma remessa correr risco por causa de informações inadequadas sobre o local de entrega e o gerente de conta não estiver disponível, o encarregado de envio terá autoridade para entrar em contato com o cliente para obter essa informação.

Verifique se essa solução é ganha-ganha:

> Essa alteração resolve a situação específica desse problema emergencial. O encarregado de envio pode telefonar para o cliente e obter informações. O cliente receberá pedido no prazo. B é protegido. Porém, como fica C? E o pressuposto de que o cliente ficará irritado se outra pessoa além do gerente de conta procurá-lo? Por isso, precisamos garantir que o cliente seja notificado **com antecedência** sobre essa mudança no procedimento, explicando que o intuito dessa alteração é proteger seu interesse e que esse procedimento será empregado apenas em casos raros. O cliente deve concordar com isso.

Etapa 7: divulgue a solução.
Existem duas etapas principais na divulgação da solução – chegar a um consenso com as pessoas pertinentes e fazer formalmente as correções nos procedimentos. A segunda parte deve ser realizada de acordo com a forma como a empresa faz alterações em seus procedimentos. Comecemos pela obtenção de consenso. Existem pelo menos três partes envolvidas na solução da situação emergencial:

1. O gerente que está pronto para apagar o incêndio – o gerente tem o desejo e a perseverança para solucionar o problema, visto que ele é obstruído pelo problema e sofre as consequências. Desse modo, ele deve procurar o ponto de vista das outras partes e incorporá-lo na solução e continuar verificando se a solução é ganha-ganha.

2. A pessoa/departamento que levanta o problema – eles desejam executar seu trabalho de uma maneira que sejam reconhecidos por sua contribuição. Eles são obstruídos pela falta de autoridade e não necessariamente exigem maior autoridade, mas não desejam sofrer consequências negativas em virtude da impossibilidade de executar seu trabalho.

3. A pessoa/departamento que representa a necessidade que motivou o procedimento – geralmente, eles são a favor do procedimento existente, visto que ele apoia o objetivo ou os resultados do trabalham que executam. Portanto, talvez eles não fiquem contentes em incorporar mudanças nos procedimentos.

Apresentamos a seguir uma sequência para notificar a solução para as partes acima mencionadas:

1. Preparação – Registre por escrito o conteúdo/pressupostos da nuvem. Procure ter pressupostos consistentes e aceitáveis em A-B e A-C, pressupostos corroborativos e também pressupostos que possam ser contestados em B-D e C-D' (pelo menos uma de cada) e pressupostos D-D'. Escreva a alteração do procedimento que você deseja propor. Você não precisa necessariamente expor seu trabalho. Talvez seja melhor explicá-lo sem apresentar diagramas nem utilizar a terminologia da TOC (pelo menos nos primeiros estágios em que empregar a TOC para gerenciar pessoas).

2. Reunião com a pessoa (encarregado de envio) que levantou o problema:
    - Apresente o incidente que provocou o problema emergencial.

- Apresente as entidades da nuvem, seguindo a sequência: A → B → D e depois A → C → D'.

  A sequência baseia-se no fato de A normalmente ser aceito. Em seguida, apresentamos B e D para mostrar para o encarregado de envio que seus pontos de vista são considerados e compreendidos. Depois disso, apresentamos o ponto de vista do sistema, C e D'.

- Chegue a um consenso sobre a lógica e as frases. Se houver comentários que devam ser incorporados à nuvem, anote-os.
- Peça à pessoa para que apresente ideias para resolver o problema permanentemente.
- Se a sugestão for semelhante à sua solução, reconheça e agradeça a pessoa por sua contribuição. Se for diferente, verifique se ela é ganha-ganha e se é melhor do que aquela em que você pensou. Se for, aceite-a. Do contrário, proponha sua solução e ouça possíveis observações e ressalvas. O objetivo é chegar a um ponto de vista consolidado para ambas as partes.

3. Reunião com a principal pessoa (gerente de conta) associada com o procedimento:
   - Apresente o incidente que provocou o problema emergencial.
   - Apresente as entidades da nuvem, seguindo a sequência: A → B → D e depois A → C → D'.

     A sequência é diferente, comparada à da notificação ao encarregado de envio. Começamos com A e então passamos para os pontos de vista do sistema que são representados pelo gerente de conta, C and D'. Em seguida, apresentamos os pontos de vista do encarregado de envio, B e D.

   - Chegue a um consenso sobre a lógica e as frases. Se houver comentários que devam ser incorporados à nuvem, anote-os.
     - Se a pessoa concordar, o processo terminará aí.
     - Do contrário, se a pessoa apresentar implicações negativas com respeito à alteração, peça sugestões para eliminar essas consequências negativas e avalie a possibilidade de incorporá-las na alteração.
     - Se a pessoa propuser uma ideia alternativa e ela for boa, você pode adotá-la.
   - Aviso: Esse é apenas um dentre os vários problemas que existem no ambiente. Não permita que isso se torne a principal iniciativa ou uma iniciativa complexa. Precisamos de soluções simples, práticas e rápidas que não gerem novos problemas. A verificação sobre se a solução é ganha-ganha e para eliminação das consequências negativas produzirá soluções suficientemente boas.

Não podemos concluir que a nuvem de apagamento de incêndio seja, provavelmente, a melhor ferramenta que os gerentes podem ter para solucionar de maneira sistemática os problemas que impedem que as áreas sob sua responsabilidade funcionem tranquilamente.

Lidando com os efeitos indesejáveis (EIs): a nuvem de EI

O EI

Antes de passar para a nuvem de EI, analisemos primeiro o EI propriamente dito.

O EI é um pilar no trabalho de análise integral do desenvolvimento de qualquer solução funcional ou estratégica ao estilo da TOC.[10] Ele é utilizado para construir a árvore da

---

[10] O *TOCICO Dictionary* (Sullivan *et al.*, 2007, p. 50) define *efeito indesejável* (EI) como "Aspecto negativo da realidade atual definido em relação à meta organizacional ou do sistema ou às suas condições básicas. Os EIs são considerados um sintoma visível de uma causa subjacente, um problema básico ou um conflito básico mais profundo". (© *TOCICO* 2007. Utilizada com permissão. Todos os direitos reservados.)

realidade atual (ARA), que nos ajuda a identificar o problema básico. Entretanto, o conceito da nuvem de EI pode ser aplicado isoladamente; isto, separadamente da ARA. O EI evidencia a nuvem (se existe um EI, existe uma nuvem) e, portanto, é útil para o gerente revelar a nuvem de EI e utilizá-la quando apropriado.

EI é uma consequência e sua existência é incontestável (ainda que as pessoas possam discutir a respeito de sua magnitude). Ele é indesejável – ele ameaça, diminui a possibilidade ou impede que uma necessidade válida, um objetivo ou mesmo a meta de um sistema sejam atingidos.

O EI é um pilar na análise da TOC sobre a realidade atual. Isso é verdadeiro porque ele nos leva a focalizar o que está dando errado; isto é, o que precisamos corrigir. Ele nos coloca em um caminho para mudar o que é indesejável com relação aos resultados que são desejáveis. Desse modo, precisamos garantir que o EI seja válido e corretamente verbalizado. A sintaxe da sentença do EI tem orientações claras:

- É uma reclamação sobre um problema contínuo em sua realidade e, em virtude desse problema, você não consegue ter um melhor desempenho. A sentença deve ser escrita no tempo presente.
- É uma descrição sobre uma situação, e não sobre uma ação.
- O que é descrito está dentro de sua área de responsabilidade.
- Alguma coisa pode ser feita a esse respeito.
- Não deve culpar alguém.
- Não pode ser uma causa especulativa.
- Não pode ser uma solução obscura (uma ilusão de que se resolveu o problema).
- Deve conter uma entidade.
- Não deve incluir a causa em sua verbalização.
- Deve ser factual, e não subjetiva.
- Deve ser uma frase completa.

O processo da nuvem de EI
Etapa 1: identifique os EIs.
Um problema pode ser definido como um EI quando:

- Tem consequências negativas sobre o desempenho do sistema.
- Existe há algum tempo (pelo menos há vários meses).
- Houve tentativas para solucioná-lo, mas foi obtido pouco ou nenhum sucesso.

Essa dificuldade constante na resolução do problema indica que o sistema tem um problema inerente que impede que ele seja resolvido. Devemos descobrir o que é e, para isso, precisamos da nuvem de EI.

Outra importante aplicação da nuvem de EI é no processo de vendas.

Suponhamos que a empresa tenha uma boa oferta para o mercado fundamentada em um atendimento que foi aprimorado. Uma boa oferta é uma solução para um problema que um cliente em potencial está enfrentando, mas que não conseguiu resolvê-lo bem-sucedidamente. Isso significa que o comprador tem um conflito e que é melhor nos prepararmos utilizando o método da evaporação das nuvens. Quando estivermos convencidos de que nossa oferta evapora o conflito de EI do cliente em uma solução ganha-ganha, teremos um ponto de partida para uma proposição de valor ao cliente por meio da nuvem.

Portanto, nesta parte, referimo-nos a dois tipos de EI:

- EI do sistema – para o gerente analisar uma questão dentro de sua área de responsabilidade.

- EI do cliente – para o pessoal de vendas e marketing preparar uma oferta para seus clientes.

O processo de formação da nuvem, de concepção da solução e de divulgação da solução para as pessoas pertinentes é idêntico para ambos os tipos de EI. Em prol da objetividade, o exemplo do sistema de EI é utilizado para descrever o processo e o exemplo do EI do cliente é apresentado após a conclusão da etapa 7 do processo de formação da nuvem de EI.

Etapa 2: redija a narrativa.

Etapa 3: forme a nuvem de EI.
Para formar a nuvem, é necessário responder as perguntas associadas com cada quadro na nuvem. A sequência das respostas a essas perguntas na nuvem de EI assemelha-se a uma forma em Z:

$$[B] \to [D] \to [C] \to [D'] \to [A]$$

[B]: Por que esse efeito é indesejável? Que necessidade importante do sistema ele compromete ou coloca em risco?

[D]: Que ação deve ser realizada para atender à necessidade comprometida em B?

[C]: Que outra necessidade importante o impede de sempre realizar a ação D?

[D']: Que ação você realiza para atender à necessidade em C?

[A]: Que objetivo em comum é conseguido com B e C?

Exemplo de uma nuvem de EI do sistema de produção

O gerente de produção de uma empresa de engenharia está reclamando da dificuldade de montar os produtos finais em virtude da falta de peças.

EI: Faltam muitas peças na montagem.

Formação da nuvem de EI:

[B]: Que necessidade está sendo comprometida?

[B]: Cumprir nossos cronogramas de produção.

Se estão faltando peças, não conseguimos montar o produto. Às vezes, começamos a montagem com um conjunto incompleto e por isso temos de pôr de lado as montagens não concluídas e esperar as peças que faltam chegar. Em ambos os casos, estamos atrasados na finalização dos produtos de acordo com os planos de produção. Essa é a necessidade do departamento de produção, visto que ele é responsável, tem o dever e normalmente é avaliado com base no grau com que cumpre os cronogramas.

[D]: Que ações você deve realizar para atender à necessidade comprometida em B?

[D]: Não introduzir imediatamente no cronograma as mudanças de engenharia.

Toda mudança de engenharia exige a substituição de várias peças. Essas peças precisam ser produzidas do zero. Leva tempo para produzi-las. As peças para o modelo existente estão no estoque. Se adiarmos por algum tempo a introdução do novo modelo, poderemos cumprir nossos cronogramas.

A etapa 1 do processo da nuvem de EI é diferente da etapa 1 dos tipos de problema anteriores. O EI é um problema bem definido. A etapa 1 na verdade é utilizada para identificar o EI que desejamos analisar.

[C]: Que outra necessidade importante o impede de sempre realizar a ação em D?

[C]: Atender às solicitações dos clientes dos modelos mais recentes (rapidez de disponibilização do produto ao mercado).

As mudanças de engenharia melhoram a qualidade de nosso produto e aprimoram os recursos que ele oferece. Em qualquer caso, os novos modelos oferecem aos nossos clientes melhores vantagens competitivas. Portanto, os clientes de fato nos pressionam a fornecer produtos do novo modelo.

A necessidade [C] é apresentada pelo departamento de marketing ou vendas. Eles são os guardiões da vantagem competitiva da empresa e de sua capacidade de vender no mercado.

[D']: Que ações você realiza para atender à necessidade em C?

[D']: Introduzir as mudanças de engenharia imediatamente no cronograma.

A única maneira de oferecermos os produtos aprimorados é introduzir essas novas peças nas ordens de serviço existentes cuja montagem está programada para um futuro próximo.

[A]: Que objetivo em comum é obtido com B e C?

[A]: Atingir nossas metas de negócio.

O lucro de nossa empresa depende da venda dos produtos aos clientes. Os recursos de engenharia ajudam a empresa a obter mais pedidos no futuro; a eficácia da produção ajuda a empresa a ter lucro.

A nuvem de EI do sistema é apresentada na Figura 24.7.

Em suma, a sequência e as perguntas para formar a nuvem de EI são apresentadas na Tabela 24.6.

Etapa 4: verifique e aprimore.
Na nuvem de EI, primeiramente verifique se ela está redigida adequadamente e do ponto de vista do "detentor" do EI. Pode haver confusão na análise do EI de um cliente. Visto que é *você* quem está redigindo a nuvem, e não o cliente, a tendência é redigir como EI o fato de o proprietário da loja não comprar de você, não comprar o suficiente ou não estar disposto a aceitar sua oferta. Esses casos não são EIs porque eles implicam uma solução obscura: "Se o cliente comprasse mais/com maior frequência/aceitasse minha oferta, eu venderia mais".

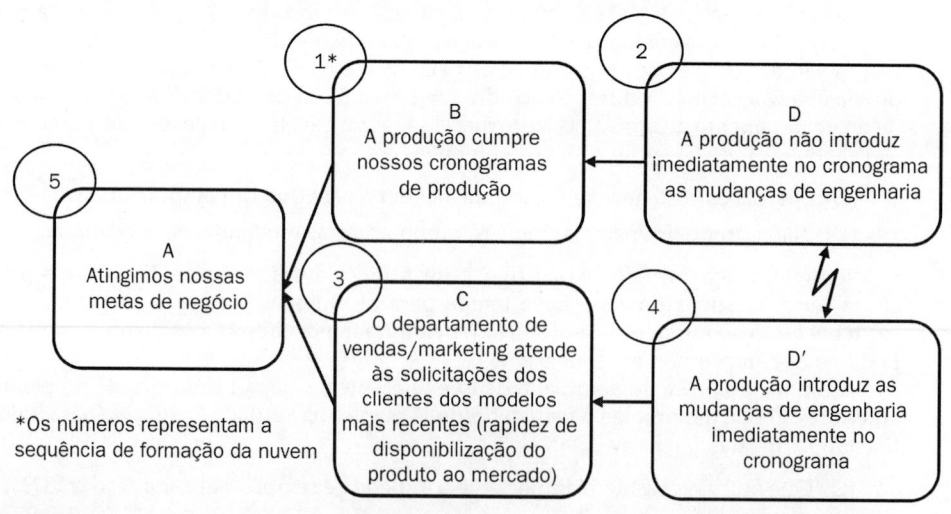

FIGURA 24.7 Um exemplo de nuvem de EI de sistema para a falta de estoque de peças.

*Os números representam a sequência de formação da nuvem

- 1*: B — A produção cumpre nossos cronogramas de produção
- 2: D — A produção não introduz imediatamente no cronograma as mudanças de engenharia
- 3: C — O departamento de vendas/marketing atende às solicitações dos clientes dos modelos mais recentes (rapidez de disponibilização do produto ao mercado)
- 4: D' — A produção introduz as mudanças de engenharia imediatamente no cronograma
- 5: A — Atingimos nossas metas de negócio

Tabela 24.6 Sequência e perguntas para formar a nuvem de EI

Quadro	Pergunta para orientar a redação do conteúdo do quadro
B	Que necessidade importante do sistema o EI compromete ou coloca em risco?
D	Que ação deve ser realizada para atender à necessidade comprometida em B?
C	Que outra necessidade importante o impede de sempre realizar a ação D?
D'	Que ação você realiza para atender à necessidade em C?
A	Que objetivo em comum será obtido com B e C?

Outra tendência é utilizar a nova oferta – a solução que você acredita que melhorará seus negócios – como uma das ações (D ou D'). Esse não é o objetivo da nuvem de EI. A oferta deve ser a injeção que evapora a nuvem do cliente.

Verifique todos os vínculos lógicos da nuvem e faça as correções e melhorias necessárias.

Verifique se a lógica das diagonais está clara.

A tática D está comprometendo a necessidade C (embora isso faça parte da sequência de formação da nuvem de EI).

A tática D' está comprometendo a necessidade B.

Etapa 5: traga à tona os pressupostos.
Siga o processo regular para trazer os pressupostos à tona. Apresentamos a seguir alguns outros pontos que devem ser considerados.

Na nuvem de EI do sistema, o EI é definitivamente uma falha do sistema e, por isso, nosso desejo é trazer à tona os pressupostos do sistema que talvez tenham sido válidos no passado, quando o sistema foi criado, mas perderam sua relevância e agora podem provocar obstrução. Desse modo, continue trazendo os pressupostos à tona até que você detecte um ou vários pressupostos que possam ser contestados e desenvolva uma injeção para refutá-los.

Etapa 6: crie a solução.
Na nuvem de EI, basta seguir as orientações regulares para evaporar a nuvem e verificar se a solução gera ganho mútuo (ganha-ganha). A seta, os pressupostos correspondentes e as injeções são mostrados na Tabela 24.7.

Etapa 7: divulgue a solução.
Sempre prepare a sessão de divulgação para as pessoas pertinentes.

Na preparação, você deve considerar as reações e atitudes previstas dos participantes da reunião. Você deve estar preparado para responder aos comentários e ressalvas que

Tabela 24.7 A seta, os pressupostos correspondentes e as injeções para a nuvem de EI

Seta	Pressuposto	Injeção
B-D	A programação de produção MRP não consegue conciliar as mudanças de engenharia que não estão na previsão.	Implementar o tambor-pulmão-corda simplificado (TPC-S) para diminuir significativamente o tempo de espera.
	A liberação descontrolada de mudanças de engenharia dilui os pedidos.	
C-D'	O sistema de gerenciamento de projetos na engenharia está introduzindo as mudanças de engenharia no mercado o mais rápido possível.	Implementar a corrente crítica (CC) de múltiplos projetos para diminuir significativamente o tempo de espera.
D-D'	A seção de produção tem muito estoque de trabalhos em andamento (*work in progress* – WIPs).	Segurar os pedidos dos novos produtos até que todas as mudanças de engenharia sejam verificadas e tenham o material necessário.

eles apresentarem. Talvez seja útil apresentar o assunto primeiro a uma única pessoa que possa lhe dar um *feedback* sobre o problema e a solução proposta.

A divulgação deve seguir as três primeiras camadas do processo de adesão de cinco camadas. Você deve desenvolver um estilo próprio e uma forma própria de lidar com essas camadas. O trabalho do processo de pensamento para verificar se seus pontos de vista estão claros para você mesmo é seu dever de casa.

Na **camada 1** obtém-se uma definição clara do problema por meio da nuvem. O consenso de que na realidade atual o problema delineado pela nuvem não pode ser resolvido deve gerar um acordo sobre o que de fato constitui o problema.

A **camada 2** é o compromisso de encontrar uma solução ganha-ganha – um novo conjunto de táticas que não entram em conflito umas com as outras e contribuem para o atendimento das necessidades B e C.

A **camada 3** é a injeção detalhada (ou as injeções) que evapora a nuvem. O consenso sobre a solução pode ser obtido por meio da apresentação da lógica de causa e efeito que mostra como as injeções contribuem para o atendimento de ambas as necessidades.

A utilização explícita das ferramentas do processo de pensamento durante anos foi considerada a melhor maneira de divulgar uma solução. Isso nem sempre é verdade. É aconselhável verificar se a apresentação da análise do processo de pensamento funciona no seu caso e, se não funcionar, encontrar outras formas de lidar com as camadas de consenso.

Geralmente, as pessoas querem se envolver na concepção de uma solução que afetará seu trabalho. O gerente comprometido com a melhoria contínua primeiro precisa fazer sua parte – analisar e definir o problema, conceber uma solução e divulgá-la às pessoas apropriadas com o intuito de obter seu apoio e colaboração para a adoção e implementação da solução. Quanto à divulgação, o gerente precisa lidar com a questão do processo de melhoria – "Como causar a mudança?". Nesse caso a TOC estabelece que devemos induzir as pessoas apropriadas a criar essas soluções, isto é, as soluções que se assemelham àquela que encontramos. Entretanto, elas não precisam necessariamente ser idênticas.

Se as pessoas propuserem injeções suficientemente boas para evaporar a nuvem, que sejam práticas e criem uma solução ganha-ganha, deveremos considerar a possibilidade de adotá-las e incorporá-las, mesmo se tivermos desenvolvido nossas próprias injeções para a nuvem.

Nem sempre conseguiremos induzir as pessoas a participar ativamente da proposição de uma solução. Nosso trabalho nem sempre será convincente o bastante para induzi-las a apresentar voluntariamente o resultado lógico do trabalho que foi realizado. A experiência o norteará com relação à maneira de divulgar a solução. Basta ser suficientemente flexível e atencioso para ouvir os comentários e as ressalvas das pessoas.

Exemplo de nuvem de EI de um sistema varejista

Etapa 1: identifique os EIs.

Etapa 2: redija a narrativa.

Etapa 3: forme a nuvem de EI.

Exemplo de nuvem de EI de um cliente

Você é vendedor. Sua empresa (o fornecedor) está vendendo produtos de consumo. Durante anos sua empresa tem proposto desconto para as compras de grandes quantidades. Após a implementação da solução de *produzir para disponibilizar (make-to-availability* – MTA) da TOC, a empresa adotou a mentalidade de "parar de empurrar". Você deseja oferecer aos seus clientes (lojas, varejistas etc.) ou aos novos clientes em potencial a oportunidade de passar a utilizar o modelo de reabastecimento da TOC para informar o consumo diário e fazer reabastecimentos diários.

Normalmente você está a par das reclamações usuais de seus clientes ou dos clientes de seus concorrentes. Você pode focalizar um cliente específico (que é o mais importante para a sua oferta) e formar a nuvem de EI correspondente a esse cliente. Você está ciente da reclamação de seus clientes sobre as faltas de estoque. (Visto que você está formando a nuvem de EI do ponto de vista de seus clientes – os proprietários das lojas –, a utilização dos pronomes "eu" ou "nós" nas respostas às perguntas indica o ponto de vista do proprietário da loja.)

EI: Temos muita falta de estoque.

Formação da nuvem de EI:

[B]: Que necessidade está sendo comprometida?

[B]: Assegurar receitas com a venda de produtos que o mercado deseja comprar em minha loja.

Nós [proprietários das lojas] sabemos que nosso lucro provém da venda de produtos aos consumidores (as pessoas que entram na loja). Os consumidores que visitam nossas lojas e não encontram o que eles desejam não geram nenhum lucro para a loja. Além disso, eles talvez não voltem. Por isso, a disponibilidade é fundamental.

[D]: Que ações você deve realizar para atender à necessidade comprometida em B?

[D]: Comprar os produtos que estão tendo grande saída fazendo pedidos urgentes que exigem entregas especiais.

[C]: Que outra necessidade importante o impede de sempre realizar a ação em D?

[C]: Nós [loja] precisamos controlar o custo por unidade comprada.

Os fornecedores cobram um valor mais alto nas entregas urgentes e de menor quantidade. Eu [loja] posso obter descontos significativos na compra de grandes quantidades.

[D']: Que ações você realiza para atender à necessidade em C?

[D']: Comprar grandes quantidades [mesmo que a quantidade seja superior à que nós (loja) precisamos para um período razoável].

[A]: Que objetivo em comum é atingido com B e C?

[A]: Ter um negócio bem-sucedido.

A nuvem de EI do cliente é apresentada na Figura 24.8.

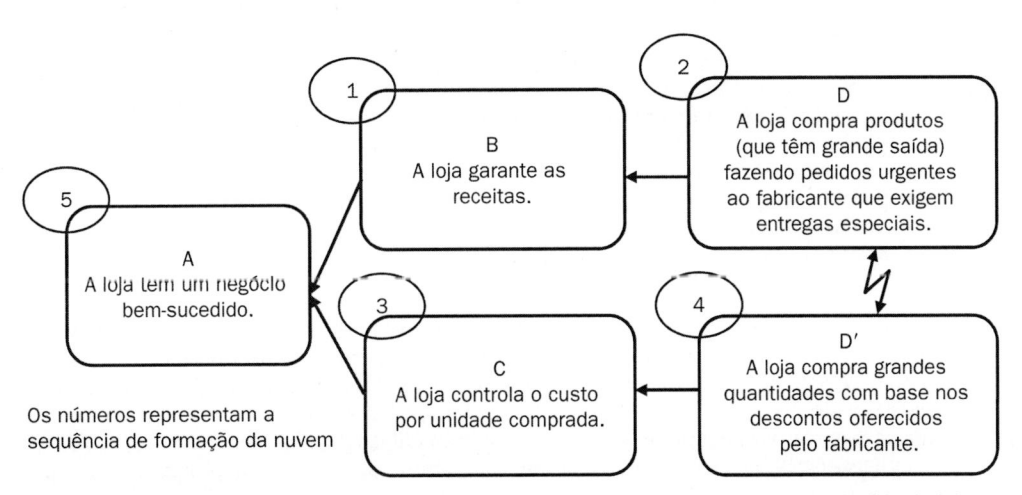

Os números representam a sequência de formação da nuvem

FIGURA 24.8 Um exemplo de "nuvem de EI de um cliente" (da perspectiva do proprietário da loja, e nós somos o fabricante).

Etapa 4: verifique e aprimore.
Vamos verificar a diagonal do exemplo da nuvem de EI do cliente.

[D] está comprometendo [C]?

Em D, o proprietário da loja deseja comprar produtos fazendo pedidos urgentes. O fornecedor cobra um valor mais alto sobre os pedidos e, por isso, o preço por unidade comprada será superior, comprometendo a necessidade C.

[D'] está comprometendo [B]?

D'– comprar grandes quantidades – consome as reservas de caixa do proprietário da loja. As lojas esperam que em algum momento elas venderão tudo o que compraram. Contudo, somente no processo de vendas é que se torna óbvio quais produtos saem mais e quais não. Além disso, as grandes quantidades levam tempo para serem vendidas. Os produtos que estão parados no estoque não geram caixa e, portanto, põem as receitas em risco. Adicionalmente, a falta de reservas suficientes para pagar a reposição dos produtos que os clientes desejam comprar significa perda de possíveis receitas, o que prejudica B ainda mais.

Etapa 5: traga à tona os pressupostos.
Na nuvem de EI do cliente, tente trazer à tona uma quantidade suficiente de pressupostos para respaldar a seta B-D. Isso ajudará a garantir uma oferta que de fato agrega valor para o cliente (o proprietário da loja). Na seta C-D', realce os pressupostos que o cliente (o proprietário da loja) acredita que reflita as políticas que os fornecedores (você) utilizam na determinação dos termos e condições de fornecimento, como quantidade mínima dos pedidos, custos de remessa, considerações sobre frequência etc.

Se examinar e contestar essas políticas, você poderá ter oportunidade de propor uma *mafia offer*[11] (oferta mafiosa ou irrecusável) ao seu cliente. Os pressupostos e injeções são apresentados na Tabela 24.8. Preste particular atenção aos pressupostos C-D'.

Etapa 6: crie a solução.
Na nuvem de EI do cliente, é aconselhável concentrar-se na tentativa de romper C-D'. Existem dois motivos importantes para isso:

1. Os clientes aceitarão mais facilmente a oferta do fornecedor que lhes oferecer o que eles desejam – pedidos urgentes ("urgente" quer dizer sempre que o cliente precisar de um pedido cujo tempo de entrega seja curto) que não exijam um valor complementar nem uma mudança ou iniciativa importante de sua parte.

2. Os concorrentes terão dificuldade de copiar porque os pressupostos em C-D' refletem as políticas e práticas de negócio comuns no setor como um todo. Tudo o que estiver relacionado com mentalidade, políticas e procedimentos exigirá grande determinação da administração e uma cultura incentivadora. Pode demorar um longo tempo para os concorrentes observarem sua oferta, reconhecê-la como uma vantagem competitiva e chegar a um acordo internamente sobre o que precisa ser feito para alcançá-lo. Isso oferecerá uma janela de oportunidade para a empresa que criar ofertas pioneiras que evaporam as nuvens no lado da oferta.

Continuemos nossa análise sobre a nuvem de EI do cliente.

Assim que os pressupostos C-D' (os pressupostos do proprietário da loja sobre o comportamento do fabricante enquanto fornecedor) forem verbalizados, o fabricante terá uma excelente oportunidade para desenvolver a solução que contestará e refutará esses pressupostos. Supondo que o fabricante tenha implementado a solução de MTA (conforme a narrativa), ele poderá romper o vínculo entre C e D' e oferecer à loja *quaisquer quantidades que ela desejar comprar, sempre que ela necessitar e a um preço razoável* –, o que

---

[11] Consulte o Capítulo 22 para obter detalhes sobre a criação de *mafia offers* (ofertas mafiosas).

Tabela 24.8 Pressupostos e injeções para algumas setas

Seta	Pressuposto	Injeção
B-D	Os fabricantes não mantêm grande variedade de produtos acabados em estoque para repor pedidos pequenos rapidamente.	O fabricante mantém pulmões suficientes para cobrir a demanda durante o tempo de espera a fim de complementar plenamente os produtos.
C-D'	Os fabricantes (fornecedores) consideram a produção de grandes quantidades mais barata do que a produção de pequenas quantidades e cobram um preço correspondente.	Os fabricantes reconhecem que o reabastecimento dos pulmões de estoque de um armazém central nivela a produção, elimina o caos, puxa as matérias-primas uniformemente etc.
	Os fabricantes (fornecedores) preferem grandes quantidades em virtude de fatores relacionados à embalagem.	Os fabricantes utilizam opções variadas de embalagem de remessa.
	Os lotes grandes diminuem os custos de processamento de pedidos (linhas de mão de obra e computadores) para os fabricantes (fornecedores).	Muitos sistemas de pedido puxados são facilmente automatizados, diminuindo, portanto, as linhas de mão de obra e computadores.
	Os lotes grandes economizam custos de transporte.	Um ganho maior compensa facilmente aumentos nos custos de transporte.
D-D'	O fabricante não consegue idealizar um sistema que atenda a pedidos pequenos e urgentes e, ao mesmo tempo, a pedidos grandes.	O fabricante implementa um sistema de distribuição/reabastecimento para enviar produtos diversos e oferecer um rápido reabastecimento. O foco é o ganho, e não as economias de custo.

satisfará as duas necessidades da loja, [B] assegurar receitas evitando a perda de vendas e o estoque em excesso e [C] controlar o custo por unidade possibilitando pedidos de pequena quantidade.

Etapa 7: divulgue a solução.
Na nuvem de EI do cliente, é aconselhável desenvolver uma apresentação que conduza o cliente pelas etapas anteriores que abordam o problema, a direção da solução e a proposta baseada na injeção.

Lidando com múltiplos problemas: a nuvem consolidada

Assim que o gerente ganha domínio da ferramenta de gerenciamento para lidar com EIs individuais, é natural que ele queira encontrar uma solução para uma situação que envolve vários problemas. Os gerentes nem sempre têm tempo de conduzir uma análise que utilize todas as ferramentas do processo de pensamento da TOC (ARA e árvore da realidade futura – ARF) para desenvolver uma solução abrangente para a sua área. Por isso, eles podem utilizar a nuvem consolidada como um atalho para criar uma solução suficientemente boa que gere benefícios a curto prazo e, ao mesmo tempo, apoie melhorias futuras.

Não podemos considerar esse método uma ferramenta de gerenciamento diário, mas seu princípio é a aplicação isolada da nuvem de EI. Depois que utilizar várias vezes a nuvem de EI para lidar com diferentes EIs, talvez você observe um padrão comum entre as nuvens e queira verificar se existe uma nuvem básica comum e se todas as nuvens de EI derivam dessa nuvem. Por isso, é provável que algum dia você decida fazer uma análise mais aprofundada.

Esse processo também é chamado de *método das três nuvens*. Observe que a nuvem consolidada (nuvem genérica) representa a realidade em torno dos três EIs que foram escolhidos para a análise. Não se trata necessariamente de um problema básico, visto que os EIs podem estar concentrados apenas em uma parte da realidade atual e outras partes talvez não sejam representadas na análise.

Utilizamos as três nuvens, na medida em que normalmente esse é um bom número para considerar diferentes aspectos do assunto ou da área sob investigação. Talvez você decida considerar mais EIs e consolidar mais de três nuvens. Isso pode ajudar a obter o consenso do grupo cujos membros queiram contribuir com seus pontos de vista sobre os problemas urgentes que precisam de solução. O processo geral da nuvem consolidada é apresentado na Figura 24.9.

Quando devemos utilizar o método da evaporação das nuvens consolidada?
1. Para analisar a área sob sua responsabilidade. Essa é a aplicação mais comum desse método quando os EIs estão associados com o desempenho da área e o comportamento das pessoas.
2. Para agilizar as iniciativas. Toda organização tem iniciativas de melhoria. Podem ser pequenos projetos que foram lançados na expectativa de que, quando concluídos, beneficiem a organização. Se você estiver no comando de uma iniciativa desse tipo e estiver descontente com seu andamento, considere a possibilidade de utilizar esse método. Basta reunir vários dos problemas que a iniciativa encontrou e utilizá-lo.
3. Utilizar o GP em um PMC. O GP é um tipo de identificador de problemas. Ele evidencia problemas que provocam a penetração dos pulmões e contratempos no regular do sistema. As causas dessa penetração são reunidas e analisadas. Podemos escolher três problemas habituais, formar as nuvens e consolidá-las em uma única nuvem.

Todas essas aplicações podem gerar uma nuvem consolidada. Assim que formamos a nuvem consolidada, a utilizamos para desenvolver a direção da solução, um modelo para as injeções e injeções específicas para resolver problemas individuais. É uma solução que reúne várias injeções para uma situação que envolve vários problemas.[12]

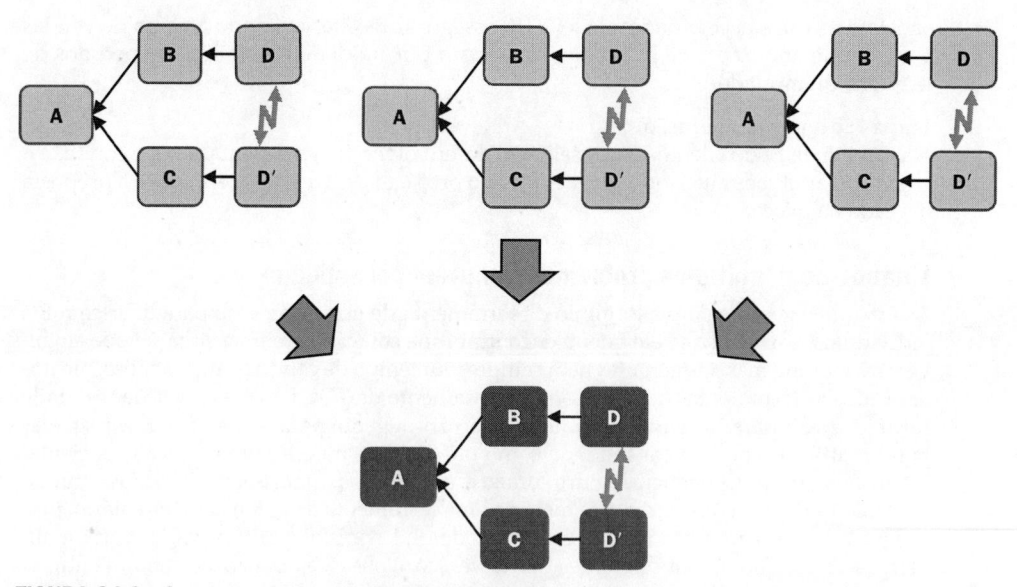

FIGURA 24.9 O processo geral da nuvem consolidada.

---

[12] O método das três nuvens também é empregado para examinar os EIs nos principais departamentos de uma empresa. Entretanto, essas análises não se enquadram nessa categoria de gerenciamento diário e, portanto, não são discutidas neste capítulo.

O procedimento de delineação do processo de consolidação

1. Escolha três EIs da área sob investigação.
2. Forme uma nuvem específica para cada EI utilizando as etapas de 2 a 5 (redigir as narrativas, formar a nuvem, fazer as verificações e trazer os pressupostos à tona) do processo da nuvem de EI.
3. Consolide as três em uma única nuvem.
4. Verifique e aprimore a nuvem consolidada.
5. Traga à tona os pressupostos subjacentes à nuvem consolidada.
6. Crie a solução e verifique se ela é ganha-ganha.
7. Divulgue a solução.

Etapa 1: Escolha três EIs da área sob investigação.
Exemplo: Uma lista de EIs do gerente de produção em um ambiente de *produção sob encomenda* (*make-to-order* – MTO).

> EI 1 – Com frequência não temos capacidade suficiente para atender a todos os pedidos.
>
> EI 2 – As prioridades da produção mudam frequentemente.
>
> EI 3 – Ocorrem muitas mudanças de engenharia.

Etapa 2: Forme a nuvem de EI específica.
Ao formar as nuvens, lembre-se de que você (o gerente de produção, nesse caso) sempre se encontra no lado CD' e as nuvens sempre são redigidas do seu ponto de vista (o gerente de produção, nesse caso).

Para cada EI, forme uma nuvem e traga à tona os pressupostos seguindo as etapas de 2 a 5 (redigir a narrativa, formar a nuvem, fazer as verificações e trazer os pressupostos à tona) do processo da nuvem de EI. Essas nuvens são mostradas nas Figuras 24.10a, b e c.

Etapa 3: Consolide as três nuvens.
Escreva um enunciado genérico nos quadros A, B, C, D e D'. Para isso:

- Redija cada um dos enunciados correspondentes ao quadro de cada uma das três nuvens. Você pode organizá-los em uma pequena tabela: enunciados A, enunciados B etc.
- Examine os enunciados desse mesmo quadro (A, B, C, D e D') e redija um enunciado genérico que descreva todos eles. Cada enunciado específico do mesmo quadro deve ser um exemplo/manifestação do enunciado genérico que você verbalizar.

Exemplo:

Consolidação de B:

B-1: Cumprir nossos cronogramas de produção.

B-2: Utilizar eficazmente os recursos.

B-3: Cumprir nossas metas de custo.

B genérico: Corresponder às mensurações de desempenho de nosso departamento (pontualidade e respeito ao orçamento).

Consolidação de D:

D-1: Não aceitar todos os pedidos dos clientes sem considerar a capacidade.

D-2: Seguir as prioridades do cronograma de produção estabelecido.

D-3: Só introduzir as mudanças de engenharia se o cronograma e a capacidade permitirem.

a. EI 1: Com frequência não temos capacidade suficiente para atender a todos os pedidos

- **A** — Ter processos bem-sucedidos
- **B** — A produção cumpre nossos cronogramas de produção
- **C** — O departamento de vendas atende à demanda crescente dos clientes
- **D** — A produção não aceita todos os pedidos dos clientes sem considerar a capacidade
- **D'** — A produção aceita todos os pedidos dos clientes independentemente da capacidade

b. EI 2: As prioridades da produção mudam frequentemente

- **A** — Cumprir os objetivos da empresa
- **B** — A produção utiliza eficazmente os recursos
- **C** — O departamento de vendas atende às necessidades variáveis dos clientes
- **D** — A produção segue as prioridades do cronograma de produção estabelecido
- **D'** — A produção muda as prioridades do cronograma de produção estabelecido

c. EI 3: Ocorrem muitas mudanças de engenharia

- **A** — Cumprir as metas de negócio
- **B** — A produção cumpre as metas de custo
- **C** — Engenharia imediata oferece aos clientes os modelos mais recentes.
- **D** — A produção só introduz as mudanças de engenharia se o cronograma e a capacidade permitirem
- **D'** — A produção introduz as mudanças de engenharia sem considerar o cronograma e a capacidade

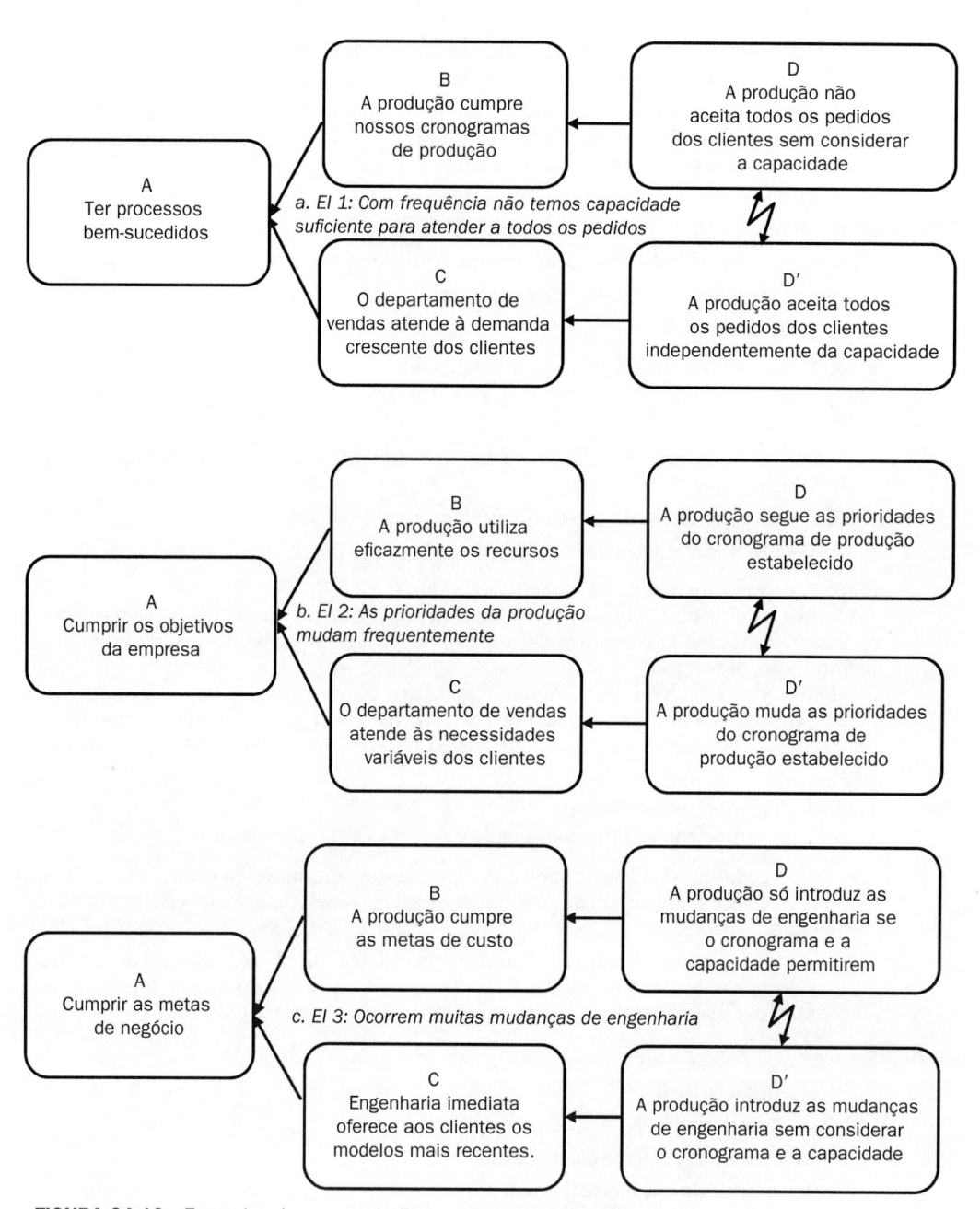

FIGURA 24.10 Exemplos de nuvens de EI do gerente de produção.

D genérico: Não conciliar todas as solicitações dos clientes de mudança no cronograma e lançamento de novos produtos.

Consolidação de C:

C-1: Atender à demanda crescente dos clientes.

C-2: Atender às necessidades variáveis dos clientes.

C-3: Oferecer imediatamente aos clientes os modelos mais recentes.

C genérico: Oferecer aos clientes um atendimento flexível, rápido e confiável com os modelos mais recentes.

Consolidação de D':

D'-1: Aceitar todos os pedidos dos clientes independentemente da capacidade.

D'-2: Mudar as prioridades do cronograma de produção estabelecido.

D'-3: Introduzir as mudanças de engenharia sem considerar o cronograma e a capacidade.

D' genérico: Conciliar todas as solicitações dos clientes quanto a mudanças no cronograma e lançamento de novos produtos.

Consolidação de A:

A-1: Ter processos bem-sucedidos.

A-2: Cumprir os objetivos da empresa.

A-3: Cumprir as metas de negócio.

A genérico: Cumprir os objetivos da empresa.

A nuvem consolidada é apresentada na Figura 24.11.

Nuvens invertidas

No processo de consolidação dos enunciados de cada quadro, talvez você tenha a sensação de que uma das três nuvens está "invertida". Em outras palavras, como se os enunciados B-D e os enunciados C-D' dessa nuvem devessem trocar de lugar para "corresponderem" ao padrão observado nas outras duas nuvens. Se isso ocorrer, para consolidá-los basta "inverter" os lados B-D e C-D' a fim de acrescentá-los ao grupo correspondente de enunciados.

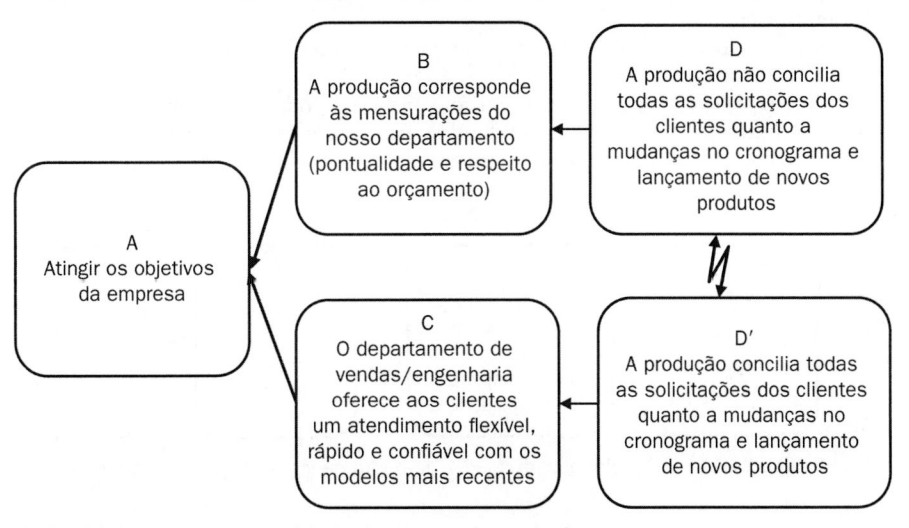

FIGURA 24.11 Nuvem consolidada do gerente de produção.

Por que ocorre essa "inversão"?

A nuvem de EI é redigida do ponto de vista do "detentor" da nuvem – aquele que a redige. Portanto, B reflete a necessidade que está em risco com relação a essa pessoa (ou função/departamento).

Com muita frequência, a necessidade em C – tal como registrada por essa pessoa – representará a necessidade ou os pontos de vista de outro departamento da organização.

Entretanto, se estivermos tentando obter consenso em um determinado grupo, talvez essa "outra função" seja membro do grupo que está realizando a consolidação. Ele ou ela talvez veja e concorde com o mesmo EI, mas de seu ponto de vista esse EI põe em risco o B dele/dela. Portanto, a mesma necessidade pode aparecer em uma nuvem no quadro C e em outra nuvem no quadro B. As duas necessidades estão vinculadas às suas táticas correspondentes. Por isso, temos uma situação em que B-D tem o mesmo padrão de C-D' de outra nuvem. Sabendo que isso pode ocorrer, devemos rever as três nuvens antes de iniciar a etapa de consolidação.

Exemplo:

EI 1: Com frequência não temos capacidade suficiente para atender a todos os pedidos.

Na nuvem 1, esse EI foi considerado uma necessidade em risco – "Cumprir nossos cronogramas de produção" –, registrada no quadro B.

Essa é uma necessidade válida do gerente de produção, que é avaliado com base no cumprimento dos cronogramas de produção.

Todavia, do ponto de vista do gerente de vendas, o mesmo EI pode pôr em risco uma necessidade diferente (que no momento está registrada no quadro C da nuvem do EI 1): "Atender à demanda crescente dos clientes".

Portanto, ao formar a nuvem do EI 1, o gerente de venda pode colocar em B a frase atual de C e, em D, a frase atual de D', caso em que sua nuvem parecerá "invertida".

Para o gerente de produção, a necessidade em risco é o cronograma de produção e a outra necessidade que não deve ser considerada é atender às solicitações dos clientes. A visão do gerente de produção é mostrada na Figura 24.12.

Porém, quando essa nuvem é redigida do ponto de vista do gerente de vendas, o mesmo EI – Com frequência não temos capacidade suficiente para atender a todos os pedidos – põe em risco a necessidade de atender aos clientes e, por isso, aparecerá no lado B-D da nuvem do gerente de vendas. A visão do gerente de vendas é mostrada na Figura 24.13.

A fim de consolidar os pontos de vista de ambos os gerentes, temos de "inverter" os lados da nuvem invertida.

Ao observar a nuvem antes da consolidação, podemos identificar a natureza das necessidades na nuvem. Um está lidando com as necessidades da produção e outro com as necessidades dos clientes que foram apresentadas pelo departamento de vendas.

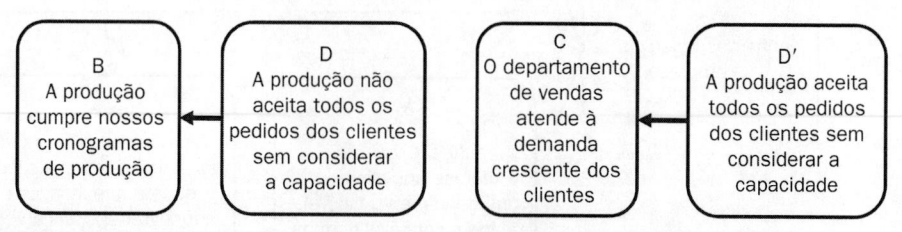

B	D	C	D'
A produção cumpre nossos cronogramas de produção	A produção não aceita todos os pedidos dos clientes sem considerar a capacidade	O departamento de vendas atende à demanda crescente dos clientes	A produção aceita todos os pedidos dos clientes sem considerar a capacidade

FIGURA 24.12 Exemplo: nuvem do EI 1 do ponto de vista do gerente de produção.

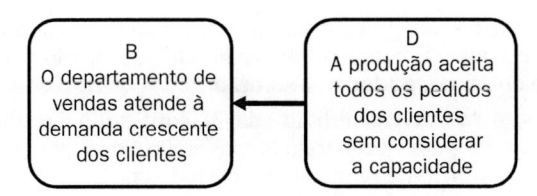

```
        B                          D
O departamento de          A produção aceita
vendas atende à    ◄──     todos os pedidos
demanda crescente            dos clientes
   dos clientes             sem considerar
                              a capacidade
```

FIGURA 24.13 Exemplo: a necessidade ameaçada do ponto de vista do gerente de vendas.

As relações entre a nuvem consolidada e a nuvem básica

A nuvem consolidada explica a existência de três (ou às vezes mais) dos EIs escolhidos em uma área. A função da nuvem de conflito básico[13] é explicar a existência da maioria dos EIs e o conflito inerente que impede que esses EIs sejam resolvidos.

Embora a nuvem consolidada nos direcione para a nuvem básica, o trabalho analítico realizado para obter a nuvem consolidada talvez não seja suficiente para garantir que ela seja a nuvem básica porque o resultado do processo de consolidação pode ser distorcido pela escolha dos EIs.

O processo a seguir pode ser empregado para verificar se a nuvem consolidada serve como nuvem básica:

1. Considere outro EI, forme a nuvem de EI e verifique se a nuvem ajusta-se ao padrão da nuvem consolidada. Esse ajuste significa que A, B e C têm mais ou menos o mesmo enunciado, e D e D' têm a mesma natureza do D e D' da nuvem consolidada.
2. Repita esse mesmo passo com relação a todos os outros EIs.
3. Se houver um ajuste, a nuvem consolidada pode ser utilizada como nuvem básica (se pelo menos 70% dos EIs forem representados pela nuvem básica).
4. Se nas etapas anteriores uma nuvem de EI (ou várias nuvens de EI) não se ajustar à nuvem consolidada, deve-se fazer uma nova consolidação repetindo o processo para as nuvens de EI que não se ajustam à nuvem consolidada. O resultado é a etapa denominada "nuvem consolidada dupla".
5. A "nuvem consolidada dupla" pode ser utilizada porque ela representa a maioria dos EIs do sistema.[14]

Como já formamos a nuvem consolidada, prosseguimos com o processo.

Etapa 4: verifique e aprimore a nuvem consolidada.
Etapa 5: traga à tona os pressupostos subjacentes à nuvem consolidada.
Essa etapa deve ser realizada da mesma forma que para todos os tipos de nuvem.
Etapa 6: crie a solução e verifique se ela é ganha-ganha.
É improvável que uma única injeção possa solucionar vários problemas e EIs. A solução é desenvolvida em dois níveis:

---

[13] O *TOCICO Dictionary* (Sullivan *et al.*, 2007, p. 14) define *conflito básico* como "Conflito sistêmico que provoca a grande maioria dos efeitos indesejáveis na realidade atual do sistema em estudo. O conflito básico muitas vezes é inerentemente genérico e pode ser deduzido por meio da generalização de diversos conflitos subjacentes aos efeitos indesejáveis que persistem no sistema". (© TOCICO 2007. Utilizada com permissão. Todos os direitos reservados.)

[14] Observe que o conflito básico dentro do assunto que está sendo investigado pode ser identificado por meio do mesmo processo de consolidação de todos os EIs, tal como representado na forma em U discutida mais adiante. Observe também que qualquer análise é sensível à lista de EIs escolhidos. Portanto, é fundamental verificar se os EIs provocam impactos graves no desempenho da área em estudo.

1. Evaporação das nuvens consolidadas – a injeção escolhida apresenta a direção para a solução porque lida com o problema geral. Essa injeção normalmente oferece a mentalidade que se deve adotar na solução.
2. Evaporação das nuvens individuais – identificação das injeções que solucionam os EIs específicos para eliminar suas causas. Portanto, podemos constatar que essa injeção não é suficiente para solucionar todos os EIs e que a solução conterá várias injeções.

Etapa 7: divulgue a solução.
Siga as diretrizes de divulgação descritas anteriormente.

Com os procedimentos da nuvem consolidada, cobrimos as aplicações comuns da nuvem enquanto um processo de pensamento autônomo.

Resumo

Até aqui, descrevemos os cinco tipos de nuvem – os três primeiros destinam-se ao uso diário para lidar com problemas isolados, a nuvem de EI é utilizada para problemas importunos e persistentes e a nuvem genérica (consolidada) é empregada para identificar e lidar com problemas mais profundos de acordo com a necessidade, particularmente para um PMC.

Uma visão resumida sobre a sequência proposta de formação e divulgação da nuvem e da seta que é aconselhável romper é apresentada na Tabela 24.9.

Na seção subsequente, analisaremos os processos que utilizamos, do modo como eles são demonstrados pela metodologia geral da TOC para resolução de problemas – a forma em U.

Do problema à implementação da solução

O processo da TOC (Goldratt, 1990, p. 20) de identificação do problema e implementação da respectiva solução geralmente se preocupa em responder as três perguntas seguintes:

1. O que mudar?
2. Para o que mudar?
3. Como causar a mudança?

Tabela 24.9 Resumo dos principais pontos de cada nuvem

Nuvem[a]	Sequência da formação	Sequência da divulgação – sempre inicie com A	Melhor seta a ser rompida
Dilema interno	D-D'-C-B-A	A-C-D' A-B-D	C-D'/D-D'
Conflito diário	D-D'-C-B-A	A-B-D A-C-D'	C-D'/D-D'
Apagamento de Incêndio (problemas emergenciais)	B-D-D'-C-A	A → necessidade e tática do outro lado → o restante da nuvem (necessidade e tática)	Idealmente, D-D'
EI	B-D-C-D'-A	Como na nuvem de apagamento de incêndio	Idealmente, D-D'
Genérica	A-B-C-D-D'	Inicie com A e em seguida passe para o lado da nuvem da função/departamento que representa o sistema que tende a estar na defensiva	Idealmente, D-D'

[a] Normalmente o seu lado (ou lado favorito) é C-D'.

O método seguinte é uma alternativa e funciona bem quando se utiliza uma única nuvem para emoldurar e resolver um problema ou em problemas sistêmicos bem maiores.

A metodologia da TOC para resolução de problemas: a forma em U

Abordamos amplamente a utilização do método da evaporação das nuvens. O processo proposto para a resolução de problemas é um derivado da metodologia completa do processo de pensamento. A apresentação da forma em U reunirá os elementos para demonstrar que todos os componentes do processo estão interconectados.

Por meio de um esquema simples, a forma em U registra a lógica dos componentes relevantes que participam da análise da realidade existente de um sistema sob investigação (o que mudar), a direção da solução, os elementos essenciais da solução detalhada e os benefícios e impacto previstos com relação ao desempenho do sistema. Ela cobre a maior parte do que é necessário para desenvolver uma solução conceitual integral de melhoria que é viável e apresenta pouco risco ao sistema existente. A estrutura é mostrada na Figura 24.14.

A forma em U oferece evidências sobre o que chamamos de "simplicidade inerente" de todo sistema. Por meio das relações lógicas de causa e efeito, ela permite que o indivíduo abranja melhor grandes quantidades de dados, armazene a estrutura lógica e consiga acessá-la e utilizá-la quando necessário, e também contém os elementos de dados do sistema especialmente definidos pela TOC, como mensurações de desempenho, problemas sistêmicos (os EIs), problema básico, a direção da solução, os elementos da solução (as injeções), os possíveis riscos (ramificações negativas) e os benefícios previstos da solução, os efeitos desejados que geram um alto nível de desempenho.

A forma em U associa o problema com a solução por meio de um pivô – a mudança conceitual do estilo de gerenciamento atual para o estilo da TOC. Toda solução fundamentada na TOC deve utilizar uma das entidades conceituais do pivô, como:

O conceito de restrição

Os *cinco passos de focalização* do gerenciamento de restrição

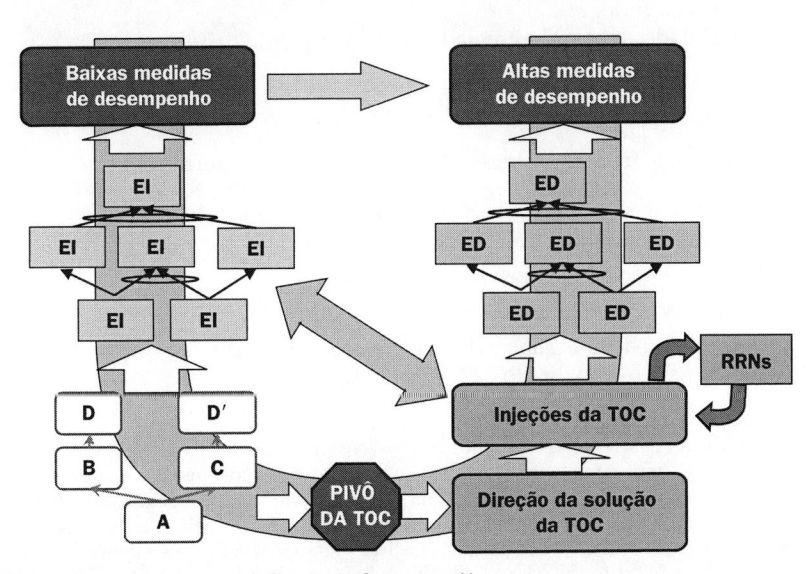

FIGURA 24.14 A estrutura detalhada da forma em U.

Os três conceitos básicos da TOC, também conhecidos como os três pressupostos básicos da TOC: convergência, solução ganha-ganha e respeito[15]

O processo de melhoria contínua (GP, cinco passos de focalização, "O que mudar", "Para o que mudar" e "Como causar a mudança")

O processo da forma em U permite que o planejador, o implementador, o patrocinador e as pessoas que estão apoiando a iniciativa realizem um processo apropriado de tomada de decisões que se baseia um consenso verdadeiro. Desse modo, ele possibilita que a equipe entre em acordo sobre o problema, a direção da solução, os elementos da solução e seus benefícios correspondentes.

A forma em U e os três pressupostos básicos da TOC

A forma em U baseia-se nos três pressupostos básicos da TOC. Dessa maneira, podemos declarar o que é exclusivo no estilo da TOC.

Pressuposto básico 1 – A convergência-realidade e especificamente os sistemas humanos são governados por relações de causa e efeito. Por isso, é sempre possível encontrar uma causa básica que afeta o sistema. A convergência é apresentada à esquerda da forma em U.

Pressuposto básico 2 – Não existe nenhum conflito entre local e global. Como os conflitos são provocados pelas percepções das pessoas sobre os sistemas, deve haver uma solução para todo conflito. Esse pressuposto implica que deve haver uma solução ganha-ganha para todo conflito. A solução ganha-ganha consiste em injeções no lado correto da forma em U.

Pressuposto básico 3 – Tratar as pessoas com respeito. A forma em U como um todo representa esse pressuposto básico, que encerra o respeito dos gerentes por si mesmos e reflete a seriedade com que eles assumem seus trabalhos. O respeito pelos outros é demonstrado por meio do compartilhamento do trabalho realizado e da disposição para averiguar e incorporar informações e pontos de vista expressos pelas pessoas que são relevantes para o trabalho.

A maneira como esses pressupostos são incorporados na forma em U é apresentada na Figura 24.15.

A estrutura global da forma em U abrange vários blocos importantes com relação ao sistema em estudo.

Realidade atual – representada no lado esquerdo da forma em U:

- O nível de desempenho insatisfatório
- O problema

Realidade futura – representada no lado direito da forma em U:

- A solução
- Verificação e eliminação de riscos
- Os resultados desejados
- O desempenho aprimorado

A essência da abordagem do ponto de solução – o pivô – é o ponto de virada do lado esquerdo para o lado direito da forma em U.

---

[15] Eli Goldratt descreveu os conceitos básicos e os pressupostos básicos da TOC em inúmeras apresentações. Pouquíssima coisa foi escrita sobre esses pressupostos. Em sua palestra "Necessary & Sufficient" ("Necessário & Suficiente") na segunda parte (do CD 2), ele apresenta os dois primeiros conceitos sob o título "The Basic Assumptions of TOC: A Look into Reality based on the Common Sense Approach of the Hard Sciences". Os três pressupostos básicos também são descritos em detalhe no livro *What Is This Thing Called Theory of Constraints and How Should It Be Implemented?*, de Goldratt (1990). Os mesmos pressupostos básicos são apontados em *The Choice* (Goldratt, 2009). Eles são registrados em uma lista ampliada nas páginas 157-158 desse livro.

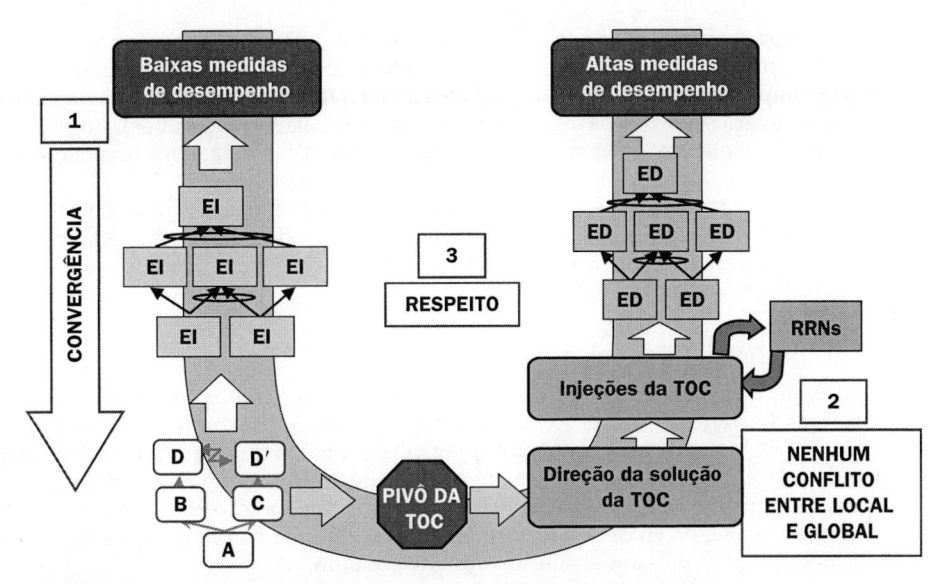

FIGURA 24.15 A forma em U e os três pressupostos básicos da TOC.

A utilização da forma em U para resolução de problemas diários

Em virtude de sua estrutura genérica de transição do problema para a solução por meio do pivô, a forma em U é válida para descrever a abordagem de resolução de um problema e também o sistema como um todo.

O processo delineado para todos os problemas diários corresponde à forma em U:

Etapa 1: identificação do problema – o desejo de lidar com o problema origina-se do *desempenho insatisfatório* revelado pelo problema e da necessidade de melhorar a situação.

Etapa 2: a narrativa – ajuda a *desatrelar a intuição sobre a realidade atual* explicando por que o problema provocou um baixo desempenho. É semelhante a *identificar os EIs* e explicar por que eles provocaram o baixo desempenho.

Etapa 3 e etapa 4: formação, verificação e aprimoramento da nuvem – são a *manifestação da convergência* e geram uma nuvem que explica por que nas condições atuais é impossível encontrar uma solução viável.

Etapa 5: revelação dos pressupostos – faz parte do trabalho com a nuvem na *preparação para conceber a solução*.

Etapa 6: concepção da solução – corresponde *ao lado direito como um todo da forma em U*:

1. O pivô – busca de injeções que possam evaporar a nuvem.
2. A direção da solução – quando a solução encerra uma mudança de mentalidade ou uma mudança sistêmica (como no caso que envolve vários problemas).
3. As injeções em si.
4. Enunciado da lógica de que a solução trará os benefícios – o atendimento das necessidades B e C da nuvem. Esses benefícios são equivalentes aos efeitos desejados (EDs). O vínculo lógico entre as necessidades B e C satisfeitas e o objetivo A da nuvem conduz ao desempenho aprimorado na área afetada pelo problema.
5. Verificação e abordagem de possíveis efeitos negativos por meio do processo de RRN.

Etapa 7: divulgação da solução – A forma em U oferece uma abordagem para a divulgação, apreendendo todas as informações relevantes para a solução proposta. O gerente que cumpriu seu dever de casa e sabe interpretar a forma em U consegue lidar com todos os comentários e ressalvas de qualquer pessoa cuja colaboração e apoio são essenciais. A forma em U oferece uma base para a confiança justificável do gerente na solução proposta.

Podemos concluir que o processo proposto para a resolução de problemas por meio do método da evaporação das nuvens é paralelo à metodologia apresentada na forma em U. Contudo, outro elemento deve ser acrescentado à concepção da solução – a RRN –, que é abordado na seção subsequente.

Fortalecimento das soluções: lidando com as RRNs

Utilizamos o método da evaporação das nuvens para analisar o problema e conceber uma solução inovadora – a injeção. A solução que concebemos para o problema é analisada para verificar se ela gera ganho mútuo (ganha-ganha), o que significa que compreendemos e podemos expressar a lógica que afirma que a injeção trará os benefícios previstos e um desempenho superior do sistema. De posse de uma solução possivelmente adequada, devemos dar outro passo – verificar, abordar e eliminar as ramificações negativas que podem surgir depois que a solução estiver vigorando.

Na apresentação da solução às pessoas que estão intimamente envolvidas com a questão, é provável que nos defrontemos com a quarta camada do processo de adesão, que se origina do medo de que essa injeção, embora adequada, gere efeitos secundários negativos. Esses efeitos são chamados de RRNs. Como a lógica da solução é apresentada como uma *árvore da realidade futura* (ARF), o efeito possivelmente negativo é chamado de "ramificação", como um ramo "ruim" que cresce ao lado da árvore e interfere no contorno harmonioso de uma boa solução.

Na resolução de problemas diários, a *ressalva da ramificação negativa* (RRN) é utilizada para:

1. Fortalecer uma injeção para uma nuvem – quando desenvolvemos a solução e sentimos que ela pode gerar alguns resultados negativos no futuro.
2. Preparar-se contra e lidar com os efeitos secundários negativos percebidos de uma injeção – uma ou mais pessoas diretamente envolvidas com o problema e a solução talvez sintam que a injeção proposta pode afetá-las negativamente ou sua capacidade de realizar seus trabalhos.

Lidando com uma solução incompleta

Quando alguém que se reporta a você propõe uma ideia de melhoria que você considera uma solução incompleta, como você lida com essa sugestão?[16] Você não pode dizer sim porque ela não é tão boa assim, mas não pode dizer não porque você não quer ofender a pessoa que deseja contribuir e participar do processo de melhoria contínua.

O processo de abordagem da ramificação negativa

Etapa 1: Enuncie por escrito a injeção e o possível resultado negativo identificado no formato de um diagrama lógico. Coloque a injeção na parte inferior da página e o efeito negativo na parte superior e verifique a lógica, fazendo uma leitura a partir da injeção: "Se [injeção] então [efeito negativo]."

Etapa 2: Traga à tona os argumentos lógicos que respaldam sua afirmação do motivo por que o efeito negativo tende a ocorrer utilizando o enunciado: "Se [injeção] então [efeito negativo] PORQUE".

---

[16] Um ótimo exemplo desse caso é apresentado no Capítulo 8 de *It's Not Luck* (Goldratt, 1994).

Redija o enunciado que virá após *PORQUE* como entidades separadas e determine se cada nova entidade é algo que existe em sua realidade presente ou algo que existirá no futuro em consequência dessa injeção.

Etapa 3: se a nova entidade enunciar algo que ocorrerá em consequência da injeção, insira-a entre a injeção na parte inferior e o respectivo efeito negativo percebido na parte superior. Nesse momento, você está desenvolvendo a "espinha dorsal" da ramificação. Se a nova entidade enunciar algo que já existe em seu ambiente, passe para a etapa 4.

Etapa 4: se a nova entidade enunciar algo que já existe em seu ambiente, coloque-a em um lado do diagrama, visto que ela será um dos pressupostos que ajudará a explicar a lógica da entidade intermediária ou do efeito negativo percebido.

Etapa 5: verifique a "espinha dorsal" de baixo para cima, em que a injeção positiva transforma-se em um possível efeito negativo.

A estrutura da RRN é apresentada na Figura 24.16a.

Etapa 6: desenvolva uma injeção de apoio para eliminar o efeito negativo e insira-a no diagrama.

Etapa 7: verifique se a injeção de apoio elimina o efeito negativo.

O resultado do processo da RRN é mostrado na Figura 24.16b.

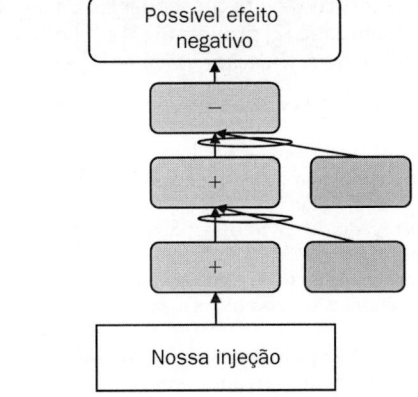

a. Estrutura da ramificação negativa

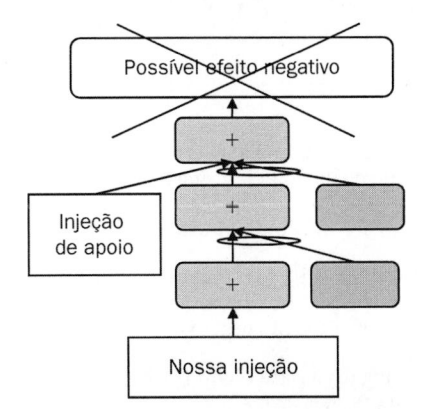

b. Ramificação após a eliminação do efeito negativo

FIGURA 24.16 Estrutura da ramificação negativa e da solução.

Exemplo: Continuação da história de apagamento de incêndio discutida na seção a respeito das nuvens.

A alteração que o gerente de atendimento ao cliente propôs que se fizesse no procedimento estabelece que, sempre que a remessa pontual correr risco por falta de informações adequadas sobre o local de entrega e pelo fato de o gerente de conta não estar acessível, o encarregado de envio terá autoridade para entrar em contato com o cliente para solicitar essas informações.

O gerente expôs o problema e propôs a solução à sua equipe. O gerente de conta que estava envolvido no incidente apresentou sua ressalva.

"Sim, mas... se adotarmos essa alteração, o cliente me (o gerente de conta) considerará irresponsável e não profissional".

Etapa 2: traga à tona os argumentos lógicos sobre o possível efeito negativo.

Se [injeção] então [o cliente considerará o gerente de conta irresponsável e não profissional] porque...

1. O cliente pensará que o gerente de conta não passa adiante todas as informações necessárias.
2. O encarregado de envio dirá ao cliente que eles não têm as informações de entrega.
3. O cliente acha que o gerente de conta já obteve todos esses detalhes.

Etapa 3: forme a espinha dorsal com as entidades que ocorrerão.

As entidades [1] e [2] ocorrerão em consequência da injeção e, portanto, elas pertencem à "espinha dorsal". A entidade [2] provocará [1] e [1] provocará o efeito negativo. A sequência lógica de causa e efeito é: [Injeção] → [2] → [1] → [Efeito negativo].

Etapa 4: posicionamento das entidades existentes ao lado da espinha dorsal.

A entidade [3] existe na realidade atual e, portanto, é um pressuposto corroborativo para a causalidade que explica como a entidade [2] provoca a entidade [1].
  Lê-se: SE [2] E [3] Então [1].
  SE [o encarregado de envio disser ao cliente que eles não dispõem das informações de entrega] E
[O cliente achar que o gerente de conta já obteve esses detalhes] ENTÃO [o cliente pensará que o gerente de conta não passa todas essas informações adiante].

Etapa 5: verifique em que ponto a espinha dorsal torna-se negativa.

A espinha dorsal torna-se negativa na entidade [1]. A entidade [2] é o que se espera que o encarregado de envio faça quando essa situação ocorre. Entretanto, isso provoca [1] – o cliente terá uma percepção errada sobre o gerente de conta –, o que já se evidencia como um efeito negativo para o cliente.

Etapa 6: desenvolva a injeção de apoio para eliminar o efeito negativo.

Injeção de apoio:
  O encarregado de envio diz ao cliente que, a fim de oferecer um atendimento mais rápido e de melhor qualidade, ele gostaria de *conferir novamente* as informações de entrega.

Etapa 7: verifique se a injeção de apoio elimina o efeito negativo.

"O encarregado de envio diz ao cliente que, a fim de oferecer um atendimento mais rápido e de melhor qualidade, ele gostaria de *conferir novamente* as informações de entrega" é uma ação que pode eliminar o efeito negativo.

A ramificação negativa para o gerente de conta em decorrência da injeção de eliminação é apresentada na Figura 24.17.

Capítulo 24 ▪ Gerenciamento diário com a TOC

[Diagrama com os seguintes elementos:]

- ~~O cliente considerará o gerente de conta irresponsável ou não profissional~~ (−)
- ~~O cliente pensa que o gerente de conta não passa adiante todas as informações sobre ele~~ (−)
- O cliente fornece ao encarregado de envio as informações necessárias (N)
- ~~O cliente acha que o gerente de conta já dispunha de todos esses detalhes~~
- O encarregado de envio diz ao cliente que eles não dispõem das informações de entrega (N)
- **Injeção de apoio:** o encarregado de envio diz ao cliente que, a fim de oferecer um atendimento mais rápido e de melhor qualidade, ele gostaria de conferir novamente as informações de entrega
- Injeção: sempre que a pontualidade de uma remessa correr risco por causa de informações inadequadas sobre o local de entrega e o gerente de conta não estiver disponível, o encarregado de envio terá autoridade para entrar em contato com o cliente para obter essa informação

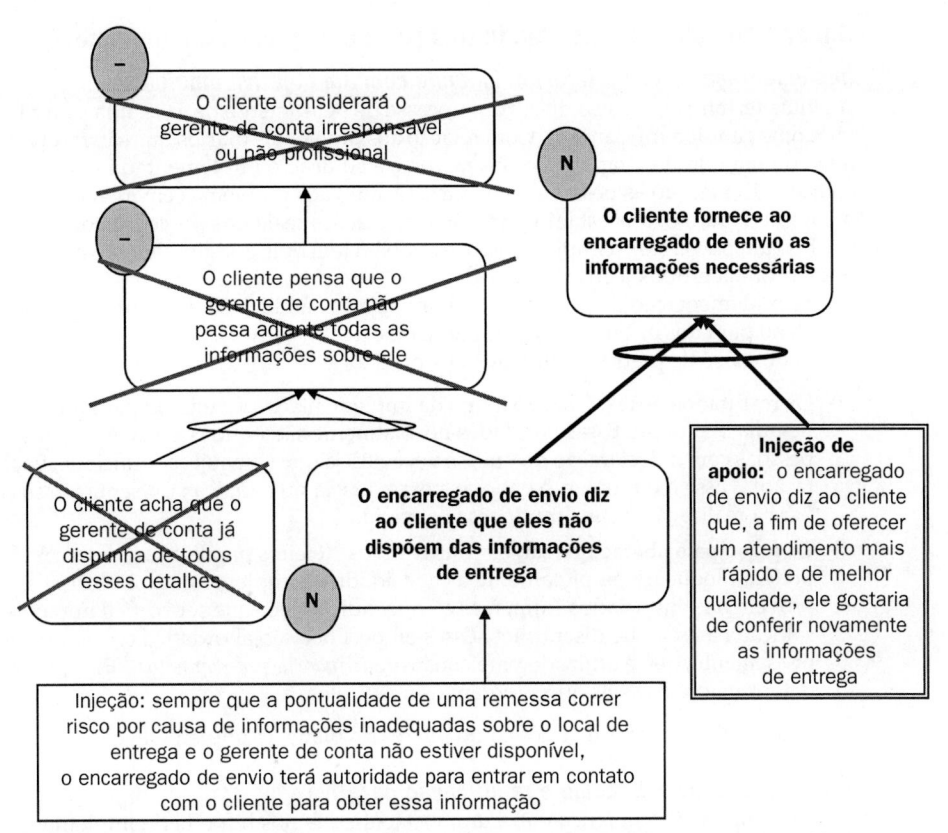

FIGURA 24.17 Um exemplo: a ramificação negativa do gerente de conta e o efeito negativo eliminado.

Contudo, essa injeção talvez não seja tão eficaz, porque o cliente pode ser pego de surpresa pelo telefonema inesperado e reagir adversamente.

Outra injeção de apoio poderia ser:

O cliente é avisado com antecedência de que, em raras ocasiões, quando as instruções sobre entrega não estiverem claras e o gerente de conta não estiver disponível (às vezes as pessoas ficam doentes ou enfrentam algum problema pessoal urgente), o encarregado de envio pode telefonar para ele para confirmar novamente essas informações.

O cliente pode concordar, discordar ou propor uma solução para lidar com essas situações. Como essa questão é discutida com antecedência, nenhum dano é causado e tudo o que é ajustado com o cliente torna-se parte do procedimento que sofreu alteração.

Nesta seção, vimos que a RRN é outra ferramenta gerencial que melhora a capacidade do gerente para lidar com dificuldades, particularmente aquelas que são consideradas negativas.

As questões que são levantadas enquanto lidamos com um possível efeito negativo de acordo com a camada 4 talvez chamem a atenção dos gerentes para os riscos que eles desconhecem. Entretanto, empregando o processo para lidar com as RRNs, talvez se constate que a ressalva não tem fundamento e a pessoa que levantou o problema pode resolver abandoná-la.

O mapa de objetivos intermediários (OIs) e os planos de implementação

Implementação de uma injeção: Lidando com um objetivo ambicioso

A última ferramenta de uso diário do processo de pensamento da TOC lida com a pergunta "Como causar a mudança?". Com relação aos problemas diários que são resolvidos por meio do método da evaporação das nuvens, a solução é implementada principalmente com sua divulgação às pessoas relevantes. Quanto aos problemas emergenciais, a implementação abrange dois estágios: adesão e alterações reais nos procedimentos. E quanto aos EIs (um ou vários), a implementação também tem dois estágios: adesão e mudança no sistema ou na proposta aos clientes.

A implementação de uma injeção é um objetivo ambicioso. Portanto, precisamos de um plano para nos orientar nessa implementação.

O processo de planejamento oferece dois dados:

- Os **resultados necessários** ao longo da implementação da injeção para que ela se torne uma realidade. Essas entidades normalmente são obtidas por você ou por outras pessoas com a declaração de que, se você deseja que essa injeção funcione, você deve [ação]... Esse é o momento em que a experiência ou a lógica apresenta passos claros para a realização dessas mudanças na realidade.

- Os **principais obstáculos** são os "impeditivos" (efeitos paralisadores) percebidos que podem bloquear completamente a capacidade de implementar a injeção. Esse dado provém dos enunciados "Sim, mas..." que indicam por que será difícil implementar a solução na área que discutimos. Esses empecilhos são abordados com o processo de pensamento, que é utilizado para construir a *árvore de pré-requisito* (APR), por meio da determinação dos OIs que superam os obstáculos.

Esses dados são empregados como pilares do plano de implementação.

A diferença entre obstáculo e ramificação negativa

Observe que existe diferença entre um obstáculo que nos impede de implementar uma injeção e uma RRN que pode surgir como um efeito colateral da implementação da injeção. A Figura 24.18 mostra a posição do obstáculo e da RRN no eixo de tempo da implementação.

O processo para lidar com os obstáculos

O processo para lidar com os obstáculos abrange:

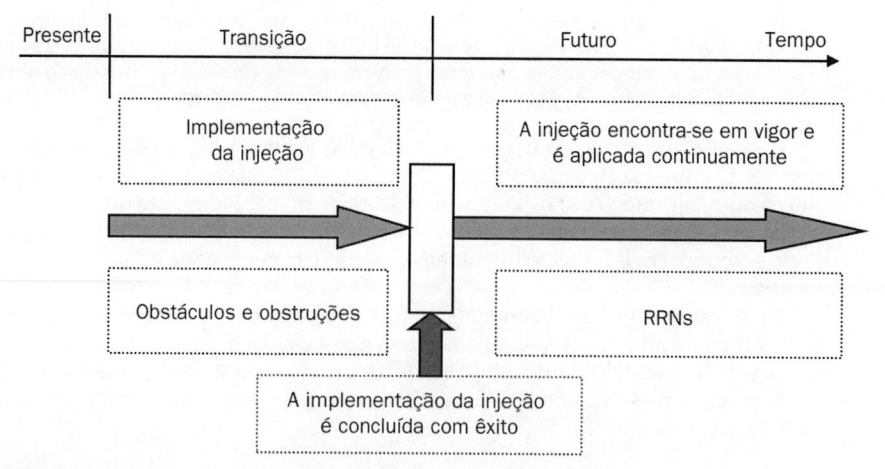

FIGURA 24.18 As relações entre as RRNs e os obstáculos.

Etapa 1: redija o enunciado da injeção de forma clara e concisa.

Etapa 2: registre todos os obstáculos percebidos.

Etapa 3: identifique os "impeditivos".

Etapa 4: verbalize os resultados tangíveis para os obstáculos que você sabe como superar.

Etapa 5: desenvolva os OIs para superar os "impeditivos".

Etapa 6: agrupe os OIs.

Etapa 7: crie o mapa de OIs para a implementação.

Etapa 1: redija o enunciado da injeção de forma clara e concisa.
Exemplo:

> Uma injeção: Um novo sistema de informação para a radiologia funciona como parte de um novo hospital informatizado.

Quanto às etapas 2 a 5, é aconselhável trabalhar com uma tabela (um documento do Word ou arquivo do Excel) com as seguintes colunas:

Obstáculos

Impeditivo

Fator de Obstrução do Resultado Tangível/OI

Etapa 2: registre todos os obstáculos percebidos normalmente com a frase "não temos" ou "não sabemos/conhecemos".
Exemplo:
Lista de obstáculos (parcial):

1. Não temos o escopo da implementação.
2. Não conhecemos os critérios de aceitação.
3. Como saberemos que o sistema será aceitável para todas as partes?
4. Não sabemos como avaliar a qualidade dos dados convertidos.
5. Os servidores existentes estão quase totalmente ocupados.

Etapa 3: identifique os "impeditivos".
Divida os obstáculos registrados em dois grupos (lista de sabemos/não sabemos):

- Obstáculos que você sabe como superar.
- Obstáculos que você não sabe como superar – eles são os "impeditivos" (efeitos paralisantes). Coloque os obstáculos que você tem certeza de que, se não forem abordados, bloquearão completamente a implementação da injeção nessa categoria. Você pode indicar esses obstáculos com um "X" na coluna de impeditivos.

Exemplo:

> O obstáculo 3 – "Como saberemos que o sistema será aceitável para todas as partes?" – é marcado como um impeditivo.

Etapa 4: quanto aos obstáculos que você *sabe* como superar, escreva tudo o que puder superá-los em forma de resultados tangíveis (resultados necessários para a transição entre a situação atual e a plena utilização da injeção). Esses resultados tangíveis são na verdade OIs que precisamos obter no processo de transformação da injeção em realidade. A Tabela 24.10 apresenta um exemplo.

Etapa 5: quanto aos obstáculos que você *não sabe* como superar (os obstáculos principais ou "impeditivos"), desenvolva os OIs que você precisa atingir para superar a obs-

Tabela 24.10 Obstáculos, impeditivos, injeções e fatores de obstrução

N.	Obstáculos	Impeditivo	Objetivos intermediários	Fatores de obstrução
1	Não temos o escopo da implementação.		O OI 1 tem um documento que registra o escopo e os resultados tangíveis do sistema.	
2	Não conhecemos os critérios de aceitação.		O OI 2 tem um documento que identifica os critérios de aceitação ajustados com todos os principais interessados do novo sistema.	
3	Como saberemos que o sistema será aceitável para todas as partes?	X		
4	Não sabemos como avaliar a qualidade dos dados convertidos.		O OI 4 apresenta indicadores e procedimentos claros para a conversão dos dados.	
5	Os servidores existentes estão quase totalmente ocupados.		O OI 5 tem uma resolução para aumentar a capacidade dos servidores e armazenar todos os dados novos.	

trução. Na maior parte das vezes, as pessoas que apresentam os impeditivos têm alguma ideia sobre como superá-los. Você precisa examinar essas sugestões para confirmar se elas ajudam a eliminar os obstáculos. Se o OI não for claro, você pode utilizar os passos intermediários:

1. Identificação do fator que provoca o obstáculo (fator de obstrução).
2. O principal motivo que leva um obstáculo ser um impeditivo é a falta de um recurso importante. Esse é o fator de obstrução: "Não temos dinheiro, tempo, recursos humanos, nossos funcionários não estão dispostos etc.".
3. Desenvolva os OIs para superar o fator de obstrução.

Exemplo:

> Obstáculo 3: Como saberemos que o sistema será aceitável para todas partes?
> Fator de obstrução: Consenso sobre o novo sistema (falta de consenso).
> OI 3: A alta administração tem uma resolução com a qual todos os interessados concordam.
> Consulte a Tabela 24.11.

Etapa 6: reveja a lista completa de OIs e resultados tangíveis e, se houver muitos, *divida-os em grupos de acordo com o assunto*. Um exemplo de agrupamento de OIs é apresentado na Figura 24.19.

Etapa 7: coloque os OIs em sequência para criar um mapa de OIs.
Reveja e confirme o plano de implementação resultante.

O mapa de OIs

A essa altura teremos uma lista dos OIs (agrupados) para efetuar a injeção. *O mapa de OIs é um plano que determina a sequência de OIs a serem atingidos na transição para implementar a injeção.*

A lógica da sequência é que um OI tem de estar em vigor para que os OIs subsequentes possam ser atingidos. Como mostra a Figura 24.20, existe uma dependência baseada nos resultados tangíveis que cada OI produz.

Tabela 24.11 Superando o fator de obstrução

N.	Obstáculos	Impeditivo	Objetivos intermediários	Fatores de obstrução
3	Como saberemos que o sistema será aceitável para todas as partes?	X	OI 3: A alta administração tem uma resolução com a qual todos os interessados concordam.	Consenso sobre o novo sistema (falta de consenso)

O mapa de OIs é simples e fácil de construir porque se baseia na lógica e intuição. Para sequenciá-lo, enunciamos as relações entre os OIs. Alguns dependem da conclusão de outros. Isso se deve ao resultado tangível, que é o resultado de um OI e é necessário para os demais.

No caso em que é necessário realizar várias ações para atingir o OI, podemos listá-los e inseri-los no plano.

Veja uma sugestão para sequenciar os OIs:

Tarefa 1: Copie os OIs registrados[17] em notas adesivas.

Tarefa 2: Coloque os OIs em sequência.

Inicie com o objetivo ambicioso, inserindo-o no lado direito da página.

Para inserir os OIs e estabelecer uma dependência lógica, parta do final (direita) para o início (esquerda).

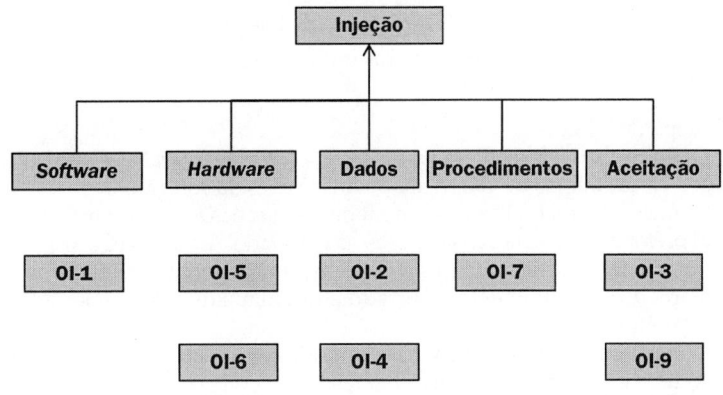

FIGURA 24.19 Exemplo de agrupamento de OIs para o sistema de informação de radiologia (SIR).

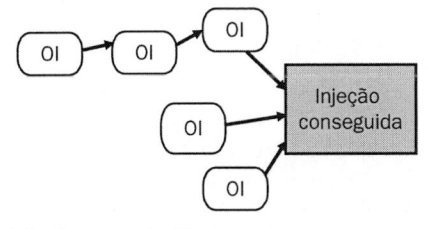

FIGURA 24.20 Um exemplo de mapa de OIs.

---

[17] Se você tiver vários OIs, deve pensar na possibilidade de agrupá-los e estabelecer tópicos de acordo com o grupo e concluir o exercício para cada grupo. Em seguida, sequencie os grupos.

Utilize o método de verificação de dependência entre eles, fazendo a seguinte leitura: "Para que possamos ter (OI posterior), devemos concluir (OI anterior)".

Se não houver nenhuma dependência, o OI poderá ser atingido paralelamente.

Tarefa 3: Apresente a sequência à equipe que tenha alguma percepção sobre o ambiente. Colha opiniões e faça as correções necessárias no diagrama. Verifique com a equipe se todos os OIs essenciais estão no mapa de OIs.

Tarefa 4: Armazene o mapa de OIs em uma planilha do Excel (algumas pessoas costumam documentá-lo em um arquivo de plano de projeto como uma estrutura PERT).

Implementando uma solução de várias injeções

Quando temos uma solução que contém mais de uma injeção, devemos implementá-las em uma sequência lógica, de acordo com as dependências internas entre elas.

As sequência para criar um mapa de OIs:

1. Cria o mapa de injeções.
2. Determine os OIs para cada injeção (conforme as etapas 4 a 5 do processo para lidar com obstáculos).
3. Sequencie o mapa de OIs para cada injeção.

   Observação: Se esse processo for realizado por grupo de OIs, na tarefa 2 deveremos verificar a dependência entre cada dois OIs à medida que avançarmos para cada nota em que inserimos um OI. A APR é utilizada no trabalho completo do processo de pensamento para identificar o vínculo lógico entre os OIs e os obstáculos e também para refletir sobre o sequenciamento.

4. Incorpore cada mapa de OIs no mapa de injeções.
5. Verifique o mapa integrado para confirmar se ele tem consistência lógica e está completo.

   Mapa de injeções:

   Quando a solução contém várias injeções, o plano geral é criado por meio da associação dos vários mapas de OIs no mapa de injeções da solução.

   Primeiramente, montamos um mapa de injeções estabelecendo a sequência segundo a qual pretendemos aplicar as injeções na realidade. Algumas injeções são implementadas uma após outra; outras podem ser implementadas paralelamente. Um mapa de injeções, um mapa de OIs totalmente integrado e um mapa de várias injeções são apresentados como exemplo na Figura 24.21.

   O mapa de OIs com várias injeções pode ser transformado em um plano de projeto, que contém resultados tangíveis e tarefas.

   Os *resultados* (OIs) são os marcos principais na implementação da injeção. Eles são tangíveis e podem ser medidos. No plano para implementar a injeção, eles são os objetivos intermediários que assinalam os passos em direção à conclusão da implementação.

   As *tarefas* são todas as atividades que devem ser realizadas pela equipe de projeto a fim de atingir os resultados tangíveis. São ações executadas por recursos específicos durante um tempo previsto.

   Exemplo: Injeção: Utiliza-se *ganho-dinheiro-dia* (GDD) como medida principal para a entrega pontual dos projetos. Um exemplo de plano de miniprojeto para a implementação de uma injeção é oferecido na Figura 24.22.

   Podemos concluir que o mapa de OIs é uma ferramenta de planejamento que pode ser utilizada pelo gerente para implementar uma solução. Envolver as pessoas relevantes no processo de criação dos mapas pode gerar um sentimento de apropriação e aumentar o envolvimento e apoio para tornar a solução uma realidade.

a. Mapa de injeções

b. Mapa de OIs com várias injeções

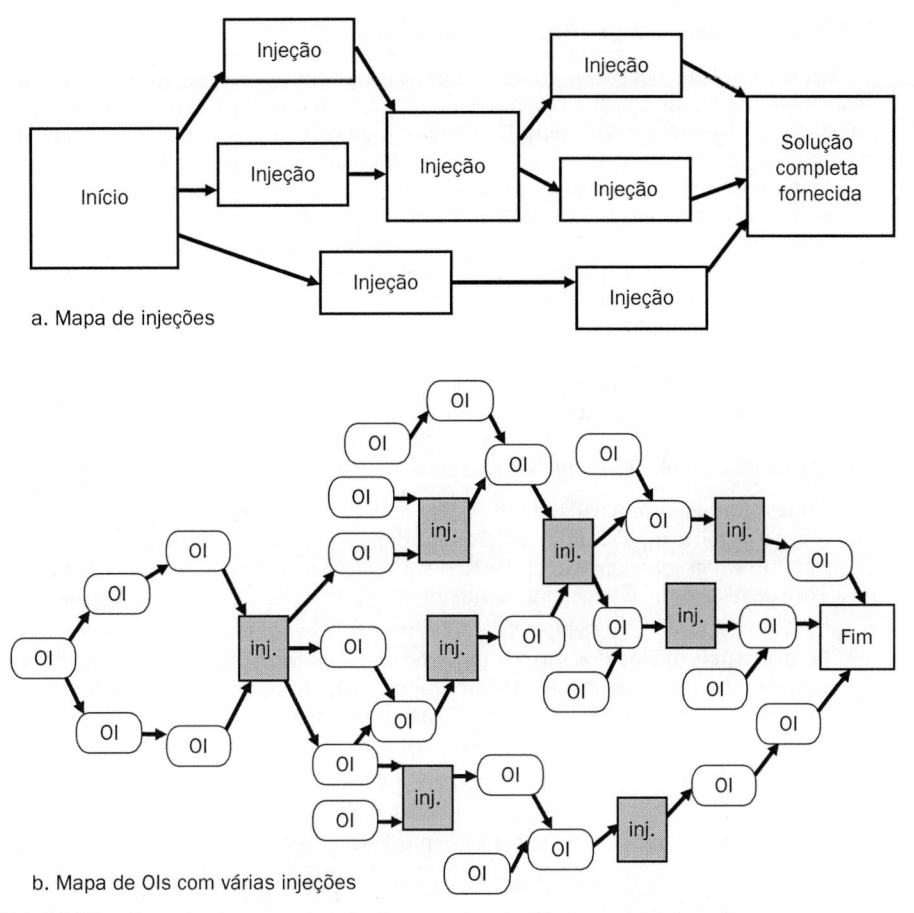

FIGURA 24.21 Exemplo de mapa de injeções e mapa de OIs com várias injeções.

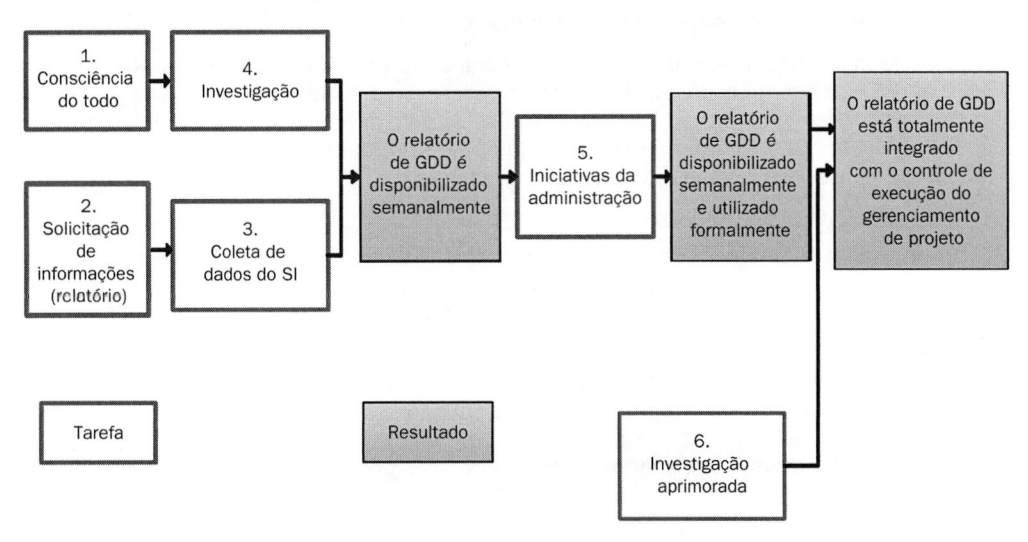

FIGURA 24.22 Exemplo de plano de miniprojeto para implementar uma injeção.

Conclusão: resolvendo problemas ao estilo da TOC

O método da TOC baseia-se no compromisso voluntário dos gerentes de melhorar o desempenho da área sob sua responsabilidade. O estilo da TOC é trabalhar sistematicamente para responder as três perguntas sobre melhoria (o que mudar, para o que mudar e como causar a mudança). Nem todos os problemas e desafios exigem uma análise meticulosa e o desenvolvimento de uma solução revolucionária. Os gerentes tomam boas decisões (e algumas vezes "pagam" por suas decisões ruins). O objetivo deste capítulo foi melhorar sua capacidade de tomada de decisões por meio de ferramentas empregadas para lidar sistematicamente com os problemas e ajudá-lo a desenvolver as habilidades necessárias para utilizá-las. Você pode acrescentar as ferramentas descritas neste capítulo ao seu conjunto de instrumentos pessoal. Pratique e utilize-as quando sentir que é apropriado.

Para abordar um problema sistemática e explicitamente, propomos o processo abrangente delineado neste capítulo. A sequência do processo abrange três perguntas sobre melhoria.

O processo de planejamento oferece dois dados:

- Os **resultados necessários** identificados ao longo da implementação da injeção para que ela se torne uma realidade. Essas entidades normalmente são obtidas por você ou por outras pessoas com a declaração de que, se você deseja que essa injeção funcione, você deve [ação]... Esse é o momento em que a experiência ou a lógica apresenta passos claros para a realização dessas mudanças na realidade.

- Os **principais obstáculos** são os "impeditivos" (efeitos paralisadores) percebidos que podem bloquear completamente a capacidade de implementar a injeção. Esse dado provém dos enunciados "Sim, mas..." que indicam por que será difícil implementar a solução na área que discutimos. Esses empecilhos são abordados com o processo de pensamento, que é utilizado para construir a APR, por meio da determinação dos OIs que superam o obstáculo.

Para o que mudar? Conceba soluções simples e práticas.

- Escolha uma injeção que evapore a nuvem e apoie as necessidades enunciadas na nuvem (solução ganha-ganha).

- Lide com cada um dos possíveis efeitos negativos utilizando o processo de RRN como parte da solução de implementação.

Como causar a mudança? Induza as pessoas apropriadas a apoiar e implementar a solução (preferivelmente participando da concepção da solução ou apoiando partes da solução). Para tornar a mudança mais fácil, o gerente deve fazer o trabalho preparatório ("dever de casa") abordando as duas primeiras perguntas – o problema e a solução. Em seguida, ele deve facilitar as duas seguintes etapas:

- Obter consenso e adesão.

- Desenvolver o mapa de OIs e o plano de implementação (para mudanças no sistema).

Se você quiser ganhar domínio nessas ferramentas, deverá praticar continuamente. Quanto mais você praticar, maior será sua habilidade e rapidez para utilizá-las, a ponto até mesmo de conseguir realizar a maior parte do trabalho mentalmente, sem precisar redigi-lo. Portanto, você deve praticar sempre. Aproveite todas as oportunidades.

Aviso: Não imponha o processo de pensamento à sua equipe.

Procure fazer com que o processo de pensamento funcione para você, mas não o imponha aos seus subordinados. Algumas pessoas podem achar o processo de pensamento muito complexo, muito trabalhoso e às vezes até intimidador. Outras pessoas podem se sentir desconfortáveis com as próprias ferramentas e seus mecanismos. As ferramentas do processo de pensamento destinam-se aos indivíduos. É aconselhável abordar sua equipe em etapas. Primeiro, utilize o processo de pensamento para si mesmo e procure fazer com que sua equipe obtenha benefícios da forma como você lida e soluciona os problemas. Posteriormente, é provável que eles tenham interesse em saber como você lida sistematicamente com os problemas. Nos estágios posteriores, alguns membros de sua equipe podem demonstrar interesse em aprender a utilizar essas ferramentas. Você pode ensiná-las, indicar material didático apropriado ou inscrevê-los em alguma escola. Começar a utilizar a TOC é uma escolha pessoal. Meu ponto de vista sobre a TOC é de que ou a adotamos seriamente ou não a adotamos de forma alguma. O ponto forte da TOC é o conhecimento e a metodologia para compreender e desenvolver novos conhecimentos. Os processos propostos neste capítulo exigem muito com relação à quantidade de trabalho preparatório pessoal que o praticante da TOC deve realizar. A verdadeira satisfação em trabalhar com a TOC é fazê-la acontecer. Isso ocorre quando vemos que a injeção está viva e contribuindo para o sistema e as pessoas estão contentes em testemunhar que ela trouxe benefícios reais, provando que a *árvore da realidade futura* (ARF) é válida!

A melhoria do desempenho do sistema precisa da associação de três ingredientes:

1. Uma *solução ganha-ganha relevante* que possa ser aplicada à situação específica do sistema.
2. *Líder* e *liderança*, que mostram a direção e abrem caminho para que os outros possam seguir nessa direção.
3. Uma *cultura incentivadora*, para que haja uma obediência apropriada com relação a essa direção e uma ativa participação e contribuição para transformar a visão em uma realidade.

A estruturação da solução é uma responsabilidade do gerente que adota a TOC. Os outros dois elementos fazem parte da cultura da área do gerente e da empresa como um todo. Ao lidar com o desempenho aprimorado da área sob sua responsabilidade, é aconselhável adotar uma postura de firmeza e imparcialidade e sempre demonstrar respeito pelas pessoas. Isso significa que você deve fazer sua parte, desenvolver as soluções e divulgá-las às pessoas apropriadas. Ouça o *feedback* e as sugestões, mas não permita que a discussão descambe para a "paralisia da análise". Você deve ser firme e exigir conclusões e ações.

Última observação – espero que este capítulo lhe tenha oferecido informações suficientes para iniciar sua jornada pessoal com o processo de pensamento da TOC. A esta altura, você talvez reconheça que abordei apenas parte do vasto conhecimento existente sobre esse assunto. A nuvem merece um livro dedicado exclusivamente a ela, o qual pretendo escrever em breve.

Referências

Goldratt, E. M. *What Is This Thing Called Theory of Constraints and How Should It Be Implemented?* Croton-on-Hudson, NY: North River Press, 1990.

Goldratt, E. M. *It's Not Luck*. Great Barrington, MA: North River Press, 1994.

Goldratt, E. M. "Necessary & Sufficient CD-2: The Basic Assumptions of TOC". Goldratt Marketing Group, 2002.

Goldratt, E. M. *The Choice*. Great Barrington, MA: North River Press, 2009.

Goldratt, E. M. e Cox, J. *The Goal: Excellence in Manufacturing*. Croton-on-Hudson, NY: North River Press, 1984.

Sullivan, T. T., Reid, R. A. e Cartier, B. *TOCICO Dictionary*. 2007. http://www.tocico.org/resource/resmgr/files-public/tocico_dictonary_first_edit.pdf.

Sobre o autor

Oded Cohen é um dos nomes mais conhecidos do mundo a respeito da teoria das restrições (TOC). Ele reúne 30 anos de experiência em desenvolvimento, ensino e implementação da metodologia da TOC e de suas soluções e processos de implementação, trabalhando diretamente com Goldratt em todas as partes do mundo. Alguns dos países para os quais Oded levou seus conhecimentos são Estados Unidos, Canadá, Japão, Índia, China, Reino Unido, Polônia, Rússia, Ucrânia, Colômbia, Chile, Peru e muitos outros.

Oded é engenheiro industrial com mestrado em pesquisa operacional no Instituto Israelita de Tecnologia, em Haifa, Israel. Ele foi um dos desenvolvedores do programa *Optimized Production Technology* ou Tecnologia de Produção Otimizada (OPT® , marca registrada do Scheduling Technologies Group Limited, de Hounslow, Reino Unido), *software* logístico de programação de produção, do processo de pensamento da TOC e das habilidades de gerenciamento da TOC.

Oded utiliza seus conhecimentos especializados para instruir toda uma geração de praticantes e implementadores da TOC. Ele é conhecido por sua paixão por trabalhar com pessoas que admiram a TOC.

Desde 2001, Oded faz parte do Goldratt Group como diretor internacional das Escolas Goldratt – organização comprometida em disponibilizar prontamente os conhecimentos da TOC para todas as pessoas que desejam aprender a utilizar a TOC com um professor. As Escolas Goldratt desempenham um papel fundamental no desenvolvimento e apoio oferecido aos especialistas na aplicação da TOC e aos consultores da TOC que estão transferindo conhecimento e *know-how* prático para implementação das soluções da TOC.

Oded é coautor do livro *Deming & Goldratt: The Theory of Constraints and the System of Profound Knowledge – The Decalogue* e autor do livro *Ever Improve: A Guide to Managing Production the TOC Way*, publicado recentemente.

25
Processo de pensamento com as árvores de E&T

Lisa J. Scheinkopf

Introdução: qualquer pessoa pode ser um Jonah!

> Se fiz descobertas valiosas, foi mais por ter paciência do que por ter qualquer outro talento.
> – *Sir* Isaac Newton

O *processo de pensamento* é a ferramenta de Jonah, o querido físico-mentor de Alex Rogo, de *The Goal* (*A Meta*) (Goldratt e Cox, 1986). Para realmente obter um benefício na utilização do processo de pensamento da *teoria das restrições* (*theory of constraints* – TOC), você precisa adaptar-se à mentalidade e disciplina de raciocínio de Jonah. Você não precisa ter nascido gênio. Não precisa ter doutorado. O que *de fato* você precisa é de convicção para pensar claramente e considerar-se um cientista. De acordo com Eli Goldratt, "não é preciso ter uma capacidade mental excepcional para construir uma nova ciência ou para ampliar uma ciência existente. O que é necessário é apenas coragem para enfrentar as inconsistências e tentar não fugir delas somente porque 'isso sempre foi feito assim'" (Goldratt e Cox, 1986, "Introdução"). Isso nos leva ao princípio no qual a TOC como um todo se baseia – o conceito de *simplicidade inerente*. Goldratt discute esse conceito em *The Choice* (A Escolha), explicando que "*o segredo para pensar como um verdadeiro cientista é reconhecer que qualquer situação da vida real, não importa quão complexa a princípio pareça, na verdade é, assim que compreendida, constrangedoramente simples*" (Goldratt, 2009, p. 9).

> Qualquer idiota inteligente consegue fazer uma coisa ficar maior e mais complexa, mas é necessário um toque de gênio e muita coragem para fazer o oposto.
> – Albert Einstein

A descrição de Goldratt sobre ciência e seu conceito de *simplicidade inerente* não são uma novidade. Não surpreendentemente, sua mensagem pode ser remontada a um dos cientistas mais importantes de todos os tempos, *Sir* Isaac Newton. Suas "Regras de Raciocínio em Filosofia" (Newton, 1729) levaram os cientistas desde o início dos anos 1700 a reconhecer que a "natureza é simples e está em consonância consigo mesma" e, portanto, poucas causas são responsáveis por muitos efeitos, e não o contrário; a evitar atribuir mais causas a um efeito do que aquelas verdadeiras e suficientes para explicar sua existência; e a analisar e aprender entusiasticamente com as situações (em vez de ignorá-las) em que a realidade contradiz (ou parece contradizer) a percepção que temos dela (consulte o Apêndice A no *site* da McGraw-Hill: http://www.mhprofessional.com/TOCHandbook).

Com relação à utilização do processo de pensamento, as pessoas geralmente se encaixam em duas categorias. A primeira é composta pelas pessoas que tomam a decisão de se adaptar à mentalidade de um cientista e a segunda consiste de pessoas que não tomam essa decisão. Aquelas que pertencem à primeira categoria criam melhorias significativas. Elas trabalham com afinco para isso – exercitam rigorosamente os músculos da percepção. Contudo, em vez de se sentirem exauridas, elas se sentem estimuladas não apenas pelos resultados, mas pelo maior conhecimento e compreensão que obtiveram do mundo ao seu redor.

Quais são as ferramentas do processo de pensamento? Por que elas são tão eficazes para analisar problemas nos negócios e na vida pessoal? Como a aplicação da lógica, a linguagem e a estrutura são articuladas para uma análise arguta dos problemas e conflitos? Como as ferramentas do processo de pensamento ajudam a esquematizar a transição entre um presente indesejável e um futuro desejável? Como elas ajudam a proteger um plano contra armadilhas imprevistas? Como elas se vinculam em um sistema integrado de capacidades lógicas para provocar uma mudança positiva? Espero responder essas perguntas de uma maneira que mostre que praticamente todas as pessoas dispostas a fazer esse trabalho conseguem compreender profundamente e promover melhorias significativas e expressivas tanto em ambientes simples quanto complexos. Para isso, apresento instruções passo a passo.

Começo com uma discussão sobre os princípios dos pressupostos lógicos e fundamentais na filosofia subjacente ao processo de pensamento da TOC. Em seguida, mostro que o método de representação gráfica ajuda a nortear nossa análise. Cada uma das ferramentas do processo de pensamento é discutida em sequência, com instruções sobre como utilizá-la. Este capítulo passa então a apresentar exemplos, alguns deles de aplicação real.

O elemento fundamental: a lógica da causa e efeito

> Você vê que só existe uma constante. Uma regra universal. É a única verdade real. Causalidade. Ação, reação. Causa e efeito.
>
> – Merovingian, *The Matrix Reloaded*

Quando aceitamos a premissa da *simplicidade inerente*, aceitamos a premissa de que todo elemento de um sistema está conectado com o sistema por meio de relações de causa e efeito com os outros elementos do sistema. Isso significa que, quanto maior nossa capacidade para revelar e compreender as relações reais de causa e efeito existentes no presente, ou que pretendemos estabelecer no futuro, melhor nossa capacidade de melhorar.

O que queremos dizer quando dizemos que existe uma relação de causa e efeito? Queremos dizer que, pelo mero fato de uma situação existir, outra situação é uma consequência inevitável. Vejamos um exemplo simples que parece trivial porque é óbvio, embora mostre claramente o pilar básico do processo de pensamento.

Já está anoitecendo, e você acabou de chegar à sua casa depois de um dia de trabalho. Você abre a porta de casa e "liga" o interruptor da lâmpada do *hall*. A lâmpada não acende. Qual poderia ser o motivo? Depois de verificar se de fato você ligou o interruptor, em vez de "desligá-lo", você confirma se a lâmpada está ligada. Por quê? Sua experiência de vida o levou a compreender intuitivamente uma relação de causa e efeito – você sabe que se a lâmpada não estiver conectada a luz não acenderá.[1] Você descobre que a lâmpada não está conectada. Aha! Confiantemente, você liga o fio à tomada, liga o interruptor novamente e – ah não, a lâmpada mesmo assim não acende. O que você verifica em seguida? Seu cérebro faz uma rápida verificação do que pode estar fazendo com que a lâmpada

---

[1] Neste exato momento, estou me lembrando de mais de uma ocasião em que imaginei que uma TV, um computador ou outro aparelho eletrônico estivesse com defeito e, para "consertar", ouvi meu marido me chamar de outro aposento da casa e me perguntar, com um toque de sarcasmo em sua voz: "Querida, você tem certeza de que está ligado?".

não acenda. Você troca a lâmpada? Você procura outra lâmpada em sua casa para confirmar se o problema encontra-se apenas na lâmpada e não se trata de um problema maior, como um disjuntor ou fusível ou mesmo a falta de energia na vizinhança? Qualquer um desses fatores seria suficiente para fazer a lâmpada não funcionar. Por isso, você continua verificando – para que sua intuição, que se baseia em experiências com situações semelhantes, lhe indique o que é mais e menos provável –, até que você descubra a causa, faça a mudança apropriada e acenda a luz.

A Figura 25.1 mostra graficamente o mapa de causa e efeito que você construiu em sua mente. Observe que, à medida que você obtém mais informações, seu mapa mental de causa e efeito ficou mais amplo e você compreendeu melhor a situação. Você confirmou diretamente os fatos que poderia verificar diretamente e alterou as "entidades" – a verbalização dos fatos – à medida que prosseguiu. Na terceira situação, quando você finalmente olhou para a rua e viu que todas as lâmpadas também estavam apagadas, você previu e confirmou um efeito que deu credibilidade a uma causa possível. Se as lâmpadas da rua e das outras casas estivessem acesas, você teria continuado a procurar outras causas.

Além disso, talvez você não ficasse satisfeito com o fato de por fim ter confirmado a causa – você poderia ter ido conversar com um vizinho ou ter telefonado para empresa de serviço público. Se eles realmente confirmassem a falta de energia, o mapa de causa e efeito resultante seria parecido com o da Figura 25.2.

Nesse exemplo, você instintivamente confirmou as hipóteses de causa e efeito que estava fazendo e utilizou um processo para isso.

1. Você identificou um problema. *A lâmpada não acende.*
2. Você levantou uma hipótese sobre a causa. *O interruptor não está ligado.*
3. Você verificou sua hipótese examinando duas situações:
   a. Você verificou a situação. Você examinou se na verdade a causa era o fato de o "interruptor não estar ligado". Na realidade, ele estava ligado. Desse modo, você levantou uma hipótese sobre uma causa diferente e então verificou se a situação continuava.
   b. Você validou a relação de causa e efeito. Seria o fato de a lâmpada não estar conectada a verdadeira causa de ela não acender? Você verificou esse fator diretamente conectando a lâmpada e ela ainda assim não acendeu! Diante disso, você voltou a levantar hipóteses sobre o que poderia estar fazendo a lâmpada não acender e a validar a relação de causa e efeito.

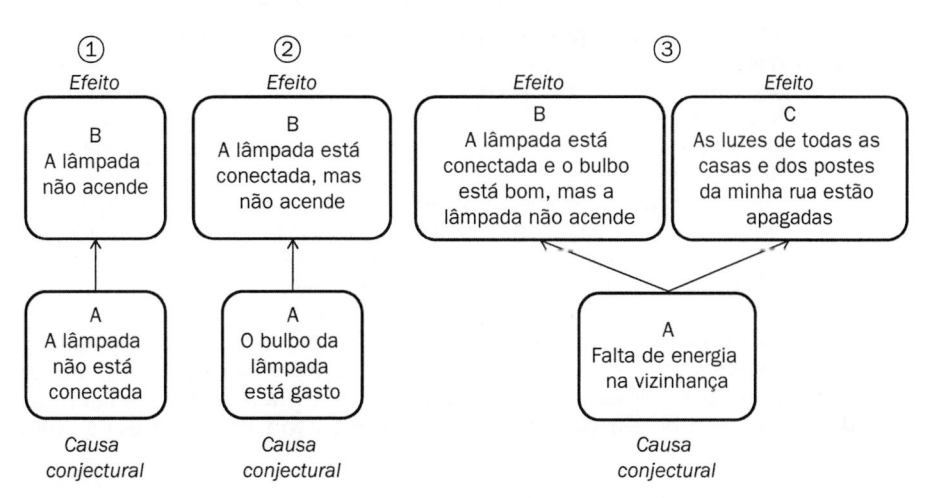

FIGURA 25.1 Mapa de causa e efeito: a lâmpada não acende.

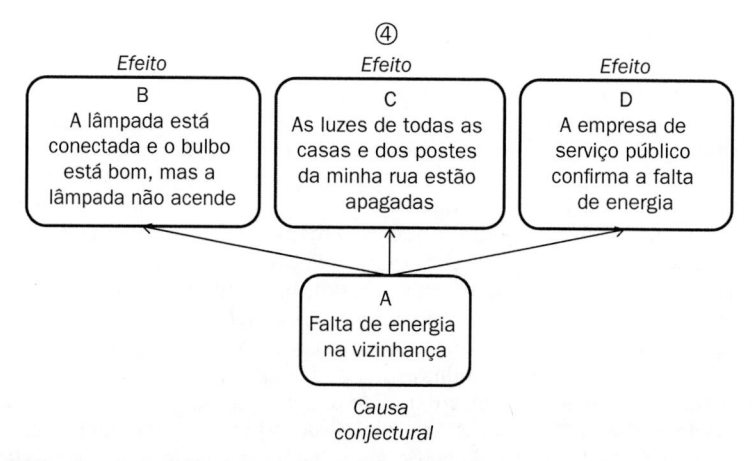

```
                              ④
        Efeito              Efeito              Efeito
          B                    C                   D
  A lâmpada está      As luzes de todas as    A empresa de
  conectada e o bulbo  casas e dos postes     serviço público
  está bom, mas a     da minha rua estão      confirma a falta
  lâmpada não acende      apagadas             de energia

                              A
                        Falta de energia
                         na vizinhança

                            Causa
                          conjectural
```

FIGURA 25.2 Causa e efeito: falta de energia na vizinhança.

Quando você se adaptar à mentalidade de cientista, você fará essas verificações automaticamente. À medida que avançarmos neste capítulo, ampliaremos nossa compreensão sobre isso, oferecendo um modelo do processo de verificação detalhado.[2] Esse processo é apresentado também no Apêndice B, que se encontra ao final do capítulo para ser utilizado quando for conveniente.

Embora o exemplo que utilizei pareça trivial, o processo científico não é. A maioria de nós não está habituada a empregar ou revelar a lógica de causa e efeito. Não faz muito tempo que Goldratt conduziu um experimento. Ele pediu a aproximadamente 40 pessoas – todas elas adultos inteligentes e instruídos na faixa de 20 a 60 e poucos anos, nas profissões de estudante a diretor executivo – para que pensassem e então redigissem uma frase que contivesse a palavra "porque". A única ressalva era de o indivíduo que estava redigindo a sentença acreditasse nela. Em outras palavras, todos eles foram solicitados a elaborar um enunciado de causa e efeito que acreditassem estar correto. As frases foram variadas, de "Eu educo meus filhos porque me preocupo com o bem-estar deles" a "Os americanos têm utilitários esportivos porque não se preocupam o meio ambiente", "Eu e meu chefe não nos damos bem porque..." ou "O bolo não era gostoso porque a receita era ruim". Goldratt em seguida pediu aos integrantes do grupo para que fizessem uma rápida verificação da frase que haviam escrito. Na vasta maioria dos casos, os indivíduos lhe escreveram dizendo que, ao fazer a verificação, eles perceberam que sua frase original estava *errada*.

Pense em quantas decisões são tomadas todos os dias com base em pressupostos de causa e efeito. Se considerarmos esse grupo de 40 pessoas representativo – e eu não tenho motivo para acreditar que ele seja uma exceção à população geral –, não posso deixar de pensar em quantas decisões são erradas. As pessoas prejudicadas e as organizações não melhoram, em virtude de nosso descuido na utilização da palavra "porque". A única diferença entre empregar o raciocínio de causa e efeito em uma situação como a da lâmpada e em uma situação em que se estabelece a direção de uma organização é a decisão de realmente conferir os pressupostos que motivariam uma determinada linha de ação.

Quando você se habitua ao raciocínio de causa e efeito, utilizá-lo para tomar decisões difíceis será tão natural quanto o utilizar para descobrir por que a lâmpada não acende. Não posso deixar de frisar a importância da prática – de exercitar os músculos do cérebro para pensar claramente e mapear regularmente as frases de causa e efei-

---

[2] O processo detalhado é chamado de *categorias de ressalva legítima* (CLRs).

to que você utiliza, ouve e lê (as sentenças que contêm a palavra "porque"). Essa é a melhor maneira de se preparar para o momento em que tiver de recorrer ao processo de pensamento a fim de realizar as grandes melhorias com as quais você se preocupa. Se você incorporar em seu dia a dia os princípios básicos que apresentei nesta seção, terá tudo o que precisa para utilizar o processo de pensamento da TOC – e até mesmo desenvolvê-lo para si mesmo.

Termos básicos e protocolo de mapeamento

> Causa e efeito são dois lados de um mesmo fato.
> – Ralph Waldo Emerson

Entidade é a descrição de um elemento da situação. Ela pode ser um efeito ou uma causa. Tendo em mente nosso desejo de pensar e nos comunicar claramente, as entidades são enunciadas como sentenças simples e completas. À medida que abordarmos as várias ferramentas de aplicação, identificaremos tipos especiais de entidade. Observe que uma entidade não é um enunciado de causa e efeito, que é a descrição da relação de causa e efeito entre pelo menos duas entidades.

Utilizamos uma *seta* para mostrar a relação de causa e efeito entre duas entidades. Ela é a representação gráfica da palavra "porque". A entidade na extremidade com ponta da seta é o efeito e a entidade na extremidade sem ponta da seta é a causa (consulte a Figura 25.3).

O *conector E*[3] é uma elipse ou uma linha reta ao longo das setas de causa e efeito utilizado para mostrar uma relação de "E lógico" entre várias entidades que, juntas, formam uma única causa para um efeito. Todas as entidades "apreendidas" pelo "conector E" são causas essenciais para que o efeito ocorra. Para compreender melhor o "E lógico", consulte a Figura 25.4.

A entidade B é um efeito das entidades A e C. Tanto a entidade A quanto a Entidade C não podem provocar a entidade B sozinhas. Ambas devem existir. Além disso, quando ambas existem, a entidade B é uma consequência inevitável. Utilizamos um exemplo simples. Um amigo seu está fazendo aniversário, e você e um grupo de amigos dele decidiram fazer uma festa surpresa para comemorar a ocasião. Vocês estão todos reunidos na casa ele e o grande momento se aproxima. Ele abre a porta, entra e todos vocês se levantam de repente e gritam: SURPRESA! Ele fica surpreso? Sim, mas somente se ele não estivesse esperando essa festa. Consulte a Figura 25.5, que mostra a relação de causa e efeito desse exemplo. Observe que, se ambas as entidades causais não existissem, ele não seria surpreendido por nenhuma delas.

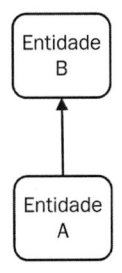

FIGURA 25.3 Entidades.

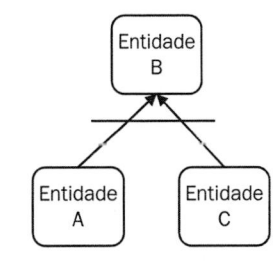

FIGURA 25.4 O conector "E".

---

[3] O conector E foi chamado originalmente (e ainda é chamado com frequência) de "banana" em virtude da forma que ele adquire quando se redige uma árvore à mão para mostrar a natureza do "E lógico" das causas e efeitos.

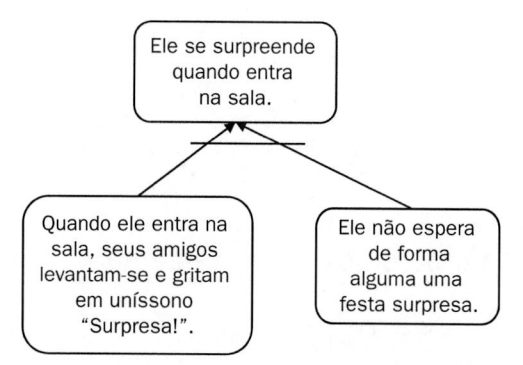

FIGURA 25.5 Exemplo de conector "E".

A Figura 25.6 mostra uma árvore de causa e efeito simples. Existem 12 entidades e 8 relações de causa e efeito. Das 12, 5 são somente causa, duas são somente efeito 5 e 5 são causa e efeito. Você consegue identificar as entidades, as causas, os efeitos e as relações de causa e efeito na árvore?[4]

Já estabelecemos dois pressupostos fundamentais da TOC: o conceito de *simplicidade inerente* e que qualquer pessoa consegue pensar como um cientista se ela assim optar por isso.

Quando digo "pressupostos fundamentais", quero dizer que essas são duas entidades que a TOC assume como "fato". Utilizando apenas esses dois pressupostos

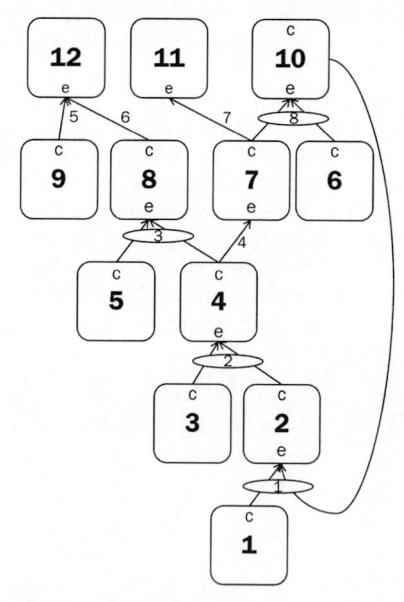

FIGURA 25.6 Uma árvore simples de causa e efeito.

---

[4] As entidades 1, 3, 5, 6 e 9 são apenas causa. As entidades 11 e 12 são apenas efeito. As entidades 2, 4, 7, 8 e 10 são causa e efeito. As entidades 1 e 10 são uma causa da entidade 2; as entidades 2 e 3 são uma causa da entidade 4; a entidade 4 é uma causa da entidade 7; as entidades 6 e 7 são uma causa da entidade 10; a entidade 10 é uma causa da entidade 2 (o *loop*); a entidade 7 é uma causa da entidade 11; as entidade 4 e 5 são uma causa da entidade 8; a entidade 8 é uma causa da entidade 12; e a entidade 9 é outra causa da entidade 12.

como nosso guia, podemos revelar três outros pilares extremamente importantes do alicerce no qual todas as aplicações de grande eficácia da TOC estão fundamentadas e com base no qual a utilização do processo de pensamento será mais produtiva e benéfica:

1. As pessoas são boas.
2. Todo conflito pode ser eliminado.
3. Sempre existe uma solução ganha-ganha.

Consulte a Figura 25.7, na qual uma pequena árvore de causa e efeito mostra como esses três elementos básicos da TOC são deduzidos.

Comece pela "parte inferior" da árvore, na entidade 1, que resume a essência do conceito de simplicidade inerente. Quando juntamos essa entidade com a entidade 2, a definição de "conflito", fica óbvio que "conflito" não é uma situação natural e, portanto, tem de ser uma situação artificial ou criada pelos seres humanos (a entidade 5, em vista da definição de "artificial" na entidade 4). Agora, vá para o lado esquerdo da árvore.

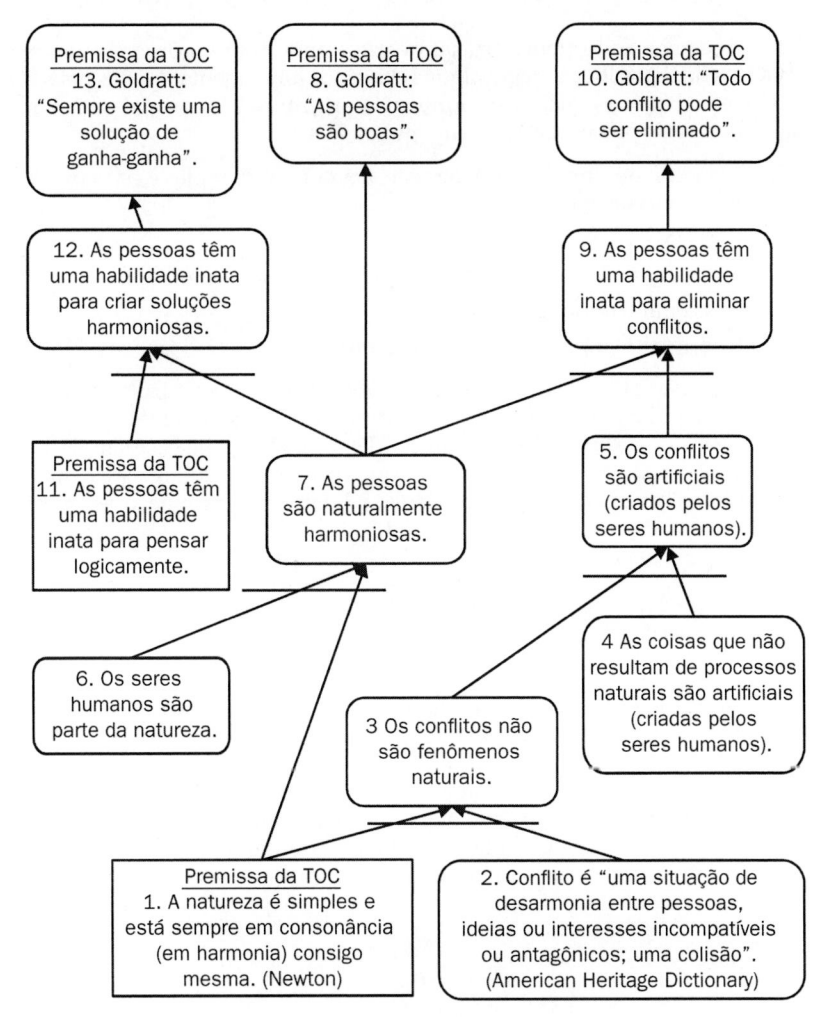

FIGURA 25.7 Dedução dos três elementos básicos da TOC.

Novamente, começamos pelo resumo do conceito de simplicidade inerente na entidade 1. Se aceitarmos que os seres humanos são de fato parte da natureza (entidade 6), torna-se óbvio, portanto, que os seres humanos são, tal como a entidade 7 indica, naturalmente harmoniosos – estão em consonância com o restante da natureza, em harmonia consigo mesmos e com outras pessoas. Desse modo, não é de surpreender que para Goldratt as "pessoas são boas" (entidade 8). A entidade 11 enuncia que as pessoas têm uma habilidade inata para pensar logicamente. Quando associamos essa entidade com o que estabelecemos até o momento – que as pessoas são naturalmente harmoniosas e os conflitos são artificiais –, não temos outra opção senão reconhecer que as pessoas têm uma habilidade inata para eliminar conflitos (entidade 9) e uma habilidade inata para criar soluções harmoniosas (entidade 12). O resultado disso são as premissas da TOC (verbalizadas nas entidades 10 e 13) de que "todo conflito pode ser eliminado" e de que "sempre existe uma solução ganha-ganha". Eu o incentivo a analisar essa árvore e a utilizá-la para praticar por si mesmo a lógica de causa e efeito. Você acrescentaria ou alteraria alguma entidade? As causalidades são sólidas? Que testes você conduziria para confirmar as entidades ou validar as causalidades representadas? Caso concorde com essa árvore, o que mais poderia ser deduzido dela? Ela poderia ajudá-lo a explicar qualquer uma de suas experiências de vida?

Chegamos a um ponto crucial de seu estudo sobre o processo de pensamento da TOC. Deduzimos logicamente alguns conceitos fundamentais vistos pela TOC como "fatos" e com base nos quais são formulados princípios básicos que guiam a aplicação das ferramentas do processo de pensamento da TOC:

1. O conceito de simplicidade inerente: a natureza é simples e está em consonância (em harmonia) consigo mesma.
2. As pessoas são boas.
3. As pessoas têm uma habilidade inata para pensar logicamente.
4. Todo conflito pode ser eliminado.
5. Sempre existe uma solução ganha-ganha.

Posso garantir que a utilização da TOC será bem mais frutífera se você empregar esses cinco princípios para orientar seu caminho. É também provável que você não esteja tão convencido de que eles sejam "fatos". Pediria, então, que você simplesmente concorde que eles são uma *possibilidade*. Uma vez que você concorde que eles são uma possibilidade e leve em conta apenas a possibilidade ao lidar com a resolução de problemas diários, não tenho praticamente nenhuma dúvida de que a aplicação do processo de pensamento valerá a pena para você.

> A última das liberdades humanas: escolher sua própria atitude em quaisquer circunstâncias, escolher seu próprio caminho.
>
> – Viktor Frankl

O restante deste capítulo é dedicado a ensiná-lo o processo de pensamento "convencional" da TOC. Começamos pelas ferramentas que podem ser empregadas para ajudá-lo a se tornar mais produtivo no dia a dia e, em seguida, passamos para as aquelas que são utilizadas em uma "análise completa" – o método sistemático de responder as três perguntas sobre mudança. Observe que todas as ferramentas "convencionais" do processo de pensamento são apenas aplicações do que abordamos até o momento neste capítulo. Se não prosseguir na leitura e simplesmente colocar em prática o que abordamos até aqui, *você* será capaz de deduzir as ferramentas por si só quando houver necessidade.

Ferramentas para a tomada de decisões e resolução de problemas no dia a dia

> Embora tenhamos liberdade para escolher nossas atitudes, não somos livres para escolher as consequências dessas atitudes. As consequências são governadas pela lei natural.
> – Stephen Covey

Tudo o que fazemos, toda atitude que tomamos, estabelece uma causa na realidade e os efeitos (consequências) dessa causa (nossa atitude) inevitavelmente ocorrem. As consequências (efeitos) de nossas atitudes não têm opção, mas as atitudes que tomamos (as causas que colocamos em ação) *são* uma consequência das opções que fazemos. Uma atitude coloca em ação uma decisão consciente ou não tão consciente. Independentemente de agirmos de forma consciente ou não tão consciente, estamos tomando várias decisões todos os dias, entra dia sai dia. Muitas das decisões que tomamos afeta não apenas nós mesmos, mas também os outros – nossos parceiros, familiares, companheiros de equipe, colegas de trabalho, clientes, fornecedores, acionistas, comunidades etc. Obviamente, as decisões tomadas pelos outros com muita frequência nos afetam.

> Viver é constantemente decidir o que vamos fazer.
> – Jose Ortega

Ressalva da ramificação negativa (RRN)

> Podemos nos esquivar da realidade, mas não podemos nos esquivar das consequências de nos esquivarmos da realidade.
> – Ayn Rand

Pense sobre quantas vezes atitudes bem-intencionadas geraram consequências indesejáveis. A *ressalva da ramificação negativa* (RRN) é a *ferramenta padrão do processo de pensamento da TOC com a qual utilizamos o raciocínio de causa e efeito para prevermos, da melhor forma possível, os efeitos de uma determinada causa (e.g., atitude) e mudarmos de ideia antes de tomarmos uma atitude, a fim de evitar as consequências indesejáveis decorrentes dessa atitude.* As situações em que a RRN é mais comumente empregada são:

- Uma pessoa lhe apresentou uma ideia que ela considera excelente. Porém, por estar em uma posição privilegiada, você vê que ela pode gerar problemas. (Você está pensando: "*Sim, mas...*".)
- Você está apresentando (ou se preparando para apresentar) uma ideia a uma pessoa. Porém, como essa pessoa se encontra uma posição privilegiada, ela vê (ou talvez veja) que ela pode gerar problemas. (Você está pensando: "*Sim, mas...*".)
- Você tem uma ideia e sua intuição está lhe dizendo que sua ideia ainda está incompleta. (Você está pensando: "*Sim, mas...*".)

A RRN mapeia as relações de causa e efeito entre uma ideia (a causa) e os *efeitos indesejáveis* (EIs) que alguém prevê que surgirão dessa ideia (causa). Desse modo, ela é utilizada para mudar (normalmente para ampliar) a ideia de uma maneira que impeça que os EIs se tornem realidade.

Com a RRN, introduzimos a *injeção*, que um tipo de entidade. *Injeção é uma entidade que descreve um elemento de uma ideia (solução) que se pretende implementar.* As injeções são sempre pontos de entrada em uma árvore, como as árvores de causa e efeito que acabamos de discutir. Elas representam elementos do sistema que ainda não existem no sistema, mas que serão *injetados* conscientemente a fim de provocar as mudanças desejadas.

A Figura 25.8 mostra uma RRN simples. Observe que os únicos pontos de entrada na árvore (entidades que são somente causa) ou são elementos do sistema que existem no presente (e, portanto, sua existência no sistema pode ser confirmada no presente) ou são injeções (elementos do sistema que não existem no presente, mas foram concebidos para ser injetados no sistema a fim de provocar a mudança). Toda entidade que é um efeito (entidades que têm pelo menos uma seta em sua direção, independentemente de serem também causa e terem setas que partam delas) procede de uma injeção e, desse modo, não existe no ambiente atual. Portanto, é possível *predizer* que essas entidades tornar-se-ão parte da condição futura do sistema.

Gostaria de ressaltar a importância de considerar, antes de mais nada, por que você ou outras pessoas geraram a ideia – os benefícios que pretendemos gerar com a ideia assim que ela for implementada. O reconhecimento desses benefícios lhe oferecerá resistência para lidar com as ramificações negativas de suas próprias ideias e conseguir esses benefícios. E, para revelar suas ressalvas às ideias das outras pessoas, de uma maneira que elas entendam que você não está tentando rejeitar a ideia como um todo e seus benefícios, seu desejo deve ser apenas eliminar as possíveis ramificações negativas. Consequentemente, você fomentará um espírito de colaboração, e não de confronto.

O processo de construção de uma ramificação negativa consiste simplesmente em utilizar as regras de causa e efeito para esclarecer, validar e resolver uma preocupação sobre uma possível ramificação negativa proveniente de uma ideia. Os principais passos são:

1. Redija a ideia como uma entidade. Se a ideia tiver vários elementos, experimente redigir cada elemento como uma entidade distinta. Com frequência, apenas um ou dois aspectos da ideia são responsáveis pela preocupação e isso o ajudará a esclarecer somente os elementos problemáticos da ideia.

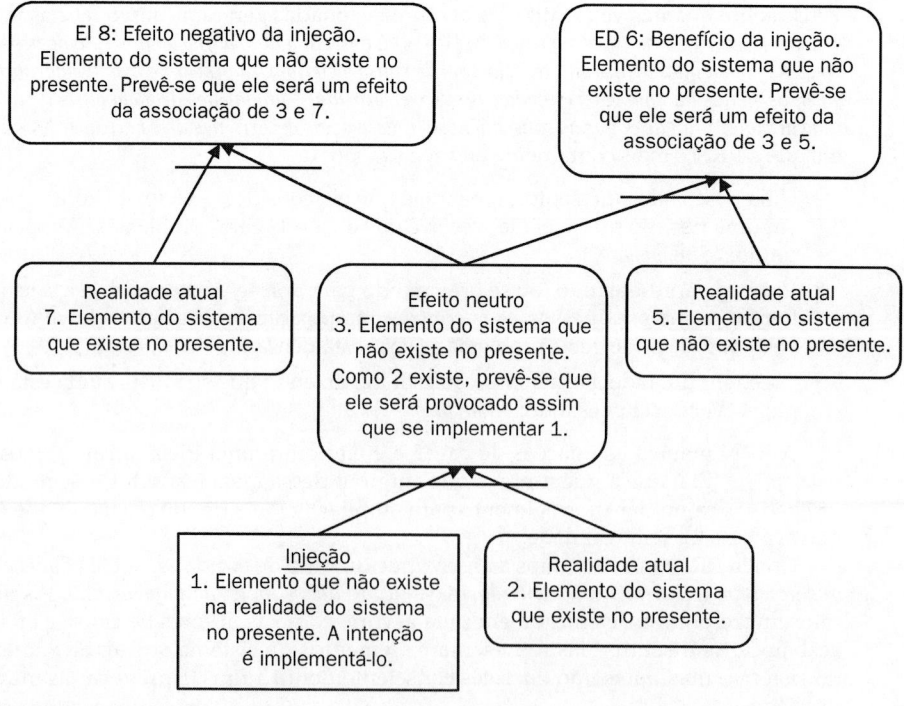

FIGURA 25.8 RRN simples.

2. Faça uma lista dos lados positivos (benefícios) e negativos (preocupações) da ideia. Redija os resultados negativos previstos como entidade – eles são os EIs previstos.[5] Novamente, experimente redigir cada elemento como uma entidade distinta. Sua lista dos pontos negativos da ideia pode conter dois tipos de preocupação:

   a. O primeiro tipo de preocupação refere-se as consequências possíveis assim que a ideia for implementada. Esse é o tipo de preocupação com o qual a RRN lida.

   b. O outro tipo de preocupação refere-se a um obstáculo. Nesse caso, a preocupação não relacionada à ideia propriamente dita, mas com fatores que podem impedir sua implementação. A ferramenta do processo de pensamento da TOC empregada para lidar com obstáculos é a *árvore de pré-requisitos* (APR), que será descrita ainda neste capítulo.[6]

3. Com base no protocolo de mapeamento discutido neste capítulo, una a entidade (ou as entidades) de injeção aos EIs previstos utilizando a lógica de causa e efeito. Se você prever vários EIs, você pode optar por criar uma única RRN que englobe alguns ou todos os EIs previstos ou uma RRN distinta para cada EI previsto.

4. Confirme a veracidade da relação de causa e efeito e faça ajustes para que ela reflita sua hipótese integral. Essa iniciativa provavelmente o levará a acrescentar outras entidades e camadas ao longo do caminho, à medida que você evidenciar cada vez mais sua preocupação no processo de mapeamento. Consulte o processo de verificação básico discutido antes neste capítulo.

   a. Confirme se a entidade causal realmente existe. Uma RRN é desencadeada por algum aspecto da realidade atual que, quando associado com o futuro que será criado, provocará hipoteticamente as consequência indesejáveis. Que condição é essa? Ela realmente existe?

   b. Valide a relação de causa e efeito entre a causa conjectural e a consequência indesejável prevista. Normalmente, você pode fazer "experimentos mentais" simples, os quais comprovariam que a hipótese está errada ou aumentariam a certeza em sua veracidade.

   c. Não se surpreenda se constatar que um pressuposto importante que você estava alimentando sobre a realidade revelar-se incorreto e descobrir que a ideia não provocaria (ou muito provavelmente não provocaria) o efeito negativo com o qual a princípio você estava preocupado.

5. Agora chegou o momento de "eliminar a ramificação negativa". Identifique em que posição da árvore ocorre a transição entre o "neutro" e "negativo". Na Figura 25.8, seria a posição em que as entidades 7 e 3 provocam a entidade 8. É nessa interseção que identificamos uma ideia adicional que, se implementada, evitaria a ocorrência de 8 ou substituiria 8 por um efeito que se tornaria um benefício complementar da solução. Verifique se a inserção dessa nova injeção não provocará mais ramificações negativas. Se sim, substitua-a por uma injeção diferente ou acrescente outra injeção para eliminar a nova ramificação negativa.

No Capítulo 24, Oded Cohen oferece instruções passo a passo detalhadas para formar e resolver ramificações negativas. Um ótimo exemplo de ramificação negativa é oferecido no Capítulo 8 do livro *It's Not Luck* (*Não É Sorte*) (1994, pp. 53-58), de Eli Goldratt. Eu também apresentarei um exemplo de RRN mais adiante, quando examinar a aplicação da árvore de estratégias e táticas (E&T).

---

[5] Mais informações sobre o termo *efeito indesejável* (EI) podem ser encontradas na seção deste capítulo sobre a árvore da realidade atual (ARA).

[6] Quando utilizamos uma *árvore de estratégias e táticas* (E&T), ela com frequência substitui a APR como mecanismo para lidar com os obstáculos à implementação de uma solução que contém várias injeções e exige a sincronização entre vários grupos de interessados.

Evaporação das nuvens (EN)

> Uma nuvem não sabe por que ela se move exatamente em uma direção e em uma velocidade específica. Ela sente um impulso... é para lá que devo ir agora. Mas o céu conhece os motivos e os padrões por trás de todas as nuvens, e você também os conhecerá quando se elevar o suficiente para enxergar além do horizonte.
> – Richard Bach, *Illusions (Ilusões)*

A segunda ferramenta padrão do processo de pensamento da TOC utilizada regularmente é a *evaporação das nuvens* (EN).[7] A nuvem é a ferramenta que nos possibilita eliminar qualquer conflito e que abre caminho para uma solução ganha-ganha. Em um mundo em que de fato existem conflitos e em que quase todos acreditam que a única maneira de lidar com um conflito é entrar em um acordo por meio de concessões (o que normalmente significa que todas as partes conformam-se com menos do que elas de fato precisam a fim de "chegar a um meio-termo"), por que a TOC é tão ousada em afirmar que todo conflito pode ser eliminado?

Para responder, não examinaremos senão o conceito de simplicidade inerente. *Conflito é uma situação em que cada lado pensa que precisa de algo que entra diretamente em contradição com (não pode coexistir com) o que o outro lado pensa que necessita.* Se concordarmos com a afirmação de Newton de que a natureza está "sempre em consonância (em harmonia) consigo mesma", devemos aceitar que, na realidade, não existe nenhuma contradição *real*. Diante disso, é provável que todo conflito contenha um pressuposto errôneo que obstrui a capacidade de cada "lado" obter o que necessita e, desse modo, esteja bloqueando o que, de outro modo, deveria ser uma realidade naturalmente harmoniosa.

Eli e Efrat Goldratt oferecem uma excelente explicação em *The Choice* (Goldratt, 2009, pp. 46-47). Suponhamos que tivéssemos duas técnicas diferentes para medir a altura de um prédio e que, quando as utilizássemos para medir a altura de um prédio específico, obtivéssemos duas alturas extremamente distintas. Diante dessa aparente contradição, ninguém diria cheguemos a um acordo; concordemos que a altura desse prédio é a média entre as duas medidas.

O que diríamos é que em algum ponto ao longo do processo fizemos uma pressuposição errônea. Verificaremos se, no tempo transcorrido entre as duas mensurações, outros andares foram construídos. Se isso não tiver ocorrido, investigaremos se nosso pressuposto – de que ambas as mensurações foram conduzidas apropriadamente – está correta. Se estiver, procuraremos um pressuposto errôneo nas próprias técnicas; investigaremos a possibilidade de que uma dessas duas técnicas seja falha. Nos casos extremos, até duvidaremos de nossa percepção de altura. Contudo, sempre procuraremos identificar o pressuposto errôneo e nunca contemplaremos a possibilidade de uma solução conciliatória. Esse é o grau de firmeza de nossa convicção de que não existe nenhuma contradição na natureza.

Em outras palavras, proponho, quando enfrentarmos um conflito, em particular quando não conseguirmos encontrar facilmente um meio-termo satisfatório, façamos exatamente o que fazemos quando nos confrontamos com uma contradição; sustentemos firmemente que uma dos pressupostos é falho. Se, ou devo dizer quando, reconhecermos com precisão o pressuposto subjacente que pode ser eliminado, eliminaremos a causa do conflito; solucionaremos o conflito ao eliminá-lo. (Utilizada com permissão de E. M. Goldratt. © E. M. Goldratt. Todos os direitos reservados.)

---

[7] Se você tiver interesse em saber por que essa ferramenta do processo de pensamento recebeu esse nome tão diferente, consulte o Capítulo 9 do livro *Thinking for a Change: Putting the TOC Thinking Processes to Use* (Scheinkopf, 1999).

Até aqui, falamos sobre causa e efeito em termos de "suficiência" (consulte a Figura 25.9). Afirmar que "Y" é um efeito de "X" é afirmar que:

- Se "X", então devemos ter "Y".
- "Y" existe porque "X" existe.
- Se "X" existe, então sabemos que "Y" deve existir. Se "Y" existe, "X" talvez não exista – alguma outra coisa talvez faça "Y" existir.

Ao examinar a relação de causa e efeito com respeito à "necessidade", estamos examinando as condições que devem estar em vigor para que uma coisa (*e.g.*, um objetivo) exista. Afirmar que "B" é uma condição básica (de necessidade) para "A" é afirmar que (consulte a Figura 25.10):

- Para ter "A", precisamos ter "B".
- Não podemos ter "A" se "B" não estiver em vigor.
- Se não tivermos "B", então "A" é impossível.
- Se "A" existe, sabemos que "B" deve existir. Entretanto, se "B" existe, "A" talvez não – outras condições talvez sejam necessárias para provocá-lo.

A EN é composta de cinco entidades e as setas que as unem indicam a lógica da necessidade (consulte a Figura 25.11). Os conflitos em si – as condições que são percebidas como necessidade mas que estão diretamente em contradição umas com as outras – são descritos nas entidades D e D' da nuvem. "D" é uma condição básica (de necessidade) para "B", e "D'" é uma condição básica para "C". Tanto "B" quanto "C" são condições básicas para "A."

Assim que compomos a nuvem, ela nos apresenta vários lugares para procurar e identificar o pressuposto inválido que está impondo o conflito – a necessidade percebida para uma contradição (D e D'). Se nos fosse possível descobrir que B não é de fato uma condição básica de A, não precisaríamos mais de D e o conflito seria eliminado. Ou, se nos fosse possível descobrir que D não é de fato uma condição básica de B, ele não seria mais necessário e o conflito poderia ser eliminado. Ou, se nos fosse possível descobrir que C não é de fato uma condição básica de A, D' não seria necessário e o conflito seria eliminado. Ou, se nos fosse possível descobrir que D' não é de fato uma condição básica de C, ele não seria mais necessário e o conflito seria eliminado. Ou, se pudéssemos descobrir que D e D' não são de fato contradições entre si e realmente pudessem coexistir, o conflito poderia ser eliminado!

Necessidade não é um fato estabelecido, mas uma interpretação.

– Friedrich Nietzsche

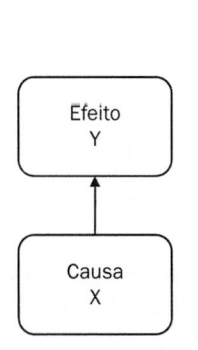

FIGURA 25.9 Ilustração de suficiência.

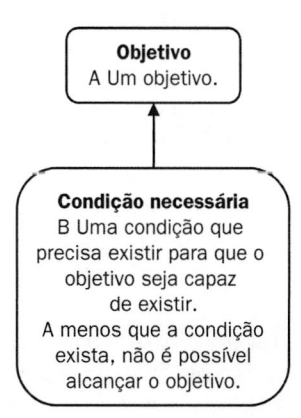

FIGURA 25.10 Ilustração de necessidade.

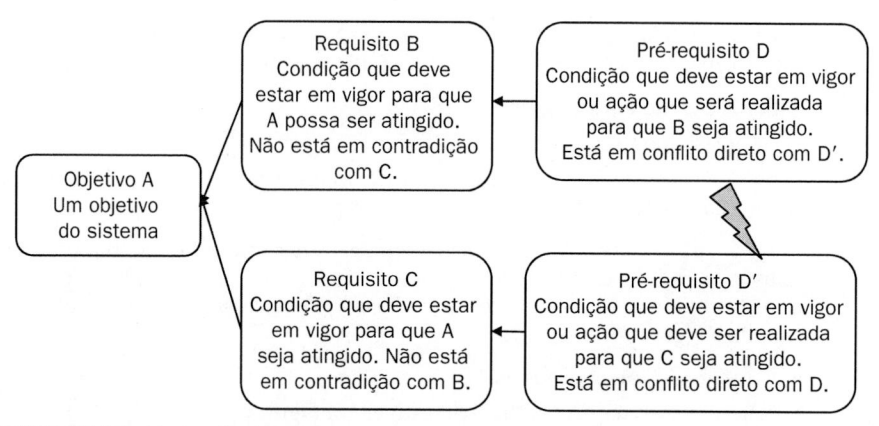

```
                    ┌──────────────────────┐        ┌──────────────────────────┐
                    │      Requisito B     │        │      Pré-requisito D     │
                    │  Condição que deve   │        │ Condição que deve estar  │
                    │ estar em vigor para  │◄───────│ em vigor ou ação que será│
                    │   que A possa ser    │        │ realizada para que B seja│
                    │     atingido.        │        │       atingido.          │
                    │ Não está em contra-  │        │ Está em conflito direto  │
                    │    dição com C.      │        │        com D'.           │
┌───────────────┐   └──────────────────────┘        └──────────────────────────┘
│  Objetivo A   │◄
│  Um objetivo  │
│  do sistema   │◄
└───────────────┘   ┌──────────────────────┐        ┌──────────────────────────┐
                    │      Requisito C     │        │     Pré-requisito D'     │
                    │  Condição que deve   │        │ Condição que deve estar  │
                    │  estar em vigor para │◄───────│ em vigor ou ação que deve│
                    │   que A seja atin-   │        │ ser realizada para que C │
                    │   gido. Não está em  │        │     seja atingido.       │
                    │  contradição com B.  │        │ Está em conflito direto  │
                    │                      │        │         com D.           │
                    └──────────────────────┘        └──────────────────────────┘
```

FIGURA 25.11 Ilustração da nuvem.

A nuvem é utilizada para enunciar qualquer problema como um conflito, encontrar a relação de condição básica errônea e determinar uma injeção que crie o caminho para uma solução em que o conflito seja completamente eliminado. Algumas situações genéricas em que a nuvem é utilizada são:

- Estar entre a cruz e a espada – uma decisão precisa ser tomada e as únicas opções disponíveis são atender às necessidades de um lado e sacrificar as necessidades do outro lado.
- Precisar eliminar disparidades entre autoridade e responsabilidade (a principal causa dos "apagamentos de incêndio nas organizações).
- Qualquer discussão entre indivíduos, equipes, organizações e comunidades.

Quando a TOC é implementada em processos operacionais, a melhoria do fluxo (diminuição do tempo de atravessamento) torna-se o objetivo explícito e principal do processo. Assim que o fluxo é controlado por soluções como o *tambor-pulmão-corda* (TPC) e *gerenciamento de pulmões* (GP), o *processo de melhoria contínua* (PMC) entra em vigor a fim de melhorar constantemente o fluxo. O PMC para um fabricante de *produção sob encomenda* (*make-to-order* – MTO) consiste na documentação da resposta à pergunta "O que o pedido está aguardando?" toda vez que um pedido estiver apresentando um atraso (estiver parado) de 10% do tempo de atravessamento da produção. Periodicamente (*e.g.*, semanalmente), realiza-se uma análise de Pareto sobre os motivos[8] de todos os atrasos ocorridos nos pedidos que o sistema de prioridades (GP) indicou que estavam correndo risco de se atrasar. As equipes então têm a responsabilidade de analisar e eliminar os principais motivos de atraso.[9] A nuvem é uma ferramenta fundamental utilizada pelas equipes para analisar e resolver o principal motivo de atraso. Um exemplo disso é apresentado à medida que as etapas de utilização de uma EN são descritas. Você encontrará também instruções detalhadas sobre a utilização diária da nuvem no Capítulo 24.

1. Redija as entidades D e D' da nuvem. Redija-as de uma forma que evidencie que elas são mutuamente excludentes. A Tabela 25.1 apresenta alguns exemplos.

    A empresa do nosso exemplo fabrica produtos de aço pesado. Para moldar e usinar o aço de acordo com as especificações dos clientes, o processo inclui tratamento térmi-

---

[8] O motivo do atraso é a resposta à pergunta "O que o pedido está aguardando?".

[9] No Apêndice C, ofereço uma cópia da etapa do PMC na árvore de E&T padrão implementada pelos fabricantes que utilizam o sistema de MTO. Consulte http://www.mhprofessional.com/TOCHandbook.

Tabela 25.1 Exemplos de conflito D e D'

Aquecer o debate	Esfriar o debate
Diminuir a força de trabalho	Não diminuir a força de trabalho
Elevar os preços	Não elevar os preços
Incluir opção de seguro do governo no projeto de lei de cuidados de saúde	Não incluir opção de seguro do governo no projeto de lei de cuidados de saúde
Permitir que meu filho (filha) adolescente fique fora de casa depois da meia-noite	Não permitir que meu filho (filha) adolescente fique fora de casa depois da meia-noite

co – colocar o produto em grandes fornos para aquecer o aço e em seguida colocá-lo em um tanque de líquido (tanque de resfriamento) para resfriá-lo rapidamente e reter as propriedades metalúrgicas necessárias. A análise de Pareto semanal do PMC revelou que a resposta mais frequente à pergunta "O que o pedido está aguardando?" foi "Está aguardando o tratamento térmico". Uma equipe do PMC foi incumbida de analisar por que o tratamento térmico era uma das principais causas de atraso e de eliminá-la. Quando a equipe analisou os dados, constatou que a grande maioria dos atrasos poderia ser classificada mais precisamente como "pedidos verdes[10] que estavam aguardando sua vez para entrar no tanque de resfriamento". A equipe começou então a construir a nuvem (Figura 25.12).

2. Redija as entidades B e C correspondentes.
   - B deve responder as seguintes perguntas:
     - D é essencial para quê?
     - Qual necessidade não será atendida se D não se concretizar?

   Você deve preencher os espaços em branco dos seguintes enunciados:
   - B não ocorrerá sem D.
   - Para ter B, devemos ter D.

   - C deve responder as seguintes perguntas:
     - D' é essencial para quê?
     - Qual necessidade não será atendida se D' não se concretizar?

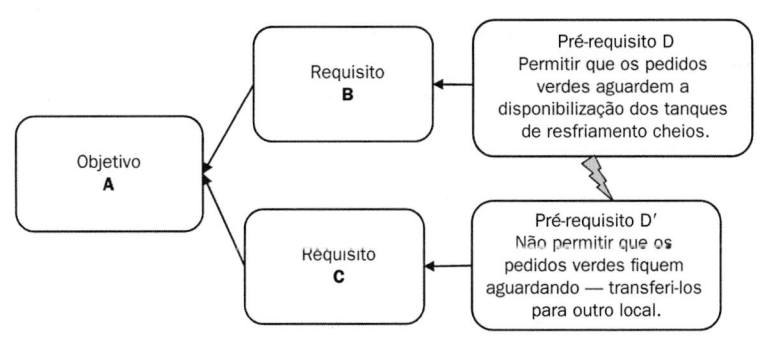

FIGURA 25.12 Primeiro exemplo de nuvem.

---

[10] O método de gerenciamento de prioridades da TOC (por meio do GP) classifica os pedidos nas cores verde, amarela, vermelha ou preta de acordo com o grau de consumo do pulmão (tempo de proteção) pelo pedido. Os pedidos verdes consumiram a menor quantidade do pulmão (e, portanto, não correm risco de atraso), os pretos consumiram quase todo o pulmão (e, portanto, já estão atrasados).

Você deve preencher os espaços em branco dos seguintes enunciados:
- C não ocorrerá sem D'.
- Para ter C, devemos ter D'.
- A verificação a seguir também pode ajudar:
  - Se D existir, C não poderá existir.
  - Se D' existir, B não poderá existir.

A análise da equipe do PMC a fez perceber a política interna que forçava os pedidos a aguardar os tanques de resfriamento. Não era a falta de tanques de resfriamento utilizáveis na empresa; na verdade, era a indisponibilidade de um tanque de resfriamento *específico*, definido no encaminhamento do pedido. Anteriormente, a empresa havia estabelecido uma política que permitia que os gerentes de produção encaminhassem os pedidos a outros centros de trabalho com capacidade, além daqueles especificamente identificados no encaminhamento, quando o sistema de prioridades indicava que o pedido corria o risco de se atrasar (amarelo ou vermelho) ou já estava atrasado (preto). A fim de evitar "despesas desnecessárias" com tempo (fazer alterações na papelada) e dinheiro (custos de transporte para mover o produto de uma fábrica para a outra), a empresa não permitia essas "exceções" para os pedidos "verdes". A nuvem da empresa de produtos de aço agora é semelhante à ilustração nas Figuras 25.13 e 25.14.

Identifique A, o objetivo mútuo de B e C. Perguntas semelhantes possibilitarão que você verbalize o objetivo.

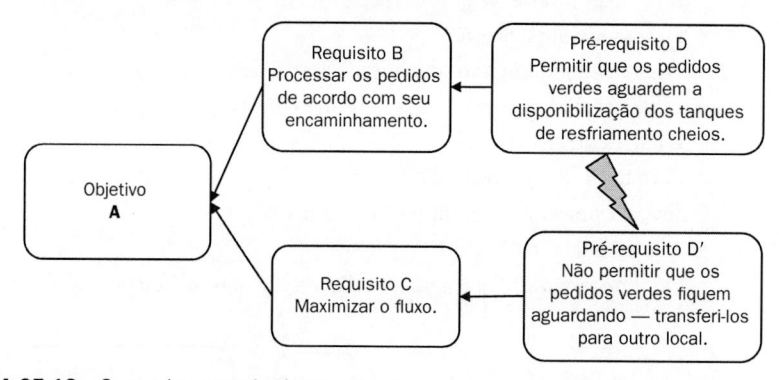

FIGURA 25.13 Segundo exemplo de nuvem.

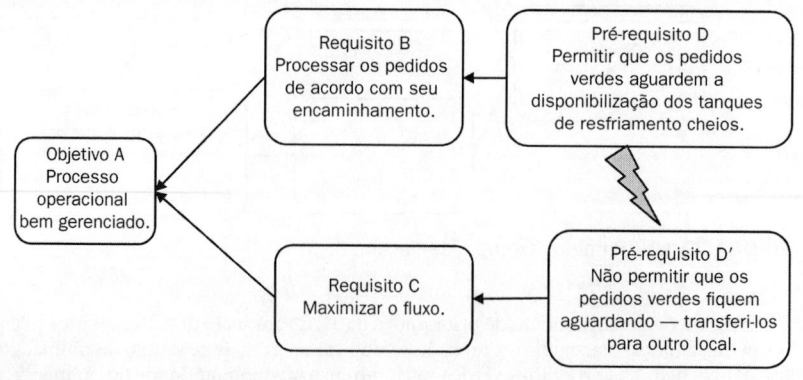

FIGURA 25.14 Terceiro exemplo de nuvem.

Você deve preencher os espaços em branco dos seguintes enunciados:
- [A] não ocorrerá sem [B] e [C].
- Para ter [A], devemos [B] e [C].

A equipe do PMC da empresa de produtos de aço concluiu sua nuvem.

3. Traga à tona os pressupostos de cada uma das relações da condição básica e identifique os que são inválidos na situação de conflito sob análise.

A nuvem (bem como a APR) utiliza a lógica da *condição básica* (de necessidade). A Figura 25.15 mostra a relação entre essa lógica e a lógica de causa e efeito que utilizamos até aqui.

Compreendendo essa relação, você consegue trazer à tona as pressuposições que estão sendo feitas – e verificar sua veracidade – por meio de algumas perguntas simples e do preenchimento dos enunciados:

- Para A, devemos[11] B, porque _____.

  Por que A não pode ocorrer sem B?

- Para A, devemos C, porque _____.

  Por que A não pode ocorrer sem C?

  - Para B, devemos D, porque _____.

    Por que B não pode ocorrer sem D?

- Para C, devemos D', porque _____.

  Por que C não pode ocorrer sem D'?

  - D e D' não podem coexistir porque _____.

    Por que B não poderá ocorrer se D' existir?

    Por que C não poderá ocorrer se D existir?

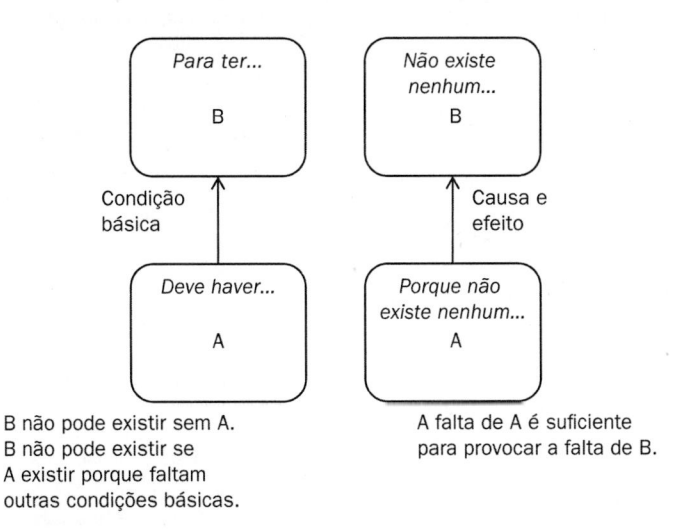

FIGURA 25.15 A relação entre condição básica e causa e efeito.

---

[11] Observe que você está procurando as pressuposições que estão sendo feitas na situação em questão. Portanto, talvez seja útil alterar os enunciados listados aqui para incluir as expressões "acreditamos" ou "consideramos". Por exemplo, "Para A, acreditamos que devemos B, porque...".

Observe que você está procurando "crenças" existentes na situação em questão. Na Tabela 25.2, são apresentados alguns dos pressupostos trazidos à tona pela equipe do PMC da empresa de produtos de aço.

4. Utilizando o pressuposto errôneo como guia, defina uma injeção que possibilite a eliminação do conflito. Uma boa injeção lhe permitirá "evaporar" pelo menos uma das setas na nuvem. Você deve preencher os espaços em branco dos seguintes enunciados:

- Se [injeção], então [A] pode ser obtido sem [B] porque _____.
- Se [injeção], então [A] pode ser obtido sem [C] porque _____.
- Se [injeção], então [B] pode ser obtidos em [D] porque _____.
- Se [injeção], então [C] pode ser obtido em [D'] porque _____.
- Se [injeção], então [D] e [D'] coexistem porque _____.

A análise da equipe do PMC dos produtos de aço revelou os fatos a seguir, que estavam em contradição direta com as políticas existentes:

- A permissão para que os pedidos verdes aguardassem não estava ajudando a empresa a maximizar o fluxo e, em muitos casos, a aceleração dos pedidos em um momento posterior do processo aumentava muito os custos.
- A transferência de um pedido para um recurso equivalente disponível e capaz, mesmo se esse recurso estiver em outra fábrica próxima, é o método mais econômico para gerenciar a produção.

Tabela 25.2 Pressupostos sobre condição básica da empresa de produtos de aço

Relação entre as condições básicas	Pressupostos
A ← B (Por que devemos processar os pedidos de acordo com a respectiva sequência de encaminhamento para ter um processo operacional bem gerenciado?)	...Porque... ...os encaminhamentos identificam a forma mais apropriada para processar o pedido, levando em conta questões de custo e qualidade.
A ← C (Para ter um processo operacional bem gerenciado, devemos maximizar o fluxo...)	...Porque... ...a maximização do fluxo nos permite diminuir os tempos de atravessamento e ser mais competitivos no mercado.
B ← D (Por que precisamos permitir que os pedidos verdes aguardem a disponibilização dos tanques de resfriamento cheios para processar os pedidos de acordo com o respectivo encaminhamento?)	...Porque... ...não há nenhum outro recurso capaz de executar o trabalho com o mesmo custo e qualidade. Este é o pressuposto que a equipe notou ser inválido.
C ← D' (Para maximizar o fluxo, não devemos permitir que nenhum pedido fique aguardando – devemos transferi-lo para qualquer recurso disponível e capaz...)	...Porque... ...o pedido que está parado está enfrentando um atraso no fluxo. ...a causa real de o pedido ficar vermelho em uma fase posterior do processo talvez seja o atraso que ocorre quando o pedido está verde.
D ≠ D' (Por que D e D' coexistem?)	...Porque... ...os encaminhamentos indicam um lugar específico, mesmo se tivermos vários tanques em outras fábricas próximas que tenham a mesma capacidade. *ESSE PRESSUPOSTO FOI ÚTIL PARA A EQUIPE FORMULAR A SOLUÇÃO.*

- Os encaminhamentos não acompanharam o crescimento da empresa – como recursos equivalentes haviam sido acrescentados, os encaminhamentos continuaram identificando um recurso específico em uma fábrica específica.
- Como a implementação da TOC na empresa havia progredido, os gerentes de fábrica e os supervisores de várias fábricas haviam estabelecido um sólido canal de comunicação entre as fábricas. Por isso, podia-se identificar com grande facilidade para onde os pedidos deviam ser transferidos para que eles ficassem "parados" apenas quando não houvesse nenhum recurso disponível com capacidade para processá-los.

Desse modo, as injeções tornaram-se óbvias e foram implementadas em questão de dias:

- Se o recurso na sequência de encaminhamento estiver ocupado e outro recurso equivalente estiver disponível, transfira os pedidos para qualquer um desses recursos, independentemente da cor do pedido.
- Mude os encaminhamentos de modo que os recursos equivalentes não sejam uma exceção. (Depois de submeter as injeções à RRN, a empresa decidiu adotar a postura de mudar os encaminhamentos à medida que novos pedidos são feitos. Como a empresa adota a MTO, isso lhe possibilitou mudar os encaminhamentos de acordo com a necessidade e evitou a despesa associada ao tempo gasto por funcionários importantes na realização de mudanças desnecessárias.)

Se você quiser utilizar o modelo da nuvem do PMC em sua empresa, consulte o Apêndice D no *site* da McGraw-Hill: http://www.mhprofessional.com/TOCHandbook.

> O conflito pode ser visto como uma dádiva de energia, em que nenhum dos lados perde e em que se cria um novo movimento ritmado.
> – Thomas Crum

O processo de pensamento integrado da TOC

> Toda a história da ciência tem consistido na percepção gradativa de que os fenômenos não ocorrem de maneira arbitrária, mas refletem certa ordem subjacente, que pode ou não ter inspiração divina.
> – Stephen Hawking

Investigamos os pressupostos fundamentais e os elementos básicos do processo de pensamento da TOC com relação à lógica de causa e efeito, ao protocolo utilizado para mapear a lógica, à mentalidade necessária e à premissa científica na qual a TOC e o processo de pensamento estão fundamentados. Se você colocar esses princípios básicos em prática, estará bem preparado para utilizar o conjunto completo do processo de pensamento para *melhorar qualquer sistema*.

Aprimorar alguma coisa significa torná-la melhor. E uma coisa só pode se tornar melhor se ela mudar. Pense no imenso número de variáveis em qualquer organização, relacionamento ou indivíduo que *poderiam* ser melhores. Se isso for difícil de imaginar, pense apenas no número de reclamações que você faz ou ouve ao longo de um dia qualquer! Se você concordar que alguns aprimoramentos são melhores do que outros e que a lista de melhorias possíveis supera a capacidade disponível para realizá-las, você há de concluir que, para que haja uma situação de melhoria contínua expressiva, precisamos estar aptos a responder de forma sistemática três perguntas fundamentais (Goldratt 1990):

1. *O que mudar?* Tendo em vista tudo o que *poderia* ser mudado, o que *deve* ser mudado? Nenhuma pessoa ou organização tem tempo de sobra. Portanto, se formos despender tempo na realização de mudanças, é conveniente distinguirmos entre as poucas

coisas importantes e as várias coisas triviais. Devemos ter uma forma de identificar as variáveis que, mudadas, poderiam oferecer a melhoria mais significativa para o sistema.

Ao longo deste capítulo, utilizei as palavras *sistema* e *situação*. Entretanto, não estou empregando essas palavras como sinônimo. *Sistema* é "um grupo de elementos interagentes, inter-relacionados ou interdependentes que formam um todo complexo". *Situação* é "uma associação de circunstâncias em um dado momento; um estado de coisas" (*The American Heritage® Dictionary*, 2004). Precisamos compreender o sistema em si e a situação (condição) em que o sistema se encontra para responder a pergunta "O que mudar?".

2. *Para o que mudar?* Assim que identificamos com precisão o que gostaríamos de aprimorar, devemos definir a melhoria em si – a situação aprimorada no futuro que pretendemos criar – e enunciar as mudanças específicas que precisam entrar em vigor para que a melhoria desejada torne-se realidade.

3. *Como causar a mudança?* Ao responder a primeira pergunta, definimos algumas das variáveis fundamentais no sistema que pretendemos mudar para melhorar a situação. Desse modo, idealizamos a situação aprimorada no futuro, ressaltando as mudanças que deverão ser feitas para criar a nova realidade. Agora, precisamos traçar o mapa e detalhar o plano de ação que, quando seguido, provavelmente nos levará do presente para o futuro aprimorado. Essas três perguntas sobre mudança são representadas na Figura 25.16.

As ferramentas empregadas para responder essas três perguntas sobre mudanças são as ferramentas do processo de pensamento da TOC. A *árvore da realidade atual* (ARA) utiliza a lógica de causa e efeito para criar um mapa da situação existente e identificar com precisão o problema básico – a causa comum de vários efeitos indesejáveis – e a resposta à pergunta "O que mudar". Com a EN, verbaliza-se o problema como um conflito e define-se uma direção para uma solução ganha-ganha por meio da revelação ou substituição de pelo menos um pressuposto errôneo relacionado ao conflito. A *árvore da realidade futura* (ARF) e a RRN oferecem um processo para criar o modelo lógico do futuro sistema. Elas são utilizadas para responder a pergunta "Para o que mudar", ressaltando as relações de

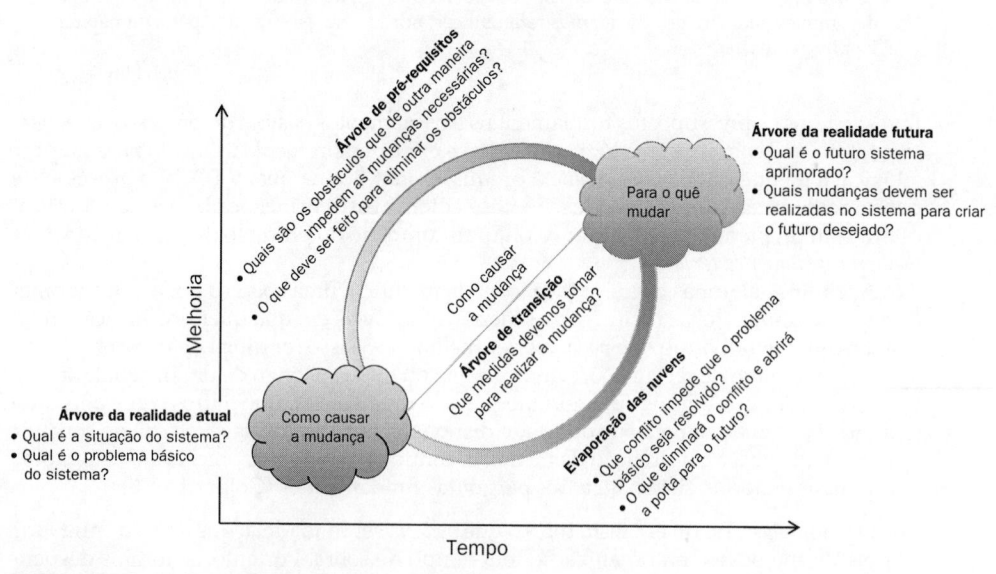

FIGURA 25.16 As três perguntas sobre mudança.

causa e efeito entre as mudanças que serão realizadas e a situação futura desejada que se pretende criar com essas mudanças. A APR e a *árvore de transição* (AT) são ferramentas que a TOC oferece para deduzirmos e mapearmos logicamente o que precisamos fazer para preencher a lacuna entre a situação atual e o futuro desejado. Com essas ferramentas, evidenciamos os obstáculos que estão em nosso caminho e o que é necessário ocorrer para superá-los. A ferramenta mais recente do processo de pensamento da TOC – a *árvore de estratégias e táticas* (E&T) – possibilita a plena sincronização da implementação de uma mudança e sua divulgação. A Tabela 25.3 apresenta as finalidades e as relações entre as ferramentas do processo de pensamento.

Tenho certeza de que todos nós temos culpa em considerar uma ideia excelente e por isso nos apaixonarmos por ela a ponto de despendermos nossa energia para justificar, em vez de validar, sua importância. Uma ótima maneira de *não* melhorar uma situação é iludir-se com relação ao que a situação de fato é e implementar uma solução para um problema que não existe. Existe um termo para isso na TOC – *choopchick*,* gíria iídiche de origem sérvia geralmente traduzida por *trivialidade*. Na TOC, essa forma de trivialidade é perigosa – é uma trivialidade considerada importante e, portanto, uma distração em relação ao que deveria ser o foco de atenção. Ao optar por adotar uma postura interior honesta, científica e lógica para responder as três perguntas da mudança, podemos ajudar a evitar a implementação de soluções que na verdade não são soluções e perseguir as *choopchicks*.

> O efeito das *choopchicks* no processo de gerenciamento pode ser devastador. Atrair a atenção para questões relativamente insignificantes desvia os esforços em relação a preocupações genuinamente importantes.
>
> – John Caspari, *Handbook of Management Accounting*

Reforçando a mentalidade de cientista: a postura de Jonah

Uma coisa é expressar com eloquência minha opinião e lhe pedir para ser interiormente honesto, científico e lógico. Entretanto, o objetivo deste capítulo é lhe oferecer uma forma prática para de fato adotar essa postura. Apresento aqui quatro passos que podem ajudá-lo a ter uma boa compreensão da situação presente, do futuro que você deseja criar e das decisões e medidas que você precisaria tomar para transformar esse futuro desejado em realidade.[12]

Tabela 25.3 As finalidades e as relações entre as ferramentas do processo de pensamento

Processo de pensamento	O que mudar?	Para o que mudar?	Como causar a mudança?
Árvore da realidade atual	*Problema Básico*		
Evaporação das nuvens		*Conflito Básico*	*Injeção Inovadora*
Árvore da realidade futura		*Solução*	
Ramificação negativa			
Árvore de pré-requisitos			*Objetivos Intermediários*
Árvore de transição			*Ações*
Árvore de estratégias e táticas	*Comunicação e Sincronização*		

---

* N. de T.: veja uma explicação complementar na nota 9 do Capítulo 15 deste livro.

[12] Essas quatro regras sintetizam a ARA e são descritas detalhadamente no Apêndice B ao final deste capítulo.

1. **Existência de Entidade.** Examine cada entidade para verificar se ela de fato existe no ambiente que está sendo analisado. Se a entidade não puder ser confirmada diretamente, observada fisicamente ou verificada numericamente, utilize o método científico. Por exemplo, podemos observar fisicamente uma pessoa sorrindo. O que uma pessoa está pensando ou o que supomos ser a atitude de uma pessoa não pode ser observado fisicamente e só pode ser confirmado diretamente pela pessoa. Preveja outro efeito que possa existir como consequência e confirme sua existência. Se esse efeito existir, você terá aumentado a probabilidade de o efeito intangível existir. Se o efeito previsto não existir, você terá eliminado a probabilidade de o efeito intangível existir.

   Revisitemos o exemplo da lâmpada no início do capítulo. Em certo momento, previmos que não havia energia na vizinhança. A rua estava escura, o que era um efeito adicional da falta de energia na vizinhança. Se tivéssemos olhado para fora e visto as luzes dos postes e das casas acesas, teríamos sabido que não se tratava de falta de energia na vizinhança. Essa entidade *não* existiria na situação que estávamos analisando.

2. **Clareza da Entidade.** Procure enunciar clara e concisamente todas as entidades com frases simples mas completas. Um bom teste é ler o enunciado da entidade em voz alta e não sentir necessidade de acrescentar explicações. Quando você lê o enunciado em voz alta para alguém e sente-se forçado a explicar com mais detalhes o que ele significa, isso é um sinal de que ele ainda não está suficientemente claro.

3. **Existência da Causalidade.** Confirme se cada relação de causa e efeito identificada na análise de fato existe na situação que está sendo analisada. Mesmo quando você confirmar que os elementos descritos realmente existem na situação ou no sistema que está sendo analisado, pode muito bem ser que a suposta relação de causa e efeito entre eles não exista. Veja um exemplo.

   > Conheço uma moça que tinha dores de cabeça persistentes. Ela sentia dor de cabeça do momento em que acordava de manhã ao momento em que ia dormir. A dor simplesmente não cedia. Depois de algumas semanas, ela procurou um pronto-socorro.[13] Depois de algumas perguntas e de examiná-la brevemente, o médico formulou sua hipótese e prescreveu uma solução correspondente. A hipótese do médico sobre o problema dessa jovem era de que sua dor de cabeça se tratava simplesmente de cefaleia tensional. Ele lhe prescreveu um analgésico e lhe disse para ir para casa e relaxar. Uma análise simples da situação, na visão do médico, seria semelhante à da Figura 25.17a. Infelizmente, ainda que todas as entidades da árvore de fato existam e que para a maioria dos adultos jovens o estresse seja a causa das dores de cabeça, nesse caso não era.

   > Mais ou menos uma semana depois e de vários analgésicos, a dor de cabeça não apenas continuava, mas havia piorado, e ela começou a sentir náuseas e desorientação. Ela então procurou o atendimento de emergência de um hospital local. Depois de uma rápida consulta e exame, o médico de emergência formulou sua hipótese, de que havia algo físico em sua cabeça, possivelmente um tumor. Ele solicitou uma tomografia computadorizada, que confirmou a existência de um tumor bastante avolumado no lobo frontal. (Consulte a Figura 25.17b.)

   Eu não estou mostrando esse exemplo para passar um juízo de valor sobre os dois médicos envolvidos. *Estou* mostrando esse exemplo para evidenciar que, embora possam existir situações idênticas em duas realidades diferentes, elas têm uma relação de causa e efeito em uma dessas realidades e não na outra. A jovem de fato

---

[13] Nos Estados Unidos, os prontos-socorros são clínicas médicas não hospitalares que podem ser procuradas por pessoas que não têm um clínico geral ou cujo médico não está disponível.

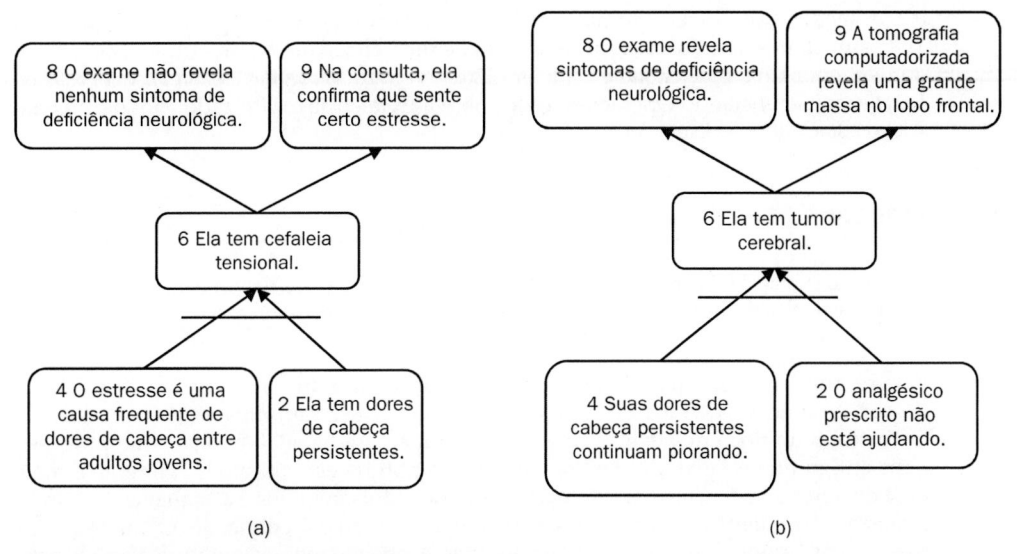

FIGURA 25.17 Validação da "existência da causalidade".

enfrentava certo estresse em sua vida e realmente tinha dor de cabeça. A tensão com frequência é a causa das dores de cabeça, mas nem sempre.[14]

Verifica a causalidade! Não demora muito tempo fazer uma ou todas estas perguntas:

Por quê? ♦ Como eu/nós/você sabe? ♦ Isso sempre ocorre? ♦ Em que circunstâncias isso ocorre? ♦ Em que circunstâncias isso não ocorre? ♦ É mesmo? ♦ Por quê?

4. **Clareza da Causalidade.** Verifique se todas as relações de causa e efeito estão modeladas de maneira clara e concisa. Um bom teste é ler a relação em voz alta com um enunciado "se-então" ou um enunciado "porque". Se você ler o enunciado em voz alta para outra pessoa e sentir-se compelido a explicar seu significado mais a fundo, isso é um sinal de que a relação de causa e efeito ainda não está suficientemente clara. Por exemplo, examine a Figura 25.18. As relações de causa e efeito seriam lidas como:

- Se [B] e [C], então [A]; ou [A] existe porque [B] e [C].
- Adicionalmente, se [D], então [A]; ou [A] também existe porque [D].

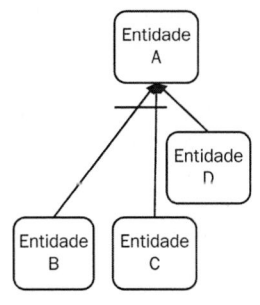

FIGURA 25.18 Clareza da causa.

---

[14] Caso você esteja querendo saber, subsequentemente essa jovem teve o tumor removido, foi diagnosticada com câncer cerebral agressivo (glioblastoma multiforme) e continua sobrevivendo às estatísticas que, diferentemente, indicam que esse tumor é uma sentença de morte.

À medida que investigarmos o processo de pensamento completo e integrado da TOC, utilizarei exemplos do estudo de caso de um banco, que foi descrito pormenorizadamente por Cox, Blackstone e Schleier (2003) no livro *Managing Operations: A Focus on Excellence* (Gerenciando Operações: Foco sobre a Excelência). (Utilizado com permissão. © Cox, Blackstone e Scleier.)

O que mudar?

> Louco é como lhe chamo; só nos falta descobrir qual a causa desse efeito, ou melhor: qual a causa do defeito, que o efeito defeituoso tem sua causa. Assim ficou; o resto é como segue.
> – William Shakespeare

Para responder a pergunta "O que mudar?", utilizaremos duas ferramentas do processo de pensamento: a ARA e a EN. Ao longo dos anos, surgiram dois métodos "padrão". O "método do floco de neve" é considerado o mais tradicional, basicamente porque é mais antigo que o "método das três nuvens" e porque este último geralmente é mais fácil de aprender. A principal diferença entre esses dois métodos é a sequência segundo a qual as ferramentas são utilizadas e o problema básico é identificado. O "método das três nuvens" tende a ser mais fácil de aprender. Ambos se revelaram muito eficazes para compreender a situação e o conflito básico (problema básico) que impedem a harmonia, que, de outra forma, seria natural.

Árvore da realidade atual (ARA)

> Constatamos no andamento natural das coisas que, embora sejam muitos os efeitos, as causas primárias das quais eles surgem normalmente são poucas e simples, e que isso indica por que um naturalista não qualificado recorre a uma propriedade diferente a fim de explicar cada efeito diferente.
> – David Hume

A ARA é um modelo de causa e efeito de uma situação existente. Ela é aplicada principalmente para responder a pergunta "*O que mudar?*". Desse modo, as relações de causa e efeito que são enfocadas na ARA são os efeitos indesejáveis (EIs) – os aspectos de uma situação que desejamos melhorar.

Um aspecto importante da simplicidade inerente é o conceito de *convergência*. Goldratt explica que "a ciência nada mais é que o método que utilizamos para experimentar e postular um conjunto mínimo de pressupostos que podem explicar, por meio de uma dedução lógica objetiva, a existência de vários fenômenos da natureza" (Goldratt e Cox 1986, "Introdução"). Quando examinamos uma ARA bem elaborada, conseguimos ver com clareza as poucas causas de um conjunto mais amplo de efeitos.

> O grande objetivo de toda ciência é cobrir o maior número possível de fatos empíricos por dedução lógica com base no menor número possível de hipóteses ou axiomas.
> – Albert Einstein

Evaporação das nuvens (EN)

> A eficiência máxima do conhecimento e da estratégia é tornar o conflito desnecessário.
> – Sun Tzu

Por definição, problema é algo que desejamos resolver. Em outras palavras, se tenho um problema, então desejo substituí-lo por um não problema oposto. Quer o problema seja básico (a causa de vários EIs) ou um EI (um elemento indesejável do sistema), ela é um obstáculo à harmonia que deve ser eliminado. Isso significa que *qualquer* problema pode ser verbalizado como um conflito, o que nos leva a utilizar a EN. No "método do floco de neve", a EN é empregada para sintetizar o problema básico em uma ARA que foi construída por meio da associação lógica dos EIs. No "método das três nuvens", a nuvem é utilizada para deduzir o problema básico e, então, associá-lo logicamente com os EIs.

O "método do floco de neve"

1. Escolha um assunto. Qual situação ou sistema você deseja compreender melhor para aprimorá-lo? Talvez você queira compreender melhor seus mercados para desenvolver um produto ou uma oferta que atenda a uma necessidade importante; ou queira compreender melhor sua organização para descobrir por que ela não está crescendo rapidamente, atendendo melhor aos seus clientes ou retendo seus funcionários por mais tempo; ou queira compreender sua cadeia de suprimentos para identificar soluções para melhorar suas relações com os fornecedores e clientes; ou queira compreender melhor a relação com sua família e outras relações para descobrir o que deve mudar para torná-las mais significativas. Alguns hospitais utilizaram o processo de pensamento para perceber o que precisava ser mudado para melhorar as salas de emergência e os centros cirúrgicos; até mesmo uma seita religiosa[15] empregou a ARA para compreender o que a estava impedindo de concretizar melhor sua missão. A lista de assuntos possíveis é interminável. Existem dois critérios para determinar o tema sobre o qual você construirá uma ARA:

    a. Você de fato se importa com isso, a ponto de querer arregaçar as mangas para implementar a solução.

    b. Você tem experiência suficiente para ter alguma intuição sobre isso.

2. Identifique vários aspectos indesejáveis da situação e redija-os como entidade. Essas entidades são chamadas de EIs. *Define-se EI como uma entidade que descreve um elemento da situação que se deseja melhorar; em outras palavras, ele descreve um aspecto indesejável do sistema que desejamos mudar.* Procure identificar mais de seis e menos de doze nessa etapa inicial do processo. Basicamente, isso define o ponto de partida da análise.

3. Sua intuição o direcionará para alguns dos EIs que estão intimamente relacionados entre si por meio da causa e feito. Com base neles, construa o mapa de causa e efeito que mostra como eles estão finalmente associados. Lembre-se de confirmar se as entidades realmente descrevem os elementos da situação tal como ela existe, valide a causalidade e procure redigir tudo de forma clara e compreensível. Assim que estiver convencido de que você tem um agrupamento sólido do ponto de vista lógico de causa e efeito, volte à sua lista de EIs e, revendo um por um, deixe sua intuição guiá-lo para a área da árvore com a qual eles estão associados e utilize a lógica de causa e efeito para associá-los. Não pare enquanto todos os EIs não estiverem inseridos no diagrama.

4. Se sua intuição lhe indicar que essa árvore não narra a história completa, acrescente causas e efeitos que a complementem. Você pode também constatar que muitas das entidades definidas inicialmente como EI na verdade não o são, mas que as outras presentes na árvore de fato são. Vá em frente e identifique os "EIs *reais*".[16] Lembre-se de manter a visão de cientista.

---

[15] John Covington (no Capítulo 37 deste livro) discute essa aplicação.

[16] Com "EI real" não me refiro a "causas reais". Refiro-me às entidades que por si sós são indesejáveis. Na etapa seguinte, você identificará o problema básico – a causa responsável pela existência da vasta maioria dos "EIs reais".

5. Verifique se as entidades são apenas causa. Você consegue identificar uma que seja responsável pela maioria (digamos, 70% ou mais) dos EIs na árvore? Se sim, você terá revelado um problema básico. Se não, escolha algumas que, em conjunto, sejam responsáveis pela maior parte dos EIs e veja se consegue identificar a causa comum deles. Se não, não se preocupe – seu trabalho na ARA já lhe ofereceu uma percepção sobre a situação suficiente para habilitá-lo a utilizar uma EN para esclarecer o problema básico e estabelecer uma direção para a solução.

6. Construa a EN para cristalizar o conflito básico do sistema. Existem dois métodos para formar a nuvem com base na ARA. Um é sintetizar a ARA. Outro é utilizar o problema básico identificado na ARA como entidade D, seu oposto como entidade D' e a meta do sistema como entidade A, preenchendo B e C de acordo com a percepção obtida sobre o sistema por meio da construção da ARA.

Estudo de caso de um banco: o que mudar, método do floco de neve

Veja algumas informações preliminares (etapa 1) sobre o estudo de caso do banco, de acordo com Cox *et al.* (2003):

> O banco enfrenta um problema de rotatividade de funcionários e níveis salariais. Outras empresas pagam mais do que o banco pode pagar para cargos iniciantes e contratam os funcionários do banco. Como a rotatividade é constante, o banco não consegue desenvolver lealdade em seus clientes...

Para ter uma visão holística do banco e não apenas de um indivíduo no banco, o gerente de filial, o chefe dos caixas e o diretor de recursos humanos definiram os EIs (etapa 2). Eles verificaram a existência e clareza das entidades e, depois de algumas edições no texto, a lista de EIs que eles utilizaram para iniciar a ARA foi a seguinte:

1. Muitos caixas demitem-se e conseguem empregos melhores.
2. Como alguns caixas são pais/mães solteiros, eles se demitem para ganhar mais com assistência pública e ficar com seus filhos.
3. Há muitas vagas para caixa de banco todos os anos.
4. O orçamento do banco para contratar, treinar e aumentar os salários é muito pequeno.
5. Alguns caixas (que são estudantes ou cônjuge de um estudante) demitem-se quando da conclusão do terceiro grau.
6. Os salários pagos aos trabalhos de caixa são baixos nos cargos iniciantes.
7. O banco perde muitas receitas geradas por clientes anteriores, atuais e potenciais.
8. Alguns caixas cometem erros nas contas dos clientes.
9. Alguns caixas não sabem lidar com várias transações complexas.
10. Alguns caixas são extremamente lentos.
11. Muitos clientes procuram outro banco.
12. Muitos clientes reclamam do péssimo atendimento a outros clientes (atuais e potenciais).
13. Os novos funcionários não sabem o nome e quais são as preferências e aversões dos clientes leais.

A equipe identificou imediatamente três causas para o EI 3 e as mapeou de forma correspondente (etapa 3), como mostra a Figura 25.19. Em seguida, a equipe acrescentou o EI 6 ao agrupamento (etapas 3-2 na Figura 25.20) e continuou seguindo as etapas (etapa 4). A Figura 25.21 mostra a ARA que a equipe considerou, em comum acordo, como a representação da realidade da situação.

```
                    ┌─────────────────────────────┐
                    │ El 3: Há muitas vagas para caixa │
                    │     de banco todos os anos.      │
                    └─────────────────────────────┘
```

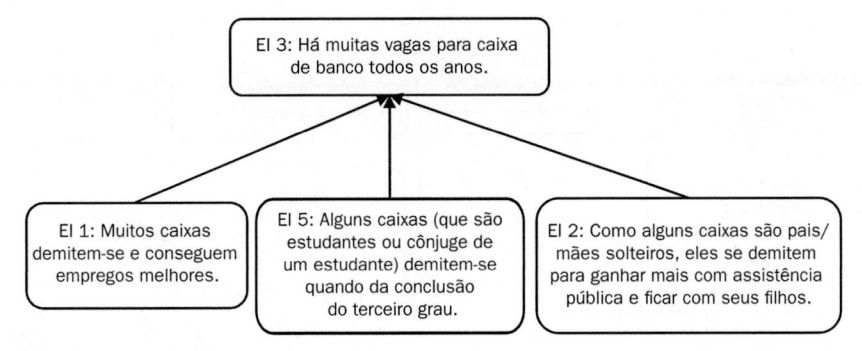

FIGURA 25.19 Etapa 3 da ARA do banco.

Ao examinar a ARA do banco, talvez você questione algumas das entidades e as relações de causa e efeito do modo como elas estão representadas no modelo. Se isso ocorrer, e se você estivesse reunido com os banqueiros na época, suas ressalvas provavelmente os teriam ajudado a chegar a uma ARA mais "perfeita". No entanto, acredito que esse exemplo seja "perfeito" para compartilhar com você. Ele é real, e não uma torre de marfim. Os gerentes reais despenderam uma energia humana real para compreender melhor o ambiente a fim de tomar decisões e medidas que gerariam melhorias reais para o banco e seus clientes. Uma lógica "perfeita" talvez seja uma boa aspiração para ajudá-lo a manter uma mentalidade de cientista. Entretanto, é bastante inapropriado despender uma quantidade desmesurada de tempo no delineamento de uma "ARA perfeita". Não deixe a "paralisia da análise" instaurar! Como você verá, o conjunto completo do processo de pensamento oferece uma excelente segurança. Mesmo se a ARA não for "perfeita", as etapas subsequentes o ajudarão a captar qualquer coisa importante que possa ter deixado passar.

O gerente de filial sintetizou a ARA na nuvem mostrada na Figura 25.22.

A equipe do banco identificou a entidade 140 (etapa 5) – "O banco não consegue manter uma estrutura de remuneração adequada para oferecer estabilidade no emprego".

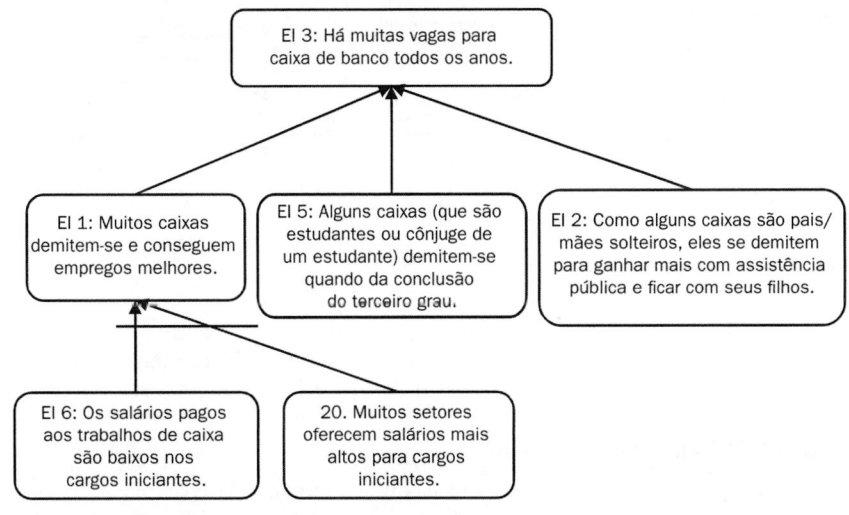

FIGURA 25.20 Etapas 3-2 da ARA do banco.

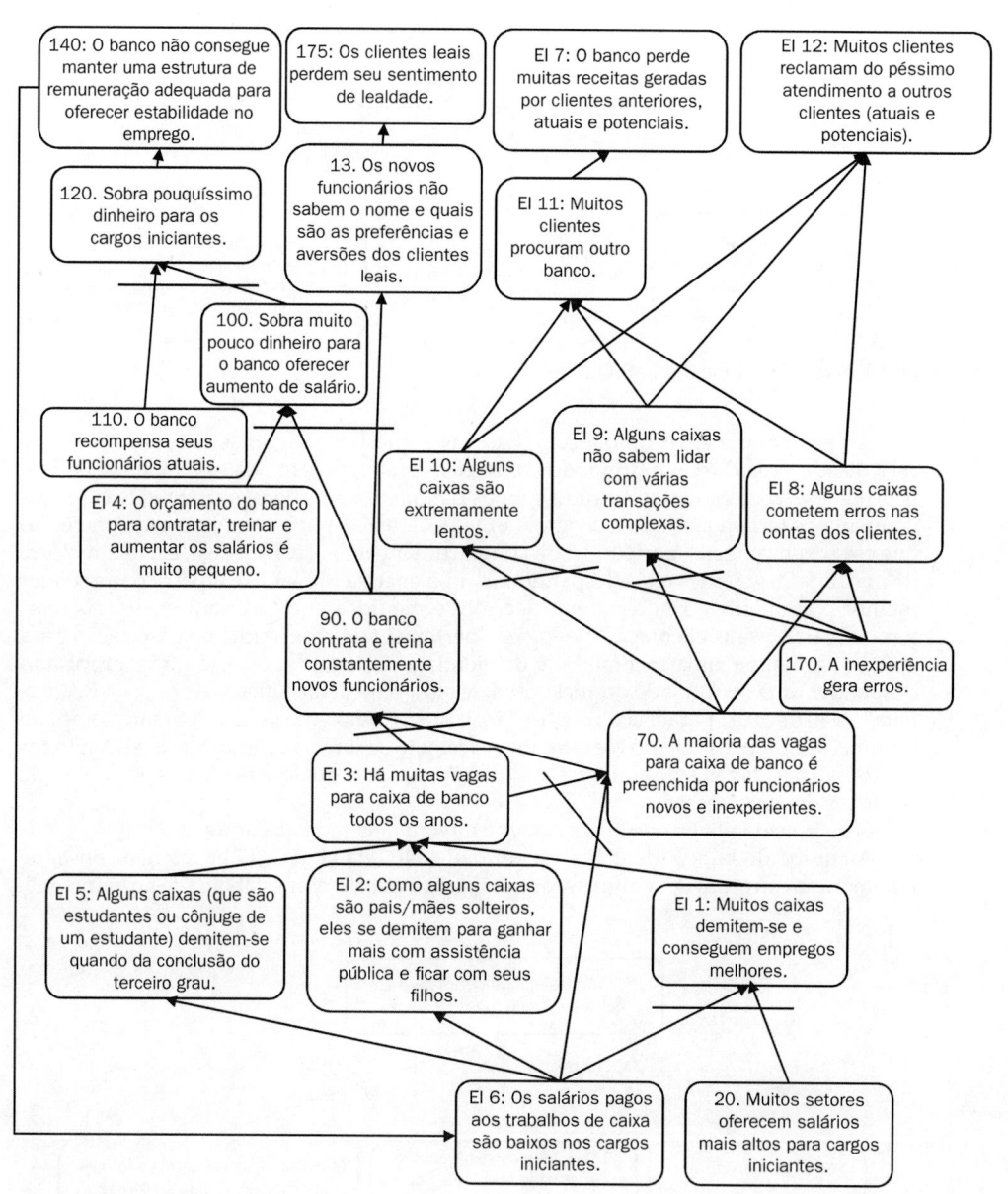

FIGURA 25.21 ARA do banco.

Se, em vez disso, o banco tivesse construído a nuvem utilizando a entidade do problema básico como a entidade D, a nuvem seria semelhante à mostrada na Figura 25.23.

Observe que, em ambos os casos, o conflito está bem representado na ARA (etapa 6).

O "método das três nuvens"

As duas primeiras etapas são iguais às do "método do floco de neve". Defina o assunto e identifique vários EIs (6 a 12). A etapa seguinte nos leva a identificar o problema básico

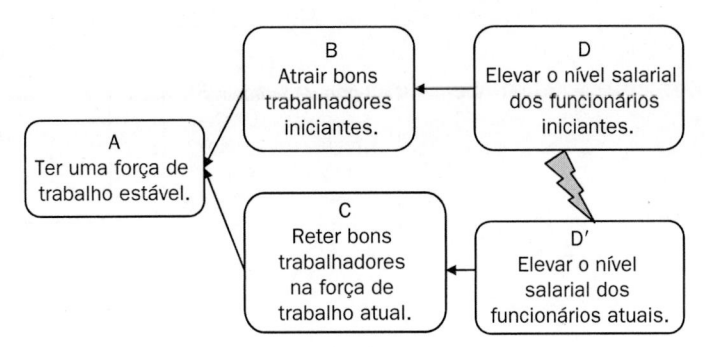

FIGURA 25.22 Nuvem do banco.

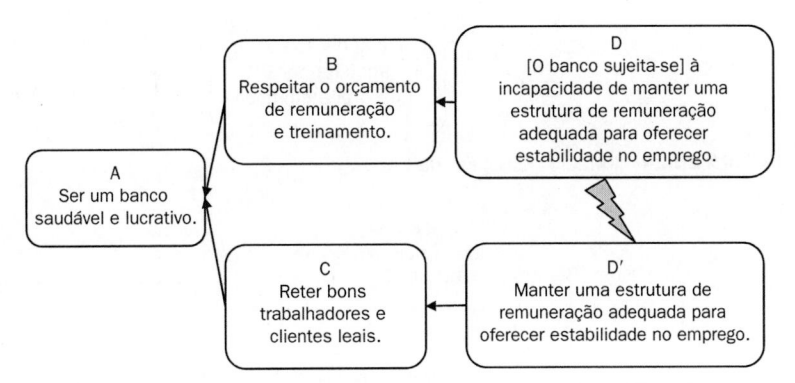

Nuvem do banco:
- A: Ter uma força de trabalho estável.
- B: Atrair bons trabalhadores iniciantes.
- C: Reter bons trabalhadores na força de trabalho atual.
- D: Elevar o nível salarial dos funcionários iniciantes.
- D': Elevar o nível salarial dos funcionários atuais.

FIGURA 25.23 Nuvem 2 do banco: o banco sujeita-se à incapacidade de manter uma estrutura de remuneração adequada para oferecer estabilidade no emprego (EI).

Nuvem 2 do banco:
- A: Ser um banco saudável e lucrativo.
- B: Respeitar o orçamento de remuneração e treinamento.
- C: Reter bons trabalhadores e clientes leais.
- D: [O banco sujeita-se] à incapacidade de manter uma estrutura de remuneração adequada para oferecer estabilidade no emprego.
- D': Manter uma estrutura de remuneração adequada para oferecer estabilidade no emprego.

em forma de conflito – um conflito básico – e as etapas subsequentes são utilizadas para identificar as relações de causa e efeito entre o conflito básico e os EIs. Ganharemos ímpeto da etapa 3 em diante.

3. Escolha três EIs, tomando o cuidado de escolhê-los com base em diversos aspectos do sistema. Um bom procedimento a seguir é escolher os EIs que não parecem estar inter-relacionados por meio de causa e efeito. Crie uma nuvem para cada um dos EIs escolhidos, de acordo com o modelo mostrado na Figura 25.24.

Três EIs do banco, verbalizados como ENs, são mostrados nas Figuras 25.25 a 25.27.

4. Com base nas três nuvens, crie a nuvem genérica do sistema, que é o conflito básico. Quando você examinar as três nuvens juntas, conseguirá revelar um assunto para os As, Bs e Cs, os Ds e D's. Acho a Tabela 25.4 útil e a utilizei para mostrar como as três nuvens de EI específicas do banco são transformadas em uma nuvem genérica.

Agora, você pode criar a nuvem genérica tal como na Figura 25.28.

A nuvem genérica do banco, de acordo com o método das três nuvens, é mostrada na Figura 25.29.

Observe a semelhança entre a nuvem na Figura 25.29 e a nuvem gerada com o problema básico (entidade 40) identificado no método do floco de neve (Figura 25.22).

5. A ARA é concluída com o estabelecimento dos vínculos de causa e efeito entre o problema básico e os EIs.

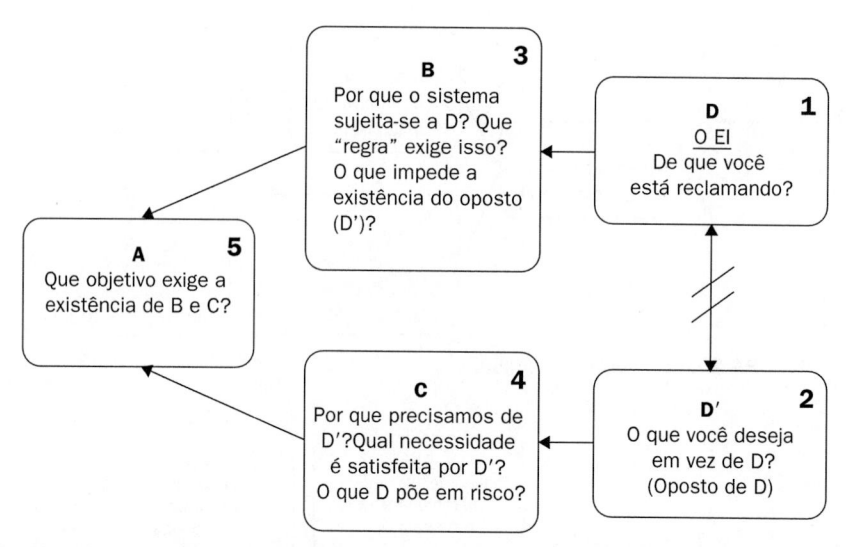

FIGURA 25.24 Modelo de nuvem de EI.

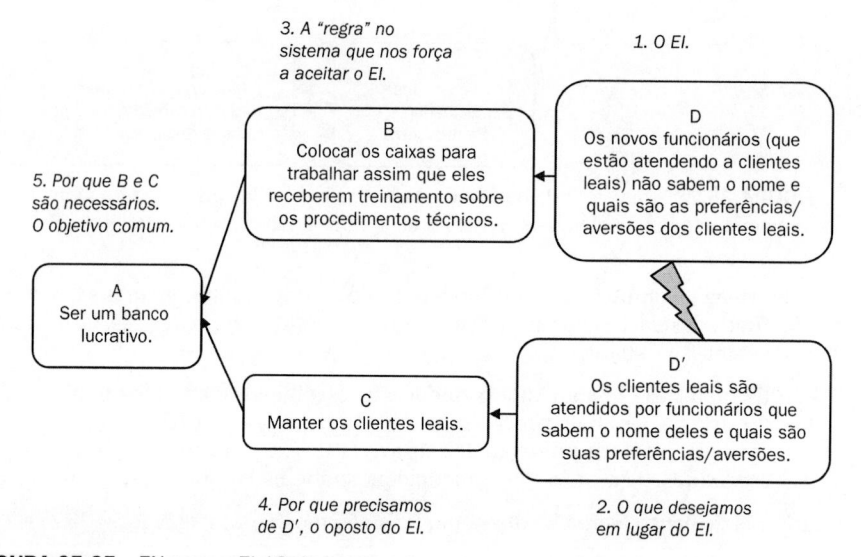

Caixa D (1): O EI — De que você está reclamando?
Caixa D' (2): O que você deseja em vez de D? (Oposto de D)
Caixa B (3): Por que o sistema sujeita-se a D? Que "regra" exige isso? O que impede a existência do oposto (D')?
Caixa C (4): Por que precisamos de D'? Qual necessidade é satisfeita por D'? O que D põe em risco?
Caixa A (5): Que objetivo exige a existência de B e C?

FIGURA 25.25 EN para o EI 13 do banco.

1. O EI.
D: Os novos funcionários (que estão atendendo a clientes leais) não sabem o nome e quais são as preferências/aversões dos clientes leais.

2. O que desejamos em lugar do EI.
D': Os clientes leais são atendidos por funcionários que sabem o nome deles e quais são suas preferências/aversões.

3. A "regra" no sistema que nos força a aceitar o EI.
B: Colocar os caixas para trabalhar assim que eles receberem treinamento sobre os procedimentos técnicos.

4. Por que precisamos de D', o oposto do EI.
C: Manter os clientes leais.

5. Por que B e C são necessários. O objetivo comum.
A: Ser um banco lucrativo.

Para o que mudar

> Meu interesse está no futuro porque é lá que vou passar o resto da minha vida.
> – Charles F. Kettering

Utilizaremos algumas ferramentas do processo de pensamento para responder a pergunta "Para o que mudar?". A nuvem que já foi construída é utilizada para trazer os pressupostos à tona, identificar aqueles que são inválidos e definir a injeção inicial para a solução. Em seguida, concluiremos a solução com uma ARF e uma RRN.

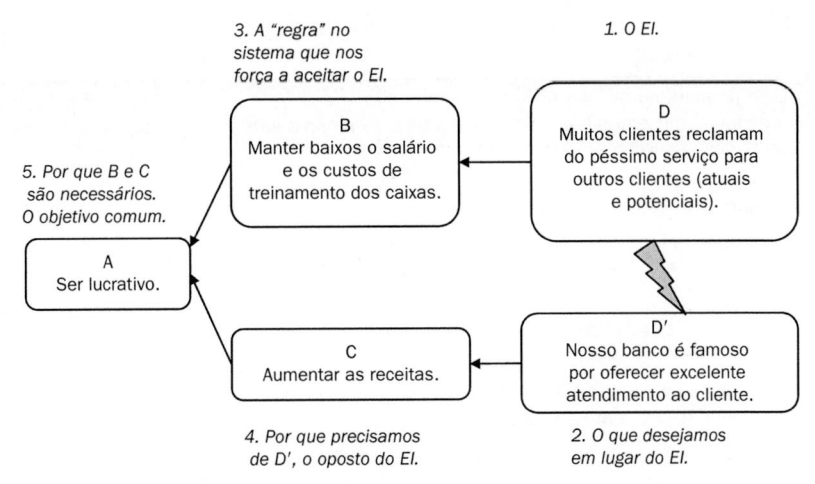

FIGURA 25.26 EN para o EI 12 do banco.

Nuvem de EI 12 do banco:

- **1. O EI.** — D: Muitos clientes reclamam do péssimo serviço para outros clientes (atuais e potenciais).
- **2. O que desejamos em lugar do EI.** — D': Nosso banco é famoso por oferecer excelente atendimento ao cliente.
- **3. A "regra" no sistema que nos força a aceitar o EI.** — B: Manter baixos o salário e os custos de treinamento dos caixas.
- **4. Por que precisamos de D', o oposto do EI.** — C: Aumentar as receitas.
- **5. Por que B e C são necessários. O objetivo comum.** — A: Ser lucrativo.

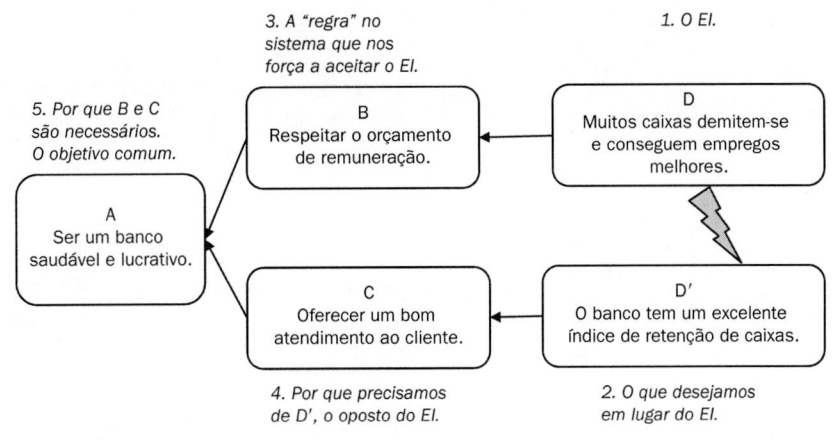

FIGURA 25.27 EN para o EI 1 do banco.

Nuvem de EI 1 do banco:

- **1. O EI.** — D: Muitos caixas demitem-se e conseguem empregos melhores.
- **2. O que desejamos em lugar do EI.** — D': O banco tem um excelente índice de retenção de caixas.
- **3. A "regra" no sistema que nos força a aceitar o EI.** — B: Respeitar o orçamento de remuneração.
- **4. Por que precisamos de D', o oposto do EI.** — C: Oferecer um bom atendimento ao cliente.
- **5. Por que B e C são necessários. O objetivo comum.** — A: Ser um banco saudável e lucrativo.

Tabela 25.4 Transformando as nuvens de EI específicas do banco em uma nuvem genérica

A	A da primeira nuvem: Ser um banco lucrativo. A da segunda nuvem: Ser lucrativo. A da terceira nuvem: Banco saudável e lucrativo.	A genérico: Ser um banco saudável e lucrativo.
B	B da primeira nuvem: Colocar os caixas para trabalhar assim que eles receberem treinamento sobre os procedimentos técnicos. B da segunda nuvem: Manter baixos o salário e os custos de treinamento dos caixas. B da terceira nuvem: Respeitar o orçamento de remuneração.	B genérico: Minimizar os custos (salários baixos e treinamento mínimo para os caixas).
C	C da primeira nuvem: Manter os clientes leais. C da segunda nuvem: Aumentar as receitas. C da terceira nuvem: Oferecer um bom atendimento ao cliente.	C genérico: Maximizar as receitas (retenção de clientes e lealdade).

(continua)

Tabela 25.4 Transformando as nuvens de EI específicas do banco em uma nuvem genérica *(continuação)*

D	D da primeira nuvem: Os novos funcionários (que estão atendendo a clientes leais) não sabem o nome e quais são as preferências/aversões dos clientes leais.	D genérico: Sacrificar a qualidade do atendimento.
	D da segunda nuvem: Muitos clientes reclamam do péssimo atendimento a outros clientes (atuais e potenciais).	
	D da terceira nuvem: Muitos caixas demitem-se e conseguem empregos melhores.	
D'	D' da primeira nuvem: Os clientes leais são atendidos por funcionários que sabem o nome deles e quais são suas preferências/aversões.	D' genérico: Não sacrificar a qualidade do atendimento.
	D' da segunda nuvem: Nosso banco é famoso por oferecer excelente atendimento ao cliente.	
	D' da terceira nuvem: O banco tem um excelente índice de retenção de caixas.	

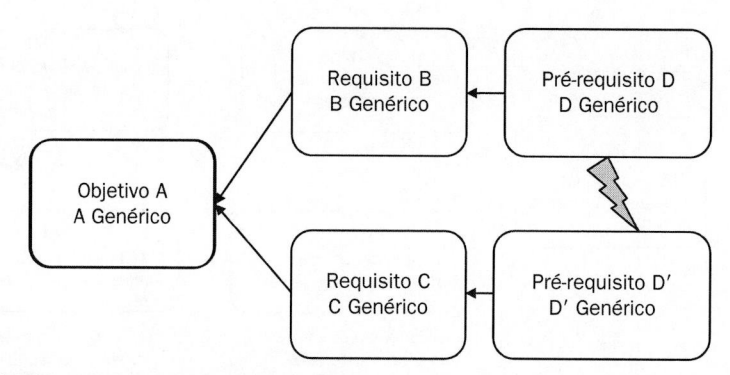

FIGURA 25.28 Modelo de nuvem genérica.

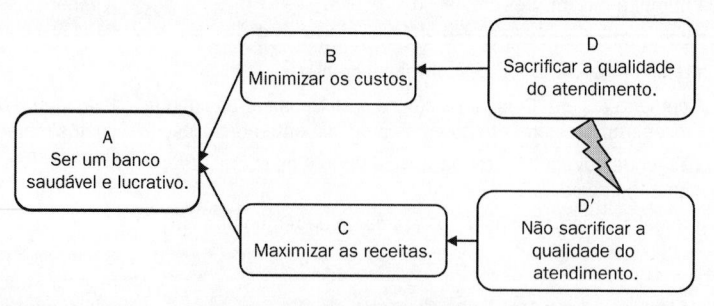

FIGURA 25.29 Nuvem genérica do banco baseada em três nuvens.

Evaporação das nuvens

> Existem três formas de lidar com a diferença: dominação, concessão e integração. Pela dominação, apenas um lado obtém o que deseja; pela concessão, nenhum lado obtém o que deseja; pela integração, encontramos uma solução para que ambos os lados obtenham o que desejam.
>
> – Mary Parker Follett

Anteriormente, neste capítulo, bem como no Capítulo 24, aprendemos a trazer os pressupostos à tona e identificar injeções por meio da nuvem. Desse modo, passemos diretamente para o exemplo do banco. Os banqueiros empregaram o método do floco de neve para construir a ARA e a nuvem que eles utilizaram foi a nuvem sintetizada (Figura 25.22). A equipe examinou as diversas relações entre as condições básicas e, quando chegou ao pressuposto que mantinha D e D' como uma contradição, percebeu que havia encontrado a chave para a solução. O motivo de o banco não conseguir elevar os níveis salariais dos funcionários iniciantes e também dos funcionários existentes era o fato de não poder aumentar o *orçamento de contratação, treinamento e aumento de salário*. Ninguém tinha autoridade para aumentar o valor total do orçamento para isso. Entretanto, o gerente de filial tinha autoridade sobre o orçamento total. O que ocorreria se eles pudessem transferir dinheiro da contratação para treinamento e aumento de salário? Se essa mudança habilitasse o banco a pagar mais aos novos funcionários e, igualmente, a recompensar melhor os funcionários existentes, seria possível diminuir a rotatividade e o volume (e, portanto, o custo) de contratação e treinamento!

A injeção que o banco empregou para começar a desenvolver sua solução foi: "O banco investe em contratação e treinamento inicial para elevar o salário dos cargos iniciantes". Agora, utilizamos essa injeção como ponto de partida para a solução integral que será detalhada na ARF.

Árvore da realidade futura e ressalva da ramificação negativa

> O ser humano molda suas consequências tão certamente quanto molda seus bens ou sua morada. Nada do que ele diz, pensa ou faz é sem consequências.
>
> – Norman Cousins

A ARF e a RRN são processos que moldam os efeitos previstos das injeções. A ARF é utilizada para moldar os efeitos pretendidos – as melhorias desejadas – que englobam a solução integral. Normalmente, as ARFs contêm diversas injeções e várias entidades. Elas mostram o modelo de causa e efeito sobre como as injeções possibilitam a concretização do objetivo da nuvem e o oposto (eliminação dos) dos EIs que foram descritos na ARA. A RRN é utilizada para mostrar como uma injeção geraria consequências indesejadas e para mudar a ideia (mudando a injeção ou acrescentando outras injeções) de modo que as consequências indesejáveis sejam evitadas. É aconselhável construir a ARF primeiro e depois empregar o processo da RRN para mudar e solidificar a solução e assegurar que ela seja de ganho-ganho-ganho.

As etapas para construir a ARF e a RRN são mostradas na Tabela 25.5.

A ARF do banco (e as RRNs resolvidas) é apresentada na Figura 25.30. Tal como na ARA, quando você examinar a ARF do banco, não tenho dúvida de que identificará entidades que poderiam utilizar mais explicações e vínculos causais falhos. Além disso, não tenho dúvida de que, se você estivesse com a equipe que construiu a árvore, suas ressalvas teriam ajudado a criar uma "ARF mais perfeita". Contudo, você está vendo um trabalho real que foi feito por pessoas em carne e osso. Os resultados falam por si sós.

Tabela 25.5 Construindo uma ARF e RRN

Etapa	Árvore da realidade futura	Ressalva da ramificação negativa
1	Redija a injeção inicial. Se a injeção inicial englobar vários elementos, experimente redigir cada elemento como uma injeção distinta.	Redija a ideia como uma entidade (injeção). Se a ideia tiver vários elementos, experimente redigir cada elemento como uma entidade distinta (injeção).
2	Faça uma lista dos benefícios pretendidos (efeitos) com a injeção e redija cada um como uma entidade. Essa lista deve incluir o objetivo da nuvem e o substituto pretendido para cada EI na ARA.	Faça uma lista dos prós (benefícios) e contras (preocupações) da ideia. Escreva os resultados negativos que você prevê como entidade – eles são os EIs previstos. Novamente, experimente redigir cada elemento como uma entidade distinta.
3	Utilizando o protocolo de mapeamento discutido antes neste capítulo, associe a injeção aos benefícios pretendidos. Acrescente as injeções de acordo com a necessidade a fim de completar a árvore.	Utilizando o protocolo de mapeamento discutido antes neste capítulo, associe a entidade da injeção (ou entidades) aos EIs previstos.
4	Utilize as orientações para confirmação da veracidade da relação de causa e efeito que foram discutidas antes neste capítulo para examinar a ARF e faça os ajustes necessários. Quando possível, reforce a solução com *loops* causais positivos.	Utilize as orientações para confirmação da veracidade da relação de causa e efeito que foram discutidas antes neste capítulo para examinar a RRN e faça os ajustes necessários a fim de que ela represente sua hipótese integral.
5	Examine a árvore e confirme se existem RRNs.	Elimine a ramificação negativa. Identifique o local na árvore em que ocorre a transição entre "neutro" e "negativo". Identifique uma nova injeção ou alteração em uma injeção existente que, se implementada, impediria a ocorrência do EI ou substituiria o EI previsto por uma entidade que seria um benefício complementar da solução. Para ter certeza, verifique que essa nova injeção que foi acrescentada não gera mais ramificações negativas. Se ela gerar, substitua-a por uma injeção diferente ou acrescente uma injeção para eliminar a nova ramificação negativa.

Essa análise foi concluída há 15 anos. O banco implementou as injeções. A rotatividade de funcionários caiu como uma pedra, o atendimento ao cliente melhorou e o banco cresceu. Uma década depois, os caixas e os gerentes já cumprimentavam os clientes pelo nome, e o banco desfrutava da lealdade de seus clientes e funcionários.

Infelizmente, há alguns anos, o banco acabou sendo adquirido por um banco maior e, em seguida, por um banco ainda maior, e as políticas e os procedimentos dos conglomerados foram instaurados. Nem os caixas nem os gerentes conhecem os clientes e no banco raramente se vê um sorriso. A rotatividade de clientes e funcionários voltou ao nível vivenciado na época da análise original.

O mau cheiro do peixe vem da cabeça.

– Provérbio iídiche

Capítulo 25 ▪ Processo de pensamento com as árvores de E&T

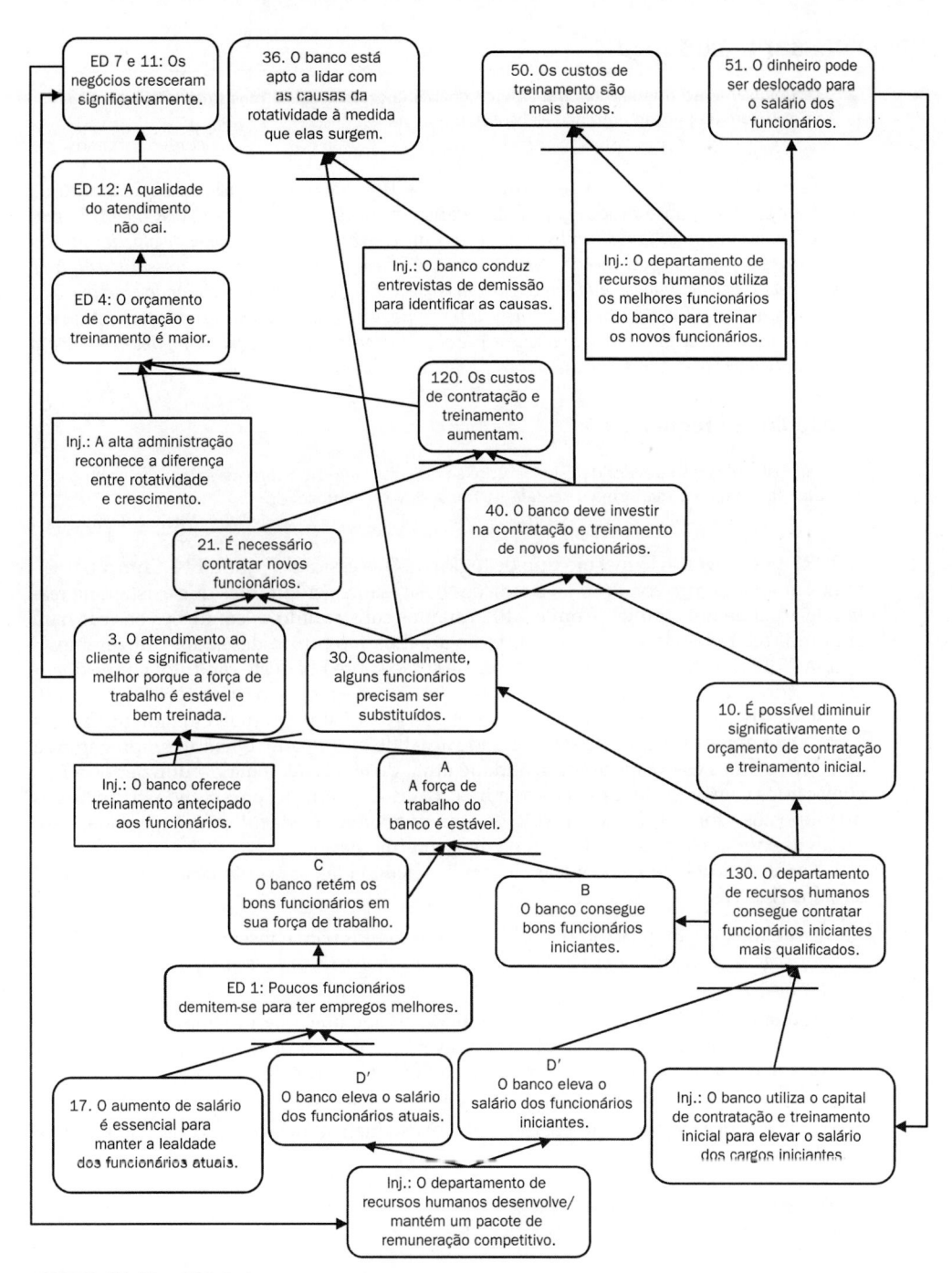

FIGURA 25.30 ARF do banco.

- ED 7 e 11: Os negócios cresceram significativamente.
- 36. O banco está apto a lidar com as causas da rotatividade à medida que elas surgem.
- 50. Os custos de treinamento são mais baixos.
- 51. O dinheiro pode ser deslocado para o salário dos funcionários.
- ED 12: A qualidade do atendimento não cai.
- Inj.: O banco conduz entrevistas de demissão para identificar as causas.
- Inj.: O departamento de recursos humanos utiliza os melhores funcionários do banco para treinar os novos funcionários.
- ED 4: O orçamento de contratação e treinamento é maior.
- 120. Os custos de contratação e treinamento aumentam.
- Inj.: A alta administração reconhece a diferença entre rotatividade e crescimento.
- 40. O banco deve investir na contratação e treinamento de novos funcionários.
- 21. É necessário contratar novos funcionários.
- 3. O atendimento ao cliente é significativamente melhor porque a força de trabalho é estável e bem treinada.
- 30. Ocasionalmente, alguns funcionários precisam ser substituídos.
- 10. É possível diminuir significativamente o orçamento de contratação e treinamento inicial.
- Inj.: O banco oferece treinamento antecipado aos funcionários.
- A — A força de trabalho do banco é estável.
- C — O banco retém os bons funcionários em sua força de trabalho.
- B — O banco consegue bons funcionários iniciantes.
- 130. O departamento de recursos humanos consegue contratar funcionários iniciantes mais qualificados.
- ED 1: Poucos funcionários demitem-se para ter empregos melhores.
- 17. O aumento de salário é essencial para manter a lealdade dos funcionários atuais.
- D': O banco eleva o salário dos funcionários atuais.
- D': O banco eleva o salário dos funcionários iniciantes.
- Inj.: O banco utiliza o capital de contratação e treinamento inicial para elevar o salário dos cargos iniciantes.
- Inj.: O departamento de recursos humanos desenvolve/mantém um pacote de remuneração competitivo.

Como causar a mudança

> Um pensamento que não resulta em ação não é lá grande coisa, mas uma ação que não procede de um pensamento não é absolutamente nada.
> – Georges Bernanos

Três ferramentas do processo de pensamento da TOC são empregadas para responder a terceira pergunta sobre mudança, "Como causar a mudança?". Com a *APR, identificamos os obstáculos que dificultam a implementação das injeções e criamos um mapa de objetivos intermediários (OIs) que superarão os obstáculos. A AT é empregada quando é necessário definir as ações específicas e detalhadas que serão realizadas para concretizar um determinado objetivo.* Por fim, *a árvore de E&T é utilizada para integrar o resultado do processo de pensamento total em um todo sincronizado que promove a comunicação e sincronização essenciais para uma implementação bem-sucedida das principais iniciativas.*

Árvore de pré-requisitos

> Os obstáculos não devem detê-lo. Se você se deparar com um muro, não dê meia-volta e desista. Imagine uma forma de escalá-lo, transpô-lo ou contorná-lo.
> – Michael Jordan

A APR[17] tira proveito do mesmo tipo de lógica de "necessidade" que a EN. Com a EN, estamos moldando um conjunto de condições básicas que acreditamos que existam na realidade atual de um conflito. Com o APR, estamos construindo as condições básicas para criar um roteiro lógico e passar da situação atual para o futuro desejado. Utilizaremos a Figura 25.15 (que foi usada anteriormente na seção sobre EN deste capítulo) para evidenciar a lógica empregada. Em ambos os casos (nuvem e APR), não é possível concretizar B se A não estiver em vigor por causa de um aspecto da realidade atual. Quando utilizamos a EN, chamamos esse aspecto da realidade atual de *pressuposto*. Quando empregamos a APR, chamamos esse aspecto da realidade atual de *obstáculo*. Quando utilizamos a EN, começamos com as entidades "nos quadros" (A, B, C, D e D') e, em seguida, trazemos os pressupostos à tona. No caso da APR, começamos com os obstáculos e, em seguida, definimos as entidades "nos quadros" (objetivos intermediários).

No Capítulo 24, você encontrará instruções detalhadas para criar uma APR. Veja aqui as etapas básicas:

1. Para cada injeção, relacione os principais obstáculos para consegui-la. *Obstáculo é uma entidade existente na realidade atual, que, pelo fato de existir, impede que uma injeção torne-se realidade.*

2. Defina um OI para cada obstáculo – uma entidade que, quando implementada, promove a superação do obstáculo. É possível superar um obstáculo eliminando a entidade ou encontrando uma forma de contornar a entidade (a entidade continuaria existindo; ela simplesmente não seria mais um obstáculo para concretizar a injeção).

3. Com a lógica de condição básica, mapeie a sequência de acordo com a qual os OIs devem ser implementados.[18]

A árvore de pré-requisitos do banco

O banco identificou seis injeções em sua ARF:

---

[17] A APR tem inúmeros nomes e procedimentos. Por exemplo, ela é descrita como árvore de metas ambiciosas no Capítulo 26 e seu derivativo, o *mapa de objetivos intermediários* (mapa de OIs), é apresentado no Capítulo 24.

[18] Se você for criar uma árvore de E&T, essa terceira etapa não será necessária.

- O banco utiliza o capital de contratação e treinamento para elevar os salários dos cargos iniciantes.
- O departamento de recursos humanos desenvolve um pacote de remuneração competitivo para os funcionários.
- O banco oferece treinamento antecipado aos funcionários.
- O banco conduz entrevistas de demissão para identificar as causas de rotatividade.
- O departamento de recursos humanos utiliza os melhores funcionários do banco para treinar os novos funcionários.
- A alta administração reconhece a diferença entre rotatividade e crescimento.

A Tabela 25.6 mostra os obstáculos e as injeções que o banco desenvolveu para a injeção "O departamento de recursos humanos desenvolve um pacote de remuneração competitivo para os funcionários".

A APR para a injeção é mostrada na Figura 25.31. Algumas coisas a serem observadas:

1. Usualmente, é mais fácil construir as APRs utilizando como ponto de partida as injeções mais agourentas (aquelas que parecem mais difíceis de conseguir). Agindo assim, normalmente você lidará com as injeções "mais fáceis" no processo e evitará várias versões da mesma árvore.
2. A maioria dos objetivos intermediários e das injeções é verbalizada como entidade, e não como ação. O objetivo, seja ele intermediário ou uma injeção de alto nível, é uma situação a ser atingida e a ação é algo que é feito para conseguir o objetivo. O lugar em que supomos que os OIs serão redigidos em forma de ação é a parte "inferior" da árvore; esses OIs não têm outros OIs apontando para eles. Nesse nível, geralmente "sabemos o que fazer" e os obstáculos iniciais a serem superados são relativamente menores. Veremos ações na AT e igualmente nas táticas da E&T.
3. Cada seta representa o obstáculo que está impedindo a concretização da injeção. Se um OI estiver apontando para outro (e.g., 22 apontando para 23), o obstáculo (na seta que os une) também está impedindo a concretização do OI para o qual a seta está apontando.
4. Confirme se cada obstáculo de fato existe como entidade na realidade atual do sistema. Em caso negativo, trata-se de um obstáculo imaginário, e não real. Desse modo, não há necessidade de implementar um OI para superá-lo.

Tabela 25.6 Obstáculos e objetivos intermediários para o mapa de OIs e a APR

N.	Obstáculos	Objetivos intermediários
21	O banco não conhece a estrutura dos níveis salariais de sua localidade (bancos e outros setores).	Entrar em contato com a Câmara de Comércio para obter os levantamentos salariais mais recentes.
22	O banco não sabe o que os outros bancos estão pagando a funcionários experientes.	O banco consulta a associação bancária para determinar o salário pago a funcionários experientes.
23	A administração não sabe definir com clareza o que significa "competitivo". O que é necessário para manter um funcionário excelente?	A administração analisa os dados acima e aplica 10% sobre trabalhos e salários comparáveis.
24	A administração não tem uma política clara para demitir funcionários que apresentam um nível de desempenho de médio a baixo.	A administração estabelece diretrizes e medidas de desempenho para oferecer *feedback* aos funcionários. Os funcionários que apresentam um nível de desempenho de médio a baixo são demitidos.

```
                    ┌─────────────────────────┐
                    │ Inj.: Um pacote de       │
                    │ remuneração competitivo  │
                    │ para os funcionários     │
                    │ encontra-se em vigor.    │
                    └─────────────────────────┘
```

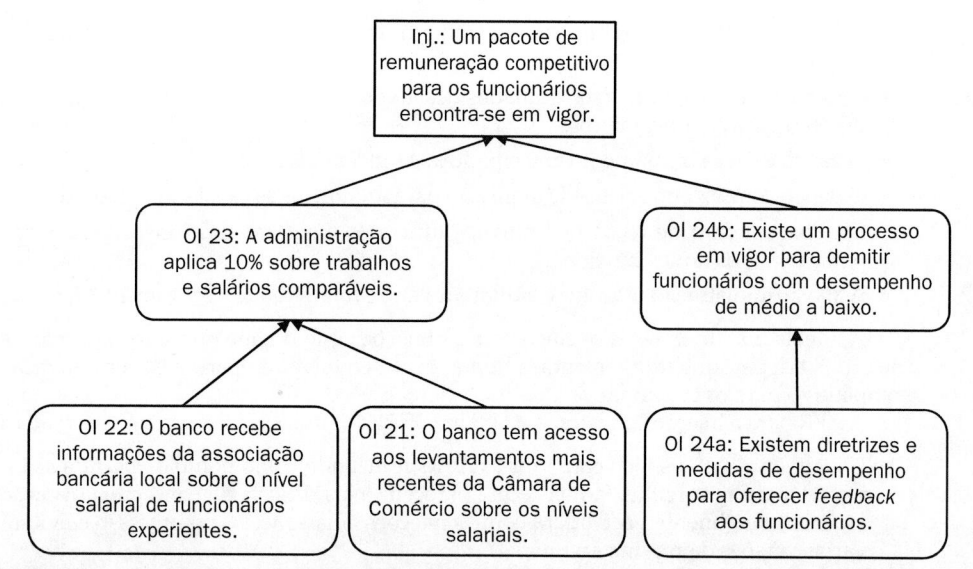

```
    ┌──────────────────────────┐          ┌──────────────────────────┐
    │ OI 23: A administração   │          │ OI 24b: Existe um processo│
    │ aplica 10% sobre trabalhos│         │ em vigor para demitir     │
    │ e salários comparáveis.  │          │ funcionários com desempenho│
    └──────────────────────────┘          │ de médio a baixo.         │
                                          └──────────────────────────┘
```

```
┌────────────────────┐  ┌────────────────────┐  ┌────────────────────┐
│ OI 22: O banco     │  │ OI 21: O banco tem │  │ OI 24a: Existem    │
│ recebe informações │  │ acesso aos         │  │ diretrizes e       │
│ da associação      │  │ levantamentos mais │  │ medidas de         │
│ bancária local     │  │ recentes da Câmara │  │ desempenho para    │
│ sobre o nível      │  │ de Comércio sobre  │  │ oferecer feedback  │
│ salarial de        │  │ os níveis salariais│  │ aos funcionários.  │
│ funcionários       │  │                    │  │                    │
│ experientes.       │  │                    │  │                    │
└────────────────────┘  └────────────────────┘  └────────────────────┘
```

FIGURA 25.31 APR do banco para a injeção "um pacote de remuneração competitivo para os funcionários encontra-se em vigor".

5. Valide a causalidade do obstáculo – a existência da entidade que se considera o obstáculo é *realmente* um obstáculo para a concretização da injeção ou do OI? Se não, não há motivo para implementar um OI para superá-lo.
6. Confirme a causalidade do OI – o OI de fato superará o obstáculo e abrirá caminho para a implementação do OI ou da injeção de nível mais alto para o qual ele está apontando? Se não, você precisará escolher um OI diferente.

À medida que você desenvolver as APRs para cada injeção, verifique se existe alguma relação entre as condições básicas dentre os diversos OIs ou injeções. Isso o ajudará a integrar a implementação, em lugar de simplesmente ter um conjunto de injeções para implementar. Quando o banco acrescentou à APR os OIs definidos para concretizar a injeção "O banco conduz entrevistas de demissão para identificar as causas de rotatividade", a APR ampliou-se, como mostra a Figura 25.32.

A APR completa, tal como a equipe do banco a escreveu, é mostrada no Apêndice E deste capítulo, no *site* da McGraw-Hill: http://www.mhprofessional.com/TOCHandbook.

Árvore de transição

Nada acontece até que algo se mova.

– Albert Einstein

Chegamos finalmente ao ponto decisivo – é hora de agir! Algumas injeções e OIs não exigem tanto esforço mental para serem implementados. Existem outros que intuitivamente sabemos que são arriscados, a menos que planejemos cada etapa de uma maneira extremamente detalhada, até mesmo coreografada. Por exemplo, reuniões de adesão com os interessados da organização, reuniões de vendas com compradores ou reuniões de negociação com fornecedores enquadram-se na categoria de ações que devem ser programadas meticulosamente. Essa é a função da AT.

A AT oferece um meio para elaborar o plano de ação pretendido (uma sequência de ações a serem realizadas), de modo que a necessidade de cada ação, os efeitos previstos de cada uma e as condições apropriadas que devem estar em vigor para desencadear uma

```
                    ┌─────────────────────┐
                    │ Inj.: Um pacote de  │
                    │ remuneração competitivo │
                    │ para os funcionários │
                    │ encontra-se em vigor.│
                    └─────────────────────┘
```

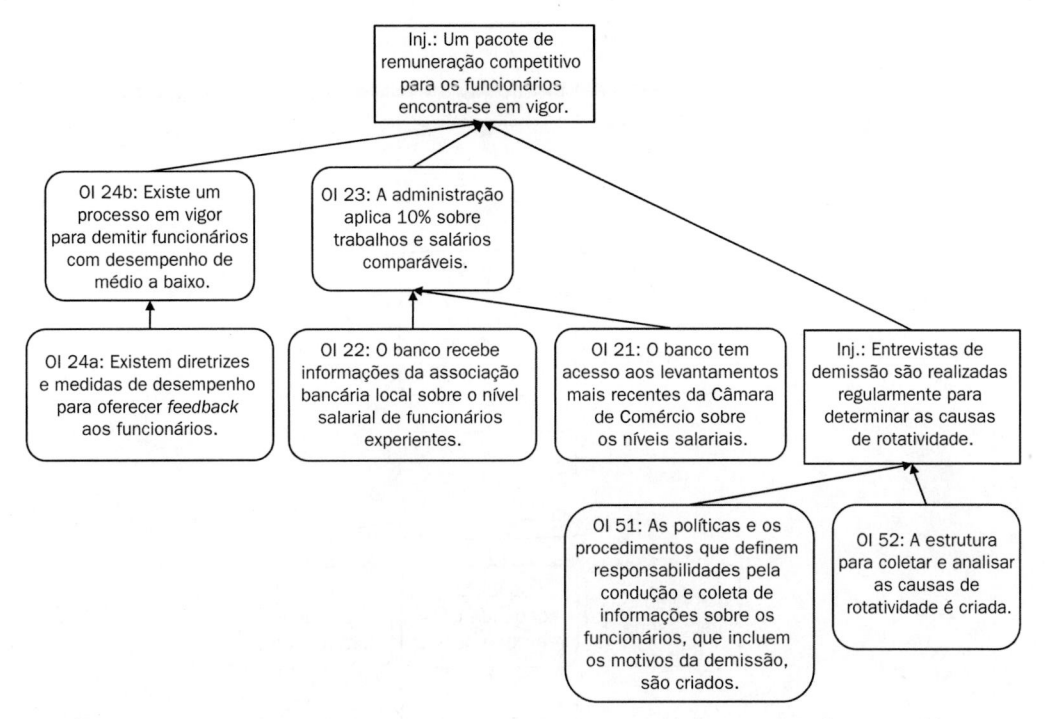

Diagrama (APR):

- **Inj.:** Um pacote de remuneração competitivo para os funcionários encontra-se em vigor.
- **OI 24b:** Existe um processo em vigor para demitir funcionários com desempenho de médio a baixo.
- **OI 23:** A administração aplica 10% sobre trabalhos e salários comparáveis.
- **OI 24a:** Existem diretrizes e medidas de desempenho para oferecer *feedback* aos funcionários.
- **OI 22:** O banco recebe informações da associação bancária local sobre o nível salarial de funcionários experientes.
- **OI 21:** O banco tem acesso aos levantamentos mais recentes da Câmara de Comércio sobre os níveis salariais.
- **Inj.:** Entrevistas de demissão são realizadas regularmente para determinar as causas de rotatividade.
- **OI 51:** As políticas e os procedimentos que definem responsabilidades pela condução e coleta de informações sobre os funcionários, que incluem os motivos da demissão, são criados.
- **OI 52:** A estrutura para coletar e analisar as causas de rotatividade é criada.

FIGURA 25.32 APR ampliada do banco para a injeção "um pacote de remuneração competitivo para os funcionários encontra-se em vigor".

ação a ser realizada (e, portanto, a lógica da sequência em si) estejam todos evidenciados. A AT é útil para planejar uma atividade importante, mas é igualmente importante para monitorar a realidade durante a execução do plano, a fim de que realizemos as ações necessárias quando elas são necessárias (quando existe uma situação apropriada para a ação), não realizemos ações que não são necessárias e indiquemos com precisão o que deve mudar e por que se a realidade revelar-se diferente do que planejamos. Se isso parecer semelhante ao método que um cientista adotaria para projetar e executar um experimento, significa que você conseguiu compreender muito bem a situação!

> Nunca confunda movimento com ação.
>
> – Ernest Hemingway

A estrutura básica de uma AT é mostrada na Figura 25.33.[19] As entidades na árvore e a estrutura da árvore baseiam-se nos seguintes conceitos:

1. É *necessário* empreender uma *ação*.
2. O fato de um objetivo[20] ainda não ter sido concretizado e de não ser atingido se não houver alguma ação adicional significa que a ação é essencial. Em outras palavras,

---

[19] Ao longo dos anos foram desenvolvidas, ensinadas e utilizadas várias estruturas para a construção das ATs. A versão que incluo neste capítulo é diferente – e, no meu ponto de vista, mais eficaz em relação à sua finalidade – da versão que apresenta em *Thinking for a Change*. Como sempre, contudo, se você mantiver a visão de cientista e seu objetivo em mente, terá oportunidade de desenvolver um método que funcione para você.

[20] Um objetivo pode ser uma ação de uma ARF, um OI de uma APR ou qualquer outro objetivo que você queira atingir e não proceda da análise do processo de pensamento completo.

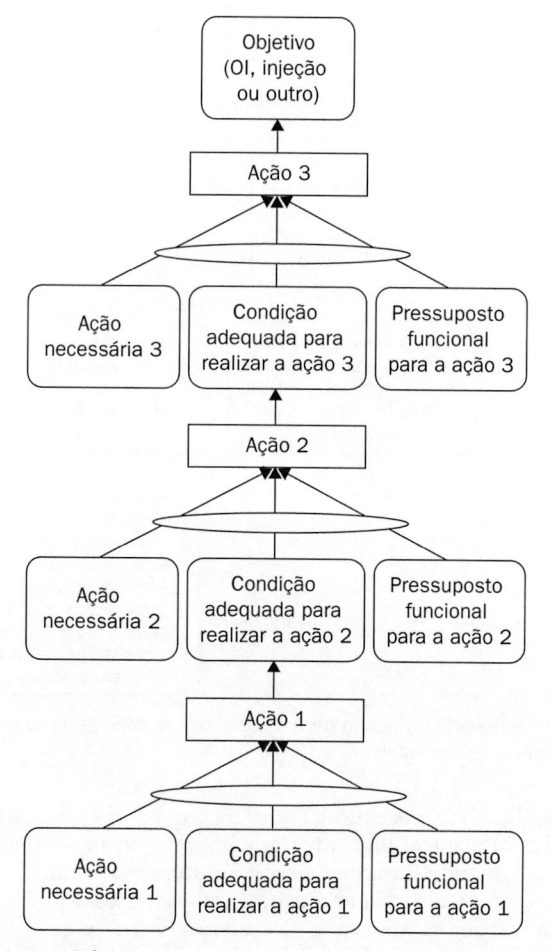

FIGURA 25.33 Estrutura básica de uma AT.

a ação deve ser realizada porque ainda existe algum obstáculo no caminho cuja remoção exige intervenção humana. Enunciando a necessidade de cada ação, temos oportunidade de, antes de agir, verificar se a necessidade ainda existe. (Se a ação não for mais necessária, não há necessidade de realizar a ação!)

3. As *condições são adequadas para realizar a ação*. No artigo "Transition Tree: A Review" ("Árvore de Transição: Uma Revisão"), de julho de 2001, Rami Goldratt enuncia o que torna as *condições apropriadas para realizar a ação seguinte*.

   a. *Eu tenho capacidade para realizar a ação seguinte* e
   b. *A ação seguinte não gerará efeitos negativos sérios.*

A sequência das ações deve-se à necessidade de a ação ou ações anteriores gerarem as condições apropriadas para que a ação ou as ações posteriores sejam realizadas.

Vejamos um exemplo simples. Você está parado em um cruzamento movimentado e o restaurante em que você almoçará com seu amigo fica do outro lado da rua. O fato de você estar parado no lado oposto da rua, em relação ao restaurante, significa que você deve realizar uma ação porque precisa chegar ao outro lado da rua. Sua primeira ação é olhar para o sinal de pedestre. O sinal verde de "permissão para atravessar" acende e os veículos param para que os pedestres atravessem. A condição é apropriada para que você realize a ação de "atravessar a rua". Portanto, você faz isso com confiança. Entretanto, se o sinal vermelho de "não atravesse" estivesse piscando, você saberia que, se começasse a atravessar a rua, um carro poderia atropelá-lo. Em outras palavras, as condições ainda não seriam apropriadas e você esperaria algum tempo até que a luz mudasse a seu favor.

As etapas para construir uma AT são:

1. Identifique o objetivo e verbalize-o como uma entidade. O objetivo de uma AT pode ser um objetivo intermediário ou uma injeção de uma APR ou outro objetivo.
2. Redija todas as ações que você acredita que deva realizar, na sequência que supõe que elas devam ocorrer, e construa a "espinha dorsal" da AT – o protocolo padrão é que a primeira *ação a ser realizada* esteja na parte inferior da árvore e a última esteja na parte superior. A ação final deve apontar para o objetivo. (Veja as ações 1, 2 e 3 e o objetivo na Figura 25.33.) Se você não conseguir pensar em nenhuma ação, isso significa que os obstáculos ainda são muito grandes para que sua intuição o direcione para as ações a serem realizadas. Volte à APR e identifique os obstáculos e os OIs em um nível inferior – até o momento que você identificar um OI em que sua intuição lhe diga "Temos capacidade para fazer isso e eu já tenho algumas ações em mente".
3. Para cada ação, verbalize o agrupamento de entidades correspondente.
    a. Verbalize as *condições apropriadas* para realizar a ação seguinte, que são os efeitos da ação (e, portanto, a entidade para a qual a ação está apontando).
        i. Que efeitos negativos serão provocados pela ação seguinte se eu não realizar esta ação? Enuncie que eles não serão criados.
        ii. Que nova capacidade você adquire depois de realizar a ação que o aproxima do objetivo e lhe permite realizar a ação seguinte? Enuncie essa nova capacidade.
    b. Verbalize a entidade da *necessidade*.
        i. Por que é necessário realizar essa ação?
        ii. Por que essa ação é importante? Para...
        iii. Por que realizar essa ação? Para...
    c. Verbalize a entidade do pressuposto funcional.
        i. Por que a *ação a ser realizada* satisfaz a necessidade?
        ii. O que você supõe quando afirma que essa ação satisfaz essa necessidade?
4. Verifique a veracidade da causalidade que associa cada agrupamento.
    a. Da forma verbalizada, a *necessidade*, as *condições apropriadas* e o *pressuposto funcional* que apontam para uma *ação a ser realizada* são suficientes para transformar a ação especificada na ação correta a ser realizada?
    b. Para cada *condição apropriada* intangível ou que não possa ser confirmada diretamente, identifique e mapeie os efeitos que poderiam ser indicadores verificáveis ("a prova") de que a *condição apropriada* existe, assim como outros efeitos da ação.
5. Verifique se existem ramificações negativas e faça as alterações adequadas (mude as ações ou acrescente novas ações a fim de evitar consequências indesejadas).

No processo de criação da AT, talvez você constate que a princípio você identificou ações que na verdade não são necessárias. Talvez você constate também que precisa acrescentar ações que a princípio não imaginou a fim de preencher as "lacunas de suficiência". Além disso, talvez você perceba que a sequência que a princípio você tinha em mente precisa ser reordenada. Que maravilha constatar esses fatores ainda no papel, na etapa de planejamento, e não na realidade! Imagine quanto tempo e esforço você está poupando em consequência disso!

Apresentarei um exemplo de AT na seção subsequente deste capítulo para mostrar como a AT foi empregada pela equipe de vendas de uma empresa que está utilizando a TOC para criar, explorar e manter uma *vantagem competitiva decisiva* (VCD).

> Se existe alguma certeza é de que a mudança é certa. O mundo para o qual estamos nos preparando não existirá dessa forma no futuro.
>
> – Philip Crosby

A árvore de estratégias e táticas

> Talvez as pessoas sejam feitas para seguir uma linha de ação, mas não para compreendê-la.
> – Confúcio, Analetos Confucianos

Se a intenção de uma iniciativa for melhorar de forma significativa o desempenho de uma organização, inevitavelmente será necessário realizar mudanças nas várias tarefas (decisões e ações) que as pessoas dessa organização estão executando. Para que essa iniciativa prospere, tanto as tarefas quanto o raciocínio por trás dessas tarefas devem mudar. Independentemente do nível de um indivíduo na hierarquia organizacional ou da área funcional em que ele se encontre, as pessoas da organização desejam a mesma coisa – compreender como elas se encaixam na realidade mais ampla, por que elas são necessárias para o todo e de que forma elas podem contribuir para fazer uma diferença real.

Com relação a cada mudança que uma iniciativa exige que as pessoas façam, elas precisam compreender as mudanças que elas devem fazer e por quê. Se as respostas às quatro perguntas a seguir não forem enunciadas, organizadas e comunicadas eficientemente, as pessoas serão forçadas a fazer suas próprias pressuposições sobre as respostas e elas se comportarão de maneira correspondente. E a probabilidade de a iniciativa ser bem-sucedida diminui sensivelmente.

1. Para cada mudança que necessito fazer, por que preciso fazer isso?
2. O que a mudança alcançará, *vis-à-vis* a meta da iniciativa?
3. O que eu de fato preciso fazer para realizar a mudança?
4. Por que essas ações concretizarão a mudança necessária?

As várias aplicações do processo de pensamento discutidas neste capítulo oferecem um sólido conjunto de ferramentas que nos capacita a analisar e descrever total e logicamente um problema básico, a solução, os empecilhos que necessitamos superar para passar da realidade atual para a nova realidade e até planos de ação detalhados para alcançar marcos e objetivos específicos. Além disso, a TOC oferece uma forma de reconhecer as camadas de resistência e um método eficaz para obter colaboração e adesão e, ao mesmo tempo, honrar o princípio de ganho mútuo ou ganha-ganha (Capítulo 20).

Contudo, como um número maior de implementações da TOC passou a focalizar a transformação holística da organização, e não programas de melhoria de uma única função/departamento, constatou-se que o conjunto padrão de ferramentas da TOC, embora excelente, não era suficiente para obter a sincronização e comunicação necessárias para que uma iniciativa importante de transformação holística conseguisse e mantivesse as melhorias pretendidas. Além disso, essas ferramentas não ofereciam os meios pelos quais qualquer pessoa da organização pudesse responder prontamente as quatro perguntas citadas anteriormente.

Uma E&T bem escrita organiza a análise completa do processo de pensamento de uma maneira que essas quatro perguntas sejam respondidas para cada área funcional da organização em um único mapa lógico, com o grau de detalhamento necessário a todos os níveis hierárquicos.

A primeira etapa: a meta

> Quando você olha para você mesmo de um ponto de vista universal, alguma coisa lá dentro sempre o faz se lembrar ou o avisa de que existem coisas melhores e mais importantes com as quais se preocupar.
> – Albert Einstein, *The World as I See It*.

Imagine-se tentando responder qualquer uma das quatro perguntas para todas as pessoas da organização sem primeiro ter uma definição clara da meta – finalidade – da iniciativa. Eu também não conseguiria. Portanto, a definição da meta da iniciativa é o ponto de partida da E&T. Por exemplo, a meta da iniciativa da visão viável é enunciada da seguinte maneira (com permissão da Goldratt Consulting):

A empresa está sempre florescendo; ela aumenta contínua e significativamente o valor[21] para os interessados – funcionários, clientes e acionistas.

Contudo, essa afirmação de alto nível sobre a meta não oferece informações suficientes para alinhar e sincronizar as mudanças específicas que a organização precisa realizar em vários níveis e áreas funcionais. Necessitamos também de um alto nível de compreensão sobre como a empresa pode ser sempre florescente. Desse modo, em uma E&T, a finalidade da iniciativa sempre é descrita com os três elementos a seguir:

1. A estratégia – o componente "O que" da iniciativa
   - A finalidade da iniciativa – a meta que a organização pretende concretizar em consequência da implementação.
2. Os pressupostos paralelos – o componente "Por que" da tática
   - As condições existentes na realidade que nos conduzem a uma linha de ação específica para atingir a estratégia; a relação lógica entre a tática e a estratégia; um conjunto bem escrito de pressupostos paralelos explica por que a tática é a linha de ação que leva à consecução da estratégia.
3. A tática – o componente "Como" da iniciativa
   - O que precisa ser feito para que se atinja a meta com a implementação.

Se você tivesse de moldar a etapa da E&T por meio do processo de mapeamento de causa e efeito descrito neste capítulo, ela seria semelhante à Figura 25.34.

A Tabela 25.7 contém a estratégia, pressupostos paralelos e a tática que compreendem a primeira etapa da E&T para qualquer empresa que implementa a visão viável:[22]

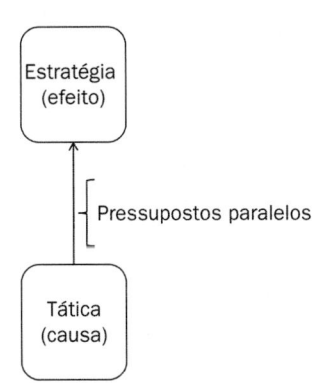

FIGURA 25.34 Relação de causa e efeito da estratégia, tática e pressuposto paralelo.

---

[21] Valor crescente: estabilidade na curva verde e desempenho na curva vermelha. Consulte o Capítulo 34, Figura 34.1.

[22] Etapa 1, visão viável. Utilizada com permissão da Goldratt Consulting.

Tabela 25.7 Estratégia, pressupostos paralelos, tática e pressupostos de suficiência

Etapa 1: Visão viável	
Estratégia O componente "O que" da iniciativa – a finalidade da iniciativa; a meta que a organização está pretendendo concretizar em consequência da implementação.	A empresa está sempre florescendo; ela aumenta contínua e significativamente o valor[a] para os interessados – funcionários, clientes e acionistas.
Pressuposto paralelo O componente "Por que" da tática – as condições existentes na realidade que nos levam a uma linha de ação específica para atingir a estratégia; a relação lógica entre a tática e a estratégia; um conjunto bem escrito de pressupostos paralelos explica por que a tática é uma linha de ação que leva à consecução da estratégia; forma a relação lógica entre a tática e a estratégia, explicando por que a tática é a linha de ação que leva à consecução da estratégia.	• Concretização da visão viável (VV) – obtenção dos resultados que foram considerados irrealistas e, ao mesmo tempo, de uma maior estabilidade; e a repetição do processo transforma a organização em uma empresa sempre florescente. • Para que a empresa concretize a VV, seu ganho deve crescer (e continuar crescendo) bem mais rapidamente que suas despesas operacionais. • Exaurir os recursos da empresa e/ou assumir muitos riscos ameaça seriamente a probabilidade de concretização da VV.
Tática O componente "Como" da iniciativa – o que precisa ser feito para que se atinja a meta com a implementação. Na etapa de uma E&T bem escrita, a tática torna-se óbvia no momento que as pressupostos paralelos são lidos.	Criar uma vantagem competitiva decisiva e os meios para explorá-la em mercados suficientemente grandes, sem exaurir os recursos da empresa e sem assumir riscos reais.
Pressuposto de suficiência O componente "Por que" do nível seguinte – explica a necessidade de oferecer outro nível de detalhamento para a etapa; se não prestarmos atenção a isso, a probabilidade de tomarmos as medidas corretas diminui de maneira significativa. (explicação abaixo)	A restrição é a atenção da administração. A empresa deve funcionar com base em procedimentos sólidos; do contrário, a restrição será desperdiçada.

[a] Valor crescente: estabilidade na curva verde e desempenho na curva vermelha.

> Estratégia sem tática é a rota mais lenta para a vitória. Tática sem estratégia é o ruído antes da derrota.
>
> – Sun Tzu

Ramificando os níveis de detalhamento

Assim que definimos a iniciativa no nível mais alto, podemos deduzir os detalhes necessários para implementá-la. Imaginemos que sua empresa estivesse apenas no princípio da iniciativa de visão viável e que o diretor executivo tivesse acabado de ler para você a estratégia, os pressupostos paralelos e a tática da etapa 1 da E&T da visão viável. Que conjunto de informações subsequente seria necessário para identificar as tarefas específicas que as pessoas devem realizar para implementar a iniciativa?

Certamente, a primeira coisa que precisamos fazer é definir a vantagem competitiva decisiva da empresa. O que ela é e por que ela é apropriada para a sua empresa? O que ela tem de diferente em relação ao estilo de concorrência adotado por sua empresa no passado? Assim que isso for compreendido, o nível de detalhamento seguinte oferece orientações para a criação e exploração da vantagem competitiva decisiva. Como essa iniciativa busca crescimento e estabilidade contínuos, é necessário também ter orientações sobre como a empresa pretende manter essa vantagem competitiva decisiva à medida que ela cresce. Para cada um desses aspectos da iniciativa, você deve saber o que isso significa com relação a mudanças específicas que você e outras pessoas precisam realizar em seu trabalho diário. Além disso, é importante garantir que as mudanças que você necessita realizar não estejam em conflito com as pessoas acima ou abaixo de você na hierarquia ou com outras áreas funcionais.

Observe que seu raciocínio o leva a níveis de detalhamento cada vez mais granulares. Cada nível da E&T oferece mais detalhes para o nível subsequente. A Figura 25.35 mostra isso e apresenta o tema de algumas das etapas que você encontraria em uma E&T comum associada à implementação da visão viável.

Como sabemos que é preciso acrescentar um nível? Segundo Albert Einstein, insanidade é "fazer a mesma coisa repetidamente e esperar resultados diferentes". Como o que fazemos é resultado do que pensamos, podemos também definir insanidade como "pensar a mesma coisa repetidamente e esperar resultados diferentes". A finalidade da

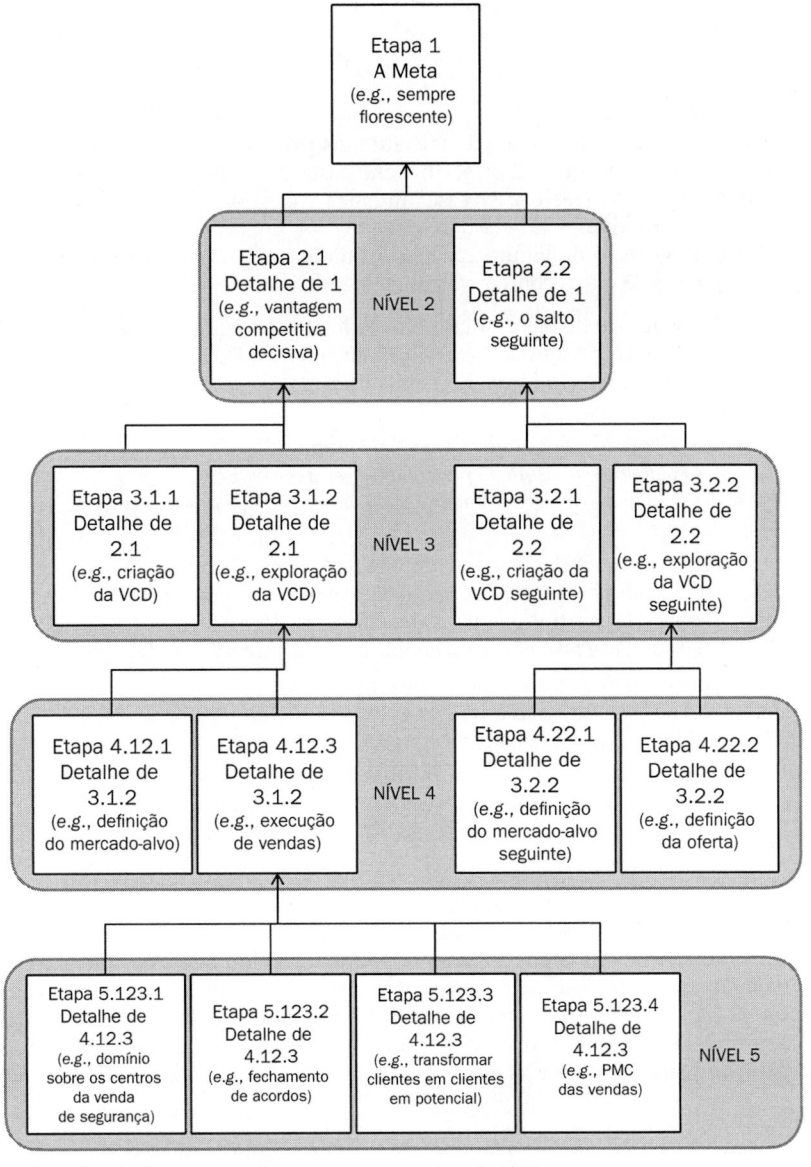

```
                    Etapa 1
                    A Meta
                 (e.g., sempre
                   florescente)

         Etapa 2.1              Etapa 2.2
         Detalhe de 1           Detalhe de 1
        (e.g., vantagem  NÍVEL 2 (e.g., o salto
          competitiva              seguinte)
           decisiva)

  Etapa 3.1.1   Etapa 3.1.2         Etapa 3.2.1    Etapa 3.2.2
  Detalhe de    Detalhe de          Detalhe de     Detalhe de
     2.1           2.1     NÍVEL 3     2.2            2.2
  (e.g., criação (e.g., exploração  (e.g., criação da (e.g., exploração
    da VCD)       da VCD)            VCD seguinte)    da VCD
                                                      seguinte)

  Etapa 4.12.1  Etapa 4.12.3        Etapa 4.22.1   Etapa 4.22.2
  Detalhe de    Detalhe de          Detalhe de     Detalhe de
     3.1.2         3.1.2   NÍVEL 4     3.2.2          3.2.2
  (e.g., definição (e.g., execução (e.g., definição (e.g., definição
  do mercado-alvo)  de vendas)     do mercado-alvo   da oferta)
                                      seguinte)

  Etapa 5.123.1 Etapa 5.123.2 Etapa 5.123.3 Etapa 5.123.4
  Detalhe de    Detalhe de    Detalhe de    Detalhe de
     4.12.3        4.12.3        4.12.3        4.12.3     NÍVEL 5
  (e.g., domínio (e.g., fechamento (e.g., transformar (e.g., PMC
  sobre os centros de acordos)  clientes em clientes  das vendas)
    da venda                    em potencial)
   de segurança)
```

FIGURA 25.35   O nível de detalhamento progressivo da E&T.

iniciativa é elevar o desempenho da organização. Já afirmamos que isso envolve mudanças não apenas nas tarefas que as pessoas executam, mas na maneira de pensar dessas pessoas sobre suas incumbências e a relação entre o que elas fazem e a finalidade da iniciativa. Portanto, devemos considerar a possibilidade de inércia – a tendência a pensar da maneira como sempre pensamos ao determinar ou divulgar as mudanças que precisam ser feitas para concretizar e manter os resultados pretendidos da iniciativa.

Um nível de detalhamento é acrescentado somente quando existe grande probabilidade de a inércia impedir a realização das ações corretas. Dizendo isso de outra forma, se não prestarmos atenção ao pressuposto de suficiência, a probabilidade de implementar as táticas corretamente ou de concretizar a estratégia diminui de maneira sensível. O pressuposto de suficiência é a verbalização do motivo de preocupação específico. Na Tabela 25.7, você verá que o pressuposto de suficiência que orienta o nível seguinte da E&T é: "A restrição é a atenção da administração. A empresa deve funcionar com base em procedimentos sólidos; do contrário, a restrição será desperdiçada."

Elementos da E&T

Assim que definimos a meta da iniciativa na primeira etapa da E&T, estabelecemos um único motivo para que todos sejam solicitados a mudar a maneira como trabalham ou pensam: se eles não realizarem essa mudança, a organização será impedida de concretizar a meta da iniciativa.

Como você vê na Figura 25.38, a entidade da E&T é chamada de etapa. Do nível 2 para baixo, toda etapa contém vários elementos:

O Pressuposto de Necessidade – o elemento "Por que" da etapa
O motivo pelo qual a etapa de mais alto nível da E&T não pode ser implementada se não houver uma mudança. Em outras palavras, ela descreve a necessidade de realizar uma determinada ação.

A Estratégia – o elemento "O que" da etapa
O objetivo – o resultado pretendido – da etapa da E&T.
Quando a estratégia é concretizada, a necessidade descrita pelo pressuposto correspondente é atendido.

Os Pressupostos Paralelos – o elemento "Por que" da tática
As condições existentes na realidade que nos conduzem a uma linha de ação específica que concretiza a estratégia; elas formam a relação lógica entre a tática e a estratégia, explicando por que a tática é a linha de ação que leva à consecução da estratégia.

A Tática – o elemento "Como" da etapa
O que precisa ser realizado para concretizar a estratégia. Na etapa de uma E&T bem escrita, a tática torna-se óbvia no momento que os pressupostos paralelos são lidos.

O Pressuposto de Suficiência[23] – o elemento "Por que" do nível seguinte
Explica a necessidade de oferecer outro nível de detalhamento para a etapa; se não prestarmos atenção a isso, a probabilidade de tomarmos as medidas corretas diminui de maneira significativa.

A Figura 25.36 mostra as relações lógicas de necessidade e suficiência entre as diversas etapas da E&T e os níveis mais altos e mais baixos. Nesse exemplo, tanto 2.1 quanto 2.2 são essenciais para que 1 torne-se realidade. Assim que as etapas 2.1 e 2.2 forem implementadas, 1 terá sido implementada e a meta da iniciativa concretizada. As etapas 3.11.1, 3.11.2 e 3.11.3 são essenciais para 2.1. Quando todas as três forem implementadas, a estratégia de 2.1 terá sido concretizada. As etapas 3.12.1, 3.12.2 e 3.12.3 são necessárias para 2.2. Quando todas elas forem implementadas, a estratégia de 2.2 terá sido atingida.[24]

---

[23] As etapas de nível inferior na E&T não contêm pressuposto de suficiência.

[24] No Capítulo 34, Lisa Ferguson oferece vários exemplos detalhados de E&T.

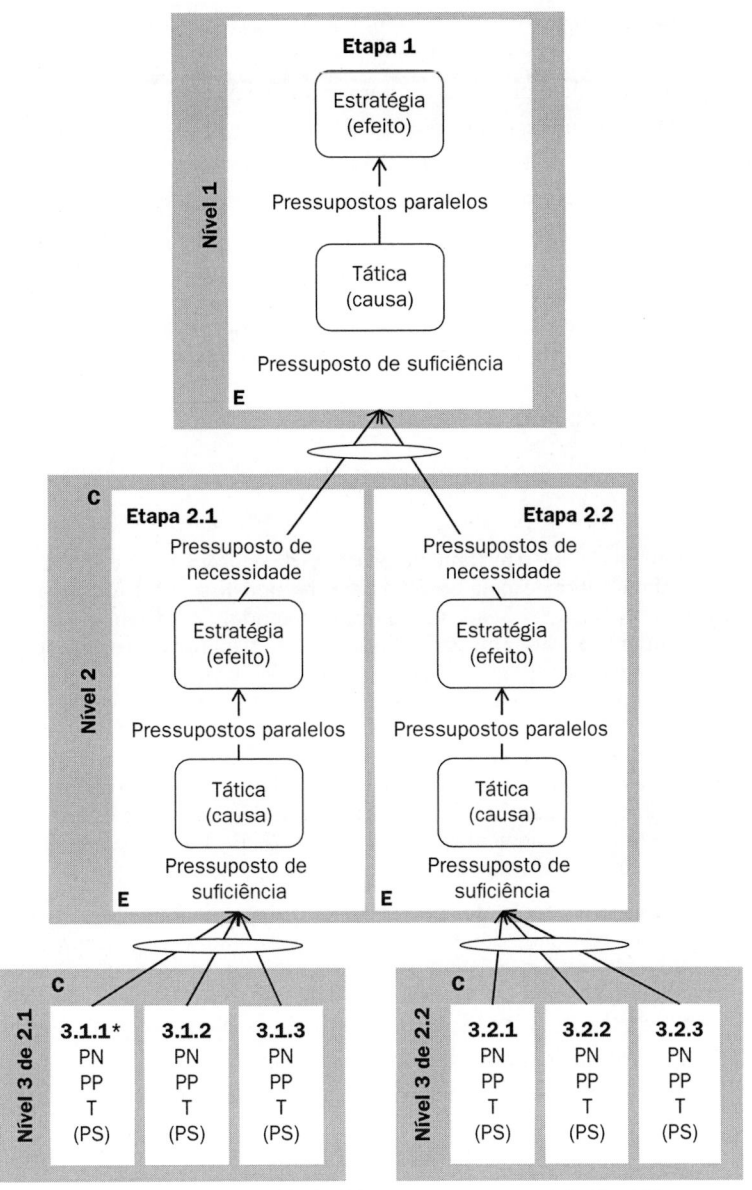

* PN = pressuposto de necessidade; PP = pressuposto paralelo; T = tática; e PS = pressuposto de suficiência

FIGURA 25.36 Relação lógica entre etapas e níveis.

Comunicação, alinhamento e sincronização

Utilizando a E&T como o principal veículo para coordenar e comunicar uma iniciativa, as respostas às quatro perguntas que as pessoas precisam ter para que a iniciativa concretize e mantenha sua meta são oferecidas imediatamente.

1. Para cada mudança que necessito fazer, por que preciso fazer isso?
    - Essa pergunta é respondida pelo pressuposto de necessidade.

2. O que a mudança alcançará, *vis-à-vis* a meta da iniciativa?
   - Essa pergunta é respondida pela estratégia.
3. O que eu de fato preciso fazer para realizar a mudança?
   - Essa pergunta é respondida pela tática.
4. Por que essas ações concretizarão a mudança necessária?
   - Essa pergunta é respondida pelos pressupostos paralelos.

Examinando uma ramificação da árvore no sentido vertical, vemos o alinhamento de cada nível na hierarquia. Examinando a E&T no sentido horizontal, vemos a sincronização entre as áreas funcionais.

A estrutura da E&T oferece uma forma de compreendermos em que sentido qualquer ação local está contribuindo para a meta global da iniciativa.

Implementando uma E&T

> As pessoas adoram cortar lenha. Nessa atividade, vemos imediatamente os resultados.
> – Albert Einstein

Do mesmo modo que o restante do processo de pensamento e da TOC, a lógica do cientista é aplicável à utilização da E&T. Se um pressuposto na E&T for considerado inválido no ambiente em que a E&T está sendo implementada, é provável que a estratégia ou tática correspondente deva ser mudada! Portanto, é indispensável assegurar que, desde o início de qualquer implementação, os pressupostos sejam verificados e validados e que à medida que as ações forem realizadas os efeitos pretendidos sejam verificados.

As atividades de uma implementação em relação a qualquer etapa de nível mais alto na E&T são definidas no nível mais inferior redigido para a etapa. A E&T é escrita de tal forma que a sequência segundo a qual as atividades ocorrem geralmente possa e deva ser implementada da esquerda para a direita. Uma das regras mais importantes que governam as melhores implementações das árvores de E&T é "um passo de cada vez". Se você seguir essa diretriz, conseguirá:

- Verificar se a relação de causa e efeito presumida na etapa da E&T é o que de fato ocorre na realidade da implementação. Lembrando-nos da relação de causa e efeito entre a tática e a respectiva estratégia, sabemos que, assim que uma tática é implementada, devemos ter a confirmação de que a estratégia – o objetivo da tática – está em vigor. Existem apenas alguns motivos que podem impedir que isso ocorra:
  - A tática não foi implementada corretamente.
  - Existe outro aspecto da realidade que não foi considerado, e isso está impedindo que a estratégia vigore.
  - O pressuposto paralelo estava incorreto.
- Implementar uma etapa de cada vez. Dessa forma, será consideravelmente mais fácil verificar essas possibilidades e fazer as correções apropriadas de uma maneira extremamente rápida e compreensível. Em relação a cada etapa adicional que tentamos implementar simultaneamente, o número de variáveis que devemos verificar aumenta de forma significativa, nossas chances de avaliar incorretamente o problema aumentam e o tempo que precisa ser gasto para analisar, verificar e corrigir aumenta.
- Compreender a relação de causa e efeito existente entre a tática e a estratégia. Uma coisa é ler uma E&T ou obter instruções e treinamento para implementar uma tática específica. Outra coisa bem diferente é de fato obter os efeitos positivos da implementação de uma tática específica. Quando estiver absolutamente claro que uma ação específica ou um conjunto de ações gera uma melhoria específica e significativa para

as pessoas envolvidas na implementação, a tendência a "voltar para o estilo antigo" é progressivamente obstruída.
- Ajudar a evitar a multitarefa, o que sempre acaba esticando o cronograma e aumentando os erros.

A associação de etapas estende o tempo necessário para obter os resultados e põe a implementação em risco. A execução de uma etapa por vez ajuda garantir que as mudanças boas perdurem e as mudanças não tão boas (surpresas) sejam abordadas imediatamente porque a causa já é conhecida.

O Apêndice G contém capturas de tela da hierarquia de uma E&T utilizada por várias empresas de MTO.[25] As atividades em 3.1 geralmente se enquadram na área de operações e as atividades de 3.2 normalmente se enquadram em vendas e marketing. Desse modo, a implementação de 3.11 e 3.12 pode ocorrer simultaneamente. Em 3.1, a implementação ocorre na sequência das entidades do nível 4 – 4.11.1 a 4.11.6. Algumas das entidades do nível 4 são detalhadas para o nível 5 e algumas não. A entidade 4.11.1 é implementada no nível 5, começando de 5.111.1 e terminando com 5.111.4. Somente depois que 5.111.4 estiver concluída e que confirmarmos que a estratégia de 4.11 está em vigor é que passamos para 4.11.2, até suas entidades no nível 5 – 5.112.1, 5.112.2 e 5.112.3. Após a confirmação de que a estratégia de 4.11.2 está em vigor, passamos para 4.13 etc. O mesmo método é utilizado para implementar 3.12. Começamos com 4.12.1, por meio de suas entidades no nível 5 – de 5.121.1 a 5.121.4.

> Não conseguimos fazer tudo de uma vez, mas conseguimos fazer uma coisa por vez.
> – Calvin Coolidge

Utilizando o processo de pensamento para implementar uma E&T

Anteriormente, neste capítulo, apresentei um exemplo sobre como a nuvem foi empregada para implementar a etapa de PMC de uma E&T de MTO. Gostaria de apresentar alguns outros exemplos sobre a utilização do processo de pensamento quando uma E&T orienta a implementação.

Utilização da ressalva da ramificação negativa

Como você pode imaginar, a implementação de uma iniciativa importante exige compreensão sobre e apoio ao que está sendo implementado, bem como adesão, e nos casos em que existem ressalvas válidas, é necessário fazer as alterações apropriadas na E&T. A RRN é empregada para facilitar esse processo, tanto antes quanto durante a implementação. O exemplo que ofereço aqui é extraído de uma empresa fabril nos Estados Unidos que tomou a decisão de dar continuidade à implementação da visão viável. A parte crítica do processo de decisão é a participação da alta administração e de outras pessoas importantes da empresa em uma sessão de vários dias de duração na qual eles aprendem questões relevantes sobre a TOC e examinam minuciosamente sua E&T. Em momentos decisivos, eles mapeiam as RRNs relacionadas a aspectos específicos da E&T com as quais eles estão preocupados. A E&T da empresa é uma E&T de MTO alterada, e uma das ressalvas que foi expressa durante a sessão foi focalizada na tática da etapa 3.1, que declara:

> A empresa gerencia suas operações de acordo com os quatro conceitos de fluxo.

A RRN que o gerente apresentou é retratada na Figura 25.37. Quando eles examinaram a RRN que haviam escrito, ficou óbvio para a equipe de administração que sua atuação era fundamental para evitar os efeitos negativos. O objetivo das injeções, que

---

[25] © E. M. Goldratt (2008). Utilizada com permissão. Todos os direitos reservados. Fonte: Goldratt Research Labs, em: http://goldrattresearchlabs.com/?q=node/.

```
                ┌─────────────────┐
                │  A capacidade   │
                │ revelada torna-se│
                │ obscura (ou piora)│
                └────────▲────────┘
                         │
                ┌────────┴────────┐
                │ Para evitar críticas,│
                │  os funcionários │
                │ diminuem o ritmo.│
                └────────▲────────┘
                         │
                ┌────────┴────────┐
                │ Os funcionários │
                │ociosos são criticados│
                │ pela administração e por│
                │seus colegas de trabalho.│
                └────────▲────────┘
                   ┌─────┴─────┐
        ┌──────────┴──┐   ┌────┴──────────┐
        │Os funcionários│ │Gerentes e colegas│
        │parecem ociosos.│ │de trabalho acreditam│
        │               │ │que o ócio é ruim.│
        └──────▲────────┘ └───────────────┘
               │
    ┌──────────┴──────────┐        ┌──────────────┐
    │A empresa utiliza o TPC para│ │A capacidade em│
    │gerenciar suas operações de acordo│ │excesso é revelada.│
    │com os quatro conceitos de fluxo.│ └──────────────┘
    └────────────────────┘
```

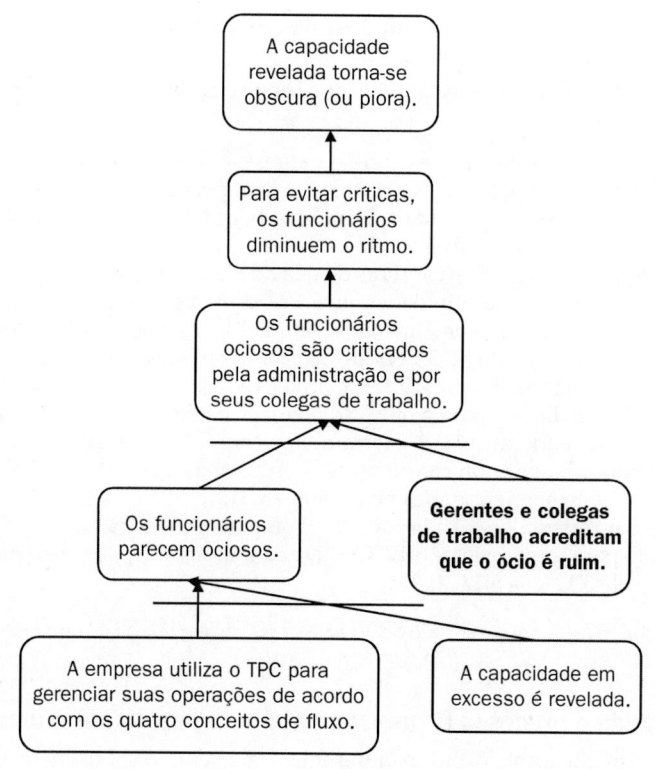

FIGURA 25.37 RRN de "gerentes e colegas de trabalho acreditam que o ócio é ruim".

foram incorporadas no plano de implementação, era garantir que os funcionários e também a administração recebessem as instruções necessárias e assegurar o compromisso de abordar as medidas existentes se nenhuma delas conseguisse reforçar a convicção. Eles ficaram aliviados com a possibilidade de lidar com a questão e entusiasmados por continuar a sessão e iniciar a implementação. Dezoito RRNs foram documentadas e abordadas pela equipe de administração nessa sessão. Algumas precisavam de injeção, duas geraram correções na E&T e a maioria foi solucionada quando eles compreenderam melhor a E&T em si.

Utilização da árvore de transição

Quando uma empresa tem uma vantagem competitiva decisiva, isso significa que ela está atendendo a uma necessidade fundamental de seu mercado, de uma maneira que nenhum de seus principais concorrentes consegue. A necessidade de um cliente que não é atendida por nenhum dos fornecedores de peso de um determinado mercado não é uma questão que os fornecedores tendem a enfatizar no processo de vendas. Não é também uma questão que os clientes desse mercado enfatizam, visto que os fornecedores não a abordam. Isso significa que, para que a empresa de fato aproveite essa vantagem competitiva decisiva, ela precisa realizar algumas mudanças indispensáveis no processo de vendas – mudanças que evidenciarão a necessidade e a capacidade exclusiva da empresa de atendê-la.

A E&T de uma empresa cuja vantagem competitiva decisiva é a confiabilidade (das datas de entrega) apresenta as instruções para o centro da venda de segurança entre os vendedores e os clientes em potencial que avaliariam a oferta de confiabilidade da empresa. A AT é utilizada para estruturar (planejar minuciosamente) essa reunião. A etapa 5.123.2 em uma árvore desse tipo é apresentada na Tabela 25.8 (consulte o Apêndice F):

Tabela 25.8 Etapa 5.123.2: domínio sobre os centros da venda de segurança

Etapa 5.123.2: domínio sobre os centros da venda de segurança	
Pressuposto de necessidade	• Obter a firme adesão do cliente com relação ao excelente valor apresentado pela oferta é a essência da venda de segurança (realizá-la apropriadamente impulsiona o processo de vendas e realizá-la deficientemente é quase que uma garantia de insucesso).
	• O cliente tem um conjunto de expectativas sobre o que o fornecedor deve apresentar na primeira reunião de vendas. Guiar-se por esse conjunto de expectativas do cliente e apenas apresentar a oferta (sem uma lógica de apoio) garante o insucesso.
Estratégia	• Os vendedores têm competência para conduzir a reunião e aumentar o interesse dos clientes – a essência da venda de segurança –, a fim de obter adesão com relação ao excelente valor apresentado pela oferta.
Pressupostos paralelos	• Nossa vasta experiência demonstra que as reuniões para aumentar o interesse são bem-sucedidas quando concebidas de acordo com as seguintes diretrizes:
	• O valor da oferta de confiabilidade é eliminar os problemas – o prejuízo provocado pelos atrasos. Obter o consenso de que existe um prejuízo considerável é o primeiro passo fundamental para obter adesão. Apresentar o prejuízo como consequência das práticas usuais no setor do fornecedor fortalece a percepção de que a empresa é um fornecedor confiável que procura agregar valor para seus clientes. Isso também evita o risco de o cliente defender que o problema existe para não admitir que existam falhas em sua área de responsabilidade ou não dar poder ao fornecedor no "jogo de negociação".
	• Apresentar uma lista de critérios sensatos para avaliar qualquer solução proposta, destinada a eliminar o prejuízo, é uma técnica eficaz para preparar o terreno e convencer o cliente de que a oferta de confiabilidade é a melhor solução óbvia para seu problema. Isso também evita qualquer direção insatisfatória para uma solução que o cliente possa considerar.
	• A péssima experiência com fornecedores não confiáveis condicionou os clientes a sempre procurar "algum perigo velado" – a examinar cuidadosamente os elementos da oferta, a verificar se ela de fato soluciona os problemas, se não envolve riscos reais e se é fácil de implementar. Uma maneira eficaz de fortalecer a imagem da empresa de fornecedor confiável é expor os elementos da oferta como os que melhor atendem aos critérios.
	• Utilizar as preocupações remanescentes do cliente (explícitas ou implícitas) como base para os passos seguintes (nos quais essas preocupações serão decisivamente eliminadas) contribui de maneira significativa para a percepção de confiabilidade.
	• A interpretação de papéis é uma técnica eficaz para ganhar domínio sobre um novo processo de adesão: "Quanto mais você sua, menos você sangra – dificuldade na preparação, facilidade no campo de batalha".
	• A forma mais eficaz de convencer a equipe de vendas de que uma reunião de vendas tão fundamental de fato funciona é possibilitar que ela a vivencie pessoalmente.
Tática	• O centro da venda de segurança sobre a oferta de confiabilidade é organizado pelos vendedores.
	• Os principais vendedores são treinados e orientados (ampla experiência na interpretação de papéis) e recebem apoio até o momento em que eles próprios conseguem realizar bem essas reuniões – pré-lançamento.
	• Observação: Se não houver sinal verde, a oferta é apresentada como um serviço que a empresa está para lançar no futuro. (A empresa pode até estabelecer acordos a serem ativados em uma data futura.)
Pressuposto de suficiência	Nenhuma.

```
                          ┌─────┐
                          │ 230 │
                          └─────┘
                             ▲
        ┌──────────────────────────────────────┐
        │      170-Condição apropriada         │
        │  O prospect percebe a importância    │
        │  e está disposto a discutir melhor   │
        │  seu problema por um instante.       │
        └──────────────────────────────────────┘
```

┌─────────────────────────────────┐   ┌──────────────────────────┐
│   **150–Ação recomendada**   │   │   **160**   │
│ Explicar ao *prospect* que você │   │ O *prospect* confirma   │
│ primeiro deseja verificar se   │   │ que o problema existe. │
│ o que você tem a oferecer é   │   └──────────────────────────┘
│ adequado para ele. Em seguida, │
│ apresente o primeiro problema   │
│ de sua lista e peça a ele para │
│ confirmar se o problema existe. │
└─────────────────────────────────┘

┌──────────────────┐ ┌──────────────────┐ ┌──────────────────────────┐
│ **120–Necessi-** │ │ **130-Condição**│ │**140-Pressuposto**   │
│ **dade**   │ │ **apropriada** │ │**funcional**   │
│ Em vendas im-   │ │ O *prospect*   │ │ Você tem uma lista dos   │
│ portantes, você │ │ sabe que você   │ │ problemas do *prospect* │
│ precisa obter a │ │ está ali para   │ │ que está (muito prova-   │
│ concordância do │ │ oferecer um   │ │ velmente) organizada   │
│ *prospect* sobre │ │ serviço/produto │ │ de acordo com seu   │
│ a magnitude do   │ │ importante. Ele │ │ impacto, do ponto de   │
│ problema antes   │ │ está disposto a │ │ vista do prospect.   │
│ de apresentar o │ │ ouvi-lo (por um │ │ Os problemas são expos- │
│ produto/serviço │ │ instante).   │ │ tos de uma maneira que   │
│ que você   │ │   │ │ não provoque nenhuma   │
│ oferecerá.   │ │   │ │ objeção desnecessária   │
│   │ │   │ │ (nem aponte culpados ou │
│   │ │   │ │ agrave sua magnitude).   │
└──────────────────┘ └──────────────────┘ └──────────────────────────┘

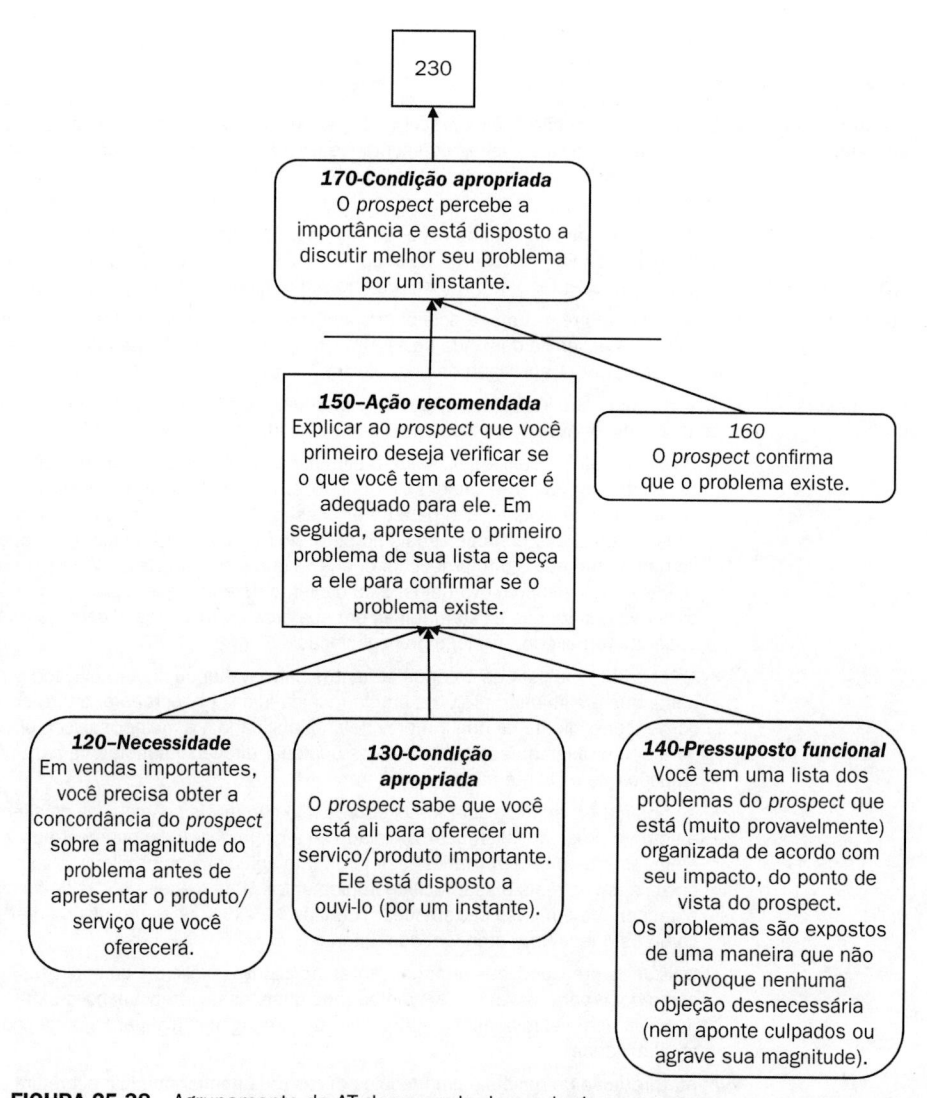

FIGURA 25.38 Agrupamento da AT do exemplo de venda de segurança.

Estou apresentando uma parte da AT desenvolvida para que os vendedores aprendessem a conduzir a reunião e a consolidar cada uma delas.[26] Ela se baseia nos enunciados contidos na etapa da E&T anterior, bem como no conhecimento do especialista da TOC sobre as camadas do processo de adesão,[27] e desse modo evita qualquer objeção que, de outra forma, pode ser levantada (consulte a Figura 25.38). Por exemplo:

1. Você não está entendendo do que se trata o problema.
2. Eu/nós não concordo/concordamos com a direção da solução.

---

[26] Agradeço a Stewart Witt por sua contribuição e à Goldratt Consulting e Revital Cohen por me permitirem utilizar essa AT. O restante da AT encontra-se no Apêndice E, no *site* da McGraw-Hill: http://www.mhprofessional.com/TOCHandbook.

[27] Também chamadas de camadas de resistência.

3. Sua solução provavelmente não oferecerá o grau de sucesso que você está alegando (é muito boa para ser verdade).
4. Sua oferta gerará efeitos secundários ruins.
5. Mesmo se eu/nós quisesse/quiséssemos fazer isso, existem obstáculos que me/nos impedem de implementar a solução (na verdade, de comprar de você).
6. Outros temores não verbalizados.

> A ação eliminará as dúvidas que a teoria não consegue esclarecer.
>
> – Tehyi Hsieh

Da análise do processo de pensamento à E&T

Todo pressuposto na E&T deve ser uma entidade que faça parte da realidade atual e pode (deve) ser validado como tal. Portanto, podemos encontrar pressupostos na ARA, na EN e nos obstáculos da APR. A ARF apresenta a estratégia no nível mais alto, que é, basicamente, a soma dos *efeitos desejados* (EDs), e as RRNs apresentam informações no nível 4 da E&T. O nível 5 provém diretamente dos obstáculos verbalizados no processo da APR e, portanto, enquadra no nível mais baixo as ações que devem ser realizadas para concretizar a estratégia. A Tabela 25.9 mostra uma referência cruzada em que frequentemente se veem elementos da análise do processo de pensamento e os componentes das etapas da E&T. A E&T apresentará os diversos elementos em forma de entidades reais, causalidades e resumos das várias árvores ou de suas ramificações. Embora você veja os elementos da APR e da AT na E&T, normalmente não é necessário criar APRs completas no processo de concepção de uma E&T.

Tabela 25.9 Referência cruzada entre o processo de pensamento e a árvore de E&T

	Pressuposto de necessidade	Estratégia	Pressupostos paralelos	Tática	Pressuposto de suficiência
Árvore da Realidade Atual	EIs		Entidades e causalidades que existem na realidade atual		Causalidades
Evaporação das Nuvens	Conflito (D-D′)	Entidades A, B, C Injeções		Injeções	Pressupostos
Árvore da Realidade Futura		Resumo dos efeitos desejados Injeções	Entidades e causalidades que existem na realidade atual	Injeções	
Ressalva da Ramificação Negativa		Injeções	Entidades e causalidades que existem na realidade atual	Injeções	
Árvore de Pré-requisitos (substituída pela E&T)	Obstáculos	OIs		OIs	
Árvore de Transição (substituída pela E&T)	Entidades de necessidade		Pressupostos funcionais	Ações	

Organizador de conhecimento

Espero que eu tenha passado a ideia de como uma E&T bem escrita possibilita que uma organização obtenha níveis de comunicação, sincronização e desempenho nunca antes considerados possíveis. Ela organiza em um único documento as respostas às três perguntas sobre mudança, oferecendo níveis progressivos de lógica e detalhe necessários para cada nível e área funcional da organização. Ao explicitar cada pressuposto, ela nos oferece um meio de exercitar a mentalidade de cientista e realizar as implementações com confiança. Pessoalmente, não consigo mais me imaginar liderando ou participando de uma mudança importante sem utilizar a E&T como esquema e roteiro para essa iniciativa.

Estamos descobrindo rapidamente cada vez mais aplicações para a E&T. Por exemplo, no momento em que o próximo livro sobre a TOC for publicado, poderemos oferecer orientações detalhadas para utilizar a E&T para analisar e definir uma estrutura organizacional e analisar e detalhar o escopo de um projeto. Fique ligado!

Resumo do capítulo

O modelo de liderança em projetos, de John Grinnell (2007), retratado na Figura 25.39, é uma ferramenta apropriada para concluirmos este capítulo sobre o processo de pensamento da TOC.

FIGURA 25.39 Modelo de liderança em projetos.

Toda organização tem uma meta, cuja consecução é um efeito – um resultado – das ações realizadas pelas pessoas.

As ações que as pessoas realizam são também efeitos – resultados – das decisões que as pessoas tomam para realizar as ações.

As decisões são tomadas com base nas informações disponíveis para as pessoas que tomam as decisões. O ponto em que as informações fluem é o que Grinnell (2007) chama de *"pinch point"* (ponto de pinça) porque ocorre na transição entre aquilo que medimos, gerenciamos e projetamos e aquilo que é pessoal e ninguém vê. Vejamos isso mais profundamente. A afirmação de Grinnell, com a qual, para dizer a verdade, posso discordar, é de que a clareza e a disponibilidade das informações dependem das relações entre os emissores e receptores das informações. A qualidade das relações entre emissores e receptores é uma consequência de suas percepções recíprocas e a base para essas percepções é a mentalidade resultante das crenças e da cultura do indivíduo.

A utilização da TOC tende a se concentrar nos fatores que estão acima da linha "fluxo de informações" no modelo de Grinnell. Entretanto, o uso real disso – que significa começar com o conceito de simplicidade inerente e a mentalidade de cientista, a aceitação da possibilidade de que as pessoas são boas e a disciplina de honestidade interna – tem um imenso impacto sobre os fatores abaixo da linha "fluxo de informações". A utilização do processo de pensamento da TOC mudará seus sentimentos, comportamentos e relações e a consequência disso é uma maior harmonia.

Referências

Cox III, J. F., Blackstone Jr., J. H. e Schleier, Jr., J. G. *Managing Operations: A Focus on Excellence*. Great Barrington, MA: North River Press, 2003.

Goldratt Consulting Ltd. "POOGI for MTO Manufacturers, MTO S&T". 2009.

Goldratt, E. M. *What is This Thing Called Theory of Constraints and How Should It Be Implemented?* Croton-on-Hudson, NY: North River Press, 1990.

Goldratt, E. M. *It's Not Luck*. Great Barrington, MA: North River Press, 1994.

Goldratt, E. M. *The Choice*. Great Barrington, MA: North River Press, 2009.

Goldratt, E. M. e Cox, J. *The Goal*. Ed. rev. Croton-on-Hudson, NY: North River Press, 1986.

Goldratt, R. "Transition Tree: A Review". Kfar Saba, Israel, 2001. Não publicado.

Grinnell, J. R. *Project Leadership Model*. Chapel Hill, NC: Grinnell Leadership & Organizational Development, 2007.

Newton, I. *The Mathematical Principals of Natural Philosophy*. Trad. para o inglês de Andrew Motte. 1729, vol. II.

Scheinkopf, L. J. *Thinking for a Change: Putting the TOC Thinking Processes to Use*. Boca Raton, FL. St. Lucie Press, 1999.

conflict.Dictionary.com. *The American Heritage® Dictionary of the English Language, Fourth Edition*. Houghton Mifflin, 2004. http://dictionary.reference.com/browse/conflict. Acesso em 19 de dezembro de 2009.

situation.Dictionary.com. *The American Heritage® Dictionary of the English Language, Fourth Edition*. Houghton Mifflin Company, 2004. http://dictionary.reference.com/browse/situation. Acesso em 18 de dezembro de 2009.

system.Dictionary.com. *The American Heritage® Dictionary of the English Language, Fourth Edition*. Houghton Mifflin Company, 2004. http://dictionary.reference.com/browse/system. Acesso em 18 de dezembro de 2009.

Sobre a autora

Lisa Scheinkopf, diretora da Goldratt Consulting, é reconhecida no mundo inteiro como uma das principais autoridades em teoria das restrições (TOC). Ela trabalhou com Eliyahu Goldratt no desenvolvimento do processo de pensamento da TOC e é autora do livro de referência definitivo sobre a TOC – *Thinking for a Change: Putting the TOC Thinking Processes to Use* (St. Lucie Press, 1999). Lisa tem artigos publicados em uma série de publicações de negócios e profissionais e larga experiência em implementação, ensino e palestras sobre a TOC. Com mais de 25 anos de experiência em gestão e consultoria, Lisa já foi membro do conselho e presidente da TOCICO e obteve o MBA em gestão internacional pela Escola Thunderbird de Gestão Global.

Apêndice B: categorias de ressalva legítima

As categorias de ressalva legítima: as regras da lógica[28]

Goldratt desenvolveu um conjunto de regras lógicas, chamado de *categorias de ressalva legítima* (CRLs), para melhorar a comunicação na utilização do processo de pensamento. Utilizamos as CRLs para verificar a lógica dos diagramas que elaboramos e dos diagramas elaborados por outra pessoa. As CRLs oferecem uma metodologia precisa para a identificação de erros de raciocínio. Elas estão relacionadas com as entidades e os enunciados de um diagrama lógico. Existem três níveis de categoria de ressalva. Cada nível é um aprofundamento da investigação da estrutura lógica. Muitos desses conceitos a princípio são difíceis de entender. Contudo, com um pouco de prática, eles se tornam quase instintivos. Na Figura 25.B1, apresentamos os três níveis e as sete categorias de ressalva com exemplos. Revisitaremos as ressalvas à medida que mostrarmos cada ferramenta. Leia todos os exemplos oferecidos na Figura 25.B1.

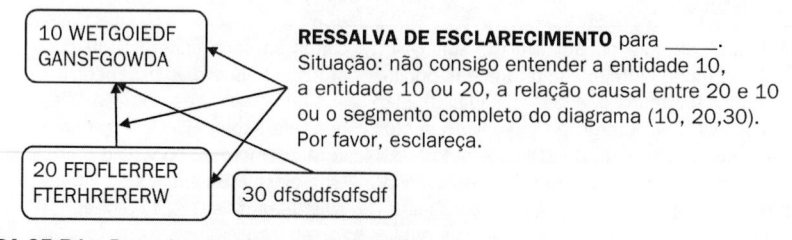

Ressalva do nível 1 (esclarecimento)

A ressalva de *esclarecimento* é utilizada para compreender melhor uma entidade (um enunciado lógico), a causalidade entre duas entidades ou uma área do diagrama. Empregamos a *ressalva de esclarecimento* para analisar um diagrama e identificar algum problema. Ela é sempre a primeira ressalva a ser empregada. Com ela, você está pedindo um esclarecimento ao apresentador para que você tenha uma melhor compreensão (da entidade de causa, da entidade de efeito, da causalidade entre ambas, de uma área do diagrama etc.). Por exemplo, na Figura 25.B1, o revisor talvez não compreenda a entidade 10 ou 20 ou talvez não compreenda o vínculo causal entre 20 e 10 ou todo o segmento do diagrama, como 20, 30 e 10. O revisor, portanto, pede *esclarecimento*. Se a explicação do apresentador for insatisfatória, o revisor deve utilizar uma das ressalvas do nível 2 para identificar com precisão o equívoco.

Ressalvas do nível 2 (existência de entidade e existência da causalidade)

As ressalvas de existência de entidade e existência da causalidade são utilizadas para determinar se a entidade ou o enunciado em si existe ou se a relação de causalidade existe. A Figura 25.B2 oferece exemplos.

A *ressalva de existência de entidade* contesta a existência na realidade da entidade de causa ou da entidade de efeito. Por exemplo, a entidade 25 é uma sentença incompleta. Nessa circunstância, é difícil determinar se a entidade existe de fato. Além disso, o revisor poderia contestar se uma entidade existe no ambiente atual – *ressalva de existência de entidade* de 10. O revisor não acha que a entidade 10 – "A concorrência em relação ao nosso produto é acirrada" – exista. Ele apresenta a evidência de que nossa empresa tem melhor qualidade e preços mais baixos que os concorrentes.

RESSALVA DE ESCLARECIMENTO para ____.
Situação: não consigo entender a entidade 10, a entidade 10 ou 20, a relação causal entre 20 e 10 ou o segmento completo do diagrama (10, 20,30). Por favor, esclareça.

FIGURA 25.B1 Ressalva do nível 1 (esclarecimento).

---

[28] De Cox *et al.*, 2003, pp. 83-88. Utilizada com permissão. © Cox, Blackstone e Schleier. Todos os direitos reservados. O Apêndice A e os Apêndices C a G encontram-se no *site*.

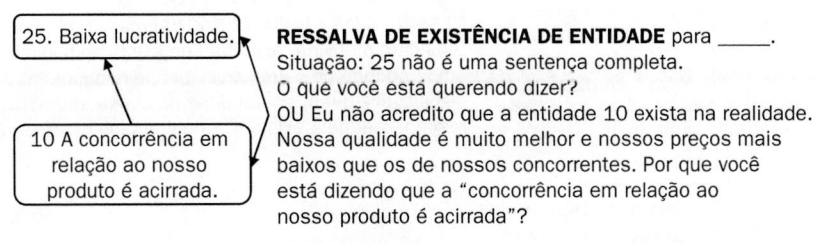

```
┌─────────────────────────┐
│ 25. Baixa lucratividade.│◄─┐   **RESSALVA DE EXISTÊNCIA DE ENTIDADE** para _____.
└─────────────────────────┘  │   Situação: 25 não é uma sentença completa.
              ▲              │   O que você está querendo dizer?
              │              │   OU Eu não acredito que a entidade 10 exista na realidade.
┌─────────────────────────┐  │   Nossa qualidade é muito melhor e nossos preços mais
│ 10 A concorrência em    │  │   baixos que os de nossos concorrentes. Por que você
│ relação ao nosso        │  │   está dizendo que a "concorrência em relação ao
│ produto é acirrada.     │  │   nosso produto é acirrada"?
└─────────────────────────┘
```

FIGURA 25.B2 Ressalva de existência de entidade.

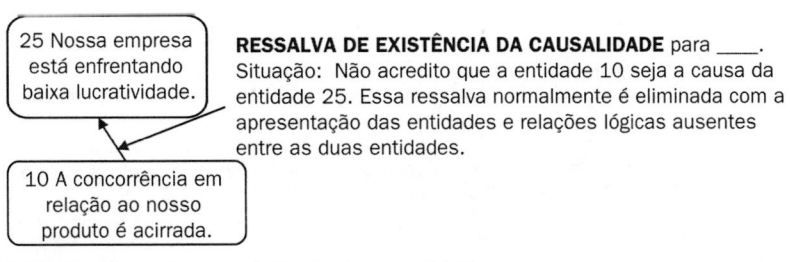

A *ressalva de existência da causalidade* contesta se existe causalidade entre as duas entidades. Ela está contestando a seta causal – a entidade de causa de fato provoca a entidade de efeito? O exemplo da Figura 25.B3 apresenta uma situação em que o revisor não acredita que a entidade 10 – "A concorrência em relação ao nosso produto é acirrada" – seja a causa da entidade 25 – "Nossa empresa está enfrentando baixa lucratividade".

Se a explicação do apresentador for insatisfatória para demonstrar a existência, o revisor deve utilizar as ressalvas do nível 3 para identificar com precisão o equívoco. No nível 3, o revisor deve estar preparado para contestar a relação lógica por meio de uma ressalva específica.

Ressalvas do nível 3 (ressalva de causa adicional, ressalva de insuficiência de causa, ressalva de causa-efeito invertidos e ressalva de existência de efeito previsto)

As contestações do nível 3 devem ser utilizadas apenas após a aplicação dois níveis anteriores.

A *ressalva de causa adicional* é empregada para contestar se o apresentador identificou as principais causas da entidade de efeito. Deseja-se saber se existe pelo menos uma causa adicional que gera pelo menos o mesmo dano que a entidade da causa atual. Um "conector E magnitudinal" é utilizado para satisfazer essa ressalva. Toda entidade de causa contribui independentemente para a entidade de efeito. Se entidade de causa, então entidade de efeito. Se entidade de causa (adicional), então entidade de efeito. Essa situação é indicada quando duas ou mais setas apontam para uma entidade e não têm nenhum conector "E". Toda causa contribui independentemente para a existência do efeito. Nessa situação, todas as causas devem ser eliminadas para suprimir o efeito. Na Figura 25.B4, o revisor acredita que 15 – "Os custos de matéria-prima dobraram no último trimestre " – tenha pelo menos um impacto tão significativo em 25 – "Nossa empresa está enfrentando baixa lucratividade" – quanto a causa proposta em 10 – "A concorrência em relação ao nosso produto é acirrada".

Por meio da *ressalva de insuficiência de causa*, o ouvinte está indicando que ele acredita que a entidade da causa atual é por si só insuficiente para provocar a entidade de efeito. Isso o leva a perguntar se existe alguma outra coisa além da causa atual para criar o efeito. Um conector "E conceitual" normalmente é necessário para satisfazer essa ressalva. Se

```
┌─────────────────────────┐
│ 25 Nossa empresa        │      **RESSALVA DE EXISTÊNCIA DA CAUSALIDADE** para _____.
│ está enfrentando        │      Situação: Não acredito que a entidade 10 seja a causa da
│ baixa lucratividade.    │      entidade 25. Essa ressalva normalmente é eliminada com a
└─────────────────────────┘      apresentação das entidades e relações lógicas ausentes
              ▲                  entre as duas entidades.
              │
┌─────────────────────────┐
│ 10 A concorrência em    │
│ relação ao nosso        │
│ produto é acirrada.     │
└─────────────────────────┘
```

FIGURA 25.B3 Ressalva de existência da causalidade.

25. Nossa empresa está enfrentando baixa lucratividade.

RESSALVA DE CAUSA ADICIONAL para ___.
Situação: o ouvinte acredita que exista no mínimo uma entidade de causa adicional pelo menos tão significativa quanto a entidade da causa atual 10, responsável pela existência de entidade de efeito 25.

10. A concorrência em relação ao nosso produto é acirrada.

15. Os custos de matéria-prima dobraram no último trimestre.

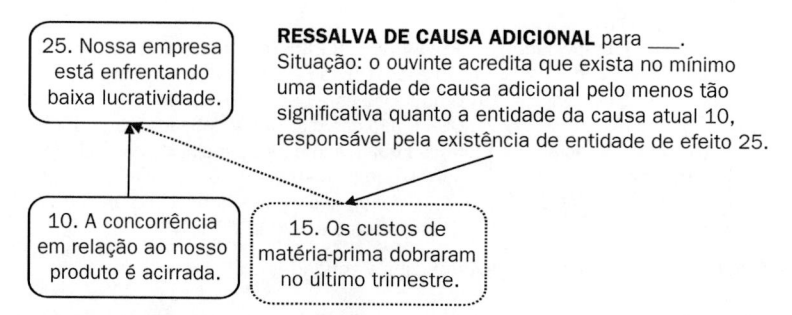

FIGURA 25.B4   Ressalva de causa adicional.

entidade de causa e entidade (ou determinante principal), então entidade de efeito. O conector é diagramado como uma elipse (algumas vezes chamada de banana) ou uma linha entre as setas. Na Figura 25.B5, o revisor está contestando que a entidade 10 – "Ainda não chegamos a um consenso sobre um novo acordo sindical" – poderia provocar 25 – "O moral dos nossos funcionários está baixo". Ele propõe que uma explicação mais precisa seria: Se 15 – "O acordo atual vence no final do mês" – e 10 – "Ainda não chegamos a um consenso sobre um novo acordo sindical" –, então 25 – "O moral dos nossos funcionários está baixo".

A *ressalva de causa-efeito invertidos* é empregada para contestar o padrão de raciocínio em que a causa e o efeito parecem invertidos. Isso normalmente ocorre quando o apresentador confunde o motivo pelo qual a entidade de causa existe com o como sabemos que a entidade de efeito existe. Por exemplo (consulte a Figura 25.B6), "se há uma nuvem de fumaça (causa) sobre uma casa, então a casa está em chamas (efeito)" não é uma lógica válida. Um curto-circuito talvez tenha provocado o incêndio da casa. Se a fiação elétrica da casa sofresse um curto-circuito (causa), a casa estaria em chamas (efeito). A causa do incêndio seria o curto-circuito na fiação elétrica. O enunciado original é como sabemos que a casa está em chamas, e não a causa do incêndio. A nuvem de fumaça que se eleva

25. O moral dos nossos funcionários está baixo.

RESSALVA DE INSUFICIÊNCIA DE CAUSA para 10 a 25.
Situação: A entidade 10 por si só não deve provocar a existência de entidade 25. Alguma outra entidade deve existir para provocar a existência de entidade 25. Se 10 ___ e 15___, então 25___.

10. Ainda não chegamos a um consenso sobre um novo acordo sindical.

15. O acordo atual vence no final do mês.

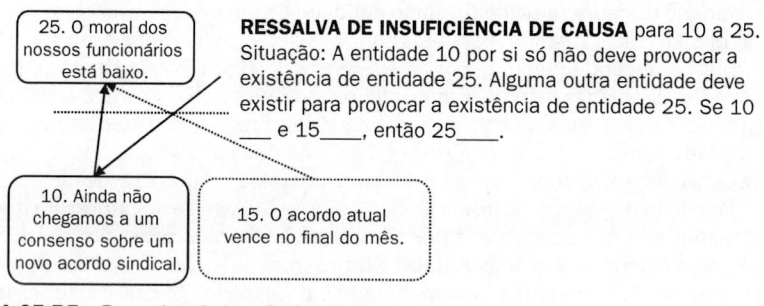

FIGURA 25.B5   Ressalva de insuficiência de causa.

10. A casa está em chamas.

RESSALVA DE CAUSA-EFEITO INVERTIDOS para 25 A 10.
Situação: O efeito (entidade 25) é como sabemos que a causa (entidade 10) existe. A entidade de causa e a entidade de efeito estão invertidas. Você deve investigar mais a fundo para determinar por que a entidade 10 existe.

25. Há uma nuvem de fumaça sobre a casa.

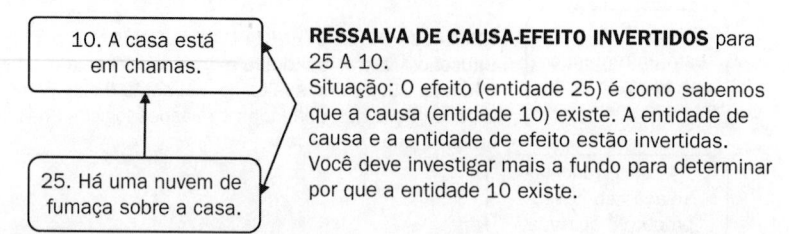

FIGURA 25.B6   Ressalva de causa-efeito invertidos.

da casa é consequência de a casa estar pegando fogo. Confundimos a causa com o efeito. Pergunta "por que" para determinar a causa.

A *ressalva de existência de efeito previsto* é empregada para explicar por que você discorda da explicação anterior do apresentador e geralmente é a última a ser utilizada. Nessa contestação, você está preparado para mostrar ao apresentador que sua lógica está falha. Existem dois tipos de contestação – a que questiona a existência de entidade de causa e a que questiona a existência da causalidade entre as duas entidades. Essa contestação é apresentada com um contraexemplo de que, se o efeito previsto existe, a causa não pode existir ou, se o efeito não existe, a causa não pode existir. Na Figura 25.B7, se 10 – "Nossa qualidade decaiu significativamente" –, então 25 – "Nosso lucro diminuiu significativamente" – seria validada pela existência de 35 – "Nossas despesas de devolução e atendimento em campo aumentaram significativamente". Entretanto, ao examinar nossas despesas, percebemos que esse efeito não existe. O revisor então contesta a existência de entidade 10. Suponhamos que a entidade de causa exista – que outro efeito previsto deve existir? Se esse efeito previsto não existe, então a causa não existe. De modo semelhante, se o efeito previsto existe, ele contribui para a validade de a entidade 10 ser a verdadeira causa de 25.

A contestação pode se basear na existência da causalidade – *ressalva do efeito previsto* de 10 a 20. No exemplo da Figura 25.B7, se 10 – "A linha de empacotamento está com defeito" –, então 20 – "A entrega do AJAX está atrasada" –, a causalidade é contestada – embora o revisor acredite que tanto 10 quanto 20 existam, ele não acredita que 10 seja a causa de 20. Ele apresenta uma prova de que a linha de empacotamento sofreu uma pane depois que o pedido de AJAX foi concluído; portanto, a paralisação da linha não provocou o atraso do pedido.

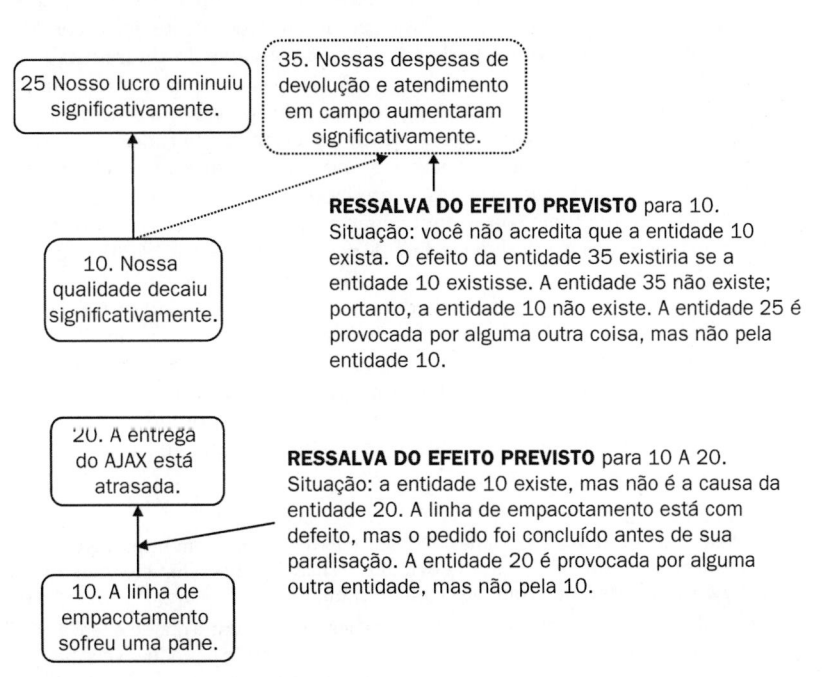

FIGURA 25.B7 Ressalvas do efeito previsto.

26
Teoria das restrições para a educação
"Transformando o desejo em realidade"

Kathy Suerken

Por que mudar?

"Quando e por que você conclui que essas ferramentas de pensamento funcionariam com crianças do mundo inteiro?", perguntou uma educadora mexicana por meio de um intérprete do espanhol no Congresso da TOCfE no México em 2001. A sra. González e 300 outros interessados do sistema escolar Nuevo Leon haviam acabado de obter evidências bastante convincentes da eficácia das ferramentas da *teoria das restrições* (*theory of constraints* – TOC) para possibilitar que alunos de todas as idades e de todos os níveis de habilidade assumam a responsabilidade por sua aprendizagem e por seus comportamentos. Além disso, não apenas as crianças e os educadores estavam aplicando essas ferramentas de resolução de problemas fora da sala de aula para melhorar suas relações familiares, alguns educadores e especialmente aqueles envolvidos com serviços sociais de apoio também estavam achando essas ferramentas extremamente eficientes para resolver situações de maus-tratos infantis e reabilitar alunos em instituições de justiça juvenil.[1]

Portanto, embora a pergunta da sra. González tivesse de ser traduzida para mim, os motivos de sua pergunta não precisavam. A maioria das pessoas tem uma curiosidade natural por conhecer as origens de um programa que possibilita uma mudança tão ampla e positiva quanto essa – particularmente uma mudança que funciona com tantos alunos e adultos diferentes. O problema sobre como diferenciar a instrução para alunos com níveis de conhecimento, experiência e interesse tão díspares de acordo com os recursos existentes é o dilema mais comumente citado por professores quando indagados a esse respeito nos seminários e *workshops* da *TOC for Education* – TOCfE (TOC para a Educação) nos cinco continentes.

Desse modo, qual foi a evidência convincente que *me* persuadiu sobre o possível impacto global da TOC para crianças? Eu comecei a perceber o potencial da TOC enquanto metodologia de ensino quando observei os resultados dessas eficientes ferramentas de pensamento com meus próprios alunos integrados[2] do ensino fundamental, que incluíam aqueles que acreditávamos que tivessem deficiências de aprendizagem e outras necessidades especiais? Foi nesse momento que percebi que outros educadores locais estavam

---

[1] Dois exemplos são Anaya e Pamanes, "Violence in the Home", em http://www.tocforeducation.com/cloud-b/cb23.html, e Garza e Rodriguez, "Enabling Juvenile Offenders to Set Goals", em http://www.tocforeducation.com/att-b/attb09.html.

[2] "**Integração** [*mainstreaming*], no contexto educacional, é um termo que se refere à prática de educar alunos com necessidades especiais em classes regulares durante períodos específicos" (Wikipedia).

Copyright © 2010 Kathy Suerken.

obtendo resultados semelhantes com uma série de grupos etários e até mesmo nas intervenções em alunos extremamente desordeiros? Ou teria sido quando percebi que esses alunos estavam ensinando essas ferramentas de pensamento não apenas a seus colegas, mas também a seus pais, a pedido deles?

Existe um denominador comum em relação a esses resultados favoráveis – um que não depende de professores ou circunstâncias excepcionais, mas de uma metodologia demonstrada no livro *The Goal* (*A Meta*) (Goldratt, 1984). Embora muitos o considerem um romance de negócios a respeito de produção, para mim, enquanto professora, *A Meta* é um livro sobre educação – aprender a aprender, aprender a pensar, aprender a liderar. Fiquei encantada com a metodologia utilizada para possibilitar que outras pessoas pensem por si mesmas, solucionem seus problemas e apropriem-se da implementação de soluções. Embora essa metodologia não seja nova, a novidade para mim foi a forma como o método científico e as técnicas de questionamento socrático foram empregadas para motivar as pessoas a serem mais produtivas e responsáveis pelos resultados em sua vida cotidiana.

Depois de escrever uma carta de agradecimento ao autor, Dr. Eli Goldratt, explicando como eu havia começado a utilizar essa abordagem sobre educação nas minhas aulas de estudos sociais e, igualmente, para gerenciar um projeto de matemática voluntário que abrangia toda a escola, recebi, em nome dos meus alunos, uma bolsa para um treinamento formal no processo de pensamento da TOC ensinado por meio de aplicações na área de negócios e industrial. Em seguida, recebi treinamento para me tornar facilitadora e compartilhar esse conhecimento com outros educadores locais.

Posteriormente, ao ministrar para alunos do sétimo ano um curso piloto de pensamento crítico da TOC, revelei o quanto estava agradecida por essa oportunidade e também o reconhecimento de que nunca poderia recompensar Dr. Goldratt e o Instituto Avraham Y. Goldratt por essa experiência de aprendizagem cara e inestimável. Os alunos me propuseram uma alternativa para que expressasse minha gratidão... um pagamento em espécie. Jesse Hansen, de 13 anos de idade, transformou uma ideia em uma solução viável com palavras que transmitiam de forma sucinta e profunda exatamente o quanto as crianças, bem como as pessoas que as ensinam, desejam fazer uma diferença que tenha sentido. "A senhora pode nos utilizar, professora. A senhora pode utilizar nosso trabalho." O trabalho deles se transformou em uma série de exemplos de grande eficácia sobre as ferramentas e seu impacto e foi então compartilhado por esses alunos, junto com o trabalho de vários educadores locais, em um congresso de negócios da TOC em 1994 em que Dr. Goldratt estava presente.[3]

Ao observar a eficácia com que o processo de pensamento da TOC poderia ser transformado em resultados práticos e altamente benéficos nas salas de aula e, em conformidade com sua própria meta de vida, Dr. Goldratt criou a TOC for Education (TOCfE) em 1995, como uma organização sem fins lucrativos destinada a disseminar as ferramentas lógicas fundamentadas na TOC e metodologias de senso comum a todos aqueles que trabalham com educação. Desde então, a TOCfE alcançou mais de 200 mil *stakeholders* (interessados) em educação de adultos, com um impacto em mais de 8 milhões de crianças em 21 países.[4] Tal como a explicação necessária para revelar por que essas ferramentas funcionam com crianças do mundo inteiro, talvez o ingrediente mais importante com relação

---

[3] Na palestra de uma professora do terceiro ano do ensino fundamental (Anônimo, 1994), essa professora revelou o quanto a TOC a fez perceber que os conteúdos e técnicas que ela vinha utilizando para ensinar a lógica de causa e efeito eram fundamentalmente falhos. Ao dizer isso, ela perguntou, espirituosamente: "O que devo fazer agora? Escrever uma carta a todos os meus alunos pedindo desculpa?".

[4] Brasil, Colômbia, Costa Rica, Equador, Israel, Coreia do Sul, México, Malásia, Holanda, Filipinas, Polônia, Peru, Rússia, Sérvia, Cingapura, República da África do Sul, Taiwan, Trinidad e Tobago, Reino Unido, Estados Unidos, Venezuela.

a como a TOCfE continuou a crescer e se desenvolver e a ser aprimorada continuamente no mundo todo não seja tanto o tempo cronológico, mas a *sequência de por quês*.

Na TOC, os "por quês" de criar uma mudança que gere as melhorias contínuas desejadas exige a análise de três perguntas:

Por que mudar?

Para o que mudar?

Como causar a mudança?

O objetivo deste capítulo é aplicar essas três perguntas à educação de crianças e respondê-las por meio do processo de pensamento de Goldratt. Essa estrutura também servirá para esquematizar este capítulo, que é concluído com um resumo.

O que mudar?

Muitas vezes, criamos soluções para os problemas sem primeiro compreendermos suas causas. Nesses casos, podemos acabar criando paliativos temporários ou parciais e os problemas voltarem à tona. Por esse motivo, existe uma diferença fundamental entre as soluções que provocam a mudança e as soluções que geram melhorias. Tal como Eli Goldratt descreve essa realidade, "Embora toda melhoria seja uma mudança, nem toda mudança é uma melhoria".[5]

A maioria dos educadores pode relatar uma ladainha de soluções e programas de reforma que geraram mudanças consideráveis para as escolas, mas não as melhorias previstas para preparar suficientemente todas as crianças para se tornarem adultos produtivos e responsáveis. Portanto, apesar de todas as melhores práticas e da boa intenção e do trabalho árduo de educadores talentosos e dedicados, muitos sintomas de um problema básico ilusório se mantêm. Por exemplo:

- Muitos alunos não sabem como associar, interpretar e questionar as informações que eles leem ou ouvem.
- Vários alunos, em vez de analisar, memorizam as informações.
- Muitos alunos não sabem resolver os problemas e dependem de outras pessoas para isso.
- Alguns alunos não acham que o que eles estão aprendendo seja relevante para sua vida e, portanto, desconectam-se.
- Muitos alunos não sabem aplicar o que eles aprendem.
- Muitos alunos não refletem sobre as consequências antes de agir.
- Alguns alunos não sabem controlar comportamentos impulsivos que às vezes conduzem à violência.
- Determinados alunos desistem antes de se formar.
- Para manter os mais altos padrões no sentido de atender às necessidades de aprendizagem e comportamentais de todos os alunos, os educadores precisam de mais recursos (particularmente de tempo) do que aqueles dos quais eles dispõem no momento.

Esses efeitos indesejáveis permanentes afetam todos os grupos de interesse da educação que recorrem ao sistema educacional com o objetivo de preparar os jovens para se tornarem cidadãos responsáveis e trabalhadores produtivos em um mercado cada vez mais competitivo e globalizado. Desse modo, dado o número de fatores que estão em jogo, quando as mudanças não geram as melhorias desejadas e previstas, é compreensível que

---

[5] Palestra de abertura do Primeiro Congresso Internacional da TOCfE, Los Angeles, Califórnia, agosto de 1997.

haja decepção e frustração. Infelizmente, isso em geral resulta em explicações expressas em uma linguagem de culpabilização, que com frequência é direcionada àqueles considerados responsáveis pela implementação das soluções escolhidas, mesmo que eles não tenham feito parte do processo de criação dessas soluções. Se pudermos supor – e devemos – que os indivíduos envolvidos com a educação desejam ser bons educadores, então é também sensato supor que eles são justificadamente sensíveis a críticas que questionem suas capacidades, sua motivação e, especialmente, suas intenções.

Os educadores sentem-se subjugados pelas expectativas de todos os grupos de interesse – expectativas que podem ser atendidas apenas por meio de uma quantidade irrealista e ineficaz de atividades simultâneas. Eles concluem que estão sendo injustamente sobrecarregados para resolver uma grande quantidade de problemas que aparentemente estão enraizados em situações sobre as quais eles parecem não ter nenhum controle – em especial sobre a ruptura familiar e o declínio de valores sociais e padrões de conduta. Além disso, esses fatores agravam os outros problemas que os professores têm de abordar com relação a alunos que chegam à sala de aula com experiências e habilidades de aprendizagem díspares. Os educadores sustentam que eles não têm recursos suficientes – particularmente tempo – para fazer outra coisa senão ensinar um currículo acadêmico já sobrecarregado, de acordo com o qual eles são avaliados e pelos quais eles e os sistemas escolares são responsabilizados por meio de testes padronizados. Contudo, muitos grupos de interesse – em especial aqueles que esperam empregar alunos diplomados – também atribuem aos educadores a responsabilidade de preparar os alunos para que se comuniquem melhor, ajam com responsabilidade e trabalhem adequadamente com outras pessoas. De que forma os testes padronizados avaliam esses atributos?

Em outras palavras, se a meta é educar bem, todos os alunos precisam ser preparados para a vida – para se tornarem cidadãos produtivos e responsáveis. Para atingir esse objetivo idealista e valioso, os educadores devem tentar atender às necessidades de todos os interessados, em particular as necessidades de aprendizagem e comportamentais de *todos* os seus alunos.

Entretanto, os educadores devem também ser práticos e realistas. Por isso, para educar bem, eles precisam trabalhar eficientemente, de acordo com as limitações dos recursos existentes. Isso exige que eles priorizem ou estabeleçam critérios para atender a essas necessidades, com a probabilidade de algumas serem sacrificadas. A Figura 26.1 apresenta uma explicação sucinta sobre esse conflito básico que o define, *sem* apontar culpados.

Por que é tão difícil solucionar esse problema de uma maneira que não comprometa os recursos existentes nem a garantia de que todos os alunos tornem-se adultos responsáveis e produtivos?

- Porque pressupomos que não existe nenhum meio de ensinar habilidades de vida sem sacrificar as habilidades acadêmicas ou vice-versa?
- Porque pressupomos que as ações para diferenciar a instrução a fim de atender às necessidades de aprendizagem de todos os alunos comprometem os recursos por ultrapassar o ponto de colapso?
- Porque pressupomos que os alunos não estão dispostos ou são incapazes de assumir responsabilidade por sua aprendizagem e por seus comportamentos?

É possível contestar e invalidar alguns desses pressupostos? Se sim, qual deveria ser a solução e qual deveriam ser os resultados e outros critérios para avaliar a eficácia da solução?

Para o que mudar?

No alicerce da aprendizagem existe um pilar que gera uma força de trabalho de qualidade e determina o futuro de uma sociedade civilizada. Esse pilar é a capacidade de raciocinar e comunicar com clareza. E se houvesse um conjunto concreto de *ferramentas de*

[Figura: diagrama de conflito com as caixas "Educar bem", "Os educadores preparam todas as crianças para se tornarem produtivas e responsáveis.", "Os educadores atendem às necessidades de aprendizagem e comportamentais de todos os alunos.", "Os educadores trabalham eficientemente, de acordo com as limitações de recursos existentes.", "Os educadores priorizam ou estabelecem critérios para atender às necessidades."]

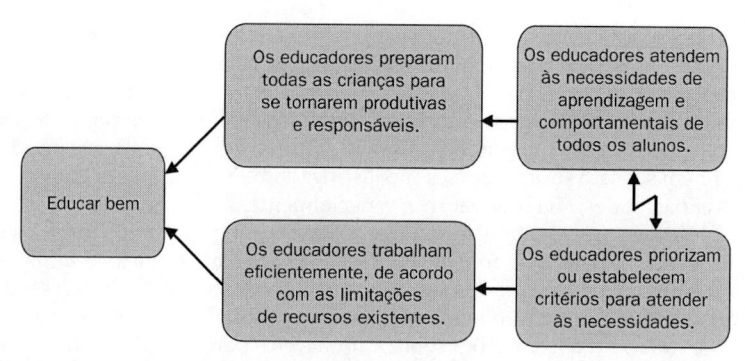

FIGURA 26.1 Conflito básico. Fonte: Kathy Suerken.

pensamento e comunicação que pudesse ser utilizado para ensinar o currículo prescrito de uma forma que os alunos:

- desenvolvessem ao mesmo tempo suas habilidades de pensamento analítico e de comunicação,
- aplicassem os métodos à resolução de problemas e à tomada de decisões responsável,
- associassem logicamente, interpretassem e questionassem as informações,
- atingissem os padrões e referenciais acadêmicos desejados de acordo com os quais eles são avaliados,
- percebessem que a aprendizagem é importante, valiosa e transferível entre o que se estuda e a vida real, e
- tivessem motivação e as habilidades necessárias para atingir viavelmente metas individuais e colaborativas?

Esses efeitos desejados poderiam não apenas preparar os alunos para serem mais produtivos e responsáveis, mas também ampliar os recursos existentes dos educadores para que eles tenham mais tempo para o que eles consideram mais importante e recompensador?

Obviamente, para conseguir esses resultados e garantir que eles diminuam a pressão sobre os recursos existentes, a metodologia das ferramentas deve ser simples, atender a diversas necessidades de aprendizagem dos alunos e possibilitar que os aprendentes apropriem-se das soluções – estejam eles fazendo exercícios, no recreio ou na sala da diretoria. Se essa metodologia e essas ferramentas utilizadas para ensiná-los de fato existissem, os educadores as utilizariam? Vejamos os resultados de alguns dos educadores que as empregaram.

Como causar a mudança?

A TOCfE abrange três ferramentas de pensamento e comunicação que têm estruturas gráficas e nomes específicos: nuvem, ramificação lógica e árvores de metas ambiciosas,[6] tal

---

[6] De acordo com a série de livros de exercícios *TOCfE Thinking Across the Curriculum*, nuvem é um diagrama de pensamento lógico que define e analisa um problema de diferentes pontos de vista, de uma maneira que elimine o conflito sem comprometer necessidades importantes; *ramificação lógica* é um diagrama de pensamento lógico que descreve por meio de relações de causa e efeito como um ponto de partida conduz aos resultados; e *árvore de metas ambiciosas* é um diagrama lógico destinado a criar planos estratégicos e táticos factíveis para alcançar uma meta ambiciosa analisando os obstáculos e desenvolvendo etapas específicas, suficientes e sequenciadas que transformam os obstáculos em trampolim. Suerken, *Thinking Across the Curriculum Series*. © TOCICO for Education, Inc., 2009. Consulte também *The TOC Dictionary* (Sullivan et al., 2007), em http://www.tocico.org/resource/resmgr/files-public/toc-ico_dictonary_first_edit.pdf.

como mostra a Figura 26.2. Essas ferramentas genéricas podem ser ensinadas por meio de aplicações específicas aos objetivos curriculares, ao comportamento e à diretoria escolar.

A nuvem

Como sabemos, os efeitos positivos ou negativos em qualquer uma dessas funções afetam todas as outras. Por exemplo, quando o comportamento dos alunos melhora, os professores têm maior possibilidade de direcionar os recursos limitados ao ensino e esses dois resultados ajudam os administradores da escola a atender às necessidades e expectativas de todos aqueles que têm interesse na escola. Em outras palavras, o sistema todo melhora. O efeito positivo de abordar bem-sucedidamente o problema de *bullying* é um exemplo porque o impacto é sentido não apenas pelas pessoas explicitamente envolvidas com o *bullying*, mas também por todos aqueles que são afetados indiretamente.

Algumas vezes, o *bullying* manifesta-se como insulto. Em uma escola elementar de Cingapura, durante o intervalo, Joel insultou Alex e Alex reagiu empregando uma linguagem vulgar e mordendo-o no braço. Esses dois jovens, ambos com 9 anos de idade, foram enviados à sala da vice-diretora, Wong Siew Shan.

Em uma palestra documentada (2000) no 4º Congresso Internacional da TOCfE,[7] Wong revelou que sua reação tradicional teria sido lidar com o problema das crianças e então redigir um dossiê no "arquivo de comportamento impróprio" do aluno para con-

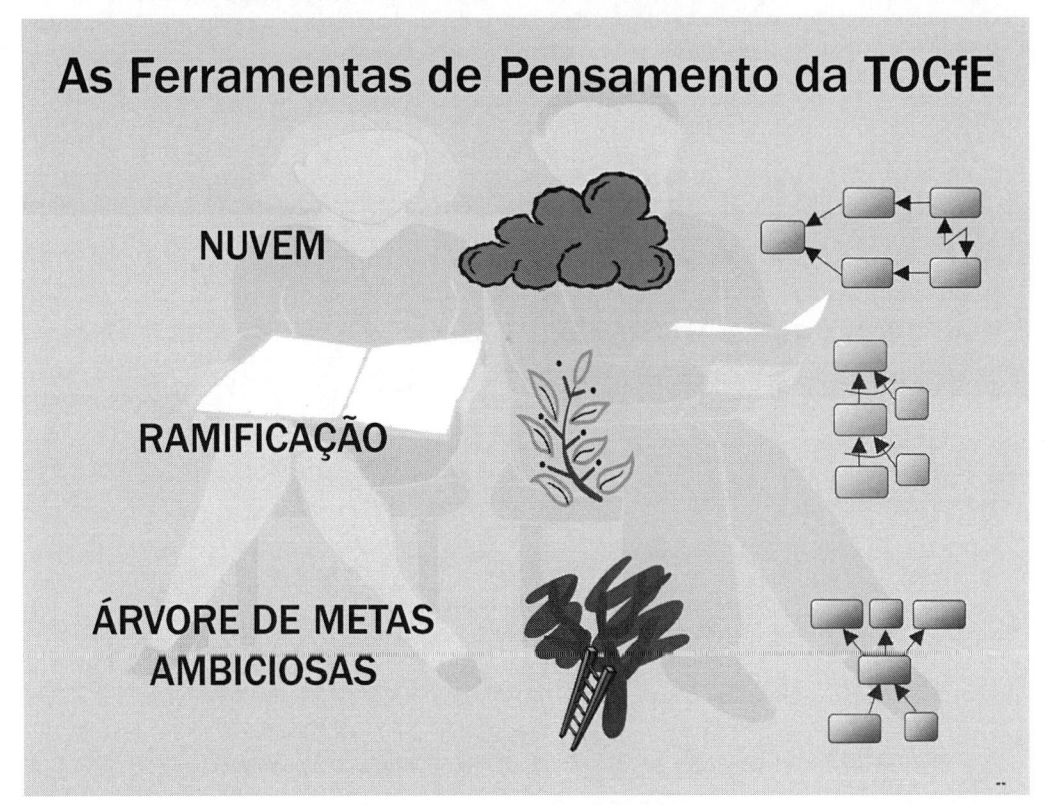

FIGURA 26.2 Processo de pensamento da TOCfE. Figuras de Rami Goldratt. Fonte: TOC/E. Utilizada com permissão.

---

[7] Monterrey, México, agosto de 2000. O estudo de caso completo, "TOC Mediation to Stop Name Calling", é disponibilizado em http://www.tocforeducation.com/cloud-b/cb7.htm.

sulta futura. Entretanto, alguns antes desse incidente, ela havia recebido um treinamento na TOCfE, patrocinado pelo Instituto Nacional de Educação na Universidade Tecnológica Nanyang e naquele momento não via a hora de ter oportunidade de testar a ferramenta de pensamento da TOC, a nuvem, para lidar com o problema definindo-o com base em vontades, necessidades e uma meta. A Figura 26.3 retrata os resultados.

"Foi estimulante observar como eles perceberam o truque de utilizar o modelo da nuvem", ressaltou Wong. "Depois de escrever que a necessidade de Joel era se divertir e que, para isso, ele queria insultar Alex, Joel me olhou timidamente e disse que isso não era realmente verdade". A ferramenta da TOC orienta os alunos a ver que, muitas vezes, os atos que geram conflito não se baseiam em um pensamento claro ou em pressupostos corretos.[8] O processo da TOC para explicar os motivos ou pressupostos subjacentes por que agimos para obter o que precisamos é muito eficaz para possibilitar que os alunos identifiquem por si mesmos por que algumas vezes seus atos podem não ser apropriados e criem *por si sós* novas alternativas responsáveis.

De acordo com Wong, "Ao trazer à tona seus pressupostos, o próprio Joel viu que eles não se mantinham de pé. Na verdade, ele mesmo conseguiu conceber soluções e disse que outra maneira de satisfazer sua necessidade de se divertir seria convidar Alex para brincar com ele".

Além disso, Wong ressaltou que Joel também compreendeu a necessidade de Alex de ser respeitado. O reconhecimento e a legitimação da necessidade do outro lado em um conflito não apenas cria empatia, mas também uma perspectiva bem descrita pelas palavras da aluna Theresa Meyer, de 13 anos de idade, de Niceville, Flórida: "A nuvem nos faz perceber que o problema é a situação, e não as pessoas".

Injeção:
1. Eu posso convidá-lo para brincar comigo.
2. Eu brinco com ele.

Pressupostos: para me divertir, eu preciso insultar Alex:
1. Porque me divirto quando vejo sua reação.
2. Só assim ele me dá atenção.

Divertir → Joel insulta Alex.

Brincar juntos, alegremente.

Joel / Alex

Ser respeitado. ← Alex não gosta de ser insultado.

Pressupostos: para ser respeitado, não devo ser insultado porque:
1. Isso me aborrece.

Wong Siew Shan
Cingapura

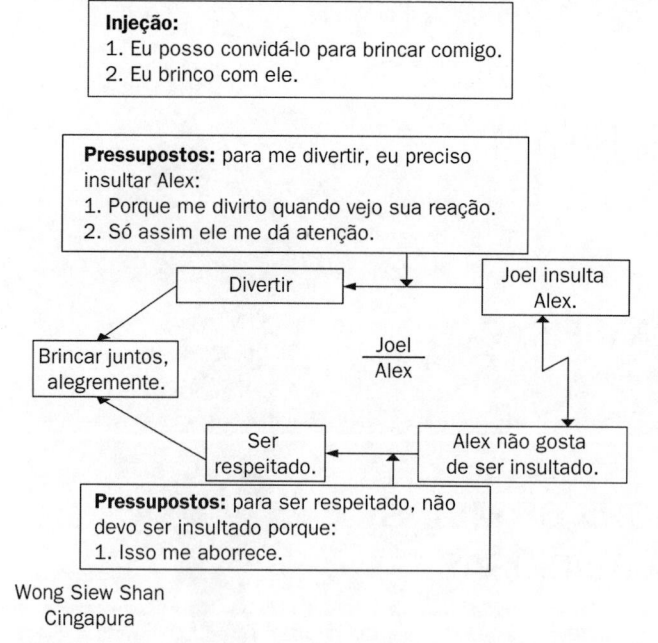

FIGURA 26.3 Nuvem sobre insultos. Fonte: TOCfE. Utilizada com permissão.

---

[8] Na TOC, *pressuposto* é um enunciado, uma condição ou uma crença sobre o motivo da existência de uma relação lógica entre entidades.

O impacto negativo dos insultos e do *bullying* torna-se exponencial no *campus* escolar quando existem grupos de alunos que praticam *bullying* contra outros grupos de alunos. Doug Roby (1999), coordenador assistente de alunos em uma grande escola secundária no Estado do Michigan, utilizou a nuvem para resolver uma situação em que os veteranos estavam dando trote nos calouros ou em outros estudantes novos (Figura 26.4). Em suas palavras, "com dar trote quero dizer que eles estavam tentando obrigá-los a fazer coisas ridículas, humilhantes ou até mesmo desagradáveis. Utilizei a nuvem em uma intervenção em grupo... com aproximadamente 20 veteranas a respeito do trote. Em 30 minutos, expliquei o conceito de nuvem para as alunas, elas levantaram pressupostos em um lado da nuvem e conceberam suas próprias soluções. Que ferramenta poderosa conseguir levar os alunos a de fato compreenderem por que eles estão fazendo alguma coisa e que consequência seus atos geram para os outros e também a encontrar soluções alternativas para satisfazer suas próprias necessidades".[9]

Ao descrever uma série mais ampla de problemas de disciplina na escola, Ben Walker, então vice-diretor de Roby, comentou: "Retenções, suspensões e, em um só caso, expulsão da escola só pareciam interromper o problema temporariamente. Depois que começamos a utilizar a técnica da TOC de mediação entre colegas, conseguimos chegar às causas básicas, como medo, ciúmes etc. Assim que esses alunos ganhavam autoconsciência, eles deixavam de sentir necessidade de aborrecer os outros. Para mim, a queda nesses casos foi notável".[10]

Essa aplicação da TOC à mediação entre colegas difundiu-se para escolas em outros países – mais notadamente para a Colômbia, onde, em 2005, Ana Maria Conde, então com 15 anos de idade, e um grupo de colegas que representavam uma organização da juventude patrocinada pela TOCfE, a Academia AGOAL, participaram de uma competição patrocinada pela Universidade Nacional e o prefeito de Bogotá. Ana e sua equipe foram solicitadas a enviar um projeto que apresentaria um problema bem definido, uma solução concreta e um plano de implementação para obter a solução. Dos 180 projetos enviados, 36 foram escolhidos para serem apresentados ao prefeito e aos representantes da universidade. Como prêmio à Academia AGOAL pela conquista do primeiro lugar na utilização

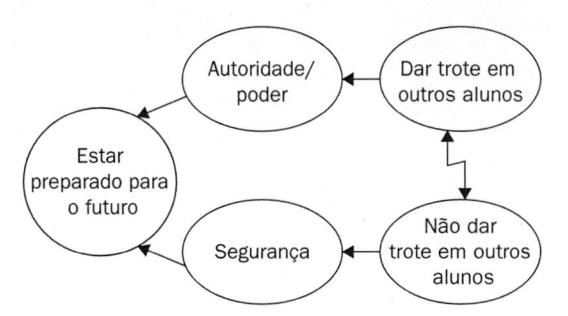

FIGURA 26.4 Nuvem sobre *bullying* (intimidação) em grupo. Fonte: Doug Roby. Utilizada com permissão.

---

[9] "An Alternative to Hazing", http://www.tocforeducation.com/cloud-b/cb2.html. Roby continua a utilizar a nuvem com os alunos e relata que uma situação de trote semelhante havia ocorrido no primeiro dia de aula, no outono de 2009. Ele observou particularmente as constatações obtidas pelas veteranas envolvidas no incidente por meio da nuvem. Ao verbalizar suas necessidades, elas constataram que a necessidade de serem respeitadas na verdade estava sendo prejudicada por atos que humilhavam os outros.

[10] Palestra no Congresso da NCA, Chicago, Illinois, abril de 1997. A Comissão de Credenciamento e Melhoria Escolar da Associação Norte Central credencia escola em 19 estados.

da técnica da TOC de mediação entre colegas, a universidade patrocinaria a formação de 10 mil alunos e cem mediadores nos princípios da TOC.[11]

Por meio da nuvem, crianças de todas as idades podem desenvolver suas habilidades para sempre resolverem um problema que elas venham a encontrar. Portanto, além de pintar um modelo de nuvem para os alunos resolverem conflitos externos durante o recreio em um pátio em Nottingham, na Inglaterra, tal como mostra a Figura 26.5, em 1998 a diretora da escola, Linda Trapnell,[12] começou a utilizar a nuvem para analisar problemas na literatura.

Após a leitura de uma versão de *Oliver Twist* adaptada à faixa etária, para um grupo de 200 crianças entre 4 e 7 anos de idade, Trapnell utilizou o processo de pensamento da TOC a fim de orientar os alunos na definição do conflito interno de Oliver com relação à pressão de seus colegas para que roubasse. Na TOC, um problema só é definido quando é apresentado como um conflito entre duas coisas. De acordo com essas crianças, a escolha conflitante era ser um batedor de carteiras ou não ser um batedor de carteiras, tal como mostra a Figura 26.6. Depois de resumir o problema por meio da estrutura gráfica da TOC, a nuvem, Trapnell pediu aos alunos para pensar sobre os motivos pelos quais Oliver, a fim de satisfazer sua necessidade de dinheiro, presumiu que ele tinha de se tornar um batedor de carteiras.

Esses motivos representam inferências[13] e são um referencial acadêmico essencial para interpretar informações e desenvolver habilidades de pensamento e resolução de

Jardim de Infância
Nottingham, Inglaterra

Você pode utilizar a nuvem no recreio.

FIGURA 26.5 Nuvem no pátio de recreio. Fonte: Linda Trapnell. Utilizada com permissão.

---

[11] "AGOAL Academy", palestra de Ana Maria Conde, 8º Congresso Internacional da TOCfE, Seattle, Washington, agosto de 2005.

[12] A pesquisa-ação de Trapnell sobre a utilização das ferramentas da TOC no Jardim de Infância Alderman Pounder foi publicada em *Child Education* (agosto de 1998), *Primary Leadership Paper* (janeiro de 2003) e *Teaching Expertise* (inverno de 2004).

[13] De acordo com o *Free Online Dictionary*, inferência (*inference*) é "o ato ou processo de deduzir uma consequência lógica ou conclusão das premissas existentes" (www.thefreedictionary.com/inference).

A NUVEM na literatura

O dilema de Oliver Twist, de acordo com alunos de 6 anos de idade!

```
                    Consciência tranquila          Não ser batedor
                    Não fazer algo errado.   ←——   de carteiras.
                    ↗                                    ↕
        Sobreviver.                      Lado 1
                    ↘                    Lado 2
                    Arranjar dinheiro.   ←——   Ser batedor
                                                de carteiras.
```

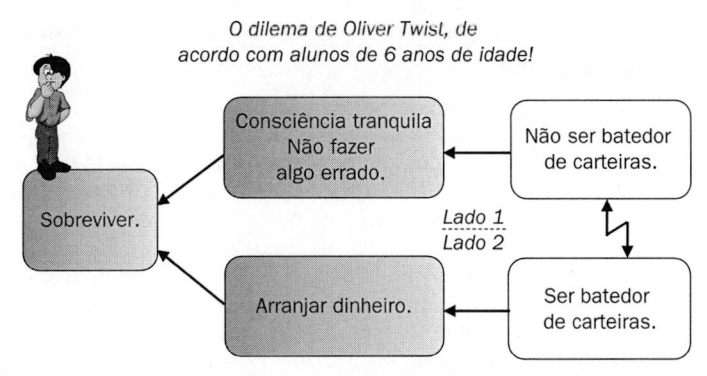

FIGURA 26.6 Nuvem em um exemplo da literatura. Fonte: TOCfE. Utilizada com permissão.

problemas de ordem superior. Muitas estratégias associam definições, exemplos e explicações visuais para ensinar o conceito de inferência e de que forma ele é aplicado. Contudo, embora elas sejam úteis, nem sempre são suficientes para despertar os pressupostos com base nos quais é possível extrair as inferências. A técnica de questionamento sistemático e concreto na nuvem, para evidenciar os pressupostos, é bastante simples e eficaz para possibilitar que todos os alunos jovens extraiam inferências com base em suas experiências, conhecimentos e opiniões individuais e sintetizem essas informações, na medida em que elas explicam de uma maneira bastante simples as associações lógicas existentes nessas informações.

Dessa forma, os alunos podem criar um andaime cognitivo próprio entre seu conhecimento anterior e o novo conhecimento desejado. Esse andaime também transforma o aprendizado mais relevante para os alunos do ponto de vista pessoal, aumentando, portanto, sua motivação para aprender. A síntese, as inferências e a identificação de perspectivas mais profundas e mais amplas de todos os lados são referenciais acadêmicos importantes com base nos quais os alunos podem ser avaliados. Quanto mais eles conseguirem atingir por si sós esses objetivos de aprendizagem, por meio de uma metodologia de ensino sistemática, mais eles conseguirão atingir suas próprias necessidades de aprendizagem.

Depois que os alunos de Trapnell levantaram a hipótese de que Oliver talvez tenha pensado que não havia outra forma de obter dinheiro senão roubando, eles se mobilizaram para a etapa seguinte do processo: resolução criativa de problemas. Norteados pela abordagem da TOC para encontrar soluções ganha-ganha que atendam às duas necessidades na nuvem – nesse caso, a necessidade de dinheiro e de manter a consciência tranquila –, elas criaram novas soluções. Por exemplo, que Oliver poderia lavar para-brisas ou arranjar emprego em uma loja.[14]

A discussão dirigida pelo professor/professora sobre os pressupostos e inferências que associam os elementos da nuvem possibilita que os alunos tenham contato com interpretações semelhantes e diferentes de uma maneira que os ajude a avaliar e aprender com suas próprias perspectivas e com as perspectivas dos outros. Desse modo, esse processo também evidencia lacunas de compreensão decorrentes de pressupostos e inferências incorretos, como quando um aluno propôs que Oliver poderia lavar carros para ganhar dinheiro. Se as informações das quais os alunos não dispõem lhes forem apresentadas, eles poderão contestar suas próprias inferências, como o fez esse aluno ainda em tenra idade, que reviu sua solução pensando: "Oliver poderia cuidar de cavalos". Quando os alunos percebem que eles têm as ferramentas e as habilidades necessárias para corrigir

---

[14] http://www.tocforeducation.com/cloud-c/cc01.html.

seus próprios erros e resolver seus próprios problemas, eles se sentem justificadamente autoconfiantes e motivados a repeti-lo.

A ramificação lógica

Por natureza, os alunos tentam dar sentido ao mundo ao seu redor. Portanto, eles se esforçam quando tentam aprender fatos e ideias desconectados e que parecem desconexos. A *ramificação lógica* da TOC ajuda os alunos a criar essas conexões lógicas por meio da relação de causa e efeito, a fim de organizar, sequenciar e explicar as informações de uma forma que elas façam sentido e possam ser mais facilmente lembradas e analisadas. Ao analisar um texto por meio das ramificações lógicas, os alunos conseguem associar e estruturar as informações de uma maneira que os ajude a deduzir e descobrir por si sós as principais ideias, generalizações e outras conclusões pretendidas como objetivos de aprendizagem. Desse modo, os alunos conseguem se lembrar das informações mais facilmente por meio de correlações, e não de sua memorização como fatos isolados. A Figura 26.7 mostra como os alunos estão utilizando a ramificação lógica para associar informações em uma turma de ciências em Israel.[15]

Em Tacoma, Maryland, o professor de história do oitavo ano Manfred Smith (2007) constatou que a ramificação lógica é muito eficaz para diferenciar a instrução para os alunos que apresentam níveis de conhecimento e habilidades anteriores amplamente díspares. Em uma palestra no 10º Congresso Internacional da TOCfE,[16] ele relatou que, ao longo dos processos anuais de certificação formal em sua escola, as equipes de avaliadores não conseguiam notar diferenças entre o trabalho de seus alunos com deficiência de aprendizagem e o trabalho de seus alunos considerados talentosos. De acordo com

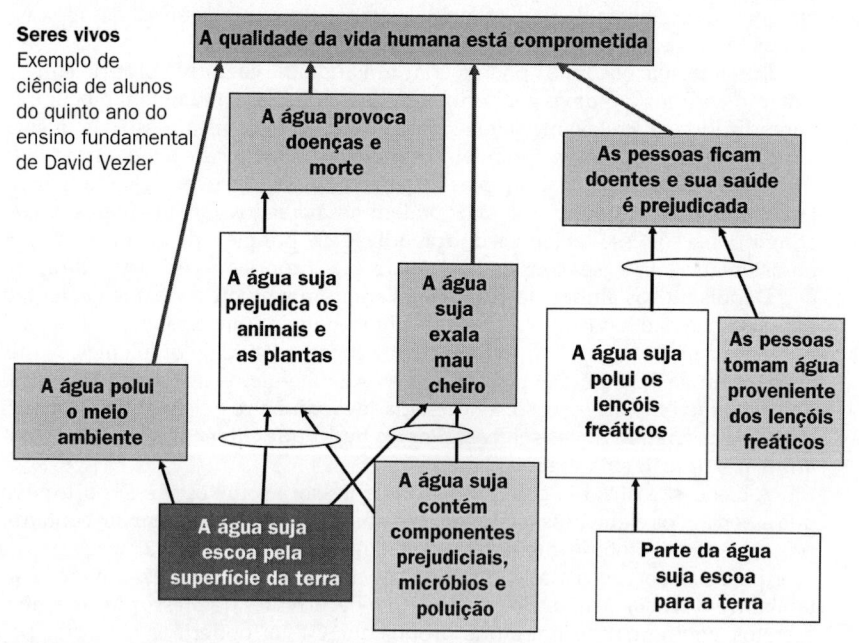

FIGURA 26.7 Ramificação lógica no exemplo de ciências. Fonte: Gila Glatter. Utilizada com permissão.

---

[15] Glatter, "Reading Comprehension through TOC", palestra no 7º Congresso Internacional, Ft. Walton Beach, Flórida, outubro de 2003.

[16] Ft. Walton Beach, Flórida, outubro de 2007.

Jennifer Harris (2003), professor de inclusão do oitavo ano da disciplina de estudos sobre o mundo, [...] o processo da TOC ajudou os alunos a dispor uma imensa quantidade de fatos e informações em uma sequência lógica e sistemática. Com base nisso, eles conseguem extrair e aplicar as informações em tópicos de redação e discussões em grupo e ampliar suas respostas além da memorização básica. Isso é fenomenal porque muitos dos alunos atendidos nessa classe anteriormente eram alunos retraídos e com necessidades especiais que agora têm um nível de leitura igual ou próximo ao de um aluno do terceiro ou quarto ano.[17] O trabalho desses alunos valida suas aptidões para utilizar uma estrutura e metodologia lógica que lhes possibilitam dar sentido – e explicar – as informações de acordo com seu próprio nível de desenvolvimento.

Um exemplo de professora domiciliar, Marilyn Garcia (2006) confirma essa conclusão. Ela colocou seus alunos de 6 e 9 anos de idade na mesma aula de história porque eles podiam contribuir de uma forma significativa e específica para os objetivos de aprendizagem por meio da ramificação lógica. Depois de ler um poema sobre a cavalgada de Paul Revere, Garcia pediu à criança mais jovem que escrevesse a sequência dos principais acontecimentos apenas lhe fazendo a pergunta "o que aconteceu depois?". Posteriormente, ela pediu à mais velha para oferecer detalhes de apoio e inferências que explicassem logicamente o encadeamento dos acontecimentos também utilizando o questionamento "se, então, porque" entre as frases. Os resultados apresentados na Figura 26.8 demonstram que, utilizando a mesma ferramenta de pensamento sistemático, esses dois alunos, da mesma família e com habilidades de desenvolvimento e conhecimentos prévios bastante diversos, estavam aptos a participar de um percurso colaborativo, focalizado e apropriado ao desenvolvimento para alcançar os objetivos de aprendizagem.[18]

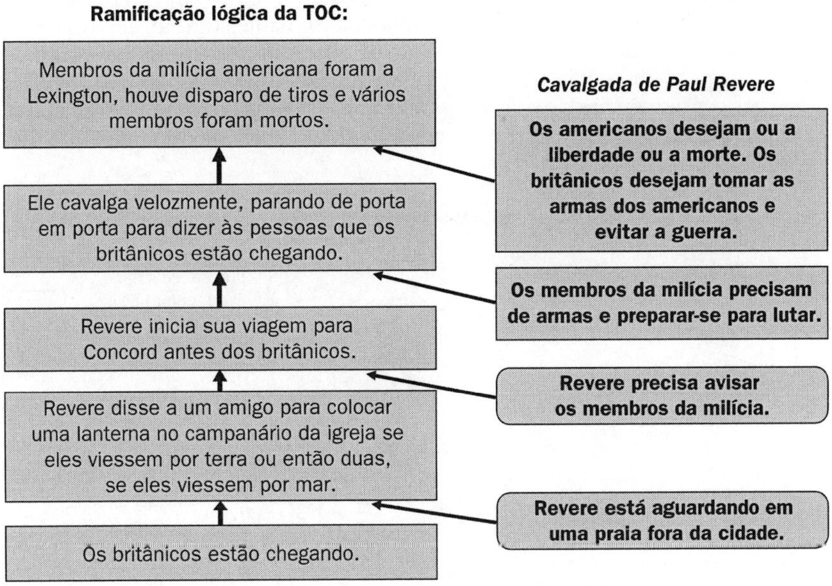

Exemplo dos alunos da professora domiciliar Marilyn Garcia.

FIGURA 26.8 Instrução diferenciada com a ramificação lógica. Fonte: Marilyn Garcia. Utilizada com permissão.

---

[17] http://www.tocforeducation.com/references.html.

[18] Palestra de Marilyn Garcia na Associação de Educação Domiciliar de Maryland, novembro de 2006.

A ramificação, assim como a nuvem, também pode ser aplicada por crianças com problemas diversos, e de uma forma apropriada ao desenvolvimento, como metodologia para melhorar suas relações com os outros e, desse modo, melhorar sua vida no dia a dia. Um dos primeiros professores a participar de um seminário da TOC foi Belinda Small, professora de inglês da Flórida que constatou que a ramificação poderia basicamente possibilitar que os alunos controlassem por si sós seus comportamentos. Ela demonstrou que, quando as crianças conseguem identificar por si mesmas as relações de causa e efeito entre atos e consequências que as afetam negativamente, elas ficam bem mais propensas a adotar medidas corretivas por iniciativa própria e mesmo a estabelecer padrões comportamentais diferentes que geram resultados positivos, em vez de negativos.

Segundo Belinda Small, "Logo depois que recebi treinamento na TOC, comecei a adaptar um dos métodos de pensamento (a ramificação negativa) para que os alunos escrevessem por si sós as consequências de seus atos. Isso gerou resultados tão bons com minha classe do sétimo ano que logo depois todos os professores da minha equipe começaram a me enviar seus alunos desordeiros, e não à diretoria, porque o processo que eu estava empregando era extremamente eficaz! O surpreendente é que os alunos na verdade solucionam seus próprios problemas. Tudo o que eu faço é utilizar o processo. Acho que os alunos têm essa facilidade para escrever porque eles vivenciaram a sequência de acontecimentos. Dessa maneira, estamos também desenvolvendo uma habilidade – causa e efeito – que, às vezes, de outra forma, é difícil ensinar. Com esse método, eles podem desenvolver essa habilidade baseando-se em – utilizando como andaime cognitivo [*scaffolding*] – conhecimentos anteriores, em vez de serem obrigados a aprender isso como uma habilidade independente".

Ao descrever as circunstâncias de um estudo de caso mostrado na Figura 26.9, Belinda Small escreve o seguinte: "Em uma determinada situação, em que um aluno estava fazendo barulhos perturbadores na sala de outra professora, ela me pediu ajuda. O processo de pensamento da TOC possibilitou que esse aluno problemático *pensasse por si mesmo* nas consequências de seus atos em termos de causa e efeito. Embora eu tenha escrito as primeiras palavras do que ele escreveu, em um determinado momento tive de atender

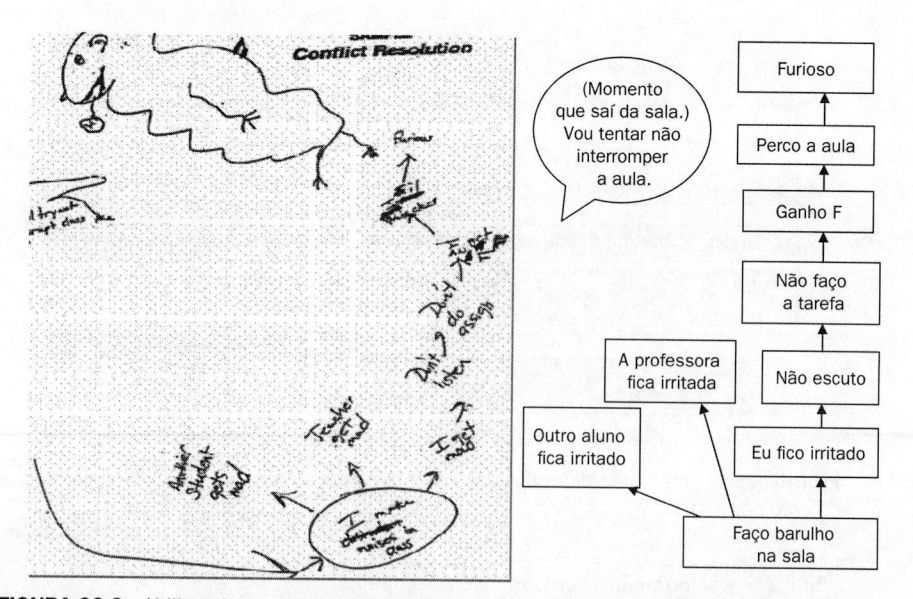

FIGURA 26.9 Utilizando a ramificação lógica com alunos desordeiros. Fonte: Belinda Small e TOCfE. Utilizada com permissão.

à minha sala (o que está evidente no desenho). No entanto, esse aluno, normalmente bastante desordeiro, pegou o lápis – tomando para si a responsabilidade – e continuou a escrever com suas próprias palavras e desenhos. Discutimos a respeito do que ele poderia fazer para evitar essas consequências e ele escreveu algumas sugestões que não eram ideias novas. Nesse caso, a novidade era que dessa vez as ideias eram dele".

"Os resultados? Embora esse aluno tivesse sido encaminhado 40 vezes à sala da diretoria nas seis semanadas anteriores, depois dessa experiência com a TOC ele concluiu o restante do ano escolar (seis meses) sem ofender novamente essa professora."[19]

De modo semelhante, Holly Hoover, de Virgínia, falou sobre os resultados que ela obteve. "De todos os meus alunos que concluíram suas ramificações negativas [lógicas] por chegarem atrasados, nenhum chegou atrasado novamente. Cem por cento de sucesso! Gosto dessas probabilidades! Além de enxergarem as consequências de seus comportamentos de todos os ângulos (e o que o comportamento pode provocar mais adiante), eles de fato parecem gostar dessa tarefa. Por esse motivo, e pelo fato de não ser uma tarefa tradicional em que é necessário 'redigir frases', as ramificações negativas são sempre uma experiência 'positiva'.[20]"

Aliás, muitos professores pedem aos alunos para que escrevam os resultados positivos advindos de um ato desejável, como fazer o dever de casa, para que assim eles identifiquem e apropriem-se de escolhas responsáveis que geram resultados positivos para todos os envolvidos.[21] A aplicação extremamente simples, inovadora e eficaz da ramificação ao comportamento de infantil, iniciada por Belinda Small, tem sido empregada com milhões de crianças no mundo inteiro. Em Perak, na Malásia, o diretor Hajah Ahmad Rashidi utiliza uma abordagem cinestésica no pátio de recreio deduzindo modelos de ramificação que as crianças possam empregar, como a amarelinha de consequências de causa e efeito mostrada na Figura 26.10.[22]

A TOCfE foi introduzida na Malásia em 2000 por meio do Centro de Desenvolvimento de Currículos, como parte de projeto do Ministério da Educação denominado Programa de Transição. Esse programa foi desenvolvido para abordar o problema dos alunos que entram na escola aos 7 anos de idade com diferentes níveis de aptidão. Além da grande diversidade de idiomas na população estudantil,[23] a educação no início da infância, antes dos 7 anos, é uma escolha dos pais e não é custeada pelo governo.

Khaw Choon Ean, na época diretor de projetos especiais, idealizou o material e projetou uma sucessão de treinamentos para todos os professores do primeiro ano na Malásia – 30 mil deles em 8 mil escolas primárias e todos eles por um período de apenas três meses. Foi divulgado no monitoramento e revisão do programa do Ministério da Educação que, mesmo quando introduzidas por meio de aulas curriculares, os alunos começaram a utilizar as ferramentas da TOC em problemas da vida real com irmãos e colegas de classe.[24] A utilização da nuvem e da ramificação lógica difundiu-se para a educação secundária malaia como uma metodologia para tornar a instrução em ciências sociais mais relevante e interessante. Elas foram também incorporadas nos livros esco-

---

[19] Extraída de "The Case of the Disruptive Student", http://www.tocforeducation.com/branch-b/bb01.html, e da palestra de Small no 7º Congresso Internacional da TOCfE, Ft. Walton Beach, Flórida, maio de 2003.

[20] "I Have Had No Further Problem with Tardiness", http://www.tocforeducation.com/branch-b/bb02.html.

[21] Marcia Hutchinson, "TOC in Counseling: Taking Responsibility for Learning, A Classroom Behavior Intervention", http://www.tocforeducation.com/att-b/math3.html e http://www.tocforeducation.com/att-b/math4.html.

[22] http://www.tocforeducation.com/branch-b/bb03.html.

[23] As línguas faladas incluem malaio, tâmil, chinês e inglês.

[24] http://www.tocforeducation.com/cloud-b/cb12.html.

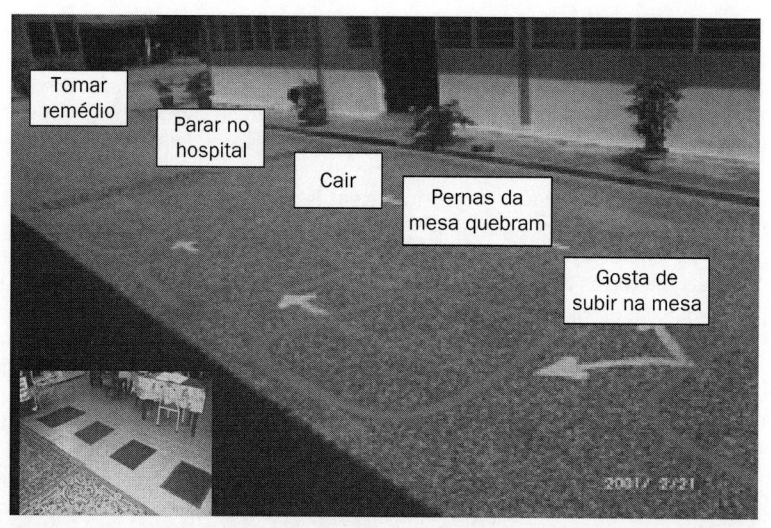

FIGURA 26.10 Utilizando a ramificação lógica como jogo de amarelinha. Fonte: Fotografia e tradução de Khaw Choon Ean. Utilizada com permissão.

lares municipais, em todos os anos escolares, como uma metodologia para promover a cidadania responsável.[25]

A árvore de metas ambiciosas

Os resultados de uma terceira ferramenta da TOC, a árvore de metas ambiciosas, respalda ainda mais o motivo pelo qual o processo de pensamento da TOC funciona com os alunos para que se responsabilizem por sua aprendizagem e por seus comportamentos. Depois de primeiramente enunciar uma meta ou "alvo ambicioso", o passo seguinte do processo é solicitar que os alunos analisem a situação antes de decidir sobre uma linha de ação – como o fazem as outras ferramentas da TOC. Portanto, os alunos primeiro identificam "o que mudar", quais são os obstáculos que impedem a consecução da meta. Em seguida vem a etapa "para o que mudar" – os passos intermediários que eliminarão o obstáculo. "Como causar a mudança" exige que os passos intermediários sejam ações concretas e factíveis e estejam apropriadamente sequenciados. Esse processo pode ser utilizado para aprender um assunto por meio da análise das metas, dos obstáculos e dos objetivos intermediários ou em metas individuais ou de grupo como a que foi utilizada na Escola Primária Maria E. Villarreal em Escobedo, no México.

Os professores Zulema Almaguer e Miguel Pérez Reyes utilizaram a árvore de metas ambiciosas como, de acordo com suas próprias palavras, "uma das várias ferramentas da TOC com grupos de alunos muito problemáticos para mudar suas atitudes. Em um dos casos, trabalhamos com um grupo na meta 'Ser os melhores alunos'. Quando os alunos escreveram os obstáculos, eles atribuíram a culpa a outras pessoas. Porém, quando eles pensaram em soluções para superar os obstáculos, assumiram a responsabilidade pela solução".

Tal como evidencia a Figura 26.11, no primeiro obstáculo os alunos descreveram os professores como "rabugentos". Entretanto, ainda que estivessem em idade de escola primária, essas crianças conseguiram inferir o motivo pelo qual seu comportamento poderia

---

[25] "TOCfE in Malaysia", palestra no 7º Congresso Internacional da TOCfE, Ft. Walton Beach, Flórida, maio de 2004; "100 Children × 100 Days × 100 Clouds", palestra 9º Congresso Internacional da TOCfE, Leon, México, setembro de 2006; *Thinking Smart: You Are How You Think*, Selangor, Malásia: Pelanduk Publications, 2005.

Ser os melhores alunos	
Obstáculos	Objetivos
Professores rabugentos	Nós ouvimos os professores
Alunos preguiçosos	Nós nos preparamos para a aula
Não estudamos	Estudamos sempre
Matamos aula	Frequentamos a escola regularmente
Conversamos durante a aula	Ouvimos os professores
Incomodamos nossos colegas de classe	Respeitamos uns aos outros na sala de aula
Chegamos atrasados	Chegamos na hora certa
Não participamos	Participamos com prazer

FIGURA 26.11 Meta ambiciosa de ser os melhores alunos. Fonte: TOCfE. Utilizada com permissão. Tradução de Alexandrina González.

estar contribuindo para o comportamento do professor e, com base nessa inferência, perceber que eles mesmos poderiam eliminar o obstáculo com suas próprias ações. Os professores concluíram o seguinte: "Os alunos estão aprendendo a se valorizar. Havia muito conflito no grupo, mas agora consigo ver que eles estão crescendo porque estão utilizando as ferramentas da TOC para refletir sobre seus problemas".[26]

Faz sentido que a maioria das crianças esteja mais motivada a implementar um plano ou projeto quando elas podem contribuir de uma forma significativa para isso? Utilizar a ferramenta em projetos em grupo não apenas gera uma colaboração direcionada, mas também pode evidenciar os obstáculos que, de outra forma, poderiam não ser detectados e, desse modo, continuar impedindo a consecução da meta. Essa era a situação da professora Belinda Small, da Flórida, ao trabalhar com o pesquisador sênior da TOCfE Dr. Danilo Sirias da Universidade Estadual Saginaw Valley, Michigan.[27] Belinda Small empregou a árvore de metas ambiciosas na disciplina de inglês para o sétimo ano, em um tema extremamente relevante para aqueles que eram afetados pelos testes padronizados.

Não surpreendentemente, quando os alunos apresentaram os obstáculos à meta "Elevar as notas do teste de leitura", Belinda Small percebeu que vários deles estavam relacionados à falta de confiança em realizar um teste padronizado, como ressaltado na Figura 26.12. O que ela não previa era o motivo. Quando os alunos verbalizaram um obstáculo, como "Todas as respostas parecem iguais", Belinda Small percebeu que muitos alunos estavam enfrentando problemas principalmente na interpretação de respostas de múltipla escolha e que eles não tinham uma estratégia e ações específicas para diferenciar essas opções. De acordo com Belinda Small, a utilização da árvore de metas ambiciosas possi-

---

[26] "Changing the Mindsets of Groups of Disruptive Students", http://www.tocforeducation.com/att-b/attb02.html.

[27] Dr. Sirias é coautor de um livro da TOC para adolescentes, intitulado *SUCCESS: An Adventure*, e atualmente está desenvolvendo um novo *workshop* que incorpora a TOC no ensino de matemática.

Alunos de Belinda Small
(lista parcial)

Meta:	Elevar as Notas do Teste de Leitura	
Obstáculos	**Objetivo**	**Plano**
1. O teste é muito extenso.	1. Torná-lo menor.	1. Utilizar lápis para dividir as passagens em partes menores.
2. Fico empacado e não consigo me lembrar do primeiro parágrafo.	2. Inserir lembretes na margem.	2. Fazer um resumo após cada seção/ sublinhar.
3. Todas as respostas parecem iguais.	3. Reconhecer as diferenças entre as opções.	3. Sublinhar as principais diferenças nas opções possíveis.

FIGURA 26.12 Elevando as notas do teste de leitura. Fonte: Belinda Small. Utilizada com permissão.

bilitou que os alunos desenvolvessem estratégias e táticas próprias. Em suas palavras, "A ferramenta possibilitou que os alunos criassem um padrão passo a passo para identificar o que eles deveriam procurar e fazer ao ler as perguntas e respostas. Esse método permitiu que os ALUNOS:

- pensassem nas soluções;
- criassem uma linguagem;
- utilizassem a lógica DELES;
- tecessem correlações entre os Padrões Acadêmicos Estaduais;
- fizessem correlações entre os Padrões Acadêmicos Estaduais e as perguntas do FCAT".[28]

"O melhor de tudo", conclui ela, "é que eles o utilizaram durante o teste. Percebi que o processo teve um grande impacto em pouquíssimo tempo. Foram necessários mais ou menos 30 minutos, em um único dia, para levantar os obstáculos à meta. No dia seguinte, utilizamos em torno de 15 minutos para pensar nos objetivos intermediários e mais 30 minutos para organizar a sequência dos objetivos."[29]

As ferramentas de pensamento e comunicação da TOC ofereceram uma estrutura e as perguntas necessárias para habilitar os alunos a analisar, perceber a importância e aplicar em sua própria vida, no presente e no futuro, o que eles estão aprendendo. Quando as crianças apropriam-se não apenas das respostas, mas também das perguntas que lhes possibilitam dar sentido ao mundo ao seu redor, elas se tornam bem mais aptas e motivadas a se responsabilizar pelo que aprendem e como se comportam. Essa realidade atende amplamente às expectativas dos interessados em uma boa educação para preparar as crianças para que se tornem produtivas no ambiente de trabalho e cidadãos responsáveis, de uma forma que na verdade amplia e reforça os recursos daqueles que oferecem instrução – particularmente o recurso do tempo que eles empregam.

---

[28] Florida Comprehensive Assessment Test (Teste de Avaliação Abrangente da Flórida).

[29] Palestra no 7º Congresso Internacional da TOCfE, Ft. Walton Beach, Flórida, maio de 2003.

Sim, mas...? Como podemos garantir que esses resultados não parem por aí ou piorem, mas sejam preservados ou até mesmo aprimorados? E qual será o impacto de um aprimoramento de um bom resultado sobre os recursos existentes? Um círculo completo... ou uma espiral?

Um processo de melhoria contínua

Nada é permanente, exceto a mudança.

– Heródoto

Quando os alunos – ou qualquer pessoa – exibem um pensamento claro, motivação e melhor desempenho, normalmente isso é perceptível, encorajador e recompensador. Embora esse sucesso traga uma satisfação inicial e, justificadamente, maior autoconfiança, ele pode também criar ramificações negativas e suscitar novos obstáculos, tal como expressam as palavras de Walt Whitman: "[...] de qualquer fruição do sucesso, não importa qual, surgirá algo para tornar um conflito maior necessário". Esses obstáculos podem ser:

- Expectativas crescentes
- Mais trabalho
- Realidades que mudam constantemente

Tudo isso pode voltar a pressionar nossos recursos. Portanto, precisamos de um *processo* de melhoria contínua. Na TOC, as perguntas sobre mudança, do mesmo modo que as próprias ferramentas, não são uma solução para todo o sempre. Na verdade, elas devem ser repetidas sistematicamente de acordo com a necessidade:

O que mudar?

Para o que mudar?

Como causar a mudança?

O objetivo da aplicação periódica desse ciclo de perguntas e das ferramentas da TOC é criar espirais de melhorias crescentes seja em uma pessoa, na sala de aula ou em uma organização – tudo isso se associa na TOCfE. Desse modo, não surpreendentemente, a TOCfE experimentou o mesmo conflito básico apresentando na Figura 26.1 e a necessidade de revisitar essas três perguntas, tendo em vista o fenômeno das expectativas crescentes e das necessidades variáveis dos novos e atuais interessados na TOCfE.

Como mencionado, um dos pontos fortes das ferramentas da TOC é a possibilidade de ensiná-las e torná-las relevantes nas salas de aula – e em outros grupos – nas quais existam pessoas com níveis de conhecimento, habilidade e interesse em grande medida divergentes. Essa relevância gerou uma diversificação na rede da TOCfE com relação a aplicações e intervenções especializadas, particularmente para habilitar as pessoas com necessidades comportamentais especiais. Por exemplo, na Holanda, Fiet Muris, que presta consultoria sobre a TOCfE, está utilizando a TOC com grupos de crianças e pais que fazem parte da população cigana. Eles vivem em caravanas e sentem a aguilhoada do isolamento, do preconceito e do baixo rendimento escolar das crianças que frequentam as escolas locais. A intervenção da TOC é tão eficaz que as escolas locais e órgãos de apoio do governo juntaram forças para criar soluções benéficas para todos os envolvidos.[30]

---

[30] "TOC and the Children of Romani Populations", palestra no 11º Congresso Internacional da TOCfE, Varsóvia, Polônia, outubro de 2008.

Outras aplicações especializadas da TOCfE incluem:

- Crianças e adultos com dislexia
- Crianças consideradas superdotadas
- Crianças que correm risco de desenvolver comportamentos viciantes
- Alunos de programas de prevenção contra evasão escolar
- Crianças diagnosticadas com síndrome de Down e paralisia cerebral
- Crianças com síndrome de Asperger
- Crianças consideradas antissociais e que apresentam outros distúrbios comportamentais significativos
- Presidiários adultos no sistema penal[31]

As intervenções da TOC em todos esses grupos de interesse especiais têm sido bastante eficazes, tal como evidenciam tantos estudos de caso apresentados nos congressos da TOCfE e postados no *site* da TOCfE, bem como uma quantidade crescente de pesquisas. A pesquisa de Edyta Sinacka-Kubik (2006-2007), estudante de doutorado pelo Instituto de Psicologia da Universidade Gdansk, Polônia, que recebeu treinamento nas ferramentas em um seminário de três dias em 2006, é um exemplo. Sua hipótese é: "Existe possibilidade de superar as dificuldades escolar-educacionais com relação a crianças antissociais aplicando o programa de apoio da TOCfE". Essa pesquisa envolveu um grupo experimental de 22 crianças que frequentavam regularmente quatro centros socioterapêuticos; a implementação do projeto da TOCfE, de 18 meses; e reuniões regulares de uma hora e meia, no mínimo uma vez por semana. O grupo de controle continha 22 crianças que frequentavam regularmente quatro centros socioterapêuticos.

Algumas de suas constatações são apresentadas na Figura 26.13 e na Figura 26.14.[32] Esses resultados são considerados estatisticamente significativos e incluem este resumo, apresentado no 10º Congresso da TOCfE em Fort Walton Beach, Flórida:

- Após o experimento, o grupo da TOC obteve resultados significativamente mais baixos na *Escala de Comportamento Antissocial*.
- Após o experimento, o grupo da TOC obteve resultados significativamente mais baixos na *Escala de Isolamento*.
- Após o experimento, o grupo da TOC obteve resultados significativamente mais altos na *Escala de Socialização*.
- Após o experimento, o grupo da TOC obteve resultados significativamente mais altos na *Escala de Motivação para a Aprendizagem*.
- O grupo da TOC conseguiu *avanços bem maiores* do que o grupo de controle durante o experimento. (Resumo no PowerPoint.)

Sinacka-Kubik conclui: "Com base nesses resultados otimistas, mesmo em um grupo pequeno, podemos concluir que, em grupos maiores, o efeito seria bem mais significativo. Essa pesquisa nos incentivou a iniciar um projeto novo e mais amplo".[33]

---

[31] Essa aplicação, desenvolvida por Christina Cheng, é descrita no Capítulo 27.

[32] Os métodos utilizados para avaliar o nível de desajuste social foram o Teste de Frustração de Rosenzweig e o Teste de Comportamento Estudantil de Barbara Markowska. Para avaliar o nível de resolução de conflitos, a fim de prever tanto as consequências positivas quanto negativas do comportamento de uma pessoa e planejar algumas pequenas iniciativas, foi criado um conjunto de tarefas da TOC para as necessidades desse experimento. Anais do 10º Congresso Internacional da TOCfE, Ft. Walton Beach, Flórida, outubro de 2007.

[33] Para ver a apresentação completa: http://www.tocforeducation.com/researchlist.html.

Comparação da porcentagem média em três direcionamentos da agressão em um grupo experimental antes e depois do experimento

□ Grupo da TOC antes   ■ Grupo da TOC depois

- Agressão extrapunitiva: 11,13 / 8,94*
- Agressão impunitiva: 6,35 / 9,56*
- Agressão intrapunitiva†: 6,58 / 5,71

*Diferença entre médias estatisticamente significativas

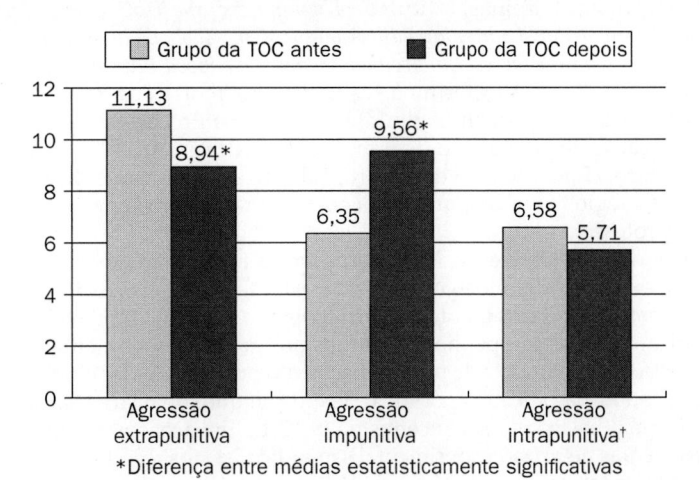

FIGURA 26.13 Comparação de uma pesquisa sobre agressão. Fonte: TOCfE. Gráficos de Edyta Sinacka-Kubik. Utilizados com permissão.

Comparação dos pontos médios obtidos no teste de comportamento estudantil de Barbara Markowska em um grupo experimental antes e depois do experimento

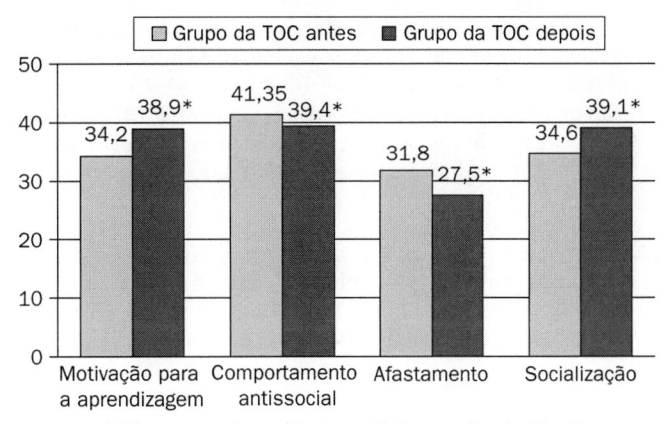

□ Grupo da TOC antes   ■ Grupo da TOC depois

- Motivação para a aprendizagem: 34,2 / 38,9*
- Comportamento antissocial: 41,35 / 39,4*
- Afastamento: 31,8 / 27,5*
- Socialização: 34,6 / 39,1*

*Diferença entre médias estatisticamente significativas

FIGURA 26.14 Pesquisa sobre comportamento antissocial. Fonte: TOCfE. Gráficos de Edytak Sinacka-Kubik. Utilizados com permissão.

---

† N. de T.: Extrapunitiva (voltada para o ambiente), impunitiva (suprimida ou encoberta) e intrapunitiva (voltada para o *self*).

Melhorias não apenas nas habilidades comunicacionais e comportamentais, mas também no desempenho foram validadas pela pesquisa de doutorado da Dra. Jenilyn Corpuz, diretora de uma escola secundária com mais de 3.600 alunos na cidade de Quezon, nas Filipinas, intitulada *The Impact of the TOC Tools to Determine the Effects of the Theory of Constraints for Education (TOCfE) Tools as Intervention Instruments in the Teaching-Learning Processes in Technology and Livelihood Education* (O Impacto das Ferramentas da TOC para Determinar os Efeitos da Teoria das Restrições para a Educação (TOCfE) como Instrumentos de Intervenção nos Processos de Ensino-Aprendizagem em Educação Tecnológica e de Subsistência). Esse estudo, tal como foi divulgado no 8º Congresso Internacional da TOCfE,[34] abrangeu duas classes homogêneas do segundo ano no Colégio Nova Era, que tinha em média 60 alunos por classe, conduzida por um único professor.

Um dos objetivos específicos da pesquisa foi avaliar o desempenho dos alunos nos grupos experimental e de controle com relação à autoeficiência em habilidades comunicacionais e comportamentais. Outro objetivo específico foi avaliar se havia diferença significativa no desempenho dos alunos nos grupos experimental e de controle de pré-avaliação de conteúdo e de pós-avaliação de conteúdo. Os resultados apresentados pelos alunos foram classificados por meio de um conjunto de instruções baseadas no currículo educacional básico e nos conceitos da TOCfE. Elevações notáveis na porcentagem das notas médias no grupo experimental são indicadas nos resultados.[35]

Essa pesquisa, já publicada, está ajudando a lidar com a falta inicial de evidências empíricas na TOCfE e com a necessidade justificável de demonstrar que as ferramentas da TOC estão alinhadas com uma teoria de aprendizagem e com métodos de pesquisa confiáveis. Outros projetos de pesquisa internacionais estão em andamento em Israel, no Reino Unido e nos Estados Unidos para testar as consequências da utilização da TOC para aprimorar a inteligência emocional e o ensino dos currículos de ciências e matemática. Essa pesquisa em andamento reflete o progresso da melhoria contínua da TOC por meio das três perguntas empregadas para identificar onde as iniciativas de melhoria devem se concentrar.

Uma área de concentração específica tem sido, continuamente, a de material didático. Uma série abrangente de livros de exercícios de autoaprendizagem para crianças de várias idades foi criada no final da década de 1990 e início da década de 2000 em Israel, sob a direção de Gila Glatter, quando lecionava a Talpiot Teachers' College, em Telavive, Israel.[36] Alguns desses livros de exercícios estão disponíveis em inglês, como é o caso de uma história que ensina a nuvem para crianças do ensino médio. Há também um CD-ROM,[37] que pode ser utilizado para ensinar as três ferramentas por meio de uma história infantil animada. Essa obra literária, intitulada "The Story of Yani's Goal" ("A História sobre a Meta de Yani"), tem uma moral: você pode concretizar suas metas na vida se refletir sobre seus problemas buscando soluções ganha-ganha. Essa história, programada para ser lançada em livro, pode ser utilizada em aulas de leitura, com um manual do professor concebido para melhorar as habilidades de compreensão de leitura por meio do conteúdo da história.

---

[34] Anais do 8º Congresso Internacional da TOCfE, Seattle, Washington, agosto de 2005.

[35] Para ver a apresentação "Curriculum Applications", que inclui o resumo dos resultados: http://www.tocforeducation.com/researchlist.html.

[36] Os livros de exercícios *Thinking for a Change* destinados a crianças (em hebraico) incluem: *Solving Every Day Conflicts*, para as faixas etárias de 5-8, 8-12 e 10-15; *The Way of Achieving a Target*, para as faixas etárias de 8-12 e 10-15; e *Think Before You Act*, para as faixas etárias de 5-8 e 8-12. Glatter, Mira Grienberg e Rami Goldratt escreveram também *Rainbow in the Cloud*, livro de exercícios para professores.

[37] http://www.tocforeducation.com/interactive.html.

Em 1995, a TOCfE começou a oferecer treinamento sobre os conteúdos da TOC[38] escritos para o setor de negócios e industrial – particularmente aqueles desenvolvidos para o comportamento humano e baseados no livro *It's Not Luck* (*Não É Sorte*), de Eli Goldratt (1994). A fim de facilitar a utilização desses livros de exercícios e torná-los mais relevantes para os educadores, eles foram cuidadosamente adaptados,[39] e os conteúdos de treinamento da TOCfE para seminários são chamados de "TACT" (**T**hinking **A**nd **C**ommunication **T**ools ou Ferramentas de Pensamento e Comunicação). Disponíveis em espanhol, holandês, hebraico, russo, servo-croata, português, polonês e inglês, esses conteúdos ensinam principalmente as três ferramentas abordadas neste capítulo por meio de aplicações comportamentais. Portanto, grande parte da disseminação e diversificação tem ocorrido na aplicação dos processos para aconselhamento e intervenções em crianças – e adultos – com necessidades comportamentais especiais.

Como mencionado, a pesquisa de Corpuz (2005) baseou-se no ensino dessas ferramentas como intervenção para melhorar o desempenho cognitivo, de acordo com a pesquisa de mestrado de Adora Teaño (2005-2006), cuja conclusão é: "As ferramentas de pensamento da TOCfE influem significativamente na melhoria das notas dos alunos em inglês nível 1".[40] Estudos de caso em pesquisa-ação em campo também respaldam a "prova do pudim do currículo"* de que as ferramentas da TOC, assim que aprendidas, possibilitam que os alunos criem os andaimes necessários para atender às suas necessidades de aprendizagem, economizando tempo e outros recursos tanto dentro quanto fora da escola. Entretanto, elas servem como intervenção, não como estratégia preventiva, e exigem que o professor transfira sua aplicação do comportamento para o currículo. Em vista da necessidade de trabalhar com os recursos existentes, os professores necessitam que essa transferência ocorra do currículo existente para o comportamento, a fim de que os alunos aprendam essas habilidades de vida essenciais enquanto aprendem o conteúdo do currículo existente. Essa última abordagem está em grande medida de acordo com as conclusões da Dra. Audrey Taylor (2002, p. 126) sobre a implementação de mudanças nos sistemas educacionais, em sua pesquisa de doutorado sobre a TOCfE, que examina os agentes de mudança e as mensurações de desempenho. Algumas delas são:

- É possível obter uma mudança favorável com maior rapidez quando o treinamento tem uma aplicação específica, de modo que o usuário possa implementar facilmente a nova metodologia.

- Independentemente do conteúdo da metodologia de mudança, quanto mais rápidos os resultados obtidos na sala de aula, mais rápida a dispersão da nova metodologia.

Portanto, como a TOCfE esforça-se por melhorar, "o que mudar" tem se concentrado na refocalização dos recursos em uma nova geração de livros de exercícios e seminários.

---

[38] Instituto Avraham Y. Goldratt. "Management Skills Workshop Sessions 1-5". New Haven, CT: Instituto Avraham Y. Goldratt, 1995.

[39] Parte da nomenclatura foi mudada para que a terminologia ficasse compreensível para as crianças, e os objetivos de aprendizagem foram acrescentados e criados sob medida para atender às necessidades dos educadores. Contudo, todas as adaptações de linguagem e conteúdo do material original foram realizadas cuidadosamente e aprovadas pelo criador da TOC, Goldratt, com o objetivo de evitar distorções nos processos que poderiam afetar os resultados desejados.

[40] O título de sua pesquisa é "The Effectiveness of Integrating the Theory of Constraints for Education in the Teaching Learning Processing English I", p. 126.

* N. de T.: A expressão *"the proof of the pudding"* ou *"proof in the pudding"* tem origem no provérbio "The proof of the pudding is in the eating" ("A prova ou o teste do pudim está em comê-lo"). O sentido original de *proof* nesse contexto é teste, mas para a expressão utilizada neste capítulo preferimos "prova".

De acordo com o livro *Thinking Across the Curriculum* (Reflexão Transversal sobre o Currículo), escrito em 2009, eles ensinam as ferramentas genéricas especificamente por meio de aplicações ao currículo e são escritos para atender aos critérios convencionais de desenvolvimento profissional com objetivos de aprendizagem detalhados e mensuráveis. Esses conteúdos estão sendo traduzidos para o polonês, em apoio a um programa de treinamento abrangente que se iniciou em dezembro de 2009 e é patrocinado pelo MSCDN, um centro polonês de treinamento profissional de professores,[41] e pelo Instituto Nacional Polonês de Apoio Psicológico.

A ênfase sobre o currículo é também catalisador de um projeto de pesquisa-ação internacional que envolve o intercâmbio de aulas curriculares e trabalhos de alunos com base na TOCfE por meio de colaboração via Internet. A princípio, o projeto incluirá escolas de Israel, México e Filipinas, em que os professores estão utilizando as ferramentas da TOC em ciências, línguas, literatura e matemática. Esse projeto está sendo organizado pelas escolas que estão aplicando as ferramentas da TOC em aconselhamento e gestão e também ao currículo. Essa abordagem holística à melhoria das escolas busca reproduzir o ideal de ensinar pelo exemplo em todas as áreas funcionais da escola.

Outra tática identificada para atingir a melhoria contínua e estratégia na TOCfE é direcionar as iniciativas de arrecadação de fundos para apoiar a criação e a preservação de uma biblioteca eletrônica de vanguarda que armazenará o banco global de exemplos, pesquisas e outros trabalhos que os adeptos e praticantes da TOCfE desejam compartilhar. Ainda que protegendo a propriedade intelectual dos trabalhos compartilhados, essa biblioteca oferecerá aos leitores a oportunidade de aprender com – e aprimorar – ideias em uma situação ganha-ganha que busque igualmente as contribuições que eles têm a oferecer. Por esses meios, a TOCfE pode promover a inovação e a colaboração de todos os interessados na educação que desejam fazer uma diferença significativa ao permitir que outras pessoas utilizem seu trabalho de uma maneira que, como Jesse Hansen previu, não apenas "pague em espécie", mas também "pague adiantado".

As ferramentas da TOC funcionam independentemente de idade, cultura ou sistema político, tal como demonstra a grande quantidade de trabalhos e pontos de vista de todos aqueles que complacentemente os compartilharam com a TOCfE. Denise Meyer, ex-diretora escolar e distrital no LASD,[42] expressa bem o extraordinário escopo das aplicações da TOCfE: "As ferramentas da TOC são suficientemente simples para serem utilizadas por alunos de jardim de infância e suficientemente profundas para serem empregadas por diretores executivos".[43] A Figura 26.15 e a Figura 26.16 mostram essa pretensão por meio de uma meta ambiciosa de um aluno de um jardim de infância no Reino Unido[44] e da meta ambiciosa da então diretora regional da capital nacional do Departamento de Educação, Cultura e Esporte das Filipinas (DECE), Dra. Cora Santiago, que supervisionou 17 superintendentes escolares responsáveis pela instrução de 8 milhões de crianças.[45] Utilizando as estratégias identificadas por meio da ferramenta de metas ambiciosas, Cora Santiago escreveu uma ramificação lógica e tática da TOC

---

[41] MSCDN, Mazowieckie Samorzadowe Centrum Doskonalenia Nauczycieli, atende a 50 mil professores poloneses.

[42] Los Angeles School District (Distrito Escolar de Los Angeles), Califórnia.

[43] Palestra no 3º Congresso Internacional da TOCfE, Los Angeles, Califórnia, agosto de 1999. Como conselheira da direção de Relações Intergrupais, LASD, Califórnia, Denise escreveu em coautoria o artigo "La Crème: Los Angeles Conflict Resolution Education Model for Educators".

[44] Linda Trapnell, "Learning How to Make Logical Plans": http://www.tocforeducation.com/att-c/attc04.html.

[45] Dra. Cora Santiago e Lourdes Visaya, palestra no 6º Congresso Internacional da TOCfE, Nottingham, Inglaterra, julho de 2002.

*Ferramentas da TOC, suficientemente simples para
serem utilizadas por alunos de jardim de infância**

*Plano de casamento/ninguém para casar/nada para vestir/ninguém para ir/
nenhum anel/nenhum convidado/nenhum padre/nenhum bolo de casamento/
nenhum lugar para comer.

Jardim de Infância e Maternal Alderman Pounder, Reino Unido

FIGURA 26.15 Meta ambiciosa de um plano de casamento. Fonte: Linda Trapnell. Utilizada com permissão.

intitulada "ZERO NON-READER" (zero não leitores) e a submeteu ao Instituto Asiático de Administração (IAA), que a aceitou como pesquisadora. Assim que se formou, Cora Santiago procurou a opinião do McDonald's, que se interessou pela proposta enquanto projeto de responsabilidade corporativa. O projeto, denominado "BRIGHT MINDS READ", foi implementado inicialmente na Região da Capital Nacional e atualmente é um dos principais programas no país.

O motivo da amplitude e profundidade da aplicação é a existência de um denominador comum que está suficientemente enraizado para englobar todos os interessados na educação. A natureza socrática dessas ferramentas sistemáticas e lógicas possibilita que as pessoas descubram – por si sós – respostas que fazem sentido.

Quando essas soluções são essenciais em virtude de conflitos ou para lidar com consequências negativas, crianças de todas as idades são capazes de se apropriar de escolhas responsáveis sem perder o prestígio e ridicularizar-se. Essa "responsabilização com dignidade" é sustentável porque ela é criada intrinsecamente, em vez de imposta extrinsecamente.

Essas mesmas ferramentas socráticas funcionam na sala de aula para que as crianças apropriem-se do que elas estão aprendendo. Quando os alunos obtêm suas próprias respostas, isso alicia o ingrediente talvez mais importante na educação: o desejo do aluno de aprender.

À proporção que essas ferramentas simples e de grande eficácia forem empregadas com a colaboração de todos aqueles que desejam tocar o futuro de uma forma que faça sentido, a TOCfE possibilitará que mais e mais crianças ao redor do mundo não apenas se tornem adultos responsáveis e produtivos, mas também se envolvam em um processo de aprendizagem permanente e sempre florescente que, como o sucesso, não é o destino, mas a viagem.

Meta ambiciosa do DECE-Manila do ano de 2004 80% dos alunos do primeiro ao sexto ano são leitores independentes em inglês em 2004	
Obstáculos	**Objetivos Intermediários**
1. Falta de supervisores, diretores e professores bem treinados em leitura.	1. Supervisores, diretores e professores adequadamente treinados.
2. Nenhum esquema de monitoramento esquematizado e organizado.	2. Esquema de monitoramento da divisão como um todo instalado, com assistência de equipes de gestão ao monitoramento.
3. Indisponibilidade de fundos.	3. Fundos do governo liberados para apoio o programa inicial.
4. Medidas de avaliação inadequadas de divulgação do andamento.	4. Testes orais e escritos no meio do ano e no final do ano administrados na leitura do primeiro ao sexto ano.
5.1 Livros de qualidade insuficientes.	5.1 Livros de qualidade disponíveis: são utilizados os programas READ-A-THON e Battle of the Books.
5.2 Material de avaliação inadequado	5.2 Formas autênticas de portfólio de avaliação, diários, escalas, *checklists* etc. são utilizadas.
5.3 Carência de materiais educativos.	5.3 Materiais educativos diversificados já preparados.
6. Dificuldade na aplicação de teorias do Programa de Leitura Integrada em Inglês (PLII) em classes reais.	6. São mantidas classes de demonstração do primeiro ao sexto ano em nível de divisão, distrito, grupo e escola.
7. Modelos de plano de aula inadequados.	7. Planos de aula disponíveis e produção continuada pelas equipes de gestão.
8. Falta de colaboração entre supervisores e professores do filipino e do inglês do primeiro ao sexto ano.	8. Sessões de *brainstorming* e de avaliação regulares entre supervisores e professores do filipino e inglês do primeiro ao sexto ano.
9. Habilidades inadequadas de comunicação oral e escrita em inglês entre os professores.	9. Realização de sessões LAC* na escola para aprimorar as habilidades de comunicação dos professores.
10. Habilidades de comunicação (oral e escrita) insatisfatórias entre os alunos do primeiro ao sexto ano.	10. Intervenções em sala de aula: formação flexível de grupos, instruções, avaliações e atribuições diferenciadas, com foco em leitores deficientes.
11. Apoio inadequado dos pais.	11. Apoio e envolvimento dos pais.
12. Inexistência de um programa de leitura integrada em inglês na divisão como um todo para que toda criança torne-se um leitor.	12. Programa de leitura integrada em inglês na divisão preparado e claramente difundido.
13. Falta de estruturas de apoio coordenadas para manutenção dos programas de bolsa até 2004.	13. Plano estratégico implementado, monitorado, avaliado e modificado de maneira coordenada e com a colaboração de todos os interessados para manutenção dos programas até 2004.

FIGURA 26.16 Meta ambiciosa do DECE das Filipinas. Fonte: TOCfE. Utilizada com permissão.

---

* N. de T.: *Language across the curriculum* (LAC) – língua através do currículo ou instrução de língua integrada – é um conceito que reconhece que o ensino de uma língua não ocorre apenas em disciplinas específicas definidas e reservadas para isso, mas também em todas as disciplinas da escola, em todas as atividades acadêmicas e intelectuais, e no currículo como um todo, seja de forma consciente ou inconsciente.

Referências

Almaguer, Z. M. e Reyes, M. A. "Changing the Mindsets of Groups of Disruptive Students". Palestra no Congresso da TOCfE de 2001, Monterrey, México, março de 2001. http://www.tocforeducation.com/att-b/attb02.html.

Anaya, J. De Ninos e de la Luz Pamanes, M. "Violence in the Home". Palestra no Congresso da TOCfE de 2001, Monterrey, México, março de 200. http://www.tocforeducation.com/cloud-b/cb23.html

Anônimo. "Applications of TOC by Okaloosa County Educators". Congresso de Verão de Jonah, Ft. Walton Beach, Flórida, 6-9 de junho, Avraham Y. Goldratt Video Report Series, 1994.

Conde, A. M. "AGOAL Academy". Palestra no 8° Congresso Internacional da TOCfE, Seattle, Washington, agosto de 2005.

Corpuz, J. *Impact of the TOC Tools to Determine the Effects of the Theory of Constraints for Education (TOCfE) Tools as Intervention Instruments in the Teaching-Learning Processes in Technology and Livelihood Education*. Tese de doutorado. Universidade de Filipinas, 2005.

Corpuz, J. "Curriculum-Based Research Projects". Palestra no 11° Congresso Internacional da TOCfE, Varsóvia, Polônia, outubro de 2008.

Garcia, M. "Differentiated Instruction". Palestra na Associação de Educação Domiciliar de Maryland, Colúmbia, Maryland, novembro de 2006.

de Gaza Gonzalez, A. e Rodriguez, M. "Enabling Juvenile Offenders to Set Goals". Palestra no Congresso da TOCfE de 2001, Monterrey, México, março de 200. http://www.tocforeducation.com/att-b/attb09.html.

Glatter, G. e Kovalsky, S, *The Way of Achieving a Target*. Telavive, Israel: TOC for Education Israel, 2000. Dois livros de exercícios (em hebraico).

Glatter, G., Wiess, N. e Talek, M. *Solving Day-To Day Conflicts*. Telavive, Israel: TOC for Education Israel, 1999. Três livros de exercícios (em hebraico).

Goldratt, E. M. *The Goal: Excellence in Manufacturing*. Croton-on-Hudson, NY: North River Press, 1984.

Goldratt, E. M. *It's Not Luck*. Great Barrington, MA: North River Press, 1994.

Grienbert, M., Goldratt, R. e Glatter, G. *The Rainbow in the Cloud* (em hebraico). Telavive, Israel: TOC for Education Israel, 2002.

Harris, J. 2003. http://www.tocforeducation.com/references/html.

Hoover, H. "I Have Had No Further Problem with Tardiness". 1999. http://www.tocforeducation. com/branch-b/bb02.html.

Hutchinson, M. "TOC in Counseling: Taking Responsibility for Learning, a Classroom Behavior Intervention". http://www.tocforeducation.com/att-b/math3.html e http://www. tocforeducation.com/att-b/math4.html.

Khaw, C. E. "TOCfE in Malaysia". Palestra no 7° Congresso Internacional da TOCfE, Ft. Walton Beach, Flórida, maio de 2004.

Khaw, C. E. *Thinking Smart: You Are How You Think*. Selangor, Malásia: Pelanduk Publications, 2005.

Khaw, C. E. "100 Children × 100 Days × 100 Clouds". Palestra no 9° Congresso Internacional da TOCfE, Leon, México, setembro de 2006.

Meyer, D. "TOC and the Children of Los Angeles". Palestra no 3° Congresso Internacional da TOCfE, Los Angeles, Califórnia, agosto de 1999.

Meyer, D. e Kelly-Weekes, R. *LA CRÈME: Los Angeles Conflict Resolution Education Model for Educators*. Los Angeles, CA: Distrito Escolar Unificado de Los Angeles, 2000.

Muris, F. "TOC and the Children of Romani Populations". Palestra no 11° Congresso Internacional da TOCfE, Varsóvia, Polônia, outubro de 2008.

Roby, D. "An Alternative to Hazing". 1999. http://www.tocforeducation.com/cloud-b/cb2.html.

Santiago, C. e Visaya, L. "TOC and Literacy in the Philippines". Palestra no 6° Congresso Internacional da TOCfE, Nottingham, Inglaterra, julho de 2002.

Sinacka-Kubik, E. "How to Take Advantage of Theory of Constraints for Education Program to Support Children's Psychosocial Development". Palestra no 10° Congresso Internacional da TOCfE, Ft. Walton Beach, Flórida, outubro de 2007. http://www.tocforeducation.com/researchlist.html.

Sirias, D., de Garza Gonzalez, R., Rodriguez. M. e Salazar, E. *Success: An Adventure*. Saginaw, MI: Author, 2007.

Small, B. "The Case of the Disruptive Student". Palestra no 7° Congresso Internacional da TOCfE, Ft. Walton Beach, FL, maio de 2003. http://www.tocforeducation.com/branch-b/bb01.html.

Smith, M. "Academic Applications: Generating Interest, Knowledge, Motivation and Success through TOC Thinking Tools". Palestra no 10° Congresso Internacional da TOCfE, Ft. Walton Beach, Flórida, outubro de 2007.

Suerken, K. "The Story of Yani's Goal" (CD). Niceville, FL: TOC for Education, Inc., 2008.

Suerken, K. *Thinking across the Curriculum: The Cloud, the Logic Branch and the Ambitious Target Tree*. Niceville, FL: TOC for Education, Inc., 2009. Três livros de exercícios para professores.

Sullivan, T. T., Reid, R. A. e Cartier, B. *TOCICO Dictionary*. 2007. http://www.tocico.org/?page=dictionary.

Taylor, A. G. *An Empirical Investigation of the Change Agents and Performance Measurements Effective in the Diffusion of the Theory of Constraints for Education (TOCfE) and Implications for Business Entities*. Tese de doutorado. Universidade Estadual de Wayne, 2002.

Teaño, A. "The Effectiveness of Integrating the Theory of Constraints for Education in the Teaching Learning Processing for English I. Masters Thesis". Universidade de Filipinas, 2006.

Trapnell, L. "From under a Cloud". *Child Education*, 75, agosto de 1998, pp. 46-47.

Trapnell, L. "Storytelling: Oliver Twist". 1999. http://www.tocforeducation.com/cloud-c/cc01.html.

Trapnell, L. "Learning How to Make Logical Plans". 2000. http://www.tocforeducation.com/att-c/attc04.html.

Trapnell, L. "Case Study Two". *Primary Leadership Paper*, 1:8, 2003, pp. 14-18.

Trapnell, L. "Theory of Constraints: Thinking for a Change". *Teaching Expertise*, 2, inverno de 2004, pp. 35-37.

Walker, B. Palestra no Congresso Comissão de Credenciamento e Melhoria Escolar da Associação Norte Central, Chicago, Illinois, abril de 1997.

Wiess, N. e Talek, M. *Think Before You Act*. Telavive, Israel: TOC for Education Israel, 2001. Dois livros de exercícios (em hebraico).

Wong. S. "TOC Mediation to Stop Name Calling". Palestra no 4º Congresso Internacional da TOCfE, Monterrey, México, agosto de 2000. http://www.tocforeducation.com/cloud-b/cb7.html.

Sobre a autora

Kathy Suerken é presidente da TOC for Education, Inc. desde a época em que ela foi criada por Eliyahu M. Goldratt em 1995. Sob a liderança de Kathy, as ferramentas e os conceitos da TOC foram ensinados em 23 países para bem mais de 200 mil adultos envolvidos com a área de educação, atingindo mais de 8 milhões de crianças no mundo inteiro.

Além de proferir palestras em congressos nacionais e internacionais – como o Congresso Nacional de Educadores nas Filipinas e o 8º Congresso Internacional sobre Pensamento –, as palestras de negócios de Kathy incluem um discurso programático no Simpósio da APICS SIG. Kathy é autora do conto animado "The Story of Yani's Goal" e de inúmeros livros de exercícios de treinamento da TOCfE, e coautora de *...the Never Ending Story*, livro de exercícios para crianças sobre resolução de conflitos.

Ex-professora do ensino médio com bacharelado em história pela Universidade de Wittenberg, Kathy recebeu ampla formação em gestão de negócios segundo a TOC. Ela é Jonah e Jonah de Jonah (facilitadora) pelo Instituto Avraham Goldratt e certificada no processo de pensamento da TOC pela Organização Internacional de Certificação em Teoria das Restrições (TOCICO). Kathy tem ampla experiência na arte de ensino e aprendizagem com alunos que abrangem desde crianças a ministros da educação. Se quiser entrar em contato, escreva para Suerken@cox.net.

27
Teoria das restrições em prisões

Christina Cheng

Introdução

A história de sucesso da *teoria das restrições* (*theory of constraints* – TOC) para lidar com restrições nos negócios e na educação é notável. Em Cingapura,[1] onde o *ranking* de matemática e ciências é um dos mais altos do mundo, seu capital humano instruído e qualificado é considerado seu bem mais precioso. Ao mesmo tempo, tendo em vista a pequena população do país, ele é visto como uma restrição central. Para explorar (aproveitar) essa restrição de acordo com a política governamental existente, a fim de melhorar a produtividade da força de trabalho, surgiu uma oportunidade de ajudar trabalhadores há muito tempo desempregados a se reintegrar na força de trabalho de Cingapura por meio das ferramentas do *processo de pensamento* da TOC.

Em agosto de 2006, a *Confederação Nacional dos Sindicatos* (*National Trade Union Congress* – NTUC), por intermédio do Programa de Recriação de Empregos e da Divisão de Reabilitação dos Serviços Penitenciários de Cingapura, recorreu à TOC Asia Pte Ltd. para ajudá-los a preparar detentos adultos antes da soltura a conseguir emprego fora da prisão por meio do processo de pensamento da TOC. Como parte do estudo piloto, determinados detentos frequentariam um *workshop* de controle de hábitos mentais promovido pela TOC, seguido imediatamente de uma feira de empregos da NTUC no final de outubro de 2006, com a finalidade de lhes garantir uma colocação antes da soltura. O objetivo apresentado para a TOC era diminuir o alto índice de perda de pessoal entre ex-detentos após a libertação. Isso significava que qualquer mudança comportamental ou de mentalidade observada durante o *workshop* da TOC deveria ser mantida fora do ambiente relativamente estável da prisão, em face de influências externas incertas, para que o projeto fosse considerado bem-sucedido.

Estava claro que a tarefa que se tinha pela frente era enorme e complexa. Um dos principais obstáculos na preparação do *workshop* era a falta de conformidade dos alunos com o grupo piloto, com relação a fatores como idade, nível educacional, raça e tipo de delito. Isso gerou diferenças extremas no perfil das classes. Em uma determinada sessão de treinamento, um detento idoso de idioma malaio, analfabeto e ligeiramente surdo podia ser visto ao lado de um sociólogo pós-graduado que sabia falar inglês! Além da falta de material de treinamento genérico, do pouco conhecimento intuitivo sobre as prisões, da falta de experiência formal com instrução ou psicologia para lidar com uma série discrepante de comportamentos negativos crônicos, nossa maior dúvida era se conseguiríamos atender adequadamente a todas as necessidades individuais de formação desse grupo piloto diverso.

Outro fator desafiador era o curto período de tempo do curso. Para cumprir a programação da feira de empregos da NTUC, a duração do curso ficou restrita a 18 horas, distribuídas ao longo de seis sessões no espaço de duas semanas. Era possível mudar os

---

[1] Fonte: *Mercer Quality of Living Global City Rankings 2009*, últimos dados de Tendências Internacionais no Estudo de Matemática e Ciências (Trends in International Mathematics and Science Study – TIMSS).

Copyright © 2010 Christina Cheng.

hábitos mentais de uma pessoa em um espaço de tempo tão curto? O sucesso do projeto seria avaliado com base na porcentagem de aumento na permanência no trabalho durante os três primeiros meses de emprego após a soltura. Isso funcionou? Ao final do estudo piloto,[2] a permanência no emprego durante o período citado triplicou, passando de um histórico 20% para 59%, um salto impressionante. Entretanto, à parte dos números, deixamos para você, leitor, a tarefa de avaliar o sucesso do projeto como um todo. A cronologia do projeto é apresentada na Figura 27.1.

O que mudar?

Estudo preliminar

Os dados demográficos do grupo de estudo piloto são os seguintes:

- 60 infratores adultos do sexo masculino
- Faixa etária de 21 a 60 anos
- Educação primária ou inferior (46%), secundária (32%), formação pré-universitária por meio de exames de madureza – Certificado Geral de Educação – nível N e O (12%), técnico (9%), superior (1%)
- Malaios (50%), chineses (42%), indianos (7%), outros (1%)
- Nível de compreensão do inglês de fraco a básico

Sessões independentes com o grupo foco foram conduzidas com os agentes penitenciários e os detentos antes do início do *workshop* para que eles compreendessem melhor como a TOC poderia ser utilizada para preencher a lacuna entre a reabilitação existente e os programas de preparação profissional que estavam sendo conduzidos. Em poucas palavras, precisávamos saber por que o índice histórico de perda de pessoal era tão alto. Para promover uma discussão aberta, os agentes penitenciários e os detentos foram entrevistados separadamente por meio de um esquema simplificado da árvore de pré-requisitos (APR) da TOC, com a meta ambiciosa "Ser bem-sucedido no ambiente de trabalho".[3]

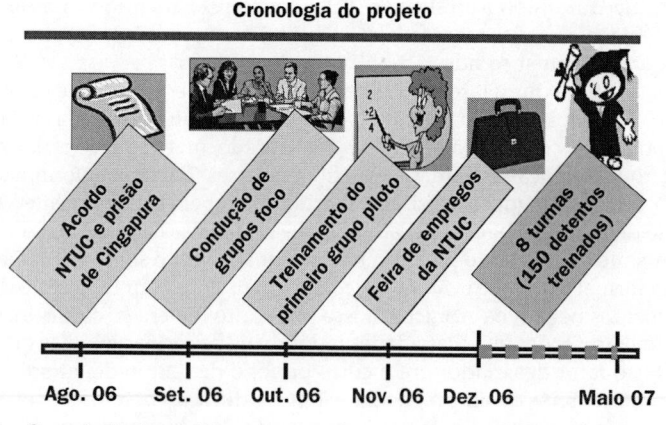

FIGURA 27.1 Cronologia do projeto.

---

[2] Este capítulo relata as experiências reais do projeto e não foi concebido como um estudo acadêmico formal.

[3] Os participantes foram solicitados a indicar os obstáculos que os estavam impedindo de atingir a meta ambiciosa "Ser bem-sucedido no ambiente de trabalho".

Com base na lista genérica de obstáculos levantados (*e.g.*, minha família não me aceita nem me apoia, eu sou facilmente influenciado por meus colegas negativos, não sei como ou não estou preparado para mudar, não tenho nenhuma pessoa de exemplo para seguir), ficou evidente que, embora muitos detentos tivessem adquirido valiosas habilidades técnicas para tarefas fáceis (*e.g.*, habilidades em tecnologia da informação, comunicação e entrevista) e tivessem passado por um programa de reabilitação direcionado para superar determinados tipos de comportamento negativo (*e.g.*, controle da raiva, uso de drogas) durante sua permanência na prisão, nem todos estavam mentalmente preparados para enfrentar a sociedade, independentemente de terem ou não um trabalho engatilhado.

O que faltava para a maioria era a convicção de que eles conseguiriam se reintegrar apropriadamente à família e à força de trabalho depois que fossem libertados. Isso não era de surpreender, porque muitos haviam tentado fazê-lo repetidas vezes e haviam fracassado, fazendo que tivessem uma ficha de vários delitos. Para a maior parte, a prisão não era um lugar desconhecido. Desde muito jovens, eles haviam passado em vão por inúmeras penitenciárias até chegarem à situação presente. Muitos haviam saído de ambientes familiares problemáticos com pouco ou nenhum apoio da família, o que gerava uma alta dependência em relação a colegas negativos para que tivessem sentimento de identidade e de pertença (integração). Em vista da consequente falta de exemplos de vida positivos, eles tinham uma percepção distorcida dos valores e justificativa para o que normalmente seria considerado um comportamento negativo.

Para outros, a prisão oferecia uma falsa sensação de segurança, distanciamento do estresse e das pressões da vida cotidiana. De acordo com as palavras irônicas de um dos participantes, "Todas as suas principais necessidades, como moradia, alimentação e atendimento médico, até mesmo de óculos novos, são atendidas". Muitos duvidavam de sua capacidade de sobreviver financeiramente sem o "dinheiro fácil" ganhado em atividades ilícitas e ficavam preocupados com a falta de força de vontade para resistir às inúmeras pressões sociais externas e, desse modo, ter uma mudança sustentável. Ainda que tivesse desejo de mudar, eles tinham consciência de suas limitações pessoais e lutavam com seus demônios internos para superar as tentações comuns à medida que a data de soltura se aproximava.

Mesmo aqueles que estavam determinados a começar novamente questionavam a probabilidade de encontrarem "bons" amigos para viver uma vida normal. Não obstante a perspectiva de ter um emprego seguro para atender às suas necessidades financeiras básicas, isso era obscurecido por medos internos de que eles seriam estigmatizados e marginalizados por chefes, colegas, familiares e pela sociedade, o que os faria perder a motivação para mudar e com o tempo ter uma recaída.

Alguns desses problemas são discutidos detalhadamente nas seções subsequentes.

Estigmatização

O Projeto Fita Amarela (Yellow Ribbon Project),[4] programa de reabilitação à comunidade destinado a ajudar os ex-infratores a se reintegrar na sociedade, foi extraordinariamente adequado para lidar com os problemas mais tangíveis que eles enfrentam depois que são libertados, como encontrar um emprego ou trabalho. Entretanto, muitos ex-detentos ainda se sentem discriminados pela sociedade por terem um registro de passagem pela prisão. Normalmente eles se referem a essa situação como "sua segunda prisão", isto é, a prisão psicológica e social após a libertação, em que as "chaves" ficam com a família, os amigos, os vizinhos, os empregadores, os colegas e a comunidade em geral do ex-

---

[4] O Projeto Fita Amarela é encabeçado pela Ação Comunitária para a Reabilitação da Rede de Ex-Infratores (Community Action for the Rehabilitation of Ex-Offenders – CARE), um grupo de organizações comunitárias e governamentais importantes para a reabilitação de ex-infratores.

-transgressor. Que proporção tem essa percepção em contraposição à realidade? Qual é o grau dessa estigmatização?

No trabalho

O trabalho é um componente importante no processo de reabilitação dos infratores. O trabalho pago ajuda a diminuir o índice de reincidência ou recaída porque poder ganhar dinheiro para ajudar a família eleva a autoestima. Embora o governo ofereça um imenso apoio para facilitar a oportunidade de trabalho aos detentos que estão para ser libertados, muitos, infelizmente, preferem considerar essa oportunidade como discriminativa porque os cargos são para iniciantes e trabalhadores de produção, ainda que houvesse perspectivas predefinidas de promoção dependendo do desempenho.

Esse pressuposto inicial equivocado influenciava suas atitudes em relação ao empregador mesmo antes de começarem a trabalhar. Além dos problemas significativos de insegurança e autoestima por trás da aparência de durão, qualquer crítica do chefe ou dos colegas a respeito de seu trabalho com frequência era interpretada como preconceito. Em uma determinada situação, um ex-detento empregado por uma lavadora de carros acusou o supervisor de preconceito pelo fato de não receber permissão para realizar atividades relacionadas com o caixa. Só depois que outros novos funcionários entraram na empresa é que ele percebeu que todos os "novatos" eram tratados da mesma maneira. Embora certamente houvesse situações reais de discriminação, o ex-infrator também era com frequência responsável por atitudes iníquas ou por mau desempenho no trabalho.

O baixo salário inicial era outra queixa comum. Em vez de tentar compreender o motivo, como uma possível falta de experiência ou qualificação, o pressuposto automático – mas questionável – do ex-detento era de que se tratava de discriminação em vista de seu histórico de prisão. Em outro caso extremo, como mostra o diagrama de ramificação negativa reproduzido na Figura 27.2, a aceitação de um trabalho do projeto Prepare and Place – PNP, assistido pelo governo de Cingapura, e o baixo salário inicial tornaram-se a suposta causa básica de todo acontecimento negativo futuro que esse detento previa para a sua vida. Em vez de ser acolhido como uma assistência, paradoxalmente o trabalho do PNP foi percebido como exploração e provavelmente a principal causa de reincidência criminal e fracasso.

Em casa

O medo de estigmatização não estava de forma alguma restrito ao ambiente de trabalho. Muitos tinham um longo histórico de relação distanciada com os membros da família em virtude de seu comportamento delinquente. Em quase todos os casos, isso era agravado pela tendência de ambos os lados a ver o pior no outro, e não o melhor, por causa de pressupostos errôneos não verificados e não contestados – e fundamentados puramente em experiências individuais passadas – que não possibilitam uma mudança. Mesmo antes de serem libertados, muitos detentos ficavam preocupados com o ceticismo e a aparente falta de apoio dos membros da família à sua tentativa de recomeçar. Vários reclamavam de familiares que costumavam atazanar e ligar incessantemente para eles ao longo do dia ou mesmo os "espionar" para ter certeza de que não estavam vadiando com más companhias, mesmo que eles estivessem se esforçando genuinamente para mudar.

Por esse motivo, muitos achavam difícil enfrentar os membros da família depois de libertados. Ainda que não tivessem nenhum lugar para ficar, vários tinham receio de voltar para casa se não pudessem provar para si mesmos ou sentir que eram úteis para a família. Em um dos casos, um detento recusou-se a ficar com sua irmã, embora ela lhe tivesse implorado, por medo de que seu cunhado o "olhasse com desprezo". Depois de trabalhar com a evaporação das nuvens (EN) da TOC e identificar possíveis pressupostos incorretos sobre sua família, ele criou coragem para enfrentá-los com seus medos e conseguiu se transformar quando sentiu novamente confiança no amor e

Ramificação Negativa

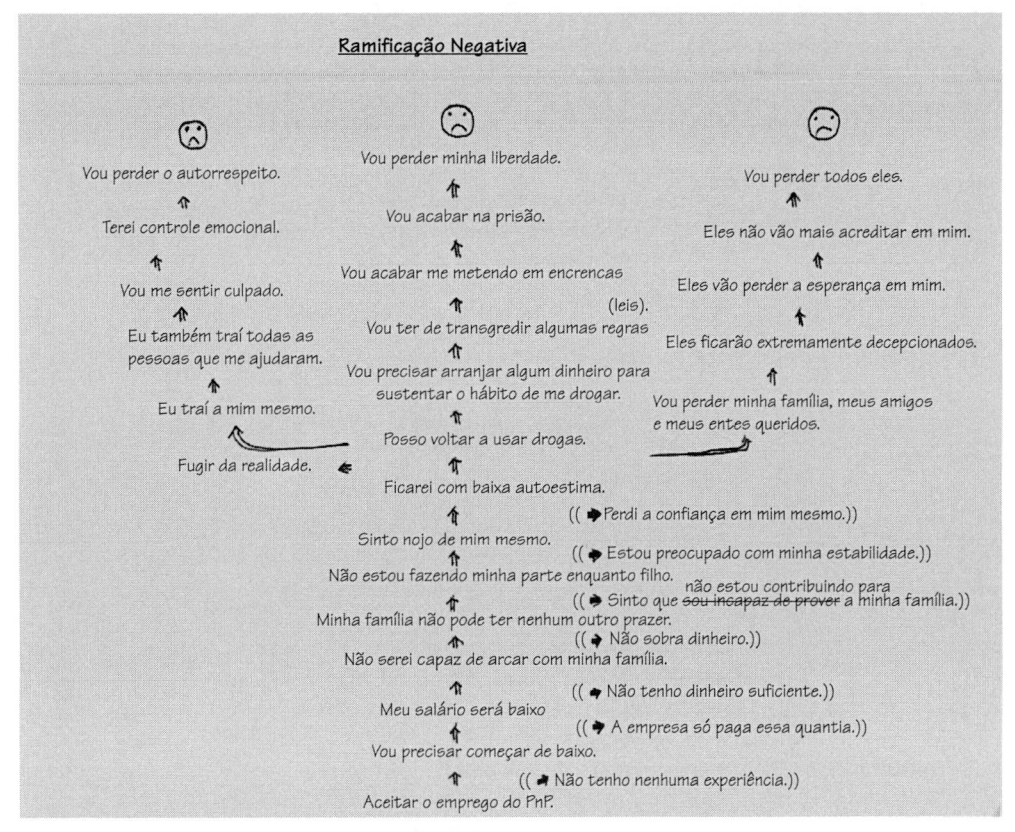

```
    ☹                          ☹                              ☹
Vou perder o autorrespeito.   Vou perder minha liberdade.    Vou perder todos eles.
         ⇑                              ⇑                              ⇑
  Terei controle emocional.     Vou acabar na prisão.        Eles não vão mais acreditar em mim.
         ⇑                              ⇑                              ⇑
   Vou me sentir culpado.     Vou acabar me metendo em encrencas   Eles vão perder a esperança em mim.
         ⇑                              ⇑        (leis).              ⇑
  Eu também traí todas as    Vou ter de transgredir algumas regras   Eles ficarão extremamente decepcionados.
  pessoas que me ajudaram.              ⇑                              ⇑
         ⇑                  Vou precisar arranjar algum dinheiro para   Vou perder minha família, meus amigos
    Eu traí a mim mesmo.    sustentar o hábito de me drogar.            e meus entes queridos.
         ⇖                              ⇑
     Fugir da realidade. ⇐   Posso voltar a usar drogas.
                                        ⇑
                          Ficarei com baixa autoestima.
                                        ⇑              (( ➥ Perdi a confiança em mim mesmo.))
                            Sinto nojo de mim mesmo.
                                        ⇑              (( ➥ Estou preocupado com minha estabilidade.))
                     Não estou fazendo minha parte enquanto filho.
                                        ⇑                     não estou contribuindo para
                                                       (( ➥ Sinto que sou incapaz de prover a minha família.))
                    Minha família não pode ter nenhum outro prazer.
                                        ⇑              (( ➥ Não sobra dinheiro.))
                    Não serei capaz de arcar com minha família.
                                        ⇑              (( ➥ Não tenho dinheiro suficiente.))
                           Meu salário será baixo
                                                       (( ➥ A empresa só paga essa quantia.))
                         Vou precisar começar de baixo.
                                        ⇑              (( ➥ Não tenho nenhuma experiência.))
                           Aceitar o emprego do PnP.
```

FIGURA 27.2 Diagrama de ramificação negativa.

na preocupação que eles tinham por ele, não obstante sua hesitante proposição inicial: "Não tenho nada a oferecer. Posso dar apenas um beijo". Dois anos depois, essa família continuava intacta.

Outro motivo de esquiva era o medo de que os membros da família os marginalizassem ou fizessem fofoca a seu respeito. Para evitar fofocas, muitos tendiam a evitar cerimônias familiares, como celebrações de casamento ou do Ano-Novo chinês, que criam grandes conflitos internos em virtude da importância da devoção filial, dos laços de família e do parentesco na Ásia. Muitos retomavam secretamente atividades ilegais logo depois de libertados para ganhar um dinheiro extra e ajudar a família, em uma tentativa desesperada de provar seu próprio valor. Sem o conhecimento ou consentimento da família, um deles violou o toque de recolher durante a supervisão de liberdade condicional para ganhar um dinheiro extra, ao passo que outro acompanhou um amigo em um contrabando de droga para pagar contas da família. Paradoxalmente, depois que seus familiares ficaram sabendo do envolvimento de ambos nessa atividade ilegal, eles se recusaram a acreditar nas boas intenções desse comportamento, intensificando a espiral de desconfiança entre ambas as partes.

Outros conflitos familiares mantiveram-se sem solução durante anos por falta de capacidade para identificar e resolver o problema básico. No exemplo mostrado na Figura 27.3, um detento tinha certeza de que sua mãe o odiava porque não havia feito nenhum esforço para se reconciliar com ele depois de mais de dez anos. Por meio da simples reestruturação e reverbalização de seus pensamentos com o diagrama de evaporação das nuvens da TOC, ele ficou chocado ao constatar que outro motivo subjacente para sua mãe não desejar re-

Eu e minha mãe estamos em conflito desde 1999, ano em que fui para o Centro de Treinamento Corretivo por fazer baderna. Na verdade, minha mãe já havia me advertido quando fui para a Boy's Home em 1998. Depois que fui solto com a condição de usar etiqueta eletrônica, comecei a construir uma ponte em relação à minha mãe voltando a estudar, mas no final essa ponte desmoronou. Essa situação continua a mesma até hoje. Sempre que construo essa ponte, eu mesmo a destruo. Então, no ano passado, comecei a construí-la novamente, mas foi a mesma coisa. Meu erro é que eu nunca consigo cumprir minhas promessas para ela...

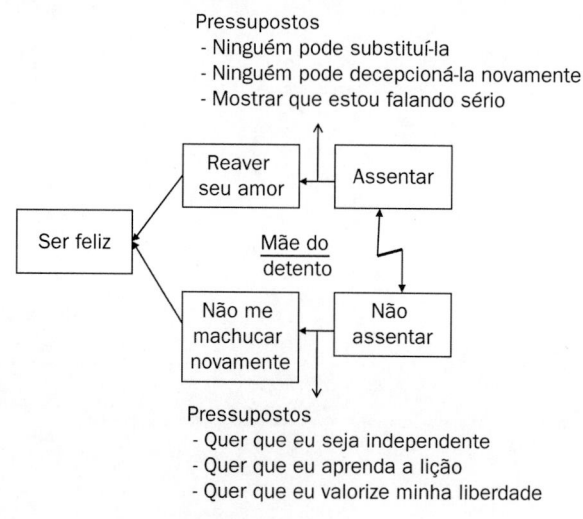

Pressupostos
- Ninguém pode substituí-la
- Ninguém pode decepcioná-la novamente
- Mostrar que estou falando sério

```
                    Reaver        Assentar
                    seu amor
         Ser feliz            Mãe do
                              detento
                    Não me         Não
                    machucar       assentar
                    novamente
```

Pressupostos
- Quer que eu seja independente
- Quer que eu aprenda a lição
- Quer que eu valorize minha liberdade

FIGURA 27.3 Diagrama de evaporação das nuvens.

conciliar-se com ele poderia ser "não querer se machucar novamente", em lugar da certeza obstinada de que ela o "odiava". Com base na expressão suavizada em seu rosto e em suas atitudes positivas subsequentes para se reconciliar com a mãe após sua libertação, ficou claro que uma situação antes incorrigível havia se rendido ao otimismo. O poder de algumas poucas palavras não pode ser subestimado.

Pressão negativa dos colegas

A pressão negativa dos colegas é citada como um dos maiores obstáculos para uma reabilitação bem-sucedida. Para muitos infratores, os colegas negativos representam sua família de fato, ou irmandade, particularmente quando eles provêm de famílias com pouco ou nenhum apoio ou supervisão dos pais. Consequentemente, há uma lealdade e um "apego" desproporcionais nessas relações, muitas das quais formadas na idade suscetível da adolescência, que oferece um sentimento de pertença, segurança e autoestima. A menos que haja outra forma de satisfazer essas necessidades subjacentes ou básicas (*e.g.*, reconciliação com a família, sucesso no trabalho ou um novo círculo de amigos), é praticamente impossível desabituar-se dessas relações.

Em termos bastante simplistas, podemos comparar essa situação com uma criança que, toda vez que cai, chora imediatamente pela mãe. Da mesma maneira, sempre que o ex-detento sente-se ameaçado em um ambiente de trabalho estressante, a tendência é correr para a zona de conforto dos colegas negativos que oferecem apoio emocional e financeiro. O problema central reside nessa última forma de apoio, e não no primeiro, o qual, nesse grupo de colegas, invariavelmente não é fácil de desatrelar. Para obter essa segurança emocional e aceitação, deve-se ter um comportamento aceitável para o grupo. Na maioria dos casos, isso envolve comportamentos delinquentes para obter "dinheiro fácil", o que, em uma espiral lógica bastante tortuosa, gera um sentimento de aceitação, realização e valor próprio ainda maior em relação aos colegas.

Considere o excerto evidenciado na Figura 27.4, da estrutura de uma *árvore da realidade atual* (ARA) da TOC, traçada grosseiramente, que detalha por que o autor não vê necessidade de mudar. A única pergunta feita em cada nível é "por quê?". Ainda que as associações lógicas sejam um tanto falhas e incompletas, é surpreendente ver o nível de honestidade dessa autorreflexão depois de um breve exercício de duas horas, levando em conta o baixo nível de instrução e a limitada capacidade de verbalização do autor. De uma postura inicial de acusação (*efeitos indesejáveis* – EIs – destacados), o problema básico desloca-se para si mesmo. Observe a importância da ramificação que parte do desejo de "se sentir famoso e reconhecido" ou, em outros termos, de ter sentimento de identidade, que é oferecido pelos colegas.

A importância do respeito

Está associado inexoravelmente a essas questões o conceito asiático intangível de "respeito" ou "dignidade", que é empregado em referência à honra, e de seu oposto, a humilhação. A perda de respeito ou desmoralização está associada ao medo de que os outros possam pensar mal de nós, não nos respeitar e rir e falar de nós pelas costas. Um termo malaio semelhante é *"malu"*, que significa vergonha social, sentimento íntimo de fazer algo errado e decepcionar os outros. Na sociedade asiática, tentar não perder o respeito ou a dignidade tornou-se uma questão tão fundamental, que chega a sobrepujar a importância de outras questões tangíveis que estão em jogo.

Para os detentos, a importância do respeito é ainda mais pronunciada em virtude de sua baixa autoestima. Como eles têm pouca coisa para ostentar, exceto suas conquistas

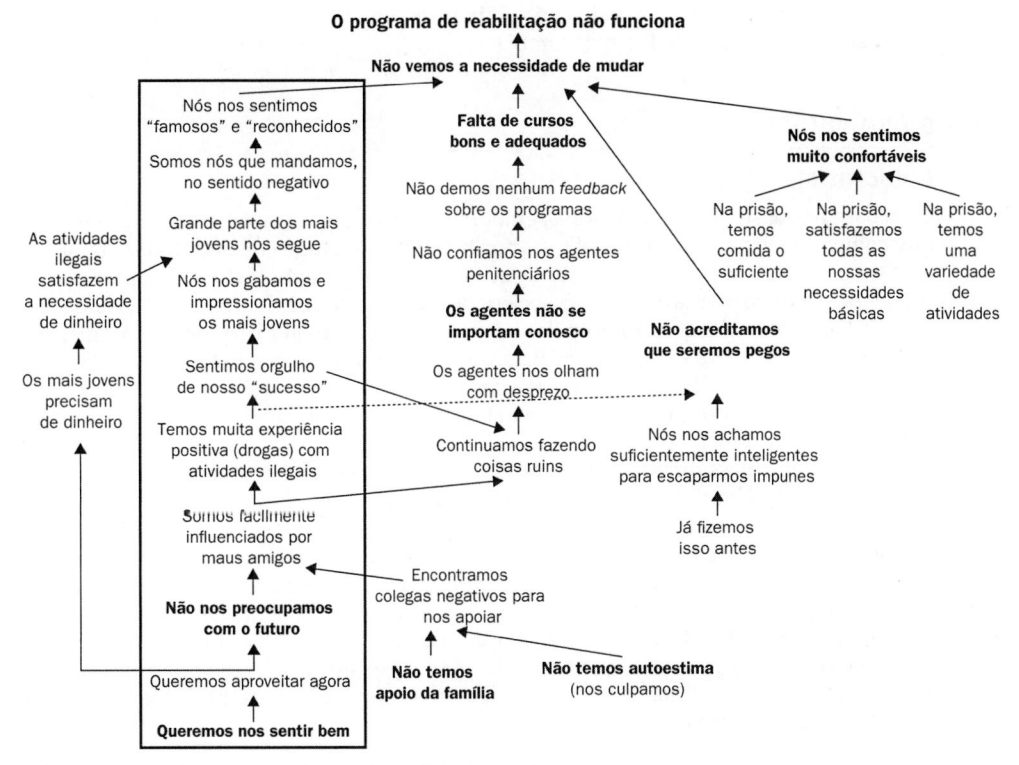

FIGURA 27.4 Estrutura da árvore da realidade atual.

negativas, a necessidade de proteger a própria honra e dignidade ganha uma importância equivalente quando ela é ameaçada. Seja na prisão, no ambiente de trabalho, juntos aos amigos ou em casa, a humilhação deve ser evitada a todo custo, o que, com frequência, dá lugar a comportamentos aparentemente irracionais ou ilógicos. Para não perder o respeito, muitos acham que não têm outra opção senão tomar decisões que não são de forma alguma ideais, e isso afeta sua vida profissional e pessoal.

A título de exemplo, um detento confidenciou que ele foi "forçado" a roubar porque seu melhor amigo precisava de dinheiro para pagar a conta de hospitalização de sua mãe. Na época, ele sentiu que não tinha outra opção. O paradoxo é que ele não fez isso porque seu amigo pediu, mas pela necessidade de se sentir "o cara" e agir como o "grande irmão". Sem ao menos considerar outras opções, como assistência do governo para famílias de baixa renda ou uma consulta ao profissional de assistência social do hospital, ele assumiu automaticamente o encargo de satisfazer sua própria necessidade equivocada de provar sua lealdade.

Em outro incidente, um detento foi preso por roubo de carro e baderna depois de receber um telefonema urgente de um colega de gangue que se envolveu em um "confronto" sério com um grupo inimigo que o excedia em número. Sem dinheiro, ele sentiu que não tinha outra opção senão roubar um veículo e socorrer o amigo. Com base nessa lógica, ele não conseguiu ver a justiça por trás de sua prisão nem compreender e aceitar o motivo da detenção. Em outro caso de baderna, o detento relatou que ele não tinha outra opção a não ser brigar porque um membro de uma gangue inimiga o havia "encarado". Para proteger sua honra, ele tinha de encará-lo também e brigar.

Com base nesses incidentes, podemos ver as medidas extremas que são tomadas para salvar as aparências. Para eles, escolher não é uma opção quando o que está em jogo é o respeito. A menos que eles possam olhar para a frente e questionar suas prioridades com relação ao que realmente é importante para a vida deles, suas ações diárias vão continuar sendo impedidas pela necessidade não validada de preservar o respeito a qualquer custo, até mesmo à custa do trabalho e da família.

Para o que mudar?

Autocontrole

Com base nas observações anteriores, embora de forma alguma exaustivas, percebemos que começa a surgir um padrão. Se extrairmos uma conclusão de acordo estritamente com essas constatações, é possível supor que o principal motivo de os ex-detentos não se reintegrarem de forma favorável na sociedade é a falta de controle sobre as influências externas, isto é, ser discriminado pelos empregadores, não ater o apoio da família, ser pressionado negativamente pelos colegas, levar uma vida extremamente confortável na prisão e ser forçado pelas circunstâncias a cometer um crime para não perder o "respeito" e a honra. Se essa hipótese estiver correta, isso quer dizer que o detento é simplesmente vítima das circunstâncias.

A insensatez dessa mentalidade de vítima é aparente. Sem dúvida, o papel do detento suplanta qualquer forma de influência externa. De que forma preferimos pensar e o que escolhemos fazer são duas questões governadas por nossa vontade própria depois que deliberamos sobre todos os fatores externos. A única maneira de melhorarmos nossa vida é nos responsabilizarmos por nossos atos por meio do autocontrole. Como diz o velho ditado, *se não conseguimos mudar os outros, então só podemos mudar nós mesmos*. Utilizando as ferramentas do processo de pensamento da TOC, a meta era fazê-los olhar no espelho e ver seu próprio reflexo antes de decidirem por si sós o que deveriam remodelar, se necessário. Para ser eficaz, a mudança precisa ser motivada de dentro para fora, e não ditada por outras pessoas.

Por que a TOC?

Muitas pessoas perguntaram o que havia na TOC que me levara a acreditar que ela poderia mudar padrões de pensamento profundamente enraizados e desenvolvidos ao longo da vida. Como poderíamos convencer homens adultos, de conduta e aparência tão duras, a compartilhar abertamente seus problemas pessoais, admitir suas fraquezas pessoais e expô-las ao escrutínio do grupo durante um contato incrivelmente breve de 18 horas? Que ferramenta genérica poderia atender às necessidades individuais de 60 detentos com uma gama distinta de antecedentes e conflitos crônicos?

Para um observador, parecia quase temerário continuarmos, tendo em vista nossa pouca experiência e intuição em um ambiente tão difícil quanto o de uma prisão. O que havia de tão especial na TOC para nos dar a confiança de continuar?

Três características da TOC foram fundamentais para nossa decisão:

1. As ferramentas da TOC são socráticas.

Desde cedo, a maioria dos detentos recebeu instruções de seus pais, professores, assistentes sociais, orientadores psicológicos e agentes penitenciários sobre como agir, pensar e comportar-se corretamente. Por esse motivo, do mesmo modo que os fumantes, eles ficaram entorpecidos às opiniões externas, não importa o quanto sejam racionais. Entretanto, as ferramentas da TOC lhes oferecem liberdade de escolha para empregar suas próprias palavras, expressões e linguagem a fim de desenvolver intimamente as soluções para seus problemas. Assim que os participantes entendem o processo, eles têm liberdade de ação para expressar seus pontos de vista de acordo com os parâmetros de um diagrama lógico, sem a interrupção ou distração de terceiros.

Quando esses detentos, que estão tão acostumados a não se ajudar, decidem aderir, o sentimento de realização é enorme porque eles sentem que se ajudaram. Com essa autonomia e participação, eles se apropriam mais facilmente da solução, em vez de terem de ser lembrados constantemente das consequências negativas de seus atos. No ambiente penitenciário, em que os detentos são amplamente refreados com relação à sua maneira de agir e comportar-se, a importância desse sentimento de autonomia e participação para desatrelar seus processos de pensamento não pode ser subestimada. Nas palavras de um detento, "Você pode controlar como eu me comporto, mas você não pode controlar minha mente".

2. As ferramentas da TOC suplantam limites.

As ferramentas da TOC são suficientemente genéricas para serem utilizadas em diferentes setores e aplicações. Porém, ainda assim elas são específicas o bastante para atender às necessidades de cada participante, independentemente de idade, nível de instrução e cultura. Elas oferecem uma estrutura simples, mas lógica, para verificarmos nossos processos de pensamento com o idioma e o vocabulário com os quais estamos familiarizados e nos sentimos à vontade. As Figuras 27.5 e 27.6 mostram o trabalho dos detentos em diferentes idiomas.

3. Para a TOC, todo indivíduo é essencialmente bom.

De acordo com a filosofia da TOC, os atos ruins são consequência de uma escolha irracional ou ilógica para atender a uma necessidade subjacente. Para muitos, é impossível acreditar nessa afirmação porque estamos condicionados a acreditar que pessoas ruins fazem coisas ruins. Quando o infrator finalmente assume a responsabilidade por seus atos, isso cria um enorme sentimento de culpa (autoculpabilização) e de remorso por ter feito algo errado.

A menos que haja alguma forma de compensar um determinado ato, muitos ex-infratores carregam consigo a crença de que eles são ruins, e isso afeta seu comportamento subsequente. Como são rotulados pela sociedade, pela família e por si mesmos de impres-

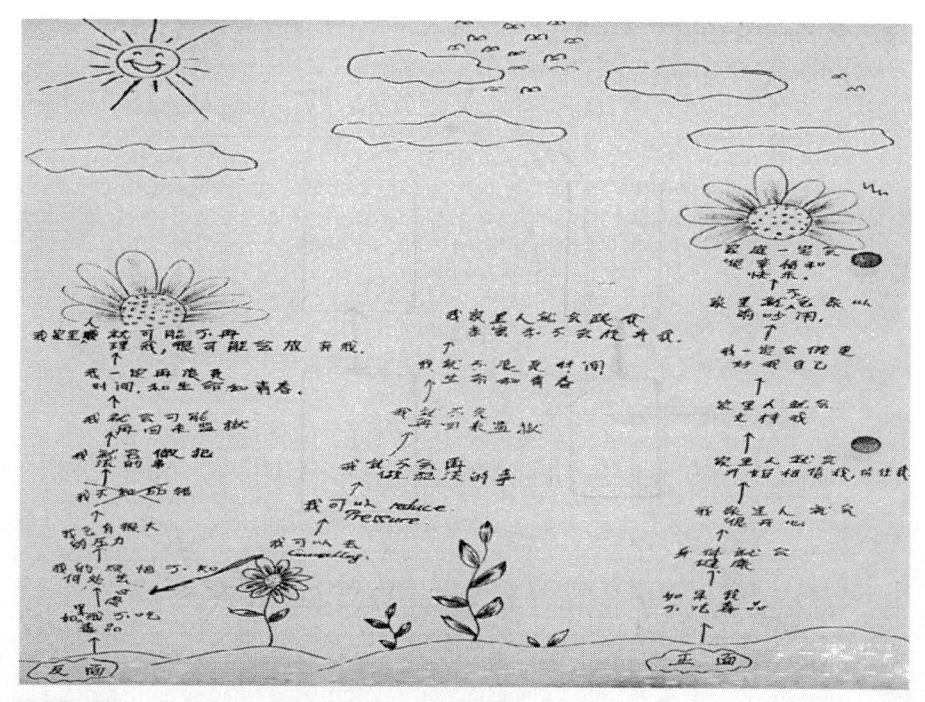

FIGURA 27.5 Diagrama de ramificação em chinês.

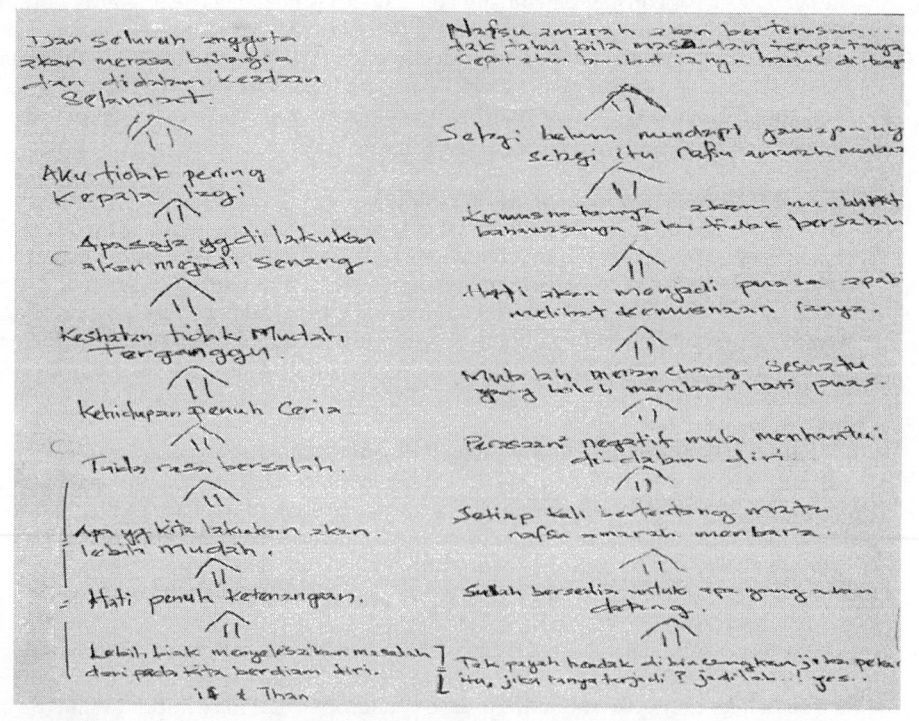

FIGURA 27.6 Diagrama de ramificação em malaio.

táveis e incorrigíveis, não é de surpreender que isso com frequência acabe resultando em uma profecia autorrealizável.

Por meio da evaporação das nuvens da TOC, podemos validar logicamente o que entendemos de cada situação e identificar o pressuposto errôneo que ocasionou o ato incorreto. Além da terminologia autocorretiva da ferramenta, aprendemos a ver o melhor em nós mesmos e nos outros identificando a necessidade positiva subjacente a cada ação e, desse modo, evitando julgamentos antecipados e incorretos.

As Figuras 27.7a e b mostram um conflito conjugal. Para ter um casamento feliz (objetivo comum), eu preciso demonstrar que tenho razão (necessidade). Para demonstrar que tenho razão (necessidade), eu preciso discutir (vontade). Provar que se tem razão leva a um casamento feliz? Discutir é a única maneira de provar que se tem razão? Podemos reescrever o diagrama de evaporação das nuvens utilizando frases diferentes: para ter um casamento feliz (objetivo comum), preciso fazer com que minha mulher/meu marido me compreenda (necessidade). Para que minha mulher/meu marido me compreenda, preciso discutir (vontade).

A diferença frasal entre "provar que se tem razão" e "fazer com que meu marido/minha mulher me compreenda" é pequena, mas a diferença de significado é enorme. A primeira está totalmente relacionada ao próprio ego, mas a última implica que a opinião do cônjuge é importante. Outra maneira de melhorar a compreensão poderia ser escrever uma carta ou um *e-mail* ou ter uma conversa tranquila.

Aprendendo a se colocar no lugar dos outros, com o passar do tempo o indivíduo torna-se mais empático e receptivo a opiniões e pontos de vista novos e diferentes. No caso dos detentos, essa é uma excelente ferramenta para rever os atos dos outros, bem como os próprios, em vez de apenas acreditar e aceitar o pior em si mesmo e nos outros.

Como causar a mudança?

Munido de um portfólio de ferramentas do processo de pensamento da TOC, começamos a trabalhar no planejamento do programa. O tempo era a principal restrição naquele momento crítico, visto que tínhamos exatamente um mês para concluir nossa atividade e desenvolver o material do curso. Ao mesmo tempo, precisávamos saber como treinaríamos um público tão diverso. Embora as ferramentas em si fossem suficientemente genéricas para abordar necessidades individuais, não podíamos nos dar ao luxo de trabalhar indivi-

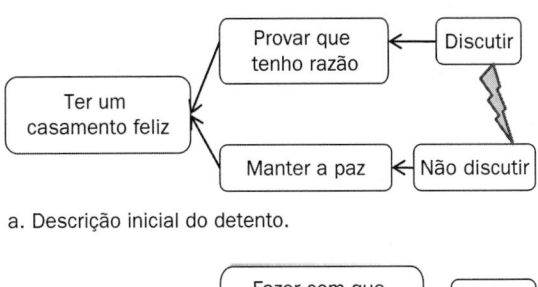

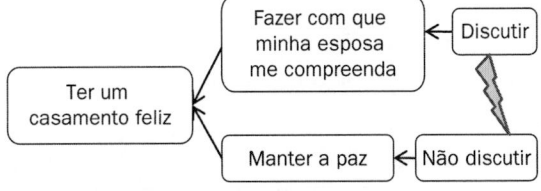

a. Descrição inicial do detento.

b. Descrição revista do detento.

FIGURA 27.7 Conflito conjugal.

dualmente com cada detento. Por isso, precisávamos remodelar o material de treinamento para abranger todos os recursos de aprendizagem dentro de um ambiente de sala de aula. Qualquer pessoa que tenha trabalhado com um público tão diverso compreenderá a enormidade dessa tarefa. As principais áreas que deveriam ser abordadas eram marketing, material didático e transmissão do conteúdo.

Marketing

Pode-se definir *marketing* como *as atividades necessárias para persuadir um cliente a realizar um determinado ato ou uma transação por meio da identificação e do atendimento das necessidades desse cliente*. Nesse caso, ainda que a implementação do estudo piloto já tivesse sido aprovada pela Divisão de Reabilitação dos Serviços Penitenciários de Cingapura, era igualmente fundamental, se não mais, obter a adesão do cliente final, isto é, do público de detentos. Para obter essa adesão e garantir um alto nível de compreensão, era essencial adaptar consideravelmente o material da TOC para atender às necessidades desses detentos. Os detalhes sobre quando, por que e como o marketing foi conduzido são apresentados na seção subsequente.

Adesão imediata

A adesão entre o público de detentos foi fundamental para o sucesso desse projeto. Os treinamentos usuais da TOC começam com uma breve visão geral sobre marketing, acompanhada de uma apresentação das habilidades do processo. Esse método é adequado quando o público já reconhece a importância da TOC. Por exemplo, os participantes dos cursos Jonah do Instituto Avraham Goldratt (AGI) ou das Escolas Goldratt que optaram por investir uma quantidade significativa de tempo e dinheiro em um curso e já estão bem avançados no processo de adesão. De uma maneira completamente distinta, nosso público de detentos não conhecia nada sobre a TOC, exceto que ela os ajudaria a fugir da monotonia das celas.

Para um público tão involuntário quanto esse, uma forte adesão, em contraposição a uma visão geral de marketing, é indispensável para garantir que seja adotada uma postura correta em relação ao curso. Em um ambiente usual de serviço de assistência social, são necessárias várias sessões, ao longo de meses, para estabelecer confiança e afinidade, o que também nem sempre é um fato consumado. A menos que o instrutor tenha algo que os clientes desejam ou que eles sintam que o instrutor pode ajudá-los, eles não demonstrarão adesão. Nos negócios, existe um problema semelhante, porém menos intenso, com a equipe que frequenta os treinamentos apenas para preencher as horas de treinamento ou obedecer a uma ordem da administração. Se eles não reconhecerem de fato a importância do tema ou não se apropriarem dele, o processo não será sustentável. É necessário alocar um tempo do curso para obter adesão, que, se não for obtida logo no início, impede que o processo seja compreendido mais a fundo e ensinado.

Embora possa se argumentar que a adesão pode ser obtida progressivamente ao longo do curso, nossa experiência demonstrou que ela é mais eficaz logo no início porque a TOC é um processo que exige que os conceitos sejam compreendidos sequencialmente. Pelo fato de a TOC ter um conjunto próprio de regras e vocabulário, com frequência ela é um processo cansativo até mesmo para aqueles que se "convertem" e exige um determinado grau de perseverança para se dominar. A primeira camada de resistência da TOC (identificação do problema; consulte o Capítulo 20) deve ser estabelecida logo no começo. Do contrário, haverá uma séria concessão entre a qualidade e quantidade do conteúdo aprendido.

Motivação para a adesão

De que forma motivamos um público a aderir à TOC? A adesão ao marketing das aplicações comportamentais da TOC é em grande medida diferente da adesão nas aplicações destinadas aos negócios. Diferentemente das aplicações no âmbito dos negócios, em que a administração está motivada a implementar a TOC para aumentar a lucratividade e em que os funcionários são obrigados a seguir instruções como parte de seu trabalho, é bem mais difícil convencer outro indivíduo, quando não existe nenhum benefício tangível, a mudar um comportamento que foi desenvolvido ao longo de uma vida. O que poderia motivar alguém a mudar sua forma de pensar, comportar e reagir, particularmente em um período tão curto?

A meta da TOC é contestar nossa forma de pensar, comportar e tomar decisões. O paradoxo encontra-se na lógica segundo a qual, a fim de motivar a mudança, é preciso *provar* que existe uma necessidade para essa mudança. Para um programa de habilidades de pensamento, isso implica que o pensamento existente é falho ou está aquém do ideal. (Qualquer pessoa que tenha tentado corrigir seu companheiro, mesmo com a nobre motivação de melhorar o relacionamento, compreenderá a dimensão dessa tarefa!) Se não houver a percepção de que existe uma necessidade para mudar, haverá resistência, medo e desconfiança. Antes de tentarmos "vender" alguma coisa nova, precisamos provar que a postura existente talvez não seja ideal e cumprir essa tarefa sem confrontos e ameaças.

O processo de adesão

O processo de marketing abrangia cinco etapas:

1. *Comunicação.* A primeira etapa do processo de marketing foi encontrar uma forma de comunicação com o público-alvo que fosse fácil para os integrantes associarem e compreenderem. Como a adesão era fundamental para o sucesso do programa, precisávamos garantir que nossa mensagem fosse clara e relevante para as necessidades dos integrantes. Além das sessões com o grupo foco interno, conduzidas pelos agentes dos Serviços Penitenciários de Cingapura, nós nos reunimos com inúmeros ex-detentos e familiares, orientadores psicológicos, empregadores, grupos de pastoral carcerária e organizações beneficentes envolvidas com a reabilitação penitenciária para compreender mais ampla e profundamente o ambiente pessoal, doméstico e profissional dos detentos aos olhos de diferentes grupos de interesse. Uma vez mais, uma das maneiras mais eficazes de obter uma visão consideravelmente clara foi por meio da estrutura da APR da TOC de identificação de obstáculos em conversas informais.

2. *Personalização.* A tarefa seguinte foi personalizar o processo de adesão em relação à superação de restrições no ambiente de trabalho porque nossa medida máxima de sucesso era a permanência no trabalho após a libertação. O significado do tema do *workshop*, "reintegração", com respeito tanto à família quanto à sociedade, foi escolhido para mobilizar o interesse dos detentos que estavam para ser libertados. Embora estivesse óbvio, com base em nossa pesquisa, que essa mudança de paradigma precisava ser pessoal, a mudança do foco do tema do curso de si próprio para o trabalho lhes permitiu concentrar no processo, desviando sua preocupação sobre como eles seriam vistos pelos outros. Do ponto de vista conceitual, o processo de aprendizagem foi o mesmo, mas ele daria margem a uma negatividade menor durante o processo de adesão.

3. *Validação.* No processo de adesão, foram concebidos inúmeros exercícios e atividades dirigidos para contestar a maneira de pensar dos detentos contradizendo sua lógica de uma maneira não ameaçadora. Para concatenar as atividades, era sempre necessário fazer a pergunta básica "Por quê?", que é também o menor denominador comum do processo de pensamento da TOC. Como era de esperar, o método de questionar todo e qualquer ato na vida diária da prisão não está no topo da lista de habilidades estimuladas em uma penitenciária, e despertar novamente essa capacidade de questionamento depois de tantos anos de encarceramento era como tentar dar partida no motor de um carro que havia sido deixado parado na garagem durante anos. Entretanto, assim que o motor pegava, havia avidez por prosseguir e era difícil fazê-los desligá-lo novamente.

Indiretamente, o objetivo era incitá-los e levá-los a questionar a lógica e a clareza de seu processo de pensamento e de seu sistema de crenças. Contudo, aprender a se autoquestionar pode se revelar uma experiência difícil. A solução foi minimizar a importância das atividades autodirigidas subjacentes utilizando a reintegração como um tema comum, o que no devido tempo deu margem a uma discussão aberta sobre a veracidade de seus pensamentos, palavras e atos, de uma maneira reflexiva, mas também divertida e colaborativa. A recompensa do treinamento era a vívida transformação resultante de um grupo de indivíduos hesitantes em uma equipe unida cujos integrantes podiam rir abertamente de si mesmos e uns dos outros sem a sensação de constrangimento ou de desmoralização.

4. *Ambiente Protegido.* Criando uma atmosfera de aprendizagem protegida e segura para o público de detentos, poderíamos estimular e manter um diálogo aberto sem medo de zombaria, julgamentos ou censuras dentro de um círculo confidencial fechado. Por esse mesmo motivo, decidimos conduzir o curso sem a presença de nenhum "uniformizado" ou funcionário penitenciário na sala. (A preocupação óbvia dos instrutores era com a segurança, mas nossos medos provaram-se infundados após a instalação de sirenes e a supervisão constante por televisão em circuito fechado pelos agentes penitenciários.)

5. *Alocação de Tempo.* Das 18 horas alocadas para o *workshop*, em torno de um terço ou seis horas do conteúdo foram dedicadas ao processo de adesão. O tempo restante foi usado para ensinar três ferramentas específicas do processo de pensamento da TOC – evaporação das nuvens (EN), diagrama de ramificações e árvores de pré-requisitos. Do ponto de vista de planejamento, foi ajustado desde o início que o número de ferramentas a serem ensinadas seria sacrificado para dar mais tempo para o processo de adesão, quando e se necessário. Sentíamos firmemente que, em vez de uma lembrança superficial do processo das três ferramentas, era mais importante que os integrantes, muitos com baixo nível educacional, fortalecessem determinadas habilidades fundamentais. Felizmente, nunca foi preciso fazer essa concessão. Ao contrário, quanto mais tempo dedicávamos à adesão, mais rápido ensinávamos as ferramentas. Para a maioria dos participantes, as primeiras seis horas foram a parte mais valiosa do curso.

> **Por que é tão difícil responder à pergunta por quê?** Paradoxalmente, como muitos adeptos e profissionais da TOC for Education Inc. haverão de concordar, é bem mais fácil ensinar uma determinada ferramenta a uma criança do que a um adulto. A pureza da resposta à pergunta "por quê" parece diminuir proporcionalmente à idade. Do mesmo modo, isso também ocorre no treinamento de um grupo de funcionários de nível mais baixo em comparação com o de altos executivos. Por que motivo isso ocorre? Depois de muito refletir sobre esse tema, só posso concluir que nossa mente fica tão sobrecarregada de informações, que é cada vez mais difícil extrair a essência básica de nossos pensamentos. É isso o que as ferramentas da TOC nos ajudam a fazer tão perfeitamente. Diferentemente das crianças, nossas palavras estão tão entrelaçadas de correção política e expectativas sociais que, com o passar do tempo, em algum momento o significado verdadeiro deixa de ser transmitido.

Material didático

Do ponto de vista de desenvolvedora e instrutora do curso, a meta final era garantir que a aprendizagem fosse sustentável. Por não haver nenhum benefício tangível imediato para o usuário, o problema não era tanto ensinar os processos da TOC, visto que o sistema educacional de Cingapura é altamente lógico, mas garantir uma aplicação comportamental ininterrupta em situações estressantes, quando a necessidade em relação à TOC é de que o melhor comportamento padrão, ainda que automático, assuma o controle na luta por proteção e segurança.

Ao longo dos anos, uma observação comum nos cursos locais da TOC, conduzidos em uma variedade de ambientes corporativos, escolares e de serviço social por instrutores experientes da TOC, foi o índice de adoção relativamente baixo após o curso. Embora se espere uma determinada porcentagem de adesão após o treinamento, foi surpreendente constatar que grande número dos participantes que pareciam evidentemente envolvidos durante o curso tenha aplicado a TOC raras vezes subsequentemente. Não obstante as entusiásticas avaliações de *feedback* e as excelentes habilidades de processamento, poucos participantes pareciam aplicar as ferramentas de maneira regular após o curso.

Ao entrar em contato com inúmeros ex-participantes do curso, muitos admitiram que haviam gostado do curso, mas que sentiam que era muito tedioso repetir os processos da TOC. Como a utilização compulsória da terminologia da TOC para dedução lógica, como em "para... devo... porque..." e "se... então... porque", e suas rigorosas etapas processuais exigiam muito tempo, isso impedia sua aplicação regular. Ainda que para a maioria os conceitos e os processos tivessem sido relativamente fáceis de apreender, eles não estavam preparados para investir tempo e esforço para praticar e empregar a TOC em problemas diários que na visão deles podiam ser resolvidos sem precisar recorrer a nenhuma ferramenta de pensamento especial.

Para outros, era difícil encontrar oportunidades diárias apropriadas para pôr as ferramentas em prática. Nem toda decisão que eles tinham de tomar requeria uma ramificação negativa ou representava um conflito completamente desabrochado e nem todo conflito exigia uma resolução. Embora nos círculos da TOC há quem possa argumentar que todas as pessoas têm conflitos, a relevância das ferramentas também depende da gravidade da questão e do ponto de vista do indivíduo. Consequentemente, mesmo quando os participantes adotavam o conceito e estavam preparados para aplicá-lo de maneira efetiva a estudos de casos apresentados ao longo do curso, esse conhecimento desvanecia após o curso em virtude da suposta falta de oportunidade para colocá-lo em prática ou de uma subsequente desistência por considerar a ferramenta muito morosa para ser empregada em problemas diários.

Como essas restrições eram enfrentadas por nossos "públicos instruídos", era fundamental encontrarmos uma forma de evitar uma "indigestão mental" em nosso público de detentos que provavelmente consideraria os processos ainda mais difíceis de utilizar e praticar nos estreitos confins da vida na prisão. Duas perguntas fundamentais precisavam ser respondidas, quais sejam:

1. Era possível sintetizar as ferramentas em seus principais componentes para simplificar ainda mais o processo de aprendizagem?
2. Como poderíamos ampliar as oportunidades para que os participantes da TOC praticassem e utilizassem as ferramentas?

Com essas perguntas em mente, precisávamos criar conteúdos da TOC aplicáveis a várias idades, níveis educacionais e idiomas e de fácil utilização na vida diária.

Conteúdo básico
As ferramentas do processo de pensamento da TOC estão fundamentadas em dois tipos de lógica – de necessidade e suficiência – e no conceito de ganho mútuo (ganha-ganha). Entretanto, em vez de partirmos diretamente para a mecânica das ferramentas, pelos motivos mencionados anteriormente, decidimos ensinar esses princípios primeiro para simplificar o processo de aprendizagem. Assim que esses princípios estivessem bem compreendidos, a capacidade de aplicar as ferramentas viria naturalmente em seguida.

Ensinando a lógica de necessidade Tanto a EN quanto a APR estão fundamentadas na lógica de necessidade. Ambas são lidas de acordo com a lógica "Para... devemos... porque..." e a veracidade das respectivas relações de causa e efeito depende do atendimento de condições mínimas necessárias. Em muitos casos, presenciamos avanços surpreendentes por meio dessas ferramentas. Porém, sua aplicação integral destina-se a questões mais significativas, e não à superação de dúvidas comuns da vida cotidiana (*e.g.*, escolher entre comprar maçãs ou bananas), embora a lógica de necessidade subjacente seja a mesma.

A lógica subjacente é objetiva e clara. Todo ato que praticamos é motivado por uma necessidade subjacente. Como mostra a Figura 27.8, para tomar decisões lógicas, precisamos:
1. Questionar a veracidade dessa necessidade.
2. Verificar se existe uma forma mais adequada de satisfazer essa necessidade.
3. Verificar os pressupostos subjacentes, se necessário.

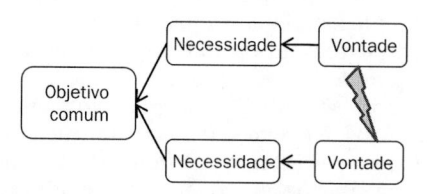

FIGURA 27.8 Nuvem com objetivo, necessidades e vontades comuns.

Diferenciação entre necessidades e vontades Para ensinar a lógica de necessidade, enfatizamos o principal componente da evaporação das nuvens da TOC – a relação entre "necessidade" e "vontade" em ambos os lados do conflito. O primeiro passo era mostrar a maior importância das necessidades em relação às vontades utilizando diversas atividades em grupo, como elaboração de um orçamento, básico, análise de necessidades ou jogos de demonstração como o "Potato Experiment" ou Experimento da Batata (consulte o quadro cinza a seguir). Foi gasto um tempo considerável nesse tópico, visto que a compreensão desse conceito era fundamental para a aprendizagem subsequente das ferramentas do processo de pensamento da TOC.

Potato experiment©

Objetos Necessários – Um recipiente de plástico claro, um saco de batatas grandes, médias e pequenas, um saco de arroz cru e uma garrafa de água de 1 litro. Mostre apenas o recipiente de plástico e as batatas.

1. Peça a um voluntário entre o público para colocar o máximo possível de batatas no recipiente, preferivelmente das maiores para as menores. Em pouco tempo o público perceberá que o truque é colocar as batatas maiores primeiro e depois preencher os espaços com as batatas menores. Em seguida, pergunte ao grupo se o contêiner está cheio, pergunta para a qual a resposta será sim.

2. Mostre o saco de arroz e peça a outro voluntário para despejar o máximo possível de arroz no recipiente. Assim que ele concluir, pergunte ao grupo se o recipiente está cheio, e novamente a resposta será sim.

3. Por fim, mostre a garrafa de água de 1 litro e peça a outro voluntário para despejar a água e preencher o restante do recipiente. Novamente, pergunte ao grupo se o recipiente está cheio, e a resposta será sim.

4. Deixe o recipiente exposto no restante da sessão. Ao longo do tempo, você verá a água sendo vagarosamente absorvida pelos grãos de arroz, que se tornam maiores e lentamente empurram a primeira camada de batatas para fora do recipiente.

(Mostre para o grupo como é rápido e fácil colocar água e arroz dentro do recipiente, em comparação à dificuldade de dispor as batatas. Depois que tudo é acrescentado, fica muito difícil tirar o arroz molhado, que gruda nas batatas e no recipiente, e ainda mais impossível é tirar a água após sua absorção.)

> 5. Pergunte ao grupo o que eles aprenderam com esse exercício supondo que:
>
> O recipiente = nossa vida
>
> As batatas = nossas necessidades (dimensionadas em ordem de importância)
>
> O arroz e a água = nossas vontades
>
> *Moral da história*
>
> Nossa vida, assim como o recipiente, tem uma capacidade limitada, de modo que precisamos escolher com cuidado o que devemos incluir. Mesmo quando começamos com um foco claro e uma percepção de prioridade sobre quais são nossas "batatas maiores" ou nossas necessidades mais importantes, como amor, família, liberdade, muitas vezes somos distraídos pelo "arroz" e pela "água" ou por desejos não essenciais, como brio, popularidade e dinheiro fácil, os quais podem apoderar-se de nossa vida sem que percebamos.
>
> Por esse motivo, devemos sempre priorizar o que escolhemos colocar em nossa vida e proteger nossas necessidades básicas. Ao longo do tempo, se não tivermos cuidado, nossas necessidades podem ser facilmente desalojadas por nossas vontades, cuja falsa importância e cujo impacto ganham peso em nossos pensamentos, atos e palavras. Precisamos definir claramente nossas necessidades e tomar cuidado para que elas estejam bem fundamentadas em nossa vida para que elas não sejam obscurecidas por desejos não essenciais, porém conflitantes.
>
> © TOC ASIA PTE LTD. Todos os direitos reservados.

Identificando as necessidades subjacentes ou básicas Assim que o público conseguiu diferenciar claramente o conceito de desejo e o conceito de necessidade, o passo seguinte foi possibilitar que eles compreendessem a relação entre um desejo e a respectiva necessidade subjacente, fazendo a pergunta "por quê?". Embora essa etapa tenha sido relativamente fácil para o nosso público de detentos, que já havia internalizado o método de questionar e perguntar "por quê" nas primeiras sessões do processo de adesão, a principal diferença naquele momento era ensiná-los a *avaliar a lógica* de sua resposta utilizando a terminologia e estrutura da TOC "Para... devo (preciso)...".

Um exemplo comum é o desejo do fumante de fumar um cigarro (vontade) sempre que ele precisa relaxar (necessidade). Se a necessidade de relaxamento for validada (confirmada), a pergunta seguinte é se existe outra maneira de satisfazer essa necessidade. A menos que ele consiga encontrar outra forma de satisfazer essa necessidade por meio de outras técnicas de relaxamento (por exemplo, exercitar, mascar chiclete ou ouvir música), fumar continua sendo sua ação padrão. Quando optamos por uma ação em detrimento de outra, isso significa que essa é a *única* maneira de satisfazer essa necessidade naquele momento; ou seja, *para relaxar, eu* **preciso** *fumar.*

Para muitos, é difícil aceitar a incondicionalidade dessa frase. A reação usual é retratar-se ou negar, dizendo que não havia opções melhores naquele momento. Uma vez mais, precisamos questionar se isso é verdade. O paradoxo é que, embora tenhamos liberdade de escolha para praticar ações mais apropriadas, nós simplesmente escolhemos aquela que é familiar. Por descuido, não questionamos nossas ações porque nossas respostas tornaram-se automáticas depois de anos e anos de prática. Com base em nossa experiência, essa é uma forma infalível de satisfazer nossa necessidade, independentemente de ela ser ou não uma ação ideal a ser realizada.

Na sala de aula, o instrutor tem inúmeras oportunidades para levar o público a praticar essa habilidade. A ênfase sobre as ações permite que o público pratique a lógica de necessidade em uma série bem maior de situações em comparação aos conflitos. A maioria das pessoas tem apenas uma pequena quantidade de conflitos em qualquer momento dado, ao passo que as ações desejadas são abundantes e fáceis de identificar (*e.g.*, por que comprar um novo celular, por que comer um *doughnut* a mais ou por que sair de férias). Mesmo se nada mais for aprendido no período restante do curso, os benefícios de aprender a questionar as próprias ações contestando o sistema de crenças antes de agir são incomensuráveis.

Confirmando a necessidade   Um dos exercícios mais eficazes que conduzimos foi pedir ao público para que escrevesse no papel o crime (vontade) que haviam cometido e depois perguntassem "por que" (necessidade) o haviam cometido. As respostas usuais foram:

NECESSIDADE (Para...)	VONTADE (preciso...)
Ter dinheiro	Roubar, traficar drogas etc.
Ter respeito/provar que tenho capacidade ou coragem/impressionar os outros	Provocar desordem (brigar)
Sentir prazer/aliviar o estresse/curtir	Consumir drogas
Ser aceito	Participar de uma gangue

A princípio, as respostas eram seguras e confiantes. Entretanto, depois de questionar mais a fundo a veracidade de suas necessidades utilizando a estrutura de questionamento da TOC "Para... preciso...", a certeza das respostas começou a desaparecer. Em quase todos os casos em que a necessidade alegada foi dinheiro, acabou-se revelando que o crime não havia sido cometido em virtude de infortúnios financeiros reais, mas em decorrência da necessidade de autoestima, como exibir riqueza, provar sua lealdade a uma gangue, impressionar outras pessoas sendo "o cara", bem como da maior de todas as necessidades – obter "dinheiro fácil" ou, para dizer a verdade, evitar trabalho pesado.

Para obter dinheiro fácil, preciso cometer um crime.

Agora que eles estão presos, a pergunta retórica para os detentos passou a ser na verdade se, em virtude do crime que eles cometeram, eles satisfizeram sua necessidade para exibir ou curtir o dinheiro fácil. Sentados em um círculo sobre um duro chão de concreto, os participantes do grupo chegaram à conclusão de que talvez o dinheiro fácil na verdade não fosse nem um pouco fácil!

Os outros, que haviam cometido um crime para satisfazer sua necessidade de impressionar os amigos, aprenderam uma lição apropriada com seu erro quando admitiram que seus colegas negativos, que eles procuravam mais para impressionar, haviam desaparecido completamente depois que eles foram presos. Em vez da admiração dos colegas, o resultado foi a rejeição. Apenas a família continuou a apoiá-los ao longo do período de detenção.

Para impressionar meus amigos, eu preciso cometer um crime.

Isso invalidou a necessidade original desses detentos ensinando a dura lição de que sua necessidade de impressionar talvez tenha sido direcionada ao grupo errado, ocasionando o ato incorreto.

Encontrando uma alternativa para satisfazer a necessidade   Se a necessidade for validada, precisamos questionar se existe outra forma de satisfazê-la antes de realizar a vontade desejada. O objetivo é abrir a mente deles para diferentes possibilidades de satisfazer sua necessidade. Um exemplo de soluções de um determinado grupo para satisfazer uma contínua e problemática necessidade de obter dinheiro e encontrar novos amigos (positivos) é mostrado nas Figuras 27.9a e 27.9b.

Grande parte de nosso público estava na prisão por crimes relacionados a drogas. Embora eles tivessem ficado "limpos" durante todo o período de detenção, muitos sabiam quais eram suas fraquezas e preocupavam-se com a grande probabilidade de re-

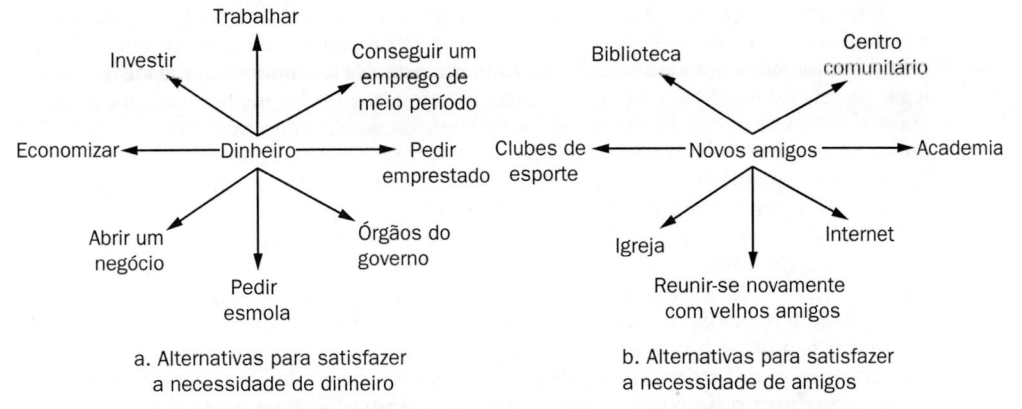

```
                    Trabalhar
                        ↑
        Investir    Conseguir um              Biblioteca         Centro
            ↖       emprego de                    ↖           comunitário
                    meio período                               ↗
Economizar ← Dinheiro → Pedir    Clubes de ← Novos amigos → Academia
                        emprestado  esporte        ↙ ↓ ↘
        ↙       ↓       ↘                    Igreja    Internet
    Abrir um          Órgãos do
    negócio           governo            Reunir-se novamente
            Pedir                        com velhos amigos
            esmola
        a. Alternativas para satisfazer       b. Alternativas para satisfazer
           a necessidade de dinheiro             a necessidade de amigos
```

FIGURA 27.9 Satisfazendo as necessidades presentes na nuvem por meios alternativos.

caída depois que fossem libertados. Quando questionados sobre sua necessidade de tomar drogas, as respostas usuais foram sentir prazer ou um barato, aliviar o estresse ou ter uma descarga de adrenalina.

Para sentir um barato, eu preciso tomar drogas.

Havia outra forma de sentir um barato? Um detento entusiasmadamente levantou a mão e propôs que corressem para obter essa mesma descarga de adrenalina. Aparentemente, ele havia praticado esporte na escola e adorava correr.

Para sentir uma descarga de adrenalina, eu preciso correr.

Isso funcionou? Depois de libertado, ele entrou em contato conosco e nos informou que continuava limpo e continuava correndo! Embora obviamente essa não fosse a solução para todos, isso enfatizou a importância de encontrar alternativas para satisfazer uma necessidade; do contrário, a tendência é retornar ao comportamento padrão.

Em um caso de roubo, um detento revelou que ele havia roubado um relógio de luxo no valor de US$ 30.000 depois de experimentá-lo em uma loja e admirá-lo em seu pulso. Ele sentiu necessidade de roubar o relógio para parecer bacana e impressionar a namorada.

Para me sentir bacana, eu preciso roubar o relógio.

Havia alguma outra forma de ele se sentir bacana? Vestido em seu uniforme de prisão sem dúvida nem um pouco bacana e de chinelos de borracha, de repente ele percebeu que havia outras opções, como mudar o estilo do cabelo ou se tornar um bom dançarino, que ele poderia ter escolhido para parecer bacana e impressionar a namorada.

Os exemplos práticos não estão de forma alguma restritos ao reflexo de experiências passadas. Suas ações diárias eram perfeitas para praticar a lógica de necessidade. Em uma determinada ocasião, quando o horário de curso da TOC coincidiu com o de exercício no pátio da prisão, um detento correu irritadamente para um dos agentes penitenciários e jogou sua ficha no chão. Felizmente, não foi feita nenhuma acusação. Porém, quando questionado sobre o motivo de tal comportamento, ele explicou que ele queria obter a atenção do agente.

Para obter a atenção do agente penitenciário, eu preciso jogar minha ficha no chão.

Quando perguntado se havia alguma outra forma de obter atenção, ele arrastou timidamente os pés e murmurou que podia ter esperado até que o agente se desocupasse. Embora o restante do curso tenha continuado a coincidir com o horário de exercício no pátio, ele se tornou um aluno exemplar.

Em outro caso memorável, um detento mais jovem que estava para ser solto no dia seguinte teve sua sentença ampliada por tatuar a testa com um lápis. Ao voltar para a sala, questionamos sua necessidade de tatuar a testa. E ele respondeu que ele e seus colegas de cela estavam tão entediados na noite anterior, que eles fizeram isso por pura diversão. A classe caiu na risada quando ele leu em voz alta no quadro: *"Para me divertir, eu preciso tatuar minha testa"*. Não havia nenhuma outra maneira de ele se divertir? Hoje, um homem livre, quando ele nos liga para conversar, ele me lembra da dura lição aprendida em sua busca por "diversão".

Aprender a se autoquestionar pode se revelar uma realidade difícil e tornar as experiências de transformação um processo árduo de suportar. A menos que haja um tempo para reflexões críticas, não faz sentido tentar ensinar o restante do processo e da linguagem relacionados à ferramenta enquanto os princípios fundamentais não forem compreendidos. Normalmente, é necessário realizar intervenções individuais para mudar comportamentos crônicos; entretanto, os perímetros de segurança estabelecidos dentro desse grupo eram tão restritos, que os integrantes podiam atenuar sua aparência de durão e compartilhar abertamente e observar com novos olhos a insensatez de seu comportamento. Uma frase que se costuma ouvir na sala era um incrédulo "Você fez isso? Por quê?".

A decomposição do processo da nuvem também deu ao público oportunidade de analisar o "porquê" de seus atos, sem o usual "por que não" durante o processo de aprendizagem inicial. Para a maioria dos adultos, a percepção inerente de certo ou errado é tão forte, que para a maioria dos tipos de comportamento negativo o "por que não" já é bem compreendido. Para esse público em particular, familiares, professores e orientadores psicológicos bem-intencionados os treinaram desde cedo a usar o "por que não". Contudo, como os fumantes, ainda que eles tivessem consciência das consequências de seus atos, poucos podiam abandoná-los enquanto não encontrassem outra forma de satisfazer sua necessidade.

Existe apenas uma pequena amostra das inúmeras situações simples, mas transformativas, resultantes da pergunta básica "por quê?" e da identificação do motivo principal por trás de nossos atos individuais. Embora se possa defender que esses conceitos não são exclusivos da TOC, o emprego da frase-chave da TOC "Para... eu preciso" foi fundamental para o êxito do curso. A associação dos três elementos (necessidade, vontade e justificativa) ofereceu um manual simples porém eficaz para o restante da ferramenta da nuvem, que é essencial para lidar com problemas interpessoais e dilemas pessoais mais significativos que exigem uma análise mais meticulosa de ambos os lados do conflito.

Ganho mútuo (ganha-ganha) A adesão ao conceito de ganho mútuo é indispensável para ensinar o restante do processo da ferramenta de evaporação das nuvens. No entanto, a necessidade de ganho mútuo não é um conceito fácil de "vender" no contexto asiático, em que não é comum defender com insistência um ponto de vista pessoal, particularmente para superiores, idosos ou autoridades. Diferentemente das sociedades individualistas que se nutrem da argumentação e da crença fundamental na liberdade de expressão, a cultura asiática tradicional não estimula o confronto direto porque ser afrontado pode ser desmoralizante para ambas as partes.

Em vez de lutar para alcançar uma situação ganha-ganha, é bem mais comum e aceitável adotar uma estratégia para evitar, ceder, condescender ou conciliar, ainda que isso signifique uma situação de ganho para um e perda para o outro e, no frigir dos ovos, uma situação de perda para ambos os lados. Para superar isso, precisamos uma vez mais *invalidar a lógica subjacente* antes de tentar introduzir novos conceitos. Para dar uma sensação de diversão ao exercício, empregamos assiduamente a interpretação de papéis para demonstrar os resultados de cada tipo de resolução de conflito.

Para estimulá-los a se apropriar da solução, o grupo fez uma lista de todas as opções existentes para resolver um conflito antes de discutir os méritos e as desvantagens de cada uma. Não surpreendentemente, as soluções mais comuns foram evitar, condescender, ceder e conciliar. O argumento decisivo estava na demonstração realista de cada situação por "atores" declarados junto ao público, o que contribuiu para a alta capacidade de recordação do exercício durante vários meses subsequentes.

Exemplos de interpretação de papéis incluem: um homem que concorda em se casar com a namorada depois que ela ameaça ir embora (ceder), um agente penitenciário que impõe determinadas ações a um detento (condescender), uma mãe que importuna o filho até o momento que ele decide mudar (evitar), um casal que concorda em se revezar para assistir à TV durante 15 minutos cada durante a partida final da Copa do Mundo de Futebol e o último capítulo de uma série de televisão (conciliar). Ao final desse exercício, depois que os participantes veem as consequências das situações de ganho-perda, eles ficam mais abertos para aprender a respeito das soluções ganha-ganha.

Ensinando a lógica de suficiência A lógica de suficiência é o fundamento da ramificação lógica utilizado para perceber as consequências de nossos atos e melhorar ideias semiacabadas. Ela segue o formato "Se... então... porque..." ou "Se... e se... então... porque..." para descrever por que uma situação existe ou por que acreditamos que determinados atos provocarão determinadas consequências. A veracidade das respectivas relações de causa e efeito depende da *suficiência*.

A maioria das pessoas compreende bem o conceito de causa e efeito. Com algumas raras exceções, todos os detentos tinham consciência da consequência negativa imediata de seus atos antes de cometer o crime e ainda assim persistiram. O que os motivou a agir dessa maneira tão ilógica? Existem dois principais motivos por trás disso:

1. Incapacidade de compreender a consequência global de seus atos.
2. Incapacidade para confirmar a consequência prevista.

Compreender a consequência global dos próprios atos Com relação ao comportamento, a *lógica de necessidade* é fundamental para compreender *o que nos leva a agir*, ao passo que na lógica de suficiência é favorável confirmar o que acreditamos que *ocorrerá* como consequência de nossos atos. O problema subjacente nessa última situação é que a consequência muitas vezes é determinada com base em nossas experiências individuais e em nossa intuição, e não em virtude de termos todos os dados em mãos. Se nossa intuição sobre a situação for insuficiente, nos basearemos em nossa pouca experiência para formar uma opinião. Com base nessas opiniões, desenvolvemos padrões de comportamento que governam nossa maneira de comportar e pensar.

Por exemplo, *SE eu violar a lei E for pego, ENTÃO irei para a prisão. SE eu violar a lei E não for pego, ENTÃO conseguirei dinheiro fácil.*

Se a intuição for insuficiente, a decisão sobre violar ou não a lei será tomada com base em pressupostos individuais sobre (1) prisão e (2) a probabilidade de ser pego. Para os infratores primários, esses dois conjuntos de pressupostos baseiam-se na experiência de seus colegas, que com frequência é exagerada para exibir sua ousadia. Para aqueles que já cometeram vários crimes, isso depende de sua experiência pessoal. Em ambos os casos, a intuição normalmente é inadequada para fazer um julgamento bem fundamentado dentro desse círculo limitado de conhecimentos e a ramificação é finalizada prematuramente. Para norteá-los, é indispensável oferecer facilitação a fim de ampliar a ramificação lógica e aprofundar sua compreensão sobre as consequências; por exemplo, obter dinheiro fácil pode gerar influências negativas sobre os colegas, falta de convicção sobre o valor moral e a importância do trabalho honesto e maior tolerância e propensão ao crime.

Outro problema relacionado com a insuficiência de intuição é a incapacidade de enxergar a consequência dos atos em termos globais – isto é, não apenas sobre eles mesmos –, decorrente das infrações que eles cometeram, particularmente se não houver uma vítima como no caso de estupro ou homicídio. Embora a consequência negativa para si mesmo e familiares seja evidente, muitos se sentem perdoados da infração que cometeram depois que são acusados e presos, isto é, sua punição já pagou pelo crime. O que eles não percebem é o efeito dominó desse crime para a sociedade e todos aqueles em sua esfera de influência.

A Figura 27.10 mostra um exemplo de tráfico de drogas em que se pode ver a ramificação lógica inicial que resulta em "Eu sofro na prisão", à esquerda, ou "Eu fico rico e impressiono meus colegas", à direita. Depois de muito debate, o grupo ficou chocado ao ver as consequências de longo alcance sobre seus colegas, familiares e clientes, bem como sobre aqueles que influenciam diretamente. Pense no impacto de uma pessoa que está traficando drogas sobre 50 clientes, que, por sua vez, ficam viciados e influenciam seus colegas, gerando um ciclo interminável de reforço negativo. O impacto de uma pessoa sobre a sociedade é enorme. Até então, eles nunca haviam levado em conta as pessoas que eles não conheciam ou não conseguiam ver.

Esse efeito borboleta[5] mostra perfeitamente como um único ato pode ser ampliado e transformado em uma cadeia irreversível de acontecimentos e ressalta a importância de percebermos as consequências em termos globais de nossos atos antes de agirmos. Para consolidar a aprendizagem, todos refletiram sobre o crime que haviam cometido por meio de um processo de questionamento facilitador, para analisar sobriamente as consequências de seus atos sobre a sociedade. Embora seja impossível prever os efeitos de cada ato, o objetivo é elevar a consciência sobre as consequências nos outros e não apenas em si mesmo.

Validando o efeito previsto   Além de não perceber as consequências globais de seus atos, muitos detentos não validam o efeito previsto. Em vez de se preocuparem em analisar a

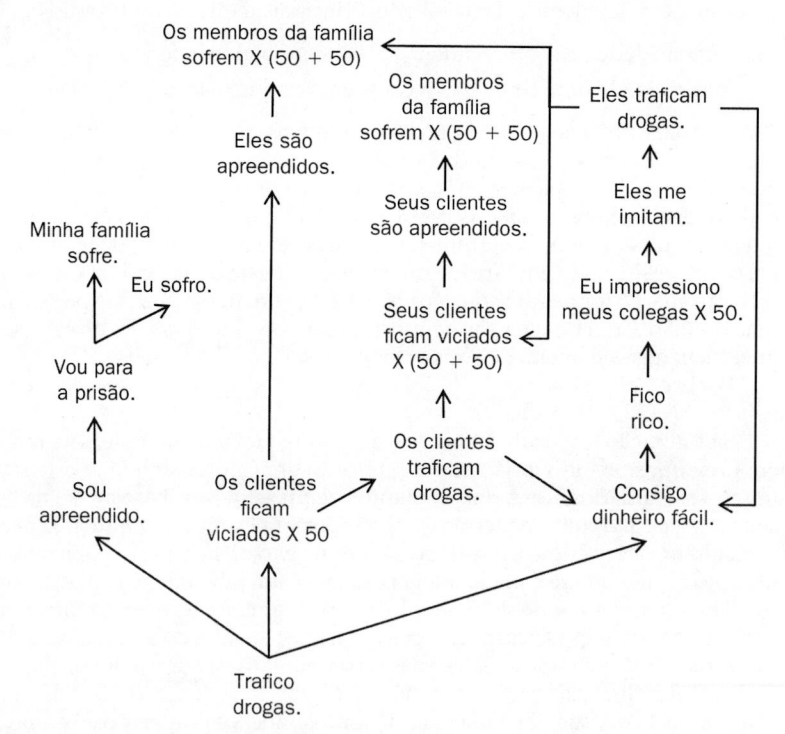

FIGURA 27.10   Consequências do tráfico de drogas sobre os outros.

---

[5] Refere-se ao trabalho de Edward Lorenz baseado na teoria do caos, segundo a qual o bater das asas de uma borboleta pode ajudar a provocar um tufão em outra parte do mundo, criando assim mudanças minúsculas na atmosfera.

lógica do efeito previsto, vários reproduzem cegamente o sistema de crenças e o padrão de comportamento dos outros. Por exemplo, SE você consumiu droga apenas uma vez, ENTÃO não ficará viciado, ou SE uma pessoa o encara, ENTÃO você deve encará-la também. Com respeito a outros detentos, mesmo sabendo e desejando o contrário, a necessidade automática de seguir normas comportamentais estabelecidas assume o controle.

Um problema comum entre os detentos é a dúvida sobre se devem divulgar sua passagem pela prisão a futuros empregadores. Em virtude de sua pouca experiência e de rumores, a maioria dos empregadores não os contratará se souberem de sua passagem pela prisão. Por esse motivo, eles sentem que não têm outra opção senão mentir para conseguir o emprego.

SE eu não falar sobre minha passagem pela prisão, **ENTÃO** conseguirei o emprego;
SE eu conseguir o emprego, **ENTÃO** trabalharei com afinco para provar que tenho capacidade.

SE eu trabalhar com afinco para mostrar que tenho capacidade, **ENTÃO** o empregador me manterá no emprego se ele ficar sabendo do meu passado.

SE eu falar sobre minha passagem pela prisão, **ENTÃO** não conseguirei o emprego.

Há vários equívocos lógicos gritantes. É verdade que o empregador o contratará apenas porque você não revelou seu passado? O empregador de fato tem preconceito contra detentos? Você tem todas as qualificações? O empregador o manteria quando ficasse sabendo sobre seu passado? Em muitos casos, particularmente no setor de serviços – por exemplo, em hotéis –, é contrário à política da empresa contratar ex-presidiários. Isoladamente, a mentira gera várias outras consequências que não foram abordadas. A Figura 27.11 mostra um exemplo em que o autor redefine sua lógica após a validação do efeito previsto.

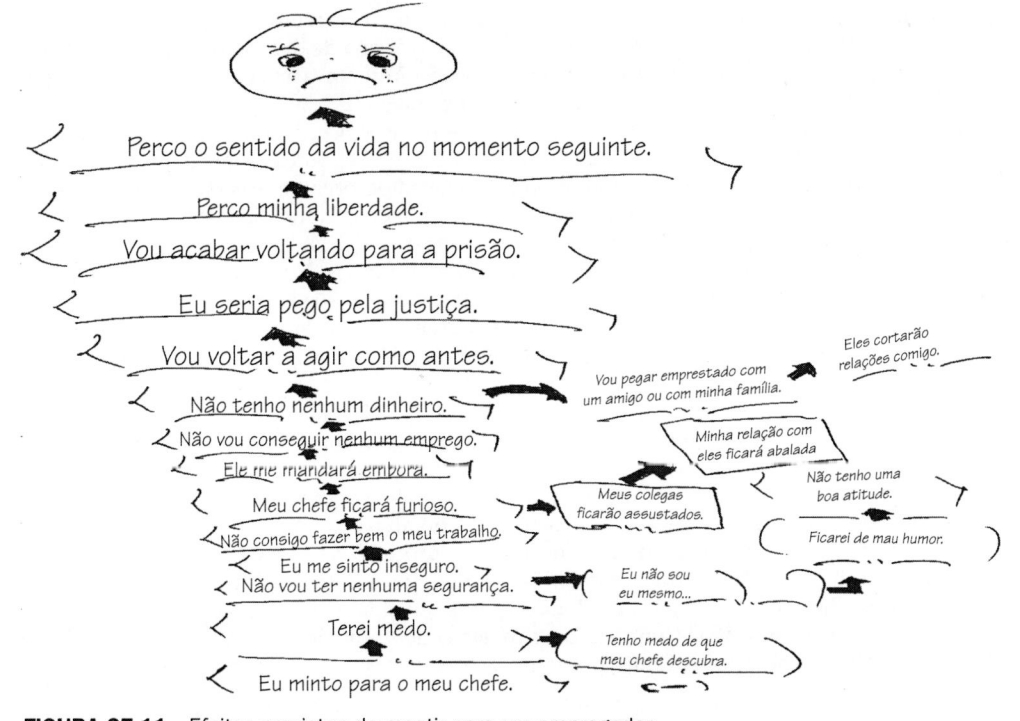

FIGURA 27.11 Efeitos previstos de mentir para um empregador.

Tal como a lógica de necessidade, é fundamental ensinar o conceito antes de ensinar a ferramenta integral. Utilizando como causa o ato desejado de um participante, eles são induzidos a exercitar ramificações de um único passo utilizando "Se... então... porque...", até o momento em que aperfeiçoam a lógica de suficiência e estão preparados para esboçar a ramificação completa.

Transmissão do conteúdo

Depois de simplificar o processo de pensamento da TOC em componentes essenciais, a dificuldade seguinte foi transmitir o conteúdo de uma maneira que eles pudessem processá-lo e compreendê-lo facilmente.

Técnicas de ensino

Uma variedade de técnicas de ensino foi fundamental para reter a aprendizagem entre os detentos. O ensino tradicional em sala de aula era impossível porque havia grande variação no idioma e no grau de alfabetização entre os integrantes do grupo e isso impedia que os instrutores envolvessem todos os detentos seguindo um mesmo nível e ritmo. Ao observar o rosto inexpressivo dos participantes no início de cada curso, com frequência era difícil identificar se isso significava falta de adesão ou falta de desenvolvimento intelectual. Para envolver todos os níveis, a utilização de jogos vigorosos, trabalho em grupo, reflexão individual e apresentações em vídeo, todos personalizados especificamente para o estilo de vida único, ajudou a gerar grande interesse e manter a motivação e atenção.

A característica pictórica das ferramentas também ajudou a oferecer uma dimensão de aprendizagem diferente para os detentos com diferentes estilos de aprendizagem. Em um caso específico, vários companheiros de cela do programa da TOC que haviam encontrado dificuldade para compreender o processo da nuvem de conflito receberam instruções à noite, na própria cela, de outro colega que não participava do programa da TOC. Porém, dada a natureza de sua profissão – artista-tatuador –, ele conseguiu compreender e interpretar imediatamente o fluxograma básico ou a característica pictórica da ferramenta. Outros encaravam a ferramenta como uma forma de desafio ou quebra-cabeça – por exemplo, palavra cruzada ou Sudoku –, o que apresentava a vantagem complementar de poder ajudá-los a resolver seus problemas pessoais.

Mais importante, o método socrático para ensinar a TOC foi uma mudança reconfortante para um público que estava tão acostumado a receber ordens sobre o que deveria fazer. Ajudados a encontrar sua própria "voz", os detentos tornaram-se gradativamente mais receptivos e motivados a aprender e aplicar as ferramentas aprendidas. Para aumentar ao máximo a capacidade de recordação, testes divertidos, folhas de exercícios e apontamentos foram passados aos detentos em momentos relevantes ao longo do curso. Os detentos também recebiam "dever de casa" para levar para a cela, o que lhes dava mais tempo para refletir sozinhos e ter discussões informais em grupo e, ao mesmo tempo, permitia que os instrutores utilizassem o período de treinamento na sala de aula para transmitir o conteúdo.

Idioma

Por definição, todo o *workshop* foi conduzido em inglês em virtude das limitações idiomáticas de parte dos instrutores. Por esse motivo, foi necessário realizar alterações consideráveis no material de treinamento para que o público pudesse acompanhar o processo de pensamento. Em quase todos os casos, o grupo-alvo conseguia compreender e falar o inglês básico misturado ao dialeto local, mas o processo de aprendizagem era com frequência dificultado pelo fraco vocabulário e pelas fracas habilidades de comunicação do público. Grande parte da terminologia da TOC revelou-se incompreensível para o público, o que exigiu várias alterações no material de treinamento e igualmente tradução contínua por voluntários dentro do grupo.

Paradoxalmente, mesmo no próprio idioma dos participantes, muitos com frequência ficavam confusos com as palavras por falta de prática, visto que o linguajar cotidiano da prisão tende a ser abreviado e coloquial e, portanto, era inadequado para expressar o que eles de fato queriam dizer. Por causa dessa desvantagem, escrever era um problema ainda maior, tal como era possível ver nas expressões faciais de angústia e ao mesmo tempo engraçadas dos detentos quando eles reclamavam de "bloqueio mental" e "congelamento mental" no momento em que eram solicitados a expressar o que eles sentiam ao final de cada sessão.

Em uma virada incomum, essa restrição acabou se revelando uma bênção encoberta porque estimulou em grande medida a camaradagem dentro do grupo. Após a aula, havia grande esforço coletivo nas celas no sentido de discutir a melhor forma de definir com precisão seus problemas pessoais, tal como demonstrado pela alta qualidade dos "deveres de casa". Forçados a sintetizar sua história de vida nos pequenos quadros das ferramentas da TOC, eles aprendiam a ter concisão e clareza de pensamento. Com relação aos tradutores, seu novo papel lhes concedeu sentimento de importância e responsabilidade, ao mesmo tempo que um nível de aprendizagem superior era reforçado por meio da contínua internalização, interpretação e repetição. Seguindo o verdadeiro estilo da TOC, o peso dos conflitos pessoais em pouco tempo passou a ser uma preocupação compartilhada pelo grupo.

Em retrospecto, a obrigação de transmitir mais lentamente as partes mais difíceis do curso deu ao grupo um tempo maior que o habitual para pensar e refletir. Mais importante ainda, isso os forçou a condensar o conteúdo no denominador mais simples para que eles tivessem uma compreensão básica, o que nos conduziu à essência da TOC.

Duração

O intervalo de atenção foi assinalado como um possível problema desde o início porque havia mais de dez anos que a maioria dos participantes não entrava em uma sala de aula. Tal como uma criança, a princípio muitos participantes sentiam dificuldade de ficar quietos e concentrados por longos períodos. Por esse motivo, precisávamos promover constantes atividades em grupo e dividir os participantes em grupos menores para discussões breves a fim de reter a atenção. Para abordar esse problema mais a fundo, as sessões do programa, antes de três dias seguidos, foram divididas em seis *workshops* de três horas ao longo de um período de duas semanas,[6] o que também lhes deu oportunidade de refletir e internalizar as habilidades aprendidas por meio dos deveres de casa ao longo do fim de semana, na privacidade das celas.

Resultados

O objetivo desse estudo piloto foi avaliar a importância e utilidade do treinamento da TOC para detentos, no sentido de ajudá-los a se reintegrar à força de trabalho, o que seria avaliado quantitativamente com base na permanência no emprego após a libertação e qualitativamente por meio do *feedback* do detento. Os resultados foram compilados pela Corporação de Empresas Reabilitadoras de Cingapura (*Singapore Corporation of Rehabilitative Enterprises* – SCORE), divisão de reabilitação dos Serviços Penitenciários de Cingapura, totalmente independente da TOC, após a conclusão do projeto piloto.

---

[6] Apenas para citar um fato curioso, ficamos intrigados quando os papéis usados no *flipchart* começaram a desaparecer do cesto de lixo. Posteriormente descobrimos que alguns detentos haviam pegado os exemplos para afixar à parede da cela e exibir suas habilidades entre as aulas a seus companheiros de cela que não estavam participando do programa da TOC.

Quantitativos

O sucesso do projeto foi avaliado quantitativamente com base na permanência no emprego após a libertação de nossa população de amostra. De acordo com os dados fornecidos pela SCORE, como mostra a Figura 27.12, tradicionalmente cerca de 20% dos detentos conseguiam permanecer durante três meses ou mais no emprego após a libertação. Ao final do estudo piloto, a permanência no emprego pelo período de três meses triplicou para 59%.

Qualitativos

Feedback *do companheiro de cela*

Os levantamentos foram conduzidos junto aos detentos no último dia do programa de treinamento a fim de apreciar suas percepções sobre a utilidade do curso de treinamento e avaliar se as ferramentas aprendidas estavam sendo utilizadas após a conclusão do curso. Um formulário de avaliação, com perguntas fechadas (Seção I) e abertas (Seção II), foi preparado para essa finalidade, como mostra a Figura 27.13.

Além disso, os 59 detentos que responderam à avaliação deram ao curso uma pontuação média de 5,75, em um total de 6 a 13 perguntas, classificadas de acordo com a escala Likert apresentada na Figura 27.14, que leva a crer que os detentos consideraram o treinamento muito importante e útil. Dentre os diferentes aspectos avaliados, os detentos ficaram mais entusiasmados com a utilidade das ferramentas e com o modo como elas os ajudaram a distinguir entre necessidades e vontades, a superar obstáculos para atingir suas metas e a compreender premissas falhas.

As respostas às perguntas abertas foram congruentes com as respostas as pontuações da Seção I. Os detentos disseram que a TOC os ajudou a superar conflitos internos, a pla-

Grupo A — feira de empregos — dados atualizados dos participantes da TOC					
	PROGRAMA		DR		Total
Total de candidatos da TOC (nov.)	30		36		66
Não se candidataram	0		6		6
Bem-sucedidos	30		30		60
Malsucedidos			0		0
Impossibilitados de iniciar em virtude de serviço militar ou extensão da pena de prisão			1		
Pendente					0
Resultado dos candidatos a emprego da TOC	30		29		59
(a) Começaram a trabalhar	30		6		36
(b) Encontraram o próprio emprego			13		13
(c) Ainda para aceitar um emprego			0		0
(d) Recusaram oferta de emprego			5		5
(e) Ainda não responderam			5		5
(f) Ainda para serem libertados da prisão			0		0
Dados de acompanhamento atualizados da TOC	Geral		%		
Permanência no emprego durante três meses (nov./dez./jan.)	Primeiro mês	36	60		
	Segundo mês	36	60		
	Terceiro mês	34	59		

FIGURA 27.12 Resultados do estudo piloto da TOC.

		Discorda veementemente = 1				Concorda veementemente = 6		
		1	2	3	4	5	6	Média
P1	Ainda acho que o curso é útil para mim.	0	0	0	1	7	50	**5,84**
P2	O curso me ajuda a compreender as diferenças entre necessidades e vontades.	0	0	3	0	4	51	**5,88**
P3	Estou utilizando as ferramentas e as técnicas que aprendi durante o curso para mudar minha maneira de pensar a respeito dos problemas.	0	0	0	1	12	45	**5,88**
P4	Estou utilizando as ferramentas e as técnicas que aprendi durante o curso para me ajudar a ver perspectivas diferentes.	0	0	0	4	13	41	**5,64**
P5	O curso me ajudou a compreender a importância de questionar meus pressupostos.	0	0	0	4	14	40	**5,64**
P6	Estou utilizando as ferramentas e as técnicas que aprendi durante o curso para questionar meus pressupostos.	0	0	0	1	15	42	**5,7**
P7	O curso me ajudou a compreender as consequência do pensamento falho.	0	0	0	3	14	41	**5,65**
P8	Estou utilizando as ferramentas e as técnicas que aprendi durante o curso para corrigir pressupostos errôneos e pensamentos falhos.	0	0	0	2	14	42	**5,69**
P9	Estou utilizando as ferramentas e as técnicas que aprendi durante o curso para me ajudar a superar barreiras à concretização de minhas metas.	0	0	0	1	13	44	**5,74**
P10	Estou utilizando as ferramentas e as técnicas que aprendi durante o curso para me ajudar a concretizar metas ambiciosas.	0	0	0	2	14	42	**5,69**
P11	Depois de frequentar o curso, fiquei mais otimista com relação à minha capacidade de concretizar minhas metas.	0	0	0	2	10	46	**5,76**
P12	Consigo compreender melhor as realidades do mercado de trabalho de Cingapura.	3	1	3	3	21	46	**5,05**
P13	Eu aconselharia outros detentos a frequentar esse curso.	0	0	1	0	5	52	**5,85**
								74,01

FIGURA 27.13 Formulário de avaliação dos detentos.

nejar "um passo por vez", a tomar decisões mais adequadas, a estabelecer metas realistas e a se concentrar no futuro. Outros comentários dos detentos incluem:

- Essa foi a melhor coisa que me aconteceu na prisão. Se eu tivesse frequentado esse curso na primeira pena que cumpri, não teria voltado para a prisão.
- O mais importante é que ela nos ajudou a *pensar sensatamente* (o que muitos de nós não faz normalmente), a nos perguntar *por que* (o que nunca pensamos em perguntar) e a realmente identificar nossas necessidades básicas.

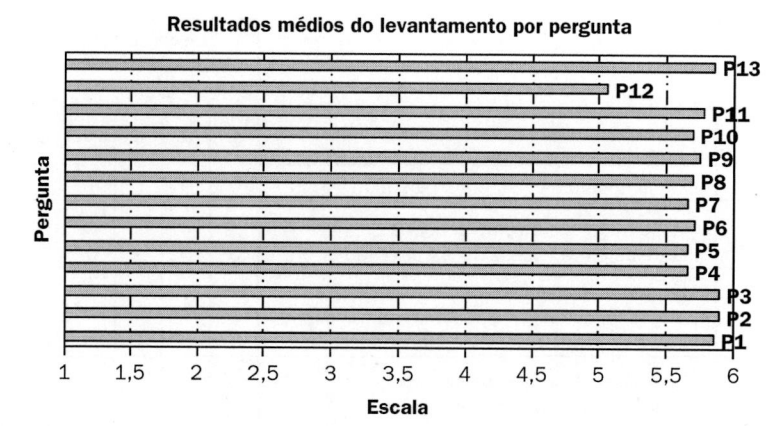

Resultados médios do levantamento por pergunta

[Gráfico de barras horizontais mostrando as perguntas P1 a P13 na escala de 1 a 6]

FIGURA 27.14 Escala Likert dos detentos.

- A TOC me permitiu descobrir as peças do quebra-cabeça que faltavam e que estive procurando durante todos esses anos. Finalmente encontrei uma resposta para a minha agonia.
- A TOC me ajudou a pensar sobre as consequências de fazer o que acredito que seja seguro.
- Ela me ajuda a ter uma visão clara do motivo pelo qual fracassei tantas vezes e assim eu posso compreender melhor onde estão meus defeitos.
- Ela de fato me fez compreender bem melhor a mim mesmo..., mas às vezes a verdade dói.

Feedback *do instrutor*

Embora também tenhamos experimentado uma espécie de privação enquanto trabalhávamos em um ambiente de alta segurança, é magnífico saber que as ferramentas da TOC lhes deram liberdade antes mesmo de eles serem libertados. Eles tinham esperança porque haviam começado a raciocinar e estavam aptos a olhar para dentro de si mesmos. Alguns conseguiram se livrar de determinados hábitos mentais e mudar seu comportamento imediatamente.

Um deles encontrou uma solução para evitar a violência que o havia colocado na prisão. Essa descoberta o deixou contente porque finalmente ele poderia ter controle sobre si mesmo. Após a libertação, outro conseguiu permanecer em um trabalho fisicamente intenso apenas refletindo e decidindo sobre o que era mais importante. Outro assumiu dois empregos para se manter ocupado e evitar o tédio, porque sabia que isso lhe traria problemas, e estabeleceu para si mesmo a meta ambiciosa de conquistar novamente sua ex-esposa, e tem esperança nisso. Essas breves histórias reais confirmam que conceder poder e autonomia à "escória da sociedade" com ferramentas que funcionam traz a realização mais significativa.

Feedback *do governo*

> Esse programa oferece ferramentas simples e lógicas para que a pessoa questione os pressupostos subjacentes aos seus conflitos pessoais, a fim de que assim ela possa tomar decisões corretas na vida. Isso é benéfico para os infratores porque os ajuda a eliminar as barreiras que eles mesmos criam em relação ao emprego.
> – *Discurso do Sr. Zainul Abidin Rasheed, ministro superior de Estado das Relações Exteriores, na Feira de Empregos do Projeto Fita Amarela, 1º de novembro de 2006, na Prisão Changi.*

A julgar pelos critérios de avaliação apresentados, podemos concluir que esse estudo piloto foi um sucesso inequívoco no ponto de medição e ofereceu um fundamento sólido com relação à mudança comportamental dos detentos. Tanto o alto índice de permanência no emprego quanto as excelentes avaliações de *feedback* indicam uma forte adesão à TOC, o que a torna uma causa de mérito para outros programas de reabilitação na prisão. Grande parte dos trabalhos de curso submetidos pelos detentos demonstra que houve uma nítida resolução de conflitos crônicos de longa duração e de comportamentos negativos, o que reforça a eficácia da TOC enquanto ferramenta reflexiva para os detentos analisarem seus atos do passado.

A mais longo prazo, por meio desses mesmos critérios de avaliação, é impossível avaliar empiricamente a eficácia do programa no sentido de promover e manter a mudança desejada, na medida em que a mudança só pode ocorrer se os ex-detentos continuarem praticando as habilidades e as ferramentas aprendidas, o que é impossível acompanhar após sua libertação. Entretanto, de um ponto de vista puramente subjetivo, observamos enormes transformações nos ex-detentos que optaram por manter contato regular conosco nos últimos dois anos e compartilharam seus testemunhos.

Além dos parâmetros desse estudo, uma avaliação mais adequada do sucesso a longo prazo poderia ser a mensuração do tempo médio de reincidência (ou novo delito) junto a vários infratores. Embora se tenha uma meta ambiciosa de atingir 100% de reabilitação, essa meta não é possível nem realista porque a pressão social sofrida pelos detentos após a libertação é sufocante. Um desafio mais simplista e pragmático apresentado aos detentos durante o curso é parar e perguntar "por que", de acordo com o contexto da TOC, antes de realizar um ato negativo. Ainda que isso apenas retarde o tempo entre os crimes em um dia ou um ano, continua sendo um exercício extremamente compensador no sentido de ajudá-lo a retomar o processo de pensamento lógico.

Acompanhamento das implementações

Subsequentemente ao bem-sucedido projeto piloto inicial, outros treinamentos foram concluídos:

- Outros detentos que estavam para ser libertados
- Infratores jovens (entre 14 e 21 anos de idade)
- Agentes penitenciários
- Conselheiros e psicólogos penitenciários
- Assistentes de reabilitação subsequente

Recomendações para o futuro

Para avançar, os fatores a seguir devem ser levados em conta.

Transmissão do conteúdo. Grande parte do *feedback* dos detentos girou em torno da necessidade de introduzir o curso mais cedo em relação ao seu período de encarceramento, o que ofereceria um tempo maior para absorção e reflexão sobre os conceitos ensinados. Tendo em vista as restrições de financiamento, o piloto foi realizado na fase final anterior à libertação, coincidindo com uma série de outros programas pré-libertação. Como o tempo era muito apertado, não foi possível reforçar a aprendizagem de forma apreciável e oferecer aconselhamento adicional àqueles que precisavam. A introdução prematura na fase de tratamento correcional, estendida ao longo de um número maior de sessões de treinamento, seria mais benéfica por meio da prática supervisionada.

Cursos de acompanhamento. A falta de acompanhamento é um dos principais problemas após o treinamento comportamental. Embora se tenha observado uma mudança notável durante o programa, a tendência é recorrer ao comportamento padrão aprendido sem supervisão. Por exemplo, no caso dos dependentes químicos, eles têm de lidar com vários problemas novos quando estão sóbrios. Isso exige prontidão para enfrentar a realidade e assumir a responsabilidade por seus atos. Os programas de acompanhamento disponibilizados após a libertação lhes ofereceriam direcionamento e apoio para lidar com problemas familiares e profissionais crônicos fora da prisão e funcionariam como uma rede valiosa para os participantes encontrarem-se regularmente e discutirem problemas mútuos de forma semelhante à estrutura dos Alcoólicos Anônimos.

Inclusão da família. Após a libertação do detento, a família desempenha um papel extremamente importante no sentido de ajudá-lo a ficar longe dos crimes. Contudo, esses laços familiares são em grande medida afetados negativamente ao longo do período de detenção. Após a libertação, embora a intenção seja ajudar, o efeito com frequência é incompreendido. Uma versão adaptada do treinamento dos detentos para os membros da família ajudaria a melhorar a consciência e compreensão sobre os problemas e perspectivas dos detentos, além de apoiar e reforçar sua aprendizagem e mudanças comportamentais.

Mensuração. Os critérios de mensuração existentes – isto é, o índice de permanência no emprego – são fortemente influenciados por vários fatores externos que estão além do controle do estudo. Com a introdução do programa em uma fase mais inicial do tratamento correcional do período de detenção, seria possível realizar uma avaliação comportamental dentro do ambiente controlado da prisão e, portanto, mais precisa.

Resumo e conclusão

O principal objetivo deste capítulo não é apenas compartilhar as extraordinárias conquistas de nossos "garotos", mas estimular você, leitor, a explorar as várias oportunidades que podem ser reveladas por meio da TOC. Relembrando, nosso primeiro desafio foi saber como implementar a TOC em uma sociedade tão eficiente quanto a de Cingapura. A resposta é que a TOC é tão universal, que ela pode ser utilizada em benefício de todos. Só precisamos abrir a mente e procurar oportunidades fora dos setores tradicionais. Nesse sentido, em vez de perguntar "por quê?", talvez devêssemos questionar nossas premissas com respeito à pergunta "por que não?".

Sob vários aspectos, a estruturação desse curso foi um novo despertar para a grande e ao mesmo tempo elaborada simplicidade dos principais conceitos que fundamentam a TOC. Se a meta da TOC é ensinar o mundo a pensar, então precisamos dissecar o que está em seu âmago e transmiti-lo às massas. Em comparação com vários clientes corporativos que podem demonstrar árvores tecnicamente perfeitas, inúmeros detentos desistiram do curso com apenas uma ideia vaga da sequência ou da terminologia das etapas reais do processo da TOC. Entretanto, aplicando a TOC a seus conflitos pessoais e tendo a ousadia de questionar e examinar honestamente seu processo de pensamento lógico subjacente, os princípios centrais e a essência da TOC permanecerão com eles por toda a vida.

Atualmente, estamos desenvolvendo um projeto com o Ministério de Desenvolvimento Comunitário, Juventude e Esportes de Cingapura a fim de trabalhar com *pessoas com deficiência* (PCDs) para que elas concretizem seu pleno potencial e atuem independentemente superando suas restrições pessoais por meio das ferramentas do processo de pensamento da TOC. De uma maneira completamente diferente, há pouco tempo ministramos um seminário do processo de pensamento da TOC de desenvolvimento profissional para os Contadores Públicos Certificados (Certified Practicing Accountants – CPA) da Austrália. Seja qual for o público – detentos, pessoas com deficiência ou profissionais de colarinho-branco –, está claro que essas mesmas ferramentas do processo de pensamento da TOC podem igualmente ter influência em qualquer nível da vida. Como temos oportunidade de estar sobre os ombros de gigantes, é realmente um privilégio para nós, praticantes da TOC, poder levar conosco outras pessoas menos afortunadas para ver essa paisagem.

Sobre a autora

Christina Cheng é diretora da *TOC for Education* (TOCfE) de Cingapura e dirige sua própria empresa de consultoria. Ela encabeçou várias iniciativas da TOCfE fora do sistema escolar tradicional e treinou diversos públicos adultos e jovens em organizações governamentais e no setor de serviços sociais em Cingapura utilizando a TOC em aplicações comportamentais.

Antes de se envolver com a TOCfE, Christina era gerente financeira e de capital privado de um grande banco europeu que cobria os mercados do norte e do sudeste da Ásia. Cheng é australiana, casada, sem filhos, e mora em Cingapura.

PARTE VII
TOC para Serviços

CAPÍTULO 28
Gerenciamento de serviços

CAPÍTULO 29
Teoria das restrições em serviços profissionais, científicos e técnicos

CAPÍTULO 30
Serviços de suporte ao cliente segundo a TOC

CAPÍTULO 31
Visão viável para sistemas de saúde

CAPÍTULO 32
TOC para os sistemas de saúde de amplo escopo

Um segmento florescente em várias economias, o setor de serviços oferece oportunidades inacreditáveis de melhoria por meio dos conceitos da TOC. A maneira como as ferramentas da TOC funcionam nesses ambientes e são implementadas é abordada na área de serviços profissionais, científicos e técnicos, serviços de suporte ao cliente, atendimento médico e hospitais. Lembre-se de que na parte anterior, sobre o processo de pensamento, temos um capítulo sobre a aplicação da TOC na educação e um capítulo sobre sua utilização em prisões. A aplicação da TOC nessas áreas gerou resultados expressivos, tal como os capítulos desta parte demonstrarão. Esses capítulos apresentam a utilização da corrente crítica (CC), o gerenciamento de pulmões (GP) e o processo de pensamento da TOC, que foram explicados em partes anteriores deste livro, com grande sucesso nos ambientes de serviços. A influência dos serviços sobre a receita e o lucro das empresas é desafiada pelo ciclo de vida reduzido dos produtos e pela complexidade crescente dos processos e produtos. Os métodos da TOC ajudam a assegurar que as medidas tomadas na área de serviços fluam de uma maneira que apoie a demanda crescente por serviços e, ao mesmo tempo, mantenham a viabilidade financeira dessa área dentro das empresas.

28
Gerenciamento de serviços

Boaz Ronen e Shimeon Pass

Introdução

As organizações de serviços normalmente se esforçam para se sobressair em relação aos aspectos profissionais e técnicos dos serviços que elas oferecem aos clientes. Entretanto, a melhoria da área gerencial tem um imenso potencial para aumentar o valor para os acionistas de uma organização de serviços comum. Neste capítulo, a *melhoria de valor* será o principal critério utilizado para examinar o potencial e a importância dos conceitos e ferramentas gerenciais tradicionais em comparação aos mais modernos. Nas organizações de negócios, o valor da empresa é definido como o fluxo de caixa descontado (Ronen e Pass, 2008a). Em organizações sem fins lucrativos, a meta é aumentar as medidas de desempenho pertinentes em contraposição à meta da organização (Ronen *et al.*, 2006).

Para melhorar o desempenho e o valor de uma organização, identificamos seus principais *impulsionadores de valor* (Ronen e Pass, 2008a, Capítulo19). *Impulsionador de valor é qualquer fator importante que afeta significativamente o valor da empresa*. Os possíveis impulsionadores de valor são identificados por uma revisão e análise focalizada sobre a organização. Nas organizações de serviços, os impulsionadores de valor usuais são ganho crescente em vendas, ganho crescente em *tecnologia da informação* (TI), tempos de atravessamento reduzidos e medidas de desempenho variáveis.

O escopo de nossa discussão sobre o gerenciamento de serviços abrange os seguintes tipos de organização:

- Bancos (Ronen e Pass, 2007)
- Companhias de seguro (Eden e Ronen, 2007)
- Operadoras e provedores de serviços de celular (Ronen e Pass, 2008b)
- Companhias telefônicas (Ronen e Pass, 2008b)
- Empresas de cartão de crédito (Geri e Ronen, 2005)
- Hospitais e fornecedores de serviços de assistência média (Ronen *et al.*, 2006)
- Tribunais de justiça
- Serviços profissionais: advocacia, contabilidade, consultoria, engenharia, *design*, consultoria em TI etc. (Ronen e Pass, 2008a)
- Empresas e cadeias varejistas (Ronen e Pass, 2008a)
- Órgãos governamentais e municipais
- Setor de hospitalidade
- Educação (Goldratt e Weiss, 2006)

Copyright © 2010 Boaz Ronen e Shimeon Pass.

Desafios no gerenciamento de serviços

Nos primórdios da civilização humana, as pessoas lutavam contra as privações da vida – a maioria da população estava envolvida com a produção de alimentos, habitação, vestuário e proteção contra inimigos. O progresso da civilização trouxe alívio a essas privações da vida, o padrão de vida ascendeu e, hoje, a maior parte das pessoas oferece serviços a outras pessoas.

Aproximadamente 80% a 95% da força de trabalho global encontra-se no setor de serviços. Os outros 5% a 20% encontram-se nos setores fabril e agrícola. Em contraposição à grande importância do setor de serviços para a economia global, e diferentemente do setor fabril, os métodos de gerenciamento empregados pelas organizações de serviços são necessariamente os mais avançados.

De acordo com nossa experiência na implementação da *teoria das restrições* (*theory of constraints* – TOC) e de outros conceitos e ferramentas direcionados ao valor em dezenas de organizações de serviços ao redor do mundo, é muito fácil obter mudanças significativas em benefício de todos os interessados (*stakeholders*) de uma organização de serviços.

Essa defasagem entre os setores fabril e de serviços na utilização de métodos de gerenciamento ocorre por vários motivos. Primeiramente focalizaremos os fatores que tornam o setor de serviços diferente.

O que torna o gerenciamento de serviços diferente?

O gerenciamento de serviços tem várias características exclusivas:

- O resultado de um serviço não é naturalmente físico.
- Existe uma grande variação entre as organizações de serviços (até dentro de um mesmo setor), com relação a clientes, tipos de serviço, fornecedores de serviços e procedimentos de serviço.
- A meta das organizações de serviços nem sempre é clara, particularmente nas organizações sem fins lucrativos.
- As mensurações e o controle não são triviais.
- Nos serviços, o cliente com certa frequência faz parte do processo.
- Um serviço não pode ser feito com antecedência ou armazenado como estoque.
- As entidades do processo de serviço nem sempre são visíveis ou físicas.
- Em muitos casos, os gargalos nos processos de serviço são difíceis de detectar.
- Muitas organizações de serviços não visam ao lucro.
- As organizações de serviços normalmente são intensivas em mão de obra.
- Em vários setores de serviços, as operações e os processos essenciais exigem alto nível de recursos de TI. Nessas organizações, os recursos de desenvolvimento de aplicativos de TI são *gargalos permanentes* (Pass e Ronen, 2003).
- Na maioria das organizações de serviços, a porcentagem de custos fixos é alta – normalmente bem mais alta que em uma empresa industrial.

Pode-se ter a impressão de que, em virtude dessas características, as organizações de serviços não podem utilizar a TOC e outros métodos desenvolvidos pelo setor fabril. Os parágrafos subsequentes demonstrarão que isso não é verdade. Além disso, em vista da disparidade existente na implementação, as organizações de serviço apresentam um potencial imenso de melhoria de valor.

Por que a mudança é necessária?

A maioria das organizações de serviços está atrasada em relação ao avanço obtido pelas organizações industriais na implementação de novos métodos de administração gerencial, como a TOC, produção enxuta/Seis Sigma ou gestão da qualidade total (*total quality management* – TQM).

A maior parte das organizações de serviços ainda não assimilou o conhecimento de que elas podem potencializar a excelência em operações para aumentar o valor dos acionistas. De modo semelhante, a ideia de qualidade em serviços às vezes é mal interpretada. Em muitos casos, as organizações de serviços fazem algum esforço para implementar a produção enxuta/Seis Sigma principalmente na área de operações. Normalmente, esse esforço não melhora o valor da organização de uma maneira significativa.

O gerenciamento apropriado dos gargalos do sistema, uma mudança nas medidas de desempenho locais, redução do tempo de atravessamento, tomada de decisões e procedimentos de determinação de preço ou de custo são oportunidades fundamentais para melhorar as organizações de serviços.

O objetivo deste capítulo é apresentar o estado da arte dos conceitos e ferramentas, demonstrando seu potencial de melhoria de valor das organizações de serviços. Além disso, este capítulo propõe rotas comprovadas para a identificação de impulsionadores de valor e uma implementação bem-sucedida em uma variedade de ambientes de serviços.

Em segundo lugar, este capítulo faz um levantamento da literatura sobre a TOC nas organizações de serviços. Terceiro, apresentamos uma breve avaliação do gerenciamento de serviços. Quarto, abordamos os conceitos e ferramentas da TOC e o gerenciamento focalizado para organizações de serviços. Quinto, apresentamos um plano de implementação para as organizações de serviços. Sexto, relacionamos os capítulos remanescentes desta parte sobre serviços.

Levantamento da literatura da TOC nas organizações de serviços

Mapeamento da literatura e observações

Em comparação à disseminação da literatura da TOC em produção, logística e gerenciamento de projetos, foram conduzidas poucas pesquisas sobre a TOC em serviços. Além disso, existem apenas alguns artigos que falam sobre a implementação da TOC e do gerenciamento focalizado em serviços.

Diferentemente da produção, do gerenciamento de projetos ou da distribuição, o gerenciamento de serviços apresenta uma variação bem maior. Um banco é diferente de uma organização de produção com relação aos processos, ao fluxo de informações e aos problemas básicos. Em geral, podemos classificar as instalações fabris em V, A ou T. Nas organizações de serviços, essa variação é mais acentuada.

Algumas observações foram feitas com base no levantamento da literatura e são detalhadas na seção subsequente.

De todos os setores de serviços, a TOC é relativamente mais popular junto às organizações de saúde

De todos os setores de serviços, a TOC é relativamente mais popular junto às organizações de saúde. O motivo talvez seja o fato de os hospitais, clínicas e outras organizações de saúde serem "linhas de produção" que lidam com bilhões de pessoas anualmente. Alguns departamentos são, na verdade, unidades de produção por encomenda. Outros são instalações V, A ou T e muitos podem ser considerados semelhantes a uma instalação de projeto. Eles têm gargalos e o *trabalho em andamento* (*work in progress* – WIP) pode ser visto facilmente. As medidas de desempenho são semelhantes às medidas da área operacional. Todos os problemas nos quais a TOC demonstrou sua capacidade de melhorar encontram-se nas organizações de saúde. Portanto, existem implementações e metodologias em "pleno funcionamento" nas organizações de saúde. Ronen *et al.* (2006) prescreveram uma metodologia de ponta a ponta baseada nos métodos da TOC e de gerenciamento focalizado que aumentou o ganho de maneira significativa, diminuiu o tempo de espera e melhorou a qualidade das organizações de saúde com os recursos existentes. Motwani *et al.* (1996) mostram como a TOC pode ser aplicada a organizações de serviços e sem fins lucrativos. Umble e Umble (2006) descrevem uma implementação bem-sucedida do gerenciamento de pulmões no sistema nacional de saúde do Reino Unido. Essa pesquisa mostra aplicações recentes nos departamentos de acidente e o processo de hospitalização de três instalações.

Wright e King (2006) descrevem os problemas e o ambiente da organização de saúde no romance (semelhante ao livro *A Meta*) *We All Fall Down: Goldratt's Theory of Constraints for Healthcare Systems* (Todos Nós Fracassamos: A Teoria das Restrições de Goldratt nos Sistemas de Saúde). A questão da implementação da TOC em um hospital inspirou a comunidade de saúde dominante e o livro, embora não seja científico, foi apresentado no prestigioso *New England Journal of Medicine* (Pauker, 2006).

Young *et al.* (2004) descrevem três métodos industriais consolidados – o pensamento de produção enxuta (Lean), a TOC e o Seis Sigma – e investigam como os conceitos subjacentes a cada um deles podem ter relação com o sistema de saúde. Leshno e Ronen (2001) descreveram o conceito de *kit* completo como parte da implementação integral do gerenciamento focalizado (gerenciamento de restrições, diminuição do WIP, alinhamento das medidas de desempenho e estratégia) em um hospital particular. Ritson e Waterfield (2005) apresentam um caso em que a TOC foi implementada em um serviço de saúde mental.

Implementações de "uma única ferramenta da TOC" e pesquisas

Exceto no setor de saúde, onde várias ferramentas da TOC foram implementadas, em todos os outros setores de serviços observamos implementações de "uma única ferramenta da TOC".

Por exemplo, existem artigos focalizados na aplicação da *contabilidade de ganhos* (CG) ou na eliminação de métodos de determinação de custo prevalecentes na organização de serviços. Roybal *et al.* (1999) concentraram-se na utilização do custeio baseado em atividades (CBA) e na TOC para nortear a melhoria contínua na assistência médica administrada. Gupta *et al.* (1997) integraram a TOC e a gestão baseada em atividades (*activity-based management* – ABM) em uma empresa de saúde.

Patwardhan *et al.* (2006) utilizaram o processo de pensamento da TOC em centros de medicina baseada em evidência.

Grande parte da literatura está examinando a praticabilidade das aplicações da TOC no setor de serviços

Goodrich (2008) investigou a possibilidade de utilizar a TOC na gestão de mudanças nas organizações de serviços profissionais. Taylor e Churchwell (2003) investigaram a praticabilidade do processo de pensamento e seu potencial em um hospital estadual. Schoemaker e Reid (2005) examinaram a utilização do processo de pensamento da TOC e o aplicaram ao setor governamental, no Departamento de Trabalhos Públicos de Albuquerque. Reid e Cormier (2003) aplicaram o processo de pensamento da TOC em serviços. Moss (2002) investigou a possibilidade de empregar as principais ferramentas da TOC em empresas de serviços.

Limitações das pesquisas atuais

As pesquisas sobre a TOC estão defasadas em relação às pesquisas sobre outros métodos gerenciais. Um levantamento rápido e não científico empregando o Google Scholar (2009) revela que o número de citações de temas relacionados à TOC é bem menor que o de citações sobre TQM e produção enxuta/JIT. Por exemplo, o termo "teoria das restrições" é citado 6.680 vezes, em contraposição a 23.700 citações do termo "produção enxuta" e 281 mil citações de "just-in-time" (JIT). "Tambor-pulmão-corda" é citado 906 vezes, ao passo que "*kanban*" é citado 18.900 vezes. Goldratt é citado 6.300 vezes, enquanto Deming recebeu 142 mil citações.*

Portanto, quais são os problemas básicos da pesquisa sobre a TOC?

A TOC é uma ferramenta simples e prática empregada para melhorar o gerenciamento. A simplicidade quase nunca é o principal desejo das atuais pesquisas acadêmicas sobre negócios. A TOC não utiliza nenhum modelo estocástico e determinístico complexo. Na verdade, ela emprega heurísticas que funcionam bem na prática.

A comunidade acadêmica da TOC é relativamente pequena, visto que a TOC ainda não é a corrente predominante em gerenciamento. As principais medidas de desempenho de um acadêmico são a qualidade e a magnitude de sua pesquisa. As pesquisas sobre a TOC não comportam a garantia de permanência e efetivação no emprego (*tenure track*) para um pesquisador mais jovem.

Final e igualmente importante, a comunidade da TOC é uma comunidade fechada de pessoas que obtêm conhecimento em uma pequena quantidade de fontes. Nos últimos anos, a TOC concentrou-se principalmente nos projetos da *visão viável* (VV), em organizações de produção e logística, e em iniciativas sobre o *gerenciamento de projetos pela corrente crítica* (GPCC). Por esse motivo, questões importantes sobre como implementar a TOC em organizações de serviços e sem fins lucrativos estavam ficando para trás.

Breve avaliação do gerenciamento de serviços

O que mudar?

Os impulsionadores de valor para as organizações de serviços que apresentam grande probabilidade de melhorar o valor são:

- Definição apropriada da meta
- Mensuração e controle
- Gerenciamento de restrições, particularmente no departamento de TI
- Ênfase sobre a diminuição dos tempos de atravessamento e melhoria do *desempenho da data de entrega* (DDE)
- Decisões apropriadas, especialmente em relação à determinação de preço, à determinação de custo e a preços de transferência
- Gerenciamento apropriado dos departamentos de marketing e vendas

Os setores de serviços em que o WIP é físico (como no varejo ou no sistema de saúde, visto que o WIP compreende clientes ou pacientes) foram na verdade os primeiros a implementar alguns dos conceitos e ferramentas discutidos nesta parte. Entretanto, a necessidade de mudar é especialmente proeminente nas organizações em que o WIP do serviço não é físico (*e.g.*, código-fonte, solicitação de apólices de seguro de vida).

Por que a TOC ainda não é popular entre os gerentes das organizações de serviços?

A TOC é menos popular nas organizações de serviços do que no gerenciamento de produção. Existem vários motivos para essa disparidade:

A linguagem da "produção/fabricação" – Para a maioria dos gerentes das organizações de serviços, alguns temas parecem ser relevantes somente para o mundo da produção. "Tamanho de lote", "carga", "preparação", "ganho", "custo por unidade",

---

* N. de T.: Observe que os autores estão se referindo ao número de citações dos termos em inglês no Google Scholar, e não ao número em português no Google Acadêmico.

"*kit* completo", "pulmão" etc. lhes parecem não aplicáveis ao ambiente de serviços. Na verdade, todos esses fatores são também muito importantes para as organizações de serviços.

Falta de ganhos rápidos e imediatos nas operações – A TOC e o gerenciamento focalizado ganharam popularidade no setor fabril por sua capacidade de obter uma enorme melhoria nas operações em um tempo relativamente curto. Muitas melhorias que geraram ganhos rápidos com relação ao valor têm um efeito menor ou são difíceis de obter no ambiente de serviços.

Maior dificuldade de resolver os problemas relacionados ao WIP – Na implementação da TOC na produção, o WIP é significativamente reduzido, provocando profundos efeitos no desempenho e no valor. As implementações de procedimentos de programação inteligentes e do *tambor-pulmão-corda* (TPC) estavam produzindo "milagres". No setor de serviços, o WIP também é um problema, embora mais difícil de resolver. Isso é particularmente verdadeiro nos setores de serviços em que o WIP não é físico.

Nenhum exemplo de sucesso sobre matérias-primas e produtos acabados – Como as organizações de serviços não têm *matéria-prima* (MP) e *produtos acabados* (PA) em seus principais processos, os métodos comprovados da TOC para essas áreas não se aplicam nas organizações de serviços.

Gargalos normalmente difíceis de identificar – No ambiente de serviços, os gargalos não são visíveis. Isso é especialmente verdadeiro nos setores de serviços em que o WIP é virtual.

Falta de um *corpo de conhecimentos* e de experiência sobre como lidar com as organizações de serviços – As empresas de produção são bastante semelhantes entre si. Os métodos e procedimentos foram desenvolvidos ao longo dos anos para lidar com instalações V, A e T. Como as organizações de serviços têm processos, estrutura e fluxo de trabalho extremamente variáveis, não existe nenhum método genérico para promover sua melhoria. Infelizmente, o corpo de conhecimentos da Organização Internacional de Certificação em Teoria das Restrições (*TOC International Certification Organization* – TOCICO) nos últimos anos deu ênfase principalmente aos problemas, conceitos e ferramentas de produção.

Projetos VV focados em produção, logística e fabricação.

Dificuldades para definir metas em organizações de serviços sem fins lucrativos – A falta de definição clara das metas nas organizações de serviços sem fins lucrativos bloqueia a implementação bem-sucedida de projetos de melhoria.

Dificuldade nas organizações sem fins lucrativos para medir o desempenho e percepção de que a TOC é uma filosofia direcionada aos negócios.

O que a TOC e o gerenciamento focalizado têm a oferecer?

De acordo com nossa experiência na implementação de conceitos e técnicas da TOC e do gerenciamento focalizado, não obstante as dificuldades elencadas anteriormente, existem ferramentas, práticas e metodologias que promovem melhorias importantes para as organizações de serviços.

Apresentaremos mais adiante conceitos e ferramentas para uma implementação bem-sucedida nas organizações de serviços.

Conceitos e ferramentas da TOC para organizações de serviços

Esta seção apresenta uma metodologia coerente para gerenciar organizações de serviços com base na literatura da TOC e em nossa experiência com a implementação da TOC em dezenas de organizações de serviços de diferentes tipos.

As sete etapas de focalização da TOC

As sete etapas de focalização da TOC (Pass e Ronen, 2003) formam uma estrutura bastante eficaz para o gerenciamento das organizações de serviços. Essa estrutura de sete etapas acrescenta duas etapas preliminares à estrutura de cinco etapas comum introduzida por Goldratt (Goldratt e Cox, 1992). A primeira está relacionada com a definição da meta, ao passo que a segunda lida com a definição de um conjunto correspondente de medidas de desempenho. A inserção dessas duas primeiras etapas é extremamente importante para as organizações de serviços sem fins lucrativos. Desse modo, a estrutura dos cinco passos de focalização acrescida das duas outras etapas compreende os seguintes passos:

1. Formular a meta da organização.
2. Definir medidas de desempenho globais.
3. Identificar as restrições do sistema.
4. Decidir como explorar as restrições do sistema.
5. Subordinar todo o resto às restrições e às decisões anteriores.
6. Elevar as restrições do sistema.
7. Se uma restrição tiver sido eliminada, voltar ao terceiro passo. Advertência: Não permitir que a inércia torne-se a restrição do sistema.

No primeiro passo, define-se a meta da organização. A meta das organizações sem fins lucrativos é aumentar o valor para os acionistas, que é o fluxo de caixa descontado da organização. A definição da meta centrada no valor é importante nas organizações de serviços porque ela dirige a atenção de todos para o valor da organização. Nas organizações sem fins lucrativos, dirigir a atenção de toda a organização para a meta é ainda mais importante porque a definição da meta normalmente é mais complicada e exige a incorporação das limitações de recurso habituais em várias organizações sem fins lucrativos.

No segundo passo, define-se um conjunto de medidas de desempenho para a organização e suas unidades. A mensuração de desempenho não é comum nas organizações de serviços, mas ela tem grande importância – ela serve de bússola para a gerência monitorar e controlar como a organização está funcionando, a fim de que, com o tempo, concretize sua meta.

Gerenciamento de gargalos

De modo semelhante à maioria das organizações, a restrição geral das organizações de serviços é a *restrição de mercado*. Quer dizer, muitas delas têm excesso de capacidade para vender mais serviços e a capacidade de ganhar mais dinheiro é determinada pelas demandas do mercado. Em outras palavras, as organizações de serviços são capazes de lidar com um aumento considerável na quantidade de clientes e atendê-los adequadamente. Isso se torna ainda mais importante porque os custos de uma organização de serviços comum são em sua maioria fixos.

Tal como ressaltado por Pass e Ronen (2003), a maior parte das organizações de serviços tem dois gargalos: um nos departamentos de marketing e vendas e outro no departamento de TI. Esses gargalos internos permanecerão mesmo se fossem acrescentados mais recursos aos respectivos departamentos. Por esse motivo, eles são chamados de *gargalos permanentes*. O departamento de TI é o núcleo de alguns tipos de organização de serviços – por exemplo, bancos, companhias de seguro, provedores de serviços de celular, empresas de telecomunicações e empresas de cartão de crédito.

Independentemente do número de vendedores ou funcionários de marketing que acrescentarmos aos departamentos de marketing e vendas, *sempre* haverá mais clientes e vendas em potencial e mais iniciativas e atividades de marketing do que recursos para lidar com eles. De maneira semelhante, independentemente do número de desenvolvedores que acrescentarmos ao departamento de TI, a demanda de outros departamentos por projetos de desenvolvimento e melhorias aos sistemas de informação existentes *sempre* será maior. Essa demanda por desenvolvimento no departamento de TI normalmente é 300% a 500% superior à sua capacidade de desenvolvimento.

Os departamentos de operações, logística e suporte ao cliente não devem ser gargalos e devem ser planejados e funcionar com uma quantidade apropriada de *capacidade protetiva* (Ronen e Pass, 2008a, Capítulo 14). *Capacidade protetiva é uma capacidade em excesso controlada que visa proteger o fluxo inalterado das transações de serviços na organização como um todo.*

Um diagrama útil para mostrar a realidade desse gargalo permanente é chamado de diagrama custo-utilização (CUT) (Ronen e Spector, 1992). O diagrama CUT é um histograma que compara esquematicamente a utilização (carga) de cada recurso da organização com o respectivo custo. Cada barra do histograma representa um determinado recurso ou departamento; a altura das barras corresponde à sua carga (0% a 100%), ao passo que sua largura é proporcional ao respectivo custo.

A ênfase sobre o gerenciamento dos gargalos permanentes apresenta uma imensa probabilidade de melhorar consideravelmente o desempenho e o valor da organização. A melhoria de desempenho dos departamentos de marketing e vendas trará mais clientes, ao passo que a melhoria de desempenho do departamento de desenvolvimento de TI permitirá que a organização atenda melhor aos clientes.

Explorando os gargalos permanentes

Como a organização de serviços sempre tem gargalos permanentes no departamento de marketing e vendas, bem como no departamento de TI, esses gargalos devem ser gerenciados de forma adequada para que sejam mais bem *aproveitados*.

O aproveitamento do gargalo tem duas dimensões:

1. Eficiência – diminuição dos tempos não produtivos do gargalo
2. Eficácia – gerenciar o gargalo para que lide com os serviços, atividades e clientes mais valiosos.

Aumentando a eficiência dos gargalos

Embora o valor da organização de serviços dependa em grande medida do que seus gargalos produzem, a porcentagem de tempo durante o qual os gargalos são produtivos é consideravelmente inferior a 100% – normalmente, em torno de 40% a 80% (Ronen e Pass, 2008a, Capítulo 17). O tempo não produtivo é chamado de *garbage time* (tempo jogado fora). *O garbage time de um gargalo é o tempo dedicado a atividades que ninguém deveria estar executando ou seguramente deveriam ser executadas por outro recurso (não gargalo). O garbage time* é provocado por atividades como retrabalho decorrente de um conjunto incompleto de exigências ou instruções e participação em reuniões desnecessárias.

O *garbage time* pode ser diminuído por meio de um procedimento simples: monitoração dos tempos de desperdício, classificação desses tempos de acordo com as respectivas causas, utilização da análise de Pareto para identificar as principais causas e implementação de medidas para eliminar ou atenuar sensivelmente as principais causas de desperdício de tempo (Ronen e Pass, 2008a, Capítulo 5).

O resultado que habitualmente se obtém com um procedimento desse tipo é um aumento de 20% a 40% no ganho do gargalo. Ou seja, conduzindo um procedimento fácil de implementar, provavelmente será possível obter de 20% a 40% de vendedores ou de desenvolvedores de *software* a mais, sem nenhum investimento em salário ou treinamento dispendioso.

Aumentando a eficácia dos gargalos

Por definição, gargalos são recursos que não conseguem executar todas as atividades que chegam à sua mesa. Em vez de deixar o acaso ditar quais atividades devem ser executadas e quais devem ser abandonadas, é bem mais sensato optar por executar as atividades que gerarão o maior valor para a organização e abandonar aquelas que são menos importantes. *O processo sistemático de escolher as atividades mais valiosas que deverão ser executadas é chamado de decisão estratégica* (Pass e Ronen, 2003). Decisão estratégica é um processo de priorização que define a importância das diferentes atividades, produtos, serviços, projetos ou clientes para a organização e decide por prioridade qual deverá ser executado e qual deverá ser eliminado (Ronen e Pass, 2008a, Capítulo 5).

A prioridade de uma atividade/produto/serviço/projeto/cliente é influenciada por dois parâmetros – por um lado, seu valor ou importância para a organização e, por outro, o tempo (esforço) gasto no gargalo para processá-los. A prioridade resultante pode ser decidida por meio do cálculo do *ganho específico* da atividade/produto/serviço/projeto/cliente ou graficamente, traçando a *matriz de focalização* correspondente ao gargalo. *O ganho específico de uma atividade é o coeficiente entre o valor (importância) da atividade para a organização e o tempo que essa atividade exige para ser processada no gargalo. Quer dizer, a contribuição específica de uma atividade representa o valor que a organização obtém por tempo de restrição* (Ronen e Pass, 2008a, Capítulo 5). *A matriz de focalização é um diagrama que mapeia as atividades/produtos/serviços/projetos/clientes em duas dimensões, de acordo com sua importância relativa para o valor da organização, de um lado, e a facilidade de realização, de outro* (Ronen e Pass, 2008a, Capítulo 5).

Em uma grande instituição financeira, a quantidade total de atividades de desenvolvimento solicitada ao departamento de TI normalmente era 400% superior à capacidade de desenvolvimento real. Habitualmente, a decisão sobre as atividades que deveriam ser realizadas em um determinado ano era influenciada em especial pela capacidade organizacional da unidade solicitante ("ganha quem fala mais alto"). Para decidir racionalmente sobre o melhor portfólio de atividades a serem desenvolvidas durante o ano seguinte, a gerência adaptou e implementou o mecanismo de decisão estratégica. Um dos principais componentes da decisão estratégica é a ideia de que as atividades que não tinham uma prioridade suficiente não deveriam ser colocadas em uma "lista de contingência", mas postas de lado, em um *status* de *congelamento seguro*, para que aguardassem a sessão de decisão estratégica anual subsequente.

Esse processo de decisão estratégica obviamente garantiu que a organização obtivesse o valor máximo. Além disso, aumentou em 15% a capacidade efetiva do departamento de TI dessa instituição, permitiu que ele desenvolvesse uma quantidade 15% superior de *softwares* e, ao mesmo tempo, possibilitou que ele reduzisse os prejuízos associados com as mudanças de conteúdo da versão.

Subordinando todos os demais aos gargalos permanentes

A organização como um todo deve ser subordinada à sua principal restrição – o mercado. Isso significa que, para obter alta lucratividade, é necessário fornecer aos clientes serviços que ofereçam o máximo valor possível.

A fim de conseguir essa subordinação ao mercado, a organização deve realizar uma mudança de paradigma – aceitar a ideia de que todos na organização têm de ser subordinados internamente ao mercado por meio do departamento de marketing e vendas.

Nas organizações de serviços, é necessário infundir uma dupla subordinação: ao mercado e ao desenvolvimento de TI. Subordinação ao desenvolvimento de TI significa, praticamente, solicitar apenas os aplicativos de TI necessários, para eliminar qualquer atributo do tipo "é legal ter", e submeter as solicitações em um *kit* completo. *Kit* completo é um conjunto de itens necessários para concluir uma determinada atividade (*e.g.*, informações, esboços, materiais, componentes, documentos, ferramentas) (Ronen e Pass, 2008a, Capítulo 12).

Elevando os gargalos permanentes

Obviamente, os gargalos permanentes podem ser elevados por meio da contratação de mais recursos. Um dos mecanismos mais desafiadores para a elevação é o de *transfe-*

rência ou *redirecionamento de atividades* (*offload*). Na *transferência de atividades dos gargalos*, parte das atividades do gargalo é direcionada para outros recursos não gargalo. Os candidatos a essa transferência são as atividades repetitivas que não exigem as melhores habilidades profissionais.

É possível realizar com bastante eficácia a transferência de atividades dos vendedores por meio de um competente escritório administrativo de apoio. Tarefas administrativas, coordenação de reuniões, retenção de clientes etc. são atividades que podem ser executadas pelo escritório de apoio, a fim de liberar o vendedor para mais reuniões de venda semanais e, desse modo, aumentar o ganho. Por exemplo, em uma seguradora de médio porte, a análise de Pareto sobre um dia habitual de um vendedor revelou que apenas 13% do dia era usado para reuniões de venda presenciais com os clientes. Consequentemente, em média, eles estavam realizando somente uma reunião por dia. Ao transferir as atividades de retenção de clientes da empresa, os vendedores conseguiram dedicar um tempo duas vezes maior às reuniões de venda e realizar duas reuniões por dia. Num piscar de olhos, essa mudança insignificante gerou um aumento significativo de 20% nas vendas.

Diminuição do tempo de resposta

A diminuição do tempo de atravessamento é complementar à melhoria do ganho por meio do gerenciamento de restrições de acordo com a TOC. Para diminuir o tempo de atravessamento, é recomendável implementar um mecanismo de *bloqueio tático* (Ronen e Pass, 2008a, Capítulo 5). *Bloqueio tático é o mecanismo de liberação controlada de atividades de serviço.* Esse mecanismo baseia-se no "*gatekeeper*" (guardião ou vigia), que libera as atividades para processamento utilizando os seguintes princípios:

- Programação TPC
- Introdução das atividades em *kit* completo (Ronen e Pass, 2008a, Capítulo 12). Por exemplo, em uma central de atendimento técnico, para atender a um cliente, o provedor de serviços precisa de um *kit* completo contendo o nome do cliente, endereço, número do telefone residencial, comercial e celular, nome do contato, detalhes de todos os equipamentos no local do cliente, característica falha/reclamação etc.
- Introdução das tarefas em pequenos lotes (Ronen e Pass, 2008a, Capítulo 11)
- Impedimento à introdução de atividades de uma maneira não planejada

Para obter uma redução significativa no tempo de atravessamento, a TOC deve ser integrada com o mecanismo de bloqueio tático. Por exemplo, o TPC e o *kit* completo gerariam resultados melhores do que o TPC sozinho. A adoção do conceito de lotes pequenos (originalmente proposta pelo JIT/produção enxuta) e medição de desempenho geraria uma melhoria de desempenho ainda maior.

Medidas de desempenho

Goldratt e Cox (1992) propuseram três medidas de desempenho para melhorar o gerenciamento das organizações:

- Ganho (G)
- Despesas operacionais (DO)
- Inventário (I)

Para as organizações de serviços, propomos que sejam acrescentadas a esse conjunto mais três medidas de desempenho (Ronen e Pass, 2008a, Capítulo 13):

- Tempo de atravessamento (TA)
- Qualidade (Q)
- Desempenho da data de entrega (DDE)

O ganho e as despesas operacionais têm a mesma definição em todos os tipos de organização. Nas organizações de serviços, o inventário é essencialmente um indicador da quantidade de WIP no processo de serviço ou em um determinado departamento.

Nas organizações de serviços, o tempo de atravessamento deve ser medido do ponto de vista dos clientes – do momento da solicitação do serviço pelo cliente ao momento do fornecimento (entrega) do serviço.

A qualidade é um indicador multifacetado. Por um lado, a percepção de qualidade do serviço pelos clientes é fundamental e deve ser monitorada de perto por pesquisas sobre satisfação do cliente. Por outro, a qualidade dos processos de serviço é igualmente importante e pode ser monitorada por meio de medidas como "serviço imediato", quantidade de *"garbage time"* e outras medidas específicas ao setor.

O desempenho da data de entrega (DDE) ou do fornecimento mede a adesão da organização ao acordo de nível de serviço (ANS) com relação ao serviço ou ao processo.

Determinação de custo, determinação de preço e tomada de decisões

De modo semelhante a todas as organizações, as de serviço têm um potencial de melhoria associado à determinação de custo, determinação de preço e tomada de decisões.

Os "infortúnios" da contabilidade de custos podem ser parcialmente resolvidos pela CG. Os conceitos e as ferramentas do gerenciamento focalizado referentes à determinação de preço, determinação de custo e tomada de decisões conseguiram criar favoravelmente maior valor nas organizações de serviços. Por exemplo, a metodologia de *tomada de decisões global* (TDG) pode atenuar conflitos na determinação de preço, na determinação de preço de transferência e nas decisões entre fabricar e comprar, bem como em decisões sobre investimento, como demonstram Ronen e Pass (2008, Capítulo 16).

Aprimoramento da qualidade

Qualidade é um tema complexo porque ela é multifacetada. Os processos de serviço são únicos pelo mero fato de que o cliente está em grande medida envolvido no processo.

Algumas pessoas consideram a qualidade uma questão cultural. Na verdade, qualidade é uma das principais preocupações dos negócios com efeito direto sobre o valor da organização:

- A qualidade dos processos de serviço e a qualidade do serviço fornecido influenciam na percepção de valor dos clientes.
- A qualidade dos processos de serviço tem um efeito fundamental sobre os custos da organização e, por conseguinte, sobre os lucros e o valor. Nas organizações de serviços, o *"garbage time"* deve ser medido por seu valor econômico real, isto é, pelo valor econômico do tempo desperdiçado. Nossa experiência, respaldada pela literatura pertinente, demonstra que o *garbage time* do desenvolvimento de *softwares* de TI, por exemplo, gira em torno de 40% a 70% do custo de mão de obra. Métodos como o de "custos da qualidade" normalmente mostram uma quantidade bem menor de desperdício e devem ser examinados de perto.
- A postura empresarial com relação à qualidade incentiva a prevenção contra serviços de péssima qualidade e igualmente contra a qualidade em excesso pela qual o cliente não está pagando e a qual não está valorizando (Coman e Ronen, 2009; 2010).

A TOC nunca desenvolveu uma metodologia coesa para a melhoria de qualidade em uma organização. Sua contribuição para a qualidade restringe-se a questões como onde concentrar as iniciativas de melhoria da qualidade e recomendações para eliminar a *multitarefa nociva* (MTN) a fim de melhorar a qualidade de execução no gerenciamento de projetos.

Como implementar a mudança?

Os projetos de melhoria de valor são mais complexos nas organizações de serviços que nas organizações fabris pelos motivos mencionados anteriormente. Por isso, é extremamente importante ter um método estruturado para criar valor nas organizações de serviços. A metodologia preferida nesse caso é o *gerenciamento focalizado no valor* (GFV).

GFV é uma metodologia prática de cinco etapas para implementação de projetos de melhoria de valor para os acionistas (Ronen e Pass, 2008a, Capítulo 19). O GFV oferece uma linguagem comum a todas as áreas funcionais; *portanto, ele permite que todas as tomadas de decisões organizacionais sejam alinhadas com a meta e cria um elo claro entre as ações da administração e o valor para os acionistas.* As etapas do GFV são:

1. Definição da meta.
2. Determinação das medidas de desempenho.
3. Identificação dos impulsionadores de valor e avaliação de seu potencial de impacto.
4. Decisão sobre como melhorar os impulsionadores de valor.
5. Implementação e controle.

A adesão à TOC nas organizações de serviços é bem mais difícil do que nas organizações fabris. Por isso, é fundamental que a equipe executiva seja alinhada com as metas e os métodos do projeto de implementação. Assim que a equipe executiva decidir lançar o projeto de criação de valor, seminários de instrução e treinamento meticulosos e eficientes devem ser realizados para a alta e média gerência. Daí em diante, as equipes de criação de valor vão se concentrar nos principais impulsionadores de valor e conduzir os projetos visando à sua melhoria (Ronen e Pass, 2008a, Capítulo 23).

Os capítulos restantes desta parte

Os capítulos restantes desta parte do livro são os seguintes.

"Teoria das restrições em serviços profissionais, científicos e técnicos", de John Ricketts. Esses tipos de organização exigem a seleção de um portfólio de conceitos e ferramentas apropriadamente personalizados. Nossa experiência demonstra que, em vários casos, o líder da equipe ou o sócio majoritário constitui o gargalo e deve ser gerenciado como tal. Além disso, o conceito de *kit* completo é extremamente importante, em especial no início do processo.

Serviços de suporte ao cliente segundo a TOC, de Alex Klarman e Richard Klapholz. As unidades de atendimento ao cliente são elementos fundamentais nas organizações, em setores como telecomunicações, seguros, cartões de crédito e varejo. A característica exclusiva dessas unidades exige a utilização do subconjunto correto de conceitos e ferramentas descrito nesse capítulo.

Visão viável para sistemas de saúde, de Gary Wadhwa, e *TOC para os sistemas de saúde de amplo escopo*, de Julie Wright. Normalmente, os médicos dirigem as organizações médicas, tanto pequenas quanto grandes, porque em vários países isso é exigido por lei. Nesse setor, o efeito da implementação da TOC e de outros conceitos gerenciais influi imensamente no desempenho dessas organizações. Além de aumentar o valor da organização, melhora a qualidade do serviço médico.

Referências

Coman, A. e Ronen, B. "Overdosed Management: How Excess of Excellence Begets Failure". *Human Systems Management*, 2009.

Coman, A. e Ronen, B. "Icarus' Predicament: Managing the Pathologies of Overspecification and Overdesign". *International Journal of Project Management*, 28 (3), 2010, pp. 237-244.

Geri, N. e Ronen, B. "Relevance Lost: The Rise and Fall of Activity Based Costing". *Human Systems Management*, 24(2), 2005, pp. 133-144.

Goldratt, E. M. e Cox, J. *The Goal: A Process of Continuous Improvement*. 2ª ed. Great Barrington, MA: North River Press, 1992.

Goldratt, R. e Weiss, N. "Significance Enhancement of Academic Achievement through Application of the Theory of Constraints". Em Ronen, B. (ed.). *The Theory of Constraints (TOC): Practice and Research*. Amsterdã, Holanda: IOS Press, 2006.

Goodrich, D. F. "The Relationship of the Theory of Constraints Implementation to Change Management Integration in Professional Service Organizations. Universidade Nova Southeastern, Davie, Flórida, 2008, AAT 3312014.

Google Scholar. http://scholar.google.co.il/. Acesso em 8 de outubro de 2009.

Gupta, M., Baxendale, S. e McNamara, K. "Integrating TOC and ABCM in a Health Care Company". *Cost Management*, 11(4), 1997, p. 23.

Leshno, M. e Ronen, B. "The Complete Kit Concept: Implementation in the Health Care System". *Human Systems Management*, 20(4), 2001, p. 313.

Moss, H. K. "The Application of the Theory of Constraints in Service Firms". Universidade Clemson, Carolina do Sul, 2002, AAT 3057207.

Motwani, J., Klein, D. e Harowitz, R. "The Theory of Constraints in Services: Part 2: Examples from Health Care". *Managing Service Quality*, 6(2), 1996, p. 30.

Pass, S. e Ronen, B. "Managing the Market Constraint in the Hi-Tech Industry". *International Journal of Production Research*, 41(4), 2003, pp. 713-724.

Patwardhan, M. B., Sarría-Santamera, A. e Matchar, D. B. "Improving the Process of Developing Technical Reports for Health Care Decision-Makers: Using the Theory of Constraints in the Evidence-Based Practice Centers". *International Journal of Technology Assessment in Health Care*, 22(1), 2006, pp. 26-33.

Pauker, S. G. "We All Fall Down: Goldratt's Theory of Constraints for Healthcare Systems". *The New England Journal of Medicine*, 355(2), 2006, pp. 218-219.

Reid, R. A. e Cormier, J. A. "Applying the TOC TP: A Case Study in the Service Sector". *Managing Service Quality*, 13(5), 2003, pp. 349-370.

Ritson, N. e Waterfield, N. "Managing Change: The Theory of Constraints in the Mental Health Service". *Strategic Change*, 14(8), 2005, p. 449.

Ronen B. e Pass S. "Upgrading the TOC BOK: Focused Methodologies for the Financial Industry". 5º Congresso Mundial da TOCICO, Las Vegas, Nevada, 3-7 de novembro de 2007.

Ronen B. e Pass, S. *Focused Operations Management: Achieving More with Existing Resources*. Hoboken, NJ: John Wiley & Sons, 2008a.

Ronen B. e Pass S. "Focused Methodologies for the Telco's Industry". 6º Congresso Mundial da TOCICO, Las Vegas, Nevada, 3-4 de novembro de 2008.

Ronen, B. e Pliskin J. S., com Pass, S. *Focused Operations Management for Health Service Organizations*. San Francisco, CA: Jossey-Bass, 2006.

Ronen, B. e Spector, Y. "Managing System Constraints: A Cost/Utilization Approach". *International Journal of Production Research*, 24(2), 1992, pp. 50-53.

Roybal, H., Baxendale, S. J. e Gupta, M. "Using Activity-Based Costing and Theory of Constraints to Guide Continuous Improvement in Managed Care". *Managed Care Quarterly*, 7(1), 1999, pp. 1-10.

Schoemaker, T. E. e Reid, R. A. "Applying the TOC Thinking Process: A Case Study in the Government Sector". *Human Systems Management*, 24(1), 2005, p. 21.

Taylor, L. T. III e Churchwell, L. "Goldratt's Thinking Process Applied to Budget Constraints of a Texas MHMR Facility". *Journal of Health and Human Services Administration*, 26(3/4), 2003, pp. 416-438.

Umble, M. e Umble, E. J. "Utilizing Buffer Management to Improve Performance in a Healthcare Environment". *European Journal of Operational Research*, 174(2), 2006, p. 1.060.

Wright, J. e King R. *We All Fall Down: Goldratt's Theory of Constraints for Healthcare Systems*. Great Barrington, MA: North River Press, 2006.

Young, T., Brailsford, S., Connell, C., Davies, R. *et al*. "Using Industrial Processes Prove Patient Care". *British Medical Journal* (edição internacional), 328(7.432), 2004, p. 162.

Sobre os autores

Boaz Ronen professor de gestão tecnológica e criação de valor na Faculdade de Administração da Universidade de Telavive. Ele é bacharel em engenharia eletrônica e mestre e doutor em administração de empresas. Antes de seguir a carreira acadêmica, Ronen trabalhou por mais de dez anos no setor de alta tecnologia. Suas principais áreas de interesse são a melhoria de valor das empresas e a TOC.

Ronen prestou consultoria a inúmeras corporações, organizações de saúde e órgãos governamentais do mundo inteiro. Nos últimos 20 anos, Ronen tem atuado como líder de uma equipe que já implementou bem-sucedidamente o gerenciamento focalizado, a TOC e métodos de gerenciamento avançados de criação de valor em dezenas de organizações industriais, de alta tecnologia, de saúde e de serviços.

Agraciado com o Rector's Award por excelência em ensino, Ronen recebeu louvor inúmeras vezes. Foi também professor visitante nas Escolas de Negócios da Universidade de Nova York, na Universidade de Columbia, no Instituto de Tecnologia Stevens, em vários programas da Kellogg ao redor do mundo e na SDA-Bocconi (Milão, Itália). Ronen publicou mais de cem artigos nos principais periódicos acadêmicos e profissionais e foi coautor de quatro livros sobre criação de valor, TOC e gerenciamento focalizado. Em 2005, ele foi organizador da edição especial sobre a TOC publicada pelo *Human Systems Management*. Seu livro sobre gerenciamento de sistemas de saúde foi publicado pela Jossey-Bass/Wiley e o livro *Focused Management: Doing More with Existing Resources*, também de sua autoria, foi publicado pela John Wiley & Sons em novembro de 2007. Shimeon Pass é coautor nesses dois livros. O último livro de Ronen, *Approximately Right, Not Precisely Wrong*, sobre tomada de decisões, contabilidade de custos e determinação de preços, foi publicado em 2008.

Shimeon Pass é um respeitado especialista na aplicação da filosofia e das ferramentas da TOC e da metodologia de gerenciamento focalizado. Ele prestou consultoria a inúmeras corporações, organizações e órgãos governamentais no mundo inteiro, em organizações industriais, de serviços, varejistas e sem fins lucrativos.

Ele é bacharel e mestre em química pelo Technion (Instituto de Tecnologia de Israel), em Haifa, Israel, pelo Instituto Weitzman, Israel, e tirou o MBA pela Faculdade de Administração da Universidade de Telavive.

Pass, que já trabalhou para a IBM no grupo de ERP, também se especializou na implementação de métodos gerenciais avançados destinados a sistemas de informação empresariais. Atualmente, ele está se especializando na aplicação da TOC ao gerenciamento de organizações de P&D e gerenciamento de projetos.

Pass já publicou inúmeros artigos nos principais periódicos acadêmicos e profissionais e foi coautor de dois livros sobre a TOC e criação de valor.

29
Teoria das restrições em serviços profissionais, científicos e técnicos

John Arthur Ricketts

Introdução

A *teoria das restrições* (*theory of constraints* – TOC) é uma das inovações mais amplamente reconhecidas de nossos tempos. É uma conquista e tanto, na medida em que ela cria explicações elucidativas sobre causas e efeitos. Embora isso possa dar a entender que a TOC nada mais é que senso comum, a alternativa indiscutível à TOC é o conhecimento convencional (*conventional wisdom*) – que certamente é comum, mas não faz muito sentido. O que diferencia a TOC é que ela utiliza o conhecimento sobre causa e efeito para solucionar problemas que, de outra forma, seriam intratáveis.

Por exemplo, o conhecimento convencional estabelece que a melhor maneira de otimizar um sistema é otimizar todo elemento dentro desse sistema. É por isso que os gerentes forçam todo trabalhador e toda máquina a produzir o máximo possível. Entretanto, muitos sistemas empresariais e governamentais são como uma corrente, e uma corrente é apenas tão forte quanto seu elo mais fraco: a restrição. Portanto, se a restrição de fato limita o que um sistema consegue produzir, o conhecimento convencional exige erroneamente grande quantidade de melhorias em áreas que não conseguem otimizar o empreendimento. Aliás, o conhecimento convencional nem mesmo reconhece a restrição do sistema, muito menos a estabelece como alvo de melhoria tal como a TOC o faz.

A TOC é mais conhecida nos setores fabril e de distribuição, onde se originou, mas os setores de serviços são predominantes nas economias maduras e nos setores de mais rápido crescimento das economias emergentes. Embora a TOC tenha sido aplicada em empreendimentos de serviços, até o momento a maioria das aplicações tem se restringido aos serviços que, por serem suficientemente semelhantes à produção ou distribuição, comportam essas mesmas aplicações, que tendem a se concentrar em restrições físicas, as quais são menos relevantes na maior parte dos empreendimentos de serviços e em grande medida irrelevantes em alguns outros.

O setor de *serviços profissionais, científicos e técnicos* (SPCTs) é composto primordialmente por negócios em que as restrições físicas importam menos do que as restrições intangíveis. Aliás, ele é consideravelmente diferente, até mesmo de outros setores de serviços, por vários motivos.

- Os serviços profissionais, científicos e técnicos normalmente são personalizados de acordo com os clientes. A possibilidade de repetição pode ser ilusória quando cada cliente deseja algo diferente.

Copyright © 2010 John Arthur Ricketts.

- Os profissionais, cientistas e técnicos são extremamente qualificados e com frequência trabalham em equipe. Esses profissionais têm um alto nível de autonomia porque são contratados por clientes por sua habilidade de resolver problemas difíceis.
- As vendas baseiam-se em grande medida em conhecimentos especializados. Os clientes supõem que os especialistas tenham diploma, habilitação, certificação, obras impressas, referências e ideias genuínas em sua área de atuação.
- O fornecimento (entrega) depende de capital intelectual, e não de estoque físico. O *know-how* é vital nos serviços baseados em mão de obra. A tecnologia da informação é vital em serviços baseados em ativos.

Esses atributos tornam o setor de SPCTs um campo de provas adequado à TOC para serviços porque é o setor que mais se diferencia da produção e distribuição. Visto que a TOC pode funcionar no setor de SPCTs, existe grande probabilidade de ela funcionar em qualquer empreendimento de serviços. Este capítulo sintetiza a adaptação da TOC para o setor de SPCTs.

As raízes dessa adaptação remontam à fundação da TOC. *The Goal* (*A Meta*) (Goldratt e Cox, 1992) é um dos livros de negócios mais vendidos de todos os tempos. Ele narra a história de um gerente pressionado que impede que a fábrica em que trabalha caia no completo esquecimento – e a conduz à prosperidade – aplicando a TOC. Esse livro é um trabalho influente para o que chamamos neste capítulo de *TOC para produtos* (TOCp), a fim de distingui-la da *TOC para serviços* (TOCs).

Reaching the Goal (Atingindo a Meta) (Ricketts, 2008) explica como e por que a TOCs difere da TOCp. Esse é o fundamento deste capítulo, embora ele se concentre mais no motivo por que a TOC demorou tanto tempo para alcançar o setor de SPCTs e o que existe pela frente para a TOCs.

Histórico

A TOC já existe há décadas. Desse modo, é sensato perguntar por que ela levou tanto tempo para encontrar um público no setor de SPCTs. Uma resposta objetiva é que é mais difícil gerenciar serviços do que o que não é serviço, mas o desconhecimento e a inércia também desempenham um papel importante. Portanto, comecemos aqui.

Barreiras à adoção

O conhecimento da TOC é amplamente acessível em mais de cem livros, alguns deles *best-sellers*. Contudo, os livros da TOC estão voltados em sua maioria para o ambiente de produção e distribuição, embora atualmente os serviços sejam predominantes na maior parte das economias. Desse modo, os novos leitores não apenas se defrontam com conceitos e terminologias desconhecidos da TOC. A forma como os conceitos e termos é aplicada aos serviços também é um exercício geralmente deixado a cargo do leitor. E essa não é uma interpretação fácil, mesmo para os especialistas da TOC.

Consequentemente, a TOC é semelhante à maioria das inovações gerenciais no sentido de que gera mais conversa do que ação. Entretanto, a TOC é notável porque a ação que ela gera conduz a resultados demonstráveis. Fabricantes proeminentes empregaram a TOC para gerenciamento de operações em variados graus, e existem bolsões entre os fabricantes menores. Portanto, sua adoção está longe de ser universal. Nos serviços, setor em que a aplicação da TOC para o gerenciamento de projetos é a adaptação mais óbvia, não mais que um dentre dez gerentes de projetos a utiliza com frequência. No entanto, os benefícios da TOC são extraordinários. Melhorias de 20% a 50% (Mabin e Balderstone, 2000) já foram amplamente registradas, e a TOC, por isso, é uma fonte de vantagem estratégica.

Diante disso, por que um dos paradigmas gerenciais mais promissores de nossos tempos é tão difícil de ser adotado? Essa é uma caminhada que não pode ser trilhada com um gerente por vez. Você precisa levar toda a equipe com você. Mesmo que você seja o diretor executivo, não poderá fazê-lo sozinho. Além disso, você não pode simplesmente supor que transformar isso em uma iniciativa estratégica será suficiente para dar conta do recado. Obviamente, se você for gerente em uma empresa de serviços, talvez também tenha de levar com você seus clientes e subcontratantes, e isso dificulta ainda mais a caminhada da TOC.

Basta fazer qualquer gerente racional pensar duas vezes, então três vezes, com respeito a dar esse salto. Ainda que alguns tenham feito isso – com sucesso –, vale a pena considerar os riscos. Hoje em dia, o Santo Graal dos métodos de gerenciamento é a melhoria de processo, porque a concorrência não espera ninguém. Por isso, os gerentes estão constantemente buscando melhorias, oportunidades, a ponto de a melhoria de processo ter se tornado a nova rotina do dia a dia.

Os métodos usuais de melhoria de processo procuram toda oportunidade de melhoria possível, com base no pressuposto de que todas elas fazem sentido. No entanto, trata-se de uma falácia porque a maior parte das melhorias em um contexto local cria uma dor compensatória em outro lugar qualquer que efetivamente anula o benefício. Quando olhamos para uma empresa de uma extremidade a outra, o que com frequência vemos é que os pontos nevrálgicos de um gerente constituem as melhorias de outro gerente. Não obstante, não se trata de uma relação um para um. É comum a melhoria de um gerente criar pontos nevrálgicos para dezenas, centenas ou mesmo milhares de outros gerentes. É por isso que as melhorias de processo muitas vezes são frustradas, abandonadas, retrocedidas ou enfrentadas relutantemente. O sofrimento não intencional da melhoria de processo pode ser muito intenso para que os outros suportem de bom grado. Quando esse sofrimento estende-se para clientes e fornecedores, a empresa pode entrar em uma espiral descendente, ainda que os gerentes que estão promovendo melhorias locais tenham nobres intenções.

Felizmente, a melhoria de processo é um âmbito em que a TOC de fato se sobressai. Em vez de tentar uma maior variedade, a TOC concentra-se em melhorias de processo genuínas reconhecendo que uma melhoria em qualquer outro ponto que não seja a restrição é uma miragem. Tornar uma não restrição mais eficiente nada produz, se isso sobrecarregar ainda mais a restrição. E se uma mudança local não produz uma diferença significativa na empresa como um todo, ela não é de fato uma melhoria.

Imagine dezenas de pessoas tentando, todas ao mesmo tempo, empurrar um enorme engradado, sem nenhum senso de direção ou cooperação. Agora, imagine três pessoas empurrando fácil e harmoniosamente esse engradado em uma única direção. É isso que a TOC faz.

Isso pode fazer a TOC parecer muito boa para ser verdade. Afinal de contas, se ela de fato funcionasse tão bem, todo mundo não a estaria utilizando? Bem, não necessariamente. O que a analogia com o engradado omite é tudo o que é necessário fazer para que a equipe empurre-o em harmonia. E os obstáculos são descomunais.

Primeiro, existe a síndrome "pressione, pressione, pressione". Essa é a mentalidade de gerenciamento há muito existente segundo a qual a forma como sempre fizemos as coisas por aqui deve prevalecer. Pressione os fornecedores. Pressione os prazos. Pressione os funcionários. Pressione os trabalhos atrasados. Pressione as entregas. Pressione os vendedores. Pressione os clientes a comprar mais. Em um ambiente como esse, convencer os gerentes a adotar um sistema em que as coisas são arrastadas naturalmente soa tão absurdo quanto uma máquina do tempo que funciona. Além disso, pergunta-se, o que há para um gerente fazer se não há nada para pressionar?

Segundo, existe a síndrome da "paixão de verão". Toda inovação gerencial atrai alguns adeptos entusiásticos, mas essa paixão com frequência arrefece assim que surge um novo modismo gerencial. Os melhores programas de adoção da TOC ignoram essa paixão e vão diretamente para as implementações, mantendo a perseverança. Entretanto, para fazer isso, é necessário sabe onde se encontra a restrição real. E isso é mais difícil do que parece, como veremos.

Por fim, existe a síndrome dos "filhos do sapateiro". Essa síndrome é particularmente aguda no setor de SPCTs, em que todo sócio, diretor, profissional, cientista e técnico é especialista em alguma coisa. Se você for gerente em uma empresa fabril ou de distribuição e estiver pensando em adotar a TOC, provavelmente contratará um especialista externo da TOC porque as credenciais e a reputação desse indivíduo são respeitadas entre seus pares. Entretanto, se você for gerente em uma empresa de SPCTs, esses especialistas da TOC podem estar exatamente na sala ao lado ou no corredor. Eles não estão apenas atarefados com o trabalho que pode ser cobrado dos clientes de sua empresa. Eles não têm uma credibilidade especial e automática entre seus pares, que são especialistas por legítimo direito – eles simplesmente não são especialistas na TOC. Por isso, a síndrome dos filhos do sapateiro ocorre quando uma empresa de SPCTs tem mais sucesso ao ajudar os clientes a adotar a TOC do que para adotá-la.

Desafios no setor de SPCTs

Alguns desafios que são endêmicos no ambiente de produção e distribuição não têm o mesmo peso no setor de SPCTs. Por exemplo, a TOCp esforça-se para minimizar o estoque porque é um investimento caro que restringe a flexibilidade e com frequência se torna obsoleto antes de ser vendido. Todavia, no setor de SPCTs, praticamente não existe nenhum estoque. Os serviços são consumidos assim que fornecidos, de modo que não há como eles serem produzidos com antecedência.

Nesse contexto, qualquer solução que minimize o estoque físico é uma solução em busca de um problema. No entanto, como veremos mais adiante, os princípios subjacentes à TOC aplicam-se aos serviços, tanto quanto a empresas de produtos e, com algumas adaptações, a TOCs pode lidar com vários desafios que o setor de SPCTs enfrenta.

Alguns desafios que esse setor enfrenta são iguais aos enfrentados pelas empresas em outros setores de serviços:

- Os novos concorrentes têm modelos de negócios radicalmente diferentes.
- O trabalho procura o nível hierárquico mais baixo no mundo inteiro por meio da terceirização ou contratação no exterior.
- A legislação, os regulamentos e os direitos de propriedade intelectual podem funcionar contra ou a seu favor.
- Novos níveis de tecnologia nivelam o campo de jogo, mas é difícil substituir a tecnologia antiga.

Entretanto, existem desafios em andamento que atingem o setor de SPCTs de uma maneira particularmente severa:

- O conhecimento está se ampliando, e isso dificulta ainda mais a obtenção de conhecimentos especializados.
- A meia-vida das informações está diminuindo, e isso dificulta ainda mais a manutenção de conhecimentos especializados.
- Os clientes desejam resultados, não apenas conselhos.
- A demanda é inerentemente imprevisível. Portanto, os clientes desejam livrar-se desse encargo.
- Os clientes desejam que seus projetos sejam concluídos mais adequadamente, mais rapidamente e por um valor mais baixo.
- Os clientes desejam que seus processos se adaptem facilmente às oscilações na demanda.

- Os concorrentes estão vigilantes. Por isso, as vantagens competitivas tendem a ser efêmeras.

Felizmente, a TOC pode lidar com vários desses desafios.

O que a TOC tem a oferecer

Os desafios que o setor de SPCTs enfrenta são suficientemente temíveis para motivar alguns gerentes a buscar alternativas para o conhecimento convencional. Felizmente, a TOC tem muito a oferecer ao setor de SPCTs.

Primeiro, a TOC cria flexibilidade, em vez de exigir previsibilidade. Isto é, em vez de lutar por previsões mais precisas ao longo de horizontes mais longínquos, a TOC gerencia os pulmões que antecipam mudanças previsíveis na demanda ou na oferta. Quando ocorre algo imprevisto, a empresa não fica presa a compromissos prolongados. Quando somos ágeis, as ondas traiçoeiras não têm tanta importância.

Segundo, a TOC agiliza projetos e processos. Quando corretamente aproveitada, a rapidez, além de deixar a empresa ágil, agrada aos clientes porque eles podem obter seus serviços sob encomenda. O fornecimento de serviços sob encomenda, e não de acordo com a capacidade disponível, cria uma vantagem competitiva que é difícil os concorrentes equipararem. Quando somos ágeis, todos os demais têm de correr atrás do prejuízo.

Terceiro, a TOC enfatiza o gerenciamento da restrição. Literalmente, dezenas de outras preocupações podem ficar em segundo plano quando a restrição torna-se o centro das atenções. Além disso, a restrição transforma-se em um ponto de alavancagem, porque mudanças relativamente modestas nesses pontos podem gerar benefícios consideráveis em outro lugar – tanto para o prestador de serviços quanto para os clientes. Quando gerenciamos as restrições, os ruídos desaparecem.

Por fim, a TOC reordena as prioridades de gerenciamento. A prioridade máxima para a maioria dos gerentes é o controle de custos, mas a TOC demonstra que essa ênfase é inapropriada quando dificulta o crescimento. Em contraposição, quando os gerentes adotam a TOC, sua prioridade máxima muda para a maximização do caixa proveniente das vendas menos os custos totalmente variáveis, o que é chamado de ganho. Quando maximizamos o ganho, o crescimento ocorre naturalmente.

Toda implementação da TOC deve responder a estas perguntas fundamentais: (1) O que mudar?, (2) Para o que mudar? e (3) Como causar a mudança? As respostas da TOC a essas perguntas, no setor de SPCTs, são oferecidas em seguida.

O que mudar

Os pontos nevrálgicos talvez pareçam uma base óbvia para fundamentar a decisão sobre o que mudar. Quando perguntamos aos gerentes a respeito de seus pontos nevrálgicos, eles conseguem recitar rapidamente uma longa lista. Na verdade, essa é a forma como vários programas de melhoria de processo de fato iniciam. Infelizmente, por esse motivo, os programas são iniciados na direção errada, porque os pontos nevrálgicos são sintoma, e não causa. Da mesma maneira que tratar os sintomas de uma mudança oferece alívio temporário, e não a cura, tratar os pontos nevrálgicos oferece alívio temporário e, ao mesmo tempo, permite que o problema básico infeccione.

Ao aplicar a TOC, os *efeitos indesejáveis* (EIs) são o ponto de partida para identificar o que deve ser mudado. Por exemplo, ordens de envio atrasadas são um EI da introdução e execução de uma quantidade exagerada de trabalhos em uma fábrica. Um EI correspondente no setor de SPCTs é a conclusão atrasada do projeto de um cliente provocada pelo início de um número de projetos superior ao que o prestador de serviços pode processar simultaneamente. Entretanto, iniciar uma quantidade menor de trabalhos ou projetos arbitrariamente não é a solução, porque o número de trabalhos ou projetos é um sintoma, e não uma causa. A menos que você saiba quais trabalhos ou projetos devem ser iniciado

– e como gerenciar as respectivas restrições –, na verdade não terá de fato resolvido o problema.

Ao contrário do conhecimento convencional, mesmo por trás da teia de sintomas mais complexa, normalmente existe um único problema básico. Isso explica a multiplicidade de pontos nevrálgicos. Se há uma quantidade exagerada de trabalhos na fábrica, o problema básico poderia ser a falta de gerenciamento da restrição da fábrica. Se há uma quantidade exagerada de projetos de serviços em andamento, o problema básico poderia ser a falta de gerenciamento da restrição do prestador de serviços. Os pontos nevrálgicos associados com retrabalho, horas extras, entregas atrasadas, não cumprimento de metas, moral dos funcionários e insatisfação dos clientes podem ser remontados a esse problema básico. Além disso, as ordens para eliminar o retrabalho, cortar horas extras, fazer entregas pontuais, cumprir metas, tranquilizar os funcionários e satisfazer os clientes demandam um esforço considerável para tratar os sintomas, e não o problema básico.

Contudo, assim que se identifica o problema básico, normalmente se percebe que ele é provocado por um conflito. Por exemplo, se a alta administração reclama que a utilização está muito baixa, mais trabalhos são introduzidos na fábrica ou mais serviços são iniciados. Porém, a pressão de um novo trabalho e a confusão propagada pela pressa retarda o trabalho de compromissos anteriores, o que diminui ainda mais a utilização. A essa altura, o conflito está correndo solto.

A pergunta então deveria ser como interromper esse ciclo. O conhecimento convencional estabelece que resolver um conflito é fazer concessões ou conciliar. Por exemplo, estabelecer uma meta de utilização ideal e uma programação de produção ideal parece uma solução sensata. Lamentavelmente, existe um conflito inerente entre a alta utilização em todas as partes e alta produtividade geral, e nenhum grau de conciliação ou concessão dissipará esse conflito. Aliás, o que ocorre com frequência é o detalhamento da utilização pela alta administração até o momento em que a produção se torne inaceitável. Em seguida, esse exame passa para a as entregas pontuais, até que a utilização se torne inaceitável. Em seguida, o ciclo se repete. Entretanto, os praticantes da TOC sabem que, sempre que eles veem uma empresa oscilar dessa forma, seus gerentes provavelmente estão tentando chegar a um acordo sobre algum conflito. A oscilação assume várias formas: centralizar *versus* descentralizar, contratar *versus* demitir, adquirir *versus* desfazer-se e fabricar *versus* comprar, dentre várias outras.

Diferentemente do conhecimento convencional, a TOC ensina um método para resolver conflitos e eliminar o conflito em si. Por exemplo, a busca por uma alta utilização em todas as partes está enraizada na crença de que todo recurso que não é totalmente utilizado representa perda de oportunidade de produção. Contudo, se as não restrições produzirem mais do que a restrição é capaz de produzir, os trabalhos simplesmente ficarão acumulados antes da restrição ainda que as não restrições posteriores algumas vezes estejam sem trabalho. E se os trabalhos forem liberados para produção apenas para manter os trabalhadores ou as máquinas ocupados, com o tempo isso provocará excesso de estoque. No setor de serviços, o equivalente ocorre quando as pessoas aumentam o preço dos projetos com atividades que poderiam ser realizadas de maneira mais adequada de outra forma ou que não precisam de forma alguma ser executadas para a conclusão bem-sucedida do projeto, mas que de fato contribuem para a utilização do recurso.

A TOC resolve esse conflito maximizando a utilização da restrição e, ao mesmo tempo, minimizando a utilização de tudo o que não é essencial para manter a restrição ocupada. Em outras palavras, a meta não é a utilização; a meta é o ganho por meio de produtos vendáveis e de serviços faturáveis. Assim que as metas de utilização são reconhecidas como a causa dos EIs, não há necessidade de conciliação para eliminar o conflito – apenas a medição do quanto a restrição é utilizada, nada mais.

Os prestadores de serviços podem empregar essa técnica não apenas para melhorar sua própria empresa, mas também para ajudar os clientes a melhorar a deles. Aliás, a abordagem de marketing e vendas da TOC depende dessa capacidade específica. Obviamente, a abordagem da TOC pode ser aplicada a outras áreas além do marketing e venda de serviços. O que deve ser mudado em todo o setor de SPCTs é abordado em seguida.

Know-how e ativos

Toda empresa do setor de SPCTs depende de conhecimentos especializados. É assim que as vendas são feitas e a reputação é mantida. Passos em falso já condenaram ao esquecimento algumas empresas de serviços profissionais confiáveis, organizações de ponta e *start-ups* de tecnologia ambiciosas.

Se uma empresa de SPCTs basear-se em mão de obra, ter os profissionais, os cientistas ou técnicos corretos é um fator fundamental de sucesso. Toda prática profissional, todo laboratório de pesquisa e todo grupo tecnológico têm de ter as habilidades certas, na quantidade certa, no lugar certo e no momento certo.

As abordagens convencionais incluem contratar para planejar, o que exige uma previsão, e contratar para negociar, o que exige que os clientes suficientemente pacientes aguardem, se necessário. Como se sabe, as previsões são notoriamente imprecisas e a paciência dos clientes está cada vez menor. Por esse motivo, a oscilação entre muito poucos e uma quantidade exagerada de recursos é um conflito comum nas empresas de SPCTs.

Se uma empresa de SPCTs basear-se em ativos, o *know-how* continua tendo um papel vital. No entanto, os especialistas dedicam-se mais aos ativos do que ao valor dos clientes e menos ao atendimento direto de clientes. Esses ativos podem ser capital físico, como maquetes arquitetônicas, laboratórios de pesquisa ou centros de processamento de dados. Entretanto, eles podem ser capital intelectual, como bancos de dados legais, projetos de engenharia, patentes de computador ou metodologias de consultoria.

Na medida em que os ativos servem mais aos clientes do que os especialistas conseguiriam sem os ativos, a empresa consegue uma alavancagem de seu investimento em ativos. Portanto, talvez pareça que os ativos diminuem a necessidade de especialistas, mas o oposto pode ser verdadeiro porque uma deficiência pode comprometer o serviço fornecido a vários clientes. Por exemplo, a falta de serviço em apenas alguns minutos pode provocar clamores em todos os clientes que passaram a depender dos ativos do prestador de serviços.

Entrega de serviços

Toda empresa do setor de SPCTs gera ganho por meio de projetos ou processos. Embora esses termos algumas vezes sejam empregados intercambiavelmente, é útil fazer uma distinção ao aplicar a TOC.

- Projeto é um conjunto de atividades de duração finita que devem ser executadas segundo uma sequência específica para produzir o resultado desejado e de acordo com um tempo e orçamento prescritos, como projetar, construir e implementar um sistema de informações. Portanto, todo projeto é único, mesmo se ele se baseasse em uma metodologia padrão com resultados tangíveis conhecidos.

- Processo é um conjunto de atividades executadas continuamente ou de acordo com uma programação que se repete com frequência, como pesquisas jurídicas, manutenção de equipamentos e processamento de ordens de compra. Todo processo, portanto, repete inúmeras vezes e seu resultado normalmente é medido com relação ao nível de serviço, como a porcentagem de solicitações concluídas durante um período específico.

Quando uma empresa de SPCTs é baseada em projetos, obviamente ela tem de executar vários projetos individuais. Todavia, ela tem também de gerenciar um portfólio de projetos para vários clientes. Além disso, esses projetos disputam recursos. Por isso, o gerenciamento de projetos e o gerenciamento de recursos são complementares. Tradicionalmente, a TOC tratou os recursos como relativamente fixos e gerenciou os projetos de acordo com a restrição de recurso prevalecente. Essa abordagem pode ser bastante aceitável em uma empresa que executa projetos internos como algo complementar à sua atividade principal, como quando ela realiza projetos de engenharia para auxiliar sua atividade de fabricação.

Embora as empresas de SPCTs também realizem projetos internos, como os projetos para construir seus ativos, elas com frequência realizam mais projetos externos como sua principal atividade de negócios. E deixar uma restrição de recurso ditar o que o prestador de serviços pode produzir talvez seja ou talvez não seja coerente com essa estratégia. Aliás, quando um prestador adota uma estratégia para fornecer seus serviços sob encomenda, os recursos não devem ser sua restrição. Por isso, para que a TOC funcione nesses projetos de serviços, ela não pode se basear no pressuposto de que os recursos são relativamente fixos.

Se uma empresa de SPCTs basear-se em processos, ela tem de executar igualmente processos individuais, bem como gerenciar um portfólio de processos para vários clientes. Além disso, esses processos disputam recursos, não apenas com outros processos, mas com projetos. Por exemplo, se o serviço for processamento de benefícios aos empregados para vários clientes e o prestador de serviços estiver simultaneamente criando um ativo para automatizar o processamento de benefícios aos empregados, é provável que os especialistas sejam puxados para várias direções ao mesmo tempo.

Os clientes contratam prestadores de serviços para executar processos em seu nome por diversos motivos. O conhecimento especializado é um dos motivos óbvios. Do mesmo modo a redução de custo decorrente das economias de escala. Talvez menos óbvia seja a expectativa de que o prestador de serviços tenha um alcance global, consiga processar um volume maior ou seja capaz de reagir a uma gama maior de demandas. Esta última questão é notável porque exige que o prestador de serviços seja ágil. A capacidade de aumentar ou diminuir a capacidade de processamento segundo a demanda diferencia os serviços sob encomenda e os serviços fornecidos de acordo com a disponibilidade. O gerenciamento de capacidade exige mensurações para que seja impulsionada.

Mensuração

Toda empresa de SPCTs requer mensurações. Obviamente, as atividades financeiras e contábeis são as principais fontes de mensuração.

O método de mensuração prevalecente no setor de SPCTs, a contabilidade de custos, é igual ao método empregado na vasta maioria das empresas, independentemente de elas fabricarem produtos ou fornecerem serviços. Contudo, embora seja amplamente empregada, a contabilidade de custos é controversa. Muitos contadores conhecem muito bem suas deficiências, mas estão aprisionados a um conflito profissional que os obriga a utilizá-lo de qualquer maneira.

Quando os custos diretos de mão de obra dominam os custos do produto, a alocação dos custos indiretos era óbvia e objetiva. Entretanto, agora que a mão de obra direta não domina mais os custos do produto, a alocação cria distorções que mascaram a verdadeira contribuição de cada produto para o lucro. Alguns produtos podem parecer lucrativos, quando na realidade não o são. Consequentemente, os fabricantes que recorrem à contabilidade de custos tomam decisões sobre seu *mix* de produtos que estão longe de ser ideais.

Esse mesmo dilema aflige os prestadores de serviços que recorrem à contabilidade de custos. Mesmo nos serviços baseados em mão de obra, a alocação de custos mascara a verdadeira contribuição das ofertas de serviços para o lucro. Algumas podem parecer lucrativas, quando não o são. Consequentemente, os prestadores de serviços que recorrem à contabilidade de custos tomam decisões sobre seu *mix* de serviços que estão longe de ser ideais. Além disso, aqueles que fazem propostas de trabalho com um preço-margem são mais propensos a pôr um preço muito alto ou inferior em suas propostas em relação ao que o trabalho de fato vale para os clientes.

Outro efeito insidioso da contabilidade de custos é o *pensamento do mundo dos custos*, que é o nome dado pela TOC para tornar a redução de custo a prioridade da alta administração. A consequência não intencional de forçar incessantemente os preços para baixo é a diminuição das receitas, da satisfação dos clientes e também do moral dos funcionários. Isso é verdadeiro tanto no setor de SPCTs quanto no setor de produção.

Marketing e vendas

Toda empresa do setor de SPCTs precisa perseguir as atividades de marketing e vendas, mesmo que seus profissionais sejam prestadores de serviços. Além disso, o marketing e vendas dependem de conhecimento especializado e do capital intelectual que os clientes valorizam. Apresentamos a seguir os argumentos de vendas usuais para o setor de SPCTs.

- Precisamos fazer isso para a sua empresa porque ela não tem o *know-how* interno necessário (por exemplo, auditoria independente, arquitetura ou lei de propriedade intelectual).
- Podemos fazer isso para sua empresa porque essa não é sua competência específica e central, e podemos fazer melhor, mais rápido e mais barato (por exemplo, suporte técnico, aquisição ou pesquisa de mercado).
- Podemos fazer isso com sua empresa porque ela tem capacidade insuficiente, precisa compartilhar riscos, necessita de instalações físicas ou não dispõe de habilidades específicas (por exemplo, pesquisas científicas conjuntas).
- Podemos ajudar sua empresa a fazer isso por conta própria oferecendo ativos (por exemplo, tecnologia da informação, base de conhecimento ou patentes).

Embora possa parecer que esses argumentos de vendas, bem como os serviços que eles englobam, tenham pouco em comum, quando as empresas do setor de SPCTs tentam vender esses serviços, elas quase sempre partem de um preço-margem. Isto é, elas fundamentam suas propostas em taxas de faturamento padrão, que, por sua vez, estão fundamentadas em custos padrão mais uma margem padrão. Entretanto, nesse caso, supõe-se que exista apenas um preço justo que todos os clientes estarão dispostos a pagar.

Obviamente, as taxas padrão não têm nada a ver com o valor de negócio que os clientes percebem em uma oferta de serviço. Dois clientes que recebem serviços idênticos podem deduzir um valor de negócio consideravelmente diferente porque suas necessidades são distintas. Consequentemente, as negociações que ocorrem ao longo do ciclo de vendas dos grandes contratos conduzem o prestador de serviços e o cliente a um preço mutuamente conveniente para um determinado escopo de trabalho. Contudo, até que ponto o prestador negociará é em grande medida influenciado pela margem entre o custo padrão e o preço de cotação, o que mantém o prestador preso ao custo, e não ao valor. Consequentemente, muitas vezes os prestadores não têm outra forma de determinar se eles estão cobrando um preço acima ou abaixo por seus serviços.

Algo semelhante ocorre em contratos menores, que podem incluir grande volume de serviços muito pequenos para serem negociados separadamente. Nesse caso, o prestador de serviços pode precisar oferecer desconto com base no volume ou na lealdade do cliente – e preços mais altos com base nas condições do mercado local. Todavia, as taxas padrão e a análise de margem ainda ficam atrás dos descontos e ágios, mesmo quando não existe nenhuma negociação de preço evidente.

A consequência disso é que, na medida em que o custo padrão é falível, as taxas padrão e a margem bruta resultantes não maximizam o ganho. Além disso, a natureza dos próprios serviços afeta o que os clientes comprarão. Quando todo prestador de serviços está oferecendo fundamentalmente os mesmos serviços, o marketing e vendas são atraídos para o preço enquanto diferenciador. Isso, obviamente, abre as portas para novos concorrentes com modelos de negócios diferentes que não apenas mudam a determinação de preço, mas também o valor que os clientes obtêm em troca do dinheiro que investem.

Estratégia

Toda empresa do setor de SPTCs tende a ter a mesma estratégia básica que seus concorrentes. Essa afirmação pode parecer ousada, mas considere o seguinte: uma estratégia usual dos SPTCs afirma que "a empresa oferecerá um determinado pacote de serviços em sua área de competência para determinados tipos de cliente, por uma taxa padrão – ou um preço negociado (com limites baseados no custo)". Não importa se a área é profissional, científica ou tecnológica – a estratégia é a mesma.

Do ponto de vista do prestador de serviços, a especialização é o principal diferenciador, e as atividades devem manter a reputação da empresa e, ao mesmo tempo, controlar o custo, proteger a margem bruta e obter novos contratos. Contudo, do ponto de vista do cliente, o preço é o principal diferenciador porque essencialmente ele é incomensurável. Por esse motivo, os se perguntam: "Estou disposto a pagar um preço mais alto quando não conseguir avaliar objetivamente um *know-how* ou será que posso obter um serviço razoavelmente comparável em outro lugar por um preço mais baixo?".

Essa disparidade entre pontos de vista abre as portas para novos concorrentes que são capazes de competir apenas com base no preço. Desse modo, as empresas consolidadas parecem ter poucas opções. Elas podem começar a atender a clientes diferentes com os mesmos serviços ou aos clientes existentes com novos serviços, e essas duas opções podem mudar o campo de batalha para um solo mais favorável. Alternativamente, elas podem firmar-se em sua reputação e esperar que seus clientes sejam suficientemente avessos ao risco dos concorrentes de baixo custo, o que significa que os fazedores de chuva da empresa precisam consolidar a relação da empresa com sua base de clientes. Entretanto, as empresas consolidadas podem entrar na guerra de preços deflagrada pelos novos concorrentes e assistir à corrida do mercado para o abismo.

No entanto, existe outra possibilidade: mudar a estratégia para perseguir o valor do cliente, e não o preço. Mudar do serviço baseados em mão de obra para o serviço baseado em ativos é uma forma de fazer isso. Os novos concorrentes têm mais dificuldade de concorrer com base no preço se eles tiverem de criar ativos comparáveis aos que as empresas consolidadas já possuem. Além disso, talvez os clientes desfrutem de benefícios como maior funcionalidade e confiabilidade oferecidos pelos serviços baseados em ativos.

Portanto, a estratégia prevalecente do setor de SPCTs delineada anteriormente talvez tenha feito sentido quando a ocupação das profissões era esparsa, a ciência estava em seu apogeu e a tecnologia era uma novidade. Porém, como os profissionais, cientistas e tecnologistas estão enfrentando uma concorrência nunca vista, uma estratégia indiferenciada é um risco e tanto.

A pergunta então se torna: "A TOCs possibilita que os prestadores de serviços mudem o jogo de alguma outra forma além da mudança do serviço baseado em mão de obra para o serviço baseado em ativos?". A resposta, como veremos, é sim.

Para o que mudar

Primeiramente, tiremos do caminho uma pergunta óbvia: por que você não pode simplesmente aplicar a TOC tradicional aos serviços? A boa notícia é que você pode, se os serviços forem suficientemente suscetíveis a se repetir. Por exemplo, alguns serviços técnicos englobam autorização, fornecimento, entrega ou despacho, diagnóstico, reparo ou substituição, envio ou retirada e faturamento. A restrição encontra-se em algum ponto entre essas atividades e pode ser gerenciada com praticamente os mesmos métodos da TOC empregados para gerenciar uma fábrica, mesmo se o prestador de serviços não mantiver nenhum estoque de peças.

Porém, quando os serviços em questão têm estoque físico, a adequação à TOC é ainda melhor. Por exemplo, os serviços de alimentação precisam gerenciar não apenas o estoque de matéria-prima, mas também o trabalho em andamento (*work in progress* – WIP) na cozinha e os produtos acabados no *réchaud*, nos mostruários ou nas prateleiras. Além disso, em alguns serviços, os itens que não seriam comumente considerados estoque podem ser tratados dessa forma para finalidades de gerenciamento. Por exemplo, alguns serviços de saúde consideram as camas de hospital ou as salas de cirurgia como estoque finito, porém perecível, e gerenciam seus processos com a TOC. Outros serviços de saúde consideram o tratamento de cada paciente como um projeto a ser concluído em um período específico (Umble e Umble, 2006).

Portanto, se a TOC tradicional funciona em determinados serviços, por que não no setor de SPCTs? Com algumas poucas exceções, como no serviço de reparos descrito anteriormente, os serviços fornecidos pelo setor de SPCTs não se repetem suficientemente e o estoque em geral é uma preocupação secundária. Quando os clientes contratam advogados, eles desejam que eles ganhem a causa. Quando os clientes contratam cientistas, eles desejam que eles investiguem seu problema. Quando os clientes contratam técnicos, eles desejam que eles consertem seus equipamentos. A jurisprudência, as pesquisas publicadas e os manuais técnicos são referências úteis, mas não são estoque para as finalidades de aplicação da TOC ao setor de SPCTs.

Além disso, os serviços do setor de SPCTs normalmente são personalizados de acordo com os clientes. Mesmo quando o prestador de serviços tem uma metodologia padrão, os serviços de fato fornecidos precisam ser adaptados às necessidades exclusivas do cliente. Por exemplo, na implementação de um pacote de *software* empresarial padrão, ele precisa ser configurado ao ambiente de tecnologia de informação do cliente (servidores, armazenamento, comunicações, *firewalls*, autenticação etc.), deve ser integrado aos outros aplicativos do cliente, deve ser carregado com os arquivos de dados apropriados, deve ser testado e deve tornar-se utilizável por meio de demonstrações e treinamento. Embora o *software* em si possa ser padrão, dificilmente qualquer um dos serviços de implementação é de fato transferível entre os clientes.

Consequentemente, a TOC_s é mais difícil do que a TOCP por diversos motivos.

- Pode ser difícil encontrar a restrição dos serviços quando não existe nenhum estoque para indicar onde a restrição pode estar. Quando os serviços são fornecidos no local do cliente ou em vários centros de serviço, não é possível simplesmente dar uma olhada em volta e encontrar a restrição.

- Quando a restrição é identificada, pode ser difícil evitar que ela oscile porque a demanda por recursos é impulsionada pelas contratações realizadas pelos clientes. Em um determinado mês talvez o prestador de serviços enfrente uma falta de auditores, no mês seguinte uma falta de especialistas em impostos e no mês subsequente uma falta de gerentes contábeis.

- Muitas vezes, os clientes são coprodutores dos serviços. A assessoria jurídica externa normalmente trabalha com a equipe jurídica interna. Os consultores externos trabalham com o corpo administrativo da empresa. Os especialistas técnicos externos trabalham com a equipe técnica interna. Portanto, a restrição dos serviços nem sempre se encontra no prestador de serviços; a probabilidade de ela estar na organização do cliente é a mesma.

- Existem várias fontes de variabilidade nos serviços que não podem ser protegidas com estoque. Se o prestador de serviços não tiver capacidade suficiente para fornecer serviços sob encomenda e seus clientes não tiverem dispostos a aceitar os serviços de acordo com a disponibilidade, esses clientes talvez optem por ficar sem o serviço, encontrar outro prestador ou executá-los internamente (Ricketts, 2008, Capítulo 4).

- Os prestadores de serviços talvez estejam vinculados a *acordos de nível de serviço* (ANS) que impõem multas sobre o prestador por falta de obediência e podem oferecer prêmios por um desempenho extraordinário. Contudo, se a demanda pelo serviço estiver além do controle do prestador de serviços, como quando os clientes do cliente telefonam para as centrais de atendimento administradas pelo prestador de serviços em nome do cliente, ele não poderá negar ou atrasar unilateralmente um serviço sem descumprir o ANS, tal como as aplicações da TOC possivelmente prescreveriam.

Não obstante essas dificuldade, todas as aplicações da TOCP foram adaptadas para a TOCs, como veremos em seguida. Por esse motivo, para o setor de SPCTs, a resposta objetiva para a pergunta "Para o que mudar?" é TOCs.

Reabastecimento no setor de serviços

Reabastecimento para produtos (RP) é a aplicação tradicional da TOC para distribuição. Em poucas palavras, a aplicação RP cria pulmões de estoque que cobrem o consumo total de estoque durante o período necessário para o reabastecimento, levando em conta a variabilidade. Esses pulmões de estoque estão localizados no armazém central, e não no ponto de varejo porque a demanda agregada varia menos.

Portanto, se normalmente forem necessários de três a cinco dias para obter mais de um item de estoque específico e um distribuidor habitualmente enviar 25 unidades por dia, esse distribuidor dimensionaria seu pulmão de estoque em cem unidades – ou 25 unidades por dia vezes quatro dias. Teoricamente, esse pulmão evita que o distribuidor fique sem esse item porque o pulmão é reabastecido de acordo com o consumo real. Nas raras ocasiões em que o pulmão quase se esgota, o distribuidor agiliza o pedido ativo com o respectivo fornecedor.

Desse modo, o alinhamento do tamanho do pulmão com o tempo de consumo e reabastecimento otimiza o estoque, de maneira que, sempre que esses parâmetros mudarem, o pulmão seja redimensionado de forma correspondente. Essa é uma mudança radical em relação ao conhecimento convencional, que estabelece que os níveis de estoque devem ser determinados por previsões de demanda e remessas infrequentes de grandes quantidades de pedidos econômicos.

Reabastecimento para serviços (Rs) é a aplicação da TOC de gerenciamento de recursos no setor de serviços. Em termos gerais, recurso é tudo o que um prestador precisa para fornecer um serviço, mas nos serviços baseados em mão de obra o termo "recurso" é praticamente sinônimo de "pessoa".

No contexto de serviços, os recursos não são consumidos da mesma maneira que o estoque é consumido pela distribuição. Uma vez enviado, normalmente o estoque não retorna. Uma vez designados, os recursos voltam naturalmente para executar mais trabalhos. Portanto, a solução de RP baseia-se no consumo total, enquanto a Rs baseia-se no consumo líquido, que é a diferença entre os recursos que saem em uma atribuição menos aqueles que voltam. Dessa maneira, o consumo líquido de um determinado período pode ser positivo, negativo ou zero.

Em resumo, a solução Rs introduz pulmões de recurso que cobrem o consumo líquido de recursos durante o tempo necessário para mudar o abastecimento, considerando a variabilidade. Além disso, os pulmões de recurso estão localizados em grupos de habilidades que atendem à empresa, e não em projetos individuais, porque a demanda agregada varia menos.

Portanto, se forem necessários normalmente de 60 a 90 dias para concluir o processo de contratação e ter um novo funcionário na empresa e o prestador de serviços habitualmente precisar de um funcionário a mais por mês em um determinado grupo de habilidades, esse provedor pode dimensionar seu pulmão de recurso em dois ou três recursos. A decisão sobre se serão dois ou três recursos depende de o grupo de habilidades específico ser ou não a restrição.

Nenhuma previsão é necessária na solução Rs, que é uma mudança radical em relação ao conhecimento convencional. Desse modo, a Rs é uma alternativa ao método contratar para planejar, que se inicia a contratação independentemente dos acordos feitos no funil de vendas. Da mesma forma, a Rs é uma alternativa ao método contratar para negociar, que nem mesmo inicia o processo de contratação enquanto um novo compromisso não estiver iminente.

Por esse motivo, a Rp e Rs baseiam-se nos mesmos princípios, mas funcionam em contextos distintos. Além disso, nas empresas de serviços, a Rs favorece tanto projetos quanto processos, que são duas formas diferentes de fornecimento de serviços. Eles são discutidos em seguida.

Corrente crítica para serviços

A *corrente crítica para produtos* (CCp) é a aplicação tradicional da TOC para o gerenciamento de projetos. Essa é uma alternativa radical ao *método do caminho crítico* (MCC) e à técnica de avaliação e revisão de programas (*program evaluation and review technique* – PERT), que os métodos de gerenciamento de projetos predominantes.

Em poucas palavras, a CCp muda a forma como os projetos são previstos, executados e acompanhados. Essas mudanças melhoram a pontualidade de conclusão e encurtam os projetos, desafiando o conhecimento convencional que estabelece que uma concessão imutável entre esses resultados.

- A CCp utiliza estimativas de atividade com um nível de confiança de 50%, e não de 80%, porque a contingência em termos de atividade de fato não protege a conclusão da atividade, quanto mais a conclusão pontual do projeto. Em vez disso, a CCp inicia-se com estimativas de atividade não protegidas e em seguida consolida a contingência em um pulmão de tempo de projeto, que protege o projeto como um todo.

- A CCp elimina a contenção de recursos porque os recursos sobrecarregados não conseguem cumprir as atividades pontualmente. Em vez disso, a CCp acrescenta recursos ou desloca determinadas atividades antecipadamente no cronograma, o que é chamado de nivelamento de recursos. O caminho mais longo no plano do projeto após o nivelamento de recursos é conhecido como corrente crítica. Mesmo para os projetos com resultados tangíveis e escopo equivalentes, a corrente crítica e o caminho crítico são sempre diferentes, porque a duração das atividades é diferente. Porém, o conjunto de atividades que compreendem a corrente crítica também pode ser diferente.

- A CCp aplica regras de trabalho diferentes porque a execução dos projetos é mais adequada quando feita como uma corrida de revezamento. Isto é, toda atividade inicia-se assim que suas predecessoras estão concluídas, mesmo que isso exija um início antecipado. Desse modo, o início antecipado compensa a conclusão atrasada em outra parte do projeto, e essa não é uma postura adotada pelo gerenciamento de projetos convencional. Aliás, os projetos convencionais com frequência atrasam precisamente porque os atrasos na conclusão das atividades são cumulativos.

- A CCp acompanha os projetos de maneira distinta porque apenas um subconjunto de atividades determina se o projeto como um todo será concluído no prazo. A CCp avalia o andamento com base no nível de consumo do pulmão do projeto pelas atividades que estão atrasadas. Se o esgotamento do pulmão for proporcional à porcentagem de conclusão do projeto (ou menor), isso significa que o projeto como um todo está no caminho certo para ser concluído pontualmente. Isso contrasta com o gerenciamento de projetos convencional, que credita a conclusão de toda atividade independentemente de essas atividades de fato determinarem que o projeto ficará atrasado. A CCp foi concebida para projetos de engenharia no contexto de produção, mas funciona igualmente bem em projetos de serviço específicos. Entretanto, o método tradicional de *múltiplos projetos pela corrente crítica* (MPCC) não funciona tão bem nas empresas de SPCTs.

O MPCC supõe que os recursos são essencialmente fixos e que os múltiplos projetos devem ser escalonados com base na respectiva utilização do recurso com restrição. Por exemplo, se o recurso com restrição for um galpão de manutenção de aeronaves que comporta apenas um avião por vez, os múltiplos projetos de manutenção das aeronaves serão restringidos pela disponibilidade do galpão. O cronograma resultante dos múltiplos projetos forma uma estrutura semelhante aos degraus de uma escada tendo por base o momento em que a aeronave de cada projeto estiver no galpão. Contudo, essa mesma programação ocorrerá se o recurso com restrição for uma pessoa ou várias pessoas cuja habilidade específica é escassa.

Diante disso, a CCMP presume que existe uma restrição interna. Consequentemente, os clientes devem estar dispostos a aceitar os serviços de acordo com a disponibilidade. Entretanto, hoje em dia os clientes de serviços estão menos dispostos a esperar. Eles desejam serviços sob encomenda. Além disso, alguns prestadores de serviços, particularmente no setor de SPCTs, ficam ansiosos por atender aos clientes contratando recursos adicionais de acordo com a necessidade. Com isso, o problema dos múltiplos projetos passa a ser um problema em que a restrição é externa: os clientes não comprarão todos os serviços que o prestador tem a oferecer nem o mercado de trabalho conseguirá suprir todos os recursos qualificados que o prestador precisa para atender à demanda dos clientes.

A TOC para serviços soluciona esse último problema associando o reabastecimento com a corrente crítica. Isto é, a *corrente crítica para serviços* (CCs) utiliza a Rs para fornecer recursos para múltiplos projetos que estão sendo gerenciado com a corrente crítica. Por exemplo, os recursos no banco de reserva que estão à espera de atribuições relativas ao projeto – o pulmão de recurso – devem ser suficientes para atender à maior parte da demanda por recursos dos múltiplos projetos, mesmo quando essa demanda for imprevisível. Sempre que o pulmão de recurso fica abaixo da dimensão pretendida, a Rs o reabastece automaticamente porque o pulmão de recurso existe para proteger a conclusão pontual do projeto e a receita que ele gera.

Ao atenuar ou mesmo eliminar a restrição de recurso, múltiplos projetos de serviço podem ser programados simultaneamente com a CCs a fim de atender às necessidades de diversos clientes. Portanto, a estrutura de degraus entre os projetos não é necessária.

Tambor-pulmão-corda para serviços

Tambor-pulmão-corda para produtos (TPCp) é a aplicação tradicional da TOC para o gerenciamento de operações. Em poucas palavras, o TPCp extrai o máximo de produtividade das operações de produção que têm uma restrição interna assegurando que a restrição, e somente a restrição, estabeleça o ritmo. Aliás, no TPCp, o "tambor" refere-se especificamente à marcação desse ritmo.

No TPCp, o pulmão refere-se aos WIPs deliberadamente dispostos em fila após a restrição. Esse pulmão garante que a restrição tenha trabalho mesmo quando ocorrem contratempos em pontos anteriores.

Como mencionado antes, manter a restrição abastecida de trabalho é vital porque a utilização da restrição determina o que a fábrica produz no todo. Desse modo, as não restrições devem executar o que for necessário para manter a restrição totalmente utilizada – e nada mais. Isso significa que o nível de utilização das não restrições anteriores à restrição normalmente é inferior ao nível de utilização total para que elas não sobrecarreguem a restrição com um excesso de WIPs. Da mesma forma, o nível de utilização das não restrições posteriores à restrição normalmente é inferior ao nível de utilização total porque elas só conseguem executar a quantidade de trabalho que lhes são transferidas por meio da restrição.

Entrega atrasada de matérias-primas, defeitos nos equipamentos, ausência de funcionários, índices de refugo imprevistos, solicitações de mudança – e até mesmo o clima – podem interferir no cronograma de produção. Portanto, as não restrições anteriores algumas vezes precisam correr para manter a restrição ocupada quando aparecem buracos no pulmão. De modo semelhante, as não restrições posteriores algumas vezes precisam correr para concluir pontualmente os trabalhos que estão atrasados. No entanto, contrariamente ao conhecimento convencional, é normal as não restrições ficarem ociosas ocasionalmente. Aliás, de vez em quando elas precisam ficar ociosas.

Em vez de forçar a introdução de trabalhos na fábrica em prol da utilização, o TPCp inicia os trabalhos no momento certo e baseia-se em datas de conclusão para conduzir esses trabalhos pela fábrica na sequência correta. Desse modo, no TPCp, a "corda" refere-se aos sistemas de informação utilizados para iniciar os trabalhos no momento certo e subsequentemente assegurar que a restrição está funcionando nos trabalhos corretos, com base nas datas de conclusão corretas.

Como afirmamos que o setor de SPCTs é extremamente personalizado e depende pouco de estoque, saber aplicar o TPC pode ser um mistério. No entanto, é um mistério facilmente resolvido.

- Mesmo quando os SPCTs são extremamente personalizados, os processos personalizados podem ser em grande medida suscetíveis à repetição. Isto é, quando um prestador de serviços utiliza um centro de serviço compartilhado para executar processos para vários clientes, o processo personalizado de cada cliente pode ser executado milhões de vezes. Imagine, por exemplo, os cheques-salário. Em virtude da estrutura organizacional e dos planos de remuneração, os processos de folha de pagamentos dos clientes não são idênticos, mas o mesmo processo é executado para os funcionários de cada cliente em todo período de pagamento.

- Na área de serviços, os WIPs muitas vezes são intangíveis, mas eles existem, no papel ou nos computadores. Embora esse WIP não seja exatamente estoque, ele pode ser gerenciado com métodos semelhantes. Por exemplo, os gerentes do centro de serviço podem monitorar as filas de trabalhos e a conclusão dos pedidos. Do mesmo modo, os gerentes dos laboratórios de pesquisa podem monitorar experimentos e a conclusão de metas.

Em resumo, o *tambor-pulmão-corda para serviços* (TPCs) extrai o máximo de produtividade dos processos de serviço que têm uma restrição interna assegurando que a restrição, e somente a restrição, estabelece o ritmo. O pulmão de trabalho anterior à restrição garante que a restrição tenha trabalho.

Com base na descrição do TPCs até aqui, pode parecer que o TPCp e o TPCs são indistinguíveis, mas isso não é verdade. Existe uma diferença enorme: No TPCp, o fabricante regula o trabalho liberado para a fábrica para manter a restrição ocupada, enquanto no TPCs o prestador de serviços não pode controlar o que entra (*inputs*) no processo de serviço. As solicitações de serviço provêm dos clientes, dos funcionários e dos acionistas do cliente ou de qualquer outro grupo que o cliente considere qualificado para o serviço. O recebimento de solicitações de serviço não pode ser previsto com precisão pelo prestador, quanto mais controlado.

Se o prestador de serviços não pode controlar o que entra (*inputs*) no processo, ainda que seja obrigado por um ANS a fornecer o serviço de acordo com parâmetros específicos, o processo em si não pode ter capacidade fixa. Por esse motivo, o pulmão e a corda funcionam de maneira diferente no TPCs. Quando o pulmão ultrapassa seu limite superior, a corda desencadeia um aumento de capacidade que em algum momento faz o nível do pulmão voltar ao limite normal. Quando o pulmão diminui e fica abaixo de seu limite inferior, a corda desencadeia uma diminuição de capacidade que em algum momento faz o pulmão retornar ao seu limite normal.

Portanto, o TPCp gerencia os pulmões de operações com capacidade fixa, ao passo que o TPCs gerencia a capacidade dos processos com capacidade variável. Ambos estão fundamentados nos mesmos princípios, mas funcionam diferentemente e são utilizados em contextos distintos.

Contabilidade de ganhos para serviços

A *contabilidade de ganhos para produtos* (CGp) é a aplicação de mensuração tradicional da TOC. É uma alternativa à contabilidade de custos, o método de mensuração predominante.

Em poucas palavras, a CGp muda as medidas financeiras – e, portanto, outras medidas que procedem delas – e muda também as prioridades de gerenciamento. Uma das medidas financeiras, o ganho, foi mencionada anteriormente. As outras medidas financeiras são investimento e despesas operacionais (Corbett, 1998).

- *Ganho* (G) é o caixa proveniente das vendas menos os custos totalmente variáveis. Portanto, é a receita menos o custo das matérias-primas e das peças com as quais cada item é produzido.
- *Investimento* (I) é todo o dinheiro investido em produtos ou serviços à venda. Fábricas e estoque estão incluídos.
- *Despesa operacional* (DO) é todo o dinheiro gasto para transformar o I em G. Os custos de mão de obra direta e aluguel e as despesas de venda, gerais e administrativas (DVGAs) estão incluídos.

Não existe nenhum conceito de custo de produto na CG. A DO é simplesmente somada. Não é alocada aos produtos. Isso evita as distorções que fazem determinados produtos parecerem lucrativos quando na verdade não são.

A meta financeira de uma empresa com fins lucrativos é maximizar o *lucro líquido* (LL), que é G menos DO. Para conseguir isso, a empresa precisa criar produtos que gerem T, tomar decisões ponderadas sobre I e gerenciar a DO com base no G.

Além disso, as prioridades têm de ser G, I e DO porque isso estimula o crescimento. Essas prioridades são opostas às do gerenciamento tradicional, que se concentra inflexivelmente na redução de custo e, portanto, obstrui o crescimento.

Além das medidas financeiras com nomes convencionais, a CGp tem medidas de controle com nomes não convencionais. *Ganho-dinheiro-dia* (GDD) indica se o trabalho está sendo enviado pontualmente. *Inventário-dinheiro-dia* (IDD) indica se o estoque em excesso está acumulando. Desse modo, as medidas GDD e IDD conduzem o fabricante em direção à sua meta.

Em seus termos mais gerais, a *contabilidade de ganhos para serviços* (CGs) é praticamente idêntica à CGp. Isto é, a CGs muda as medidas financeiras e todas as medidas provenientes delas e também as prioridades de gerenciamento. O que diferencia a CGp e a CGs são detalhes, porque os SPCTs são o que menos se assemelham à produção.

- Em vez de extrair G dos produtos, as empresas de SPCTs o extraem dos resultados tangíveis de um projeto e dos níveis de serviço do processo. Os custos totalmente variáveis referem-se ao que é consumido na produção de um serviço, como as peças usadas em reparos.
- Em vez de investir em fábricas e matérias-primas, as empresas de SPCTs investem mais em habilidades, capital intelectual, ativos e sistemas de produção de serviços. Além disso, as licitações e propostas são investimentos significativos.
- Em vez de incluir a mão de obra de produção na DO, as empresas de SPCTs utilizam a mão de obra de profissionais, cientistas e técnicos. As DVGAs incluem mão de obra de parceiros e diretores, cujo trabalho é vender contratos de serviço.

Do mesmo modo que não existe nenhum conceito de custo de produto na CGp, não existe nenhum conceito de custo de serviço na CGs. A DO é simplesmente somada. Ela não é alocada aos serviços. Isso evita as distorções que fazem alguns serviços parecerem lucrativos quando na verdade não são.

A CGs também tem medidas de controle próprias com nomes não convencionais. *Projeto* ou *processo-dinheiro-dia* (PDD) indica se os contratos estão sendo concluídos pontualmente. *Recurso-dinheiro-dia* (RDD) indica se existe excesso de recursos. Portanto, as medidas PDD e RDD conduzem o prestador de serviços em direção à sua meta.

A CGs gera vários benefícios para os prestadores de serviços. As prioridades de gerenciamento são realinhadas para obter um crescimento lucrativo. As decisões sobre o *mix* de serviços não são distorcidas pela alocação de custos. As medidas de controle conduzem a empresa em direção à sua meta. Por fim, obtém-se uma otimização global – em toda a empresa –, em vez de em um único departamento ou unidade de negócios.

Aplicações não convencionais da TOC

As aplicações convencionais da TOC são em grande medida coincidentes nas empresas de um determinado setor. Elas incluem as aplicações R, CC, TPC e CG que acabamos de ver.

Em contraposição, as aplicações não convencionais da TOC variam entre as empresas porque elas apresentam requisitos exclusivos. Entretanto, os princípios subjacentes da TOC se mantêm, mesmo para aplicações não convencionais.

- O marketing cria ofertas irresistíveis.
- O departamento de vendas, portanto, consegue fechar negócios com os clientes.

Ao criar ofertas que enfocam os problemas básicos dos clientes, a TOC oferece um valor de negócio que pode ser bem superior ao das ofertas convencionais que se baseiam sobretudo no preço.

- A estratégia define a forma como a empresa perseguirá sua meta.
- A mudança então realinha os departamentos de marketing, vendas e produção para concretizar essa estratégia.

Ao criar soluções holísticas direcionadas às restrições, a TOC utiliza a alavancagem para extrair grandes benefícios de investimentos modestos.

- A implementação põe em prática as aplicações da TOC.
- A tecnologia é um capacitador essencial.[1]

Utilizando um conjunto específico de etapas para que haja adoção e aplicando a tecnologia cautelosamente, a TOC enfoca os principais impedimentos à implementação.

Obviamente, as aplicações não convencionais da TOC são do mesmo modo importantes nas empresas de serviços. Entretanto, os detalhes estão além do escopo deste capítulo. Consulte Ricketts (2008, Capítulo 8-10) para obter mais informações.

Como causar a mudança

O que os gerentes conhecem a respeito da TOC e o que eles fazem com a TOC raramente são coincidentes. Existem vários obstáculos. Primeiro, quando a princípio tomam conhecimento da TOC, o temo "teoria" dissuade alguns gerentes. Se eles interpretarem mal o termo "teoria" como sendo "algo que não funcionará na prática", eles nem mesmo conseguirão superar o primeiro obstáculo. Entretanto, se eles interpretarem corretamente o termo "teoria" como sendo "um conhecimento claro sobre causa e efeito", eles começarão bem (Instituto Avraham Y. Goldratt, 2008).

Quanto ao segundo obstáculo, a TOC diverge em grande medida do conhecimento convencional sobre gerenciamento, tal como mencionados nas seções anteriores. Quando

---

[1] Goldratt (Goldratt, Schragenheim e Ptak, 2000) examina a utilização da tecnologia neste romance, *Necessary But Not Sufficient: A Theory of Constraints Business Novel* (Necessário mas Não Suficiente: Um Romance de Negócios da Teoria das Restrições).

diante de uma demonstração de que determinado conhecimento convencional na verdade está incorreto, a reação da maioria dos gerentes é apegar-se a ele ou até mesmo o defender com veemência. Afinal de contas, perguntam-se eles, se tantas pessoas acreditam nisso, como isso pode estar errado?

Como seria de esperar, restrições paradigmáticas como essa são o motivo pelo qual determinadas ideias verdadeiramente revolucionárias em qualquer âmbito podem levar uma geração inteira para que se consolidem. Desse modo, essa forte tendência a se apegar ao conhecimento convencional é o motivo que leva os autores e consultores da TOC a ajudar os gerentes a identificar os problemas básicos e os pressupostos errôneos subjacentes a esses problemas antes de introduzirem as aplicações da TOC que os solucionam (Scheinkopf, 1999).

Quando um determinado gerente ou um pequeno grupo de gerentes consegue superar o primeiro e segundo obstáculos, existe subsequentemente outro obstáculo importante. Fazer todos os outros gerentes, executivos e funcionários de uma empresa reconhecer e aceitar que o conhecimento convencional está incorreto provavelmente é o maior obstáculo de todos. Contudo, essa barreira é precisamente o que cria uma vantagem competitiva sustentável para aquelas empresas que saltam para a TOC.

Os gerentes não são o único grupo que pode e deve ser persuadido a adotar a TOC. Há também os profissionais, parceiros e diretores nos SPCTs. Não basta os gerentes adotarem a TOC se as pessoas que executarão suas aplicações não estiverem também convencidas.

Os alunos, e os professores que os educam, são outro grupo de interesse vital. Instruir a geração subsequente de gerentes é uma solução óbvia para obter uma maior adoção da TOC, mas isso requer que a geração atual de professores seja instruída a respeito. Muitas vezes esses professores têm duplo interesse, isto é, pesquisa e ensino. Independentemente do grupo, a TOC tem um método específico para obter comprometimento.

Adesão

A abordagem da TOC em relação à mudança é chamada de adesão. Embora pareça um contrassenso, a TOC reconhece que o maior impulso para a mudança é a resistência inicial contra a mudança. Isto é, assim que alguém se convence de que a situação ficará melhor, não existe mais motivo para resistir à mudança e o compromisso de mudar fica mais fortalecido do que se não tivesse havido essa inversão de perspectiva.

A adesão ocorre segundo as etapas a seguir, que devem ser executadas rigorosamente em sequência (Goldratt, 1999):

1. Acordo sobre o problema.
2. Acordo sobre a direção da solução.
3. Acordo sobre se a solução resolve o problema.
4. Acordo de que a solução não gerará efeitos negativos significativos.
5. Acordo sobre a forma de superar os obstáculos à implementação.
6. Acordo sobre a implementação.

Embora qualquer pessoa possa seguir essas etapas, se estiver suficientemente informada e motivada, os consultores com frequência podem ajudar os clientes a executar essas etapas porque o conhecimento convencional resiste veementemente à mudança. Paradoxalmente, esses consultores da TOC podem enfrentar o mesmo nível de dificuldade para empreender essas etapas por si sós.

Como os profissionais podem começar a utilizar a TOC

Uma das maneiras de começar a utilizar a TOC é por meio da análise de exemplos de sucesso. Eles não são difíceis de encontrar. Muitos foram publicados em livros e artigos.

Alguns podem ser encontrados em *blogs* da Internet. Obviamente, a referência de pares que tiveram êxito na implementação da TOC é a fonte mais confiável de todas.

É também possível começar a utilizá-la por meio da contratação de consultores da TOC. A amplitude da experiência desses consultores com frequência é maior que a dos pares porque os consultores têm a vantagem complementar de saber o que funciona e o que não funciona. Além disso, se o consultor oferecer ativos de *software*, isso pode contribuir para a implementação da TOC.

A certificação é outra forma de começar a utilizar a TOC porque exige que o profissional passe por um treinamento formal e também por avaliações.[2] Portanto, isso exige que ele demonstre um determinado nível de proficiência com relação ao que pode ser obtido nesse trabalho ou por meio de um estudo independente. Obviamente, esse é o caminho que os consultores da TOC seguem.

Como os pesquisadores podem contribuir

Os pesquisadores também têm um papel a desempenhar na promoção da mudança. Estudos de campo, estudos de caso e estudos por simulação são formas de investigar a TOC e promover sua adoção.

As revisões de literatura são outra contribuição possível cujo valor não deve ser subestimado.[3] Quando bem realizadas, essas revisões são utilizadas tanto por profissionais quanto por outros pesquisadores. Todavia, a literatura sobre a TOC distribui-se por diversos campos e vários periódicos. Por isso, as melhores revisões de literatura são aquelas que sintetizam as constatações de fontes díspares.

Para que as pesquisas tenham um impacto fora da comunidade acadêmica, elas devem ter aplicação para profissionais e estudantes. Isso é difícil porque os termos e métodos científicos naturais para os cientistas são estranhos para os não pesquisadores. Além disso, a TOC possui um jargão próprio que talvez seja confuso para os iniciantes. Em consequência disso, as publicações podem ser incompreensíveis para os públicos que mais poderiam se beneficiar.

O que os estudantes devem saber

Obviamente, os estudantes precisam conhecer os princípios e aplicações da TOC. Quanto mais prática a formação, maior a probabilidade de os alunos reterem o que aprenderam. Por exemplo, os jogos de simulação exigem que os alunos assumam papéis e representem cenários com base na TOC.

Os jogos de simulação são um componente básico do ensino da TOC, mas na realidade nada substitui a TOC na prática. Visitas a fábricas, palestrantes do setor, projetos de tese e estágios merecem ser considerados. Os alunos de algumas escolas trabalham com empresas locais e realizam projetos de *processo de pensamento* para identificar o que mudar, para o que mudar e como causar a mudança. Em seguida, eles apresentam suas recomendações ao gerente da empresa.

Os estudantes também precisam ter conhecimento sobre o processo de adesão da TOC porque aqueles que possuem apenas um conjunto de ferramentas dos princípios e aplicações da TOC acabam batendo de frente com a oposição fora da sala de aula. Aliás, algumas empresas têm um banco latente de conhecimentos inexplorados sobre a TOC porque recém-graduados em programas de gerenciamento quase certamente obtiveram

---

[2] A *Organização Internacional de Certificação em Teoria das Restrições* (*Theory of Constraints International Certification Organization* – TOCICO) oferece certificação em várias áreas, como logística da cadeia de suprimentos, finanças e medidas, gerenciamento, processo de pensamento e estratégia empresarial. Visite o respectivo *site* para obter mais informações. http://www.tocico.org.

[3] As revisões de literatura correspondentes a cada uma das áreas de aplicação da TOC são apresentadas no início de cada parte deste livro.

informações sobre a TOC durante a graduação. Entretanto, depois de formados, eles acabam encontrando empregos em que ninguém na cadeia gerencial tem ciência da TOC e muito menos a compreende.

Embora vários graduados tenham tido contato com a TOCp, poucos o tiveram com a TOCs. Entretanto, isso está mudando. Ciência, Gestão, Engenharia e Design de Serviços (Service Science, Management, Engineering and Design – SSMED) é uma iniciativa acadêmica que envolve uma ampla comunidade, na qual se incluem o meio acadêmico e empresas de serviços. A SSMED contribui para as instituições acadêmicas com currículos escolares e outros recursos.

Resumo

O interesse pela TOC provém de seus sólidos princípios de gerenciamento e igualmente das aplicações que incorporam esses princípios. Veja alguns exemplos.

- O tambor-pulmão-corda baseia-se no *princípio do elo mais fraco*, que afirma que um sistema só pode produzir o quanto sua restrição permitir.
- A solução de reabastecimento baseia-se no *princípio de agregação*, que afirma que o estoque ou os recursos são mais bem protegidos centralmente porque é nesse ponto que o consumo varia menos.
- A corrente crítica baseia-se no *princípio de corrida de revezamento*, que afirma que as regras de trabalho (execução) determinam a conclusão pontual dos projetos, bem mais que o plano dos projetos.
- A contabilidade de ganhos baseia-se no *princípio de mensuração*, que afirma que é necessário medir os fatores corretos para conduzir uma empresa em direção à sua meta.
- Todas essas aplicações baseiam-se no *princípio puxado*, que afirma que a maioria dos sistemas de gerenciamento eficazes puxa naturalmente os trabalhos.

A TOCp e a TOCs baseiam-se nos mesmos princípios fundamentais da TOC. Portanto, elas são complementares. A Figura 29.1 mostra os selos da TOC.

- A Rp gerencia o estoque que raramente retorna depois que é enviado.

  A Rs gerencia recursos que retornam regularmente para serem redesignados.
- A CCp gerencia projetos quando a restrição da empresa é interna.

  A CCs gerencia projetos quando a restrição da empresa é externa.
- O TPCp gerencia operações quando a capacidade é relativamente fixa.

  O TPCs gerencia operações quando a capacidade é relativamente flexível.
- A CGp oferece medidas quando o estoque é abundante.

  A CGs oferece medidas quando não existe nenhum estoque.

Os SPCTs são o setor de serviços que mais se diferenciam dos ambientes de produção e distribuição, nos quais a TOC começou. Como a TOC funciona no setor de SPCTs, no qual as condições são extremas, existe uma grande probabilidade de a TOC funcionar em qualquer atividade de serviços.

Capítulo 29 ▪ Teoria das restrições em serviços profissionais, científicos e técnicos

	TOC para produtos	TOC para serviços
Gerenciamento da cadeia de suprimentos/ Recursos	**Reabastecimento para produtos** Reabastece → Distribui Estoque *"Raramente retorna"*	**Reabastecimento para serviços** Reabastece → Designa Recursos ↵ Retorna *"Redesignar regularmente"*
Gerenciamento de projetos	**Corrente crítica para produtos** Projetos dependentes *"Restrição interna"*	**Corrente crítica para serviços** Projetos independentes *"Restrição externa"*
Gerenciamento de operações/ processos	**Tambor-pulmão-corda para produtos** Matérias-primas → Produtos *"Capacidade fixa"*	**Tambor-pulmão-corda para serviços** Solicitações de serviços → Níveis de serviço *"Capacidade flexível"*
Mensuração	**Contabilidade de ganhos para produtos** GDD --▶ G · Produtos IDD --▶ I · Estoque · Fábricas · Armazéns DO · Mão de obra · Despesas indiretas *"Estoque"*	**Contabilidade de ganhos para serviços** PDD --▶ G · Serviços RDD --▶ I · Habilidades · Capital intelectual · Centros de serviço DO · Mão de obra · Despesas indiretas *"Não existe nenhum estoque"*

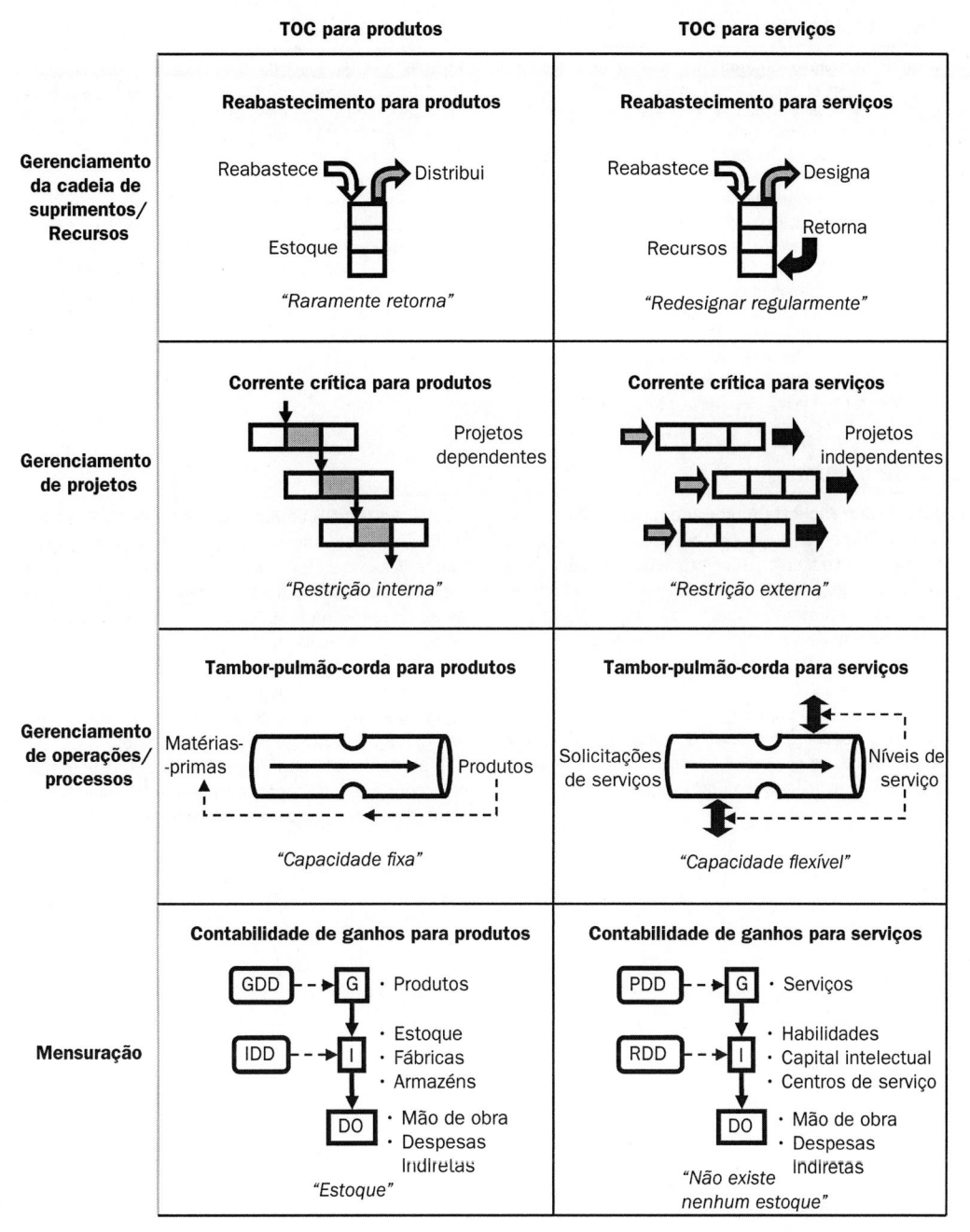

FIGURA 29.1 Elementos da TOC.

Referências

Instituto Avraham Y. Goldratt. *The Theory of Constraints and Its Thinking Process*. Nova Haven, CT: 2008.

Corbett, T. *Throughput Accounting*. Great Barrington, MA: North River Press, 1998.

Goldratt, E. *Goldratt Satellite Program Session 6: Achieving Buy-in and Sales*. Transmitido de Brummen, Holanda: Programa Satélite de Goldratt, 1999.

Goldratt, E. e Cox, J. *The Goal: A Process of Ongoing Improvement*. 2ª. ed. rev. Great Barrington, MA: North River Press, 1992.

Goldratt, E. M., Schragenheim, E. e Ptak, C. A. *Necessary But Not Sufficient: A Theory of Constraints Business Novel*. Great Barrington, MA: North River Press, 2000.

Mabin, V. e Balderstone, S. *The World of the Theory of Constraints: A Review of the International Literature*. Boca Raton, FL: St. Lucie Press, 2000.

Ricketts, J. A. *Reaching the Goal: How Managers Improve a Services Business Using Goldratt's Theory of Constraints*. Boston, MA: IBM Press, 2008.

Scheinkopf, L. J. *Thinking for a Change*. Boca Raton, FL: St. Lucie Press, 1999.

Spohrer, J. e Kwan, S. K. *Service Science, Management, Engineering, and Design (SSMED): Outline and References*. Janeiro de 2008. http://www.ibm.com/developerworks/spaces/ssme.

Umble, M. e Umble, E. J. "Utilizing Buffer Management to Improve Performance in a Healthcare Environment". *European Journal of Operational Research*, 174, 2006, pp. 1.060-1.075.

Sobre o autor

John Arthur Ricketts é um proeminente engenheiro da IBM Corporate Headquarters. Como sócio consultor e executivo técnico, Ricketts lidou com vários problemas de gerenciamento de serviços, incluindo os problemas enfrentados pelos clientes em sua própria empresa de serviços. Seu trabalho na aplicação da ciência analítica o levou a se concentrar na *teoria das restrições* (TOC) e em seguida a aprofundar o potencial da TOC para o gerenciamento de serviços. Seu livro *Reaching the Goal: How Managers Improve a Services Business Using Goldratt's Theory of Constraints*, foi publicado pela IBM Press.

Ricketts foi premiado pelo Instituto de Ciências da Decisão, pela Associação para o Avanço das Faculdades Superiores de Administração e também pela IBM por suas pesquisas e experiências docentes. Antes de entrar na IBM, Ricketts foi professor, diretor de pesquisa aplicada e diretor de engenharia de *software*. Desde sua entrada na IBM, ele trabalhou com desenvolvimento de negócios, fornecimento de serviços, desenvolvimento profissional, desenvolvimento de capital intelectual e iniciativas estratégicas. Ele é formado em sistemas de gerenciamento e informação, com especialização secundária em ciência da computação e ciência comportamental.

30
Serviços de suporte ao cliente segundo a TOC[1]

Alex Klarman e Richard Klapholz

Introdução: a necessidade de mudança

Durante vários anos, os *serviços de suporte ao cliente*[2] (SSC) foram considerados um aperfeiçoamento da venda de produtos ou serviços e, por si sós, um significativo gerador de receitas. Entretanto, como esse ambiente mudou drasticamente ao longo dos anos, o fluxo de receitas gerado pelo SSC em várias operações tem sido, na melhor das hipóteses, muito pequeno.

O objetivo deste capítulo é oferecer um guia sobre "quando" e "como", na análise de problemas e concepção de soluções práticas na área de SSC das organizações de produtos. Ele mostra como as empresas conseguem acumular ao longo dos anos uma enorme base instalada de seus produtos e firmar diversos compromissos com seus usuários. Isso pode ser ao mesmo tempo uma bênção ou uma maldição.

Um bom SSC pode tornar-se uma vantagem significativa, criando oportunidades para vendas repetidas por um baixo custo e com pouco esforço. Entretanto, os problemas existentes nessa área podem exigir uma quantidade de recursos cada vez maior e diminuir gradativamente os rendimentos e possivelmente pôr em risco os futuros relacionamentos de negócios com clientes e usuários.

Os diversos âmbitos do SSC são apresentados – por exemplo, garantia, natureza dos contratos de manutenção, impacto do SSC sobre as receitas e despesas das empresas e impacto resultante nos respectivos resultados financeiros. Também é realizada uma análise sobre os problemas pertinentes em todas essas áreas. A direção e os principais componentes da solução são descritos, no sentido de como eles solucionam os problemas básicos e, portanto, eliminam as limitações do método tradicional de SSC, e são apresentadas outras medidas de apoio essenciais para oferecer uma solução completa. Os problemas de implementação e de gerenciamento diário são também discutidos.

O que é suporte ao cliente (também conhecido como suporte técnico)?

O serviço de suporte ao cliente (SSC) abrange uma enorme área da economia moderna. Raramente existe um produto ou serviço que não precise utilizá-lo. Seja um celular, um

---

[1] Neste capítulo, os números e algumas das discussões estão fundamentados no material apresentado pelos autores no livro *Release the Hostages* (Liberte os Reféns), publicado pela North River Press em 2009. Gostaríamos de agradecer à North River Press por gentilmente nos permitir apresentá-lo aqui.

[2] A expressão *serviço de suporte ao cliente* é conhecida por vários nomes, como suporte ao cliente, atendimento ou assistência ao cliente, suporte técnico ou serviços técnicos. Empregaremos serviço de suporte ao cliente ou, abreviadamente, SSC.

Copyright © 2010 Alex Klarman e Richard Klapholz.

abridor de lata eletrônico, um *notebook*, um serviço de TV a cabo, um processador de alimentos, um novo carro, um novo jogo de computador ou mesmo um antigo colchão (que ofereça garantia vitalícia) –, todos eles às vezes precisam de assistência externa para instalação apropriada, uso, manutenção ou reparo e, finalmente, descarte correto.

A complexidade crescente dos produtos modernos, a abundância de recursos e a impressionante velocidade dos avanços tecnológicos tornam o uso dos novos produtos (ou serviços) um desafio para todos, exceto para as pessoas tecnicamente talentosas (ou simplesmente muito jovens). Isso, por sua vez, somado aos ciclos de vida cada vez mais curtos da maioria dos produtos, torna o conhecimento pormenorizado de todos os recursos de um produto (ou serviço) uma "missão verdadeiramente impossível" e faz com que a assistência externa seja parte essencial de nossa vida diária. Contudo, o fato de ser um assunto cotidiano não o facilita nem um pouco. Não raro, é uma provação que precisamos enfrentar se quisermos aproveitar os benefícios que o mundo moderno tem a nos oferecer.

Praticamente não existe nenhuma pessoa que não tenha experimentado de primeira mão o melhor e o pior da tecnologia; de um profissional do serviço de assistência que conseguiu ressuscitar um computador "inativo" com algumas instruções simples a uma provação kafkiana, isso com frequência envolve sistemas de resposta automática.

Todavia, neste capítulo, nós nos limitaremos ao SSC de equipamentos industriais e *softwares*, que também é chamado de suporte técnico.

Portanto, do que se trata o SSC do qual estamos falando?

Dentre as inúmeras definições que podem ser encontradas ao realizar uma pesquisa básica na Internet, duas características principais se destacam: uma está relacionada com o uso apropriado (e econômico) de um produto ou serviço, enquanto a outra gira em torno da satisfação do cliente. Por exemplo:

- Gama de serviços concebidos com o objetivo de oferecer assistência aos clientes para que utilizem os produtos e serviços econômica e corretamente. Isso pode abranger assistência em planejamento, instalação, treinamento, solução de problemas, manutenção, atualização e descarte de produtos (ou serviços), segundo o www.BusinessDictionary.com.

- De acordo com Turban (2002), "*Serviço ao cliente (customer service) é uma série de atividades concebidas para melhorar o nível de satisfação do cliente – isto é, o sentimento de que um produto ou serviço atendeu ao nível de expectativa do cliente*". Para as finalidades deste trabalho, empregaremos a definição a seguir, que associa ambos os elementos – uso apropriado e satisfação do cliente:

    Gama de serviços concebidos para melhorar o nível de satisfação do cliente – isto é, o sentimento de que um produto ou serviço atendeu às suas expectativas. Isso é obtido oferecendo assistência ao cliente para que utilize econômica e corretamente um produto ou serviço e pode abranger assistência em planejamento, instalação, treinamento, solução de problemas, manutenção, atualização e descarte de produtos (ou serviços).

Essa definição delineia ao mesmo tempo a importância fundamental das *expectativas* dos clientes quanto à meta de oferecer um bom SSC e a ampla variedade de atividades de SSC, as quais podem se estender pelo tempo de vida útil de um produto.

Todavia, ela demonstra claramente que uma parte significativa da atividade de SSC começa bem no início do ciclo de vida do produto – durante as fases de planejamento de utilização, de instalação do equipamento (ou serviço) e de uso inicial, bem como na fase de treinamento de uma equipe sobre os procedimentos apropriados para aproveitá-lo.

Normalmente, no primeiro período de uso de um produto (ou serviço), o SSC é gratuito para os usuários; trata-se do período de *garantia*. Portanto, é com frequência nesse período que a relidade cotidiana, com todos os seus problemas, choca-se com as nobres expectativas dos clientes. Realmente, muitas vezes essas expectativas são geradas pelo que o pessoal de marketing e vendas transmitiu – seja explícita ou implicitamente – aos futuros clientes. A percepção resultante que se origina da comparação entre o que é esperado e o que de fato foi oferecido cria uma impressão permanente, que influenciará (quase) para sempre – para o bem ou para o mal – a relação entre um cliente específico e o produto ou prestador de serviços.

Desse modo, a qualidade do SSC recebido pode ser um componente essencial nas futuras decisões de negócios relacionadas com uma compra repetida de um produto ou serviço. Em nenhuma outra parte o impacto dessas decisões é maior que no setor de equipamentos industriais.

Neste trabalho, tentaremos mostrar como a *teoria das restrições* (*theory of constraints* – TOC) e suas aplicações podem contribuir de forma significativa para o sucesso do SSC e, dessa maneira, para uma empresa de melhor qualidade e mais bem-sucedida.

Erosão constante da receita na área de SSC

Três processos principais, que evoluíram gradativamente nas últimas décadas, contribuem em grande medida para os problemas que a área de SSC enfrenta no momento:

- Em vários setores importantes (gráfico, metalúrgico, têxtil e de microeletrônicos, dentre outros), o preço de venda de equipamentos diminuiu de forma considerável. Isso, obviamente, colocou os equipamentos ao alcance de inúmeros compradores em potencial que antes não tinham recursos para adquiri-los. O crescimento resultante do volume de vendas foi imenso. Isso, associado à concorrência crescente, fruto da entrada dos países em desenvolvimento em centros de produção consolidados do Ocidente e do Oriente, às economias de escala possibilitadas por mercados bem mais amplos e ao advento dos eletrônicos que substituíram soluções mecânicas e ópticas, permitiu a produção de equipamentos cada vez mais sofisticados, a preços continuamente decrescentes.

- Ao mesmo tempo, tendo em vista a complexidade crescente dos equipamentos, as exigências em relação aos prestadores de SSC tornaram-se ainda maiores e mais variadas. Os equipamentos, antes provenientes apenas de empresas de maior porte, que tinham recursos próprios de engenharia e manutenção, agora estão ao alcance de empresas bem menores. Assim que os equipamentos começam a operar nessas empresas menores, em que a divisão entre as operações diárias e a atividade de suporte técnico na verdade não existe, eles podem criar um problema. Existe uma expectativa de que, de alguma forma, eles sempre funcionarão, sem que seja necessário criar (e pagar por) uma unidade de manutenção interna especializada para que isso ocorra. Nessas empresas, a dependência de suporte técnico em relação ao fabricante do produto é crítica.

- Existe outra consequência de impacto: o ciclo de vida dos equipamentos está diminuindo de maneira contínua, reduzindo cada vez mais o período entre o surgimento de um determinado equipamento e a chegada de seu sucessor. Até mesmo nesse curto período entre as gerações de equipamentos, existe um fluxo constante de melhorias, modernizações, mudanças e complementações. Para os fabricantes de equipamentos isso significava que, se eles não aumentassem continuamente a equipe de engenharia, enfrentariam uma grande e crescente pressão sobre os recursos de engenharia. Consequentemente, muitas vezes os produtos chegam ao mercado antes de o processo de desenvolvimento completo ter sido concluído; os procedimentos de teste rigorosos em circunstâncias diversas e em uma multiplicidade de ambientes operacionais, algo verdadeiramente *necessário* para os produtos direcionados aos mercados de massa, com frequência são interrompidos. Isso, por sua vez, gera "incômodos" crescentes e significativos para os usuários dos produtos. A área organizacional dos fabricantes de equipamentos que terá de lidar com os problemas decorrentes disso é, obviamente, a unidade de SSC. Muitas empresas mantêm os equipamentos antigos depois que são lançadas versões mais novas, forçando a equipe de SSC a ter domínio da manutenção de inúmeras versões de seus equipamentos muito depois que vários deles foram substituídos.

Entretanto, com todo o vigoroso crescimento experimentado, o mercado de equipamentos industriais modernos não tem o porte do imenso e verdadeiro mercado de massa (como o de telefones celulares, carros, câmaras digitais ou *notebooks*). Diferentemente dos verdadeiros mercados de produção em massa, a oferta de equipamentos industriais ao mercado caracteriza-se por uma variedade de produtos e recursos, volumes relativamente baixos e quase sempre grande complexidade. Essas características não possibilitam as economias de escala necessárias para que seus processos de desenvolvimento, bem como seus procedimentos de produção, ofereçam produtos de fato infalíveis.

Além desses fenômenos, que caracterizam grande parte do mercado de produtos, existe um sistema bastante peculiar para estabelecer o preço do SSC oferecido aos usuários de um determinado serviço ou produto. Normalmente, após o término do período de garantia, o serviço é oferecido por um custo anual fixo, que é uma porcentagem combinada do preço de venda do produto em questão. Seja ela de 1% ou de 20%, o fornecedor é obrigado a oferecer em troca um serviço que atenda às expectativas dos usuários quanto à plena funcionalidade e ao tempo de resposta do serviço.

Tal como em outras áreas de qualquer organização de negócios, o SSC está se esforçando para contribuir com seu quinhão para os resultados financeiros da empresa.

Durante muitos anos, em inúmeras empresas, as receitas da área de SSC constituíam uma fonte de renda importante. Além disso, como os contratos de SSC anuais eram renovados ano após ano quase que automaticamente, eles eram, em grande medida, uma fonte de renda fixa, independentemente dos caprichos das iniciativas de vendas. Contudo, não deixemos nos enganar, a receita obtida era, em regra, resultado do trabalho árduo de excelentes profissionais. Na base disso havia um conhecimento especializado, fruto de vários anos de experiência prática, que possibilitou que isso ocorresse.

Como mencionamos antes, a concorrência crescente gerou, paralelamente a uma multiplicidade de outros efeitos, um constante processo de declínio do preço de venda dos equipamentos. Isso, por sua vez, diminuiu a receita proveniente do suporte técnico aos equipamentos instalados. Além disso, hoje o preço, que é a base de comparação entre diferentes fornecedores de equipamentos, é o *custo total de propriedade* (CTP), *que leva em conta não apenas o preço de venda, mas também as despesas necessárias para manter os equipamentos totalmente operacionais*.

Essa concorrência acirrada exerce pressão sobre o preço dos equipamentos e, portanto, sobre o preço do suporte técnico, e isso provoca uma contínua erosão nas receitas de atendimento ao cliente. O resultado líquido e a rápida transformação de uma área da empresa que costumava ser bastante lucrativa em uma área problemática. Seu impacto sobre a lucratividade geral do segmento de equipamentos, antes extremamente positivo, tem se tornado bem menor.

A interação desses fenômenos pode ser representada como a relação de causa e efeito (*árvore da realidade atual* – ARA – de acordo com a terminologia da TOC) diagramada na Figura 30.1.

É fácil imaginar o que ocorrerá com o passar do tempo, se as despesas operacionais envolvidas no fornecimento de um serviço forem fixas (se não crescentes ao longo do tempo) e a receita gerada por esse serviço não parar de diminuir, como mostra a Figura 30.2.

No mundo dos negócios, se um produto ou serviço muda de uma operação que gera lucro para uma proposição não lucrativa, ele deve ser corrigido, abandonado ou substituído por um melhor. Porém, e se por acaso a operação que está gerando prejuízo for fundamental para a satisfação e lealdade do cliente? Em muitos casos, o SSC é o principal impulsionador de vendas futuras entre os clientes existentes. Além do mais, os clientes existentes que estão satisfeitos dão referência aos clientes em potencial.

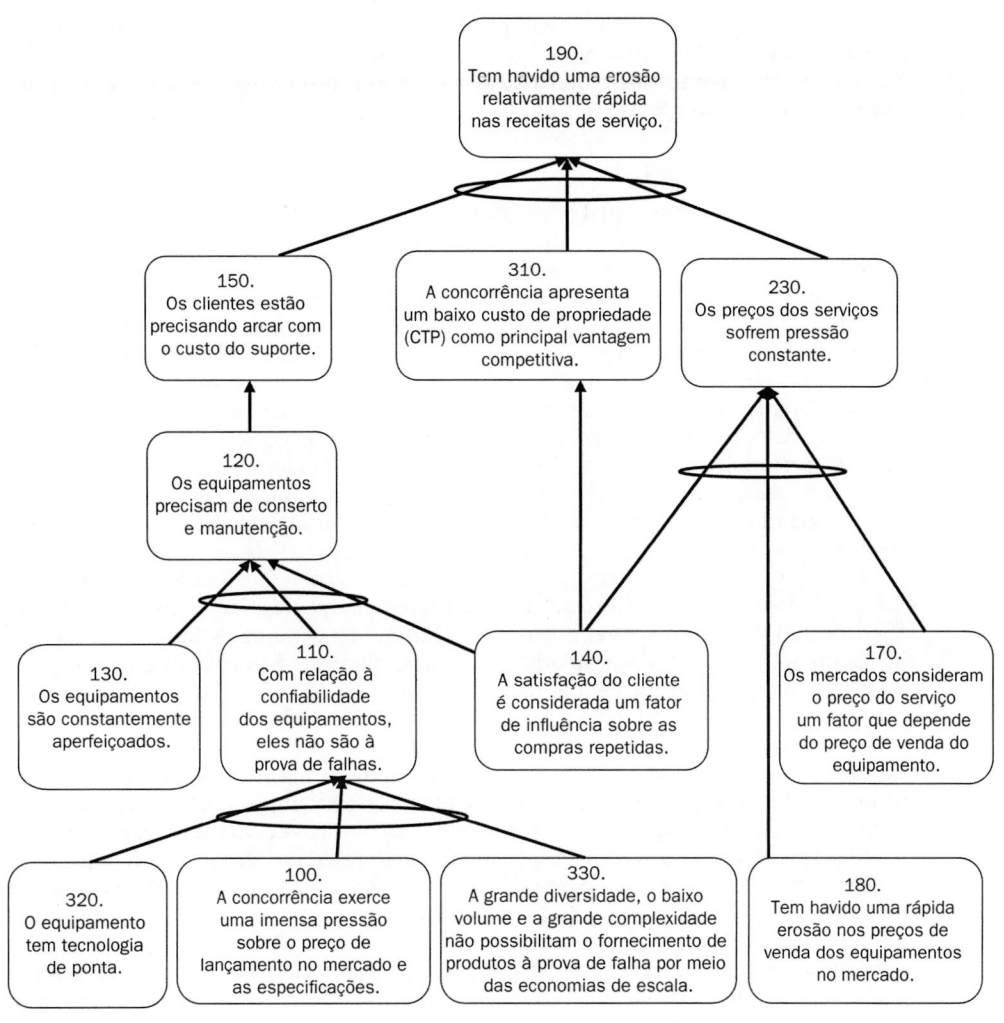

Capítulo 30 ▪ Serviços de suporte ao cliente segundo a TOC

190. Tem havido uma erosão relativamente rápida nas receitas de serviço.

150. Os clientes estão precisando arcar com o custo do suporte.

310. A concorrência apresenta um baixo custo de propriedade (CTP) como principal vantagem competitiva.

230. Os preços dos serviços sofrem pressão constante.

120. Os equipamentos precisam de conserto e manutenção.

130. Os equipamentos são constantemente aperfeiçoados.

110. Com relação à confiabilidade dos equipamentos, eles não são à prova de falhas.

140. A satisfação do cliente é considerada um fator de influência sobre as compras repetidas.

170. Os mercados consideram o preço do serviço um fator que depende do preço de venda do equipamento.

320. O equipamento tem tecnologia de ponta.

100. A concorrência exerce uma imensa pressão sobre o preço de lançamento no mercado e as especificações.

330. A grande diversidade, o baixo volume e a grande complexidade não possibilitam o fornecimento de produtos à prova de falha por meio das economias de escala.

180. Tem havido uma rápida erosão nos preços de venda dos equipamentos no mercado.

FIGURA 30.1 ARA do suporte ao cliente. Fonte: Modificada de Klapholz e Klarman, 2009, p. 13.

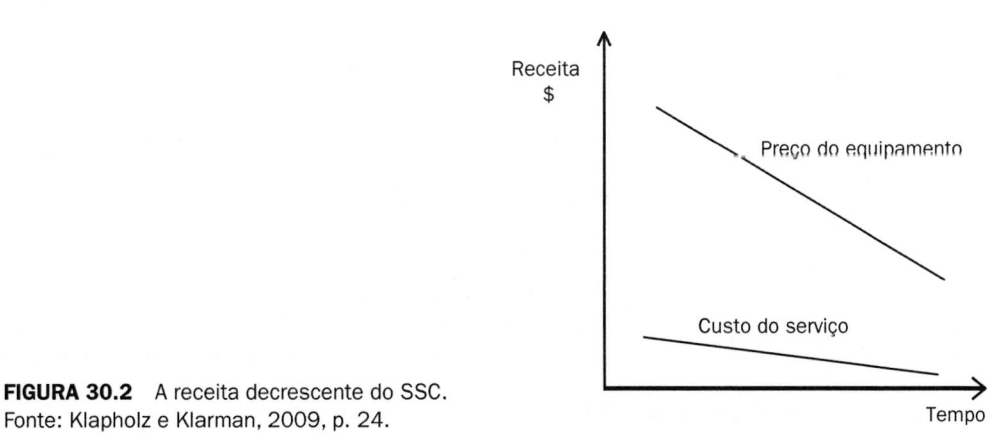

FIGURA 30.2 A receita decrescente do SSC.
Fonte: Klapholz e Klarman, 2009, p. 24.

Contudo, esse declínio nos lucros, por sua vez, leva os fabricantes de equipamentos a perceber que eles já enfrentam (ou que em pouquíssimo tempo eles certamente enfrentarão) o dilema a seguir, para o qual não existe nenhuma solução simples em vista, como podemos ver na Figura 30.3.

A armadilha da garantia

O período inicial durante o qual o SSC é oferecido ao usuário do equipamento, em geral gratuitamente, costuma ser chamado de período de garantia. Garantia é uma promessa do vendedor para o comprador de que os produtos funcionarão apropriadamente e devem ser exatamente como são representados. Se não, será substituído ou consertado. A garantia faz parte do contrato de compra e deve ser cumprida para que o contrato tenha efeito.

Do ponto de vista dos clientes, a garantia é um componente essencial do valor que eles esperam extrair do equipamento ou serviço comprado. Entretanto, para o departamento de atendimento ao cliente, que (em geral) oferece gratuitamente esse serviço ao cliente por determinado período, a garantia pode ser um negócio ardiloso. Embora seja habitual apresentá-la no sistema contábil da empresa como receitas provenientes da garantia, acompanhada de suas despesas correspondentes, e falar a respeito do lucro (ou prejuízo) gerado pela garantia, na verdade ela não é gerenciada dessa forma de um ponto de vista empresarial.

As receitas provenientes da garantia normalmente são uma alocação percentual fixa e proporcional ao tempo das receitas de venda do equipamento ao SSC. Essa alocação não reflete o valor dos acordos de serviço que substituirão a garantia assim que ela expirar; ela é simplesmente uma alocação arbitrária – uma alocação, não um preço de mercado, testado por meio do mecanismo de concorrência do mercado.

As despesas decorrentes da garantia normalmente são "embutidas" nas despesas gerais do SSC. Habitualmente, elas abrangem não apenas o serviço, mas também a instalação e o treinamento oferecido ao usuário. Além disso, o início do período de garantia muitas vezes é vago e com frequência tende a ocorrer tempos depois da remessa do equipamento; às vezes após a instalação e em muitos casos após a aceitação formal do cliente. Só podemos imaginar então que, quanto mais rápida a introdução do produto no mercado, maior o peso das despesas da garantia, além de não haver nenhum aumento comparável na porcentagem da receita alocada ao SSC.

Além disso, um dos "ingredientes" que a equipe de vendas utiliza para "adoçar" a negociação de vendas é a extensão do período de garantia, livre de encargos ou por um custo mínimo cobrado do cliente. Esse encargo adicional sobre o SSC raramente (se for) é incluído como fator no cômputo do negócio.

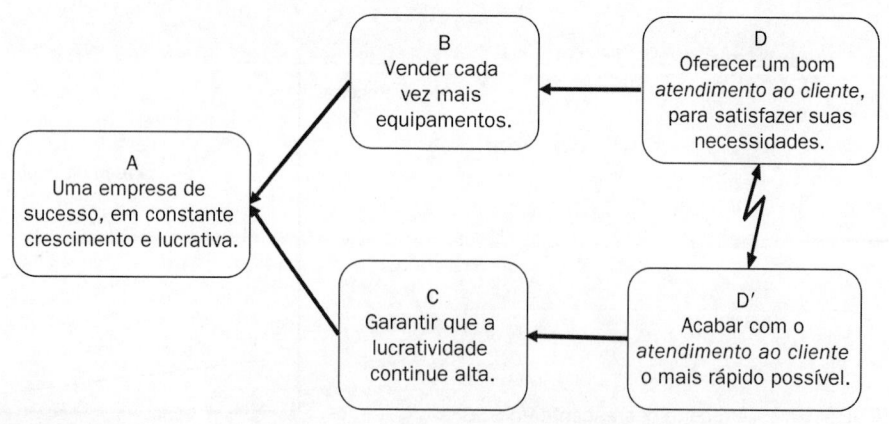

FIGURA 30.3 O dilema do SSC. Fonte: Klapholz e Klarman, 2009, p. 19.

Não é de surpreender que as despesas da garantia, que no passado eram apenas uma mancha insignificante em um quadro geral positivo, hoje sejam consideradas um problema maior; um problema que obscurece a situação geral da área de SSC, que está mudando de uma situação em grande medida promissora para uma situação preocupante.

Como podemos ver na Figura 30.4, as receitas provenientes da garantia distorcem (veja o problema básico em 500), em vez de melhorar a capacidade de análise, previsão ou planejamento do impacto da garantia sobre a atividade geral do SSC.

Quando acrescentamos essas consequências sobre a garantia aos problemas que o SSC já enfrenta (preços mais baixos, maior pressão sobre os recursos, produtos com ciclos de vida mais curtos), a conjuntura geral da atividade de SSC torna-se ainda mais sinistra (consulte a Figura 30.5).

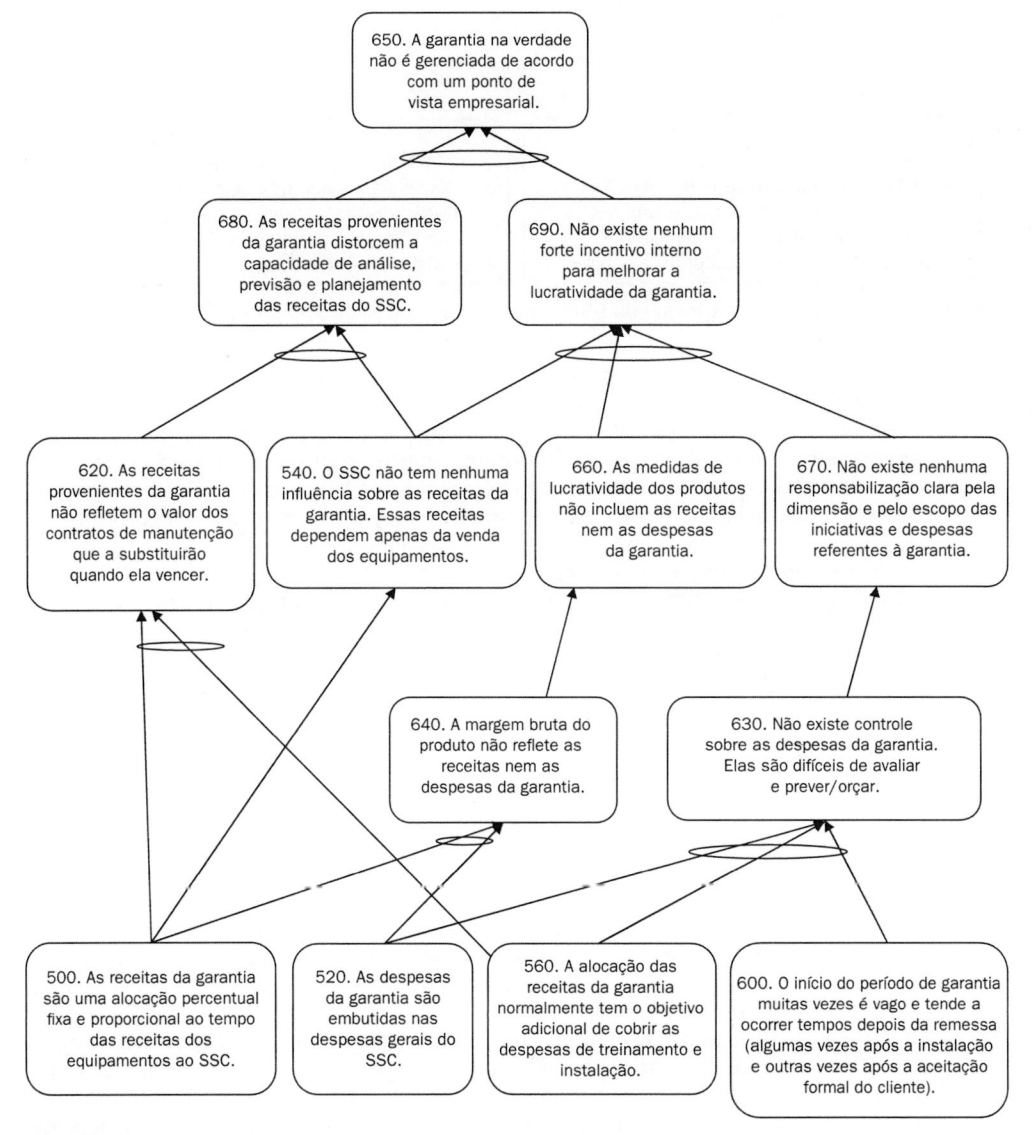

FIGURA 30.4 ARA da garantia. Fonte: Klapholz e Klarman, 2009, p. 47.

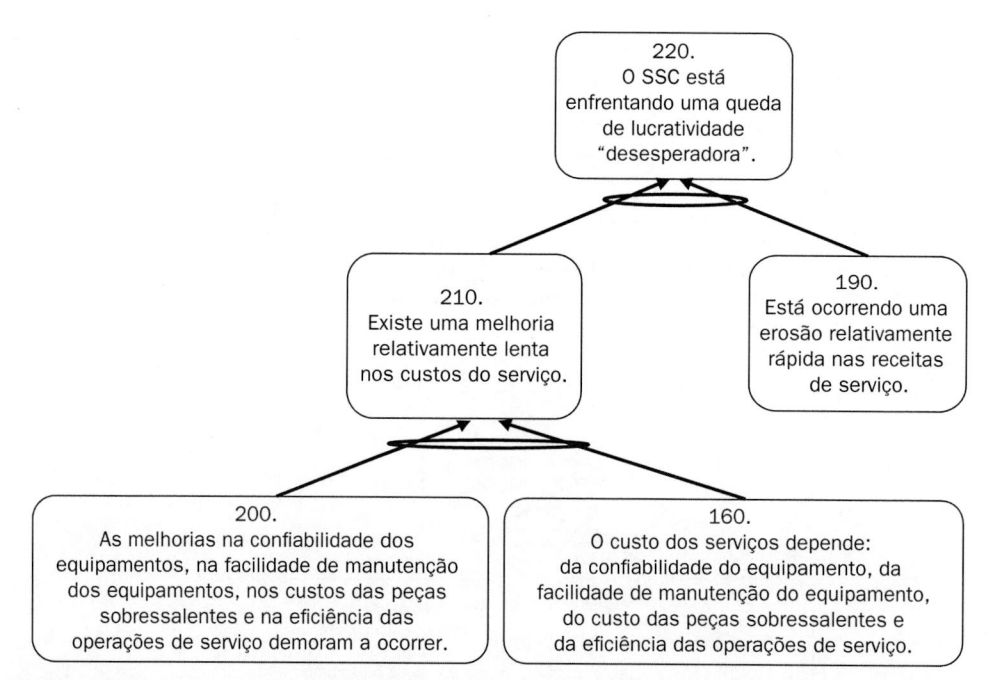

```
                    ┌─────────────────────┐
                    │        220.         │
                    │      O SSC está     │
                    │ enfrentando uma queda│
                    │    de lucratividade │
                    │    "desesperadora". │
                    └─────────────────────┘
                         ▲           ▲
          ┌──────────────┘           └──────────────┐
          │                                          │
┌─────────────────────┐                  ┌─────────────────────┐
│        210.         │                  │        190.         │
│  Existe uma melhoria│                  │  Está ocorrendo uma │
│  relativamente lenta│                  │ erosão relativamente│
│  nos custos do serviço.│               │  rápida nas receitas│
│                     │                  │     de serviço.     │
└─────────────────────┘                  └─────────────────────┘
       ▲        ▲
   ┌───┘        └────┐
   │                 │
┌──────────────────────┐    ┌──────────────────────────────┐
│        200.          │    │            160.              │
│ As melhorias na confia-│  │ O custo dos serviços depende:│
│ bilidade dos equipamen-│  │ da confiabilidade do equipa- │
│ tos, na facilidade de  │  │ mento, da facilidade de manu-│
│ manutenção dos equipa- │  │ tenção do equipamento, do    │
│ mentos, nos custos das │  │ custo das peças sobressalentes│
│ peças sobressalentes e │  │ e da eficiência das operações│
│ na eficiência das ope- │  │ de serviço.                  │
│ rações de serviço demo-│  │                              │
│ ram a ocorrer.         │  │                              │
└──────────────────────┘    └──────────────────────────────┘
```

FIGURA 30.5 A perspectiva sombria do SSC. Fonte: Klapholz e Klarman, 2009, p. 14.

Diante disso, por que não acabar com SSC como um todo? Na realidade, por que o fabricante precisa assumir esse fardo? Na verdade, dificilmente você conseguirá vender alguma coisa hoje se oferecer uma garantia e um serviço apropriados (apenas a melancia é vendida sem garantia?), mas por que não deixar que os próprios mecanismos do mercado cuidem disso? Os problemas residem na percepção dos fabricantes de equipamentos de que o SSC é necessário em virtude de seu impacto estratégico sobre a receita da empresa, tanto no presente quanto no futuro, como mostra a Figura 30.6.

O fator preponderante dessa situação é inalcançável; no segmento de equipamentos, as empresas são mantidas como reféns de sua base instalada de equipamentos, como mostra a Figura 30.7.

Ele está muito longe do senso comum dos fabricantes de equipamentos, que durante anos viram o SSC como uma "vaca sagrada" para a sua empresa, imune aos caprichos inerentes dos mercados.

O que mudar

A abordagem básica da TOC à resolução de problemas exige que nós comecemos pela identificação dos problemas básicos – os principais determinantes subjacentes à multiplicidade de efeitos indesejáveis (EIs) que enfrentamos nas organizações.

Para garantir que a realidade que pintamos aqui, por mais que sombria, seja exaustiva, devemos dar um passo adiante; examinemos as relações diárias entre o serviço de suporte e seus clientes. Devemos nos referir ao que o pessoal do SSC com frequência chama de "abuso" de seus serviços pelos clientes.

A despeito do mantra de qualquer organização de negócios, "O cliente tem sempre razão", ninguém sabe melhor que o SSC que isso nem sempre se aplica. O *lema* operacional do SSC na verdade é: "O cliente nem sempre tem razão, mas ele é sempre um cliente". Os contratos de SSC são semelhantes aos contratos de seguro, que prometem aos

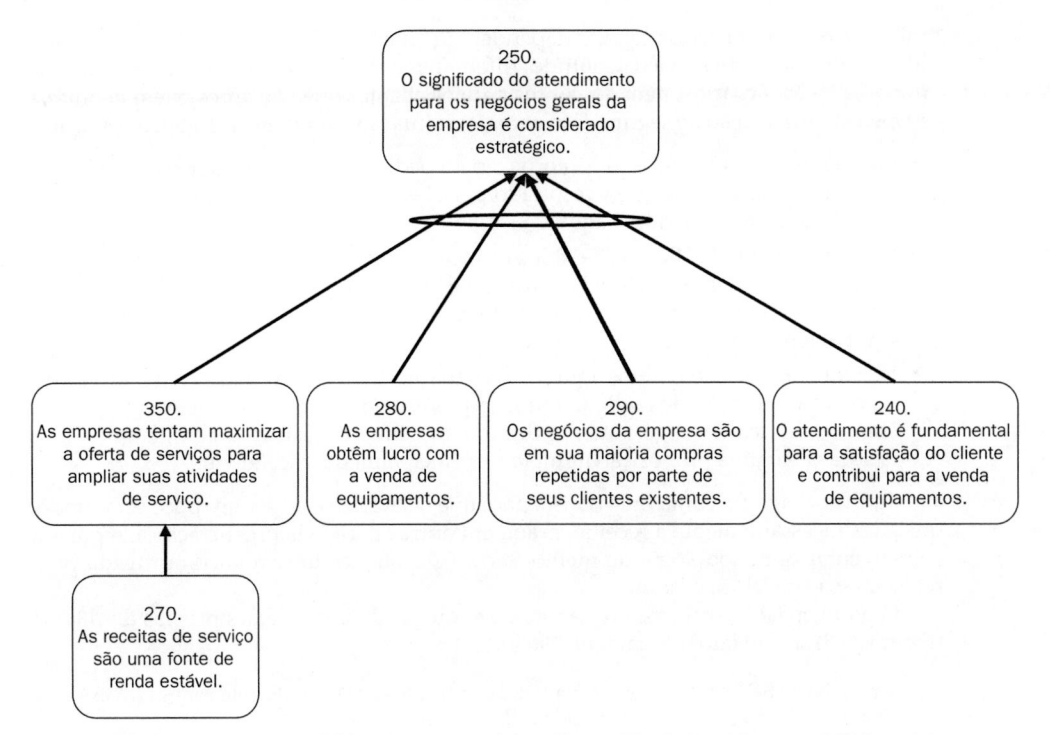

250.
O significado do atendimento para os negócios gerais da empresa é considerado estratégico.

350.
As empresas tentam maximizar a oferta de serviços para ampliar suas atividades de serviço.

280.
As empresas obtêm lucro com a venda de equipamentos.

290.
Os negócios da empresa são em sua maioria compras repetidas por parte de seus clientes existentes.

240.
O atendimento é fundamental para a satisfação do cliente e contribui para a venda de equipamentos.

270.
As receitas de serviço são uma fonte de renda estável.

FIGURA 30.6 O impacto do SSC sobre os negócios. Fonte: Klapholz e Klarman, 2009, p. 14.

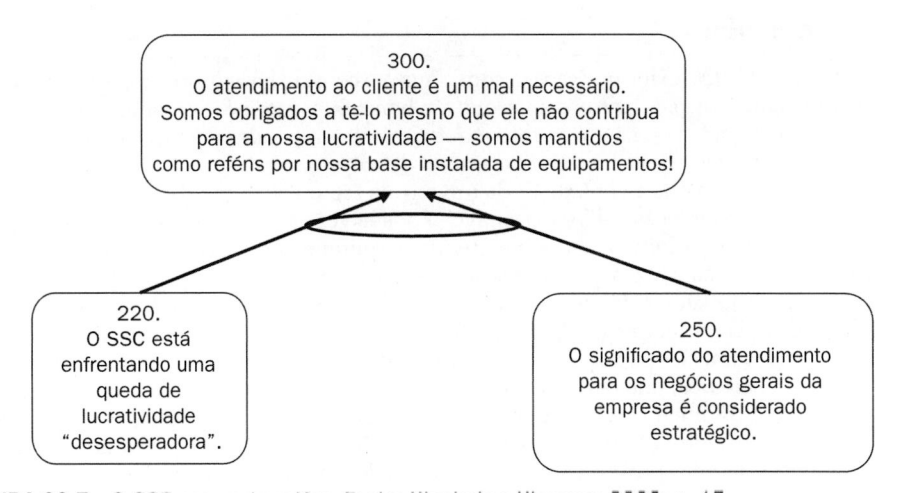

300.
O atendimento ao cliente é um mal necessário. Somos obrigados a tê-lo mesmo que ele não contribua para a nossa lucratividade — somos mantidos como reféns por nossa base instalada de equipamentos!

220.
O SSC está enfrentando uma queda de lucratividade "desesperadora".

250.
O significado do atendimento para os negócios gerais da empresa é considerado estratégico.

FIGURA 30.7 O SSC enquanto refém. Fonte: Klapholz e Klarman, 2009, p. 15.

segurados que, quando diante de uma necessidade, a seguradora oferecerá conhecimento técnico necessário para que a situação volte ao normal. Obviamente, como em qualquer contrato vinculativo, inúmeros *detalhes delineiam o que os clientes do serviço têm direito* (o chamado *acordo de nível de serviço* ou, resumidamente, ANS). No entanto, a própria estrutura desses contratos é responsável por atividades extremamente ineficientes – do ponto de vista do prestador de serviços – do departamento de serviço. O tipo mais comum de contrato de manutenção de equipamentos é chamado de "contrato de manutenção integral", que oferece cobertura total, independentemente do esforço ou das despesas envolvidos na prestação do serviço. Contudo, diferentemente do seguro, não existe nenhuma "franquia" e "honorário", nem descontos para os clientes que não apresentem nenhuma (ou menos) reclamação de seguro. Isso gera uma situação inerentemente abusiva, porque:

- Os clientes recebem todos os incentivos para pedir assistência, mesmo se o problema for insignificante e possa ser resolvido por eles mesmos. "O cliente tem sempre razão" é o lema que prevalece aqui.
- O departamento de SSC recebe todos os incentivos para se sujeitar a esse abuso, porque, de acordo com sua visão, sua função é "manter o cliente satisfeito" e, portanto, disposto a renovar o contrato de manutenção, bem como aberto a novas compras de equipamento no futuro.
- Portanto, o que enfrentamos aqui é uma situação em que as receitas (uma fração fixa do preço de compra do equipamento) são controladas pela concorrência implacável entre os fabricantes e geralmente diminuem com o passar do tempo, enquanto as despesas são uma proposição ilimitada e principalmente ascendente.

Tudo isso significa uma única coisa: para que o SSC deixe de ser um poço sem fundo, que suga incessantemente a receita gerada em outras partes da organização, ele precisa se reinventar. A metodologia de melhoria da TOC oferece uma rota comprovada para realizar essa ambiciosa proeza.

O problema é imenso, visto que está claro que as duas condições prévias do dilema (Figura 30.3) são de fato mutuamente excludentes:

Ter um bom SSC; satisfazer às necessidades dos clientes é diametralmente contrário à exigência de "Acabar com o SSC o mais rápido possível".

Para o que mudar

O método da TOC exige que se veja com clareza o conflito básico, que impede a resolução do problema básico. Se percebermos que um bom SSC é uma necessidade, nossa pergunta não é se desejamos ou não o ter, mas o que é necessário mudar para que ele ofereça a devida contribuição para a lucratividade geral da empresa.

Isso significa que a vontade D' da nuvem, na Figura 30.3, que declara "Acabar com o SSC o mais rápido possível", é inaceitável. Por sua vez, isso dá lugar à seguinte pergunta: "De que forma garantimos que a lucratividade continue alta (necessidade C), oferecendo um bom SSC e satisfazendo as necessidades dos clientes (vontade D)?". O diagrama de dispersão de nuvem na Figura 30.8 mostra o conflito inerente entre o que o SSC considera desperdício (fornecer *serviços desnecessários*) e o que os respectivos clientes consideram um direito pelo qual eles pagaram, quase que um direito nato (*todos os serviços* são fornecidos quando solicitados). Ele parte de ambos os lados da equação de lucratividade (visto que o objetivo A é aumentar a lucratividade), elevando a eficiência e eficácia (necessidade B) por meio da diminuição das despesas desnecessárias (vontade D), mas ainda assim preservando as receitas provenientes dos contratos de manutenção (necessidade C) por meio do fornecimento dos serviços que os clientes desejam.

Mas como alguém consegue fornecer todos os serviços que o cliente necessita e ao mesmo tempo consegue se refrear de fornecer o que não é necessário? Que mudança no plano existente de fornecimento de serviços poderia ser simultaneamente útil aos olhos tanto dos usuários *quanto* dos prestadores de serviços? Como ambos os lados podem se beneficiar? Examinemos os pressupostos subjacentes ao dilema crônico apresentado na Figura 30.8.

Capítulo 30 ▪ Serviços de suporte ao cliente segundo a TOC 913

```
                    ┌──────────────┐     ┌──────────────┐
                    │      B       │     │      D       │
                    │  O SSC é um  │◄────│  Os serviços │
                    │ departamento │     │desnecessários│
                    │eficiente e   │     │ são evitados.│
                    │   eficaz.    │     │              │
                    └──────────────┘     └──────────────┘
                          ▲                     ▲
┌──────────────┐          │                     │
│      A       │          │                    ⚡
│ O SSC contri-│          │                     │
│ bui para a   │◄─────────┤                     ▼
│lucratividade │          │              ┌──────────────┐
│ da empresa.  │          │              │      D'      │
└──────────────┘          │              │Todos os      │
                          │              │serviços      │
                          │              │(sejam ou não │
                          │   ┌──────────────┐necessários)│
                          │   │      C       │são fornecidos│
                          └───│Os clientes   │quando        │
                              │renovam e     │solicitados.  │
                              │pagam pelos   │              │
                              │contratos de  │              │
                              │manutenção.   │              │
                              └──────────────┘              │
                                             └──────────────┘
```

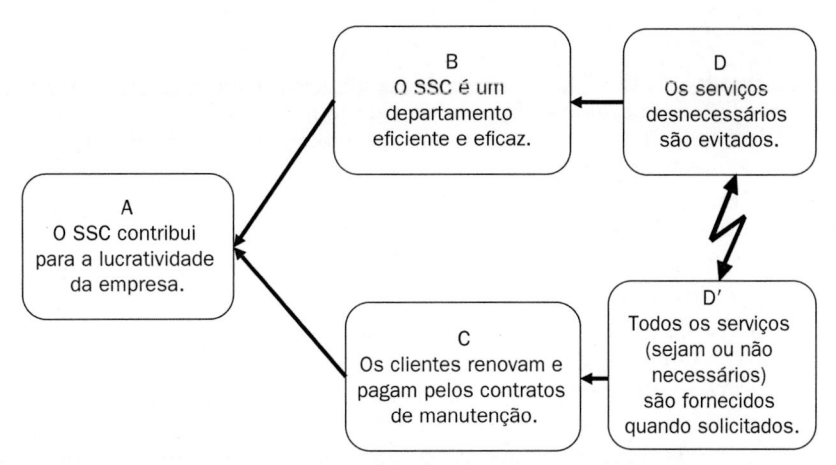

FIGURA 30.8 O dilema do SSC: que serviço fornecer? Fonte: Klapholz e Klarman, 2009, p. 74.

A–B

AB1: A eficiência e eficácia reforçam a contribuição do SSC para a lucratividade da empresa.

AB2: A eficiência gera uma economia de tempo e dinheiro, aumentando a contribuição do SSC para a lucratividade da empresa.

AB3: A eficácia gera uma economia de tempo e dinheiro ao eliminar atividades desnecessárias, contribuindo, portanto, para a lucratividade da empresa.

AB4: A eficácia aumenta o ganho, contribuindo, desse modo, para a lucratividade da empresa.

A–C

AC1: Uma parte significativa das receitas da empresa provém da renovação dos contratos de manutenção.

AC2: O fornecimento de serviços gratuitos prejudica a lucratividade da empresa.

AC3: O serviço ao cliente, quando pago, tem um impacto significativo sobre a lucratividade da empresa.

B–D

BD1: O fornecimento de serviços desnecessários prejudica a eficácia.

BD2: Os serviços desnecessários disputam os mesmos recursos, os quais podem estar ocupados com serviços verdadeiramente necessários.

BD3: Os serviços desnecessários podem abranger uma parte significativa da carga de trabalho do SSC.

BD4: Os serviços desnecessários compõem uma parte significativa das despesas do SSC.

BD5: Os serviços desnecessários não contribuem para a receita do SSC.

BD6: O SSC tem capacidade para distinguir entre serviços necessários e serviços desnecessários.

C-D'

CD'1: Para os clientes, a manutenção de seus equipamentos é uma necessidade.

CD'2: É praticamente impossível para todos os clientes ter um especialista interno para atender em todos os momentos a todas as necessidades tecnológicas de seus equipamentos.

CD'3: Com o tempo, ninguém renovará um contrato de manutenção, se o SSC não for capaz de fornecer a assistência necessária em um momento de necessidade.

CD'4: Com o tempo, ninguém pagará por um serviço se o respectivo prestador não for capaz de oferecer a assistência necessária em um momento de necessidade.

CD'5: Os contratos de manutenção não distinguem entre serviços necessários e serviços desnecessários.

CD'6: Os clientes às vezes solicitam um serviço que na verdade se demonstra desnecessário.

CD'7: Às vezes os clientes não conseguem distinguir entre os serviços necessários e os desnecessários.

D-D'

DD'1: Nem todos os serviços solicitados são verdadeiramente necessários.

DD'2: O cliente nem sempre consegue distinguir entre um serviço necessário e um serviço desnecessário.

DD'3: O cliente nem sempre precisa ser capaz de distinguir entre um serviço necessário e um desnecessário.

Os principais pressupostos que gostaríamos de contestar estão subjacentes à seta de conflito D-D'; é a falta de capacidade ou a necessidade (ou vontade) da parte do cliente de diferenciar entre o que é verdadeiramente necessário e o que não é (pressupostos DD' 2 e 3). Pressupõe-se que uma parte bastante significativa dos serviços solicitados pelos clientes seja supérflua e na verdade desnecessária. O SSC sabe fazer essa distinção, mas evita agir por medo de perder futuros contratos, enquanto os clientes são bastante desatentos a isso.

Entretanto, e se contestarmos esses pressupostos? E se criarmos uma realidade em que essa distinção seja tão clara para o cliente quanto o é para o SSC? Além disso, e se conseguirmos criar um ambiente em que os interesses de ambos os lados sejam coincidentes, em vez de conflitantes? Talvez tenhamos uma solução para o nosso problema, uma solução que apresente grande probabilidade de sucesso. Essa solução, aliás, seria uma injeção revolucionária.

Raramente um problema complexo pode ser resolvido com apenas um golpe ousado (não obstante Alexandre, o Grande, e o nó górdio); gostaríamos de apresentar algumas das principais mudanças necessárias para restaurar a contribuição do SSC para a lucratividade global da empresa.

Determinação de preço diferencial

O primeiro item da pauta para resolver nosso problema é mapear os serviços desnecessários (de acordo com o pessoal do SSC) solicitados pelos clientes. Ele parte do pressuposto BD6, que enuncia que *o SSC tem capacidade para distinguir entre serviços necessários e serviços desnecessários*. Esse é um pressuposto válido, que não contestamos. Em princípio, a maioria das circunstâncias consideradas desnecessárias está relacionada a circunstâncias imprevistas, e não a visitas de manutenção de rotina (e programas com antecedência). Mesmo quando consideradas situações urgentes ou mesmo de emergência, boa parte delas poderia ser resolvida sem gerar uma carga indevida para os prestadores de serviços.

Ao examinar de perto a atividade de SSC, é possível categorizar as respectivas atividades de acordo com o nível de esforço ou de conhecimento necessário para sua resolução. Do mais comum e mais simples ao mais complexo, os problemas podem ser listados da seguinte forma:

1. Problemas que o cliente pode resolver com facilidade.
2. Problemas que o centro de resposta (ou central de atendimento) consegue resolver com os clientes.
3. Problemas que o centro de resposta consegue diagnosticar, mas precisará da visita de um *engenheiro de serviço de campo* (ESC) no local para realizar o conserto.
4. Problemas que o centro de resposta tem dificuldade de diagnosticar e, portanto, exige a presença de um ESC no local para realizar o diagnóstico.

O pessoal do SSC com frequência sente que, se os dois primeiros tipos fossem tratados apropriadamente pelos clientes (isto é, tal como descrito anteriormente), em vez de enviar rapidamente um ESC para o local, seria possível uma grande parcela de desperdício. Se só conseguíssemos encontrar uma maneira de fazer os clientes resolver os problemas por si sós, sem recorrer ao SSC, ou cooperar mais com o centro de resposta em vez de solicitar a visita imediata de um ESC, isso mudaria radicalmente o quadro dessa atividade – e para melhor.

Como dissemos anteriormente, a ideia de criar um interesse comum entre o cliente e o prestador de serviços resolve o problema de maneira rápida e eficaz. Enquanto houver um único modelo de negócio – o atual – isso não funcionará.

Contudo, e se oferecêssemos aos nossos clientes um modelo de negócio diferente, um que incentivasse a diminuição das solicitações de manutenção e a iniciativa de resolver os problemas por conta própria, a fim de reduzir o uso do serviço aos casos de "necessidade" e evitar o atual "por que não?".

Os elementos da solução propostas são os seguintes:

Em vez do atual serviço de suporte "ilimitado" convencional, por uma taxa fixa, podemos oferecer aos nossos clientes inúmeras opções com preços diferenciados. Podemos atribuir um preço a essas opções de uma maneira que recompense os clientes por diminuir a solicitação de serviços desnecessários, criando desse modo uma solução de verdadeiro ganho mútuo. A seguir, apresentamos exemplos de uma série de opções de serviço.

O conjunto de ofertas de serviços

Serviços básicos

Esse é um elemento básico dentre todas as opções de um programa de manutenção e é composto principalmente por serviços remotos. Alguns clientes que no momento têm apenas o programa *tempo e material* (T&M) – isto é, eles pagam pelo tempo de visita de um ESC e por peça/material toda vez que houver uma ocorrência – talvez tenham interesse por essa opção. Os serviços básicos incluem:

- Suporte por telefone das 9h às 18h, de segunda à sexta, com tempo de resposta de no máximo duas horas.
- Suporte de acesso remoto.
- Apoio de aplicativo remoto.
- Atualização de *software* (incluindo instalação da atualização).
- Revisão ou auditoria de sistema uma vez por ano (para verificar se não existe nenhum declínio sistemático na qualidade de determinados equipamentos para os clientes que contratarão apenas os serviços básicos).

- Publicações do SSC (atualização de manuais do usuário, guias de consulta, guias de consulta rápida, material de treinamento).

Serviços básicos ampliados

Os serviços básicos são um pré-requisito.
- Ampliação do número de horas do suporte por telefone: das 7h às 23h, de segunda à sexta, e das 10h às 20h nos fins de semana, com tempo de resposta de uma hora.

Quantidade limitada de visitas do ESC

Os serviços básicos são um pré-requisito.
Abrange visitas no local e os custos de mão de obra e de viagem do ESC. Não inclui peças.

- Cinco visitas anuais de manutenção no local por produto, das 9h às 16h, de segunda à sexta, com tempo de resposta de um dia útil. As visitas incluem manutenção preventiva (de acordo com a política do produto) e uma revisão de sistema por ano.
- Direito a visitas complementares por um preço fixo predeterminado (independentemente do tempo e da viagem; adoção da *política de devolução sem questionamento* para as chamadas que se repetirem).

Quantidade ampliada de visitas do ESC

Os serviços básicos são um pré-requisito.
Abrange visitas no local que incluem a mão de obra de um engenheiro e custos de viagem. Não inclui peças.

- Cinco visitas no local por produto, das 9h às 18h, de segunda à sexta, e das 10h às 20h nos fins de semana, com tempo de resposta de um dia útil. As visitas incluem manutenção preventiva (de acordo com a política do produto) e uma revisão de sistema por ano.
- Direito a visitas complementares por um preço fixo predeterminado (independentemente do tempo e da viagem; adoção da política de devolução sem questionamento para as chamadas que se repetirem).

Complementando as visitas do ESC

- Cobertura de visitas ilimitadas (além das cinco visitas cobertas pelo programa com quantidade limitada).

Complementando as visitas de ESC ampliadas

- Cobertura de visitas ilimitadas (além das cinco visitas cobertas pelo programa com quantidade ampliada).

Serviços de peças

Esses serviços devem ser oferecidos por um ESC certificado (seja do cliente, de um prestador de serviços terceirizado ou do SSC da empresa).

- Atualizações de *hardware* de *pedidos de mudança em campo* (PMCs).
- Peças sobressalentes.

Observações importantes

1. Todos os programas de manutenção relacionados anteriormente são oferecidos por produto.
2. Todos os tipos de produto em um mesmo local são cobertos pelos mesmos programas de manutenção.
3. *Serviços de valor agregado* (SVA), *como treinamento ou suporte a aplicativos avançados*, não estão incluídos nos programas de manutenção.
4. O preço será como o dos serviços básicos, de quantidade limitada de visitas de um ESC, e os serviços de peças são as opções mais atraentes. Os serviços estendidos e complementares serão deliberadamente precificados "fora da cobertura", mas mesmo assim serão disponibilizados.

A proposição de uma série de opções ao mercado, com preços que minimizam o "abuso" atual de serviços, é definitivamente um grande passo na direção correta. Tal como depreendemos das comunicações pessoais dos gerentes de SSC, isso por si só pode diminuir pela metade as despesas do departamento de SSC. Contudo, isso está longe do que pode ser feito para melhorar a contribuição do SSC para a lucratividade da empresa.

Pelo menos quatro áreas adicionais apresentam uma significativa probabilidade de melhoria (se definirmos melhoria como uma diminuição nas despesas operacionais ou um aumento no ganho do sistema de SSC). Essas áreas são relacionadas como outras ofertas de serviços.

Outras ofertas de serviços

Serviços de valor agregado

Esses serviços estão relacionados a atividades avançadas, guiadas pelo conhecimento e de alta margem de lucro, que possibilitam que o usuário do equipamento extraia um valor bem mais alto de sua utilização. Normalmente, as empresas recorrem a consultores externos para obter esse tipo de conhecimento especializado. Com frequência, isso está associado com uma organização mais adequada e tranquila do fluxo de trabalho, uma disposição física mais apropriada das máquinas e aperfeiçoamento da interação entre vários departamentos – tudo isso para melhorar o posicionamento do cliente no mercado. Muitas vezes, é necessário ter um conhecimento aprofundado sobre a atividade do cliente para identificar corretamente as restrições do sistema, aproveitar melhor essas restrições ou – e essa é a situação mais comum (de acordo com nossa experiência) – subordinar melhor todo o sistema à sua restrição. No caso dos fabricantes de equipamentos, os departamentos de SSC normalmente têm pessoas perfeitamente adequadas para executar essas atividades; isso torna o fabricante de equipamentos um parceiro de negócios mais adequado, aumentando a probabilidade de compras futuras. Além disso, o SSC pode se transformar de uma entidade que "conserta o que está quebrado" em uma entidade que presta consultoria. Obviamente, uma atividade desse tipo pode ser amplamente remunerada, com um valor significativamente mais alto que as taxas de serviço convencionais.

Lançamento de sistemas especialistas

Frequentemente, grande parte do conhecimento especializado necessário para resolver os problemas dos clientes de maneira eficiente e eficaz não é documentada de forma apropriada e prontamente disponibilizada à equipe técnica. Em geral, esse conhecimento fica armazenado na memória dos prestadores de serviços, e esse é um dos principais motivos que o SSC é visto mais como um tipo de habilidade do que como uma ciência. Essa é apenas uma dentre as várias facetas dos problemas relacionados com a preservação e o gerenciamento do conhecimento organizacional. Se, contudo, a organização fizer o empreendimento necessário para desenvolver um sistema para identificar, coletar, criar, catalogar, representar, distribuir e possibilitar a adoção das ideias e experiências de seus especialistas, os benefícios poderão ser imensos tanto para o SSC quanto para os clientes. Esses sistemas são chamados de sistemas especialistas e, desse modo, eles disponibilizam prontamente ideias e experiências a todas as pessoas do departamento de serviço. Esses sistemas armazenam o conhecimento coletado, tanto o que está incorporado nos indivíduos quanto o que está incorporado nos processos organizacionais. A possibilidade de obter prontamente todos os conhecimentos especializados, sem precisar ganhar experiência própria no trabalho do SSC ao longo de uma vida, pode transformar um iniciante em um funcionário valioso logo nos primeiros dias de trabalho. A utilização de um sistema especialista computadorizado para assessorar o pessoal do SSC pode diminuir ainda mais a necessidade de visitas ao cliente. Quando associado a competentes sistemas de diagnóstico remoto, um sistema especialista pode melhorar significativamente o atendimento ao cliente e diminuir de forma considerável os custos necessários para oferecer esse serviço.

Manutenção terceirizada (ou MT)

Manutenção terceirizada (MT) é *o nome atribuído à terceirização das atividades de SSC, isto é, a transferência dessas atividades para uma entidade externa por um determinado valor, que é inferior ao das atividades realizadas internamente.* Não estamos dissecando aqui os benefícios e riscos; é suficiente afirmar que é um passo a ser considerado com cuidado, visto que os problemas nessa área podem pôr em risco as compras futuras. Muitas vezes, o serviço terceirizado exigirá apoio logístico (como peças de reposição originais e matérias-primas), transferência de conhecimento (atualizações e mudanças) e até mesmo designação de pessoal para a resolução dos casos mais complicados. No entanto, isso pode diminuir consideravelmente a carga de trabalho dos recursos com restrição ou gerar e disponibilizar suporte a regiões que desprovidas, aumentando ainda mais o potencial de vendas. Algumas vezes, o trabalho terceirizado é executado por empresas especializadas em SSC, os chamados *prestadores de serviços multifornecedor. São empresas que fornecem suporte técnico para uma série de equipamentos, produzidos por uma variedade de fabricantes. Normalmente, essas empresas têm boa presença em amplas regiões e, em virtude da eficiente utilização de recursos e de despesas indiretas bastante baixas, elas podem oferecer serviços por preços extremamente competitivos.*

Instalações, implementações e projetos

Se existe uma área em que as aplicações da TOC podem melhorar sensivelmente o desempenho da equipe de SSC é no primeiro estágio de envolvimento com o serviço prestado ao equipamento, isto é, na instalação ou nas assim chamadas implementações "prontas para uso". A opção de deixar o equipamento instalado e funcionando envolve uma atividade de vários estágios, normalmente concebida como um projeto. Até mesmo a instalação de um sistema simples compreende, pelo menos, a desembalagem, instalação de unidades distintas, integração dessas unidades, treinamento do cliente quanto à sua operação e manutenção diária e execução dos testes finais para certificação de compatibilidade (testes de aceitação). Tal como nos projetos, isso em geral demora mais que o programado e, portanto, protelando o início do período de garantia e impedindo que a equipe envolvida realize seus compromissos subsequentes. A metodologia de *gerenciamento de projetos pela corrente crítica* (GPCC) da TOC oferece uma solução bem mais adequada para lidar com a incerteza inerente dos projetos e, ao mesmo tempo, diminui de modo significativo o risco de ultrapassar os limites do que foi planejado.

Outro âmbito que pode ser abordado para melhorar a integração entre o SSC e a empresa como um todo está relacionado a problemas provenientes do acordo corrente referente à garantia.

Em vez de alocar um valor das vendas às receitas de serviço como receitas da garantia, utilizando um valor fixo e proporcional ao tempo, é recomendável empregar um método diferente:

1. Quando um produto é vendido, parte de suas receitas é adiada para o final do período de garantia. As receitas desse produto serão contabilizadas periodicamente (digamos, trimestralmente) durante o período de garantia. O valor a ser diferido e a duração da garantia são decisões de negócios tomadas totalmente pela unidade de negócio do produto. Obviamente, quanto mais longo o período de garantia, mais lentamente a receita será contabilizada para o SSC.

2. O SSC cobrará da unidade de negócios do produto uma "despesa de disponibilidade" em relação ao produto (em vez de um pequeno valor que cubra as despesas de infraestrutura do SSC, como centro de resposta, logística etc.) e um valor fixo por evento de garantia. O SSC deixa de receber qualquer receita fixa da garantia. A despesa da garantia passa a ser cobrada trimestralmente da unidade de negócios do produto. O valor fixo por evento será firmado com a unidade de negócios no momento do lançamento do produto ou durante o processo orçamentário. Do mesmo modo que ocorre com todo "preço de transferência", que é estabelecido arbitrariamente entre duas unidades-irmãs da mesma empresa, deve-se ter o máximo de cuidado para defini-lo. Por exemplo, ele deve ser estruturado de forma que não force uma das unidades envolvidas a preferir interagir com uma entidade externa a interagir com uma unidade-irmã.

Como mencionado anteriormente, nesse método as "receitas da garantia" deixam de existir como subdivisão das receitas do SSC. As receitas do produto continuam sendo receitas do produto. Isso faz sentido porque, afinal de contas, os clientes referem-se ao que eles pagam como um valor pago pelo produto e por tudo que o acompanha: o nome e reputação da empresa, seu *know-how*, o apoio do departamento de P&D e, obviamente, instalação, treinamento e garantia. Por que dividir as receitas seja de que forma for?

Ao mesmo tempo, as despesas da garantia dependem principalmente de fatores como eficiência do serviço, da qualidade do produto e dos termos e condições da garantia (duração, cobertura limitada ou completa etc.). Embora o SSC determine o primeiro, os dois últimos não têm nada a ver com ele. Eles são determinados unicamente pela unidade de negócios da empresa, que projeta o produto e garante sua qualidade ele sai da fábrica. Nesse caso, todas as despesas da garantia são tratadas como despesas pertencentes à unidade de negócios do produto, como parte de todas as outras despesas (lista de materiais, despesas de fabricação, custo de entrega etc.). O efeito desse método sobre a unidade de negócios do produto deve ser drástico, especialmente quando as despesas cobradas em um determinado trimestre são superiores às receitas do produto acumuladas nesse trimestre específico. A dor é aguda e é sentida imediata e profundamente. Nesse sentido, evitamos acrescentar uma carga oculta (a garantia) à já pesada carga das despesas do SSC. Toda unidade é avaliada precisamente para averiguar o que mais a afeta.

Como implementar a mudança[3]

Tal como ocorre em qualquer mudança importante em uma organização, não existe alternativa para a liderança gerencial. O tipo de mudança necessária aqui exigirá a adesão da gerência, visto que ela é claramente um processo que ocorre de cima para baixo. A iniciativa de criar um processo de baixo para cima, liderado por um ambicioso indivíduo

---

[3] As ferramentas do processo de pensamento não são abordadas neste capítulo; presumimos que o leitor já tenha conhecimento sobre esses processos ou possa ler a Parte VI deste livro.

que deseja o bem do outro, raramente tem chance de sucesso, porque a mudança pode enfrentar uma reação hostil.

Decisões fundamentais

Das várias opções apresentadas anteriormente, a mais importante tem a ver com a visão futura da administração da empresa sobre o departamento ou organização de SSC. O SSC será interno ou será terceirizado? Talvez a administração deva associar elementos de ambos, criando uma combinação única, mais adequada ao seu ambiente específico.

- Se escolhermos um SSC interno, que tipo de contrato de suporte deve ser preferencial?
- Se optarmos por terceirizar o SSC, quem será escolhido e como?
- O tamanho atual e a composição do pessoal de suporte são adequados à estrutura futura? Se não, que mudanças são necessárias?

As ferramentas padrão da TOC para avaliar as soluções propostas – *árvore da realidade futura* (ARF) e *ressalva da ramificação negativa* (RRN) – podem ajudar a triar rapidamente várias cenários de solução. O processo de triagem tenta avaliar se a *solução proposta de fato consegue resolver os problemas existentes (ARA)*, sem criar *novos problemas ainda piores (RRN)*. Apenas as soluções que surgirem desses dois processos de triagem com probabilidade de sucesso total passarão para a fase implementação.

Políticas e medições

De acordo com a máxima, "Diga-me como me medes e eu te direi como me comportarei", somente se forem adotadas medidas apropriadas poderemos esperar que as mudanças desejadas ocorram de uma maneira relativamente rápida. Além das medidas convencionais da TOC quanto à contribuição do SSC para a lucratividade organizacional, por meio dos canais de ganho, despesas operacionais e investimento (estoque), gostaríamos de utilizar medidas operacionais criadas sob medida para o departamento ou organização de SSC.

As medidas padrão utilizadas no CCS estão relacionadas ao uso de diferentes elementos do sistema de suporte técnico.

1. Do ponto de vista do SSC, como normalmente o serviço inicia-se com um telefonema ao centro de resposta (ou central de atendimento), gostaríamos de saber o que é taxa de chamadas evitadas (TCE) – isto é, a porcentagem de problemas resolvidos sem chamar o SSC. Quanto melhor treinarmos o cliente a usar nossos equipamentos, mais instruído ele ficará; quanto mais bancos de dados computadorizados houver e quanto mais persuasivos os incentivos para evitar as chamadas de serviço, maior será essa porcentagem. Essa medida não é fácil de obter. Para isso, é necessário contar com a estreita colaboração do departamento de manutenção interno. Normalmente, ela ficará visível quando se fizer a comparação dos dados estatísticos referentes a montagens semelhantes de unidades de equipamento comparáveis.

2. *Índice de absorção do centro de resposta é a porcentagem de chamadas de serviço que passam pelo centro.* Embora uma situação indesejada, com frequência os clientes ignoram a central de atendimento e procuram o ESC diretamente. Isso ocorre quando se trata de uma chamada repetida e o cliente tem como entrar em contato diretamente com o ESC que lhe atendeu antes, quando o cliente tem uma relação boa e amigável com um dos ESCs e o chama diretamente ou (em particular em uma grande organização que tenha uma ampla base instalada de equipamentos) quando um profissional do suporte por coincidência está no local e pode ser procurado diretamente. Gostaríamos que o número de chamadas que passam pelo centro de resposta aumentasse, visto que, quanto menor ele for, mais dará a entender que existe um sistema que não é gerenciado por seus gerentes, mas pelos caprichos de seus clientes.

3. Em vista da dificuldade de obter essa medida quantitativamente, é possível deduzi-la se o pessoal do SSC for solicitado a relatar suas *interações diretas com os clientes*, especialmente aquelas que geram serviços.

4. O *índice de chamadas concluídas (ICC)* do centro de resposta é a porcentagem de chamadas resolvidas (concluídas) remotamente pelo centro de resposta, sem a necessidade de enviar um ESC ao cliente. Quanto mais alto, mais eficiente o sistema. Obviamente, a disponibilidade de um sistema especialista robusto e de um programa de treinamento contínuo do pessoal do centro de resposta pode aumentar esse índice de maneira significativa.

É necessário ter um sistema para monitorar as mudanças nesses quatro fatores – tanto a direção das mudanças (elas aumentam, permanecem estáveis ou diminuem), bem como sua proporção e tendência. Com isso, a administração e o pessoal do SSC terão uma percepção sobre se a mudança está ocorrendo na direção correta.

Resumo

A Figura 30.9 apresenta as mudanças propostas de uma forma esquemática.

Em geral, as mudanças defendidas aqui, quando aplicadas em conjunto, alteram a natureza intrínseca do departamento de SSC – de uma organização de serviços tradicional e simples, embora cara e de eficiência declinante para um sistema mais diferenciado, tal como mostrado na Figura 30.9, que incorpora diversos níveis de conhecimento especializado em seus diferentes elementos e que pode envolver outras partes.

Realmente o sistema de SSC parece mais complexo, mas ele apresenta um ponto a seu próprio favor: ele apresenta uma probabilidade bem maior de continuar contribuindo para a lucratividade da empresa e também para as vendas futuras do que o sistema que ele está substituindo.

Quando as mudanças defendidas aqui são vistas através das lentes de uma abordagem sistêmica, a contribuição do SSC para o sucesso geral da empresa, que está se tornando gradativamente coisa do passado, obtém uma nova perspectiva e oportunidade de melhorar. Esperamos que essa melhoria seja longa e produtiva.

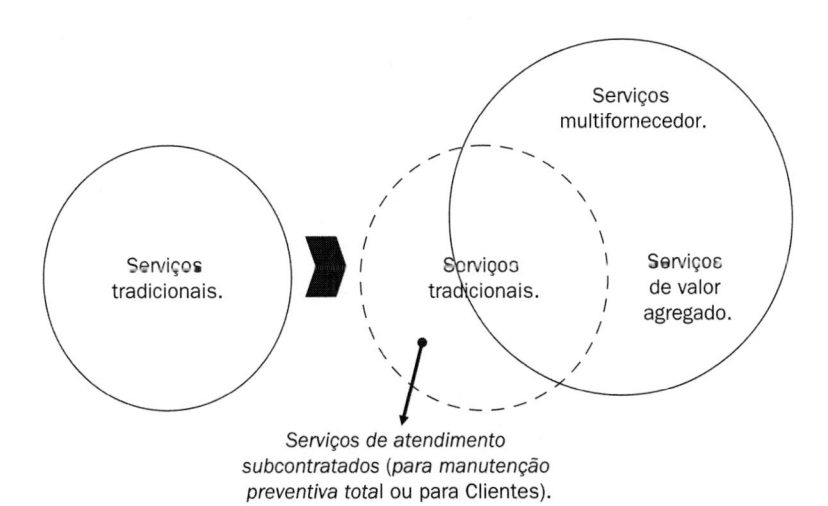

FIGURA 30.9 Mudando o SSC para um novo ambiente.

Referências

Klapholz, R. e Klarman, A. *Release the Hostages: Using Goldratt's Theory of Constraints for Customer Support Management*. Great Barrington, MA: North River Press, 2009.

Turban, E. *Electronic Commerce: A Managerial Perspective*. Upper Saddle River, NJ: Prentice Hall, 2002.

Sobre os autores

Como presidente do Instituto Goldratt (em Israel), **Alex Klarman**, ph.D., está liderando a iniciativa de introduzir a TOC e estabelecê-la como método de gerenciamento padrão em Israel.

Sua formação científica – biofísico com interesse pela evolução de sistemas complexos –, bem como sua experiência empresarial e educacional, que inclui cargos docentes na Universidade de Telavive e no State Teachers' College, além de vários anos de experiência prática no ramo empresarial, o tornam excepcionalmente qualificado para esse empreendimento que exige uma enorme competência.

Klarman foi diretor de fabricação de uma empresa metalúrgica durante quatro anos. Essa experiência prática lhe deu uma perspectiva exclusiva sobre operações e projetos – produção, logística, planejamento e gerenciamento de matérias-primas.

Como comandante de Eli Goldratt durante décadas de serviço militar em uma unidade de infantaria do Exército israelense, Klarman conheceu os conceitos iniciais do OPT e da TOC há quase três décadas.

Ao longo dos últimos 25 anos, ele desempenhou um papel fundamental na promoção do desenvolvimento, da disseminação e da aplicação da TOC. Sua atribuição foi desenvolver o material educacional e os simuladores utilizados em diversas áreas de especialização da TOC, bem como o trabalho de implementação em algumas das principais corporações de nível internacional, como Ford, Phillips, Intel e Microsoft, e em várias outras empresas.

Alguns de seus trabalhos foram verdadeiramente pioneiros, como o desenvolvimento da aplicação da TOC na área de análise de inteligência – já em uso – ou *Dead Sea Works*, escrito com Issahary, sobre a aplicação do Seis Sigma em consonância com a TOC.

Nos últimos anos, Klarman aliou-se a Richard Klapholz a fim de desenvolver e apresentar uma série de soluções da TOC em uma variedade de atividades de negócios, como gerenciamento de vendas ou suporte e atendimento ao cliente – um empreendimento realmente pioneiro.

Ele é doutor em bioquímica e biofísica pela Universidade de Telavive.

Richard Klapholz, veterano em vendas, marketing e suporte ao cliente na área de equipamentos de produção de alta tecnologia em nível internacional, já com 17 anos de experiência, atualmente é presidente da subsidiária de sua empresa de 500 funcionários na Ásia-Pacífico.

Klapholz ocupou diversos cargos internacionais em vendas, marketing e suporte ao cliente. Todos eles se concentraram na distribuição direta de bens de capital estratégicos e de alto valor, como o marketing de produtos inovadores no setor de artes gráficas, por meio de uma equipe de venda direta de cem vendedores no mercado pan-europeu e vendas OEM para gráficas comerciais e de impressão rápida por meio da equipe de vendas da Xerox (América do Norte) e Rank-Xerox (Europa). Essas equipes de vendas abrangiam mais de 2 mil vendedores. Ele também se envolveu com a venda de equipamentos da Dell Computers para o mercado de TI de Israel, implementando a área de vendas diretas da Dell, e com o marketing internacional de equipamentos automatizados de inspeção e imagem para fabricantes de componentes eletrônicos por meio de canais de vendas globais e diretos. Essa experiência envolveu o gerenciamento de uma equipe de 50 vendedores, suporte ao cliente para fabricantes da América do Norte e gerência geral direcionada à distribuição de contas taiwanesas em Taiwan e na China.

Ele é coautor de *The Cash Machine*, livro sobre gerenciamento de vendas associado aos conceitos da TOC publicado em 2004 e traduzido para o japonês, lituano e chinês.

Klapholz, bacharel em engenharia eletrônica pela Universidade de Telavive, realizou o MBA em 1992 pelo INSEAD, em Fontainebleau. Ele se habituou à TOC durante o MBA e desde essa época dedica-se aos conceitos e ao processo de pensamento da TOC. Sua experiência com a implementação desses conceitos em vendas e suporte ao cliente remonta a 1997.

31
Visão viável para sistemas de saúde

Gary Wadhwa

Introdução

A utilização da *teoria das restrições*[1] (*theory of constraints* – TOC) no sistema de saúde está ampliando-se rapidamente; entretanto, pouco se tem divulgado em publicações. A metodologia da TOC já foi aplicada em grande escala ao sistema de saúde. Knight (2003) relatou pela primeira vez o emprego do gerenciamento de pulmões (GP) no Sistema Nacional de Saúde Britânico. Posteriormente, Wright e King (2006) abordaram a aplicação da TOC no sistema de saúde britânico de forma romanceada. Umble e Umble (2006) descreveram a implementação do gerenciamento de pulmões (GP) da TOC (a identificação e eliminação das principais causas dos longos tempos de espera) em três implementações distintas em hospitais britânicos. Melhorias significativas foram obtidas quase imediatamente por meio dessa metodologia em departamentos de emergência e no processo de admissão hospitalar em cada implementação. Por exemplo, no Departamento de Emergência do Hospital Horton de Oxfordshire, antes da implementação a porcentagem de pacientes tratados em menos de quatro horas girava em torno de 50% e 60%. Além disso, o processo de admissão hospitalar anterior à implementação normalmente ultrapassava quatro horas e com frequência tinha um período de espera de 12 horas. Após a implementação, a porcentagem dos pacientes tratados em menos de quatro horas no Departamento de Emergência aumentou para aproximadamente 80% depois de alguns meses, em seguida para 91% e depois de seis meses para 95%. Em contraposição, com relação aos resultados pós-implementação no processo de admissão hospitalar, 94% dos pacientes estavam aguardando menos de quatros horas e foi possível eliminar o tempo de espera de 12 horas. Resultados semelhantes foram obtidos no Hospital Radcliffe, de Oxfordshire.

O objetivo deste capítulo é apresentar as ferramentas, os processos e os modelos empregados na implementação da *visão viável* (VV)[2] da TOC em uma clínica de saúde com fins lucrativos. O projeto VV é um método por meio do qual uma empresa – qualquer empresa com fins lucrativos – mapeia sua estratégia para obter um lucro líquido em quatro anos equivalente às suas vendas anuais no presente.

Nossa abordagem enfatiza o emprego das ferramentas da TOC para dirigir o foco da melhoria do sistema de saúde de cima para baixo. As *árvores de estratégias e táticas* (E&Ts)[3] da TOC são utilizadas para estabelecer a direção estratégica de cima para baixo com táticas de sustentação em cada nível de ação estratégica. O *processo de pensamento* da TOC é empregado para identificar problemas básicos e as injeções de ação para resolvê-los. Em

---

[1] Embora não fosse chamada de Teoria das Restrições na época, muitos dos conceitos são apresentados em Goldratt (1984).

[2] Consulte Kendall (2004).

[3] Para uma discussão sobre as árvores de estratégias e táticas, consulte os Capítulos 15, 18, 25 e 34.

Copyright © 2010 Gary Wadhwa.

seguida, com a identificação das restrições e por meio dos cinco passos de focalização, os pulmões são posicionados. As informações sobre a penetração do pulmão são utilizadas para estreitar o foco sobre áreas específicas e aplicar os processos de produção enxuta (Lean) e Seis Sigma. A associação entre a TOC, a produção enxuta e o Seis Sigma é uma união feliz entre métodos de planejamento e operacionais que possibilita um avanço extraordinário. Como a TOC é empregada e como proporciona uma orientação focalizada para a produção enxuta e o Seis Sigma ficará evidente no desenrolar deste relato. A terminologia e os processos da TOC foram apresentados em outros capítulos deste livro. Entretanto, neste capítulo, introduzo brevemente a terminologia e os conceitos.

As ferramentas de melhoria

Neste momento, examinaremos a TOC, a produção enxuta e o Seis Sigma como as principais ferramentas de melhoria estratégica e de processo em uma clínica de saúde. Todas elas são por si sós um recurso poderoso. Associadas, elas oferecem o que é necessário para obter resultados organizacionais excepcionais.

Teoria das restrições

Goldratt desenvolveu inúmeras ferramentas importantes para a TOC e úteis para a melhoria sistêmica. As ferramentas do processo de pensamento são utilizadas na identificação e resolução de problemas. Além disso, a TOC oferece um sistema de medição de desempenho (a *contabilidade de ganhos*, CG), que se baseia na identificação e mensuração de alguns recursos (pontos de alavancagem ou restrições) que estão diretamente associados com o desempenho geral do sistema. Em contraposição, a maior parte da contabilidade de custos e alguns sistemas contábeis mais recentes, como o custeio baseado em atividades (*activity--based accounting* – ABC), medem o desempenho individual dos departamentos e pressupõem incorretamente que isso reflita o desempenho global do empreendimento. Além disso, a TOC oferece inúmeras ferramentas de aplicação para melhorar o fluxo dos produtos e serviços e, portanto, o ganho do sistema. Novas ferramentas de melhoria do processo físico (consulte as Partes II e III), como a programação tambor-pulmão-corda (TPC), o *gerenciamento de projetos pela corrente crítica* (GPCC para ambientes de múltiplos projetos)[4] e a solução de *distribuição/reabastecimento* para o gerenciamento da cadeia de suprimentos e da distribuição, oferecem perspectivas sistêmicas. Adicionalmente, novas abordagens de marketing (*mafia offers* ou ofertas irrecusáveis) e a abordagem de vendas (funis de vendas) (consulte a Parte V) beneficiam-se de vantagens competitivas. Essas ferramentas foram muito bem empregadas em organizações com e sem fins lucrativos. Uma das últimas ferramentas da TOC é chamada de *visão viável* (VV). Como mencionado antes, em uma implementação da VV, a empresa utiliza associadamente as ferramentas da TOC citadas anteriormente, seguindo as etapas hierárquicas lógicas oferecidas em uma E&T para transformar seu volume de vendas atual em lucro no período de quatro anos. A metodologia VV oferece esperança e direcionamento para qualquer sistema de saúde. Ela foi aplicada em uma pequena empresa de saúde, a Oral & Maxillofacial Surgery, que é uma associação de medicina de grupo especializada com significativos resultados financeiros mesmo na economia de recessão. Essa empresa saiu de uma situação em que não tinha praticamente nenhum lucro após o pagamento de médicos e equipe para mais de $ 3,5 milhões de lucro por ano em menos de oito anos. Isso ocorreu apesar do tempo gasto na aprendizagem dos conceitos da produção enxuta, do Seis Sigma e da TOC e no processo de adesão da equipe e dos médicos. Além disso, quando o processo de focalização da TOC aponta para áreas em que a produção enxuta e o Seis Sigma podem ser aplicados para melhorar de forma significativa a lucratividade, resultados significativos são observados rapidamente.

---

[4] Uma excelente discussão sobre a corrente crítica em um ambiente multiprojeto é apresentada em Kendall e Rollins (2003).

Produção enxuta

A *produção enxuta* (Lean) oferece inúmeras ferramentas que geralmente procuram diminuir a perda na cadeia de valor como um todo e, portanto, melhorar o fluxo de trabalho (pacientes, no nosso caso) no e fora do sistema. Várias ferramentas da produção enxuta e do Seis Sigma foram utilizadas na VV aplicada à prática de medicina. Algumas delas e as respectivas definições são apresentadas na Tabela 31.1.

Tabela 31.1 As ferramentas da produção enxuta e do Seis Sigma com breves definições

Produção enxuta
Produção enxuta – Filosofia de gerenciamento holístico e sustentável fundamentada na minimização dos recursos utilizados em atividades organizacionais e na simplificação de processos por meio da eliminação de etapas que não agregam valor, com foco no fluxo de peças e produtos desde sua entrada no sistema ao seu recebimento pelos clientes. Trabalhadores multiqualificados utilizam métodos da produção enxuta para diminuir tempo, obstáculos e custos.
Mapeamento do fluxo de valor – Processo utilizado para diagramação e análise da criação, da produção e da entrega ao cliente de um produto ou serviço de qualidade por meio da cadeia de valor. Para um serviço, o fluxo de valor é composto por fornecedores, pessoal de apoio, tecnologia, processo do prestador de serviços e processo de pagamento.
Sistema à prova de erros – Prevenção de erros. Estudo da causa dos erros com foco na eliminação da causa.
Métodos de fluxo de trabalho padrão – Simplificação e padronização de atividades, processos e procedimentos para aumentar o fluxo de trabalho em uma organização. Esses métodos enfatizam a eliminação de atividades que não agregam valor.
Os 5 S – Conjunto de processos (originalmente parte da produção enxuta) concebidos para limpar e tornar o ambiente de trabalho seguro, eficiente e eficaz. Os 5 S são: Seiri, Seiton, Seisou, Seiketsu, Shitsuke (sensos de utilização, ordenação, limpeza, saúde e autodisciplina).
Manutenção preventiva/produtiva total – As atividades de manutenção iniciadas pelo trabalhador concentram-se na eliminação de defeitos no equipamento e na melhoria contínua do equipamento.
Kit completo – Criação de um pacote de itens necessários para apoiar um estágio do processo prestador-paciente. Por exemplo, ter todos os itens necessários no lugar para que o médico possa atender às necessidades do paciente seguinte sem ter de esperar ou procurar nenhum item (paciente, prontuários, plano do paciente, suprimentos, instrumentos, assistente etc.).
Diminuição do tempo de setup (preparação) – Eliminação do tempo que não agrega valor do processo de setup.
Seis Sigma
Seis Sigma – Metodologia para diminuir a variação de processo e melhorar a qualidade dos produtos que abrange as metodologias DMAIC (definir, medir, analisar, melhorar, controlar) e Design para Seis Sigma (Design for Six Sigma – DFSS).
Processo definir, medir, analisar, melhorar, controlar (define, measure, analyse, improve, control – DMAIC) – Metodologia de melhoria do Seis Sigma baseada em cinco etapas inter-relacionadas: (1) definir é a determinação do problema; (2) medir o desempenho atual em comparação com o desempenho desejado e as causas dos problemas de desempenho; (3) analisar para identificar o problema básico; (4) melhorar por meio da identificação e implementação da solução do problema; (5) controlar por meio da execução, monitoramento e correção do novo processo.
Design para Seis Sigma (DFSS) – Metodologia para prevenção de defeitos. Esse processo auxilia na concepção das atividades que agregam valor desde o projeto do produto e do processo até o uso pelo cliente, captando a voz do cliente (voice of customer – VOC) e traduzindo suas necessidades em exigências quantificáveis com o objetivo de tornar os produtos e processos robustos e eliminar defeitos.
Desdobramento da função qualidade – Metodologia para garantir que a voz do cliente (exigências do cliente) seja claramente definida e incorporada como uma necessidade no projeto do serviço da empresa (exigência funcional). Por exemplo, depois que um cliente preenche a papelada talvez não queira esperar mais de dez minutos para ser levado à sala de exame.

As ferramentas da produção enxuta,[5] quando aplicadas a áreas estrategicamente importantes, identificadas por meio dos processos da TOC, geram resultados extraordinários. Entretanto, *o processo de focalização da TOC por meio do GP e do processo de pensamento são necessários para dirigir a atenção para onde é importante.* No movimento atual da *gestão da qualidade total* (*total quality management* – TQM), suas ferramentas são aplicadas em todo lugar sem o foco fornecido pela TOC para evidenciar onde uma ação produzirá o melhor benefício. O resultado são melhorias decepcionantes no ganho ou na satisfação do cliente. Essas iniciativas de melhoria dispersas provocam apenas aumento da despesa operacional (DO).

Seis Sigma

Seis Sigma[6] é uma metodologia estatística utilizada pelas organizações para diminuir a variação em seus processos. Várias organizações de saúde estão tentando aplicar essas técnicas associadas com a produção enxuta (*e.g.*, Hospital Virginia Mason em Seattle), mas elas não utilizaram a TOC. O Seis Sigma e a produção enxuta poderiam se beneficiar do poder focalizador da TOC e identificar com precisão as melhores oportunidades de aplicação.

Efeitos indesejáveis do sistema de saúde atual

Examinaremos agora as áreas da saúde que precisam de melhoria. O sistema de saúde está em crise nos Estados Unidos e ao redor do mundo. Para compreender melhor os problemas do nosso sistema de saúde atual, os diferentes pontos de vista dos diversos interessados devem ser examinados. O debate sobre o sistema de saúde dos Estados Unidos está trazendo à tona um influente ponto de vista do "público votante" à medida que as pessoas tentam afetar o rumo das ações do governo. Contudo, existem inúmeros interessados. Seus pontos de vista são importantes e abrangem:

  Pacientes

  Médicos

  Seguradoras

  Hospitais

  Empresários

  Governo

O sistema atual coloca um interessado contra o outro com relação a diversas questões fundamentais.

Ponto de vista dos pacientes

Do ponto de vista dos pacientes, o custo do serviço de saúde está aumentando ano a ano; milhões de pessoas não têm cobertura de saúde porque não podem pagar um plano de saúde. Surpreendentemente, muitas vezes para aqueles que podem arcar com um plano de saúde a qualidade do serviço, comparada com a de outros setores de serviços, está abaixo da desejada, e a resposta aos cuidados de emergência ou urgentes é deficiente. Os pacientes passam um tempo enorme nas filas para obter uma assistência ampla, e são passados de um interveniente para outro no setor de saúde.

---

[5] Consulte Pascal Dennis (2007) e Sayer e Williams (2007) para obter descrições e exemplos de utilização das ferramentas da produção enxuta.

[6] Consulte Mikel e Schroeder (2000) e Gygi, DeCarlo, Williams e Covey (2005) para obter descrições e exemplos do Seis Sigma.

Ponto de vista dos médicos

Os médicos estão decepcionados com o aumento nos seguros de responsabilidade e o baixo reembolso das seguradoras de terceiros. Sempre que possível, a maioria dos médicos realiza procedimentos que apresentam baixo risco apesar de sua formação e experiência para realizar procedimentos altamente especializados e de alto risco. Várias cidades, pequenas e grandes, têm dificuldade para encontrar cirurgiões de traumatismo especializados para tratar pacientes com fraturas ósseas faciais. Algumas vezes, os pacientes precisam esperar várias horas para serem removidos para um centro médico acadêmico para receber tratamento. Alguns anos atrás, em determinados estados, obstetras e ginecologistas deixaram de realizar partos porque os tribunais estavam determinando indenizações de milhões de dólares (que ultrapassavam sua cobertura de seguro por erro médico) por resultados insatisfatórios nos processos movidos contra negligência médica. A maioria dos médicos e cirurgiões mudou dos estados que estavam determinando altas indenizações em processos contra negligência médica para estados de baixo risco. Outros reorganizaram suas atividades para realizar apenas procedimentos de baixo risco. Os cirurgiões bucomaxilofaciais são extremamente qualificados para lesões faciais e cirurgias reconstrutivas. Quando eles abrem consultórios ou clínicas particulares, não demoram muito para perceber o alto risco desses procedimentos e o baixo reembolso das companhias de seguro. Por esse motivo, eles se limitam a realizar procedimentos de baixo risco e alto lucro nas próprias clínicas. Ao oferecer tratamento aos pacientes, o médico precisa refletir sobre diversas variáveis e as interações entre essas variáveis ao propor um diagnóstico e planos de tratamento. Eles levam anos para aprender essas habilidades e desenvolver uma intuição ou parecer com relação ao tratamento de doenças complexas. Os médicos são forçados a um trabalho multitarefa. Eles enfrentam constantemente o conflito de satisfazer as seguradoras por meio do corte de custos – não realizando exames caros, por exemplo – ou satisfazer os hospitais solicitando exames caros. Além disso, eles podem encaminhar pacientes de cirurgias de alto risco a especialistas ou realizar a cirurgia e enfrentar processos contra negligência médica, se algo der errado. A maioria das clínicas de saúde com fins lucrativos compõe seu *mix* de pacientes concentrando-se apenas nos pacientes cujo tratamento tem um custo menor e apresenta um risco menor. Além disso, essas escolhas os põem em conflito com outros médicos ou hospitais que acabam se deparando com esses pacientes de alto risco nas salas de emergência.

Ponto de vista das seguradoras

Como os custos médicos estão ascendentes, a maioria das seguradoras maiores e das organizações de manutenção de saúde regionais é forçada a enfatizar a contenção de custos. Elas colocam obstáculos para que os médicos obtenham autorização para exames de diagnóstico como ressonância magnética, tomografia por emissão de pósitrons e até mesmo tomografias computadorizadas de rotina – em alguns casos, os médicos são obrigados a telefonar pessoalmente para outro médico da companhia de seguro para obter autorização para exames de diagnóstico. Os reembolsos do Medicare (programa do governo americano para pessoas acima de 65 anos) e Medicaid (programa governamental para pessoas que não podem arcar com um plano de saúde) estão diminuindo para os provedores de serviços de saúde por causa de cortes orçamentários e crises financeiras nos governos estaduais e no governo federal. As seguradoras estão seguindo o exemplo dos cortes governamentais e diminuindo ainda mais os reembolsos. Os serviços de saúde que exigem maior habilidade cognitiva, como a medicina de família, a medicina interna e pediatras, são os mais afetados por essas iniciativas de corte. Esses serviços realizam pouquíssimos procedimentos invasivos, que recebem um reembolso bem mais alto do que os procedimentos não invasivos em que as decisões são cognitivas. A cada corte de reembolso, esses profissionais são forçados a dar consulta a um grande número de pacientes em um curto espaço de tempo para compensar o reembolso mais baixo. O governo está fazendo as seguradoras de bode expiatório em relação à maioria dos problemas do sistema de saúde.

Ponto de vista do hospital

Essas iniciativas de corte de custos estão prejudicando também os hospitais, particularmente os hospitais comunitários e alguns hospitais-escola. Muitos estão se reestruturando para se manterem viáveis. Há alguns anos, os hospitais estavam comprando clínicas particulares e desenvolvendo modelos integrados de serviços de assistência médica. Agora, diversos hospitais estão terceirizando os departamentos de emergência, o que possibilita que os médicos comprem a participação dessa atividade. De modo semelhante, os serviços laboratoriais e radiológicos foram separados do hospital. Alguns hospitais-escola reestruturaram serviços especializados como ortopedia, neurocirurgia, cirurgia plástica, otorrinolaringologia e cirurgia de cabeça e pescoço, cardiologia, hematologia e oncologia, cirurgia bucomaxilofacial, odontologia e patologia, permitindo que os departamentos funcionassem independentemente como clínicas privadas com fins lucrativos.

Ponto de vista dos empresários

Muitos empresários pagam uma porcentagem ou o prêmio de seguro completo de seus funcionários. Como o custo para oferecer o benefício de plano de saúde está aumentando, eles precisam elevar os preços de seus produtos ou serviços e, portanto, perdem vantagem competitiva. Algumas empresas pequenas até abriram falência.

Ponto de vista do governo

Todos os níveis governamentais estão sofrendo grande pressão de diferentes grupos de interesse. Muitas pessoas acham que é responsabilidade do governo oferecer cobertura de saúde para todos os pacientes não segurados ou diminuir o encargo financeiro dos empresários que oferecem o benefício de plano de saúde. Os empresários supõem que essa medida do governo permitirá que eles reduzam custos e preços para tornar os negócios americanos mais competitivos na economia mundial.

O impacto geral dos diferentes grupos de interesse – cada um toma decisões em vantagem própria – é que o sistema de saúde atual está fragmentado e não há ninguém responsável por oferecer cuidados de saúde totalmente integrados aos pacientes. Para melhorar essa assistência, metodologias como a produção enxuta, o Seis Sigma e o Balanced Scorecard foram aplicadas ao sistema de saúde, mas elas não geraram resultados extraordinários para o sistema de saúde como um todo. A produção enxuta, o Seis Sigma e a *reengenharia de processos de negócio* (RPN) geraram melhorias de processo. Entretanto, essas melhorias locais não se traduziram em reduções de custo significativas ou aprimoramento da área de saúde. Os custos de assistência estão crescendo continuamente e a satisfação dos interessados em geral com os serviços de saúde é bastante baixa.

Definindo a meta do sistema de saúde

Uma meta clara e uma visão de futuro são pré-requisitos para qualquer sistema adotar o *processo de melhoria contínua* (PMC). É necessário também ter uma visão do próprio sistema. No sistema de saúde, a meta é aumentar a porcentagem do estoque de população saudável. Vários fatores[7] são essenciais para concretizar essa meta. Os principais são tratamento preventivo e o índice de velocidade de cura, como indicado no modelo de sistema apresentado na Figura 31.1. Esse modelo baseia-se em um modelo de sistema dinâmico com índices de fluxo. O índice de identificação, tratamento e prevenção de doenças terá um impacto significativo sobre o estoque de saúde de nossa população. Todo tipo de estratégia pode ser desenvolvido e os grupos de interesse podem ser alinhados com a meta do sistema.

As Figuras 31.1 e 31.2 nos oferecem uma visão resumida do sistema de prática médica.

O modelo de sistema de saúde na Figura 31.1 ressalta que as melhorias na assistência médica devem ocorrer no sistema como um todo. A Figura 31.1 mostra que os fatores que afetam o índice de doenças (pessoas que passam da condição de população saudável para a condição de população doente) incluem a quantidade de tratamento preventivo, o ambiente populacional, a genética dos indivíduos, o estilo de vida e o comportamento psicossocial das pessoas. O sistema de saúde oferece contribuições como recursos financeiros, capacidade sistêmica para uma assistência de qualidade/confiável, capacidade sistêmica para uma resposta rápida às necessidades dos pacientes e acesso à assistência por pacientes avaliados com base no índice de cura (definidos como pacientes que estão passando da população doente para a população saudável). Quanto mais baixo o índice de cura, mais alto o índice de mortalidade. Esse modelo mostra o significado da capacidade sistêmica para uma rápida reação às necessidades dos pacientes e oferecer a qualidade e confiabilidade do sistema de gerenciamento de doenças no sentido de melhorar o índice de cura. A meta do sistema de saúde, como mostrado na Figura 31.2, é tirar um paciente o mais rápido possível da condição de doente e levá-lo para a condição de saudável. O sistema deve ser integrado e todas as suas partes devem funcionar em conjunto e har-

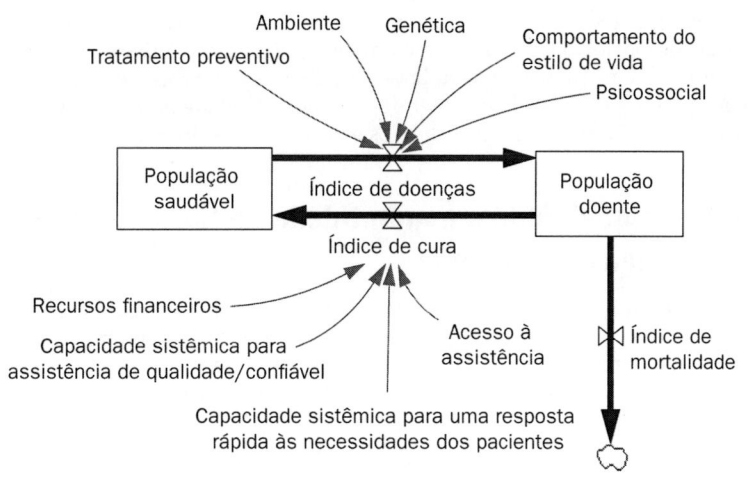

FIGURA 31.1 Modelo de sistema de saúde.

---

[7] Deparamo-nos com o dilema e debate sobre qual nível de assistência deve ser oferecido para todos. Onde a sociedade deveria estipular um limite entre assistência médica obrigatória *versus* opção individual voluntária de assistência? O governo deveria oferecer serviços de saúde para todos ou deveríamos deixar o livre-mercado oferecer uma assistência confiável e de alta qualidade? Este capítulo não promove um debate político, mas discute a necessidade de acelerar o índice de cura e oferecer uma assistência confiável.

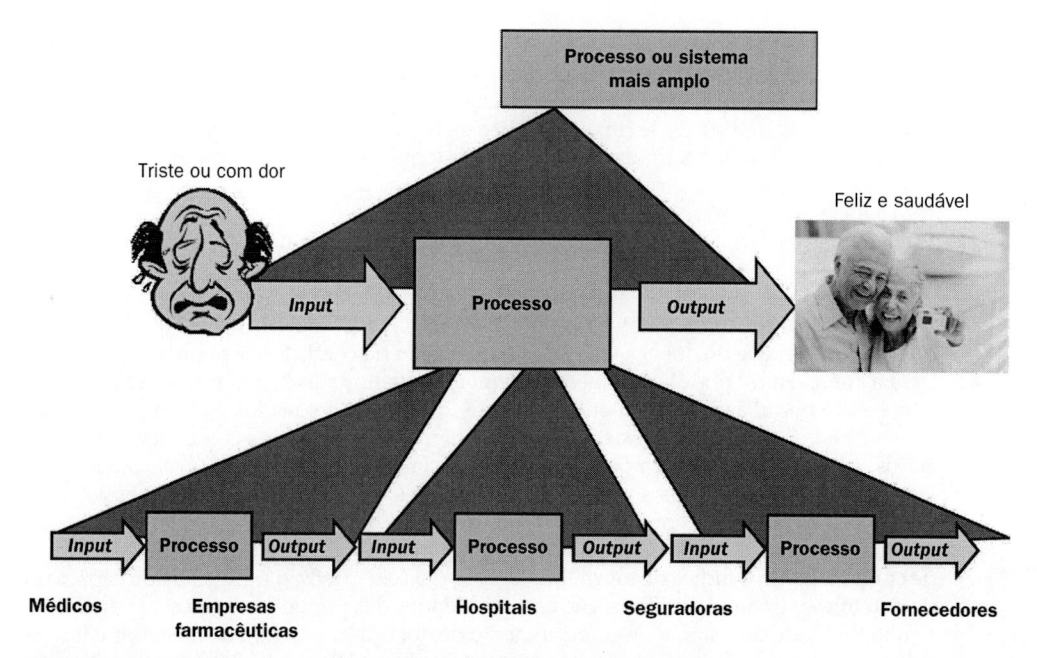

FIGURA 31.2 Modelo de fluxo de processo de um sistema de saúde.

moniosamente para oferecer um tratamento de alta qualidade e confiável, sem atrasos desnecessários e de maneira que supere as expectativas dos pacientes. O diagrama mostra também que todos os sistemas são compostos por processos e subprocessos que podem ser decompostos de acordo com os níveis de tarefa ou subtarefa de cada grupo de interesse. O sistema nunca deve atolar-se em detalhes de processos individuais ou perder de vista a meta principal, isto é, atender ao paciente eficientemente. A meta das cadeias de valor alinhadas é satisfazer os desejos e necessidades dos pacientes.

Melhorando a qualidade e a quantidade do fluxo dos pacientes por meio de sistemas de saúde

Examinando internamente os sistemas representados nas Figuras 31.1 e 31.2, a TOC estabelece como premissa básica que os sistemas mais complexos têm uma restrição principal ou elo mais fraco. Em um PMC, os *cinco passos de focalização*[8] (Goldratt, 1990b, p. 7) são úteis para a identificação e o gerenciamento da restrição dentro do sistema, além de melhorar o fluxo. Os cinco passos de focalização são:

1. Identificar a restrição do sistema.
2. Decidir como explorar a restrição do sistema.
3. Subordinar todo o resto à decisão anterior.
4. Elevar a restrição do sistema.
5. Se, nos passos anteriores, a restrição tiver sido eliminada, voltar ao primeiro passo, mas não permitir que a inércia torne-se uma restrição do sistema.

---

[8] © E. M. Goldratt. Utilizada com permissão. Todos os direitos reservados. (Para obter uma explicação completa sobre o PMC, consulte a Parte IV, sobre medidas de desempenho.)

Explicações mais detalhadas sobre os cinco passos de focalização

O processo de focalização pressupõe que exista uma meta ou visão clara sobre o desempenho do sistema: a meta de aumentar a lucratividade (ganho) no presente e no futuro em uma empresa com fins lucrativos. Além disso, como uma restrição é o elo mais fraco em um sistema, ela determina o ganho do sistema como um todo. Uma das estratégias para aumentar o ganho é superar os concorrentes no atendimento das necessidades dos clientes.

A estratégia de um sistema de saúde pequeno ou grande ou mesmo de toda uma cadeia de valor deve ser desenvolver uma *vantagem competitiva decisiva* para oferecer um atendimento e um sistema de saúde confiável e de alta qualidade. As metas de cada subsistema têm de ser coerentes com o sistema de saúde global no contexto mais amplo. Exemplo: se o modelo financeiro de um hospital especializado for cirurgia cardíaca, ele deve trabalhar sob a proteção do modelo de gerenciamento de epidemiologia ou doenças. Esse hospital deve procurar melhorar a velocidade do fluxo dos pacientes doentes por meio do sistema de saúde, mas, ao mesmo tempo, investir em pesquisa para prevenir doenças cardíacas e não estimular as pessoas a ficarem doentes para que assim possa ter lucros continuamente. As estratégias do governo, das seguradoras, dos hospitais, dos médicos particulares e das empresas também devem estar alinhadas para oferecer aos pacientes um sistema de saúde confiável e de alta qualidade tanto em nível de prevenção quanto de cura.

Etapa 1: identificar a restrição do sistema

Em um sistema de saúde complexo, existe uma restrição que mais influencia o fluxo dos pacientes. Normalmente, ela é o recurso mais caro: humano, equipamento ou espaço físico. Por exemplo, em uma clínica pequena, em geral a restrição é o médico, o dentista, o quiroprático ou o cirurgião veterinário. Em um sistema mais amplo, poderia ser as salas de cirurgia, as salas de recuperação, as salas de emergência ou os equipamentos de tomografia computadorizada/ressonância magnética. Teoricamente, o médico ou cirurgião que executa os serviços (sem o qual não é possível haver um fluxo de pacientes) deve ser a restrição. Entretanto, em virtude do investimento em salas de cirurgia, de regulamentações governamentais e da falta de enfermeiros ou anestesistas, a restrição pode estar em uma dessas áreas. A primeira dificuldade nos cinco passos de focalização é identificar a restrição. Para isso, um mapa de fluxo de valor (*value stream map* – VSM) de alto nível pode ajudar a evidenciar a principal obstrução ou restrição ao fluxo dos pacientes e informações. O mapa de fluxo de valor atual ou tal como ele costuma ser é apresentado nas Figuras 31.3a e b e mostra o fluxo do paciente, o tempo de valor agregado (41 minutos), o tempo de espera (52 minutos), o quociente de valor agregado de 44% (o tempo de valor agregado/tempo total no sistema) e o local da restrição (médico) no sistema.

Assim que compreendemos a relação da restrição com o ganho e a concretização da meta do sistema, podemos criar uma proteção (um pulmão para a restrição) e políticas e procedimentos para a restrição e uma equipe de apoio a fim de maximizar o ganho do sistema.

Na Figura 31.4, o mapa de fluxo de valor pode ser traçado para mostrar a cadeia de valor completa de serviços de saúde para o tratamento de um paciente. O fluxo do paciente ao longo da cadeia de suprimento dependerá do dentista ou do laboratório quando considerado do ponto de vista de um sistema mais amplo. De modo semelhante, a restrição ao fluxo do paciente no hospital deve ser a capacidade do departamento de imagem, do laboratório de exame de sangue ou das enfermeiras da sala de recuperação pós-operatória.

Etapa 2: decidir como explorar a restrição do sistema

Uma vez identificada a restrição, podemos determinar de que forma a tornaremos eficiente e eficaz. Em nosso caso, para fazer isso, determinamos a melhor utilização do tempo do

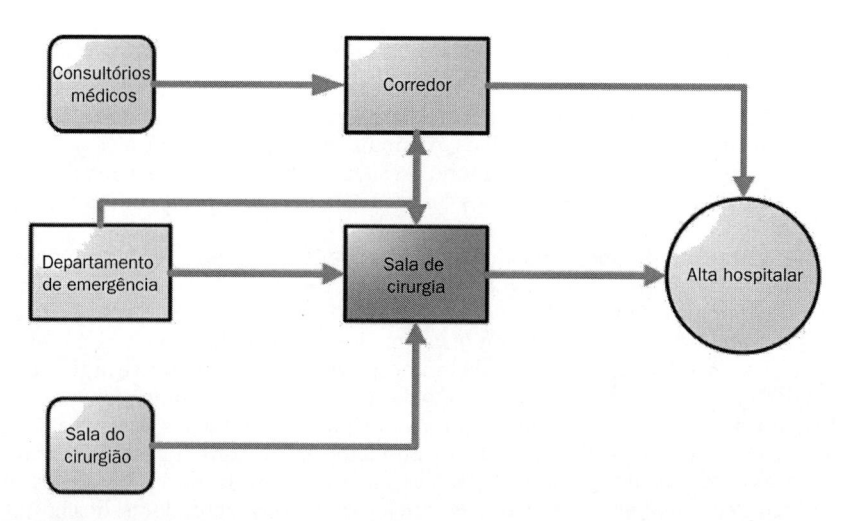

a. Mapa de fluxo de valor de alto nível

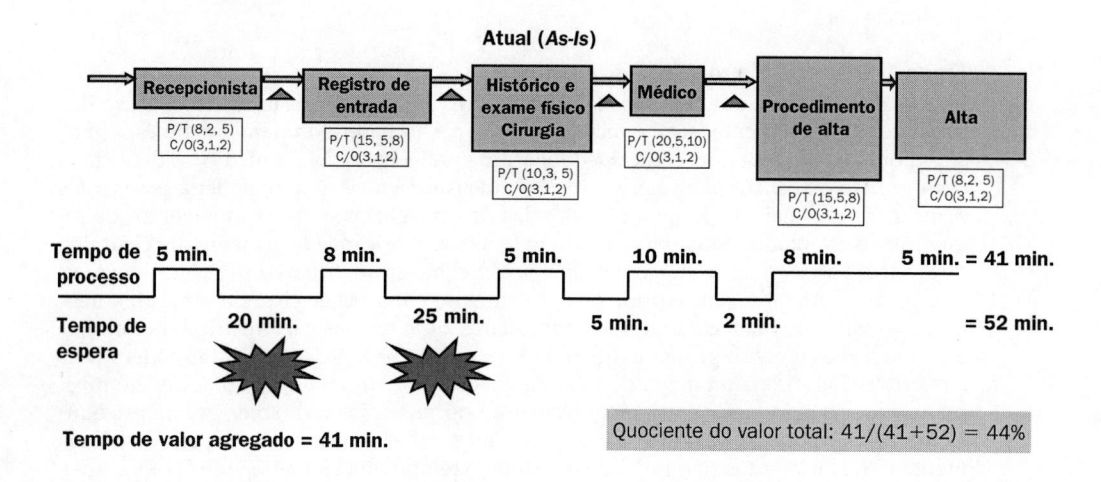

Atual (As-Is)

Recepcionista → Registro de entrada → Histórico e exame físico Cirurgia → Médico → Procedimento de alta → Alta

P/T (8,2, 5) C/O(3,1,2)
P/T (15, 5,8) C/O(3,1,2)
P/T (10,3, 5) C/O(3,1,2)
P/T (20,5,10) C/O(3,1,2)
P/T (15,5,8) C/O(3,1,2)
P/T (8,2, 5) C/O(3,1,2)

Tempo de processo: 5 min. | 8 min. | 5 min. | 10 min. | 8 min. | 5 min. = 41 min.

Tempo de espera: 20 min. | 25 min. | 5 min. | 2 min. = 52 min.

Tempo de valor agregado = 41 min.

Quociente do valor total: 41/(41+52) = 44%

b. Mapa de fluxo de valor de baixo nível.

FIGURA 31.3 Mapas de fluxo de valor de alto e baixo nível de sistemas de saúde.

Conceito de cadeia de valor
Primeira etapa de focalização: identificar a restrição

Dentista → Cirurgião → Dentista → Laboratório → Dentista

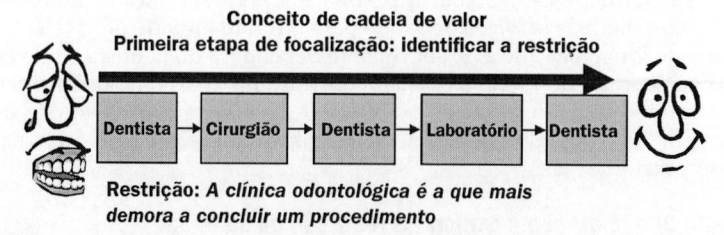

Restrição: *A clínica odontológica é a que mais demora a concluir um procedimento*

FIGURA 31.4 Mapa de fluxo de valor de uma série de serviços que oferecem tratamento a um paciente.

médico como ganho/unidade de tempo do médico. Nesse ponto, começamos a ver como é eficaz associar a TOC com outras ferramentas.

Exemplo Examinemos a minha atividade – de cirurgião-dentista. Identificamos o cirurgião-dentista como a restrição (o recurso mais escasso e caro). Em seguida, aproveitamos o tempo do cirurgião-dentista utilizando as ferramentas da produção enxuta para usar eficiente e eficazmente o tempo do cirurgião. Podemos implementar o *conceito de kit completo,* que garante que todos os documentos, autorização médica, resultados laboratoriais e informações dos exames de imagem estejam disponíveis antes de o cirurgião ver o paciente. As ferramentas da produção enxuta, como o fluxo de trabalho padrão e os 5 S, são úteis para organizar o ambiente de trabalho e garantir que tudo esteja no devido lugar e visível para o cirurgião. A manutenção preventiva total e o sistema à prova de erros asseguram que o tempo do cirurgião nunca seja desperdiçado.

As medidas do Seis Sigma são implementadas para garantir que os processos sejam capazes de obter os resultados desejados. A metodologia DMAIC é empregada para assegurar o controle do sistema que protege a utilização do tempo do cirurgião. A metodologia DFSS (Design para Seis Sigma) pode ser útil para reestruturar determinados processos em que a capacidade do sistema esteja muito baixa e novos serviços tenham de ser iniciados para manter a competitividade. Um exemplo poderia ser a utilização de grupos de foco de pacientes para desenvolver novos serviços por meio do desdobramento da função qualidade (*quality function deployment* – QFD). Os métodos do QFD podem ser empregados como na Figura 31.5 para identificar as necessidades dos pacientes em potencial, dos clínicos gerais e de outros grupos de interesse na área de saúde. Assim

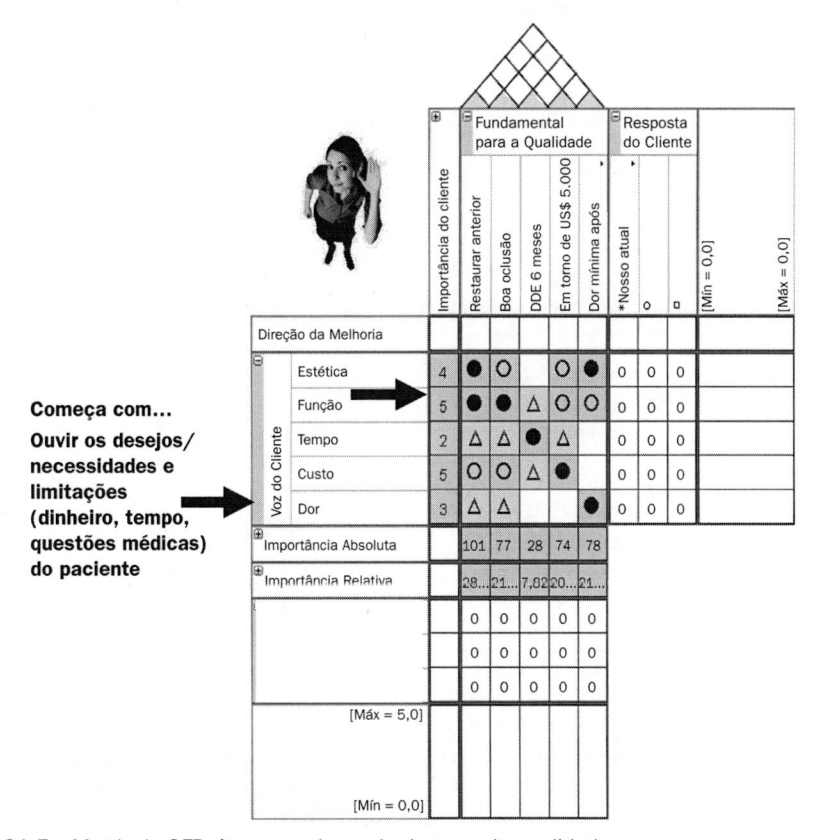

FIGURA 31.5 Matriz de QFD, às vezes chamada de casa da qualidade.

que as necessidades são identificadas, as exigências funcionais podem ser determinadas. Consulte a Figura 31.6. Esse processo vincula o desenvolvimento de novos serviços com as metas estratégicas da empresa.

Melhorar a eficiência da restrição é uma parte muito importante de seu aproveitamento. A decisão sobre o *mix* de produtos identifica os serviços que devem ser processados por meio da restrição para concretizar melhor a meta do sistema. Precisamos examinar a meta e a estratégia de apoio para determinar se essa é a melhor medida para aumentar o ganho por unidade de tempo da restrição (cirurgião). A Figura 31.7a apresenta um gráfico setorial da distribuição atual do tempo do cirurgião. Esse gráfico indica o total de receitas e o tempo aproximado de procedimentos específicos com base nos blocos de tempo presentes na agenda dos cirurgiões. Observe que grande quantidade de tempo é destinada à cirurgia de traumatismo facial (o serviço menos lucrativo), ao passo que pouco tempo é dedicado à extração do dente de siso (o uso mais lucrativo do tempo do cirurgião). Na Figura 31.7b, as coroas e próteses oferecem um ganho de $ 400 ($ 1.000 − $ 200 de custo variável ÷ 2 horas do cirurgião = $ 400) e os serviços de obturação e restauração oferecem um ganho de $ 400 por hora do cirurgião, enquanto as extrações/tratamentos de canal oferecem $ 350 por hora e os implantes oferecem $ 250 por hora. Obviamente, o cirurgião deve concentrar-se mais nas coroas e próteses e nos serviços de obturação e restauração e menos nos implantes.

A mineração de dados e o conhecimento sobre a CG ajudará a determinar os serviços e os pacientes ou clientes que devem ser procurados para que sejam coerentes com a meta da organização. O ganho/tempo unitário da restrição ou o *tempo unitário do cirurgião* – ou do médico em outro contexto – é o principal fator empregado no gráfico da Figura 31.7. Em vez de considerar cada procedimento e cada paciente extremamente variável, agregamos os dados ao longo do tempo. Se o total arrecadado dos serviços de cirurgia de traumatismos dividido pela utilização do tempo do cirurgião for significativamente inferior ao do ganho/tempo unitário de serviços prestados em outras áreas, o foco deve ser direcionado para aqueles serviços com ganho mais alto.

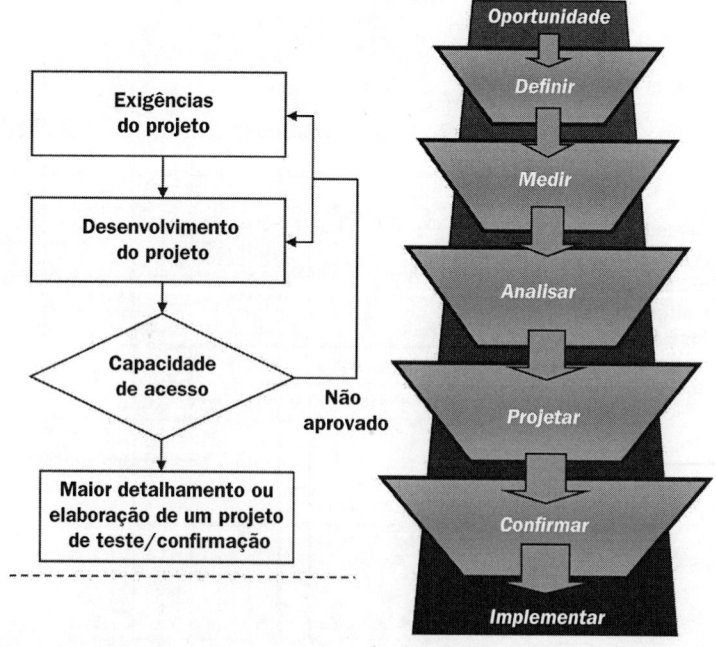

FIGURA 31.6 Processo de projeto.

Clientes

Serviços da AOMS*

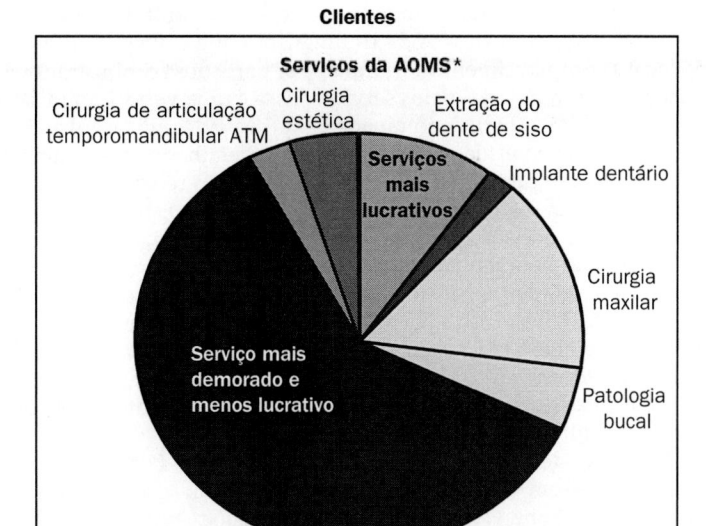

- Cirurgia de articulação temporomandibular ATM
- Cirurgia estética
- Extração do dente de siso
- Serviços mais lucrativos
- Implante dentário
- Cirurgia maxilar
- Patologia bucal
- Serviço mais demorado e menos lucrativo
- Cirurgia de traumatismo facial

*Associated Oral and Maxillofacil Surgeons
(Associação americana de cirurgiões bucomaxilofaciais).

a. Gráfico setorial mostrando a distribuição de tempo atual dos serviços da restrição.

Segunda Etapa de Focalização:

Decidir como explorar essa restrição

Mix de pacientes/procedimentos em relação ao tempo disponível do cirurgião

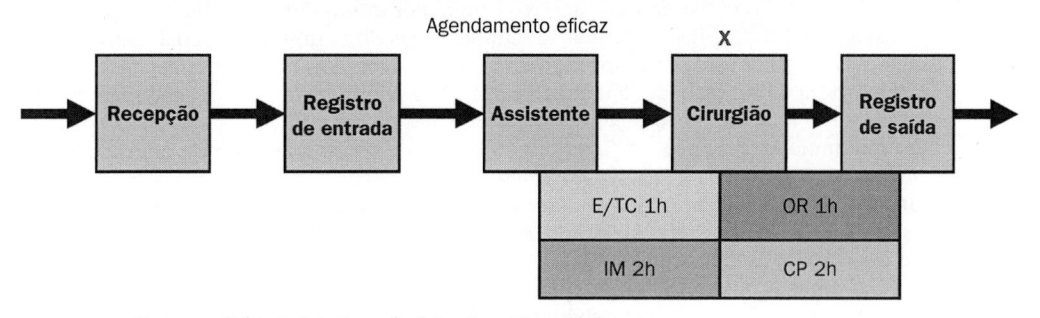

Agendamento eficaz   X

Recepção → Registro de entrada → Assistente → Cirurgião → Registro de saída

| E/TC 1h | OR 1h |
| IM 2h | CP 2h |

Tempo unitário total disponível do cirurgião = 40 horas

Extrações/tratamento de canal (E/TC)	= $ 400;	CV* = $ 50
Obturações/restaurações (OR)	= $ 500;	CV = $ 100
Implantes (IM)	= $ 1.000;	CV = $ 500
Coroa e prótese (CP)	= $ 1.000;	CV = $ 200

* CV = custo variável.

b. Programando a decisão sobre o *mix* de produtos.

FIGURA 31.7 Mix de produtos atual e ideal.

Existe outro fator exagerado além do ganho/tempo unitário: custo de utilização de outros recursos. Alguns dos casos de traumatismo que exigem muita papelada, documentação legal e comparecimento a tribunais por parte dos administradores da clínica ou dos cirurgiões que serão pagos pelos serviços. Essa é uma versão simplificada do custeio baseado em atividades (ABC), denominada CUT (custo de utilização) no todo. No serviço de saúde, a equipe de enfermagem, o faturamento detalhado ou a equipe de compilação de dados é um recurso caro. O custo de utilização desses recursos, além da utilização do tempo do recurso com restrição de capacidade (*capacity constraint resource* – CCR), pode ajudar na tomada de decisões corretas sobre a execução ou não de determinados procedimentos. Talvez também tenhamos de decidir se devemos realizar determinados procedimentos ou encaminhar o paciente para algum outro profissional. Levamos em conta nossa equação de CG, isto é, LL = G − DO. Se o ganho depender do uso eficiente e eficaz do tempo do cirurgião e a DO referir-se a todos os salários, serviços de utilidade pública, custo de estoque etc., devemos levar em consideração o custo geral do trabalho administrativo necessário para determinados procedimentos. O aumento da DO pode compensar os aumentos no ganho.

Esse conceito poderia dar margem a várias perguntas. Porém, como os pagamentos são fixados com base em vários procedimentos, as organizações de saúde com fins lucrativos não conseguem sobreviver sem levar essas questões em conta.

No contexto dos hospitais, quando a restrição são as salas de cirurgia, diferentes serviços, como cirurgia bucomaxilofacial, cirurgia ortopédica, neurocirurgia, cirurgia geral, cirurgia plástica, cirurgia cardiotoráxica, otorrinolaringologia, urologia e gastrenterologia, devem ser avaliados com base no ganho gerado, dividido pelo tempo alocado aos serviços especializados. Em virtude da variabilidade das necessidades dos pacientes nesses serviços, na maioria das vezes esses serviços não usam completamente o tempo que lhes foi alocado ou então precisam de um tempo maior. Qualquer porcentagem de tempo que não foi usada após a alocação a um serviço ou a um procedimento deve ser considerada como o tempo concedido a um serviço específico. O agendamento de anamneses (históricos) pode ser feito com prioridade ao serviço que gera maior ganho[9] por unidade do tempo alocado da sala de cirurgia e ao serviço com maior utilização de seu bloco de tempo.

Exemplo Um hospital comunitário tem dez salas de cirurgia, que são a restrição no sistema. O hospital está perdendo dinheiro e precisa melhorar seu *lucro líquido* (LL); do contrário, terá de ser fechado. Quando realizamos a análise de dados, constatamos que a cirurgia geral tem um bloco de tempo de duas salas de cirurgia para dois dias. O ganho ou o montante arrecadado da cirurgia geral é bem inferior ao ganho da neurocirurgia com base em um bloco de tempo equivalente. A prioridade será dada à neurocirurgia. Se a cirurgia geral só utilizar 60% de seu tempo e a demanda por parte de pacientes neurocirúrgicos for alta, o hospital pode tirar o tempo não utilizado da cirurgia geral e concedê-lo à neurocirurgia. Se o hospital utilizar de 75% a 80% de um limite de tempo específico, poderá abrir seus blocos de tempo quando outro serviço estiver usando um tempo inferior ao seu limite. Ele poderia também negociar com a equipe, os enfermeiros e a equipe administrativa para que as salas de cirurgia permanecessem abertas por mais tempo, incluindo sábados e domingos. A meta é ter capacidade flexível para atender às necessidades e desejos dos pacientes.

Ao examinar os dados da Figura 31.7, é prudente analisar fatores relacionados, como atendimento ao cliente e todas as necessidades abrangentes dos pacientes, os quais devem ser levados em conta. Nem sempre podemos examinar um único procedimento isoladamente do tratamento completo do paciente. É por isso que é importante considerar os dados de cada procedimento e ver os segmentos da população, em vez de dividir a população total de pacientes por procedimento. É igualmente importante não se guiar

---

[9] O ganho leva em conta os custos variáveis dos suprimentos para cada serviço, a utilização do tempo, o número de pacientes atendidos e o montante pago pelas seguradoras.

apenas pelos detalhes da análise observando unicamente o ganho por unidade do tempo do cirurgião ou do médico porque, com isso, pode-se correr o risco de oferecer tratamentos parciais e deixar os pacientes a cargo de outros profissionais, o que pode gerar sérios efeitos negativos. Exemplo: um médico escolhe os procedimentos que oferecem reembolsos mais altos em detrimentos dos que oferecem reembolsos mais baixos e encaminha estes últimos a outros especialistas. Em clínica particular, um cirurgião maxilofacial pode recusar-se a tratar pacientes com traumatismo facial e encaminhá-los a cirurgiões plásticos ou otorrinolaringologistas, ou vice-versa. Isso talvez não seja coerente com as metas de atendimento ao cliente e de reputação.[10]

Agora, com alguma ideia do tipo de medida de aproveitamento que podem ser tomadas pelos médicos e hospitais, examinaremos o que significa "subordinar".

Etapa 3: subordinar todo o resto à decisão anterior

A TOC oferece os seguintes métodos para subordinar a restrição: TPC, GPCC e GP. No agendamento do paciente com o médico, o procedimento de agendamento deve ser estabelecido de forma que o tempo do médico seja totalmente utilizado. Consulte a Figura 31.8. Assim que o tempo é identificado na agenda do médico, o paciente recebe um horário de consulta (chegada) de tal forma que ele chegue ao consultório com tempo suficiente para identificar-se na entrada, apresentar o cartão de seguro-saúde, preencher formulários, ser levado até a sala de exame e ser preparado para a chegada do médico. Em média, depois de preparado, o paciente deve aguardar um curto tempo na sala de exame antes da chegada do médico. Esse curto tempo de espera é concedido de tal forma que *a lei de Murphy ocasionalmente possa entrar em ação*, mas o médico que está realizando o

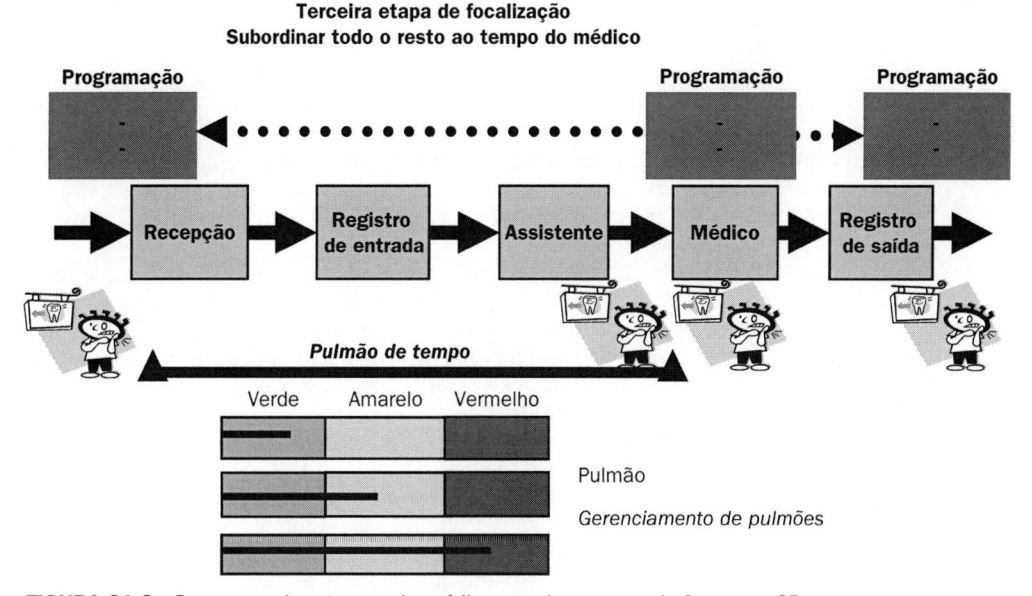

FIGURA 31.8 Programando o tempo do médico com base em pulmões e no GP.

---

[10] Observe que existe um forte pressuposto embutido nesse argumento. As clínicas e os hospitais particulares podem melhorar significativamente seu ganho por meio das duas primeiras etapas que o baixo valor de ganho/unidade de tempo por segmento da população se tornará uma importante fonte de lucros. Isso não é diferente dos setores aéreo e hoteleiro, que tentam preencher a capacidade oferecendo descontos por meio da Priceline, Orbitz etc. As organizações com fins lucrativos precisam fazer distinções e tomar decisões racionais com base na CG para exibir lucro.

procedimento não fique atrasado. Tanto o horário da consulta quanto o horário da saída são deduzidos da agenda do médico. Todos os recursos do processo devem ter ampla capacidade para atender a eventos inesperados (Murphy) e fazer todo o possível para manter o médico dentro do horário programado. *Essa capacidade complementar ou protetiva (ou de aceleração) de todos os recursos de apoio existe caso seja necessária.* Isso é *subordinação à restrição.* O pulmão na Figura 31.8 é o tempo necessário para conduzir o paciente até o médico. Existe grande variabilidade no horário de chegada do paciente, no conjunto de habilidades de vários membros da equipe que interagem com os pacientes, na personalidade dos pacientes, no estado clínico dos pacientes, no estado mental dos pacientes e da equipe nesse dia específico de interação etc. A interação da variabilidade, dentre outros fatores, provoca atrasos ou filas antes dos centros de trabalho. A TOC oferece técnicas e ferramentas para gerenciar essa variabilidade na interação por meio de pulmões e relatórios do GP. Os pulmões são posicionados estrategicamente para proteger o recurso com restrição – o tempo do médico. Um membro experiente da equipe assume a função de gerente de fluxo ou de pulmão, o qual tem duas metas diárias – garantir que o tempo do médico seja utilizado eficientemente e que o tempo que o paciente permanece no sistema não seja superior ao que ele espera. Se o médico tiver programado procedimentos breves a cada 30 minutos, teremos 30 minutos para conduzir o paciente do horário de chegada à recepcionista do médico. Temos um tempo de pulmão de 30 minutos, com 10 minutos na zona verde, 10 minutos na zona amarela e 10 minutos na zona vermelha. Se o paciente chegar 15 minutos atrasado, será necessário acelerar o procedimento desse paciente dobrando os recursos ou realizando várias atividades paralelas para garantir que o paciente chegue ao médico em 15 minutos quando o primeiro procedimento estiver concluído. *A proteção do tempo do médico é a prioridade.* De modo semelhante, o registro de saída ou alta é também importante para que o paciente não fique esperando no sistema depois que o médico concluir o atendimento. Os relatórios dos pulmões informam as tendências nos pontos em que ocorrem atrasos. Se tivermos atrasos no centro de trabalho de registro de entrada, ofereceremos treinamento à equipe para identificar e eliminar esse atraso; em seguida, implementamos sistemas de produção enxuta (5 S, sistema à prova de erros, diminuição do tempo de *setup*, instrumentação completa etc.) e reavaliamos. Se tentarmos mudar o comportamento dos pacientes para que cheguem pontualmente lembrando-os por telefone, *e-mail* ou mensagem de texto, ou cobrando uma multa por atraso, depois de algum tempo, quando tivermos controle sobre a variabilidade interna, será possível começar a diminuir o tempo do pulmão.

Na Figura 31.9a, quatro pacientes já estão agendados pelo GPCC. O recurso mais utilizado no sistema é o preto, que é o recurso estratégico, isto é, o médico. Essas redes oferecem um ponto de partida para programar o tempo do médico ao longo do dia. Se o médico for o recurso preto, ele não poderá estar com os pacientes ao mesmo tempo. Por isso, é necessário fazer algumas alterações nas redes baseadas no recurso preto. A Figura 31.9b mostra o tempo do médico em cada rede. Observe que o médico é totalmente utilizado na maior parte do tempo.

Na Figura 31.9a, o recurso preto é o médico, e ele tem o apoio dos recursos exibidos em outras tonalidades de cinza. Nos sistemas de saúde, é habitual ter um cenário de multitarefa. Os médicos e outros recursos vão e voltam para diferentes pacientes sem finalizar o atendimento de nenhum paciente. Consequentemente, todos eles sofrem atrasos. Acreditamos que uma solução mais adequada que o TPC explicado anteriormente seja o GPCC. Todo paciente é único, e vários prestadores de serviços ou membros da equipe de apoio precisam interagir com ele para obter ganho. Diversos pacientes entram nosso sistema (consultório/clínica) e vários membros da equipe interagem simultaneamente com esses pacientes. O sistema é propenso à multitarefa e a atrasos desnecessários. O GPCC para vários projetos de curta duração pode ser utilizado eficazmente para ter um rápido escoamento de pacientes. O recurso crítico com restrição é mostrado na Figura 31.9a. Como podemos ver, o recurso preto sofre sobreposição em todos os quatro pacientes. O que provoca atrasos é uma programação extremamente otimista, e os pacientes ficam con-

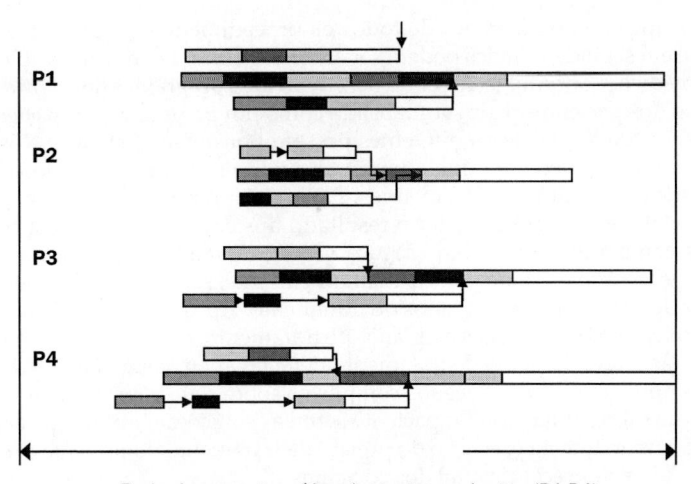

a. Rede de corrente crítica de quatro pacientes (P1-P4)

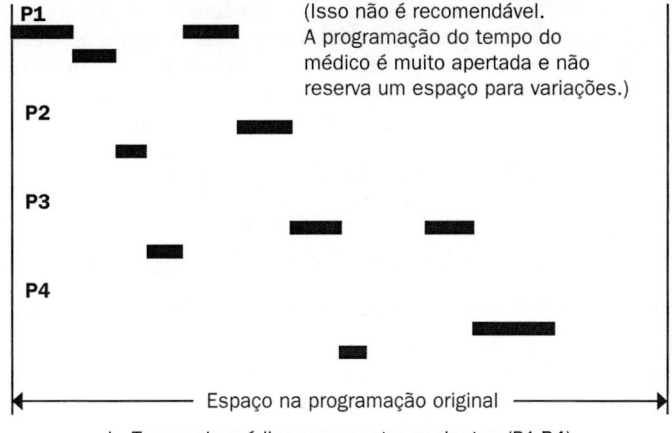

Programando o tempo do médico (pulmão de 0%)

(Isso não é recomendável. A programação do tempo do médico é muito apertada e não reserva um espaço para variações.)

Espaço na programação original

b. Tempo do médico para quatro pacientes (P1-P4)

FIGURA 31.9 Programando o tempo do médico com base nas redes de corrente crítica dos pacientes.

triados em decorrência disso. A Figura 31.9b é a primeira tentativa de começar a agendar o paciente escalonando a programação com base no recurso com restrição (o preto) ou no tempo do médico. Normalmente, depois de três a quatro pacientes, mantém-se um pulmão para absorver a variabilidade e os efeitos de Murphy que se acumulam entre os pacientes. Os pulmões podem ser dinamicamente estruturados de acordo com o *input* do cliente/paciente. Se os pacientes começarem a reclamar após 30 minutos ou 15 minutos de espera, seria possível implementar uma gestão psicológica das filas. Em geral, os clientes apresentam um nível de tolerância diferente à espera em diferentes procedimentos.[11]

---

[11] Exemplo: nos procedimentos cirúrgicos, os pacientes ficam mais tolerantes quando a cirurgia anterior se atrasa. Como eles tiveram de correr de um lado para o outro e se ausentar do trabalho, não estão interessados em apressar o cirurgião a realizar o procedimento mais rápido. Porém, em consultas rápidas ou no período de acompanhamento pós-cirúrgico, qualquer atraso parece mais longo. A expectativa dos pacientes é começar e terminar logo para que possam prosseguir com a vida.

O mapeamento das redes de todos os procedimentos pode ser realizado manualmente e em seguida as redes podem ser alteradas a fim de utilizar completamente o tempo do médico. Contudo, estão sendo desenvolvidos programas de *software* em que o atendimento dos pacientes pode ser mapeado como um projeto. Vários pacientes e pacientes com necessidades e desejos diferentes passam por nossos sistemas. Nós programamos um tempo específico para que o paciente saia do sistema de acordo com o tempo e a qualidade de atendimento prometidos. Para iniciar o projeto, é necessário compreender as expectativas do paciente e ter o resultado dos exames de diagnóstico. As condições básicas, como recurso financeiro (seguro, serviço de saúde do governo etc.), tempo disponível e necessário e estado clínico atual do paciente, são identificadas antes de iniciar os exames de diagnóstico e os planos de tratamento. Após essas medidas iniciais, são escolhidos os melhores esquemas ou planos de tratamento, por meio da medicina baseada em evidências. Parte do plano de tratamento deve levar em conta a inabilidade do paciente para compreender esses conceitos complexos sobre seu próprio tratamento. Melhorar a percepção ou compreensão do paciente sobre as soluções para seus problemas será uma medida importante na execução do projeto de tratamento do paciente porque assim conseguiremos a aquiescência total dos pacientes.

Etapa 4: elevar a restrição do sistema

Eleve a restrição quando precisar aumentar a capacidade do sistema ou realizar investimentos significativos para liberar tempo da restrição. Para ter uma ideia das nossas opções de investimento para elevar a restrição, precisamos ter algum conhecimento dos termos da CG que serão empregados. Não faremos isso agora, mas examinaremos detalhadamente a CG ainda neste capítulo. Para analisar a etapa de aproveitamento, só precisamos compreender os termos contábeis a seguir. A definição desses termos será entremeada com nossa discussão sobre a decisão de aproveitamento.

Em primeiro lugar, devemos examinar o impacto da decisão quanto à elevação no LL e no *retorno sobre o investimento* (*return on investment* – ROI).

$$G = \text{Preço} - \text{Custo Totalmente Variável}$$

$$LL = G - DO \text{ (Lucro Líquido = Ganho}^{12} - \text{Despesa Operacional}^{13}\text{)}$$

$$ROI = LL/I \text{ (Retorno sobre o Investimento = LL/Investimento)}$$

Mantendo isso em mente, podemos garantir que todos os investimentos na elevação da restrição gerarão um aumento no ganho superior ao da despesa operacional e um aumento no ROI superior ao do custo de capital.

---

[12] O *TOCICO Dictionary* (Sullivan *et al.*, 2007, p. 47) define *ganho (G)* como "Ritmo segundo o qual o sistema gera 'unidades da meta'. Como o ganho é um índice, ele é sempre expresso em relação a um período específico, como mês, semana, dia ou mesmo minuto. Se as unidades da meta forem dinheiro, o ganho será uma quantia por período. Nesse caso, o ganho é calculado como receitas recebidas menos custos totalmente variáveis, divididas pelo período escolhido. Exemplo: Suponhamos que uma empresa fabrique um único produto, venda-o por $ 100 e tenha um custo totalmente variável de $ 35 por unidade. Se, em uma semana, a empresa produzisse 500 unidades, mas vendesse apenas 450, o ganho seria de $ 29.250 por semana [(100 − 35) × 450]. OBSERVAÇÃO: O produto fabricado mas não vendido não gera ganho; ele aumenta o estoque". (© TOCICO 2007. Utilizada com permissão. Todos os direitos reservados.

[13] O *TOCICO Dictionary* (Sullivan *et al.*, 2007, p. 35) define *despesa operacional (DO)* como "Todo o dinheiro que a organização gasta para gerar 'unidades da meta'. Perspectiva: De acordo com o paradigma do mundo dos ganhos da TOC, as despesas operacionais incluem itens como salário, aluguel, seguro e outras despesas que seriam pagas mesmo se as operações ficassem interrompidas durante algum tempo. A DO não inclui despesas que variam diretamente em relação ao volume de produção/serviço, como o custo de matéria-prima, comissões etc. Essas despesas são consideradas custos totalmente variáveis, e não DO". (© *TOCICO* 2007. Utilizada com permissão. Todos os direitos reservados.)

Etapa 5: se, nas etapas anteriores, a restrição tiver sido eliminada, voltar à primeira etapa, mas não permitir que a inércia torne-se uma restrição do sistema
Algumas vezes o ambiente muda ou, na implementação da quarta etapa (elevar), a restrição muda. Nesses casos, é necessário voltar à primeira etapa (identificar). Por exemplo, mudanças no reembolso ou nas regulamentações das seguradoras ou sistema de saúde oferecido pelo governo podem provocar mudanças no *mix* de produtos.

O *processo de focalização* é um dos PMCs da TOC.

Processo de pensamento[14] para identificar a causa básica das restrições físicas ao fluxo dos pacientes

Mesmo depois que as restrições físicas são identificadas, elas continuam difíceis de gerenciar por causa dos conflitos existentes no modelo mental de cada grupo de interesse. Os conflitos básicos ocorrem entre contenção de custo (cortar pessoal até o momento em que todos fiquem ocupados, por exemplo) e aumento do ganho (tendo capacidade protetiva em todas as funções de apoio). Ocorre outro conflito básico correspondente entre otimização local (medidas que se concentram no desempenho individual) e resultados globais (medidas que se concentram no desempenho da organização). Esses conflitos básicos e outros conflitos são investigados por meio da técnica de *evaporação das nuvens* (EN). Na Figura 31.10, o conflito básico de aumentar as receitas em contraposição a controlar a DO é representado em um diagrama de EN com os respectivos pressupostos e injeções. Muitas dessas injeções[15] (ações/medidas) foram utilizadas na aplicação do médico.

Contabilidade de ganhos para a mensuração de desempenho e a tomada de decisões no sistema de saúde[16]

A CG no sistema de saúde é diferente da CG usual[17] porque o serviço de saúde é mais intangível. Na maioria dos casos, o médico dever ser tratado como a restrição e o paciente como consumidor. Portanto, no sistema de saúde, o ganho (G) corresponde ao índice de geração de caixa por meio do fornecimento de um serviço confiável e de alta qualidade. G é o pagamento pelos serviços relacionados a um paciente específico menos o custo variável do trabalho laboratorial, dos suprimentos etc. para esse paciente. O G total está diretamente relacionado com Q (quantidade de pacientes tratados e dos quais se rece-

---

[14] O processo de pensamento é discutido detalhadamente em outros capítulos desta parte. Um diagrama de evaporação das nuvens (EN) e uma E&T, relacionados ao contexto médico, são mostrados aqui para exemplificar sua aplicação na área de saúde.

[15] Normalmente, existe um tempo de defasagem para ver os resultados das medidas tomadas após a implementação de iniciativas logicamente válidas. Esse atraso é responsável pelos movimentos e pela dança entre ambos os lados do conflito que geram ciclos de *feedback* negativo e os correspondentes efeitos colaterais indesejados.

[16] Alguns prestadores de serviços de saúde podem sentir-se contrariados com o foco da meta de um prestador de serviços com fins lucrativos ser ganhar mais dinheiro no presente e no futuro. Eles devem ser informados de que qualquer empresa com fins lucrativos precisa satisfazer duas condições básicas para concretizar essa meta financeira a longo prazo. Essas condições básicas são: o prestador deve oferecer um serviço de alta qualidade ao cliente (paciente, no contexto de saúde) e ter funcionários satisfeitos (equipe de apoio, no contexto de saúde). A concretização da meta de ganhar mais dinheiro no presente e no futuro é impossível, a menos que essas duas condições básicas sejam atendidas. Por isso, pressupõe-se que essas duas condições já tenham sido atendidas e nenhuma decisão futura as coloque em risco.

[17] A CG é discutida no Capítulo 14 e também em Corbett (1998).

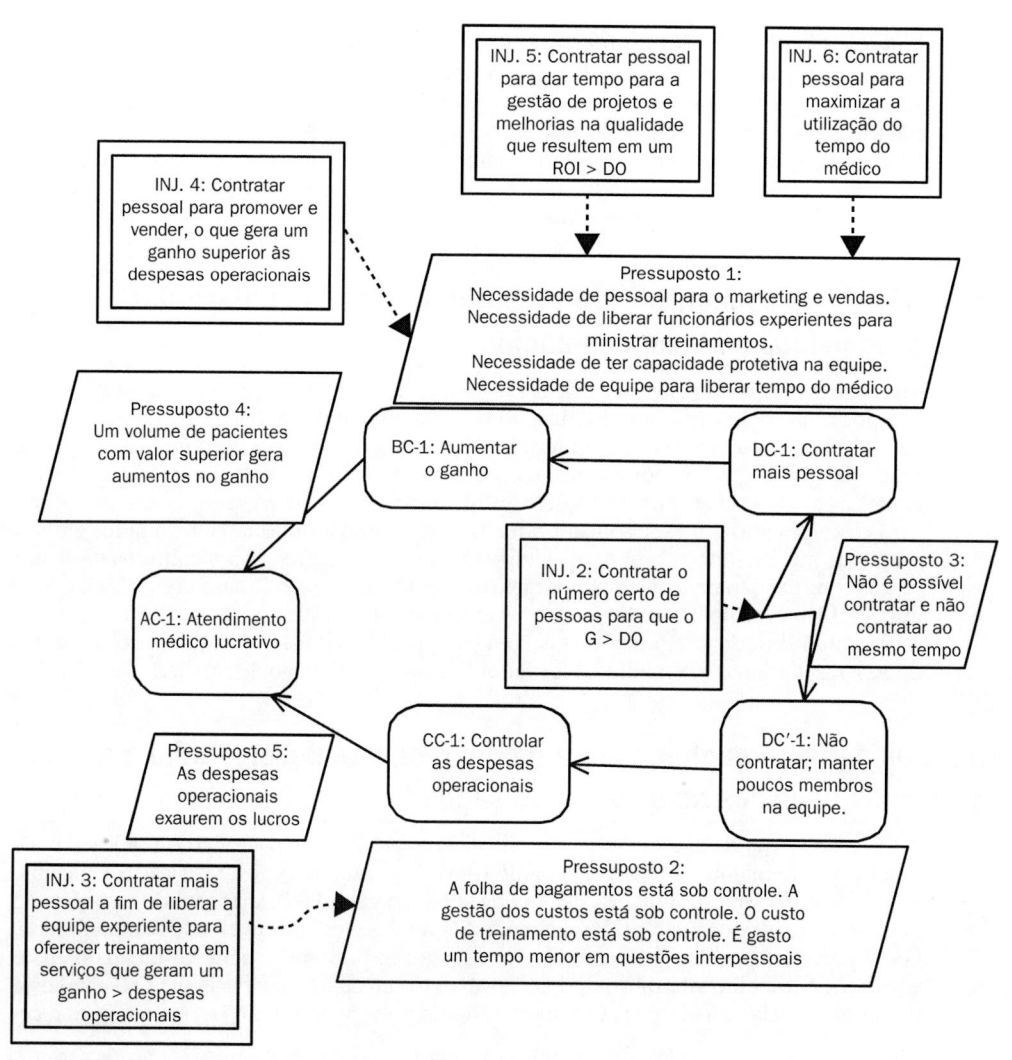

FIGURA 31.10 EN com pressupostos e injeções em relação ao conflito básico de contratar mais pessoal *versus* manter poucos membros na equipe.

beu pagamento em um determinado período) e a quantia por paciente. A qualidade e confiabilidade do processo influenciam diretamente no tempo que o médico gasta com o tratamento do paciente.

Investimento (I) é o total de capital investido na estruturação dos locais físicos e no sistema de fornecimento do serviço para os pacientes. Ele inclui custo das instalações físicas, equipamentos, instrumentos, sistemas de TI, sistema de RH e dinheiro gasto para obter dados sobre o mercado e desenvolver serviços para esse mercado-alvo. Com o passar do tempo, esse investimento é depreciado como DO.

O custo totalmente variável (CTV ou mais frequentemente CV) corresponde ao custo dos suprimentos e ao trabalho laboratorial pago para exames específicos. Como a variação desse CV é significativa para cada paciente ou segmento da população de pacientes, ele é subtraído quando o tratamento do paciente é concluído. No sistema de saúde, não é possível concentrar no custo de cada paciente em virtude do alto grau de variabilidade. Normalmente, examinamos um segmento da população atendido – por exemplo, uma população de pacientes de seguradora em contraposição a grupos etários ou procedimentos específicos.

No ambiente hospitalar, o seguro é pago de acordo com o código da *Classificação Internacional de Doenças* (CID) e se a população do Medicare (assistência de saúde governamental aos idosos) exigir muitos exames laboratoriais, vários suprimentos e períodos de internação mais longos, o CV aumentará em comparação a outras populações.

O símbolo I[18] é empregado com relação ao investimento que é depreciado com o passar do tempo, e o símbolo i é empregado com respeito ao inventário (estoque) que abrange suprimentos médicos, cirúrgicos e de escritório. Ele pode incluir todos os planos de tratamento não concluídos ou faturas não pagas das seguradoras, os quais são semelhantes ao *work in progress* (WIP). A DO corresponde a todas as despesas necessárias para fornecer os serviços, como salários dos médicos e da equipe, benefícios, aluguéis, equipamentos, serviços de utilidade pública, seguros, suprimentos etc. Inclui também despesas de venda, gerais e administrativas. Essa despesa é depreciada ao longo do tempo como DO. O custo de suprimentos, trabalhos laboratoriais e trabalhos em andamento (WIP) é pequeno.

Como na CG, procura-se aumentar o ganho e, ao mesmo tempo, diminuir o investimento e as despesas operacionais. As relações normais entre as variáveis continuam valendo.

$$LL = G - DO$$

$$ROI = LL/I$$

No sistema de saúde, podemos elevar o G se compreendermos mais rapidamente as expectativas dos pacientes, diagnosticarmos precisamente os problemas, criarmos planos de tratamento (como engenheiros de projeto) e escolhermos a melhor opção de tratamento para os pacientes no menor tempo possível (de modo semelhante a um ambiente de múltiplos projetos). A qualidade e a confiabilidade do atendimento do médico ao paciente são fundamentais nesse conceito porque desperdiçaremos o tempo de um dos nossos recursos mais valiosos, o médico, se tivermos de internar novamente o paciente ou entrar em contato várias vezes com o clínico geral para obter os resultados dos exames.

No sistema de saúde, as prioridades de gerenciamento devem ser:

Aumentar o ganho (G) > Aumentar o investimento (I) + Aumentar a despesa operacional (DO)

Para tomar decisões e escolher os pacientes em uma organização de saúde com fins lucrativos, é fundamental compreender ganho/unidade de tempo do médico.

Se o atendimento do paciente demorar muito do início ao fim ou uma terceira entidade demorar muito a pagar, isso aumentará a DO, aumentará o inventário e diminuirá G.

O custo de rotatividade de pessoal é considerado com relação ao impacto sobre o ganho total, isto é, o efeito sobre o tempo do médico e o recebimento de honorários. Para ser considerada uma boa decisão, a contratação de pessoal deve gerar um aumento no G (ΔG) superior ao aumento na DO (ΔDO) decorrente dessa contratação.

Com respeito ao encaminhamento de procedimentos a outros profissionais (de maneira semelhante à terceirização), essa decisão deve ser tomada com base no impacto geral sobre o LL do consultório/clínica no final do ano. Na tomada de decisões, levamos em conta o custo das licenças (folgas), as mensalidades pagas para o desenvolvimento de habilidades especializadas, o investimento em equipamentos e estoques, a contratação e treinamento de pessoal, o custo de oportunidade da alocação de tempo para oferecer tratamento a de-

---

[18] O *TOCICO Dictionary* (Sullivan *et al.*, 2007, p. 29) define *investimento (I)* como "Todo dinheiro atualmente imobilizado no sistema. De acordo com a TOC, o investimento está relacionado a equipamento, instrumentos e instalações, prédios etc. que o sistema possui, bem como inventário (estoque) em forma de matérias-primas, trabalhos em andamento e produtos acabados". (© *TOCICO* 2007. Utilizada com permissão. Todos os direitos reservados.)

terminados pacientes, o marketing e vendas para pacientes em potencial e a qualidade do serviço, que inclui reinternação dos pacientes para tratamento. O critério de decisão é:

$$A \text{ mudança no } LL \Uparrow \Delta LL = \Uparrow \Delta G > \Uparrow \Delta DO$$

As decisões quanto ao desenvolvimento de novos serviços também devem se basear nessa fórmula. Se o G total aumentar mais que a DO após a contabilização de todas as DOs e dos custos de oportunidade, aumentaremos o LL. Para tomar essa decisão, qualquer investimento necessário pode ser contabilizado ao longo do tempo como parte da DO. Se a unidade de atendimento básico tiver um pequeno laboratório para realizar exames simples, como eletrocardiograma, exames da função pulmonar, exames de sangue, análise de urina etc., e o aumento da DO após o investimento for inferior ao aumento no G, então o investimento é uma boa decisão. Entretanto, se a unidade de atendimento básico quiser acrescentar serviços de imagem de diagnóstico, será necessário incluir todas as despesas de I em equipamento, pessoal complementar e tempo de recursos essenciais, como treinamento dos médicos para aprender a ler tomografias computadorizadas e custo de oportunidade de não atender a pacientes regulares enquanto estão lendo as tomografias. Se tudo gerar um aumento na DO superior ao aumento no G, a decisão de investir em um centro de imagem interno deve ser abandonada.

Tanto o *ganho-dinheiro-dia* quanto o *inventário-dinheiro-dia* são medidas valiosas também no sistema de saúde. As decisões acerca de integrar o tratamento a determinados especialistas no sistema de saúde devem levar em conta, da mesma forma, o *ganho-dinheiro-dia*. O *ganho-dinheiro-dia* corresponde ao ganho que seria obtido se um determinado especialista, laboratório ou centro de imagem de diagnóstico tivesse concluído seu trabalho no prazo. Esse é o preço do atraso. O *inventário-dinheiro-dia* é composto dos planos de tratamento em aberto que estão à espera de um especialista na rede integrada de provedores de serviços de saúde que dispõem de informações incorretas ou incompletas do provedor de atendimento básico, do laboratório ou do centro de imagem. Esse é o preço da antecipação (ou por realizar algo que não deveria ter sido realizado). Os provedores da rede que oferecem tratamento em conjunto aos pacientes podem desenvolver um sistema informal ou formal de prestação de contas com base no *ganho-dinheiro-dia* ou no *inventário-dinheiro-dia*.

Como já examinamos as abordagens de melhoria e as medidas empregadas para contabilizá-las, passaremos para a E&T e a abordagem sobre estratégias e táticas aplicada à prática médica.

Árvore de estratégias e táticas[19] para implementar e atingir a visão viável

Como mencionado antes, a VV é uma abordagem por meio da qual uma empresa mapeia sua estratégia para conseguir um LL em quatro anos equivalente às suas vendas anuais atuais. A *árvore de estratégias e táticas* (E&T) é fundamental para o mapeamento de uma estratégia detalhada para obter esse resultado. O *TOCICO Dictionary* (Sullivan *et al.*, 2007, pp. 43-44) define *árvore de E&T* como:

> Um diagrama lógico que abrange todas as entidades e as respectivas relações necessárias e adequadas para concretizar a meta de uma organização. A finalidade da árvore de E&T é trazer à tona e eliminar conflitos que se revelam em virtude do alinhamento incorreto das atividades com as metas e os objetivos organizacionais. Uso: A estratégia organizacional especifica a direção das atividades que pretendem lidar com problemas e questões de mais longo alcance. As táticas são as atividades específicas necessárias para concretizar o

---

[19] A E&T substitui a árvore de pré-requisitos e a árvore de transição no desenvolvimento de planos detalhados para uma organização. Ela é o ponto de partida para a implementação de um plano detalhado e a concretização de uma visão viável para qualquer sistema. A árvore de E&T do sistema de saúde é uma mistura da E&T de confiabilidade e resposta rápida e dos modelos de E&T de gestão de projetos.

objetivo estratégico envolvido na implementação de estratégias organizacionais. Como as estratégias e táticas existem e devem ser sincronizadas em vários níveis organizacionais, essa árvore lógica traduz a estratégia de alto nível para o nível das operações do dia a dia. (© *TOCICO* 2007. Utilizada com permissão. Todos os direitos reservados.)

A estratégia e as táticas nos dizem o "o que alcançar" e "como alcançar", respectivamente. Além disso, segundo Goldratt (1990a, pp. 50-51), a parte mais importante de qualquer sistema, inclusive o sistema de saúde (com ou sem fins lucrativos), é a ênfase sobre o ganho, e não a ênfase tradicional sobre as economias de custo. Para concretizar a VV, é necessário aumentar o ritmo do fluxo ou a velocidade do fluxo dos pacientes ao longo do sistema e, ao mesmo tempo, garantir serviços de alto nível de qualidade/confiabilidade de acordo com as mensurações de excelência nos resultados clínicos e satisfação total do cliente final (paciente).

A árvore de E&T correspondente à VV no sistema de saúde mostra uma árvore hierárquica lógica para concretizar a meta. Ela se inicia com um acordo dentro da empresa sobre uma meta. Um exemplo de meta em uma organização com fins lucrativos é a melhoria de valor para o acionista. Entretanto, só é possível obter valor para o acionista se a empresa estiver gerando lucro ao longo do tempo (passo 1 ou P1). Os lucros só são possíveis se a empresa estiver oferecendo um serviço de alto valor, por um preço razoável, aos seus clientes (P2). Para desenvolver serviços de alto valor, a empresa precisa desenvolver sistemas de atendimento que ofereçam esse valor e sistemas de atendimento que exijam pessoas extremamente competentes para que isso ocorra (P3). Esse pessoal extremamente competente precisa ser contratado, treinado e motivado por sua liderança para que isso ocorra. Para Goldratt, isso se chama estratégias e táticas. Os objetivos específicos de nível mais baixo ou as táticas para concretizar as metas de nível mais alto são a estratégia.

Como podemos ver na Figura 31.11, todas os passos (medidas) P1/T1 + P2/T2 + P3/T3 são necessários e suficientes para concretizar a estratégia de nível superior. A árvore inclui as estratégias e táticas com os vínculos lógicos dos pressupostos paralelos, dos pressupostos de necessidade e dos pressupostos de suficiência.

Pressupostos paralelos

Os pressupostos paralelos mostram por que as táticas são necessárias e como elas possibilitam a concretização de uma estratégia. Em cada etapa, afirmamos que um plano de ação específico

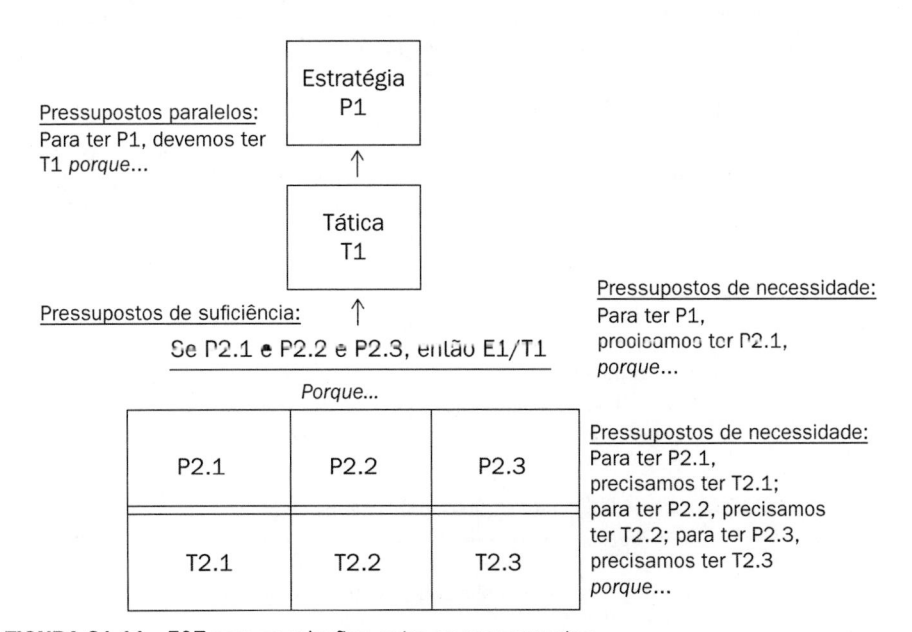

FIGURA 31.11 E&T com as relações entre os pressupostos.

ou uma tática concretizará os objetivos estratégicos. Essa afirmação está sujeita às seguintes contestações:

1. Esse passo não é de forma alguma necessário para concretizar a estratégia.
2. Não é possível dar esse passo.
3. Existe uma opção melhor.
4. Um passo complementar é essencial.

Como identificar os pressupostos paralelos

O pressuposto paralelo é elaborado para explicar o seguinte:

1. O que está faltando no momento e nos impedindo de concretizar a estratégia desejada?
2. Por que nenhuma outra coisa além do que está escrito nas táticas pode concretizar a estratégia?
3. Desqualificação da escolha de alternativas menos adequadas.
4. No caso de a tática ser contestada como um porco voador,[20]* os detalhes do nível inferior respaldam a afirmação.

É importante utilizar a linguagem como ferramenta para verbalizar esses pressupostos. Por exemplo, para concretizar a estratégia, preciso ou devo realizar a ação da tática tal porque... A resposta "porque" na afirmação é o pressuposto paralelo.

Pressupostos de necessidade

Um passo (medida/ação) é necessário (por exemplo, P1, P2 ou P3) para concretizar o nível superior correspondente que vem em seguida (por exemplo, do nível 1 ao nível 2). *É fundamental ter uma explicação explícita (os pressupostos de necessidade) do motivo pelo qual um determinado passo (P1, P2 ou P3 no nível 2, por exemplo) é necessário para concretizar o passo superior seguinte (tática x no nível 1).* Poderia haver vários pressupostos de necessidade. Isso poderia ser uma resposta às objeções levantadas de que esse passo não é necessário para concretizar os resultados do nível seguinte.

Aqui, uma vez mais, o pressuposto deve ser verbalizado. Ele deve ser enunciado da seguinte forma: Para dar esse passo, precisamos dar outro passo no nível superior seguinte porque... *Do mesmo modo, a resposta "porque" é o pressuposto de necessidade.*

Pressupostos de suficiência

Quando afirmamos que um conjunto de passos (P1, P2 e P3) é suficiente para concretizar o passo superior correspondente que vem em seguida (P X), *precisamos explicar explicitamente (pressupostos de suficiência) por que todos os passos correspondentes do grupo do nível inferior são suficientes para dar esse passo.* Escrevemos apenas as condições básicas que são suficientes enquanto grupo e uma ação ou medida necessária para atender a essas condições. Os pressupostos de suficiência são expressos da seguinte forma: Se o passo 1 e o passo 2 e o passo 3 (P1, P2 e P3)..., então o passo do nível mais alto pode ser concretizado.

Para construir a árvore, é prudente iniciá-la pelo nível mais alto. Comece com um objetivo. Qual é a finalidade desse sistema? Qual é o motivo da existência do sistema?

Qual é a ação (tática) necessária para concretizar esse objetivo? Escrevemos todas as ações necessárias para concretizar esse objetivo no contexto do que conhecemos no pre-

---

[20] O *TOCICO Dictionary* (Sullivan *et al.*, 2007, p. 24) define *injeção do porco voador (flying pig injection)* como "Uma solução ou injeção extraordinária que a princípio parece impossível implementar". (© APICS 2008. Utilizada com permissão. Todos os direitos reservados.)

* N. de T.: A expressão *flying pig* simboliza um evento impossível e provém do ditado "Isso só vai ocorrer quando o porco criar asas".

sente. Cumulativamente, essas ações devem ser suficientes para concretizar o objetivo. Ao verbalizar o pressuposto paralelo, por que escolhemos a entidade tática para concretizar o objetivo estratégico correspondente?

Um exemplo

Apliquemos esse modelo ao exemplo da Figura 31.2. A árvore de E&T é lida de cima para baixo e da esquerda para a direita. A lógica nos força a assegurar que fatores importantes não sejam ignorados ou omitidos. A qualidade e a confiabilidade do serviço vêm em primeiro lugar, depois o marketing e, finalmente, a estratégia de crescimento. A equipe da organização deve realizar todas essas melhorias. Os processos ou sistemas não existem de forma isolada ou por si sós. A equipe executa as atividades e se essas atividades estiverem amarradas à meta do sistema, o sistema terá êxito.

Nível 1

A documentação da árvore de E&T contém dois elementos: a árvore em si, tal como mostra a Figura Fig. 31.12, e a tabela de informações mostrada na Tabela 31.2. Esses dois elementos devem estar relacionados na leitura da árvore de E&T. No exemplo a seguir, observamos que temos no nível 1 da estratégia "Visão Viável do Sistema de Saúde". Na tabela correspondente, a 31.2, temos no canto superior esquerdo uma referência ao nível 1 da E&T. Essa referência no canto superior esquerdo de cada tabela a associa à estrutura da árvore de E&T. Aqui, temos abaixo da "visão" uma explicação mais explícita sobre o que é exatamente essa visão. Em seguida, examinando novamente a E&T na Figura 31.12, observamos as táticas do primeiro nível (2.1 Crescimento Básico e 2.2 Crescimento Aprimorado). Em "Pressupostos subjacentes às táticas", que são os pressupostos paralelos, observamos as condições que devem ser atendidas para que a estratégia se concretize: "As receitas devem crescer (e continuar crescendo) bem mais rápido que as despesas operacionais". Além disso, os pressupostos deixam claro que isso deve ser feito sem exaurir o pessoal que trabalha no sistema. Agora, em "Tática", vemos as táticas que devem ser empregadas no nível inferior seguinte (nível 2) da E&T. Nesse ponto, evocamos nossa tática 2.1, "Vantagem competitiva de um atendimento de qualidade/confiável ao paciente", e 2.2, que requer uma vantagem competitiva especial em mercados *premium* ("Vantagem competitiva *premium*").

Se a meta da prática médica for ganhar dinheiro no contexto de um modelo de gestão de doenças e com total responsabilidade ética, ela precisa aumentar o ganho do sistema de tal forma que ele seja significativamente superior ao aumento da DO para concretizar

Tabela 31.2 Estratégia, táticas e pressupostos corroborativos para o nível 1

1	Visão da prática médica
Visão	Mais e mais pacientes acreditam que nosso sistema de saúde oferece o melhor tratamento que já tiveram. Aumentamos a capacidade de atender aos pacientes com os quais temos prazer de trabalhar. Consequentemente, o total de receitas atual será nosso lucro líquido em quatro anos ou menos.
Pressupostos subjacentes às táticas	Para que nosso sistema concretize a visão, suas receitas devem crescer (e continuar crescendo) bem mais rápido que as despesas operacionais. Exaurir as pessoas que trabalham em nosso sistema ou assumir riscos muito altos põe seriamente em risco a probabilidade de concretizar a visão.
Tática	Desenvolver uma vantagem competitiva decisiva e as capacidades de geração de receitas para tirar proveito dessa vantagem, em determinados segmentos de pacientes no mercado, sem exaurir nosso pessoal e sem assumir riscos reais.
Advertência!	Para ter uma vantagem competitiva decisiva, nossas práticas devem satisfazer uma necessidade significativa do paciente de tal forma que a maioria das outras práticas não satisfaz, não consegue satisfazer e não satisfará.

FIGURA 31.12 — Diagrama

```
                    1
            Visão viável do
            sistema de saúde

    Crescimento básico              Crescimento aprimorado
          2:1                                2:2
    Vantagem competitiva de um            Vantagem
    atendimento de qualidade/            competitiva
    confiável ao paciente                 premium
```

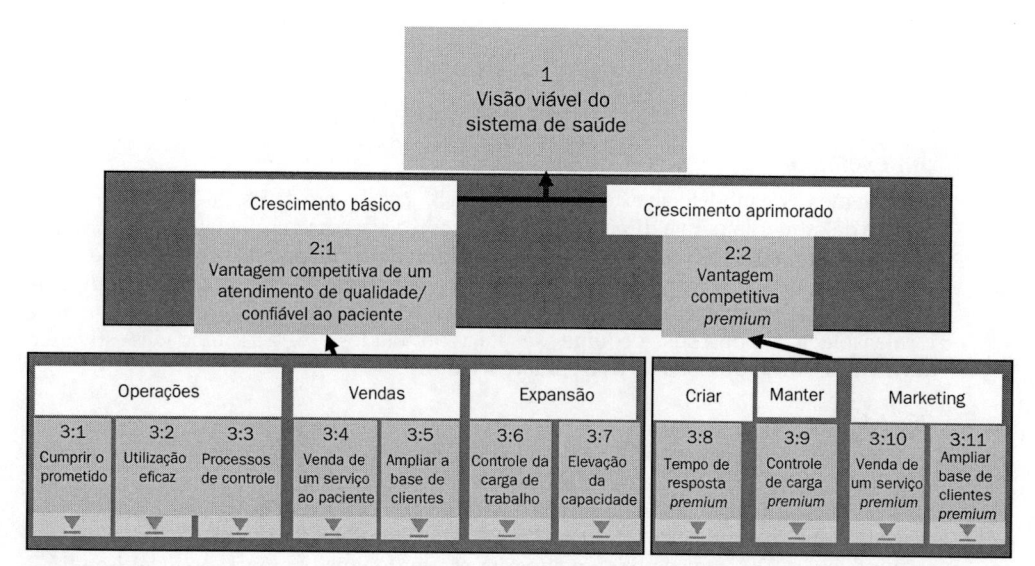

Operações			Vendas		Expansão		Criar	Manter	Marketing	
3:1	3:2	3:3	3:4	3:5	3:6	3:7	3:8	3:9	3:10	3:11
Cumprir o prometido	Utilização eficaz	Processos de controle	Venda de um serviço ao paciente	Ampliar a base de clientes	Controle da carga de trabalho	Elevação da capacidade	Tempo de resposta *premium*	Controle de carga *premium*	Venda de um serviço *premium*	Ampliar base de clientes *premium*

FIGURA 31.12 E&T da visão viável, nível 1 (VV), níveis 2 e 3 (crescimento básico e aprimorado) e nível 3.

a VV do sistema de saúde ("P1"). Para isso, o consultório ou clínica de saúde, o hospital ou os sistemas de saúde integrados devem demonstrar capacidade para desenvolver uma *vantagem competitiva decisiva* em relação a seus concorrentes [tática 1, o nível inferior seguinte (nível 2) na E&T]. Isso significa que eles devem obter resultados extraordinários na qualidade e confiabilidade do serviço de assistência ao paciente para garantir o crescimento básico, como em P2.1. O sistema tem competência para atrair pacientes de alto poder aquisitivo para o crescimento aprimorado enunciado em P2.2.

O pressuposto de necessidade (pressuposto subjacente às táticas na Tabela 31.3) enuncia que um atendimento de qualidade e confiável melhorará a velocidade do fluxo dos serviços sem atrasos desnecessários e sem reinternações. Além disso, os pacientes obterão uma assistência de alto nível de qualidade e confiabilidade, concebido especialmente para atender às necessidades e aos desejos dos pacientes. Isso aumentará a satisfação do cliente (paciente), que, por sua vez, aumentará o índice de reputação no mercado e, por conseguinte, as indicações para o nosso sistema.

O pressuposto de suficiência ("Advertência!") enuncia que não é suficiente ter serviços confiáveis para obter lucros extraordinários. Precisamos ter competência adicional para atrair clientes *premium* que pagam por nossos serviços um valor mais alto do que o usual. Os pacientes de alto poder aquisitivo geram um aumento significativo no ganho sem aumentar a DO, exceto no caso das despesas de marketing e propaganda.

Os planos de ação táticos para realizar P2.1 servem para implementar as iniciativas que ajudam a desenvolver uma *vantagem competitiva decisiva* em relação aos concorrentes por meio da excelência operacional, domínio da atividade de vendas e ampliação da capacidade.

A árvore de E&T é uma ferramenta de alinhamento, sincronização e comunicação que abrange toda a empresa. A meta é ter um serviço de saúde sempre florescente que aumente contínua e significativamente o valor para os clientes (pacientes), equipe e demais interessados. Na E&T, estabelecemos o acordo de que transformaremos as receitas em lucro em menos de quatro anos para concretizar a VV.

A tática é desenvolver uma vantagem competitiva decisiva e o reconhecimento de que nosso serviço destaca-se como líder no oferecimento de um atendimento confiável e de alta qualidade para um grupo seleto de pacientes e desenvolver meios para tirar proveito dessa vantagem sem exaurir a capacidade de nossa equipe e sem assumir riscos reais.

Tabela 31.3 Estratégia, táticas e pressupostos corroborativos para o nível 2

2:1	Vantagem competitiva de um atendimento de qualidade/confiável ao paciente
Pressupostos subjacentes à estratégia	Para a maioria dos pacientes, toda consulta pode ser estressante. Quanto mais tempo o paciente aguarda a finalização de um tratamento, maiores o estresse e o risco de consequências tanto para o paciente quanto para o provedor de serviços de saúde. Portanto, receber um atendimento de alta qualidade e previsível é uma necessidade significativa do paciente.
Estratégia	Uma vantagem competitiva decisiva é obtida pelos pacientes que sabem que nosso serviço de saúde conta com uma capacidade única e sistemática para concluir todo o tratamento utilizando o menor número possível de consultas, o menor tempo global, horários de consulta previsíveis e outros parâmetros adequados para aproveitar da melhor forma possível o tempo do paciente e do médico.
Pressupostos subjacentes às táticas	É mais fácil falar do que de fato manter a qualidade e confiabilidade de um serviço de saúde. Oferecer sistemas comprovados e uma equipe de apoio adequada para respaldar nossas promessas é convincente. Entretanto, na prática médica profissional, a experiência real do paciente determina sua disposição para retornar e dar indicações.
Tática	Implementar práticas de gestão de competências voltadas à qualidade e confiabilidade do serviço. Ao mesmo tempo, os procedimentos de venda e marketing ajudarão o sistema a aumentar a lucratividade. Implementar competências que garantam que os processos mantenham-se controláveis, não obstante a necessidade de um crescimento maior.
Advertência!	Criar uma vantagem competitiva decisiva não é fácil; a implementação de novos processos para aumentar a utilização do médico exige disposição para ampliar a equipe; desenvolver as habilidades para promover e vender não é menos difícil. Entretanto, o verdadeiro desafio é manter todos esses três elementos.

Os pressupostos paralelos ou os pressupostos subjacentes às táticas enunciam que, para concretizar essa visão, nossas receitas precisam crescer mais rápido do que a DO (desse modo, o ganho crescerá continuamente). Entretanto, se esse crescimento for muito rápido e a capacidade empregada da equipe não estiver à altura, os sistemas entrarão em colapso ou oscilarão e a qualidade e confiabilidade do serviço serão prejudicadas. Isso gerará um ciclo de *feedback* negativo contrário à visão.

Os pressupostos de suficiência (em "Advertência!", na Tabela 31.3) são os motivos que nos levam a crer que a obtenção de uma vantagem competitiva decisiva estará em risco se não houver outro nível de detalhamento aos nossos subordinados. Nossa vantagem competitiva decisiva é satisfazer uma necessidade significativa do paciente de uma maneira que a maioria dos outros concorrentes não consegue e não conseguirá.

Nível 2

A essa altura, passamos para o nível seguinte da árvore, tal como vemos na Figura 31.13. O pressuposto de necessidade ou o pressuposto subjacente a esse nível de estratégia enuncia que, no sistema de saúde, os pacientes não vão ao médico por diversão; toda consulta é estressante e até certo ponto uma experiência traumática. Quanto mais tempo o paciente tem de aguardar a finalização de um tratamento (o número de consultas a um ou mais médicos), maior o estresse. Portanto, receber um tratamento confiável e de alta qualidade é uma necessidade significativa do paciente.

Nesse nível (nível 2), a estratégia é obter essa vantagem competitiva decisiva conscientizando o mercado de que nosso serviço de saúde conta com uma capacidade única e sistemática para concluir todo o tratamento necessário com o menor número de consultas, o menor tempo de duração global e resultados confiáveis e previsíveis.

O pressuposto paralelo ou os pressupostos subjacentes às táticas enunciam que é mais fácil falar do que de fato manter a qualidade e confiabilidade de um serviço de

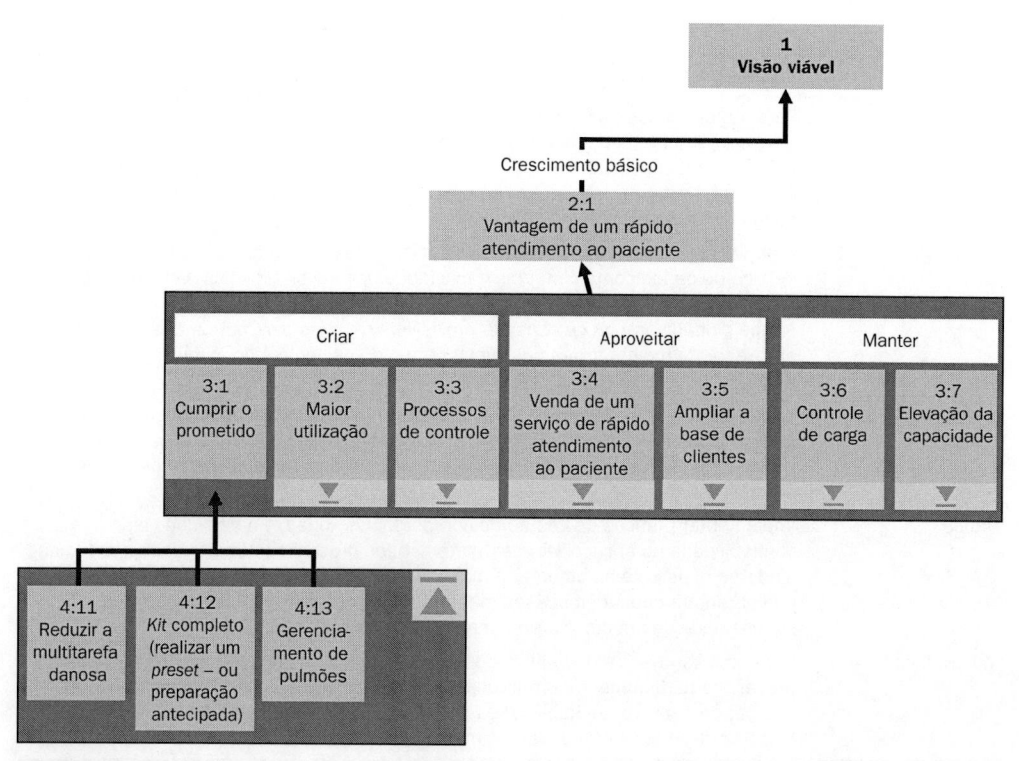

```
                                    ┌─────────────┐
                                    │      1      │
                                    │ Visão viável│
                                    └─────────────┘
                                           ▲
                                    Crescimento básico
                                    ┌─────────────────┐
                                    │       2:1       │
                                    │ Vantagem de um  │
                                    │  rápido atendi- │
                                    │ mento ao paciente│
                                    └─────────────────┘
```

Criar			Aproveitar		Manter	
3:1 Cumprir o prometido	3:2 Maior utilização	3:3 Processos de controle	3:4 Venda de um serviço de rápido atendimento ao paciente	3:5 Ampliar a base de clientes	3:6 Controle de carga	3:7 Elevação da capacidade

4:11 Reduzir a multitarefa danosa	4:12 Kit completo (realizar um preset – ou preparação antecipada)	4:13 Gerenciamento de pulmões

FIGURA 31.13 E&T do crescimento básico – nível 1: VV, 2: crescimento básico, 3: criar (cumprir o prometido) e 4: táticas detalhadas para cumprir o prometido.

saúde. Oferecer sistemas comprovados e uma equipe de apoio adequada para respaldar nossas promessas é convincente. Entretanto, capacitar o sistema para que ofereça uma experiência extraordinária aos pacientes não é fácil. Os pacientes não falam sobre suas experiências no ambiente de saúde tanto quanto falam sobre outros serviços. Contudo, as indicações futuras dependem da divulgação boca a boca.

Uma das táticas é implementar práticas para a gestão de competências a fim de oferecer serviços de saúde confiáveis e de qualidade. Precisamos desenvolver competências de venda e marketing para promover o crescimento do serviço e ter capacidade de pulmão para responder a emergências e evitar lapsos na qualidade quando o ritmo do crescimento acelerar.

O pressuposto de suficiência enuncia que criar uma vantagem competitiva decisiva não é fácil, implementar novos processos requer disposição para ampliar a equipe e aumentar os programas de treinamento e desenvolver meios para promover e vender não é menos difícil. No entanto, o desafio é manter todos esses três elementos.

Isso nos leva para o nível seguinte, no lado direito da árvore.

Vantagem competitiva premium

Os pressupostos paralelos subjacentes à estratégia enunciam que, para aumentar a probabilidade de concretizar a visão, é favorável poder cobrar preços altos, mesmo que de uma pequena parcela da produção total. Por exemplo, hospitais que oferecem atendimento de saúde a executivos, em que os executivos muito ocupados podem ser tratados no menor tempo possível, com o maior nível de qualidade possível, por um alto preço. Alguns grupos odontológicos promovem seus serviços em hotéis, *resorts* e restaurantes para oferecer atendimento de emergência para dentes quebrados, perda de coroa dentária etc. O conceito de Teeth-in-an-Hour (dentes em uma hora) foi promovido em diferentes partes dos Estados Unidos e é outro exemplo de atendimento que cobra preços elevados. O turismo médico ocorre quando pacientes dos Estados Unidos e de outros países ocidentais visitam países como Índia, Brasil e Costa Rica para obter tratamento. As seguradoras privadas dos Estados Unidos incentivam algumas pessoas a ir à Índia para cirurgias de substituição de quadril e joelho, onde o custo para seguradora é um terço do custo que elas têm de pagar aos prestadores de serviços de saúde nos Estados Unidos. É mais barato para as empresas americanas, mas é um preço elevado para os outros países. Eles têm de desenvolver uma reputação, agilidade e confiabilidade para atender à demanda crescente por esses procedimentos. A estratégia é conhecer as necessidades significativas dos clientes *premium* e criar planos de tratamento e sistemas de prestação de serviços que gerem resultados de alta qualidade em um tempo surpreendentemente curto.

Uma das táticas é oferecer e prestar serviços por um preço mais elevado, com treinamento adequado em marketing, planejamento de tratamentos, venda, comunicação e coordenação do tratamento com uma rede de médicos, laboratórios, centros de imagem de diagnóstico e fornecedores.

O pressuposto de necessidade subjacente a essa tática enuncia que é possível diminuir surpreendentemente o tempo de atravessamento do serviço por meio das ferramentas da TOC, da produção enxuta e dos Seis Sigma. Na Figura 31.14, vemos como exemplo os passos que possibilitam essa drástica diminuição no tempo de atravessamento. Os passos da E&T para todos os elementos do crescimento aprimorado são apresentados no Apêndice A, Tabelas 3:8, 4:81, 4:82, 3:9, 4:91, 4:92, 3:10, 4:101, 4:102, 3:11, 4:111 e 4:112. Também é possível treinar a equipe da linha de frente e os médicos para a identificação das oportunidades certas e, apesar da sensibilidade ao preço e o envolvimento do setor de seguros, ainda existem oportunidades para fechar planos de tratamento de altíssimo valor.

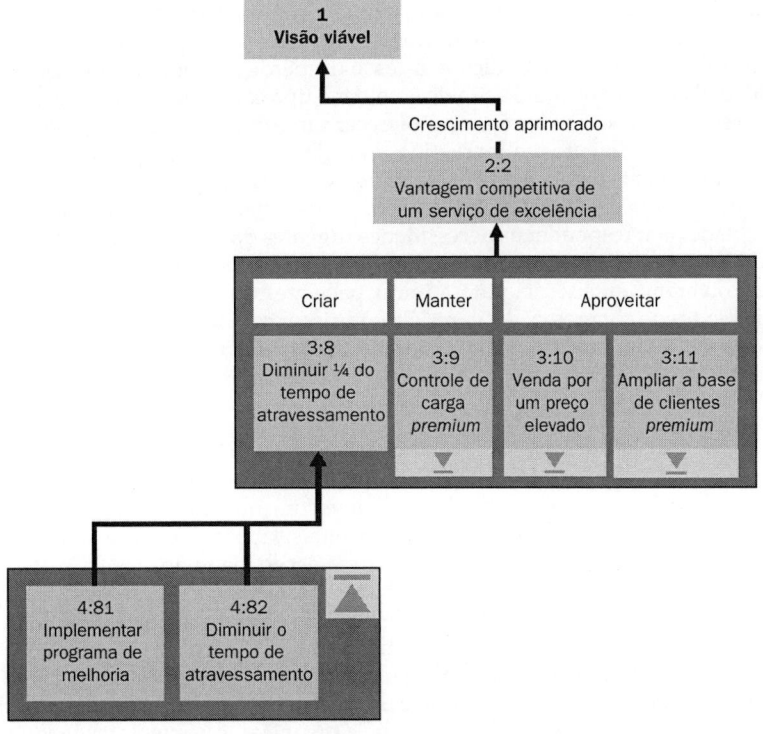

FIGURA 31.14 E&T do crescimento aprimorado – 3: criar (diminuir ¼ do tempo de atravessamento) e 4: implementar programa de melhoria e diminuir o tempo de atravessamento.

O pressuposto de suficiência enuncia que, quando o paciente tem uma necessidade urgente e é informado de que um determinado estabelecimento de serviço de saúde é capaz de atender a essa necessidade, é provável que ocorra uma venda.

Um estudo de caso de sucesso da VV

A VV foi desenvolvida como um procedimento lógico passo a passo para ajudar as empresas a transformar seu montante de vendas em lucro em menos de quatro anos. Esse modelo tem sido aplicado em algumas clínicas odontológicas e de cirurgia bucomaxilofacial. Uma empresa conseguiu crescer de uma lucratividade mínima após o pagamento de cirurgiões/médicos para um lucro de $ 3,5 milhões. Todos os passos de "2.1 Crescimento Básico" foram aplicados para obter esse sucesso. Além disso, ela está trabalhando em outra visão para duplicar seu valor nos quatro anos subsequentes. A VV ajuda a desenvolver uma linguagem comum entre todos os membros da equipe, que incluem médicos, equipe de apoio médico, equipe de gerenciamento e equipe da linha de frente. Diferentes pessoas são responsáveis pelos resultados.

Essa empresa estabeleceu e concretizou a meta de obter um aumento de 100% no valor de sua atividade no prazo de quatro anos. Para isso, ela teve de atrair o tipo correto de paciente, oferecer um tratamento de alta qualidade e acelerar o fluxo dos pacientes sem desperdiçar o tempo dos médicos e dos pacientes. Aumentar a velocidade do fluxo dos pacientes não pressiona os médicos a realizar suas atividades mais depressa. Eles devem trabalhar para aperfeiçoar seu trabalho de tal modo que os pacientes não tenham de ser readmitidos no sistema (e desperdiçar vários recursos). Outro motivo para oferecer um serviço de alta qualidade é incentivar indicações boca a boca a fim de atrair futuros pacientes. A velocidade do fluxo dos pacientes melhora quando elimina as filas. Normalmente, os pacientes esperam porque a comunicação entre vários prestadores é inadequada, e isso inclui os laboratórios. A empresa empregou diversas ferramentas para garantir que o tempo do médico não fosse desperdiçado em virtude de comunicações inadequadas e utilizou a CG a fim de escolher o tipo correto de paciente para seu sistema.

Assim que a equipe aprendeu a oferecer um serviço de qualidade, que é um PMC, ela recebeu treinamento em marketing e vendas. A empresa fez uma *mafia offer* (oferta mafiosa ou irrecusável) a médicos de referência para aceitar seus pacientes sempre que identificasse que eles precisavam de serviços especializados. Além disso, desenvolveu capacidade para responder às necessidades urgentes dos pacientes, bem como o conceito de oferecer atendimento no mesmo dia. De modo semelhante, as clínicas odontológicas desenvolveram um sistema para admitir pacientes de hotéis que hospedam turistas e participantes de congresso. Às vezes eles precisam com urgência de dentista e estão dispostos a pagar um preço alto para obter tratamento imediato.

Discussão geral

O setor de saúde precisa trabalhar de forma sistêmica e deixar de enfatizar eficiências locais. Medidas globais como ganho, DO, investimento, data de entrega e desempenho pontual podem alinhar vários médicos, hospitais, laboratórios de exame, etc. na cadeia de valor, com o objetivo global de satisfazer a necessidade do cliente final – o paciente. A TOC oferece excelentes ferramentas para compreender esses sistemas complexos. As ferramentas da produção enxuta e do Seis Sigma são táticas que ajudam os serviços de saúde a concretizar suas metas. As ferramentas da TOC oferecem foco e medições. O foco deve ser o desenvolvimento de conhecimento humano e das competências da organização de saúde por meio da contratação e do treinamento de pessoal, em lugar do corte de empregos. Essa estratégia possibilitará que a organização aumente seu ganho (pacientes com boa saúde a custos mais baixos) e, desse modo, cumpra suas metas.

O processo para melhorar os sistemas de saúde, sejam eles pequenos ou grandes, é o mesmo. Essa metodologia de melhoria pode ser aplicada a clínicas pequenas e também a grandes hospitais ou a serviços de saúde do governo. Existem cinco processos de melhoria na TOC favoráveis à prática médica: cinco passos de focalização, CG, processo de pensamento, GP e a corrente crítica (CC).

O paciente é o principal beneficiário e, portanto, determina a estrutura do sistema de saúde. A metodologia da TOC para o sistema de saúde também incentiva todos os prestadores de serviços dessa área a coordenar seus serviços com a meta de oferecer atendimentos rápidos e confiáveis aos pacientes. Essa metodologia integrada melhora o fluxo dos pacientes no sistema de saúde, gerando maior capacidade para o tratamento de uma quantidade maior de pacientes. O médico é o principal gerador de receitas e, por isso, deve ser a restrição. As ações de todos os outros recursos devem ser subordinadas à restrição e ao fluxo dos pacientes ao longo do processo. É fundamental aplicar os cinco passos de focalização para melhorar o ganho e o fluxo dos pacientes do sistema. Nos hospitais, os instrumentos de radiologia, as salas de cirurgia etc. não deverão se tornar uma restrição se desejarmos que os médicos maximizem o ganho. A metodologia da TOC recomenda uma equipe de apoio adequada para proteger os recursos com restrição e absorver altos níveis de variação nos sistemas de saúde. A produção enxuta e o Seis Sigma ajudam a diminuir a variação e eliminar o desperdício, gerando outras melhorias para o sistema. Essas metodologias criam um serviço de saúde de alta qualidade, criam empregos, geram lucro para todos os acionistas e, com isso, toda a cadeia de valor se beneficia.

Referências

Corbett, T. *Throughput Accounting*. Great Barrington, MA: North River Press, 1998.

Dennis, P. *Lean Production Simplified*. 2ª ed. Nova York: Productivity Press, 2007.

Goldratt, E. M. *The Goal*. Great Barrington, MA: North River Press, 1984.

Goldratt, E. M. *The Haystack Syndrome: Sifting Information Out of the Data Ocean*. Croton-on-Hudson, NY: North River Press,1990a.

Goldratt, E. M. *What is This Thing Called Theory of Constraints and How Should It Be Implemented?* Croton-on-Hudson, NY: North River Press, 1990b.

Gygi, C., DeCarlo, N., Williams, B. e Covey, S. R. *Six Sigma for Dummies*. Hoboken, NJ: Wiley, 2005.

Kendall, G. I. *Viable Vision*. Boca Raton, FL: J. Ross, 2004.

Kendall, G. I. e Rollins, S. C. *Advanced Project Portfolio Management and the PMO*. Boca Raton, FL: J. Ross, 2003.

Knight, A. "Making TOC the Main Way of Managing the Health System". Palestra no Congresso de Atualização da TOCICO, 9 de setembro de 2003

Mikel, H. e Schroeder, R. *Six Sigma*. Nova York: Doubleday, 2000.

Sayer, N. J. e Williams, B. *Lean for Dummies*. Hoboken, NJ: Wiley, 2007.

Sullivan, T. T., Reid, R. A. e Cartier, B. *TOCICO Dictionary*. 2007. http://www.tocico.org/?page=dictionary.

Wright, J. e King, R. *We All Fall Down: Goldratt's Theory of Constraints for Healthcare Systems*. Great Barrington, MA: North River Press, 2006.

Umble, M. e Umble E. J. "Utilizing Buffer Management to Improve Performance in a Healthcare Environment". *European Journal of Operational Research*, 174, 2006, pp. 1.060-1.075.

Sobre o autor

Dr. Gary Wadhwa, presidente do Adirondack Oral & Maxillofacial Surgery Group, em Albany e Saratoga, NY, é certificado pelo conselho em cirurgia bucomaxilofacial, membro da Sociedade Americana de Anestesiologia Odontológica e diplomado pelo conselho na Faculdade Internacional de Implantologia Oral. Ele se formou na Índia e depois no Hospital Montefiore, Faculdade de Medicina Albert Einstein, Nova York.

Wadhwa concluiu o MBA pela Universidade do Tennessee, onde também recebeu treinamento e certificação em implementação da metodologia de produção enxuta. Ele se tornou cinturão preto em Seis Sigma na Sociedade Americana de Qualidade e no Instituto Juran e mestre cinturão *preto* em Seis Sigma pela Sigma Pro Consulting Company. Seu treinamento na TOC foi ministrado pelo Dr. James Holt na Universidade Estadual de Washington. Recentemente, Wadhwa criou uma empresa de consultoria, o Strategic Planning and Practice Management Institute, com o principal objetivo de treinar profissionais de saúde na implementação de E&Ts por meio da TOC, da produção enxuta e do Seis Sigma.

Apêndice A: árvore de estratégias e táticas para a visão viável

Este apêndice apresenta árvores de E&T detalhadas para a prática médica. Nos quatro primeiros painéis, o Apêndice A reproduz informações que foram incluídas no texto deste capítulo. Essas informações são inseridas aqui para reunir um conjunto completo de árvores de E&T e pressupostos para a prática médica.

Você perceberá que as E&Ts serão apresentadas nível por nível por meio da vinculação da estratégia às táticas de apoio. As táticas de um determinado nível tornam-se um elemento da estratégia do nível inferior subsequente. Os níveis da estrutura da E&T são designados pelo primeiro número exibido nos quadros da E&T em cada nível horizontal. O número no canto superior esquerdo das tabelas de texto designa o nível analisado da estratégia correspondente, tal como mostrado na árvore de E&T. As táticas discutidas nessa tabela de texto referem-se às táticas no nível inferior seguinte. Basicamente, os níveis de estratégia são vinculados logicamente às táticas de apoio.

Em geral, os diagramas a seguir esboçam da esquerda para a direita e de cima para baixo as árvores de E&T de cada elemento do escopo estratégico. Níveis inferiores subsequentes da E&T são exibidos para cada um desses elementos de escopo mais amplo, mostrando tanto as estratégias quanto as táticas necessárias para apoiá-las. A primeira árvore de E&T e o painel acima dela mostram a visão geral da estratégia. Os dois painéis imediatamente abaixo mostram os pressupostos, as estratégias e as táticas das duas principais áreas da direção da estratégia: 2:1 Crescimento Básico e 2:2 Crescimento Aprimorado.

Você perceberá nos quadros de texto que os "Pressupostos Subjacentes à Estratégia" (pressupostos de necessidade) enunciam o motivo/necessidade da estratégia. Em seguida, "Estratégia" define a estratégia desse nível. (O enunciado da estratégia é expresso com relação aos resultados que serão obtidos depois que a estratégia for implementada de forma bem-sucedida. Em essência, o enunciado expressa que as coisas serão de um modo tal quando a estratégia for concretizada.) Posteriormente, nesse mesmo painel, "Pressupostos Subjacentes às Táticas" (pressupostos paralelos) são os motivos/necessidades correspondentes às ações táticas programadas. Em "Tática" são expressas as ações táticas que deverão ser postas em prática. O enunciado "Advertência!" (pressupostos de suficiência) de cada painel apresenta os avisos e conselhos que devem ser levados em conta.

Portanto, ao ler as árvores de E&T a seguir, de certa forma você será conduzido pelos diagramas, porque eles mostram uma progressão da esquerda para a direita, revelando os elementos subsequentes do escopo estratégico. Além disso, cada um dos elementos da estratégia em seguida é discutido em seu próprio nível e associado às táticas que o apoiam um nível abaixo. Os "níveis" da estratégia são numerados na própria árvore de E&T como níveis 1, 2, 3 e 4. O número 2:1 indica o primeiro elemento do escopo da estratégia no nível 2; 2:2 indica o segundo elemento do escopo no nível 2 etc. A sequência começa com um painel que apresenta a visão da prática médica inicial e prossegue passo a passo e nível por nível para dentro da árvore.[21]

1	Visão da prática médica
Visão	Mais e mais pacientes acreditam que nosso sistema de saúde oferece o melhor tratamento que já tiveram. Aumentamos a capacidade de atender aos pacientes com os quais temos prazer de trabalhar. Consequentemente, o total de receitas atual será nosso lucro líquido em quatro anos ou menos.
Pressupostos subjacentes às táticas	Para que nosso sistema concretize a visão, suas receitas devem crescer (e continuar crescendo) bem mais rápido que as despesas operacionais. Exaurir as pessoas que trabalham em nosso sistema ou assumir riscos muito altos põe seriamente em risco a probabilidade de concretizar a visão.

---

[21] Ainda será apresentada a definição de 4:31, 4:32 e 4:33.

Tática	Desenvolver uma vantagem competitiva decisiva e as capacidades de geração de receitas para tirar proveito dessa vantagem, em determinados segmentos de pacientes no mercado, sem exaurir nosso pessoal e sem assumir riscos reais.
Advertência!	Para ter uma vantagem competitiva decisiva, nossas práticas devem satisfazer uma necessidade significativa do paciente de tal forma que a maioria das outras práticas não satisfaz, não consegue satisfazer e não satisfará.

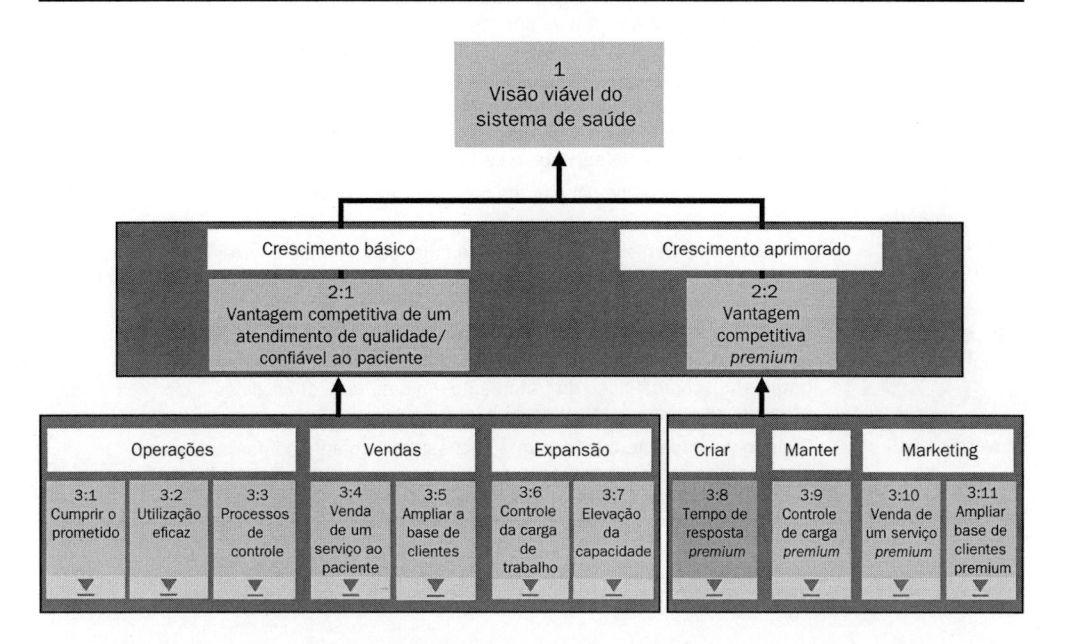

```
                          1
                   Visão viável do
                   sistema de saúde
                          ▲
        ┌─────────────────┴─────────────────┐
  Crescimento básico                 Crescimento aprimorado
        2:1                                 2:2
  Vantagem competitiva de um           Vantagem
  atendimento de qualidade/            competitiva
  confiável ao paciente                premium
        ▲                                   ▲
  ┌─────┼─────┐                       ┌─────┼─────┐
Operações Vendas Expansão          Criar Manter Marketing
```

| 3:1 Cumprir o prometido | 3:2 Utilização eficaz | 3:3 Processos de controle | 3:4 Venda de um serviço ao paciente | 3:5 Ampliar a base de clientes | 3:6 Controle da carga de trabalho | 3:7 Elevação da capacidade | 3:8 Tempo de resposta *premium* | 3:9 Controle de carga *premium* | 3:10 Venda de um serviço *premium* | 3:11 Ampliar base de clientes premium |

2:1	**Vantagem competitiva de um atendimento de qualidade/confiável ao paciente**
Pressupostos subjacentes à estratégia	Para a maioria dos pacientes, toda consulta pode ser estressante. Quanto mais tempo o paciente aguarda a finalização de um tratamento, maiores o estresse e o risco de consequências tanto para o paciente quanto para o provedor de serviços de saúde. Portanto, receber um atendimento de alta qualidade e previsível é uma necessidade significativa do paciente.
Estratégia	Uma vantagem competitiva decisiva é obtida pelos pacientes que sabem que nosso serviço de saúde conta com uma capacidade única e sistemática para concluir todo o tratamento utilizando o menor número possível de consultas, o menor tempo global, horários de consulta previsíveis e outros parâmetros adequados para aproveitar da melhor forma possível o tempo do paciente e do médico.
Pressupostos subjacentes às táticas	É mais fácil falar do que de fato manter a qualidade e confiabilidade de um serviço de saúde. Oferecer sistemas comprovados e uma equipe de apoio adequada para respaldar nossas promessas é convincente. Entretanto, na prática médica profissional, a experiência real do paciente determina sua disposição para retornar e dar indicações.
Tática	Implementar recursos de gestão de competências voltadas a qualidade e confiabilidade do serviço. Ao mesmo tempo, os procedimentos de venda e marketing ajudarão o sistema a aumentar a lucratividade. Implementar competências que garantam que os processos se mantenham controláveis, não obstante a necessidade de um crescimento maior.
Advertência!	Criar uma vantagem competitiva decisiva não é fácil; a implementação de novos processos para aumentar a utilização do médico exige disposição para ampliar a equipe; desenvolver as habilidades para promover e vender não é menos difícil. Entretanto, o verdadeiro desafio é manter todos esses três elementos.

2:2	Vantagem competitiva *premium*
Pressupostos subjacentes à estratégia	• Para aumentar a probabilidade de concretizar a visão, é favorável que o serviço médico possa cobrar preços altos, mesmo que de uma parcela da produção total. • Em uma porcentagem não desprezível dos casos, todo médico envolvido na agilização dos serviços pode obter vantagem. • Os pacientes não conseguem obter continuamente uma proposição econômica e mais rápida (percepção) de serviços comparáveis de nenhum outro prestador na comunidade, exceto deste.
Estratégia	Vendemos uma parcela considerável de nossos serviços a pacientes *premium* porque conhecemos suas necessidades, oferecemos um atendimento de alta qualidade cujo tempo de atravessamento é surpreendentemente curto e sabemos vender eficientemente serviços de alto valor.
Pressupostos subjacentes às táticas	• O sistema consegue diminuir de forma surpreendente o tempo de atravessamento. • A equipe de frente pode ser treinada para identificar as oportunidades corretas e, apesar da sensibilidade do mercado ao preço, fechar planos de tratamento de altíssimo valor.
Tática	Propor e fornecer por um preço mais alto uma série de serviços de curto tempo de atravessamento, com treinamento adequado em vendas, planejamento do tratamento, coordenação do tratamento em uma rede de médicos e técnicos e uso eficaz de sistemas de tecnologia da informação.
Advertência!	Quando um paciente que tem uma necessidade urgente é informado pelos planejadores do tratamento/equipe de frente de que um sistema específico pode atender a essa necessidade, existe probabilidade de fechar uma venda!

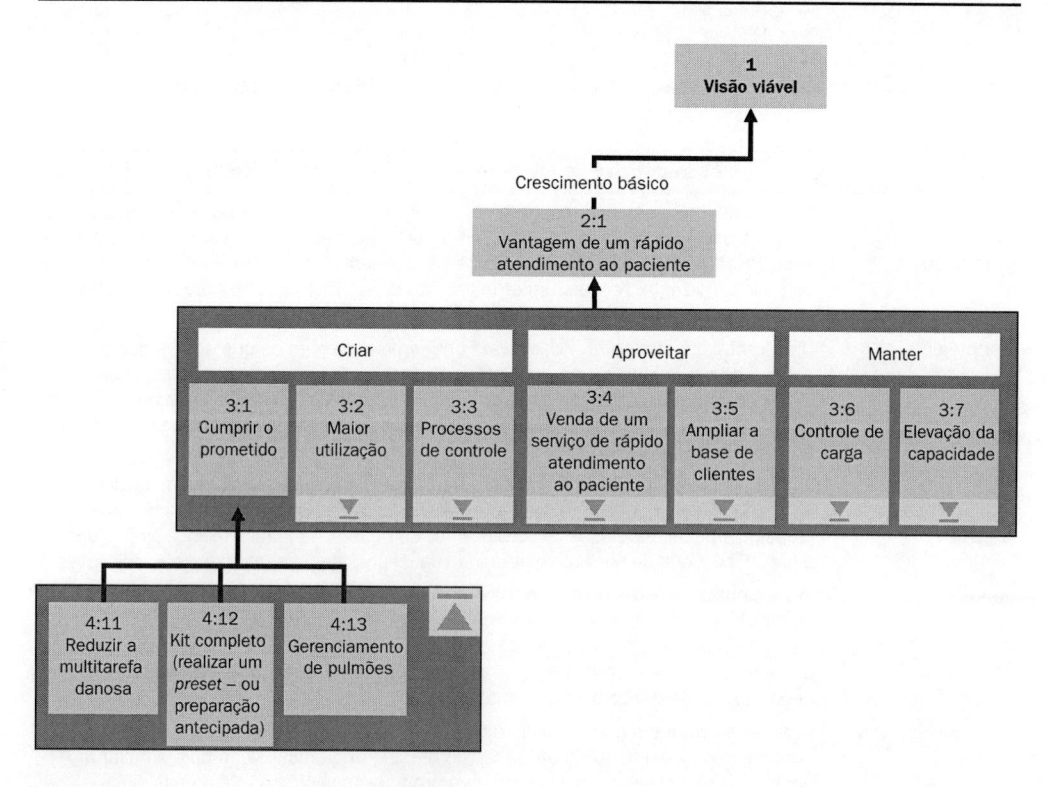

```
                              1
                         Visão viável
                              ▲
                              │
                     Crescimento básico
                              │
                             2:1
                       Vantagem de um rápido
                       atendimento ao paciente
                              ▲
         ┌──────────────┬─────┴──────┬──────────────┐
       Criar                    Aproveitar        Manter
   ┌─────┬─────┬─────┐   ┌─────────┬─────┐   ┌─────┬─────┐
   3:1   3:2   3:3         3:4       3:5       3:6   3:7
 Cumprir Maior Processos  Venda de  Ampliar  Controle Elevação
   o     utili- de        um serviço a base  de       da
 prometido zação controle de rápido de       carga    capacidade
                         atendimento clientes
                         ao paciente

   ┌──────┬──────┬──────┐
   4:11   4:12   4:13
 Reduzir  Kit    Gerenciamento
   a    completo de pulmões
 multitarefa (realizar um
 danosa   preset – ou
          preparação
          antecipada)
```

Capítulo 31 ▪ Visão viável para sistemas de saúde

3:1	Cumprindo o prometido
Pressupostos subjacentes à estratégia	Prometer algo aos pacientes e fazer o contrário cria, aos olhos deles, uma reputação indesejável. Quando um paciente precisa de assistência, quanto mais rápido ela lhe for oferecida e quanto menor o tempo que ela levar, mas satisfeito ele ficará.
Estratégia	Os pacientes raramente gastam um tempo maior que o previsto em uma consulta, quando iniciada no horário programado. Mais de 95% do tratamento do paciente é concluído dentro da data original prometida, sem comprometer a respectiva qualidade.
Pressupostos subjacentes às táticas	• Existe um nível previsível de pessoal treinado que é essencial para que o fluxo dos pacientes seja rápido e eficiente e justificável para a necessidade de lucro do serviço. • Os sistemas podem ser melhorados facilmente para apoiar o fluxo dos pacientes.
Tática	• O serviço implementa procedimentos para acelerar o fluxo dos pacientes utilizando o nível necessário de pessoal de apoio treinado. • O sistema de programação e suporte do consultório/clínica é melhorado para comportar uma ampliação da equipe por meio do aumento simultâneo do fluxo de caixa e do tempo faturável.
Advertência!	Para que o início de um projeto importante seja excelente, é vital garantir que todas as primeiras medidas essenciais gerem imediatamente benefícios significativos.

4:11	Diminuindo a multitarefa danosa
Pressupostos subjacentes à estratégia	Quando a equipe sofre pressões constantes para trabalhar em mais de uma atividade em um curto espaço de tempo, a multitarefa danosa é inevitável. A intensificação da multitarefa danosa prolonga de maneira significativa o tempo de atravessamento do paciente, diminui o fluxo de caixa do serviço e desperdiça o tempo do médico.
Estratégia	O fluxo dos pacientes é o fator principal (a meta não é minimizar o custo ou a equipe, mas concluir mais depressa e com menos estresse o tratamento de uma quantidade maior de pacientes e receber mais rapidamente).
Pressupostos subjacentes às táticas	• Em um ambiente de serviços de saúde com multitarefa danosa, ninguém consegue dedicar um tempo significativo à cobrança de pagamentos, cumprir prazos etc. • Alguns sistemas relutam em aumentar a equipe. Um dos motivos é o possível impacto negativo sobre o fluxo de caixa e a lucratividade. • Uma quantidade maior de paramédicos diminui a carga de trabalho do médico. • A experiência demonstra que nos serviços de saúde com multitarefa danosa, conceder à equipe tempo específico para trabalhar com o fluxo de caixa e a utilização faturável do médico aumenta consideravelmente o lucro líquido do serviço.
Tática	• O serviço amplia a equipe e designa pessoas para realizar a cobrança e preencher as lacunas na agenda dos médicos. • Qualquer capacidade adicional remanescente para apoiar a equipe, ampliada pelo acréscimo de mais pessoal e pela redução da multitarefa danosa junto à equipe existente, é utilizada para acelerar o fluxo dos pacientes nas consultas.

4:12	**Kit completo (realizar um *preset* – ou preparação antecipada)**
Pressupostos subjacentes à estratégia	Atualmente, a urgência com frequência faz com que os pacientes sejam conduzidos aos médicos sem que os preparativos necessários estejam concluídos (finalização e inspeção da qualidade dos exames laboratoriais, preparação total da sala, autorização prévia do seguro, verificação da anamnese do paciente, raios X, consulta às informações fornecidas pelo médico etc.). Consequentemente, algumas vezes o paciente precisa voltar para uma nova consulta e isso desperdiça o tempo do médico.
Estratégia	Raramente os pacientes são atendidos sem que os preparativos necessários do estejam concluídos.
Pressupostos subjacentes às táticas	• A equipe que lida com os preparativos fica presa a um ciclo interminável, tentando recuperar o tempo perdido. • A contratação de pessoal, mais interrupção da multitarefa danosa, libera por algum tempo ampla capacidade para o processamento dos preparativos.
Tática	O serviço utiliza o espaço de tempo gerado pela redução da carga de trabalho sobre a equipe que realiza os preparativos a fim de assegurar que o "*kit* completo" torne-se a norma.

4:13	**Gerenciamento de pulmões**
Pressupostos subjacentes à estratégia	O tempo necessário para que o médico realize atividades específicas é variável. Alguns procedimentos demoram mais que o tempo previsto, alguns menos que o programado. Em virtude dessa variação, o médico que trabalha sozinho, de acordo com a sequência originalmente programada, pode, sem querer, impedir que o horário de consulta prometido seja cumprido.
Estratégia	Mais de 95% dos tempos de consulta dos pacientes são inferiores ou iguais à expectativa do paciente quanto à duração da consulta.
Pressupostos subjacentes às táticas	• Os médicos talvez prefiram trabalhar de acordo com seu próprio rendimento. Algumas vezes, deixar que o médico siga seu próprio rendimento conflita com a meta de cumprir pontualmente o tempo de consulta prometido ao paciente. • A experiência no sistema de saúde demonstrou* que o sistema de gerenciamento de pulmões (preto, vermelho, amarelo e verde), associado a breves reuniões semanais, melhora a pontualidade dos serviços fornecidos aos pacientes. • (Consulte o estudo de caso da Oxbridge, por exemplo. O sistema de gerenciamento de pulmões determina a sequência de trabalho de acordo com o nível de penetração no pulmão e com o risco de a duração prevista do tempo do paciente esgotar.)
Tática	• A sequência do trabalho de todos os membros da equipe e dos médicos que afeta a consulta do paciente é estabelecida de acordo com um sistema de prioridades único e simples. • A análise de Pareto é documentada e utilizada para examinar e corrigir as principais causas de penetração de pulmão nas zonas vermelha e preta. São realizadas reuniões multidisciplinares de no máximo 1 hora por semana e as ações são identificadas e implementadas antes da reunião seguinte.

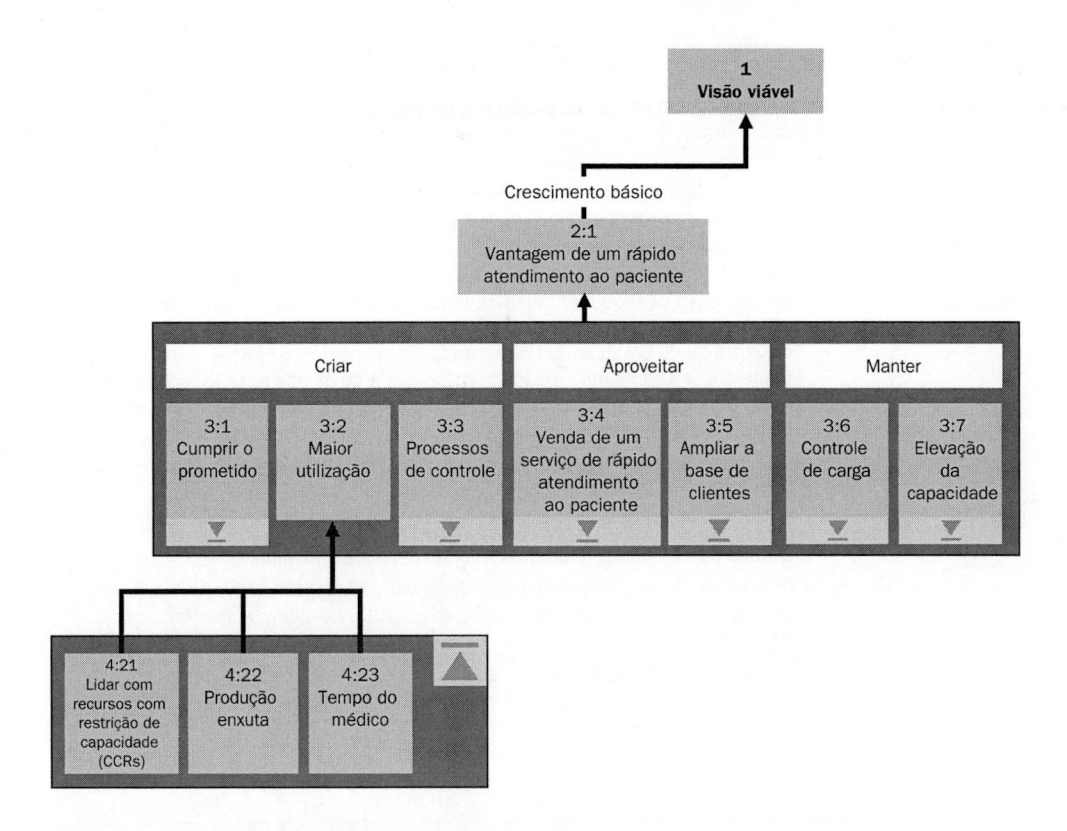

Capítulo 31 ▪ Visão viável para sistemas de saúde

```
                              1
                         Visão viável
                              ▲
                              │
                       Crescimento básico
                              │
                            2:1
                     Vantagem de um rápido
                     atendimento ao paciente
                              ▲
```

Criar			Aproveitar		Manter	
3:1 Cumprir o prometido	3:2 Maior utilização	3:3 Processos de controle	3:4 Venda de um serviço de rápido atendimento ao paciente	3:5 Ampliar a base de clientes	3:6 Controle de carga	3:7 Elevação da capacidade

4:21 Lidar com recursos com restrição de capacidade (CCRs)	4:22 Produção enxuta	4:23 Tempo do médico

3:2	Utilização eficaz
Pressupostos subjacentes à estratégia	Quanto menor a utilização de profissionais faturáveis, maior o risco de gerar um fluxo de caixa negativo e de exaurir os recursos.
Estratégia	O número de horas faturáveis aumenta pelo menos em 25%, e no mínimo as faturas correspondem ao dobro de qualquer aumento nas despesas, sem aumentar o número total de horas do prestador de serviço comprometido com a clínica.
Pressupostos subjacentes às táticas	Existem vários motivos que levam um prestador a não faturar todas as horas disponíveis. Entretanto, existem apenas alguns, em qualquer momento dado, que são de fato pontos de alavancagem para uma melhoria significativa nos lucros.
Tática	O sistema designa membros da equipe para que se concentrem em três principais oportunidades de aumentar a utilização lucrativamente – lidar com as restrições de capacidade, aplicar os conceitos da produção enxuta e melhorar o uso que o médico faz de seu tempo.
Advertência!	É impossível obter e manter resultados se não houver clareza. Os grupos de interesse do sistema devem fazer um esforço especial para assegurar que sua equipe compreenda completamente os motivos para uma mudança na equipe ou nos procedimentos, as implicações financeiras e os resultados previstos.

4:21	**Lidando com Recursos com Restrição de Capacidade (CCRs)**
Pressupostos subjacentes à estratégia	Existem recursos com restrição de capacidade (CCRs) que impedem que se faça uma utilização bem maior das horas faturáveis dos recursos faturáveis.
Estratégia	Uma porcentagem maior do tempo de todos os prestadores de serviços destina-se a trabalhos faturáveis.
Pressupostos subjacentes às táticas	• Quando um médico não consegue realizar mais trabalhos faturáveis, existem dois motivos usuais relacionados com os conceitos de CCR. Um deles é que esse médico é um CCR que tem uma série de trabalhos a fazer, os quais envolvem atividades faturáveis e não faturáveis. O outro é que a equipe de apoio é o CCR, caso em que o prestador de serviços utiliza menos eficazmente seu tempo. Embora o "*kit* completo" (consulte 4:12) cuide de alguns desses problemas, existem outros problemas, tecnologia insatisfatória, habilidades insuficientes ou falta de autonomia da equipe de apoio etc.
	• Os passos que foram executados anteriormente em geral são suficientes para impedir que os CCRs ponham em risco a pontualidade.
Tática	• Os CCRs da equipe de apoio são identificados e removidos eficazmente.
	• O trabalho não faturável do prestador de serviços é eliminado.
	• Uma equipe com poder de decisão desenvolve ou contrata novas habilidades e tecnologias essenciais para lidar com os CCRs ou ajudar aumentar as horas faturáveis.
	• São utilizados princípios da contabilidade de ganhos para assegurar decisões lucrativas sobre contratação e investimento.

4:22	**Produção enxuta**
Pressupostos subjacentes à estratégia	Nos serviços médicos, com frequência a equipe de apoio não tem treinamento, experiência ou tempo para melhorar continuamente a produtividade.
Estratégia	A utilização do médico e o faturamento são significativamente melhorados por meio de uma aplicação moderada do raciocínio da produção enxuta/fluxo de valor.
Pressupostos subjacentes às táticas	• Existem fatores de apoio (como o tempo de preparação do paciente, o tempo que o médico espera para que a equipe execute determinadas atividades, a disponibilidade de material em todas as salas, a disponibilidade de salas de consulta) que afetam a utilização do médico.
	• Existem fatores relacionados ao conteúdo do trabalho do médico (como tempo de preparação do médico, utilização do espaço) que afetam sua utilização.
Tática	• Os médicos concordam em participar e em apoiar uma iniciativa baseada na produção enxuta para melhorar sua utilização faturável.
	• Uma equipe de "produção enxuta" é formada para aprender e aplicar as técnicas da produção enxuta de acordo com os princípios de gerenciamento dessa metodologia.
	• A equipe de produção enxuta desobriga-se de outras responsabilidades para ter tempo suficiente para implementar práticas da produção enxuta.
	• Ao longo do tempo, outra equipe recebe treinamento e projetos imediatos para implementar técnicas adicionais da produção enxuta focalizadas em oportunidades significativas de lucratividade.

Capítulo 31 ▪ Visão viável para sistemas de saúde

4:23	Tempo do médico
Pressupostos subjacentes à estratégia	Algumas vezes os médicos gostam ou se sentem compelidos a realizar trabalhos não faturáveis.
Estratégia	• Os médicos se dispõem a trocar os trabalhos não faturáveis de baixo valor por trabalhos faturáveis de valor mais alto.
Pressupostos subjacentes às táticas	• Quanto maior a quantidade de horas faturáveis do médico, maior sua habilidade para escolher o trabalho que ele gosta de fazer e o trabalho que é mais lucrativo para o consultório/clínica. • Quanto mais lucrativo o consultório/clínica, mais tempo de qualidade o médico terá. • Com uma abordagem diferente com relação à escalação de pessoal, os médicos podem realizar menos trabalhos faturáveis e obter resultados mais satisfatórios.
Tática	A equipe e o médico todo mês reservam um tempo para analisar: 1. De que forma podem ajudar a substituir o tempo não faturável do médico por tempo faturável. 2. De que forma podem identificar oportunidades e captar (vender) uma quantidade maior de serviços de preço mais elevado. Em toda reunião, a meta é identificar e implementar uma ideia antes da reunião subsequente.

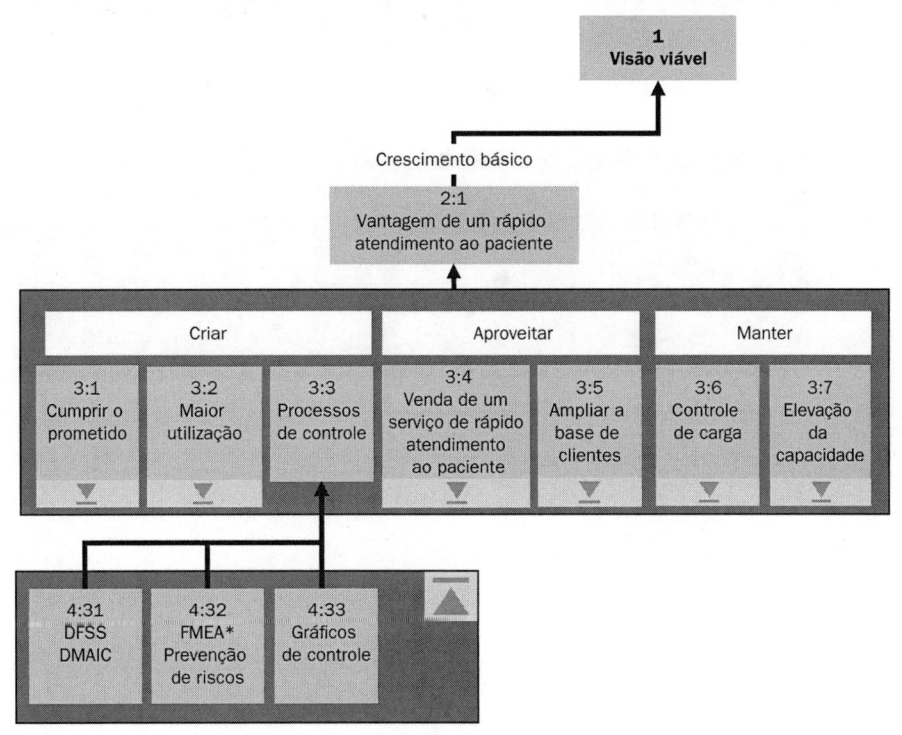

1
Visão viável

Crescimento básico

2:1
Vantagem de um rápido atendimento ao paciente

Criar | Aproveitar | Manter

3:1 Cumprir o prometido | **3:2** Maior utilização | **3:3** Processos de controle | **3:4** Venda de um serviço de rápido atendimento ao paciente | **3:5** Ampliar a base de clientes | **3:6** Controle de carga | **3:7** Elevação da capacidade

4:31 DFSS DMAIC | **4:32** FMEA* Prevenção de riscos | **4:33** Gráficos de controle

*FMEA: *failure mode and effect analysis* (análise do modo e efeito de falha)

3:3	Processos de controle
Pressupostos subjacentes à estratégia	Na ausência de processos simples e robustos para assegurar resultados previsíveis, um sistema corre grande risco de não conseguir manter a lucratividade e a satisfação dos pacientes.
Estratégia	• O retrabalho e o risco são minimizados. • A satisfação dos pacientes é superior a 95%.
Pressupostos subjacentes às táticas	Atualmente, faltam à maioria dos sistemas de saúde habilidades para manter a qualidade. Se não houver habilidade para monitorar constantemente os processos ao longo do tempo, a qualidade cairá para um nível inaceitável.
Tática	Desenvolver na equipe habilidades relacionadas à qualidade para definir, monitorar e obter resultados previsíveis para o paciente.
Advertência!	O corpo de conhecimentos sobre qualidade/Seis Sigma é imenso. As equipes médicas não são ilimitadas em termos de capacidade, tempo ou custo. O treinamento deve ser focado e simples para que se possa oferecer uma qualidade sustentável.

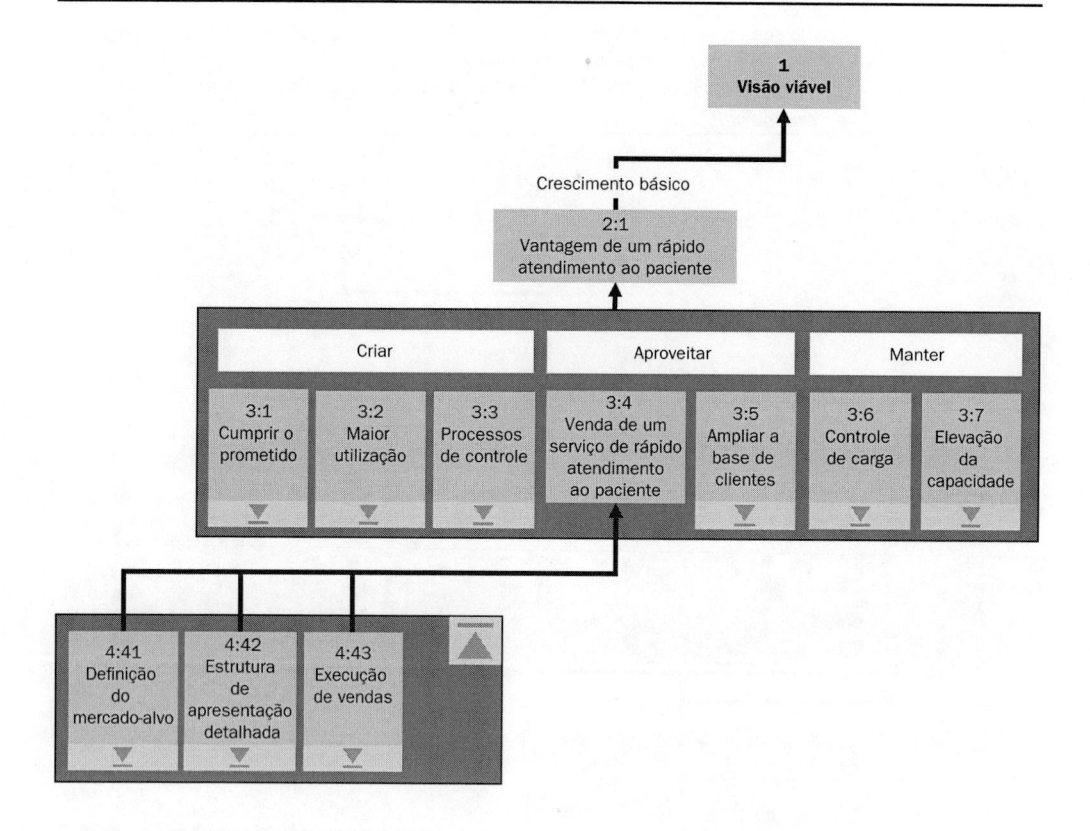

```
                                    1
                               Visão viável
                                    ▲
                                    │
                           Crescimento básico
                                    │
                                   2:1
                           Vantagem de um rápido
                           atendimento ao paciente
                                    ▲
                                    │
        ┌─────────────┬──────────────────────────┬─────────────┐
            Criar              Aproveitar             Manter

   3:1        3:2        3:3        3:4        3:5        3:6        3:7
 Cumprir o   Maior    Processos  Venda de um Ampliar a  Controle   Elevação
 prometido utilização de controle serviço de  base de   de carga      da
                                  rápido     clientes              capacidade
                                 atendimento
                                 ao paciente
    ▼         ▼          ▼          │          ▼          ▼          ▼
                                    │
  ┌─────────┬─────────┬─────────┐
   4:41      4:42      4:43
  Definição Estrutura Execução
     do        de     de vendas
 mercado-alvo apresentação
              detalhada
    ▼         ▼          ▼
```

3:4	Venda do serviço ao paciente
Pressupostos subjacentes à estratégia	• As mudanças necessárias na abordagem da prática médica para tirar proveito de um serviço extraordinariamente melhor (a proposição de um serviço previsível ao paciente) têm uma natureza diferente das mudanças que a prática médica realizou no passado (novos procedimentos ou novos produtos). • Se o impacto positivo de uma previsibilidade notadamente melhor for deixado a cargo da divulgação boca a boca realizada naturalmente pelos pacientes, o tempo necessário para obter uma vantagem competitiva decisiva será muito longo.
Estratégia	As receitas geradas pela proposição de um serviço previsível ao paciente aumentam progressivamente.
Pressupostos subjacentes às táticas	As mudanças na abordagem de marketing e vendas exigem tempo e não há tempo a perder. As melhorias implementadas no gerenciamento da prática médica diminuem a duração do tratamento do paciente e liberam capacidade. O adiamento das iniciativas de venda pode minar a confiança do médico e da equipe na solução.
Tática	Desde o princípio do projeto VV, o consultório/clínica alinha a abordagem de vendas de sua equipe e a treina para extrair máxima vantagem da proposição de um serviço previsível ao paciente.
Advertência!	Ter uma vantagem competitiva previsível na área de serviços e, ao mesmo tempo, ter capacidade para enfocá-la é uma mudança de paradigma para a equipe de apoio que não tem treinamento em venda de soluções. Alguns membros da equipe podem até ter uma postura bastante desfavorável às vendas.

4:41	Definição do mercado-alvo
Pressupostos subjacentes à estratégia	Visar aos clientes errados não apenas desperdiça recursos valiosos (dinheiro, capacidade de vendas, tempo etc.). Isso também pode fazer com que se "conclua" que a proposição do serviço e sua solução subjacente não são válidas.
Estratégia	A equipe e os médicos chegam a um acordo sobre quais pacientes devem ser visados com a proposição de um serviço de rápido atendimento ao paciente.
Pressupostos subjacentes às táticas	• Existem pacientes para os quais o atendimento rápido não é uma necessidade significativa. • Existem pacientes para os quais o atendimento rápido é uma necessidade significativa. Entretanto, eles apresentam um risco muito alto ou é necessário muito empenho para trabalhar com eles.
Tática	Os pacientes-alvo são definidos de acordo com estados clínicos que são: • fáceis de diagnosticar e • estão relacionados a um número não desprezível de pacientes. Os estados clínicos estabelecem a prioridade dos pacientes de acordo com: • o grau segundo o qual o atendimento rápido ao paciente é uma necessidade significativa; • a fonte de encaminhamento ou indicação; • a estimativa da relação esforços/retorno; e • o grau de risco para o negócio.

4:42	Estrutura de apresentação detalhada
Pressupsotos subjacentes à estratégia	Quando os detalhes de uma proposição não são claros, os membros da equipe não conseguem vendê-la porque pensam que o risco é muito alto ou os benefícios são insignificantes ou porque simplesmente eles não a entendem. Se os detalhes da apresentação da proposição não forem convincentes para o paciente, talvez ele não se comprometa com o serviço.
Estratégia	A apresentação do serviço de rápido atendimento ao paciente leva o paciente a agendar o serviço horas depois ou uma semana após o primeiro contato em quase todos os casos.
Pressupostos subjacentes às táticas	Para elaborar uma boa apresentação da proposição, é necessário compreender completamente quatro elementos: • O benefício líquido para os pacientes em relação a serviços médicos tradicionais. • Os benefícios para o consultório/clínica. • O risco para o paciente (em relação a serviços tradicionais). • O risco para o consultório/clínica se as expectativas não forem atendidas. O que constitui a espinha dorsal detalhada da proposição é a garantia que se oferece aos benefícios. Amenizar os riscos acima evidencia detalhes importantes da proposição.
Tática	Uma equipe recebe autonomia para conceber os detalhes da apresentação do serviço de atendimento rápido ao paciente, maximizando os benefícios (para o paciente e para o consultório/clínica) e minimizando os riscos. A equipe cria uma apresentação detalhada que descreve os riscos de atraso na conclusão dos serviços necessários, o possível prejuízo aos pacientes quando o horário de consulta não é respeitado, os sistemas que foram adotados pelo serviço para garantir o sucesso e uma expectativa realista baseada no desempenho real.

4:43	Execução de vendas
Pressupostos de necessidade subjacente à estratégia	Os métodos de venda convencionais não são suficientemente eficazes para tirar proveito de uma vantagem competitiva que não provém de outra coisa senão dos serviços que são prestados ao paciente. Nem todos os membros da equipe sabem ou estão habilitados a vender eficientemente.
Estratégia	Um número crescente de novos pacientes está aderindo à proposição de um serviço de rápido atendimento.
Pressupostos subjacentes às táticas	• É possível reorientar alguns membros da equipe de atendimento ao cliente da postura convencional de enviar brindes, cartões de lembrança etc. para uma postura em grande medida diferente de vender um conceito de serviço que trata o tempo do paciente e sua necessidade de concluir rapidamente um tratamento como necessidades significativas. • O conhecimento sobre o processo de decisão do paciente, bem como a experiência de vender um serviço que oferece uma vantagem competitiva decisiva, pode ser utilizado pela equipe de atendimento ao cliente/vendas para documentar e seguir um processo de vendas simples e bem-sucedido.
Tática	• Definir o processo de vendas – o que a equipe deve fazer, em que estágio, como (utilizando ferramentas convencionais), com quem e por quem, a fim de fazer com que um determinado paciente "desinformado" feche um negócio. • Treinar, aconselhar e apoiar a equipe de atendimento ao cliente/vendas com relação à venda do serviço de atendimento rápido ao paciente.

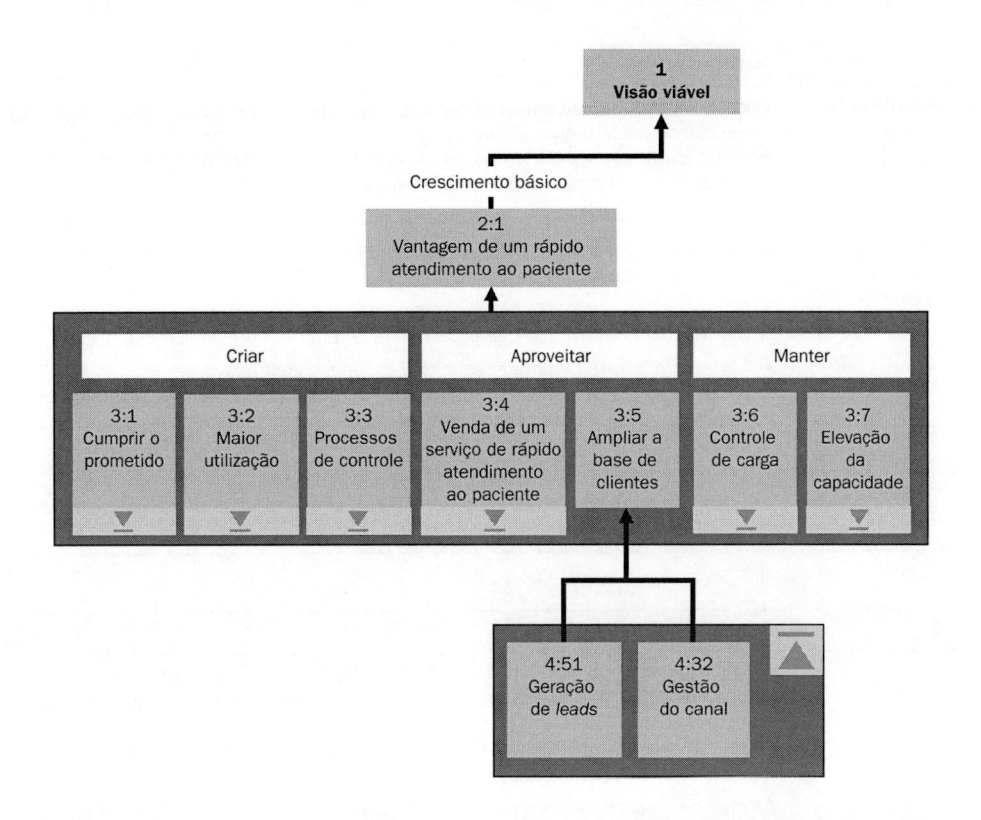

Capítulo 31 ▪ Visão viável para sistemas de saúde

```
                        ┌─────────────┐
                        │      1      │
                        │ Visão viável│
                        └─────────────┘
                              ▲
                     Crescimento básico
                        ┌─────────────┐
                        │     2:1     │
                        │ Vantagem de um rápido │
                        │ atendimento ao paciente │
                        └─────────────┘
```

Criar			Aproveitar		Manter	
3:1 Cumprir o prometido	3:2 Maior utilização	3:3 Processos de controle	3:4 Venda de um serviço de rápido atendimento ao paciente	3:5 Ampliar a base de clientes	3:6 Controle de carga	3:7 Elevação da capacidade

```
        ┌─────────┐  ┌─────────┐
        │  4:51   │  │  4:32   │
        │ Geração │  │ Gestão  │
        │ de leads│  │ do canal│
        └─────────┘  └─────────┘
```

3:5	Ampliar a base de clientes
Pressupostos subjacentes à estratégia	O número de indicações necessárias para concretizar a visão do sistema é bem maior que no passado.
Estratégia	O sistema é capaz de atrair grande quantidade de novos pacientes e fontes de referência.
Pressupostos subjacentes às táticas	Existem duas excelentes fontes de referência – pacientes e pessoas que conhecem pacientes (médicos, hospitais, especialistas não concorrentes etc.).
Tática	É designado tempo suficiente a um dos membros da equipe para que faça o acompanhamento dos pacientes, dos médicos de referência existentes e de novos médicos para gerar semanalmente um determinado número de *leads* de pacientes. Essa iniciativa será temporariamente suspensa sempre que o tempo para trazer um novo paciente para uma primeira consulta for superior ao tempo que a maioria dos novos pacientes consideraria aceitável.
Advertência!	Quando os *leads* de novos pacientes aumentam rapidamente, é grande a probabilidade de ficar sem capacidade para lhes atender, caso em que o paciente e as fontes de indicação podem se tornar hostis. Novos processos de apoio, controle e mensuração normalmente são essenciais.

4:51	Geração de *leads*
Pressupostos de necessidade	Quando as pessoas de um serviço médico são movidas pela transação de vendas, a geração de *leads* fundamenta-se principalmente no oportunismo. Após um curto espaço de tempo, os *leads* gerados pela clínica deixam de ser suficientes para manter o crescimento de todos os médicos.
Estratégia	Existe um fluxo suficiente e constante de novos pacientes à espera de consulta.
Pressupostos subjacentes às táticas	• Muitos pacientes que desfrutam dos benefícios de um atendimento rápido estão dispostos a dar indicações. • Alguns profissionais não concorrentes estão dispostos a encaminhar seus clientes para um médico que possa oferecer um nível de serviço especial. • As características de uma pessoa que consegue gerar *leads* de encaminhamentos e referências e identificar *leads* por telefone não são iguais às características de uma pessoa que consegue apresentar um plano de tratamento e obter um compromisso.
Tática	Desenvolver e empregar um mecanismo que exija cada vez menos tempo do pessoal que apresenta o plano de tratamento para gerar e manter uma quantidade constante de *leads* qualificados.

4:52	Gestão do canal
Pressuposto de necessidade	A clínica/consultório que está acostumada a lidar com apenas alguns novos pacientes por vez não está preparada para lidar com um grande aumento no número de oportunidades. Desperdiçar a indicação de um paciente ou de uma fonte que já expressou um interesse genuíno, por falta de atenção apropriada, é um crime.
Estratégia	As melhores oportunidades não são perdidas por falta de uma atenção apropriada.
Pressupostos subjacentes às táticas	Quando um recurso lida com uma quantidade demasiada de oportunidades, a "multitarefa danosa" é inevitável.
Tática	Desenvolver e empregar um mecanismo para: • Definir o número de oportunidades que a equipe médica consegue processar por vez. • Monitorar e priorizar as oportunidades de acordo com a duração das oportunidades no canal de vendas (duração em cada etapa e duração global). • Identificar as principais causas dos atrasos/desistências e tomar medidas corretivas (muitas vezes, aguardar pela primeira consulta é a principal causa de atraso). • Monitorar a eficácia da proposição nos diversos segmentos de mercado/categorias de produto para redirecionar o marketing/vendas.

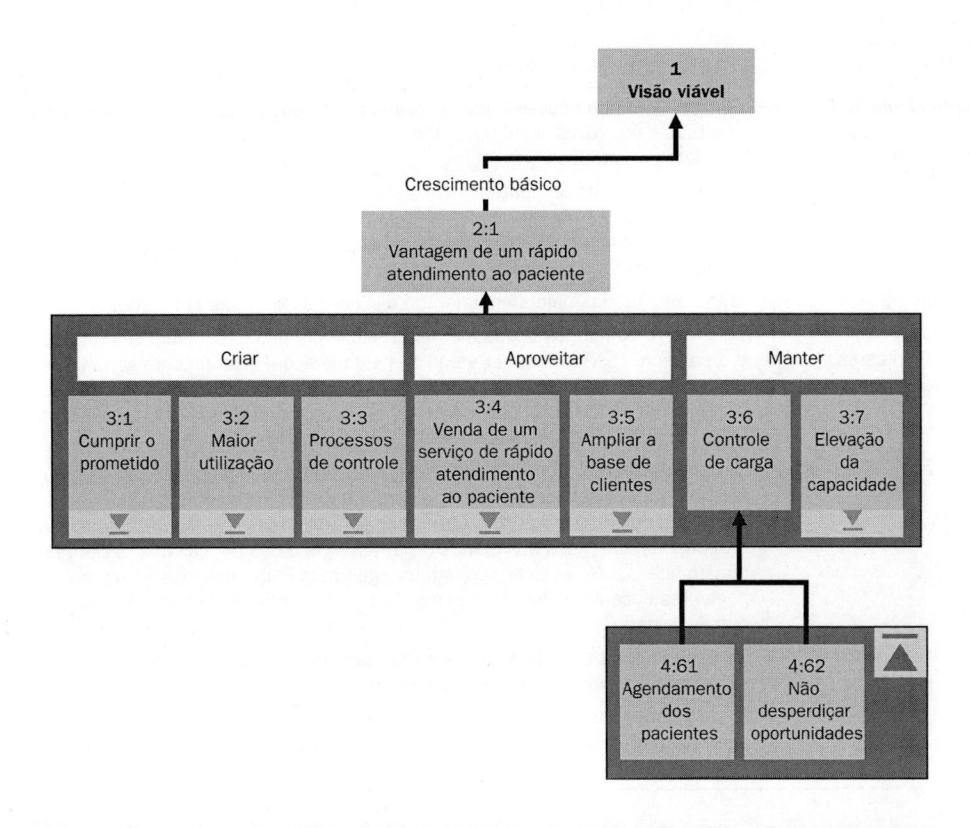

Capítulo 31 ▪ Visão viável para sistemas de saúde

```
                          ┌─────────────┐
                          │      1      │
                          │ Visão viável│
                          └─────────────┘
                                 ▲
                                 │
                        Crescimento básico
                                 │
                     ┌───────────────────────┐
                     │         2:1           │
                     │  Vantagem de um rápido│
                     │  atendimento ao paciente│
                     └───────────────────────┘
                                 ▲
```

Criar			Aproveitar		Manter	
3:1 Cumprir o prometido	3:2 Maior utilização	3:3 Processos de controle	3:4 Venda de um serviço de rápido atendimento ao paciente	3:5 Ampliar a base de clientes	3:6 Controle de carga	3:7 Elevação da capacidade

4:61 Agendamento dos pacientes	4:62 Não desperdiçar oportunidades

3:6	**Controle da carga de trabalho**
Pressupostos subjacentes à estratégia	Quando mais pessoas procuram os serviços, os recursos ficam sobrecarregados. Os pacientes talvez sejam obrigados a esperar por um longo tempo para conseguir uma consulta.
Estratégia	É possível manter tempos de processo, tempos de espera e níveis de qualidade previsíveis, *independentemente do crescimento do serviço*.
Pressupostos subjacentes às táticas	• É relativamente fácil atender a todas as necessidades de tempo e qualidade do paciente quando os compromissos são assumidos com base na carga de trabalho nos recursos críticos existentes e novos pacientes são admitidos e escalonados de acordo com a capacidade do médico. • Há treinamento de equipe, treinamento interfuncional e pessoal de reserva. • Com os devidos alertas, é viável treinar ou acrescentar recursos adequados.
Tática	Existe um mecanismo em vigor para atrair novos pacientes para a clínica/consultório que se baseia na carga de trabalho dos médicos. O processo de escolha e aceitação de um novo paciente é rigorosamente obedecido, mesmo que isso signifique perder alguns novos pacientes.
Advertência!	Ao reagir a um novo desafio, é melhor fazê-lo com o mínimo possível de mudanças no serviço já estabelecido.

4:61	Agendamento dos pacientes
Pressupostos subjacentes à estratégia	• Quando as vendas aumentam, as mudanças no tipo de serviço que está sendo prestado e os blocos de tempos necessários podem comprometer o cumprimento das datas prometidas. • Quando as vendas aumentam significativamente, surgem recursos com restrição de capacidade permanentes. Se a equipe médica continuar se comprometendo com datas de acordo com um tempo de espera fixo, a probabilidade de cumprir as datas prometidas diminuirá.
Estratégia	As datas prometidas pelo atendimento ao cliente são sempre cumpridas.
Pressupostos subjacentes às táticas	A maior parte do tempo necessário para realizar um processo refere-se ao tempo que o paciente espera para ser atendido pelo médico. Portanto, para garantir que a conclusão do atendimento continue rápida, os agendamentos devem reservar uma porcentagem do tempo do médico para o atendimento ao paciente existente e rápidas consultas iniciais para os pacientes encaminhados.
Tática	• O responsável pelo agendamento/programação reserva uma porcentagem do tempo faturável semanal do médico para planos de tratamento e consultas a pacientes encaminhados com base nos seis últimos meses de decomposição real das porcentagens dos planos de tratamento e das consultas a pacientes encaminhados. Se esse tempo não for agendado para os planos nem para os pacientes encaminhados duas semanas antes do programado, ele é aberto para outra atividade. • Os agendamentos de data são feitos semanalmente, de acordo com a capacidade de horas semanais do médico. • O atendimento ao cliente está treinado para ligar para o responsável pelo agendamento/programação, que informa a data provável mais próxima de acordo com a capacidade disponível.

4:62	Não desperdiçar oportunidades
Pressupostos subjacentes à estratégia	Propor datas com base na carga de trabalho do médico pode diminuir muito o tempo de espera quando os médicos são subutilizados. Oferecer algo de graça compromete a possibilidade de cobrar por isso.
Estratégia	A clínica/consultório não desperdiça a oportunidade de cobrar preços altos por tempos de espera mais curtos.
Pressupostos subjacentes às táticas	Forma de conseguir cumprir todas as condições: • Sincronizar os compromissos de data com a capacidade disponível do médico. • Não oferecer (de graça) compromissos que têm um tempo de espera menor do que aquele que o paciente normalmente teria com outros médicos. • Um dos mecanismos para programar e controlar é propor um tempo não inferior ao mínimo, mesmo quando o médico tiver capacidade para concluir o trabalho mais rapidamente.
Tática	A data é prometida de forma que seja mais distante que: 1. o tempo normalmente especificado (padrão) pelos médicos ou 2. o tempo de acordo com a capacidade do médico. Os pacientes continuam sendo agendados de acordo com o tempo normal.

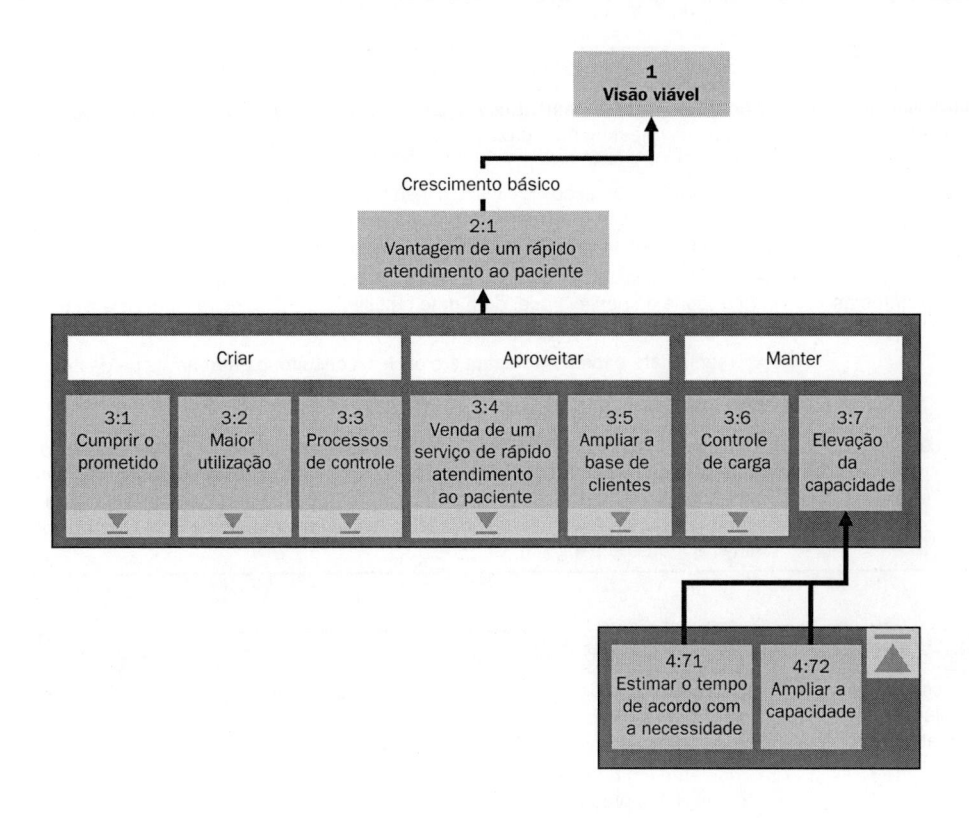

Capítulo 31 ▪ Visão viável para sistemas de saúde

```
                          1
                     Visão viável
                          ▲
                          │
                  Crescimento básico
                         2:1
                 Vantagem de um rápido
                  atendimento ao paciente
                          ▲
```

	Criar			Aproveitar		Manter	
3:1 Cumprir o prometido	3:2 Maior utilização	3:3 Processos de controle	3:4 Venda de um serviço de rápido atendimento ao paciente	3:5 Ampliar a base de clientes	3:6 Controle de carga	3:7 Elevação da capacidade

4:71 Estimar o tempo de acordo com a necessidade	4:72 Ampliar a capacidade

3:7	Elevação da capacidade
Pressupostos subjacentes à estratégia	Quando os tempos de atravessamento totais são muito longos, a clínica/consultório pode perder alguns dos pacientes e dos clínicos que encaminham pacientes. • O crescimento da clínica/consultório e os tempos de atravessamento devem ser limitados de acordo com o pessoal disponível nos mercados locais.
Estratégia	Os pacientes desejados não são perdidos porque os serviços demoram muito ou porque não existe possibilidade de ampliar a capacidade em virtude da disponibilidade de pessoal.
Pressupostos subjacentes às táticas	Os lucros aumentam quando se obtém um volume de vendas maior apenas ampliando a equipe. Depois de algum tempo, as primeiras medidas tomadas em relação à visão enriquecem a clínica/consultório. Nesse estágio, a carga acrescentada por um investimento maior em localização, espaço e contratação de outro médico não é uma barreira.
Tática	Existe um mecanismo em vigor para disponibilizar capacidade rapidamente (de pessoal e espaço) a fim de evitar perdas significativas de receita provocadas por longos tempos de espera no canal (pacientes procurando outros médicos).
Advertência	Com muita frequência, ampliar a capacidade é semelhante a jogar roleta-russa (assumir grandes compromissos a longo prazo muito tarde ou muito cedo com base em conhecimentos vagos sobre probabilidade, quantidade e momento da necessidade).

4:71	Estimando o tempo de acordo com a necessidade
Pressupostos subjacentes à estratégia	Não saber em que momento será necessário ter capacidade adicional aumenta as despesas/investimentos prematuramente ou (ainda pior) tardiamente.
Estratégia	A agenda/programação da clínica/consultório é uma base de avaliação suficientemente boa do tempo que resta para que os tempos de atravessamento prometidos comecem a ficar muito longos.
Pressupostos subjacentes às táticas	• A clínica/consultório começa a correr o risco de prejudicar as vendas (a entrar na "zona de perigo") quando a data de conclusão prometida começa a ficar mais longa do que a duração usualmente proposta. • O tempo até o momento em que a clínica/consultório entra na "zona de perigo" depende do ritmo com que a carga sobre os médicos está avançando (e se espera que continue avançando).
Tática	A clínica/consultório implementa um mecanismo que analisa constantemente o ritmo com que a carga sobre os médicos avança (aumento da utilização faturável por semana, de quatro semanas para a frente). Com base nesse mecanismo, a clínica/consultório obtém uma previsão confiável do tempo que ainda resta para atingir a "zona de perigo".

4:72	Ampliando a capacidade
Pressupostos subjacentes à estratégia	• Não saber em que momento será necessário ter capacidade adicional aumenta as despesas/investimentos prematuramente ou (ainda pior) tardiamente. • O tempo do momento em que se toma a decisão de ampliar a capacidade ao momento em que se tem capacidade adicional depende em grande medida do nível dos preparativos (medidas que podem ser tomadas sem nenhum comprometimento final).
Estratégia	A ampliação de capacidade é feita a tempo de evitar prejuízos aos pacientes/clínicos que encaminham pacientes.
Pressupostos subjacentes às táticas	• O conhecimento sobre o tipo e a quantidade de capacidade necessária para a próxima medida de expansão pode ser obtido quando as operações são conduzidas por meio do gerenciamento de restrições e do gerenciamento de pulmões. • O tempo e os preparativos necessários para aumentar a capacidade dependem do tipo de recurso necessário. • Quando são realizados os preparativos corretos, é possível determinar com precisão o intervalo de tempo entre a decisão e o momento em que se terá capacidade adicional.
Tática	• O sistema desenvolve uma equipe responsável pela elevação de capacidade dos equipamentos, de espaço e de pessoas em todas as funções. • A equipe de elevação de capacidade tem um plano de elevação de capacidade mensal pronto para execução e aprovado pelos proprietários da clínica/consultório. • Os interessados concordam em contratar e treinar pessoas e comprar equipamentos a tempo de corresponder a indicadores de aumento da demanda do mercado.

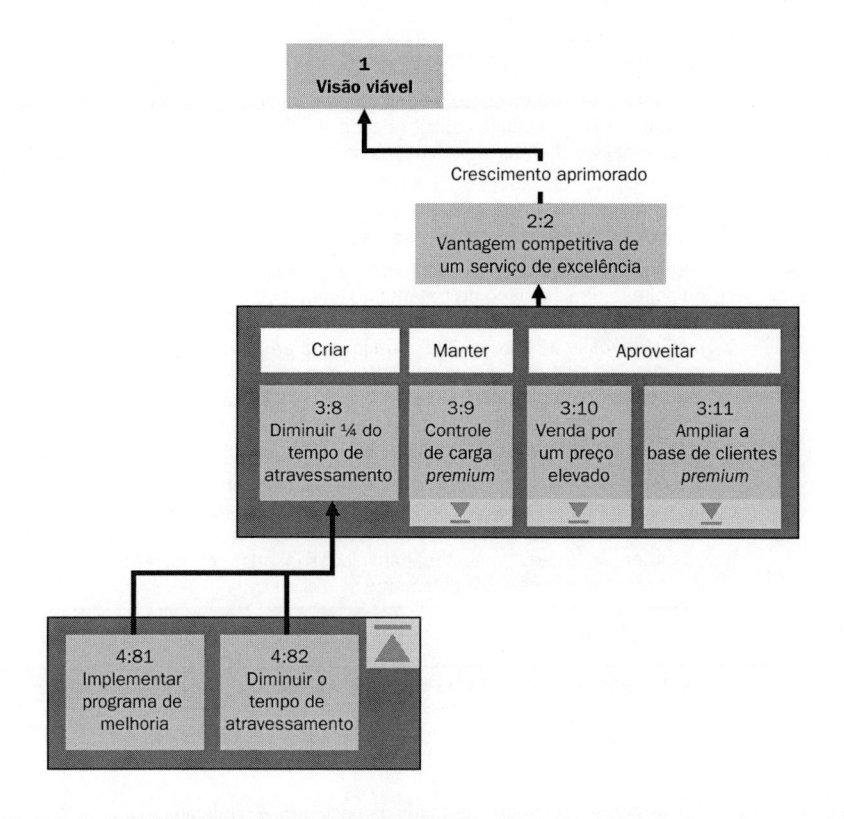

Capítulo 31 ▪ Visão viável para sistemas de saúde

```
                    ┌─────────────┐
                    │      1      │
                    │ Visão viável│
                    └─────────────┘
                          ▲
                    Crescimento aprimorado
                    ┌─────────────────────┐
                    │         2:2         │
                    │ Vantagem competitiva de │
                    │ um serviço de excelência │
                    └─────────────────────┘
                             ▲
    ┌──────────────────────────────────────────────────────┐
    │   Criar        Manter           Aproveitar           │
    │                                                      │
    │   3:8          3:9         3:10          3:11        │
    │ Diminuir ¼ do  Controle   Venda por    Ampliar a     │
    │  tempo de     de carga    um preço    base de clientes│
    │ atravessamento premium     elevado       premium     │
    └──────────────────────────────────────────────────────┘

    ┌─────────────┐   ┌─────────────┐
    │    4:81     │   │    4:82     │
    │ Implementar │   │  Diminuir o │
    │ programa de │   │   tempo de  │
    │   melhoria  │   │atravessamento│
    └─────────────┘   └─────────────┘
```

3:8	Tempo de resposta de um serviço *premium*
Pressupostos subjacentes à estratégia	Quando uma clínica/consultório tem de apressar constantemente seus planos de tratamento, o caos na programação e na própria clínica é frequente.
Estratégia	Os tempos de atravessamento de tratamento dentário diminuem significativamente.
Pressupostos subjacentes às táticas	Quando as melhorias em cada área são guiadas por um misto de TOC, produção enxuta e Seis Sigma, o tempo de atravessamento do tratamento pode ser diminuído para menos da metade sem comprometer a qualidade do tratamento do paciente.
Tática	As habilidades da TOC, da produção enxuta e do Seis Sigma são estendidas em larga escala para os funcionários de modo geral. Programas de melhoria abrangentes são criados e constantemente guiados pelo fator ou pelos dois fatores que têm maior impacto sobre o tempo do médico e a satisfação do paciente.
Advertência!	Para diminuir o tempo de atravessamento, não é necessário apenas eliminar as causas de atraso. É também necessário ajustar correspondentemente o mecanismo que libera os pacientes para o sistema.

4:81	Implementando um programa de melhoria
Pressupostos subjacentes à estratégia	A maioria das iniciativas locais que empregam boas ferramentas (análise de causa e efeito da TOC, produção enxuta e técnicas do Seis Sigma) melhora o desempenho local, mas com frequência essas melhorias locais não se traduzem em melhorias globais.
Estratégia	Todas as iniciativas de melhoria local contribuem de forma significativa para a diminuição do tempo de atravessamento e elevação de capacidade.
Pressupostos subjacentes às táticas	Registrar o motivo pelo qual um paciente encontra-se na zona amarela ou vermelha do pulmão de seu plano de tratamento (com a indicação do que o paciente está esperando) e analisar a frequência de pacientes que "esperam" pelo mesmo motivo (análise de Pareto/GP é uma postura prudente para identificar onde uma iniciativa de melhoria contribuirá de forma significativa para o desempenho global (particularmente para diminuir o tempo de atravessamento). Conhecer o tempo líquido de processamento também oferece uma boa percepção sobre tempos de atravessamento anormais nos planos de tratamento.
Tática	Implementar programas de melhorias locais, que são guiados pelo gerenciamento de pulmões e pela análise dos tempos líquidos de processamento. Os eventos que colocam os pacientes na zona amarela ou na zona vermelha (manutenção de equipamentos, habilidades insatisfatórias, retrabalho, supervisão ineficiente) são tratados rapidamente.

4:82	Diminuindo o tempo de atravessamento
Pressupostos subjacentes à estratégia	O tempo de atravessamento de um único plano de tratamento é determinado em parte pelo número de pacientes que já estão sendo atendidos ao mesmo tempo.
Estratégia	A duração das consultas de todos os pacientes é diminuída.
Pressupostos subjacentes às táticas	• A diminuição do tempo de consulta exige uma diminuição no tempo que o médico leva para executar a parte de seu trabalho. • A principal função do pulmão necessário para garantir a conclusão pontual e rápida do tratamento do paciente é ajustar a variabilidade nos tempos líquidos de processamento. • É possível reduzir parte da variabilidade.
Tática	Quando menos de 5% das consultas penetram a zona vermelha do pulmão, o pulmão das consultas é diminuído.

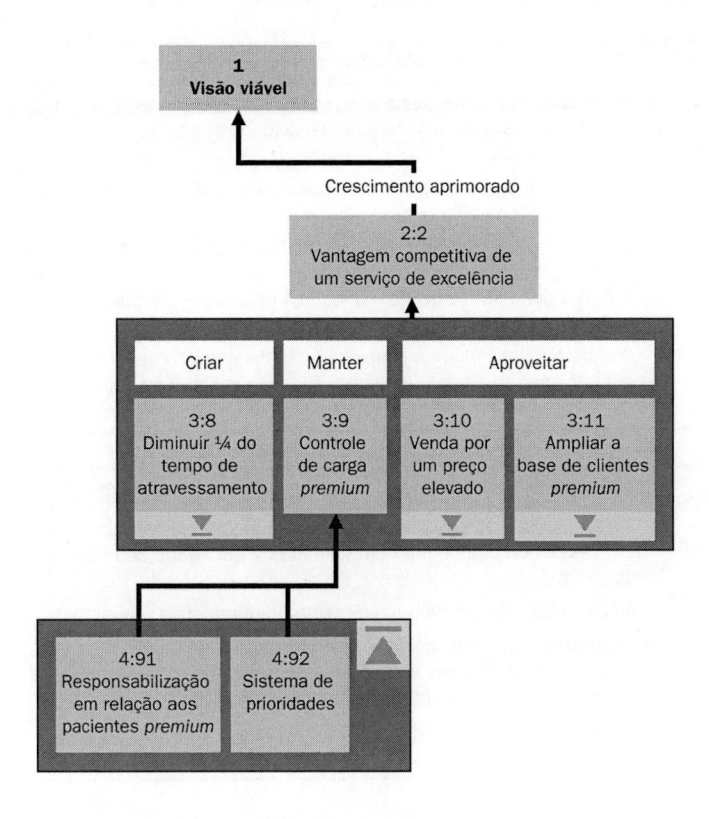

Capítulo 31 ▪ Visão viável para sistemas de saúde

```
                    ┌─────────────┐
                    │      1      │
                    │ Visão viável│
                    └─────────────┘
                           ▲
                           │
                   Crescimento aprimorado
                           │
                    ┌─────────────┐
                    │     2:2     │
                    │ Vantagem competitiva de │
                    │ um serviço de excelência│
                    └─────────────┘
                           ▲
   ┌───────────┬───────────┼───────────┐
   Criar       Manter              Aproveitar

   3:8         3:9         3:10        3:11
   Diminuir ¼ do  Controle    Venda por   Ampliar a
   tempo de    de carga    um preço    base de clientes
   atravessamento premium    elevado     premium

              4:91        4:92
          Responsabilização  Sistema de
          em relação aos    prioridades
          pacientes premium
```

3:9	Controle de carga *premium*
Pressupostos subjacentes à estratégia	Diminuir os tempos de atravessamento individuais das consultas não é suficiente para garantir um serviço mais rápido (uma parcela importante do tempo corresponde ao tempo que leva para o paciente entrar na sala do médico).
Estratégia	O médico tem capacidade para tratar uma parte considerável do volume de pacientes da clínica em menos de dez dias, incluindo o tempo para pacientes de emergência.
Pressupostos subjacentes às táticas	• Quando um paciente fura a fila, isso prejudica o tratamento de outros pacientes, a menos que se tenha alocado capacidade com antecedência para esses acontecimentos. • Com relação aos pacientes que furam a fila de pacientes regulares, o tempo de atravessamento total do tratamento é igual ao tempo de atravessamento da consulta mais o tempo entre as consultas. • Com respeito aos pacientes que obtêm alta prioridade na clínica, o tempo de atravessamento total do tratamento é bem inferior ao tempo do plano de tratamento normal.
Tática	Reservar capacidade suficiente para pacientes *premium* (ao passar uma data para um paciente regular, o fato de existir capacidade reservada para pacientes *premium* é levada em conta).
Advertência!	Lidar ao mesmo tempo com dois tipos de paciente extremamente diferentes (regular e *premium*) pode complicar em grande medida o serviço médico.

4:91	Responsabilização em relação aos pacientes *premium*
Pressupostos subjacentes à estratégia	As vendas *premium* exigem que o tempo de atendimento seja curto e, portanto, não podem esperar pela abertura de capacidade seguinte.
Estratégia	O sistema é capaz de atrair uma quantidade suficiente de oportunidades de venda *premium*.
Pressupostos subjacentes às táticas	Quando a capacidade alocada ao serviço *premium* não é utilizada para pacientes *premium*, ela ainda assim pode ser usada para pacientes regulares. Portanto, o sistema pode ser flexível em relação à estimativa da quantidade alocada ao serviço *premium*.
Tática	O sistema aloca alguma capacidade às consultas de pacientes *premium* e aumenta gradativamente a quantidade alocada. (O equilíbrio da capacidade é utilizado para o atendimento a pacientes regulares.)

4:92	Sistema de prioridades
Pressupostos subjacentes à estratégia	A necessidade de oferecer alguns tratamentos que tenham um curto tempo de atravessamento pode criar um sistema de prioridade complexo para o consultório ou clínica.
Estratégia	A clínica/consultório tem um sistema de prioridades robusto.
Pressupostos subjacentes às táticas	No momento de sua liberação, os pacientes para os quais se utiliza o mesmo sistema de prioridades receberão automaticamente alta prioridade quando precisarem de um tempo de atendimento mais curto.
Tática	O sistema de prioridades regular é o *único* sistema de prioridades da clínica/consultório.

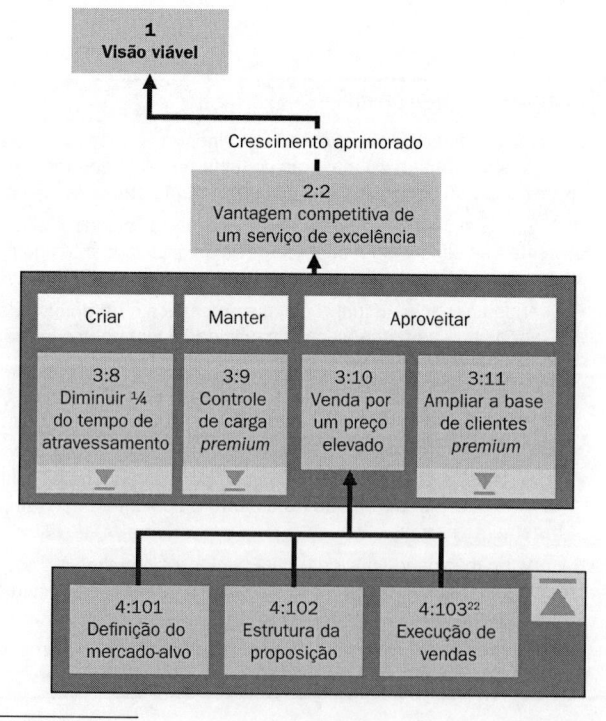

```
                    ┌─────────────┐
                    │      1      │
                    │ Visão viável│
                    └──────▲──────┘
                           │
                  Crescimento aprimorado
                           │
              ┌────────────┴────────────┐
              │          2:2            │
              │  Vantagem competitiva de│
              │  um serviço de excelência│
              └────────────▲────────────┘
                           │
       ┌───────────┬───────┴───────┬───────────┐
       │  Criar    │    Manter     │ Aproveitar│
       ├───────────┼───────────────┼───────────┤
       │   3:8     │    3:9        │   3:10    │   3:11
       │ Diminuir ¼│  Controle     │ Venda por │ Ampliar a base
       │ do tempo de│  de carga    │ um preço  │ de clientes
       │atravessamento│ premium    │ elevado   │  premium
       └───────────┴───────────────┴───────────┴───────────┘
                           │
            ┌──────────────┼──────────────┐
            │              │              │
        ┌───┴────┐    ┌────┴────┐    ┌────┴────┐
        │ 4:101  │    │  4:102  │    │ 4:103[22]│
        │Definição do│ │Estrutura da│ │Execução de│
        │mercado-alvo│ │proposição │ │  vendas   │
        └────────┘    └─────────┘    └─────────┘
```

---

[22] 4:103 não está incluído.

3:10	Venda *premium*
Pressupostos subjacentes à estratégia	As clínicas de saúde não sabem como vender serviços por preços consideravelmente mais altos que os "preços regulares".
Estratégia	A linha de frente e os coordenadores de cuidados aos pacientes da clínica têm habilidade para vender um serviço *premium*.
Pressupostos subjacentes às táticas	A pressão constante do mercado/organizações de manutenção de saúde para reduzir os preços faz com que os prestadores de serviços de saúde e suas equipes tenham grande dúvida sobre a viabilidade de vender serviços *premium*. Quando a equipe da linha de frente ou o médico não se sente à vontade com uma proposta ou não compreende totalmente os benefícios que ela oferece ao cliente, ambos podem prejudicar a venda de serviços *premium* aos pacientes. Quando a experiência da equipe com uma proposição de serviço "irrealista" é favorável, sua postura muda: "É claro que os pacientes vão pagar mais por um serviço de alto nível como esse".
Tática	A equipe médica sabe como e quando devem apresentar um serviço *premium* e recebe apoio em suas primeiras tentativas. Exemplos de sucesso são compartilhados semanalmente com toda a equipe.
Advertência!	Em muitos aspectos, a preparação e o treinamento realizados para uma determinada proposição (atendimento rápido ao paciente)

4:101	Definição de um mercado-alvo *premium*
Pressupostos subjacentes à estratégia	Tentar atrair um público em potencial errado, além de desperdiçar recursos valiosos (dinheiro, capacidade de venda, tempo etc.), pode levar a crer que a direção escolhida não é válida.
Estratégia	A equipe de frente sabe quais tipos de cliente são mais adequados à proposição de um serviço *premium*.
Pressupostos subjacentes às táticas	Nem todos os clientes em potencial para uma proposição de serviço de rápido atendimento precisam realmente de um serviço *premium*. Existem pacientes para os quais o serviço *premium* é uma necessidade significativa; entretanto, eles apresentam um risco muito alto ou é necessário muito empenho para trabalhar com eles.
Tática	Os mercados-alvo são definidos de acordo com estados clínicos que são: • Facilmente diagnosticados. • Estão relacionados a um número não desprezível de pacientes. O estado clínico ajuda a equipe de frente a priorizar os pacientes de acordo com: • O grau segundo o qual os pacientes estão dispostos a pagar um preço mais alto por um serviço de rápido atendimento. • A estimativa da relação esforços/retornos. • O grau de risco para o negócio.

4:102	**Estrutura da proposição do serviço *premium***
Pressupostos subjacentes à estratégia	Quando os detalhes de uma proposição não são claros, os membros da equipe não conseguem vendê-la porque pensam que o risco é muito alto ou os benefícios são insignificantes ou porque simplesmente eles não a entendem. Quando os detalhes da proposição não são elaborados para abrandar os riscos e garantir os benefícios (para os sistemas de saúde e os pacientes), a consequência provável é a perda de boas oportunidades de venda ou margens de lucro.
Estratégia	O sistema tem uma proposição de serviço detalhada que garante benefícios excepcionais para os pacientes e, ao mesmo tempo, assegura que não existe nenhum risco real.
Pressupostos subjacentes às táticas	Para elaborar uma boa proposição, é necessário compreender completamente quatro elementos: • O benefício líquido para o sistema e para os clientes finais (público-alvo) em relação a proposições convencionais. • Os benefícios para os prestadores de serviços de saúde. • O risco para o público-alvo (em relação ao risco assumido nas proposições de serviço convencionais). • O risco para os médicos (em relação ao risco que os médicos já enfrentam em um serviço convencional). O que constitui a espinha dorsal detalhada da proposição é a garantia que se oferece aos benefícios. Amenizar os riscos acima evidencia detalhes importantes da proposição.
Tática	Toda a equipe de serviço de saúde ajuda a detalhar a proposição do serviço *premium* (multas, preço, tempos de atravessamento e termos e condições), maximizando os benefícios para os médicos e pacientes e, ao mesmo tempo, minimizando os riscos (tanto para o paciente quanto para os médicos).

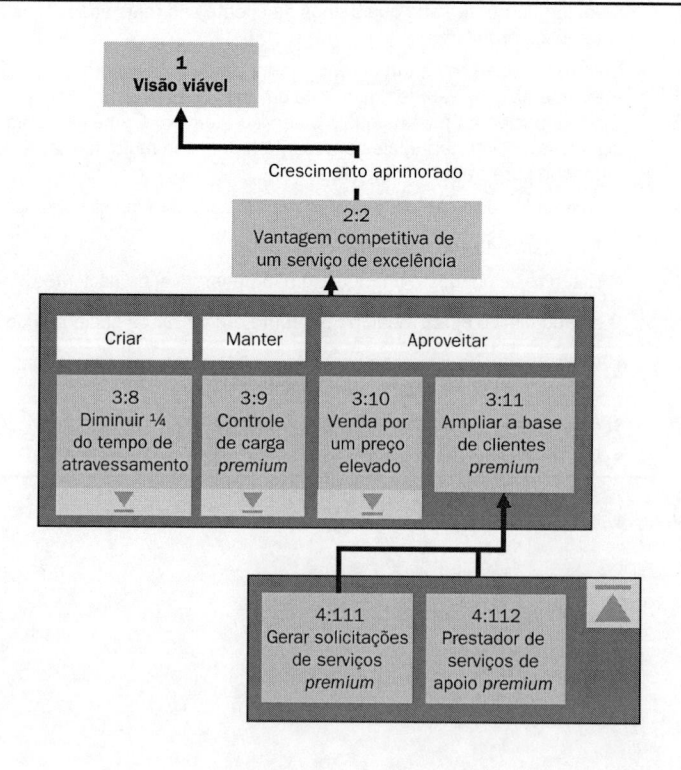

```
                    ┌─────────────┐
                    │      1      │
                    │ Visão viável│
                    └─────────────┘
                          ▲
                          │
                 Crescimento aprimorado
                    ┌─────────────┐
                    │     2:2     │
                    │ Vantagem competitiva de
                    │ um serviço de excelência
                    └─────────────┘
                          ▲
      ┌────────────┬──────┴──────┬─────────────┐
      │   Criar    │   Manter    │  Aproveitar │
      ├────────┬───┴────┬────────┬─────────────┤
      │  3:8   │  3:9   │  3:10  │    3:11     │
      │Diminuir│Controle│Venda por│Ampliar a base│
      │¼ do tempo│de carga│um preço│de clientes │
      │de atravessamento│premium│elevado│premium│
      └────────┴────────┴────────┴─────────────┘
                                       │
                          ┌────────────┴────────┐
                          │   4:111  │  4:112   │
                          │  Gerar   │Prestador │
                          │solicitações│de serviços│
                          │de serviços│de apoio │
                          │ premium  │ premium  │
                          └──────────┴──────────┘
```

3:11	Ampliar a base de clientes *premium*
Pressupostos subjacentes à estratégia	O atendimento a todos os pacientes (regulares e *premium*) restringe desnecessariamente a capacidade de tirar proveito dos pacientes *premium* porque: • O número de emergências existentes no mercado é tão grande, que a capacidade do sistema para atender a essas emergências torna-se desprezível. Entretanto, o fato de existir uma necessidade no mercado e o fato de haver alguém que pode atender a essa necessidade mesmo assim não garantem as vendas.
Estratégia	Mais de 20% das vendas do sistema são feitas a preços mais altos.
Pressupostos subjacentes às táticas	É possível obter vendas *premium* exclusivamente de algumas fontes de referência e encaminhamento quando nenhum outro prestador de serviços de saúde consegue fazer o mesmo.
Tática	O sistema de saúde lança um programa de ampla base (bem operado e gerenciado) para assegurar que uma parcela suficiente de seu mercado em potencial tenha conhecimento sobre o serviço *premium* do sistema.
Advertência!	O marketing é essencial, mas existem ambientes em que o melhor marketing não é suficiente.

4:111	Gerar solicitações de serviços *premium*
Pressupostos subjacentes à estratégia	Muitos pacientes não pensam em um prestador de serviços específico quando suas necessidades são urgentes.
Estratégia	A proposição de serviço *premium* da clínica X é a primeira que vem à mente de uma quantidade suficiente de fontes de referência, pacientes e amigos quando eles precisam de um atendimento urgente.
Pressupostos subjacentes às táticas	A necessidade geral de um serviço de rápido atendimento é grande e constante. O marketing prudente tende a gerar frutos, mas forçar uma venda imediata normalmente é inadequado.
Tática	Criar uma equipe para identificar canais de marketing e vendas apropriados e lançar uma campanha de marketing que atinja uma ampla área geográfica para promover a *agilidade* da clínica X na prestação de serviços de saúde.

4:112	Prestador de serviços de apoio *premium*
Pressupostos subjacentes à estratégia	• Atender a todos os pacientes (regulares e *premium*) restringe a capacidade de tirar proveito dos pacientes *premium*. • Existem ambientes em que a melhor campanha de marketing não será suficiente porque o tempo para obter a aceitação de toda a cadeia de valor é muito longo. Um exemplo são os pacientes que precisam de um tratamento multidisciplinar.
Estratégia	• A porcentagem de pacientes *premium* aumenta constantemente.
Pressupostos subjacentes às táticas	Em muitos casos, os preços mais altos justificam o investimento necessário.
Tática	A clínica X investe para se tornar um prestador de serviços de apoio *premium* para uma comunidade crescente de médicos.

Adendo: excerto do livro *Vision for Successful Dental Practice*, de Gerry Kendall e Gary Wadhwa

Etapas de sucesso para uma clínica odontológica particular, acadêmica ou do governo

1. Estabelecer uma meta clara para a clínica, que poderia ser um aumento de 100% no valor da clínica ou nos lucros, ao longo de um período de quatro anos. As organizações sem fins lucrativos acadêmicas e administradas pelo governo podem ter uma meta de 100% de aumento na quantidade de pacientes atendidos em quatro anos e, ao mesmo tempo, manter alta qualidade e baixo custo.

2. Utilizar um sistema de medição de desempenho que avalie o desempenho do sistema e não o desempenho individual de um departamento ou de um dentista específico. A CG e a área financeira focalizam o desempenho do sistema como um todo.

    a. Lucro Líquido (LL) = Ganho (G) − Despesas Operacionais (DOs); ganho corresponde aos recebimentos após a conclusão do tratamento previsto de um paciente.

    b. As decisões sobre investimento (I) devem ser filtradas por meio dessa fórmula. Os investimentos são realizados com o objetivo de fornecer serviços aos pacientes ou, em outras palavras, para melhorar o ganho (G). Se G > DO, o investimento é bom porque aumentará o lucro. Os investimentos exigem capital e pagamento de juros durante um período específico, como 10 a 15 anos. Alguns investimentos depreciam mais rapidamente do que outros. Todos os investimentos acabam aumentando a DO com o passar do tempo. A finalidade do investimento é aumentar o G e esse aumento deve ser superior ao da DO decorrente desse investimento.

    c. Retorno sobre o investimento (ROI) = LL/I (investimento). O investimento deve ser considerado ao longo do período.

    d. Todas as decisões de marketing e propaganda devem gerar um G > custo de marketing e propaganda.

    e. Todas as ampliações na localização física, na quantidade de laboratórios, na compra de equipamentos e na proposição de serviços especializados devem passar pelos testes da CG.

3. A premissa básica da TOC é de que todo sistema complexo é fácil de gerenciar (simplicidade inerente) e normalmente tem uma restrição ou elo mais fraco. Essa restrição determina a produtividade ou o ganho da clínica. Teoricamente, a principal restrição das clínicas odontológicas deve ser o dentista, mas às vezes a restrição pode ser um aparelho de raio X, um aparelho de tomografia computadorizada ou um microscópio nas clínicas de endodontia ou a limitação de espaço físico em cidades metropolitanas, por exemplo, em que o espaço disponível é pequeno e extremamente caro. Se o dentista estiver enfrentando ociosidade, presume-se que a restrição esteja no mercado, o que significa que talvez ele não esteja atraindo pacientes para o consultório ou que a restrição seja interna e esteja impedindo o fluxo dos pacientes através do principal recurso com restrição, o dentista.

    Normalmente, é fácil mapear as diferentes etapas pelas quais o paciente precisa passar em nosso sistema para obter tratamento dentário. Portanto, podemos estimar aproximadamente o tempo requerido por cada etapa e os atrasos habituais no fluxo dos pacientes ao longo dessas etapas. Isso pode nos oferecer uma visão geral do local em que a restrição se encontra. Se o paciente tiver de passar por um ortodontista, periodontista e endodontista para concluir o tratamento, podemos presumir que o consultório do ortodontista será a principal restrição porque o tratamento ortodôntico é o mais longo. Podemos nos surpreender com a possibilidade de algumas vezes o tempo de atravessamento para uma consulta com um endodontista ser de três meses.

O tratamento como um todo pode levar uma semana, mas o tempo total da passagem do paciente pelo consultório do endodontista é de três meses e uma semana. Essa pode ser a principal restrição à conclusão do tratamento do paciente. O tratamento não concluído só é considerado ganho quando todo o serviço é finalizado de acordo com as expectativas de satisfação do paciente.

4. Decidir como explorar a restrição. Focalizamos os meios para tornar nossa restrição eficaz e eficiente. Suponhamos que nossa restrição seja o tempo do dentista. Precisamos utilizar eficaz e eficientemente o tempo do dentista. Eficácia corresponde a uma ação deliberada de enfocar os segmentos corretos do composto de produtos atendendo apenas ao grupo de pacientes escolhido. Eficiência corresponde ao número de pacientes atendidos em um tempo determinado sem afetar a qualidade do serviço. Frequentemente, as decisões quanto à eficácia são tomadas com base no valor de um procedimento específico, como um implante dentário. Na maioria das vezes, vários outros fatores, como o precioso tempo do dentista, custos de investimento, custos totalmente variáveis e custo de oportunidade, em que precisamos abrir mão dos procedimentos de restauração para realizar o implante, não são considerados na tomada de decisão. A fórmula para tomar uma decisão sobre o *mix* de produtos (em quais procedimentos devemos nos concentrar) normalmente é simples: ganho (G)/unidade na restrição ou tempo do dentista. Ao comparar um grupo de procedimentos com outros ou ao considerar os pacientes encaminhados a um especialista em comparação a aprender a realizar o procedimento internamente, a fórmula anterior pode servir de apoio para a tomada de decisões. A eficiência do dentista aumenta quando tomamos cuidado para não desperdiçar seu precioso tempo em atividades não relacionadas ao tratamento do paciente.

   a. Utilização do conceito de *kit* completo, segundo o qual todos os preparativos são feitos para que o dentista realize o tratamento do paciente. Isso abrange equipamentos, instrumentos, exames laboratoriais, radiografias e informações sobre os pacientes fornecidas por outros especialistas ou profissionais, incluindo a autorização de um médico, se necessário.

   b. Os equipamentos e instrumentos precisam de planos de manutenção preventiva para que não ocorram defeitos imprevistos nos equipamentos.

   c. Utilização de um diagrama de fluxo padronizado, semelhante ao Suporte Básico de Vida (Basic Life Support – BLS) ou Suporte Avançado de Vida em Cardiologia (Advance Cardiac Life Support – ACLS), que delineia todas as etapas de tratamento empregadas. Isso ajuda toda a equipe a saber exatamente o que deve ser feito na etapa seguinte.

   d. A organização do local de trabalho garante que tudo tenha um lugar e tudo esteja em seu devido lugar.

   e. Os suprimentos estão sempre disponíveis quando o dentista está trabalhando; eles nunca acabam nem perdem a validade. Entretanto, não é solicitada uma quantidade exagerada de suprimentos para não aumentar a DO.

   f. Os equipamentos e suprimentos de emergência são periodicamente atualizados e verificados.

   g. O local de trabalho é meticulosamente limpo e convidativo ao trabalho.

   h. A qualidade do trabalho é fundamental porque, em vez de investir tempo em um novo procedimento essencial, perde-se tempo na reexecução dos procedimentos.

   i. O serviço de saúde tem muitas surpresas, como pacientes que chegam adiantados ou atrasados, mudanças nas expectativas dos pacientes e personalidade e estilo de comunicação dos pacientes e da equipe, e o procedimento pode sofrer alguns atrasos ou complicações inesperados. A equipe, que ajuda os dentistas a eliminar parte de sua carga de trabalho, pode faltar ou não ser confiável. Quando ocorrem mudanças na equipe, a nova equipe pode não ter as habilidades necessárias. É importante ter capacidade protetiva (capacidade para se ajustar à lei de Murphy e manter o fluxo dos pacientes) na equipe para que o tempo do dentista nunca seja desperdiçado. A capacidade protetiva corresponde a um conjunto de habilidades complementares ou a uma equipe complementar, que às vezes pode dar a entender que não está fazendo nada, mas na verdade ajuda a proteger o precioso tempo do dentista.

5. Subordinar todo o resto à decisão anterior: a dificuldade é controlar esse ambiente, no qual todo paciente é único e em que nunca existe um tempo previsível para concluir os serviços.

    a. Compreender que existem duas metas: uma para proteger o tempo do dentista e outra para garantir que o paciente não espere desnecessariamente por um tempo muito longo. Isso pode deixá-lo insatisfeito e esse obstáculo provocar perda de ganho.

    b. O tempo antes de o paciente entrar na sala do dentista é considerado o pulmão do dentista. O paciente pode estar presente antes de o dentista concluir o trabalho com o paciente precedente. A maioria dos dentistas tem pelo menos duas ou três cadeiras. Isso significa que durante o tempo necessário para registrar o paciente, tirar o raio X ou realizar e aprontar o exame laboratorial do paciente, outro paciente já estará pronto para ser atendido na segunda cadeira antes de o dentista ter finalizado seu trabalho com o primeiro. Se o dentista demorar muito para finalizar o trabalho do primeiro paciente, deve haver um sistema de alerta para informar a recepção, para que assim a equipe não deixe o paciente esperando desnecessariamente no laboratório. Se mais de dois procedimentos demorarem mais que o esperado e houver um logo tempo de espera, a equipe deverá ter um sistema para informar os pacientes a respeito desse atraso. O gerente de fluxo mantém os pacientes que já estão na clínica ocupados, com café, chá, revistas, TV ou Internet, na sala de espera. Ele admite o paciente no sistema somente quando o dentista consegue recuperar o terreno. Isso evita que a equipe realize várias atividades ao mesmo tempo e fique presa a um paciente quando nenhum trabalho está sendo realizado.

    c. Como todo paciente é único, o tempo de conclusão do tratamento de cada um pode ser diferente. Esse ambiente é semelhante ao ambiente de múltiplos projetos. Precisamos priorizar e ter um computador para calcular a utilização da equipe. O gerente de fluxo encaminha a equipe para diferentes centros de trabalho à medida que as necessidades mudam. No momento, esse *software* ainda não é oferecido para aplicações no sistema de saúde, mas está sendo desenvolvido.

    d. O gerenciamento do pulmão nos ajuda a identificar onde e por que ocorrem atrasos. Se o motivo da maioria dos atrasos for o fato de os dentistas não iniciarem seu trabalho no horário, podemos descobrir uma maneira de influenciar seu comportamento. Se os pacientes sempre chegam atrasados, podemos começar a lembrá-los de chegar 15 minutos mais cedo.

6. Elevar a restrição: assim que a empresa tiver aproveitado totalmente o tempo do dentista e subordinado todo o resto a esse tempo, é chegado o momento de elevar a restrição para o mercado contratando outro dentista. O mercado torna-se a principal restrição. Podemos começar a aplicar esses mesmos princípios de focalização para descobrir como aproveitar o mercado.

7. A última etapa é impedir que a inércia não se manifeste e se torne uma restrição. Quando a clínica começa a funcionar bem, todos ficam relaxados e satisfeitos com aquilo que conseguem realizar. Os processos e os sistemas começam a decair e as pessoas começam a perder o controle, e isso gera uma espiral descendente. Esteja atento para essa tendência.

32

TOC para os sistemas de saúde de amplo escopo

Julie Wright

Um paciente inicia sua consulta com um médico dizendo: "Doutor, sinto dor quando faço isto". O médico pergunta: "Por que você precisa fazer 'isto'"?, imitando o paciente.

"Porque preciso conseguir isto", responde o paciente, movendo-se pela sala. "OK, mas e se você pudesse conseguir 'isso' fazendo 'isto' diferente?"

"Isso daria certo", disse o paciente entusiasmado.

"Então você concorda... Se 'isto' dói, é melhor parar de fazê-lo e você terá tempo de se curar e ainda assim obter os resultados que você precisa, é isso?"

"Certamente... Obrigado, doutor!"

Introdução

Diferentemente da prática de medicina por médicos particulares, a prática de medicina nos sistemas de saúde de amplo escopo é um fenômeno relativamente novo. Como a industrialização concentrou as populações nas áreas urbanas, a medicina seguiu o exemplo e começou a ser praticada por grupos de médicos. Como a provisão coletiva de serviços médicos floresceu, avanços exponenciais no diagnóstico e tratamento dos pacientes fizeram com que a profissão médica se dividisse em especialidades. Hoje, o que ocorre com frequência é que um episódio de tratamento de um paciente depende de serviços de mais de um especialista para que chegue a uma conclusão satisfatória. Em virtude da divisão de especialidades, os pacientes muitas vezes são forçados a interagir com muitas pessoas e serviços diferentes para assegurar o tratamento holístico que seu estado clínico impõe.

Embora o fornecimento de serviços de saúde esteja tomando o rumo de um modelo mais holístico, as infraestruturas nas quais eles são oferecidos ainda são, em sua maior parte, segmentadas, e os pacientes em muitos casos são forçados a tolerar tempos de espera desnecessários entre o recebimento de serviços distintos.

O objetivo deste capítulo é mostrar o que necessita de mudança, o que os sistemas precisam tentar conseguir e como é possível começar a identificar as causas desses atrasos para eliminá-las, reestruturando com o tempo o fornecimento de serviços para que se adaptem à capacidade dos pacientes de absorver os tratamentos, não à sua tolerância para esperar.

Se conseguirmos fundir os vários serviços diferentes em uma abordagem holística, será possível aumentar a capacidade dos sistemas existentes, diminuir os custos gerais e melhorar a qualidade do tratamento do paciente, bem como o ambiente de trabalho das pessoas que se dedicam a essa profissão. A meta é saber como parar de fazer o que dói e substituir as atitudes e os comportamentos do presente por práticas melhores e mais eficazes que tragam benefícios a todos.

Copyright © 2010 Julie Wright.

Por que mudar

Por que os sistemas de saúde precisam melhorar

Se examinarmos com a devida atenção, poderemos perceber que existem organizações de saúde de amplo escopo de todos os tipos, portes e formatos. Para ser considerada prestadora de serviços de saúde de amplo escopo, uma organização deve estar apta a lidar com um amplo espectro de distúrbios humanos desde a prevenção, doença e trauma acidental a quase todos os estados clínicos intermediários. Algumas doenças precisam de tratamento urgente, enquanto outras necessitam de tratamento de longa duração. Alguns sistemas também podem oferecer outros serviços especializados, de reprodução assistida a assistência paliativa e de correção de defeitos congênitos a, talvez, engenharia genética em zigotos.

A localização do fornecimento de assistência também pode variar amplamente; desde instalações de alta tecnologia, terciárias e multiespecialistas em áreas urbanas a clínicos gerais que atuam sozinhos em áreas rurais, todos contribuem para os sistemas de saúde de amplo escopo que nós todos utilizaremos ao longo da vida.

Alguns hospitais têm salas de emergência (SEs) e alguns não. Eles existem em diferentes tamanhos para se adequar às necessidades da população que está sendo atendida; e alguns até têm autorização para realizar diferentes atividades para diferentes níveis de trauma. Algumas SEs são a porta da frente da única instalação de saúde existente em um raio de quilômetros e em outros casos o médico local é o cirurgião da sala de emergência e clínico geral. Em alguns casos, o clínico geral é quem toma conta dos serviços do hospital, ainda que não exerça nenhuma atividade nesse lugar.

Existem instalações que se preocupam em oferecer assistência a uma gama bastante restrita de doenças, como os centros e clínicas de diagnóstico independentes que oferecem serviços para cirurgias eletivas, caso em que o paciente não corre risco de vida.

Dentro de determinados limites, as organizações de saúde de amplo escopo oferecem tratamentos alternativos, e alguns deles estão ganhando credibilidade e sendo absorvidos pela medicina científica ocidental.

Uma organização de saúde de amplo escopo pode ser um imenso grupo que abrange hospitais, clínicas, farmácias, serviços de transporte de pacientes, clínicas de repouso, instalações de reabilitação, centros de diagnóstico, com amplos escritórios administrativos distantes das áreas clínicas, e algumas exercem atividades internacionais que não estão restritas a fronteiras e políticas internacionais. Entretanto, elas podem ser também uma associação informal entre quaisquer tipos de tratamento clínico ou cirúrgico unidos por uma disposição cooperativa em oferecer apoio mútuo aos pacientes.

Elas podem ser organizações sem fins lucrativos administradas pelo governo – por exemplo, serviços das forças armadas, órgãos beneficentes ou medicina socializada – ou empresas com fins lucrativos, ou então uma variação de todos os tipos de modelo de negócio existentes entre esses dois extremos do espectro. Uma mistura de serviços com e sem fins lucrativos pode existir e funcionar lado a lado em uma organização de saúde de amplo escopo.

Essas organizações podem ter outra dimensão – algumas são religiosas e outras são seculares; muitas são afiliadas a instituições educacionais, como os hospitais-escola anexados às escolas de medicina, ou são empresas de capital fechado administradas totalmente pelo proprietário.

Seja qual for o composto de serviços e provisões de um sistema de serviços de saúde particular, todos têm uma necessidade em comum, isto é, de ser capaz de gerar caixa ou obter dinheiro para funcionar. Mesmo os prestadores de serviços sem fins lucrativos altamente motivados não terão desígnio algum se não tiverem uma margem operacional. As organizações com e sem fins lucrativos não conseguem funcionar com prejuízos financeiros, seja qual for sua fonte de receitas: honorários, donativos, doações etc. Em muitos países, as organizações sem fins lucrativos podem obter incentivos e isenções fiscais favoráveis. Outra diferença importante entre as atividades com e sem fins lucrativos é que os lucros gerados pelas organizações sem fins lucrativos não são pagos como dividendos aos acionistas, tal como aquelas com fins lucrativos são obrigadas a fazer. O lucro ou margem é destinado à manutenção e ao desenvolvimento da organização. Portanto, uma organização sem fins lucrativos, ou uma "organização que não paga dividendos" talvez seja uma descrição mais precisa, não conseguirá cumprir sua missão se não estiver apta a gerar lucro ou uma margem de lucro.

Desse modo, independentemente do porte, do tipo, da localização, da missão ou da diretriz de uma organização de saúde de amplo escopo, todas elas enfrentam todos ou um misto de problemas idênticos:

- Crescimento e envelhecimento populacional – isso se traduz em mais pacientes e em uma demanda crescente por parte de uma mesma população.
- Menos dinheiro – na medida em que as exigências de maior valor, qualidade e quantidade aumentam e o montante dos gastos de saúde permanece o mesmo ou diminui.
- Mais recursos tecnológicos – para acompanhar os avanços no campo da medicina e em sua administração.
- Maiores expectativas – de um consumidor cada vez mais bem informado, na maior parte das vezes em virtude do acesso a informações médicas pela Internet.
- Maior concorrência – particularmente nas sociedades mais desenvolvidas.
- Necessidade de fornecer novos serviços médicos a populações que atualmente são mal atendidas.
- Oferta insuficiente de clínicos – a oferta tanto de médicos quanto de enfermeiros é globalmente escassa.
- Uma população mais móvel que é capaz de disseminar doenças mais rápido do que em qualquer época anterior.

A saúde é um setor que nunca perderá sua base de clientes enquanto a raça humana sobreviver e é um dos mais regulamentados do mundo, se não o mais regulamentado. Ele emprega a força de trabalho mais qualificada do mundo e, em alguns casos, oferece os salários mais altos e mais baixos em comparação a qualquer outra profissão.

Em resumo, as organizações de saúde de amplo escopo podem ser tão difíceis de categorizar quanto nós mesmos o somos e seus problemas podem ser tão diversos quanto as doenças que estamos suscetíveis a enfrentar.

Tendo em vista a imensa diversidade existente nos sistemas de saúde, o único modelo preciso que pode ser deduzido dos sistemas de saúde de amplo escopo é o de uma caixa-preta em que as pessoas entram como paciente e da qual elas podem sair com variados graus de estado de ser modificados, que incluem desde um atestado de perfeitas condições de saúde à morte.

A meta do sistema de saúde

A raça humana tem um apetite insaciável pelos cuidados de saúde. Esse apetite vai bem além do tratamento e atinge o âmbito da prevenção. Normalmente se reconhece que é "melhor prevenir do que remediar" – quando isso é possível. A vacinação e as práticas de vida saudável melhoram a expectativa de vida, mas até o momento raramente em quantidade suficiente para desobrigar a competência clínica de tratar aqueles que precisam de assistência. Independentemente da forma de assistência, socializada ou particular, ainda existem setores em todas as populações que podem se beneficiar de uma quantidade maior de sistemas de saúde profissionais globalmente. Portanto, todo sistema de saúde de amplo escopo precisa de capacidade complementar para tratar mais pacientes.

A tecnologia médica continua avançando, em muitos casos a um ritmo mais rápido do que o sistema de prestação de serviços consegue levar esses avanços para os pacientes. O advento da Internet ofereceu ao público um nível de acesso sem precedentes a notícias sobre novos tratamentos e a ferramentas de diagnóstico *on-line* e os *sites* especializados em medicina estão oferecendo instruções aos pacientes bem mais do que antes. As expectativas que estão sendo alimentadas em relação à profissão médica são as mais altas já experimentadas e não é provável que elas suavizem em um futuro próximo. O setor de saúde está sofrendo grande pressão para tratar melhor os pacientes e obter resultados mais eficazes do que no passado.

Na prática de medicina, o tempo com frequência é um fator vital. A necessidade de tratamento imediato para traumas muitas vezes é bem atendida. Porém, mesmo nas sociedades mais desenvolvidas as SEs recebem apoio em vista do vaivém nem sempre previsível dos pacientes que se apresentam para tratamento. Em contraposição, os avanços obtidos na descoberta precoce, em diagnósticos mais precisos e em tratamentos mais eficazes de doenças menos agudas mas mais prolongadas e crônicas aumentaram – em alguns, casos exponencialmente – o número de pessoas que precisam de tratamento, apoio e medicação permanentes. Com a elevação das expectativas, a tolerância ao tempo que as pessoas estão preparadas para aguardar uma consulta médica é menor. Em comparação ao passado, existe uma necessidade urgente de tratar os pacientes mais cedo.

A Internet também deu ao público acesso aos dados sobre o desempenho dos sistemas de saúde. Por meio de mensurações e *benchmarking*, hoje muitas áreas da medicina podem ser examinadas minuciosamente pelos consumidores. A escolha, mesmo em alguns sistemas de saúde socializados, está se tornando rapidamente um direito visível do consumidor de serviços de saúde do mundo inteiro. Em alguns países, a assistência médica é considerada um direito humano básico que traz consigo direitos legais e estatutários para o indivíduo.

Como os bons médicos e grande porcentagem das instalações de saúde estão experimentando um aumento na demanda e alguns serviços de péssimo desempenho estão lutando para atrair pacientes, é imprescindível que os prestadores de serviços de saúde continuem melhorando no presente e no futuro.

Por isso, a meta global do sistema de saúde é *tratar mais pacientes, mais adequadamente e mais cedo no presente e no futuro.*

O que mudar

Por onde começar: governo ou instalações?

Existem várias opiniões sobre como o sistema de saúde deve ser financiado e quem deve ser responsável pelos serviços que ele oferece.

O sistema de saúde socializado tem muito a ser louvado e muito a ser censurado. O mesmo se pode dizer da medicina privatizada. O único censo que se pode obter razoavelmente sobre o melhor mecanismo para controlar o financiamento e gerenciamento dos sistemas de saúde é que hoje nenhuma forma é a melhor e todos os métodos empregados até o momento parecem ser inadequados para oferecer qualquer medida de "custo-benefício"

Lidar com os problemas que o sistema de saúde enfrenta no âmbito governamental de qualquer país é um procedimento longo e laborioso que, com demasiada frequência, resulta em concessões* (*compromises*) insatisfatórias.[1] Pouquíssimas pessoas ou organizações trabalham em uma esfera de influência grande o suficiente para ter um impacto

---

* N. de T.: Como a definição do verbo *compromise* dada pela autora, segundo o *Encarta*, pode dar margem a uma interpretação incorreta do termo *compromise* (concessão), gostaríamos de defini-lo com base no *Longman Dictionary*: acordo a que se chega depois que todos os envolvidos aceitam menos do que a princípio desejavam. Por esse motivo, optamos por *concessão*.

[1] *Compromise* (substantivo): algo aceito em vez de desejado. *Compromise* (verbo): diminuir o valor de alguém ou de algo. *Encarta Dictionary* (inglês), América do Norte, julho de 2009.

significativo em nível nacional ou legislativo sobre o fornecimento de cuidados de saúde. Se nós, enquanto indivíduos ou organizações, esforçarmo-nos por mudar o sistema de saúde de cima para baixo, por meio de representantes de nossos governos, teremos uma tarefa enorme em mãos com pouquíssima probabilidade de sucesso.

Contudo, aqueles de nós que trabalham ou dão consultoria a instalações de saúde de fato têm chance de fazer diferença. Por esse motivo, precisamos reconhecer as limitações de nossa esfera de influência e devemos estar preparados para trabalhar dentro dela.

Diferentemente do setor industrial, a saúde é um setor que, em sua maior parte, está preparado para compartilhar suas melhores práticas e ideias e processos de melhoria porque ele reconhece a necessidade, mesmo entre instalações de saúde concorrentes, de contribuir para a meta comum de tentar tratar mais pacientes, mais adequadamente e mais cedo no presente e no futuro. Essa abertura apoia os inúmeros periódicos e publicações que dão cobertura aos avanços médicos e ao gerenciamento do sistema de saúde. O setor de saúde admite, abertamente, sua necessidade de melhorar e está preparado a considerar e compartilhar ideias e processos que o ajudem concretizar essa melhoria. Todavia, existe uma quantidade exagerada de casos em que a "solução milagrosa" para um determinado sistema ou instalação é adotada por outra instalação sem que se compreenda totalmente por que na verdade ela conseguiu tamanho sucesso. Em virtude da intensa necessidade dos gestores e administradores do setor de saúde de melhorar o desempenho de suas instalações, muitos deles se tornaram vítima de consultorias e metodologias que:

- Não abordam o problema básico e, portanto, não obtêm as melhorias operacionais realizadas em outras instalações de saúde.
- Não geram um retorno eficaz sobre o investimento.
- São estranhamente familiares para o pessoal mais antigo que afirma "já ter visto tudo isso antes".
- Não levam em consideração as preocupações e ressalvas das pessoas que devem implementar as mudanças.

Entretanto, essas experiências não conseguiram mitigar a percepção do setor de que deve existir uma maneira mais adequada de gerenciar esses sistemas e gerar resultados melhores.

É essa percepção que evidencia o imperativo para que as instalações e os sistemas de saúde continuem procurando, adaptando e adotando novas metodologias de melhoria.

Do mesmo modo que com todas as compras, a advertência precisa ser "compradores, fiquem atentos"; a menos que a instalação ou o sistema seja capaz de provar para si mesmo que sabe qual é seu problema básico e o motivo subjacente pelo qual a maioria (em torno de 70%) de seus sintomas existe e que a solução proposta conseguirá tratá-los, eles introduzirão um paliativo que melhorará apenas uma pequena parcela do sistema e muito provavelmente uma área em que as melhorias gerarão mais problemas em outras áreas. Alguns exemplos comuns desses comportamentos são:

- Decidir melhorar a capacidade de uma *sala de cirurgia* (SC) para processar mais pacientes em uma instalação que não tem uma equipe de UTI grande o suficiente para oferecer cuidados aos pacientes pós-operatórios. Com isso, corre-se o risco de escalar pessoal inseguro e de ter de convocar de última hora uma equipe complementar, gerando despesas adicionais para a instalação de saúde.
- Decidir melhorar o ganho na sala de emergência e ignorar as necessidades do processo de alta. Isso, por sua vez, gera a necessidade de estender o tempo de admissão (pacientes que ficam aguardando em macas) no departamento porque não há camas vagas para transferi-los.
- A decisão de um conselho inteiro de adotar um método de gerenciamento de listas de espera que se demonstrou eficaz para reduzir os tempos de espera de uma instalação que estava funcionando com 65% de capacidade em uma instalação que já estava tra-

balhando com 95% de sua capacidade. O resultado foi um programa extremamente caro, mas inadequado para gerar as melhorias necessárias em virtude da falta de capacidade, e um grupo de funcionários insatisfeitos que foram obrigados a encontrar outro trabalho quando a unidade sofreu cortes.

Essa propensão para adotar programas de melhoria com pouco ou nenhum conhecimento sobre os efeitos sistêmicos não é incomum. Porém, quando são adotadas melhorias sistêmicas que conseguem incorporar as necessidades diferenciadas de determinadas instalações, elas podem gerar resultados estarrecedores; melhorias como aumento do fluxo de pacientes atendidos (ganho) para níveis que superam em muito as expectativas, com pouca ou nenhuma ampliação na quantidade de recursos.

Com a aplicação do conjunto de ferramentas da TOC em uma instalação de saúde, é possível distinguir os problemas básicos de cada área, alinhar a equipe para que ela se prepare para assumir um papel ativo nas melhorias sistêmicas e tirar total proveito da disposição inerente do setor em disseminar as melhores práticas para outras instalações.

A natureza orgânica das instalações de saúde

Com o passar do tempo, as instalações de saúde ampliam-se e algumas vezes encolhem de acordo com as necessidades locais e a disponibilidade de clínicos.[2] À medida que as instalações asseguram os serviços de especialistas médicos, sua infraestrutura desenvolve-se para atender às necessidades desses especialistas e de seus pacientes. Essas necessidades podem também mudar com o tempo, à proporção que os regimes de tratamento desenvolvem-se e transformam-se em ofertas de serviços clínicos aos pacientes.

Uma boa maneira de evidenciar a natureza orgânica dos grandes sistemas de saúde é observá-los de cima para baixo nas instalações de saúde. Os hospitais, mesmo os novos, passam por ampliações físicas contínuas, acrescentando alas, torres e outros prédios aos serviços internos em constante expansão. Diferentemente das unidades de produção, poucos hospitais podem arcar com o luxo de suspender seus serviços enquanto essas ampliações ou restaurações são construídas em virtude da necessidade de oferecer atendimento dia e noite.

A necessidade de trabalhar em um ambiente em constante mudança apresenta problemas para a equipe e igualmente para os pacientes. Como a instalação física dos hospitais muda com o passar do tempo, seus sistemas operacionais também se adaptam para apoiar a composição variável de especialistas clínicos e novos regimes de tratamento. Com muita frequência, a quantidade de mudanças em vigor em um determinado momento em uma única instalação é muito grande para um acompanhamento eficaz. Isso é particularmente verdadeiro em instalações que têm uma sólida cultura de gerenciamento em silos; uma cultura em que o estilo de gerenciamento predominante é departamental, vertical e hierárquico. Esse estilo de gerenciamento evoluiu na maioria das instalações de saúde e é amplamente reconhecido que essas organizações são muito grandes para serem gerenciadas de maneira sistemática.

A "máquina humana do sistema de saúde"

Ao longo dos anos, o setor tem sido capaz de automatizar vários processos e, ao fazê-lo, aumentar a precisão e, portanto, a estabilidade e qualidade dos produtos gerados. Atualmente, podemos desfrutar exatamente dos mesmos produtos em todos os continentes do mundo com a confiança de que sua qualidade não variará.

Embora muitos serviços de apoio utilizados no sistema de saúde tenham se beneficiado e continuem a se beneficiar do avanço tecnológico, a interação entre paciente e médico é um fator da saúde que não será possível substituir por serviços automatizados.

---

[2] Ao longo deste capítulo, a palavra clínico é empregada para representar *todos os profissionais que prestam serviços médicos aos pacientes, incluindo médicos, enfermeiros, técnicos etc.*

A telemedicina e as consultas remotas têm seu lugar, mas são soluções de compromisso para oferecer aos pacientes e aos respectivos profissionais de saúde acesso a uma comunidade mais ampla de clínicos. Esses avanços tecnológicos não substituem as consultas pessoais que podem oferecer ao clínico uma percepção bem mais profunda do estado clínico do paciente e, portanto, de suas necessidades de diagnóstico e tratamento subsequentes.

Muitas tentativas têm sido empreendidas para padronizar os processos que moldam a interação entre paciente e clínico. Contudo, embora os resultados dessas interações possam ter algo em comum, a rota a diferentes níveis de compreensão e os estilos de comunicação raramente são os mesmos de paciente para paciente.

A necessidade de uma comunicação eficaz entre clínico e paciente está ganhando reconhecimento nas escolas de medicina e enfermagem a ponto de muitas delas, se não todas, oferecerem instrução sobre comunicação entre paciente e clínico. Em algumas escolas, esses programas exigem uma nota mínima para obter qualificação.

Esses programas são uma prova de como os sistemas de saúde dependem de que os indivíduos que trabalham neles ofereçam às pessoas que trabalham diretamente com os pacientes e umas com as outras meios de comunicação eficazes e capacidade para adaptar a comunicação necessária a um estilo que contribua para a obtenção dos melhores resultados clínicos possíveis.

Em resumo, os resultados favoráveis associados com as iniciativas de melhorias no sistema de saúde são bem mais prováveis quando as "unidades de processo" (as pessoas responsáveis pela prestação do serviço) conseguem reconhecer, compreender e resolver problemas locais relativamente simples por meio da utilização do processo de pensamento crítico, habilidades de comunicação e métodos de trabalho.

Treinando a equipe a resolver eficazmente os problemas e lhes oferecendo uma taxonomia de gerenciamento de conhecimento e uma linguagem subsequente que possa ser empregada em problemas sistêmicos mais amplos, é possível obter resultados bem mais favoráveis do que com a aplicação de soluções sistêmicas para padronizar ou melhorar apenas o processo operacional.

A evolução constante da força de trabalho

Como o sistema de saúde depende tanto de pessoas, ele tem uma missão permanente de oferecer serviços por meio de uma força de trabalho que evolui e muda constantemente. Essa é uma profissão que tem planos de carreira claramente definidos e uma cultura de aprendizagem permanente. À medida que outras necessidades dos pacientes são reconhecidas, o escopo e profundidade essenciais da aprendizagem se ampliam. É a capacidade de continuar aprendendo que subjaz à natureza adaptativa dos profissionais de saúde e é responsável pelo que esse serviço tem de mais sólido.

Seja qual for a configuração do hospital, seus profissionais podem mudar rapidamente os serviços que são realizados de acordo com os limites físicos do hospital para atender às necessidades de seus pacientes. Embora isso ocorra todos os dias e em todas as instalações de saúde despercebidamente, o comportamento adaptativo é mais evidente em épocas de desastres de ampla repercussão; uma instalação concebida para tratar pacientes com doenças crônicas de longo prazo pode ser transformada em um centro de triagem de vítimas; uma unidade concebida para tratar crianças pode oferecer assistência a adultos; uma clínica odontológica pode abrigar militares feridos. A função de uma instalação depende mais das habilidades das pessoas que trabalham nela do que da planta física em que elas trabalham.

Além disso, a capacidade da equipe de enfrentar os desafios das circunstâncias prevalentes é o maior desafio gerencial no sistema de saúde atualmente.

Quando os sistemas de saúde de amplo escopo preparam-se para tratar mais pacientes, mais adequadamente e mais cedo, no presente e no futuro, eles se deparam com a missão de alinhar uma força de trabalho que tem uma variedade ampla e evolutiva de habilidades clínicas e interpessoais para fazer a organização em que trabalham seguir em frente.

A realidade do sistema de saúde

Com relação ao gerenciamento, o sistema de saúde associa dois tipos de gerenciamento de projetos; aquele em que os pacientes são "processados" ao longo do sistema – todo paciente pode ser classificado como um projeto porque raramente as necessidades simultâneas de tratamento dos pacientes são idênticas – e o dos projetos de melhoria operacional, como a introdução de prontuários eletrônicos, diminuição dos tempos de espera etc.

O efeito de qualquer iniciativa de melhoria, sobre esses dois tipos de gerenciamento de projetos que se baseiam no fluxo de trabalho, deve melhorar de forma geral a eficácia para concretizar um ou, idealmente, mais de um dos seguintes objetivos:

Aumentar a receita, fornecendo à instalação mais recursos para:

- atender a uma quantidade maior de pacientes;
- melhorar a qualidade dos serviços oferecidos;
- diminuir o tempo de espera dos pacientes;
- melhorar continuamente.

Quando as pessoas que dedicam a maior parte de seu tempo ao atendimento direto dos pacientes são encarregadas de atividades dos projetos de melhoria operacional, elas com frequência são solicitadas a realizar o que pode ser descrito imprecisamente como atividades "extracurriculares", na medida em que muitas vezes elas precisam cavar um tempo entre suas obrigações de prestar assistência ao paciente para executá-las. Quando os indivíduos são encarregados de tomar parte desses dois tipos de "projeto", em muitos casos eles sobrem imensa pressão. Ao mesmo tempo em que eles sentem que devem ser leais aos seus pacientes, eles precisam melhorar o sistema que em algum momento os ajudará a oferecer um atendimento de melhor qualidade ou mais rápido para seus futuros pacientes.

Diferentemente do ambiente de produção, o setor de serviços depende muito mais das pessoas para obter os resultados desejados e essenciais para o sucesso. Em setores como o de serviços bancários, seguro, lazer e de serviços semelhantes, é possível padronizar muitos dos processos de acordo com o ambiente de produção, um traço que muitos departamentos nas instalações de saúde copiam. Entretanto, o "produto" acabado resultante poderia ser, digamos, uma apólice de seguro ou férias; existem mecanismos inerentes que podem ser adaptados ou ajustados para atender às necessidades dos consumidores. Contudo, no serviço de saúde, o produto acabado é bem menos previsível e os produtores são bem menos capazes de avaliar a eficácia de suas atividades porque com frequência eles dependem tanto das questões emotivas e experienciais do episódio de atendimento dos pacientes quanto da ciência e tecnologia empregadas para satisfazer as necessidades de saúde de seus "clientes." É o elemento humano tanto das "unidades de produção" quanto da "matéria-prima" que aumenta imensamente a probabilidade de variação no gerenciamento do sistema de saúde e gera problemas básicos[3] que podem ser difíceis de prever e mais difíceis de generalizar sem a utilização de ferramentas analíticas eficazes.

Para compreender totalmente o problema básico genérico do sistema de saúde como um setor, é necessário analisar suficientemente a fundo para identificar uma causa comum que leve em conta todas as amplas variações apresentadas por um serviço que oferece um atendimento extremamente individualizado às pessoas.

---

[3] O *TOCICO Dictionary* (Sullivan et al., 2007, pp. 21-22) define *problema básico* como "Um fato, conflito ou falso pressuposto que é a causa de pelo menos 70% dos efeitos indesejáveis na realidade atual do sistema em estudo. Ponto de vista: Um problema básico pode ter três manifestações: 1. um fato – por exemplo, 'a eficiência é empregada como principal medida nas operações'; 2. o conflito entre D e D' no diagrama de conflito – por exemplo, 'D (utilizar eficiências locais como medida principal) e D' (não utilizar eficiências locais como medida principal)'; ou 3. um falso pressuposto é responsável pelo conflito – por exemplo, 'Um recurso que fica ocioso é um grande desperdício'". (© TOCICO 2007. Utilizada com permissão. Todos os direitos reservados.)

O problema básico do sistema de saúde deve abranger totalmente os problemas enfrentados pelas pessoas e também pelos processos operacionais empregados no sistema.

Para confirmar essa afirmação, é preciso examinar os programas de melhoria adotados por sistemas de saúde de amplo escopo aparentemente homogêneos representados por sistemas socializados no país como um todo.

É comum as entidades de gerenciamento predominantes dos sistemas de saúde socializados insistir na adoção de determinados métodos de gerenciamento que geraram benefícios para algumas de suas instalações, com frequência por meio de projetos piloto.

O que esses projetos quase que inevitavelmente ignoram é a problema básico atual real de cada instalação.[4] Ao fazê-lo, eles pressupõem que, pelo fato de um projeto X ter funcionado tão bem em uma determinada instalação, repeti-lo gerará os mesmos resultados em todos os outros locais.

O que não é estabelecido antes de iniciar esses projetos é o problema básico de cada instalação e se o projeto proposto eliminará o problema básico corrigindo o conflito subjacente ou se ele abordará apenas os problemas e sintomas menos importantes (efeitos indesejáveis) que são gerados pelo conflito.

Técnicas atuais de resolução de problemas

Nem tudo que pode ser contado conta e nem tudo que conta pode ser contado.
– Albert Einstein

Muitas instalações de saúde conduzem uma variedade de programas para tentar reunir e abordar os problemas ou os *efeitos indesejáveis*[5] (EIs) enfrentados pela equipe e pelos pacientes, mas poucos, quando muito, são capazes de concluir eficazmente esse processo de um modo que satisfaça todos os envolvidos.

Muitas vezes é possível levantar pontos negativos em forma de problemas para os gerentes de linha, mas com demasiada frequência a reação da administração assume a forma de um levantamento ou análise numérica dos dados que tenta quantificar a amplitude do problema levantado e que muitas vezes deixa os problemas aparentemente menos importantes intactos nas iniciativas de melhoria subsequentes.

O que frequentemente não se reconhece durante essas atividades é o grau de impacto que alguns problemas comportamentais podem ter sobre um sistema. Mesmo quando esses problemas são levantados, não raro eles são considerados uma "realidade da vida" que deve ser tolerada e não abordada.

Muitas instalações investigam os "acontecimentos adversos" e a eficácia dos tratamentos por meio de um tipo de análise de causa e efeito e implementam mudanças frequentemente operacionais com base nos resultados dessa análise. Esse método é

---

[4] Quando falamos sobre uma iniciativa de melhoria com os funcionários, muitas vezes eles dizem: "Isso nunca vai funcionar aqui. Somos diferentes". Preste muita atenção aos motivos que os funcionários alegam que farão a iniciativa fracassar; provavelmente ele está certo. Talvez você não esteja abordando o problema básico; talvez não esteja compreendendo o que poderia obstruir essa iniciativa etc.

[5] O *TOCICO Dictionary* (Sullivan *et al.*, 2007, p. 11) define *efeito indesejável* como "Um aspecto negativo da realidade atual definido em relação à meta organizacional ou do sistema ou às suas condições básicas. Os EIs são considerados um sintoma visível de uma causa subjacente, um problema básico ou um conflito básico mais profundo". Uso: Algumas características de um EI bem enunciado são: 1. um enunciado completo sobre uma única consequência que não contém as seguintes palavras/frases: 'e', 'por causa de' ou 'em consequência de'; 2. um efeito que está sob a esfera de controle da administração; 3. algo que existe na realidade da organização exatamente como é enunciado; 4. algo que é negativo por si só, sem depender de nenhum outro fator; 5. não é uma suposta causa nem uma suposta solução do conflito básico da organização ou de seu principal dilema. A maioria dos EIs, se não todos, deve aparecer como entidade dentro da árvore da realidade atual". (© *TOCICO* 2007. Utilizada com permissão. Todos os direitos reservados.)

inerente no sistema de saúde como um todo, tanto no âmbito de gerenciamento médico quanto no operacional. Essas análises muitas vezes servem de base para os modelos de melhores práticas que rapidamente estão se tornando os métodos de medição do desempenho dos clínicos e das estruturas de pagamento. Contudo, as análises de causa e efeito com frequência são empregadas para analisar acontecimentos excepcionais ou isolados e em muitos casos não vão suficientemente a fundo para abranger os efeitos negativos desses incidentes que de outra forma não são relatados – elas não conseguem trazer à tona a causa básica mais profunda do problema, tal como mostrado na Figura 32.1.

Além disso, algumas instalações não têm nem mesmo um método eficaz para levantar esses pontos negativos. Algumas delas têm uma cultura que espera que a equipe descubra soluções em nível local. Novamente, essas soluções estão bem distantes da causa do problema.

Esses métodos de resolução de problema geram barreiras operacionais entre departamentos que acabam os isolando ainda mais em silos operacionais e desincentiva a cooperação sistêmica.

Adaptando as soluções do setor para o sistema de saúde

Para tentar racionalizar o oferecimento de cuidados de saúde, muitos prestadores estão recorrendo ao setor industrial para obter modelos de melhoria. Eles com frequência consideram a variação que eles enfrentam como um problema que precisa ser erradicado, empregando metodologias como o Seis Sigma e a produção enxuta (Lean). Em alguns casos, a utilização dessas metodologias é totalmente apropriada *quando* o problema básico de uma instalação é um tipo de restrição que pode ser enfocado eficazmente por meio dessas metodologias e puder contribuir para a meta de que as instalações tratem mais pacientes, mais adequadamente e mais cedo no presente e no futuro. Entretanto, se a utilização de uma determinada ferramenta de gerenciamento violar *qualquer* uma das condições da

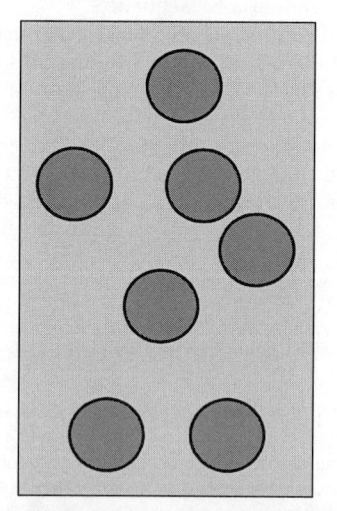

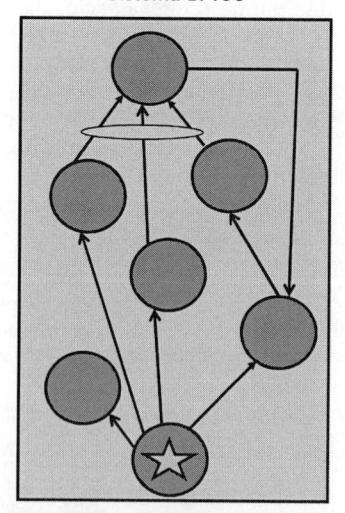

Utilizando as ferramentas lógicas de causa e efeito da TOC — representadas pelo sistema B — para mapear as relações entre os sintomas, é possível concentrar os recursos para solucionar um problema sistêmico por vez, em lugar de vários problemas específicos isolados.

FIGURA 32.1 Utilizando as ferramentas lógicas da TOC. Fonte: © E. M. Goldratt, 1999. Viewer Notebook 137. Utilizada com permissão. Todos os direitos reservados.

meta ou se exigir uma solução de compromisso, ela não será *a* ferramenta da qual a instalação precisa para se aperfeiçoar sistematicamente.

Como o sistema de saúde é predominantemente voltado para as pessoas, a maioria dos problemas que exigem a atenção da equipe é gerada pelas interações entre as pessoas. O "ruído" precisa ser significativamente diminuído para que as pessoas que trabalham no sistema comecem a reconhecer e a ter convicção suficiente para abordar os problemas operacionais que necessitam de solução. Enquanto isso não ocorrer, as "pessoas vão continuar sendo pessoas" e retrocederão a antigos hábitos de trabalho, como agir com protecionismo, prevenir-se contra possíveis traições e dizer quem merece ser culpado. A fim de diminuir o "ruído interpessoal" de um sistema, é necessário diagnosticar por que esse ruído está sendo gerado.

Tanto quanto um médico utiliza os sintomas apresentados por um paciente para fazer um diagnóstico, o que é preciso para identificar o problema básico de uma instalação de saúde é uma rigorosa análise de causa e efeito dos sintomas dos quais o sistema está padecendo. Os sintomas de um sistema são os EIs que estão sendo experimentados pelas pessoas dentro do sistema.

Com frequência, a análise de dados numéricos não revelará sintomas comportamentais; na verdade, ela oferecerá uma medida da consequência do efeito de uma mistura de sintomas, ao passo que um conjunto de EIs verbalizados oferece uma percepção sobre as questões comportamentais e operacionais que, analisadas com metodologias rigorosas de causa e efeito, podem ser utilizadas para expor o problema básico responsável por sua existência.

Reunir uma quantidade suficiente de EIs verbalizados para deduzir o problema básico de uma instalação, deve haver um ambiente seguro para que as pessoas que estão sofrendo esses EIs expressem suas preocupações. Elas precisam de orientações para ajudá-las a descrevê-los de maneira precisa, de modo que não culpem os seus colegas, mas ofereçam uma descrição clara da consequência de ações e processos errôneos, e não resultem em futuras recriminações.

Assim que se estabelecer uma forma segura, é necessário assegurar que as preocupações que estão sendo levantadas sejam tratadas de uma forma eficaz.

Se houvesse uma estrutura segura e um mecanismo eficaz para compreender e lidar com esses pontos negativos sistêmicos, haveria bem menos "ruídos interpessoais" e menos problemas operacionais. Portanto, o problema básico por trás das instalações de saúde é a *falta de uma estrutura e de um mecanismo por meio dos quais os pontos negativos possam ser levantados e abordados de forma eficaz* (Wright e King, 2006).

É essencial ter tanto uma estrutura quanto um mecanismo porque uma estrutura sem um mecanismo eficaz para identificar e corrigir as causas dos EIs seria ineficaz, do mesmo modo que um mecanismo não aborda a maioria dos pontos negativos em nível sistêmico.

Quando existissem uma estrutura e um mecanismo eficazes em uma instalação, os EIs ou sintomas experimentados seriam uma preocupação mínima e a instalação seria capaz de aprimorar com os seguintes resultados:

- Uma quantidade mínima de contratempos no atendimento ao paciente.
- Uma força de trabalho cooperativa.
- Funcionamento da instalação com uma capacidade ótima, gerando ou assegurando o máximo possível de receita.
- A equipe clínica seria capaz de dedicar quase todos os seus dias de trabalho ao tratamento dos pacientes.
- Os serviços administrativos estariam subordinados aos serviços clínicos, provocando uma interrupção e tempos de espera mínimos na interação entre paciente e clínico.
- Uma necessidade consideravelmente menor de os clínicos participarem de programas de melhoria administrativa.

Para o que mudar

Onde a restrição deve residir no sistema de saúde?

Em sistema de saúde ideal, não haveria nada para impedir que o recurso com restrição – os clínicos – maximizasse o tempo que ele passa com os pacientes. Na verdade, os clínicos *precisam* ser a restrição.

Essa restrição só será eliminada *quando* houver capacidade clínica suficiente para tratar *todos* os pacientes da comunidade, com os melhores métodos disponíveis, tão logo eles necessitem.

Se uma instalação não tem uma equipe clínica suficiente, a restrição tem de ser o índice de recuperação dos pacientes. Nessas circunstâncias, o único fator que deve impedir o fluxo do paciente pelos serviços dos profissionais de saúde deve ser a capacidade do paciente para se curar ou recuperar, sem que o sistema ou o clínico imponha um tempo de espera.

Essas restrições ambiciosas estão longe de ser caras; elas são as restrições que os prestadores de serviços de saúde e seus gerentes devem esforçar-se por estabelecer em sua instalação.

Entretanto, para atingir essas metas ambiciosas, é essencial enfocar o problema básico subjacente.

Criando uma organização em um processo de melhoria contínua

No sistema de saúde, o problema mais sério da falta de estrutura e mecanismo para levantar e abordar eficazmente os pontos negativos é mais fácil de ser compreendido como o conflito ou dilema pessoal que está sendo vivenciado pelas pessoas afetadas. Elas ficam presas ao dilema pessoal descrito no diagrama de evaporação das nuvens[6] apresentado na Figura 32.2.

Esse diagrama de evaporação das nuvens é lido da seguinte maneira:

Para [A] Tratar mais pacientes, mais adequadamente e mais sedo no presente e no futuro, preciso [B] Contribuir com meus conhecimentos especializados para a melhoria de nossa instalação; e para [B] Contribuir com meus conhecimentos especializados para a melhoria de nossa instalação, eu desejo [D] Levantar ressalvas sobre as mudanças propostas.

Entretanto, para [A] Tratar mais pacientes, mais adequadamente e mais cedo no presente e no futuro, eu preciso [C] não desperdiçar meu tempo (usar meu tempo o mais produtivamente possível) e, para [C] Usar meu tempo o mais produtivamente possível, eu [D'] não quero levantar ressalvas sobre as mudanças propostas.

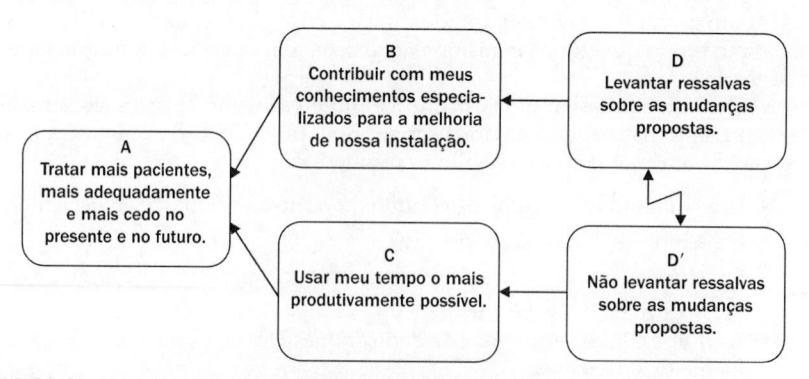

FIGURA 32.2 Contribuição com conhecimentos especializados.

---

[6] O diagrama de evaporação das nuvens é apresentado na Parte VI ("Processo de Pensamento") deste livro.

Obviamente, D e D' estão em conflito direto, um dilema simples de "fazer ou não fazer".

Alguns dos pressupostos por trás das setas desse diagrama são tais como na Tabela 32.1.

Como esse dilema é tão predominante no sistema de saúde, as pessoas que trabalham nele com frequência não conseguem priorizar eficazmente as exigências em relação ao seu tempo e resolvem esse dilema permanente aceitando uma carga de trabalho administrativa cada vez maior. Esse é um costume que é aceito como uma realidade da vida no sistema de saúde porque tem se tornado cada vez mais comum junto à força de trabalho.

Como as pessoas sentem-se obrigadas a aceitar essa realidade da vida, elas tentam concluir todo o trabalho que é esperado delas e muitas vezes são forçadas a aceitar uma solução de compromisso trabalhando durante mais horas e assumindo mais atividades e responsabilidades que não têm reconhecimento e em muitos casos não são pagas, em comparação àquelas para as quais elas foram contratadas, na maioria das vezes em detrimento de sua vida pessoal.

Em contraposição, as pessoas que se recusam a se sujeitar a isso muitas vezes são consideradas obstrutivas e não cooperativas.

Em ambos os casos, a incapacidade ou relutância dessas pessoas em levantar objeções contra a mudança proposta ou em propor soluções substitutas é prevalecente. E se não existe capacidade para resolver esse dilema de uma forma que não comprometa as necessidades essenciais de B e C, não é possível concretizar eficazmente a meta do sistema de saúde de tratar mais pacientes, mais adequadamente e mais cedo no presente e no futuro.

Esse dilema é gerado pelo fato de a equipe muitas vezes não ser capaz de resolver vários dos problemas criados por qualquer um ou por uma associação dos seguintes fatores:

- Conflitos interpessoais
- Programações/agendas conflitantes
- Recursos insuficientes
- Processos operacionais ineficazes
- Políticas errôneas

Esses problemas existem por causa do problema subjacente mais profundo da falta de estrutura e mecanismo para levantar e abordar eficazmente os pontos negativos.

Tabela 32.1 Pressupostos para apresentar ou não apresentar ressalvas sobre a iniciativa de mudança proposta

Parte superior do diagrama de evaporação das nuvens B-D			
Para [B] Contribuir com meus conhecimentos especializados para nossa instalação, eu desejo [D] Levantar ressalvas sobre as mudanças propostas.	Porque, se eu não apresentar minhas ressalvas, provavelmente as mudanças terão um impacto negativo sobre meu trabalho e depois será tarde demais para reclamar.	Porque ninguém mais tem o conhecimento que eu tenho para levantar as ressalvas.	Porque ao levantar ressalvas também terei condições de oferecer conselhos.
Parte inferior do diagrama de evaporação das nuvens C-D'			
Para [C] Usar meu tempo o mais produtivamente possível, eu [D'] Não levanto ressalvas sobre as mudanças propostas.	Porque apresentar ressalvas (por e-mail ou telefone) será um convite para outra reunião prolongada.	Porque participar das reuniões em que minhas ressalvas precisam ser apresentadas para se tornarem efetivas tomará muito do meu tempo.	Porque, ao apresentar ressalvas sobre mudanças, normalmente acabamos ficando com uma carga de trabalho maior, e eu não tenho tempo para isso.

Oferecendo uma estrutura segura e um mecanismo eficaz

A TOC oferece inúmeros métodos diferentes para identificar o problema básico de um sistema, e todos eles conseguem obter o mesmo resultado de chegar ao problema básico, o qual, após uma análise mais aprofundada, pode ser expresso como um conflito básico.

Embora seja possível identificar o conflito básico de uma organização por meio de um dos processos analíticos mais diretos da TOC, como a análise das três nuvens,[7] esse processo talvez não ofereça a amplitude de análise necessária para atender à necessidade de uma estrutura de âmbito sistêmico para expressar os problemas. É necessário oferecer à equipe um mapa relacional abrangente para mostrar de onde suas próprias experiências emanam e como os comportamentos subsequentes que elas são obrigadas a exibir são uma consequência da forma como o sistema está estruturado e funciona.

Quando o sistema que está sendo analisado depende mais amplamente de pessoas, e não de processos mecânicos e unidades de processo, é preciso adotar uma abordagem mais detalhada para identificar o problema básico.

Nesse estágio do processo, a equipe não tem nem tempo nem habilidade para identificar o problema básico da própria instalação em que trabalha; portanto, é necessário oferecer à equipe tanto uma estrutura quanto um mecanismo.

O pessoal de cada instalação deve compreender o que ele precisa mudar[8] para que seja possível elaborar planos para facilitar a mudança. Em qualquer instalação, poucas pessoas, quando muito, têm uma ideia clara de como suas atividades atuais geram problemas e da magnitude do impacto desses problemas sobre todo o sistema. Por isso, é necessário encontrar uma maneira de reunir as evidências dos problemas da forma mais eficaz possível, com o mínimo de impacto prejudicial sobre o tratamento dos pacientes.

Os problemas devem ser expressos de modo que se explique claramente seu efeito sobre o sistema. Esperar que a equipe saiba fazer isso sem treinamento é absurdo. Por esse motivo, a melhor forma de reunir as declarações que contribuirão para os futuros enunciados dos EIs a ser utilizados na análise subsequente da TOC é deixar que profissionais e adeptos treinados da TOC realizem entrevistas breves com cada membro da equipe.

Devem ser realizadas entrevistas de 20 a 30 minutos em um ambiente seguro e privativo e os entrevistados devem ser tranquilizados de que suas contribuições não lhes serão atribuídas pessoalmente e que a análise final não incluirá os nomes dos colaboradores.

Antes das entrevistas, os participantes devem ser informados de que sua contribuição não faz parte de uma caça às bruxas, de que não é um processo que tem a intenção de culpá-los ou culpar seus colegas. Esse obstáculo pode ser abordado eficazmente dando ao entrevistado uma breve descrição dos três pressupostos básicos da TOC.

1. **Todos os sistemas são simples**, se compreendidos incorretamente.
2. **Não existe nenhum conflito na realidade**, apenas pontos de vista diferentes sobre a realidade.
3. **As pessoas desejam fazer o bem**; isso é particularmente verdadeiro no sistema de saúde e, com frequência, é o ponto de vista do sistema ou das pessoas que as força a se comportar de uma forma insensata.

---

[7] O *TOCICO Dictionary* (Sullivan et al., 2007, pp. 27-28) define *método das três nuvens* como "Um método relativamente rápido de desenvolvimento da árvore da realidade atual (ARA), no qual o desenvolvedor identifica três efeitos indesejáveis (EIs) aparentemente independentes, cria um diagrama de evaporação das nuvens (EN) para cada um deles e sintetiza os três EIs em um único denominado diagrama de conflito básico (DCB)". (© *TOCICO* 2007. Utilizada com permissão. Todos os direitos reservados.)

[8] O *TOCICO Dictionary* (Sullivan et al., 2007, p. 50) define *sequência da mudança* como "Os três estágios que precisam ser concluídos para uma gestão bem-sucedida da mudança em um sistema. Essa sequência responde as três seguintes perguntas: 1. O que mudar?, 2. Para o que mudar? e 3. Como causar a mudança?" (© *TOCICO* 2007. Utilizada com permissão. Todos os direitos reservados.)

Explicando brevemente que esses são os pressupostos do processo do qual eles estão participando e que sua contribuição será confidencial, a maioria concorda imediatamente em tomar parte. A princípio, os participantes sabem intuitivamente que o sistema deve e pode ser melhorado e, quando isso for feito, eles serão capazes de oferecer serviços de melhor qualidade e mais rápidos aos pacientes. Além disso, eles também concordam que, para mudar o sistema, eles reconhecem a necessidade de participar e apoiar o processo proposto.

Os participantes são então solicitados a falar para os entrevistadores sobre os problemas (EIs) que eles vivenciam em sua vida profissional. Essas declarações são anotadas pelos entrevistadores.

Nesse estágio da análise, o tempo é a restrição atual dos entrevistados. Portanto, os profissionais da TOC precisam subordinar a programação da entrevista às necessidades da instalação de saúde.

É também essencial entrevistar uma série de membros da equipe, de executivos a médicos, enfermeiros, técnicos e pessoal de apoio administrativo e de atendimento. Além de captar as declarações da estrutura vertical, é igualmente fundamental reunir as declarações de diferentes áreas. Muitos entrevistados representarão ambos os aspectos de uma instalação.

Construindo a árvore da realidade atual[9] (ARA) de uma instalação

O objetivo da ARA é determinar o problema básico de um determinado sistema, que, nesse caso, é uma instalação específica. A ARA que abrange toda a instalação oferece uma "fotografia instantânea" abrangente e bastante detalhada que mostra claramente a inter-relação dos problemas que estão sendo enfrentados pela equipe e pelos pacientes.

Como as palavras são empregadas como principal fonte de "dados", a ARA incorpora facilmente detalhes comportamentais, questões operacionais, políticas e regras. Podem ser incluídos números, se eles forem necessários para respaldar determinados pontos, mas o produto de uma ARA é uma explanação por escrito da existência de problemas cotidianos e das respectivas causas.

O processo de construção da ARA começa com a redação da relação lógica de causa e efeito entre EIs intimamente relacionados. Continuar a incorporar todos os EIs dessa forma oferece aos leitores uma visão geral única e reveladora de sua organização e a possibilidade de reconhecer padrões sistêmicos no comportamento que está sendo exibido pela equipe e de compreender porque eles existem.

Transformando as declarações dos entrevistados em EIs

Muitas das declarações coletadas durante o processo de entrevista serão duplicatas. Elas podem ser cotejadas e representadas como um único EI. Algumas declarações parecem ser comentários independentes. Com frequência, eles são citações diretas de um participante e, sempre que possível, devem ser generalizados.

Nenhuma declaração deve ser descartada nesse estágio, visto que elas podem ser essenciais para a análise, por mais que elas pareçam inconvincentes. Algumas podem até parecer descrições de pontos positivos, e não de pontos negativos. Porém, se o colaborador o considerou negativo, ele deve ser incluído na etapa seguinte da análise para confirmar sua tendência.

---

[9] O *TOCICO Dictionary* (Sullivan *et al.*, 2007, p. 14) define *árvore da realidade atual* (ARA) como "Diagrama lógico de processo de pensamento baseados em suficiência que facilita a resposta da primeira pergunta na sequência da mudança, isto é, 'o que mudar?'. A ARA é um diagrama que mostra as relações de causa e efeito existentes entre o problema básico e a maioria ou todos os efeitos indesejáveis (EIs)". (© TOCICO 2007. Utilizada com permissão. Todos os direitos reservados.)

Construindo a ARA

Empregando uma rigorosa lógica de causa e efeito e as *categorias de ressalva legítima* (CRLs),[10] os EIs são associados para revelar o problema básico, que pode ser expresso como um diagrama para descrever o conflito básico[11] da instalação de saúde.

Durante o processo, é necessário ter contato contínuo com o patrocinador da instalação que está acostumado a confirmar a lógica empregada para formular a ARA, o problema básico e o conflito básico.

Esfera de influência

Se formulada corretamente, a ARA identificará as restrições interna e externa. Durante o processo de apuração das informações e depois que a ARA, o problema básico e seu conflito básico subjacente forem confirmados, é preciso conscientizar a equipe da instalação sobre a necessidade de se programar para trabalhar dentro de sua esfera de influência, das áreas de atividade consideradas delimitadas sobre as quais a equipe, inclusive os executivos, tem autoridade para realizar mudanças autônomas. Uma instalação pode estar enfrentando uma restrição legislativa ou corporativa que sua equipe não tem nenhuma capacidade de influenciar no momento. Tentar fazer isso nesse estágio desperdiçará o tempo e esforço necessários para tratar os pacientes.

Contudo, a capacidade para abordar as restrições corporativas melhorará assim que os executivos da instalação forem capazes de demonstrar que sua habilidade para oferecer uma melhoria ainda maior está sendo obstruída por políticas corporativas, momento em que a direção geral ficará interessada em saber como a instalação tem conseguido gerar melhorias notáveis no fluxo (ganho) dos pacientes.

A maioria das ARAs de uma instalação revelará vários problemas de comportamento errôneo que estão sendo motivados por comportamentos, políticas e procedimentos[12] que em algum momento precisarão ser enfrentados. Nesse estágio do processo, o perigo é que a equipe desejará abordar essas questões isoladamente – em vigor, ela desejará retroceder para abordar os sintomas em contraposição ao problema básico.

Como causar a mudança

Treinando as unidades de processo

Assim que o problema básico, seu conflito subjacente e suas relações causais com respeito aos inúmeros EIs isolados forem identificados e confirmados pelos contatos (patrocinador e equipe principal) na instalação, é o momento de começar a treinar os funcioná-

---

[10] O *TOCICO Dictionary* (Sullivan *et al.*, 2007, p. 8) define *categorias de ressalva legítima* (CRLs) como "Regras para examinar minuciosamente a veracidade e a correção lógica dos diagramas lógicos do processo de pensamento. Sete ressaltas lógicas são agrupadas em três níveis. Nível 1: ressalva de esclarecimento. Nível 2: ressalvas de existência da causalidade e existência da entidade. Nível 3: ressalvas de insuficiência de causa, causa adicional, existência do efeito previsto e inversão de causa e efeito (tautologia)". (© *TOCICO* 2007. Utilizada com permissão. Todos os direitos reservados.) As CRLs são apresentadas no Capítulo 25.

[11] O *TOCICO Dictionary* (Sullivan *et al.*, 2007, p. 14) define *conflito básico* como "Conflito sistêmico que provoca a grande maioria dos efeitos indesejáveis na realidade atual do sistema em estudo. O conflito básico muitas vezes é inerentemente genérico e pode ser deduzido por meio da generalização de diversos conflitos subjacentes aos efeitos indesejáveis que persistem no sistema". (© *TOCICO* 2007. Utilizada com permissão. Todos os direitos reservados.)

[12] Por exemplo, enfermeiros precisam ter dois gráficos – manter registros de um mesmo evento no papel e no computador. Outro exemplo poderia ser um atraso inaceitável no fornecimento de produtos de consumo pelas lojas para as áreas de tratamento, o que poderia forçar a equipe a pedir suprimentos para outras áreas ou a tomá-los emprestado.

rios (gerentes, clínicos e pessoal de apoio) a se preparar para superar o problema básico da instalação.

As necessidades de treinamento incluem uma visão geral sobre a TOC e como ela aborda os problemas. As pessoas que precisam ser treinadas são as que trabalham na instalação de saúde e serão necessárias à introdução das mudanças essenciais para superar o conflito sistêmico. Em muitos casos, isso exigirá que pessoas de todos os níveis da instalação sejam treinadas, visto que a ARA mostrará claramente os efeitos de longo alcance do problema básico já enraizado.

Para isso, o treinamento deve oferecer aos treinados oportunidade para tentar encontrar uma solução para os problemas existentes utilizando exercícios dirigidos por meio das três ferramentas comportamentais básicas da TOC:[13]

1. A evaporação das nuvens [14]
2. A ramificação negativa[15]
3. A meta ambiciosa[16] – um derivado da árvores de pré-requisitos[17] desenvolvido para a TOC.

A utilização repetida dessas três ferramentas melhorará a capacidade da equipe para superar vários problemas não sistêmicos e interpessoais que os membros enfrentam ao longo do dia de trabalho.

O processo de melhoria contínua

Oferecendo uma base de conhecimentos para atingir a meta no presente

A nuvem

A nuvem oferecerá aos membros da equipe as habilidades de pensamento crítico das quais eles precisam para:

- Tomar decisões de ganha-ganha eficazes.
- Compreender e facilitar a interpretação delas e de outras pessoas a respeito das situações.
- Resolver dilemas e conflitos de vários níveis – pessoal, departamental etc.

---

[13] A Parte VI, sobre o processo de pensamento, mostra como essas ferramentas do processo de pensamento são utilizadas.

[14] O *TOCICO Dictionary* (Sullivan *et al.*, 2007, p. 21) define *evaporação das nuvens* (EN) como "Diagrama lógico baseado em necessidade que descreve e ajuda a resolver conflitos de uma maneira que gere uma solução 'ganha-ganha'. Ele tem duas principais aplicações. Primeiro, como método estruturado para facilitar a descrição e resolução de um conflito. Segundo, como parte do método das três nuvens para criar uma nuvem de conflito básico que forma a base da árvore da realidade atual". (© TOCICO 2007. Utilizada com permissão. Todos os direitos reservados.)

[15] O *TOCICO Dictionary* (Sullivan *et al.*, 2007, p. 34) define *ressalva da ramificação negativa* (RRN) como "Efeito secundário adverso ou indesejável que pode ser provocado por uma injeção e, portanto, comprometer os efeitos positivos da solução ou injeção proposta para um problema". (© TOCICO 2007. Utilizada com permissão. Todos os direitos reservados.)

[16] http://www.tocforeducation.com/teach3.html.

[17] O *TOCICO Dictionary* (Sullivan *et al.*, 2007, p. 38) define *árvore de pré-requisitos* (APR) como "Diagrama lógico baseado em necessidade que facilita a resposta da terceira pergunta na sequência da mudança, isto é, 'como causar a mudança?'. A APR mostra a relação entre as injeções, os objetivos intermediários ou a meta ambiciosa e os obstáculos à implementação das injeções. A APR inclui os objetivos intermediários necessários para superar os obstáculos e mostra a sequência de acordo com a qual eles devem ser concretizados para que a implementação tenha êxito". (© *TOCICO* 2007. Utilizada com permissão. Todos os direitos reservados.)

- Ser um participante receptivo e condescendente quanto aos problemas de outras pessoas ou departamento.

Na Figura 32.3, vemos o exemplo de um problema habitual nos sistemas de saúde de amplo escopo que muitos enfermeiros vivenciam.

Quando os enfermeiros são designados aos pacientes, eles são responsáveis por seu tratamento e com frequência devem atender as várias das necessidades de seus pacientes. No entanto, quando as necessidades de dois pacientes coincidem, eles muitas vezes enfrentam o dilema quanto a quem eles devem cuidar e não raro são forçados a resolver esse dilema postergando o atendimento a um paciente em favor de outro.

Esse diagrama de evaporação das nuvens é lido da seguinte forma:

Para [A] Oferecer a melhor assistência possível aos meus pacientes, preciso [B] Finalizar a alta do paciente X e, para [B] Finalizar a alta do paciente X, eu desejo [D] Acompanhar o paciente X até o carro, às 10h.

Entretanto, para [A] Oferecer a melhor assistência possível aos meus pacientes, preciso [C] Auxiliar o paciente Y durante sua consulta com o médico e, para [C] Auxiliar o paciente Y durante sua consulta com o médico, eu desejo [D'] Estar com o paciente Y durante sua consulta às 10h.

Obviamente, o enfermeiro não consegue estar em dois lugares ao mesmo tempo.

A Tabela 32.2 mostra alguns dos pressupostos entre as *necessidades* dos enfermeiros, B e C, e *vontades*, D e D'.

Ao compartilhar essa nuvem, ficou evidente que a ocorrência desse dilema era comum nessa instalação. Segundo a maioria dos enfermeiros, eles haviam resolvido essa nuvem por meio da contestação do pressuposto "porque seu transporte já está reservado", entre B e D, e da reprogramação do transporte agendado para depois da consulta do paciente Y com o médico. Dessa forma, eles poderiam cumprir todas as suas obrigações – atender a todas as necessidades e cuidar da melhor forma que pudessem de seus dois pacientes.

Entretanto, ao ser informado sobre esse paciente, o serviço de transporte demonstrou grande interesse em revelar em que sentido essa decisão específica o afetou.

A ramificação negativa

A ramificação negativa pode lhes oferecer uma ferramenta de previsão para:

- Disponibilizar um processo por meio do qual as soluções propostas possam ser criticadas eficazmente.
- Diferenciar e abordar os pontos fracos dos planos propostos, eliminando, desse modo, a necessidade de rejeitá-los completamente e melhorar a ideia original.
- Servir de ferramenta de comunicação se houver necessidade de obter adesão.

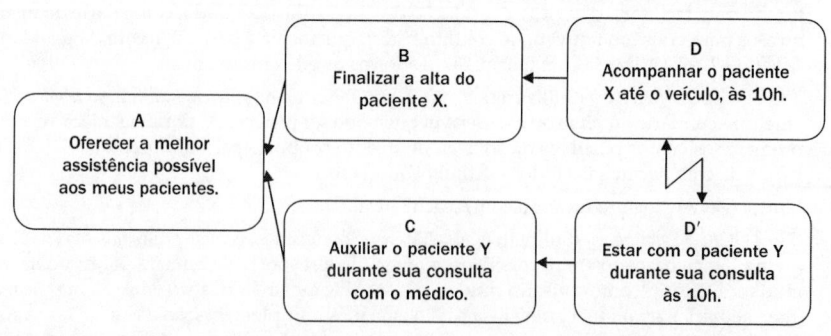

FIGURA 32.3 O dilema do enfermeiro.

Tabela 32.2 Pressupostos para atender ao paciente X ou ao paciente Y

Parte superior do diagrama de evaporação das nuvens B-D			
Para [B] Concluir a alta do paciente X, eu desejo [D] Acompanhar o paciente X até o carro às 10h.	Porque acompanhar os pacientes até a saída do prédio faz parte das minhas obrigações.	Porque seu transporte já está reservado.	Porque não há mais ninguém para acompanhá-lo.

Parte inferior do diagrama de evaporação das nuvens C-D'			
Para [C] preparar o paciente Y para a sua consulta com o médico, eu desejo [D'] estar com ele às 10h.	Porque ele está sob minha responsabilidade.	Porque eu conheço seu caso melhor que qualquer outra pessoa.	Porque ele não tem família nem amigos aqui para encorajá-lo.

Na Figura 32.4, vemos um exemplo simplificado de como o serviço de transporte utilizou a ramificação negativa para revelar seu ponto de vista sobre o problema do reagendamento de última hora dos horários.

Quando a equipe de enfermeiros analisou essa ramificação negativa e percebeu por que o preço dos serviços havia sofrido um aumento recente, eles contestaram a necessidade do prestador de serviços de transporte de ampliar o número de tripulantes (ponto em que a RRN tornou-se negativa) e, portanto, aumentar suas tarifas. Quando foi explicado à equipe de enfermeiros que havia sido necessário reagendar aproximadamente 20% de todos os agendamentos de alta dessa instalação específica, eles começaram a perceber que uma solicitação de mudança ocasional de cada um deles estava custando para a instalação mais do que eles haviam orçado.

Os enfermeiros reanalisaram seu dilema e resolveram examinar se era possível encontrar outra solução para reagendar o transporte no dia da alta do paciente, em especial porque os pacientes normalmente ficavam decepcionados quando remoção era postergada.

A ferramenta da meta ambiciosa

A ferramenta da meta ambiciosa é uma ferramenta de sequenciamento básico para:

- Oferecer uma forma de investigar o raciocínio por trás das ações propostas.
- Melhorar a compreensão sobre a necessidade de sequenciar e proteger o tempo de conclusão de atividades essenciais.
- Oferecer à equipe uma base para que possa programar sua contribuição pessoal para grandes projetos.

A Tabela 32.3 é uma versão simplificada da ferramenta da meta ambiciosa que os enfermeiros resolveram utilizar para examinar mais detalhadamente as atividades que ocorrem durante o processo de alta.

Eles resolveram contestar o pressuposto "Porque acompanhar os pacientes até a saída faz parte das minhas obrigações".

Quando os enfermeiros compartilharam essa informação com os gerentes do serviço de transporte, eles propuseram que seus tripulantes já eram qualificados para trazer os pacientes para o hospital, e isso significava que eram também qualificados para removê-los.

Assim que essa proposta foi examinada pelo departamento jurídico, os tripulantes do serviço de transporte passaram a apanhar os pacientes nos quartos ou na enfermaria

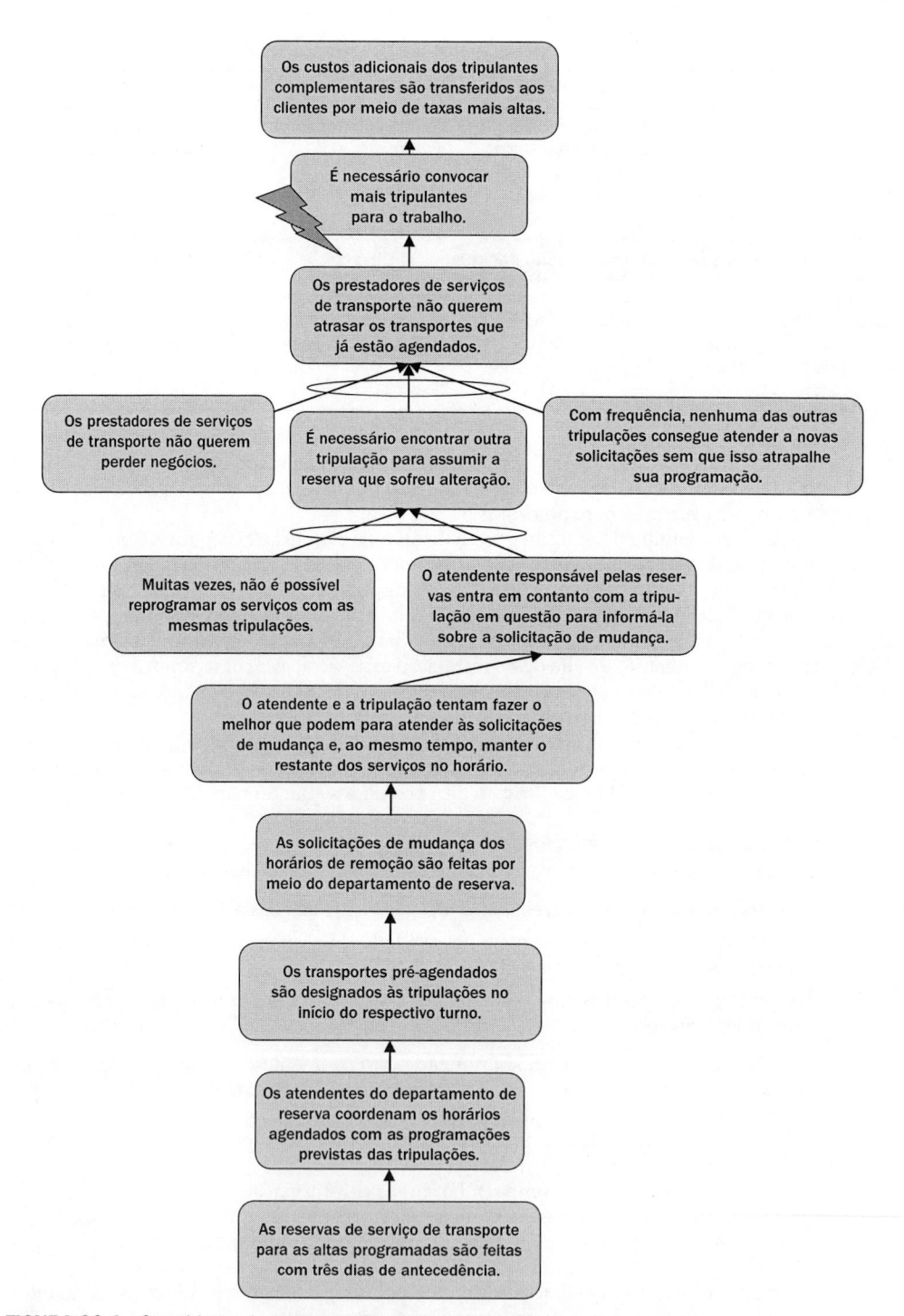

FIGURA 32.4 O problema da programação do transporte de pacientes.

Tabela 32.3 Os resultados da APR contestam o pressuposto "Porque acompanhar os pacientes até a saída faz parte das minhas obrigações"

Poder tratar mais pacientes, mais adequadamente e mais cedo no presente e no futuro		
Obstáculo	**Objetivo intermediário**	**Ação**
Os enfermeiros sentem-se obrigados a acompanhar seus pacientes até a saída do prédio.	Os enfermeiros cumprem sua responsabilidade de garantir que os pacientes sejam sempre acompanhados com segurança.	Encontrar outra pessoa adequadamente qualificada para acompanhar seus pacientes.
Os pacientes devem ser acompanhados até a saída do prédio de acordo com as políticas do hospital.	Os pacientes são acompanhados com segurança até a saída do prédio, ponto depois do qual o hospital não tem nenhuma obrigação legal de assistência.	Encontrar outra pessoa adequadamente qualificada para acompanhar seus pacientes até a saída do prédio.
Setenta e cinco por cento das viagens de alta reprogramadas devem-se a conflitos de horário dos enfermeiros.	No dia de alta dos pacientes, o transporte não deve provocar conflitos de horário para os enfermeiros.	Os enfermeiros despedem-se dos pacientes antes de eles saírem do quarto ou da enfermaria, e isso que lhes dá tempo suficiente para cumprir suas outras obrigações.
Aumentar o número de tripulantes eleva os custos gerais dos serviços de transporte.	Manter baixo o custo de transporte dos pacientes.	Não utilizar tripulantes complementares.

e os enfermeiros a encerrar suas obrigações no momento em que eles eram removidos, utilizando o tempo ganhado para tomar conta de outros pacientes.

Os resultados em termos gerais foram:

- Diminuição do custo do transporte dos pacientes que receberam alta.
- Tempo suplementar para os enfermeiros oferecerem assistência a seus pacientes.
- Diminuição considerável dos atrasos na programação de alta dos pacientes devidos a transporte.
- Quantidade bem menor de pacientes e parentes frustrados em virtude de atrasos desnecessários nas altas.
- Melhor relação de trabalho entre os enfermeiros e as tripulações de transporte.
- Antecipação e maior previsibilidade da disponibilidade de leitos.

Oferecendo uma base de conhecimentos para atingir a meta no futuro

Todo aluno da TOC precisa empregar essas três ferramentas uma quantidade de vezes suficiente para integrá-las em suas habilidades de raciocínio no dia a dia e sentirem-se tranquilos com sua utilização e para que elas se tornem a ferramenta de preferência de cada um quando eles se depararem com algum problema.

Assim que isso for possível, eles estarão preparados para participar da elaboração do plano sistêmico que abordará o problema básico da instalação. Os alunos estarão preparados para ajudar a gerar os efeitos desejados (EDs)[18]– a antítese dos EIs originais emprega-

---

[18] O *TOCICO Dictionary* (Sullivan *et al.*, 2007, p. 17) define *efeito desejado* (ED) como "Resultado positivo ou benéfico associado com o desempenho vigente ou futuro da organização. Com frequência, um ED é o oposto de um EI". (© *TOCICO* 2007. Utilizada com permissão. Todos os direitos reservados.)

dos para elaborar a ARA –, os quais serão utilizados para estabelecer os níveis inferiores da *árvore de estratégias e táticas* (E&T) específica da instalação.[19]

Lidando com o novo problema básico

Utilizando alguns dos problemas incluídos na ARA como exemplos trabalhados nos *workshops*, os alunos ficarão bastante familiarizados com a ARA e o conflito básico da instalação em que trabalham.

Para incitar a instalação como um todo, é necessário produzir uma E&T sistêmica utilizando esse conhecimento para preencher os níveis inferiores da árvore, cujas ações enfocarão o conflito básico sistêmico e colocarão a instalação em uma posição em que o patrocinador e a equipe estarão preparados para abordar os propósitos mais elevados da instalação, como:

- Reconhecer a necessidade de proteger o tempo da equipe que será usado para melhorar o fluxo de pacientes (ganho).
- Saber como a instalação conseguirá identificar e liberar a capacidade latente.
- Saber como apoiar a equipe na introdução de comportamentos produtivos.
- Saber como o raciocínio científico pode ser aplicado favoravelmente a sistemas abstratos.

A E&T específica da instalação também inclui, nos níveis mais altos, a identificação e incorporação na instalação do conhecimento das aplicações de nível mais alto da TOC que serão necessárias para obter melhorias de ganho sistêmicas.

Os cinco passos de focalização

Os cinco passos de focalização (Goldratt, 1990, Capítulo 11) é um método sistemático de cinco etapas empregado para melhorar continuamente a capacidade de um sistema para obter unidades da meta. As etapas são as seguintes:

1. IDENTIFICAR as restrições do sistema.
2. Decidir como EXPLORAR as restrições do sistema.
3. SUBORDINAR todo o resto à decisão anterior.
4. ELEVAR as restrições do sistema.
5. ADVERTÊNCIA!!!! Se, nos passos anteriores, uma restrição tiver sido eliminada, voltar ao primeiro passo, mas não deixar que a INÉRCIA torne-se a restrição do sistema.

Gerenciamento de projetos pela corrente crítica (GPCC)[20]

O GPCC é uma solução da TOC de planejamento, programação e gerenciamento de desempenho em ambientes de projetos. Essa solução é aplicada a dois ambientes bastante

---

[19] O *TOCICO Dictionary* (Sullivan *et al.*, 2007, p. 43) define *árvore de estratégias e táticas* (E&T) como "Diagrama lógico que abrange todas as entidades e as respectivas relações necessárias e adequadas para concretizar a meta de uma organização. A finalidade da árvore de E&T é trazer à tona e eliminar os conflitos que se revelam em virtude do alinhamento incorreto das atividades com as metas e os objetivos organizacionais". (© TOCICO 2007. Utilizada com permissão. Todos os direitos reservados.)

[20] O *TOCICO Dictionary* (Sullivan *et al.*, 2007, p. 15) define *gerenciamento de projetos pela corrente crítica* (GPCC) como "Solução da TOC de planejamento, programação e gerenciamento de desempenho em ambientes de projetos. Essa solução é aplicada a dois tipos diferentes de ambiente: os ambientes de um único projeto e os ambientes de múltiplos projetos em que os recursos são compartilhados simultaneamente entre vários projetos diferentes". (© TOCICO 2007. Utilizada com permissão. Todos os direitos reservados.) Consulte os Capítulos 3, 4 e 5 deste livro.

distintos – ambientes de um único projeto e ambientes de múltiplos projetos em que os recursos são compartilhados simultaneamente entre vários projetos diferentes.

Aplicação da cadeia de suprimentos sincronizada da TOC[21]

A solução de distribuição/reabastecimento da TOC é um método de distribuição puxada que consiste na definição de um tamanho de pulmão de estoque e em seguida na monitoração e no reabastecimento de estoque em uma cadeia de suprimentos com base no consumo real do usuário final, e não em uma previsão. Cada elo da cadeia de suprimentos mantém a demanda máxima prevista de acordo com o tempo médio de reabastecimento, levando em conta o nível de falibilidade no tempo de reabastecimento. Todo elo geralmente recebe o que foi usado, embora essa quantidade seja ajustada para cima ou para baixo quando o gerenciamento de pulmões detecta mudanças no padrão da demanda.

Tambor-pulmão-corda (TPC)[22]

O TPC é um método da TOC para programar e gerenciar etapas processuais sequenciais.

Gerenciamento de pulmões (GP)[23]

O GP é o método da TOC de identificação do *status* atual dos itens que atingem o gargalo e das causas de atraso desses itens. Essa ferramenta é empregada para direcionar as iniciativas de aceleração e melhoria local, as quais geram uma melhoria global.

O processo de pensamento da TOC[24]

O processo de pensamento é um conjunto de ferramentas lógicas que podem ser utilizadas independente ou associadamente para lidar com as três perguntas da sequência da mudança, isto é, "O que mudar?", "Para o que mudar?" e "Como causar a mudança?".

---

[21] O *TOCICO Dictionary* (Sullivan *et al.*, 2007, p. 17) define a *solução de distribuição/reabastecimento da TOC* como "Método de distribuição puxada que consiste na definição de um tamanho de pulmão de estoque e em seguida no monitoramento e no reabastecimento de estoque em uma cadeia de suprimentos com base no consumo real do usuário final, e não em uma previsão. Todo elo da cadeia de suprimentos mantém uma demanda máxima prevista no tempo de reabastecimento médio, fatorada pelo nível de falibilidade no tempo de reabastecimento. Todo elo geralmente recebe o que foi remetido ou vendido, embora essa quantidade seja ajustada para cima ou para baixo quando o gerenciamento de pulmões detecta mudanças no padrão da demanda. (© TOCICO 2007. Utilizada com permissão. Todos os direitos reservados.) Consulte os Capítulos 11 e 12 deste livro.

[22] O *TOCICO Dictionary* (Sullivan *et al.*, 2007, p. 18) define *tambor-pulmão-corda* (TPC) como "Método da TOC de programação e gerenciamento de operações. (© TOCICO 2007. Utilizada com permissão. Todos os direitos reservados.) Consulte os Capítulos 8, 9 e 10 deste capítulo.

[23] O *TOCICO Dictionary* (Sullivan *et al.*, 2007, p. 7) define *gerenciamento de pulmões* (GP) como "Mecanismo de *feedback* utilizado durante a fase de execução operacional, de distribuição e de gerenciamento de projetos que oferece um meio para priorizar os trabalhos, saber quando é necessário acelerar, identificar onde a capacidade protetiva é insuficiente e redimensionar os pulmões quando necessário". (© TOCICO 2007. Utilizada com permissão. Todos os direitos reservados.) Consulte o Capítulo 8 deste livro.

[24] O *TOCICO Dictionary* (Sullivan *et al.*, 2007, p. 46) define *processo de pensamento* como "Conjunto de ferramentas lógicas que podem ser utilizadas independente ou associadamente para lidar com as três perguntas da sequência da mudança, isto é, 1. O que mudar?, 2. Para o que mudar? e 3. Como causar a mudança? As ferramentas do processo de pensamento são: evaporação das nuvens, árvore da realidade atual, árvore da realidade futura, ressalva da ramificação negativa, árvore de pré-requisitos e árvore de transição" (© TOCICO 2007. Utilizada com permissão. Todos os direitos reservados.) Consulte os Capítulos 34 e 35 deste livro.

Deixando um legado da TOC

O objetivo desse programa é que os especialistas da TOC deixem em todas as instalações participantes o conhecimento necessário para manter o processo de melhoria contínua, por meio da aplicação frequente dos cinco passos de focalização, e o conhecimento e confiança internos para utilizar as aplicações da TOC até o momento em que elas estejam capazes de posicionar e gerenciar sua restrição de uma forma que maximize sua habilidade de lutar pela meta de tratar mais pacientes, mais adequadamente e mais cedo no presente e no futuro.

Resumo

Ao contrário da crença comum, a qualidade e o custo do fornecimento de serviços de saúde dependem muito mais das *pessoas* que prestam o serviço do que das infraestruturas nas quais elas trabalham. Formas de prevenção e tratamentos médicos de excelente qualidade podem existir nos ambientes mais básicos se as pessoas que estão prestando o serviço forem bem treinadas e instruídas e tiverem acesso aos suprimentos dos quais elas precisam. Contudo, as instalações, a infraestrutura e os prédios caros e bem planejados dos sistemas de saúde de amplo escopo não conseguirão oferecer assistência de boa qualidade, financeiramente acessível e oportuna se seu pessoal for obstruído pelo modo de funcionamento dos sistemas internos. Se essas organizações não conseguirem atender às necessidades de seus pacientes e de sua equipe, elas podem estagnar e perder a habilidade de realizar melhorias reais.

Com muita frequência, nos sistemas de saúde de amplo escopo, os projetos de melhoria não conseguem gerar os resultados esperados. Na maioria dos casos, isso não ocorre por falta de eficácia da metodologia empregada ou por falta de intenção nas pessoas que estão tentando melhorar as coisas, mas por uma falta de percepção sobre os problemas subjacentes que precisam ser abordados para resolver o impasse gerado por tantas tentativas malsucedidas de realizar melhorias. Além da necessidade de resolver o "impasse da melhoria", existe outro obstáculo à atividade diária dos hospitais e das clínicas que não é possível e provavelmente não será estancado. Diferentemente da linha de produção, não é possível paralisar uma clínica para uma modernização dos equipamentos se a demanda por seus serviços não puder ser satisfeita em outro lugar. O sistema de saúde é um carrossel de atividades em permanente movimento sobre os quais os programas de melhoria precisam se lançar e ter êxito *sem* interromper as atividades diárias de prestação de assistência.

Para oferecer os níveis de assistência aprimorados dos quais os pacientes necessitam, as iniciativas de melhoria operacional do sistema de saúde deve se subordinar ao emprego de subsistência dos profissionais de saúde. As pessoas que trabalham no setor de saúde devem ser capazes de integrar as mudanças que gerarão ganhos reais provocando o mínimo de contratempos para os pacientes e serviços. No entanto, antes da tentativa de mudança, as pessoas que devem implementá-la precisam ter oportunidade para expressar quaisquer preocupações que elas tenham e contribuir com seus conhecimentos e experiências em relação a qualquer mudança que se pretenda realizar nos processos que elas conduzem diariamente. Com demasiada frequência, o conhecimento operacional e a percepção da equipe não são procurados nem oferecidos. Porém, dar oportunidade às pessoas para que participem do planejamento dos projetos não é suficiente.

Em qualquer sala de emergência, uma equipe de pessoal de apoio bem treinada e experiente, médica e não médica, pode tratar vários pacientes com uma rapidez, precisão e alta qualidade de assistência inacreditáveis. Atribua aos membros dessa mesma equipe a responsabilidade de melhorar o gerenciamento do fluxo de pacientes na sala de emergência. Provavelmente a quantidade de soluções propostas para melhorar as coisas será igual ao número de pessoas que estão participando da discussão. Além disso, se houver médicos presentes, é provável que o número de sugestões dobre, na medida em que eles tentarão considerar os méritos dos pontos de vista opostos dentro de sua própria classe! Portanto, o que está faltando? Por que é tão difícil obter consenso e implementar iniciativas nos ambientes de cuidados de saúde? Com certeza não faltam metodologias, inteligência e capacidade. Muito simples, isso se deve à falta de linguagem e processos comuns para resolver os problemas de uma forma que promova o consenso entre todos os participantes sem a obrigatoriedade de fazer concessões quanto a nenhuma necessidade fundamental dos interessados.

Por meio de uma análise factual que abranja todo o sistema, sobre como os problemas prevalecentes o estão afetando e de que forma essas interações geram efeitos propagadores em todo o sistema, a equipe terá facilidade para reconhecer por que surgem determinadas dificuldades nas interações entre departamentos, divisões e recursos humanos. Com esse nível de análise, fica fácil, com frequência pela primeira vez na vida de uma instalação, demonstrar como os sistemas, as políticas e os procedimentos internos evoluíram e por que alguns deles estão superados ou são inapropriados para as necessidades atuais e, por isso, forçam as pessoas a se comportar de uma maneira muitas vezes insensata e algumas vezes ruim. Além disso, essa análise pode começar a abrir novos canais de comunicação e corrigir aqueles que estão deficientes ou não estão funcionando. Oferecer uma estrutura e um mecanismo no início de um programa de melhoria da TOC, em um sistema de saúde de amplo escopo, é uma forma convincente de demonstrar[25] como as ferramentas da TOC podem ser empregadas para começar a abordar eficazmente os EIs vivenciados pela equipe.

Tendo em vista a grande dependência em relação ao comportamento das pessoas, é bem improvável que os problemas básicos iniciais de cada uma das instalações sejam operacionais. Na verdade, eles serão comportamentais. É óbvio que existirão problemas operacionais em toda instalação. Porém, abordar o problema mais profundo da falta de uma estrutura e de um mecanismo por meio dos quais seja possível levantar pontos negativos e tratá-los eficazmente trará benefícios bem maiores quando a restrição tornar-se um problema operacional.

Se associado à ARA do sistema como um todo, o treinamento das pessoas nas três ferramentas básicas da TOC oferece à equipe a mentalidade da qual ela necessita para se tornar receptiva, decisiva e disposta a participar do desenvolvimento de novas soluções para os problemas há muito tempo existentes. Empregar essas ferramentas em questões diárias menos importantes elimina grande parte do "ruído" do sistema para revelar a "estrutura" dos problemas operacionais que residem na análise da ARA original e precisam ser abordados.

Percorrendo os cinco passos de focalização e treinando os instrutores para disseminar o conhecimento sobre essas três ferramentas dentro da instalação de saúde, é possível obter rapidamente melhorias exponenciais em todas as medidas necessárias e desejáveis nos sistemas de saúde de amplo escopo – ganho, custo, qualidade e tempo de espera –, para dessa forma conseguir tratar mais pacientes, mais adequadamente e mais cedo no presente e no futuro.

Prova de conceito

A autora deste capítulo teve oportunidade de aplicar esses princípios em um sistema de saúde de amplo escopo que conseguiu:

---

[25] Uma recente análise da ARA incorporou os EIs apresentados por 65 funcionários. Se tivesse sido necessário agendar uma entrevista de 30 minutos com cada um deles para que expressassem suas preocupações, isso teria consumido mais de 2 mil horas ao todo e eles não teriam descoberto o problema básico subjacente da instalação em que trabalham.

- Triplicar o fluxo de pacientes (ganho) com:
  - Apenas 5% de aumento nos recursos.
  - Um aumento sustentável de mais de 96% na qualidade do serviço.
  - Um aumento sustentável de mais de 96% na satisfação dos pacientes.
- E obteve:
  - Um lucro operacional (margem) no período de anos igual à receita do primeiro ano.

Essa organização não teve dificuldade para recrutar pessoal clínico e criar uma lista de espera de profissionais preparados para trabalhar com ela e continua gerando a margem necessária para concretizar sua missão no presente.

Referências

Goldratt, E. M. *The Haystack Syndrome: Sifting Information out of the Data Ocean*. Croton-on-Hudson, NY: North River Press, 1990.

Goldratt, E. M. *Goldratt Satellite Program Session 6: Achieving Buy-in and Sales*. Transmitido de Brummen, Holanda: Programa Satélite de Goldratt, 1999. Série em vídeo: 8 DVDs.

Sullivan, T. T., Reid, R. A. e Cartier, B. *TOCICO Dictionary*. 2007. http://www.tocico.org/resource/resmgr/files-public/toc-ico_dictonary_first_edit.pdf.

Wright, J. e King, R. *We All Fall down:Goldratt's Theory of Constraints for Healthcare Systems*. Great Barrington, MA: North River Press, 2006.

Sobre a autora

Depois de um estágio na área de engenharia e de vários anos de trabalho como solucionadora de problemas no Reino Unido, a premiada **Julie Wright** conheceu a TOC enquanto tentava melhorar suas habilidades empresariais como aluna universitária acima da idade de formação usual. Na Academia Avraham Goldratt em New Haven, Connecticut, ela teve oportunidade de associar sua experiência profissional com sua paixão pela área de saúde e comprometeu-se com uma meta de longo prazo que culminaria com a publicação de *We All Fall Down: Goldratt's Theory of Constraints for Healthcare*, que, segundo ela, descreve a etapa "O que mudar" do ciclo de melhoria da TOC para o sistema de saúde.

Depois de implementar bem-sucedidamente suas constatações no Reino Unido, Wright no momento trabalha em Dallas, Texas, como diretora de educação da TOC-Healthcare Inc., com a implementação da TOC em instalações de saúde de amplo escopo nos Estados Unidos e no exterior.

Há muito tempo voluntária da TOC for Education, Wright, assim como a maioria dos outros adeptos da TOC, afirma passar um tempo bem maior viajando e trabalhando em frente ao computador e pouquíssimo tempo descobrindo os lugares maravilhosos que ela visita para participar de eventos da TOC e trabalhar.

PARTE VIII
A TOC em Ambientes Complexos

CAPÍTULO 33
A teoria das restrições em organizações complexas

CAPÍTULO 34
Aplicações das árvores de estratégias e táticas nas organizações

CAPÍTULO 35
Ambientes complexos

CAPÍTULO 36
Associando produção enxuta, Seis Sigma e teoria das restrições para obter um grande salto de desempenho

CAPÍTULO 37
Utilizando a TOC em sistemas complexos

CAPÍTULO 38
A teoria das restrições para produtividade/ dilemas pessoais

Nesta parte são analisados exemplos sobre a implementação e os benefícios da TOC para ambientes particularmente complexos, como grandes corporações com fins lucrativos, organizações sem fins lucrativos e outros tipos de ambiente. As ferramentas do processo de pensamento, a árvore de estratégias e táticas (E&T), as mensurações e os cinco passos de focalização da TOC, bem como outros elementos dessa teoria, são aplicados em exemplos de casos reais que mostram como eles funcionam juntos como um sistema integrado de ferramentas para uma melhoria sustentável. Suas variadas aplicações incluem o setor industrial, instituições religiosas e melhoria da produtividade pessoal. Fatores como a integração da TOC com a produção enxuta (Lean) e o Seis Sigma e por que e como isso é feito são também analisados.

Em uma corporação grande e complexa, como pode o fluxo de ideias necessário para o desenvolvimento, a produção, a venda e a distribuição de um novo produto ser planejado e acompanhado em silos organizacionais? Até que ponto os executivos no topo da organização sabem que essas ideias estão fluindo da forma que deveriam e que os compromissos interorganizacionais estão sendo cumpridos? Como podem eles enxergar os problemas só depois que já é tarde demais para retomar? Essas são algumas das questões examinadas nesta parte. Além disso, como as árvores de estratégias e táticas são utilizadas para estruturar a direção estratégica de uma empresa que está se transformando para melhorar sensivelmente sua lucratividade? As árvores de estratégias e táticas genéricas são analisadas com um exemplo detalhado para mostrar como a estratégia é modelada e depois empregada para fazer toda a organização convergir para um foco unificado sobre sua direção estratégica.

33

A teoria das restrições em organizações complexas

James R. Holt e Lynn H. Boyd

Visão geral

O que torna uma organização complexa? Quais são os problemas exclusivos das organizações complexas? Como a *teoria das restrições* (*theory of constraints* – TOC) pode ajudar a solucionar esses problemas? Este capítulo tenta dar uma resposta a essas perguntas. Primeiramente, apresentamos uma definição de complexidade e, em seguida, descrevemos o conflito básico de organizações complexas, que, acreditamos, decorre da necessidade tanto de crescimento contínuo quanto de estabilidade organizacional. Uma das características que definem as organizações complexas é a mensuração independente de várias unidades que estão tentando maximizar medidas locais. O problema fundamental que as organizações complexas enfrentam é a coordenação dessas unidades independentes, porém interdependentes. Supondo que as unidades independentes e os departamentos de uma organização complexa utilizem o mecanismo *tambor-pulmão-corda* (TPC) e o *gerenciamento de projetos pela corrente crítica* (GPCC) para gerenciar seus processos internos, propomos uma injeção fundamental – "Todos os integrantes da organização que exerçam um impacto significativo sobre o ganho são avaliados de acordo com a mesma medida básica (que alinha todas as ações da organização)" – e mostramos que ela invalida vários pressupostos subjacentes ao conflito básico. A TOC oferece medidas para que as cadeias de suprimentos consigam se coordenar. Acreditamos que as medidas da cadeia de suprimentos da TOC possam ser utilizadas nas organizações complexas para criar um método eficaz de coordenação entre unidades e departamentos e oferecer à alta administração uma nova ideia e uma capacidade maior de gerenciamento de unidades independentes. Essas medidas da cadeia de suprimentos são discutidas e exemplos de aplicação em organizações complexas são apresentados. Além disso, analisamos outras injeções relacionadas com "resolução de conflitos" e "alocação de recursos", bem como uma ramificação negativa associada à "certificação em liderança".

Definição de complexidade

Existem várias formas possíveis de definir complexidade. Neste capítulo sobre organizações complexas, definiremos *complexidade* não de acordo com o porte da organização, nem com a sua tecnologia ou a complexidade do fluxo, mas *de acordo com a complexidade do ponto de vista da TOC*. Com esse critério em mente, temos estes quatro níveis organizacionais:

- Simples
- Complicado
- Complexo
- Caótico

Copyright © 2010 James R. Holt e Lynn H. Boyd.

Se *a solução para a organização puder ser implementada com uma única ferramenta da TOC (como o TPC ou GPCC)*, a chamaremos de *organização simples*. Se *a solução para a organização exigir a inter-relação de duas ou mais ferramentas da TOC (como o TPC e a solução de reabastecimento da TOC perfeitamente integrados em um único pacote)*, a chamaremos de *organização complicada*. Se *a organização tiver vários elementos independentes, porém interdependentes, em que cada um requeira uma implementação específica da TOC que responda a demandas variáveis de produto*, a chamaremos de *organização complexa*.[1] Normalmente, isso ocorre quando a organização tem unidades de negócios independentes, cada uma com um banco de recursos autônomo e demonstrações de lucros/perdas individuais, ainda que a eficácia da organização como um todo dependa da contribuição favorável das várias outras unidades de negócios. As organizações complexas caracterizam-se por diversas restrições interativas em um ambiente de mudanças rápidas agravadas por várias restrições próximas que operam de acordo com diretrizes de ótimos locais sem uma programação clara e primordial. Um hospital é um exemplo de organização complexa. Médicos, clínicos, laboratórios, farmácias, enfermeiros, pessoal de manutenção, pessoal de limpeza, centro de imagem de diagnóstico, registro de informações e outros departamentos, funções e unidades tentam ter o melhor desempenho independentemente e, ao mesmo tempo, integrar diversos processos para um desempenho eficaz da organização. Além do processamento normal de pacientes do hospital, existem inúmeros projetos de melhoria e desenvolvimento de novos produtos em andamento. Os projetos exigem comunicação e coordenação entre os departamentos. A capacidade de cada departamento pode ser dividida entre a capacidade para atender à demanda atual dos pacientes mais a capacidade protetiva. A capacidade protetiva deve ser disponibilizada de acordo com a necessidade para apoiar a restrição (ganho atual) quando ocorrem demandas imprevistas ou eventos imprevistos (lei de Murphy). Entretanto, nos momentos em que o sistema não se confronta com essas demandas, a capacidade protetiva é disponibilizada para projetos de ideias, isto é, ganho futuro. Contudo, é preciso reconhecer que, se o gerenciamento segue o mundo dos custos, quando um recurso está ocioso ele é um candidato perfeito para qualquer iniciativa de corte de custo.

Uma fabricante de aeronaves é outro exemplo de organização complexa. A fabricação e montagem de modelos atuais e a produção de peças sobressalentes para modelos fora de linha são atividades complexas, mas a isso se acrescentam as necessidades de inúmeros e contínuos projetos de melhoria de produtos e processos e a necessidade de desenvolver novas aeronaves. Além disso, essas empresas podem concorrer em vários mercados, como o comercial, militar, aeroespacial e outros. A manutenção desses dois processos principais, um direcionado ao ganho atual e outro ao ganho futuro, os quais exigem muitos dos mesmos recursos, é extraordinariamente complexa.

As entidades ou os sistemas que transcendem a definição de organização complexa, isto é, *aqueles que são extremamente imprevisíveis e não têm ao menos uma estrutura de fluxo básica (como em sociologia ou política)*, chamaremos de *sistemas caóticos*. O sistema caótico tem vários processos, políticas e procedimentos que mudam com frequência e confundem o espaço da solução. Embora os elementos das soluções comprovadas da TOC possam ajudar a encontrar uma solução nos sistemas caóticos, não existe uma solução genérica. Para o desenvolvimento de uma solução, esses sistemas requerem as ferramentas do processo de pensamento da TOC.

Nas organizações complexas, como na maioria das organizações, os diversos departamentos ou unidades estão preocupados em maximizar o desempenho de seus poucos recursos. Esse aspecto da definição de complexidade pode ser aplicado a organizações pequenas, como uma escola elementar (cada professor tenta fazer o melhor que pode

---

[1] Essa definição é coerente com a definição de *complexidade* de Eliyahu M. Goldratt, "*Complexidade é uma consequência do número de restrições interativas – restrições que afetam umas as outras*" (Goldratt 1987, 1988, 1989, 1990, Capítulo 5, "How Complex Are Our Systems", p. 1).

por sua classe), ou a organizações imensas, como as forças armadas de um país (e muitos outros tipos de organização entre esses dois extremos). Pode-se argumentar que muitas vezes as organizações complicadas que não possuem nenhuma solução sólida e integrante da TOC assemelham-se a uma organização complexa. Consequentemente, a solução para as organizações complexas podem ser úteis em algumas organizações complicadas.

Principais problemas nas organizações complexas

As organizações complexas enfrentam os mesmos problemas discutidos em capítulos anteriores deste livro, relacionados a fornecimento pontual, desempenho de qualidade, vendas, gerenciamento de estoque e cargas de trabalho instáveis. Entretanto, essas questões são exacerbadas por dois outros problemas, como integrar as diferentes partes da organização e motivar os gerentes locais a maximizar o ganho global, em vez de medidas locais. O problema de múltiplas restrições interativas em um ambiente que muda rapidamente é agravado por várias restrições próximas que operam de acordo com diretrizes de ótimos locais sem uma programação clara e primordial. Esse problema é semelhante ao da mudança significativa entre o GPCC de projetos únicos ao GPCC de múltiplos projetos (tal como discutido em capítulos anteriores). No GPCC de projetos únicos, todos os conflitos são eliminados na fase de planejamento e o gerenciamento de pulmões controla a variabilidade das atividades na execução. No GPCC de múltiplos projetos, eliminar cada um dos conflitos é uma solução insatisfatória, ineficaz, demorada, cara, temporária e pouco prática.[2]

Nas organizações complexas, não é possível sincronizar todos os diferentes departamentos, divisões de produto, silos de recursos, fábricas de apoio, entidades terceirizadas e outras unidades de negócios individuais dentro da organização pelos mesmos motivos que não é possível sincronizar vários projetos no GPCC de múltiplos projetos. Além disso, embora os recursos em uma unidade de negócios nem sempre estejam disponíveis para dar assistência a outras unidades de negócios, a eficácia e eficiência da organização como um todo estão amarradas à disponibilidade e alocação de recursos e à cooperação entre todos os elementos interessados. Nas publicações sobre economia, esses problemas são chamados de deseconomias de escala – problemas de comunicação, coordenação e controle que, com o tempo, sobrepujam as economias de escala, à medida que as organizações tornam-se maiores e, com isso, perdem competitividade. Vejamos com atenção essas áreas.

Efeitos indesejáveis nas organizações complexas

Muitas vezes, as organizações complexas enfrentam esses *efeitos indesejáveis* (EIs) habituais em graus variados:

---

[2] Na aplicação do GPCC a um único projeto, todo conflito é removido do plano deslocando as atividades mais cedo no tempo, o que estende o projeto, mas oferece um plano audacioso, mas viável e com alta probabilidade de conclusão de acordo com o pulmão do projeto. No sequenciamento de vários projetos, existem conflitos frequentes de recurso entre os projetos. Tentar resolver esses conflitos forçaria os projetos a deslocar para trás no tempo as atividades conflitantes, o que acaba estendendo os projetos individuais e aumentando o tempo ocioso de vários recursos. Contudo, tão logo os projetos são iniciados, a conclusão antecipada ou atrasada das atividades cria novos conflitos entre eles. Parece que não é possível conseguir uma solução para isso, mesmo com planos de projeto cada vez mais longos. A solução de GPCC para múltiplos projetos (1) programa individualmente os projetos sem provocar conflitos, (2) sequencia os projetos de acordo com um ponto fixo (ou recurso ou atividade estratégica), (3) gerencia todos os projetos com o gerenciamento de pulmões e (4) designa os recursos aos projetos (e atividades) de acordo com a necessidade para beneficiar a organização como um todo.

1. Os especialistas ficam, em sua grande maioria, extremamente sobrecarregados.
2. Não há recursos disponíveis quando necessário. Os gerentes de projeto retêm os especialistas, reservando-os para o projeto seguinte.
3. Grande parte do trabalho precisa ser realizada por especialistas menos qualificados.
4. Existem muitos atrasos desnecessários.
5. Com frequência, não se obtém o conteúdo prometido.
6. É muito difícil reagir rapidamente a toda necessidade do cliente.
7. Com frequência existe falta de correspondência entre o que o cliente deseja e os recursos disponíveis para executar as atividades.
8. Algumas vezes, recursos extremamente caros ficam ociosos.
9. As promessas são feitas sem que se tenha convicção na capacidade de entrega/fornecimento.
10. A organização não tem certeza se conseguirá fornecer tudo o que o cliente deseja.
11. O marketing frequentemente se sente compelido a fazer promessas que a empresa não é capaz de cumprir.
12. É difícil reproduzir o que parece ter sido um sucesso aleatório.
13. A reputação da organização perde o brilho.

Conflito básico nas organizações complexas

O conflito subjacente nas organizações complexas é a necessidade simultânea de crescimento e estabilidade. A Figura 33.1 mostra as metas de crescimento e estabilidade formuladas por Eliyahu M. Goldratt em várias ocasiões e em vários eventos (Goldratt, 1988b). Essas necessidades aparentemente conflitantes desencadeiam ações que forçam a organização a tomar direções opostas.

As curvas de crescimento *versus* estabilidade podem ser expostas mais adequadamente em um diagrama de *evaporação das nuvens* (EN). A Figura 33.2 mostra o objetivo, as necessidades (condições básicas) e vontades de concretizar o objetivo e evidencia alguns pressupostos de exemplo que impedem as organizações complexas de obter crescimento e estabilidade.

Para ser [A] uma empresa bem-sucedida, a empresa precisa ter [B] um crescimento contínuo. Para ter [B] um crescimento contínuo, a empresa precisa [D] adquirir continuamente capacidade adicional. Entretanto, para ser [A] uma empresa bem-sucedida, a empresa precisa ter [C] operações estáveis. Para ter [C] operações estáveis, a empresa precisa [D'] evitar contratempos na capacidade atual. Por um lado, a empresa precisa [D] adquirir continuamente capacidade adicional e, por outro, precisa [D'] evitar contratempos na capacidade atual. Ela não consegue ambos simultaneamente.

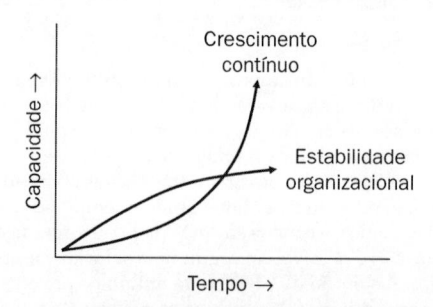

FIGURA 33.1 Curva de crescimento *versus* curva de estabilidade. (Anteriormente, essas curvas eram chamadas de curva vermelha–curva verde e tinham um significado diferente. Fonte: © E. M. Goldratt (1999). Utilizada com permissão. Todos os direitos reservados.)

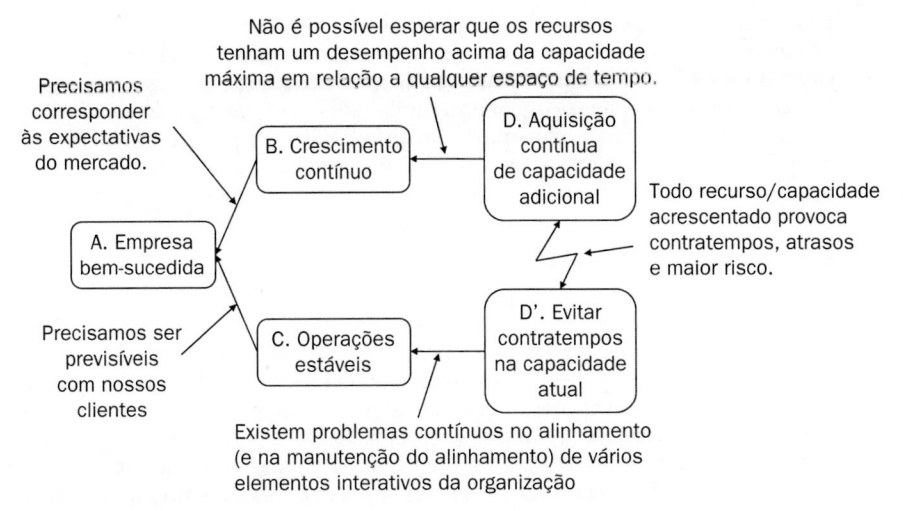

Capítulo 33 ▪ A teoria das restrições em organizações complexas

FIGURA 33.2 Conflito básico.

A direção da solução

A solução para um conflito básico provém de uma análise e invalidação dos pressupostos subjacentes à lógica de necessidade.

Expectativa do mercado (A ← B)

Uma [A] empresa bem-sucedida precisa ter [B] crescimento contínuo porque *é isso que o mercado espera*. As organizações complexas têm clientes externos e internos. Poucas pessoas estão interessadas em uma empresa que tenha um crescimento declinante ou um desempenho instável. As empresas de capital aberto precisam manter um crescimento contínuo em valor e lucratividade para manter (evitar a queda) do preço das ações. Além disso, como os elementos internos da organização dependem tanto uns dos outros, o sucesso da organização em um departamento depende de melhorias em outros departamentos. Por esses dois motivos, a direção da solução deve apoiar a capacidade da organização de [B] crescer continuamente.

Aumentando a capacidade (B ← D)

A obtenção de um [B] crescimento contínuo ao longo do tempo requer [D] a aquisição contínua de capacidade ou recursos adicionais porque *não é possível esperar que os recursos tenham um desempenho acima da capacidade máxima em relação a qualquer espaço de tempo*. Internamente, o crescimento contínuo provoca problemas contínuos. Embora algumas áreas da organização possam crescer muito rapidamente, outras não. As melhorias em uma determinada área podem ser baratas e fáceis (e podem ser aparentemente óbvias); outras talvez sejam caras e demoradas (e não tão óbvias). Tentar manter a organização em equilíbrio (com ampla capacidade protetiva, mas não em excesso) exige que tudo se desenvolva em um ritmo que sincronize a contribuição necessária de cada elemento organizacional. A direção da solução deve abordar onde e quando é necessário acrescentar outros recursos para apoiar eficazmente [D] a aquisição contínua de capacidade adicional.

Resposta previsível aos clientes (A ← C)

Uma [A] empresa bem-sucedida deve ter [C] operações estáveis por que os *clientes exigem respostas previsíveis*. A imprevisibilidade do fornecimento/entrega diminui o valor da proposição do produto e reduz a participação de mercado. Se não oferecemos o desempenho de entrega esperado por nossos clientes, eles tendem a procurar alguém que consiga. Mas e quanto aos clientes internos? Nas organizações complexas, outros departamentos, escritórios ou funções também exigem previsibilidade um do outro. Não conseguir cumprir as promessas internas provavelmente é mais desestabilizador para as organizações complexas do que não cumprir compromissos com clientes externos, embora o cliente externo não tenha consciência disso. Portanto, a direção da solução deve oferecer [C] operações estáveis.

Evitando contratempos (C ← D′)

Manter [C] operações estáveis por definição significa [D′] evitar contratempos na capacidade atual porque, nas organizações complexas, existem problemas contínuos que associam as capacidades dos vários elementos interativos da organização. As organizações complexas têm diversos compostos variáveis de produtos e diversas cargas de trabalho, e isso utiliza muitas restrições interativas. Mesmos nas melhores circunstâncias, o desafio que cada área enfrenta para cumprir seus compromissos para com a outra é tremendo. Não por culpa própria, as necessidades sobrepostas de vários empreendimentos fundamentais e simultâneos podem facilmente fazer com que um departamento com pouquíssimos trabalhos fique demasiadamente sobrecarregado em apenas algumas semanas. Quando não há nenhum trabalho, os recursos caros do grupo parecem desmesurados e dispendiosos. Quando existe muito trabalho, com frequência ocorrem atrasos ou problemas de qualidade. Com relação a muitas áreas da organização, parece que, assim que uma área adquire controle, ocorre um contratempo em algum outro lugar que desencadeia uma onda de trabalhos em toda a organização e provoca problemas imensos. Por isso, é fundamental que a direção da solução contemple um método para manter todas as áreas da organização alinhadas (em equilíbrio) a fim de [D′] evitar contratempos na capacidade atual.

Optando por ambos (D ← → D′)

Estamos de fato diante de um dilema quando precisamos [D] adquirir continuamente capacidade adicional e, ao mesmo tempo, precisamos [D′] evitar contratempos na capacidade atual. Isso ocorre porque *parece que todo recurso acrescentado ou nova capacidade afeta, atrasa e aumenta o risco de manter operações estáveis ou de apoiar um crescimento contínuo.* As organizações complexas são em grande parte unidades de negócios independentes que atuam em benefício próprio. Elas ajustam continuamente sua capacidade contratando e demitindo, criando ou encerrando atividades, ampliando ou mudando para outro lugar. A contratação de profissionais altamente técnicos é um problema que tem um longo tempo de atravessamento, do mesmo modo que reduzir recursos humanos caros. Embora essas mudanças sejam um tanto tumultuantes para as unidades de negócios individuais, se a organização como um todo precisar aumentar continuamente a capacidade, esses contratempos serão ampliados. As unidades de negócios individuais podem na verdade disputar entre si um banco de recursos escasso. As unidades que tentam diminuir seus custos locais com frequência não conseguem corresponder às necessidades variáveis internas e externas da organização, provocando atrasos e outros problemas. A direção da solução deve resolver esse conflito de modo que os enunciados de [D] adquirir continuamente capacidade adicional e [D′] evitar contratempos na capacidade atual não entrem em conflito. Qualquer capacidade adicionada deve na realidade resultar em operações estáveis e crescimento contínuo.

Compreendendo melhor as organizações complexas

As organizações complexas continuam existindo em parte porque elas têm boas estratégias gerais. Sem uma estratégia razoável, os vários desafios que elas enfrentam as destruiriam rapidamente (ou as transformariam em algo nada complexo). As estratégias no nível mais alto da organização em muitos casos são suficientes; contudo, quanto mais se desce na hierarquia, mais as interações entre os diversos elementos organizacionais se tornam complexas. Com demasiada frequência, esses elementos organizacionais, mesmo quando tentam dar o melhor de si, estão em desacordo. As metas conflitantes entre os elementos organizacionais nos níveis inferiores não apenas impedem que os elementos inferiores deem o melhor de si, mas também prejudica o funcionamento eficaz dos elementos que estão acima.

A título de exemplo, examinemos a Figura 33.3, que constitui um plano estratégico genérico muito bom, extraído dos Capítulos 30 e 31 de *It's Not Luck* (*Não É Sorte*), de Eliyahu M. Goldratt (1994).

A estratégia genérica enfoca as condições de necessidade dos proprietários, dos funcionários e dos clientes. Isso é possível focalizando as necessidades dos clientes de uma maneira que os concorrentes não consigam reproduzir completamente, escolhendo os mercados de serviços que não variam de forma alguma na mesma direção e ao mesmo tempo, utilizando recursos humanos de um modo flexível e deslocando entre os mercados lucrativos do momento. Não obstante, até mesmo as melhores estratégias talvez não possam ser implementadas completamente, se houver conflitos não resolvidos nos níveis mais inferiores da organização. Isso é mostrado na Figura 33.4, em que no nível inferior da estrutura organizacional existem conflitos procedentes de sistemas de mensuração diferentes e conflitantes aplicados a diferentes departamentos, silos organizacionais, unidades de negócios independentes e sistemas de remuneração dos funcionários.[3]

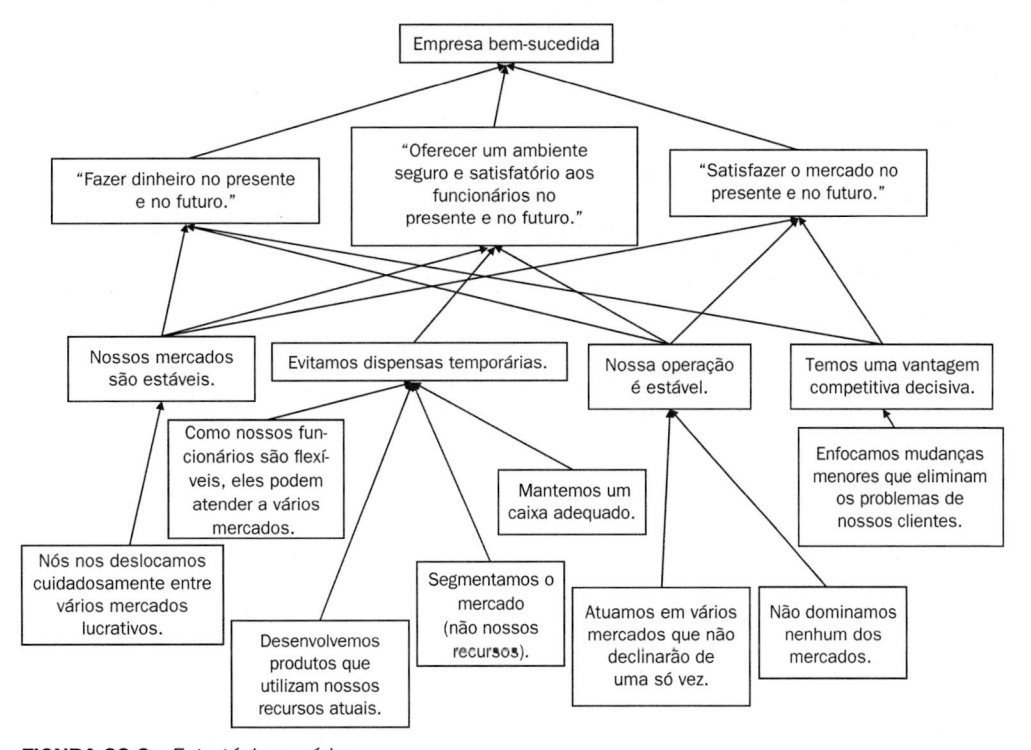

FIGURA 33.3   Estratégia genérica.

---

[3] A Figura 33.4 adota uma abordagem utilizada pela primeira vez por Alan Barnard em sua palestra "Insights and Updates on the Theory of Constraints Thinking Processes", no 1º Congresso da Organização Internacional de Certificação em Teoria das Restrições, realizado em Cambridge, Inglaterra, em 2003.

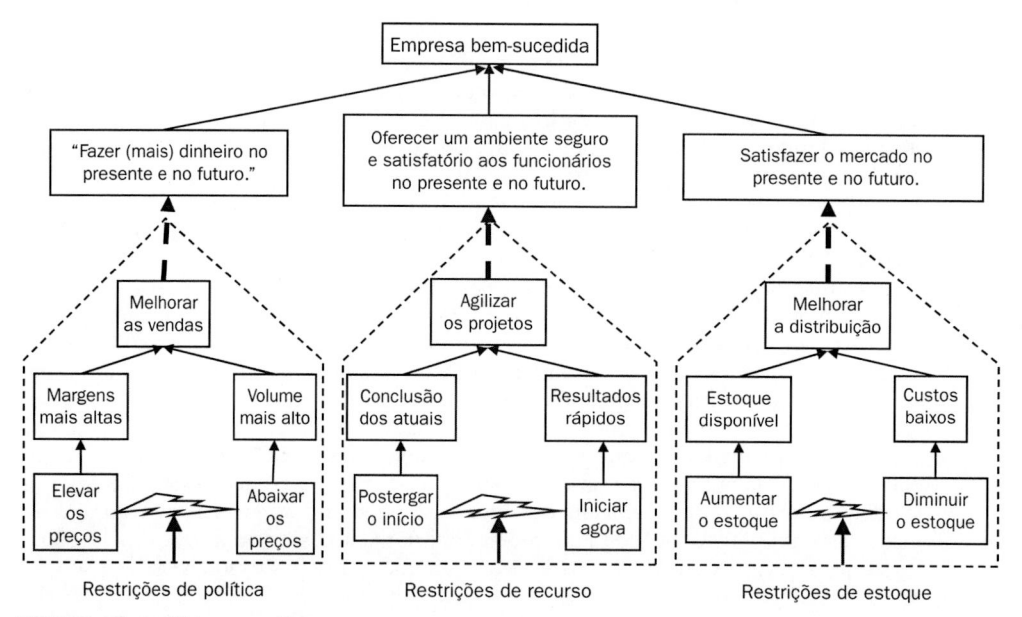

FIGURA 33.4 Táticas conflitantes.

À medida que descemos pelas camadas da organização até as táticas (objetivos) de melhorar as vendas, acelerar os projetos e melhorar a distribuição (um subconjunto de táticas extremamente pequeno para a execução da estratégia em uma organização complexa), percebemos que existem conflitos significativos ainda sem solução. As soluções para esses conflitos[4] individuais específicos foram abordadas em capítulos anteriores deste livro. Todavia, o problema não é tão simples assim. O que percebemos é que os conflitos persistentes sem solução no nível inferior da organização[5] refletem nos níveis organizacionais superiores de tal forma que existam conflitos em todos os níveis. A Figura 33.5 mostra o conflito genérico resultante, que se propaga ascendentemente para todos os níveis (até mesmo para o diretor executivo). Para ter êxito, precisamos fazer aquilo que nos permitirá ter êxito. No entanto, para que eles (o outro lado) tenham êxito, precisamos não fazer aquilo que consideramos importante para o nosso êxito. Esses conflitos ocorrem em todos os níveis. Os conflitos não resolvidos no nível inferior propagam-se para os níveis superiores prejudicando ou restringindo o sucesso da empresa. Por exemplos, quando as fábricas ou os departamentos concentram-se apenas em eficiência, eles com frequência restringem seu foco a apenas alguns produtos similares para que possam obter o mais alto nível de produtividade. O departamento (ou a fábrica) torna-se então bastante suscetível a qualquer retração de mercado em relação a seus poucos produtos. Um segundo exemplo ocorre quando flutuações normais em um projeto provocam cortes inevitáveis de pessoal. Não obstante, quando as demissões periódicas são inevitáveis, isso quer dizer que não estamos oferecendo um ambiente seguro e satisfatório para os funcionários. Além disso, sem funcionários dedicados, comprometemos seriamente o sucesso da empresa.

Esses conflitos muito difundidos obstruem o verdadeiro potencial de desempenho de uma organização complexa. A direção da solução deve eliminar essas questões conflitantes e substituí-las por um nível extraordinário de cooperação.

---

[4] Consulte, por exemplo, a Parte II, sobre a corrente crítica, e a Parte III, sobre o mecanismo tambor--pulmão-corda e a solução de distribuição/reabastecimento.

[5] Consulte o Capítulo 14, "Resolução de Dilemas Relacionados à Mensuração/Desempenho".

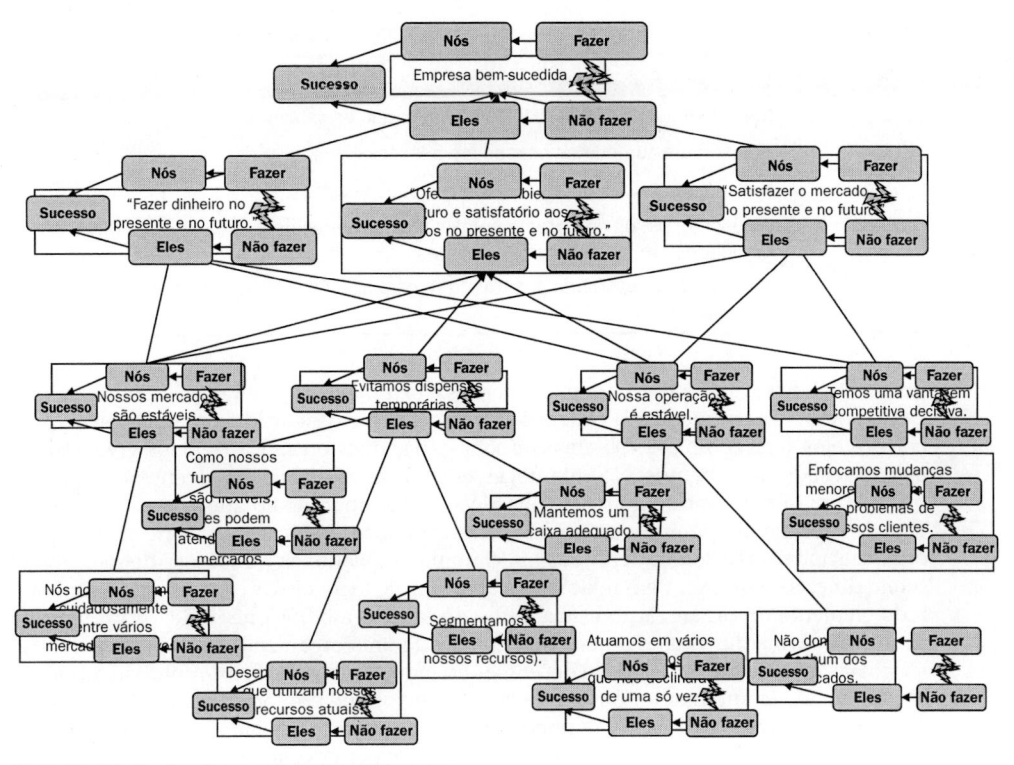

FIGURA 33.5 Conflitos em todos os lugares.

Encontrando uma injeção

A injeção inovadora provém da invalidação de pelo menos um pressuposto que parte do conflito básico. Com frequência é favorável analisar os pressupostos associados a outras soluções da TOC. Uma solução para o conflito básico sistêmico contribuirá muito para eliminação dos conflitos que se refletem e propagam pelo sistema. Contudo, devemos nos lembrar de que, quanto mais complexa a situação parece ser, mais simples deverá ser a solução (Goldratt, 2008). Os pressupostos da Figura 33.2 são apresentados na Tabela 33.1. Algumas possíveis injeções individuais são exibidas na Tabela 33.2.

Ao examinar esses pressupostos e essas possíveis injeções individuais, tem-se a impressão de que a organização complexa é uma cadeia de suprimentos complexa (ou talvez

Tabela 33.1 Pressupostos da nuvem de crescimento *versus* estabilidade

Seta	Pressuposto
A ← B	Precisamos corresponder às expectativas do mercado.
A ← C	Precisamos ser previsíveis para nossos clientes.
B ← D	Não é possível esperar que os recursos tenham um desempenho acima da capacidade máxima em relação a qualquer espaço de tempo.
C ← D'	Existem problemas contínuos no alinhamento (e na manutenção do alinhamento) de vários elementos interativos da organização.
D ← → D'	Todo recurso/capacidade acrescentado provoca contratempos, atrasos e maior risco.

Tabela 33.2 Possíveis injeções da nuvem de crescimento *versus* estabilidade

Seta	Pressuposto
A ← B	Não conseguimos de acordo com o ritmo que escolhemos.
A ← C	Nós sempre cumprimos nossas promessas.
B ← D	Nossa organização utiliza eficazmente seus recursos.
C ← D'	Os escritórios, os departamentos, os bancos de recursos e as fábricas têm facilidade para se apoiar mutuamente.
D ← → D'	Mantemos um equilíbrio positivo entre estabilidade e crescimento em toda a organização.

uma malha de suprimentos) com elos internos e externos. Os problemas de uma organização complexa arremedam a cadeia de suprimentos e desencadeiam a suspeita usual entre os elos, bem como os problemas de sobrecapacidade ou subcapacidade vivenciados pela cadeia de suprimentos. No entanto, esses problemas de relacionamento são agravados por um número muito maior de interligações, comparado ao que existe em uma cadeia de suprimentos comum, e pelo fato de as transações e solicitações entre as unidades organizacionais não serem definidas tão claramente quanto as transações de mercado e serem difíceis de priorizar em relação às transações de mercado de cada unidade. Embora todo elemento da organização esteja tentando fazer o melhor que pode, os problemas continuam. Uma das causas é que muitas áreas de uma organização complexa parecem ter um sistema de mensuração de desempenho independente. Um exemplo são as medições de venda (como manter o funil de vendas cheio) que provocam o supercomprometimento de recursos de desenvolvimento. Outra causa é que existem diferentes tempos de retroalimentação ou lapsos de tempo e diferentes períodos entre uma área e outra da organização.

Injeção inovadora

Para escolher uma injeção inovadora, é necessário encontrar uma injeção estratégica única que satisfaça todas as injeções individuais e conduza a todos os efeitos desejados essenciais descritos até esse ponto. A injeção inovadora é definida como a avaliação de todas as pessoas da organização que tenham um impacto significativo sobre o ganho por meio de uma mesma medida básica (que alinha todas as ações da organização com suas metas).

Conceitos associados com organizações complexas

Para compreender o que é injeção inovadora e defini-la mais detalhadamente, vejamos primeiro alguns conceitos importantes associados com as organizações como um todo e associados particularmente com as organizações complexas. Os quatro conceitos de fluxo da cadeia de suprimentos desenvolvidos por Henry Ford e Taiichi Ohno e interpretados por Eliyahu M. Goldratt (2009)[6] são:

1. Melhorar o fluxo (ou o tempo de atravessamento equivalente) é o principal objetivo das operações.
2. Esse objetivo principal deve ser convertido em um mecanismo prático que oriente a operação sobre quando não produzir (para evitar superprodução). Ford utilizou o espaço; Ohno utilizou o estoque.
3. As eficiências locais devem ser abolidas.

---

[6] © E. M. Goldratt. Utilizada com permissão. Todos os direitos reservados.

4. É necessário ter em vigor um processo de focalização que equilibre o fluxo. Ford utilizou a observação direta. Ohno utilizou a diminuição gradativa da quantidade de contêineres e, depois, a diminuição gradativa de peças por contêiner.

Nas organizações complexas, a dificuldade de concretizar até mesmo o primeiro conceito de fluxo da cadeia de suprimentos é agravada pela existência de vários especialistas, departamentos, fábricas, escritórios e bancos de recursos interdependentes. Mantê-los sincronizados é extremamente difícil. Qualquer iniciativa de otimização tem vida curta. Antes de falarmos sobre como esses quatro conceitos podem ser implementados, precisamos esclarecer duas questões – as categorias das atividades realizadas nas unidades organizacionais e as categorias de fluxo entre as fronteiras das unidades.

Categorias de atividade

Cada recurso ou pessoa executará um ou mais dos seguintes tipos de atividade:

- Produção diária – geralmente para atender à demanda atual (ganho atual)
- Atividades de projeto – trabalho em projetos aprovados ou programados (geralmente o ganho futuro)
- Desenvolvimento de ideias – trabalho de desenvolvimento de ideias para futuros projetos (possível ganho futuro)
- Atividades de apoio – para amparar o funcionamento da unidade ou da organização (relação em grande medida indireta com o ganho)
- Tempo ocioso – capacidade protetiva (proteção ao ganho atual e futuro)

A mistura de atividades varia de unidade para unidade e, dentro delas, de recurso para recurso. A maioria dos funcionários e das máquinas de uma instalação fabril executará atividades diárias relacionadas com o ganho atual, mas ocasionalmente eles podem ser solicitados a contribuir para os projetos. Um especialista em controle de qualidade de uma instalação fabril pode passar 40% de seu tempo monitorando a qualidade da produção atual e 40% em projetos de desenvolvimento de novos produtos com os quais seu departamento firmou um compromisso. A maioria dos recursos de um departamento de desenvolvimento pode trabalhar inteiramente em atividades relacionadas a projetos aprovados ou no desenvolvimento de ideias para futuros projetos e não ter nenhuma responsabilidade de execução diária associada com o ganho atual. Consulte a Figura 33.6 para examinar alguns exemplos de alocação de tempo para diferentes recursos.

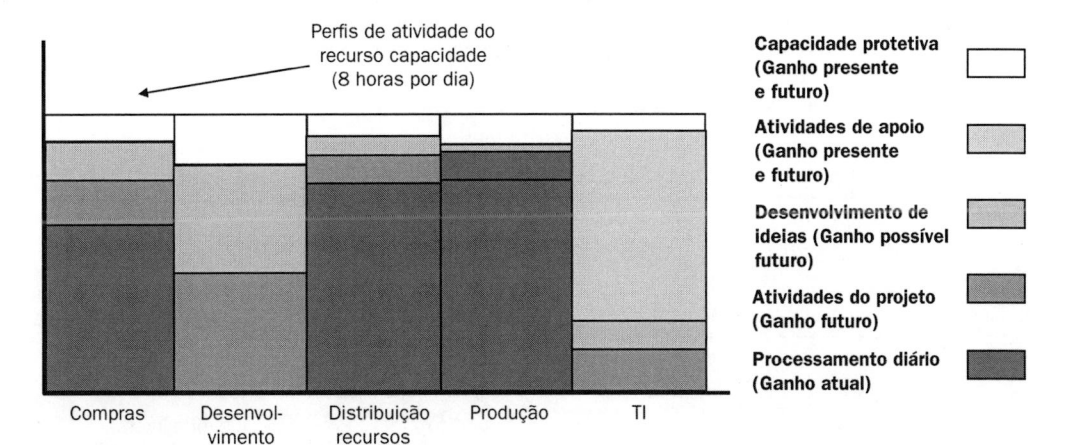

FIGURA 33.6 Perfis de atividade do recurso.

Em algumas unidades ou departamentos, muitos recursos terão um impacto extremamente direto sobre o ganho, enquanto em outros esse impacto sobre o ganho é em grande medida indireto, na melhor das hipóteses. Mais adiante, utilizaremos essa relação com o ganho para determinar como os departamentos devem ser medidos, mas por enquanto a Tabela 33.3 mostra como os departamentos ou as unidades seriam categorizados com base no grau de impacto sobre o ganho da organização. Examinaremos brevemente como as categorias mostradas na Tabela 33.3 são úteis para determinar as medidas apropriadas para cada departamento ou unidade.

Fluxo nas organizações complexas

Consideremos agora uma estrutura organizacional simples e os fluxos que cruzam as fronteiras de diferentes unidades ou departamentos organizacionais. O tipo de fluxo mais comum é aquele que está relacionado ao processamento diário ou à produção diária que visa cumprir compromissos com os clientes em prol do ganho atual; por exemplo, o fluxo de produtos acabados da produção para a distribuição. Contudo, existem muitos outros fluxos complexos e interações associados com os projetos. A Figura 33.7 mostra que diversas pessoas de todas as áreas da empresa dão ideias para o desenvolvimento de um novo produto. Com relação a muitos projetos dessa natureza, existe uma quantidade significativa de discussões e fluxos de ideias entre os departamentos antes da aprovação formal do projeto. Após a aprovação, existe um fluxo interdepartamental mais abrangente relacionado com atividades que fazem parte do projeto aprovado. Na Figura 33.7, o bloco "Ideias" pode referir-se a uma troca entre departamentos na fase de pré-aprovação ou um compromisso aceito pelo departamento de realizar algo para ajudar a gerar o produto final das "ideias". Por exemplo, o departamento de *design* poderia ter um projeto preliminar e ter solicitado "ideias" a respeito de fabricabilidade ao departamento de produção, fazendo a seguinte pergunta básica: "Vocês conseguiriam fabricar isso com os recursos existentes?". A produção, por sua vez, confirma que consegue ou fornece as informações necessárias ao departamento de *design* para que o projeto preliminar do novo produto seja modificado. A seta de duas pontas entre os departamentos de *design* e produção retrata essa interação. O departamento de vendas oferece comentários com base em suas investigações de marketing. O departamento de atendimento contribui com aprimoramentos aprendidos com produtos anteriores. O departamento de distribuição sugere ideias para melhorar a embalagem e entrega. O departamento de *design*, que deseja incorporar o que há de melhor e mais moderno no novo produto, incorpora suas próprias ideias sobre como gerar as melhores ideias que conseguir para beneficiar a organização como um todo.

A Figura 33.7 mostra apenas alguns fluxos interdepartamentais necessários para desenvolver uma ideia que pode acabar se transformando em um novo produto. Quando acrescentamos os fluxos para todos os outros projetos, tanto na fase de desenvolvimento quanto nos fluxos de produção programados e diários, o resultado parece definitivamente caótico, como mostra a Figura 33.8.

Tabela 33.3 Graus de impacto sobre o ganho

	Grau de impacto sobre o ganho			
	Primário	Secundário	Terciário	Unidades que controlam sua própria demanda
Exemplos	Vendas	Recursos Humanos	Informes Financeiros	Melhoria de Processo
	Produção	Compras	Manutenção Predial	Redução de Custo
	Distribuição	TI	Jurídico	Auditoria Interna
	Engenharia	Engenharia		

FIGURA 33.7 Fluxo de ideias.

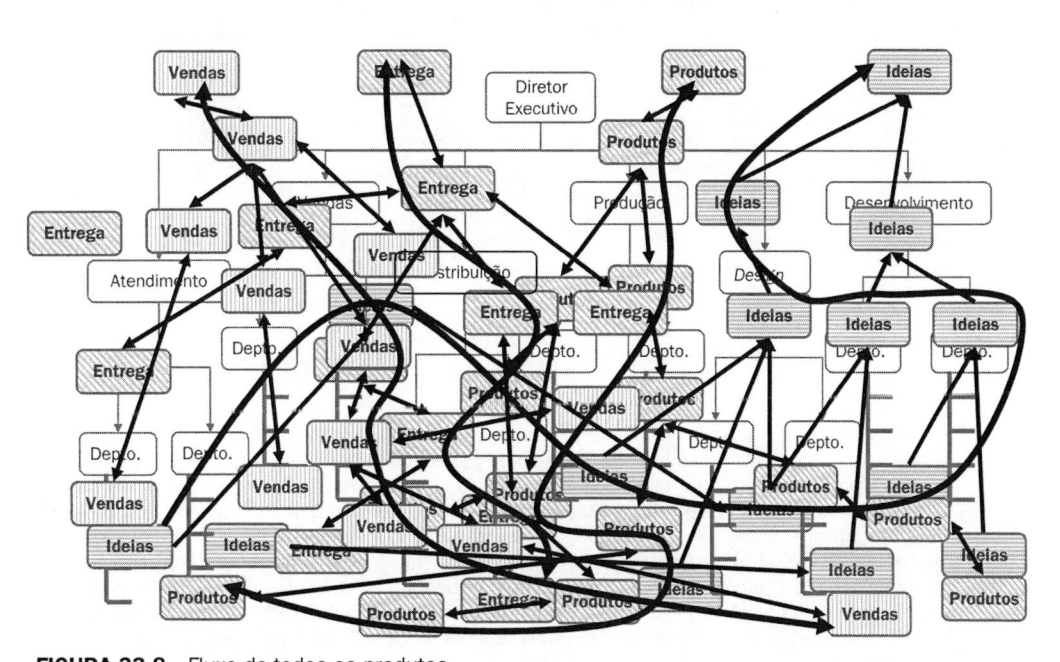

FIGURA 33.8 Fluxo de todos os produtos.

Examinar os fluxos complexos de uma organização sob essa perspectiva evidencia por que o gerenciamento de organizações desse tipo é tão difícil.

Controle de fluxo com a corrente crítica

Nos capítulos anteriores deste livro, existem soluções para diferentes padrões de fluxo: fluxos de projeto, de produção, de distribuição e de vendas. Utilizando as ferramentas da TOC, podemos domar individualmente esse conjunto disparatado de processos, embora ainda assim eles precisem ser costurados em prol de uma organização complexa eficaz.

O primeiro dos quatro conceitos de fluxo da cadeia de suprimentos (Goldratt, 2009) é melhorar o fluxo. Se considerarmos o fluxo de ideias tal como mostrado na Figura 33.7, podemos reconstruir o fluxo utilizando a solução GPCC. A mudança da extensão de cada atividade para representar a duração prevista da atividade com uma programação ousada mostra a corrente crítica e as atividades de alimentação não críticas.

São inseridos pulmões de alimentação (PA) e um pulmão de projeto. A Figura 33.9 mostra um plano desse tipo.[7]

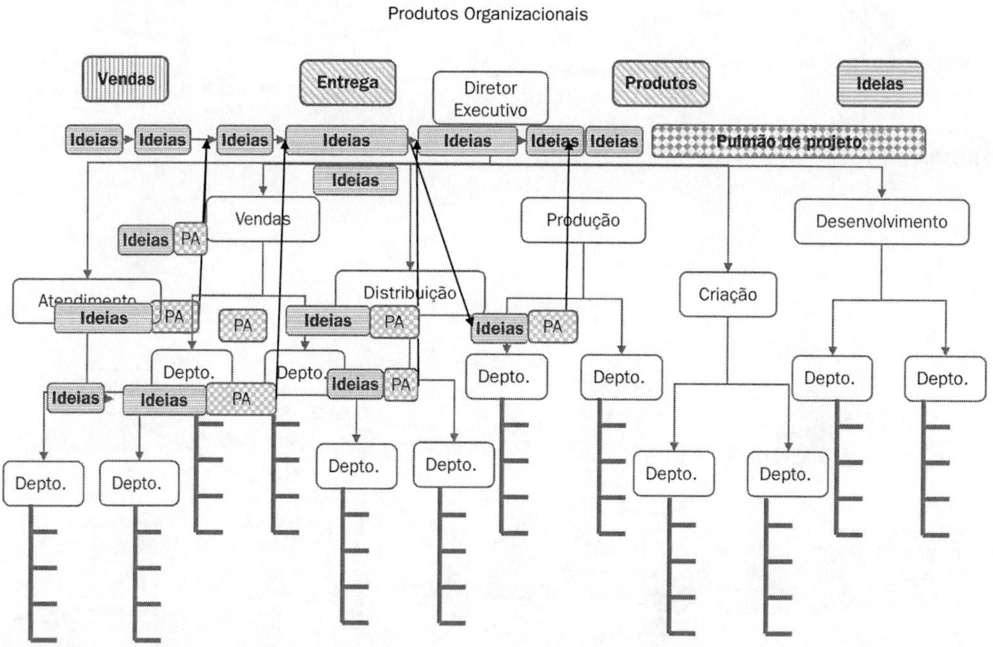

FIGURA 33.9 Projeto de ideias protegido.

---

[7] Observação: A utilização do GPCC, nesse caso, mostra como o projeto geral de ideias deve ser planejado. Isto é, existe 50% de pulmão de projeto para proteger a cadeia crítica e 50% de pulmões de alimentação para as cadeias de alimentação. Entretanto, a preocupação de uma organização complexa é cumprir as datas de entrega previstas (compromissos) de um grupo ou departamento para outro. As "ideias" de projeto podem ser gerenciadas como um conjunto segundo os métodos do GPCC, mas uma organização complexa precisa funcionar de acordo com o planejado, pois do contrário haverá contratempos significativos para o sistema como um todo. Isso ficará mais evidente mais adiante. A solução para uma organização complexa é um sistema de mensuração predominante que controle o fluxo de todos os grupos e departamentos, e não apenas as áreas de projeto, produção e distribuição que fazem parte de uma organização complexa.

Capítulo 33 ▪ A teoria das restrições em organizações complexas **1023**

A incorporação de soluções semelhantes para vendas, produção e distribuição por meio de outros processos da TOC recomendados (programações ousadas com pulmões de cada tipo posicionados estrategicamente) parece oferecer um conjunto ordenado de modelos para gerenciar a organização. Esses diferentes modelos são apresentados na Figura 33.10.

Ter um padrão de fluxo ousado mas cuidadosamente protegido para cada processo e projeto não é suficiente. Se deixarmos o sistema funcionar sem controle, todo processo tentará fazer o seu melhor até que o sistema torna-se caótico novamente, como mostra a Figura 33.11.

Com tantas coisas ocorrendo simultaneamente, mesmo quando os fluxos são bem definidos, o sistema fica difícil de manejar. Deve haver alguma ordem. O segundo conceito de fluxo da cadeia de suprimentos (Goldratt, 2009) é inserir um mecanismo prático que oriente a operação sobre quando não produzir, a fim de evitar superprodução. A ordenação dos fluxos em uma sequência lógica determinada pela demanda global do cliente, como na Figura 33.12, pode diminuir o caos, acelerar o fluxo de forma confiável e utilizar mais eficazmente os recursos internos. Ordenar o fluxo dessa maneira significa inibir a liberação de trabalhos em cada área de forma que um trabalho só seja iniciado quando o sistema estiver preparado ele. Isso é feito por meio do sequenciamento ou afunilamento dos projetos na cadeia crítica de multiprojetos por meio do mecanismo TPC ou TPC-S para os fluxos de produção diários. Nesses dois casos (projetos e produção), os pulmões são utilizados para gerenciar os fluxos.

Na Figura 33.12, o gerenciamento de processo sequenciado associa os padrões de fluxo de modo que tudo funcione de acordo com a capacidade mais rápida da organização, mas não tão rápido ou exageradamente. Diferentes fluxos, como o de desenvolvimento, ocorrem paralelamente ao fluxo de produção. Esses fluxos diferentes têm conectores de fluxo transversal necessários para que os diferentes grupos apoiem-se mutuamente. Esse

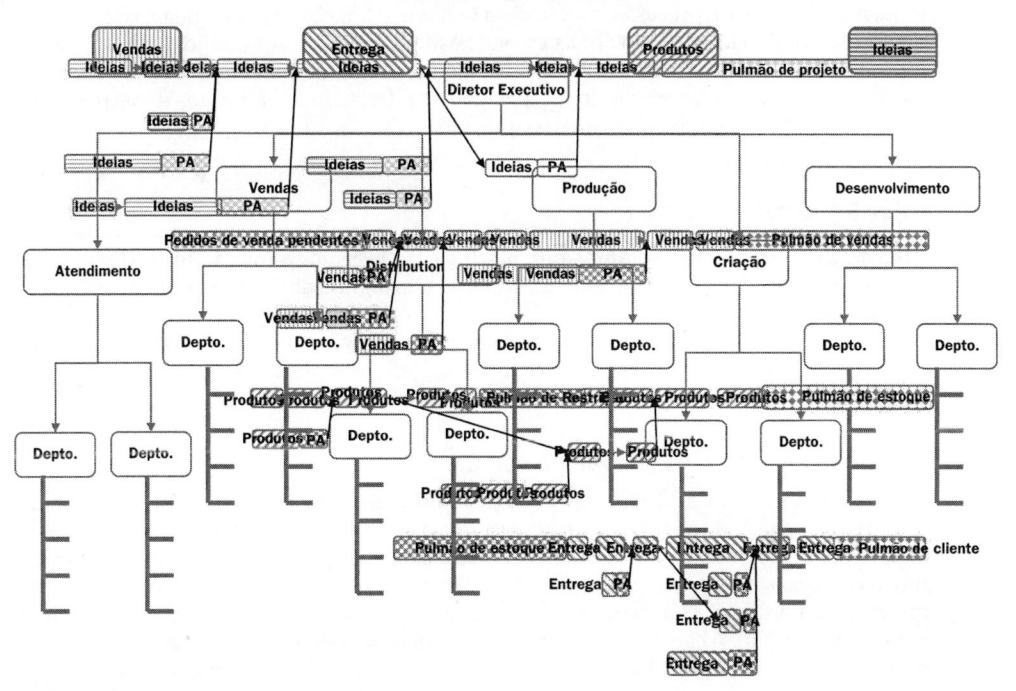

FIGURA 33.10 Processos protegidos.

Caos em multiprojetos

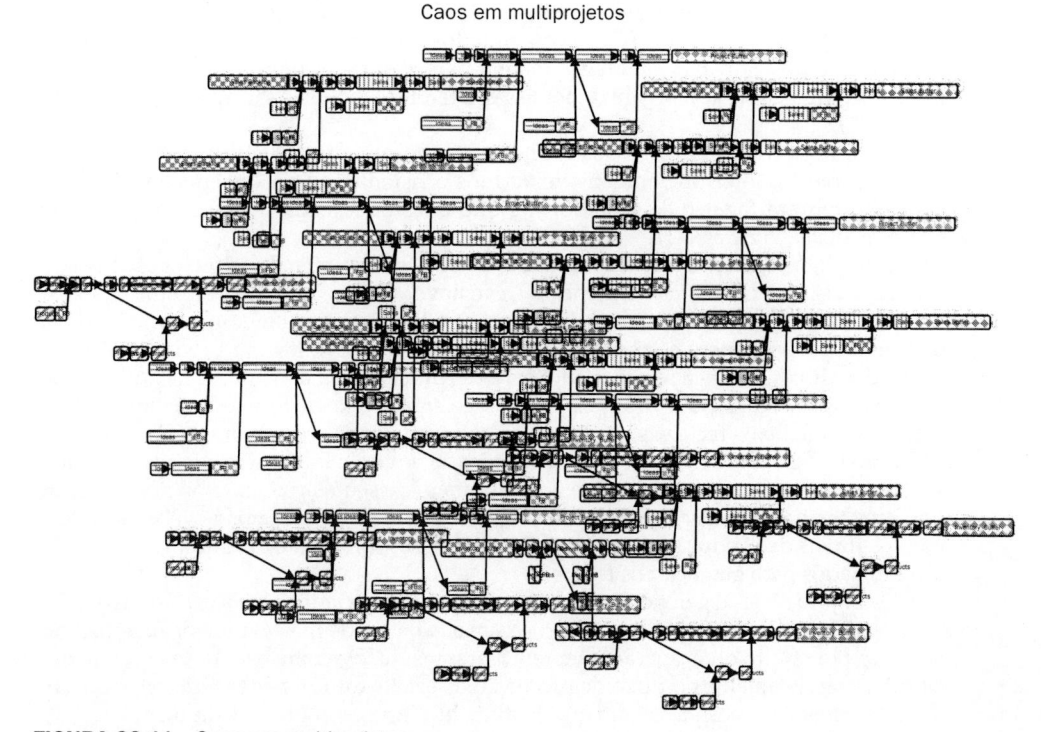

FIGURA 33.11 Caos em multiprojetos.

esquemas de fluxo de processo implementa também o terceiro conceito de fluxo da cadeia de suprimentos (Goldratt, 2009): as eficiências locais devem ser abolidas. O trabalho é iniciado e processado de acordo com o ritmo da restrição do sistema, e não dos recursos locais não restrição. Haverá alguma capacidade protetiva na maioria dos departamentos e o fluxo geral da organização será maximizado.

Uma injeção inovadora

Com esses fundamentos, estamos preparados para revisitar a injeção inovadora: todas as pessoas da organização que tenham um impacto significativo sobre o ganho são avaliadas por meio de uma mesma medida básica (que alinha todas as ações da organização com suas metas). Tendo em vista todas as interações de tantos departamentos e unidades diferentes, cada um com suas próprias metas, objetivos e mensurações, como podemos imaginar somente uma única injeção, quanto mais a chamar de injeção inovadora?

Definição de uma medida básica comum

Definir pulmões para os fluxos de produção e programações de GPCC para projetos de ideias em cada unidade é um ponto de partida para o processo de mensuração. Queremos avaliar até que ponto uma unidade não está fazendo o que deveria fazer. Poderíamos medir de várias formas as coisas que "não foram feitas". Poderíamos quantificar as coisas que não foram feitas. Poderíamos calcular que valor as coisas que não foram feitas têm para a organização. Além disso, poderíamos medir o período de tempo até que um determinado erro foi reparado. Todas essas medidas são insuficientes. Se apenas contássemos o número de erros, poderíamos diminuir vários erros diminutos, mas na verdade não

Desenvolvimento e criação sequenciados de acordo com a capacidade de criar ideias

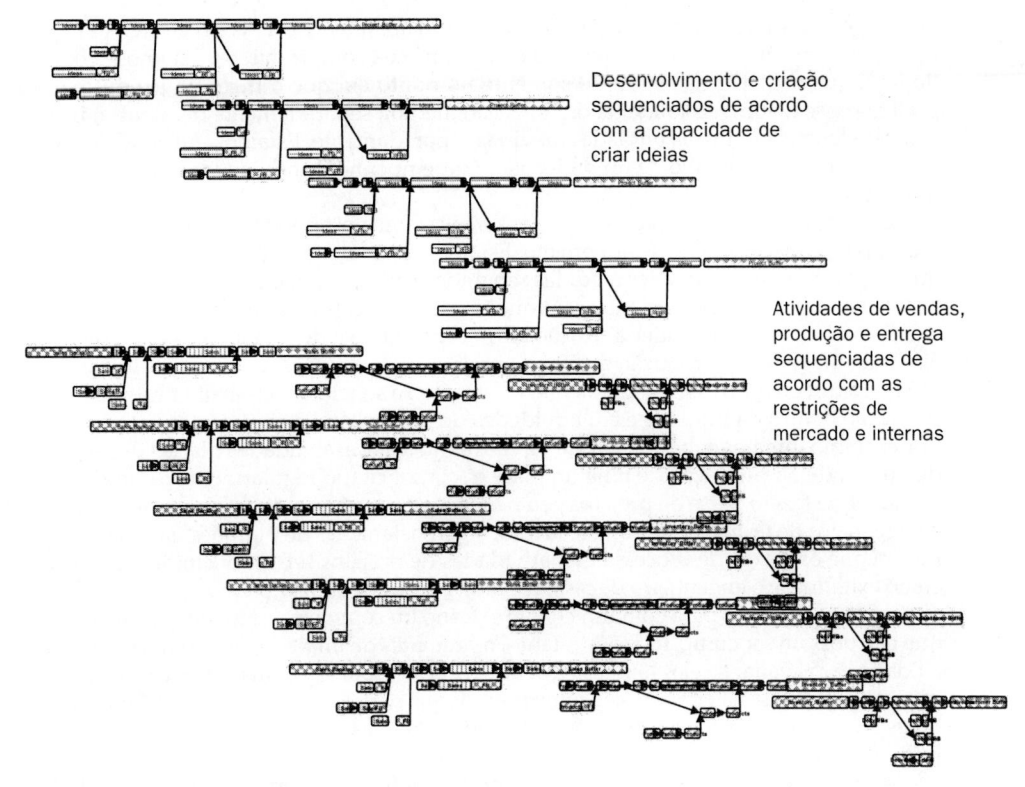

Atividades de vendas, produção e entrega sequenciadas de acordo com as restrições de mercado e internas

FIGURA 33.12 Gerenciamento de processo sequenciado.

gerar valor para a organização. Cometer um erro que tenha grande impacto negativo sobre a organização não é bom. Não obstante, se esse erro durar apenas um dia ou coisa parecida, não será tão ruim quanto um erro menor que dure meses. É favorável diminuir o tempo médio para eliminar os erros, mas essa postura direciona as iniciativas de melhoria para os erros menores e fáceis de corrigir e mantém os erros graves sem solução. O que é de fato essencial é uma medida mista que considere esses dois fatores. Nesse caso, podemos nos beneficiar de uma das medidas utilizadas no gerenciamento da cadeia de suprimentos segundo a TOC: ganho-dinheiro-dia (GDD).[8] O GDD leva em conta o valor do ganho que é protelado e o tempo pelo qual é protelado. *GDD é o valor do ganho (a contribuição para a organização representada pelas vendas finais menos quaisquer custos totalmente variáveis), o qual é atribuído ao fluxo do produto ou processo, vezes o número de dias de atraso de todas as atividades atrasadas (considera-se atraso o não fornecimento da quantidade solicitada ou da qualidade exigida na data mutuamente acordada). O GDD é uma medida da confiabilidade. Ele mede a capacidade de um departamento ou unidade de negócios independente de cumprir suas promessas em relação tanto ao fluxo de produto quanto às atividades de projeto.*

Antes de examinarmos um exemplo, é necessário esclarecer que estamos interessados em fornecer à alta administração informações que sejam úteis para o gerenciamento de toda a organização. Em cada unidade da organização medida separadamente, supomos

---

[8] A medida GDD é discutida em *The Haystack Syndrome*, Capítulo 24 (Goldratt, 1990); *The Theory of Constraints Journal*, 3, pp. 17-18 (Goldratt, 1988a); TOC Insights for Distribution, Partes 10 e 11, Measurements of Execution (Goldratt *et al.*, 2006); e no *TOCICO Dictionary* (Sullivan *et al.*, 2007). (© TOCICO 2007. Utilizada com permissão. Todos os direitos reservados.)

que os gerentes utilizem as soluções da TOC (principalmente o TPC e o GPCC) para gerenciar seus recursos de modo que eles cumpram seus compromissos. Estamos propondo aqui que o GDD seja atribuído somente no ponto em que o fluxo do produto ou o projeto passe de uma unidade da organização medida separadamente para outra; isto é, nas transferências entre as unidades medidas separadamente. Estamos utilizando o GDD para medir o desempenho da unidade, não o desempenho de atividades individuais nas unidades.

É também fundamental esclarecer que não estamos propondo que se estabeleça um marco para cada atividade de um projeto. Estamos tentando fornecer à alta administração informações sobre as unidades medidas separadamente nas organizações complexas. Um problema importante nas organizações que têm uma quantidade significativa de atividades de projeto é compreender a relação entre capacidade e demanda. Nas unidades que têm trabalho tanto de produção quanto de projeto, a maioria dos recursos geralmente trabalha em um ou outro. Ocasionalmente, um recurso é solicitado a trabalhar nos fluxos de produção dentro da unidade e em atividades de projeto de outras áreas da organização. Por exemplo, um engenheiro de teste talvez tenha responsabilidades diárias de controle de qualidade da produção de uma unidade e seja solicitado regularmente a cumprir atividades que fazem parte de projetos gerenciados por outras unidades da organização. Se o engenheiro de teste não for uma restrição, o gerenciamento de pulmões da unidade garantirá que os fluxos de processo e as atividades de projetos sejam concluídos de acordo como exigido. Se o engenheiro de teste for uma restrição, utilizar o TPC na unidade pode obstar compromissos para com um cliente externo ou com outra unidade organizacional que não possam ser cumpridos. Entretanto, os gerentes de unidade muitas vezes têm dificuldade para avaliar se eles têm restrições de recurso e, por isso, em muitos casos aceitam compromissos que não podem ser cumpridos. Isso é particularmente um problema quando as atividades do projeto são a fonte de demanda. Nessas situações, o GDD fornecerá informações úteis à alta administração sobre a área que merece atenção.

A utilização do GDD para atribuir o atraso a diferentes departamentos e unidades de negócios independentes é semelhante à solução de reabastecimento da TOC para as cadeias de suprimentos. Não é o mesmo que o GPCC normal. No GPCC, o gerente de projeto utiliza o gerenciamento de pulmões para monitorar variações nas atividades e pode alocar os recursos de acordo com a necessidade para lidar com as penetrações de pulmão. No entanto, nas organizações complexas, geralmente não existem recursos disponíveis para realocação. Nesse caso, o fluxo de trabalho é garantido por compromissos que são fundamentais para a sincronização.

A maioria das organizações complexas recorre amplamente à utilização de marcos. Os marcos não são bem uma medida de desempenho, mas balizadores para indicar que um projeto ou processo progrediu para um determinado ponto. Os marcos não são uma ferramenta de gerenciamento muito adequada porque existem poucos e eles estão muito distanciados. Além disso, eles são indicadores defasados: eles não informam o que está para acontecer a tempo de realizar correções. Eles só informam quando já é tarde demais para fazer algo a respeito. O não cumprimento de um marco significa que algum problema sério ocorreu e isso gera uma pressão tremenda dos colegas (quando não uma punição da administração) sobre a parte que errou. Para evitar esse tipo de pressão, os grupos não raro superestimam o tempo de entrega e criam todos os problemas discutidos nos Capítulo 3, 4 e 5, sobre o GPCC.

Diferentemente dos marcos, o GDD é um indicador prospectivo do que está ocorrendo na organização. As unidades começarão a incorrer em GDD antes que os compromissos com os clientes fiquem atrasados porque os fluxos de produção e as atividades de projeto que geram o GDD ainda estarão protegidos por pulmões de remessa e de projeto. Além disso, o GDD é divulgado com frequência. O GDD periódico por unidade mostra quais unidades estão enfrentando maior dificuldade de entrega durante um período específico. O GDD acumulado em um projeto ou fluxo de produção pode ser visto logo no início, bem antes que fique tarde demais para reagir. Quando o GDD é monitorado ao longo do tempo (tal como as causas de penetração de pulmão), ele evidencia para onde a organização deve dirigir a atenção e as iniciativas de melhoria.

Com o GDD, a alta administração terá um método para determinar quais departamentos ou unidades necessitam de atenção. As unidades incorrerão em GDD quando elas se comprometerem com entregas que não podem cumprir. A unidade que incorrer em GDD não receberá automaticamente recursos adicionais. A primeira pergunta que a alta administração deve fazer é por que o gerente de unidade assumiu um compromisso que a unidade não tem capacidade para cumprir. Embora ao longo do tempo as pessoas percebam como devem jogar com praticamente qualquer medida de desempenho, o fato de o GDD estar diminuindo com o passar do tempo à medida que os gerentes de unidade ganham maior experiência na utilização do TPC e do GPCC significa que as unidades não estão recebendo recursos adicionais automaticamente apenas porque estão incorrendo em GDD.

Utilizando o GDD: um exemplo

Utilizemos como exemplo um projeto aprovado e programado. Há muitas pessoas e unidades envolvidas nos projetos, mas, para simplificar, apenas três grupos são mostrados na Figura 33.13. O departamento de atendimento é responsável pelo primeiro elemento da corrente de alimentação não restrição. O departamento de distribuição tem duas contribuições, uma na subcorrente e uma na corrente crítica. O departamento de produção tem uma contribuição na corrente crítica. Nesse exemplo, supomos que o projeto geral permaneça aproximadamente 40 dias na corrente crítica e tenha um pulmão de 20 dias. Se o valor do ganho do projeto final de "ideias" for $ 10, podemos avaliar facilmente a subordinação dos departamentos de atendimento, distribuição e produção ao processo geral de desenvolvimento de ideias.

A conclusão de um projeto exige a participação de vários grupos independentes que concordaram em cumprir um compromisso em um determinado momento ou em proceder em um determinado período de acordo com o plano. Um departamento ou unidade

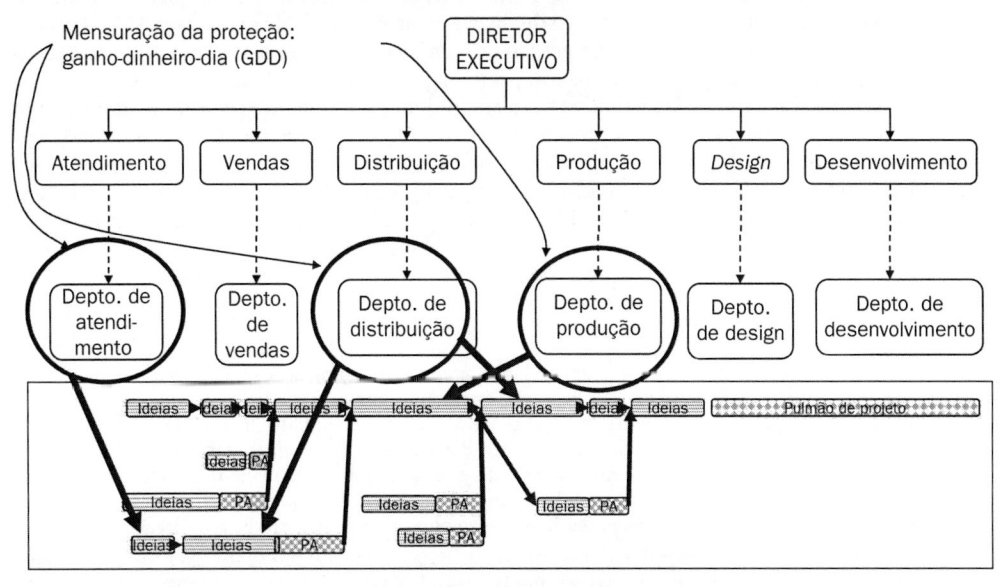

FIGURA 33.13 Compromisso da distribuição de gerar ideias.

pode executar uma atividade ou várias atividades consecutivas em um projeto. O dono global do projeto mostrado na Figura 33.13 é o departamento de desenvolvimento. Pelo fato de ser o dono do projeto, o departamento de desenvolvimento tem um pulmão de projeto que protege a entrega do projeto ao cliente final contra qualquer atraso por parte de cada um dos grupos.

Suponhamos que o departamento de atendimento tenha concordado em entregar sua parte do projeto de ideias no quinto dia ao departamento de distribuição, mas na verdade a tenha entregado no oitavo dia, três dias de atraso em um projeto com um valor de ganho estimado de $ 10. O GDD do departamento de atendimento é avaliado como 3 dias × $ 10 ou 30. Agora, o departamento de distribuição realiza seu trabalho e o conclui um dia depois do programado. O GDD desse departamento é então avaliado como 1 dia × $ 10 ou 10. O GDD tanto do departamento de atendimento quanto do departamento de distribuição é avaliado. Refletindo sobre o GDD, podemos afirmar que toda conclusão/ entrega prometida é um compromisso. Quando uma promessa não é cumprida, esse compromisso fica atrasado e seu possível impacto sobre o ganho da organização pode ser determinado. Para o projeto, o GGD total dessa corrente de alimentação é 40. O GDD é cumulativo. Embora o GDD indique uma entrega/conclusão atrasada em relação ao que foi prometido, o processo normal de atribuição de pulmões da TOC (os pulmões posicionados estrategicamente e utilizados no TPC, no GPCC e na solução de reabastecimento) oferece proteção contra atrasos na entrega do produto final.

Agora, examinemos o departamento de produção. Suponhamos que outras ações de outro departamento anterior ao departamento de produção tenham atrasado em 10 dias o início das atividades do departamento de produção. O departamento que está provocando esse atraso seria incorrido em um GDD de 100 ($ 10 × 10 dias de atraso). O departamento de produção então demora dois dias a mais em relação ao tempo de resposta que havia planejado para concluir seu trabalho. Esses dois dias a mais que a produção leva para concluir seu trabalho acrescenta um GDD de 20 ao respectivo departamento e o projeto fica então com um GDD de 120.[9]

A corrente crítica subsequente é realizada pelo departamento de distribuição. Por sorte, o departamento de distribuição consegue concluir seu trabalho quatro dias antes do programado. O GDD desse departamento é zero. A conclusão antecipada não afeta a avaliação do GDD do departamento de distribuição nem o GDD do projeto. O que ocorre na realidade é que a conclusão antecipada do departamento de distribuição ajuda a recuperar parte do consumo de pulmão do projeto, que diminui de 12 dias para 8 dias.[10]

As medidas de GDD avaliadas para as unidades ao longo dos caminhos da corrente crítica são cumulativas. Elas representam a capacidade do sistema (e um acúmulo de vários grupos específicos) de cumprir o prometido. Embora o GDD incentive os grupos independentes mas inter-relacionados a cumprir o prometido (a ser confiável), ele também oferece à administração uma medida oportuna para determinar a capacidade do sistema global. Ao longo do tempo, os níveis e as tendências do GDD podem ser utilizados como indicador dos grupos que precisam de melhoria, assistência ou elevação.

---

[9] Nesse caso, observamos que os grupos, departamentos e organizações recebem as avaliações de GDD com base na confiabilidade da entrega. Observamos igualmente que o produto ou projeto também pode divulgar um GDD. Isto é, o GDD avaliado para uma unidade é também registrado para o produto ou projeto. Não se trata de contabilidade duplicada, mas de um registro do grupo ou departamento que apresentou um desempenho de entrega não confiável e também do produto que provocou isso. Medir o GDD dessa forma ajuda a administração a avaliar quais organizações precisam de auxílio e quais produtos/projetos necessitam de melhoria e também quais grupos precisam de apoio.

[10] Embora a recuperação do pulmão seja importante para o fluxo dos processos, ela não é nem recompensada nem punida. A recompensa ou punição com relação à penetração ou recuperação de pulmão cria um comportamento errado; as estimativas de duração das atividades ficam infladas e os planos ousados se perdem.

Uma análise minuciosa do departamento de distribuição

Vejamos um exemplo sobre como isso funciona para o departamento de distribuição. A Figura 33.14 mostra o GDD do departamento de distribuição ao longo do período mais recente (nesse exemplo, no período de 20 dias), no qual duas atividades do projeto de ideias (discutido anteriormente) foram realizadas. A seta acima da atividade mostra quando o departamento de distribuição de fato trabalhou no projeto para gerar ideias. No decorrer desse período, a primeira atividade do projeto de ideias ficou um dia atrasada, incorrendo um GDD de 10. A segunda atividade do projeto de ideias foi concluída quatro dias antes e seu GDD foi zero. A soma total do GDD correspondente ao período (apenas para o projeto de ideias) foi 10.

> Existe uma diferença entre as datas comprometidas para unidades mensuradas separadamente e a duração das atividades dos indivíduos. Quando os indivíduos estimam a duração de suas atividades, não é possível culpá-los por estarem atrasados ou os recompensar por estarem adiantados. Tanto uma quanto a outra (recompensa ou punição) incentiva o indivíduo a estender suas estimativas futuras de duração das atividades. Contudo, quando o GDD é utilizado para avaliar a confiabilidade dos compromissos de entrega de uma unidade, tanto internamente quanto para os clientes, supomos que a unidade utilize pulmões estrategicamente posicionados para garantir o cumprimento desses compromissos (consulte os capítulos anteriores deste livro que abordam o TPC, o GPCC e a solução de reabastecimento). O GDD não é uma punição, mas um indicador para a alta administração de que uma unidade não está cumprindo seus compromissos. O GDD indica em que nível a unidade está utilizando eficazmente o TPC e o GPCC para gerenciar suas operações internas. Se a administração da unidade tiver uma boa percepção de sua capacidade e demanda e utilizar eficazmente o TPC para liberar trabalhos para a unidade de acordo com o ritmo que a restrição consegue processá-los, o GDD da unidade provavelmente será baixo. Entretanto, o GDD será incorrido se a administração não tiver uma boa percepção da capacidade e for liberada uma quantidade exagerada de trabalhos para o sistema. O objetivo da avaliação do GDD não é punir nem recompensar a gerência da unidade, mas informar a alta administração para onde é necessário dirigir a atenção. Além disso, não recompensamos uma unidade por recuperar o GDD em um projeto gerenciado por outra unidade. Se o fizéssemos, incentivaríamos as unidades a superestimar o número necessário de dias de fluxo ou a aumentar os recursos da unidade sem uma necessidade real. As unidades com o GDD mais alto não devem ser punidas. É preciso investigá-las e ajudá-las a analisar se é possível realizar melhorias. O acompanhamento e gerenciamento do GDD ao longo do tempo em um nível sistêmico emitem os sinais dos quais a alta administração necessita para gerenciar a capacidade em nível de unidade e podem orientar o processo de crescimento e, ao mesmo tempo, manter a estabilidade.

Desempenho da Confiabilidade do Departamento de Distribuição

GDD Total desse período =
10 + 0 = $ 10 GDD

Hoje

Carga de trabalho →

GDD =
1 dia * $ 10 =
10 GDD

GDD =
0 dia * $ 10 =
0 GDD

Conclusão antecipada

Ideias — 1 dia de atraso

Ideias

Ideias

Trabalho mais adiantado
0

Linha do tempo →
Dias

Trabalho mais atrasado
20

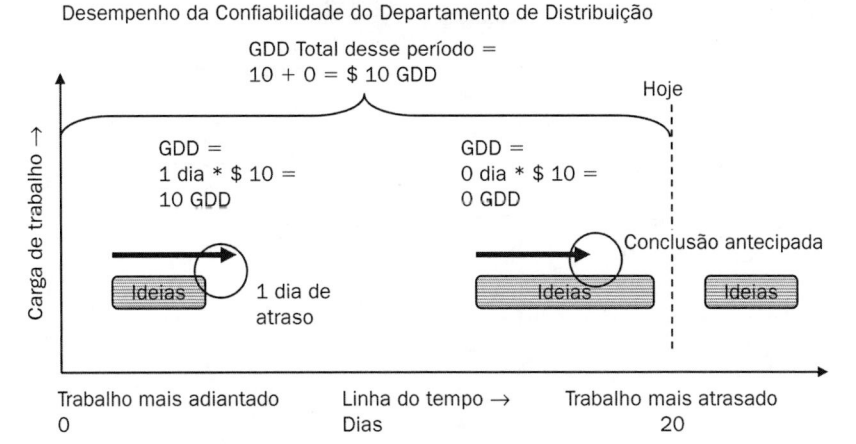

FIGURA 33.14 Desempenho do GDD da distribuição.

Obviamente, o departamento de distribuição contribui com muito mais do que apenas projetos de ideias. Sua responsabilidade predominante é com a atividade de distribuição em si, mas ele tem também atribuições que visam apoiar o departamento de vendas e o de produção. A Figura 33.15 mostra vários segmentos da carga de trabalho do departamento de distribuição ao longo do tempo. Observamos que os diferentes produtos apoiados por esse departamento provocam períodos de intensa carga de trabalho e outros períodos menos intensos.

Durante os primeiros 20 dias mostrados na Figura 33.15, o departamento de distribuição enfrentou alguns problemas. Ele estava um dia atrasado na atividade de vendas (na parte superior), um dia atrasado na atividade de ideias (próximo ao meio) e um dia atrasado na atividade de entrega (na parte inferior). No total, houve ao longo do período uma atividade de vendas com um dia de atraso de $ 20, uma atividade de entrega com um dia de atraso de $ 5 e uma atividade de ideias com um dia de atraso de $ 10; o GDD dessas atividades correspondente ao período foi 35. Durante o segundo período, o departamento de distribuição melhorou sua principal medida de desempenho. Não houve nenhuma entrega atrasada e, portanto, seu GDD foi zero. Observamos que o departamento conseguiu iniciar parte de seu trabalho mais cedo (ele mudou sua programação) para aproveitar o tempo quando não estivesse tão sobrecarregado.

Unidades às quais o GDD se aplica: grau de impacto sobre o ganho

Evidentemente, o GDD é aplicável a algumas unidades das organizações complexas, como produção, vendas, distribuição e engenharia. Essas unidades têm compromissos

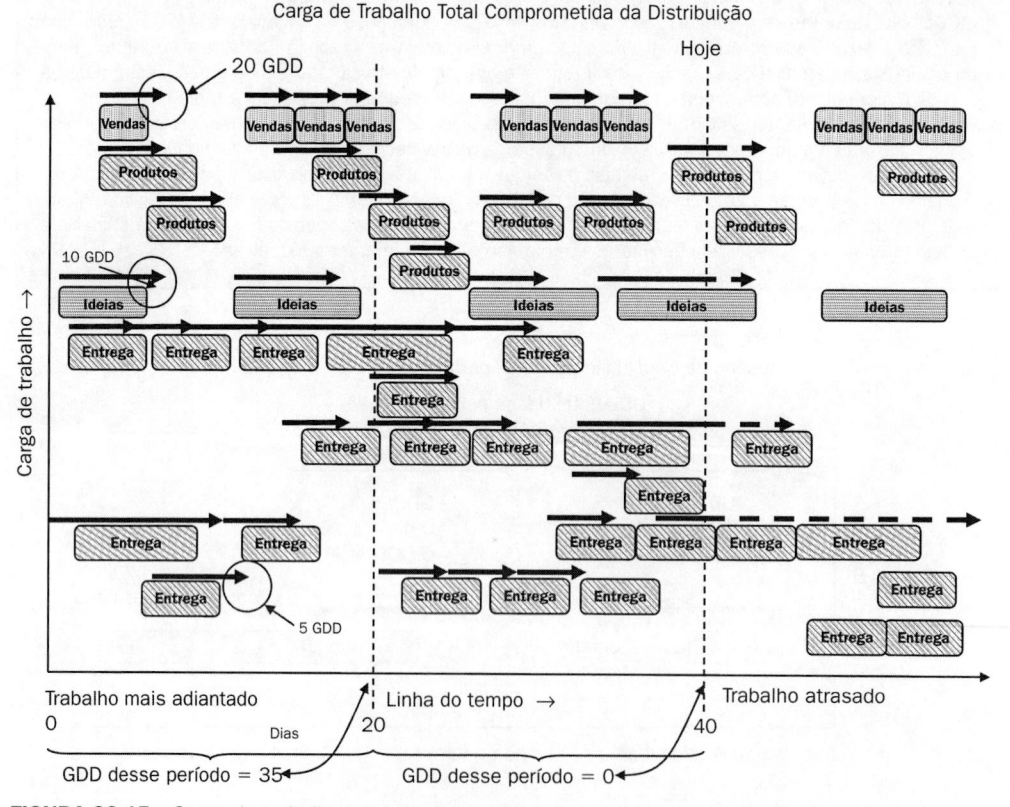

FIGURA 33.15 Carga de trabalho total da distribuição.

claros com clientes externos ou com outras unidades organizacionais que contribuem diretamente para o ganho. Além disso, existe outra categoria de unidades que pode retardar o ganho ainda que não assuma compromissos com os próprios clientes. Por exemplo, o departamento de recursos humanos pode afetar o ganho se os funcionários necessários não forem contratados e treinados oportunamente. O departamento de compras pode retardar o ganho ao contratar fornecedores não confiáveis ou de baixa qualidade. O departamento de TI pode retardar o ganho se não conseguir concluir no prazo um aplicativo essencial para o departamento de produção. O GDD deve ser igualmente computado para essas unidades.

Existe uma terceira categoria de unidades ou departamentos que têm um efeito bem menos direto sobre o ganho. Por exemplo, o departamento de contabilidade é responsável por gerar demonstrações financeiras mensal, trimestral e anualmente. Essa atividade é fundamental. Por isso, seria mantido um pulmão de projeto. Contudo, essa atividade tem um impacto bastante indireto sobre o ganho. É difícil ver como o GDD seria medido para essa atividade do departamento de contabilidade.

Com respeito ao impacto dessas três categorias de unidades sobre o ganho, ele poderia ser classificado como primário (produção, vendas, distribuição, engenharia e unidades semelhantes), secundário (recursos humanos, compras, TI e unidades semelhantes) e terciário (a atividade de demonstração financeira do departamento de contabilidade). No caso das unidades com impacto secundário sobre o ganho, o GDD faz sentido. Quanto às unidades ou os departamentos da terceira categoria, é difícil ver como o GDD poderia ser medido. Não obstante, já está comprovado que as medidas motivam o desempenho. Portanto, gostaríamos de poder medir as unidades cujo trabalho enquadra-se nessa terceira categoria apenas por esse motivo. Se conseguíssemos desenvolver uma medida por meio da qual a alta administração pudesse monitorar o desempenho dessas unidades de uma forma que fosse possível compará-las entre si, isso seria providencial.

Alternativas para o GDD que não parece adequado

Algumas unidades organizacionais (particularmente os grupos de apoio) têm pouco controle sobre quando um trabalho é atribuído e alguns têm datas de entrega incertas. Outras unidades controlam sua própria demanda e não têm compromissos de entrega com clientes externos ou com outras unidades organizacionais. Um exemplo deste último caso é um grupo de melhoria de processo de redução de custo. O GDD não pode ser medido porque não existe nenhum compromisso de entrega com outras unidades organizacionais ou clientes. Para esses grupos, o foco pode estar sobre realizar coisas boas – gerar ganho com a conclusão oportuna de qualquer atividade de apoio pela qual a unidade seja responsável. Dois exemplos podem ser úteis aqui. O primeiro é o *Programa de Melhoria de Custo do Produto* (*Product Cost Improvement Program* – PCIP) na Boeing. O PCIP é um grupo de engenheiros que avaliam e implementam propostas de redução de custo de diversas partes da empresa. Esse grupo avalia as propostas de economia de custo e decide qual deve ser implementada. Sem um compromisso de entrega real, é fácil para o grupo liberar vários projetos para o sistema e, em virtude da multitarefa, levar um longo tempo para concluir os projetos. No entanto, quando os projetos são concluídos, obtém-se uma nítida economia de custo para a empresa. Por meio da avaliação do ganho transferido por meio do grupo todo dia (ganho por dia ou G/D), o grupo pode observar quanto trabalho está sendo realizado e acompanhar sua contribuição ao longo do tempo. O acompanhamento do ganho gerado por dia incentiva o grupo a diminuir o tempo de fluxo do processo e a tomar medidas para melhorar o valor do ganho; esses dois fatores aumentam o G/D. Seria fácil para o grupo PCIP divulgar o G/D calculado mensalmente. Como o PCIP não tem compromissos de entrega com outras unidades da organização, não é possível avaliar o GDD correspondente ao grupo. Entretanto, ainda assim é favorável ter uma medida sobre o quanto o grupo está contribuindo para a organização e como tem sido seu desempenho em relação à concretização do propósito para o qual ele foi criado.

Um segundo exemplo é o processo de contratação de Odessa, Departamento de Polícia do Texas descrito por Taylor *et al.*, (2003). O processo de contratação do departamento exigia em média 117 dias e não estava contratando anualmente policiais suficientes para manter a força desejada para o departamento. O processo de pensamento da TOC foi utilizado para identificar o que mudar, para o que mudar e como causar a mudança, mas o ímpeto para iniciar o processo era a percepção da defasagem de produção do departamento de contratação em relação à sua meta de contratar uma quantidade adequada de policiais por ano. Embora o departamento não utilizasse uma medida desse tipo, é fácil enxergar como o departamento poderia ter empregado uma medida semelhante ao G/D para monitorar seu aperfeiçoamento. Nesse caso, "os policiais contratados por mês" teriam sido úteis para fazer a alta administração perceber a melhoria do departamento de contratação em relação ao cumprimento de sua meta de contratar policiais suficientes para manter a força necessária do departamento de polícia.

A definição de *ganho* proposta pelo *TOCICO Dictionary* (Sullivan *et al.*, 2007, p. 47) nesses dois exemplos é *"o ritmo segundo o qual o sistema gera 'unidades da meta'"*. (© TOCICO 2007. Utilizada com permissão. Todos os direitos reservados.) Mesmo os departamentos que não têm impacto direto sobre o ganho podem definir unidades da meta para monitorar suas melhorias. Normalmente, o G/D é calculado como o número de unidades da meta geradas ao longo do período relatado pelo número de dias do período. O G/D incentiva os grupos a agir rapidamente para concluir mais cedo um trabalho com um valor de ganho maior. Além disso, ele incentiva a diminuição do tempo de fluxo de todos os trabalhos, particularmente das atividades com um valor de ganho menor.

Qualquer unidade organizacional deve ser capaz de determinar as respectivas unidades da meta e calcular o G/D. Essa medida ajuda a gerência da unidade a manter o foco sobre a meta da unidade, mas algumas unidades também poderiam se beneficiar de outra medida descrita subsequentemente.

Inventário-dinheiro-dia

Podemos tomar emprestada outra medida da cadeia de suprimentos, inventário-dinheiro-dia (IDD), para ajudar o grupo PCIP e o Departamento de Polícia de Odessa a monitorar suas melhorias dirigindo sua atenção para o número de projetos liberados para o sistema antes de haver recursos suficientes para processá-los. A definição tradicional de IDD aplica-se ao estoque físico. O *TOCICO Dictionary* (Sullivan *et al.*, 2007) define *inventário-dinheiro-dia (IDD)* como

> uma medida da eficácia de uma cadeia de suprimentos que avalia se a cadeia realizou coisas que não deveria ter realizado, o que, em caso positivo, indicaria que ela está mantendo um estoque de produtos que os clientes não desejam. O sistema deve esforçar-se para ter o IDD mínimo necessário para manter confiavelmente em zero o ganho-dinheiro-dia. (© TOCICO 2007. Utilizada com permissão. Todos os direitos reservados.)

O IDD é calculado como a soma de todo o estoque atual em mãos, avaliado com base no preço de compra original vezes o número de dia desde que o estoque foi recebido pela unidade que está sendo medida.

Se o TPC for utilizado eficazmente e a eficiência não for mais empregada como medida de desempenho nas não restrições, não haverá necessidade de medir o IDD do estoque físico na organização. Todavia, podemos redefinir o IDD para ajudar no "estoque conceitual". Para alguns grupos que não têm nenhum estoque físico, mas um fluxo de pequenos projetos, atribuições, relatórios ou atividades intelectuais, seria favorável apenas calcular o número desses itens em andamento e avaliar quanto tempo eles levam para ser concluídos. Por exemplo, o departamento de auditoria interna, poderia apenas calcular a quantidade de auditorias em andamento e o espaço de tempo em que elas estão em andamento. Se houvesse cinco auditorias em andamento no início do mês, nenhuma delas estivesse concluída e nenhuma nova auditoria tivesse sido iniciada, o departamento registraria 150 "dias de auditoria" (5 auditorias × 30 dias) incorridos ao longo do mês.

Às vezes é simples atribuir um valor monetário ao estoque desses itens conceituais. No exemplo da auditoria interna, o departamento pode atribuir um valor médio de $ 100 às horas de auditoria incorridas e utilizá-lo para determinar o valor de estoque das auditorias em andamento. Por exemplo, uma auditoria orçada para 120 horas tem um valor total de $ 12.000. Visto que, em média, apenas metade das horas é incorrida em qualquer momento dado, uma boa maneira de simplificar seria atribuir um valor de estoque de 50% do valor total, ou $ 6.000, assim que a auditoria for iniciada e utilizar esse número para acumular o IDD no decorrer da auditoria. A vantagem desse método é que ele avalia as auditorias maiores com base em um valor proporcionalmente superior aos das pequenas auditorias. O resultado é que o IDD seria uma representação mais exata do trabalho em andamento do que a medida básica "dias de auditoria" descrita anteriormente.

Aplicando esse conceito ao Departamento de Polícia de Odessa, metade do salário correspondente ao cargo que está sendo contratado poderia ser utilizada como valor de estoque. Por exemplo, se o departamento estivesse iniciando o processo de contratação de um novo assistente administrativo, por um salário de $ 20.000, metade desse valor, ou $ 10.000, seria adicionada ao "estoque" e mantida até que a pessoa fosse de fato contratada. Ao final de cada período de relato das demonstrações financeiras, o número total de IDD seria divulgado. Nesse caso, se o recrutamento do assistente administrativo tivesse sido iniciado no 21º dia do mês, seria divulgado um valor de $ 100.000 IDD (10 dias × 50% de $ 20.000) ao final do mês. Se o recrutamento não fosse concluído no mês subsequente, seria acumulado um valor suplementar de $ 300.000 IDD (30 dias × $ 10.000). Essa medida seria extremamente valiosa quando o departamento estivesse contratando uma classe de 10 candidatos. Se o salário médio de um novo candidato fosse $ 30.000, seria incorrido um IDD de 4.500.000 (50% de $ 30.000 × 10 candidatos × 30 dias) para cada mês de prosseguimento do processo de contratação. A fixação de valores monetários para esses tipos de projeto, atribuições, relatórios ou atividades intelectuais é útil sempre que possível, porque os gerentes concentram-se natural e mais facilmente em valores monetários do que na contagem básica de itens.

É necessário observar que a aplicação do IDD descrita aqui não é a mesma para o estoque físico da cadeia de suprimentos. Quando utilizado para estoque físico, o objetivo primordial do IDD é dissuadir os parceiros da cadeia de suprimentos de realizar coisas que eles não deveriam realizar, isto é, gerar estoque antes de ele ser necessário ou gerar estoque que talvez nunca seja necessário. Entretanto, nossa principal preocupação aqui não é com a possibilidade de as unidades organizacionais realizarem coisas que não deveriam (*e.g.*, contratar um assistente administrativo), mas oferecer visibilidade à gerência da unidade do trabalho em andamento (*work in progress* – WIP) e estimular as unidades a se esforçar para concluir as atividades rapidamente. Quanto mais longo o tempo durante o qual os projetos, as atribuições, os relatórios ou as atividades intelectuais são mantidos no sistema, maior o valor do IDD. Existe um incentivo para que as atribuições e atividades sejam concluídas mais rapidamente para interromper o acúmulo de IDD.

Para ver como o IDD poderia ser aplicado ao grupo PCIP da Boeing, suponhamos que o grupo tenha decidido liberar o projeto 123A, que exige o reposicionamento de um suporte no 747 para economizar $ 1.000 em mão de obra de instalação por avião. Se um engenheiro iniciasse esse projeto hoje e agilizasse todas a revisões, aprovações e outras interações necessárias com outras unidades, ele exigiria 10 horas do tempo do engenheiro do PCIP e poderia ser concluído em um mês. Entretanto, se não houvesse um acompanhamento diligente e ênfase sobre esse projeto, poderia haver um nível de multitarefa significativo e consequências como custos de alterações entre tarefas e tempo de atravessamento. Tal como mencionado antes, o grupo PCIP não tem compromissos com prazos finais com outras unidades. Portanto, cabe à unidade fazer com que os projetos sejam concluídos rapidamente. Nesse caso, o projeto provavelmente levaria seis meses ou mais para ser concluído e tomaria 15 horas do tempo do engenheiro, se ele não se dedicasse assiduamente. No decorrer dos cinco meses adicionais, seriam concluídos 25 aviões sem essa melhoria, custando à empresa $ 25.000 a mais do que custariam. Suponhamos que o valor presente das economias de custo ao longo da vida restante do programa do 747 fosse $ 250.000 se o projeto fosse concluído em um mês. Tal como antes, suponhamos que metade do valor do ganho ($ 125.000) fosse atribuída ao valor de estoque desde o início do projeto no 26º dia do mês e que o projeto fosse iniciado no 26º dia do mês e concluído no 20º dia do mês seguinte. Com relação ao projeto, no primeiro mês seria registrado um IDD de $ 625.000 (5 dias × $ 125.000) e, no segundo, $ 2.500.000 (20 dias × $ 125.000). O acompanhamento do IDD motivaria o engenheiro a controlar de perto esse projeto e a impeli-lo ao longo do sistema a fim de minimizar o IDD no futuro.

Os resultados reais da implementação do G/D e IDD da Boeing para o PCIP do 747 e do 777 são expressivos. Os engenheiros associados com os PCIPs de cada aeronave começaram a prestar atenção nas medidas e a fazer as perguntas certas. A análise do impacto da implementação dessas medidas desde junho de 2001 a fevereiro de 2002 e de outubro de 2002 a março de 2003 demonstrou um ganho (economias de custo líquidas) correspondente aos projetos PCIP concluídos de mais de $ 62 milhões, um aumento de 500% em relação a períodos semelhantes antes da implementação do G/D e IDD. Além disso, o tempo de fluxo teve uma queda de 50%, os custos reduziram em 40% e a qualidade do produto aumentou. Após a implementação das novas medidas, o gerente do grupo afirmou que todas as medidas anteriores do grupo poderiam ser eliminadas porque o G/D e IDD eram tudo o que eles de fato precisavam saber para gerenciar o processo (Mortenson, 2002; Chambers, 2003).

Resumo das medidas

A Tabela 33.4 apresenta uma síntese da discussão anterior sobre a utilização do GDD, G/D e IDD para diferentes tipos de unidade em uma organização complexa.

Buscando o equilíbrio (e mudando a cultura da empresa)

Com o GDD, o quarto conceito da cadeia de suprimentos também se aplica às áreas da organização que afetam mais diretamente o ganho. O GDD oferece um método focalizado para equilibrar o fluxo (Goldratt, 2009). Embora Ford utilizasse a observação direta e Ohno empregasse a diminuição gradativa do número de contêineres e em seguida a diminuição gradativa de peças por contêiner, o GDD pode ser empregado para enfocar o equilíbrio do fluxo com base no tempo.

Tabela 33.4 Resumo das medidas

Medida	Grau de impacto sobre o ganho			Unidades que controlam sua própria demanda
	Primário	Secundário	Terciário	
GDD	X	X		
G/D		X	X	X
IDD				X
Exemplos	Vendas Produção Distribuição Engenharia	Recursos humanos Compras TI Engenharia	Informes financeiros Manutenção predial Jurídico	Melhoria de processo Redução de custo Auditoria interna

Ao utilizar o GDD em um fluxo crítico de processo, é fácil ver onde o sistema está desequilibrado.[11] A alta administração pode empregar o GDD porque ele tem um significado coerente entre as diferentes unidades, isto é, de que uma unidade organizacional está atrasada em relação ao seu compromisso de entrega para outra unidade ou para um cliente. É fácil interpretar a magnitude do GDD.

Além disso, como todos são medidos da mesma forma, isso significa que os níveis mais altos da empresa desejam exatamente a mesma coisa que os níveis mais baixos da organização: um fluxo rápido e confiável. Com isso em mente, a principal prioridade da alta administração é garantir que os níveis mais baixos da organização sejam rápidos e confiáveis. Essas medidas vinculam ações locais a resultados globais. Os que estão nos níveis mais baixo também desejam que a alta administração consiga ser rápida e confiável porque isso significa que o nível inferior também conseguirá concretizar suas metas.

Diferentemente do GDD, o G/D e o IDD são mais importantes para os gerentes de unidade do que para a alta administração. Dois são os motivos:

1. Tanto o G/D quando o IDD são específicos à unidade – eles dependem da meta da unidade e dos tipos específicos de projeto dentro da unidade e das atividades necessárias para concretizar a meta da unidade. Portanto, geralmente o G/D e o IDD não são comparáveis entre as unidades do mesmo modo que o GDD.
2. O G/D e o IDD são medidas relativas, e não absolutas. O GDD de um período é por si só significativo, ao passo que o G/D e o IDD de um período só podem ser avaliados em relação a períodos anteriores.

Tal com no exemplo do grupo PCIP da Boeing, a avaliação do G/D e do IDD pode ter um impacto considerável sobre os resultados da unidade. A adoção dessas medidas gera um benefício significativo para as unidades e para a organização como um todo, mesmo que elas não sejam úteis para a alta administração em virtude da falta de comparabilidade entre as unidades. Entretanto, a alta administração, ao avaliar unidades individuais, poderia ainda assim examinar a tendência do G/D e do IDD para avaliar o desempenho da unidade.

A utilidade das medidas de dinheiro-dia em geral

Goldratt (1990) introduziu o GDD e o IDD como medidas de desempenho relacionadas a produtos físicos e essas medidas foram utilizadas na solução de cadeia de suprimentos da TOC. O conceito de dinheiro-dia pode ser aplicado a outras entidades além do ganho e estoque e oferecer à administração informações úteis que antes não eram divulgadas. Nas primeiras análises de Goldratt sobre o IDD (Goldratt, 1988a), ele o comparou a medidas de estoque comuns como a rotatividade e ressaltou que o IDD pode ser mais útil para a administração avaliar os níveis de estoque. Esse mesmo conceito se aplica às contas a receber (C/R). O método usual de descrever uma C/R é pelo vencimento, que mostra o valor total atual de C/R vencido em 0-30 dias, 30-60 dias etc. A demonstração de contas a receber-dinheiro-dia poderia oferecer à administração informações semelhantes, condensadas em um único número. Outra aplicação da medida dinheiro-dia poderia ser à avaliação do atraso no pagamento de fornecedores. Nesse caso, a medida contas a pagar-dinheiro-dia (CPDD) seria simplesmente o valor da fatura multiplicado pelo número de

---

[11] A Shippers Supply Company utilizou o GDD durante mais de três anos. A empresa só precisou acrescentar um elemento de dados ao seu banco de dados para calcular o GDD. O relatório diário de GDD foi consideravelmente eficaz para reduzir um nível de estoque antes incontrolável. A empresa utilizou o relatório de GDD para acelerar os trabalhos atrasados e a análise de Pareto para focar suas iniciativas de melhoria. O atendimento ao cliente está bastante satisfeito; agora, raramente os clientes reclamam. Os números de GDD alertam antecipadamente a administração para que tome medidas corretivas antes que os problemas afetem a entrega (Johnson, 2009).

dias de atraso no pagamento. O pagamento pontual é fundamental para os fornecedores e o CPDD ofereceria à administração uma medida rápida do desempenho do departamento financeiro quanto ao cuidado que ele está tendo no relacionamento com os fornecedores.

A injeção inovadora é fundamental, mas raramente suficiente

Possibilitar que todas as pessoas que tenham um impacto significativo sobre o ganho sejam avaliadas por uma mesma medida básica (que alinhe todas as ações da organização com suas metas) é extremamente importante e solucionará muitos problemas das organizações complexas. Possibilitar que todas as unidades adotem as medidas G/D e IDD adaptadas às metas da unidade é também extremamente favorável. Contudo, duas outras injeções de apoio são necessárias. A primeira está relacionada à resolução de conflitos e a segunda aplica-se à alocação de recursos.

A Figura 33.5 faz referência aos conflitos predominantes entre os elementos organizacionais de qualquer organização em que diferentes elementos têm diferentes metas e necessidades, ainda que todos trabalhem em conjunto. Possibilitar que todas as pessoas que tenham um impacto significativo sobre o ganho sejam avaliadas pelo GDD elimina a maioria dos conflitos. Uma medida comum significa que a meta na parte superior da organização é a mesma meta na parte inferior da organização. Tanto a alta administração quanto os gerentes de unidade desejam que o GDD total aproxime-se de zero. Isso cria uma nova cultura organizacional, em que todos desejam a mesma coisa e oferece um nível de entendimento mensurável do conceito de equilíbrio. Os que se encontram na parte inferior da organização passam a ter a confiança de que aqueles que estão na parte superior estão fazendo o que é certo para a organização como um todo. Isso significa segurança, estabilidade e crescimento no emprego. Em outras palavras, os que estão na parte inferior desejam que aqueles que estão no topo consigam concretizar suas metas (minimizar o GDD de toda a organização). Aqueles que estão no topo desejam que todos na parte inferior concretizem a mesma meta. Ocorre cooperação.

Todavia, ainda existirão conflitos entre os diferentes elementos da organização à medida que cada área tentar o GDD. É necessário haver uma ferramenta eficaz de identificação, comunicação e implementação para resolver esses conflitos de maneira rápida, fácil e correta.

Ferramentas de resolução

Os capítulos anteriores deste livro abordaram as ferramentas do processo de pensamento e especificamente as habilidades de gerenciamento. Elas abrangem a EN, a ressalva da ramificação negativa (RRN) e a árvore de pré-requisitos (APR) ou árvore da meta ambiciosa. Essas três ferramentas são suficientes para resolver conflitos em todos os níveis. Elas funcionam porque não são ferramentas de negociação, mas ferramentas para descobrir e divulgar a verdade.

A EN enfoca a meta associada (objetivo A) das duas partes e as necessidades (condições essenciais B e C) de ambas as partes. O conflito (D e D) ocorre quando um lado precisa agir de uma forma específica para atender suas necessidades, mas essa ação específica colide com a necessidade do lado oposto. Ao examinar as necessidades de ambos os lados e os pressupostos, sempre é possível identificar uma injeção adequada para conflitos comuns.

A RRN mostra como até mesmo as melhores intenções podem gerar efeitos negativos. A revelação das causas desses efeitos negativos ressalta onde o sistema pode ser melhorado. Além disso, as injeções adicionais necessárias para eliminar os efeitos negativos sempre melhoram o sistema como um todo. Quando um conflito crônico vem à tona e ambas as partes utilizam em conjunto a EN e a RRN, é possível instaurar um nível de entendimento e cooperação.

A APR (ou árvore da meta ambiciosa) é uma ferramenta extremamente eficaz pra superar os obstáculos que qualquer iniciativa venha a enfrentar. Os grupos que trabalham em conjunto para superar obstáculos desenvolvem habilidades significativas de trabalho em equipe e conseguem concretizar metas ambiciosas.

Alocação controlada de recursos

Outra injeção essencial lida com a necessidade de alocar recursos corretamente. A princípio, o GDD ressaltará as áreas que exigem a atenção da alta administração; entretanto, assim que os gerentes das unidades identificarem quais são as capacidades de seus recursos locais e como podem utilizar eficazmente o TPC e GPCC, eles assumirão menos compromissos que não podem cumprir. Haverá progressivamente solicitações de compromisso de clientes e de outras unidades organizacionais que não podem ser cumpridos de imediato pelo fato de existirem restrições de capacidade. Será fundamental que a organização aloque recursos de tal forma que mantenha o equilíbrio do fluxo na organização, desenvolva seus recursos e utilize os recursos mais críticos do modo mais eficaz possível.

Em *Reaching the Goal* (Atingindo a Meta) (2008, Capítulo 4), Ricketts descreve elaboradamente o gerenciamento do banco de recursos. A designação de recursos críticos de um banco central de acordo com as necessidades de diferentes áreas da organização permite que se utilizem os recursos eficientemente. O gerenciamento do banco central de recursos para acomodar os recursos que retornam, a perda de pessoal e a aquisição de recursos antecipadamente à necessidade é realizado com um pulmão de recurso. Esse conceito de banco de recursos funciona excepcionalmente bem quando as pessoas que estão utilizando os recursos são incentivadas a devolver os recursos ociosos ao banco assim que eles deixarem de ser utilizados (uma medida de IDD estimula essa postura). Isso só funcionará quando os gerentes de projeto e departamentais souberem que eles receberão um número adequado de recursos quando precisarem.

O aprimoramento do banco de recursos proposto por Ricketts ajuda os gerentes de projeto e departamentais a utilizar seus poucos recursos de uma maneira ainda melhor. Com demasiada frequência, os recursos melhores e mais qualificados ficam sobrecarregados e não podem transferir o trabalho para outros recursos menos qualificados. Essa situação atrasa o desenvolvimento dos recursos menos qualificados e impede que a organização aproveite totalmente o conhecimento especializado dos mais qualificados.

A solução para esse problema exige a separação de um pequeno grupo composto pelos recursos mais qualificados (10% a 20% de recursos semelhantes é suficiente) em relação a todas as responsabilidades diárias do trabalho. Esse grupo local de especialistas funciona como um banco local de recursos para ir e vir entre as atividades diárias quando houver necessidade. Dessa forma, os recursos menos qualificados podem realizar as atividades diárias e desenvolver habilidades. Se um recurso menos qualificado deparar-se com um problema que não pode ser resolvido dentro do tempo designado (caso em que o GDD corre risco), os especialistas do banco local de recursos entram em ação e ajudam. Isso desenvolve o recurso menos qualificado exatamente no momento em que ele está preparado para aprender, protege a data de entrega e permite que alguns especialistas utilizem mais seu tempo livre para melhorar os processos locais. Quando a entrega pontual é uma necessidade absoluta, todos os recursos de um grupo talvez precisem participar de um esforço conjunto (Universidade Estadual de Washington, 2009). Esses esforços, dos especialistas e dos demais, criam um trabalho em equipe do mais alto nível.

Desafio do futuro

Quando uma organização complexa utiliza um GDD e igualmente outras injeções de apoio, ela tem condições de atuar de uma forma que outras organizações complexas concorrentes não conseguem equiparar. Quando existem poucos conflitos na organização e há recursos disponíveis quando necessário, a organização tem condições de seguir sua estratégia de uma maneira que jamais conseguiu. Esse sucesso apresenta seus próprios desafios. As organizações que conseguem aprimorar-se rapidamente em pouco tempo deparam-se com um obstáculo ao crescimento quando as equipes de liderança já são aproveitadas ao máximo. A confiabilidade da liderança rapidamente se torna a restrição. A Figura 33.16[12] mostra que durante períodos de rápido crescimento, a frequência de tomada de decisões importantes aumenta ao mesmo tempo que a importância de cada decisão. A administração tem cada vez menos tempo para tomar decisões cada vez mais importantes. Existe cada vez menos tempo para análises e avaliações.

A importância de avaliar todos com as mesmas medidas

Nas condições sempre florescentes de crescimento contínuo da Figura 33.16, as equipes de liderança devem sentir-se seguras de que estão tomando decisões corretas e movendo-se na direção correta. Além disso, elas devem sentir-se seguras de que a organização como um todo pode continuar assumindo e cumprindo os novos desafios que ela enfrenta. A injeção inovadora – todas as pessoas que têm um impacto significativo sobre o ganho são avaliadas pela mesma medida básica (que alinha todas as ações da organização com suas metas) – será em grande medida eficaz para oferecer a confiança necessária. Em uma organização de rápido crescimento, as promoções são frequentes. Aqueles que têm experiência com as medidas GDD, IDD e G/D e com outros métodos da TOC, de acordo com a nova cultura organizacional, são os mais adequados para conduzir a organização para cima na curva de crescimento. Contudo, com frequência é difícil determinar a eficácia da equipe de administração antes que muitos sejam cometidos.

Certificação da liderança

Para resolver esse problema, as organizações são em grande medida incentivadas a desenvolver ou utilizar organizações de certificação externas para confirmar se os membros da equipe de liderança estão alinhados e ao mesmo tempo movendo-se na direção correta. A Organização Internacional de Certificação em Teoria da Restrições (Theory of Constraints International Certification Organization – TOCICO)[13] oferece esse tipo de certificação. A TOCICO mantém um dicionário *on-line* da TOC como vocabulário padrão para todas as funções, divisões e empresas. Muitos membros certificados pela TOCICO

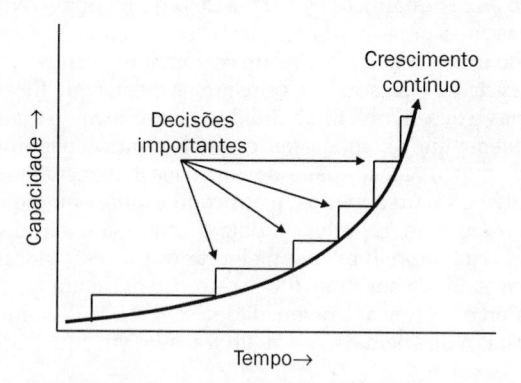

FIGURA 33.16 Etapas de decisão em situações de crescimento contínuo. Fonte: John Thompson. Utilizada com permissão.

---

[12] A Figura 33.16 foi esboçada pela primeira vez por John Thompson (2009).

[13] www.tocico.org.

são professores e consultores que oferecem os serviços dos quais as organizações complexas precisam. A certificação da TOCICO pode ser obtida prontamente no mundo inteiro e é atualizada continuamente à tecnologia atual. Seus exames atendem ás necessidades de todas as áreas da organização. O fator mais importante é que a maioria dos gerentes obtenha certificação, para que todos falem a mesma língua (uma língua comum), e ter as mesmas metas, medidas e percepções da direção estratégica do sistema. Não obstante, os funcionários de qualquer organização que esteja implementando a TOC deveriam passar por um exame sobre os fundamentos da TOCICO, para garantir que eles compreendem os princípios básicos de todas as aplicações da TOC e a utilização diária do processo de pensamento da TOC. A administração poderia, desse modo, ter a segurança de que todos os funcionários tenham uma linguagem comum e um entendimento comum sobre suas instruções e sobre os motivos dessas instruções.

Resumo

As organizações complexas são compostas de várias unidades individuais que dependem umas das outras para a execução ordenada de seus processos. Embora toda unidade esteja tentando melhorar e fazer o melhor que pode, é necessário haver um sistema de gerenciamento geral para que a organização complexa vá para a frente e continue progredindo e melhorando. Os quatro conceitos da cadeia de suprimentos (Goldratt, 2009) estabelecem a direção para a solução. O GDD, uma das medidas da cadeia de suprimentos da TOC, constitui uma medida comum para todas as unidades da organização que têm um impacto direto sobre o ganho e é um mecanismo para o funcionamento confiável e eficaz entre vários elementos interconectados da organização. Com relação às unidades e aos departamentos que não têm um impacto direto sobre o ganho, o G/D e IDD são úteis para avaliar o desempenho em relação às metas da unidade. Por meio dessas três medidas, as organizações complexas podem alcançar uma situação de crescimento contínuo e, ao mesmo tempo, de estabilidade crescente.

Referências

Barnard, A. "Insights and Updates on the Theory Of Constraints Thinking Processes". Trabalho apresentado no Congresso Anual da TOCICO, Londres, Inglaterra, 9 de setembro de 2003.

Chambers, P. V. *A Theory of Constraints and Six Sigma Application to Improving Cost Reduction Performance*. Pullman, WA: Engineering & Technology Management, Universidade Estadual de Washington, 2003.

Goldratt, E. M. *Essays on the Theory of Constraints*. Great Barrington, MA: North River Press, 1987, 1988, 1989, 1990.

Goldratt, E. M. *The Theory of Constraints Journal*, 1(3), Instituto Avraham Y. Goldratt, 1988a.

Goldratt, E. M. *Workshop Executivo sobre Tomada de Decisões*. New Haven, CT, Instituto Avraham Y. Goldratt, 1988b.

Goldratt, E. M. *The Haystack Syndrome: Sifting Information out of the Data Ocean*. Great Barrington, MA: North River Press, 1990.

Goldratt, E. M. *It's Not Luck*. Great Barrington, MA: North River Press, 1994.

Goldratt, E. M. *Goldratt Satellite Program Session 8: Strategy & Tactics*. Transmitido de Brummen, Holanda: Programa Satélite de Goldratt, 1999. Série em vídeo: 8 DVDs.

Goldratt, E. M. *The Choice*. Great Barrington, MA: North River Press, 2008.

Goldratt, E. M. "Standing on the Shoulders of Giants". *The Manufacturer*, junho de 2009. http://www.themanufacturer.com/uk/content/9280/Standing_on_the_shoulders_of_giants. Acesso em 4 de fevereiro de 2010.

Goldratt, E. M., Goldratt, A. e Ihnen, A. R. "TOC Insights into Distribution and Supply Chain". Goldratt's Marketing Group, 2003-2006. http://www.TOC-Goldratt.com.

Johnson, J. Entrevista pessoal a Jenni Johnson, Purchasing Team Leader. Agosto de 2009. Shippers Supply Company.

Mortensen, W. *Application of the Theory of Constraints Supply Chain Solution to the Product Cost Improvement Process*. Pullman, WA: Engineering & Technology Management, Universidade Estadual de Washington, 2002.

Ricketts, J. A. *Reaching the Goal: How Managers Improve a Services Business Using Goldratt's Theory of Constraints*. Upper Saddle River, NJ: IBM Press, 2008.

Sullivan, T. T., Reid, R. A. e Cartier, B. *TOCICO Dictionary*. 2007. http://www.tocico.org/?page=dictionary.

Taylor, L. J. III, Moersch, B. J. e Franklin, G. M. "Applying the Theory of Constraints to a Public Safety Hiring Process". *Public Personnel Management*, 32(3), 2003.

Thompson, J. Seminário sobre Instrução, Tacoma, Washington, junho de 2009. http://www.globalfocusllc.com/.

Universidade Estadual de Washington. The Assembly Game. 2009. http://www.vancouver.wsu.edu/fac/holt/em530/Docs/Assembly.ppt.

Sobre os autores

Dr. James R. Holt é professor de prática de gestão de engenharia na Universidade Estadual de Washington, voltado à aplicação prática de disciplinas como comportamento organizacional, pesquisa operacional, estatística, engenharia econômica, simulação, sistemas de informação e gerenciamento de restrições para melhorar organizações e sistema complexos. Há 20 anos ele ministra aulas sobre os princípios da TOC na Universidade Estadual de Washington, como consultor e membro do corpo docente das Escolas Goldratt, e no Instituto de Tecnologia da Força Aérea. Atualmente, ele é presidente da Organização Internacional de Certificação em Teoria das Restrições (TOCICO). Há mais de 37 anos Holt mantém um casamento feliz com Suzanne; eles têm cinco filhos e nove netos.

Dr. Lynn H. Boyd é membro do Departamento de Administração da Universidade de Louisville desde 1997 e no momento é professor associado de administração. Antes de ingressar na área acadêmica, Boyd foi contador da Deloitte & Touche durante 14 anos e também trabalhou para o Departamento de Veteranos de Guerra dos Estados Unidos durante dois anos. Ele é Jonah certificado pelo Instituto Avraham Goldratt. Boyd é professor de gerenciamento operacional de programas de graduação e pós-graduação e dá aulas sobre tomadas de decisões gerenciais e estatísticas.

Boyd publicou artigos nos periódicos *Journal of Cost Management, Production and Inventory Management Journal, International Journal of Production Research, International Journal of Operations and Production Management, Journal of Education for Business* e *Industrial Management*. Ele vive em Crestwood, Kentucky, com sua esposa, Rose, e com seus filhos, Lisa e Derek.

34

Aplicação das árvores de estratégias e táticas nas organizações

Lisa A. Ferguson, Ph.D.

Introdução

Após uma exposição sobre o processo de redação de um plano estratégico por meio da *árvore de estratégias e táticas* (E&T) – ferramenta do processo de pensamento da *teoria das restrições* (*theory of constraints* – TOC –, um executivo da lista *Fortune* 500 chamou as iniciativas de planejamento de sua empresa de "amadorísticas". Como as organizações podem elaborar um plano estratégico e executá-lo de maneira mais eficaz? Este capítulo explica por que a árvore de E&T é uma ferramenta ideal para isso.

Para examinar como é possível melhorar o planejamento estratégico, vejamos primeiro qual é o objetivo de um plano estratégico. Esse plano oferece uma explicação sobre as ações específicas a serem implementadas ao longo de vários anos para concretizar uma estratégia de alto nível ou a meta da organização. Os planos estratégicos estão divididos nas estratégias e táticas essenciais fixadas em comum acordo pela alta administração.

Tendemos a pensar que estratégia é o ponto para o qual o nível mais alto da organização dirige sua atenção, ao passo que as táticas são o que o nível inferior da organização implementa. De que forma passamos da estratégia para a tática no processo de planejamento? As publicações sobre esse tema não oferecem respostas claras. Para encontrar a resposta, é favorável compreender como esse tipo de obstáculo foi superado com sucesso no passado. Quando Einstein propôs a teoria da relatividade, a respeito de tempo e espaço, ele primeiro teve de definir o tempo. Assim que ele constatou que não havia nenhuma concordância nas publicações acerca da definição de tempo, ele apresentou uma definição sua: tempo é o que é medido pelo relógio. Com essa definição, ele conseguiu desenvolver sua teoria. Eli Goldratt (pai da TOC) seguiu o exemplo de Einstein a fim de desenvolver uma teoria e aplicação para o planejamento estratégico. Ele definiu estratégia como a resposta à pergunta "Para quê?" e tática como a resposta à pergunta "Como?". Com essas definições, percebemos que essas duas perguntas podem e devem ser respondidas para toda e qualquer ação.

Estratégia (E): resposta à pergunta "Para quê?".
Tática (T): resposta à pergunta "Como?".

Árvore de E&T é o nome dado pela TOC à teoria e aplicação do planejamento estratégico. O objetivo deste capítulo é oferecer uma interpretação das várias aplicações das árvores de E&T da *visão viável* (VV) para as organizações. VV é um plano para as organi-

Copyright © 2010 Lisa A. Ferguson.

zações se tornarem "sempre florescentes". Uma organização sempre florescente é aquela que tem um crescimento contínuo exponencial e, ao mesmo tempo, consegue manter a estabilidade.

As árvores de E&T são uma ferramenta altamente eficaz para sincronizar todas as ações necessárias para a concretização de uma estratégia organizacional de alto nível e a divulgação desse plano detalhado a todas as pessoas da organização. Qualquer organização pode utilizá-las para concretizar sua estratégia, não apenas aquelas que estão focadas na consecução de uma VV.

Como se tornar uma organização sempre florescente

A estratégia de nível mais alto das árvores de E&T VV é: a empresa está solidificada em seu *processo de melhoria contínua* (PMC). Para uma empresa prosperar, ela precisa estar em um processo de melhoria contínua; do contrário, os concorrentes (em algum momento) a eliminarão. Qual é o significado de PMC? O desempenho da empresa deve melhorar ao longo do tempo. Com base nessa definição, existem duas curvas conceitualmente distintas – vermelha e verde (exibidas em tons de cinza) –, tal como mostrado na Figura 34.1. Observe que cada curva representa um conceito e que existem várias possibilidades para cada curva.

Ambas mostram a melhoria de desempenho. Qual curva parece mais realista para você e o pessoal de sua empresa? A maioria responderá que a curva verde parece mais realista e acreditará que a curva vermelha só será possível para a organização durante um curto período de tempo. Qual é a diferença real entre as curvas verde e vermelha? Na curva verde, o incremento na melhoria de cada ano é menor que o incremento do ano anterior. O incremento em termos absolutos continua em ascensão na curva vermelha. Você já viu alguma empresa crescer 5% (ou mais) ano após ano? Esse nível de crescimento não é incomum. Qual curva demonstra 5% de crescimento anual? A curva vermelha; o crescimento absoluto a cada ano é superior ao do ano anterior – 5% de $ 2 milhões é inferior a 5% de $ 10 milhões. Se você plotar o desempenho da economia americana ao longo tempo, verá que a curva também será vermelha. As empresas negociadas em Wall Street

À medida que o tempo avança, o desempenho desloca-se em uma direção — PARA CIMA!

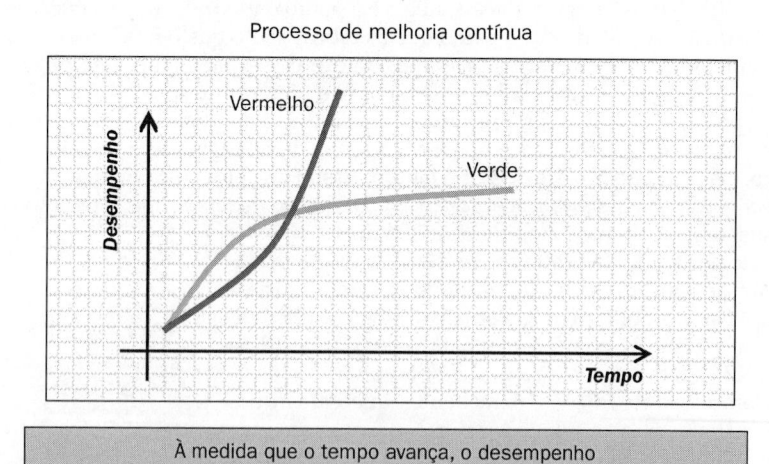

FIGURA 34.1 Processo de melhoria contínua. Fonte: Modificada de E. M. Goldratt, 1999. © E. M. Goldratt. Utilizada com permissão. Todos os direitos reservados.

devem crescer mais rapidamente que a economia – isso significa que elas devem crescer mais rápido do que a curva vermelha, independentemente do porte.

Por que a maioria das altas administrações pesquisadas pensa que a curva verde é mais realista? Esse é um exemplo de incongruência. A curva vermelha representa crescimento. A curva verde também tem algo importante para as pessoas – estabilidade. As pessoas não desejam que a empresa cresça tão rápido, a ponto de precisarem passar mais de 50% do tempo apagando incêndios. Não conseguiremos obter a colaboração dos funcionários se não lhes dermos o que eles desejam. As pessoas resistem à mudança somente se perceberem que ela não será benéfica. A fim de não apenas sobrevivermos como organização, mas também, o que é mais importante, florescermos, precisamos obter crescimento e estabilidade ao mesmo tempo.

A melhor prova da necessidade de crescimento e estabilidade foi dada no livro *Built to Last* (*Feitas para Durar*) (Collins e Porras, 1994). Collins e Porras investigaram 18 empresas altamente visionárias, também consideradas medalha de ouro. Alguns dos critérios adotados na escolha das empresas pesquisadas foram: ser a principal instituição em seu setor, ser amplamente admirada por empresas do mesmo setor, ter um longo histórico de influências significativas sobre o mundo e ter sido fundada antes de 1950. Eles plotaram o desempenho dessas empresas ao longo do tempo. A curva obtida foi vermelha ou verde? Foi uma curva perfeitamente vermelha. Eles constataram que o tipo de setor não determina a possibilidade de obter uma curva vermelha. Collins e Porras também compararam essas empresas visionárias com as empresas medalha de bronze ou de prata em seu setor. Seu nível de crescimento era significativamente inferior ao das empresas visionárias. Os autores ressaltaram que dois fatores comuns (dentre outros) nessas empresas visionárias eram a cultura e o relógio. Uma cultura ímpar evidenciou-se em cada caso; depois de trabalhar durante alguns meses em uma dessas empresas, as pessoas não costumavam pensar na possibilidade de deixá-la. Construir um relógio significa criar uma empresa que continuará a florescer independentemente de quem está dirigindo ou dos ciclos de vida dos produtos. Em cada organização, você consegue ouvir o tique-taque do relógio não importa em que lugar você esteja dentro dela – não se trata de promoções ou do que ocorrerá no trimestre seguinte. O relógio é diferente; o mero fato de existir um relógio já o torna evidente.

Podemos garantir que nossa organização seja "feita para durar"? Métodos para concretizar ao mesmo tempo os objetivos da curva vermelha e da verde (crescimento e estabilidade) foram desenvolvidos por Goldratt. Cinco opções diferentes estão em domínio público para concretizar esse objetivo; cinco casos genéricos de árvores de E&T VV cobrem mais de 70% dos setores envolvidos com alguma forma de produto físico. Este capítulo explica a lógica da solução para cada uma dessas opções – uma solução prática. O ponto de partida é obter ao mesmo tempo crescimento e estabilidade – construir uma empresa sempre florescente, e não apenas obter bons resultados no trimestre ou no ano seguinte, mas construir uma organização que sobreviva ao tempo de existência de uma pessoa. A principal estratégia das árvores de E&T VV é: a empresa está solidificada em seu PMC. "Solidificada" significa que conseguimos simultaneamente as curvas vermelha e verde. O significado mais profundo de PMC é concretizar a meta e satisfazer as condições básicas. Estes três fatores são requisitos para o sucesso:

- Aumentar a lucratividade no presente e no futuro.
- Satisfazer o mercado no presente e no futuro.
- Satisfazer os funcionários no presente e no futuro.

Um desses três fatores é a meta da organização, enquanto os outros dois são as condições básicas (requisitos) para a concretização da meta. A árvore de E&T assegura que sejam realizadas as ações necessárias para concretizar esses três fatores.

A estrutura básica de uma árvore de E&T

A título de esclarecimento, antes de apresentar uma árvore de E&T específica, explicaremos primeiro sua estrutura. Para cada estratégia (E) deve haver uma tática (T). A árvore de E&T tem inúmeros pares de E e T, e cada um deles é apresentado como um passo. A parte superior da árvore tem um único passo.

O nível inferior seguinte da árvore de E&T apresenta pelo menos dois passos (as entradas horizontais no mesmo nível) e maior detalhamento dos pares específicos de E e T necessários para concretizar o par E e T de nível mais alto, até o momento que o nível mais baixo da árvore é apresentado. A cada nível, o grau de detalhamento sobre como concretizar o nível superior é ampliado. É por esse motivo que a estrutura é chamada de árvore de E&T. A Figura 34.2 oferece uma representação visual da estrutura genérica de uma árvore de E&T.

Observe a seguir uma visão abrangente dos diferentes níveis das árvores de E&T VV para as organizações:

- O nível 1 apresenta a estratégia (geral) do pote de ouro (um objetivo extremamente ambicioso).
- O nível 2 apresenta o âmago/essência da vantagem competitiva.
- O nível 3 apresenta a essência da mudança no *modus operandi* – as mudanças operacionais gerais necessárias e a lógica referente a essas mudanças.
- O nível 4 apresenta detalhes sobre a mudança no *modus operandi* e também os motivos dessa mudança.
- O nível 5 está relacionado à implementação das mudanças. Ele não abrange a lógica relativa à necessidade de mudança no *modus operandi*; ele se refere apenas à forma de realizar as táticas que já ajustamos no nível 4.

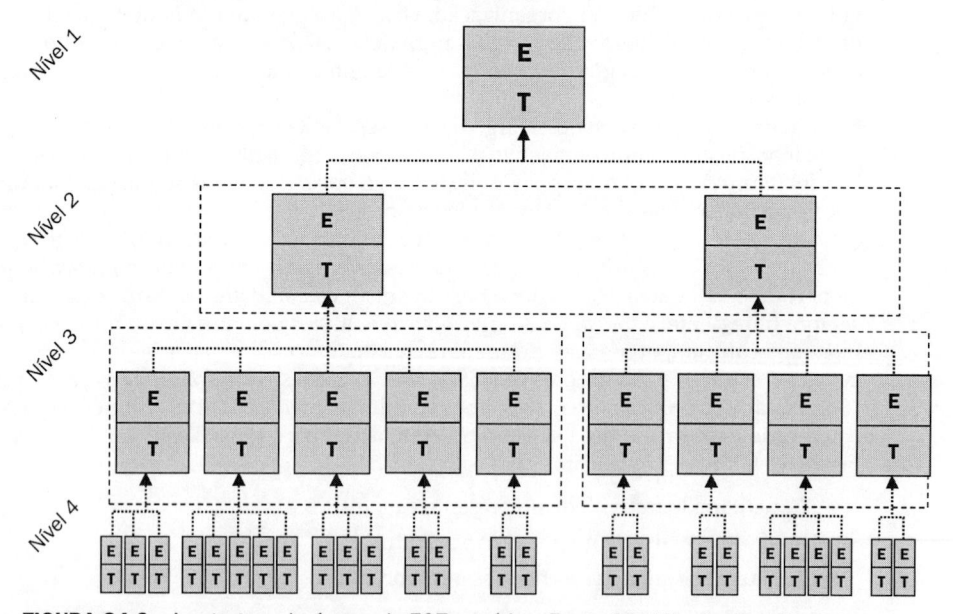

FIGURA 34.2 A estrutura da árvore de E&T genérica. Fonte: Modificada de E. M. Goldratt, 2008. © E. M. Goldratt. Utilizada com permissão. Todos os direitos reservados.

Em cada passo, a lógica é apresentada no sentido de interligar as partes da árvore de E&T. São necessários três tipos de pressuposto para apresentar essa lógica.[1] Um deles é o pressuposto paralelo, que representa uma ou mais fatos da vida, apresentados em sequência lógica, que nos conduzem da estratégia (E) à conclusão inevitável sobre qual deve ser a tática (T). Em vigor, E e T são paralelas ou formam um par entre si. Essa relação é lida da seguinte forma: se E (estratégia) e processo de pensamento (pressuposto paralelo), então a tática resultante é T.

O segundo tipo é o *pressuposto de necessidade*, que representa um ou mais fatos da vida que explicam por que um par específico de E&T de nível superior é necessário para concretizar o par correspondente de E&T de nível superior na árvore. O pressuposto de necessidade baseia-se na lógica de necessidade, o que significa que algo é necessário para concretizar alguma outra coisa, e apresenta o dano que pode ser gerado no momento se a ação descrita no passo não for realizada e/ou os benefícios se a ação daquele passo for realizada. O pressuposto de necessidade oferece uma justificativa clara para a necessidade de dar aquele passo. Essa relação é lida da seguinte forma: para concretizar o passo de nível mais alto, devemos concretizar o passo abaixo por causa dos pressupostos de necessidade relacionados no passo inferior.

O último tipo de pressuposto é o *pressuposto de suficiência*, que representa um ou mais fatos da vida que são do conhecimento comum e normalmente são ignorados, caso em que, se ignoradas, todos os passos inferiores não serão suficientes para concretizar o passo correspondente acima deles. O pressuposto de suficiência baseia-se na lógica de suficiência. Nessa lógica, precisamos confirmar se todos os componentes relacionados são suficientes para obter o resultado desejado. Entretanto, a única maneira de confirmar a suficiência é por meio da realidade. Assim que todas as ações forem executadas, saberemos se elas foram suficientes para concretizar o objetivo desejado. O que podemos apresentar como pressuposto de suficiência é uma orientação sobre o que deve ser considerado ao examinar a relação do nível subsequente da árvore de E&T com o nível acima. Essa relação é lida da seguinte maneira: o pressuposto de suficiência é o fato que devemos considerar ao avaliar se o grupo de passos abaixo, aqueles que estão diretamente associados com este passo, é suficiente para concretizar este passo.

> **P**ressuposto paralelo (PP): corresponde a um ou mais fatos da vida, apresentados em sequência lógica, que nos levam da estratégia (E) à conclusão inevitável sobre qual deve ser a tática (T). E II T: (símbolo de pressuposto paralelo).

> **P**ressuposto de necessidade (PN): corresponde a um ou mais fatos da vida que explicam por que um par (passo) específico de E&T é necessário para concretizar o par (passo) correspondente de E&T de nível mais alto na árvore de E&T.

> **P**ressuposto de suficiência (PS): corresponde a um ou mais fatos da vida que são do conhecimento comum e normalmente são ignorados, caso em que, se ignorados, todos os passos inferiores não serão suficientes para concretizar o passo acima deles.

---

[1] A árvore de E&T é uma das inúmeras ferramentas do processo de pensamento da TOC cujas explanações podem ser encontradas nos Capítulos 24 e 25 deste livro. A árvore de E&T inclui a lógica de suficiência e a lógica de necessidade, que são descritas mais detalhadamente ainda neste capítulo. Essa árvore deve ser escrita depois que a árvore da realidade atual (ARA) e a árvore da realidade futura (ARF) já tiverem sido desenvolvidas.

A parte superior das árvores de E&T VV

A parte superior das árvores de E&T VV, mostrada na Tabela 34.1, é igual para as cinco árvores de E&T genéricas que serão examinadas neste capítulo. A estratégica de nível mais alto da árvore é: a empresa está solidificada em seu PMC. A estratégia seguinte no nível 1 da árvore enuncia que a VV é concretizada em quatro anos ou menos. A meta da VV relativa ao *lucro líquido* (LL) anual no período de quatro anos é estabelecida para que seja extraordinariamente desafiadora, com base no raciocínio atual dos negócios. De acordo com a TOC, o período de quatro anos é suficientemente longo para mudar a cultura de uma empresa, se uma meta extraordinariamente desafiadora for concretizada. Isso pode ser confirmado porque é cada vez maior o número de empresas que conseguem concretizar sua VV. O estabelecimento de uma meta alta de LL está em consonância com a pesquisa de Collins e Porras (1994), que indicou que as empresas visionárias estabelecem "metas audaciosas de alto risco". Esse nível de crescimento exponencial deve ser obtido apenas com as ações com as quais todos os grupos de interesse (por exemplo, os acionistas e funcionários) da empresa concordarem e para as quais oferecerem apoio – aquelas que também gerarão estabilidade. Desse modo, demonstramos que essa meta de LL de alto nível é realista e alcançável por meio das ações descritas na árvore de E&T e da percepção de que elas gerarão um LL bem mais alto do que se imaginava possível. Por exemplo, por meio da lógica, podemos demonstrar que um pequeno aumento nas vendas de um varejista não eleva o LL de acordo com a mesma porcentagem da relação LL/vendas que o varejista tem atualmente e que, na verdade, a maior parte do aumento das vendas, se não todos, transforma-se em LL porque os custos não aumentam tanto, quando aumentam.

A parte seguinte desse passo (Tabela 34.1) corresponde aos pressupostos paralelos (PPs) – que são fatos da vida. Os PPs apresentam a lógica que demonstra que a estratégia e a tática são, em essência, paralelas entre si. Um pressuposto só é considerado um fato da vida quando as pessoas da empresa concordam que no momento ela é um fato. Lemos cada elemento da Árvore de E&T em voz alta para confirmar sua veracidade, porque ouvir nos permite usar outra parte do cérebro, além de ver com nossos próprios os olhos. O primeiro pressuposto paralelo (lido em voz alta) é: para que a empresa concretize a VV, seu G deve crescer (e continuar crescendo) mais rapidamente do que sua DO. *O ganho (G) é o índice segundo o qual a empresa gera unidades da meta – isto é, o índice de acordo com o qual a empresa gera dinheiro por meio das vendas, que é equivalente às vendas menos os custos totalmente variáveis (CTVs), como o custo de matérias-primas.* Em essência, esse pressuposto paralelo

Tabela 34.1 Parte superior da E&T VV

1	Visão viável
Estratégia	A empresa está solidificada em seu PMC. A VV é concretizada em quatro anos ou menos.
Pressupostos paralelos	• Para que a empresa concretize a VV, seu G deve crescer (e continuar crescendo) mais rapidamente do que sua DO. • Exaurir os recursos da empresa e/ou assumir riscos muito altos põe seriamente em risco a possibilidade de concretizar a VV.
Tática	Desenvolver uma vantagem competitiva decisiva e os meios para aproveitá-la em mercados suficientemente grandes, sem exaurir os recursos da empresa e sem assumir riscos reais.
Pressuposto de suficiência	A solução para ter uma vantagem competitiva decisiva é satisfazer uma necessidade importante do cliente de uma maneira que nenhum concorrente significativo consiga.

Fonte: Modificada de E. M. Goldratt, 2008. © E. M. Goldratt. Utilizada com permissão. Todos os direitos reservados.

está afirmando que as vendas da empresa devem crescer e continuar crescendo bem mais rápido do que os custos. O termo *custo* cria certa confusão porque ele é empregado com diferentes significados.[2] É por isso que ele foi definido na TOC. *Investimento (I) é o dinheiro alocado na empresa, enquanto a despesa operacional (DO) é todo o dinheiro que a empresa gasta para gerar unidades da meta (transformar investimento em ganho).* Portanto, o custo para comprar um equipamento é I, enquanto o custo para operá-lo é DO.

Um valor a mais em venda e um valor a menos de custo têm o mesmo impacto sobre o LL. Contudo, as mudanças nos custos e nas vendas são realmente equivalentes a longo prazo? A quantidade de acordo com a qual as vendas podem aumentar não é intrinsecamente restrita, ao passo que a redução de custo é. Os custos só podem ser reduzidos a zero; fechar a empresa amanhã fará com que isso aconteça. Lembre-se de que também precisamos ter a curva verde (estabilidade). As duas principais categorias de custos são funcionários e fornecedores. Cortar custos significa dispensar funcionários. Você obterá a colaboração daqueles que permanecerem na empresa? Se você dispensar pessoas depois que elas progredirem, até que ponto outras iniciativas de melhoria terão êxito? Outra categoria importante de custo é o custo de compra de matérias-primas para fabricação do produto físico que será vendido. Não é incomum uma empresa pressionar os fornecedores para obter preços menores. A consequência é que a margem bruta do fornecedor é muito baixa – na verdade tão baixa que seu fornecedor (que normalmente é pequeno) pode fechar as portas quando as condições do mercado ficam ruins. O impacto dessa pressão por preços menores prejudica a relação da empresa com seu fornecedor, tornando-a controversa. E se, em vez disso, procurarmos uma forma de a empresa e seus fornecedores satisfazerem suas necessidades – encontrar uma solução ganha-ganha para ambos? O resultado seria uma relação melhor e, se a solução fosse eficaz, maior lucratividade para ambas as empresas.[3]

A única maneira de concretizar a meta extremamente ambiciosa do LL é aumentar as vendas de modo significativo. Não devemos concentrar todos os nossos esforços na redução de custos, mas em aumentar as vendas mais rapidamente do que a DO.

O segundo pressuposto paralelo no passo 1 (Tabela 34.1) não diz respeito apenas à exaustão dos recursos de caixa. Uma preocupação mais importante é não exaurir a administração. Esforços especiais consomem as pessoas. A consequência é a incapacidade de se manter na curva vermelha. Além disso, não podemos arcar com altos riscos – um risco de 20% para uma decisão é alto, se esse tipo de risco for assumido mais de uma vez. As empresas constroem uma nova fábrica sem saber se venderão sua capacidade? A administração não sabe se venderá toda ela. Entretanto, põe seu dinheiro e crédito em risco. É como jogar roleta-russa com mais de uma bala no revólver.

Observe como a tática é uma derivação lógica direta dos pressupostos paralelos e da estratégia. Existem cinco componentes para essa tática. Primeiro, precisamos ter (1) uma *vantagem competitiva decisiva*; a vantagem não depende de cor. É possível obter um crescimento exponencial em G sem ter uma vantagem competitiva decisiva. Isso é suficiente? As *start-ups* de tecnologia têm uma vantagem competitiva decisiva – elas têm um produto bem melhor. No entanto, a maioria fracassa no prazo de dois anos porque não têm habilidade para (2) tirar proveito de sua vantagem competitiva decisiva. O terceiro componente é (3) a concorrência em um mercado suficientemente grande. Ele precisa ser amplo para manter o crescimento necessário para atingir a meta da VV. Portanto, não pode ser um nicho de mercado. Os dois últimos componentes são (4) não exaurir os recursos de caixa e de gestão e (5) não assumir riscos reais.

---

[2] Na TOC, os custos são classificados como custos totalmente variáveis, despesas operacionais e investimento.

[3] A explicação completa e a lógica subjacente à identificação dessa solução ganha-ganha são apresentadas em Goldratt (2008a).

O que precisamos é descobrir como conseguir esses cinco componentes da tática. O pressuposto de suficiência também é um fato da vida. Ele é um fato que é do conhecimento comum e a maioria das pessoas ignorará e que, se ignorado, não possibilitará que todas as ações necessárias para atingir a suficiência sejam implementadas. O significado da vantagem competitiva decisiva é descrito no pressuposto de suficiência do passo 1. Se um concorrente importante tiver a mesma vantagem competitiva decisiva, isso quer dizer que existe uma guerra de preços.

Assim que concordamos verdadeiramente com as definições de estratégia e tática, percebemos que é possível fazer essas perguntas para todas as ações. Isso significa que as estratégias e táticas devem ser definidas em todos os níveis, e não apenas na parte superior e inferior da organização. À medida que adentramos a árvore de E&T, são apresentados mais e mais detalhes sobre como as estratégias e táticas de nível mais alto são concretizadas. Toda a lógica das ações necessárias para concretizar a meta é exposta na árvore de E&T por meio dos três tipos de pressuposto.

Existem cinco divisões principais abaixo do nível 1 da árvore de E&T VV, o que resulta em diferentes árvores de E&T genéricas (talvez a árvore genérica precise ser adaptada a uma organização específica). Cada uma se aplica a um ambiente diferente:

- *Varejista*: vende produtos finais ao cliente diretamente de sua loja. Esse é um ambiente do tipo *business to client* (da empresa para o cliente).
- *Bens de Consumo:* a empresa fabrica produtos finais, mas não se comunica com o cliente; ela vende para o cliente por meio de redes de distribuição e varejistas. Esse é um ambiente do tipo *business to market* (da empresa para o mercado).
- *Produção sob Encomenda (make-to-order – MTO),* também conhecida como *resposta rápida confiável (reliable rapid response – RRR):* a empresa fabrica um item final e se comunica diretamente com seus clientes; ela vende para outro fabricante que utiliza esse item final como parte de seu produto. Esse ambiente é conhecido como *business to business* (de empresa para empresa).
- *Projetos:* a empresa vende para o cliente e pode ou não se comunicar com ele; contudo, o que é realizado é de certa forma exclusivo, como um laboratório de produção de medicamentos ou uma empresa de construção de casas.
- *Pague por Clique (Pay per Click – PPC):* a empresa vende produtos ao cliente; esses produtos – por exemplo, equipamentos – são utilizados pelo cliente.

Cada uma dessas cinco árvores de E&T genéricas será brevemente analisada neste capítulo. Não é possível analisar inteiramente cada uma delas porque uma explanação completa exigiria muitas páginas. Observe que as árvores de E&T completas podem ser encontradas em diferentes lugares.[4]

A árvore de E&T do varejista

Começaremos pela análise da árvore de E&T do varejista porque ela é uma das árvores que pode estar relacionada com a maioria das pessoas. Ela será analisada mais detalhadamente por esse motivo. Além disso, serão explicados os conceitos da árvore de E&T genérica.

---

[4] As árvores estão disponíveis na seção de afiliados do site da Organização Internacional de Certificação em Teoria das Restrições (Theory of Constraints International Certification Organization – TOCICO), em www.tocico.org, e também em um competente programa de *software* denominado Harmony, destinado à criação de árvores de E&T, em www.goldrattresearchlabs.com. Observe que as versões mais atualizadas das árvores de E&T são automaticamente incluídas no Harmony. A árvore de E&T completa destinada ao varejo (Retailer E&T) não é apresentada aqui por falta de espaço. As etapas que faltam da árvore de E&T completa podem ser baixadas nos *sites* acima e elas são lidas de maneira semelhante à apresentada em nossa discussão aqui.

Capítulo 34 ▪ Aplicação das árvores de estratégias e táticas nas organizações

Todos esses passos da árvore de E&T abaixo do nível 1 têm também um pressuposto suplementar. Tal como mencionado, esse pressuposto explica por que esse passo é necessário para conseguir o passo correspondente no nível abaixo.

Nível 2 da árvore de E&T do varejista

Os pressupostos suplementares do passo 2.1 são mostrados na Tabela 34.2. Todos são lidos em voz alta para confirmar se são um fato no ambiente específico do varejista. O primeiro pressuposto suplementar é lido em voz alta: "Melhor disponibilidade é uma necessidade importante do consumidor". Em seguida, confirmamos se todos concordam com isso. Depois, o segundo pressuposto suplementar é lido em voz alta: "Quando o consumidor espera encontrar uma SKU e sua expectativa não é satisfeita, isso mina seriamente sua

Tabela 34.2 Passo 2.1 da árvore de E&T VV do varejista

2:1	Vantagem competitiva da disponibilidade
Pressupostos de necessidade	• Melhor disponibilidade é uma necessidade importante do consumidor.
	• Quando o consumidor espera encontrar uma SKU e sua expectativa não é satisfeita, isso mina seriamente sua impressão de que existe uma boa disponibilidade.
	• O espaço de prateleira normalmente é a restrição da loja que impede uma melhor disponibilidade.
	• Oferecer muitos produtos que o mercado não deseja não está contribuindo para a impressão de disponibilidade. Quando a vida do produto no mercado não é longa, o lento tempo de reação da cadeia de suprimentos impõe que a oferta do produto baseie-se mais em conjecturas e não nas preferências reais do mercado.
	• Com relação a um produto cujo tempo de vida útil seja curto, a impressão de disponibilidade do cliente diminui proporcionalmente a cada dia adicional que o produto permanece na prateleira.
Estratégia	Uma vantagem competitiva decisiva é obtida pelo fato de o mercado saber que a disponibilidade da empresa é extraordinariamente alta, enquanto todos os outros parâmetros permanecem iguais.
Pressupostos paralelos	• Além da péssima qualidade, as faltas são o principal motivo de frustração do cliente.
	• A forma como a maioria das cadeias de suprimentos funciona atualmente, que se baseia em previsões, faz com que a cadeia tenha um longo tempo de atravessamento. Esse longo tempo de atravessamento provoca escassez e simultaneamente altos níveis de estoque que obstruem o espaço de prateleira e prejudicam a capacidade de ajustar o produto (ou serviço) às preferências reais do mercado.
	• As faltas e os altos níveis de estoque, além de prejudicarem a disponibilidade, diminuem (sensivelmente) as vendas e aumentam (drasticamente) os investimentos.
	• Utilizar o sistema de distribuição puxado da TOC para mudar para um *modus operandi* baseado no consumo real – associado a um esquema apropriado de incentivos para os fornecedores (ou melhor, ter fornecedores que utilizem o mesmo *modus operandi* baseado no consumo) – garante um alto nível de disponibilidade e, ao mesmo tempo, giros de estoque surpreendentemente altos.
Tática	A empresa muda (de um *modus operandi* baseado em previsões) para um *modus operandi* baseado no consumo real.
Pressuposto de suficiência	Desenvolver uma vantagem competitiva decisiva não é fácil; na realidade, o verdadeiro desafio é ter capacidade de mantê-la.

Fonte: E. M. Goldratt, 2008. © E. M. Goldratt. Utilizada com permissão. Todos os direitos reservados.

impressão de que existe uma boa disponibilidade". Em seguida, podemos pensar em um exemplo, como o de uma mulher que encontra um vestido que deseja mas não do seu número. Chamamos a isso de falta de estoque. A maioria dos varejistas enfrenta entre 5% e 30% de falta de produtos específicos ou de *unidades de manutenção de estoque (stock-keeping units* – SKUs) que deveriam estar disponíveis na loja. Quantas vendas são perdidas em virtude dessa indisponibilidade? Você percebe que as faltas são de produtos que têm grande saída – aqueles que estão vendendo bem? Em alguns casos, o cliente comprará outro produto para substituir aquele que está indisponível e talvez fique decepcionado por ter sido obrigado a comprar um substituto. Quando um item não se encontra na prateleira, isso significa perda de vendas. Os varejistas não têm como saber quantos clientes poderiam ter comprado uma SKU que eles não têm no estoque. Portanto, é difícil saber quantas vendas são perdidas. Depois de ler o terceiro pressuposto suplementar em voz alta, ressaltamos que a previsão não é adequada. Ter um excesso de SKUs desperdiça a restrição. O espaço de prateleira é o que restringe a quantidade de produtos diferentes no portfólio de SKUs à venda. Depois de ler o quarto pressuposto suplementar, ressaltamos um fato adicional que não se encontra na árvore de E&T, isto é, que é alta a porcentagem de produtos com curto tempo de vida útil vendidos a preços mais baixos. Quando apresentamos uma árvore de E&T, normalmente fornecemos informações e explicações complementares. Esses fatos não precisam fazer parte da árvore de E&T escrita para chegar à conclusão de que a estratégia que será apresentada em seguida é necessária. Na verdade, eles só a complementam. Esse pressuposto suplementar não se aplica a supermercados. A vantagem competitiva decisiva que queremos obter é que todos os produtos que se encontram nas prateleiras sejam aqueles que o mercado de fato deseja. Depois de ler o quinto pressuposto suplementar, ressaltamos que são exemplos produtos como hortifrúti, laticínios, sabão e peixe. Mesmo que esses itens estejam disponíveis na prateleira, talvez na mente do cliente eles não sejam considerados disponíveis quando sua data de validade está perto de vencer. Se os clientes comprarem produtos cuja data de validade está próxima de vencer, depois de usá-los ou de comê-los talvez eles concluam que eles não são de boa qualidade.

Observe que, após a leitura dos cinco pressupostos suplementares, fica claro que a estratégia resultante deve ser aquela que está enunciada nesse passo. É importante observar que existe um limite para a quantidade de vezes que um cliente voltará à mesma loja à proporção que suas expectativas não forem atendidas. Os pressupostos suplementares do passo 2.1 (em cada Árvore de E&T VV) nos possibilitam compreender de que forma o tipo específico de empresa abordado pode obter uma vantagem competitiva decisiva. O verbo "saber" enunciado na estratégia é importante aqui. Não é suficiente ter alta disponibilidade; os clientes precisam ter consciência de que existe um nível notável de disponibilidade. A melhor forma de "propaganda" no varejo é a divulgação boca a boca. A última parte da estratégia significa que os níveis atuais de parâmetros como preço, qualidade e escolha de produtos (dentre outros) não devem mudar. Esses níveis atuais mantiveram-se suficientemente competitivos até o presente. Portanto, mantê-los como estão e, ao mesmo tempo, melhorar extraordinariamente a disponibilidade gerará uma vantagem competitiva decisiva.

Como já chegamos a um acordo sobre a estratégia, a pergunta é como concretizá-la. A tática nos diz como. Em seguida, confirmamos se as SPs atualmente são uma realidade para esse varejista específico. O segundo pressuposto paralelo precisa ser mais bem explicado. O tempo de reabastecimento inclui o tempo do pedido (o tempo entre a venda da primeira unidade de uma SKU depois que um pedido dessa SKU é recebido e o momento em que um pedido dessa SKU é feito novamente) e os tempos de suprimento (produção e transporte). O varejista faz pedidos aos fornecedores com base no nível de demanda previsto de SKUs. A teoria do caos estabelece que é teoricamente impossível prever o nível de SKU com precisão em cada loja. Precisamos encontrar uma maneira de evitar faltas e excedentes. A resposta é uma reação rápida ao que está sendo vendido, que é medido pelos giros de estoque. Consideremos um exemplo para compreender o significado e o impacto dos giros de estoque. Se no momento uma loja tem quatro giros de estoque por ano, em essência ela está vendendo totalmente o que mantém nas prateleiras e no estoque local quatro vezes ao ano. Como existem 12 meses em um ano, ela precisa manter, em média, o equivalente a três meses de estoque. Se conseguirmos controlar eficazmente a cadeia de suprimentos para reagirmos a mudanças na demanda, poderemos reduzir as faltas e os excedentes e melhorar de modo significativo os giros de estoque.

O terceiro pressuposto paralelo deve ser explicado mais detalhadamente. A relação LL/vendas gira de 2% a 3% para os varejistas de gêneros alimentícios e chega a 5% para artigos da moda. A margem de lucro sobre os produtos de varejo em relação ao preço de compra é 100%. Ela é bem mais alta para joias e bem mais baixa para móveis e alguns outros tipos de produto, como as *commodities*. Com base nesses números e em estatísticas sobre faltas comuns, podemos determinar a magnitude do impacto que poderia diminuir significativamente as faltas. Se as faltas corresponderem a 10%, a margem de lucro a 50% e a relação LL/vendas a 2%, qual será a relação LL/vendas se as faltas diminuírem para zero? Suponhamos por um momento que os custos não sejam afetados. Se as vendas forem 100, o CTV será 50 e G será 50. Se LL for 2, a DO deverá ser 48. Se houver um aumento de 10% nas vendas, então será adicionado um valor suplementar de 5 ao LL (metade era CTV, ao passo que a DO não aumentou). Portanto, a relação LL/vendas aumenta de 2% para mais de 6%. Contudo, como as faltas correspondem a produtos de grande saída, é provável que o volume de vendas será bem mais alto quando as faltas diminuírem porque não é possível saber de fato quantas vendas de produtos de grande saída são perdidas quando ocorrem faltas. Só saberemos o quanto as vendas aumentam quando se reduzem as faltas. Mesmo que a DO aumente apenas um pouco, o impacto sobre o LL continuará significativo.

A diminuição dos excedentes tem um impacto importante sobre o investimento. Se 30% das SKUs sofrerem faltas, é provável que mais de 50% delas tenham excedentes. Não é incomum um varejista ter quatro giros de estoque ao ano. Isso significa que a loja está mantendo, em média, três meses de estoque. Se 30% das SKUs não forem mantidas em estoque, provavelmente haverá grande porcentagem de excedentes para que possamos ter, em média, um nível de estoque tão alto. A experiência com implementações da TOC no varejo indica que não é incomum ter essa alta porcentagem de SKUs em excesso. A redução dos excedentes afeta o nível de investimento necessário em estoque. Portanto, uma redução significativa nos excedentes e nas falta melhora de forma sensível os giros de estoque, o LL, o retorno sobre o investimento (*return on investment* – ROI) e o fluxo de caixa.

O último pressuposto paralelo, mostrado no passo 2.1 (Tabela 34.2), provavelmente não será considerado um fato quando for lido. Solicitaremos às pessoas que estão validando a árvore de E&T para que a aceitem como fato por um momento até que possamos provar que ela é um fato. Supondo que todos os pressupostos paralelos sejam fatos, a tática resultante deveria ser mudar para um *modus operandi* baseado no consumo.

O passo seguinte é validar o pressuposto de suficiência. Esse tipo de pressuposto é também chamado de "provérbios de Confúcio" porque apresenta grande senso comum, ainda que incomum. O que não podemos ignorar quando estamos avaliando o nível subsequente da árvore de E&T é que devemos nos preocupar não apenas em gerar uma vantagem competitiva decisiva, mas também em mantê-la. Por esse motivo, o nível 3 da árvore precisa ter um ou mais pessoas para gerar a vantagem competitiva decisiva e um ou mais passos para mantê-la.

Normalmente, costumamos seguir adiante para validar o nível 3 abaixo do passo 2.1 do lado esquerdo da árvore de E&T (o lado esquerdo inclui o passo 2.1 e todos os passos abaixo dele). Em vez disso, examinaremos o passo 2.2, como mostrado na Tabela 34.3, para que possamos compreender o nível 2 da árvore de E&T VV.

Depois de validar os pressupostos de necessidade desse passo, podemos chegar ao acordo de que a estratégia resultante deve abordar de que forma é possível obter uma expansão rápida sem assumir riscos reais nem exaurir os recursos. Os pressupostos paralelos desse passo tornam-se fatos depois que o lado esquerdo da árvore é implementado com sucesso – quer dizer, que todos os níveis da árvore no lado esquerdo são concreti-

Tabela 34.3 Passo 2.2 da árvore de E&T VV do varejista

2:2	Expansão
Pressupostos de necessidade	• Não é fácil obter recursos humanos adicionais competentes. • Uma grande expansão exige grandes investimentos, e os nossos créditos não são ilimitados. • Não é fácil transpor as fronteiras de um mercado em que uma marca já está consolidada (e levá-la para novas regiões ou novos setores de produto). E estabelecer uma marca com significado toma uma quantidade considerável de tempo, dinheiro e esforço.
Estratégia	A empresa amplia-se rapidamente sem assumir riscos reais e sem exaurir seus recursos.
Pressupostos paralelos	• Quando os processos adotados pelas operações são excelentes (simples, eficazes e robustos), é relativamente fácil transformar funcionários bons em funcionários excelentes. • Quando um varejista opera constantemente com giros de estoque muito altos, o investimento para abrir uma nova loja é consideravelmente menor. • Quando uma empresa tem uma vantagem competitiva reconhecida e consolidada e, por esse motivo, seu desempenho como um todo (desempenho financeiro, como lucro, porcentagem de lucro sobre as vendas e ROI, bem como desempenho operacional, como giros de estoque e ganho por espaço de prateleira) está bem acima da norma do setor, ela não enfrenta dificuldades reais para elevar seus investimentos. • Quando uma empresa tem um desempenho extraordinário e procedimentos excelentes, ela consegue atrair e operar facilmente uma rede de franqueados. • A abertura de um grande número de lojas em um espaço de tempo relativamente curto, em uma determinada região, é uma maneira eficaz de criar uma marca.
Tática	A empresa planeja e executa um plano de expansão CAUTELOSO.
Pressuposto de suficiência	Levar em conta obstáculos que não existem é quase tão ruim quanto levar em conta obstáculos reais.

Fonte: E. M. Goldratt, 2008. © E. M. Goldratt. Utilizada com permissão. Todos os direitos reservados.

zados. No terceiro pressuposto paralelo, *GPEP significa ganho por espaço de prateleira*. O quinto pressuposto paralelo foi comprovado pela Starbucks, que não investe dinheiro em propaganda para criar uma marca. Depois de concordar que os pressupostos paralelos são fatos, a tática resultante deve ser planejar e executar um plano de expansão cauteloso. "Cauteloso" é uma palavra importante aqui – a expansão deve ser realizada eficazmente sem que se assumam riscos reais.

O pressuposto de suficiência no passo 2.2 ressalta que somente os obstáculos reais devem ser considerados no desenvolvimento do plano de expansão. Observe que muitos obstáculos reais à expansão são superados quando o lado esquerdo da árvore de E&T é implementado com sucesso. Os pressupostos no passo 2.2 abordam especificamente como esses obstáculos foram superados. O lado direito da árvore (que inclui o passo 2.2 e todos os passos abaixo dele) precisa abordar qualquer outro obstáculo real que ainda deva ser superado.

Visão geral do nível 2 das árvores de E&T VV

O nível da árvore de E&T VV explica de que forma se obtém a vantagem competitiva decisiva. O passo 2.1 preocupa-se com a obtenção do crescimento básico para atingir a meta da VV, enquanto o passo 2.2 preocupa-se com a obtenção de um crescimento aprimorado. O crescimento básico por si só provavelmente obterá a meta de LL da VV. Para construir uma empresa sempre florescente, é necessário ter um nível de crescimento maior. Crescimento básico é como ter um bolo, enquanto o crescimento aprimorado equivale à cereja sobre o bolo; entretanto, essa cereja é bem maior que o próprio bolo. Quando as pessoas de uma organização percebem que as ações implementadas geraram um crescimento exponencial contínuo e que essas ações não mudam com o passar do tempo (gerando, portanto, estabilidade), isso quer dizer que a cultura mudou. Todas as ações que estão incluídas na árvore de E&T são mantidas a longo prazo. Por exemplo, uma mudança na forma como o estoque é reabastecido continuará em vigor, embora outras ações possam ser acrescentadas ao longo do tempo para mudar como o reabastecimento é feito.

Nível 3 da árvore de E&T do varejista

Neste momento, descreveremos brevemente o nível 3 do lado esquerdo da árvore de E&T. Lembre-se de que o foco do passo 2.1 era mudar para o *modus operandi* baseado no consumo e que os passos do nível 3 precisam explicar como essa vantagem competitiva decisiva é desenvolvida e mantida. O passo 3.1.1, tal como mostrado na Tabela 34.4, explica como a vantagem competitiva decisiva é desenvolvida.

Depois de ler a parte 1 do pressuposto paralelo, ressaltamos que é um erro imenso empurrar estoque para as lojas. Isso provoca falta de algumas SKUs e excedente de ou-

Tabela 34.4 Passo 3.1.1 da árvore de E&T VV do varejista

3:1:1	Garantindo a disponibilidade das SKUs existentes
Pressuposto de necessidade	A situação de quase todos os varejistas é que, não obstante esforços constantes, para muitas SKUs, o estoque correspondente é muito alto, ao passo que para algumas outras não existe nenhum estoque.
Estratégia	A empresa tem altos giros de estoque; contudo, para cada SKU, ela sempre tem estoque na prateleira para atender imediatamente a uma demanda razoável.
Pressupostos paralelos	Quando um varejista: 1. mantém estoque suficiente na loja apenas para expor adequadamente o produto e ter a quantidade necessária para atender (otimistamente) à demanda prevista de acordo com o tempo de reabastecimento (tempo de transporte do centro de distribuição regional – CDR), 2. mantém em um ou mais de seus armazéns (CDRs e centro de distribuição central – CDC) estoque suficiente somente para a demanda prevista* de acordo com o tempo de reabastecimento, 3. orienta seus fornecedores (fabricantes) segundo o consumo real diário, e não de acordo com pedidos em lote, 4. oferece aos seus fornecedores incentivos apropriados (monitorados) para melhorar o desempenho (tempo e datas de entrega) e 5. monitora e ajusta suas metas de estoque de acordo com o gerenciamento de pulmões (GP) da TOC, 6. ele consegue oferecer um nível de disponibilidade extremamente alto e, ao mesmo tempo, manter estoques menores, obtendo altos giros de estoque.
Táticas	• A empresa muda sua logística interna do sistema empurrado para o puxado de acordo com o consumo diário real. • A empresa implementa o GP da TOC para monitorar e ajustar os estoques pretendidos em suas lojas e armazéns. • A empresa apresenta pedidos de consumo diário aos seus fornecedores e oferece incentivos para uma entrega com tempo menor e pontual.
Pressuposto de suficiência	Para que uma iniciativa importante tenha um excelente início, é vital que as primeiras medidas fundamentais gerem benefícios imediatos importantes.

* É recomendável certo nível de paranoia (não histeria).
Fonte: E. M. Goldratt, 2008. © E. M. Goldratt. Utilizada com permissão. Todos os direitos reservados.

tras. Depois de ler a parte 2 do pressuposto paralelo, ressaltamos que manter o estoque em elos anteriores da cadeia de suprimentos é mais eficaz porque a previsão é bem mais precisa no centro de distribuição (CD). A manutenção de uma maior quantidade de estoque no CD diminuiria a triangulação de cargas, como a que ocorre entre os CDs regionais (CDRs). A parte 3 diz respeito à realização de pedidos diários aos fornecedores. A maioria dos executivos do varejo evidenciaria que os fornecedores não concordariam com isso. Na realidade, a maior parte dos fornecedores lida com esforço com pedidos imensos e aumentos repentinos na demanda. Pedidos diários e reabastecimento frequente constituem uma solução ganha-ganha tanto para o varejista quanto para seus fornecedores.[5] Depois de ler a parte 5 do pressuposto paralelo, ressaltamos que as metas de estoque devem ser ajustadas com frequência porque as condições do mercado mudam com frequência.

Quando mais de uma tática é apresentada, elas são relacionadas na ordem em que são implementadas. Essas táticas precisam ser implementadas para concretizar o passo 2.1, mas elas não são suficientes. A explicação sobre a concretização do passo 3.1.1 é apresentada nos três passos (4.11.1, 4.11.2 e 4.11.3) abaixo dele na árvore de E&T. O pressuposto de suficiência nesse passo ressalta uma realidade com relação a obter a adesão e o apoio dos grupos de interesse em uma nova iniciativa. Devemos garantir que o primeiro passo no nível seguinte da árvore de E&T gere um impacto significativo e rápido sobre o desempenho da empresa, a fim de obter essa adesão e apoio. Os três passos abaixo de 3.1.1 enfocam a implementação de uma distribuição interna puxada (passo 4.11.1), a solução de reabastecimento da TOC, a manutenção de níveis corretos de estoque (passo 4.11.2) e o relacionamento com fornecedores (passo 4.11.3).

O passo 3.1.1 está direcionado ao *desenvolvimento* da vantagem competitiva decisiva, que depende da garantia de disponibilidade da SKU existente. O passo 3.1.2 concentra-se na *manutenção* dessa vantagem, que exige maior proteção e melhoria dos giros de estoque. O último passo abaixo de 2.1, o passo 3.1.3, preocupa-se com a continuidade do *desenvolvimento* da vantagem competitiva decisiva, que exige uma melhoria no *ganho por espaço de prateleira* por meio da mudança do portfólio de produtos.

Visão geral da estrutura da árvore de E&T VV

Examinemos agora a árvore de E&T de uma maneira genérica para o nível 3. A estratégia do nível 1 estava direcionada à obtenção de crescimento e estabilidade. O nível 2 inclui passos para a obtenção de um crescimento básico e aprimorado. Na árvore de E&T do varejista, o pressuposto de suficiência do passo 2.1 enfocava o desenvolvimento e a manutenção da vantagem competitiva decisiva. Em outras árvores de E&T VV, o pressuposto de suficiência do passo 2.1 é ligeiramente diferente do pressuposto de suficiência da árvore do varejista porque ele aborda também a necessidade de tirar proveito da vantagem competitiva decisiva. Esse componente não era necessário na árvore do varejista porque para os clientes é suficiente saber que a disponibilidade agora é notável. Nas outras árvores de E&T, normalmente as ações são necessárias para promover e/ou vender mais eficazmente e, desse modo, tirar proveito da vantagem competitiva decisiva que foi desenvolvida. Portanto, o nível 3 da árvore de E&T VV abrange os passos que estão direcionados ao desenvolvimento, ao aproveitamento e à manutenção da vantagem competitiva decisiva.

Níveis 4 e 5 da árvore de E&T do varejista

Em seguida, examinaremos o primeiro passo dos níveis 4 e 5 da árvore de E&T do varejista a fim de compreendê-la melhor. O passo 4.11.1, tal como mostrado na Tabela 34.5, explica como os giros de estoque podem ser melhorados por meio da implementação da solução de distribuição puxada da TOC.

---

[5] Essa solução ganha-ganha é explicada em *The Choice* (Goldratt, 2008a), nos Capítulos 2, 8 e 10.

Observe que o número de pressupostos paralelos tende a aumentar, quanto mais adentramos a Árvore de E&T. É importante notar que os pressupostos paralelos não são escritos como uma lista de tópicos (marcadores), mas como uma apresentação lógica de causa e efeito. O pressuposto de suficiência nesse passo também reforça o pressuposto de suficiência do passo 3.1.1.

Dois passos a mais são necessários no nível 4 para concluir o passo 3.1.1. O passo 4.11.2 está direcionado à manutenção dos níveis corretos de estoque por meio da imple-

Tabela 34.5 Passo 4.11.1 da árvore de E&T do varejista

4:11:1	Distribuição interna puxada
Pressuposto de necessidade	Ter pouquíssimo estoque é uma garantia de que será oferecida uma péssima disponibilidade aos clientes. Ter muito estoque é (quase) uma garantia de uma péssima disponibilidade aos clientes.
Estratégia	A empresa mantém, em suas lojas e em um ou mais armazéns, quantidades relativamente pequenas de estoque, as quais são apropriadas para garantir disponibilidade.
Pressupostos paralelos	• A meta correta de estoque é igual ao consumo durante o tempo de reabastecimento, levando em conta a variabilidade. Além disso, as lojas precisam manter uma quantidade apropriada de estoque para expor adequadamente os produtos. • Quanto menor o tempo de reabastecimento, menor a variabilidade. Quanto maior o acúmulo, menor a variabilidade (a variabilidade em um armazém que abastece quatro locais corresponde à metade da variabilidade de cada local). • O tempo de reabastecimento é igual ao tempo do pedido mais o tempo de ressuprimento dos materiais. • Os métodos convencionais empregados pela maioria dos varejistas fazem com que o tempo do pedido seja significativo, aumentando desnecessariamente os estoques e restringindo a capacidade do varejista de reagir de imediato ao consumo real. • Os métodos convencionais empregados pela maioria dos varejistas empurram os estoques para as lojas (onde ocorre a variabilidade mais alta), aumentando os estoques e restringindo a capacidade do varejista de reagir de forma apropriada ao consumo real. • O fornecimento de dados sobre o consumo diário ao elo anterior diminui o tempo do pedido para apenas um dia e ajuda a evitar exageros no estoque empurrado do CDC para os CDRs e dos CDRs para as lojas. • A maioria dos fornecedores não restringe a frequência dos pedidos feitos por um varejista (portanto, o tempo do pedido pode ser diminuído significativamente).
Táticas	• As metas iniciais de estoque nas lojas são fixadas com base em uma exposição apropriada dos produtos e em uma demanda prevista otimista durante o tempo de transporte do armazém para a loja. • A empresa utiliza os CDRs para reabastecer as lojas, com base no consumo diário real (sistema puramente puxado). • As metas iniciais de estoque em um ou mais armazéns são fixadas de acordo com o tempo de reabastecimento – tempos de atravessamento do pedido, (produção) e transporte. • A empresa utiliza seu CDC para reabastecer os CDRs com base no consumo diário real (sistema puramente puxado). • A empresa faz pedidos (mais) frequentemente aos seus fornecedores com base no consumo real (e não em previsões).
Pressuposto de suficiência	Uma iniciativa não deve apenas gerar resultados, mas também ser percebida como a causa dos resultados obtidos; quanto mais cedo, melhor.

Fonte: E. M. Goldratt, 2008. © E. M. Goldratt. Utilizada com permissão. Todos os direitos reservados.

mentação da solução de *gerenciamento de pulmões* (GP) da TOC (que é um sistema eficaz de gerenciamento de prioridades) e da aceleração e ajuste em caso de picos na demanda (como explicado nos passos do nível 5). O passo 4.11.3 está centrado em como lidar com os fornecedores para obter uma melhoria bem maior nos giros de estoque e nos resultados financeiros (LL, ROI e fluxos de caixa).

O passo 5.11.1, tal como mostrado na Tabela 34.6, é o primeiro passo que precisa ser implementado no varejo. Como o volume de venda muda ao longo do tempo, devemos procurar provar que o aumento nas vendas é uma consequência de nossa iniciativa.

O nível 5 é o mais inferior na árvore de E&T do varejista. Por isso, ele apresenta os pormenores que precisam ser implementados para concretizar o nível 1 da árvore de E&T.

Necessidade de níveis inferiores em uma árvore de E&T

Para alguns passos da árvore de E&T, talvez seja necessário redigir o nível 6 ou mesmo o nível 7. Entretanto, até o momento o nível 6 não foi redigido para nenhuma árvore de E&T VV, embora acreditemos que, para alguns passos, provavelmente seria muito útil redigi-lo. Outro nível precisará ser redigido na árvore de E&T para explicar como o passo acima deve ser implementado *somente* se não estiver claro nesse passo de que forma ele deve ser concluído. Na árvore de E&T do varejista, não existe nenhum passo de nível 5 abaixo do passo 4.12.1 ou do passo 4.12.3, ambos estão abaixo do passo 3.1.2. Além disso, não existe nenhum passo de nível 5 abaixo do passo 3.1.3.

Tabela 34.6 Passo 5.11.1 da árvore de E&T do varejista

5:11:1	Estabelecendo referências
Pressupostos de necessidade	• Não é suficiente que as primeiras medidas fundamentais da iniciativa da VV gerem resultados imediatos significativos. Esses benefícios também devem ser *reconhecidos* como o resultado da iniciativa. • Uma iniciativa que aumenta as vendas bem mais que as despesas aumenta de maneira significativa os resultados financeiros. • A variabilidade das vendas normalmente é alta. Portanto, um aumento nas vendas (ao longo de um período relativamente curto – alguns meses) não é uma prova incontestável de que a iniciativa da VV está gerando benefícios substanciais.
Estratégia	A empresa percebe que o *modus operandi* baseado no consumo é uma das principais causas de sua lucratividade crescente.
Pressupostos paralelos	• Quando a variabilidade é alta, a solução para provar o impacto de uma iniciativa é ter um grupo de controle no qual a iniciativa não é implementada. • O grupo de controle deve ser representativo de todas as lojas para que a prova seja válida, mas deve também ser o máximo possível pequeno porque durante algum tempo não será melhorado. • As mudanças ocorridas não apenas nas vendas mas também na DO são comparadas com as mudanças correspondentes no grupo de controle para evitar o erro de prever o LL com base na porcentagem atual de LL da empresa sobre as vendas (o impacto real sobre o LL é determinado pela mudança em G menos a mudança na DO).
Táticas	• Escolhe-se o menor número de lojas representativas da cadeia como grupo de controle. Essas lojas são excluídas da implementação no início do projeto. • As mudanças no G e na DO do grupo de controle e das outras lojas nas quais a iniciativa da VV é implementada são acompanhadas. • Relatórios periódicos e frequentes sobre os resultados (incluindo a avaliação correta do impacto sobre o LL) são apresentados aos (altos) executivos.

Fonte: Modificada de E. M. Goldratt, 2008. © E. M. Goldratt. Utilizada com permissão. Todos os direitos reservados.

Detalhes sobre a estrutura de uma árvore de E&T

Esta seção é um resumo do que abordamos sobre a estrutura da árvore de E&T, mas agora com o conteúdo complementar do que foi mostrado e explicado a esse respeito. A árvore de E&T apresenta a lógica para concretizar uma estratégia de alto nível. Podemos concordar que a estratégia é uma resposta à pergunta "Para quê?"? Em outras palavras, qual é o objetivo? E a tática é uma resposta para a pergunta "Como?"? Escovar os dentes é uma ação. Podemos perguntar para quê? Sim. Podemos perguntar como? Sim. Tentar inserir uma estratégia no topo da árvore de E&T e as táticas em todos os níveis abaixo não faz sentido. Em outras palavras, é um equívoco pensar que a estratégia destina-se à alta administração e as táticas aos níveis organizacionais inferiores à administração. Toda ação que realizamos tem uma estratégia e tática. Portanto, temos inúmeras combinações ou pares de estratégia e tática, que chamamos de passos. Na realidade, cada tática é uma ação.

A árvore de E&T é lida de cima para baixo. O nível 1 é o topo da árvore de E&T e tem um único passo. O nível 2 fica abaixo do nível 1 etc. Cada nível da árvore corresponde, na maioria dos casos, a um nível de gerência. O plano de estratégias e táticas oferece uma explicação mais detalhada à medida que adentramos as camadas de gerência. O nível 1 está relacionado ao presidente e o 2 ao conselho (que inclui o diretor executivo). O nível 3 está relacionado aos vice-presidentes (VPs). O nível 4 destina-se aos departamentos funcionais e o 5 ao chefe de departamento da função em questão. O nível 6 destina-se aos gerentes e o 7 (que talvez nem precise ser redigido) a funcionários específicos.

Precisamos assegurar o alinhamento entre responsabilidade e autoridade. Os gerentes são responsáveis pela concretização da estratégia correspondente ao passo que lhes foi atribuído. Eles também têm autoridade para mudar as táticas no passo pelo qual são responsáveis. Por exemplo, se os pressupostos paralelos não forem uma realidade na empresa, as táticas precisam ser mudadas. Devemos ter cuidado para não ter regras draconianas e idiotas nas táticas. Em outras palavras, sempre devemos verificar se a tática que pretendemos implementar é uma derivação lógica dos pressupostos paralelos. Por exemplo, se uma tática na árvore de E&T afirmar que 25% dos projetos devem ser congelados, essa regra não deve ser aplicada cegamente, mas alterada em alguns casos para obter a lógica correspondente ao passo. Em determinados casos, faria sentido congelar mais ou menos os projetos de uma empresa específica.

A árvore de E&T também tem uma sequência da esquerda para a direita nos níveis. Um passo que está à direita de outro no mesmo nível da árvore não pode ser implementado enquanto a implementação do passo à sua esquerda no mesmo nível não for *iniciada*. O momento em que se deve começar a implementar uma tática específica é determinado com base na lógica. Em algumas árvores de E&T, existe conteúdo no passo que evidencia quando se é necessário começar a implementar as táticas.

Todo passo da árvore de E&T tem alguns ou todos os enunciados a seguir, de acordo com esta sequência: um ou mais pressupostos de necessidade, estratégia, um ou mais pressupostos paralelos, uma ou mais táticas e pressuposto de suficiência. Os pressupostos de necessidade explicam por que o passo é necessário (como parte do grupo de passos nesse nível que correspondem ao passo no nível abaixo) para concretizar o passo de nível superior correspondente na árvore. Portanto, os pressupostos de necessidade são listadas em todos os passos, exceto no nível 1, no topo da árvore de E&T. Para que os pressupostos de necessidade sejam convincentes, no sentido de defender que a ação é imprescindível, é necessário ressaltar o dano de não realizar a ação em questão e/ou os benefícios de realizá-la. A sequência dos pressupostos de necessidade é apresentada de acordo com as preocupações que as pessoas terão. Os pressupostos de necessidade no nível 4 estão direcionadas ao que está sendo realizado no momento e à necessidade de realizá-lo de forma diferente. Os pressupostos de necessidade no nível 5 estão relacionados à dificuldade em realizar a tática no nível 4 – a tática que já concordamos em realizar.

Uma forma de compreender melhor o que é um pressuposto de necessidade é com a explicação da lógica de necessidade e um apoio visual. Em um conflito, concluímos por meio da ferramenta de *evaporação das nuvens* (EN) do *processo de pensamento* que a necessidade é o que é desejado com base em uma carência. Em outras palavras, uma ação que desejamos realizar na verdade está direcionada à satisfação de alguma necessidade. A associação entre a necessidade e a vontade é um pressuposto de necessidade, a explicação do motivo pelo qual essa vontade resultará na satisfação da necessidade correspondente. Isso pode ser lido da seguinte maneira: "Para <necessidade>, precisamos <carência> porque <pressuposto de necessidade>". De modo semelhante, em uma árvore de E&T, o pressuposto de necessidade apresenta a associação entre um par (passo) e outro de E&T, tal como mostrado na Figura 34.3. Isso pode ser lido desta forma: para concluir o passo 1, precisamos concluir o passo 2.1 por causa do pressuposto de necessidade do passo 2.1.

Os pressupostos de necessidade são sempre genéricos. Se os pressupostos de necessidade que desejamos abordar não forem genéricos, podemos dedicar um passo inteiro na árvore de E&T às exceções. Na árvore de E&T, um passo pode estar relacionado apenas a um caso específico. Outro método possível é incluir exceções nos pressupostos paralelos e nas táticas resultantes dentro de um passo da árvore.

Estratégia é o que desejamos concretizar. Ela não é enunciada como uma ação, mas como a realidade atual. Os pressupostos paralelos servem para confirmar se a tática concretizará a estratégia. Elas devem nos informar de que forma devemos fazer isso e são a parte mais importante da árvore de E&T porque expõem a lógica. Os pressupostos paralelos explicam a lógica integral da tática – porque a tática tem uma probabilidade real de transformar a estratégia em realidade. Não é permitida nenhuma surpresa à tática. Os pressupostos paralelos precisam explicar porque a tática é necessária e resultará na concretização da estratégia.

Os pressupostos paralelos são redigidas de acordo com a lógica de causa e efeito. Eles são redigidos em uma sequência que faça sentido para chegar à conclusão sobre qual ou quais devem ser as táticas. Eles não são escritos com base na sequência das táticas, mas de uma forma que apresente claramente a lógica de causa e efeito. Uma entidade (causa ou efeito) deve ser uma única sentença. Entretanto, podemos ter mais de uma sentença em um pressuposto paralelo quando a sentença seguinte for um comentário. É melhor manter o comentário à parte do pressuposto paralelo; ele ficará mais curto porque determinados conteúdos não precisarão ser repetidos. Além disso, podemos inserir a causa e o efeito no pressuposto paralelo. Em alguns casos, temos liberdade quanto ao lugar em que inseriremos o pressuposto em uma árvore de E&T; se tivermos uma longa explicação antes de uma conclusão, é melhor colocá-la nos pressupostos paralelos em vez de nos pressupostos de necessidade.

Um apoio visual explicativo será útil para esclarecer melhor a lógica sobre como os pressupostos paralelos são redigidos. A Figura 34.4 mostra um exemplo genérico com respeito à lógica de suficiência.

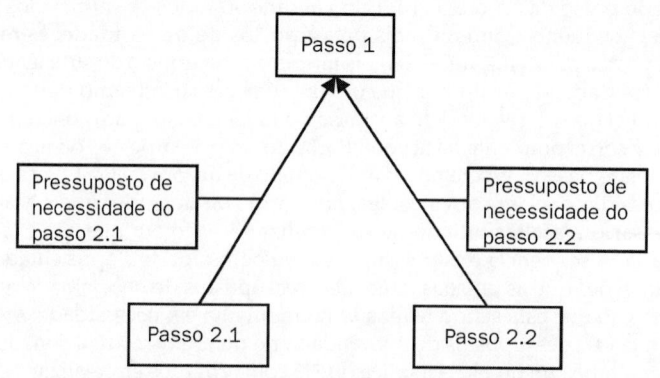

FIGURA 34.3 Como o pressuposto de necessidade associa um passo da árvore de E&T com outro.

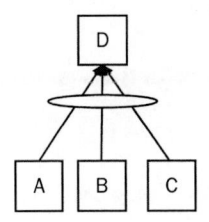

Capítulo 34 ■ Aplicação das árvores de estratégias e táticas nas organizações

FIGURA 34.4 Exemplo de lógica de suficiência.

No processo de pensamento da TOC, lemos a lógica de suficiência desta maneira: se A e B e C, então D é a consequência inevitável. A forma oval representa o "E" lógico.

A Figura 34.5 mostra um exemplo de como o pressuposto paralelo é redigido. Como mencionado antes, o pressuposto paralelo apresenta a lógica de causa e efeito, e não uma lista de tópicos (numerada). Se a lógica fosse igual à apresentada no exemplo genérico anterior de lógica de suficiência, os pressupostos paralelos seriam semelhantes aos da Figura 34.5. Muitas vezes, para enunciar D, costumamos iniciá-la com a palavra "Portanto, ..." para indicar que é um efeito ou uma conclusão resultante dos enunciados anteriores de A, B e C.

Toda tática deve obter resultados e é redigida como uma ação. As táticas são escritas na ordem em que são implementadas. Observação: a lógica que explica cada uma das táticas deve ser exposta claramente nos pressupostos paralelos. Podemos escrever "Nossa vasta experiência demonstra que..." em um pressuposto paralelo se isso for explicado mais abaixo na árvore de E&T. As táticas no nível 5 explicam exatamente o que deve ser feito.

Não é possível conceber um pressuposto de suficiência que prove que os passos abaixo são suficientes para concretizar o passo acima deles. O único teste real é a realidade. A solução seria ressaltar o pressuposto de suficiência como um fato que precisa ser abordado pelos passos do grupo de nível inferior correspondente a esse passo porque, do contrário, não haveria suficiência. O pressuposto de suficiência deve ser algo que, embora de senso comum, normalmente é ignorado e que, se continuar sendo ignorado, não gerará suficiência. São enunciados genéricos, do tipo "provérbios de Confúcio". Um passo terá apenas um pressuposto de suficiência se houver outro nível na árvore de E&T registrado abaixo desse passo.

A Figura 34.6 será útil para esclarecer essa lógica. O pressuposto de suficiência baseia-se na lógica de suficiência, tal como já foi descrito. Uma forma de ler essa lógica é: se os passos 2.1 e 2.2 forem concluídos, então o passo 1 será uma consequência inevitável porque o pressuposto de suficiência do passo 1 era um fato (pressupondo que a realidade confirme que a suficiência foi de fato obtida). Outra maneira de ler essa lógica é: se o passo 2.1 e o passo 2.2 forem concluídos e o pressuposto de suficiência do nível 1 for uma realidade, então o passo 1 será uma consequência.

Pressupostos Paralelos:

- A

- B

- C

- Portanto, D

FIGURA 34.5 Lógica interna dos pressupostos paralelos.

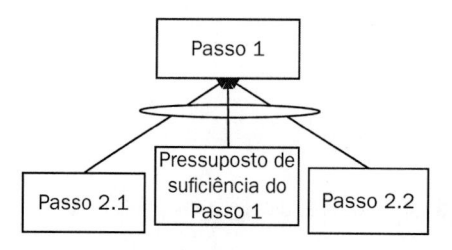

FIGURA 34.6 Apoio visual para o pressuposto de suficiência.

[Diagrama: Passo 1 conecta-se a Passo 2.1, Pressuposto de suficiência do Passo 1, e Passo 2.2]

Quando nos preparamos para redigir o nível seguinte da árvore de E&T, pensamos no como (os títulos) e no motivo dos passos e da sequência desses passos. O nível subsequente a um passo deve ter no mínimo dois passos para esse passo; do contrário, o conteúdo deve ser inserido no próprio passo. Ao criar os passos, não dividimos artificialmente o conteúdo em duas partes. Na verdade, o dividimos logicamente em duas ou mais partes. Quando eu estava redigindo o nível 5 da árvore de E&T do varejista, eu tive de imaginar como escreveria os passos do nível 5 abaixo do passo 4.11.2 (manter níveis de estoque corretos). Percebi que a forma de dividi-lo logicamente era inserir um passo para explicar o *gerenciamento de pulmões (GP), mecanismo que assegura automaticamente níveis corretos de estoque*, e outro para fazer ajustes de acordo com possíveis picos na demanda, explicando de que maneira esse mecanismo é ajustado para reagir a futuros aumentos repentinos e já previstos na demanda devido a uma venda ou a outro evento programado ou conhecido. Posteriormente, foi também acrescentado o passo de aceleração.

É bem mais fácil redigir o pressuposto de suficiência de um passo depois que já concluímos a redação dos passos abaixo desse passo na árvore de E&T; dessa forma, ganhamos uma imensa percepção. O pressuposto de suficiência não precisa abordar todos os passos abaixo, mas é melhor se ele o fizer. É particularmente importante abordar o primeiro passo (o que está à esquerda) dos passos abaixo correspondentes. É melhor substituir uma frase/citação conhecida por uma frase que expresse o que precisamos. Isso deixa o enunciado do pressuposto de suficiência mais interessante. O pressuposto de necessidade e o pressuposto de suficiência podem ser essencialmente iguais.

Observação: decidimos não ter pressupostos em sequência na árvore de E&T. Portanto, teremos de lidar de outra forma com qualquer sequência que precise ser ressaltada. Para isso, redigimos em um passo que esse passo depende de outro específico na árvore de E&T. Um exemplo encontra-se no passo 3.1.2 da árvore de E&T de RRR. Essa árvore inicia-se com o objetivo da empresa de tornar-se um fornecedor mais confiável obtendo um desempenho de pelo menos 99% na data de entrega (pontual). Esse objetivo é enunciado como uma observação no passo 3.1.2 de que a oferta de venda com confiabilidade não deve receber sinal verde para ser promovida enquanto não for obtido um desempenho de 99% na data de entrega.

Principais conceitos sobre a criação de árvores de E&T

Há anos utilizamos as árvores de E&T para orientar as implementações da VV da TOC. Os projetos da VV são implementações holísticas da TOC. Eles englobam várias aplicações sincronizadas (implementação de subsistemas) da TOC, como operações, distribuição, gerenciamento de projetos, marketing e vendas, e são projetos de consultoria nos quais a meta de LL em quatro anos ou menos será significativamente mais alta do que o melhor lucro que a alta administração já acreditou ser possível. As árvores de E&T podem ser utilizadas para concretizar qualquer estratégia de qualquer sistema (por exemplo, qualquer tipo de organização ou para uma pessoa). Assim que ela é desenvolvida, é necessário primeiro confirmar se a estratégia, que é uma das inúmeras estratégias que temos, aplica-se ao sistema (pessoa ou organização) para o qual a árvore de E&T foi redigida. Os pressupostos são realmente fatos da vida. Precisamos confirmar se elas são uma realidade para um determinado sistema. Se não forem, então a estratégia ou a tática correspondente não se aplica a esse sistema.

A árvore de E&T apresenta todas as estratégias e táticas necessárias para concretizar a estratégia no passo do nível 1. Ela oferece as respostas às três perguntas da TOC com relação a um gerenciamento eficaz:

1. O que mudar?
2. Para o que mudar?
3. Como causar a mudança?

As árvores de E&T que foram desenvolvidas para orientar a implementação dos projetos VV são a primeira aplicação significativa da TOC para responder a terceira pergunta acima. O desenvolvimento dessas árvores evidencia os passos para uma implementação favorável da TOC. A orientação fornecida no nível 5 das árvores de E&T da VV é muito útil à implementação da TOC em uma aplicação/subsistema (por exemplo, uma função). O nível 5 oferece um método de implementação simplificado que garante que *somente* as *injeções (elementos da solução)* necessárias sejam implementadas e fornece ainda informações sobre a sequência de implementação dessas injeções.

O diagrama de rede/plano do projeto para implementar o projeto da VV contém apenas as táticas do nível mais baixo da árvore de E&T. Em outras palavras, um diagrama de rede com todas as dependências (tanto atividade quanto recurso) será criado com base em todas as táticas no nível mais baixo da árvore de E&T. Especificamente, se um passo não incluir o nível 5 e outros o incluírem, teremos no plano do projeto táticas do nível 4 e do 5. Nas implementações da VV, esse plano de projeto é criado por meio do diagrama de rede da *corrente crítica* (que inclui todas as dependências e pulmões apropriados) e gerenciado por meio do *software* de corrente crítica (da Realization Technologies).

As árvores de E&T VV também incluem estratégias e táticas para aparar as *ressalvas da ramificação negativa* (RRNs), evitando, desse modo, qualquer possível consequência negativa da implementação da solução. Além disso, essas árvores de E&T incluem estratégias e táticas para que obstáculos importantes que possam obstruir ou atrasar a implementação sejam superados.

As árvores de E&T VV são redigidas para acompanhar o processo de adesão *mais* da TOC.[6] Os passos do processo de adesão *mais* são:

1. Consenso sobre o objetivo extremamente ambicioso que desejamos concretizar – o pote de ouro.
2. Consenso quanto à conclusão de que alcançar o pote de ouro no cume do penhasco é bem mais difícil do que originalmente imaginávamos.
3. Consenso de que existe uma direção para a solução, uma âncora no penhasco sobre a qual é possível apoiar uma escada.
4. Consenso sobre os detalhes da solução.
5. Superação de medos não verbalizados, como as possíveis ressalvas da ramificação negativa (RRNs) em relação ao sucesso.

O grande pote de ouro é a estratégia no nível 1. A estratégia ressalta o que o pote de ouro é e que podemos alcançá-lo. A estratégia precisa ser algo com o qual todos concordem prontamente. Em seguida, mostramos como o penhasco é íngreme (passo 2) – são os pressupostos paralelos resumidos na tática do nível 1. Mostramos que não temos nada em que apoiar para escalar o penhasco. Os pressupostos paralelos mostram o quanto é difícil alcançar o pote de ouro.

---

[6] Existem dois processos de adesão na TOC, os quais são chamados de processos mais e menos-menos.

O passo 2 do processo de adesão *mais* mostra por que não será fácil alcançar o pote de ouro. O último pressuposto paralelo do nível 1 normalmente mostra porque existe esperança, mas isso nem sempre se encontra em uma árvore de E&T. A tática enuncia o que será feito para alcançar o pote de ouro, depois que se determina no pressuposto paralelo porque isso é válido. O pote de ouro pode ser uma meta que a empresa antes desejava alcançar, mas concluiu que não era possível. O passo 2 busca gerar credibilidade, evidenciando para os executivos nosso nível de compreensão quanto ao problema de alcançar o pote de ouro. Eles ficarão mais inclinados a nos ouvir porque presumirão que talvez tenhamos encontrado uma solução. Os pressupostos paralelos estabelecem os parâmetros da solução – o que ela deve enfocar.

Os pressupostos de necessidade no nível 2 da árvore de E&T são a âncora para a escada – o terceiro passo do processo de adesão *mais*. O restante do nível 2 é a silhueta da âncora. O nível 2 mostra como atender às necessidades dos grupos de interesse – por exemplo, as necessidades do mercado externo. Para redigir esse nível, levamos em conta o desígnio e a essência da organização.

O nível 2 abaixo dos pressupostos de necessidade e o nível 3 (que mostra como desenvolver, aproveitar e manter a vantagem competitiva decisiva na árvore de E&T VV) são a escada (o passo 4 do processo de adesão *mais*) – os principais patamares da escada e as principais vias para ter sucesso (passo 5 do processo de adesão *mais*). Primeiro mostramos os patamares ou degraus da escada que devem ser escalados. Em seguida, pensamos nos principais caminhos que podem nos trazer sorte, especialmente aqueles que se abrem quando temos êxito.

O nível 3 apresenta o método para concretizar as estratégias e táticas, mas não dá nenhuma dica sobre como conseguir isso. Nas árvores de E&T VV, o nível 3 explica como desenvolver, aproveitar e/ou manter uma vantagem competitiva decisiva.

Nas árvores de E&T VV, normalmente o nível 3 inicia-se com a implementação de uma das soluções logísticas da TOC (distribuição puxada, gerenciamento de projetos pela corrente crítica ou tambor-pulmão-corda/GP, que é a solução de produção da TOC). Em seguida, se necessário, é implementada uma solução da TOC de marketing ou vendas para aproveitar a vantagem competitiva decisiva obtida por meio da solução logística. Por fim, para manter a vantagem competitiva decisiva, procuramos uma forma de garantir que o desempenho não diminua à medida que as vendas aumentarem.

Toda vez que descemos um nível na árvore de E&T, isso significa que estamos detalhando os passos da escada. O 4 é o nível em que estamos fazendo a transição para a TOC por meio dos "pressupostos de ouro". Esse tipo de pressuposto do nível 4 explica o que podemos fazer. Em outras palavras, estamos passando da teoria para a prática (as ações deixam de ser uma direção e transformam-se em ações práticas). Na realidade, tendemos a chamar tudo o que está acima dos pressupostos de ouro da estratégia e tudo o que está abaixo de tática. É por isso que as pessoas acreditam que a estratégia tem a ver com o nível superior da organização e as táticas com o nível inferior. Isso explica como os conceitos da árvore de E&T enquadram-se aos pontos de vista convencionais sobre estratégia e tática.

Existem casos em que o nível 5 não precisa ser escrito. Analisemos os motivos. Existe alguma dificuldade real para realizar o passo no nível 4? Existem conceitos fundamentais que precisam ser mudados? Nesses casos, precisamos redigir o nível 5. Devemos pensar também nos erros comuns que podem ser cometidos na implementação. Verificamos se a forma convencional de realizar o passo no nível 4 provocaria erros. O nível 5 deve ser escrito se for necessário mudar algum ponto de vista importante. Ele apresenta as ações e os problemas da implementação. Uma vez que o nível 4 é validado, a gestão já terá concordado em realizar as mudanças necessárias. A lógica sobre como fazê-lo encontra-se no nível 5.

Os critérios relacionados a seguir para avaliar uma solução foram considerados ao redigir as árvores de E&T.[7] Eles são relacionados na ordem em que eles devem ser considerados.

---

[7] Esses elementos da solução foram apresentados no "Goldratt Webcast Program on Project Management" (Goldratt, 2008b).

1. A solução gera excelentes benefícios.
2. É uma solução ganha-ganha-ganha para todos aqueles cuja colaboração é essencial. Isso é importante porque a colaboração aumenta a probabilidade de sucesso e torna a implementação mais rápida e sustentável. Quando a solução não é ganha-ganha-ganha, com o passar do tempo ela será minada por forças negativas.
3. O risco associado com a implementação da solução, multiplicado pelo dano correspondente, não é pequeno em relação aos benefícios de implementá-la. Isso quer dizer que o nível de risco é comparado com o nível de impacto. Por exemplo, se o risco for pequeno e o possível nível de dano for alto e os benefícios forem imensos, precisamos refletir com cuidado se devemos implementar a solução.
4. A solução é mais simples em relação ao que estamos fazendo no momento. Por que isso é importante? Quanto mais complexa, maior a probabilidade de decepção entre as pessoas que necessitam implementar ou apoiar a mudança. Se ela for complicada, não saberemos se ela funcionará (se houver alguma oportunidade de implementá-la favoravelmente).
5. A sequência da implementação é tal que toda ação ou grupo de ações gera resultados imediatos significativos, o que possibilita a adesão de todos (sua colaboração).
6. A solução não é autodestrutiva. Se a solução for autodestrutiva (não for sustentável), a empresa pode ficar em uma situação bem pior àquela em que se encontrava antes da implementação da solução.

Tudo o que se encontra nas árvores de E&T VV garante que a restrição (o fator que mais restringe a capacidade da organização de concretizar sua meta) esteja sob o controle da gestão – é o ritmo segundo o qual a empresa pode crescer. As árvores de E&T VV procuram conseguir uma vantagem competitiva decisiva com base na satisfação de uma necessidade significativa dos clientes. Consequentemente, não existe nenhum limite ao crescimento, exceto o ritmo de acordo com o qual a gestão escolhe crescer. A árvore de E&T inclui ações que impedem que a restrição torne-se interna (por exemplo, na produção ou em vendas) ou uma restrição de mercado (nível de demanda).

Em que sentido a árvore de E&T está relacionada a outras ferramentas do processo de pensamento da TOC

Em que sentido a árvore de E&T está relacionada com outras ferramentas do processo de pensamento da TOC? A E&T não substitui de forma alguma a *árvore da realidade atual* (ARA) – *o mapa de todas as relações de causa e efeito que associam o conflito básico ou a causa básica a todos os efeitos indesejáveis (EIs) no sistema* – e a *evaporação das nuvens (EN) – ferramenta de resolução de conflitos*). Ela inclui alguns elementos da ARA para mostrar porque utilizamos uma direção diferente para uma solução em relação aos métodos convencionais. O conflito básico é abordado no nível 1 da árvore de E&T – nos pressupostos paralelos. A tática do nível 1 enuncia que satisfaremos ambas as necessidades do conflito básico sem concessões. Os pressupostos de necessidade do nível 2 são pressupostos subjacentes ao conflito básico que estamos invalidando. Os conflitos básicos dos subsistemas também são abordados nos níveis inferiores da árvore de E&T.

A E&T não substitui a *árvore da realidade futura* (ARF) – *o mapa lógico que interliga todas as injeções (elementos da solução) aos efeitos desejados por meio de causa e efeito (garantindo, desse modo, que nenhum EI da ARA continue ocorrendo)*. A árvore de E&T inclui todas as injeções que se encontram na ARF.

Todos os pressupostos na árvore de E&T devem ser fatos da vida provenientes da ARA e da ARF do sistema. Em outras palavras, elas devem ser verbalizadas como fato com base na lógica atual de causa e efeito do sistema. Antes de redigir qualquer árvore de E&T, é melhor aplicar primeiro a análise completa do processo de pensamento. O conflito básico, a ARA e ARF são inestimáveis para redigir mais rapidamente e mais eficazmente uma árvore de E&T.

A árvore de E&T substitui a *árvore de pré-requisitos* (APR) porque aborda os obstáculos e uma solução para superá-los. Em comparação com a APR, ela oferece uma lógica e um conteúdo bem mais amplos para promover a mudança. Duas vantagens principais da árvore de E&T em relação à APR são a capacidade de distinguir entre o quadro geral e os vários níveis de detalhamento e a capacidade de evitar a inclusão de *choopchiks* (*detalhes irrelevantes* ou *trivialidades*) no plano. Isso não significa que a APR nunca deva ser utilizada. Ela ainda assim pode ser empregada como uma ferramenta eficaz para descobrir de que forma é possível atingir uma meta ambiciosa por meio da determinação dos obstáculos para atingir essa meta e de uma solução para superá-los. A *árvore de transição* (AT) ainda não é substituída pela árvore de E&T. A Árvore de E&T pode substituí-la depois que o nível 6 for escrito ou que os pressupostos em sequência tornarem-se parte da E&T. Isso não significa que não utilizaremos mais a AT, mas que não precisaremos utilizá-la quando tivermos uma árvore de E&T.

As outras quatro árvores de E&T genéricas da VV

Agora, examinaremos brevemente alguns pontos importantes relacionados a cada uma das outras quatro árvores de E&T genéricas da VV, sem apresentar os respectivos passos dessas árvores, em virtude das limitações à quantidade de conteúdo que este capítulo pode abordar.

Árvore de E&T de bens de consumo (BC)

A árvore de E&T BC aplica-se aos fabricantes que vendem para varejistas.[8] Existem duas versões dessa árvore: uma para ambientes de *produção sob encomenda* (*make-to-order* – MTO) e outra para ambientes de *produção para estoque* (*make-to-stock* – MTS). Explicaremos primeiramente a árvore de E&T MTO e, em seguida, explicaremos brevemente em que sentido a árvore de E&T MTS é diferente. O passo 2.1 da árvore BC está centrado em obter uma vantagem competitiva nos giros de estoque, enquanto o passo 2.2 está centrado em obter uma vantagem competitiva em *ganho por espaço de prateleira*. O pressuposto de necessidade do passo 2.1 é: "Quando a maior parte do dinheiro está amarrada ao estoque e a disponibilidade continua sendo um problema, a melhoria dos giros de estoque é uma necessidade significativa do cliente". A estratégia resultante é: "Uma vantagem competitiva decisiva é obtida por meio de uma 'parceria' que oferece mais giros de estoque (melhor disponibilidade e, ao mesmo tempo, estoques consideravelmente menores), quando todos os demais parâmetros permanecem iguais".

Os títulos dos quatro passos no nível 3, abaixo do passo 2.1, são: Produzir para Disponibilidade, Venda com Base nos Giros de Estoque, Ampliar a Base de Clientes e Elevação da Capacidade. O primeiro passo é concluído com a implementação do tambor-pulmão-corda (TPC) e do GP para melhorar o desempenho na fábrica. Portanto, esse passo está direcionado ao desenvolvimento de da vantagem competitiva decisiva. O segundo passo, "Venda com Base nos Giros de Estoque", mostra como se faz uma *oferta mafiosa ou irrecusável* (*mafia offer* ou URO – *unrefusable offer* –, *a solução de marketing da TOC*) para varejistas em perspectiva. Esse passo está centrado no alinhamento dos métodos de marketing e vendas do fornecedor para aproveitar a oferta (proposição) de giros de estoque aos varejistas. O terceiro passo, "Ampliar a Base de Clientes", está relacionado à implementação de "mecanismos para gerar *leads*, monitorar, apoiar e controlar eficazmente o funil de vendas (novos clientes)". Portanto, estes dois últimos passos destinam-se à potencialização da vantagem competitiva decisiva. O passo final, "Elevação da Capacidade", procura

---

[8] Observe que a associação das árvores de E&T para o varejo e bens de consumo (BC) oferece uma solução ganha-ganha explicada em *The Choice* (Goldratt, 2008a), tanto para os varejistas quanto para os fornecedores.

assegurar que o desempenho na fábrica não piore quando as vendas aumentarem. Desse modo, esse passo está associado à manutenção da vantagem competitiva decisiva.

O pressuposto de necessidade do passo 2.2 é: "Quando o espaço para exposição dos produtos é restrito e isso gera um impacto importante sobre as vendas, o ganho por espaço de prateleira é fundamental desde que garantir um ganho por espaço de prateleira aceitável e aumentá-lo seja uma necessidade significativa do cliente. Para concretizar rapidamente a VV, é conveniente que a empresa tire proveito desse fato". O termo "conveniente" significa que vale a pena tomar essa medida, embora ela não seja obrigatória. A estratégia resultante é: "Uma vantagem competitiva decisiva é obtida por meio de uma parceria que garante aos clientes maior ganho por espaço de prateleira e uma probabilidade realista de compartilhar um aumento ainda maior". Isso significa que o fornecedor também se beneficiaria financeiramente com um aumento no ganho por espaço de prateleira.

A versão da árvore de E&T BC para a MTS explica a transição entre a MTS e a disponibilização (*make-to-availability* – MTA). Nessa árvore de E&T, existem três passos no nível 3, abaixo do passo 2.1: Alinhar a Cadeia de Suprimentos, Venda com Base nos Giros de Estoque e Controle de Capacidade. A diferença básica entre essa árvore de E&T e a que foi explicada antes é que as mudanças necessárias na implementação diferem em virtude do estilo de gerenciamento da produção que está sendo empregado no momento (MTO *versus* MTS).

Árvore de E&T de resposta rápida confiável (*Reliable Rapid Response* – RRR)

A árvore de E&T RRR destina-se aos fabricantes que vendem para outros fabricantes. O passo 2.1 da árvore de E&T RRR está centrado em obter uma vantagem competitiva em confiabilidade, enquanto o passo 2.2 está centrado em obter uma vantagem competitiva por meio de uma resposta rápida. O pressuposto de necessidade do passo 2.1 é: "Quando as datas de entrega dos fornecedores são visivelmente ruins e o atraso na entrega gera consequências importantes para o cliente, a confiabilidade é uma necessidade significativa do cliente". A estratégia resultante é: "Uma vantagem competitiva decisiva é obtida quando o mercado sabe que os compromissos de entrega da empresa são extraordinariamente confiáveis, quando todos os demais parâmetros permanecem iguais".

Os títulos dos cinco passos no nível 3, abaixo do passo 2.1, são: 99% de Desempenho na Data de Entrega (DDE), Venda com Base na Confiabilidade, Ampliar a Base de Clientes, Controle de Carga e Elevação da Capacidade. O primeiro passo é concluído com a implementação do TPC e do GP para melhorar o DDE na fábrica. Portanto, esse passo está centrado no desenvolvimento da vantagem competitiva decisiva. O segundo passo, "Venda com Base na Confiabilidade", explica de que forma se desenvolve uma *mafia offer* (oferta mafiosa ou irrecusável) para os potenciais clientes (fabricantes). Esse passo procura alinhar os métodos de marketing e vendas do fornecedor a fim de aproveitar a oferta de confiabilidade aos respectivos clientes. O terceiro passo, "Ampliar a Base de Clientes", está relacionado à implementação de um "mecanismo para gerar *leads*, monitorar e controlar eficazmente o funil de vendas (novas oportunidades de negócios)". Desse modo, estes dois últimos passos estão centrados na potencialização da vantagem competitiva decisiva. O quarto passo, "Controle de Carga", procura garantir que as datas de entrega propostas aos clientes baseiem-se na carga real existente na fábrica. Portanto, a capacidade de continuar cumprindo as datas de entrega não piora à proporção que as vendas aumentam. O passo final, "Elevação da Capacidade", procura garantir que os tempos de atravessamento da entrega não sejam muito longos à medida que as vendas aumentam. Isso evita a perda de negócios em virtude de longos tempos de atravessamento. Portanto, os dois últimos passos estão relacionados à manutenção da vantagem competitiva decisiva.

Os pressupostos de necessidade do passo 2.2 (Goldratt, 2008c) são:

- Para concretizar rapidamente a VV, é conveniente que a empresa tenha capacidade de auferir preços altos, mesmo que em uma parcela das vendas.
- Em uma porcentagem não negligenciável dos casos, o cliente ganha consideravelmente com a resposta rápida.
- O cliente não consegue obter uma RRR mais barata (ou mesmo uma opção aceitável) de ninguém mais, exceto da empresa.
- Os clientes não são estúpidos.

A estratégia resultante é: "Em uma parcela considerável das vendas são obtidos preços altos pelo fato de o mercado saber que o tempo das entregas da empresa é surpreendentemente curto". O lado direito da árvore de E&T explica como a RRR é implementada. Duas velocidades de entrega rápida com tempos de espera estabelecidos para cada uma são usuais e cada velocidade tem um preço predeterminado, que corresponde a uma determinada porcentagem sobre o preço normal.

Árvore de E&T de projetos

A árvore de E&T de projetos aplica-se a empresas que fabricam um produto exclusivo.[9] O passo 2.1 dessa árvore procura obter uma vantagem competitiva em confiabilidade e o passo 2.2 está centrado em obter uma vantagem competitiva em entregas antecipadas. O pressuposto de necessidade do passo 2.1 é: "Quando as datas de entrega dos fornecedores são visivelmente ruins e o atraso na entrega gera consequências importantes para o cliente, a confiabilidade é uma necessidade significativa do cliente". A estratégia resultante é: "Uma vantagem competitiva decisiva é obtida quando o mercado sabe que os compromissos de entrega da empresa são extraordinariamente confiáveis, quando todos os demais parâmetros permanecem iguais. No âmbito de múltiplos projetos, define-se extraordinariamente confiável (DDE extremamente alto sem comprometimento do conteúdo) como um desempenho de entrega na data prometida (ou antes dessa data) bem superior a 95%, enquanto nos casos de entrega atrasada o atraso é bem menor que os prevalecentes no setor".

Os títulos dos cinco passos no nível 3, abaixo do passo 2.1, são: Cumprir os Compromissos de Projeto, Venda com Base na Confiabilidade, Ampliar a Base de Clientes, Controle de Carga e Elevação da Capacidade. O primeiro passo, 3.1.1, é concluído com a implementação do gerenciamento de projetos pela corrente crítica (GPCC), solução da TOC para gerenciamento de projetos. Portanto, esse passo está centrado no desenvolvimento da vantagem competitiva decisiva. O segundo passo, "Venda com Base na Confiabilidade", explica como se faz uma *mafia offer* (oferta mafiosa ou irrecusável) aos potenciais clientes. Ele está centrado no alinhamento dos métodos de marketing e vendas do fornecedor para potencializar a proposição de giros de estoque aos varejistas. O terceiro passo, "Ampliar a Base de Clientes", está relacionado à implementação de "mecanismos para gerar *leads*, monitorar, e controlar eficazmente o respectivo funil de vendas (novas oportunidades de negócios)". Portanto, esses dois passos estão direcionados à potencialização da vantagem competitiva decisiva. O quarto passo, "Controle de Carga", visa garantir que o mecanismo de escalonamento do GPCC seja acompanhado mesmo que os tempos de atravessamento sejam muito longos para fechar negócios futuros. O acompanhamento do mecanismo de escalonamento garante que o DDE dos projetos continue acima de 95% à medida que mais atividades de projeto são assumidas. O passo final, "Elevação da

---

[9] É recomendável que qualquer pessoa que tenha interesse nessa árvore de E&T, examine o programa facilitado por Goldratt, que oferece uma explicação completa sobre ela. Ela é oferecida em DVD, sob o título "The Goldratt Webcast Program on Project Management", em www.toc-goldratt.com.

Capacidade", procura garantir que os tempos de atravessamento dos projetos não sejam muito longos à medida que as vendas aumentarem. Isso evita a perda de oportunidades de negócios decorrente de tempos de atravessamento longos. Portanto, os dois últimos passos estão relacionados à manutenção da vantagem competitiva decisiva.

Os pressupostos de necessidade do passo 2.2 (Goldratt, 2008b) são:

- Para concretizar rapidamente a VV, é conveniente que a empresa tenha capacidade de ganhar bônus significativos em vários projetos.

- Para vários projetos (e mais para os subprojetos) não existe quase nenhum ganho na entrega antecipada. Contudo, em praticamente qualquer ambiente existem amplas categorias de projetos (mas para uma quantidade menor de subprojetos) em que a entrega antecipada gera ganhos consideráveis (algumas vezes os ganhos obtidos com a entrega antecipada ofuscam o preço do projeto).

Um exemplo de projeto que poderia gerar ganhos substanciais em decorrência de entrega antecipada são as lojas. Quanto mais cedo elas abrem, mais cedo começam a entrar receitas. A estratégia resultante é: "São obtidos bônus em uma parcela considerável dos projetos".

Comparação entre as árvores de E&T de RRR e de projetos

Observe como as árvores de E&T de RRR e de projetos são semelhantes. O pressuposto de necessidade e a estratégia do passo 2.1 em ambas são essencialmente as mesmas. A única diferença é a confiabilidade. Os passos abaixo de 2.1, no nível 3, também são basicamente idênticos. A principal diferença é a solução logística implementada, tal como descrito no primeiro passo do nível 3. O passo 2.2 é semelhante porque está centrado em aumentar a receita por meio de uma entrega mais rápida. Na árvore de E&T RRR, são cobrados preços mais altos com base na velocidade da entrega – rápida ou super-rápida. Na árvore de E&T de projetos, os bônus são pagos com base na antecipação da conclusão dos projetos.

Árvore de E&T pague por clique (*pay per click*)

A árvore de E&T *pague por clique* (PPC) destina-se a empresas que fabricam produtos que os clientes usam. O passo 2.1 da árvore de E&T PPC está centrado na eliminação de riscos para o cliente e o passo 2.2 na eliminação de riscos para a empresa que fabrica os produtos. O pressuposto de necessidade do passo 2.1 é: "Quando um bom investimento é considerado muito arriscado, a eliminação de riscos é uma necessidade significativa do cliente". A estratégia resultante é: "A empresa ganha uma vantagem competitiva decisiva em grandes mercados por fornecer equipamentos de uma forma que não envolve (quase) nenhum risco para o cliente". Os títulos dos quatro passos no nível 3, abaixo do passo 2.1, são: Segmentação de Mercado, Desenvolvimento de Ofertas para o Mercado, Venda com Base em PPP e Gerenciamento do Funil de Vendas. Os dois primeiros passos destinam-se ao desenvolvimento da vantagem competitiva decisiva e os dois últimos à potencialização dessa vantagem.

O pressuposto de necessidade do passo 2.2 é: "A lucratividade a longo prazo não é o único fator a ser considerado. Outros investimentos e riscos podem ter um efeito devastador para a empresa a curto e médio prazos". A estratégia resultante é: "Os investimentos adicionais necessários para uma empresa PPC estão de acordo com suas capacidades e os riscos associados são pequenos e gerenciáveis". Todos os passos abaixo de passo 2.2, no nível 3, destinam-se à manutenção da vantagem competitiva decisiva. O primeiro passo do nível 3, no lado direito da árvore de E&T, está centrado na implementação do TPC/GP e no GPCC para melhorar o desempenho na fábrica.

É interessante observar que essa árvore de E&T é a única árvore de E&T VV genérica que não abrange a implementação de uma solução logística da TOC como primeiro passo no lado esquerdo. Em vez disso, é o primeiro passo no lado direito da árvore de E&T.

Comparação da árvore de E&T com as principais publicações sobre estratégia[10]

Como já conhecemos melhor as árvores de E&T, compararemos esse método com o método de planejamento estratégico descrito no *best-seller Blue Ocean Strategy* (*Estratégia do Oceano Azul*) (Kim e Mauborgne, 2005). Os autores ressaltam que as empresas são em sua maioria como peixes que vivem em oceanos vermelhos. O vermelho é do sangue dos concorrentes que comem uns aos outros. Eles salientam que existe uma solução para viver em um oceano azul, onde os concorrentes não são um fator de influência. O problema é que todos os exemplos apresentados pelos autores baseiam-se em invenções – em uma necessidade dos clientes ainda não reconhecida. Não é uma estratégia eficaz porque o risco é muito alto. A necessidade talvez não seja uma necessidade real. Além disso, o processo para transformar uma necessidade em uma necessidade reconhecida não é fácil. Muitas empresas abriram falência ao tentar fazê-lo. Queremos estar no oceano azul sem assumir altos riscos. A árvore de E&T oferece uma solução para conseguir isso. Ela focaliza as necessidades que são reais e reconhecidas. Além disso, o objetivo do plano como um todo é encontrar uma forma de concretizar a meta sem assumir riscos reais.

Porter (2008) explica como cinco forças competitivas devem ser consideradas na elaboração da estratégia: concorrência, clientes, fornecedores, novos concorrentes e produtos substitutos. A força dos clientes e dos fornecedores está relacionada ao seu poder de pressionar a empresa para obter o que desejam. Ela não é relevante para a árvore de E&T porque ela oferece uma forma de desenvolver uma vantagem competitiva decisiva que nenhum concorrente importante consiga copiar a curto prazo. Normalmente, as árvores de E&T exigem a sincronização de várias implementações relacionadas à TOC. Toda implementação requer mudanças de paradigma em relação a estilos de gerenciamento tradicionais. Realizar uma única mudança de paradigma já não é fácil. Portanto, realizar mais de uma seria difícil para um concorrente. Em algum momento provavelmente um concorrente será capaz de fazê-lo. Entretanto, a empresa estará preparada, porque outra árvore de E&T estará pronta para ser implementada antes que completem quatro anos. Tal como mencionado, a árvore de E&T oferece uma solução ganha-ganha entre os diferentes elos da cadeia de suprimentos – entre a empresa e seus fornecedores e entre a empresa e seus clientes. É importante observar que o mercado no qual decidimos ter uma vantagem competitiva decisiva é um mercado em que existe amplo espaço para crescimento, mas é também um mercado em que a empresa não terá uma participação de mercado superior a 40%. Isso é fundamental porque a empresa então terá espaço para continuar crescendo se o mercado passar por uma recessão. A força dos produtos substitutos é também abordada com essa solução ganha-ganha. Porter propõe que uma forma de restringir a ameaça dos substitutos é agregar maior valor, e isso é o que árvore de E&T faz.

Porter ressalta que a força da concorrência pode gerar guerras de preço. As árvores de E&T apresentam uma vantagem competitiva decisiva que não se baseia em preços. Na verdade, em muitos casos, as árvores de E&T possibilitam que a empresa pratique preços mais altos ou ganhe mais dinheiro por meio de bônus baseados na vantagem competitiva decisiva obtida. A última força, a dos novos concorrentes, não é de fato uma preocupação porque nossa solução é focada em ganho mútuo para todos os grupos de interesse. As árvores de E&T permitem que a organização atenda ao mercado no presente e no futuro. Portanto, o risco de perder clientes é bastante baixo.

Porter recomenda uma destas três estratégias: liderança de custo, diferenciação ou focalização. A liderança de custo está relacionada a ganhar liderança no setor com base em um determinado nível de qualidade. A empresa pode optar por vender a preços que estão na média ou abaixo da média. As vantagens de custo são obtidas por meio de melhorias

---

[10] Para obter mais informações sobre publicações a respeito de estratégia, é recomendável examinar Thompson, Strickand III e Gamble (2008).

de processo e pelo atrelamento a grandes fontes de matérias-primas, dentre outros fatores. A árvore de E&T possibilita a concretização desse tipo de estratégia. Entretanto, essa é uma estratégia que pode ser copiada facilmente por outros em um curto espaço de tempo. A estratégia de diferenciação diz respeito ao desenvolvimento de atributos exclusivos para um produto ou serviço que fazem com que os clientes valorizem o que a empresa vende. Ela é concretizada por meio do atendimento de necessidades significativas dos clientes. As árvores de E&T VV estão em consonância com essa estratégia. Por fim, a estratégia de focalização está associada à utilização de uma das duas outras estratégias para conquistar um segmento (de âmbito restrito) do mercado. Ela está em consonância com as árvores de E&T visto que se obtém uma participação de mercado não superior a 40%.

Outra contribuição de Porter é o conceito de cadeia de valor. Porter propõe que a empresa identifique as atividades principais e inter-relacionadas (genéricas) da cadeia e assegure que cada uma esteja focalizada na agregação de valor. As atividades essenciais genéricas são logística de suprimentos (*inbound logistics*), operações, logística de distribuição (*outbound logistics*), marketing e vendas e atendimento. As árvores de E&T abordam especificamente a capacidade dessas áreas funcionais de possibilitar o desenvolvimento, o aproveitamento e a manutenção da vantagem competitiva decisiva. Porter defende que, na medida em que a cadeia de valor de uma empresa está vinculada às cadeias de valor de outras empresas anteriores e posteriores na cadeia de suprimentos, a vantagem competitiva da empresa deve depender não apenas de sua cadeia de valor, mas também dos esforços alinhados do sistema como um todo. O segredo é assegurar que todos os elos da cadeia ganhem. Isso está em consonância com o método da árvore de E&T.

As árvores de E&T VV garantem que a restrição, que é o ritmo segundo o qual a empresa pode crescer, seja controlada pela administração. Além disso, elas impedem que a restrição torne-se interna (por exemplo, dentro de um departamento) ou de mercado. Em outras palavras, elas asseguram que o limite para uma maior concretização da meta não seja a capacidade de um departamento ou o nível de demanda no mercado. A administração pode então tomar medidas para que o departamento ou mercado não se torne uma restrição. São os passos contidos nessas árvores que impedem que um departamento ou o mercado torne-se a restrição. As árvores foram criadas com base no conhecimento de que a verdadeira restrição é o tempo da administração. Ter uma quantidade exagerada de iniciativas na organização que precisam ser supervisionadas pela administração contrapõe-se ao *aproveitamento* da restrição. O uso das árvores de E&T VV nas organizações possibilita que se tomem apenas as iniciativas que gerarão um impacto significativo para a concretização da meta.

Como a árvore de E&T enfoca ou pode enfocar os elos da cadeia de suprimentos (clientes ou fornecedores), a estratégia é capaz de impedir que a restrição não esteja em um desses elos. Esse ganho mútuo entre os diversos elos garante que todos eles ganhem mais. Contudo, é possível que a restrição da cadeia de suprimentos possa estar em um desses elos. Nesse caso, a árvore de E&T deve procurar fazer com que a única restrição dentro da cadeia de suprimentos seja a capacidade de toda a cadeia crescer. O enfoque não se encontra apenas no ganho de todos, mas também na compreensão de que, se o cliente final não comprar o produto, nenhuma empresa na cadeia de suprimentos de fato realizará uma venda.[11]

Hamel e Prahalad (1994) ressaltam que as empresas precisam identificar e concentrar-se em sua área de competência essencial – aquela que comprova sua força competitiva. Com relação aos critérios, a competência essencial deve oferecer à empresa acesso a uma ampla variedade de mercados, ser difícil de imitar e contribuir de modo significativo para as vantagens do produto final. As árvores de E&T sem dúvida atendem aos dois últimos critérios, mas elas podem também atender ao primeiro. Deparamo-nos com empresas

---

[11] Para obter sugestões sobre como implementar esse método, consulte "TOC Insights into Distribution and Supply Chain", disponível em www.toc-goldratt.com.

em que mais de uma árvore de E&T genérica pode ser aplicada. Nesses casos, podemos associá-las em uma única árvore personalizada para permitir que a empresa consiga uma vantagem competitiva decisiva em mais de um mercado e impeça que a empresa obtenha mais de 40% de participação em qualquer um dos mercados. Seja como for, normalmente não queremos que a empresa fique apenas em um mercado por um longo tempo porque ela ficará sujeita aos altos e baixos desse mercado. Em alguns casos, uma organização pode ter um crescimento contínuo sem diversificar. Na maioria dos casos, recomendamos que a organização tenha um plano para entrar em mais de um mercado em que sua competência essencial se aplique para reduzir os riscos.

Hamel e Prahalad defendem que o principal aniquilador das competências essenciais existentes são o corte de custos e os silos. Nem um nem outro são preocupantes quando as árvores de E&T são utilizadas eficazmente. A árvore de E&T não se destina ao corte de custos, mas a aumentar o G mais rapidamente do que a DO. Além disso, ela impede que os silos continuem sendo um problema porque as ações dos departamentos são coordenadas ou alinhadas para que a meta seja concretizada.

A ferramenta *balanced scorecard* (BSC), desenvolvida por Kaplan e Norton (1996), é utilizada para transformar a estratégia em ação. Ela foi originalmente desenvolvida para associar medidas não financeiras a medidas financeiras. O BSC abrange uma variedade de medidas de desempenho divididas em quatro categorias: finanças, clientes, processos internos e inovação e aprendizagem. O processo de estruturação do BSC para uma empresa inicia-se com a redação da declaração de missão, que é então associada aos objetivos empresariais estratégicos. Em seguida, determinam-se as medidas de desempenho, que serão utilizadas para acompanhar o andamento dos objetivos estratégicos. Johanson *et al.* (2006) ressaltam que Kaplan e Norton acreditam que "um processo de aprendizagem estratégica eficaz exige uma estrutura estratégica compartilhada que divulgue a estratégia e possibilite que todos os participantes vejam em que sentido suas atividades individuais contribuem para a concretização da estratégia global". É isso que as árvores de E&T nos permitem fazer.

O BSC tem um grande número de medidas de desempenho. Sabemos bem que as medidas determinam o comportamento das pessoas. O problema é que, quando existem inúmeras medidas, é provável que elas estejam em conflito. Em outras palavras, uma ação que melhora uma medida prejudica o desempenho de outra. Não há dúvida de que precisamos de medidas não financeiras. É por isso que temos as medidas operacionais G, I e DO na TOC. Também sabemos claramente quais são as prioridades para melhorar essas medidas quando elas estão em conflito. Nas árvores de E&T, existem poucas medidas de desempenho. Constatamos pela experiência que, quando as pessoas sabem o que fazer e em que sentido isso está alinhado com a meta, elas se comportarão de acordo – supondo, obviamente, que não continuemos usando as medidas de desempenho erradas, como as eficiências locais.[12] Além disso, defendemos que é fundamental estabelecer uma estrutura de bonificações e recompensas para todos os funcionários quando medidas fundamentais de desempenho, como o LL, são aprimoradas.

Execução da árvore de E&T

A árvore de E&T é uma ferramenta extremamente eficaz para a divulgação e sincronização das iniciativas da organização para concretização de sua meta. É fácil aprender a ler uma árvore de E&T. Ela é apresentada a todos até um determinado nível. A alta administração precisa validá-la no nível 3. O processo de validação é composto de uma revisão da árvore para confirmar se cada um dos pressupostos é um fato e para lidar com todas as ressalvas da administração. As pessoas que conduzirão a implementação da árvore de

---

[12] Para obter uma ótima explicação sobre o motivo de as eficiências locais não serem uma boa medida de desempenho, consulte "TOC Insights into Operations", que pode ser comprado em www.toc-goldratt.com.

E&T validam-na no nível 4. Entre a apresentação do nível 3 e do nível 4 ocorre a transferência de informações sobre os principais conceitos da TOC alinhados com a árvore, para que se possa validar totalmente sua lógica. Todos os integrantes da empresa terão conhecimento pelo menos da parte da árvore de E&T que lhe diz respeito diretamente. Além disso, eles perceberão até que ponto suas ações apoiam a concretização da meta porque a árvore de E&T sempre deve ser apresentada do nível 1 para baixo. Entretanto, não é necessário expor todo o conteúdo da árvore para isso.

A utilização da ARA e da EN nas empresas permitiu que se percebesse o impacto da mentalidade de silo (em que cada departamento é gerenciado isoladamente sem uma compreensão clara de seu impacto sobre outros departamentos ou sobre o sistema como um todo), bem como os vários conflitos que existem dentro das organizações. Constatamos também que a forma como um conflito é abordado em um silo pode gerar consequências negativas para outros silos. A árvore de E&T dissipa favoravelmente todos esses conflitos e garante que todas as ações estejam alinhadas com a concretização da meta.

As vantagens da árvore de E&T são:

- O plano é divulgado eficazmente a todos os grupos de interesse.
- A lógica integral do plano estratégico é apresentada e validada pelos interessados.
- A probabilidade de obter a adesão e colaboração de todos os interessados aumenta de modo significativo.
- Todo interessado compreende em que sentido suas ações estão diretamente associadas com a concretização da meta.
- Os fatores autoridade e responsabilidade estão alinhados.
- São obtidos rápidos resultados por causa da forma como a árvore de E&T está estruturada.

Um especialista da TOC compartilhou comigo uma história a respeito da implementação da TOC. Segundo ele, a implementação foi realizada sem uma árvore de E&T. Posteriormente, a árvore foi redigida. Ele percebeu que inúmeros erros cometidos na implementação poderiam ter sido evitados se a árvore tivesse sido redigida antes.

Resumo e discussão

Este capítulo apresentou uma explicação detalhada sobre a estrutura das árvores de E&T, principalmente das árvores VV que foram liberadas para domínio público. Nossa análise também abordou alguns conceitos básicos relacionados à redação das árvores de E&T em geral, oferecendo algumas orientações a esse respeito. Recomendo a leitura do artigo de Goldratt, Goldratt e Abramov (2002) sobre as árvores de E&T como conteúdo complementar a este capítulo. Para compreender totalmente como a árvore de E&T é redigida, é preciso participar de um *workshop* ou ler um livro sobre o assunto, embora ainda não exista nenhum. Teria sido útil incluir parte da árvore de E&T para hospitais a fim de mostrar a diferença no nível 1 e nos níveis subsequentes. Contudo, não foi possível fazê-lo neste capítulo. Essa árvore de E&T será apresentada mais detalhadamente em trabalhos que desenvolverei no futuro.

Em 2010, houve aprimoramentos e maior utilização das árvores de E&T. Atualmente, estão sendo empregadas duas categorias de árvore de E&T nas empresas. No Congresso Internacional da TOCICO em Tóquio, em novembro de 2009, Eli Goldratt dedicou uma parte significativa do primeiro dia do *workshop* de atualização à discussão sobre as árvores de E&T e sua utilização.[13] A categoria apresentada neste capítulo é chamada no mo-

---

[13] Ele ressalta que as árvores de E&T têm duas aplicações adicionais – em gerenciamento de projetos (para escolher o projeto e determinar seu conteúdo) e como organizador de conhecimentos.

mento de árvore de E&T de transformação porque ela se destina efetivamente ao gerenciamento da transição de uma organização da realidade atual para a realidade futura. A segunda categoria, que é chamada de árvore de E&T de organização, procura eliminar os mecanismos de desarmonia nas organizações. Os cinco mecanismos de desarmonia são:

1. Muitas pessoas de fato não sabem (não conseguem verbalizar claramente) o quanto o que elas estão fazendo é essencial para a organização. Você se sentiria motivado se estivesse nessa situação?
2. A maioria das pessoas de fato não sabe o quanto o trabalho de alguns de seus colegas é essencial ou, no mínimo, contribui para a organização. Você colaboraria se estivesse nessa situação?
3. As pessoas trabalham em conflito.
4. Muitas pessoas são obrigadas a executar atividades que não têm mais motivo. A percepção das pessoas sempre é forte o suficiente para sentir isso, mas nem sempre forte o suficiente para explicar isso convincentemente para seus superiores.
5. Existem disparidades entre responsabilidade e autoridade. Assim como qualquer outro gerente, você sabe por experiência própria como é frustrante ter uma responsabilidade a ser cumprida e não ter autoridade sobre algumas das providências que devem ser tomadas.

A árvore de E&T de organização segue regras semelhantes às da redação da árvore de E&T de transformação, exceto que cada passo corresponde a uma pessoa. O nível 1 é o presidente. O nível 2 abrange todas as pessoas que se reportam diretamente ao presidente e assim por diante. Essas duas categorias de árvores são indispensáveis para que a empresa mantenha-se sempre florescente.

Referências

Collins, J. C. e Porras, J. I. *Built to Last: Successful Habits of Visionary Companies*. Nova York: Harper Business, 1994.

Goldratt, E. M. *Goldratt Satellite Program Session 8: Strategy & Tactics*. Transmitido de Brummen, Holanda: Programa Satélite de Goldratt, 1999. Série em vídeo: 8 DVDs.

Goldratt, E. M. *The Choice*. Great Barrington, MA: North River Press, 2008a.

Goldratt, E. M. *The Goldratt Webcast Program on Project Management: Sessions 1-5*. Roelofarendsveen, Holanda: Goldratt Marketing Group, 2008b. Série em vídeo: 5 sessões.

Goldratt, E. M. 2008c. "Retailer E&T Tree". Disponível em http://www.goldrattresearchlabs.com.

Goldratt, E. M., Goldratt R. e Abramov E. "Strategy and Tactics Tree". *TOC Weekly*, 2002a. www.toc-goldratt.com. Acesso em 11 de dezembro de 2009.

Goldratt, E. M. Goldratt, R. e Abramov E. "Strategy and Tactics Tree: Part Two. *TOC Weekly*, 2002b. www.toc-goldratt.com. Acesso em 16 de dezembro de 2009.

Goldratt, E. M. Goldratt, R. e Abramov E. "Strategy and Tactics Tree: Part Three". *TOC Weekly*, 2002c. www.toc-goldratt.com. Acesso em 23 de novembro de 2009.

Goldratt, E. M. e Goldratt, R. *Insights into Distribution and Supply Chain*. Bedford, Reino Unido: Goldratt Marketing Group, 2003a.

Goldratt, E. M. e Goldratt, R. *Insights into Operations*. Bedford, Reino Unido: Goldratt Marketing Group, 2003b.

Hamel, G. e Prahalad, C. K. *Competing for the Future*. Boston, MA: Harvard Business School Press, 1994.

Johanson, U., Skoog, M., Backlund, A. e Almqvist, R. "Balancing Dilemmas of the Balanced Scorecard". *Accounting, Auditing & Accountability Journal*, 19(6), 2006, pp. 842-857.

Kaplan, R. S. e Norton, D. P. *The Balanced Scorecard*. Boston: Harvard Business School Press, 1996.

Kim, W. C. e Mauborgne, R. *Blue Ocean Strategy*. Boston, MA: Harvard Business School Publishing Corporation, 2005.

Porter, M. E. "The Five Competitive Forces That Shape Strategy". *Harvard Business Review*, 86(1), janeiro de 2008, pp. 78-93.

Thompson Jr., A. A., Strickand III, J. e Gamble, J. E. *Crafting and Executing Strategy*. 16ª ed. Nova York: McGraw-Hill Irwin, 2008.

Sobre a autora

Lisa A. Ferguson, ph.D., é fundadora e diretora executiva da Illuminutopiaᔆᴹ, empresa que procura "Iluminar o caminho da utopia para indivíduos, organizações e sociedade" ("Illuminating the way to utopia for individuals, organizations and societyᔆᴹ"). Nossos sites são www.illuminutopia.com de www.illuminutopia.org. Lisa redigiu com o Dr. Antoine van Gelderé uma árvore de E&T para hospitais. Atualmente, ela também tem se dedicado à redação de livros e artigos. Durante um ano, até junho de 2008, ela trabalhou diretamente com Dr. Eli Goldratt (pai da TOC) como assistente técnica e redatora (aprendendo a escrever da forma como ele escrevia). Desde 2005, Lisa tem dedicado parte de seu tempo ao treinamento de consultores nas Escolas Goldratt de diferentes países, como Índia, Estados Unidos e Japão, para se tornarem especialistas na TOC ou na implementação da logística da cadeia de suprimentos. Lisa concluiu o pós-doutorado em gestão de operações pela Universidade Estadual do Arizona, bem como o MBA. Durante dez anos ela deu aula em tempo integral de gestão de operações na escola de negócios de uma universidade. Nos últimos cinco anos, ela tem dado aulas práticas apenas para alunos de MBA e doutorado. Lisa está envolvida com a Organização Internacional de Certificação em Teoria das Restrições (TOC International Certification Organization – TOCICO) desde sua fundação e atualmente integra o conselho dessa organização. Ela é certificada pela TOCICO em gerenciamento de projetos de logística da cadeia de suprimentos e no processo de pensamento. Lisa reside em Sedona, Arizona, e gosta de passar o tempo com cavalos, caminhando e jogando tênis.

35
Ambientes complexos

Daniel P. Walsh

Introdução

Às vezes, a dificuldade de tomar decisões corretas em uma cadeia de valor agregado é intimidante na melhor das hipóteses e, outras vezes, é simplesmente aterrorizador. Isso parece ocorrer em toda organização, independentemente do porte ou da complexidade[1] dos produtos fabricados ou dos serviços fornecidos.

A dependência para com fornecedores e prestadores de serviços tanto dentro quanto fora de nossa esfera de controle aumenta ainda mais o grau de incerteza, complexidade e frustração. Em um dia qualquer, somos consumidor, fabricante e fornecedor justamente desses produtos e serviços. Acrescente a essa complexidade nossa capacidade falível de prever bem-sucedidamente a futura demanda por nossos produtos e serviços, e não será de surpreender que na maioria das vezes nos encontremos em uma situação de luta pela sobrevivência. Tendo observado esses fenômenos em várias empresas diferentes dentro de um mesmo setor e, aliás, entre diversos setores, é possível concluir que essa situação de sobrevivência parece ser lugar-comum. Ela é tão comum que é aceita e considerada uma realidade da vida que não pode ser facilmente mudada ainda que se façam investimentos significativos em melhoria (Brown *et al.*, 1994), e essa situação cresceu em complexidade desde que este artigo foi escrito.

Se virmos nossa organização como um sistema, então por definição todas as atividades estarão conectadas. À primeira vista, elas podem parecer independentes, mas na realidade qualquer medida tomada em uma das atividades afetará as demais. Portanto, conclui-se que qualquer mudança real e duradoura para o melhor deve estar fundamentada em um método sistêmico; todas as mudanças devem melhorar não apenas uma atividade local, mas a organização como um todo. Todos os sistemas têm duas características (Goldratt e Cox, 1984): dependência em relação a variáveis ou atividades e flutuação (mais comumente chamada de variabilidade). Mesmo que esse princípio de melhoria seja reconhecido e aceito, ele criará imediatamente um conflito com as medidas existentes. Esse conflito evidencia a necessidade de utilizar um conjunto comum e predominante de medidas para avaliar as contribuições individuais de todas as atividades e, ao mesmo tempo, estabelecer um vínculo com o desempenho da organização como um todo. Assim que essas novas medidas começarem a vigorar e que forem utilizadas ferramentas eficazes de gerenciamento para determinar o impacto da variabilidade interna e externa, será possível avaliar rapidamente a variabilidade e tomar medidas corretivas para proteger o desempenho da organização.

O objetivo deste capítulo é explicar melhor por que abordar os efeitos da variabilidade local é indispensável ao desenvolvimento de estratégias mais eficazes para o gerenciamento das cadeias de suprimentos em seu todo. Repetindo, essas novas medidas devem oferecer a possibilidade de vincular as atividades locais com o ganho global da

---

[1] Uma discussão sobre complexidade é apresentada em E. M. Goldratt, "How Complex Are Our Systems?" (Capítulo 5), *Theory of Constraints Journal*, 1(5), New Haven, CT, Instituto Avraham Y. Goldratt, 1987. (© E. M. Goldratt. Utilizada com permissão. Todos os direitos reservados.)

Copyright © 2010 Daniel P. Walsh.

organização. Além disso, é importante utilizar os algoritmos corretos de planejamento, programação e controle; em outras palavras, é preciso utilizar a ferramenta certa. Por fim, é fundamental verificar se essas ferramentas e algoritmos podem ser empregados holisticamente.

Breve histórico

Em primeiro lugar, precisamos compreender melhor o dilema crônico que praticamente todo gerente enfrenta dia após dia. Para mostrar o dilema e o conflito resultante, um diagrama de *evaporação das nuvens* (EN) simples, desenvolvido por Eliyahu Goldratt (1994; consulte a Figura 35.1). Para [A] gerenciar bem, precisamos [B] controlar os custos; para [B] controlar os custos, nós (gerentes) precisamos [D] avaliar e tomar decisões com base nos respectivos impactos locais. O outro lado do dilema é: para [A] gerenciar bem, precisamos [C] proteger o ganho da empresa e cumprir nossos compromissos com o mercado; para [C] proteger o ganho da empresa, [D'] precisamos não tomar decisões com base no impacto local. As necessidades da empresa, [B] controlar os custos e [C] proteger o ganho são condições básicas e devem ser satisfeitas para [A] gerenciar bem. O conflito manifesta-se de uma maneira bastante evidente entre [D] tomar decisões com base no impacto local ou [D'] não avaliar de acordo com o impacto local.[2]

Mas por que nos sentimos inclinados a avaliar de acordo com o impacto local? Nós nos sentimos compelidos por causa do pressuposto enraizado de que o impacto local das decisões é igual ao impacto sobre a empresa como um todo. Na verdade, isso está em consonância com crenças comuns nos negócios e é fortalecido pelo que é aceito e ensinado em praticamente qualquer instituição ao redor do mundo.

O outro lado do dilema é que, para proteger o ganho, muitas vezes não devemos avaliar nem tomar decisões com base no impacto local, mas no que for necessário para

Porque... o impacto local É IGUAL ao impacto sobre a empresa.

```
                    B Controle de        D Avaliar de acordo com
                       custos               o impacto local

    A Gerenciar
       bem

                    C Proteger o         D' Não avaliar de acordo
                       ganho                com o impacto local
```

Porque... o impacto local NÃO É IGUAL ao impacto sobre a empresa?

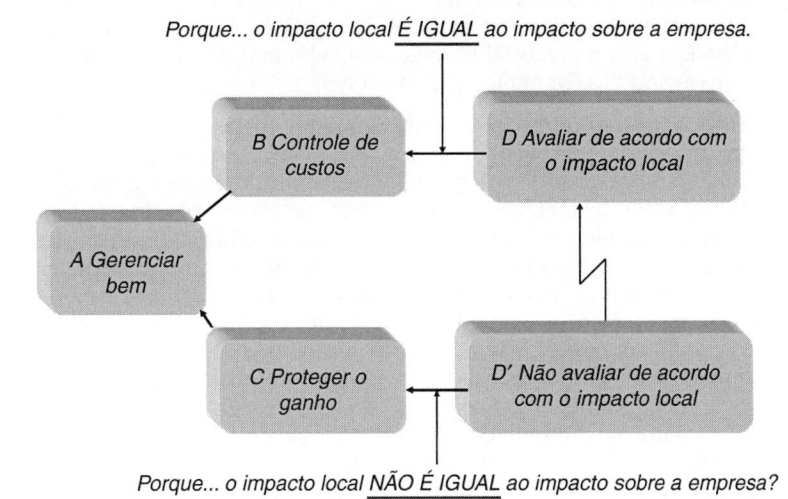

FIGURA 35.1 Evaporação da nuvem do dilema dos gerentes quanto à avaliação de desempenho do sistema. Fonte: E. M. Goldratt, 1999. Viewer Notebook 137. © E. M. Goldratt. Utilizada com permissão. Todos os direitos reservados.

---

[2] Uma configuração dessa nuvem foi apresentada em E. M. Goldratt, *Goldratt Satellite Program Session 2: Finance & Measurements*, 1999. (© E. M. Goldratt. Utilizada com permissão. Todos os direitos reservados.)

cumprir nossos compromissos para com o mercado. Obviamente, esse é o fenômeno familiar e comumente conhecido como "combater incêndios", a ruína de todos os gerentes. Ele também se manifesta pelo fato de os gerentes enfocarem medidas locais durante a primeira parte do período de relato das demonstrações financeiras e, depois, no período de relato em que o foco muda para o cumprimento dos pedidos cuja data de entrega está começando a se perder. Quando isso ocorre, o foco deixa de ser o impacto local e passa a ser a entrega de nossos produtos aos clientes.

É evidente que esse dilema deve ser abordado, pois do contrário os gerentes, em todos os níveis hierárquicos, ficarão frustrados e o verdadeiro potencial da empresa nunca será concretizado.

Estratégias norteadoras

Se esse dilema for o ponto de partida, teremos duas estratégias norteadoras:

1. A primeira abordagem é procurar melhorar áreas individuais da organização que estão em nosso âmbito de controle à medida que os "incêndios" surgirem. Esse tem sido o método predominante e continua popular entre muitos profissionais e gerentes de melhoria de processo. Ele se baseia no raciocínio indutivo e no ponto de vista de que a melhoria de áreas específicas da resultará na melhoria de desempenho da organização como um todo. Partindo de iniciativas pioneiras (consulte, por exemplo, Alford, 1934, Parte 4), a maior parte das publicações e dos avanços no campo de melhoria organizacional (Churchman, 1968) concentrou-se nessa abordagem assistemática ou fragmentada. Aliás, a maioria das ferramentas e metodologias amplamente empregadas (consulte, por exemplo, Zandin e Maynard, 2001; Barnes, 1980) pode ser remontada a esses princípios de gerenciamento científico (Taylor, 1911).

2. A segunda abordagem vê a organização em sua totalidade, concentrando-se em um método sistêmico (Churchman, 1968) de melhoria. Ela se baseia no raciocínio dedutivo, um antigo pilar para avanços de ruptura nas ciências e que está começando a demonstrar um potencial promissor em algumas das metodologias administrativas mais avançadas (Rummler e Brache, 1995).

Hoje, existem muitas ferramentas e metodologias eficazes, como a TOC, produção enxuta (Lean), Seis Sigma, reengenharia de processos de negócio etc., para ajudar a implementar essas estratégias de melhoria. Contudo, os resultados têm sido variados. Em alguns casos, as melhorias foram documentadas; em outros, as organizações apresentaram pouca melhoria ou não apresentaram melhoria alguma. Mesmo quando se obtinham melhorias iniciais, a triste realidade era que muitas não eram sustentáveis. Quase que invariavelmente as melhorias demoravam a aparecer e eram mais difíceis do que se previa.

Portanto, em que pé isso nos deixa? Em vez de tentar aperfeiçoar ou melhorar as ferramentas e metodologias existentes, podemos procurar uma forma de desenvolver e empregar holisticamente um conjunto de soluções significativamente mais eficaz. Esse enfoque exigirá que a ampliação e potencialização do corpo de conhecimentos atual. Talvez seja favorável primeiro obter maior clareza e entendimento do motivo pelo qual várias melhorias não conseguem atender às expectativas dos gerentes.

A limitação em seguir a estratégia de melhorar partes específicas da organização é que essas áreas serão gerenciadas de forma isolada. Se todos gerenciarem sua área de responsabilidade dessa maneira, todas as excelentes ferramentas e metodologias estarão focadas na melhoria isolada dessas áreas específicas. As consequências locais são um reflexo do impacto dos problemas existentes no sistema de operação. A mensuração dessas consequências no "desempenho isolado de atividades locais" não necessariamente nos permite compreender os problemas sistêmicos que podem provocar um desempenho negativo. Portanto, é possível admitir que as melhorias podem ser resumidas do seguinte modo:

$$M = \Sigma m1 + m2 + m3 + \cdots mn$$

onde M é a soma das melhorias individuais i, de 1 a n.

Assim sendo, é fundamental reconhecer a dura realidade de que a soma das melhorias individuais tem muito pouco a ver com a melhoria do desempenho da organização (Goldratt e Cox, 1984, Capítulo 4; Johnson e Kaplan, 1987; Goldratt, 1988) e será um acontecimento puramente aleatório se gerar qualquer tipo de melhoria na organização. A soma das melhorias individuais é simplesmente o somatório de eventos desconectados. Isso pode ser igualmente chamado de subotimização. Parece que esse pressuposto equivocado – uma medida tomada em nível local resultará necessariamente em uma melhoria de desempenho da organização – é uma das principais causas que contribuem para a não obtenção de melhorias reais e sustentáveis na empresa. Desse modo, deve-se concluir que esse pressuposto equivocado precisa ser contestado e *de facto* abandonado, e ser substituído por um método que procure melhorar o desempenho da empresa.

Para desenvolver um método diferente, devemos nos concentrar na melhoria de áreas individuais, como um departamento ou área de atividade, e ao mesmo tempo apresentar uma conectividade que permita a melhoria da empresa. Em outras palavras, devemos melhorar áreas específicas somente se pudermos estabelecer uma relação de causa e efeito entre ambas, demonstrando que uma melhoria local traduz-se em uma melhoria global. Isso exigirá uma mudança fundamental em nossa maneira de pensar. Antes de prosseguirmos nessa linha de raciocínio, primeiro precisamos chegar ao consenso de que em qualquer empresa existem duas verdades incontestáveis e absolutas:

- Todo departamento e toda atividade dentro de uma empresa estão associados e, portanto, seus resultados afetarão outras partes da empresa. Desse modo, independentemente da complexidade, devemos compreender as relações de causa e efeito que os departamentos e as atividades têm sobre partes específicas e, mais importante, sobre o desempenho de toda a empresa.

- Todas as áreas da empresa estão sujeitas à incerteza, o que simplesmente é outra forma de descrever a variabilidade inevitável experimentada na execução real. Independentemente do grau de detalhamento de nosso planejamento e programação, quando eles de fato são postos em prática, a incerteza e a variabilidade inevitavelmente afetarão nossas iniciativas.

Esses dois princípios (eventos dependentes e flutuações estatísticas) são a mola-mestra para o desenvolvimento de qualquer método holístico de ruptura (Goldratt e Cox, 1984, Capítulos 15 e 17) e nos permite suplantar nossa capacidade de aumentar significativamente o ganho (discutido mais adiante) de uma única empresa ou dos processos de valor agregado mais amplos de toda uma cadeia de suprimentos. Outro elemento importante desse novo sistema holístico é o oferecimento de medidas de desempenho e operacionais relevantes para monitorar diariamente a estabilidade da empresa. Essas medidas oferecem uma correlação a curto prazo, evidenciando quando e onde uma providência específica deve ser tomada, e ao mesmo tempo visibilidade a mais longo prazo para um gerenciamento de riscos eficaz.

Uma medida operacional deve ter uma relação de causa e efeito e apresentar uma correlação entre uma providência tomada e o impacto positivo ou negativo que ela terá sobre o ganho da organização. Portanto, na maioria dos casos, se essas medidas operacionais estiverem mostrando as prioridades de gerenciamento, elas estarão focadas em aumentar o ganho. Ao longo desse processo, os custos recorrentes não devem aumentar e qualquer custo variável será significativamente menor em relação ao aumento correspondente nas vendas. Um exemplo de medida operacional é o velocímetro de um automóvel. Enquanto dirigimos, o *output* do velocímetro é o efeito do *input* associado à intensidade com que pisamos no pedal do acelerador. Desse modo, se tivermos calculado a velocidade média que devemos manter para concluirmos uma viagem pontualmente, as informações mostradas no velocímetro nos permitirão tomar a medida correta. Isso ocorre em tempo real, e não *a posteriori*. Nesse exemplo, uma medida de desempenho avaliaria a distância percorrida em uma viagem com base no mapa rodoviário. A medida da diferença da distância percorrida *vis-à-vis* o que se esperava percorrer é importante, mas tem pouca utilidade para a tomada de decisões operacionais em tempo real.

Contabilidade de ganhos

A *teoria das restrições* (*theory of constraints* – TOC)[3] define *ganho* (G) como *$ vendas* (V) menos *$ custos totalmente variáveis* (CTVs). É necessário ressaltar que todos os custos recorrentes, incluindo os custos fixos de mão de obra, são representados como *despesas operacionais* (DOs) (Corbett, 1998).

Se as decisões estiverem sendo tomadas com base em medidas operacionais e seu foco for aumentar o ganho, também será possível alinhar as medidas financeiras da organização (Corbett, 1998). A TOC está fundamentada nesse conceito e reconhece que a organização é um sistema e, portanto, independentemente da qualidade segundo a qual é gerenciada, sua capacidade de aumentar o ganho será limitada pela restrição do sistema. Além disso, se tivermos identificado qual é a restrição e onde ela se encontra e estivermos subordinando as iniciativas de todos à maximização da eficácia da restrição, teremos descoberto o segredo para maximizar o ganho da organização (Goldratt e Cox, 1984).

Como podemos ver na Figura 35.2, temos agora um modelo para resolver o conflito representado na Figura 35.1, o qual a maioria das organizações enfrenta diariamente. Obviamente, o conflito diz respeito a escolher entre tomar uma providência para controlar os custos ou tomar uma providência para proteger o ganho. É fundamental observar que esse conflito é provocado em grande parte pela utilização de medidas de desempenho para avaliar áreas específicas da organização, em lugar de medidas operacionais para avaliar a contribuição para o ganho. Isso é equivalente a dirigir um automóvel olhando

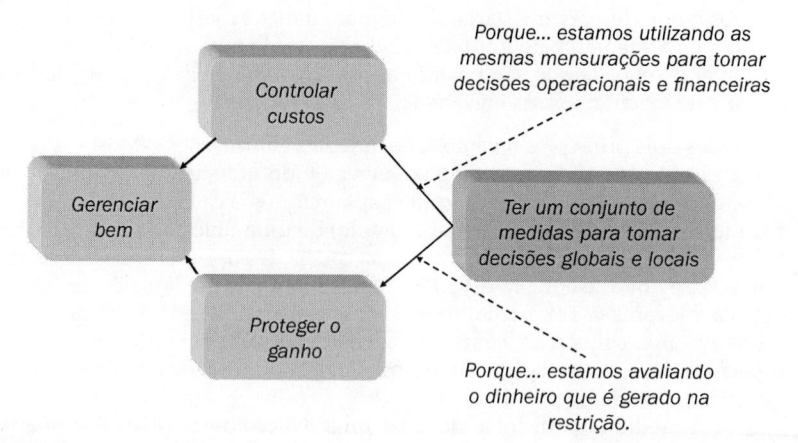

FIGURA 35.2 Solução da evaporação da nuvem do dilema dos gerentes quanto à avaliação de desempenho do sistema. Fonte: Modificada de E. M. Goldratt, 1999. © E. M. Goldratt. Utilizada com permissão. Todos os direitos reservados.

---

[3] E. M. Goldratt, *What's This Thing Called Theory of Constraints?* Croton-on-Hudson, NY: North River Press, 1990.

no retrovisor e utilizar as informações sobre o que está atrás (medidas de desempenho) para nortear decisões futuras (Figura 35.1). Entretanto, a mudança para um novo modelo seria procurar olhar para a frente através do para-brisa (medidas operacionais; consulte a Figura 35.2).

Agora estamos utilizando as mesmas medidas para tomar decisões operacionais e financeiras. Assim que esse novo modelo for adaptado, será muito fácil transformar as medidas operacionais em medidas de desempenho. Como o novo modelo está avaliando o índice de ganho que está sendo gerado na restrição, ele exige apenas que se somem as contribuições em intervalos periódicos.

$$G = \Sigma 1\, g1 + m2 + m3 + mn$$

onde G é o ganho periódico e g são as contribuições (melhorias) individuais para G, de 1 para n.

O objetivo da discussão subsequente é oferecer um roteiro para o desenvolvimento de um método desse tipo. É importante ressaltar que esse método foi empregado com sucesso em diferentes tipos de organização e diferentes setores. Acredito que ele tenha uma aplicabilidade universal em organizações públicas e privadas.

Uma visão holística

Para desenvolver um método holístico com o objetivo de concretizar melhor as metas da empresa, é lógico supor que primeiro devemos modelar nossa cadeia de valor agregado como um sistema. Antes de falarmos sobre modelagem, devemos enfocar as características de um sistema.

Existem duas características que podem ser utilizadas para definir qualquer sistema:

- Tudo o que está dentro dos limites do sistema está correlacionado, o que significa que todos os elementos estão sujeitos a relações de causa e efeito. Nenhum dos elementos funciona isoladamente. À primeira vista, pode parecer que sim, mas é necessário continuar observando até que essa correlação se estabeleça. A Figura 35.3 representa um sistema de alto nível de uma empresa comum que faz parte de uma cadeia de suprimentos mais ampla. À medida que a arquitetura dos sistemas da empresa for desenvolvida, uma visão mais detalhada será modelada. As interdependências serão identificadas e o fluxo de informações e trabalhos que culmina em um produto ou serviço de valor agregado aparecerá. Essa é uma parte extremamente importante do processo de planejamento. Ela precede o desenvolvimento do método que lida com a variabilidade, que é a execução da arquitetura de nossos sistemas.

- Na execução, os elementos individuais são influenciados pela variabilidade (consulte a Figura 35.4). Portanto, em virtude da correlação entre os elementos, a variabilidade é transferida para todo o sistema e, desse modo, afeta o resultado do próprio sistema. Com nunca é possível eliminar a variabilidade, uma parte fundamental da estrutura da arquitetura dos sistemas deve incluir a capacidade de gerenciar e abrandar mais adequadamente a variação.

A maioria das empresas considera muito difícil concretizar os objetivos programados, a tal ponto que isso as leva a acreditar na inevitabilidade, em não ser capaz de con-

Compras → Engenharia → Produção → Distribuição → Finanças → Marketing → Vendas

FIGURA 35.3 Elos da cadeia de uma organização.

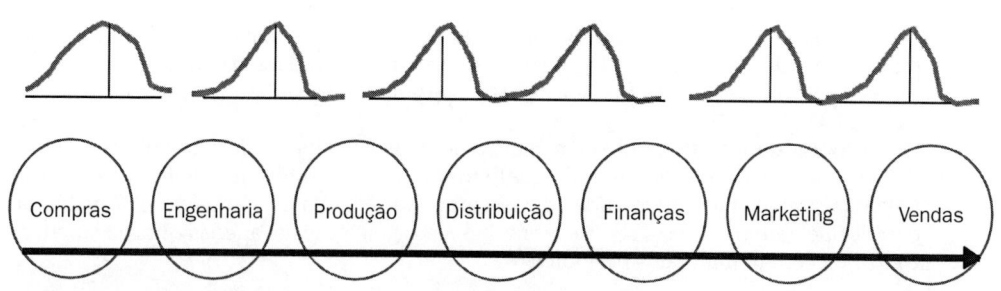

FIGURA 35.4 Flutuações estatísticas e recursos dependentes.

trolar o fluxo constante de incertezas que elas confrontam diariamente. A única opção parece ser concentrar-se em níveis de desempenho individuais, e não no desempenho da empresa. A incerteza que provoca os combates de incêndio na verdade é a manifestação da variabilidade. O impacto negativo sobre a empresa é uma consequência da incapacidade de mitigar o impacto provocado pela variabilidade inevitável e de ter de adotar uma reação de combate de incêndios.

Categorias de variabilidade

Existem duas categorias de variabilidade – de causa comum e de causa especial.[4] Elas têm diferentes origens, mas ambas podem afetar adversamente o desempenho da empresa. Muitos tipos distintos de filosofia de gerenciamento foram desenvolvidos para minimizar seu impacto. Por exemplo, na produção enxuta, o *kanban* é empregado como indicador de variação; quando ela aparece, ele começa a bloquear a liberação de trabalhos a fim de controlar a quantidade de *trabalhos em andamento* (*work in progress* – WIP). Essa filosofia reconhece a realidade de que, se um trabalho for autorizado e liberado antes da resolução da causa da variabilidade, as filas aumentarão, o que, por sua vez, aumenta o tempo de ciclo. De modo semelhante, no Seis Sigma, gráficos de controle de processo como o gráficos de barras X e R examinam a variabilidade de um processo específico. Isso, por sua vez, ressalta as áreas para melhorar um processo específico e, ao mesmo tempo, oferecer *feedback* na execução.

Muitas empresas podem obter melhorias com esses métodos de gerenciamento da variabilidade. Entretanto, hoje há um consenso crescente de que algo mais é necessário para elevá-los a outro patamar. Existe a necessidade de ter outra classificação da variabilidade que melhore a compreensão e a percepção para a escolha das aplicações corretas de planejamento, programação e execução. Primeiro, é fundamental analisar a confusão e o impacto negativo que estão sendo provocados e considerar ambos em um contexto histórico.

Escolha de ferramentas

Em toda organização, existe a necessidade de planejar, programar e executar uma série de ações para fornecer um produto ou serviço. As aplicações e ferramentas específicas

---

[4] O *APICS Dictionary* (Blackstone, 2008, p. 2) define *causas comuns* como "Causas de variação que são inerentes a um processo ao longo do tempo. Elas afetam o resultado do processo e todos que estão trabalhando nele. Sin.: causa aleatória. Consulte: causa atribuível, variação atribuível, variabilidade da causa comum". (© APICS 2008. Utilizada com permissão. Todos os direitos reservados.) Causa *especial* ou *atribuível*, no *APICS Dictionary* (Blackstone, 2008, p. 7), é definida como "Fonte de variação em um processo que pode ser isolada, especialmente quando sua magnitude significativamente maior ou sua origem distinta a distingue prontamente de causas de variação aleatórias". (© APICS 2008. Utilizada com permissão. Todos os direitos reservados.)

da TOC foram desenvolvidas para gerenciar diferentes partes da organização, como departamentos, centros de trabalho etc. As três soluções predominantes para sistemas de planejamento de controle[5] são:

- *Sistema de Gerenciamento de Projetos* – Para gerenciar projetos na empresa.
- *Sistema de Planejamento e Controle de Produção* – Essa aplicação tem origem na área de produção. Entretanto, ela evoluiu para outras áreas da empresa, como atendimento ao cliente e áreas administrativas.
- *Sistema de Gerenciamento de Matérias-Primas e Controle de Estoque (sistema da cadeia de suprimentos)* – Concentra-se principalmente em aquisição de matérias-primas, transporte, armazenagem e controle de estoque.

O tipo de solução que uma empresa utiliza é determinado pelo produto ou serviço que ela fornece ao mercado. É interessante observar que muitas empresas arraigadas a paradigmas que utilizam sistemas de planejamento e controle como o planejamento de necessidades de material (*material requirements planning* – MRP) e MRPII, medidas, gerenciamento de projetos pelo caminho crítico e sistemas de distribuição como o planejamento de necessidades de distribuição (*distribution requirements planning* – DRP) e DRPII não tiraram proveito do raciocínio evolutivo e das tecnologias hoje disponíveis e, portanto, estão impedidas de adaptá-los. Fundamentadas no raciocínio emergente e nas novas ferramentas disponíveis, as empresas já estão tirando proveito das conclusões alcançadas por Schragenheim e Walsh (2004) de que um conhecimento aprofundado sobre quando utilizar cada uma das ferramentas logísticas, as soluções de gerenciamento de projetos, planejamento e controle de produção e gerenciamento de matérias-primas e controle de estoque dará lugar a conjuntos de soluções híbridas de grande eficácia. Um exemplo será apresentado ainda neste capítulo. Na verdade, as empresas que estão utilizando técnicas holísticas de planejamento, programação e execução, como o mecanismo Integrated Enterprise Scheduling (IES), direcionado ao gerenciamento holístico do ganho da cadeia de valor agregado, e não ao ganho de partes específicas, estão obtendo resultados notáveis e sustentáveis. O fundamento lógico e a explicação com respeito a esse método foram ressaltados em um artigo escrito por Schragenheim e Walsh (2004). Aliás, pela primeira vez parece que estão sendo desenvolvidos *softwares* que reconhecem a necessidade e o imenso potencial de poder gerenciar melhor o impacto negativo provocado pela inevitável variabilidade da execução sobre a empresa.

Uma análise mais detalhada da variabilidade

Portanto, examinemos mais a fundo de que forma a variabilidade afeta a cadeia de valor agregado de uma empresa. A Figura 35.5 retrata o fluxo de trabalho de uma organização. O tempo para concluir cada atividade é composto do tempo de preparação, mais o tempo de trabalho, mais o tempo de finalização do trabalho ou desmobilização, mais o tempo de espera do recurso. No caso de uma seção de produção comum, isso representa três recursos diferentes processando três atividades específicas em uma única área. No caso de um diagrama de rede de projeto, isso representa três recursos diferentes processando três atividades que apoiam uma única área ou poderia ser atividades que apenas recebem informações ou resultados da atividade predecessora para trabalhar na atividade sucessora. O material necessário para apoiar essas atividades será adquirido e mantido no estoque até o momento em que for transportado mediante uma programação totalmente diferente. Na realidade, essa é uma operação bastante complexa.

Esse tempo de espera ou ruído branco corresponde ao tempo durante o qual não se obtém nenhum valor agregado ou tempo produtivo. Em outras palavras, a Figura 35.5

---

[5] As soluções de gerenciamento de projetos são discutidas na Parte II e as soluções logísticas são analisadas na Parte III deste livro.

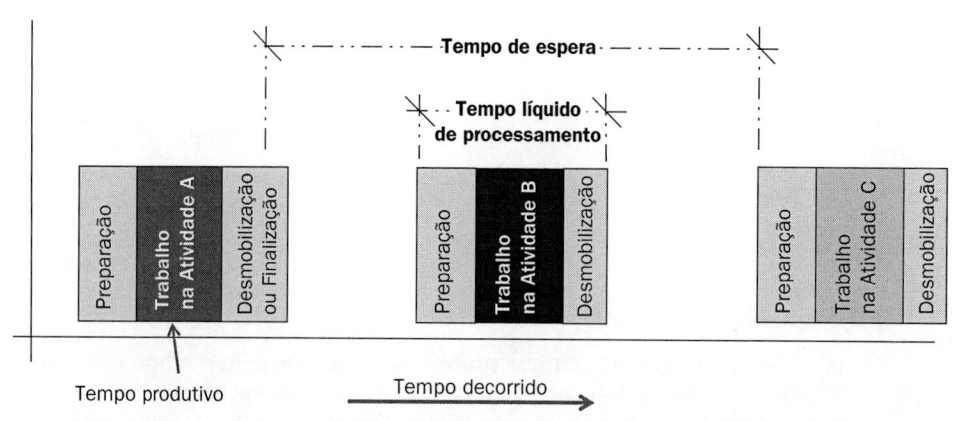

O tempo para concluir cada atividade abrange:
Tempo de preparação + Tempo de trabalho + Tempo de desmobilização + Tempo de espera do recurso

FIGURA 35.5 Elementos do tempo de atividade para uma série de atividades dependentes.

mostra que o tempo decorrido ainda está sendo acumulado entre as atividades produtivas e, ao mesmo tempo, não oferece nenhum valor agregado à produção (*outcome*) da organização. O efeito acumulativo do tempo produtivo mais o tempo de espera é igual ao total do tempo de ciclo. Desse modo, conclui-se que, para que qualquer organização melhore, qualquer algoritmo de programação deve ser capaz de sincronizar e otimizar a disponibilidade dos recursos a fim de eliminar esse tempo ocioso exagerado e maximizar o ganho da organização. Isso significa que, para aumentar o ganho, anteriormente definido como vendas menos CTVs, a organização deve acelerar o fluxo de trabalho ou, mais precisamente, o *ritmo do fluxo de trabalho*. Isto é, com um determinado número de recursos, a organização deve ser capaz de fornecer mais cedo o produto final ao mercado. O ritmo do fluxo de trabalho é fundamental para que a empresa seja mais receptiva aos clientes e aumente sua lucratividade.

A empresa precisa encontrar formas de reduzir o tempo de ciclo da produção e entregar seus produtos. A maneira mais fácil e mais eficaz é reduzir o tempo de espera (Figura 35.5) dos recursos que estão prontos para serem utilizados – o principal motivo de o WIP começar a aumentar –, pois essa redução faz com que eles se tornem significativamente mais produtivos (lei de Little; Hopp e Spearman, 2000). Existem várias formas de conseguir isso, mas um fato é incontestável – toda empresa é suscetível à variabilidade; portanto, qualquer solução bem-sucedida deve ser capaz de gerenciar melhor as incertezas, a mudanças de prioridade e as mudanças de programação. Essa variabilidade afeta de maneira importante os cronogramas de trabalho, o que se torna o único e maior colaborador para o tempo de espera do recurso. Existe uma relação direta entre tempo de espera do recurso e produtividade. Portanto, se o tempo de ciclo deve ser diminuído de modo significativo, qualquer algoritmo de programação avançado *precisa* diminuir a variabilidade quando possível, diminuindo, dessa forma, os tempos de espera. Isso deve ser realizado ao mesmo tempo que se fornecem informações em tempo real aos gerentes para atenuar o maior risco de gerenciamento da variabilidade.

A incerteza quanto aos recursos, a disponibilidade de material e as informações técnicas necessárias, sujeitas às consequências de causas comuns e especiais imprevistas, podem ser expressas como variabilidade. Não compreender a fundo de que forma a variabilidade pode ser atenuada é o que na verdade leva muitas empresas a utilizar uma ferramenta de programação *errada* ao tentar gerenciar melhor a variabilidade. Por exemplo, elas estejam utilizando apenas ferramentas de gerenciamento de projetos porque se consideram uma empresa de "gerenciamento de projetos", quando talvez esse não seja o *melhor* algoritmo de programação e na realidade diferentes partes da empresa talvez estejam sujeitas a diferentes tipos de variabilidade, o que significa que é necessário empregar mais de um algoritmo de programação. Ou então talvez elas estejam utilizando apenas ferramentas de planejamento e de programação de controle de produção porque se consideram uma empresa de manufatura que necessita programar o chão de fábrica (linha de produção). Além disso, independentemente da ferramenta que elas decidam empregar, em muitos casos elas resolvem programar e gerenciar as necessidades de material incorporando-as em qualquer ferramenta de programação de trabalho que estejam utilizando, em vez de utilizar o algoritmo de gerenciamento de material apropriado.

Muitos desses erros podem ser atribuídos a uma falta de compreensão da origem e da relação de causa e efeito da variabilidade. Para esclarecer essa confusão, é necessário classificar melhor a variabilidade. Isso ajudará as empresas a escolher o algoritmo apropriado e a planejar, programar e gerenciar melhor seu ambiente.

Três tipos diferentes de variabilidade afetam de forma significativa a organização.

- *Tipo 1* – *Ocorre quando a variabilidade encontra-se na própria atividade e não no tempo de espera do recurso* (consulte a Figura 35.5). A variabilidade conhecida e prevista mais significativa estará no trabalho que está sendo realizado nas atividades A, B e C. Lembre-se de que no planejamento estamos identificando qual trabalho deve ser realizado e os recursos necessários dentro das atividades. Isso não implica que na execução não haverá variabilidade devida à falta de recursos ou ao tempo de preparação e desmobilização. Na verdade, é altamente provável que muitas atividades sejam afetadas pelos recursos necessários que não estão disponíveis. Em contraposição, alguns dos recursos passarão algum tempo na fila para aguardar a conclusão das atividades predecessoras e permitir que a atividade sucessora inicie-se.

- *Tipo 2* – *Ocorre quando a variabilidade na própria atividade é relativamente pequena e a maior parte dela se encontra no tempo de espera.* Isso presume que os processos de gerenciamento e as atividades são bem definidos. Nas atividades A, B e C, na Figura 35.5, a variabilidade é bem pequena porque esse trabalho específico ou algo bastante semelhante já foi realizado muitas vezes antes. Nas empresas que utilizam o MRP ou MRPII, os encaminhamentos de produção estão prontamente disponíveis e serão incorporados na programação-mestra. O mesmo pode ser dito da preparação e desmobilização; o tempo necessário é bem conhecido e a variabilidade é mínima.

- *Tipo 3* – *Ocorre quando a variabilidade encontra-se no padrão de demanda das necessidades de material.* Essa variabilidade pode estar na empresa, se no momento a peça estiver no estoque ou for um componente que está sendo fabricado internamente. Às vezes, o material é terceirizado e precisa ser entregue a tempo para manter a programação-mestra da empresa. Isso se torna mais complexo quando é preciso prever a futura demanda de mercado referente a todos os produtos, o que, obviamente, determina qual material é necessário, a quantidade e precisamente quando ele deve estar disponível.

Ferramentas diferentes para tipos diferentes de variabilidade

Se existem três tipos de variabilidade, isso gera a necessidade de algoritmos separados e distintos de planejamento, programação e execução. Os três algoritmos normalmente empregados são os seguintes:

- *Gerenciamento de Projetos* – Variabilidade tipo 1, que se fundamenta em grande medida no conceito da metodologia de caminho crítico e no estabelecimento de relações bem definidas entre as atividades. Assim as atividades são identificadas, o sequenciamento correto gera o diagrama de rede de projeto. Essa rede transforma-se na programação que será utilizada para gerenciar recursos e executar o projeto. Novamente, na Figura 35.5, a maior incerteza ou variabilidade é identificada nas atividades individuais. O cronograma de rede do projeto não terá nenhuma proteção contra variabilidade no tempo de espera do recurso. Normalmente, a quantidade de tempo de proteção contra variabilidade inserido na atividade é duas ou três vezes o tempo produtivo real necessário.

- *Programação da Seção de Produção* – Tipo 2 de variabilidade, que se fundamenta no desenvolvimento de relações bem definidas entre a atividades e na identificação de recursos. Esse algoritmo não utiliza o conceito da metodologia de caminho crítico. Tal como mostrado na Figura 35.6, a atividade A, B e C e a preparação e desmobilização têm pouquíssima variabilidade. Isso direciona a maior parte da variabilidade para o tempo de espera do recurso. Na realidade, se examinarmos a relação entre os tempos programados para concluir todas as atividades na fabricação de produtos individuais com o tempo produtivo (Figura 35.5), que é o tempo líquido de processamento real necessário, isso confirma que a maior parte do tempo da programação é destinada ao tempo de espera do recurso. Não é incomum programar o tempo de ciclo de fabricação com 10, 20 ou mais vezes o tempo líquido de processamento real (Schragenheim e Walsh, 2004).

- *Gerenciamento de Matérias-Primas e Controle de Estoque* – Para gerenciar o tipo 3 de variabilidade, atribui-se um estoque de segurança a peças físicas específicas e produtos acabados (pulmões de estoque) para oferecer proteção contra mudanças nos padrões de demanda previstos. Isso também exige programação e gerenciamento do material que pode ser terceirizado ou fornecido diretamente por vários fornecedores. As necessidades de material têm de ser coordenadas com cuidado por meio de ferramentas como o MRPII para apoiar as programações da empresa. Além do recebimento de material de fornecedores para fabricar os produtos da empresa, isso também inclui a programação de materiais para e entre os pontos de armazenamento e o seu destino final através dos canais de distribuição.

Lamentavelmente, a maioria das empresas sente que, não obstante seus melhores esforços e disposição para implementar uma série de iniciativas de melhoria de processo, elas não conseguem atingir os retornos previstos. O motivo do significativo insucesso das empresas em relação à concretização de seus objetivos é a falta de focalização na

FIGURA 35.6A Diagrama de rede de projeto tradicional com pulmão em cada atividade.

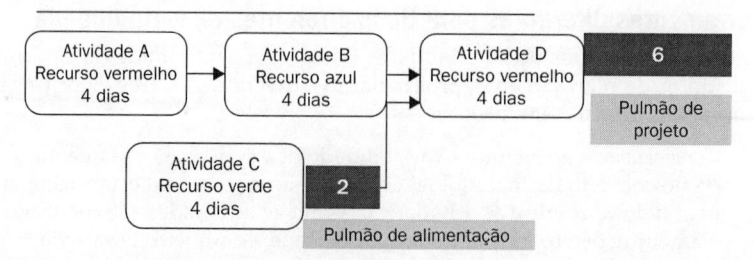

FIGURA 35.6B Diagrama de rede projeto pela corrente crítica com pulmões de tempo estratégicos.

melhoria de todo o sistema, tal como retratado na Figura 35.4. Em vez disso, a tendência é concentrar-se na melhoria de áreas funcionais individuais, sem uma verdadeira compreensão sobre o resultado líquido disso sobre a lucratividade ou o retorno sobre o investimento. A Figura 35.4 mostra a variabilidade local enfrentada por áreas funcionais individuais da empresa (departamentos, centros de trabalho etc.). A variabilidade pode ser provocada por contratempos dentro de uma área funcional ou de outras áreas funcionais, entregas atrasadas por parte dos fornecedores ou mudança nos padrões de demanda do mercado.

Definindo o sistema

O primeiro passo do desenvolvimento de um método sistêmico para melhorar a empresa é a elaboração de um diagrama de fluxo de trabalho das redes de criação, produção e distribuição e apoio. Se partirmos de um nível alto (Figura 35.4), isso nos levará para diagramas mais pormenorizados, até o momento em que definirmos o nível de detalhamento necessário. Uma advertência – mantenha o diagrama de fluxo de trabalho em um nível razoavelmente alto, pois do contrário você ficará atolado em detalhes desnecessários. Esse diagrama pode ser aprimorado ainda mais de acordo com a necessidade de detalhamento, no momento de desenvolver os planos de ação. Esse método do macro para o micro demonstrou-se útil para analisar e criar uma arquitetura sistêmica eficaz para a empresa dos sistemas de planejamento, programação e controle. Às vezes, os diferentes tipos de variabilidade talvez não pareçam tão nítidos; se isso ocorrer, é recomendável tentar identificar o tipo de variabilidade em questão. Essa iniciativa lhe dará uma compreensão melhor do que está por vir. Talvez seja um ambiente híbrido em que mais de um algoritmo precisa ser implementado como parte de um sistema.

O método da TOC

Independentemente da fonte ou causa de variabilidade, é bem mais importante saber até que ponto ela está afetando a empresa e não apenas como ela está afetando uma área funcional específica. A variabilidade é o principal indicador do quanto nossos pressupostos são válidos e em que medida o planejamento está sendo executado. Em outras palavras, se você estiver medindo essa variabilidade, ela será um indicador do quanto efetivamente o planejamento e a programação estão se desviando do que você imaginou que ocorreria. Entretanto, para realizar esse monitoramento, deve haver uma medida comum para amarrar todas as áreas funcionais individuais ao ganho da empresa. Essa medida é o *tempo*. Utilizando o tempo como medida predominante, é possível avaliar se as áreas funcionais individuais em toda a empresa estão dentro de uma *taxa de queima de tempo* predeterminada aceitável. Agora é possível ver se a variabilidade está consumindo uma quantidade de tempo inaceitável. Isso oferece um processo para avaliar o possível impacto que a variabilidade em qualquer parte da empresa terá sobre o desempenho. A TOC concentra-se no *gerenciamento de tempo* e amarra isso aos contratempos que essa variabilidade está provocando na programação.

Visualize um banco de tempo, chamado de *pulmão de tempo*, que, se necessário, oferece tempo adicional a áreas funcionais individuais para proteger a programação contra variabilidade. Desse modo, os pulmões de tempo são inseridos estrategicamente na programação, oferecendo uma proteção significativa e, ao mesmo tempo, protegendo as datas de entrega dos produtos ou serviços que estão sendo fornecidos aos clientes. Assim que essa correlação for estabelecida, será possível monitorar os pulmões de tempo. Esse mecanismo é chamado de *gerenciamento de pulmões* (GP). O tempo do pulmão e o GP são conceitos novos e importantes concebidos originalmente por Eliyahu Goldratt paralelamente ao desenvolvimento da TOC e são os elementos básicos das estratégias e soluções empresariais discutidas a seguir.

A TOC reconhece que em todas as organizações existem interdependência e variabilidade; na verdade, todas as soluções empresariais da TOC estão firmemente fundamentadas nesses princípios e oferecem ferramentas para otimizar o ganho da organização. As interdependências entre os recursos das diferentes áreas funcionais e as flutuações estatísticas correspondentes, que se manifestam como variabilidade, são mostradas na Figura 35.4. Os três algoritmos das soluções empresariais da TOC são descritos a seguir.

Gerenciamento de projetos

A corrente crítica é o caminho mais longo que reconhece a dependência entre atividades e recursos.[6] Os pulmões de tempo de segurança acumulada são inseridos estrategicamente em todo o projeto, oferecendo uma proteção bem maior contra variabilidade pela corrente crítica, comparativamente à metodologia convencional do caminho crítico. Durante a execução do projeto, o monitoramento do índice individual de penetração do pulmão em comparação com níveis aceitáveis predeterminados fornecerá informações de gerenciamento de riscos em tempo real. Na maioria dos casos, essas informações serão fornecidas com um grau de antecedência suficiente para que se tome a providência necessária antes que a data de entrega prometida seja afetada.

A Figura 35.6a é um diagrama de rede de projeto em que a atividade A (que utiliza recurso vermelho) tem uma duração programada de oito dias. Quando as atividades sucessoras forem concluídas, elas alimentarão a atividade D, a última do projeto. As ferramentas de gerenciamento de projetos tradicionais normalmente são utilizadas para programar o trabalho em um ambiente de variabilidade do tipo 1. O gerenciamento de projetos geralmente não tem um tempo de espera de recurso para oferecer proteção contra a variabilidade no algoritmo de programação. Todos sabem que, na execução, a variabilidade fará com que várias atividades tomem um tempo maior que o previsto. Por isso, é usual embutir um tempo de segurança adicional na própria atividade.

O algoritmo de gerenciamento de projetos da TOC, o *gerenciamento de projetos pela corrente crítica* (GPCC), remove a proteção ou o tempo de segurança inserido nas atividades individuais e programa apenas o tempo conhecido. A parte removida do tempo total é inserida em pontos de integração de alto risco como um pulmão de alimentação ao longo da rede do projeto. Uma parte adicional do tempo de segurança removido é inserida após a última atividade como pulmão de projeto. A corrente crítica é formada pela atividade A + atividade B + atividade D e, quando associada com o pulmão de projeto inserido ao final da última atividade, estabelecemos o tempo de duração do projeto. Em essência, a remoção do tempo de segurança previamente incorporado nas atividades individuais e a inserção estratégica de pulmões de tempo de 50% em todo o projeto oferecem uma proteção bem melhor contra variabilidade ao acumular o tempo de segurança em pontos estratégicos (consulte a Figura 35.6b). Essa proteção de pulmão permite o estabelecimento de limites de controle e monitoramento do índice de penetração do tempo nos pulmões de alimentação e projeto, fornecendo informações valiosas em tempo real sobre precisamente quando e onde a variabilidade está afetando o projeto. Isso é indispensável para priorizar eficazmente onde os recursos deverão ser utilizados quando eles forem limitados. Uma explicação mais aprofundada sobre a solução da corrente crítica pode ser obtida no livro *Critical Chain* (*Corrente Crítica*) (Goldratt, 1997) e na Parte III deste livro.

---

[6] O *TOCICO Dictionary* (Sullivan *et al.*, 2007, p. 15) define *corrente crítica* como "A sequência mais extensa de eventos dependentes ao longo de uma rede de projeto, em que se consideram tanto as dependências entre atividades quanto as dependências entre recursos na conclusão do projeto. A corrente crítica é a restrição de um projeto. Uso: A corrente crítica mais o pulmão de projeto determinam o tempo do projeto. Se não houver nenhuma restrição de recurso, a corrente crítica será idêntica ao caminho crítico". (© *TOCICO* 2007. Utilizada com permissão. Todos os direitos reservados.)

Programação da seção de produção

O mecanismo *tambor-pulmão-corda* (TPC)[7] oferece proteção de pulmão contra variabilidade nas áreas operacionais mais críticas. O monitoramento da penetração do pulmão indicará quando e onde se deve tomar uma providência, garantindo uma alta porcentagem de entregas pontuais. Esse algoritmo de programação normalmente é utilizado em um ambiente do tipo 2, em que a atividade em si tem pouca variabilidade e existe um tempo de espera de recurso considerável. Portanto, a área mais prolífera para diminuir o tempo de ciclo não se encontra na melhoria do tempo de execução da atividade, mas na diminuição do tempo de espera.

A Figura 35.7a mostra uma sequência simples de atividades necessárias para fabricar um produto em um processo fabril de um ambiente do tipo 1. A sequência é elaborada isoladamente e depois acrescentada à programação-mestra, que é empregada para programar muitos outros produtos. Nos algoritmos de programação convencionais, o paradigma é carregar a programação-mestra até utilizar totalmente todos os recursos. Contudo, o mecanismo TPC programa o recurso com restrição de forma que no máximo 85% a 90% (no TPC simplificado) de seu tempo seja utilizado, oferecendo um pulmão de tempo para protegê-lo contra variabilidade. (Consulte o Capítulo 9.)

O *recurso com restrição de capacidade* (*capacity constrained resource* – CCR) – *um recurso que se não for gerenciado eficazmente se tornará a restrição* – nesse caso X (consulte a Figura 35.7b) tem uma capacidade menor que a dos outros recursos nesse processo. Isso significa que o recurso determina o quanto pode ser produzido. Portanto, essa programação abaixo da capacidade da restrição também significa que, por definição, todos os outros recursos têm uma capacidade de *sprint* ou de aceleração (protetiva) adicional para reagir sempre que a variabilidade estiver provocando contratempos. O pulmão de tempo do CCR é inserido em sua frente, o que quer dizer que os recursos que estão na frente podem começar a trabalhar e gerar produção para o CCR antes que ela seja necessária. A corda amarrada entre o CCR e a operação de bloqueio permite que a liberação da ordem de serviço à seção de produção seja adiada de acordo com um tempo de pulmão anterior ao momento em que o CCR precisará dela. É comum o WIP acumular na frente do CCR para proteger o CCR quando a variabilidade afetar um recurso. Sempre que se resolve um contratempo, os recursos utilizam sua capacidade de *sprint* (aceleração) para recuperar o terreno, até o momento em que o fluxo volta ao normal. Por meio do monitoramento dos limites de controle dos pulmões, a gerência sabe quando e onde deve tomar providências antes que as consequências do contratempo afetem as datas de entrega.

FIGURA 35.7A Linha serial mostrando o fluxo do produto/serviço.

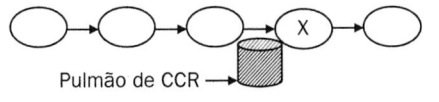

FIGURA 35.7B Linha serial com um pulmão inserido antes do recurso com restrição de capacidade (CCR).

---

[7] The *TOCICO Dictionary* (Sullivan *et al.*, 2007, p. 18) define *tambor-pulmão-corda* (TPC) como "Método da TOC de programação e gerenciamento de operações. Uso: O TPC utiliza o seguinte: (1) O tambor, geralmente a restrição ou recurso com restrição de capacidade (CCR), que processa o trabalho em uma sequência específica com base no prazo de entrega solicitado pelo cliente e na capacidade finita de recursos; (2) Os pulmões de tempo, que protegem o cronograma de remessa contra variabilidade; e (3) Um mecanismo de corda para inibir a liberação de matérias-primas e compatibilizar o consumo na restrição". (© TOCICO 2007. Utilizada com permissão. Todos os direitos reservados.)

Esse método diminui significativamente o estoque de WIPs, o que, por sua vez, diminui o tempo de espera do recurso, um pré-requisito para reduzir o tempo de ciclo. Concluímos então que, se diminuirmos o tempo de ciclo sem contratarmos mais pessoal, aumentaremos o ganho da empresa.

Gerenciamento de matérias-primas e controle de estoque

O reabastecimento de acordo com a TOC[8] ocorre quando os níveis de estoque baseiam-se em níveis de estoque com pulmão dinâmico que são mais *ágeis e receptivos* a padrões de demanda variáveis do que a metodologia mín.-máx. convencional.

O algoritmo de controle de estoque convencional predominante baseia-se na determinação da quantidade máxima de estoque de um item a ser mantida nos diversos pontos de armazenamento na empresa, tal como mostra a Figura 35.8. Esses pontos de armazenamento podem ocorrer em qualquer lugar necessário ao fluxo de produção a fim de proteger o ganho. Com esse algoritmo, determina-se em que nível é necessário renovar um pedido (mín.), para que um item volte ao nível de estoque máximo. O nível mín. é a quantidade mínima que aciona o procedimento de renovação de um pedido para que o item volte ao seu nível máximo. Ele se baseia na demanda média durante o tempo de reabastecimento e na quantidade de estoque de segurança.

A solução de reabastecimento da TOC está fundamentada em pulmões de estoque dinâmicos, que se baseiam em algoritmos da TOC para gerenciar o tempo. Isso faz com que os níveis de estoque aumentem ou diminuam em tempo real com base nas flutuações de demanda do mercado. Para esclarecer, os pulmões de estoque são material físico para apoiar as operações de fabricação ou o produto acabado em um ambiente de produção para estoque (*make-to-stock* – MTS). A maior fonte de variabilidade são as necessidades sempre variáveis do mercado em relação aos produtos da empresa. Portanto, pode ser que pareça que a solução de reabastecimento não está gerenciando o tempo; por isso, uma explicação é pertinente. O objetivo é manter níveis de estoque que forneçam as matérias-primas oportunamente para apoiar as programações de fabricação. Desse modo, o foco é garantir que exista estoque do material necessário quando as exigências dos clientes mudarem. Diferentemente da metodologia mín.-máx., com essa mudança de foco é possível

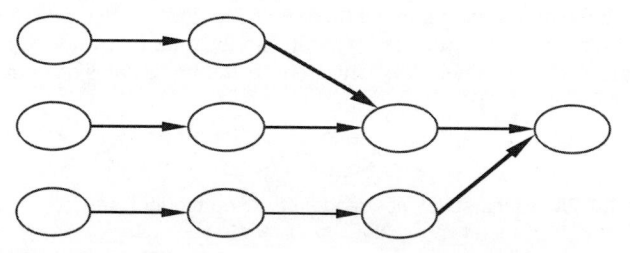

FIGURA 35.8 Fluxo usual de matérias-primas nas operações de produção.

---

[8] O *TOCICO Dictionary* (Sullivan *et al.*, 2007, p. 17) define a *solução de distribuição/reabastecimento da TOC* como "Método de distribuição puxada que consiste na definição de um tamanho de pulmão de estoque e em seguida no monitoramento e no reabastecimento de estoque em uma cadeia de suprimentos com base no consumo real do usuário final, e não em uma previsão. Todo elo da cadeia de suprimentos mantém uma demanda máxima prevista no tempo de reabastecimento médio, fatorada pelo nível de falibilidade no tempo de reabastecimento. Todo elo geralmente recebe o que foi remetido ou vendido, embora essa quantidade seja ajustada para cima ou para baixo quando o gerenciamento de pulmões detecta mudanças no padrão da demanda. Uso: Os estoques maiores são mantidos no armazém central, em que a variação na demanda é mínima. Os estoques menores são mantidos e reabastecidos com frequência no local do consumidor final para avaliar a confiabilidade e eficácia, respectivamente, de cada elo da cadeia. A determinação de preço de transferência não é utilizada". (© TOCICO 2007. Utilizada com permissão. Todos os direitos reservados.)

fazer pedidos mais frequentes de reabastecimento para atender à demanda atual e a tendências continuamente variáveis. Desse modo, o estoque mantido em uma empresa pode ser alinhado de forma precisa às necessidades do mercado com níveis significativamente reduzidos. Uma solução ágil e reativa de gerenciamento de matérias-primas e controle de estoque é essencial para apoiar a corrente crítica interna e as programações TPC que estão gerando níveis de ganho de desempenho mais altos e rápidos.

Contabilidade de ganhos para todos os métodos
O método da TOC oferece uma medida comum e abrangente, o ganho (G) monetário, *que é definida como o montante de vendas (V) menos o montante de custos totalmente variáveis (CTVs); ou seja, o G monetário por período*. O importante é que agora os gerentes têm uma mensuração livre, absoluta e real que pode ser utilizada em toda a organização. Todos os centros de trabalho, departamentos e áreas funcionais têm uma medida comum como meta. Isso permite que as empresas tomem decisões com base no que é melhor para aumentar o ganho em relação aos indivíduos e a cada uma das funções de apoio, que são avaliados de acordo com sua contribuição para esse ganho. Tal como mencionado antes, o fator que limita o aumento do ganho é a restrição da empresa; desse modo, conclui-se que todas as funções de apoio sempre devem tornar essa medida sua principal prioridade. Pela primeira vez, todas as áreas da empresas têm uma mesma medida comum para avaliar o fluxo do *valor agregado* que está sendo gerado. Isso também oferece aos gerentes as contribuições individuais para o ganho que estão sendo geradas por cada área da empresa.

Pulmões para gerenciamento de tempo
Outra contribuição fundamental do método da TOC é o conceito de *gerenciamento de tempo*. Existem vários métodos bastante eficazes para gerenciar as atividades operacionais de uma empresa. Henry Ford empregou o conceito de colocar o material sobre esteiras rolantes para controlar o fluxo. Ohno revolucionou o mundo fabril com o controle de liberação de material e dos trabalhos executados, que são postergados tanto quanto possível, diminuindo desse modo o tempo de espera, o segredo para melhorar o ganho. Goldratt (2009) constatou que o gerenciamento de tempo era um método mais eficaz, e também uma solução para diminuir a espera recorrendo às vantagens que Ohno já havia prenunciado. Contudo, o gerenciamento de tempo também pode oferecer proteção contra a variabilidade, por meio da inserção estratégica de pulmões de tempo que sinalizam quando o material deve ser liberado para processamento. Na Figura 35.7b, o material é liberado antecipadamente, com um pulmão de tempo, para chegar ao CCR quando necessário, de acordo com a programação. O pulmão é dividido em três regiões: verde (tudo está correndo bem), amarela (precaução) e vermelha (a programação está correndo risco). Os pulmões de tempo são elementos essenciais da solução da TOC. Assim que se estabelecem os níveis apropriados de pulmões, eles se tornam também limites de controle. O monitoramento da penetração dos pulmões indicará quando e onde a variabilidade está afetando a programação, o que possibilita que a gerência tome medidas oportunamente. Em quase todos os casos, existe tempo suficiente para intervir, sem afetar os compromissos de entrega. É importante perceber que a penetração do pulmão sinaliza que o sistema está enfrentando contratempos e que monitorar e tomar providências quando necessário é indispensável para manter o sistema sob controle.

Portanto, um fator importante é a visão que o GP oferece sobre os problemas de mais alta prioridade.

Como as três soluções de programação e negócios da TOC estão centradas na maximização do ganho, o gerenciamento de riscos por meio da inserção estratégica de pulmões de tempo é a base para a obtenção de um método extremamente eficaz para melhorar a produtividade da empresa como um todo. Ao que parece, com a utilização de medidas comuns, podemos avaliar o impacto de qualquer atividade específica sobre qualquer área da organização, ainda que elas empreguem diferentes algoritmos de programação e estejam em áreas funcionais diferentes.

Imagine os pulmões de tempo como o acúmulo de uma parcela do tempo total necessário que é então inserido em partes estratégicas da programação a fim de oferecer uma proteção com um nível de eficácia significativamente maior. Essa abordagem é diametralmente oposta aos métodos convencionais, que simplesmente liberam o material bem antes da necessidade a fim de oferecer tempo adicional para combater a variabilidade. Além disso, ela lida com a dificuldade, por meio do método de Ohno, de manter estoque físico em todo o processo de fabricação ou melhorar cada um dos processos. Isso fará com que o trabalho ou a disponibilidade dos serviços que estão sendo oferecidos se antecipe. Os pulmões são igualmente limites de controle; por isso, na execução, podemos monitorar o consumo dos pulmões de tempo, o que é basicamente um reflexo do nível de impacto da variabilidade sobre a programação. Se tivermos determinado antes o nível aceitável de taxa de uso do pulmão, será fácil observar se o sistema está sob controle ou se é preciso tomar qualquer tipo de medida. Se for necessário tomar uma providência, veremos exatamente onde é necessário tomá-la.

Aplicações

Um exemplo de abordagem sistêmica que utiliza as ferramentas da TOC para gerenciar o desenvolvimento de serviços biomédicos é apresentado na Figura 35.9.

Uma empresa de porte médio desenvolveu novos dispositivos farmacêuticos e biomédicos. Normalmente, um novo produto parcialmente desenvolvido passa pela etapa de P&D, por testes laboratoriais e em seguida por ensaios clínicos. A empresa pretendia construir uma instalação fabril para testar o produto. Toda etapa desse processo extre-

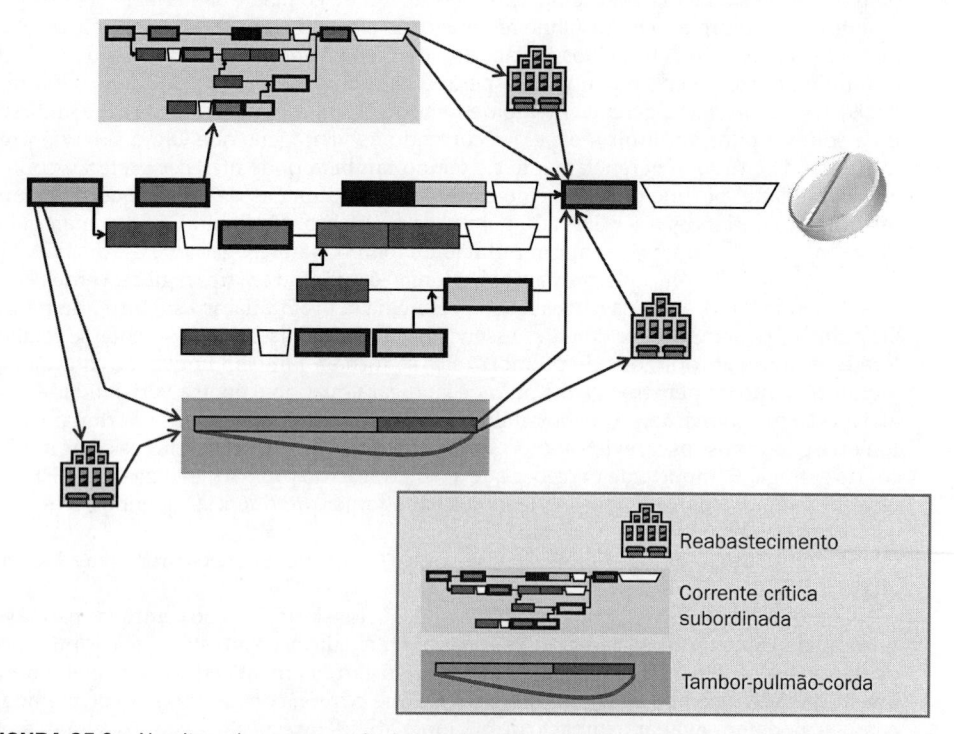

FIGURA 35.9 Algoritmo de programação integrada para o desenvolvimento de um novo produto.

mamente complexo e minucioso deve estar de acordo com as exigências da Agência de Controle de Alimentos e Medicamentos dos Estados Unidos (Food and Drug Administration – FDA) e está sujeita a uma rígida supervisão. É um processo extremamente caro e a obtenção da aprovação da FDA pode levar anos.

Assim que a aprovação da FDA é obtida, a empresa costuma liberar o novo produto para uma grande empresa multinacional, que então promove, produz em grande quantidade e vende o produto. O benefício de encurtar o ciclo de desenvolvimento do novo produto é bastante significativo. As multinacionais de grande porte financiam toda a iniciativa de desenvolvimento, cujo custo é altíssimo; esse valor pode variar de dezenas de milhões a centenas de milhões de dólares. A empresa que primeiro introduz o novo produto no mercado acaba dominando o mercado e sempre será o fornecedor predominante. Na verdade, trata-se de um jogo de apostas extremamente altas.

A empresa enfrenta todos os três tipos distintos de variabilidade em suas atividades. Tal como analisamos antes, é indispensável reconhecer essa variabilidade e desenvolver um conjunto de soluções sincronizadas. Na Figura 35.9, a programação-mestra ou geral é apresentada conceitualmente como um projeto de corrente crítica com 14 atividades. Trata-se da variabilidade de tipo 1, em que a maior parte da variação ocorre nas próprias atividades. As "atividades" brancas na verdade não são atividades, mas os pulmões de tempo acumulados que oferecem proteção ao projeto quando ocorrem contratempos na programação. Esses pulmões impelem as atividades para que elas se iniciem antecipadamente. Como o tempo de segurança anteriormente inserido nas atividades é removido, a duração do projeto é significativamente menor e a proteção consideravelmente maior.

A construção da instalação fabril é representada na Figura 35.9 como um projeto pela corrente crítica subordinado, que também é do tipo 1. Essa construção foi sincronizada para ser concluída e começar a operar quando exigido por uma atividade presente na programação-mestra da corrente crítica. A empresa adiou por seis meses o início da construção dessa instalação, que foi concluída e iniciou suas operações com tempo de sobra. Basicamente, isso possibilitou que a empresa tivesse seis meses a mais antes que a linha de produção tivesse de ser realinhada. Pelo fato de ter sido possível acumular dados ao longo desses seis meses suplementares, o amadurecimento do produto foi tal que não houve nenhuma mudança na programação.

Quando essa instalação começou a funcionar, sua variabilidade passou a ser do tipo 2. As linhas de fabricação, os processos e as atividades individuais sofriam pouquíssima variabilidade, uma condição para que se obtivesse a aprovação da FDA. O algoritmo de programação empregado foi o *tambor-pulmão-corda simplificado* (TPC-S; Schragenheim e Walsh, 2004), *uma versão do TPC desenvolvida por Eli Schragenheim* (consulte o Capítulo 9), *o qual liberava a matéria-prima para fabricação do produto cumprindo pontualmente a atividade presente no projeto-mestre pela corrente crítica*. O tempo de fabricação diminuiu 50% em relação ao tempo que a empresa tradicionalmente havia levado para fabricar produtos semelhantes.

O algoritmo de reabastecimento da TOC foi empregado para gerenciar as necessidades de material de toda a empresa, cuja variação é do tipo 3, que está sujeita a mudanças rápidas nas exigências relacionadas ao ciclo de desenvolvimento do produto. A quantidade de material mantido em estoque sofreu uma significativa redução, facilitando seu gerenciamento. Os diferentes tamanhos do produto que estava sendo fabricado mudavam com frequência, o que é equivalente a mudanças frequentes no composto de produtos. E a solução de reabastecimento permitiu que a fábrica se tornasse visivelmente mais ágil em suas respostas.

A aplicação subsequente dessa abordagem, representada na Figura 35.10, ocorreu no Centro de Manutenção do Corpo de Fuzileiros Navais dos Estados Unidos (United States Marine Corps – USMC) em Albany, Geórgia. Esse é um dos dois centros de *manutenção, reparos e revisão* (MRR) que atendem a todos os veículos rastreados do USMC.

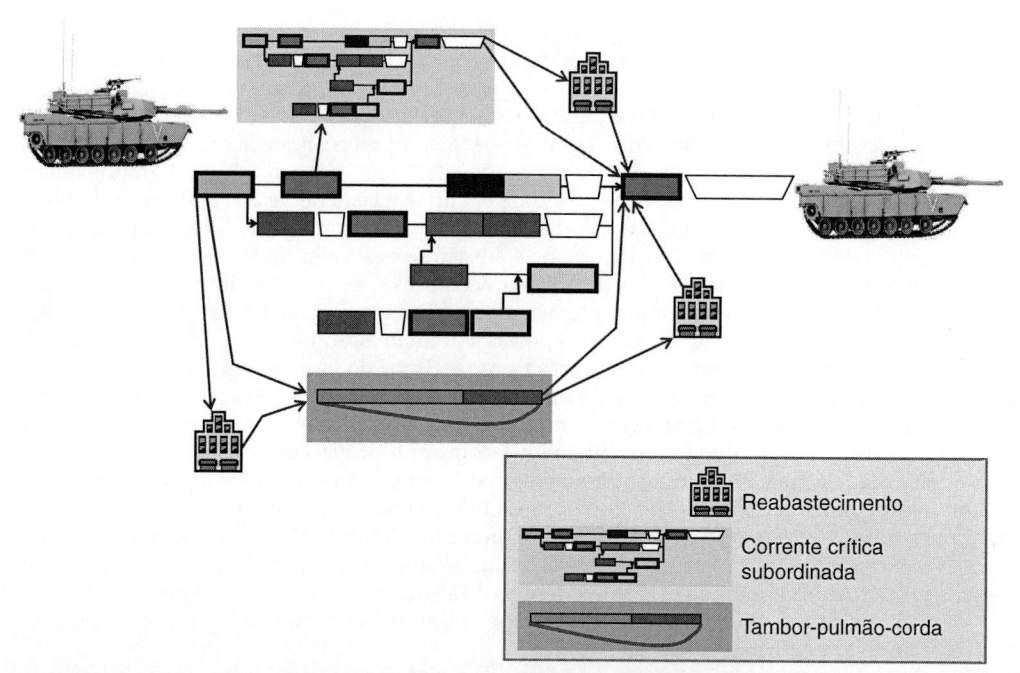

FIGURA 35.10 Algoritmos de programação integrada em um ambiente MRR.

Os veículos são enviados para manutenção depois de vários anos de uso em campo, e grande parte deles enfrentou ambientes extremamente adversos. A missão é devolver os veículos em condições praticamente novas, o mais rápido possível e ao menor custo possível. Além disso, vários aprimoramentos são criados, fabricados e instalados simultaneamente como parte da iniciativa como um todo. E não é possível conhecer as condições dos veículos enquanto eles não são vistoriados. Adicionalmente, o padrão de demanda é imprevisível, o que só aumenta a incerteza em um ambiente de programação já suficientemente complexo.

Como mostra a Figura 35.10, o veículo em si é programado como um projeto de corrente crítica com 14 atividades porque ele experimenta uma variação do tipo 1. O número real de atividades é bem maior porque o projeto abrange os eventos principais, como inspeção, desmontagem (em muitos casos, a linha de produção fica apenas com a placa de identificação do veículo), montagem, corrosão, pintura, teste etc.

Alguns dos principais componentes removidos para reparo e revisão – por exemplo, o motor – são programados de acordo com uma programação pela corrente crítica subordinada, visto que, novamente, trata-se de um ambiente tipo 1. Os vários outros componentes que são removidos do veículo são enviados à oficina de apoio e programados por meio do TPC porque se trata de um ambiente tipo 2.

O algoritmo de reabastecimento da TOC é empregado para programar e gerenciar os itens consumíveis e as peças de reposição da oficina. Como esse ambiente de MRR é complexo, demasiadamente mesclado e varia com constância, isso é extremamente difícil. Trata-se de um ambiente tipo 3 muito exigente em que o volume de demanda dos produtos passa por altos e baixos diariamente.

Todos os trabalhos precisam ser sincronizados e chegar ao mesmo tempo à linha de montagem final. Isso só é possível com a programação retroativa a partir da data de entrega do veículo e a subordinação de todas as iniciativas às necessidades do corrente crítica principal. A incerteza encontrada no Centro de Manutenção de Albany é bem maior que a de um ambiente de produção repetitiva como aquele em que o veículo é originalmente fabricado.

Os resultados obtidos pelo Centro de Manutenção nos últimos sete anos foram fenomenais. Alguns deles foram registrados na revista *APICS* em março de 2005. Esse centro foi o primeiro a receber o prêmio Robert Mason do Departamento de Defesa dos Estados Unidos em 2005 e novamente em 2007; foi o primeiro a receber o Prêmio de Excelência da Organização Internacional de Certificação em Teoria das Restrições (TOC International Certification Organization – TOCICO), em 2008; conseguiu diminuir pela metade o tempo de ciclo de todos os 20 produtos principais aos quais oferecia manutenção e, em alguns casos, obteve uma redução ainda maior; e dobraram o ganho da organização em um período de 18 meses sem contratar pessoal adicional. O processo de melhoria contínua em vigor no Centro de Manutenção é extremamente ambicioso e seu nível de qualidade eleva-se continuamente. Em suma, sua produtividade aumentou de forma sensível, as datas de entrega estavam sendo cumpridas e o nível de satisfação do cliente era consideravelmente alto.

Resumo e discussão

Todas as soluções da TOC utilizam o conceito de pulmão *de tempo* para oferecer proteção contra variabilidade na execução. Portanto, pela primeira vez temos medidas de sistema e operacionais inter-relacionados que podem ser empregadas simultaneamente com os três algoritmos de programação. Os vínculos horizontais e verticais são essenciais e fornecem informações precisas sobre o efeito que cada elemento está exercendo sobre a empresa. Essas medidas transcendem todas as áreas funcionais e possibilitam que os gerentes de cada área percebam melhor onde se encontram as prioridades reais.

Essa abordagem de fato permite o desenvolvimento de um algoritmo de programação unificado para atender às necessidades de gerenciamento de projetos, produção e distribuição de uma organização. Ela soluciona o dilema há muito existente de ter de gerar programações independentes para áreas individuais da organização *vis-à-vis* à elaboração de uma programação sincronizada, gerando, desse modo, o máximo benefício para a empresa ou a cadeia de suprimentos como um todo.

Primeiramente, é necessário ter medidas comuns para avaliar com que eficiência cada área da empresa está contribuindo para o ganho, que é o índice segundo cada parte contribui para o resultado de valor agregado gerado pela organização e transferido ao mercado. Em uma empresa com fins lucrativos, o ganho normalmente pode ser definido como a quantia gerada ao longo de um período por meio das vendas, menos os CTVs. Em uma organização sem fins lucrativos, o ganho poderia ser a quantidade de unidades de valor agregado produzidas pelo montante gasto ao longo de um período. Essa abordagem oferece uma solução para programar as várias e diferentes áreas funcionais com o objetivo de maximizar o ganho.

Nas fases de planejamento e programação, todas as restrições na organização são identificadas e potencializadas para otimizar o trabalho que flui pelo sistema. Esse encadeamento é crucial e fundamental para gerar o maior ganho possível. Portanto, esse mecanismo de programação coordena as programações dos projetos, da produção e da distribuição otimizando as restrições e sincronizando seus esforços.

Além disso, esse mecanismo oferece ferramentas extremamente eficientes e eficazes para gerenciar a variação inevitável encontrada na execução das programações. Não mais restringidos pela necessidade de reagir e combater incêndios constantes, os gerentes agora têm acesso a um amplo sistema de alerta e a uma ampla visibilidade do possível impacto da variação sobre as datas de entrega. Na maioria dos casos, esse distúrbio é identificado rapidamente pelo GP antes que os limites de controle das programações corram risco e a tempo de tomar medidas corretivas. Os pulmões de tempo e o GP possibilitam que a gerência saiba quando deve tomar providências e, nesse caso, precisamente onde é necessário intervir. De igual importância é a possibilidade de ter acesso em tempo real às informações, que indicam quando o sistema ou a programação está sob controle e não é necessário tomar nenhuma medida.

Referências

Alford, L. P. *Cost and Production Handbook*. Nova York: The Ronald Press Company, 1934.

Barnes, R. M. *Motion and Time Study Design and Measurement of Work*. 7ª ed. Nova York: John Wiley & Sons, 1980.

Blackstone, J. H. *The APICS Dictionary*. 12ª ed. Alexandria, VA: APICS, 2008.

Brown, M. G., Hitchcock, D. E. e Willard, M. I. *Why TQM Fails and What to Do about It*. Burr Ridge, IL: Irwin, 1994.

Churchman, C. W. *The Systems Approach*. Nova York: Dell Publishing, 1968.

Corbett, T. *Throughput Accounting*. Great Barrington, MA: North River Press, 1998.

Goldratt, E. M. "How Complex Are Our Systems?" (Capítulo 5), *Theory of Constraints Journal*, 1(5), New Haven, CT, Instituto Avraham Y. Goldratt, 1987.

Goldratt, E. M. "Chapter 2: Laying the Foundation". *Theory of Constraints Journal*, 1(2), New Haven, Connecticut, Instituto Avraham Y. Goldratt, 1988.

Goldratt, E. M. *What's This Thing Called Theory of Constraints?* Croton-on-Hudson, NY: North River Press, 1990.

Goldratt E. M. *It's Not Luck*. Great Barrington, MA: North River Press, 1994.

Goldratt E. M. *Critical Chain*. Great Barrington, MA: North River Press, 1997.

Goldratt, E. M. *Goldratt Satellite Program Session 2: Finance & Measurements*. Transmitido de Brummen, Holanda, Programa Satélite de Goldratt, 1999.

Goldratt, E. M. "Standing on the Shoulders of Giants". *The Manufacturer*, junho de 2009. http://www.themanufacturer.com/uk/content/9280/Standing_on_the_shoulders_of_giants. Acesso em 4 de fevereiro de 2010.

Goldratt, E. M. e Cox, J. *The Goal: Excellence in Manufacturing*. Croton-on-Hudson, NY: North River Press, 1984.

Hopp, W. e Spearman, M. *Factory Physics*. 2ª ed. Nova York: McGraw-Hill/Irwin, 2000.

Johnson, H. T. e Kaplan, R. S. *Relevance Lost: The Rise and Fall of Management Accounting*. Boston: Harvard Business School Press, 1987.

Rummler, G. A. e Brache, A. P. *Improving Performance: How to Manage the White Space on the Organization Chart*. 2ª ed. San Francisco: Jossey-Bass, 1995.

Schragenheim, E. e Walsh, D. P. "The Distinction between Manufacturing and Multiproject and the Possible Mix of the Two". *APICS Performance Advantage*, fevereiro de 2004, pp. 42-46.

Sullivan, T. T., Reid, R. A. e Cartier, B. *TOCICO Dictionary*. 2007. http://www.tocico.org/?page=dictionary.

Taylor, F. W. *Principles of Scientific Management*. Nova York e Londres: Harper & Brothers, 1911.

Zandin, K. B. e Maynard, H. B. *Maynard's Industrial Engineering Handbook*. 5ª ed. Nova York: McGraw-Hill, 2001.

Sobre o autor

Após uma carreira de sucesso em organizações grandes e proeminentes, que inclui o cargo de diretor de operações de uma empresa de $ 5 bilhões e de diretor executivo de um centro de revisão e reparos de aviões de $ 750 milhões, **Daniel Walsh** fundou a Vector Strategies, uma empresa especializada na TOC. Ele e a Vector Strategies são especialistas reconhecidos em desenvolvimento e implementação de estratégicas de grande eficácia que melhoram rápida e sensivelmente o posicionamento da empresa no mercado e sua lucratividade. Walsh trabalhou com empresas do setor farmacêutico, aeroespacial, de construção, de engenharia, de fabricação e de defesa. Inúmeras empresas da Fortune 100 estão entre seus clientes, como Textron, IBM, Caterpillar, Boeing e Lockheed, bem como o Departamento de Defesa dos Estados Unidos.

O sucesso de Daniel Walsh está fundamentado em sua ampla experiência como executivo e líder criativo, assim como em seu trabalho de desenvolvimento de arquiteturas de sistema inovadoras e de ponta e de técnicas de construção de rede de valor agregado. Sua visão está firmemente enraizada no princípio de que as melhorias reais e sustentáveis de uma organização devem ser avaliadas segundo a eficácia com que elas ajudam a aumentar a lucratividade por meio da inovação do valor.

Seus empreendimentos atuais estão voltados para o desenvolvimento de soluções síncronas para a cadeia de valor empresarial em vários setores. Suas atividades de pesquisa e desenvolvimento estão centradas na investigação da necessidade de identificar e potencializar as restrições da empresa, que constitui o segredo para aumentar o ganho. Isso culminou no desenvolvimento da solução Integrated Enterprise Scheduling (IES). Os resultados empíricos iniciais obtidos na implementação do IES em dezenas de empresas de grande porte ao longo de cinco anos foram bastante promissores. Muitos executivos e líderes criativos estão convencidos de que essa solução tem grande probabilidade de se tornar a solução de programação unificada necessária para maximizar o lucro da cadeia de valor da empresa como um todo.

Daniel Walsh presta serviços ao Instituto de Análise de Defesa, um proeminente *think tank* estratégico em Washington, DC, e atua como conselheiro de confiança de inúmeros altos executivos corporativos. Atualmente, Walsh integra vários conselhos corporativos e é presidente da Organização Internacional de Certificação em Teoria das Restrições (TOCICO), que se dedica ao estabelecimento de padrões e testes e à certificação da TOC.

36

Associando produção enxuta, Seis Sigma e teoria das restrições para obter um grande salto de desempenho

Instituto Avraham Goldratt (AGI)

Introdução

À medida que a concorrência global cresce, a pressão por melhoria torna-se cada vez mais intensa. Executivos e gerentes enfrentam vários desafios: aumentar o volume de vendas, reduzir custos, diminuir o estoque, prever com precisão a demanda futura, descobrir a inovação de mercado subsequente e, acima de tudo, sobreviver! Embora existam várias formas de promover melhorias, muitas organizações investiram em pelo menos um dos três métodos de melhoria mais difundidos – *teoria das restrições* (*theory of constraints* – TOC), produção enxuta (Lean) ou Seis Sigma. Na maioria dos casos, especialistas empresariais dedicaram um tempo significativo para ganhar domínio em um desses métodos e mostrar o retorno sobre seu investimento. À medida que outras metodologias surgem, a pressão recaía sobre a utilização de alguma outra coisa que parecia ser outro programa do mês. Contudo, para muitos, se o objetivo de todos os três é melhorar o desempenho da organização, por que descambar para uma mentalidade "ou isso ou aquilo"? Por que algumas tentativas de integrar os três não exibem os resultados prometidos ou acabam sendo integrados apenas no nome? Alguns dos motivos parecem ser:

1. As metodologias eram vistas como "caixa de ferramentas", e cada ferramenta era considerada melhor para determinadas aplicações.
2. Em todas as metodologias, não havia *know-how* disponível, o que impossibilitava uma verdadeira integração.
3. Não foi desenvolvido um processo de integração eficaz para as três metodologias.

Nosso objetivo é mostrar como é possível integrar eficazmente essas metodologias. Entretanto, apresentaremos primeiro um breve resumo de cada uma delas.

Produção enxuta

A origem da produção enxuta (*lean manufacturing*) nos Estados Unidos pode ser associada a Henry Ford (linha de montagem), Frederick Taylor (engenharia industrial) e a Deming

---

Copyright © 2010 Instituto Avraham Y. Goldratt, Sociedade Limitada.

(pai da gestão da qualidade). No Japão, esses conceitos foram aperfeiçoados e esmerilhados por Taiichi Ohno, Eliji Toyoda e Shingeo Shingo para criar o que hoje se conhece como *sistema Toyota de produção* (STP). Como mostra a Figura 36.1, Taiichi Ohno uma vez definiu a meta do STP simplesmente como encurtar o tempo entre o pedido e o recebimento de caixa eliminando o a perda (*muda*) que não agrega valor (Ohno, 1988, p. 9).

Ohno identificou sete tipos de perda. Existem várias maneiras de descrever os "sete tipos fatais de perda" que ocorrem em um sistema. As mais comuns são:

1. Superprodução – produzir uma quantidade superior à que o cliente solicitou. Muitas vezes, produzir de acordo com uma previsão ou lote para economizar preparações pode gerar superprodução.

2. Espera – tempo durante o qual nenhum valor está sendo agregado ao produto ou serviço. Altos níveis de estoque, pessoas, componentes ou informações podem provocar longos tempos de espera que não agregam valor.

3. Transporte – movimentar componentes desnecessariamente, mudar várias vezes, fazer movimentações que não agregam valor. Altos níveis de estoque, leiaute do sistema e mudança de prioridade são apenas alguns fatores que também podem gerar transportes que não agregam valor.

4. Estoque – matérias-primas, trabalhos em andamento (*work in progress* – WIP) ou produtos acabados desnecessários. "Coisas" nas quais investimos e de que o cliente não precisa atualmente. Longos tempos de ciclo, mentalidade de precaução e problemas de fluxo também podem agravar os problemas de estoque.

5. Movimento – movimento desnecessário de pessoas que não agrega valor. Organização e leiaute inadequados do local de trabalho podem provocar perdas dessa natureza. Esses movimentos podem provocar sérios problemas de saúde e segurança.

6. Processamento em si – acrescentar etapas ou processos que não agregam valor para o cliente, com base na mentalidade de que continuar trabalhando em um componente ou serviço melhora sua qualidade. Isso é considerado perda quando o cliente não exige esse toque "extra".

7. Produtos defeituosos – trabalho que exige retrabalho ou, ainda pior, trabalho que precisa ser inutilizado. Processos ruins, problemas de equipamento e falta de controle ao longo de um processo podem contribuir para esse problema. Obviamente, quanto mais "coisas" houver no sistema, maior a porcentagem de defeitos.

Recentemente, um oitavo tipo de perda tornou-se bastante comum, isto é, a perda de não aproveitar a criatividade humana.

Logicamente, podemos ver que a superprodução pode contribuir para todos outros tipos de perda. Todas as perdas podem ser associadas a qualquer ambiente, e não apenas à produção. Compreender e identificar as perdas no sistema pode ajudar a direcionar as iniciativas de melhoria.

Os títulos "produção enxuta" e, posteriormente, "pensamento enxuto" foram cunhados nos Estados Unidos por James Womack e Daniel Jones na década de 1990 em referência ao STP (Womack e Jones, 1996). Womack e Jones apresentaram-nos cinco princípios da produção enxuta:

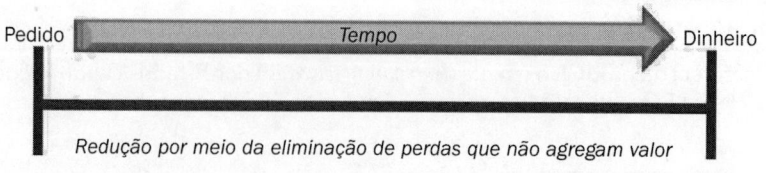

Pedido → Tempo → Dinheiro

Redução por meio da eliminação de perdas que não agregam valor

FIGURA 36.1 Meta do STP.

1. Especificar o valor.

   Tal como afirmaram Womack e Jones, "O ponto de partida essencial para o pensamento enxuto é o valor. O valor só pode ser definido pelo cliente final e só pode ser significativo quando expresso com relação a um produto específico (uma mercadoria ou um serviço, e com frequência ambos ao mesmo tempo), o que atende às necessidades do cliente por um preço específico em um momento específico".

   A pergunta que sempre devemos tentar responder é: "Nós de fato percebemos o valor do ponto de vista do cliente – tanto interno quanto externo?".

2. Identificar as etapas do fluxo do valor.

   O mapeamento do fluxo do valor é um processo destinado a detalhar e analisar o fluxo de material e informações para levar um produto ou serviço ao cliente. Depois que identificamos o fluxo de valor completo de cada produto, podemos separar as ações em *atividades de valor agregado* (VA) e *atividades sem valor agregado* (SVA). As atividades de valor agregado podem ser definidas como *algo pelo qual o cliente estaria disposto a pagar; uma atividade que muda a forma, o feitio ou a função do produto ou serviço e é realizada corretamente desde a primeira vez. Uma atividade sem valor agregado é aquela que toma tempo, recursos ou espaço e não agrega valor ao produto e, portanto, não agrega nenhum valor para o cliente.* A identificação do fluxo de valor evidenciará várias atividades SVA.

3. Criar um fluxo contínuo.

   Quando as etapas de criação de valor são identificadas, o passo seguinte é criar um fluxo contínuo. Questões como lotes pequenos *versus* grandes, disposição dos equipamentos de acordo com a sequência dos processos, estabelecimento do ritmo da produção de acordo com o *takt time* (tempo de ritmo)[1] e utilização das ferramentas da produção enxuta criam um fluxo contínuo. Isso pode diminuir sensivelmente o tempo de atravessamento e as perdas.

4. O cliente puxa o fluxo de valor.

   Assim que os três princípios entram em vigor, podemos adotar um sistema que só produza de acordo com o ritmo das necessidades do cliente, um sistema "puxado". Esse sistema é oposto ao "empurrado", que libera trabalho para o sistema com base em uma previsão ou programação. Nenhum elo anterior produzirá um produto ou serviço enquanto o cliente (elo posterior) não estiver pronto para ele.

5. Buscar a perfeição.

   A produção enxuta estabelece que sempre devemos enxergar o valor através dos olhos de nosso cliente e aprimorar os fluxos de valor para aumentar o fluxo com base nas demandas do cliente. Queremos ir ao encontro da perfeição. O processo de melhoria nunca termina.

Seis Sigma

Como mostrado na Figura 36.2, o Seis Sigma evoluiu de uma medida para uma metodologia e de uma metodologia para um sistema de gerenciamento (Universidade Motorola,

---

[1] O *APICS Dictionary* (Blackstone, 2008, p. 136) define *takt time* como "Configuração do ritmo de produção para que ele corresponda ao índice de demanda do cliente e torne-se a força propulsora de qualquer sistema de produção enxuta. Ele é computado como o tempo de produção disponível dividido pelo índice de demanda do cliente. Por exemplo, suponha que a demanda seja 10 mil unidades por mês ou 500 unidades por dia e a capacidade planejada disponível de 420 minutos por dia. O *takt time* = 420 minutos por dia/500 unidades por dia = 0,84 minutos por unidade. Esse tempo de ritmo significa que as unidades devem ser programadas de tal forma que a cada 0,84 minuto em média uma unidade deixe o sistema de produção". (© *APICS* 2008. Utilizada com permissão. Todos os direitos reservados.)

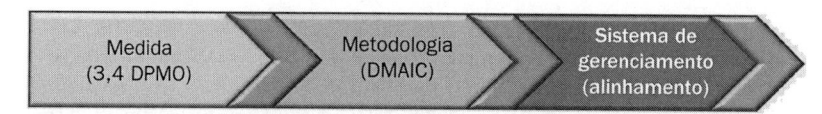

```
  Medida    >  Metodologia  >  Sistema de
(3,4 DPMO)      (DMAIC)        gerenciamento
                               (alinhamento)
```

FIGURA 36.2 Evolução do Seis Sigma.

2008). O crédito do desenvolvimento do Seis Sigma é atribuído à Motorola, mas suas raízes estatísticas podem ser remontadas aos anos 1800, quando Carl Frederick Gauss utilizou a curva normal para análise, e a 1924, quando Walter Shewhart utilizou gráficos de controle e fez a distinção entre variação de causa especial *versus* de causa comum e de sua interligação com problemas de processo.

O objetivo do Seis Sigma é reduzir defeitos, diminuir o tempo de ciclo, elevar o ganho e aumentar a satisfação do cliente *diminuindo a variação* em produtos e processos e, desse modo, oferecer uma vantagem competitiva à organização.

O Seis Sigma enquanto medida é igual a 3,4 *defeitos por milhão de oportunidades* (DPMO). Muitas empresas utilizam essa medida para conduzir sua iniciativa de redução de defeitos. Muitos especialistas em melhoria argumentam que atualmente a maioria das empresas funciona em um nível entre 3 e 4. Por exemplo, se sua empresa tem um nível sigma 3, ela está produzindo 66.800 DPMO; o nível sigma 4 corresponde a 6.210 DPMO. A redução de defeitos obviamente melhorará a satisfação do cliente, diminuirá o custo de qualidade, aumentará a capacidade e, mais importante, aumentará os lucros.

O Seis Sigma transformou-se uma metodologia de melhoria empresarial que procura identificar em que medida a variação está afetando os resultados desejados da organização. As equipes de projeto Seis Sigma adotam o modelo DMAIC para promover uma rápida melhoria. DMAIC é o acrônimo de *define, measure, analyze, improve, control* (definir, medir, analisar, melhorar, controlar).

- **Definir:** Nessa etapa, normalmente ocorre a montagem da equipe, a elaboração do termo de abertura do projeto, a definição das características críticas para a qualidade (*critical to quality* – CTQ) com respeito às necessidades do cliente e a criação do mapa de processo. O termo de abertura definirá claramente o *business case* (caso de negócio) para realizar o projeto, o enunciará o problema, definirá o escopo, estabelecerá metas e marcos e explicitará as funções e responsabilidades dos membros da equipe. Com relação à identificação das questões CTQ, devemos definir as características do cliente que terão maior impacto sobre a qualidade. O mapa de processo, denominado SIPOC – *suppliers, inputs, process, outputs, customer* (fornecedores, entradas/insumos, processo, saídas/produtos, cliente), é uma definição processual de alto nível do foco do projeto.

- **Medir:** Nessa etapa, definimos *o que deve ser medido* – desenvolvemos um plano de coleta de dados e realizamos um estudo comparativo de capacidade para calcular o parâmetro sigma.

- **Analisar:** É importante não saltarmos logo para a melhoria antes de verificar por que o problema existe. Para procurar a causa dos defeitos, os principais mecanismos utilizados são análise de dados, análise de processo e, essencialmente, análise da causa-raiz.

- **Melhorar:** Essa etapa reúne todos os dados de D, M e A e desenvolve, escolhe e implementa as soluções que diminuirão a variação em um processo.

- **Controlar:** Manter o novo processo por meio de um sólido plano de monitoração.

O principal objetivo do DMAIC é a melhoria de processo. Quando um processo encontra-se em seu nível "ótimo" e ainda assim não atende às expectativas, é necessário reestruturá-lo ou criar uma nova estrutura. Isso é chamado de *Design para Seis Sigma* (Design for Six Sigma – DFSS). Atualmente, o acrônimo DMADV (*define, measure, analyze, design, verify – definir, medir, analisar, projetar, confirmar*) é utilizado em lugar do DFSS.

A Motorola foi uma das primeiras empresas a constatar que uma abordagem de mensuração e metodológica ainda não era suficiente para promover uma melhoria "extraordinária". A empresa deu sequência ao desenvolvimento do Seis Sigma, transformando-o no *sistema de gestão Seis Sigma, um processo estruturado para garantir que todas as iniciativas de melhoria estejam alinhadas com a estratégia empresarial*. O Seis Sigma tornou-se um método de cima para baixo para executar a estratégia por meio do alinhamento de todas as atividades e, desse modo, garantir um crescimento rápido e sustentável.

Teoria das restrições (TOC)

O conceito básico da TOC com frequência é introduzido por meio da analogia da corrente. Uma corrente é apenas tão forte quanto seu elo mais fraco. O aperfeiçoamento que não eleva o desempenho do elo mais fraco muito provavelmente não melhora o sistema e pode ser considerado perda. Muitos afirmam que a TOC não passa de senso comum, mas com certeza ela não é uma prática comum.

Introduzida por Eli Goldratt em meados da década de 1980, uma ampla percepção e interpretação de partes da metodologia da TOC foram primeiramente obtidas por meio das pessoas que leram o livro *The Goal* (*A Meta*) (Goldratt e Cox, 1984). Embora muitos dos conceitos básicos da TOC tenham sido discutidos em *A Meta*, o corpo de conhecimentos completo dessa teoria não o foi.

Algumas pessoas pensam na TOC basicamente com relação à identificação e à necessidade de acelerar os passos de Herbie (escoteiro fictício de *A Meta*), que representa o gargalo. E daí elas encontram um Herbie após outro. A TOC *não* se resume à caça de Herbies. Mais precisamente, ela procura compreender de que forma pode melhorar e gerenciar o desempenho da restrição do sistema (Herbie) no contexto do sistema como um todo, o que é bem diferente. A TOC diz respeito ao gerenciamento do sistema total, que compreende interdependências, variabilidade e restrições, no sentido de garantir os melhores resultados financeiros possíveis para a organização. A TOC *focaliza* primeiro os pontos de alavancagem do sistema e só então procura identificar como todas as áreas do sistema influem no funcionamento dos pontos de alavancagem. Essa é a forma de obter melhoria no *sistema* como um todo, e não apenas melhorias localizadas.

A TOC emprega o *processo de pensamento* utilizado nas ciências duras – causa e efeito – para compreender e melhorar sistemas de todos os tipos, mais particularmente nas organizações. O processo que um médico adotaria se você estivesse doente e fosse consultá-lo – *primeiro o diagnóstico, depois a elaboração de um plano de tratamento e em seguida a execução desse plano* – é o mesmo adotado pela TOC com a utilização de três perguntas: "O que mudar?", "Para o que mudar?" e "Como causar a mudança?".

Um dos pontos de vista básicos das ciências duras é que existem poucas causas para muitos efeitos. A utilização do constructo de "causa e efeito" ganha uma importância cada vez maior quando realizamos análise científica. Com muita frequência, vemos as organizações tratarem vários "sintomas" em vez de abordarem as causas básicas. A TOC procura identificar o conflito básico que mantém as causas básicas em vigor.

Pense em uma organização como uma "máquina de fazer dinheiro" (consulte a Figura 36.3). Primeiramente, ela é preparada com investimentos (I) em equipamentos e estoque. O dinheiro escoa continuamente como despesa operacional (DO) para pagar pessoal e outras despesas permanentes. As pessoas processam o estoque e vendem seus produtos

O dinheiro escoa continuamente como DESPESA OPERACIONAL (DO).

Primeiramente, a máquina é preparada com INVENTÁRIO (I) em equipamentos e matérias-primas.

Finalmente, é gerada uma grande quantidade de unidades da "META" — denominadas GANHO (G).

FIGURA 36.3 Máquina de fazer dinheiro. Fonte: Adaptada de "Structured Presentation", 1990. Utilizada com permissão. © Instituto Avraham Y. Goldratt.

para gerar uma grande quantidade de dinheiro denominada ganho (G) (dinheiro gerado pelo sistema por meio das vendas).

A abordagem holística da TOC exige que você primeiro compreenda o sistema, sua meta e suas medidas. Em seguida, você pode aplicar os cinco passos de focalização[2] (Goldratt, 1992, p. 307):

1. Identificar a(s) restrição(ões).
2. Decidir como explorar a(s) restrição(ões).
3. Subordinar/sincronizar todo o resto à(s) restrição(ões).
4. Se necessário, elevar a restrição do sistema.
5. Se a restrição tiver sido eliminada, voltar ao primeiro passo. Não deixar que a inércia torne-se a restrição.

A utilização dessas etapas em uma situação em que a restrição do sistema é física geralmente é clara e direta. Entretanto, com frequência a restrição não é física. Nas organizações, várias restrições são de natureza estratégica. Nesse caso, os cinco passos de focalização dividem-se em três perguntas (Goldratt, 1990, Capítulo 2):

1. O que mudar?
2. Para o que mudar?
3. Como causar a mudança?

A metodologia da TOC examina o mundo através dos olhos da lógica de causa e efeito e concentra-se no gerenciamento das restrições, das interdependências e da variabilidade do *sistema*.

---

[2] Utilizada com permissão de Eliyahu M. Goldratt. © Eliyahu M. Goldratt.

Dissonâncias que podem bloquear a integração eficaz entre a TOC e o Lean/Seis Sigma (LSS)

Existem várias sinergias entre as metodologias. Todas elas estão direcionadas ao cliente e desejam lhe oferecer melhor valor. A produção enxuta e a TOC procuram criar um sistema puxado para aumentar o fluxo ao longo do processo e encurtar o tempo de atravessamento até o mercado. Contudo, existem várias dissonâncias entre as metodologias que, se não forem abordadas com cuidado, diminuirão os ganhos que a organização pode extrair de suas iniciativas de melhoria.

Nos estágios iniciais de "estruturação" de um sistema, existe uma diferença de abordagem entre a produção enxuta e a TOC.

A maioria das estruturas de produção enxuta calcula o *takt time*, o ritmo segundo o qual precisamos produzir para atender à demanda do cliente, e depois tenta equilibrar os recursos e equipamentos com esse ritmo. Em qualquer operação, a capacidade superior à quantidade necessária para satisfazer à demanda é considerada perda. Desse modo, as iniciativas de melhoria procuram encontrar uma forma de eliminar a perda para "equilibrar" a capacidade e fazê-la equiparar-se à demanda. Em virtude da variação, atualmente a maior parte das estruturas de produção enxuta cuida para que o tempo de ciclo de cada operação seja uma porcentagem abaixo do *takt time*, mas a meta da estrutura do sistema "ideal" é ter uma linha equilibrada ou nenhum "excesso" ou perda. Nesse sistema "ideal", a capacidade de cada operação no sistema seria balanceada para apoiar um tempo de ciclo apenas ligeiramente mais curto que o *takt time*. Observe que, nesse caso, toda operação nesse sistema ideal poderia tornar-se a restrição do sistema se houvesse qualquer variação na demanda, no produto ou nos processos.

Para a TOC em todo sistema existe uma restrição e a restrição determina o resultado que a organização obtém. Uma hora perdida na restrição é uma hora perdida para toda a organização; portanto, não queremos "matar a restrição de inanição". A estrutura da TOC teria alguma capacidade de aceleração (*sprint*) ou protetiva nas não restrições para que a restrição possa ser *aproveitada* ao máximo. Essa capacidade "desbalanceada" permite que todas as operações procurem saber de que forma elas estão afetando as operações da restrição e, portanto, até que ponto suas ações estão afetando o ganho do sistema como um todo. A Figura 36.4 mostra a diferença de configuração de uma linha balanceada e de uma linha desbalanceada. Ao integrar a TOC e a produção enxuta, é necessário fazer a escolha correta.

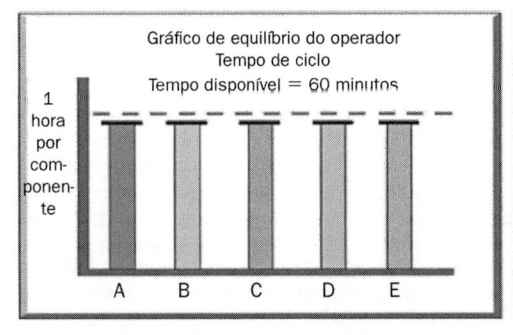

Se não houver nenhuma variação, tanto no tempo dos processos quando na demanda, a linha balanceada pode funcionar. Obviamente, isso não é muito provável. Além disso, segundo Deming, sempre haverá variação. A linha desbalanceada nos possibilita proteger o ganho contra essa variação. Uma variação em qualquer parte da linha balan-

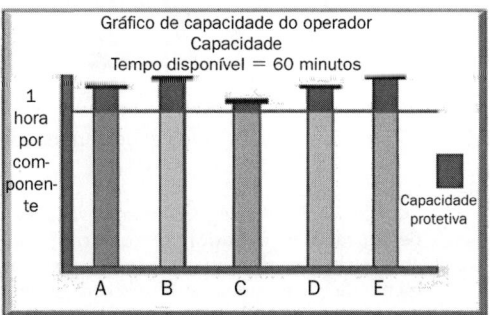

FIGURA 36.4 Balanceada ou desbalanceada.

ceada pode ter um efeito negativo imediato sobre o ganho da organização. Uma variação continuada em diferentes operações em uma linha balanceada exigirá que você a elimine em toda a linha de uma maneira extremamente rápida, o que com frequência costuma ser uma tarefa imensa e onerosa. "Concentre-se em tudo e na verdade não terá se concentrado em nada" (Goldratt, 1990, p. 58).

A abordagem da linha desbalanceada enfoca a restrição e assegura que as não restrições tenham capacidade protetiva suficiente para recuperar o terreno em relação à restrição quando houver imprevistos ("Murphy"). Em uma linha desbalanceada, eliminar a variação continua sendo uma prioridade. A diferença é que o foco das melhorias é direcionado ao que melhorará e protegerá rapidamente o ganho e, ao mesmo tempo, diminuirá inventários ou as despesas operacionais.

Em resumo, ambas as estruturas são configuradas para atender à demanda do cliente. A linha balanceada funciona bem quando existe pouca ou nenhuma variação em um composto de produtos, nos tempos de processo ou na demanda. A linha desbalanceada funciona bem quando existe variação no composto de produtos, nos tempos de processo e na demanda. Embora a diminuição da variação seja uma prioridade em ambas as estruturas, a diferença é onde e quantos lugares é necessário focar e qual será o impacto sobre o ganho da organização como um todo. Na linha desbalanceada, a restrição é gerenciada com extremo rigor. A eficiência e previsibilidade na restrição são medidas importantes. As não restrições são medidas com relação à sua eficiência em manter a restrição abastecida – isso é chamado de gerenciamento de pulmão de tempo. O resultado do sistema global é a principal geral.

Comportamentos de trabalho

A escolha da linha balanceada ou desbalanceada determinará de que forma os recursos serão medidos e, em última análise, como eles se comportarão. As linhas com capacidade balanceada esperam que os funcionários trabalhem de acordo com o *takt*; nas linhas desbalanceadas, os funcionários trabalhariam de acordo com a virtude moral do "corredor de revezamento".[3] A Figura 36.5 retrata a dissonância entre o trabalho de acordo com o *takt* e o trabalho de acordo com o corredor de revezamento.

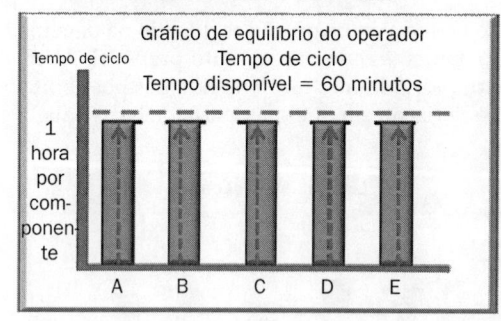

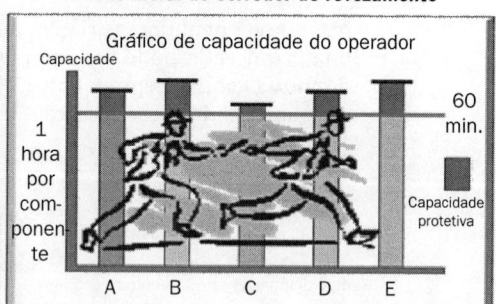

FIGURA 36.5 *Takt* ou virtude moral do corredor de revezamento.

---

[3] O *TOCICO Dictionary* (Sullivan *et al.*, 2007, p. 41) define *corredor de revezamento* como "Processo de utilização de um esforço concentrado para concluir uma atividade e transferi-la imediatamente ao recurso que está aguardando e está preparado para assumir o trabalho transferido no gerenciamento de projetos pela corrente crítica. Uso: No ambiente de operações, algumas pessoas utilizam corredor de revezamento e papa-léguas intercambiavelmente". (© TOCICO 2007. Utilizada com permissão. Todos os direitos reservados.)

Assim que o *takt* é determinado e a linha é balanceada, o operador deve trabalhar conforme o *takt*. Isso funciona bem quando existe pouco ou nenhuma variação no composto de produtos, nos tempos de processo ou na demanda. No entanto, se você tiver uma variação negativa no processo de processamento real *versus* planejado de uma operação, a transferência do trabalho para a operação seguinte segundo o *takt time* será bloqueada. Isso gera um impacto negativo sobre o ganho e normalmente exige a inserção de mecanismos de contorno na seção de produção. Quando ocorre uma variação positiva, o operário não tem nenhum incentivo para repassar o trabalho rapidamente, de modo que existe pouca oportunidade de realizar outro trabalho que agregue valor.

Os comportamentos comuns em um ambiente de trabalho de acordo com o *takt time* são a síndrome do estudante e a lei de Parkinson. Na *síndrome do estudante, pensamos que há muito tempo para finalizar uma atividade e, por isso, deixamos para iniciá-la no último minuto. Se a variação ocorrer após o início desse último minuto, o trabalho será concluído com atraso. A lei de Parkinson estabelece que "Toda atividade se estenderá para preencher o tempo disponível que lhe foi alocado".*

Nesse ambiente, as melhorias são mascaradas em virtude desses comportamentos e princípios. As operações que são concluídas mais cedo não são passadas adiante e o atraso em qualquer operação pode afetar o cumprimento do *takt time* do sistema como um todo. Essa é a consequência de ter uma proteção que, por princípio, está isolada em cada operação e, portanto, não pode ser acumulada para proteger o tempo de fluxo total. Quando o *takt time* é violado em uma operação, a linha inteira sofre as consequências.

A virtude moral de trabalho do corredor de revezamento imita uma equipe de corrida de revezamento. Quando o trabalho se apresenta, o operador entra de cabeça no trabalho, em um ritmo acelerado compatível com a qualidade e segurança, até o concluir, pois do contrário será bloqueado. Se ele for bloqueado, executará o trabalho subsequente até o momento em que o anterior for desbloqueado. Isso elimina os efeitos da síndrome do estudante e da lei de Parkinson e, ao mesmo tempo, evidencia oportunidades de melhoria. No ambiente do corredor de revezamento, os trabalhos concluídos antecipadamente são passados adiante imediatamente e acumulados para formar pulmões de tempo que protejam a restrição e a entrega ao cliente contra variação no tempo de processo ou na demanda. Portanto, a entrega pontual e o ganho do sistema são protegidos mesmo quando existe uma variação significativa.

Em resumo, observe que a maneira como você estrutura a linha – balanceada com o *takt* ou desbalanceada – determinará se o sistema funcionará de acordo com o *takt* ou utilizará o sistema de trabalho do corredor de revezamento. Nos últimos anos, têm surgido "soluções de contorno" para tentar fazer a linha balanceada funcionar conforme o *takt time* na presença de variação. Essas "soluções de contorno" com frequência reestruturam a linha para uma condição desbalanceada.

Liberação de material

Outra diferença sutil na aplicação da TOC ou LSS a um sistema refere-se à forma de liberar material para o sistema. Ambos são sistemas puxados que respondem à demanda do cliente. A principal diferença é que o método de sinalização da TOC baseia-se no tempo, enquanto o método LSS baseia-se no estoque.

Como mostrado na Figura 36.6, quando existe demanda no sistema baseado no tempo (conhecido como tambor-pulmão-corda – TPC), um sinal é enviado à restrição para finalidades de programação e atendimento de uma solicitação de remessa e um sinal é enviado da restrição ao início da linha (controle de produção) para cronometrar a liberação de material. Tal como discutido antes, essa é uma linha desbalanceada. Os recursos não restrição têm capacidade de "recuperação" para assegurar que os pedidos cheguem pontualmente à restrição e ao cliente mesmo na presença de variação. O tempo dos pulmões é calculado da restrição ao ponto de remessa, que é chamado de pulmão de tempo

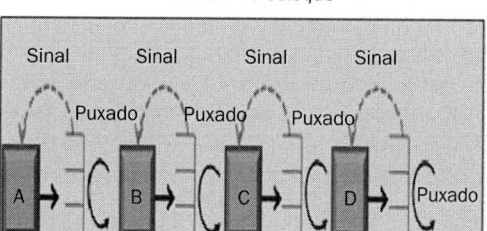

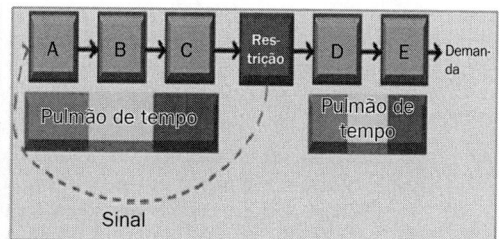

FIGURA 36.6 Liberação de material – estoque ou tempo.

da remessa, e da liberação de material para a restrição, chamado de pulmão de tempo da restrição. Esses pulmões absorverão a variação que pode afetar a restrição e o cliente, protegendo assim o ganho. O material é liberado com base nos pulmões de tempo e no tempo de execução real da restrição. Ele só é liberado para o sistema quando existe demanda por parte do cliente; portanto, o WIP no sistema baseia-se na necessidade do cliente e no que a restrição é capaz de produzir. Não existe nenhuma quantidade padrão de unidades de WIP. Ele se baseia na quantidade de tempo de processamento que o recurso com restrição precisará.

No sistema baseado no tempo, uma alta variação na demanda, o composto de produtos e os tempos de processo são conciliados com ajustes nos dois pulmões de tempo, que funcionam como amortecedores de choque em todas as operações que os precedem. Em vez de oferecer pulmões extensos para lidar com a variação em cada uma das operações, o sistema de corredor de revezamento permite que os pulmões sejam acumulados exatamente em frente da restrição e do cliente. A capacidade protetiva dos recursos não restrição, paralelamente ao sistema do corredor de revezamento, lhes permite recuperar o terreno quando ocorrem contratempos em qualquer parte do sistema. Normalmente, existe também alguma capacidade protetiva disponível no recurso com restrição, para que ele se recupere quando ele mesmo provocar contratempos.

Como mostrado na Figura 36.6, um sistema de liberação baseado no estoque (sistema de produção *kanban*) é ativado quando existe demanda do cliente. Um sinal de produção, denominado *"kanban"*, é enviado de frente para trás, elo por elo, à medida que o material é puxado para satisfazer e proteger as necessidades do cliente. Esse processo continua até preencher todos os supermercados que precisam de reabastecimento. O *kanban é um sistema de sinais visuais que aciona ou controla o fluxo de material*. O *kanban* em cada supermercado é configurado para reabastecer cada parte de acordo com seu "nível padrão" quando o sinal de reposição é enviado. Os *kanbans* sincronizam os processos de trabalho em todo o sistema. Nesse sistema, nada será produzido se não houver um sinal para produção.

Nos sistemas com alta variação na demanda, no composto de produtos ou nos tempos de processo, o sistema baseado em estoque não funcionará eficazmente. Nesse sistema, uma alta variação na demanda, no composto de produtos ou nos tempos de processamento pode provocar uma alta variação no *takt time*, o que pode exigir rebalanceamentos frequentes em uma linha balanceada. A variação pode criar gargalos flutuantes e isso pode interromper o fluxo ao longo da linha e gerar um impacto negativo sobre o ganho do sistema.

Sistema de reabastecimento

Outra diferença sutil entre a TOC e o LSS refere-se à determinação do nível de estoque de matéria-prima e componentes finalizados e ao mecanismo para sinalizar a necessidade de reabastecê-los. A Figura 36.7 mostra um sistema de reabastecimento tradicional[4] e um sistema de reabastecimento da TOC. No primeiro caso, o nível de estoque de componentes baseia-se em um tipo de sistema mín.-máx. em que o ponto de reabastecimento é definido de acordo com uma quantidade física remanescente predeterminada, com frequência chamada de ponto de reabastecimento. A TOC dimensiona os pulmões com base nos padrões de demanda durante o *tempo de reabastecimento confiável* (TRC). *O TRC abrange um intervalo de tempo de reabastecimento (e.g., uma vez por dia, uma vez por semana etc.) e esse intervalo é o sinal para reabastecer o estoque de componentes com o que foi consumido.*

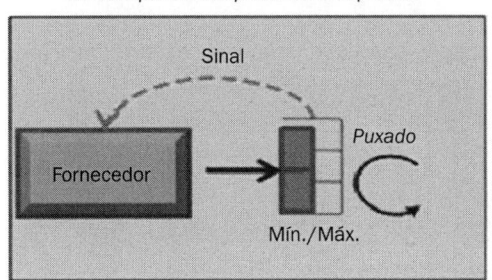

Esse é um sistema de reabastecimento baseado no *tempo* em comparação com um sistema de reabastecimento baseado no *estoque*. O tamanho do lote varia segundo a demanda durante um intervalo de reabastecimento estabelecido. O sistema baseado em estoque tem um tamanho de lote mínimo preestabelecido (o nível máximo menos o ponto de reabastecimento) e o intervalo de tempo para acionar o reabastecimento varia. O sistema baseado no "tempo" lida bem melhor com a variabilidade do que o sistema baseado em "estoque" porque o tempo de reabastecimento do primeiro é delimitado. No sistema baseado em estoque, o tempo para acionar o reabastecimento é imprevisível e pode ser muito longo.

O sistema baseado no tempo funcionará eficazmente em qualquer ambiente. O foco é o gerenciamento do fluxo dos componentes no tempo apropriado em contraposição ao gerenciamento dos níveis de material. Na verdade, resume-se ao que faz o sistema acionar o reabastecimento – o tempo ou os componentes.

A Figura 36.8 exibe as diferenças de estrutura às quais você deve estar atento ao integrar a TOC e a produção enxuta.

A escolha de estrutura entre linha balanceada ou linha desbalanceada determinará as diferenças no comportamento dos recursos e nos sistemas de reabastecimento. A despeito do que algumas pessoas dizem, as estruturas *não* são "idênticas apenas pelo fato de serem diferentes"; o objetivo da estrutura é diferente e você obterá resultados distintos dependendo do ambiente. A estrutura "balanceada" funciona muito bem na ausência de

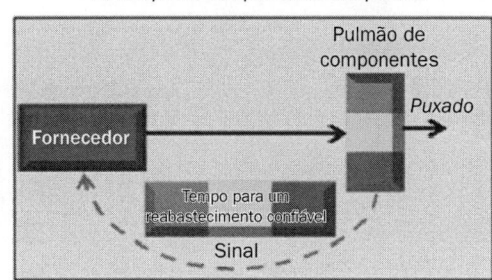

FIGURA 36.7 Sistema de reabastecimento – estoque ou tempo.

---

[4] O *APICS Dictionary* (Blackstone, 2008, p. 93) define *sistema de ponto do pedido* "Método de estoque em que se faz um grande pedido sempre que a quantidade em mãos diminui para um nível predeterminado, conhecido como ponto de pedido". São utilizados dois sistemas de ponto de pedido: sistema mínimo-máximo e sistema de quantidade econômica do pedido (QEP). O sistema mínimo-máximo (p. 83) é "Um tipo de sistema de reabastecimento de ponto de pedido em que "mín." (mínimo) é o ponto de pedido e "máx." (máximo) é o nível de estoque "pedir até". A quantidade do pedido é variável e resulta do estoque máximo menos disponível e do estoque pedido mas não recebido. Um pedido é recomendado quando a soma do estoque disponível e do estoque pedido mas não recebido é igual ou abaixo do mínimo". O sistema QEP (p. 43) é definido como "Um modelo de quantidade de pedido fixa que determina a quantidade de um item que deve ser comprada ou fabricada de uma vez". (© *APICS* 2008. Utilizada com permissão. Todos os direitos reservados.)

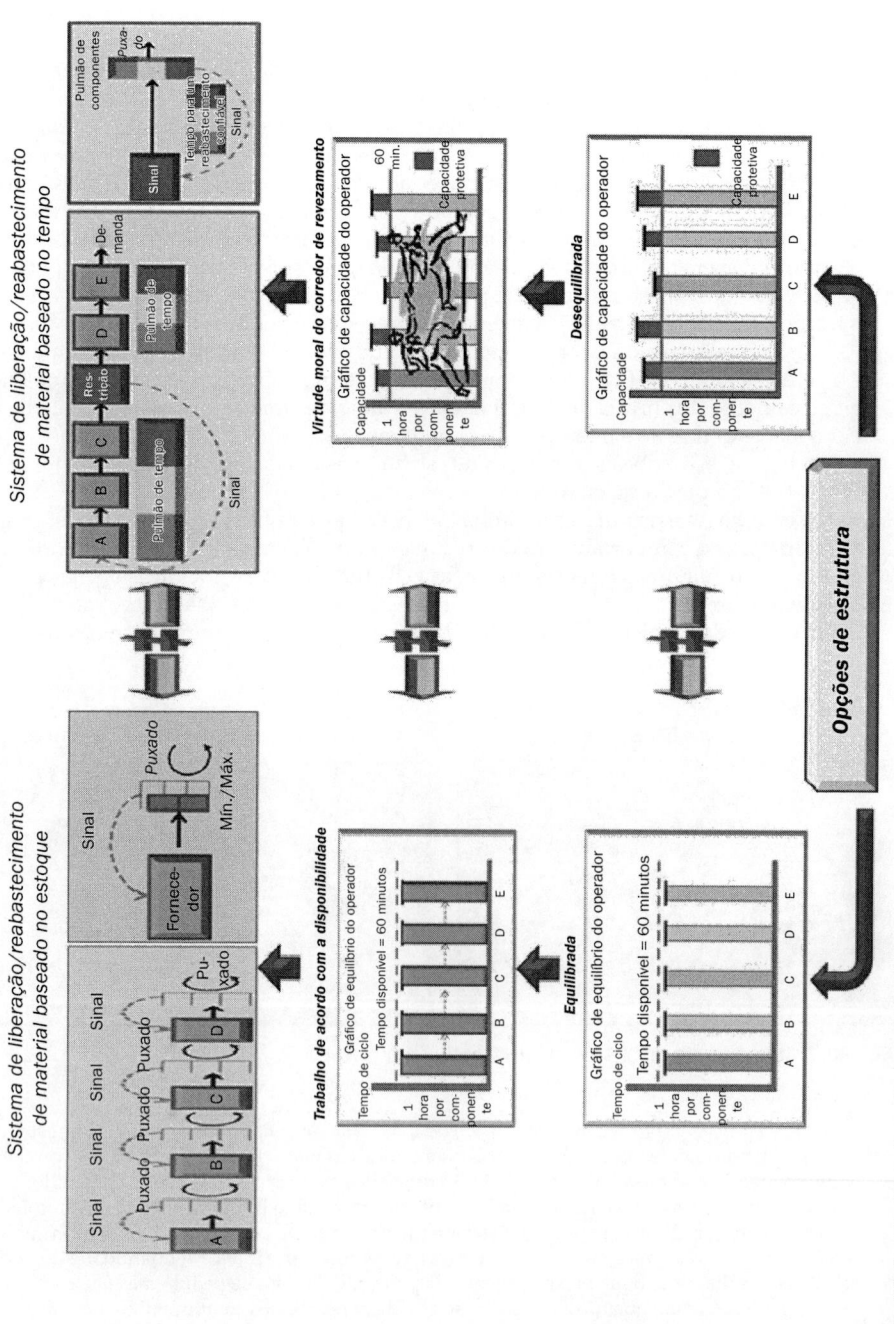

FIGURA 36.8 Opções da estrutura TOCLSS.

variação na demanda, no tempo de processo e no composto de produtos. A linha desbalanceada, normalmente considerada a melhor forma de lidar com ambientes com baixo volume e alta variabilidade, na realidade funciona melhor em todos os ambientes.

A eficácia com que integramos as três metodologias depende da opção de estrutura escolhida. Se for a produção enxuta (linha balanceada, trabalho de acordo com o *takt*, liberação de estoque e reabastecimento), somente duas etapas de focalização da TOC poderão ser aplicadas – a primeira (identificar) e a quarta (elevar). Essas duas etapas precisarão ser aplicadas continuamente para identificar e eliminar cada nova restrição. Ao longo dessa operação, o processo não será estável nem estará sob controle. Se a organização desejar experimentar toda a capacidade oferecida pelos cinco passos de focalização da TOC, o outro tipo de estrutura (linha desbalanceada, virtude de trabalho do corredor de revezamento e sistemas de liberação e reabastecimento baseados no tempo) deve ser adotado. Com essa opção, é possível obter antecipadamente estabilidade para o sistema e uma melhoria centrada no sistema.

TOCLSS: TOC, produção enxuta (Lean) e Seis Sigma totalmente integrados

O método mais eficaz para integrar a TOC, a produção enxuta e o Seis Sigma é começar pela estratégia, que oferece um roteiro para melhorar os resultados empresariais. Esse roteiro estratégico oferece uma direção para as áreas da organização que mais podem beneficiar o sistema como um todo ao aplicar primeiro as melhorias. A estrutura do sistema da primeira área possibilita um desempenho de sistema previsível e estável ao se concentrar na proteção e no gerenciamento de uma ou mais restrições do sistema global. Assim que isso é obtido, as iniciativas de melhoria de processo podem ser aplicadas de uma maneira focalizada para oferecer resultados financeiros ainda melhores para a organização. Por fim, as melhorias devem ser mantidas para que a organização obtenha resultados financeiros reais ao longo do tempo.

Na Figura 36.9, o modelo *strategy, design, activate, improve, sustain* (SDAIS) mostra uma estrutura de implementação para assegurar o sucesso dos negócios com uma efeti-

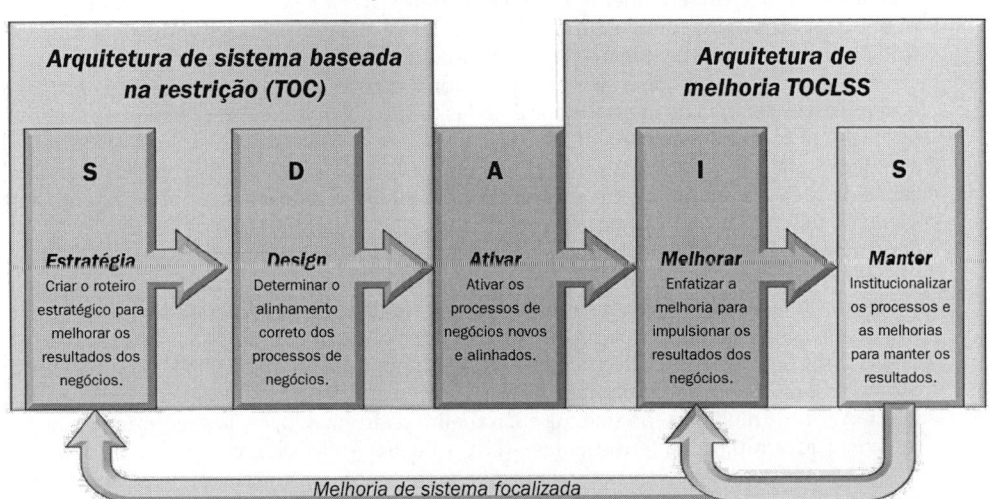

FIGURA 36.9 O método do Velocity. Fonte: © Instituto Avraham Y. Goldratt, LP, 2006-2010.

va melhoria de processo focalizada por meio da TOCLSS, com base em uma plataforma operacional estável.

O roteiro do Velocity para garantir um sucesso contínuo nos negócios tem três partes principais: a arquitetura de sistema baseada na restrição e a arquitetura de melhoria TOCLSS, associadas com a estrutura de implementação SDAIS. Para de fato começar a melhorar o que é importante, é necessário perceber a direção e uma plataforma estável alinhada que ofereça um ganho confiável e constante.

Estratégia – O resultado de uma boa sessão estratégica é um roteiro claro e consensual para melhorar os resultados dos negócios. O processo estratégico da TOC exige a utilização da lógica de causa e efeito para identificar o conflito básico de uma organização, validar o conflito e então desenvolver a realidade futura, que elimina o conflito e acrescenta outras "injeções" essenciais para a melhoria do sistema. Os obstáculos são removidos e o resultado é um roteiro estratégico para o futuro. Isso é realizado por meio de uma rigorosa lógica de causa e efeito, que mostra não apenas a sequência, mas também as interdependências existentes no plano. Isso é bem diferente da maioria dos planos estratégicos que acabam sendo não mais que uma lista isolada de providências de cada departamento. O foco é a otimização do desempenho do sistema global, e não de funções departamentais individuais isoladas.

Design – Os gerentes operacionais/departamentais e especialistas da área estruturam as operações para alinhar seus processos de negócios e obter os resultados financeiros estratégicos identificados. Durante o processo de estruturação, eles reconfiguram o modelo operacional, políticas, medidas, funções e responsabilidades e os sistemas de informação de acordo com o contexto da estratégia e de soluções e ferramentas de gerenciamento de execução comprovadas da TOC.

Ativar – Durante o processo de ativação, as políticas, as medidas, as funções e responsabilidades recém-definidas do modelo operacional e dos sistemas de informação, bem como as ferramentas de gerenciamento de execução, são implementadas para tornar a estrutura operacional.

Essa arquitetura de sistema baseada na restrição gerará um sistema em que os processos de negócios são estruturados, alinhados e operados de uma maneira estável e previsível.

Assim que o sistema estabilizar-se e estiver gerando resultados estáveis e previsíveis, são realizadas melhorias contínuas no sistema que gerem resultados financeiros crescentes e sustentáveis. A TOCLSS utiliza a sinergia da TOC, da produção enxuta e do Seis Sigma para obter coerentemente uma *melhoria de sistema focalizada* (MSF), além do que poderia ser alcançado com o emprego individual de cada método segundo a abordagem tradicional de *melhoria contínua de processos* (MCP).

Melhorar – Assim que o sistema operacional estiver mais estável, a energia é transferida para iniciativas de melhoria focalizadas com o objetivo de fazer com que o sistema operacional obtenha os efeitos desejados e os objetivos estratégicos definidos na sessão estratégica da organização. As iniciativas de melhoria são avaliadas com base em sua capacidade de aumentar o ganho, diminuir o inventário e as despesas operacionais e aumentar o desempenho do sistema como um todo (Jacob, Bergland e Cox, 2009). Os *indicadores-chave de desempenho* (*key performance indicator* – KPIs) são examinados para identificar discrepâncias entre os níveis de desempenho atual e desejado. Essas discrepâncias são analisadas mais a fundo e as oportunidades são calculadas com a finalidade de direcionar as iniciativas de melhoria nos processos de negócios para que obtenham os resultados desejados. Os especialistas em melhoria determinam qual ou quais técnicas de melhoria são necessárias e, em seguida, identificam as prioridades de melhoria do projeto. Algumas técnicas de melhoria são sistema 5S, trabalho padronizado, rápida redução do tempo de *setup* (troca rápida de ferramentas – TRF – ou *single method exchange of die* – SMED), eliminação de perdas que não agregam valor, manutenção produtiva total (*total productive maintenance* – TPM), armazenamento de ponto de uso (*point of use storage* – POUS), sistema à prova de erros (*Poka Yoke*), táticas visuais, gráficos de controle (controle estatístico de processo – CEP), estudos sobre capacidade e projeto de experimentos.

Manter – A memória organizacional é criada e respaldada por meio da documentação da estratégia, da estrutura operacional e de detalhes sobre as melhorias de sistema focalizadas. A organização revê continuamente os principais resultados de mensuração para avaliar, enfocar e institucionalizar políticas, mensurações e comportamentos e, desse modo, garantir que esses resultados sejam mantidos e não sofram nenhuma queda. A organização procura assegurar uma capacidade contínua para obter adesão e manter seu *know-how*.

A adoção do processo SDAIS elimina a necessidade de uma organização ter de "escolher" uma metodologia ou utilizar aleatoriamente a abordagem da "caixa de ferramentas". A organização pode utilizar a integração completa entre a TOC, a produção enxuta e o Seis Sigma para obter uma melhoria de sistema focalizada que gere um salto de desempenho extraordinário, real e sustentável.

Referências

Blackstone, J. H. Jr. *APICS Dictionary*. 12ª ed. Alexandria, VA: APICS, 2008.

Goldratt, E. M. *The Haystack Syndrome: Sifting Information Out of the Data Ocean*. Great Barrington, MA: The North River Press, 1990.

Goldratt, E. M. *What Is This Thing Called Theory of Constraints and How Should It Be Implemented?* Croton-on-Hudson, NY: North River Press, Inc., 1990.

Goldratt, E. M. e Cox, J. *The Goal*. Great Barrington, MA: The North River Press, 1984.

Goldratt, E. M. e Cox, J. *The Goal: A Process of Ongoing Improvement*. 2ª ed. rev. Croton-on-Hudson, NY: North River Press, Inc., 1992.

Jacob, D., Bergland, S. e Cox, J. *VELOCITY: Combining Lean, Six Sigma and the Theory of Constraints to Achieve Breakthrough Performance*. Nova York: Free Press, 2009.

Universidade Motorola. *Six Sigma through the Years*. 2008. http://www.motorola.com/content.

Ohno, T. *Toyota Production System: Beyond Large-Scale Production*. Nova York: Productivity Press, 1988.

Sullivan, T. T., Reid, R. A. e Cartier, B. *TOCICO Dictionary*. 2007. http://www.tocico.org/?page=dictionary.

Womack, J. P. e Jones, D. T. *Lean Thinking*. Nova York: Free Press, 1996.

Sobre o autor

Desde 1986, o **Instituto Avraham Goldratt** (Avraham Goldratt Institute – AGI) tem possibilitado que as organizações alinhem seu *modus operandi* com o que elas estão tentando obter – resultados financeiros estratégicos.

O AGI é o berço das técnicas e soluções baseadas em restrição destinadas ao sucesso empresarial. Muitos consultores e organizações estão arraigados ao AGI não apenas em virtude da TOC, mas também pela forma como a TOC integra-se com outros métodos de melhoria.

O AGI oferece rápidos resultados financeiros a seus clientes por meio do *VELOCITY* – um método empresarial de grande eficácia que associa velocidade e direcionamento. O *VELOCITY* é formado por três pilares: TOC, a arquitetura de sistema; TOCLSS, o processo de melhoria focalizada; e SDAIS, a estrutura de implementação.

O SDAIS (*strategy-design-activate-improve-sustain* ou estratégia, *design*, ativar, melhorar e manter)) inicia-se com a elaboração e execução do roteiro estratégico para que os processos de negócios sejam concebidos e alinhados em prol da concretização da estratégia. Assim que *concebidos*, os processos de negócios são *ativados* para que a organização funcione de uma maneira estável e previsível, com pouco investimento e rebuliço na organização.

Assim que se atinge um nível de estabilidade, as *melhorias* de sistema focalizadas são aplicadas para gerar mais resultados financeiros sustentáveis. As ferramentas de gerenciamento da execução e a transferência de conhecimentos viabilizam cada um dos aspectos do SDAIS e servem de base para a autossuficiência e *sustentação*.

O AGI oferece conhecimentos especializados sobre a TOC, a TOCLSS e a estrutura SDAIS e tem longos anos de experiência na adaptação de cada um desses elementos às necessidades exclusivas dos clientes, independentemente do porte e setor.

Além disso, o AGI distingue-se por sua capacidade de conduzir as organizações ao longo de processos bem-sucedidos de transformação empresarial, oferecendo uma avaliação da empresa, apoio à implementação, ferramentas de gerenciamento da execução, treinamento e mentoria.

Estamos motivados a transformar o que é complexo em algo manejável e a possibilitar o sucesso sustentável de nossos clientes.

37
Utilizando a TOC em sistemas complexos

John Covington

Introdução

O objetivo deste capítulo é oferecer ao leitor algumas ideias sobre como utilizar o pensamento da TOC para lidar e melhorar o desempenho de sistemas organizacionais complexos.

O que é um sistema complexo? A complexidade depende dos olhos de quem está examinando o problema e de sua percepção. O que parece complexo para uma pessoa pode parecer simples para outra. Para ser um bom solucionador de problemas, é necessário ter capacidade para reduzir qualquer sistema a seus componentes mais simples, o que talvez exija a redefinição do sistema. Passei grande parte de minha carreira no setor industrial trabalhando em indústrias químicas. Existem milhares de problemas em uma grande instalação de processo de fluxo contínuo – controles computadorizados, variabilidade de matérias-primas, treinamento dos operadores, acúmulo de resíduos de óleo no permutador de calor, centenas de válvulas de controle, desgaste e corrosão de equipamentos, programação de vagões ferroviários, regulamentos do órgão de proteção ambiental etc. Existem vários detalhes e toneladas de dados. Isso pode parecer extremamente complexo. Como é possível abraçar tudo isso?

Todos os sistemas transformam algo de um estado de ser em outro. Por exemplo, uma indústria química que transforma ar, enxofre e água em ácido sulfúrico. A definição mais simples de sistema poderia ser representada pelo enxofre, ar e água que entram em um recipiente e saem como ácido sulfúrico e produtos derivados. Talvez possamos considerar uma universidade como sistema, que é um lugar em que as pessoas passam de um nível de conhecimento para outro. Em seguida, podemos acrescentar detalhes suficientes para descrevermos o sistema adequadamente e esclarecê-lo melhor. Quais são as dependências e o sequenciamento necessário para concretizar o objetivo do sistema? Você precisa responder essas perguntas antes de tentar encontrar uma solução.

Utilizo os conceitos da *teoria das restrições* (*theory of constraints* – TOC) para solucionar problemas desde o início da década de 1970. Na época, eu não chamava esse processo de teoria das restrições, mas de equilíbrio entre material e energia. Sou formado em engenharia química e desde o princípio nossos professores nos instruíam a:

1. Definir o sistema.
2. Identificar o gargalo.

Pouca coisa mudou desde então e, basicamente, é assim que se deve abordar um sistema complexo – definir o sistema e identificar o gargalo.

Repetindo, todos os sistemas, sejam eles complexos ou não, transformam algo de um estado em outro. Talvez a melhor forma de explicar a questão de oferecer soluções

---

Copyright © 2010 John Covington.

para problemas de sistemas complexos seja por meio de três exemplos de organização complexa:

1. Um conglomerado que transforma vergalhões de aço em "hastes de sucção" para a indústria petrolífera.[1] Nesse exemplo, redefiniremos o sistema, encontraremos a restrição logística atual desse novo sistema mais bem definido e abordaremos a mentalidade que pode ser um obstáculo ao avanço.

2. Uma empresa que fabrica componentes para eixos de transmissão da roda dianteira em diferentes fábricas e depois os monta em uma quarta fábrica. Todas as fábricas são programadas por seus clientes concorrentes. Esse exemplo mostra como é importante definir o sistema apropriadamente quando ele é complexo. Se você interpretar mal essa etapa, na melhor das hipóteses gastará um tempo enorme para encontrar uma solução e, na pior, nunca abordará os problemas reais.

3. Uma organização que converte não discípulos em discípulos. Esse exemplo oferece um ponto de vista diferente sobre o ganho como um serviço sem fins lucrativos ou um produto intangível. Se a mentalidade da TOC consegue abordar um problema tão intangível quanto um discípulo, ela consegue abordar qualquer coisa.

Esses três casos são utilizados para mostrar a complexidade do ambiente organizacional e a simplicidade das soluções necessárias para ter êxito. Após esses exemplos, apresento um resumo das principais constatações extraídas de minha experiência nesses e em outros ambientes complexos.

Precisamos de mais hastes de sucção!

Introdução

Em 2007, meu grande amigo Jeff Bust tornou-se presidente do Energy Group (EG), da Dover Corporation. A Dover é um conglomerado com mais de $ 7 bilhões em vendas, dos quais o Energy Group é responsável por aproximadamente $ 500 milhões. No grupo de Jeff havia duas empresas que fabricavam hastes de sucção: a Norris Rod, localizada em Tulsa, Oklahoma, e a Alberta Oil and Tool (AOT), localizada em Edmonton, Alberta.

Uma breve discussão sobre a cultura existente em vários conglomerados é apropriada. Os conglomerados compram e vendem empresas e as mantêm sob uma ampla estrutura organizacional. Muitos conglomerados desejam preservar a identidade de uma empresa específica porque acreditam que a independência as leva a ter um desempenho melhor. A desvantagem disso é que, quando temos duas empresas que produzem a mesma coisa e ambas são medidas por sua própria demonstração de lucros e perdas, existe oportunidade de concorrência, e não de colaboração. Foi isso que ocorreu na Dover quando as duas empresas do EG estavam lutando para acompanhar o crescimento do mercado. Jeff percebeu que a Norris e a AOT estavam trabalhando com os produtos errados, estavam enfrentando problemas de qualidade e havia pouca colaboração entre ambas.

Jeff necessitava de mais hastes de sucção, e necessitava rapidamente. Não havia tempo para investir muito capital adicional em equipamentos porque o EG precisa tirar vantagem do mercado quando ele estava em alta. Além disso, o EG não queria investir um novo capital em um processo antigo de produção de hastes de sucção.

O que é haste de sucção? A maioria dos leitores provavelmente já deve ter visto um poço de petróleo parecido com uma grande cabeça de cavalo que se move para cima e para baixo. Amarrada à cabeça do cavalo há uma haste que desce por uma cápsula e pode chegar a uma profundidade de 600 metros ou mais. Cada haste tem em torno de 7 metros

---

[1] Esse estudo de caso específico foi tema de um webinar da *IndustryWeek*, que posteriormente a empresa afirmou ter sido seu webinar de maior audiência até aquele momento.

de comprimento. Portanto, são necessárias inúmeras delas para alcançar o petróleo a milhares de metros abaixo. Ao final da haste, um dispositivo suga o petróleo e dá início ao seu trajeto até a superfície, onde é coletado e vendido por uma pequena fortuna.

As hastes de sucção podem ter vários diâmetros, níveis de resistência e comprimentos, e as empresas tinham ao redor de cem unidades de manutenção de estoque de diferentes hastes.

A fabricação das hastes envolve cinco etapas básicas:

1. Desempenamento das hastes na siderúrgica.
2. Operação de fundição, em que as extremidades das hastes são moldadas.
3. Tratamento de calor.
4. Usinagem/rosqueamento.
5. Pintura.

Na Chesapeake Consulting, não encontramos uma grande quantidade de sistemas complexos que não pudéssemos simplificar por meio dos *cinco passos de focalização*; entretanto, acrescentamos a seguir o que consideramos dois importantes pré-requisitos:

- Definir o sistema e seu objetivo.
- Determinar de que forma medi-lo.

Para isso, nossa missão era:

- Aumentar o ganho total para tirar proveito da demanda de mercado.
- Desenvolver uma estratégia mais unificada.
- Cria alguma sinergia e colaboração entre a AOT e a Norris.

Portanto, o sistema no qual trabalhávamos era um misto de operações da AOT e da Norris. Embora essas duas fábricas estivessem fisicamente separadas por mais ou menos 1.600 quilômetros, nós as víamos como se fossem uma instalação sob o mesmo teto.

Um pouco de história e o que aprendemos

Tanto a Norris quanto a AOT haviam feito o excelente trabalho de manter sua cultura corporativa, talvez exageradamente, e ambas tinham um bom desempenho. A Dover tem cinco principais critérios financeiros e operacionais para avaliar as empresas e ambas estavam acima da meta em quatro desses critérios. O mercado era bom. Portanto, as empresas estavam exibindo uma lucratividade admirável, e os executivos estavam obtendo excelentes bonificações. Além disso, a longevidade do presidente de cada uma das empresas era maior que a de um presidente divisional. Essas duas empresas sobreviveram a várias pessoas que haviam ocupado o cargo de meu amigo Jeff. A principal questão aqui é que não havia muito incentivo para ambas mudarem. Havia também um histórico de atrito sindical na Norris e concorrência dentro da corporação.

Na Figura 37.1, o fluxo do processo geral era: das matérias-primas ao desempenamento, da operação de fundição ao tratamento de calor, e depois usinagem, pintura, produtos acabados e remessa aos clientes.

A restrição física de cada uma das fábricas e do sistema como um todo eram as operações de tratamento de calor. O ganho máximo que o EG conseguia produzir era o total de tratamento de calor obtido na Norris e AOT. Por uma série de motivos, o tratamento de calor era um lugar lógico para ter uma restrição física interna. Portanto, não fizemos nenhum esforço para mudá-la. O tratamento de calor representava o investimento de capital mais alto, era relativamente fácil de proteger e era a etapa do processo à qual a empresa sentia que ela agregava o maior valor; uma etapa que ela não pensaria em terceirizar.

Na AOT, eles já haviam equilibrado a capacidade; por isso, havia uma capacidade protetiva inadequada na operação de desempenamento e fundição para manter o tra-

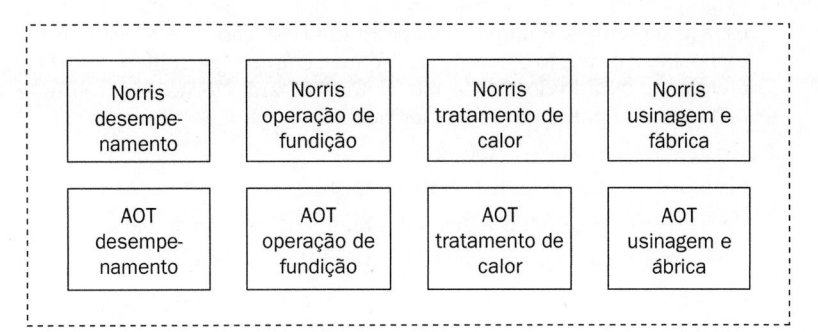

```
┌─────────────────────────────────────────────────────────────────────┐
│  ┌──────────┐   ┌──────────┐   ┌──────────┐   ┌──────────┐          │
│  │  Norris  │   │  Norris  │   │  Norris  │   │  Norris  │          │
│  │ desempe- │   │operação de│  │tratamento│   │usinagem e│          │
│  │ namento  │   │ fundição │   │ de calor │   │ fábrica  │          │
│  └──────────┘   └──────────┘   └──────────┘   └──────────┘          │
│                                                                     │
│  ┌──────────┐   ┌──────────┐   ┌──────────┐   ┌──────────┐          │
│  │   AOT    │   │   AOT    │   │   AOT    │   │   AOT    │          │
│  │ desempe- │   │operação de│  │tratamento│   │usinagem e│          │
│  │ namento  │   │ fundição │   │ de calor │   │ ábrica   │          │
│  └──────────┘   └──────────┘   └──────────┘   └──────────┘          │
└─────────────────────────────────────────────────────────────────────┘
```

FIGURA 37.1 Operações associadas da Norris/AOT.

tamento de calor com plena capacidade. A AOT já havia empregado as ferramentas da produção enxuta (Lean) e de Seis Sigma e havia pouquíssima oportunidade de obter capacidade adicional sem investir capital. Havia alguns anos que a AOT vinha trabalhando em um processo de melhoria contínua e estava muito aquém de um desempenho de nível internacional (seja lá o que isso signifique). A empresa estava utilizando métodos estatísticos para determinar quando era necessário mudar as matrizes. Uma mudança na fundição levava menos de uma hora, ao passo que na Norris poderia levar mais de um dia. Não havia muita "moleza" na AOT. Além disso, havia uma cultura amistosa na AOT; os funcionários costumavam sorrir e cumprimentar seus supervisores e era óbvio que eles e os gerentes estavam envolvidos com o trabalho.

A Norris tinha muita capacidade no equipamento de fundição, mas a maior parte estava sendo desperdiçada em virtude de desleixo. Embora eles tivessem iniciado o processo de produção enxuta e Seis Sigma, eles estavam apenas no começo e não haviam focalizado suas iniciativas. A TOC indicava claramente que as iniciativas de melhoria precisavam ser focalizadas no processo de fundição da Norris a fim de obter capacidade protetiva para suprir as operações de tratamento de calor tanto da Norris quanto da AOT. A Norris tendia a ter longos tempos de processamento nas operações de fundição das hastes para evitar tempos de *setup* muito extensos. Obviamente, essa filosofia tradicional de longos tempos de processamento, a ênfase sobre a eficiência e a minimização dos custos de *setup* aumentaram o estoque para níveis acima dos desejados e consumiram uma valiosa capacidade protetiva na fabricação do que não deveria.

Para ter o pulmão apropriado em frente às operações de tratamento de calor na AOT e na Norris, o sistema tinha de obter maior capacidade protetiva na operação de fundição da Norris.

O possível impacto da implementação da TOC era dezenas de milhões de dólares em vendas adicionais e diminuição na despesa operacional, sem nenhum capital adicional.

Façamos um segundo de pausa. Nós assumimos um sistema complexo composto de duas empresas sob a mesma estrutural organizacional, com várias questões culturais e de mercado, e estreitamos nosso foco a um único departamento – a operação de fundição da Norris. Nosso trabalho foi iniciado nessa empresa com a consciência de que ele não se estenderia para o restante da organização.

Que mudança foi necessária

Por meio de avaliação, constatamos que alguns dos *efeitos indesejáveis* (EIs) eram os seguintes:

1. O EG está perdendo vendas em virtude dos longos tempos de atravessamento. Isso também provocava um efeito negativo a longo prazo na medida em que a empresa queria permanecer como a "primeira a ser procurada". Nesse setor, quando o telefone toca, há alguém precisando de hastes de sucção imediatamente ou em um curto

espaço de tempo. Quanto mais cedo uma estação de extração entra em operação, mais cedo o dinheiro começa a fluir para a empresa petrolífera. Se o EG não conseguir atender ao pedido do cliente, ele telefonará para o fornecedor seguinte de sua lista e o EG perderá participação de mercado.

2. Existe um alto índice de refugo.
3. Na Norris, o ambiente de trabalho é hostil.
4. Perdem-se oportunidades de aumentar a participação de mercado.
5. Na Norris, o nível de estoque é alto (produtos finalizados e matérias-primas).

O problema físico central era a operação de fundição na Norris. Se tivéssemos uma varinha mágica para fazer a operação de fundição da Norris se parecer e ter um desempenho semelhante ao da operação de fundição da AOT, as vendas aumentariam instantaneamente e algumas outras coisas também poderiam ocorrer.

Como causar a mudança

Nossa postura nas implementações é permitir que os clientes passem por uma série de experiências concebidas para lhes ensinar o que eles precisam saber e então possibilitar que eles apliquem esse conhecimento em seu ambiente específico. Isso normalmente exige um processo de cinco etapas:

1. Avaliação. Um bom "Jonah"[2] deveria saber a resposta a uma pergunta antes de fazê-la. Durante a fase de avaliação, é desejável perceber quais são os problemas e que aspecto uma solução teria. É desejável também ter uma ideia do que o sistema em questão significa e de quem precisa ser envolvido.

2. Instrução. O objetivo dessa etapa é transferir as informações apropriadas das quais o cliente necessitará em sua iniciativa de melhoria. Utilizamos atividades e palestras práticas vinculadas a exemplos para ajudar o cliente a aprender em um ambiente que não é o dele (isso ajuda a evitar a síndrome "isso não vai funcionar aqui").

3. Estruturação. Nessa etapa, incentivamos a equipe do cliente a utilizar conhecimentos recentes para estruturar um novo sistema (que inclua novas diretrizes) para melhorar o desempenho. Esse sistema poderia exigir a redação de procedimentos detalhados para um mecanismo TPC adaptado ao ambiente do cliente.

4. Planejamento. Nessa etapa, definem-se metas e atividades específicas e identificam-se os obstáculos que poderiam impedir sua conclusão. Os planos de ação são desenvolvidos para superar obstáculos. Esse trabalho é semelhante à elaboração da *árvore de pré-requisitos* (APR).

5. Execução. É nessa etapa que o pessoal põe-se a caminho e executa o plano e o andamento é monitorado.

De acordo com minha experiência, no momento em que estamos atravessando esse processo a maior parte da resistência à mudança já foi superada e o cliente já se apropriou da solução.

Contudo, nesse caso, tivemos algumas outras ressalvas. Tal como mencionado antes, na Norris havia um histórico de relações adversas entre a administração e o sindicato e havia muita desconfiança. Havia também desconfiança entre a Norris e a AOT. Concluímos que nossa postura normal não funcionaria porque as informações fluem por meio das relações e essas relações estavam sendo obstruídas por inúmeros pressupostos negativos equivocados. Por esse motivo, embora a restrição física fosse a operação de tratamento de

---

[2] Lembre-se de que Jonah é o personagem do livro *The Goal* (*A Meta*), escrito por Eli Goldratt, que pelo método socrático leva uma pessoa a descobrir a resposta para um problema.

calor, a restrição real que a transformava em um sistema complexo era a mentalidade e as relações dentro e entre as fábricas. Precisávamos de alguma forma promover experiências de aprendizagem adequadas para romper com esse problema de desconfiança.

O que fizemos para implementar a mudança

As relações, o propósito (que abrange processos que ganham propósito) e o fluxo de informações formam a cultura, e a cultura existente na Norris precisava de mudança.

A nosso ver, a parte mais importante dessa implementação específica foi o processo de escolha, estímulo e orientação da equipe de implementação. Também constatamos que tínhamos apenas uma oportunidade para acertar o alvo.

Para formarmos uma equipe interfuncional com os membros diretamente envolvidos com a operação de fundição, visitamos figurativamente essa área e andamos ao redor, cumprimentando as pessoas que encontrávamos. Encontramos:

- Operadores
- Mecânicos
- Supervisores de produção
- Supervisores de manutenção
- Engenheiros de melhoria de processo
- Programadores

Com uma lista de possibilidades dos membros da equipe, reunimo-nos com a alta administração e o departamento de recursos humanos e escolhemos uma equipe de implementação da Norris de 15 pessoas. Os fatores que consideramos foram:

- Líderes formais e informais
- Representação sindical
- Pessoal de cada turno
- Pessoas com atitudes positivas

Assim que a equipe foi escolhida, iniciou-se o processo de instrução. A instrução sobre os processos e técnicas incluiu um *workshop* normal de dois dias sobre fluxo sincrônico e um *workshop* prático de um dia sobre produção enxuta. O conhecimento que esperávamos transferir abrangia:

- O conceito de restrição
- O problema de capacidade protetiva
- A relação entre capacidade, dependência, variabilidade e estoque
- O local estratégico de uma restrição
- Ideias e ferramentas (por exemplo, redução do tempo de preparação) para obter uma capacidade "barata e gratuita"
- Medidas da TOC, como ganho, investimento e despesa operacional
- Outras medidas operacionais apropriadas

A instrução e experiência sobre liderança/relacionamento incluiu:

- Avaliações individuais de comportamento, valores e habilidades relativas a projetos, sistemas e pessoas
- Uma reunião de um *coach* executivo com cada pessoa para rever as avaliações
- Um *workshop* informativo de dois dias

O conhecimento que esperávamos transferir nesse *workshop* de dois dias incluía:

- Como cada membro da equipe poderia compreender melhor seus comportamentos e até que ponto seu estilo afetava os demais. Esse conhecimento oferecia ao indivíduo a opção de adaptar seu comportamento para melhorar o fluxo de informações (lembre-se dessa questão cultural).
- Conhecer melhor seus colegas de trabalho/gerentes para construir relacionamento com base em respeito e confiança.

A equipe estava pronta para seguir para o Canadá.

"Ah! Canadá"

Você consegue imaginar a logística para levar uma equipe de trabalhadores ao Canadá, em uma situação em que muitos deles nunca haviam saído de Oklahoma? Só o trabalho para obter os passaportes a tempo já foi uma provação. Gostaria de fazer uma pausa de um segundo aqui e refletir sobre o apoio da administração Dover a esse projeto. Alguns executivos explicaram que eles poderiam ter obtido os mesmos resultados sem o gasto de enviar a equipe ao Canadá. Os executivos da Dover tinham bom senso para perceber que se tratava de um evento significativo para dar um recado a ambas as empresas.

A AOT realizou um excelente trabalho de recepção. Além das visitas à fábrica e dos *briefings*, foram oferecidas à equipe conjunta do Canadá e dos Estados Unidos muita comida e várias atividades de entretenimento. A equipe da Norris acompanhou e participou das preparações de fundição e de outras atividades operacionais. Essa visita conseguiu:

1. Uma avaliação mais aprofundada por parte da equipe da Norris sobre as realizações da AOT com respeito à excelência operacional.
2. Esclarecimento a respeito da disparidade de aprendizagem entre as fábricas, uma oportunidade tangível para a Norris.
3. Uma extensa lista de ideias concebidas pela equipe tanto para a Norris quanto para a AOT.
4. Vários novos relacionamentos entre colegas de trabalho de ambas as fábricas.

Resultados após seis meses

Assim que a equipe voltou da Norris, ela implementou vários conceitos e ferramentas aprendidos. Segue um resumo dos resultados fundamentais:

- Maior ênfase sobre o tratamento de calor como restrição estratégica de ambas as empresas.
- Um ganho de lucratividade de 6% pela Norris, embora tenha tirado de operação duas fornalhas para manutenção.
- Um ganho de lucratividade acima de 6% pela AOT. Essas duas melhorias foram obtidas a despeito do aumento no preço do aço, que não foi repassado.
- Maior flexibilidade na operação de fundição da Norris por meio da redução dos tempos de *setup* de uma média de metade de um turno para 30 minutos (12,5% do tempo de preparação original).
- Diminuição da quantidade de retrabalho em várias linhas de produção, de um índice de 50% para 10% (e, desse modo, maior capacidade na restrição sem custos).
- Compartilhamento de formulações da AOT com a Norris para melhorar a eficiência.
- Maior colaboração geral entre as duas empresas.

Ao longo do processo de implementação outras mudanças foram feitas para alinhar melhor as duas empresas. Uma das mudanças mais importantes foi a designação do diretor executivo da AOT para o controle de ambas as empresas. Outra foi a mudança cultural (mentalidade/relacionamentos) dentro e entre as fábricas.

Você de fato definiu o sistema?

Introdução

A GKN Automotive é uma empresa que fabrica semieixos para carros com tração dianteira. Seus clientes incluíam Ford, General Motors, Toyota, Honda e a maioria das principais empresas automobilísticas. O presidente e diretor executivo, Tom Stone, acreditava que ele poderia melhorar o desempenho por meio da adoção dos princípios da TOC.

O que é semieixo? Se você examinar um veículo com tração nas rodas dianteiras, notará dois pequenos eixos que conectam a transmissão de cada roda. Na extremidade de cada eixo há uma peça fundida de metal semelhante a uma tulipa – na verdade, é assim que o pessoal da GKN chama essa peça. A extremidade que se prende à transmissão é a "interna" e aquela que se prende à roda é a "externa".

O sistema englobava quatro fábricas. Uma fabricava as "tulipas" fundidas, outra fazia a usinagem das tulipas e a parte interna da extremidade correspondente, outra fazia o mesmo para a extremidade externa, e essas duas últimas enviavam essas peças para a fábrica de montagem, que montava o produto para cerca de 22 modelos de carro diferentes.

As quatro fábricas estavam estruturadas como centros de custo distintos e a entidade em questão (ou sistema) era a fábrica física. Durante a etapa de avaliação, estava claro para nós que essa estrutura não fazia nenhum sentido. Olhar para o sistema da GKN do ponto de vista de quatro fábricas independentes medidas pelo custo na verdade tornava a GKN mais complexa. O que constatamos é que todo equipamento de usinagem era designado para um modelo de carro específico e que o fabricante de automóveis controlava "seu" equipamento. Como o controle da programação das fábricas era externo e tendo em vista a dependência das peças e dos processos, tornou-se óbvio que considerar cada fábrica física como sistema era uma postura equivocada. Toda fábrica tinha de lidar com as peças de todos os 22 modelos de carro e a administração de cada uma delas estava centrada em sua "otimização local". (Consulte a Figura 37.2.)

Se o sistema não for definido apropriadamente, identificar uma restrição ou realizar uma análise por meio do *processo de pensamento* não faz sentido. Além disso, sempre deve ser nossa meta examinar um sistema complexo de uma maneira que o torne menos complexo.

O que precisamos mudar?

A GKN estava tentando solucionar o sistema errado – o local físico das fábricas e seu tratamento como centro de custo independente. Na visão de cada uma das fábricas, elas tinham clientes exclusivos, com necessidades e tendências distintas com respeito a tempo de atravessamento, qualidade e outras questões.

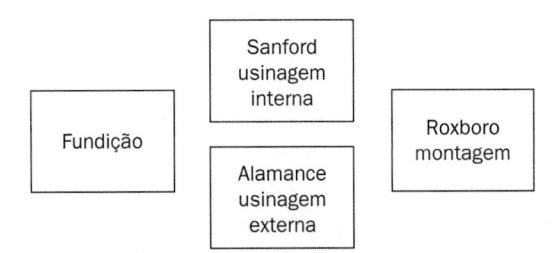

FIGURA 37.2 "Perspectiva das fábricas" da GKN.

Para o que nós mudamos?

O que fazia sentido era segmentar a GKN de acordo com modelos/mercados específicos. Nesse, os membros das equipes das fábricas de fundição, da parte interna, da parte externa e de montagem trabalhavam para satisfazer um determinado cliente e modelo. O foco tornou-se o cliente (do início ao fim do processo) e um processo de comunicação fluente em toda a organização. Essa nova visão da organização estava centrada em criar valor para o cliente. Construir vias de valor por cliente era um sistema que fazia sentido. Para criar uma via de valor, partimos do cliente, retrocedemos à plataforma de desembarque e paramos em um ponto natural de ramificação (consulte a Figura 37.3). Cada via de valor tinha sua própria unidade de montagem, de usinagem interna, usinagem externa e de fundição de tulipas. Os operadores designados para esses equipamentos trabalhavam em tempo integral e consideravam-se mais como parte de sua via de valor do que como parte de uma fábrica específica.

Como provocamos a mudança?

No caso da GKN, a ideia de vias de valor para substituir as fábricas físicas enquanto "sistema" foi vendida para o presidente e diretor executivo; portanto, não havia nenhuma discussão sobre se tentaríamos ou não seguir essa direção. Eu escolhi essas palavras com cuidado – não havia nenhuma discussão sobre se tentaríamos. Se isso funcionaria ou não era uma questão que dependia totalmente na adesão das pessoas envolvidas.

Ao mudar para as vias de valor, estávamos basicamente começando a mudar a estrutura organizacional funcional. Em um sistema complexo importante, essa mudança não é incomum. A nova organização era formada por 12 a 14 vias de valor que cobriam todos os 22 modelos e cada uma incluía trabalhadores de todas as quatro fábricas. As vias eram responsáveis por garantir a satisfação de seus clientes – Taurus (Ford), Camry (Toyota) etc. Telefone, *e-mail* e dados de pulmão eram as formas de comunicação. Muitos funcionários que trabalhavam por hora agora estavam envolvidos diretamente com o que deveria ser produzido e com a forma como as coisas eram gerenciadas. Cada via de valor monitorava seu pulmão de remessa e controlava a liberação de matérias-primas para o equipamento de processamento. Na transição da estrutura de organização funcional para uma estrutura de fluxo TPC, os gerentes de fábrica e outros supervisores tiveram de abrir mão de seu controle e confiar mais em seus funcionários.

Resultados

A GKN obteve sucesso em todos os fatores de sucesso normais da TOC:

- O lucro líquido praticamente dobrou (em torno de 85% de aumento).
- O estoque diminuiu em 22%.
- O retorno sobre os ativos líquidos tiveram um aumento de 40%.
- O valor agregado por funcionário (estimativa aproximada do G/DO) teve um aumento de 30%.

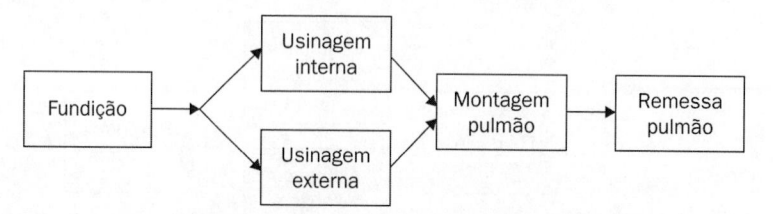

FIGURA 37.3 Perspectiva da "via de valor" – de 12 a 14 vias de valor para cobrir os 22 modelos.

De acordo com os executivos da GKN, esse novo método operacional estava trazendo "calma para um ambiente caótico".

Onde se encontra a restrição no ato de fazer discípulos?

Introdução

A Igreja Metodista Unida (United Methodist Church – UMU) é a segunda maior congregação protestante do mundo. Seu fundador, John Wesley, é reconhecido por muitos como o responsável por ter ajudado a Inglaterra a evitar uma revolução semelhante à Revolução Francesa. John Wesley pregou para os pobres e defendia a ação dos cristãos para o bem. Sua influência foi tamanha que a esperança que ele deu às pessoas por meio de Deus evitou uma violenta insurreição das massas.

Há mais de cinco décadas a UMC tem estado em declínio, perdendo em torno de mil membros por semana. Esse número seria pior se não fosse o fato de a UMC estar crescendo no exterior, especialmente na África.

No início da década de 1990, fui convidado pelo Conselho Geral de Discipulado, um dos órgãos mais influentes da UMC, a participar de um seminário da TOC de um dia em Nashville, Tennessee. Ezra Earl Jones era o secretário geral responsável pelo conselho, cargo equivalente ao de um bispo. Ele era considerado um inovador na UMC e tentou utilizar várias ferramentas empregadas com sucesso no setor industrial para provocar uma virada na situação difícil da UMC.

Esse *workshop* de um dia abrangia os princípios básicos de medida da TOC e os cinco passos de focalização. Como esse encontro teve bons resultados, Ezra Earl e o editor do ministério The Upper Room participaram subsequentemente de um curso Jonah aberto ao público que eu conduzi na Universidade Clemson. Depois de anos trabalhando com a UMC, agora consigo avaliar o tamanho empenho empreendido por Ezra Earl ao passar duas semanas longe de seu trabalho.

Após esse *workshop* de duas semanas, Ezra Earl afirmou que sua meta seguinte seria apresentar os conceitos da TOC a vários bispos e a outros líderes da Igreja. Essa oportunidade surgiu em janeiro de 1996, quando passei quatro dias em um retiro com vários bispos e outros líderes no hotel "The Grove", perto de Ashville, Carolina do Norte, retiro de montanha que pertence à organização Billy Graham. Vários palestrantes foram convidados para o retiro. Margaret Wheatley, autora de *Liderança e a Nova Ciência*, deu uma palestra em um dia, assim como Peter Block, famoso escritor e consultor, e eu dei uma palestra em um dia e fui facilitador no último dia, ocasião em que tentamos juntar esses três dias de transferência de conhecimentos. Foi um excelente encontro; isso motivou alguns líderes a pensar na possibilidade de um maior estudo e análise.

Uma coisa que você aprenderá nesse exemplo é que alguns sistemas complexos levam anos e talvez décadas para começarem a mudar de mentalidade e comportamento. Não se deve desistir de um aprendizado importante. Muitas vezes um "agitador" externo não tem controle sobre o momento em que uma mudança de mentalidade ocorrerá. O melhor que podemos fazer para um sistema complexo é ser persistente e estar preparado.

Após esse programa, Ezra Earl afirmou que sua meta subsequente seria incentivar uma equipe de bispos e outros líderes da Igreja a dedicar tempo para realizar uma análise meticulosa da UMC e gerar uma solução. Ele concretizou sua meta e a Chesapeake promoveu o *workshop*. Eu e Lisa Scheinkopf, que trabalhava para a Chesapeake na época, conduzimos as sessões. Nós nos reunimos por 12 dias ao longo de vários meses em Atlanta, Chicago e Nashville. Quando estávamos em Chicago, ficamos em um convento católico. Lisa, que é judia, disse estar longe de sua zona de conforto dormindo sob uma cruz. Como seria de imaginar, demos umas boas risadas.

A análise

A seguir apresentamos alguns EIs evidenciados pela equipe ao longo da análise do processo de pensamento que estavam impedindo a UMC de melhorar:

1. A UMC não tinha clareza de propósito/visão.
2. A UMC está realizando um trabalho ineficiente de formação espiritual (fazer discípulos).
3. Geralmente, o trabalho de transformação de pessoas realizado pela Igreja é insatisfatório.
4. Não existe nenhum processo para formar líderes.
5. A UMC não tem atmosfera para inovação.
6. A indisposição espiritual é predominante em toda a Igreja.

Eu e Lisa servimos de facilitadores para a liderança da UMC em uma análise do processo de pensamento em que o problema básico era o fato de seus líderes espirituais não estarem cumprindo suas funções específicas enquanto líderes espirituais. Chegamos a esse problema básico com base em duas orientações: a análise do processo de pensamento e uma análise mais simples do processo necessário para concretizar seu propósito.

Logo no início, incentivamos a equipe a discutir sobre o propósito da UMC. O propósito enunciado pela equipe foi "Fazer discípulos de Jesus Cristo para a transformação do mundo". Eu e Lisa os dividimos em grupos e pedimos para que fizessem um desenho do sistema da UMC.

A bispa Sharon Brown Christopher liderou um dos grupos. Ela e seu grupo desenharam uma perspectiva da Terra vista do espaço. Esse desenho é apresentado na Figura 37.4. Eles representaram a Igreja por meio de um quadro, com almas pouco iluminadas indo em direção ao quadro e almas iluminadas saindo dele (algumas dessas palavras são minhas, e não de Christopher). O fluxo em direção ao quadro empurrava outras almas para dentro e todas retornavam para o quadro em um novo ciclo (elas não permaneciam

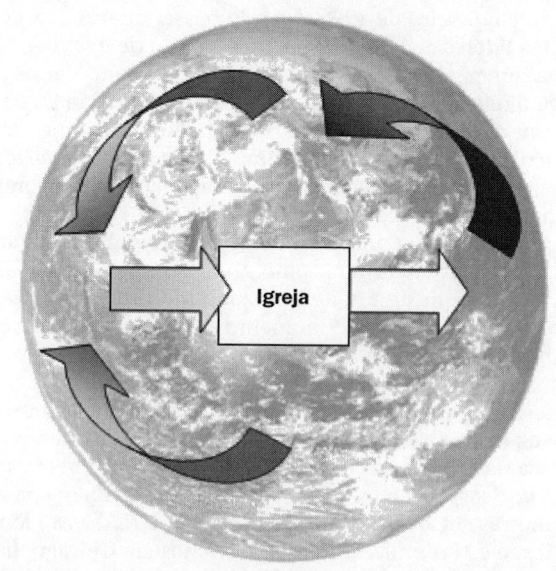

FIGURA 37.4 De acordo com a bispa Christopher, a Igreja pode tornar o mundo mais iluminado.

iluminadas, mas precisavam se recarregar). De acordo com o grupo, se a Igreja estivesse conseguindo fazer seu trabalho, o mundo se tornaria cada vez mais iluminado.

Santo Deus... que excelente representação de um sistema global; era uma representação extremamente simples e fácil de entender. Esse grupo já havia recebido muito treinamento na TOC, por isso eu e Lisa demos uma pressionada – "O que há dentro do quadro e onde se encontra a restrição?".

Ezra Earl e sua equipe já haviam realizado algum trabalho nessa área e disseram que os quatro passos dentro do quadro (a Igreja) eram:

1. As pessoas eram convidadas a entrar no quadro.
2. As pessoas desenvolviam uma relação com Deus e umas com as outras.
3. Essa relação é nutrida pelo estudo da Bíblia, por orações etc.
4. As pessoas são irradiadas para o mundo para se envolver com o trabalho de Deus relativo a injustiças e clemência e para compartilhar informações positivas.

Esses quatro passos associam-se na execução do processo de fazer discípulos; do mesmo modo que equipamentos industriais específicos são associados para produzir uma peça de automóvel. Embora cada um desses quatro passos seja uma "operação" no processo global, cada um deles pode ser, por si só, extremamente complexo.

"Tudo bem, mas onde está a restrição?", perguntamos. Imaginei que seria uma pergunta difícil para eles. A equipe nem mesmo hesitou – "Passo 2, desenvolver uma relação com Deus". Fiquei surpreso com a rapidez e a convicção da resposta. Eles até mencionaram que isso é o que ocorre em nove dentre dez Igrejas. Entretanto, isso motivou outra pergunta: "Então, como isso se dá? Como se estabelece uma relação com Deus?". Acho importante ressaltar que nesse momento transformamos um sistema extremamente complexo em um sistema um pouco menos complexo enfatizando um dos quatro passos operacionais gerais. Esse grupo de bispos então passou a meditar sobre a descrição do segundo passo – as pessoas desenvolvem uma relação com Deus e umas com as outras.

Eles discutiram e ponderaram por algum tempo sobre essa pergunta. Em todas as discussões sobre como se estabelece uma relação com Deus, a questão do "líder espiritual" não parava de aflorar. Esses líderes da Igreja chegaram ao consenso de que o que eles chamavam de líder espiritual era a chave para ajudar a criar um ambiente em que um indivíduo e Deus poderiam se conectar melhor; portanto, a restrição da UMC é a "liderança espiritual". Precisávamos então examinar a "liderança espiritual" do mesmo modo que examinaríamos qualquer outro conjunto de habilidades ou peça de um equipamento, particularmente por ser nosso precioso e mais valioso recurso (a restrição). Precisávamos primeiro identificar que aparência ela tinha.

"Portanto, se eu desse uma volta em sua fábrica (a igreja) e me deparasse com um líder espiritual, que aparência ele ou ela teria?", perguntei.

Percebi que se tratava de uma pergunta constrangedora. Os participantes descreveram um líder espiritual como alguém que:

1. Curva-se e adora a Deus com júbilo.
2. Dedica-se a orações diárias, ao estudo da Bíblia e a serviços de oração.
3. Envolve-se com outras pessoas cotidianamente para falar sobre como Deus está atuando em suas vidas e responsabilizar uns pelos outros.
4. Participa de atos de misericórdia e lida com a injustiça.
5. Narra aos outros sua história de fé.

O que eles descreveram representava um discípulo e revelou que "discípulos fazem discípulos". Outro fator que eles constataram foi que inúmeras pessoas que recebiam para ser líder espiritual não se enquadravam nessa descrição. Essa questão específica era um problema, mas não um que o grupo estava preparado para abordar. Havia trabalho e melhorias o bastante pela frente para lidar com a questão dos líderes espirituais que eles tinham.

Se a liderança espiritual é a restrição do sistema, então como devemos "aproveitar" a restrição do sistema? Se um líder espiritual tem 40 horas por semana de tempo operacional, o que queremos que ele faça? Ele deve frequentar reuniões, limpar janelas, atender ao telefone e lidar com processos judiciais? A resposta para essa pergunta é "não". Essas atividades não aproximam a UMC da concretização de seu propósito. Os bispos referiram-se aos cinco fatores da descrição de um líder espiritual como "estar em comunhão" e afirmaram que os líderes espirituais devem estar em comunhão uns com os outros e com sua congregação na execução e na promoção dos quatro passos que estão dentro do quadro (a Igreja).

Portanto, a principal injeção apresentada na evaporação das nuvens do problema básico foi: "Os líderes espirituais estão em comunhão uns com os outros". Na verdade, essa é uma solução muito prática e factível. Os bispos poderiam estar "em comunhão" com seu gabinete (equipe), a equipe poderia estar em comunhão com os pastores subordinados a ela e assim por diante, até o final, que seriam os membros específicos da Igreja. O grupo ficou entusiasmado. Cada bispo era responsável por uma região dos Estados Unidos, que eles chamavam de "conferência anual". Começamos a formular planos em que cada bispo tocaria adiante sua conferência anual. Seria um desafio e tanto, visto que grande parte das atividades de um bispo não tem nada a ver com questões espirituais, mas com assuntos relacionados à administração de uma grande organização. Eles se viam consumidos por assuntos legais e minúcias administrativas – exatamente como vários diretores executivos nas corporações. Entretanto, havia muito vigor e talvez eles pudessem levar a cabo uma grande iniciativa de mudança. Novamente, acredito que seja importante fazer uma pausa e perceber que pegamos um sistema extremamente complexo como a UMC, com mais de oito milhões de membros, e o reduzimos a um processo relativamente simples sobre o que é necessário fazer para influir de forma significativa na capacidade da UMC de concretizar seu propósito.

Foi então que a "mentalidade" dos participantes do *workshop* tornou-se seu principal obstáculo para seguir adiante. Ezra Earl nos chamou e disse que gostaria de tomar o café da manhã comigo e com Lisa porque achava que as coisas não estavam indo bem. No café da manhã, ele nos repreendeu e disse que estávamos enfatizando muito os bispos e precisávamos tratar todos igualmente. Eu e Lisa argumentamos que quem era responsável por cada região eram os bispos e que eles é que carregavam a tocha. Ele nos disse para voltar atrás e seguir um rumo diferente nos últimos dias, e foi isso o que eu e Lisa fizemos. Entretanto, ainda que tenhamos feito o possível, o ímpeto se perdeu, e podíamos praticamente sentir isso antes do final do encontro. Ezra Earl programou outro café da manhã conosco e disse: "Eu atrapalhei tudo, não foi?". Eu e Lisa não podíamos argumentar em sua defesa – sim, ele havia atrapalhado tudo. Devíamos ter pressionado para seguir adiante com o plano. Muita coisa havia sido aprendida e muitas ideias haviam sido trocadas; no entanto, nenhuma iniciativa de implementação havia surgido naquela reunião. Sempre admirei Ezra Earl por voltar atrás e admitir seu erro. Conheci pouquíssimas pessoas que tinham esse tipo de coragem e liderança. Isso evidenciava que esse aprendizado deveria ser levado adiante.

Mais de uma década se passou e John Schol, bispo recém-designado para a Conferência de Baltimore-Washington, a maior da UMC, estava participando de um encontro de bispos em que o *workshop* que eu havia conduzido estava sendo discutido. Ele ficou sabendo que eu era membro de sua conferência e depois de vários encontros a Chesapeake foi contratada para ajudá-los a realizar uma transformação importante. O que me atraiu foi que o plano do bispo Schol parecia ter sido copiado diretamente do que havíamos discutido e desenvolvido dez anos antes. Acho que as coisas acontecem no tempo de Deus, e não no nosso. Ele chamou sua iniciativa de "The Discipleship Adventure" ("Aventura do Discipulado"), e era quase exatamente o que nós havíamos ajudado os bispos a desenvolver tempos atrás. Os elementos da postura que a liderança deveria ter eram exatamente os cinco itens relacionados anteriormente. Entretanto, o bispo Schol estava preparado para agir. A implementação prática com esse grupo durou um ano e eles deram sequência à implementação depois que a Chesapeake afastou-se.

Um dos primeiros problemas que o bispo enfrentou foi encontrar tempo para ser líder espiritual (estar em comunhão consigo mesmo). Quando reorganizamos a conferência, criamos um novo cargo, de diretor de operações. Esse indivíduo lidaria com a maioria das questões legais e minúcias das operações diárias, liberando o bispo para se dedicar mais a fazer discípulos e estar em comunhão com seus líderes. Criamos os "Disciplier Groups" (grupos de discípulos que fazem discípulos), composto por pastores que se reuniam regularmente para praticar em conjunto os cinco passos do comportamento de liderança, visto que eram eles que abriam caminho para a execução dos quatro passos do quadro (a Igreja). Embora outras conferências da UMC estivessem diminuindo o número de pessoas que "ministravam para pastores", a Conferência de Baltimore-Washington estava aumentando esse número. Esses novos líderes foram chamados de "Disciplier Guides". A função dos guias de discípulos que fazem discípulos era ajudar os pastores da conferência a "estar em comunhão" uns com os outros. No início, havia certo conflito com a função dos guias e os tradicionais superintendentes de distrito, mas isso foi resolvido com o tempo. Essas mudanças entraram em vigor em 2007.

Como medimos o processo de "fazer discípulos?" A Conferência de Baltimore-Washington propôs as seguintes medidas:

1. Frequência nos cultos.
2. Cumprimento de obrigações financeiras de uma igreja para com a conferência.
3. Porcentagem de pessoas que frequentaram os cultos e estavam envolvidas com pequenos grupos.
4. Porcentagem de pessoas que frequentaram os cultos e estavam envolvidas com algum tipo de missão ou trabalho de oração.
5. Número de pessoas que se associam à Igreja por profissão de fé.

A Igreja Metodista definiu:

- O sistema a ser analisado como "Conferência Anual" ou uma área específica do país.
- O propósito do sistema de fazer discípulos.
- O sistema de mensuração, que são as cinco medidas descritas anteriormente.
- A restrição do sistema como a liderança espiritual.
- O aproveitamento da restrição do sistema, que seria a comunhão entre os líderes espirituais e a comunhão deles com seu rebanho, enquanto o gerenciamento das questões financeiras e legais da Igreja seria deixado a cargo de um diretor de operações.

Resultados após dois anos

Isso está dando certo? Este capítulo foi escrito em 2009. O bispo estabeleceu como meta o ano de 2010, em que as tendências negativas cessariam, e 2012 como o ano em que todas as tendências estariam em ascensão. Duas das quatro regiões da conferência obtiveram resultados positivos logo no princípio e, portanto, estavam adiantadas em relação ao programado. Se eles se mantiverem nesse caminho, tenho certeza de que terão sucesso.

Resumo

Lidar com sistemas complexos é divertido quando se adota um método sistêmico organizado. Veja alguns dos fatores que deram certo para mim ao longo dos anos.

1. É necessário primeiro definir o sistema. Quais são seus limites? De acordo com minha experiência, nosso ponto de vista inicial sobre o que chamamos "sistema" muda.
2. Definir o objetivo do sistema e de que forma o sucesso será mensurado. Se conseguimos medir como fazer discípulos, com certeza podemos medir qualquer coisa.
3. Lembrar que os sistemas (e a respectiva cultura) são a associação entre propósito (processos), relações e fluxo de informações.
4. As informações fluem por meio das relações. Portanto, podemos supor que, se melhorarmos as relações, o fluxo de informações também melhorará.
5. Começar do global e trabalhar de fora para dentro. Quais são os processos globais que concretizam o propósito? Quais são as informações necessárias para concretizar o propósito?
6. Onde está a restrição física? Ela se encontra em um local desejável? Se não, tomar uma medida para mudá-la.
7. Que obstáculos reais poderiam impedir o aproveitamento da restrição?
8. Quem deve estar envolvido com a implementação da mudança e o que essa ou essas pessoas precisam experimentar para mudar sua mentalidade?
9. Nunca desistir. A probabilidade não é linear e pode aumentar a qualquer momento. Mantenha-se no caminho e seja persistente.

Não existe nenhum "livro de receitas" para abordar os problemas dos sistemas complexos. Se alguém disser que existe, é melhor proteger sua carteira. Nada substitui as pessoas que têm conhecimento, competência e desejo para abordar a complexidade. A pessoa que tiver algum conhecimento sobre a ciência dos sistemas será primordial. Em meu livro *Enterprise Fitness* (Aptidão das Empresas) (Covington, 2009, 134), enfatizo a importância da liderança nesse papel. Essa pessoa precisa ter uma postura constante de rompimento, respeito e alinhamento ao longo do processo de mudança. Se o principal líder de uma organização complexa não estiver preparado para mudar, desista e parta para o sistema seguinte.

Referência

Covington, J. *Enterprise Fitness*. Mustang, OK: Tate Publishing & Enterprises, 2009.

Sobre o autor

John Covington, presidente e fundador da Chesapeake Consulting (CCI), empresa especializada em melhoria de processos e desenvolvimento de liderança tanto no mercado comercial quanto governamental, trabalha nessa área desde 1988. John tirou o bacharelado em engenharia química pela Academia Naval dos Estados Unidos e pela Universidade do Alabama. Antes de criar a CCI, John trabalhou na área de engenharia e gerenciamento e ocupou cargos executivos em uma série de empresas, como a DuPont, Sherwin-Williams, Stauffer Chemicals e empresas de pintura de médio porte. John é pesquisador na Faculdade de Engenharia e no Departamento de Engenharia Química e Biológica da Universidade do Alabama. Além disso, participa ativamente de trabalhos filantrópicos em prol do desenvolvimento de pessoas desprovidas e das atividades da igreja que frequenta. Ele gosta de andar de bicicleta, caminhar e treinar sua pastor-alemã, Maggie. Ele é casado com Linda desde 1972.

38
A teoria das restrições para produtividade/dilemas pessoais[1]

James F. Cox III e John G. Schleier, Jr.

Introdução: relatório sobre a situação

Algumas pessoas são bastante eficazes no trabalho e na vida pessoal, enquanto outras parecem que nunca conseguem se ajustar a nenhuma delas. Existem realmente milhares de livros de autoajuda e artigos sobre como ler mais rápido, organizar a casa e o escritório, lembrar-se de nomes, rostos e números etc. Para quase todo aspecto da vida, existem livros sobre como aprimorar. Existe uma elevada quantidade de dados e poucas informações de valor para os indivíduos. Temos um capítulo a respeito de produtividade pessoal nesta parte do livro sobre sistemas complexos exatamente por esse motivo. Em conformidade com os princípios da *teoria das restrições* (*theory of constraints* – TOC), queremos identificar alguns pontos de controle com relação ao gerenciamento da produtividade pessoal que esperamos que tenham um impacto significativo sobre sua capacidade de concretizar suas metas de vida e ter uma vida plena e feliz.

Este capítulo procura oferecer orientações e explicações a respeito da utilização do diagrama de evaporação das nuvens (EN) no gerenciamento de conflitos internos e externos para resolver conflitos crônicos e concretizar metas de vida; das diferenças entre condição básica e meta; do estabelecimento de metas de vida pessoais e objetivos de apoio; da avaliação de seu progresso em direção a esses objetivos de apoio e, por fim, às suas metas; do registro e análise de dados sobre como você está empregando seu tempo; da utilização do planejamento de prioridades, do planejamento de capacidade, do controle de prioridades e do controle de capacidade para concretizar seus objetivos de apoio; e da utilização do *gerenciamento de pulmões* (GP) para melhorar sua eficácia no processo de execução. Apresentamos também uma abordagem aprofundada sobre como você utiliza o *processo de pensamento* para concretizar sua meta de vida. Além disso, acreditamos que a utilização dessas ferramentas para planejar e controlar sua vida pessoal seja fundamental para você aprender a aplicá-las em outros ambientes.

Resolvendo conflitos crônicos e desenvolvendo soluções ganha-ganha

Eliyahu M. Goldratt desenvolveu o diagrama de evaporação das nuvens (EN) para ajudar a identificar e resolver conflitos diários e crônicos nas empresas (Goldratt, 1993; 1994; 1995). Em um *Workshop* de Atualização para Jonah, Effrat Goldratt e Lamor Winter (1996) abordam a utilização do método das três nuvens na construção da *árvore da realidade atual* (ARA) aplicada a indivíduos. Eles criaram esse método, testaram-no em *workshops* e posteriormente propuseram que ele fosse utilizado nas organizações. A resolução de conflitos/dilemas pes-

---
[1] Alguns dos conteúdos deste capítulo foram extraídos de Cox, Blackstone e Schleier (2003, Capítulo 17). Copyright © 2010 James F. Cox III e John G. Schleier Jr.

soais internos e externos é um fator fundamental para a melhoria da produtividade pessoal.[2] Você não conseguirá concentrar seus esforços se não souber que problema está impedindo que você concretize uma ou mais de suas metas. Embora a maioria dos livros e capítulos sobre produtividade pessoal ignore o problema do conflito, acreditamos que o desenvolvimento de habilidades para resolver esses problemas seja a mola-mestra para a produtividade pessoal e profissional, o gerenciamento de várias atividades mentais e o gerenciamento geral dos processos de melhoria organizacionais. A produtividade pessoal e profissional exige foco, concentração e motivação. A eliminação dos conflitos que impedem ou impossibilitam a aplicação desses fatores a um problema é essencial para que um indivíduo seja produtivo.

A maioria dos livros sobre melhoria apresenta uma "lista de tarefas", mas poucos falam sobre a associação de atividades diárias a objetivos de curto prazo e metas de vida. Além disso, um número ainda menor fala sobre o desenvolvimento de planos detalhados para mudança de vida. A *ressalva da ramificação negativa* (RRN) é útil para examinar o impacto de nossas ações em uma situação favorável. A *árvore de pré-requisitos* (APR) é útil para identificar e superar obstáculos na implementação de soluções. Todas as técnicas desenvolvidas por Goldratt oferecem uma exposição gráfica das relações lógicas em torno de um problema. Nos Capítulos 24 e 25 deste livro, Oded Cohen e Lisa Scheinkopf descrevem os procedimentos para construir essas aplicações e divulgar seu conteúdo. Não repetiremos seus esforços. Neste capítulo sobre produtividade pessoal, apresentaremos alguns exemplos de utilização dessas duas ferramentas do processo de pensamento simples mas altamente eficazes para demonstrar de que forma elas são aplicadas a problemas pessoais. Essas duas ferramentas são fundamentais para você compreender outras ferramentas do processo de pensamento apresentadas em outros capítulos e sua aplicação neste capítulo. Você ficará um tanto quanto surpreso com a possibilidade que essas ferramentas do processo de pensamento lhe oferecem para verbalizar sua percepção e com o quanto elas são úteis para identificar e divulgar ideias a outras pessoas. Sua aplicação à produtividade pessoal neste capítulo mostra como o processo de pensamento completo ajudou um aluno a concretizar um sonho de vida.

Enfrentamos inúmeros dilemas pessoais ao longo da vida. Esses dilemas sugam nossa energia, concentração, foco, motivação etc. bem mais do que percebemos. Alguns talvez sejam situações ocasionais em que uma decisão pode mudar o curso de nossa vida; outros talvez sejam uma série de dilemas recorrentes que se transformam em um conflito crônico entre nós e a outra parte; e alguns outros talvez sejam apenas dilemas cotidianos óbvios, simples e persistentes. Veremos uma série de dilemas extraídos de experiências pessoais. Imagine o impacto desses dilemas sobre sua energia, concentração, foco e motivação em todas as facetas de sua vida. Utilizamos um de nossos filhos como exemplo. Perceba que talvez você tenha uma série de dilemas semelhantes com seu filho ou filha, cônjuge, pais, irmãos e irmãs, colegas de trabalho, subordinados, supervisores etc. O objetivo (A) e as necessidades (B e C) podem mudar ocasionalmente dependendo da pessoa e do relacionamento entre você e ela, mas esse segmento da nuvem normalmente se repete várias vezes em inúmeros dilemas diferentes.

Informações preliminares: dilemas entre pai e filho

Eu e meu filho (e antes disso eu e minha filha) parecíamos discutir continuamente sobre qualquer coisa (pelo menos no que me dizia respeito). Eu sempre respondia "*Não*, você está louco?" ou "*Não*, você é muito jovem!" para a maior parte do que ele me pedia. Esta-

---

[2] Um dos autores começou a ensinar o processo de pensamento aos seus alunos universitários utilizando como base os dilemas de produtividade pessoal e gerenciamento de tempo. Ele imaginou que seria mais fácil ensinar uma nova metodologia se o aluno estivesse familiarizado com o assunto ao qual a metodologia seria aplicada. Esse método provou-se de grande valor para um grande número de alunos. A história de um deles é apresentada ainda neste capítulo.

va decepcionado com a degeneração do nosso relacionamento. Odiava o fato de sempre ser obrigado a ser o vilão. Eu queria que ele estivesse seguro, fosse honesto, tivesse boas maneiras e fosse esforçado e motivado. Sentia que era minha responsabilidade garantir que ele se transformasse em um cidadão exemplar.

Acabei por perceber que eu estava enfrentando um conflito crônico.[3] A essa altura, me fiz lembrar de que deveria contestar meus pressupostos e os do meu filho com base no que estava ocorrendo naquele momento e tentar encontrar uma solução ganha-ganha. Quando ele iniciou o secundário, percebi que era necessário esboçar alguns dos conflitos para compreender melhor por que nosso relacionamento piorava. Nosso objetivo em comum era simples: manter um relacionamento duradouro entre pai e filho. Considero essa nuvem de pai e filho um conflito crônico porque o filho sempre exigirá uma liberdade cada vez maior à medida que amadurecer e o pai sempre analisará a situação em prol de sua segurança e desejará que ele tome decisões acertadas. Se eu sempre dissesse *"Não!"*, criaria um relacionamento do qual lamentaria pelo resto da vida. Meu filho na verdade fará o que ele deseja longe dos meus olhos e nossos canais de comunicação serão prejudicados ou destruídos. Entretanto, se eu sempre dissesse *"Sim"*, seria irresponsável e estaria negligenciando meu papel enquanto pai de oferecer um ambiente protegido e seguro.

Para ter um ótimo relacionamento de pai e filho, desejo que meu filho tome decisões responsáveis. Para ter um ótimo relacionamento de pai e filho, meu filho deseja que eu reconheça que ele é adulto (lembre-se de que um adolescente de 12 anos pensa que é adulto). Para termos um ótimo relacionamento de pai e filho, precisamos satisfazer essas duas condições – eu desejo que meu filho tome decisões responsáveis *e* meu filho deseja que eu reconheça que ele é adulto. Para que meu filho tome decisões responsáveis, ele deve tomar as mesmas decisões que eu tomaria. Contudo, para que eu reconheça que ele é adulto, devo permitir que ele tome suas próprias decisões. Por um lado, ele deve tomar as mesmas decisões que eu tomaria. Por outro, ele deve ter permissão para tomar suas próprias decisões. As ações D e D' estão em conflito? *Sim*. Leia cuidadosamente o conteúdo da nuvem exibida na Figura 38.1a para saber quais são os pressupostos de cada um e a injeção proposta para esse conflito crônico.

Elucidarei a característica crônica desse relacionamento de pai e filho com vários exemplos específicos extraídos do meu relacionamento com meu filho. Não estou afirmando por meio desse estudo de caso que tenho um relacionamento perfeito com ele. Estou dizendo que existe um problema crônico no relacionamento entre pai e filho (qualquer pai – qualquer filho) *e* que ele deve ser percebido e abordado como tal, pois *do contrário* não haverá relacionamento.

Dilema entre pai e filho quanto a "regras" (escola primária)
Situação: "Guarde seus brinquedos", "Limpe o quarto", "Arrume a cama", "Limpe o banheiro", "Vá para o quarto estudar". São essas as ordens que você provavelmente tem dado aos seus filhos com maior frequência? Eles estão tendo atitudes cada vez mais lentas? Meu filho estava começando a questionar – "Por quê? Por que devo fazer isso agora?".

---

[3] O *TOCICO Dictionary* (Sullivan *et al.*, 2007, p. 11) define *conflito crônico* como "Uma situação controvertida que se mantém por um período prolongado. Os lados opostos ficam por tanto tempo justificando seu ponto de vista com exigências e pré-requisitos particulares, que ambos ficam entrincheirados em suas próprias crenças a ponto de nenhum deles conseguir ver uma saída para evaporar o conflito sem sofrer algum prejuízo significativo. Uso: Para eliminar um conflito crônico é necessário compreender os pontos de vista do lado oposto. Essa compreensão pode trazer à tona pressupostos velados e subjacentes aos relacionamentos, que com frequência são o segredo para criar uma solução de ruptura. A solução para um conflito crônico exige que um lado apresente uma injeção problemática (do ponto de vista deles) e o outro lado de alguma forma elimine qualquer aspecto indesejável da injeção proposta por meio das ressalvas de ramificação negativa (RRNs)". (© *TOCICO* 2007. Utilizada com permissão. Todos os direitos reservados.)

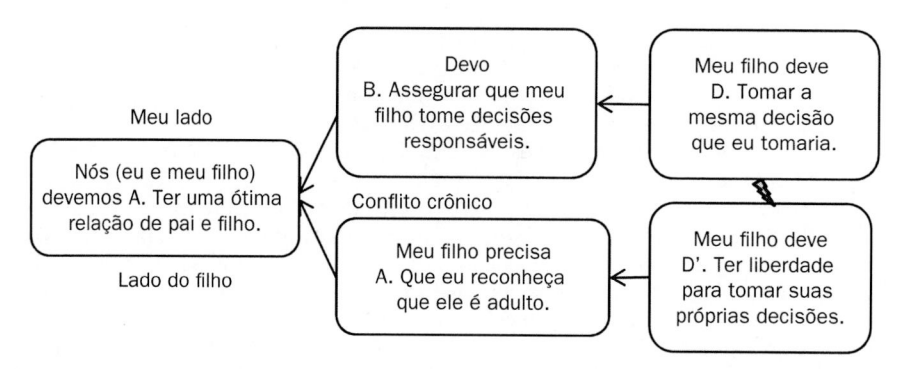

a. Conflito crônico entre pai e filho.

Meu lado

Nós (eu e meu filho) devemos A. Ter uma ótima relação de pai e filho.

Lado do filho

Devo B. Assegurar que meu filho tome decisões responsáveis.

Meu filho deve D. Tomar a mesma decisão que eu tomaria.

Conflito crônico

Meu filho precisa A. Que eu reconheça que ele é adulto.

Meu filho deve D'. Ter liberdade para tomar suas próprias decisões.

Minha injeção: ele pode fazer suas próprias regras quando completar 21 anos e ser financeiramente independente. Faça o que digo!
Pressuposto: BD. Sou responsável por seu comportamento enquanto ele for menor de idade ou enquanto eu o mantiver financeiramente.

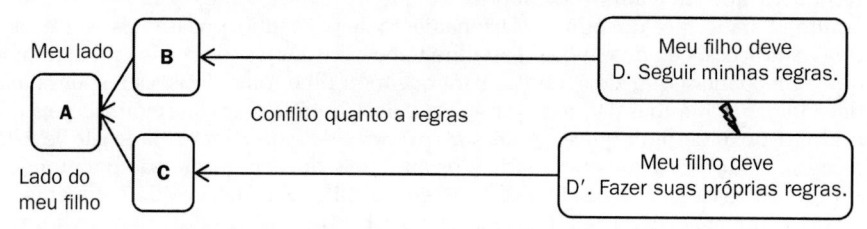

Meu lado — B

A

Lado do meu filho — C

Conflito quanto a regras

Meu filho deve D. Seguir minhas regras.

Meu filho deve D'. Fazer suas próprias regras.

Pressuposto: CD'1 Meu filho é responsável por seus comportamentos.
Injeção do filho: Ignorar o pai.

b. Conflito entre pai e filho quanto a regras.

Minha injeção: voltar para casa às 22h.
Pressuposto: BD. Quanto mais tarde da noite, maior o índice de criminalidade.

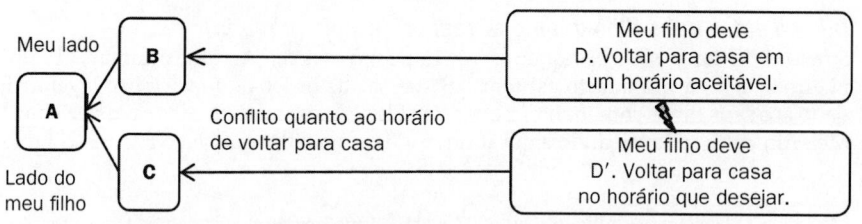

Meu lado — B

A

Lado do meu filho — C

Conflito quanto ao horário de voltar para casa

Meu filho deve D. Voltar para casa em um horário aceitável.

Meu filho deve D'. Voltar para casa no horário que desejar.

Pressuposto: CD'1 Estar na casa de um amigo assistindo a um vídeo ou jogando baralho, ir ao cinema tarde da noite ou a um jogo de futebol com os amigos é seguro.
Injeção do filho: papai, não se preocupe.

c. Conflito entre pai e filho quanto ao horário de voltar para casa.

FIGURA 38.1 Conflitos de relacionamento entre pai e filho.

Injeção: usar o dinheiro de sua poupança (CD).
Pressuposto: BD. Meu filho provocou o acidente; portanto, ele paga.

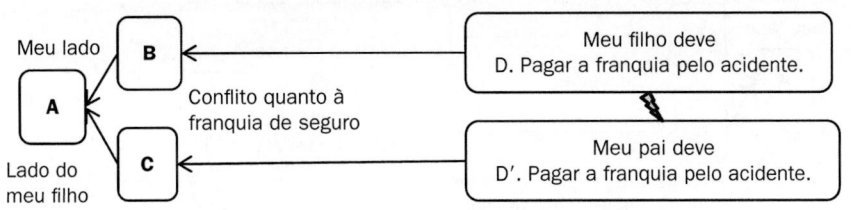

Meu lado — B ← Meu filho deve D. Pagar a franquia pelo acidente.
A — Conflito quanto à franquia de seguro
Lado do meu filho — C ← Meu pai deve D'. Pagar a franquia pelo acidente.

Pressuposto: CD' 1. Sim, eu devo pagar. MAS você queria que eu fizesse um curso e uma viagem no verão em vez de arrumar um emprego.
Injeção: meu pai deve pagar a franquia pelo acidente.

d. Conflito entre pai e filho quanto à franquia do seguro.

Injeção: Verificar qual será o impacto de um estágio sobre a data de formatura.
Pressuposto: BD. Existem muitos pré-requisitos de curso em engenharia.

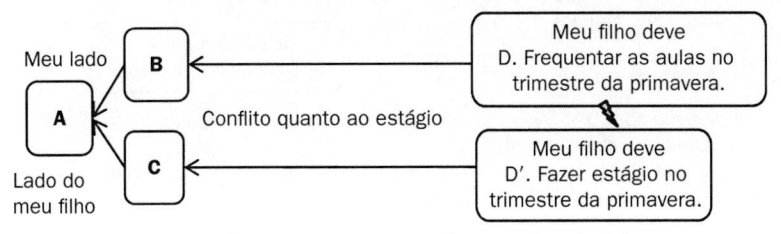

Meu lado — B ← Meu filho deve D. Frequentar as aulas no trimestre da primavera.
A — Conflito quanto ao estágio
Lado do meu filho — C ← Meu filho deve D'. Fazer estágio no trimestre da primavera.

Pressuposto: CD'1. Meu orientador me disse que levaria dois anos.
Injeção: reconheça que já sou adulto. Deixe-me decidir.

e. Conflito entre pai e filho quanto ao estágio.

Injeção: ele agora tem 21 anos de idade; alguns de seus amigos têm 21 anos; outros são mais jovens.
Pressuposto: BD. Ele é menor; ele pode meter-se em problemas servindo bebidas alcoólicas a outros menores.

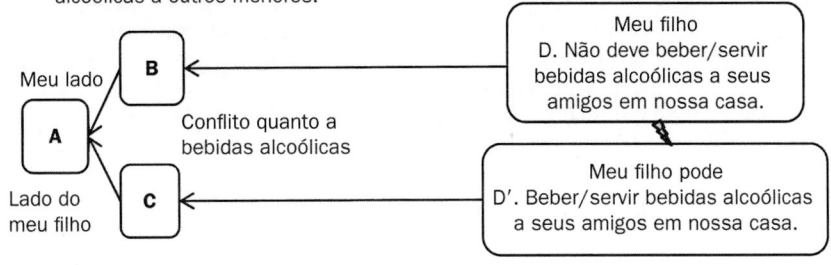

Meu lado — B ← Meu filho D. Não deve beber/servir bebidas alcoólicas a seus amigos em nossa casa.
A — Conflito quanto a bebidas alcoólicas
Lado do meu filho — C ← Meu filho pode D'. Beber/servir bebidas alcoólicas a seus amigos em nossa casa.

Pressuposto: CD' 1. Agora tenho 21 anos de idade, sou adulto, e devo tomar a decisão.
Injeção: eu e meus amigos podemos ir a um bar e comemorar meu aniversário de 21 anos.

f. Conflito entre pai e filho quanto a bebidas alcoólicas.

FIGURA 38.1 (Continuação)

Injeção: devo ter minhas próprias regras.
Pressuposto: BD. Você é adulto, mas nunca esteve nessa cidade.

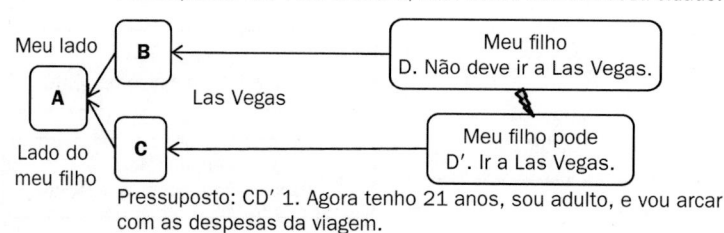

Meu lado — B ← Meu filho D. Não deve ir a Las Vegas.
A — Las Vegas
Lado do meu filho — C ← Meu filho pode D'. Ir a Las Vegas.

Pressuposto: CD' 1. Agora tenho 21 anos, sou adulto, e vou arcar com as despesas da viagem.
Injeção: sou eu quem decide.

g. Conflito entre pai e filho quanto a Las Vegas.

Injeção: desistir dos estudos.
Pressuposto: BD. Se você desistir, sua carreira universitária já era.

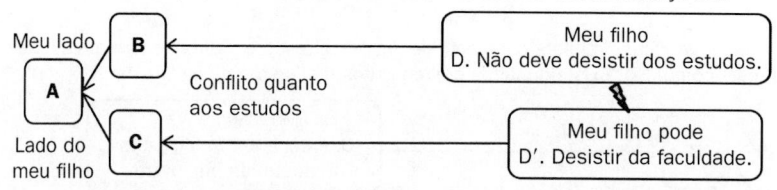

Meu lado — B ← Meu filho D. Não deve desistir dos estudos.
A — Conflito quanto aos estudos
Lado do meu filho — C ← Meu filho pode D'. Desistir da faculdade.

Pressuposto: CD' 1. Agora tenho 21 anos de idade, sou adulto, e sou eu quem deve decidir.
Injeção: trabalho por algum tempo e depois me matriculo novamente.

h. Conflito entre pai e filho quanto aos estudos.

FIGURA 38.1 (Continuação)

Esse questionamento das regras marca o início do conflito crônico do relacionamento entre pai e filho. Tenha cuidado quanto à sua forma de reagir porque esse período marca o início da contenda entre pais e filho, no sentido de possibilitar que ele comece a aceitar responsabilidades. Leia com cuidado o conteúdo da nuvem na Figura 38.1b para saber quais são os pressupostos de cada um e a injeção proposta.

Solução ganha-ganha (com base na RRN): O pai tem quatro regras básicas (versão resumida) que nunca podem ser violadas – (1) Não usar drogas, (2) Não fazer sexo, (3) Não fumar, (4) Não beber e dirigir. Todas as outras regras são negociáveis dependendo da situação. Reconheço que meu filho pode ter violado algumas dessas regras ocasionalmente, mas acrescentei uma quinta regra quando ele completou 21 anos de idade, que é: (5) Usar a nuvem e a RRN para avaliar as decisões que ele toma, reconhecendo que ele deve arcar com as consequências negativas de suas decisões.

Dilema entre pai e filho quanto ao "horário de voltar para casa" (escola secundária)

Situação: Eu e meu filho parecíamos sempre discutir sobre o horário em que ele deveria voltar para casa. Essa situação piorou quando ele tirou a carteira de habilitação. Leia com cuidado o conteúdo da nuvem na Figura 38.1c para saber quais são os pressupostos de cada um e a injeção proposta.

Solução ganha-ganha: Com base nessa situação, escolha uma hora aproximada razoável. Se você mudar de plano ou se atrasar, telefone imediatamente para casa e renegocie. Se ocorrer qualquer problema sério, telefone imediatamente.

Dilema entre pai e filho quanto a um "problema sério" (faculdade)

Ocasionalmente costuma surgir um problema sério entre mim e meu filho. Nesse caso, o problema perdura. O que vem a seguir retrata exatamente um problema desse tipo.

Situação: Meu filho estava dirigindo sua camionete e sofreu um acidente, por culpa sua. Ele reconheceu que havia provocado o acidente (felizmente, ninguém se machucou). O dilema – o valor da franquia do nosso seguro era $ 500. Eu queria que ele pagasse a franquia e ele, por sua vez, queria que eu a pagasse. Leia com cuidado o conteúdo da nuvem na Figura 38.1d para saber quais são os pressupostos de cada um e a injeção proposta.

Solução ganha-ganha: Meu filho paga a franquia do seguro trabalhando para mim (horas flexíveis). Ele limpou e pintou o *deck*. Ele também configurou meu computador, passou antivírus em todos os arquivos e disquetes e reorganizou o disco rígido. Ele executou várias atividades que eu nunca encontrava tempo para fazer ou queria fazer. Ele desejava muito resolver essa situação, mas não queria sacar seus certificados de depósito. Ele sempre economizou dinheiro para comprar certificados de depósito e nunca havia sacado.

Dilemas entre pai e filho quanto a "estágio" (faculdade)

Situação: Meu filho liga para casa extremamente entusiasmado para falar da oportunidade de estagiar em uma empresa por $ 15 a hora. Ficamos igualmente bastante entusiasmados com isso. Esse trabalho melhoria seu currículo e poderia resultar em um futuro emprego nessa empresa. Ele já havia consultado seu orientador para verificar que impacto esse estágio teria na data de sua formatura. O orientador afirmou que esse estágio atrasaria sua colação de grau em dois anos. Ele estava cursando engenharia química e várias disciplinas eram especializadas e oferecidas apenas uma vez por ano. Sabendo dos problemas dos pré-requisitos, fiquei um tanto preocupado. Leia com cuidado o conteúdo da nuvem na Figura 38.1e para saber quais são os pressupostos de cada um e a injeção proposta.

Solução ganha-ganha: Meu filho consultou novamente seu orientador para determinar exatamente quais disciplinas ficariam pendentes, quando elas seriam oferecidas e quando ele poderia cursá-las com base nas disciplinas com pré-requisito que ele teria se o programa de estágio iniciasse no trimestre da primavera, verão e outono. Ele concluiu que isso (frequentar a faculdade na primavera e no outono e [iniciar] o estágio nos trimestres de verão e inverno) atrasaria em dois anos sua colocação de grau, na melhor das hipóteses, e em mais de três anos na pior das hipóteses (estagiar no trimestre da primavera e, quando o trabalho fosse estendido, frequentar a faculdade no verão e estagiar no outono). Com base nessas informações, ele conversou com o departamento de recursos humanos da empresa e concluiu que o cargo de estagiário proposto não era uma boa situação naquele momento.

Dilema entre pai e filho quanto a bebidas alcoólicas (faculdade)

Situação: Eu e minha mulher não servimos bebidas alcoólicas em casa. Bebo socialmente, de vez em quando. Não servimos nem tomamos bebidas alcoólicas para dar bom exemplo aos nossos filhos. Como posso pedir para que eles não bebam e dirijam e fazer exatamente isso. Ou, pior, como posso servir bebidas alcoólicas para os convidados em minha casa sabendo que depois eles terão de dirigir de volta para casa? Sempre dissemos "Nunca beba e dirija. E nunca deixe um amigo beber e dirigir. Ligue para nós que o apanharemos a qualquer hora, sem questionamentos".

Meu filho estava para completar 21 anos de idade no fim de semana do jogo de futebol entre a Universidade de Auburn (ele foi estudar nessa universidade) contra a Universidade da Geórgia (eu lecionava nessa universidade). O jogo seria em Athens, Geórgia (onde moramos). Por isso, ele queria convidar nove colegas da universidade para passar o fim de semana com ele. Ele queria lhes servir bebidas alcoólicas na festa que daria em casa. Sabíamos que nesse fim de semana eles comemorariam em algum bar local com ou sem nossa permissão. Leia com cuidado o conteúdo da nuvem na Figura 38.1f para saber quais são os pressupostos de cada um e a injeção proposta.

Solução ganha-ganha: Criamos uma série de regras rigorosas quanto a servir bebidas alcoólicas em casa.

1. Meu filho deve impor as regras – ele é adulto e responsável pela segurança de seus convidados.
2. Ele pedirá a identidade de todos os seus amigos para confirmar se eles têm 21 anos. Ele não deixará ninguém com menos de 21 beber.
3. Ele ficará de olho em todos os seus amigos que estiverem bebendo.
4. Ele não deixará nenhum dos que estavam bebendo dirigir.
5. Ele informará seus amigos sobre essas regras antes de eles virem para nossa casa.

Dilema entre pai e filho quanto a "Las Vegas" (faculdade)

Situação: Meu filho nos ligou para ver se podia ir a Las Vegas com seus amigos. Depois de ouvir pacientemente a situação, veio a pergunta: "Posso ir?". Seus companheiros de quarto (jovens simpáticos) iriam a Las Vegas com o pai e o tio de um deles. Eles se hospedariam em um excelente hotel e os quartos seriam para quatro estudantes universitários e dois homens adultos. Leia com cuidado o conteúdo da nuvem na Figura 38.1g para saber quais são os pressupostos de cada um e a injeção proposta.

Solução ganha-ganha. Meu filho vai a Las Vegas e para tanto tem de cumprir quatro regras.

1. Ele irá com três amigos da universidade e dois responsáveis adultos.
2. Ele ficará em um excelente hotel.
3. Ele arcará com as despesas.
4. Ele ligará antes de sair, quando chegar e partir de Las Vegas e quando chegar a Auburn. Ele também ligará imediatamente se surgir algum problema.

Dilema entre pai e filho quanto a "notas ruins" (faculdade)

Situação: Meu filho está para entrar no último ano da faculdade de engenharia química. Ele se associou a uma confraria no primeiro ano e às vezes acho que ele está mais interessado em confraternizar que em estudar. Ele começou bem sua vida acadêmica, mas nos últimos três anos suas notas diminuíram continuadamente. Sempre discutimos a respeito de sua falta de dedicação aos estudos. Ele vive culpando seus professores por suas notas ruins. Como sou professor, sei que alguns professores são ruins, mas não é possível que todos eles sejam ruins. Eu o culpo por suas notas ruins. Sei que, se ele não mudar seu comportamento, não se formará, se formará mas não conseguirá arrumar um emprego em sua área ou conseguirá um emprego mas não será adequado para a função. Todas as situações me parecem ruins. Ele não terá um futuro feliz. Então, como posso mudar a situação? Leia com cuidado o conteúdo da nuvem na Figura 38.1h para saber quais são os pressupostos de cada um e a injeção proposta.

Solução ganha-ganha: Eu, meu filho e a Universidade de Auburn chegamos ao acordo de que ele deixaria de frequentar a faculdade por seis meses e assumiria dois empregos em tempo integral. Um deles de jardinagem e corte de grama ao longo do dia e outro como *barman* à noite. Entre esses dois trabalhos ele de algum modo constatou que ele tinha uma inteligência maior do que a que essas duas atividades exigiam. Ele voltou para a faculdade, mudou de disciplina de especialização, trabalhou meio período, melhorou suas notas significativamente e conseguiu se formar.

Resumo dos dilemas crônicos entre pai e filho

O objetivo dessas reflexões sobre os diagramas de EN do relacionamento entre pai e filho não é retratar um processo de tomada de decisões excelente, mas mostrar os conflitos crônicos existentes no relacionamento entre pessoas, sejam elas pai, filho, irmão, amigo, sócio/parceiro, subordinado, colega de trabalho ou supervisor. Os diagramas de EN retratam o que Covington (2009) descreve como os elementos que definem os relacionamentos e a cultura em uma organização:

1. Confiar nas pessoas e respeitá-las.
2. Clareza sobre o propósito e os processos para concretizar nosso propósito.
3. Educação continuada e atualização contínua de informações.[4]

Esses mesmos elementos formam o alicerce para o desenvolvimento de relacionamentos sólidos, transparentes e saudáveis com outras pessoas.

Quanto mais cedo reconhecemos que estamos enfrentando um conflito crônico e identificamos o objetivo em comum, a necessidade de cada lado, as ações opostas (normalmente elas são definidas com clareza) e os pressupostos subjacentes de cada lado, mais cedo conseguimos investigar uma forma de desenvolver um relacionamento ganha-ganha e duradouro com a outra pessoa.

Dilema quanto à produtividade pessoal: onde despender seu tempo?

Examinamos o conflito crônico entre pai e filho e vários exemplos específicos para mostrar a complexidade de uma só dimensão de um dos aspectos da vida de uma pessoa. Vejamos outros conflitos crônicos que você tenha enfrentado ou está enfrentando no momento a fim de melhorar sua produtividade. Antes disso, examinemos primeiro o modelo de EN e algumas dicas úteis para construir esse diagrama.

Uma revisão da construção de diagramas de evaporação das nuvens

Vários outros capítulos ofereceram instruções detalhadas sobre a construção de diagramas de EN com exemplos de cada passo. Esta revisão não pretende ser um procedimento abrangente sobre como construir e testar a lógica da EN. Examine a Figura 38.2 para se lembrar e entender como o diagrama de EN é construído. Responda cada uma das perguntas dos blocos do modelo, utilizando as frases na ordem proposta. Siga as orientações e as dicas de apoio exibidas na figura. Para verificar a lógica, leia a nuvem utilizando a lógica das condições de necessidade: Para (A, B; A, C)___, então (B, D: C, D)____. Os enunciados fazem sentido? Traga à tona e desenvolva os pressupostos. No restante deste capítulo, presumiremos que você já saiba construir diagramas de EN. Se você sentir que precisa de mais informações, consulte os Capítulos 24 e 25, sobre o processo de pensamento.

Dilema do estudante universitário (aluno de graduação)

Além de ter conflitos crônicos com as pessoas com as quais você interage, você pode tê-los consigo mesmo. O exemplo subsequente retrata uma situação desse tipo. Nós o chamamos de dilema típico do estudante universitário.

Situação: A maioria dos estudantes universitários que vão estudar fora enfrenta pela primeira vez a necessidade de fazer planos, colocá-los em prática e controlar sua própria vida. Alguns têm êxito; muitos enfrentam um desafio; outros fracassam sordidamente. Várias coisas exigem tempo dos alunos: aulas, laboratório, dedicação ao estudo, alimentação, descanso, exercícios, empregos de meio período ou tempo integral e atividades de lazer, como praticar esporte com os amigos, participar de eventos esportivos universitários, assistir a peças de teatro da universidade, ir ao cinema, frequentar festas, jogar baralho, assistir à TV etc. (a lista é quase interminável). Com tantas opções, como um estudante toma decisões corretas para dividir e usar seu tempo? O dilema

---
[4] Após algumas repetições dessa nuvem, meu filho percebeu que eu estava preocupado com sua segurança. Portanto, ele costumava procurar respostas às perguntas previstas antes que iniciássemos nosso diálogo. De vez em quando, eu costumava fazer alguma pergunta para a qual sua resposta era "Boa pergunta! Vou tentar achar uma resposta e volto a falar com você".

Modelo de EN

Objetivo — **Necessidades** — **Pré-requisitos**

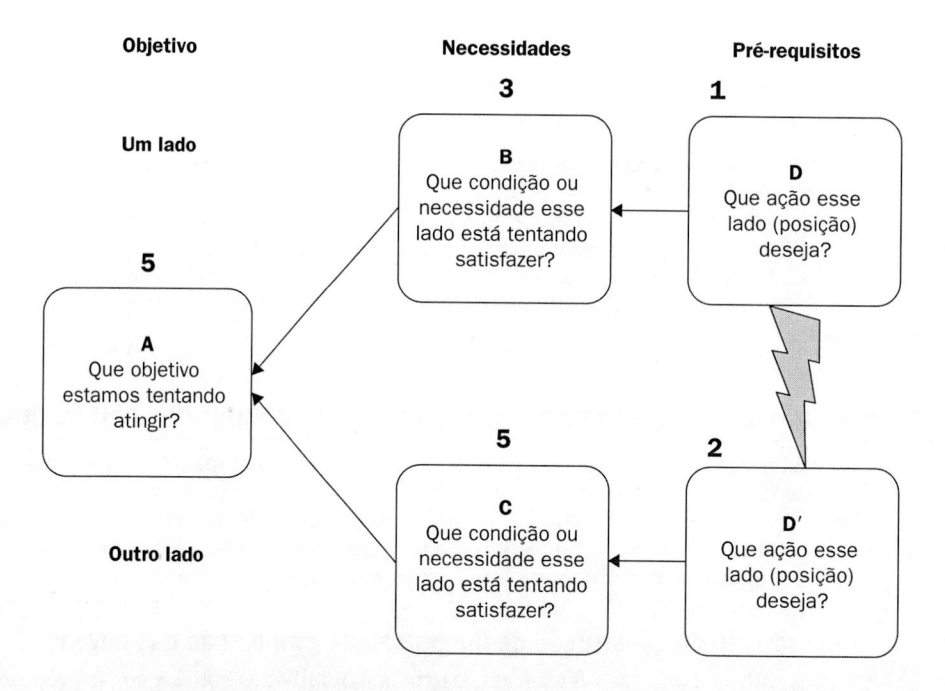

Um lado

5 — A: Que objetivo estamos tentando atingir?

3 — B: Que condição ou necessidade esse lado está tentando satisfazer?

1 — D: Que ação esse lado (posição) deseja?

Outro lado

5 — C: Que condição ou necessidade esse lado está tentando satisfazer?

2 — D': Que ação esse lado (posição) deseja?

Dicas úteis para construir uma nuvem válida
- Responda as cinco perguntas apresentadas no modelo de EN com base na narrativa.
- Responda as perguntas da direita para a esquerda — D em primeiro lugar, D' em segundo, B em terceiro, C em quarto e A em quinto.
- Utilize sentenças completas e simples como entidade.
- Não utilize verbos compostos ou mais de um objeto direto em A, B ou C, porque um pressuposto pode ser verdadeiro para uma parte e falso para outra.
- Especifique quem deve realizar o objetivo, cada uma das condições e cada uma das ações.
- Verifique a lógica do conflito.
- O objetivo está correto?
- Ambas as condições são necessárias para realizar o objetivo A?
- B e C podem existir simultaneamente?
- B (C) é a condição para promover a ação D (D')?
- É necessário descrever D e D' como ações ou ações propostas.
- Se alguém realizar a ação D, essa ação prejudicará a condição C.
- Se alguém realizar a ação D', essa ação prejudicará a condição B.
- A ação descrita em D é oposta à ação descrita em D'?
- Utilize o presente em todas as entidades e pressupostos.
- Os pressupostos não devem conter lógica condicional (*e.g.*, se ou porque).
- O pressuposto é válido (verdadeiro).
- Ela existe na realidade atual (no ambiente presente)?

FIGURA 38.2 Modelo de EN e dicas úteis.

resume-se a dividir o tempo entre as coisas que ele deve fazer na faculdade e a realizar as coisas que ele deseja para curtir sua experiência universitária. Leia com atenção a Figura 38.3.

Observe que na descrição da situação, apresentamos as funções de planejamento, execução e controle. Outra função fundamental é a priorização, visto que, na faculdade, tal como na vida, nunca temos tempo suficiente para tudo que temos de fazer e deseja-

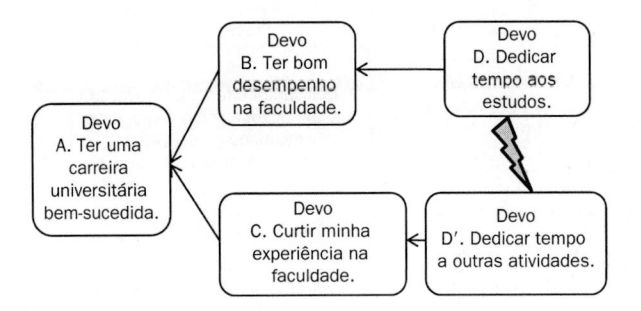

```
              ┌──────────────┐      ┌──────────────┐
              │    Devo      │◄─────│    Devo      │
              │ B. Ter bom   │      │ D. Dedicar   │
              │ desempenho   │      │ tempo aos    │
┌──────────┐  │ na faculdade.│      │  estudos.    │
│  Devo    │  └──────────────┘      └──────────────┘
│A. Ter uma│
│ carreira │
│universitária│
│bem-sucedida.│ ┌──────────────┐   ┌──────────────┐
└──────────┘  │    Devo      │    │    Devo      │
              │C. Curtir minha│◄──│ D'. Dedicar tempo│
              │ experiência na│   │ a outras atividades.│
              │  faculdade.   │   └──────────────┘
              └──────────────┘
```

Pressupostos
AB   Ter bom desempenho na faculdade é a base para eu me sair bem em minha carreira.
AC1 Minha experiência na faculdade envolve fazer novos amigos e desenvolver minhas habilidades sociais.
AC2 A experiência na faculdade é o último esforço antes de uma vida plena.
BD1 Não existem atalhos no processo de aprendizagem.
BD2 A faculdade é muito difícil.
BD3 Sempre tive de estudar com afinco para tirar boas notas.
CD'1 Só trabalhar e não se divertir nos deixa bitolados.
CD'2 Preciso trabalhar para conseguir terminar a faculdade.
CD'3 Preciso manter meu equilíbrio mental.
DD'1 Não posso fazer ambas as coisas satisfatoriamente porque o dia só tem 24 horas.
DD'2 Não posso fazer ambas as coisas simultaneamente porque elas são independentes uma da outra.

FIGURA 38.3   EN e pressupostos do dilema típico de um estudante universitário.

mos fazer. Examinemos mais detalhadamente essa situação da vida antes de tomarmos a direção da solução.

EN do dilema típico do esgotamento profissional

Depois de enfrentar a vida universitária e seus dilemas, a carreira profissional assume o primeiro plano. Muitos alunos recém-formados na universidade iniciam sua carreira profissional com força total trabalhando de 60 a 70 hora por semana. Seus esforços iniciais e subsequentes são recompensados com aumentos e promoções, mas o estresse, as frustrações e a grande pressão ininterrupta por desempenho forçam-nos a sacrificar sua vida pessoal, familiar, social e profissional para ganhar segurança em um ambiente inseguro. Por fim, em um determinado dia, eles olham para trás e, em retrospecto, perguntam-se em que ponto eles tomaram o caminho errado na vida. Eles estão esgotados, inseguros e prestes a abandonar essa roda-viva. Essa situação, conhecida como "esgotamento profissional", é retratada na Figura 38.4 como um diagrama de EN, com nossos pressupostos subjacentes sobre as relações causais. O objetivo [A] do jovem recém-formado é ter uma vida satisfatória. Ele sente que deve [B] concretizar suas metas de vida e simultaneamente [C] satisfazer as condições básicas de sua vida. Essas duas necessidades (B e C) exigem que ele dedique tempo, esforço e energia e tenha motivação para satisfazer essas condições. Obviamente, o dilema passa a ser, portanto, não haver tempo suficiente para se dedicar a tudo. Os pressupostos subjacentes apresentam a lógica. Normalmente, o esgotamento ocorre quando ele percebe a quantidade de tempo, energia etc. que ele dedica ao trabalho em detrimento de outras áreas de sua vida. Examinemos mais detalhadamente cada parte da nuvem e do dilema em questão, mas primeiro vamos recapitular alguns conceitos básicos da TOC e aplicá-los à produtividade pessoal. Assim que você concluir a leitura deste capítulo, você deve rever essas nuvens e pressupostos para determinar até que ponto você pronto para ter uma vida feliz e gratificante.

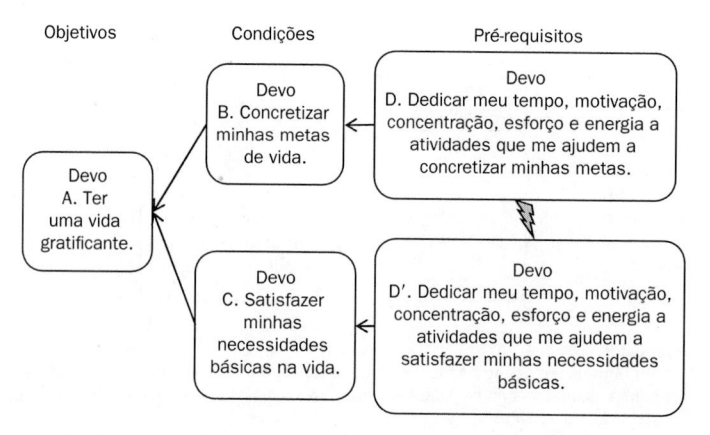

```
Objetivos          Condições           Pré-requisitos

                                       ┌──────────────────────┐
                    ┌─────────────┐    │        Devo          │
                    │    Devo     │    │ D. Dedicar meu tempo,│
                    │B. Concretizar│◄──│  motivação,          │
                    │ minhas metas│    │ concentração, esforço│
                    │  de vida.   │    │ e energia a atividades│
                    └─────────────┘    │ que me ajudem a      │
   ┌──────────┐   ╱                    │ concretizar minhas   │
   │   Devo   │◄─                      │      metas.          │
   │  A. Ter  │                        └──────────────────────┘
   │ uma vida │                                 ⚡
   │gratificante.│                     ┌──────────────────────┐
   └──────────┘   ╲                    │        Devo          │
                    ┌─────────────┐    │ D'. Dedicar meu tempo,│
                    │    Devo     │    │ motivação,           │
                    │C. Satisfazer│◄──│ concentração, esforço│
                    │   minhas    │    │ e energia a atividades│
                    │ necessidades│    │ que me ajudem a      │
                    │básicas na vida.│ │ satisfazer minhas    │
                    └─────────────┘    │ necessidades básicas.│
                                       └──────────────────────┘
```

Pressupostos:
AB1 Todos esperam que eu me dê bem.
AB2 Concretizar minhas metas (independentemente do que elas sejam) me traz satisfação.
AC   Se eu não satisfizer minhas condições básicas na vida, ela não terá sentido.
BD1 Tempo, motivação, concentração, esforço e energia são essenciais para concretizar minhas metas de vida eficiente e eficazmente.
BD2 Não existem atalhos para concretizar minhas metas de vida.
CD'1 As condições básicas são indispensáveis para manter minha vida da forma como a defino.
CD'2 Sem qualquer um desses fatores (tempo, motivação, concentração, esforço e energia), terei de dedicar mais tempo à atividade em questão.
DD'1 Não posso fazer ambas as coisas satisfatoriamente porque o dia só tem 24 horas.
DD'2 Não posso fazer ambas as coisas simultaneamente porque elas são independentes uma da outra.

FIGURA 38.4   EN e pressupostos do dilema de esgotamento profissional.

Produtividade pessoal: estabelecendo metas, estratégias, objetivos, planos de ação e medidas de desempenho

Na Figura 38.5, apresentamos uma visão geral dos aspectos da vida de uma pessoa e como eles se associam no sentido de melhorar nossa produtividade pessoal. Nossa definição de *produtividade pessoal* é *avançar em direção à concretização de nossas metas de vida*. A maioria dos indivíduos vive tentando apagar incêndios, saltando de uma crise para outra em cada aspecto de sua vida. Para sair desse estado de atribulação constante, é necessário identificar e utilizar as ferramentas que lhe permitem se concentrar em um ou duas atividades por vez que o conduzam à concretização de suas metas de vida em um determinado aspecto. Em alguns casos, vivemos em um ambiente caótico em que combater incêndios (reagir a problemas urgentes sem planejamento) é a norma. Na linguagem da TOC, é a circunstância "o que mudar" e a direção "para o que mudar" apresentadas pelo processo de pensamento que ajudam o indivíduo a determinar o que é importante em sua vida. Primeiramente, você precisa encontrar e utilizar ferramentas para mudar para uma situação estável. Você deve passar um tempo em silêncio para examinar os cinco aspectos de sua vida: pessoal, familiar, de amizade/social, de trabalho e profissional. Em cada aspecto, podem existir inúmeras dimensões; por exemplo, no aspecto pessoal, você poderia ter metas (ou condições básicas) para as dimensões física, mental e espiritual. Você deve determinar o que é importante em cada aspecto e dimensão a curto e a longo prazo. Contudo, uma meta é apenas um sonho, a menos que você desenvolva um plano e uma programação para concretizá-la, execute essa programação e controle as interrupções para garantir a conclusão de suas tarefas. O plano deve oferecer uma direção estratégica para a concretização da meta e objetivos de apoio e medidas que indiquem seu progresso em direção à sua meta. Ele deve associar a direção estratégica com os objetivos de curto prazo (táticos) e as atividades diárias para formar o plano operacional. O plano

CHEGANDO LÁ!

De onde estamos no momento → Para → Onde desejamos estar!
Apagando incêndios   Para   Foco nas metas de vida

O que mudar?   →   →   →   Para o que mudar?
((Ir do CAOS... → ESTABILIDADE... → CRESCIMENTO... → REALIZAÇÃO)

Metas de vida	Metas de vida	Metas de vida
B, D, A, Versus, C, D'	B, D, A, Versus, C, D'	B, D, A, Versus, C, D'
Condições básicas	Condições básicas	Condições básicas

Estabelecer uma direção:
OPERACIONAL →   TÁTICA →   ESTRATÉGICA

Como causar a mudança?

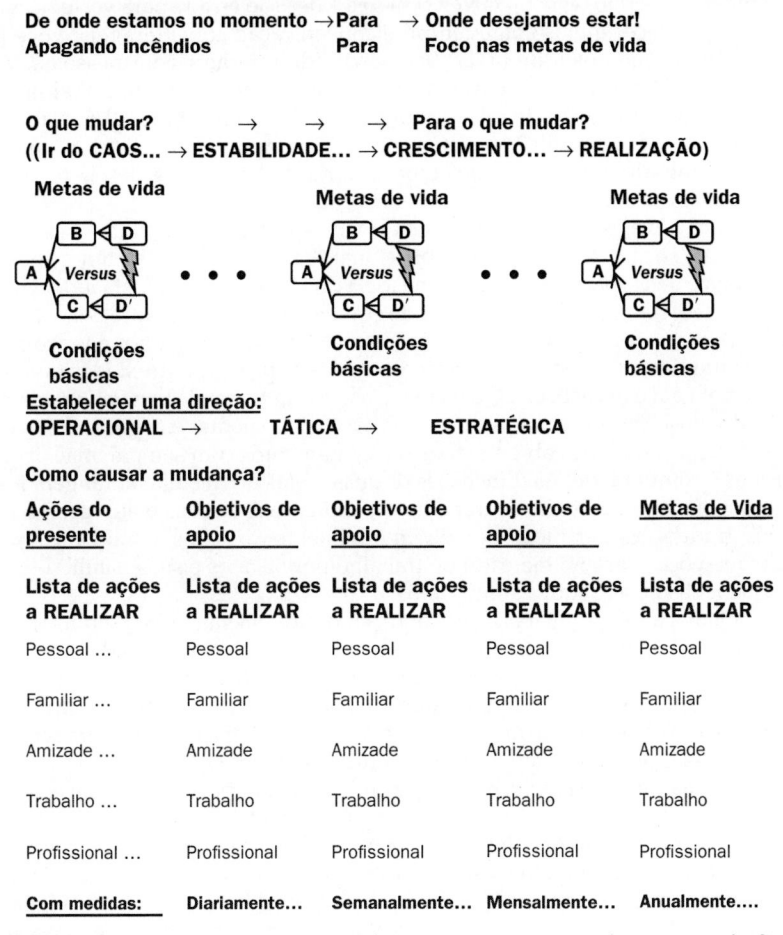

Ações do presente	Objetivos de apoio	Objetivos de apoio	Objetivos de apoio	**Metas de Vida**
Lista de ações a REALIZAR	Lista de ações a REALIZAR	Lista de ações a REALIZAR	Lista de ações a REALIZAR	Lista de ações a REALIZAR
Pessoal ...	Pessoal	Pessoal	Pessoal	Pessoal
Familiar ...	Familiar	Familiar	Familiar	Familiar
Amizade ...	Amizade	Amizade	Amizade	Amizade
Trabalho ...	Trabalho	Trabalho	Trabalho	Trabalho
Profissional ...	Profissional	Profissional	Profissional	Profissional
Com medidas:	Diariamente...	Semanalmente...	Mensalmente...	Anualmente....

FIGURA 38.5 O que mudar, para o que mudar e como causar a mudança com relação à produtividade pessoal.

operacional (a lista de ações a realizar) oferece o mecanismo "Como causar a mudança?". Todos os dias, uma lista de ações a realizar abrange tarefas que o conduzem aos seus objetivos de apoio em cada aspecto de sua vida. Essas ações devem conduzi-lo aos objetivos de apoio semanais, mensais e anuais. Para obter um *feedback*, seu progresso em direção a cada objetivo de apoio deve ser mensurável e medido com frequência. Esse *feedback* deve ser utilizado para determinar se os objetivos de apoio foram atingidos, se a ação foi útil para conduzi-lo aos objetivos de apoio e se as diferentes ações são essenciais no momento etc. Em seguida, todas as partes desse diagrama são discutidas detalhadamente.

Quais são suas metas de vida? A maioria dos leitores provavelmente deseja ter sucesso nos negócios, pois do contrário não estaria lendo este livro. Alguns talvez mudem de ideia a respeito de sua carreira na área de negócios depois que lerem este capítulo. Alguns talvez mudem de ideia depois de trabalhar durante alguns anos no mundo dos negócios. Você provavelmente ficará 50 anos no mercado de trabalho! Você determinou objetivamente que desejava seguir uma carreira na área de negócios ou, de outra forma, simplesmente ficou perambulando sem rumo pela escola sem saber aonde queria chegar ou se formou em outro campo e acabou trabalhando com negócios. Talvez seu pai, sua mãe ou um irmão ou irmã o tenha influenciado a escolher a carreira de negócios. Talvez essa seja a decisão certa ou talvez essa seja a decisão errada para você.

Estabelecer metas exige tempo e concentração consideráveis. Você precisa refletir sobre o que gosta de fazer. Você gosta de interagir com pessoas? Você gosta da sensação de realização quando ajuda alguém? Você gosta de trabalhar com crianças pequenas? Você gosta de resolver problemas de computador? Você quer trabalhar na empresa de sua família? Você tem poucos ou muitos amigos? Em que medida você está envolvido com atividades comunitárias? O que você deseja fazer de sua vida? Quais são suas metas?

Você deve estabelecer metas nos cinco aspectos de sua vida – pessoal, familiar, de amizade/social, de trabalho e profissional. Você precisa de algum direcionamento, de algumas metas, para que assim tenha ideia do lugar para onde está indo em cada uma das dimensões de sua vida e seja capaz de equilibrar seu tempo entre esses aspectos a fim de concretizar suas metas. Todos os dias, quase todos nós reagimos aos acontecimentos em cada um desses aspectos. Entretanto, você deve procurar atividades que o conduzam à sua meta em cada aspecto. Quais metas você está tentando concretizar em cada aspecto? As dimensões de suas metas pessoais são física, mental e espiritual. As dimensões de suas metas familiares abrangem os relacionamentos com seu pai, mãe, irmãos, cônjuge, filhos e comunidade. As dimensões de suas metas de trabalho abrangem projetos atuais, remuneração e ambiente de trabalho. As dimensões de suas metas profissionais incluem pós-graduações, certificações e desenvolvimento de novas habilidades. Não se esqueça de que você ficará no mercado de trabalho por 50 anos e suas habilidades atuais talvez fiquem obsoletas daqui a alguns anos.

Qual é a relação meta *versus* condição básica em sua vida? Geralmente, uma meta é considerada como algo em que se deseja aumentar as unidades da meta para melhorar. Ganhar mais dinheiro no presente e no futuro significa batalhar continuamente por melhorias. Condição básica significa que uma determinada quantidade de um item é satisfatória para você e mais do que isso não é necessário. Uma meta poderia ser tirar A em uma disciplina e uma condição básica seria tirar pelo menos C para fazer cursos avançados. Existe uma diferença marcante na quantidade de tempo, esforço, concentração e motivação necessária para tirar A em contraposição a tirar C.

Uma meta para uma determinada pessoa pode ser uma condição básica para outra. Para uma pessoa, uma meta seria correr 1.600 metros em menos de 8 minutos em uma maratona, ao passo que para outra a condição básica seria caminhar vigorosamente durante uma hora, três vezes por semana. Bom desempenho em uma maratona significa que um tempo menor é melhor. Você pode achar que caminhar três vezes por semana é uma quantidade mínima (a condição básica) para manter a forma.

Para uma pessoa, uma meta de trabalho poderia ser encontrar um emprego em que possa ganhar o máximo de dinheiro possível. Entretanto, para outra, uma condição básica poderia ser encontrar um trabalho em que possa ganhar pelo menos $ 40.000 anualmente, mas trabalhando ao ar livre. Mais dinheiro talvez não seja importante para você – $ 40.000 é um valor suficiente para você ter o estilo de vida que deseja. Uma meta para uma pessoa poderia ser condição básica para outra. Você deve reconhecer em cada aspecto de sua vida o que é meta e o que é condição básica. Uma meta pode transformar-se em condição básica a curto prazo e depois voltar a ser uma meta. Suponhamos que você tenha estabelecido a meta de perder 9 quilos em seis meses. Você perdeu 5,5 quilos até o momento, mas o Natal está próximo e você deseja passar o feriado com a família. Você pode querer "manter o peso" até o Ano-Novo em vez de se forçar a fazer regime durante o feriado. Após o Ano-Novo você poderia voltar ao regime e tentar atingir sua meta de 9 quilos. Saber a diferença entre meta e condição básica (diminuir a frustração) é fundamental. Desse modo, você saberá onde depositar seu foco, concentração, motivação, esforço e tempo.

Em um ambiente de trabalho ou acadêmico, reconhecer a diferença entre as metas e condições básicas das pessoas e a diferença nas ações dessas pessoas é essencial para compreender o trabalho em equipe e diminuir o grau de frustração. Por exemplo, você provavelmente já trabalhou em equipes de três ou quatro alunos em projetos de classe. Às vezes seu companheiro de equipe trabalha com afinco e outras vezes você pode se deparar com um companheiro de equipe que parece não se importar. A diferença pode ser que um considera o projeto como um meio de obter a meta de tirar A no curso, enquanto outro vê o projeto como uma condição básica para tirar C. O nível de atividade (investimento de tempo, motivação, concentração, esforço e energia) contribui para o objetivo deles em relação ao curso. Uma boa pergunta a se fazer aos possíveis membros de uma equipe antes de formá-la é: "Que nota você vai se esforçar por obter nesse projeto?".

Uma última questão com relação ao estabelecimento de metas é compreender que as metas em cada aspecto da vida podem mudar e de fato mudam. Se você se formar em uma escola de negócios e depois de alguns anos concluir que não gosta dessa área e deseja fazer outra coisa, avalie onde você se encontra no momento e aonde deseja chegar. Seus interesses mudaram? Você tem a vida inteira pela frente. Atualmente, muitos profissionais não gostam de seu trabalho ou do ambiente em que trabalham, mas não reconhecem sua capacidade de mudar. Você deve apreciar todos os aspectos de sua vida e, se encontrar obstáculos, enfrentá-los. Reavaliar suas metas e desenvolver novas metas em cada aspecto da vida é uma parte importante do processo de melhoria contínua.

Para gerenciar seu tempo eficazmente, você precisa saber para onde está indo. Isto é, deve estabelecer metas de longo prazo e objetivos de apoio de curto prazo. Você deve ser proativo para estabelecer e concretizar suas metas. As metas lhe oferecem uma direção para concentrar seus esforços pessoais e profissionais diários. A estratégia lhe indica *como* concretizará suas metas. Além dessas metas, você deve estabelecer objetivos diários, semanais, mensais e trimestrais que o conduzam às suas metas de longo prazo. Você deve desenvolver uma estratégia e planos de ação de apoio a fim de concretizar suas metas e objetivos. E eles devem ser definidos para que você possa avaliar seu progresso em relação à sua concretização. Isso exige que você crie um sistema de mensuração de desempenho composto de critérios de desempenho, padrões de desempenho e medidas de desempenho. *Critério de desempenho é um fator a ser avaliado, padrão de desempenho é o nível de desempenho desejado ou aceitável* e *medida de desempenho é o desempenho real*. Os passos para estabelecer metas, objetivos e um sistema de mensuração são apresentados a seguir.

1. Identifique sua meta de longo prazo e os objetivos de apoio de mais curto prazo.
2. Desenvolva uma estratégia (de que forma você concretizará a meta e os objetivos) e os planos de ação de apoio para concretizar o que foi estabelecido.
3. Identifique um critério de desempenho para avaliar seu progresso em direção às suas metas e objetivos de curto prazo. (O que eu vou medir?)
4. Identifique padrões de curto prazo para seu critério de desempenho que indiquem a concretização de objetivos e um padrão de mais longo prazo que indique a concretiza da meta.
5. Monitore seus progressos medindo seu desempenho em relação aos objetivos de curto prazo.
6. Compare suas medidas de desempenho com seus padrões de desempenho.
7. Tome uma medida corretiva, se necessário.

Apliquemos esses passos a uma situação específica em que um aluno tem uma postura um pouco mais madura em relação ao trabalho escolar do que o aluno de graduação comum descrito na DC da Figura 38.3. Suponhamos que você trabalhe em tempo integral e seja aluno de MBA em tempo integral em um curso noturno.[5] Sua meta profissional é [A] Graduar-se com distinção no programa de MBA sem sacrificar os outros aspectos de sua vida. Em relação à sua estratégia (como concretizar sua meta), você resolver reavaliar os compromissos de tempo assumidos em diversos aspectos de sua vida para que possa dedicar mais tempo aos estudos do MBA e formar-se com distinção. Se examinarmos a nuvem genérica na Figura 38.3, veremos que o objetivo [A] permanece o mesmo e suas necessidades [B] e [C] são: [B] Graduar-se com distinção no programa de MBA (tirar média final A em todas as disciplinas) e [B] Satisfazer os outros aspectos de sua vida enquanto estiver cursando o programa de MBA. Essa necessidade engloba trabalho, família, amigos etc. Obviamente, o dilema D–D' continua o mesmo: você não tem tempo suficiente para satisfazer ambas as coisas simultaneamente.

Você determinou que o critério de desempenho para a graduação de MBA é a nota do curso. À medida que você fizer as provas e entregar os projetos em cada disciplina, você poderá representar graficamente seu progresso real em comparação com seu padrão a curto prazo nas notas. Essa representação gráfica da medida de desempenho (notas reais) em relação ao padrão de desempenho (notas desejadas) indica seu progresso em direção à sua meta de longo prazo de graduar-se com distinção. Você está se saindo de acordo com o previsto, além do previsto ou aquém do previsto com relação à sua nota média? Você talvez deseje reavaliar seus objetivos de curso para o período seguinte com base nos resultados do período presente.

Quando ocorrer um desvio nas notas (uma diferença entre as notas padrão e as reais), identifique a causa. Como você pode sanar a causa? Suponhamos que você estivesse em uma equipe de projeto em que os outros não contribuíram com sua parcela para o projeto. Como você lidaria com essa situação no futuro?

O que mudar: como você usa seu tempo atualmente?

A maioria das pessoas admite que elas não usam seu tempo eficazmente para concretizar suas metas. Muitas leem livros de autoajuda para se organizar, melhorar a memória, ler mais rápido etc. Elas tentam melhorar tudo, em vez de se concentrar no problema básico. Seu problema é tempo?

Leva tempo para concretizar objetivos e metas de curto prazo. Você sabe de que forma você *usa* seu tempo? Você gasta seu tempo livremente ou o gerencia? Você é reativo ou proativo no gerenciamento de seu tempo? Você planeja seu tempo ou simplesmente deixa as coisas acontecerem? Quando você planeja seu tempo, você abandona o plano imediatamente assim que ocorre um contratempo? Você sempre consegue cumprir suas metas e objetivos?

Antes de escolher um plano de melhoria pessoal, você deve examinar de que modo você despende seu tempo atualmente. Quais são os efeitos indesejáveis (EIs) quando o tempo é mal gerenciado? Prepare um formulário de análise de tempo e faça cópias suficientes para abranger uma semana de registro de suas atividades. É muito fácil criar esse formulário em uma planilha. Na parte superior, escreva seus objetivos referentes ao dia (uma lista de "tarefas" comum). Algumas dessas atividades diárias devem apoiar seus objetivos de curto prazo. Se no momento você ainda não planeja seu dia, deixe em branco a seção de objetivos. A maioria das pessoas não utiliza listas de "tarefas". Na primeira coluna, insira o horário em que você normalmente se levanta (6h, 6h30, 7h etc.) e intervalos de 30 minutos até o momento em que vai dormir. Na segunda coluna, insira a atividade que você executará nesse intervalo de 30 minutos. Tente registrar de que forma você despende seu tempo a cada meia hora ou menos. Se você esperar para registrar suas ativi-

---

[5] Esse problema foi estudado por inúmeros MBAs diferentes na década passada; para obter uma análise detalhada sobre esse problema e ver um método diferente para construir uma árvore da realidade futura, consulte Cox, Mabin e Davies (2005).

dades no final do dia, não terá uma visão da quantidade de tempo tomada pelas várias atividades e não registrará interrupções importantes. Na terceira coluna, de comentários, você pode fornecer informações adicionais sobre as atividades, as interrupções e possíveis problemas. A quarta coluna ou classificação serve para você avaliar se a atividade era importante (I), desimportante (D) ou não tinha nenhuma relação (N/A) com seus objetivos diários ou uma condição básica (CB).

Depois que você registrar diariamente, ao longo de um período de sete dias, seus objetivos, atividades, comentários e classificações de importância, faça a seguinte análise.

1. Examine seus objetivos diários. Eles são realistas (eles podem ser concretizados em um único dia) e mensuráveis (consigo dizer que os concluí)? "Dar uma olhada rápida e ler o Capítulo 3 do meu livro de história" é um objetivo realista e mensurável. Em contraposição, "estudar história" é um objetivo vago e não mensurável.
2. Classifique suas atividades todos os dias. Quais atividades eram importantes para você concretizar seus objetivos de curto prazo, irrelevantes para concretizar seus objetivos e não adequadas, mas também importantes ou uma condição básica? Quanto tempo você dedicou a cada uma dessas categorias?
3. Identifique todas as atividades, como viagens, trabalho, escola, descanso, alimentação e lazer. Qual porcentagem e quantas horas diárias referem-se a desperdício de tempo em relação aos seus objetivos diários e às suas metas de mais curto prazo?
4. Identifique de que forma você poderia eliminar ou diminuir essas atividades que desperdiçam tempo.
5. Identifique as atividades que você consegue controlar, bem como aquelas que não consegue controlar mas é obrigado a executar (condições básicas).
6. Classifique e analise as interrupções que ocorrem a cada dia. Por que elas ocorreram?
7. Relacione os EIs associados com sua capacidade de gerenciar seu tempo.
8. Analise os EIs para identificar suas causas.
9. Tome providências para eliminar a causa subjacente dessas atividades que desperdiçam tempo.
10. Conclua este exercício a cada seis meses.

É necessário ressaltar que, embora este exercício possa parecer tedioso, ele exige muito pouco tempo para ser realizado. Ao mesmo tempo, ele é imensamente importante para você perceber e ser capaz de planejar eficazmente um de seus recursos mais valiosos – seu tempo.

Desenvolvendo um plano de implementação detalhado para atingir suas metas e objetivos

Saber gerenciar o tempo é uma habilidade que pode beneficiá-lo em toda a sua vida profissional e pessoal. É uma oportunidade para manter um equilíbrio entre atividades concorrentes (pessoais, familiares, de amizade/sociais, de trabalho e profissionais). Concretizar suas metas de curto e de longo prazo significa desenvolver um plano de implementação detalhado e ter uma postura proativa em relação ao plano de ação, que deve ser específico sobre o quê, onde, quando e como.

A primeira pergunta fundamental, "O quê?", pode ser utilizada de duas maneiras para determinar o significado da relação de uma ação para a concretização de seu objetivo. Em primeiro lugar, qual é a ação que lhe permite concretizar seu objetivo? Essa pergunta possibilita que você identifique qual ação deve aparecer em sua lista de "tarefas". Você deve realizar essas ações fundamentais para concretizar seus objetivos diários. Em segundo lugar, você deve analisar cada ação em sua lista de "tarefas" e as ações que você de fato realiza durante o dia para identificar o respectivo propósito. Você deve perguntar a si mesmo: "Em que medida esta ação me ajuda a concluir meus objetivos diários?".

Se você estiver alterando seus planos diários, deverá observar o que está sacrificando. Essa nova ação que você está realizando é algo que o conduz aos seus objetivos do dia? Vale a pena tomar o seu tempo do que você havia planejado realizar no dia? Em muitas situações, não questionamos as interrupções que ocorrem em nosso plano.[6] Aceitamos essas interrupções e depois retrocedemos para analisar o desperdício de tempo. Evite as interrupções e questione-as sem hesitar. Talvez você precise desenvolver outra estratégia para atingir seus objetivos. Se você sofrer muitas interrupções enquanto estuda, deverá procurar outra estratégia (com relação a quando e onde) para estudar.

A maneira mais eficaz de controlar interrupções é sair do ambiente que as possibilita. Equivale a responder à segunda pergunta, "Onde?". Encontre um lugar silencioso para se concentrar e superar as dificuldades de seu trabalho com atenção concentrada. Você ficará surpreso com o quanto conseguirá realizar em um curto espaço de tempo quando puder dedicar 100% de sua atenção a uma atividade por vez. A resposta correta à pergunta "Onde?" pode economizar tempo e esforço.

Para gerenciar bem o seu tempo, a terceira pergunta, "Quando?", deve ser respondida repetidamente. A forma mais simples para começar a usar melhor seu tempo é utilizar algum tipo de agenda diária (eletrônica ou de papel) com calendários de hora, dia, semana e mês para registrar seus planos. No início de cada período, insira trabalhos e atividades escolares essenciais, como projetos, relatórios e reuniões (de trabalho) e provas, trabalhos de final de semestre, jogos de futebol e festas (escolares) nas áreas de planejamento mensal, semanal e diário de sua agenda. Insira também seus compromissos, hora marcada com médico, dentista, cabeleireiro e reuniões sociais. A visão mensal e a semanal indicam o que está para ocorrer e dos momentos de altos e baixos em sua carga de trabalho atual. Um método que muitos estudantes acharam útil para gerenciar o tempo é mudar a rotina diária. Ir dormir mais cedo nos fins de semana e levantar cedo para estudar ou fazer exercícios. Temos mais vigor e atenção e sofremos menos interrupções. De modo semelhante, muitos profissionais administrativos começam a trabalhar antes dos outros a fim de ter um tempo em silêncio para concluir atividades importantes sem interrupções.

A quarta pergunta é "Como?". Como você atingirá seus objetivos diários? Por exemplo, de que forma você trabalha e estuda melhor? Em relação a um projeto, você primeiro esquematiza todas as atividades ou reúne a equipe de projeto e esboça um plano? Ao estudar, por exemplo, você primeiro dá uma rápida folheada no capítulo; em seguida o lê; depois volta e sublinha os pontos importantes; e depois revê os pontos sublinhados? De acordo com uma análise realizada em livros acadêmicos usados na livraria de uma faculdade, mais de 50% do texto (em alguns casos, quase todo o texto) de cada capítulo estava sublinhado. Isso indica que a maioria dos alunos pula a fase de folhear e lê e sublinha simultaneamente. Esse método indesejável foi confirmado por uma pesquisa de opinião em inúmeras salas de aula universitárias.

Funções de planejamento e controle operacional

Assim que identificar suas atividades diárias, você deve se dedicar à sua conclusão. Ter foco significa executar quatro funções inter-relacionadas e essenciais para planejar e controlar suas atividades. Essas funções são planejamento de prioridades, controle de prioridades, planejamento de capacidade e controle de capacidade. Elas são definidas como:

1. *Planejamento de prioridades:* Processo de determinação da sequência das atividades com base em sua importância relativa. O que deve ser realizado em primeiro lugar, em segundo, em terceiro? O que deve ser deixado para outro momento? O que não deve ser realizado (erros de comissão)?

---

[6] No Capítulo 16, Barnard e Immelman empregam a terminologia erros de comissão (fazer o que você não deveria) e erros de omissão (não fazer o que você deveria), cunhadas por Ackoff, como causa de problemas graves. Essas mesmas categorias enquadram-se bem no que estamos descrevendo aqui.

2. *Planejamento de capacidade:* Processo de determinação do tempo e dos recursos necessários para executar uma atividade (capacidade exigida) e de comparação desses fatores com o tempo disponível (capacidade disponível). Nesse planejamento, evite a multitarefa; concentre-se em uma atividade por vez. A menos que uma atividade exija algum tempo de espera, concentrar-se em uma atividade por vez normalmente diminui o tempo necessário e melhora a qualidade da atividade.
3. *Controle de prioridades:* Processo de execução do plano de prioridades e de mudança de sequência com base nas necessidades e condições atuais. Contratempos ocorrem. Tente diminuir a possibilidade de ocorrência de contratempos. Às vezes uma interrupção é importante e você precisa priorizar novamente suas atividades. Tente finalizar o que você está fazendo antes de iniciar uma nova atividade.
4. *Controle de capacidade:* Processo de comparação do tempo e dos recursos reais para executar uma atividade com o plano de capacidade e de ajuste da capacidade à sua programação de trabalho com base em seu progresso real. A maioria das pessoas subestima o tempo necessário para uma atividade e por isso sofre as consequências. Controle a precisão de suas estimativas de tempo para que possa aprender a prever melhor a duração das atividades.

Embora a princípio esses termos possam lhe parecer estranhos, você executa intuitivamente essas funções em todas as suas atividades diárias. Por exemplo, você está planejando o seu dia e quer deixar algumas roupas na lavanderia após o trabalho, que termina às 17h. A lavanderia fecha às 18h. Você tem um jantar marcado com um amigo às 18h30. Você compara suas prioridades e a duração das atividades – planejamento de prioridades. Você calcula que tem uma hora para atravessar a cidade e chegar à lavanderia e que esse percurso levará 40 minutos – planejamento de capacidade. São 17h. Em vez de ir à lavanderia tal como planejado, você se atrasa porque seu chefe lhe pede para ajudá-lo a resolver um problema. Você pondera sobre a questão de ir à lavanderia *versus* ajudar o seu chefe – controle de prioridades. Você passa 40 minutos ajudando seu chefe e conclui que não conseguirá chegar à lavanderia a tempo de pegá-la aberta. Mentalmente, você reprograma a lavanderia para o dia seguinte – controle de capacidade.

Para ser um gerente eficaz, você deve planejar e executar essas quatro funções com disciplina. Alguns indivíduos são naturalmente competentes para isso; outros são uma lástima. Para a maioria, planejar e controlar o próprio tempo é um problema real, mas eles só reconhecem esse problema quando já é tarde demais. O segredo para gerenciar bem o tempo é ter foco.

Passos para melhorar sua produtividade

A formalização do processo de utilização dessas quatro funções aos seus projetos pode ajudá-lo a melhorar sua produtividade. Execute os oito passos a seguir.

1. Verbalize seus objetivos, sua estratégia de apoio e suas medidas de desempenho.
2. Relacione as atividades que você deve realizar para concretizar seu objetivo.
3. Priorize as atividades com base em dependências causais, data/horário de início, urgência, importância, facilidade de conclusão, aversão, eficiência ou algum outro fator. Sempre realize as atividades que o aproximem de suas metas em cada faceta/dimensão de sua vida.
4. Avalie os recursos (tempo, material e equipamento) necessários.
5. Faça uma comparação entre os recursos necessários e os recursos disponíveis.
6. Desenvolva um plano simples para concluir suas atividades. Programe-se para que os recursos estejam disponíveis no momento em que forem necessários.
7. Concentre-se na atividade em questão. Encontre um lugar tranquilo e tempo para realizar atividades essenciais. Execute essa atividade e passe para o item seguinte de sua lista de "pendências". Não execute várias atividades simultaneamente a atividades importantes. Elimine as distrações. Tente se proteger contra atividades que desperdiçam tempo.
8. À medida que as atividades forem concluídas, sofrerem atrasos, mudarem ou forem excluídas, ajuste sua lista de acordo.

Agora, discutiremos cada passo mais detalhadamente.

1. Verbalize seus objetivos, sua estratégia de apoio e suas medidas de desempenho.

   Com suas metas em mente, você deve determinar seus objetivos, sua estratégia e como medirá seu progresso em relação à concretização desses objetivos antes de definir como os concretizará. Isso pode ser tão simples quanto redigir uma frase.

2. Relacione as atividades e os projetos (com base em sua estratégia) que você deve realizar para concretizar seu objetivo.

   PERGUNTA: Como você come um elefante?

   RESPOSTA: Um pedaço de cada vez!

   Concretizar um objetivo é como comer um elefante. Identificar as atividades essenciais para a concretização de um objetivo é fundamental. Projetos como concluir um plano de expansão, redigir uma monografia sobre gerenciamento da cadeia de suprimentos, estudar para a prova de história ou limpar o apartamento têm pouco significado. Seja mais específico. Que atividades específicas devem ser realizadas para concluir esses objetivos?

   Relacione as atividades que devem ser realizadas no dia presente. Não inicie muitas atividades diferentes e dissociadas de uma vez. É bem melhor concentrar sua atenção em um projeto completo e dedicar tempo suficiente para concluir o projeto ou uma atividade essencial desse projeto do que fazer um pouco de várias atividades distintas simultaneamente (multitarefa). Analisamos o problema da multitarefa (que, resumidamente, é ir e voltar entre diversas atividades distintas ao mesmo tempo) nos Capítulos 3, 4 e 5, sobre gerenciamento de projetos.

3. Priorize as atividades com base em dependências causais (o que você vai fazer em primeiro lugar, em segundo lugar etc.), urgência, importância, horário, facilidade de conclusão, eficiência, aversão ou algum outro fator.

   Não priorize em demasia. Algumas atividades são urgentes, enquanto outras são importantes. Algumas precisam ser iniciadas em um horário específico; outras exigem extensos períodos de tempo; e algumas outras requerem vários períodos curtos no decorrer de um longo espaço de tempo. Outras, embora importantes, exigem pouco tempo ou quase nada. Lembre-se de suas metas de vida e de seus objetivos de apoio: você está realizando atividades que o conduzem a essas finalidades? O objetivo em priorizar as atividades é manter a flexibilidade para reagir a problemas e oportunidades.

4. Avalie os recursos (tempo, material e equipamento) necessários.

   Avalie os recursos necessários para a conclusão de cada projeto. Por exemplo, para concluir o relatório de um projeto de expansão, você terá de marcar uma reunião com o empreiteiro, obter as estimativas de investimento em equipamentos, obter autorizações etc. Para estabelecer o plano do projeto, você terá de marcar uma reunião com várias pessoas diferentes. Essa parte exigirá em torno de quatro horas e a reunião real para desenvolver o plano do projeto levará mais quatro horas. Seu plano de capacidade indicará quatro horas de trabalho na presente semana para estruturar a reunião e a reunião real programada para o final da semana seguinte.

5. Faça uma comparação entre os recursos necessários e os recursos disponíveis.

   Assim que você tiver uma boa ideia dos recursos necessários para uma atividade ou um projeto, terá de comparar essas estimativas com os recursos disponíveis. Talvez você tenha quatro horas disponíveis na presente semana e mais quatro disponíveis no final da semana seguinte para realizar a reunião. Você provavelmente precisará de mais duas horas para se preparar antecipadamente para a reunião da semana seguinte.

6. Desenvolva um plano simples para concluir suas atividades.

   Mantenha o plano o mais simples possível (ele pode ser tão simples quanto uma lista de "tarefas")! Esse plano exige a identificação de datas e horários experimentais para iniciar cada atividade. Quando você pode encaixar as quatro horas necessárias para se reunir com a equipe do projeto? Embora você tenha quatro horas disponíveis na noite de hoje, a maioria dos membros da equipe está trabalhando; portanto, você não usar esse tempo para estruturar a reunião do projeto. Que trabalho de alta prioridade da escola você pode concluir à noite? Para concluir seu plano, você deve identificar a prioridade seguinte em sua lista de "tarefas". Você garante que haja recursos disponíveis quando necessário. A lista de "tarefas" protegida (com pulmões) que será discutida ainda neste capítulo demonstrou-se altamente eficaz para a maioria dos estudantes e gerentes.

7. Concentre-se na atividade em questão. Encontre um lugar tranquilo e tempo para realizar atividades essenciais. Execute essa atividade e passe para o item seguinte de sua lista de "pendências". Não execute várias atividades simultaneamente a atividades importantes. Elimine as distrações.

    Foco, foco, foco! Defina claramente o objetivo da atividade e tenha todos os materiais necessários para concluí-la – em seguida, execute-a. Escolha um momento e um lugar que minimize as interrupções. Desligue o celular, a televisão, o rádio etc. Isso ajuda a evitar a multitarefa.

8. À medida que as atividades forem concluídas, sofrerem atrasos, mudarem ou forem excluídas, ajuste sua lista de acordo.

    Verifique seu plano (lista de "tarefas") com frequência. Quando concluir uma atividade, marque-a como concluída. Quando iniciar ou concluir uma atividade não programada, consulte o para ver se você precisa mudar ou priorizar novamente as atividades. Imprevistos acontecem (Murphy)! Murphy é o personagem fictício que sempre atrapalha os planos. Murphy continua vivo e adora prejudicar seus planos. Qualquer quantidade e qualquer tipo de interrupção podem arruinar seus planos. O objetivo em desenvolver um plano é reconhecer que ocorrerão imprevistos (Murphy). E não obstante suas boas intenções, você não conseguirá executá-lo tal como o estabeleceu. O segredo é flexibilidade – capacidade de ajustar sua lista de "tarefas" de acordo.

Utilizando o gerenciamento de pulmões para aumentar sua eficiência

A utilização de pulmões é uma atividade essencial que poucas pessoas realizam. Proteger sua programação pode ajudá-lo a planejar e controlar suas atividades diárias para se aproximar de seus objetivos de curto prazo. Os pulmões protegem sua programação contra interrupções. Sua lista de "tarefas" incorpora as funções de planejamento de controle de prioridades e capacidade. Mais importante ainda, ela segue o princípio de que o tempo é um bem precioso e procura usá-lo de maneira eficaz.

Examinemos detalhadamente o conceito de pulmão. Seu tempo é precioso e sua meta é ter maior qualidade de vida. Você precisa concluir atividades de trabalho, acadêmicas, sociais, familiares, comunitárias e pessoais para concretizar essa meta. Você dedica uma determinada quantidade de horas todos os dias – digamos, dez horas – para realizar essas atividades. Embora você possa trabalhar dez horas por dia, talvez você conclua mais ou menos em dez horas de trabalho – mais, se trabalhar mais rapidamente que o usual, e menos se tiver mais interrupções que o usual. Você pode prever que tem quatro horas disponíveis para se reunir com os membros da equipe e estruturar o projeto de expansão, mas concluir esse trabalho em duas horas. Nesse caso, você terá consumido quatro horas da previsão do trabalho; portanto, precisará ter outro trabalho pronto para ser iniciado, pois do contrário não tirará proveito das duas horas economizadas em tempo real. Se você nunca aproveita o tempo economizado e sempre sofre as consequências decorrentes de atrasos e interrupções (Murphy), você sempre ficará atrasado em relação à sua programação.

O "pulmão" é a quantidade de trabalho (avaliado em tempo) que você programou e está disponível para e pronto para ser iniciado caso ocorram imprevistos (Murphy) e você não consiga realizar a atividade programada subsequente. O objetivo do pulmão é melhorar sua eficácia, planejando a atividade (trabalho) seguinte disponível quando concluir a atividade atual. Além disso, a segunda atividade de prioridade mais alta também deve estar presente caso uma interrupção o impeça de prosseguir na atividade programada. Na verdade, você sempre deve ter algumas horas para trabalhos de alta prioridade. A maioria das pessoas programa-se apenas para a atividade atual e, quando ocorrem imprevistos (Murphy), elas acabam desperdiçando o tempo reservado para essa atividade porque não se programaram eficazmente.

Para a finalidade de controle de capacidade, o pulmão deve ser dividido em três regiões (de modo semelhante às cores de um semáforo) – vermelha (atividades eminentes, aquelas que devem ser executadas no espaço de algumas horas no presente), amarela (atividades menos prioritárias) e verde (atividades a serem executadas mais no final do dia). Essas regiões algumas vezes são chamadas de região 1, 2 e 3. A região 1 (vermelha) contém as atividades que devem ser executadas imediatamente; a região 2 (amarela), as atividades prioritárias que serão executadas posteriormente; e a região 3 (verde), as últimas atividades dentre aquelas que devem ser executadas durante o período do pulmão. As atividades na região 1 são realizadas primeiro. Assim que elas são concluídas, as atividades da região 2 e 3 ganham prioridade e são realizadas em sequência. Se, por algum motivo, você não conseguir realizar uma atividade em sequência, vá para a atividade seguinte da sequência de prioridades e execute aquela que você deixou para trás quando tiver oportunidade.

Um exemplo de lista de "tarefas" com pulmão é apresentado na Figura 38.6. Primeiro, você deve priorizar suas atividades (planejamento de prioridades) e calcular sua duração (planejamento de capacidade). Observe que vários itens (reuniões, aulas, compromissos) da lista estão relacionados com o tempo de duração das atividades. Em seguida, você tem de identificar qualquer requisito para concluir a atividade (*e.g.*, arquivos, relatórios, livros, anotações e horários de reunião e aula). Relacione as atividades de acordo com a prioridade e indique qualquer requisito já sabido e a capacidade necessária prevista (tempo) para concluí-las. O pulmão foi estabelecido arbitrariamente em aproximadamente 15 horas de trabalho (do momento em que você sai de casa de manhã ao momento que retorna à noite) e cada uma das três regiões (vermelha, amarela e verde) contém em torno de cinco horas. A princípio, você indicou que consumiria cerca de dez horas de trabalho por dia nas atividades, mas segunda-feira é um dia particularmente atarefado. Na realidade, você ficará fora de casa durante 15 horas. O pulmão é fixado com um tempo superior a esse período de modo que, se houver imprevistos (*e.g.*, seu chefe estiver ocupado e mudar a programação ou sua reunião de produção for cancelada), você não fique sem trabalho antes de voltar para casa. O controle de prioridades (cumprir o plano) é realizado à medida que o tempo passa.

Região	Atividade	Requisito	Capacidade estimada
Vermelha	Trabalho administrativo ininterrupto	7h-8h	1 hora
	Reunião com o chefe sobre expansão	8h-10h	2 horas
	Elaboração do plano de recursos mensal	10h-12h	2 horas
Amarela	Almoçar com Anne	12h10 Ir a um restaurante que sirva grelhado	1 hora 2 horas 2 horas
	Reunião de produção	13h-15h	
	Relatório da reunião de produção	15h-17	
Verde	Jantar/discussão com a equipe de projeto de MBA	18h	1 hora
	Aula de cadeia de suprimentos	19h-20h20	1,33 hora
	Aula de contabilidade gerencial	20h30-21h50	1,33 hora

FIGURA 38.6 Um exemplo de lista de "tarefas" com pulmão.

Suponhamos que seu chefe o chame e reprograme sua reunião das 8h para as 10h. Você pode examinar sua lista de "tarefas", mudar a atividade de planejamento de recursos mensal programada para as 8h e ir para a reunião com seu chefe. À medida que o tempo avança, você deve também ajustar suas estimativas de capacidade – você calculou duas horas para concluir seu trabalho no plano de recursos. Contudo, suponhamos que após duas horas você ainda tenha 20 minutos de trabalho a cumprir. Você resolve reprogramar seu almoço marcado para as 12h30 e concluir o planejamento de recursos antes disso. Você pode telefonar para Anne e reprogramar seu compromisso e lhe pedir para solicitar seu prato quando ela fizer o pedido dela.

Observe que, à medida que as atividades são executadas, você avança para as atividades subsequentes que se encontram na região 1 (vermelha), que têm prioridade mais alta em relação ao seu tempo. Se você não conseguisse realizar uma atividade da sequência, mudaria para a atividade de mais alta prioridade seguinte, na qual pudesse cumprir o requisito.

O *gerenciamento de pulmões* (GP) é um método simples para melhorar a eficácia porque ele oferece um pulmão de tempo para as atividades que fica á sua disposição. Tenha certeza, imprevistos sempre acontecem (Murphy). Portanto, você deve estar preparado. O segredo é sempre deixar as atividades de mais alta prioridade subsequentes prontas para serem iniciadas para o caso de alguma coisa não sair de acordo com o planejado. Se você não utilizar pulmões em seu trabalho, não programará o tempo ocioso, trabalhará em atividades irrelevantes e terá os requisitos errados para concluir uma atividade essencial. Ao final do dia, você deve examinar sua lista de pulmões para planejar as atividades do dia seguinte. Se não tiver concluído todas as atividades de sua lista, lembre-se de que realizou as mais importantes. Transfira qualquer atividade não concluída para o dia seguinte e priorize-as de acordo com as atividades programadas em sua agenda diária para esse dia. Outro objetivo do GP é identificar a causa das interrupções em sua programação. Você deve analisar essas causas para identificar quais delas (talvez deixar o celular ligado ou assistir à TV enquanto estuda) devem ser eliminadas para melhorar seu desempenho geral.

Não se desanime se conseguir concluir apenas metade das atividades relacionadas em sua lista de "tarefas" com pulmão. Você deve aprender a calcular sua capacidade para concluí-las e, mais importante, saber controlar as interrupções, que são uma realidade da vida. Algumas são incontroláveis e atrapalham totalmente sua programação. Programar-se para concluí-las com antecedência na verdade é uma forma de protegê-las contra interrupções. Suponhamos que a data de entrega do projeto em equipe do curso de MBA estivesse programada para sexta-feira (lembre-se de que sua programação para esse dia já está carregada). Você conversa com sua equipe à noite sobre a possibilidade de concluí-lo e entregá-lo na quarta à noite. Com isso, você teria um pulmão de conclusão de dois dias para o relatório de sua equipe.

Várias outras orientações para você gerenciar seu tempo eficazmente.

- Reserve algum tempo para pensar e planejar.
- Identifique seu ciclo de criatividade ou energia. Proteja os horários de criatividade contra interrupções.
- Programe (ordene) todo o seu dia, e não apenas seus compromissos.
- Inclua em seu pulmão de tempo atividades específicas, realistas, factíveis e mensuráveis que você deve concluir.
- Elimine ou examine quais são suas interrupções. (Desligue o celular; afixe à porta uma placa "não perturbe".)
- Encontre um lugar tranquilo e isolado para trabalhar em projetos críticos.
- Agrupe as incumbências – passar no supermercado, livraria e biblioteca. O tempo de percurso pode ultrapassar o tempo da atividade em si.

- Tenha controle – a maioria das pessoas sabe planejar bem, mas não põe o plano em prática.
- Estabeleça objetivos diários, semanais, mensais e anuais que estejam associados às suas metas de vida.
- Estabeleça objetivos mensuráveis.
- Avalie seu progresso em direção aos seus objetivos.
- Reconheça que trabalho exige foco, concentração, motivação e tempo. Se você não conseguir empregar os três primeiros requisitos, precisará de um tempo significativamente maior.
- Elimine a multitarefa o máximo possível. Comece e termine uma atividade; o tempo de preparação para conclusão de uma atividade em muitos casos ultrapassa o tempo para concluí-la. Começar de novo exige que você repita essa preparação adequadamente.
- Sempre tenha algum trabalho de alta prioridade para substituir uma atividade quando houver imprevistos (Murphy) e a conclusão de uma atividade programada atrasar ou quando você concluir uma atividade antecipadamente.
- Reserve e programe um tempo para atividades de alta prioridade que apoiem seus objetivos e metas de curto prazo em cada dimensão de sua vida – pessoal, família, amigos/sociedade, trabalho e profissional. Eficácia, satisfação e produtividade exigem equilíbrio.
- Recompense a si mesmo. Programe uma atividade recompensadora ou gratificante pela conclusão de uma atividade difícil ou de uma semana bem-sucedida. A recompensa pode ser tão simples quanto sair à noite ou uma viagem com os amigos no fim de semana. Faça um esforço para concluir as atividades, pois dessa forma a recompensa será significativa.

Utilizando o processo de pensamento para atingir suas metas de vida

Esta seção apresenta uma das primeiras aplicações do processo de pensamento de Goldratt para concretizar as metas de vida de uma pessoa. Em 1992, depois de participar de um *workshop* sobre o processo de pensamento, ministrado por Goldratt, eu (Jim Cox) voltei ao *campus* com a ideia de ensinar essas ferramentas à minha classe de gestão de operações avançadas. Queria me investir contra o que eu considerava uma das maiores barreiras para os alunos – a produtividade pessoal. Sentia que, com essas ferramentas extremamente eficientes, os alunos teriam uma estrutura para analisar logicamente qualquer problema. Que melhor área haveria para estudar senão uma forma para equilibrar os vários desafios da vida de estudante?

Depois que eu lhes passei a tarefa de utilizar o processo de pensamento para melhorar a produtividade pessoal, Sheila Taormina foi até minha sala e me pediu para liberá-la daquela tarefa. Sheila era uma aluna excepcional – praticava natação várias horas por dia, mantinha uma média geral de 4,0 e participava ativamente de inúmeras organizações estudantis como representante. Em vez de analisar sua produtividade pessoal, Sheila queria analisar sua atividade de natação. Na verdade não tinha muita esperança em convencê-la de que precisava avaliar sua produtividade. Contudo, fiquei um tanto perplexo na época. Não consigo nem mesmo boiar. Como eu poderia ajudá-la a analisar sua atividade de natação? Ela era uma das melhores nadadoras universitárias do país! Expus minhas preocupações, mas concordei, sabendo que ela não tentaria escapar do trabalho, mas na verdade queria aprender algo que pudesse ajudá-la em sua carreira de natação. Sua história resulta desse projeto de "produtividade pessoal".

A história de Sheila

Por Sheila Taormina

Em novembro de 1996, abri as portas da minha primeira casa própria. Claro que eu não tinha muitos móveis para preencher os cômodos, mas meu carro estava lotado de caixas que continham principalmente as bugigangas que eu havia colecionado durante todo o tempo em que estudei na Universidade da Geórgia. Assim que me deparei com uma caixa cheia de trabalhos antigos da universidade (aqueles que eu havia guardado na esperança de que seria divertido relembrar no futuro), lembrei-me de um projeto que havia realizado, e torci para que ele estivesse ali.

Era o... Administração 577, Primavera de 1992, Dr. James Cox, Análise sobre Produtividade Pessoal. Fiquei extremamente emocionada porque sabia que o trabalho realizado nesse projeto foi o catalisador que transformou meu sonho em realidade. À medida que lia as páginas, revivia cada sentimento que tive em 1992 – uma época da minha vida cheia de indagações e ansiedade, mas sobretudo de uma esperança temerosa. Agora, para compreender o restante desta história verídica, você precisará de algumas informações preliminares para voltar comigo à primavera de 1992, quando redigi esse trabalho para o Dr. Cox.

Eu integrava uma equipe de natação desde os 6 anos de idade, e em 1988 e 1992 fui escolhida para competir nas Provas Olímpicas de Natação. Eu tinha 18 anos em 1988 e 22 em 1992, que normalmente são os anos de máximo desempenho na natação feminina; contudo, não consegui me classificar para as Olimpíadas em nenhuma dessas oportunidades. Não fiquei decepcionada por não conseguir fortalecer a equipe porque nunca havia alimentado essa expectativa. Afinal de contas, acreditava que as pessoas que conseguiam se classificar para as Olimpíadas estavam acima de todas as pessoas comuns, dentre as quais me incluía... elas têm alguns talentos especiais.

Meu plano era me aposentar da natação depois das provas de 1992, mas quando um amigo conseguiu entrar para a equipe de Barcelona naquele ano, foi como se uma luz tivesse acendido em minha mente. De repente percebi que durante todos aqueles anos eu mesma havia me derrotado antes mesmo de subir os primeiros degraus. Meu amigo não era sobre-humano; ele não tinha nenhum talento especial! Imediatamente senti o desejo de tentar na equipe de 1996.

Meu problema era que eu já tinha 23 anos. Portanto, se eu ficasse de fora por mais quatro anos, eu teria 27 – um dinossauro no mundo da natação feminina. Além disso, minha qualificação para o atletismo acadêmico havia chegado ao fim. Desse modo, eu teria de me bancar financeiramente. Meu maior dilema era descobrir uma forma de diminuir três segundos no nado livre de 200 metros para obter um tempo rápido o suficiente que eu considerava razoável para entrar para a equipe olímpica. Se você conhece alguma coisa sobre natação competitiva, então sabe que três segundos é um tempo e tanto para conseguir eliminar.

De qualquer forma, eu não tinha nenhuma garantia de que três segundos a menos seria um tempo rápido o suficiente porque o que eu estava fazendo era muito semelhante a realizar uma previsão de vendas para uma empresa. Examinei o histórico da natação feminina e percebi que 2:00 (dois minutos redondos) era uma aposta segura. Porém, como todo gerente de negócios sabe, as previsões nem sempre são confiáveis!

Entretanto, suponho que minha filosofia em meio a todo esse medo e questionamento era: "Eu simplesmente não quero olhar para trás daqui a 50 anos e me perguntar 'e se..?'". O que eu sabia com certeza era que precisava voltar para Geórgia e concluir o último trimestre para obter o grau de bacharelado (especialização em gestão de produção/operações). Matriculei-me nas três últimas disciplinas que me faltavam, uma delas era a de Administração 577, com o Dr. Cox. Eu já havia assistido a algumas aulas de gestão de produção ministradas pelo Dr. Cox, e ele sempre havia se demonstrado compreensivo para com meus compromissos de natação.

Iniciamos o trimestre aprendendo os princípios das ferramentas de produtividade: árvores da realidade atual e futura, diagrama de evaporação das nuvens, árvores de transição e árvores de pré-requisitos. Nossa primeira tarefa foi aplicar essas ferramentas a uma situação em nossa vida pessoal, uma análise de produtividade pessoal. Obviamente, o primeiro e único pensamento que me veio à mente foi: "Como conseguirei ganhar velocidade para ter chance de entrar para a equipe de 1996? O que fiz incorretamente no passado e como posso mudar isso?".

Essa tarefa foi exaustiva, e eu adorei cada minuto. Eu sabia que isso me ajudaria a identificar a trilha que eu precisava seguir para concretizar minha meta. Várias foram as ocasiões em que, após a aula, pedi ao Dr. Cox para me ajudar a preparar corretamente minhas ferramentas. Ele me ajudou a evidenciar os elos perdidos no meu processo de pensamento. Como a minha árvore de realidade futura estava começando a tomar forma, comecei também a ganhar confiança em mim mesma. Minha constatação mais surpreendente foi que meus problemas básicos eram pequenos diante da vida!

As páginas a seguir reproduzem o ensaio real que escrevi em 1992.

Produtividade pessoal

Sheila Taormina
Administração 577, Dr. Cox

Primavera, 1992

Esse era o cenário: Houve uma exibição de fogos de artifício no natatório enquanto o hino nacional tocava ao fundo. Uma imensa bandeira dos Estados Unidos desceu do teto e as pessoas começaram a entrar em erupção quando os 41 membros da Equipe Olímpica de Natação dos Estados Unidos desfilaram ao redor da piscina. Era uma despedida para os nadadores que iriam a Barcelona.

Pensei que me aposentaria da natação depois das Provas Olímpicas em março de 1992. Embora eu tenha tentado me convencer de que eu poderia entrar para a equipe olímpica de Barcelona, lá no fundo eu não tinha nenhuma convicção. Quando as provas terminaram, não conseguia suportar a ideia de que havia acabado de anunciar alguns dos meus melhores momentos em dois acontecimentos em minha vida e abandonaria a natação, embora tivesse oportunidade de aprender mais e melhorar. Achei interessante analisar um problema pessoal por meio do processo de pensamento, e ele me ajuda a compreender por que é essencial que as entidades de negócio examinem profundamente os problemas que elas enfrentam. Sempre acreditei que não havia necessidade alguma de uma empresa ficar constantemente tentando ser a líder do setor porque, desde que ela consiga ter lucro, qual é a grande coisa em afirmar que ocupa a primeira posição? Essa análise pessoal me fez perceber por que as empresas concorrem continuamente. Uma desvantagem competitiva pode ser a diferença entre alcançar ou não uma meta. E quando algumas dessas desvantagens se juntam, às vezes é de surpreender que uma empresa ou um indivíduo ainda continue no jogo.

Acho que me mantive na natação após as provas porque ainda estava aprendendo a melhorar a cada treino e queria me dar a chance de usar o que aprendi. Tenho 23 anos de idade no momento e, embora a maioria das nadadoras chegue ao auge entre 18 e 20 anos, consegui romper com a tradição por meio de um processo de melhoria contínua. Também acredito que exista outro motivo para eu ainda estar nadando, que é o fato de eu gostar muito de nadar neste exato momento e de finalmente estar vendo os resultados de tantos anos de afinco valer a pena.

Minha perseverança está valendo a pena de outras formas também. Acredito que os incontáveis metros que treinei durante o colégio e a faculdade me deram uma resistência aeróbica na qual posso confiar. Agora preciso redirecionar minha energia para melhorar as áreas às quais não me dediquei muito nos últimos oito anos. Antes de realizar uma análise detalhada, gostaria de sugerir aos leitores que não estão familiarizados com o jargão de natação que consultem o Apêndice, intitulado "Definições".[7] Além disso, gostaria de esclarecer outra questão: no setor de fabricação, as eficiências podem ser consideradas uma medida negativa se não forem utilizadas na restrição; entretanto, na natação, falo de

---

[7] O apêndice não foi incluído neste livro.

eficiência como uma medida positiva. Quando me refiro à eficiência neste ensaio, estou falando de técnica, *streamline*, ângulo das mãos e entrada das mãos na água, posição do cotovelo, posição da cabeça e rotação de ombro. Uma braçada eficiente permite que o nadador tenha potência propulsiva.

O que ocorre é que minha técnica na natação é comum, mas percebi que isso é um efeito negativo. Outros efeitos negativos – alguns deles eu pude identificar de memória e outros nos quais eu nunca havia pensado até o momento em que apareceram na árvore da realidade atual (Figura 38.7) – incluem: (1) Não tenho tanta força propulsiva quanto as outras nadadoras, (2) Não tenho flexibilidade adequada, (3) Sempre fico desidratada, (4) Muitas vezes não consigo ter uma boa noite de sono, (5) Tenho receio de competir com as melhores nadadoras do mundo porque não acredito que eu consiga vencer e (6) Não tenho uma classificação tão alta quanto gostaria de ter ou sou capaz de ter.

Os efeitos negativos relacionados a seguir são parte do que tenho em minha árvore de realidade atual. Além disso, identifiquei sete problemas básicos como causa dos resultados indesejáveis. São eles:

1. Antes de ir dormir, penso em coisas que me preocupam.
2. Fico estressada durante o dia por ter de realizar várias atividades.
3. Presto muita atenção ao que outras nadadoras fazem no treino, quando deveria prestar atenção ao meu próprio estilo de nadar.
4. Às vezes eu ultrapasso meus limites físicos nos treinos.
5. Nunca me lembro de ter sempre uma garrafa de água comigo.
6. Não tiro tempo para me alongar.
7. Tenho receio de propor um tipo de treino para o meu técnico mesmo quando sinto que preciso disso. (Interpretação dos problemas básicos em negrito apresentados na árvore.)

A relação entre os problemas básicos e os efeitos negativos é a seguinte. Se eu penso em coisas que me preocupam antes de ir dormir, não me sinto relaxada quando vou dormir. Se não me sinto relaxada antes de dormir, não tenho uma boa noite de sono e não descanso bem para treinar no dia seguinte. O segundo problema básico, de falta de concentração durante o dia, me faz perder o foco e a concentração nos treinos. Se eu não me concentrar, minha técnica será insatisfatória. Na natação, é difícil manter a técnica correta quando estamos cansados ou não estamos focados nas braçadas. O terceiro problema, de prestar muita atenção nas outras nadadoras e não me concentrar suficientemente em mim mesma, me faz perder a concentração necessária em minhas braçadas. O quarto problema, de ultrapassar um determinado limite de treinamento, provoca dois efeitos negativos em duas direções diferentes. A primeira é que não tenho energia quando me meu corpo está esgotado, e então minha eficiência na braçada é novamente prejudicada. A segunda é que levo muito tempo para me recuperar fisicamente quando ultrapasso muito meus limites. Se meu corpo leva muito tempo para se recuperar, minha capacidade para ter um bom desempenho no treino seguinte sofre com isso. Na verdade, eu estava me sentindo tão cansada antes, que não consegui acompanhar a equipe nos treinos durante três semanas. Por fim, me afastei por quatros dias de qualquer tipo de treino e consegui me recuperar. Os dois outros problemas básicos, de falta de alongamento e de hidratação, me fizeram ter um desempenho abaixo do ideal em uma competição. O alongamento é essencial para os nadadores competitivos e também para a maioria dos atletas, e todo atleta deve fazer alongamento durante 20 a 30 minutos por dia. Se eu me esqueço todos os dias de ter comigo uma garrafa de água, fico desidratada, o que é perigoso para o treino. O efeito negativo é o mesmo de antes... Não consigo atingir meu nível ótimo de desempenho no treinamento nem meu nível ótimo de desempenho nas provas.

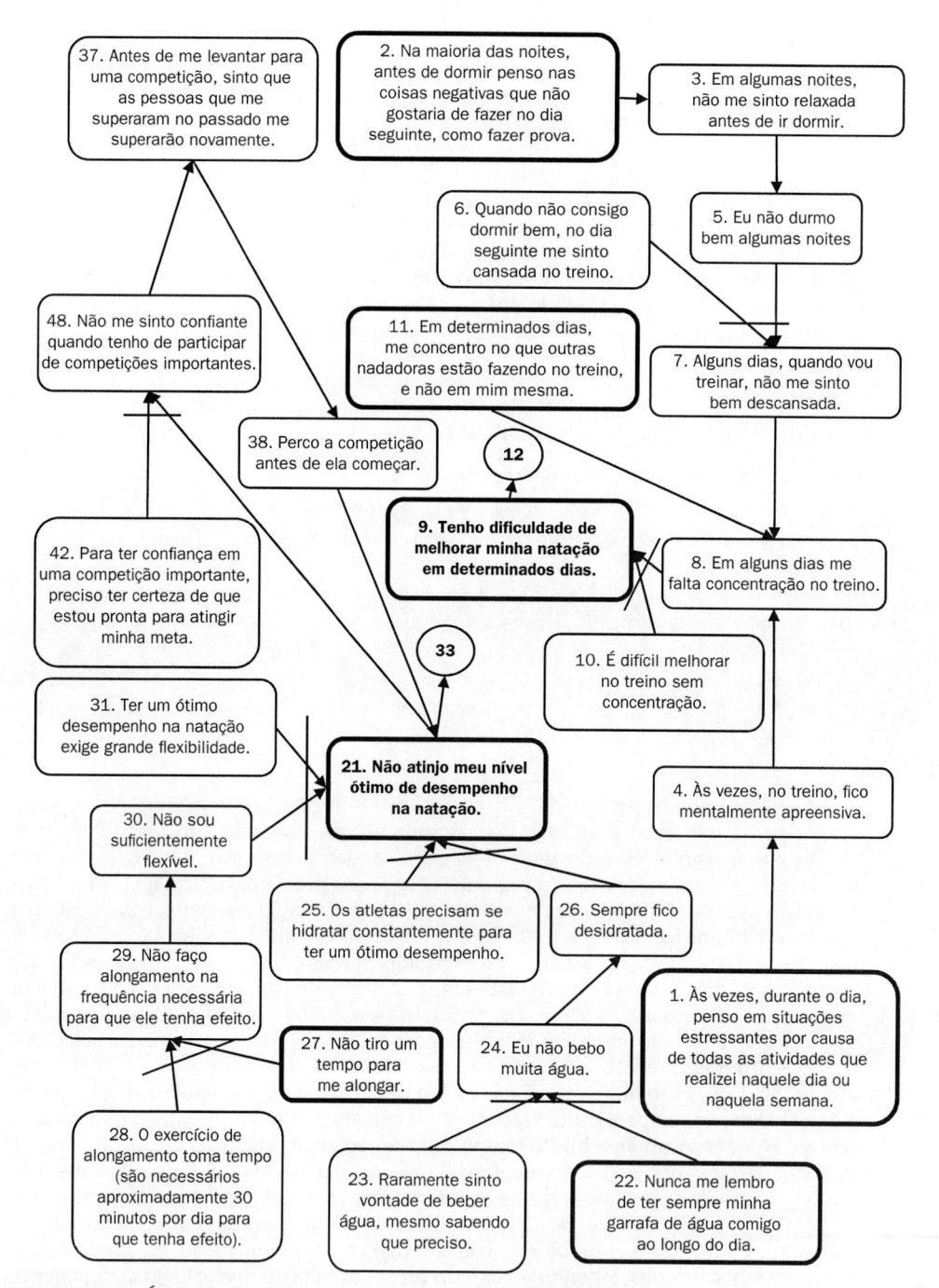

FIGURA 38.7 Árvore da realidade atual da atividade de natação de Sheila.

- 37. Antes de me levantar para uma competição, sinto que as pessoas que me superaram no passado me superarão novamente.
- 2. Na maioria das noites, antes de dormir penso nas coisas negativas que não gostaria de fazer no dia seguinte, como fazer prova.
- 3. Em algumas noites, não me sinto relaxada antes de ir dormir.
- 6. Quando não consigo dormir bem, no dia seguinte me sinto cansada no treino.
- 5. Eu não durmo bem algumas noites.
- 48. Não me sinto confiante quando tenho de participar de competições importantes.
- 11. Em determinados dias, me concentro no que outras nadadoras estão fazendo no treino, e não em mim mesma.
- 7. Alguns dias, quando vou treinar, não me sinto bem descansada.
- 38. Perco a competição antes de ela começar.
- 12.
- 42. Para ter confiança em uma competição importante, preciso ter certeza de que estou pronta para atingir minha meta.
- 9. Tenho dificuldade de melhorar minha natação em determinados dias.
- 8. Em alguns dias me falta concentração no treino.
- 33.
- 10. É difícil melhorar no treino sem concentração.
- 31. Ter um ótimo desempenho na natação exige grande flexibilidade.
- 21. Não atinjo meu nível ótimo de desempenho na natação.
- 4. Às vezes, no treino, fico mentalmente apreensiva.
- 30. Não sou suficientemente flexível.
- 25. Os atletas precisam se hidratar constantemente para ter um ótimo desempenho.
- 26. Sempre fico desidratada.
- 29. Não faço alongamento na frequência necessária para que ele tenha efeito.
- 1. Às vezes, durante o dia, penso em situações estressantes por causa de todas as atividades que realizei naquele dia ou naquela semana.
- 27. Não tiro um tempo para me alongar.
- 24. Eu não bebo muita água.
- 28. O exercício de alongamento toma tempo (são necessários aproximadamente 30 minutos por dia para que tenha efeito).
- 23. Raramente sinto vontade de beber água, mesmo sabendo que preciso.
- 22. Nunca me lembro de ter sempre minha garrafa de água comigo ao longo do dia.

Capítulo 38 ▪ A teoria das restrições para produtividade/dilemas pessoais

21. Não atinjo meu nível ótimo de desempenho na natação.

69. A forma estrategicamente inteligente de nadar o nado livre de 200 metros é não usar a passagem negativa (é uma competição muito curta).

66. Não nado de forma estrategicamente inteligente no nado livre de 200 metros.

57. Minha técnica de natação talvez não esteja melhorando tanto quanto deveria.

68. Preciso me dedicar mais para resistir ao rastro provocado por outros atletas.

65. Eu uso a passagem negativa no nado livre de 200 metros.

55. Esses treinamentos talvez não beneficiem o máximo possível todos os indivíduos.

67. Eu sou pega pelo rastro da nadadora ao meu lado durante a primeira metade da prova.

63. Na primeira metade do nado livre de 200 metros eu nado muito lentamente.

58. Outras nadadoras conseguem me ultrapassar no início da prova.

62. Eu não tenho força propulsiva na primeira metade da prova.

54. Eu tenho tentado melhorar determinadas coisas que não aprimorarão significativamente minha natação (tenho me atido a *choopchicks* (trivialidades).

64. Não tenho força propulsiva suficiente na partida e no *breakout*.

61. Eu não tenho a força propulsiva que deveria ter.

53. Para obter uma melhoria significativa, preciso ter maior força propulsiva, maior confiança e técnicas mais adequadas de braçada.

52. Tenho feito treinamento aeróbico de distância, e isso consome muito tempo e energia.

60. Tenho menos tempo e energia para treinar com nadadeiras, saltos, *snorkel, shot cords*, anilhas. Tudo isso melhora a força propulsiva na natação.

50. Nunca contesto o treinamento do meu técnico.

49. Tenho receio de propor um tipo de treino para o meu técnico mesmo quando sinto que preciso disso.

51. A maioria dos técnicos acredita que o treinamento de alta metragem em natação é necessário para o sucesso da equipe como um todo.

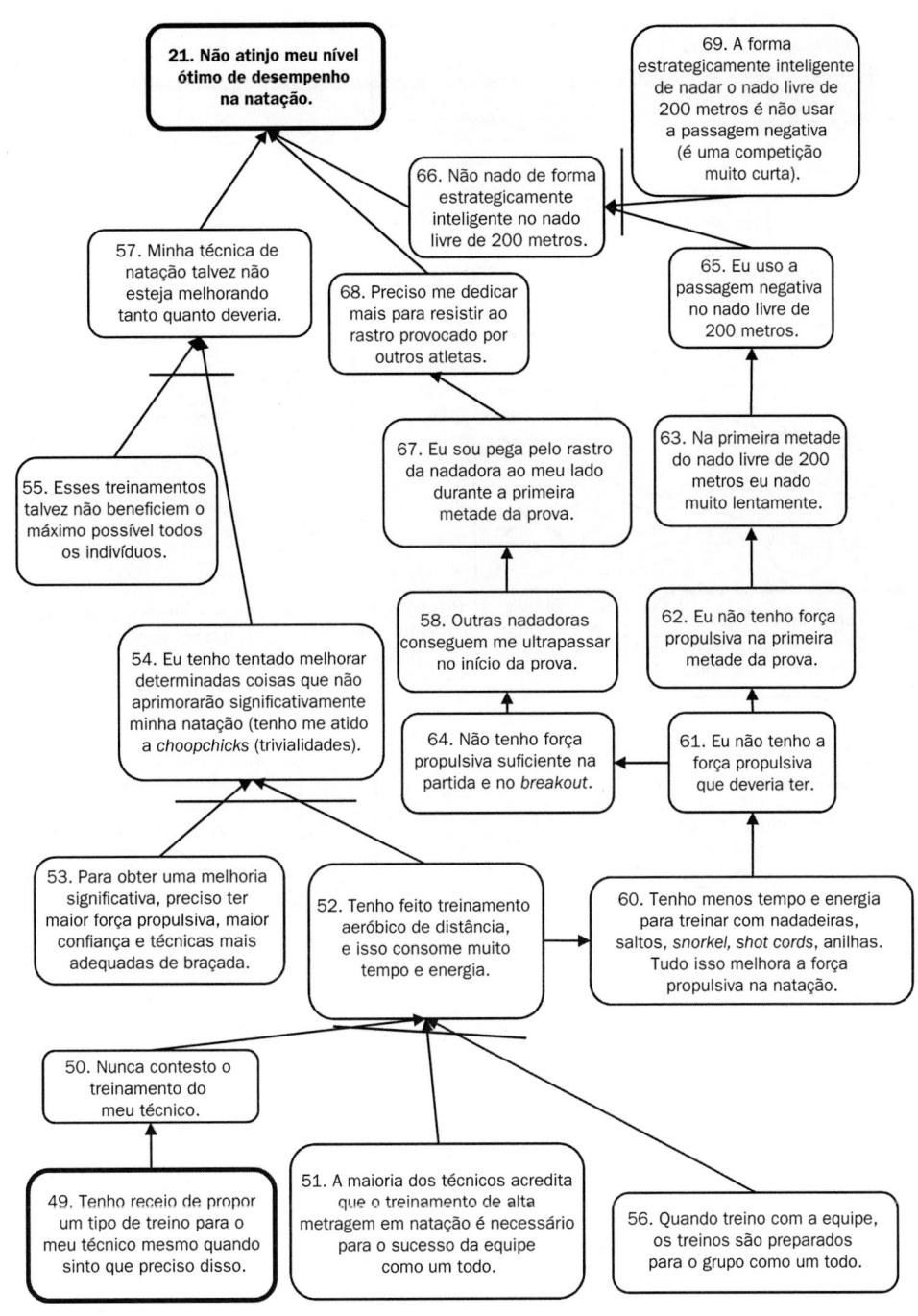

56. Quando treino com a equipe, os treinos são preparados para o grupo como um todo.

FIGURA 38.7 (Continuação)

1154 Parte VIII ■ A TOC em Ambientes Complexos

35. Ainda não estou satisfeita com minha carreira de nadadora.

34. Não faço parte da Equipe Olímpica dos Estados Unidos.

69. Para participar da Equipe Olímpica, preciso de uma classificação mundial mais alta.

33. Não tenho uma classificação mundial tão alta quanto deveria.

32. Estou no 24º lugar na classificação mundial.

21. Não atinjo meu nível ótimo de desempenho na natação.

38
66
68
57
30 31 25 26

9. Tenho dificuldade de melhorar minha natação em determinados dias.

12. Em alguns treinos, não ganho nada nem melhoro de forma alguma minha técnica de natação.

20. Gasto energia de uma forma não eficiente.

17. No dia em que não me sinto fisicamente restabelecida, não consigo nadar bem.

16. Às vezes não me sinto fisicamente recuperada no dia seguinte.

19. Em determinados dias, minha eficiência na braçada não é 100%.

15. Preciso de muito tempo para me recuperar fisicamente.

14. Algumas vezes sinto cansaço físico nos treinos.

18. Quando estou cansada fisicamente, não tenho força para ser 100% eficaz.

13. Quando meu corpo está muito cansado, às vezes ultrapasso meus limites.

FIGURA 38.7 (Continuação)

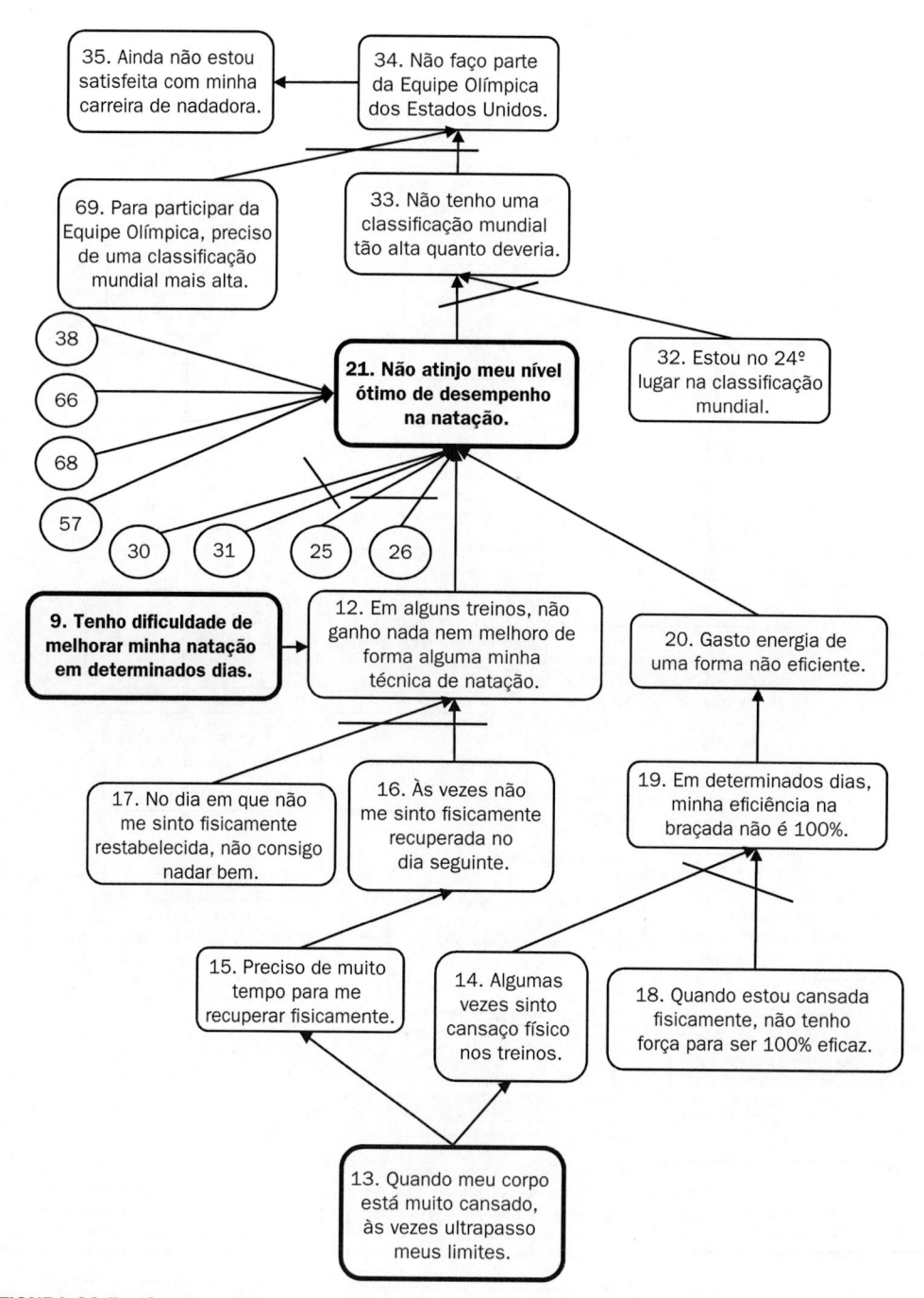

Penso que o último problema básico não é muito difícil de superar, e esse problema é responsável por muitos dos efeitos negativos na minha atual situação. Tenho receio de propor um tipo de treino para o meu técnico porque não quero demonstrar desrespeito pelos treinos já programados. Entretanto, sinto que esses treinos eram exatamente o que eu precisava antes do estágio em que me encontro no momento em minha carreira de natação. Se eu não converso com meu técnico a respeito dos treinos, então trabalho nas coisas erradas. Se trabalho nas coisas erradas, não estou aprimorando minha técnica de natação. Se não melhoro, não atinjo meu nível ótimo de desempenho. Além disso, se estou trabalhando nas coisas erradas (por exemplo, resistência aeróbica), não tenho a força propulsiva necessária para o nado livre de 200 metros (que é o estilo para o qual acredito que eu tenha maior potencial). Se eu não tiver a força propulsiva necessária para o nado livre, a primeira metade da prova será lenta. Quando fico muito lenta na primeira metade da prova, acabo ficando presa ao rastro de outras nadadoras e tenho dificuldade para ultrapassá-las na segunda metade da prova.

Esses efeitos negativos poderiam ser eliminados se eu conseguisse implementar eficazmente um plano para transformar meus problemas básicos em ações positivas. Antes de desenvolver um plano de implementação, construí uma árvore da realidade futura (Figura 38.8) para examinar os resultados da transformação dos problemas básicos em ações positivas. O resultado final é o oposto dos efeitos negativos da árvore da realidade atual. Devo comentar aqui que minha árvore da realidade futura indica que atingirei meu nível ótimo de desempenho. Não posso garantir que a possibilidade de atingir esse nível de desempenho me fará concretizar a meta de melhorar minha classificação mundial e ficar entre os oito melhores. Além disso, devo ter cuidado para que a inércia não se manifeste. Eu poderia me concentrar demasiadamente no treinamento para obter força propulsiva e ignorar completamente a aeróbica. Estou ciente de que posso perder minha resistência aeróbica se negligenciar essa questão; portanto, meus treinos sempre incluirão exercícios adequados nessa área.

Os diagramas de evaporação das nuvens nas Figuras 38.9 a 38.12 contestam principalmente os pressupostos de acordo com os quais os técnicos e nadadores sempre conviveram. O condicionamento de um atleta abrange muitos objetivos diferentes, como treinamento físico e mental. É necessário ter um plano de ação para medir a eficácia do programa de treinamento durante os diferentes momentos do período. O segredo para ter sucesso é desenvolver um plano de ação inteligente que quebre o antigo paradigma de que, quanto mais metros um nadador consegue percorrer, melhor ele será. O técnico e o nadador devem desenvolver o plano em conjunto para haver contribuição de ambos os lados.

Quando eu conseguir compreender e gerenciar os pressupostos das nuvens de uma forma benéfica, devo começar a planejar as ações que preciso tomar para dar prosseguimento às minhas metas. A árvore de transição e o plano de implementação no final deste ensaio delineiam os passos que devo tomar para concretizar meu plano. Alguns obstáculos que posso encontrar estão identificados na árvore de pré-requisitos (Figura 38.13), mas desenvolvi outro conjunto de objetivos para superá-los. Sinto que no meu plano tudo é possível e ajudará a atingir minhas metas. Consulte o mapa de *input/output* (I/O) na Figura 38.14. A parte interessante de tudo isso é que estou disposta a apostar que as ações negativas que eu estava realizando exigem mais energia do que as ações positivas. Ainda não atingi meu auge e vou continuar procurando formas galgar os degraus das classificações mundiais.

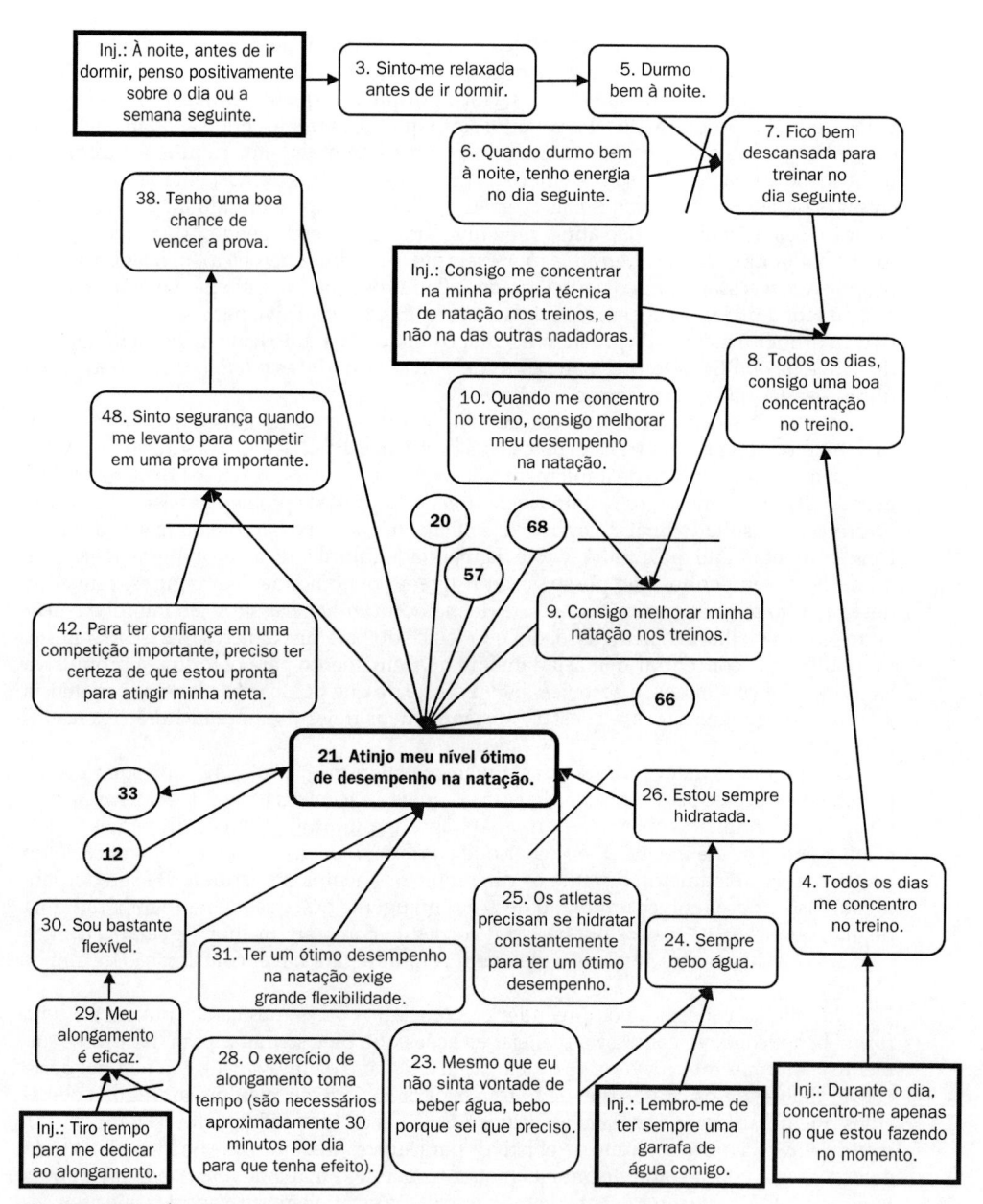

FIGURA 38.8 Árvore da realidade futura da atividade de natação de Sheila.

Epílogo de Sheila

Eu levei este ensaio muito a sério. Implementei as soluções, mas isso não quer dizer que não tenha enfrentado dificuldades. Eu persisti e lidei com cada questão até certo ponto no período anterior a 1996. Algumas áreas exigem maior esforço do que outras para serem corrigidas. Por exemplo, tomar água para me manter hidratada foi bem mais fácil do que interiorizar as técnicas de visualização e o pensamento positivo. Eu não passei a pensar

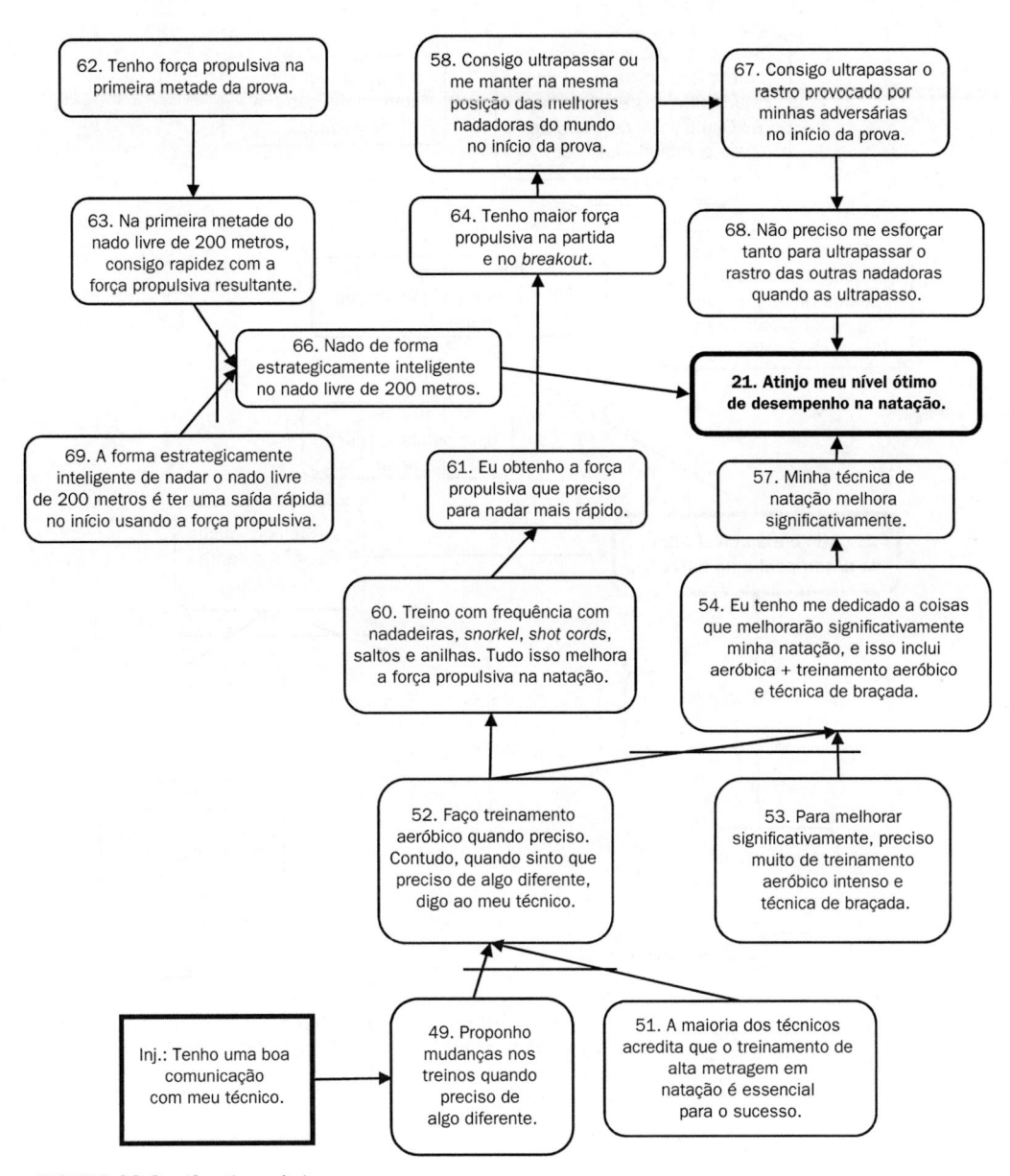

Capítulo 38 ▪ A teoria das restrições para produtividade/dilemas pessoais

- 62. Tenho força propulsiva na primeira metade da prova.
- 58. Consigo ultrapassar ou me manter na mesma posição das melhores nadadoras do mundo no início da prova.
- 67. Consigo ultrapassar o rastro provocado por minhas adversárias no início da prova.
- 63. Na primeira metade do nado livre de 200 metros, consigo rapidez com a força propulsiva resultante.
- 64. Tenho maior força propulsiva na partida e no *breakout*.
- 68. Não preciso me esforçar tanto para ultrapassar o rastro das outras nadadoras quando as ultrapasso.
- 66. Nado de forma estrategicamente inteligente no nado livre de 200 metros.
- **21. Atinjo meu nível ótimo de desempenho na natação.**
- 69. A forma estrategicamente inteligente de nadar o nado livre de 200 metros é ter uma saída rápida no início usando a força propulsiva.
- 61. Eu obtenho a força propulsiva que preciso para nadar mais rápido.
- 57. Minha técnica de natação melhora significativamente.
- 60. Treino com frequência com nadadeiras, *snorkel*, *shot cords*, saltos e anilhas. Tudo isso melhora a força propulsiva na natação.
- 54. Eu tenho me dedicado a coisas que melhorarão significativamente minha natação, e isso inclui aeróbica + treinamento aeróbico e técnica de braçada.
- 52. Faço treinamento aeróbico quando preciso. Contudo, quando sinto que preciso de algo diferente, digo ao meu técnico.
- 53. Para melhorar significativamente, preciso muito de treinamento aeróbico intenso e técnica de braçada.
- Inj.: Tenho uma boa comunicação com meu técnico.
- 49. Proponho mudanças nos treinos quando preciso de algo diferente.
- 51. A maioria dos técnicos acredita que o treinamento de alta metragem em natação é essencial para o sucesso.

FIGURA 38.8 (Continuação)

positivamente do dia para a noite! Esse processo desenvolveu-se ao longo do tempo com treinamento.

O benefício que as pessoas mais constatarão na análise de produtividade é a identificação dos problemas básicos e de um método lógico para encontrar uma solução ganha-ganha. A implementação depende da convicção da pessoa. Eu estava determinada a seguir adiante e fazer todo esforço necessário para obter efeitos positivos. Mudei para Michigan em 1994 e treinei com o técnico Greg Phil, que me acompanhou desde os 9 anos de idade. Greg não era minha primeira opção de técnico porque a piscina em que ele treina seus nadadores não é excelente e não possui equipamentos de alta tecnologia. Um lado

1158 Parte VIII ▪ A TOC em Ambientes Complexos

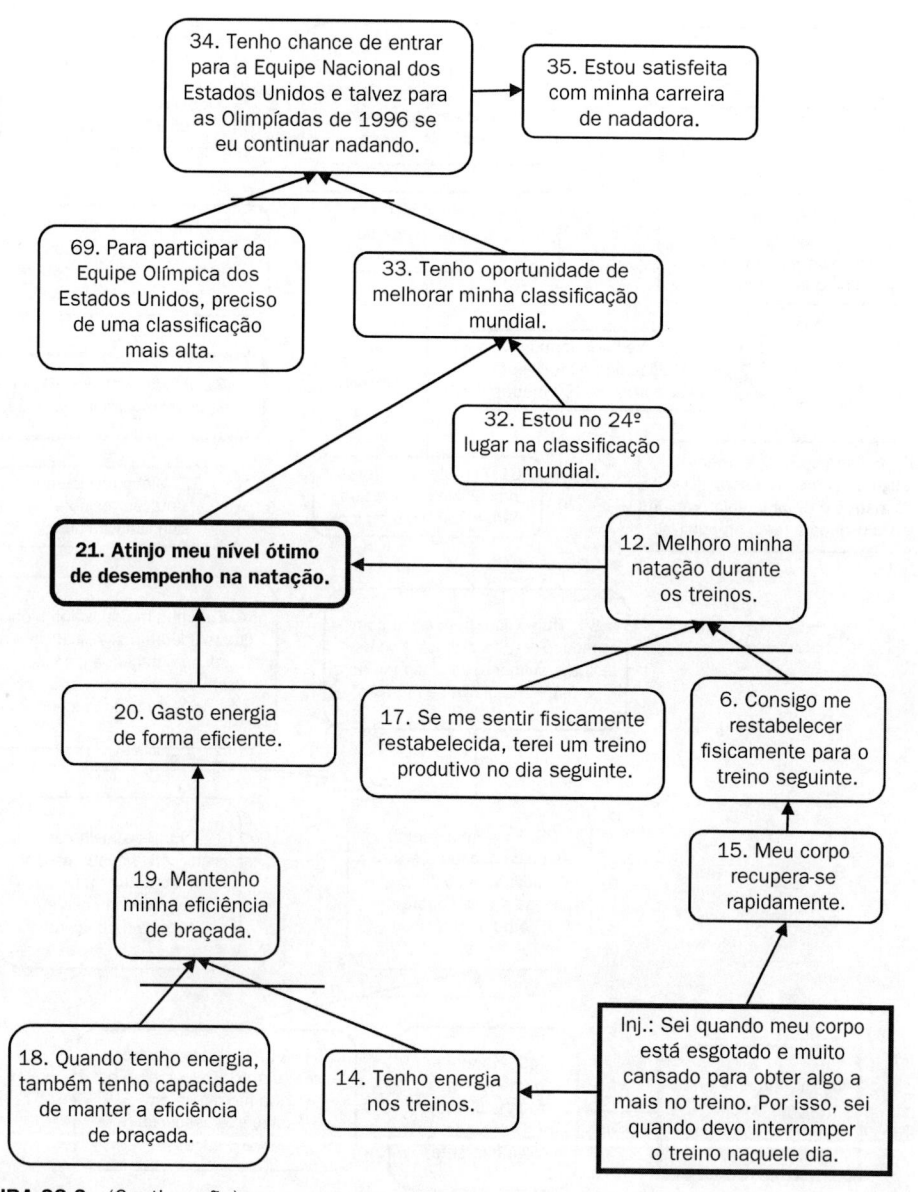

34. Tenho chance de entrar para a Equipe Nacional dos Estados Unidos e talvez para as Olimpíadas de 1996 se eu continuar nadando. → **35.** Estou satisfeita com minha carreira de nadadora.

69. Para participar da Equipe Olímpica dos Estados Unidos, preciso de uma classificação mais alta.

33. Tenho oportunidade de melhorar minha classificação mundial.

32. Estou no 24º lugar na classificação mundial.

21. Atinjo meu nível ótimo de desempenho na natação.

12. Melhoro minha natação durante os treinos.

20. Gasto energia de forma eficiente.

17. Se me sentir fisicamente restabelecida, terei um treino produtivo no dia seguinte.

6. Consigo me restabelecer fisicamente para o treino seguinte.

19. Mantenho minha eficiência de braçada.

15. Meu corpo recupera-se rapidamente.

18. Quando tenho energia, também tenho capacidade de manter a eficiência de braçada.

14. Tenho energia nos treinos.

Inj.: Sei quando meu corpo está esgotado e muito cansado para obter algo a mais no treino. Por isso, sei quando devo interromper o treino naquele dia.

FIGURA 38.8 (Continuação)

interessante dessa história é que a equipe da qual desejava participar no Colorado não investiria em mim porque eles não acreditam que eu pudesse me qualificar para entrar para a equipe. Greg acreditava em meu plano e, juntos, acrescentamos o que era necessário e que eu ainda não havia identificado. Estabelecemos até um marco de desempenho. Era simples: se eu não conseguisse 2:02 ou um tempo melhor até as competições nacionais de verão em 1995, esqueceríamos a natação. Graças a Deus eu consegui 2:02 naquele verão!

Nunca me esquecerei do dia em que todas as partes do meu plano completo se juntaram. Eu e Greg saímos para tomar café da manhã na semana anterior às provas de 1996 porque eu estava ficando muito ansiosa. Eu e ele havíamos desenvolvido um plano de

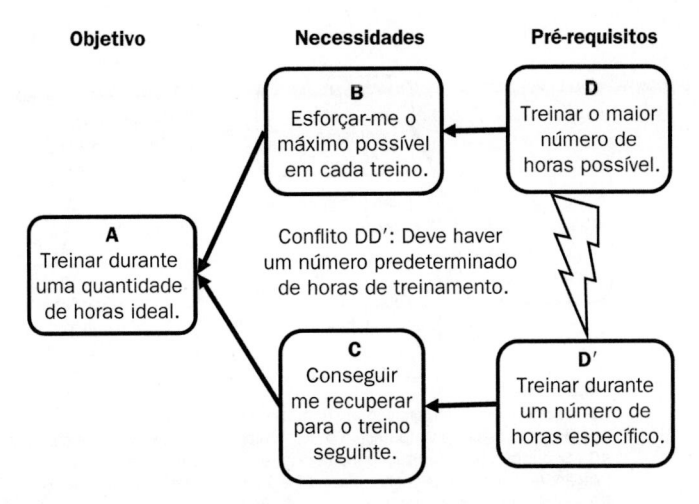

Capítulo 38 ▪ A teoria das restrições para produtividade/dilemas pessoais

```
       Objetivo              Necessidades            Pré-requisitos

                                   B                       D
                            Esforçar-me o           Treinar o maior
                            máximo possível  ←      número de
                            em cada treino.         horas possível.

           A                Conflito DD': Deve haver
     Treinar durante        um número predeterminado
     uma quantidade         de horas de treinamento.
     de horas ideal.

                                   C                       D'
                            Conseguir              Treinar durante
                            me recuperar   ←       um número de
                            para o treino          horas específico.
                            seguinte.
```

Pressupostos -

AB - Supor que não existe nenhum efeito negativo na natação.
   Injeção: existe um ponto em que o corpo fica tão esgotado que são necessários dias para ele se recuperar.

AC - Supor que o próximo treino está programado para ser intenso.
   Injeção: o treino seguinte pode ser programado para recuperação.

BD - Supor que treinar com afinco significa várias horas de natação.
   Injeção: uma hora de exercício anaeróbico equivale a aproximadamente metade do tempo de um exercício aeróbico e na verdade é mais difícil.

CD' - Supor que a recuperação exige a menor quantidade possível de natação.
   Injeção: um nadador pode recuperar-se nadando em uma intensidade menor e ainda assim obter melhorias em sua técnica de braçada.

Todos os vínculos dessa nuvem foram quebrados em consequência das injeções enunciadas em cada pressuposto.

FIGURA 38.9   EN do dilema quanto ao número de horas de treinamento.

ação dois anos antes sobre como conseguiríamos 2:00 no nado livre de 200 metros (grande parte desse plano foi extraída do meu ensaio para disciplina Administração 577). Enquanto comíamos, ele pegou o plano e começou a ler os itens de nossa lista, me perguntando se eu havia mantido minha promessa nos últimos dois anos em cada um deles. Eu consegui responder "sim" em todos eles. Ele olhou para mim e disse: "Não sei se você vai conseguir entrar para a equipe olímpica na semana que vem, mas tenho certeza de que você terá o melhor desempenho de sua vida. Você já venceu porque fez tudo o que estava ao seu alcance para se dar uma chance".

Ele estava certo! Naquele momento, tirei o peso do mundo dos meus ombros. Seguimos de carro para Indianápolis e eu obtive o melhor desempenho da minha vida. Entrei para a equipe olímpica por uma fração de segundo. Então, além dos meus mais fantásticos sonhos, em Atlanta, no revezamento 4 × 200 metros livre, no qual nadei no terceiro percurso, ganhei a medalha de ouro olímpica em um tempo recorde americano. Meu tempo preliminar em Atlanta: 2:00:57, minha meta de tempo!

Ao retornar das Olimpíadas de 1996, voltei para o meu trabalho no setor de automóveis como representante de qualidade. Cerca de nove meses depois, vi a oportunidade de começar a fazer palestras e, durante dois anos, viajei pelo país ministrando clínicas de natação e palestras motivacionais. Em 1988, vendo que estava muito fora de forma, resolvi tentar um triatlo local (em Ann Arbor, Michigan). O diretor da competição me viu

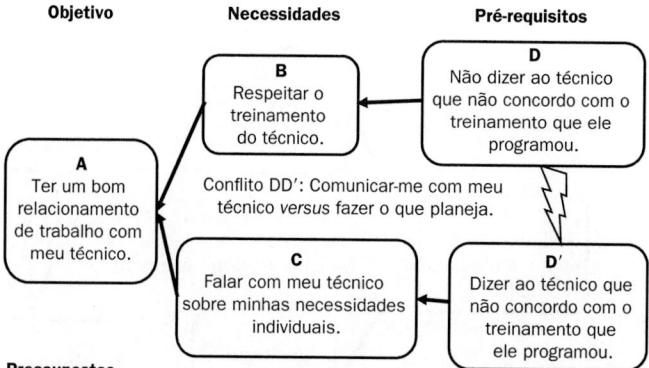

Figura 38.10

```
        Objetivo              Necessidades                    Pré-requisitos

                                    B                              D
                              Respeitar o              Não dizer ao técnico
                              treinamento              que não concordo com o
                              do técnico.              treinamento que ele
                                                       programou.
            A
     Ter um bom           Conflito DD': Comunicar-me com meu
     relacionamento       técnico versus fazer o que planeja.
     de trabalho com
     meu técnico.
                                    C                              D'
                              Falar com meu técnico    Dizer ao técnico que
                              sobre minhas necessidades não concordo com o
                              individuais.             treinamento que
                                                       ele programou.
```

Pressupostos
AB - Supor que a comunicação melhora a relação de trabalho.
Injeção: posso ficar revoltada com meu técnico às vezes e ainda assim respeitá-lo.
AC - Supor que a comunicação melhora a relação de trabalho.
Injeção: ter uma comunicação ruim não é bom para um relacionamento.
BD - Supor que ficar calada nos treinos é sinal de respeito.
Injeção: e não concordo com o treinamento que ele programou, fico revoltada e desse modo demonstro menos respeito.
CD' - Supor que revelar minhas preocupações mudará a maneira como meu técnico programa os treinos.
Injeção: meu técnico talvez acredite firmemente que preciso do que ele programou. Todos esse pressupostos podem ser eliminados, mas não tentei comunicar-me plenamente com meu técnico; por isso, não tenho certeza de quais se aplicam a mim e quais não se aplicam. Descobrirei depois que realizar os passos do meu plano de implementação.

FIGURA 38.10 EN do dilema de comunicação entre a atleta e o técnico.

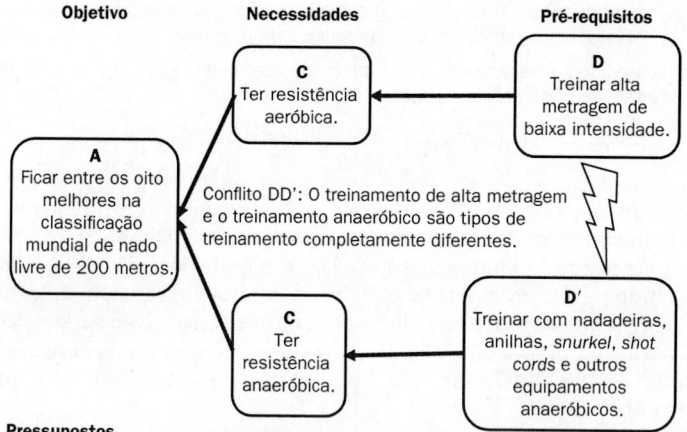

Figura 38.11

```
        Objetivo              Necessidades                    Pré-requisitos

                                    C                              D
                              Ter resistência         Treinar alta
                              aeróbica.               metragem de
                                                      baixa intensidade.
            A
     Ficar entre os oito
     melhores na          Conflito DD': O treinamento de alta metragem
     classificação        e o treinamento anaeróbico são tipos de
     mundial de nado      treinamento completamente diferentes.
     livre de 200 metros.
                                    C                              D'
                              Ter                     Treinar com nadadeiras,
                              resistência             anilhas, snurkel, shot
                              anaeróbica.             cords e outros
                                                      equipamentos
                                                      anaeróbicos.
```

Pressupostos
AB - Supor que eu poderia ter melhor resistência aeróbica e aprimorar minha natação.
Injeção: minha resistência aeróbica é tão grande, que qualquer melhoria seria insignificante.
AC - Supor que um treinamento anaeróbico mais intenso melhorará muito minha natação.
Injeção: Isso pode ser eliminado somente se eu obtiver retornos mínimos no treinamento anaeróbico.
BD - Supor que não tenho resistência aeróbica.
Injeção: fiz treinamento aeróbico a vida toda.
CD' - Supor que equipamentos como nadadeiras, snurkel etc. desenvolvem o
condicionamento anaeróbico e a força propulsiva.
Injeção: isso só funciona se o nadador utilizá-los com 100% de esforço.
A nuvem é evaporada em AB e BD porque meu condicionamento aeróbico é extremamente alto e qualquer melhoria será tão insignificante, que meu tempo e classificação não vão melhorar.

FIGURA 38.11 EN do dilema quanto ao treinamento.

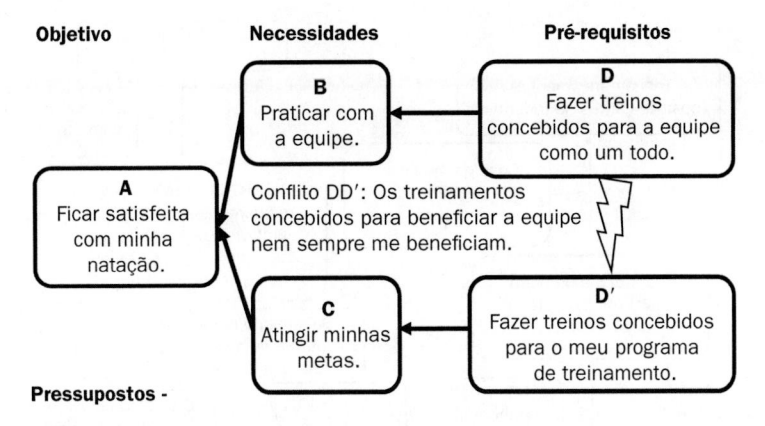

Objetivo — **Necessidades** — **Pré-requisitos**

- **A** Ficar satisfeita com minha natação.
- **B** Praticar com a equipe.
- **C** Atingir minhas metas.
- **D** Fazer treinos concebidos para a equipe como um todo.
- **D'** Fazer treinos concebidos para o meu programa de treinamento.

Conflito DD': Os treinamentos concebidos para beneficiar a equipe nem sempre me beneficiam.

Pressupostos -

AB - Supor que gosto de nadar com a equipe.
Injeção: não, se a equipe for daquelas em que as pessoas sempre reclamam.
AC - Supor que ficarei satisfeita com minha natação se conseguir atingir minhas metas de desempenho.
Injeção: não, se eu sacrificar alguma coisa que é importante para mim.
BD - Supor que, quando pratico com a equipe, devo seguir o treinamento da equipe.
Injeção: não, se eu me comunicar com meu técnico e nadar em uma raia diferente em que as nadadoras estão fazendo o mesmo treinamento que preciso.
CD' - Supor que atingirei minhas metas se fizer os treinamentos concebidos para a minha programação de treinamento.
Injeção: não, se meu treinamento mental for tão ruim e isso anular os benefícios do meu treinamento físico.
A nuvem pode ser evaporada em qualquer elo para a minha situação específica; contudo, é mais provável que ela se evapore com as injeções em BD e CD'.

FIGURA 38.12 EN do dilema quanto à programação do treinamento.

e se aproximou para dizer que acreditava que eu tinha algum potencial nesse esporte e que ficaria contente em me orientar se eu quisesse seguir adiante. A princípio, recusei, mas depois resolvi me juntar ao seu grupo de corrida para manter a forma. Eu havia procurado um *hobby* divertido e, antes que eu me desse conta, lá estava eu em um voo para competir na África (primeira competição profissional em março de 1999). Consegui entrar para a equipe olímpica em 2000 e fiquei em sexto em Sydney. A distância em quilômetros: 1,5 km de natação, 40 km de bicicleta e 10 km de corrida. Essa é a distância olímpica. Vou me manter nesse esporte enquanto meu corpo consentir e desde que eu veja que essa é a direção que Deus planejou. As Olimpíadas de 2004 estão nos meus planos, mas nada é definitivo. Talvez um dia eu tente a competição Homem de Ferro (4 km de natação, 180 km de bicicleta e 42 km de corrida).

Nosso epílogo sobre Sheila

Sheila sem dúvida superou sua meta pessoal de entrar para a Equipe Olímpica de Natação como reserva. Ele atribui seu sucesso à utilização do processo de pensamento.[8] Reconhecemos que o processo de pensamento é bastante útil para ajudar uma pessoa a atingir ou superar suas metas de vida. Desde a experiência de Sheila, vimos inúmeros alunos

---

[8] Sheila, além de integrar as equipes olímpicas de 2000 e 2004 no triatlo, também mudou de esporte e competiu no pentatlo em Pequim, nas Olimpíadas de 2008. Ela é a única mulher a competir em quatro Olimpíadas em três esportes diferentes. Para ler mais sobre sua surpreendente história, visite: http://www.sheilat.com/keynote.htm.

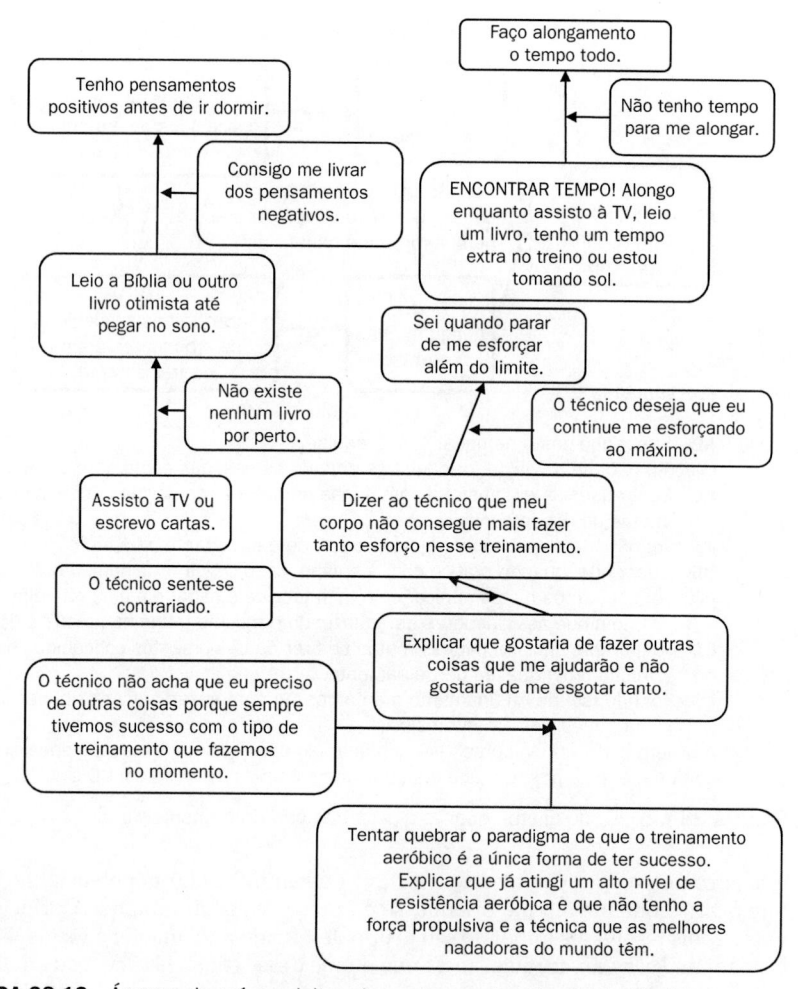

FIGURA 38.13 Árvores de pré-requisitos do programa de natação de Sheila.

utilizar o processo de pensamento para melhorar suas notas, conseguir um emprego especial, perder uma quantidade significativa de peso, adquirir uma excelente forma física e assim por diante. Não é incomum vê-los ultrapassar o que a princípio eles estavam se esforçando por conseguir.

Resumo

Concretizar metas de vida geralmente é apenas um sonho para a maioria das pessoas. Sem metas, estratégias, objetivos de apoio, ações e um sistema de mensuração para indicar seu progresso em direção aos seus objetivos e metas, é praticamente impossível concretizá-los. Desenvolver um plano de vida detalhado dos aspectos de nossa vida exige muito tempo, mas é muito gratificante. Entretanto, os obstáculos o impedem de concretizar suas metas. O conflito é um obstáculo importante que esgota a motivação, a concentração e a energia e, portanto, aumenta o tempo e o esforço necessários para concluir até mesmo as atividades mais simples. Um conflito em um aspecto da vida diminui a capacidade de nos concentrarmos em outra atividade. O segredo para obter motivação,

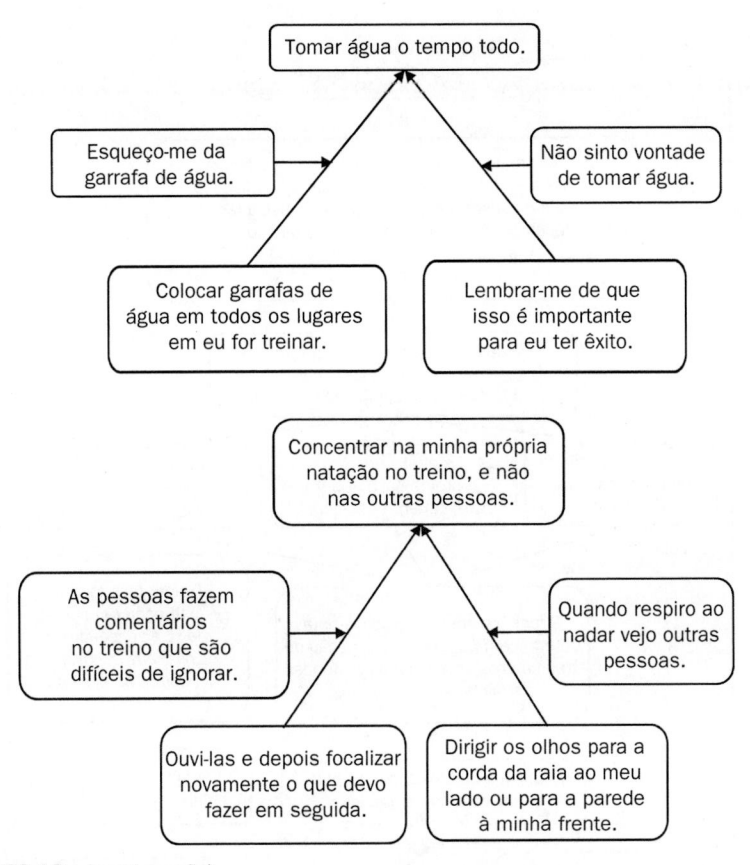

Capítulo 38 ▪ A teoria das restrições para produtividade/dilemas pessoais

```
                    Tomar água o tempo todo.
                              ▲
                             ╱ ╲
                            ╱   ╲
        ┌──────────────┐  ╱     ╲  ┌──────────────┐
        │ Esqueço-me da│─▶       ◀─│Não sinto vontade│
        │ garrafa de água.│         │  de tomar água.  │
        └──────────────┘            └──────────────┘
                ▲                          ▲
                │                          │
        ┌──────────────────┐      ┌──────────────────┐
        │ Colocar garrafas de│      │ Lembrar-me de que │
        │água em todos os lugares│  │   isso é importante│
        │  em eu for treinar.│      │ para eu ter êxito. │
        └──────────────────┘      └──────────────────┘


                 ┌──────────────────────────┐
                 │ Concentrar na minha própria│
                 │  natação no treino, e não  │
                 │      nas outras pessoas.   │
                 └──────────────────────────┘
                              ▲
                             ╱ ╲
        ┌──────────────┐   ╱   ╲    ┌──────────────┐
        │ As pessoas fazem │─▶      ◀─│ Quando respiro ao│
        │   comentários    │         │   nadar vejo outras│
        │ no treino que são│         │      pessoas.      │
        │ difíceis de ignorar.│      └──────────────┘
        └──────────────┘
                ▲                          ▲
        ┌──────────────────┐      ┌──────────────────┐
        │Ouvi-las e depois focalizar│  │ Dirigir os olhos para a│
        │ novamente o que devo │    │  corda da raia ao meu  │
        │   fazer em seguida.  │    │  lado ou para a parede │
        └──────────────────┘         │      à minha frente.   │
                                     └──────────────────┘
```

FIGURA 38.13 *(continuação)*

concentração e energia e manter a perseverança e, portanto, diminuir o tempo necessário para realizar as atividades em questão é identificar e resolver esses conflitos com uma solução ganha-ganha. Muitos desses conflitos, em particular com familiares e colegas de trabalho, na verdade são conflitos crônicos que surgem periodicamente e repetidamente em diferentes situações. Você deve reconhecer essas situações que emanam desse conflito crônico e idealizar soluções ganha-ganha para esses dilemas específicos. Assim que você adotar esse método (construir o diagrama de EN, apresentar seus pressupostos e melhores palpites sobre os pressupostos do outro lado), surgirão soluções melhores de curto e longo prazos. Isso sem dúvida tornará sua vida mais prazerosa.

O diagrama de EN do dilema típico do estudante universitário quanto o diagrama do dilema típico do esgotamento e seus pressupostos devem ser estudados cuidadosamente. Você se encaixa em um desses diagramas? Seu filho (ou filhos) encaixa-se no dilema universitário? Existem soluções simples e eficazes para ambos os dilemas, mas elas precisam ser elaboradas e compreendidas pela pessoa que está enfrentando o problema. Por exemplo, muitos alunos resolveram identificar os aspectos de sua vida (escolar, de trabalho, pessoal, familiar, de amizade etc.) e as dimensões em cada aspecto (o pessoal poderia ser dividido em físico, espiritual e mental, por exemplo). Nesse caso, eles identificam as condições básicas, as metas, os objetivos de apoio e as medidas em cada dimensão. Assim que esses fatores são identificados, eles determinam as ações que devem ser realizadas a cada dia para ajudá-los a concretizar seus objetivos de apoio. Alguns viram o dia de cabeça para baixo (por causa das interrupções em seu dia normal): levantam às 4 ou 5 da

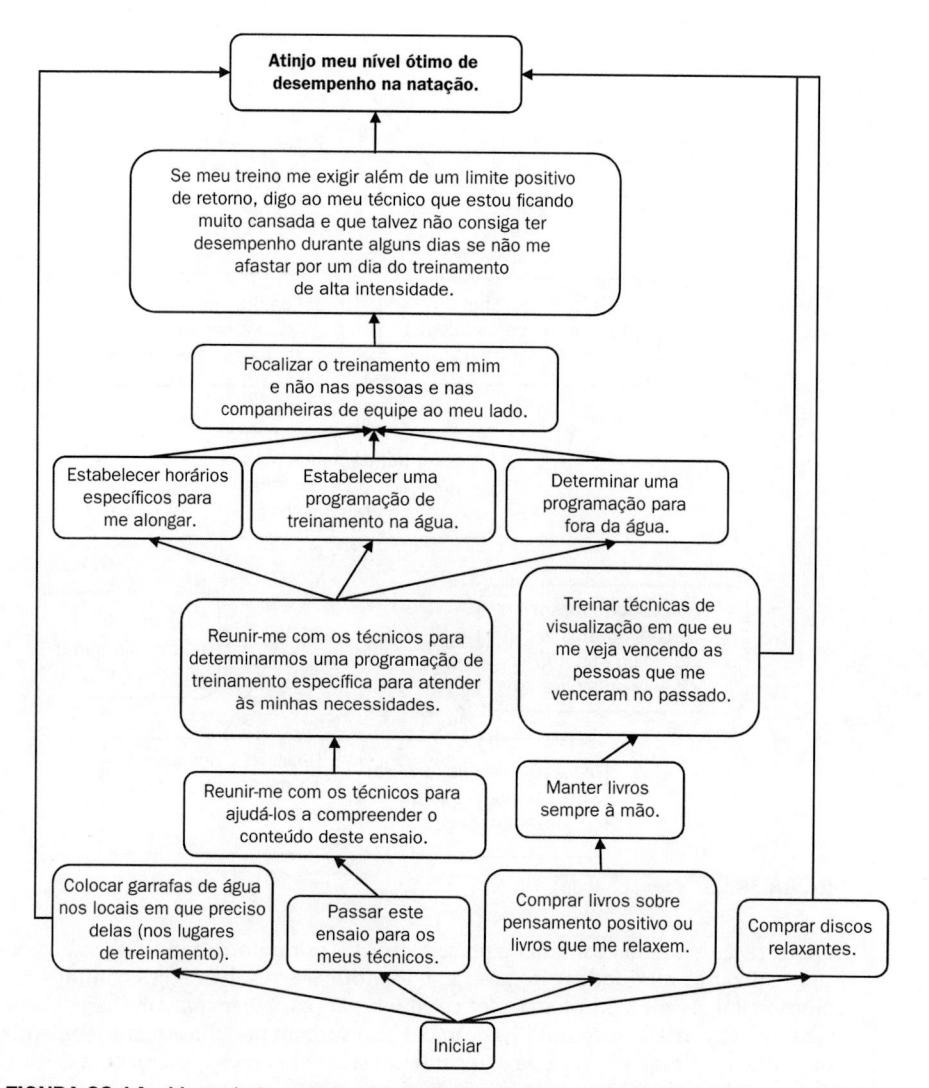

```
                    ┌─────────────────────────┐
                    │ Atinjo meu nível ótimo de│
                    │ desempenho na natação.  │
                    └─────────────────────────┘
                              ▲
                              │
          ┌───────────────────────────────────────┐
          │ Se meu treino me exigir além de um    │
          │ limite positivo de retorno, digo ao   │
          │ meu técnico que estou ficando muito   │
          │ cansada e que talvez não consiga ter  │
          │ desempenho durante alguns dias se não │
          │ me afastar por um dia do treinamento  │
          │ de alta intensidade.                  │
          └───────────────────────────────────────┘
```

FIGURA 38.14 Mapa de *input-output* do plano de implementação de Sheila.

madrugada e estudam até o horário de início das aulas, assistem às aulas, passam tempo com os amigos fazendo exercícios físicos, por exemplo, e vão dormir em torno das 8 ou 9 da noite. Eles criam um sistema de recompensa para as semanas produtivas, como realizar festas no fim de semana, visitar a família e amigos etc., e tentam concentrar-se em uma atividade por vez e concluí-la o máximo possível antes de passar para outra. Esse mesmo hábito se aplica a profissionais que trabalham em empresa – muitos chegam ao escritório bem cedo a fim de ter um tempo em silêncio para trabalhar antes de o caos começar. Dessa maneira, em uma hora eles concluem um trabalho que poderia levar quatro horas no tempo normal do escritório.

Muitos recursos foram propostos para melhorar a produtividade; o melhor que já vimos é a lista de "tarefas" diária dos dez principais itens a serem concluídos. A lista de "tarefas" com pulmão funciona extremamente bem para estudantes e também para determinados profissionais. Imprevistos acontecem (Murphy); por meio dessa lista, você pode se preparar para isso. Identificar e minimizar a causa dos imprevistos aumenta ainda mais a produtividade pessoal.

Referências

Covington, J. *Enterprise Fitness*. Mustang, OK: Tate Publishing, 2009.

Cox III, J. F., Blackstone Jr., J. H. e Schleier Jr., J. G. *Managing Operations: A Focus on Excellence*. Great Barrington, MA: North River Press, 2003.

Cox III, J. F., Mabin, V. J. e Davies, J. "A Case of Personal Productivity: Illustrating Methodological Developments in TOC". *Human Systems Management*, 24, 2005, pp. 39-65.

Goldratt, E. e Winter, L. "The Application of TOC for the Individual". Apresentação em vídeo no Workshop de Atualização para Jonah, Washington, DC, Instituto Avraham Goldratt, 18-21 de março de 1996.

Goldratt, E. M. "What Is the Theory of Constraints?" *APICS: The Performance Advantage*, 1993. Reimpresso em *Selected Readings in Constraints Management*. Falls Church: APICS, 1996.

Goldratt, E. M. *It's Not Luck*. Great Barrington, MS: North River Press, 1994.

Goldratt, E. M. *Management Skills Workshop*. Livros de exercícios 1–5. New Haven, CT: Instituto Avraham Goldratt, 1995.

Sullivan, T. T., Reid, R. A. e Cartier, B. *TOCICO Dictionary*. 2007. http://www.tocico.org/?page=dictionary.

Sobre os autores

James f. Cox III, Ph.D., CFPIM, CIRM, é certificado pela TOCICO em produção e cadeia de suprimentos, gerenciamento de desempenho, corrente crítica, estratégias e táticas e processo de pensamento. Ele é Jonah de Jonah (facilitador) e professor emérito, e foi professor da cátedra de negócios Robert O. Arnold na Faculdade de Administração de Empresas Terry, da Universidade da Geórgia. Cox dirigiu inúmeros *workshops* acadêmicos e profissionais sobre a TOC e programas sobre mensuração de desempenho, produção cadeia de suprimentos, habilidades de gestão, gerenciamento de projetos e processo de pensamento.

Durante mais de 25 anos, suas pesquisas concentraram-se na TOC. Ele é autor ou coautor de três livros sobre a TOC de quase cem artigos revisados por pares. Além disso, Cox é coorganizador da 7ª, 8ª, 9ª, 10ª e 11ª edições do *APICS Dictionary* e colaborador convidado no livro *Constraints Management to the Production and Inventory Management Handbook*.

Cox é membro da APICS há mais de 30 anos e já ocupou cargos em nível divisional, regional e nacional. Ele integrou o conselho de administração da APICS durante quatro anos, dois deles como vice-presidente de educação e pesquisa, e integrou o conselho de administração da Fundação Educacional e de Pesquisa da APICS durante nove anos, quatro deles como presidente. Cox foi membro fundador e eleito para o conselho de administração da Organização Internacional de Certificação em Teoria das Restrições (Theory of Constraints International Certification Organization – TOCICO), fundada por Eli Goldratt. Posteriormente, foi diretor de certificação responsável pela implementação do programa de certificação da TOCICO.

Atualmente aposentado, **John G. Schleier, Jr.** foi presidente e diretor de operações da Divisão de Serviços Hipotecários da Alltel, Inc., vice-presidente executivo da Computer Power, Inc. e diretor de sistemas e fornecimento de dados para escritórios da IBM. Nesses cargos, ele dirigiu grandes projetos de desenvolvimento de *software*, administração de vendas e funções financeiras. Schleier foi também diretor de sistemas de informação da Divisão de Sistema Gerais da IBM, onde oferecia supervisão aos sistemas de engenharia de desenvolvimento, produção e escritório central. Ele desenvolveu sistemas de informação para produção, vendas e atividades de planejamento estratégico da IBM e foi um dos ganhadores do Prêmio de Contribuição Destacada da IBM. Schleier foi também um assíduo palestrante sobre planejamento estratégico nos Centros de Briefing Executivo da IBM ao longo de um período de 15 anos, dirigindo a palavra para diretores executivos e altos executivos de corporações importantes, e com frequência assumia trabalhos de consultoria para lidar com problemas complexos de gerenciamento de projetos ao redor do mundo.

Schleier integrou também o corpo docente da Faculdade de Administração de Empresas Terry da Universidade da Geórgia como executivo em residência da IBM e, posteriormente, como professor executivo de administração, nas disciplinas de sistemas de informação de gestão e gestão de operações de produção. Ele é certificado pela TOCICO em todas as disciplinas e é coautor de *Managing Operations: A Focus on Excellence*, um texto acadêmico que enfatiza os conceitos da TOC (North River Press, 2003). Ele publicou também o livro infantil *Turkey Tales* (Tate Publishing, 2010).

Bibliografia selecionada de Eliyahu M. Goldratt

James F. Cox III e John G. Schleier, Jr.

A s entradas são listadas por tipo e ano, exceto quando existem revisões e edições mais novas. Várias entradas já foram traduzidas para inúmeros idiomas.

Livros

Goldratt, E. M. e Cox, J. *The Goal: Excellence in Manufacturing*. Croton-on-Hudson, NY: North River Press, 1984.

Goldratt, E. M. e Cox, J. *The Goal: A Process of Ongoing Improvement*. Ed. rev. Croton-on-Hudson, NY: North River Press, 1986.

Goldratt, E. M. e Cox, J. *The Goal: A Process of Ongoing Improvement*. 2ª ed. rev. Croton-on-Hudson, NY: North River Press, 1992.

Goldratt, E. M. e Cox, J. *The Goal: A Process of Ongoing Improvement*. 3ª ed. Great Barrington, MA: North River Press, 2003.

Goldratt, E. M. e Cox, J. *The Goal: A Process of Ongoing Improvement*. Audiolivro. Minneapolis, MN: Highbridge Audio Book, 2000.

O livro *The Goal* (*A Meta*) foi transformado em dois filmes (a história do livro e uma versão de treinamento do tipo "como fazer"). Eles estão relacionados no tópico de filmes/palestras em vídeo.

Goldratt, E. M. e Fox, R. E. *The Race*. Croton-on-Hudson, NY: North River Press, 1986.

Goldratt, E. M. *The Haystack Syndrome: Sifting Information Out of the Data Ocean*. Croton-on-Hudson, NY: North River Press, 1990.

Goldratt, E. M. *The Haystack Syndrome: Sifting Information Out of the Data Ocean*. Audio book. New Haven, CT: Instituto Avraham Y. Goldratt, 1991.

Goldratt, E. M. *What Is this Thing Called Theory of Constraints and How Should It Be Implemented?* Croton-on-Hudson, NY: North River Press, 1990.

Goldratt, E. M. *Late Night Discussions 1-12 with Alex and Jonah*. New Haven, CT: Instituto Avraham Y. Goldratt, 1992.

Goldratt, E. M. *It's Not Luck*. Great Barrington, MA: North River Press, 1994.

Goldratt, E. M. *Production: The TOC Way Work Book*. New Haven, CT: Instituto Avraham Y. Goldratt, 1996.

Goldratt, E. M. *Critical Chain*. Great Barrington, MA: North River Press, 1997.

Goldratt, E. M. *Essays on the Theory of Constraints*. Great Barrington, MA: North River Press, 1998.

Goldratt, E. M. *Late Night Discussions on the Theory of Constraints*. Great Barrington, MA: North River Press, 1998.

Copyright © 2010 James F. Cox III e John G. Schleier, Jr.

Goldratt, E. M., Schragenheim, E. e Ptak, C. A. *Necessary But not Sufficient*. Great Barrington, MA: North River Press, 2000.

Goldratt, E. M. *Production: The TOC Way – Including CD-ROM Simulator and Workbook*. Ed. rev. Great Barrington, MA: North River Press, 2003.

Goldratt, E. M. *Beyond the Goal: Eliyahu M. Goldratt Speaks on the Theory of Constraints. Your Coach in a Box*. Nova York: Gilden Audio, 2005. Audiolivro: oito CDs.

Goldratt, E. M. *The Choice*. Great Barrington, MA: North River Press, 2008.

Goldratt, E. M. *Isn't It Obvious?* Great Barrington, MA: North River Press, 2009.

Artigos científicos sobre a Teoria das Restrições

Goldratt, E. M. "Chapter 1 Hierarchical Management: The Inherent Conflict". *The Theory of Constraints Journal*, 1(1), 1987, pp. 1-17.

Goldratt, E. M. "A Visit: Modine, the McHenry Plant". *The Theory of Constraints Journal*, 1(1), 1987, pp. 19-40.

Goldratt, E. M. "Chapter 2 Laying the Foundation". *The Theory of Constraints Journal*, 1(2), 1988, pp. 1-20.

Goldratt, E. M. "Apologia or in the Move towards the Third Stage". *The Theory of Constraints Journal*, 1(2), 1988, pp. 23-38.

Goldratt, E. M. "Chapter 3 the Fundamental Measurements". *The Theory of Constraints Journal*, 1(3), 1988, pp. 1-21.

Goldratt, E. M. "A Visit: When Quoted Lead Times Are Too Long". *The Theory of Constraints Journal*, 1(3), 1988, pp. 23-46.

Goldratt, E. M. "Chapter 4 the Importance of a System's Constraint". *The Theory of Constraints Journal*, 1(4), 1989, pp. 1-12.

Goldratt, E. M. "A Visit: (Fictional Visit – Real Plants). Looking Beyond the First Stage: Just in Time". *The Theory of Constraints Journal* 1(4), 1989, pp. 13-46.

Goldratt, E. M. "Chapter 5 How Complex Are Our Systems?" *The Theory of Constraints Journal*, 1(5), 1989, pp. 1-14.

Goldratt, E. M. "Looking Beyond the First Stage – Just in Time: Part Two". *The Theory of Constraints Journal*, 1(5), 1989, pp. 15-48.

Goldratt, E. M. "Chapter 6 the Paradigm Shift". *The Theory of Constraints Journal*, 1(6), 1990, pp. 1-23.

Goldratt, E. M. "Looking Beyond the First Stage – Just in Time: Part Three". *The Theory of Constraints Journal*, 1(6), 1990, pp. 25-43.

Artigos em jornais/revistas

Goldratt, E. M. "Computerized Shop Floor Scheduling". *International Journal of Production Research*, 26(3), 1988, pp. 443-455.

Goldratt, E. M. "What Is the Theory of Constraints?" *APICS: The Performance Advantage*, junho de 1993. Reimpresso em *Selected Readings in Constraints Management*. Falls Church, VA: APICS, 1996, pp. 3-6.

Goldratt, E. M. "My Saga to Improve Production: Part 1". *APICS: The Performance Advantage*, 6(7), julho de 1996, pp. 32-35.

Goldratt, E. M. "My Saga to Improve Production: Part 2". *APICS: The Performance Advantage*, 6(8), agosto de 1996, pp. 34-36. Reimpresso em Goldratt, E. M. "My Saga to Improve Production"; e em *Selected Readings in Constraints Management*. Falls Church, VA: APICS, 1996, pp. 43-48.

Goldratt, E. M. *Production: The TOC Way Including CD-ROM Simulator and Workbook*. Ed. rev. Great Barrington, MA: North River Press, 2003.

Goldratt, E. M. "The TOC Approach to Organizational Empowerment". *APICS: The Performance Advantage*, 7(4), abril de 1997, pp. 45-48.

Série de bate-papos de fim de noite
(*Industry week late night discussion series*)

Goldratt, E. M. "Late-Night Discussions I: Is Your Inventory Putting You a Continent Away?" *Industry Week*, 240(13), 1º de julho de 1991, pp. 24-26.

Goldratt, E. M. "Late-Night Discussions II: Single-Source Purchasing's Long-Term Effects Can Be Devastating". *Industry Week*, 240(15), 5 de agosto de 1991, pp. 29-31.

Goldratt, E. M. "Late-Night Discussions III: Transfer Prices Can Be Perilous, No Matter How They're Determined". *Industry Week*, 240(17), 2 de setembro de 1991, pp. 68-70.

Goldratt, E. M. "Late-Night Discussions IV: Why Lightless Plants Got Buried under the Carpet". *Industry Week*, 240(19), 7 de outubro de 1991, pp. 55-57.

Goldratt, E. M. "Late-Night Discussions V: Searching for Japan's Core Statement: Manufacturing Success of Japanese Business". *Industry Week*, 240(21), 4 de novembro de 1991, pp. 30-32.

Goldratt, E. M. "Late-Night Discussions VI: Time for Total Quality Management to Confront the Real Issues". *Industry Week*, 240(23), 2 de dezembro de 1991, pp. 51-53.

Goldratt, E. M. "Late-Night Discussions VII: Why Engineering is the Key to Competition". *Industry Week*, 241(1), 6 de janeiro de 1992, pp. 17-19.

Goldratt, E. M. "Late-Night Discussions VIII: When Is a Paradigm Shift Really a Paradigm Shift?" *Industry Week*, 241(3), 3 de fevereiro de 1992, pp. 63-65.

Goldratt, E. M. "Late-Night Discussions IX: Dealing with a Market Downturn". *Industry Week*, 241(5), 2 de março de 1992, pp. 43-45.

Goldratt, E. M. "Late-Night Discussions X: Different Markets, Different Prices". *Industry Week*, 241(7), 6 de abril de 1992, pp. 58-60.

Goldratt, E. M. "Late-Night Discussions XI: Tearing Down the Walls of Distrust". *Industry Week*, 241(9), 4 de maio de 1992, pp. 27-29.

Goldratt, E. M. "Late-Night Discussions XII: How Cost Accounting Can Get in the Way". *Industry Week*, 241(11), 1º de junho de 1992, pp. 38-40.

Goldratt, E. M. "Empowerment: Misalignments between Responsibility and Authority". Documento oficial, 1996. http://www.goldratt.com/empower.htm. Acesso em 26 de março de 2010.

Goldratt, E. M. "Project Management: The TOC Way, Tutor Guide and Workbook. Including CD-ROM Simulator". Roelofarendsveen, Holanda: A.Y.G.I. Ltd., 2000. Não publicado.

Goldratt, E. M. "Standing on the Shoulders of Giants". *The Manufacturer*, junho de 2009. http://www.themanufacturer.com/uk/content/9280/Standing_on_the_shoulders_of_giants. Acesso em 4 de fevereiro de 2010.

Série de *workshops* sobre habilidades gerenciais
(*Management skills workshop series*): livros de exercícios

Goldratt, E. M. *Management Skills Workshop: Sessions 1-5*. New Haven, CT: Instituto Avraham Y. Goldratt, 1995.

Session 1: Resolving Day-To-Day Conflicts
Session 2: Dealing with Half-Baked Solutions
Session 3: Initiating Skills: Addressing Chronic Conflicts
Session 4: Delegation Skills: Aligning Authority with Responsibility; Giving Clear Instructions
Session 5: Team Skills: Achieving Ambitious Targets

Filmes/palestras em vídeo

Goldratt, E. M. *The Goal*. Des Moines, IA: American Media Incorporated, 1995. Filme.

Goldratt, E. M. *The Goal: The How-To Version*. Des Moines, IA: American Media Incorporated, 1995. Filme.

Goldratt, E. M. *Deciding on TOC*. Bedford, Reino Unido: Goldratt Marketing Group, 2000. DVD de palestra em vídeo.

Série de programas de Goldratt (vídeo/DVD)

Goldratt, E. M. *The OPT CONCEPTS: Executive Video Course.* Milford, CT: Creative Output, 1983.
Learning Module 1. *The OPT Way of Thinking*

1. *The Goal of a Manufacturing Organization*
2. *The Unbalanced Plant*
3. *Bottleneck and Non-Bottleneck Resources*
4. *Basic Rules of Batch Sizing*

Learning Module 2: *The Just-In-Time System and the OPT Rules*

5. *Just-In-Time vs. Just-In-Case*
6. *OPT Rules Applied in Just-In-Time*
7. *The Path to Logical Ropes*

Learning Module 3: *The Fallacy of Cost Accounting*

8. *Performance Measurement, Part 1*
9. *Performance Measurement, Part 2*
10. *Determining Product Cost*
11. *Investment Justification*

Learning Module 4: *The Logical Ropes of OPT*

12. *Rules of Winning the Game*
13. *Identification of Bottlenecks*
14. *Master Schedule and Derived Schedule*
15. *Safeguarding the Schedule*
16. *OPT as a Productivity Tool*

Goldratt, E. M. *MRP vs. OPT – Software vs. Thoughtware – Program 1 – What MRP Really Does.* Milford, CT: Creative Output, 1983.

Goldratt, E. M. *MRP vs. OPT – Software vs. Thoughtware – Program 2 – Where MRP Goes Astray.* Milford, CT: Creative Output, 1983.

Goldratt, E. M. *Goldratt Satellite Program Sessions 1-8.* Transmitido de Brummen, Holanda: Programa Satélite de Goldratt, 1999. Série em vídeo: 8 DVDs.
Apresentação do Programa

Session 1: *Operations*
Session 2: *Finance & Measurements*
Session 3: *Project Management and Engineering*
Session 4: *Distribution and Supply Chain*
Session 5: *Marketing*
Session 6: *Achieving Buy-In and Sales*
Session 7: *Managing People*
Session 8: *Strategy & Tactics*

Programas educativos computadorizados de autoaprendizagem

Goldratt, E. M. *TOC Enterprise Wide: A Complete Self-Learning Program.* Bedford, Reino Unido: Goldratt Marketing Group, 2001. Série em vídeo: 16 CD-ROMs.

Session 1: *TOC on Operations*
Session 2: *TOC on Finance and Measurements*
Session 3: *TOC on Project Management and Engineering*

Session 4: TOC on Distribution and Supply Chain
Session 5: TOC on Marketing
Session 6: TOC on Sales and Buy-In
Session 7: TOC on Managing People
Session 8: TOC on Strategy and Tactics

Série Necessária e Suficiente
(*Necessary and Sufficient Series*)

Goldratt, E. M. *Necessary and Sufficient Series Sessions 1-10*. Bedford, Reino Unido: Goldratt Marketing Group, 2002. Série em vídeo: 10 CD-ROMs.

Session 1: The Reasons for Technology
Session 2: The Basic Assumptions of TOC
Session 3: A Look into the Rules of Operations
Session 4: A Look into the Rules of Project Management
Session 5: A Look into the Rules of Distribution
Session 6: A Look into Measurements
Session 7: The Role of Software
Session 8: Implementing TOC as a Holistic Philosophy
Session 9: Getting True Consensus from Top Management
Session 10: The Offer: Clients, Software Providers and TOC

Série TOC Insights:
quatro programas computadorizados de autoaprendizagem

Goldratt, E. M. e Goldratt, A. (R). *TOC Insights. 4 Self-Learning Computer Software*. Bedford, Reino Unido: Goldratt Marketing Group, 2003.

Insights into Distribution and Supply Chain
Insights into Finance and Measurements
Insights into Operations
Insights into Project Management and Engineering

Capítulo de livro

Goldratt, E. M. "Focusing on Constraints, Not Costs". Em Gibson, R. (ed.) *Rethinking the Future*. Londres: Nicholas Brealey Publishing Ltd., 1997.

Anais de congresso/trabalhos em vídeo/palestras

Goldratt, E. M. "Optimized Production Timetables: A Revolutionary Program for Industry". Em *APICS 23rd Annual International Conference*. Falls Church, VA: APICS, 1980.
Goldratt, E. M. "The Unbalanced Plant". Em *APICS 24th Annual International Conference Proceedings*. Falls Church, VA: APICS, 1981.
Goldratt, E. M. "Cost Accounting: The Number One Enemy of Productivity". Em *APICS 26th International Conference Proceedings*. Falls Church, VA: APICS, outubro de 1983.
Goldratt, E. M. e Fox R. E. "The Theory of Constraints". Em *APICS 30th Annual International Conference and Technical Exhibit*. Falls Church, VA: APICS, 1987.
Goldratt, E. M. "Theory of Constraints in Industry". Palestra de abertura. *APICS Constraints Management Symposium Proceedings*. Falls Church, VA: APICS, 17-19 de abril de 1996.

Goldratt, E. M. Tema principal: "Necessary But Not Sufficient". Congresso Técnico de Gerenciamento de Restrições da APICS. Tampa, FL. Falls Church, VA: APICS, 2000.

Goldratt, E. M. "On Saddam Hussein, Milestones, and How the Theory of Constraints Applies to Project Management". ManagementRoundtable.com, 1998.

Goldratt, E. M. e G. Plossl. *A Town without Walls*. Documento oficial distribuído durante o Congresso Internacional da APICS em Las Vegas/EUA, em 1984.

Palestras de abertura/videoconferência

Goldratt, E. M. "JFL-1 The Toots of TOC and the 3 Cloud Approach. Em *Video Conference Proceedings Jonah Upgrade Workshop*. New Haven, CT: Instituto Avraham Y. Goldratt., 3-6 de novembro de 1997.

Goldratt, E. M. "JFL-1: Using the 3 Cloud Approach for Buy-In. Em *Video Conference Proceedings Jonah Upgrade Workshop*. New Haven, CT: Instituto Avraham Y. Goldratt, 3-6 de novembro de 1997.

Goldratt, E. M. Tema principal: "Turning TOC into 'The Thing to Do'". Palestra no Congresso Founding TOCICO Founder. Atlanta, GA: TOCICO, 16-19 de novembro de 2001.

Goldratt, E. M. Tema principal: "Making TOC the Main Way: The Goldratt Group Strategy & Tactic Tree and the Viable Vision Process". Palestra no I Encontro Mundial Anual de Profissionais da TOC. Cambridge, Reino Unido: TOCICO, 7-10 de setembro de 2001.

Goldratt, E. M. Tema principal: "What is Different about TOC?" Em *Video Conference Proceedings of 2nd Annual Worldwide Gathering of TOC Professionals*. Miami, FL: TOCICO, 23-26 de outubro de 2004.

Goldratt, E. M. Tema principal: "Success through Simplicity". Em *Video Conference Proceedings of 3rd Annual Worldwide Gathering of TOC Professionals*. Barcelona, Espanha: TOCICO, 13-16 de novembro de 2005.

Goldratt, E. M. Tema principal: "The Economy of the World: Past and Future". Em *Video Conference Proceedings of 4th Annual Worldwide Gathering of TOC Professionals*. Miami, FL: TOCICO, 4-7 de novembro de 2006.

Goldratt, E. M. Tema principal: "Freedom of Choice". Em *Video Conference Proceedings of 5th Annual Worldwide Gathering of TOC Professionals*. Las Vegas: TOCICO, 3-7 de novembro de 2007.

Goldratt, E. M. Tema principal: "What is TOC?" Em *Video Conference Proceedings of 6th Annual Worldwide Gathering of TOC Professionals*. Las Vegas: TOCICO, 1-4 novembro de 2008.

Goldratt, E. M. Tema principal: "Standing on the Shoulders of Giants". Em *Video Conference Proceedings of North American Regional Conference*. Tacoma, WA: TOCICO, 6-9 de junho de 2009.

Goldratt, E. M. Tema principal: "Lessons Learned: The Power of Cause-and-Effect and TOC=focus". Em *Video Conference Proceedings of 7th Annual Worldwide Gathering of TOC Professionals*. Tóquio, Japão: TOCICO, 16-19 de novembro de 2009.

Série de *webcasts* de Goldratt

Goldratt, E. M. *The Goldratt Webcast Program on Project Management: Sessions 1-5*. Roelofarendsveen, Holanda: Goldratt Marketing Group, 2008. Série em vídeo: 5 sessões.

Goldratt, E. M. *The Goldratt Webcast Program from Make-to-Stock to Make-to-Availability: Sessions 1-5*. Roelofarendsveen, Holanda: Goldratt Marketing Group, 2008. Série em vídeo: 5 sessões.

Árvores de estratégias e táticas

Goldratt, E. M. "Pay-per-Click (PPC) S&T, Level 3". Julho de 2008.

Goldratt, E. M. "Projects Company S&T, Level 5". Julho de 2008.

Goldratt, E. M. "Retailer S&T, Level 5". Julho de 2008.

Goldratt, E. M. "Consumer Goods Make-to-Stock (MTS) to Make-to-Availability (MTA) S&T, Level 5". Setembro de 2008.

Goldratt, E. M. "Manufacturing Make-to-Order (MTO) Reliable Rapid Response S&T, Level 5". Maio de 2009.

Todas as estratégias e táticas aprovadas por Goldratt podem ser baixadas do Goldratt Research Labs, com o visualizador gratuito HARMONY S&T, em http://www.goldrattresearchlabs.com.

Série de cartas de fórum de PMC

Goldratt, E. M. "POOGI Forum Letters 1-14". Documentos oficiais sobre implantação da TOC.

Letter 1: Moving the Organization – The TOC Way
Letter 2: Enabling TOC to Spread Much Faster
Letter 3: The Direction of the Solution
Letter 4: The Solution
Letter 5: The Solution (Continued)
Letter 6: When Logic and Emotion Clash, Which One Wins?
Letter 7: Local Implementation of a Holistic Approach Is an Oxymoron
Letter 8: Presentation to Top Managers: Deciding on a Holistic Approach
Letter 9: How to Get Results with TOC
Letter 10: Necessary but Not Sufficient – Chapter 12. Letter 11: The Story Line of Necessary But Not Sufficient
Letter 12: How to Implement a Holistic Approach Bottom-Up? – The problem.
Letter 13: How to Move an Organization Bottom-Up? – The Solution
Letter 14: What Should Be Done to Make TOC the Main Way for Running Organizations?
Acesso em http://www.toc-goldratt.com/Theory_of_Constraints.php?cont=137.

Peça teatral

Goldratt, E. M. "UnCommon Sense. The Play (revisão final)". New Haven, CT: Instituto Avraham Y. Goldratt, 1995. Exibida em mais de 24 cidades e algumas vezes como parte de "An Evening with Eli".

Software comercial

Goldratt, E. M. Optimized Production Technology (OPT®). Milford, CT: Creative Output. 1979. *Software* de programação de produção.

Índice

Nota: As figuras, tabelas ou notas são indicadas por f, t ou n após o número da página.

A

A Corrida (Goldratt, E. M., Fox, R. E.), 5, 151, 158, 223-224
A Meta (Goldratt, E. M., Cox, J.), 5-9, 151, 158, 376, 413, 469, 649, 704, 747, 807, 882, 1099
Abbott, A., 671-672
ABC. *Consulte* Custeio baseado em atividades
Abordagem de escolha estratégica (SCA), 664
Abramov, E., 1071-1072
AC. *Consulte* Armazém central
Acadêmicos/pesquisadores, 671-673
Ackoff, Russell L., 453-455, 477-478, 663, 664
Acolhimento predominante, TOC, 671-672
Acordos de nível de serviço (ANS), 891-892
Adesão, 88-89, 119-120n12, 589-590
    complementar, 1061-1062
    etapas de, 898
    etapas do processo de marketing para, 845-847
    gerenciamento pela corrente crítica, 90-92
    imediata, 844-845
    logo no início, 844-845
    mais, 1061-1062
    motivação à, 845-846
    níveis de, 798
    percepção de participação na, 600-602
    processo, 307-310
    processo da TOC de, 307-310
AF. *Consulte* Armazém da fábrica
Agência de Controle de Alimentos e Medicamentos (FDA), 1090
Aggounne, R., 161-162
Agregação, matemática e, 277-278f
Ahearn, Mike, 501-503, 505-507
Ajustando os pulmões, 67
Alain, S., 158-159
Alertas, ASR, 333, 336-337
Almaguer, Zulema, 820-821
Almqvist, R., 1069-1070
Alto grau de dependência, 185, 206
Alunos baderneiros, 818-819f
Ambiente
    adequação do TPC-S e, 239-242
    com E&T, 1047-1050
    de serviços, 170-171
    de SSA, 920-921f
    problemático, da MTA, 268-270
    TPC-S não adequado ao, 241-244
Ambiente de projetos, 131-132f
    lacunas da produção enxuta para, 134, 136-137
    melhorias de sistema no, 132-137
    perda no, 138-142
    postura do LSS no, 130-133
    sistema de sistemas no, 131-133
    sistemas alinhados no, 135f
Ambientes complexos, 1074-1075
    CG em, 1078-1080
    escolha de ferramentas em, 1080-1085
    estratégias norteadoras para, 1076-1077
    método da TOC em, 1084-1086
Ambientes de múltiplos projetos, 61, 133f, 1023-1024f
    execução simultânea de várias atividades nos, inadequação, 610
    gedankens em múltiplos projetos, 32-37
    programação de projetos nos, 59-63, 65
    quatro sistemas de, 131-133
Amen, M., 153
Amortecimento, dos pulmões de estoque, 328-329f
Análise
    de sensibilidade, 356, 375, 378
    do código da causa, 401-402f
    do processo de pensamento completo (APPC), 658-659
    por quê–porque (APP), 668
    VATI, 159-160, 206-215
Analogia da corrente, 1099
Andrews, C., 163
ANS. *Consulte* Acordos de nível de serviço
Ansoff, H. I, 519-521, 520-521f
Apagamento de incêndio, 620n5, 709-716
APICS. *Consulte* Sociedade Americana de Controle de Produção e Estoque
Aplicação(ões)
    não convencional, da TOC, 896-897
    especializadas, TOCfE, 824
    específicas da TOC, 1080-1081
APP. *Consulte* Análise por quê-porque

APPC. *Consulte* Análise do processo de pensamento completo
APR. *Consulte* Árvore de pré-requisitos
Aproveitamento
　com base no nível, 392-393*f*
　do volume, 391-392*f*
APS, sistema, 316-317
Aquinas, Thomas, 418*n*1
AR. *Consulte* Armazém regional
ARA. *Consulte* Árvore da realidade atual
ARAC. *Consulte* Árvore da realidade atual da comunicação
ARF. *Consulte* Árvore da realidade futura
Argyris, M., 678-679
Armadilhas
　conceituais, 124-125
　do tempo, 85-86*f*
Armazém
　central (AC), 279-281
　da fábrica (AF), 279-281
　regional (AR), 279-281
Árvore da realidade atual (ARA), 109-110, 170-171, 580-581, 594-595, 765-766, 839-840, 1063-1064
　avanços na, 655-658
　banco e, 773f, 774f, 775f
　com EIs, 1155
　construindo, 995-996
　convergência e, 769-770
　da natação de Sheila, 1152f-1154f
　de baixo para cima com, 607n5
　diagrama estrutural da, 840-841f
　efeitos negativos na, 1150, 1155
　garantia, 909f
　instalações de saúde, 994-995
　relações de causa efeito na, 652-653
　SSC com, 907, 907f
Árvore da realidade atual da comunicação (ARAC), 652-653
Árvore da realidade futura (ARF), 489, 537*f*, 583, 585-586, 597-598, 734, 765-766
　banco, 781f
　da natação de Sheila, 1156f-1158f
　E&T e, 1063-1064
　injeções na, 653-654
　RNN e, 779-780, 780t
Árvore de estratégias e táticas (E&T), 8-9, 456-458, 458*f*, 537*f*, 598-599, 756-757*n*6, 765-766, 788-800, 1041-1073
　aplicação da, 1041-1042
　ARA/ARF/APR/AT e, 1063-1064
　benefícios da, 1070-1071
　bens de consumo, 1063-1064
　comunicação/sincronização com, 793-794
　conceitos na criação da, 1060-1064
　conflitos identificados/removidos utilizando a, 459-462
　conformidade do setor público, 499f
　conteúdo da estrutura da, 541-546

　correlações entre os pressupostos básicos da, 1058-1059f
　crescimento básico, 951f
　da análise do processo de pensamento à, 799
　definição, 944-945, 944-945n19, 1001n19
　descrição sobre a estratégia da, 541-542
　detalhamento da estrutura da, 1057-1060-1061
　diferentes ambientes com, 1047-1050
　distribuição, 554-559
　elementos da, 789-790, 792
　empresas de projetos que utilizam, 547-552, 1066-1068
　estratégia de produção, utilizando, 543-544t, 545-548
　estrutura básica da, 1043-1050
　estrutura genérica da, 1044f
　execução da, 1070-1072
　execução monitorada com, 459-460
　harmonia, obtendo com, 459-460
　implementação holística orientada pela, 474-476
　implementando, 794-795
　literatura sobre estratégia comparada com, 1067-1071
　metas organizacionais obtidas com, 528-529n3, 541-542n3
　modelo lógico de, 946-950
　modelos criados para, 638-639
　níveis de detalhamento na, 789-792, 791f
　níveis inferiores da, 1056-1057
　nível 2 de varejo da, 1048-1054, 1051-1052t
　nível 3 de varejo da, 1052-1054
　nível 4 de varejo da, 1054-1056, 1054-1056f
　nuvem de conflitos e, 461f
　pague por clique, 1067-1068
　para o varejo, 1048-1057, 1049-1050t
　parte superior da, 1045-1050, 1046-1047t
　primeira etapa/meta da, 788-790
　processo de melhoria contínua e, 459f
　processo de pensamento, implementando, 795
　quatro árvores genéricas, 1063-1068
　referência remissiva do processo de pensamento com, 799t
　resposta rápida confiável, 1064-1065
　solução de distribuição, 556-557f
　soluções oferecidas pela, 1062-1063
　três níveis da, 542-543f
　utilizando processo de pensamento para implementar a, 797
　varejo, 1053-1054t
　VV obtida por meio da, 944-951, 954-977
Árvore de metas ambiciosas, 810-811*n*6, 819-823, 820-821*f* (*consulte também* Árvore de pré-requisitos)
　como ferramenta básica de sequenciamento, 998-1001
　das Filipinas, 830f
　do plano de casamento, 828-829f
Árvore de pré-requisitos (APR), 489, 585-586, 598-599, 756-757, 782-784, 1035-1036
　da natação de Sheila, 1162f

do caso do banco, 782-784, 784f, 785f
E&T e, 1063-1064
injeções na, 784f, 785f
mapa de OI/obstáculos e, 783t
obstáculos identificados pela, 653-654
pressupostos sobre a nuvem e, 1001t
Árvore de transição (AT), 598-599, 653-655, 765-766, 784-789
  agrupamento, 798f
  E&T e, 1063-1064
  estrutura da, 786f, 787
  utilizando, 796-799
Ashkenas, R. N., 18-19
ASR. *Consulte* Reabastecimento sincronizado ativamente
AT. *Consulte* Árvore de transição
Atitudes positivas, 1156-1157
Atividades
  anteriores, 138
  cinco tipos de, 1019-1020
  distribuição oblíqua e, 47-48f
  duração, 47-49
  duração programada das, 35-37
  estimativas de duração, 50-54
  fluxo/em direção ao cliente 4, 146f
  inserção de pulmões, 1083-1084f
  perfil, 1019-1020*f*
  produtividade *versus*, 134, 136-137f
  programação de tempo/conclusão das, 28-29
  resolução de problemas, 659-661, 672-675
  tempo e, 1081-1082f
Atwater, J. B., 158-161, 163, 166-167
Aubry, M., 109-110
Auditoria, 415, 512-513
  conflitos básicos na, 422-425
  utilização da TOC na, 462-464
Aumento/diminuição repentina da demanda, 302-303
Austin, R. D., 376-377
Autorregulação, 841-842
Avot, I., 17-18

B

Backlund, A., 1069-1070
Bailie, B., 530
Balakrishnan, J., 170-171
Balanced Scorecard (BSC), 350-353, 351-352n9, 1069-1070
Balderstone, S. J., 158-160, 165-166, 654-655, 658-659, 670-671, 680-681
Banco, estudo de caso
  APR do, 782-784
  APR/injeção, 784f, 785f
  método do floco de neve, 772-773
Barnard, A., 480-481n7, 482f
Barnes, R., 39-40
Barreiras
  à adoção, TOC, 882-885

psicológicas, às soluções, 599-601
sociais, às soluções, 599-601
Base
  de clientes, ampliando, 965-966, 977
  de conhecimentos, 1001-1003
Baxendale, S. J., 871-872
Becker, C., 153
Becker, F., 161-162
Becker, S. W., 163
Beer, M., 526-527, 668
Behnke, L., 167-168
Belvedere, V., 161-162
Bennett, P., 664
Bens
  de consumo, 640-642, 1063-1064
  livres, 166-167
Berry, R., 171-172
Best, W. D., 39-40
Betterton, C. E., 160-161
Bildson, R. A., 16-17
Blackstone, J., 158-161, 168-171, 651, 654-655, 669-672, 769-770, 772
Blue Ocean Strategy (Kim, C., Mauborgne), 628-629, 1067-1068
Bohr, Niels, 404-405
Bolsões de excelência, 497-498, 510-512
Boorstin, D., 152
Bossidy, L., 535
Boyd, John R., 571-577, 586-587
Boyd, L., 159-160
Boyd, L. H., 653-654
Brailsford, S., 670-671, 871-872
"Broadening the Concept of Marketing" (artigo), 525-526
Brocklesby, J., 659-661, 672-673, 675, 678, 681-682
Brooks, F. P., 17-18
Brown, D., 18-19
BSC. *Consulte* Balanced Scorecard
Built to Last (Collins; Porras), 1043-1072
Buraco negro, itens, 294-295
Burrell, G., 675, 678, 681-682
Burton-Houle, T., 658-659
Busca da perfeição, 142-145
Buss, A. H., 173
Bust, Jeff, 1111

C

Cadeia de suprimentos
  cinco perguntas aplicadas à, 438-439f
  conceitos de, 605
  contabilidade, 377-378
  de produtos acabados, 325-326f
  empurrada *versus* puxada, 280-281f
  estrutura de referência da, 553-554
  jogo de tabuleiro, 308-309n35
  pulmões de estoque na, 286-287f
  puxada, 291-294
  sincronizada, aplicação, 1002-1004

típica, 276f
Cádmio telúrio (CdTe), 500-501
Caminho(s)
   não crítico, 27-28
   que se fundem, 50-51, 56-57
Capacidade
   controle, 1142-1143, 1145-1146
   elevação, 969, 970
   gerenciamento, 97-98
   ociosa, 156-157$n3$
   pedidos de produção e, 255-258
   planejamento, 1142-1143
   porcentagem de carga e, 198t
   produção, 189-190f
   protetiva, 156-158, 255-256$n8$, 261-264
   restrições, 220$n5$, 223-224
   sazonalidade e, 268-269
Carcereiros, 835-836
CARE. *Consulte* Reabilitação de Ex-Ofensores Baseada na Comunidade
Carga de trabalho, 966-968, 1030-1031f
Carga planejada, 228-229, 229-230f, 256-257$n9$
   completa, 262-263
   de curto prazo, 238-240
   total, 262-263
Carlson, B. J., 173
Cartier, B., 167-168
Categorias de ressalva legítima (CRLs), 652-653, 656-659, 802-805, 995-996$n10$
Causa(s)
   atribuível, 1080-1081$n5$
   básicas, 114-115
   comum, 1080-1081$n4$
   especial ou atribuível, 1080-1081$n5$
Causa e efeito
   árvore, 752f
   condições essenciais e, 762-763f
   diagrama, 607
   lógica, 748-750
   mapa, 749-750f
   pressupostos estratégicos/táticos/paralelos e, 789-790f
   protocolo de termos/mapeamento de, 751-755
   relação entre EIs/ideia e, 755-756
   relacionamentos, 652-653, 751
CC. *Consulte* Corpo de conhecimentos
CCP. *Consulte* Corrente crítica de produtos
CCR. *Consulte* Recurso com restrição de capacidade
CCs. *Consulte* Corrente crítica para serviços
CdTe. *Consulte* Cádmio telúrio
Centros de custo, 373-374
Centros de investimento, 373-374
Certificação, da liderança, 1037-1038
Cervejaria, os cinco passos de focalização da TOC aplicadas a, 432-433, 432-433f
CG. *Consulte* Contabilidade de ganhos

CGp. *Consulte* Contabilidade de ganhos para produtos
CGs. *Consulte* Contabilidade de ganhos para serviços
Chakravorty, S., 158-163, 166-167
Chandrasekaren, S., 39-40
Charan, R., 535
Checkland, P., 664, 666, 668
Chen, J. C., 167-168
Cheng, C. H., 170-171
Chesapeake Consulting, 1112
Choopchicks, 449$n6$, 766-767
Christopher, Sharon Brown, 1120-1121
Church, A. H., 349-350
Churchill, Winston, 415, 573$n2$
Churchman, C. W., 664
Churchwell, L., 871-872
Ciclo
   fechado, MRP, 315-317
   vicioso, 421-422, 421-422f
Ciclo OODA, 570-572, 571-572f, 574-576, 586-587
   ciclos rápidos no, 575-576
   cinco passos de focalização e, 580-581f
   síntese do MGR/TOC com, 580-583, 585
Ciência, Gestão, Engenharia e Design de Serviços (SSMED), 899
Ciência, ramificação lógica, 816-817f
5 PFs. *Consulte* Cinco passos de focalização
Cinco passos de focalização, 121-123, 539-540f, 930-931, 1002-1003
   ciclo OODA e, 580-581f
   da TOC, 430-432, 431-432f
   empresa bem-comportada, 219-220
   estratégia da TOC e, 538-541
   estratégia empresarial desenvolvida por meio da, 432-435
   operações de produção com, 184-188
   sistemas complexos e, 1112
   utilizando em uma cervejaria, 432-433, 432-433f
   utilizando o TPC, 155-157
Clark, C. E., 16-17
Clientes
   fluxo de atividades em direção aos, 146f
   fluxo de valor em direção aos, 136-138
   maior proposição de valor, 559-560
   necessidades centradas nos, 1015-1018
   resposta previsível aos, 1013-1014
CM. *Consulte* Mapeamento cognitivo
Códigos de cor, 237-238, 326-328
   de ordens de serviço, 203-204
   penetração do pulmão, utilizando, 285-286
Cohen, Oded, 171-172, 1125-1126
Collins, J., 535, 1043-1046
Coman, A., 158-159
Comissão/omissão, erros de, 449-451, 463
Compartilhamento de ganhos, 644
Competitive Advantage (Porter, M. E.), 568

Complexidade, 1009-1011
  detalhada, 180n2
Componentes
  do ASR, 323
  do ROI, 387f
  MTA para, 264-265
  tempos de espera e, 336-338
Comportamentos
  antissociais, pesquisas sobre os, 825f
  de demanda máxima/baixa, 258-259
  disfuncionais, 79-80
  humanos, 564-566
  lote de alta demanda/baixa demanda, 258-259
  mudança/manutenção desejada de, 497-498
  mudando, 510
  no trabalho, 1101-1103
  situações de projeto caóticas e, 48-49
  vendas, 265-266f
Compromisso, 116-117, 123-124
Comunicação, 51-52, 793-794, 845-846
  dilema da EN, 1160f
  médico/paciente, 986-987
  sistema de notificação como, 57-61
Conceito de pulmão virtual, 287-288f, 291f
Concluído, significado, 125-126
Conde, Ana Maria, 813
Condições essenciais, 762-765, 762-763f, 764-765, 764-765f, 1138-1139
Conector "E", 751, 751f, 752f
Confiança, 73, 124-125
Conflito crônico, 694n4
  definição, 1126-1127
  solucionando, 1125-1134
Conflitos, 760-761f
  com o MRP, 322f
  dentro do sistema, 528-530
  dia a dia, 703-709, 704-707f
  E&T, identificando/removendo, 459-462
  em empresas complexas, 1016-1017f
  EN/pressupostos e, 942f, 991-995, 1157-1158
  entre medidas opostas, 652-654
  GPCC, removendo, 1011n2
  MC, 459-462
  na EN, 652-654, 912-913, 991-995
  nas medidas, 384-385
  nas relações entre pai e filho, 1128f-1130f
  pressupostos, 480-481n7
  pressupostos sobre a nuvem de dilema interno, como causa, 698-699
  pressupostos/EN e, 942f, 991-995, 1157-1158
  resolvendo os crônicos, 1125-1137
  simplicidade inerente e, 757-758
  sistêmicos *versus* sintomáticos, 479-481f, 486f, 487f
  soluções de MC para, 430
  soluções logísticas da TOC para, 530n4
Conflitos básicos, 729n13, 809-810f, 1013f
  com soluções, 1013-1018

da mudança, 424-425f
definição, 995-996n11
em auditoria, 422-425
em empresas complexas, 1012
EN e, 942f
injeções e, 1016-1018
injeções para interromper, 490f
interessados, identificando, 488f
na empresa, 423-424f
na MC, 422-425
prestadores de serviços, 489f
processo de pensamento, abrindo caminho, 424-426
tipos semelhantes de, 496-497
Conformidade, 415
Congresso Sindical Nacional (NTUC), 834
Connell, C., 871-872
Conselho de Padrões de Contabilidade Financeira (FASB), 376-377
Consequências das providências, 854-856, 855-856f
Constraints Management Handbook (Cox, J. F., III; Spencer, M.), 157-158
Consumo
  de folga no caminho, 30
  de folga no projeto, 35-36
  mudanças repentinas no, 297-299
Consumo de pulmão, 87-88
  interrupções de fluxo que influenciam o, 615-616
  melhoria contínua com, 69
  taxa de, 96
Contabilidade, 359t
  ambiente variável da, 348-356
  cadeia de suprimentos, 377-378
  enxuta, 352-354
  falta de publicações da TOC a, 375-376
  necessidade de pesquisa da TOC em, 376-378
  para pacientes, 974
  produção enxuta (Lean), 352-354
Contabilidade de custos
  ambiente empresarial com, 346-347
  custeio baseado em atividades, 349-351
  desenvolvimento da, 346-347
Contabilidade de ganhos (CG), 4, 284-285, 345-346
  avaliação de desempenho e, 375-376
  em ambientes complexos, 1078-1080
  função da, para a estratégia empresarial, 540-542
  Goldratt, concepção da, 447-449
  mudanças percentuais e, 449t
  para todos os métodos, 1089
  sistema de saúde e, 941-944
Contabilidade de ganhos
  para produtos (CGp), 895-897
  para serviços (CGs), 895-897
Contenção de recursos, 30-31
  diagrama de rede de projeto de atividade no nó e, 38-39f
  planejamento de prioridades e, 31
  projetos e, 32

resolvendo, 50-51, 57
variabilidade de recurso comum e, 34-36
variabilidade e, 34-35
variabilidade/convergência e, 31-32
Contestação da curva vermelha, 417f
Conteúdo básico, TOC em prisões, 847-848
Conti, R. F., 152
Controle, 222-223
   de carga, 228-231, 973
   de custo, 102-104
   mecanismos, 14-17
   de prioridade, 120-121
   processos, 961
   de sequenciamento, 96-98
Convergência, 195
   ARA/simplicidade inerente e, 769-770
   contenção de recursos e, 31-32
   pontos, 25-26, 206-207, 209-211
Conway. R., 158-159
Corbett, T., 165-166
CORE. *Consulte* Ciclo de resultados
Cormier, J. A., 871-872
Corpo de conhecimentos (CC), 872-873
Corpo de conhecimentos sobre gerenciamento de projetos (PMBOK), 131
Corpuz, Jenilyn, 826-828
Corredor de revezamento, 1102-1103,1103n3
Correlações lógicas, 711-712
Corrente crítica
   adesão da administração, 90-92
   benefícios da, 117-118t
   caminhos que se fundem na, 50-51, 56-57
   controle de fluxo com, 1020-1025
   CORE aplicado na, 122-123
   cronograma de projeto totalmente protegido na, 58-59f
   cronograma incompleto/pulmão de projeto na, 55f
   definição, 1085-1086n6
   diagrama de rede de projeto/pulmões de tempo e, 1083-1084f
   dificuldades na implementação, 87-89
   espera e, 85-87
   fontes de proteção de projeto pela, 59-61
   função do software na, 101-102
   gerenciamento de projetos e, 100-101
   implementação (passo a passo) da, 89-99
   modelo de *empowerment* na implementação, 75f
   motivos do insucesso da, 105-106
   no gerenciamento de um único projeto, 37-40
   organização/objetivo da, 83-86
   para produtos (CCP), 892-894
   para serviços (CCs), 893-894
   perguntas relacionadas, 100-106
   planejamento da implementação da, 122-126
   PMC com, 89-90
   prioridade das atividades na, 86-87
   produção enxuta associada à, 104-106
   programação, 55-61
   projetos com, 84t

tempo agendado do médico e, 937f, 939-940f
trabalhos não relacionados ao projeto e, 101-103
três regras integradas na, 98-100, 100f
Covey, Stephen M. R., 564-565
Cox, J. F., III, 157-161, 165-168, 170-171, 651, 653-654, 670-671, 769-770, 772, 1148-1149
Crescimento
   curvas/curvas de estabilidade, 1012f
   etapas de decisão e, 1037-1038f
   injeções, 1018-1019t
   pressupostos, 1016-1018
Critérios de sucesso, 444-445t
Critical Chain (Goldratt, E. M.), 39-40
CRL. *Consulte* Categorias de ressalva legítima;
Cronograma de projeto
   de recurso nivelado, 53-54f
   em ambientes de múltiplos projetos, 59-63, 65
   totalmente protegido, 58-59f
Csillag, J., 165-166
CTP. *Consulte* Custo total de propriedade
CTV. *Consulte* Custo totalmente variável
Cultura
   direcionada pelo ganho, 505-506
   organizacional, 101-102
Curva(s)
   de preço/quantidade, 624-625f
   verde, 1043-1044
   de estabilidade, 1012f
Custeio
   baseado em atividades (ABC), 349-351
   direto, 348-350
   direto/variável, 348-349
Custo(s)
   comuns, 352-353
   de mão de obra, 70-71
   diretos, 352-353, 887-888
   gerais indiretos, 70-72
   relevantes para as decisões, 367-369
   relacionados à decisão, 367-369
   total de propriedade (CTP), 906
   totalmente variável (CTV), 283-284n15
   variáveis, 357-359t
Cycle of Results (CORE), 114-123, 115-116f
   ciclos de *feedback* no, 119-120, 678-679
   corrente crítica, utilizando o, 122-123
   etapas exigidas pelo, 126-127
   grupo de adeptos da TOC, 118-120
   princípios básicos do, 115-119
   venda de soluções e, 120-121, 120-121t
   vendas e, 119-121

D

da Vinci, Leonardo, 424-425, 450-451
Daellenbach, H., 662
Danos, G., 158-159
Datas de conclusão, 252-253n5, 968
Datas seguras, 232f
   determinando, 231-235

pedidos especiais e, 236-237
proposição de datas anteriores às pelo departamento de vendas, 234-236
Davies, J., 156-157, 653-659, 663, 670-671, 679-681
Davies, R., 871-872
Davis, K. R., 160-161, 167-168
DDE. *Consulte* Desempenho da data de entrega
Decaluwe, L., 158-159
Decisão
  estratégica, 875-876
  sobre estruturação, equilíbrio/desequilíbrio, 1101-1103, 1101-1102f
Decisões de compra, 363-367, 364f, 365f
  decisões sobre aquisição e, 363-364, 363f
  propostas de terceirização e, 364-367
Deckro, R. F., 19-20
Dedera, C. R., 167-168
Defeitos, 142
  por milhão de oportunidades (DPMO), 1098-1099
Deficiências, da empresa, 451-452
Definição de perfil de nível de pulmão, 325-328
Demanda, 329-330, 357-359t
  esporádica, 265-266f
Demeulemeester, E., 39-40
Deming, W. E., 120-121, 1095-1096
Demmy, B. S., 158-159
Demmy, W. S., 158-159
Demonstração de resultados
  custeio direto/variável na, 348-349
  tradicional/ganho, 369-370f
Denominador comum, 570-571
Departamento de gerenciamento de projetos (DGP), 61-62, 62f, 101-102
Dependência, 205-206
  alto grau de, 185-186
  dois tipos de, 548-549
  material/recurso, 205-206
Desagregação, 276
Desdobramento da função qualidade (DFQ), 932-933, 933-934f
Desempenho
  acompanhamento dos indicadores de valor, 372-374
  auditando, 415
  avaliação, 375-376
  critérios de, 1139-1140
  da data de entrega (DDE), 623-624, 1064-1065
  distribuidores, 1028-1030, 1029f
  empresarial, 91-92t
  estratégia empresarial e, 530
  indicadores (scorecard), balanceados, 350-353, 351-352n9
  lacunas entre metas e, 443-446
  lacunas/variação no, 447-448f
  medidas, 89-90
  medidas globais de, 386-388
  padrões conflitantes de, 530
  padrões de, 403-404

sistema de medição, 402-403
superior, 519-520
Design para o Seis Sigma (DFSS), 1098-1099
Desperdício
  de oportunidades, 968
  lacunas atuais/futuras do, 485f
  no ambiente de projetos, 138-142
  produção enxuta e, 1095-1096
Despesas operacionais, 940-941n13, 1046-1047, 1099-1100
Detalhamento da estrutura, E&T, 1057-1061
Determinação
  de preço de transferência, 373-375
  de preço diferencial, 914-916
Dettmer, H. W., 156-157, 168-172, 227-228, 651, 653-654, 656-659, 680-684
DFP. *Consulte* Diagramas de fluxo de produto
DFQ. *Consulte* Desdobramento da função qualidade
DFSS. *Consulte* Design para o Seis Sigma
DGP. *Consulte* Departamento de gerenciamento de projetos
Diagrama
  de ramificações, 842-844f
  de resolução de conflitos. *Consulte* Evaporação das nuvens
Diagrama de rede de projeto
  atividade no nó, 15-16f
  contenção de recursos e, 38-39f
  desenvolvendo, 24-26
Diferenciação, 521-522
  de imagem, 521-522
Diferencial competitivo, 543-544t
Dificuldades
  curva vermelha, 417f
  do MRP, 317-320
  em gerenciamento de serviços, 869-870
  ênfase sobre o fluxo, 225-226
  melhoria, 417f, 479-481t
  mudança, 425-426
  na corrente crítica, 87-89
  no gerenciamento de projetos, 22-24
  TOC, 884-885
Dilema
  comunicação EN, 1160f
  cooperação, 1131
  crônico, 1075-1076, 1132-1134
  da enfermeira, 997-999f
  do AC, 908f, 912-913f
  do estudante universitário, 1133-1136f
  EN/pressupostos, 1135-1136f
  esgotamento profissional, 1133-1137
  horário de voltar para casa, 1130
  horas de treinamento, 1159-1161f
  idade legal para o consumo de bebidas alcoólicas, 1131
  interior, 694-696
  Las Vegas, 1030-1032
  nas relações entre pai e filho, 1126-1127
  notas ruins, 1132

pessoal, 701, 719-720, 1125-1126
produtividade pessoal, 1133-1137
quanto a problemas importantes, 1130-1131
quanto ao horário de voltar para casa, 1130
regras, 1126-1130
SCC/pressupostos e, 913-915
Diminuição do tempo de resposta, 876-877
Dismukes, J. P., 167-168
Dispositivos biomédicos, 1090-1093
Distribuição
  carga de trabalho da, 1030-1031f
  cinco perguntas aplicadas à, 438-439f
  desempenho de GDD e, 1028-1029f
  E&T, 554-559
  GDD da, 1028-1030
  oblíqua, 47-48f
  obrigações do fluxo de ideias na, 1027-1028f
  solução, 555-557f
  TOC e, 169-172
  varejo, 551-553
Diversificação, 520-521
Divr, D., 39-40
Divulgação
  do valor agregado, 104
  externa, 76-77
  interna, 72, 74
  periódica, 76-78
DMADV, 456-457n8, 1098-1099
DMAIC, 1098-1099
Dominando o CORE, 797t
DPMO. *Consulte* Defeitos por milhão de oportunidades
Drucker, P. F., 517, 518
Duclos, L. K., 158-159
Dumond, E. J., 19-20
Dumond, J., 19-20
Dunbar, R., 167-168
Duncker, Karl, 440-441
Duração planejada das atividades, 35-37
Durações dedicadas, 48-49
Dweck, Carol, 407-408

E

E&T. *Consulte* Árvore de estratégias e táticas
E&T de projetos
  diminuição do WIP com, 551f
  estrutura parcial/quatro níveis e, 550f
  processos essenciais à, 551-552
EAP. *Consulte* Estrutura analítica de projeto (EAP)
Earl, Ezra, 1120-1123
Eden, C., 664
Edison, Thomas, 498
EDs. *Consulte* Efeitos desejados
Educadores, 808-809
Efeito chicote (*bullwhip effect*), 324
Efeitos
  desejados (EDs), 429-430, 561-563, 583, 585, 799, 1001n18

indesejáveis previstos (EIPs), 489
  negativos, 1150, 1155
  previstos, 855-857f
Efeitos indesejáveis (EIs), 6, 275-276n4, 405-407, 583, 585, 692, 715-716n10, 885-886, 995-996
  ARA com, 1155
  causa-efeito e, 755-756
  definição, 989-990n5
  do sistema de saúde, 929-929
  em empresas complexas, 1011-1012
  em problemas básicos, 1155
  EN/banco, 775-777f
  identificando, por meio da análise do processo de pensamento, 1119-1121
  lidando com, 715-723
  no gerenciamento de resíduos sólidos, 485f
  relação de ideia/causa-efeito com, 755-756
  sistemas complexos com, 1113-1115
  sistemas *versus* conflitos sintomáticos e, 479-481f
Eficiências locais, 612-613
EGF. *Consulte* Estoque gerenciado pelo fornecedor
Einstein, Albert, 385, 791
EIPs. *Consulte* Efeitos indesejáveis previsíveis
EIs. *Consulte* Efeitos indesejáveis
Eisenstat, R. A., 526-527
Elemento humano, 986-988
Elton, M., 664
Empowerment, 654-655
Empresas
  ambiente empresarial, 346-347
  benefícios do ASR para as, 338-339
  cadeia, 1079-1080
  centrada em metas, 416
  cinco passos de focalização, melhorando as, 219-220
  com corrente crítica, 83-86
  com fins lucrativos, 941-943n16
  conflito básico nas, 423-424f
  defensor interno da TOC necessário nas, 510
  deficiências das, 451-452
  desempenho, 91-92t
  impacto do AC sobre as, 910-911f
  índice de insucesso das, 418-421
  lacunas na melhoria e, 416-418
  metas/E&T e, 528-529n3, 541-542n3
  método sistêmico não adotado pelas, 453-455
  método sistêmico para, 1084-1085
  perspectiva do proprietário, 928-929
  quatro níveis de, 1010
  reestruturando, 538-539n1
  representação centrada em recursos nas, 180f
  setor público *versus* setor privado, 475-476
  sistemas/medidas existentes eliminados das, 505-506
  teoria de, 517-518
Empresas complexas
  conceitos em, 1018-1019
  conflitos básicos nas, 1012
  conflitos em, 1016-1017f

conhecendo, 1014-1018
controle de fluxo, 1020-1025
EIs nas, 1011-1012
fluxos em, 1019-1022
GDD em, 1036-1037
mensurações em, 1024-1035, 1033-1034t
problemas nas, 1011-1012
TOC/TPC/GPCC em, 1009
Empresas de serviços
  diminuição do tempo de resposta nas, 876-877
  etapas da TOC para, 873-875
  literatura sobre a TOC das, 870-872
  medidas de desempenho das, 877-878
  melhoria do valor das, 868
  melhorias de qualidade das, 877-878
  mudança implementada nas, 878
  popularidade na TOC nas, 872-874
  profissionais, científicos e técnicos, 881-900
    como causar a mudança, 896-899
    como mudar, 885-890
    para o que mudar, 890-897
  serviços de atendimento ao cliente, 903-921
  subordinação dupla infundida nas, 876-877
EN. *Consulte* Evaporação das nuvens
EN-ARA(B)-ARF(B)-RNN, método, 656-658
Engenharia de serviços em campo (ESC), 914-917
Entidades, 751f
Entrega de melhor qualidade, 98-99
Enunciados lógicos, 697-698
EPM. *Consulte* Gerenciamento de projetos corporativos
Equipe interfuncional, 1115
Erosão da renda, 905-907f
ERP. *Consulte* Planejamento de recursos corporativos
Erros
  de comissão/omissão, 449-451, 463
  gerenciamento de, 418
  melhorias com, 454-456
ESC. *Consulte* Engenharia de serviços em campo
Escala de Likert, 860-861f
Esclarecimento
  da causalidade, 768-770f
  entidade, 767-768
Escolas de pensamento, 522-525
Esfera de influência, 995-996
Especialidade, 992-993f
Espera, 85-87, 138-139f
Esquema de classificação, 204-207
Estatística, 53-55, 277-278
Estigmatização, 835-836
Estoque
  acúmulo de, 300-302
  agregado, 279-281
  confusão sobre o gerenciamento de, 248-249
  controle, 1088-1089
  determinando, 252-254
  diminuição gradual do, 302-303
  disponível/em mãos, 329-330f
  excedente, 140-141f

faltas, 397-398f
fluxo/penetração do pulmão, 284-289
gerenciado pelo fornecedor (EGF), 266-267n14, 638-640
gerenciamento/sazonalidade e, 267-269
giros de, 291n21, 295-297f
impacto da solução de distribuição sobre, 555f
inserção de pulmões de, 325-326
mudanças, 368-373
níveis de, 337-338
posicionamento estratégico do, 323-326
receita *versus*, 340-341f
rotatividade de, 293-294n23
value days e, 373-374f
Estratégia, 1041
  causa efeito e, 789-790f, 790t
  ciclo de planejamento e, 571-573
  ciclo OODA, 570-571
  como um percurso, 571-573f
  condições prévias para atingir, 558-560
  critérios para, 519-520
  de produtividade pessoal, 1136-1140
  de SPCTs, 890
  definição de denominador comum, 570-571
  função da contabilidade de ganhos na, 540-541
  genérica, 1015f
  implementação, 585-587
  influência desejável da, 561-563
  influência do comportamento humano, 564-566
  matriz, 520-521
  para ambientes complexos, 1076-1077
  pressupostos com, 957-958
  pressupostos/táticas, 949t
  sessões/*feedback* dos interessados, 491-493
  TOC e ciclo OODA, 581-582
Estratégia da TOC
  cinco passos de focalização e, 538-541
  definição, 536
  distribuição/varejo e, 551-553
  formatos diferentes de, 562-564
  fundamentos da, 536-542
  metas/condições da, 536-539
Estratégia empresarial
  conflitos no sistema interrompendo a, 528-530
  de Porter, Michael, 520-522
  definição, 517-518
  desenvolvendo os cinco passos de focalização, 432-435
  emergente/deliberada, 522-523
  escolas de pensamento sobre, 522-525
  fatores de comprometimento na, 518-520
  inabilidade da análise de sistemas na, 527-528
  marketing e, 524-526
  matriz de quatro estratégias para, 520-521
  melhorando, 519-520
  padrões de desempenho conflitantes na, 530
  papel da CG na, 540-542
  planejamento inadequado na, 526-528
  políticas de remuneração/recompensa na, 530-531

processo de implementação da, 527-529
resumo das escolas, 522-523
teorias de, 519-521
TOC para, 467-468f
vendas e, 526-527
visão centrada em recursos da, 521-523
Estratificação, do pulmão de tempo, 394-395f
Estrutura
analítica de projeto (EAP), 93-94n14
da árvore de E&T VV, 1053-1054
de apresentação, 963-964
de referência, cadeia de suprimentos, 553-554
de uma oferta *premium*, 976
genérica, de E&T, 1044f
matricial, 51-52
M-B, 659-661, 672-673
VRIO, 522-523
Estrutura de produto, 204-205n12
informações sobre os recursos e, 197f
pontos de controle e, 221-222
Estudo piloto, TOC em prisões, 859
Estudos de caso, 407-409
da VV, 951-952
do ASR, 339-341
do TPC, 164-167
seminário sobre análise de restrição, 480-482
Etapa
de decisão, 574-575
de decisão, crescimento contínuo, 1037-1038f
de elevação, 540-541
de orientação, 573
"Eu" para "Eles," 124-125
Evaporação das nuvens (EN), 422-423, 583, 585, 692n2, 699, 757-765, 769-771, 779, 1035-1036
conflito entre medidas opostas e, 652-654
conflito inerente na, 912-913
conflitos na, 912-913, 991-992, 994-995
conflitos/pressupostos e, 1157-1158
construindo, 1133-1134
definição, 996-997n14
desempenho do sistema e, 1075f, 1078-1079f
dilema das horas de treinamento na, 1159-1161f
dilema de comunicação na, 1160f
dilema do esgotamento profissional e, 1133-1137
dilema do estudante universitário e, 1135-1136f
EI do banco e, 775-777f
modelos/dicas para, 1134f
pressupostos/conflitos e, 991-995, 1157-1158
pressupostos/injeções/conflitos básicos e, 942f
Evasão, 614-615
EVS. *Consulte* Sistema de valor agregado
Execução
colaborativa, 332-333, 336
controlando, 201-204
fase de, 221-223
horizonte, 333, 336
monitoração de E&T, 459-460

planejamento de operações e, 1142-1143
Execução simultânea de várias atividades, 22-24, 59-61, 86-87n4
espera durante, 139f
inadequada, 610-612
Execution (Bossidy, Charan), 535
Existência
de causalidade, 767-769f, 802-803f
entidade, 767-768, 802-803f
Expansão dissociada, 329-331f
Expectativas, 115-116, 123-124
Experimento(s)
da batata, 849-850
do funil, 237-238n19, 260-261n11
gedanken, 25-26

F

Fabri, R., 161-162
Fabricação recuperável, 167-168
Fabricante/distribuidor, 275-276n5
Fabricar ou comprar, 170-171
Falha, 105-106
Falta de componentes, 717-718f
Farah, K. S., 171-172, 680-681
FASB. *Consulte* Conselho de Padrões de Contabilidade Financeira
Fator(es)
críticos de sucesso, 577-578f
de obstrução, 157-158n4, 740-741t
de oferta, 280-281n10
Fawcett, S., 158-159
FCS. *Consulte* Fatores críticos de sucesso
FDA. *Consulte* Agência de Controle de Alimentos e Medicamentos (FDA)
Feedback
ciclos de, 119-120, 678-679
critérios e, 410f
de ofensores, 859-861
governo, 862
sistema, 114-115
sistema de informação e, 404-406
sistema em tempo real de, 405-406
sistemas de responsabilização e, 402-408, 410f
treinador/técnico, 860-862
Feldman, J. I., 21-22
Ferramentas
de sequenciamento, 998-1001
do processo de pensamento, 656-657t
escolha de, 1080-1085
lógicas, 990-991f
para variabilidade, 1083-1085
Finanças
falta de publicações da TOC sobre, 375-376
gerenciamento pela TOC, 465-466f
necessidade de pesquisa da TOC em, 376-378
Finch, B. J., 160-161
First Solar Inc., 500-507

contribuições da TOC para, 503-504
função do processo de pensamento na, 507-508
implementação holística da TOC na, 507-509
Flanders, Walter, 153
Flutuação estatística, 186-187
Fluxo
   aumento do pulmão, mantendo o, 192-193f
   balanceado, GDD e, 1034-1035
   contestação do TPC ao, 225-226
   controle do, 1020-1025
   de caixa, 389-390
   de ideias, 1020-1023$n7$, 1027-1028f
   de material, 1088f
   de produtos, 1020-1022f
   em empresas complexas, 1019-1022
   focalizando o, 222-224
   interrupções do, 615-616
   linhas de, 104
   melhorando o PMC, 759-761
   princípio do, 251-252
   processo focalizado no, 614-616
   reentrante, 167-168
   representação centrada no, 181f, 182f
Fluxo de produto, 1020-1022f
   diagrama, 205-210f, 212-213f, 215f
   diagramas de fluxo de produto (DFPs), 181
   em instalações V, 207-208f
   recursos e, 357-359f
Fluxo de valor
   análise, 352-353
   etapas identificadas no, 136-137
   mapa/pacientes, 932-933f
   serviços com valor agregado (SVA), 916-918
Fluxo do processo
   do sistema de saúde, 929-930f
   recuperação de pulmão e, 1028-1029n10
Foco, 3-4, 451-452, 474-475$n3$
Folga, 239-240
   de caminho, consumo da, 30
Follet, Mary Parker, 346
Fonte de atraso, 760-761
Ford, Henry, 153, 179, 222-223, 439-441, 463, 1018-1019, 1095-1096
Forgeson, S., 658-659
Formação de discípulos, 1118-1124
Formulário de avaliação, 860f
Fornecedores de serviços, 489f
Foster, W. R., 658-659
Fox, R. E., 152, 223-224
Frazier, G., 161-162
Friend, J. K., 664
Fry, T. D., 158-161, 163, 169-170
Funcke-Bartz, Michael, 476-477, 493, 495
Funil de vendas, 608-609, 609f
   introduzindo solicitações de, 607f
   oportunidades restritas *versus*, 609f

G

Gandhi, Mahatma, 512-513
Ganha-ganha
   relações, 119-121, 713-714
   situações, 853-854, 1125-1134, 1159-1161
Ganho, 938$n9$
   anual, da First Solar, 502-503f
   cultura motivada pelo, 505-506
   definição, 519-520, 940-941n12, 1031-1032, 1046-1047
   demonstração de resultados, 369-370f
   dias de valor, 373-374
   específico, 875-876
   foco da TOC sobre, 247
   GDD e, 1029-1031
   medidas simples empregadas para, 1024-1026
   níveis de impacto sobre, 1020-1021t
   orçamento preparado para, 359-360
   paradigma do mundo do, 4$n2$
   por espaço de prateleira (GPEP), 1051-1052
   por pedido, 613-614f
   regras dirigidas ao, 511-512
   segmentos de mercado e, 362-363
   sistema de distribuição holístico aumentando o, 556-559
Ganho-dinheiro-dia (GDD), 170-171, 895-896, 943-944, 1024-1029
   alternativas, 1030-1032
   desempenho dos distribuidores de, 1028-1030
   em empresas complexas, 1036-1037
   fluxo balanceado de, 1034-1035
   ganho e, 1029-1031
   utilidade da mensuração de, 1034-1036
Gantt, Henry L., 14-15
Garantia
   ARA, 909f
   método de, no AC, 918-919
   períodos, 906-911
Garcia, Marilyn, 816-817
Gardiner, L., 158-160, 168-169
Gardiner, S. C., 158-160, 168-171, 651, 654-655, 669, 671-672
Gargalos, 5, 154-156, 218
   aumento da eficiência nos, 874-876
   elevando os permanentes, 875-877
   flutuantes/múltiplos, 173
   gerenciamento de, 874-875
   permanentes, 874-875
Gargalos flutuantes, 173
Gargalos permanentes, 874-877
Gass, S., 663, 670-671
Gauss, Carl Frederick, 1097
GCS. *Consulte* Gerenciamento da cadeia de suprimentos
GCV. *Consulte* Gerenciamento centrado no valor
GCVP. *Consulte* Gerenciamento do ciclo de vida do produto

GDD. *Consulte* Ganho-dinheiro-dia
Gedankens em um único projeto, 25-32
General Electric, 525-526
General Motors, 518
Georgiadis, P., 156-157
Guepardo, itens, 292-294
Geração de demanda baseada no sistema puxado, 328-330
Geração de oportunidades de negócios, 965-966
Gerenciamento
   centrado no valor (GCV), 878
   da solução de distribuição/reabastecimento, 293-298
   de canal, 965-967
   de capacidade, 97-98
   de estoque, 248-249, 267-269
   de funil, 621n8
   de gargalos, 874-875
   de MADs, 301-302f
   de material, 1088-1089
   de múltiplos projetos, 19-20, 37-38
   de portfólios de produtos, 293-296
   de prioridades da TOC, 760-761n10
   de processo, sequenciado, 1024-1025f
   de projetos corporativos (EPM), 123-124, 179, 338-339
   de relacionamento com os clientes (GRC), 525-526
   dilema crônico enfrentado, 1075-1076
   do ciclo de vida do produto (GCVP), 123-124
   do funil, 621n8
   do processo de adesão da TOC, 307-310
   erros, 418
   erros de omissão/comissão do, 449-451, 463
   função ativa exigida pelo, 99-100
   métodos não estruturados de, 659-662
   princípios, 900
   prioridades do sistema de saúde do, 943-944
   recurso, 131-134f
   responsabilidades, 78-73
   RNN e, 796f
Gerenciamento da cadeia de suprimentos (GCS), 170-171, 274-276
   identificando problemas no, 314-316
   problemas atuais, 275-279
   vendas e, 274n3
Gerenciamento de atividades
   estabelecendo, 94-96
   sistema, 131-132, 131f
Gerenciamento de fluxo
   execução/GP e, 200-205
   no TPC, 180-190, 195-201
Gerenciamento de projetos, 13, 130f, 1085-1087
   corrente crítica e, 100-101
   definição, 72, 74n31
   desenvolvimento de diretrizes no, 19-22
   dificuldades no, 22-24
   execução, 86-88
   falhas no, 17-19

   gerenciamento de múltiplos projetos, 19-20, 59-62
   gerenciamento de um único projeto, 18-19, 51-52
   literatura sobre, 16-20
   mantendo a corrente crítica, 88-89, 107, 114-115
   mecanismos de controle no, 14-17
   método de cinco etapas do, 46-48
   nuvem de dilemas do, 698f
   problemas de objetivo de um plano no, 49-51
   produção enxuta/tradicional, 145
   sequenciamento, 86-87
   táticas/medidas consideradas pelo, 696t
Gerenciamento de projetos pela corrente crítica (GPCC), 37-40, 46, 454-455, 505-507, 871-872, 1002-1003, 1002-1003n20
   atitudes/responsabilidades dos gerentes para apoiar, 78-79
   elementos do, 49-52
   eliminação de conflitos no, 1011n2
   em empresas complexas, 1009
   implementando, 73-81
   projeto de ideias e, 1022-1023n7
Gerenciamento de pulmão dinâmico (GPD), 259
   desativando, 301-303
   níveis pretendidos, aumentando/diminuindo no, 260-262
   utilizando, 288-290
   utilizando MADs, 298-300, 299-300f
Gerenciamento de pulmões (GP), 79-80, 236-239, 440-441, 507-508, 958, 1003-1004
   ativo, 99-101
   controle de projetos com, 63, 65-69
   definição, 1003-1004n23
   foco sobre a melhoria contínua, 434-440
   gerenciamento de fluxo e, 200-205
   instituindo, 243-244
   na MTA, 253-255
   priorização de atividades no, 87-88
   processo de, 203-205
   produtividade pessoal aumentada com, 1144-1147
   publicações sobre, 167-170
   tempo agendado do médico e, 937f, 939-940f
Gerenciamento de resíduos sólidos, 480-483, 495
   acúmulo e, 483f
   cadeia/sistema, 484f
   EIs no, 485f
Gerenciamento de serviços, 872-874
   características exclusivas do, 869-870
   dificuldades no, 869-870
   necessidade de mudança do, 869-871
Gerenciamento de tempo
   produtividade pessoal e, 1140-1143, 1147-1148
   pulmões para, 1089-1090
Gerenciamento de um único projeto, 18-20
   caminhos críticos do CPM/PERT no, 36-38
   corrente crítica no, 37-40
   programação no, 51-54
Gerente de produção, 726-728f
Gestão da qualidade total (TQM), 171-172

Ghiselli, G., 164-166
Gibson, J., 663, 670-671
Gillespie, J. R., 16-17
GKN Automotive, 1116-1118f
Glatter, Gila, 826-827
Gluxberg, Sam, 440-442
Goldratt, E. M., 5-7, 39-40, 46, 83, 152, 154, 168-170, 173, 222-224, 240-241, 375-376, 413, 434-435, 440-441, 469, 528-529, 619, 637-638, 654-655, 658-659, 670-671, 679-680, 707-708, 757-758, 807, 826-827, 1015, 1018-1019, 1034-1035, 1041, 1071-1072, 1075, 1089, 1099-1100
   CG, inventada por, 447-449
   critérios de sucesso recomendados por, 444-445t
   Critical Chain, 39-40
   It's Not Luck, 6, 619, 637-638, 649, 654-655, 757-758, 826-827
   meta de VV criada por, 542-543
   processo de pensamento concebido por, 576-577, 576-577n4
   Programa Satélite, 470-472
   "Standing on the Shoulders of Giants", 605
   The Choice, 425-426n2, 758-759
   The Haystack Syndrome, 173, 185-186, 240-241
   The Race, 5, 154, 157-158, 223-224
   visão viável (VV) de, 474-475
Goldratt, Rami, 786
Good to Great (Collins, J.), 535
Goodrich, D. F., 871-872
Google Acadêmico, 871-872
Gordon, T. M., 163
Governo
   feedback, 862
   perspectiva, 928-929
   problemas do serviço de saúde, 984-986
GP. *Consulte* Gerenciamento de pulmões
GPCC. *Consulte* Gerenciamento de projetos pela corrente crítica
GPD. *Consulte* Gerenciamento de pulmões dinâmico
GPEP. *Consulte* Ganho por espaço de prateleira; Sistema Toyota de produção (STP)
Gráfica de rótulos personalizados, 623-627, 631
Gráfico de equilíbrio, 1101-1102f
Gráfico de ponto de equilíbrio, 390-391n4, 392-393f
   de aproveitamento do volume, 391-392f
   de potencial de lucro, 390-391f
Gráficos
   de febre, 65-66n24, 67-68f
   de Gantt, 14-16
Grando, A., 161-162
Granger, C. H., 21-22
GRC. *Consulte* Gerenciamento de relacionamento com os clientes
Green, K. W., 680-681
Green, L., 658-659
Gregor, M., 164-165
Grinnell, John, 800, 801
Grosfeld-Nir, A., 158-159

Grubb, Jeff, 545-546
Grubb, Orman, 546-547
Grupo de adeptos da TOC, 118-120
Guan, Z. L., 173
Guide, V. D., 163-168
Gupta, M., 156-157, 159-160, 871-872
Gupta, S. K., 664
Gupta, Sanjeev, 165-166

H

Habilidades de raciocínio crítico, 996-999
Hamel, G., 527-528, 1069-1070
Hamilton, George "Chip," 501-502
Hansen, Jesse, 807, 828-829
Harmonia, 459-460
Harmonia para criar as árvores de E&T, 1048-1050n4
Harowitz, R., 170-171, 870-871
Harper, P., 670-671
Harris, F. E., 309-310
Harris, Jennifer, 815-816
Hart, Leslie, 632
Hasgul, S., 161-162, 164-165
Healy, T. L., 16-17
Herbein, W. C., 166-167
Herroelen, W., 39-40
Hierarquia vertical, 569-571
Hilmola, O.-P., 170-171
Hinchman, J., 167-168
Hipótese, 450-451
Hobbs, B., 109-110
Hoel, K., 39-40
Hoover, Holly, 818-819
Houle, D. T., 658-659
Howard, N., 664
HSM. *Consulte Human Systems Management* (HSM)
Huang, J.-Y., 161-162
Huang, S. H., 167-168
Huff, P., 166-167
Hughes, M. W., 17-18
Human Systems Management (HSM), 671-672
Hurley, S. F., 160-162, 171-172

I

IAA. *Consulte* Instituto Asiático de Administração
IDD. *Consulte* Inventário-dinheiro-dia
Idioma, limitações, 857-858
Igreja Metodista Unida, 1118-1124
IJPR. *Consulte International Journal of Production Research*
Imai, Masaaki, 414
Immelman, Ray, 505-506
Impacto das estratégias de mercado sobre o lucro (PIMS), 523-524n1
Impeditivos, 740-741t
Implementação
   AC com, 918-920
   considerações sobre o ASR, 337-340

da corrente crítica (CC), 89-99
da segmentação prática, 559-561
de injeções, 737-738
de mudanças, 1114-1117
desacordo sobre os detalhes da, 598-599
do PMC, 614-615
do programa de melhoria, 972
injeções/solução, 742
mapa de input-output da, 1164f
metas e, 1141-1148
planejamento da corrente crítica para, 122-126
problemas de MTA na, 271-273
problemas de no TPC-S, 243-245
processo de cinco etapas da, 1114-1115
prosseguimento da TOC após, 496-498, 511-512
Implementação da TOC
 4x4, lançamento da implementação holística, 472-475
 síndrome X-Y da, 471-473, 472f
Implementação holística
 da TOC no setor público, 475-499
 mecanismo de decisão para, 511-512
 S&T para orientar a, 474-476
 TOC, 469-470
 TOC 4x4, 472-475
 TOC/recomendações para, 509
Inanição, 157-158$n4$
Incentivos, 440-443
Incerteza, 241-242, 450-452
Inclusão familiar, 863
Indicadores
 confiabilidade, 393-398
 contribuição estratégica, 400
 despesas operacionais locais, 400-402
 em conflito, 384-385
 estabilidade, 397-399
 globais, 386-388
 locais, 393-394
 melhorias/desperdícios locais, 401-403
 rapidez/velocidade, 398-400
 sistema de *feedback*/responsabilização e, 410f
 utilização pela TOC, 374-375
Indicadores-chave desempenho (KPIs), 1108
Índice
 de acertos, 612-613f
 de chamadas concluídas, centro de respostas, 920-921
 de falha, 420-422f
Inferência, 814-815$n13$
Inherent Simplicity Ltd., 286-287, 298-299, 299$n29$, 305-306f
Iniciativas/projetos, 419t-420-421t
Injeção do porco voador, 945-946$n20$
Injeções, 722-723t, 740-741t
 APR de banco com, 784f, 785f
 conflitos básicos e, 1016-1018
 conflitos básicos eliminados por, 490f
 crescimento, 1018-1019t

definição, 755-756
de rompimento, 1018-1037
EN e, 942f
implementação de uma solução de várias e, 742
implementando, 737-738
mapa de OIs e, 743f
método da nuvem e, 691f
na ARF, 653-654
no dilema pessoal, 701, 719-720
nuvem de dilema interno, 700
para vantagem competitiva, 558-562
plano de miniprojeto para, 743f
ramificação negativa e, 736
revolucionária, 914
Inman, R. A, 171-172, 680-681
Instabilidade (*nervousness*), 248-249$n3$
Instalações
 A, 163-165, 209-212
 AC, 918-920
 I, 213-215, 243-244$n23$
 T, 211-214, 212-213f
Instalações de saúde, 986-987
 ART, construindo nas, 994-995
 esfera de influência nas, 995-996
 novo problema básico nas, 1002-1003
 treinamento em unidades de processo nas, 996-997
Instalações V, 159-160, 206-209, 207-208f
 fluxo de produto nas, 207-208f
 perfil de WIP de cada recurso nas, 208-209f
 TPC nas, 208-210
Instituto Asiático de Administração (IAA), 830
Instituto de Gerenciamento de Projetos, 46$n1$
Instruções, diferenciadas, 817-818f
Instruções de sintaxe, declarações lógicas, 697
Instrumento de previsão, 998-999
Integração, 806$n2$
Interessados (*stakeholders*)
 conflito básico identificado pelos, 488f
 feedback de sessões estratégicas dos, 491-493
International Journal of Production Research (IJPR), 671-672
International Transactions in Operational Research (ITOR), 671-672
Interrupções, 1014
Intervalo de atenção, 857-859
Introdução da TOC, 898-899
Inventário-dinheiro-dia (IDD), 170-171, 895-896, 943-944, 1031-1034
Investimentos, 941-943, 943$n18$, 1046-1047
InWEnt, 476-478, 483, 493, 495
Irlenusch, Bernd, 441-442
It's Not Luck (Goldratt, E. M.), 6, 619, 637-638, 649, 654-655, 757-758, 826-827, 1015
Itens
 distribuídos geograficamente, 336-337f
 elefante, 292-294
 estrela, 294-295

ITOR. *Consulte* International Transactions in Operational Research

J

Jackson, G. C., 156-157, 663
Jackson, M. C., 668
James, G., 18-19
James, S. W., 173
Jamieson, N. R., 655-656
Jessop, W. N., 664
JIT. *Consulte* Just-in-time
Jogo de tabuleiro, cadeia de suprimentos, 308-309n35
Johanson, U., 1069-1070
Jones, Daniel, 129, 142, 1095-1096
Jones, S., 664
JORS. *Consulte* Journal of the Operational Research Society
Journal of the Operational Research Society (JORS), 671-672
Just-in-time (JIT), 152-154

K

Kadipasaoglu, S., 171-172
Kadipasaoglu, S. N., 160-161
Kahn, K. B., 528-529
Kaizen, 104
Kaizen: The Key to Japan's Competitive Success (Imai), 414
Kaplan, R. S., 433-434, 1069-1070
Karan, K. R., 158-161, 169-170
Kartal, K., 161-162, 164-165
Kayton, D., 164-165, 167-168
Kelley, J. E., 16-17
Kendall, Gerry, 978
Kerr, Steven, 530
Kerzner, H., 19-20
Khumwala, B. M., 160-161
Kim, C., 628-629
Kim, S., 160-161, 167-168, 654-659, 663, 679-681
Kim, W. C., 680-681, 1067-1068
King, R., 655-656, 870-871, 923
Klein, D., 170-171, 870-871
Klusewitz, G., 167-168
Knight, A, 923
Ko, H.-J., 156-157
Koljonen, E. L., 658-659
Koller, G., 158-159
Korte, G. J., 173
Kosturiak, J., 164-165
Kotler, P., 521-522, 525-526
Kotter, J. P., 535
Koziol, D., 165-166
KPIs. *Consulte* Indicadores-chave de desempenho
Krishmaswamy, S., 167-168

L

Lacunas de suficiência, 787
Lambrecht, M., 158-159
Lampel, J., 519-520, 522-525
Lançamento de serviços previsto, 917-918
Land, M. J., 173
Lawrence, S. R., 173
Lea, B. R., 164-165
Leading Change (Kotter), 535
Lean Thinking (Womack, Jones, D.), 129
Lean/Seis Sigma 130
    atitudes do ambiente de projetos em relação ao, 130-133
    integração da TOC com, 1100-1102, 1107-1108
    opções de estrutura, 1106f
Lee, B., 39-40
Lei
    de Pareto, 3n1
    de Parkinson, 17-18, 49-50, 1102-1103
    Sarbanes-Oxley de 2002 (SOX), 77-78
Lenort, R., 173
Lepore, D., 171-172
Leshno, M., 871-872
LeTourneau Technologies, Inc., 339-341
Lettiere, C. A., 173
Leus, R., 39-40
Levison, W. A., 167-168
Levy, F. K., 16-17, 19-20, 525-526
Lewin, Kurt, 122-123
Liberação
    de material, 195, 1103-1105
    de pedido, 232f, 395-396f
Liderança, 450-451
    baixo custo, 521-522
    certificação, 1037-1038
    espiritual, 1121-1122
Liderança de baixo custo, 521-522
Liderança espiritual, 1121-1122
Limiar do suficientemente bom, 451-453f
Lindblom, C. E., 523-524
Lindsay, C. G., 165-166
Linhas de montagem, 153
Lista de materiais
    agregado, 324
    no MRP, 314-315
Literatura. *Consulte também* Literatura sobre a TOC
    de empresas de serviços, 870-872
    de gerenciamento de projetos, 16-20
    E&T *versus* estratégia na, 1067-1071
    falta de financiamento, 375-376
    nuvem, 814-815f
    sobre o GB, 167-170
    sobre processo de pensamento, 654-659
    TPC, 152-167
Lógica
    da necessidade, 849-854
    pressuposto paralelo, 1058-1059f

Lorenz, Edward, 854-855n5
Lotes
  comportamentos de alta demanda/baixa demanda e, 258-259
  tempos de atravessamento e, 201-202f
Louw, L., 168-170
Low, J. T., 156-157
LSS. *Consulte* Lean/Seis Sigma
Luck, G., 164-165
Lucratividade, 519-520
Lucro(s)
  centro de, 373-374
  maximização por meio da TOC, 390-394
  operacionais, 359t
  potencial/gráfico do ponto de equilíbrio, 390-391f
Luebbe, R., 160-161

M

Mabin, V. J., 156-160, 165-168, 653-659, 663, 670-671, 679-681
MADs. *Consulte* Mudanças acentuadas na demanda
Mafia offers (ofertas irrecusáveis), 545-546, 559-560, 619-620, 621n8
  aumento das vendas por meio, 645
  consenso sobre as soluções e, 635-637
  consenso sobre os problemas e, 634-636
  criando, 623-627
  desenvolvendo, 622-624
  o que não é, 628-629
  preparando, 628-630
  psicologia da, 632-634
  quem são os beneficiários, 636-638
  teste de, 626-628
  vantagem competitiva e, 638-644
  vantagem competitiva sustentável, 627-628, 630-631
  você pode criar?, 637-639
Malcolm, D. G., 16-17
Malhotra, M. K., 163
Managing Operations: A Focus on Excellence (Cox; Black-Stone; Schleier), 769-770
Mantel, S. J., 18-19
Manufacturing at Warp Speed (Shragenheim/Dettmer), 227-228
Manutenção
  reparos e revisão (MRR), 1091-1093f
  terceirizada (MT), 917-918
Mão de obra, 987-988
Mapa
  de *input-output*, 1164f
  de objetivos intermediários (OIs), 577-581, 578f, 579f, 586-587f, 782
  de OIs, 740-742, 741f, 743f, 783t
Mapeamento cognitivo (CM), 664, 666t
Máquina de fazer dinheiro, 1100-1101f
Marketing, 844-845
  definição, 524-526
  estratégia, 525-527
  estratégia empresarial e, 524-526
  gerenciamento pela TOC, 466-467f
  processo de adesão com, 845-847
Mason, R. O., 664
Mason, Robert Award, 1092-1093
Matchar, D B., 871-872
Matemática, agregação e, 277-278f
Materiais (matérias-primas)
  decisões sobre aquisição de, 363f
  quantidades mantidas, 374-375n41
  sincronização, 330-331
Material didático, TOC em prisões, 847-848
Material Requirements Planning (MRP). *Consulte* Planejamento das necessidades de material (MRP)
Matérias-primas, 70-71
Matriz
  de crescimento, 520-521f
  de focalização, 875-876
Matta, N. F., 18-19
Mauborgne, R., 628-629, 680-681, 1067-1068
MC. *Consulte* Melhoria contínua
McAdam, R., 530
MCC. *Consulte* Método do caminho crítico
McHugh, A., 523-524
McKay, K. N., 39-40
McMaster, Harold, 500-501
McNamara, K., 871-872
Measuring and Managing Performance in Organizations (Austin), 376-377
Mecanismo(s)
  de bloqueio tático, 876-877
  de decisão, 511-512
  de desarmonia/harmonia, 459-460t, 1071-1072
  eficaz, 993-995
Média, falácia da, 277-278
Mediate, B. A., Jr., 173
Medida(s)
  corretivas, 200-202
  de contribuição estratégica, 400
  de estabilidade, 397-399
  de velocidade, 398-400
  simples, 1024-1027, 1037-1038
Melhoria(s)
  de processo, 952
  dificuldades, 417f
  dificuldades/paradigmas limitantes versus possibilitadores, 479-481t
  erros durante, 454-456
  ferramentas da TOC de, 924
  implementando, 972
  iniciativas no sistema de saúde de larga escala, 987-989
  lacunas, 416-418
  na produtividade pessoal, 1140-1141, 1143-1145
  necessidade de, no sistema de saúde de larga escala, 982-983
  operacionais, 628-630
  potencial, 443-448

Melhoria contínua (MC), 414, 512-513
　cinco perguntas a respeito da, 465-466f
　conflitos básicos na, 422-425
　de conflitos, 430, 453-454f, 459-462
　EDs da, 429-430
　E&T e, 459f
　ensinamentos de Ford/Ohno, 439-441
　erros de gerenciamento decorrentes da pressão da, 418
　foco do GP sobre, 434-440
　medo de que a focalização ponha em risco a, 451-452
　mensurações/incentivos da, 440-443
　perguntas básicas sobre, 765-766
　restringindo/habilitando paradigmas na, 425-428f
　TOC empregada na, 462-464
Mensagem da Igreja, 1120-1121f
Mensurações, 4, 1076
　da formação de discípulos, 1122-1124
　da MC, 440-443
　de produtividade pessoal, 1136-1140
　de projetos, 21-22
　de sistema, 402-403
　em empresas complexas, 1033-1034t
　empresas de SPCTs que exigem, 887-889
　ganho, utilizando mensurações simples, 1024-1026
　GDD, utilidade, 1034-1036
　locais, 402-403f
　locais, descartando, 86-88
　melhorias das, pela TOC, 385f
　mudança e, 919-921
　objetivo das, 385-386, 404-405
　seis mensurações gerais locais, 402-403f
Mentzer, J. T., 528-529
Mercado-alvo, 963-964, 975
Mercados
　desenvolvimento, 520-521
　expectativas, 1013
　penetração, 520-521
　restrições, 6, 166-167, 620-621
　segmentos, 362-363
Metametodologia, TOC, 674-675t, 675, 678-679
Metas
　base de conhecimentos para atingir, 1001-1003
　condições básicas versus, 1138-1139
　de longo prazo, 1138-1139
　de produtividade pessoal, 1136-1140
　definição de, 1136-1139
　definição do sistema de saúde, 928-930, 983-985
　dos projetos, 21-22
　lacuna entre desempenho e, 443-446
　plano de implementação detalhado de, 1141-1148
Metas de vida, 1136-1139
　concretizando, 1164-1164
　conduzindo o processo de pensamento, 1163
　processos de pensamento para concretizar, 1147-1164

Método(s)
　ARA-EN-ARF, 656-658
　científico, 415
　de identificação, análise e solução de problemas (MIASP), 663
　de produção híbrido, 268-269n16
　estruturados de pesquisa operacional/ciência de gerenciamento (PO/CG), 662-663
　flexíveis (soft) de pesquisas sobre operações, 664-667
Método da nuvem, 690-691 (consulte também Evaporação das nuvens)
　combatendo a nuvem como, 711-718
　construção da solução no, 706-708
　enredo/construindo no, 704-707
　nuvem consolidada como, 725-732
　nuvem de conflitos do dia a dia como, 705-711
　nuvem de dilema interno como, 694-704
　nuvem de EI como, 717-725
　pontos-chave do, 730t
　pressupostos/injeções e, 691f
　problema identificado no, 703-705
　resolução de problemas com, 692, 694
　soluções revolucionárias do, 692-693
　soluções transmitidas no, 708-709
　verificações lógicas do, 693-694
Método do caminho crítico (MCC), 14-15, 892-893
　gerenciamento de múltiplos projetos, utilizando o, 37-38
　gerenciamento de um único projeto, utilizando o, 36-38
　origens do, 16-18
　projetos únicos com, 27f, 33f
"Método do floco de neve", 771-773
Método sistêmico
　cinco etapas de focalização no, 1099-1101
　em sistemas complexos, 1123-1124
　empresas que não adotam, 453-455
　ferramentas da TOC utilizadas no, 1090-1093
　para empresas, 1084-1085
　para resolução de problemas, 667-668
　TOC, 483-484
Metodologia(s)
　de sistemas flexíveis (MSF), 664, 666t
　especial, 247
　mapeamento, 660-661t
　processo de pensamento, utilizando, 656-658, 673t
Meyer, Denise, 828-829
Meyer, Theresa, 812
MGR. Consulte Modelo de gerenciamento de restrições
MIASP. Consulte Métodos de identificação, análise e solução de problemas
Middleton, C. J., 17-18
Miller, D. M., 161-162
Miller, J., 39-40
Miller, R. W., 16-17
Millstein, H. S., 16-17

Min, H., 156-157, 164-165
Mingers, J., 659-661, 664, 670-671, 672-675
Mintzberg, H., 519-520, 522-525
Mitroff, I. I., 664
Modelo(s), 638-644
  de Budd de *Empowerment* da Inovação, 73
  de imparcialidade na determinação de preços, 392-393
  de liderança em projetos, 800, 800f
  de sistemas viáveis (MSV), 668
  lógico, E&T, 946-950
Modelo de gerenciamento de restrições (MGR), 581-582f
  ciclo OODA/síntese da TOC com, 580-583, 585
  função do PPL no, 583, 585-586, 584f
  processo cíclico de sete etapas do, 581-583, 585
Modelo em forma de U
  estrutura do, 731f
  para a resolução de problemas, 731-732
  pressupostos da TOC e, 732, 732f, 732n15
  problemas diários resolvidos por meio do, 733-734
Moore, R., 171-172
Morgan, G., 675, 678, 681-682
Morin, C., 632
Morris, J. S., 163
Morris, R. C., 166-167
Morton, T. E., 39-40
Moseley, S. A., 167-168
Moss, H. K., 871-872
Motivação, para a adesão, 845-846
Motwani, J., 170-171, 870-871
Movimentação, excesso de, 140, 141f
MPCC. *Consulte* Múltiplos projetos pela corrente crítica
MRP. *Consulte* Planejamento das necessidades de material (MRP)
MRP II, sistemas de, 316-317
MRR. *Consulte* Manutenção, reparos e revisão (MRR)
MSF. *Consulte* Metodologia de sistemas flexíveis (MSF)
MSV. *Consulte* Modelo de sistemas viáveis (MSV)
MT. *Consulte* Manutenção terceirizada (MT)
MTA. *Consulte* Produção para disponibilidade (MTA)
MTO. *Consulte* Produção sob encomenda (MTO)
MTS. *Consulte* Produção para estoque (MTS)
Mudança, 592-593f
  alto índice de insucesso da, 420-422, 422f
  baixas expectativas de, 443
  camadas de resistência à, 588-591, 595-596f
  CG com, 449t
  como causar, 453-462, 473-474, 488-490, 782-784, 810-823, 844-862, 896-901, 919-921, 1114-1115, 1118-1119
  conflitos básicos da, 424-425f
  consenso/o que mudar, 486-487
  consenso/para o que mudar, 487-488
  contestando os pressupostos sobre, 425-426
  de comportamentos, 510
  de prioridade, 76-77
  decisões sobre, 919-920
  determinando o impacto da, 447-449
  empresas de serviços, implementando, 878
  estoque, 368-373
  falácia das mudanças repentinas, 278-279
  gerenciando, 88-89
  impacto, 415
  implementando, 1114-1115
  índice de insucesso da, 418
  limiar do suficientemente bom e, 451-453
  manter o comportamento desejado, 497-498
  motivos para, 591n1
  na produtividade pessoal, 1136-1137f
  necessidade de gerenciamento de serviços para, 869-871
  nenhuma urgência de, 109-112, 111f
  o que mudar, 422-429, 473-474, 769-772, 808-810, 835-842, 872-873, 890-897, 910-913, 1139-1141
  objetivo da, 416-423
  para o que mudar, 429-453, 473-474, 776-781, 809-811, 841-844, 912-916, 991-996, 1117-1119
  perguntas sobre a, 766-767, 767f
  PMC, obtendo um acordo sobre como mensurar a, 491
  políticas/medidas de, 919-921
  pressupostos e, 992-993t
  repentina do consumo, 297-299
  resultados da, 1116-1117
  roteiro/proposta de análise da TOC, 477-479
  sequência, 993-994n8
  tornando-se a, 512-513
Mudança, como causar, 453-462, 473-474, 488-490, 782-784, 810-823, 896-901, 919-921, 1114-1115, 1118-1119
  SPCTs e, 896-901
  TOC em prisões e, 844-862
Mudanças acentuadas na demanda (MADs), 298-299
  adaptação às, 302-303n33
  etapas de gerenciamento das, 301-302f
  lidando com, 300-301
  significado das, 299-301
  TPC utilizado com, 298-300, 300f
Múltiplos
  gargalos, 173
  projetos pela corrente crítica (MPCC), 893-894
Multitarefa danosa, 610-612, 98-99
Mundo
  dos custos, 472-473n3, 504-506
  dos ganhos, *versus* mundo dos custos, 472-473n3, 504-506
Munro, I., 664
Murakami, S., 163
Muris, Fiet, 823
Murphy, R., 167-168

N

Não É Sorte (Goldratt, E. M.), 6, 619, 637-638, 649, 654-655, 757-758, 826-827, 1015
Não restrições, 4, 156-157
Necessidade, 758-759f
  em risco, 729f
Necessidades/desejos, 849f
  alternativas, 851-854, 853f
  clientes/focalização sobre, 1015-1018
  confirmando, 862
  diferenciação entre, 849
  identificando, subjacentes, 850-851
Neimat, T., 18-19
Nervosismo (*nervousness*), 248-249n3
Newton, *Sir* Isaac, 747
Ning, J. H., 39-40
Níveis de adesão, 798
Níveis de resistência, 590f
  à mudança, 588-591, 595-596f
  às soluções, 595-601
  desacordo sobre os problemas nos, 593-595
  nenhum problema nos, 591-594
  problema além do meu controle nos, 594-596
Nível corporativo, 85-86n3
Nível pretendido
  pulmões de estoque, 252-253, 259-261
  TPC/aumentando/diminuindo, 260-262
  vendas e, 269-270
Nolan, Jim, 500-501, 501-503
Norris/AOT, 1112-1117, 1113f
Norton, D. P., 433-434, 1069-1070
Notas de teste de leitura, 821-822f
Nova solução, 429-430
Novos problemas básicos, 1002-1003
NTUC. *Consulte* Congresso Sindical Nacional
Nuvem, 759-763f, 810-816 (*consulte também* Evaporação das nuvens)
  aplicações, 694-732
  APR/pressupostos e, 1001t
  banco, 775f, 778f
  básica, 729-730
  condições essenciais utilizadas pela, 762-765
  conflito, 406-408, 407f, 461f
  conflito de operações, 406-407f
  construindo uma válida, 1134
  de EI do cliente, 721-722f
  definição, 810-811n6
  diagrama, 839-840f
  dilema, 698f
  fonte de atraso solucionada com, 760-761
  ganha-ganha necessário na, 853-854
  genérica, 778f
  habilidades de crítico da, 996-999
  insultos (apelidos), 812f
  invertidas, 727-728
  nas publicações, 814-815f
  necessidades/desejos em, 849f
  no pátio de recreio, 814-815f
  pressupostos da, 1158-1159
  principal, 729-730
  resolução de problemas e, 692
  situações genéricas que utilizam, 759-760
Nuvem consolidada
  do gerente de produção, 727f
  processo de, 723-724f
  relação das nuvens básicas com, 729-730
  vários problemas abordados com, 722-730
Nuvem de apagamento de incêndio, 711-712f
  construindo, 711-712t
  correlações lógicas na, 711-712
  pressupostos levantados na, 711-713
  problema identificado na, 709-710
  roteiro/construindo na, 710-712
  solução elaborada na, 712-714
  soluções divulgadas na, 713-715
Nuvem de dilema interno, 694-704, 698f
  construindo a sequência, 697t
  criação da solução da, 699-703
  injeções na, 700
  pressupostos conflitantes da, 698-699
  roteiro/construindo, 695-696
  solução divulgada na, 703-704
  verificação do enunciado lógico da, 697-698
Nuvem de EI, 715-723, 726f, 775-777f
  cliente, 721-722f
  do gerente de produção, 728f
  falta de componentes na, 717-718f
  identificando EIs na, 715-717
  nuvem genérica e, 778t
  processo de consolidação da, 725-727
  roteiro/construindo, 716-719, 718-719t
  sistema, 719-723
  solução construída/divulgada na, 718-720
  verificação/atualização, 718-719
Nuvem de estabilidade
  injeções de crescimento (potencial) versus, 1018-1019t
  pressupostos sobre crescimento versus, 1016-1018

O

O que mudar, 422-429, 473-474, 486-487, 769-772, 808-810, 872-873, 885-887, 890-897, 910-913, 1139-1141
  método das três nuvens, 777
  método do floco de neve e, 772-773
  SPCTs e, 890-897
  TOC em prisões e, 835-842
Objetivos de curto prazo, 1138-1139
Observação, 574-575
Observe, oriente, decida, aja. *Consulte* Ciclo OODA
Obstáculos, 740-741t
  diferença entre ramificação negativa e, 738, 738f
  identificando a APR, 653-654
  lidando com, 738-741
OCs. *Consulte* Ordens de compra
Odom, R., 167-168

Odontologia, 978-980
Ofensores
  escala de Likert, 860-861f
  feedback de, 859-861
  formulário de avaliação, 860f
  obstáculo da pressão negativa dos pares aos, 838-840
  trabalho importante para, 836-839
Oferta irrecusável (OI), 531, 619, 952. *Consulte também Mafia offer*
Oferta/demanda, 280-284
Ohno, Taiichi, 138, 153, 179, 222-223, 439-441, 463, 605, 1018-1019, 1089, 1095-1096
Operação
  de tratamento térmico, 1112
  tartaruga (*sandbagging*), 49-50
Operações produção
  cinco passos de focalização e, 184-188
  controle necessário nas, 200-202
  pulmões de tempo necessários nas, 192-194
  variabilidade nas, 185-187
Oportunidades
  desperdiçando, 968
  restringindo, 609-610, 609f, 610f
  vendas e, 611-612f
OPT. *Consulte* Optimized Production Technology
Optimized Production Technology (OPT), 152, 154
Orçamentos
  capital, 354-356
  flexíveis, 355-356
  ganho, 359-360
  principal, 354-355
  processo dos, 353-355
  projeto, 69-72, 74
  pulmões para, 71-72n30
  utilização de dados para, 355-356
  vantagens/desvantagens dos, 355-356
Ordens
  de compra (OCs), 332-333
  de transferência (OTs), 333, 336
Ordens de serviço
  código de cores das, 203-204
  conceito de pulmão virtual com, 291f
Oregon Freeze Dry, 165-166, 339-340
Organização Internacional de Certificação em Teoria das Restrições (TOCICO), 899n2, 1037-1038, 1092-1093
Organizações militares, 569-570
Organizador de conhecimentos, 800
Orlicky, J., 314-315
"Os Cegos e o Elefante", 132-133
OTs. *Consulte* Ordens de transferência

P

Pacientes
  cuidados, 979
  definição da data de término, 968
  fluxo/restrições/processo de pensamento e, 940-944
  mapa do fluxo de valor e, 932-933f
  perspectiva, 929-927
  pressupostos e, 997-999t
  programação de transporte, 1000f
  responsabilidade pelos, 974
  serviços de venda para, 962-963
Page, D. C., 168-170
Pague por clique, 643, 1067-1068
Paige, H. W., 16-17
Para o que mudar, 429-453, 473-474, 487-488, 776-781, 809-811, 841-844, 912-916, 991-996, 1117-1119
Paradigma(s)
  de distribuição da TOC, 558-559n11
  do mundo dos custos, 4n2, 208-209n13
  limitantes versus possibilitadores, 479-481t
  mudança de, 617
  mundo dos custos, 4n2
  mundo dos ganhos, 4n2
  na MC, 425-427, 428f
Park, Y. H., 161-162
Parkinson, C. Northcote, 17-18
Pass, S., 166-167, 655-656, 870-871, 874-875
Passos de focalização, 1099-1101
Pátio de recreio, 814-815f
Patterson, J. W., 156-157, 169-170
Patwardhan, M. B., 871-872
Pay per click. *Consulte* Pague por clique
PBV. *Consulte* Penetração de *pulmão* virtual
PCDs. *Consulte* Pessoas com deficiência
PCGAs. *Consulte* Princípios contábeis geralmente aceitos
Peças intercambiáveis, 152-153
Pedidos
  de entrega mais rápida, 235-236
  de mudança em campo (PMCs), 916-917
  de produção (PPs), 255-258, 258t
  de produção (PPs), 332-333
  especiais, 236-237
Penetração de pulmão virtual (PBV), 286-287
Penetração do pulmão
  códigos de cor na, 285-286
  fluxo de estoque/pulmões e, 284-289
  processamento e, 238-239f
  utilizando níveis adequados, 452-453f
Peng, Y. F., 173
Penvoisé, P., 632
Percepção de participação, na adesão, 600-602
Perspectiva
  da companhia de seguros, 927-928
  desanimadora, no AC, 910-911f
  do hospital, 927-928
  do médico, 929-927
PERT. *Consulte* Técnica de avaliação e revisão de programas
Pesquisa
  agressão, 825f
  comportamento antissocial, 825f

contabilidade da TOC, necessidade de, 376-378
instalações A, 163-165
instalações I, 160-161
instalações V, 161-163
limitações da, 871-872
sobre comportamentos antissociais, 825f
sobre agressão, 825f
sobre instalações I, 160-161
sobre instalações V, 161-163
TOCfE contínua, 823-829
Pessoas com deficiência (PCDs), 863
Peterson, J., 158-159
Petrini, A. B., 158-159
PF&E. *Consulte* Propriedade, fábrica e equipamento
PFVA. *Consulte* Planejar, fazer, verificar, agir
Phil, Greg, 1161
Philipoom, P. R., 163
PIMS. *Consulte* Impacto das estratégias de mercado sobre o lucro
Pinedo, M., 158-159
Pink, D., 441-442
Pinto, J. K., 18-19, 39-40
Pirasteh, R. M., 171-172, 680-681
Pitagorsky, G., 18-19
Pittman, P. H., 32, 39-40
Planejamento, 356-357
　ciclo de, 571-573
　de curto prazo, 226-227
　de prioridades, 31, 1142-1143
　inadequado, 526-528
　operacional, 219-224, 1142-1143
　procedimento TPC-S de, 236-237
　processamento de problemas de, 744
　regras de, 220-222
　visibilidade no ASR, 332-333f
Planejamento das necessidades de material (MRP), 314-315
　ASR/compromissos do, 322-340
　atributos do ASR *versus*, 334t-335t
　ciclo fechado, 315-317
　compromissos com, 320-322
　conflitos com, 322f
　dificuldades do, 317-320
　história do, 315-318
　influência organizacional do, 319t
Planejamento de recursos corporativos (ERP), 314-315, 384-385
　ASR e, 336-337
　PMC não compatível com, 454-455
　regras direcionadas ao ganho do, 511-512
Planejar, fazer, verificar, agir (PFVA), 120-122, 122f
Plano(s)
　de ação, 1141-1142
　de casamento, 828-829f
　de miniprojeto, 743f
　de projeto protegidos, 92-95, 1022-1023f
Plataforma segura, 993-995

Pliskin, J. S., 655-656, 870-871
PMBOK. *Consulte* Corpo de conhecimentos sobre gerenciamento de projetos
PMC. *Consulte* Processo de melhoria contínua
PMCs. *Consulte* Pedidos de mudança em campo
PMEs. *Consulte* Propostas de mudança de engenharia
Pocock, J. W., 16-17
Política do "sem questionamentos", 915-916
Politou, A., 156-157
Ponto de divergência, 206-207f, 207-208
Pontos de controle, 191-192n7
　estrutura de produto e, 221-222
　programação, 196f
Porras, J. I., 1043-1046
Porter, M. E., 528-529, 568, 1068-1069
Porter, Michael, 520-522
Posicionamento estratégico do estoque, 323-326
Potencial
　humano, subutilizado, 143f
　inerente, 447-449f
PP. *Consulte* Processo de pensamento (PP)
PPL. *Consulte* Processo de pensamento lógico (PPL)
PPs. *Consulte* Pedidos de produção
Prahalad, C. K., 1069-1070
Prática
　dos fornecedores, 634-635f
　médica, 913-1018
Precisão dos dados, nas restrições, 154-156
Preços de venda, 357-359t
Preparação
　antecipada (*preset*), 92-93, 958
　dependente de sequência, 241-242
Prescott, D. P., 18-19
Presidiários, 835-836
Pressão negativa dos colegas, 838-840
Pressupostos
　APR/nuvem e, 1001t
　combatendo o aparecimento de nuvens, 711-713
　condição básica, 764-765f
　conflito, 480-481n7
　crescimento, 1016-1018
　da nuvem, 1158-1159
　da TOC, 732, 994-995
　de necessidade, 544-545, 945-946, 1045-1046, 1058-1059f
　definição, 811n8
　do AC, 913-915
　EN/conflitos e, 942f, 991-995, 1157-1158
　EN/dilemas e, 1135-1136f
　estratégias/táticas e, 949t, 957-958
　estratégicos, 548-549
　extinguir conflitos e, 424-425
　filosóficos, da TOC, 676f-677t
　fundamentais, 752
　iniciativas de mudança e, 992-993t
　método da nuvem e, 691f
　nuvem de dilema interno, 698-699
　paciente, 997-999t

paralelos, 789-790f, 790t, 792, 944-946, 1044-1046, 1059-1060f
suficiência, 792, 946-948, 1045-1046, 1059-1060f
Prestadores de serviços/moradores, 487f
Previsibilidade, 554
Previsões, 251-252, 267-268n15
  eficazes, 321
  mal-entendidos nas, 248-251
  modelos, impossibilidade de identificar, 275-276
  regras, 313
Princípio(s)
  da agregação, 900
  da produção enxuta, 129-130
  do elo mais fraco, 900
  filosófico, processo de pensamento, 674-675, 678
  contábeis geralmente aceitos (PCGAs), 347, 368-373
Prioridade das atividades
  na corrente crítica, 86-87
  no gerenciamento de pulmões, 87-88
Proativo, *versus* reativo, 574-576
Problemas
  com o GCS, 275-279, 314-316
  com o TPC, 171-173
  de confiabilidade, 107-115, 126-127
  em empresas complexas, 1011-1012
  enfrentados pelo AC, 905-906
  enfrentados pelo sistema de saúde de larga escala, 983
  enfrentados pelos educadores, 808-809
  identificação com a nuvem de apagamento de incêndio, 709-710
  investigação de, 690-691
  mafia offer (oferta irrecusável)/acordo sobre, 634-636
  método da nuvem, identificando, 703-705
  na implementação de soluções, 730
  níveis de resistência e, 591-596
  nuvem consolidada, lidando com vários, 722-730
  processo de planejamento dos, 744
  refugos, 360-361f
  resistência a, 591-596
  resolução de problemas diários com o modelo em U, 733-734
  solução com o modelo em forma de U, 733-734
  soluções para resolver, 633-635
Problemas básicos, 988-989n3, 1002-1003
  EIs nos, 1155
  identificação de, 1159-1161
  para providências positivas, 1156-1157
Processo
  de adesão da TOC, 307-310
  de consolidação, 725-727
  de estruturação, 933-934f
  de focalização, 614-616
Processo de implementação
  da estratégia empresarial, 527-529
  seminário da TOC sobre, 477-497, 493f

Processo de melhoria contínua (PMC), 7, 97-98, 244-245, 263-265, 413-414, 434-435t 651, 823-929, 996-1004, 1042f, *1113*
  acordo sobre mensuração da mudança na realização do, 491
  com a corrente crítica, 89-90
  implementação, 614-615
  incompatibilidade do ERP, 454-455
  melhoria ao longo do tempo com, 1042-1044
  melhoria do fluxo e, 759-761
  organização de saúde introduzindo o, 991-995
  soluções de gerenciamento funcionais e, 434-435
  vendas com, 616-617
Processo de pensamento (PP), 5-6, 456-458, 473-474, 747, 1003-1004, 1147-1164
  avanços/utilização dos, 649-661
  concepção dos, por Goldratt, 576-577, 577n4
  conflitos básicos resolvidos pelos, 424-426
  definição, 1003-1004n24
  direcionamento da ferramenta, 655-656
  E&T e, 799
  E&T implementada com, 795
  EIs evidenciados pelos, 1119-1121
  ferramentas/objetivos/relações dos, 766-767t
  fundamento filosófico dos, 674-675, 678
  história sobre, 651-653
  integrados, 764-772
  mapeamento classificatório, 679-680
  metas de vida obtidas com, 1163
  metodologias empregadas nos, 656-658, 673t
  natureza/uso dos, revisitados, 672-680
  PMC, utilizando, 434-435, 435t
  publicações sobre, 654-659
  referência remissiva da E&T com, 799t
  relação das atividades de resolução de problemas com, 672-675
  restrições no fluxo de pacientes identificadas pelos, 940-944
  uso da ferramenta, 656-657t
  utilização dos, pela First Solar, 507-508
  utilizando, 511-512
Processo de pensamento lógico (PPL), 576-578, 578f, 651
  MGR com, 583-584f, 585-586
Processo de tomada de decisões, 376-377, 574-575
  aspectos comportamentais do, 376-378
  instrumentos para, 668, 754-755
  métodos de, 659-668
Processos
  adjacentes, 96-98
  penetração do pulmão e, 238-239f
  projetos *versus*, 886-888
  protegidos, 1023-1024f
  que não agrega valor, 142f
ProChain, 109-110, 114-115, 126-127
Produção
  ambientes, 204-207
  atividade *versus*, 134, 136-137f
  capacidade, 189-190f

em excesso, 138-139f, 606-612
programação da seção de produção, 1087-1088
pulmão, 227-228n12, 233-235, 234-235n16
tempo de atravessamento, 282-284
Produção enxuta, 171-172, 924-927
  agilizando com a TOC, 454-457
  busca da perfeição na, 142-145
  corrente crítica associada com, 104-106
  definição, 925t
  desperdício e, 1095-1096
  gerenciamento de projetos, 145
  lacunas em relação ao ambiente de projetos, 134, 136-137
  metodologias integradas com, 563-565
  no sistema de saúde, 960
  no sistema de sistemas, 132-134
  princípios da, 1095-1097
  TOC implementada após, 455-457
Produção para disponibilidade (MTA), 246
  ambiente híbrido de MTO com, 266-268
  ambientes problemáticos para, 268-270
  comportamento semicontínuo das vendas com, 265-266f
  considerações sobre o software, 271-273
  de componentes, 264-265
  GM na, 253-255
  MTO/itens adequados à, 264-267
  problemas de implementação da, 271-273
  problemas genéricos na, 264-272
  relação da MTS com, 251-253
  transição da MTS/MTO para, 271-272
Produção para estoque (MTS), 246
  atributos indesejáveis da, 250-251
  metodologia especial necessária na, 247
  mudança para a MTA da, 271-272
  relação da MTA com, 251-253
Produção sob encomenda (MTO), 226-227, 321
  ambiente híbrido de MTA com, 266-268
  demanda esporádica gerenciada como, 265-266f
  MTA/itens adequados à, 264-267
  mudança para a MTA da, 271-272
Produtividade pessoal
  aumento com o GP, 1144-1147
  dilema, 1133-1137
  ferramentas para melhorar, 1147-1164
  gerenciamento de tempo e, 1140-1143, 1147-1148
  melhorando a, 1140-1141, 1143-1145
  metas/estratégias/medidas de, 1136-1140
  mudança na, 1136-1137t
Produtos, 274n2
  cadeia de suprimentos para, 325-326f
  desenvolvimento, 520-521, 1090f
  diferenciação, 521-522
  finais, 235-237
  gerenciamento de portfólio de, 293-296
  mix, 356-359, 935f
Profissão, na TOC, 671-672
Programa Satélite, de Goldratt, 470-472

Programação
  corrente crítica, 55-61
  da seção de produção (chão de fábrica), 1087-1088
  de acordo com o tempo, 28-29
  de CCR, 224-226
  de restrição de recurso, 156-157
  em ambientes de múltiplos projetos, 59-63, 65
  integrada, 1090f, 1092-1093f
  local, eliminando a, 86-88
  não restrições, 156-157
  no ambiente de um único projeto, 51-54
  ponto de controle, 196f
  publicações sobre TPC, 157-167
  pulmões, 61-63, 65, 64f, 66-68, 76-77
  recursos, 61-63, 65, 64f
  restrições, 198t
  transporte de pacientes, 1000f
Projeto(s), 641-642
  armadilhas do tempo nos, 85-86f
  atividades, 71-72, 74
  com a corrente crítica, 84t
  consumo prematuro da folga, 35-36
  contenção de recursos e, 32
  controle, 63, 65-69
  definição do escopo dos, 21-23
  divulgação, 72, 74-78
  elaboração do orçamento, 69-72, 74
  elos do desempenho empresarial com, 91-92t
  empresas, 547-552, 1066-1068
  Fita Amarela, 836-837, 837n4
  metas/objetivos/medidas dos, 21-22
  planos, 92-93, 505-507
  prioridade dos recursos nos, 32-35
  prioridades, 61-62
  processos versus, 886-888
  proteção, 59-61
  pulmões, 66-68, 72, 74, 615-616f
  situações, 48-49
  tempo de atravessamento das atividades, 93-94
  únicos, 27f, 33f
Projetos piloto, 100-102
  da solução de distribuição/reabastecimento, 306-308
  status atual do workshop sobre análise de restrições, 494-497
Proposição de serviços, AC, 915-917
Propostas
  de mudança de engenharia (PMEs), 366-368
  de terceirização, 364-367
Propriedade, fábrica e equipamento (PF&E), 387
Proteção contra aumentos repentinos de pedidos qualificados, 332-333
Psicologia, da *mafia offer* (oferta irrecusável), 632-634
Publicações sobre a TOC
  casos especiais na, 166-168
  de empresas de serviços, 870-872

falta de, em contabilidade/finanças, 375-376
natureza das, 669-671
problemas das, 669
Pulmão(ões)
    acompanhamento, 67-68f
    agregados, 86-88
    ajustando, 66-68
    alvo, 254-255f
    atividades com, 1083-1084f
    aumento do fluxo e, 192-193f
    CCR e, 224-226
    controlando a execução com, 201-204
    controle de capacidade e, 1142-1143, 1145-1146
    de alimentação, 63, 65-68, 72, 74
    de espaço, 193-194
    de estoque e, 325-326
    de lista de afazeres, 1146-1147f, 1163-1164
    de programação, 61-63, 65-64f, 66-68, 76-77
    de projeto, 55f, 66-68, 72, 74, 615-616f
    de recurso, 58-59
    de remessa, 190-194, 231, 234-235, 252-253$n5$
    de tempo, 227-228, 228n12, 233-235, 235n16
    de uma lista de tarefas, 1146-1147f, 1163-1164
    dinâmicos, 327-329
    fluxo do estoque/penetração do pulmão e, 284-289
    fluxo do processo e, 1028-1029n10
    inserção de, 232f
    manutenção de um fluxo tranquilo e, 192-193f
    na solução de distribuição/reabastecimento, 303-304
    níveis de estratificação dos, no ASR, 327-328f
    nível pretendido, 252-253, 259-261
    padrão, 233-234
    para gerenciamento de tempo, 1089-1090
    para orçamentos, 71-72n30
    perfis, 328-329f
    programação pessoal com, 1144-1147
    seções de tempo iguais dos, 65-66
    situação dos, 222-223
    variação, 65-66f
Pulmão de tempo, 191-192, 393-394$n7$, 405-406$n13$, 438-439$n4$, 1093
    diagrama de rede de projeto pela corrente crítica com, 1083-1084f
    estratificação dos, 394-395f
    operações de produção que precisam de, 192-194
    tamanho dos, 199-200
Pulmões de capacidade, 193-194
    capacidade protetiva e, 261-264
    definição, 263-264
Pulmões de estoque, 193-194, 393-394$n8$, 396-397
    cadeia de suprimentos com, 286-287f
    estrutura dos, 254-255f
    influência do amortecimento sobre, 328-329f
    níveis pretendidos e, 259-261
    oferta/demanda/tempo de reabastecimento e, 280-284
    prioridades de produção e, 289-291
    zonas, 396-397f

Q

QEP. *Consulte* Quantidade econômica do pedido
Qualidade, 102-103
    empresas de serviços, melhoria da, 877-878
    melhoria, 359-362, 403-405
Quantidade econômica do pedido (QEP), 663
Quinn, J. B., 518, 523-524

R

Raciocínio do mundo dos custos, 888-889
Radovilsky, Z. D., 158-159
Rahman, S-U, 159-160, 654-655
Ramificação lógica, 810-811$n6$, 815-820
    alunos baderneiros e, 818-819f
    como amarelinha, 819-820f
    instruções diferenciadas com, 817-818f
    na ciência, 816-817f
Ramificação negativa, 111-115, 113f, 597-598
    como instrumento de previsão, 998-999
    definição, 996-997n15
    diagrama, 836-838f
    diferente entre obstáculo e, 738, 738f
    estrutura da solução da, 735f
    injeções e, 736
    lidando com o processo de, 734-738
    resultados negativos eliminados na, 737-738f
Rand, G. K., 39-40
Rashidi, Hajah Ahmad, 818-819
Rational Analysis for a Problematic World (Rosenhead), 664
Raz, T., 39-40
Razzak, M. A., 167-168
Reabastecimento
    de produtos (Rp), 891-893
    de serviços (Rs), 892-893
    frequência do, 283-285
    pedidos, 258
    sistema, 1104-1107
    tempo de resposta (TR), 280-284, 555
Reabastecimento sincronizado ativamente (ASR)
    alertas no, 333, 336-337
    ambiente de produção levando em conta o, 338-340
    atributos do MRP *versus*, 334t-335t
    benefícios do, 338-339
    benefícios empresariais do, 338-339
    característica de componente e de grupo, 326-327
    comparado com o MRP, 334
    componentes do, 323
    compromissos do MRP e, 322-340
    estudo de caso de, 339-341
    expansão dissociada no, 329-331
    fatores da implementação no, 337-340
    funcionalidade do sistema ERP e, 336-337
    indicadores altamente visíveis no, 332-333
    itens distribuídos geograficamente no, 336-337f
    níveis de pulmão estratificados no, 327-328f
    perfis de pulmão no, 326-327

tempo de atravessamento no, 330-332, 332f
visibilidade do planejamento do, 332-333f
Reabilitação de Ex-Ofensores Baseada na Comunidade (CARE), 836-837*n4*
Reaching the Goal (Ricketts), 882, 1036-1037
Realidade, futuro desejado para, 767-769
Reativo, *versus* proativo, 574-576
Receita, 340-341f, 411f
Recurso com restrição de capacidade (CCR), 151*n1*, 157-158, 1087
    lidando com, 959-960
    programação/proteção do, 224-226
Recurso(s)
    alocação, 1036-1037
    capacidade acrescentada e, 1013-1014
    capacidade de produção dos, 189-190f
    capacidades desbalanceadas dos, 186-188
    cronograma de projeto nivelado, 53-54f
    dependência, 205-206
    dependentes, 1079-1080f
    dessincronizados, 386
    estratégia empresarial baseada em recursos, 521-523
    fluxo dos produtos nos, 357-359f
    gerenciamento, 133-134f
    informações, 197f
    nível de gerenciamento, 131-132
    nivelamento, 55
    notificação, 51-52
    perfil de atividade dos, 1019-1020f
    perfil de WIP dos, 208-209f
    ponto de vista centrado em, 180-181, 180f
    prioridades, 32-35
    pulmões, 58-59, 76-77
    subutilizados, 142
    variabilidade, 34-36
Refém, AC, 910-911f
Regra 80-20, 3
"Regras de Raciocínio em Filosofia", 747
Regras lógicas, 802
Reid, R. A., 167-168, 658-659, 871-872
Reimer, G., 158-159
Relação entre etapas e níveis, 793f
Relacionamentos entre pai e filho
    conflitos nos, 1128f-1130f
    dilema da idade legal para o consumo de bebidas alcoólicas, 1131
    dilema das notas ruins nos, 1132
    dilema das regras nos, 1126-1130
    dilema de cooperação nos, 1131
    dilema de Las Vegas nos, 1132
    dilema de problema importante nos, 1130-1131
    dilema quanto ao horário de voltar para casa, 1130
    dilemas crônicos nos, 1132-1134
    dilemas nos, 1126-1127
Relações lógicas, 793f
Relatórios de desempenho não contratuais, 77-78
Remuneração, 530-531

Rerick, R., 161-162, 167-168
Reservas de cronograma, 50-51
Resolução de problemas
    aplicações da nuvem para, 692
    atividades, 659-661, 672-675
    com a TOC, 742-745
    com o método da nuvem, 694
    instrumentos para, 754-755
    método sistêmico para, 667-668
    métodos de, 659-668
    métodos/atividade na, 659-661
    modelo em forma de U para, 731-732
    relação do processo de pensamento com, 672-675
    RNN utilizada para, 734
    técnicas do sistema de saúde de larga escala na, 988-990
Respeito, 839-842
Responsividade, 519-520
Resposta rápida, 547-548f
    confiável, 545-546, 639-641, 1064-1065
Ressalva(s)
    da casa em chamas, 804-805f
    de causa adicional, 802-804f
    de esclarecimento, 802-803f
    de existência do efeito previsto, 804-805f
    de insuficiência de causa, 804, 804f
    superando, 491f
Ressalva da ramificação negativa (RRN), 651, 653-654, 755-758, 1035-1036
    ARF e, 779-780, 780t
    gerentes/colegas de trabalho e, 796f
    resolução de problemas do dia a dia, 734
    utilizando, 795-796
Restrição de recurso
    aproveitamento com base no nível de, 392-393f
    programação da, 156-157
Restrições, 4, 219
    capacidade, 220n5, 223-224
    como fator relevante principal, 388-390
    concordância sobre, 484-485
    de sistemas complexos, 1112-1113
    elevando o sistema, 940-941
    em sistemas de saúde de larga escala, 991-992
    estratégicas, 223-225
    identificando, 538-540
    internas operacionais, 620-621
    mercados, 6, 166-167, 620-621
    na formação de discípulos, 1118-1124
    não restrição, 4, 156-157
    operacionais internas, 620-621
    precisão dos dados nas, 154-156
    processo de pensamento/fluxo de pacientes, 940-944
    programação, 198t
    sistema de saúde, aproveitando, 932-937
    sistema de saúde, identificando, 930-932
    sistemas empresariais com, 504-506
    subordinar a, 937-941
    tipos semelhantes de, 496-497

Restrições do sistema
  acordo sobre, 484-485
  explorando, 187-189
  identificando, 187-188
Resultados comparativos, seminário sobre análise de restrições, 494t
Retorno sobre o capital médio empregado (ROACE), 383, 411f
Retorno sobre o investimento (ROI), 266-267, 294-295, 337-338
  componentes do, 387f
  conflitos de classificação e, 295-297f
Reyes, Miguel Perez, 820-821
Reyes, P., 161-162
Ricardo, David, 521-522
Ricketts, J. A., 655-656, 882, 1036-1037
Riezebos, J., 173
Rippenhagen, C., 167-168
Riscos, das soluções, 599-600
Ritson, N., 871-872
Rizzo, T., 653-654
RNN. *Consulte* Ramificação negativa
ROACE. *Consulte* Retorno sobre o capital médio empregado
Robinson, D. E., 167-168
Roby, Doug, 812
ROI. *Consulte* Retorno sobre o investimento
Ronen, B., 156-159, 166-167, 169-170, 655-656, 669-673, 679-681, 870-872, 874-875
Rose, E., 167-168
Roseboom, J. H., 16-17
Rosenhead, J., 663-664, 671-672
Roteiro de análise, para a TOC, 477-479, 482f
Roubo, 212-213f
Roybal, H., 871-872
Rp. *Consulte* Reabastecimento de produtos
Rs. *Consulte* Reabastecimento de serviços
Russell, G. R., 158-159

S

Sale, M., 680-681
Sale, M. L., 171-172
Samolejova, A., 173
Santiago, Cora, 828-829
Sarria-Santamera, A., 871-872
Saxe, John Godfrey, 132-133
Sazonalidade
  capacidade e, 268-269
  gerenciamento de estoque e, 267-269
  gerenciando com a solução de distribuição/reabastecimento, 297-303
SCA. *Consulte* Abordagem de escolha estratégica
Schaefers, J., 161-162
Scheinkopf, L., 171-172, 527-528, 658-659, 1125-1126
Schleier, J. G., 651, 769-770, 772
Schoemaker, T. E., 871-872
Schol, John, 1122-1123
Scholes, J., 664, 666, 668
Scholl, A., 153
Schön, D., 678-679
Schonberger, R. J., 19-20, 28
Schragenheim, E., 156-159, 168-170, 227-228, 242-243, 266-267, 680-681, 1091
Schultz, Howard, 518
Schultz, Kenneth "Ken," 501-502
Schwartz, C., 164-165, 167-168
SCORE. *Consulte* Singapore Corporation of Rehabilitative Enterprises
SDPs. *Consulte* Solicitações de proposta
Segmentação estratégica, 560-562
Segmentação prática, 559-561
Seis Sigma, metodologia, 129, 171-172, 929-927, 1097-1099f
  agilização por meio da TOC, 454-457
  definição, 925t
  metodologias integradas com, 563-565
  TOC implementada após, 455-457
Senge, P. M., 662, 667-668
Sequenciamento, 86-87
Service Science, Management, Engineering, and Design (SSMED), 899
Serviços
  de suporte ao cliente (SSC), 903
  de valor agregado, 917, 921
  desnecessários, 914-915
  diferenciação, 521-522
  tempo de resposta dos, 971
Serviços de atendimento ao cliente (AC), 903
  ARA dos, 907, 907f
  como refém, 910-911f
  decisões de mudança e, 919-920
  definição, 903-905
  determinação de preços diferenciais e, 914-916
  dilema dos, 908f, 912-913f
  dilema/pressupostos dos, 913-915
  erosão da renda e, 905-907f
  impacto empresarial dos, 910-911f
  instalações/implementações de, 918-920
  lançamento de serviços especializados de, 917-918
  manutenção terceirizada (MT) e, 917-918
  método de garantia, recomendações, 918-919
  novo ambiente para, 920-921f
  oferta de serviços dos, 915-917
  períodos de garantia e, 906-911
  pressupostos e, 913-915
  problemas enfrentados, 905-906
  serviços desnecessários, 914-915
  SVA, 917-918
  visão sombria sobre, 910-911f
  visitas do ESC, 915-917
Serviços profissionais, científicos e técnicos (SPCTs), 881
  dificuldades da TOC nos, 884-885
  entrega de, 886-888

especialidade/ativos dos, 886-887
estratégias, 890
medições necessárias nos, 887-889
TPC aplicado a, 894-895
Setor de fabricação
   ambientes, 313f
   consideração sobre ambientes/ASR, 338-340
   estratégia de E&T do, 543-548
   prioridades, 289-291
   tempo de atravessamento, 330-333
   vantagem competitiva da confiabilidade no, 544-545t
Setor privado, 475-476, 498-509
Setor público, 475-476
   aplicações futuras da TOC no, 495-497
   E&T (criadas em harmonia) no, 499f
   fatores complicadores no, 477-478
   implementação holística da TOC no, 475-499
Sha, D. Y., 161-162
Shao, X. Y., 173
Shaw, D., 670-671
Shewhart, Walter, 346, 1097
Shi, J., 167-168
Shingo, Shingeo, 1095-1096
"Sim, mas...", 491f, 597-599
Simatupang, T. M., 168-169, 170-171
Simons, J. V., Jr., 158-159, 173
Simplicidade inerente, 748, 751, 757-758, 769-770
Simpson, W. P., 173
Simpson, W. P., III, 158-159, 173
Sims, D., 664
Simulações, 305-306f
   das soluções de distribuição/reabastecimento, 304-307
   desvantagens das, 305-306
   do TPC, 164-165, 507-508
   TOC, 484, 899
Sinacka-Kubik, Edyta, 824, 826-827
Sincronização, 793-794
Síndrome
   de empurrar, empurrar, empurrar, 883-884
   do estudante, 48-49, 1102-1103
   X-Y, 471-473, 471-472f
Síndrome do Palheiro, A (Goldratt, E. M.), 173, 185-186, 240-241
Singapore Corporation of Rehabilitative Enterprises (SCORE), 859
Sirias, Danilo, 820-821
Sistema(s)
   ambiente de projetos com, alinhados, 135f
   análise, 527-528
   autoconscientes, 569-570t
   características dos, 1079-1081
   cibernético, 580-581, 580-581n8
   conceito, 569-570
   de distribuição holístico, 556-559
   de *feedback* em tempo real, 405-406
   de incentivos, 1163-1164
   de informação, 404-406
   de informação da TOC (SITOC), 507-508
   de notificação, 57-61
   de ponto de reabastecimento, 321-322
   de ponto do pedido, 1104-1105n4
   de portfólio de projetos, 131-132
   de QPE(43), 1104-1105n4
   de reabastecimento puxado, 555n10
   de responsabilização, 402-408, 410f
   de saúde socializado, 984-985
   de sistemas, 131-133
   de sistemas/produção enxuta em, 132-134
   de um projeto específico, 131-132
   de valor agregado (EVS), 77-78
   definição, 1116-1119
   desempenho dos, 745, 1075f, 1078-1079f
   diagrama básico de, 569-570f
   empresariais, com restrições, 504-506
   empurrado, 275-276, 279-280n9, 280-281f
   Ford de produção, 182-185
   kanban, 104, 153-154, 183-184n3, 1103-1104
   melhoria/no gerenciamento de projetos, 132-137
   níveis, 569-570t
   níveis/hierarquia vertical, 569-571
   operacional, 403-404
   puxado, 280-281f
   reabastecimento, 1104-1107
   soluções de aplicativo de, 1080-1081
   Toyota de produção (STP), 153, 182-185, 605, 1095-1096f
   versus, conflitos sintomáticos, 479-481f, 487f
   visão global sobre, 570-571
Sistema de saúde
   alto nível/menor valor do, 931-932f
   CG no, 941-944
   desenvolvimento avançado no, 947-948f
   EIs do, 929
   fluxo de processo do, 929-930f
   larga escala, 981-982
   melhorando o fluxo de pacientes por meio do, 930-941
   melhoria de processo no, 952
   metas definidas do, 928-930, 983-985
   modelo de, 929-930f
   PMC iniciado no, 991-995
   popularidade da TOC no, 870-872
   prioridades de gerenciamento do, 943-944
   problemas governamentais no, 984-986
   produção enxuta no, 960
   restrições exploradas no, 932-937
   restrições identificadas no, 930-932
   socializado, 984-985
   VV para, 923-924, 955-956
Sistema de saúde em larga escala, 981-982
   elemento humano no, 986-988
   iniciativas de melhoria do, 987-989
   mão de obra do, 987-988
   melhorias necessárias no, 982-983

plataforma segura/mecanismo eficaz para, 993-995
problemas enfrentados, 983
restrições no, 991-992
soluções do setor adaptadas ao, 989-992
técnicas de resolução de problemas no, 988-990
Sistemas complexos
  abordagem sistêmica adotada para, 1123-1124
  cinco passos de focalização, 1112
  EIs em, 1113-1115
  restrição física dos, 1112-1113
  soluções para, 1111
SITOC. *Consulte* Sistemas de informação da TOC
Situação do pulmão, 222-223
Skoog, M., 1069-1070
SKU. *Consulte* Unidade de manutenção de estoque
Slevin, D. P., 18-19
Small, Belinda, 820-821
Smith, G. R., 166-167
Smith, L. B., 171-172
Smith, Manfred, 815-816
Sociedade Americana de Controle de Produção e Estoque (APICS), 315-316
Software
  assistência à solução de distribuição/reabastecimento, 302-305
  considerações na MTA, 271-273
  corrente crítica e, 101-102
Sohn, Bruce, 505-506
Solicitações de proposta (SDPs), 72, 74
Soluções
  acordos sobre orientação das, 633-634
  barreiras sociais/psicológicas às, 599-601
  conflitos básicos com, 1013-1018
  construindo/divulgando a nuvem de EI, 718-720
  da E&T, 1062-1063
  de gerenciamento funcionais, 434-435
  desacordo sobre, 595-598
  desacordos sobre os detalhes das, 596-598
  desenvolvimento de, 690-691
  do setor, 989-992
  estrutura de ramificação negativa das, 735f
  ferramentas para, 1035-1037
  impossíveis de implementar, 598-599
  ingredientes das, 226-227
  injeções/implementação de, 742
  mafia offer de acordo com, 635-637
  método da nuvem, divulgando, 708-709
  método da nuvem com, 692-693, 706-708
  milagrosas, 111-112f, 122-123
  nuvem de apagamento de incêndio, construindo, 712-714
  nuvem de apagamento de incêndio, divulgando, 713-715
  nuvem de dilema interno, divulgando, 703-704
  nuvem de dilema interno com, 699-703
  para sistemas complexos, 1111
  problemas resolvidos pelas, 633-635, 730
  ramificações negativas das, 597-598
  riscos das, 599-600

TPC e, 225-227
Soluções de distribuição/reabastecimento da TOC, 278-294, 1088n8
  definição, 1002-1003n21
  gerenciando, 293-298
  projeto piloto das, 306-308
  pulmões nas, 303-304
  resultados das, 309-310
  sazonalidade gerenciada pelas, 297-303
  simulação de, 304-307
  software empregado como apoio nas, 302-305
  teste de, 304-308
Sonawane, R., 39-40
SOX. *Consulte* Lei Sarbanes-Oxley de 2002
Spangler, Todd, 507-508
SPCTs. *Consulte* Serviços profissionais, científicos e técnicos
Spearman, M. L., 158-159
Spector, Y., 156-157
Spencer, M. S., 157-159, 164-166
Sridharan, R., 170-171
Srikanth, M. L., 158-159, 169-170
Srinivasan, M. M., 39-40
SSC. *Consulte* Serviços de suporte ao cliente
SSMED. *Consulte* Ciência, Gestão, Engenharia e Design de Serviços
"Standing on the Shoulders of Giants", 434-435, 605
Status de prioridade do pedido, 254-255f
Status do pulmão, 202-203f
  definição, 254-256
  pedidos liberados e, 395-396f
  visível, 336-337
Steele, D. C., 158-161, 163, 169-170
Stein, R. E., 158-159
Stephens, A. A., 166-167
Steyn, H., 39-40
Stoltman, J. J., 663
Stone, Tom, 1116-1117
Subordinação, 188-190, 556-558, 937-941
  dupla, 876-877
Suficiência, 758-759f
  de injeções revolucionárias, 1035-1037
  lógica básica, 854-857, 1058-1059f
  pressuposto, 946-948, 1045-1046, 1059-1060f
Sullivan, T. T., 167-168
Sun Tzu, 568, 585-586
Suplly Chain Management at Warp Speed (Schragenheim; Dettmer; Patterson), 367-368
Sustentabilidade, 519-520
SVA. *Consulte* Serviços de valor agregado
Synchronous Manufacturing (Umble, M.; Srikanth), 158-159

T

Tamanho de lote econômico (TLE), 155-156
Tamanho do pulmão, 66-68f, 168-170, 294-295
  definição inicial do, 296-298
  pulmão de produção e, 234-235n16

Tambor, utilização, 398-399
Tambor-pulmão-corda (TPC), 62-63, 605, 1003-1004, 1087n7
  corda no, 193-195, 199-200f
  definição, 151-152, 1003-1004n22
  em empresas complexas, 1009
  em instalações A, 210-212
  em instalações I, 215
  em instalações T, 213-214
  em instalações V, 208-210
  ênfase sobre o fluxo, contestando, 225-226
  estudo de caso do, 164-167
  exemplo de, 190-191f
  gerenciamento de fluxo no, 180-190, 195-201
  metodologia tradicional e, 223-226
  OPT e, 154
  perspectivas históricas sobre, 218-219
  problemas com, 171-173
  publicações precursoras do, 152-158
  publicações sobre programação, 157-167
  pulmão do, 190-194
  restrições de capacidade identificadas no, 220n5
  simulações de, 164-165, 507-508
  sistema de, 189-195
  SPCTs com, 894-895
  tambor do, 189-191
  tempos de conclusão previstos no, 200-201f
  tendência da solução e, 225-227
  utilização dos cinco passos de focalização para, 155-157
Tambor-pulmão-corda
  para produtos (TPCP), 893-895
  para serviços (TPCs), 894-896
Tambor-pulmão-corda simplificado (TPC-S), 184-185, 232f, 543-544n5
  adequação do, ao ambiente, 239-242
  ambientes não adequados ao, 241-244
  problemas/processos de implementação do, 243-245
  procedimento de planejamento no, 236-237
Taormina, Sheila, 1147-1164, 1152f-1154f, 1156f-1158f, 1162f-1163f
Táticas, 789-790f, 790t
Taxa de queima de pulmão, 67-68, 76-77, 87-88n6
Taylor, Audrey, 663, 827-828
Taylor, Frederick, 346, 1095-1096
Taylor, L. J., III, 163
Taylor, L. T., III, 871-872
Taylor, S. G., 39-40
Tayner, T., 164-165, 167-168
TDG. *Consulte* Tomada de decisões globais
Teaño, Adora, 827-828
Técnica de avaliação e revisão de programas (PERT), 14-15, 892-893
  gerenciamento de múltiplos projetos por meio da, 37-38
  gerenciamento de um único projeto por meio da, 36-38
  origens da, 16-18

projetos únicos com, 27f, 33f
Técnicas de ensino, 856-858
Tempo(s)
  agendado do médico, 937f, 939-940f, 960-961, 979
  de reabastecimento confiável (TRC), 253-254, 1104-1105
  de ritmo (*takt time*), 1097n1, 1100-1103f
  de tolerância do cliente (TTC), 408-409
  de transporte, 283-284
  dedicado às atividades, 52-53f
  de conclusão, 200-201, 200-201f
Tempo da atividade
  aumentando o programado, 29
  determinando, 23-25
  variabilidade do, 35-36
Tempo de atravessamento, 93-94, 169-170
  componentes gerenciados com, 336-338
  cumulativo, 331-332
  de transporte, 283-284
  do pedido, 282-283f
  elementos do, 228-229
  lotes com, 201-202f
  no ASR, 330-332f
  no setor de fabricação, 330-332
  produtos finais/diferentes, 235-237
  visibilidade realista do, 332-333
Teoria
  da resolução inventiva de problemas (TRIZ), 668
  do caos, 854-855n5
  do negócio, 517-518
Teoria das restrições (TOC), 179, 535
  acolhimento predominante da, 671-672
  análise de planejamento/controle/sensibilidade na, 356-376
  analogia da corrente na, 1099-1100
  aplicação não convencional da, 896-897
  aplicações futuras da, no setor público, 495-497
  autoanálise da, 670-671
  barreiras à adoção da, 882-885
  benefícios da, 884-886
  benefícios da, para a First Solar, 503-504
  cinco passos de focalização da, 430-432f, 539-540f
  cinco perguntas da, 437f
  contribuições para, 531
  dificuldades dos SPCTs para, 884-885
  distribuição e, 169-172
  em ambientes complexos, 1084-1086
  em prisões, 834-863
  em serviços profissionais, científicos e técnicos, 881-900
  especialista no assunto da, 505-506
  especialistas organizacionais internos da, 510
  estratégia empresarial por meio da, 467-468f
  ferramentas de melhoria da, 924
  ferramentas lógicas empregadas na, 990-991f
  finanças gerenciadas com, 465-466f
  foco no ganho da, 247
  histórico da, 882-886
  implementação de baixo para cima da, 509n10

implementação holística da, na First Solar, 507-509
implementação holística da, no setor privado, 498-509
implementação holística da, no setor público, 475-499
implementação/prosseguimento da, 496-498, 511-512
integração do LSS com, 1100-1102, 1107-1108
jogos de simulação e, 484, 899
lacunas/complexidades na, 497-498
Lean/Seis Sigma agilizados pela, 454-457
literatura precursora da, 152-158
marketing/vendas gerenciados pela, 466-467f
maximização dos lucros na, 390-394
MC, utilizando a, 462-464
medidas de melhoria oferecidas pela, 385f
medidas utilizadas na, 374-375
metametodologia da, 674-675t, 678-679
método sistêmico/ferramentas da, 1090-1093
metodologia de produção enxuta/Seis Sigma e, 455-457
modelo em forma de U/pressupostos da, 732, 732f, 732n15
mudança de paradigma do método sistêmico com, 483-484
necessidade de pesquisas na área de contabilidade/finanças, 376-378
opções de estrutura do LSS com, 1106f
organizações de saúde e, 870-872
papel dos acadêmicos/pesquisadores na, 671-673
para a educação, 806-829
passos da, nas empresas de serviços, 873-875
percebendo a falta da, 678-680
perspectiva histórica/implementação holística da, 469-470
pesquisas futuras da, 498, 531
popularidade da, nas empresas de serviços, 872-874
pressupostos básicos da, 994-995
pressupostos filosóficos na, 676f-677t
princípios/aplicações de gerenciamento da, 900
processo de pensamento E&T e, 456-458
profissão na, 671-672
profissionais iniciantes na, 898-899
recomendações para, 679-684
recomendações para a implementação holística da, 509
resolução de problemas com, 742-745
resultado/sucesso, 1118-1119
resultados com, 622-623f
roteiro de análise da, 436, 477-479, 482f
roteiro de análise/mudanças propostas e, 477-479
seminário sobre o processo de implementação e, 477-497, 493f
síntese do MGR/ciclo OODA com, 580-583, 585
solução de distribuição/reabastecimento na, 278-294

soluções logísticas da, para conflitos, 530n4
TOCLSS (totalmente integrados), 1107-1108, 1107f
treinamento do treinador na, 496-497
três elementos básicos da, 753-754f
vinhetas, 901f
Teyner, T., 167-168
The Choice (Goldratt, E. M.), 425-426n2, 758-759
The Goal (Goldratt, E. M., Cox, J.), 5-7, 152, 157-158, 375-376, 413-414, 469, 649, 707-708, 747, 807, 882, 1099-1100
The Haystack Syndrome (Goldratt, E. M.), 173, 185-186, 240-241
The Race (Goldratt, E. M., Fox, R. E.), 5, 154, 157-158, 223-224
The Speed of Trust (Covey), 564-565
Thinking Across the Curriculum, 827-828
Thompson, G. L., 16-17
TLE. *Consulte* Tamanho de lote econômico
TMG. *Consulte* Verde em demasia
TMR. *Consulte* Vermelho em demasia
TOC. *Consulte* Teoria das restrições
TOC em prisões
  conteúdo básico da, 847-848
  em casa, 838-839
  em operação, 836-839
  estigmatização e, 836-837
  inclusão da família na, 863
  lógica da necessidade ensinada na, 849-854
  lógica da suficiência ensinada na, 854-857
  material didático da, 847-848
  motivos para realizar, 841-844
  o que mudar na, 835-842
  para o que mudar, 841-844
  pressão negativa dos pares e, 838-840
  recomendações futuras e, 862-863
  respeito e, 839-842
  resultados da, 859-861
  resultados do estudo piloto da, 859
  técnicas de ensino, 856-858
TOC para a Educação (TOCfE), 806-809, 811f
  aplicações especializadas da, 824
  árvore de metas ambiciosas utilizada na, 819-823
  melhoria contínua/pesquisa e, 823-829
  notas de teste de leitura e, 821-822f
  nuvem utilizada na, 810-816
  ramificação lógica utilizada na, 815-820
TOC
  para produtos (TOCp), 882
  para serviços (TOCs), 882, 891-892
TOCfE. *Consulte* TOC para a Educação
TOCICO. *Consulte* Organização Internacional de Certificação em Teoria das Restrições
TOCp. *Consulte* TOC para produtos
TOCs. *Consulte* TOC para serviços
"Today and Tomorrow", 439-440
Tomada de decisões globais (TDG), 1083-1084
Toyoda, Eliji, 1095-1096
Toyota Production System Beyond Large-Scale Production (Ohno, Taiichi), 439-440

TPC. *Consulte* Tambor-pulmão-corda
TPCP. *Consulte* Tambor-pulmão-corda para produtos
TPCS. *Consulte* Tambor-pulmão-corda para serviços
TPC-S. *Consulte* Tambor-pulmão-corda simplificado
TQM. *Consulte* Gestão da qualidade total
TR. *Consulte* Tempo de reabastecimento
Trabalho, 836-839
   comportamentos, 1101-1103
   fluxo, das vendas, 605-606
   não relacionado ao projeto, 101-103
   virtude moral do, corredor de revezamento, 1102-1103f
Trabalho em andamento (WIP), 252-253
   ativo, diminuindo, 550
   dos recursos, 208-209f
   projeto de E&T para diminuir, 551f
   restringindo, 86-87, 91-93
Traços dos componentes, 326-327f
Tráfico de drogas, 855-856f
Transporte, 138, 140f
TRC. *Consulte* Tempo de reabastecimento confiável
Treinamento, 996-997
   do treinador, TOC, 496-497
Três nuvens
   abordagem, 723-724, 993-994n
   análise, 993-994
   método, 651, 774-775
Trietsch, D., 39-40, 156-157
Triz. *Consulte* Teoria da resolução inventiva de problemas
Tseng, M. E., 168-169
Tsubakitani, S., 19-20
TTC. *Consulte* Tempo de tolerância do cliente (TTC)
Turban, E., 903-904
Tyan, J. C., 167-168

U

Umble, E. J., 159-160, 163, 165-166, 170-171, 670-671, 870-871, 923
Umble, M. M., 158-160, 163, 165-166, 169-171, 670-671, 870-871, 923
Unidade de manutenção de estoque (SKU), 274n2, 1048-1050
Unidade de tempo do médico, 932-933
Urgência, 115-116, 122-124
Uzsoy, R., 164-165, 167-168

V

Vaidyanathan, B. S., 161-162
Validação, 116-117, 123-124, 846-847
   de necessidades/desejos, 862
   utilizando as CRLs, 656-659
Valor, 116-117, 123-124
   clientes e, 136-138
   medida, 372-374
   melhoria, 868
   percepção de, 559-560
   perspectiva do caminho, 1118-1119f
   presente líquido (VPL), 374-375
Value days, 372-374f
Van Slyke, R. M., 19-20, 28
Vantagem competitiva, 6-7, 519-520, 543-544t
   aproveitando, 6-7
   confiabilidade, 544-545t
   criando, 544-545, 560-561
   decisiva, 788-790, 930-931, 1047-1048
   entrega de melhor qualidade para obter, 98-99
   especial, 950-951, 956
   injeções para, 558-562
   mafia offers (ofertas irrecusáveis e), 627-628, 630-631, 638-644
   sustentável, 627-628, 630-631
Varejistas
   E&T para, 1048-1057
   Nível 2 de E&T para, 1048-1054, 1049-1052t
   Nível 3 de E&T para, 1052-1054
   Nível 4-5 de E&T para, 1054-1056, 1054-1056t
Varetas de sucção, 1111-1117
Variabilidade, 144-145, 616-617n10
   anormal (zona vermelha), 66-68
   atividade, 145f
   caminho não crítico e, 27-28
   categorias de, 1080-1081
   contenção de recursos e, 31-32, 34-35
   da duração da atividade, 35-36
   diferentes ferramentas para, 1083-1085
   exame minucioso da, 1081-1084
   não solucionada, 143f
   nas operações de produção, 185-187
   pontos de convergência e, 25-26
   recurso, 34-36
   tipo de/ferramentas para, 1082-1084
Variação
   anormal (zona vermelha), 66-68
   falácia da, 277-279
   normal (zona amarela), 65-66
   prevista (zona verde), 65-66
VCD. *Consulte* Vantagem competitiva decisiva
Venda de soluções, 120-121t
Vendas
   apoio, 608f
   ciclo em dias, 613-614f
   com o PMC, 616-617
   comportamento semicontínuo das, na MTA, 265-266f
   CORE e, 119-121
   cotações, 234-236
   eliminação das eficiências locais, 614-615
   especiais (premium), 975
   estratégia empresarial e, 526-527
   execução, 964-965
   fluxo de trabalho das, 605-606
   GCS e, 274n3
   gerenciamento pela TOC, 466-467f
   gerente, 729f
   interrupções nas, 616-617

mafia offer (oferta irrecusável), aumentando as, 645
melhorando o fluxo, 607
modelos, 640-645
níveis pretendidos e, 269-270
nuvem de conflitos operacionais *versus*, 406-408, 407f
oportunidades insuficientes e, 611-612f
psicologia da *mafia offer*, 634-638
pulmões e projeto e, 615-616f
restrição de mercado, 622-623
Ventner, D., 165-166
Verde em demasia, 288-289
Verificações lógicas, 693-694
Vermaak, W., 165-166
Vermelho em demasia, 289-290
Villforth, R., 167-168
Virtude moral do trabalho do papa-léguas, 400n10
Visão viável (VV), processo de, 432-435, 474-475, 542-543, 789-790, 871-872
   E&T, obtendo, 944-951, 954-977
   estudo de caso da, 951-952
   para o sistema de saúde, 923-924, 955-956
Visibilidade, 332-333, 336
   do tempo de atravessamento realista, 332-333
Vision for Successful Dental Practice (Kendall; Wadhwa), 978-980
Von Deylan, L., 165-166
VPL. *Consulte* Valor presente líquido
VV. *Consulte* Visão viável, processo

W

Wadhwa, Gary, 978
Wafer Experiment, 79-80
Walker, Ben, 813
Walker, E. D., 39-40, 170-171
Walker, W. T., 170-171
Walsh, D. P., 242-243
Walton, John, 501-502
Walton, Sam, 501-502
Wang, F. K., 167-168
Wang, Q. S. G., 167-168
Warner, M., 152
Waterfield, N., 871-872
Waters, J. A., 522-523
Watson, K. J., 159-160, 651, 654-655, 669, 671-672
We All Fall Down: Goldratt's Theory of Restrictions for Healthcare Systems (Wright, J.; King), 870-872
Weiss, G., 169-170
Wesley, John, 1118-1119
Whitman, Walt, 823
Whitney, Eli, 152
Whybark, D. C., 161-162
Wiest, J. D., 16-17, 19-20
Williams, D., 22-23
Winter, Lamor, 1125-1126
WIP. *Consulte* Trabalho em andamento
Wolffarth, G., 159-160, 165-166
Womack, James, 129, 142, 1095-1096
Wooden, John, 398-399
Woods, Tiger, 407-408
Workshop sobre análise de restrições
   consequências/resultados comparativos do, 494t
   estudo de caso do, 480-482
   situação atual do, 493-495
   situação atual do projeto piloto do, 494-497
Workshop sobre gerenciamento da mentalidade da TOC, 834-836
Wright, A. C., 170-171
Wright, J., 655-656, 870-871, 923
Wu, H. H., 167-169
Wu, S.-Y., 163

X

Xiang, W., 160-161

Y

Yeh, M. L., 167-168
Yenradee, P., 159-160
Yeo, K. T., 39-40
Young, T., 871-872

Z

Zeleny, M., 663, 670-671
Zeng, X. L., 173
Zona de entrada no pulmão, 401-402f
Zonas de *status*, 394-396